Voltaire en son temps

René POMEAU,
de l'Institut

AVEC LA PARTICIPATION DE

Christiane Mervaud
René Vaillot

et de

Jean Balcou
André Billaz
Marie-Hélène Cotoni
Jean Dagen
Robert Granderoute
Jacqueline Hellegouarc'h
Ulla Kölving
Henri Lagrave
Claude Lauriol
André Magnan
Sylvain Menant
Jean Mondot
Charles Porset
Ute van Runset
Jacques Spica

René Pomeau,
de l'Institut

VOLTAIRE
en son temps

Nouvelle édition intégrale,
revue et corrigée

Tome premier
1694 – 1759

Fayard

Voltaire Foundation

Imprimé en Grande-Bretagne

© 1985-1995 Voltaire Foundation Ltd

ISBN TOMES I-II : 2-213-59-553-4 (Fayard), 0-7294-0493-5 (Voltaire Foundation)
ISBN TOME I : 2-213-59-480-5 (Fayard), 0-7294-0511-7 (Voltaire Foundation)

Première édition 1985-1994 ; nouvelle édition intégrale, revue et corrigée 1995

Note

Cette œuvre a été réalisée avec le concours de l'équipe de recherches voltairiennes de l'Université de Paris-Sorbonne, fondée et dirigée par René Pomeau, au Centre d'étude de la langue et de la littérature des XVIIe et XVIIIe siècles, unité associée du CNRS (1 rue Victor-Cousin, 75005 Paris).

En tête de chaque partie, une note précise la part de chaque collaborateur. René Pomeau, outre ses contributions aux cinq parties, a complété, révisé et mis au point l'ensemble.

Nous remercions les éditeurs de la Voltaire Foundation pour l'aide si efficace qu'ils nous ont apportée.

Liste des abréviations

Bengesco   *Voltaire: bibliographie de ses œuvres* (1882-1890).

BN   Bibliothèque Nationale, Paris.

BnC   *Catalogue général des livres imprimés de la Bibliothèque nationale. Auteurs*, t.214 (1978).

BV   *Bibliothèque de Voltaire: catalogue des livres* (1961).

Caussy   *Voltaire seigneur de village* (1912).

Chassaigne   quatrième partie, pour le ch. IX, Marc Chassaigne, *L'Affaire Calas* (1929); pour le ch. XVI, Marc Chassaigne, *Le Procès du chevalier de La Barre* (1920).

Choudin   *Histoire ancienne de Fernex* (1989).

Choudin   *Ferney-Voltaire. Pages d'histoire* (1990).

CLT   Grimm, *Correspondance littéraire*, éd. M. Tourneux (1877-1882).

Collini   *Mon séjour auprès de Voltaire* (1807).

D   *Correspondence and related documents*, éd. Th. Besterman, dans *OC*, lxxxv-cxxxv (1968-1977).

De Beer   G. de Beer et A. M. Rousseau, *Voltaire's British visitors*, Studies 49 (1967).

Desnoiresterres   *Voltaire et la société française au XVIIIᵉ siècle* (1871-1876).

Duvernet   *La Vie de Voltaire* (1786).

Faure   Edgar Faure, *La Disgrâce de Turgot* (1961).

Fontius   *Voltaire in Berlin* (1966).

Formey   *Souvenirs d'un citoyen* (1789).

Galland   Elie Galland, *L'Affaire Sirven* (1910).

Haupt   «Voltaire in Frankfurt 1753», *Zeitschrift für französische Sprache und Literatur* 27, 30, 34 (1904-1909).

Kehl   *Œuvres complètes de Voltaire* (1784-1789).

Koser-Droysen   *Briefwechsel Friedrichs des Grossen mit Voltaire* (1908-1911).

Lauriol   *La Beaumelle, un protestant cévenol entre Montesquieu et Voltaire* (1978).

Lehndorff   *Dreissig Jahre am Hofe Friedrichs des Grossen*, éd. K. E. Schmidt-Lötzen (1907).

Leigh   *Correspondance complète de Jean-Jacques Rousseau*, éd. R. A. Leigh (1965-). Le chiffre qui suit renvoie au numéro de la lettre.

Longchamp   *Mémoires sur Voltaire* (manuscrit: BN, N.a.fr. 13006).

Longchamp et Wagnière   *Mémoires sur Voltaire* (1826).

de Luchet   *Histoire littéraire de M. de Voltaire* (1781).

M   *Œuvres complètes de Voltaire*, éd. L. Moland (1877-1885).

Magnan   *Dossier Voltaire en Prusse* (1986).

Mangold   *Voltaires Rechtsstreit mit dem Königlichen Schutzjuden Hirschel, 1751. Prozessakten des Königlich Preussischen Hausarchivs* (1905).

Marginalia   *Corpus des notes marginales de Voltaire* (1979-).

Mervaud   *Voltaire et Frédéric II: une dramaturgie des Lumières* (1985).

OC   *Œuvres complètes de Voltaire / Complete works of Voltaire* (1968-).

OH   Voltaire, *Œuvres historiques*, éd. R. Pomeau (1957).

Orsoni   Orsoni, *L'Affaire Calas avant Voltaire*, thèse de l'Université de Paris IV-Sorbonne, 1981.

PMLA   *Publications of the Modern Language Association of America.*

Politische Correspondenz   *Politische Correspondenz Friedrichs des Grossen*, éd. Droysen (1879-1912).

RHLF   *Revue d'histoire littéraire de la France.*

RLC   *Revue de la littérature comparée.*

Romans et contes   Voltaire, *Romans et contes*, éd. Deloffre, Van den Heuvel, Hellegouarc'h (1979).

Rousseau   André-Michel Rousseau, *L'Angleterre et Voltaire*, 1976.

Schaer   Friedrich-Wilhelm Schaer, «Charlotte Sophie Gräfin von Bentinck, Friedrich der Grosse und Voltaire», *Niedersächsiches Jahrbuch* 43 (1971).

Studies   *Studies on Voltaire and the eighteenth century.*

Tageskalender   Hans Droysen, «Tageskalender Friedrichs des Grossen vom 1. Juni 1740 bis 31. März 1763», *Forschungen zur brandenburgischen und preussischen Geschichte* 29 (1916).

Thiébault   Dieudonné Thiébault, *Mes souvenirs de vingt ans de séjour à Berlin* (1804).

Tuffet   Voltaire, *Histoire du docteur Akakia*, éd. J. Tuffet (1967).

Vaillot   *Madame Du Châtelet* (1978).

Wagnière   Longchamp et Wagnière, *Mémoires sur Voltaire.*

Note sur les monnaies

Les valeurs relatives des monnaies françaises au dix-huitième siècle sont les suivantes:

12 deniers	=	1 sol (ou sou)
20 sous	=	1 livre ou franc (les deux termes sont équivalents)
3 livres	=	1 écu
10 livres	=	1 pistole
24 livres	=	1 louis

Il est fort difficile de donner des équivalents dans les monnaies actuelles. Celles-ci sont instables, et la différence des modes et niveaux de vie rend toute comparaison aléatoire.

Indiquons seulement que Théodore Besterman estimait, en 1968, que le franc du dix-huitième siècle valait à peu près un dollar des U.S.A. (*OC*, t.85, p.XIX).

Avant-propos

Au moment d'entreprendre une biographie de Voltaire, les doutes nous assaillent. Nous envions, sans pouvoir le partager, l'état d'esprit de notre prédécesseur, Gustave Desnoiresterres.[1] Il écrivait, il y a plus d'un siècle, en un âge qui nous apparaît comme celui d'une ingénuité critique. Sainte-Beuve régnait, sans que personne soupçonnât qu'on pût argumenter un «contre Sainte-Beuve». Desnoiresterres ne s'embarrassait pas, quant à lui, des théories de son contemporain Taine. Il ignorait jusqu'à l'existence de son autre contemporain, si étranger à son univers d'honnête Français lettré, Karl Marx. Il n'avait pas le moindre pressentiment de ce que pourrait apporter à la connaissance de l'homme, dans quelques décennies, un psychiatre viennois nommé Freud. Il ne se posait aucune question sur la validité de son entreprise.

Nous sommes désormais hors de ce «premier jardin». Ayant mordu aux fruits, sinon de la science, du moins de la critique, nous nous interrogeons.

Est-il possible de connaître un homme? Et à supposer résolu ce problème préalable, une autre question se présente: est-il possible de raconter une vie? Les techniques narratives sont-elles ici appropriées à leur objet? Le biographe, auteur d'une biographie impossible, est devenu un personnage de roman: le Roquentin de *La Nausée* n'écrira jamais sa vie du marquis de Rollebon, non plus que le Pierre Mercadier d'Aragon (*Les Voyageurs de l'impériale*) celle du financier Law. Un obstacle les arrête: il y a trop de faits. Le biographe veut tout savoir de son personnage. Il accumule ce qu'André Maurois appelait «un appareil complet de documents».[2] Enquête paralysante. Il est impossible de raconter une vie avec tous ses détails.

Difficulté particulièrement insurmontable dans le cas de Voltaire. Par sa correspondance, par les témoignages contemporains, de plus en plus nombreux à mesure que progresse sa célébrité, nous sommes informés de ses dits et gestes, presque jour par jour. Nous sommes en mesure d'établir sur lui une chronologie fourmillante de précisions. C'est même là l'indispensable travail préliminaire de sa biographie. Après quoi, à travers cette immense chronique il reste à découvrir l'homme et plus encore l'écrivain. Que sentait-il? que pensait-il? que voulait-il? Comment d'une poussière de menus faits fera-t-on jaillir une personnalité vivante? Pour que le miracle s'opère, il ne suffit pas de totaliser les informations. Valéry le remarquait à propos de Léonard de Vinci: «nul n'est identique au total exact de ses apparences».[3] Ce qui est plus vrai encore de l'être multiple, changeant, que fut Voltaire. Parmi tant d'«apparences», lesquelles ressemblent le plus au Voltaire le plus essentiel? Comment déterminer où se situe le «vrai

Voltaire » ? Il est inévitable que dans la sélection intervienne la subjectivité du biographe.

On aboutit ainsi aux présentations si contrastées qu'on nous a proposées aux XVIIIᵉ et XIXᵉ siècles. Un personnage qui suscita tant de haine comme tant d'enthousiasme ne pouvait être considéré de sang-froid. Dans une existence aussi inégale on a choisi selon ses préventions : soit ses petitesses, ses palinodies, ses fourberies, et l'on dénonce Voltaire l'infâme. On brandit les faiblesses d'une vie pour avilir un message détesté. Ou bien on jette un voile sur tant de misères ; on ne veut connaître que l'homme aimable, l'ennemi des impostures, le défenseur des misérables, le champion d'un monde meilleur. Il n'est pas sûr que de tels clivages aient disparu au XXᵉ siècle. Le Maritain des *Trois réformateurs* (1925) stigmatise un Voltaire « vil », « méprisable personnellement », félicitant Rousseau d'avoir eu « le mérite de le haïr ».[4] Lors du bicentenaire de 1978, alors que l'opinion, du fait de la circonstance, se montrait assez favorablement disposée, il s'est trouvé pourtant un polémiste pour reprendre, à peine rajeunies, les anciennes diatribes : ce Voltaire, un « talent tout d'adaptation », un philosophe enseignant « à se vautrer dans le bonheur matériel », responsable de l'anticléricalisme qui empoisonne la France, et aussi de la préférence de notre pays pour « l'Europe du Nord » (qui est, paraît-il, « le mauvais côté ») ; bref l'instaurateur du « pouvoir des intellectuels », ou pour mieux dire « d'une vermine d'intellectuels de gauche »...[5] Dans la direction opposée, on a vu en mai 1978 des étudiants allemands se réclamer de Voltaire au cours de manifestations qui devaient amener un président de Land à démissionner.[6] Il va de soi qu'un biographe conscient de ses devoirs se gardera de telles humeurs. Ce qu'écrivait Desnoiresterres sur une nécessaire objectivité[7] n'a rien perdu de sa valeur, bien que cette vertu, en un tel sujet, soit aujourd'hui plus facile à pratiquer.

Les critères de l'esprit partisan étant écartés, en vertu de quels principes regroupera-t-on détails et particularités ? André Maurois, spécialiste de la biographie littéraire, recommandait d'imiter le peintre portraitiste ou paysagiste.[8] Ces artistes ont pour méthode d'« isoler ce qu'il y a d'essentiel dans l'ensemble considéré ». Ils mettent en place leur sujet : Maurois conseille donc au biographe de « se promener cadre en mains », afin d'essayer des cadrages, comme le faisaient, à l'en croire, certains impressionnistes. On pourrait concevoir une vie de Voltaire qui se composerait d'une suite de portraits, saisis à des moments bien choisis. Le parti aurait des avantages : il permet de déblayer dans une matière surabondante. Il s'appuierait sur les images de Voltaire qu'ont fixées, aux diverses phases de sa vie, des peintres, des dessinateurs, des statuaires. Il rappellerait que cet homme fut un être de chair, une présence physique. « Je suis corps et je pense »,[9] déclarait l'auteur des *Lettres philosophiques*. N'oublions pas le corps. Une biographie ment, au moins par omission, qui néglige de raconter l'histoire de ce corps, avec son apparence, ses particularités, ses maladies, son usure inévitable.

Ce serait un idéalisme inacceptable que de supposer que tout cela resta sans influence aucune sur les conduites, les pensées, les écrits.

Les objections à la biographie par portraits n'en paraissent pas moins dirimantes. Le portraitiste choisit «l'essentiel»? Autrement dit ce qu'il décide être l'essentiel: nous demeurons dans la subjectivité. Non qu'on doive en faire grief à l'artiste. Ce qui donne son prix au Balzac de Rodin, c'est le style de Rodin, interprétant le phénomène Balzac; non la fidélité à reproduire les traits et la stature du modèle. Mais une biographie ne peut s'accorder la pleine liberté de l'art. On attend d'elle un récit approchant autant qu'il se peut de la vérité. Un récit, non un portrait ou une série de portraits. La biographie a ceci de commun avec le roman qu'elle se constitue dans la catégorie de la durée. Elle ne vise pas comme le peintre portraitiste à composer une image fixe d'un être qui a vécu. Cette existence d'autrefois, elle en veut suivre le devenir, dans sa courbe complète de la naissance à la mort. Si parfois le récit s'arrête pour un instantané, c'est seulement à la manière de certains films projetant pendant quelques secondes une vue immobile. Le portrait dans la biographie n'est admissible que comme l'une de ces brèves interruptions bien vite récupérées dans le mouvement narratif.

Ainsi on évitera mieux les écueils du portrait littéraire. Voltaire récusait le genre, non sans raison.[10] A grouper des traits choisis pour leur valeur expressive, on construit une figure artificielle, où le talent du portraitiste s'exerce au détriment de la ressemblance. Dans le cas présent, il est d'une certaine importance que l'on prenne son parti sur cet article. Car notre personnage, par sa singularité et son relief, a très tôt tenté les émules de La Bruyère. Un portrait de lui resté célèbre circula vers 1735: «M. de Voltaire est au-dessous de la taille des grands hommes, c'est-à-dire un peu au-dessus de la médiocre»[11] ... L'auteur anonyme campe son «caractère» par des aperçus pertinents, saisis souvent avec acuité («c'est une ardeur qui va et vient, qui vous éblouit et qui pétille»). Pourtant ce morceau de bravoure demeure superficiel. Jean-Baptiste Rousseau observait justement qu'«on y a plus recherché l'antithèse que la vérité». Le portrait se conforme à une rhétorique, dont l'un des effets est que l'homme vrai reste extérieur à une image dont il fut le prétexte plutôt que le modèle.

On ne prétendra pas pour autant que la forme narrative puisse réaliser une parfaite adéquation à l'objet. Suivre le déroulement d'une existence suppose inévitablement qu'on choisit dans le flux infini des détails ce qu'on perçoit comme constituant le courant majeur avec ses ramifications principales. On ne se dissimulera pas qu'un tel discernement relève pour une bonne part de l'intuition. Le biographe met en usage la faculté de connaître les autres dont chacun dispose, peu ou prou, dans son expérience vécue. «On ne voit pas les cœurs», certes, mais quotidiennement on les devine, bien ou mal. Plus malaisément dans le cas du biographe, privé qu'il est de la présence immédiate de l'autre. Il n'accède à celui-ci qu'indirectement, à travers des documents inertes, souvent peu parlants. Et il ne lui suffit pas de connaître. Il a mission de recréer une vie par le langage. Faute de pouvoir accomplir véritablement un tel miracle, il s'efforce par des mots d'évoquer des images constituées à partir des informations parvenues jusqu'à lui sur un vivant d'autrefois.

Il est une voie cependant qui permet de surmonter l'embarras de ces résurrections, en limitant l'arbitraire des intuitions. Sartre s'est longuement interrogé sur les problèmes de la biographie.[12] Du *Baudelaire* au monumental *Idiot de la famille*, l'existentialisme sartrien remettait en valeur une recherche dédaignée par d'aucuns, à partir de l'affirmation que toute vie est liberté ; et que la liberté, en situation, s'exprime par le projet. «Faire voir cette liberté aux prises avec le destin, d'abord écrasée par ses fatalités puis se retournant sur elles pour les digérer peu à peu, prouver que le génie n'est pas un don mais l'issue qu'on invente dans les cas désespérés, retrouver le choix qu'un écrivain fait de lui-même, de sa vie et du sens de l'univers, jusque dans les caractères formels de son style et de sa composition, jusque dans la structure de ses images»[13]... La perspective tragique proposée par Sartre ne convient évidemment pas à une vie de Voltaire. Jamais François-Marie Arouet ne fut «écrasé par ses fatalités». Mais comme tout homme il a subi les contraintes de son insertion historique et sociale. Comme tout homme il a vécu avec les données psycho-somatiques de son hérédité. Sur les unes et les autres il s'est «retourné» pour les dépasser. Il s'est bien «choisi lui-même», par exemple lorsqu'il a refusé de poursuivre sur la lancée familiale en s'élevant dans la magistrature parlementaire, optant délibérément pour la littérature. Au sortir du collège il affirme sa liberté par la décision d'être poète. Les projets dont se tisse une vie s'élaborent lentement, au long des années. On ne déterminera pas la date précise à laquelle «M. de Voltaire», ce poète, a décrété qu'il serait aussi un «philosophe». Sa vocation «philosophique» est née d'orientations successives par quoi il réagit à des événements fortuits. S'il ne s'est jamais trouvé dans des conjonctures réellement «désespérées», même à la Bastille, même arrêté à Francfort sous la férule de l'agent prussien Freytag, il est exact qu'il a dû maintes fois découvrir des «issues» à des situations difficiles. L'accumulation de ses décisions, toujours improvisées et partielles, finira par constituer une ligne de vie continue, ayant le sens d'un projet.

On dira que nous en jugeons à notre aise, puisque de cette vie nous connaissons la fin. On fausse effectivement la perspective quand on apprécie les événements d'une vie, surtout en ses débuts, à la lumière de l'avenir. Ainsi l'abbé Duvernet nous montre un François-Marie déjà «philosophe» à l'âge tendre de trois ans : le bambin aurait dès ses premiers balbutiements récité par cœur un texte aussi peu enfantin que la *Moïsade*. Au collège le père Lejay aurait lancé à l'élève Arouet l'apostrophe : «Malheureux, tu seras un jour l'étendard du déisme en France !»[14] Les épisodes prophétiques éveillent toujours le soupçon d'avoir été altérés, sinon inventés de toutes pièces. Ils ont en outre le défaut d'anticiper maladroitement. Le récit biographique doit préserver l'intérêt, d'essence romanesque, créé par l'attente d'un Demain inconnu. Toute vie s'ouvre sur l'avenir.

xii

L'indétermination de ce qui adviendra, bien que progressivement réduite, doit subsister jusqu'en ses dernières phases.

Pourtant le romancier, presque toujours, sait où il conduira son personnage. Mieux encore le biographe connaît la suite et la fin de la vie qu'il raconte. Même s'il le voulait, il ne peut en faire abstraction. Et ce serait se priver d'une approche efficace. Dans le présent incertain dont il parle pourquoi feindre d'ignorer les lendemains que déjà il voit s'y dessiner? Il est plus sincère, comme plus utile, de pratiquer la méthode «progressive-régressive» définie par Sartre. Une situation donnée se trouvera bientôt dépassée. Comment? Seul un perpétuel aller et retour fait saisir au biographe la tension d'une vie. «Il s'agit d'inventer un mouvement, de le recréer.»[15] De plus dans ce dépassement du présent le biographe dépasse lui-même par l'intuition les données brutes de son information. L'école biographique anglaise, constituée autour de Virginia Woolf,[16] avait posé correctement un problème dont la solution se rencontrera dans la direction que nous indiquons. Comment dégager la vérité historique tout en procurant l'illusion de la vie? L'illusion ne s'obtient pas de l'extérieur, par des artifices empruntés au roman: descriptions donnant l'impression de la présence des lieux, invention de scènes «vivantes», dialogues imaginaires. La biographie romancée, faisant mouvoir ses marionnettes, ne réalise qu'une animation factice. Notre ambition est de saisir le mouvement interne d'une existence. La vérité d'une vie s'atteint par l'accès à ses motivations les plus déterminantes, non par une hypothétique reconstitution de ses apparences.

L'intériorisation de l'enquête s'impose plus encore dans le cas d'une biographie d'écrivain. La vie d'un homme qui a choisi pour activité principale l'écriture doit s'axer sur l'étude génétique de ses œuvres. Il est connu qu'à cet égard l'ouvrage de Desnoiresterres fut gravement déficient.[17] Son *Voltaire et la société au XVIIIe siècle* considérait le personnage sous un angle qui, sans doute, ne manquait pas de pertinence. Mais Desnoiresterres ne semble pas avoir pris conscience de ce que sa perspective avait d'appauvrissant. «L'organisation du récit fait que Voltaire n'y est jamais seul, qu'on ne le voit qu'en représentation».[18] Le philosophe qui pense, l'écrivain qui conçoit, élabore, rédige, est absent de cette biographie. Les ouvrages de l'homme de lettres ne sont guère mentionnés que pour les péripéties de leur publication et les remous qu'ils suscitent. Sur la signification que leur imprime Voltaire, sur l'ébranlement qu'ont provoqué certains d'entre eux (on songe aux *Lettres philosophiques*), rien ou peu de choses. Les visées de l'écrivain par rapport à son époque ne sont pas prises en compte. La fébrilité des conduites, l'éparpillement des actions exposent effectivement le biographe à négliger le grand dessein voltairien. Mais on n'aura pas rendu justice au personnage si l'on oublie ou minimise le *projet* qu'il exprimait rétrospectivement lorsqu'il se flattait d'avoir «plus fait en [son] temps que Luther et Calvin».[19] «J'écris pour agir»,[20] déclare-t-il encore. En son cas moins qu'en tout autre on ne peut séparer «la vie» de «l'œuvre». L'écriture n'exige de sa part aucun retrait hors des activités quotidiennes d'une existence très chargée. Ce qui explique l'erreur de perspective de Desnoiresterres. Sa mobilité d'attention le met à même de reprendre dans l'instant un manuscrit commencé, parfois depuis longtemps. Même ses ouvrages de la plus longue haleine, tel *Le Siècle de Louis XIV*, furent ainsi lentement improvisés. Le biographe sera donc tenu de ne point perdre le fil d'une écriture toute mêlée aux circonstances, liée à une actualité proche ou lointaine, à la fois comme cause et comme effet.

Il est bien vrai que Voltaire fut peut-être le moins solitaire des hommes. Le titre d'ensemble que nous avons choisi, *Voltaire en son temps*, entend marquer son étroite participation à son époque. Un homme, remarque Sartre, n'est jamais à proprement parler un «individu»: plutôt un «universel singulier». «Totalisé» par son époque, «il la retotalise en se reproduisant en elle comme singularité».[21] Tel fut éminemment Voltaire: «écho sonore» sans doute, mais plus encore élément moteur de son temps.

Ici une nouvelle fois nous nous démarquons de Desnoiresterres. La «société au XVIIIe siècle» dont il parle, il tendait à la réduire aux relations littéraires et mondaines. La prodigieuse mutation du monde européen, où Voltaire fut pris, dont il fut l'un des agents, son biographe ne semble pas en mesurer l'importance. Tout au plus parle-t-il quelque part, pauvrement, de la «rénovation de 89». Peut-être se sentait-il trop proche de ce passé. «Nous commençons à nous éloigner de ces temps», écrivait-il.[22] Plus de cent ans après, en notre vingtième siècle finissant, le biographe a désormais la conviction d'être situé dans un monde très éloigné de celui de Voltaire. L'horizon de l'Histoire se dessine à son regard: il ne le perdra pas de vue en suivant les péripéties des polémiques et combats voltairiens.

Nous aurons soin cependant que les lointains ne nous détournent pas de considérer les environnements les plus proches. Voltaire a traversé de nombreux milieux: le monde de la Régence, la société anglaise, les Pays-Bas des années 1730 et 1740, la cour de Nancy, celle de Louis XV, la Prusse, Genève, Paris derechef... En plusieurs de ses résidences il a séjourné ou s'est installé pour un temps assez long. Nouant de multiples relations, parfois orageuses, il a été influencé par ces ambiances diverses. Il y a réagi. Il affirmait qu'il avait été «Anglais à Londres», «Allemand en Allemagne». Des Délices et de Ferney il signe: «le Suisse Voltaire». Il parle de sa «peau de caméléon».[23] Aussi importera-t-il de reconstituer ces milieux, d'en caractériser les composantes morales. La biographie de Voltaire ne peut moins faire que d'adapter le principe de la philosophie voltairienne de l'histoire recommandant de connaître «l'esprit des hommes» vivant en société.

Mais dans cette recherche nous ne suivrons pas la méthode préconisée par André Maurois: celle de «voir tout à travers le héros». Maurois concédait qu'on peut à la rigueur prendre «quelquefois» du recul.[24] Nous posons que ce «quelquefois» deviendra la règle. La perspective personnelle de Voltaire sur l'histoire de son temps fait partie de cette histoire même. Elle aide l'historien d'aujourd'hui à définir une mentalité, dominante au dix-huitième siècle, celle de l'opinion «éclairée», dans l'une de ses branches majeures. La perspective voltairienne sur l'époque sera englobée par nous dans la perspective plus large que rend possible la distance de deux siècles. Voltaire témoin de son temps : grand sujet, qui a été traité.[25] Le biographe est quant à lui le témoin de Voltaire «en son temps».

Témoin : non accusateur, ni avocat. Et pas davantage romancier omniscient. «L'intuition» doit se résigner à laisser subsister des zones d'ombre. L'interprétation des projets et intentions reste, quoi qu'on fasse, extérieure à la conscience qui les pense. «Nul ne peut écrire la vie d'un homme que lui-même», prétend Rousseau :[26] ce qui reviendrait à récuser la biographie au profit de la seule autobiographie. Comme d'habitude en ses formules abruptes, Rousseau a raison dans l'absolu. Nul ne connaît mieux Jean-Jacques que Jean-Jacques lui-même. Nul récit ne sera plus véridique – dans la mesure où un récit peut l'être – que le livre des Confessions qu'il ne craindra pas de produire au jour du Jugement devant l'Etre suprême. Mais hors de l'hypothèse extrême, toute théorique, posée par le célèbre préambule, une connaissance relative des êtres demeure la seule accessible. Connaissance suffisante dans ses approximations pour que depuis Rousseau, en dépit de sa sentence, maints biographes et leurs lecteurs s'en soient contentés, ayant le sentiment de parvenir, sur le personnage en question, à une vérité incomplète mais réelle.

Une biographie de Voltaire appartient de toute évidence à cette catégorie. Nous n'accédons pas ici à la connaissance intime que les Confessions ouvrent au biographe de Rousseau. Quand notre auteur rédige des Mémoires pour servir à la vie de M. de Voltaire, il évite soigneusement le retour sur soi autobiographique. Il écrit à la manière du mémorialiste classique, parlant des grands personnages qu'il a fréquentés (ici Frédéric II) et des événements auxquels il fut mêlé. Avancera-t-on que sa correspondance, si copieuse, fournit à son biographe l'équivalent des Confessions ? Il y manquerait le recul de l'autobiographie et l'effort de synthèse du narrateur embrassant la totalité de son passé. Voltaire ne s'écarte pour ainsi dire jamais de la règle épistolaire : il écrit chaque lettre non pour lui-même, mais en vue du destinataire. Si nous disposons là de documents irremplaçables, on n'oubliera pas que chacun est à décrypter en fonction des stratégies et tactiques voltairiennes.

Soutiendra-t-on que l'homme qui écrit beaucoup se livre dans son écriture, à la manière de celui qui parle «au hasard» sur le divan du psychanalyste, même si, comme Voltaire et à la différence de «l'analysé», il contrôle toujours ce qu'il exprime ? L'auteur d'Œdipe offre certainement des éléments pour une critique psychanalytique.[27] Mais on connaît les limites de celle-ci et les incertitudes de son application en matière littéraire. Sartre a édifié une psychanalyse existentielle de Flaubert. Il n'échappe pas tout à fait, ce faisant, à la difficulté sur laquelle trébuchait son Roquentin : le biographe de *La Nausée* voyait son héros échapper aux tentatives d'organisation : «les faits s'accommodent à la rigueur de l'ordre que je veux leur donner, mais il leur reste extérieur».[28] Comment imaginer qu'on puisse capter dans le réseau d'une dialectique un personnage tel que Voltaire, autrement mobile que le Rollebon de Roquentin, ou le Flaubert de Sartre ? Comme l'objet de toute connaissance, la vie, objet de la biographie, ne peut être constituée indépendamment de l'effort pour la connaître. Il demeure que cet «objet» dont nous nous occupons a son caractère propre, sur lequel devra se régler l'entreprise biographique : un homme instable, improvisateur et versatile, qui très tôt a composé son personnage et l'a fait pulluler. Constamment Voltaire tend à se dérober derrière ses rôles et ses masques. Au biographe de découvrir sous les déguisements le visage vrai, ou du moins le visage le plus vrai.

Il est un rôle pourtant que Voltaire a négligé de prévoir. Il a omis de modeler son masque posthume. Son *Commentaire historique* dicté peu avant sa mort à son secrétaire Wagnière n'a nullement le relief trompeur du *Mémorial* de Las Cases – ce Napoléon revu et corrigé par lui-même. Le *Commentaire* de Voltaire n'excède pas l'intérêt d'une notice biographique rédigée par l'intéressé (compte tenu cependant de la finalité précise qu'analysera le chapitre XIII de notre cinquième partie). En cette suprême circonstance l'auteur n'a pas voulu se départir de la discrétion qu'a toujours comportée son éthique de «l'honnête homme».

Dans l'Angleterre victorienne, André Maurois nous assure que «les hommes prudents avant de mourir faisaient choix d'un biographe comme ils désignaient un exécuteur testamentaire».[29] Et Maurois, en bon connaisseur des biographies anglaises, cite des noms. Voltaire a rédigé plusieurs testaments. Il avait prévu à Ferney sa sépulture, que le hasard d'un décès à Paris laissa vide. Il n'a pas eu, en revanche, la naïveté de penser qu'une autobiographie ou qu'une biographie officielle désarmerait la malice de ses ennemis. Son abstention nous laisse le champ libre. Notre entreprise se situera à l'opposé des précautions posthumes des victoriens illustres. Non point une statue aussi convenable que conventionnelle. Mais une image indiscrète, le cas échéant scandaleuse. Nous sommes persuadés qu'à cette franchise Voltaire ne perdra rien.

Bien que plus que centenaires, les huit volumes de Desnoiresterres demeurent encore la base de la biographie voltairienne. Nous avons l'ambition de mettre fin à une situation aussi anormale. Depuis 1871-1876, un afflux énorme de documents a modifié notre connaissance de Voltaire, pendant que les avancées de l'Histoire et l'enrichissement de la méthodologie historique renouvelaient la connaissance de son temps. Il est inadmissible que d'ingénieux amateurs continuent de nos jours à écrire des *Vie de Voltaire*, prestement troussées à partir de l'archaïque Desnoiresterres, ajoutant aux erreurs de celui-ci les bévues de l'improvisateur.

Nous avons le dessein de substituer aux volumes d'il y a cent-vingt ans une narration d'une ampleur analogue, entrant pareillement dans le détail. Voltaire vit au jour le jour. Les grandes lignes de son ou de ses projets n'apparaissent légitimement que dans le mot à mot d'un cheminement quotidien. Aussi suivrons-nous cette existence non seulement année par année, mais mois par mois, semaine par semaine, et parfois, en des phases critiques, jour par jour, voire heure par heure. Cependant, en tête de chaque partie, une Introduction proposera une vue d'ensemble de la période considérée. Aux dernières pages, un regard panoramique s'efforcera d'embrasser en sa totalité cette vie si chargée d'œuvres et d'événements.

I

RENÉ POMEAU

D'Arouet à Voltaire

1694 – 1734

Note

Cette première partie a été entièrement conçue et rédigée
par René Pomeau

Introduction

En cette première partie de sa vie, François-Marie Arouet devient Voltaire. Arouet de Voltaire, puis rapidement Voltaire tout court : le pseudonyme d'abord désigne un poète – un grand poète tragique et épique. Car telle fut la première vocation du jeune homme, au sortir du collège. Que parmi les ouvrages des hommes rien ne vaille une belle œuvre en vers, dans le genre noble : ses maîtres jésuites, en cela admirables éducateurs, ont su le lui faire sentir. Il conservera, ancrée en lui, une telle conviction, jusqu'à son dernier souffle. Pour nous cependant le nom de Voltaire désigne plutôt un philosophe, ou «philosophe», avec les guillemets réducteurs qu'on applique volontiers aux philosophes français du XVIIIe siècle.

Comment donc s'opéra la mutation, entre la tragédie d'*Œdipe* (1718) et le manifeste des *Lettres philosophiques* (1734)? Mais y eut-il réellement mutation? Maturation plutôt : c'est ce que montrera cette première partie. Déjà son *Œdipe* est une tragédie «philosophique». Non sans force, le débutant y montre l'homme victime innocente d'une divinité implacablement perverse. Au dénouement Voltaire, par la voix de ses personnages, crie sa révolte. Autant qu'on sache le petit Arouet eut une enfance agressive, dressé qu'il était contre son frère aîné Armand le janséniste, contre son père aussi peut-être. Il sait mordre. Il avait à peine vingt ans qu'il exécute sa première victime : le pauvre abbé Dujarry, bonhomme de poète qui, par la protection d'Houdar de La Motte, lui a ravi un prix académique dû en bonne justice à son ode sur *Le Vœu de Louis XIII*.

Quelle blessure intime a marqué François-Marie Arouet? La mort de sa mère, la révélation d'une naissance illégitime, quelque expérience traumatisante au collège? Nous l'ignorons, et toute conjecture est aventurée, tant Voltaire s'est appliqué à garder le silence sur son enfance et sa jeunesse. Le fait est en tout cas que sa sensibilité est à vif, en même temps que son esprit se met à penser par lui-même. Il lit Malebranche et l'Anglais Locke, avant même l'exil en Angleterre. Dans l'ambiance de la querelle *Unigenitus*, sous l'influence des libertins du Temple, au contact aussi de son ami le janséniste Louis Racine, la question religieuse l'inquiète. L'idée d'un Dieu cruel, l'image du prêtre imposteur et méchant, le hantent et le révulsent. Il le dit à Mme de Rupelmonde dans sa première épître «philosophique». Son épopée de *La Ligue*, devenue *La Henriade*, à travers les conventions du genre, met en scène déjà les horreurs du fanatisme.

Ce n'est donc pas l'exil anglais qui fit de Voltaire un «philosophe». Avant même la bastonnade du chevalier de Rohan, il avait prévu de se rendre à Londres. Il voulait y faire éditer sa *Henriade* : ce qu'il réalisa. Il avait pris très tôt

3

des contacts anglais, à l'ambassade, ou en rendant visite à Bolingbroke. Mais à Londres, il reçoit le choc d'un pays tout différent de la France. Un pays qui lui paraît vite posséder des qualités faisant cruellement défaut au royaume de Louis XV. En un mot: la liberté. Liberté de penser et de publier, y compris en matière religieuse. Liberté d'entreprendre, d'où résulte la prospérité anglaise, brillamment illustrée par son ami Fawkener. Aussi ces Britanniques sont-ils des personnages vigoureusement indépendants, s'avançant hardiment tant sur le terrain de l'action que sur celui de la pensée. Voltaire découvre avec Newton une nouvelle vision du monde physique, effaçant la chimère cartésienne des «tourbillons»; avec Locke la vérité sur l'homme, hors des spéculations théologico-métaphysiques. La leçon anglaise a confirmé ses orientations antérieures. Elle l'a définitivement éclairé.

Revenu à Paris, il prend un nouveau départ. Il reste poète. Mais l'exemple de Shakespeare lui a inspiré la volonté de rénover la tragédie française. Son *Brutus* met en scène de grandes âmes républicaines. Il ressort que la liberté a un prix: la mort. Sa *Zaïre* atteint un pathétique déchirant dans la confrontation entre chrétiens et musulmans. Epris de personnalités de grand relief, il s'intéresse à Charles XII. Il narre l'histoire du conquérant suédois, et rencontre ici un de ses futurs héros, le tsar révolutionnaire Pierre le Grand. Il voudrait publier en France, comme cela se pratique outre-Manche, sans se soucier de la censure. Mais à Paris on lui cherche noise pour son épître dédicatoire de *Zaïre*, pour son *Temple du Goût*. Plus grave: ses *Lettres philosophiques* lui valent un mandat d'arrêt qui l'oblige à s'enfuir.

Il est bien désormais philosophe, avec ou sans guillemets, dans la pleine acception du mot. Ses *Lettres* de 1734 affirment, avec une efficacité qui fait scandale, une pensée qui sera celle du siècle. C'est à ce Voltaire-là que Mme Du Châtelet, après un temps d'hésitation, a décidé de s'unir. Evénement majeur dans l'histoire du philosophe. L'être d'une femme, a-t-on dit, dépend de l'homme auquel elle associe sa vie. Les termes de la proposition peuvent s'inverser. Voltaire sans Mme Du Châtelet eût été sans doute différent de celui qu'il devint à Cirey, vivant en communion de pensée et de sentiment avec sa chère Emilie.

1. Voltaire Parisien

Français superlativement, Voltaire l'est grâce à Paris. Qu'il soit ou non né dans la capitale, il y a vécu son enfance et sa jeunesse. Il y a aiguisé son esprit. Il écrit d'abord pour le public de la grande cité. Il lui doit le début de ses succès. Ensuite, éloigné, exilé, il ne cesse de regarder vers ce centre de sa vie. Sa dernière folie sera d'y revenir, et d'y mourir.

Le contact formateur d'un homme avec sa ville, il l'a vécu pendant ses trente premières années. Jusqu'à son départ pour l'Angleterre, il y réside continuelle-ment, fût-ce comme pensionnaire de la Bastille. Son absence la plus longue dure cinq mois (mai-octobre 1716: il est assigné à résidence à Sully-sur-Loire). Ces années seront la partie la plus parisienne de sa biographie.

De quel Paris s'agit-il? Desnoiresterres ne se posait pas la question, comme si Voltaire avait habité la ville que lui-même avait sous les yeux. Pourquoi parler de ce que chacun de ses lecteurs alors connaissait bien? Postulat encore admis-sible vers 1860. Hausmann commençait à peine à détruire l'ancienne cité. Desnoiresterres peut se contenter de signaler en note une «transformation» faisant disparaître la rue de la Haumerie, où la sœur de Voltaire, Mme Mignot, avait sa maison.[1]

Aujourd'hui, il faut écarter l'image de l'agglomération qui est la nôtre. Sous le même nom, sur les mêmes lieux, représentons-nous une autre ville. Le plan de Turgot, dressé en 1734-1739, nous aide à la reconstituer.

Au nord de la Seine, Paris est bordé par un arc de cercle conservant des éléments d'anciennes fortifications, désormais plantées d'arbres. La limite, à l'est, part de l'Arsenal au bord de la Seine, passe par la Bastille, longe le couvent des Filles du Calvaire, dépasse la porte du Temple (au nord du «Temple»), la porte Saint-Martin, la porte Saint-Denis, continue à quelque distance de la place Vendôme pour rejoindre la Seine sur un espace qui sera la place de la Concorde, où l'on accède venant des Tuileries par un pont tournant. La ville s'arrête là du côté de l'ouest. Plus loin les bosquets des Champs-Elysées ne portent aucune habitation. Au nord de l'arc ainsi tracé, sur les axes routiers, plusieurs quartiers commencent à se construire: les faubourgs Saint-Antoine, Saint-Laurent (à l'emplacement de la future gare de l'Est), le faubourg Montmartre en direction du village de ce nom, la Madeleine, le faubourg Saint-Honoré.

Au sud de la Seine, à l'ouest, l'hôtel des Invalides marque la fin de la ville. Au delà le Gros-Caillou forme sur le rivage du fleuve un village distinct. Sur la périphérie également se situent le palais du Luxembourg et ses jardins. Jouxtant celui-ci la rue de Vaugirard gagne la campagne à partir de la rue Notre-Damedes-Champs, laquelle effectivement traverse les champs. L'Observatoire, comme il est normal, a été édifié en dehors de la partie construite. A l'endroit de l'actuelle place Denfert-Rochereau et de ses environs, le plan de Turgot dessine des moulins. En traversant les faubourgs Saint-Marcel, Saint-Victor, on retrouve à l'est le fleuve, en face du port de la Rapée, par la rue Poliveau ; sur le côté droit de cette rue l'hôpital de la Salpêtrière est hors de la ville.

En descendant la Seine le premier pont de Paris est le pont de la Tournelle reliant la rive gauche à l'Ile Saint-Louis, prolongé par le Pont-Marie. Le dernier est le Pont-Royal entre les Tuileries et la rue de Beaune.

De banlieue, point. Mais des villages égaillés dans la campagne : Ménilmontant, Belleville, Montmartre, Chaillot, Auteuil, Gentilly. En 1776 encore, le promeneur Jean-Jacques Rousseau, partant du centre, au début de l'après-midi, gagne de son pas par des « sentiers à travers les vignes et les prairies » les hauteurs de Ménilmontant et Charonne, localités sises en un « riant paysage ». Il rentre, toujours à pied, vers les six heures du soir.[2]

Dans ce périmètre, si étroit en comparaison du Paris du XXe siècle augmenté de surcroît d'immenses banlieues, combien la ville comptait-elle d'habitants ? Quatre cent mille ? Cinq cent mille ? L'un ou l'autre chiffre en faisait la ville la plus peuplée, avec Londres, de tout l'Occident. Ce serait aujourd'hui une agglomération de troisième ordre : l'une de ces cités où l'on peut dire que tout le monde connaît tout le monde. En outre, dans les années 1700, le Paris de la bonne société se réduisait à un cercle fort restreint. Tranchant sur une population de petits bourgeois, d'artisans, de domestiques, de manœuvres, de miséreux, les « honnêtes gens » n'étaient que quelques milliers. Ils se retrouvaient en certains lieux publics, centres obligés de passage ou de rencontre : les trois salles de spectacle, la Comédie-Française, le Théâtre-Italien (rouvert en 1716), l'Opéra ; les divertissements de la Foire où maints d'entre eux aiment s'encanailler ; les promenades dans les quelques jardins de la capitale, Luxembourg, Tuileries, Palais-Royal. La superficie de la ville, le caractère élitiste de la société détermi-naient une vie de relations fort différente de ce qu'elle peut être dans nos métropoles. Les structures urbaines assurent à l'individu beaucoup plus de contacts avec ses concitoyens. Chacun se meut non dans la foule anonyme, mais dans un milieu où il se sait connu, ou reconnu. Significatif, ce qui arriva au jeune Arouet pendant l'affaire des « J'ai vu ». Dans les jardins du Palais-Royal, le régent le croise, l'interpelle ; car il connaissait au moins de visage ce jeune homme qui ne s'était encore signalé que par quelques méchants propos.[3] On n'imagine guère de nos jours une telle rencontre dans la rue entre le chef de l'Etat et un garçon de vingt-six ans (c'est l'âge d'Arouet lors de l'épisode) dont il croit avoir à se plaindre.

Le mode d'existence propre à l'« honnête homme » parisien n'est pas étranger à une certaine théâtralité de la vie française. On est en scène, sous le regard, non seulement à la cour, mais dans les cercles à peine plus élargis de la ville.

L'un des hauts moments de la journée est celui où l'on va se montrer à la Comédie, française ou italienne, formant soi-même la partie non la moins intéressante du spectacle. Voltaire si féru de théâtre, comme auteur et comme acteur, ne cessera de composer son personnage à l'intention d'un public finalement étendu aux dimensions de l'Europe.

Centre d'élégance et de luxe, le Paris du XVIIIe siècle n'offre pourtant en la plupart de ses quartiers qu'un décor vétuste. La ville a pâti du transfert de la cour à Versailles. Louis XIV a négligé cet ancien foyer de la Fronde. On a même permis à un particulier, un certain Molet, de construire sa maison dans la cour carrée du Louvre. Le plan de Turgot reproduit cet édifice incongru. Les efforts d'urbanisme au Grand Siècle se sont bornés à des réalisations disparates. Voltaire en aura vite dressé le palmarès dans le *Temple du Goût*: outre la façade du Louvre, la Porte Saint-Denis, le Palais du Luxembourg, le portail de Saint-Gervais.[4]

Rares chefs-d'œuvre dans une ville médiévale. Les quartiers du centre surtout n'offrent qu'un dédale de rues étroites, aggravé de ces culs-de-sac innombrables dont la dénomination grossière non moins que l'incommodité indignera Voltaire. Comme au Moyen Age les ponts (à l'exception du Pont-Neuf et du Pont-Royal) portent une rangée de maisons de chaque côté de la chaussée, bouchant la vue du fleuve. Point d'eau dans ces rues populeuses: les fontaines publiques ne laissent couler qu'un mince filet, quand elles ne sont pas taries. Le service de l'eau est fait par des porteurs livrant dans les maisons les seaux puisés dans la Seine. Dans un quartier comme Saint-Jacques de la Boucherie le plan de Turgot note qu'on est incommodé par la puanteur des étals, des échaudoirs, des triperies «qui sont concentrés dans de petites rues étroites, de même que les marchands de marée».[5] D'innombrables couvents, communautés, prieurés, d'hommes et de filles, achèvent de donner à la ville son allure archaïque.

Le «gothique», le «welche», que Voltaire combattra obstinément, il le connaît bien pour en avoir longuement souffert le contact dans le Paris de sa jeunesse, l'un des quartiers les plus enchevêtrés étant celui du domicile familial. Son père François Arouet, en qualité de receveur à la Cour des comptes, occupe un logement parmi le fouillis du Palais de justice, en l'île de la Cité. Sa maison s'ouvre sur la cour du Palais, mais par une seule fenêtre, et au fond de la rue de Nazareth. On n'a qu'une vue étroite sur la petite place centrale, encastrée entre les bâtiments, dont l'un est la Sainte-Chapelle. Mais d'un autre côté la maison dispose d'un jardin. Milieu de bourgeoisie robine, à la fois rechignée et cossue. Voltaire se souviendra d'y avoir vu le vieux Boileau-Despréaux, qui avait sa demeure sur cette même cour du Palais.[6]

De l'émergence d'un être humain à la vie, qu'aperçoit le regard de l'historien? D'abord seulement le tissu nourricier: une famille installée en un point de l'espace social. Quand vient au monde le nouveau-né qui sera Voltaire, ses parents habitent encore sur la paroisse Saint-André-des-Arts. Pour peu de temps. François Arouet a déjà vendu sa charge de notaire au Châtelet (16 décembre

1692); il va acheter celle de receveur des épices à la Cour des comptes (10 septembre 1696). L'enfant naît dans cet intervalle de l'ascension familiale. Progression patiemment poursuivie depuis trois quarts de siècle. Les Arouet étaient du Poitou, principalement de Saint-Loup près d'Airvault. La souche provinciale subsista pendant tout le XVIIIᵉ siècle: il en existait encore des descendants dans la région en 1811 et 1812 selon Beuchot.[7] En 1936 même Jacques Renaud signale des Arouet à Niort, «marchands de chevaux de père en fils»: l'un d'eux présenterait une ressemblance physique avec Voltaire.[8]

C'étaient gens de roture, mais non de la plus basse. Desfontaines croira insulter le grand homme en le traitant de «petit-fils d'un paysan». Ses ancêtres poitevins appartiennent en réalité à la bonne bourgeoisie de campagne. On cite au début du dix-septième siècle un Samuel Arouet, notaire à Saint-Loup.[9] Hélénus Arouet, arrière-grand-père de Voltaire, est tout à fait à son aise: il dirige à Saint-Loup une «grande tannerie»; il possède plusieurs maisons, des terres dans les environs. A sa mort son coffre se révèle bien garni de titres et de reconnaissances de dettes.[10]

C'est l'un des fils d'Hélénus, François né à Saint-Loup vers 1605, qui vient s'installer à Paris avant 1625 comme marchand de drap et de soie. Ce grand-père de Voltaire conserve des attaches au Poitou. Il y revient de temps en temps, en dernier lieu pour liquider ses avoirs provinciaux en vue d'investir dans son commerce à Paris. Le fils de ce François, prénommé aussi François, est devenu, lui, purement parisien. Né dans la capitale le 19 août 1649, il y acquiert une étude de notaire le 19 février 1675. Par lui une branche de la famille Arouet se détache de la bourgeoisie commerçante, tenant encore au terroir provincial, pour s'élever au niveau supérieur, celui de la bourgeoisie parisienne des offices.

Le fils de ce François II Arouet n'aura que de vagues notions des origines poitevines des siens. Il ne manifestera que de l'indifférence pour les gens de Saint-Loup et lieux environnants. Il n'aura jamais la curiosité d'aller faire là-bas une visite, même lorsque séjournant à Richelieu chez son ami le duc il n'en sera qu'à une journée de voiture.

8

2. Deux pères ? deux baptêmes ?

François II Arouet épouse le 7 juin 1683 Marie-Marguerite Daumard. L'union confirme que le fils du marchand a gravi un degré de l'échelle sociale. Les Daumard ne sont pas issus, comme l'écrivait Condorcet, d'une «noble famille du Poitou».[1] Non pas poitevins, mais parisiens, autant qu'on sache. S'ils ne sont pas nobles, ils sont en passe de se débarbouiller de leur roture. Le père de Marie-Marguerite comme greffier criminel au parlement s'engageait sur la voie de l'anoblissement robin. Et déjà un sien cousin, Nicéphore Symphorien (G. Chardonchamp) ou Sébastien (J. Renaud), capitaine au château de Rueil, avec le titre d'écuyer a acquis un premier quartier de noblesse. On voit qu'en 1726 dans sa querelle avec le Rohan Voltaire tentera de mettre en avant un cousin de sa mère (peut-être ce Symphorien ou Sébastien),[2] comme si la partie la plus huppée de sa famille se situait du côté Daumard.

Dans les premières années du ménage Arouet on rencontre les naissances et décès d'enfants en bas âge conformes à la démographie française sous Louis XIV. Un Armand-François, né le 18 mars 1684, ne vivra pas. Un an plus tard, le 22 mars 1685, naît Armand, qui sera le frère janséniste de Voltaire. Au bout de dix-huit mois, vient au monde (le 28 décembre 1686) Marguerite-Catherine, la future Mme Mignot, mère de Mme Denis et de Mme de Fontaine, et de l'abbé Mignot. Un Robert Arouet né le 18 juillet 1689 meurt très vite. Ensuite François-Marie, dernier enfant du ménage, ne naît que cinq ans après, en 1694.[3] Cet intervalle, beaucoup plus long que les précédents, s'explique-t-il par la mauvaise santé de la mère, éprouvée par quatre maternités ? Ou par un contrôle des naissances, qui commençait à se pratiquer dans quelques milieux ? Ou par une mésentente conjugale ?

Ce soupçon ne peut être écarté, compte tenu des énigmes qui entourent la naissance de Voltaire. Incertitude sur la date. Officiellement François-Marie Arouet, baptisé le 22 novembre 1694 à l'église de Saint-André-des-Arts, est «né le jour précédent»: c'est ce que mentionnait le registre paroissial aujourd'hui disparu.[4] Mais Voltaire a plusieurs fois affirmé qu'il était né en réalité le 20 février 1694. Il vaut la peine de lire les textes où apparaît cette assertion.

La plus ancienne notice biographique le concernant remonte à 1750. Elle fut rédigée par son disciple et alors ami Baculard d'Arnaud, pour figurer en tête d'une édition de ses *Œuvres* que devaient publier les libraires de Rouen. Elle lui fut soumise. Il en changea ou retrancha plusieurs passages. Mais il laissa sans changement ceci: «François-Marie de Voltaire [...] naquit le 20 février 1694»...[5]

Le 20 février 1765, écrivant à Damilaville sur diverses affaires de la campagne contre l'Infâme, il termine ainsi :

Je me recommande à vos saintes prières. J'entre aujourd'hui dans ma soixante et douzième année, car je suis né en 1694, le 20ᵉ février et non le 20ᵉ novembre comme le disent les commentateurs mal instruits. Me persécuterait-on encore dans ce monde à mon âge ?[6]

Quelques jours plus tard, le 27 février, dans une lettre à son ami le maréchal duc de Richelieu, il vient à dire qu'il a renoncé à donner à Ferney des représentations théâtrales. Il explique sa décision en ces termes :

A l'égard du tripot, il est vrai que j'ai demandé mon congé, attendu que je suis entré dans ma soixante et douzième année, en dépit de mes estampes, qui par un mensonge imprimé me font naître le 20ᵉ novembre quand je suis né le 20ᵉ février.[7]

Il est à noter que les Richelieu connaissaient depuis fort longtemps la famille Arouet. Le père du maréchal avait été client du père de Voltaire ; il fut, on le sait, en 1685 le parrain du fils aîné qui lui doit son prénom d'Armand.

Le 1ᵉʳ janvier 1777, s'adressant à un autre intime, le comte d'Argental, Voltaire peste encore contre la date officielle de sa naissance :

Quand il serait vrai, selon un maudit extrait, que je fusse né en 1694 au mois de novembre, il faudrait toujours m'accorder que je suis dans ma quatre-vingt-troisième année.[8]

Déjà en 1764, il avait glissé une allusion dans le *Dictionnaire philosophique*, article « Certain, certitude », au sujet d'un dénommé Christophe, apparemment fictif. A ce personnage on attribue l'âge de vingt-huit ans, sur la foi de son extrait baptistaire. Interrogés, un ami d'enfance, vingt autres témoins confirment le renseignement. Mais, continue Voltaire, « à peine ai-je entendu la réponse [...] que j'apprends qu'on a antidaté par des raisons secrètes, et par un manège singulier, l'extrait baptistaire de Christophe. Ceux à qui j'avais parlé n'en savent encore rien ; cependant ils ont toujours la certitude de ce qui n'est pas. »

Comme il arrive parfois, Voltaire fait tacitement référence à son propre cas, sous cette réserve que, s'agissant de lui, « antidaté » est impropre : sur son extrait baptistaire, sa date de naissance aurait été, à l'en croire, « postdatée ». Il omet ici de s'expliquer davantage. Quelles « raisons secrètes » ? Quel « manège singulier » ? Un dernier texte le laisse entrevoir.

Dictant en 1776 une biographie de lui-même à la troisième personne, il fait écrire ceci par son secrétaire Wagnière :

Les uns font naître François de Voltaire le 20 février 1694 ; les autres, le 20 novembre de la même année. Nous avons des médailles de lui qui portent ces deux dates ; il nous a dit plusieurs fois qu'à sa naissance on désespéra de sa vie, et qu'ayant été ondoyé, la cérémonie de son baptême fut différée de plusieurs mois.[9]

Cette version ajoute une précision explicative : né mourant le 20 février, il aurait été alors seulement ondoyé ; le baptême aurait eu lieu en novembre, quant il s'avéra que l'enfant décidément s'obstinait à vivre. Son biographe Duvernet en 1786 reprend la même version avec des détails plus développés :

Voltaire vint au monde au mois de février 1694. En naissant il n'apporta qu'un faible souffle de vie. Quand on l'eut baptisé dans l'intérieur de la maison, on l'abandonna aux soins d'une nourrice qui, pendant plusieurs mois, descendait chaque matin chez la mère pour lui annoncer que l'enfant était à l'agonie. On fut longtemps sans espérance de le conserver.[10]

Même version encore chez Condorcet en 1789, dans l'édition de Kehl des *Œuvres complètes* :

François-Marie Arouet, qui a rendu le nom de Voltaire si célèbre, naquit à Chatenay le 20 de février 1694, et fut baptisé à Paris, dans l'église de Saint-André-des-Arcs, le 22 novembre de la même année. Son excessive faiblesse fut la cause de ce retard, qui pendant sa vie a répandu des nuages sur le lieu et sur l'époque de sa naissance. On fut aussi obligé de baptiser Fontenelle dans la maison paternelle, parce qu'on désespérait de la vie d'un enfant si débile. Il est assez singulier que les deux hommes célèbres de ce siècle, dont la carrière a été la plus longue, et dont l'esprit s'est conservé tout entier le plus longtemps, soient nés tous deux dans un état de faiblesse et de langueur.[11]

Ici apparaît pour la première fois l'indication d'un changement non seulement de date mais de lieu : François-Marie Arouet serait né le 20 février 1694 non pas à Paris mais à Chatenay, village proche de la capitale où son père achètera en 1707 une maison de campagne.[12]

A l'encontre de ces affirmations un document a paru longtemps décisif en faveur de la date du 21 novembre. Au milieu du siècle dernier Benjamin Fillon, apparenté lui-même à des alliés des Arouet poitevins, les Bailly Du Pont, de La Châteigneraie, a produit une lettre qu'aurait écrite de Paris, le 24 novembre 1694, un Pierre Bailly, cousin de François Arouet :

Mon père, nos cousins ont un autre fils, né d'il y a trois jours. Madame Arouet me donnera pour vous et la famille les dragées du baptême. Elle a été très malade ; mais on espère qu'elle va mieux. L'enfant n'a pas grosse mine, s'estant senti de la cheute de la mère.[13]

Mais on doute aujourd'hui de l'authenticité des documents produits par Benjamin Fillon.[14] Le fantaisiste auteur se garde bien d'indiquer ses sources. Nul n'a jamais vu l'original du billet ci-dessus.[15] Et la présentation qu'il en fait a de quoi inquiéter. Ses *Lettres écrites de la Vendée* étaient, assure-t-il, à l'impression lorsqu'il s'avisa d'y ajouter dans une onzième lettre les documents relatifs à Voltaire :

Je me suis aperçu que j'avais oublié de fouiller un dernier carton perdu de vue depuis longtemps, dans lequel il m'arrivait ordinairement, il y a quelques années, de jeter mes notes de voyage. Au milieu de plusieurs centaines de bouts de papier de toutes tailles et de toutes couleurs, chargés de griffonnages étrangers aux matières qui nous occupent en ce moment, je viens de rencontrer [...] un volumineux dossier concernant les ancêtres de l'un des plus grands artistes du XVIIIe [sic].[16]

«Notes de voyage», «griffonnages»? Fillon affirme pourtant qu'il a «en ce moment sous les yeux» les «pièces originales».[17] D'où provenait donc ce prétendu original? Des archives Bailly Du Pont? Selon Jacques Renaud le docteur Louis Merle, de Niort, qui a pu les consulter au château de Velaudin à Bazoges-en-Pareds (Vendée), n'y aurait pas vu les pièces de la onzième lettre concernant Voltaire.[18] Si original il y a, Fillon eut grand tort de ne le pas citer intégralement: ni l'adresse, ni la date, ni la signature ne sont données textuellement; la formule de politesse est absente.

Au reste le Pierre Bailly auteur de la missive s'avère un témoin évanescent. Né vers 1666 ou 1667 (si, comme l'affirme Fillon, il mourut en 1696 ou 1697 à peine âgé de trente ans), il aurait été élevé à Paris chez François I Arouet: or celui-ci semble être mort avant 1670. Toujours selon Fillon, Bailly malgré son jeune âge serait allé «fonder une maison de commerce pour le compte de son père» au Canada. Il serait revenu à Paris opportunément pour assister à la naissance de Voltaire. Puis il serait reparti à Québec et y serait mort «bientôt, à peine âgé de trente ans, épuisé de fatigue et de chagrin, en voyant anéantir par la banqueroute de deux maisons associées le fruit de plusieurs années de travaux.»[19]

Comment croire que ce grand voyageur, écrivant le 24 novembre 1694 à son père pour lequel il fait des affaires au Canada, ne lui parle de rien d'autre que de la naissance de François-Marie, question litigieuse au moment où Fillon publie son livre?[20] Cette pièce unique de la correspondance d'un inconnu paraît trop bien calculée: en même temps qu'elle authentifie la date (en précisant bien: «il y a trois jours»), elle explique l'état maladif de la mère et de l'enfant. Fillon a soin de donner les graphies archaïques «s'estant», «la cheute»; mais ses «dragées du baptême» évoquent les mœurs du XIXe siècle plutôt que celles du siècle de Louis XIV. Sans qu'on en ait la preuve formelle, tout renforce ici le soupçon d'une forgerie, comme Fillon en a commis dans le même volume.[21]

L'affaire de la date de naissance procède uniquement des déclarations de Voltaire. Les assertions de Duvernet et de Condorcet n'ont elles-mêmes pas d'autre source que le témoignage du grand homme ou de son entourage. Dès lors deux hypothèses sont à envisager.

Ou bien il a inventé la date du 20 février. En ce cas, pourquoi cette fiction? Il est curieux que ceux qui ont tenté de l'expliquer aient fourni en même temps l'argument qui ruine l'explication. Selon Desnoiresterres, «plus il sera vieux, moins on osera le persécuter»: mais le biographe doit avouer qu'en matière de persécution, du point de vue des autorités, neuf mois de plus ou de moins «ne sont rien».[22] Selon Theodore Besterman cette date du 20 février ne serait qu'un «jeu d'esprit». Mais Theodore Besterman reconnaît qu'on n'aperçoit pas «l'intention de cette petite comédie», le dessein d'écarter ainsi la persécution étant évidemment absurde.[23] D'ailleurs qu'y a-t-il de plaisant à se vieillir de neuf mois?

L'alternative est que Voltaire n'a pas menti, qu'il est bien né le 20 février 1694. En ce cas, il faudrait expliquer non pourquoi il a imaginé une fausse date, mais pourquoi ses parents ont retardé de neuf mois son baptême à la paroisse, lequel sous l'Ancien Régime équivaut à une déclaration d'état civil.

C'est ici qu'intervient la seconde affaire inséparable de la première. De même que Voltaire a contesté sa date de naissance, il a contesté la paternité de François Arouet. Il serait né des œuvres d'un certain Rochebrune ou Roquebrune, François Arouet n'étant que son père putatif.

Tout ici encore repose sur le seul témoignage de Voltaire, qu'il est utile de citer.

Le 8 juin 1744, alors qu'il versifie l'opéra de *La Princesse de Navarre*, destiné aux fêtes de la cour, il mande à Richelieu, ordonnateur du spectacle:

> Je crains bien qu'en cherchant de l'esprit et des traits
> Le bâtard de Rochebrune
> Ne fatigue et n'importune
> Le successeur d'Armand et les esprits bien faits.[24]

«Bâtard en Apollon», proposait Desnoiresterres.[25] Non pas: l'expression est à prendre au sens littéral, comme le prouve la suite.

Le 11 août 1753, Voltaire est à la cour de l'électeur palatin. Malade, il souffre d'un «commencement d'hydropisie». Il écrit à Mme Denis: «Vous savez que Rochebrune en est mort, et que j'ai quelques raisons de prétendre à son tempérament.»[26]

Le texte le plus explicite est un propos de Voltaire dans son salon des Délices, en présence de ses nièces, rapporté par Jean Louis Du Pan le 15 août 1756. Ayant reçu la visite de d'Alembert, Voltaire se dit persuadé que le père de celui-ci est Fontenelle, en raison de leur ressemblance physique:

Je crois aussi certain, leur dit-il, que d'Alembert est le fils de Fontenelle, comme il est sûr que je le suis de Roquebrune; les nièces firent une exclamation et voulurent défendre l'honneur de leur grand-mère. Mais Voltaire prétendit que l'honneur de Madame sa mère consistait à avoir préféré un homme d'esprit comme était Roquebrune, mousquetaire, officier, auteur, à Mr son père qui pour le génie était un homme très commun, et dit qu'il s'était toujours flatté d'avoir l'obligation de sa naissance à Roquebrune.[27]

Duvernet dans sa biographie se contente d'une allusion discrète. Deux hommes «prenaient un grand intérêt» à l'enfant nouveau-né François-Marie : l'abbé de Châteauneuf, parce qu'il était son parrain, et M. de Rochebrune – sans explication.[28]

De quel personnage s'agit-il ? D'un client du notaire Arouet. Un Guérin de Rochebrune, dit aussi de Roquebrune, a transféré à François Arouet une rente de mille livres qu'il possédait. L'opération a fait l'objet de plusieurs actes datés des 25 juin 1692, 20 décembre 1693, 2 et 7 juin 1698.[29] Tout en faisant affaire avec le notaire, Rochebrune s'intéressait sans doute à son épouse. Il n'a laissé d'autre part que peu de traces. Il descendait, selon Duvernet, «d'une ancienne et noble famille de la Haute Auvergne». Selon Voltaire, on l'a vu, il fut «mousquetaire, officier, auteur», et «homme d'esprit». Ou bien seulement un «poète de bourbier», se complaisant dans la chansonnette satirique ? Un anonyme, dans de petits vers contre Mme Dacier et Houdar de La Motte, l'évoque en ces termes :

> Mais voyez contre la Dacier
> Venir un poète de bourbier,
> J'entends Monsieur de Rochebrune.
> Lorsque sa verve l'importune
> Il chansonne, c'est sa fureur,
> Tout comme à Dancourt d'être auteur.[30]

C'est comme chansonnier encore qu'il apparaît dans le seul passage des œuvres de Voltaire où il soit nommé. Vers 1716, Arouet a versifié un conte galant, *Le Cadenas*, histoire d'une ceinture de chasteté imposée à une dame par son mari sexagénaire. S'adressant à la «jeune beauté», le poète soupire :

> En qualité de prêtre de Cythère
> J'ai débité, non morale sévère,
> Mais bien sermons par Vénus approuvés,
> Gentils propos, et toutes les sornettes
> Dont Rochebrune orne ses chansonnettes.[31]

Outre ses sornettes et chansonnettes, celui-ci aurait donné une cantate d'*Orphée*, mise en musique par Clérambault. Il meurt en 1719. C'est François Arouet, apparemment peu rancunier, qui établit son inventaire après décès, le 12 avril.[32] Voltaire qui habite alors au domicile paternel, cour du Palais, a su que Rochebrune était mort d'«hydropisie». Il l'avait eu pour voisin, celui-ci ayant demeuré dans la même cour du Palais, en 1707, pour une durée indéterminée. Il connaissait sans aucun doute l'homme qu'il croyait être son père naturel. L'analogie constatée des deux tempéraments, et peut-être une ressemblance physique (comme celle de d'Alembert avec Fontenelle) renforçaient sa conviction.

Avait-il d'autres preuves ? Il n'en a jamais rien dit. Voltaire n'est pas de ces hommes qui aiment à parler d'eux-mêmes. Nous n'avons aucune confidence de lui sur la voie par laquelle il a appris, ou a conjecturé, qu'il devait son être à Rochebrune. A-t-il élaboré ce que les psychanalystes nomment un «roman familial», à partir de son hostilité à son père ? On n'aura pas assurément la témérité de décider qui, de François Arouet ou de Rochebrune, a effectivement engendré François-Marie. On remarquera simplement qu'entre les deux affaires, celle de la date de naissance, celle de l'origine adultérine, une cohérence apparaît, l'ensemble donnant l'impression d'un certain poids de réalité.

On reste dans le domaine des hypothèses. On peut estimer que Voltaire a plusieurs fois falsifié sa date de naissance, pour une raison de nous inconnue; qu'il se trompe en revendiquant Rochebrune pour père. Mais si l'on prend au sérieux ses confidences, prolongées par les indications de ses premiers biographes, on peut proposer une reconstitution des faits.

François-Marie naît le 20 février 1694, sur une paroisse autre que Saint-André-des-Arts (Chatenay ?). Naissance discrète, sinon clandestine. Le nouveau-né est l'enfant de l'adultère, sujet d'embarras et d'irritation. Mais il y a apparence qu'il ne vivra pas. La progéniture mâle de Mme Arouet vient au monde peu viable. Le seul garçon qui ait survécu, Armand, était né mourant : on avait dû retarder le baptême de deux semaines.[33] Les deux autres, Armand-François et Robert, étaient morts au bout de peu de temps. François-Marie, si chétif, les rejoindra bientôt. Avec lui disparaîtra le fruit du péché de Mme Arouet. Il suffit d'attendre. On ondoie le bébé dans la maison, sans avertir le clergé. Car on est bon chrétien : à cette petite âme qui va partir pour l'au-delà on prend soin d'ouvrir le paradis. Puis on confie l'enfant ou on l'abandonne (c'est le mot de Duvernet) à une nourrice installée au premier étage[34] (à Chatenay? dans la maison de Saint-André-des-Arts?). Révoltante indifférence? Ne jugeons pas d'après notre sensibilité d'aujourd'hui, accordée à une situation démographique toute différente. Sous Louis XIV, parmi les nouveaux-nés la moitié sinon plus mouraient en quelques jours ou quelques semaines. Les familles y étaient accoutumées. On acceptait avec calme cette fatalité, à peu près aussi inéluctable que le décès des vieillards. C'était donc l'usage, dans les milieux aisés, d'«abandonner» à une nourrice un nouveau-né qui peut-être ne vivrait pas. En prévoyant la disparition prochaine d'un bébé très malingre, en le remettant d'ici là aux soins d'une femme qui l'allaiterait, le ménage Arouet demeurait dans la norme.

D'abord le pronostic pessimiste semble se vérifier. La nourrice, nous l'avons vu, selon Duvernet «descendait chaque matin chez la mère pour lui annoncer que l'enfant était à l'agonie». Il reste ainsi pendant un certain temps entre la vie et la mort. Quelqu'un alors s'intéresse à cette petite masse de chair, dont on attend si tranquillement qu'elle quitte ce bas monde. C'est un libertin, un de ces hommes qui secouent la routine des pensées et des sentiments : l'abbé de Châteauneuf, frère de l'ambassadeur du roi à Constantinople. Les deux Châteauneuf sont amis de la famille. L'abbé a pour tuteur François Arouet; il sera le parrain de François-Marie. Pour le présent il a, lui, le souci, contrairement à l'usage, de sauver cette fragile existence. Duvernet donne un détail étonnant (qu'il n'a pas dû inventer): «L'abbé de Châteauneuf montait tous les jours dans la chambre de la nourrice, pour conférer avec elle des moyens de conserver la vie de l'enfant.»[35]

Les soins de l'abbé réussissent. Surtout, dirons-nous, une vitalité exceptionnelle était chevillée à ce petit corps mourant, qui mettra quatre-vingt-trois ans à mourir.

A l'automne de 1694, François-Marie est toujours là, bien vivant. Déjà il a su tromper son monde. Mais voilà qui est gênant. L'enfant n'a pas d'état civil, puisque dans l'ancienne France le baptême équivalait à notre déclaration à la mairie, l'acte établi par le curé tenant lieu de certificat de naissance. Sans plus tarder il fallait donner à François-Marie Arouet une existence légale. Pas d'autre issue que de s'adresser à un prêtre de la paroisse Saint-André-des-Arts: en l'occurence M. Bouché, premier vicaire. Celui-ci fut-il dupe? Le desservant, voué au célibat ecclésiastique, connaissait-il si peu les enfants au maillot qu'il put prendre pour un nouveau-né un bébé de neuf mois? C'est ce que prétend Duvernet. On peut supposer aussi que le vicaire, informé des difficultés du ménage Arouet, se prêta à une régularisation irrégulière. Il n'est même pas besoin de soupçonner chez lui de la malhonnêteté. Le prêtre a pu s'estimer fondé en conscience à éviter, même au prix d'un faux, le scandale à une famille honorable.

Un autre ecclésiastique a dû jouer un rôle dans la négociation, à savoir l'abbé de Châteauneuf. Voltaire écrira un jour qu'à ce «bon parrain» il «doit son baptême».[36]

Toujours est-il que le 22 novembre 1694 François-Marie reçut en l'église de Saint-André-des-Arts le sacrement qui le lavait du péché originel. Le prêtre voulut bien inscrire sur son procès-verbal la formule consacrée: «né le jour précédent». Nulle mention n'était faite du baptême par ondoiement du mois de février précédent. Au registre ont signé, outre le père Arouet et le vicaire Bouché, le parrain Châteauneuf et la marraine, épouse du cousin Symphorien ou Sébastien Daumard: l'affaire ne sortait pas du cercle des intimes.[37] Quelle différence avec le baptême d'Armand, où le duc de Richelieu, parrain, et la duchesse de Saint-Simon, marraine, avaient apposé leurs signatures au bas de l'acte!

Le futur Voltaire se trouve donc, dans cette hypothèse, avoir été baptisé deux fois. Mais seul vaut au regard de la loi le baptême régulièrement enregistré du 22 novembre. La date légale de sa naissance sera le 21 novembre 1694. C'est celle qui doit être produite officiellement. Aussi lorsqu'Arouet est arrêté en 1717, il répond à l'interrogatoire du 21 mai qu'il est «âgé de vingt-deux années, originaire de Paris»: donc né en novembre 1694, et dans la capitale.[38] De même il n'a pas d'autre père légal que François Arouet. Nous n'aurions jamais mis en doute les données officielles, s'il n'avait lui-même affirmé que le fait ne coïncidait pas avec la situation de droit.

Un homme qui recherche les causes de sa naissance découvre souvent qu'il doit son être à des circonstances plutôt fortuites. Quand Voltaire enfant ou adolescent apprit ce qu'il croyait être la vérité de ses origines, il dut éprouver fortement cette impression d'exister par le plus contingent des hasards. «On donne la vie aux autres quand on ne sait où l'on en est»,[39] c'est la règle. Mais pour lui ni son géniteur, ni la date de sa venue au monde ne s'inscrivaient dans l'ordre préétabli. Il est entré dans l'existence «de contrebande».[40] Le malaise qu'il en ressent contient en germe une vision du monde : celle de Candide, autre enfant naturel, né d'une conjonction occasionnelle entre une sœur du baron et un bon gentilhomme du voisinage.

Voilà au moins qui libère l'individu. Voltaire ne se sentira pas lié par son ascendance. «Toute naissance lui était indifférente»,[41] écrit Duvernet. Doté d'un tel passé familial, on comprend qu'il ne s'en soucie guère. L'avenir, son avenir, sa présence dans un monde où il sait qu'il est apparu fortuitement, c'est ce qui seul va compter pour lui.

3. La Cour vieille du Palais

Agréé receveur des épices à la Cour des comptes, François Arouet ne fut pendant près de cinq ans que le commis de son prédécesseur. Celui-ci s'étant définitivement retiré, ou étant décédé, c'est en 1701 que l'ancien notaire occupe la charge en titre. Il résidait précédemment rue Guénégaud.[1] Il prend désormais possession du logement de fonction dans la Cour vieille du Palais. Il y était installé depuis peu lorsque Mme Arouet y mourut, le 13 juillet 1701.

On ne sait rien des causes de ce décès. La disparition de femmes jeunes ou assez jeunes (Mme Arouet avait environ quarante-et-un ans)[2] dans des accidents de maternité était fréquente aux XVIIe et XVIIIe siècles : ainsi mourra Mme Du Châtelet, âgée de quarante-trois ans. Mais on ignore si tel fut ici le cas. François-Marie avait sept ans (ou était dans sa septième année) quand il perdit sa mère. Il en conserva certainement le souvenir. A la fin de sa vie, il avait son portrait attribué à Largillière au mur de sa chambre à Ferney. L'inventaire après décès mentionne la toile, qui serait passée aux Dompierre d'Hornoy et fut exposée à la Bibliothèque nationale en 1979.[3] Or de cette mère dans l'œuvre immense du fils il n'est fait presque aucune mention. Elle n'est expressément désignée que dans trois des 15.000 et quelques lettres de Voltaire qui nous sont parvenues.[4] Le texte le plus explicite, une épigramme, nous laisse une impression de malaise :

> Dans tes vers, Duché, je te prie,
> Ne compare point au Messie
> Un pauvre diable comme moi :
> Je n'ai de lui que sa misère,
> Et suis bien éloigné, ma foi,
> D'avoir une vierge pour mère.[5]

On ne sait rien de ce Duché qui aurait comparé François-Marie Arouet au Messie. L'auteur dramatique Duché ? Mais il mourut en 1704. Sur un manuscrit du sixain, le nom apparaît comme une correction pour celui de «Dussé» : le marquis d'Ussé, que fréquente le jeune Arouet ?[6] Duché ou d'Ussé, s'agit-il d'un camarade de classe (G. Avenel) ? Beuchot croit (sur quelle autorité ?) que «Voltaire n'avait que douze ans quand il composa ce sixain, qui est alors de 1706».[7] L'apparence est bien celle d'une production juvénile, allusion étant faite à l'impécuniosité du versificateur. On décèle de l'amertume dans cette plaisanterie sur sa mère. Certes Mme Arouet qui mit au monde cinq enfants n'était pas «une vierge». Mais le trait n'est-il pas plus virulent ? Ne vise-t-il pas les amours de la jeune femme ? Le fils les aurait-il récemment découvertes ? Le sixain fait-il écho à un choc émotif ? La «misère» du «pauvre diable» suggère plus qu'un manque banal d'argent de poche. Quand l'enfant ou l'adolescent apprit la vérité (ou ce qu'il crut la vérité) sur sa naissance, il en fut sans doute blessé affectivement. Il surmonte le coup reçu en se durcissant. Il ne parlera plus de cette mère dont «la folie» lui a donné le jour.[8]

Le peu qu'on sait de Mme Arouet laisse entrevoir une jeune femme aimant le plaisir. Elle avait épousé à vingt-deux ans un homme ayant onze ans de plus qu'elle: différence d'âge non excessive. Mais le notaire Arouet n'était point un caractère folâtre. Son épouse cherche à se divertir. Elle se lie avec Ninon de Lenclos, cliente de son mari. Elle reçoit chez elle de beaux esprits parmi lesquels se glissent des galants. Elle a connu Despréaux, client lui aussi d'Arouet et leur voisin dans la Cour vieille du Palais. Le jugement qu'elle en porte est le seul propos d'elle qui nous soit parvenu. Il ne manque pas d'esprit: ce Boileau, disait-elle, c'était «un bon livre et un sot homme».[9] Assurément le vieux célibataire bougon n'était pas le genre d'homme qu'elle aimait à fréquenter. Mais plutôt l'abbé de Châteauneuf. De celui-là elle est «fort amie».[10] Son «amante», au sens où nous l'entendons? Le soupçon est venu sous la plume de Desnoiresterres. Mais il y eut Rochebrune. Cet officier, chansonnier, d'une bonne maison d'Auvergne, savait déployer bien des grâces. M. Arouet ne possédait que les qualités solides.

L'ancien notaire avait amassé une fortune rondelette. En 1696, il est en mesure de verser comptant 240.000 livres pour payer sa charge de receveur des épices à la chambre des comptes.[11] Si l'on veut évaluer l'importance de la somme, on la comparera aux salaires des ouvriers les mieux payés, sous Colbert: entre 15 et 20 sous par jour (une livre valant 20 sous).[12] Pour considérable qu'il soit, l'investissement ne laisse pas François Arouet démuni. Il est propriétaire de deux maisons à Paris, rue Saint-Denis et rue Maubué, d'une autre à Gentilly avec jardin et dépendances, qu'il vend en 1707.[13] La même année il acquiert une autre «résidence secondaire», à Chatenay: habitation spacieuse, ouvrant d'un côté sur une cour, de l'autre sur un jardin avec terrasse, et comportant six chambres à l'étage.[14] A Paris, dans sa remise de la Cour vieille du Palais, il possède deux berlines, un chariot, deux chevaux, avec la domesticité que suppose un tel équipage.[15] Le 27 janvier 1709, malgré la dureté des temps, il marie sa fille Catherine en bourgeois cossu. Il lui a choisi un époux de même niveau social, d'une famille passée comme celle des Arouet du négoce à la robe: le futur, Pierre François Mignot, fils d'un «marchand bourgeois de Paris», est devenu «écuyer conseiller du roi, correcteur en sa chambre des comptes de Paris». On a du bien en ces milieux-là. Arouet donne comme dot à l'épousée la maison de la rue Maubué, plus 60.000 livres rapportant 5%, plus un collier de perles et un diamant (valeur: 5.000 livres), plus 1.000 livres en espèces...[16] A sa mort l'inventaire fera monter la succession, tous frais payés, à 367.845 livres.

D'où tirait-il ses ressources? Pas uniquement du revenu de ses charges. Le 16 décembre 1692, il vend son étude de notaire au Châtelet.[17] Il n'achète sa charge à la Cour des comptes qu'en 1696 et ne l'exercera pleinement qu'à partir de 1701. Dans l'intervalle il a glissé vers le monde des affaires. Son inventaire après décès le révèle :[18] depuis 1692 il prête à des particuliers de petites sommes à court terme. L'intérêt n'est pas spécifié : la reconnaissance de dette n'indique que la somme due à l'échéance – discrétion qui laisse supposer une rémunération substantielle du capital. A une époque où le système bancaire demeure en France embryonnaire, un particulier ayant besoin d'argent s'adresse à un autre particulier qu'il sait bien pourvu. Déjà à Saint-Loup Hélénus Arouet, arrière-grand-père de Voltaire, avait pratiqué ce genre de prêt : à sa mort on trouva dans son coffre de nombreuses reconnaissances de sommes à lui dues par des gentilshommes, des bourgeois, des paysans, des marchands des environs.[19] François Arouet à Paris prenait des risques plus grands : il subsistera dans son héritage bon nombre de créances impayées, mentionnées «pour mémoire». Parmi celles-ci des signatures de hauts personnages qui ne sont pas nécessairement les plus solvables. En 1721, la cassette de feu Arouet contenait toujours un billet de 50 écus dus depuis 1689 par la duchesse de Saint-Simon.[20] Lorsque le mémorialiste, fils de la débitrice, parle avec tant de morgue des papiers que le père de Voltaire venait faire signer à ses parents,[21] il ignorait apparemment que l'un desdits papiers enregistrait une avance – à fonds perdus – consentie par cet «homme de rien» à l'épouse du duc et pair. Petit épisode du «règne de vile bourgeoisie».

Voltaire continuera la tradition des Arouet. Il a vécu dans la maison paternelle jusqu'à la mort de François Arouet. Il a eu le loisir d'apprendre cet art de faire fructifier son argent. Il sera plus qu'il ne croit le fils de ce père qu'il renie. Il accordera des prêts bien autrement audacieux, à des têtes couronnées : opérations comportant, en contrepartie du risque de non-paiement, des avantages autres que financiers.

On se tromperait cependant à imaginer François Arouet sous les traits d'un Harpagon. L'homme est sévère : «fort grondeur» selon son fils.[22] Il n'en appartient pas moins à une bourgeoisie désireuse d'acquérir en même temps que la fortune une certaine élégance de vie. Il n'était point si grigou ni si béotien, cet Arouet qui faisait donner à sa fille des leçons de clavecin.[23] Son salon et le cabinet attenant s'ornaient de tableaux et tapisseries annonçant quelque prétention aux belles choses : une «naissance de Jupiter», des scènes de l'Ancien et du Nouveau Testament, cohabitant avec des *Métamorphoses* d'Ovide, et dans un genre plus galant une «naissance de Vénus», une «chaste Suzanne», pour ne rien dire d'un portrait de la duchesse de Sully.[24]

Il se frotte au monde des auteurs, par relation d'affaires comme à la faveur du voisinage. «Mon père dans sa jeunesse», écrira Voltaire, «avait fréquenté tous les gens de lettres de ce temps ; plusieurs venaient encore chez lui.»[25] François Arouet a connu le grand Corneille dans sa vieillesse : «Il me disait que ce grand homme était le plus ennuyeux mortel qu'il eût jamais vu»...[26] Il était lié avec les amis du vieux tragique, tel «le bonhomme Marcassus» dont Voltaire assure qu'il «mourut chez [son] père à l'âge de quatre-vingt-quatre ans»: «Je me souviens de tout ce qu'il me contait comme si je l'avais entendu hier [...] Il me semble que j'entends encore ces bons vieillards Marcassus, Réminiac, Tauvières, Régnier, gens aujourd'hui très inconnus»...[27] François-Marie avait alors une dizaine d'années, puisque Marcassus mourut en 1708.[28] Il rencontrait aussi chez son père des hommes de lettres plus jeunes. Tel l'abbé Gédoyn, né en 1667, nommé en 1701 chanoine de la Sainte-Chapelle, élu en 1711 à l'Académie des belles-lettres, en 1719 à l'Académie française.[29] Ce sont donc les tenants d'une littérature sérieuse que fréquente le receveur de la Cour des comptes: son ami Gédoyn, par exemple, s'illustre en traduisant Quintilien. L'inventaire de François Arouet ne cite aucun livre.[30] Sans doute les héritiers s'étaient-ils approprié les ouvrages avant l'arrivée des notaires. Mais on a la liste de ceux que possédaient Catherine Arouet et son époux Mignot: à côté des dictionnaires de Moréri et de Furetière, de l'*Histoire de France* du jésuite Daniel, de l'*Histoire ecclésiastique* de Fleury, de *La Vérité de la religion chrétienne* d'Abbadie, des *Essais de morale* de Nicole, les seuls ouvrages un peu frivoles sont un Molière, un Boileau, un Saint-Evremond, un Saint-Réal, les *Caractères* de Théophraste (et de La Bruyère) et, suprême audace, la gazette de la *République des lettres* de Pierre Bayle.[31]

Ce n'est point apparemment dans le cercle familial que le futur Voltaire a découvert la littérature avancée de son temps. Mais c'est bien parmi les siens qu'il a pris l'habitude de versifier. Sur la vie intérieure de la famille Arouet nous n'avons que deux renseignements. Le premier, très ponctuel, provient d'une lettre que Voltaire reçut d'un curé de Montrichard en Touraine, en 1744.[32] Une demoiselle Jonquet, ancienne domestique des Arouet, vivait retirée là-bas. Les deux fils lui envoyaient un peu d'argent. Voltaire ayant accompagné son subside d'une lettre, le curé en donna lecture à la servante, illettrée. En l'écoutant Mlle Jonquet pleure. Sous le coup de l'émotion elle se met à raconter un incident d'autrefois, que le curé rapporte à son illustre correspondant. Un jour Armand refusait de se faire arracher des dents gâtées, malgré l'insistance de ses parents. Mlle Jonquet l'y décida en lui faisant boire du champagne. L'affaire se passait du vivant de Mme Arouet qui y est nommée. Le fils cadet, alors très jeune, n'est pas mentionné. Minuscule scène de la vie bourgeoise. Elle n'a pour nous d'autre intérêt que de laisser entrevoir le milieu où grandit le petit François-Marie.

L'abbé Duvernet (c'est à lui que nous devons l'autre information dont nous parlions) ne s'intéresse pas à ce genre de détails. Il ne retient des «enfances Arouet» que ce qui annonce le grand homme. Dans cette perspective il donne pourtant des précisions qu'on ne peut guère révoquer en doute. Selon lui, l'abbé de Châteauneuf continue à s'occuper de son filleul.[33] Au tout jeune bambin il fait réciter «les premières fables de La Fontaine».[34] Choix, à l'époque, original: ces textes, récemment parus (1668), ne bénéficient pas encore d'une longue tradition pédagogique. Du même mouvement, l'abbé exerce l'enfant à composer des vers. L'aîné, Armand, en faisait aussi. La famille excitait leur émulation.

On comprendrait mal une telle pratique imposée à des enfants dont l'un est encore tout jeune, si l'on ne se représentait la situation et la fonction de l'expression prosodique dans les milieux cultivés de l'époque. Ecartons le mythe romantique associant la forme versifiée à un «génie» du poète ou à ses états d'«inspiration». L'expression en vers, alors très répandue, fait partie du bagage de «l'honnête homme» : elle ne représente rien d'autre qu'un niveau linguistique supérieur. L'effort qu'elle exige lui assure une dignité, une efficacité auxquelles ne peut atteindre la prose. La pratique du vers affirme la «qualité» de l'homme, en ce sens aussi où cette «qualité» manifeste le privilège social de la culture.

Ainsi est-il de bon ton dans une lettre soignée de mêler les vers à la prose. Pendant longtemps Voltaire en écrira de cette sorte. Au collège les jésuites ont soin d'entraîner à la gymnastique prosodique les élèves qu'ils forment pour servir le roi et l'Eglise. On voit le P. Porée proposer à sa classe comme sujet de devoir des vers sur la mort de Néron : la composition d'Arouet nous est parvenue. Au même Arouet Porée inflige comme punition des vers sur une tabatière confisquée, que nous pouvons lire aussi.[35] François-Marie compose encore pour un invalide à l'adresse du Dauphin une épître bien tournée.[36] L'enseignement de la versification au collège ne fera que prolonger la pratique familiale. Peut-être faut-il ajouter, malgré les démentis de Voltaire, la fable du *Loup moraliste*. Pièce qui illustrerait, si elle est authentique, l'affrontement du fils Arouet avec son père. Un «loup moraliste» prêche à son louveteau de belles leçons qu'il s'abstient lui-même de suivre. Le fils, malin et perspicace, réplique : «Mon père, je ferai ce que je vous vois faire.»

Ces productions juvéniles ont en commun un tour épigrammatique. Leur forme se ramasse en vue du trait final qui frappe – aux divers sens du mot. Ainsi le quatrain sur Néron est agencé pour placer après l'aveu par l'empereur de ses «actes de cruauté» cette pointe :

J'ai voulu me tuant en faire un de justice.

Epigramme, on l'a vu, son sixain à Duché sur lui-même,

... bien éloigné, ma foi,
D'avoir une vierge pour mère.

Parmi les siens déjà le vers était pour le petit garçon une arme. Armand et lui alignent des rimes, mais l'un contre l'autre. L'émulation dégénère en duel.[37] «Dans la famille on se plaisait à les mettre aux prises.» François-Marie, quoique de neuf ans le plus jeune, tient tête victorieusement. Ses épigrammes «étincelaient d'esprit».[38] Sous le toit paternel la vie de cet enfant qui n'a plus sa mère est un combat – un combat de plume. La situation familiale lui a donné pour ennemis deux hommes durs avec lesquels il vit : son frère, et vraisemblablement son père, ce «loup moraliste». Le voici tendu, cherchant le trait qui blesse; le trouvant. François Arouet peut s'en alarmer. Dès ces premières années un pli est pris, définitivement.

A en croire Duvernet, Châteauneuf n'enseignait pas à son filleul les seules fables de La Fontaine. Il lui faisait réciter un poème commençant ainsi:[39]

> Votre impertinente leçon
> Ne détruit pas mon pyrrhonisme:
> Ce n'est point par un vain sophisme
> Que vous surprendrez ma raison.
> L'esprit humain veut des preuves plus claires
> Que les lieux communs d'un curé.

C'est la *Moïsade*, satire anonyme circulant clandestinement en manuscrit. D'un rationalisme alerte, à la Fontenelle, les vers expliquent que la religion n'est que l'imposture d'un adroit politique, d'un Moïse (ou d'un Numa: variante de prudence), pour établir son pouvoir sur un peuple crédule. Conséquence:

> Le mensonge subtil passant pour vérité
> De ce législateur fonda l'autorité,
> Et donna cours aux créances publiques
> Dont le monde fut infecté.

Cette *Moïsade*, qui compte soixante-et-onze vers, François-Marie l'aurait-il récitée par cœur dès l'âge de trois ans, comme le prétend Duvernet? Précocité invraisemblable. Mais on peut admettre que le jeune garçon savait fort bien débiter le poème vers ses dix ans, lorsque l'abbé de Châteauneuf parlait de lui à Ninon avant de le lui présenter.[40]

Pour apprécier le libertinage de l'abbé (au sens philosophique du terme), nous ne disposons que de l'unique écrit qu'il ait laissé: son *Dialogue* posthume *sur la musique des anciens*, publié en 1725.[41] Imitant le dialogue platonicien, il met en scène Ninon de Lenclos sous le nom de Léontium, et lui-même sous celui de Callimaque. La musique des anciens fournit prétexte à quelques réflexions d'une audace mesurée. On critique la croyance populaire aux guérisons miraculeuses. C'est, avec moins d'agressivité, l'esprit de la *Moïsade* et de l'*Histoire des oracles* de Fontenelle. Callimaque-Châteauneuf, à propos d'îles flottantes évoluant au son de la flûte, confesse son «pyrrhonisme»: «Ce qu'on appelle la foi historique n'est fondé que sur plusieurs témoignages qui pour l'ordinaire se réduisent à un seul, lequel est lui-même souvent sujet à caution.»[42] Léontium préside à l'entretien. Femme philosophe, féministe par philosophie: «Comme le premier usage qu'elle a fait de sa raison a été de s'affranchir des erreurs vulgaires, elle a compris de bonne heure qu'il ne peut y avoir qu'une même morale pour les hommes et pour les femmes.»[43] Esprit fort toujours comme au temps où elle conseillait Molière sur son *Tartuffe*, Ninon est maintenant une bien vieille dame. On ne vient plus chercher dans son salon que des plaisirs intellectuels. Mais ceux-là sont d'une qualité rare: «Sa maison est peut-être la seule où l'on ose encore faire usage de l'esprit, et où l'on passe des journées entières sans jeu et sans ennui.»

C'est cette même Ninon assagie qui, peu de temps avant sa mort, demanda à voir le petit François-Marie, fils de son notaire, dont Châteauneuf lui disait tant de bien. La courtisane aurait eu, le jour de ses soixante ans, la fantaisie d'accorder pour la dernière fois ses faveurs à un abbé: Gédoyn, selon la rumeur, ou Châteauneuf si l'on en croit Voltaire.[44] Mais cet enterrement de sa vie de femme émancipée est désormais bien loin dans le passé. Ninon a atteint le seuil de la quatre-vingt-cinquième année, quant Châteauneuf conduit chez elle son filleul.[45]

Le petit garçon conservera de cette visite le souvenir d'une femme «sèche comme une momie», «une décrépite ridée qui n'avait sur les os qu'une peau jaune tirant sur le noir».[46] L'enfant «avait fait quelques vers qui ne valaient rien, mais qui paraissaient fort bons pour [son] âge.»[47] Il plut assez à la vieille dame pour qu'elle se le rappelât en dictant, quelques jours après, son testament. Elle y lègue au fils de M. Arouet «qui est au jésuite [sic] mille francs pour lui avoir des livres».[48] En fait le collégien n'a pas reçu de son père les mille francs.[49] Il n'a pas eu les livres. Mais à partir de cette image il retrouvera, devenu historien et philosophe, la figure d'une Ninon affranchie de tout préjugé, plus honnête en sa liberté de mœurs que les dévots hypocrites.[50]

4. Le collège

En octobre 1704, Arouet entre en sixième au collège de la rue Saint-Jacques, auquel les jésuites, bons courtisans, ont donné le nom de Louis-le-Grand. Il y restera sept ans, le quittant après la classe de philosophie en août 1711.[1]

Pourquoi François Arouet, après avoir placé son fils aîné Armand à l'établissement jansénisant de Saint-Magloire, confie-t-il son cadet aux Pères de la Société de Jésus ? On devine ses raisons. Peut-être s'alarmait-il déjà de l'ardeur janséniste qui fera plus tard d'Armand Arouet un convulsionnaire fanatique. Il n'était pas prudent en cette fin de règne d'être soupçonné de sympathie pour Port-Royal, la grâce efficace, le «cas de conscience». Le receveur de la Cour des comptes en inscrivant son second fils chez les jésuites donnait des gages. Il songeait aussi à l'avenir de François-Marie. Jamais la Compagnie de Jésus n'avait été en France aussi puissante. Elle s'était insinuée par ses protégés dans les rouages de l'administration monarchique. Bientôt dans la chasse aux ennemis de l'*Unigenitus*, certains de ses membres usurperont la fonction d'une police supplétive.[2] L'influence de la Société s'exerce à la tête même de l'Etat, sur l'esprit du roi, par son confesseur : le P. La Chaise, puis à partir de 1709 le P. Le Tellier, précédemment recteur du collège Louis-le-Grand. Voltaire se souviendra de cette situation dans l'*Ingénu*, qu'une première esquisse plaçait sous le règne du P. Le Tellier. On peut supposer que François Arouet ne perdait pas de vue les projets d'avancement de la famille. On savait que les jésuites avaient à cœur de favoriser la carrière de leurs anciens élèves. Au collège même, un roturier se trouvait mêlé aux rejetons de la haute aristocratie. Des liaisons se formaient, grâce à quoi le fils d'un ancien notaire pourrait avec moins de peine s'élever dans les sphères dirigeantes. Le collège parisien constituait comme un séminaire préparant les futur cadres supérieurs de la monarchie. C'était à ce titre le meilleur établissement d'enseignement de toute la France. Là se trouvaient rassemblés les plus éminents pédagogues d'une congrégation particulièrement riche en esprits brillants. Précisément, François Arouet a dû considérer que ces Pères ingénieux conviendraient à un petit garçon pétillant d'intelligence, vif et virulent dans son propos. Ils développeraient ses dons, dans la bonne direction ; éventuellement ils corrigeraient ce qu'annonçait déjà d'inquiétant l'insolent François-Marie.

La mécanique du collège n'avait pas son pareil pour dompter et redresser les natures même les plus rebelles.[3] L'adolescent allait en subir pleinement l'emprise. Il avait été mis en pension : son père veuf se déchargeait ainsi du soin de surveiller un garçon indocile. Si l'enseignement lui-même était gratuit, l'internat ne l'était pas : mais le prix annuel, 400 francs, porté à 500 francs en 1709, s'il suffisait à écarter la petite bourgeoisie, ne grevait pas le budget d'un père de famille aussi bien pourvu que le receveur de la Cour des comptes.

Pendant sept années le futur Voltaire est donc astreint à suivre le régime du collège. Chaque matin, réveil à 5 heures : prière, étude, récitation des leçons. A 7 h. 30, cours. A 10 h., messe, suivie du déjeuner puis de la récréation. A 14 h., cours. A 18 h., souper, puis récréation. Ensuite répétition des leçons, corrections des devoirs. A 21 h., après une prière et une lecture spirituelle, extinction des feux.

On accusera le lycée napoléonien d'introduire dans l'enseignement le régime de la caserne. On voit qu'une telle discipline se trouvait en fait préformée dans les collèges des jésuites, dont le lycée impérial s'inspirera. Le système se recommandait par une souple efficacité. L'enseignement, aux horaires répartis, laissait du temps pour la mémorisation. On favorisait le contact direct avec les «préfets», chargés de la surveillance, mais aussi du contrôle des leçons et devoirs, guides et conseillers toujours proches de l'enfant. Celui-ci n'est jamais seul, ni livré à lui-même. Il ne fait pas un pas sans être observé. Dans les chambres, à l'étude, à la chapelle, au jeu, à la promenade, il demeure sans cesse sous le regard de plusieurs préfets. La nuit même les élèves sont répartis par petites chambrées en compagnie d'un préfet dit «cubiculaire». Ainsi l'éducation collective s'efforçait de conserver les avantages du préceptorat, par la présence constante d'un pédagogue connaissant bien ses élèves. A quoi s'ajoutait l'immense domesticité du collège : les «cuistres», nullement cantonnés dans les fonctions de cuisine. En outre les enfants de haute lignée avaient le droit de se faire servir par leurs domestiques personnels. Réunissant professeurs, préfets, élèves, cuistres, valets, le collège formait un milieu populeux, mais évoluant avec ordre, grâce à un emploi du temps aussi rigoureux que judicieux, et à une discipline fermement maintenue.

Dans la masse, l'historien a peine à saisir l'individu qui se nomme François-Marie Arouet. Rien de plus insipide, dira Voltaire, que les détails de l'enfance et du collège.[4] Sur lui-même élève de Louis-le-Grand, il n'a laissé échapper que de rares informations. Nous connaissons ses préfets cubiculaires. D'abord le P. Charlevoix, mais pendant une année seulement : le Père fut envoyé dès 1705 à Québec.[5] Il devait écrire plusieurs ouvrages sur les missions des jésuites que Voltaire utilisera : *Histoires* de Saint-Domingue, du Paraguay, du Canada. A Charlevoix succède le P. Thoulier : celui-ci, ayant quitté les jésuites, fera carrière dans les belles-lettres sous le nom de l'abbé d'Olivet, et restera un correspondant de son ancien élève. Né en 1682, il était alors fort jeune, comme la plupart des cubiculaires.[6] Voltaire nomme aussi comme l'un de ses préfets, mais non, semble-t-il, préfet de chambrée, le P. Biennassès. Le malheureux défraya la chronique du collège : «[Il] nous dit adieu le soir et [...] le lendemain matin, après avoir dit sa messe et avoir cacheté quelques lettres, se précipita du troisième étage.»[7]

Voltaire, rapportant l'incident dans un texte sur le suicide, déclare qu'il ne veut point « éplucher les motifs » de Biennassès, que sans doute il connaissait.

Un collège a ses zones d'ombre, voire ses bas-fonds. Arouet y a vu les élèves se battre à coups de canifs avec les cuistres.[8] Les châtiments corporels étant en usage, il a vu (vraisemblablement comme victime) « des barbares qui faisaient dépouiller des enfants presque entièrement nus ; une espèce de bourreau souvent ivre les déchirait avec de longues verges, qui mettaient en sang leurs aînes, et les faisaient enfler démesurément. D'autres les faisaient frapper avec douceur, et il en naissait un autre inconvénient. »[9] La stricte répression sexuelle rendait inévitable dans ces établissements certaines perversions. L'accusation traditionnelle de sodomie contre les collèges de jésuites, appuyée sur quelques faits, était amplifiée par les ennemis de la Société. Nous avons un pamphlet se présentant comme le rapport d'une *visitation* – une « inspection générale » – au collège Louis-le-Grand en 1708. L'auteur recommande benoîtement aux Pères de s'abstenir d'embrasser les enfants, « au moins en public s'ils ne le peuvent en particulier ».[10] La généalogie de la syphilis dans *Candide* mentionnera « un page qui l'avait reçue d'un jésuite ». Le petit Arouet eut-il à subir pareille atteinte ? Voltaire l'affirmera : il s'en serait tiré à moins bon compte que le jeune Jean-Jacques Rousseau à l'hospice du Saint-Esprit (si l'on en croit l'*Emile* et les *Confessions*). Un jour en Angleterre, à la table de Pope, la vieille mère du poète lui demanda comment sa santé pouvait être si mauvaise à l'âge qu'il avait : « Oh ! », s'écria-t-il en anglais, « ces damnés jésuites quand j'étais enfant m'ont sodomisé à tel point que je ne m'en remettrai jamais tant que je vivrai. »[11] Faut-il ajouter foi à une sortie, par quoi le jeune Français jouait à horrifier une vieille dame anglaise ? Voltaire ne renouvellera jamais cette accusation contre ses anciens maîtres, et ses maladies relèvent certainement d'un autre diagnostic. Mais il est possible que l'enfant ait reçu quelques caresses indiscrètes.

L'enseignement du collège, l'auteur des *Questions sur l'Encyclopédie* le résumera en deux mots : « du latin et des sottises ».[12] Nous reviendrons sur ce que l'ennemi de l'Infâme nomme « des sottises ». Quant au latin, on a peine à concevoir aujourd'hui ce paradoxe : les hommes cultivés du siècle des Lumières, qui parlaient et écrivaient un si excellent français, furent presque tous formés dans des collèges où ils apprirent non leur langue, mais la langue latine. Les autres enseignements lui étaient sacrifiés, même le grec, dont l'ignorance exposera Voltaire à de fâcheuses bévues. Peu d'histoire et de géographie, peu de mathématiques ; aucun enseignement des sciences, ni des langues vivantes. Voltaire devra se donner par lui-même toute sa culture scientifique et mathématique ; il apprendra par ses propres moyens l'anglais et l'italien. Ecartant toute ambition encyclopédique, le collège concentre ses efforts sur l'acquisition de la langue latine. En principe, le français, officiellement méprisé comme idiome « vernaculaire », aurait dû être proscrit jusque dans l'usage quotidien. L'institut des jésuites rêvait de promouvoir au rang d'un second parler maternel la langue de la catholicité. Mais l'évolution européenne, vers l'émergence des nations et de leurs langages, allait à l'encontre de cet œcuménisme du latin. Il ne fait aucun doute qu'à l'époque d'Arouet les élèves entre eux parlaient le français. L'enseignement du français commençait même à s'insinuer dans les classes par le biais d'abord de la version latine. On continuait cependant à exercer les collégiens à la pratique de la langue de Cicéron, comme s'ils étaient destinés à l'employer couramment dans la vie.

On enseignait moins le latin que l'expression latine. On proposait des sujets à traiter : «La Vierge Marie cherche l'enfant Jésus perdu à Jérusalem», «Une mère déplore la mort d'un fils tué à la guerre», «Dioclétien décide de détruire le nom chrétien»...[13] Sur ces thèmes, les élèves ont à composer des discours latins, des vers latins. Les œuvres latines imprimées des régents nous conservent les corrigés du professeur : ainsi dans la *Bibliotheca rhetorum* du P. Lejay le poème en hexamètres sur un miracle de saint François Xavier, apaisant une tempête en lançant dans les flots son crucifix, qu'un crabe lui rapporte pieusement :[14] l'auteur de l'*Essai sur les mœurs* se rappellera cette édifiante «sottise». On entraînait les latinistes novices à «développer». On les exerçait à l'amplification, discipline pour laquelle, selon Voltaire, on décernait des prix : il eût mieux valu, écrira-t-il, couronner «celui qui aurait resserré ses pensées».[15] Mais les régents avaient à combattre l'aridité des esprits. Ils montraient comment mettre en œuvre les figures de rhétorique. Ils enseignaient l'art de démarquer en prose Cicéron, en vers Virgile et Horace. A cette fin ils meublaient la mémoire de leurs élèves de classiques latins. Les textes gravés dans de jeunes têtes ne s'en effaçaient jamais. D'où, au XVIIIᵉ siècle, dans les correspondances même les plus familières une abondance de citations latines qui nous étonne. De leur formation première un Montesquieu, un Diderot ont acquis un fonctionnement de la pensée produisant en même temps que les mots français des réminiscences des grands anciens : ce qui donne à l'idée autorité et couleur. Qu'on se reporte à l'index de la correspondance de Voltaire : l'auteur le plus cité, venant bien loin devant les Français, les Italiens, les Anglais, est Virgile, suivi par Horace. Le disciple des Pères a retenu en outre du collège un usage facile du latin. On en jugera par ses lettres en cette langue, adressées soit à des princes de l'Eglise, soit à des Académiciens de l'Europe orientale. Au siècle dernier un excellent universitaire a longuement dénoncé les solécismes, gallicismes et autres fautes de Voltaire latiniste.[16] C'était oublier que l'ancien élève de Louis-le-Grand s'exprimait en un latin parlé, langue restée pour lui vivante, fût-ce au prix de maintes incorrections.

Les jésuites visaient à exciter chez leurs disciples les qualités d'invention. Ils pratiquaient une pédagogie active. Sans doute dans les classes le régent s'adressait du haut de sa chaire à un auditoire trop nombreux : cent ou deux cents élèves. Mais pour secouer dans de telles foules la nonchalance des individus, l'effectif était partagé en groupes : les décuries, menées par un élève de confiance, le décurion. La classe s'animait par des affrontements entre décuries. Périodiquement des concours publics, les «concertations», procurent aux meilleurs l'occasion de briller. Le collège, après la famille, va donc encourager chez le jeune Arouet des qualités de pugnacité. Quotidiennement la compétition scolaire fouette une vanité qui devient vanité d'auteur. Car les instructions stipulaient que les devoirs les plus remarquables seraient conservés, dans un cahier spécial : «On joindra à ces compositions l'éloge des auteurs, on les consignera sur le même livre pour en perpétuer le souvenir, et célébrer leur nom dans le royaume des lettres.»[17] Non seulement les régents savaient inspirer pour la belle littérature le goût vif qui était le leur : ils suscitaient l'envie d'imiter et de créer parmi leurs meilleurs disciples, entre lesquels bientôt va se distinguer le jeune Arouet.

Deux institutions favorisaient grandement la culture littéraire : le théâtre de collège et le cadre des *scriptores*.

La distribution des prix au mois d'août s'agrémentait chaque année d'une représentation donnée par les élèves. On jouait une tragédie ou un drame en latin, quelquefois en français, suivi d'une comédie en français. En intermède les élèves exécutaient un spectacle de ballet. La préparation d'une telle manifestation exigeait beaucoup de travail. Les pièces étaient confectionnées par les régents eux-mêmes. Les collèges de jésuites disposaient d'un répertoire. Mais parfois un père composait tout exprès une œuvre nouvelle : parmi les productions dues au P. Porée son *Pezophilus* (*Le Joueur*) restera célèbre, égalé par d'aucuns à la comédie de Regnard. Une fois le programme arrêté, il fallait faire répéter les élèves choisis comme interprètes. Quant aux danseurs du ballet il arrivait que pour les exercer on fît appel aux professionnels de l'Opéra. De si grands efforts se justifiaient par des raisons pédagogiques. Acteurs ou spectateurs, les élèves pénétraient mieux le sens d'un texte, les finesses d'un caractère. Ceux qui jouaient, et même les autres, amélioraient leur diction, leur geste, acquéraient de l'aisance en public.

On pense bien cependant que de pareils arguments, si fondés fussent-ils, ne désarmaient pas les austères ennemis du théâtre, jansénistes et jansénisants. Il faut avouer que l'ambiance des représentations pouvait alimenter les accusations de relâchement moral et religieux intentées à la Société de Jésus. Le spectacle donné dans la plus vaste cour intérieure de l'établissement crée une intense agitation parmi les Pères : «On voit les nôtres aller, venir, courir, s'arrêter, monter, descendre, repousser, avancer, dire des injures, en recevoir, battre, être battus, ce qui fait un intermède plus divertissant que la pièce même.»[18] La représentation attirait des foules de moines, sevrés de toute autre sorte de théâtre. En même temps qu'elle affirmait le prestige du collège dans les couvents parisiens, elle confirmait la réputation de mondanité dont bénéficiait la Compagnie de Jésus. Dans le public, l'élément féminin, mères, sœurs, amies des élèves, était largement représenté. Après la fête on célébrait le succès au champagne, en compagnie des dames, dans les chambres et les salles d'étude.

Tout cela scandalisait les dévots. On s'efforçait de corriger la fâcheuse impression par les sujets des pièces, toujours édifiants. Entre 1705 et 1711, Arouet put voir jouer *Jonas, Saül, Josephus Aegypti prefectus, Josephus venditus, Josephus agnoscens fratres, Maxime martyr, Celse martyr*. Les ballets sont en général empruntés à la mythologie; mais parfois ils se prêtent à de pieuses allusions comme *Jupiter vainqueur des Titans* ou le *Ballet de l'Espérance* donné dans la sombre année 1709.[19] Bien que les acteurs fussent recrutés parmi les seuls pensionnaires, on ne sait si Arouet joua dans l'une de ces pièces. Mais il n'est pas douteux qu'il contracta au collège son amour du théâtre. Faute de pouvoir fréquenter la Comédie-Française, il découvre alors les auteurs récents à travers les livres. Il avait onze ans et était donc en classe de sixième ou de cinquième, lorsqu'il lut «tout seul, pour la première fois, l'*Amphitryon* de Molière»: il a ri «au point de tomber à la renverse».[20] Mais c'est dans le genre tragique que le collégien s'essaie bientôt, en entreprenant de versifier un *Amulius et Numitor*.

La tragédie voltairienne ne rompra jamais avec l'héroïsme moralement exaltant dont les tréteaux de Louis-le-Grand ne se lassaient pas de proposer l'exemple. L'amour et même les rôles de femmes étaient exclus de ces spectacles: avant peu Arouet tentera d'imposer aux acteurs de la Comédie-Française le paradoxe d'une tragédie sans amour. La vertu, les grands sentiments continueront à dominer son théâtre comme jadis celui du collège. Il n'est pas étonnant qu'un sujet, celui de *Brutus*, traité par son régent le P. Porée, ait été repris par lui-même. Ses pièces se plaisent dans le climat cornélien où s'installe tout naturellement un théâtre pédagogique. Et comme au collège ses tragédies de «prédicateur»[21] se heurteront à l'hostilité des dévots fanatiques. Il mènera à son tour le même combat pour le théâtre, qui se rallumera lorsque Jean-Jacques prendra le relais du janséniste hargneux.

Les jésuites n'avaient pas créé le théâtre de collège. Ils n'étaient pas les seuls à le pratiquer, s'ils l'avaient développé avec le plus d'éclat. En revanche l'institution des *scriptores* était propre à leurs établissements. Certains Pères se trouvaient affectés au collège sans y être chargés d'un service d'enseignement. Nous dirions aujourd'hui qu'ils assuraient une fonction de «recherche». Comme l'indique leur nom, les *scriptores* avaient pour mission de produire des travaux personnels, de caractère scientifique. On leur demandait, ce faisant, de s'entretenir avec les élèves, librement, hors de tout cadre préétabli. L'institut des jésuites entendait ainsi répondre à l'aspiration de tempéraments juvéniles avides d'échapper aux structures rigides imposées par le règlement. Grâce aux *scriptores*, des ouvertures étaient ménagées vers le monde intellectuel extérieur au collège. Pendant ses années de Louis-le-Grand Arouet a pu y connaître le P. Buffier, esprit original et fécond, *scriptor* de 1701 à 1737.[22] Nous savons qu'il fréquenta le P. Tarteron, traducteur d'Horace, de Perse et de Juvénal.[23] Il fut surtout lié avec le P. Tournemine, directeur de la revue de la Société, les *Mémoires de Trévoux*. Vif et ingénieux, Tournemine s'était fait une spécialité des discussions

avec les libertins. Pendant son séjour au collège de Rouen, il avait été l'interlocuteur de Fontenelle. A Paris, «sa chambre, nous dit-on, était pleine d'esprits forts,
de déistes et de matérialistes.»[24] L'homme était bien choisi pour maintenir la
revue de la Société dans le courant des idées à la mode. Il préparait un ambitieux
ouvrage sur l'*Origine des fables*. S'inspirant des «démonstrations» figuristes de
Daniel Huet, il se faisait fort d'établir que les événements de la Genèse se
retrouvaient dans la mythologie païenne, «quoiqu'un peu altérés et mêlés de
fables». Le bon Père découvre que Prométhée n'est autre que Lucifer; que
l'histoire de Saturne est «copiée sur celle d'Adam»; qu'Athéna «a bien du
rapport» avec «le Verbe produit du Père par voie de connaissance», etc.[25] Arouet
a dû être informé alors de ces inventions du P. Tournemine qui, disait-on, «croit
tout ce qu'il imagine».[26] Un peu plus tard le *scriptor* développera une apologétique
moins aventureuse, en reprenant les arguments traditionnels dans une préface
à la *Démonstration de l'existence de Dieu* par Fénelon (1715).

Le collège d'Ancien Régime habituellement se repliait sur lui-même, refusant
le monde.[27] Mais tel n'était pas le cas d'un établissement de prestige comme
Louis-le-Grand. *Scriptores*, régents, préfets n'oubliaient pas de faire auprès de
leurs élèves la propagande de la Société. Leurs missions lointaines constituaient
l'un des aspects les plus attrayants de leurs activités, sur lequel ils devaient au
reste se défendre contre leurs adversaires. La querelle des missions chinoises
atteignit sa phase aiguë dans les années qu'Arouet passa au collège. Il dut être
comme ses condisciples un lecteur au moins épisodique du périodique des jésuites
lancé au début du siècle, les *Lettres édifiantes et curieuses*: recueil effectivement
«curieux», dont on sait la part qu'il eut dans la formation de ces mythes
philosophiques: le bon sauvage, le Chinois vertueux. Certains élèves dans le
collège même attestaient par leur présence les orientations exotiques de la
Société. Arouet vit à Louis-le-Grand «six jeunes Chinois»: curieux de comparer
leur langue au grec, il leur demanda de parler entre eux: il ne parvint pas à
distinguer dans leur prononciation «la moindre intonation».[28] Le collège accueil-
lait des boursiers du Proche Orient: les «jeunes de langue» qu'on destinait au
service du roi dans les Echelles du Levant. Arouet connut au moins l'un d'entre
eux: le chevalier Vincent Mamachi de Lusignan, né en 1697, d'une famille
originaire de Chypre, qui aurait été le grand-oncle d'André Chénier. Marie-
Joseph Chénier, frère d'André, se prévaudra de cette parenté lors du triomphe
parisien de Voltaire en 1778. Faut-il rapprocher de ces relations avec le levantin
Mamachi la confidence selon laquelle Arouet ne se serait senti au collège aucune
disposition pour les langues orientales?[29]

C'est en 1709 qu'on commence à discerner dans la masse anonyme des élèves
François-Marie Arouet, alors en classe dite d'«humanités» (l'équivalent de la
seconde dans l'enseignement ultérieur). Le 27 janvier de cette année il assiste
au mariage de sa sœur Catherine. Alors vient de s'abattre sur la France une
vague de froid, la plus rigoureuse et la plus longue qu'on ait connue à l'époque

historique : fleuves glacés, mer prise le long des côtes, récoltes détruites en terre. « Vous souvenez-vous du temps que nous grelottions au coin d'un méchant feu, et dans une méchante chambrette, pendant le vilain hiver de 1709 ? », lui écrira plus tard son ancien cubiculaire, Thoulier d'Olivet.[30] L'accident climatique frappait la France au pire moment. La guerre de Succession d'Espagne prenait un tour désastreux. Après la défaite du duc de Bourgogne à Audenarde, le royaume était envahi, Lille assiégée et bientôt prise. La situation devint à ce point critique que Louis XIV se résigna à envoyer secrètement Torcy à La Haye pour solliciter la paix (mai 1709). La rumeur des événements se propageait dans le collège. Duvernet rapporte qu'Arouet discutait avec ses professeurs et ses camarades. Il aimait « à peser, aurait dit le P. Porée, dans ses petites balances les grands intérêts de l'Europe ».[31] Il ne se départira plus de cette attention à la conjoncture politique et militaire, jusqu'à en devenir le chroniqueur par des œuvres comme l'*Histoire de la guerre de 1741* et le *Précis du siècle de Louis XV*.

Présentement il traite l'actualité sur le mode poétique. Comme il arriva plusieurs fois dans des périodes de détresse, on se tourna vers sainte Geneviève, espérant que la patronne de Paris écarterait les périls imminents. Le 16 mai 1709, on promena sa châsse dans les rues de la capitale affamée. Quelques mois plus tard le P. Lejay versifie en l'honneur de la sainte une ode latine. Or, de cette production de son régent Arouet fait une imitation française, en strophes d'octosyllabes. Poème éloquent, dont la chaleur et le mouvement entraînent. Cinq strophes évoquent une apparition de « l'illustre bergère », entourée d'un « chœur d'esprits saints », saluée du prosternement des « humbles mortels ». Le poète s'accuse d'avoir mal rempli ses vœux ; il promet à l'avenir de réparer : il offrira aux « saintes reliques » de Geneviève l'« hommage de [ses] écrits » (trois strophes). Il rappelle les interventions de la « protectrice de la France » contre la sécheresse, contre la peste : il l'adjure d'apporter son secours à la « France en alarmes », ravagée par la guerre. Que grâce à sainte Geneviève

> ... Bellone, de fers chargée,
> Dans les enfers soit replongée,
> Sans espoir d'en sortir jamais.

Brillante performance, selon les normes poétiques de l'époque. Les Pères firent imprimer l'ode en sept pages in-quarto, avec le nom de l'auteur : « François Arouet, étudiant en rhétorique et pensionnaire au Collège de Louis-le-Grand ». L'indication date le poème non de 1709, comme on l'écrit souvent, mais de 1710, Arouet ayant fait son année de rhétorique en 1709-1710 : il est probable que le P. Lejay avait composé son ode latine pour la fête de la sainte du 3 janvier 1710.

En cette année de rhétorique, le génie poétique d'Arouet s'affirmait avec éclat. Il était entré dans la classe où enseignaient les deux régents les plus prestigieux du collège : le P. Lejay et le P. Porée. Ils se partageaient la tâche, l'un professant l'éloquence latine, l'autre la poésie latine, sans qu'on sache comment se fit la répartition en 1709-1710. Il semble qu'Arouet s'entendait mal avec Lejay, professeur irascible et chahuté. Mais il portait une estime affectueuse au P. Porée. Ce père, né en 1676, en était à ses débuts. Ordonné prêtre en 1706, il venait, après deux années passées à Rouen, d'être affecté au collège de Paris. Chez l'un comme chez l'autre régent, l'élève Arouet se distingua. A la fin de l'année scolaire, il obtint l'honneur exceptionnel de remporter à la fois le premier prix de discours latin et le premier prix de vers latins. Le beau livre qui lui fut remis en récompense a été retrouvé au siècle dernier: c'était un gros in-folio, *L'Histoire des guerres civiles en France* par Davila (choisi sans doute en raison de l'intérêt manifesté par Arouet pour l'histoire).[32]

C'est alors que Jean-Baptiste Rousseau fait la connaissance d'Arouet. Le poète, non encore condamné à l'exil, assistait à la représentation de la tragédie donnée au collège des jésuites en août 1710. A la distribution des prix qui suivit le spectacle, il remarqua qu'on appelait deux fois le même écolier, du nom d'Arouet. S'informant auprès du P. Tarteron, il apprit que c'était «un petit garçon qui avait des dispositions surprenantes pour la poésie». On le lui présente: «Un jeune écolier qui me parut avoir seize à dix-sept ans, d'assez mauvaise physionomie, mais d'un regard vif et éveillé, et qui vint m'embrasser de fort bonne grâce», rapportera le poète.[33]

La réputation d'Arouet poète de collège s'appuyait sur des œuvres latines et des œuvres françaises. Un de ses anciens condisciples de rhétorique le lui rappellera: dans la classe de Lejay et de Porée la poésie était «la partie dans laquelle il excellait» le plus: «surtout la française», précise son correspondant; le brillant élève composait celle-ci «avec une facilité égale à la latine».[34] Seuls quelques productions en français de sa muse collégienne nous sont parvenues. La tradition, pour souligner la précocité de l'enfant, fait remonter plusieurs de ces essais aux premières années de Louis-le-Grand. Voltaire lui-même dans le *Commentaire historique* présente l'un des plus remarquables, les vers au Dauphin pour un invalide, comme antérieurs à la visite à Ninon de Lenclos: c'est cette composition que l'enfant aurait lue à l'amie de son parrain. Ce qui la daterait de ses premières semaines de collège, à l'automne de 1704. Voltaire, qui d'ailleurs n'est pas absolument affirmatif,[35] se trompe certainement. On connaît l'épisode: un invalide, ancien soldat du régiment du Dauphin, vient demander au collège des jésuites qu'on rédige pour lui un placet en vers à présenter à Monseigneur. Le régent l'adresse à un «jeune élève»: Arouet. Qu'on lise la composition du collégien: le compliment fort adroitement tourné, jouant sur le mot «donner», ne peut être l'ouvrage d'un enfant de dix ans, si précoce qu'on l'imagine.[36] La version rapportée par Luchet nomme le régent: il s'agirait de Porée.[37] En ce cas, les vers pour l'invalide seraient de 1709-1710, et leur maîtrise comparable à celle de l'*Ode à sainte Geneviève* n'aurait plus rien d'invraisemblable. Les autres vers, sur la tabatière confisquée, sur Néron, sont de la même époque, puisqu'ils ont comme origine une punition ou un exercice donnés par Porée. L'adolescent atteignant les quinze et seize ans sent en lui monter les dons du poète. Son ambition vise plus haut que les petits vers bien troussés. Il met en chantier une tragédie, un *Amulius et Numitor*.[38] Retrouvant plus tard son manuscrit, Voltaire le brûlera. Il n'en subsiste que deux fragments, sauvés par Thiriot : leur gaucherie n'annonçait pas une grande œuvre. Ils ont le mérite pourtant d'indiquer l'orientation du jeune Arouet.

Celui-ci déjà dispose d'un public, son premier public au delà du cercle familial. Il était conforme à la pédagogie des Pères d'exciter les jeunes talents par des éloges. Arouet poète a ses admirateurs dans sa classe : les témoignages de ses anciens condisciples le laissent entendre. Son confesseur se plaint qu'il soit «dévoré de la soif de la célébrité» :[39] le collège avait fait beaucoup pour allumer cette «soif». A la distribution des prix de 1710, les lauriers d'Arouet sont salués de longs applaudissements. Les vers pour l'invalide auraient fait «quelque bruit à Versailles et à Paris» :[40] l'assertion, dans le *Commentaire historique*, n'a rien d'invraisemblable, étant données les relations du collège avec la cour. Et si les Pères ont fait imprimer l'*Ode à sainte Geneviève*, c'est bien à dessein de la répandre hors des murs de Louis-le-Grand.

Le rhétoricien sans doute pensait à ce monde qui bientôt s'ouvrirait à lui. Aussi bien tout pensionnaire rêve-t-il de s'évader hors de l'internat. Arouet avait fait plusieurs incursions dans le Paris entourant le collège. Vers 1706, il avait été introduit par l'abbé de Châteauneuf dans la société libertine du Temple, réunie autour des Vendôme, princes du sang. Le collégien a des besoins d'argent que ne couvre pas le père Arouet. A l'âge de treize ans, il a signé à une femme Thomas un billet de 500 livres : on lui en réclamera le remboursement en 1719, lorsqu'il atteint sa majorité.[41] Il protestera que l'engagement souscrit à un si jeune âge avait été «surpris». Il reste qu'il s'était adressé à une usurière pour obtenir une somme qui n'était pas mince : 500 livres ou francs équivalent à une année de la pension versée par son père (après la majoration de 1709). C'est aux années de collège aussi que remonte apparemment la mésaventure racontée dans la préface du *Dépositaire*. Dans la nécessité encore une fois d'emprunter de l'argent, il se trouve en présence d'un usurier opérant entre deux crucifix. Il lui dit qu'un seul suffit, et qu'il fallait le placer «entre les deux larrons». Colère du bonhomme : il ne prêtera pas un sou à un garçon aussi impie. Arouet se retire. Mais le dévot personnage le rattrape sur l'escalier. Après lui avoir fait promettre qu'il n'avait que «de très bonnes intentions», il lui prête sur gage à 10% pour six mois en retenant d'avance les intérêts. A l'échéance, l'usurier disparaît, emportant le gage qui valait quatre ou cinq fois la somme prêtée.[42]

Le gage : un jour ce fut le beau volume de prix de 1710, l'in-folio de Davila qui servit à cette fin. Le volume porte deux vers où l'on a cru reconnaître la main d'Arouet :

> De ma gloire passée illustre témoignage,
> Pour cinquante-deux sols je t'ai mis en otage.[43]

L'élève des Pères était brillant mais non point sage. Cet argent acquis par des moyens douteux, on devine à quoi il fut dépensé : le jeu, les filles...

Le voici parvenu à sa dernière année de collège. En 1710-1711, il est élève de la classe de philosophie. Ce qu'on enseigne chez les jésuites sous ce nom, c'est toujours la vieille scolastique. Les efforts du P. André pour y substituer le cartésianisme avaient échoué. Le régent dictait chaque année le même cours à ses élèves. Arouet ne s'est pas le moins du monde intéressé à cette prétendue philosophie, agrégat archaïque d'Aristote et de saint Thomas. Sa grande année restera sa rhétorique, celle où Lejay et Porée lui ont fait découvrir ce que nous appelons la littérature. Point de distribution de prix à l'issue de cette dernière année : l'élève doit soutenir une thèse, après quoi il reçoit une attestation d'études. En cet ultime exercice, Arouet n'a pas brillé : il a mal répondu aux « argumentants » en sa soutenance du mois de mai 1711. Il devra soutenir encore. Il semble ne pas avoir mené à terme la dernière épreuve scolaire. En juillet, alléguant des migraines il renonce, avec l'autorisation de son père, à soutenir un « demi-acte ».[44]

Nous connaissons les dernières semaines de sa vie de collège par les lettres qu'il adresse à un condisciple, Fyot de La Marche. Celui-ci, fils d'un président à mortier au parlement de Dijon, était retourné dans sa famille dès le mois de mai. Les deux amis s'étaient promis de s'écrire chaque semaine : les lettres d'Arouet furent retrouvées au siècle dernier par Henri Beaune, parmi les papiers des descendants, les réponses de Fyot de La Marche étant perdues. Ces débuts de l'immense correspondance voltairienne se ressentent visiblement des leçons reçues au collège. Arouet, cultivant le badinage de style jésuite, cherche le trait piquant. Spirituel et complimenteur, il s'engage dans une écriture assez contournée : « Je vous dirai qu'en quelque état que vous soyez je serais trop heureux de vous ressembler en tout, voire même en mentant comme vous faites dans toutes les lettres que vous me faites l'honneur de m'écrire et dans lesquelles vous ne cessez de vous nommer paresseux et épicurien. Après tout je crois que j'ai un peu tort de me plaindre de cette tromperie prétendue, car », etc.[45]

Ici pour la première fois ressort la vocation de Voltaire pour l'amitié. Fyot de La Marche était aimé de tous ses condisciples. Particulièrement d'Arouet. Fyot essayait d'être poète aussi : les deux garçons se communiquaient leurs ouvrages.[46] L'absence de l'ami laisse son compagnon désorienté. Celui-ci attribue à son trouble son mauvais succès à la soutenance de sa thèse. Sa douleur trouve des traits touchants (encore qu'inspirés de réminiscences littéraires) : « Bien tristement j'ai passé ma journée [...] Toutes les fois que je regarde par la fenêtre, je vois votre chambre vide; je ne vous entends plus rire en classe; je vous trouve de manque partout, et il ne me reste plus que le plaisir de vous écrire. »[47]

La dernière lettre nous fait connaître une «chose assez plaisante», qui étonne. Un bruit se répand dans le collège: Fyot de La Marche et Arouet se seraient promis de devenir ensemble religieux, apparemment dans la Compagnie de Jésus. La Société opérait son recrutement à l'intérieur de ses collèges. Il n'est pas impossible que quelques Pères aient rêvé d'attirer à eux un sujet aussi brillant qu'Arouet, qu'ils en aient causé autour d'eux: d'où la rumeur dont un M. Blanchard vient faire son compliment à l'intéressé. Arouet écarte ironiquement la nouvelle: son ami et lui ont «trop d'esprit pour faire une pareille sottise».[48]

L'incident nous invite cependant à nous interroger sur l'enseignement religieux que reçut au collège le futur adversaire de l'Infâme. Les jésuites se proposaient avant tout de former de bons chrétiens. Les instructions précisaient que l'enseignement littéraire devait être subordonné à cette fin. D'où dans les travaux scolaires le choix d'un grand nombre de sujets religieux. L'emploi du temps multiplie les exercices pieux. Au lever, prière à genoux, sans appui, dans les chambres. Toute la journée ensuite est ponctuée d'oraisons accompagnées de signes de croix: en s'habillant et se déshabillant, avant et après chaque classe, avant et après chaque repas. On entend la messe chaque jour de la semaine; deux fois le dimanche, avec vêpres et sermon. La journée se termine par une prière en commun, suivie d'une visite au Saint-Sacrement. La confession et la communion sont obligatoires au moins une fois par mois. Mais depuis que s'est répandue la «fréquente communion», beaucoup d'élèves se confessent et communient chaque semaine. Tous doivent apprendre à servir la messe et la servent tour à tour.

Il ne fait aucun doute qu'Arouet a pratiqué pendant sept ans cette gymnastique de dévotion. On rencontrera sous sa plume un souvenir du temps où il servait la messe par la citation, bien longtemps après, du répons initial.[49] Il a suivi, très certainement, les retraites imposées aux élèves. Pendant huit jours toutes les relations avec l'extérieur étaient interrompues; on consacrait son temps à méditer, à écouter des sermons, à suivre des offices. En mai 1711, Arouet écrit à Fyot de La Marche à l'issue d'une de ces retraites, faite au noviciat des jésuites. Ce qu'il en dit permet d'apprécier l'effet produit sur lui par l'excès des pratiques dévotes. De cette retraite il sort «moulu»; il a entendu «cinquante sermons»...[50] «Plier la machine», conseillait Pascal. Le risque, c'est que la machine trop bien rodée en vient à tourner à vide. La satiété engendre l'indifférence. Ce fut apparemment ce qu'éprouva François-Marie Arouet. Son confesseur le P. Pallu,[51] personnage semble-t-il assez terne, ne sut pas susciter sa ferveur.

Faut-il pour autant penser que le futur Voltaire s'affirma déjà sur les bancs du collège un virulent ennemi de la religion? Les biographes, enclins à la prophétie après coup, relatent des épisodes tendant à le suggérer. Un jour Arouet bouscule un camarade près du poêle: «Range-toi, sinon je t'envoie te chauffer chez Pluton. – Que ne dis-tu en enfer ? Il y fait encore plus chaud. – Bah ! aurait répliqué Arouet, l'un n'est pas plus sûr que l'autre. » Une autre fois, au réfectoire, Arouet cache le verre d'un camarade : « Arouet, rends-lui son verre ; tu es un taquin, qui n'ira jamais au Ciel. – Tiens, que dit-il avec son Ciel, s'écrie Arouet ; le Ciel, c'est le grand dortoir du monde. » Les deux anecdotes sont rapportées après plus d'un siècle par Paillet de Warcy, qui écrit sous la Restauration (1824).[52] Les propos n'ont peut-être pas le sérieux que leur attribue le biographe. Il n'est pas impossible non plus qu'on ait transféré à l'illustre Voltaire des épisodes concernant d'autres élèves des jésuites, comme on lui a prêté l'appréciation (qui certes lui conviendrait) *puer ingeniosus, sed insignis nebulo*, « enfant bien doué, mais fieffé polisson », portée en réalité sur Crébillon le tragique lorsqu'il était élève au collège de Dijon.

Une autre anecdote paraît plus authentique. Dans la classe du P. Lejay Arouet lança une saillie qui mit le régent en fureur : « Il descend de sa chaire, court à lui, le prend au collet, et en le secouant rudement lui crie à plusieurs reprises : Malheureux, tu seras un jour l'étendard du déisme en France ! » Le trait est recueilli par Duvernet et Condorcet. Mais il circula de bonne heure,[53] dès 1760, sans que Voltaire le démentît. L'insolence d'Arouet et le caractère colérique de Lejay le rendent vraisemblable. Pour en bien juger, on voudrait connaître le propos qui alluma l'ire du régent. Il est exclu cependant que l'élève ait affiché habituellement une impiété scandaleuse : les jésuites renvoyaient les sujets mauvais ou dangereux. L'indévotion du futur Voltaire devait rester assez discrète pour que certains en 1711 puissent le juger capable d'entrer dans les ordres.

On le voit ironiser non seulement sur la retraite de mai 1711, mais aussi sur la distribution des prix du 5 août. A la représentation de la tragédie,[54] « deux moines se sont cassés le col l'un après l'autre, si adroitement qu'ils n'ont semblé tomber que pour servir à notre divertissement. » Le P. Lejay, auteur du ballet,[55] « s'est enroué ». De gros nuages menaçaient le spectacle en plein air. Le P. Porée a cru sauver la situation : il a « prié Dieu pour obtenir un beau temps ». Las ! « Le ciel n'a pas été d'airain pour lui ; au plus fort de sa prière le ciel a donné une pluie abondante. »[56] Attitude narquoise, n'excédant pas les limites du tolérable, et qui ne devait pas être le fait du seul Arouet.

Tout enseignement, dans la mesure même où il s'assure une forte emprise, provoque une salubre réaction d'indépendance. La philosophie religieuse des jésuites y encourageait leurs élèves. Leur théologie teintée de molinisme mettait l'accent sur les idées généreuses et optimistes, contredisant en cela une pratique qui abusait des dévotions tatillonnes. On le voit par le catéchisme de Canisius, dans la version enseignée dans les collèges au début du XVIIIᵉ siècle. On estompe ce qui choque la raison. Le péché originel n'est mentionné que brièvement. L'existence de l'enfer est à peine évoquée. On passe vite sur le drame de la Passion. Paradoxalement, s'agissant d'un ordre qui se réclame du nom de Jésus, on insiste sur le Dieu créateur, « Père céleste et éternel », plus que sur la seconde personne de la Trinité. Soucieux de se démarquer de l'augustinisme et plus encore du jansénisme, l'enseignement des jésuites tend à se replier sur les positions de la religion naturelle, orientant vers le déisme Arouet comme beaucoup d'autres de leurs anciens élèves.[57]

Le hasard qui a conservé seulement les cinq lettres à Fyot de La Marche pour les deux années 1711 et 1712 ne doit pas fausser pour nous les perspectives, au point de privilégier les relations avec cet ami. Leur correspondance autant qu'on sache s'interrompit bientôt. Elle ne reprendra que quarante-quatre ans plus tard : installé à Genève, Voltaire à la faveur du voisinage renoue avec son ancien condisciple, devenu président à mortier au parlement de Dijon.[58] D'autres amitiés de collège s'étaient prolongées avec plus de continuité. Celui qui sera «l'ange» du grand homme, le comte d'Argental, entre à Louis-le-Grand quand Arouet y terminait ses études (il était né en 1700) : leurs relations devaient se resserrer un peu plus tard dans la société des Ferriol et des Tencin. Cideville en revanche, du même âge qu'Arouet, établit avec lui la liaison que nous verrons bientôt s'affermir, lorsque Cideville sera à Rouen conseiller au parlement, et bel esprit porté à la «métromanie». En 1709, le collège accueille les fils d'un puissant personnage : le lieutenant de police d'Argenson. René Louis, le futur marquis (né en 1694), Marc Pierre, le futur comte (né en 1696), avaient été d'abord confiés à un déplorable précepteur. Pour redresser la situation, on les envoie terminer leurs études chez les Pères jésuites : ils deviennent pendant deux ans condisciples d'Arouet. Celui-ci saura le leur rappeler lorsqu'il fera appel à la protection du premier, ministre des Affaires étrangères de 1744 à 1747, et du second, ministre de la Guerre de 1743 à 1757.

Arouet quitte le collège après la distribution des prix d'août 1711. Libéré soudain de l'internat, affranchi de l'autorité des régents, sans rompre avec ses anciens maîtres il gardera ses distances. Parfois il raillera cruellement les Pères de la Société de Jésus. Ses sept années de collège l'ont pourtant profondément marqué. De cet ordre aux activités planétaires, il retient le goût des vues larges tendant à embrasser l'ensemble de l'humanité. Ceux qu'il caricaturera sous le nom de Tout-à-tous[59] l'ont exercé à cette souplesse redoutable qui est la leur. S'insinuer auprès des puissants, savoir parler aux grands, et aussi bien se mettre au niveau de chacun avec politesse et grâce : cet art éminemment voltairien doit beaucoup à l'urbanité des jésuites. Si leur pédagogie religieuse n'obtenait que des résultats médiocres, leur éducation mondaine était une réussite. Autre réussite : leur formation littéraire. Voltaire demeurera la meilleure illustration de leur excellent enseignement des belles-lettres. Il leur doit un goût des grandes œuvres, qui corrigera la tendance à l'afféterie du goût jésuite. Leur pédagogie active a doté le plus doué de leurs disciples d'une technique d'écriture facile, rapide. Ils lui ont instillé la passion ardente de briller par la plume. Sans tarder, Arouet va montrer que cet ordre, si riche en *scriptores*, a réussi enfin à former un écrivain.[60]

5. Un début dans la vie

La biographie de Voltaire rencontrera la difficulté que crée la surabondance des documents. Le récit aura à se frayer un chemin à travers la multitude des petits faits au jour le jour. Dans la phase que nous abordons l'embarras naît d'une situation toute contraire. Sur les quatre années s'étendant de la sortie du collège à l'avènement de la Régence, notre information sur Arouet reste des plus lacunaires. A partir d'une certaine date, une copieuse correspondance suppléera à l'indigence des éléments autobiographiques. Mais de 1711 à 1715, exception faite des quinze lettres échangées avec Pimpette, sauvées par l'indiscrétion d'une mère,[1] nous ne connaissons qu'une seule lettre, de juin 1715 à la marquise de Mimeure. A quoi s'ajoutent seulement une lettre de Dacier à l'auteur d'*Œdipe*, et un court fragment de J.-B. Rousseau. De celles que certainement Arouet écrivit à son père, il ne subsiste qu'une phrase ; encore n'est-on pas sûr qu'elle soit exactement rapportée. De ce qu'il écrivait à sa sœur, à son beau-frère, à son frère Armand aussi sans doute, à ses amis, aux personnages dont il cherchait l'appui, tout a disparu.[2] Ceux qui connaissent ce jeune homme n'en font pas assez d'estime pour conserver ses proses familières. Qui en ces années prévoyait la réputation future d'Arouet? Le biographe en est réduit à quelques ragots repris longtemps après par les ennemis du grand homme, et visiblement déformés. Le plus sûr, ce sont encore les compositions en vers que l'apprenti poète égrène au long de cette période.

C'est là précisément un sujet de conflit avec son père. Le receveur à la Cour des comptes veut que ce fils bien doué poursuive dans le droit fil de l'ascension familiale. Et tous les siens sont de cet avis.[3] Mais au sortir du collège son fils lui a signifié tout net qu'il ne veut pas prendre d'autre état que celui d'homme de lettres. Le père se récrie : il veut donc être « inutile à la société », « à charge à ses parents », et « mourir de faim »?[4] A dix-sept ans François-Marie demeure dans la dépendance de son père : il habite chez lui, il reçoit de lui la petite pension qui lui permet de vivre.[5] Il doit donc se soumettre. Il suit l'Ecole de droit ; après quoi il est prévu qu'il s'inscrira au Barreau. En ce temps les cours se donnaient, nous dit-on, dans une sorte de grange.[6] On chargeait la mémoire des étudiants d'un fatras d'inutilités.[7] Et l'enseignement se faisait en un jargon barbare.[8]

Arouet, dégoûté, plus que jamais veut être poète. Il s'échappe vers la belle société, celle où l'on s'amuse et qui applaudit son talent pour les vers. Car en son esprit la poésie a partie liée avec la mondanité. Nous sommes aux antipodes de tout romantisme. A une époque où Horace est considéré comme le modèle des poètes, la poésie est conçue comme la forme la plus raffinée de la vie en société. Elégance, esprit, invention aussi et sensibilité, mais dans la mesure où l'expression n'offusque pas le bon goût: ces valeurs sociales constituent le mérite d'un poète tel qu'entend l'être le jeune Arouet.

Il retrouve dans l'été de 1711 Fyot de La Marche, en voyage à Paris. Son ami l'introduit chez ses parents, le marquis et la marquise de Mimeure. La marquise, femme spirituelle aux idées émancipées, tient un salon littéraire en son hôtel de la rue des Saints-Pères; Arouet était fait pour lui plaire.[9] Il se lie avec la mère du jeune d'Argental encore au collège: Mme de Ferriol. Cette fille du président de Tencin, «qui sait allier la galanterie à l'érudition»,[10] n'a pas encore été rejointe à Paris par sa sœur cadette, l'ex-religieuse qui sera Mme de Tencin et qui l'éclipsera. Son salon protège J.-B. Rousseau en un moment critique. Accusé d'être l'auteur de couplets diffamatoires, le poète vient d'être condamné et banni (7 avril 1712). Mme de Ferriol le cache chez elle. Puis quand il est réfugié en Suisse sans ressources, elle organise une collecte en sa faveur. Arouet depuis leur rencontre de 1710 cultive le lyrique comme son patron en poésie. Il aurait voulu prendre publiquement sa défense: son père l'en empêche. A défaut il aide Mme de Ferriol à le secourir et verse sa contribution à la collecte.[11]

Dans le même temps, il a renoué avec la société du Temple. Son parrain qui l'y présenta est mort depuis plusieurs années.[12] Ce milieu de libertins sceptiques, mal vu du pouvoir, a fait encore une autre perte, par l'exil du grand-prieur de Vendôme. Mais Arouet y fréquente les petits poètes qui gravitent autour de son frère le duc: La Fare, l'abbé Courtin, l'abbé Servien, et surtout Chaulieu. Le vieil homme (Chaulieu naquit en 1639) continue à chanter les plaisirs en petits vers: sa poésie cautionne la débauche assez vulgaire du Temple. Arouet cherche son patronage. L'épigramme contre le malheureux Danchet, élu en 1712 à l'Académie française, faisait partie d'une lettre, aujourd'hui perdue, qu'il adresse à l'oracle du Temple.[13] Il n'a aucune peine à prendre le ton de l'épicurisme poétique. La comtesse de Fontaines lui fait lire en manuscrit son roman, l'*Histoire de la comtesse de Savoie*: en remerciement une épître du jeune admirateur met l'ouvrage au-dessus de ceux de Mme de La Fayette. La romancière avait alors dépassé la cinquantaine.[14] Avec trente ans de moins, Arouet ne craint pas cependant de l'inviter à la volupté: «Sapho, soupire-t-il, qui ne croirait que l'Amour vous inspire?»

> Ah! pouvez-vous donner ces leçons de tendresse
> Vous qui les pratiquez si peu?

Mais le débutant aspire aux grands genres. Il voudrait bien vite conquérir la notoriété par une composition qui lui fasse honneur. Jusqu'à la fin de l'Ancien Régime, une récompense de l'Académie française restera l'un des meilleurs moyens qu'un nouveau venu ait de se faire connaître. Ainsi réussiront Marmontel, La Harpe. Arouet montre l'exemple à ses futurs disciples: en 1712 il décide de concourir pour le prix de poésie.

Le sujet pourtant n'avait rien pour lui de bien séduisant. Louis XIV venait de faire édifier à Notre-Dame de Paris le chœur qu'avait promis son père, trois-quarts de siècle plus tôt. L'Académie invitait les poètes à célébrer le *Vœu de Louis XIII*, accompli par son fils. Arouet s'exécute, confiant en son savoir-faire. Sur le thème imposé il versifie dix strophes d'octosyllabes – forme classique de l'ode. Il se tire d'affaire à force d'artifice. Il feint l'enthousiasme inspiré :

> Du Roi des rois la voix puissante
> S'est fait entendre dans ces lieux.

Il multiplie les allégories : il invoque la Paix, la Piété sincère, la Foi, « souveraine des rois », fait comparaître « la Chicane insinuante », « le Duel armé par l'Affront », « la Révolte pâle et sanglante ». Le recours aux machines poétiques ne rend que trop sensible l'absence de sincérité. Le comble est atteint dans la Prière rituelle couronnant l'ode : le poète qui n'a pas vingt ans demande à Dieu que le roi septuagénaire « soit encor l'appui de nos neveux, comme il fut celui de nos pères ». Il envoie son ouvrage à l'Académie : le verdict, bien décevant, ne sera rendu que deux années plus tard.

Combien on préfère l'ode qu'il compose peu après, *Sur les malheurs du temps*. Certes le poète continue à user de l'allégorie, du cliché noble, et de la mythologie :

> Des plaines du Tortose aux bords du Borysthène
> Mars a conduit son char, attelé par la Haine.

Mais il traite ici un sujet qui lui tient à cœur. Les « malheurs du temps », c'est la guerre dévastatrice, ce sont les deuils qui viennent de frapper la famille royale :

> D'un monarque puissant la race fortunée
> Remplissait de son nom l'Europe consternée :
> Je n'ai fait que passer, ils étaient disparus.

S'élevant à une sorte de philosophie de l'histoire, le poète lyrique s'interroge sur l'origine de tant de maux. Alors qu'ailleurs il se réclame d'un épicurisme à la Chaulieu, il se montre ici encore influencé par la prédication de collège. La France doit ses revers au relâchement des mœurs : « l'Orgueil et le Luxe », la « Mollesse oisive », le « Vice trop aimable » ont détruit parmi nous « l'héroïque rudesse » des anciens Francs.

Autre question qui intéresse Arouet : celle du « vrai Dieu ». Dans un recueil de 1715 paraît sous son nom une ode portant ce titre. Voltaire la désavouera.[15] Elle peut cependant être authentique. Le « vrai Dieu », c'est en apparence celui du christianisme ; mais l'ode insinue à travers l'orthodoxie les objections déistes contre l'Incarnation et la Rédemption. La dernière strophe de cette pièce singulièrement équivoque conclut :

> L'Homme est heureux d'être perfide,

Et, coupables d'un déicide,
Tu nous fais devenir des dieux.

Le jeune Arouet ne s'enfermait pas, il s'en faut, dans la gravité. Ses ennemis, au temps de *La Voltairomanie*, ramasseront les échos de ses fredaines. Il passait des journées et parfois des nuits à s'amuser. Un soir, fort tard, trouvant close la porte de la maison paternelle, il fut réduit à dormir blotti dans une chaise à porteurs. Au matin, deux conseillers au parlement l'y aperçoivent, encore plongé dans un sommeil profond : ils font transporter la chaise au café de la Croix de Malte, sur le quai ; c'est là qu'il se réveille enfin, au milieu des rires des buveurs.[16]

Il dilapide le peu d'argent qu'il a. La duchesse de Richelieu lui a demandé de corriger des vers qu'elle a faits. En récompense elle lui donne cent louis. Voici qu'Arouet avec cette somme achète un carrosse, des chevaux, des habits de livrée. En cet équipage il parcourt la ville, se montre à ses amis. Mais le soir il est embarrassé pour remiser. Les chevaux placés dans l'écurie de son père font avec ceux de la maison un affreux tapage à trois heures du matin. Le père Arouet, furieux, fait vendre le tout le lendemain. L'anecdote, démentie par Voltaire, ne manque pas cependant de vraisemblance.[17]

François Arouet veut éloigner son fils du milieu où il est en train de se perdre. Il l'envoie à Caen en 1713. Ce voyage ne nous est connu que par une unique source : une chronique manuscrite de Charles de Quens, postérieure d'une vingtaine d'années.[18] Il nous est dit qu'il fréquenta le salon d'une muse provinciale, Mme d'Osseville. La dame, maigrichonne et laide, se consolait en composant des vers.[19] Elle fut d'abord enchantée par l'esprit du jeune Parisien, poète lui aussi. Mais Arouet lisait également, dans d'autres sociétés de la ville, des vers offensant la religion et la morale. Lesquels ? A cette date aucun des siens qui nous sont parvenus ne pouvait offenser une âme pieuse. Sans doute récitait-il des poèmes d'auteurs libertins, plus ou moins scabreux, tels ceux qu'il recueillera dans ses carnets.[20] Toujours est-il que Mme d'Osseville, informée, le bannit de chez elle. Il se lia aussi avec le professeur de rhétorique au collège des jésuites : le P. Couvrigny, qui allait par la suite faire parler de lui par ses débauches. Cette rencontre est même ce qui permet de dater le voyage de 1713 : on sait d'autre part que Couvrigny se trouvait cette année-là à Caen. Mais on ignore à quel moment et combien de temps Arouet séjourna dans la ville. Si son père l'envoyait là-bas en vue d'un établissement, le projet très certainement échoua.

Il semble qu'après cette nouvelle déconvenue le receveur à la Cour des comptes se soit résigné à un plus lourd sacrifice. La famille avait proposé au jeune homme de lui acheter un office d'avocat du roi : il refusa.[21] Inquiet de l'avenir de son second fils, François Arouet lui offrit donc une charge beaucoup plus coûteuse : celle de conseiller au parlement.[22] Il aurait ainsi fait carrière au niveau supérieur de la noblesse de robe : il y aurait rejoint certains de ses camarades comme Fyot de La Marche. Le père, craignant de s'y mal prendre, confia à une tierce personne la négociation. Combien de fils de bourgeois auraient accueilli avec enthousiasme une perspective de cette sorte! Car peu de familles avaient les moyens d'assumer un si considérable investissement. Mais Arouet persiste dans son refus. «Dites à mon père», répond-il, «que je ne veux point d'une considération qui s'achète, je saurai m'en faire une qui ne coûte rien».[23] On mesure ici la force de sa vocation littéraire. Son option pour la poésie apparaît comme une volonté de rompre avec la tradition familiale. Et elle s'identifie en son esprit avec une ambition de conquérir la «considération».

La famille songe alors à une autre voie. Les traités d'Utrecht venaient d'être conclus (11 avril 1713), mettant fin à la guerre de Succession d'Espagne commencée douze ans plus tôt. Une ancienne relation du notaire Arouet, le marquis de Châteauneuf, frère de l'abbé parrain de François-Marie, a été nommé ambassadeur du roi à La Haye. On obtient qu'il prenne avec lui François-Marie, à titre de secrétaire privé. C'était adopter un parti intelligent. On voyait que le garçon portait une vive attention à l'actualité politique. Un peu plus tard il fera de son propre chef des offres de service au responsable de la diplomatie française. Mais en 1713 la tentative tourne court, par une étourderie de jeune homme.

La république des États-Généraux présentait un spectacle très neuf pour un Français: à quelques dizaines de lieues, les antipodes du royaume de Louis XIV. Mais Arouet alors n'a pas le temps d'en faire l'exploration. Bientôt il n'a d'yeux que pour Pimpette.

Dans la nombreuse colonie des huguenots français réfugiés en Hollande, on remarquait une aventurière, Mme Dunoyer. «Nouvelle catholique» originaire de Nîmes, elle avait laissé en France son mari; après avoir vécu d'expédients en Angleterre, elle s'était établie à La Haye. Elle subsistait par le débit de *La Quintessence*, feuille périodique d'une conception originale, où elle osait dénoncer Louis XIV pour sa politique de conquêtes et de persécutions religieuses. Ses deux filles qui l'avaient suivie avaient connu des expériences conjugales malheureuses. L'aînée épousa un officier, puis après le décès de celui-ci, un second militaire qui la laissa veuve rapidement.[24] Restait à établir la fille cadette, Pimpette, c'est-à-dire Olympe.[25] Celle-ci, à l'âge de quinze ans, s'était fiancée (janvier 1708) au chef camisard Jean Cavalier, héros de la guerre des Cévennes. Fiançailles orageuses. Cavalier rompt et s'enfuit en Angleterre (où Voltaire le retrouvera en 1726). Peu après, Olympe épouse un aventurier, un prétendu baron de Winterfeld, dont elle a un enfant et qui l'abandonne (1710).

Pimpette, en 1713, n'était donc pas précisément une ingénue. Cependant elle avait du charme: fraîcheur, gentillesse, sensibilité. Peu après son arrivée Arouet la rencontre, et c'est très vite le grand amour. Il se dit son «amant», il la nomme sa chère «maîtresse»: termes à prendre dans leur acception d'aujourd'hui. On jure de s'aimer toute sa vie. Passion très juvénile des deux côtés, avec une nuance quelque peu maternelle de la part de la fille, de deux ans plus âgée que son amant.[26]

La liaison de Pimpette avec un garçon sans fortune et apparemment sans avenir ne faisait point du tout l'affaire de la mère. Elle alla porter plainte à l'ambassadeur. Fureur du marquis de Châteauneuf. La journaliste de *La Quintessence* pouvait être dangereuse. Les relations diplomatiques entre la France et les Etats-Généraux reprenaient à peine après plus d'une décennie d'interruption. Le représentant du roi devait faire preuve de beaucoup de prudence. D'autant plus qu'installé depuis plusieurs semaines à La Haye, il n'y avait pas fait encore son «entrée» officielle, l'équivalent de notre remise des lettres de créance. La cérémonie n'aura lieu que le 15 janvier suivant. L'incartade du petit Arouet pouvait donc susciter une méchante affaire. L'ambassadeur décide de le renvoyer à Paris. La première lettre de l'amant de Pimpette que nous ayons, des environs du 25 novembre, annonce qu'il doit partir le lendemain. En fait le départ fut reporté de plus de trois semaines. On ne voulait pas laisser Arouet voyager seul, de peur qu'il ne revînt. Il fallut attendre la mission en France d'un attaché de l'ambassade, le comte Du Maussion. Le délai permit aux amants de se revoir. Ce n'était pas chose facile : Mme Dunoyer fait coucher sa fille dans son lit, et Arouet est consigné à l'ambassade. Ils surmontent cependant les obstacles selon les meilleures recettes du roman galant. Ils communiquent par un valet de l'ambassade, nommé Lefèvre, et par un cordonnier, logé dans le même bâtiment que Mme Dunoyer. Arouet s'échappe par la fenêtre. Louant une voiture, il va passer quelques heures avec sa maîtresse à Scheveningen près de La Haye, alors simple village de pêcheurs.[27] Un autre soir, c'est Pimpette déguisée en homme qui rejoint son amant dans sa chambre à l'ambassade.[28] Au cours de ces rendez-vous, Arouet met au point un plan : il va faire venir Pimpette à Paris, sous le prétexte d'une conversion au catholicisme. Il lui fait écrire des lettres à son père, à son oncle, à sa sœur, restés en France. Il fera intervenir l'évêque d'Evreux, parent de la jeune femme, et le P. Tournemine : les deux ecclésiastiques, en croyant œuvrer pour la vraie foi, serviront leur amour.[29] Ces beaux projets ne pouvaient qu'accroître le mécontentement de l'ambassadeur, s'il en eut connaissance : les Hollandais n'allaient-ils pas s'imaginer qu'à peine installée la mission française faisait du prosélytisme en faveur du «papisme»? Enfin le 18 décembre Arouet part pour Paris, où il arrive le 24.

Hélas! il avait été devancé par une lettre de Châteauneuf à son père : lettre «sanglante»,[30] «telle qu'il n'en écrirait point contre un scélérat».[31] Au comble de la rage, le père Arouet a obtenu une lettre de cachet pour faire enfermer ce fils scandaleux. En outre il le déshérite. Averti à son arrivée, François-Marie doit se cacher. Il ne renonce pas cependant à faire venir Pimpette. Il rêve : comme tous deux seront heureux, menant «une vie douce et tranquille à Paris».[32] La bonne volonté du P. Tournemine lui est acquise.[33] Il exhorte sa maîtresse à persévérer : qu'elle écrive à l'évêque d'Evreux, en n'oubliant pas de le nommer «Monseigneur». Mais la jeune femme avait toujours hésité à s'engager dans l'aventure. Faible de caractère et de santé, elle préfère rester auprès de sa mère ;

elle omet de répondre aux suppliques de son amant. La correspondance va s'interrompre après la lettre d'Arouet du 10 février 1714.

Cette flambée amoureuse ne restera pourtant pas sans suite. Après Arouet, Pimpette s'éprend de Guyot de Merville, petit homme de lettres réfugié à La Haye. Voltaire ne pardonnera pas à ce confrère de l'avoir supplanté.[34] Puis lorsqu'Arouet fut devenu l'auteur à succès d'*Œdipe*, Mme Dunoyer s'avise de tirer parti des lettres à sa fille qu'elle a interceptées. Elles paraissent après sa mort en 1720 dans son périodique, avec un commentaire par lequel elle s'attribue le rôle d'une mère irréprochablement vertueuse. Elle a seulement soin de supprimer les passages où l'amoureux s'exprimait sur elle sans ménagement. Ainsi fut sauvée cette correspondance. Pimpette alors vit à Paris, sous le nom de Mme de Winterfeld. Elle spécule dans le «système» de Law. Elle va être ruinée, si elle ne fait «passer au visa» les billets qu'elle détient. En cette extrêmité elle s'adresse à Voltaire : son ancien amant, en souvenir du passé, lui accorde sa caution.[35]

Dans les derniers jours de 1713, tandis qu'Arouet se terre en sa cachette, son père peu à peu s'est calmé. Il accepte de transformer la sentence d'emprisonnement en une déportation «aux Iles», en Amérique. Le fils se soumet :

Je consens, ô mon père, de passer en Amérique, et même d'y vivre au pain et à l'eau, pourvu qu'avant mon départ, vous me permettiez d'embrasser vos genoux.[36]

Il mande à Pimpette qu'il va partir pour Brest.[37] Puis, les jours s'écoulant, François Arouet fait réflexion qu'il est maintenant en mesure d'imposer sa volonté à son fils indocile. Il lui pardonne, à une condition : il ira apprendre un métier dans une étude. François-Marie entre donc en janvier 1714 comme pensionnaire chez Me Alain, procureur au Châtelet, rue du Pavé Saint-Bernard, près de la place Maubert.[38]

Il venait d'affronter la première crise grave d'une vie qui en comportera bien d'autres. Dès ses premiers pas il a failli grever dangereusement son avenir. Il brûlait de se lier durablement à Pimpette, de l'épouser peut-être.[39] On présume qu'une pareille union aurait vite débouché sur de pénibles conflits. Peu s'en est fallu qu'il connût la Bastille à dix-neuf ans, par réquisition paternelle : motif plus humiliant que la sentence du pouvoir qui l'y conduira trois ans plus tard. Une déportation aux Iles eût été pire quant aux conséquences : comment peut-on être un poète à Saint-Domingue en 1714 ? Voltaire manifeste déjà en cette circonstance son aptitude à traverser les tempêtes sans sombrer. A l'issue, il se trouve disponible, en fait débarrassé de Pimpette, prêt pour un nouveau départ, le stage chez Me Alain ne constituant qu'une gêne momentanée.

On ignore combien de semaines ou de mois il demeura chez le procureur. On imagine que l'officine dans le quartier Maubert n'était pas l'asile des Muses. La bourgeoise Mme Alain, qui nourrissait les apprentis de son mari, n'avait rien d'une poétique personne. A un ancien camarade qui le félicite du *Temple du Goût*, Voltaire répondra que la dévote dame «ne se doutait pas qu'il y eût pareille église au monde».[40] Duvernet pense qu'Arouet y a gagné une initiation à la procédure qui lui sera ultérieurement fort utile.[41] Il est certain qu'il doit à son passage chez Me Alain une connaissance plus précieuse encore. Il y rencontre Nicolas Thiriot, garçon de son âge, en apprentissage comme lui.[42]

Le compagnon faisait exception parmi les employés du procureur : il aimait les vers, citait Horace et Virgile, fréquentait les spectacles.[43] Tous deux se lièrent alors pour la vie. Arouet, le plus sociable des hommes, est fait pour l'échange direct, confiant, avec un *alter ego*. Thiriot mieux qu'un Fyot de La Marche le met à même d'accomplir sa vocation de l'amitié. Entre lui-même et le fils d'un président au parlement de Dijon, Arouet sentait une différence de niveau social : une nuance déférente dans ses lettres se mêle à l'échange amical. Mais avec son camarade Thiriot il se trouve de plain-pied. Le plus ancien billet[44] que nous ayons dénote une très franche familiarité. Arouet demande un renseignement pour sa *Henriade* : il tutoie Thiriot – ce qui est rarissime dans sa correspondance – agrémentant ses quatre lignes d'un trait d'érudition scabreuse (sur la manière étrange dont M. de Sully insulta «pendant une heure» M. Du Palais) : transgression des convenances par quoi deux amis jeunes affirment leur entente. Thiriot sera son confident, son homme de confiance ; l'amitié de Voltaire survivra aux faiblesses de l'ami, à ses trahisons même.

François Arouet croyait-il qu'à l'école de Me Alain son fils se résignerait à un métier de chicane ? François-Marie bientôt demande sa liberté. «Quel état veut-il donc prendre ? », gémit le père.[45] Etant entendu que la poésie n'est pas un «état». Le désaccord persistait. Voltaire remarquera plus tard, à propos de Molière, que «presque tous ceux qui se sont fait un nom dans les beaux-arts les ont cultivés malgré leurs parents».[46] Enfin, au printemps de 1714,[47] une intervention va lever les exigences paternelles et retirer le jeune Arouet de l'étude du procureur.

L'ancien notaire comptait parmi ses clients et relations les Caumartin. Le chef de la famille intercède en faveur du stagiaire de Me Alain. Il obtient que celui-ci passera quelque temps à la campagne, à Saint-Ange, dans son château. La retraite lui laissera le loisir de décider de «l'état» qu'il veut prendre.

Or le séjour le confirme dans son option pour la poésie. Saint-Ange, aujourd'hui disparu, était situé à Villecerf, près de Fontainebleau. Pour la première fois Arouet vit en invité dans l'un de ces châteaux proches de la capitale, résidences secondaires de l'aristocratie parisienne : l'habitude est d'y aller chercher à la belle saison du repos et des divertissements. On ne sait si en 1714 Arouet contribue, comme il fera souvent par la suite, aux plaisirs de la vie de château : parties, jeux, spectacles... La chronique a seulement retenu ses conversations avec son hôte. Louis Urbain Lefèvre de Caumartin, marquis de Saint-Ange, a son portrait dans les *Mémoires* de Saint-Simon.[48] Il était l'un de ces membres de la noblesse robine que Louis XIV avait avancés au grand dépit du duc et pair.

Boileau dans un vers le place au même rang pour la vertu d'équité que Bignon et d'Aguesseau. Saint-Simon ne trouve guère à lui reprocher qu'une incongruité vestimentaire : il fut « le premier homme de robe qui ait hasardé le velours et la soie ». A cela près, un parfait honnête homme. « Grand », « beau et très bien fait, fort capable dans son métier de robe et de finances ». Car le roi l'avait fait entrer en son Conseil et l'avait nommé intendant des finances, charge qu'il avait remplie avec distinction. Il avait les belles manières d'un courtisan, d'un « grand seigneur ».[49] Conteur disert, il se montrait intarissable sur l'ancien temps, celui de la splendeur du grand roi. « Il savait tout en histoires, en généalogies, en anecdotes de cour ». L'hommage de Saint-Simon confirme celui qu'exprime Arouet dans l'épître qu'il adresse de Saint-Ange au prince de Vendôme, pendant le carême de 1717 :

> Caumartin porte en son cerveau
> De son temps l'histoire vivante.
> Caumartin est toujours nouveau
> A mon oreille qu'il enchante ;
> Car dans sa tête sont écrits
> Et tous les faits et tous les dits
> Des grands hommes, des beaux-esprits.[50]

A Saint-Ange, Arouet fait donc une plongée dans le passé. Il se rappelle, Caumartin aidant, que le château fut construit par François Ier. Il imagine l'ombre de ce roi galant encore présente sous les marronniers du parc, en compagnie de Diane de Poitiers, de la belle Ferronnière... Arouet alors est bien loin de penser à des ouvrages historiques. Il ne concevra le *Siècle de Louis XIV* que vingt ans plus tard. Mais déjà la conversation de Caumartin lui donne le goût de s'informer sur le passé récent à travers des « récits et anecdotes » : « charmantes bagatelles », par lesquelles revit une époque révolue. De rencontres comme celle de Caumartin naîtra une méthode d'enquête de Voltaire historien, procédant par interviews quasi journalistiques auprès des survivants. Le seigneur de Saint-Ange savait des historiettes remontant jusqu'au temps de Henri IV. Il est de ceux qui au déclin du règne de Louis XIV exaltent la légende du roi gascon, fondateur de la dynastie bourbonienne. Le malheur des temps fait apparaître plus attrayante l'image du bon roi Henri, ami de son peuple, protecteur des petites gens, appliqué à restaurer la prospérité d'un pays ruiné par quarante ans de guerres de religion. Caumartin, on peut le supposer, dès 1714 évoqua devant son visiteur ce règne pacificateur. Mais c'est un peu plus tard qu'Arouet en concevra le projet d'une grande composition épique.

Depuis deux ans, le poème envoyé pour le concours sur « le vœu de Louis XIII » demeurait en instance auprès de l'Académie. Celle-ci enfin se décide à rendre son verdict. Dans la séance solennelle du 25 août 1714, pour la fête de saint Louis, Houdar de La Motte au nom de la Compagnie prononce un « Discours sur les prix que l'Académie française distribue».[51] Auparavant on avait lu le palmarès. Stupeur, fureur: Arouet n'est pas nommé. L'Académie couronnait l'abbé Dujarry. Sexagénaire, l'heureux gagnant était un habitué de ce genre de joutes. Il avait remporté sa première victoire quarante ans plus tôt. Dans l'intervalle il avait triomphé deux autres fois. Sur la lancée l'Académie en 1714 récompensa encore la Muse essoufflée du bonhomme. L'influence de La Motte s'était avérée prépondérante: Dujarry était son protégé.

Un autre qu'Arouet eût pu prendre son parti de l'échec. Mais lui, tout inconnu qu'il était, ne voulut point laisser passer sans crier une si évidente injustice. C'est ici la première querelle de Voltaire, et l'infortuné Dujarry se trouve ouvrir le long défilé de ses victimes. De ce prix qu'on lui a refusé il fait une «affaire». A travers le monde étroit qu'est alors le Paris des lettres il se répand en protestations. Il mène campagne en prose et en vers. Il fait circuler une *Lettre à M. D****.[52] Feuille virulente, qui campe d'abord le «pauvre Dujarry»: «un de ces poètes de profession qu'on rencontre partout et qu'on ne voudrait voir nulle part», un parasite qui «paie dans un bon repas son écot par de mauvais vers». Suivent des remarques sur le chef-d'œuvre couronné par l'Académie. Amphigouris, chevilles, platitudes, sottises: tout est étalé par l'impitoyable censeur. Il fait un sort à un trait particulièrement malencontreux. Pour dire que Louis XIV est admiré de toute la terre, Dujarry s'était écrié:

> Pôles glacés, brûlants, où sa gloire connue
> Jusqu'aux bornes du monde est chez vous parvenue...

Arouet s'esclaffe de ces «pôles glacés, brûlants». Le pluriel suppose qu'il existe «plusieurs pôles de chaque espèce»; «par malheur» nous n'en avons que deux: encore sont-ils tous deux glacés. «Certes, poursuit le critique, si ces pôles brûlants sont bien reçus à l'Académie française où l'on juge des mots, ils ne passeraient point à l'Académie des sciences où l'on examine les choses». Arouet n'est à cette date rien moins qu'un homme de science. On retiendra pourtant comme révélateur d'un tour d'esprit son exigence d'un langage exact, même en vers, et son mépris des vagues clichés, relevant de la «vieillerie poétique». Le coup tombait si juste que La Motte crut devoir défendre les «pôles brûlants» de son lauréat: l'erreur, explique-t-il, «appartenait à la géographie et ne regardait nullement l'Académie française». Pitoyable défaite, qui valut, nous dit-on, à l'académicien et à son poète de nouvelles railleries.[53]

La *Lettre* derrière Dujarry atteint son protecteur. La querelle des Anciens et des Modernes venant de se rallumer, Houdar de La Motte s'y est déclaré le champion des Modernes: les tenants de son parti à l'Académie avaient voté pour le candidat de leur chef de file. Ces académiciens, commente Arouet, «trouvent Horace plat, Virgile ennuyeux, Homère ridicule». «Il n'est pas étonnant», continue-t-il, «que des personnes qui méprisent ces grands génies de l'antiquité estiment les vers de M. l'abbé Dujarry». Arouet se trouve ainsi porté vers les

48

Anciens, alors que ses tendances de débutant naturellement novateur l'aurait plutôt incliné vers les Modernes. Mais le ressentiment est présentement le plus fort. Il drape dans une épigramme le Moderne Terrasson, lequel prétend démontrer que les beautés d'Homère

Ne nous charment que par hasard.[54]

Il s'acharne surtout sur La Motte. L'académicien ayant, dans sa harangue du 25 août, confondu la couronne civique (de chêne) avec la couronne olympique (d'olivier), Arouet accuse un si piètre connaisseur de l'antiquité de prendre

Un chêne pour un olivier
Et Dujarry pour un poète.[55]

Il ne s'en tient pas à des escarmouches. Il versifie une satire en décasyllabes marotiques, *Le Bourbier*. Autre titre : *Le Parnasse*. Le poète en effet décrit les degrés de la montagne sacrée. Au sommet, dans de «riants jardins» parmi les «fontaines d'eau pure», trônent les grands Anciens : «Anacréon, Virgile, Horace, Homère». Plus bas se situent les poètes médiocres, «de la raison partisans insipides», «d'un sol aride incultes nourrissons» : là se rencontrent les «consorts» de La Motte. Puis tout en bas, «au pied de la montagne», voici

Un bourbier noir, d'infecte profondeur,
Qui fait sentir très malplaisante odeur.

Dans «la fange la plus orde» barbottent les partisans et protégés de La Motte. Lui-même siège au bord du cloaque :

Houdar ami de la troupe aquatique
Et de leurs vers approbateur unique...
Houdar enfin qui dans un coin du Pinde,
Loin du sommet où Pindare se guinde,
Non loin du lac est assis, ce dit-on,
Tout au-dessus de l'abbé Terrasson.[56]

On mesure la violence injurieuse de cette polémique. Telles étaient les mœurs littéraires de l'époque. Arouet fait preuve de téméraire audace en s'attaquant, lui obscur jeune homme, à une personnalité de grande autorité comme La Motte. Mais il était d'usage alors dans les querelles poétiques d'accabler d'insultes l'adversaire. La vogue des cafés avait eu ce triste résultat. Un poète contemporain, Roy, peint ces

... réduits fumants
Où l'on voit dans le délire
Les sophistes écumants.

Arouet dans sa satire évoque pareillement les «rimeurs diffamés»,

49

Peintres, abbés, brocanteurs, jetonniers,
D'un vil café superbes casaniers.

C'est dans les établissements où l'on sert le «noir breuvage» (il en existe jusqu'à trois cents à Paris en 1715) qu'avait éclaté récemment le scandale des couplets, éclaboussant Jean-Baptiste Rousseau, La Motte, La Faye, Saurin. En 1713 dans les cafés encore s'étaient querellés partisans et adversaires d'Homère. Gens diffamés que les gens de lettres: «citoyens du bourbier», comme dit Arouet. Il faudra du temps pour qu'au XVIIIe siècle l'homme de plume conquière sa dignité. Dans les dernières années de Louis XIV, ce n'est pas seulement par préjugé bourgeois que le père Arouet tient les poètes pour des gens sans aveu. Il partage en cela une opinion communément admise.

Le poème du *Bourbier*, allégorie du monde littéraire contemporain, prend aussi une signification par rapport à la personnalité de Voltaire. On voit s'y inscrire son aspiration au grand, au noble, qui vise les sommets du Parnasse: déjà Arouet a l'ambition de s'élever au niveau des Horace, des Virgile. En sens inverse, et complémentairement, l'évocation du cloaque par des images impressionnantes le révèle sensible, pour ainsi dire physiquement, à la bassesse sale, corrompue. La faune du «Bourbier», il veut la fuir. Mais déversant sur elle de fangeuses injures, il se laisse entraîner vers les mêmes bas-fonds. Dès l'affaire Dujarry se dessine une fatalité de la polémique voltairienne.

Jean-Baptiste Rousseau lui avait donné alors de judicieux conseils. Arouet s'était adressé au poète ennemi et victime de La Motte; de son exil Rousseau avait tenté de le calmer. Il lui conseillait d'éviter les formes subalternes de la littérature. Il lui proposait en modèles les plus grands, ceux qui hantent les cimes du Parnasse: ni Corneille, ni Racine, ni Boileau n'ont jamais concouru pour un prix d'Académie, «ils craignaient trop de compromettre leur réputation».[57] Un peu plus tard, Rousseau fait transmettre au jeune poète un autre avis, non moins sage. Exilé en Suisse, à Soleure, il a eu communication de trois pièces en vers d'Arouet. Deux sont fort satiriques. L'une est une épigramme contre l'actrice Duclos; l'autre «roule sur les jésuites et les jansénistes». Nous proposons d'identifier celle-ci avec un quatrain qui sera ultérieurement inséré dans l'opuscule *Sottise des deux parts*. Voltaire l'y donne comme ayant été composée «il y a quelques années», lorsqu'on vendait dans Paris «une taille douce représentant Notre Seigneur Jésus-Christ habillé en jésuite». On se rappellera que l'amour de Dieu était un sujet de conflit entre jésuites et jansénistes. Quelques théologiens de la Société, dignes confrères d'Escobar, avaient soutenu la thèse que l'attrition suffisait au salut; autrement dit, qu'un chrétien pouvait être sauvé par la seule pratique des sacrements, accompagnée de la crainte de l'enfer, sans avoir jamais fait un seul acte d'amour de Dieu. Pure hypothèse d'école. Mais les jansénistes avaient accrédité l'idée que les jésuites voulaient empêcher les fidèles d'aimer Dieu. Boileau avait jugé utile de consacrer toute une épître, la douzième, à démontrer «l'indispensable loi d'aimer Dieu pour lui-même». Se référant à cette prétendue hostilité des jésuites à l'amour de Dieu,[58] «un plaisant» – Voltaire lui-même – feignant d'être, comme il dit, «le *loustig* du parti janséniste», inscrivit au bas de l'estampe ces vers :

> Admirez l'artifice extrême
> De ces pères ingénieux :
> Ils vous ont habillé comme eux,
> Mon Dieu, de peur qu'on ne vous aime.

Jean-Baptiste Rousseau se dit enchanté «du tour et du style de ces petits ouvrages». Mais il redoute les conséquences ; il craint que «ce jeune auteur qui a certainement bien de l'esprit ne s'en serve pas avec la discrétion nécessaire à un homme qui veut se faire des amis et s'attirer l'estime des gens sages».[59] Il se propose lui-même en exemple des malheurs qu'entraîne l'esprit satirique. Prudente leçon, dont Voltaire ne tiendra aucun compte – Jean-Baptiste Rousseau en fera bientôt la cuisante expérience.

Arouet n'en prétend pas moins atteindre les sommets dans la hiérarchie des genres. Il a mis en chantier une tragédie : *Œdipe*.

Le théâtre, on le sait, demeurait la forme la plus prestigieuse de l'activité littéraire. Et parmi les diverses sortes de pièces la tragédie est celle qui l'emporte en dignité. Un succès éclatant à la Comédie-Française, qui a l'exclusivité du genre noble, poserait Arouet comme l'émule de Crébillon. Car après Corneille et Racine, seul l'auteur d'*Atrée et Thyeste* (1707), de *Rhadamiste et Zénobie* (1711), occupe encore la scène tragique avec autorité. Près de lui Danchet (*Cyrus*, 1706), Mlle Barbier (*Tomyris*, 1707), l'abbé Pellegrin (*Pélopée*, 1710), et quelques autres, font piètre figure. Crébillon lui-même, après l'échec de son *Xerxès* (1714), va renoncer au théâtre pour longtemps. La tragédie, honneur de la France, allait-elle dépérir ? On peut supposer qu'Arouet, manifestant le don d'intuition qui caractérisera Voltaire, a perçu alors qu'un vide se creusait dans la république des lettres et qu'une place était à prendre.

Quelque soixante années plus tard, il prétendra avoir commencé son *Œdipe* «dès l'âge de dix-huit ans».[60] De sa part une telle indication n'a qu'une valeur toute relative. Rien ne prouve qu'il travaillait déjà à sa tragédie en 1712. Mais dans l'épître dédicatoire d'*Oreste* (1750), il écrira que «la première idée» lui en vint en assistant à Sceaux à une représentation de l'*Iphigénie en Tauride* d'Euripide, donnée en l'honneur de la duchesse du Maine.[61] Il s'agit certainement de la fête donnée chez Malézieu le 5 août 1713 avant le départ d'Arouet pour La Haye.[62] Il est probable que la pièce ne prit forme qu'à son retour, lorsqu'il recommença à fréquenter les spectacles à Paris, et qu'il sentit la nécessité d'opposer au refus paternel des preuves substantielles de sa vocation littéraire.

Que l'œuvre procède de la rencontre avec la tragédie grecque, non par l'intermédiaire d'une lecture, mais par le contact direct d'une représentation, on peut le croire. Si sensible à l'émotion théâtrale, Arouet n'avait jusqu'alors du tragique grec que les notions théoriques enseignées au collège : terreur, pitié... Soudain il en sent la force. Il admire «l'antique dans toute sa noble simplicité.» Impression esthétique qu'il va tenter de fixer dans une création originale.

La première trace de son *Œdipe* se rencontre dans une lettre que lui adresse André Dacier, le 25 septembre 1714.[63] Le débutant, soucieux effectivement de s'attirer, selon les termes de Jean-Baptiste Rousseau, «l'estime des gens sages», avait consulté le savant helléniste, dont il utilisait sans doute la traduction française de Sophocle.[64] Il ressort de la réponse qu'à cette date l'auteur du nouvel *Œdipe* a élaboré un plan, et versifié quelques passages, dont «la catastrophe d'Œdipe», au cinquième acte.

On est tenté de s'interroger sur le fait que pour sa première œuvre Arouet ait choisi un sujet pour nous si chargé de significations psychanalytiques. Peut-on avancer que s'exprime ainsi le «complexe» d'un François-Marie, orphelin de mère, en conflit avec son père et son frère aîné, persuadé en outre que son père putatif n'est pas son véritable père? Assurément l'*Œdipe* voltairien traduit avec force, compte tenu du style d'époque, l'univers de la faute et du châtiment ; les dieux cruels, le clergé imposteur s'affirmant solidaires du Père assassiné pour punir dans un climat d'horreur sacrée le fils, coupable d'avoir tué le Père et épousé la Mère. On notera que pour Arouet l'élément générateur de l'œuvre semble être ce cinquième acte, rédigé le premier, où le héros frappé d'un châtiment terrifiant se dresse face aux dieux pour clamer contre eux son innocence. Révolte libératrice d'un vaincu, fort de son bon droit puisqu'il n'a ni connu ni voulu les abominables forfaits que ces dieux lui ont fait commettre. Dans sa lettre à Dacier, Arouet se disait «frappé» du «tragique» qui règne dans la pièce de Sophocle «depuis le premier vers jusqu'au dernier».[65] Un sujet «aux traits mâles et terribles», répètera-t-il plus tard.[66] Il ne voulait pas l'affaiblir par l'intrigue amoureuse, de règle sur la scène française. Et Dacier l'approuve de vouloir «rendre la véritable tragédie dont nous n'avons encore que l'ombre». On ne peut écarter une motivation, échappant à la conscience claire du poète, que suggère la psychologie des profondeurs. Mais il est incontestable d'autre part que le débutant avait le sentiment juste de se trouver là en présence d'un beau sujet, capable de faire grand effet. C'est pour cette raison sans doute que Racine à la fin de sa vie, si l'on en croit Dacier, avait songé à le traiter.

En tout cas c'est l'helléniste qui lui recommanda, comme il l'avait fait auprès de Racine, de se conformer au modèle grec en maintenant la présence du chœur d'un bout à l'autre de l'action. Arouet suit partiellement le conseil. Un peu plus tard, sa pièce est terminée :[67] il va la proposer aux comédiens. Comme il l'avouera à demi-mots, elle fut d'abord refusée.[68] Les comédiens traitèrent de haut le jeune homme : on ne voulait point d'une tragédie où il n'y a avait pas de rôle pour «l'amoureuse» ; on se moquait de ses chœurs, et d'une imitation trop fidèle de

Sophocle dans son quatrième acte. Arouet reprend donc sa pièce. Mais il ne l'abandonne pas. Il va la remanier pour la rendre « acceptable ».

En 1715, dans les mois où s'achève le règne de Louis XIV, on aperçoit Arouet très introduit dans les milieux du théâtre. Il en rapporte les potins à Mme de Mimeure, en style émoustillé.[69] On va redonner *L'Important*, bagatelle de Brueys. On joue à l'Opéra *Zéphire et Flore*. Surtout voici des nouvelles des actrices. Le maigre N... « adore toujours la dégoûtante Lavoie ». Mlle Aubert risque de n'avoir « point de gorge pour Fontainebleau ». Arouet s'en afflige : « c'est la seule chose qui lui manquera » ; il voudrait « de tout [son] cœur que sa gorge fût aussi belle et aussi pleine que sa voix ». On sait peu de chose de cette comédienne qui se retirera en 1722. A ce moment-là, Voltaire s'intéressera encore à elle, non plus pour sa gorge mais pour une vente de rentes sur des maisons et terres situées à Richelieu : il recommande l'affaire au sénéchal de l'endroit.[70]

La lettre à Mme de Mimeure fait une mention spéciale de Mlle Duclos. De ce côté Arouet n'a pas été heureux. Il s'est épris de la « belle Duclos ». La comédienne avait pourtant quelque vingt années de plus que lui, étant née vers 1670, et ayant débuté l'année même qui précéda la naissance de François-Marie.[71] Elle était encore en 1715 dans tout l'éclat de son talent. Sa voix admirable, sa diction chantante subjuguaient le public. Par les intonations vibrantes qu'elle savait donner à de simples mots, « mon père », « mon amant », elle faisait fondre en larmes toute une salle. Au reste, assez sotte personne. Voltaire racontera dans les *Questions sur l'Encyclopédie* (1772) l'anecdote de son *Credo* : « Je parie, mademoiselle, que vous ne savez pas votre *Credo*. – Ah, ah, dit-elle, je ne sais pas mon *Credo* ! Je vais vous le réciter. *Pater noster qui...* Aidez-moi, je ne me souviens plus du reste. »[72] A quarante-cinq ans elle était toujours une beauté parfaite, recherchée par « une légion d'amants ». Elle avait du goût pour les très jeunes gens. Elle fera une fin en épousant à cinquante-cinq ans un jouvenceau de dix-sept. Pourtant les vingt ans du petit Arouet n'eurent guère de succès auprès d'elle. Il fit pour la séduire une grande dépense d'esprit. Il rima à sa gloire le conte de l'*Anti-Giton*. Sous prétexte de censurer un certain Courcillon, adepte de l'amour grec, il célèbre la prêtresse du véritable amour :

> O du théâtre aimable souveraine,
> Belle Chloé, fille de Melpomène,
> Puissent ces vers de vous être goûtés !
> Amour le veut, Amour les a dictés.

Il l'invite en conclusion à venir « dès ce jour sacrifier » sur l'autel de la divinité orthodoxe.[73] La comédienne trouva-t-elle Arouet trop freluquet ? Il constate, dépité :

> Je chantais la Duclos ; d'Uzès en fut aimé !
> C'était bien la peine d'écrire ![74]

Il va s'en venger. En prose, à Mme de Mimeure : «La Duclos [...] prend tous les matins quelques prises de séné et de casse, et le soir plusieurs prises du comte d'Uzès».[75] En vers :

> Belle Duclos,
> Vous charmez toute la nature ;
> Belle Duclos,
> Vous avez les dieux pour rivaux,
> Et Mars tenterait l'aventure,
> S'il ne craignait le dieu Mercure,
> Belle Duclos ![76]

La déception sentimentale auprès de l'actrice était allée de pair avec la déconvenue littéraire auprès des acteurs refusant son *Œdipe*. Il s'en faut que tous les chemins se soient facilement ouverts devant lui. Il commence par des échecs. Mais dès ses débuts il sait surmonter l'adversité. Il prend sur-le-champ une revanche de plume : bien tournés, des vers, ou un écrit en prose sur l'incident fâcheux lui rendent l'avantage. Puis il s'obstine. Il reviendra vers les comédiens et vaincra leur résistance. Auprès de Mlle Duclos, s'il ne se risque pas à «tenter l'aventure» une deuxième fois, au moins évite-t-il la rupture. A la création de *Mariamne* (1724), c'est elle qui interprétera le rôle de Salomé. Les intérêts du théâtre priment toutes autres considérations.

Nous arrivons aux dernières semaines de la vie de Louis XIV. Au dernier soupir du grand roi, tout un monde déjà en sursis va s'effacer. Ce «Siècle de Louis XIV», Voltaire l'a bien connu. Il y a vécu sa première jeunesse, il y a fait ses débuts, atteignant sa vingt-et-unième année l'année de la mort du roi. Du «grand siècle» sans doute il a vu surtout la décadence. Comme beaucoup d'autres, à la disparition de Louis XIV, il se sentira libéré. Pourtant son idée de la grandeur en politique trouvera son répondant dans le règne qui a fini sous ses yeux. Les «malheurs du temps» mêmes, chantés par lui, ont belle allure. Il a orienté sa visée d'écrivain par rapport à cette société de sa jeunesse. Il veut être grand poète, comme Racine, comme Boileau, accordé aux fastes d'un monde monarchique. Il va persévérer dans ce projet, alors même que le centre du décor sera occupé non plus par le roi, mais par un régent.

6. « Le temps de l'aimable Régence »

Le 2 septembre 1715, lendemain de la mort du roi, Arouet est présent dans la grand'salle du parlement de Paris.[1] Il assiste à la séance solennelle où fut ouvert le testament de Louis XIV, devant le duc d'Orléans. Il entend celui-ci déclarer qu'il ne peut accepter les sévères restrictions imposées à son pouvoir de régent. A la suite de quoi les parlementaires déclarent nulles les dernières volontés du défunt monarque. Ils accordent au régent le droit de constituer à sa guise le Conseil de régence et de pourvoir les hautes charges de l'Etat. Arouet venait d'être témoin de la prise du pouvoir par Philippe d'Orléans.

Quelques jours après, il observe une autre scène du changement de régime. Il est, le 9 septembre, sur le passage du convoi funèbre conduisant Louis XIV à la sépulture royale de Saint-Denis. Il a vu de « petites tentes » dressées en bordure du chemin, « On y buvait, on y chantait, on y riait ». Il interroge cette « populace ». Il comprend que la cause d'une joie aussi indécente était le jésuite Le Tellier. Plusieurs spectateurs lui disent qu'il fallait « mettre le feu aux maisons des jésuites avec les flambeaux qui éclairaient la pompe funèbre ».[2] L'historien du *Siècle de Louis XIV* sollicite-t-il après coup ses souvenirs, dans le sens de ses préoccupations ? Mais de telles manifestations d'un anti-jésuitisme populaire n'ont rien d'invraisemblable, à l'époque de l'agitation contre la bulle *Unigenitus*.

Arouet, on peut le supposer, avait voulu être présent sur les lieux où apparaîtraient les signes d'une ère nouvelle. Cette Régence qui prendra fin théoriquement à la majorité de Louis XV (treize ans en février 1723), en fait à la mort de Philippe d'Orléans (2 décembre 1723), bénéficie aujourd'hui d'une appréciation positive des historiens. On ne doit pas s'en tenir aux apparences, si voyantes fussent-elles : immoralité, débauche, le mauvais exemple venant du prince lui-même. En réalité, le gouvernement du régent réussit à opérer, dans une situation de faillite, un relèvement des finances et de l'économie. La dette publique, écrasante, est sensiblement allégée. La production et le commerce se raniment. Une pratique plus libérale du pouvoir est essayée, avec l'instauration des Conseils, bien que le régent ait pris soin de conserver entre ses mains la plénitude de l'autorité. Surtout, il veut tirer les conséquences de la défaite française devant l'Angleterre et la Hollande. Avec une ouverture d'esprit qu'on se plaît maintenant à lui reconnaître,[3] il renonce à l'option louis-quatorzième « en faveur des scléroses », « amarrant la France à la nation alors la plus arriérée de l'Europe » :[4] le choix de l'intégrisme religieux, le refus de tout libéralisme risquaient d'engager le royaume sur la pente d'une décadence à l'espagnole. Le régent tente une autre voie. Il entend rénover fondamentalement l'économie et donc la société. Il entreprend de mettre fin au sous-développement, notamment bancaire, du pays. La création d'un institut de crédit sur le modèle de la Banque d'Angleterre devait promouvoir des activités nouvelles, de caractère «capitaliste»: progrès des équipements (routes, canaux, ports), essor des manufactures, expansion coloniale. Telle était, on le reconnaît aujourd'hui, la signification du système de Law. Malgré les vicissitudes de l'entreprise, le bilan global fut si peu négatif que le régent se proposait de relancer l'expérience sur nouveaux frais. Lorsqu'il mourut subitement, il était sur le point de rappeler Law de son exil à Venise: Voltaire le rapporte, suivi en cela par les historiens modernes.[5]

Qu'Arouet, entre 1715 et 1723, que Voltaire plus tard, auteur du *Précis du siècle de Louis XV*, n'ait pas aperçu la portée de la politique menée par le régent et par Law, on ne s'en étonnera pas. Il faudra attendre notre époque pour qu'à la faveur de la longue perspective, nos moyens d'analyse fassent apparaître dans le Système autre chose qu'un accident aberrant de l'Histoire.

Vivant cette Histoire quotidiennement, Arouet est sensible comme ses contemporains aux aspects les plus évidents du nouveau régime. L'ambiance avait changé totalement, presque du jour au lendemain. Soudain on ose parler. La liberté de s'exprimer, et de critiquer, étonne tout un chacun, par contraste avec les contraintes antérieures. Le Prince a cessé d'être un personnage lointain, inaccessible en son palais versaillais, isolé par le cérémonial de cour. Paris redevient le centre où s'élabore la politique française, Philippe d'Orléans continuant à résider au Palais-Royal. Versailles sera délaissé, jusqu'au retour de Louis XV, en 1722. Le régent se montre un souverain d'abord aisé, familier même. On a vu comment certain jour Arouet en fut apostrophé sur la voie publique. Une autre fois, c'est au bal de l'Opéra qu'il a avec le Prince une conversation au sujet de Rabelais: il est surpris de l'admiration du régent pour le vieil auteur gaulois, que lui-même juge alors grossier et choquant.[6]

La «facilité»[7] de Philippe d'Orléans du côté des mœurs s'était immédiatement manifestée par l'indulgence envers les milieux libertins. Ainsi la société du Temple va recouvrer bien vite sa liberté d'allure. On sait que le groupe est ainsi nommé de l'endroit où il tenait habituellement ses assises: l'ancien monastère de l'ordre des Templiers, construit initialement hors de l'enceinte parisienne, sur l'emplacement actuel du square du Temple et de la mairie du troisième arrondissement.[8] Le grand-prieur de Vendôme y avait fait construire son palais en 1667. Ce Bourbon, comme son frère le duc de Vendôme, descendait d'un bâtard légitimé de Henri IV et de Gabrielle d'Estrées. Sa naissance lui assurait une quasi-impunité. En outre l'enclos du Temple bénéficiait du droit d'asile. A la faveur de quoi le grand-prieur et son frère aîné le duc avaient réuni en ces lieux une troupe libertine menant joyeuse vie: débauches de table et autres, propos irrévérencieux à l'égard du Ciel et du roi. L'abbé de Châteauneuf, qui y avait ses habitudes, avait eu le temps avant de mourir, en 1708, d'y présenter son filleul. On peut supposer que celui-ci, libéré du collège, s'y était montré assidu.

Mais les dernières années de Louis XIV furent tristes pour les familiers du Temple. Le duc était mort en 1712, dans la lointaine Espagne où il commandait des armées. En dépit des privilèges, la répression s'était appesantie sur ces irréguliers qui avaient le tort de vivre bien et de penser mal. Le grand-prieur avait été frappé d'exil. Et dans les derniers mois, le 10 janvier 1714, l'un des commensaux, l'abbé Servien, avait été emprisonné au château de Vincennes. Coup d'autorité dont s'émeut Arouet : il rime une épître de consolation à l'adresse de la victime. Le motif de l'incarcération n'apparaît pas clairement. Servien, abbé mais non prêtre, était connu comme sodomiste.[9] Mais pour ce genre de crime le coupable était envoyé d'ordinaire à Bicêtre. La sanction semble être plutôt d'ordre politique. Arouet fait allusion à des propos imprudents qu'aurait tenus ce « bel esprit » ; il l'exhorte à montrer le même courage que jadis « le grand Fouquet », « environné de sa seule vertu ».[10] Le douteux individu avait du répondant : fils du surintendant Abel Servien, oncle du duc de Sully, il était des amis du duc d'Orléans : « le prince aimable à qui tu plais, qui t'aime », comme le lui rappelle Arouet. L'un des premiers gestes de Philippe devenu régent est de faire libérer l'abbé, dès le 2 septembre. Aussi promptement, le grand-prieur est rappelé de l'exil où il se morfond depuis neuf ans.[11] De Lyon où il attendait, Vendôme réintègre le Temple. La vie de plaisirs reprend, plus voluptueuse que jamais, sans que le pouvoir s'en offusque le moins du monde.

Malheureusement la plupart des comparses ont vieilli. Le maître des lieux, le grand-prieur de Vendôme, a dépassé la soixantaine.[12] Son ami, Guillaume Amfrye, abbé de Chaulieu, « l'Anacréon du Temple », le poète en titre de cette société, en est aussi le doyen : il approche des quatre-vingts ans et n'a plus que quelques années à vivre.[13] Il sera précédé dans l'au-delà par l'abbé Servien, lequel décède en 1716, ne survivant guère à sa libération. Autre épicurien sur l'âge : l'abbé Courtin, né vers 1659, fils d'un conseiller d'Etat, n'ayant rien fait d'autre en sa vie que de prendre du plaisir en dépensant les deniers de l'Eglise. Nous avons la chance de *voir* ce personnage, grâce à de petits vers d'Arouet : l'abbé formait avec le poète le couple comique du petit gros et du grand maigre. A côté de Courtin : « rond, court, avec la croupe rebondie », Arouet fait son autoportrait : « long, sec et décharné, n'ayant eu croupe de sa vie ». L'abbé est censé être poète aussi. Mais quand il s'agit d'écrire au grand-prieur une lettre mi-partie vers et prose,[14] ou de versifier un compliment pour deux dames,[15] le « cher Courtin », aimable et paresseux glouton,[16] laisse toute la besogne à son compagnon « sec et décharné ». Homme d'âge également, Jean François Lériget de La Faye, né en 1674, gentilhomme de la chambre du roi, diplomate ayant accompli des missions à Gênes, à Utrecht en 1713, à Londres, membre de l'Académie, se piquait pareillement de poésie. Arouet dans une lettre le salue, en vers comme il convient, le gratifiant d'un « luth tendre et galant », qui le place

« auprès de Malherbe et d'Horace ».[17] Toute exagération mise à part, Voltaire estimait assez ce petit poète pour recueillir quelques-uns de ses vers dans ses carnets.[18]

Parmi ces Muses vieillissantes, Arouet est dans le Temple renaissant le seul capable de versifier avec une élégance nerveuse. Sa facilité à produire les rimes bien tournées dont on est friand fut pour beaucoup dans son succès auprès de ces épicuriens lettrés. Avec lui, dans la génération plus jeune, se mêlant aux vétérans du Temple, on distingue le futur président Hénault, le chevalier d'Aydie,[19] le chevalier Louis Gabriel de Froulay, l'abbé de Bussy fils de Bussy-Rabutin : ne croyant pas en Dieu, selon Mathieu Marais, ce qui ne l'empêchera pas de devenir évêque de Luçon. Bussy avait un agréable talent de poète mondain qui lui vaudra une niche dans *Le Temple du Goût* voltairien.[20]

On regrette ici encore que Voltaire n'ait pas lui-même évoqué les cercles où sa jeunesse vécut des jours brillants, comme le fera Jean-Jacques Rousseau dans ses *Confessions* pour les milieux d'Annecy et de Chambéry qu'il fréquenta (plus obscurément) vers le même âge. C'est à peine si l'on entrevoit l'ambiance du Temple à travers quelques traits rapides de sa correspondance (peu abondante pour ces années) et de ses « poésies mêlées ». La grande affaire y était le plaisir. « Petits soupers, jolis festins »,[21] avec des excès contre quoi Arouet, à l'estomac déjà faible, proteste timidement, réclamant « un peu plus d'hypocras [une infusion douce de cannelle], un peu moins d'eau-de-vie ». Pour agrémenter les jours qui passent « quelques femmes toujours badines », vite remplacées quand elles vous quittent ou quand elles meurent.[22] On soupçonne que la débauche n'avait pas constamment les allures gracieuses que lui prêtent les transpositions littéraires. Le ton en tout cas était étonnamment libre. S'adressant à un personnage tel que le duc d'Aremberg, Arouet l'exhorte à occuper la paix revenue par des « exploits lubriques », afin de repeupler de bâtards les « campagnes belgiques » dévastées par la guerre. Ou plutôt, délaissant

> Des tétons du Brabant la chair flasque et tremblante,

qu'il vienne s'amuser à Paris où on l'attend.[23] Dans la même veine, à un destinataire qui n'est rien moins que le prince Eugène, le poète enjoint d'envahir le harem du Sultan, ce « séminaire des Amours », et, afin de rimer à « vaincu », de faire le Grand Turc « cocu ».[24] Plus gaillardement encore, au grand-prieur de Vendôme il conseille carrément (mais toujours en vers) de faire soigner sa v..., qui rime avec « parole ».[25]

Quelqu'un voyait avec tristesse le jeune Arouet jeter ses feux dans le beau monde : c'était son père. Sentant désormais son impuissance, renonçant à sévir, le bonhomme déplore que son fils « s'enivre », moins de vin que « du succès de sa poésie, des louanges et de l'accueil que lui font les grands ». Ah ! si l'étourdi voulait bien comprendre que ces beaux seigneurs sont pour lui « de francs empoisonneurs » ![26]

A son habitude le vieil Arouet se trompe. Son fils n'est point si frivole. Sans doute ses petits vers chantent le banal hédonisme, en faveur parmi ces viveurs. A l'abbé qui a perdu sa maîtresse il enseigne la « véritable sagesse » : « savoir fuir la tristesse dans les bras de la volupté ».[27] Aux jeunes femmes il conseille de s'abandonner « prudemment » à la galanterie.[28] Que celle-ci, « un peu mondaine et trop dévote », songe qu'il est un temps pour chaque chose :

> Dans ta jeunesse fais l'amour
> Et ton salut dans la vieillesse.[29]

Il va de soi qu'il n'a pas de mots assez durs pour les ennemis patentés des plaisirs, tous ces « mystiques fous », ces « dévots fainéants », ces « pieux loups-garous ».[30] Une brusque apparition du « révérend père Quinquet », théatin « à l'aspect terrible », a chassé l'Amour s'employant à séduire la « dame un peu mondaine ». Arouet met en garde aussi contre l'abbé Couet, célèbre confesseur, et contre les sermons des Massillon, Bourdaloue, La Rue... Pourtant une pointe de philosophie rehausse l'exhortation au plaisir. Arouet avait devant lui l'exemple de Chaulieu, élevant dans ses épîtres sur la mort le libertinage au niveau philosophique. Lui-même s'avance un peu plus loin.[31] Un trait en passant conteste « d'un double Testament la chimérique histoire ». A partir du *carpe diem*, l'épicurisme s'élargit en vision lucrétienne :

> Le plaisir est l'objet, le devoir et le but
> De tous les êtres raisonnables.

Dieu ? Que Mme de G*** ne se méprenne pas :

> Vous croyez servir Dieu ; mais vous servez le diable.

Antithèse d'un Dieu idéal, et d'un autre, « diabolique », qu'on retrouvera dans la pensée et dans l'imaginaire voltairiens. Dieu, « s'il est un Dieu », ne peut être qu'un Etre souverain à la « tranquille puissance ». Il ne s'occupe pas mesquinement à épier les étreintes des amants. Il a établi une loi fondamentale, « la loi de nature » : ceux-là s'y conforment qui goûtent les plaisirs de l'amour. Première affirmation d'une philosophie déiste, dont l'épître par sa clausule réduit malheureusement la portée. C'est une philosophie intéressée qu'Arouet prêche à Mme de G*** :

> Pour vous, pour vos plaisirs, pour l'amour et pour moi.

Au XVIIIe siècle, un jeune homme au sortir du collège gagne sa maturité, non dans les universités, sclérosées et décadentes, mais dans le monde. La fréquentation du Temple, école de volupté, est aussi pour Arouet une école de poésie. Les versifications de ses premiers débuts s'inspiraient du lyrisme solennel et convenu de Jean-Baptiste Rousseau. Au Temple, il rencontre un autre maître : Chaulieu. Cet Anacréon moderne lui offre les modèles d'une poésie légère, toute en saillies, qui convient mieux à son tempérament et à ses thèmes libertins. A partir de 1714 Arouet délaisse la strophe lyrique pour les petits vers vifs. Il rime des épîtres aux mètres inégaux ou en octosyllabes : forme qui aiguise le trait. Et il continue à répandre de brèves et cinglantes épigrammes – dont on reparlera.

Au Temple, le sybaritisme ne fait pas fi des plaisirs de l'esprit. On se pique de belles-lettres. On juge les nouveautés, hautainement, non sans prévention. Voltaire rapportera l'anecdote des *Fables* de La Motte. Le recueil venant de paraître, ces messieurs en disent pis que pendre. Par comparaison, on porte aux nues La Fontaine. Faisant chorus, Arouet tire de sa poche une fable de La Fontaine, récemment retrouvée, prétend-il. Il la lit. On applaudit. Or la fable était de La Motte.[32] Malgré tout, Arouet fait confiance au goût de ses amis, du moins de certains. Ayant remanié son *Œdipe*, il l'a lu à un souper chez l'abbé de Bussy, devant le grand-prieur et Chaulieu : on lui fait des remarques dont il tire profit.[33] Bientôt il consultera encore Chaulieu dans une circonstance délicate : il lui soumettra l'épître destinée à regagner à l'exilé les bonnes grâces du régent. Plus tard, il est vrai, revenu de son admiration pour «l'Anacréon du Temple», il ne lui concédera que le mérite d'être «le premier des poètes négligés, et non pas le premier des bons poètes».[34] Mais présentement il se flatte que Chaulieu l'aidera à «réussir dans les grands ouvrages» – du moins il le lui dit.[35]

En même temps que la société du Temple, Arouet fréquentait la cour de Sceaux. En ce lieu aussi siégeait une personne de sang royal : Louise Bénédicte de Bourbon, petite-fille du grand Condé, épouse du duc du Maine fils de Louis XIV et de Mme de Montespan, bâtard légitimé que le vieux roi, en ses derniers mois, avait déclaré apte à succéder au trône. Que le jeune Arouet soit introduit jusqu'à un certain degré de familiarité auprès de personnes d'aussi haut parage, peut aujourd'hui étonner. Un aspect majeur de la vie de Voltaire, ses relations avec les Grands, apparaît ainsi dès ses débuts.[36]

Nous ne devons pas perdre de vue la structure de la société d'un Ancien Régime qui en ces premières décennies du XVIIIe siècle était bien loin d'être finissante. Dans cette France monarchique un prince du sang dispose de puissants moyens, ne serait-ce que par sa fortune : en 1715 le duc du Maine avait trois millions de francs de dettes, ce qui donne la mesure de ses revenus. Un Vendôme, un Maine, par leurs intimes, par leurs courtisans, par tous ceux qui sont liés d'intérêt avec eux, exercent une influence sur les centres du pouvoir, même lorsque le souverain les tient en suspicion. Plus tard Voltaire s'appliquera à séduire les Grands, ayant parmi d'autres visées celle de les enrôler au service de ses idées. Mais vers 1715 son grand dessein philosophique n'a pas encore pris forme. Ce qui l'attire au Temple, à Sceaux, c'est le goût d'une vie de plaisirs élégants. C'est également chez le poète débutant un certain souci de carrière. Les cercles aristocratiques sont des foyers d'animation intellectuelle. Arouet y rencontre des écrivains en renom, tel Chaulieu, des gens de goût capables de le bien conseiller sur ses premières productions. Mieux encore il trouve là un auditoire prêt à applaudir son talent et à le faire connaître. Ces sociétés ont leurs grands hommes, dont elles célèbrent la gloire. On sait combien La Bruyère fut redevable aux Condés, ses patrons. Les coteries : *mass-media*, dirions-nous, d'une France aristocratique. La rumeur qui déjà environne Arouet prend son origine au Temple, à Sceaux. De là se répand sa réputation d'homme d'esprit, auteur intarissable de petits vers. De là des bruits courent déjà sur sa future tragédie qui influencent ce « grand public » (en réalité, selon nos critères, fort restreint), lequel décide au théâtre du sort d'une pièce nouvelle.

La duchesse du Maine avait créé Sceaux comme compensation au sort malheureux fréquemment réservé alors aux princesses du sang. A seize ans, Louise Bénédicte par la volonté de Mme de Maintenon avait été mariée au favori de celle-ci, le duc du Maine. Union dictée par les calculs de l'épouse morganatique du roi, sans tenir le moindre compte des affinités de tempérament et de caractère. Rarement ménage fut aussi mal assorti. Maine, boiteux et pied-bot, mou, veule, se trouvait associé à la plus pétulante, la plus active, la plus despotique des femmes. De l'hérédité chargée des Condés il n'était échu à Louise Bénédicte qu'une très petite taille. Sa minuscule personne, fort bien faite, était toute en foucades. Altière, la princesse ressent amèrement l'humiliation d'être l'épouse d'un bâtard : sa politique sera dominée par la volonté d'effacer une telle disgrâce. Le duc très vite avait pris le large, terrorisé. Il vivait le plus souvent à l'ombre du roi et de Mme de Maintenon, ou confiné en sa résidence de Clagny, pendant que la duchesse organisait son existence de son côté.

En vraie fille des Condés, elle avait du goût pour les choses de l'esprit. Assez tôt une voie de recours s'était ouverte à elle dans cette direction. La rencontre qui marqua le plus la vie de cette femme, ce fut celle non de son mari, mais d'un savant, Nicolas de Malézieu. La compétence de celui-ci lui vaudra d'entrer à l'Académie des sciences lors de sa réorganisation en 1699. Auparavant Bossuet l'avait placé comme professeur de mathématiques auprès du jeune duc du Maine. Louise Bénédicte le trouve en 1692 aux côtés de son mari. Elle suit les leçons de ce maître qui malgré ses quarante ans passés était toujours, nous dit Fontenelle, « robuste et de feu ».[37] Leurs flammes s'amalgamèrent. Malézieu initie la princesse aux sciences, mais aussi aux lettres. Il lui fait aimer la poésie, les romans, le théâtre. Bientôt le précepteur devient l'amant de l'épouse déçue. Elle va vivre près de lui à Chatenay. L'achat du château de Sceaux tout proche, en 1699, couvre d'un voile décent leur liaison. Après de longs travaux d'aménagement, à la faveur desquels se prolonge son séjour à Chatenay, elle s'installe enfin à Sceaux en 1704. Malézieu ne se sépare pas d'elle pour autant. Depuis longtemps promu administrateur des biens du duc, il va jouer à Sceaux le rôle du maître de maison, mari de la main gauche. L'époux en titre accepte le partage, comme il accepte les autres amants épisodiques de sa femme : le duc de Nevers, le président de Mesmes, le cardinal de Polignac...[38] Malézieu, non moins tolérant, conservera jusqu'à sa mort, en 1727, la haute main sur la cour de Sceaux, rassemblée autour de la duchesse.

Du château qui en fut le cadre, il ne subsiste que peu de chose : les deux pavillons d'entrée, une partie de l'Orangerie, le pavillon de l'Aurore. Le bâtiment lui-même, vendu en 1798, a été rasé. Moins élevé mais plus étendu que le château actuel,[39] l'édifice construit par Perrault comportait dans le même style que les Tuileries deux ailes embrassant une large cour pavée. A l'entour un grand parc à la française (aujourd'hui restauré).

Les lieux se prêtaient à de brillantes festivités. L'abbé Genest nous en a conservé la chronique dans *Les Divertissements de Sceaux* (1712), complétés après sa mort par la *Suite des divertissements* (1725). Genest, jadis lauréat d'un prix d'Académie comme l'abbé Dujarry, avait été introduit à la cour de la duchesse sous la protection de Malézieu. Il collaborait avec le maître des lieux à l'ordonnancement des plaisirs. Au tout venant des soupers, bals, petits jeux de société, Ludovise (comme se faisait appeler la duchesse) avait ajouté une invention romanesque : la fondation d'un ordre de chevalerie, celui de la Mouche à miel. La « reine des abeilles » (la duchesse elle-même) avait solennellement investi les premiers récipiendaires dans une fête donnée le 3 août 1703, à Chatenay : le nouveau chevalier jurait aveugle obéissance à Ludovise, moyennant quoi il recevait, attachée par un ruban jaune, une médaille d'or, portant côté face l'effigie de la princesse, et représentant au revers une abeille volant vers sa ruche, avec l'inscription : *Piccola si, ma fa piu gravi le ferite.*[40] Il se peut, on le verra, qu'un conte de Voltaire fasse allusion à cette chevalerie de la Mouche à miel.

Parmi les plaisirs de Sceaux Ludovise se souciait de faire une place à ceux de l'esprit. On s'avisa de lire les grands anciens. Malézieu, qui savait parfaitement le grec, ouvrait un Sophocle, un Euripide, et traduisait sur le champ en un français plein de vie : « l'admiration, l'enthousiasme dont il était saisi lui inspirait des expressions qui répondaient à la mâle et harmonieuse énergie des vers grecs », rapporte Voltaire qui fut présent à ces exercices.[41]

Des séances de lecture on passa nécessairement au spectacle proprement dit. Malézieu, à l'occasion d'une élection académique, confectionna *Polichinelle et son voisin*, qui fut joué sur le théâtre des marionnettes. On donna des comédies-ballets, tel ce *Prince de Cathay* où faunes, sylvains et nymphes dansèrent sur des vers de l'abbé Genest. On se lança même dans le grand théâtre. Les amateurs de Sceaux interprètent du Molière, du Racine. Pour tenir ses rôles la duchesse prend des leçons du vétéran de la Comédie-Française, l'acteur Baron. Grâce à quoi, on parvient à monter en 1714 *Athalie*, non encore jouée à cette date sur la scène parisienne. Ludovise représente Josabeth et Malézieu Joad : le couple irrégulier se retrouvait pour la durée de cinq actes conjugalement uni.

Hors de ces grandes circonstances, la poésie, ou du moins la versification, est d'usage quotidien. La princesse exige des siens qu'ils produisent des vers pour les moindres événements. La mort d'une levrette, un mal de gorge, le cadeau d'une lunette, d'un pot à tabac, de deux saladiers..., doivent être chaque fois salués de rimes, qu'on voudrait toujours vives, piquantes, étourdissantes, et qui le sont rarement.[42] L'un des familiers de Sceaux, le futur président Hénault, demandera pardon à Dieu pour «toutes les fadeurs prodiguées dans de bien médiocres poésies». Autres prouesses : celles de la «loterie poétique». On tire une lettre et l'on est dans l'obligation de confectionner sans délai quelque chose dans le genre dont elle est l'initiale : un conte pour C, une fable pour F, un opéra pour O. Possédée de la «métromanie», Ludovise s'évertue à donner l'exemple. Mais autour d'elle plus d'un, plus d'une souvent se trouvent à quia. C'étaient, dira Malézieu, «les galères du bel esprit».[43] Les forces venant à manquer, on fait appel aux spécialistes de cette sorte d'exploit. On a conservé le souvenir des bouts-rimés improvisés par Fontenelle sur *fontanges, oranges, collier, soulier* :

> Que vous montrez d'appâts depuis vos deux fontanges
> Jusqu'à votre collier !
> Mais que vous en cachez depuis vos deux oranges
> Jusqu'à votre soulier ![44]

Il est certain qu'Arouet fut l'un de ceux que son talent de rimer fit admettre dans l'entourage de Ludovise. La date de ses débuts à Sceaux n'est pas connue. Mais elle doit être antérieure à la Régence. Plusieurs indices convergent. Dans l'épître dédicatoire d'*Oreste* à la duchesse du Maine (1750), Voltaire déclarera avoir assisté «quelquefois» aux lectures improvisées de Sophocle et d'Euripide par Malézieu, «presque au sortir de l'enfance», précise-t-il.[45] Selon le *Mercure galant*, ces séances commencèrent en 1709.[46] Elles durèrent plusieurs années. Malézieu en vint à rédiger une traduction d'*Iphigénie en Tauride*. Il la fit jouer dans une fête offerte à la princesse : celle-ci interprétait le personnage d'Iphigénie. Or Arouet fut présent à ce spectacle, le 5 août 1713,[47] lors de la fête que Malézieu donnait chaque année à Ludovise, à Chatenay, le premier dimanche d'août. Arouet ayant alors admiré «l'antique dans toute sa noble simplicité», il en aurait conçu la «première idée» de son *Œdipe*.[48]

Il a participé aussi à certaines des Nuits blanches de Sceaux. Ces grandes fêtes, dont chacune avait son programme et son maître d'œuvre, furent au nombre de seize, du 31 juillet 1714 au 15 mai 1715. Lorsque de son exil à Sully, dans l'été de 1716, Arouet écrit : «Nous avons des Nuits blanches comme à Sceaux»,[49] il parle de celles-ci non par ouï-dire mais comme y ayant assisté. Ce que confirme ce qu'il en dit d'autre part en annotant les *Souvenirs* de Mme de Caylus.[50] Il se propose même comme ordonnateur d'une fête donnée à Sully pour la marquise de Mimeure ou pour Mme de La Vrillière, ainsi que cela s'était pratiqué à Sceaux. Il défend en outre les petits jeux de la loterie poétique comme quelqu'un qui sait ce qu'il en fut.[51]

On a même des raisons de penser que deux de ses contes en prose remontent à l'époque du «premier Sceaux». Voltaire n'avait pas recueilli dans les éditions de ses œuvres *Le Crocheteur borgne* et *Cosi-Sancta*. En insérant pour la première fois ces deux textes, les éditeurs de Kehl les présentent comme des «amusements de société», datant de «la jeunesse de M. de Voltaire et fort antérieurs à ce qu'il a fait depuis dans ce genre». De telles indications excluent que les contes, comme on l'a admis longtemps sur la foi de Beuchot, appartiennent à la période de 1746-1747, lorsque Voltaire ayant renoué avec la duchesse écrit pour elle *Zadig* et quelques autres récits. *Le Crocheteur borgne* et *Cosi-Sancta* sont donnés comme «fort antérieurs» à ces années-là. Voltaire d'ailleurs avait alors dépassé la cinquantaine, âge difficilement compatible avec la «jeunesse» dont parlent les éditeurs de Kehl.

Jacqueline Hellegouarc'h a rassemblé les arguments convaincants qui assignent les deux contes aux années 1714-1716.[52] L'un et l'autre furent écrits pour les divertissements de Sceaux.

Cosi-Sancta résulta d'une des loteries littéraires imaginées par la duchesse du Maine. «Mme de Montauban, nous disent les éditeurs de Kehl,[53] ayant tiré pour son lot *une nouvelle*, elle pria M. de Voltaire d'en faire une pour elle»: ce fut *Cosi-Sancta*. Mme de Montauban appartenait à la cour de Sceaux, étant l'épouse d'un lieutenant-colonel au régiment du Maine, et la mère d'une fille d'honneur de la duchesse. Elle allait perdre son fils unique en octobre ou novembre 1716:[54] il est impossible qu'après cette date Arouet ait rédigé sous son nom un conte aussi libre. *Cosi-Sancta* serait donc antérieur à son exil à Sully (5 mai 1716).

Cette «nouvelle africaine» s'annonce aussi bien comme un «proverbe», illustrant la maxime: «un petit mal pour un grand bien».[55] La chose se passe dans le «diocèse» de saint Augustin, sous le proconsulat de Septimius Acindynus. Arouet cite comme source *La Cité de Dieu* du Père de l'Eglise. En réalité il a pris l'anecdote dans Bayle, article *Acindynus*: il n'est nullement étonnant qu'un familier des cercles libertins pratique le *Dictionnaire historique et critique*, notamment pour y chercher des anecdotes grivoises. Arouet évidemment n'a pas consulté l'in-folio avant de prendre la plume. Ecrivant de mémoire, il se trompe de référence: Bayle renvoyait, non à l'œuvre la plus célèbre de saint Augustin, *La Cité de Dieu*, mais, ce qui est plus piquant, à un traité sur le sermon sur la Montagne. L'histoire rapportée dans le *Dictionnaire*, d'une femme qui sauve son mari en accordant ses faveurs à un riche débauché, est complètement transformée. Arouet attribue à Cosi-Sancta les infortunes bien connues de la jeune épouse mariée à un vieux vilain jaloux. Un jeune homme, «formé par les mains de l'amour», pour la courtiser se déguise «en moine, en revendeuse à la toilette, en joueur de marionnettes»: variante d'innombrables farces que Beaumarchais reprendra dans sa parade du *Sacristain*, avant de l'adapter au *Barbier de Séville*. Cosi-Sancta se refuse au galant: il en résulte que celui-ci est tué dans un guet-apens tendu par le mari. Le «curé» de la jeune fille le lui avait bien prédit: sa vertu causerait des malheurs. Mais ensuite elle serait un jour canonisée pour avoir fait trois infidélités à son mari. Ce qui arrive: en se donnant successivement au proconsul Acindynus, à un chef de brigands et à un médecin, elle sauve la vie à son époux, à son frère et à son fils. Constamment la narration joue sur l'anachronisme. Cette ville d'Hippone au IVe siècle ressemble à une cité de la province française au temps de la Régence. Le vieux mari est « conseiller au présidial », en conflit avec l'intendant Acindynus. Le pays est rempli de « jansénistes », comme il convient dans l'évêché d'Augustin, grand docteur de la secte. Et c'est une dévote janséniste qui est sainte à sa manière (en italien, *cosi sancta*), en tout cas canonisée pour un usage bienfaisant de ses charmes. Arouet peut-être faisait allusion à un épisode connu de ceux auxquels s'adressait le conte : les noms de Capito, le mari, de Ribaldos, l'amoureux, devaient être facilement décryptés par les initiés.

Le Crocheteur borgne se rattache plus étroitement encore aux divertissements de Sceaux vers 1715. Le *Journal des dames* de mars 1774 publie pour la première fois le conte, dans une version édulcorée destinée à ménager la pudeur des lectrices. Une notice l'annonce comme « l'ouvrage d'un homme très célèbre qui ne l'a jamais fait imprimer », « fait dans la société d'une princesse qui réunissait chez elle les talents qu'elle protégeait ». Le conte aurait été écrit comme « pensum », pour réparer « sur-le-champ » une faute commise. Les éditeurs de Kehl, ignorant cette publication, donnent une autre version, certainement plus authentique. Le texte leur venait de Panckoucke qui l'avait reçu d'un des héritiers de la duchesse du Maine, « peut-être le prince de Condé ».[56]

Or par son contenu un tel « pensum » ne peut appartenir qu'au « premier Sceaux ». Le récit présente un caractère nettement scabreux. Mesrour, crocheteur à Bagdad, est borgne de naissance. Par bonheur son œil unique lui sert à voir le bon côté des choses. Il voit donc passer, dans un char brillant, « une grande princesse ». Aussitôt éperdument amoureux, il court à côté du carrosse, regardant celle-ci de son « bon œil ». Il la sauve d'un accident où la voiture est détruite. Ils continuent à pied. La princesse, qui marche fort mal, tombe et découvre à Mesrour des appâts qui lui font perdre tout sang-froid. Suit une nuit d'amour aux plaisirs sans cesse renaissants. Selon la meilleure tradition, le crocheteur possesseur de la princesse se métamorphose en un jeune homme parfaitement beau, qui n'est plus borgne. Devant lui, désormais « maître de l'anneau », s'ouvrent les portes d'un splendide palais oriental. Un somptueux festin est offert aux deux amants en attendant d'autres voluptés. Ici, une rupture. Un dévot musulman de Bagdad fait venir chez lui pour ses ablutions l'eau de la mosquée. Après usage la servante jette « l'eau sacrée » par la fenêtre. Le contenu du seau tombe sur un pauvre crocheteur endormi au coin d'une borne. C'est Mesrour : il se réveille, toujours en guenilles, toujours borgne, toujours rabroué par les balayeuses qui lui refusent leurs faveurs. Heureux cependant, car « il n'avait point l'œil qui voit le mauvais côté des choses ». Le récit qu'on a lu n'était qu'un rêve, comme le sera plus tard celui du conte *Le Blanc et le Noir*.

Un rêve érotique. Les étreintes du crocheteur et de la princesse sont évoquées en termes discrets mais suffisamment suggestifs. Et l'on conçoit ce que veut dire cet anneau dont l'heureux amant est «le maître».[57] Le texte s'ouvrait par des réflexions sur «nos deux yeux». La liaison du regard avec le désir amoureux est indiquée d'un bout à l'autre du récit. Une leçon se dégage: mieux vaudrait, pour éviter de voir «les maux de la vie», perdre un œil, ou même deux. Telle sentence: «il y a tant de gens qui aimeraient mieux être aveugles que de voir tout ce qu'ils voient», nous rappelle que le conteur est en train d'écrire la tragédie de cet Œdipe qui s'est ôté la vue pour cesser «de voir tout ce qu'il voit». Et ne disons rien des *J'ai vu* qu'à ce moment-là on attribue à Arouet.

Le *Crocheteur borgne*, comme *Cosi-Sancta*, comporte une clé, mais ici aisément déchiffrable. Quelle est cette «grande princesse», qui se déplace en un carrosse tiré par six grands chevaux blancs, qui marche suivie de son petit chien, avec de «fort petits pieds» dans de tout petits souliers, vêtue d'une robe éclatante faisant valoir «la beauté de sa taille» (sous-entendu: très petite), sa chevelure blonde étant relevée sur sa tête en tresses et en boucles? A ces détails les familiers reconnaissaient la duchesse du Maine. Le nom du personnage confirme qu'il s'agit bien d'elle: Arouet a choisi celui de Mélinade, qui fait penser à l'ordre de la Mouche à miel, dont Ludovise est la reine.[58] Arouet a donc osé faire de celle-ci l'héroïne d'un conte galant. Voltaire ne se serait jamais permis de telles libertés en 1746-1747 à l'égard de la duchesse du Maine alors âgée de plus de soixante-dix ans. Mais vers 1715 Ludovise, dont les amours n'étaient guère secrets, ne s'offusquait pas de ce genre d'allusions, pour peu qu'elles fussent enveloppées de gazes délicates. La sensualité des deux contes s'accordait à l'ambiance volup-tueuse qui régnait à Sceaux à l'époque des Nuits blanches. Les plaisirs de l'amour, bannis de Versailles par un Louis XIV morose, prenaient là leur revanche.

Cosi-Sancta et *Le Crocheteur borgne*, en ces débuts littéraires d'Arouet, attestent la variété de ses dons. Son talent souple brille ici en un genre bien différent de sa manière habituelle. On rapproche les deux contes en prose de ses contes en vers contemporains. Certes les uns et les autres se ressemblent par leurs thèmes érotiques. *Le Cadenas*, «envoyé en 1716 à Mme de B...», dénonce les procédés d'un mari sexagénaire pour contrarier les ardeurs du poète et de sa maîtresse, une «brune piquante»: il interdit à celle-ci l'opéra et les jardins «sur les bords de la Seine», propices aux rencontres des amants. Le jaloux enfin impose à son épouse le «cadenas»: la suite du conte relate l'invention de la ceinture de chasteté par Pluton, aux enfers.[59] *Le Cocuage* raconte à grand renfort de mythologie la naissance de ce fils allégorique sorti du cerveau de Vulcain, et ses exploits sur la terre. Fantaisies assez conventionnelles, en décasyllabes, dans le genre mineur mais classique illustré par La Fontaine. *Le Crocheteur borgne* s'inspire au contraire d'un type de conte alors plus moderne: les récits des *Mille et une nuits* que Galland publie depuis 1704; Mesrour notamment emprunte certainement son nom à l'histoire des *Trois calenders*, lesquels sont borgnes.[60]

On voit qu'ici encore Arouet jeune crée à partir de modèles. Il lui faut prendre appui sur des œuvres qu'il imite à sa manière. Voltaire ne se départira jamais tout à fait de ce mode d'écriture, au risque d'encourir le reproche d'avoir un talent tout d'imitation. Mais on oublie peut-être qu'il se conforme à la poétique classique dans laquelle il fut formé. Jusqu'à ce que prévale une esthétique du génie, l'imitation qui n'est pas «esclavage» ne passait pas pour une preuve de stérilité. Aussi bien écrivant le *Crocheteur* dans le goût des *Mille et une nuits*, il déploie une verve, une invention, une aisance de plume qui lui appartiennent en propre, comme il le fait, avec moins d'éclat cependant, dans *Cosi-Sancta*. Nous y décelons quant à nous les premiers signes de sa vocation de conteur en prose. Lui-même n'en a pas pris conscience alors, ou bien il a refusé de s'engager dans cette voie. Peut-être a-t-il commis l'erreur, fréquente chez quiconque écrit, de mépriser ce qu'il réussissait le plus facilement. Il ne reviendra au conte en prose que bien plus tard : en 1737 avec le *Songe de Platon*, en 1739 avec le *Voyage du baron de Gangan*. Son option pour la poésie, au moment où nous sommes, le détourne de l'écriture du prosateur, exception faite de ces rédactions sans prétention que sont les lettres aux familiers (encore celles-ci sont-elles souvent à cette date entremêlées de vers). Option qui vise la noblesse des grands genres. Car Voltaire délaissera le conte en vers plus longtemps encore que le conte en prose : après *L'Anti-Giton*, *Le Cadenas*, *Le Cocuage*, c'est en 1764 seulement qu'il publie les *Contes de Guillaume Vadé*.[61]

Ce qu'il veut donner au public en ces premiers mois de la Régence, c'est une tragédie. Bientôt ce sera un poème épique. Mais entre temps sa causticité naturelle va lui attirer d'assez sérieux ennuis.

7. De Sully à la Bastille

Quelques semaines après la prise du pouvoir par le régent, sa mère la princesse Palatine déplore qu'il ait «autant d'ennemis que d'amis».[1] Sa manière de vivre donnait prise à la satire. Ses excès de table et de boisson, ses amours étaient connus de tous. Les dévergondages, plus affichés encore, de sa fille la duchesse de Berry aggravent sa mauvaise réputation : on l'accuse d'y avoir part lui-même. Depuis que le siège du gouvernement a été transféré de Versailles dans la capitale, les désordres privés du prince et de son entourage se trouvent directement exposés à la malignité parisienne. La liberté de s'exprimer octroyée par le régent a commencé par s'exercer contre lui.

On le ménage d'autant moins que, dans la situation critique du royaume, les mécontents sont nombreux. Il était urgent de prendre des mesures pour sauver l'Etat de la faillite : en 1715 les impôts des trois années suivantes étaient déjà par avance dépensés. Le régent établit une Chambre de justice, afin de faire rendre gorge aux financiers ayant le plus scandaleusement abusé de la détresse publique. Ceux-ci se défendent. Une ode sur *La Chambre de justice*, commandée, nous dit-on, par MM. Pâris et Héron,[2] fait appel à l'opinion : on flétrit le «tribunal infâme», on revendique la «désirable liberté» de piller impunément le roi et ses sujets. Plate versification, qui n'est certainement pas d'Arouet. Elle ne fut introduite dans les œuvres complètes de Voltaire qu'en 1817, sur de faibles indices.[3] Nous n'avons aucun renseignement sur les finances d'Arouet au début de la Régence, mise à part la pension versée par son père. Nous n'avons aucune preuve qu'il soit déjà en relation avec les frères Pâris.

Le régent avait d'autres ennemis que les maltôtiers du précédent règne. Parmi les princes du sang, sa position paraissait précaire. Si le jeune roi, un enfant de cinq ans de santé fragile, venait à mourir, qu'adviendrait-il ? La couronne allait-elle échoir à ce régent scandaleux ? Le Bourbon d'Espagne, petit-fils de Louis XIV, ne reviendrait-il pas sur sa renonciation au trône de France ? Les Condés, les bâtards légitimés que le vieux roi avait déclarés aptes à lui succéder ne réclameraient-ils pas leurs droits ? De ce côté le centre d'opposition le plus actif était la cour de Sceaux, animée par la duchesse du Maine. La princesse haïssait le duc d'Orléans. Elle avait intrigué avec Mme de Maintenon, pendant les derniers mois de Louis XIV, pour l'évincer et promouvoir son mari. Les codicilles du testament ne lui avaient accordé qu'une satisfaction partielle, réduite à fort peu de chose par la séance du parlement du 2 septembre. Le duc du Maine a perdu le commandement de la Maison militaire du roi ; il ne conserve que la surintendance de l'éducation du petit Louis XV. La duchesse brûle de prendre une revanche. Elle attire à Sceaux les mécontents, les «caresse», les «plaint», les «excite» contre le régent.[4] Philippe d'Orléans, sous des dehors faciles, n'en est pas moins jaloux de son autorité, qu'il identifie à juste titre avec celle de l'Etat. Ses agents observent les palabres de Sceaux. Il n'hésitera pas à sévir le moment venu.

Arouet s'est placé dans le camp des suspects, par sa présence à la cour de Ludovise. A Paris, dans les soupers du Temple et d'ailleurs, il donne libre cours à son esprit satirique. Les applaudissements stimulent sa verve. Comme le dit Jean-Baptiste Rousseau, depuis longtemps inquiet à son sujet, «il n'y a rien de si dangereux que de se répandre dans le monde avant d'avoir appris à le connaître».[5] Arouet et plus tard Voltaire (quoique davantage sur ses gardes) ne résiste pas à la tentation d'un bon mot. Insoucieux des conséquences, il ne se prive pas de brocarder la politique du jour, en parole et par écrit. Une image de lui s'est constituée dans l'opinion: celle d'un homme d'esprit redoutablement caustique. Son personnage public déjà prend forme: ombre qui ne cessera plus de le suivre jusqu'à la fin de sa vie et au-delà. Une épigramme, une poésie bien méchante circule-t-elle, on la lui attribue. Dans la masse des chansons et couplets de toutes sortes accompagnant les débuts de la Régence, on lui en donne un certain nombre qui ne nous sont pas parvenus: Duvernet parle d'une épitaphe de Louis XIV; d'une épigramme sur la réforme de la moitié des chevaux des écuries royales: «on eût mieux fait de supprimer la moitié des ânes dont on avait entouré Sa Majesté.»[6] On le dénonce au lieutenant de police comme l'auteur d'un quatrain injurieux, sur le prince de Bournonville et l'abbé Alary.[7] On répand enfin sous son nom une pièce de vers bien venue et spirituelle: les *J'ai vu*.

Le poète «a vu» tous les maux qui accablent la France à la fin du règne de Louis XIV:[8] «le peuple gémissant sous un rigoureux esclavage», le soldat mourant «de faim, de soif, de dépit et de rage», «les impôts criants», «les traitants impunis»... Il «a vu» surtout les persécutions contre les jansénistes, à l'époque de la bulle *Unigenitus*: les prisons pleines de «braves citoyens, de fidèles sujets»; la Maintenon «donnant la loi», «démon sous l'habit d'une femme»; «le lieu saint», c'est-à-dire Port-Royal des Champs, «avili»; les tombes des religieuses profanées; un cardinal, «l'ornement de la France», c'est-à-dire Noailles, à cause de son opposition à la bulle *Unigenitus* ressentant «les effets d'une horrible vengeance». Enfin, comble d'horreur:

> J'ai vu, c'est tout dire, le jésuite adoré.

Il conclut:

> J'ai vu ces maux et je n'ai pas vingt ans.

Au lendemain de la mort de Louis XIV, ce pamphlet janséniste fut, dira Voltaire, «fort recherché»; sa malignité lui valut «un cours prodigieux».[9]

L'auteur s'était entouré d'un prudent anonymat.[10] Arouet avait à peine dépassé les vingt ans du trait final. Il appartenait par sa famille à un milieu suspect de jansénisme. On lui attribua donc les *J'ai vu*, non seulement à Paris mais même dans les provinces. Il raconte que passant par une «petite ville», non identifiée, «les beaux esprits du lieu» le prièrent de réciter ce «chef-d'œuvre»: il eut beau protester qu'il n'en était pas l'auteur, on admira sa modestie, mais on ne voulut pas le croire. Le plus fâcheux était que le régent aussi lui attribuait les *J'ai vu*, et s'en montra irrité. C'est alors que Philippe d'Orléans l'interpelle dans les jardins du Palais-Royal: «Monsieur Arouet, je gage vous faire voir une chose que vous n'avez jamais vue. – Quoi? – La Bastille.» «Monsieur Arouet» aurait répondu: «Ah! monseigneur, je la tiens pour vue.»[11] Pourtant le gouvernement du duc d'Orléans n'y était nullement attaqué. Les traits du poème, manifestement antérieur à la Régence, portent uniquement sur la politique de Louis XIV. Mais le régent avait le sens de l'Etat. Bien qu'il prît presque en tout le contrepied de son prédécesseur, il ne pouvait accepter qu'on insultât celui-ci.[12]

Une incertitude subsiste, tant sur l'authenticité que sur la date d'autres vers attribués à Arouet. Ainsi les deux épigrammes scandaleuses sur les amours du régent et de sa fille la duchesse de Berry sont-elles de lui? Se situent-elles, comme on l'admet généralement, dans les premiers mois de l'année 1716? Dans le flou de notre documentation, une pièce apporte des précisions.

Un an plus tard, au début de mai 1717, Arouet s'est lié d'amitié avec un certain Beauregard. Il ignore que cet officier est en réalité un indicateur de la police. Il lui parle à cœur ouvert. Beauregard transmet aussitôt au lieutenant de police les confidences qu'il a adroitement sollicitées. Nous avons son rapport, reflet apparemment fidèle de leur conversation.[13] Arouet revient de la campagne. Il demande «ce qu'on disait de nouveau». Beauregard répond qu'il avait paru «quantité d'ouvrages sur M. le duc d'Orléans et Mme la duchesse de Berry»: on y trouve beaucoup d'esprit, on les lui attribue, mais lui ne le croit pas. Arouet réplique qu'il a tort de ne pas croire que «c'est lui véritablement qui avait fait tous les ouvrages qui avaient paru pendant son absence». Il ajoute qu'il les a écrits à la campagne, chez M. de Caumartin, d'où il les a envoyés à Paris. Que lui a donc fait le duc d'Orléans, demande Beauregard, pour qu'il s'acharne ainsi contre lui? Réaction d'Arouet, saisie sur le vif: «Il était couché en ce moment et se leva comme un furieux et me répondit: Comment! vous ne savez pas ce que ce bougre-là m'a fait? Il m'a exilé parce que j'avais fait voir au public que sa Messaline de fille était une p...».

Arouet reconnaît ainsi avoir commis deux séries de vers satiriques: les uns au début de 1716 avant son exil à Sully, contre les mœurs de la duchesse de Berry, les autres une année plus tard pendant le carême de 1717, contre le régent et sa fille la duchesse. A partir de là, nous proposons d'identifier les vers «faisant voir au public» que cette moderne Messaline «était une p...» comme étant ceux-ci:

> Enfin votre esprit est guéri
>> Des craintes du vulgaire;
> Belle duchesse de Berry,
>> Achevez le mystère.
> Un nouveau Loth vous sert d'époux,
>> Mère des Moabites;
> Puisse bientôt naître de vous
>> Un peuple d'Ammonites![14]

C'est cette épigramme qu'Arouet désavoue, après avoir obtenu sa grâce, en présentant au régent d'autres vers de même facture:

> Non, monseigneur, en vérité,
> Ma muse n'a jamais chanté
> Ammonites ni Moabites.
> Brancas vous répondra de moi.
> Un rimeur sorti des jésuites
> Des peuples de l'ancienne loi
> Ne connaît que les Sodomites.[15]

La référence aux Ammonites et Moabites vise uniquement l'attaque contre la duchesse, citée ci-dessus, et non l'épigramme sur le nouvel Œdipe, dont nous allons parler. La mention de Brancas, parallèlement, renvoie à l'intervention de ce duc en faveur d'Arouet pendant son exil. Les vers au régent qu'on vient de lire datent par conséquent de la fin de cet exil: fin octobre ou novembre 1716.

Quant à l'épigramme comparant le régent à Œdipe: «Ce n'est point le fils, c'est le père»..., nous la reconnaissons comme étant l'un de ces «ouvrages» que devant Beauregard Arouet avoue avoir écrits à Saint-Ange pendant le carême de 1717. Un détail confirme la chronologie proposée ici. L'épigramme fait allusion aux maux d'yeux du père incestueux:

> S'il vient à perdre les deux yeux,
> C'est le vrai sujet de Sophocle.[16]

Or la Palatine fait remonter le début de l'affection au milieu de 1716, au moment où Arouet est déjà exilé à Sully.[17] Le mal, inflammation ou blessure, qui dura au moins dix-huit mois, s'aggrava sans doute en 1717, justifiant la maligne comparaison avec le sort d'Œdipe.

On comprend donc pourquoi, au début du mois de mai 1716, Arouet est frappé d'exil. On lui impute les *J'ai vu* et peut-être quelques autres vers satiriques. On sait qu'il est l'auteur de l'épigramme «Enfin votre esprit est guéri». Mais une satire répétant l'accusation banale de débauche contre la duchesse est moins grave, malgré le trait contre le «nouveau Loth», que ne le sera l'épigramme sanglante du printemps 1717, laquelle constituera en outre une récidive. Le coupable est puni, mais modérément. Le régent a pour principe de garder la mesure dans les sanctions. Le 4 mai 1716 «le sieur Arouet fils» est «relégué» à Tulle.[18] Le 21, celui-ci étant encore à Paris, son exil est changé, sur intervention de son père: non plus Tulle, mais Sully-sur-Loire, «où il a quelques parents dont les instructions et les exemples pourront corriger son imprudence et tempérer sa vivacité».[19] On ne connaît point ces prétendus parents: pur prétexte pour permettre à l'exilé de séjourner plus près de Paris, parmi des connaissances à vrai dire peu faites pour «corriger son imprudence et tempérer sa vivacité»: il va retrouver là-bas plusieurs de ses compagnons du Temple.

Entre tous les châteaux où vécut Voltaire, Sully apparaît comme le plus «gothique», pour employer le vocabulaire de l'époque. La forteresse avait été construite au XIVe siècle, quand les pays de la Loire étaient zone de combat: elle surveillait un point de passage sur le fleuve. Tours d'angle trapues, quatre corps de bâtiments aux murs aveugles, couronnés d'un chemin de ronde à machicoulis, enfermant une cour intérieure. Par la suite, un corps de bâtiment avait été abattu pour éclairer la cour centrale, une tour arasée aux deux tiers, des fenêtres ouvertes dans les épaisses murailles. L'ensemble n'en conservait pas moins et conserve encore aujourd'hui l'allure d'une massive construction féodale, cernée de douves où se jette la Sange, petit affluent de la Loire. Le poète de *La Pucelle* n'aura pas oublié ce témoin architectural des guerres d'antan, mais associé dans sa mémoire à d'agréables souvenirs.

Arouet va passer là tout un été et un début d'automne. Campagne riante, dans la meilleure saison de l'année. A proximité un bois «magnifique», pour la promenade et la chasse. Des fenêtres du château on découvre les eaux brillantes du fleuve. Arouet n'est pas insensible au charme du paysage: «le plus beau séjour», «la plus belle situation du monde», répète-t-il.[20] Mais, poète, il ne sait peindre par des mots ce qu'il voit, ou il n'y songe pas. Rime-t-il une épître pour Mme de Gondrin qui faillit se noyer en traversant la Loire? Il lui parle d'Eole, des Amours: ce sont ceux-là qu'il a *vus* «à la nage, et plongés jusqu'au cou dans l'eau» conduire son bateau au rivage.[21] En revanche l'épître a soin d'énumérer tous ceux qui attendaient la voyageuse, en spéculant diversement sur son sort. Ainsi en allait-il alors de la vie de château. On goûte l'agrément du cadre naturel. Cependant c'est à la société qui s'y trouve rassemblée et à ses divertissements qu'on s'intéresse.

Le séjour d'Arouet à Sully ne nous est connu que par la correspondance qu'il entretient de là-bas avec ses amis parisiens. Neuf lettres, à Chaulieu (avec deux réponses de celui-ci), au marquis d'Ussé, au duc de Brancas, au grand-prieur de Vendôme, à La Faye, à la marquise de Mimeure, à l'abbé de Bussy.[22] Quatre sont datées de juillet (11 et 20 juillet), une autre à un destinataire inconnu doit être de septembre. Toutes se présentent comme des compositions littéraires. Mêlant à la prose de petits vers, Arouet vise à écrire, comme le lui dit Chaulieu, «les plus jolies lettres du monde». Deux de ces exercices de style seront bientôt imprimés dans le *Mercure*: la lettre au grand-prieur en octobre 1716, une lettre à Chaulieu en avril 1717. On conçoit que des missives ainsi destinées au public contiennent peu d'informations d'ordre privé. A peine apprenons-nous qu'Arouet a sa chambre dans une «tour assez sombre», celle peut-être qu'habita jadis à Sully pendant deux ans «le plus badin des beaux-esprits», Chapelle (mais il n'y était pas exilé).[23]

Nous sommes surtout renseignés sur les hôtes du château, en cet été 1716. Le maître des lieux d'abord, le duc de Sully. Sa famille se trouvait de longue date en relations d'affaires avec l'ancien notaire Arouet.[24] Le duc régnant est depuis 1712 Maximilien-Henri de Béthune. Il approche de la cinquantaine, et reste néanmoins célibataire. «Homme aimable qui se ressentait d'avoir vécu avec des gens d'esprit»,[25] il fréquentait le Temple: ce qui explique l'asile offert au poète proscrit. Sully ne passa pas toute la saison en son château: il en est absent vers le 20 juillet, étant apparemment demeuré à Paris; il s'y rend ensuite. Il y était pour accueillir ses visiteuses: Mmes de Gondrin, de La Vrillière, de Listenay;[26] il en repartit à l'approche de l'automne, laissant Arouet affligé à l'idée de passer là l'hiver.[27] L'épître à Mme de Gondrin nomme d'autres invités: le duc de La Vallière, dont c'est la première apparition dans la biographie de Voltaire; Guiche, un Périgni, chansonnier, personnage salace (quand on repêchera Mme de Gondrin, il espère voir ce que «l'humeur un peu fière» de la dame «sans ce hasard lui cacherait»); un Lespar, un Roussy inconnus; puis le bon abbé Courtin aussi assidu à Sully, semble-t-il, cet été-là qu'Arouet lui-même.[28]

Grâce aux dames on passait le temps galamment. Mme de Gondrin, héroïne du principal incident de la saison, doit se montrer reconnaissante envers le dieu Amour qui l'a sauvée des flots. A la fleur de l'âge (elle a vingt-huit ans), elle est venue à Sully accompagnée non de son mari, Louis de Pardaillan marquis de Gondrin, mais d'un duc son amant (Guiche? La Vallière? Sully lui-même?). On donne des fêtes, non indignes des Nuits blanches de Sceaux. Quand la duchesse de La Vrillière et sa sœur Mme de Listenay vinrent faire du tapage au château à une heure tardive, elles furent bien étonnées de se voir offrir un divertissement nocturne en plein air, dans une «grande salle d'ormes éclairée d'une infinité de lampions». On sert une «magnifique collation» en musique. Chacune des deux sœurs trouve sur son assiette un compliment en vers, de la façon d'Arouet. Ensuite un bal, «où parurent plus de cent masques habillés de guenillons superbes».[29] En ce pays de Loire, la chère est délicate. A une dame gourmande, restée anonyme, qui ne fit que passer, Arouet enverra, accompagnée d'une épître en vers, «l'appétissante recette d'un potage».[30]

Le ton d'enjouement dans ce qu'écrit Arouet pendant cet été de Sully ne relève certainement pas de la seule fiction littéraire. Dans le bois attenant au château, les amants gravent leurs chiffres sur l'écorce des arbres. De sorte qu'on peut croire les bords du Lignon transférés à Sully-sur-Loire. Lui-même ne demeure pas simple spectateur de la galanterie ambiante. Il a pour maîtresse la fille du

procureur fiscal, maire héréditaire du village : Suzanne de Livry. C'est apparemment pendant ce séjour, le plus long qu'il fit à Sully, qu'il réussit sa conquête.
Sans doute la demoiselle, fière de sa beauté, s'ennuyait-elle à la campagne. Elle
rêve de faire du théâtre et de venir à Paris. Elle compte sur Arouet pour l'y
conduire. Desnoiresterres affirme que, guidée par son amant, elle s'essaya dans
les spectacles de société qui se donnèrent cet été-là au château, et qu'elle suivit
Arouet à son retour dans la capitale. Pures conjectures, mais que rien ne
dément.[31]

Voltaire aimera toujours la vie de château, jusqu'à devenir châtelain lui-
même. Il fréquente peu les salons. On ne voit pas, dans les années où nous
sommes, qu'il se soit introduit dans celui de Mme de Lambert, alors le plus
important de Paris. Mais il se plaît dans ces petits mondes où des personnes
distinguées, loin de l'agitation parisienne, se retrouvent pour jouir, dans les aises
d'une résidence aristocratique, des plaisirs de la société. Tel est son genre de vie,
en cet été de 1716, malgré sa condition d'exilé. Un emploi libéral du temps, au
château, présente un avantage considérable pour un homme comme lui : celui
d'associer les divertissements au travail, dans la proportion que l'on veut.[32] Il
lui est loisible de demeurer en sa chambre, à écrire, sans que personne puisse
s'en plaindre. Il suffit quand il reparaît de se montrer encore plus actif dans les
occupations du groupe.

Il lui faut, peu après son arrivée, composer un écrit dont dépend son sort : une
épître au régent afin de se disculper et d'obtenir son pardon. Pour ses débuts de
poète courtisan, l'affaire est malaisée. Il se sent plus porté à accuser et se plaindre
qu'à flatter. Heureusement il a la prudence de demander conseil. Une première
version insistait malencontreusement sur les ennemis nombreux qui censurent
la politique du régent. Chaulieu lui recommande de retrancher cet article et de
le remplacer par un éloge bien senti du prince.[33] Arouet s'y résigne, mais avec
un haut-le-cœur :

> Quoi, je vais devenir flatteur ?
> Et c'est Chaulieu qui me l'ordonne !

« Je ne puis vous en dire davantage », ajoute-t-il, « car cela me saisit. »[34] Eclair
qui laisse entrevoir la vivacité de son ressentiment. Un jour il ne pourra plus
retenir ce qu'il a sur le cœur. Présentement, il versifie, avec peu de sincérité,
une épître louangeuse. Il ne ménage pas le compliment :

> Prince chéri des dieux, toi qui sers aujourd'hui
> De père à ton monarque, à son peuple d'appui...

Il évoque, même assez longuement, les ennemis du régent ; mais ce ne sont que
les « censeurs extravagants d'un sage ministère ». Il condamne aussi bien l'encens
des « écrits mercenaires ». D'ailleurs un aussi grand prince que Philippe d'Orléans

n'a nul besoin d'être chanté par les poètes. Ce qui n'empêche pas Arouet d'en tracer un portrait très embelli:

> Affable avec noblesse, et grand avec bonté,
> Il sépara l'orgueil d'avec la majesté;
> Et le dieu des combats, et la docte Minerve,
> De leurs présents divins le comblaient sans réserve...

Il termine en se déclarant innocent des vers infâmes dont on l'accuse:

> Vois ce que l'on m'impute et vois ce que j'écris.

«Bienfaisant envers tous», le prince sera-t-il «envers *lui* seul sévère»? Que ne connaît-il mieux le poète qu'il a exilé!

> A verser les bienfaits ta main accoutumée
> Peut-être de mes maux voudrait me consoler,
> Et me protégerait au lieu de m'accabler.[35]

Arouet s'est flatté, dans une aussi difficile composition, «d'éviter les flatteries trop outrées et les plaintes trop fortes, et d'y être libre sans hardiesse». En effet, parfois l'auteur de l'épître se redresse et avec dignité prend ses distances. Rappelant les adulations prodiguées à Louis XIV, il assure que

> L'équitable Français ne voit en lui qu'un homme.

Auprès du régent, il se réclame de

> La libre vérité qui règne en mon ouvrage.

Le duc d'Orléans a-t-il senti dans les vers d'Arouet une sourde réticence? L'épître en tout cas tarda à faire son effet. L'exilé l'avait définitivement mise au point vers le 20 juillet; il la soumet encore au marquis d'Ussé, en sollicitant son avis.[36] Quelques jours après, il l'envoie au duc de Brancas, familier du régent, pour qu'il la présente dans un moment favorable.[37] Mais deux mois après, Arouet attendait toujours sa grâce. Dans l'intervalle il avait risqué une nouvelle tentative. Son épître à Mme de Gondrin se terminait par une prière au duc ami de la dame d'intercéder pour lui. Il se compare à Ovide chez les Scythes, ce qui lui permet de placer Philippe d'Orléans au-dessus d'Auguste:

> Grand prince, puisses-tu devenir aujourd'hui
> Et plus clément qu'Auguste et plus heureux que lui![38]

En vain. L'automne a commencé et Arouet est toujours à Sully. Il se morfond maintenant, lui qui n'est «pas fait pour habiter longtemps le même lieu».[39] Pour tromper son ennui, il chasse un peu, il versifie beaucoup. C'est alors sans doute qu'il remanie ou achève de remanier les cinq actes de son *Œdipe*. Il rapportera de Sully un texte propre à satisfaire les comédiens.

Enfin, vers le 20 octobre, le régent lève la sentence d'exil.[40] Faisant preuve de modération encore une fois, il ne voulut pas condamner le coupable à passer l'hiver seul, dans un sombre château, loin de Paris.

Nous ne savons que peu de chose sur les six mois qui vont du retour d'Arouet à son arrestation. Aucune lettre, dans la correspondance conservée, entre celle qui annonce la fin de son exil (20 octobre 1716) et l'ordre d'incarcération (15 mai 1717).[41] Nous ne rencontrerons plus ensuite d'aussi longue lacune. On regrette d'autant plus la pauvreté de notre information que dans cette période Arouet commet les graves imprudences qui vont le conduire à la Bastille.

Selon un écho incertain recueilli par les éditeurs de Kehl,[42] l'exilé rentré à Paris serait allé remercier le régent. Un désaccord alors serait apparu. Le duc d'Orléans, bien renseigné, persiste à le croire l'auteur du couplet contre la duchesse de Berry ; il estime avoir fait grâce à un coupable. Celui-ci continue à protester de son innocence : pour tenter de persuader le prince, il lui adresse l'épigramme sur le «rimeur sorti des jésuites» qui ne peut connaître ni Ammonites ni Moabites, mais seulement les Sodomites.

Arouet a repris le chemin de Sceaux. Il lit son *Œdipe* devant la duchesse, Malézieu et Polignac : on le blâme d'avoir ajouté l'épisode amoureux exigé par les comédiens.[43] En évoquant cette séance, Voltaire la situe après la réception de la pièce à la Comédie-Française, laquelle selon les frères Parfaict fut acceptée le 19 janvier 1717.[44] La lecture aurait donc eu lieu entre cette date et le moment où, au début du carême, Arouet partit pour Saint-Ange. On peut supposer que l'auteur d'*Œdipe* ne se contenta pas d'aller une seule fois à Sceaux pour présenter sa tragédie.

Les œuvres de Voltaire conservent la trace de ses relations avec l'entourage de la duchesse. Un jour il a entendu le cardinal de Polignac, l'un des intimes de cette cour, réciter de «sa bouche mielleuse» le début de son *Anti-Lucrèce* : le poème lui parut «un chef-d'œuvre».[45] Il eut surtout des entretiens avec Malézieu. C'est de lui qu'il tient le mot de Louis XIV sur Fénelon : «le plus bel esprit et le plus chimérique du royaume».[46] Une autre fois il fut témoin d'un fâcheux lapsus : Malézieu lisant la Bible au duc du Maine, au lieu de «Dieu lui apparut en songe», prononça «Dieu lui apparut en singe».[47] A l'automne de 1716, Arouet a conçu son projet d'un poème épique : la mention insistante de Henri IV dans l'épître au régent permet de le supposer. Est-ce au cours de ces mois qu'il consulte Malézieu, et s'entend dire : «Vous entreprenez un ouvrage qui n'est pas fait pour notre nation : les Français n'ont pas la tête épique»?[48] Datation vraisemblable pour cet entretien et certains des autres qui viennent d'être mentionnés. Examinons en effet ce calendrier : Arouet vers le 10 février 1717 se rend à Saint-Ange, d'où il ne revient qu'après Pâques, au bout de deux mois, vers le milieu d'avril. Le 16 mai, il est incarcéré à la Bastille. Il n'en sort que le 15 avril 1718, pour être assigné à résidence à Chatenay. Or, une fois libéré, Arouet a changé d'attitude à l'égard du pouvoir. Il cherche le patronage du régent pour son *Œdipe*, pour sa *Henriade*. Dans ce même temps, les opposants de Sceaux se sont engagés dans la voie de la subversion. La duchesse trame, avec une folle témérité, la conspiration de Cellamare. On peut penser qu'Arouet alors, instruit par l'expérience, se garde bien de se compromettre de ce côté. En décembre 1718, la conspiration est découverte. La duchesse, Malézieu, leurs amis sont arrêtés. Malézieu ne recouvrera sa pleine liberté qu'en 1722. Il est donc vraisemblable que les relations les plus étroites d'Arouet avec la cour de Sceaux se situent à une période antérieure au printemps de 1717 (avec un prolongement possible entre le milieu d'avril et le milieu de mai). Sans doute est-ce à l'automne de 1716 et à l'hiver de 1716-1717 qu'il faut rapporter ce que dit Duvernet de son «assiduité dans la maison du duc du Maine».[49]

Or en ces mois-ci le conflit entre Sceaux et le régent s'aggrave. De nouvelles mesures se préparent contre le duc du Maine : annulation de la décision de Louis XIV accordant aux légitimés la qualité de princes du sang, ayant droit de succéder à la couronne (1er juillet 1717) ; retrait au duc de la surintendance de l'éducation du roi (26 août 1718). La duchesse continue à exciter «les mécontents et les frondeurs».[50] Elle suscite, elle fait circuler des écrits attaquant le duc d'Orléans. Encouragé par elle, Lagrange-Chancel a commencé à écrire et à répandre ses furieuses satires, les *Philippiques*. La première, en 1716, fait état de l'exil d'Arouet.[51]

Quant à lui, est-ce la fréquentation de Sceaux qui entre novembre et février avive ses ressentiments contre le régent ? Le fait est que dans ses confidences à Beauregard il a reconnu avoir fait, «beaucoup de temps» avant de partir pour Saint-Ange, une insultante inscription latine, que voici :

> *Regnante puero,*
> *Veneno et incestis famoso*
> *Administrante,*
> *Ignaris et instabilibus consiliis,*
> *Instabiliori religione,*
> *Aerario exhausto,*
> *Violata fide publica,*
> *Injustitiae furore triumphante,*
> *Generalis imminente seditionis*
> *Periculo,*
> *Iniquae et anticipatae hereditatis*
> *Spei coronae Patria*[52] *sacrificata,*
> *Gallia mox peritura.*

Ce qu'on peut traduire :

> Sous le règne d'un enfant,
> Sous la régence d'un homme fameux

Par le poison et les incestes,
Sous des Conseils ignorants et chancelants,
La religion étant plus chancelante encore,
Le trésor épuisé,
La foi publique violée,
La fureur de l'injustice triomphant,
Le danger d'une sédition générale menaçant,
La patrie sacrifiée à l'espoir inique et prématuré
D'hériter de la couronne,
La Gaule bientôt va périr.

On reconnaît en ce texte les références à l'expérience malheureuse de la polysynodie, à l'agitation janséniste, à la faillite du trésor et à la révision des dettes («la foi publique violée»), aux troubles provinciaux (notamment en Bretagne à l'instigation de Pontcallec). Mais surtout sont reprises les accusations les plus graves contre le régent: non seulement de relations incestueuses avec sa fille, mais d'avoir empoisonné les membres de la famille royale pour accéder à la régence; d'aspirer maintenant à la couronne de France, si le jeune roi mourait prématurément.

Arouet est bien l'auteur d'une si virulente dénonciation. On retrouvera dans les papiers de Voltaire un projet de vers latins contre le régent, différents mais non moins violents. Nous traduisons:

Ce que tu es, je l'ai révélé à Apollon;
Bientôt Apollon le révélera à tout le genre humain [...]
Melon et Rey [?] son collègue servent
Tes scandaleuses amours, en dignes ministres
D'un tel héros.[53]

On colporte le *Regnante puero*, sans se tromper sur l'auteur. Car Arouet a désormais une réputation bien établie. Il n'a encore publié aucun grand ouvrage. Pourtant le *Mercure galant* d'octobre 1716, en donnant une de ses lettres de Sully, constatait: «La réputation de M. Arouet répond suffisamment du mérite» de ses écrits. Il passe particulièrement pour un satirique aussi mordant que Jean-Baptiste Rousseau, naguère exilé pour de scandaleux couplets. «C'est assez», observe le baron de Breteuil, «que quelque chose ait de la force et de la malignité pour qu'on l'attribue à Rousseau ou à Arouet.»[54] La police du régent est bien faite. Il a ses espions à Sceaux et dans Paris. Après le *Regnante puero*, Arouet ne se sent plus en sûreté. Il va donc se mettre à l'abri à la campagne, à Saint-Ange, pour la durée du Carême.[55]

Il y retrouvait Caumartin et ses anecdotes du passé. Bien que le vieillard n'ait pas connu l'époque lointaine de Henri IV, ou pour cette raison même, il était «idolâtre» du bon roi gascon. Il en reparle à son visiteur, comme en 1714. Arouet, qui d'abord s'était montré sans doute seulement intéressé, est maintenant «saisi» de tout ce que lui raconte son hôte. Car depuis plusieurs mois il songe à ce qui deviendra *La Henriade*.[56] Stimulé par la conversation de Caumartin, c'est pendant ce séjour de 1717 qu'il commence son poème épique, «après avoir fait *Œdipe*, et avant que cette pièce fût jouée». L'indication précise du *Commentaire historique*, recoupant les autres données, ne peut être révoquée en doute.[57] On voit ici ce qui l'incite à écrire. Comme déjà *Œdipe*, *La Henriade* est née sous l'influence directe du contact avec quelqu'un qui lui communique son enthousiasme. Selon le même processus l'*Histoire de Charles XII* devra son origine aux entretiens de Voltaire à Londres avec Fabrice.

Le projet relève d'une esthétique classique des genres. Ce que nous appelons la littérature est alors conçu comme un ensemble organisé de formes, chacune ayant ses règles, sa tonalité, ses convenances. Un ensemble hiérarchisé. Il est admis qu'au-dessus de la tragédie, au-dessus de l'ode, se situe l'épopée. Une littérature nationale reste un édifice inachevé tant qu'elle ne s'est pas enrichie, au sommet, d'un poème à la manière de l'*Enéide*, ressemblant plus ou moins à l'*Iliade* et à l'*Odyssée*. La querelle d'Homère, au moment où Arouet met en chantier sa *Henriade*, conserve toute son actualité au préjugé en faveur de l'épopée. Les Italiens ont leur *Enéide*: la *Jérusalem délivrée* du Tasse. Bientôt Arouet découvrira que les Portugais peuvent s'enorgueillir des *Lusiades* de Camoens. Les Français? Ce n'est pas qu'on ait épargné les efforts pour donner à nos lettres le Virgile qui leur manque. Mais depuis Ronsard et sa *Franciade*, que d'œuvres mort-nées: le *Saint Louis* du P. Lemoyne (1653), la malheureuse *Pucelle* de Chapelain (1656), le *Clovis* de Desmarets de Saint-Sorlin (1657), le *Charlemagne* de Le Laboureur (1664), le *Jonas ou Ninive pénitente* de Coras, le *David ou la vertu couronnée* du même, le *Saint Paulin* de Charles Perrault...

Que des échecs si déplorablement répétés puissent s'expliquer par la fausseté du genre, procédant d'une erreur sur ce qu'était l'*épos* homérique, l'idée ne se présente pas à l'esprit d'Arouet ni de ses contemporains. Il vient de terminer les cinq actes de son *Œdipe*. Il se sent assez de force et d'habileté pour réussir l'exploit manqué par tous ses prédécesseurs. Première condition: choisir un bon sujet. Les propos de Caumartin lui prouvent que l'histoire de Henri IV mettant fin aux guerres de religion n'a pas cessé d'intéresser au temps de la Régence. Le bon roi Henri reste populaire. En une période où la monarchie bourbonienne traverse une crise, ne convient-il pas de remonter à l'exemple donné par le fondateur? *Generalis imminente seditionis periculo*, disait le *Regnante puero*: une guerre civile comparable à celles de la Ligue n'est-elle pas à craindre? Le fanatisme des factions religieuses se déchaîne depuis des années en France. Mais où est le prince capable de les réprimer pour rétablir la concorde? Jadis il en existait un. Un roi aimé qui fut aussi un grand homme, des péripéties guerrières, des scènes atroces comme la Saint-Barthélemy: Arouet en 1717 est convaincu qu'il tient là la matière d'une *Enéide* française.

Une œuvre qui n'encensera pas le prince alors régnant. Plus tard il proposera

au régent de lui dédier son poème, comme traitant du souverain auquel Philippe
«ressemble le plus».[58] *La Henriade* se prêtera en effet aux interprétations courti-
sanes. Mais en 1716, évoquant dans l'épître au duc d'Orléans «Henri», dont
«nous admirons encore [la] valeur et [la] bonté», il se garde bien d'ajouter que
«Henri» revit en «Philippe», comme l'affirmera une correction ultérieure.[59] Il
voit alors en son héros épique bien plutôt la condamnation du pouvoir exercé par
le régent. Car à Saint-Ange en même temps qu'il trace les premiers alexandrins de
son poème, il dénonce Philippe dans une épigramme vengeresse.

A Beauregard, nous l'avons vu, il va confier que pendant les deux mois passés
auprès de Caumartin il a montré à celui-ci «le premier» les «ouvrages» satiriques
contre le régent et sa fille qu'il vient d'écrire. Parmi ces «ouvrages»[60] on peut
identifier le couplet sur le nouvel Œdipe:

Ce n'est point le fils, c'est le père;
C'est la fille, et non point la mère;
A cela près tout va des mieux.
Ils ont déjà fait Etéocle;
S'il vient à perdre les deux yeux,
C'est le vrai sujet de Sophocle.[61]

Accusation horrible, et combien dangereuse, quand celui qu'elle atteint dispose
du pouvoir absolu. Que Caumartin n'ait, à notre connaissance, rien fait pour
obtenir d'Arouet qu'il supprime de tels vers, montre à quel degré était montée
la haine chez les ennemis du régent. Caumartin, homme de la vieille cour, devait
être très hostile à la nouvelle politique. L'honnête homme qu'il était s'indignait
assurément de l'immoralité affichée par le duc d'Orléans. Il laissa faire. Arouet,
après lui avoir montré ses vers, les envoie à Paris, pour qu'on les fasse circuler.[62]

On se pose la question que va poser Beauregard: pourquoi tant d'animosité
contre le régent? Philippe d'Orléans par son libéralisme, par son mépris de la
bigoterie, voire de la religion, par son affabilité sans cérémonie, avait de quoi
plaire à Arouet. Par la suite celui-ci portera un jugement favorable sur l'homme,
sinon sur sa politique. En 1733, il écrit que «le bon régent [...] gâta tout en
France», mais qu'il était né «pour la société, pour les beaux-arts, et pour la
volupté», «peu scrupuleux, mais de crime incapable».[63] Le *Précis du siècle de
Louis XV* répètera que sous la Régence «la confusion faisait tout craindre», que
«cependant ce fut le règne des plaisirs et du luxe», Philippe ressemblant à Henri
IV, au physique et au moral.[64] Voltaire changera d'attitude après les réflexions
solides que vont lui inspirer onze mois de Bastille. A partir de 1718, il fait sa
cour au régent et à Dubois, en attendant de porter sur cette époque de sa jeunesse
le regard impartial de l'historien. Auparavant, il s'est laissé entraîner par une
amère rancœur consécutive à l'exil de 1716, sanction pourtant modérée et non
imméritée. Il s'est laissé impressionner par les milieux qu'il fréquente: Sceaux

où l'on milite contre le nouveau pouvoir, Saint-Ange où on le tient en franche aversion.

Arouet apparaît en ces semaines tout à fait téméraire et inconscient du danger. Dans la deuxième quinzaine d'avril 1717, il revient à Paris. Croyant peut-être mieux échapper aux recherches, il va loger non chez son père, mais dans un hôtel garni: le Panier vert, rue de la Calandre. Là il donne sa confiance à des personnages dont il ne s'aperçoit pas qu'ils sont de la police: l'officier Beauregard et un prétendu comte d'Argenteuil,[65] qui se dit originaire de la Champagne. Les deux indicateurs ont pour mission de le faire parler. Leurs rapports au lieutenant de police nous ont été conservés. Nous avons déjà fait état de celui de Beauregard. Le rapport de d'Argenteuil est le texte que Théodore Besterman attribuait à tort au commissaire de police Ysabeau: l'inscription manuscrite d'époque sur le document, «le sr. Dargenteuil», indique l'auteur de la pièce non signée. Celui-ci se trouvait à la fenêtre avec Arouet quand la police fit irruption dans l'hôtel garni: Arouet, demande-t-il, ne craint-il rien au sujet de ses écrits, cause probable de son arrestation? Le poète répond, en toute naïveté, que «l'on n'aurait point de preuves» contre lui, «puisqu'il ne s'était confié qu'à ses véritables amis»: à savoir d'Argenteuil et Beauregard...[66]

Le régent lança le 15 mai l'ordre d'arrestation, exécuté le lendemain, jour de la Pentecôte.[67] Arouet à l'entrée des exempts dans sa chambre a, nous rapporte-t-on, «beaucoup goguenardé», «disant qu'il ne croyait pas que l'on dût travailler les jours de fête». Il se déclare enchanté d'être mis à la Bastille: il pourra y prendre tranquillement son lait. Si dans huit jours on le libère, il demandera à y rester quinze jours de plus, afin d'y terminer sa cure diététique; il proteste d'ailleurs qu'il n'a rien à se reprocher. Ces détails, dans le rapport du «lieutenant de robe courte» conduisant l'escouade, ne manquent pas d'intérêt. Le régime lacté dont il est question est la plus ancienne mention des troubles digestifs dont se plaindra souvent Voltaire. Surtout les propos «goguenards» prouvent à quel point Arouet s'illusionne sur la gravité de son cas. Dès son premier interrogatoire, le 21 mai, il s'apercevra que la police est bien informée: on l'arrête comme l'auteur du *Regnante puero* et des «vers exécrables» contre le régent et sa fille, sur les rapports des sieurs d'Argenteuil et Beauregard.[68]

Les objets saisis et consignés au greffe décèlent l'homme en sa vie quotidienne. Les ciseaux dans un étui, le «morceau de fer pour les dents», bientôt la «petite bouteille d'essence de géroufle» – un dentifrice – qu'il réclame dans sa cellule, disent le soin qu'il prend de sa personne. La «lorgnette» révèle l'habitué du théâtre, les tablettes l'homme de lettres, bien que le procès-verbal le déclare «sans profession». Le détail d'un «portefeuille de maroquin garni de soie» fait apparaître le souci d'élégance dont il entoure l'acte d'écrire. Sans être riche, il ne manque pas d'argent. On a compté dans ses poches «six louis d'or de trente livres chacun», plus de la menue monnaie.

Il se trouve emprisonné sur lettre de cachet, c'est-à-dire par simple décision royale. Ce genre d'incarcération ne présentait aucun caractère infamant : il procédait souvent de considérations politiques ou sanctionnait les désordres de la vie privée. Ainsi le duc de Richelieu, petit-neveu du cardinal, futur maréchal de France et confident de Louis XV, fut mis trois fois à la Bastille en sa jeunesse, les deux premières fois pour des affaires galantes, la troisième pour s'être compromis dans la conspiration de Cellamare. Arouet d'ailleurs à son arrivée dit qu'il connaît bien les lieux pour y être allé plusieurs fois «rendre ses devoirs à Mgr le duc de Richelieu» :[69] soit lors de l'incarcération du duc entre le 22 avril 1711 et le 19 juin 1712, soit plus vraisemblablement à celle du 5 mars au 21 août 1716. Notons incidemment qu'Arouet a déjà noué des relations assez étroites avec ce fils d'une grande famille, dont il cultivera soigneusement l'amitié sa vie durant.

Un prisonnier à la Bastille n'est pas inculpé judiciairement ; il n'est pas nécessaire qu'il soit traduit devant un tribunal. Mais il peut l'être. Dans le cas d'Arouet, il semble qu'on ait essayé de constituer un dossier, afin de le faire condamner en justice. On fit fouiller les lieux d'aisance du Panier vert, espérant en retirer les papiers compromettants qu'il y aurait jetés. Sans résultat.[70] On s'en tint là. Mais il demeure en prison. Les autorités persuadées de sa culpabilité, sans avoir des preuves suffisantes, refusent de le libérer. Tout de suite il avait appelé à l'aide le duc de Sully :[71] si son ami intervint, ce fut sans succès. Rien n'empêchait qu'il restât indéfiniment à la Bastille. Il n'a pas encore vraiment fait ses preuves comme écrivain. Sa réputation ne le protège pas ; elle aggraverait plutôt son cas. On peut l'oublier longtemps dans sa cellule : peu s'en soucieront. Peut-être même va-t-on saisir l'occasion de faire disparaître silencieusement un plumitif redouté. Des rumeurs sinistres se répandent. On va l'envoyer à la prison de Pierre-Encise, près de Lyon : «il y sera sans encre ni papier, et pour le reste de ses jours [...] On a agité si on le chasserait du royaume, mais on a dit que de là il écrirait contre tout le genre humain et que c'était une peste qu'il fallait séquestrer de la société civile.»[72] Deux mois plus tard, on raconte qu'on a «pendu à l'Arsenal à petit bruit un jeune homme, auteur de satires sur la cour et sur les affaires du temps» : ne s'agit-il pas d'Arouet? En fait il n'est pas soumis à un régime particulièrement sévère. Il arriva à un autre pensionnaire de la forteresse, le marquis de Baufremont, de dîner avec lui à la table du gouverneur ; c'était, il est vrai, peu de temps avant sa libération.[73]

Comment a-t-il vécu ses onze mois de prison? Il va sans dire qu'il n'a jamais raconté sa détention. Son poème en décasyllabes *La Bastille* s'en tient à l'épisode de l'arrestation.[74] Il reste sur le ton «goguenard» : au lieu de la colombe du Saint-Esprit, en ce jour de Pentecôte «vingt corbeaux de rapine affamés» viennent le visiter. Parvenu à destination, il entend «certain croquant avec douce manière» lui vanter son nouveau gîte. Ici quelques détails ont toutes chances de répondre à la réalité : entre des murs de dix pieds d'épaisseur (plus de trois mètres), la cellule ne voit jamais le soleil ; à la triple porte, triple serrure ; «grilles, verrous, barreaux de tous côtés». Le jeu d'esprit dans ce texte occulte toute réaction affective. Pour une évocation plus sentie, il faut se reporter à l'un de ces contes où Voltaire, on le sait, parfois transpose des éléments biographiques. Un demi-siècle plus tard, il va narrer la mésaventure d'un homme jeune, comme il l'était en 1717, jeté comme lui alors brutalement à la Bastille par une lettre de cachet: l'Ingénu est porté «en silence dans la chambre où il devait être enfermé, comme un mort qu'on porte dans un cimetière»; «on referma les énormes verrous de la porte épaisse, revêtue de larges barres»; voilà l'Ingénu «séparé de l'univers entier».[75] On perçoit dans ces mots l'écho d'impressions vécues. Non qu'il faille prendre l'épisode pour autobiographique. Arouet n'a pas dans sa cellule un bon Gordon, prêtre janséniste, pour le consoler et l'instruire. Il n'en est plus, comme le Huron du conte, à faire ses humanités. Mais il a tout loisir de penser. Certainement comme l'Ingénu, il songe à cette Clio «armée du poignard». Comme lui il considère «l'histoire de France remplie d'horreurs», «même du temps de Henri IV».[76] Car, quant à lui, il est occupé de composer sur ces «horreurs» un poème épique.

Il a demandé, avec quelques objets de toilette, «deux livres d'Homère latin et grec»:[77] lecture utile pour qui prétend écrire une épopée. Mais précisément le prisonnier peut-il écrire? Pendant son séjour en Angleterre (entre 1726 et 1728), il racontera au philosophe George Berkeley qu'il a composé La Henriade à la Bastille sans avoir rien pour écrire. Comme son interlocuteur s'étonnait, il répliqua qu'il «mâchait son linge pour en faire du papier»:[78] il est arrivé plus d'une fois à Voltaire de choquer ses hôtes britanniques par des propos saugrenus. Qu'il n'ait eu, en sa cellule, ni papier ni livre, il le répète en 1730 dans une préface de son poème: il aurait composé de mémoire six chants, qu'il mit par écrit au sortir de la Bastille. Ensuite il n'en aurait conservé que le deuxième, sur la Saint-Barthélemy: «les cinq autres étaient très faibles, et ont été depuis travaillés sur un autre plan.»[79] A Baculard d'Arnaud il assure encore qu'il était à la Bastille sans plume ni encre.[80] A Wagnière il a confié qu'il avait imaginé son deuxième chant «en dormant», «qu'il le retint par cœur, et qu'il n'a jamais rien trouvé à y changer».[81] Mais pour Hénault, version un peu différente: manquant de papier mais disposant d'un crayon, il traça les vers du poème entre les lignes d'un livre.

Il n'était pas le premier prisonnier de la Bastille à procéder de la sorte. Un volume circulait entre les chambres de la forteresse, «lu de tous les prisonniers qui ont eu la permission d'avoir des livres»: le traité d'Adrien Baillet, Auteurs déguisés sous des noms étrangers, empruntés, supposés, etc. (Paris 1690). Entre les lignes imprimées on lisait les vers manuscrits d'un poème, La Vision, inscrits par un certain Constantin de Renneville, embastillé du 16 mai 1702 au 16 juin 1713. La Beaumelle, lors de son incarcération de 1753, eut l'ouvrage entre les mains. Il remarqua des ressemblances avec le chant VI de La Henriade, équivalent de l'épisode virgilien des Enfers. Il arracha les pages, qui lui ayant été reprises à sa sortie furent remises dans le volume.[82] Il accusera néanmoins Voltaire de plagiat dans son *Commentaire de la Henriade* de 1769. Ira O. Wade, qui a étudié l'affaire, pense qu'en effet le chant VI fut influencé par Renneville.[83] Il a échappé à La Beaumelle (ou bien il n'a pas voulu en tenir compte) et à Ira O. Wade qu'en réalité *La Vision* de Renneville et le chant VI ont une source commune : dans le *Télémaque*, la visite rendue aux Enfers aux mauvais rois. Ce qui suffit pour expliquer les ressemblances. On retiendra néanmoins comme vraisemblable qu'Arouet, pendant ses mois de Bastille, eut à sa disposition un traité des pseudonymes. Il va s'en souvenir lorsque, libéré, il voudra devenir à son tour un auteur « déguisé ».

Sur *La Henriade* commencée à la Bastille, les confidences à variations manifestent la propension de Voltaire à la fabulation quand il parle de lui-même. La fantaisie du propos (confinant à l'absurde dans ce qu'il a dit à Berkeley) est chez lui fréquemment une manière d'éluder la relation directe et objective. En l'espèce que retenir de ses assertions peu explicites ? Il lui fut sans doute interdit de posséder de quoi écrire. Buvat s'est fait l'écho de la crainte qu'on avait qu'Arouet ne répandît de nouvelles satires.[84] Peut-être n'avait-il pas même la permission de recevoir des livres. Il ne lui restait que la ressource de faire des vers, de mémoire. Il aurait ainsi élaboré plusieurs chants de son poème. Seul le chant de la Saint-Barthélemy sera conservé. Même la confidence à Wagnière, apparemment peu sérieuse, sur une composition « en dormant » n'est peut-être pas à écarter complètement. Comme tous les hommes d'esprit actif, Voltaire rêve beaucoup. Il dira, dans des circonstances où on peut le croire, qu'il lui arrive de rêver qu'il fait des vers.[85] Le langage versifié est devenu chez lui assez spontané pour apparaître dans les songes du sommeil. L'existence carcérale dut favoriser une telle disposition. En bref, on admettra que confiné dans sa cellule il mit en mémoire des séries d'alexandrins, élaborés de tête. Ceci du moins au début. Car avec le temps le régime rigoureux infligé à un prisonnier s'atténue ; la surveillance se relâche. Arouet finit sans doute par obtenir, fût-ce clandestinement, de quoi écrire. Il put alors noter, entre les lignes d'un livre ou autrement, des parties plus ou moins longues de ce qu'il avait imaginé.

« Ainsi se passaient les jours, les semaines, les mois ».[86] A vingt-deux ans, on peut croire qu'il ne rêvait pas uniquement de rimes et d'hémistiches. « Dans le repos de la nuit », l'image d'une femme aimée devait effacer en son esprit les idées de *La Henriade*. La prison l'avait brusquement séparé, comme l'Ingénu, de sa maîtresse. Mais celle-ci ne lui resta pas fidèle, comme Mlle de Saint-Yves aurait voulu l'être à son Huron. Il se plaint dans les décasyllabes de *La Bastille* d'être

Trahi de tous, même de [sa] maîtresse.

Le conte de 1767 corrigera la réalité. En son absence la légère Suzanne de Livry se donne à Génonville ou à d'autres, et cela non certes pour libérer son amant.

Dans une prison il est nécessaire parfois de faire de la place pour les nouveaux arrivants. On réexamine les situations. Jugea-t-on Arouet suffisamment puni par onze mois de captivité ? Ou se résigna-t-il, comme l'affirme Duvernet, à s'avouer coupable, et obtint-il à ce prix sa liberté ?[87] Toujours est-il que, le 10 avril 1718, Louis XV, du haut de ses huit ans, ordonna, «de l'avis de son oncle le duc d'Orléans régent», de libérer «le sieur Arouet». A la date symbolique du Jeudi saint 14 avril ledit sieur sortait de la Bastille.[88]

L'épreuve avait été rude. Une «très dure prison», dira-t-il, ayant affecté sa santé.[89] Il ne lui arrivera plus de rester si longtemps ainsi coupé de toutes ses relations, contraint à l'inaction. Une césure aussi marquée, survenant à un âge où le caractère n'est pas définitivement fixé, va le transformer. Un certain Arouet tête en l'air appartient maintenant au passé. Il le dira à son ami Génonville : à la Bastille,

> J'appris à m'endurcir contre l'adversité,
> Et je me vis un courage
> Que je n'attendais pas de la légèreté
> Et des erreurs de mon jeune âge.[90]

Il veut être désormais différent de ce qu'il était. Et pour prendre un nouveau départ, pour changer sa personnalité, il va se donner un autre nom – son vrai nom.

8. Arouet de Voltaire, auteur d'*Œdipe*

Un prisonnier libéré de la Bastille était assigné à résidence hors de Paris : telle était la règle. Voltaire ne fut pas envoyé dans une lointaine province. Il est seulement relégué à Chatenay, d'où il peut apercevoir les premières maisons de la capitale.[1] Il y séjourne jusqu'au 12 octobre 1718, dans la maison de campagne de son père. Sans relâche il travaille à obtenir sa liberté complète. Le jour même de son arrivée (15 avril) à Chatenay, il tourne à l'adresse du lieutenant de police Machaut une lettre de remerciement : il proteste qu'il n'a jamais rien écrit contre le régent, qu'il a toujours ressenti pour lui de la « vénération »... Quinze jours plus tard (2 mai), nouvelle lettre, celle-ci à La Vrillière,[2] secrétaire d'Etat : protestant encore de son innocence, il demande de se rendre à Paris pour « une seule heure ». Point de réponse. Revenant à la charge auprès du même après deux semaines (19 mai), il obtient l'autorisation de passer vingt-quatre heures dans la capitale. En juillet, on lui accorde une permission de huit jours, puis une autre d'un mois, renouvelée en août. En octobre enfin, permission de venir à Paris « quand bon lui semblera ».[3]

Il avait fait communiquer au régent par La Vrillière un aveu écrit de l'abbé Régnier, reconnaissant devant témoins la paternité des *J'ai vu*.[4] S'estimant disculpé par là même des autres vers qu'on lui imputait (non à tort), il alla « se jeter aux pieds » du duc d'Orléans. Le prince, selon Duvernet, le reçut « avec un accueil distingué ». Il saisit donc l'occasion de plaisanter : « Monseigneur, je trouverai fort bon si Sa Majesté voulait désormais se charger de ma nourriture ; mais je supplie Votre Altesse de ne plus se charger de mon logement. »[5]

Pour entrer dans l'ère nouvelle, le fils de François Arouet venait de changer son nom. La signature « Arouet de Voltaire » se lit pour la première fois dans un billet écrit de Chatenay le 12 juin.[6] Curieusement le destinataire en est un Britannique, le comte d'Ashburnham. « Arouet de Voltaire » demande qu'il lui prête un cheval. Nous manquons d'information sur cette relation anglaise, la plus ancienne, autant qu'on sache, de l'auteur des *Lettres philosophiques*.[7] Le billet du 12 juin suppose un commerce antérieur, et notamment le prêt déjà de deux chevaux. En octobre, deux lettres sont signées « Arouet de Voltaire ». Mais en novembre, après le triomphe d'*Œdipe*, l'auteur, s'adressant au régent, signe tout simplement « Voltaire ».

L'origine du nom demeure obscure. Fréquemment au XVIIIe siècle une personne de qualité complétait son patronyme ou le changeait en prenant le nom d'une terre appartenant à lui-même ou à sa famille. L'écrivain que nous nommons Montesquieu se nommait en réalité Charles-Louis de Secondat.[8] Mais il a préféré se faire connaître sous le nom d'une baronnie proche d'Agen. L'usage était imité par la bourgeoisie en voie d'anoblissement. La forme «Arouet de Voltaire» permettait de croire que le second fils du receveur de la Cour des comptes entendait se distinguer par là de son frère aîné. Aussi Beuchot prétend-il qu'il avait pris «le nom d'un petit bien de famille qui appartenait à sa mère».[9] On a voulu préciser: Voltaire viendrait de Veautaire, «petite ferme située dans la paroisse d'Asnières-sur-Oise», que François-Marie Arouet aurait reçue par héritage d'un cousin nommé Gromichel. Mais Desnoiresterres n'a pas pu trouver trace de ce cousin.[10] Une autre étymologie, Voltaire anagramme d'Arouet l.j. (le jeune), a circulé au XVIIIᵉ siècle. Nonnotte la donne pour certaine.[11] Elle est tout au plus vraisemblable. Personne en fait parmi les contemporains de Voltaire ne connaissait au juste l'origine de son pseudonyme. D'autres hypothèses ont été depuis avancées. Voltaire contraction de «volontaire», selon Paillet de Warcy.[12] Ou bien dérivant d'un nom de théâtre: on a découvert dans *Balde, reine des Sarmates*, tragédie ancienne (1651) d'un certain Jobert un personnage nommé Voltare, lequel, incestueux comme Œdipe, se répandait en blasphèmes contre les dieux.[13] Il n'est pas absolument impossible que Voltaire ait eu connaissance de cette œuvre tout à fait oubliée: elle avait été dédiée au président de Maisons, grand-père de son ami; peut-être s'était-elle conservée dans la bibliothèque de famille. Ira O. Wade a proposé une autre explication, qui reprend sur une base plus solide la référence à un nom de lieu. Le berceau de la famille Arouet à Saint-Loup est proche de la petite ville d'Airvault: «Voltaire» aurait été formé par inversion des deux syllabes.

La vérité est que si François-Marie Arouet s'est créé un autre nom, jamais il n'a fait savoir à partir de quels éléments il l'avait élaboré. Aussi toutes les hypothèses demeurent-elles fragiles. La seule explication qu'il ait donnée porte sur les motivations du changement. Vers le Iᵉʳ mars 1719, en envoyant à Jean-Baptiste Rousseau son *Œdipe*, il ajoute: «J'ai été si malheureux sous le nom d'Arouet que j'en ai pris un autre, surtout pour n'être plus confondu avec le poète Roi.» Et il signe «Voltaire», et même «Mr de Voltaire».[14]

Il veut donc rompre avec son passé: avec ses onze mois de Bastille, ses exils, mais plus encore avec cette famille Arouet à laquelle il ne croit appartenir qu'à titre putatif. Il va autant qu'il le pourra effacer ce nom aux consonances vulgaires, qui au surplus ressemble trop à celui d'un contemporain qu'il méprise, le poète Roi, prononcé «Roué» à l'ancienne manière. Autre inconvénient, relevé par Casanova: Arouet est homophone de «à rouer».[15] Il sait combien un nom est consubstantiel à l'être. Dans ses contes, la création de ses personnages se résume parfois dans l'invention de leur nom. Il s'y était essayé déjà dans l'onomastique du *Crocheteur borgne* et de *Cosi-Sancta*. Lui-même, au cours de son intrigue avec Pimpette, s'était donné des pseudonymes par deux fois. Pour déjouer la surveillance, il mandait à son amante de lui écrire sous le nom de «Monsieur de Tilly», puis de «Monsieur de Saint-Fort»:[16] noms forgés à la hâte, qui ne brillent pas par l'originalité. On peut croire qu'il mit plus d'attention à former celui de Voltaire. Nom euphonique par sa répartition des consonnes et des voyelles, ainsi que par sa finale en -e muet. A l'esprit d'un Français, et d'un Français nourri de latin comme la plupart de ses contemporains, il évoque le radical de *volvere*: c'est-à-dire, beaucoup plus que la volonté, les *voltes* de mouvements rapides.[17] La vivacité de la personnalité voltairienne s'inscrit dans le nom qu'il s'est choisi.

Quoi qu'on pense de l'étymologie Voltare-Voltaire, il est certain que la création fut marquée par l'ambiance du théâtre. Il a inventé son nom au moment où il va faire à la scène un début à sensation. *Œdipe* sera l'œuvre, non d'un Arouet, mais de Monsieur de Voltaire. La dignité de la tragédie n'exige-t-elle pas un tel changement? Sa vocation d'homme de théâtre s'affirme ici moins par l'invention de ses personnages (dans le cas d'*Œdipe* il les reçoit de la tradition) que par celle de son propre personnage. Depuis que nous le suivons, nous l'avons vu soucieux toujours du regard d'autrui. Pénétré d'une notion théâtrale de l'existence, il compose son apparence en fonction de ce regard, multiple et pourtant convergent, de l'auditoire devant lequel, et peut-être par lequel, il existe. Désormais auteur dramatique à succès, vedette de la vie publique, son rôle va s'imposer, et avec quelle autorité, grâce au nom qui l'évoque. Après Molière, avant Stendhal et maints autres, Voltaire va s'exprimer pleinement sous le masque du pseudonyme.

Libre enfin, en octobre 1718, d'aller et venir à sa guise, il s'occupe de faire jouer *Œdipe*, depuis longtemps terminé.

Le théâtre va tenir dans sa vie une telle place qu'à la veille de sa première pièce quelques précisions sont nécessaires. Les réalités concrètes correspondant à ce mot différaient grandement de ce que nous connaissons aujourd'hui. Quatre sortes de spectacles existaient alors à Paris. Contrairement à son contemporain Marivaux, Voltaire ignorera tout à fait le Théâtre-Italien, où se pratique un genre de comédie tenu pour inférieur. Aux théâtres de la Foire il ne prêtera attention que pour s'emporter contre les parodies qu'ils osent donner de ses propres pièces. Il collaborera plus tard à des spectacles de l'Opéra. Mais c'est au Théâtre-Français qu'il fera représenter la quasi totalité de son œuvre dramatique. Seule cette scène, haut lieu de la tragédie et du comique noble, répond à ses ambitions comme à son esthétique qui privilégie les «grands genres».

Malheureusement la Comédie-Française se trouvait installée dans une salle tout à fait indigne des œuvres qui s'y jouaient et de sa réputation dans toute l'Europe. Elle était située dans une rue étroite, aujourd'hui rue «de l'Ancienne-Comédie». A la sortie du spectacle, les carrosses s'enchevêtraient dans d'inextricables encombrements. La salle elle-même avait conservé la forme rectangulaire allongée des jeux de paume, qui avaient accueilli à Paris les premiers spectacles. Il en résultait de fâcheuses conséquences. La hiérarchie sociale s'y trouvait projetée en réduction: aux étages les loges, louées à l'année, fort cher; au rez-de-chaussée, le parterre, où le prix d'entrée était plus accessible sans être bon marché (une livre, soit l'équivalent d'une journée de travail des ouvriers parisiens les mieux payés). La bonne société se tenait dans les loges; c'est là seulement que les femmes étaient admises. Or les spectateurs des loges, disposés sur chaque grand côté du rectangle, se faisaient face, par-dessus le parterre. Pour regarder la scène, ils devaient se tourner de biais. On préférait souvent s'observer d'un côté à l'autre. On se saluait, on se rendait visite, on tenait salon, on faisait monter des rafraîchissements. Le bon ton exigeait qu'on n'accordât qu'une attention modérée à ce qui se passait sur la scène.

Au niveau inférieur, les spectateurs du parterre restaient debout, plantés sur leurs jambes pendant la durée du spectacle, environ quatre heures. Public fort bruyant, on le conçoit. Il lui était facile par son tumulte d'empêcher la représentation d'une pièce qui lui déplaisait. Le sort d'une œuvre nouvelle, à la première, dépendait du parterre. Il était en principe interdit de siffler. Mais quand toute une salle sifflait, le commissaire chargé de la police du spectacle était impuissant. Parfois une pièce à sa création succombait sous les clameurs et ne pouvait être jouée jusqu'à la fin. Même à la représentation d'une bonne pièce, du parterre on apostrophait les acteurs, les actrices: ceux-ci devaient s'interrompre pour répliquer et reconquérir l'auditoire contre le perturbateur. De la scène à la salle le contact est non seulement constamment maintenu, mais vécu avec intensité: lorsque l'œuvre subjugue le public, on gémit, on pleure, on pousse des cris, on s'évanouit.

Entre la salle et la scène il n'existe pas cette séparation qui s'instituera plus tard, puisqu'une partie du public est installée sur la scène même. Depuis le succès du *Cid*, la Comédie-Française plaçait sur le plateau de chaque côté un certain nombre de sièges, loués au prix fort. D'autres spectateurs se tenaient debout au fond, obstruant l'accès des coulisses. Tous étaient placés à l'intérieur du décor; les jours d'affluence, ils touchaient presque les acteurs. Cette disposition rendait impraticable toute mise en scène. Elle permet en outre de comprendre un incident dont Voltaire sera responsable à l'une des représentations d'*Œdipe*. Qu'on songe enfin à ce que pouvait être l'éclairage de la salle et celui de la scène. Les seuls effets consistaient dans le mouvement d'une rampe de lumignons à flamme nue, alignés, qu'on haussait ou baissait selon qu'on voulait projeter plus ou moins de lumière sur les acteurs.

Voltaire ne cessera de protester contre des conditions matérielles aussi mauvaises. «Nous courons aux spectacles, et nous sommes indignés d'y entrer d'une manière si incommode et si dégoûtante, d'y être placés si mal à notre aise, de voir des salles si grossièrement construites, des théâtres si mal entendus, et d'en sortir avec plus d'embarras et de peine qu'on n'y est entré.»[18] Les «embellissements» qu'il réclame n'interviendront que fort tard. Les spectateurs évacueront la scène en 1759, et la mise en scène de son *Tancrède* bénéficiera aussitôt d'un plateau enfin dégagé. Mais la grande période de la tragédie voltairienne se termine avec cette pièce. Il ne verra pas la nouvelle salle, où le parterre aura des places assises, inaugurée en 1782, sur l'emplacement actuel de l'Odéon. Son triomphe du 30 mars 1778, à la représentation d'*Irène*, aura encore pour cadre une salle «grossièrement construite» d'un théâtre toujours «mal entendu».

On se souvient qu'en 1715 ou 1716 les Comédiens-Français avaient refusé la première version d'*Œdipe*. Ils n'avaient accepté la tragédie qu'après révision. Le 20 avril 1717, Brossette annonce la première comme imminente.[19] Mais voici qu'Arouet est envoyé à la Bastille. Il devenait impossible de créer sa pièce. On peut penser qu'une fois libéré, il s'employa à la faire inscrire à nouveau au programme.

Il s'était efforcé de donner satisfaction aux comédiens. Autant qu'on sache, sous sa forme première, *Œdipe* comportait déjà le rôle de Philoctète, indispensable pour remplir les trois premiers actes. Philoctète intervient parce qu'il continue d'aimer Jocaste. Le premier *Œdipe* n'était donc pas dépourvu de toute action amoureuse, comme on le croit généralement et comme Voltaire plus tard l'insinuera. «Une tragédie *presque* sans amour», dira-t-il plus justement.[20] La révision avait consisté à introduire non pas précisément de l'amour, mais «un rôle pour l'amoureuse».[21] Dans la version définitive, Jocaste mariée d'abord à Laïus, remariée avec Œdipe, persiste à aimer toujours tendrement Philoctète, l'élu de sa jeunesse.[22] Ainsi Mlle Desmares, interprète du personnage à sa création, peut déployer les ressources de son talent. Cette actrice, nièce de la Champmeslé et formée par elle, se livrait quelquefois, nous dit-on, «un peu trop à son feu», et passait «les bornes d'une heureuse hardiesse».[23] Elle a d'ailleurs en 1718, étant née en 1682, à peu près l'âge de Jocaste.

La critique des comédiens avait porté également sur l'introduction d'un chœur. Ici le poète débutant tint bon.[24] Dacier, on l'a vu, lui avait conseillé de maintenir en scène le chœur constamment du début à la fin. Ainsi en avait usé Racine dans ses tragédies sacrées. Voltaire avait dû assister à la première représentation d'*Athalie* à Paris, le 3 mars 1716.[25] Le public avait alors découvert cette pièce novatrice. *Œdipe* à ce moment-là en cours d'élaboration a dû en être influencé. Le grand-prêtre thébain n'est pas sans rappeler Joad, et ce n'est sans doute pas un hasard si Mlle Desmares, interprète d'Athalie, est en 1718 chargée du rôle de Jocaste. A l'instar de Racine, Voltaire suggère la présence dans le drame de toute une collectivité par la participation du chœur. Mais il n'ose pas comme Racine remplir l'intervalle des actes par les chants de celui-ci. Il en fait «un personnage qui paraît à son rang comme les autres acteurs», ou «qui se montre quelquefois sans parler [...] pour ajouter plus de pompe au spectacle». Il lui paraît «impraticable» de le maintenir continuellement en scène.[26] Dès sa première pièce, Voltaire innove, mais déjà avec prudence. Une prudence justifiée. Les répliques des personnages du chœur, à la deuxième scène du premier acte, débitées par des acteurs «peu accoutumés», font rire la salle.

Lors des répétitions les acteurs étaient restés réticents. On avait fait pression sur eux pour qu'ils donnassent la pièce. Voltaire avait mis en mouvement ses protecteurs. Mlle Desmares refusait les multiples retouches du texte que l'auteur prétendait lui imposer. Il faut qu'il lui fasse parvenir de force ses corrections, soit dans un pâté, soit par le trou de la serrure.[27] Dufresne, interprète d'Œdipe, disait que pour punir le poète de son «opiniâtreté», «il fallait jouer la pièce telle qu'elle était, avec ce mauvais quatrième acte tiré du grec».[28]

Pourtant, contre l'attente des acteurs, la première, le 18 novembre 1718, est un triomphe. Suivent vingt-neuf représentations presque consécutives, plus quatre autres données au Palais-Royal.[29] Chiffre extraordinairement élevé pour l'époque. A titre de comparaison, l'*Electre* de Longepierre, jouée en février 1719, n'en obtiendra que six.[30] Une pièce qui réussissait atteignait en général à sa création quinze ou vingt représentations. Ce qui s'explique par l'étroitesse du public des théâtres dans le Paris de la Régence. Près d'un demi-siècle plus tard, Voltaire écrira encore que ce public n'est composé que «d'environ onze ou douze cents [personnes], s'il s'agit d'une pièce de théâtre. Il y a toujours dans Paris plus de cinq cent mille âmes qui n'entendent jamais parler de tout cela».[31]

Parmi les spectateurs il y eut, dit-on, certain soir, Arouet le père du poète. Des amis de la famille y entraînèrent le vieil homme, qui n'était pas un habitué des théâtres. Il fut touché du pathétique de la pièce, jusqu'à en pleurer. «Ah! le petit coquin! le malheureux!», s'écriait-il.[32] Une circonstance dut impressionner particulièrement l'ancien notaire: les représentations rapportèrent au poète plus de 3.000 francs.[33] Un autre spectateur de bien plus haut parage nous a laissé le témoignage de son admiration. Le jeune Conti, prince du sang, tourne une épître ingénieuse à la gloire du poète et de la tragédie. Aux Enfers, Corneille et Racine déplorent le déclin de la scène française. Heureusement ils font la connaissance

> D'un démon sans expérience,
> Mais dont l'esprit vif, gracieux,
> Surpassait déjà les plus vieux
> Par ses talents et sa science.

Ce «démon», c'est Arouet; et celui-ci

> Ayant puisé ses vers aux eaux de l'Aganipe,
> Pour son premier projet il fait le choix d'Œdipe.[34]

L'événement qu'est cet *Œdipe* fait naître une floraison de brochures, au moins une vingtaine: «point de coin de rue ni de boutique de libraire»[35] qui n'en affiche quelqu'une. La plupart, sous des éloges forcés, prodiguent la critique venimeuse, telle celle de Longepierre,[36] plein de rancœur du triste sort de son *Electre*. Signe infaillible et rançon du succès, ces petites méchancetés des jaloux.

Œdipe paraissait en un moment où la scène parisienne souffrait d'une pénurie de bonnes pièces. Comme le disait le prince de Conti, on déplorait «du théâtre français le funeste abandon». Le dernier succès de Crébillon, *Rhadamiste et*

Zénobie, remontait à 1711. Son *Xerxès* en 1714 avait été un échec. Il ne reviendra au théâtre que trente ans plus tard, poussé par une cabale hostile à Voltaire.

Le nouvel *Œdipe* offrait précisément ce qu'attendait le public de Crébillon : une tragédie de l'horreur. On sait comment le Thyeste crébillonien s'aperçoit en pleine scène, au moment de boire à une coupe, que celle-ci est remplie de sang : le sang de son fils assassiné par Atrée ; comment Rhadamiste tue le père de son épouse Zénobie, la poignarde elle-même et jette son corps dans le fleuve Araxe. A l'instar, dans le *Cyrus* de Danchet (1706) un père mange la chair de son fils au cours d'un festin. Dans la *Tomyris* de Mlle Barbier (1707), l'héroïne conserve la tête de son amant, massacré par elle, en un bocal plein de sang. Dans une *Pélopée* (1710), l'abbé Pellegrin s'était donné un inceste encore plus corsé que celui d'Œdipe : la protagoniste a eu un enfant de son père ; or, quinze ans après, elle tombe amoureuse d'un jeune homme qui n'est autre que ce fils même. Par le choix de son sujet, Voltaire se conforme au goût du temps. Il évoque une lugubre cité de Thèbes laquelle, après avoir été désolée par un monstre cruel, le sphinx, est présentement ravagée par un fléau, la peste, dont l'origine surnaturelle ne fait aucun doute. Bientôt la vérité, annoncée déjà par les voix sacrées des oracles et du grand-prêtre, éclate dans toute son atrocité : Œdipe a tué Laïus, qui est son père, et il a épousé Jocaste sa mère. Le dramaturge cependant, comme ses prédécesseurs, respecte une certaine discrétion, imposée par les bienséances classiques. L'*Œdipe* de Sophocle au dénouement se déchire les yeux avec les agrafes de Jocaste et revient sur la scène le visage sanglant. L'*Œdipe* de 1718, non seulement évite de montrer un tel spectacle, mais se borne à y faire allusion en deux vers.

Il s'en faut que Voltaire cherche uniquement à rivaliser avec Crébillon. Il vise plus haut. C'est à Corneille, auteur aussi d'un *Œdipe*, c'est à Racine que les contemporains le comparent. Sa tragédie, selon le prince de Conti,

> Fit croire des Enfers Racine revenu,
> Ou que Corneille avait corrigé la sienne.

La Motte, approuvant comme censeur l'édition de l'œuvre, atteste qu'à la représentation «le public [...] s'est promis un digne successeur de Corneille et de Racine».[37] Même appréciation de Jean-Baptiste Rousseau, après lecture, du moins en ce qui concerne Corneille.[38]

Il serait vain de discuter ici de tels jugements. Notre propos nous engage toutefois à comprendre les raisons de cet enthousiasme. La tragédie au XVIIIe siècle s'adresse à un public d'habitués, donc de connaisseurs, plus ou moins avertis. Il est certain que nul en 1718 n'était capable de parler comme Voltaire la langue de la tragédie classique. Là où nous sommes gênés par une écriture ressentie par nous comme empruntée et conventionnelle, les contemporains goûtaient un usage parfaitement aisé du langage tragique. «De grands mouvements, des vers fort bien tournés» :[39] avec le souple talent d'imitation qui est le sien, Voltaire reproduit le «drapé» de ses modèles, sans jamais tomber dans les platitudes et les gaucheries de versificateurs moins doués, tel Longepierre, ni dans l'expression rugueuse d'un Crébillon. Euphonique et fluide, le dialogue assez souvent se ponctue de vers-maximes vigoureusement frappés. Au point que Fontenelle reproche à la versification d'*Œdipe* d'être «trop forte et trop pleine de feu»: à quoi Voltaire répond que pour se corriger il va lire les *Pastorales* de son censeur.[40]

Des vers qu'on cite, aisément détachables de leur contexte: le dramaturge débutant sait que le moyen est bon pour confirmer un succès et le prolonger. On rapporte que quelque quatre-vingt-dix ans plus tard, à l'entrevue de Tilsitt (1807), le tsar Alexandre appliquera flatteusement à Napoléon l'alexandrin d'*Œdipe*:

> L'amitié d'un grand homme est un bienfait des dieux. (I.i)

Surtout c'est dans cette tragédie que fut proféré le distique, très applaudi en 1718 et promis à une longue vogue:

> Nos prêtres ne sont pas ce qu'un vain peuple pense:
> Notre crédulité fait toute leur science. (IV.i)

En s'exprimant ainsi, Jocaste en l'occurrence se trompe: le grand-prêtre qui vient de dénoncer la culpabilité d'Œdipe, anticipant sur les résultats de l'enquête, a fait preuve d'une «science» bien réelle; il n'abuse pas de la «crédulité» d'un «vain peuple». Mais qu'importe! Le public, oubliant la situation, approuve bruyamment le trait contre le clergé. Voltaire a réussi à enfermer en une sentence énergique le grief d'imposture sacerdotale, fort répandu dans l'esprit des contemporains. Aujourd'hui même, l'érosion du temps laisse encore subsister une parcelle du distique: il arrive que l'on cite «ce qu'un vain peuple pense», sans bien savoir l'origine de l'expression.[41]

Dès *Œdipe*, on voit que Voltaire excelle à toucher un auditoire en ses points sensibles. Un autre vers applaudi aux premières représentations fut cette réflexion de Philoctète pensant à tout ce qu'il doit à Hercule:

> Qu'eussé-je été sans lui? rien que le fils d'un roi (I.i)

Fit effet également, dans le même registre, le propos sur les rois qui, pour Hercule et pour Philoctète, ne sont que des «hommes ordinaires» (II.iv). On se gardera d'exagérer la portée de ce républicanisme de tragédie, conforme à une tradition. Mais les vers d'*Œdipe* rencontraient un écho particulier en un moment où la monarchie traversait une phase difficile, sous un roi de huit ans et un régent contesté. Voltaire avait eu soin de placer une allusion précise aux mœurs de Philippe d'Orléans: la tirade de Jocaste (III.i) sur les «inquiets regards» des courtisans, avides de scruter les «faiblesses» des princes, ne passa pas inaperçue. Adroitement le passage, tout en s'adressant à la malignité du public, semblait blâmer ses commentaires indiscrets. De même les considérations d'Œdipe sur le discrédit où tombe après sa mort un souverain adulé de son vivant furent comprises comme visant Louis XIV : l'opinion en 1718 commençait à regretter le défunt roi, dont on avait trois ans plus tôt insulté les funérailles. Par son sujet enfin *Œdipe* se rapportait à l'actualité théologique, en un temps où l'affaire de la bulle *Unigenitus* exacerbait la querelle sur la prédestination. Comme l'explique J.-B. Rousseau, l'œuvre enseigne que «les crimes n'en sont pas moins crimes quoiqu'ils nous soient souvent cachés à nous-mêmes». Il en conclut que «les anciens ont tous été de parfaits jansénistes»,[42] ne remarquant pas qu'au dénouement la tragédie voltairienne s'insurge contre cette sorte de «jansénisme».

Tant de clins d'œil au public n'auraient sans doute pas suffi à assurer le triomphe du nouvel *Œdipe*. A lire aujourd'hui la pièce, on imagine comment l'auditoire à la représentation pouvait être captivé par une construction dramatique efficace. L'intrigue entretient le suspens, à la manière de nos romans policiers. Il s'agit bien au départ d'une enquête. «Qui a tué Laïus ?» Du résultat dépend le sort de la cité. Selon une recette pour nous familière, l'investigation s'égare d'abord sur de faux coupables : sur Phorbas, puis avec plus d'insistance sur Philoctète. L'amant évincé de Jocaste n'avait-il pas toutes les raisons de se débarrasser d'un rival ? Les soupçons orientés à tort dans sa direction occupent les trois premiers actes. Mais voici qu'éclate le coup de théâtre. Dans une scène haletante, le grand-prêtre, pressé par Œdipe, lui jette au visage : «le coupable, c'est vous !» Dès lors tout bascule. Jocaste se résigne à faire au roi son mari une confidence longtemps (et fort invraisemblablement) différée. Elle a jadis sacrifié un fils qu'elle eut de Laïus, afin d'éviter le parricide et l'inceste annoncés par les oracles. Œdipe de son côté se souvient : avant son arrivée à Thèbes, il a «dans un chemin étroit» tué un vieillard. Quel était-il ? Phorbas vient aussitôt confirmer ses craintes : la victime n'était autre que Laïus. Cependant, se reconnaissant coupable, Œdipe se croit encore fils d'un roi de Corinthe. Assassin de Laïus, mais rien de plus, si l'on ose dire. Or à la fin de l'acte IV, on annonce l'arrivée d'un messager corinthien, porteur, on le pressent, de redoutables révélations.

L'acte V s'ouvre sur un faux dénouement. Œdipe abdique. Pour apaiser les dieux, il va quitter son royaume, avec un amer soulagement :

> Ma gloire me suivra dans mon adversité.

Soudain se produit le rebondissement attendu. Le messager de Corinthe parle : le roi de cette cité en mourant a déclaré qu'Œdipe n'était pas son fils. Quel était donc le père ? On ne tarde pas à l'apprendre. Phorbas, encore lui, révèle l'horrible vérité. Œdipe est ce fils de Laïus et de Jocaste, miraculeusement sauvé, élevé à Corinthe, qui revint à Thèbes pour y commettre les deux transgressions les plus épouvantables : tuer son père, épouser sa mère. Foudroyé par l'évidence de ses crimes involontaires, Œdipe s'enfuit de la scène. On est aussitôt informé que, tentant d'échapper à une intolérable angoisse, il s'est aveuglé avec l'épée même qui tua Laïus. Jocaste, quant à elle, se donne la mort, presque sous nos yeux. Grâce à quoi, Thèbes renaît. Les tombeaux se referment, les «feux contagieux» s'éteignent, et un «soleil serein» éclaire à nouveau la cité.

On sent que Voltaire fut porté par son sujet. Il s'est profondément engagé dans cette œuvre, sa première grande œuvre. Il n'en est pas d'*Œdipe* comme des tragédies qu'il improvisera plus tard, en quelques jours ou quelques semaines, mettant au service d'une inspiration soudaine les ressources d'une technique bien rodée. Il a lentement élaboré cette pièce, au cours de plusieurs années. Sans doute s'est-il trouvé en sympathie avec les thèmes que lui proposait le mythe d'Œdipe. Mais d'abord pourquoi, parmi toutes les données de la tradition, choisir précisément celle-là? Un lecteur d'aujourd'hui, alerté par Freud, ne peut tenir une telle création pour dénuée de signification par rapport à l'histoire personnelle de l'auteur. Dans cette direction, José-Michel Moureaux a poussé aussi loin qu'il est possible «l'analyse».[43] Sa psycholecture met en relation l'imaginaire de l'œuvre avec une situation œdipienne de François-Marie Arouet. Réseau d'indices, serré et convergent, qui séduit. Toutefois, comme c'est fréquemment le cas des psychanalyses littéraires, on éprouve quelque doute devant un système si bien lié. J.-M. Moureaux lui-même, qui ne se départ jamais d'une rigoureuse exigence critique, sait que les résultats d'une enquête comme la sienne demeurent du domaine de la conjecture: «des hypothèses, et d'un bonheur probablement très inégal».[44] Le biographe ne peut ignorer de telles ouvertures sur les «profondeurs», qu'on tend à méconnaître, de la psychologie voltairienne. Mais il n'osera s'avancer plus avant que J.-M. Moureaux.

On alléguera seulement ici, à l'appui des suggestions psychocritiques, l'allure fantasmatique de certaines évocations. Ainsi le récit par Jocaste de son mariage avec Œdipe (ii.ii). A l'autel elle s'est sentie saisie d'une «horreur» sacrée. Une hallucination lui fait voir «les enfers» devant elle «entr'ouverts». Du milieu de ceux-ci s'élève, menaçante, «de [son] premier époux l'ombre pâle et sanglante»; il lui montre leur fils, et tente de l'entraîner dans l'abîme. Sans manquer jamais aux convenances du «songe» dans la tragédie classique, l'expression a de la force. Plus frappant encore le récit par Œdipe de l'assassinat de Laïus. C'est un souvenir jusqu'ici oblitéré – refoulé – qui, comme sous l'effet d'un déclic, émerge de l'inconscient.[45] La scène présente un caractère nettement onirique. «Dans un chemin étroit», «sur un char éclatant que traînaient deux coursiers», un vieillard avec son compagnon; en face, le fils agresseur se sent «jeune et superbe», enivré de «l'orgueil» de son sang royal. D'une main furieuse, il arrête les chevaux. Comme poussé par une force surnaturelle, il terrasse, il transperce les deux hommes. Alors le plus vieux, «déjà glacé par l'âge», gisant dans la poussière, fait un geste en sa direction, tente de parler, et fixe sur lui en expirant un regard qui le terrifie. C'est ainsi que Voltaire dans sa première tragédie a donné sa version de la scène archétypale: le meurtre du père par le fils.

Tout au long des cinq actes les dieux, le ciel, autrement dit l'univers religieux, apparaît solidaire du père assassiné. Un nuage sombre s'est étendu sur la cité :

> Esprits contagieux, tyrans de cet empire,
> Qui soufflez dans ces murs la mort qu'on y respire [...]
> Frappez, dieux tout-puissants, vos victimes sont prêtes !

Ainsi gémit le chœur (I.ii). Peste, famine, ne sont encore que les moindres châtiments de ces divinités cruelles. Leur méchanceté s'exerce à des raffinements patiemment préparés. Ce sont eux qui ont conduit Jocaste et Œdipe, malgré leurs précautions, aux crimes prédestinés. Acharnement diabolique des dieux !

Ainsi se mettent en place les hantises voltairiennes. Sur l'humanité pèse la vindicte du «ciel». Entre les dieux et leurs victimes, un intermédiaire : l'ordre sacerdotal. C'est le grand-prêtre qui à l'acte premier annonce :

> L'ombre du grand Laïus a paru parmi nous,
> Terrible et respirant la haine et le courroux.

C'est lui qui, lorsque tout est consommé, à l'acte V, proclame :

> Laïus du sein des morts cesse de vous poursuivre.

Interprète seulement dans Œdipe de la méchanceté divine, on conçoit que le clergé pourra facilement prendre à celle-ci une part plus active. Déjà le chant rédigé de la Saint-Barthélemy, dans la future Henriade, met en scène des prêtres sanguinaires, serviteurs d'un Dieu terrible.

Univers angoissant et tragique. Mais Œdipe dessine également des voies de salut. La perversité surnaturelle y atteint un tel degré de perfection que la responsabilité de la créature s'en trouve dégagée. Criminels malgré eux, Œdipe et Jocaste lancent contre «le ciel» la protestation de leur innocence.

> Impitoyables dieux, mes crimes sont les vôtres !

accuse Œdipe. Et Jocaste meurt en s'écriant :

> J'ai fait rougir les dieux qui m'ont forcée au crime.

Ce qui est le dernier vers de la tragédie. A l'implacable fatum, l'auteur d'Œdipe oppose la volonté libre de l'homme. La créature ne peut être tenue pour coupable que des forfaits qu'elle a délibérément voulus. Il lui reste la possibilité de choisir le bien et de le faire. En cette leçon des contemporains voulurent reconnaître une théologie jésuite : celle des anciens maîtres du poète débutant.

Un autre enseignement, plus personnel, se dégage du personnage de Philoctète. Ce soupirant de Jocaste fut ajouté par Voltaire, mais non à seule fin de procurer un répondant à «l'amoureuse». J.-M. Moureaux a mis en lumière sa signification. Au cours des trois premiers actes, il s'affirme le rival malheureux d'Œdipe auprès de Jocaste. Longtemps auparavant il avait été celui de Laïus auprès de la même femme. Il a désiré s'emparer de Jocaste par la mise à mort du vieux roi: ce qu'a exécuté Œdipe. Philoctète «haïssait Laïus»:

> Jusques à la menace il osa s'emporter. (II.i)

Mais il n'a pas, lui, tué le roi, ni épousé la reine. Il a suivi une autre voie: celle qui aurait sauvé Œdipe. Il a pu surmonter la pulsion meutrière: «il partit» (II.i):

> Il fallut fuir pour vaincre [...]
> Il fallut m'arracher de ce funeste lieu,
> Et je dis à Jocaste un éternel adieu.(I.i)

Il parvint ensuite à sublimer sa passion coupable: il s'est voué à «l'amitié d'un grand homme». L'univers retentit des exploits d'Hercule. Philoctète enflammé d'une noble émulation devient son «compagnon»:

> A ses divins travaux j'osai m'associer;
> Je marchai près de lui ceint du même laurier.
> C'est alors que mon âme éclairée
> Contre les passions se sentit assurée. (I.i)

Car, il le précise plus loin, lui jusqu'ici «esclave de *ses* sens», il en devint le maître grâce à l'amitié d'Hercule. Il accède à un monde supérieur: celui de l'héroïsme. «Il est certain que c'est un héros», écrira Voltaire, commentant son personnage.[46] Sans doute la mort de son ami et modèle l'expose à une rechute:

> Hercule est sous la tombe et les monstres renaissent. (II.iii)

En proie derechef au désir amoureux, Philoctète au début de la pièce est revenu vers Jocaste. Mais encore une fois il aura évité de succomber, lorsque, après l'acte III, sans autre explication il disparaît de la scène.

Philoctète: «le personnage où le créateur a très probablement mis le plus de lui-même».[47] Par cette figure Voltaire définit un projet existentiel qui dans les décennies suivantes ne cessera de s'affirmer avec une force accrue. L'amitié est élue par lui comme une forme supérieure, épurée,[48] de la relation affective. Sa vie durant, il tentera de lier un exaltant commerce avec un «grand homme». Les «Hercules», hélas! n'existent que dans la légende. La réalité lui offrira un Richelieu, un Frédéric II, ou pire. N'a-t-il pas cependant depuis sa jeunesse opté pour une «appartenance salvatrice à un ordre autre que celui de la filiation: celui des héros»?[49] Le fils de M. Arouet a prétendu s'élever à la seule forme d'héroïsme pour lui accessible dans la société de son temps: la création d'œuvres relevant de la grande poésie. En 1718, l'auteur d'Œdipe, le futur auteur de la *Henriade*, s'estime en passe de réaliser ce genre d'exploit, homologue de ceux qu'accomplissait son Philoctète dans un monde différent. Et déjà la haute littérature est conçue par lui comme ayant une portée largement humaine: Jocaste disait à Philoctète, pour l'écarter:

Ce n'est qu'aux malheureux que vous devez vos soins. (II.iii)

Voltaire assurément n'est pas à la veille de se déclarer «le Don Quichotte des malheureux».[50] Mais son *Œdipe*, tragédie «philosophique», et plus encore bientôt sa *Henriade*, pourfendant de modernes «monstres», militent pour une cause généreusement humaniste.

9. La gloire hésite

Le succès porte l'auteur d'*Œdipe* à la place qui sera longtemps la sienne dans l'opinion. «Un poète, c'est de Voltaire»: on connaît le mot de Diderot.[1] Non plus désormais un petit rimeur à scandale, contre qui de temps à autre l'autorité doit sévir. Mais le grand poète que la France espérait depuis la disparition de Corneille et de Racine. Un «horizon d'attente» demeurait inoccupé. Confiant en son talent, il va s'installer dans un rôle répondant aux vœux du public.

Lorsqu'il imprime *Œdipe* en janvier 1719, il joint à son texte six *Lettres écrites par l'auteur, qui contiennent la critique de l'Œdipe de Sophocle, de celui de Corneille et du sien.*[2] Il y traite de haut ses illustres prédécesseurs. Après avoir raillé le pédantisme du bon Dacier, traducteur de Sophocle (qui pourtant à ses débuts l'avait conseillé), il épluche la pièce grecque avec une malveillante désinvolture: «barbarie», «contradictions, absurdités, vaines déclamations»... Il ne consent à quelque indulgence que par la considération que «Sophocle touchait au temps où la tragédie fut inventée». Corneille n'est pas moins malmené. En revanche lorsque l'auteur en vient à la critique de son propre *Œdipe*, il ne trouve guère que du bien à en dire. Tant d'insolence indigna le parti des Anciens. Le vieux Dacier fut tenté de faire un éclat. Voltaire manifestait en la circonstance, outre son irrespect des autorités littéraires, une attitude critique qui restera constante. Selon l'esthétique classique, il est persuadé qu'à chaque genre d'œuvre correspond un type idéal, vers lequel doit tendre le créateur, et dont on s'est approché peu à peu au cours des âges. Les «défauts» de Sophocle s'expliquent: il ne pouvait avoir «une juste idée de la perfection d'un art qui était encore dans son enfance». La notion de «perfection» entraîne deux conséquences. L'une, que chez Voltaire toute création s'accompagne d'une réflexion sur le modèle à réaliser, au point que parfois l'œuvre même procède d'une pensée critique, comme l'a souligné Raymond Naves. Autre conséquence: Voltaire se plaît à reprendre des sujets traités avant lui, afin de montrer ce qu'il convenait d'en faire. Pour ses débuts il donne comme un corrigé des *Œdipe* de Sophocle et de Corneille.

Selon une conception pareillement classique, le grand poète tient dans la société une place qui doit être éminente. Il est nécessaire que son excellence soit reconnue par le souverain et sanctionnée par des récompenses. Le 6 décembre 1718 Voltaire reçoit une médaille d'or de 675 livres 10 sous, «représentant d'un côté le roi et de l'autre Monseigneur le duc d'Orléans».[3] Il demande vers la même date au régent d'accepter la dédicace de sa pièce.[4] Il s'efforce de consolider sa position auprès du prince. Il le flatte: simultanément il sollicite la grâce de lui lire «des morceaux d'un poème épique sur Henri IV», «celui de vos aïeux auquel vous ressemblez le plus». Dans sa lettre, spirituellement tournée, il pousse la plaisanterie jusqu'à l'autodérision. Il signe: «votre très humble et très pauvre secrétaire des niaiseries». Il est difficile de parler aux princes. Pour se tirer d'embarras, ici et plus d'une fois par la suite, il feint de retirer toute importance à la requête, en se présentant dans un rôle qui n'est pas sans rappeler celui des anciens bouffons. Le duc d'Orléans décline la dédicace. Mais Madame, princesse Palatine, sa mère, l'accepte. La pièce paraît donc ornée d'une épître où le poète célèbre «la protection éclairée» dont Son Altesse Royale honore «les succès ou les efforts des auteurs». Nous verrons qu'il a utilisé cette même édition de son œuvre pour s'introduire auprès d'autres têtes couronnées, hors de France.

Il arrive qu'un écrivain se mette à vivre ce qu'il a imaginé dans son œuvre. Voltaire va avoir à imiter la sagesse en amour de son Philoctète, après Œdipe, et par la faute de cette tragédie. A l'une des premières représentations un incident étrange s'était produit. Nous n'avons aucun motif de le révoquer en doute. Lui-même l'a rapporté dans son Commentaire historique. Le jeune poète, «fort dissipé et plongé dans les plaisirs de son âge [...] ne s'embarrassait point que sa pièce réussît ou non: il badinait sur le théâtre, et s'avisa de porter la queue du grand-prêtre, dans une scène où ce même grand-prêtre faisait un effet très tragique».[5] Mais n'allons pas imaginer Voltaire gambadant sur un plateau occupé par les seuls acteurs. L'épisode est à reconstituer d'après les conditions du spectacle en 1718. Le poète se trouvait ce jour-là mêlé dans la foule de ceux qui se pressaient debout au fond de la scène. Fort nombreux, comme il arrivait aux pièces à succès, ils gênaient l'entrée des personnages. La traîne du grand-prêtre, à l'apparition de celui-ci, soit à la scène 2 de l'acte 1, soit à la scène 4 de l'acte III, resta prise entre les pieds des spectateurs. Alors Voltaire la dégage, et la soulevant il s'avance derrière le pontife, en bouffonnant. S'il déteste les parodies de ses tragédies jouées à la Comédie-Italienne ou à la Foire, il ne lui déplaît pas d'en transposer lui-même le sublime sur le mode comique. Sa correspondance fréquemment joue sur ce double registre.

A la représentation de ce jour-là quelqu'un s'étonne de l'incident. «Mme la maréchale de Villars, qui était dans la première loge, demanda quel était ce jeune homme qui faisait cette plaisanterie, apparemment pour faire tomber la pièce: on lui dit que c'était l'auteur. Elle le fit venir dans sa loge.» Elle fait en sorte qu'il devienne assidu chez elle. De telle façon que Voltaire, s'abusant peut-être sur les cajoleries d'une mondaine heureuse d'attirer le poète à la mode, s'éprend d'elle très sérieusement. Une fois de plus on remarque ici son goût pour les femmes nettement plus âgées: indice du «complexe» qu'une psychocritique détecte chez l'auteur d'Œdipe? Jeanne Angélique Roque de Varengueville était mariée depuis dix-sept ans au maréchal, le vainqueur de Denain. Elle n'avait pas pour autant renoncé à la galanterie, ne justifiant que trop la jalousie de son vieil époux.[6] Mais auprès d'elle Voltaire en fut pour ses frais. On l'invite au château de Vaux-Villars.[7] On le relance quand, boudant, il tarde à venir. Mais lorsqu'il tente d'obtenir des faveurs plus marquées, on se dérobe. Que le jeune Voltaire ait été très épris et qu'il ait souffert, nous pouvons en juger par une épître qu'il adresse de Sully à la «divinité que le ciel fit pour plaire». Il a beau dire «tout ce que [ses] beautés inspirent de tendresse à [sa] muse éperdue» : «les arbres de Villars en seront enchantés», mais pour elle, elle n'en sera point émue. Lui qui «peignit tant d'attraits»

> N'eut jamais d'eux pour son partage
> Que de petits soupers où l'on buvait très frais.

Il conclut tristement qu'il «méritait davantage».[8]

La correspondance qui subsiste ne fait mention de sa passion qu'au moment où, par un effort digne de Philoctète, il a réussi à la vaincre. Ecrivant à Mme de Mimeure dans le courant de l'été 1719, il assure que Vaux-Villars ne présente plus de danger pour lui. «Je ne crains plus même les yeux de personne, et le poème de Henri IV et mon amitié pour vous sont les deux seuls sentiments vifs que je connaisse.»[9] Un peu plus tard il mande à la même correspondante : «Vous me faites sentir que l'amitié est d'un prix plus estimable mille fois que l'amour. Il me semble même que je ne suis point du tout fait pour les passions. Je trouve qu'il y a en moi du ridicule à aimer, et j'en trouve encore davantage dans celles qui m'aimeraient. Voilà qui est fait, j'y renonce pour la vie.»[10]

De ce texte, souvent cité, on aurait tort de conclure que Voltaire, à vingt-cinq ans, fait un vœu définitif de chasteté. Pendant qu'il soupire vainement pour la maréchale de Villars, il trouve des consolations auprès d'une femme plus facile. Il a renoué avec la volage Suzanne de Livry, qui se fait nommer maintenant Mlle de Corsambleu. A une reprise d'Œdipe, le 24 avril 1719, il a obtenu qu'elle jouât le rôle de Jocaste, en même temps que celui de Lisette dans la petite pièce, Les Folies amoureuses de Regnard. Hélas! comme le dit un échotier, «le succès de l'auteur n'a point passé à celle qu'il honorait de sa couche».[11] L'actrice débutante, malgré les leçons de son amant, prêtait à la reine de Thèbes l'accent campagnard qu'elle avait apporté des bords de la Loire. Ses camarades de la troupe en riaient, notamment Poisson. Fureur de Voltaire. L'acteur l'attend à la sortie du spectacle, et lui propose un duel. Le poète répond «qu'un homme de [sa] considération ne se bat pas contre un comédien».

Mais lui qui aspire à la «considération», il ne sait pas éviter les basses querelles. Menacé de coups de bâton, il porte plainte chez le commissaire de police. Le lendemain, flanqué de deux bretteurs, il se rend à la porte de Poisson et le fait appeler. Il va lui «casser la tête» avec les pistolets qu'il a dans sa poche. Son adversaire, méfiant, s'abstient heureusement de descendre. Que fût-il advenu si Voltaire avait alors perpétré un assassinat? A défaut, il exige que le comédien soit exclu de la Comédie-Française. Le lieutenant de police Machaut parvient à accommoder l'affaire : il fait emprisonner Poisson, mais à condition que Voltaire demanderait immédiatement sa libération. Ce qui fut fait. Caumartin de Boissy qui rapporte l'épisode juge sévèrement le comportement du poète. La querelle met en évidence l'une des faiblesses de l'homme ; il ne saura jamais qu'il vaut mieux éviter, eût-on cent fois raison, de se colleter avec de certaines gens, et qu'il est des victoires, remportées après de pénibles démêlés, qui avilissent le vainqueur.

L'affaire Poisson se situe dans la première moitié de mai 1719. Ensuite, jusqu'au milieu de l'année suivante, la chronologie demeure incertaine. Les quelques lettres de Voltaire, notre unique source, sont pour la plupart non datées, et plusieurs des conjectures avancées par Théodore Besterman paraissent erronées. Un point fixe cependant : dans les premiers jours de juin, il a quitté Paris pour Sully.[12] Craint-il qu'on lui attribue les *Philippiques*, satire virulente de Lagrange-Chancel contre le régent, qui commence à circuler ? Plus vraisemblablement il va là-bas travailler à une nouvelle tragédie. Il n'a pas écouté ceux qui lui conseillent de terminer plutôt son poème épique. Il veut exploiter sans attendre sa gloire théâtrale. Il met en chantier, pour la prochaine saison, une *Artémire*.

Cependant il ne reste que peu de temps à Sully. Assez vite il se rend à quelques lieues de là au Bruel, château et résidence de chasse en pleine Sologne, entourée d'étangs. Il y est l'hôte du duc de La Feuillade, « chevalier de la manchette », qui apparemment ne lui tient pas rigueur des petits vers où il ironisait sur ses penchants.[13] De là il écrit à Mme de Mimeure deux lettres qui nous ont été conservées.[14] Il va revenir à Villars, où on le rappelle. Il se flatte qu'il est parfaitement guéri de son amour pour la maréchale. Après quinze jours passés au Bruel,[15] il adresse à la même Mme de Mimeure une troisième lettre, celle-ci de Villars : il a, précise-t-il, quitté Paris depuis six semaines. Nous sommes donc vers le milieu de juillet.[16] C'est alors qu'il écrit la phrase bien connue : « Je passe ma vie de château en château ». Sur ses occupations dans l'entourage du maréchal, une seule indication : il joue au biribi, jeu de hasard, où il « perd son bonnet ».[17] Il annonce son retour à Paris « dans quelques jours ». Mais nous perdons sa trace. Nous savons seulement qu'il se trouvait à Sully le 19 octobre 1719, puisque ce jour-là il fait enregistrer chez le notaire du pays sa protestation contre l'usurière qui lui réclame le remboursement d'un billet souscrit à l'âge de treize ans.[18]

Nous n'avons plus d'autres nouvelles de lui jusqu'à la première d'*Artémire*, le 15 février 1720. On suppose qu'il passa l'hiver à Paris, s'employant à faire recevoir et répéter sa pièce. Les acteurs n'avaient fait cette fois aucune difficulté. Une lecture chez Mlle Lecouvreur souleva l'enthousiasme.[19] La peu talentueuse Suzanne de Livry est écartée : c'est à Adrienne Lecouvreur qu'échoit le premier rôle, celui d'Artémire reine de Macédoine.

La comédienne avait débuté à la Comédie-Française récemment, en 1717, après avoir joué dès l'âge de quatorze ans dans une troupe parisienne d'amateurs, puis dans des troupes de province. Elle avait une voix assez faible, mais «une belle articulation». Elle innova en renonçant à la diction chantante, traditionnelle dans la tragédie. Elle faisait sensation par une déclamation «simple, noble et naturelle».[20] Elle semblait, dira Voltaire, «ajouter de nouveaux charmes à Racine».[21] L'auteur d'*Artémire* adresse à son interprète des compliments en vers. Dans l'un il assure que pour elle son cœur n'éprouve que de «la pure amitié».[22] Mais une épître en forme de fable mythologique exhorte l'actrice à aimer, afin de porter son talent à la perfection :

> O de l'Amour adorable sujette,
> N'oubliez pas le secret de votre art.[23]

Telle est la conclusion intéressée du poète. Plus tard il déclarera avoir été «son admirateur, son ami, son amant».[24] Il n'est pas douteux que dans ce contexte «amant» est à prendre au sens moderne. A partir d'une date impossible à préciser une liaison exista entre l'auteur et la comédienne, non exclusive d'un côté comme de l'autre d'autres amours.

Voltaire avait donné à Mlle Lecouvreur, dans le personnage d'Artémire, un rôle d'amoureuse malheureuse propre à la faire valoir. Mais la pièce s'avéra fort mauvaise dès la première représentation (15 février 1720). Le public attendait un succès comparable à celui d'*Œdipe*. Après un premier acte «fort applaudi», il déchante vite : il siffle les trois derniers. Au total *Artémire* «tombe», «à ne s'en jamais relever».[25] L'épreuve de la scène éclaire l'auteur. Voltaire, non sans dépit, déclare qu'il trouve sa pièce «plus mauvaise que personne et que jamais il ne la laisserait rejouer».[26] Cependant Madame, dédicataire d'*Œdipe*, insiste auprès de lui pour revoir *Artémire*. Il raccommode donc tant bien que mal ses cinq actes. Il laisse jouer sa tragédie encore huit fois entre le 23 février et le 8 mars, avec un succès médiocre. Mais il empêche le maréchal de Villeroi de la faire représenter devant la cour. Le coup de grâce est porté par une parodie donnée au Théâtre-Italien par Dominique. Condamnant définitivement cette production mal venue, Voltaire renonce à la publier. Nous ne la connaissons que par les fragments qui nous sont parvenus.

Ceux-ci sont suffisamment étendus pour que nous puissions nous en faire une idée. Il est incontestable que le public a bien jugé, et que Voltaire eut raison de ratifier la sentence. L'action se passe dans la capitale de la Macédoine, après la mort d'Alexandre. La reine Artémire attend avec terreur le retour de son mari Cassandre. Car ce roi, un frénétique dans le goût de Crébillon, a assassiné sous ses yeux son père ainsi que Philotas, un jeune homme paré de toutes les vertus dont elle était éprise. Pour comble d'horreur, Pallante, l'âme damnée de Cassandre, vient annoncer qu'il a reçu l'ordre de mettre à mort la reine. En réalité ce ministre, un épouvantable traître, a excité lui-même son maître contre Artémire. Il propose à celle-ci un marché : ils se débarrasseront du roi et règneront ensemble, unis par le mariage. Mais la vertueuse Artémire refuse : elle restera fidèle à son mari, si abominable soit-il. Elle n'aspire qu'à mourir. L'intrigue ainsi nouée ensuite piétine. Pallante réitère ses menaces et Artémire ses refus. Philotas, qui comme bien l'on pense n'était pas mort, revient, de même que Cassandre, sans que pour autant les choses avancent. Au cinquième acte le roi va enfin se décider à faire exécuter Artémire et accessoirement Philotas, lorsque des «cris affreux sous ces voûtes retentissent»: Cassandre vient d'être lui-même assassiné. On l'apporte agonisant. *In extremis* il se convertit à la vertu, et a le temps avant d'expirer de confier son épouse à Philotas.

La pièce manifestement fut construite pour le rôle d'Artémire et pour son interprète, en scène presque sans interruption. Mais le personnage manque de cohérence: sa haine de Cassandre s'allie mal à la fidélité qu'elle lui voue, envers et contre tout. Et il est statique, à la limite du comique: paralysée par ses contradictions, Artémire gémit pendant cinq actes qu'elle préfère mourir, et ne meurt jamais. Brossette, bon connaisseur, estime que l'auteur encore inexpérimenté n'a pas su inventer ici «la fable, les caractères, les sentiments et la disposition». Dans *Œdipe* il avait travaillé sur le canevas légué par la tradition. Quand il tente de créer lui-même son sujet, il s'aperçoit qu'il doit apprendre à constituer des personnages, vrais sans banalité, et à agencer une intrigue. Il lui reste en 1720 à acquérir cette technique de la tragédie, que plus tard il maniera avec tant de facilité.

Quelques lettres, pour la plupart comme précédemment non datées, ne permettent pas de suivre ses allées et venues en 1720 et 1721, jusqu'à son voyage à Richelieu. Nous savons seulement que le 18 août 1720 il était resté à Paris, contre l'habitude qui pendant l'été chassait de la capitale les gens de la bonne société, vers les résidences de campagne.[27] Au printemps de 1721 Thiriot étant malade à Melun, il l'y va voir.[28] Il lui annonce qu'il va, par la même occasion, quitter une Clarice, maîtresse «trop inégale», qui lui a «trop tourné la tête»: à cette date il ne peut plus s'agir de la duchesse de Villars. C'est de Villars même, le 1er juin 1721, qu'il écrit à Fontenelle pour l'interroger sur un phénomène atmosphérique.[29]

En ces mois si vides de sa biographie, nous entrevoyons pourtant quelques-unes de ses relations d'amitié. Son camarade La Faluère de Génonville lui avait naguère, on s'en souvient, pendant ses mois de Bastille, enlevé la légère Suzanne de Livry. Il la lui avait reprise. Ils n'en restaient pas moins bons amis. Génonville envoie à Voltaire, alors à Sully, une lettre en octosyllabes: il l'exhorte à avancer son poème épique. Voltaire répond de Sully en vers et en prose. L'échange prend place dans l'été de 1719.[30] Ce fils d'un ancien président à mortier au parlement de Bretagne devait être un homme aimable. «Imagination féconde», «esprit», «enjouement», «sans vice et sans travers»: tout n'est sans doute pas hyperbole de politesse dans ces compliments que lui décoche Voltaire. Un refroidissement interviendra entre eux en décembre 1722.[31] Mais lorsque Génonville mourra, emporté en septembre 1723 par l'épidémie de variole qui ravage Paris, Voltaire en sera douloureusement affecté : en témoigne l'épître que six ans après il consacre encore au souvenir de son ami, l'un des textes les plus émus qu'il ait écrits.[32]

Avec Louis Racine, ce sont des relations entre gens de lettres qu'il entretient. Nous en pouvons juger par les cinq lettres, ou plutôt billets, qu'il lui envoie entre 1718 et 1721.[33] Le plus jeune des deux fils du grand Racine, né en 1692, est à peu près de son âge. Il débute en même temps que l'auteur d'*Œdipe*. Il versifie les quatre chants de son poème *La Grâce*, imprimé en 1720. Il leur arrive de dîner en tête à tête, puis d'aller ensemble au théâtre.[34] Ils se lisent leurs vers. Valincour, leur ami commun, s'est montré assez réservé sur *La Henriade*. Louis Racine a sur Voltaire l'avantage du nom qu'il porte. Dès 1719, n'ayant encore rien publié, il entre à l'Académie des inscriptions. Quelques mois plus tard, il songe à l'Académie française. Mais Fleury, précepteur du roi, lui fait barrage, en raison de son jansénisme affiché. Voltaire songe aussi à cette date (en 1721) à une candidature : il se présentera après l'élection de Louis Racine. Ambitions outrecuidantes, de la part d'écrivains débutants n'ayant pas encore atteint la trentaine ? Mais l'Académie française à cette époque ne répugnait nullement à accueillir de jeunes impetrants. Richelieu, sans autre titre que le souvenir du cardinal, est élu en 1720, à vingt-quatre ans, n'ayant même pas l'âge légal de la majorité. En définitive Louis Racine n'entrera jamais à l'Académie française, et Voltaire attendra un quart de siècle pour y être admis, non sans peine. Pour le présent, *La Grâce* est entre eux un sujet de désaccord. L'ardeur janséniste et la jeunesse du poète allument en ces alexandrins une flamme, qui fera défaut à l'ennuyeuse *Religion* du même auteur. Voltaire n'a pas tort de lui dire : « Quelquefois je t'admire », et « ton style me plaît ». Mais il censure sa sombre théologie :

> ... Ton Dieu n'est pas le mien :
> Tu m'en fais un tyran ; je veux qu'il soit un père,

déclarera-t-il dans une *Épître à Louis Racine*, apparemment contemporaine de ce premier manifeste du déisme voltairien que sera l'*Épître à Julie*.[35]

En 1719 et 1720 souffle sur Paris la folie du « Système ». Par d'heureux coups sur les actions de Law, artificiellement poussées à la hausse, s'édifient en un instant de fabuleuses fortunes, suivies parfois, dans le reflux, de ruines non moins retentissantes. Au moment où la fièvre atteint son paroxysme, Voltaire est à Sully, puis à Villars. De loin, il s'étonne et s'abstient.[36] Il aurait pu pourtant être tenté par une occasion de profit rapide. Ses finances alors ne sont guère au large. Qu'il ait à son service un domestique, un nommé La Brie, ne saurait passer, dans les mœurs du temps, pour un signe d'opulence.[37] La pension que lui sert son père ne lui suffit pas. Le vieil Arouet a dû rembourser 4.000 livres de dettes qu'il a faites.[38] S'il s'est tant pressé après *Œdipe* de donner *Artémire*, c'est aussi dans l'espoir de toucher des revenus équivalents à ceux de la précédente tragédie. L'échec le laisse dans l'embarras. Pourtant il n'a pas spéculé sur les actions du Mississipi. Parce qu'il fut mis en garde par les frères Pâris, ennemis de Law qui bientôt seront chargés de liquider l'entreprise?[39] Mais c'est seulement à la fin de 1722 qu'il s'efforcera d'entrer en relations avec ces financiers:[40] au moment du Système, il ne les connaît pas encore. Il est plus vraisemblable qu'il fut retenu par une prudence bourgeoise, devant la tentation de «richesses imaginaires».[41] Dès août 1719, il prévoit une «ruine totale». Il a grand peur pour Mme de Mimeure qui a acheté des actions.[42] En quoi se manifeste ici pour la première fois son sens avisé des affaires. Sans doute aussi connaît-il encore mal, à cette date, les mécanismes de la spéculation. Il ne voit dans les opérations de Law qu'un chaos qu'il ne peut «débrouiller».[43] Mieux initié, comme il le sera bientôt, il aurait peut-être tenté sa chance.

Nous le perdons de vue pendant tout l'été de 1721. Quand nous le retrouvons vers le milieu d'octobre, il se prépare à partir pour Richelieu en Touraine.[44] Il voit alors pour la première fois la ville et le château. Il est frappé par la splendeur classique de l'ensemble, digne en tout de «la grandeur du cardinal de Richelieu». Le château, «immense», «le plus beau de France», peuplé de belles statues antiques, a aujourd'hui disparu. Mais la ville étonne encore le visiteur par son ordonnance géométrique: des rues rectilignes garnies de maisons identiques, se coupant à angle droit et débouchant sur des places spacieuses, ornées de bâtiments à l'antique. Ville «bâtie comme la place Royale»: Voltaire rencontrait ici un modèle de l'urbanisme aéré, imposant par sa régularité, que le siècle classique lègue au siècle des Lumières. En novembre il fait halte au Bruel et à Sully, avant de revenir à Paris.

La grande affaire qui l'occupe alors est sa *Henriade*. Le poème est achevé. Il en a fait recopier les six premiers chants. Pour les trois derniers, écrits de sa main, Thiriot se charge de les faire transcrire. Car ce bon garçon, ce «cher enfant», est parmi tous ses amis le plus intime, celui à qui on fait confiance pour les démarches qui demandent de l'exactitude. Voltaire lui adresse, de Richelieu, des instructions détaillées sur la manière de faire parvenir le manuscrit au régent, par l'intermédiaire d'un M. Du Fargis.[45] Le poète fait preuve de suite dans les idées. En 1718, il proposait au duc d'Orléans de lui lire des fragments de *La Henriade* en cours d'élaboration. Trois ans plus tard, l'œuvre étant achevée, sa démarche tend à obtenir la dédicace, naguère refusée à *Œdipe*, ou en tout cas un patronage officiel. Il convient que le Virgile français se produise devant le public sous l'égide du prince.

Les travaux d'approche étaient en cours, lorsque survint l'événement inéluctable, qui marque toute vie d'homme, la mort du père. Au moment d'*Œdipe*, Voltaire avait tenté d'amadouer le vieil Arouet. Le bonhomme, si l'on en croit l'anecdote, ne fut pas insensible au succès de son fils cadet. Celui-ci avait fait un geste de courtoisie. Etant encore mineur, il avait demandé que la montre d'or offerte par le roi d'Angleterre, en remerciement d'un exemplaire dédicacé de la tragédie, lui fût remise par l'intermédiaire de son père.[46] Pourtant ils ne s'étaient pas réconciliés. En 1721, Voltaire habite toujours la maison paternelle, dans la cour vieille du Palais.[47] Ce n'est pas l'indice d'un rapprochement. Mais plutôt de ses difficultés d'argent. Il fait ainsi l'économie d'un logement à ses frais. Les préventions à son encontre de François Arouet n'ont nullement disparu. Elles vont s'inscrire dans les dispositions que prend le vieillard, sentant sa fin approcher.

Le jour anniversaire de ses soixante-douze ans, le 19 août 1721, il dicte à deux notaires son testament. Il partage également son bien entre ses trois enfants. Mais la part de François-Marie est assortie d'une clause restrictive. Elle est «substituée», c'est-à-dire qu'elle passera aux enfants qu'il aura «en légitime mariage». A défaut, elle reviendra au frère aîné et à la sœur. Dans tous les cas Voltaire n'en aura que l'usufruit. Il n'a même pas l'administration de sa part, qui sera confiée à un «tuteur» chargé de la placer «en fond d'héritage ou rente». Le vieil homme justifie sa méfiance. Il craint que son fils cadet «ne dissipe le peu de bien que [son père] lui laisse et ne tombe dans le besoin»: ce qui est, comme il va sans dire, le sort quasi inévitable d'un poète. Il n'exclut pas cependant que Voltaire puisse un jour se corriger. Si à l'âge de trente-cinq ans il a pris «une conduite réglée», le premier président de la Chambre des comptes pourra annuler la substitution et lui remettre sa part d'héritage en toute propriété.[48]

Le vieil Arouet termine par des recommandations qui en disent long sur l'ambiance qui devait régner aux réunions de famille. Il institue exécuteur testamentaire son gendre Mignot, époux de sa fille Catherine. Il exhorte, «autant qu'il le peut», ses deux fils à «bien vivre et en union» avec ce gendre. Il leur répète un conseil qu'il leur a donné «plus d'une fois», dont «ils n'ont guère profité»: il faut «s'accommoder à la portée de ceux sur qui nous croyons avoir une supériorité d'esprit et de lumière que nous ne devons jamais leur faire sentir». Ce qui veut dire, en clair, qu'Armand et François-Marie tenaient leur beau-frère pour un sot (ce qu'il était peut-être) et le lui montraient.

Après quoi, le testament une fois paraphé et déposé dans l'étude des deux hommes de loi, le vieil Arouet eut du remords du traitement infligé à son fils le poète. Le 26 décembre, gravement malade, il convoque à nouveau ses notaires. Il leur dicte un codicille. Il confirme son testament, à l'exception toutefois de la clause de substitution concernant François-Marie: il l'annule purement et simplement.[49] Mais suprême hésitation: ce codicille, il ne le signe pas. Il meurt six jours après, le 1er janvier 1722, laissant la pièce sans signature. Seul reste donc valable le document du 19 août, stipulant la substitution. A l'ouverture du testament, Voltaire proteste contre cette clause devant les notaires. Il se réserve de l'attaquer: démarche sans la moindre chance de succès, qu'en définitive il ne fera pas.[50]

L'usage au XVIIIe siècle était de procéder à un inventaire après décès, en présence des héritiers. Les Archives nationales conservent celui de feu Arouet, établi minutieusement dans chaque pièce de la maison de Paris et de celle de Chatenay. Le relevé, en sa sécheresse, nous transmet un document suggestif sur le train de vie d'un bourgeois parisien, au temps de la Régence.

Ces opérations, qui furent longues, Voltaire les a suivies de bout en bout. Il donna seulement délégation pour l'inventaire de Chatenay, le 26 janvier. Mais il était présent à Paris, avec son frère Armand, sa sœur Catherine, son beau-frère Mignot, les 20, 21, 22 janvier, et pour l'ouverture d'un coffre et l'inventaire des papiers presque quotidiennement du 3 février au 4 mars. A l'issue, lui reviennent pour sa part, d'après les calculs des notaires, 152.934 livres et quelques sous et deniers. Somme plus que rondelette, mais à laquelle il lui est interdit de toucher.

La mort du vieil Arouet le libère. Certes il ne s'était jamais beaucoup embarrassé des conseils de celui qu'il ne considérait pas comme son père véritable. Le voici néanmoins délivré des reproches, admonestations, et de cette gêne que cause toujours la réprobation, même silencieuse, de quelqu'un qui vous touche de près. Une censure cesse de peser sur l'auteur d'*Œdipe*, qui peut-être faisait un «complexe» paternel. Il prendra plus tard une revanche dont le vieil Arouet avait lui-même posé les jalons. Comme le prévoyait le testament, le 1er mars 1730, Voltaire ayant dépassé trente-cinq ans, le premier président de Nicolaï annule la substitution. Par acte dûment notarié, il est déclaré qu'Arouet de Voltaire «loin de dissiper son bien et de faire des dettes l'a au contraire augmenté», et qu'on «espère qu'il ne fera que de bons usages» de l'héritage restitué.[51] Parmi divers motifs qu'avait Voltaire de faire fortune, on fera entrer en ligne de compte la volonté de démentir les prévisions d'un père hostile.

Le père mort, il n'aura plus de relations, encore moins de sympathie pour son frère aîné Armand, adonné bientôt aux convulsions jansénistes. Mais il ne répudie pas tout esprit de famille. On doute qu'il ait jamais pris la peine de «s'accommoder» au petit génie du beau-frère Mignot. En revanche il reste attaché à sa sœur Catherine. Il souffrira de sa mort survenue prématurément en 1726. Il aura pour famille les enfants de celle-ci, dans un rôle d'oncle, en attendant celui de patriarche.

10. Orientations étrangères

Le succès d'*Œdipe* avait répandu le nom de Voltaire hors de France. Lui-même avait fait en sorte qu'il en fût ainsi. Au duc de Lorraine (le duché étant alors une principauté indépendante) et à la duchesse son épouse, sœur du régent, il adresse un exemplaire, accompagné d'un quatrain hyberbolique: «O vous, de vos sujets l'exemple et les délices»,[1] etc. Même envoi à George Ier, roi d'Angleterre, avec toute une épître, où la flatterie est plus appuyée encore.[2] Ce souverain de la dynastie hanovrienne, personnage des plus ternes, est impudemment loué comme un «grand roi», «qui de l'Europe en feu balance les destins», un «sage», un «héros», régnant sur l'Angleterre «par le droit de naissance» et «par [ses] vertus sur l'univers»... On a vu comment George Ier récompensa ce dithyrambe par le présent d'une montre en or à répétition. Le poète avait ses entrées chez l'ambassadeur anglais, lord Stair.[3] Dans la foulée, il compose pour celui-ci des vers sur le biribi; il lui lit des fragments de *La Henriade*, que milord juge d'une «merveilleuse beauté». Orientation conforme, Voltaire ne peut l'ignorer, à la politique d'alliance avec le cabinet de Saint-James pratiquée par le régent et par Dubois. L'auteur d'*Œdipe* fait oublier ses accointances de naguère avec la duchesse du Maine, responsable des complots pro-hispaniques contre le duc d'Orléans.

Il est lié simultanément avec l'une des figures dominantes de la politique anglaise, présentement en exil en France. Henry Saint-John, lord Bolingbroke, âgé alors de quarante ans, avait derrière lui tout un passé politique. Leader du parti tory à la chambre des Communes, il avait pesé pour que le ministère anglais adoptât à l'égard de Louis XIV l'attitude plus modérée qui permit la conclusion en 1713 des traités d'Utrecht. Mais compromis avec le prétendant Stuart, il avait dû à la mort de la reine Anne et à l'avènement de la dynastie hanovrienne partir pour l'exil (1715). Pendant son séjour en France, l'aristocrate libertin qu'il est fait une fin en épousant la marquise de Villette. Voltaire leur rendra visite en leur château de la Source, près d'Orléans. Précédemment il s'était fait apprécier de lui par *Œdipe*, que la comtesse d'Argental lui avait donné à lire.[4] Bolingbroke est lié d'autre part avec Mme de Bernières et avec de Maisons, mais on ne sait si Voltaire fit sa connaissance avant la rencontre de la Source, laquelle marquera le véritable début de leurs relations.[5]

En même temps il pose des jalons dans une autre direction: vers l'Allemagne. Mais non vers celle du nord, où plus tard il voyagera souvent: vers la capitale de l'Empire, et l'un des centres de la diplomatie européenne, Vienne. Il met à profit sa correspondance avec Jean-Baptiste Rousseau. Le poète lyrique, flatté de l'admiration d'un si brillant disciple et d'ailleurs sensible au mérite d'*Œdipe*, a fait circuler son exemplaire. Il l'a fait lire à l'impératrice douairière Amélie.[6] Par ce même intermédiaire Voltaire est connu du prince Eugène, héros de la guerre de Succession d'Espagne devenu une personnalité influente de la cour impériale. Il a eu soin de comprendre le prince dans le service de presse de son *Œdipe*.[7] Au printemps de 1722, il cultive ses relations viennoises. Il a adressé à Jean-Baptiste Rousseau une longue lettre : celle d'un «disciple tendrement attaché à son maître». Il lui soumet respectueusement un plan en prose de *La Henriade*. Il n'oublie pas de préciser qu'il a placé dans son poème l'éloge du prince Eugène, associé à celui de Villars. De quoi Jean-Baptiste Rousseau informe l'intéressé, en lui communiquant le plan de *La Henriade*. Une correspondance s'amorce. Le prince écrit au poète qu'il serait heureux de le rencontrer.[8] Un éventuel voyage est envisagé. Voltaire quitterait Paris pour aller lire son poème épique à Rousseau en présence de son illustre ami, «aux heures de loisir» de celui-ci. Vienne, hélas! est loin. A défaut il ira voir Rousseau à Bruxelles, puisqu'il apprend que l'exilé doit se rendre en cette capitale des Pays-Bas autrichiens.

Voltaire poète veut incontestablement assurer à son œuvre une diffusion européenne. La connaissance de la langue française, le prestige des grandes œuvres classiques ont établi dans les cours étrangères des réseaux qu'il entend utiliser. Mais il a sans doute d'autres projets encore. Il rapportera dans l'*Histoire de la Russie sous Pierre le Grand* une étrange proposition qui lui fut faite. Dans cet ouvrage et antérieurement dans l'*Histoire de Charles XII*, il expose dans le détail l'audacieux dessein de Görtz, ce politique aventureux qui sut gagner à ses vues le roi de Suède. L'Europe étant à peine remise de la longue guerre de Succession d'Espagne, Görtz entreprenait de la bouleverser encore de fond en comble : par une alliance entre Charles XII et le tsar Pierre le Grand, il veut rétablir la puissance suédoise sur la Baltique et en Allemagne, changer le roi de la Pologne, renverser à Londres le souverain hanovrien au profit du prétendant Stuart, et à Paris le régent au profit du roi d'Espagne. Pour ses complots, Görtz recrute des auxiliaires. Il offre donc au jeune auteur d'*Œdipe* d'entrer à son service.[9] Voltaire eut la prudence de refuser. Mais il demeure tenté par l'idée qu'on pourrait lui confier des tâches diplomatiques. Il fait des avances au cardinal Dubois. Après la chute d'Alberoni (ministre espagnol plus ou moins associé à l'entreprise de Görtz), après un projet de mariage entre la Maison de France et celle d'Espagne, il félicite en vers le ministre du régent.[10] Il ne craint pas de le comparer au grand cardinal de Richelieu : compliment non désintéressé.

Parmi les raisons qui l'empêchaient de se rendre à Vienne auprès de Rousseau, il allègue «l'état de sa fortune» : elle ne lui permet pas de faire un si long voyage. La mort de son père vient d'apporter un changement dans la gestion de ses finances. En dépit de ses désaccords avec François Arouet il apparaît, d'après les documents, qu'il laissait à l'ancien notaire l'administration de ses fonds. Dans les papiers de son père, se trouvaient trois actions de la Compagnie des Indes lui appartenant, qu'il se fait remettre sur le champ. Dans les mêmes papiers, cinq «billets de banque», de mille livres chacun, à son nom. Il en a touché un seul. Il lui reste dû 4.000 livres.[11] Argent frais qui le met en mesure de faire une acquisition. Le 7 février 1722, l'huissier-priseur vend les «meubles meublants et ustensiles d'hôtel» de son père: il en achète une partie pour 3.223 livres.[12] Il lui faut désormais songer à se loger par lui-même.[13] Il a perdu en même temps qu'un logement gratuit chez son père la pension que celui-ci lui servait. La liquidation de la succession, après l'inventaire des notaires, va traîner cinq ans. Elle n'interviendra que le 25 février 1727. Voltaire alors à Londres s'y fera représenter par un procureur.[14] Il n'entrera pas cependant en possession du capital de sa part, lequel reste «substitué». Comme nous l'avons vu, il n'a même pas la faculté d'en administrer l'usufruit, confié à un tuteur.

Dans les mois qui suivent la mort de son père, il se trouve donc dans la nécessité de se procurer rapidement des fonds. Sans doute il avait la ressource de prendre un emploi. Mais le parti était incompatible avec un mode de vie comme le sien, dans la bonne société, ce qui suppose la libre disposition de son temps. Il aurait pu tenter de vivre de sa plume. Ce qui était possible vers 1720. Un Marivaux, un Lesage y parvenaient. Mais c'était se condamner à un travail de besogneux, accumulant une production intensive où se mêlent romans, journaux, pièces de théâtre dans les genres les plus rentables: comédies pour le Théâtre-Italien, farces pour la Foire. C'eût été encore, de son point de vue, déchoir. Il lui fallait en ce cas, tout en sacrifiant ses relations de haut parage, renoncer à ne pratiquer que les formes les plus nobles de la littérature: tragédie, poème épique, épîtres à de grands personnages. Il ne lui restait donc qu'un seul recours: tirer son revenu de spéculations heureuses, en s'introduisant dans les combinaisons les plus fructueuses. La conduite, qu'on a souvent taxée chez lui d'avarice, lui est à l'origine imposée par le choix qu'il a fait de se consacrer à la haute littérature. Son amour de l'argent est une conséquence de son goût pour les «belles-lettres» – peu rémunératrices. Les affaires d'argent dans lesquelles il s'engage en 1722 confirment sa décision prise dix ans plus tôt: devenir un grand poète, et vivre dans les sphères aristocratiques où la grande poésie peut s'épanouir et se faire reconnaître.

Au printemps de 1722, nous le trouvons en relations d'affaires avec Gilles-Henri Maignart, marquis de Bernières, président à mortier au parlement de Rouen. Un portrait qui nous est parvenu nous donne à voir le personnage, figure typique des «grandes robes» de l'Ancien Régime: large perruque encadrant un visage rond, qui respire autorité et finesse; ample toge sombre, rehaussée d'hermine blanche; manchettes de dentelles.[15] Le président de Bernières, à la tête assurément d'une confortable fortune, travaille à l'accroître encore. En avril il monte une compagnie qui exploitera l'impôt sur le sel, la gabelle. Voltaire est associé à l'opération: il doit fournir sa quote-part du capital, de ce qu'il appelle «une caisse de juifrerie».[16] Où va-t-il se procurer les fonds? En vendant tout ou partie de ses actions sur la Compagnie des Indes, qui constituent le plus clair de son bien ? Ce qui est dit dans les quelques lettres où il fait allusion à la combinaison n'est guère explicite. Peut-être sa participation est-elle seulement celle d'un intermédiaire. On sait que sous l'Ancien Régime le roi ne levait pas directement l'impôt par une administration fiscale dépendant d'un ministre des Finances. L'Etat passait un contrat, ou «traité», avec des financiers privés, ou «traitants», qui avançaient le montant de l'impôt et se chargeaient de le recouvrer ensuite sur les sujets de Sa Majesté. La différence entre la somme versée au roi et celle qui était prélevée sur les assujettis permettait d'énormes profits. Dans le cas présent, M. de Bernières avait donc à passer un «traité» avec le régent. D'autres candidats sans doute étaient sur les rangs. Mais le régent a promis le privilège à quelqu'un qui l'a promis à Voltaire. Il faut donc que Bernières passe par lui.[17] Il est probable qu'en définitive l'affaire fut conclue, et que Voltaire toucha une commission. Car en septembre et octobre 1722 il est suffisamment en fonds pour entreprendre un long voyage en Belgique et en Hollande. En décembre, il fait des démarches auprès des frères Pâris, qui dominent alors la finance française. Il veut acquérir dans leurs affaires de «nouvelles actions», promettant de bons dividendes.[18]

En même temps qu'avec le président de Bernières il s'est lié avec la présidente. Intimement lié. La première de ses lettres que nous connaissions à Marguerite-Magdeleine Du Moustier, marquise de Bernières, ne permet pas le doute. Malgré la discrétion qu'imposent la politesse et la prudence, les termes indiquent que la dame est alors, pour dire les choses nettement, sa maîtresse.[19] Le voici encore une fois en commerce amoureux avec une femme plus âgée que lui. Mme de Bernières a environ trente-cinq ans, quand il n'en a lui-même que vingt-huit. Le portrait de celle-ci, qui nous est conservé faisant pendant à celui du président, nous montre une beauté blonde, bien en chair, épanouie.[20] Les Bernières possèdent une double résidence, grâce à quoi le ménage vit plus commodément séparé : à Paris, la maison à l'angle du quai des Théatins et de la rue de Beaune, où Voltaire mourra ; en Normandie, près de Rouen, le château de la Rivière-Bourdet. L'édifice[21] laisse encore imaginer ce qu'il fut au temps de sa splendeur. Dans un style classique, une façade de six fenêtres ou ouvertures au rez-de-chaussée et au premier étage ; au-dessus un étage mansardé aux lucarnes rondes, fort décoratives, de chaque côté d'un large motif ornemental. Des dépendances, à droite et à gauche, et des écuries qui durent être fort belles. A l'entour, pelouses et grands arbres. Au printemps de 1722, Mme de Bernières y effectue des travaux de remise en état, dans l'intention d'y passer une partie de son temps. Voltaire y fera de fréquents séjours, pour travailler et pour se soigner.

L'amant de Mme de Bernières s'avoue en effet en piètre état de santé. Il accorde sa confiance à un empirique nommé Vinache, pratiquant une médecine astrologique, qu'il déclare lui-même «le plus grand charlatan de France».[22] Pour combattre ses maux d'entrailles, le patient de Vinache suit un régime : du cidre, du riz. Plus d'une fois, il s'est senti usé, mourant.[23] Il badine, non sans quelque inquiétude, à s'imaginer mort. Deux prêtres, escortant son cercueil, ou plutôt sa « vile bière », s'en iront gaiement, comme le curé de La Fontaine,

> Porter [sa] figure légère
> Et la loger mesquinement
> Dans un recoin de cimetière.

Ses nièces, son « janséniste de frère », « riraient à son enterrement ».[24] Lugubre vision. Heureusement il n'est pas si mourant. Un jour le voyageur François Tronchin l'a aperçu au foyer de la Comédie-Française. C'est la première rencontre de Voltaire avec la tribu Tronchin. « Toujours allant, toujours souffrant », lance-t-il au Genevois.[25] Une irrépressible vitalité anime son organisme maladif. Aussi le voit-on se dépenser en de multiples activités.

Il en est qui ne lui font pas honneur – c'est le moins qu'on puisse dire. Le 22 mai 1722 il offre à Dubois ses services comme agent secret.[26] A l'appui il fait passer une note sur un certain Salomon Levi, que successivement les ministres Chamillart, Torcy, Le Blanc avaient employé comme espion à la cour de Vienne et dans les états-majors autrichiens d'Italie. Ce Levi est issu de la communauté juive de Metz. Si la ville dépend du roi de France depuis le milieu du XVIe siècle, le duché de Lorraine en revanche continue à faire partie du Saint-Empire. Ce qui favorise les liaisons avec la capitale des Habsbourg. Salomon Levi a pour « contact » un nommé Willar, « secrétaire au cabinet de l'empereur ». Présentement il doit se cacher dans Paris : il est poursuivi devant le Châtelet pour une vilaine affaire, sans rapport avec ses agissements d'espion. Sa communication avec Willar se trouve donc interrompue. Et pourtant il est nécessaire qu'il fasse parvenir promptement une réponse à celui-ci. Voltaire s'offre comme intermédiaire. Il pourrait se rendre à Vienne pour rétablir la liaison avec Willar. Il s'abriterait derrière une couverture littéraire : le prétexte serait de rencontrer Jean-Baptiste Rousseau, et de faire lire sa *Henriade* au prince Eugène.

Lettre étonnante, par les arrière-plans douteux qu'elle laisse entrevoir. Voltaire a parlé de vive voix de l'affaire à Dubois.[27] Le ministre ne l'ayant pas découragé, il revient à la charge. Quelles sont ses intentions ? Peut-être de faire payer par le Trésor royal son voyage à Vienne, que ses finances ne lui permettent pas de faire. Mais il a aussi un autre dessein. Il voudrait persuader Dubois de « l'employer à quelque chose ». Arouet de Voltaire ne peut pas postuler un poste diplomatique important, comme le fera Montesquieu, lorsque vers 1730 il sollicitera une ambassade. Charles-Louis de Secondat, baron de La Brède et de Montesquieu, se situe au niveau de l'aristocratie la plus distinguée. Mais le fils du bourgeois Arouet ne peut prétendre représenter Sa Majesté dans une cour étrangère. Sa réputation littéraire ne le recommande nullement, au contraire, le métier de poète continuant d'encourir le soupçon d'infamie. Il propose donc ses services pour des emplois subalternes, voire pour les basses besognes. Lui qui vise à la respectabilité n'est pas sans ressentir ce que la démarche a d'indigne. Aussi tient-il à se démarquer d'un Salomon Levi. Il affiche à l'intention de Dubois son mépris pour «ce Juif»: les Juifs comme lui ne sont «d'aucun pays que de celui où ils gagnent de l'argent»; ils ont «la facilité [...] d'être admis et d'être chassés partout». Antisémitisme où la religion n'entre pour rien. A cette date, nulle trace encore de l'antijudaïsme qui inspirera si souvent les attaques ultérieures. Ici la nécessité de se distinguer du Juif, dont il deviendrait en fait l'associé, l'amène à reprendre les thèmes de l'antisémitisme ambiant.

Car déjà il a pris contact avec Salomon Levi. Apparemment il l'a rencontré dans sa cachette parisienne. Les renseignements de sa fiche d'information, c'est de lui qu'il les tient. Il a lu une lettre de Willar à Salomon, dont il cite une phrase. Mais pourquoi et comment a-t-il pu se lier avec un tel individu? On pense à la «caisse de juifrerie» qu'il est en train de constituer avec le président de Bernières. Salomon Levi associe à ses activités d'espion celle de munitionnaire. Le mépris des Juifs n'a jamais empêché les puissances chrétiennes, en temps de guerre surtout, pressées par d'impérieuses urgences, de s'adresser à des financiers israëlites pour nourrir et armer leurs troupes. C'est ainsi que Levi a ravitaillé l'armée impériale en Italie, tout en faisant passer des renseignements au commandant de l'armée française, le maréchal de Villeroi. Présentement il monte une opération avec Oppenhemer et Vertembourg, «munitionnaires de l'empereur [...] tous deux juifs comme lui». On présume que Voltaire, à la recherche de capitaux pour entrer dans l'affaire des gabelles, a sollicité Salomon Levi. On ne sait ce qu'il advint ensuite de ses relations avec l'espion munitionnaire. Il est sûr qu'il ne fit pas le voyage à Vienne pour lequel il s'était proposé. Mais on verra qu'il va continuer à faire sa cour au ministre Dubois.

Autre épisode fâcheux. En juillet 1722, un incident fortuit l'engage dans une de ces querelles interminables sur lesquelles il s'acharne. Il s'agit encore d'un espion, employé celui-là à des tâches de basse police intérieure. Un jour à Versailles Voltaire reconnaît Beauregard, cet officier indicateur qui en 1717 avait été responsable de son arrestation.[28] Il apprend que Le Blanc, ministre de la Guerre, continue à utiliser ses services, s'acoquinant avec cet agent au point de le tutoyer et de l'inviter à sa table. Furieux, Voltaire s'exclame en public: «Je savais bien qu'on payait les espions, mais je ne savais pas que leur récompense fût de manger à la table du ministre.» Beauregard jure de se venger. Le Blanc lui donne son accord: «Fais donc en sorte qu'on n'en voie rien.» Au pont de Sèvres, sur la route de Versailles à Paris, l'officier arrête le carrosse de Voltaire, fait descendre celui-ci, le bastonne copieusement, le marque au visage. L'insulté en proie à une rage bien naturelle porte plainte au bailli de Sèvres, lequel donne un décret de prise de corps parfaitement inutile. Beauregard a disparu. Voltaire réclame justice au duc d'Orléans. «Monsieur», répond le régent, «vous êtes poète et vous avez reçu des coups de bâton; cela est dans l'ordre, et je n'ai rien à vous dire.»[29] Desnoiresterres ne voulait pas croire à de telles paroles, pour nous si choquantes. Mais elles étaient conformes à l'esprit du temps. De plus le prince couvre son ministre, et l'agent du ministre. Voltaire intente un procès auprès du Châtelet. Il essaie de faire arrêter l'officier fugitif par le prévôt de Gien, croyant qu'il se cache dans la région.[30] La chasse au Beauregard va le tenir en haleine pendant des mois. Un voyage à Cambrai, puis en Belgique, puis en Hollande, ne le détournera pas de pourchasser son homme. Quand il s'attache à un ennemi, le temps ne fait pas son œuvre. Sa haine continuellement renaît, toujours aussi fraîche, aussi active.

A la fin du mois d'août 1722,[31] Voltaire quitte Paris en direction de la Hollande. En chemin il fera deux haltes d'une dizaine de jours, à Cambrai et à Bruxelles. Il se propose de rencontrer Jean-Baptiste Rousseau, qui est venu d'Autriche dans la capitale de la Belgique, alors possession de la Maison de Habsbourg. Il veut ensuite négocier en Hollande avec un libraire pour la publication de sa *Henriade*.

Il ne voyage pas seul. Il accompagne Mme de Rupelmonde. Marie-Marguerite, fille du maréchal d'Aligre, était veuve depuis une dizaine d'années. Elle avait des affaires à régler dans les Pays-Bas, d'où était originaire son défunt mari. Elle a alors dépassé la trentaine, et doit avoir quelques années de plus que Voltaire.[32] Son veuvage lui permet de vivre en femme émancipée. «Rousse comme une vache», écrit Saint-Simon, «avec de l'esprit et de l'intrigue, mais avec une effronterie sans pareille».[33] Le portrait de Mme de Rupelmonde par Largillière ne dément dans cette appréciation que sa malveillance. Le peintre donne à voir une jeune femme fine, à la carnation claire, mise en valeur par la proximité d'un jeune nègre son laquais; blonde plutôt que rousse; un visage régulier aux traits délicats, éclairé par des yeux vifs. Un personnage de Watteau, ou de Marivaux: ayant l'air gracieusement évaporé de la marquise dans *La Seconde surprise de l'amour*. La chronique mondaine lui prêtait, sans la calomnier peut-on penser, de nombreux amants. La voici donc cheminant avec Voltaire, prenant comme lui le temps de jouir en cours de route des plaisirs de la société. Attend-elle uniquement de son compagnon l'agrément de converser avec un homme d'esprit, à l'exclusion de tout commerce plus intime? On a peine à le croire. Voltaire ne laisse pas ignorer à l'un de ses correspondants que «les amours» sont du voyage. Il compose pour sa compagne une déclaration en vers: répudiant l'amour volage, il promet de servir pour elle cet autre amour «constant dans ses désirs», qui «croît par les plaisirs».[34] Propos d'amant: Voltaire, au travers de ces belles protestations, fait preuve de beaucoup de laxisme. Il ne se sent pas tenu par son engagement récent avec Mme de Bernières, qui n'est pas rompu. A l'étape de Bruxelles, il visite «le plus beau bordel de la ville». Il relate en vers, à Thiriot, ce divertissement.[35] Desnoiresterres en concluait qu'il voyageait avec Mme de Rupelmonde en tout bien tout honneur: c'est raisonner trop géométriquement.

Les deux voyageurs s'arrêtèrent d'abord à Cambrai. Un congrès venait de s'y réunir, rassemblant les ambassadeurs et plénipotentiaires des puissances européennes. Conférence diplomatique de pure cérémonie. La crise opposant Philippe V roi d'Espagne à l'empereur Charles VI avait été réglée par la disgrâce d'Alberoni (décembre 1719) et le traité de Madrid (janvier 1720), complété par le projet de mariage entre le jeune Louis XV et une infante espagnole de trois ans (1721). N'ayant à s'occuper d'aucune question importante, le congrès se livrait aux amusements: dîners, bals, spectacles, fêtes. Dans cette ambiance, Mme de Rupelmonde et son compagnon furent fort bien accueillis. Un soir, à un souper chez Mme de Saint-Contest, femme du plénipotentiaire français, leur présence donne aux convives l'idée de faire modifier le programme théâtral établi par le comte de Windischgrätz. L'ambassadeur d'Autriche avait prévu pour le lendemain un classique, *Les Plaideurs* de Racine. On lui fait demander, en des vers improvisés par Voltaire «au nom de Rupelmonde», la représentation d'*Œdipe*. Windischgrätz répond, en vers aussi, qu'il accepte, à condition qu'on donnerait en même temps l'*Œdipe travesti* de Dominique.[36]

Voltaire se trouvait à Cambrai dans la métropole archiépiscopale du cardinal Dubois, successeur indigne de Fénelon en ce siège. Il ne laisse pas échapper l'occasion de faire sa cour au ministre. A son départ, il avait pris congé en lui disant: «Je vous prie, Monseigneur, de ne pas oublier que les Voiture étaient autrefois protégés par les Richelieu.» Dubois, irrité par une sollicitation trop pressante, avait répondu: «Il est plus facile de trouver des Voiture que des Richelieu.»[37] Voltaire ne se laisse pas rebuter. Il adresse à Son Eminence une de ces lettres, en vers et prose, spirituellement tournée comme il sait les écrire.[38] Il parle en badinant des fonctions ecclésiastiques du prélat non résident, sûr que ce ton ne déplaira pas. Mais il loue le «grand ministre», terminant sur une pointe:

> Faites-vous bénir de la France
> Sans donner dans Cambrai des bénédictions.

Il déclare celui-ci «l'homme du monde de la meilleure conversation». Et pour que l'épître ait tout son effet, il la fait paraître dès septembre 1722 dans le *Mercure de France*. La flatterie cependant laisse entrevoir que Dubois accueille froidement tant d'avances. Le poète se plaint de ne pouvoir entretenir Son Eminence «aussi souvent qu'il le voudrait». La lettre se clôt sur un trait dépité, atténué dans la version du *Mercure*: «La seule grâce que je vous demanderai à Paris sera de me parler.» Cela même ne lui sera pas accordé. Dubois charge Houdar de La Motte de répondre. Voltaire est informé, sous la même forme d'une lettre en vers et prose, que Son Eminence l'«aime»; mais pour les «conversations agréables» avec le ministre, le poète n'y doit pas compter:

> On obtient audience aussitôt qu'elle importe
> A l'Etat, au gouvernement.
> Mais l'esprit qui ne vient que pour l'amusement
> Se morfond souvent à sa porte.[39]

Les relations de Voltaire avec Dubois en resteront là, sans que ses avances aient abouti à rien.

Le 7 septembre vers minuit il est arrivé avec Mme de Rupelmonde à Bruxelles. Il loge chez cette dame.[40] Dès le lendemain matin, il se signale par une facétie de mauvais goût. Sa compagne étant allée entendre la messe à l'église du Sablon, il s'y trouve à ses côtés. L'office l'ennuie, l'impatiente. Il s'agite, lance des boutades à haute voix,[41] scandalisant par ses «indécences» le peuple des fidèles, parmi lesquels est présent le comte de Lannoy, gouverneur de la ville. C'est Jean-Baptiste Rousseau qui rappellera l'incident, en 1736, au plus fort de sa querelle avec son ancien disciple. Voltaire ne le contredit pas. Il avoue qu'il a pu être «un peu indévot à la messe», qu'il a eu «des distractions».[42] C'est reconnaître, pour l'essentiel, la réalité des «indécences» qu'on lui reproche. Il s'est laissé entraîner par l'impulsivité de son tempérament, contrôlant mal ses réactions.

On observera cependant que la manifestation, pour incongrue qu'elle soit, se situe dans le contexte des discussions qu'il a sur la religion avec sa compagne de voyage. Mme de Rupelmonde se sent mauvaise conscience. Elle pratique, dans la routine. Mais la vie libre qu'elle mène, en infraction au commandement de Dieu interdisant «l'œuvre de chair» hors du mariage, ne la conduira-t-elle pas à la damnation éternelle? Que penser de ce que débitent les prêtres? Si elle refuse de les croire, n'est-ce pas parce qu'elle aime trop les plaisirs qu'ils condamnent?[43] Voltaire combat ses craintes, qui gêneraient leurs amours. Il n'en mesure pas moins l'importance de la question. Il entreprend d'y répondre dans un poème en forme, une *Epître à Julie*, destinée à son amie. Pour y travailler, il demande à Thiriot de lui envoyer le poème de Louis Racine sur *La Grâce*.[44]

Ces préoccupations et sa mauvaise tenue à l'église du Sablon ne l'empêchent pas de fréquenter la bonne société bruxelloise. Il rend visite avec Mme de Rupelmonde au marquis de Prié, gouverneur des Pays-Bas belges, à la princesse de La Tour, et dans d'autres maisons encore.[45] Jean-Baptiste Rousseau l'y accompagne. Pendant les onze jours qu'il passe à Bruxelles, le vieux poète ne le quitte pas. Le proscrit, qui depuis si longtemps vivait hors de France, souffrait d'être privé du commerce des gens de lettres parisiens. Rencontre-t-il en son exil un écrivain venu de la capitale française, il s'attache à lui, l'obsédant de sa présence. Il en agira ainsi avec Piron, à Bruxelles, en 1738 et 1740.[46] Le voici donc enchanté de Voltaire, «charmé de voir un jeune homme d'une aussi grande espérance». Il a lu le manuscrit de *La Henriade*: un chef-d'œuvre. «Notre nation avait besoin d'un ouvrage comme celui-là»: une économie «admirable», des vers «parfaitement beaux».[47] Voltaire était-il au diapason de cet enthousiasme? Ce n'est pas sûr. Après l'image brillante qu'on s'est faite d'un auteur à la lecture de ses œuvres, la rencontre de l'homme souvent déçoit. Jean-Baptiste Rousseau a vieilli. L'ambiance sérieuse des pays allemands où il vit depuis tant d'années lui a mal réussi. Il s'est amorti, alourdi. Bientôt Voltaire l'accusera de «germanisme». Tel mot dans une lettre à Thiriot fait soupçonner qu'il a quitté Rousseau agacé des manières du bonhomme, et dégrisé de son admiration.[48] De son côté tout au moins, se prépare la brouille qui éclatera bientôt, à l'étape du retour.

Les deux voyageurs arrivent en Hollande dans les derniers jours de septembre.[49] Ils y restent environ trois semaines.[50] Ils séjournent principalement à La Haye, mais se rendent aussi à Amsterdam. Voltaire s'occupe alors de ce qui est le but principal de son voyage : l'édition de *La Henriade*. Il renonçait, du moins pour le présent, à la publier en France, avec autorisation et privilège. Ses démarches auprès du régent avaient échoué. Il se serait heurté à un veto de Fleury, déjà très influent comme précepteur du jeune Louis XV : on lui reproche de louer l'amiral de Coligny et la reine Elisabeth d'Angleterre, ce qui était «indécent et même criminel».[51] On peut s'étonner de tant de pusillanimité. Un conformisme craintif empêchait de reconnaître en *La Henriade* un poème à la gloire des Bourbons, célébrés à travers le fondateur de la dynastie.

Au XVIIIe siècle toute œuvre un peu hardie va donc s'imprimer à l'étranger. A La Haye Voltaire conclut un marché avec le libraire Charles Le Viers. Il stipule que le livre se vendra en France sous le nom d'un libraire parisien, inscrit sur la page de titre avec celui de Le Viers. Il se réserve en outre le droit de publier son ouvrage «partout où il voudrait».[52] Il prévoit une grande édition ornée de nombreuses illustrations. Il en a établi la liste, et a réparti les estampes entre plusieurs artistes, Charles-Antoine Coypel, De Troy, Galoches, que Thiriot a pressentis. Lui-même à La Haye s'adresse à Bernard Picart.[53] Le volume promettant d'être fort coûteux, il lance une souscription. Le Viers en fait paraître l'annonce dans la *Gazette de Hollande* (6, 16, 23 octobre 1722) et dans le *Mercure de France* (novembre 1722). «*Henri IV ou la Ligue*, poème héroïque de Voltaire, en neuf chants, avec des notes historiques et critiques, pour servir à l'intelligence de l'ouvrage et à l'histoire de l'époque» : un volume in-quarto, sur grand papier royal. Les souscriptions seront reçues du 20 octobre 1722 au 31 mars 1723, «non seulement à La Haye chez le sieur Le Viers, mais encore à Paris et dans les provinces de France, chez les principaux libraires, et dans les autres pays, chez les libraires des principales villes». L'impression commencera en avril 1723, et les souscripteurs entreront en possession de leurs exemplaires six mois plus tard.

En fait, l'édition Le Viers ne verra jamais le jour. A Paris des auteurs jaloux intriguent pour faire échouer le projet. Fuzelier en décembre dans *Arlequin-Persée*, une parodie du Théâtre-Italien, se moque de la souscription *urbi et orbi*. L'autorité de son côté voit d'un mauvais œil cette édition hollando-française.[54] Et peut-être Le Viers ne trouvait-il guère de profit dans la combinaison complexe prévue par Voltaire. La publication de *La Henriade* sera à reprendre sur d'autres bases.

C'est alors que Voltaire découvre la Hollande. En 1713, trop jeune, trop absorbé par ses amours, il n'avait rien vu du pays. Le voyage de 1722 est le premier qui le mette au contact d'un peuple étranger. La réalité concrète des choses lui révèle une société fort différente de la française, et supérieure à celle-ci, en vertu de critères dont il prend alors conscience. Il condense impression et jugement dans une lettre à Mme de Bernières: «lettre hollandaise», prélude, on l'a souvent remarqué, aux «lettres anglaises» ou *Lettres philosophiques* de 1734.[55] De La Haye jusqu'à Amsterdam, des prairies, des canaux, des arbres verts: «un paradis terrestre», du moins «quand le soleil daigne s'y montrer». Amsterdam est «le magasin de l'univers», ce qui lui inspire du «respect». Plus de mille vaisseaux dans le port. Dans la ville, cinq cent mille habitants, parmi lesquels «pas un oisif, pas un pauvre, pas un petit-maître, pas un homme insolent». Il a croisé dans la rue le Grand Pensionnaire, chef de l'Etat, marchant à pied, sans laquais, au milieu de la foule. «On ne voit là personne qui ait de cour à faire, on ne se met point en haie pour voir passer un prince, on ne connaît que le travail et la modestie.» Dans la capitale, La Haye, «plus de magnificence et plus de société par le concours des ambassadeurs». Mais il est frappé par la tolérance qui y règne. «Des ministres calvinistes, des arminiens, des sociniens, des rabbins, des anabaptistes, qui parlent tous à merveille et qui en vérité ont tous raison.»

Il prend connaissance de ce qui est en son temps la forme avancée de la civilisation européenne. Une société commerçante, pratiquant les vertus bourgeoises (travail, modestie), s'est assuré la prospérité matérielle, avec la liberté de penser, de parler, d'imprimer, à la fois conséquence et condition de cette prospérité. En comparaison, combien paraît archaïque la France, hier de Louis XIV, aujourd'hui du régent et du jeune Louis XV.

Personnellement il mène à La Haye une existence mixte, «entre le travail et le plaisir», à la hollandaise pour le premier, à la française pour le second. Jamais il ne s'est aussi bien porté. Il monte à cheval, tous les jours, joue à la paume, boit du vin de Tokai. Ce moment est l'un des rares, le seul peut-être, où il se déclare en parfaite santé. Un état aussi exceptionnel s'explique-t-il par l'exercice qu'il prend, par la vie agréable que lui procure Mme de Rupelmonde, par l'ambiance hollandaise, par l'enthousiasme de l'auteur qui se croit à la veille de donner sa grande œuvre, un poème épique? Les divers facteurs ont sans doute concouru à créer son euphorie. Disposition dont se ressent l'*Epître à Julie* qu'il vient de terminer:[56] la satire d'une religion sombre se conclut par l'appel à la joie de vivre.

Dans ces jours rapides, il aurait trouvé le temps de rencontrer deux des maîtres à penser de l'époque: Jean Leclerc, «le théologien d'Amsterdam», journaliste aussi, publiant une *Bibliothèque ancienne et moderne*, qui sera cité dans les *Lettres philosophiques* parmi «les plus grands philosophes et les meilleures plumes de son temps»; Jacques Basnage, l'ami de Bayle, érudit auteur d'une *Histoire des Juifs*, alors au terme de sa vie. Si l'on en croit Jean-Baptiste Rousseau, Voltaire aurait suscité entre les deux hommes on ne sait quelle tracasserie.[57]

En a-t-il provoqué une autre, d'un genre différent? Après avoir troublé la messe à Bruxelles, a-t-il encore perturbé l'office dans une synagogue d'Amsterdam? C'est ce que raconte une calotine, reprise en 1769 dans *Monsieur de*

Voltaire peint par lui-même. On l'aurait rossé et chassé. Comme l'observe Desnoiresterres,[58] les coups de bâton sont de règle dans une calotine. Quoique ces sortes de libelles soient sujets à caution, il n'est pas impossible qu'il ait eu l'idée d'aller examiner dans un lieu de leur culte les fils d'Abraham, ce qu'il ne pouvait faire à Paris. Ses relations avec Salomon Levi, sa satire des anciens Juifs dans l'*Epître à Julie*, la rencontre à La Haye de rabbins,[59] ont excité sa curiosité. A la synagogue, amusé par la bizarrerie du cérémonial, il n'a pu se tenir coi. On l'aurait alors fermement invité a quitter les lieux. Expérience non négligeable, à ajouter à celles qu'il rapporte de Hollande, lorsqu'il en repart en direction de la France, vers le 20 ou le 25 octobre.

Mme de Rupelmonde l'accompagnant toujours, ils font halte à Bruxelles. Ils y retrouvent Jean-Baptiste Rousseau. C'est alors que tout va se gâter. Voltaire revenait dans des dispositions moins patientes à l'égard du vieil auteur. Ancien disciple déçu dans son admiration, il n'allait plus dissimuler sous des apparences respectueuses ses réactions d'humeur. Certain jour, il fait avec Rousseau une promenade en carrosse dans les environs de Bruxelles. Mme de Rupelmonde est en tiers.[60] Celle-ci ne nous ayant pas laissé son témoignage, nous ne connaissons la scène que par les récits de Rousseau[61] et de Voltaire.[62] Compte tenu de l'intention de chacun de présenter l'affaire à son avantage, les deux versions sont plus complémentaires que contradictoires, et se trouvent confirmées l'une et l'autre par le récit qu'en donne Duvernet.[63]

Pendant que la voiture roule dans la campagne, Rousseau s'est mis à lire ses dernières œuvres : *Le Jugement de Plutus*, allégorie contre le parlement de Paris, *La Palinodie*, l'*Ode à la postérité*. Voltaire : «Ce n'est pas là, notre maître, du bon et du grand Rousseau.»[64] Le but du poète, ajoute-t-il, n'est pas apparemment de se faire des amis. Il déclare franchement que ces pièces ne lui plaisent pas : le satirique passera pour «avoir perdu son talent et conservé son venin».[65] Voyant s'allonger la mine du vieil homme, il tire à son tour de sa poche un manuscrit : «Prenez votre revanche ; voici un petit poème que je soumets au jugement et à la correction du père de *Numa*.»[66] Voltaire croit ou feint de croire que *Numa*, autrement dit *La Moïsade*, ce violent pamphlet en vers contre le christianisme, est de Rousseau.[67] Il se flatte donc que celui-ci applaudira sa *Moïsade* à lui : l'*Epître à Julie*. Dans cette scène, chacun des deux auteurs attend de l'autre une approbation, et ne reçoit à la place qu'une censure mortifiante.

Voltaire était en train de lire les blasphèmes de son épître, lorsque Rousseau l'interrompt. «Prenant tout à fait [son] sérieux», il lui dit qu'il ne comprenait pas comment il pouvait «s'adresser à [lui] pour une confidence si détestable». Voltaire tente de s'expliquer. Mais Rousseau menace de descendre de carrosse s'il ne change de propos.[68] Voltaire : «Je suis fâché que l'auteur de la *Moïsade* n'ait pas encore prévenu le public qu'il s'était fait dévot».[69] Il demande à son interlocuteur de lui garder le secret, ce qui est promis.[70] Pour réchauffer l'atmosphère, il propose qu'ils aillent ensemble à la comédie. Mais à la sortie du théâtre, il ne peut se retenir de lancer un trait contre l'*Ode*, malencontreusement destinée *à la postérité*: «Savez-vous, notre maître, que je ne crois pas que cette ode arrive jamais à son adresse?»[71] L'esprit de l'escalier envenime les ressentiments. Sur la route de France, Voltaire fait halte à Marimont. Il y rencontre le duc d'Aremberg. Il lui dit beaucoup de mal de Rousseau;[72] notamment que celui-ci vient d'écrire des vers satiriques contre le duc de Noailles. Rousseau aura quelque peine à s'en défendre.[73]

Les deux poètes sont donc désormais tout à fait brouillés. Longtemps ils s'en tiendront au parti sage de s'ignorer mutuellement. Jusqu'au jour où une malheureuse affaire les lancera l'un contre l'autre dans un affrontement injurieux, également dommageable pour tous deux.

Il faut s'arrêter sur cette *Epître à Julie*, cause ou prétexte de la rupture d'octobre 1722. Ce texte subira des transformations, au cours d'une longue histoire, retracée par Ira O. Wade.[74] En 1722, comprenant le danger de tels «blasphèmes», Voltaire cache soigneusement son épître. Il avait mandé à Thiriot que «les cafés» ne la verraient pas.[75] Son confident lui-même ne semble pas avoir été mis dans le secret.[76] Sur le moment, seuls en eurent communication, outre la destinataire Mme de Rupelmonde et Jean-Baptiste Rousseau, un prince (le duc d'Aremberg?) et le futur éditeur de la lettre de Rousseau en 1736, qui en dit à Voltaire «son sentiment encore un peu plus vivement que M. Rousseau».[77] Ensuite Voltaire en change le titre. Une version manuscrite, qui doit dater de 1726 au plus tard, s'intitule *Epître à Uranie*. Cette pièce se trouve à Saint-Pétersbourg dans un recueil de poésies «saisies sur les auteurs ou écrites par eux pendant leur détention à la Bastille»: la plus récente de celles qui sont datées ou datables est de 1727. On en conclura que ce manuscrit de l'*Epître à Uranie* fut saisi dans les papiers de Voltaire en 1726, au moment de son second séjour à la Bastille. C'est donc le texte le plus ancien de l'*Uranie* que nous connaissions. Le poème ne commencera à circuler que cinq ans plus tard. En juin 1731, Voltaire l'a corrigé «avec soin», en même temps que d'autres «petites pièces fugitives». Il le remet à Thiriot.[78] Des copies s'en répandent et font naître des réfutations. Des éditions paraissent en 1733, 1738. Voltaire ne publiera lui-même son épître qu'en 1772, sous le titre *Le Pour et le contre*.[79] Quant au texte qui fut lu à Jean-Baptiste Rousseau, en octobre 1722, nous ne le connaissons pas. Il devait différer des versions qui nous sont parvenues. Dans aucune de celles-ci nous ne lisons l'épithète horrible, accolée au nom de Jésus-Christ, dont Rousseau ne peut «[se] souvenir sans frémir». Le goût et la prudence amenèrent vraisemblablement Voltaire à la retrancher. On peut penser cependant que l'*Epître à Uranie* ultérieure ne s'écartera pas fondamentalement de l'*Epître à Julie*. Le texte de Saint-Pétersbourg saisi en 1726 ne présente en tout cas que des variantes minimes par rapport aux versions qui suivront.

On est donc en droit de fonder sur lui une analyse. Voltaire annonce qu'il va répondre aux questions de sa compagne. Il ne s'agit pas d'une curiosité purement spéculative. Mme de Rupelmonde est en proie aux «terreurs de l'autre vie», qui font pour elle plus redoutables encore «les horreurs du tombeau». Trait qui ne manque pas d'intérêt pour l'histoire des mentalités. Cette jeune femme émancipée, portée à l'incrédulité, n'est pas pour autant affranchie de la peur de l'Enfer. La hantise de la damnation continue au XVIIIe siècle à angoisser beaucoup d'esprits. Ainsi s'explique l'efficacité du chantage exercé sur les jansénistes par le refus des derniers sacrements. Parmi les indévots les plus notoires, mainte conversion à l'approche de la mort a son origine dans une terreur des supplices éternels. On ira jusqu'à attribuer à Voltaire lui-même, en ses derniers jours, une panique de cette sorte. Lorsque s'atténuera la crainte de l'Enfer, le sentiment religieux certes ne s'évanouira pas, mais il changera de nature et – à notre jugement – s'épurera.

Voltaire veut donc rassurer l'«incertaine Uranie». Il développe devant elle «le pour et le contre». Le «contre» d'abord, longuement (85 vers), avec une éloquence passionnée. Il proteste dans son préambule qu'il ne va pas s'exprimer en libertin, «enivré de l'erreur de [ses] sens»; il s'annonce comme un «examinateur scrupuleux», «respectueux», conduit et éclairé par «la raison». Mais quand il s'agit de la religion, tout un potentiel affectif se trouve mobilisé en lui. C'est donc avec une sorte de fureur qu'il met en accusation la divinité chrétienne. «Les prêtres» lui offrent un Dieu qu'il devrait «haïr». «Un Dieu qui nous forma pour être misérables». Un Dieu inconséquent: après avoir créé l'homme à son image, il le détruit par le déluge. Ensuite l'humanité renaissante est plus coupable encore. Dieu alors tente la solution d'une Rédemption:

> Il venait de noyer les pères,
> Il va mourir pour les enfants.

Mais combien indigne, cette Incarnation! Pour se faire homme, l'Etre des êtres choisit «un peuple obscur, imbécile, volage, amateur insensé des superstitions». L'antisémitisme ou l'antijudaïsme de Voltaire (les deux ici se confondent) se donne carrière:

> Dans les flancs d'une Juive il vient prendre naissance.

Quelle bassesse! «Il rampe sous sa mère». «Longtemps vil ouvrier», il «périt du dernier supplice». Encore sa mort est-elle «inutile». L'humanité reste pécheresse. Et Dieu a l'injustice de condamner aux flammes éternelles les peuples innombrables qui n'ont pu savoir «qu'autrefois, sous un autre hémisphère [...] le fils d'un charpentier expira sur la croix».

Réquisitoire enflammé, où se discerne un «complexe» paternel. Voltaire identifie le Dieu chrétien avec le Dieu vengeur de l'Ancien Testament et le Dieu cruel des jansénistes. Il écarte «cette indigne image», dans un mouvement de ferveur, antichrétien, mais d'une tonalité néanmoins authentiquement religieuse:

> Entends, Dieu que j'implore, entends du haut des cieux,
> Une voix plaintive et sincère :
> Mon incrédulité ne doit pas te déplaire,
> Mon cœur est ouvert à tes yeux ;
> On te fait un tyran, en toi je cherche un Père ;
> Je ne suis pas chrétien, mais c'est pour t'aimer mieux.

Ainsi s'amorce le «pour», trop souvent négligé par les commentateurs. Le «pour», ce peut être une autre image du Christ : un Christ «puissant et glorieux», triomphant dans «la nue». Voltaire reconnaît ici la grandeur, inséparable de l'idée d'une divinité suprême. Une grandeur qui pénètre dans l'intimité des âmes et aide les hommes à vivre :

> Il console en secret les cœurs qu'il illumine.
> Dans les plus grands malheurs il leur offre un appui.

Voltaire, influencé par toute une tradition chrétienne, serait enclin, on le sent, à adhérer à une image si noble. Mais le soupçon subsiste. Car l'évocation se conclut par ce distique :

> Et si sur l'imposture il fonde sa doctrine,
> C'est un bonheur encor d'être trompé par lui.

On notera qu'admettant l'utilité morale de la religion pour l'individu, il ne fait pas intervenir l'idée d'une utilité sociale, à savoir que les hommes vivant en société ont besoin d'une foi commune, fût-elle fondée sur l'imposture.

Mais le poète poursuit, écartant ce «portrait», glorieux mais entaché de suspicion. Il désigne enfin ce qu'il retient comme la «vérité», encore qu'elle soit «obscure» : la religion naturelle, «gravée dans le fond du cœur» par Dieu lui-même. Celui-ci est le «Très-Haut», à la «sagesse éternelle» : vocabulaire chrétien transposé dans une «religion» qui ne l'est pas. Plus de péché originel : la nature est bonne. Le Très-Haut ne porte pas une «haine immortelle» à la beauté qu'il a donnée à Uranie ; il n'est pas l'ennemi des plaisirs. Il ne juge les êtres que sur la pratique de la loi morale. Indifférent à la diversité des cultes répandus parmi les peuples, il aimera un «bonze» s'il est «modeste», un «dervis» s'il est «charitable», mais non un «janséniste impitoyable», ni un «pontife ambitieux». Car ainsi que l'affirme le quatrain final :

> Un Dieu n'a pas besoin de nos soins assidus.
> Si l'on peut l'offenser, c'est par des injustices.
> Il nous juge sur nos vertus,
> Et non pas sur nos sacrifices.

De l'attitude religieuse qu'il vient de définir, à l'usage de Mme de Rupelmonde, Voltaire ne s'écartera plus. Il ne cessera d'ajouter au «contre» : les campagnes futures contre l'Infâme sont en germe dans la profession de foi de 1722. En regard, dans un parallélisme très déséquilibré, un «pour» réduit à peu, mais non inexistant: affirmation du «Très-Haut» (l'hypothèse athéiste n'est même pas évoquée en ce texte, fût-ce pour la réfuter); une religion si intérieure qu'elle se limite à la conscience morale, annulant toute pratique cultuelle; une religion «naturelle», proclamant la bonté de tout ce qui est de la nature, sans que Voltaire semble apercevoir l'ambiguïté du concept, ni soupçonner un éventuel conflit entre morale et nature. L'évolution ultérieure enrichira cette «religion» d'une dimension sociale, Voltaire prenant en considération les problèmes de la vie collective, en conséquence de son information d'historien comme de ses expériences personnelles. Dans le texte de 1722, l'aspect social de la religion n'est abordé que par le thème aussi classique que simpliste de «l'imposture».

On n'a pas eu de peine à découvrir à l'*Epître à Uranie* de multiples sources dans la littérature mal pensante de l'époque.[80] Voltaire a défini sa position à l'aide des idées qui circulent autour de lui. Ce qui est original, c'est l'accent, c'est une formulation forte et vive, issue de son affectivité. Pour s'exprimer il a choisi non la dissertation, ou le dialogue, mais le poème. La forme poétique convient à la gravité de la question traitée. Elle revêt de noblesse un sujet reconnu comme l'un des plus grands. Ici encore Voltaire n'innove pas. Il fait lui-même le rapprochement avec les vers de la *Moïsade*, imputée à Jean-Baptiste Rousseau. Il avait aussi le précédent de Chaulieu et, pour une thèse toute différente, celui de Louis Racine. Parmi les poèmes pour ou contre la religion, le sien s'affirme comme l'un des plus engagés. Mais d'un militantisme pour le moment confidentiel: son prosélytisme s'exerce sur la seule Mme de Rupelmonde. S'il a lu l'épître à Jean-Baptiste Rousseau, au duc d'Aremberg, et peut-être encore à un ou deux privilégiés, c'est pour leur donner à admirer la performance littéraire, plutôt que dans l'intention de les gagner à ses idées. En définitive, il a composé le poème surtout pour lui-même. Approchant du terme de sa jeunesse, il a besoin de savoir ce qu'il pense, comme il dira plus tard, sur ce monde et sur l'autre. Profession de foi personnelle, qu'il va conserver par devers lui, pendant une dizaine d'années, soigneusement cachée dans ses papiers.

Une dernière remarque. La question religieuse amorce une réflexion qui deviendra par la suite philosophique. Poète, Voltaire en 1722 connaît peu les philosophes. Le seul qu'il nomme dans l'épître est Lucrèce, un poète aussi. Il n'a pas encore lu, la plume à la main, Malebranche. Il ignore Locke, et apparemment Descartes, Leibniz, pour ne rien dire de Spinoza. C'est l'interrogation sur la religion qui l'entraînera à acquérir une culture philosophique. Interrogation procédant de motivations personnelles, voire psychanalytiques. Aussi l'étude d'une œuvre aussi engagée que l'*Epître à Uranie* s'imposait-elle dans une biographie de Voltaire.

La préoccupation des problèmes religieux ne le quitte plus. De retour à Paris, le 8 novembre, il ne fait que passer. Quelques jours après, à Orléans, il lit une réfutation d'un ouvrage récent que sans doute il avait lu aussi: *La Religion chrétienne prouvée par les faits*, de l'abbé Houtteville.[81] Cette apologie alerte, d'esprit moderne, «dépoussiérée», fait du bruit. Parmi les réponses celle qui retient son attention est la *Lettre de R. Ismaël ben Abraham*, par l'orientaliste Etienne Fourmont; le débat en effet porte principalement sur la critique biblique. Voltaire s'y intéresse. Il tirait argument, on l'a vu, dans son épître, des origines judaïques du christianisme. Il juge la réponse de Fourmont «bien plus écrite contre la religion que contre [l'abbé Houtteville]».

Mais il a alors des soucis plus urgents. Pendant qu'est lancée à Paris la souscription pour *La Henriade*, que le garde des sceaux l'a convoqué pour lui en parler, le voici courant la Sologne. Il a repris la chasse au Beauregard. Il «rôde» – c'est son mot – à travers bois et marais «à la piste de l'homme en question».[82] Voltaire peureux? Animé par la colère, il peut se montrer violent. Il aurait voulu casser la tête au comédien Poisson, il voudra affronter en duel le chevalier de Rohan. Nul doute que s'il avait pu débusquer le Beauregard, il aurait tenté de se faire lui-même justice. Mais l'individu demeure introuvable. Il lui faut se contenter de le poursuivre criminellement par son homme d'affaires Demoulin. Il «se ruine en frais», en pure perte, le ministre Le Blanc continuant à protéger son agent.[83]

Il a séjourné de nouveau au château du Bruel, au cœur de cette Sologne où se cache, croit-il, Beauregard. A quelques lieues de là, il s'est rendu à la Source,[84] où Bolingbroke coule des jours heureux en compagnie de Mme de Villette. Il y est resté quelques jours. Il gagne ensuite par Blois le château d'Ussé, dominant l'Indre, entre Tours et Chinon. Il y est l'hôte de son ami le marquis. Il prépare chemin faisant la publication, hollandaise et parisienne, de *La Henriade* qu'il espère imminente. Il a lu son poème à Bolingbroke, à Canillac à l'étape de Blois. A Ussé, il retrouve l'ancien acteur Durand, devenu dessinateur. Il lui fait faire des culs-de-lampe et des vignettes pour l'édition en cours. Il s'inquiète de ses finances: où en est le cours de ses actions?[85] Il tâche d'obtenir des frères Pâris qu'ils fassent quelque chose pour Thiriot, lequel fréquente assidument chez sa sœur, Mme Mignot.[86]

Mais ce qu'on retient surtout de ces semaines, c'est sa rencontre avec Bolingbroke. Il dit son «enchantement», dans une de ces lettres, comparable à la «lettre hollandaise», où il résume son impression en quelques traits bien marqués.[87] Il est frappé par la vaste culture de «l'illustre Anglais». Son hôte apprécie finement la poésie des diverses époques («Virgile comme Milton») et des diverses nations (anglaise, française, italienne), sachant «discerner parfaitement les différents genres». Bolingbroke lui apparaît comme le modèle d'un esprit cosmopolite et comme un homme qui a su concilier les plaisirs, l'action politique, les dons littéraires: Voltaire n'a jamais entendu parler la langue française «avec plus d'énergie et de justesse». De la personne de ce grand aristocrate britannique émanait, nous le savons d'autre part, une sorte de magnétisme: «une figure séduisante», «toutes les grâces imaginables», un fonds «prodigieux» de connaissances, avec «la conception la plus vive, la plus claire, et la plus heureuse mémoire», et une éloquence «égale, abondante et rapide, comme un fleuve majestueux».[88] Voltaire de son côté fut à la Source fort bien reçu. On loue avec enthousiasme, dans le poème épique et dans son auteur, «l'imagination» et la sagesse.[89]

Ainsi se clôt un chapitre qui s'est enfermé spontanément dans les limites chronologiques d'une année. Il s'est ouvert le 1er janvier, sur la mort du vieil Arouet. Avec ce père disparaît un passé qui ne sera pas regretté. A l'autre extrémité de 1722, la rencontre de Bolingbroke débouche sur l'avenir.

11. Un Français à tête épique?

Voltaire revient à Paris dans les premières semaines de 1723.[1] Au cours des mois suivants la publication de *La Henriade* demeure son principal souci. Il continue à espérer que la grande édition Le Viers aboutira. Il prépare son succès par une campagne de lectures. Pendant l'une de celles-ci un incident se produit que le président Hénault retiendra comme éternellement mémorable. Le poète lit son ouvrage devant un groupe d'amis. Or voici qu'au lieu du concert habituel d'éloges, on lui décoche des observations critiques. Un quidam se permet même une «mauvaise plaisanterie». Déconcerté, exaspéré, Voltaire froisse son manuscrit et le jette dans les flammes de la cheminée. Le chef-d'œuvre du Virgile français allait être réduit en cendres! Alors Hénault, présent à la séance, se précipite dans le foyer. Il en retire juste à temps les précieux feuillets, en sacrifiant une belle paire de manchettes. L'héroïque sauveteur a raconté au moins quatre fois son exploit.[2] Il ne craint pas de se comparer à Auguste empêchant Virgile de brûler l'*Enéide*. Il se garde de faire réflexion que Voltaire sans doute possédait d'autres copies de son texte.

Les lectures, en même temps qu'elles suscitaient l'attente d'une grande œuvre, éveillaient des oppositions. Louis XV venait d'atteindre la majorité légale des rois de France: treize ans. Voltaire se proposait de lui dédier son poème. Il avait rédigé un *Discours au roi*, destiné à être imprimé en tête du volume. Au très jeune souverain il propose comme modèle son illustre ancêtre. Malgré toutes les précautions de style, il semble lui faire la leçon. Fleury, précepteur du monarque enfant, eut sans doute connaissance du *Discours*.[3] Il en fut irrité. On suppose qu'alors il parla à son élève en des termes qui lui inspirèrent pour le poète une antipathie définitive. Le nonce de son côté s'émeut des traits visant la papauté. Il en porte plainte à Dubois. En conséquence le cardinal charge l'abbé Du Bos[4] d'examiner *La Henriade* sous l'angle diplomatique: n'y a-t-il rien dans ces alexandrins épiques qui pût choquer la cour de Rome? On ne connaît pas la réponse de l'expert. Mais elle dut être défavorable. Nous sommes en mars 1723. Voltaire perd tout espoir d'obtenir un privilège. Il ne peut même pas espérer qu'on tolérera tacitement la vente à Paris de l'édition imprimée en Hollande. Il lui apparaît d'ailleurs que le prix de revient serait beaucoup plus élevé que prévu.[5] C'est à ce moment-là qu'il renonce au projet Le Viers. Il fait rembourser les souscripteurs qui le demandent.[6]

Mais il ne veut pas perdre le fruit de sa campagne préparatoire. Il décide donc de publier, le plus vite possible, une édition clandestine. A l'occasion de ses séjours à la Rivière-Bourdet, il fait la connaissance d'un imprimeur rouennais,

Abraham Viret, qui est homme à prendre des risques. A cette époque, les rues avoisinant le palais de justice de cette ville parlementaire – la rue des Juifs au sud, la rue Saint-Lô au nord – étaient un centre d'édition fort actif. Imprimeurs et libraires sollicitaient la clientèle fréquentant ces lieux : magistrats, plaideurs, ayant souvent des «mémoires» à faire imprimer, et d'ailleurs capables de s'intéresser aux livres. On ne comptait pas moins de neuf imprimeurs et d'une quinzaine de libraires en ces parages.[7]

Viret était l'un d'eux. Voltaire conclut marché avec lui pour l'impression de son poème épique, dans les derniers jours de mars. Il est alors introduit à Rouen dans une société agréable, formée des relations de Mme de Bernières. Il y a retrouvé son ancien condisciple de Louis-le-Grand, Cideville, maintenant conseiller au parlement, bon compagnon, auteur intarissable de petits vers. Il fait la connaissance du collègue de celui-ci au même parlement, Formont, homme aimable et esprit libre. L'un et l'autre deviennent désormais ses fidèles. Il a certes besoin d'auxiliaires sûrs comme eux, pour veiller sur une entreprise aussi risquée qu'une impression clandestine. Viret, qui doit travailler secrètement, n'avance guère. La fabrication des quatre mille exemplaires convenus, commencée le 5 avril, va durer cinq mois.

Le poète dans cet intervalle est revenu au théâtre. Il a mis en chantier dès mars une nouvelle tragédie, *Mariamne*. Il espère qu'elle rachètera l'échec d'*Artémire*. A son habitude, il ne tient pas en place. Il ne cesse de circuler entre Paris, Villars, Maisons (aujourd'hui Maisons-Lafitte), Rouen, la Rivière-Bourdet. Il est le 6 avril à la Comédie-Française, pour la première d'*Inès de Castro*, tragédie d'Houdar de La Motte, l'un des grands succès du siècle. «Tout le monde trouve [la pièce] mauvaise et très touchante, on la condamne et on y pleure.»[8] Le sujet, effectivement fort émouvant, est celui que reprendra Montherlant dans *La Reine morte*. A la création de l'*Inès* de La Motte, Voltaire se trouvait placé à côté d'un vieillard, le comte de Verdun, qui la dénigrait. Avec son insolence coutumière, il lance au bonhomme : «Il me semble pourtant avoir ouï dire qu'à la première représentation du *Cid*, *où vous étiez*, vous ne trouvâtes point les deux premières scènes bonnes.» La première du *Cid* remontait à quatre-vingt-sept ans... Pour cette fois, contrairement aux prévisions de Marais (qui rapporte l'anecdote),[9] le propos n'attira pas de coups de bâton au railleur. Voltaire vit jouer plusieurs fois la pièce en vogue,[10] préoccupé apparemment, tandis qu'il écrit sa *Mariamne*, de saisir les recettes du succès.

Il fait à Paris les démarches dont le charge son amie Mme de Bernières. Il négocie pour elle la location d'une loge auprès de Francine, directeur de l'Opéra, dût-il promettre en prime d'écrire un opéra. Il loue aux Bernières pour lui et pour Thiriot, dans leur maison à l'angle de la rue de Beaune, un appartement qu'il n'occupera que plus tard. Et comme à son habitude il gémit sur sa santé. Il se partage entre *Mariamne* et une ânesse dont il boit le lait, dans l'espérance de mieux digérer. Il se sent déprimé. Il continue à fréquenter chez Mme de

Mimeure. Certain jour il y a rencontré Piron, bourguignon comme les Mimeure, qui fait ses débuts à Paris. Seul, enfoui dans un fauteuil devant un grand feu, il salue à peine le nouveau venu. Morose, il se met à grignoter un croûton de pain, sans plus s'occuper de l'autre. Piron, éberlué, a l'esprit de sortir de sa poche un flacon, qu'il boit au goulot. Voltaire alors s'avise de se fâcher.[11] Ses relations avec Binbin-Piron commençaient mal.

Le Parisien qu'il est a des accès d'humeur contre Paris. Malade dans cette «maudite ville», il y croit être «en enfer».[12] Ecrivant de la capitale à la Rivière-Bourdet, il se prétend «né pour être faune ou silvain».[13] Il promet que dès qu'il sera à la Rivière, il n'en sortira plus.[14] Cependant pour l'édition clandestine de Viret les circonstances deviennent moins défavorables. Dubois, qui en aurait empêché le débit, meurt le 10 août 1723. En suite de quoi la maréchale de Villars obtient qu'on fermera les yeux. La plus grande prudence reste pourtant nécessaire. En octobre l'impression des quatre mille exemplaires est terminée. Pour plus de sûreté les feuilles sont déposées chez un homme de confiance nommé Martel, lequel se charge d'en brocher deux mille.[15]

La chance semble sourire à Voltaire. Il tient enfin en prison au Châtelet le Beauregard,[16] désormais sans protecteur, Le Blanc ayant été renvoyé du ministère. Le 7 octobre il a lu *Mariamne* aux Comédiens-Français. Ils ont été «assez édifiés».[17] Mlle Lecouvreur devrait se distinguer dans le rôle de l'héroïne. Or à ce moment même un coup imprévu frappe l'heureux poète.

La variole aujourd'hui a totalement disparu de la surface du globe. A tel point qu'en France l'obligation de la vaccination antivariolique, si longtemps imposée à tous, a été abolie. Mais imaginons ces temps où l'on rencontrait dans les rues une majorité de visages grêlés, plus ou moins gravement marqués. Peu échappaient au mal connu sous le nom de petite vérole. Si beaucoup, heureusement, survivaient, parfois le fléau se déchaînait en épidémies meurtrières.

L'une de celles-ci se déclenche à Paris dans l'automne de 1723. Le 9 septembre, Génonville est emporté, à l'âge de vingt-six ans. Son ami ne force pas les termes, nous le savons, quand il écrit qu'il regrettera ce compagnon de sa jeunesse «toute sa vie».[18] Sans soupçonner que la maladie avait pour agent un virus, on la savait dangereusement contagieuse. A la fin d'octobre, Voltaire partant de Villars se rend à Maisons, à l'ouest de Paris. Il ne s'attarde pas dans la grande ville «ravagée» par la petite vérole.[19] A Maisons, il se trouvait, sur les bords de la Seine, à la limite de la forêt de Saint-Germain, dans le plus beau des châteaux construits par Mansart. Il y est l'hôte d'un de ses amis, de la plus haute aristocratie de la robe : le président de Maisons. Celui-ci avait exercé fort jeune les fonctions de président à mortier au parlement de Paris. A la date où nous sommes, il n'a encore que vingt-cinq ans. Il pratiquait en sa splendide résidence une vie de faste. Selon Duvernet, la visite de Voltaire devait coïncider avec une fête brillante. Devant une soixantaine d'invités du plus grand monde, Mlle

Lecouvreur jouerait la comédie, Voltaire lirait sa *Mariamne*. Les plaisirs allaient durer trois jours. On espérait la présence de Fleury, l'influent précepteur du roi.[20]

Mais, le 4 novembre au soir, le mal se déclare chez M. de Maisons et chez son hôte. Toutes les réjouissances étant immédiatement annulées, les invités quittent précipitamment les lieux. Le président de Maisons en est quitte pour un bref malaise, lequel apparemment n'a pas suffi pour l'immuniser : il sera de nouveau atteint par la variole en 1731 et en mourra, sans descendance, ce qui entraînera l'extinction de la famille. Voltaire, quant à lui, est gravement touché. «Fièvre maligne», éruption. On le croit à l'extrémité. Le curé de Maisons s'étant présenté, il se confesse à lui. L'auteur de l'*Epître à Julie* est à cette date l'un de ces déistes *in-petto* qui extérieurement respectent les formes de la religion.

Le président de Maisons a fait appeler Gervasi, la meilleure autorité en la matière. Ce médecin peu auparavant avait eu mission de combattre une épidémie de peste au Gévaudan. Devant un malade au «corps délicat et faible», il formule un pronostic défavorable, mais ne renonce pas. Voltaire à peine remis rédigera et publiera aussitôt dans le *Mercure* une longue lettre retraçant la cure, à la gloire de Gervasi dont les méthodes sont alors contestées.[21] Il y raisonnera avec un air de compétence qui nous paraît bien plaisant. Quoi qu'en pense notre philosophe, il est évident qu'on en était toujours à la médecine de Molière. On explique la variole par «une dépuration du sang, favorable à la nature». D'où la médication : *primum saignare*. Voltaire l'a été deux fois. Ensuite, sinon le *purgare*, du moins de l'émétique : il en a pris huit fois... Plus original est le traitement par la limonade. Gervasi lui en fit absorber deux cents pintes, c'est-à-dire près de deux cents litres. On mesure la robustesse de l'organisme «délicat et faible», capable de résister à la fois au virus et au médecin. La cure de celui-ci cependant fut efficace sur le plan psychologique. Il ne quittait pas d'un moment son malade. Il étudiait en lui «avec attention tous les mouvements de la nature». Il lui expliquait le danger et justifiait ses remèdes. Il lui inspirait «conviction» et «confiance». Méthode bien nécessaire, commente Voltaire, «puisque l'espérance de guérir est déjà la moitié de la guérison». Pour avoir senti que telle était la meilleure voie à suivre afin de favoriser la guérison d'un malade qui voulait comprendre, Gervasi a mérité incontestablement la reconnaissance de Voltaire. Gratitude qu'il partage avec Thiriot : celui-ci mandé dès le début demeura fidèlement au chevet de son ami.

Le 1er décembre, l'hôte de M. de Maisons se sent assez fort pour regagner Paris. Le carrosse n'était encore qu'à deux cents pas du château, lorsque Voltaire voit des flammes jaillir de la chambre qu'il vient de quitter. L'incendie se propage rapidement. Il fallut l'intervention de pompiers venus de la capitale pour sauver le château. On découvrit l'origine du sinistre. Pendant trois semaines un feu intense avait été entretenu dans la cheminée de la chambre. Une poutre passant sous le foyer s'était consumée lentement, et s'embrasa soudain après le départ du malade.

Voltaire reprend progressivement ses activités. Il est encore trop faible le 2 décembre lorsque meurt le régent. Il laisse passer l'événement sans le commenter. Avec le successeur, le duc de Bourbon, il se sent en assez bons termes pour lui présenter une requête. A une date inconnue, il avait obtenu une pension du roi de 2.000 livres. Il demande au duc de la partager avec son cher Thiriot,[22] qui venait de l'assister avec tant de dévouement, affrontant courageusement la contagion. Revenu à Paris, il s'est installé dans un appartement meublé de la rue de Seine, à proximité du logement qu'il fait aménager chez les Bernières, à l'angle de la rue de Beaune et du quai.[23] Il se trouve à ce moment-là à court d'argent. Il lui faut vendre tous ses meubles pour payer des dettes pressantes.[24] La maladie sans doute lui a coûté gros. Et auparavant il avait dû, à plusieurs reprises, verser des avances pour l'impression clandestine de La Henriade.[25]

Il peut enfin dans les derniers jours de décembre s'occuper de cette édition Viret du poème épique. Les choses en étaient restées où il les avait laissées deux mois plus tôt. Quatre mille exemplaires ont été tirés, sous le titre La Ligue ou Henri le Grand. De ceux-ci l'obligeant Martel continue à dissimuler, à Rouen ou dans les environs, deux mille exemplaires en feuilles et deux mille exemplaires brochés. Il s'agit d'extraire les deux mille volumes brochés de leur cachette et de les introduire dans la capitale.

Voltaire imagine un subterfuge rocambolesque. Mme de Bernières vers le 20 décembre fait partir de Rouen vers Paris un lourd fourgon attelé de six chevaux, rempli de mobilier. Derrière cheminent deux chevaux, chargés de bâts et de paniers : à l'intérieur on a dissimulé les exemplaires de La Ligue.[26] Les animaux bâtés s'arrêtent au village de Boulogne, avant les contrôles surveillant les portes. Ensuite, par petits paquets, les volumes vont se glisser dans la ville sans attirer l'attention. C'est ainsi que le bon roi Henri fait son entrée dans la capitale, dans les premiers jours de 1724, l'autorité s'abstenant d'intervenir. Dès le 14 janvier, Mathieu Marais a lu l'ouvrage et le commente dans son Journal.

Cet Henri le Grand ne payait guère de mine. Mauvais papier, impression hâtive, comportant des lacunes remplacées par des lignes de points : Voltaire n'a pu réaliser son rêve d'une magnifique édition. Aussi se presse-t-il de désavouer celle-ci, faite, prétend-il, «d'après une mauvaise copie qu'on [lui] a volée».[27] A quoi il ajoute une note de bouffonnerie. La Ligue s'annonce au titre comme imprimée à Genève, chez un éditeur qui se nommerait «Jean Mokpap». Dans sa correspondance le poète ne joue certes pas les «Messieurs de l'Empyrée». Il parle de son héros épique comme de son «petit Henri», un «marmouset», un «petit garçon», son «bâtard».[28] Plaisanteries dépréciatives, dont il accompagne volontiers ce qui lui tient le plus à cœur. En réalité, très sérieusement, il se propose d'essayer l'effet de son poème auprès du public qui depuis des mois l'attend.

L'auteur eut tout lieu de s'estimer comblé. «Un ouvrage merveilleux», s'exclame Marais. Le Mercure de France, le Journal des savants, de mars et avril, suivis par les Nouvelles littéraires et la Bibliothèque française, font chorus.[29] On loue la versification, vive et naturelle, rompant avec le style maniéré des La Motte et des Fontenelle. A un certain Limojon de Saint-Didier quémandant une subvention pour un *Clovis* prétendument épique, un ministre répond que lorsqu'on fait des vers, il les faut faire comme M. de Voltaire.[30] Pour comprendre l'enthousiasme des contemporains, nous devons oublier les réactions qui sont les nôtres au contact de cette *Henriade*. Son allure de pastiche classique, quelque peu scolaire, était précisément ce qui ravissait les lecteurs de 1724. C'est, se plaît-on à dire, «une poésie dont nous n'avons point d'exemple depuis Homère», c'est «beau comme Virgile». L'amour-propre national est enfin satisfait, le mot de Malézieu – «le Français n'a pas la tête épique» – se trouvant démenti. «Voilà notre langue», constate patriotiquement Marais, «en possession du poème épique comme des autres poésies». Aveuglement, procédant d'un certain chauvinisme? Mais on a vu l'Anglais Bolingbroke juger dans le même sens. Après la publication de *La Ligue*, il échange avec Alexander Pope ses impressions. Le poète d'outre-Manche correspond même alors directement avec Voltaire.[31] Lettres perdues. Mais nous avons celle par laquelle Pope fait connaître à Bolingbroke son opinion.[32] Comme les lecteurs français, il se réfère aux modèles classiques : Homère, Virgile. Il approuve les allégories, loue la mise en œuvre des personnages, ce qui constitue «le fort du poème» selon lui. Il aurait souhaité cependant que l'imagination du poète se donnât plus librement carrière : amorce d'une critique qui, s'inspirant des exemples anglais, atteindra par delà *La Henriade* l'ensemble du classicisme français.

L'apparition rapide de quatre ou cinq éditions, avec ou sans le consentement de l'auteur, indique que les quatre mille exemplaires de Viret ne suffisaient pas à la demande. L'imprimeur rouennais eut l'honneur d'une contrefaçon hollandaise.[33] L'abbé Desfontaines, qui fait ici son entrée dans la vie de Voltaire, donne une édition datée d'Amsterdam (en réalité faite à Evreux), où l'abbé prend la peine de combler les lacunes par des vers de sa façon. Un autre plumitif, Guyot de Merville, réédite *La Ligue*, cette fois réellement à Amsterdam, chez Desbordes, d'après un manuscrit remis par Voltaire en 1722. Il accroche au texte des notes acerbes : les contestations malveillantes de cette sorte accompagneront souvent le succès des œuvres voltairiennes.

La rumeur dans le public, pendant le printemps de 1724, invente le titre du poème que Voltaire n'avait pas su trouver. Dans sa correspondance il s'y réfère sous le nom d'*Henri*. Le titre de *La Ligue* convient mal, puisqu'il renvoie non au héros, mais à ses adversaires. Or vers le mois de juin 1724 on parle couramment de l'ouvrage comme étant *L'Henriade* ou *La Henriade*.[34] La dénomination situe l'œuvre nouvelle dans une filiation classique : *Iliade*, *Enéide*, *Franciade* (pour les savants qui connaissaient encore Ronsard). Voltaire l'adopte pour la nouvelle édition qu'il prépare.

Il n'a pas en effet renoncé à la grande publication qu'il avait initialement prévue. Il achève de réunir les planches en vue de l'illustration. Il s'informe sur les souscriptions encaissées en Hollande.[35] Et il révise son texte. En août 1724, il a enfin emmenagé dans l'appartement loué aux Bernières. La vue sur le fleuve y est magnifique. Malheureusement, à l'expérience, la maison se révèle inhabitable. Exposée au nord elle est, l'hiver, «froide comme le pôle», et plus que fraîche en été. Surtout le défilé ininterrompu des carrosses et des charettes, de jour comme de nuit, y entretient un tintamarre infernal. Et l'on y sent le fumier, «comme dans une crèche».[36] Il avait cru qu'il pourrait y travailler tranquillement à parfaire sa *Henriade*. Au bout d'une semaine, il déguerpit, pour aller s'installer dans un garni des environs. Mais la malchance l'y poursuit: il y attrape la gale.

Cependant la révision du poème s'achève. En septembre, il a composé un nouveau chant, le sixième de la version définitive.[37] Grossi de plus de mille vers, le texte en dix chants est prêt en juillet 1725. Il reste à assurer au chef-d'œuvre une publication digne de lui, *La Ligue* de 1723 n'étant plus considérée que comme une «faible esquisse».[38] Mais déjà l'ouvrage est tel qu'il paraîtra, à peu de variantes près, trois ans plus tard.

Il serait paradoxal d'exposer une vie de Voltaire en négligeant le fait qu'il fut, qu'il sera longtemps, qu'il demeure encore (surtout pour ses détracteurs) l'auteur de *La Henriade*. Nous ne pouvons nous dispenser de confronter notre lecture de l'œuvre avec celle des contemporains.

Si d'aventure aujourd'hui nous ouvrons cette épopée, une heureuse surprise nous attend. A lire les premières pages nous sommes étonnés de ne pas rencontrer l'ennui. Le récit en alexandrins, forme pour nous si archaïque, parvient à retenir notre attention. En s'astreignant à toutes les contraintes prosodiques, le poète donne l'impression de n'en être pas gêné. Il use du vers de douze pieds avec tant de souplesse, tant d'apparente aisance, que l'effet produit est seulement cette noblesse de ton, résultant d'un rythme régulier, à laquelle tendait la poésie classique des grands genres. On s'explique l'admiration des lecteurs de *La Ligue* en 1724. Voltaire n'avait pas alors son pareil, et il comptait peu de prédécesseurs, pour un maniement aussi fluide de l'alexandrin, rehaussé, ici et là, de sentences vigoureusement frappées. Voltaire versificateur reste largement méconnu. L'expression prosodique, pratiquée dès l'enfance, est devenue pour lui un mode d'écrire naturel. On ne lui connaît guère d'égal en ce domaine dans notre littérature que Victor Hugo. Ce qui ne signifie pas, on le comprend, que Voltaire soit comme Hugo ce qu'on appelle un «grand poète». Car le génie poétique ne peut se confondre avec la parfaite gymnastique du vers.

Les formes strictement codifiées ayant à peu près disparu de notre poésie, on a peine à se représenter cette ancienne culture littéraire. Elle se nourrissait par la fréquentation assidue, quasi quotidienne, des spectacles du théâtre où dominait la tragédie. On a décelé dans *La Henriade* de nombreux hémistiches, rimes, tours, de Corneille, de Racine.[39] Une expression facile dans une forme aussi contraignante que l'alexandrin suppose une mémoire capable de fournir nombre d'éléments préétablis. Mais Voltaire fond ce qui est chez lui réminiscences plutôt qu'emprunts dans un courant narratif, fortement marqué de son accent personnel. En effet, ce qui sauve d'un naufrage irrémédiable les premiers chants de cette épopée, c'est le don du narrateur qui s'y manifeste. Voltaire sans doute à cette date était loin de soupçonner que sa survie littéraire serait pour une large part assurée par ses qualités de conteur.[40]

Il commence dans le vif du sujet. *In medias res*, disaient les anciennes poétiques. Henri III le dernier des Valois, homosexuel sans postérité, et le huguenot Henri de Bourbon, roi de Navarre, son héritier légitime, se sont réconciliés. Ils assiègent ensemble Paris, tenu par la Ligue catholique, dirigée par Mayenne. Le roi charge Henri, héros du poème, d'aller demander des renforts outre-Manche à la reine Elisabeth. Ce qui introduit au chant II un retour en arrière. *Flash back*, comme ne disaient pas les anciennes poétiques. Mais le procédé, vieux comme l'art de conter, s'avère toujours efficace. Henri retrace donc la tortueuse politique de Catherine de Médicis. Il peint, non sans force on le sait, l'horrible nuit de la Saint-Barthélemy. Charles IX meurt des conséquences de son crime. Son frère Henri III lui succède. Discrédité, il est sur le point d'être supplanté à la tête du royaume par le duc de Guise, chef tout-puissant de la Ligue. Henri III conjure la menace en le faisant assassiner, et en s'alliant avec Henri de Navarre qui dispose de solides troupes. A la fin du chant III, Elisabeth accorde aux Français le contingent demandé. Henri revient devant Paris, juste à temps pour repousser une sortie dangereuse des ligueurs. Cependant à l'intérieur de la capitale un comité révolutionnaire, les Seize, s'est emparé du pouvoir, sous l'autorité de Mayenne. Le poète rapporte leurs exactions. Le chant IV s'achève sur le spectacle de désolation qu'offre alors le royaume de France : «tumulte au dedans», «péril au dehors»,

Et partout le débris, le carnage, et les morts.

Dans ce Paris, surchauffé par les passions politico-religieuses, un jeune moine à la tête faible, Jacques Clément, se croit appelé à devenir l'instrument de la justice divine. Exalté par des apparitions, par une cérémonie incantatoire célébrée en compagnie de ligueurs enragés, sous la direction d'un officiant juif, il se lance dans la grande entreprise : hors des murs, il réussit à s'approcher de Henri III ; il le frappe à mort d'un poignard caché sous sa robe. Voilà donc le huguenot Henri de Navarre devenu, selon l'ordre régulier de succession, le roi de France Henri IV. L'armée assiégeante qu'il commande le reconnaît. Mais dans la capitale la Ligue rassemble ses Etats-Généraux pour élire un autre roi. Bientôt la confusion, aggravée par les intrigues espagnoles, s'installe dans cette assemblée délibérante. Le parti de Mayenne ne parvient pas à imposer son candidat. Et pendant ce temps la guerre civile continue.

A partir de ce point le récit faiblit. Comme l'*Enéide* en sa deuxième partie, *La*

Henriade va s'enliser dans des descriptions de combats. Cela, malgré les efforts du poète pour diversifier la matière, malgré les digressions: visite (en songe) aux Enfers et aux Champs-Elysées, épisode amoureux. L'histoire doit nécessairement aboutir au dénouement attendu: la conversion de Henri IV. Mais ce qui précède n'a guère préparé le ralliement du héros à la religion que le poète présente, en termes conventionnels, comme étant la véritable religion. Voltaire fait donc appel à un *deus ex machina*. Saint Louis «dans les cieux» intercède auprès de l'Eternel. Et voici que soudain la Vérité éclaire Henri. Suit un credo en douze vers, aux termes soigneusement choisis afin que la stricte orthodoxie y revête une expression point trop banale. Mais on sent bien que le poète ne croit pas à cette conversion. Henri IV, historiquement, n'était certes pas une âme profondément religieuse. Nul ne supposera qu'il ait changé de foi par l'illumination de quelque chemin de Damas. Ce n'est d'ailleurs pas diminuer sa décision que d'y discerner comme prépondérants les motifs politiques: il y allait du salut du pays, seul un roi rallié à la confession du plus grand nombre étant en mesure de rétablir la paix, par la restauration d'un pouvoir royal unanimement accepté. C'est dans cette perspective que Voltaire situera l'événement dans l'*Essai sur les mœurs*. Dans *La Henriade* il n'ose pas s'affranchir de la version officielle, celle par exemple du P. Daniel que raillera l'exposé de l'*Essai*.

Ce poème épique pâtit d'une évidente timidité. Au collège, les élèves du P. Porée s'exerçaient à transposer les grandes scènes des modèles classiques, en changeant les temps, les lieux, les circonstances. L'auteur de *La Henriade* donne l'impression d'avoir amplifié ce genre d'exercice à l'échelle du poème entier. Il s'applique visiblement à refaire, à partir de données différentes, les épisodes les plus marquants de l'*Enéide*. Le récit d'Enée à Didon devient la narration, par Henri à Elisabeth d'Angleterre, des événements antérieurs. Parmi ceux-ci un morceau à grand effet, la Saint-Barthélemy, équivalent de la destruction de Troie racontée au chant II de l'*Enéide*. La descente du héros virgilien aux Enfers, sa visite aux Champs-Elysées, permettant d'évoquer les figures du passé et de faire apparaître celles de l'avenir, sont calquées dans un songe de Henri IV au chant VII. Les scènes de bataille, à l'imitation du poème latin, font alterner engagements collectifs et affrontements singuliers. Dans cette partie le modèle rend de précieux services. Ainsi l'épisode dramatique du chant IV, avec renversement de la situation au retour de Henri, reproduit le mouvement de l'épisode de Turnus chez Virgile. Parfois cependant Voltaire utilise, notamment pour les duels de chevalerie, la *Jérusalem délivrée* du Tasse, plus proche quant à la technique du combat. On relève même que révisant son poème il a eu soin de réparer une omission. *La Ligue* oubliait la péripétie initiale de l'*Enéide*: la tempête jetant le héros sur une terre inconnue. Dans *La Henriade*, à peine le protagoniste s'est-il embarqué à Dieppe que «les vents sont déchaînés sur les vagues émues». La fureur des flots le porte non sur la côte anglaise, mais sur celle de Jersey. Ce qui ouvre la possibilité d'une visite à un vieillard prophétique, imitée de l'Arioste.[41]

Mais c'est le souvenir de Renaud détourné par Armide, au chant XVI du Tasse, qui interfère avec Virgile dans l'inévitable épisode amoureux : Henri oubliant son devoir entre les bras de Gabrielle d'Estrées, au chant IX.

Voltaire ne semble pas concevoir que l'inspiration épique puisse se faire jour autrement que par des scènes déjà traitées chez ses modèles. Il ne croit pas non plus qu'il doive s'écarter des formes de style consacrées. La Henriade prodigue l'épithète noble et la métaphore de convention. Le sommeil, qualifié de « trompeur », ne manque pas de « verser ses pavots » sur les uns et sur les autres (par exemple II.180).[42] Si dans un poème mettant en scène des huguenots l'auteur a risqué le mot de « prêches », il se justifie en soulignant qu'il lui a accolé l'adjectif « criminels ».[43] Il respecte la tradition de la comparaison homérique, bien qu'elle paraisse archaïque dans un poème à sujet moderne. La mort du jeune Joyeuse, fauché dans la bataille, est commentée par un « Tel une tendre fleur »... (III.215). Il s'astreint de même à une pratique qui perd son sens hors de l'*épos* antique : le long discours conclu par un « Il dit », ou une formule analogue. Même le spectre de Guise apparaissant en songe à Jacques Clément débite à celui-ci une tirade qui ne dure pas moins de trente alexandrins (v.134-64).

Une épopée dont le sujet est, en principe, une conversion rencontre inévitablement le problème du « merveilleux chrétien ». Voltaire a la discrétion de n'évoquer, parmi la foule des saints et bienheureux, que le seul saint Louis, lequel encore intervient tout autant comme roi que comme élu céleste. Il préfère recourir aux allégories. De celles-ci une seule nous paraît tolérable : le Fanatisme. Les guerres de religion ne démontrent que trop la réalité du « monstre », attestée en outre par une présentation historique, allant des sacrifices d'enfants à Moloch jusqu'aux modernes bûchers de l'Inquisition. En revanche, combien encombrante cette Discorde, qui « fait siffler ses serpents » ! Elle se mêle à tout propos de provoquer des événements qui se seraient de toutes façons produits selon le cours normal des choses. Puis lorsque le poète s'avise de multiplier les figures allégoriques et d'établir entre elles des généalogies (« la Politique, fille de l'Intérêt et de l'Ambition, dont naquirent la Fraude et la Séduction », IV.223-26), on est excédé de tant d'artifice.

La convention noble de l'épopée s'avère particulièrement dommageable au héros, protagoniste du poème. On sait que le personnage le moins vivant de l'*Enéide* se trouve être Enée lui-même. Mais que dire du Henri de La Henriade ! Le souvenir du personnage historique, si haut en couleur, ne s'était pas effacé. La légende s'en était emparée, aidée par le livre d'Hardouin de Péréfixe. Le bon roi de l'ancien temps avait même connu un regain d'actualité dans les malheurs du règne de Louis XIV. Au souverain de Versailles, isolé par l'étiquette, lointain, on opposait ce roi qui savait parler d'homme à homme à ses soldats,[44] aux gens du peuple. La chanson d'Alceste, dans Le Misanthrope, met en scène un simple particulier disant « au roi Henri : Reprenez votre Paris, j'aime mieux ma mie, au gué ! » On n'imagine pas un sujet tenant de tels propos au cérémonieux Louis

XIV. Le premier des Bourbons fut aussi le seul souverain populaire de sa lignée. On aimait sa jovialité gasconne. Et ses galanteries étaient bien loin de nuire à sa réputation.

Du relief de l'homme, de sa présence chaleureuse, *La Henriade* ne laisse rien subsister. Les conventions monarchiques s'ajoutant à celles de l'épopée le réduisent à une perfection impersonnelle. Dans son récit à Elisabeth il parle d'affilée pendant près de deux chants: or à aucun moment nous n'avons le sentiment d'entendre sa voix. C'est le poète narrateur dont nous percevons à travers lui la parole. A l'occasion de l'épisode amoureux, le mannequin va-t-il au moins s'animer? La rencontre de Henri avec Gabrielle n'engage pas un enjeu aussi grave que les amours de Didon et d'Enée. Pas un instant le roi ne songe auprès de sa belle maîtresse à renoncer à sa mission, à la différence d'Enée tenté de se fixer à tout jamais dans le royaume de Didon. Gabrielle quant à elle n'a aucune raison de tourner en tragédie le départ de son amant: elle sait qu'il reviendra. Ce divertissement – un repos du guerrier – risquait dès lors de nuire au prestige du héros. Le poète le traite donc sur le mode le plus allusif. Afin de conjurer toute référence tant soit peu érotique, il accumule les allégories: la molle Volupté, le Mystère en silence, le Sourire enchanteur, les Soins, la Complaisance, etc. Il va jusqu'à personnifier les «Refus attirants». De sorte que ce rendez-vous du Vert-Galant avec Gabrielle d'Estrées est dans toute *La Henriade* la partie la plus froide.

Séduisante pour les contemporains, pour nous si décevante, l'épopée nous fait cependant concevoir une œuvre différente dont les indices se laissent ici et là discerner. Voltaire a travaillé sa documentation comme s'il préparait un ouvrage historique. Ses notes en prose ajoutées au texte donnent l'idée d'un essai sur les guerres de religion. Autant que le permettent les contraintes du poème épique, ses dix chants suggèrent une réflexion sur cette perversion religieuse qu'est le «fanatisme», tant du point de vue de l'individu que comme phénomène social. Conjointement *La Henriade* contient une théorie de la monarchie fermement affirmée.

Si l'on ouvrait aujourd'hui le ventre du cheval de bronze portant sur le Pont-Neuf la statue de Henri IV, on y découvrirait un exemplaire de *La Henriade*, ou ce qui en reste. Le monument avait été détruit sous la Révolution. Il fut rétabli sous la Restauration, en 1818. On tint à associer au geste réparateur le poème de ce Voltaire, alors si prôné par l'opposition libérale. Tentative de «récupération»? Sans doute,[45] mais qui ne trahissait pas l'esprit de l'œuvre, bien que celle-ci eût été en son temps écrite dans une tout autre intention. Monarchique et bourbonien, le poème s'inspire d'un pessimisme marqué en ce qui concerne le peuple. Voltaire a bien compris le caractère populaire, voire démocratique, de la Ligue. Ce qui ne la lui rend aucunement sympathique. Qu'on lise dans le chant IV après la prise du pouvoir par les Seize, l'intrusion d'une «affreuse cohorte» dans le parlement, ce Sénat, ce «Temple de Thémis», les frénétiques envahisseurs proclamant: «Obéissez au peuple, écoutez ses décrets». C'est presque dans les mêmes termes qu'un ci-devant sous la Révolution rapporterait une opération de sans-culottes. D'ailleurs en 1793 certains sans-culottes s'y reconnurent. Deux vertueux citoyens publièrent une censure du poème, le dénonçant comme dangereux pour la République.[46] Effectivement l'auteur de *La Henriade* n'attend du peuple rien d'autre que désordre, vaines agitations, cruauté même, car c'est le peuple qui «confond le fanatisme et la religion» (IV.361). En 1724, il a ajouté tout un chant, le sixième, pour exposer l'impuissance des factions populaires.

Une telle situation justifie l'autorité monarchique. Les ligueurs eux-mêmes le savent, qui tentent de se donner un roi, puisqu'«enfin quel qu'il soit le Français veut un maître» (VI.20). Mais le poème démontre que ce «maître» ne peut être autre que le souverain légitime. En soutenant Henri III, Henri de Navarre se pose en champion de la monarchie («Et roi, j'ai défendu l'autorité d'un roi», III.362). Ayant enfin pacifié son royaume, il exercera son pouvoir en arbitre, contenant les uns et les autres, en vue du bien commun dont il est seul juge. Son autorité réprimera le fanatisme des partis religieux. A cela, une condition: que le roi n'appartienne pas lui-même à l'une de ces factions. Une Catherine de Médicis conspirant contre une partie de ses sujets, et plus odieusement encore un Charles IX arquebusant de sa fenêtre ses sujets huguenots, commettent l'attentat le plus scandaleux contre leur mission. Henri au contraire va déclarer d'emblée:

Je ne décide point entre Genève et Rome. (II.5)

Propos bien surprenant de la part de quelqu'un qui est alors à la tête du parti protestant. Mais par anticipation il se place dans la position qui sera la sienne, au-dessus des partis. Un roi de France devrait tenir balance égale entre catholiques et protestants, comme ensuite entre jésuites et jansénistes. Ainsi que le dit fort bien le parlementaire Potier, faisant l'apologie d'un Henri IV tolérant: «Il sait dans toute secte honorer les vertus» (VI.117). Une telle définition de la monarchie censurait toute la politique religieuse de Louis XIV, perpétuée, quoique avec moins de conviction, sous son successeur. Il n'est pas étonnant que *La Henriade*, si monarchiste qu'elle se veuille, se soit attiré en son temps la réprobation officielle. Ces idées cependant ne manquent pas de portée. Elles esquissent une théorie du pouvoir dans une société pluraliste. Et l'on n'a pas de peine à y reconnaître des constantes fondamentales de la politique française.

Un essai sur les guerres de religion les aurait développées plus commodément, cela est sûr. La vocation poétique de Voltaire gêne ici l'essor de sa pensée «philosophique». Mais dans le public de l'époque un essai historique en prose n'aurait guère rencontré d'écho. Auprès de lecteurs formés par les humanités, ce qui fait effet c'est l'expression poétique dans les genres consacrés, et surtout dans le plus noble de tous. Voltaire a été entendu parce qu'il se posait en Virgile français. Et malgré tout, dans sa *Henriade*, en dépit de tant de conventions, un message est passé. Parfois une vision épique se dessine : celle d'une humanité livrée à la folie et au crime, en proie au démon qui fait son malheur :

> C'est lui qui dans Raba, sur les bords de l'Arnon,
> Guidait les descendants du malheureux Ammon,
> Quand à Moloch, leur dieu, des mères gémissantes
> Offraient de leurs enfants les entrailles fumantes. (v.87-90)

Dans des vers comme ceux-ci, et comme ceux qui suivent, l'auteur de *La Henriade* entrevoit-il que l'épopée moderne est celle de l'humanité embrassée en son devenir historique, l'épopée que tenteront un Hugo, un Michelet ? Mais l'indication reste ici fugitive. Le poète s'en tient au niveau d'une philosophie politique. Son pessimisme antipopulaire procède d'un jugement non moins pessimiste sur la nature humaine et sur la société en général. Il en conclut que pour arracher l'homme à sa misère, il faudrait le guérir de ses fureurs, et qu'une politique éclairée et tolérante peut y contribuer. Leçon qui fut comprise, et non seulement par les protestants persécutés. Alexander Pope, catholique dans un pays où ce sont les catholiques qu'on persécute, loue chez l'auteur de *La Henriade* une inspiration tolérante fondée sur la Raison et l'Humanité.[47]

La Henriade ne va cesser d'accompagner Voltaire. Une soixantaine d'éditions paraissent de son vivant.[48] A certaines il apporte lui-même des corrections, des additions, surtout dans les remarques. La plus sensationnelle d'entre celles-ci sera en 1746 la «note des damnés».[49] Plusieurs publications du poème furent assurées par des personnalités de premier plan, qui l'enrichirent d'une préface : Marmontel, en 1746, Palissot, en 1784. L'illustre Fréron en 1775 a publié l'édition préparée par son complice La Beaumelle, où Voltaire et son texte sont vilipendés dans les notes. Mais la plus prestigieuse eût été celle que voulait réaliser en 1739 le prince royal de Prusse, le futur Frédéric II. Devenu roi peu après, il abandonne le projet. Il avait néanmoins rédigé un *Avant-propos* dithyrambique qui fut imprimé.[50] Jusqu'à la fin du siècle les éloges ne tarissent pas. Il est admis que Voltaire seul a réussi dans un genre avant lui inaccessible aux Français. Lorsque Beaumarchais place au même niveau l'*Iliade* et *La Henriade*,[51] il ne fait qu'exprimer l'opinion commune. Le poème a brillamment survécu à l'Ancien Régime : on compte encore 67 éditions entre 1789 et 1830.[52] Quelques-unes donnent des textes corrigés à l'usage des classes. Promotion scolaire en France et hors de France : le petit Dostoïewski apprend le français en récitant des tirades de *La Henriade*.[53]

Mais la consécration «classique» ne dissimulait plus que depuis longtemps l'œuvre était morte. Dès les débuts, des critiques avaient mêlé au concert de louanges des notes discordantes. On reprochait à l'auteur ses partis pris. Comment se fait-il, demande le *Journal de Trévoux* (1731), que «les rebelles et les hérétiques ont toujours raison dans *La Henriade*, et que ce sont les rois, les papes et les catholiques qui ont tort ?»[54] On lui avait cherché une multitude de querelles sur les allégories, les images, la langue, les rimes... Mais ce fut l'évolution des sensibilités à partir de la seconde moitié du siècle qui conduisit à une évaluation véritable du poème. Déjà Diderot se montre réservé, sans trop oser le censurer. Après lui, à tous ceux qui dans la poésie veulent «quelque chose d'énorme, de barbare et de sauvage»,[55] l'épopée voltairienne paraît tristement étriquée, sèche. La recherche romantique d'un épique moderne se fera contre *La Henriade* et la repoussera dans l'oubli.

L'échec du poète en ses plus hautes ambitions a marqué l'image de Voltaire tel qu'en lui-même... *La Henriade* donne raison à ceux qui ne lui concèdent qu'un talent tout d'imitation. Ici s'accusent les limites du génie voltairien. Mais du jugement sans appel de la postérité il convient de dire que ni lui-même ni ses contemporains n'eurent le pressentiment. Le biographe devra donc tenir compte de l'illusion unanimement acceptée du chef-d'œuvre. Ce qu'établissent encore les chiffres enregistrés par l'enquête de Daniel Mornet sur les bibliothèques de particuliers. Entre 1750 et 1780, *La Henriade* figure dans 181 des 500 catalogues dépouillés, parfois en plusieurs exemplaires.[56]

Le plus grand poète français? Monsieur de Voltaire. Et il ne s'est pas trouvé alors un André Gide pour soupirer, irrévérencieusement: Hélas![57]

12. L'ascension

Le 6 mars 1724, une grande première était attendue à la Comédie-Française. Toutes les loges étaient depuis longtemps retenues. Pour la circonstance, les Comédiens avaient doublé le prix des places, même au parterre. On allait jouer *Mariamne*, la nouvelle tragédie de celui qui vient de conquérir la gloire d'être le grand poète épique de la France: M. de Voltaire. Le rideau va se lever sur un nouveau chef-d'œuvre.

Le public se montre attentif pendant les trois premiers actes et une partie du quatrième. Ensuite, on donne des signes d'ennui, puis d'impatience. C'est donc devant un auditoire houleux qu'intervient l'innovation risquée par l'auteur. L'héroïne Mariamne, au lieu d'aller mourir dans les coulisses selon l'habitude, buvait sur la scène même la coupe empoisonnée et rendait l'âme sous les yeux des spectateurs. A peine Mlle Lecouvreur, interprète du role, eut-elle approché le récipient de ses lèvres, des voix s'élèvent dans le parterre: «La reine boit!» Eclats de rire, sifflets, tumulte. Selon l'usage des moribonds au théâtre, Mariamne agonisante devait tenir avec son mari Hérode un dialogue très pathétique. Il ne fut pas possible de le jouer.[1]

Voltaire présent dans la salle avait, nous confie-t-il, prévu l'échec dès l'entrée d'Hérode.[2] Il retire la pièce. Mais à la différence d'*Artémire* il ne l'abandonne pas. Il va, après révision, la remettre au théâtre l'année suivante. Le texte de la première *Mariamne* de 1724 ne nous est pas parvenu. Nous nous réservons donc d'étudier l'œuvre plus loin, sur le texte de 1725. Nous proposons seulement quelques réflexions qui peuvent trouver leur place ici. Composant une tragédie en même temps qu'il achevait son poème épique, Voltaire manifeste sa «créativité». Préférons le mot à celui de «fécondité». S'il est un homme de lettres à qui le néologisme aujourd'hui en usage puisse s'appliquer, c'est bien notre auteur. Chez lui existent à la fois la volonté et l'aptitude, qui ne cesseront de se renforcer, d'écrire simultanément dans des genres divers, à différents niveaux. Présentement il s'en tient de parti pris aux diverses sortes de littérature «noble»: préjugé de jeunesse, qui ne bridera plus très longtemps sa plume.

Autre constatation que doit faire le biographe. Le triomphe d'*Œdipe* reste, à la date de 1724, sans lendemain: après l'échec d'*Artémire*, voici celui de *Mariamne*. L'auteur pourtant s'obstine. Est-ce parce que le théâtre est alors le plus propre à procurer notoriété et argent (la recette de *Mariamne* pour une unique représenta-tion atteignit le chiffre important de 5.539 livres,[3] sur quoi il revint au poète une somme non négligeable)? En s'adonnant ainsi à la production dramatique, Voltaire se trompait-il sur son véritable talent? Nous serions tentés de le penser, aujourd'hui que ce théâtre a presque totalement sombré. Mais un auteur peut avoir une vocation authentique pour la scène, sans pour autant laisser une œuvre capable de traverser les siècles. Sans conteste nous rencontrons chez Voltaire les données psychologiques et la personnalité qui font qu'un homme se voue au théâtre, comme auteur, comme acteur, ou comme l'un et l'autre. Vivre pour le public, tendre ses forces afin de faire effet sur ceux qui vous voient, vous écoutent, se présenter devant des foules assemblées sous l'apparence de personnages qui ne sont pas vous, mais qui tirent leur être de vous-même, se cacher sous ces masques et pourtant sous ces masques se montrer, tel sera Voltaire toute sa vie : un homme de spectacle. C'est en raison d'une telle motivation – complétée par d'autres plus superficielles – qu'il a fait ses débuts littéraires comme homme de théâtre, et persévère. Orientation si fortement marquée que dans l'été qui suit, se trouvant en cure à Forges-les-Eaux, il occupe ses loisirs à composer une nouvelle pièce, *L'Indiscret*, dans un genre, la comédie, où il ne s'était pas encore essayé.

Il passe le mois de juillet et une partie du mois d'août 1724 en cette station thermale, connue depuis le XVIe siècle. Entre Rouen et Dieppe, il y est à proximité à la fois de la Rivière-Bourdet et de Paris. Il se propose de soigner ses troubles digestifs. Il boit, en bouteilles, les eaux de la source, ferrugineuses et bicarbonatées. D'abord, il s'en trouve fort bien.

Son séjour avait d'autres motifs, non thérapeutiques. Il y accompagne le duc de Richelieu, qui vient d'être désigné pour l'ambassade de France à Vienne. Bientôt le duc de Bourbon, la marquise de Prie, et une partie de la cour vont venir villégiaturer à Forges.

Lorsqu'était mort subitement, le 2 décembre précédent, le duc d'Orléans, alors premier ministre, aucun mécanisme sûr de la succession n'était en place. En principe il revenait au roi de nommer le nouveau premier ministre. Mais Louis XV, théoriquement majeur, n'était qu'un enfant de treize ans. Le successeur se désigna donc lui-même. Le duc de Bourbon, ou «Monsieur le Duc», prince du sang, arrière-petit-fils du grand Condé, vint se proposer au jeune roi. Celui-ci interrogea du regard Fleury qui, en cette circonstance, avait eu soin de rester à ses côtés. Le précepteur d'un mouvement de tête fit signe d'accepter.[4]

Monsieur le Duc gouvernait donc la France. Avec lui sa maîtresse, Mme de Prie, exerçait le pouvoir. Elle venait des milieux d'affaires. Elle était fille du traitant, ou fermier général, Berthelot de Pléneuf. Monsieur le Duc et elle s'étaient associés à Pâris-Duverney, le puissant financier qui achevait la liquidation du «Système». Sous leur administration règnent les plaisirs et l'argent. Pour le moment, le «prudent Fleury» laisse faire, attendant son heure. Ainsi s'ouvrait une seconde période «Régence», dont Mme de Prie donnait le ton. «Brillante», «légère», esprit «vif et agréable», mais parfois «inconsidérée» : ce portrait dessiné par le *Précis du siècle de Louis XV* s'accorde avec l'image que Van Loo a fixée sur la toile : une jeune femme mince, aux traits fins, la tête un peu penchée, le regard attentif, tenant sur un doigt une tourterelle. Voltaire se fera bien accueillir de cette personne qui aime qu'on l'amuse.

L'influence qu'il commence à acquérir dans les allées du pouvoir, il en use d'abord pour des amis, l'un de vieille date, Thiriot, l'autre tout récent et dangereux, l'abbé Desfontaines. Depuis des mois, Thiriot vivait en parasite à la Rivière-Bourdet, aux crochets des Bernières. Il ne paraissait nullement pressé de mettre un terme à sa béate existence. Son ami, de tempérament si contraire, imagina de l'en tirer pour lui ouvrir la voie d'une carrière active. Il fait accepter à Richelieu de prendre Thiriot comme secrétaire à son ambassade de Vienne. Son ami n'aura comme supérieur direct que l'ambassadeur lui-même. Il touchera de bons émoluments. En poste dans la capitale diplomatique de l'Europe, il se fera d'utiles relations ; de là il ne manquera pas d'accéder à des emplois plus importants. Bref toute une fortune se dessine devant l'ami Thiriot. Mais celui-ci refuse, sous des prétextes futiles. Voltaire alors se fâche. Il lui lance une algarade en forme de lettre : morceau d'anthologie, pouvant servir de leçon aux indolents qui négligent d'attraper la chance lorsqu'elle passe à leur portée.[5]

L'affaire n'allait pas en rester là. A défaut de Thiriot, Voltaire fait donner le poste à un certain Davou, signalé par cet abbé Desfontaines dont nous reparlerons. Or voici que Thiriot se ravise : il accepte ce qu'il a, quelques jours plus tôt, dédaigneusement repoussé. Voltaire manœuvre auprès de Richelieu : il est convenu que l'ambassadeur prendra avec lui et Davou et Thiriot. Ce qui ne plaît pas à celui-ci : refus de nouveau. Voltaire proteste : son ami l'a placé dans un grand embarras envers Richelieu, qui le soupçonne de se moquer de lui.[6] Néanmoins il pardonne. L'un de nos sujets d'étonnement, c'est son infinie mansuétude pour un homme si peu estimable. Enfoncé dans la paresse et le parasitisme, Thiriot passera sa vie très exactement à ne rien faire. Il ne réalisera jamais l'édition des *Œuvres* de Chaulieu dont il prétend alors s'occuper, ni n'écrira le livre sur Mahomet dont il parlera quelques mois plus tard. Il a réussi à atteindre un degré remarquable de non-créativité. Sa seule capacité : aller de théâtre en théâtre, de salon en salon, y écouter ce qui se dit, répandre des rumeurs. Par là, il ne laissera pas de rendre de précieux services à son ami, avec lequel il entretient une régulière correspondance : seule forme d'activité qu'on lui connaisse.

Au printemps de 1725, c'est en faveur de l'abbé Desfontaines que Voltaire intervient, dans une affaire autrement grave. Pierre-François Guyot Desfontaines, rouennais, vaguement apparenté aux Bernières, de neuf ans plus âgé que Voltaire, avait été élevé chez les jésuites, puis avait enseigné dans leurs collèges de Rennes et de Bourges. Au bout de quinze ans, il les quitte, pour des motifs non spécifiés, mais qu'on peut imaginer d'après les mœurs du personnage. Après être passé au service du cardinal Bentivoglio, puis du cardinal d'Auvergne, il débute dans le journalisme en 1724. L'abbé Bignon, figure influente dans la République des lettres, lui confie le *Journal des savants*, feuille tombée en totale décadence. Il ranime ce «cadavre». Il a en effet les qualités d'un bon journaliste : la solide culture des anciens élèves des jésuites, un jugement sûr, une plume facile et néanmoins acérée. Il donne, on le sait, une édition de *La Ligue*, où il versifie les parties laissées en pointillé. Il en profite pour y glisser des traits satiriques, notamment contre Houdar de La Motte. Voltaire apprécie peu, mais il est sensible aux dons littéraires de Desfontaines. Et un rédacteur du *Journal des savants* est un homme à ménager.

Soudain, le 18 décembre 1724, l'abbé est arrêté, et emprisonné au Châtelet. Après instruction, il est transféré le 25 avril 1725 à Bicêtre, la prison des sodomites. Car tel est le crime de Desfontaines. Le dossier ne laisse aucun doute sur le sérieux de l'affaire. On y lit la déposition d'un jeune homme de seize ans, attiré dans le lit de notre homme.[7] Pièce accablante, instructive pour l'historien. On y entrevoit le monde souterrain, combien nauséabond, de la sodomie parisienne, avec ses rabatteurs, ses réseaux. Desfontaines risquait tout simplement le bûcher. Ce sera le sort deux ans plus tard de son confrère en sodomie Deschauffours (24 mai 1726).

Mais il met en mouvement ses relations. Le président de Bernières intercède en sa faveur auprès de Monsieur le Duc : se prévalant de sa qualité de parent, il demande que Desfontaines soit assigné à résidence à la Rivière-Bourdet, et se porte garant de sa conduite.[8] Les démarches les plus insistantes furent cependant celles de Voltaire. Il sollicite verbalement Mme de Prie. Il agit auprès du lieutenant de police, le priant de parler au premier ministre.[9] Il reconnaît que l'abbé a pu se rendre coupable de «quelque indiscrétion» : comment nier des faits avérés ? Mais il proteste que son protégé est «incapable du crime infâme qu'on lui attribue». Il invoque le «mérite supérieur» de celui-ci et même sa «probité». On voulut bien le croire, malgré la gravité des charges. Le 24 mai 1725, Desfontaines est libéré, remis entre les mains de M. de Bernières, et exilé à trente lieues de Paris.[10]

Le 31, l'abbé adresse à Voltaire une longue lettre de remerciement. Le sodomite plastronne. Il donne à son bienfaiteur du «mon cher ami». Il impute sa mésaventure à la seule malice de ses ennemis. Il annonce une apologie vengeresse, laquelle ne vit jamais le jour, et pour cause. Il pousse l'aplomb jusqu'à solliciter une nouvelle intervention, pour faire lever l'ordre d'exil. Il ose dicter le texte même de la lettre de cachet, à faire signer par le premier ministre : «Le roi, informé de la fausseté de l'accusation intentée contre le sieur abbé Desfontaines, consent qu'il demeure à Paris.»[11] Voltaire eut la complaisance de se plier à ce qu'on lui demandait. Le 4 juin, il obtient la liberté complète pour celui qu'il appelle «notre pauvre abbé Desfontaines».

En cette affaire, il s'est conduit avec une générosité dont il donnera beaucoup d'autres preuves au cours de son existence. Il n'ignorait certainement pas les mœurs de Desfontaines. Mais pour fait de sodomie, être brûlé vif en place de Grève ! Perspective atroce, que son imagination, très sensible à des cruautés de cette sorte, ne peut supporter. Pour conjurer l'horrible dénouement, il ne ménage pas sa peine. Il en est sans tarder mal récompensé. Ses instances lui attirent à lui-même l'accusation de sodomie. Un abbé Théru, professeur au collège Mazarin, le dénonce au lieutenant de police comme ayant commerce avec des «infâmes», Desfontaines et d'autres. Ce Théru avait, paraît-il, l'obsession de l'homosexualité. Il est certain que Voltaire a eu des relations de ce côté. Mais rien ne prouve qu'il y ait été partie prenante. Au surplus, le dénonciateur le confond avec quelque autre.[12] Des faits manifestement erronés sont avancés: qu'il fut au sortir du collège des jésuites pensionnaire – et sodomite – au collège des Grassins, et partenaire du chevalier Ferrand, «ancien et fameux corrupteur».[13] D'Ombreval, le lieutenant de police, ne tint nul compte de ce billet, qui n'était pas signé.[14]

Les désagréments les plus sérieux allaient lui venir de Desfontaines lui-même. A peine retiré à la Rivière-Bourdet, l'abbé se met à écrire un pamphlet contre celui qui venait de le sauver d'une mort affreuse. Cette *Apologie du sieur de Voltaire* aurait même été imprimée à Rouen. Desfontaines la montre à Thiriot lequel, indigné, le persuade de la détruire. De sorte que Voltaire ne semble pas en avoir jamais connu le texte. Telle est du moins la version présentée par lui en 1739, au moment de l'affaire de la *Voltairomanie*.[15] Il sollicite alors le témoignage de Thiriot. Mais son ami, ou prétendu tel, lié à ce moment-là avec Desfontaines, tergiverse. Alléguant sa mauvaise mémoire, alignant les formules équivoques, il est contraint cependant de reconnaître que pour l'essentiel Voltaire dit vrai. Desfontaines a bien écrit en 1725 à la Rivière-Bourdet un libelle contre Voltaire que Thiriot lui fit supprimer.[16] Il est banal qu'un bienfait fasse naître chez l'obligé de la rancœur. Chez un individu pervers comme Desfontaines, le ressentiment va tourner en une haine sourde, qui éclatera le moment venu.

En faveur de l'abbé, Voltaire avait agi de concert avec les Bernières. Pourtant, au printemps de 1725, des difficultés surgissent entre eux. Pour des raisons d'argent. Nous éviterons de projeter ici l'image du Voltaire riche, disposant d'importantes ressources:[17] position qu'il n'atteindra que quelques années plus tard. Il a perdu, l'été précédent, à Forges, cent louis au pharaon: ce qui est une grosse somme (2.400 livres ou francs). Non que ses poches soient bien garnies d'or. C'est la preuve plutôt qu'il tente de se refaire par les hasards du jeu. Quelques semaines plus tard il mande à Mme de Bernières qu'il sera peut-être «obligé de travailler pour vivre», c'est-à-dire de prendre un emploi.[18] Eventualité qu'il écarte, pour les raisons que nous avons dites.[19] Il cherche à s'assurer un revenu régulier, mais par d'autres moyens. Il tente de se constituer des rentes viagères, pratique courante à l'époque. L'emprunteur reçoit à titre définitif le capital; en contrepartie il verse au prêteur une annuité qui ne prend fin qu'au décès de celui-ci. Opération pleine d'aléas. Voltaire expliquera, goguenard, que les rentiers viagers vivent plus longtemps que les autres hommes: ils se ménagent...[20] De son côté le rentier n'avait guère de chance de trouver un emprunteur assez durablement solvable pour s'acquitter pendant des années, voire des dizaines d'années. Quoi qu'il en soit, en mars 1725, Voltaire ne peut conclure l'affaire: il n'est pas en mesure de verser les fonds à la date convenue.[21] Il perd ainsi 2.000 livres de rente. Du chiffre de l'annuité, on déduit que le capital à investir devait s'élever à quelques 20.000 livres. Car au XVIIIe siècle, en l'absence de tables de probabilités, les emprunteurs souscrivaient habituellement des marchés ruineux, au taux de 10%, ce qui excédait de très loin l'amortissement du capital majoré de l'intérêt.[22]

Voltaire comptait-il réunir une pareille somme en percevant tout au moins une partie de son héritage, en dépit du testament paternel? Il présente la demande d'une «provision» à M. de Nicolaï, institué par le père Arouet gardien de sa part d'héritage. Mais il se heurte à un refus. En conséquence, il se décide à attaquer en justice le testament, ce qu'il n'avait pas fait jusqu'ici.[23] Il a, au même moment, des inquiétudes pour sa pension sur le Trésor royal. On parle d'interrompre les paiements, ou même de les supprimer, afin de subvenir aux dépenses du mariage de Louis XV.[24] Il lui faudrait régler les graveurs, dont le travail pour *La Henriade* est terminé. Il obtient d'eux qu'ils se contentent de recevoir dans l'immédiat la moitié de la facture. Le solde leur sera versé à la publication de l'ouvrage.[25]

Parmi les dettes qu'il laisse courir: le loyer dû à M. de Bernières pour l'appartement de la rue de Beaune. Aussi quand il annonce en juin 1725 son intention d'aller villégiaturer à la Rivière-Bourdet, on l'invite à régler préalablement sa dette. On insinue qu'il veut venir à la Rivière «pour épargner». Voilà ce que Thiriot, lequel vit depuis si longtemps en pique-assiette chez les Bernières, lui fait savoir, gracieusement, de la part de la dame du lieu.[26] Mais celle-ci avait des raisons bien personnelles de prendre tellement à cœur les intérêts de son mari. Voltaire à la Rivière l'aurait gênée. En la place s'était installé le chevalier Des Alleurs: les aptitudes de ce visiteur, sur un certain plan, sont attestées par deux mots, pudiquement retranchés par Kehl et les éditions subséquentes, mais scrupuleusement rétablis par Th. Besterman, d'après le manuscrit.[27] Dans une lettre suivante à sa volage amie, Voltaire laisse entendre qu'il sait à quoi s'en tenir.[28]

Dans la colonne des dépenses, il y eut aussi l'impression de *Mariamne* à compte d'auteur, pour couper court aux éditions faites sur un texte incorrect, attrapé pendant les représentations.[29]

L'aventure de Mariamne, épouse du roi de Judée Hérode le Grand, rapportée par Josèphe au livre xv des *Antiquités*, n'est plus guère connue aujourd'hui que des historiens spécialisés. Il en allait différemment autrefois. Comme dans le cas d'*Œdipe*, Voltaire se donnait l'avantage de traiter un sujet de notoriété publique. La *Mariamne* du vieil Alexandre Hardy était sans doute oubliée, mais non celle de Tristan (1636): pour faire pièce à Voltaire, Jean-Baptiste Rousseau va entreprendre de la rééditer dans une version rajeunie. On avait eu connaissance en France, en 1723, d'une *Mariamne* anglaise.[30] A Paris, après l'échec du 6 mars 1724, l'abbé Nadal s'avise de relever le sujet. Cet abbé s'était fait de longue date une spécialité des tragédies bibliques. Il avait gratifié le théâtre français d'un *Saül* (1705), d'un *Hérode* (1709); après un *Antiochus* (1722), voici qu'il fait jouer, le 15 février 1725, une *Mariamne* de sa façon. Il remporte peu de succès. Le public à la fin du spectacle réclame celle de Voltaire. Celui-ci se trouvait dans la salle, accompagné de Thiriot. D'où l'abbé conclut qu'ils avaient tous deux monté une cabale, seule responsable bien évidemment de son échec. Se hâtant d'imprimer sa pièce, il place en tête une virulente préface. Il accuse l'auteur de l'autre *Mariamne* d'une «brigue horrible et scandaleuse» contre lui. Louant sans mesure sa propre tragédie, il accable de critiques celle de son adversaire. Parmi d'innombrables péchés, Voltaire aurait commis celui de faire rimer «enfin» et «asmonéen».[31] Sous la signature de Thiriot paraît aussitôt une réplique spirituelle, encore que mordante, rédigée par son ami.[32] Ces «combats d'auteurs» réjouissent Mathieu Marais, et le public avec lui. Ils créent une ambiance favorable à la *Mariamne* rénovée, que Voltaire fait jouer quelques jours après, le 10 avril, sous le titre *Hérode et Mariamne*. Cette fois-ci, il remporte le succès qui lui avait échappé un an plus tôt. Marais ne cache pas son enthousiasme: «un chef-d'œuvre»; M. de Voltaire est décidément «le plus grand poète que nous ayons».[33] La pièce va, dans les mois qui viennent, poursuivre une belle carrière, à la ville et à la cour.

Voltaire reprenait l'intrigue d'*Artémire*, en corrigeant ses défauts. Mariamne, comme la précédente héroïne, hait son époux, lequel a fait périr son père et son frère. Elle veut cependant lui rester fidèle. Mais à la différence d'Artémire, Mariamne s'abstient de ressasser inlassablement ses contradictions. Le conflit intérieur éclate seulement au terme de l'action: il trouve aussitôt son dénouement par la mort volontaire de l'héroïne. En outre l'action est cette fois placée dans un contexte historique familier aux spectateurs. Nous sommes à «Solime», c'est-à-dire Jérusalem, après la mort d'Antoine. Hérode le Grand, partisan du vaincu, s'est rendu à Rome pour rétablir sa situation. On attend son retour. En son absence, le pouvoir est exercé par le Romain Varus, gouverneur de Syrie.

L'auteur a ménagé une progression dramatique efficace. A Solime, la sœur d'Hérode nommée Salome (pour les besoins de l'alexandrin) a juré de perdre sa belle-sœur Mariamne. Le roi éprouve pour sa femme des sentiments alternativement d'amour passionné et de haine féroce. A la faveur de l'éloignement, Salome a obtenu de lui un ordre secret de faire assassiner Mariamne. Mais Varus, amoureux de la reine, fait arrêter l'exécuteur du crime. Tel est l'acte I. A l'acte II, Mariamne, craignant le pire au retour d'Hérode, veut se réfugier à Rome. Elle demande à Varus de l'y aider. Ce qui donne à celui-ci l'occasion de déclarer sa flamme. Elle le repousse, vertueusement. Acte III: Hérode est arrivé à Solime, plus partagé que jamais. Revoyant Mariamne, il s'embrase pour elle, de nouveau, d'un violent amour. Il va exiler Salome. Mais celle-ci retourne la situation. Elle révèle que la reine aime un autre homme. Qui donc? A ce moment se répand la nouvelle (une fausse nouvelle) que Varus vient d'enlever Mariamne. Acte IV: Hérode va faire périr l'infidèle. Il hésite encore cependant. Il veut lui parler une dernière fois. Comme bien l'on pense, au cours de l'entrevue il se radoucit. Mais voici un coup de théâtre: Varus envahit le palais. Furieux, Hérode fait arrêter Mariamne. L'acte v s'ouvre sur un monologue de l'héroïne: la jeune femme désespérée renonce à résister au sort qui la persécute. Varus à la tête de ses hommes vient la délivrer. Mais elle refuse de le suivre, comme elle refuse de se joindre au peuple qui se soulève pour elle. Elle sort, ayant choisi, dit-elle, «un plus digne dessein». Tout alors se précipite. Varus est tué. Hérode va donner définitivement l'ordre d'exécuter Mariamne. A ce moment précis, entre l'habituel messager du cinquième acte. Narbal raconte comment la reine s'est rendue, volontairement, à l'échafaud préparé par Salome. Là, «l'épouse innocente» a tendu «au fer des bourreaux cette tête charmante». Foudroyé par la douleur, Hérode perd la raison. Il maudit Solime: sur la cité sainte, il appelle la colère céleste. Quant au peuple juif, son peuple, il le voue par ses imprécations au malheur et à la dispersion.

Voltaire avait mis au point une pièce bien agencée. Les ressorts de l'action tenaient les spectateurs en haleine, dans un «trouble croissant». Il fait fonctionner avec une sorte de perfection ce qu'on pourrait appeler la mécanique de la tragédie. Du bel ouvrage, mais qui donne une impression de banalité. *Hérode et Mariamne* est peut-être la seule de ses pièces où il n'essaie aucune nouveauté. Renonçant à faire mourir l'héroïne sur la scène, il revient au procédé usé du dénouement en forme de récit; et pour ôter tout prétexte aux mauvais plaisants, Mariamne périt non par le poison, mais sur l'échafaud. Si les derniers vers, à l'imitation d'*Athalie*, annoncent un sombre avenir (destruction de Jérusalem, *diaspora* des Juifs), rien dans le reste de la pièce ne laisse pressentir que nous sommes à l'époque des origines chrétiennes. Refondant une nouvelle fois sa *Mariamne* en 1762, Voltaire en fera disparaître Varus: il était étrange en effet que ce Romain, un militaire, un administrateur, fût si sentimental. En sa place il mettra «une sorte de janséniste», un Essénien préchrétien nommé Sohême.[34] Ce qui donnera à l'œuvre une portée que n'avait pas la version de 1725.

Dans la conjoncture du moment, *Mariamne* présentait pourtant un mérite qui allait s'avérer fort opportun. C'était une excellente pièce de cour. A la cour d'Hérode, l'action entremêle les trames de la politique et celles de l'amour. On y lutte pour le pouvoir par tous les moyens, y compris les pires. La cour française de 1725 pouvait reconnaître ses propres conflits, mais tragiquement amplifiés, et montés au ton d'une héroïque noblesse. Les petites vilenies, les mesquines infamies de l'existence courtisane n'ont plus droit de cité dans l'univers de la tragédie. La scélératesse même de Salome a grande allure. Voltaire renvoie à la cour, qu'il fréquente alors, une image gratifiante des hautes sphères où se décide le sort des Etats.

Il dut calculer délibérément un tel effet. Car il achève et fait jouer, le 18 août 1725, son *Indiscret* qui est aussi, dans le genre comique, une pièce de cour. Selon une formule à la mode, qu'illustrera *Le Glorieux* de Destouches (1732), il met en scène un défaut de caractère. Mais c'est à la cour que son personnage, nommé Damis, exerce son indiscrétion. Sa mère lui donne de judicieux avis sur la prudence qui s'impose en un tel lieu : conseils que le courtisan Voltaire énonce à sa propre intention. L'écervelé Damis n'en a cure. Bavardant à tort et à travers, il se met à dos tout un chacun. Il fait si bien qu'il manque un mariage qui devait assurer son avenir. La comédie, en un acte et en alexandrins, est au total peu comique : agréable seulement, avec quelques moments plaisants. A la Comédie-Française le beau monde des loges l'apprécie mieux que le parterre. «Le peuple», commente Voltaire, «n'est pas content quand on ne fait rire que l'esprit.» Notre auteur s'afflige que les Dancourt et autres aient, selon lui, accoutumé le bas public à n'aimer que des farces «pleines d'ordures».[35] En réalité, ce n'est pas au «peuple» que son *Indiscret* est destiné. Cette œuvre courte, comédie «noble où les mœurs sont respectées», est exactement ce qui convient, à Versailles ou à Fontainebleau, comme «petite pièce», donnée en complément de programme, après la «grande pièce» qui pourrait être, pourquoi non ? sa *Mariamne*. Dans cette vue, c'est à Mme de Prie qu'il dédie l'édition de *L'Indiscret*.

En 1725, Voltaire suit de près l'évolution politique. Il voit se préparer un événement qui va lui permettre de s'insinuer, lui poète, dans l'entourage royal.

Le régent et Dubois avaient conclu un projet de mariage pour Louis XV. Afin de sceller la réconciliation franco-espagnole, il avait été convenu, en 1721, que le jeune roi épouserait l'infante Maria Anna Vittoria, fille de Philippe V. Une ambassade solennelle, conduite par cet expert en cérémonial qu'était le duc de Saint-Simon, avait fait le voyage de Madrid pour y quérir la princesse : la future reine devait être élevée en France. La combinaison pourtant présentait un grave inconvénient. Si en 1721 Louis XV avait onze ans, l'infante n'en avait que trois. Il faudrait attendre longtemps avant qu'elle pût donner un dauphin au royaume. Ainsi se prolongerait quelque quatorze ou quinze années la situation dangereuse existant depuis 1715. Louis XV étant le seul survivant de la branche aînée, s'il venait à disparaître, une grave crise de succession s'ouvrirait. Le trône devait selon l'ordre passer à la branche d'Orléans. Mais le fils du régent, personnage au caractère bizarre, n'avait de goût que pour la vie dans une cellule de couvent. Ferait-on appel à un Condé, ou à un bâtard légitimé de Louis XIV ? Le Bourbon d'Espagne ne serait-il pas tenté de revenir sur sa renonciation à la couronne de France ? Au reste, Louis XV, en attendant son mariage, ne risquait-il pas de tomber sous l'influence d'une favorite, ou d'un individu douteux ? Les privautés que s'était permises en 1724 l'aventurier La Trimouille sur la personne du roi démontraient la nécessité de marier sans retard le jeune souverain.[36]

C'est donc avec raison qu'après la mort du régent le duc de Bourbon et Mme de Prie rompirent le mariage espagnol. Leur tort fut de procéder brutalement. On renvoya l'infante sans aucun ménagement. Philippe V s'estimant insulté, une crise éclata dans les relations avec l'Espagne. Mais Monsieur le Duc et son amie n'étaient pas guidés par les seules considérations dynastiques. Le premier ministre avait dû consentir à un partage inégal avec Fleury. Le précepteur traitait seul en tête à tête avec Louis XV les affaires de l'Eglise. Au contraire, lorsque Monsieur le Duc traitait avec le roi les autres affaires, Fleury était présent. L'évêque de Fréjus, homme doux, à l'esprit enjoué, portant à son élève une véritable affection, non exempte pourtant de desseins ambitieux, avait su gagner sa totale confiance. Le roi adolescent aimait ce vieillard, comme le père ou le grand-père qu'il n'avait pas connus. Monsieur le Duc et Mme de Prie conçurent qu'un si fort ascendant ne pouvait être contrecarré, voire annulé, que par une épouse. Pour écarter Fleury, ils comptaient sur la future reine. Encore fallait-il que celle-ci fût toute à leur dévotion. Ce qui excluait une princesse issue d'une cour étrangère, ayant par là une consistance personnelle. On chercha donc en France. Mme de Prie se rendit à Fontevrault près de Saumur, où était élevée Mlle de Vermandois, sœur de Monsieur le Duc. Mais la princesse, entichée de sa naissance, reçut avec mépris la fille du traitant Berthelot de Pléneuf: «on la laissa faire la fière dans son couvent».[37] On s'avisa alors que vivait en France la fille d'un roi, à vrai dire détrôné. Stanislas Leszczynski, promu roi de Pologne par Charles XII, chassé par Pierre le Grand, s'était retiré à Wissembourg, sur la frontière d'Alsace. Il y subsistait, grâce à une pension du roi de France, avec sa fille Marie. Mme de Prie derechef se met en route. Ayant vu la jeune Polonaise, elle fixe son choix sur elle. Cette jeune fille au caractère doux promettait d'être assez malléable. Elle vouerait certainement une infinie reconnaissance à ceux qui allaient faire de la pauvre délaissée une reine de France.[38] Elle avait huit ans de plus que le roi: on espérait qu'ainsi elle s'assurerait sur lui une certaine autorité. Fleury ne fit pas d'objection, sans approuver expressément. Louis XV se laissa marier, avec son indifférence habituelle.

Voltaire était présent à Versailles, le 27 mai 1725, lorsque le roi annonça à la cour qu'il épousait la princesse de Pologne. Sur ces mots, «il donna son pied à baiser à monsieur d'Epernon, et son cul à monsieur de Maurepas»: c'est en ces termes que Voltaire rapporte la scène.[39] Monarchiste de conviction (qui ne l'est, d'ailleurs, en France à cette date?), il n'a pas le moins du monde le culte de la personne royale. Il va affecter pour les événements du mariage un ironique détachement. N'en soyons pas dupes. Il ne veut pas manquer cette occasion de s'avancer. Il obtient de Mme de Prie qu'elle lui loue un appartement dans son hôtel à Fontainebleau, où se célébreront les noces.[40] Il assiste à la cérémonie, le 5 septembre. Il a préparé un divertissement pour le spectacle qui suivra. Mais le premier gentilhomme de la chambre, le duc de Mortemart, préféra donner, avec *Le Médecin malgré lui*, l'*Amphitryon* de Molière: choix qui, en la circonstance, parut étrange. Il persiste cependant à faire sa cour. Il vise à gagner les bonnes grâces de la reine, nouvelle venue. Il laisse passer les premiers moments, où elle est «assassinée d'odes pindariques, de sonnets, d'épîtres et d'épithalames».[41] Pendant que ce flot s'écoule il se lie avec l'entourage: avec Marie-Ursule de Klinglin, comtesse de Lutzelbourg, qui avait logé chez elle en Alsace Marie Leszczynska;[42] avec le roi Stanislas, père de la reine, qu'il va visiter au château de Bellegarde, près de Montargis, où on l'a installé.[43] Puis il aborde la reine elle-même. Il lui offre *Mariamne* acompagnée d'une épître en vers, courte mais adroitement flatteuse. Il en est «très bien reçu». On joue devant la cour cette *Mariamne* avec *L'Indiscret*: Marie Leszczynska pleure à la tragédie, rit à la comédie. Elle l'appelle «mon pauvre Voltaire»...[44]

Il se garde entre temps de négliger Mme de Prie et son groupe. Pour se délasser des cérémonies, ce petit monde va s'amuser près de Fontainebleau au château de Bélébat.[45] Il l'y suit à deux reprises en octobre.[46] On avait déniché près de là un réjouissant personnage: le curé de Courdimanche, amateur de bon vin, de filles et de poésie. Le bonhomme fait les frais d'une farce en vers qu'on joue à Bélébat. Deux scènes: le triomphe du curé, couronné roi de la fête, puis son agonie et sa confession. Le chœur se charge de réciter ses péchés. A l'article de la mort, le gros et gras curé choisit pour son successeur le maigre Voltaire, afin, dit-il, de mieux se faire regretter. De ces plaisanteries et malices, à l'adresse de personnes de l'assistance, ou connues d'elle, le sel s'est pour nous tout à fait affadi. Voltaire fut sans doute responsable de quelques couplets, ce qui vaut à *La Fête de Bélébat* de figurer dans ses œuvres.[47]

Il compte sur l'appui de la patronne de Bélébat, Mme de Prie, et du financier Pâris-Duverney, premier ministre en second.[48] Avec de telles protections, il se fait fort d'atteindre son objectif: consolider sa position à la cour. Le rôle de poète courtisan entraîne quelque ridicule, il le sait. Il est précaire, comme la suite ne le montrera que trop. Il cherche donc à s'assurer un «établissement»;[49] une charge de cour, peut-être déjà cette dignité de «gentilhomme ordinaire de la chambre du roi» qu'il obtiendra quelque vingt ans plus tard. Le 14 novembre, la reine sur sa cassette lui accorde une pension de 1.500 livres. Le brevet est établi avec une certaine solennité, sur vélin et signé de la main même de Marie Leszczynska.[50] Dans les considérants, la reine se dit «bien informée du zèle et de l'affection du sieur Arouet de Voltaire»; elle déclare qu'elle veut «le gratifier et lui donner moyen de soutenir les dépenses qu'il fait à la suite de la cour». Mais Voltaire attend davantage: ce n'est là pour lui qu'un «acheminement pour obtenir les choses» qu'il demande. Il a des «espérances raisonnables». Pourtant, ensuite, rien ne vient. S'est-il heurté, déjà, au mauvais vouloir de Louis XV? La reine – qui peut-être dans l'intervalle a lu *La Ligue* – s'est-elle refroidie à son égard? D'après un gazetin secret de la police, en date du 18 janvier 1726, Marie Leszczynska aurait transféré sa pension à «un officier qui a perdu les deux yeux au service de Sa Majesté».[51] Toujours est-il qu'il n'a pas perçu l'annuité due selon le brevet à compter du 1er novembre 1725. Il s'est hâté d'escompter le titre auprès de Pâris-Duverney : ses besoins d'argent apparemment sont pressants. Or le financier qui a fait l'avance de la somme ne pourra pas l'encaisser. C'est ce qui ressort d'un arrêté de compte dressé bien plus tard : Voltaire reste redevable à Pâris-Duverney des 1.500 livres correspondant à sa pension non payée.[52] Sa position à la cour demeure donc peu solide, à la fin de janvier 1726, lorsque va éclater l'affaire qui anéantira ses espérances.

A suivre seulement ses activités publiques de poète et de courtisan, on laisserait échapper ce qui, en ces années 1724 et 1725, a le plus d'avenir. Il n'avait acquis au collège à peu près aucune formation philosophique. Descartes et les cartésiens étant réprouvés par la Société de Jésus,[53] les pères continuaient à enseigner une scolastique dépassée, qui ne l'avait pas intéressé. Comme tant d'autres au XVIIIe siècle, il va se donner à lui-même une initiation philosophique, par la lecture. Déjà les problèmes agités dans Œdipe, dans l'Epître à Julie, devaient l'engager à un examen plus approfondi. Mais c'est de Bolingbroke qu'il reçoit l'impulsion déterminante. En 1724, il est occupé à lire l'Essai sur l'entendement de Locke, assurément dans la traduction française de Coste. Nous avons la lettre que son ami anglais lui écrit, en réponse à une lettre dont on regrette fort qu'elle soit perdue.[54] Bolingbroke s'institue son directeur intellectuel, lui faisant confidence de ses propres expériences, le conseillant sur ses lectures. Il apparaît que Voltaire s'était d'abord montré réticent à l'égard de Locke. Bolingbroke insiste pour qu'il le comprenne mieux. « C'est une grande science que de savoir où l'ignorance commence. » Par sa rigueur prudente, le philosophe de l'Essai sur l'entendement mérite d'être préféré à ces grands imaginatifs que sont Descartes, Malebranche. Pareillement Bolingbroke signale qu'en physique Newton a raison contre le système des tourbillons cartésiens. Dès cette date l'Anglais trace l'orientation philosophique que suivra Voltaire.

Présentement pourtant il ne se voue pas tout entier à l'empirisme lockien. Bolingbroke l'assure que les œuvres de Malebranche sont « le plus beau galimatias du monde ». Ce qui ne l'empêche pas de lire La Recherche de la vérité, concurremment avec l'Essai sur l'entendement. Il annote dans les marges son exemplaire.[55] Il fait écho à sa lecture dans une lettre à Thiriot du 27 juin 1725. En même temps il lit les Pensées de Pascal. Il en cite une phrase dans la préface de Mariamne, où l'on ne s'attendait guère à une telle rencontre.[56] On note d'emblée que Voltaire s'initiant à la philosophie sait s'adresser aux plus grands. A défaut d'originalité en ce domaine, on doit lui reconnaître le don de discerner quels sont les maîtres de la pensée.

Un autre trait de sa philosophie s'affirme dès ces débuts. Sa réflexion ne demeure pas dans une sphère théorique. Elle s'attache à des réalités concrètes, qui risquent d'être signifiantes. C'est ce qu'atteste l'intérêt qu'il prend à deux épisodes de 1725.

Au début du mois de juin de cette année, un bruit se répand dans Paris : un miracle vient de se produire dans le faubourg populaire de Saint-Antoine. Mme Lafosse, femme d'un ébéniste, âgée de quarante-cinq ans, était depuis sept ans alitée, souffrant d'hémorragie. Elle avait demandé d'être portée dans la rue, le jour de la Fête-Dieu, sur le passage du Saint-Sacrement, pour obtenir la guérison. Son confesseur le lui déconseillait. Néanmoins le jeudi 31 mai elle était installée sur le pas de sa porte. Lorsque passe le prêtre, tenant l'ostensoir sous le dais, elle se prosterne et crie : «Seigneur, tu peux me guérir si tu veux!»[57] Elle se relève, suit la procession, assiste à l'office, et revient chez elle guérie et de sa paralysie et de son flux de sang. Outre une *Vie de Madame Lafosse*,[58] d'inspiration apologétique et fort tardive, trois relations nous font connaître l'affaire : celle de Barbier,[59] celle de Mathieu Marais,[60] et celle à ce jour inédite du comte Du Luc, dans une lettre à Jean-Baptiste Rousseau.[61] Ce dernier récit et celui de Barbier, les plus détaillés, sont apparemment les plus proches de la réalité. Il en ressort que le «miracle» ne se produisit pas en un instant. Mme Lafosse, quand passe la procession, tente de se lever, s'élance vers le prêtre, mais tombe à ses pieds («des quatre pattes», écrit Du Luc) ; elle se traîne sur les mains jusque sous le dais (Barbier). On la retient par ses habits «croyant que c'était une folle» (Barbier). D'autres personnes la relèvent, l'aident à marcher. Ainsi elle peut suivre la procession jusqu'à l'église.

Nous pouvons rapprocher cette guérison de nombreuses autres, interprétées comme miraculeuses, où intervient un facteur psychosomatique décisif. Mme Lafosse était probablement en voie de rétablissement, sans le savoir. On remarquera qu'elle avait atteint l'âge de la ménopause. Mais elle demeurait dans son état habituel de prostration. Il fallait le choc d'une intense émotion religieuse, chez cette femme très croyante, pour l'arracher à son accablement. La certitude en elle du miracle accomplit effectivement le «miracle» de remettre sur pied la grabataire, d'abord chancelante. Guérison d'ailleurs incomplète. Mme Lafosse souffrait aussi des yeux. Du Luc la dit «presque aveugle». Dans *Le Siècle de Louis XIV* Voltaire écrira que le Saint-Sacrement la guérit «en la rendant aveugle».[62] Ce qui n'est pas exact. La vue de la malade était affectée auparavant, sans qu'elle soit atteinte d'une cécité complète.

On ne douta guère alors du miracle. Le sceptique Barbier lui-même s'avoue «obligé de le croire, ce qui n'est pas peu». Un miracle que sur le moment on jugea propre à convertir les protestants. Car Du Luc nous apprend que des huguenots (sans doute des artisans suisses, ou des soldats recrutés dans les cantons helvétiques) habitaient dans la rue de Mme Lafosse. Ces hérétiques s'étaient moqués d'elle qui se disait confiante en la vertu du Saint-Sacrement. Pour relever le défi, elle tenta le miracle, et elle réussit. «Voilà les protestants confondus», conclut Marais.

Mais dans les semaines qui suivent, l'affaire ne se développe pas dans cette direction. Le curé de Sainte-Marguerite, paroisse de Mme Lafosse, comme beaucoup de prêtres desservant les quartiers pauvres de Paris, était soupçonné de jansénisme. Le «miracle» risquait d'être revendiqué par la secte, comme le seront un peu plus tard ceux des convulsions au cimetière Saint-Médard, dans un autre quartier misérable de la capitale. Mme Lafosse cependant était si peu janséniste qu'elle ignorait même ce mot. A un envoyé de l'archevêché qui lui demandait si son mari n'était pas l'un de ces jansénistes, elle répondit: «Non, monseigneur, il est ébéniste».[63] Naïveté dont s'emparèrent les chansonniers.

Afin de prévenir une exploitation par les adversaires de la bulle *Unigenitus*, l'archevêque de Paris, Monseigneur de Noailles, prend en main l'événement. Il ordonne une information: plus de cent témoins attestent le miracle. La guérison de l'hémorroïsse est constatée scientifiquement par quatre sommités de la Faculté de médecine. En conséquence de quoi, le 10 juin, Monseigneur de Noailles donne un premier mandement relatant le miracle. Le 23, un *Te Deum* est chanté à Sainte-Marguerite. Le 27 une procession, où Mme Lafosse marche le cierge à la main, se rend de la paroisse à Notre-Dame.[64]

C'est alors que Voltaire se trouve impliqué dans l'affaire. Il a fait visite plusieurs fois, en ce mois de juin, à celle qu'il appelle «la femme au miracle».[65] Connaissait-il le ménage, pour avoir fait effectuer des travaux par l'ébéniste Lafosse dans l'appartement de la rue de Beaune? Il offrit en tout cas une petite somme[66] à ces braves gens qui vivaient difficilement, comme la plupart des artisans parisiens. Ce que Lafosse refusa avec dignité. Sa femme vint le remercier chez lui, le 20 août. Car le «miracle» du 31 mai continuait à faire du bruit. On disait que l'impie Arouet de Voltaire avait été converti par le prodige. Il a voulu, écrit Marais, avec un sous-entendu salace, «voir la femme et mettre le doigt, comme saint Thomas, dans le côté. Dieu l'a touché et converti, et lui a dit: *Noli esse incredulus...*» Du Luc, pour sa part, mande, ironique, qu'il «s'achemine à la plus haute dévotion». «Tout le monde dit dans Paris que je suis dévot», reconnaît-il lui-même.[67] Deux mois plus tard, le «petit vernis de dévotion» subsiste. Pour consacrer définitivement l'événement miraculeux, Monseigneur de Noailles donne le 10 août un grand mandement. Voltaire y est, non pas nommé, comme il l'écrit, mais désigné: «un homme connu dans le monde, sur qui le miracle avait fait une grande impression»... Le cardinal conclut: «C'est ainsi que dans un siècle où l'on veut douter de tout, Dieu a voulu mettre dans une pleine évidence un miracle si avéré.»[68] Tenant sa conversion pour acquise, on vient l'inviter en cérémonie au *Te Deum* d'action de grâces qui sera chanté à Notre-Dame. L'abbé Couet, grand-vicaire du cardinal, lui fait parvenir un exemplaire du mandement.

Assurément, il n'est pas converti. Il remercie l'abbé Couet par l'envoi de *Mariamne*, accompagnée d'un quatrain sarcastique:

> Vous m'envoyez un mandement,
> Recevez une tragédie,

Et qu'ainsi mutuellement
Nous nous donnions la comédie.[69]

Par cette réponse offensante, il coupe court, au bout de quatre mois, à la rumeur édifiante. Quant à nous, nous estimons qu'une curiosité disons «philosophique» l'avait conduit chez Mme Lafosse. Il connaissait le miracle rapporté par l'évangile de saint Luc (viii.43): une hémorroïsse malade depuis douze ans, ayant touché la frange du vêtement de Jésus, fut soudain guérie. Jésus lui dit: «Ma fille, votre foi vous a guérie, allez en paix.» Or voici qu'un fait analogue se produisait à Paris. On conçoit que Voltaire ait voulu le voir de ses propres yeux. Il revient à plusieurs reprises, soucieux de vérifier que la guérison est durable. Elle le fut effectivement.[70] Il ne nous a pas confié son explication, s'il en avait une. On constate seulement qu'à la différence de saint Thomas, il continua d'être incrédule.

L'autre épisode prend place à Fontainebleau, au cours des séjours qu'il fit pendant l'automne de 1725. On montre à la cour quatre indigènes de la Louisiane, provenant de cette colonie du Mississipi qui avait connu un essor certain grâce au «Système» de Law. Parmi eux, une femme, «de couleur cendrée comme ses compagnons». C'est elle que Voltaire interroge, par un interprète: «A-t-elle mangé quelquefois de la chair humaine?» Il a rapporté trois fois l'entretien. D'une version à l'autre la réponse diffère. Dans le texte le plus tardif (1764), l'Indienne reconnaît «très naïvement qu'elle en avait mangé [...] elle s'excusa en disant qu'il valait mieux manger son ennemi mort que de le laisser dévorer aux bêtes, et que les vainqueurs méritaient d'avoir la préférence.»[71] Un propos d'allure si voltairienne a peu de chance d'être authentique. On peut hésiter en revanche entre les deux autres versions. Dans la première (1737),[72] il a demandé à la femme, non seulement si elle a mangé de la chair humaine, mais si elle y a pris goût: «Elle me répondit que oui. Je lui demandai si elle aurait volontiers tué ou fait tuer un de ses compatriotes pour le manger; elle me répondit en frémissant et avec une horreur visible pour ce crime.» Dans une version de 1756,[73] à la simple question: «a-t-elle mangé de la chair humaine?», elle répond: «oui, très froidement, comme à une question ordinaire». Ce qui importe ici est moins la réponse de la femme que la question posée par Voltaire. L'interrogation met en cause l'universalité de la loi morale. La conscience ne serait donc pas identique chez tous les peuples? Certains ignoreraient l'interdiction de tuer, à plus forte raison de manger son prochain? Et que penser de la bonté essentielle de l'homme, si l'on admet que ces «sauvages» sont demeurés plus proches de la nature?

Le problème de philosophie morale conduit Voltaire à des interrogations ethnologiques. C'est d'un intérêt de cet ordre que relève une autre rencontre, rapportée dans les *Singularités de la nature* (1768).[74] «Vers l'an 1720», il a parlé à un «Indien insulaire», «rouge et d'ailleurs un très bel homme». Indien de l'Inde proprement dite, puisqu'il vient porter plainte au Conseil du roi contre le «ci-devant gouverneur de Pondichéry». Originaire d'une colonie française, il parle le français, et obtient gain de cause. Mais en ce cas, comment peut-il être «insulaire»? Quand Voltaire parle de son passé, il est rare qu'il soit suffisamment explicite.

A cette curiosité pour l'homme, en ses bizarreries, se rattache encore, en ces années, d'autres anecdotes. Il eut l'idée d'interroger les astrologues Boulainviller et Colonna sur son avenir.[75] Réponse peu encourageante des augures: il mourra à trente-deux ans. En 1723, il a eu connaissance de deux prophètes enfermés à Bicêtre. Peut-être les a-t-il visités: l'un comme l'autre disait être Elie. On les fouetta pour les guérir.[76] Toutes rencontres tendant à le confirmer dans un jugement pessimiste sur la nature humaine.

Sa réflexion philosophique, par Bolingbroke et Locke, l'orientait vers l'Angleterre. Ce qui détermina son choix du lieu où serait imprimée *La Henriade*. Il continue à préparer l'édition de son poème épique en grand format, sur beau papier, avec des figures. Il a définitivement reconnu comme impossible une publication en France, avec autorisation et privilège. A l'étranger, il hésite entre Londres, Amsterdam, Genève. Il penche pour cette dernière ville dans une lettre au genevois Isaac Cambiague, qui doit être d'août 1725.[77] Mais en octobre son parti est pris: il publiera à Londres. Le 6, il écrit au roi George Ier, par la valise diplomatique. Il demande l'autorisation de venir en Angleterre, afin d'y faire paraître ce poème inspiré, dit-il, par la liberté et la vérité dont Sa Majesté britannique est le protecteur. Il allait sans dire qu'il comptait aussi, à cette occasion, prendre contact avec le pays de Bolingbroke[78] et de Locke.

En décembre, il prévoit le voyage comme imminent. Ici intervient la découverte de Norma Perry, qui bouleverse les données antérieurement admises.[79] Pour le transfert de ses fonds, il s'adresse à une famille de Juifs portugais installés à Londres. Les Mendes da Costa, fuyant la persécution en leur pays d'origine,[80] sont devenus des banquiers internationaux. On peut penser, d'autre part, que l'auteur de *Mariamne* fut curieux de se lier avec les milieux juifs contemporains. Au début du XVIIIe siècle, le chef de famille, John Mendes da Costa, est dans la City un gentleman d'allure très britannique, actionnaire de la Banque d'Angleterre, à la tête d'une grosse fortune. Malheureusement ses fils dilapident les biens patiemment amassés. Notamment Anthony (Jacob) Mendes da Costa.[81] Or c'est à cet Anthony, par l'intermédiaire d'un correspondant parisien, que Voltaire a fait passer son argent pour en disposer à Londres: environ huit ou neuf mille livres françaises.[82] On le sait, arrivant dans la capitale anglaise en mai 1726, il apprend que son banquier a fait faillite: «At my coming to London, I found my damned Jew was broken.» On avait jusqu'ici compris que la faillite venait d'être déclarée. Or Norma Perry a découvert la date du dépôt de bilan d'Anthony Mendes da Costa: 10 décembre 1725. Manifestement le banqueroutier avait omis d'en informer Voltaire à Paris: il n'avait pas intérêt à allonger la liste de ses créanciers. Nous reviendrons sur les relations de l'exilé avec les Mendes da Costa, en 1726. Retenons seulement la conclusion de Norma Perry. Voltaire a transféré ses fonds dès la fin de novembre ou le début de décembre 1725, en vue d'un départ prochain. Ensuite, il retarde le voyage de semaine en semaine, voulant obtenir avant de s'éloigner «l'établissement» qu'il sollicite à la cour de France. Puis éclate l'affaire Rohan. L'épisode, bien loin de hâter son départ, comme on l'avait cru, l'a retardé de plusieurs mois.[83]

13. La chute

Nous arrivons à cette péripétie qui va marquer dans la vie de Voltaire une césure majeure. Elle se compare en importance aux événements que seront en 1734, après la rencontre avec Mme Du Châtelet, l'affaire des *Lettres philosophiques*, en 1750 le départ pour la Prusse, en 1753 l'avanie de Francfort, en 1758 l'achat de Ferney.

Quels sont les faits? Alors que Voltaire répétera surabondamment les circonstances de sa mésaventure francfortoise, il n'a jamais raconté lui-même l'affaire Rohan. Interrogé en 1772 par son futur biographe Duvernet, il le renvoie à Thiriot.[1] Le *Commentaire historique* procède par ellipse: «Ces mortifications continuelles le déterminèrent à faire imprimer en Angleterre *La Henriade*»...[2]

Il importe de savoir, en premier lieu, qu'il connaissait le chevalier de Rohan depuis plusieurs années. En 1722, revenant de Hollande, il lui avait raconté son voyage, lui parlant d'un certain Manoel da Silva-Tarouca, une relation du chevalier, rencontré en cours de route.[3] Ce Rohan, nommé d'ordinaire Rohan-Chabot, appartenait à l'une des plus illustres familles de France. Le représentant le plus éminent de celle-ci, en 1726, est Armand-Gaston, cardinal et évêque de Strasbourg, anciennement membre du Conseil de régence, l'un des chefs de l'Eglise gallicane. Le chevalier ne faisait guère honneur à sa parenté. «Une plante dégénérée», selon Duvernet.[4] A en croire Voltaire, il «passait pour faire le métier des Juifs», c'est-à-dire qu'il vivait de l'usure.[5] Irrité, dans sa déchéance, par l'ascension à la cour du roturier Arouet, il va s'appliquer à l'insulter.

On écartera les relations tardives: celle de Duvernet qui place la querelle à la table du duc de Sully; celle de Desnoiresterres qui la fait remonter à décembre 1725.[6] On retiendra comme étant le plus sûr le récit de Mathieu Marais, dans une lettre au président Bouhier,[7] confirmé pour l'essentiel par une note de Montesquieu en son *Spicilège*.[8]

L'altercation se produisit en deux temps. D'abord à l'Opéra. Le chevalier attaque: «Mons de Voltaire, Mons Arouet, comment vous appelez-vous? L'autre dit je ne sais quoi sur le nom de Chabot» (Marais). Il est effectivement maladroit de railler un double nom quand on se nomme soi-même Rohan-Chabot. Voltaire dut répliquer quelque chose comme: «Et vous, vous appelez-vous Rohan ou Chabot?» Il aurait dit aussi: «Croyez-vous que j'aie oublié mon nom?» (Montesquieu). Les choses provisoirement en restèrent là. Deux jours après, nouvel affrontement. Au foyer de la Comédie-Française en présence de Mlle Lecouvreur (Marais), ou dans la loge de l'actrice (Montesquieu), le chevalier répète sa question: «Mons de Voltaire, Mons Arouet?...» Cette fois l'interpellé réplique plus vertement, qu'il a déjà fait sa réponse à l'Opéra (Marais), ajoutant que le chevalier déshonorait son nom et que lui immortalisait le sien (Montesquieu). Variantes de ce dernier propos: «Il ne traînait pas lui, Voltaire, un grand nom, mais il savait honorer celui qu'il portait»;[9] «il commençait son nom et le chevalier de Chabot finissait le sien.»[10] A ces mots, quels qu'ils fussent, le chevalier leva sa canne. Mais se ravisant, il ne frappe pas; il dit qu'on ne devait répondre qu'à coups de bâton. Mlle Lecouvreur, excellente comédienne, fait diversion en s'évanouissant.

«A trois ou quatre jours de là», le Rohan-Chabot fait envoyer à Voltaire une invitation à dîner comme venant du duc de Sully.[11] Voltaire s'y rend; il est bien reçu quoique non invité. Au cours du repas, un laquais vient lui dire qu'on l'attend à la porte. Sans méfiance, oubliant qu'il avait autrefois essayé (sans succès) cette ruse contre Poisson, il descend. A la porte de l'hôtel Sully, trois (Marais) ou quatre hommes (Montesquieu) le battent copieusement à coups de gourdin. Le Rohan regarde l'exécution d'une boutique en face (Marais), ou d'un fiacre (Montesquieu). Il recommande: «Ne lui donnez point sur la tête!» Le peuple d'alentour s'exclame: «Ah! le bon seigneur!» (Marais). Quand il s'estime satisfait, il crie de cesser.

Marais et Montesquieu consignent tous deux l'événement à la date du 6 février 1726. Mais dès le 1er février, à Dijon, le président Bouhier était informé de la bastonnade.[12] On peut donc estimer que l'affaire, échelonnée en trois phases sur sept ou huit jours, se situe entre le 20 et le 27 ou 28 janvier.

Les torts du chevalier de Rohan ne font aucun doute. Il a voulu infliger un affront à «Mons Arouet». Après l'altercation de l'Opéra, il est délibérément revenu à la charge à la Comédie-Française. S'il s'est attiré des répliques mordantes, il les avait cherchées: son adversaire était en légitime défense. Pour s'excuser d'avoir fait appel à des bastonneurs stipendiés, il alléguera qu'il est lui-même «impotent» (Montesquieu): l'agression, en forme de guet-apens, n'en est pas moins odieuse. Voltaire sera en droit de crier au lâche assassinat. Le chevalier n'aurait pas agi ainsi, s'il n'avait compté sur l'impunité que lui assurait son nom. Il pensait qu'en la circonstance un Rohan n'avait rien à craindre.

Il ne se trompait pas. Voltaire, lorsque les sbires l'eurent lâché, tempête, tire l'épée, remonte auprès de Sully. Le duc avoue que le fait est «violent et incivil» (Marais). Mais lorsque Voltaire lui représente que l'outrage fait à l'un de ses convives l'atteint lui-même, et veut l'entraîner chez le commissaire de police pour porter plainte, Sully refuse.[13] Il ne tentera rien pour aider son ami en cette affaire. Celui-ci se précipite à l'Opéra, où il trouve Mme de Prie: réponse dilatoire. Plus tard elle dira que «dans le fond il a raison, mais» que dans la forme il a tort.[14] Il court à Versailles «se jeter aux pieds de la reine» (Montesquieu): elle l'écoute avec bienveillance, sans intervenir. Les jours suivants, «il va partout conter son histoire» (Montesquieu). Il s'efforce de dresser l'opinion, à la cour, à la ville, contre son assassin. En vain. Ceux qu'il croyait ses amis lui tournent le dos (Marais). Le 5 février, Maurepas donne l'ordre d'arrêter les hommes de main du chevalier.[15] Mais contre Rohan-Chabot lui-même on s'abstient d'agir. Dans le public les plus équitables partagent les torts entre l'agresseur et sa victime. Ainsi Fleury.[16] Ou le prince de Conti: «ces coups ont été bien reçus et mal donnés.»[17] Ou Montesquieu. L'auteur des *Lettres persanes* avait, l'automne précédent, fréquenté le cercle de Berthelot de Pléneuf et de Mme de Prie. Il avait dû y rencontrer Voltaire: il ne l'aime pas. Sa note du *Spicilège* sur l'affaire lui est défavorable. Il blâme cependant «le procédé du chevalier de Rohan»: «les coups de bâton se donnent et ne s'envoient pas».

Ces coups, s'agissant d'un poète, certains les trouvent naturels. «Nous serions bien malheureux, si les poètes n'avaient point d'épaules», a dit l'évêque de Blois, un Caumartin.[18] Vers le même moment, un confrère d'Arouet, Roy, se fait bastonner aussi: «Voilà nos poètes», constate Marais. Il faudra longtemps pour qu'au XVIIIe siècle les gens de lettres conquièrent leur dignité. Evolution alors à peine amorcée. Le maréchal de Villars, comme on lui disait que «le chevalier de Rohan ne devait pas faire donner des coups de bâton, que cela est contre les lois», répond: «Mais c'est un poète.» A quoi Montesquieu lui réplique: «J'avais cru jusqu'ici qu'un poète était un homme».[19]

Outre ce tort, Voltaire a celui d'être «insolent». S'il fut insulté en paroles par un membre d'une grande famille, il ne devait pas répondre comme il le fit. «Insolence», selon Fleury. «Impertinence», selon Montesquieu. Aussi «personne ne le plaint»,[20] «on lui ferme la porte».[21]

Il n'avait rien à espérer d'une poursuite en justice. Quand l'action intentée contre Beauregard avait été si lente et inefficace, que serait-ce contre un Rohan? Il prend donc vite sa décision: il vengera son honneur sur le terrain les armes à la main. Le 8 février, Fleury a eu vent que tel est son dessein. Mais le chevalier se cache à Versailles, dans la résidence de son cousin le cardinal. Il se tient à l'abri de toute provocation. Toutefois le 23 mars il se risque à Paris. Voltaire de son côté s'y dissimule sous le nom de baron de Saint-Flor, au petit hôtel de Conti.[22] La police s'alarme: on fait surveiller l'un et l'autre. Pour dérouter les espions, Voltaire déménage; le 27, il est logé dans un meublé du faubourg Saint-Germain. Le 28, Maurepas envoie à Hérault, le lieutenant de police, l'ordre de le conduire à la Bastille.[23] Mandat d'arrêt non immédiatement exécuté: soit que l'autorité éprouve quelque gêne à sévir en cette affaire contre la seule victime; soit que Voltaire se soit dérobé. Il se terre en effet quelque part à la campagne. De là, au début d'avril, il annonce à Mme de Bernières son intention «d'abandonner à jamais ce pays»,[24] sans doute pour l'Angleterre. Compte-t-il que sur ce bruit la surveillance se relâchera? Il n'a nullement renoncé à laver l'injure dans le sang. Quelques jours après, il vient s'installer à Paris, chez un maître d'armes nommé Leynault. Il s'entraîne à manier l'épée, à tirer au pistolet. Il fait venir de Frenay, près d'Alençon, un cousin Daumard, pour l'assister dans le duel. Il se lie avec des chenapans: des soldats aux gardes, des bretteurs à gage.[25] Médite-t-il, au cas où il ne pourrait provoquer le chevalier, de l'agresser, comme il le fut lui-même? Se sentant espionné, il change encore de logis. Vers le 15 avril, il est à l'auberge de la Grosse Teste, rue Maubué.

A-t-il enfin réussi à joindre le Rohan? Il l'aurait retrouvé dans la loge de Mlle Lecouvreur, et lui aurait lancé: «Monsieur, si quelque affaire d'intérêt ne vous a point fait oublier l'outrage dont j'ai à me plaindre, j'espère que vous m'en ferez raison.» Le chevalier de Rohan aurait accepté le défi pour le lendemain à neuf heures, à la Porte Saint-Antoine. C'est ce que rapporte Duvernet: il le tiendrait de Thiriot qui était à l'entrée de la loge. Aussitôt le chevalier aurait alerté sa famille.[26]

Mais peut-être les choses se sont-elles passées autrement. Le chevalier se dérobant au duel, Voltaire aurait préparé contre lui un mauvais coup. C'est ce que l'abbé Bonardy mandera de Paris au président Bouhier, le 28 avril: Voltaire est allé «chercher à Versailles le chevalier de Rohan avec des coupe-jarrets».[27] Version analogue d'un dénonciateur anonyme, vers la même date: Voltaire «conduisit en fiacre quatre coupe-jarrets jusqu'à la porte du chevalier de Rohan».[28] Lui-même, écrivant à Maurepas jugera nécessaire de se défendre contre une telle accusation: «Si je suis venu dans Versailles, il est très faux que j'aie été demander ni fait demander le chevalier de Rohan-Chabot, chez M. le cardinal de Rohan».[29]

Toujours est-il que dans la nuit du 17 au 18 avril, il est arrêté à l'hôtel de la Grosse Teste, et incarcéré à la Bastille. On trouve sur lui des pistolets de poche, et soixante-cinq louis d'or:[30] somme considérable, dont il a dû se munir en prévision d'une fuite précipitée, après le duel ou l'agression.

Ce second embastillement allait être bien différent du premier. Fort de son bon droit, Voltaire le prend de haut. Peu après son arrestation, il adresse à Maurepas une lettre au ton «insolent», sous les protestations de respect: il a cherché à réparer non son honneur, mais celui du chevalier de Rohan-Chabot, «ce qui était trop difficile». Il réclame la permission de prendre ses repas avec le gouverneur de la Bastille. Il demande qu'on veuille bien le laisser «aller incessamment en Angleterre».[31] L'autorité est embarrassée, comme si elle avait mauvaise conscience d'une injustice commise par égard pour les Rohan. «Le sieur de Voltaire est d'un génie à avoir besoin de ménagement», écrit Maurepas à Launay, gouverneur de la citadelle: qu'on lui accorde «les douceurs de la liberté intérieure».[32] Il reçoit des visites, beaucoup de visites. A tel point que Hérault s'en alarme: il veut, le 1er mai, les restreindre à cinq ou six. Mais depuis deux jours déjà, l'ordre de libération était signé. Il va donc sortir rapidement, ce qui ne sera pas le cas de Mme de Tencin, enfermée en même temps que lui, pour une affaire autrement grave; le suicide chez elle de son amant La Fresnaye. «Nous étions comme Pyrame et Thisbé», écrira Voltaire, séparés seulement par un mur, «mais nous ne nous baisions point par la fente de la cloison».[33]

Peu après l'arrestation, le lieutenant de police avait reçu contre le prisonnier une lettre de dénonciation,[34] émanant sans doute d'un ecclésiastique. L'auteur anonyme (il n'ose se nommer, de crainte que Voltaire à sa sortie de la Bastille ne le fasse assassiner...), manifestement n'est pas au fait des bruits circulant à la cour et dans les salons : il croit que le poète a été incarcéré pour quelque épigramme. Mais il dit ce qu'il a sur le cœur. Depuis plus de quinze ans (c'est-à-dire dès le temps où Voltaire était au collège à Louis-le-Grand !), il voulait le voir à la Bastille, et souhaite qu'il y reste toute sa vie. Il a confié son indignation, il y a dix ou douze ans, à M. l'abbé d'Albert, à Saint-Sulpice. Voltaire prêche le déisme « tout à découvert aux toilettes de nos jeunes seigneurs ». Les propos du délateur dessinent un personnage de bigot pleutre, fort peu sympathique. Mais ils font entrevoir un Voltaire certainement véridique : déblatérant contre la religion, « à la toilette » de Richelieu, du président de Maisons, et d'autres « jeunes seigneurs » ; disant pis que pendre de l'Ancien Testament : « un tissu de contes et de fables » ; des apôtres : « de bonnes gens idiots, simples et crédules » ; des pères de l'Eglise, et surtout de saint Bernard : « des charlatans et des suborneurs ». Foucades voltairiennes, qui n'étonnent pas de l'auteur de l'*Epître à Uranie*, bien qu'en ce texte, nous l'avons vu, il se soit efforcé d'équilibrer le « pour » et le « contre ».

Hérault ne tient pas compte de la dénonciation. On préfère donner suite à la proposition de passer en Angleterre. L'affaire ainsi se conclura à moindres frais. Le prisonnier a fait venir par Thiriot des livres anglais :[35] vraisemblablement le *Dictionnaire* de Miège, français-anglais et anglais-français, avec une grammaire, et du même auteur *The Present state of Great-Britain and Ireland* : il note dans les marges la traduction des mots anglais.[36]

Mais il prend son temps, puisqu'il n'est pas à la Bastille « en criminel ».[37] Libéré, il y reste encore un jour : il a à régler ses affaires avec Dubreuil, chargé de ses intérêts. Enfin, le 2 mai, il part pour Calais, escorté d'un exempt, le sieur Condé. Il ne faut pas qu'il profite de sa liberté pour aller provoquer son ennemi. Le 5 il est à Calais, chez Dunoquet, « trésorier des troupes », et aussi agent de renseignement (l'équivalent des « honorables correspondants » de nos aéroports). Il ne veut pas laisser dire qu'il est exilé hors du royaume. Il encourt seulement une interdiction d'approcher de Paris de plus de cinquante lieues. Son départ pour l'Angleterre résulte d'une convention verbale. « J'ai la permission et non pas l'ordre » de quitter la France, précise-t-il.[38] Il s'embarquera donc quand il sera prêt, et refuse que l'exempt soit présent, comme pour constater le fait. Il prit soit le « packet-boat » *Duke of Charost*, capitaine Paper, le 9 mai, soit plus vraisemblablement le *Betty*, le 10.[39]

Le voyageur se retourna-t-il vers le passé qu'il laissait en France ? Un homme comme Voltaire est porté plutôt à regarder vers l'avenir, en direction de l'Angleterre dont la côte va émerger à l'horizon. Une phase de sa vie s'achève. Nous pouvons, mieux que lui alors s'il en avait eu le goût, dresser le bilan, disposant nous-mêmes de la perspective longue de toute son existence et de celle, plus longue encore, de son siècle et des âges qui ont suivi.

Il s'est voulu poète, et donc il croit l'être. «L'épique est mon fait», affirme-t-il.[40] Le public l'a sacré grand poète. A l'origine, une vocation, sans aucun doute authentique, remontant à l'adolescence. Au collège il a reçu le choc de ce que nous appelons la littérature. Rien n'est plus beau, rien n'est plus riche que Corneille et Racine, et par delà, Virgile, Horace. Voilà ce qu'il a éprouvé avec la vivacité d'impression des êtres jeunes. Que ses maîtres aient su éveiller en lui l'émotion des grandes œuvres, c'est le plus bel éloge qu'on puisse adresser à un enseignement. A seize ans un amour de cette sorte excite à créer. Qu'il faille poursuivre, pour ajouter d'autres poèmes à ceux qu'il admire, il en est intimement persuadé. Et il sent qu'il en possède les moyens, rompu qu'il est déjà au maniement de l'instrument poétique.

Son goût ne l'égare pas. Il n'est pas contestable que ces écrivains, dont il a vu mourir quelques-uns dans sa jeunesse, un Racine, un Boileau, ont été les artisans d'une des grandes époques littéraires de l'histoire humaine. Cette évidence, si fortement inscrite en lui, ne procède pas de l'illusion que souvent suscitent les productions des contemporains. Son erreur se situe ailleurs. C'est d'ignorer, comme la plupart autour de lui, que les temps sont révolus, que la grande littérature qu'il admire appartient déjà au passé. Dans la dizaine d'années qui s'est écoulée depuis la mort de Louis XIV, les ouvrages et les auteurs qui nous paraissent à nous porteurs d'avenir, il les méprise, si même il en connaît l'existence. Il tient en piètre estime les «pantalons étrangers» de la Comédie-Italienne,[41] rappelés en 1716 par le régent. Sait-il que vit à Paris un Marivaux qui vient de donner aux «pantalons» *La Surprise de l'amour* (1722), *La Double inconstance* (1723), *Le Prince travesti* (1724), *La Fausse suivante* (1724)? Sait-il qu'un Lesage a commencé la publication de son *Gil Blas*? Il a dû, nous l'avons dit, croiser le président de Montesquieu. Mais *Les Lettres persanes* (1721) sont apparemment pour lui, comme pour beaucoup alors, un de ces petits romans qui ont du succès mais ne comptent pas.[42] C'est à la tragédie, à l'ode, à l'épopée qu'il croit.

Il croit aussi à la dignité du poète dans la monarchie. Or il vient sur ce point de recevoir le plus brutal des démentis. Sous le règne de Monsieur le Duc et de Mme de Prie, on l'a froidement sacrifié à l'indigne rejeton des Rohan. Et son épopée à la gloire des Bourbons, il lui faut aller l'imprimer en Angleterre. Plus tard, Louis XV régnant personnellement, il reviendra à l'illusion «louis-quatorzième» du poète tenant sa place à côté du souverain, honoré des bontés particulières de celui-ci. Mais en mai 1726 sa carrière de poète courtisan est brisée. Tout avenir en cette direction s'est refermé devant lui.

Un malheur qui va, nous le savons, finalement le servir. Les coups de bâton du Rohan-Chabot vont l'obliger à avancer vers son orientation véritable. Il fait à l'égard de la religion un complexe, nourri de fantasmes, dont la source première, si elle nous était accessible, serait à rechercher en ses années d'enfance. Ce qu'il en a laissé paraître jusqu'ici a été filtré à travers la forme de la tragédie ou de l'épopée. L'*Epître à Uranie*, plus explicite, demeure clandestine. Quant à ses diatribes «à la toilette des jeunes seigneurs», elles sont restées entre intimes. Il faudra du temps à Voltaire pour devenir voltairien. Mais le refus du Dieu chrétien, imaginé comme une sorte d'épouvantail janséniste, l'entraîne à se poser des questions essentielles. Il a commencé son éducation philosophique, avec Locke et Malebranche, contre Pascal. Le séjour dépaysant dans une nation où les idées s'expriment hardiment va lui procurer comme l'occasion d'un stage. Aller en Angleterre «pour apprendre à penser» deviendra bientôt un poncif des voyageurs français. C'est pourtant réellement l'expérience qu'il va faire, l'un des premiers (il devance à Londres Prévost, Montesquieu). Il n'y songeait pas, sans doute, le 11 mai au matin, en posant le pied sur la rive de la Tamise. Mais telle est bien la conséquence qu'aperçoit, grâce à l'effet de recul, le biographe.

14. Devenir Anglais à Londres

Les voyages d'autrefois ne sont plus, depuis longtemps. Quand nous débarquons dans un pays pour la première fois, nous l'avons déjà vu. L'image imprimée, le film, et mieux encore la télévision l'ont mis sous nos yeux. Tout ce qu'on nous en a dit – reportages, récits, chroniques diverses – fait que nous croyons le connaître.

Il en allait bien autrement, il y a deux siècles et demi. Pour s'orienter dans le pays et la société des Anglais, Voltaire disposait du *Present state of Great-Britain* de Miège : mais ce guide très détaillé, en trois volumes, n'offrait pour toute illustration que le portrait de Sa Majesté George Ier, «king of Great-Britain, France [*sic*] and Ireland». Le voyageur alors, si peu préparé aux aspects concrets qui allaient se présenter à sa vue, éprouvait une fraîcheur d'impression difficilement imaginable dans le monde rétréci qui est le nôtre.

Le *Betty* déposa Voltaire le 11 mai au matin au fond de l'estuaire de la Tamise, dans le port de Gravesend. Il gagna Londres par la route, longeant le fleuve. Par chance, il faisait ce jour-là un de ces temps radieux dont s'étonne le visiteur des Iles Britanniques. Voltaire a fixé en quelques phrases ce moment d'enchantement, à son premier contact avec la terre anglaise :

Lorsque je débarquai auprès de Londres, c'était dans le milieu du printemps ; le ciel était sans nuages, comme dans les plus beaux jours du midi de la France ; l'air était refraîchi par un vent doux d'Occident, qui augmentait la sérénité de la nature, et disposait les esprits à la joie : tant nous sommes *machine*, et tant nos âmes dépendent de l'action des corps.[1]

Ainsi devait s'ouvrir, selon un premier projet, la narration de ses *Lettres anglaises*. La suite forme un ensemble composite, où sont utilisés des épisodes ultérieurs : promenade de George II et de la reine sur la Tamise en juillet 1727, foire de Greenwich le lundi de Pentecôte (le 10 juin en 1726).[2] Mais les premières lignes, sans nul doute, restituent l'euphorie du voyageur, arrivant en cette île qui dut lui apparaître, comme au héros de *La Henriade*, une terre promise.

Un correspondant anonyme, en 1878, des *Notes and queries* remarquera que «a continuous narrative of the ‹ wicked › M. Arouet's' adventures» en Angleterre serait un passionnant chapitre de l'histoire des lettres.[3] On ne saurait mieux dire. Le récit suivi de son séjour est devenu moins impossible après les travaux d'André-Michel Rousseau et de Norma Perry.[4] Un certain enchaînement chronologique se dessine désormais. Mais des lacunes subsistent, et on se heurte à des difficultés. L'une, et non des moindres, tient à la différence de calendrier entre les deux rives de la Manche. L'Angleterre, traditionaliste et insulaire, n'avait pas encore adopté la réforme grégorienne de 1582. Elle ne s'y résoudra qu'en 1752. Aussi en 1726 le décalage entre le Royaume-Uni et le continent était-il de onze jours. Si Voltaire est arrivé à Londres le 11 mai *n.s.* (*new style*) la date en cette ville était le premier mai *o.s.* (*old style*). Comme on le verra, ses lettres ne précisent pas toujours s'il date *o.s.* ou *n.s.* : facteur d'incertitude, s'ajoutant à d'autres. Quant à nous, nous continuerons à employer, sauf indication contraire, la datation grégorienne du *n.s.*

Le premier soin du voyageur fut d'aller toucher l'argent qui l'attendait, croyait-il, chez son banquier. Il se rend donc à l'officine d'Anthony Mendes da Costa, rue Saint-Mary-Axe. Or il apprend que celui-ci avait déposé son bilan six mois plus tôt, et qu'il était en fuite, réfugié à Paris. Voltaire aurait pu l'y rencontrer, au mois de janvier précédent. Mais il ne le connaissait pas. Et l'on imagine que le banqueroutier évita d'entrer en relation avec le client qu'il avait dépouillé. Voltaire s'adresse alors au patriarche de la famille da Costa, John, déclaré par sentence du juge créancier principal du failli.[5] C'était un très respectable gentleman, alors âgé de soixante-et-onze ans, et gravement malade : il va mourir le 24 juin. L'entrevue en la maison du vieil homme, à Highgate, fut orageuse. Voltaire en a laissé deux récits, l'un et l'autre postérieurs de près d'un demi-siècle. Dans les *Questions sur l'Encyclopédie*, article « Juif » (1771), il est censé écrire à « MM. Joseph Ben Jonathan, Aaron Mathataï et David Wincker », banquiers dans la *City* :

Messieurs, lorsque M. Médina, votre compatriote, me fit à Londres une banqueroute de vingt mille francs, il y a quarante-quatre ans, il me dit que « ce n'était pas sa faute, qu'il était malheureux, qu'il n'avait jamais été enfant de Bélial, qu'il avait toujours tâché de vivre en fils de Dieu, c'est-à-dire en honnête homme, en bon israélite ». Il m'attendrit, je l'embrassai, nous louâmes Dieu ensemble, et je perdis quatre-vingts pour cent.[6]

Transposition assurément caricaturale, mais non de pure fiction.[7] Voltaire l'abreuvant de reproches, voire d'insultes, le vénérable John Mendes (que le texte nomme Médina), ému par les manières si peu britanniques de son visiteur, conscient d'ailleurs de ses torts, et affaibli par l'âge et la maladie, a dû perdre son sang-froid. Qu'il se soit défendu en larmoyant n'est pas absolument invraisemblable. Il a dû certes protester que « ce n'était pas sa faute », mais celle de son fils Anthony, qu'il « était malheureux » – il l'était bien réellement – qu'il avait vécu comme un « honnête homme » (« a gentleman ») : seul un Français malotru pouvait l'ignorer. On verra que si l'entrevue ne se termina pas par de pieuses embrassades, elle n'aboutit pas non plus à une brouille irrémédiable avec la famille da Costa. Ajoutons que Voltaire tempêtait en sa langue, peu ou point du tout intelligible pour son interlocuteur, et qu'il avait peine à comprendre les explications anglaises de celui-ci. Sur un point seulement les *Questions sur l'Encyclopédie* sont certainement erronées : Voltaire avait envoyé à son banquier non vingt mille francs, mais huit ou neuf mille.[8]

Le second récit ne tourne pas la scène en bouffonnerie pathétique. Il se lit dans *Un chrétien contre six juifs* (1776) :

> Leur secrétaire [de ces « six juifs »] me dit que je suis fâché contre eux à cause de la banqueroute que me fit le juif Acosta, il y a cinquante ans, à Londres : il suppose que je lui confiai mon argent pour gagner un peu de temporel avec Israël. Je vous proteste, messieurs, que je ne suis point fâché : j'arrivai trop tard chez M. Acosta : j'avais une lettre de change de vingt-mille francs sur lui ; il me dit qu'il avait déclaré sa faillite la veille, et il eut la générosité de me donner quelques guinées qu'il pouvait se dispenser de m'accorder.[9]

Voltaire reprend le chiffre de vingt mille livres, avancé déjà dans les *Questions sur l'Encyclopédie*. S'il nomme ici son banquier « M. Acosta », il s'agit bien du même John Mendes da Costa (Anthony le banqueroutier étant en fuite). Il a dû s'entendre dire qu'il arrivait trop tard : « You are too late ». A-t-il mal compris et s'est-il imaginé que la faillite remontait à la veille ? L'erreur en tout cas est incontestable : les documents mis au jour par Norma Perry prouvent que le dépôt de bilan date de décembre 1725. Un détail cependant peut être retenu comme véridique. John, vieil homme honnête et sensible, touché par le triste sort du client de son fils, lui fait don de « quelques guinées » : une guinée pouvant valoir, approximativement, trois cents francs de nos jours.

Avec cette petite somme en poche, s'il n'est pas exactement comme il le dira en octobre, « without a penny », Voltaire ne s'en trouvait pas moins dans une situation pénible. Il se voyait isolé, dans une ville immense.[10] Au début du XVIIIe siècle, Londres comptait selon Miège 960.000 habitants :[11] évaluation sans doute exagérée. Mais il est vrai que la capitale britannique était alors plus grande que Paris : elle comptait selon le même auteur 5.000 rues et voies diverses, le double de la capitale française. Voltaire qui ne parle pas la langue n'y rencontre personne de sa connaissance. Il se rend au domicile de Bolingbroke, dans Pall-Mall : il apprend que le lord séjourne à ce moment-là dans sa résidence de campagne, à Dawley, près d'Uxbridge. Localité proche, mais Voltaire ne veut pas, dans la situation où il est, y aller solliciter son aristocratique ami. Il est vrai qu'il arrivait précédé de recommandations officielles, grâce au secrétaire d'Etat français, de Morville. Il avait une lettre d'introduction pour l'ambassadeur de France, le comte de Broglie. A la demande de Morville, Horace Walpole, ambassadeur anglais à Paris, l'avait recommandé au duc de Newcastle, ministre des Affaires étrangères dans le cabinet de Robert Walpole, et à Bubb Dodington, protecteur des gens de lettres.[12] On annonçait que l'illustre poète français venait à Londres pour y éditer sa *Henriade* ; on précisait que son séjour à la Bastille avait eu pour cause non une affaire politique, mais une querelle privée. Il ne voulut pas cependant faire usage de ces protections. Il se sentait trop déprimé.

Comme à l'habitude, dans cet état de détresse (c'est son mot), il est tombé malade, «à en mourir». Ses fonds s'épuisent, car la vie à Londres est fort coûteuse. Heureusement, un gentleman anglais qu'il ne connaissait pas vient à lui, et l'oblige à accepter quelque argent. Qui était-ce? Non pas le roi George, comme on l'a supposé, absurdement. Mais peut-être John Brinsden, l'homme d'affaires de Bolingbroke. Ou ce Furnese dont il gardera un souvenir reconnaissant.[13]

Au bout de quelque temps, il retrouve à Londres un Anglais qu'il avait connu à Paris, l'année précédente: Everard Fawkener, ce «marchand» auquel il dédiera *Zaïre*. Qu'on n'imagine pas sous ce nom un vulgaire boutiquier. Les Fawkener descendaient d'une ancienne famille de la *gentry*. Au XVIIIe siècle, le père, William, s'était introduit dans le commerce du Levant et avait accumulé une grosse fortune. En 1726, Everard Fawkener est à Londres l'un des dirigeants d'une importante maison d'*import-export*, Snelling and Fawkeners.[14]

Ce personnage, le seul Anglais peut-être avec lequel Voltaire ait noué les liens d'une véritable amitié, mérite d'être connu. Les recherches de Norma Perry l'ont fait sortir pour nous de la pénombre. Il était du même âge que Voltaire, étant né en 1694. Ses études terminées, son père l'envoie à Alep (aujourd'hui Halab en Syrie), comme agent de la firme familiale. Il y reste de 1716 à 1725. Il fut donc l'un de ces «facteurs à Alep» dont parleront les *Lettres philosophiques*. Son cas personnel permet de saisir ce que fut ce négoce en pays lointain qui fonda la puissance de l'Angleterre au XVIIIe siècle. Un gros investissement de capitaux était exigé, et aussi un courageux engagement humain. Les fils Fawkener en leur jeunesse s'étaient succédé à Alep, centre commercial où la ténacité britannique trouvait son plein emploi.

Les bateaux partis de Londres, chargés de laine, après plus de deux mois de navigation jetaient l'ancre à Alexandrette, port malsain, ravagé par les fièvres (aujourd'hui Iskenderun en Turquie). De là les marchandises débarquées étaient hissées à dos de chameaux. La caravane, à travers les montagnes infestées de brigands, gagnait vers l'intérieur, à quelques cent cinquante kilomètres, la ville d'Alep. Le «facteur», averti de l'arrivage par pigeon voyageur, réceptionnait les chargements. A l'issue d'interminables marchandages il les vendait à des trafiquants arméniens ou juifs, qui les acheminaient par d'autres caravanes jusqu'en Perse et aux Indes. En sens inverse il achetait, avec l'argent obtenu par la vente de la laine, de la soie, après la récolte d'août et septembre. Pour avoir le meilleur prix, d'après l'état du marché, il fallait encore une fois marchander âprement avec les revendeurs locaux, en contrecarrant les concurrents français et italiens. Les chameaux repartaient enfin, chargés de soie, vers les bateaux qui attendaient à Alexandrette.

Les facteurs européens vivaient là à l'orientale, portant turban et robe indigènes. Ils logeaient obligatoirement dans le Grand Khan ou Bazar d'Alep: un rectangle de bâtisses à deux étages, aux murs aveugles vers l'extérieur, s'ouvrant sur une cour centrale où donnaient au rez-de-chaussée les boutiques, aux étages les chambres. Les conditions d'existence étaient rudes. Outre les étés torrides, le pays était périodiquement ravagé par la peste. Les facteurs devaient s'astreindre au célibat. Comme distractions, le jeu, la chasse, et en fait de femmes les ressources locales. De temps à autres les directions de Londres mettaient en garde leurs agents contre les dangers du libertinage. Les facteurs anglais passaient à Alep de cinq à dix ans. Ils percevaient une commission de 2 % sur les marchés. Ils complétaient leurs revenus par divers trafics, notamment des prêts usuraires comme il s'en pratiquait en Orient. Ils rentraient normalement dans la mère patrie munis d'une belle fortune : dix ou douze mille livres sterlings.

Everard Fawkener mena donc cette vie pendant neuf ans. Il ajouta aux occupations de ses confrères des recherches archéologiques. Il avait reçu une bonne formation classique. Il aimait Horace et Virgile. Il s'intéressa aux vestiges antiques, nombreux autour d'Alep. Il déchiffra des inscriptions, recueillit des monnaies, qu'il rapporta à Londres. Voltaire sera injuste, lorsque plus tard il prétendra dédaigneusement que son ami Fawkener, «excepté les draps et les soies où il s'entend parfaitement», n'a pas «d'autre intelligence que celle d'Horace et de Virgile, et des vieilles monnaies du temps d'Alexandre».[15] Cultivé et intelligent, il dut parler à son hôte de son expérience de l'Orient. C'est par lui sans aucun doute que Voltaire connaît le cas, mentionné dans la dixième *Lettre philosophique*, de Nathaniel Harley, frère de lord Oxford, qui vécut vingt-cinq ans comme facteur à Alep, et y mourut en 1720. Fawkener l'y avait connu. Voltaire le citera comme preuve de l'intérêt des cadets des grandes familles pour le commerce. Il lui échappera qu'un séjour aussi long, devenant définitif, était tout à fait exceptionnel parmi les facteurs anglais. Fawkener dut aussi entretenir son ami de la vie en terre d'Islam. Il se peut que Voltaire ait alors conçu l'idée de comparer les mœurs musulmanes aux mœurs chrétiennes : ce qu'il entreprendra dans *Zaïre* ; mais il dira qu'il en avait le projet «depuis longtemps».

Fawkener était rentré à Londres au printemps de 1725. Il traversa la France et s'arrêta à Paris. C'est à cette occasion que Voltaire fait sa connaissance : rencontre qui laissa à l'un et à l'autre un bon souvenir. Avec les fonds qu'il rapporte, l'ancien facteur achète à Wandsworth une belle propriété : c'est en cette demeure qu'il va offrir une généreuse hospitalité au voyageur français en difficulté.[16] Wandsworth, aujourd'hui intégré dans Londres, était alors un village de campagne, au sud de la Tamise, mais proche de la City. Une toile de Liotard nous donne à voir Everard Fawkener chez lui, vers ces années. Le peintre l'a représenté assis dans un fauteuil, en robe de chambre, coiffé d'un haut bonnet rond. L'homme, de grande taille, paraît vigoureux. Le visage long, au teint clair, typiquement britannique, est ouvert, cordial, avec l'expression de finesse attentive de quelqu'un qui a l'habitude des affaires.[17] L'allure, détendue, voire nonchalante, du personnage en déshabillé correspondait bien, selon Norma Perry, à l'impression qu'il voulait donner.

Voltaire, selon nous, passa chez Fawkener, à Wandsworth, la majeure partie des mois de juin et juillet 1726. Il y vécut, dit-il, «dans les plaisirs de l'indolence et de l'amitié». «L'affection véritable et généreuse» de son hôte «adoucit l'amertume de [sa] vie».[18] Entre eux la communication s'établit sans obstacle linguistique. La vie à Alep avait amené Fawkener à parler, en même temps que l'italien, langue la plus employée pour le commerce du Levant, le français. Voltaire de son côté se met à apprendre l'anglais. Il commence à tenir des carnets de notes. Il y consigne des réflexions, des anecdotes. Il recopie des vers. Le plus ancien qui nous soit parvenu, conservé actuellement à Saint-Pétersbourg, date de 1726. Il s'y exerce à écrire en anglais. En témoignent les incertitudes de son orthographe: *money* corrigé, fautivement, en *monney*, *taughts* pour *thoughts* (pensées), *Popp* pour le nom du poète *Pope*, etc. Mais il parvient déjà à rédiger directement des observations en anglais, telle celle-ci qui ouvre le carnet de Saint-Pétersbourg: «England is meeting of all religions, as the Royal Exchange is the rendez-vous of all foreigners.»[19] Ces premières remarques indiquent l'orientation de ses intérêts. Si ce «rendez-vous de tous les étrangers» à la Bourse de Londres enregistre l'expérience du voyageur, hôte d'un négociant d'*import-export*, c'est surtout la religion qui sur la terre anglaise retient son attention.

Que ce carnet fut bien commencé en 1726, une notation vers le début le prouve. Voltaire a consigné le jour exact d'une observation qu'il a faite:

Thirty and one of july a thousand seven hundred twenty and six, I saw floating islands nyer St. Omer.[20]

Immédiatement après, il écrit:

In june of present yer Mylord Duc was turnd, Force dead in july.

Le Français qu'il est est intéressé par le renvoi du duc de Bourbon et son remplacement par Fleury, et par la mort du duc de La Force.

La note précédente confirme qu'il a bien fait, à la fin de juillet 1726, un voyage clandestin à Paris. Saint-Omer est sur la route de Calais à la capitale. A la traversée d'une des rivières, l'Aa ou la Lys, il a remarqué les «îles flottantes» – amas de branchages ou plaques d'humus – emportées par le courant. Il parle de ce voyage dans deux lettres à Thiriot, D299, «ce 12 aoust 1726», et D303 [26 octobre 1726]. Une incertitude subsiste néanmoins sur les dates. Le carnet ne précise pas si le 31 juillet est *o.s.* ou *n.s.*, ni s'il s'agit de son passage à Saint-Omer à l'aller ou au retour. De même la date de D299, 12 août 1726, est-elle *o.s.* ou *n.s.*? Dans D303, il écrit qu'il revint en Angleterre à la fin de juillet. Mais il a pu ici, à trois mois de distance, se tromper, et en outre brouiller les dates *o.s.* et *n.s.* chevauchant sur la fin de juillet et le début d'août.

Pour formuler une hypothèse, on tentera de déterminer quand et où fut écrite la lettre D299, à Thiriot. S'adressant à son ami français, il est probable qu'il date *n.s.* «ce 12 aoust 1726». D299 serait donc en *o.s.* du 1er août. Voltaire écrit-il la lettre de Calais, au moment de se rembarquer, comme l'a supposé Lucien Foulet?[21] Mais il confesse qu'il a fait un voyage à Paris «depuis peu»: ces derniers mots conviennent mal, si la lettre est envoyée au cours du trajet qui le ramène en Angleterre. «Depuis peu» implique que le voyage est terminé, et qu'il est de retour sur le sol anglais. Dans le corps du texte, il fait part de l'hésitation suivante: se retirera-t-il à Londres, ou restera-t-il à la campagne? Londres est une ville attirante: point d'autre différence entre les hommes que «celle du mérite»; les arts y sont tous «honorés et récompensés»; on y pense «librement et noblement». Mais la vie y est chère, et sa «petite fortune» se trouve «très dérangée». De plus il est malade. Il lui répugne donc d'aller «se jeter au travers du tintamarre de Whitehall et de Londres», malgré les protections dont il bénéficie «en ce pays-là». Il incline à «finir» sa vie «dans l'obscurité d'une retraite qui convient à [sa] façon de penser, à [ses] malheurs et à la connaissance [qu'il a] des hommes»: sous-entendu, une retraite comme celle d'où il écrit, à Wandsworth, chez Fawkener.

A partir de là, nous proposons la chronologie suivante. Vers le 20 juillet *n.s.* (9 juillet *o.s.*), il est repassé sur le continent (évitant sans doute Calais, afin de n'être pas signalé par Dunoquet). Il arrive à Paris secrètement, y apprend la mort du duc de La Force, survenue le 20 juillet. Il en repart précipitamment, craignant d'être reconnu. Il passe par Saint-Omer le 31 juillet *n.s.*, c'est-à-dire le 20 juillet *o.s.*. Il se rend cette fois à Calais: avant que le ministère n'ait été alerté, il sera outre Manche. Il trouve chez Dunoquet une ancienne lettre de Thiriot, du 1er mai:[22] Dunoquet l'avait conservée, ne sachant où la faire suivre. Il mande néanmoins à son ami de continuer à écrire par la même voie, mais il donne à leur intermédiaire une adresse en Angleterre. Il se rembarque à Calais le 1er ou le 2 août. Il est donc de retour sur le sol anglais le 22 juillet *o.s.* (2 août *n.s.*), ou le 23 juillet *o.s.* (3 août *n.s.*), ou l'un des jours suivants, s'il a prolongé quelque peu son séjour à Calais. Ce qui coïncide avec la fin de juillet qu'il indique dans D303. Une fois revenu à Wandsworth, il écrit à Thiriot, qu'il s'était bien gardé d'informer de sa présence à Paris. C'est D299: 12 août *n.s.*, ou 1er août *o.s.*.

L'objet de ce voyage? Tenace en sa rancune, il a cherché encore à provoquer en duel le chevalier de Rohan. Mais celui-ci, par poltronnerie, prétend-il, lui a échappé. Heureusement. Outre l'éventualité que Voltaire pouvait être tué lui-même, quelle eût été ensuite sa vie, s'il avait été responsable de la mort d'un Rohan? On peut conjecturer cependant, avec Lucien Foulet, que son retour à Paris avait aussi une autre fin. A court d'argent, il venait chercher une nouvelle lettre de change pour Londres. Il se fit donc nécessairement reconnaître de ses bailleurs de fonds parisiens: sa présence risquait de s'ébruiter. Par prudence, il repartit très vite.

Faut-il penser que cette seconde créance était tirée sur un autre banquier juif de Londres nommé Médina; et qu'à son retour en août il trouva celui-ci en faillite, comme il avait trouvé en faillite le banquier Mendes au mois de mai précédent ? Nous ne croyons pas à cette duplication. Voltaire ne s'est jamais plaint d'avoir été victime de *deux* faillites de ses banquiers juifs.[23] Ce fils d'Abraham banqueroutier, il le nomme tantôt Médina,[24] tantôt Acosta.[25] Nous estimons, comme Norma Perry, qu'il s'agit du seul Anthony Mendes da Costa, ou de son père John, auquel, on l'a vu, il s'adressa, Anthony étant en fuite. Médina est sans doute le nom de Mendes mal entendu, mal retenu, ou mal recopié.[26] Il est certain en tout cas que le Médina, vieillard larmoyant des *Questions sur l'Encyclopédie*, est bien, comme on l'a vu, le patriarche John Mendes da Costa.

Qu'on relise, au surplus, la lettre D303 où il fait mention d'un «Jew called Medina». Il récapitule le passé, à l'intention de Thiriot, à la date du 26 octobre 1726, quand il commence à sortir de la dépression. C'est sa première lettre en anglais que nous ayons. Il s'exerce à rédiger en cette langue, non sans succès, l'historique des mois précédents : «let me acquaint you with an account of my for ever cursed fortune.» Il raconte donc comment il revint en Angleterre à la fin de juillet, après un voyage secret en France qui fut à la fois inutile et coûteux : «unsuccessful and expensive». Il enchaîne sur l'idée de ses ennuis d'argent. Il n'avait que quelques lettres de change, huit ou dix mille livres françaises, sur un Juif nommé Médina. Or il trouve son Juif en faillite : «I found my damned Jew was broken.» Quand ? A son retour en Angleterre fin juillet (période qu'il vient de désigner dans la phrase précédente, «I came again into England»)? Non. «At my coming to London» : à sa première arrivée à Londres, en mai 1726. Les phrases suivantes évoquent sa détresse en ce mois de mai : malade, sans un sou, ne comprenant pas un mot d'anglais (en août il commence à connaître quelque peu la langue, si l'on en juge par le début du carnet). C'est alors qu'il rencontre un gentilhomme qui lui avance un peu d'argent, et qu'il retrouve Fawkener.

Il passe donc encore les mois d'août, septembre, octobre, à Wandsworth, chez cet ami. C'est là que l'atteint, vers le 25 ou le 26 octobre, la nouvelle de la mort de sa sœur aînée, Mme Mignot, mère de deux filles qui seront Mme de Fontaine et Mme Denis, et d'un fils, le futur abbé Mignot : ce sont encore à cette date des enfants. Elle décéda, pour des causes inconnues de nous, vers le 10 août. Armand, frère de Voltaire, lui avait écrit à ce sujet le 12 août, une demoiselle Bessière, amie de la famille Arouet, le 10 septembre. Mais Dunoquet ne lui fait parvenir les lettres qu'à la fin d'octobre.[27] Ce deuil l'affecte sensiblement. Sa sœur aînée, dans son enfance, avait tenu place de leur mère décédée, jusqu'à son mariage. L'exilé voit non sans tristesse sa famille se rétrécir. Il souhaite, effaçant les querelles d'autrefois, resserrer ses relations avec son frère : avance qui, autant que nous sachions, resta sans réponse. Il dit avoir écrit de nombreuses lettres sur la mort de sa sœur. Seule celle qu'il envoie à Mlle Bessière nous est connue. Mais il aborde le sujet, occasionnellement, dans une lettre à Mme de

Bernières. Il en fait mention à Thiriot, en des termes remarquables, dont nous reparlerons.

La disparition prématurée d'une sœur aînée lui inspire la réflexion que c'est lui, malade, malheureux, qui aurait dû partir, et non elle. Thème repris à l'intention de ses trois correspondants. Il ne s'en tient pas là. Sa correspondance générale a recueilli une prétendue «lettre de consolation», qui n'est nullement une lettre.[28] Il a jeté sur le papier une brève méditation sur «le secret de calmer tout d'un coup une âme agitée d'une passion violente»: en comparaison, «trouver la quadrature du cercle et le mouvement perpétuel» seraient des «choses aisées». Nous situons cet essai à l'automne de 1726. Voltaire se réfère allusivement aux épreuves douloureuses de l'année qui s'achève, et en dernier lieu au deuil qui le frappe. Il prend conscience d'une sorte d'hygiène morale qui aide à surmonter le malheur et à passer outre. Il faut faire confiance au temps: «le temps guérit à la fin». Pourquoi? Il trouve l'explication dans une psycho-physiologie, alors taxée de matérialiste. Les jours, les semaines, les mois s'écoulant, l'être physique et donc l'être moral se renouvellent. Bientôt celui qui a souffert est substantiellement remplacé par un autre, qui se souvient sans doute, mais qui n'est plus si profondément affecté, et qui dispose de ressources neuves. Pour hâter le processus, Voltaire se donne cette recette: «Je ne connais point de plus puissant remède pour les maladies de l'âme que l'application sérieuse et forte de l'esprit à d'autres objets.» La prodigieuse vitalité voltairienne était inscrite, admettons-le, dans les chromosomes de sa naissance. Mais il l'a délibérément prise en compte. Il s'est par la réflexion fixé les règles d'une vie efficace et active. Il entre beaucoup de jeu de sa part dans l'attitude qu'il affiche, en ses lettres, de n'aimer que la retraite, seule convenable à ses malheurs, à sa mauvaise santé, en attendant sa mort prochaine... à trente-deux ans. Sa morale personnelle est en réalité tout le contraire d'une morale de l'abandon.

On voit en particulier qu'auprès d'un Fawkener apparemment nonchalant il s'est, pendant l'été de 1726, bien utilement employé. En trois mois il parvient à s'exprimer dans la langue anglaise avec une maîtrise incontestable. Sa lettre du 26 octobre à Thiriot en témoigne: il a acquis un tour de style anglais qui lui est propre. Il n'a peut-être pas procédé aussi méthodiquement que le fera Prévost, quelques mois plus tard, à Londres: apprendre par cœur des listes de mots par catégories grammaticales, chaque soir; les réciter chaque matin; les répéter devant des Anglais; faire des exercices d'application...[29] Voltaire se fie surtout à la pratique pure et simple. Et dans un esprit dont nous apprécions la modernité, il recourt vite à l'audio-visuel de l'époque: le théâtre.

Dans sa lettre anglaise à Thiriot, une phrase retient l'attention. A propos de la disparition de sa sœur, il médite sur la vie et la mort. Et il écrit ceci, qui dut paraître étrange à son ami:

Life is but a dream full of starts of folly, and of fancied and true miseries. Death awakes us from this painful dream, and gives us either a better existence or no existence at all.

Nous l'avons reconnu: c'est ainsi que méditait Hamlet sur l'être et le non-être. Voltaire l'a entendu lancer: «To die, to sleep. To sleep, per chance, to dream» (III.i). Et il s'en souvient.

Il ne restait pas confiné à Wandsworth. Il faisait de brèves incursions à Londres. Il s'y était même assuré un modeste pied-à-terre, une «tanière».[30] Ce qui lui permettait de passer des soirées au théâtre. Il s'initiait ainsi à l'anglais vivant; ne s'avisant pas cependant que cette langue de théâtre, littéraire et quelque peu archaïque, différait de l'anglais couramment parlé. Pour suivre mieux les dialogues, il s'était mis en rapport avec le souffleur de Drury Lane, Chetwood ou Chetwynd: celui-ci lui prêtait le texte de la pièce jouée ce soir-là.[31] Tenant en main le manuscrit, il s'installait dans «l'orchestre»: non pas dans l'équivalent du parterre français où, restant debout, il n'eût été guère à l'aise, mais dans la *music-room*, «petit secteur de la salle réservé aux visiteurs de marque». Ainsi placé, il suivait à la fois le texte écrit et les paroles des acteurs. Parmi ceux-ci, il distingua Mrs Oldfield, qui avait, avec une diction excellente, toutes sortes de charmes. «An incomparable sweet girl», dira-t-il. La voix, la beauté, le jeu de cette Lecouvreur anglaise l'enchantent au point qu'il se hâte de faire assez de progrès pour la comprendre parfaitement.[32]

Par la suite, jamais aucun Français n'abordera Shakespeare comme Voltaire en cet automne de 1726. Il ignorait jusque là même le nom du dramaturge. Familier avec le théâtre de la tradition classique, d'Eschyle à Racine, ayant quelques notions des théâtres espagnol et italien, il n'avait certainement avant son arrivée à Londres aucune idée de ce qu'avait été le théâtre élisabéthain. En l'absence de toute préparation, le choc fut brutal. S'il se rendait à Drury Lane pour un entraînement linguistique, ce qu'il voyait et entendait l'intéressait aussi comme auteur de tragédies. Après *Œdipe*, *Artémire*, *Mariamne*, il n'a en projet aucune nouvelle pièce: ce qui, au cours de sa vie, lui arrivera rarement. La fréquentation des spectacles anglais ne va-t-elle pas lui suggérer un sujet? Il se trouve dans une situation d'ouverture et d'accueil, par quoi il diffère des deux autres écrivains français qui vont bientôt lui succéder. Montesquieu à Londres ne semble pas avoir rencontré Shakespeare (sous cette réserve que la plus grande partie de son journal de voyage anglais est perdue). Il n'en fut pas tout à fait de même de l'abbé Prévost. Celui-ci, après son séjour comme précepteur chez sir John Eyles, ajoute à son roman, *Les Mémoires d'un homme de qualité*, un cinquième tome, publié en 1731, qui constitue un reportage sur l'Angleterre plus complet à bien des égards que les *Lettres philosophiques*. L'*alter ego* de l'auteur, l'Homme de qualité, a vu jouer à Londres plusieurs pièces de théâtre: il cite *Hamlet*, conjointement avec le *Dom Sébastien* de Dryden, l'*Orphan* et la *Conspiration de Venise* d'Otway: des «tragédies admirables», «où l'on trouve mille beautés réunies», commente-t-il. Il atténue l'éloge par les mêmes critiques qu'énoncera Voltaire: la «régularité» fait défaut; le «mélange de bouffonneries» est «indigne du cothurne».[33] Impression au total fugitive; romancier, Prévost n'est pas un homme de théâtre.

Voltaire fut bien autrement saisi et retenu. Ce monologue de Hamlet, il le paraphrase dans sa correspondance quelques jours après l'avoir entendu. Il en donnera une traduction, ou plutôt une adaptation française, fort libre, dans la *Lettre philosophique* «Sur la tragédie», le proposant comme l'un de «ces endroits frappants qui demandent grâce pour tout le reste». Gustave Lanson a relevé les titres de Shakespeare joués à Londres de septembre à décembre 1726. A Drury Lane: *Othello, Hamlet*, puis *Macbeth, King Lear*. A Lincoln's Inn Fields: *Hamlet, King Lear*, puis avec *Macbeth*, les pièces historiques: *Henry IV, Richard III, Henry VIII*, et en fin d'année *Julius Caesar*.[34] Assurément Voltaire n'a pas suivi le programme complet des deux théâtres. Mais il a dû voir au cours de ces mois les trois pièces dont il parlera dans ses *Lettres anglaises*: *Hamlet, Othello* et *Julius Caesar*.

Très remué par ces spectacles, tantôt il est conquis par des «morceaux grands et terribles», tantôt il est révolté par «des farces monstrueuses». Inacceptable pour lui, dans *Othello*, pièce d'ailleurs «très touchante», le dénouement: «un mari étrangle sa femme sur le théâtre, et quand la pauvre femme est étranglée elle s'écrie qu'elle meurt très injustement». «Sottises» dans *Hamlet* la scène des fossoyeurs qui «creusent une fosse en buvant, en chantant des vaudevilles et en faisant sur les têtes de mort qu'ils rencontrent des plaisanteries convenables à gens de leur métier». Dans *Julius Caesar*, il voudrait retrancher «les plaisanteries des cordonniers et des savetiers romains introduits sur la scène avec Brutus et Cassius». Mais il est transporté par la grande scène de Brutus et d'Antoine haranguant le peuple romain devant le corps du dictateur assassiné. Il la traduira en français, il l'imitera en la transformant dans sa propre tragédie de *La Mort de César*. Il connaît peut-être *Macbeth*: on trouvera comme un pâle reflet de lady Macbeth dans son personnage d'Eriphyle en 1732. A-t-il vu *Le Roi Lear*, donné dans les deux théâtres au cours de cette saison? S'il l'a vu, le drame lui parut trop étrange et inassimilable; il n'en fait nulle mention. Il ignore tout un aspect de l'œuvre shakespearienne, sans que la faute lui en incombe. Les théâtres de Londres ne jouaient plus les œuvres de comédie et de fantaisie, tels *A Midsummer Night's Dream, Twelfth Night, As You Like It*: on jugeait que dans le genre comique les pièces contemporaines de Congreve et de Farquhar convenaient mieux au goût du public. Mais il fut intéressé par les drames historiques, comme *Henry IV* ou *Richard III*: il s'en inspirera pour rénover la tragédie française.

Son contact avec Shakespeare, il le doit uniquement à la scène, non au livre. Quand il entreprendra quelque trente-cinq ans plus tard sa campagne anti-shakespearienne, il acquerra une collection des *Œuvres* en huit volumes, dans une édition de 1747. Présentement, c'est d'après le souvenir des représentations

175

qu'il reprend à son compte, en anglais, la méditation de Hamlet. Il la développe en une vision de la vie humaine, demeurée implicite dans le monologue : «Life is but a dream full of folly and of fancied and true miseries.» C'est l'indice qu'il commence à penser en anglais. Lui qui n'a pas encore entamé sa carrière d'acteur amateur, il joue le personnage de l'Anglais, en parlant cette langue. Ce fut là son premier rôle. Il sent dans le langage des libres Britanniques une énergie, dont il se pénètre en adoptant celui-ci.[35] Bien longtemps après, à Ferney, Boswell notera : «When he talked our language, he was animated with the soul of a Briton.» «Bold flights», «humour», émaillés de jurons, «as was the fashion when he was in England» : telles sont les particularités que relève le voyageur écossais.[36] Et il observe que son interlocuteur en changeant de langue entrait pour ainsi dire dans une autre personnalité, à la manière de l'acteur. Le Voltaire de Ferney aimera revivre ainsi devant ses visiteurs d'outre-Manche sa métamorphose d'autrefois. Car c'est en parlant anglais qu'en 1726 il avait commencé à devenir «Anglais à Londres».[37]

En novembre, il vient s'installer dans la capitale. La crise surmontée, il rentre dans la vie de société. Au cours de l'été, il avait revu plusieurs fois Bolingbroke et sa femme :[38] peut-être leur fit-il visite à Dawley, ou les rencontra-t-il à leurs passages à Londres. Mais l'automne venu, ceux-ci réintègrent leur hôtel dans Pall Mall. Voltaire entretient désormais avec eux des relations suivies. Il fait envoyer son courrier à leur adresse.[39] Ce qui ne signifie pas qu'il y a son domicile. Il loge plutôt dans quelque chambre louée à bas prix, telle la «tanière» dont il parle à Mme de Bernières.

Il se lie alors avec les écrivains amis de Bolingbroke, parmi lesquels Pope. Il est informé, avec retard, de l'accident survenu au poète le 20 septembre. Comme celui-ci revenait d'une visite chez Bolingbroke à Dawley, au passage de sa voiture un pont s'effondra ; il fallut briser la vitre du véhicule pour le dégager ; il eut deux doigts endommagés. Voltaire se hâte de lui écrire une lettre de compliment,[40] qu'il s'efforce de tourner en badinage : les eaux de la rivière n'étaient pas l'Hippocrène, et se peut-il que ces doigts qui ont tracé de si beaux vers aient été blessés ! Dès avant son départ pour Londres il avait commencé une correspondance avec le «Boileau anglais». Il fait enfin sa connaissance chez Bolingbroke. Pendant l'hiver les deux poètes se rencontrèrent plusieurs fois. On nous rapporte que Voltaire éprouvait pour Alexander Pope, bossu, contrefait, de santé fragile, une vive compassion. Il admirait son œuvre, non sans quelque envie. Si Pope ignorait le français, lui-même s'exprimait assez bien en anglais pour se faire comprendre. De leurs conversations quelques mots seulement nous sont connus. Voltaire lui demandant pourquoi Milton n'avait pas rimé son *Paradise Lost*, au lieu de l'écrire en vers blancs, Pope aurait répondu par une boutade : «Because he could not.»[41] Un témoin dit avoir entendu l'Anglais louer Voltaire comme «the first of the French poets».[42]

Pope pourtant demeure assez froid. Voltaire a traduit vingt-six vers de *The*

Rape of the Lock, qui prendront place dans la vingt-deuxième *Lettre philosophique*. Il attendit vainement que son confrère anglais lui rendît la politesse. Leurs relations durent être quelque peu compromises par le sensationnel impair commis par le Français, qui demeure l'épisode le plus notable de ce qui se passa entre eux. La malveillance eut tôt fait de s'en emparer. Mais André-Michel Rousseau a pu restituer l'anecdote d'après un témoignage inédit digne de foi.[43] Un soir, invité à souper chez Pope, à Twickenham, Voltaire se plaint de sa pitoyable santé, avec force jurons et blasphèmes. La vieille Mrs Pope, mère du poète, lui demande comment il pouvait être si malade à son âge. «Ah!», répond-il, «ces damnés jésuites, quand j'étais enfant, m'ont sodomisé à tel point que je ne m'en remettrai jamais tant que je vivrai.» Cela fut dit à haute voix, en anglais, et – circonstance aggravante – devant les domestiques. A ces mots, la respectable Mrs Pope, horrifiée, se lève et quitte la table.[44] Voltaire s'était laissé entraîner à l'une de ces foucades auxquelles il n'est que trop enclin. Il n'avait pas pris garde que les jurons, les propos brutaux contre le clergé, où se complaisaient les Anglais libertins qu'il fréquentait, n'étaient plus de mise dans un milieu catholique comme celui de Pope.

Les relations des deux hommes s'interrompent après l'été de 1727. Non qu'ils soient vraiment brouillés. Voltaire ne cessera de faire l'éloge de Pope dans ses œuvres. Mais celui-ci, gravement malade, neurasthénique, refuse de recevoir même ses plus intimes amis. En définitive, malgré les efforts du Français, il ne s'était pas établi entre eux une véritable entente. Jamais Pope n'a cité Voltaire dans ses œuvres poétiques. Il n'a pas souscrit à *La Henriade*. Sans doute était-il choqué par la tendance anti-papiste du poème, et préféra-t-il s'abstenir.

Voltaire s'accorde plus complètement avec John Gay, l'auteur du célèbre *Beggar's Opera*, cet *Opéra de quat'sous*, dont le cinéma prolongera le succès, sous ce titre, jusqu'au XXe siècle. La pièce ne sera jouée qu'en 1728. Mais Voltaire en eut connaissance en manuscrit. Il se souviendra de l'auteur comme du «plus agréable des compagnons».[45] C'est Gay qui l'aurait introduit parmi les comédiens et présenté à Chetwood, le souffleur de Drury Lane.

De tous les écrivains contemporains, c'est pourtant avec l'Irlandais Jonathan Swift qu'il a le plus d'affinités. Il a lu dès sa publication, en novembre 1726, le *Gulliver*: il en parle à Thiriot une semaine à peine après la sortie du livre. Il excite son ami à le traduire en français, et le lui envoie. Il est bien éloigné alors de penser au conte philosophique. Mais il est sensible aux «imaginations singulières» de cette «satire du genre humain». Swift lui apparaît comme le «Rabelais d'Angleterre», mais un Rabelais «sans fatras». Bien entendu, Thiriot ne traduira jamais *Gulliver*: à peine au bout de deux mois a-t-il lu trois chapitres du texte anglais.[46] Voltaire ne put rencontrer Swift, doyen de Saint-Patrick à Dublin, que lors de son voyage à Londres en mai 1727. Il eut sans doute avec lui plusieurs entretiens, chez Bolingbroke, à Twickenham chez Pope, ou en compagnie de Gay.[47] Apprenant que l'auteur de *Gulliver* se proposait de se rendre en France, il le recommande à Dunoquet à Calais; il lui remet des lettres d'introduction pour Morville, toujours secrétaire d'Etat aux Affaires étrangères, et pour de Maisons.

Voltaire avait donc de multiples relations du côté du leader tory Bolingbroke. Mais il fréquente aussi les personnalités du parti adverse whig, alors au pouvoir. Son ami Fawkener était à Londres un habitué du Bedford Head, cercle où se réunissaient les membres de l'intelligentsia et de la haute aristocratie. On peut supposer que Voltaire y fut introduit: il put y rencontrer le duc de Newcastle, ministre des Affaires étrangères, auquel Morville l'avait recommandé.[48] Il dut alors faire usage des lettres d'introduction qu'il avait gardées par devers lui au printemps précédent. Il se met bien en cour. La duchesse, veuve de l'illustre Marlborough, fait sa connaissance; elle remarque, à la date du 21 janvier 1727, son maniement aisé de l'anglais.[49] A la fin de ce même mois, ou au début du suivant, il est présenté au roi d'Angleterre, à ce George Ier qu'il avait encensé de ses compliments depuis Œdipe. Trois journaux de Londres informent le public de l'événement, soulignant l'accueil gracieux de Sa Majesté au «famous French poet».[50]

Initié désormais à la politique, il ajoute à sa Henriade un éloge de la monarchie parlementaire anglaise:[51] trois pouvoirs, «étonnés du nœud qui les rassemble», les Communes, les Lords, le roi, sont «divisés d'intérêt, réunis par la loi». Une évocation aussi flatteuse passait nécessairement sous silence l'envers des institutions britanniques: à savoir dans un système bipartite le combat sans merci que se livrent whigs et tories pour la conquête du pouvoir. Alors qu'il n'existait en France rien de comparable, Voltaire va s'apercevoir combien il était inconfortable, et même dangereux, de tenter d'avoir un pied dans chaque camp.

Pendant que le premier ministre whig Robert Walpole, afin de l'attirer de son côté, «s'emploie tout de son mieux»[52] pour gagner des souscriptions à la future édition de La Henriade, dans le même temps son ami et protecteur Bolingbroke lance contre ce même Walpole une virulente campagne de presse. En février 1727, on répand dans le public les Occasional letters, critique impitoyable de la politique whig. Trois numéros de ce libelle périodique paraissent coup sur coup, bientôt suivis d'un quatrième. L'auteur, on le sait aujourd'hui, était Bolingbroke. Mais il avait pris ses dispositions pour préserver son anonymat. Walpole, bien entendu, s'efforça de découvrir le coupable. Or Voltaire est accusé d'avoir joué, dans cette affaire, le rôle d'espion pour le compte du ministère. Ruffhead en 1769, dans une biographie de Pope, écrit en s'appuyant sur un ennemi de Voltaire, Warburton, qu'un jour se promenant dans les jardins de Twickenham avec Pope, il fit à celui-ci l'éloge de la première Occasional letter. Il tenta de savoir quel en était l'auteur. Pope, pour lui tendre un piège, répondit que c'était lui-même. Sur quoi, Voltaire se hâta de s'éclipser, et le lendemain le bruit circulait à la cour que l'Occasional letter était de Pope. Au dossier de l'accusation, deux autres pièces, l'une et l'autre de Swift. Celui-ci et Bolingbroke ont repéré un espion qui se faufile («who wriggles himself») dans le groupe hostile au ministère ; c'est «a certain pragmatical spy of quality». Aucun détail de ces témoignages, comme le remarque André-Michel Rousseau,[53] «ne désigne clairement Voltaire». Deux au contraire ne peuvent s'appliquer à lui : il n'est pas un «pragmatical spy of quality», et il n'avait pas à s'insinuer dans la société de Bolingbroke : il en fait partie depuis longtemps. Et si Voltaire venait d'être démasqué, Swift aurait-il accepté, le 16 juin, ses lettres de recommandation pour la France, aurait-il ensuite diffusé *La Henriade* en Irlande? Bolingbroke aurait-il souscrit à vingt exemplaires du poème? On en conclura que le «pragmatical spy» n'est pas Voltaire.

Cependant il est vraisemblable qu'il parla à Pope de l'*Occasional letter*, et que son interlocuteur, méfiant, ne lui cita pas le véritable auteur. La conversation, tendancieusement rapportée par Ruffhead, n'est peut-être pas de pure invention. Il sut bientôt que le libelle était de Bolingbroke. Il le nomme, en rabrouant Thiriot qui a bavardé à tort et à travers sur ce sujet délicat : «Don't talk of the *Occasional writer*. Do not say it is not of myl. B. Do not say it is a wretched performance. You cannot be judge neither of the man, nor of this writing.»[54] On sent de la gêne dans ces phrases. Lui-même a dû parler de Bolingbroke comme auteur des *Occasional letters*. On conçoit son embarras : tout en voulant rester l'ami du leader tory, il est plutôt du côté du gouvernement, «par intérêt et par vanité peut-être, plus que par conviction».[55] Walpole se montre fort bien disposé en sa faveur. Il lui fait accorder au nom du roi, le 18 mai, une gratification de deux cents livres. Salaire de l'espion? Non. Ce genre de service se rémunère sur les fonds secrets, en dessous de table. Deux cents livres est au contraire le chiffre des gratifications allouées à des gens de lettres. Pope en 1725, Young en 1726, et tout récemment le Français La Mottraye en ont bénéficié. On récompensait en Voltaire «l'ancien défenseur de l'alliance anglaise et le champion du protestantisme»,[56] et l'on marquait que ce poète étranger était bien vu du gouvernement de Sa Majesté.

L'esprit partisan n'est pas seul en cause. L'aristocratie anglaise comme les milieux officiels se montrent alors très ouverts aux intellectuels et gens de lettres. Orientation «éclairée» qui se manifeste avec éclat à la mort de Newton, survenue le 20 mars 1727. Le savant est honoré par des obsèques solennelles à Westminster Abbey. Voltaire est présent ce jour-là à Londres. Il a la révélation du prestige social de la science en Angleterre. Il fait la comparaison : à supposer que Descartes soit mort à Paris, on ne lui aurait certainement pas accordé d'être enseveli à Saint-Denis, auprès des sépultures royales. La leçon sera dûment enregistrée dans l'une des *Lettres philosophiques* intitulée «Sur la considération qu'on doit aux gens de lettres». L'Angleterre, cette «nation de philosophes», rend justice aux vraies grandeurs, qui sont celles de l'esprit.

Voltaire écrira qu'il a obtenu à Londres une «protection générale» et des «encouragements qu'il n'eût jamais pu espérer ailleurs».[57] Accueil remarquable en effet, si l'on songe qu'à cette date il est loin d'avoir acquis la stature qui sera la sienne vingt ou trente ans plus tard. Comme écrivain, il n'est encore connu que par deux tragédies et un poème épique en voie d'achèvement. Il voit cependant que la «protection» et les «encouragements» vont lui permettre de publier à Londres, dans de bonnes conditions, sa *Henriade*. Sans le dire, il marche sur les traces de Jean-Baptiste Rousseau. Cet autre poète, cet autre «illustre malheureux», avait passé six mois en Angleterre en 1723. Il y avait été lui aussi fort bien reçu par le roi, par le prince de Galles et par la princesse Caroline (celle-là même qui protégera Voltaire). Il venait publier ses œuvres par souscription. «Toute la plus haute noblesse» tient à lui donner en cette circonstance de «solides marques d'estime»: elle souscrivit «magnifiquement» à son édition.[58] Un autre auteur français, de moindre réputation, La Mottraye, n'est pas moins fêté pour la publication de ses *Voyages*: réception par Robert Walpole, «accueil très gracieux» du roi, du prince de Galles; ample souscription de l'aristocratie à son volume, précisément en cette année 1727 où Voltaire lance la sienne. Nous avons la liste des souscripteurs de La Mottraye: comparée à celle de Voltaire, elle est «plus titrée, plus ample, plus variée».[59] Y figurent le roi, le prince de Galles et Caroline, toute la famille royale: noms dont Voltaire devra se passer. Il faut donc ramener à sa juste proportion le succès en Angleterre du poète de *La Henriade*. Supposer, comme on l'a fait, que les milieux dirigeants de Londres l'avaient choisi pour en faire – par on ne sait quel calcul de la «perfide Albion» – le champion de l'anglophilie en Europe, c'est commettre une erreur certaine de perspective: il n'a bénéficié en fait, comme écrivain français, d'aucun traitement exceptionnel.

Il lui suffisait au reste de mettre à profit les possibilités de l'édition et du public anglais. Il allait pouvoir donner à sa *Henriade* la belle présentation dont il rêvait depuis des années. Dès l'automne de 1725 il savait qu'il trouverait à Londres le support financier d'une publication coûteuse et des imprimeurs capables de la réaliser correctement. Il met l'affaire en route au printemps de 1727. La souscription est ouverte, avec l'appui actif de Robert Walpole. Il sollicite aussi le comte de Broglie, ambassadeur de France. Celui-ci, hésitant, consulte Versailles sur l'attitude à adopter.[60] On verra qu'il lui fut répondu de se tenir à l'écart.

En mai 1727, Voltaire est revenu à Wandsworth. Il lui faut mener une vie moins dispendieuse. Et il a un autre dessein. Afin de faciliter l'accès du public britannique à un poème en français, il va l'accompagner des deux *Essays*: «upon the epick poetry», «upon the civil wars». Intrépidement, il entreprend de les rédiger directement en anglais. Pour cela il va faire à Wandsworth un stage de perfectionnement linguistique. Il s'installe cette fois, non chez Fawkener, mais dans le quartier de Half-Farthing chez un teinturier («a scarlet dyer»): sans doute une relation de Fawkener, la teinture des étoffes étant une activité connexe du commerce en laine et soie.

Auprès de la teinturerie se tenait une école de quakers, dirigée par un certain

Kuweidt. Voltaire s'y rendait pour prendre des leçons. Un jour il se mit à discuter avec Kuweidt de religion. Comme les deux hommes ne parvenaient pas à s'entendre, il fallut faire appel à un répétiteur de l'établissement, un jeune homme nommé Edward Higginson. Ce sage Britannique fut si fortement frappé de sa rencontre avec un personnage aux manières étranges qu'il en a laissé un récit, fait sans doute à la fin de sa vie. Un périodique quaker, *The Yorkshireman, a religious and literary journal, by a Friend*, le publiera en 1833.[61]

Document fascinant. Voltaire y revit sous nos yeux. Higginson rapporte deux scènes. D'abord la discussion avec Kuweidt: il s'agissait du baptême. Le précepteur appelé en renfort cite saint Paul, I Corinthiens, i.17: «Le Christ m'a envoyé non pour baptiser, mais pour prêcher l'Evangile». Voltaire s'emporte: «Vous êtes un menteur». Higginson laisse passer, stoïquement, l'injure. Plus calme, Voltaire lui reproche de vouloir tromper un pauvre étranger. «Non, je répète seulement les paroles de l'Apôtre, telles qu'elles se lisent dans notre Bible. – Mais votre Bible d'hérétiques est falsifiée. – Voulez-vous consulter Bèze ou Castellion? – Ce sont aussi des hérétiques. – Vous ne croyez pas, j'imagine, que le manuscrit autographe de Paul existe encore.» Voltaire voulut bien concéder ce point. Il accepta de recourir au texte grec. Higginson alla chercher l'édition Mattaire, et montra le passage. Voltaire n'en revenait pas. «Qu'est-ce donc que votre clergé anglais trouve à répondre à ce texte? – Ils disent d'ordinaire que Paul veut indiquer qu'il n'a pas été envoyé en premier lieu ou principalement pour baptiser. – A ce compte, réplique Voltaire, on pourrait éluder de la même façon tout le reste du livre.»

La seconde scène fait suite à la précédente. A quelques jours de là, Voltaire était chez lord Temple, à Fulham, avec Pope et quelques autres. On vint à parler du baptême par l'eau. Fort de sa science, il prit la position du quaker et cita la parole de Paul, dont il avait oublié la référence. On soutint que le texte n'existait nulle part dans l'œuvre de l'Apôtre. Il propose de parier cinq cents livres: pari tenu. Il enfourche l'un des chevaux de lord Temple, traverse la Tamise par le bac de Putney, arrive à bride abattue, cheval en sueur, dans la cour de l'école à Half-Farthing, demande à Higginson de lui mettre par écrit la référence de Paul disant qu'il «n'a pas été envoyé pour baptiser». Ce que fait le précepteur. Voltaire remonte à cheval, retourne à Fulham et gagne son pari.

Par la suite, il fait souvent appel à Higginson, mais pour des répétitions de langue. Il lit devant lui à haute voix le *Spectator*, pour faire corriger sa prononciation. Il traduit du latin en anglais le traité du quaker Barclay, *Theologiae verae christianae apologia*, et s'étonne qu'il faille dire *thou* ou *thee*, au lieu de *you*, dans l'épître dédicatoire à Charles II. Il se prend d'amitié pour le jeune homme. Il aurait voulu se l'attacher, en l'engageant à son service. Il lui propose de vivre avec lui, comme lui, portant les mêmes habits. Mais Higginson refuse. L'épisode montre un Voltaire fort préoccupé, pendant son séjour anglais, des questions religieuses, et des plus agressifs sur cet article. A Higginson qui ne lui demande rien, il déclare tout de go qu'il est déiste, comme le sont, prétend-il, la plupart des gentilshommes français et, ajoute-t-il, anglais. Comme pour les jurons, il extrapolait abusivement à partir de quelques aristocrates mal embouchés et libertins qu'il fréquentait à Londres. Devant le pieux quaker, il daube sur la naissance du Christ, racontée différemment dans chacun des quatre Evangiles. Higginson ne peut supporter qu'on parle si injurieusement du Sauveur et lui demande de cesser.

Voltaire vivait en exil depuis près d'un an. Il sollicite la permission de rentrer. Il lui paraît utile de pouvoir se rendre à Paris pour la diffusion de *La Henriade*, une fois parue la nouvelle édition. Maurepas fait une réponse qui ne devait pas être entièrement négative.[62] Enfin le ministre français lui adresse, le 29 juin, l'autorisation de venir à Paris pour trois mois.[63] Mais cette permission qu'il avait demandée, il n'en fait pas usage. C'est qu'un événement venait de se produire qui allait ouvrir pour lui en Angleterre des perspectives attrayantes. Le roi George Ier était mort sur le continent, dans ses possessions de Hanovre. La nouvelle fut connue à Londres le 15 juin. Avec l'avènement de George II le Royaume-Uni a désormais une reine : l'épouse de George Ier avait en effet vécu enfermée sur le continent, en punition d'un adultère. Une nouvelle ambiance va s'établir à la cour. La jeune Caroline, femme de George II, est très bien disposée pour Voltaire comme en général pour les gens de lettres. Il décide donc de rester à Londres.

Une seconde phase de son séjour commence. Il n'a plus sur le sol anglais le statut d'un exilé, mais d'un visiteur. S'y trouvant de son plein gré, il est mieux à même d'observer, afin d'apporter un jour son témoignage.

15. «I am ordered to give an account of my journey»

«Lorsque j'étais dans la ville de Bénarès, sur le rivage du Gange, ancienne patrie des brachmanes, je tâchai de m'instruire. J'entendais passablement l'indien ; j'écoutais beaucoup et remarquais tout.» Ainsi commence la *Lettre d'un Turc* (1750), «sur les fakirs et sur son ami Bababec». Texte qui invite à la traduction. Voltaire à Londres, sur les bords de la Tamise, «tâchait de s'instruire». Lui qui savait l'anglais, il écoutait, il observait.[1]

Il renoncera au projet de décrire la vie quotidienne de l'Angleterre. Mais tel mot qui lui échappe, ici ou là, prouve qu'il a remarqué, et apprécié, les commodités de ce pays qui était alors celui du *comfort*. La plus notable était l'eau courante chez les particuliers. Un système de tuyauterie décrit par Miège approvisionne des réservoirs à l'intérieur des maisons.[2] Modernisme combien utile à une époque où à Paris la fourniture en eau crée chaque jour des difficultés. De magnifiques fontaines ornent la capitale française : beaucoup de pierre, mais de liquide, point, ou seulement de maigres filets. A défaut, des porteurs vendent dans les rues et montent aux étages des seaux puisés dans la Seine, fleuve qui fait en même temps fonction d'égout. Voltaire rapporte dans *Le Temple du Goût* le projet de Colbert (non exécuté) de distribuer l'eau «dans toutes les maisons, comme à Londres».[3]

Autre invention, due à l'esprit pratique des Britanniques : un service postal, établi à Londres depuis 1680. Les Parisiens devront attendre jusqu'au milieu du XVIIIe siècle pour avoir l'équivalent, avec la «petite poste».

L'égrotant Voltaire ne manque pas de relever que beaucoup d'Anglais ont adopté un mode de vie fort hygiénique : de la marche (six *miles* par jour) ; une alimentation frugale, à base de «racines», sans viande ; un vêtement léger : régime qu'il est tenté de faire sien.[4]

Mais il fait une constatation moins agréable : le Français, pour le petit peuple de Londres, c'est l'ennemi. Un jour, dans la rue, il est reconnu par des insulaires chauvins comme un *French dog*. On le houspille, on le malmène, on va lui jeter de la boue. Alors il monte sur une borne et se met à s'adresser en leur langue aux gens attroupés. Il les harangue : «Braves Anglais, ne suis-je pas déjà assez malheureux de n'être pas né parmi vous ?» Il retourne l'auditoire contre ses agresseurs. Anecdote vraisemblable, quoique incertaine dans ses détails.[5] Il avait appris de Shakespeare, dans la grande scène du *Julius Caesar*, l'art d'agir par la parole sur le *mob*. On peut croire que la réminiscence littéraire l'aida, en l'occurrence, à sortir d'un mauvais pas.

Les relations du voyageur avec le populaire d'outre-Manche ont laissé peu de traces. Le domestique qu'il engagea – «my footman» – n'est connu que par une fugitive mention d'un carnet.[6] Une rencontre pourtant, dans le projet de *Lettre anglaise* abandonné, risque de n'être pas pure fiction.[7] Il se promène en barque sur la Tamise. Il bavarde avec son rameur. L'Anglais, l'ayant reconnu pour Français, exalte la supériorité de son pays : en Angleterre, on est libre. Le brave homme jure, «God damned»,[8] qu'il aime mieux être batelier sur la Tamise qu'archevêque en France. «Le lendemain», Voltaire passant devant une prison aperçoit une main tendue à travers les barreaux : c'est son marinier de la veille. Les recruteurs l'ont arraché à sa femme et à ses enfants pour l'enrôler de force sur un vaisseau de Sa Majesté en partance pour la Norvège. Un Français qui accompagne le promeneur sent une joie maligne de voir que ces fiers Britanniques sont en définitive «esclaves aussi bien que nous». Voltaire se flatte d'un sentiment plus humain : il est «affligé de ce qu'il n'y avait plus de liberté sur la terre». Il reste qu'il ne fera pas allusion, ni dans les *Lettres philosophiques* ni ailleurs, à ce sinistre envers de la puissance anglaise sur les mers, non plus qu'aux conditions inhumaines d'existence sur les navires.[9]

Même dans la bonne société, il a pu reconnaître qu'on se fait à Londres une idée étrange de la monarchie française. Ces bons Anglais croient «qu'on met à la Bastille la moitié de la nation», et «tous les auteurs un peu hardis au pilori».[10] De chaque côté du *Channel*, on nourrit des préjugés sur ce qui se passe sur l'autre bord. A l'expérience, un régime libéral s'avère ordinairement moins libre qu'il ne le prétend, comme un Etat autoritaire est souvent, par la force des choses, moins despotique qu'on ne l'imagine. L'anglophilie du voyageur ne l'empêchera pas d'apercevoir les ombres du tableau, surtout, nous le verrons, vers la fin de son séjour.

Toutefois, pour le présent, c'est l'esprit de liberté que Voltaire célèbre chez les Anglais. Sur ce thème s'organise sa propagande, verbale et par correspondance, en faveur de sa *Henriade*. Dans ce poème il va répétant que souffle «a spirit of liberty», «worthy of the British nation».[11] Ce qui n'est pas faux, nous le savons, et ce qui devrait encourager les souscriptions.

Pour la grande édition qu'il prépare, il recourt à la procédure récemment pratiquée par Pope, Prior, Jean-Baptiste Rousseau, La Mottraye. Le souscripteur verse à titre d'arrhes la moitié du prix, soit à un libraire soit à l'auteur lui-même. Il lui est délivré un reçu, contre lequel après règlement du solde le volume lui sera remis à sa publication. Ce genre de collecte avait rapporté de grosses sommes aux prédécesseurs. Mais au début de l'été 1727, Voltaire dut reconnaître que les souscriptions n'affluaient pas d'elles-mêmes. Aussi entreprend-il de les solliciter par des démarches personnelles. Il est encore à Londres à la fin du mois de juillet.

Il dut assister le 28 (17 juillet *o.s.*) à la promenade du roi George II et de la reine sur la Tamise.[12] Quelques jours après, il quitte la capitale pour commencer une tournée de l'aristocratie en ses résidences de campagne. Visites de courtoisie, à l'occasion desquelles il place des souscriptions.

A la fin de juillet ou au début d'août, il est chez lord Peterborough, à Parson's Green. Charles Mordaunt, troisième comte de Peterborough, était une figure haute en couleur : l'un de ces personnages «fiers, courageux et bizarres» de la grande noblesse anglaise.[13] Il avait commandé en 1705 l'armée envoyée en Espagne contre Philippe V et les Français. Il s'empara de Barcelone : épisode que rappellera l'*Histoire de Jenni*. D'humeur caustique, il se brouilla avec son allié, l'archiduc autrichien. Il mandait par un trompette à son ennemi le commandant français, le maréchal de Tressé : «Comment pouvons-nous faire la guerre pour deux sots, l'archiduc et Philippe V ?»[14] Par la suite il voyagea beaucoup sur le continent. Il se disait «l'homme qui avait vu le plus de rois et de postillons».[15] Ce grand seigneur ne se gênait pas pour lâcher les railleries qui lui venaient à l'esprit. Un jour, visitant les bosquets rigoureusement taillés de Marly, il s'exclame que «les hommes et les arbres plient ici à merveille».[16] Sur le roi d'Angleterre George Ier, dont les moyens intellectuels étaient limités, il dit à qui veut l'écouter : «J'ai beau appauvrir mes idées, je ne puis me faire entendre de cet homme.» Il n'aimait pas Marlborough. Comme la foule l'applaudissait, le prenant pour le duc, célèbre par sa ladrerie : «Coquins», s'écrie-t-il, «pour vous prouver que ce n'est pas lui, tenez, voilà de l'argent.» Et il leur jette, non de la menue monnaie, mais des guinées.[17] Ne s'embarrassant d'aucun conformisme, il avait épousé une cantatrice, Mrs Robinson. Un tel homme était bien fait pour s'entendre avec Voltaire. Leurs relations pourtant ne se lièrent que tardivement, alors que Peterborough approchait de la soixante-dixième année. La raison principale est que le lord revint en Angleterre seulement en juin 1727. Mais ensuite les deux hommes se sentirent en bon accord, malgré les différences d'âge et de condition. Voltaire ne séjourna certainement pas à Parson's Green «trois mois», comme il l'affirmera plus tard, mais il y reste sans doute plusieurs semaines. Peterborough devient (jusqu'à la brouille de l'année suivante) son principal protecteur, avec Bolingbroke. Il figure comme celui-ci en tête de la liste de souscription, s'étant inscrit pour vingt exemplaires : il s'engageait donc pour la somme considérable de soixante guinées, équivalent à peu près à 18.000 francs français de nos jours.

Eclectique en ses relations, Voltaire rendit visite aussi à la veuve de celui que Peterborough avait eu pour rival. Depuis la mort de Marlborough (1722), sa veuve Sarah Churchill habitait le château de Blenheim dans la campagne d'Oxford. Voltaire avait fait sa connaissance à Londres en janvier 1727. Au cours de l'été il se rendit dans la lourde mais majestueuse bâtisse dont le nom commémorait la victoire remportée sur les Français (1704). Il se trouvait là en présence de l'héroïne d'un de ces menus incidents qui, selon sa philosophie de l'histoire, suffiraient à modifier le cours des événements. En 1711, le royaume de Louis XIV paraissait menacé d'effondrement militaire. Le duc était au sommet de la gloire. Sa femme gouvernait la reine Anne. Mais voici que la souveraine se met à préférer lady Masham, sa dame d'atour. La duchesse de Marlborough ne peut dominer son dépit. Avec une maladresse calculée, elle renverse de l'eau sur la robe de la favorite : disgrâce de la duchesse et de son mari, retour au pouvoir des tories, qui font la paix avec la France... Le tout si l'on en croit Scribe (et le *Siècle de Louis XIV*) pour un «verre d'eau». A soixante-sept ans, lorsque Voltaire la rencontre, la duchesse Sarah demeurait une vive et fantasque personne. Elle rédigeait ses mémoires. Elle en parla à son visiteur. Elle lui raconta l'entrevue de son mari avec Charles XII au camp d'Altrantstadt, et comment le duc, scrutant le visage du conquérant, devina que loin de vouloir secourir la France il projetait d'aller détrôner le tsar.[18] La conversation animée du Français plut à la duchesse. Mais elle le trouva d'humeur instable, elle dont la pondération n'était pourtant pas la vertu majeure. Il a rapporté le mot qu'elle aurait prononcé, en refusant de lui faire lire ses mémoires : «Attendez quelque temps ; je suis occupée actuellement à réformer le caractère de la reine Anne ; je me suis remise à l'aimer depuis que ces gens-ci gouvernent.»[19] Voltaire citera ce trait pour mettre en garde contre les portraits dessinés pas les contemporains. En définitive la vieille dame ne souscrivit pas à *La Henriade* : elle laissa ce soin à sa fille.

A la fin de l'été, Voltaire se trouve à Ickworth, dans le Suffolk, chez lord et lady Hervey. Tous deux appartenaient à l'entourage de la reine Caroline. Il se peut qu'il ait été introduit auprès de lady Hervey par Peterborough.[20] Hervey, à peine plus jeune que Voltaire (il était né en 1696), avait séjourné en France. Il parlait couramment le français. Il aimait les vers. Ce qui favorisa l'établissement de relations fort cordiales entre le poète et ses hôtes. Hervey ayant comparé son brillant visiteur au soleil, l'auteur de *La Henriade* répond, en alexandrins : «Le soleil des Anglais, c'est le feu du génie.» Un autre jour, voyant lord et lady Hervey au lit, il tourne un compliment (aujourd'hui perdu) pour célébrer leur beauté. Faut-il croire que la beauté de l'hôtesse le toucha au point qu'il en tomba amoureux ? Il le lui laisse entendre, et cette fois-ci en vers anglais. Il rime ces deux quatrains :

> H..y would you know the passion
> You have kindled in my breast?
> Trifling is the inclination
> That by words can be express'd.
>
> In my silence see the lover;
> True love is by silence known;
> In my eyes you'll best discover
> All the power of your own.[21]

On admire l'élégance spirituelle de son expression en une langue qu'il ignorait quelques mois plus tôt. Rédigeant vers la même date ses deux *Essays*, «upon the epick poetry », « upon the civil wars », il est en passe, croirait-on, de commencer une carrière d'écrivain anglais. Les deux quatrains, publiés à Londres en 1755, plurent tant à un marchand de la Cité que celui-ci les adressa à sa maîtresse, Laura Harley. Il s'en suivit un procès entre le mari de Laura et le marchand, d'où naîtra la légende de Voltaire tentant de séduire par des madrigaux une honnête bourgeoise anglaise.

Plus sérieusement, l'hôte d'Ickworth s'intéressa aussi à la bibliothèque du château. Il note dans l'un de ses carnets qu'on y conserve des lettres de Jacques Ier à Buckingham prouvant que le roi en était amoureux.[22] Curiosité de ces « histoires secrètes » plus ou moins scandaleuses, que n'éliminera pas complètement la future philosophie voltairienne de l'histoire.

D'autres rencontres, d'autres visites prirent place au cours de ces mois, sans qu'il soit toujours possible d'en préciser la chronologie. Voltaire a connu Byng, lord de l'Amirauté, et son fils alors âgé de vingt-trois ans, le futur supplicié de *Candide*, à propos duquel nous apprendrons qu'en Angleterre on tue « de temps en temps un amiral pour encourager les autres »[23] Voltaire a pu voir le fils Byng à Londres, entre deux embarquements, en juin ou juillet 1727.[24] Il a connu, entre autres personnages bien en cour, lord Kinsale, lord Bridgewater, Campbell duc d'Argyll et Campbell comte d'Islay : ce dernier apparaît dans une addition à la vingt-deuxième *Lettre philosophique* orthographié « milord Aïla » : transcription phonétique du nom.

Il a connu la célèbre Mary Wortley Montagu, qui avait accompagné à Constantinople son mari, ambassadeur auprès du sultan. Elle en avait rapporté d'étonnantes lettres relatant son voyage et son séjour, dont Voltaire possédera une édition dans la bibliothèque de Ferney. Cette amazone de la haute société donnait à l'Angleterre de son temps l'exemple de la libération des mœurs féminines. Elle prendra bientôt un goût vif pour Montesquieu. Lord Bulkeley ira jusqu'à proposer au président bordelais de prendre rang dans la longue liste de ses amants, en succession d'Algarotti.[25] La dame n'a sans doute jamais envisagé un tel sort pour Voltaire, qui lui déplaît. Elle n'aime pas *La Henriade*, à laquelle cependant elle souscrit pour deux exemplaires. Il lui donne à lire (en manuscrit ?) le passage sur Milton de l'*Essay upon the epick poetry* : elle répond aigrement qu'il n'est pas l'auteur de ces pages ; l'anglais en est trop bon pour être de lui, trop mauvais « pour être d'une personne distinguée ».[26] Il ne lui en tint pourtant pas rigueur. Cette femme libre, dont l'esprit aussi est émancipé, a certaines des qualités qu'il aimera en Mme Du Châtelet. C'est d'elle qu'il tient l'essentiel de son information sur l'inoculation. Elle avait en effet remarqué à Constantinople l'efficacité contre la variole de cette « vaccination » d'homme à homme. Elle s'en était fait la propagandiste en Angleterre, avec l'appui de son amie la princesse Caroline. Mary Wortley Montagu et Caroline apparaîtront dans les *Lettres anglaises* comme les deux seules figures féminines de la « philosophie ».

Dans l'Angleterre qu'il connaît, Voltaire est enclin à exagérer l'importance du secteur constitué par une aristocratie libertine. Il fréquente chez Philip Dormer Stanhope, lord Chesterfield. Ce grand seigneur, galant, cynique, aurait, nous dit-on, tout sacrifié pour le plaisir de dire un bon mot. En quoi il ressemble à Voltaire. La société était chez lui assez mêlée. Voltaire se plaignit qu'on y rencontrait trop de fripons et d'aventuriers. Chesterfield répondit qu'il aimait l'esprit, même quand il le trouve chez un coquin. Il fit droit à une autre plainte de son hôte français. L'usage était dans les grands dîners de verser aux domestiques de somptueux pourboires. Voltaire, dont les finances restent mal en point, déclina pour cette raison plusieurs invitations. Sur quoi Chesterfield mit fin chez lui à cette pratique. Il fit mieux encore : il s'inscrivit pour dix souscriptions à *La Henriade*, se plaçant ainsi au troisième rang, après Bolingbroke et Peterborough.[27]

Dans ce milieu d'aristocrates faisant fi des préjugés, Voltaire a obtenu les souscriptions du duc et de la duchesse de Richmond. Charles Lennox, deuxième duc de Richmond, petit-fils de Louise de Kéroualle, est un bon représentant d'un libertinage aristocratique franco-anglais. Jeune à l'époque où Voltaire le fréquente à Londres (il est né en 1701), il aime la gaillardise. L'écrivain français lui offrira l'*Histoire de Charles XII* et les *Letters concerning the English nation*. En retour le duc lui adresse un écrit d'un genre spécial : une *Histoire naturelle de l'arbre de vie*. Dans la lettre de remerciement Voltaire jugea bon de broder sur le même thème.[28] Ce qui nous vaut un spécimen unique dans toute sa correspondance : un équivalent épistolaire de l'*Ode à Priape*, chef-d'œuvre de Piron. Le correspondant de Richmond n'était pas, à vrai dire, tout à fait novice dans cette manière d'écrire. Il a dans ses carnets anglais noté les anecdotes et vers grivois recueillis auprès de ses relations les plus salaces.

Ce même duc de Richmond était l'une des personnalités de la Grande Loge anglaise, dont il deviendra Grand-Maître. Il va jouer un rôle de premier plan comme introducteur de la franc-maçonnerie en France. En 1730, Montesquieu étant à Londres, Richmond se lie avec lui comme il s'était lié avec Voltaire. Il invite le Français à une tenue de la loge où il exerce alors la fonction de Maître, à la Horn Tavern, dans Westminster : il le reçoit comme membre de « l'ancienne et honorable société des Francs-Maçons », en même temps que deux autres Français, François-Louis de Gouffier et le comte de Sade, père du célèbre marquis.[29] Montesquieu reviendra en France animé d'un vif prosélytisme maçonnique. Il participe à Paris en 1734 et 1735 à des tenues en loge présidées par Richmond.[30] Le duc a fondé lui-même une loge d'une vingtaine de frères en son domaine d'Aubigny, près de Gien. Il invite son ami à s'y rendre, pour y rencontrer Désaguliers, protestant émigré, l'un des apôtres de la franc-maçonnerie.[31] Montesquieu n'alla pas à Aubigny, mais à Bordeaux il déploie un zèle maçonnique qui inquiète l'intendant.[32]

Richmond avait-il fait déjà en 1727 auprès de Voltaire la même propagande maçonnique, avec le même succès ? C'est poser la question, toujours controversée, de l'affiliation du philosophe à la franc-maçonnerie.[33] Lors de la réception du grand homme à la loge parisienne des Neuf Sœurs, le 7 avril 1778, on adopta le cérémonial correspondant au grade de maître. Ce qui supposait une initiation antérieure aux grades d'apprenti et de compagnon. Voltaire avait-il donc été déjà reçu maçon, et quand? Le vénérable Lalande, conduisant la députation, n'avait recueilli auprès de l'intéressé que des informations confuses: le vieillard « ne se ressouvenait plus des formules », il avait « affecté de n'avoir jamais été frère ». Mais des biographes du XVIIIe siècle, suivis par des historiens de la franc-maçonnerie, n'hésitent pas à affirmer qu'il fut affilié pendant son séjour en Angleterre. La thèse ne manque pas de vraisemblance. Outre le duc de Richmond, Voltaire était lié avec des maçons influents comme Chesterfield. Bientôt nous allons le trouver installé à quelques pas de la taverne de Bedford Head, où se réunissait une loge. Malheureusement des vraisemblances ne tiennent jamais lieu de preuves. Les recherches d'André-Michel Rousseau n'ont pas permis de découvrir son nom dans les listes des loges anglaises. Par la suite Voltaire, chaque fois qu'il parle de la franc-maçonnerie, le fait en des termes plutôt hostiles, notamment dans l'article « Initiation » des *Questions sur l'Encyclopédie* (1771): les « mystères » de « nos pauvres francs-maçons » y sont ravalés au rang des « simagrées religieuses ». Et son secrétaire le dévoué Wagnière, lui-même maçon, est catégorique: « M. de Voltaire n'était point franc-maçon ».[34]

Sur les accointances du voyageur avec la Grande Loge anglaise, on est donc réduit aux hypothèses. La plus plausible est formulée par André-Michel Rousseau. Il est possible que Voltaire, sur l'invitation de Richmond ou de Chesterfield ou de quelque autre, ait assisté à un banquet de frères, dans une taverne, « à quoi se bornait souvent une tenue ».[35] Dans sa mémoire par la suite la séance a pu se confondre avec d'autres réunions de *clubs*, plus ou moins fermés, auxquels il dut participer. Qu'on prenne garde d'ailleurs qu'en 1727 ou 1728 la franc-maçonnerie en Angleterre en est encore à ses débuts; et qu'elle n'existe pas en France. Elle ne pouvait à cette date susciter de la part de Voltaire l'attention qui s'attachera à l'institution dans la seconde moitié du siècle. Une éventuelle réunion de café n'était pas en tout cas une initiation dans les formes comme celle dont bénéficiera Montesquieu en 1730.

Il n'est même pas sûr que Voltaire ait été sollicité. La maçonnerie anglaise demeure très aristocratique. Sont reçus avec le président bordelais un cousin de Richmond, Gouffier, et le chef de la maison de Sade, l'une des plus anciennes des Etats du pape, qui compte parmi ses ancêtres Laure de Nove, l'amante de Pétrarque. Charles-Louis de Secondat, baron de La Brède et de Montesquieu, seigneur de maints autres lieux, se situe bien à ce niveau. Mais non pas le roturier Voltaire. L'évaluation littéraire qui a occulté pour nous les hiérarchies nobiliaires risque de fausser notre perspective.

Dans cette question on écartera également l'arrière-pensée polémique. Devenu franc-maçon à Londres Voltaire, a-t-on dit ou insinué, va impulser à travers la maçonnerie française le complot d'origine anglaise contre la religion et la monarchie. Dès 1727 ou 1728, il préparerait 1789, et ses *Lettres philosophiques* seront – c'est Lanson qui l'écrit – une première «bombe lancée contre l'Ancien Régime».[36] Mais les systèmes trop cohérents se révèlent le plus souvent faux. Voltaire ne fut sans doute pas reçu maçon en Angleterre. Il n'entrera dans cette société pour laquelle il n'éprouve aucune sympathie que quelques semaines avant sa mort, dans l'euphorie de l'apothéose parisienne.

La vivacité voltairienne multiplie les contacts. Le grand nombre des relations nouées en Angleterre est une preuve de plus de sa mobilité comme de son attirance vers la nouveauté.

Il est en quête de bizarreries qui le stimulent. Il lit dans les *newspapers* de l'automne 1726 une histoire beaucoup plus extraordinaire que celle, jadis, de l'hémorroïsse parisienne. Une femme, Mary Toft, accouche tous les huit jours d'un lapereau. Le médecin accoucheur certifie le fait. Problème : va-t-on baptiser tous ces lapins ? Il s'agissait bien entendu d'une mystification : les deux imposteurs passent aux aveux en décembre, et la presse publie leurs rétractations.[37]

Voltaire s'intéressa à une entreprise plus contraire encore au cours naturel des choses, tentée, celle-là, par des gens parfaitement sincères. L'affaire remontait à une vingtaine d'années, mais il rencontra l'un de ceux qui y avaient participé. En 1707, le mathématicien protestant Fatio Duillier était persuadé que par un acte de foi suffisamment intense il réussirait à ressusciter un mort. Il insista tant que la reine Anne dut permettre l'expérience. Au jour dit, la foule contenue par un service d'ordre s'était assemblée au cimetière de l'église Saint-Paul. Un huissier, un greffier étaient présents pour constater juridiquement le miracle. On déterre un corps. Duillier prie, se jette à genoux, fait toutes sortes d'implorations, imité par ses compagnons. Le cadavre, hélas ! ne donne aucun signe de vie : il faut le réinhumer. Une foi vive a ceci d'admirable qu'elle résiste à tous les démentis de la réalité. Le ressusciteur qui raconta à Voltaire le triste épisode lui expliqua l'échec : l'un d'entre eux, au moment de l'opération, se trouvait en état de péché véniel, «sans quoi la résurrection était infaillible».[38]

Voltaire n'en triomphe pas, mais soupire : «Quelle pauvre espèce que l'esprit humain !». Chez Newton même, qui commenta géométriquement l'*Apocalypse*, la raison vient à s'égarer. Il enquête sur ce que fut cette intelligence supérieure. Il s'adresse à la nièce du grand homme, Mrs Conduit. Il s'informe auprès du chirurgien William Cheselden, qu'il dut consulter en tant que malade. Cheselden, médecin de Newton, lui confie que celui-ci «n'avait jamais approché d'aucune femme».[39] Ce praticien novateur avait étudié les anomalies sexuelles. Il avait examiné un noir hermaphrodite, amené d'Angola à Londres. Il en parle à Voltaire, «plusieurs fois».[40] Il l'entretient aussi du problème de l'aveugle-né, posé par Locke et Berkeley.[41] Les *Éléments de la philosophie de Newton* exposeront dès 1738 une question à laquelle Diderot donnera les développements que l'on sait.

Les rencontres imprévues adviennent d'ordinaire à ceux qui en sont amateurs. Un jour Voltaire reçoit la visite d'un homme au visage basané. « Monsieur, lui déclare-t-il, je suis du pays d'Homère ; il ne commençait point ses poèmes par un trait d'esprit, par une énigme. »[42] *La Ligue* débutait en effet par une pointe, sur Henri IV « qui força les Français à devenir heureux ». Frappé par la pertinence de la critique, Voltaire corrigera son exorde. Son visiteur était un aventurier oriental, Carolus Rali Dadichi, libre penseur, libertin, mais d'une prodigieuse érudition, sachant l'arabe, le persan, le turc, l'hébreu, le syriaque, et en outre le latin, le grec, l'espagnol, l'anglais et le français. Voltaire poussa plus avant les relations avec ce personnage qui se complaisait dans les plaisanteries anticléricales. Il se procure auprès de lui des fragments des littératures de l'Orient, qui devaient entrer dans un « chapitre des arts », rédigé en vue de l'*Essai sur les mœurs*.[43] Car il est, à Londres, curieux du monde musulman. A ce qu'il a appris de Fawkener, de lady Montagu, de Dadichi, il ajoute les informations de deux confidents de Charles XII, lors de la captivité du roi de Suède en Turquie : Jefferyes, ambassadeur d'Angleterre auprès de la Porte,[44] et surtout le baron Fabrice. Il recueille de celui-ci d'étonnantes histoires. Il les note en anglais dans ses carnets, où il consigne d'autre part, en français, les questions à poser à son informateur.[45]

Pour diversifiées que soient les relations anglaises de Voltaire, on y retrouve les constantes de sa vie : finance, religion, littérature.

Parmi les souscripteurs de *La Henriade*, on remarque un groupe de brasseurs d'argent et de banquiers. Everard Fawkener, qui a souscrit,[46] a entraîné à sa suite plusieurs négociants : son frère William, qui fait aussi de l'export-import en Turquie, un John Godschall et son gendre sir John Barnard, autres commerçants en Orient ; Peter Delmé, beau-frère d'Everard Fawkener, descendant de huguenots réfugiés, ancien lord-maire, « le plus célèbre négociant de Londres et peut-être de toute l'Europe ». Parmi les relations d'affaires des Fawkener, ont souscrit Ralph Radcliffe et William Smelling, le banquier John Mead, l'alderman John Barber, Thomas Townshend, ce frère d'un secrétaire d'Etat qui selon la dixième *Lettre philosophique* « se contente d'être marchand dans la Cité » ; Bladen, administrateur de la South Sea Company, et Henry Jannssen, fils d'un autre administrateur ; les deux frères Eyles, sir Joseph et ce sir John qui engagera l'abbé Prévost comme précepteur de son fils.[47] Toutes souscriptions qui supposent une rencontre et des relations au moins épisodiques.

Les rapports durent être plus suivis avec un autre groupe dont on s'étonne de lire les noms. Dans la liste ne figurent pas moins de cinq membres de la famille Mendes da Costa. Apparemment Voltaire avait continué à fréquenter cette maison après la faillite d'Anthony. Il a noté dans un carnet le propos qu'a tenu « en sa présence » une « Madame Acosta ». A un « abbé » (un pasteur anglican ?) qui voulait la convertir, elle tient ce raisonnement : « Votre Dieu est-il né juif ? – Oui. – A-t-il vécu juif ? – Oui. – Est-il mort juif ? – Oui. – Eh bien ! soyez donc juif.» Norma Perry identifie cette «Madame Acosta» avec Catherine da Costa, femme d'Anthony Moses da Costa, cousin d'Anthony Jacob le banqueroutier. La scène se serait passée à une réception ou à un dîner dans Cromwell House, à Highgate, domicile d'Anthony Moses.[48] On devine une certaine sympathie de Voltaire pour ce milieu d'Israélites enrichis et cultivés. Il leur accorde une place importante dans le paragraphe des *Lettres philosophiques* sur la Bourse de Londres. En ce haut lieu du commerce international, «le Juif, le Mahométan et le Chrétien» font des affaires ensemble. On ne donne «le nom d'infidèles qu'à ceux qui font banqueroute» (allusion à Anthony Jacob). Dans la suite le «Mahométan» – figurant œcuménique – disparaît. Mais le «Juif» continue à tenir sa partie avec le «Chrétien»: après la séance il se rend à la synagogue, pendant que les autres «vont boire». Ou bien, tandis que les chrétiens vont se faire baptiser, ou attendent l'inspiration dans une assemblée quaker, l'Israélite «fait couper le prépuce de son fils et fait marmotter sur l'enfant des paroles hébraïques qu'il n'entend point».[49] Voltaire aura d'autres occasions de témoigner de l'importance que prend la finance juive dans l'Europe du XVIIIe siècle.

Juifs ou non, ces gens d'affaires lui apparaissent comme ce qu'ils étaient réellement, l'avant-garde d'une société nouvelle: une classe «montante», parallèle à l'aristocratie, et commençant à acquérir titres et honneurs. La dixième *Lettre philosophique* exhortera la noblesse française à les imiter. Que nos gentilshommes «en -ac ou en -ille», au lieu de se guinder dans un sot préjugé, pratiquent donc eux aussi ce commerce qui a procuré aux «citoyens» d'Angleterre richesse et liberté.

Voici qu'émerge à ce propos un thème voltairien: que l'esprit commercial favorise la tolérance. La première phrase du premier carnet anglais le constate.[50] Et l'on n'est pas peu surpris de lire, dans les *Lettres philosophiques*, le paragraphe sur la Bourse, non pas dans la *Lettre* sur le commerce, mais dans la *Lettre* sur les presbytériens, à l'intérieur d'un développement sur la tolérance religieuse en Angleterre. Anomalie? Non point, mais relation de cause à effet.

Les *Lettres philosophiques* publieront le reportage d'un Voltaire journaliste sur ces sectes anglaises, si heureusement coexistantes. L'accent sera mis sur celle qui a le plus attiré la curiosité du voyageur français: les quakers.

Le bon quaker – quelque peu ridicule – des deux premières *Lettres* n'est pas un être de fiction. Voltaire l'a nommé, après le décès de celui-ci, dans une note de 1739: Andrew Pitt. Il lui rendit visite à Hampstead, près de Londres, en sa maison «petite mais bien bâtie, pleine de propreté sans ornement». Par deux fois, il alla dîner chez lui.[51] Il est séduit et amusé par ce vieillard frais, au parler franc, au costume bizarre. Au terme de trente années passées dans le commerce du drap, Pitt s'était retiré à la campagne. Il était toujours, comme le précise le texte, «l'un des plus célèbres quakers» du Royaume-Uni. On l'avait vu naguère intervenir avec vigueur pour la liberté religieuse, en faveur de la secte. Afin d'édifier son jeune visiteur, Pitt le conduisit à l'assemblée quaker de Gracechurch

Street, près du Monument. On connaît l'effet habituel des cérémonies religieuses sur Voltaire. Il se tint ici plus tranquille qu'à l'église du Sablon à Bruxelles. Mais il se rattrapera dans le récit de la deuxième *Lettre philosophique*. Après un profond silence de l'assemblée, voici qu'un assistant saisi par l'inspiration se lève et parle. Le Français a l'impression que le ton religieux aggrave les particularités du phonétisme anglais : il lui semble que les mots sont débités «moitié avec la bouche, moitié avec le nez», avec force «grimaces et soupirs»; cet inspiré, c'est «un faiseur de contorsions», qui fait penser aux convulsionnaires français de Saint-Médard. Les quakers de Gracechurch Street n'avaient pourtant rien du petit peuple fanatique des faubourgs parisiens. Là fréquentait la haute aristocratie bourgeoise, celle des Barclays et des Lloyds. Mais Voltaire ne peut concevoir une piété fervente en dehors des basses classes. Il conservera des relations avec Andrew Pitt. De la correspondance qu'ils échangèrent, une lettre de la fin de 1732 nous est parvenue.

Son estime, pareillement teintée d'ironie, va aussi à deux personnalités de l'Eglise anglicane, éminentes sur le plan philosophique. George Berkeley, doyen de Derry en Irlande (il ne sera nommé évêque de Cloyne qu'en 1732), séjournait à Londres depuis plusieurs mois. Voltaire l'y rencontre et s'entretient avec lui. Le philosophe l'aurait interrogé sur un bruit qui courait; comment a-t-il pu écrire *La Henriade* à la Bastille, sans rien pour écrire ? Nous avons cité la réponse de Voltaire : «En mâchant mon linge pour en faire du papier».[52] Procédé incroyable : ce qui ne veut pas dire que Voltaire n'a pas proféré cette énormité ou quelque chose d'approchant.

Entre les deux hommes la conversation s'éleva à d'autres sujets, moins anecdotiques. Voltaire avait lu sans doute les *Dialogues d'Hylas et de Philonous*, parus une douzaine d'années plus tôt. Si l'on en croit le *Dictionnaire philosophique*, il en discuta la thèse avec son interlocuteur.[53] Que la sensation n'existe que dans l'esprit qui perçoit – *esse est percipi* – il l'admet. Mais il s'efforce de maintenir l'existence, hors du sujet percevant, de l'étendue et de la solidité des corps. Tel sera le sens de ses annotations en marge d'une traduction française des *Dialogues*[54] et de son article «Corps» du *Dictionnaire philosophique*. Berkeley lui aurait répondu qu'on ne peut concevoir ce qu'est le *substratum* de l'étendue. À quoi il réplique que, inconcevable, la substance étendue, solide, divisible, n'en existe pas moins. Il juge Berkeley «a learned philosopher, and delicat wit», «un des plus estimables et plus savants prélats qui soient au monde».[55] Mais il n'est pas convaincu par ses raisonnements. C'est ce qu'il répète à Andrew Pitt qui lui envoie l'*Alciphron* de Berkeley à la sortie du livre. Il discerne fort bien l'intention apologétique de cette philosophie. Apôtre, l'auteur des *Dialogues* se préparait en 1728 à partir pour l'Amérique : il devait aller évangéliser les Bermudes. Son idéalisme subjectif visait à ruiner en leur principe le matérialisme et l'athéisme. Selon lui, la matière, construction de la conscience, n'a pas de réalité propre : le monde sensible n'est que le langage parlé par Dieu à sa créature. Voltaire proteste dans sa lettre à

Pitt qu'il croit en Dieu. Mais il répudie un sophisme (c'est son mot) qui, laissant l'homme en tête à tête avec la divinité, l'anéantirait dans le divin.

Il fréquente vers le même temps un autre penseur non moins soucieux d'apologétique: Samuel Clarke, «le fameux curé de Saint-James». Avec lui comme avec Berkeley il eut «plusieurs conférences».[56] Il fut impressionné par la dignité du personnage: un homme «d'une vertu rigide et d'un caractère doux». Il admire – bien loin de s'en moquer – «l'air de recueillement et de respect» du philosophe chaque fois qu'il prononce le nom de Dieu. C'est au livre de Clarke, *A demonstration of the existence and attributes of God* (1704) qu'il empruntera bientôt les bases de son déisme. A Londres, au cours de leurs entretiens, il ne craint pas d'attaquer le théologien sur ces graves questions. «Clarke sautait dans l'abîme et j'osais l'y suivre», dira-t-il. Il lui arrive de «l'embarrasser» par ses objections. Et aussi de l'irriter. Un jour, assis à un dîner à côté de Clarke, il s'attira du sage Britannique cette réplique: «Sir, do you acknowledge that 2 and 2 make 4?» Effectivement Clarke avait l'originalité d'adopter en philosophie une méthode mathématique, inspirée, croyait-il, de Newton. D'où un aspect quelque peu ridicule du personnage. Le solennel bonhomme, «uniquement occupé de calculs et de démonstrations», fonctionne à la manière d'une «machine à raisonnement». «A metaphysical clock», dira Voltaire à Boswell, quarante ans plus tard.

D'autres rencontres l'introduisaient à une philosophie moins métaphysique. Il a parlé, le 20 juillet 1727, à un «Mr Bluet», c'est-à-dire à Thomas Bluett, réfutateur de la *Fable des abeilles* de Mandeville.[57] Menant une sorte d'enquête sur la littérature anglaise, il remarque la mort de la fille de Milton en mars 1728. Il avait dû voir jouer à Drury Lane la comédie de Congreve intitulée *The Mourning Bride*. Sans doute connaît-il du même auteur *The Double Dealer*, imitation du *Tartuffe*, et *The Way of the world* dont il empruntera le titre pour l'un de ses contes (*Le Monde comme il va*). Il goûte dans ces pièces une verve quelque peu licencieuse, mais d'un ton élégant et de bonne compagnie. Congreve vivait encore. Il l'alla voir. Il le trouve infirme, «presque mourant», et tout à fait détaché de sa production littéraire qui remonte aux années 1690. Congreve méprise ses comédies comme des «bagatelles au-dessous de lui». Il prétend ne recevoir son confrère français que «sur le pied d'un gentilhomme». Choqué par cette vanité, Voltaire lui répond que «s'il avait eu le malheur de n'être qu'un gentilhomme comme un autre», il n'aurait pas pris la peine de venir chez lui.[58] Voltaire renouvelle, quoique moins désagréablement, l'expérience faite auprès de Jean-Baptiste Rousseau: souvent un auteur, surtout affaibli par l'âge, se révèle bien inférieur à l'image qu'on se forme de lui d'après son œuvre. Tout au moins Congreve corrigea-t-il la fâcheuse impression en souscrivant à *La Henriade*.

Les mois passant, approche le temps où va sortir la grande édition du poème, précédée par les deux *Essays* anglais. Voltaire prépare l'événement. Il fait la connaissance de plusieurs journalistes du *Spectator*. Non pas Addison, mort en

1719, ni Steele, qui a quitté Londres, mais leurs obscurs successeurs, Tickell, Budgell, qui s'avisent aussi d'écrire des vers. Grâce au colonel et diplomate Martin Bladen (déjà nommé comme souscripteur de *La Henriade*), il découvre les *Lusiades* de Camoens.

Mais c'est au cours d'un séjour à Eastbury, dans le Dorset, chez Bubb Dodington qu'il obtient le plus d'aide pour ses prochaines publications. Bubb Dodington a laissé la réputation d'un politicien corrompu, particulièrement méprisable. Peut-être fut-il méconnu. Il pratiquait un mécénat éclairé. Voltaire fit la connaissance chez lui de James Thomson, le poète des *Saisons*. Et il y rencontre Edward Young. Celui-ci à quarante-cinq ans n'avait pas encore trouvé sa voie. Il n'avait pas à cette date imaginé de devenir un pasteur et le chantre inspiré des *Nuits*. Il donnait dans le libertinage et le théâtre. Voltaire se sentait donc avec lui dans une certaine communauté d'idées. Il lui fit lire son *Essay upon the epick poetry*, en lui demandant d'en corriger l'anglais. Une discussion s'engagea sur le chapitre de Milton. Ce qui donna lieu, pendant un souper d'Eastbury, à une scène qui égale en notoriété le souper chez Pope à Twickenham. Voltaire qui ne s'était permis dans *La Henriade* que de plates et froides allégories ne pouvait supporter dans le *Paradise lost* les figures de la Mort et du Péché inventées par Milton. « Le mariage du Péché et de la Mort, et les couleuvres dont le Péché accouche » : de quoi « faire vomir tout homme qui a le goût un peu délicat ».[59] Contre ces « extravagances », Voltaire à la table de Dodington s'emporte avec la dernière des vivacités, dans les termes les plus violents. Young alors le regarde fixement et lance ces vers, improvisés sur-le-champ :

> Thou'rt so ingenious, profligate and thin
> That thou thyself art Milton's Death and Sin.[60]

Le distique fixe bien l'image d'un Voltaire encore jeune, mais décharné, excité. Il ne corrigera pas pourtant son jugement sur Milton. « Je dis ce que je pense, et je me soucie fort peu que les autres pensent comme moi », fera-t-il connaître par la voix du Pococurante de *Candide*.

A l'automne de 1727, Voltaire regagne Londres. Il prend pension chez John Brinsden, secrétaire de Bolingbroke, à Durham Yard, rue parallèle au Strand. Etant tombé malade, il est soigné en famille, par son hôte, sa femme, leurs deux fils. L'un des garçons composa des vers en l'honneur de l'illustre poète. Il quitta cette hospitalière maison en décembre.[61] Il vient alors loger, non loin de là, de l'autre côté du Strand, dans Maiden Lane, à l'enseigne de la White Peruke. Il y restera six mois. C'est le seul de ses domiciles anglais qui nous soit bien connu. Une plaque fut apposée en 1979 sur l'emplacement identifié par Norma Perry, aujourd'hui à l'arrière du Vaudeville Theatre.

Il s'y trouvait à proximité de Français, huguenots réfugiés. L'immeuble apparte-nait à un Pierre, ou Peter, Pellon. Le vieux barbier qui avait suspendu son enseigne – une perruque blanche – sur la rue était aussi un Français. Le quartier à cette époque changeait de caractère. La société élégante avait commencé à émigrer vers l'ouest de Londres. En 1727 les alentours de Maiden Lane étaient donc habités à la fois par une aristocratie qui n'avait pas encore déménagé et par une population plus modeste – artisans, commerçants – qui s'y installait progressivement. L'endroit présentait pour l'auteur de *La Henriade* d'évidents avantages. A proximité il trouvait le Rainbow coffee-house, sur l'emplacement délimité aujourd'hui par Trafalgar Square, Duncannon Street et le Strand. Nous savons qu'il fréquentait cet établissement, lieu de rendez-vous de l'intelligentsia française émigrée. Il avait à sa disposition non loin de là d'autres établissements du même ordre : la taverne de Bedford Head dans Maiden Lane même, et des auberges ou cafés aux noms colorés, The King's Head, The Three Tobacco Pipes, The Bear and Ragged Staff, The Swan qui deviendra The Star. En quelques minutes il se rendait au théâtre de Drury Lane. Plus rapidement encore il allait sur le Strand chez son éditeur le libraire Nicolas Prévost, Français huguenot d'origine, qui va publier ses *Essays*, imprimés par un autre huguenot, Samuel Jallasson.

Les deux *Essays* sortent des presses le 6 décembre. Publication mémorable, quoique jusqu'ici négligée par les éditeurs de Voltaire. Il est utile d'en reproduire le titre complet : *An Essay upon the civil wars of France, extracted from curious manuscripts, and also upon the epick poetry of the European nations from Homer down to Milton, by Mr de Voltaire.*[62] Les *Œuvres complètes* de Voltaire, avant l'édition en cours à la Voltaire Foundation d'Oxford, ont eu grand tort de se contenter des versions françaises des deux textes, lesquelles sont en réalité des œuvres différentes. Passons sur l'*Essay upon the civil wars*, et sur les «*curious manuscripts*» aussi alléchants qu'inexistants : Voltaire traçait à l'usage du public anglais le cadre historique où se déroulent les événements de son poème. Mais son *Essay* sur la poésie épique est une œuvre originale et neuve. Il élargit aux horizons de l'Europe entière la question débattue naguère en France au sujet du seul Homère, dans la querelle des Anciens et des Modernes. Son *Essay* donne l'exemple d'une première étude de littérature comparée, sur ce genre de l'*épos* dont les multiples avatars, il l'a compris, font problème. Pour nous cependant l'intérêt que conserve l'*Essay* de 1727 n'a aucun rapport avec la poésie épique. Rendant visite à Mrs Conduit la nièce de Newton, il avait appris d'elle l'histoire de la pomme, jusqu'alors ignorée (bien qu'elle soit authentique). Il en comprit la portée. Newton, observant une pomme qui tombait de l'arbre, avait eu le génie de s'en étonner, à la différence des centaines de millions d'hommes qui avant lui avaient vu le même phénomène sans se poser la moindre question : on disait que la pomme tombe parce qu'elle est *lourde*, ce qui n'a aucun sens. Mais Newton à partir de là rapproche la pesanteur terrestre du mouvement des astres, et les enferme dans une même formule mathématique. L'anecdote prouvait la puissance du calcul appliqué aux faits d'expérience. Le génie de Voltaire, différent de celui de Newton, fut de discerner la signification de l'épisode. En outre son instinct de journaliste lui dit que l'information est denrée périssable. Il se hâte donc de publier l'histoire de la pomme dans le premier texte imprimé à paraître : cet *Essay upon the epick poetry*, où elle n'a que faire.[63] Il la reprendra dans les *Lettres philosophiques* et dans les *Eléments de la philosophie de Newton* où elle sera parfaitement à sa place. Ainsi grâce à lui la pomme de Newton ira rejoindre dans les annales de l'humanité celle du héros helvétique Guillaume Tell et la pomme biblique d'Eve dans le jardin d'Eden.

Les perspectives cosmiques n'égarent jamais Voltaire hors du sens des réalités. En décembre et dans les mois suivants la vente de ses ouvrages à paraître le préoccupe. Ses *Essays* coûtaient un shilling et demi : prix modique en comparaison des trois guinées de la souscription, et même des quatre shillings de *La Henriade* in-octavo. Ce petit volume était destiné à éveiller l'intérêt pour les publications à venir. Fin décembre la grande édition du poème épique est prête à sortir.[64] Il voudrait cependant obtenir quelques souscriptions supplémentaires. Il sollicite Swift pour une relance en Irlande. Il s'adresse personnellement à lord Harley, comte d'Oxford, qui ne veut point l'entendre, à lord Burlington qui au contraire consent et sera ajouté à la suite dans la liste imprimée des souscripteurs.[65] *In extremis*, le 12 février o.s., il fait passer une annonce dans le *Daily journal* : que les acheteurs envoient seulement leurs noms et adresses ; ils paieront à la livraison.[66]

L'ouvrage paraît enfin en mars 1728. Après tant d'efforts la liste des souscripteurs compte 343 noms. Ils se succèdent dans un désordre apparent, qui doit être l'ordre dans lequel ils ont été enregistrés. Ils laissent ainsi apparaître des familles, des groupes. De sorte que la liste offre « une photographie de l'univers anglais de Voltaire ».[67] Un nom s'ajoute à ceux des souscripteurs : celui de la dédicataire. TO THE QUEEN se détache sur la première page en caractères gigantesques. Le poète avait voulu jadis dédier son œuvre au jeune Louis XV. C'est en définitive à Caroline, épouse de George II, qu'il en offre la dédicace. D'un texte à l'autre on mesure le chemin parcouru. Il avait voulu exhorter le roi adolescent à imiter son grand ancêtre. A la reine d'Angleterre il vante en son poème « les vérités hardies » (« bold impartial truths »), « l'esprit de liberté, également éloigné de la rébellion et de la tyrannie, les droits des rois toujours assurés, sans que jamais ceux de l'humanité soient oubliés ».[68] Des changements avaient été apportés à l'œuvre qui allaient dans ce sens. Outre de multiples retouches améliorant le texte et le cours du récit (désormais en dix chants), des additions soulignent l'inspiration libérale et pro-anglaise. Lorsque « Bourbon » découvre le royaume d'Elisabeth, il en admire la prospérité. Il voit que « Londres, jadis barbare, est le centre des arts, le magasin du monde et le temple de Mars » : éloge qui s'applique mieux à la capitale de George II qu'à la cité du XVIe siècle. Il applaudit à un système politique associant « trois pouvoirs, les députés du peuple, et les grands, et le roi ».[69] Le nouveau texte ne manque pas de lancer de vigoureuses attaques contre les intrigues de la papauté, contre le fanatisme,[70] introduisant au surplus une tirade déiste sur «cet être infini qu'on sert et qu'on ignore».

Une copieuse illustration rendait sensible cet esprit de l'œuvre. Les scènes de massacre, notamment, mettaient sous les yeux du lecteur le fantasme qui hante le poète : celui du prêtre sanguinaire, marchant sur ses victimes le poignard à la main. Voltaire innove en intercalant ainsi tant de gravures dans son récit en alexandrins. Aucune des nombreuses épopées qui avaient précédé la sienne n'avait proposé un tel commentaire par l'illustration. Auteur de théâtre, il sent qu'un texte pour produire rapidement son plein effet doit être incarné concrètement devant le regard du public. Il sait bien que pour tous ces nobles Anglais qui ont souscrit les hors-textes seront plus parlants que l'imprimé, en une langue qu'ils lisent mal. Disons aussi, à la distance historique qui est la nôtre, que Voltaire commençait à entrer dans la civilisation de l'image. Il ne suffit pas de s'adresser à l'esprit. Le volume in-quarto de 1728, magnifique «livre-objet» avec ses grandes marges, sa typographie aérée, son beau papier, ses belles estampes, plaisait, pour ainsi dire physiquement, à ceux qui le tenaient entre leurs mains.

Voltaire souhaitait une large diffusion. Presque en même temps que l'in-quarto il donna (fin mars 1728) deux éditions in-octavo qui ne coûtaient que quatre shillings, soit seize fois moins. Il avait cédé ses droits pour cette publication d'une part à Woodman et de l'autre à Coderc. Il en résulta une de ces tracasseries de librairie qui encombrent sa biographie. Coderc, sans l'en avertir, transféra les droits à Nicolas Prévost. Celui-ci fit donc paraître le volume, concurremment avec l'in-octavo de Woodman. Il y ajoutait, comme Woodman, une critique de *La Henriade* par un réfugié nommé Faget. Mais ce qui indigna le plus Voltaire, ce fut que Prévost, par négligence ou par malignité, reproduisait six vers de *La Ligue*, conservés dans les premiers exemplaires de l'in-quarto, avant que Voltaire ne les remplaçât par d'autres. Ils étaient en effet fort dangereux : ils insinuaient que le jeune Louis XV ne tarderait pas à être «séduit» par «le souffle empoisonné» d'une «cour trompeuse». Voltaire leur substitua un éloge du précepteur royal, le «prudent Fleury».[71] Mais Prévost sans vergogne publia dans le *Daily post* que son édition était la seule authentique, non «châtrée» («castrated») comme l'in-quarto et l'in-octavo de Woodman. Voltaire proteste, désavouant le lendemain, dans le même *Daily post*, *La Henriade* de Prévost. Il s'ensuivit un échange acerbe de communiqués dans la presse. Finalement un compromis fut conclu. Le libraire accepta de supprimer les vers incriminés et l'auteur reconnut la valeur de son édition. La querelle avait duré trois mois.[72]

En juin 1728, Voltaire a regagné Wandsworth. Il y reste jusqu'au début d'août. Retraite économique, apparemment. Il n'est pas sûr que les droits d'auteur de *La Henriade* aient renfloué ses finances.[73] Mais il doit aussi travailler à un nouvel ouvrage. Le poème épique de 1728 appartenait à une époque révolue. Tandis qu'il publie cette œuvre longtemps retardée, il a en tête un livre autrement moderne.

Comme préface aux *Essays* de décembre 1727, il a rédigé un *Advertisement* qui retient l'attention. Il s'excuse d'écrire dans une langue dont il maîtrise encore mal la pratique. Il explique qu'il a appris l'anglais non seulement pour sa satisfaction, mais par une sorte de devoir. En effet, ajoute-t-il, « I am ordered to give an account of my journey into England ». Or comment connaître un pays sans en parler la langue ?

De qui donc a-t-il reçu cet « ordre », ou cette invitation, de donner un livre sur son séjour en Angleterre ? Nous l'ignorons. Mais il est certain que les futures *Lettres philosophiques* ne procèderont pas d'une commande. Si telle ou telle de ses relations aristocratiques a pu l'encourager à écrire l'ouvrage, c'est bien parce qu'il lui tient personnellement à cœur qu'il l'a entrepris. Quelques dix-huit mois plus tôt, il annonçait déjà à Thiriot son intention de l'entretenir quelque jour « du caractère de ce peuple étrange ».[74] Dans l'*Advertisement* il précise son projet. Il ne décrira pas les curiosités touristiques de l'île : Saint-Paul, le Monument, Westminster, le temple mégalithique de Stonehenge (l'a-t-il vu ? en parle-t-il par ouï-dire ?). Il présentera les grands hommes de l'Angleterre. Il cite Newton, Locke, Tillotson, Milton, Boyle, et en général « tous ceux dont la gloire à la guerre, dans la politique, dans les lettres, ne sera pas enfermée dans les limites de l'île ». Autre direction : il décrira les nouvelles inventions, les entreprises utiles des Anglais, afin que les étrangers en fassent leur profit. Il lance un appel au public pour qu'on lui communique des informations sur ces divers sujets. Le dessein ne se définit pas encore comme « philosophique ». Il n'est pas question du caractère propre des Anglais – « the character of this strange people » de la lettre à Thiriot – tel qu'il se manifeste par exemple dans la religion, non évoquée ici. Et il ne semble pas que la philosophie et la science anglaise doivent occuper une place prépondérante.

On ne sait s'il reçut beaucoup des informations sollicitées. Mais il est certain qu'au printemps de 1728 il a commencé à écrire l'ouvrage projeté. Les éditeurs de Kehl retrouveront dans ses papiers un inédit, ébauche, sous la forme d'une lettre *A M****, de cet « account of my journey into England ».[75] Il commence par railler ceux qui dissertent sur un pays étranger sans le connaître, faute d'en parler la langue : thème repris de l'*Advertisement*. Puis il narre son arrivée à Londres par une belle journée de printemps. Il décrit la procession du roi et de la reine, en bateau, sur la Tamise, les courses de chevaux, les jeux sportifs des garçons et des filles dans une « grande pelouse » proche de la ville. Mais dès le soir la scène change. Le voyageur prend le thé avec des dames de la cour : personnes revêches qui le toisent et le rabrouent. Le lendemain matin, c'est pire encore. Dans un cabaret malpropre ses Anglais, la veille si heureux de vivre, ont tous des mines sinistres. Il apprend qu'une belle fille vient de se trancher la gorge, sans raison. C'est la faute, lui dit-on, du vent d'Est. Le développement se poursuit par quelques anecdotes illustrant le caractère changeant des Anglais. De la même veine, un autre fragment, publié aussi par les éditeurs de Kehl, traite des «contradictions» des Français rapprochées de celles des Anglais.[76] Les allusions permettent de donner une date au premier texte: fin mai 1728. Il y est fait état de la publication de quatre *Discours* de Woolston sur les miracles: le quatrième (qui sera suivi de deux autres) est du 14 mai. Voltaire prétend que ces audacieux écrits furent imprimés «impunément»: il ignore donc les poursuites intentées à Woolston peu après la sortie du quatrième *Discours*.

Le récit s'annonçait d'une belle venue. Mais après la scène du cabaret, il s'effrite. On ne voit pas comment le texte, ainsi engagé, en serait arrivé aux grands hommes et aux inventions utiles inscrits au programme de l'*Advertisement*. L'ébauche aboutissait à une impasse. Elle fut abandonnée.

Voltaire ne tarde pas à reprendre l'ouvrage sur de nouvelles bases, et cette fois en anglais. Les *Lettres philosophiques* paraîtront d'abord dans une version, *Letters concerning the English nation*, publiée à Londres en 1733 par les soins de Thiriot. Or il est aujourd'hui établi que ces *Letters*, pour la moitié au moins du texte, ne sont nullement, comme on l'a cru, une traduction du français. Elles furent écrites par Voltaire directement en anglais: Harcourt Brown l'a prouvé de façon décisive, par une comparaison des deux versions.[77] Si l'on s'avise de traduire le français des *Lettres philosophiques*, on ne retrouve jamais le texte des *Letters*. La conclusion s'impose. Quand Voltaire à partir de 1732 entreprend, comme il le dit, de «terminer» ses *Lettres*, il rédige à nouveau en français ce qu'il avait précédemment écrit en anglais. A quand remontait cette première rédaction? Dans les *Letters* le style anglais de Voltaire atteint une sorte de perfection. Aussi les *Letters* obtinrent-elles en Angleterre un franc succès: on en connaît au moins treize éditions au XVIIIe siècle.[78] On suppose donc qu'elles furent écrites à la fin du séjour, sans doute dans les semaines que Voltaire passe à Wandsworth de juin à août 1728. Quand il regagne la France, il emporte dans ses papiers, en version anglaise, d'après l'estimation d'Harcourt Brown, tout ou partie des *Letters* 1-8 (sur les sectes anglaises, sur le parlement), 10 (sur le commerce), 12 (sur le chancelier Bacon), 18 (sur la tragédie), 19 (sur la comédie), 21-22 (sur Rochester, Waller, Pope et quelques autres). Voltaire a d'abord rédigé, de verve, en anglais les sujets qui l'intéressent le plus: la religion, la politique, les lettres. Le reste sera composé en français en 1732-1733 et traduit, plus ou moins laborieusement, pour compléter le volume des *Letters*.

Où en est Voltaire au milieu de 1728? Imaginons que nous ne connaissions pas la suite.

Deux perspectives s'ouvrent à lui. Précédé par le succès de sa *Henriade* in-quarto et in-octavo, il va rentrer en France par la grande porte. A cette espérance correspond l'envoi qu'il fait à la reine de France de son poème épique, le 25 avril: il espère que Sa Majesté lui accordera sa «royale protection».[79] Mais du côté français, on demeure obstinément hostile. Marie Leszczynska fut-elle si flattée de l'envoi – et encore dans l'édition in-octavo, Voltaire n'ayant plus d'exemplaire in-quarto – d'un ouvrage si ostensiblement dédié à une autre reine, celle d'Angleterre? Elle ne semble pas avoir répondu. L'édition se présentait d'une telle sorte qu'elle ne pouvait plaire à Versailles. La liste de souscription faisait une large place au corps diplomatique de l'Europe protestante: ambassadeurs d'Angleterre en exercice ou en retraite, envoyés à Londres de la Hollande, du Danemark, du Brunswick, de la Suède. Apparemment Voltaire avait choisi son camp, qui n'était pas celui du roi très-chrétien. L'ambassade française à Londres était restée à l'écart. Une fois le volume paru, son entrée dans le royaume est prohibée. Les exemplaires adressés aux souscripteurs sont saisis à la douane et non distribués. Pour tourner l'obstacle, Voltaire voudrait faire imprimer en France, avec l'accord au moins tacite du lieutenant de police Hérault, deux éditions in-quarto et in-octavo, dont s'occuperait Thiriot.[80] Mais son ami se dérobe (mai 1728). Il songe donc à revenir lui-même secrètement pour surveiller une impression clandestine,[81] En définitive, il n'en fera rien. Fin juin 1728, Il ne semble pas être à la veille de retourner en France.

Une autre perspective s'offre. Il restera en Angleterre. Il fera carrière comme écrivain français d'expression anglaise. Il s'y est essayé déjà par le petit volume préliminaire de décembre. Les *Letters* qu'il est en train de rédiger s'adressent évidemment à un public britannique. Simultanément, à Wandsworth, il a tracé le plan d'une nouvelle tragédie, *Brutus*; il en a écrit le premier acte en prose anglaise. Le sujet lui paraît convenir parfaitement au théâtre de ce pays.[82] C'est donc à une scène de Londres qu'il destine la tragédie commencée. Mais à peine entrevue, cette éventuelle carrière anglaise va être barrée par un ou plusieurs fâcheux épisodes.

Une zone d'ombre s'étend sur la fin de son séjour. Après une lettre du 4/15 août à Thiriot, il disparaît. Au bout de quatre mois, Peterborough nous apprend qu'il a quitté l'Angleterre, on ne sait pour où. Que s'est-il passé? Les rumeurs qui nous sont parvenues ont de quoi inquiéter.

Vraisemblablement, il se trouve à court d'argent. Ses ennemis Desfontaines, Saint-Hyacinthe, parlent confusément de démêlés avec des libraires, qui lui auraient attiré, une fois de plus, une bastonnade. Mais voici plus grave. En 1733, le quaker Ezra, dans une lettre publiée par le *Grub-street journal*, pour défendre contre lui la secte, l'accuse: M. de Voltaire n'avait pas son pareil pour multiplier l'argent «by way of erasement», en grattant les chèques. L'abbé Prévost se rendra coupable d'une falsification du même genre, qui l'aurait conduit à la potence si son patron, sir John Eyles, n'avait pas étouffé l'affaire. Thomas Gray écrira plus tard, dans ses notes, que si Voltaire était resté plus longtemps en Angleterre, «he would have been *hanged* for forging banknotes». Enfin un M. Simon, qui fut son banquier à Londres, déclarera au cours d'un dîner, le 8 juin 1737, qu'il lui avait prêté sur son billet 300 livres qu'il ne lui remboursa pas, offrant à son créancier de verser le double après sa mort. Sans autre précision, le *London journal* de 1732 imprime qu'il se conduisit si mal que les maisons aristocratiques qui l'avaient d'abord si bien accueilli lui fermèrent leurs portes.[83] Une autre source, à vrai dire tardive, raconte une brouille entre lui et Peterborough, pour de l'argent versé à un libraire. Peterborough l'aurait chassé, l'épée à la main : «I will kill the villain»...[84]

On ne peut rien affirmer avec certitude. Mais il n'est guère douteux qu'en cette dernière phase de son séjour, il traîne de fâcheuses affaires qui vont l'obliger à quitter l'Angleterre. A Richard Towne, qui avait entrepris de traduire *La Henriade*, Peterborough annonce qu'il est parti furieux contre les Anglais, pour Constantinople, disait-il, «afin de croire dans les Evangiles, ce qui est impossible quand on vit parmi les prédicateurs du christianisme».[85]

La vie de Voltaire ne se déroule pas dans l'harmonie et la continuité. Des crises la ponctuent, qui brutalement interrompent ce qui se préparait. En octobre ou novembre 1728, il ne s'éloigne pas de la côte anglaise disposé à chanter les louanges de la civilisation d'outre-Manche. Cette «nation de philosophes, éprise de sa liberté, cultivée, spirituelle», qu'il exaltait naguère, ce n'est plus maintenant pour lui qu'un «foolish people who believe in God and trust in ministers». Ces *Letters* qui devaient proposer au monde l'exemple anglais, il en arrête la rédaction. Reparti, non pour Constantinople, mais pour la rive prochaine de la France, il n'en reprendra pas les feuillets avant longtemps.

16. Le retour

A l'automne de 1728, Voltaire n'a pas connu un retour d'exil triomphal. Il ne reparaît pas à Paris. Où se cache-t-il? Nous l'ignorerions sans un document récemment découvert: la copie d'une lettre de Jacques Tranquillain Féret, apothicaire à Dieppe.[1]

Il débarque sur le sol français en ce port, et y passe l'hiver, prenant pension chez ce Féret, rue de la Barre. Son logeur n'était pas un simple marchand de drogues. Amateur de sciences, comme il y en avait tant dans la France du XVIIIe siècle, il entretenait une correspondance avec des confrères, parmi lesquels nous rencontrons Jussieu, Duhamel Du Monceau, Rouelle, plus tard Buffon. Les relations avec un tel personnage ne devaient pas manquer d'intérêt, surtout en cette ville de Dieppe qui, vers cette date, offrait peu de ressources intellectuelles, si l'on en croit Voltaire. Dans un fragment de lettre (non daté, non recueilli dans l'édition Besterman), il déclare avoir trouvé en ce port «plus de trente cabarets qui font bien leurs affaires», et «un seul pauvre libraire qui meurt de faim». Précieuse relation donc que celle d'un Féret: auprès de lui Voltaire s'initie à la médecine. Selon les termes de l'apothicaire, il devient son «disciple», il a «beaucoup profité» de ses «leçons». Etude non désintéressée. Secoué par les vilaines affaires qui marquèrent la fin du séjour anglais, il est une fois de plus malade. Selon ce qu'il mande à Thiriot[2] (en février 1729: c'est la première lettre que nous ayons depuis son retour), il est arrivé à Dieppe «très faible», il y a été «très mal»: l'air du pays ne lui vaut rien. Chez son apothicaire il a essayé des médicaments: sans résultat. Il fait une évocation saisissante de son état de «langueur»: «voir tous ses goûts s'anéantir, avoir encore assez de vie pour souhaiter d'en jouir et trop peu de force pour le faire, devenir inutile et insupportable à soi-même, mourir en détail»... Dans cette même lettre (est-ce l'effet des leçons de Féret?), il énonce les principes médicaux qui resteront les siens, et qui ne manquent pas de bon sens: du régime, de l'exercice. Manger et boire peu. Se donner une activité physique: il ne précise pas laquelle, sans doute le cheval et le jeu de paume. Grâce à quoi il continue à «exister». Et pendant plusieurs mois sa santé demeure assez bonne. Il cesse de s'en plaindre dans la correspondance de l'année 1729.

Il a d'autres soucis. Il prend toutes sortes de précautions pour rester incognito. Il n'écrit qu'au seul Thiriot. Il n'a confiance qu'en lui. Malgré le tour que ce cher confident lui avait joué l'année précédente. Thiriot s'était chargé de collecter à Paris les souscriptions de *La Henriade*. Or qu'arriva-t-il? Le jour de la Pentecôte, pendant que Thiriot faisait à l'église ses dévotions, voici que des voleurs s'introduisent chez lui et emportent l'argent. Tel est le conte qu'il sert à Voltaire. Comme bien l'on pense, le parasite avait bonnement dilapidé les fonds. Voltaire, toujours faible avec son ami, pardonne. «Cette aventure», lui répond-il, «peut vous dégoûter d'aller à la messe, mais elle ne doit pas m'empêcher de vous aimer toujours.»[3] Il continue donc à aimer son Thiriot, son «potet».[4]

A Dieppe, il se fait passer pour un voyageur d'outre-Manche. Il n'y a aucune peine. Il s'est déshabitué du français. Il écrit à Thiriot en un anglais entremêlé de latin, avec peu ou point de français.[5] L'anglais au moins ne risque pas d'être compris, en cas d'interception. Il n'a pas révélé son identité à Féret,[6] qui ne l'apprendra que plus tard. Au mois de mars il se dissimule à Saint-Germain-en-Laye, chez un perruquier, sous le nom de Sansons. Il ne veut pas faire connaître sa présence à son ami de Maisons, dont le château est tout proche. Il hésite à annoncer son retour au duc de Richelieu. S'il se risque à passer une nuit à Paris le 1er avril, et y revient le 4, c'est toujours clandestinement. Il se claquemure dans la maison de son homme d'affaires Dubreuil, ne voit que Thiriot et Richelieu.[7] Pourquoi donc tant de mystère? Il avait obtenu deux ans plus tôt une permission de revenir à Paris pour trois mois: il n'en avait pas fait usage. Il l'alléguera le cas échéant, mais craint qu'elle ne soit plus valable.[8] Redoute-t-il vraiment s'il se montre qu'on le punisse pour avoir enfreint l'ordre d'exil à cinquante lieues? Mais l'affaire Rohan remonte à plus de trois ans. A-t-il à Paris des ennemis qui le guettent? A-t-il peur que les séquelles de ses fâcheuses affaires d'Angleterre, l'année précédente, ne le rejoignent dans la capitale française?

Il procède précautionneusement. La police ne soupçonne pas qu'il est revenu. C'est à Londres que le cardinal Fleury lui écrit pour lui annoncer, en termes gracieux, que Sa Majesté lui retire ses pensions. Il fait pressentir discrètement un M. Pallu qui lui veut du bien. Après consultation de Richelieu, il ose écrire au «vizir» Maurepas. Celui-ci, sèchement, lui accorde l'autorisation de venir à Paris, mais lui interdit Versailles. Il peut donc en avril s'installer ostensiblement rue Traversière.

Autre souci, celui-là récurrent: l'argent. Il s'emploie à faire rentrer des fonds. Il a toujours en main le titre de la pension octroyée en 1725 par la reine: il réussit à se faire payer les annuités échues.[9] Il fait encaisser les sommes que lui doit Bernard, libraire à Amsterdam. Il poursuit devant les juges-consuls une dame Pissot, libraire à Paris, débitrice récalcitrante: il gagne. Il réunit ainsi un petit magot, dont il donne une partie à son ami Thiriot.

Ce qu'il en conserve, il le fait immédiatement fructifier: il l'engage dans la loterie que vient de créer (arrêts des 19 octobre 1728 et 6 mars 1729) le Contrôleur général, autrement dit le ministre des Finances, Le Pelletier-Desforts. Jacques Donvez a démonté le mécanisme de l'opération, assez complexe.[10] Résumons. Le roi pour faire face aux déficits plaçait dans le public des emprunts. Mais l'argent prêté ne prenait pas la forme d'obligations remboursables à échéances fixes. Il se transformait en rentes, dites de l'Hôtel de ville. Aussi lorsque le prêteur voulait recouvrer son capital, il lui fallait vendre son titre de rente. Or les rentes s'étaient à tel point multipliées que leur prix de vente avait beaucoup baissé. C'est pourquoi, en 1728, Le Pelletier-Desforts veut réparer les pertes des souscripteurs. Il se propose en même temps d'éponger une partie de la dette publique, dans le cadre de la politique d'assainissement menée par Fleury. Il imagine donc d'établir une loterie. Seuls les détenteurs de rentes étaient admis à en acheter les billets, pour un prix proportionnel au montant de leur créance. Le tirage devait avoir lieu chaque mois, à partir de janvier 1729. Le fonds sur lequel seraient payés les billets gagnants était constitué par le prix d'achat des billets, augmenté d'un apport de 500.000 livres versées mensuellement par les Fermiers Généraux. Le Pelletier-Desforts ne s'était pas avisé que sa loterie était entachée de deux vices graves. Quel que soit le montant de la rente, le billet acquis donnait les mêmes chances de gain. En second lieu les modalités étaient telles qu'un particulier ayant pris tous les billets (de préférence à partir de rentes d'un faible montant) gagnait automatiquement la totalité du fonds.

A un dîner où se trouvait Voltaire, le mathématicien La Condamine aperçut le parti qui pouvait être tiré de ces dispositions.[11] Il suffisait de constituer une société qui achèterait tous les billets. Ce qui fut fait, avec la participation de Voltaire. Aussi remarque-t-on qu'à partir de mai 1729, dans les registres de la loterie qui ont été conservés, ce sont les mêmes noms, en petit nombre, qui reparaissent de mois en mois. Noms apparemment fantaisistes: Magdeleine du Château, Marguerite Gaultier, Amaranthe Lozan, Jean-Baptiste Lilly: tous ces inconnus empochent des sommes considérables. L'usage voulait qu'un souscripteur accompagnât son enjeu d'une devise. Or une fois que la société entre en action, les formules prennent un tour humoristique: «A l'heureuse idée de M.L.C. (Monsieur La Condamine)», «La reine est enceinte», «Fleury fait fleurir l'Etat», «Vive M. Pelletier-Desforts», et celle-ci qui résume la situation: «Je l'ai porté en brouette, je l'irai quérir en fiacre».

Selon Voltaire la société, à chaque tirage, gagnait un million. Sur ce pactole, on ignore combien il recevait personnellement, après répartition des bénéfices. La loterie mensuelle ayant duré près d'une année, il n'est pas douteux qu'il gagna au total un capital important. L'opération, soulignons-le, était parfaitement légale. La Condamine et ses associés mettaient à profit les dispositions d'un règlement mal conçu. Voltaire dira ultérieurement: «Pour faire fortune en ce pays-ci, il n'y a qu'à lire les arrêts du Conseil».[12] Le Pelletier-Desforts, comprenant un peu tard son erreur, tenta de refuser le paiement des gains. Mais le Conseil du roi lui donna tort et bientôt il sera renvoyé. Néanmoins Voltaire, craignant la vindicte du ministre, jugea prudent de quitter Paris pour quelque temps.

Il se rend à Plombières, puis à Nancy.[13] Traversant les campagnes de Lorraine, il est frappé par la misère du pays: des hameaux dépeuplés, des paysans croupissant dans l'ivrognerie et la paresse. Un si triste spectacle lui inspire une réflexion où s'ébauche l'économie politique voltairienne: «Ces coquins [...]

préfèrent leur oiseuse stupidité aux commodités qu'un peu de peine et d'industrie fournit à nous autres Français».[14] C'est effectivement «la peine et l'industrie» qui le conduisent à Nancy. Il vient d'apprendre que le duc de Lorraine lance une opération qui promet de gros profits. Aussitôt il a quitté Paris : deux amis «l'emballèrent à minuit, sans avoir soupé, dans une chaise de poste». Il a roulé sans arrêt deux nuits et deux jours : il veut arriver à temps pour acheter des actions. A Nancy il est si épuisé qu'il demeure trois jours à l'auberge, sans pouvoir bouger. Quand il veut souscrire, les Lorrains de l'hôtel lui disent, goguenards, que le duc interdit de vendre des actions aux étrangers comme lui. A cette date en effet la Lorraine reste un Etat indépendant, non encore rattaché à la France. On connaît mal la spéculation dont il s'agit. Il ressort cependant que le nouveau duc (François de Lorraine, futur époux de Marie-Thérèse d'Autriche et empereur), venant de succéder à Léopold, a émis des actions dont le cours s'élève rapidement. Il veut les réserver aux seuls Lorrains. Voltaire en sera-t-il donc pour ses fatigues ? Mais il se trouve que lui, Arouet, porte un nom lorrain (à l'orthographe près, dont on ne tient pas compte au XVIIIᵉ siècle) : une branche des Beauvau a pris le nom d'Haroué, localité proche de Lunéville. On lui permet donc de souscrire pour cinquante actions. Il les reçoit huit jours après. Aussitôt il a «profité de la demande de ce papier» : c'est-à-dire qu'il l'a immédiatement revendu, à la hausse. Il a ainsi «triplé son or».[15]

Après deux coups aussi réussis, Voltaire est riche. Il dispose désormais d'un considérable capital (un million de livres, ou plus?), encore accru le 1ᵉʳ mars 1730 par l'attribution de sa part de l'héritage paternel. Ses fonds, judicieusement placés, vont vite prospérer. Car au XVIIIᵉ siècle comme en tout temps, pour accéder aux opérations rapportant gros, il faut disposer déjà de beaucoup d'argent. On ne cessera pas de lui faire grief de la fortune qu'il s'est acquise : certains esprits pardonnent plus facilement la richesse à ceux qui l'ont héritée. Mais dans le monde où il vivait elle était nécessaire au personnage qu'il allait devenir. Il ne dépendra plus des pensions royales, qui sont un moyen d'assujettir l'écrivain, ni du revenu, aléatoire et faible, de ses productions littéraires. Riche, il peut écrire en liberté. Il s'assure par là une puissance qui le fera respecter des pouvoirs, et le cas échéant le mettra en état de se soustraire à leur persécution. «J'ai vu tant de gens de lettres pauvres et méprisés que j'ai conclu dès longtemps que je ne devais pas en augmenter le nombre.»[16] Programme réalisé, à la fin de 1729.

Ses revenus lui permettent maintenant d'engager de la domesticité. Il prend à son service une cuisinière, un valet de chambre. Pour se loger plus au large avec ses gens, il loue un appartement rue de Vaugirard, près de la porte Saint-Michel. Par malheur, il va s'y trouver aux prises avec une redoutable mégère. Une dame Travers, tripière, locataire de l'immeuble, sous-louait des appartements : l'un d'eux lui avait paru à sa convenance. Or cette femme, qui se levait chaque matin à trois heures pour son commerce, avait contracté des habitudes d'ivrognerie. Prise de vin dès le début de la journée, elle déversait des bordées d'injures sur les passants, sur ses locataires; se déshabillait entièrement et se promenait nue dans la rue, menaçant de mettre le feu à la maison et au quartier. Un jour elle provoqua réellement un début d'incendie. Pour tenter de la calmer, on l'avait expédiée à l'Hôpital, la prison des femmes. Elle n'en continua pas moins à mener le même train. Après l'installation de Voltaire, il y eut certain soir une bataille avec une autre femme dans l'escalier, puis une empoignade générale avec toutes celles de la maisonnée. La cuisinière et le valet de chambre de Voltaire s'y trouvent mêlés. Lui-même apparaissant sur le palier assiste à la bagarre. Il rédige une pétition au lieutenant de police, signée par les voisins, suivie d'une deuxième. Mais la tripière, qui n'en était pas à son coup d'essai, prend les devants. Elle dépose une plainte: l'innocente créature aurait été assaillie par ses locataires; se dévêtant une fois de plus, elle exhibe sous les yeux du commissaire les contusions qu'elle porte sur le corps. Après la requête des voisins, on lui envoie des gens de police pour lui enjoindre de se tenir tranquille: elle crie qu'elle se f... de la police et de ses chefs. L'affaire dura des mois, d'août à novembre 1730, et remonta jusqu'à Fleury. On décida enfin de renvoyer l'ivrognesse à l'Hôpital, malgré les attestations de bonne vie et mœurs décernées par ses confrères les tripiers.[17] L'épisode ouvre un jour curieux sur la vie du petit peuple parisien au XVIIIe siècle.

Voltaire allait prendre position, publiquement, dans un scandale d'une tout autre portée, et singulièrement plus dramatique. A Paris il avait retrouvé Adrienne Lecouvreur. Celle-ci poursuivait sa carrière de grande comédienne. Mais depuis quelque temps sa santé se délabrait. Elle s'était évanouie pendant une représentation. Elle continuait à jouer cependant, malgré son épuisement. Le 15 mars 1730, après une terrible attaque de dysenterie, elle fit encore l'effort d'interpréter le rôle de Jocaste dans l'Œdipe de Voltaire. Elle ne devait plus reparaître sur la scène. Revenue chez elle, elle se trouve au plus mal; des convulsions la saisissent.[18] Elle meurt au bout de quatre jours (20 mars). Voltaire était auprès d'elle quand elle expira. Le bruit courut qu'elle avait été empoisonnée, à l'instigation de la duchesse de Bouillon. Voltaire demanda une autopsie, dont les résultats ne furent pas concluants.[19] Il fallut donc procéder aux obsèques. Elle était décédée sur la paroisse de Saint-Sulpice: on s'adresse au curé, Languet. Mais celui-ci, un prêtre rigide, refuse la sépulture, bien qu'elle eût fait par testament un don de mille livres à son église. Il répond que comme actrice Mlle Lecouvreur est excommuniée, et que son corps ne peut être admis au cimetière de la paroisse.

De tous les pays catholiques, la France était le seul où les comédiens fussent frappés d'excommunication. On voyait là une prérogative de l'Eglise gallicane. Quand les acteurs italiens revinrent à Paris en 1716, Riccoboni avait posé comme condition qu'ils conserveraient leurs droits religieux, comme en Italie.

Ce qui avait été accepté. De sorte que l'acteur jouant sur la scène italienne n'était pas excommunié, et avait droit aux sacrements (baptême, mariage) ainsi qu'à l'enterrement chrétien, pendant que son confrère de la Comédie-Française était, lui, privé et des sacrements et de la sépulture. Une telle incohérence rendait plus révoltant encore le régime infligé aux acteurs. Dans la pratique, le clergé se prêtait pourtant à des accommodements. Certains ecclésiastiques acceptaient d'ignorer la profession du défunt. En général, on se contentait d'une déclaration purement formelle de renonciation. Mlle Lecouvreur avait fait un testament, désignant d'Argental, l'ami de Voltaire comme exécuteur. Mais elle n'avait pas songé à se mettre en règle avec l'Eglise. Sans doute ne croyait-elle pas, à l'âge de trente-huit ans, sa fin si proche : elle mourut alors qu'un certain mieux s'annonçait.[20]

Sur ordre du lieutenant de police, le cadavre fut donc placé dans un fiacre. Une escouade du guet l'accompagna jusqu'à un terrain vague, alors à la limite de la ville, à l'angle des rues de Grenelle et de Bourgogne. Un portefaix l'enterra dans le sol, sans aucune cérémonie, sans aucun monument pour marquer la tombe. Voltaire, bouleversé déjà par la disparition brutale de celle qu'il avait aimée comme actrice et comme femme, est révolté d'un traitement si odieux. Qu'à l'origine les responsables soient des «prêtres cruels» n'est pas fait pour atténuer sa fureur.[21] Son émotion s'exprime dans un poème, l'un des plus beaux qu'il ait laissés. Le langage poétique de l'époque, à travers sa rhétorique, ses conventions, laisse percevoir l'intensité du sentiment. Il y dit avec une discrétion qui ne manque pas d'énergie l'horreur de l'ancien amant en présence de ces formes si belles détruites par la mort, sa colère devant l'indifférence des hommes qui naguère entouraient l'actrice de leurs convoitises. Quelle ignominie d'insulter ainsi cette dépouille :

> Et dans un champ profane on jette à l'aventure
> De ce corps si chéri les restes immortels![22]

L'actualité allait proposer un saisissant contraste. Le 23 octobre de la même année, mourut à Londres une comédienne, Mrs Oldfield, la Lecouvreur anglaise. Or elle est enterrée en ce Panthéon britannique qu'est Westminster Abbey, y rejoignant Dryden, Addison, Newton. Quelle leçon pour les Français! C'est l'Angleterre, non la France, qui aujourd'hui succède, comme capitale des Lumières, à la Grèce et à Rome.

La protestation de Voltaire contre le sort barbare infligé à Mlle Lecouvreur, pour la seule raison qu'elle exerçait la profession d'actrice, correspond à notre état d'esprit. Aussi serions-nous tentés de supposer, comme le fait Desnoiresterres, que le poème exprimait la stupeur, l'indignation, la révolte de toute l'opinion en 1730.[23] Il n'en était rien. Le public dans son immense majorité considérait les gens de théâtre comme à part de la société. Les mesures qui les excluaient ne soulevaient nulle réprobation. Voltaire le savait bien.[24] Aussi se garde-t-il de diffuser son poème, sinon en manuscrit pour quelques amis. Il le laisse imprimer seulement en 1732, à Amsterdam, dans une édition collective de ses œuvres.[25] Il répète sa protestation dans l'épître dédicatoire de *Zaïre*. Mais son ami Cideville, tout en étant de son avis, lui objecte «qu'il n'est pas permis de démentir si positivement et tout haut ce qui se dit au peuple dans nos chaires sur la profession des comédiens».[26] Rouillé, directeur de la Librairie, lui signifie que le passage de l'épître sur Mlle Lecouvreur est inacceptable.[27] Au moment même, Voltaire était intervenu devant les comédiens assemblés. Il leur avait demandé une grève des spectacles. Les comédiens promirent, mais ne firent rien.[28] Ils connaissaient assez leur public pour savoir qu'ils ne seraient pas soutenus. La question de «l'infamie» des gens de théâtre reviendra plusieurs fois au premier plan de l'actualité au XVIIIe siècle, sans qu'ils obtiennent gain de cause. En 1791 encore, Talma pour se marier à l'église fut obligé de dissimuler sa qualité d'acteur. Et même en 1815 un curé de Paris prétendit refuser la sépulture à une actrice, retirée depuis longtemps: il fallut que Louis XVIII envoyât son chapelain pour que la cérémonie eût lieu.[29] Voltaire ne cédait pas à une rhétorique facile lorsqu'il accusait la «gothique indignité» de ses compatriotes.

Il lui restait à faire sa rentrée littéraire. La grande édition anglaise de *La Henriade* n'avait pu pénétrer en France. A défaut, il imprime donc à Paris une nouvelle édition plus modeste, in-octavo, donnée comme publiée à Londres «chez Hierome Bold Truth, à la Vérité». Malgré cette annonce provocante, le garde des Sceaux Chauvelin et le lieutenant de police Hérault en tolèrent la diffusion. Cependant cette nouvelle publication d'une œuvre déjà connue ne marquait pas suffisamment dans l'opinion du public.

Il rapportait d'Angleterre trois projets, plus ou moins avancés: des *Lettres anglaises* en partie rédigées, une *Histoire de Charles XII* ébauchée, une tragédie de *Brutus*. Dans les conditions de l'époque, c'est sur le théâtre qu'il compte pour revenir au premier plan. Il termine donc son *Brutus*. Il le lit aux comédiens en décembre 1729.[30] La première semble imminente. Mais on l'avertit que son rival le vieux Crébillon et son ennemi le chevalier de Rohan (qui n'a rien oublié) montent une cabale pour faire tomber la pièce. Lui-même au cours des répétitions s'aperçoit qu'elle laisse à désirer. Il préfère la reprendre pour la retravailler. La première n'aura lieu qu'en décembre de l'année suivante.

Il avait, nous le savons, commencé à écrire ce *Brutus* en Angleterre, étant encore sous l'impression des spectacles de Drury Lane et de Lincoln's Inn. Sujet archi-connu que cette histoire du consul qui aux premiers âges de Rome fait exécuter ses deux fils pour trahison. Mlle Bernard aidée, dit-on, de Fontenelle en avait tiré une tragédie au début du siècle. Le P. Porée, le professeur de Voltaire, en avait fait une pièce de collège. Mais il va, quant à lui, donner une œuvre toute différente, à l'anglaise, dans la mesure où une pièce jouée à la Comédie-Française peut être telle. Il expose ses vues dans un *Discours*, adressé à lord

Bolingbroke, en tête de la première édition. Il voudrait retrouver la violence shakespearienne de la passion. Il parle à Bolingbroke, avec enthousiasme, de « cette force et cette énergie qu'inspire la noble liberté de penser », des « sentiments vigoureux de l'âme » qui en procèdent. Or c'est la tragédie à sujet romain qu'il estime susceptible de restituer un tel climat. Paradoxalement c'est dans cette direction que l'influence de Shakespeare l'oriente. Il garde un souvenir ébloui du *Julius Caesar*, notamment de la scène où l'autre Brutus (l'assassin de César), puis Antoine haranguent le *mob* romain, l'un brandissant un poignard sanglant, l'autre soudain découvrant le corps percé de coups du dictateur, provoquant ainsi dans la foule houleuse des mouvements contraires. Voilà la vraie tragédie, il le sent bien. Mais pour atteindre une telle puissance dramatique, le Français est entravé : par une versification rigide, par les habitudes d'un public qui n'admet pas un dialogue à plus de trois personnages, par les conditions de la représentation : les spectateurs sur la scène rendent l'action « presque impraticable ». En outre lui-même, homme de goût, ne peut accepter certaines brutalités et grossièretés de Shakespeare. Son *Brutus* sera donc un compromis entre l'énergie anglaise et les convenances françaises.

Nous sommes transportés à l'époque héroïque de la République romaine. Le despote Tarquin vient d'être renversé. Réfugié chez le roi étrusque Porsenna, il tente avec l'aide de celui-ci de reconquérir son trône. Les troupes de Porsenna assiègent Rome. Mais à l'intérieur de la ville la passion de la liberté enflamme les esprits. Ce qui nous vaut un premier acte fort beau. Les deux consuls Brutus et Valérius disent leur volonté de résister au tyran, quel qu'en soit le prix. Ce républicanisme, s'exhalant en tirades à effet, en formules à l'emporte-pièce, risquait cependant de demeurer quelque peu statique. Or voici qu'un ambassadeur de Porsenna, Arons, est introduit : officiellement pour négocier la paix et la restitution de la jeune Tullie, fille de Tarquin restée à Rome ; mais secrètement sa mission est de fomenter un complot pour restaurer la royauté. En face de l'exaltation tendue des républicains, il incarne l'esprit monarchique, souple, insinuant, perfide. Voltaire institue ici une étude comparée des mentalités politiques, qui passera de son théâtre dans son historiographie.

Au cours des combats sous les murs de Rome, la république vient d'avoir pour principal champion Titus, le fils de Brutus. Mais Titus est mécontent. Le Sénat a refusé de l'élire consul. De plus il est amoureux de Tullie, demeurée fidèle au roi son père. Titus a pour confident Messala, un traître, qui prépare le retour de Tarquin. Le second fils de Brutus, Tiberinus, jaloux de son aîné serait prêt aussi à trahir. Arons joue habilement des dispositions des uns et des autres. Aussi la vertu républicaine subit-elle une éclipse dans les actes II, III et IV. L'action se réduit alors aux hésitations de Titus, tantôt soutenu par la passion de la liberté, tantôt cédant à ses rancœurs et à l'amour de Tullie. Comme dans *Artémire* et *Mariamne*, Voltaire construit l'intrigue sur un personnage partagé entre des impulsions contraires. Au quatrième acte enfin, Titus allait se résigner à trahir pour conserver Tullie. Mais voici qu'éclate, au cinquième acte, le coup de théâtre : tout le complot est démasqué ; Brutus apprend que l'un des conjurés est son fils Titus, et que le Sénat le charge de déterminer le châtiment. Ce père héroïque, dans un sursaut, prononce la sentence qu'exige l'intérêt supérieur de la patrie : la mort. Voltaire évite cependant le poncif du Romain inhumain. A l'avant-dernière scène, le père et le fils réconciliés s'étreignent, en larmes. Titus accepte la mort qu'il a méritée. Et Brutus prononce le mot final : «Rome est libre : il suffit»...

Le dramaturge a donné forme ici à un rêve républicain qui est en lui. Un rêve qui prend sa source dans son amour de la liberté, mais sans aboutir à une pensée politique qui préconiserait pour la France contemporaine des institutions républicaines. Un républicanisme de tragédie, fort répandu dans l'esprit du temps, destiné à rester, jusqu'à la fin du siècle, platonique. C'est cette passion de la liberté qui soutient *Brutus* en son début et en son finale. Dans l'entre-deux, celle-ci se trouvant occultée, une baisse de tension est sensible.

Sur le plan dramaturgique, Voltaire ne risque que des audaces limitées. Il déplace la scène dans des parties différentes de la maison des consuls. Il montre les sénateurs en robes rouges, rangés en demi-cercle. Mais il n'ose pas leur donner la parole : ses «pères conscrits», obstinément muets, n'expriment leur opinion qu'en faisant mouvement d'un côté à l'autre du plateau.

Une pièce inégale, en définitive, qui n'obtint qu'un succès irrégulier. La première, le 11 décembre 1730, avait attiré une bonne affluence : plus de 1.500 entrées payantes. Malheureusement l'actrice chargée du rôle, d'ailleurs bien faible, de Tullie, Mlle Dangeville, à peine âgée de seize ans, fut intimidée et joua mal. Ce qui nous valut au moins l'une des plus jolies lettres de Voltaire. Avec infiniment de gentillesse, le lendemain, il console, il encourage la débutante. Aux séances suivantes, *Brutus* tombe à 950 spectateurs, remonte à plus de 1.200, puis retombe à 930. Au total en sa nouveauté la pièce eut quinze représentations : performance médiocre. Cette tragédie républicaine ne trouvera son véritable public que sous la Révolution. Représenté sur le Théâtre de la Nation le 17 novembre 1790, *Brutus* mettra aux prises dans une salle surchauffée «aristocrates» et «patriotes». Cette année-là, et plus encore en 1791 et 1792, on applaudira ou sifflera maintes allusions apparentes à l'actualité, tel l'hémistiche du consul romain : «Libre encore et sans roi.» Le sort habituel des pièces politiques est de prêter à des applications auxquelles l'auteur n'avait nullement songé.

En même temps que le consul romain, un autre personnage occupait l'esprit du dramaturge : Charles XII, roi de Suède. Rencontre où se manifeste non seulement une aptitude mais une propension à travailler simultanément dans des genres apparemment fort éloignés.

Cette œuvre historique, Voltaire prétend l'avoir «écrite» en 1728, et même en 1727.[31] On en retiendra qu'il l'a conçue et commencée à la fin de son séjour anglais. Il la termine en 1730 pendant qu'il met au point *Brutus*.[32] Le tome I s'imprime à Paris alors qu'est donnée la première de la tragédie. Publication ostensible, avec privilège.[33] Mais brusquement le garde des sceaux revient sur l'autorisation. Les 2.600 exemplaires déjà tirés sont saisis à la presse. A peine Voltaire a-t-il réussi à en sauver un seul. La suppression fut si efficace qu'aujourd'hui on ne connaît aucun spécimen de cette édition originale.[34] Que s'était-il passé? L'historien avait dû rappeler le sort piteux que le conquérant suédois avait infligé à l'électeur de Saxe, Auguste II, roi de Pologne. Or le souverain, restauré après la défaite de Charles XII, régnait encore (il ne mourra qu'en 1733). On s'avisa soudain que l'histoire de ses malheurs, si bien racontée, risquait de lui déplaire.[35] Tel était l'inconvénient d'un régime de la Librairie où aucun ouvrage, du moins en principe, ne pouvait paraître sans être autorisé: un livre publié avec l'approbation du roi passe pour exprimer un point de vue officiel. On laissa entendre cependant à l'auteur qu'on tolérerait son ouvrage s'il paraissait clandestinement, sans privilège. L'incident démontrait combien eût été plus avantageuse pour le pouvoir lui-même une liberté à laquelle le pouvoir ne voulait pas consentir.

Voltaire songe à une impression discrète à Rouen, comme au temps de *La Ligue*. C'est alors qu'il entre en relations avec Jore, libraire hardi qu'il croit sûr. Ce Jore était l'un des imprimeurs rouennais qui se pressaient autour du palais de justice. Parmi ceux-ci nous avons rencontré déjà Viret, éditeur clandestin du poème épique proscrit à Paris. La maison Jore avait moins d'importance. Mais on y faisait montre, de père en fils, de la plus grande audace. L'ancêtre, au XVIIe siècle, accusé de faux, n'avait échappé à la pendaison que par la fuite. Son fils Claude avait fait, en divers temps, au moins trois séjours à la Bastille pour avoir imprimé et débité des livres interdits, dirigés notamment contre la religion. La maison Jore n'en avait pas moins prospéré. En 1725 Claude-François avait succédé à son père. Ce Jore, à qui Voltaire va avoir affaire, passait, nous dit-on, pour «un esprit très remuant, très inquiet, et fort disposé à tout entreprendre dans la seule vue de l'intérêt».[36] Ce que devait confirmer plus tard l'affaire des *Lettres philosophiques*.

L'*Histoire de Charles XII* est donc mise en fabrication chez ce corsaire de l'édition: deux petits volumes, sous la fausse adresse de «Christophe Revis, à Bâle». Malgré la renommée suspecte de Jore, le premier président au parlement de Rouen, Camus de Pontcarré, et son secrétaire Desforges protègent l'opération.[37] Mais à Versailles le ministère demeure timoré. Fin juillet, Voltaire se plaint que *Charles XII* «s'impatiente dans son grenier»:[38] on ne lui permet pas de diffuser les exemplaires entreposés chez Jore. Toutefois, quelques jours plus tard, Chauvelin au cours d'une conversation privée l'encourage à les faire paraître.[39] A condition que l'ouvrage conserve les apparences d'un livre prohibé. Le roi de Suède, comme en 1723 Henri IV, pénètre dans Paris par des cheminements clandestins : soit caché dans des voitures de rouliers qui le déposent à Versailles chez Richelieu, soit transporté par eau jusqu'à Saint-Cloud. En novembre enfin les volumes se répandent dans la capitale.[40]

Voltaire avait cependant, plusieurs mois auparavant, pris ses mesures afin de tourner la censure française. Depuis l'édition de sa *Henriade* en 1728, il sait qu'il existe à Londres des artisans capables d'imprimer des livres français dans des conditions très satisfaisantes, certains employant comme main-d'œuvre des protestants réfugiés. Les imprimeurs londoniens n'avaient pas à subir les contrôles qui pesaient en France sur leurs confrères, et leurs productions accédaient facilement, par les voies du commerce britannique, au marché fort prospère des livres prohibés. Il a donc pris soin d'envoyer à Londres son *Charles XII*, en manuscrit ou en épreuves de la première édition. Dès le 1er janvier 1731 l'atelier de Bowyer le met en fabrication. Nous le savons par le registre que tenait cet entrepreneur minutieux et bien organisé.[41] A cette date Voltaire n'a pas encore commencé la publication de Rouen par Jore.[42] Apparemment il s'adressa outre-Manche dès que fut saisie l'édition de Paris, et peut-être avant. En outre, pendant que le *Charles XII* était en composition sur les presses de Bowyer, quelqu'un se chargeait de le traduire. De sorte que le 10 mars le même imprimeur met en chantier un *Voltaire's Charles XII*, «in English». Suivent en mars une seconde édition française et en mai une seconde édition de la traduction. Voltaire avait ainsi par avance «doublé» son imprimeur rouennais. Non dans le dessein de jouer un mauvais tour à Jore, comme celui-ci l'en accusera.[43] Suivant le précédent de *La Henriade*, l'auteur de *Charles XII* entre dans le système cosmopolite de production et de diffusion du livre, en vue de se soustraire à la répression policière en France. Il renouvellera bientôt la même manœuvre pour la publication des *Lettres anglaises*.

Son *Charles XII* assurément méritait de ne point périr étouffé par la censure. Par un *Discours* ajouté en tête de la première édition, l'historien s'explique sur le choix de son sujet. Il a retenu Charles XII comme un des personnages «les plus singuliers qui eussent paru depuis vingt siècles» : un être d'exception, hors du «vulgaire parmi les princes».[44] On comprend qu'une telle personnalité ait pu coexister dans l'esprit de l'écrivain avec la figure de Brutus. La conclusion du livre sculpte la statue pour la postérité, en un style dense et antithétique, dans le goût de Salluste, de Tacite. «Avant la bataille et après la victoire, il n'avait que de la modestie; après la défaite, que de la fermeté : dur pour les autres comme pour lui-même [...] homme unique plutôt que grand homme; admirable, plutôt qu'à imiter».[45] *Post mortem*, le récit terminé, Charles XII se détache dans une perspective d'épopée ou de tragédie. Passionné de «gloire», il fut un «héros», portant «toutes les vertus à un excès où elles sont aussi dangereuses que les vices opposés».

C'est ici pourtant que Voltaire abandonne pour la première fois l'idéalisation des fictions nobles, pratiquées par lui jusqu'alors. Dans cette *Histoire* en prose il découvre les ressources d'une narration libérée des exigences conventionnelles de grandeur, liées aux formes contraignantes de la haute poésie. Son récit sans apprêt permet une approche du personnage sur le vif. Ainsi cette scène, à la fin du livre VI : le vizir turc a encerclé Pierre le Grand sur le Pruth ; l'armée russe va être anéantie, le tsar capturé. Charles XII accourt à cheval de cinquante lieues pour participer à la curée. Mais à son arrivée il apprend que le vizir vient d'accorder une capitulation qui sauve le souverain et ses troupes. Furieux, le « visage enflammé », le roi se précipite dans la tente du vizir, lui fait une scène ; après quoi il se jette sur un sopha, « et, regardant le vizir d'un air plein de colère et de mépris, il étendit sa jambe vers lui et embarrassant exprès son éperon dans la robe du Turc, il la lui déchira ».[46] Homme d'action, conduit par des motivations puissantes mais simples, le personnage ne se prêtait pas à l'analyse psychologique. Son historien suit donc de l'extérieur ses faits et gestes, l'accompagnant dans ses extraordinaires entreprises. Il parvient de la sorte à créer une forte impression de présence. A tel point que le lecteur d'aujourd'hui se demande si le conquérant suédois ne fut pas l'un de ces névropathes dont l'histoire connaît d'autres exemples. Charles XII mourut à trente-six ans sans avoir connu de liaisons féminines ; il n'avait « presque point de barbe »,[47] peu de cheveux : signes d'un déséquilibre endocrinien ? Que nous puissions poser ces questions est l'indice d'un récit, pour l'époque, singulièrement réaliste.

Voltaire avait été séduit par l'intérêt dramatique du sujet. Il écrira plus tard que seuls les auteurs de tragédies peuvent donner de l'animation à l'histoire : ils savent, eux, « peindre et remuer les passions ».[48] Dramaturge, il se trouvait ici assurément à son affaire. Il vit et nous fait vivre en leur devenir des entreprises incertaines à l'origine, indécises en leur développement, aboutissant à des dénouements inattendus. Pris par la matière l'historien entre dans le récit des combats : épisodes dramatiques qui décident du sort d'un conquérant. Il est paradoxal que l'on doive à Voltaire, ennemi de la guerre, des narrations de batailles qui sont les modèles du genre. La bataille de Poltava en est un exemple classique. En cette journée la destinée de Charles XII a basculé. Le voici désormais aux prises avec l'adversité, hôte du Grand-Seigneur à Bender sur le Dniestr, mais plutôt son prisonnier. Nous suivons maintenant les aléas de l'intrigue. Le roi de Suède se berce de l'espoir que le sultan ottoman lui donnera une armée de cent mille hommes, pour reconquérir la Pologne et prendre sa revanche sur le tsar. Ses agents auprès de la Sublime Porte manœuvrent, tentant de mettre dans leurs intérêts la sultane Validé, les vizirs successifs, les favoris. Au milieu de ces alternatives prend place la péripétie de Varnitza, contrepoint cocasse des grands combats de naguère. Charles XII l'épée à la main, à la tête d'une troupe de cuisiniers, bataille *pro aris et focis*, pour défendre sa maison contre une armée de Turcs et de Tartares. Enfin, une révolution de palais ayant porté au pouvoir son ennemi Ali Coumourgi, il se résigne à regagner son pays. Après avoir résisté à Stralsund et dans l'île Rugen, dans des conditions aussi précaires qu'à Varnitza, mais pour un tout autre enjeu, il est tué dans la tranchée au siège de Fredrikshald en Norvège. Dénouement abrupt : l'historien nous le montre s'affaissant avec un grand soupir sur le parapet, le crâne brisé par un projectile tiré des lignes ennemies (ou peut-être par l'un de ses hommes, près de lui).[49]

Le récit de l'historien souvent a pris l'allure d'un reportage. Aussi bien est-il rédigé après une enquête de type journalistique. Les événements ne remontaient qu'à une vingtaine d'années. Voltaire a pu interroger nombre de témoins encore vivants : Fabrice envoyé du Holstein, demeuré auprès de Charles XII à Bender, qui lui a inspiré la première idée de l'œuvre ; Fonseca, médecin juif à Constantinople, qu'il a connu à Paris ;[50] l'envoyé de France Fierville ; Croissy, ambassadeur de Louis XIV qui suivit le roi de Suède jusque sous le canon de Stralsund ;[51] le Français Villelongue, colonel au service de Charles XII ; le comte Poniatowski, principal artisan des intrigues auprès du Grand-Seigneur ; et même un « M. Bru », parent de Voltaire (inconnu d'autre part), « premier drogman à la Porte Ottomane ».[52] A partir de telles sources, l'esprit voltairien imprime à l'histoire un caractère de « chose vue », pour nous fort attrayant. Par exemple, lorsque les Danois, ennemis héréditaires de la Suède, ayant débarqué en Scanie, il faut lever en hâte une milice, Voltaire nous montre ces paysans, soldats improvisés, accourant en sarraus de toile, armés de pistolets attachés à leurs ceintures par des cordes ; écumants de colère, ils obligent Steinbock, qui voudrait temporiser, à attaquer immédiatement.[53]

Voltaire n'a pas encore mis au point sa méthode. Cette biographie dramatique laisse à désirer du point de vue de l'histoire. Il manque un tableau de la Suède, faisant comprendre comment le roi a pu tirer du pays ces renforts dont il est question, affluant sans cesse en Pologne. Il manque aussi une analyse plus détaillée de la conjoncture européenne pendant la guerre de Succession d'Espagne. L'historiographie voltairienne néanmoins se dessine dans *Charles XII*. Evénementielle, cette histoire vise déjà à peindre les mentalités. Si le récit s'attache à des détails curieux sur la disgrâce du grand-vizir Couprougli, c'est, nous dit-on, dans l'intention de « faire connaître l'esprit du gouvernement ottoman ».[54] Car l'auteur, en traitant son sujet, commence à prendre conscience de sa philosophie de l'histoire. L'une des leçons – à savoir que l'exemple du roi de Suède détournera les princes des conquêtes – ne ressortait guère d'une présentation plaçant en un si beau jour l'« homme unique ». Mais Voltaire y revient dans le *Discours* rédigé après coup. Il s'avise aussi que le véritable grand homme n'est pas Charles XII, un simple « héros », mais Pierre le Grand. Alors que le texte de la première version réduisait le tsar à ne jouer que le rôle de l'ennemi principal, le *Discours* les situe tous deux sur le même plan. Ensuite les additions de 1739 rendront pleine justice au fondateur de l'Etat russe, qui osa entreprendre l'immense tâche de policer son peuple. Evolution des perspectives qui correspond à l'émergence d'une philosophie politique privilégiant les grands souverains civilisateurs.

Voltaire enfin, historien de vingt années de guerre, rencontre une terrible évidence : que l'histoire des hommes est tissée d'atrocités. Ce ne sont point tant les morts, les destructions, conséquences inévitables des opérations militaires, qui le font frémir ; mais les horreurs délibérément voulues. Il a dû dans l'*Histoire de Charles XII* s'arrêter à deux épisodes particulièrement abominables. En accordant la paix à Auguste II, le roi de Suède exige la livraison de Patkul, patriote livonien. Ce malheureux est condamné à mourir, mais par le supplice le plus cruel : il fut tout vif roué et découpé en morceaux.[55] Autre horreur : en 1713, le général suédois Steinbock décide, par représailles, de brûler la ville d'Altona sur l'Elbe. L'exécution a lieu en une nuit, le 9 janvier. Les habitants sont chassés sur les coteaux environnants, couverts de glace, balayés par le vent du nord. « Quelques femmes nouvellement accouchées emportèrent leurs enfants et moururent de froid avec eux sur la colline, en regardant de loin les flammes qui consumaient leur patrie. »[56] Le plus affreux fut cependant un crime perpétré non par un chef de guerre endurci, mais par toute une population civile, qu'on aurait pu croire accessible aux sentiments humains. Le lendemain les Altonais survivants se traînent aux portes de Hambourg : or leurs voisins refusent de les admettre, heureux de se débarrasser de gens qui concurrençaient leur commerce. Les malheureux expirèrent sous les murs de Hambourg, sans abri, sans nourriture. Evénement si odieux qu'en 1733 les Hambourgeois adressèrent une protestation à Voltaire. Ils se défendaient non d'avoir repoussé leurs compatriotes d'Altona, mais d'avoir payé Steinbock pour qu'il détruise une ville rivale.[57] Avec l'*Histoire de Charles XII* Voltaire ouvrait le long registre des cruautés qui rempliront son *Essai sur les mœurs*.

Il prend conscience simultanément d'un aspect moins sinistre de l'histoire. Le goût voltairien de l'insolite trouve son aliment dans les péripéties bizarres qu'entraînent les bouleversements d'une longue guerre. Facilement, dans de telles circonstances, les grandeurs d'établissement sont bafouées. Une serve estonienne de dix-huit ans épouse un dragon suédois. Le mari, le lendemain de ses noces, est enlevé par un parti moscovite ; il ne reparaîtra plus. La fille alors, fort jolie, passe de main en main, sous le nom de Catherine, au service et dans le lit de généraux russes : Bauer, Sheremetoff, Menzikoff. Un jour, dînant chez celui-ci, Pierre le Grand la remarque, s'enflamme, la prend pour femme, ayant répudié sa première épouse Ottokefa. La paysanne d'Estonie de servante concubine devient donc impératrice.[58] Elle était femme de tête. Sur le Pruth, c'est elle qui sauve le tsar désemparé : elle rassemble tout ce qu'elle peut trouver de bijoux et d'argent, achète le premier lieutenant du vizir, et obtient ainsi l'armistice qui délivre Pierre le Grand et son armée. Après la mort du tsar, l'ancienne serve couronnée sous le nom de Catherine Ière règnera sur l'empire et continuera l'œuvre de son mari.

Le Français sujet de Louis XV lisait dans l'*Histoire de Charles XII* un autre incident le concernant plus directement. Stanislas Leszczynski, pourchassé par son rival Auguste, doit quitter précipitamment Varsovie. Dans la fuite il perd sa seconde fille. On recherche le bébé. On finit par le découvrir abandonné dans l'auge d'une écurie.[59] Or cette enfant deviendra Marie Leszczynska, reine de France.

Ainsi va le monde. L'*Histoire de Charles XII*, le plus étendu jusqu'ici des ouvrages en prose de Voltaire, marque dans son œuvre un commencement. De poète qu'il était il accède, en même temps qu'à une manière différente d'écrire, à une vision nouvelle des hommes et des événements.

Nulle rupture cependant. Des mois passeront avant qu'il ait l'idée d'un autre ouvrage historique, de plus large ambition que *Charles XII*. La souplesse de son génie l'empêche, ayant découvert un genre nouveau, de renoncer à ceux qu'il a jusqu'alors pratiqués. Pendant que Jore imprime son *Charles XII*, il a mis en chantier deux tragédies : une *Mort de César*, une *Eriphyle*.

Pour surveiller le travail de Jore, au printemps de 1731 il s'est rendu en Normandie. Là, il prend soin de se cacher. Cideville l'avait d'abord logé dans une auberge discrète, l'Hôtel de Mantes, qui avait l'inconvénient d'être un bouge : toiles d'araignée aux murs, lits durs, chaises branlantes, et pour l'éclairage, une « bouteille au cou cassé »

> Y soutient de jaunes chandelles
> Dont le bout y fut enfoncé
> Par les deux mains sempiternelles
> De l'hôtesse au nez retroussé.[60]

Il préfère donc aller simplement loger chez son libraire Jore, rue Saint-Lô, à l'ombre du palais de justice. Il y serait demeuré trois mois. Plus tard Jore, mortellement brouillé avec son auteur, racontera à sa manière le séjour, insistant sur la ladrerie de son pensionnaire.[61] Les beaux jours étant venus après un printemps maussade, il émigre à la campagne : à Canteleu, sur la rive droite de la Seine.[62] Il passe là le mois de juin. Il s'est mis au régime : légumes, œufs frais, laitage. La « jardinière » qui l'approvisionne lui rend en outre le service d'aller trois fois la semaine à Rouen porter et chercher des épreuves d'imprimerie.[63] Il continue à dissimuler son identité : il serait un Anglais, nommé M. Chevalier (nom pourtant peu britannique).[64] Il va jusqu'à faire courir le bruit qu'il est retourné en Angleterre. Ecrivant au *Nouvelliste du Parnasse*, il date de « Fakener, près de Canterbury » : pour le village où il est censé résider il a pris le nom de son ami Fawkener ; il pousse la mise en scène jusqu'à indiquer la date d'après l'*old style* des Anglais. Le même jour il adresse au *Mercure de France* une lettre supposée écrite « De Fahner, près de Londres ».[65]

Pourquoi tant de précautions ? Il est entendu que l'*Histoire de Charles XII* doit s'imprimer clandestinement. Cela n'impliquait pas que son auteur dût se cacher. L'imprudent Thiriot laisse circuler dans Paris des copies de *La Mort de Mlle*

Lecouvreur? Il n'en peut résulter de désagrément vraiment fâcheux; l'actrice étant décédée depuis un an, l'affaire est presque oubliée. En fait, malade, Voltaire traverse des phases d'hypocondrie. Il est resté tout un mois dans son lit, tourmenté par des maux d'entrailles, tour à tour dépressif et fébrilement actif:

> Toujours un pied dans le cercueil
> Et l'autre faisant des gambades.[66]

Du côté «gambades»: la rédaction de *La Mort de César*, l'élaboration d'*Eriphyle*, maintenant «dans son cadre»; la révision de plusieurs pièces, parmi lesquelles l'*Epître* désormais intitulée *à Uranie*; la version française de l'*Essai sur la poésie épique*; et puis des foucades contre Malebranche, contre Descartes, ces «mystiques fous», ces «pieux loups-garous», ces «conteurs de rapsodies», dont il renvoie les œuvres, prêtées par Cideville et Formont.[67]

Lui si changeant, il est, quand son humeur l'y porte, l'homme le plus aimable. Cideville s'en enchante, au point de ne pouvoir le jour songer à nul autre, et d'en rêver la nuit. Son ami écrit une lettre dithyrambique pour louer les deux attraits[68] chez lui les plus séduisants: la «douceur la plus grande» dans la société, «une flexibilité de génie [...] susceptible de toutes les formes». Ce que pour sa part Formont résume en trois mots: ce Voltaire, il est «plein d'esprit, de folies, et de coliques».[69]

Mais de Paris les affaires viennent le «lutiner»:[70] il revient dans la capitale au début d'août. Quelles affaires? Le *Charles XII* qu'il faudrait enfin extraire de sa cachette. Et toujours des tragédies à faire jouer. Dans le mois passé en son lit, il a terminé *La Mort de César*. Pour cette tragédie sur un sujet classique, voire scolaire, il cherche l'approbation des Pères jésuites, ses anciens maîtres: Brumoy, Porée, Tournemine.[71] Le 19 août, la pièce a été lue devant dix Pères de la Société: l'aréopage a exprimé sa satisfaction. *La Mort de César*, peu jouable, nous le verrons, n'aura qu'en 1733 une première représentation, en privé, à l'Hôtel Sassenage, suivie d'une seconde en 1735 au collège d'Harcourt.[72] Il faudra attendre 1743 pour qu'elle paraisse à la Comédie-Française. Une édition pirate a toutefois été donnée après la représentation au collège d'Harcourt, ce qui contraint Voltaire à imprimer son texte authentique en 1736. Dans ces conditions, nous prenons le parti d'examiner cette tragédie au moment de son achèvement, en août 1731. La pièce doit en effet retenir l'attention du biographe.

Une déclaration de son auteur risque de nous tromper sur son dessein. Il aurait voulu faire connaître «les Muses anglaises en France».[73] Non pas en traduisant «l'ouvrage monstrueux» de Shakespeare, mais en proposant un équivalent supportable, qui resterait «dans le goût anglais». En réalité Voltaire ne se comporte pas comme un précurseur de Ducis, soucieux d'édulcorer Shakespeare à l'usage du public français. A partir du *Julius Caesar* il a fait une autre œuvre. Nous sommes en présence ici d'un «dialogue au sommet».[74]

N'imaginons pas Voltaire ayant sous la main le texte anglais tandis qu'il versifie sa tragédie. On doute qu'il en ait rapporté une édition d'outre-Manche, et il n'existait à cette date aucune traduction française. C'est d'après ses souvenirs vécus qu'il compose *La Mort de César*.[75] De tous les drames shakespeariens, *Julius Caesar*, on le sait, fut l'un de ceux qui le touchèrent le plus. Il a devant les yeux non un livre mais les scènes jouées sur les tréteaux de Drury Lane et Lincoln's Inn.

Il n'a donc pas de peine à élaguer, afin de ne retenir que ce qui émerge dans sa mémoire comme le meilleur. Il retranche les actes IV et V, où Shakespeare racontait la défaite en Macédoine des conjurés. Le dernier acte se situait sur le champ de bataille même, pendant les combats: «irrégularités barbares, fautes grossières».[76] Voltaire arrête sa tragédie à la scène d'Antoine haranguant le peuple devant le cadavre de César, retournant la foule contre les assassins. Selon la règle française il fixe l'action en un lieu unique: le Capitole. Il se prive ainsi de la possibilité d'évoquer comme Shakespeare l'ambiance de la ville entière pendant la journée et la nuit qui précèdent le crime. Supprimé le lever du jour sur Rome, à la date fatidique des Ides de mars. Supprimés les épisodes prenant place dans des rues, dans le verger de Brutus, dans sa maison, dans le palais de César, ou aux abords du Capitole. Supprimés les comparses: le menuisier et le savetier sur le pas de leur porte, le devin, les serviteurs, donnant l'impression que toute une population est impliquée dans le drame. Voltaire élimine surtout les deux personnages féminins: Portia l'épouse de Brutus, Calpurnia celle de César. L'une et l'autre pressentent le malheur; tentant de le conjurer, elles contribuent à créer un climat d'attente anxieuse. En les faisant disparaître, il prive sa pièce de la résonance affective dont vibre celle de Shakespeare. Non seulement il réalise ici son idéal ancien d'une tragédie sans amour, mais il va jusqu'au paradoxe d'une tragédie sans femmes. Il se réservait de placer l'émotion à un autre niveau, où n'intervient pas la sensibilité féminine. Mais il ne lui échappait pas qu'ainsi la représentation à la Comédie-Française devenait quasi impossible. Il était impensable que la troupe acceptât, en 1731, une pièce ne comportant aucun rôle pour les comédiennes.

La Mort de César était injouable pour une autre raison encore. Voltaire sans doute fait l'économie de la mise en scène shakespearienne. Il relègue dans les coulisses l'assassinat, que le drame anglais mettait sous les yeux des spectateurs, non sans cruauté.[77] Il reste cependant que *La Mort de César* faisait figure de pièce «à grand spectacle» par rapport aux habitudes françaises.[78] Le troisième acte notamment montrait le tumulte des conjurés, la foule romaine se pressant autour du cadavre de César étendu sous une «robe sanglante», Antoine parlant du haut d'une tribune puis descendant près du corps: toutes actions irréalisables sur la scène encombrée de spectateurs. Il apparaît qu'en 1731 Voltaire a écrit sa tragédie pour lui-même, sans perspective d'une représentation prochaine.

Quel était son dessein? Assurément de faire une pièce politique. Shakespeare mettait en évidence l'inutilité du tyrannicide: César mort, la tyrannie subsiste.

C'est pourquoi l'action se prolonge jusqu'à la défaite des républicains à Philippes. Voltaire ne retient pas cette leçon. Il porte à la scène l'exaltante passion de la liberté. Parce que César veut se faire couronner roi, Brutus, Cassius, leurs compagnons, exhalent leur indignation en alexandrins vigoureusement frappés. On retrouve l'ambiance de son *Brutus* de l'année précédente. Mais la situation a changé. L'enthousiasme que suscitaient les débuts de la république, sonne faux dans la république décadente. Voltaire ne peut empêcher qu'il ne tourne à la déclamation. On est allé jusqu'à taxer «d'énergumène hypocrite et de fanatique obtus»[79] son Cassius proférant :

> Un vrai républicain n'a pour père et pour fils
> Que la vertu, les dieux, les lois et son pays.

De fait, César ne manque pas de justification quand il oppose à ses adversaires que «Rome demande un maître». Voltaire revient ici à la théorie monarchique de *La Henriade*. En des «temps corrompus», la liberté n'est plus qu'anarchie : l'avènement d'un «maître» peut seul empêcher que les factions ne déchaînent la guerre civile. On remarquera que sur cette «décadence» de la Rome républicaine sa pensée est moins élaborée que celle que développe à peu près à la même époque Montesquieu.[80] Il voit mal le problème institutionnel d'une république municipale devenue la tête d'un immense empire. Mais il est vrai qu'une tragédie se construit sur des passions, non sur des analyses politiques. *La Mort de César* met aux prises la passion du pouvoir chez le dictateur avec celle d'une liberté exacerbée dans la mesure même où elle s'est vidée de sa substance.

Cependant l'originalité de l'œuvre est à chercher ailleurs. Le drame politique s'accompagne d'un drame personnel. Voltaire a modifié les données traditionnelles en imaginant que Brutus était né d'un mariage secret de César. Le conflit devient dès lors celui du père et du fils. Dès la première scène se découvre le double fond du sujet. Antoine congratule César : le dictateur va recevoir du peuple la couronne royale. Mais il s'étonne : pourquoi en un jour de gloire cette tristesse, ces «longs soupirs»? César alors se décide à parler. Il ne cachera pas plus longtemps «l'amertume dont [son] cœur paternel en secret se consume». Il a un fils. Non pas Octave, enfant adopté, mais un fils selon la chair : ce «malheureux Brutus», ce farouche républicain qui conspire contre lui. Et pourtant il l'aime tendrement : en lui il reconnaît l'intransigeance de sa propre jeunesse, lorsque lui-même s'opposait à Sylla, à Pompée.

Comment se fait-il que nul jusqu'ici n'ait soupçonné sa paternité? En six vers il résume une sorte de roman. Il avait épousé secrètement Servilie, la sœur de Caton. Mais Caton rompant avec César lui reprend sa sœur : il la fait «passer en d'autres bras». Or elle était déjà enceinte de Brutus; et le jour même du second mariage le nouvel époux meurt. Brutus passe néanmoins pour le fils de celui-ci. Le père putatif occulte le père réel. En inventant un tel imbroglio matrimonial,

Voltaire dut penser au cas de double paternité qu'il savait ou croyait être le sien. Un peu plus loin (III.ii), Cassius s'écriera : qu'importe que César

> vil esclave d'amour,
> Ait séduit Servilie et t'ait donné le jour?
> Laisse là les erreurs et l'hymen de ta mère.

Séduction, «erreurs» : les termes s'appliquent mal à Servilie, deux fois légitimement mariée. Mais ils conviendraient à l'adultère de Mme Arouet. Voltaire en ces passages a-t-il disposé des allusions perceptibles pour lui seul?

César se flatte de ramener Brutus, lorsqu'il lui découvrira son origine. Il fera de ce fils aimé son successeur au trône. Antoine doute du succès tant le jeune homme met de fanatisme dans sa conviction républicaine. En effet, à l'acte suivant, c'est Brutus qui par son éloquence enflammée décide les conjurés à poignarder le tyran. Au pied de la statue de Pompée, il fait serment de libérer Rome. Brutus va donc commettre la moitié du crime d'Œdipe : assassiner son père, sans le connaître. Mais voici que survient ce père lui-même. César fait sortir les complices, et reste seul avec Brutus. Il révèle à celui-ci qu'il est son fils; il en fournit la preuve. Foudroyé, Brutus quelque temps ne peut parler. Enfin il implore : il aimera son père, si son père renonce à régner. César, courroucé, refuse. A partir de ce moment, Brutus offre le triste spectacle d'une personnalité disloquée. Ses amis s'étonnent de le voir, lui tout à l'heure si ardent, reparaître abattu, prostré. Il leur dit ce qu'il en est. C'est Cassius, à son défaut, qui prend désormais la direction du complot. Le fils va tenter un suprême effort. Que César consente à redevenir un simple citoyen, Brutus alors surmontera les contradictions qui le déchirent : car il admire, il aime ce père tyrannique. Mais César réitère son refus : l'intérêt de Rome exige que s'institue un pouvoir absolu, et c'est à lui, César, d'assumer cette mission historique.

Les événements vont donc suivre leur cours. Brisé, Brutus se laisse entraîner. Il a participé à l'assassinat, mais l'opération fut conduite par Cassius, non par lui. Après le meurtre, c'est Cassius, et non lui comme dans Shakespeare, qui vient se justifier devant le peuple. Brutus a disparu et de la scène et de l'action. Voltaire termine sa pièce sur le grand spectacle du débat contradictoire devant le peuple, en présence du cadavre sanglant du dictateur : «l'un des morceaux les plus frappants et les plus pathétiques qu'on ait jamais vu sur aucun théâtre».[81] Le finale paraîtrait étranger au conflit père-fils, si Antoine dans sa harangue ne pointait sur Brutus absent un doigt vengeur. Il apprend au peuple que cet assassin était le fils de César. Et sa dénonciation raconte le parricide :

> Là, Brutus éperdu, Brutus l'âme égarée,
> A souillé dans ses flancs sa main dénaturée.
> César, le regardant d'un œil tranquille et doux,
> Lui pardonnait encore en tombant sous ses coups.
> Il l'appelait son fils; et ce nom cher et tendre

Est le seul qu'en mourant César ait fait entendre :
« O mon fils », disait-il.

UN ROMAIN
                    O monstre que les dieux
Devaient exterminer avant ce coup affreux !

Le dénouement de *La Mort de César* est à rapprocher de celui de *Brutus*. La tragédie de 1730 aboutissait à la mise à mort du fils par le père. Dans celle de 1731 c'est le fils qui tue le père. Mais ici et là, au moment suprême, la cruauté du geste est atténuée par le sentiment. Titus, on l'a vu, avant d'expirer s'était réconcilié avec son père, acceptant la sentence capitale que celui-ci lui infligeait. Symétriquement le second Brutus, le fils, frappe, mais « éperdu, l'âme égarée », et c'est le père qui accepte le coup, « d'un œil tranquille et doux ». Il meurt en soupirant « O mon fils » : non pas un reproche, mais un « nom cher et tendre ». Car depuis le début César s'était résigné à mourir de la main de ce fils aimé.

Ce serait une entreprise aléatoire que de tenter une psychanalyse de Voltaire. Une conjecture se présente à l'esprit. Une névrose a-t-elle part à la maladie qui le tient un mois au lit pendant qu'il rédige *La Mort de César* ? Névrotique, au cours du printemps de 1731, ce souci de se cacher qu'on parvient mal à expliquer ? On se gardera d'être affirmatif. Mais on demeure sur un plan objectif en constatant la présence dans son œuvre, depuis *Œdipe*, d'un thème du Père. Thématique réactivée en 1731. Après les représentations de *Brutus*, le conflit est repris, en termes inversés, dans *La Mort de César*. Et dans ce même printemps de 1731 Voltaire a révisé l'*Epître à Uranie*, dont le Père éternel occupe le centre. On se rappelle les vers :

Je veux aimer ce Dieu, je cherche en lui mon père :
On me montre un tyran que nous devons haïr.

Comme l'auteur de l'*Epître*, Brutus voudrait aimer en César son père ; mais en lui il se heurte à un « tyran » qu'il doit « haïr ». De l'*Epître* à la tragédie l'ambivalence n'a pu être surmontée. Et voici que Voltaire une nouvelle fois pendant l'été de 1731 traite dans son *Eriphyle* la tragédie du père assassiné, inspirée de *Hamlet*.

Un comportement paraît étonnant de la part d'un homme de lettres aussi laborieux. Il n'a jamais eu jusqu'ici de domicile durable. Il vit dans des auberges, chez des amis, ou en pension chez des particuliers, mais toujours pour des périodes brèves : quelques jours, quelques semaines, tout au plus quelques mois. Quand il loue un appartement, c'est pour peu de temps. Il n'a guère séjourné dans la maison de la rue de Beaune que lui ont donnée à bail les Bernières ; ni dans l'immeuble de l'ivrognesse, rue de Vaugirard. Nul n'est alors moins sédentaire que cet homme qui laissera son nom à un fauteuil. Toujours en camp volant, il a vite fait de mettre en paquet, avec ses effets, les manuscrits de ses ouvrages en cours. C'est miracle qu'il n'en ait pas perdu dans ses continuels déplacements.

En septembre 1731, il est dans une maison d'Arcueil que lui prêtent le prince et la princesse de Guise : il n'y reste qu'une dizaine de jours.[82] Mais à l'approche de la quarantaine, il sent le besoin d'une existence plus stable. En décembre, il s'est installé chez la comtesse, ou plutôt la baronne,[83] de Fontaine-Martel. Il y demeurera plus d'un an, jusqu'à la mort de cette dame (janvier 1733).

La maison, rue des Bons-Enfants, a vue sur le Palais-Royal. Voltaire loge en un «appartement bas», sous les toits.[84] Il s'y est mis dans ses meubles.[85] Une partie de son mobilier par la suite se répandra aux étages inférieurs. Il aura de la peine, après le décès de son hôtesse, à séparer ce qui lui appartient de ce qui fait partie de l'héritage : tant il s'était établi en la maison sur un pied d'intime familiarité. Septuagénaire, la baronne, fille du président Desbordeaux, était une vive et gaillarde personne. «Très singulière Martel» : ainsi Voltaire la désigne-t-il dans une épître que peu après son arrivée il lui fait porter par un domestique au bas de son escalier.[86] Des plus singulières, en effet. D'humeur fantasque, elle était connue par ses foucades. Elle avait pratiqué l'un et l'autre libertinage. Elle s'affichait toujours un esprit fort. Le curé de la paroisse ne la voyait jamais aux offices. Ce qui, à l'heure du grand départ, créera quelque difficulté. En revanche elle fréquente assidûment l'Opéra, tout proche, où elle a sa loge. Elle avait eu des galanteries. On disait que M. de Fontaine-Martel (décédé en 1708) n'avait en rien contribué à la naissance de sa fille.[87] L'âge venu, elle n'avait point embrassé le parti de la pruderie. Elle professe que lorsqu'on a «le malheur de ne pouvoir plus être catin, il faut être maquerelle».[88] Sur son lit de mort ce n'est pas à l'au-delà qu'elle pense. L'idée qui la réconforte, en ce moment grave, c'est qu'à toute heure «il y a quelqu'un qui empêche la race de s'éteindre».[89] Mais c'est une femme pleine de contradictions. Elle se conduit chez elle tout au contraire d'une «maquerelle». Riche, elle prend des pensionnaires non pour de l'argent, mais pour avoir la compagnie de gens qui la divertissent. C'est à cette condition qu'elle a logé Thiriot : c'est par Thiriot sans doute que Voltaire fut admis dans la maison. Elle donne même à cet aimable parasite une rente de 1.200 francs, pour qu'il l'amuse.[90] Or voici qu'il s'éprend d'une danseuse de l'Opéra, Mlle Sallé. La baronne se fâche, expulse Thiriot, lui retire sa rente. Cette femme aux propos grivois ne veut pas héberger d'hommes qui aient des maîtresses. On lui a présenté Crébillon le fils (qui ne s'est pas encore fait connaître comme romancier libertin). Il lui plaît. Mais on lui dit qu'il n'a que vingt-cinq ans : elle le refuse. Voltaire voudrait introduire dans la maison Linant, un protégé de Cideville et de Formont. Hélas ! Linant a dix-neuf ans. Elle pousse les hauts cris. «Elle a toujours peur qu'on ne l'égorge pour donner son argent à une fille d'Opéra». Au contraire, elle accueillerait fort bien quelqu'un qui aurait pour titre d'«être impuissant».

A cet égard, Voltaire semble présenter toute garantie. Depuis des mois sa santé délabrée fait qu'il vit sans maîtresse. En outre sa gaîté enchante la baronne. Il s'institue rapidement l'organisateur de ses plaisirs. Elle aime la bonne chère, comme elle aime l'esprit.[91] Chaque dimanche elle tient donc un dîner. Ses convives forment comme une académie : quand l'un se retire, on pourvoit à son remplacement. A ces agapes Voltaire sait attirer un invité de choix : le comte de Clermont, un Condé, prince du sang, auprès duquel il a accès par Moncrif. Mais la table chez la baronne est, comme le reste, inégale. Si parfois on s'y délecte, assez souvent on y mange mal.[92] Car Mme de Fontaine-Martel passe par des alternances de prodigalité et de ladrerie. Elle se montre pingre avec ses domestiques, qu'elle rudoie. Elle a attiré auprès d'elle, comme demoiselle de compagnie, une jeune fille pauvre ; elle ne lui sert aucun gage, sous la vague promesse de l'inscrire sur son testament (ce qu'elle ne fera pas).[93] Ce ne sera pas une mince prouesse, de la part de Voltaire, que de désarmer son avarice. Il réussira finalement à lui faire dépenser pour lui jusqu'à 40.000 francs.[94]

Où passait tout cet argent ? demandera-t-on. Pour une bonne part à des spectacles de société. A cette femme passionnée d'Opéra il fait aimer le théâtre. Il la persuade d'organiser en son domicile des représentations d'amateurs. Pratique fréquente au XVIIIᵉ siècle. L'originalité est ici que Voltaire fait jouer ses propres pièces : *Brutus*, *L'Indiscret* notamment. Il recrute des acteurs bénévoles, entre autres Moncrif. On ne manque pas de s'écrier que les uns et les autres jouent infiniment mieux que la troupe professionnelle du Théâtre-Français. Au printemps de 1732, l'habitude s'est établie, rue des Bons-Enfants, de donner « assez régulièrement » la comédie.[95] Il est probable que Voltaire ne se contente pas de diriger le spectacle, et qu'il y intervient comme interprète : ce sont ses débuts d'acteur amateur. De ses premiers rôles, aucun écho ne nous est parvenu. Mais avant la fin de cette année nous le verrons briller sur la scène de Mme de Fontaine-Martel, dans un personnage à effet d'une de ses tragédies.

Pour l'heure, la pièce qui lui donne de la tablature, c'est son *Eriphyle*. Il peine sur ces cinq actes depuis plus d'un an. Il avait commencé par « faire » sa tragédie ; ensuite seulement il avait songé « à ce qu'il fallait pour la faire bonne ».[96] Or c'est cette seconde opération qu'il ne parvient pas à mener à bien. En janvier 1732, l'œuvre a été lue aux comédiens, acceptée, distribuée. Mais son ami Formont le met en garde : un sujet « mauvais, et incorrigible ». Il multiplie pourtant les corrections, s'y employant jusque dans la loge de l'Opéra où il se trouve en compagnie de ce même Formont. Comme il craint l'échec, il ne veut pas qu'on sache que la pièce est de lui : c'est un secret, « qu'il a confié à la moitié de Paris, en suppliant qu'on ne le révèle pas à l'autre moitié ».[97] Tandis qu'il s'évertue, il fait jouer sa pièce rue des Bons-Enfants : le théâtre de Mme de Fontaine-Martel va être le banc d'essai d'*Eriphyle*. On la représente le 3 février : les assistants ont pleuré, mais...[98] Après la première en public (le 7 mars), nouvelle mise à l'épreuve en privé, le 17 avril, d'une *Eriphyle* très remaniée.[99] Apparemment la baronne ne se lasse pas de ces reprises, sur son théâtre devenu l'atelier de Voltaire.

Tant d'efforts n'aboutiront qu'à un médiocre résultat. Voltaire a combiné le sujet de *Hamlet* avec celui d'*Œdipe*, en y introduisant peut-être quelques réminiscences de *Macbeth*. Eriphyle, reine d'Argos, est hantée de visions. Un «spectre épouvantable» la poursuit. Elle a, en effet, jadis laissé son amant Hermogide assassiner son mari Amphiaraüs. Pour plus de sûreté, Hermogide en outre a fait mettre à mort l'enfant de la reine. Ces événements remontent à une vingtaine d'années. Or voici que depuis peu d'étranges phénomènes se produisent: les murs du temple s'ébranlent, une «plaintive voix» s'en élève; on a rencontré dans les rues le fantôme d'Amphiaraüs. Drame d'épouvante, qui se double d'un drame politique. Eriphyle doit désigner ce jour même un roi, qu'elle épousera. L'ambitieux Hermogide compte bien être l'élu. Mais un jeune homme, Alcméon, vient de se distinguer par des exploits guerriers: une attirance porte vers lui Eriphyle. Ni la reine, ni Hermogide n'ont deviné ce que le spectateur a compris dès le début: cet Alcméon est le fils, prétendument assassiné, d'Eriphyle. Lui-même ne l'apprendra que plus tard. S'il aspire à la main d'Eriphyle, c'est par ambition, comme son rival Hermogide. En ce personnage conventionnel, rien qui rappelle le tourment de Hamlet, hanté et paralysé par le devoir de venger, sur une mère criminelle et sur le complice de celle-ci, le meurtre du père. Enfin, en présence de la cour, Eriphyle choisit le roi son époux: Alcméon. A ce moment précis, le temple s'ouvre, apparaît «l'ombre» d'Amphiaraüs. Le spectre enjoint au jeune Alcméon d'avoir à le venger. De qui? De sa mère. Cela dit, il se retire dans le temple. Alcméon ne comprend pas. Mais il apprend bientôt que cette mère n'est autre qu'Eriphyle. Pendant ce temps, Hermogide, avec ses partisans, est sur le point de s'emparer du pouvoir. Ce qui nous vaut un cinquième acte confus. Alcméon combat l'usurpateur dans les coulisses. Par mégarde, dans le temple, il poignarde Eriphyle, laquelle reparaît, soutenue par ses femmes, et vient mourir sous les yeux d'Alcméon horrifié.

Voltaire, comme il l'explique dans un avant-propos, a voulu ramener sur la scène française «la terreur».[100] Il cite comme garant, non Shakespeare, inconnu de son public, mais Eschyle. S'il a échoué, il prie qu'on lui soit indulgent. Effectivement, il a échoué. A la différence de *Hamlet*, le fantastique n'est ici nullement intériorisé. Ce spectre sans mystère, qui apparaît en plein jour, devant une nombreuse assistance, n'inspire aucune «terreur». Utilisé comme un moyen de l'intrigue, il laisse le spectateur tout à fait «froid»: Voltaire doit en convenir.

La première, le 7 mars 1732, ne remporte guère qu'un succès d'estime. On applaudit les beaux vers. Les quatre premiers actes intéressent. Mais l'imbroglio du cinquième est mal reçu.[101] On juge choquante l'apparition du fantôme. Au total, Voltaire s'estime heureux d'avoir évité les sifflets. Après huit représentations, il retravaille sa pièce pour une reprise à la fin d'avril. Il la fait précéder d'un texte en vers récité par Dufresne, l'interprète d'Alcméon (c'est l'avant-propos dont nous avons parlé). *Eriphyle* se traîne encore pendant quatre représentations.[102] Après en avoir envoyé le texte à Jore, Voltaire se ravise: il renonce à l'imprimer. Il en met le manuscrit de côté, et pour longtemps. Quinze années passeront avant qu'il n'en tire sa *Sémiramis*.

Dans la période qui a suivi son retour en France – plus de trois ans – il semble n'avoir retenu de son expérience anglaise que ce qui a trait au théâtre. Il tente de rénover la scène française par des emprunts discrets aux spectacles qu'il a vus outre-Manche. Sans beaucoup de succès. Son *Brutus* n'a réussi qu'à demi. *La Mort de César* reste injouable. *Eriphyle*, qui lui a coûté tant de peine, se solde par un échec. On constate que le triomphe d'*Œdipe*, qui remonte à 1718, n'a pas eu de suite. Ce qui lui vaut, dans le salon de Mme de Tencin, qu'il ne fréquente pas, la commisération des beaux esprits. Fontenelle et quelques autres charitablement lui conseillent de renoncer au théâtre.[103]

C'était mal prendre la mesure de son génie. Il n'était pas homme à s'avouer vaincu. La passion de la scène le possède. Il continue ses efforts pour s'imposer par des spectacles qu'il veut puissamment dramatiques. Surtout, une partie de lui-même ne s'est depuis 1728 qu'incomplètement exprimée. L'*Histoire de Charles XII*, brillante réussite de librairie, annonçait une nouvelle dimension de son œuvre. Dans cette ligne, en mai 1732, il projette d'écrire l'histoire du siècle de Louis XIV. Assurément les dédaigneux comme Fontenelle, qui le jugent de l'extérieur, le connaissent mal. En ce printemps de 1732, il vit dans un bouillonnement de travail. Presque à huis clos. Il ne sort pas de son logement. Il faut que ceux qui veulent le voir viennent chez lui. Il n'a d'autre plaisir que de s'occuper de ses ouvrages futurs.[104] «Ecrire et se cacher», dira Jean-Jacques: c'est son cas à lui aussi, par intermittences. Il lui arrive de vivre en tête-à-tête avec son seul écritoire, «moitié en philosophe, et moitié en hibou».[105]

Il n'a pas abandonné le projet des *Lettres anglaises*, commencées à Londres. Il les mentionne en ce mois de mai 1732 parmi les travaux en cours. Mais un phénomène de latence s'est produit. Les vilaines affaires de son départ en 1728 ont occulté son enthousiasme pour les Anglais. Cependant, après des mois et des années, le temps a fait son œuvre. Les impressions se sont décantées. Et lorsque Thiriot à son tour se rend à Londres, ce sont les meilleurs souvenirs qui émergent. Voltaire recommande son ami à ses relations de naguère: Bubb Dodington, lord Hervey, lord Richmond... Il se remet à lui écrire de longues lettres en anglais. Par l'usage retrouvé de cette langue, il redevient Anglais... à Paris. Les ressentiments sont effacés. Ce peuple, qu'il nomme à nouveau «a free and generous nation», il recommence à l'admirer. Il avoue qu'il le regrette, et reconnaît ce qu'il lui doit.[106] Il va donc reprendre pour tout de bon, en vue de les terminer, ses *Lettres anglaises*, qui seront des «lettres philosophiques».

17. Littérature et philosophie mêlées

Terminer les ouvrages commencés depuis des années: telle était la sagesse. Si Voltaire s'était conduit en auteur méthodique, il n'aurait pas manqué de remplir le programme fixé en sa tête et noté sur le papier, à l'adresse de Thiriot.[1] Mais voici qu'une brusque inspiration bouscule ses plans. Si le 26 mai il s'occupe encore de rapetasser *Eriphyle*, le 29 il est saisi par un nouveau sujet. *Eriphyle* est enterrée. Il s'adonne totalement, jour et nuit, à *Zaïre*.[2] A peine l'idée lui est-elle venue, qu'il a déjà versifié le premier acte. Voltaire poète? Il l'est plus qu'on ne le veut croire. Une fougue de la création, un enthousiasme de l'écriture le portent. Alors qu'il y a peu il peinait sur les cinq actes d'une tragédie manquée, il se sent entraîné par le sujet: «la pièce se faisait toute seule».

Elle est terminée en vingt-deux jours. Le 27 juin, il la lit aux Comédiens-Français. A la séance il a conduit avec lui le jeune Linant. Ce fruit sec, qu'il essaie de placer à Paris, il le juge dans son euphorie un «cœur neuf», un «esprit juste». Il veut essayer sur lui l'effet d'une tragédie aussi émouvante. Pendant que les acteurs la répètent, autre mise à l'épreuve: il en a lu quatre actes à une Mme de La Rivaudaie, amie de Cideville. A sa grande satisfaction, les «beaux yeux» de la dame ont pleuré.[3] «Paraissez, aimable Zaïre!», s'écrie Formont, qui l'a reçue en manuscrit.[4] Elle paraît en effet, et Formont selon son habitude a tenu à être présent à la première, le 13 août 1732. Ce fut dans la carrière théâtrale de Voltaire l'un de ses jours de gloire. Salle comble: «on s'y étouffe».[5] «Un succès prodigieux»: les «femmes du Marais» y pleurent à chaudes larmes.[6] Mais il n'est pas donné à Voltaire de jouir d'un plaisir sans que la malveillance s'en mêle. Des rumeurs se sont élevées du parterre. Ce public de connaisseurs, où il ne manque pas d'ennemis, murmure contre des négligences de versification. A certains moments l'ambiance fut même «tumultueuse».[7] Il est sûr que la pièce avait été écrite trop vite. Formont doit déplorer, à partir du troisième acte, un style peu soigné, des maladresses, une intrigue embarrassée.

Voltaire n'en disconvient pas. Après la première, il se hâte de corriger les vers mal venus, d'introduire çà et là quelques retouches. Mais il fallait faire accepter ces changements par les acteurs. L'un d'eux, Dufresne, interprète du rôle d'Orosmane, hautain personnage, qui affecte des airs de grand seigneur, a pour principe de refuser aux auteurs toute retouche au texte qu'il s'est donné la peine d'apprendre. Il consigne sa porte. Il rejette les billets qu'on lui fait tenir. On sait à quel subterfuge dut alors recourir l'auteur de *Zaïre*. Le lendemain ou surlendemain de la première, Dufresne offrait un dîner. A l'entremets, on pose sur la table un énorme pâté en croûte. On l'ouvre. Apparaissent une multitude de perdrix. Chacune tend en son bec un petit papier : ce sont autant de vers corrigés de *Zaïre*. Désarmé par le procédé, Dufresne doit se résigner à les apprendre pour les représentations suivantes.[8]

Ainsi amendée, la pièce jouée pour la quatrième fois recueille un applaudissement général. L'auteur qui guettait la salle ose se montrer, dans une loge. Le parterre le reconnaît : on lui fait une ovation. Voltaire savoure son triomphe. Il rougit, il se cache, mais, ajoute-t-il, «je serais un fripon, si je ne vous avouais pas que j'étais sensiblement touché».[9] «Fumée de vaine gloire»? Soit, mais elle est nécessaire à son âme, «comme la nourriture l'est au corps».[10] Il fait suspendre les représentations après la dixième. Les salles ne désemplissaient pas. Mais il veut garder son public en haleine. La pièce est donnée en octobre à Fontainebleau devant la cour, en présence de l'auteur.[11] Elle est reprise au Théâtre-Français le 10 novembre. Elle aura en sa nouveauté, jusqu'au 11 janvier suivant, trente-et-une représentations. Chiffre exceptionnel pour l'époque. Voltaire voyait renaître les beaux jours d'*Œdipe*.

On pleurait volontiers au théâtre, au XVIIIe siècle, plus qu'il n'est d'usage aujourd'hui. Mais *Zaïre* remporta un succès de larmes jamais atteint. Le clergé lui-même n'y résista pas. L'archevêque de Rouen, qui ne pouvait aller au spectacle, se fit lire en son palais la tragédie nouvelle. Il pleura abondamment, ainsi que ses grands vicaires, présents à ses côtés.[12]

Voltaire s'était en cette pièce livré sans retenue au pathétique. L'excitation qu'il en éprouve se confond avec cette inspiration dont il se sent possédé, dans le feu d'une improvisation rapide. Il agence l'action en vue d'obtenir des scènes bouleversantes, dût la vraisemblance en pâtir.

Il imagine qu'à Jérusalem, à l'époque de saint Louis, règne le «soudan» Orosmane. Saladin, père de celui-ci, a quelques vingt ans plus tôt reconquis la ville sur les chrétiens. Mais Orosmane va s'écarter des mœurs musulmanes. Il aime Zaïre, captive d'origine chrétienne élevée dans l'Islam. Il en est aimé. Il va donc non pas l'adjoindre à son harem, mais la prendre en mariage comme son épouse unique. Les noces sont imminentes, lorsque arrive Nérestan, jeune chevalier chrétien, naguère captif avec Zaïre. Il rapporte la rançon de dix prisonniers. Magnanime, Orosmane en libère cent. Mais il en excepte le vieux Lusignan, ancien roi chrétien de Jérusalem, et Zaïre. Premier acte débordant de beaux sentiments, qui achemine aux péripéties déchirantes de l'acte II.

Zaïre a obtenu qu'Orosmane revienne sur sa décision première. Lusignan aussi sera libéré. Et voici qu'apparaît ce vieillard, surgissant du «séjour du trépas», émergeant du cachot sans lumière où il a végété vingt ans. Tremblant de faiblesse et d'émotion, il retrouve ses anciens compagnons. Il se remémore ses combats d'antan. Il pense à sa femme, à ses deux fils, tués dans la défaite. Magnifique version du «père noble», il soupire :

Hélas ! et j'étais père, et je ne pus mourir !

Deux de ses enfants cependant, un fils et une fille, ont survécu. Ils auraient l'âge de Nérestan et de Zaïre... On devine la suite. Il aperçoit à cet instant une croix au cou de la jeune fille :

Quel ornement, Madame, étranger en ces lieux !

C'est «la croix de ma mère». Zaïre est la fille de Lusignan, et Nérestan son fils. Effusions. Mais le vieil homme est tourmenté d'un doute. Sa fille est-elle restée chrétienne ? Zaïre doit l'avouer : «sous les lois d'Orosmane [...] elle était musulmane».

Alors le vieux chef chrétien éclate. C'est la grande tirade :

Mon Dieu, j'ai combattu soixante ans pour ta gloire...

Il montre à sa fille tout ce qui en ces lieux atteste la présence chrétienne. Ici fut répandu le sang des Croisés, celui des martyrs qui en ce moment même ouvrent à Zaïre «leurs bras sanglants, tendus du haut des cieux». Près d'ici, sur le Golgotha, le Christ est mort pour sauver l'humanité ; et voici le lieu du sépulcre d'où il ressuscita. Accablée, remuée au profond de l'âme, Zaïre se rend. Elle accepte de proférer, sur l'injonction paternelle : «Je suis chrétienne». Tant d'émotions, on l'imagine, méritaient les larmes de l'archevêque de Rouen et de son clergé. Mais le public n'a pas le loisir de reprendre son souffle. Survient un messager d'Orosmane : ordre est donné à Zaïre de quitter «ces vils chrétiens», et à ceux-ci de suivre l'envoyé du soudan.

A partir d'ici, pour obtenir des situations d'un pathétique plus violent encore, Voltaire est obligé d'introduire une donnée peu croyable. Orosmane n'a pas été informé de la scène de reconnaissance. Il ignore que Zaïre est la sœur de Nérestan. Soupçonneux, prompt à la colère, il croit qu'une intrigue amoureuse a pris naissance entre eux. Il leur permet toutefois une dernière entrevue. Nérestan en profite pour arracher à Zaïre la promesse de recevoir le baptême le soir même, des mains d'un prêtre secrètement introduit dans le sérail. A Orosmane qui la presse de se rendre à la cérémonie du mariage, elle demande d'ajourner. Elle refuse de s'expliquer. Déconcerté, mordu par la jalousie, le soudan menace : contre «ce sexe dangereux» il va selon les usages de l'Orient employer la contrainte.

A l'acte suivant, une nouvelle entrevue n'aboutit à aucun éclaircissement. Tous deux sont partagés entre des sentiments contraires : donnée habituelle de la tragédie voltairienne. Orosmane oscille entre la fureur jalouse et la tendresse, Zaïre entre sa volonté d'être chrétienne et son amour. Mais voici la péripétie fatale : Orosmane intercepte une lettre de Nérestan fixant le rendez-vous pour le baptême. Par un malheureux hasard, le billet se trouve rédigé en des termes qui conviendraient aussi bien à un rendez-vous amoureux. Sommée de se justifier, Zaïre persiste dans son silence. Orosmane, qui lui déclare tenir en sa main la preuve de sa trahison, omet de la produire, inexplicablement. Ou plutôt l'explication est que s'il montrait le billet, Zaïre devrait enfin parler, et l'issue tragique deviendrait impossible.

A l'acte V une nuit lourde de menaces s'est appesantie sur le palais. Orosmane a fait remettre à Zaïre le billet du rendez-vous. Il se tient sur les lieux, caché, le poignard à la main. Zaïre avance, frissonnant, « le cœur éperdu », vers le baptême. Entendant du bruit, elle lance, malencontreusement :

> Est-ce vous, Nérestan, que j'ai tant attendu ?

Orosmane, à ces mots, se jette sur elle et la tue. Nérestan survient enfin :

> Ah ! que vois-je ? ma sœur !

Ce nom de sœur, que ne l'a-t-il prononcé plus tôt ! Le soudan comprend alors l'affreux malentendu. Après avoir généreusement libéré tous ses prisonniers chrétiens, il se poignarde sur le corps de sa bien-aimée.

L'invraisemblance du dénouement, évidente à la lecture, devait être occultée, lors de la représentation, par un pathétique poussé au paroxysme. Le rythme haletant des scènes, où s'enchaînent à vive allure des dialogues passionnés, ne laissait point au spectateur le temps de réfléchir.

Cette tragédie si émouvante était en 1732 fort bien servie par l'interprète de Zaïre : Mlle Gaussin. Jeune – elle n'a que vingt ans – l'actrice vient de débuter, l'année précédente, à la Comédie-Française. Elle sut animer le personnage assez fadement conventionnel de cette amoureuse. Elle avait une belle voix, chantante, touchante, de grands yeux noirs d'Orientale. Femme facile, passant d'un amant à l'autre (il se peut que Voltaire ait été l'un d'eux), elle excellait dans le genre de la tendresse voluptueuse. Grâce à elle, Zaïre régnait sur le cœur et les sens d'Orosmane comme du parterre, tout masculin, on le sait.

Dramatique, l'œuvre s'approfondit non du côté de la psychologie, qui s'en tient aux stéréotypes, mais par une signification philosophique. Voltaire a voulu peindre les mœurs de l'Islam opposées aux mœurs chrétiennes.[13] Ce fut là, apparemment, l'idée génératrice de l'œuvre. Il avait, déclare-t-il, « depuis long-temps dans la tête » le projet de traiter cette confrontation : depuis, sans doute, qu'à Londres il s'était intéressé à l'Orient. Le contraste permet des effets scéniques : le spectateur avait la surprise de voir les plumets des chevaliers chrétiens mêlés aux turbans musulmans. Nouveauté de mise en scène. Mais plus neuf encore était le sujet emprunté à l'histoire nationale, à l'époque des Croisades. En cela Voltaire s'inspire de Shakespeare et de ses drames historiques. En revanche sa tragédie ne rappelle que d'assez loin le drame de la jalousie qu'est *Othello*.

Mais entre l'Islam et le christianisme Voltaire n'a pas tenu la balance égale, comme il en avait eu peut-être l'intention. Le militantisme religieux des Croisés est fort éloquemment représenté par Lusignan et à un moindre degré par Nérestan. Quant à Orosmane et aux siens, on voit qu'ils portent le turban, qu'ils sont en tant qu'Orientaux exposés à des accès de passion violente. Mais si le credo des chrétiens, les grandes scènes de la Passion, le sacrement même du baptême sont évoqués avec précision, rien n'est dit en contrepartie de la foi et de la pratique musulmanes. Saladin et ses successeurs se sont, croirait-on, assuré l'avantage par la seule supériorité militaire. La puissance d'expansion de l'Islam est méconnue. L'idée n'a pas effleuré l'auteur que cette religion forte de sa simplicité, que ce monothéisme absolu, proclamant que «Dieu est Dieu, et que Mahomet est son prophète», ait pu prendre l'ascendant sur le christianisme dans de vastes territoires, comme ce fut historiquement le cas. Le monde musulman était certainement pour Voltaire et ses contemporains moins proche qu'il ne l'est pour nous. Et sans conteste le public de 1732 n'aurait pas admis une présentation du «mahométisme» qui eût passé pour une apologie. Même dans son *Mahomet* Voltaire, devenu pourtant à cette date (1743) l'historien de «l'esprit des nations», réduira la religion du Prophète à n'être qu'une imposture.

Zaïre, pour sa part, superficiellement musulmane, incline secrètement vers la foi de ses pères. De ses hésitations elle vient à tirer une vue philosophique : que l'option religieuse ne se détermine pas par la valeur intrinsèque d'une croyance, mais par l'influence du milieu originel. «L'instruction fait tout», confie-t-elle à sa compagne, la chrétienne Fatime (qui a pour nom celui de la fille de Mahomet). De sorte que, dit-elle,

> J'eusse été près du Gange esclave des faux dieux,
> Chrétienne dans Paris, musulmane en ces lieux. (I.i)

Bayle, dans son *Commentaire philosophique*, avait imaginé une expérience : qu'on suppose une ville où coexistent des chrétiens et des musulmans ; qu'on fasse l'échange des nouveaux-nés entre les familles des deux communautés : il est sûr que l'enfant né musulman sera chrétien, et inversement. La Zaïre voltairienne est demeurée sur la ligne de démarcation : chrétienne d'intention, mais non encore baptisée ; cependant attachée toujours à l'Islam par son amour pour Orosmane.

Elle échappe ainsi aux partis pris des hommes (et femmes) de foi. Bayle et Voltaire à sa suite attaquent la prévention de ces croyants qui attribuent à leur seule secte le privilège de la moralité comme de la qualité humaine. Zaïre le sait bien : son Orosmane n'a pas moins de noblesse d'âme que son père Lusignan, son frère Nérestan. Ce musulman,

> Généreux, bienfaisant, juste, plein de vertus,
> S'il était né chrétien, que serait-il de plus ? (IV.i)

La tragédie de Voltaire illustre, contre une apologétique étriquée, l'objection depuis longtemps tirée des «vertus des païens». Tragédie philosophique, et d'un philosophe historien. Une grande inspiration s'y fait jour. Le phénomène religieux étant universellement répandu, les modalités autres que la modalité chrétienne ne sauraient être considérées comme marginales par rapport à celle-ci. La grandeur de l'homme peut s'affirmer quel que soit son credo, et à travers lui. *Zaïre* admet à l'égard des religions une générosité de pensée dont Voltaire s'écartera souvent.

Par cette œuvre séduisante, aux implications multiples, le poète imposait au public sa suprématie sur le théâtre de son siècle. *Zaïre*, après *La Henriade*, le situe comme le mainteneur des formes classiques de la grande littérature. Il réussit en même temps à répondre au besoin d'émotion que ressentent les spectateurs d'un âge «sensible». Et non seulement en France. *Zaïre* fait carrière en Angleterre, adaptée sous le titre de *Zara*. Elle est jouée dans toute l'Europe, en version originale ou en traduction. Lessing l'honore de ses commentaires acides. Talma pouvait dédaigner le rôle d'Orosmane : personnage trop «gascon», qu'il laisse à l'acteur gascon Lafon.[14] Moins méprisants, Sarah Bernhardt et Mounet-Sully s'associent pour jouer la pièce en 1874. Vers ce même moment, Desnoiresterres assure que «de nos jours encore» l'œuvre «malgré sa forme surannée ne se lit pas sans émotion et sans larmes».[15] *Zaïre* mourra la dernière des tragédies de Voltaire. La Comédie-Française la reprit encore cinq fois en 1928, deux en 1931, une en 1934. Elle expire enfin le jeudi 12 novembre 1936. C'était la quatre-cent-quatre-vingt-huitième représentation. A cette date *Bajazet* n'en avait obtenu que quatre-cent-trente-cinq. Les hasards de l'actualité vaudront-ils un jour à *Zaïre* la chance d'une exhumation, à l'instar de ce qui fut tenté pour *L'Orphelin de la Chine* ?[16]

A l'automne de 1732, l'auteur de *Zaïre*, stimulé par le succès, déploie une intense activité. Il rédige une épître dédicatoire pour sa pièce que Jore imprime. Il écrit le *Temple du Goût* et celui *de l'Amitié*. Il achève les *Lettres anglaises*. Quelques déboires, chemin faisant. Il a reçu l'hommage d'une muse bretonne, Mlle Malcrais de La Vigne. Il remercie la poétesse par l'envoi de *La Henriade* et de *Charles XII*, accompagnés d'une épître. Comme d'autres célébrités parisiennes, il était tombé dans le panneau. Cette dame, «ou soi-disant telle», était un homme, le provincial Desforges-Maillard. Las de ne pouvoir se faire entendre, il avait soudain conquis la notoriété en se faisant passer pour une femme. Autre mystification : Voltaire certain jour de décembre dîne chez M. du Faÿ avec Maupertuis et un Turc digne de figurer dans *Zaïre* : c'était La Condamine déguisé qu'il n'a pas reconnu.[17]

A Fontainebleau il a obtenu que soit reprise devant la cour, dans le sillage de *Zaïre*, sa *Mariamne*, oubliée depuis longtemps. Le duc de Mortemart qui s'y opposait a décidé par représailles que la parodie de *Mariamne* serait donnée comme petite pièce. Voltaire tempête, met la reine dans ses intérêts. A l'instant où allait commencer la seconde partie du spectacle, la reine se lève et sort : la parodie ne peut être jouée. «J'ai eu un crédit étonnant en fait de bagatelles», conclut Voltaire.[18]

Pour ce qui n'est pas une «bagatelle», sa *Zaïre*, il veut en accompagner l'édition d'une préface qui produise son effet. L'épître dédicatoire en tête de l'œuvre s'annonce originale. Par la personne du dédicataire d'abord : le poète s'adresse à un « marchand anglais », son ami Fawkener. Un marchand ! C'était attenter à la dignité de Melpomène : une parodie de la Comédie-Italienne vengea la muse de la tragédie en montrant un grossier Kafener arpentant la scène, pipe à la bouche. Voltaire ne s'écarte pas moins de la tradition en écrivant l'épître dédicatoire en prose alternant avec des passages en octosyllabes. Sa plus grande hardiesse cependant se trouve dans le propos lui-même. Il débute par une profession de foi cosmopolite : « les honnêtes gens » de tous les pays « ne composent qu'une république ». Au nombre de ces honnêtes gens il faut compter Fawkener : les négociants anglais comme lui font la grandeur de l'Etat ; ils ont leur place au parlement, où ils siègent. Voltaire célèbre la liberté anglaise, et conjointement Louis XIV en tant que protecteur des lettres et des arts, sous-entendant que Louis XV et Fleury délaissent le mécénat royal. Considérations qui font écho aux *Lettres anglaises*, mises au point simultanément. D'où des difficultés avec l'autorité, préludant à celles que rencontreront les *Lettres*. Rouillé, directeur de la Librairie, interdit que l'épître paraisse dans l'édition avec privilège. Il ne tolère ce texte malséant que dans une publication séparée et dans une édition de *Zaïre* non autorisée.

Voltaire continue à demeurer chez Mme de Fontaine-Martel. En l'hôtel de cette dame, on joue, de diverses manières. Au biribi : il est arrivé à Voltaire d'y perdre jusqu'à 12.000 francs.[19] On joue toujours la comédie, pour les habitués de la maison. Les représentations de *Zaïre* au Théâtre-Français s'étaient interrompues le 11 janvier 1733. Dans les jours suivants, pour satisfaire à la demande, on reprend la pièce rue des Bons-Enfants.[20] Mme de La Rivaudaie derechef pleure à pleins mouchoirs. Mais l'intéressant, c'est que l'acteur qui fait pleurer est Voltaire lui-même. Nous avons là la première mention de ses débuts comme interprète de ses propres pièces. Le rôle qu'il s'est choisi ne manque pas de retenir l'attention : non pas Orosmane, ni Nérestan, qui seraient en rapport avec son âge (il a alors trente-huit ans), mais le vieux Lusignan. Il fut dans cette interprétation d'un pathétique frénétique. Manifestement il jouait d'âme ce personnage. Comme il l'avait fait en écrivant la scène, il entrait, lui l'éternel moribond, dans la psychologie du vieillard exténué par l'âge, sortant de son tombeau pour proférer, avec noblesse mais avec vivacité, des paroles lourdes de conséquences. Ce rôle très émotif lui convient. Le plus singulier, c'est qu'il semblait revivre l'émotion religieuse du bonhomme. Voltaire acteur devient, pour quelques instants, ce militant chrétien exalté, évoquant avec fougue, sur les lieux mêmes, les scènes dramatiques de la Passion, sommant avec le fanatisme d'un père et d'un partisan sa fille Zaïre de rejoindre la bonne cause. Sincérité momentanée d'un comédien qui se situait à l'opposé du « paradoxe » selon Diderot. Il adhère à un « génie du christianisme » théâtral ; et l'on comprend que Chateaubriand ait loué cette scène dans son livre, lorsqu'il s'appliquait à réhabiliter le christianisme pour ses aspects «sensibles». On touche ici, on le sent bien, au complexe religieux de Voltaire. Il joue cette passion de la foi qui le fascine en même temps qu'elle lui fait horreur.

Un problème religieux plus concret allait dans les jours suivants se poser à lui. La représentation de *Zaïre* devait être la dernière qu'on donnerait rue des Bons-Enfants. Mme de Fontaine-Martel touche à sa fin : le 25 ou 26 janvier, elle expire. Voltaire l'assiste en ses derniers jours, pendant qu'à l'extérieur on saisit l'édition non autorisée de *Zaïre* et qu'il doit aller solliciter le garde des Sceaux. Ce fut lui qui annonça à la vieille dame qu'il «fallait partir».[21] Il tenta d'obtenir qu'elle léguât quelque argent à ses domestiques et à sa demoiselle de compagnie. Mais la mourante fut intraitable : «elle voulut absolument dispenser toute sa maison de la douleur de la regretter.» Elle se laissa cependant fléchir sur un autre article. Volontiers elle serait morte comme elle avait vécu, sans le moindre souci de la religion : «elle ne voulait point entendre parler des cérémonies du départ.» Voltaire songea à ce qui en résulterait : un refus de sépulture de la part du clergé, la privant d'un enterrement décent. Et l'on ne manquerait pas d'accuser son hôte, intronisé en sa maison, de l'avoir détournée *in articulo mortis* de ses devoirs chrétiens. Il insista donc pour la faire mourir «dans les règles». Il alla chercher à la paroisse de Saint-Eustache un prêtre, lequel se montra accommodant. Il «fit semblant de la confesser» et lui donna la communion. Personne n'était dupe. Lorsqu'il lui demanda «tout haut si elle n'était pas bien persuadée que son Dieu, son créateur, était dans l'eucharistie, elle répondit *ah, oui!*, d'un ton qui m'eût, écrit Voltaire, fait pouffer de rire dans des circonstances moins lugubres». Voilà à quelle navrante comédie on en vient, lorsqu'un dogme est imposé, dans des conditions telles que même les plus réfractaires ne peuvent se soustraire à un simulacre d'adhésion.

Il va demeurer rue des Bons-Enfants quelque temps encore, jusqu'à la liquidation de l'héritage. Il y vit comme de coutume. Il s'adonne à une frénésie de travail, sans se laisser arrêter par les accès de la maladie. Certains jours il ne peut s'asseoir à son bureau : se baisser sur une table est si douloureux qu'il écrit allongé dans son lit. Encore lui faut-il se redresser pour tenir la plume : cette seule posture «fait mal».[22] Confidence précise, sur laquelle on risquera un diagnostic. Les troubles digestifs ayant entraîné un amaigrissement extrême, il souffre d'une ptose stomacale qui le contraint à garder la position couchée.[23] Mais il s'en faut qu'à trente-neuf ans il soit définitivement grabataire. La maladie ne le terrasse que par intervalles. Le mauvais moment passé, il va et vient avec une activité accrue.

Il se rend chez son notaire, le 30 janvier 1733, pour signer un contrat avec une relation rouennaise, Ango de Lézeau, conseiller au parlement de Normandie. Il prête à celui-ci 7.000 livres, moyennant une rente viagère de 700 francs. L'année précédente, il avait déjà prêté au même personnage 1.100 livres sur la même base. L'acte, que nous avons,[24] permet de comprendre comment ses placements finiront par lui assurer un gros revenu. Il existe déjà au XVIIIᵉ siècle des entreprises qui, sollicitant du crédit, permettent aux particuliers d'investir leurs capitaux. Nous verrons bientôt Voltaire s'engager dans l'une d'elles. Mais ce sont des placements risqués. Les capitaux peuvent être employés autrement. Beaucoup achètent des terres : mais la rentabilité est incertaine, et il faut surveiller l'exploitation des domaines. On peut prêter au Trésor royal : mais il n'est pas alors de plus mauvais payeur que le roi. Voltaire préfère donc convertir la plus grande partie de son argent en rente viagère, auprès de personnes paraissant présenter toutes garanties. Ango de Lézeau lui semble être de ceux-là. On verra qu'il se trompait.

On l'aperçoit assiégeant les cabinets des ministres, à Versailles, pour les tracas que lui cause la publication de ses ouvrages. Le 7 mars, Linant l'entraîne à une représentation de *Gustave Wasa*. La tragédie de Piron a l'insolence de remporter un succès comparable à celui de *Zaïre*. Voltaire la trouve détestable. Il part au quatrième acte, n'ayant pas la sagesse de cacher son dépit.[25] Parmi ses déambulations diverses – dîners, visites, spectacles, soupers – on note qu'il est allé voir, accompagné de Formont, les statues antiques rapportées de Rome par le cardinal de Polignac.

Chez lui, selon son habitude il travaille, à sa table ou dans son lit, à plusieurs œuvres à la fois. Il voudrait avoir «deux têtes et deux mains droites». Il se dit «toujours en mal d'enfant».[26] Grossesses multiples : au printemps de 1733, il achève sa nouvelle tragédie, *Adélaïde Du Guesclin*, commence le *Siècle de Louis XIV*, donne un *Charles XII* révisé, avec sa réponse à La Mottraye (qui avait contesté l'exactitude de son récit), reprend de temps à autres les *Lettres anglaises*, exhume *Ériphyle* pour tenter de la faire revivre, a l'idée d'un opéra, *Tanis et Zélide*.[27] Mais c'est surtout *Le Temple du Goût* qui lui donne du souci. L'ouvrage, sorti des presses le 15 mars, a provoqué une tempête.

Cet essai critique relève du genre du «temple», pour nous étrange, mais alors fort pratiqué. Montesquieu avait donné naguère un *Temple de Gnide*, évocation voluptueuse où l'auteur des *Lettres persanes* s'essayait à la prose poétique. Le président Hénault fera jouer à l'Opéra un *Temple des chimères*, Voltaire un *Temple de la Gloire*. Il vient de chanter en décasyllabes le *Temple de l'Amitié*, en l'honneur de Mme de Fontaine-Martel. Il y montre d'abord les faux amis, qui pour se combattre fuient le «Temple» : deux courtisans, quatre dévots, des jeunes gens s'affrontant en duel, des femmes jalouses. L'Amitié «se gela de froid sur ses sacrés autels». Fort heureusement pour cette divinité, il existe une amitié véritable : celle de Voltaire et de Mme de Fontaine-Martel.

Pourquoi le goût n'aurait-il pas aussi son «temple» ? Il est certain que ce que nous nommons «la littérature» est dans l'esprit de Voltaire en quelque sorte sacralisé. L'allégorie se prête à une présentation animée d'un panorama critique. Le texte raconte un voyage au pays du Beau. L'auteur, escorté de deux guides, le cardinal de Polignac et l'abbé de Rothelin, chemine vers le temple où siège le dieu du Goût. Comme il est d'usage alors dans les lettres de voyage, il fait alterner les petits vers, de huit ou dix pieds, avec la prose. Il évite la monotonie en jouant sur deux tons, comme il vient de le faire dans l'épître dédicatoire de *Zaïre*. Aux abords du sanctuaire, nos pélerins croisent ceux qui en sont exclus : les Lexicocrassus et autres érudits en *-us*, les Dacier, les Saumaise, «les petits Maîtres qui assistent à un spectacle sans l'entendre», «tous ces petits satiriques obscurs qui [...] insultent les auteurs connus». Voltaire règle ici quelques comptes. Dans la foule, voici Houdar de La Motte, voici Jean-Baptiste Rousseau. Ouvrira-t-on la porte à ces deux poètes, parfois si mauvais? La Critique rend enfin sa sentence : qu'ils brûlent les deux-tiers de leurs œuvres et ils seront admis dans le Temple.

Ayant franchi le seuil, les voyageurs rencontrent à l'intérieur Fontenelle, le bon Rollin. Ils apprennent qu'en sont sortis ceux qui jadis y régnaient : Benserade, Voiture, Guez de Balzac, Saint-Evremond... Mais dans le saint des saints trônent les grands auteurs du siècle de Louis XIV, occupés cependant à corriger leurs fautes : La Bruyère, Fénelon, Bossuet, Corneille, Racine, La Fontaine, Boileau, Molière, Regnard. Voltaire aime ces récapitulations, où il prétend évaluer chacun à son juste prix. Il avait dans ses *Lettres sur Œdipe* passé en revue les tragiques, de l'antiquité à nos jours. Même tour d'horizon dans l'*Essai sur la poésie épique*, repris en résumé dans ses stances sur les *Poètes épiques* (1731). Mais *Le Temple du Goût* ne s'en tient pas à un genre littéraire, ni à la seule littérature. Y figurent les peintres, les sculpteurs, les acteurs, y compris les amateurs des théâtres de société. A propos de l'architecture, Voltaire esquisse tout un programme d'urbanisme pour Paris, qu'il attribue à Colbert. Le Beau est un, à travers les formes diverses des arts. Sa réalisation est liée à des conditions sociales. Voltaire qui ne manque aucune occasion de faire sa cour accorde en son *Temple* une place d'honneur aux protecteurs des arts (ou supposés tels) : le duc de Richelieu, neveu du grand cardinal, les princes de Clermont et de Conti. Le mécénat du règne précédent est rappelé, avec nostalgie : thème qui reparaît dans les ouvrages contemporains du *Temple* : les *Lettres anglaises*, le *Siècle de Louis XIV*.

Voltaire tranchait péremptoirement. Son ton «décisif» fit crier «tout Paris», et non seulement les auteurs malmenés.[28] Expulser tant de monde du «temple du Goût», ce n'est pas supportable. La critique littéraire ne relève pas directement du lieutenant de police. L'auteur du *Temple* fut pourtant menacé d'être envoyé à la Bastille, par lettre de cachet. Le garde des Sceaux se fâche. Pour la troisième fois Voltaire publie un livre sans autorisation : les deux précédents étaient l'*Histoire de Charles XII* et l'édition de *Zaïre* avec l'épître dédicatoire.[29] Pour conjurer la menace, il se met sur le champ à élaborer une version corrigée, adoucie, mais aussi augmentée de «plusieurs chapelles» : le *Temple* prend les proportions d'une «cathédrale». Son nouveau manuscrit est bientôt prêt. Il espère pour celui-là le privilège scellé de cire jaune. On lui désigne un censeur : Crébillon le tragique. Il adresse donc le paquet à son domicile : la gouvernante, une «vieille Muse», fait suivre l'envoi à la maison de campagne du poète, à Bercy. Voltaire tremble que là-bas les chats, dont le bonhomme fait sa compagnie habituelle, ne lacèrent les pages du *Temple*.[30] Crainte vaine : en quelques jours Crébillon décerne son approbation, ne demandant que peu de corrections. Néanmoins le ministère ne se décide pas à accorder l'autorisation promise.

Approuvé par Rouillé, directeur de la Librairie, le *Temple* avait été aussitôt «supprimé».[31] Devant tant de difficultés, Voltaire avait songé à en donner une édition anglaise, comme naguère celle de *Charles XII*, comme celle des *Lettres philosophiques* qui viennent de paraître à Londres. Il en fait parvenir un manuscrit à Thiriot, avec mission d'en «régaler quelque libraire» d'outre-Manche.[32] C'est cependant à Amsterdam, chez Desbordes, qu'est imprimée la nouvelle édition du *Temple*, avec l'approbation de Crébillon, mais sans privilège.[33]

L'édition hollandaise relance la persécution. Le garde des Sceaux ne décolère pas. Il en veut à l'auteur tout autant que si celui-ci, à l'instar de Calvin, «avait abattu une partie du trône du pape».[34] A cette date (24 juillet 1733), la publication du *Temple* interfère avec celle des *Lettres anglaises*, menacées de toutes les foudres si elles voient le jour en France. Voltaire se sent en position si périlleuse qu'il a l'idée de chercher refuge à Avignon. Mais son correspondant l'abbé de Sade (oncle futur du célèbre marquis) l'avertit qu'en ces terres pontificales il n'échapperait pas aux griffes de l'Inquisition.[35] Il voudrait écrire et publier en liberté, comme il en aurait la faculté sur le sol anglais. Il a tenté d'ignorer la réglementation française de la Librairie, comme si elle était tombée en désuétude. Or tout au contraire la surveillance policière se renforce : sa tentative d'émancipation a échoué.

La liberté est pourtant un droit fondamental de l'écrivain. Il la revendique dans un de ses textes les mieux venus : la *Lettre à un premier commis*, factum en forme épistolaire, adressé à un correspondant fictif, supposé être haut fonctionnaire au service ministériel de la librairie.[36] Il énonce comme une évidence que les lettres ne peuvent s'accommoder de contrainte. «Une liberté honnête élève l'esprit, et l'esclavage le fait ramper». Il en donne pour exemple les Anglais : Milton, Dryden, Pope, Locke. S'ils n'avaient été libres, «l'Angleterre n'aurait eu ni des poètes, ni des philosophes». La puissance publique doit laisser faire. Il ne lui appartient pas d'interdire tel livre comme mal écrit. La critique littéraire ne relève pas d'elle (contrairement à ce qu'il était advenu dans l'affaire du *Temple du Goût*). C'est au lecteur de choisir «le bon». L'homme d'Etat, quant à lui, «permet le bon et le mauvais». Au nom du même principe libéral, Voltaire refuse au Pouvoir le droit de décider quelles idées sont licites et lesquelles doivent être interdites. Cela, sa *Lettre* ne le dit pas expressément, mais le sous-entend comme allant de soi. Il demande que le non-conformiste Bayle cesse enfin de n'entrer en son propre pays, auquel il fait «tant d'honneur», qu'en «contrebande». Au magistère dogmatique il veut substituer un libre-échange intellectuel, entendu au sens littéral. Les pensées des hommes sont devenues l'objet important d'un « commerce » : « les libraires hollandais gagnent un million par an parce que les Français ont eu de l'esprit », et qu'on ne leur permet pas de le manifester chez eux. Voltaire admet qu'on sévisse seulement dans un cas : contre les libelles diffamatoires. Ce qui suppose que toutes les autres productions imprimées doivent recevoir pleine liberté de paraître et de circuler. L'exemple anglais est invoqué avec insistance. Dans cette *Lettre*, en marge des *Lettres philosophiques*, l'institution française de la Librairie est catégoriquement contestée, quoique sur un ton modéré.

La revendication était si justifiée que Voltaire n'osa pas la publier. Il aurait singulièrement aggravé son cas. Il veut vivre à Paris, et n'être point exilé comme Ovide ou Saint-Evremond. Il ne donnera donc la *Lettre à un premier commis* que treize ans plus tard, dans un volume de ses *Œuvres diverses*. Se reportant alors à l'époque des persécutions contre *Le Temple du Goût* et les *Lettres anglaises*, il la datera du 20 juin 1733.

Le dieu voltairien du Goût n'aimait guère les édifices parisiens alors existants. Dans le petit nombre de ceux auxquels il accorde quelque éloge, il distingue le portail de Saint-Gervais : un « chef-d'œuvre d'architecture », affirme Voltaire, ajoutant cependant qu'il y manque « une église, une place et des admirateurs ».[37] Le portail est représenté sur le plan de Turgot, à l'est de l'Hôtel de Ville. Ce n'est en effet qu'une façade, sur trois étages ornés de colonnes doriques, ioniennes, corinthiennes. La partie supérieure porte des statues à l'antique. L'admiration pour cette construction de style « jésuite » caractérise le goût classique de Voltaire. Derrière le portail devaient subsister les restes d'une église gothique, recouverte des toitures irrégulières qu'on discerne sur le plan de Turgot, en attendant qu'elle fût reconstruite dans le même style que la façade. Devant, une petite place exiguë ne permettait pas un recul suffisant pour embrasser l'ensemble du portail. De nos jours, celui-ci subsiste, tel que l'admirait Voltaire. L'église a été restaurée, mais dans un gothique jurant avec la façade. Devant le parvis s'étend la place dont *Le Temple du Goût* souhaitait l'ouverture. Les admirateurs, toutefois, font toujours défaut. Saint-Gervais disparaît derrière la masse de l'Hôtel de Ville ; l'édifice est encadré de lourds bâtiments administratifs, en partie annexes de la mairie de Paris. Les visiteurs viennent sur ces arrières pour les bureaux, non pour le portail.

Devant Saint-Gervais commençait la rue de Longpont, en direction du fleuve. C'est au début de cette rue, dans l'angle faisant face au portail, que Voltaire va se loger en mai 1733, lorsqu'il quitte la rue des Bons-Enfants. La maison sera au siècle suivant « absorbée par la mairie du quatrième arrondissement », nous dit Desnoiresterres, témoin de la transformation du quartier.[38] Une partie de la rue de Longpont disparaît alors. L'autre en direction du quai a pris le nom, qu'elle conserve, de Jacques de Brosse, l'architecte du portail. L'emplacement où habita Voltaire est occupé actuellement par la place Saint-Gervais et l'angle de l'annexe sud de l'Hôtel de Ville.

L'appartement, à l'étage, devait être assez spacieux. Il y installe près de lui son cher Linant. Bientôt il y logera un autre homme de lettres débutant, nommé Lefèvre. Il s'y met dans ses meubles, et se promet d'y mener une «vie douce».[39] Pour cela, cependant, l'endroit n'était pas des mieux choisis. Les églises et couvents avoisinants emplissaient l'air de bruyantes sonneries. Le nouvel occupant se dit «plus étourdi de cloches qu'un sacristain». Il se vante de faire «tant de bruit avec [sa] lyre» qu'il ne les entendra plus. Surtout, la population riche émigrant vers l'ouest, cette partie de la capitale était abandonnée à la vétusté. Délaissant les parages élégants du Palais-Royal, Voltaire allait donc habiter «dans le plus vilain quartier de Paris, dans la plus vilaine maison».[40] Etait-ce pour le seul plaisir de contempler de sa fenêtre le portail de Saint-Gervais, comme le prétendait l'abbé Le Blanc?[41]

Il avait d'autres raisons, qu'il explique à Thiriot.[42] Il utilise alors pour ses affaires les services de Demoulin (ou Dumoulin), beau-frère de Germain Dubreuil ; ce dernier, ancien employé de son père, reste aussi l'un de ses agents. Demoulin est son prête-nom. Il a accordé au duc de Richelieu, le 18 septembre 1733, un prêt hypothécaire de 35.000 livres, gagé sur une terre appartenant au duc, Bouillé Ménard (ou Brouillé Ménard).[43] Mais il a prêté la somme à son homme de paille, qui l'a prêtée à Richelieu. Il n'a pas voulu que son nom apparaisse dans le contrat. Pourquoi? En prévision sans doute d'un mauvais paiement des intérêts. Les poursuites en ce cas seraient engagées par Demoulin. Ses relations personnelles avec le duc ne s'en trouveraient pas affectées. On peut supposer que Richelieu ignorait l'identité du créancier auquel il était redevable, en dernier ressort, d'un prêt aussi considérable.

L'histoire financière de Voltaire ne nous est accessible qu'à travers une documentation fragmentaire, excluant une connaissance continue et complète. On constate seulement qu'il met en œuvre des opérations de types divers. Tantôt ce sont des spéculations comme celle de la loterie Le Pelletier-Desforts, ou celle des actions de Lorraine : on peut croire qu'il n'a nullement renoncé à des «coups» de ce genre, qui font gagner gros en peu de temps. Tantôt il fait des placements en rentes viagères, comme celles d'Ango de Lézeau. Tantôt il consent des prêts hypothécaires, comme celui de Richelieu. Mais il engage aussi ses capitaux dans le commerce. Et ce fut la raison véritable de son installation rue du Longpont.

A Demoulin, qui lui sert ici encore de prête-nom, il a avancé une grosse somme. Ce sera un fond de roulement pour faire le commerce des grains, à l'intérieur du royaume et, semble-t-il, à l'exportation. L'auteur de *Zaïre* aurait même, nous dit-on, tâté d'une entreprise industrielle singulièrement novatrice : la fabrication de papier avec de la paille. Voltaire a suffisamment fréquenté le monde des imprimeurs pour souhaiter une production de papier à partir d'une matière première bon marché. Il aurait existé toute une correspondance, aujourd'hui perdue, relative à ce projet.[44]

Toujours est-il qu'il tient à habiter près de l'utilisateur de ses capitaux. En contrepartie de l'argent avancé, et comme à-valoir sur les intérêts, il loge gratuitement dans la maison appartenant à Demoulin, dans l'immeuble même où celui-ci vit avec sa famille, rue du Longpont. Il est de plus nourri, toujours gratuitement, par les soins de Mme Demoulin : ce qui délivre l'homme de lettres célibataire de beaucoup de soucis. La combinaison, avantageuse pour lui, le met à même de suivre attentivement les opérations qu'il commandite. La rue de Longpont est proche des grèves où arrivent et d'où partent, par le fleuve, les cargaisons de grains.

Cette maison mal située, Voltaire l'aménage de son mieux. Il procède à des travaux. Il achète des tableaux pour l'orner : des Titien (en copies ?), des « magots » (soit des petits maîtres flamands, soit des porcelaines de Saxe ou de Chine).[45] Il peut donc recevoir chez lui des visiteurs de marque : des voyageurs de passage, comme le cosmopolite Charles-Etienne Jordan, ou le Genevois Jacob Vernet ; et depuis quelque temps une jeune dame qu'il convient d'accueillir dans un cadre élégant, Mme Du Châtelet.

18. Emilie

Au printemps de 1714, Arouet, qui n'était pas encore Voltaire, fit, on se le rappelle, un séjour à Saint-Ange, chez Louis Urbain de Caumartin. C'est alors qu'il y rencontre un cousin des Caumartin, Louis Nicolas Le Tonnelier de Breteuil. Revenu à Paris, il rend visite au baron de Breteuil, en son hôtel qui donne sur les Tuileries. Il y voit une fillette de huit ou neuf ans, Gabrielle Emilie.[1] Il est loin de se douter que cette enfant deviendra sa «divine Emilie».

Il fréquenta chez Le Tonnelier de Breteuil qui, peut-on croire, l'appréciait. Il se peut qu'en 1716, à la faveur de l'exil à Sully, il soit allé jusqu'au château de celui-ci à Preuilly-sur-Claise, près de Loches.[2] L'homme, fort original, méritait d'être connu. Il avait dilapidé ses biens dans une vie libre et orageuse, mais avec tant de bonne grâce et de désinvolture que Louis XIV eut l'indulgence de s'en accommoder. Car Louis Nicolas était aussi un homme cultivé, bon écrivain comme en témoignent les rapports savoureux qu'il adresse au roi lors de son ambassade à la cour de Mantoue, aimant les belles-lettres et les belles femmes, sans jamais perdre de vue le service du roi. Louis XIV attendait qu'il fût marié pour lui confier une charge importante : il attendit longtemps. Des aventures de Louis Nicolas on ferait un livre qui éclairerait les passions futures de sa fille.[3]

Deux de ses liaisons furent particulièrement scandaleuses. Sa cousine Anne-Marie Lefèvre de Caumartin, enceinte de ses œuvres et voyant qu'il ne l'épouserait pas, se réfugia dans un couvent où elle tomba malade. Pour apaiser les Caumartin, les dévots et le roi, il s'unit à elle par le mariage sur son lit de mort. A peine veuf, il se laissa entraîner par la passion violente d'Anne Bellinzani, devenue la présidente Ferrand, dont il eut une fille, Michelle, non reconnue, qui passera sa vie au couvent. Enfin, ayant rompu avec la présidente, Louis Nicolas finit par se ranger. C'est à quarante-neuf ans qu'il épouse, en 1697, Anne de Froulay, personne de caractère assez austère. Il en a une fille, au bout de neuf ans de mariage, Gabrielle Emilie née le 17 décembre 1706. Le roi avait tenu parole et lui avait permis d'acquérir la charge d'introducteur des ambassadeurs. Il achète alors la baronnie de Preuilly-sur-Claise et son hôtel parisien.

Tel est le père que connut Gabrielle Emilie : un homme assagi par l'âge, par la gestion d'une famille et la dignité d'une charge qui le met en relations fréquentes avec Louis XIV. Il possède une riche bibliothèque, reçoit à sa table Fontenelle, Saint-Simon, Dangeau, et verse une pension de six cents livres à Jean-Baptiste Rousseau. Ce père qui avait l'âge d'être grand-père[4] s'attacha à sa fille. Il la garda près de lui, ne prenant pas le parti, comme c'était alors l'habitude, de l'envoyer dans un couvent. L'éducation qu'y recevaient les filles se réduisait à fort peu de chose, mises à part la piété et les bonnes manières. Le baron remarqua chez Gabrielle Emilie un goût pour l'étude. Il s'appliqua à le développer. Il eut l'idée de faire de sa fille une femme de science, à la manière de Mme Dacier, dont la réputation à ce moment même faisait grand bruit. C'est par Voltaire que nous sommes informés de ce qu'on enseigna à l'enfant.[5] Elle apprit le latin, assez bien pour être capable de réciter par cœur «les plus beaux morceaux d'Horace, de Virgile et de Lucrèce», et d'entreprendre une traduction de l'*Enéide*.[6] Mais déjà elle manifeste l'orientation de ses intérêts. Par Cicéron elle accède à la philosophie. Dès ses jeunes années, «son goût dominant était pour les mathématiques et pour la métaphysique». Les mathématiques : c'est par là que son éducation paraît novatrice. De son entraînement juvénile elle conservera une aptitude exceptionnelle au calcul mental. Voltaire la verra «diviser jusqu'à neuf chiffres par neuf autres chiffres, de tête et sans aucun secours, en présence d'un géomètre étonné qui ne pouvait la suivre». Elle sera avec Mme Dacier la femme la plus véritablement savante de son siècle. Mais d'une science qui n'est plus l'érudition humaniste. Mathématicienne, physicienne, métaphysicienne, on cite à son propos aujourd'hui non la traductrice et la championne d'Homère, mais Marie Curie.[7]

Voltaire était resté en relation avec le baron de Breteuil. Il fait appel à sa protection. A sa sortie de la Bastille, il lui demande d'intervenir auprès de La Vrillière (4 juillet 1718). Il use de lui comme intermédiaire dans sa correspondance avec Jean-Baptiste Rousseau.[8] Nous sommes en 1722. L'année suivante, c'est à Breteuil qu'il adresse la lettre ostensible sur sa petite vérole et sur le traitement de Gervasi qui lui sauva la vie. Il lui a fait lire *La Ligue* qui est sous presse. Il tient compte des observations qui lui sont communiquées, et Breteuil, enchanté, lui écrit : «Vous êtes véritablement le seul poète».[9] Gabrielle Emilie atteint sa dix-huitième année. Il se peut qu'elle ait aperçu Voltaire dans la maison des Tuileries, qu'elle ait lu ou vu jouer *Œdipe*, *Mariamne*, qu'elle lise *La Ligue* dès sa publication. Mais aucune relation ne se noue. Breteuil qui se sent vieillir cherche à marier sa fille, et ce n'est évidemment pas à Voltaire qu'il songe.

Il ne peut lui offrir qu'une dot relativement faible : 150.000 livres. Ce qui exclut la perspective d'une grande alliance. Il porte donc son choix sur un parti peu fortuné mais de très noble origine : Florent Claude, marquis Du Châtelet. Les Du Châtelet-Lomont (ou Laumont) descendaient, croyait-on, de Charlemagne. Leurs lointains ancêtres avaient participé aux premières croisades. Ils avaient donné des ducs à la Lorraine, leur terre natale. Présentement, Florent Claude ne possède que le château de Cirey-sur-Blaise, en Champagne, qui menace ruine, et la charge de gouverneur d'une petite ville de Bourgogne, Semur-en-Auxois. Mais il confère à sa femme, avec le titre de marquise, le privilège enviable de s'asseoir à la cour sur un «tabouret».

Il faut dire quelques mots de l'homme qui va se trouver associé plus ou moins

directement à la vie de Voltaire, jusqu'à la mort d'Emilie en 1749. Figurant
discret, non sans mérite. Il ne réussira pas si mal dans un rôle ingrat : celui de
mari d'une femme célèbre. Il est avant tout un militaire, comme l'a été son père.
A peu près du même âge que Voltaire (il est né en 1695), dès dix-sept ans il sert
dans les armées du roi. Au moment de son mariage, il est colonel du régiment
de Hainaut-Infanterie. Son service le tiendra souvent éloigné de sa femme. Tout
à la fois intelligent et modeste, il reconnaît vite la supériorité d'esprit de celle
qu'il épouse. Il ne cherchera pas à la contrecarrer dans sa passion pour l'étude,
ni dans ses autres passions. Il n'exige point d'elle la fidélité. Il demande seulement
que les bienséances soient respectées. La fiction d'un Voltaire « ami de la famille »
sera maintenue devant l'opinion, qui sait à quoi s'en tenir. En une conjoncture
délicate, en 1748, il fera le nécessaire auprès de sa femme pour sauver les
apparences, sans être dupe, croyons-nous.

Le mariage est célébré le 20 juin 1725. Voltaire à ce moment-là ne pense
qu'aux perspectives que va lui ouvrir un autre mariage, celui de Louis XV. En
septembre, pendant que l'auteur de *Mariamne* va faire sa cour à la nouvelle reine
de France, la marquise Du Châtelet fait son entrée officielle dans les petites rues
étroites de Semur, jusqu'au château du gouverneur (aujourd'hui, pour ce qui
en reste, l'hôpital de la ville). Festivités, discours, feu d'artifice. La jeune femme –
elle n'a que dix-neuf ans – s'efforce d'aménager une existence agréable dans le
cadre vieillot où elle devrait vivre désormais. On peut admettre, avec René
Vaillot, que comme époux Florent Claude ne fut pas si décevant. Ayant onze ans
de plus que Gabrielle Emilie, il ne manque pas d'expérience. « Il est loin, ainsi
que l'auraient pu faire d'autres hommes, de l'avoir dégoûtée de l'amour » :[10] la
suite va le prouver. Bientôt enceinte, Mme Du Châtelet pour ses couches revient
à Paris : non pas chez son père, mais chez une parente, la femme du marquis Du
Châtelet-Clémont, gouverneur du château de Vincennes. Celle-ci n'est autre que
la sœur aînée du duc de Richelieu, l'ami de Voltaire. Mais à cette date Voltaire
est en exil à Londres. Mme Du Châtelet donne naissance, le 30 juin 1726, à une
fille qu'elle mariera, le moment venu, à un prince italien. Ayant regagné Semur,
elle donne le jour, le 20 novembre 1727, à un fils, Florent Louis Marie : il
aura une destinée assez brillante, qui se terminera tragiquement en 1794, sur
l'échafaud. Mme Du Châtelet sera maintenant plus disponible. Elle place ses
deux enfants en nourrice, selon l'usage. Sa descendance étant assurée, le marquis
s'éloigne pour son service aux armées. Il laisse son épouse revenir à Paris pour
y vivre à sa guise.

Son père est décédé, en son hôtel des Tuileries, le 24 mars 1728 : disparition
dont elle est douloureusement affectée. Privée de celui qui depuis toujours veillait
sur elle, elle se sent seule. Car elle s'entend mal avec sa mère, et celle-ci se retire
à Créteil où elle ira rarement la voir. Mme Du Châtelet habite désormais dans la
maison de son mari, rue Traversière-Saint-Honoré. C'est alors que se révèle la
fougue de son tempérament. Elle se livre à la vie mondaine avec l'ardeur de sa

jeunesse. Opéra, bal, parties fines, nuits passées au jeu. Elle joue au pharaon, au cavagnole, au biribi, comme c'est la mode. Mais elle y apporte une frénésie bien imprudente. Elle perd beaucoup d'argent, elle qui n'en a guère.

Dans cette société légère, sa vertu ne tarde pas à être attaquée. Ardente au plaisir et sans expérience, elle se défend mal. Elle s'abandonne au comte de Guébriant : un bellâtre, aux conquêtes faciles, qui ajoute son nom à une «liste» fort longue. Mais Emilie prend cette liaison tout à fait au sérieux. Elle n'a encore jamais aimé : la voici passionnément éprise de son partenaire. Elle l'obsède, le relance, l'accable de gémissements quand il tente de se dérober. Guébriant en bon libertin pratiquait la galanterie comme une succession d'épisodes agréables. Contre l'envahissement de cette femme possessive, il veut mettre le holà. Il espace les rencontres, préparant une rupture. Son amante, torturée de jalousie, comprenant un peu tard qu'un tel homme ne peut l'aimer comme elle l'aime, sombre dans le désespoir. En serait-elle venue à un parti extrême?

Les *Mémoires* apocryphes de Maurepas relatent une scène qu'on doit accueillir avec réserve.[11] Cependant dans ces *Mémoires* fabriqués le faussaire intègre parfois des éléments authentiques plus ou moins déformés. Et le rôle attribué à Mme Du Châtelet correspond si bien à sa personnalité qu'on est tenté de croire qu'une portion de vérité subsiste dans le récit.

Guébriant a accepté un dernier rendez-vous, pour sceller la rupture. Il trouve Emilie allongée sur un sofa. L'entrevue se passe calmement. Comme il prenait congé, elle lui demande de lui apporter un bol de bouillon, qui attendait sur la cheminée. Il le lui tend. Elle le boit, entièrement. Puis elle lui donne une lettre, en lui recommandant de ne l'ouvrir que lorsqu'il sera dans la rue. Enfin sorti, Guébriant respire. Le voilà débarrassé de cette femme. Il ouvre la lettre. Or que lit-il? «Je meurs empoisonnée par votre main.» Elle avait, dans le bouillon, versé une forte dose d'opium. A partir d'ici, deux versions. Guébriant remonte précipitamment et fait administrer un contrepoison. Ou bien il la trouve vomissant le breuvage empoisonné. Mais on s'interroge. Emilie a-t-elle réellement voulu se donner la mort, elle qui est si fort attachée à la vie? Les grandes amoureuses, lorsqu'elles se décident à une semblable extrêmité, font en sorte que la lettre parvienne posthume à l'infidèle. On conserve l'impression que la marquise, qui a le sens du théâtre, a monté une scène de faux suicide pour ramener et, qui sait? fixer définitivement le volage. Ce ne sera pas la dernière fois qu'elle aura recours à un chantage de ce genre pour imposer sa volonté.

Guébriant, en tout cas, se garde bien de renouer avec une femme aussi dangereuse. Emilie se console par ses chères études qu'au milieu de tant de troubles elle n'a jamais tout à fait délaissées. Puis une autre diversion se présente. Le duc de Richelieu est revenu en juillet 1728 de son ambassade à Vienne. Elle le connaît par sa cousine, Mme Du Châtelet-Clémont. Il a trente-trois ans et un brillant passé de don Juan. Etre distinguée par lui la flatte. Fort bel homme – «il ressemble à l'amour», disait Marais – il a de l'esprit, une délicatesse qui faisait défaut à Guébriant. Il ménage cette jeune femme qui a souffert et qui est sa parente. Si elle se donne à lui, c'est cette fois-ci de la tendresse plutôt que de la passion. La liaison se dénouera doucement, sans drame. Au début de 1732, Mme Du Châtelet est rappelée par son mari à Semur. Elle en reviendra enceinte. Entre Richelieu et elle, une page est tournée. Mais elle conserve pour son ancien amant des sentiments d'amitié amoureuse. Peut-être aurait-elle renoué, si un autre homme en 1733 n'était entré dans sa vie.

Elle a passé l'année 1732 dans son triste château de Semur. Elle y vit seule avec son mari. Son beau-père le vieux comte de Lomont y est décédé au mois de janvier. Ses deux belles-sœurs, mariées, ont quitté la ville. Pour occuper ses journées, elle travaille. Peut-être lit-elle dès maintenant le *Discours sur les différentes figures des astres* de Maupertuis, qui vient de paraître. Cet exposé de la physique newtonienne, chargé d'algèbre, n'est pas pour la rebuter. A la fin de l'année elle regagne Paris avec le marquis. Mais voici qu'une nouvelle guerre s'annonce: la guerre dite de Succession de Pologne. M. Du Châtelet rejoint son régiment en janvier 1733.

Libre de ses faits et gestes, Emilie se livre aux plaisirs du monde, dans la mesure où sa grossesse le lui permet. Chez Mme de Brancas et à l'Opéra elle rencontre la duchesse de Saint-Pierre. Elle devient la compagne de cette dame, qui cherche à compenser par le plaisir de longues années d'ennui. La duchesse a cinquante-trois ans, mais ne les porte pas. Trente ans plus tôt elle avait été mariée à un grand seigneur espagnol beaucoup plus âgé qu'elle. Depuis 1704 elle avait dû vivre dans l'ambiance étouffante de la cour d'Espagne, très surveillée par un mari jaloux. Le duc de Saint-Pierre enfin était mort, en 1727. Sa veuve rentre à Paris. Fort belle encore, elle s'applique à rattraper le temps perdu. Elle choisit un amant de vingt-trois ans, le comte de Forcalquier, charmant garçon, dont on disait qu'il «éclairait une chambre en y entrant».[12] En cette fin d'hiver, Mme Du Châtelet forme avec la duchesse et Forcalquier un trio qu'on voit dans tous les lieux où l'on s'amuse. Trio à compléter, il va de soi, dès que Mme Du Châtelet sera de nouveau en état d'aimer.

Elle accouche d'un garçon le 11 avril 1733. Cet enfant ne survivra pas. Elle le perdra à seize mois, en août 1734. Ne l'accusons pas d'avoir délaissé le nouveau-né confié à une nourrice. Du moins elle ne fut pas plus négligente que les autres mères de son milieu.[13] Mme Du Châtelet a eu quatre enfants (le quatrième, une fille, naîtra en 1749): deux vivront, ce qui correspond au pourcentage moyen du XVIIIe siècle.

Rapidement rétablie, dans quelques jours elle va rencontrer Voltaire. Quelle est-elle en ce printemps de 1733? Tout d'abord, disons-le, une belle jeune femme. Car nous n'en croirons pas le portrait dessiné par Mme Du Deffand, chef-d'œuvre de méchanceté: «Représentez-vous une femme grande et sèche, sans cul, sans hanches, la poitrine étroite, deux petits tétons arrivant de fort loin, de gros bras, de grosses jambes, des pieds énormes, une très petite tête, le visage aigu, le nez pointu, deux petits yeux vert-de-mer, le teint noir, rouge, échauffé, la bouche plate, les dents clairsemées et extrêmement gâtées. Voilà la figure de la belle Emilie »[14]... La Tour, Nattier, qui n'étaient pas égarés par une jalousie haineuse, ont laissé des images qui ressemblent certainement mieux à l'original. Le portrait de Nattier, aujourd'hui à l'Institut et Musée Voltaire de Genève, nous montre Emilie à l'approche de la quarantaine. Elle apparaît plus jeune sur celui de La Tour, qui la représente à sa table de travail, tenant un compas sur un cahier ouvert. Le visage, sans doute, n'est pas d'une régularité parfaite : un nez un peu long, des yeux qui doivent loucher, comme le lui reprochera son ami, quand ils se chargent de colère. Mais un large front, un regard vif : la femme que nous montrent les deux peintres, animée, spirituelle, était assurément une fort agréable personne. Elle plaisait, ce dont enragent ses rivales. De grands pieds, des mains trop grosses, soit. Mais un corps admirablement fait. Comme elle ne se gênait pas pour se dénuder devant ses domestiques, même masculins, l'un d'entre eux nous a transmis son témoignage : « une statue de marbre ».[15]

D'elle se dégage une impression de vigueur. Elle est infatigable dans les divertissements comme dans le travail. Elle adore jouer la comédie. Elle chante, et fort bien, des airs d'opéra, notamment ceux d'*Issé*.[16] Et après d'exténuantes journées de mondanités, il lui reste des forces pour s'attabler devant ses x et y. Dans les salons elle ne laissait pas voir qu'elle était aussi une femme de science : elle avait en elle assez de ressources pour soutenir brillamment l'une et l'autre partie de son existence. On doit rendre hommage à la savante. Mme Du Deffand prétend que ses ouvrages ne sont pas d'elle : pure calomnie. On admire sa compétence scientifique, en une époque où les femmes (Mme Du Deffand comme les autres) étaient sur ces questions d'une totale ignorance. Ses *Institutions de physique* (1740) exposent la physique et la métaphysique de Newton avec autant d'ordre que de clarté. Et sait-on que sa traduction des *Principia* de Newton, qu'elle laissait à sa mort presque terminée, demeure aujourd'hui la seule version française de ce texte fondamental ? Elle sera encore réimprimée en 1966.[17]

Une femme qui comme elle veut raisonner avec rigueur devait être en son temps « esprit fort ». Une personne de sa condition respecte les formes extérieures de la religion. Elle aura soin à Cirey de se pourvoir d'un aumônier, chargé de dire la messe au château. Mais en son for intérieur elle n'a que mépris pour ces « superstitions ». Elle pense comme Voltaire que le système du monde suppose une Raison suprême. Mais elle refuse ce qui s'est ajouté à une « religion naturelle » très simplifiée. Toutes ces croyances dont s'encombre la religion officielle : inventions des prêtres, abusant de la sottise des peuples. Comme il est fréquent au XVIIIe siècle, sa « philosophie » s'inspire d'un sentiment aristocratique. Elle, fille du baron de Breteuil, mariée à un descendant de Charlemagne, elle n'a pas, si peu que ce soit, la fibre démocratique. Les petites gens, les valetailles de sa maison, elle les tient pour une espèce inférieure. On l'a vu : un valet de chambre qui l'aide à changer de chemise, qui la sert dans son bain,[18] n'est pas pour elle un homme; les règles de la pudeur ne valent pas devant ce domestique.

Cette femme possédait des qualités – aptitude à l'abstraction, esprit de décision – qu'on attribue d'ordinaire à l'homme. Mais ces tendances quelque peu masculines, elle les réfrénait en usant et abusant des ornements de la féminité. Elle se couvre de bijoux, de rubans, de fanfreluches: La Tour et Mme Du Deffand en témoignent pareillement, de même que Voltaire qui l'appelait «Pompon-Newton». Elle mettait à se parer l'ardeur qu'elle apporte à toute chose. «Tempérament de feu», elle a dans l'intimité des sens exigeants. Elle n'est pas femme à se contenter de peu, sur aucun plan. Son ambition – c'est le mot qui s'impose[19] – est de s'élever au plus haut niveau, par ses connaissances scientifiques, par le choix de l'homme qui partagera sa vie. Cet homme-là, au printemps de 1733, elle ne l'a pas encore découvert. Ni l'honnête M. Du Châtelet, ni le piètre Guébriant, ni même l'aimable duc de Richelieu n'avaient de quoi l'enthousiasmer. C'est alors qu'elle refait connaissance avec ce Voltaire qu'elle avait entr'aperçu en ses années d'enfance.

Ils durent se retrouver à l'Opéra, à la fin d'avril ou au début de mai. Au XVIIIe siècle, les spectacles sont les lieux les plus propices aux rencontres. Remise de ses couches, Émilie recommence à fréquenter les théâtres. A ce même moment Voltaire est appelé à l'Opéra par son ami Moncrif, pour soutenir une nouvelle production de celui-ci, l'*Empire de l'amour*, qui dès sa création menace de tomber. Voltaire aide l'auteur à ravauder son texte.[20] C'est pourtant un autre faiseur d'opéras qui au foyer ou dans une loge va l'introduire auprès d'Émilie. Un familier des Breteuil, ce Dumas d'Aigueberre auquel il écrivait, lors de son exil à Londres, qu'il n'avait pas «le nez tourné à être prophète en *son* pays», c'est lui maintenant qui lui fait «renouveler connaissance» avec la fille du baron, son ancien protecteur.[21]

Depuis longtemps Voltaire n'avait plus de maîtresse. Sa dernière liaison, avec Mme de Bernières, remontait à une dizaine d'années. On ne lui en connaît aucune pendant son séjour en Angleterre ni depuis son retour. Ce qui n'a pas exclu, sans doute, quelques passades. Mais l'abstention de tout commerce féminin était, on le sait, une condition pour être logé chez Mme de Fontaine-Martel. Pensionnaire de cette vieille dame, il avait cru que l'âge des relations amoureuses était pour lui révolu. Et le rôle qu'il s'attribuait aux représentations d'amateurs, rue des Bons-Enfants, était celui du vieillard Lusignan. Mais à trente-neuf ans l'heure de renoncer n'avait certainement pas encore sonné. Bientôt il va, en vers, s'écrier sur «les plaisirs qu'il goûte dans les bras» de sa nouvelle amante.[22] Au vrai, il atteint l'âge de se fixer: dans un domicile stable, dans une relation féminine durable. Il lui arrive, dans les lettres de 1734, de désigner Émilie par une expression conjugale, «ma femme»,[23] ce qu'il s'abstiendra de faire par la suite, craignant de la compromettre. Le possessif dit bien, en tout cas, qu'il a reconnu en elle la femme au-dessus du commun digne de partager sa vie. Et celle-ci voit en lui un partenaire à la mesure de ses aspirations.

Ils devinrent amants assez vite, dans les semaines qui suivent : peu après sans doute le billet qu'il lui écrit le 6 mai 1733.[24] Leurs rapports au début sont discrets. Ils se voient soit chez Voltaire, rue du Longpont, soit chez Mme Du Châtelet, rue Traversière. Voltaire est très épris :

> Je vous adore, ô ma chère Uranie !
> Pourquoi si tard m'avez-vous enflammé ?

Il le lui dit en trois épîtres. Il est «enivré de bonheur et d'amour». Jamais il n'avait connu des «moments si doux et si voluptueux». Et cette femme si désirable est un esprit supérieur : elle sait manier le compas, «pointer une lunette».[25] Il nous manque, il manquera jusqu'à la fin de leur vie commune le témoignage de la correspondance qu'ils échangèrent. Les lettres de Voltaire à elle adressées, que Mme Du Châtelet avait soigneusement conservées, et fait relier en huit volumes in-quarto, peuvent hélas ! être considérées comme définitivement perdues.[26] Une zone d'ombre entoure donc pour nous le plus intime de leur relation.

Autant qu'on sache, Mme Du Châtelet était non moins amoureuse. On rapporte qu'un jour en public elle saisit Voltaire par le cou et l'embrassa à pleine bouche.[27] Très spontanée, elle commet des imprudences, guettées par ses bonnes amies à la langue de vipère. Aussi Voltaire entreprend-il dès le 3 juillet de versifier une épître *Sur la calomnie*, pour la défendre et pour la consoler. Auraient-ils fait ensemble, entre le 9 et le 24 juillet,[28] un rapide voyage jusqu'à Cirey ? Le 10 juillet, Cideville écrit une lettre qui «par la poste en habit champêtre» doit parvenir à Voltaire en ces «beaux lieux».[29] Aucun document ne contredit celui-ci. Il est possible qu'en un aller et retour ils aient voulu inspecter le château, alors fort délabré, avec la pensée d'y venir vivre, de temps à autre, plus librement qu'à Paris.

Le bonheur des amours commençantes ne manque pas d'influer sur l'œuvre de Voltaire. On relève une coïncidence. En juin 1733, les *Lettres philosophiques* sont imprimées. Elles attendent dans le magasin de Jore à Rouen le moment favorable pour sortir. Or, inopinément, le 1er juillet, Voltaire envoie à Cideville le manuscrit d'une vingt-cinquième *Lettre*, «Sur les *Pensées* de M. Pascal». Il l'avait rédigée les jours précédents, dans l'euphorie de son amour pour Emilie. Depuis longtemps il a dans ses papiers des remarques critiques sur les *Pensées*. En outre la logique interne des *Lettres philosophiques* appelait la conclusion de l'*Anti-Pascal*. Mais cette logique, elle s'impose à lui à la faveur des dispositions heureuses où il se trouve. Jamais le pessimisme janséniste ne lui a paru si faux, ni si malsain. Il rassemble donc ses notes, les complète, et ajoute au livre ce supplément, en apparence déviant, mais qui en dégage avec force la philosophie.

Mme Du Châtelet l'entraîne à fréquenter une société joyeuse. On ne le laisse pas vaquer tranquillement à ses travaux de plume. Certain soir, deux «déesses» – Emilie et Mme de Saint-Pierre – accompagnées du «dieu de l'amour» – Forcalquier – envahissent son logis, rue de Longpont, et l'emmènent souper d'une «fricassée de poulets», aux chandelles, dans le village de Charonne.[30] Il a commencé une nouvelle tragédie, *Adélaïde Du Guesclin*. Mais ses amis mondains préfèrent les pièces plus légères qu'on chante sur la scène de l'Opéra. Il se met donc à l'unisson: il entreprend, comme un Moncrif, comme un Dumas d'Aigueberre, d'écrire un livret, *Tanis et Zélide*, puis un second, *Samson*.

Il destinait *Tanis et Zélide*, en avril-mai 1733, à Brassac, le musicien de Moncrif. Cet «opéra égyptien» racontait une histoire romanesque, pimentée de «philosophie». De diaboliques «prêtres de Memphis» ont pris le pouvoir, renversant la monarchie légitime. Zélide, fille du roi, s'est enfuie à la campagne où le berger Tanis, un fort sympathique jeune homme, la protège. Chœur des bergers. Chœur des bergères. Offensive des mages, repoussés par Tanis. Les deux jeunes gens fileraient un amour parfait sans les intrigues du jaloux Phanor. Au moment où Isis et Osiris allaient les marier, Zélide a disparu. Le chef des mages Otoès l'a enlevée, avec la complicité de Phanor. Voici la malheureuse prisonnière dans le temple de ces affreux mages. Otoès, malgré Phanor, va la sacrifier à ses dieux, des monstres à forme animale. Tanis survient: il demande à être immolé à la place de sa bien-aimée. Otoès en profitera plutôt pour les mettre à mort tous les deux. Dans les coulisses une bataille se déchaîne, entre les soldats des mages et ceux de Tanis et de Phanor (qui a une nouvelle fois changé de camp). Il faut qu'au cinquième acte Isis et Osiris interviennent: par l'incendie, l'inondation, le tonnerre, ils exterminent les mages et leurs monstres. Tanis pourra donc épouser Zélide. C'était une «tragédie pour être mise en musique». Mais il s'est trouvé qu'elle n'a réussi à inspirer ni Brassac ni aucun autre musicien. Jamais représentée, elle ira tardivement grossir la section du théâtre dans l'édition in-quarto des œuvres complètes (1768-1796).

C'est sur commande de Rameau que fut composé le second opéra, *Samson*, à l'automne de la même année 1733. Jusqu'alors Jean-Philippe Rameau, bien qu'ayant atteint la cinquantaine, n'avait donné que des ouvrages théoriques. Il tente enfin d'appliquer ses idées dans *Hippolyte et Aricie*, sur un livret de l'abbé Pellegrin. Sa musique parut d'abord compliquée et peu mélodique. Mais l'opéra, repris en septembre 1733, avait été mieux accueilli. Alors Rameau, soutenu par le salon du financier mélomane La Popelinière, veut risquer une deuxième tentative. La Popelinière sollicite Voltaire qui se met d'accord avec Rameau pour écrire un *Samson*. Le livret est prêt au début de décembre. Sujet «philosophique» comme le précédent. Les Israëlites, vaincus par les Philistins, gémissent sur les bords du fleuve Adonis: «des prêtres mensongers, pleins de zèle et de rage» veulent les contraindre à adorer les idoles. Mais Samson renverse les autels des faux dieux, incendie le palais du roi. Pour en venir à bout, les Philistins lui dépêchent Dalila, laquelle avec l'aide des «filles de Gaza», amollit sa vaillance.

Ce faisant, Dalila s'est éprise de lui. Le grand-prêtre des Philistins lui promet qu'elle pourra l'épouser, à une condition : qu'elle découvre le secret de sa force. Elle amène donc Samson à révéler que toute sa puissance tient en sa chevelure. Informé, le grand-prêtre, perfide comme il se doit, trahit la promesse faite à Dalila, et fait enchaîner Samson aux piliers du temple. Mais, comme on sait, l'Hercule israëlite, recouvrant sa vigueur, ébranle les colonnes et écrase sous l'édifice les serviteurs des idoles. Le livret ne manquait pas de morceaux propres à servir l'inspiration du musicien, tel le monologue de Samson : « Profonds abîmes de la terre »... Pourtant la collaboration de Voltaire avec Rameau, partenaire difficile, n'aboutira pas. Rameau renonce bientôt à ce sujet d'opéra. Il reprendra les parties composées de sa musique pour les insérer dans d'autres ouvrages. *Samson* ne sera donc jamais porté à la scène.

Il est une œuvre dont nous n'avons pas encore parlé, *La Pucelle*. Nous supposons qu'en ces mois de 1733 Voltaire la sortit de ses portefeuilles pour l'amusement de ses amis. Peut-être même est-ce à ce moment qu'il commence à l'écrire, dans l'ambiance de gaîté dont il est entouré.

Longchamp rapporte une anecdote qu'on peut accepter. A un souper chez le duc de Richelieu, on vint à parler de Jeanne d'Arc. On se moqua du poème cacophonique de Chapelain, qui s'était avisé de faire de sa Pucelle une sainte. Richelieu à Voltaire : « Je gage que si vous aviez traité ce sujet, vous en auriez tiré un meilleur parti, et que pour agrandir votre principal personnage, vous n'auriez pas eu besoin de la béatifier. » Voltaire répond qu'à son avis on ne peut faire sur un tel sujet un bon ouvrage dans le genre sérieux : « trop de circonstances triviales », mêlées à d'autres « excessivement atroces ». L'histoire de Jeanne se prêterait mieux au « genre plaisant ». Richelieu : « Je le crois aussi, et personne ne serait plus capable que vous de le bien mettre en œuvre, si vous vouliez l'entreprendre. » Les convives font chorus. On presse Voltaire de chanter Jeanne sur le mode comique. Il se défend, alléguant les « idées tragiques » dont il est présentement occupé. Finalement il cède. Délaissant ses autres ouvrages, « en quelques semaines » il rime les quatre premiers chants de *La Pucelle*. Nouveau souper des mêmes convives chez Richelieu : Voltaire lit ce qu'il a composé. On applaudit et on le persuade de continuer.

Longchamp, dans la version de ses *Mémoires* publiée en 1826, date l'épisode de « 1730 ou 1731 ».[31] Datation hésitante : une note sur les « travaux » de Voltaire, à l'époque où il commence *La Pucelle*, cite *Brutus*, *Eriphyle*, *Adélaïde Du Guesclin*, soit des œuvres échelonnées de 1730 à 1733. Il existe, on le sait, une autre version des *Mémoires*, publiée en 1863, procédant apparemment d'un manuscrit moins élaboré.[32] Le souper chez Richelieu y est rapporté plus succinctement. Aucune date n'est indiquée. Longchamp entra au service de Mme Du Châtelet et de Voltaire en 1746. Quoi d'étonnant s'il ne peut situer avec précision, dans un passé relativement lointain, le récit qu'on lui a fait ? Quant à Voltaire, il écrit en 1760 que le poème fut composé « il y a plus de trente ans ». Des notes ajoutées au texte en 1762 disent qu'il fut fait «en 1730», «vers l'an 1730». Dans deux lettres de 1755 le chiffre reste le même que dans celle de 1760: «depuis trente ans», «il y a trente ans».[33] Sous la plume de Voltaire ces indications en nombres ronds n'ont qu'une valeur approximative, laissant, on le voit, une marge de cinq ou six années. Il est donc impossible de déterminer avec certitude la date où fut commencée la rédaction de *La Pucelle*.

On risquera une conjecture. Les joyeusetés de ce poème héroï-comique ne s'accordent-elles pas avec l'état d'esprit de son auteur, pendant la belle saison de ses amours en 1733? Pour aborder aujourd'hui les décasyllabes sautillants écrits sur un tel sujet, il faut écarter de nous la Jeanne d'Arc de Michelet, la Jeanne d'Arc de Péguy. Celle qu'on considérait comme une «servante d'auberge», devenue femme soldat et brûlée par sentence d'un tribunal ecclésiastique, n'était pas révérée comme la «sainte de la patrie». On s'étonnait même qu'une telle idée fût venue à Chapelain, qui en fait devançait le jugement de l'avenir. On comprend mieux la réflexion de Richelieu censurant cette conception, si l'on se rappelle que la béatification de Jeanne remonte seulement à 1909 et sa canonisation à 1920. Il était naturel que pour une œuvre de fiction dont elle serait l'héroïne Voltaire ait pensé à l'Arioste plutôt qu'à Virgile.

Mais il renchérit sur les gaillardises de l'Italien. Des quatre chants qu'il aurait rapidement rédigés, le premier narre les amours de Charles VII et d'Agnès Sorel. Une imagination érotique est ici à l'œuvre. Les ébats des deux amants sont peints en traits d'autant plus forts qu'ils restent discrètement suggestifs. Dans la suite, le poème fait alterner les passages d'une revue de chansonniers sur l'actualité (le P. Girard et La Cadière, les convulsions de Saint-Médard, etc.) avec des scènes fort libres (assauts de Grisbourdon contre Jeanne, de Chandos contre Agnès...). Se trompe-t-on si l'on y reconnaît une sensualité qui s'exprimait en termes plus voilés dans les épîtres de l'amant à la nouvelle «Uranie»? Voltaire commençant *La Pucelle* dans l'ivresse de l'été 1733? L'hypothèse aurait besoin d'être appuyée de preuves qui, nous l'avouons, font défaut. Ce qui, en tout état de cause, ne fait aucun doute, c'est que le scandaleux manuscrit ne va pas tarder à inspirer les plus vives alarmes à Mme Du Châtelet.

Après quelques mois de bonheur, le couple à la fin de l'année traverse une crise. Une nouvelle fois, Voltaire tombe malade, en septembre, avec une rechute aggravée en décembre. Souffrant d'une «espèce d'inflammation d'entrailles», il est des semaines sans sortir.[34] Il fait réflexion que la maladie favorise la création littéraire; il se concentre sur son travail. Elle ne favorise certainement pas ses relations avec l'exigeante Emilie. Il se dit «mort au plaisir».[35] Comme amant, il se révèle déficient.

Mme Du Châtelet a repris ses études (comme dérivatif?). Avec l'aide de Voltaire elle apprend l'anglais, très vite.[36] Elle veut compléter ses connaissances en mathématiques. Voltaire commet alors l'imprudence de lui présenter Maupertuis.

Celui-ci, l'un des rares partisans français de Newton, faisait figure de champion d'une science d'avant-garde. Voltaire avait eu recours à lui pour se faire expliquer la physique newtonienne. Maupertuis est de plus un homme du monde, fréquentant l'Opéra et les salons, réputé pour ses succès féminins. A la demande de Voltaire, en janvier 1734, il commence à faire travailler Emilie : devoirs et leçons, comme à une écolière. Sous sa direction, la jeune femme s'applique à des exercices tels que d'«élever un nôme infini à une puissance donnée».[37] On le devine : entre un maître de trente-cinq ans et une élève aussi ardente, les longs tête-à-tête ne peuvent se limiter aux mathématiques. Que Mme Du Châtelet ait ou non fait les avances,[38] elle devient la maîtresse de son prestigieux professeur. Maupertuis était habitué à ce genre de bonnes fortunes. Il n'entendait pas pour autant aliéner si peu que ce soit sa liberté. Il n'a que très peu de temps à consacrer à la galanterie. Il se dérobe, tandis qu'Emilie, envahissante à son habitude, le relance, le supplie de venir à des rendez-vous à prétexte mathématique, l'envoie chercher chez lui, et même à l'Académie des sciences. C'est l'histoire de sa passion pour Guébriant qui se renouvelle, sans tentative de suicide cette fois. Maupertuis trouve enfin un bon moyen de se soustraire : il part pour Bâle, afin d'y rencontrer le mathématicien Jean Bernoulli. Mais que serait-il advenu des relations entre Voltaire et Emilie, s'il s'était montré moins réticent ?

Voltaire est informé de son infortune. Il la prend en patience. Les déboires, qu'il connaît, de l'amoureuse auprès de l'homme de science, le rassurent.[39] Infidèle, Emilie n'a pas rompu, ni lui avec elle. Une vie ne peut se développer avec la pureté d'une courbe géométrique. Entre eux la situation, pendant toute l'année 1734, demeure dans le flou, en dépit des graves événements qui les rapprochent. C'est seulement en mai 1735 que Mme Du Châtelet se décidera à s'engager avec Voltaire entièrement et sans retour.[40]

19. Un manifeste des Lumières

1734, l'année des *Lettres philosophiques*, débute par la création d'une nouvelle tragédie, *Adélaïde Du Guesclin*, jouée pour la première fois au Théâtre-Français le 18 janvier.

Voltaire l'avait conçue un an plus tôt, chez Mme de Fontaine-Martel. On voit combien fut productive pour lui cette année 1733. Il a œuvré à plusieurs «ateliers», passant de l'un à l'autre : *Temple du Goût*, *Lettres philosophiques* où le travail n'est pas tout à fait terminé, épîtres en vers, opéras, et vraisemblablement *La Pucelle*. A Cideville qui s'alarme de tous ces labeurs de plume, il répond que «l'esprit plié depuis longtemps aux belles-lettres s'y livre sans peine et sans effort» : «comme on parle facilement une langue qu'on a longtemps apprise», ou «comme la main du musicien se promène sans fatigue sur le clavecin».[1]

Il eut l'idée de la nouvelle pièce le jour même où s'achevait l'impression de *Zaïre*. Il veut revenir à ces personnages de chevaliers français, si réussis dans sa tragédie «turco-chrétienne» : le panache dont s'agrémente leur vaillance plaît et à lui-même et à son public. «Amour, jalousie, fureur, bienséance, probité, grandeur d'âme» : voilà ce qui va animer ses héros. Mais cette fois nous n'irons pas en pays exotique : un «sujet tout français», en apparence historique, en fait «tout de [son] invention».[2] Il lui suffit de situer la fiction dans une période déterminée de l'histoire nationale. Curieusement, il choisit celle même où il place l'action de sa *Pucelle* : le règne de Charles VII, ici en son début, avant Jeanne d'Arc. L'ambiance d'anarchie, de batailles confuses et incertaines, est la même dans le poème héroï-comique et dans la tragédie. On peut s'en étonner. Mais cette sorte de dédoublement correspond à une bipolarité essentiellement voltairienne. Il est tout autant lui-même dans la dérision, assaisonnée de grivoiserie, que dans le climat de noblesse où l'amour s'exalte comme un grand sentiment habillé de beau style.

La guerre de Cent Ans, à la fois invasion étrangère et guerre civile, permet d'imaginer des situations propres à exercer les âmes fortes. Adélaïde Du Guesclin, nièce (inventée par Voltaire) du grand Connétable, a été sauvée par Vendôme, prince du sang. Elle se trouve avec lui, qui est du parti anglais, assiégée dans la ville de Cambrai. Elle est aimée et de Vendôme et du sire de Coucy son lieutenant. Vendôme la presse de l'épouser. Mais elle résiste. Il lui répugne de passer par son mariage dans le camp des ennemis de Charles VII. Surtout, ce qu'elle cache soigneusement, elle aime un frère de Vendôme, Nemours, champion de la cause française ; elle en est aimée. Entre l'acte I et l'acte II, un combat se livre sous les murs de la ville. Vendôme reparaît conduisant un prisonnier blessé, le bras en écharpe: le casque fermé cache le visage. Le prisonnier se découvre: c'est, bien entendu, Nemours. D'où à l'acte III la grande scène entre Vendôme, Nemours, Adélaïde. Croyant vaincre les dernières résistances de la jeune fille, Vendôme annonce que par amour pour elle il va se rallier au roi de France. «Non, seigneur», répond Adélaïde, «je ne puis être à vous.» Nemours révèle que depuis deux ans ils sont secrètement fiancés: il s'offre aux coups de son frère. Fureur de Vendôme: désespéré, il veut mourir au combat. Mais il entraînera dans sa perte son rival. Il commande à Coucy de mettre à mort ce Nemours, proscrit d'ailleurs par les Anglais. Un coup de canon tiré des remparts annoncera l'exécution. A l'acte V, Vendôme seul en scène attend. Le remords le tourmente. Soudain il change sa résolution: il va annuler l'ordre de tuer son frère. Hélas! à ce moment précis le coup de canon retentit. Adélaïde (qui ignore le sens du signal) survient à son tour: elle se déclare résignée à épouser Vendôme, à condition qu'il épargne Nemours. Vendôme: «Madame, il n'est plus temps...» Mais il se trompe. Nemours reparaît, bien vivant. Coucy lui a sauvé la vie, persuadé que Vendôme se repentirait du crime qu'il a ordonné. Réconciliation générale: Vendôme accepte le mariage d'Adélaïde avec son frère; il va désormais comme eux servir le bon parti: le parti français. Coucy, qui depuis longtemps souhaitait ce ralliement au roi légitime, applaudit. La pièce se termine dans l'euphorie des bons sentiments. L'idéalisme de Voltaire fait que ses personnages «méchants» ne réussissent pas à l'être vraiment. Chez Vendôme, comme naguère chez Orosmane, le mal n'est qu'un moment d'égarement. L'accès passé, ils reviennent à la noblesse naturelle de leur caractère.

Voltaire rédige vite ce sujet, qui l'inspire comme l'avait inspiré celui de *Zaïre*. A peine en a-t-il annoncé le projet qu'il en a déjà écrit trois actes (24 février 1733). Le 12 avril, *Adélaïde* est «dans son cadre»,[3] c'est-à-dire qu'il ne reste plus qu'à polir le détail de la versification. En juin et juillet, l'auteur en donne des lectures devant des amis. Tous fondent en larmes.[4] Les «ouvrages d'imagination», observe-t-il, «tirent l'âme hors d'elle-même»; ils sont «une espèce de passion violente».[5] Ce qui vaut pour le public de ses lectures comme pour lui-même. Car il pleure tout le premier en lisant son *Adélaïde*. Rien de plus étranger à Voltaire que la création froidement agencée par une intelligence extérieure à l'œuvre. Auteur, acteur, ou lecteur, il devient ses personnages. «Hors d'elle-même», son «âme» entre en ces êtres de fiction, par lesquels il vit une autre vie, plus intense, plus belle. Ses tragédies touchaient incontestablement son auditoire aux points sensibles. Il n'avait pas à faire effort pour calculer ses effets, en vue d'un tel résultat: spontanément sa sensibilité s'accordait à celle du public contemporain.

Restait à affronter l'épreuve de la scène. Au début de novembre les manuscrits d'*Adélaïde* sont entre les mains des comédiens. Mais un problème de distribution se pose. Voltaire avait destiné à Mlle Dufresne le personnage de l'héroïne: le rôle ne semblait pas convenir, comme celui de Zaïre, à la beauté sensuelle de Mlle

Gaussin. Il fallut pourtant confier à celle-ci la création d'Adélaïde, Mlle Dufresne étant gravement malade. Granval interprète Nemours, et Dufresne Vendôme, qu'il joue avec négligence.

La première, le 18 janvier, fut houleuse. Le public n'accepta pas qu'un prince du sang portant le nom des Vendôme fût un personnage antipathique, ni que Nemours parût sur la scène le bras en écharpe. Le coup de canon du cinquième acte fut aussi mal reçu que ce coup de pistolet dans un concert dont parlera Stendhal. Enfin l'émotion du dénouement est, le jour de la première, dissipée par l'un de ces incidents de la représentation comme il en survenait souvent au XVIIIe siècle. Aux derniers vers, Vendôme rallié à Charles VII se tourne vers son confident : « Es-tu content, Coucy ? » Une voix jaillit du parterre : « Coussi-coussi ».[6] Applaudissements, éclats de rire, tumulte : tout l'effet de la dernière scène est gâché. Le mot, facile, était bien trouvé : il résumait l'impression du public, seulement à demi satisfait.

La deuxième représentation se passa mieux. La pièce fut jouée onze fois, jusqu'au 20 février : total honorable, sans plus. Voltaire décide de la retirer. Il refuse de la laisser imprimer. Il en extraira en 1751-1752 trois autres pièces, où l'action émigre toujours plus au sud : Les Frères ennemis (ou Le Duc d'Alençon), qui se situe à Lusignan en Poitou ; Le Duc de Foix, qui nous transporte dans le duché de ce nom, au VIIIe siècle ; Alamire, qui se passe dans l'Espagne envahie par les Maures. Enfin en 1765 Lekain exhume l'archétype et fait triompher Adélaïde Du Guesclin, auprès du public qui venait d'applaudir Le Siège de Calais de De Belloy.[7] On s'aperçoit alors que Voltaire avait créé trente ans plus tôt la tragédie nationale, cette nouveauté des années 1760. L'œuvre qui n'avait guère eu de retentissement au temps de la guerre de Succession de Pologne fait vibrer la fibre patriotique des spectateurs au lendemain de la guerre de Sept Ans.

Le patriotisme est même le seul aspect quelque peu idéologique de la pièce. On s'étonne qu'Adélaïde soit si peu «philosophique», à la veille des Lettres que caractérisera l'adjectif. Point de sentence contre le clergé, entièrement absent de l'action. Aucun trait contre la guerre, alors que le sujet s'y prêtait si bien. Quant aux Anglais, envahisseurs et occupants, ils demeurent à la cantonade. Rien ici qui laisse entrevoir l'originalité de ce peuple. Aucune réflexion sur l'esprit des deux nations anglaise et française, à la manière dont Zaïre avait confronté chrétiens et musulmans. Mais cette comparaison, au moment où paraît Adélaïde, Voltaire l'avait traitée dans une forme mieux appropriée que la tragédie.

Le Temple du Goût soulignait l'infériorité d'un «homme qui ne sait que rimer» par rapport à «un esprit éclairé et étendu» : par rapport à un Fontenelle, qui considérait avec une «compassion philosophique» un Jean-Baptiste Rousseau, rimeur incapable de «penser».[8] Voltaire veut porter son ambition au-delà des jeux formels de la littérature. Son œuvre, comme celle de Fontenelle quoique différemment, va s'enrichir d'une dimension philosophique : la «philosophie» embrassant au XVIIIᵉ siècle avec la physique (au sens le plus large) la politique, la métaphysique. L'auteur de *La Henriade* et de *Zaïre* prendra toute sa stature par ces *Lettres anglaises* pour lesquelles nous préférons avec raison le titre de *Lettres philosophiques*.[9]

Au début étaient les *Letters concerning the English nation*. On sait comment, en ses derniers mois d'Angleterre, il rédigea directement en anglais la majeure partie de quatorze lettres, sur les vingt-quatre que contiendra le recueil. Il a laissé de côté alors les questions philosophiques (Locke) et scientifiques (Newton) dont il est mal informé. A son retour en France, ses ressentiments contre les Anglais relèguent dans l'oubli l'ouvrage commencé. Pourtant au bout de deux ans, les mauvais souvenirs s'étant effacés, il y pense à nouveau. En novembre 1731 il consulte son ami Formont sur la manière dont il doit «finir [ses] lettres sur les Anglais».[10]

Pour suivre la rédaction et la publication de l'œuvre, il faut en considérer ensemble les trois versions. Soit, dans l'ordre chronologique de la publication:

– les *Letters concerning the English nation*, «by M. de Voltaire, printed for C. Davis and A. Lyon», sorties à Londres en août 1733,

– les *Lettres écrites de Londres sur les Anglais et autres sujets*, «par M. D. V..., à Basle» (Londres), 1734, qui, imprimées dès septembre 1733,[11] se diffusent seulement en mars 1734,

– les *Lettres philosophiques par M. de V...*, «à Amsterdam, chez E. Lucas, au Livre d'or» (Rouen, Jore), 1734.

Gustave Lanson eut le tort de ne pas prendre en compte conjointement les trois textes originaux. Son édition, qui passa longtemps pour le modèle de l'édition critique, doit être tenue désormais pour périmée. Il est certain qu'il commit une erreur en choisissant pour texte de base celui de Rouen: il fallait préférer le texte de «Basle» (Londres).[12]

Voltaire travaille à ses *Lettres* pendant toute l'année 1732, dans les moments libres que lui laissent *Eriphyle* et *Zaïre*. C'est alors, croyons-nous, qu'il récrit en français les lettres rédigées en anglais quatre ans plus tôt. La version anglaise lui sert de canevas à partir duquel il établit son texte français. Il a fait d'ailleurs en cette même année l'expérience d'une semblable réécriture sur son *Essay upon the epick poetry*, refait et adapté en un *Essai* français *sur la poésie épique*. S'agissant des *Lettres*, il complète l'ancienne rédaction des *Letters*, ajoutant ici ou là: ainsi dans la lettre cinquième, le paragraphe final sur les abbés français, une «espèce inconnue en Angleterre», et donc jusqu'alors absente d'un texte destiné au public anglais.[13]

Il introduit de nouvelles lettres. Depuis son retour, son horizon intellectuel s'est singulièrement élargi. Il va présenter non seulement les singularités des Britanniques, mais leurs idées. Il emprunte à la Bibliothèque du roi des livres anglais, se fait envoyer de Londres un livre sur Clarke.[14] Il veut exposer la physique de Newton, c'est-à-dire la gravitation universelle et l'optique.[15] Il utilise à cette fin l'ouvrage de Pemberton. Il demande en outre assistance à Maupertuis, dont le *Discours sur les différentes figures des astres* vient de paraître. Les réponses du savant lèvent ses doutes. Il fait «profession de foi newtonienne entre ses mains».[16] Plus philosophiquement encore, il ajoute un exposé sur Locke. Sujet dangereux. Le sensualisme (mieux vaudrait dire «sensationnisme») de l'*Essay concerning human understanding* est accusé de matérialisme. Il écarte une première rédaction de la lettre treizième.[17] Il osait y suivre la croissance simultanée de l'enfant nouveau-né et du jeune animal. Il montrait comment les facultés de l'un et de l'autre se forment progressivement par l'expérience des sens : point de différence de nature, mais seulement une différence de degré entre le psychisme (il n'emploie pas ce mot) de l'homme et celui d'un animal tel que le chien ou le chat. Bien peu d'esprits étaient préparés en France, vers 1730, à accueillir de pareilles idées, qui réintégraient l'espèce humaine dans une «biosphère». Voltaire veut «vivre en France», il ne lui est donc pas permis d'être «aussi philosophe qu'un Anglais».[18] Aussi a-t-il refait la lettre sur Locke. Il a dans la nouvelle version «égayé» la matière. La lettre s'ouvre par une revue des idées saugrenues des philosophes sur l'âme (ou de celles qu'il leur prête, d'après Bayle), depuis Anaxagoras jusqu'à Malebranche. Enfin Locke est venu. Il souligne la sagesse et la prudence de cette «histoire de l'âme», prenant pour point de départ la sensation. Il insiste toutefois sur l'idée : «Je suis corps et je pense». Ce qui veut dire, selon Locke interprété par Voltaire, que Dieu a eu le pouvoir d'attribuer la faculté de penser à une portion de matière : notre corps. On ne manquera pas de subodorer dans cette opinion, en apparence pleine de révérence pour la Divinité, un matérialisme détestable.

Signalons encore parmi les lettres ajoutées la onzième, «sur l'insertion de la petite vérole», qu'on aurait pu croire rédigée à Londres. Mais dans le livre elle forme une introduction concrète à la partie philosophique. Il s'en faut donc que Voltaire soit devenu «philosophe» en Angleterre. Que le séjour outre-Manche ait produit en lui un choc intellectuel, on n'en doutera pas ; mais les effets ne s'en sont développés que dans les années de son retour. Les plus «philosophiques» de ses *Lettres anglaises* ont été élaborées et écrites à Paris, à partir de 1732.

Il prend immédiatement des mesures pour faire imprimer le livre simultanément en France et en Angleterre. Depuis avril 1732, Thiriot se trouve à Londres, pour une longue période. Il y suit la danseuse dont il est épris, Mlle Sallé. A la faveur de cette circonstance, Voltaire va l'employer comme son représentant auprès des libraires et éditeurs anglais. Il lui a fait parvenir déjà son manuscrit, ou plutôt ses deux manuscrits.[19] Car son ami veillera sur l'édition en anglais des *Letters* et sur l'édition française de Londres (avec la fausse adresse de «Basle»). Pour les *Letters*, il a expédié les anciens feuillets de 1728 : Thiriot les complète en faisant traduire les parties en français que Voltaire vient d'ajouter. Un Anglais se charge de la besogne, non sans commettre des bévues.[20] Il n'est donc pas faux que ces *Letters* soient une traduction du texte français : mais cela ne vaut que pour un tiers environ de l'ouvrage, parties qu'un style terne et plat distingue de la rédaction proprement voltairienne.

Sur la fabrication à Londres aussi bien des *Letters* que des *Lettres* nous sommes bien renseignés. Le travail fut effectué pour le libraire Davis par l'imprimeur Bowyer. Or le registre d'atelier de Bowyer, fort bien tenu, nous donne même les noms des protes. L'un d'eux, un certain Gaillard, est manifestement un huguenot réfugié.[21] Mais même les ouvriers anglais, Micklewright, Holmes, s'avèrent tout à fait capables de composer un texte en français. Le libraire et son imprimeur font en sorte d'assurer la priorité à l'édition des *Letters*: imprimée entre le 24 avril et le 17 juillet, elle sort en août 1733. L'édition française, composée entre le 19 mai et le 28 juillet, attendra plusieurs mois; elle ne sortira qu'en mars 1734, précédant de peu celle de Jore. L'intérêt commercial de Davis imposait cet échelonnement, de même qu'il dictait la différence des tirages: 2.000 pour les *Letters*, 1.500 seulement pour l'édition française. A titre de comparaison, Jore tire à Rouen à 2.500 exemplaires.[22] Il ressort que Voltaire, perfectionnant la procédure suivie pour l'*Histoire de Charles XII*, a mis au point une tactique de publication à l'échelle européenne. Car l'édition de Londres va essaimer sur le continent: à Amsterdam (et Thiriot est prié d'y veiller),[23] puis à Francfort, en 1735.[24]

Du côté français au contraire les obstacles s'accumulent. Voltaire entretient d'abord l'illusion d'obtenir une permission tacite, ou une tolérance de fait. Il en a parlé au cardinal de Fleury. Il lui a lu des passages soigneusement choisis des lettres sur les quakers. «Sa dévote et sage Eminence» a bien voulu les trouver «assez plaisants».[25] Il a lu aussi des extraits à Maurepas, qui s'en est amusé.[26] Plus ouvertement, il a consulté l'abbé de Rothelin. Celui-ci ne remplit pas, comme on l'a écrit, les fonctions de «censeur royal», au sens strict de l'expression.[27] Docteur en théologie, protégé du cardinal de Polignac, dont il fut le conclaviste à l'élection du pape Benoît XIII (1724), membre de l'Académie française et de celle des Inscriptions, il est une personnalité en vue du monde littéraire. Voltaire en tête du *Temple du Goût* a loué son esprit «si délicat, si sage». Il lui a demandé de lire le manuscrit des *Lettres*: la réponse est qu'on pouvait espérer une permission tacite, si certains traits étaient adoucis.[28] Ni Rothelin, ni Voltaire lui-même à cette date n'apprécient correctement la puissance explosive du livre.

Pendant que Thiriot négocie à Londres, Voltaire a tout de suite pensé, pour la France, à son éditeur de Rouen, l'audacieux Jore.[29] En 1736, lors de ses démêlés avec son auteur, Jore racontera les faits dans un mémoire dont nous avons déjà parlé. Il va de soi qu'il s'y présente comme un libraire scrupuleusement respectueux de l'autorité, qui aurait été indignement trompé par Voltaire. En réalité Jore était, on le sait, un habitué de l'impression clandestine. Il avait publié sans autorisation aucune l'*Histoire de Charles XII*. Il prenait hardiment des risques sur le marché des livres prohibés, aussi rémunérateur que périlleux. A la fin de janvier 1733, Voltaire hésite encore à braver une nouvelle fois «l'inquisition» qui persécute en France la littérature. Il attend le retour de Jore à Paris pour prendre un parti.[30] Quelques jours après, il reçoit la visite de l'imprimeur rouennais dans l'hôtel de la rue des Bons-Enfants, où il continue à résider après la mort de Mme de Fontaine-Martel. Ce que lui dit Jore le décide. Il parle au libraire de l'éventualité d'une «permission verbale». Mais ni l'un ni l'autre n'attendent de l'avoir en bonne et due forme pour conclure un contrat, à compte d'auteur. Voltaire paiera le papier, l'impression, «tous les frais de l'édition», pour 2.500 exemplaires.[31] L'opération était pour le libraire tout profit. On comprend qu'il s'y soit vaillamment engagé. Une seule clause peut le gêner: il devra attendre la sortie des deux éditions de Londres avant de diffuser la sienne. L'éditeur anglais a imposé cette condition à Thiriot.

Voltaire consulte une nouvelle fois Rothelin. L'abbé répond qu'il «donnerait son approbation» (non comme censeur officiel, mais à titre de conseiller) «à toutes les lettres, excepté seulement celle sur Mr. Locke».[32] On peut supposer que Rothelin a lu la première version de la lettre treizième, et que c'est pour tenir compte de son avis que fut établie la version atténuée de ce texte. Déjà, fort d'une telle assurance, Voltaire songe à «doubler» Jore. Il prévoit de faire une «petite édition à Paris», distincte de celle de Rouen: projet qu'il réalisera un peu plus tard. Vers le milieu de mai, en son nouveau logement de la rue du Longpont, il reçoit pour correction les premières feuilles de Jore. Un auteur qui vient de lire ses épreuves en retire une certaine impression sur son livre. Celle de Voltaire est que le meilleur est constitué par «ce qui regarde la philosophie»: «on a beau dire, le siècle est philosophe».[33] C'est alors que pour expliciter plus fortement encore cette «philosophie» de ses *Lettres*, il met au point et adresse à Jore, le 1er juillet, le «petit anti-Pascal» qui est achevé d'imprimer le 14.[34]

Jusqu'ici il pense renouveler la tactique tentée pour l'*Histoire de Charles XII*, *Zaïre*, et dans les semaines qui précèdent pour *Le Temple du Goût*: ignorer les entraves imposées à l'édition. «La vie d'un homme de lettres est la liberté.»[35] Il s'empare donc de cette liberté sans demander de permission à quiconque. Espère-t-il qu'ainsi traitée par le mépris «l'inquisition» littéraire va tomber en désuétude? Mais, on le sait, à la fin de juillet Chauvelin, le garde des Sceaux, se fâche.[36] Il est informé que les *Lettres philosophiques* s'impriment à Rouen. Il menace Voltaire du pire – de la Bastille – si elles paraissent. Jore se trouve à ce moment-là à Paris. Voltaire craint qu'il n'ait été arrêté. Mais il n'en est rien. Il le rencontre quelques jours après. Il lui enjoint de cacher «sous vingt clefs» les exemplaires imprimés.[37] Il voudrait persuader le libraire, suspect à l'autorité, de confier les 2.500 volumes à un dépositaire choisi par lui. Jore refuse, et se contente de changer de place ce «magasin de scandale». Jore se méfie, non sans raison. Voltaire s'est fait remettre deux exemplaires, sous prétexte de corrections. Il en confie un pour être relié, mais non pas à un relieur: à un libraire de Paris, François Josse. Il a prévu ce qui va arriver: Josse, appâté par le gain, en prend copie et en tire une édition.

Voltaire pratique ici, non sans impudence ni hardiesse, les techniques de la clandestinité: en l'occurrence, faire imprimer le livre en plusieurs endroits, de façon qu'une saisie policière, en l'un de ces lieux, ne puisse anéantir l'ouvrage. Il avait même songé à une deuxième édition rouennaise, par un certain Ferrant. Mais Jore, peu soucieux de se donner un concurrent, s'y était opposé.[38]

A Londres, Thiriot à la demande de son ami retarde la sortie de l'édition française, jusqu'à l'hiver tout au moins. Toutefois il est trop tard pour arrêter l'édition en anglais; ces *Letters*, «philosophiques, politiques, critiques, poétiques, hérétiques et diaboliques», se vendent outre-Manche.[39] Elles sont connues sur le continent vers le milieu d'août. *Le Pour et contre* de l'abbé Prévost, la *Bibliothèque britannique* publiée à La Haye en donnent des comptes rendus détaillés dans les fascicules d'octobre 1733. Jore avait promis «une fidélité à toute épreuve». Mais Voltaire le soupçonne d'avoir fait «quelque petite brèche à sa vertu». Le libraire rouennais, voyant sortir les *Letters*, craint d'être devancé. Il laisse donc échapper dans Paris quelques exemplaires, à titre d'essai. Hérault, le lieutenant de police, réagit immédiatement. Jore est convoqué et vertement tancé. C'est un miracle, «plus grand que tous ceux de saint Pâris et des apôtres», qu'il ne soit sur-le-champ expédié à la Bastille. Lorsque, en septembre, il revient dans la capitale, il doit se terrer en un galetas. Pendant ce temps un policier est allé fureter à Rouen pour découvrir la cachette des *Lettres philosophiques*: sans résultat.[40]

Des mois passent. De tout l'hiver les 2.500 exemplaires ne sortent pas du dépôt où ils sont enfouis. Jore les cachait à Passy, dans une écurie qu'il louait pour l'utiliser comme entrepôt clandestin.[41] Mais attendrait-il indéfiniment? Il se prive d'un profit certain. Il s'impatiente d'autant plus qu'il n'a pas été réglé intégralement de ses frais, comme il avait été convenu par l'accord de février 1733.[42] En avril 1734, il décide donc de passer outre aux objurgations de Voltaire et aux menaces de l'autorité. «Basle» – l'édition anglaise en français –, sortie à la fin de mars, s'introduit en France. Josse répand sa contrefaçon dans Paris. Jore n'hésite plus. Il se met à débiter ses volumes. Les conséquences ne tardent pas. Arrêté, il est envoyé à la Bastille. Il n'y reste que quatorze jours, mais il est destitué de sa maîtrise d'imprimeur et de libraire.[43]

Si Voltaire lui-même échappe à la prison, il le doit à l'événement heureux d'un mariage: celui de son ami Richelieu. Le duc avait déjà été marié une première fois. En 1711, Louis XIV et Mme de Maintenon, inquiets des tendres sentiments que lui portait la duchesse de Bourgogne, lui avaient fait épouser en hâte un laideron de haute naissance, Anne-Catherine de Noailles. Il avait alors quinze ans. Pour protester contre une union forcée, il refusa de consommer le mariage. La délaissée était morte en 1716. Par la suite, on tenta à plusieurs reprises de remarier le Don Juan de la cour de France. En vain. Mais au bout de dix-huit ans, il devenait urgent d'assurer la descendance des Richelieu. Voltaire alors pensa à une alliance avec les Guise.[44] On se rappelle qu'il avait été hébergé quelque temps par le duc et la duchesse en leur château d'Arcueil. Ils avaient une fille Elisabeth, sage, fort belle, intelligente, capable de remplir un rôle d'épouse particulièrement difficile. L'affaire fut conduite, avec le concours de Mme Du Châtelet, «comme une intrigue de comédie».[45] La cérémonie devait avoir lieu dans la terre de Montjeu, que possédait près d'Autun la famille de la fiancée.

Voltaire, accompagné de Mme Du Châtelet, quitta donc Paris le 2 ou le 3 avril. Les *Lettres philosophiques* n'étaient pas encore sorties de leurs caches. Il est certain que son départ encouragea libraires et colporteurs à répandre bien vite le dangereux ouvrage. Il assiste le 7 à l'union, dans la chapelle du village, de Richelieu avec Elisabeth de Guise. Il égaie la fête d'une épître, complimenteuse et malicieuse, à l'adresse de la nouvelle mariée:

> Un prêtre, un *oui*, trois mots latins
> A jamais changent vos destins.[46]

Tout allait le mieux du monde, lorsqu'il apprend que ses *Lettres philosophiques* font dans Paris un horrible scandale. Très alarmé, il essaie de se justifier par une campagne de correspondance. Le même jour, le 24 avril, il écrit à Fleury, à Maurepas, à Mme Du Deffand pour qu'elle intervienne auprès de Fleury, à l'abbé d'Olivet, à Cideville et à Formont pour ce qui est de Rouen.[47] Il fait écrire à Fleury par la jeune mariée. Il écrit à Maupertuis et lui fait écrire par Mme Du Châtelet.[48] Il répète, sur tous les tons, qu'il n'est pour rien dans la publication des *Lettres*, qu'au contraire il s'est évertué à en empêcher la sortie, allant pour cela jusqu'à offrir de l'argent aux libraires.

Protestations inutiles. Le 10 juin, un arrêt du parlement condamne le livre. En conséquence ce même jour, à onze heures du matin, au bas du grand escalier du Palais, l'exécuteur de haute justice lacère le volume et le jette au feu, en présence du commis Ysabeau et de deux huissiers.[49] On rapporte cependant que cet Ysabeau, qui était bibliophile, ne voulut pas sacrifier un livre qui se vendait sous le manteau six francs, et qu'il avait grande envie de lire. L'exemplaire voué au bûcher, il le garda pour lui. A sa place, il livra au bourreau un volume sans intérêt, un tome dépareillé des *Révolutions d'Espagne*.[50] On mesure une fois de plus, par cet incident, l'incohérence du régime de la Librairie au XVIIIe siècle. Il arrivera encore, en d'autres circonstances, qu'une publication ostensiblement proscrite, se trouve sauvée en sous-main, par des exécutants secrètement favorables à l'auteur condamné.

La persécution n'en restait pas moins bien réelle. Le 9 juin, sur l'ordre du lieutenant de police Hérault, le commissaire perquisitionne l'appartement d'une dame Aubry, à l'angle des rues de Bièvre et de la Tournelle, où Jore entreposait sa littérature clandestine. On y saisit vingt-trois exemplaires, brochés ou en feuilles, des *Lettres philosophiques*, en même temps que *Les Quinze joies du mariage*, *La Religieuse malgré elle* et des libelles jansénistes.[51] Quelques semaines plus tard, la police perquisitionne dans l'écurie de Passy. Là, pêle-mêle avec un *Traité de l'autorité du Pape*, des fascicules des *Nouvelles ecclésiastiques*, une histoire des *Intrigues amoureuses de la Cour de France*, on met la main sur trente-et-un paquets des *Lettres philosophiques*. L'autorité est dès lors définitivement édifiée.

Le plus grave pour Voltaire est qu'une lettre de cachet a été lancée contre lui : le garde des Sceaux Chauvelin tenait parole. Le 3 mai, un ordre est signifié à l'intendant de Dijon d'arrêter « Arouet de Voltaire » et de le conduire au château d'Auxonne. Ordre réitéré le 8, avec cette incise désenchantée : on arrêtera le sieur Arouet de Voltaire, « supposé qu'il y soit encore ».[52] L'administration royale procède avec une lenteur peut-être calculée. Le courrier officiel avait été devancé par un exprès envoyé de Paris par d'Argental.[53] Lorsque la maréchaussée se met en mouvement, Voltaire n'est plus à Montjeu. Sur le conseil de Richelieu et d'Emilie, il roule vers Cirey, où il sera en sûreté. Quand les gendarmes se présentent, on leur répond qu'il est à Plombières, son état de santé exigeant qu'il y fasse une cure. Ces messieurs les agents du roi ne manqueront certainement pas de l'y trouver.[54]

Ce n'est pas le lieu d'ajouter une analyse des *Lettres philosophiques* à toutes celles qui ont été proposées. Dans une biographie de Voltaire, deux questions sont à poser sur cette œuvre. La première se rapporte à l'image de Voltaire que se forment les contemporains : la projection de sa personnalité dans l'opinion faisant partie de la biographie de cet homme, qui est une « vedette ». On ne saurait cependant s'en tenir à la considération de son ombre portée. Il est nécessaire de s'interroger sur ce qui est au centre de notre sujet : le projet voltairien, issu de l'expérience passée et orientant l'avenir. Quelle définition les *Lettres philosophiques* en donnent-elles, à la date de 1734 ?

Comment a-t-on lu cette mince brochure, dans les mois qui suivirent sa sortie scandaleuse ? La réponse ne saurait négliger les éléments quantitatifs, à savoir : combien les *Lettres philosophiques* eurent-elles de lecteurs, en leur nouveauté ? Ce qui veut dire : jusqu'en 1739. Car après cette date, Voltaire désarticule le livre, pour en disperser les lettres à travers les « Mélanges » de ses *Œuvres*. Les textes de 1734 se fondront désormais dans l'effet global de l'immense « discours Voltaire » : entre 1777 et l'édition Lanson de 1909, il ne paraîtra plus d'édition séparée, à une exception près.[55]

Les tirages des éditions, entre 1734 et 1739, sont connus ou peuvent être conjecturés avec quelque vraisemblance. « Basle » et Jore totalisent 4.000 exemplaires. Josse dut tirer à 2.000 ou 2.500. On recense quatre éditions ou contrefaçons hollandaises,[56] trois contrefaçons diverses :[57] compte tenu des conditions de l'imprimerie au XVIIIe siècle, chacune de ces sept publications ne dut guère dépasser le tirage de 2.000. L'addition de l'ensemble s'élèverait à 20.000, à quoi s'ajoutent les 2.000 exemplaires des *Letters*. Chiffre particulièrement élevé pour la période où nous sommes, qui ne sera pas dépassé, si même il est atteint, par *Candide* en 1759.[58] On en conclut que les *Lettres philosophiques* ont obtenu la diffusion maximale dans l'Europe des Lumières de 1730-1740. Mais cette société éclairée ne formait qu'une élite étroite dans la population européenne. Les chiffres records de la littérature philosophique paraissent dérisoires en comparaison de ceux de la Bibliothèque bleue qui, d'après les évaluations récentes, se comptaient par centaines de mille.[59] Une œuvre comme les *Lettres philosophiques* ainsi que la quasi totalité de celles qui constituent pour nous la littérature du XVIIIe siècle restent tout à fait en dehors des circuits populaires du colportage.

Entre les contemporains, lecteurs des *Lettres philosophiques*, deux nous ont laissé leur appréciation, laquelle a quelque chance d'être représentative. Le 15 avril 1734, l'abbé Le Blanc vient de les lire, dans un exemplaire de l'édition Josse. Il en rend compte de Paris au président Bouhier, à Dijon.[60] L'abbé se dit fort choqué du «ton de mépris» qui y règne. Il ne peut supporter que Voltaire «décide» ainsi, «cavalièrement», sur tout : sur la nation française, sur le gouvernement, sur les ministres, et ce qui est plus grave, sur la religion. Il ressent les traits contre les quakers, les anglicans, les presbytériens comme visant non seulement des sectes anglaises plus ou moins ridicules, mais l'esprit religieux lui-même. Sans être janséniste, Le Blanc s'indigne de la lettre contre Pascal. Ce «géomètre si renommé», cet «homme de tant d'esprit et de savoir», Voltaire le traite «comme un misérable, comme un laquais». «Cela est d'une indécence horrible». Ce qui a scandalisé au suprême degré Le Blanc et toute une opinion moyenne, c'est cette désinvolture insultante à l'égard de «tout ce qui est respectable», et d'abord de la religion, que Voltaire «attaque toujours», «en faisant semblant de la respecter». Les traits sont ici plus concentrés, plus percutants que jadis dans les *Lettres persanes*. Par leur accent incisif, les *Lettres philosophiques* tranchent sur la production dont l'abbé entretient en même temps son correspondant : les *Considérations* de Montesquieu *sur les Romains*, une pièce de La Chaussée dédiée à l'Académie française, le *Paysan parvenu* de Marivaux, pour ne rien dire du *Compliment* du «petit Riccoboni» à la clôture du Théâtre-Italien.

Le Blanc ne souffle mot de Locke, il mentionne à peine les lettres sur Newton : l'humaniste qu'il est se sent égaré dans ces *terrae incognitae*. Mais un autre contemporain a fait des *Lettres* une lecture différente, s'attachant précisément à la partie négligée par l'abbé Le Blanc : c'est Jean-Jacques Rousseau. Rousseau fait ici son entrée dans la vie de Voltaire. Il n'en sortira qu'en 1778, au terme de l'existence de l'un et de l'autre. Il nous intéresse à cette date comme lecteur de Voltaire. Vivant chez Mme de Warens à Annecy (1729), puis à Chambéry (1731-1737), il se donne une formation d'autodidacte par les livres. «Rien de tout ce qu'écrivait Voltaire ne nous échappait», notera-t-il dans les *Confessions*.[61] Il a lu dès 1729 *La Henriade*, dans les années suivantes les tragédies, *Brutus*, *Zaïre*. A une telle école, il apprend à parler purement le français, corrigeant ses vilains «idiomes provinciaux».[62] Le futur auteur des *Discours* prend à la lecture de Voltaire le goût des lettres : il a le désir d'écrire avec élégance comme son modèle, et d'imiter son «beau coloris». En 1734 ou 1735, il lit les *Lettres philosophiques*.[63] Il n'eut apparemment aucune peine pour se les procurer. Chambéry, dans le royaume de Savoie, est approvisionné en livres français interdits en France par les circuits étrangers dont nous avons parlé, en provenance d'Angleterre, de Hollande, de Francfort. Dans cet ouvrage Rousseau découvre un Voltaire autre que poète. Il ne semble pas avoir été principalement retenu, comme Le Blanc, par les lettres sur la religion. Il nous dit que le nouveau livre de Voltaire fut celui qui «l'attira le plus vers l'étude», et fit naître en lui un goût du savoir qui ne s'éteindra plus. Ce qui indique sans doute qu'il s'est surtout intéressé à la partie la plus sérieuse: les lettres sur Bacon, sur Locke, sur Newton. Voltaire avait réussi à exposer le «système de l'attraction» et l'optique sans calculs, sans équations: il avait rendu ces matières intelligibles à un public dépourvu de toute formation mathématique. A qui les lisait mieux que l'abbé Le Blanc, les *Lettres* révélaient un univers aussi neuf qu'excitant: celui de la science moderne. Le jeune Jean-Jacques en ses années obscures fut l'un de ceux qui reçurent cette initiation. Peut-être cependant n'a-t-il pas perçu toute la portée de l'ouvrage. Du moins, quand il rédige ses *Confessions*, il ne retrouve pas dans ses souvenirs une évidence: que les *Lettres philosophiques* affirment cette philosophie même que combattra la philosophie du «citoyen de Genève».

Ni Le Blanc ni Rousseau ne prenaient la pleine mesure du livre. Le biographe, quant à lui, connaissant ce qui allait suivre, n'a pas grand mérite à le situer dans une perspective d'avenir. En 1734, Voltaire le poète, Voltaire le tragique, fait une avancée décisive. C'est en corrigeant ses épreuves, en juin de l'année précédente, qu'il prend conscience du devenir qui l'a porté jusque là. La déclaration capitale se lit dans la lettre déjà citée du 1er juin (ou environ) à Formont. Appréciant son «petit ouvrage», il privilégie «ce qui regarde la philosophie». Le projet d'un reportage sur les Anglais – «an account of my journey into England» – a abouti à un manifeste, à travers les Anglais, de la «philosophie». Il craint que ce qui a trait à Locke et à Newton soit peu lu: il ne se trompe pas, s'agissant de lecteurs comme Le Blanc. Ses inquiétudes cependant sont tempérées par une certitude: «le siècle est philosophe». Voltaire se déclare pour la «philosophie», en accord avec un siècle «philosophe». Irréversiblement le livre de 1734 trace son avenir.

Au niveau scientifique, il lui faudra dans les années suivantes faire œuvre de militant newtonien. La gravitation universelle est loin, on le sait, d'avoir cause gagnée en France. Il va travailler à la faire accepter par un large public, celui-là même qui en 1732 avait boudé le savant exposé de Maupertuis, le *Discours sur les différentes figures des astres*: il ne s'en était pas vendu deux cents exemplaires.[64] Il faut se faire lire de «l'honnête homme», et se faire comprendre: ce à quoi Voltaire parviendra avec les *Eléments de la philosophie de Newton*, ouvrage de vulgarisation mieux vérifié, plus complet, à tous égards supérieur aux *Lettres philosophiques* sur Newton. Newton, et avec lui Bacon, Locke prêtent vie à la figure du philosophe: esprits prudents et sages, qui savent douter, qui résistent – contrairement à Descartes – aux entraînements d'une imagination métaphysique. Mais qui affirment intrépidement la vérité, une fois celle-ci atteinte par l'observation et le calcul. Ils ne craignent pas alors de braver les préjugés. Ils affrontent ce qui peut en résulter de fâcheux pour eux. Un paragraphe de la dix-septième lettre dresse le tableau d'honneur des savants persécutés pour des découvertes heurtant les idées reçues: Hervey et la circulation du sang, Perrault et la circulation de la sève, Hartsoeker et Leeuwenhoek pour la découverte des spermatozoïdes, que d'ailleurs ils se disputaient entre eux. L'auteur des *Lettres philosophiques*, décrété, exilé, pouvait se réclamer d'illustres prédécesseurs.

La lettre sur Bacon définissait la « philosophie » comme la pratique de la méthode expérimentale. A ce titre, le livre compte dans l'histoire de l'esprit scientifique, ou tout au moins des relations publiques de la science. Mais sur la question des applications, Voltaire s'écarte des idées qui nous sont familières. Roland Mousnier a fortement souligné le divorce, au XVIIIᵉ siècle, entre la science et la technique.[65] Effectivement la science des *Lettres philosophiques* demeure théorique, presque sans conséquence pratique. La seule qui soit signalée ici est l'invention d'un nouveau télescope, d'après les lois de l'optique établies par Newton. Voltaire relève au contraire que toutes les inventions les plus utiles ne procèdent nullement de la « saine philosophie », mais d'un « instinct mécanique qui est chez la plupart des hommes ». C'est ainsi que « dans les temps de la plus stupide barbarie » furent découvertes la boussole, l'imprimerie, les estampes, les glaces, la poudre à canon, etc.[66] Et dans la onzième *Lettre* le sensationnel progrès que constitue l'insertion de la petite vérole procède de toute évidence d'un pur et simple empirisme, sans aucune connaissance, ajouterons-nous, du virus ni des lois de l'immunologie. Il n'en fallut pas moins beaucoup de courage à lady Mary Wortley Montagu et à la reine Caroline pour imposer cette bienfaisante nouveauté, comme il en faudra beaucoup à ceux – Voltaire sera l'un d'eux – qui s'efforceront de l'introduire en France.

La « philosophie » inscrit à son programme la prospérité matérielle. Pour y atteindre, et pour atteindre la forme de bonheur qui en résulte, les *Lettres* de 1734 ne proposent pas comme moyen les ressources de la société industrielle. Celle-ci à cette date commençait à peine à se développer en Grande-Bretagne. Voltaire a ignoré l'Angleterre des mines et des manufactures. Il n'a pas consacré de lettre à l'industrie, ou à ce que nous désignons par ce terme.[67] Mais il donne une lettre « Sur le commerce » : il voit la cause de la prospérité anglaise dans l'essor des grandes compagnies, opérant outre-mer, comme celle de son ami Fawkener. Une telle réussite suppose des qualités qui se trouvent être celles mêmes du « philosophe » : goût de l'entreprise, activité, rationalité et pragmatisme, ainsi qu'une pondération excluant toute sorte de passion, au premier chef la passion religieuse. Le quaker Andrew Pitt s'avéra un bon homme d'affaires parce qu'il était en matière de religion un modéré, à la différence des excités de

Gracechurch Street. Le commerce encourage en même temps que le cosmopolitisme la tolérance, l'une et l'autre vertu étant pratiquée selon Voltaire en ce haut lieu qu'est le Royal Exchange de Londres.

L'apologie de la tolérance, à la faveur d'une enquête sur les sectes anglaises, est ici poussée plus avant que dans *La Henriade* ou dans *Zaïre*. «Un Anglais comme homme libre va au Ciel par le chemin qui lui plaît.»[68] A vrai dire, ont-ils un si grand souci d'«aller au Ciel», ces Anglais des *Lettres philosophiques*? L'anti-Pascal de la vingt-cinquième lettre postule que l'angoisse janséniste du salut a cessé de tourmenter les âmes. Voltaire nie tranquillement la vision pascalienne de l'homme «entrant en désespoir» de sa condition. Cet auteur tragique refuse le sens tragique de l'existence. A Pascal il oppose un providentialisme rassurant: «la terre, les hommes et les animaux sont ce qu'ils doivent être» dans l'ordre du monde.[69] Situé en un environnement qui n'a rien d'hostile, l'homme peut prendre confiance. C'est ce que les Anglais ont compris. Leur exemple prouve que la «philosophie» est un état d'esprit, qui crée une manière de vivre. Hommes libres, ils pensent avec indépendance, avec hardiesse. Ils agissent de même. Ils ont conquis par des luttes séculaires une constitution politique où l'équilibre des pouvoirs a enfin établi chez eux la liberté des citoyens.[70]

Voltaire donnait ainsi de la «philosophie» une image autrement concrète que celle de l'opuscule *Le Philosophe*, à peu près contemporain.[71] Il s'engageait par ce livre à soutenir désormais les valeurs qu'il venait d'annoncer. Lorsqu'il s'échappe de Montjeu, en mai 1734, c'est une période de sa vie qui s'achève. A l'âge de quarante ans, il a trouvé sa vérité. Aussi son départ est-il non pas une fuite, mais un nouveau départ.

20. Sur un portrait

Qui est donc ce Monsieur de Voltaire à la réputation si bruyante? Pour répondre à l'interrogation d'un correspondant, réel ou supposé, un anonyme fait circuler, vers 1734-1735, ce *Portrait*:[1]

Vous me demandez, Monsieur, le portrait de M. de V... que vous ne connaissez, dites-vous, que par ses ouvrages. C'est déjà beaucoup, selon moi, que de connaître l'auteur; vous voulez voir l'homme: je vais vous dépeindre l'un et l'autre.

M. de V... est au-dessous de la taille des grands hommes, c'est-à-dire un peu au-dessus de la médiocre (je parle à un naturaliste, ainsi point de chicane sur l'observation). Il est maigre, d'un tempérament sec. Il a la bile brûlée, le visage décharné, l'air spirituel et caustique, les yeux étincelants et malins. Tout le feu que vous trouvez dans ses ouvrages, il l'a dans son action. Vif jusqu'à l'étourderie, c'est un ardent qui va et vient, qui vous éblouit et qui pétille. Un homme ainsi constitué ne peut pas manquer d'être valétudinaire. La lame use le fourreau. Gai par complexion, sérieux par régime, ouvert sans franchise, politique sans finesse, sociable sans amis, il sait le monde et l'oublie. Le matin Aristippe et Diogène le soir, il aime la grandeur et méprise les grands, est aisé avec eux, contraint avec ses égaux. Il commence par la politesse, continue par la froideur, et finit par le dégoût. Il aime la cour et s'y ennuie. Sensible sans attachement, voluptueux sans passion, il ne tient à rien par choix et tient à tout par inconstance. Raisonnant sans principes, sa raison a ses accès, comme la folie des autres. L'esprit droit, le cœur injuste, il pense tout, et se moque de tout. Libertin sans tempérament, il sait aussi moraliser sans mœurs. Vain à l'excès, mais encore plus intéressé, il travaille moins pour la réputation que pour l'argent. Il en a faim et soif. Enfin il se presse de travailler, pour se presser de vivre. Il était fait pour jouir, il veut amasser. Voilà l'homme. Voici l'auteur.

Né poète, les vers lui coûtent trop peu. Cette facilité lui nuit; il en abuse, et ne donne presque rien d'achevé: écrivain facile, ingénieux, élégant. Après la poésie, son métier serait l'histoire, s'il faisait moins de raisonnements et jamais de parallèles, quoiqu'il en fasse quelquefois d'assez heureux.

M. de V... dans son dernier ouvrage a voulu suivre la manière de Bayle; il tâche de le copier en le censurant. On a dit depuis longtemps que pour faire un écrivain sans passions et sans préjugés il faudrait qu'il n'eût ni religion ni patrie. Sur ce pied-là, M. de V... marche à grands pas vers la perfection. On ne peut d'abord l'accuser d'être partisan de sa nation. On lui trouve au contraire un tic approchant de la manie des vieillards. Les bonnes gens vantent toujours le passé, et sont mécontents du présent. M. de V... est toujours mécontent de son pays, et loue avec excès ce qui est à mille lieues de lui. Pour la religion, on voit bien qu'il est indécis à cet égard.

Sans doute il serait l'homme impartial que l'on cherche, sans un petit levain d'anti-jansénisme un peu marqué dans ses ouvrages.

M. de V... a beaucoup de littérature étrangère et française et de cette érudition mêlée qui est si fort à la mode aujourd'hui. Politique, physicien, géomètre, il est tout ce qu'il veut ; mais toujours superficiel, et incapable d'approfondir. Il faut pourtant avoir l'esprit bien délié pour effleurer comme lui toutes les matières. Il a le goût plus délicat que sûr : satirique ingénieux, mauvais critique. Il aime les sciences abstraites, et l'on ne s'en étonne point. L'imagination est son élément, mais il n'a point d'invention, et l'on s'en étonne. On lui reproche de n'être jamais dans un milieu raisonnable. Tantôt philanthrope et tantôt satirique outré. Pour tout dire, en un mot, M. de V... veut être un homme extraordinaire, et il l'est à coup sûr.

Non vultus, non color unus.

Morceau brillant. Il apparaît dans les mois qui suivent le scandale des *Lettres philosophiques* : bien évidemment, c'est le livre lancé sur le marché par Jore et par Josse que l'anonyme désigne comme le «dernier ouvrage» de «M. de V...». Dans une telle conjoncture, le texte produit son plein effet. Ses antithèses tranchantes, ses formules incisives, son ton quelque peu insolent réalisent un mimétisme par le style du personnage évoqué. La brièveté de ce *Portrait* permet de le répandre aisément. On en diffuse une version imprimée en quatre pages ; on en prend de nombreuses copies manuscrites. On l'envoie aux Pays-Bas, en Allemagne, en Angleterre. On le traduit, on l'adapte, jusque dans la seconde moitié du siècle.

En sa nouveauté, il était attribué au comte (ou marquis) de Charost. Voltaire à Cirey en recevra un exemplaire, par les soins de Thiriot.[2] Il veut croire plutôt que le responsable est le petit abbé de Lamare : il donne pour raison qu'il a secouru celui-ci et qu'il est naturel que l'abbé l'en remercie en tentant de lui nuire.[3] Mais il emploiera plus tard Lamare comme courtier littéraire : sans doute n'a-t-il pas persisté dans ses soupçons. Le nom de Ramsay, qui a été proposé, ne paraît pas non plus devoir être retenu : le portrait n'est nullement dans la manière de ce disciple de Fénelon, fastidieux auteur des *Voyages de Cyrus*.

L'attribution à Charost reste la plus vraisemblable. Voltaire l'écarte sous le prétexte qu'il ne l'a jamais «vu» : il veut dire que Charost n'était pas de ses relations. Mais il n'était pas nécessaire de fréquenter un personnage aussi public que l'auteur de *Zaïre* pour le connaître. Charost l'a pu «voir» maintes fois, notamment aux spectacles. Sans lui avoir été présenté, il en sait assez pour saisir le caractère de l'homme. Le comte ou marquis, fils du duc de Charost, petit-fils d'un ami de Saint-Simon, est alors fort jeune : né vers 1710, il a vingt-quatre ou vingt-cinq ans. Il aime écrire, dans le genre moraliste. Il vient de donner des *Réflexions de M. le marquis de ... sur l'esprit et le cœur*. Il a en portefeuille des pensées *Sur l'amour et l'amitié*. Mais après des débuts prometteurs (dont la meilleure réussite serait le *Portrait*), la carrière du jeune écrivain s'interrompt tragiquement. Charost meurt le 23 octobre 1735 des blessures reçues à la bataille d'Esch, dans la guerre de Succession de Pologne.

Il n'est pas étonnant qu'il ait choisi d'exercer sa plume, en 1734 ou au début de 1735, sur une personnalité telle que «M. de V...». Il déclare s'adresser «à un naturaliste»: mention énigmatique que certaines copies corrigent («je parle en naturaliste») ou suppriment. Il se peut que Charost ait été réellement sollicité par un correspondant, provincial ou étranger, amateur de sciences naturelles. Il prend donc cette occasion de tracer un «caractère». Les intérêts du destinataire l'autorisent à commencer par le physique de son modèle: taille, tempérament; maigreur et «bile brûlée»; vivacité d'allure et complexion maladive. Moraliste, l'auteur du portrait impute au psychique le mauvais état de santé du personnage. C'est «la lame» qui «use le fourreau».

Des deux parties – l'homme, l'auteur – la première est celle qui tombe le plus juste. Ce portrait en mouvement fait vivre «M. de V...» sous nos yeux: un «ardent qui va et vient, qui vous éblouit et qui pétille». Mais la plume du portraitiste – voltairienne – est animée de malveillance. Aussi bien savons-nous que Charost était lié avec Saint-Hyacinthe lequel est un ennemi de Voltaire depuis la querelle qui les mit aux prises à Londres. «Sociable», certes. Mais il est faux que le confident de Thiriot, de d'Argental, de Cideville, de Formont, n'ait pas d'amis. «Il ne tient à rien par choix, et tient à tout par inconstance»: voilà une formule qui «pétille», pour le plaisir de l'antithèse. Que l'homme soit «intéressé», nul ne le conteste. Mais il faudrait dire, inversant les termes de Charost, qu'il travaille à ses ouvrages «pour la réputation» plutôt que «pour l'argent». Il est assez connu qu'au XVIIIe siècle le métier d'écrire ne rapportait guère. C'est par d'autres voies que Voltaire a «amassé» sa fortune.

Se recommandant à la fois par sa pertinence et par sa malignité, le *Portrait* contribua efficacement à fixer dans l'opinion une image de «l'homme extraordinaire». Avide jusqu'à l'avarice, instable en ses humeurs, possédé d'une boulimie d'action et d'écriture; auteur «facile, ingénieux, élégant», mais abusant de l'improvisation; esprit plus touche-à-tout qu'encyclopédique; penseur superficiel, qui ne fait qu'«effleurer» les sujets; pratiquant une littérature d'imagination sans avoir d'«invention»: de telles appréciations seront maintes fois répétées, jusqu'à Faguet et au-delà. Et combien de critiques l'accuseront, après Charost, de n'aimer pas sa patrie. Il pratique effectivement cette forme très française du patriotisme qui se montre sensible surtout aux faiblesses et échecs de la nation, et s'exprime de préférence par le dénigrement. Le portrait en tire argument pour reprocher à l'auteur des *Lettres philosophiques* d'être «toujours mécontent de son pays» et de «louer avec excès» l'étranger, en l'occurrence l'ennemi anglais.

Il semble même que Voltaire, quoiqu'irrité du reflet qu'on lui tendait, s'en soit souvenu parfois dans ce qu'il dit de lui-même. Quand il s'avoue semblable aux «petits ruisseaux», «transparents parce qu'ils sont peu profonds»,[4] quand il parle à Mme Du Deffand de sa «peau de caméléon»,[5] sans le savoir ou en le sachant il fait écho à Charost (nommons ainsi, selon les probabilités, l'auteur anonyme). Alerté par le *Portrait*, il sera désormais sur ses gardes. Pour démentir sa réputation, on le verra aspirer à la dignité, s'entourer de respectabilité : il travaillera à devenir « l'un des quarante » de l'Académie française, « gentilhomme ordinaire de la chambre du roi », et enfin seigneur de Ferney, comte de Tourney.

On s'étonne que le *Portrait* passe si vite sur l'œuvre poétique. En 1734 Voltaire est renommé principalement comme auteur de *La Henriade*, de *Zaïre*. On soupçonne que Charost ne veut pas insister sur ces titres de gloire de son personnage. Sa malveillance latente ne conteste pas – à la différence de futurs réquisitoires antivoltairiens – que l'écrivain dont il parle soit authentiquement un poète. Au contraire, à la jointure entre le portrait de l'homme et celui de l'auteur, il énonce comme une évidence admise par tous que « M. de V... » est « né poète ». Une des maximes de l'esthétique classique veut qu'on « naisse poète ». En une époque où tout honnête homme est apte à s'exprimer en vers, bien ou mal, on pense que seuls quelques-uns possèdent le véritable don de poésie : ceux qui ont reçu en venant au monde une complexion bizarre, qui fait d'eux des êtres plutôt inquiétants. Ainsi Jean-Baptiste Rousseau, illustre par des malheurs imputables à son caractère. Ainsi ce « M. de V... », brûlé d'un « feu » qui le consume, et incapable « d'être jamais dans un milieu raisonnable ».

De Voltaire poète, Charost ne retient que le défaut communément reproché à ses tragédies. Dans sa hâte de se faire jouer, il lâche des alexandrins faibles, négligés. Le public, attentif alors à la qualité de la versification, en murmurait, même aux premières représentations, nous l'avons vu, de *Zaïre* : tragédie à succès, mais rédigée trop vite. Or en se limitant de la sorte à un tel grief, le *Portrait* ignore (sans doute délibérément) ce que fut en fait la réception de la poésie voltairienne par son public. A travers des formes pour nous inertes, irrémédiablement désuètes, tout un message de grandeur et d'émotion a cessé de passer, qui bouleversait les contemporains. Et ce n'était pas le cas seulement d'esprits routiniers, enchantés d'un poète ayant le don de ranimer une tradition vieillissante. En ces années, le Voltaire de la haute poésie a marqué fortement deux hommes jeunes, aussi éloignés que possible l'un de l'autre, mais appelés tous deux à dominer le siècle. A défaut d'éléments plus complets, dont nous ne disposons pas, ces deux exemples de « réception » méritent d'être considérés.

Jean-Jacques Rousseau, nous le savons, lisant à Chambéry les *Lettres philosophiques*, y prend le goût de l'étude. Mais antérieurement il avait découvert grâce à Voltaire le monde de la grande poésie.[6] C'est ce qu'il laisse comprendre (avec quelques confusions chronologiques) dans ses *Confessions*. Dès 1729, il a lu chez Mme de Warens, à Annecy, *La Henriade*. Son Voltaire est « le touchant Voltaire » :[7] celui de ce grand poème et des tragédies. Il s'éprend dans *Brutus*, dans *Zaïre*, de « beautés mâles et fortes » : il reprochera plus tard à l'« illustre Arouet » d'avoir sacrifié celles-ci à « l'esprit de galanterie ».[8] « Beautés » qui opèrent en lui des effets physiques. Bientôt, assistant à Grenoble à une représentation d'*Alzire*, il en sera ému au point d'en perdre le souffle, littéralement ; il est saisi de « palpitations », si violentes qu'il se déclare forcé de « renoncer au tragique », jusqu'au rétablissement de sa santé. Il s'interroge : « pourquoi y a-t-il des cœurs sensibles au grand, au sublime, au pathétique, pendant que d'autres ne semblent faits que pour ramper dans la bassesse de leurs sentiments ? »[9] Comme l'a montré Henri Gouhier, jusqu'à la fin, en dépit de tout, il reconnaîtra en Voltaire le poète du « grand, du sublime, du pathétique ». Cet aspect du génie voltairien, moins perceptible pour nous, s'imposait avec la force de l'évidence à Rousseau comme à la plupart de ses contemporains.

Dans les mêmes années, à l'autre extrémité de l'Europe, le fils du roi-sergent, le *kronprinz* Frédéric, lit Voltaire en cachette. Il avait mis en bonne place les œuvres du poète français dans la bibliothèque qu'il s'était constituée, à l'âge de quinze ans. Son père la fait brutalement disperser : interdiction à l'héritier de la couronne de lire autre chose que le *Theatrum europeum*, énorme compilation des batailles et des changements de souverains depuis le début du XVIIe siècle. Mais Frédéric-Guillaume avait confié son éducation à des protestants réfugiés : grâce à eux le jeune prince s'initie aux lettres françaises ; il se procure les récentes publications voltairiennes. Quand il fait aménager dans la lande poméranienne le petit Versailles de Rheinsberg, au plafond de son cabinet un génie tend à Minerve un livre où sont inscrits deux noms : Horace, Voltaire. Il s'enthousiasme surtout pour *La Henriade* : « ouvrage parfait » selon lui. Plus tard il projettera, on le sait, d'en donner une édition : à cette fin il rédigera une longue préface qui nous est parvenue. Le futur roi qu'il est recherche dans ce poème un modèle de ce que doit être un monarque. Cependant, lorsque en 1735 on lui communique le *Portrait* de « M. de V… », il n'en repousse pas les insinuations ; il les accueille même avec une satisfaction maligne.[10] En cet esprit retors, déjà sous l'admiration vouée au grand homme perce l'animosité.

Le biographe s'assure un avantage qui nécessairement échappait aux contemporains. Il a accès à des documents ignorés de ceux-ci : correspondances, témoignages non publiés, écrits inédits de l'auteur. Charost tire parti de tout ce que procurent la présence de l'homme et l'ambiance où il vit. Mais il n'a pas eu connaissance, par exemple, de l'*Epître à Uranie*, ou bien il ne croyait pas qu'elle fût de Voltaire. Aussi se trompe-t-il sur les opinions de son personnage en matière de religion. Il le dit « indécis », relevant seulement « un petit levain d'antijansénisme un peu marqué dans ses ouvrages » : appréciation fondée sur la vingt-cinquième *Lettre philosophique* contre Pascal, et peut-être sur la tragédie d'*Œdipe* interprétée comme visant le Dieu terrible des jansénistes. Nous savons, quant à nous, qu'à cette date Voltaire, nullement « indécis », a opté définitivement pour le déisme. Il n'en fait nul mystère, du moins à ses intimes. Mais Charost (ou l'anonyme du *Portrait* quel qu'il soit), s'il connaissait bien son Voltaire, d'une certaine manière, n'avait certainement pas été admis dans sa confidence.

Aussi la portée des *Lettres philosophiques* est-elle méconnue. Le *Portrait* ne voit guère en ce livre que la performance d'un écrivain polygraphe. Voltaire aurait voulu imiter Bayle : le Bayle des journaux, présentés sous forme de lettres, plutôt que celui du *Dictionnaire* ; ce même Bayle que Voltaire, décidément fort capricieux en ses jugements, vient de critiquer dans *Le Temple du Goût*.[11] Les vingt-cinq « lettres » du recueil ne proposeraient rien d'autre qu'un pot-pourri d'« érudition mêlée » : de la politique, de la physique et de la géométrie, de la littérature. La convergence des éléments divers n'est pas aperçue. Charost apparemment ne comprend pas que les *Lettres anglaises* explicitent, sur le mode polémique, une vision de l'homme et un projet de société : ceux-là mêmes qu'expriment le mot de « philosophie ».

L'erreur procède sans doute de la perspective même du *Portrait*. En ce texte, le personnage est saisi dans le moment présent, les œuvres évoquées se situant toutes entre 1732 et 1734. C'est au *Charles XII* que fait allusion la phrase sur l'ouvrage historique, entaché selon l'auteur de trop de raisonnements et de parallèles. L'accusation d'être « satirique outré » et « mauvais critique » porte sur la partie littéraire des *Lettres philosophiques*, mais aussi sur *Le Temple du Goût*. Et dans les œuvres poétiques, taxées de négligence, le lecteur reconnaissait les tragédies des mêmes années. Charost peint un Voltaire se dispersant dans des écrits sans cohérence interne : productions telles qu'on en peut attendre d'un homme aussi instable : *Non vultus, non color unus*, changeant sans cesse de visage et de couleur.[12] Le trait final, justifié en apparence par les variations voltairiennes, achève pourtant de fausser le *Portrait*.

Les constantes se dessinent non dans un instantané comme celui-ci, mais dans le devenir d'une vie. L'histoire personnelle de Voltaire nous a fait découvrir, à travers accidents et hasards, une continuité d'où se dégage une orientation. Dans la succession des années que nous avons parcourues, bien des points, considérés isolément, demeurent obscurs, d'interprétation conjecturale. Cette biographie serait même impossible, si une évidence ne ressortait dans la ligne qui réunit ces « points ». Il n'est pas de méthode plus sûre pour trahir Voltaire que de le réduire à des miettes biographiques. Le *Portrait* de Charost illustre à sa façon ce procédé de déformation par le fractionnement.

Voltaire voulant dès l'origine être poète, Voltaire s'affirmant au fil des ans « philosophe » : nous l'avons reconnu tel, en le suivant dans cette première phase de son existence. Nulle dichotomie ici, car la poésie comme il la conçoit n'exclut pas l'exercice de la pensée ; elle s'y élève plutôt comme vers un sommet. Et la philosophie voltairienne de l'histoire, dès les *Lettres philosophiques*, désigne l'essor des lettres et des arts comme la fin dernière d'une société éclairée.

On avouera pourtant que c'est la connaissance de la suite qui aide aujourd'hui le biographe à déchiffrer cette période initiale. Lorsque Voltaire en mai 1734 roule sur les routes de Bourgogne vers les frontières, l'avenir proche et lointain demeurait pour lui, comme pour tout homme à chaque époque de sa vie, indéterminé. Mais déjà, même sans le savoir bien clairement, il avait choisi.

II

RENÉ VAILLOT

Avec Madame Du Châtelet

1734 - 1749

Note

Avec Madame Du Châtelet (1734-1749) a été entièrement rédigé par
René Vaillot. Le texte de notre regretté collaborateur a été revu et
mis à jour par René Pomeau.

Introduction

Cette deuxième partie couvre la période dite de Cirey : quinze années qui constituent dans la biographie de Voltaire comme un secteur autonome, distinct à la fois de ce qui a précédé et de ce qui suivra.

Voltaire vit cette phase de son existence associé à Mme Du Châtelet, dans une situation quasi conjugale. La rigidité de l'institution matrimoniale au XVIIIᵉ siècle s'assouplissait par la tolérance des mœurs, tout au moins dans les hautes classes. A condition que certaines apparences fussent sauvegardées, la vie commune du poète et de son amie fut acceptée par la société, par l'autorité et par M. Du Châtelet. Voltaire et Emilie, inséparablement liés désormais – du moins ils le croyaient – partagent les menus soucis de chaque jour comme les plus ambitieuses visées intellectuelles. Voltaire n'avait jusqu'alors connu, en fait de liaisons féminines, que de brefs épisodes. Le voilà, ayant atteint en 1734 l'âge de quarante ans, établi dans une relation stable. Et avec une femme qu'il sent être située à son niveau. Il va jusqu'à dire qu'il «apprend d'elle à penser».[1] Il est sûr qu'il a en sa compagnie élargi son horizon, en direction des sciences exactes. Sous son influence les *Eléments de la philosophie de Newton* vont reprendre des exposés trop sommairement esquissés dans les *Lettres philosophiques*. Ce génie improvisateur qui est le sien, rapide mais non toujours exact, elle l'exerce à se plier à des exigences de réflexion et de prudence. Aussi verra-t-on le poète de *Zaïre* s'appliquer à observer, expérimenter, douter, pour un *Essai sur la nature du feu* destiné à l'Académie des sciences. Vie de couple qui s'interrompra seulement à la disparition de Mme Du Châtelet. Celle-ci, décédée, ne sera pas remplacée. Voltaire, qui a commencé en 1745 une liaison avec Mme Denis, ne considérera jamais cette désirable personne comme la confidente de son esprit. Au contraire, il s'emploie déjà à refréner chez sa nièce des démangeaisons de plume qui donneraient trop belle partie à ses ennemis. La période de Cirey se dégage dans sa longue existence comme celle, unique, de son «mariage secret» avec une femme exceptionnelle.

Il inaugure en ce même temps un mode de vie nouveau. Il avait apprécié, jadis et naguère, les aises de la vie de château. Mais dans les châteaux des autres. A Cirey, il est chez lui. Il a restauré les vieux murs que le marquis et sa femme, irrémédiablement impécunieux, laissaient se délabrer. Cette résidence devenue, grâce à son argent, élégante, agréable à habiter (du moins dans ses parties rénovées), il l'a faite sienne, mais un peu par ces mêmes droits de «la main gauche» qui font d'Emilie «sa femme». M. Du Châtelet, maître des lieux selon la loi, n'y exerce qu'un pouvoir théorique. A Cirey règne le ménage des amants. Autour d'eux s'ébauche une «petite société»:[2] voisins bons vivants, visiteurs... Voltaire expérimente ici un mode d'existence conviviale. La vie au château se répartit, selon un emploi du temps fixe, entre les heures de travail à huis-clos et ces moments intenses que sont les soupers, les spectacles de société. Voltaire aime se sentir ainsi le centre vivant d'un groupe dont il reçoit en retour les influences incitatives. Porté par cette ambiance, il s'engage déjà dans une activité tous azimuts. René Vaillot souligne à juste titre la diversité d'intérêts de celui qui dans le même temps travaille sur une tragédie, sur une tâche d'historiographe et se mêle de cosmogéographie (*Dissertation sur les changements arrivés dans notre globe*), voire d'ethnologie (*Relation touchant un Maure blanc*). Avant même que Diderot et ses libraires ne conçoivent l'*Encyclopédie*, il est stimulé par les attraits d'un savoir encyclopédique. A cette manière de vivre, génératrice d'une production polygraphique, il reviendra lorsqu'il s'installera en ses résidences de Lausanne, des Délices à Genève, et à Ferney.

Mais, à la différence de ces futurs établissements, Cirey, éloigné des centres (Paris, Nancy), à l'écart des grands axes de communication, est ce que la langue classique appelait un «désert». Ce «paradis terrestre» se trouve être aussi un lieu d'exil. Voltaire reste sous le coup d'un décret d'arrestation, pour les *Lettres philosophiques*. En dépit de ses succès au théâtre, et quelle que soit sa réputation d'écrivain, il ne peut s'aventurer dans la capitale et à Versailles que sous garanties. Le cardinal de Fleury le tient en suspicion. Il faut que Mme Du Châtelet, née Le Tonnelier de Breteuil, l'aide de ses relations à la cour. Il faut qu'elle le détourne, sans toujours y réussir, de commettre des imprudences. Au total, tant que gouvernera Fleury, Voltaire a le sentiment d'être tenu très injustement à l'écart. Aussi, quelle merveilleuse surprise, lorsqu'un jour de 1736 lui parvient la lettre d'un de ses admirateurs, qui n'est autre que l'héritier d'une des premières couronnes d'Europe: le *kronprinz* Frédéric de Prusse.

Il est peu de documents aussi étonnants que cette missive, laborieusement écrite en français par le jeune prince. Il n'en est peut-être aucune qui ait eu autant de conséquences. Par son initiative, Frédéric ouvrait tout un avenir: celui d'une relation qui deviendra, les années passant, souvent orageuse, mais qui, de nature essentiellement épistolaire – Christiane Mervaud l'a parfaitement montré – restera indestructible. Par Frédéric encore, s'ouvre dans la vie de Voltaire une nouvelle orientation européenne. Après l'Angleterre et les Pays-Bas (belges et hollandais), il se tourne vers l'Allemagne: une Allemagne du Nord, ayant pour pôle la Prusse; mais une Allemagne alors très francisée, celle des petites cours. Il en raffole, constate avec dépit Mme Du Châtelet. S'il avait connu l'Allemagne véritablement germanique des profondeurs, peut-être l'eût-il moins aimée. Il est évident en tout cas que, comme ses perspectives intellectuelles, à partir de Cirey, son horizon culturel s'élargit. Par ses relations outre-

Rhin il commence à s'affirmer comme le grand auteur cosmopolite d'une Europe des Lumières : une Europe à la française, où il ne saurait se sentir dépaysé.

En France même, la lettre du *kronprinz* a changé les dispositions du pouvoir à son égard. Le vieux roi-sergent touche à sa fin. Bientôt Frédéric deviendra, dans le jeu politico-militaire, le chef d'une des plus puissantes armées de l'époque. Même si l'on ne soupçonne pas encore le génie stratégique du futur roi, il ressort que l'on doit, bon gré mal gré, ménager son correspondant français. Le recours à Voltaire s'imposera, après 1741, quand le ministère, engagé dans une guerre décevante, découvrira en Frédéric II un « allié » singulièrement difficile à manier. Le vieux cardinal de Fleury, dépassé déjà par les événements dans ses derniers mois, est après sa mort remplacé par une jeune équipe qui entend rompre avec la circonspection du ministre nonagénaire. On aspire à la gloire des armes, à un certain renouveau politique. Voltaire rencontre des appuis dans les ministres récemment promus, les frères d'Argenson, ses anciens condisciples. Et voici qu'il peut compter sur la protection de la nouvelle favorite, Antoinette Poisson, marquise de Pompadour.

Va-t-il donc « se ranger » ? Ayant atteint la cinquantaine, malgré les déboires et de fâcheuses querelles, il parvient à accumuler les honneurs officiels, sous un roi qui parfois donne l'illusion de faire revivre les beaux jours de Louis XIV. Voltaire est élu (enfin !) à l'Académie française, nommé historiographe du roi (comme en leur temps Racine et Boileau), et de surcroît « gentilhomme ordinaire de la chambre du roi ». En contrepartie, il lui faut célébrer les fastes du règne. Il le fait sans répugnance. C'est même avec enthousiasme qu'il chante la victoire de Fontenoy... Sur le seuil de ce qui est au XVIIIe siècle la vieillesse, va-t-il s'assoupir dans une rhétorique laudative qu'il pratique mieux que personne (qu'on relise par exemple son *Panégyrique de Louis XV* et autres homélies du même goût) ? Mais il ne suffit pas d'encenser un prince tel que Louis XV pour s'en faire aimer. « Trajan est-il content ? » Non, « Trajan » ne l'est pas. Et Voltaire n'a pas l'étoffe du parfait courtisan. Thuriféraire du roi « Très-Chrétien », il a eu le tort de produire récemment un inquiétant *Mahomet*. L'illustre poète, si répandu dans Versailles, broche pourtant un « anti-Versailles », *Zadig*, où les puissances ne sont nullement ménagées. Et si l'on savait ce que recèlent ses portefeuilles ! Peut-être a-t-il écrit déjà, et cache-t-il « sous cent clés », cette furieuse diatribe anti-chrétienne, le *Sermon des cinquante*.

Il n'achèvera pas sa vie en poète de cour. Mais il ne rompra pas non plus avec le pouvoir. A la différence de certains encyclopédistes, il ne concevra jamais la politique des Lumières comme s'insurgeant contre les puissances établies. Il tentera plutôt de servir la « philosophie » en gagnant les pouvoirs à sa cause. De ce côté aussi, la période de Cirey annonce de futurs développements.

La faveur officielle de Voltaire avait coïncidé avec une dégradation de ses rapports avec Mme Du Châtelet. Entre les deux amants l'accord n'avait jamais été paisible. Même aux plus beaux jours, des disputes, des « scènes » avaient éclaté. Mais au bout d'une dizaine d'années le bonheur du vieux ménage s'est usé : infidélité de part et d'autre. On ne se sépare pas pour autant, car l'entente entre les deux esprits demeure la plus forte. On serait tenté de récrire cette vie autrement qu'elle ne fut. Imaginons qu'après l'accouchement du 4 septembre 1749, Emilie ait surmonté la fièvre puerpérale. Ils continueront à vivre côte à côte, de querelles en raccommodements. Lui ne quittera pas la France. Il persévérera, cahin-caha, dans une carrière de poète de cour, plus ou moins mal en cour. Mais Mme Du Châtelet est morte : voilà la brutale réalité. La Destinée a frappé Voltaire-Zadig du plus inattendu de ses coups. Quel avenir désormais pour lui ? Vivre définitivement à Paris, où il vient de s'installer avec Mme Denis, faute de mieux ? Ou bien céder enfin à l'appel de la sirène Frédéric ? Au moment où s'interrompt le récit de René Vaillot, si dramatique dans ses dernières pages, en ce 12 janvier 1750, jour de la première d'*Oreste*, l'avenir de Voltaire paraît imprévisible.

René Pomeau

1. Voltaire au désert

D'Autun à Cirey, il n'y a guère qu'une cinquantaine de lieues. Même en évitant Dijon afin de ne pas se jeter dans la gueule du loup et en empruntant de mauvaises routes, Voltaire a eu le temps de se reposer la nuit. Il ne s'est pas arrêté à Semur où pouvait l'attendre la maréchaussée.[1] Le fugitif a dû atteindre son but dès le lendemain de son départ, puisque le 8 mai il adresse à d'Argental une lettre laissant deviner qu'il est à Cirey : «Ne pourriez-vous savoir si le [garde des Sceaux] a toujours la rage de vouloir faire périr à Aussone, un homme qui a la fièvre et la dysenterie, et *qui est dans un désert?* Qu'il m'y laisse [...] et qu'il ne m'envie pas l'air de la campagne.»[2]

Oui, Cirey est un véritable désert. Les deux petites villes les plus proches, Bar-sur-Aube et Wassy, en sont éloignées de six lieues. Des collines boisées l'isolent. Aujourd'hui encore, en venant de Bar-sur-Aube, on traverse une immense forêt avant de descendre vers le village. Appuyé sur une «motte» peu élevée où domine le château, Cirey s'allonge en pente douce par-delà le pont de la Blaise, petite rivière tranquille. Derrière le château, à une demi-lieue vers l'amont, la forêt, où se trouvaient les forges de M. Du Châtelet, ferme l'horizon. Quand Voltaire s'y réfugia, le village comptait à peine une douzaine de maisons. D'après une gravure de Deroy, le château comprenait à droite deux corps de bâtiments d'un seul étage ; à gauche, l'aile en rez-de-chaussée sera construite par Voltaire. Massif et inconfortable, il était alors mal éclairé et mal chauffé. Les fenêtres, peu nombreuses et étroites, vétustes et disjointes, laissaient passer le vent.

Cependant, Voltaire a la chance d'y arriver au printemps. Autre consolation, il trouve à la ferme du château le laitage, les œufs et la volaille. Dans sa correspondance, on ne découvre ni découragement ni hésitation : il voit très vite le parti qu'il peut tirer de cet isolement pour sa santé, sa sécurité, son travail.

Mme Du Châtelet, afin de recevoir plus rapidement et plus discrètement des nouvelles de son ami, a décidé de ne point quitter Montjeu avant le 20 juin, même pour se rendre à Semur. La ville vient d'acquérir le château du gouverneur pour y installer l'hôpital. Les formalités de la vente sont fixées au 5 juin ; le marquis étant retenu aux armées, a délégué à sa femme ses pouvoirs par procuration. Or, le 20 avril, elle a fait reporter cette procuration sur «le sieur Guillaume Raynal, bourgeois de Paris». La vente aura donc lieu sans elle.[3]

Cette soudaine séparation a permis à Voltaire et à Mme Du Châtelet de mieux connaître la nature de leurs sentiments. Tous deux s'en sont expliqués. Dans sa lettre du 8 mai, Voltaire confie à d'Argental la profondeur de son amitié pour Emilie en même temps que l'inquiétude des jugements superficiels ou malveillants que le monde peut porter sur elle : « Vous savez tout ce que je dois à la généreuse amitié de Mme Duch... [...] c'est à vous et à elle que je dois la liberté dont je jouis. Tout ce qui me trouble à présent c'est que ceux [...] qui n'ont pas un cœur aussi tendre et aussi vertueux que vous, ne rendent pas à l'extrême amitié et aux sentiments respectables dont elle m'honore toute la justice que sa conduite mérite. Cela me désespérerait et c'est en ce cas surtout que j'attends de votre générosité que vous fermerez la bouche à ceux qui pourraient devant vous calomnier une amitié si vraie et si peu commune ».[4]

Ce souci n'est pas nouveau. Toutefois l'émotion du poète est plus grave ici et plus profonde que dans l'*Epître sur la calomnie*, qu'il composa un jour au cours d'une sortie à la campagne, en l'été 1733 :

> Ecoutez-moi, respectable Emilie,
> Vous êtes belle ; ainsi donc la moitié
> Du genre humain sera votre ennemie.
> Vous possédez un sublime génie,
> On vous craindra : votre tendre amitié
> Est confiante, et vous serez trahie.
> Votre vertu, dans sa démarche unie,
> Simple et sans fard, n'a point sacrifié
> A nos dévots, craignez la calomnie.

La marquise n'est pas encore prête à suivre ce conseil. Néanmoins, dans ses lettres de Montjeu, si l'on en réduit l'excessive dramatisation puisqu'elle feint de croire que Voltaire est prisonnier à Auxonne, elle fait bien la différence entre ses sentiments pour Voltaire et ce qu'elle éprouve pour un « amant » : « je ne connais que vous », écrit-elle à l'abbé de Sade, « avec qui je puisse pleurer le malheur de mon ami [...] Je ne croyais pas que l'amitié pût causer une douleur si sensible [...] je l'ai perdu dans le temps où je sentais le plus de bonheur de le posséder [...] La coquetterie, le dépit, tout nous console de la perte d'un amant ; mais le temps qui guérit toutes les plaies, ne fera qu'envenimer la mienne. »[5] Or « l'amant » est toujours accessible : si cette femme, qui ne veut perdre aucune des formes du bonheur, exprime à Maupertuis sa tristesse, c'est pour en espérer aussitôt des compensations : « Votre amitié, monsieur, a fait le charme de ma vie dans les temps les plus heureux pour moi, c'est-à-dire dans ceux où je vous voyais souvent, jugez combien elle m'est nécessaire dans le malheur. Je viens de perdre Voltaire. »[6]

Après une installation rapide dans une chambre où il écrit « mille lettres », Voltaire accourt chez deux châtelaines des environs, amies de la famille Du Châtelet, l'une jeune et jolie, Mme de La Neuville, l'autre moins jeune, un peu grosse, Mme de Champbonin, qui sera, pour l'exilé, d'un parfait dévouement. Quel bonheur, pour ces dames, dont les époux sont aux armées, d'accueillir un homme extraordinaire! «Voilà», s'écrie Voltaire, «la société la plus délicieuse et la plus respectable que je connaisse!»

Il fait poster ses lettres dans des villes éloignées, même jusqu'à Bâle, et fait adresser son courrier chez un ami de la famille, l'abbé Moussinot, cloître Saint-Séverin à Paris. Cette correspondance a surtout pour objet de chercher comment et par qui il a été trahi. Avant de quitter Montjeu, spontanément, sous l'empire de l'émotion et de la crainte, il a dénoncé à Hérault l'imprimeur Jore, et ceux qui répandent les *Lettres anglaises*, La Bauche et la femme Pissot. Puis il s'adresse à Jore lui-même, mais cette lettre, qui risque d'être ouverte par la police, ne peut être qu'une vaine tentative de se couvrir: «S'il est vrai que vous ayez une édition de ce livre (ce que je n'en crois pas) [...] portez-la chez M. Rouillé, et je la payerai au prix qu'il taxera».[7] Jore ne peut répondre: il est à la Bastille. Durant tout le mois de mai les renseignements obtenus par Voltaire et les hypothèses auxquelles il se livre à Cirey ne laissent pas d'être contradictoires. Son meilleur recours, pense-t-il, est de s'adresser à Cideville qui est à Rouen, en relations avec Jore et sa famille: «Votre protégé J... [Jore] m'a perdu [...] Le remède est dans votre amitié. Vous pouvez engager la femme de J. à sacrifier 500 exemplaires. Ils ont assez gagné sur le reste, supposé que ce soient eux qui aient vendu l'édition. Ne pourriez-vous point alors écrire en droiture à M. Rouillé, lui dire qu'étant de vos amis depuis longtemps, je vous ai prié de faire chercher à Rouen l'édition de ces Lettres, que vous avez engagé ceux qui s'en étaient chargés à la remettre».[8] «Précautions et subterfuges», note Th. Besterman. C'était, une fois de plus, accuser Jore.

La réponse de Cideville l'a-t-elle troublé? Il «commence à croire» que l'édition qui «porte son nom à la tête» est une édition de Hollande. Dans ce cas, il demande pardon à Jore de l'avoir soupçonné, il devrait dire «dénoncé». De toute façon, il n'a guère d'illusions sur l'honnêteté de Jore: «Il connaît son homme».[9] En effet, dans le même temps, Hérault rend compte à Maurepas que dans un appartement loué à Paris par Jore fils «à la nommée Richard dite Aubry», on a trouvé un grand nombre de *Lettres philosophiques*, ainsi commence-t-on à les nommer.[10] Voltaire a beau jeu de répliquer à Cideville que «c'est l'édition de votre protégé qui a paru, et qui a fait tout le malheur».[11] Contradiction: le 1er juin Voltaire apprend que Jore vient d'être libéré, car on ne le croit pas coupable. Il a déclaré au lieutenant de police que c'est Voltaire lui-même qui a édité et laissé vendre son ouvrage. Sur cette déposition, on a perquisitionné chez Voltaire, rue de Longpont, on a «tout renversé», et l'on a saisi une petite armoire où étaient ses papiers et «toute [sa] fortune». En chemin, elle s'est ouverte et «tout a été au pillage».[12] Or, on vient de découvrir à Paris une presse sur laquelle on réimprimait les *Lettres*, ce qui semble innocenter Jore et Voltaire.

Il n'a pas fini d'irriter le pouvoir, d'étonner ses amis, d'inquiéter Mme Du Châtelet. La guerre de la Succession de Pologne vient de commencer. Non loin de Cirey, dans le duché de Bade, combat le duc de Richelieu au siège de Philippsbourg. Un jour, dans le camp, il rencontre Jacques Henri de Lorraine, prince de Lixin, qui avait refusé, considérant qu'il y avait mésalliance, de signer le contrat de mariage de sa cousine Elisabeth de Guise. Lixin insulte le duc; les deux hommes dégainent. Lixin blesse légèrement Richelieu, mais celui-ci transperce son adversaire et le tue. Voltaire, mal informé, apprend que le duc de Richelieu est gravement blessé, peut-être mort. Sans réfléchir davantage, il se met en route pour Philippsbourg: peut-on condamner ce que le cœur commande? Là-bas, il trouve le duc de Richelieu remis de sa blessure. Pourtant, il va passer au camp le mois de juillet presque entier. Expérience unique d'un champ de bataille dont il conservera et utilisera le souvenir. Il s'étonne de la vie fastueuse des officiers grands seigneurs: Richelieu, colonel d'un régiment, possède un équipage de soixante-douze mulets, trente chevaux et une multitude de valets. Voltaire prend la liberté de fureter à travers le camp; des sentinelles du jeune prince de Conti le prennent pour un espion et décident de le pendre; mais Conti venant à passer le reconnaît et le prie à souper:[13] le père du prince n'était-il pas un grand admirateur d'*Œdipe*? Et ne voilà-t-il pas un de ces retournements de la destinée digne de *Candide*? Les officiers ne manquent point de culture et, ici, on ne s'occupe point des lettres de cachet. Conti, les comtes de Charolais, de Clermont et beaucoup d'autres accueillent le poète avec courtoisie et admiration.

Lui les plaindrait plutôt de faire la guerre. Il prend la liberté de l'écrire à Mme de La Neuville dont le mari est au combat: «Hier on acheva d'emporter un certain ouvrage à corne dont M. de Belle-Isle avait déjà gagné la moitié. Douze officiers aux gardes ont été blessés à ce maudit ouvrage. Voilà, madame, la folie humaine dans toute sa gloire, dans toute son horreur».[14] Outre cette expérience de la guerre, il a eu l'avantage de rencontrer le marquis Du Châtelet, qui combat sous les ordres de Richelieu, et en a obtenu l'autorisation d'occuper son château.

Cependant, cette équipée n'arrange pas les affaires du poète auprès du pouvoir. Mme Du Châtelet, rentrée à Paris, prend le vent à la cour et dans les ministères; elle apprend que le cardinal et le garde des Sceaux sont plus mécontents que jamais: «il y a dans l'arrêt», écrit-elle à l'abbé de Sade, «une permission d'informer que le procureur général veut poursuivre contre toute vraisemblance. La cour ne veut point révoquer sa lettre de cachet. On lui fait un crime d'un voyage qu'il a fait au camp que son amitié seule pour M. de Richelieu lui a fait entreprendre [...] on parle d'un bannissement».[15] Voilà qui serait grave si l'on pense au bannissement de J.-B. Rousseau, condamné à l'exil depuis 1712!

Les relations de Mme Du Châtelet avec Voltaire, trop récentes, et qui n'osent encore s'affirmer, ne lui permettent pas d'intervenir directement auprès des ministres. Si elle s'efforce, par des amis, d'obtenir la liberté du poète, c'est qu'elle redoute pour lui un hiver à Cirey et qu'elle ne désire pas le rejoindre au «désert». Elle aime Paris, dont elle vient d'être privée, et surtout elle est toujours éprise de Maupertuis.

Pourtant, ses relations avec le savant demeurent difficiles. En juillet, il se laisse entraîner par Emilie à une partie de campagne qui se termine par une brouillerie. Clairaut, qui est amoureux de Mlle Du Thil, l'amie de Mme Du Châtelet, en est chagriné et gêné; il plaide pour Emilie, Maupertuis réfléchit et revient. Mais Clairaut remplacera peu à peu Maupertuis dans la direction des études de Mme Du Châtelet: doux et patient, il aime enseigner; son père était professeur et lui en a donné le goût. S'il publie, en 1741, ses *Eléments de géométrie*, c'est poussé par sa vocation pédagogique et non pour instruire Mme Du Châtelet dont les connaissances sont d'un niveau supérieur.[16]

En août, elle invite chez elle Maupertuis alors que son dernier enfant, né en avril 1733, vient de mourir: «Mon fils est mort cette nuit monsieur, j'en suis, je vous l'avoue, extrêmement affligée [...] Si vous voulez venir me consoler vous me trouverez seule. J'ai fait défendre ma porte mais je sens qu'il n'y a point de temps où je ne *trouve un plaisir* extrême à vous voir».[17] A cette époque, la mort d'un enfant en bas âge est un incident vite oublié.

Voltaire a suffisamment d'ennemis et de faux amis pour être informé de la conduite de Mme Du Châtelet. Elle tarde tant à le rejoindre à Cirey que ses deux voisines s'en étonnent. Laissant de côté tout amour-propre, il s'est résolu, en plaisantant, à leur en donner la raison: «Permettez-moi», écrit-il à Mme de La Neuville, «de vous prier d'entretenir la bonne volonté qu'on a pour moi à La Neuville. A l'égard de celle de ma femme, je m'en remets à la providence et à la patience de c..u [cocu].»[18] Plus tard, son amertume se cache sous la plaisanterie un peu vulgaire: «Que ma femme me fasse souvent cocu; que madame de Champbonin [...] n'ait point d'indigestion; je serai toujours très heureux».[19] Il pense sans doute aux faiblesses de son amie quand il dit à sa voisine: «c'est un bonheur véritable de trouver une femme comme vous, dont le cœur est si respectable». Il est vrai que Mme de La Neuville est «un peu» janséniste.

Cependant, avec l'autorisation de M. Du Châtelet, Voltaire va entreprendre de restaurer le château de Cirey, et surtout d'y ajouter l'aile dont le marquis, faute de fonds, avait abandonné la construction. Conçue par Voltaire, cette aile sera plus légère et plus élégante que les anciens bâtiments. Dans l'angle droit ainsi formé, il aménagera des terrasses et dessinera un jardin.

A cette époque, Voltaire est riche. On connaît les sources de sa fortune.[20] Or, il ne laisse point dormir ses capitaux; il les investit dans «les affaires de Barbarie». D'abord, il s'en occupe lui-même assidûment et contrôle Demoulin; il oriente la vente des blés d'Afrique du Nord vers l'Espagne et l'Italie, où elle est plus lucrative qu'à Marseille, et il en retire d'importants bénéfices. A ces affaires de Barbarie, s'ajoutent à la même époque les transactions de Cadix. Cette ville est le port de commerce par excellence vers l'Amérique espagnole. Savary, dans *Le Parfait négociant*, signale que s'y effectuent des échanges entre la Barbarie et les colonies d'outre-Atlantique. Les Français y échangent les produits de leurs propres colonies, cacao, sucre, tabac de Saint-Domingue, contre l'or et l'argent qui affluent du Pérou et du Mexique.[21] Voltaire, s'il ne s'en occupe plus directement, confie à un homme bien placé, le sieur Gilly, des capitaux qui lui rapportent environ trente pour cent.

Mais les seuls placements qui lui éviteront les dangers de la mer et les faillites des banquiers sont ceux qu'il engage chez les frères Pâris, dans leur vaste entreprise de fournitures aux armées. C'est en 1734 qu'il commence à leur confier des capitaux. Ces affaires ne cesseront de se développer, favorisées plus tard par le comte d'Argenson, ministre de la Guerre. De la fourniture des fourrages, Voltaire passe à celle du drap, puis à celle du ravitaillement des troupes.[22] Le poète se constitue ainsi une rente qui, s'élevant d'année en année, devient la meilleure garantie de liberté. Cette liberté, il la consolidera en prêtant de l'argent à quelques grands, au prince de Guise, au duc de Richelieu, au comte de Guébriant, au marquis de Lézeau dont les noms apparaîtront fréquemment, à partir de 1736, dans les lettres de Voltaire à l'abbé Moussinot. C'est l'abbé qui sera chargé d'arracher les intérêts à ces débiteurs désinvoltes.

Il est difficile d'évaluer la fortune de Voltaire à l'époque où il entreprend les travaux de Cirey. On a parlé de quatre-vingt mille livres *de rente*. Jean Sgard[23] situe entre quarante et cent mille livres les revenus de bonne noblesse. Ces chiffres, pour une approximation en francs actuels, seraient à multiplier par quatre-vingts, ce qui donnerait, pour Voltaire, six millions quatre cent mille francs. On comprend qu'il s'engage dans ces travaux, sachant bien qu'ils seront coûteux, sans lésiner. Il mobilise maçons et charpentiers de la région. Le voici, «entouré de plâtras», laissant croire qu'il «ruine» Mme Du Châtelet, essayant de gagner de vitesse son amie: obtenir que le château soit habitable avant l'hiver, et même séduisant, pour celle qu'il nomme «sa femme». Tel est son objectif. Non pas qu'il envisage d'en faire une demeure où il pourrait se fixer, mais il le considère comme un refuge occasionnel contre l'arbitraire du pouvoir. Enfin, son entêtement à construire est une sorte de défi lancé à Mme Du Châtelet et à l'instabilité de sa propre destinée. Car il sait bien qu'il ne pourra se retenir toujours d'écrire ce qu'il pense. C'est en cet automne de 1734 qu'il commence à rédiger son *Traité de métaphysique*, un ouvrage «à faire brûler son homme»; il ajoute, pour s'amuser, quelques chants de *La Pucelle*. «Quand est-ce donc», écrit-il à Formont, «que nous pourrons dire ensemble avec liberté, qu'il n'est pas sûr que la matière soit nécessairement privée de pensée, qu'il n'y a pas d'apparence que la lumière, pour éclairer la terre, ait été faite avant le soleil, et d'autres hardiesses semblables, pour lesquelles certains fous se sont fait brûler autrefois par certains sots?»[24]

Néanmoins, c'est par un nouveau succès au théâtre qu'il espère tourner en sa faveur l'opinion et atténuer la sévérité du pouvoir. Il faut donc, avant tout, qu'il achève sa nouvelle tragédie, *Alzire ou les Américains*. Il l'avait commencée en 1733, avant la première d'*Adélaïde*. Il la termine en cet automne de 1734, dans le loisir de Cirey. Au début de décembre, les cinq actes sont prêts. Il les expédie à d'Argental pour qu'il les soumette aux Comédiens-Français, sans nommer l'auteur.[25]

Il reprend un schéma analogue à celui de *Zaïre* : deux mondes étrangers l'un à l'autre, s'affrontant avec une grandeur d'âme égale de part et d'autre. La disposition permet de puissants effets de pittoresque, de pathétique, de noblesse morale, et dégage une leçon philosophique.

Cette fois le « monde nouveau » avec lequel les chrétiens sont aux prises, c'est celui des Incas à l'époque de la conquête espagnole, au XVIe siècle. La ville fortifiée de Los Reyes, c'est-à-dire Lima, où se situe l'action, dans le palais du gouverneur, vient à peine d'être construite. La guérilla indigène continue de contrôler la campagne et les forêts avoisinantes. Récemment un commando de ces rebelles a été intercepté. Ils vont paraître sur la scène, coiffés de plumes, habillés en « sauvages ». En ce sujet « américain » Voltaire élargit le kaléidoscope de ses tragédies, s'efforçant de rompre la monotonie inhérente à un genre aussi figé. Après l'Orient des croisades, après le Moyen Age de la guerre de Cent Ans, il transporte l'imagination de son public dans l'Amérique des conquistadores. Néanmoins, comme les conditions du spectacle interdisent les effets de mise en scène, l'exotisme s'affirmera surtout dans le caractère de ses héros indigènes.

Voltaire exploite le pathétique naissant du choc entre ces « sauvages » intrépides et des Espagnols implacables. A quel point son *Alzire* fut à cet égard un succès, une anecdote le prouve. Le jeune Rousseau assista à Grenoble à une représentation de la tragédie, quelques mois après sa création à Paris. La troupe de province jouait mal. Pourtant l'émotion du spectacle affecte Jean-Jacques jusqu'au malaise physique.[26] Si la biographie est aussi une « résurrection », nous devons tenter de restituer le potentiel d'émotion qu'une telle pièce développait et pour le public et pour son auteur. Car rien ne serait plus faux que de supposer Voltaire combinant froidement ses cinq actes. N'en doutons pas, et son expérience d'acteur le prouve suffisamment : il vibrait lui-même des instants intenses que l'action tragique suscitait, puissants stimulants de son inspiration.

A cette fin, l'intrigue d'*Alzire* est efficacement construite. Elle vise à amener de grandes scènes qui « coupent le souffle » (au sens propre dans le cas de Jean-Jacques) et se succèdent à vive allure, ne laissant pas au spectateur le loisir de « respirer ».

Au lever du rideau, le vieil Alvarez cède le commandement à son fils Gusman. Les deux hommes sont en désaccord sur la méthode de colonisation. Gusman tient pour la manière forte : répression, supplices. Alvarez est d'avis qu'il faut au contraire gagner les cœurs par l'indulgence. Lui-même, tombé aux mains de la guérilla, ne dut-il pas la vie sauve à la générosité d'un jeune chef inca ? Gusman, fils respectueux, se soumet. Il accepte de libérer un groupe de rebelles, prisonniers dans les cachots du palais. Il va d'ailleurs épouser, en ce jour, une jeune indigène, Alzire, fille d'un chef converti. Mais Alzire exprime la plus vive répugnance pour une telle union. Elle n'a pas cessé d'aimer le jeune «cacique» Zamore, chef des insurgés. Si elle se résigne, c'est qu'elle le croit mort. Mais Zamore est bien vivant. A l'acte suivant, ses «Américains» et lui, sortant de leurs geôles, envahissent le plateau. Premier choc: Alvarez reconnaît en lui le chef qui le sauva. Effusions. Zamore n'en est pas moins déterminé à délivrer Alzire, naguère sa fiancée, et à se venger de Gusman (il ignore que celui-ci est le fils d'Alvarez) – ce Gusman qui le fit atrocement torturer après sa capture. L'ardent commando va reprendre le combat, s'enfuyant par une brèche du rempart. Or, à ce moment, des coups de canon se font entendre, des lueurs zèbrent le ciel. Zamore s'interroge. Le spectateur quant à lui sait que ce sont là les signaux du mariage entre Gusman et Alzire, qui vient d'être célébré. Le temps fort suivant est la rencontre d'Alzire et de Zamore, toujours épris l'un de l'autre, mais désormais définitivement séparés. Le jeune rebelle apprend avec horreur que sa bien-aimée a épousé son bourreau et que ce Gusman est fils d'Alvarez. Entre alors Gusman. Follement téméraire, Zamore le provoque. Sur ces entrefaites on apprend que les insurgés occupent toute la campagne et menacent la ville. C'en est trop. On se saisit de Zamore. Gusman ordonne de l'exécuter. Le chef espagnol ne se laisse fléchir ni par les prières d'Alvarez ni par celles d'Alzire. En cette extrémité il ne reste qu'un recours. La suivante corrompt par de l'or un soldat de garde: il conduira le prisonnier hors de la ville. Mais Zamore assomme le soldat, prend son armure et ses armes, et se glisse jusqu'auprès de Gusman. Il le perce de coups. Au cinquième acte, Zamore reparaît enchaîné aux côtés d'Alzire. Les Espagnols en fureur vont les massacrer. Alvarez supplie les deux jeunes gens de se déclarer chrétiens pour sauver leur vie. Ils refusent. A cet instant se produit le coup de théâtre qui va élever l'émotion à son comble. On porte sur le théâtre Gusman agonisant. Au moment d'expirer, «un nouveau jour l'éclaire». Il comprend l'horreur de toute cette violence. Il pardonne à Zamore, au nom du Dieu chrétien. Il lui demande après sa mort d'épouser Alzire. Devant tant de grandeur d'âme, Zamore est ébranlé. Il doit avouer la supériorité du Dieu qui inspire de tels sentiments. Il se dit prêt à se convertir. Gusman meurt apaisé.

Une action aussi dramatique était propre à faire accepter la leçon philoso-phique. Une leçon double. Avec des accents dont la modernité parfois étonne, Voltaire fait le procès de la colonisation. «On sait», écrit-il, «quelles cruautés Fernand Cortez exerça au Mexique et Pizarre au Pérou.»[27] Il connaît l'*Histoire de la découverte et de la conquête du Pérou* par Zarate. Peut-être a-t-il lu déjà Garcilaso de La Vega et le réquisitoire de Las Casas. Dans la ligne de ces ouvrages, *Alzire* fait ressortir la justice de la cause indigène. On donne raison à Montèze, le père d'Alzire, lorsque, tout rallié qu'il est aux Espagnols, il dénonce «la rage impitoyable» des conquérants. La sympathie va à ces «sauvages» qui défendent leur peuple contre des «assassins», «avides» et «de sang enivrés» (II.i). L'intérêt dramatique exige cependant que les deux partis, comme dans *Zaïre*, se situent à un même niveau de noblesse morale. Alvarez le reconnaît impartialement:

> L'Américain, farouche en sa simplicité,
> Nous égale en courage, et nous passe en bonté. (I.i)

Parallèlement, en face, il est aussi de grandes âmes : cet Alvarez, précisément, et Gusman lui-même, ne se présentent pas comme des « méchants » dont on doive désespérer. Il existe de bons colonisateurs. Il existe de même, et c'est le second article de la leçon philosophique, une religion bienfaisante. Celle que pratique le même Alvarez, prêchant à son fils que « le vrai Dieu est un Dieu qui pardonne » (I.i). Un Dieu qui s'avère au dénouement, par la bouche de Gusman repenti, valoir mieux que les divinités barbares des indigènes :

> Des dieux que nous servons connais la différence :
> Les tiens t'ont commandé le meurtre et la vengeance ;
> Et le mien, quand ton bras vient de m'assassiner,
> M'ordonne de te plaindre et de te pardonner. (V.vii)

Voltaire reprend l'antithèse sur laquelle il fonde son déisme. Mais il la situe ici à l'intérieur du christianisme. Sa tragédie par là faisait, ou semblait faire, l'apologie de la religion la plus orthodoxe, conçue dans une interprétation généreuse. Il se flattait donc que cette pièce « fort chrétienne » pourrait le « réconcilier avec quelques dévots ».[28] Elle arrivait en effet à point nommé en cet automne de 1734. Après la condamnation et l'exil, elle pourrait s'insérer dans une stratégie du retour.

Mais l'affaire restait malaisée. Comment obtenir l'annulation de la lettre de cachet lancée le 8 mai ? En septembre, la duchesse de Richelieu était rentrée à Paris. Elle avait engagé aussitôt de courageuses démarches. Elle s'adresse d'abord au plus intransigeant, le procureur général Joly de Fleury. Elle lui apporte un projet de désaveu de Voltaire. Elle voit ensuite Chauvelin, le garde des Sceaux, qu'elle trouve dans les meilleures dispositions. Il prouve sur le champ sa bonne volonté en demandant au procureur général ses réflexions confidentielles sur le désaveu « afin que l'affaire puisse s'arranger convenablement ».[29] Ni cette invitation, très nette, ni la dignité et la diplomatie de la duchesse ne viendront à bout du procureur : « Il est vrai », répond-il au ministre, « que Mme la duchesse de Richelieu a voulu absolument me laisser un projet pour Voltaire, elle a mis par là mon respect et ma déférence pour elle à la plus grande épreuve. Tout ce que j'ai de plus intimes amis m'avaient apporté ce même projet, et je n'avais pas voulu m'en charger. Je le fis par respect. » Suit une critique du désaveu, longue, embarrassée, tâtillonne, d'où ressortent quelques vérités gênantes pour Voltaire : celui-ci en effet « compte sur la sagesse de sa conduite à l'avenir. Il ne dit pas un mot de la sagesse de ses pensées [...] Le désavouant est un menteur [...] il n'y a point de coupable qui ne désavoue son crime ou qui ne cherche à s'excuser. »[30]

Emilie a espéré que Voltaire serait de retour à Paris pour Noël 1734. Mais l'affaire est de nouveau bloquée : comme Joly de Fleury, le parlement est jansénisant et ne saurait oublier que Voltaire a maltraité Pascal.

Au début de septembre, la solitude de l'ermite semble devoir prendre fin: Mme Du Châtelet lui annonce qu'elle va renoncer à suivre la cour à Fontainebleau et partir pour Cirey. Curiosité de voir où en sont les travaux? Désir d'apporter à son ami sa présence? Certes, mais la vraie raison, c'est que Maupertuis vient d'accepter de Jean Bernoulli l'invitation de se rendre à Bâle. Et c'est cette nouvelle goujaterie de Maupertuis qui va brusquer sa décision: «Je suis au désespoir», lui écrit-elle, «non que vous soyez parti puisque vous l'avez voulu [...] mais de ce que vous ne me l'avez pas dit.»[31]

Avant de rejoindre Voltaire, elle se renseigne sur ce que pense la Sorbonne de l'opéra *Samson*. Elle en rend compte à Forcalquier en un style voltairien: «on dit que l'on y attribue les miracles de Moïse à Samson et que le feu du ciel qui désola la contrée des Philistins tomba premièrement sur la gauche, au lieu que dans l'opéra on le fait commencer par la droite, ce qui, comme vous sentez bien, est une grande hérésie».[32] Rameau lui «a fait la galanterie» de l'inviter à une répétition chez Fagon le fils; elle trouve admirables le troisième et le cinquième actes. Sans attendre, Voltaire continue à raccommoder son opéra.

Elle arrive enfin à Cirey le 20 octobre. Voltaire, tout heureux, l'annonce à Mme de Champbonin: «Elle est venue dans le moment que je recevais une lettre d'elle, par laquelle elle me mandait qu'elle ne viendrait pas si tôt. Elle est entourée de deux cents ballots qui ont débarqué ici le même jour qu'elle. On a des lits sans rideaux, des chambres sans fenêtres, des cabinets de la Chine et point de fauteuils, des phaétons charmants et point de chevaux qui puissent les mener. Madame Du Châtelet, au milieu de ce désordre, rit et est charmante.»[33] Avec la même bonne humeur, Voltaire accepte qu'Emilie modifie les plans qu'il a élaborés: «Elle fait mettre des fenêtres où j'avais mis des portes. Elle change les escaliers en cheminées, et les cheminées en escaliers. Elle fait planter des tilleuls où j'avais proposé des ormes».[34] Oubliant sa longue attente et ses blessures d'amour-propre le poète accourt avec son amie à La Neuville et à Champbonin dans un phaéton, voiture légère, tirée par un cheval «gros comme un éléphant».

Voltaire imagine-t-il qu'il a remporté une victoire définitive? Il invite, non sans crânerie, son rival Maupertuis à passer par Cirey lors de son retour de Bâle: «La plus belle âme du monde passe la vie à vous écrire en algèbre, et moi je vous dis en prose que je serai toute ma vie votre admirateur, votre ami etc.»[35]

On admire cette absence de jalousie, mais au fond, Voltaire s'installant ainsi chez Mme Du Châtelet n'occupe-t-il pas la position la plus solide et la plus durable?

Ce bonheur devait être court. Le froid de l'hiver s'installe en ce dur climat et Voltaire est maintenant certain de ne pas être à Paris pour Noël. Il n'a pas la vigueur nécessaire pour retenir son amie. Il est malade en novembre, et il se trouve, en décembre, «dans un accablement si grand, qu'à peine [a-t-il] la force d'écrire un mot»;[36] il décommande une invitation qu'il a faite à Mme de

Champbonin. Maupertuis est rentré de Bâle en se gardant bien de passer par Cirey; Emilie peut-elle dissimuler qu'elle aime son géomètre? Elle brûle de repartir pour Paris. La géométrie n'est pas son seul prétexte: les quelques nuits de Montjeu ont été fécondes pour la duchesse de Richelieu qui souffre, à Paris, d'une grossesse difficile; comment ne pas se précipiter à son chevet? En outre, Mme Du Châtelet rendra service à Voltaire: elle emporte, sous le secret, le manuscrit d'*Alzire* pour le remettre à d'Argental. «C'est une pièce fort chrétienne; [...] par le temps qui court, il vaut mieux faire sa cour à la religion qu'à la poésie.»[37] S'il se trompe sur les vertus de sa pièce, du moins montre-t-il que lui aussi a envie de rentrer.

A la fin de janvier, le poète reçoit de bonnes nouvelles. Son projet de désaveu, remanié par le procureur général, où il «proteste de sa soumission entière à la religion de ses pères», a été présenté par Chauvelin au cardinal de Fleury qui l'a trouvé «bien». Chauvelin a déclaré qu'il en faisait son affaire. Depuis la sortie des *Lettres*, les admirateurs et amis du poète ont effectué lentement leur travail de fourmis. Le procureur, dont la disposition s'est curieusement modifiée, admet que «le libraire se trouve plus compromis que l'auteur». Enfin le pouvoir, qui n'est pas janséniste, passe outre à la résistance du parlement et, le 2 mars, Hérault écrit à Voltaire qu'il pourra revenir à Paris lorsqu'il le jugera à propos. Il termine sa lettre par un sermon paternel: «Plus vous avez de talent, monsieur, plus vous devez sentir que vous avez et d'ennemis et de jaloux. Fermez-leur donc la bouche pour jamais par une conduite digne d'un homme sage et d'un homme qui a déjà acquis un certain âge.»[38]

Le lieutenant de police ne connaît pas encore son Voltaire. Mais la lettre de cachet du 8 mai 1734 n'est pas révoquée: le pouvoir pense sans doute que c'est là le bon moyen d'obtenir cette sagesse.

Voltaire ne se hâte pas. Il abandonne les travaux de Cirey à un homme de l'art et n'arrive à Paris que le 30 mars.[39] Or, six semaines plus tard, vers le 12 mai, il va fuir Paris. Il cherche à l'expliquer à ses correspondants, leur donnant des arguments embarrassés et peu convaincants. A Paris, il vit dans un tourbillon; son imagination est appesantie par «les affaires et les devoirs»; il est déçu par Linant, qui s'est mal conduit dans «le bouge» de la rue de Longpont et n'a rien écrit «qui ressemble à une tragédie». Si Voltaire est satisfait que les théories de Newton soient un peu mieux connues, il est fâché que Paris ne s'intéresse plus assez à la poésie; les «vers ne sont plus à la mode»; le siècle va vers la physique et la philosophie... «Tout tombe, tout s'en va dans Paris. Je m'en vais aussi».[40] Et les dévots prêtent l'oreille aux bruits qui courent à propos de «cette *Pucelle*».[41]

Si son départ est étonnant, la destination qu'il prend l'est davantage encore: il ne va pas à Cirey, il part pour la cour de Lorraine, à Lunéville, avec la duchesse de Richelieu, laissant à Paris Mme Du Châtelet. Il n'est pas difficile de deviner qu'il a eu avec son amie une explication grave, qu'il lui a reproché sa conduite et qu'il l'a mise en demeure de se décider soit pour Voltaire et l'étude, soit pour Maupertuis et la dissipation. Bien qu'il soit libre désormais de vivre à Paris, il retournera à Cirey, mais à condition qu'elle s'y installe avec lui. Il ne s'agit pas d'une simple brouille; c'est plus important: c'est un choix de destinée. Voltaire laisse à Mme Du Châtelet quelques semaines pour réfléchir.

C'est ce qu'elle fait enfin, lucidement, honnêtement. Sa décision, nous la trouvons dans les longues lettres confidentielles qu'elle écrit à Richelieu en mai et juin. Dès le 21 mai, son «sacrifice» est fait. Il n'est pas mince, car elle était très «lancée» dans le monde et pouvait parvenir peu à peu à consolider la situation de Voltaire: elle a été reçue chez les Condé et a soupé chez le cardinal de Fleury. «Tout mon bien», écrit-elle, «est à Lunéville et à Strasbourg [où Richelieu a rejoint son régiment]. Je perds ma vie loin de tout ce que j'aime [...] l'ennui ne me quittera qu'en Champagne. Je n'y pourrai guère être avant le 20e de juin.»[42] Richelieu demande sans doute des explications. Elle les lui donne dans les lettres suivantes.

Elle fait, de ses rapports avec Voltaire, une analyse lucide où l'on recueille les échos de récentes discussions avec le poète: «Mon esprit est accablé, mais mon cœur nage dans la joie. L'espérance que cette démarche [son proche départ pour Cirey] lui persuadera que je l'aime me cache toutes les autres idées, et je ne vois que le bonheur extrême de guérir toutes ses craintes et de passer ma vie avec lui. [...] Je vous avoue cependant que ses inquiétudes et ses méfiances m'affligent sensiblement. Je sais que cela fait le tourment de sa vie. Il faut bien moyennant cela que cela empoisonne la mienne, mais nous pourrions bien avoir raison tous deux. Il y a bien de la différence entre la jalousie et la crainte de n'être point assez aimé [...] L'un est un sentiment fâcheux et l'autre une inquiétude délicate contre laquelle il y a moins d'armes et moins de remèdes hors celui d'aller être heureux à Cirey. Voilà en vérité de la métaphysique d'amour.»[43] Rien d'étonnant à cette «métaphysique»: elle vient de se promener deux heures aux Tuileries avec Fontenelle, le «père» et l'ami de Marivaux.

A plusieurs reprises, elle avoue qu'elle aime Voltaire et le déclare son amant, un amant de choix auprès de qui elle est décidée à jouer un rôle historique: «Plus je réfléchis sur la situation de Voltaire et sur la mienne, et plus je crois le parti que je prends nécessaire. Premièrement, je crois que tous les gens qui aiment passionnément vivraient à la campagne ensemble si cela leur était possible; mais je crois de plus, que je ne puis tenir son imagination en bride que là: je le perdrais tôt ou tard à Paris, ou du moins je passerais ma vie à craindre de le perdre, et d'avoir des sujets à me plaindre de lui. [...] Je ne puis allier dans ma tête tant d'esprit, tant de raison dans tout le reste, et tant d'aveuglement dans ce qui peut le perdre sans retour: mais je suis obligée de céder à l'expérience. *Je l'aime assez, je vous l'avoue, pour sacrifier au bonheur de vivre avec lui sans alarmes, et au plaisir de l'arracher malgré lui à ses imprudences et à sa destinée, tout ce que je pourrais trouver de plaisir et d'agrément à Paris.*»[44]

La réflexion de Mme Du Châtelet a porté aussi sur sa situation conjugale. A cette époque, il est plus facile à une femme du monde de se dissiper que de s'installer dans l'adultère. La cohabitation de l'ami et de l'époux pose des problèmes, car enfin c'est chez M. Du Châtelet que le couple va vivre. En ce qui concerne l'aspect moral de cette situation, Richelieu, qui se trouve sur le même champ de bataille que M. Du Châtelet, peut rendre à Emilie un inappréciable service : très écouté du marquis, il le persuadera de la nécessité et de l'innocence de la collaboration des deux génies loin du monde. « Si vous voyez M. de Châtelet, comme je n'en doute pas, parlez-lui de moi avec estime et amitié ; surtout vantez mon voyage, mon courage, et le bon effet que cela fait dans le monde. Parlez-lui de Voltaire simplement, mais avec intérêt et amitié, et surtout tâchez de lui insinuer qu'il faut être fou pour être jaloux d'une femme dont on est content, qu'on estime, et qui se conduit bien, cela peut m'être essentiel. Il a un grand respect pour votre esprit, et sera aisément de votre avis sur cela. »[45]

A Lunéville, Voltaire s'amuse beaucoup, ce qui laisse supposer qu'Emilie l'a informé dès le mois de mai de sa décision. Le duc Léopold de Lorraine, qu'il a connu naguère, étant mort en 1729 à la suite d'un accident, c'est Elisabeth, sœur de Philippe d'Orléans, qui assure la régence ; elle est en relations d'amitié avec Elisabeth de Guise, duchesse de Richelieu. C'est dire que Voltaire, favorisé aussi par la réputation d'homme d'esprit qu'il y a laissée en 1729, et par son actuelle renommée, est accueilli dans la petite cour avec un respect teinté de joyeuse familiarité. La liberté des propos est, dans cette cour, aussi grande que celle des mœurs, qui reste cependant décente et du meilleur ton parce qu'elle est sans passion. En nul autre pays proche du royaume de France, on ne saurait trouver un tel goût pour la poésie, le théâtre, les belles-lettres et les arts. Non seulement Voltaire fréquente familièrement le prince de Beauvau-Craon, premier serviteur des ducs, et ses nombreux enfants, mais il va au bal, au concert, à la comédie,[46] car la cour possède un merveilleux théâtre et une troupe. Belle occasion pour le poète de faire jouer ses pièces en dirigeant lui-même les acteurs. Dans cette fête perpétuelle, on n'oublie pas les sciences et la philosophie. La duchesse de Richelieu se passionne, avec Voltaire, pour l'étude de la physique. Comment résister ? Ils ont trouvé là une « salle des machines » qui n'a pas sa pareille en France et « un simple serrurier devenu philosophe » nommé Vairinge, qui fabrique lui-même ses appareils et enseigne la physique. La duchesse a fait des progrès si étonnants qu'elle donne, dans cette salle, une conférence sur les théories de Newton. Un jésuite, le P. Dallemant, qui s'est avisé de venir disputer contre elle, « a été confondu et hué en présence de quelques Anglais qui ont conçu de cette affaire beaucoup d'estime pour nos dames, et un peu de mépris pour la science de nos moines. »[47]

Voltaire regagne Cirey le 25 juin.[48] Mme Du Châtelet le rejoint, accompagnée de Linant, l'abbé joufflu, bégayant et paresseux, engagé par pitié pour faire plaisir à Cideville. Il ne tiendra qu'à Mme Du Châtelet, écrit Voltaire, « d'enseigner le latin au précepteur qui restituera au fils ce qu'il aura reçu de la mère».[49] Richelieu a réussi sa mission auprès de M. Du Châtelet, qui obtient du garde des Sceaux une autorisation officieuse d'héberger Voltaire. Tout le monde est heureux et semble promis à une vie paisible. C'est l'été. Voltaire retourne à ses maçons et s'attelle au *Siècle de Louis XIV*.

2. Le ménage de Cirey

Comment l'opinion admettra-t-elle que Mme Du Châtelet et Voltaire puissent former un couple et s'installer «en ménage» à Cirey? Voilà qui ne passera inaperçu ni de leurs ennemis ni, surtout, de l'Officialité, ce tribunal ecclésiastique chargé de faire respecter le sacrement du mariage, d'empêcher la prolifération des scandales publics, dangereux pour l'autorité de l'Eglise et pour l'ordre social qu'elle soutient. Il suffit qu'un prêtre, s'il a vent d'un cas de concubinage, d'adultère ou d'inceste, le dénonce à un «promoteur» ou procureur ecclésiastique, pour que l'official, juge suprême du tribunal, ordonne des enquêtes et engage un procès. Si la vigilance de l'Officialité s'est relâchée sous la Régence, c'est précisément vers 1735 que son action s'amplifie. Elle s'efforce encore de juger selon le droit romain: «L'adultère se punit en la personne de la femme et non en celle du mari.»[1] La femme n'a aucun recours contre l'infidélité de l'époux: «Elle doit présumer qu'il est fidèle, et la jalousie ne doit pas la porter à faire des recherches sur sa conduite».[2] Non que le législateur aille jusqu'à reconnaître la polygamie de l'homme comme naturelle et nécessaire! Il s'agit seulement de protéger dans la femme la descendance légitime du mari, sans interdire à ce dernier de fausser celle des autres. Les sanctions les moins sévères, qui entraînent toujours la séparation sous peine d'excommunication, sont des prières à répéter à genoux pendant des mois ou une année entière; les plus sévères sont des amendes allant de trente à cent livres, assorties de retraites obligatoires dans un couvent pour une durée de huit jours à six mois, parfois avec jeûne au pain et à l'eau.

Certes, Mme Du Châtelet et Voltaire contreviennent au sacrement du mariage à la fois par concubinage et par adultère. Savent-ils que, lorsque les étrangers s'installent dans une paroisse, ils doivent présenter au curé un certificat de leur mariage? Mais nos deux philosophes sont de toute façon protégés. C'est dans les gros bourgs ou les petites villes, où l'encadrement par le clergé est le plus dense et le plus vigilant, que les procès de l'Officialité sont fréquents et sévères. Bien entendu, il n'en est pas question dans les milieux privilégiés où le clergé, quand il n'est pas lui-même compromis ou complice, ferme les yeux. C'est de la noblesse et de la bourgeoisie que partira un adoucissement progressif du sort de la femme. Certes, on n'annulera jamais le sacrement du mariage, mais les demandes de séparation de corps seront de plus en plus fréquentes et souvent accordées, en particulier quand l'épouse subira de mauvais traitements: ce sera le cas de Mme de Graffigny.

C'est ainsi que l'on s'habitue, chez les nobles, les parlementaires et les financiers, aux faux ménages. Les plus connus sont ceux du président Hénault avec Mme Du Deffand, et, avant leur mariage, du président de Meinières avec Mme Belot, de La Popelinière avec Mlle Deshayes. Par respect pour la famille Du Châtelet, les ennemis de Voltaire attaqueront rarement Emilie. L'opinion, dans son ensemble, restera discrète : le marquis Du Châtelet lui-même ne trouve-t-il pas toute naturelle cette collaboration hors du commun et ne viendra-t-il pas vivre avec les deux amis ?

L'été de 1735 apporte au couple une paix jusqu'alors inconnue. Voltaire, qui a retrouvé sa santé et sa gaieté, se déclare «tranquille, heureux et occupé».[3] Emilie et lui, comme s'ils étaient en vacances, se laissent séduire par cette liberté : ils se procurent des chiens, vont à la chasse, se promènent à pied, montent sans aucun risque leurs lourds chevaux, jouent au tric-trac et aux échecs chez leurs voisines. L'air de la campagne exalte Linant à tel point que le jeune effronté fait une cour trop appuyée à Mme de La Neuville qui en est fort choquée, d'autant plus que M. de La Neuville vient de rentrer. Voltaire, toujours indulgent pour ses protégés, fait oublier l'affront par un madrigal à la jolie châtelaine :

> On est souvent un fat en montrant trop d'ardeur ;
> Mais soupirer tout bas, serait-ce vous déplaire ?[4]

La réfection, la décoration et l'ameublement de leurs chambres occupent beaucoup Voltaire et son amie. Bien que le château soit encore un chantier, Voltaire invite le duc de Richelieu, rentrant des armées, à passer par Cirey. Après l'avoir engagé à «se saisir» de la première femme qu'il rencontrera, il lui donne un indispensable conseil :

> Mais s'il vous peut rester encore
> Quelque pitié pour le prochain,
> Epargnez dans votre chemin
> La beauté que mon cœur adore.[5]

Voltaire et Emilie s'aperçoivent bientôt que le temps s'écoule, dévoré par des occupations matérielles ou frivoles. Pour préserver l'essentiel, c'est-à-dire la conversation et l'étude, ils s'imposent une discipline et un horaire. C'est Voltaire qui se montre le plus attaché à la conversation, moment nécessaire à l'expression de l'amitié et à l'enrichissement de la pensée. Très touché par le sacrifice que Mme Du Châtelet lui a fait de ses relations mondaines, il exalte souvent, dans sa correspondance, la profondeur des sentiments qu'elle lui inspire et le profit qu'il tire de leurs échanges intellectuels : «Ce qu'elle a fait pour moi», écrit-il à Thiriot, «dans l'indigne persécution que j'ai essuyée, et la manière dont elle m'a servi m'attacherait à son char pour jamais, si les lumières singulières de son esprit, et cette supériorité qu'elle a sur toutes les femmes ne m'avait déjà enchaîné. Vous savez si mon cœur connaît l'amitié ; jugez quel attachement infini je dois avoir pour une personne dans qui je trouve de quoi oublier tout le monde, auprès de qui je m'éclaire tous les jours, à qui je dois tout. »[6] Il s'instruit davantage auprès d'elle «qu'il ne le ferait dans tous les livres». Parfois, Linant est convié à leurs réunions. Ainsi, dit Voltaire, tous deux «apprennent d'elle à penser». Modestie compréhensible: Linant ne pense guère et Voltaire pense trop vite. Emilie oblige son ami à discipliner son esprit.

Respecter l'horaire pour que discussions, lectures et travaux en commun, travaux personnels et repas trouvent leur place dans la journée devient si nécessaire qu'il y faut une règle. Aussi le temps est-il bientôt ponctué par le son d'une cloche. Cette vie apparemment austère impose le plus profond respect au marquis Du Châtelet, qui rentre en septembre, insatisfait de s'être trop peu battu. Habilement, on lui fait fête, puis on l'abandonne à ses occupations; il visite ses bois, ses fermes et ses forges. C'est un homme facile à vivre. Il comprend que la marquise et Voltaire sont occupés à d'importants travaux exigeant qu'ils ne vivent point comme tout le monde. Aussi accepte-t-il de prendre son repas de midi avec Linant et les enfants. Quant aux deux philosophes, qui travaillent la nuit, ils se contentent du petit déjeuner, vers onze heures, et du souper.

Le souper, point culminant de la journée, à condition que Voltaire ne soit ni malade, ni accablé de soucis, c'est la fête, plus éclatante encore quand passe un visiteur, la fête autour d'une table illuminée à profusion, où des laquais servent dans la vaisselle d'argent le gibier et les produits de la ferme: fête égayée par les fusées spirituelles de Voltaire et par son intarissable verve.

Calme précaire. A l'automne de 1735, surgissent des soucis venus de Paris. Qui se fût douté qu'ils naîtraient des bonnes relations de Voltaire avec l'abbé Asselin, proviseur du collège d'Harcourt? L'abbé, qui a dix ans de plus que Voltaire, n'est pas un inconnu dans le monde des belles-lettres: poète, il a été couronné cinq fois aux Jeux floraux, et normand, il a été l'ami de Thomas Corneille. Certes, il a écrit un *Discours pour disposer les déistes à l'examen de la vérité*, mais la modération de ce titre annonce une intention pédagogique plus qu'une mise en accusation, et l'abbé ne s'interdit point d'admirer en Voltaire l'auteur dramatique. Celui-ci l'a prié d'accueillir en pension, dans les conditions les moins onéreuses, le «petit Champbonin». Asselin lui a confié ses regrets de n'avoir pas une tragédie qui pût être jouée par ses élèves pour la distribution des prix. Voilà qui tombe bien! «Vous réveillez en moi une idée», répond Voltaire, «que j'ai depuis longtemps de vous présenter *La Mort de César*, pièce de ma façon, toute propre pour un collège où l'on n'admet point de femmes sur le théâtre [...] Je m'y suis proposé pour modèle votre illustre compatriote. »[7]

La pièce[8] plaît à l'abbé Asselin parce qu'elle ne compte que trois actes et qu'elle atteint à la grandeur cornélienne. Il ne se pose pas de problème de fond. Sans doute s'agit-il de conspirateurs en révolte contre un tyran et soutenus par tout un peuple, mais l'audace n'est-elle pas atténuée par l'éloignement dans le passé?

Voltaire confie donc sa pièce au proviseur à condition que jamais le texte ne sorte du collège. En mai, il lui écrit de Lunéville: «Je vous réitère [...] mes prières d'empêcher qu'on en prenne copie».[9] Encore n'a-t-il pas, pour le collège, osé montrer sur la scène l'assassinat de César: il «n'a osé être ni Romain ni Anglais».

La représentation a lieu le 11 août 1735 devant «un public de la première distinction», dit le *Mercure*: parents d'élèves, personnalités et amis de Voltaire. Les élèves, trois d'entre eux surtout, se surpassent dans leur rôle et le succès de la pièce retentit dans Paris. Heureux, Voltaire remercie chaleureusement, le 24 août, proviseur et acteurs.

La destinée va parfois très vite: dès le 1er septembre, Voltaire reçoit la «taloche de la Fortune»: il apprend que l'on vient d'imprimer sa tragédie, non seulement remplie de fautes, mais déformée par des omissions, «des additions et corrections qu'un régent de collège y a faites [...] Ainsi me voilà calomnié, et ridicule», écrit-il à Thiriot, et il demande à son ami de le sauver de «l'opprobre» en publiant que l'auteur n'est «en aucune manière responsable [...] de cette misérable édition».[10] Cherchant aussitôt à se couvrir du côté de l'abbé Desfontaines, il prend les devants et le prie de déclarer dans les *Observations sur les écrits modernes* que «cette pièce n'est point imprimée telle que je l'ai faite». Mais Cirey est loin: quand sa lettre parvient à Desfontaines, celui-ci a achevé son article. Il y critique les personnages de la pièce, et surtout les vers: «Qu'il y en a de faibles et de durs! Que d'expressions vicieuses! Que de mauvaises rimes!» Un tel jugement sur les vers de Voltaire comporte toujours quelque chose de vrai; c'est pourquoi Desfontaines n'en démord pas: il publie son article et, croyant peut-être en atténuer la sévérité, il y ajoute la mise en garde de Voltaire. Le fait-il sciemment? Le malheur, c'est que cette lettre du poète, qui n'est pas destinée à devenir publique, est datée de Cirey: elle divulgue le lieu de sa retraite, qui ne devait être connu que des ministres et de quelques amis. Elle gêne surtout le marquis et la marquise Du Châtelet qui désiraient que leur hospitalité fût la plus discrète possible.

Ce n'est pas tout: ainsi que Voltaire l'a prévu, «la calomnie va se joindre à la critique». On ne tarde pas à découvrir que la pièce met en cause le pouvoir, ce que Voltaire, certainement, n'a pas voulu. D'ailleurs, qui donc peut penser que le pouvoir, en France, soit tyrannique? Il n'en reste pas moins qu'on y tue un dictateur et que Voltaire a laissé passer des vers tels que ceux-ci:

> Chacun baise en tremblant la main qui nous enchaîne. (II.24)

> Je déteste César avec le nom de roi,
> Mais César citoyen serait un dieu pour moi. (III.160-161)

Et des répliques fracassantes:

> CÉSAR: Qu'oses-tu demander, Cimber?
> CIMBER: La liberté. (I.208)

> CÉSAR: Que peux-tu donc haïr en moi?
> BRUTUS: La tyrannie. (III.162)

298

Aussi, dès le 1er septembre, un janséniste, Claude Le Pelletier, a-t-il protesté violemment auprès de Chauvelin: «C'est l'ouvrage le plus séditieux, le plus opposé au gouvernement monarchique [...] Faites brûler cet ouvrage de ténèbres propre à former des Jacques Clément et des Ravaillac.»[11]

Sous le coup de l'émotion, Voltaire s'abandonne, comme toujours, à une violente colère. Il fulmine dans les lettres à ses amis contre les vils calomniateurs, «les cris de la canaille», contre la rage des gens de lettres qui s'acharnent à lui reprocher sa fortune et l'usage qu'il en fait. Ce qui le révolte le plus, c'est que Desfontaines prétend que *La Mort de César* est contraire aux bonnes mœurs. Lui qui satisfait son vice avec de petits Savoyards! Voltaire regrette de l'avoir tiré de Bicêtre. Il finit par s'amuser de ses propres invectives: «Il vaut mieux après tout brûler un prêtre que d'ennuyer le public.»[12]

Sous l'influence réfléchie de Mme Du Châtelet, il se calme. La feuille de Desfontaines est très lue: ne peut-il avoir besoin de lui quelque jour? Alors, il supplie l'abbé Asselin d'intervenir. Thiriot, qui est resté en bonnes relations avec Desfontaines, obtient, dans les *Observations* du 5 novembre, une mise au point conciliante. Mais l'impatience de Voltaire brouille tout: il vient d'envoyer au *Mercure* une note qui rallume la guerre. «C'est le libellé du divorce», écrit Desfontaines qui exige des excuses. On devine les reproches d'Emilie. Voltaire, doucereux, écrit à Desfontaines une lettre apaisante, presque amicale: «La pénitence que je vous impose», dit-il, «est de m'écrire au long ce que vous croyez qu'il y ait à corriger dans mes ouvrages dont on prépare en Hollande une très belle édition.»[13] Calmé en apparence, mais cruellement facétieux, c'est à un excès de zèle que va se livrer Desfontaines.

Voltaire vient d'écrire étourdiment une épître assez indélicate qui met en danger non plus sa liberté, mais son bonheur. C'est l'*Epître à Algarotti*. Né à Venise en 1712, le comte Francesco Algarotti est un jeune homme comblé de dons: à vingt-trois ans, il a étudié les mathématiques, l'astronomie, la physique et la philosophie; il connaît le latin et le grec et parle la plupart des langues de l'Europe. Comme délassement, il cultive la poésie et se passionne pour les beaux-arts. Il lui manque la puissance du génie, mais il parle et écrit comme Fontenelle, avec aisance, clarté, justesse. A Paris, il s'est associé aux travaux de Maupertuis et de Clairaut. Comme il fait le projet de partir en expédition pour le pôle avec Maupertuis, l'épître que lui adresse Voltaire se termine ainsi:

> Cependant je vous attendrai,
> Tranquille admirateur de votre astronomie,
> Sous mon méridien, dans les champs de Cirey,
> N'observant désormais que l'astre d'Emilie. [...]
> Et j'atteste les cieux mesurés par vos mains
> Que j'abandonnerais pour ses charmes divins
> L'équateur et le pôle arctique.[14]

Innocemment, Desfontaines demande à Voltaire s'il peut publier cette épître. Stupéfaction du poète qui répond immédiatement qu'une telle publication heurterait les convenances et offenserait gravement M. et Mme Du Châtelet. L'abbé résistera-t-il? Il tient sa vengeance: plus encore que la publication des vers qu'il trouve faibles, le scandale qu'il va provoquer le réjouit; il fait paraître l'épître dans les *Observations* du 19 novembre 1735.

Le marquis Du Châtelet s'entendait fort bien avec Voltaire dont il appréciait la discrétion et la générosité. Qui lui a procuré l'épître? Nous ne saurions le dire. Toujours est-il que cet homme paisible se fâche. Voltaire, surpris, a recours à un piètre moyen de défense: non! il n'est pas l'auteur de l'épître! Au château, c'est un drame de l'honneur. Mme Du Châtelet, qui sait à quoi s'en tenir et qui ne saurait soupçonner Algarotti, demande à son ami par quel moyen l'épître est allée à Paris. Elle sait que Voltaire est incorrigible: il ne peut se retenir de communiquer à ses «amis» les plus légers de ses vers. Cette fois, c'est Thiriot qui les a reçus. Voltaire a-t-il besoin de le lui rappeler? «Vous connaissez cette guenille que j'avais écrite au marquis Algarotti?»[15] Confiance fort mal placée dont le poète n'a pas fini de souffrir: Thiriot est un ami de Desfontaines.

M. Du Châtelet veut se plaindre au garde des Sceaux. Voltaire continue à nier... Par bonheur, survient la condamnation de Desfontaines par la Chambre de l'Arsenal pour avoir fait un libelle contre l'Académie. Le calme revient peu à peu. Le poète revient à des sentiments de générosité et tient à rassurer l'abbé Asselin: «J'apprends que l'abbé Desfontaines est malheureux et dès ce moment-là je lui pardonne.»[16] Mais on reparlera de Desfontaines et de Thiriot.

Voltaire et Mme Du Châtelet n'ont reçu, en 1735, que deux visites importantes. Celle d'Algarotti, la plus longue, a duré près d'un mois, approximativement du 10 octobre au 10 novembre. L'hôte s'est fort bien adapté à la vie du couple, sans danger pour Emilie, non pas parce qu'il vibre d'une apparente pureté – Voltaire l'a surnommé «le Cygne de Padoue» – mais parce qu'il est homosexuel par nature. Comme il prépare des dialogues newtoniens pour dames du monde,[17] procédé de vulgarisation imité de Fontenelle, il a beaucoup «newtonisé» à Cirey, tout en s'intéressant aux études bibliques d'Emilie, à la correction d'*Alzire* et à *La Mort de César*. En vue de la publication de cette tragédie, il laisse à Voltaire une lettre-préface en italien. Le poète semble avoir beaucoup apprécié ce «jeune homme qui sait les langues et les mœurs de tous les pays, qui fait des vers comme l'Arioste, et qui sait son Locke et son Newton.»[18]

Moins reposante, plus ambiguë et plus brève, la visite de Richelieu ne dura que quelques jours, à la fin de novembre. Emilie s'est beaucoup réjouie qu'il eût accepté de s'arrêter à Cirey: «Quelque difficile que je sois à vivre (et je vous avoue que je le suis presque autant pour mon ami que pour mon amant) [...] Vous viendrez donc voir le phénomène, deux personnes qui ont passé trois mois tête-à-tête, et qui ne s'en aiment que mieux [...] je vous jure que qui m'eût dit, il y a deux ans, que je mènerais par choix la vie que je mène, j'en aurais été bien étonnée.»[19]

Il est vrai que le château fourmille encore d'ouvriers. Il est moins confortable qu'un de ces camps d'officiers organisés et ravitaillés par les frères Pâris. Mais cela ne saurait suffire à expliquer la brièveté de cette visite. Il semble que la présence du prestigieux duc, sans doute un peu gênante pour Voltaire, ait provoqué chez Mme Du Châtelet un retour de flamme. La lettre qu'elle lui écrit par la suite fait allusion à un «aveu» qu'elle a eu tort de lui faire, suivi d'une dispute et d'une réconciliation, toutes choses demeurées obscures. Le duc a «cru» Emilie capable d'une «indignité» qui excita en lui «l'indignation et le mépris». Elle n'en manifeste pas moins un grand amour pour Voltaire et une amitié trop tendre pour le duc. Ah! si elle pouvait vivre entre ces deux hommes, quel bonheur! Où irait l'amitié? Où irait l'amour?

Sans doute ignorée de Voltaire, la dispute n'a pas compromis la paix du château. Quelques jours plus tard le poète déclare à Thiriot: «Je passe mes jours dans les douceurs de la société et du travail.»[20] Il se remet à *Samson* en renouant avec Rameau, discute avec d'Argental de la religion d'*Alzire* et «caresse la métaphysique».

Mais sa mauvaise étoile ne l'a pas quitté. En décembre surviennent deux événements qui vont bouleverser au château les fêtes de fin d'année. Peut-être des textes plus importants que l'*Epître à Algarotti* ont-ils quitté ses tiroirs? Il s'agit de cinq chants de *La Pucelle*. Quelle source de convoitises et de nouvelles angoisses, cette *Pucelle*! «On» vient d'avertir Voltaire que ces chants courent dans Paris, et que c'est M. Rouillé lui-même qui l'affirme. Voici les bonnes résolutions du désaveu gravement compromises: ni Chauvelin, ni Hérault, ni surtout Joly de Fleury, désormais, ne feront confiance à Voltaire. Il croit se souvenir qu'il a commis naguère une imprudence: «Si quelqu'un m'a trahi, ce ne peut être qu'un nommé Dubreuil, beau-frère de Demoulin, qui a copié l'ouvrage il y a six mois.»[21] Et si c'était Demoulin lui-même? L'homme est beaucoup plus trouble que Dubreuil: «Il faut absolument empêcher l'entreprise de Demoulin», écrit le 3 décembre Formont à Cideville.[22] Maître de l'appartement de la rue de Longpont, Demoulin aurait escamoté des dossiers appartenant à Voltaire, parmi lesquels le début de *La Pucelle*. Avait-il déjà l'intention de faire chanter le poète? Qui donc a averti Voltaire que le garde des Sceaux possédait ces chants dans ses tiroirs? Voltaire prévient ses amis. Le chevalier de Froulay parle «en vrai Bayard» au garde des Sceaux.[23] Le marquis et Mme Du Châtelet aussi lui ont écrit. Mais, au reçu de deux lettres peu rassurantes de Thiriot, Voltaire décide de s'éloigner. Le 28 décembre, le voici – c'est lui qui le dit – «avec une chaise de poste, des chevaux de selle, et des amis, prêt à gagner le séjour de la liberté».[24] Et quelle adresse donne-t-il à ses amis? Celle de Demoulin! Emilie déclare à Thiriot: «Vous savez que j'ai perdu votre ami.»[25] Elle ajoute qu'elle aurait l'espoir de le revoir, si l'on pouvait connaître les véritables sentiments du

« keeper » (Chauvelin, garde des Sceaux) à son égard et s'il a réellement les cinq chants. Voltaire, de son refuge, déprimé et pessimiste, ne fait que suggérer à Thiriot de mentir misérablement : « Si M. le garde des Sceaux, a dans son portefeuille quelque pièce sous le nom de *La Pucelle* c'est apparemment l'ouvrage de quelqu'un qui a voulu m'attribuer son style pour me déshonorer et me perdre. »[26] Thiriot n'aime pas ce Voltaire émotif et, pour tout dire, brouillon : on saura plus tard ce qu'il en pense.

Or, ce n'est jamais qu'une crise. Voltaire se ressaisit vite. Près de la « frontière », il continue à s'occuper d'*Alzire* et de *Samson*. Mme Du Châtelet ne semble pas inquiète outre mesure. Qui donc a dramatisé l'affaire ? On pourrait croire que c'est Thiriot lui-même. Il ne semble pas que Voltaire se soit caché si loin de Cirey, car en cette cachette, il avait « des amis » : peut-être n'a-t-il pas dépassé La Neuville ? Les chants n'ont pas circulé et Chauvelin ne nourrit point à son égard de sentiments hostiles. De bonne heure, il a dû recevoir des assurances de d'Argental ou de Formont. Tout s'apaise comme par miracle : le 6 janvier, Voltaire date une lettre de Cirey ; mais d'après la tranquillité qui transparaît dans une autre d'Emilie, du 3, et une de Voltaire, du 4, il est possible qu'il soit rentré dès le 2 janvier.

S'il n'a pas cessé de s'occuper d'*Alzire*, et s'il va s'en occuper « nuit et jour », c'est qu'il se voit contraint de gagner de vitesse un concurrent. En décembre, au moment où il va s'éloigner de Cirey, il apprend que Le Franc de Pompignan a entendu parler du sujet d'*Alzire* par l'abbé de Voisenon, peut-être par l'acteur Dufresne, et pourquoi ne pas ajouter l'inévitable Thiriot, qui rencontre Le Franc chez La Popelinière ? De ces renseignements, Le Franc aurait tiré une pièce, *Zoraïde*, qu'il a portée aux comédiens ; ceux-ci ont décidé de la jouer. Or Voltaire pense que l'originalité d'*Alzire ou les Américains* tient au lieu où il a situé l'action et à son idée, bien voltairienne, d'opposer au fanatisme une religion indulgente. D'abord furieux et injurieux, il se reprend. Et comme toujours, l'émotion le pousse à l'action : il va tout faire pour dominer l'adversaire, mais sans l'écraser. Il voudrait réussir « sans que Le Franc tombât ».

Quel est cet adversaire ? Venu de Montauban où il possède des terres, il fit de brillantes études au collège Louis-le-Grand, avec le P. Porée en classe de rhétorique, comme Voltaire, mais dix ans plus tard. Il passe à l'Ecole de droit et devient avocat. Après avoir aimé sa filleule avec une violence excessive et scandaleuse, il fuit sa famille à vingt-deux ans et, pour oublier, écrit *Didon*, sa première tragédie. Jouée le 21 juin 1734, la pièce remporte un grand succès. A vingt-cinq ans, Le Franc est connu : il se voit honoré d'une épître du prince royal Frédéric de Prusse, il se lie avec Mlle Dufresne, l'actrice qui joua le rôle de Didon, il compose des vers galants et triomphe dans les salons. Que faut-il de plus pour lui tourner la tête ? Respectueux de la tradition religieuse, mais orgueilleux et violent, épris de justice et frondeur, tel est l'homme qui vient d'écrire *Zoraïde*.[27]

Voltaire, ignorant ce que Le Franc a pu savoir d'*Alzire*, et sur de simples rumeurs, écrit aux comédiens, les priant de jouer sa pièce avant celle de Le Franc.

Sa lettre est modeste et habile : « mais il arriverait que si [la pièce de Le Franc] était jouée la première, la mienne ne paraîtrait plus qu'une copie de la sienne ; au lieu que si sa tragédie n'est jouée qu'après, elle se soutiendra toujours par ses propres beautés ».[28] Dans ce cas, Voltaire serait le premier à applaudir, car il ne veut point de guerre entre auteurs. Les comédiens, aisément convaincus, décident de renvoyer *Zoraïde* à l'auteur pour une seconde lecture et de faire passer d'abord la pièce de Voltaire. Bien que nous connaissions le personnage, la réaction de Le Franc est si violente qu'elle nous étonne : il rompt avec les comédiens et la Comédie-Française : « Je suis fort surpris, messieurs, que vous exigiez une seconde lecture d'une tragédie telle que *Zoraïde*. Si vous ne vous connaissez pas en mérite, je me connais en procédés ; et je me souviendrai assez longtemps des vôtres pour ne m'occuper plus d'un théâtre où l'on distingue si peu les personnes et les talents ».[29]

De dépit, Le Franc déchire sa tragédie, de sorte qu'il n'en reste rien sinon un plan reconstitué dans une lettre autographe de La Trémoille qui l'avait entendue et lue.[30] *Zoraïde* se situait en Inde et n'avait qu'un point commun avec *Alzire*, c'est que l'auteur y opposait les mœurs européennes à celle de ce pays. Beaucoup de bruit pour rien. Le Franc, perdu par son orgueil, se tourne vers les Italiens et l'Opéra. Voltaire lui reproche d'empêcher Mlle Dufresne de jouer Alzire : « le rôle était fait pour elle ». C'est donc Mlle Gaussin, dont le talent manque de force et « qu'il faudra hausser sur son cothurne », qui tiendra le rôle ; mais elle se rachètera par sa tendresse, sa douceur déchirantes.

C'est elle surtout qui en fait le succès, le plus grand depuis *Zaïre*. La pièce, créée le 27 janvier 1736, est jouée vingt fois et deux fois à la cour ; elle obtient une excellente presse. Desfontaines lui-même s'incline et prend au succès de Voltaire « toute la part possible, comme son admirateur et son ancien ami ».[31] Plein de bonne volonté, il ira jusqu'à tenter une réconciliation entre J.-B. Rousseau et Voltaire. C'est méconnaître la jalousie hargneuse de Jean-Baptiste et sa haine des philosophes. Et Voltaire l'attaquera bientôt, maladroitement, dans sa préface de *La Mort de César*.

Les défauts de la tragédie sont estompés par l'émotion qu'elle provoque. Le public n'en attend que le triomphe de l'amour et ne fait qu'effleurer le fond du problème. D'Argental et le marquis d'Argenson s'étonnaient que Voltaire s'y montrât si dévot. Les naïfs ! Voltaire convient volontiers qu'il a fait une pièce « chrétienne ». Mais qui ne voit que les conquérants espagnols font penser à chaque instant aux dévots hypocrites et sectaires du royaume de France ? Voltaire s'en explique sans détours dans son « Discours préliminaire » destiné à l'édition : « La religion d'un barbare consiste à offrir à ses dieux le sang de ses ennemis. Un chrétien mal instruit n'est souvent guère plus juste. Etre fidèle à quelques pratiques inutiles et infidèle aux vrais devoirs de l'homme, faire certaines prières et garder ses vices, jeûner mais haïr, cabaler, persécuter, voilà sa religion. Celle du chrétien véritable est de regarder tous les hommes comme ses frères, de leur faire du bien et de leur pardonner le mal. Tel est Gusman au moment de sa mort, tel Alvarez dans le cours de sa vie ».[32]

Languet de Gergy, curé de Saint-Sulpice, le frère de celui qui recevra Marivaux à l'Académie par un discours si blessant, ne s'y trompe pas. Il craint plus encore que la contagion de ce christianisme d'amour, la mise en accusation des dévots et dénonce le vrai dessein de Voltaire : « Les plus vifs mouvements de cette tragédie », écrit-il à Timothée d'Eon, « présentent à l'esprit tout le système des déistes et rien n'est omis pour le faire valoir ou l'insinuer. »[33] Mais d'Eon, rendant compte à Maurepas et sachant que le ministre aime à s'amuser, lui propose une tout autre conception de la pièce : « Dans le premier acte Alzire est fille, dans le second femme, dans le troisième putain, dans le quatrième cause le meurtre de son mari, dans le cinquième épouse l'assassin de son mari. »[34] Au fond, c'est peut-être à cause de ces événements mélodramatiques que l'on y pleure. Et c'est pour la même raison qu'il a été si facile à Romagnesi et Riccoboni d'en présenter aux Italiens une parodie, *Les Sauvages*,[35] dont la versification ne manque pas de talent.

Voltaire propose à Mme Du Châtelet de lui dédier *Alzire* ; elle ne refuse point, sous réserve que l'épître dédicatoire ne soit pas en vers ; elle se souvient de l'*Epître à Algarotti* et redoute le badinage : « les vers n'ont point l'air de la vérité et de l'amitié ». Voltaire admet que les vers conviennent mieux à Mlle Gaussin. L'épître dédicatoire sera donc sérieuse. Il faut croire que la marquise a préféré d'être comparée à Locke et à Newton, alors qu'à cette époque elle n'a rien publié qui pût établir une telle renommée. Et même son « génie » est plus universel que le leur, car, écrit Voltaire, « le plus grand génie et sûrement le plus désirable, est celui qui ne donne l'exclusion à aucun des beaux-arts [...] Tel est votre génie, Madame ».[36] Comment n'imagine-t-il pas que, de cette outrance, ses amis, vrais ou faux, qui connaissent Emilie, vont se gausser ? « Il faut moins louer ses amis », écrit Formont, « quand on veut que le public signe les louanges. Mme Du Châtelet, femme forte, rivale de Newton et de Locke, cela donne trop de prétexte à rire au public. [...] Combien d'agréables diront qu'ils ne croyaient pas avoir couché avec un si grand philosophe. »[37] La duchesse du Maine aussi se dit « choquée ».

Mme Du Châtelet ne sera pas seule en tête de l'ouvrage. Voltaire y fait figurer ce « Discours préliminaire » où il éprouve le besoin de parler un peu de lui-même, « une fois dans ma vie », non pas pour répondre aux critiques de ses œuvres, mais aux calomnies que ses ennemis ont répandues contre lui. Ce discours devait être publié en postface et adressé à Thiriot. Mais celui-ci conteste le dessein de Voltaire de faire lui-même son « apologie » : pourquoi n'en laisse-t-il pas le soin à l'abbé Prévost dans *Le Pour et contre* ? Mme Du Châtelet s'efforce de réfuter ces arguments dans une longue lettre. Voltaire n'a pas l'intention de parler de ses talents, il ne le fait jamais: «il en est tout autrement de l'honneur et des mœurs. On peut, et on doit les justifier hardiment. Je conviens qu'il résulte des faits avancés dans cet ouvrage [*Alzire*] qu'il est le plus honnête homme du monde, et parfait, de cette perfection qui fait que l'on n'a rien à se reprocher.»[38] Voltaire-Alvarez! Comme ce serait simple! Il faut reconnaître que le poète sera modeste et restera très sobre. «On retrouvera dans presque tous mes écrits», affirme-t-il, «cette humanité qui doit être le premier caractère d'un être pensant [...] On m'a traité dans vingt libelles d'homme sans religion [...] Je demande, qui a le plus de religion, ou le calomniateur qui persécute ou le calomnié qui pardonne?»[39] C'est vrai: c'est là le meilleur Voltaire, mais il n'est qu'intermittent, s'abandonnant le plus souvent aux émotions, aux jeux d'esprit, aux éclats de colère contre les deux hommes auxquels il ne pardonnera jamais, J.-B. Rousseau et Desfontaines.

Quoi qu'il en soit de son application, la morale d'*Alzire* participe de la philosophie de Cirey. Elle n'est autre que celle de Clarke, que viennent de lire les deux ermites. «La religion chrétienne est le plus beau système de morale», dit Clarke.[40] Certes, ils ne le suivent pas jusqu'à admettre la vérité de cette religion, mais Clarke leur permet, on le voit, de s'absoudre et de s'admirer mutuellement, dans une pureté retrouvée. Miracle des études communes. Si ces premières années de Cirey sont, malgré quelques événements extérieurs, les plus heureuses de leur liaison, c'est qu'ils vivent dans une perpétuelle et joyeuse activité intellectuelle. C'est là que cristallise une amitié qui résistera aux faiblesses et aux épreuves.

Les études philosophiques de Cirey ont marqué profondément la pensée et l'activité future de Voltaire. Non pas que sa recherche n'eût été commencée auparavant, mais elle s'y est épanouie dans la diversité, grâce à l'isolement, à une quiétude relative et à l'influence apaisante de Mme Du Châtelet. La liberté cloîtrée des deux amis devait leur permettre d'aller jusqu'au bout de leurs idées à condition que leurs écrits fussent enfermés au tiroir. C'est ce qu'il advint de l'*Examen de la Bible*, de Mme Du Châtelet, du *Traité de métaphysique*, du *Siècle de Louis XIV* et de la redoutable *Pucelle*. Ne furent imprimés entre 1735 et 1738 que l'*Essai sur la nature du feu*, les *Discours en vers sur l'homme*, et les *Eléments de la philosophie de Newton*. Ira O. Wade[41] suppose que d'autres œuvres, trop audacieuses pour l'époque et qui paraîtront beaucoup plus tard, après la mort de Mme Du Châtelet, ont été rédigées à Cirey. C'est peu vraisemblable[42] car Voltaire en aurait parlé à ses amis: sa correspondance rend généralement compte de ses travaux en chantier, même lorsqu'il ajoute seulement quelques chants à *La Pucelle*. Ce qui est certain, c'est que l'*Examen important de milord Bolingbroke*, la *Bible enfin expliquée*, et le violent *Sermon des cinquante*, œuvres qui se rapportent aux préoccupations de Cirey, y ont été préparées par la conversation et par beaucoup de lectures: certains des ouvrages parus à cette époque et figurant au catalogue de la bibliothèque de Saint-Pétersbourg[43] sont vraisemblablement passés de Cirey à Paris, puis à Ferney.

Avant l'installation à Cirey, les échanges intellectuels et les recherches du couple avaient porté sur la religion et la science, sœurs alors inséparables en raison de leur fondement métaphysique. Voltaire et Emilie cherchent une explication du monde. Voltaire s'en plaignait à l'abbé de Sade, en août 1733. Emilie aimait qu'on lui parlât de métaphysique alors «qu'on voudrait parler d'amour». Badinage! C'est lui qui, dès l'été 1734, au cours de ses premiers mois d'exil solitaire, entre deux visites aux maçons, sur la lancée des *Lettres philosophiques* et surtout de la vingt-cinquième sur Pascal, se prend à méditer sur Dieu. Il continue avec Mme Du Châtelet pendant les deux mois d'automne qu'elle passe auprès de lui, si bien que, début novembre, il déclare à Cideville qu'il tient «un petit traité de métaphysique tout prêt».[44] Voilà la première version de son *Traité* qui restera en chantier pendant plusieurs années.

Dès que les deux amis se sont rejoints à Cirey dans l'été de 1735, ils attaquent avec passion le problème de Dieu et la critique des religions. Certes, le château comprend une chapelle et, à certaines périodes, un aumônier : ce n'est là que conformisme indispensable à une marquise de la maison de Lorraine et concession à un époux attaché aux traditions ; le marquis ne souhaite-t-il pas pour l'éducation de son fils un vrai prêtre qui puisse dire la messe ?

Voltaire parviendra-t-il à la logique rigoureuse exigée par Mme Du Châtelet ? Fonder la métaphysique sur des bases rationnelles n'est pas facile. On se souvient que le poète, dans l'*Epître à Uranie* de 1722, avait donné à sa recherche une orientation toute sentimentale :

> Je ne suis pas chrétien, mais c'est pour t'aimer mieux.
> On te fait un tyran, en toi je cherche un père.

Alors, il avait besoin d'un Dieu protecteur comme il a besoin d'Emilie pour le soutenir et le défendre. Cette conception paraît trop humaine à Mme Du Châtelet : elle voudrait boucler un système du monde irréfutable, et moins gênant que l'athéisme vers lequel elle se sent parfois attirée. Au fond, elle cherche ce qu'elle a déjà trouvé : il n'est pas possible que le Dieu des Hébreux soit le vrai Dieu ; le vrai, c'est l'architecte qui a créé l'univers et anime la nature, le Dieu de Newton. Mais il faut amasser des arguments et bâtir une œuvre.

Dans le partage des tâches, le *Traité de métaphysique* revenait à Mme Du Châtelet, mais comme Voltaire en possède une ébauche et qu'il a commencé les *Eléments de la philosophie de Newton*, c'est donc la marquise qui rédigera l'*Examen de la Bible*.[45] Ses manuscrits n'ont pas été publiés : à l'époque, ils étaient incendiaires, et sa critique biblique a été, par la suite, vite dépassée. Quant au *Traité*, Voltaire en reconnaît les dangers dans le don qu'il en fait à son amie :

> L'auteur de la métaphysique

Que l'on apporte à vos genoux
Mérita d'être cuit dans la place publique
Mais il ne brûla que pour vous.[46]

En réalité, ces œuvres leur sont communes. Sur ce point, les témoignages de Grimm et de Mme de Graffigny se recoupent. A Cirey, après le petit déjeuner du matin, c'est l'heure de la philosophie. On lit un passage de la Bible et on le livre à une discussion que l'on alimente en cherchant ce qu'en pensent quelques critiques dont on a les ouvrages sous la main. Voltaire et Emilie consultent Tindal,[47] le *Dictionnaire* de Bayle et les *Discours* de Woolston.[48] Quant au *Testament* du curé Meslier, il est probable qu'ils connaissent l'une «des versions manuscrites de l'*Abrégé de la vie de Meslier* qui circulaient bien avant l'*Extrait* que publiera Voltaire beaucoup plus tard»,[49] en 1762. Dès le 30 novembre 1735, Voltaire est alerté: «Quel est donc ce curé de village dont vous me parlez?», écrit-il à Thiriot. «Comment, un curé et un Français! aussi philosophe que Locke? Ne pouvez-vous point m'envoyer le manuscrit?»[50] Sans doute l'ont-ils reçu, car on a pu faire un certain nombre de rapprochements entre le texte du curé d'Etrépigny et l'*Examen de la Bible*, par exemple «sur l'intelligence des bêtes attestée par la Genèse qui contredit ainsi la théorie cartésienne [...], sur la fausseté des promesses faites par Dieu aux Israélites, sur la vanité de l'interprétation allégorique des prophètes, sur l'absurdité de s'en remettre à la Providence pour la satisfaction de nos besoins, sur l'impuissance de l'Eglise à obtenir par ses prières l'extirpation des hérésies et la conversion des infidèles», sur Jésus suivi «d'une vile populace».[51]

Il est probable que Voltaire et Emilie possèdent aussi l'*Examen de la religion*, manuscrit clandestin que Voltaire publiera plus tard, ainsi que les ouvrages compacts de Richard Simon,[52] puisqu'il arrive à Mme Du Châtelet de le citer. Mais leur ouvrage préféré, en particulier pour l'*Examen de la Bible*, c'est l'œuvre monumentale en vingt-quatre volumes, le *Commentaire littéral sur les livres de l'Ancien et du Nouveau Testament*.[53] Mme Du Châtelet aime beaucoup dom Calmet pour plusieurs raisons. D'abord, elle est en relations personnelles avec lui; Voltaire lui-même, plus tard, fera un séjour dans sa retraite de Senones où Calmet travaille à une *Histoire généalogique de la maison Du Châtelet*. Ensuite, la critique biblique de Calmet, la meilleure de l'époque, va parfois assez loin dans le sens du dessein d'Emilie. Méfiant, raisonneur, il émet des doutes sur la vraisemblance des événements, il tente d'expliquer, cherche à justifier ce qui est peu crédible. Ainsi lève-t-il des voiles, ce qui permet à la marquise d'y voir plus clair. «L'esprit du siècle a soufflé dans sa cellule»,[54] écrit René Pomeau qui cite Gustave Lanson: «Il faut lire dom Calmet pour s'expliquer Voltaire.»[55] Bref, si le père réjouit souvent les deux amis par ses naïvetés, il leur fournit son érudition et oriente leur esprit critique.

Il n'est donc pas étonnant que le *Commentaire littéral* soit devenu l'ouvrage que les deux philosophes consultent le plus volontiers, que Mme Du Châtelet, dans son *Examen*, le cite si fréquemment, et même, qu'elle «le pille sans le nommer».[56] C'est grâce à dom Calmet qu'elle trouve si aisément ce qu'elle cherche dans la Bible: invraisemblable, incohérent, immoral, voire cruel, ce livre ne peut être inspiré par Dieu, il ne peut être un livre «sacré». «Si Dieu voulait se peindre de façon sensible», écrit la marquise, «il devait du moins se peindre avec des qualités qui font respecter les hommes et non pas avec celles qui les font haïr ou mépriser.» Voltaire exprimera cette idée dans la formule célèbre de ses carnets: «Si Dieu nous a faits à son image, nous le lui avons bien rendu.»[57]

Quelle est donc la part prise par Voltaire dans cet *Examen de la Bible*? Sans doute a-t-il eu plus de facilité qu'Emilie à s'inspirer des déistes anglais, en particulier les *Discours* de Woolston et le *Christianity as old as the creation* de Tindal. «On le croira d'autant plus volontiers», écrit René Pomeau, «que, dans le livre de Tindal, marques et annotations [de Voltaire] se trouvent presque toutes aux chapitres XII et XIII abondamment utilisés par Mme Du Châtelet.»[58] La marquise se pose les mêmes questions que Tindal. Pourquoi Dieu fait-il défiler sous les yeux d'Adam les animaux pour qu'il les nomme? «Comme si un nom était originairement plus propre qu'un autre et que toute langue ne fût pas de pure convention»? Comment Dieu peut-il ordonner aux Hébreux de voler les Egyptiens? A Saül de massacrer tous les Amalécites pour une injure vieille de quatre cents ans? Admettre qu'Elisée fasse dévorer par deux ours les enfants qui l'avaient appelé «tête chauve»? Qu'Isaïe se promène nu pendant trois ans? Qu'Osée prenne une prostituée et en ait «des fils de prostitution»?

L'Ancien Testament est catégoriquement condamné par Mme Du Châtelet. La Genèse est absurde: comment Dieu peut-il créer la lumière avant le soleil? Il ne fait pas de différence entre le soleil et la lune, qu'il considère comme sources de lumière, alors que la lune ne fait que refléter celle du soleil. Curieuse astronomie. Dieu ignore-t-il donc sa création?

On s'attendrait à ce que le Nouveau Testament trouvât plus d'indulgence auprès d'une sensibilité de femme. Il n'en est rien: elle y relève la même absurdité. Telle la divinité de Jésus: Dieu, après nous avoir tous condamnés au péché et «avoir formé le dessein d'envoyer son fils unique pour nous en retirer [...] le garde *in petto* pendant quatre mille ans». Que l'histoire de Jésus soit rapportée par trente-neuf évangiles ne met-il pas en doute les quatre que l'Eglise a retenus? Encore sont-ils différents les uns des autres! La généalogie, l'enfance, la jeunesse de Jésus sont-elles d'un dieu? Peut-on admettre la fuite en Egypte? Le sauveur du monde aurait-il peur d'être tué? Quant à la parole de Jésus, elle demeure impénétrable à la raison «carrée» d'Emilie, qui ne saurait en interpréter la symbolique – «Laissez les morts enterrer les morts» – ni la pédagogie remarquablement adaptée à des foules primitives: «Je vous ferai pêcheur d'hommes [...] Regardez les lys des champs, ils ne travaillent ni ne filent»... Le caractère populaire, mythique et sacré des religions du passé lui échappe, ce qui va de pair, à cette époque, avec son incompréhension de l'histoire.

Voltaire est-il intervenu dans la rédaction de ces jugements ? On peut regretter qu'auparavant il n'ait pas converti son amie au sens de l'histoire. Se souvient-elle d'*Alzire*, où Voltaire exalte la valeur de la fraternité chrétienne ? A-t-elle retenu les entretiens de Voltaire, qui a connu Clarke et admire sa morale ? Là est la grandeur de Voltaire, qui s'élève, par sa curiosité des hommes, de leur esprit, de leurs mœurs, vers une conception humaniste de l'histoire.

Quant au *Traité de métaphysique*, qui est aussi sans doute un travail commun, mais rédigé par Voltaire et portant fortement sa marque, il demeure intéressant en tant que recherche. Voltaire a l'originalité de se donner un point de départ empirique. Il imagine un observateur descendant «du globe de Mars ou de Jupiter» et abordant sur les côtes d'Afrique. Le voyageur céleste aperçoit «des singes, des éléphants, des nègres, qui semblent tous avoir quelque lueur d'une raison imparfaite». L'homme appartient au règne animal, mais il a la supériorité d'un langage «bien mieux articulé», et il possède davantage d'idées. Les hommes sont d'ailleurs de races fort diverses. Comment croire qu'ils sont «tous nés d'un même père» ? Le philosophe se demande ensuite «ce que c'est que la faculté de penser de ces espèces d'hommes différentes», et comment «nous acquérons avec le temps la connaissance d'un Dieu, de même que nous parvenons aux notions mathématiques et à quelques idées métaphysiques».[59] Après avoir pesé les arguments pour et contre l'existence de Dieu, il se range à la conclusion que «la proposition ‹ il y a un Dieu › est la chose la plus vraisemblable que les hommes puissent penser», et que «la proposition contraire est une des plus absurdes».[60] Puis il revient à l'empirisme de Locke («Que toutes les idées viennent par les sens») et, après avoir réfuté l'idéalisme de Berkeley («Qu'il y a en effet des objets extérieurs») et l'idée de l'âme conçue comme une substance immortelle, il se prononce en faveur du libre arbitre de l'homme contre ce que nous appelons le «déterminisme», affirme la nature sociable de l'être humain et fonde la morale sur des valeurs sociales. Ce *Traité*, dont le manuscrit fut recueilli par Longchamp après la mort de Mme Du Châtelet, ne sera publié que dans l'édition posthume de Kehl. Il manifeste un effort de réflexion systématique. Voltaire entend mettre au net ses idées sur des «questions d'une importance à qui tout cède», en comparaison de quoi «les recherches dans lesquelles nous amusons notre vie sont bien frivoles».[61] Sa pensée se modifiera sur quelques points, notamment sur le libre arbitre. Mais pour l'essentiel les bases de sa «philosophie», après tout assez authentiquement philosophique, sont posées.

La métaphysique étant considérée au XVIIIe siècle comme une introduction à la physique, les spéculations du *Traité* ne sont nullement incompatibles avec l'étude de Newton : tout au contraire, Voltaire ira jusqu'à parler d'une «métaphysique de Newton». Là, il est accompagné par Emilie qui traduit du latin l'œuvre du savant. Cette collaboration leur assure un sens de l'univers cosmique fort en avance sur leur époque. Du contraste entre l'immensité de cet univers et la petitesse de la terre, cet «atome de boue» sur lequel s'agitent les hommes, ces «insectes» si vains, va naître l'idée des contes de Voltaire, de *Micromégas* à *Zadig*, en commençant, dès ce premier séjour à Cirey, par *Le Songe de Platon*.

«J'aime tout ce qui est grand», a dit Voltaire.[62] Pour lui, s'il est quelques grands personnages de l'histoire, quelques héros de ses tragédies, qui échappent à la petitesse, ce n'est que par leur vertu, leur valeur morale et humaine. L'étude de la morale est la seconde préoccupation des deux ermites. Cette étude ne s'accomplit pas dans le même registre que celle de la métaphysique car, pas plus que les hommes du commun, l'homme de génie ne saurait demeurer sur les sommets de l'humain.

Comme la religion déiste, la morale se veut universelle. Elle ne saurait être fondée sur la crainte des sanctions. Elle l'est encore moins sur l'analyse intérieure. De ce point de vue, Voltaire appartient, plus qu'aucun autre, à son époque : il fuit l'examen de conscience. Il agit parfois par raisonnement, lorsqu'un revers l'y contraint, mais le plus souvent par sentiment. C'est pourquoi il se connaît si peu. Bien entendu, cette morale ignore ou repousse les remords ; c'est Mme Du Châtelet qui le dira le plus nettement dans son *Discours sur le bonheur* : il est inutile de se reprocher les fautes que l'on commet : «c'est nous couvrir de confusion, sans aucun profit». Chassons donc les «idées désagréables». Cette morale épicurienne, morale de l'intérêt, n'est-elle pas celle qui convient le mieux aux deux amis dans les premières années de Cirey ? Ils la trouvent dans l'*Essay on man* de Pope que Mme Du Châtelet lit et relit dans le texte. Santé, paix, aisance, telles sont les conditions du bonheur pour le moraliste anglais.

> Le triste Anglais n'a pas compté l'amour !
> Que je le plains ! Il n'est heureux ni sage ![63]

s'écrie Voltaire. Morale de l'amour-propre et de la bienveillance, deux tendances contradictoires entre lesquelles le poète hésitera toute sa vie. Contradiction très humaine, avouons-le, et de tous les temps, quelles que soient les doctrines. La source en est principalement dans l'œuvre d'un autre Anglais, *La Fable des* abeilles de Mandeville.

Sans doute est-ce Voltaire qui a proposé à Mme Du Châtelet la traduction de cette œuvre fort originale. Emilie a senti le besoin de se remettre à l'étude de la langue anglaise, d'abord pour mieux communiquer avec Voltaire : tous deux ne se privent pas de l'utiliser pour n'être pas compris des tiers et des domestiques ; ensuite, et c'est la raison essentielle, pour avoir accès, dans leurs travaux communs, aux auteurs anglais dont la pensée est la plus libre et la plus audacieuse. Mandeville est dans ce cas ; et alors cette traduction n'est plus pour la marquise simple exercice.[64] *La Fable des abeilles* finit par devenir une œuvre importante qu'elle a traduite par choix personnel : «J'ai choisi ce livre», déclare-t-elle dans sa préface, «parce qu'il me semble que c'est un des ouvrages [...] qui est le plus fait pour l'humanité en général. C'est, je crois, le meilleur livre de morale qui ait jamais été fait, c'est-à-dire celui qui ramène le plus les hommes à la véritable source des sentiments auxquels ils s'abandonnent presque tous sans les examiner. »[65] Elle va jusqu'à le nommer «le Montaigne des Anglais». Exagération certaine: connaît-elle bien son Montaigne?

L'œuvre de Mandeville devait séduire Voltaire pour plusieurs raisons. D'abord, elle niait l'influence des religions sur la morale: «Les superstitions des nations [...] et les notions pitoyables qu'ils avaient de l'Etre suprême n'étaient pas capables d'exciter les hommes à la vertu.»[66] Les Grecs et les Romains, qui ont produit de grands modèles de vertu, les ont-ils trouvés chez leurs dieux? Mais surtout, Mandeville proposait une explication audacieuse et réaliste du bon fonctionnement des «sociétés florissantes» qu'il fondait sur les *vices* des hommes, autrement dit leurs appétits multiples de consommateurs, et l'énorme appétit d'argent, qu'il nommait «l'avarice», des producteurs et des négociants. C'était là une synthèse d'éléments psychologiques et économiques tout à fait nouvelle pour l'époque.

Ici encore, on discerne le travail en commun des deux philosophes. Les éclaircissements et l'approfondissement du texte provenant de leurs discussions sont passés d'abord dans le travail de la marquise: loin de respecter absolument le texte de Mandeville, elle supprime des développements inutiles, et surtout elle y ajoute, honnêtement distinguées par des guillemets, des réflexions qui passeront à leur tour dans le travail de Voltaire. On les retrouve en effet, parfois mot pour mot, mises en évidence par I. O. Wade, dans les chapitres VIII et IX du *Traité de métaphysique*: «De l'homme considéré comme un être sociable» et «De la vertu et du vice».[67]

Voltaire et Emilie furent sans doute étonnés par l'expression inattendue, paradoxale, de la pensée de Mandeville: «Ce n'est point le bon naturel», dit-il, «la pitié ni les autres qualités aimables, qui rendent les hommes sociables [...] Mon principal but a été de faire voir combien l'innocence et les vertus du prétendu âge d'or sont incompatibles avec les richesses et la puissance d'un grand Etat.»[68] Aussi se montrait-il prophétique en dénonçant le «divorce entre l'économie et l'éthique».[69] Mais, ne pouvant alors concevoir d'autre contrat social que le négoce, il est obligé de louer l'immoralisme économique, «la sagesse et l'habileté des législateurs qui ont construit une machine si admirable de matériaux si abjects et qui ont trouvé le moyen de faire servir au bonheur de la société les vices de ses différents membres». Ainsi, «une nation dans laquelle les vices seraient inconnus [...] et dont les particuliers seraient pleins d'honnêteté [...] n'aurait pu subsister».[70]

Il fallait un correctif: le rôle de l'Etat n'est pas seulement de laisser les hommes consommer et s'enrichir, mais aussi bien d'instaurer et de maintenir un ordre social. Il ne peut y avoir de négoce sans certaines vertus, par exemple le respect de la parole donnée; ni de sécurité sans la «bienveillance naturelle» et le respect d'autrui : «Ne fais pas à autrui ce que tu ne voudrais pas qu'il te fût fait». Enfin, la discipline collective doit être consolidée, exaltée, par une incitation au bien plus positive et alléchante ; c'est pourquoi «les législateurs» ont fait appel à ces leviers puissants que sont l'amour-propre et l'orgueil : pouvait-on trouver mieux que de dispenser aux citoyens la flatterie, les louanges, les récompenses officielles ? C'est ainsi que l'humanité s'est divisée en deux classes, chaque citoyen s'efforçant de pénétrer dans la plus élevée.

La Fable des abeilles contenait en germe une étude de l'économie dans les sociétés modernes. Bon observateur, mais sans posséder le génie nécessaire à l'approfondissement de sa doctrine, Mandeville dériva vers la facilité en multipliant les exemples ; ceux-ci se dégradèrent jusqu'à devenir si cocasses que l'on se demande s'il ne fait pas de l'humour : un voleur qui habille une pauvre fille, va-t-il jusqu'à dire, fait le bien de la couturière et du cordonnier, «et s'il n'y avait pas de voleurs, les serruriers mourraient de faim». Mais, alors, aurait-on besoin de serruriers ?

Malgré les naïvetés et l'outrance, l'œuvre de Mandeville proposait à Voltaire et à son amie des idées neuves et fécondes. Leur éducation et leur époque, où s'affirmaient, plus en Angleterre qu'en France, les bienfaits du négoce, ne leur permettaient point de les exploiter plus avant. Voltaire en utilisa quelques-unes dans son *Traité*, puis, poussant la théorie à l'absurde, retourna à l'ironie : «ôtez aux négociants l'avarice, les flottes anglaises sont anéanties.» Néanmoins, il reste quelque chose dans Mandeville qui l'inquiète. Il se débarrasse de son inquiétude en ramenant, dit-il, *La Fable des abeilles* à sa juste valeur : «Il est très vrai que la société bien gouvernée tire parti de tous les vices ; mais il n'est pas vrai que ces vices soient nécessaires au bonheur du monde. On fait de très bons remèdes avec des poisons, mais ce ne sont pas les poisons qui nous font vivre.»[71]

Enfin, Voltaire commence à Cirey une œuvre de longue haleine qui lui appartient en propre, mais qui est aussi bien une tentative d'intéresser et de convaincre Mme Du Châtelet. Cette œuvre est l'une des plus importantes de sa carrière, car le poète prend, en l'écrivant, une dimension nouvelle : c'est *Le Siècle de Louis XIV*. Dès 1732, il parle plusieurs fois, dans sa correspondance, de son projet de construire «ce grand bâtiment».[72] Mais il ne se met vraiment à l'ouvrage qu'en juin 1735. En septembre, il annonce à Thiriot que les trente premières années sont faites, et, en décembre, il en est à la bataille d'Hochstedt. C'est maintenant, dit-il, «ma sultane favorite».

L'adolescent passionné qui a vécu les dernières années du règne de Louis XIV n'en a-t-il pas conservé lui-même mieux que des échos ? Avec du recul, il conçoit que ce règne fut une des grandes époques de la civilisation et il pense, par association, aux grands siècles précédents, ceux de Périclès, d'Auguste et des Médicis. Le siècle de Louis XIV leur est supérieur, dit-il, car «la raison humaine s'est perfectionnée». Il importe donc de transmettre la mémoire de ce siècle à la postérité. Il éprouve quelque plaisir à montrer que Louis XIV était mieux disposé que Louis XV à l'égard des ouvrages de l'esprit : «La profession des lettres», écrit-il à Formont, «si brillante, et si libre sous Louis XIV, le plus despotique de nos rois, est devenue un métier d'intrigues et de servitude [...] [Aujourd'hui] Boileau et La Bruyère ne seraient que persécutés.»[73]

Mais s'il s'attache à ce projet, c'est aussi bien pour convaincre son amie : Mme Du Châtelet n'aime pas l'histoire. En ce temps-là, elle n'est pas la seule dans ce cas : «Un certain cartésianisme refuse à l'histoire toute rationalité.»[74] Emilie ne voit dans l'histoire que récits de batailles et d'intrigues, remplis d'erreurs et d'approximations, n'apportant à l'esprit «aucun enseignement de vérités utiles». Cependant, pour Voltaire, c'est là seulement que se trouve la réalité de l'homme ; l'histoire est parente de la tragédie ; le poète veut faire comprendre à son amie que l'humanité n'a d'existence qu'historique. Or, les historiens qui ont précédé Voltaire sont ennuyeux, car ils ne savent ni peindre ni remuer les passions. Au surplus, ne sachant pas découvrir les vraies causes des événements, ils n'ont point de vérité. L'*Histoire universelle* de Bossuet, les œuvres de Mézeray, de l'abbé Fleury ne sont, à des degres divers, que justifications du providentialisme : des histoires où intervient la Divinité pour punir ou récompenser. Elles sont aussi une glorification des puissants : «Il semble que, pendant 1400 ans», écrira Voltaire au marquis d'Argenson, «il n'y ait eu dans les Gaules que des rois, des ministres et des généraux, mais nos mœurs, nos lois, nos coutumes, notre esprit, ne sont-ils donc rien ?»[75] C'est bien là que la raison humaine a progressé. Mme Du Châtelet eût exigé volontiers que l'histoire ancienne eût été écrite par des philosophes. L'histoire contemporaine le sera : Voltaire a la vocation d'historien parce qu'il est philosophe. Il est curieux d'histoire parce qu'il y retrouve l'homme, ses passions, sa raison et ses idéaux ; et il puisera dans l'histoire des arguments en faveur du progrès de l'esprit humain. «Ce n'est pas seulement la vie de Louis XIV», écrira-t-il dans l'introduction du *Siècle*, «qu'on prétend écrire ; on se propose un plus grand objet. On veut essayer de peindre à la postérité, non les actions d'un seul homme, mais l'esprit des hommes dans le siècle le plus éclairé qui fut jamais.»[76] Son intention pédagogique est partout visible et souvent exprimée : «On ne s'attachera [...] qu'à ce qui mérite l'attention de tous les temps, à ce qui peut peindre le génie et les mœurs des hommes, à ce qui peut *servir d'instruction et conseiller* l'amour de la vertu, des arts et de la patrie».[77] Réciproquement, les leçons de l'histoire pénètrent dans les tragédies et les contes. Si l'on met à part quelques ouvrages de commande, l'œuvre de Voltaire présente une très forte unité : Voltaire historien, Voltaire conteur, Voltaire auteur de tragédies et des *Discours en vers sur l'homme* ; c'est toujours le même Voltaire, c'est Voltaire humaniste.

3. Des imprudences, des succès, un voyage

Le bonheur semble assuré : un heureux équilibre s'est établi entre Voltaire et Emilie ; celle-ci est fière du succès récent du poète, qu'elle nomme «le père d'*Alzire*», et lui, sous l'influence de son amie, se passionne de plus en plus pour l'étude des sciences.

Pourquoi Voltaire, se dérobant soudain à ce bonheur, part-il seul, vers la mi-avril, pour Paris où il va passer tout le printemps de 1736 ? Officiellement, il y va pour mettre en ordre ses affaires : c'est ce que déclare Emilie à ses correspondants. Ignorerait-elle la vraie raison de ce voyage ? Cette raison, lui-même ne la révélera que lorsqu'il y sera contraint. L'abbé Le Blanc, qui sait tout, et qui a soupé avec Voltaire vers le 30 avril, pense qu'il est venu pour «donner une nouvelle édition de *La Henriade*».[1]

Il arrive malade. Et pourtant, il est obligé d'assumer sa gloire. On le fête partout : chez les Brancas, les Villars, les Richelieu, les Guise... et même au Mont-Valérien, chez Maupertuis.

Certes, il s'occupe de ses affaires. S'il ne réintègre pas son domicile de la rue de Longpont et descend à l'hôtel d'Orléans, c'est pour éviter le voisinage de Demoulin qui lui a croqué vingt mille livres. Il est obligé de lui retirer sa confiance ; il va la donner à l'abbé Moussinot, un ami de la famille, beau-frère de ses deux hommes d'affaires précédents. Voltaire ne tient pas, d'ailleurs, à se brouiller avec Demoulin ; il conseille à l'abbé de parler avec bonté à son beau-frère. Chanoine de Saint-Merry, trésorier du chapitre, d'une honnêteté quasi janséniste, mais homme de cœur à l'esprit très ouvert, l'abbé Moussinot a beaucoup de goût : tout en sachant conduire une affaire, il aime à fureter pour dénicher des tableaux ou des objets d'art. Dans l'organisation et la décoration de Cirey, Voltaire va d'abord l'employer à des courses variées, parfois futiles, puis il lui demandera de gérer ses biens. Moussinot commencera par expédier des Lancret et des Albane ; puis, patient et dévoué, il achètera toutes les fournitures du château. Et, surtout, qu'il ne s'adresse pas n'importe où ! Voltaire et Mme Du Châtelet connaissent les meilleurs fournisseurs de Paris dont ils lui donnent les adresses. L'abbé devient un client assidu de Geoffroy, l'apothicaire de l'Académie des sciences. Pour les énormes pots de pâte de Mme Du Châtelet, qu'il n'aille pas ailleurs que chez Provost. L'abbé expédie les bougies, le café, les oranges, les citrons, les plumes, le papier à lettres doré, *in quarto*, exigeant qu'il soit de Hollande, la poudre à perruques par dizaine de livres et même une chaise percée... Au début, l'abbé se trompe et fait passer par Bar-sur-Aube ce qui devait passer par Wassy : «Les oranges et les citrons sont pourris» ! Il envoie jusqu'à des louis d'or : un jour, ils arrivent mélangés aux marrons glacés et aux dragées. Il n'ignore plus rien des caprices féminins. Mme Du Châtelet ne veut pas «de ces petites pinces de toilette» du quai de Gesvres, mais de celles que l'on vend rue Saint-Honoré. Il arrive alors que la compétence échappe à Moussinot : c'est «mademoiselle sa sœur» qui cherche douze livres de poudre fine et un pot de bonne pommade à la fleur d'oranger, et «mesdemoiselles ses nièces» qui choisissent une douzaine de gants blancs. D'importants crédits lui sont ouverts pour l'achat de belles et grandes boucles de souliers à diamants, et, pour commander chez l'artisan un nécessaire destiné à Mme Du Châtelet, il doit s'adresser chez Hébert, à l'enseigne du *Roi de Siam*, rue Saint-Honoré. Il faudra peut-être vendre une action : Hébert a du goût, «et il faut payer son goût». Moussinot assume aussi les missions les plus délicates dans les procès où Voltaire s'engage. En période de crise, son activité devient si complexe qu'il doit s'entourer de commissionnaires, louer des carrosses, et, sur l'ordre de Voltaire, pour faire marcher tout ce monde, puiser dans la caisse.

S'attacher Moussinot, c'est la meilleure «affaire» que traite le poète. Les autres l'accablent. Simultanément, il fait face à trois procès. Il en gagnera deux, non sans peine, l'un contre son tailleur, l'autre contre l'imprimeur Bauche, personnages qui ne sont pas de grands fripons. Mais le troisième – la vraie raison de son séjour à Paris – va broyer son amour-propre. Jore, le scélérat, lui a tendu un énorme piège, et, derrière Jore, on devine Desfontaines et surtout Demoulin. Ce Demoulin en sait long sur Voltaire. Doucereux, sans scrupules, d'une parfaite hypocrisie, il ne s'est pas privé de fouiller l'appartement de la rue de Longpont et d'y prélever des papiers compromettants dont il n'a pas fini de se servir ; il possède une évaluation assez sûre de la fortune de Voltaire, il connaît ses faiblesses, les dangers qu'il a esquivés et qui peuvent encore le menacer. Il renseigne Desfontaines qui est le cerveau du trio. Pour commencer, les trois complices vont réchauffer l'affaire mal refroidie des *Lettres philosophiques*.

Vers le 20 mars, à Cirey, Voltaire a reçu de Jore une lettre très humble : il ne tiendrait qu'au poète de lui «racheter la vie». En effet, le garde des Sceaux aurait offert à l'imprimeur de le rétablir dans sa maîtrise à condition qu'il précise avec sincérité le rôle qu'il a joué dans l'édition et la vente des *Lettres*. Voltaire, optimiste et naïf, rendu trop confiant par le succès d'*Alzire* et le bonheur de Cirey, se précipite pour rendre service à l'imprimeur : «Moi qui suis bon [...] j'écris à Jore une longue lettre bien détaillée, bien circonstanciée, bien regorgeant de vérité, et je l'avertis qu'il n'a autre chose à faire que de tout avouer naïvement.»[2]

Comment n'a-t-il pas pensé que le garde des Sceaux connaissait l'affaire mieux que Jore, qu'il n'avait plus d'illusions sur la paternité et la diffusion des *Lettres*, et qu'une telle proposition faite à l'imprimeur était invraisemblable ? Il ne s'agissait pour Jore que de faire avouer à Voltaire, par écrit, qu'il était l'auteur des *Lettres philosophiques*, et surtout que l'édition de Rouen, ayant été interdite et saisie, n'avait pas été payée. A ces deux points de vue, il ne manque rien à la réponse de Voltaire, pas même l'indication de témoins : « Un de mes amis [Thiriot] ayant fait imprimer ce livre en Angleterre uniquement pour son profit [...] vous en fîtes de concert avec moi une édition en 1730 [sic]. » Apprenant que le garde des Sceaux interdisait la vente de l'ouvrage, Voltaire prit alors des précautions : « Je priai alors un conseiller au parlement de Rouen [Cideville] de vous engager à lui remettre toute l'édition [...] vous lui dîtes que vous la déposeriez ailleurs, et qu'elle ne paraîtrait jamais sans la permission des supérieurs. [...] Je vous fis venir chez M. le duc de Richelieu, je vous avertis que vous seriez perdu si l'édition paraissait, et je vous dis expressément que je serais obligé de vous dénoncer moi-même. Vous me jurâtes que vous aviez besoin de 1500 livres ; je vous les fis prêter sur-le-champ par le sieur Paquier, agent de change, rue Quinquempoix, et vous renouvelâtes la promesse d'ensevelir l'édition. »[3]

Généreux, Voltaire n'accuse dans sa lettre que les deux cousins François et René Josse, qui imprimèrent et vendirent chacun leur édition de l'ouvrage, et il omet de préciser que Jore commença de débiter la sienne, dont une partie fut saisie à Paris chez sa maîtresse, Mlle Aubry.[4] C'est alors qu'ignorant « le crime » de François Josse, il écrivit à Jore de porter toute l'édition à M. Rouillé et *offrit de la lui payer*, mais Jore était déjà à la Bastille. Le principal coupable est donc François Josse qui « a joui du fruit de sa méchanceté impunément ».[5] Il apparaît donc bien que l'édition de Jore, non débitée et saisie, n'a pas été payée.

Jore peut être satisfait. Fort de ces aveux, il réclame à Voltaire la somme de vingt-deux mille livres pour payer l'édition, faute de quoi il le dénoncera comme l'auteur des *Lettres philosophiques*. Voltaire aurait intérêt à transiger. C'est pourquoi sans doute il demande à Jore de passer chez lui le 5 mai. Il lui propose de couper la dette par moitié. « Je lui répliquai ingénument », écrit Jore, « que je consentirais volontiers au partage, à condition qu'il serait égal ; que j'avais été prisonnier à la Bastille pendant 14 jours ; qu'il s'y fît mettre sept, que l'impression de son livre m'avait causé une perte de 22 000 livres, qu'il m'en payât 11, qu'il me resterait encore ma destitution de maîtrise pour mon compte. Ma franchise déplut au sieur de Voltaire, qui [...] poussa la générosité jusqu'à m'offrir cent pistoles pour solde de compte. »[6]

Jore n'a rien à perdre. Le même jour, il fait assigner Voltaire à l'aide d'un long mémoire où se reconnaît le style incisif de Desfontaines. Après avoir donné des exemples de l'avarice de Voltaire avec les domestiques au temps où il le logeait à Rouen, il analyse aussi les combinaisons du poète avec des éditeurs : « Il est dans l'usage de faire imprimer [ses ouvrages] à ses frais ; et après en avoir détaillé par lui-même une partie, il vend à un libraire le surplus de l'édition, qui tombe dans l'instant par une nouvelle qu'il fait succéder, à la faveur de quelques changements légers. C'est par ce petit savoir-faire que les faveurs des Muses ne sont point pour Voltaire des faveurs stériles. »[7] Que fait donc Voltaire ? Avant qu'il ait eu le temps de réagir, Jore enlève à l'esbroufe une sentence, signifiée le

16 mai rue de Longpont, que Demoulin se garde bien de transmettre, suivie le 21 d'une saisie-arrêt sur les biens du poète. Puis, la «cabale» publie le mémoire de Jore et le fait vendre à la sortie des spectacles. L'affaire devient publique, et le scandale éclate.

C'est le moment qu'a choisi J.-B. Rousseau pour décocher à Voltaire un nouveau coup. En réponse à l'attaque injurieuse de Voltaire dans la préface de *La Mort de César*,[8] Rousseau a envoyé à la *Bibliothèque française* un libelle signé, comme il se doit, d'un «ami», retraçant les relations passées du poète lyrique avec Voltaire. Rousseau y révèle «une partie de ses turpitudes» et le menace de publier en deux volumes la collection de tous les brocards que le poète s'est attirés. Mais Voltaire est trop occupé par la cabale de Jore: libelle et menaces de Rousseau passent provisoirement au second plan.

Ici, point d'Emilie pour le calmer, le retenir, le conseiller. Apparemment tranquille à Cirey, elle poursuit sa traduction de Mandeville, discute avec Linant, correspond avec Maupertuis et Algarotti. «Agité comme un démon»,[9] écrit Le Blanc, plongé dans un profond désarroi, Voltaire se fâche et tergiverse. Il cherche à s'appuyer sur ses amis. Richelieu ne saisit pas l'importance de l'affaire: «qu'importe que ce soit Jore ou Josse, qui ait imprimé ce f. livre? que Voltaire s'aille faire f. et qu'on n'en parle plus.»[10] Il reviendra, il est vrai, sur cette attitude. C'est surtout à d'Argental que Voltaire a recours. Mais l'ange, pour une fois, lui rend un mauvais service en lui conseillant de plaider.

Voltaire plaidera donc, et c'est à cette fin qu'il rédige son *Mémoire*.[11] Celui de Jore, remarque-t-il, est rempli d'outrages étrangers à l'affaire. Mais Jore s'est rendu plus coupable encore lorsque, pour extorquer à Voltaire ses aveux, il a imaginé que le ministre voulait le rétablir dans sa maîtrise: il a fait mentir le ministre. Ensuite, pour réussir son chantage, l'imprimeur a interprété malhonnêtement la lettre de Voltaire, en essayant de prouver que le poète lui devait de l'argent depuis six ans. Or, Voltaire a toujours été généreux avec Jore: il lui a prêté mille cinq cents livres et lui a donné, il y a quatre mois, une gratification de dix pistoles. Il en possède le reçu ainsi qu'une lettre où l'imprimeur l'assure de sa très humble reconnaissance. Serait-il possible que Jore eût remercié si humblement en 1736 «celui qui le volerait depuis 1730»? Voilà bien les contradictions des calomniateurs!

S'il exprimait ces arguments avec sobriété et modestie, Voltaire serait plus convaincant. Hélas! il y parle beaucoup trop de lui. L'abbé Le Blanc ne s'y trompe pas. Le *Mémoire* est paru le 14 juin; dès le lendemain, l'abbé l'envoie à Bouhier avec celui de Jore: «Voltaire est bien misérable», écrit-il, «il devait sacrifier mille écus plutôt que de laisser paraître un pareil factum contre lui [...] Son propre mémoire est encore plus contre lui que celui de son libraire. La vanité, les airs de bienfaiteur qu'il y affecte, un certain ton d'impudence [...] surtout les mensonges qu'il y avance avec tant d'effronterie sur sa pauvreté et sa générosité, tout cela fait crier contre lui. Pour le coup le voilà, je pense, bien loin de l'Académie. »[12]

En même temps qu'il publie son mémoire, Voltaire écrit à Maurepas et à Chauvelin. Mais c'est au lieutenant de police Hérault qu'il dénonce, presque au jour le jour, les agissements de la cabale. Demoulin lui paraît, pour l'avenir, plus redoutable que Jore : « Je vous supplie, monsieur, de faire attention que ce Demoulin, ci-devant mon homme d'affaires, m'ayant volé mon bien, garde encore tous mes manuscrits. Il ne tiendrait qu'à vous, monsieur, de lui ordonner de vous les apporter. »[13] Hérault se fatigue à lire toutes ces lettres que dévaluent les excès, Voltaire allant jusqu'à affirmer : « Je n'ai plus rien. Jore par ses procédures a fait des saisies sur le peu de bien qui me reste. »[14] Au moins le lieutenant de police exige-t-il que Jore lui restitue la lettre de Voltaire. Non content de la lui refuser « obstinément », et afin de poursuivre son chantage, Jore la publie avec un nouveau factum. Voltaire enrage. C'est tout juste s'il ne reproche pas à Hérault sa lenteur et ses hésitations : « Les lois, les bonnes mœurs, votre autorité sont également blessées. [...] Serait-il dit que Jore et Desfontaines tous deux repris de justice par vous triomphassent à vos yeux d'un homme que vous protégez ? »[15] Voltaire en appelle à Maurepas qui pensait l'affaire terminée et lui répond aussitôt : « J'en parlerai encore demain à M. Hérault, et j'examinerai avec lui quels moyens on pourrait employer pour en arrêter le cours. »[16] A son tour, le garde des Sceaux intervient et obtient enfin de Jore qu'il restitue à Hérault la lettre incriminée. Il est un peu tard ! Jore s'étant exécuté, le garde des Sceaux propose à Voltaire un accommodement. Voltaire s'insurge. Quoi ! tous les mauvais tours de ses ennemis, toutes leurs calomnies, aboutiraient à ce dénouement : qu'il fût condamné à payer ! Il réplique à Chauvelin : « Tout le monde me dit que je suis déshonoré si je m'accommode à présent. »[17] Au lieu que s'il plaide, il peut en une seule audience faire casser la procédure et condamner Jore aux dépens.[18]

Nous voici en juin. Le bel été se passera-t-il pour Voltaire, comme le printemps, à perdre des batailles ? Ses adversaires sont forts ; ils ont obtenu un scandale retentissant et ont gagné de l'argent à vendre des factums. Voltaire se fatigue. Poussé par la trinité Maurepas-Chauvelin-Hérault, il va céder à l'usure, mais non sans révolte et marchandages : « M. Hérault [...] veut que je donne 500 livres aux pauvres. Je passe dans Paris pour être condamné à l'aumône, ainsi je suis déshonoré. »[19] Comment trouvera-t-il cinquante pistoles ? Il a « vraiment à peine de quoi partir » ! Il sollicite au moins de pouvoir choisir les personnes à qui il donnera cet argent ; il va commencer par dix pistoles à « un jeune homme de lettres » qui n'a rien : sans doute Baculard d'Arnaud, qu'il a beaucoup rencontré à Paris.

Enfin, le voici partant pour Cirey afin d'y retrouver « l'amitié et la paix », avouant à Cideville qu'il éprouve un «petit remords» d'avoir, pour une fois, de l'obligation «au pouvoir arbitraire».[20]

«Retournons à nos goûts et à nos plaisirs», se dit Voltaire. Pour oublier l'humiliation qu'il vient de subir, n'a-t-il pas tout ce qu'il faut: son esprit, Mme Du Châtelet et le bien-être de Cirey? Il rapporte dans ses bagages une apologie du luxe en petits vers allègres: *Le Mondain*. Il en régale, à son arrivée, son amie.[21] Emilie, qui a poursuivi seule les aménagements et la décoration du château, invite Algarotti le 10 juillet: «Cirey s'embellit tous les jours pour vous recevoir. Son plus grand ornement, le premier des Emiliens, y est de retour.»[22]

Algarotti ne viendra pas. Voltaire reprend aussitôt son poème sur le luxe. Il relit *La Fable des abeilles*, qui décrit le train de vie d'un «mondain». C'est dans Mandeville sans doute qu'il a trouvé son titre[23] et qu'il puisera des arguments pour la *Défense du Mondain*. Heureuse et amusée, Emilie se saisit du poème, oublie son habituelle prudence, en expédie une copie à Cideville et le prie d'en faire part à Formont. De là, ne volera-t-il pas chez Mme Du Deffand? Scrupuleuse, Emilie ajoute au bas de la page: «*Le Mondain* n'est pas public, je vous en avertis.»[24] Elle ne tardera pas, en effet, à se repentir de cette étourderie. Elle ne pense pas que les ennemis de Voltaire peuvent être jaloux non seulement de ses succès, mais aussi de la richesse et du luxe dont il ose se vanter après ce qu'il a écrit à Hérault et ce qu'il a pu dire à Paris de sa pauvreté. Est-ce une vengeance délibérée de jeter à la face de ses ennemis ce bonheur de châtelain? C'est Mme Du Châtelet qui le dira dans une formule digne de La Rochefoucauld: «La plus grande vengeance que l'on puisse prendre des gens qui nous haïssent, c'est d'être heureux.»[25] Bonheur selon le goût du temps: le «Système» de Law a donné à ceux qu'il n'a pas ruinés le goût de la dépense et du luxe, et ce goût se répand dans les milieux privilégiés. Mais appartient-il à un Arouet de le chanter?

> Ce temps profane est tout fait pour mes mœurs.
> J'aime le luxe et même la mollesse,
> Tous les plaisirs, les arts de toute espèce
> La propreté, le goût, les ornements [...]
> O le bon temps que ce siècle de fer!
> Le superflu, chose si nécessaire,
> A réuni l'un et l'autre hémisphère [...]
> Le paradis terrestre est où je suis.[26]

Qu'y a-t-il là de choquant pour les nantis, nobles, financiers, bourgeois, cardinaux et évêques qui vivent dans le luxe? Rien, sinon cette allégresse «profane». Mais certains sauront trouver dans le poème de quoi l'attaquer.

En attendant, le poète dort dans un tranquille oubli.

Ce n'est pas seulement *Le Mondain* qui répand dans Paris les bruits de la richesse et du confort de Cirey. Voltaire lui-même s'en vante beaucoup trop. Quel doux été dans ce château que l'on embellit depuis deux ans! «La lecture de Newton, des terrasses de cinquante pieds de large, des cours en balustrade, des bains de porcelaine, des appartements jaunes et argent, des niches en magots de la Chine»,[27] voilà le paradis! Et cette description s'adresse à Thiriot, «l'ami» faux et envieux! Ce que l'on déforme plus encore, c'est le récit d'une visite que fit à Cirey, en passant, le chevalier de Villefort de Montjeu, attaché du comte de Clermont. Dans une lettre où Le Blanc rapporte ce récit au dijonnais Bouhier, il n'est pas difficile de voir combien les faits, pour avoir été colportés, sont déformés ou romancés. Telle est la réception apprêtée, théâtrale, que fait la marquise au chevalier dans «un salon éclairé de plus de vingt bougies. La divinité de ce lieu était tellement ornée et si chargée de diamants qu'elle eût ressemblé aux Vénus de l'Opéra si malgré la mollesse de son attitude et la riche parure de ses habits, elle n'eût pas eu le coude appuyé sur des papiers barbouillés d'xx et sa table couverte d'instruments et de livres de mathématiques. On fit à l'étranger une demi-inclination et [...] on lui proposa d'aller voir M. de Voltaire. Un escalier dérobé répondait à l'appartement de cet enchanteur: on le monte, on frappe à sa porte, mais inutilement, il était occupé à quelques opérations magiques et l'heure de sortir de son cabinet, ou de l'ouvrir n'était pas venue; cependant la règle fut enfreinte en faveur de M. de Villefort. Après une demi-heure de conversation une cloche sonna. C'était pour le souper. On descend dans la salle à manger, salle aussi singulière que le reste de ce château; il y avait à chaque bout un tour, comme ceux des couvents de religieuses, l'un pour servir, l'autre pour desservir. [...] La chère fut merveilleuse, le souper long; à une certaine heure la cloche de nouveau se fit entendre. C'était pour avertir qu'il était temps de commencer les lectures morales et philosophiques [...] A quatre heures du matin on va éveiller l'étranger pour savoir s'il veut assister à l'exercice de poésie et de littérature qui vient de sonner [...] On demande ce que fait le mari pendant tout ce temps-là et personne n'en sait rien. Au reste, vous prendrez, vous laisserez ce que vous voudrez de ce conte, je vous le donne tel [...] qu'il court Paris.»[28] Mme Du Châtelet, informée de ces bruits par des lettres de la capitale, ne reconnaît point ces «descriptions qu'on a brodées et dont on a fait un conte de fées.»[29] Elle pense qu'ils ont nui gravement à Voltaire.

Pour s'en faire une idée plus conforme à la réalité, il faut lire les lettres qu'écrira Mme de Graffigny à son ami Panpan lors de son séjour à Cirey en 1738. D'après ces lettres, le luxe de Cirey est circonscrit à l'appartement de Mme Du Châtelet et à la chambre de Voltaire. Mme de Graffigny le dénonce dans son langage cru: «tout ce qui n'est point l'appartement de la dame et de V. est d'une saloperie à dégoûter». Les chambres du marquis et des invités sont demeurées dans un état fort délabré. Mme de Graffigny occupera l'une d'elles en hiver: fenêtres et portes laissent passer le vent qui s'engouffre dans des cheminées monumentales. Aussi brûle-t-on, chaque jour, six cordes de bois dans les trente-deux feux du château. Si l'on ferme les yeux sur l'état général du château, on ne saurait pourtant l'ignorer, et Mme Du Châtelet a raison de considérer les bruits qui courent à Paris comme des «contes de fées».[30]

Il n'empêche qu'elle apporte à faire visiter son appartement «des airs de vanité satisfaite». Il se situe vraisemblablement dans l'aile construite par Voltaire. Ici, Mme de Graffigny s'extasie. Ce qu'elle admire le plus, c'est «l'appartement des bains». Elle est pauvre, il est vrai, mais sans doute a-t-elle vu des appartements de même usage au château d'Haroué, chez les princes de Beauvau-Craon et à Lunéville, chez les ducs de Lorraine et le roi de Pologne. Quoi qu'il en en soit, il apparaît que celui de la marquise les surclasse par un luxe importé de Paris: il est entièrement carrelé de faïence et pavé de marbre. Quant au cabinet de toilette attenant, son lambris est «vernissé d'un vert céladon clair, gai, divin, sculpté, doré; des meubles à proportion, un petit sopha, de petits fauteuils charmants, [...] des encoignures, des porcelaines, le plafond peint, des estampes, [...] si j'avais un appartement comme celui-là, je me ferais réveiller la nuit pour le voir».[31] La chambre de la marquise est «boisée en vernis petit jaune avec les cordons bleu pâle [...] le lit est en moiré bleu, et tout est tellement assorti que jusqu'aux paniers de chien tout est jaune et bleu – bois de fauteuil, bureau, encoignures, secrétaire, les glaces à cadre d'argent – tout cela est d'un brillant admirable. Une grande porte vitrée mais de glace-miroir conduit à la bibliothèque». En entrant dans le petit boudoir d'Emilie, on «est prêt à se mettre à genoux [...] Tous les petits panneaux sont remplis par des tableaux de Watteau. [...] Ah, quelles peintures! [...] des rideaux de mousseline brodés aux fenêtres. Il n'y a rien de si joli.» Ce boudoir, situé à l'arrière du château, donne sur une terrasse dont la vue est magnifique, vers les jardins, les bois et la vallée.

S'il est un personnage qui ne croit pas au paradis terrestre de Cirey, c'est Linant. Il n'admet pas que Voltaire et Emilie soient aussi soumis, dans cette retraite, à l'étiquette de la noblesse. A ce sujet, c'est Mme Du Châtelet la plus exigeante. Linant n'a pu tenir son sérieux quand Voltaire est venu lui dire, gravement, qu'elle prétendait qu'il ne s'asseyât pas devant elle avant qu'elle ne le lui eût ordonné. On ne doit pas oublier qu'elle est marquise, et de la maison de Lorraine. «En vérité», écrit-il, «si cela ne fait pas rire cela doit révolter.»[32] Assez rustre, il n'aime pas la marquise, et n'éprouve pas une grande admiration pour son «génie». Il trouve singulier qu'un homme comme Voltaire se soumette à cette femme au point d'en adopter les artificielles convenances et parfois de se comporter lui-même en seigneur. On humilie encore davantage Linant en ne tenant point compte du «génie» dont lui aussi se prévaut; on le traite en précepteur pour ne pas dire en domestique. Mais comment ses hôtes, dont la réputation est établie et qui donnent l'exemple d'un travail acharné, pourraient-ils reconnaître des dons aussi stériles et supporter sa paresse? Voltaire se montre à la fois ironique et indulgent; Emilie se plaint à Cideville de l'ignorance et de la vanité de son protégé, et Linant doit se défendre auprès de son protecteur: «j'ai un petit garçon pendu tout le jour à ma ceinture dont je suis plutôt l'ami que le précepteur. Il faut prendre garde l'été qu'il ne se jette dans le puits et l'hiver dans le feu. Il faut lui apprendre des choses qu'il n'entend point et qu'il ne veut point entendre et il a raison et je suis fâché d'être payé pour le rendre malheureux, mais il me le rend bien par les soins qu'il me donne. Je lui dis depuis le matin jusqu'au soir, monsieur, tenez-vous droit ou pensez plus juste [...] Comment pouvoir penser après cela à des choses tout à fait opposées et qui demandent un homme entier et un homme qui ait un grand génie, pour être bien faites [...] Je suis comme un homme lié à qui on dirait de courir.»[33]

Autant que de sa servitude, Linant souffre de ce préceptorat qui ne lui convient pas. Dans sa révolte, il trouve des accents qui ne manquent ni de vigueur ni de talent :

> Tout poète est né libre et la fière Uranie
> Lui souffle avec les vers l'esprit de liberté,
> La liberté toujours fut l'âme du génie.[34]

On ne saurait qu'approuver. Quel dommage que ce garçon soit si paresseux et si vain. Fatigué de sa tragédie, il «pense» à un roman. Que n'écrit-il point en secret celui de la vie à Cirey? C'est bien là qu'il a perdu l'occasion d'illustrer son nom. Mais que faire, sinon se soumettre? Linant tient compagnie à Mme Du Châtelet en l'absence de Voltaire et du marquis, et il lui dit de «bons mots». Si bien que la marquise va prendre «la petite Linant», sa sœur, pour femme de chambre. Ce qui la gêne, c'est que la sœur du précepteur de son fils soit femme de chambre. Question de convenances. Mais elle le fera par amitié pour Cideville.

Alors que chemine sourdement le nouveau scandale du *Mondain*, quelques chances sourient à Voltaire à la fin de l'été et en automne. Au début d'août, il reçoit une première lettre élogieuse, enthousiaste, du prince royal de Prusse, qui se déclare son «très affectionné ami».

Curieuse et dramatique jeunesse que celle du prince Frédéric. Né en 1712, il a vingt-quatre ans lorsqu'il écrit cette première lettre à Voltaire. Dès le début de l'adolescence, il manifeste une passion exceptionnelle pour la littérature française et la musique. Son amour de la vie douce, sédentaire, luxueuse et méditative s'oppose vivement aux exercices d'endurance et à la discipline militaire auxquels son père, Frédéric-Guillaume, «le roi-sergent», veut le contraindre. Il subit alors de véritables scènes de fureur où le roi se jette sur lui et le frappe à coups de canne.[35] Ses défenseurs, sa sœur Wilhelmine et son ami Ulrich Friedrich von Suhm, demeurent impuissants à le délivrer. Ce conflit entre le jeune prince et son père devient si aigu que Frédéric tente de s'évader avec un jeune officier, son ami, le lieutenant de Catt. Rejoints et arrêtés, les deux fuyards sont emprisonnés. Frédéric-Guillaume pousse la cruauté jusqu'à faire exécuter de Catt en novembre 1730, sous les yeux du prince. Après cette crise, le roi se calme; les deux adversaires s'observent : les qualités de caractère et l'intelligence du prince n'échappent pas au roi, pas plus que les qualités d'organisateur et d'administrateur du roi n'échappent au prince. Frédéric-Guillaume pardonne, non sans avoir contraint son fils à épouser, en 1733, une nièce de l'empereur, Elisabeth Christine de Brunswick. Mariage imposé, qui va entraîner un drame intime, pas nécessairement lié, si l'on en croit son médecin, von Zimmermann, à une prétendue homosexualité.[36] Malgré tout, il s'acquitte avec conscience de ses fonctions d'officier dans un régiment de Ruppin. Service très lourd : « Je viens d'exercer, j'exerce, j'exercerai », dit-il. La pédagogie infligée par Frédéric-Guillaume développe des effets contradictoires. Elle fait de lui un soldat dans l'âme, le préparant à sa destinée. Mais dans l'immédiat, elle provoque sa résistance. La vie de cour et de famille, imprégnée de moralisme protestant, le révolte. Il s'en libère par la « philosophie ». Il se veut un adepte des Lumières. Il a recours à Wolff, et à Voltaire.

Après des années laborieuses, coupées de voyages en compagnie de son père, il s'installe, en 1736, à Rheinsberg : château seigneurial, flanqué de deux tours carrées, dans un paysage de dunes, de sapins, de bouleaux, d'étangs.[37] La ville la plus proche est Ruppin, agglomération de Mecklembourg peuplée surtout de réfugiés huguenots français. Berlin est à quatre-vingts kilomètres. Frédéric fait aménager le château. Sur le portail, il fait inscrire : *Frederico tranquilitatem colenti*. « Cultivant le repos », il passe là les années les plus heureuses de sa vie.

Il s'est entouré d'un cercle d'amis. Comme d'autres princes allemands de l'époque, il fonde un « ordre » s'inspirant à la fois de la maçonnerie et de la table ronde du roi Arthur. Douze membres, parmi lesquels deux de ses frères, deux princes de la maison de Brunswick, et ses amis les plus intimes. L'un d'eux est von Keyserlingk, dit Césarion, court et laid, mais remarquablement courtois, érudit, poète, récitant des vers allemands et des passages de *La Henriade*, musicien, gros mangeur, mais danseur agile, qui virevolte dans le salon, sautant brillamment d'un sujet à un autre ; il adore le prince qui ne s'en séparera que pour l'envoyer à Cirey. Très appréciés aussi sont le major Stille, un savant qui connaît plusieurs langues, le baron de La Motte-Fouqué, le chevalier de Chazot, né à Caen, plus jeune que Frédéric, qui vient de s'exiler pour avoir tué en duel un parent du duc de Boufflers.

Parmi les amis lettrés du prince le plus apprécié est son secrétaire, Charles Etienne Jordan, né en 1700 de parents français réfugiés à Berlin. C'est un pasteur ayant quitté le ministère dans la douleur d'avoir perdu sa femme et qui, en même temps, a perdu la foi. Il a fait, en 1733, un voyage littéraire en France, en Angleterre et en Hollande, dont il vient de publier le récit. Il a apprécié la belle humeur des écrivains français, sauf chez Voltaire, « ce jeune homme maigre », dit-il, « qui semble attaqué de consumption et dévoré d'un feu aveugle ».[38] Jordan est tombé sans doute sur un jour de fièvre ; mais Voltaire se déride : « Il est poli, sa conversation est vive, enjouée et pleine de saillies. » Jordan est resté un Français à l'esprit rapide, fuyant toute pédanterie. Frédéric aime sa conversation ; il l'utilise comme conseiller littéraire, critique et copiste, pour le perfectionnement de la langue et de l'orthographe françaises. Jean Deschamps, aumônier de la princesse, fort instruit en métaphysique et en philosophie, a traduit le leibnizien Wolff.

Les amis les plus nombreux sont sans doute les artistes. Des musiciens d'abord : les deux frères Graun, dont le plus jeune, violoniste, ténor, compositeur, fournira au prince deux opéras chaque année, presque en collaboration avec Frédéric qui les retouchera sans scrupules. Un peintre, Pesne, né à Paris, qui a plus que la cinquantaine ; il a visité l'Italie ; c'est Frédéric Ier, grand-père du prince, qui l'a appelé à sa cour ; il a épousé Anne Du Buisson, d'une famille de peintres de fleurs ; cette famille tout entière l'a suivi à Berlin ; ayant passé de durs moments avec Frédéric-Guillaume qui, par bonheur, barbouillait quelques toiles, Pesne n'a jamais été aussi heureux qu'à Rheinsberg. Ajoutons Knobelsdorff, véritable Allemand, soldat devenu artiste, musicien, peintre et sculpteur : il sera l'architecte de tous les bâtiments et châteaux de Frédéric.

Frédéric ne va plus guère à Berlin où il retrouve une société à la fois frivole et méchante. Son père viendra le voir deux fois. L'une de ces visites est restée célèbre : écoutant au temple un sermon qui lui déplaisait, il brandit sa canne vers le pasteur. Quant au prince, il ne va jamais au prêche ; le dimanche, il se rend à Neu Ruppin et récite devant son régiment des traductions allemandes de Bourdaloue, Fléchier et Massillon !

L'esprit et l'amitié sont les seules raisons d'être de cette cour. Si l'on s'y livre parfois à des orgies, le vrai plaisir de la table qui réunit une vingtaine de convives, c'est la conversation. Frédéric s'est amusé à élever une guenon qui donne lieu à toutes sortes de remarques philosophiques... On parle de tout. On joue la comédie, des mascarades à l'italienne, les tragédies de Racine et l'*Œdipe* de Voltaire, où le prince tient un rôle. Très actif, animateur passionné, il danse beaucoup, dans des costumes richement décorés ; il joue de la flûte et compose de la musique.[39]

Pour travailler, il s'isole dans la vieille tour du château ; les baies percées dans les profondes murailles donnent à son cabinet, malgré les ornements, une austérité féodale ; il n'aperçoit que des arbres, de l'eau et du ciel. Il ne chasse jamais. Levé à quatre heures, il rejoint ainsi la discipline de son père : il lit six heures de suite, copiant des extraits ou prenant des notes. Il veille jusqu'à deux heures. Et même, considérant que le sommeil est du temps perdu, il essaie de s'entraîner à ne plus dormir du tout, jusqu'à ce qu'il tombe malade et que les médecins se fâchent. Il correspond régulièrement avec Camas, d'une famille de réfugiés, grand liseur et bon géomètre, avec Manteuffel, conseiller moral et religieux. En outre il vient de conquérir le plus célèbre de ses correspondants, celui qui lui prendra le plus de temps, Voltaire !

Ce fut « une petite cause » qui mit en mouvement cette correspondance. Frédéric, qui se tenait au courant des activités de Voltaire, était à l'affût de textes inédits du poète, et sa curiosité s'était portée précisément sur les chants de *La*

Pucelle. La Chétardie, ambassadeur à Berlin, les avait demandés, suprême naïveté, à Versailles! Dès qu'il fut installé à Rheinsberg, le prince décida de s'adresser directement à l'auteur. Il lui écrivit le 8 août 1736. Lettre fort habile qui engage vivement l'amour-propre du poète. Sans pouvoir le connaître personnellement, Frédéric affirme que «vous ne m'en êtes pas moins connu par vos ouvrages: ce sont des trésors d'esprit». C'est Voltaire, et lui uniquement, qui fera «pencher la balance» du côté des écrivains modernes. Le prince admire en lui non seulement le poète, mais l'homme possédant «une infinité d'autres connaissances». Voltaire a un goût particulier pour la philosophie et la métaphysique. Heureuse rencontre: Frédéric partage ce goût et vient de s'engager dans le même combat en faveur de la tolérance. Il se permettra d'envoyer à Cirey une traduction qu'il a «fait faire de l'accusation et de la justification du sieur Wolff [...] cruellement accusé d'irréligion et d'athéisme». Sans doute le prince est-il un admirateur un peu trop zélé de Wolff, car il ajoute: «Tel est le destin des grands hommes: leur génie supérieur les expose toujours en butte aux traits envenimés de la calomnie et de l'envie.» Suivent les éloges de *La Henriade,* d'*Alzire* et du *Temple du Goût,* éloges qui servent d'introduction naturelle à l'objet premier de sa démarche: «C'est ce qui me fait désirer si ardemment d'avoir tous vos ouvrages.» Sans oser réclamer précisément *La Pucelle,* il lui promet le secret.

Rien ne manque à cette lettre: ni la connaissance des occupations actuelles de Voltaire qui insinue «le goût des sciences de manière si fine et si délicate», ni le souhait d'un havre de gloire et de liberté à la cour du futur roi: «Ah! que la gloire ne se sert-elle de moi pour couronner vos succès!»[40]

On imagine l'émotion de Voltaire recevant une lettre aussi flatteuse et inattendue. Elle attestait sa réputation européenne et le bien-fondé de son action philosophique. Elle venait d'un prince jeune, éclairé, qui serait roi, et libre alors de faire apprécier les œuvres du poète et de mettre en pratique ses conceptions morales. Quel réconfort aussi pour un écrivain qui se trouvait, dans sa patrie, accablé par la surveillance pointilleuse du pouvoir et l'animosité des dévots! Après avoir connu la Bastille, l'exil en Angleterre et le demi-exil de Cirey, après les tracasseries de l'affaire Jore et du *Mondain,* c'était un baume sur ses plaies et une bouffée de liberté.

La réponse de Voltaire donne à leurs échanges le ton laudatif qu'ils conserveront durant les quatre premières années: le poète y rend hommage à «un prince qui pense en homme, un prince philosophe qui rendra les hommes heureux».[41] Qu'on ne se laisse pas prendre à leur «sincérité». Christiane Mervaud a finement analysé les relations des deux hommes: «ainsi [...] s'enclenche, puis s'amplifie un double processus de transfiguration où dialoguent le prince idéal et le sage, l'un et l'autre jouant dûment leur rôle [...] Voltaire et Frédéric [...] ont rêvé et se sont rêvés [...] l'écriture épistolaire purifie et dupe»; de ce mécanisme «ils ne furent plus les maîtres».[42] Mme Du Châtelet les suivra d'abord, mais non pas sans méfiance, et l'on admire sa liberté d'esprit: «puisqu'il faut qu'il y ait des princes, sans qu'on sache pourquoi, il faudrait du moins qu'ils fussent tous faits comme lui».[43] De son côté, Frédéric se méfie-t-il? Il engage malheureusement, comme agent de renseignements, Thiriot, qui ne manquera aucune occasion de desservir Voltaire et Mme Du Châtelet.

Depuis *L'Indiscret* (1725), Voltaire n'a plus fait de tentative au théâtre du côté de la comédie. On se tromperait en lui prêtant le propos délibéré d'occuper tous les secteurs de la littérature. Si en fait il se trouve à l'aise dans tous les genres, c'est moins par arrivisme littéraire que par expansion spontanée d'un génie tenté par toutes les formes d'écriture.

Depuis un certain temps il a en portefeuille une comédie fort comique, dont le titre a varié: d'abord *Monsieur du Cap-Vert*, puis *Boursoufle*, ou le *Grand Boursoufle*,[44] enfin *Les Originaux*.[45] La date de sa composition demeure incertaine: «il y a dix ans», prétendra-t-il en 1738, contre toute vraisemblance.[46] Comprenons que la pièce était faite alors depuis plusieurs années. Une tradition rapporte qu'il la fit jouer en 1732 sur le petit théâtre de Mme de Fontaine-Martel. En tout cas il en a, avant sa fuite de 1734, fait lire le manuscrit à Mlle Quinault.

Celle-ci, Jeanne-Françoise, dite Quinault la cadette,[47] était la plus jeune des cinq enfants de l'acteur Jean Quinault, tous acteurs et actrices comme leur père, le plus célèbre d'entre eux étant Dufresne, créateur, entre autres rôles à succès, d'Orosmane, de Vendôme, de Zamore. Mlle Quinault, de son entrée à la Comédie-Française (1718) à sa retraite (1741), n'avait cessé de triompher dans un emploi apparemment modeste, celui de soubrette. Mais à la ville elle était devenue le centre d'une société libre, dite «du bout du banc», qui se réunissait pour souper tantôt chez elle tantôt chez le comte de Caylus. Au dessert, les domestiques ayant été renvoyés, on tenait des propos fort libres, d'une élégante impiété. Parmi les habitués, Duclos, Saint-Lambert, Collé, Voisenon, Moncrif, Crébillon le fils... Voltaire dut participer quelquefois à ces agapes. A la Comédie-Française, Mlle Quinault avait acquis l'influence d'une animatrice. Elle dirigeait acteurs et actrices. Elle conseillait les auteurs. Elle ressentait plus que personne la nécessité, en raison de l'étroitesse du public, de produire sur la scène le plus souvent possible des pièces nouvelles. Elle imaginait elle-même des sujets de tragédies et de comédies, elle «les donnait aux auteurs en les pressant de les travailler».[48] Des idées lui venaient parfois en lisant les manuscrits qu'on lui soumettait.

Ainsi *Boursoufle* lui fit concevoir le sujet du *Préjugé à la mode*. Ce fut elle qui le communiqua à Nivelle de La Chaussée. Il s'agissait du «préjugé» selon lequel un homme du monde peut aimer n'importe quelle femme à l'exception de celle qui est son épouse. Or le Durval de La Chaussée se trouve aimer profondément la sienne, la tendre Constance. Il n'ose d'abord le laisser voir. Mais au cours d'un bal masqué, Constance lui a parlé sans le reconnaître. Elle lui a dit combien elle aimait son mari. Alors Durval lève le masque, tombe à ses genoux. Les jeunes époux s'aimeront désormais sans souci du «qu'en dira-t-on?». Un épisode analogue se rencontre effectivement dans *Boursoufle*. La sœur aînée de l'héroïne, la jeune Fanchon, est mariée de la plus déplorable manière à un comte de Boursoufle (M. des Apprêts, dans la version définitive): l'insupportable petit-maître n'a même pas regardé celle qu'il épousait. Il s'estimerait déshonoré d'avoir le moindre égard pour elle. Désolation de la pauvre femme qui aime sincèrement son volage mari, sachant qu'il vaut mieux qu'il n'en a l'air. Au dernier acte Boursoufle, ruiné par ses folies, reçoit une mystérieuse bienfaitrice qui a promis de le renflouer. Elle a fait enlever les lumières et se dissimule dans ses coiffes. Elle parle au comte avec adresse, conviction. Elle l'attendrit, elle l'émeut. Il lui jure un amour durable, fidèle. Alors la dame enlève ses voiles, fait apporter des lumières. Le comte s'aperçoit qu'il a fait la cour à sa femme. Il se jette à ses pieds. Définitivement converti, à l'avenir il vivra en mari attentionné avec celle qu'il découvre être fort séduisante.

Scène «larmoyante», mais dans une comédie au total fort gaie. Voltaire s'amuse de ses «originaux» farfelus: un président entiché d'astrologie, une présidente maniaque de pharmacopée, un vieux loup de mer jurant par tous les sabords, Monsieur du Cap-Vert. Ce truculent septuagénaire vient pour épouser ce soir même la pauvre Fanchon, que le président lui avait promise dès avant sa naissance. Bien entendu Fanchon aime un sympathique chevalier et en est aimée. Monsieur du Cap-Vert ne peut pas attendre. Il doit repartir le soir même pour les Amériques, enlevant la jouvencelle. Le désastre allait s'accomplir, lorsque surgit une petite vieille, volubile, brandissant sa canne. C'est Madame du Cap-Vert! Le navigateur et elle se sont mariés il y a vingt ans. Au bout de quelques mois, son mari l'a enfermée dans un couvent, pour courir le guilledou. De temps à autre, entre deux équipées maritimes, il revient épouser sur le continent une jeunesse. Mais Mme du Cap-Vert, sautant le mur de son couvent, est partie à la recherche de l'infidèle: elle vient de le retrouver. Penaud, M. du Cap-Vert filera doux, et tout se termine le plus joyeusement du monde. Avec ses personnages bien typés, son action prestement menée, la pièce est faite pour réussir sur les théâtres de société, interprétée par des amateurs. Mme de Graffigny la verra représentée deux fois à Cirey (février 1739).[49] C'est le genre de comédie qui rappelle que le théâtre est un jeu, un jeu fait d'abord pour le plaisir de ceux qui le jouent.

Voltaire a prétendu qu'il avait renoncé à donner ses *Originaux* à la Comédie-Française après que La Chaussée en eut pillé le sujet dans *Le Préjugé à la mode*.[50] Il accuse l'indiscrétion de Mlle Quinault. En réalité, considérées globalement, les deux pièces ne se ressemblent nullement. Il n'est pas sûr que Mlle Quinault ait beaucoup insisté pour porter au théâtre une comédie aussi vaudevillesque. L'actrice préférait le genre larmoyant. Voltaire se plaindra qu'elle ait «introduit ce misérable goût des tragédies bourgeoises»,[51] qu'elle ait mis à la mode cette «infamie», ce «monstre»: «les comédies où il n'y a pas le mot pour rire».[52] On pensera plutôt que l'actrice suivait le goût du public. Les brillants succès du

Glorieux de Destouches, des pièces «larmoyantes» de La Chaussée, la tonalité «sensible» du théâtre de Marivaux attestent la préférence des contemporains pour les comédies visant à susciter non le rire, mais l'émotion. Voltaire va pratiquer lui-même ce genre qu'il désapprouve.

Mlle Quinault lui a écrit à Cirey pour lui proposer *L'Enfant prodigue*. Or voici que soudain il est saisi par ce sujet, comme naguère par celui de *Zaïre*. Trois semaines après avoir reçu la lettre de l'actrice, il a terminé la pièce et l'a envoyée à d'Argental. Il l'a rédigée «dans un accès de fièvre sans [la] corriger».[53] Ce qui l'a inspiré, ici comme dans ses tragédies, ce sont deux scènes d'émotion intense : celles que comporte la donnée de «l'enfant prodigue» revenant, repenti, au foyer parternel. Euphémon, le prodigue, en a tant fait qu'il a dû s'enfuir, abandonnant sa fiancée Lise, maudit et déshérité par Euphémon le père. A son défaut, c'est le cadet, l'odieux et ridicule Fierenfat, qui doit épouser Lise, désespérée d'une telle union. Le petit bonhomme Rondon, père de la jeune fille, presse la signature du contrat. Une grotesque baronne de Croupillac prétend s'y opposer : Fierenfat lui avait naguère promis le mariage. Pendant qu'on hésite, un pauvre hère se présente, en loques, mourant de faim : c'est Euphémon le fils, bourrelé de remords. Ce qui introduit les deux moments pathétiques : la reconnaissance du prodigue et de Lise, qui n'a jamais cessé de l'aimer ; puis, adroitement préparée par la jeune fille, la scène des retrouvailles entre le père et le fils.

Comme Voltaire l'expliquera dans la préface de l'édition, il a voulu réaliser «un mélange de sérieux et de plaisanterie, de comique et de touchant» ; car «la vie des hommes est bigarrée». Il suit ainsi la mode et le vœu de Mlle Quinault. Il n'est pas fâché, en même temps, de démentir les idées sur le théâtre que vient d'afficher Jean-Baptiste Rousseau. Contre la proscription du «docteur flamand» (c'est ainsi qu'il le nomme),[54] il déclare que «tous les genres sont bons, hors le genre ennuyeux» : c'est dans la préface de *L'Enfant prodigue* que se lit cette phrase célèbre. Le «mélange» toutefois paraît assez artificiel. L'élément comique repose tout entier sur trois personnages de second plan : Madame de Croupillac, Rondon, Fierenfat, caricatures banales. L'intérêt se porte sur la partie touchante qui se joue entre Euphémon fils, Lise, Euphémon père. Malheureusement la versification en décasyllabes, bien adaptée à l'allure sautillante des grotesques, convient mal dans ces moments d'attendrissement.

Voltaire refusait que la pièce, différente de sa manière habituelle, fût donnée sous son nom. Il craignait une réaction hostile de son public. Mlle Quinault la fit donc jouer sans l'annoncer, et anonymement. Le 10 octobre 1736 on avait inscrit au programme *Britannicus*. Mais au dernier moment, impossible de jouer la tragédie de Racine : un acteur est malade. Les comédiens donnent donc, à l'improviste, une comédie nouvelle, d'un auteur inconnu, *L'Enfant prodigue*. Le public de *Britannicus*, plutôt clairsemé, applaudit fort cette pièce imprévue. Les jours suivants les représentations réunissent des auditoires bien fournis. L'auteur ? Voltaire fait répandre le bruit que c'est Gresset, qui dément. On est bien vite convaincu qu'il est lui-même responsable de cette œuvre d'un genre nouveau. Il n'avait pas tort de se tenir sur ses gardes. Les critiques sont peu favorables à cette comédie mêlée: «un monstre», s'accordent à dire l'abbé Le Blanc, un anonyme du *Mercure de France*, et Contant d'Orville.[55] Les deux premiers pourtant reconnaissent y avoir «pleuré». Ce sont bien en effet les larmes qui font le succès de *L'Enfant prodigue*. La pièce en sa première saison atteint le total de vingt-six représentations. Encouragé, Voltaire récidivera. Mais dans l'immédiat il refuse de satisfaire une nouvelle commande, tragédie ou comédie, de Mlle Quinault. Il va pour un temps sacrifier le théâtre aux «vérités arides».

Sous l'influence de Mme Du Châtelet dont il partage la curiosité et les lectures, il pense avoir le goût de l'expérience scientifique et de l'expression exacte de la pensée. Ne lui est-il pas possible d'égaler son amie et même de la surpasser? Il vient d'éprouver une vive satisfaction à lire la *Dissertation sur les forces motrices* de Mairan, «un des esprits les plus justes, les plus fins et les plus exacts».[56] Fort de cet enthousiasme, il demande à Moussinot de lui envoyer le sujet proposé pour l'année 1737 par l'Académie des sciences en vue du prix annuel. C'est pour un ami, qui exige «un secret inviolable». Mme Du Châtelet triomphe discrètement et remercie Maupertuis de l'avoir aidée à élargir ainsi le génie de Voltaire: «Il y a longtemps que vous avez envie de faire un philosophe du premier de nos poètes et vous y êtes parvenu car vos conseils n'ont pas peu contribué à le déterminer à se livrer à l'envie qu'il a de connaître.»[57]

Hélas! A peine a-t-elle écrit cette lettre, qu'une nouvelle «taloche» s'abat sur Voltaire. *Le Mondain* circule sous le manteau. Vers le 20 novembre, le président Dupuis possède le texte; il en tire quelques centaines de copies qu'il distribue. On a trouvé le poème jusque dans les papiers de l'évêque de Luçon, un libertin, qui vient de mourir. Dévots et jansénistes sont scandalisés par l'évocation de la vie d'Adam – créé à l'image de Dieu – au paradis terrestre:

> Mon cher Adam, mon gourmand, mon bon père,
> Que faisais-tu dans les jardins d'Eden? [...]
> Caressais-tu madame Eve, ma mère?
> Avouez-moi que vous aviez tous deux
> Les ongles longs, un peu noirs et crasseux,
> La chevelure un peu mal ordonnée,
> Le teint bruni, la peau bise et tannée.
> Sans propreté l'amour le plus heureux
> N'est plus amour, c'est un besoin honteux.[58]

Voltaire ne parvient pas à croire que ce texte puisse menacer sérieusement sa liberté. Il poursuit le badinage dans une lettre à Thiriot qui circulera sans doute chez La Popelinière: «Cela mènerait tout droit à penser qu'il n'y avait ni ciseaux ni rasoir ni savonnette dans le paradis terrestre, ce qui serait une hérésie [...] De plus on suppose dans ce pernicieux libelle qu'Adam caressait sa femme dans le paradis, et dans les anecdotes de la vie d'Adam trouvées dans les archives de l'arche sur le mont Ararat par saint Cyprien, il est dit expressément que le bonhomme ne bandait point, et qu'il ne banda qu'après avoir été chassé et de là vient, à ce que disent tous les rabbins, le mot ‹bander de misère›. »[59]

Qu'il se hâte d'en rire! Maurepas, qui s'amuse toujours dans un premier temps, mais qui voit fort bien où les démangeaisons de l'esprit conduisent Voltaire, présente à d'Argental l'affaire comme sérieuse. Un prêtre nommé Couturier s'empare du poème et le porte au cardinal de Fleury. Les ministres et les dévots y flairent le persiflage des chants de *La Pucelle* que personne n'a lus. Par cet irrespect des choses sacrées, Voltaire apparaît de plus en plus comme un adversaire de la religion.

S'il doit être périodiquement menacé pour de telles plaisanteries, comment pourra-t-il continuer de vivre en France? Il décide de s'éloigner. Ira-t-il, non loin de Cirey, en Lorraine ou à Bâle? S'il choisit Amsterdam, c'est que le libraire Ledet prépare une édition de ses œuvres; le poète la corrigera sur place, et, pour une fois, elle paraîtra sans fautes ni pirateries de libraires. A Leyde, il suivra les cours du savant newtonien 'sGravesande afin de mettre au point ses *Eléments de la philosophie de Newton*. Enfin, il consultera le célèbre médecin Boerhaave. Mais, comme il ne veut point donner à ce départ les apparences d'une fuite ou d'un exil, il fait courir le bruit qu'il répond à une invitation du prince royal de Prusse. Il a prévenu Frédéric.

Le secret ne sera révélé qu'à d'Argental qui va devenir, en l'absence de Voltaire, le principal correspondant et, peu à peu, le confident de Mme Du Châtelet. Elle ne lui cachera rien de ses craintes ni de ses souffrances. Il restera longtemps son ami le plus attentif et le plus dévoué.

Dans la nuit du 9 au 10 décembre, Mme Du Châtelet accompagne Voltaire jusqu'à Wassy où il doit prendre à quatre heures du matin des chevaux de poste. Mais là, ils hésitent encore à se séparer et décident d'attendre une lettre de d'Argental pouvant confirmer la menace ou l'écarter. Pénibles instants dont chacun des deux amis ne souffre pas du même cœur. Pour Mme Du Châtelet, toujours possessive, c'est la douleur de l'absence, la crainte de se retrouver seule à Cirey en hiver, de voir la santé de Voltaire exposée à un pénible voyage, et surtout la hantise qu'il ne soit séduit par la liberté d'écrire et de publier. Sur ce point, elle ne se trompe pas: dans la curieuse lettre qu'il adresse alors à d'Argental transparaissent de significatives arrière-pensées. Cherchant, un peu trop, à justifier son chagrin, il laisse échapper certains mots qui pourraient inquiéter son amie: «Quand je vois arriver le moment où il faut se séparer pour jamais de quelqu'un qui a fait tout pour moi, qui a quitté pour moi Paris, tous ses amis et tous les agréments de sa vie, quelqu'un que j'adore et que je dois adorer [...] L'état est horrible.» Son rêve de liberté, bien qu'il s'exprime au conditionnel, n'en échappe pas moins à sa plume: «Je partirais avec une joie inexprimable, j'irais voir le prince de Prusse [...], je vivrais dans les pays étrangers [...] je serais libre [...] Mais votre amie est devant moi qui fond en larmes. [...] Faudra-t-il la laisser retourner seule dans un château qu'elle n'a bâti que pour moi, et me priver de ma vie parce que j'ai des ennemis à Paris? Je suspends dans mon désespoir mes résolutions, j'attendrai encore que vous m'ayez instruit de la mesure ou de l'excès de fureur à quoi on peut se porter contre moi.»[60]

Il semble que Voltaire n'ait pas attendu les instructions de son ami. Ce serait, d'après ce qu'expliquera la marquise à d'Argental, une lettre de Berger, «hors de mesure sur tous les points» qui précipita son départ.[61]

Sa première lettre, écrite à la frontière, ne calme pas l'inquiétude d'Emilie, car elle «regarde la terre couverte de neige». Néanmoins, l'affection profonde dont Voltaire fait preuve dans les suivantes la rassure: «Je vois par la douleur extrême dont ses lettres sont remplies qu'il n'y a rien qu'il ne fît, même les choses les plus opposées à son caractère, pour passer sa vie avec moi. Je lui ai fait sentir la nécessité d'être sage et ignoré pour y parvenir.» Mais connaissant Voltaire, dans la même lettre, elle se reprend: la méfiance, les soupçons ne la quitteront plus guère. Loin d'elle, Voltaire lui échappe; sa conduite, ses décisions sont imprévisibles. De Hollande, ne va-t-il pas gagner la Prusse? Quelle distance alors la séparera de lui? Et dans quel piège ira-t-il se jeter? «Le prince royal n'est pas roi [...] Son père [...] est soupçonneux, et cruel, il hait et persécute son fils». Il serait capable de faire arrêter Voltaire. Emilie se trouve soudain devant la solitude, le vide, l'inutilité de son discours et de sa vie. Désemparée, attribuant à d'Argental un pouvoir exorbitant, elle le supplie de retenir Voltaire: «Je ne veux point absolument qu'il aille en Prusse, et je vous le demande à genoux.»[62] D'Argental vient de tomber amoureux de Mlle Du Bouchet dans le salon de sa tante, Mme de Tencin, mais il n'en sera pas moins dévoué à Mme Du Châtelet et diplomate avec Voltaire.

Non, Voltaire n'ira pas en Prusse: il a trop d'intérêts en Hollande, et il aime ce pays qu'il connaît et qui l'accueille en faisant jouer *Zaïre* et *La Mort de César*. D'Argental rassure Emilie; d'autres apaisements sont parvenus à Cirey par le bailli de Froulay sur les intentions du garde des Sceaux; la duchesse de Richelieu désapprouve Voltaire d'être parti trop vite: elle avait la parole du garde des Sceaux et craint que ce dernier «ne prenne mal ce départ sans permission». Qui croire? Mme Du Châtelet découvre en même temps qu'un ennemi personnel la dessert auprès de Chauvelin. Il s'agit de son cousin germain, François Victor de Breteuil, marquis de Fontenay-Trésigny, fils aîné du frère de son père, Louis Nicolas. On se souvient que celui-ci avait eu de la présidente Ferrand une fille, Michelle, qui avait été mise au couvent. Or, il y a six mois que la nonne, âgée de cinquante ans, a gagné son procès en reconnaissance. Son principal adversaire fut François Victor de Breteuil, ancien ministre, il espère le redevenir, il est dévot et fait du zèle auprès du cardinal. Il s'est efforcé d'écarter de la famille la bâtarde de Louis Nicolas. Mme Du Châtelet au contraire, prenant généreusement le parti de sa demi-sœur, s'est brouillée «ouvertement» avec le marquis. Depuis ce temps, il la poursuit de sa haine. Il s'est rendu à Créteil auprès de la mère d'Emilie, et il a tenté de lui faire écrire une lettre à M. Du Châtelet afin qu'il chasse Voltaire de Cirey. Il est peu probable que la baronne de Breteuil se soit prêtée à ses intrigues. «Cette lettre de ma mère», confie Emilie à d'Argental, «eût brouillé tout autre ménage, mais heureusement, je suis sûre des bontés de M. Du [Châtelet].»[63]

Il n'en reste pas moins que le bailli de Froulay lui-même, influencé peut-être par Fontenay-Trésigny, prévient Emilie de prendre garde aux bruits qui circulent. Le public ne peut ignorer les épîtres dédicatoires de Voltaire, ni l'*Epître à Algarotti*, sur les charmes d'Emilie, ni sans doute l'*Epître à Uranie*.

Voilà qui n'est pas rassurant. Mme Du Châtelet, certaine aujourd'hui d'aimer Voltaire et qui s'est engagée à vivre avec lui à Cirey, devrait-elle donc, devant le scandale, y renoncer? Elle s'accuse maintenant d'être la cause des malheurs de son ami. La douleur de la séparation en est accrue. C'est encore à d'Argental qu'il incombera de voir, du côté de Maurepas, quel sacrifice pourrait exiger cette nouvelle menace: «Ma vie, mon état, ma réputation, mon bonheur, tout est entre vos mains, je ne ferai pas une démarche que vous ne me guidiez.»[64]

Ce qui sépare pour la première fois les deux amis, ce n'est point tant la distance, c'est que Voltaire est occupé et heureux en Hollande tandis que Mme Du Châtelet se morfond à Cirey. Dans toutes les villes qu'il traverse, on fête sa gloire. A Amsterdam, où la vie est fort agréable, il dîne avec une trentaine d'admirateurs et d'amis, parmi lesquels le jeune marquis d'Argens, le chevalier de Jaucourt, qui s'interpose entre Voltaire et l'éditeur Ledet quand ils sont en désaccord, Prosper Marchand, plus âgé, qui a tenu une boutique de libraire à Paris, rue Saint-Jacques, mais, étant protestant, s'est réfugié à Amsterdam en 1711: c'est un savant, grand liseur, bibliographe apprécié de 'sGravesande, dont il met en ordre les manuscrits; il aime l'esprit de Voltaire, mais, devant les projets foisonnants du poète, il demeure sceptique: «Je doute fort», écrit-il à d'Argens, «que l'on puisse arriver à l'immortalité lorsqu'on y court ainsi à pas de géant et bottes de 7 lieues.»[65] A ce groupe d'amis appartient aussi le Suisse Allamand, venu de Lausanne, collaborateur et futur successeur de 'sGravesande. On ne peut que deviner combien, dans une telle société, la conversation doit être libre et exaltante.

Voltaire se déplace sans cesse entre Amsterdam et Leyde: «Je suis ici à Leyde», écrit-il à d'Argens, «je reviens toujours à mon 'sGravesande.»[66] Il suit assidûment les cours du savant newtonien. Il aime le cosmopolitisme intellectuel de cette ville «où deux simples particuliers, où M. Boerhaave d'un côté, et M. 'sGravesande de l'autre attirent quatre ou cinq cents étrangers».[67] Le poète a vu le médecin Boerhaave qui, certes, ne l'a pas guéri, mais qui lui inspire la plus grande admiration. Il discute aussi avec Jan van Musschenbroek, frère du physicien, expérimentateur ingénieux, «bon machiniste et brave homme».

Mieux qu'en France, le poète jouit d'une gloire sans nuages. On joue ses pièces. Jacob Voordaagh a traduit en néerlandais *La Mort de César* et publie la pièce précédée d'une lettre-préface où il évoque ses liens d'amitié avec le poète. C'est ce que Voltaire confie à Mlle Quinault, et il ajoute: «Je ne suis pas traité ainsi dans mon pays [...] Je vous souhaite le nouveau bonheur dont je jouis, du repos.»[68] Bien entendu, il cache ce bonheur à d'Argental, confident d'Emilie: «Du reste je vis assez en philosophe, j'étudie beaucoup, je vois peu de monde, je tâche d'entendre Newton et de le faire entendre, je me console avec l'étude, de l'absence de mes amis.»[69]

Ce qui le séduit par-dessus tout en Hollande, c'est la liberté. De là, il mesure mieux ce qui l'accable en France: «Je suis persécuté», écrit-il à Frédéric, «depuis que j'ai fait *La Henriade*. Croiriez-vous bien qu'on m'a reproché plus d'une fois d'avoir peint avec des couleurs trop odieuses la Saint-Barthélemy? On m'a appelé athée parce que je dis que les hommes ne sont point nés pour se détruire.»[70] Et une fois rentré en France, il confiera à Le Prévost qu'il n'aurait jamais dû «quitter Amsterdam, et la liberté, l'étude, votre société surtout,» ajoute-t-il, «auraient fait le charme de ma vie».[71]

Et pourtant ses ennemis l'ont persécuté même en Hollande; dès le 3 janvier, sa présence est signalée dans la *Gazette d'Utrecht* par un texte qui n'a d'autre dessein que d'irriter le ministère français: «Plusieurs personnes sont persuadées que M. de Voltaire ne reviendra point en France et qu'il préférera le séjour des pays étrangers afin de pouvoir écrire avec une pleine liberté d'esprit et de sentiment.»[72] Or Voltaire n'est pas en conflit avec le pouvoir et reçoit de Paris des lettres rassurantes; le venin vient de Bruxelles. Une deuxième note rend insupportable la situation de Voltaire: elle affirme que le ministère a voulu lui faire subir l'emprisonnement le plus humiliant et qu'il l'a évité par l'exil. Pourquoi cette menace? Pour les chants de *La Pucelle*! C'est tellement excessif que Voltaire fait preuve d'une modération qui étonne et émeut son amie. «Ce sont», dit-elle, «les Rousseau et les Desfontaines qui ont fait mettre cela.» Elle ne se trompe pas, et Voltaire sait comment ils procèdent: «quelques malheureux réfugiés» se livrent en Hollande à un commerce de fausses nouvelles, de scandales et de mensonges qu'ils débitent chaque semaine pour quelques florins. Ils ont des correspondants à Paris qui leur fournissent «des infamies». Donc, avec un peu d'argent les Rousseau et les Desfontaines ont la partie belle. Rousseau fait écrire par un moine défroqué, son correspondant à Amsterdam, des lettres circulaires qu'il expédie à Paris. Voltaire réplique en décidant d'informer lui-même l'opinion dans la *Gazette d'Utrecht* du 14 janvier: «M. de Voltaire qui est arrivé d'Aix-la-Chapelle en cette ville [Leyde] pour y entendre les leçons du célèbre professeur 'sGravesande, déclare que le bruit qui a couru depuis son départ de France qu'il y paraissait un poème épique de sa composition intitulé *La Pucelle d'Orléans* et écrit d'une manière qui offense la religion n'est qu'une calomnie que ses ennemis viennent de renouveler [...] sans que jamais pareil ouvrage eût existé.»[73] Rousseau ne se décourage pas : il fait publier partout, et Formont en a recueilli l'écho à Paris, que Voltaire a provoqué au cours de 'sGravesande de telles discussions sur l'existence de Dieu et l'immortalité de l'âme que le professeur l'a prié de quitter les lieux. 'sGravesande s'empresse de démentir, affirmant qu'une telle calomnie ne pouvait provenir de ses compatriotes. Il a apprécié, au contraire, la présence du poète et sa facilité à exprimer des idées «qui ne semblaient guère susceptibles des ornements du langage». A son retour en France, pour couper court aux mêmes bruits qui circulent encore à la cour parmi les dévots, Voltaire sollicitera du savant un nouveau démenti. «Vous connaissez par ouï-dire», lui écrit-il, «ce que peut le pouvoir arbitraire.» La réponse de 'sGravesande sera publiée après sa mort par son successeur Allamand. Le savant, par modestie ou timidité, ne s'engage pas : il se considère comme un inconnu, un «jardinier», écrivant au cardinal de Fleury. «Je ne connais pas l'air du bureau, je m'exposerais à jouer un personnage très ridicule sans vous être d'aucune utilité.» La lettre, jugée suffisante pour témoigner, sera portée par Richelieu à Fleury et à Maurepas.[74]

A Cirey, au mois de janvier 1737, pour plusieurs raisons, l'inquiétude de Mme Du Châtelet ne cesse de croître. A Amsterdam, en même temps qu'il corrige la nouvelle édition de ses œuvres, Voltaire prépare la publication des *Eléments de la philosophie de Newton*. Mais ce qui désole Emilie, c'est que, dans une lettre à Frédéric dont il joint la copie, il annonce au prince le manuscrit de son *Traité de métaphysique*. «C'est une métaphysique d'autant plus raisonnable», écrit-elle à d'Argental, «qu'elle ferait brûler son homme, et c'est un livre mille fois plus dangereux et assurément plus punissable que *La Pucelle* [...] J'ai écrit une lettre fulminante.» Mais de Cirey le courrier est si lent qu'elle ignore si le manuscrit n'est pas déjà parti pour Remusberg.[75] L'avenir de Voltaire et le bonheur de Cirey vont-ils lui échapper? Désormais, elle va donc passer sa vie «à combattre contre lui pour lui-même [...] à trembler pour lui, ou à gémir de ses fautes, et de son absence». Si encore il était capable de garder un secret, mais il confie tout aux Thiriot et aux Berger. Elle emploie, ajoute-t-elle, «plus de politique pour le conduire, que tout le Vatican n'en emploie pour retenir la chrétienté dans ses fers.»[76] Voltaire lui réplique de plus en plus vivement : toutes les lettres d'Emilie sont des «sermons», elle a peur de son ombre et ne voit point les choses telles qu'elles sont ; à Amsterdam, les points de vue peuvent-ils être les mêmes qu'à Cirey? Elle répond qu'il n'entend rien à «sa véritable réputation». Mais chacun d'eux ne donne point à cette expression le même contenu : sans doute s'agit-il pour la marquise de le voir écrivant des tragédies et publiant en France des mémoires scientifiques munis du privilège royal, et pour Voltaire de donner libre cours, dans la liberté, à sa passion philosophique. Bien que Voltaire se révolte contre les exigences d'Emilie, l'alternative existe aussi dans ses propres hésitations: le voici, héros de tragédie, partagé entre l'amitié d'une femme et la liberté d'écrire. Nous n'en sommes qu'au premier acte.

Emilie dramatise: vers la fin de janvier, sa passion possessive et jalouse s'exaspère dans ses lettres à d'Argental: «Je crains fort», dit-elle, «qu'il ne soit bien plus coupable envers moi qu'envers le ministère [...] Je n'ai rien à me reprocher [...] Je ne suis pas née pour être heureuse.»[77] Pour décider Voltaire à rentrer, elle a recours, pour la première fois contre lui, au procédé familier des amoureux, le chantage: «Mandez-lui que je suis bien malade [...] et qu'il me doit au moins de revenir m'empêcher de mourir»!

Voltaire résiste. Sans doute voulait-il achever coûte que coûte la tâche qu'il s'était fixée chez Ledet, et peut-être même avait-il rêvé, au moins à de certains moments, de s'établir à Amsterdam... Sa dernière lettre retentit dans le cœur de la marquise comme l'annonce d'une rupture: «elle est signée et il m'appelle *madame* [...] la tête m'en a tourné de douleur.»[78]

Le 10 février, Voltaire annonce qu'il va rentrer. Comme c'est à Mme de Champbonin qu'il l'écrit, on peut supposer que celle-ci est intervenue. Il met tout en ordre pour partir... De quel «ordre» peut-il s'agir s'il peint son départ comme un arrachement? Il laisse inachevés, chez l'imprimeur, les *Eléments de la philosophie de Newton*, ce qui lui portera gravement préjudice; il employait chez Ledet sept ou huit personnes qu'il était le seul à pouvoir diriger. Il ne reviendrait pas «si des rois me demandaient», mais il répond à l'appel de son amie: «Je me tue pour aller vivre dans le sein de l'amitié.»[79]

Il arrive à Cirey à la fin de février. Les signes qu'il ait eu l'intention de repartir ne manquent pas: il recommande à Mme de Champbonin de ne dire à personne qu'il *vient* en France, ce verbe signifie-t-il qu'il n'y fait qu'une visite?

En arrivant, il a trouvé une lettre de Frédéric qui lui réclame *La Pucelle* et lui donne un conseil qui le doit déchirer: «Continuez, monsieur, à éclairer le monde. Le flambeau de la vérité ne pouvait être confié à de meilleures mains.»[80]

Est-ce le meilleur choix que Voltaire vient de faire pour sa destinée de philosophe? Ce choix, en faveur d'Emilie, il aura d'autres occasions de le renouveler, toujours dans le même sens: jamais il ne pourra quitter son amie.

335

4. La bataille contre les tourbillons

Le séjour de Voltaire en Hollande a rompu le charme de Paris et peut-être de Cirey. La crainte du pouvoir demeure tenace chez le poète au point qu'il cache son retour et annonce à ses amis qu'il va passer en Angleterre. A d'Argental seul il révèle sa présence à Cirey; encore fait-il porter sa lettre par M. Du Châtelet qui part pour Paris. «Je m'y verrais [en France] avec horreur», dit-il à son ami, «si la tendresse et toutes les grandes qualités de la personne qui m'y retient, ne me faisaient oublier que j'y suis.» Il lui faut donc se «résoudre à mener la vie d'un esclave craintif».[1]

Les hommes qui gouvernent la France à cette époque sont ceux qui ont le plus de pouvoir sur l'esprit de Louis XV. Fleury surtout a conservé sur le roi son influence de précepteur. Nommé cardinal à soixante-treize ans, en 1726, quelques mois après avoir éliminé, avec la complicité du jeune roi, Monsieur le duc et sa toute-puissante maîtresse Mme de Prie, il va gouverner la France pendant dix-sept ans. L'aspect de ce règne participe beaucoup du caractère de ce vieillard conservateur et matois. Le cardinal s'est bien gardé de prendre le titre de premier ministre, mais il assiste, en toute simplicité, aux entretiens de chaque ministre avec le roi. Il exerce dans le calme une domination prudente, obstinée, vaniteuse. Les jugements portés sur le cardinal de Fleury sont généralement empreints de partialité, différents surtout selon que l'on parle de l'homme ou de son œuvre. Le marquis d'Argenson s'est acharné sur l'homme vieillissant: «Le pauvre bonhomme, accablé, abandonné de tous depuis sa maladie, depuis son incapacité, son radotage, ses fautes, le dégoût du roi et de la cour [...] Voici que les molinistes lui offrent leur secours pour le soutenir.»[2] Mais pour le marquis cette incapacité vient de plus loin: «Jamais aucun de nos rois ni de nos ministres ne s'est moins connu en hommes que le cardinal de Fleury.»[3] Incapacité ou méfiance à l'égard d'hommes qui ont trop de lumières et risqueraient de le supplanter? Ce serait le cas de la réponse qu'il fit à Bernis[4] et du renvoi de Chauvelin. Cependant le choix d'Orry aux finances fut judicieux.

En réalité, le cardinal fut lucide jusqu'à sa mort et son âge fut une garantie de prudence et de sagesse. Après les dettes de Louis XIV et le désastre du «Système» de Law, «notre histoire ne donnera plus d'exemple d'un semblable équilibre [financier] jusqu'à la Restauration».[5] De nombreuses routes furent construites ou améliorées; le commerce intérieur et le «commerce des Iles» s'intensifièrent par l'action de la bourgeoisie d'affaires; la politique de paix assurée par le cardinal permit le développement d'une réelle prospérité et, comme en témoigne *Le Mondain*, d'une vie luxueuse pour les classes privilégiées.

L'un des principaux mérites de Fleury fut d'avoir compris, comme Bernis le comprendra dix ans plus tard, que l'une des causes essentielles du désordre social et, à long terme, de la perte d'autorité du pouvoir royal, résidait dans l'agitation du jansénisme laïque et judiciaire des parlements. Il pratiqua une diplomatie de balancier qui ne s'embarrassa point de scrupules. Il agit par personnes interposées. On l'a vu avec Tencin louvoyer entre molinistes et jansénistes : dans un premier temps, il engage l'archevêque, au concile d'Embrun, à condamner et exiler l'évêque janséniste de Senez, Soanen, un homme d'une foi sincère et d'une grande pureté de mœurs. Puis, voyant que cette décision déchaîne des tempêtes dans le parlement de Paris et dans l'opinion, Fleury «lâche» Tencin qui ne s'en doute point et poursuit avec sa sœur son agitation anti-janséniste. Cherchant alors à ménager les parlementaires, le cardinal-ministre maintient l'archevêque dans un exil officieux sur son rocher d'Embrun, torpille sournoisement sa candidature au cardinalat et exile sa sœur à Ablon. Enfin, en 1736, les jansénistes ayant perdu du prestige dans l'agitation convulsionnaire de Saint-Médard, Fleury amorce le retour en grâce de Tencin et de sa sœur. Trêve d'objections : Tencin sera cardinal et ministre, mais n'obtiendra jamais le portefeuille des Affaires étrangères.

Ainsi, pour Fleury, qui vit encore avec les idées du XVIIe siècle, la seule force politique menaçant l'ordre public, c'est le jansénisme, non pas la philosophie des Lumières dont la puissance n'apparaîtra que dans la deuxième moitié du siècle. Entre Fleury et Voltaire, il n'y aura pas d'affrontement. Le cardinal ménage le poète ; il le reçoit même à Issy afin de lui raconter quelques anecdotes pour Le Siècle de Louis XIV, mais il le connaît mal et il est trop prudent pour s'y fier. Voltaire n'ignore point les défauts du vieil homme et ne s'est pas privé de les railler. Dans une lettre à Thiriot, il rappelle que Desfontaines est l'auteur d'une épigramme dans laquelle «il y a un bon vers», celui qui qualifie Fleury de «Fourbe dans le petit et dupe dans le grand.»[6] Il n'empêche que publiquement, et surtout s'il s'adresse à lui, Voltaire sait manier le respect et la flatterie dont le cardinal, trop habitué de s'en repaître, ne sent pas toujours les excès. A part quelques crises, grâce aux bonnes relations du poète avec Frédéric et à la diplomatie de Mme Du Châtelet, les relations de Voltaire avec Fleury ne cesseront, jusqu'à la mort de celui-ci, de s'améliorer.

Comme il a gagné la paix religieuse, Fleury veut préserver la paix entre les Etats. C'est Chauvelin, ministre anti-autrichien, qui l'a engagé dans la guerre de la Succession de Pologne. Comme ce ministre continue à s'opposer à la diplomatie feutrée du cardinal et fréquente en outre des compagnons de chasse du roi, il prend trop d'importance. En 1737 Fleury décide de l'exiler à Bourges. C'était l'un des hommes du pouvoir les moins défavorables à Voltaire.

Chauvelin exilé, le parti de la guerre contre l'Autriche, cette ennemie héréditaire, demeure très fort. Le maréchal de Belle-Isle en est le chef. Opportuniste, il se retournera avec la même vigueur, en 1756, quand Louis XV s'alliera à l'Autriche. C'est un homme haut en couleur, fastueux, plein de faconde et d'entregent face à ces maréchaux médiocres et à ce vieux cardinal parcimonieux et prudent. Ainsi, à mesure que la vieillesse atténue sa résistance, le cardinal se laisse gagner peu à peu par le parti de la guerre. Et, finalement, pour reconquérir l'alliance prussienne, il pense à utiliser Voltaire.

Amelot de Chaillou, qui va succéder à Chauvelin aux Affaires étrangères, ne sera que le commis de Maurepas, ministre d'une intelligence brillante, mais à tout faire, qui respecte la politique du cardinal et tempère son influence en amusant le roi. Maurepas fréquente des salons où l'on s'amuse fort librement et compose, dans le plus grand secret, libelles et chansons contre les maîtresses de Louis XV.

Liberté et légèreté des mœurs coexistant avec l'intolérance d'un haut clergé tout puissant et de robins jansénistes pointilleux, telle est la situation que Voltaire retrouve après sa liberté de Hollande et dont l'étrangeté le frappe. Sa lettre à Cideville est amère : paraissant renier ce qu'il a aimé, se rend-il compte qu'il s'en prend indirectement à cet ami trop léger ainsi qu'à Emilie ? « Ne croyez pas [...] qu'il n'y ait que la France où l'on puisse vivre. C'est un pays fait pour les jeunes femmes et les voluptueux, c'est le pays des madrigaux et des pompons. Mais on trouve ailleurs de la raison, des talents, etc. Bayle ne pouvait vivre que dans un pays libre. »[7]

Sans doute ses ennemis et ses faux amis, Mouhy, La Mare ou Thiriot, auront-ils travaillé contre Voltaire ; ils n'auront pas manqué de lui communiquer la critique de *L'Enfant prodigue* et de lui rapporter les bruits qui courent dans Paris. Formont, qui séjourne dans la capitale, en est surpris et offusqué : « J'ai trouvé ici un déchaînement affreux de mauvais contes sur V[oltaire]. » On raconte l'anecdote mensongère du cours de 'sGravesande. On assure que le chevalier Du Châtelet, « aussi bête que son frère », l'a prié de quitter Cirey, et qu'il a couché avec la fille de la concierge de Mme Du Châtelet... « Ce qui est de sûr c'est qu'il est plus mal que jamais en ce pays-ci. »[8]

Que n'est-il demeuré en Hollande ! Pour Mme Du Châtelet au contraire, son retour lui a « sauvé un panneau » : ce panneau, c'est la publication, à Amsterdam, des *Eléments de la philosophie de Newton* ; car c'est en France qu'il les faut publier, avec privilège, et surtout, il faut « tenir *La Pucelle* sous cent clés ».[9] Et ne la livrer à aucun prix à Frédéric !

Comme il écrit moins de lettres, sauf à d'Argental et au prince royal, le poète, pour oublier la Hollande, se jette dans le travail. Ses activités sont des plus variées : pour améliorer les *Eléments*, il procède à des expériences scientifiques dont il a eu l'idée en écoutant le cours de 'sGravesande, il continue la rédaction d'une tragédie grecque, *Mérope*, commence des épîtres qui deviendront les *Discours en vers sur l'homme* et n'abandonne jamais l'histoire. Dispersion apparente, jamais inorganisée, chez cet homme qui passe si aisément d'un sujet à un autre, qui sait mettre une œuvre en veilleuse, mais ne la laisse jamais inachevée.

Ce n'est point des sources grecques qu'il tire le sujet de *Mérope* mais de la pièce du marquis de Maffei, acclamée en Italie en 1713, jouée à Paris aux Italiens en 1717 et traduite par Fréret en 1718. Au demeurant, Voltaire sait assez d'italien pour la lire dans le texte. Il a rencontré Maffei à Paris, dès 1733. A la demande du poète italien, il entreprend d'abord une simple traduction de la pièce. Mais bientôt, entraîné par un sujet aussi dramatique, il conçoit l'idée d'écrire lui-même une *Mérope* en vers français, destinée à la scène parisienne. Ce qui fait qu'il hésite et repousse plusieurs fois l'exécution de son projet, c'est que *Mérope* est une tragédie sans amour, et l'amour, pense-t-il, est indispensable au public parisien. Cependant il ne renonce pas; c'est ainsi qu'il écrit, au cours de cette année 1737, une première version de la pièce. Il l'abandonne pour les sciences et la reprend en 1738, certain qu'elle aura au moins un lecteur enthousiaste, Frédéric.

C'est au moment où il s'enfuyait en Hollande et que le bonheur à Cirey lui échappait que lui vint la première idée des discours sur l'homme qu'il nomme d'abord *Epîtres sur le bonheur*. Dès son retour, il éprouve le besoin d'y revenir et d'étendre ses méditations à la condition morale de l'homme. Quel beau sujet que l'homme! En réalité, il y pense depuis qu'il a découvert, en 1733, l'*Essay on man* de Pope dont son ami Du Resnel achève, en cette année 1737, la traduction en vers. C'est tout au long des années 1737 et 1738 qu'il écrit les deux premières épîtres. Il donne, en 1738, ses *Conseils à M. Helvétius sur la composition et sur le choix du sujet d'une épître morale*, mais il ne s'est pas encore posé tous les problèmes de la poésie didactique, il se contente de suivre son maître Boileau. Devenir «un Boileau qui serait philosophe», telle est son ambition. Il est convaincu que les vers permettent mieux que la prose d'exprimer des idées et de les mettre en formules serrées, vivantes et harmonieuses.[10] Ces épîtres vont constituer «un système de morale» qui sera soumis à Mme Du Châtelet, mais surtout qui prendra vie au cours d'une abondante correspondance avec le prince royal. Aucun doute: en écrivant ces poèmes, Voltaire pense aux réactions de Frédéric. Ayant mesuré l'ascendant qu'il pouvait exercer sur l'esprit du prince, il s'est vu devenir peu à peu le précepteur philosophe d'un futur grand roi: l'enjeu en valait la peine.

D'abord les deux hommes se congratulent, font la roue, et dans un langage surpassant celui du plus grand amour, s'adorent comme des dieux. Voltaire lui écrit qu'il sera «l'amour du genre humain».[11] Frédéric répond: la raison «vous rend justice comme au plus grand homme de France [...] Si jamais je vais en France, la première chose que je demanderai, ce sera: où est M. de Voltaire? Le roi, sa cour, Paris, Versailles, ni le sexe, ni les plaisirs [n']auront part à mon voyage; ce sera vous seul.»[12]

Pourtant, Frédéric connaissait le portrait anonyme de Voltaire que Manteuffel lui avait envoyé en septembre 1735, alors qu'il venait d'être diffusé.[13] Il n'était pas aisé pour le jeune prince de se déprendre des formules frappantes de ce texte qui ont exercé, et exercent encore sur les adversaires de Voltaire et sur tous ceux qui ne se donnent pas la peine de comprendre son œuvre, une influence indélébile. Néanmoins, Frédéric chercha, écrit Christiane Mervaud, «à faire la part des choses et à nuancer des remarques trop sévères et malveillantes».[14] De toute façon, ce portrait ne pouvait que l'inciter à connaître directement et de façon plus intime cet homme «extraordinaire»; il s'y applique avec obstination; y parviendra-t-il? Et comment ne pas voir que ce portrait, connu des deux hommes, rendait plus nécessaire encore la transfiguration?

Voltaire s'émerveille que Frédéric, si jeune, puisse écrire en français «avec la correction et l'élégance d'un Français homme d'esprit dont le métier serait d'écrire.»[15] Il est vrai que le prince aime la langue française pour son énergie, sa finesse et sa grâce. A la petite cour de Remusberg, tout le monde parle français. Cette belle langue, Frédéric apprend à la pratiquer sous la forme prosodique. Que de vers seront échangés entre les deux hommes! Le prince sollicite remarques et critiques de son maître qui redresse et explique patiemment les fautes commises. Le génial disciple fait de rapides progrès. Voltaire, dont la vocation pédagogique s'affirme et qui connaît le pouvoir de l'amour-propre, le félicite et s'extasie. Les satisfactions de la réussite ne lui font pas oublier tout à fait son intérêt: la cour de Prusse peut devenir, quand Frédéric sera roi, l'exil le plus glorieux et le plus confortable. Pour Emilie, cet attrait n'est qu'un piège; elle n'aimera jamais Frédéric, à qui elle écrit quelques lettres respectueuses mais sans chaleur, pour le remercier d'un encrier d'ambre ou de la peine qu'il s'est donnée de lire son mémoire.

Inimitié réciproque. On sait que Frédéric, par nature, n'est pas attiré par les femmes, ce qui explique son jugement sur l'amour dans la tragédie: «l'esprit se dégoûte d'une répétition continuelle de sentiments doucereux».[16] Mais, dans le cas d'Emilie, cela ne suffit pas à justifier son animosité: il est jaloux. Bien qu'il reconnaisse avec Voltaire qu'Emilie a un génie puissant et un style «mâle», elle est aussi la femme qui retient chez elle le génie du siècle et qui enferme dans ses tiroirs les productions les plus audacieuses dont Frédéric est friand. Que de chefs-d'œuvre Voltaire n'écrirait-il pas s'il était en Prusse! Néanmoins, c'est avec courtoisie qu'il exprime sa jalousie: «Que vous êtes heureuse, madame, de posséder un homme unique comme Voltaire, avec tous les talents que vous tenez de la nature! Je me sentirais tenté d'être envieux, si je n'abhorrais l'envie.»[17]

Les premières discussions entre Frédéric et Voltaire traitent de métaphysique et de morale. Le jeune prince est en pleine crise métaphysique et Voltaire est alors occupé des mêmes problèmes dans son *Traité de métaphysique*. Au départ, ils s'entendent sur un point essentiel: la fausseté des religions établies. Frédéric est déiste. Mais il est barbouillé de Leibniz, revu par Christian Wolff, dont il a fait traduire en français la *Métaphysique*, encore manuscrite,[18] par son ami Suhm, de mars à juillet 1736. Pour le prince, Wolff est aussi le symbole de la liberté de penser: il a été banni en 1727 par Frédéric-Guillaume; pour avoir «porté la lumière», écrit Frédéric à Voltaire, «dans les endroits les plus ténébreux de la métaphysique [... il a été] cruellement accusé d'irréligion et d'athéisme».[19] En 1740, à la mort de Frédéric-Guillaume, l'un des premiers actes de Frédéric II sera de le rappeler.

Tout de suite, le prince «jette dans le creuset de Voltaire» son manuscrit de Wolff. Cette opération aurait sans doute été inutile si Voltaire eût été autorisé par Emilie à envoyer d'abord son *Traité de métaphysique* à Frédéric. Voici donc Voltaire contraint, en mars 1737, de lire Wolff avec Mme Du Châtelet.[20] Très attaché à la philosophie de Newton, il est vite découragé en redécouvrant dans ce texte la métaphysique de Leibniz, à laquelle il s'oppose dans les *Eléments*. Sans égard pour Wolff, Suhm, Deschamps et Jordan, c'est alors qu'il lance au prince royal sa formule lapidaire: «Toute la métaphysique à mon gré contient deux choses, la première ce que tous les hommes de bon sens savent, la seconde ce qu'ils ne sauront jamais.»[21]

Néanmoins, Voltaire ne saurait se dispenser de poursuivre la discussion, mais sa réaction va devenir prudente. Tâche difficile! Frédéric, inspiré sans doute par Jordan, fait preuve d'une attitude critique et d'une franchise désarmante à propos de *L'Enfant prodigue*, où il trouve des vers qui sont «plutôt l'ouvrage d'un écolier que d'un maître».[22]

Leur dialogue est à peine interrompu par la visite à Cirey du baron Keyserlingk, Césarion, qui est chargé «d'extorquer» à Voltaire tous ses manuscrits inédits: «la Pucelle, le règne de Louis 14, la Philosophie de Newton, et les autres merveilles inconnues».[23] Mme Du Châtelet reçoit princièrement Césarion, mais lorsqu'il repart pour Remusberg, à la fin de juillet, il emporte, mis à part ce qui est écrit du *Siècle de Louis XIV*, peu de textes compromettants. «J'ai donné tout ce que j'avais», explique Voltaire modestement. Tout ce qu'il «pouvait», veut-il dire! Non pas *La Pucelle*, bien entendu: «Ce petit ouvrage est, depuis près d'un an, entre les mains de madame la marquise Du Châtelet, qui ne veut pas s'en dessaisir [...] Elle craint tous les accidents.» D'ailleurs, à quoi bon? Cette *Pucelle*, ce n'est qu'une «plaisanterie en vers».[24]

On devine la déception du prince, à laquelle une autre vient aussitôt s'ajouter: après de précautionneuses congratulations, Voltaire se décide à rejeter la doctrine de Wolff: «je vous dirai, monseigneur, que je n'entends goutte à l'être simple [Dieu et les monades] de Wolff. Je me vois transporté tout d'un coup [...] chez des gens dont je n'entends point la langue.» Il ajoute une nouvelle précaution: «Je suis tolérant; je trouve très bon qu'on pense autrement que moi.»[25] Ce dégoût de Leibniz à travers Wolff n'aura pas été inutile à Voltaire: ses exigences de bon sens et de clarté s'affirment contre la métaphysique. Il essaie d'entraîner le prince vers un sujet plus réaliste: «Je ramène toujours, autant que je peux, ma métaphysique à la morale [...] C'est l'homme que j'examine.»[26] Cette morale, comme la religion, doit être universelle, et Dieu a voulu que, partout, les hommes vivent en société. Finalement, «ce qui sera utile à la société sera donc bon par tout pays.»[27] Morale utilitaire et sociale, pour le bien de l'homme; c'est celle qui va s'épanouir au cours du siècle.

Frédéric se laisse convaincre aisément; il n'ose plus parler de l'être simple; même il laisse voir un certain dépit de s'être laissé entraîner par Wolff. On ne l'y prendra plus. Dans sa correspondance avec Suhm perce l'irrévérence, et auprès de Voltaire, il ne se gêne plus pour brocarder les métaphysiciens: «ces messieurs [...] nous débitent leur roman dans l'ordre le plus géométrique».[28]

Mais la métaphysique est, à cette époque, si enracinée dans les esprits que les deux illustres correspondants y reviennent sans cesse. Voltaire, poursuivant sa réflexion sur l'homme, expédie à Frédéric un chapitre du *Traité de métaphysique*, sous le titre: «Sur la liberté»,[29] le seul, sans doute, qu'Emilie ait jugé inoffensif. «La liberté est uniquement le pouvoir d'agir», écrit Voltaire, c'est tout simple, et c'est l'idée de Locke. Mais, là encore, il faut bien que le philosophe remonte à la cause première: «Si je n'avais point de volonté croyant en avoir une, Dieu m'aurait créé exprès pour me tromper [... ce serait] une absurdité dans la manière d'agir d'un être suprême infiniment sage.»[30] Combien utile et rassurant ce postulat de la sagesse infinie de Dieu! Mais là Frédéric abandonne son maître: «J'ai reçu votre chapitre de métaphysique sur la liberté, et je suis mortifié de vous dire que je ne suis pas entièrement de votre sentiment.»[31] Pour lui, tous les hommes obéissent aveuglément au dessein du créateur, en ignorant qu'ils sont manipulés. C'est sur cette «prescience» de Dieu, lequel sait «ce que nous ferons dans vingt ans» et comment nous le ferons, que la raison de Voltaire achoppe: «si vous croyez que nous sommes de pures machines, que deviendra l'amitié dont vous faites vos délices?»[32] Tous les arguments ne sont-ils pas bons en la matière? Plus Voltaire s'examine «plus [il] se sent libre». C'est alors qu'il expédie à Frédéric les épîtres sur l'homme, par petits paquets. La deuxième traite encore de la liberté, cette liberté qu'il suffit d'avoir perdue pour y croire:

> Tu l'avais donc en toi puisque tu l'as perdue?

Frédéric se laissera-t-il prendre à cette éloquence? Englué dans l'ambiguïté d'un problème mal posé, il se débat, il a des soubresauts, leibniziens ou personnels, il se fatigue et préfère demeurer sceptique: «Les hommes ne sont pas faits pour raisonner profondément sur des matières abstraites».[33] «La métaphysique est comme un charlatan, elle promet beaucoup, et l'expérience seule nous fait connaître qu'elle ne tient rien.»[34] Dans un mouvement de dépit, malgré la valeur qu'il reconnaît à l'expérience scientifique, son scepticisme s'étend: «Ne vous paraît-il pas qu'il y ait autant d'incertitudes en physique qu'en métaphysique? Je me vois environné de doutes de tous les côtés.»[35] Attitude provisoire: Frédéric va réfléchir, et l'année suivante, il va se mettre, lui aussi, à expérimenter.

Conséquence inattendue des relations de Voltaire avec Frédéric: la visite de Keyserlingk a provoqué chez Mme Du Châtelet un petit drame domestique.

Linant a comploté avec le baron prussien d'abandonner Cirey pour la cour de Remusberg. Après le départ de Césarion, il confie son projet à Voltaire. Surpris, mais compréhensif, celui-ci tente de négocier ce départ avec Emilie. Mais elle ne veut rien entendre, se fâche et écrit à Cideville qui n'en peut mais une lettre indignée. Comment a-t-on pu disposer «d'un homme qui est à moi»? Elle en est «extrêmement piquée».[36] Linant s'est conduit comme un domestique quittant son maître pour cent livres de plus! N'espérait-elle pas que le précepteur suivrait son fils jusqu'à son entrée dans le monde, et qui sait, à l'Académie? Bref, c'est grâce à son amitié pour Cideville qu'elle n'a pas renvoyé Linant sur-le-champ «avec sa chimère».

Linant se rétracte et lui promet de lui dédier sa tragédie... Si elle le supporte encore, c'est qu'il n'a pas si mal réussi, mais c'est aussi parce qu'elle veut conserver sa sœur, dont elle est «infiniment contente». Hélas! Dix jours plus tard, elle découvre des copies de lettres dans lesquelles cette sœur écrit à «un petit abbé Fontaine», de Rouen, «les choses les plus insultantes, et les plus piquantes» sur Mme Du Châtelet. Et le plus souvent, ce n'est pas elle qui les invente: elle rapporte ce que lui dit son frère. Par exemple, dans l'épître dédicatoire de sa tragédie, il va donner à la marquise des coups «de l'encensoir au travers du nez», il va la louer «de toutes les bonnes qualités» qu'elle n'a pas.[37] Cette fois, c'en est trop, Mme Du Châtelet congédie sur-le-champ le frère et la sœur, tout en regrettant un peu, tout de même, le frère, car comment le remplacer?

Ce serait facile s'il s'agissait, pour le précepteur, de vivre à Paris. Mais qui acceptera de s'exiler à Cirey, même pour vivre auprès de Voltaire? Et que de conditions peu plaisantes! Il faudra, au moins les premiers temps, qu'il mange maigre, qu'il couche toujours dans la chambre de son élève, qu'il dîne avec lui et M. Du Châtelet. Au surplus, il serait souhaitable qu'il pût dire la messe.[38] On remue, à Paris, tous ceux qui sont susceptibles de trouver quelqu'un: Thiriot, l'abbé de Breteuil, l'abbé Du Resnel, Duclos, qui a tant de relations. On en essaie plusieurs qui se découragent ou ne conviennent pas. Enfin, Duclos en propose un. Voltaire lui répond aussitôt: «Voudriez-vous bien voir avec M. Thiriot ce que l'on pourrait faire pour avoir ce profane-là, au lieu d'un sacristain?»[39] Ce «profane-là» est un nommé Dinard, qui est agréé. Sans doute réussit-il puisqu'on n'en entend plus parler... jusqu'au jour où, dans un gazetin, Mouhy le signale au lieutenant de police: «Le sieur Dinart, gouverneur [du fils de Mme Du Châtelet], n'a été choisi, dit-on, pour cet emploi, que parce qu'il se pique d'être sans religion.»[40] On reconnaît le venin de Mouhy: quel précepteur serait assez maladroit pour professer de tels sentiments dans la maison de M. Du Châtelet?

Voltaire, au risque de déplaire à la marquise, continue, en cachette, à aider Linant. Quand Moussinot fait un don à l'ancien précepteur, il faut prendre l'argent chez Prault: «Je souhaite que ce soit Prault qui donne 50 livres à Linant. J'ai mes raisons.»[41] On les devine: ce don ne doit pas apparaître dans ses comptes.

Dans le malheur, Linant se ressaisit, achève sa tragédie et la soumet à d'Argental qui, par un effet de sa bonté, en approuve les trois premiers actes. Puis il écrit à Voltaire une lettre émouvante: «Vous m'êtes si présent que je crois souvent avoir l'honneur de vous parler [...] Je vous dois depuis deux mois presque autant de vers passables que vous m'avez rendu de services essentiels depuis que j'ai eu le bonheur de vous connaître.»[42] Finalement, Voltaire aura été moins déçu par Linant que par ses autres protégés. Le «petit La Mare», aigrefin médiocre qui mendie toujours quelques écus, à qui Voltaire vient de donner L'Envieux, mauvaise comédie, pour qu'il la fasse jouer à son profit, ne manque jamais d'expédier méchamment au poète tout ce qui s'écrit contre lui. Le chevalier de Mouhy, d'une autre envergure, qui vient d'être engagé comme correspondant par Voltaire, avec une trop maigre rémunération, fait argent de tout et deviendra le gazetier[43] du lieutenant de police.

Quoi d'étonnant que Voltaire se soit éloigné de la métaphysique? Dans le même temps qu'il discute avec Frédéric, il lit des ouvrages de physique, fait des expériences sur le feu et sur l'optique de Newton. Malgré les apparences, ce n'est point pour se soumettre à la volonté de Mme Du Châtelet qu'il se livre, en 1737 et 1738, à des expériences scientifiques. Il a appris que l'Académie des sciences venait de mettre au concours une question sur la nature du feu et de sa propagation. Ce sujet retient son attention. Le feu, à cette époque où l'on ignore l'existence de l'oxygène, est un mystère. Ce mystère, Voltaire est tenté par l'aventure de le dévoiler, au moins en partie.[44] Certes, il n'est pas préparé à la recherche expérimentale, mais en Hollande, il a vu Boerhaave, chimiste et médecin célèbre, et n'a pas manqué de l'interroger. L'essentiel pour lui est d'acquérir les qualités d'esprit, observation et déduction, qu'exige une telle recherche, et d'éprouver les bienfaits du doute sur la réflexion. L'entreprise l'amuse, mais il sait que la science est un jeu sérieux dont il devine l'importance pour le progrès matériel et l'abolition des préjugés.

Le petit laboratoire de Cirey se trouve provisoirement dans une pièce de l'ancien château en attendant que soit aménagée une salle obscure nécessaire aux expériences d'optique. Quant aux «grandes machines», sphères, miroirs, appareils de physique, elles sont exposées dans la galerie qui sert à cette époque de salle à manger. A partir de 1737, l'appareillage va s'enrichir. Les commandes pleuvent sur Moussinot: outre la Chimie de Boerhaave et celle de Lémery, ce sont quatre miroirs concaves de même foyer, «un grand miroir ardent convexe des deux côtés», un baromètre, deux thermomètres, deux terrines «qui résistent au feu le plus violent», des creusets, des cassures de glace, un bâton ferré... Moussinot comprend et se passionne à son tour, si bien qu'il se voit confier de difficiles missions: il se rend chez Fontenelle pour lui demander ce qu'il faut entendre par «propagation du feu». Il faut qu'il «se transporte» chez Geoffroy, apothicaire de l'Académie des sciences, avec lequel il va se permettre de discuter, et le rapport de l'abbé plonge Voltaire dans de nouvelles discussions avec son commissionnaire. Il faut que celui-ci coure chez Boulduc pour savoir s'il pense que le feu augmente la pesanteur des corps. Voltaire explique à Moussinot que Lémery, après avoir «calciné vingt livres de plomb, les a trouvées augmentées de 5 livres [...] Cinq livres de feu, cinq livres de lumière, cela est admirable! et si admirable que je n'ose le croire [...] Voilà, mon cher abbé, ce qui me tient en échec depuis près d'un mois.» Mais toutes ces commandes coûtent cher. «Et où prendre de l'argent? Où vous voudrez, mon cher abbé. On a des actions [...] et il ne faut jamais rien négliger de son plaisir pour ce que la vie est courte.»[45] Que Moussinot n'épargne donc ni les carrosses ni les commisionnaires!

Le poète fait rougir le fer et le pèse, le laisse refroidir et le repèse; il fait «péter» ses thermomètres. Puis il se rend dans une forge du marquis, car M. Du Châtelet est un modeste «maître de forges». Il en possède plusieurs dans la forêt de l'Aillemont, au nord de Cirey. De la terrasse du château, on aperçoit encore, à l'orée du bois, l'emplacement de la plus proche. C'est là, sans doute, que Voltaire fait peser deux mille livres de fonte ardente. La fonte blanche acquiert du poids, mais non la fonte grise. C'est embarrassant. Enfin, il calcine des métaux dont le poids augmente. Il conclut prudemment: il est «très probable que le feu est pesant.»[46]

Mme Du Châtelet ne peut que suivre ses expériences, écouter ses réflexions, commenter ses échecs. Pour elle aussi, ce travail devient captivant. Elle s'aperçoit que ses conceptions s'écartent sensiblement de celles de Voltaire. Elle y pense à tel point qu'elle ne résiste plus, elle décide de présenter au concours son propre mémoire. Mais elle y travaille à l'insu de Voltaire, ce qui va lui interdire l'expérimentation. Elle doit se contenter de lectures et se fier à sa réflexion. Maintenant, il faut courir après le temps, et le jeu, pour elle, est souvent douloureux. Elle ne dort plus qu'une heure par nuit; elle se tient en éveil par des ablutions et des exercices physiques. Il faut bien écouter Voltaire qui continue à lui décrire ses expériences et ignore qu'il la confirme parfois dans des conclusions différentes. Curieusement, elle qui a inspiré à son ami l'amour de la science, elle fait preuve, en définitive, dans ce travail, d'un esprit déductif plus métaphysique que scientifique: pour elle, le feu, générateur de lumière et de chaleur, n'est pas pesant: c'est «un être particulier qui ne serait ni esprit ni matière de même que l'espace».[47] Elle n'est point parvenue à en expliquer l'origine et reste étonnée devant le mystère du briquet: «C'est sans doute un des plus grands miracles de la nature que le feu le plus ardent puisse être produit en un moment par la percussion des corps les plus froids en apparence.»[48]

Naturellement, Mme Du Châtelet envoie son travail en secret à l'Académie des sciences. Par hasard, ils arrivent en même temps et sont classés sous les numéros six et sept. Emilie ne dira rien avant de connaître les résultats. Lorsqu'elle sait qu'aucun des deux n'obtient le prix, elle avoue à Voltaire qu'elle est l'auteur du sixième. La tolérance et l'amitié veulent que Voltaire et son amie fassent assaut de modestie et de compréhension. Des compensations leur viennent d'abord de Maupertuis. Mme Du Châtelet est heureuse que le mémoire de Voltaire lui ait plu; il lui en fait l'éloge;[49] il lui dira bientôt et le fera savoir à ses amis, qu'il apprécie également le sien. Les qualités différentes des deux mémoires devaient échapper à l'Académie: Voltaire s'y montrait fort méthodique dans la recherche expérimentale, et Mme Du Châtelet rigoureuse dans la déduction. Plus insolites encore apparaissaient leurs qualités communes: ils se tenaient proches de l'esprit de Boerhaave et de Boyle, des savants étrangers! Ils s'opposaient aux principes *a priori* et au dogmatisme traditionnel. Les trois mémoires qui obtenaient le prix prouvaient à quel niveau s'attardait l'Académie. Celui d'Euler, mathématicien réputé, considérait le feu comme «un fluide élastique», mais il donnait la formule de la vitesse du son, jusqu'alors inconnue; les deux suivants expliquaient le feu par les tourbillons. Un siècle après le *Discours de la méthode*, ce n'était pas la méthode, c'était la métaphysique de Descartes qui survivait.

En cette occasion, Mme Du Châtelet eût aimé voir, pour la première fois, son œuvre imprimée. Sans doute exprima-t-elle à son ami une vive déception car il en demanda d'abord l'impression à l'Académie. Puis elle écrit elle-même à Maupertuis afin qu'il intervienne auprès de MM. Du Fay[50] et Réaumur. L'Académie se montre généreuse et décide, au début de juillet 1738, de tenir compte du prestige des candidats et d'imprimer les deux mémoires; mais afin que l'on n'en puisse conclure qu'elle les approuve, elle fait précéder les deux textes d'un avertissement: «Les auteurs des deux pièces suivantes s'étant fait connaître à l'Académie et lui ayant marqué qu'ils souhaitaient qu'elles fussent imprimées, l'Académie y a consenti volontiers, sur le témoignage que lui ont rendu les commissaires du prix, que quoiqu'ils n'aient pu approuver l'idée qu'on donne de la nature du feu, en chacune de ces pièces, elles leur ont paru des meilleures de celles qui ont été envoyées, en ce qu'elles supposent une grande lecture, une grande connaissance des bons ouvrages de physique, et qu'elles sont remplis de beaucoup de faits très bien exposés, et de beaucoup de vues. La pièce n° 6 [...] est d'une dame d'un haut rang, et la pièce n° 7 [...] d'un de nos premiers poètes.»[51]

Réaumur, qui connaît parfaitement les sympathies newtoniennes de Voltaire, lui écrit, non sans une certaine hauteur, pour lui rappeler les grandes obligations que la physique doit au P. Malebranche de lui avoir fait connaître tant d'ordres de tourbillons différents. La bataille est encore larvée. «Sûrement», écrit Mme Du Châtelet à Maupertuis, «ce M. Fuller [Euler] qui est nommé, est un leibnizien et par conséquent un cartésien. Il est fâcheux que l'esprit de parti ait encore tant de crédit en France.»[52]

Lorsqu'il s'agit des résultats de la mission de Maupertuis en Laponie, la querelle partisane s'aggrave. Maupertuis rentre à Paris vers le 15 août 1737. Parti le 2 mai 1736 pour mesurer les degrés de latitude le plus près possible du pôle, ce qu'il a réalisé, avec son équipe, au prix de mille difficultés matérielles, abattant des arbres pour installer ses observatoires, franchissant des cataractes, dormant sur des peaux de rennes, souffrant de la mauvaise nourriture et du froid en hiver, Maupertuis rapporte des résultats précis et pense prouver que la terre est aplatie aux pôles. Avec ses compagnons, il est présenté au roi par Maurepas le 21 août. Louis XV, sans doute prévenu par son géographe, s'intéresse davantage aux circonstances de l'expédition qu'à la mesure de la terre.[53] Si les résultats scientifiques de cette expédition ont été trop souvent effacés par l'épopée du voyage et de ses difficultés, cela tient un peu au personnage : vaniteux, Maupertuis se taille tout de suite un succès d'explorateur et d'aventurier. Les deux Laponnes qu'il ramène défraient la chronique. Mais, surtout, l'Académie et les adversaires cartésiens de Maupertuis, Cassini, Mairan, Réaumur et Fontenelle affirment que les mesures qu'il rapporte prouvent aussi bien que la terre est ovoïde. Le pouvoir en est solidaire : d'Anville, géographe du roi, prend parti pour Cassini. «On ne veut pas en France que M. Newton ait raison», écrit Emilie à Maupertuis, «nous sommes des hérétiques en philosophie.»[54] Voltaire le réconforte : «Tôt ou tard il faut bien que vous et la vérité, vous l'emportiez. Souvenez-vous qu'on a soutenu des thèses contre la circulation du sang. Songez à Galilée, et consolez-vous.»[55] Maupertuis refuse la ridicule pension de cent vingt pistoles que lui octroie le cardinal de Fleury et la fait répartir sur ses compagnons de voyage. Ses succès de salon le rassurent : il est reçu chez la duchesse de Saint-Pierre, la duchesse d'Aiguillon, la marquise Du Deffand, la comtesse de Rochefort, la duchesse de Chaulnes et chez les Brancas installés depuis peu au château de Meudon. Invité à Cirey, il se fera attendre pendant seize mois.

Est-ce encore en vertu des préjugés cartésiens que le censeur royal, auquel Voltaire a confié un manuscrit des *Eléments*, le retient dans ses tiroirs ? Par malchance, Voltaire en a laissé un autre en Hollande, mais incomplet, les derniers chapitres manquant. En juin 1737, sans attendre le retour de Maupertuis qui pouvait le conseiller, il met au point un nouveau manuscrit qu'il soumet à Pitot, ingénieur-mathématicien adhérant aux théories de Newton. Pitot doit en parler au marquis d'Argenson afin qu'il obtienne pour Voltaire le privilège royal. C'est Mme Du Châtelet qui pousse le poète dans la voie de l'approbation officielle et de l'édition à Paris : elle ne veut pas qu'il retourne en Hollande, elle redoute, à propos des *Eléments*, une nouvelle affaire des *Lettres philosophiques*.

La résistance des cartésiens s'est organisée. De bons mathématiciens s'efforcent de sauver et de perfectionner la théorie du «plein» et des tourbillons. Privat de Molières, et surtout Jean Bernoulli, ami de Maupertuis et pourtant leibnizien, prétendent accorder «merveilleusement» les tourbillons avec les règles de Kepler. Villemot reprend l'explication des marées par Descartes : c'est le tourbillon de la lune qui fait pression sur la mer. Mairan va chercher dans Newton des principes dont il se sert pour défendre Descartes.[56]

On devine combien Voltaire s'irrite et se passionne. Fort de ses *Eléments* et d'une célébrité non contestée, même de ses ennemis, il a décidé de frapper un grand coup. On est surpris par l'énorme travail que cet ouvrage a exigé. Il s'appuie sur l'œuvre de vulgarisation de Pemberton et sur le texte original de Newton que traduit du latin Mme Du Châtelet. Devant l'étendue et la profondeur du génie de Newton, il est modeste : « je suis comme les petits ruisseaux », écrit-il à Pitot, « ils sont transparents parce qu'ils sont peu profonds. J'ai tâché de présenter les idées de la manière dont elles sont entrées dans ma tête [...] Mais le détail des calculs me fatigue ».[57] C'est pourquoi il a recours à la « tête algébrique » du mathématicien.

Habilement et logiquement, Voltaire commence par exposer la théorie newtonienne de la lumière qui va lui permettre d'aborder l'optique généralement incontestée des savants honnêtes comme Mairan. Les *Opticks* avait été traduits en français par Coste en 1720 avec une préface élogieuse, mais le dessein de Voltaire est de s'en servir, en la simplifiant, contre Descartes. Ajoutons que Mme Du Châtelet rédige elle-même un traité d'optique selon Newton.[58] Les découvertes de Newton sont fondées sur des expériences que Voltaire a le plus souvent reproduites dans son cabinet de physique. Descartes affirmait que la lumière était une poussière fine et déliée répandue partout, et que les couleurs étaient des sensations que Dieu excite en nous selon les divers mouvements qui portent cette matière à nos organes. « Nous devrions voir clair la nuit », rétorque Voltaire, « un petit trou dans la porte d'une chambre obscure devrait l'illuminer tout entière ».[59] Selon Newton, la lumière, « dardée » par le soleil, nous arrive en sept ou huit minutes et se propage en ligne droite. Comment concilier cette trajectoire avec les tourbillons qui se meuvent en lignes courbes ? Décrivant les expériences, publiant croquis et figures, Voltaire explique comment les rayons lumineux se réfléchissent, comment les miroirs concaves et convexes déforment les objets. Mais le coup de génie, c'est ce que Newton a nommé la réfrangibilité, ou décomposition de la lumière par le prisme, « en toutes les couleurs possibles ». On pouvait alors expliquer la formation de l'arc-en-ciel. On comprenait enfin comment les objets, ne réfléchissant que certaines couleurs et non d'autres, selon leur matière, leur épaisseur, leur surface, nous apparaissent diversement colorés. Que pouvaient opposer cartésiens et malebranchistes ? Et pourtant, tous ne furent pas convaincus, par exemple le P. Castel, ami de Montesquieu.[60]

Les *Eléments* suivent l'ordre inverse des *Lettres philosophiques*. L'exposé, plus succinct, de 1734 présentait d'abord « le système de l'atttraction » (*Quinzième Lettre*), puis « l'optique de Mr. Newton » (*Seizième Lettre*). Dans le traité de 1738 (et années suivantes), Voltaire préfère une démarche plus pédagogique. La nouvelle optique initie le lecteur profane à la méthode scientifique de Newton. Ensuite seulement il engage la bataille décisive, contre « les tourbillons » : ces « tourbillons » de matière subtile qui étaient censés, depuis Descartes, provoquer les phénomènes de la pesanteur terrestre et les mouvements des corps célestes.

Il avait fallu inventer sans cesse de nouveaux «tourbillons» pour tenter d'expliquer de nouvelles observations. Le cosmos devenait un chaos. Quelle simplification lorsque, en 1666, Newton, par une illumination géniale, voyant tomber des fruits conçoit l'attraction terrestre! La même force doit agir sur la lune, et pourtant la lune ne tombe pas. Newton comprend alors qu'il faut se livrer à des *mesures*: mesure de la terre, de sa masse, de sa distance à la lune. La pesanteur est en raison inverse du carré des distances: il existe donc un point d'équilibre avec la force centrifuge. Et pour que la gravitation se perpétue, il faut que l'univers soit vide. Tout se développe logiquement et s'éclaire: l'attraction du soleil agit à la fois sur la terre et la lune, d'où «les inégalités du mouvement de l'orbite de la lune». En cette interaction résident les secrets de la gravitation universelle, de la figure de la terre, bombée à l'équateur et aplatie aux pôles, du flux et du reflux des marées.

Mais la publication des *Eléments*, en 1738, ne se déroula point sans avatars. Mme Du Châtelet s'était résignée à ce que l'ouvrage parût à l'étranger: «L'édition [des *Eléments* en Hollande] est inévitable», avait-elle écrit à Maupertuis.[61] Mais au moment où Voltaire s'avise qu'ils ne peuvent y paraître en l'état «informe» où le chantage de son amie l'a contraint de les y laisser, il apprend, vers le 10 avril 1738, que le libraire Ledet, «affamé par le gain», vient de publier cette œuvre, «fourmillante de fautes». Elle était inachevée. Qu'à cela ne tienne! Le libraire a trouvé, pour écrire les derniers chapitres, un «continuateur» qui a trahi la pensée de Voltaire! Pire! Il a ajouté au titre: «mise à la portée de tout le monde»! Voltaire enrage. «Il faut être [...] un imbécile», s'écrie-t-il, «pour penser que la philosophie de Newton puisse être à la portée de tout le monde.»[62] Mais était-ce un imbécile celui qui lança que les *Eléments* étaient «mis *à la porte* par tout le monde»?

Voltaire avait voulu couronner son texte de 1738 par un dernier chapitre, métaphysique. Il s'inspirait du célèbre «Scholium generale» concluant les *Principia*. Newton y dégageait sa conception de Dieu, créateur et maître de l'univers, que supposait la nouvelle cosmologie. Vision théiste du monde, qui ne pouvait être admise en France. Voltaire dut renoncer à ce chapitre final, qu'il avait rédigé et qui est aujourd'hui perdu.[63] Néanmoins il ne renonça nullement à publier les implications religieuses de la pensée newtonienne, qu'il fait siennes. Il tient d'ailleurs à manifester qu'il n'est nullement un athée, comme on l'en accuse.[64] Du chapitre initialement prévu, il tire une œuvre nouvelle, *La Métaphysique de Newton, ou parallèle des sentiments de Newton et de Leibniz*. Le volume paraît en 1740, à Amsterdam, chez Ledet et Desbordes, et s'annonce comme un supplément aux *Eléments de la philosophie de Newton*. Débordant la pensée newtonienne, Voltaire y traite des problèmes qu'il vient d'examiner dans son *Traité de métaphysique* resté clandestin: le libre arbitre, les fondements de la moralité, les rapports de l'âme et du corps.[65]

Enfin en 1741 cette *Métaphysique de Newton* devient la première partie des

Eléments, précédant l'exposé de l'optique (deuxième partie) et celui des «lois de l'attraction» (troisième partie). Le volume paraît chez Prault à Paris, sous l'adresse de Londres. Le titre est alors *Eléments de la philosophie de Newton, contenant la métaphysique, la théorie de la lumière et celle du monde*. Voltaire a dû en supprimer des développements, vraiment inacceptables pour les autorités françaises, notamment l'idée, empruntée à locke, que la matière peut penser. Mais les passages retranchés seront rétablis dans l'édition Walther de Dresde, en 1748.[66]

Voltaire ne s'en tient pas à une humble tâche de vulgarisateur. Les grandes vues newtoniennes exaltent le poète qu'il est. Car on ne lui contestera pas d'atteindre une authentique poésie dans la dédicace de son ouvrage à Mme Du Châtelet:

> Tu m'appelles à toi, vaste et puissant génie,
> Minerve de la France, immortelle Emilie,
> Disciple de Newton et de la vérité.
> Tu pénètres mes sens des feux de ta clarté.

Hyperbole? Mais il est bien vrai que sous l'influence de son amie, Voltaire s'est dépassé lui-même. Il le renonnaît ici. Il s'est élevé (sans y renoncer) au-dessus des basses querelles avec un «jaloux Rufus» (Jean-Baptiste Rousseau), un «ignorant Zoïle» (Desfontaines). Du même mouvement, les nuées de ces «tourbillons», «fantômes savants», se sont dissipées:

> Un jour plus pur ne luit [...]
> Dieu parle et le chaos se dissipe à sa voix.

Invoquant ces «confidents du Très-Haut, substances éternelles», il s'écrie:

> Que ces objets sont beaux! Que notre âme épurée
> Vole à ces vérités dont elle est éclairée!
> Oui, dans le seins de Dieu, loin de ce corps mortel,
> L'Esprit semble écouter la voix de l'Eternel.[67]

Mais on ne saurait échapper à «la fange» des querelles (évoquée au vers 16 de l'épître dédicatoire). Ce sont ses ennemis qui réagissent les premiers. Desfontaines s'empresse d'écrire à J.-B. Rousseau: «Tous les philosophes et géomètres tombent naturellement sur le corps du pauvre génie newtoniste», le P. Castel, le P. Regnault, l'abbé de Molières...[68] En effet, le P. Castel expose une théorie «ondulatoire» de la lumière expliquant les différentes couleurs par des «vibrations plus ou moins rapides de la matière subtile».[69] Le P. Regnault, nettement plus agressif, affirme que le système de Newton «n'en est pas devenu plus clair pour être passé par les mains de M. de Voltaire. Il n'instruit ni les savants ni les ignorants.»[70]

Ce n'est pas l'avis du P. Tournemine, qui écrit à Voltaire: «Newton n'est intelligible que dans votre ouvrage». Il faut cependant reconnaître le génie de Descartes, même s'il se trompe sur certains points. Le père jésuite conclut en souhaitant que Voltaire veuille bien étudier un jour la religion «sans prévention, sans préjugés».[71] Mairan réfléchit; il écrit à Voltaire une lettre élogieuse, mais il lui reproche également d'avoir trop peu ménagé Descartes et Malebranche. Voilà bien le tort de Voltaire: ne pouvoir assurer le triomphe de Newton sans ternir la renommée de Descartes. Dans sa réponse à Mairan, il proteste toutefois contre ce culte du génie et exprime sur l'illusion de la gloire personnelle des pensées que beaucoup d'écrivains auraient intérêt à méditer: «Je conviens que j'ai trop peu ménagé Descartes et Malebranche [... Mais] la réputation des hommes ne leur appartient point après leur mort [...] il faut peser les esprits et non les hommes.» Ce qui survit d'un écrivain n'est pas l'homme que l'on a pu admirer: «les lettres de l'alphabet qui composent les noms de Descartes et de Malebranche ne méritent aucun respect».[72]

Peu à peu, le succès des Eléments s'impose. En demandant à l'abbé Prévost un article dans Le Pour et contre Voltaire le place dans une situation délicate. Ami de Fontenelle pour qui «les tourbillons se présentent si agréablement à l'esprit philosophique», l'abbé Prévost redoute de s'aliéner les partisans du secrétaire perpétuel de l'Académie. Il s'en tire toutefois avec habileté: il prend le parti de Voltaire et glisse à l'éloge: «Je dois dire que, dans la mesure de mes lumières, j'y ai trouvé assez de pénétration et de justesse d'esprit pour le regarder comme un excellent livre [...] S'il se trouve quelques endroits moins bien éclaircis, ce sont les taches qui s'élèvent quelquefois sur l'astre le plus brillant.»[73] Prévost acceptera ensuite d'insérer des éclaircissements de Voltaire. Mme Du Châtelet écrit au Journal des savants une lettre anonyme élogieuse mais sans flatterie; l'abbé Trublet, rédacteur au journal, révéla plus tard qu'elle en était l'auteur. Enfin, les journalistes de Trévoux s'enthousiasment: «Newton était un secret que l'on se disait comme à l'oreille, encore fallait-il de bons entendeurs [...] M. de Voltaire parut enfin, et aussitôt Newton est entendu ou en voie de l'être; tout Paris retentit de Newton, tout Paris bégaie Newton, tout Paris étudie et apprend Newton.»[74]

On s'arrache les Eléments; ce qui ne signifie pas que les cartésiens sont vaincus: l'Académie des sciences dominée par Fontenelle, ne saurait si aisément se déjuger. Mais en France, Newton l'étranger fait lentement sa percée. Voltaire a réussi: les Eléments demeurent l'un des événements les plus importants du siècle. Tous les historiens des sciences le reconnaissent.

Pendant ce temps, dans la famille de Voltaire, un événement grave est survenu. Ses deux nièces, Louise et Elisabeth Mignot, sont devenues orphelines; elles avaient perdu leur mère, Catherine Mignot Arouet, en 1726; elles perdent leur père en 1737. Armand Arouet le janséniste ne se chargera point de ses nièces: il se propose de les mettre au couvent. Or, elles ont atteint largement l'âge d'être mariées. Aussi Voltaire proteste-t-il contre le projet d'Armand : « Il me semble », écrit-il, « que c'est le seul parti qu'il ne faille pas prendre. »[75] L'aînée épousera M. de Fontaine. Quant à sa sœur Louise, Voltaire éprouve pour elle une affection toute particulière. Il projette de la marier au fils de Mme de Champbonin, un garçon sans esprit qui, selon Mme de Graffigny, copie les ouvrages de Voltaire « sans y entendre un seul mot ». Il se fie à la diplomatie de Thiriot, qui fréquente beaucoup chez les Mignot, pour emporter l'adhésion de Louise. Quel rêve ! Elle serait châtelaine, elle aurait pour amie Mme Du Châtelet, et Voltaire serait son « vrai père ». Conception très personnelle du bonheur de sa nièce, comme si le poète sentait, dans ce rêve, germer tout son avenir. Connaît-il cette nièce qui aime la ville, les relations, les soupers, et qui désire vivre pour elle-même ? La réponse est nette : Louise ne veut pas du hobereau campagnard. Que l'on admire la forme ambiguë que prend alors la résignation de l'oncle ! « Je ne veux que son bonheur, et je mettrais une partie du mien à pouvoir vivre quelquefois avec elle. »[76]

La place était prise. Le cœur de Louise s'était enflammé pour un commissionnaire ordinaire des Guerres, Nicolas Charles Denis. La passion du commissionnaire est aussi vive. Aussitôt, Voltaire, par dépit de la voir s'éloigner, diminue la dot : au lieu de huit mille livres de rente pour le mariage Champbonin, il ne donnera qu'une dot de vingt-cinq mille en une seule fois.[77] Mme Du Châtelet, qui ne devine point les arrière-sentiments de son ami, explique à Thiriot combien elle est heureuse de ce dénouement ; au mariage de Louise, le 25 février 1738, Voltaire n'assistera pas.

Mme Denis devra quitter la capitale, son mari ayant obtenu le poste de Landau. Les époux se mettent en route en avril. Cirey se trouvant sur leur chemin, Mme Du Châtelet les invite à s'y arrêter. Ils y font un bref séjour à la fin du mois. Voltaire est malade. Son impression après leur départ est une énigme : « *On a été content* », écrit-il. Par contre, celle de Mme Denis, qu'elle s'empresse de communiquer à Thiriot après son installation à Landau, ne manque point de sel, de sincérité et d'un remarquable sens des réalités : « Je crois que je m'accommoderai assez de la vie que je mène ici. J'y ai une fort bonne maison, et quatre cents officiers à ma disposition, qui font autant de complaisants, sur lesquels j'en trierai une douzaine d'aimables, qui souperont souvent chez moi. » Quant à la vie de son oncle à Cirey, ce qu'elle en dit mérite d'être cité :

M. de Voltaire est d'une santé bien délicate, il a toujours été malade pendant le peu de temps que j'ai séjourné à Cirey. Mme Du Châtelet est fort engraissée, d'une figure aimable, et se portant à merveille [...] Mon oncle vous est toujours attaché [...] Je suis désespérée. Je le crois perdu pour tous ses amis. Il est lié de façon qu'il me paraît presque impossible qu'il puisse briser ses chaînes. Ils sont dans une solitude effrayante pour l'humanité. Cirey est à quatre lieues de toute habitation, dans un pays où l'on ne voit que des montagnes, et des terres incultes, abandonnés de leurs amis et n'ayant presque jamais personne de Paris.

Voilà la vie que mène le plus grand génie de notre siècle, à la vérité, vis-à-vis une femme de beaucoup d'esprit, fort jolie et qui emploie tout l'art imaginable pour le séduire. Il n'y a point de pompons qu'elle n'arrange, ni de passages des meilleurs philosophes, qu'elle ne cite pour lui plaire, rien n'y est épargné [...] Il se construit un appartement assez beau, où il y aura une chambre noire pour des opérations de physique. Le théâtre est fort joli, mais ils ne jouent point la comédie faute d'acteurs.[78]

Comme Mme Denis, Frédéric a pris du recul à l'égard de Voltaire. Il ose le critiquer plus souvent; c'est qu'il pousse des ailes au jeune prince, mais ce ne sont pas encore des ailes de rapace, quelques plumes seulement. Ayant certainement mal compris les *Eléments de la philosophie de Newton*, il n'ose le laisser trop voir à Voltaire, mais il exprime à Thiriot un détachement où perce le mépris; il voudrait «qu'on ne fît point une panacée de l'attraction; elle explique pitoyablement le flux et le reflux de la mer». Et il s'abaisse à faire à son agent, qu'il connaît bien, une confidence déplacée: «Je me regarde comme une créature qui est plus propre à jouir que faite pour connaître.»[79]

De plus en plus, chez le jeune prince, se révèle le futur roi dans ses préoccupations politiques et militaires. Lorsque Voltaire lui propose d'acheter les terres de Ham et de Beringhen, appartenant au marquis et à Mme Du Châtelet comme héritiers de la famille Trichâteau, il fait une réponse dilatoire. «Une guerre très sérieuse se prépare», qui doit agrandir les possessions prussiennes à l'ouest. Quand ce sera chose faite, «il sera bien plus naturel de chercher à s'arrondir et à faire des acquisitions, comme celle de la seigneurie de Beringhen.»[80] Réticence qui marque un certain refroidissement.

On peut supposer que Thiriot y a contribué en n'épargnant à Frédéric aucune information sur les défauts de caractère du poète, en particulier sur l'hypertrophie de son amour-propre. Thiriot étant l'ami de Desfontaines, le prince n'ignore pas, sans doute, que Voltaire vient d'écrire contre Desfontaines *Le Préservatif*, signé et publié par le chevalier de Mouhy. Le 25 décembre, Frédéric félicite Voltaire pour son *Epître sur la modération*, mais il ajoute: «L'art de rendre injure pour injure est le partage des crocheteurs.»[81] Voltaire s'est-il senti concerné?

A la fin de l'année 1738, et après la réussite des *Eléments*, Maupertuis ne peut se dérober plus longtemps à l'invitation des philosophes de Cirey. Engagé dans le même combat newtonien, il vient d'écrire l'*Examen désintéressé des différents ouvrages qui ont été faits pour déterminer la figure de la terre*. Cette œuvre, où l'ironie affleure souvent, obtient un grand succès, peut-être parce qu'elle est anonyme, tant les cartésiens ont l'esprit prévenu contre l'auteur. En décembre enfin, il s'annonce à Cirey pour le début de janvier. Il va y rencontrer une autre invitée, Mme de Graffigny. Mais tous deux tombent au plus mal: le lendemain de Noël, parvient à Mme Du Châtelet la nouvelle de la fameuse et terrible réplique de Desfontaines au *Préservatif*, la *Voltairomanie*.

5. Orages sur le paradis terrestre

A quarante-trois ans, Mme de Graffigny, démunie d'argent, quitte la cour de Lorraine où elle a passé le meilleur de sa vie, pour tenter à Paris une carrière littéraire. Elle y sera reçue par son amie, la duchesse de Richelieu. Quelle étape pourrait lui être plus favorable que Cirey? Malgré les souffrances éprouvées dans sa vie conjugale, elle est restée confiante, enjouée, facile à éblouir. Aussi son imagination vive s'est-elle enflammée à la pensée de l'extraordinaire privilège qui lui échoit, de séjourner quelques semaines, invitée par Emilie, auprès d'un homme aussi célèbre que Voltaire.

Que de regrets, pourtant, d'avoir quitté un lieu aussi agréable que la petite cour de Lorraine! Depuis le séjour qu'a fait Voltaire à Lunéville en 1735 avec la duchesse de Richelieu, cette cour s'est encore affranchie et raffinée. Stanislas Leszczynski a succédé, en 1737, à la régente Elisabeth d'Orléans.[1] Par la Déclaration de Meudon,[2] signée avec Louis xv, il a conservé le titre honorifique de roi de Pologne; il est assisté d'un intendant en même temps chancelier et garde des Sceaux dont les pouvoirs sont presque absolus: M. de La Galaizière, nommé par le roi de France, lève les impôts, administre les domaines, choisit les fonctionnaires et les magistrats. Il le fait avec beaucoup de tact et de courtoisie, non seulement parce que Stanislas est le père de la reine de France, mais parce que les deux hommes vivent en sympathie: ils sont instruits, exempts de préjugés et ils aiment la vie. Le duc de Lorraine conserve la haute main sur le commandement de sa garde, la direction de sa cour et l'organisation des cérémonies. Déchargé des soucis administratifs, Stanislas est maître chez lui. En outre, il reçoit du roi de France une pension de un million cinq cent mille livres, ce qui lui permet de dispenser aux courtisans le luxe et la bonne chère, d'entretenir son palais et ses jardins, sa vénerie, ses musiciens, son théâtre et ses comédiens. Il y a, dans ses châteaux de Lunéville et de Commercy, beaucoup plus de domestiques et d'employés que de courtisans.[3]

Stanislas a recueilli à sa cour des parents polonais et des compagnons d'infortune dont les mœurs sont demeurées brutales. A l'écart, se tient la reine Opalinska, humble, pieuse et charitable, qui aime les processions et va, le Vendredi saint, laver les pieds des pauvres. Mais les cousines du roi, la duchesse Ossolinska et la comtesse Jablonowska, future princesse de Talmont, mènent une vie scandaleuse. Stanislas, épicurien raffiné, aimant les arts et les lettres, ayant goûté, au château de Meudon et à la cour de Versailles, à l'élégance et à l'esprit de la société française, s'est rapproché du groupe lorrain de l'ancienne cour. C'est toujours la famille du prince de Craon, descendant d'Isabeau de

Bavière, qui donne le ton et exerce une influence prépondérante. Une différence toutefois: sous la régence d'Elisabeth d'Orléans, le prince a rendu au Trésor, de bon gré, les biens dont sa famille avait été comblée par Léopold qui aimait de passion délirante la princesse. Celle-ci a eu vingt enfants, tous élevés au château d'Haroué, à sept lieues environ de Lunéville. Stanislas a particulièrement favorisé deux d'entre eux: le marquis de Beauvau, nommé colonel de ses gardes à dix-neuf ans, et sa cousine Catherine qui a épousé contre son gré le marquis de Boufflers.[4] Stanislas appelle à la cour le marquis comme capitaine de ses gardes, ce qui lui permet d'offrir à Mme de Boufflers une place de dame du palais auprès de la reine et d'en obtenir les faveurs. Mme de Boufflers a un visage d'une beauté insolite, bien que voisine de la laideur, qui est toujours un spectacle d'un agrément irrésistible, auquel s'ajoutent le charme de son esprit et ses dons: elle dessine à merveille, joue de la harpe, rime des chansons amusantes.

Mme de Boufflers fait les délices d'une petite société littéraire très appréciée de Stanislas; c'est le salon qu'ouvrit à Lunéville Mme de Graffigny et qui s'est transporté à la cour. Mme de Graffigny est beaucoup plus âgée que Mme de Boufflers qu'elle a vue naître à Haroue. C'est chez les Craon qu'elle a connu également Elisabeth de Guise, duchesse de Richelieu, et Gabrielle Emilie de Breteuil, marquise Du Châtelet, grâce aux excellentes relations du baron de Breteuil avec le prince de Craon. Françoise d'Issembourg d'Happoncourt de Graffigny appartient à une famille lorraine de noblesse ancienne; son père était major des gardes de Léopold, sa mère apparentée au marquis Du Châtelet. Mariée trop jeune à Huguet de Graffigny, une sorte de fou, avare et grossier, qui la battait, elle parvint à le faire enfermer. Il mourut en prison. Mais le mal était fait: Françoise reste blessée à jamais par la brutalité de cet homme. «Je pense le plaisir», avoue-t-elle, «je le sens presque, et je ne suis pas gaie.»[5] Demeurée sans ressources, elle vit d'une maigre pension que lui verse Elisabeth d'Orléans, ex-régente retirée à Commercy, mais la cour lui est ouverte ainsi que la table des grands seigneurs lorrains, les Craon, les Choiseul, les Lenoncourt. Elle cache ses blessures sous le charme d'un esprit juste et fin.

Ses principaux amis se trouvent aujourd'hui à la cour de Lunéville. Le plus familier, François Antoine Devaux, dit Panpan, surnom qui date de son enfance, est un petit poète charmant, mais d'une timidité et d'une paresse proverbiales. Admirateur passionné de Voltaire, qu'il nomme son «idole», il passe son temps à lire, à rimer quelques impromptus et à rendre aux dames de menus services. Collé le tient pour un sot, complaisant et amuseur de toutes les femmes, souffre-douleurs de Mme de Boufflers, «un valet de chambre bel-esprit». Voltaire, moins cruel, apprécie son charme et ses qualités de cœur. Mme de Graffigny le tutoie. Il est bien possible qu'elle ait été son initiatrice; mais les lettres qu'elle lui écrira presque chaque jour de Cirey conserveront toujours le ton de la plus affectueuse camaraderie.

L'un des amis de Panpan est Saint-Lambert. Ils ont fait leurs études ensemble chez les jésuites de Pont-à-Mousson. D'une famille ancienne mais pauvre, Saint-Lambert a eu la chance de naître à Affracourt, près du château d'Haroué, et d'être admis à jouer avec les enfants du prince de Craon. Il doit à l'amitié du marquis de Beauvau et de sa sœur le privilège d'être officier de la garde de Stanislas, en garnison à Nancy. Officier de salon, il est plus souvent à la cour de Lunéville qu'à son régiment. En même temps qu'il cultive son prestige de poète, il exploite auprès des femmes son impassible beauté et son élégance raffinée. Il n'a composé jusqu'alors que des «poésies fugitives», mais il «parle» d'une tragédie. Une bonne part de sa réputation lui vient de Voltaire : en 1735, Saint-Lambert avait osé, à l'âge de dix-neuf ans, adresser à l'auteur de *Zaïre* quelques vers ; Voltaire, modeste et généreux, lui avait répondu par une épître plus prophétique pour l'amant que pour le poète :

> J'ai quitté les brillants appas
> Des muses, mes dieux et mes guides,
> Pour l'astrolabe et le compas
> Des Maupertuis et des Euclides [...]
> Vénus ne veut plus me sourire ;
> Les Grâces détournent leurs pas ;
> Ma Muse, les yeux pleins de larmes,
> Saint-Lambert, vole auprès de vous.
> Elle vous prodigue ses charmes :
> Je lis vos vers, j'en suis jaloux.[6]

Un autre officier, Léopold Desmarest, que Mme de Graffigny surnomme «le docteur», plus âgé que Saint-Lambert, mais aussi plus vivant et plus spirituel, est aimé de Mme de Graffigny. Invité par Mme Du Châtelet, il doit venir rejoindre son amie à Cirey et l'accompagner à Paris. Par bonheur, ce sont les lettres de celle-ci à Panpan qui nous sont parvenues ; adressées à un amant, peut-être eussent-elles été moins riches de détails et d'anecdotes. Bien qu'on lise encore son roman, les *Lettres d'une Péruvienne*, on ne se souvient guère de *Cénie*, sa pièce de théâtre, qui connut le succès. Ses lettres restent l'essentiel de son œuvre par ce qu'elles révèlent de la vie à Cirey ; elle a confié à son ami Panpan, au jour le jour, des impressions vivantes, familières ou dramatiques, de la vie de Voltaire avec Mme Du Châtelet.

Si elle est attendue avec joie au château, c'est qu'elle y apporte le charme de son esprit, des nouvelles de ses amis et de la cour de Stanislas que ne connaissent ni Voltaire ni Emilie.

Mme de Graffigny quitte Lunéville le 11 septembre 1738 pour Commercy où elle s'arrête chez l'ex-régente de Lorraine. Le lendemain, Mme de Stainville, épouse de François-Joseph de Choiseul et mère du futur ministre, vient la chercher et l'emmène chez elle à Demange, village situé à quelques lieues de Ligny. Incorrigible bavarde, Mme de Stainville lui refuse ses chevaux et la retient tout le mois de novembre. Mme de Graffigny s'ennuie et s'impatiente car Mme Du Châtelet lui a écrit plusieurs fois pour la presser d'arriver. En attendant, pour plaire à Voltaire et à son amie, elle lit Locke et se renseigne sur Newton, mais elle aura de la peine, avoue-t-elle, «à se convertir sur le vide». Voici enfin la délivrance: Mme de Lenoncourt vient en visite chez Mme de Stainville le 3 décembre et prête des chevaux à Mme de Graffigny qui «décampe» aussitôt du «château de l'ennui».[7]

C'est le lendemain, en pleine nuit, à deux heures du matin, que les postillons la déposent à Cirey devant les grilles du château. Elle a l'impression qu'elle «grimpe une montagne à pied, à tâtons.»[8]

La «nymphe» reçoit fort aimablement son invitée qui monte ensuite dans sa chambre pour se «décrasser». C'est alors qu'arrive «l'idole» de Panpan, «un petit bougeoir à la main comme un moine, qui m'a fait mille caresses [...] Il m'a baisé dix fois les mains»; Mme de Graffigny ne revoit Mme Du Châtelet que le lendemain. Elle avait oublié son «caquet» étonnant: Emilie parle «comme un ange», abondamment et très vite. «Elle a une robe d'indienne, un grand tablier noir et ses cheveux noirs très longs, relevés par derrière jusqu'au haut de sa tête, et bouclés comme on fait aux petits enfants. Cela lui sied fort bien.»

Le souper, à la chère parcimonieuse mais recherchée, est servi dans une abondante vaisselle d'argent. Il a lieu dans la petite galerie de Voltaire; Mme de Graffigny se trouve «vis à vis cinq sphères et toutes les machines de physique»: elles sont là en attendant que la chambre obscure soit achevée. On place Voltaire à sa gauche, éveillé, attentif, poli, et à sa droite le marquis Du Châtelet endormi, muet, qui se retire dès que le repas est achevé. Un cousin du marquis, le «vilain petit Trichatteau se fit traîner au bout de la table». Bien qu'il soit perclus de goutte et épileptique, on le flatte, on affecte même de lui parler, car on espère recevoir en héritage ses terres de Beringhen, de Ham et de Juliers. Au cours de ce premier souper, Voltaire apparaît, aux yeux de Mme de Graffigny, comme un grand seigneur: son valet de chambre ne quitte point le dossier de sa chaise, «et ses laquais lui remettent ce qui lui est nécessaire, comme les pages aux gentilshommes du roi». Il est vrai qu'il a une façon plaisante d'ordonner. Etincelant, faisant des contes à mourir de rire, et soudain changeant d'humeur si l'on vient à parler de Rousseau et de Desfontaines, «c'est là où l'homme reste et le héros s'évanouit [...] Je ne sais s'il ne parle point de ces deux hommes sans que la fermentation du sang ne devienne fièvre, mais enfin elle lui prit, nous sortîmes pour le laisser se coucher.» Voltaire lui donne tout de suite Le Préservatif «qu'il prétend qu'un de ses amis a fait». Pourquoi commencer par là? Mme de Graffigny le lira pour «pouvoir dire que je l'avais lu». Heureusement, il y ajoute «un beau Newton relié en maroquin».[9] Elle le lit aussi pour «pouvoir en parler le soir», avec la crainte de n'en rien saisir; et elle est heureuse, car elle comprend.

C'est dans sa chambre qu'elle va lire. Il lui faut du courage pour s'y plaire: c'est une sorte de halle mal éclairée par une seule fenêtre et assombrie par une montagne si proche «que je [la] toucherais quasi de la main». Mme de Graffigny force l'image: le château, très dégagé, est séparé de la montagne la plus proche par la vallée de la Blaise et le chemin de Doulevant. Au surplus, dans cette chambre, «tous les vents se divertissent par mille fentes» jusqu'à souffler sa bougie! La cheminée est si large que «tout le sabbat [y] passerait de front». Le froid n'incommode point les habitués du château qui viennent, dès le premier soir, tenir compagnie à la nouvelle venue. C'est d'abord Mme de Champbonin «qui passe sa vie ici, parce qu'elle a une petite terrote dans le voisinage. Elle est trait pour trait la grosse femme courte du *Paysan parvenu*. [...] Elle aime Voltaire à la folie, et lui m'a dit qu'il l'aimait beaucoup parce qu'elle a le cœur bon. La pauvre femme, on la fait tenir tout le jour dans sa chambre [...] elle a lu tout ce qu'il y a de livres ici et n'en est pas plus savante.» Voltaire ne se gêne pas pour en plaisanter, mais de lui, elle accepte tout. Mme de Graffigny pressent que Mme de Champbonin sera une précieuse confidente car elle a l'air de savoir beaucoup de choses sur Voltaire et le couple. Aussitôt qu'elle est sortie, le marquis Du Châtelet lui succède: «sans aucune pitié, [il] m'ennuya pendant deux heures et plus». Il se montre intarissable sur la noblesse de Lorraine, les parentés, les anecdotes militaires: il se rattrape, lui aussi, de son mutisme au souper.

Mme de Graffigny retrace pour Panpan l'horaire d'une journée à Cirey: café du matin vers onze heures avec discussion sur les mathématiques, la physique et la philosophie. Voltaire et Mme Du Châtelet ne dînent pas. Seuls se mettent à table à midi les «cochers»,[10] c'est-à-dire le marquis, Mme de Champbonin et son fils, qui ne vient au château que pour copier des ouvrages. Par mauvais temps, chacun retourne dans sa chambre jusqu'au souper. Il arrive que cet horaire subisse quelques dérogations quand passe un visiteur important: alors on se promène à cheval ou l'on chasse dans les bois de la Héronnière. Mais dans les jours de travail, ce n'est qu'au souper qu'on se livre à une vraie détente. Cette récréation, si le maître n'est pas malade et si rien ne trouble son humeur, il la prolonge à son gré. La distraction la plus fréquente et la plus extraordinaire est la conversation. Voltaire s'y prend au jeu et devient à lui seul un personnage de comédie. Un soir qu'il montre la lanterne magique, les images ne sont qu'un prétexte aux commentaires les plus drôles et à de successives mises en scène: «Il y a fourré la coquetterie de M. de Richelieu, l'histoire de l'abbé Desfontaines, et toutes sortes de contes, toujours sur le ton savoyard.»[11] Créateur et acteur, il mime, gesticule et renverse la lampe; l'esprit de vin s'enflamme et lui brûle la main. Mais c'est sans gravité, et l'on rit de plus belle. Un autre soir, sa sensibilité l'emporte, aussi ostensible et extrême que sa gaieté. Les convives ayant supplié Mme de Graffigny de raconter sa vie, elle s'y refuse d'abord, pour ne point les attrister, puis elle cède. «V[oltaire], cet humain qui n'a pas honte de le paraître, fondait en larmes. [...] Leurs réflexions sur mon sort ont duré jusqu'à plus de deux heures.» Voltaire n'en a pas dormi.[12]

Mais les deux principales distractions sont les marionnettes, qui sont «très bonnes», et le théâtre. Malheureusement, en temps normal, on manque d'acteurs. Lorsque passe l'abbé de Breteuil, un homme très vivant, ou un visiteur susceptible de tenir un rôle, on joue le *Grand* ou le *Petit Boursoufle*, et l'on fait venir de son couvent Mlle Du Châtelet, qui a douze ans et revoit dans sa chaise de poste le rôle de Thérèse de La Cochonnière.[13] Voltaire n'a pas le temps d'apprendre le sien, mais il le réinvente, et son jeu est alors si comique que tous les acteurs, qui sont en même temps les spectateurs, s'arrêtent pour rire.

A l'égard de Mme Du Châtelet, peut-être sous l'influence de Mme de Champbonin, Mme de Graffigny se montre plus réservée. Au début de son séjour, n'ayant pas encore souffert de son caractère, elle loue, non sans enthousiasme, ses dons intellectuels. Elle reconnaît qu'Emilie chante «divinement». Elle s'émerveille de l'étendue de ses connaissances. Un matin, au café, la marquise lit «un calcul géométrique d'un rêveur anglais»[14] qui démontre que les habitants de Jupiter sont des géants. Quel n'est point l'étonnement de Mme de Graffigny, lorsqu'elle peut ouvrir le livre, de voir qu'il est écrit en latin! Elle trouve son mémoire sur le feu supérieur à celui de Voltaire. Que dire de la traduction de *La Fable des abeilles*! La préface du traducteur est «une chose surprenante». «Ah, quelle femme! que je suis petite! [...] Il est bien vrai que quand les femmes se mêlent d'écrire, elles surpassent les hommes [...] Mais combien de siècles faut-il pour faire une femme comme celle-là?»[15] Les germes de «féminisme», déjà vigoureux dans la préface d'Emilie, sont tombés dans un terrain propice, mais ce féminisme, Mme de Graffigny le dirige contre les hommes dont elle a souffert: dans ses lettres, ils apparaissent souvent comme des créatures faibles, égoïstes, infidèles, à commencer par Desmarest.

Par Voltaire lui-même, elle est parfois déçue en découvrant ses faiblesses. Elle désapprouve sa peur de la maladie; en se «droguant» sans cesse et en se privant de nourriture, il aggrave son état; sa seconde faiblesse, dont elle va être le témoin malheureux, c'est son «fanatisme terrible» concernant J.-B. Rousseau et Desfontaines: «Nous avons essayé de le persuader de les mépriser. O faiblesse humaine! Il n'a ni rime ni raison quand il en parle [...] Réellement, le cœur m'en saigne, car je l'aime.»

Mme de Graffigny ne tarde pas à s'apercevoir que le couple est moins heureux qu'il ne le paraît. Alors qu'elle n'a pas encore souffert du caractère de la «nymphe», elle en observe avec impartialité les défauts. Elle va jusqu'à comprendre qu'Emilie surveille le courrier de Voltaire parce qu'elle craint ses imprudences et «la démangeaison qu'il a de répondre à tous ces grimauds». Ce qui est plus grave, c'est que l'admiration, le respect qu'elle devrait éprouver pour le génie de Voltaire font souvent défaut. Devant témoins, elle cherche les occasions d'exercer sur lui son autorité, jusque dans le choix de ses travaux. De Voltaire, qui est avant tout poète, elle voudrait faire un savant, elle le persécute pour qu'il ne fasse point de vers, «elle lui tourne la tête avec sa géométrie; la grosse dame et moi, nous la contrarions tant que nous pouvons». Lorsqu'il lit ses épîtres sur la liberté et la modération, elle le critique parfois sévèrement, il réplique, et leurs disputes, bien qu'elles ne laissent point d'être instructives, n'en sont pas moins âpres. Elle le heurte sans cesse à propos de détails matériels. Qu'elle lui interdise le vin du Rhin, on le comprend, il le rend malade. Mais pourquoi, un soir qu'il doit lire *Mérope* et qu'il arrive avec un habit agrémenté de dentelles, Mme Du Châtelet en est-elle choquée et se met-elle dans la tête de lui faire changer cet habit? Elle insiste et ne sait plus s'arrêter, à tel point qu'il se fâche, «lui parle vivement en anglais, et sort de la chambre.» Apparemment, il s'en va bouder... Mais Mme de Graffigny, partie à sa recherche, le trouve plaisantant avec Mme de Champbonin, «qui par parenthèses m'a l'air d'être sa confidente». Il accepte de revenir, mais demeure morose et ne dit mot. Enfin, il consent à lire sa tragédie. Pourquoi Mme Du Châtelet n'aime-t-elle pas *Mérope*? Est-ce parce que c'est une tragédie sans amour, ou parce qu'elle plaît à Frédéric, ou simplement parce que c'est une tragédie?[16]

Vers la fin du mois de décembre, le ton de Mme de Graffigny à l'égard de la «dame» se durcit alors qu'elle prend régulièrement la défense de Voltaire. Elle a l'impression qu'un désaccord profond s'est creusé dans le couple ou qu'un malheur est arrivé, qu'on lui cache. Surtout, elle s'est aperçue qu'un changement est intervenu dans le comportement du poète; il parle peu, se contente d'écouter; son esprit est loin: «Il a eu cet après-midi une faiblesse très considérable et qui a beaucoup alarmé tout le monde. [...] Il est fort abattu.»[17]

La raison de cet oppressant mystère est que Voltaire et Emilie se cachent mutuellement l'arrivée à Cirey, le 26 décembre, d'une petite brochure, la *Voltairo-manie*, injurieuse, accablante pour Voltaire, dont l'auteur ne peut être que Desfontaines. C'est une réponse au *Préservatif*.[18]

Il faut avouer que le ton a monté d'un libelle à l'autre. Celui de Voltaire est beaucoup moins violent; comme l'indique son sous-titre, «critique des *Observations sur les écrits modernes*», c'est au périodique de Desfontaines qu'il a l'intention de s'en prendre. Numéro par numéro, il y relève toutes les erreurs, les ignorances, les bévues de «l'observateur». C'est ainsi que la force du *Préservatif* se noie peu à peu dans les détails et qu'il devient ennuyeux. L'attaque contre le style est plus vive: il est qualifié de «galimatias». Mais ce qui explique surtout l'explosion de haine chez l'abbé, ce n'est point seulement que Voltaire le traite en écolier, c'est que son vice et son ingratitude soient une fois de plus rappelés. En effet, le poète insère à l'avant-dernière page une lettre dans laquelle il retrace l'affaire de la détention de Desfontaines à Bicêtre. C'est par là que le véritable auteur du libelle montre le bout de l'oreille. Combien fine est la lettre que lui écrira l'abbé Trublet, bien informé par Thiriot: «J'étais persuadé, avant que vous me l'eussiez écrit, que *Le Préservatif* n'est point de vous. Mais il faut avouer qu'il n'a guère dû moins choquer l'abbé D. F. pour n'être que d'un de vos amis. Il est visible que cet ami y a recueilli ce qu'il vous a entendu dire. Il n'écrit pas si bien que vous, mais il écrit d'après vous; et enfin la pièce offensante, c'est la lettre qui y est insérée. »[19]

Mais Voltaire se défendra toujours d'être l'auteur du libelle. Et pour donner plus de crédit à son mensonge, il le complique: «*Le Préservatif* est d'un nommé La Touche, rédigé par le chevalier de Mouhy, sur un ancien mémoire connu de l'abbé d'Olivet».[20]

Autrement vigoureuse dans sa violence, la *Voltairomanie* est un dénigrement systématique de l'œuvre et de l'homme. *La Henriade?* «un chaos éblouissant, un mauvais tissu de fictions usées ou déplacées». Ses tragédies? elles n'ont été applaudies «que pour la vaine harmonie de ses pompeuses tirades, et pour sa hardiesse satirique ou irreligieuse». Son *Charles XII?* «l'ouvrage d'un ignorant étourdi, écrit dans le goût badin d'une caillette bourgeoise [...] mauvais roman»! Les *Lettres philosophiques?* un livre «si monstrueux» qu'il fut condamné au feu. Les *Eléments?* l'ouvrage d'un écolier «qui bronche à chaque pas, qui a rendu son présomptueux auteur la risée de la France et de l'Angleterre»! Mais le bouquet, c'est *Le Temple du Goût*, «production d'une petite tête ivre d'orgueil». C'est là que se justifie le titre du libelle: il faut guérir Voltaire de cette «manie» de s'admirer lui-même, de cette «voltairomanie» qui fait que toute critique publique le rend furieux. Le plus grave, c'est que Desfontaines accuse Voltaire de ce qui peut lui nuire auprès du pouvoir; c'est un «écrivain téméraire, pour qui ni les mœurs, ni la bienséance, ni l'humanité, ni la vérité, ni la religion n'ont jamais eu rien de sacré». Ainsi, Desfontaines s'est placé, en dépit de son passé et de ses habituelles calomnies, du côté des défenseurs de la morale et de la dévotion. Le souvenir des *Lettres philosophiques* est toujours vivant. Comment Voltaire ne se sentirait-il pas menacé?

Après avoir démoli l'œuvre, Desfontaines lance contre l'homme les attaques les plus injurieuses: Voltaire, affirme-t-il, est «déshonoré dans la société civile, par ses lâches impostures, par ses fourberies, par ses honteuses bassesses, par ses vols publics et particuliers, et par sa superbe impertinence». Et pour couronner le tout, les bastonnades sont évoquées!

Là où Desfontaines manque plus encore de pudeur, c'est lorsqu'il fait allusion à la lettre de Voltaire sur Bicêtre: «Comment n'a-t-il pas rougi», dit-il, «de la seule idée de l'horrible lettre qui est à la fin de son libelle?» C'est là enfin que Desfontaines assène à Voltaire son coup le plus violent: il s'agit de cet autre libelle que l'abbé composa, lors de sa sortie de Bicêtre, contre son bienfaiteur. «M. Thiriot [prétend Voltaire] l'obligea de le jeter au feu. Et voilà M. Thiriot qui déclare la fausseté du fait. Le sieur Voltaire est donc le plus hardi et le plus insensé des menteurs.»

Nourriture rêvée de ceux qui aiment le venin, la *Voltairomanie* obtient un succès prodigieux: deux mille exemplaires se sont vendus en quinze jours. Le 25 décembre, Mme Du Châtelet répond à une lettre de d'Argental lui annonçant que la brochure circule. Le lendemain, Emilie reçoit «cet affreux libelle»; elle est au désespoir : « J'ai empêché qu'il ne le vît, la fièvre ne l'a quitté que d'aujourd'hui, il s'évanouit hier deux fois. »[21]

Mme Du Châtelet, seule devant ce drame, se confie à d'Argental. Déjà ulcérée par la trahison de Thiriot, elle intercepte un paquet de La Mare qui renferme, outre le libelle, une lettre à Voltaire où il affirme que jamais autant de brochures ne sont parues contre le poète, que l'on publie l'*Epître à Uranie*, la lettre sur Locke et toutes les épigrammes de J.-B. Rousseau. Qui donc pousse et paie le triste abbé ? Thiriot lui-même s'acharne sur Voltaire et l'informe que le P. Porée l'a « honni » publiquement dans un discours en latin. Voilà les « amis » de Voltaire ! « Faut-il que des scélérats », s'écrie Mme Du Châtelet, « viennent troubler le plus grand bonheur du monde ? [...] [Voltaire] ignore tout cela. S'il vient jamais à le savoir il y succombera. »[22] Pourtant, une lettre du 1er janvier où Voltaire se plaint du libelle a échappé au cabinet noir.

Il ne succombe pas. Il a même le courage d'aller réconforter Mme de Graffigny, qui se trouve, ce même jour, aussi accablée que lui. En effet, elle a subi, trois jours auparavant, le choc violent d'une scène de colère que lui a faite Mme Du Châtelet. Depuis quelques jours, Emilie surveillait sévèrement le courrier : elle exigeait de le recevoir et de l'expédier elle-même. C'était, disait-elle, « pour le grouper ». Qu'elle eût épié ce que recevait et écrivait Voltaire, on le comprend, la *Voltairomanie* en était la cause. Mais, avant même l'arrivée de la brochure, elle avait commencé à se méfier de la correspondance de Mme de Graffigny avec Panpan.

On est surpris par la recommandation que fait à Panpan Mme de Graffigny une semaine seulement après son arrivée : « regarde bien les lettres en les ouvrant, pour voir s'il n'y a rien au cachet ; j'ai peur. [...] On craint tant ici que l'on ne dise je ne sais quoi. »[23] Mme Du Châtelet tient enfermé dans ses tiroirs le manuscrit du *Siècle de Louis XIV* afin que Voltaire ne puisse l'achever : c'est du moins ce qu'affirme Mme de Graffigny. Le poète, un peu honteux, cherche à reconquérir quelque liberté : il confie le manuscrit à Mme de Graffigny qui s'en délecte et en copie plusieurs passages pour Panpan. Quant à *La Pucelle*, on entretient sur elle le plus profond mystère, ce qui ne fait qu'exaspérer la curiosité de l'invitée. Enfin, Voltaire obtient l'autorisation de lire quelques chants de ce poème. Pourquoi la méfiance de Mme de Graffigny s'endort-elle à ce point ? Elle décrit à Panpan deux de ces chants, dont l'un avec force détails ! Panpan lui répond simplement : « Le chant de *Jeanne* est charmant. »

Quatre lettres arrivent décachetées à Mme de Graffigny. Elle a peine à croire que Mme Du Châtelet puisse commettre un acte aussi indélicat : « Elle serait bien attrapée de nos riens »... Soudain, le 1er janvier 1739, le ton de ses lettres change ; elle cesse de tutoyer Panpan, qui doit en être stupéfait ; elle est malade.[24] A son style, que l'on juge de son désarroi : « J'ai reçu la lettre que je vous mandais n'avoir pas reçue. Vous m'y parlez d'un chant de *Jane* [*La Pucelle*] que vous trouvez charmant ; je ne me souviens plus de ce que c'est et je vous prie de me renvoyer la feuille de la lettre où je vous en parle. Il me faut cette lettre. Ne faites aucun commentaire là-dessus, ils seraient inutiles.»

A partir de cette lettre il faut accueillir avec réserve tout ce qu'écrit Mme de Graffigny sur Mme Du Châtelet; l'admiration s'est muée en jalousie, et parfois en haine. La voyageuse arrive à Paris vers le 15 février. Il est certain qu'elle prête une oreille complaisante, çà et là, à tout propos hostile à Mme Du Châtelet. Mais elle n'a pas attendu d'être dans la capitale pour expliquer à Panpan ce qui s'est passé. En quittant Cirey, elle lui poste une lettre où elle libère sa bile. Et aussi bien pour étonner son naïf et provincial ami, elle dramatise la violence de la scène que lui fait la «dame».

La crise a éclaté le soir du 29 décembre. Voltaire entre dans la chambre de Mme de Graffigny, nerveux, désolé, et lui déclare qu'il va être obligé de fuir en Hollande parce qu'il y a «cent copies qui courent d'un ch[ant] de J[eanne] a L[unéville].» Puis, voyant qu'elle ne se sent nullement coupable, il devient furieux et s'écrie: «Point de tortillage, madame, c'est vous qui l'avez envoyé!» Elle assure qu'elle ne l'a jamais copié. Mais il prétend que Mme Du Châtelet en a la preuve. La «dame» arrive alors «comme une furie» et, tirant une lettre de sa poche, elle la lui fourre «presque dans le nez»: «Voilà, voilà la preuve de votre infamie», dit-elle, «vous êtes la plus indigne des créatures, un monstre que j'ai retiré chez moi, non pas par amitié, car je n'en eus jamais, mais parce que vous ne saviez où aller. Et vous avez l'infamie de me trahir, de m'assassiner, de voler dans mon bureau un ouvrage pour en tirer copie!» Sans Voltaire, elle l'eût souffletée. Ses gestes sont si proches et menaçants qu'il la saisit à bras le corps et la fait reculer.

Mme de Graffigny, atterrée, demande qu'on lui montre au moins la lettre incriminée: elle finit par l'obtenir et lit la terrible phrase: «Le chant de J. est charmant.» Elle proteste qu'elle n'a jamais fait que raconter ce chant: «Dès le premier moment», dit-elle, «V. le crut et me demanda pardon.» Il comprend ce qui s'est passé: Panpan a lu la lettre à Desmarest devant quelqu'un qui l'a écrit à Mme Du Châtelet. Mais «la mégère ne voulait pas en revenir.» La scène rebondit sans cesse jusqu'à cinq heures du matin. Mme Du Châtelet veut «voir» le compte rendu qu'a fait Mme de Graffigny du chant de *Jeanne*: elle la contraint d'écrire à Panpan une lettre le réclamant; c'est à ce prix qu'elle consent enfin à sortir.[25]

Déjà meurtrie dans son passé, Mme de Graffigny ne surmonte pas ce choc: elle est atteinte de tremblements et de convulsions. Mme de Champbonin, qui la trouve vomissant, redescend aussitôt et obtient qu'on lui rende la lettre que l'on vient d'obtenir et qu'on lui fasse confiance. Mme de Graffigny ne s'en trouve pas moins dans une cruelle situation: elle était «sans chez moi, insultée dans une maison dont je ne pouvais sortir, [...] pas un sol pour me faire conduire dans le premier village». Voltaire, malgré le coup que lui inflige la destinée, vient la réconforter vers midi, «touché jusqu'aux larmes» de la voir en cet état. Il comprend que Mme Du Châtelet, dans sa peur maladive de toute indiscrétion concernant *La Pucelle*, a dramatisé cette affaire. Il éprouve pour Mme de Graffigny une sympathie que ne partage pas Emilie et cherche à réparer le mal que celle-ci vient de faire. Il en donne une preuve nouvelle dans la lettre qu'il écrit le 12 janvier au duc et à la duchesse de Richelieu: «Il y a dans le paradis terrestre de Cirey une personne qui est un grand exemple des malheurs de ce monde et de la générosité de votre âme, c'est Mme de Graffigny. Son sort me ferait verser des larmes si elle n'était pas aimée de vous.»[26]

Malgré cette sollicitude de Voltaire, Mme de Graffigny désire quitter le plus tôt possible cette cohabitation étouffante avec celle qu'elle nomme désormais «Dorothée». Seul Desmarest peut la délivrer en lui apportant l'argent du voyage, mais il se fait attendre. Elle a une fluxion aux yeux qui ne lui permet plus de lire; c'est Mme de Champbonin qui vient lui faire la lecture. Quant à Voltaire, qui serait son plus doux réconfort, Mme Du Châtelet pousse la cruauté jusqu'à l'empêcher de venir dans sa chambre: «Il faut que Dorothée ait [des] gens à gages pour savoir quand il sort de son appartement, car il est fort loin du sien.» Voltaire sait-il que toutes les lettres de Panpan arrivent décachetées? Dans ces conditions, comment les relations entre les deux femmes pourraient-elles s'améliorer? A table, Emilie reste muette; Voltaire mal à l'aise, la supplie en anglais de changer d'attitude. Mme de Graffigny s'étonne de cette bouderie obstinée, inhumaine, qui est une faute de jugement: Emilie ne se doute-t-elle point que son invitée va révéler aux Richelieu de telles faiblesses de caractère? Tentation à laquelle Mme de Graffigny finira par céder... Pessimiste, blessée et malade, Mme de Graffigny porte un jugement trop dur et pour le moins prématuré sur le sort de Voltaire et le «ménage» de Cirey. Pour elle, Voltaire est «le plus malheureux homme du monde [...] Jugez du bonheur de ces gens que nous croyons avoir atteint à la suprême félicité! Les querelles que je vous ai mandées dans le commencement vont leur train, jugez encore.»[27] Tel demeurera, dans le souvenir de Mme de Graffigny, le paradis de Cirey.

L'arrivée de Desmarest apporte à tous un heureux dérivatif. Mme de Graffigny lui avait recommandé d'apprendre des rôles, et il les sait car il a une excellente mémoire. On peut donc le conduire tout de suite, par un escalier en colimaçon dans le petit théâtre, situé sous les combles, que l'on pourrait encore utiliser de nos jours. Sa scène, assez basse, est un plancher sommaire où résonnent très fort les pas des comédiens: l'ouverture sur la salle est élégamment dessinée et le rideau bleu a du charme. La salle ne peut guère contenir qu'une vingtaine de spectateurs, mais qu'importe, puisque, le plus souvent les spectateurs sont aussi les acteurs qui se donnent à eux-mêmes la comédie? Profitant de la présence des deux nouveaux comédiens, on joue continuellement, de sorte que Mme de Graffigny ne parvient pas à parler à son ami en tête à tête, et enfin, quand elle le peut, c'est pour lui entendre dire qu'il ne l'aime plus! On peut se demander si cette boulimie de théâtre n'est pas voulue par Mme Du Châtelet pour tirer Mme de Graffigny hors du sentiment de sa disgrâce, et pour éviter qu'elle n'ait le temps d'en faire le récit. Les pièces se succèdent: *Zaïre, Boursoufle, L'Enfant prodigue, L'Esprit de contradiction* de Dufresny. Dans cette hâte, on joue mal, et l'on comprend que soient sévères les critiques de Mme de Graffigny. Dans *Zaïre*, Mme Du Châtelet «joue à faire vomir, sans âme [...] en scandant les vers pied à pied [...] M. Du Chatelet [...] n'a pas dit un vers qui en fut un, et en bégayant.»[28] On voit bien que l'important, c'est de moudre du théâtre. On va jusqu'à jouer vingt et un actes dans une après-midi, et deux opéras «et demi» dans la nuit suivante. Ici, Mme Du Châtelet chante avec Mme de Graffigny, ce qui atténue la froideur de leurs relations. Si pressé que l'on soit, il n'en faut pas moins, lorsque l'on change de rôle, se friser, se chausser, s'ajuster... ,[29] ce qui n'est ni facile ni discret dans la loge commune, pièce exiguë, à droite de la scène.

Enfin, Mme de Graffigny et Desmarest annoncent leur départ. Leurs hôtes essaient de les retenir jusqu'en avril. Mme Du Châtelet cherche-t-elle à user les ressentiments de son invitée, à reconquérir son admiration en lui vantant ses travaux? Elle va lui expédier son ouvrage de métaphysique.[30] Attentive et enjouée, elle la rejoint fréquemment et l'invite à des promenades en forêt. Double jeu d'Emilie? Incorrigible femme! Car il semble que c'est la société de Desmarest qu'elle va regretter: Elle «se pâmait en lorgneries [pour lui], et que cela allait le meilleur train du monde, au point que le dernier soir c'était sans ménagement, comme aurait fait une petite sotte sans expérience. Le bonhomme V. en a été furieux; il a lâché des brocards à l'un et à l'autre tant qu'il a pu. Pour moi, je haussais les épaules.»[31]

Le 12 février, Mme de Graffigny quitte Cirey avec Desmarest. L'essieu de leur carrosse s'étant rompu à Vandœuvre, ils font chambre commune. Ainsi se console cette victime de la Fortune. Elle va retrouver à Paris la duchesse de Richelieu, la liberté, et devenir écrivain.

Mais comment pourrait-elle oublier Voltaire et Cirey? Elle va écouter, aussi, les échos de la *Voltairomanie*.

Dans cette affaire, ce qui fait souffrir Voltaire par-dessus tout, c'est la trahison de celui qu'il croit son ami. Lâche, égoïste et jaloux, Thiriot s'est laissé circonvenir par Desfontaines. Voltaire éprouve tant de difficulté à l'admettre que, le 2 janvier, il lui écrit deux lettres: «Ce scélérat d'abbé Desfontaines, a donc enfin obtenu ce qu'il souhaitait! Il m'a ôté votre amitié. Voilà la seule chose que je lui reproche.»[32] Thiriot ne se souvient donc de rien? Que Desfontaines ait fait un libelle contre Voltaire, ce même Thiriot l'a encore raconté lors de son séjour à Cirey. Et le poète lui cite une lettre que son ami lui écrivit le 16 août 1726: «Il [Desfontaines] avait fait contre vous un ouvrage satirique dans le temps de Bicêtre que je lui fis jeter dans le feu et c'est lui qui a fait faire une édition du poème de la *Ligue*, dans lequel il a inséré des vers satiriques de sa façon, etc.»[33] Quelle image de lui-même Thiriot veut-il donner à tous leurs amis communs?

C'est le lendemain, 3 janvier, que Voltaire avoue à Mme Du Châtelet qu'il possède le libelle; et il l'étonne par son sang-froid et sa sagesse. Dans les premiers jours, leurs entretiens les apaisent et les rapprochent malgré leur différend au sujet de Mme de Graffigny. Emilie l'approuve et l'admire de puiser dans l'adversité un courage nouveau pour écrire *Zulime*; il va «noyer dans les larmes du parterre le souvenir des crimes de Desfontaines».[34]

Pourtant, ils ne sont pas d'accord sur Thiriot: alors que Voltaire cherche à émouvoir son ami, Mme Du Châtelet le hait: «je le poursuivrai toute ma vie et je le regarderai comme le plus lâche, et le plus ingrat de tous les hommes».[35] Thiriot répond à Emilie une lettre sèche et embarrassée où il se dérobe. Il se déclare «édifié» par le zèle que déploie la marquise pour ses amis. Thiriot a été «scandalisé» par *Le Préservatif*, et son amitié a été «vivement émue et alarmée de [le] voir attribué à M. de V.». Quant au libelle de Desfontaines contre le poète en 1725, c'est pour lui un souvenir flou «après tant d'années». Il se souvient vaguement d'un écrit que Desfontaines lui fit voir, mais à quelle date et sous quel titre? Il ne sait plus...![36]

Satisfait de cette lettre, Thiriot la considère comme «ostensible» et va la faire circuler, peut-être la publier. C'est une menace qui terrifie Mme Du Châtelet et indigne tout le monde à Cirey. Chacun s'emploie, à sa façon, à regagner Thiriot. Voltaire essaie encore la persuasion: «au nom de notre amitié, écrivez-lui [à Mme Du Châtelet] quelque chose de plus fait pour son cœur. Vous connaissez la fermeté et la hauteur de son caractère [...] Des amis de deux jours brûlent de prendre ma défense, et vous m'abandonnerez tendre ami de 25 ans [...] mais, mon ami, n'est-on fait que pour souper? ne vit-on que pour soi? n'est-il pas beau de justifier son goût et son cœur en justifiant son ami?»[37] Mme de Champbonin, douloureuse, écrit à Thiriot et fait appel à sa raison. Révolté, le marquis Du Châtelet défend avec énergie la réputation de son hôte, «aussi connu par ses générosités que par ses ouvrages».[38] Dans sa simplicité de soldat, il en fait une question d'honneur. Il doit se rendre prochainement à Paris pour acheter l'hôtel Lambert et se promet d'intervenir.

Pour Mme Du Châtelet, c'est Thiriot le principal coupable. Elle n'hésite pas à l'accuser auprès de Frédéric: «que V. A. R. pensera-t-elle quand elle saura que le même Thiriot, qui veut aujourd'hui affecter la neutralité [...] n'est connu dans le monde que par les bienfaits de M. de Voltaire [... il] l'a nourri et logé pendant plus de dix ans».[39] Intervention tardive et vaine! Non seulement le prince a reçu de Thiriot les deux libelles, mais il s'entend fort bien avec lui sur les faiblesses de Voltaire; du moins lui écrit-il une lettre qui n'est point faite pour le décourager: «Voltaire se ressouviendra de son *Epître sur la modération*». Un poète qui injurie «dégrade son Apollon et met son éloquence au niveau du style des harengères.»[40] Théodore Besterman a pu se demander si Thiriot n'était pas sodomiste.[41] D'après certaines réponses de Voltaire à son ami, il apparaît que celui-ci vante beaucoup le charme de Gentil Bernard, lequel ne plaît pas moins à Algarotti. Si telles étaient les mœurs de Thiriot, on comprendrait mieux ses compromissions avec Desfontaines, que Voltaire avait devinées dès le début de décembre, et l'indulgence de Frédéric. On ne s'étonnera donc pas de la réponse papelarde du prince à Emilie: certes, Thiriot «m'écrit quelquefois des lettres où il paraît brouillé à jamais avec le bon sens», mais c'est un bon garçon, estimable par son exactitude et son désir d'être utile![42] D'une parfaite hypocrisie, et sans doute parce qu'il n'a pas cessé pour autant d'admirer le génie de Voltaire ni de mépriser son agent, Frédéric prie Thiriot de cesser ses «tergiversations»: «Rendez justice à la vérité», ajoute-t-il, «si vous voulez mériter mon estime.»[43]

Emilie ne se tient pas pour satisfaite et rétorquera que Thiriot est «une âme de boue», «lâche» et «méprisable». C'est en ces termes violents que l'on parle de Thiriot à Cirey alors que Voltaire s'efforce encore de le séduire par le langage du sentiment: il veut obtenir qu'il se désavoue publiquement. Mais s'il le ménage tant, c'est plus encore par crainte qu'il ne publie sa lettre «ostensible» à Emilie: «Qu'il ne s'avise pas de cela», écrit celle-ci à d'Argental; «je vous demande en grâce, mon cher ami, de l'en empêcher. Il n'y a point d'extrémités où M. Du Châtelet et toute ma famille ne se portât. Vous sentez bien tout ce que mon nom une fois prononcé dans cette indigne querelle entraîne.»[44] Thiriot se tait, et son silence est ressenti à Cirey comme une insulte. Lorsqu'après un mois il reprend la plume, c'est pour «plaindre» Voltaire et faire des allusions ambiguës au *Préservatif*. Le poète proteste: il a la preuve «écrite» qu'il n'en est pas l'auteur! «Le *Préservatif* ne vous regarde en rien.» Thiriot ne parle plus de la lettre ostensible. Pour plus de sécurité, Mme Du Châtelet a recours à l'abbé Trublet, approbateur des feuilles de l'abbé Prévost qui lui-même est absent; et c'est à Voltaire que Trublet donne l'assurance que la lettre ne passera pas.

Désespérant d'obtenir de Thiriot un désaveu et toujours le ménageant, Voltaire décide de poursuivre Desfontaines: «Je mourrai ou j'aurai justice.»[45] Vaine obstination: l'affaire de la *Voltairomanie* va lui prendre quatre mois d'un temps précieux. Dans une première période de cette lutte, il réunit preuves et appuis afin d'engager, avec le plus de chances possibles, un procès criminel devant le parlement. Mais il agit sans plan et sans fermeté, voué aux sautes d'humeur, se déterminant selon les objections d'Emilie, les conseils et les réflexions de ses correspondants. Comme toujours, il va écrire des dizaines de lettres et faire intervenir une foule d'amis. Il cherche à se concilier Maurepas par Pont-de-Veyle, plus proche du ministre que son frère d'Argental; il écrit au chancelier d'Aguesseau, à Barjac, premier valet de chambre du roi, au curé de Saint-Nicolas, ami d'Hérault, à Du Fay qui voit souvent le lieutenant de police, à la princesse de Conti, au marquis de Locmaria, au médecin Silva, au marquis d'Argenson. Seule la réponse de celui-ci lui apporte réconfort et soutien: «M. le chancelier estime vos ouvrages, il m'en a parlé plusieurs fois [...]. Mais de tous les chevaliers le plus prévenu contre votre ennemi c'est mon frère. J'ai été le voir à la réception de votre lettre. Il m'a dit que l'affaire en était à ce que M. le chancelier avait ordonné que l'abbé Desfontaines serait mandé pour déclarer si les libelles en question étaient de lui [...]. Je vous assure que cela sera bien mené. Je solliciterai M. le chancelier en mon particulier ces jours-ci; j'embrasse vos intérêts avec chaleur et avec plaisir.»[46]

Enfin, arrive une lettre de la présidente de Bernières. Voilà le document essentiel! La *Voltairomanie* affirmait que Voltaire, n'ayant pas payé sa pension chez la présidente, ni à la Rivière-Bourdet ni à Paris, vivait de rapines. Subtilement, le libelle en concluait que tirer de Bicêtre Desfontaines, puisqu'il était «parent» des Bernières, n'avait été, pour Voltaire, que s'acquitter d'une dette envers ses hôtes. Ces événements dataient de quatorze ans: la présidente eût fort bien pu se taire, d'autant plus qu'elle avait quitté son mari, qu'il était mort et qu'elle s'était remariée. Or, elle prend la peine d'écrire à Voltaire une lettre aussi précise qu'indignée: «Ce ne fut assurément qu'à votre sollicitation que M. de Bernières le réclama [Desfontaines] pour son parent, et répondit de sa vie et mœurs, et le mena à la Rivière-Bourdet; car vous savez bien le peu d'estime qu'il avait pour lui [...] Il est vrai que vous louiez un appartement dans la maison où nous demeurions [...] où vous aviez donné un logement à Thiriot, que vous aviez très bien payé pour vous, et pour lui.»[47]

Mme Du Châtelet, très heureuse, envoie aussitôt une copie de cette lettre à d'Argental, espérant qu'il en sera satisfait.[48] Toutefois, la présidente, craignant d'être compromise, exige que Voltaire lui retourne sa lettre; il lui obéit et la remercie d'avoir permis à d'Argental de la faire voir au chancelier et à quelques magistrats. Il calme ses craintes et l'invite à s'engager davantage; «un peu de fermeté», lui dit-il, «je vous en supplie».[49] Mais il n'a pas manqué de tirer des copies de la précieuse lettre, et sans plus s'occuper de Mme de Bernières, il en envoie à Maurepas, au marquis d'Argenson et à Hérault.

C'est aux mêmes personnages qu'il destine le mémoire qui doit ouvrir le procès contre Desfontaines. Combien de versions successives n'en a-t-il pas rédigé, toutes annotées par le sage et discret d'Argental! Certes, ces préparatifs seraient plus simples et plus rapides si Voltaire était à Paris. Il y éviterait les objections d'Emilie, il y serait occupé au lieu de piétiner à Cirey, il aurait tant de gens à activer, tant de visites à faire! Son impatience de s'y rendre multiplie les discussions et aggrave les tracasseries avec Mme Du Châtelet, qui ne veut à aucun prix le laisser partir et trouve aussitôt un soutien confidentiel auprès de «l'ange». «Si vous n'écrivez pas, mon cher ami, de la façon la plus forte à votre ami pour le dissuader d'aller à Paris, je suis la plus malheureuse de toutes les créatures.»[50] Voltaire se débat, s'agite, se fâche. Pourquoi le retient-on à cinquante lieues alors que son ennemi est à Paris? S'il se résigne, c'est à contrecœur. Puis il se révolte et va jusqu'à engager Moussinot, l'honnête chanoine, dans un mensonge: «Ecrivez-moi que cette affaire demande absolument ma présence à Paris, et brûlez ma lettre.»[51] Moussinot exécute l'ordre et s'étonne que Voltaire ne vienne point.

Sans doute le chanoine aura-t-il à le regretter, car c'est lui qui sera chargé d'ouvrir le procès, en y apportant «la dernière vivacité». Il faut qu'il se rende avec deux témoins chez un libraire, qu'il y achète la *Voltairomanie* et fasse établir un procès-verbal, qu'il fasse rédiger une requête aux gens de lettres, qu'il tire des copies du mémoire de Voltaire... Mais de quelle version? D'Argental ne se hâte pas de lui livrer celle qu'il approuve. Par contre, Mouhy, impatient de conduire le procès, de publier le mémoire et d'en tirer de l'argent, fait preuve de trop de zèle. Certes, il faut «l'encourager», mais aussi «le contenir», recommande Voltaire.[52]

Ne pouvant rien faire d'autre, le poète continue à chercher des appuis. Il s'adresse à Me Pageau, avocat, ancien ami de son père, afin qu'il obtienne de son bâtonnier, Me Denyau, une lettre «par laquelle on marquerait qu'après s'être informé à tous les avocats de Paris, ils avaient tous répondu qu'il n'y en avait aucun de capable de faire un si infâme libelle».[53] C'était naïf: il est bien évident que le bâtonnier ne peut convoquer une assemblée générale des avocats pour un tel fait. Pageau se contente de répondre qu'en effet «le sentiment commun est qu'il n'est pas possible qu'un ouvrage si méchant soit imputé à un avocat». Donc il est de Desfontaines!

Comme on voit, Voltaire s'égare. Il a découvert, en lisant le libelle, un nouveau scélérat, c'est Saint-Hyacinthe. Il feint d'abord de ne le point connaître. A-t-il oublié leurs relations difficiles en Angleterre? Desfontaines, qui fait feu de tout bois, a rappelé dans la *Voltairomanie* ce que raconte Saint-Hyacinthe dans l'*Apothéose ou la déification d'Aristarchus*: Voltaire aurait été bastonné par un officier nommé Beauregard en présence d'un acteur. Et voilà le poète lancé dans une nouvelle enquête qui le fait dévier. Il demande aussitôt à Moussinot de lui procurer l'*Aristarchus*, et à Thiriot à qui il faut s'adresser pour avoir raison de Saint-Hyacinthe. Il apprend qu'il peut l'atteindre par son ami Lévesque de Burigny, à qui il écrit. Il lui joint une lettre pour Saint-Hyacinthe.[54] Mais Burigny répond évasivement que son ami éprouve le plus grand mépris pour Desfontaines et qu'il n'a pris aucune part à la *Voltairomanie*. Voltaire, mécontent, se fâche et menace. Mme de Champbonin étant à Paris, il l'envoie chez Burigny qui accompagne la bonne dame au domicile de Saint-Hyacinthe en vue d'obtenir un désaveu. Saint-Hyacinthe refuse: un désaveu ne permettrait pas, dit-il, d'attaquer Desfontaines comme faussaire. Voltaire ne se domine plus: Saint-Hyacinthe n'est plus qu'un «escroc public», un «plagiaire [...] fait pour mourir par le bâton ou par la corde».[55] Continuant à perdre son temps et le sens des réalités, il s'adresse à Mlle Quinault afin qu'elle obtienne de tous les acteurs une attestation que jamais il n'a été insulté en présence d'un des leurs;[56] la comédienne ne lui envoie qu'une petite lettre où elle condamne, au nom de ses camarades, les calomnies de Desfontaines.

On comprend que la préparation du procès n'avance pas. Thiriot, malgré les admonestations répétées de Frédéric et les adjurations de Voltaire, ne se décide pas à un désaveu public de sa connivence avec Desfontaines. Emilie raille sa prétention et sa sottise: «Thiriot écrit aujourd'hui une lettre à M. de V. qui commence ainsi: *J'étais enfermé avec un évêque, et un ministre étranger quand Mme de Champbonin est venue pour me voir. Cela est bien bon*».[57] Voltaire se trouve ainsi en situation difficile entre Mme Du Châtelet et Thiriot: «pourquoi», écrit-il à ce dernier, «me forcer à me jeter [aux] pieds [de Mme Du Châtelet] pour l'apaiser?»[58] Cela aussi est bien bon!

Comme dans l'affaire Jore, Voltaire fatigue tout le monde et se fatigue. Mais il n'est plus maintenant le protagoniste: ceux qui dirigent l'affaire, ce sont les deux complices, Emilie et d'Argental. Celui-ci, pas plus qu'Emilie, ne veut du procès; il connaît la position de Maurepas et du marquis d'Argenson. L'ange possède des trésors de calme et de sagesse, car il doit résister au désespoir de Mme Du Châtelet en même temps qu'à l'humeur changeante de Voltaire. La tête froide et l'indulgence au cœur, il va jusqu'à rassurer Thiriot: «Le paquet, monsieur, que vous avez la bonté de m'envoyer ne contient rien de nouveau, mêmes inquiétudes, mêmes agitations, lettres qu'il a reçues ou qu'il a écrites [...] Je voudrais fort pouvoir contribuer à vous tranquilliser tous. Nous sommes dans un temps d'orage qui passera, il ne faut pas que vous jugiez M. de V... dans le moment présent. La colère, la douleur, la crainte, le malheur peuvent lui arracher quelques propos injustes dont il ne faut pas se souvenir.»[59]

Si Voltaire cède peu à peu vers la mi-février sans toutefois se calmer, il le doit plus à la fermeté de son ami et aux conseils du marquis d'Argenson qu'aux arguments passionnés d'Emilie. Mais ce n'est jamais de plein gré: «Vous me liez les mains», dit-il à d'Argental. On lui a fait voir la différence entre les deux voies à suivre: celle du parlement et des ordres du roi dans laquelle il veut s'engager, voie inexorable, où les interventions des ministres en sa faveur seront impossibles, et la voie plus discrète qui consiste à s'en remettre au jugement du lieutenant de police: là seulement, les interventions officieuses des frères d'Argenson et de Maurepas seront possibles. Hérault lui-même le lui laisse entendre: «J'ai parlé de votre affaire à M. d'Argenson, et tous deux, après en avoir conféré avec M. le chancelier, nous avons pensé que la voie de l'autorité et des ordres du roi n'était ni convenable ni utile en pareil cas.»[60] Et pourtant, c'est Mme Du Châtelet qui s'en donne les gants: «J'ai suspendu le procès jusqu'à présent, je l'empêcherai.»[61]

Ainsi commence la deuxième étape de cette pénible affaire. Voltaire ne s'y résigne pas facilement. Enfin, le 14 février 1739, il écrit à Moussinot: «J'arrête toute procédure».[62] Mais il faut conserver toutes les pièces. Dès lors, les preuves, les requêtes, le mémoire, tout doit converger vers le lieutenant de police. Cependant le poète apprend que Desfontaines l'a devancé et qu'il a obtenu du lieutenant criminel permission d'informer contre lui; l'abbé va le dénoncer comme auteur de l'*Epître à Uranie* et des *Lettres philosophiques*, car le scélérat a la chance d'être à Paris où il remue ciel et terre. Et à lui, Voltaire, que lui reste-t-il? Presque rien! L'important serait que Thiriot confirmât sa lettre du 26 août 1726 sur l'affaire de Bicêtre. Voici que Voltaire craint de l'avoir égarée. Ainsi démuni, impuissant à remuer par correspondance tous ceux qui ne l'entendent plus et l'oublient, Voltaire se désole: «je n'ai plus de temps, je suis au désespoir de le consumer à ces horreurs nécessaires».[63] «Rendez-moi à mes études, à Emilie, et à *Zulime*», écrit-il à l'ange.[64] Ce que confirme Mme Du Châtelet: «Tout cela a altéré la douceur charmante de ses mœurs, et je suis dans une cruelle situation.»[65]

Le poëte fait parvenir à Hérault une requête et lui écrit sans cesse, au risque de l'importuner. «Je parle à l'homme autant qu'au juge»,[66] lui dit-il. Puis il le conjure d'envoyer chercher Desfontaines et de lui faire signer un désaveu. Survient un événement heureux vers le 10 mars: Thiriot vient de signer la requête que d'Argental lui a soumise. Mme Du Châtelet avoue que cette démarche la raccommode «presque» avec lui. A Frédéric qui lui avait enjoint de se réconcilier avec Voltaire, Thiriot rétorque: «Il faudrait pour cela que nous fussions brouillés.»[67]

Le procureur du roi engage une poursuite contre Desfontaines, qui publie *Le Médiateur*, brochure d'un ton modéré, destinée, prétend la marquise, à préparer le public au désaveu qu'on exige de lui. Mais on voudrait, en échange, que le poëte désavouât *Le Préservatif*. Voltaire se rebelle: il flaire l'accommodement. Par bonheur, Mme de Champbonin rentre de Paris au début d'avril: aussitôt on réunit le «petit triumvirat». On écoute «Gros chat», la bonne et raisonnable dame, toute pénétrée des arguments de l'ange. On «pèse» tout et l'on élabore un projet de désaveu du *Préservatif*!

Finalement, c'est encore à un accommodement que Voltaire va se résoudre. Hérault devrait parvenir sans trop de peine à obtenir de Desfontaines et de Voltaire un désaveu puisque l'un et l'autre ont toujours nié qu'ils fussent les auteurs des libelles. Cependant ce n'est point sans douleur que Desfontaines accepte de signer le texte que propose d'Argenson, car c'est pour l'abbé un reniement. Il se sent menacé et se décide le 4 avril: «Je déclare que je ne suis point l'auteur d'un libelle imprimé, qui a pour titre: *la Voltairomanie*, et que je le désavoue en son entier, regardant comme calomnieux tous les faits qui sont imputés à M. de Voltaire dans ce libelle, et que je me croirais deshonoré si j'avais eu la moindre part à cet écrit, ayant pour lui tous les sentiments d'estime dus à ses talents, et que le public lui accorde si justement.»[68]

On peut supposer que ce texte a été apporté à Cirey par Mme de Champbonin et qu'il a contribué à décider Voltaire à signer trois semaines après, non sans réticences, un texte sibyllin qui joue sur le sens des mots: «J'ai toujours désavoué *Le Préservatif* et je n'ai eu aucune part à la collection des pièces qui sont dans ce petit écrit, parmi lesquelles il y en a qui n'étaient point destinées à être publiques. A Cirey, ce 2 mai 1739.»[69]

Malheureusement pour Voltaire, il a été convenu que le désaveu de Desfontaines resterait secret. Comment passera-t-il bientôt dans la *Gazette d'Amsterdam*? Complicité du marquis d'Argenson qui avouera: «Nous l'avons laissé échapper dans la gazette».[70]

On comprend alors la déception de Mouhy, toujours avide d'argent, qui a poussé le libraire à commencer l'édition du mémoire de Voltaire; ce qui ne déplaît pas au poète et lui assurerait une autre demi-victoire, mais d'Argenson lui déconseille de rallumer la guerre. Mouhy exerce un chantage sur Mme Du Châtelet qui semble y céder tant son inquiétude est grande de voir sortir ce mémoire; cela se traduit par une nouvelle corvée de l'ange: «Le chevalier de Mouhy avec qui j'ai un petit commerce clandestin me fait de telles peurs en me représentant sans cesse l'impatience du libraire [...] que je vous envoie un billet de trois cents livres sur mon notaire à vue.»[71] Il s'agit certainement de racheter les exemplaires sortis et peut-être de dédommager Mouhy.

Dans cette affaire, le vrai vainqueur, c'est Thiriot. Heureux que Voltaire se soit enfin déterminé à désavouer *Le Préservatif*, satisfait de prouver à Frédéric que ses «remontrances» n'étaient pas justifiées, il considère que son honneur est sauf et que l'on approuve «dans le monde» la sagesse de sa conduite. Le comble, c'est qu'il affirme que ni Maupertuis ni d'Argental n'ont pu éclaircir avec lui ce que Voltaire exigeait de lui, «et nous sommes tous les trois encore», ajoute-t-il, «à obtenir le modèle d'écrit qu'il a toujours voulu que je fisse contre l'abbé Desfontaines». Magnanime et beau joueur, il ne met point «sur le compte du cœur de [son] ami les égarements de son esprit». «Je l'aime avec ses défauts comme il m'aime avec les miens [...] et ce qui étonnera peut-être V.A.R., c'est que sa société m'a toujours paru préférable à ses ouvrages ou à son talent.»[72]

«Quel pauvre homme, ce Thiriot!» dirait Mme Du Châtelet.

Et Voltaire? Certes, il sort plus brisé que grandi de cette affaire. Mais que l'on se souvienne de la violence et de la cruauté de la *Voltairomanie* et que l'on mesure le bouleversement qu'a provoqué le libelle dans un organisme aussi fragile et sur un amour-propre aussi sensible, que l'on y ajoute la profonde déception que lui a causée Thiriot et aussi son irritation d'être retenu à Cirey, comment ne le point comprendre? Il n'a pas perdu l'amitié de d'Argental qui le connaît bien, et il a gagné celle d'un admirateur compréhensif et influent, le marquis d'Argenson, à qui il a eu, en fin de compte, la sagesse de céder.

6. Pierre qui roule...

Le marquis et la marquise Du Châtelet ont-ils vraiment acquis l'hôtel Lambert dans l'île Saint-Louis? C'est ce qu'ils prétendent. Cette magnifique demeure, décorée par Le Brun et Le Sueur, leur aurait été laissée pour deux cent mille livres par Claude Dupin, qui épousa la fille de Mme de Fontaine et du financier Samuel Bernard. C'eût été un véritable cadeau. Et pourtant l'on peut douter que les Du Châtelet aient pu disposer d'une telle somme en 1739. C'est peut-être pour achever de payer l'hôtel et pour le meubler qu'ils vont tenter de gagner le procès engagé par le comte de Lomont soixante ans plus tôt. Certes, ils ont mis dans leur camp «le vilain petit Trichâteau» en l'accueillant à Cirey. Mais l'héritage des terres de Beringhen et de Ham, dans le pays de Juliers, leur est contesté par des cousins d'une branche maternelle, les Hoensbroeck, à laquelle elles ont appartenu. Elles comprennent même une petite principauté, près de Clèves, qui ferait de Mme Du Châtelet une princesse.

C'est dans l'espoir de gagner ce procès que Mme Du Châtelet part pour Bruxelles, le 11 mai 1739, accompagnée de Voltaire et de son nouveau professeur de mathématiques, un Suisse nommé König. C'est un mathématicien connu que Maupertuis et Bernoulli, de passage à Cirey en mars, lui ont recommandé. Emilie est flattée d'être suivie de ces deux hommes: «Je suis venue ici la plus forte en amenant M. de Voltaire et M. de König.»[1] Voltaire regrette Cirey, sa bibliothèque et son théâtre, et il est lui-même regretté; M. de Champbonin écrit à son fils que le poète part «adoré de tout le canton» et qu'il faut l'aimer comme un père.[2] Les trois voyageurs s'arrêtent quatre jours à Valenciennes chez Moreau de Séchelles, beau-père du lieutenant de police Hérault, connaissance très utile...[3]

A peine arrivés à Bruxelles à l'hôtel «L'Impératrice», ils repartent pour visiter les terres en litige. Voltaire exprime à Mme de Champbonin sa déception: «Nous voici maintenant en fin fond de Barbarie dans l'empire de son altesse monseigneur le marquis de Trichâteau, qui, je vous jure, est un assez vilain empire. Si madame Du Châtelet demeure longtemps dans ce pays-ci, elle pourra s'appeler la reine des sauvages.» Mais le château de Ham le rassure un peu. On y accède par de belles avenues et il est logeable: «Si le succès [de Mme Du Châtelet] dépend de son esprit et de son travail, elle sera fort riche.»[4]

Bien décidés à relancer le procès, ils rentrent à Bruxelles, y louent une maison, rue de la Grosse Tour, et s'y installent. La ville, toute en rues tortueuses, étroites et malpropres, était presque entièrement circonscrite dans ses remparts, dont les boulevards actuels occupent l'emplacement. Mais les faubourgs, aux habitations dispersées, étaient agréables. La rue de la Grosse Tour tirait son nom d'un donjon massif faisant partie des remparts; elle était située près de la rue aux Laines, l'une des plus belles de la cité. Le couple y reçoit de nombreuses visites, et pourtant Voltaire est déçu par la ville et ses habitants. Pourquoi s'avise-t-il alors de donner une fête? «Je m'avisai de donner une fête [. . .] sous le nom de l'envoyé d'Utopie [...] mais croiriez-vous bien qu'il n'y avait personne dans la ville qui sût ce que veut dire utopie? Ce n'est pas ici le pays des belles-lettres. Les livres de Hollande y sont défendus et je ne peux pas concevoir comment Rousseau a pu choisir un tel asile.»[5]

Malgré l'accident de deux artificiers tombés du troisième étage, ce fut une belle fête, qui étonna Bruxelles, une fête qui a dû torturer «le vieux Rufus», chassé depuis peu par le duc d'Aremberg qui ne supportait plus ses calomnies. Cette disgrâce permit à Voltaire d'inviter le duc avec la princesse de Chimay, fille de la princesse de Beauvau-Craon. Le feu d'artifice déploya en lettres lumineuses des termes de jeu: «Six suis, va-tout, brelan», ce qui, remarque Emilie, n'est pas le produit d'une imagination brillante. «Cela ne corrigera pas nos dames qui aiment un peu trop le brelan», explique Voltaire. «Je n'ai pourtant fait cela que pour les corriger.»[6] Les guérir ou les flatter? Mais que peut-il proposer d'autre à la noblesse de ce pays que le jeu seul occupe?

Le couple travaille peu, et les premiers temps de ce séjour, dit Emilie, s'écoulent comme des «espèces de vacances». Vacances encore à Enghien, à sept lieues de Bruxelles, où le duc d'Aremberg invite Voltaire et Mme Du Châtelet. Il est vrai que l'on ne trouve, en son château, que les livres que le couple y apporte. Que faire d'autre, chez cet «excellent homme», sinon se laisser vivre dans «des jardins plus beaux que ceux de Chantilly»? On y déguste le vin de Hongrie expédié à Voltaire par Frédéric. Mais il ne sera pas dit que l'on n'y joue que le quadrille:[7] Voltaire et son amie parviennent à y faire représenter *L'Ecole des femmes* avec la princesse de Chimay dans le rôle d'Agnès, Emilie dans Georgette et Voltaire dans Arnolphe. «On y lira du moins les rôles des acteurs»,[8] ironise le poète. Ils y restent trois semaines. C'est trop; l'ennui revient et ils y perdent beaucoup de temps. Décidément, conclut Voltaire, «les arts n'habitent pas plus Bruxelles que les plaisirs.»[9] Heureux de retourner à son travail, il ajoute: «Il y a [...] beaucoup de princes à Bruxelles, et peu d'hommes.»[10]

Est-il au moins tranquille? Pas tout à fait. Il apprend que J.-B. Rousseau a fait imprimer en Hollande la *Voltairomanie* et que l'Allemagne en est inondée. Pourquoi ne pas répliquer en obligeant Desfontaines à publier son désaveu? Il se plaint à d'Argental que l'on continue à lui lier les mains. Il sait que les *Discours en vers sur l'homme* circulent, ainsi que le début du *Siècle de Louis XIV*, mais sa personne, sinon son amour-propre, est en sûreté. La plus tranquille, c'est Mme Du Châtelet. «Ce que je sais bien», confie-t-elle à l'ange complice, «c'est qu'il ne tient qu'à moi de faire traîner cela en longueur.»[11] Qu'elle ne se donne pas cette peine: le procès «traînera» plus qu'elle ne le désire.

Voltaire travaille beaucoup: il est venu à Bruxelles avec deux tragédies en chantier. L'historien a-t-il résolu de porter à la scène toutes les civilisations du globe? Le voici, avec *Zulime* et *Mahomet*, en «musulmanerie», dans cet Orient fabuleux qui passionne les esprits curieux depuis le XVIIᵉ siècle. En même temps, il accumule pour cette histoire générale que sera l'*Essai sur les mœurs* des documents qu'il utilisera aussi dans *Zadig*. Les informations sur l'Orient ne manquent pas: Antoine Galland a publié, dès 1664, les *Paroles remarquables, bons mots et maximes des orientaux*, puis, en 1676, la *Relation de la mort du sultan Otsman et du couronnement du sultan Mustapha*; enfin, il a adapté les *Mille et une nuits* entre 1704 et 1717. *Les Mille et un jours*, contes persans, furent publiés entre 1710 et 1712. Voltaire a certainement lu les récits de Jean Chardin et les *Six voyages* de Jean-Baptiste Tavernier en Turquie, en Perse et aux Indes. Mais il faut toujours faire la même réserve: la «couleur locale» sera, lorsqu'il s'agit des tragédies de Voltaire, dans les décors et les costumes plus que dans les sentiments.

Il a commencé *Zulime* en 1738 pour quitter les tracas de la *Voltairomanie*, mais le 9 février 1739, il pense déjà à *Mahomet*: «J'ai quelque chose de beau dans la tête», écrit-il à d'Argental.[12] Désormais, les deux pièces ne cesseront plus de se faire concurrence. Néanmoins, il faut au poète un succès rapide pour confondre ses ennemis; c'est pourquoi il se hâte d'écrire *Zulime*. Le 26 mars 1739, il mande à Mlle Quinault: «Eh bien connaissez-moi donc [...] *Zulime* a été faite au milieu des mouvements où [mes ennemis] m'ont forcé, et à travers cent lettres à écrire par semaine.»[13]

Mais avant de partir pour Bruxelles, il sent que sa pièce, trop faible, ne répond pas à l'espoir qu'il avait conçu d'en obtenir un grand succès. C'est pourquoi, une fois installé rue de la Grosse Tour, il la corrige et la recorrige. Un peu à contre-temps, car d'après sa correspondance avec Frédéric et le marquis d'Argenson, ses préoccupations sont devenues politiques, et le sujet qui l'attire, c'est *Mahomet*, où il entrevoit un combat plus urgent et plus digne de lui contre le fanatisme et l'imposture. C'est le moment où ses amis se complaisent à lui rappeler la figure du roi Henri IV. Le prince royal va faire graver *La Henriade* et compose pour le poème un avant-propos tout en louanges hyperboliques. Frédéric est occupé à l'*Anti-Machiavel*, qu'il conçoit comme une suite à *La Henriade*. Le marquis d'Argenson, manifestant la même admiration et s'élevant vers le même idéal, écrit à Bruxelles des lettres si hardies qu'il demande à Voltaire si elles sont assez prudentes. «Je voudrais le règne d'Henri IV», écrit-il, «au lieu de celui de M. Orry.»[14] Voltaire a emporté un manuscrit du marquis, les *Considérations sur le gouvernement ancien et présent de la France*.[15] Il le dévore, puis il lui exprime sa satisfaction et le cite: «Un parfait gouvernement est celui où toutes les parties sont également protégées [...] Les savantes recherches sur le droit public ne sont que l'histoire des anciens abus [...] Un monarque qui n'a plus à songer qu'à gouverner gouverne toujours bien.» «Que cela est vrai!», s'écrie Voltaire. «Mais pour Dieu que ce monarque songe donc à gouverner!»[16] De peur que le manuscrit ne s'égare ou ne tombe entre des mains peu sûres, Voltaire va le confier à Moussinot, qui est venu à Bruxelles et qui le remettra au marquis.

Soudain, le 1er août, dans une lettre où elle remercie Frédéric du vin de Hongrie et d'un jeu de quadrille, Mme Du Châtelet lui annonce qu'elle va passer une quinzaine de jours à Paris.[17] Curieusement, elle aspire à remplacer Thiriot auprès du prince: «Je voudrais [...] recevoir quelques ordres de V.A.R., et couper l'herbe sous le pied à Thiriot.» L'ingénue! Elle ignore que Frédéric a besoin des ragots et des confidences ambiguës de ce parasite qui a la confiance des ennemis de Voltaire.

«Pourquoi Emilie y va-t-elle?», questionne le poète, «je ne le sais pas trop». Lui-même se rend à Paris parce qu'il suit Emilie.[18] Mme Du Châtelet donne des raisons sérieuses de ce séjour à Paris. Elle dit à Cideville que c'est «pour voir le palais Lambert». La raison la plus déterminante paraît être une grossesse pénible de la duchesse de Richelieu; au surplus, la duchesse est atteinte d'un mal qui ne pardonne guère à cette époque: elle crache le sang.

Le 17 août 1739, le procès de Bruxelles n'ayant guère avancé, Mme Du Châtelet et Voltaire se mettent donc en route pour la capitale. La marquise emmène König et son jeune frère, venu de Suisse. Elle loge les deux hommes chez sa mère, à Créteil, et leur donne un équipage.

C'est à l'hôtel de Richelieu, au Temple, qu'elle s'installe. Au chevet de la duchesse, elle retrouve Mme de Graffigny. Voltaire est descendu dans un «garni» du Marais, à l'hôtel de Brie, rue Cloche-Perce. Lorsqu'il a franchi la frontière, son bagage s'est douloureusement réduit: ses tableaux, achetés à Bruxelles, valaient entre cinq et six mille livres, et il les a déclarés pour deux cent soixante. Ils ont été confisqués par la douane. Le poète se dit «ruiné». Cet accès d'avarice et de tricherie amuse fort J.-B. Rousseau. Oui, dit le vieux Rufus à Claude Brossette, Voltaire a réussi sa fête, mais il n'a pas payé les ouvriers ni les marchands.[19]

Voltaire et Emilie tombent dans un Paris de réjouissances et de feux d'artifice: la ville ne s'intéresse qu'au mariage de Louise Elisabeth, fille du roi, avec Philippe, fils de Philippe V d'Espagne. Gaspillage!, s'écrie Voltaire, et c'est à Frédéric qu'il l'écrit! «On dépense beaucoup en poudre et en fusées [...] on tire des canons de l'Hôtel de Ville», et il n'y a pas à Paris de salles de comédie ni d'opéra dignes de ce nom.[20] Les fêtes achevées, quand le bruit court que Voltaire et son amie sont arrivés, la dissipation commence. «Je ne vis point», écrit le poète à Mme de Champbonin, «je suis porté, entraîné loin de moi dans des tourbillons.»[21] König n'apprécie pas ces tourbillons; malgré son équipage, bien qu'il ait assisté au feu d'artifice à Versailles, dîné avec le cardinal de Polignac et chez les Richelieu, le professeur devient «plus déraisonnable tous les jours». C'est si grave que Mme Du Châtelet craint qu'il ne retourne pas à Bruxelles.[22]

De son côté, König demande à voir Maupertuis, probablement pour se plaindre. Mais le capricieux savant est introuvable. Mme Du Châtelet l'invite chez elle, au café, et jusque dans la loge du duc de Richelieu. Voltaire lui-même, qui doit répondre à de nouvelles attaques contre Newton, s'est présenté «vingt fois» à sa porte, sans le rencontrer. «C'était bien la peine de quitter Bruxelles!»[23]

Voltaire et Emilie sortent beaucoup. Ils vont présenter leurs compliments à Mme de Tencin qui est en plein triomphe: son frère, promu cardinal, a fait son entrée officielle à Rome, comme ambassadeur, le 12 juillet. Certes, cette dame n'aime pas beaucoup Voltaire, qui incarne le parti des «impies». L'intrigante qu'elle est le considère, malgré tout son esprit, comme un naïf. Elle préfère Marivaux et Piron. Voltaire et Mme de Tencin ont aussi, il est vrai, des amis communs: le duc de Richelieu, Dortous de Mairan et le jeune Helvétius. Voltaire n'ignore pas que, pour une élection à l'Académie, il est bon d'avoir Mme de Tencin pour alliée: outre la voix de Fontenelle, elle dispose de nombreux suffrages ecclésiastiques. L'avenir dira si cette visite fut féconde. Mais bizarrement, c'est entre les deux femmes qu'une amitié se noue, confiante chez Emilie, protectrice chez Mme de Tencin dont la vive curiosité ne néglige aucune source de renseignements concernant Voltaire et le pouvoir.

Plus fatigants pour Voltaire sont les soupers. On soupe beaucoup: avec Mairan, et «il n'a été question d'aucune sorte de force»,[24] avec les d'Argental, avec Cideville de passage à Paris, et avec Thiriot. Les retrouvailles avec «cet ami de vingt-cinq ans» ont-elles été détendues et chaleureuses? Certes, l'amitié entre les deux hommes ne peut être la même qu'avant l'affaire de la *Voltairomanie*, surtout si l'on se souvient de la rancune accumulée par Mme Du Châtelet. Mais Voltaire tient à la préserver et réagit contre les bruits de leur «brouille» que «certaines gens» font circuler: «On m'assure», écrit-il à Berger, «qu'un homme qui demeure chez M. de La Popelinière et à l'amitié duquel j'avais droit a mieux aimé se ranger du nombre de mes ennemis que de me conserver une amitié qui lui devenait inutile. Je ne crois point ce bruit.»[25] S'il ne le croit point, pourquoi le rapporte-t-il? On verra le point de vue de Thiriot, dans la mesure où l'on peut faire confiance aux récits de Mme de Graffigny.

Cette période est particulièrement fertile en médisances et en commérages de toutes sortes dans les salons parisiens. Mme de Graffigny s'en fait le colporteur passionné, quoi qu'elle en dise, et parfois elle les provoque. Si le style de ses lettres par suite de la vie étourdissante qu'elle mène à Paris est plus lâché, parfois plus vulgaire, il reste le même dans sa facilité, son foisonnement, ses piquantes trouvailles. Mais, de plus en plus, ses jugements sur certains personnages, en particulier sur Voltaire et Mme Du Châtelet, sont des «poisons» dont il faut se méfier.

Mme de Graffigny est à Paris depuis la mi-février 1739. Elle habite d'abord chez une dame Babaud, où Panpan a autrefois logé avec un camarade nommé Lubert. C'est là que se consomme, non sans atermoiements, la rupture avec Desmarest, qui se tient longtemps «entre le oui et le non». Il ne la quittera définitivement qu'en 1743. Mais elle est tout de suite si occupée que cette liaison à éclipses ne l'affecte guère.

Chez Mme Babaud, elle retrouve de bons amis de Panpan, en particulier Lubert qui lui apporte son soutien. Mme de Champbonin, venue à Paris pour tenter un arrangement dans l'affaire de la *Voltairomanie*, se jette à sa tête. Mme de Graffigny la surnomme «Tout-Rond» de même qu'elle donnera, par discrétion, un surnom à tous les personnages rencontrés, et comme elle le change souvent, le «décodage» de ses lettres n'est pas toujours facile. Tout-Rond promène dans Paris sa malheureuse amie de Cirey, mais voici que l'amitié de la grosse dame grandit à tel point qu'elle devient une passion suspecte. Dans le carrosse, elle enlace ses jambes à celles de son amie; elle lui fait des scènes de jalousie à propos de ses lettres à Panpan et de ses relations avec Desmarest. Elle lui avoue que c'était «le petit Champbonin», secrétaire à Cirey, qui ouvrait les paquets de la poste puis en tirait, pour Mme Du Châtelet, les lettres adressées à Voltaire et à Mme de Graffigny.

Par Tout-Rond, elle entre en relations avec Thiriot. Il est bien différent de Voltaire! C'est un homme qui parle lentement, «d'un sang-froid qui va jusqu'à la nigauderie». Elle reproduit un de ses «discours», entendu chez Tout-Rond: «Voltaire est un fou, un extravagant qui n'a guère d'amis et mériterait de n'en point avoir du tout. Je lui ai obligation et même de grandes; je ne les oublierai jamais. C'est ce qui fait que je suis encore son ami. Mais elles ne m'engageront jamais à témoigner sur une chose que je n'ai jamais sue ou que j'ai oubliée.»[26] Ce qui est étonnant, c'est que Mme de Champbonin semble l'approuver. Mme de Graffigny ne sait plus «qui ment».

Vers le 20 mars, elle accepte l'hospitalité de la duchesse de Richelieu, non sans regrets ni sans craintes pour sa liberté. La duchesse semble l'aimer beaucoup, mais comment partager l'amitié de cette femme étrange «qui fait enrager son mari par ses jalousies? qui ne vit qu'à force de lait et qui est toujours au bord du tombeau? Qui joue tout et plus qu'elle n'a? Qui n'a jamais un sol et qui doit partout?» (Ce dernier cas n'est-il pas aussi celui de Mme de Graffigny?) Et les Richelieu reçoivent tant de gens! C'est un perpétuel défilé. Encore de faux amis de Voltaire! Chez eux, personne ne se prive de critiquer le poète et son amie. «Les horreurs, les ridicules, rien ne leur est épargné. On me poussait de questions; je n'ai pas voulu répondre, on s'est moqué de moi. La bonne duchesse donnait le ton – c'est un plaisir d'entendre comme on traite les gens à qui l'on écrit tant d'amitiés!»[27] Mme de Graffigny participe à cette hypocrisie lorsqu'on parle de Mme Du Châtelet: «Dès qu'il est question de cette femme que je déteste, je le prends sur un tel ton de louange sur son esprit et l'arrangement de ses affaires que personne n'ose parler de sa conduite.» Mme de Graffigny écoute et rapporte non sans plaisir ce que d'autres disent de la marquise. «Le mari [M. Du Châtelet] est ici avec un plein pouvoir de traiter au nom de Voltaire qu'il va montrant à tout le monde, et Dieu sait ce que cela fait dire.» Bref, la narratrice «doute de tout», mais aussi elle se mêle de tout non sans complaisance et légèreté. Elle cite une brochure qui vient de paraître, *Le Portefeuille nouveau*.[28] «C'est une pièce effroyable», dit-elle, «contre [Voltaire], Thiriot et Mme Du Châtelet.» Cette réaction paraît exagérée, car, dans ce *Portefeuille*, les allusions à Mme Du Châtelet et à Thiriot sont fort obscures et incertaines, et, après la *Voltairomanie*, l'attaque contre Voltaire est anodine.

Cependant, peu à peu, vers la fin de mars, le monde s'intéresse à Mme de Graffigny. On l'invite pour son esprit, sa naïveté parfois drôle, sans doute, mais aussi dans l'espoir d'en apprendre quelque chose sur la vie à Cirey. Elle hésite à se rendre à ces invitations car elle n'a qu'une robe et surtout point de laquais: «C'est si honteux que cela est insoutenable.» En ce milieu privilégié, mais relativement éclairé, non sans condescendance eu égard à ses misères passées, on lui pardonne sa pauvreté. La voici donc bien placée pour juger les grands et les moins grands. Elle est généralement sans indulgence pour les femmes: Mme de Bernières «est une vieille lourpidon de soixante ans qui est décriée au point qui ne s'imagine pas.» En réalité, la présidente n'en a que cinquante, mais elle a pris beaucoup d'embonpoint.[29]

Le 19 mai, l'invitation à Arcueil, chez les parents de la duchesse de Richelieu, «le prince et la princesse de Guise», est décisive. Elle y rencontre Mme d'Aiguillon. Elle y fait un séjour en compagnie de Maupertuis. Tous deux sont faits pour s'entendre dans le dénigrement d'Emilie. Le savant ne la quitte plus. Mais à quoi veut-il en venir auprès de son admiratrice? Il vient régulièrement, le matin, «polissonner» dans sa chambre. Il roue de coups la femme de chambre de Mme de Graffigny et «lui tient des propos, Dieu sait.» Bref, partout, Mme de Graffigny est étonnée de son propre succès: «Mon bon sens et mon jugement sont aussi fort exaltés.»[30]

Mais le 24 août, Voltaire et Mme Du Châtelet étant arrivés à Paris, sa vie se trouve une nouvelle fois bouleversée. Emilie s'installe chez Mme de Richelieu et Mme de Graffigny s'en va loger «chez le baigneur Ringard», rue Saint-Antoine, non loin de l'Hôtel de Brie, rue Cloche-Perce, où Voltaire est descendu. Le marquis Du Châtelet se trouve relégué, avec König, chez la baronne de Breteuil, à Créteil, mais ils viennent souvent. Ce sont d'abord, entre Mme Du Châtelet et la narratrice, d'heureuses et hypocrites retrouvailles: «Mme Du Châtelet me tient en l'air du matin au soir. Nous courons Paris ensemble.» (Mme de Champbonin est repartie.) «Nous sommes ensemble comme quatre têtes[31] dans un bonnet qui, cependant, garderaient chacune leur secret.» Voltaire est malade, mais toujours charmant, fâché d'être à Paris qu'il n'aime pas.

Quel honneur! Mme de Graffigny dîne alors avec l'aréopage des savants, Mairan, Réaumur, Buffon, Fontenelle. Ils sont quatorze à table. Ce sont «les seuls que j'ai encore trouvés ici avec qui je voudrais vivre. Le Réaumur est bien au-delà de ses insectes.»[32] Fontenelle a la voix cassée et éteinte, mais «ses propos n'ont que quinze ans». Voltaire déclare que «le plus petit sentiment [vaut] mieux que tout le savoir». Plus tard, Mme de Graffigny soupe avec Pont-de-Veyle, doux, poli, l'esprit aimable, et «qui vit en philosophe voluptueux».

Enfin, voici l'homme qui manquait, plus encore que Maupertuis, pour achever le retournement de Mme de Graffigny: le Suisse König. Dieu sait ce qu'il raconte, et rien n'a l'air de la choquer! Prenons-y garde: l'objectivité n'est le fait ni de König ni de cette faible femme, qui vont s'acharner à noircir le caractère de Mme Du Châtelet. «Pour moi», écrit-elle, «chaque minute augmente mon aversion pour elle; elle m'est odieuse.»[33] Mme Du Châtelet a certainement deviné cette complicité car elle s'éloigne, «reprise par le train de Paris».

Au moment où Voltaire et Mme Du Châtelet décident de rentrer à Cirey, une grave querelle éclate entre Emilie et König. Le Suisse refuse de retourner à Cirey et à Bruxelles. Autre complication, Voltaire tombe malade. Malgré les soins de deux médecins bien connus, Silva et Morand, sa maladie évolue lentement. «On me saigne, on me baigne».[34] Mme Du Châtelet étant obligée de reconduire la duchesse de Richelieu à Chaumont, en passant par Cirey, les deux femmes décident de ne pas attendre Voltaire et quittent Paris vers la fin d'octobre. Elles n'ont pas fait leurs adieux à Mme de Graffigny qui écrit le 16 décembre: «Je ne sais si Mégère est partie.»[35] Libérée, en relations d'amitié avec les Brancas qui ont pris son parti, elle adresse alors à Panpan un long réquisitoire sur la conduite de Mme Du Châtelet et de Voltaire.[36]

Mme Du Châtelet lui a fait des impertinences publiques. Elle en a fait aussi à Voltaire, «qui gromelle une heure entre les dents et qui à la fin dit tout haut, ‹il y en a qui tirent par la manche mais on n'en voit guère qui déchirent l'habit›.» De lui aussi – l'idole de Panpan! – Mme de Graffigny s'est détachée. Non seulement les jalousies des grands, qui répandent le bruit qu'il est avare, l'ont gagnée, mais il a refusé de lui prêter de l'argent. Comme on le comprend! Elle ne l'estime pas plus que son amie et finit par les détester ensemble. «Il faudrait un volume», lance-t-elle sans rien prouver, «pour conter toutes leurs indécences». Elle va jusqu'à accréditer le ragot d'une femme de chambre selon lequel Emilie aurait été la maîtresse de König.[37] Et lorsqu'elle reçoit de Cirey, le 28 novembre, une lettre de Mme Du Châtelet lui faisant «des protestations d'amitié», elle n'y voit que «le comble de l'impudence et de la fausseté.»[38]

Aussi bien, devant les excès de son amie, Panpan résiste-t-il. Il a peine à croire que Voltaire et Mme Du Châtelet soient si décriés. Qu'il hésite à la croire, elle s'en offusque. Comme lui, restons méfiants. Il est prudent de ne retenir des étourderies et des ressentiments exaltés de Mme de Graffigny que ce qui peut nous aider à comprendre les rapports de Voltaire et de son amie avec König et Maupertuis, ces deux compères.

De ces relations tendues et des dissipations de Paris, le travail de Voltaire se ressent. Il est bien obligé, pourtant, de répondre aux «hérétiques», en particulier à un «maudit cartésien nommé Jean Banières [qui] m'est venu harceler par un gros livre contre Newton.»[39] Alors qu'il corrige Zulime, tragédie d'amour, et cherche à la faire jouer, il essuie un extraordinaire sermon de l'abbé de Saint-Pierre, l'idéaliste auteur de la *Paix perpétuelle*: «c'est dommage», lui écrit l'abbé, «qu'un tel génie n'ait pas visé plus haut en sortant du collège [...] Destinez le reste de votre vie non plus à divertir les dames d'esprit et d'autres enfants, songez à instruire les hommes [...] Laissez là vos ouvrages de *gloriole* pour marcher ainsi vers le sublime de la gloire.»[40] Qui sait si Voltaire n'en a pas été troublé? Car il se détache de plus en plus de *Zulime* au profit de *Mahomet*: «J'ai relu *Mahom*. J'ai relu *Zulime*», écrit-il à Mlle Quinault; «cette *Zulime* est bien faible, et l'autre est peut-être ce que j'ai fait de moins mal.»[41] Il se repent de n'avoir pas suivi les conseils de la comédienne: «plus je réfléchis plus je suis de votre avis, et plus je suis honteux de ne m'être pas rendu tout d'un coup sur bien des choses.»[42] Sa grande faiblesse est de chercher la «gloriole» avec «la petite Zulime» pour laquelle il éprouve de la tendresse. Après des semaines d'hésitations et de corrections, il pousse la comédienne à la faire représenter. Avec les deux frères, d'Argental et Pont-de-Veyle, elle aura une «autorité absolue» sur les deux pièces.[43]

Enfin rétabli, alors qu'il se prépare à partir, la police saisit, le 24 novembre, son *Recueil de pièces fugitives* comprenant le début du *Siècle de Louis XIV* et, ce qui est plus grave, l'*Ode sur le fanatisme*, attaque vigoureuse contre «les dévots malfaisants». Prault, le libraire, est condamné à payer cinq cents livres et à fermer boutique pendant trois mois. Voltaire précipite son départ.

Le 26 novembre, il est à Cirey. Les premiers chapitres du *Siècle de Louis XIV* sont censurés et condamnés au feu par le parlement de Paris le 4 décembre. C'est ce même jour que Mme Du Châtelet, ayant laissé la duchesse de Richelieu à Chaumont, retourne à Paris. Voltaire, prudemment, regagne Bruxelles où il attendra son amie. Pourquoi Mme Du Châtelet retourne-t-elle à Paris? Sans doute son intention est-elle d'arranger, avec le comte d'Argenson, Maurepas et peut-être le cardinal de Fleury, la nouvelle affaire du poète. Il est possible aussi qu'elle veuille tenter de faire revenir König sur sa décision.

Quel est donc le fond de sa querelle avec le Suisse? Elle prétend que ce n'est pas manque de l'avoir choyé. Voltaire lui-même affirme qu'elle comblait de bienfaits König et son frère. Mais König n'a jamais eu l'impression d'être choyé: las de dîner avec «les cochers», et comme on lui présentait le plus souvent «un gros bouilli d'un écu» – c'est Voltaire qui le rapporte – il a été obligé de réclamer de la viande rôtie.[44] Mal logé, se prenant pour un mathématicien célèbre, König, de caractère tranchant et de langage direct, n'a pas respecté les convenances. Au fond, c'est l'affaire Linant qui recommence. En outre, aucune entente n'était possible avec Voltaire: non seulement König manque d'humour mais le poète l'accuse d'avoir converti Emilie à la métaphysique «romanesque» de Leibniz.

Un jour, raconte Formey,[45] König, las de son cours de mathématiques, s'en évade et découvre à son enseignement un intérêt nouveau. Comme Mme Du

Châtelet lui disait souvent, après ses démonstrations, «c'est évident», il lui fit remarquer qu'il existait des vérités plus importantes qui ne présentaient pas un moindre degré d'évidence, c'étaient «les vérités métaphysiques». Il se fit fort de l'en convaincre. N'accordons pas trop de crédit à ce récit publié cinquante ans après les événements. Il tendrait à faire croire que Mme Du Châtelet ignorait la métaphysique alors qu'elle en discute avec Voltaire depuis 1733. Elle a lu le manuscrit de Wolff que Frédéric a expédié à Cirey en 1737. Sans l'avoir approfondi, elle ne s'y est point ralliée, et elle approuve Mairan d'avoir traité Leibniz avec mépris sur «le plein et les monades». Elle conserve toutefois un faible pour «les forces vives». Leibniz «les a découvertes», dit-elle, «et c'est avoir deviné un des secrets du créateur.»[46]

Pourquoi, alors, König a-t-il converti aussi aisément Mme Du Châtelet à la métaphysique de Leibniz contre Newton, provoquant ainsi un véritable divorce philosophique avec Voltaire? En dépit de l'antipathie qu'elle éprouve pour le professeur, elle est séduite par l'apparente perfection de l'édifice qu'il lui propose. «Par son goût des constructions logiques», écrit René Pomeau, «elle était la proie désignée du leibnizien König.»[47]

Selon Formey, König aurait employé pour convertir son élève un procédé fort insolite: «A chaque leçon», écrit-il, «König apportait sur un papier la thèse qu'il voulait démontrer, il l'expliquait [...] demandant à la marquise si elle la comprenait et l'admettait. Si elle acquiesçait, il lui présentait le papier et lui disait: ‹Signez›.»[48] Ce serait de cette suite de signatures que serait née l'œuvre la plus importante de Mme Du Châtelet, les *Institutions de physique*. Cette conclusion de Formey, qui vient tout droit de König, est absolument fausse. Mme Du Châtelet l'expliquera à Bernoulli.[49] Elle avait commencé ses *Institutions* dès 1738. C'est au moment où cet ouvrage était «à moitié imprimé» que König lui expliqua la métaphysique de Leibniz. Elle la trouva «belle» et eut l'idée d'en faire le chapitre d'ouverture de son ouvrage; il fallait, à l'époque, que la science pût se référer à une conception globale du monde: «la physique ne peut se passer de la métaphysique, sur laquelle elle est fondée»,[50] écrira la marquise à Frédéric. Mais Mme Du Châtelet eut le malheur de mettre König dans le secret et le pria, pour gagner du temps, de lui préparer les «extraits de chapitres» qui lui étaient nécessaires.[51]

Or, depuis son arrivée à Paris, bien qu'il soit logé avec son frère chez la mère de Mme Du Châtelet, König donne libre cours à sa hargne et, dramatisant la calomnie, il raconte à Mme de Graffigny qu'il refit les *Institutions de physique* après que la marquise se fût mise à genoux – oui, littéralement à genoux – devant lui, pour l'en prier. Et pour cet énorme travail, il se plaint de n'avoir pas été suffisamment payé. Pourtant, dit Voltaire, quand il voulut partir, Mme Du Châtelet lui tendit un sac de mille livres, «il en a pris six cents». A l'abbé Le Blanc, qu'il a rencontré, le Suisse a «juré» que l'ouvrage ne renfermait rien d'autre «que les leçons qu'il lui avait données».[52]

Mais les *Institutions de physique* contiennent beaucoup plus de physique que de métaphysique, et si elle modifia certains chapitres, Mme Du Châtelet n'eut pas le temps au cours des quelques mois qu'elle travailla avec König de refondre un ouvrage de quatre-cent-cinquante pages. Même si son premier chapitre n'était qu'un résumé de Leibniz, ce serait un des plus clairs que nous possédions. Certes, l'ouvrage consacra la notoriété de Mme Du Châtelet dans le monde et à la cour et lui valut un compte rendu élogieux dans le *Mercure de France*.[53] Pourtant ce qui fit le plus de bruit, ce fut sa conversion métaphysique. Le premier déçu fut Voltaire; tolérant, il ne laisse apparaître dans ses lettres que de gentilles moqueries à l'égard de son amie devenue, dit-il, «toute leibnizienne». On devine néanmoins quelles âpres disputes dut provoquer cette conversion. Voltaire, déjà irrité par les anti-newtoniens, se remet, tout en corrigeant *Mahomet*, à la métaphysique. «Pour moi», écrit-il à Frédéric, «j'arrange les pièces du procès entre Newton et Leibniz, et j'en fais un petit précis qui pourra, je crois, se lire sans contention d'esprit.»[54] Ce fut, comme nous l'avons vu, *La Métaphysique de Newton ou parallèle des sentiments de Newton et de Leibniz*, paru à Amsterdam chez Ledet en 1740, presque à la même date que les *Institutions* à Paris chez Prault.

A la lumière de ces deux ouvrages, celui de Voltaire étant le moins lumineux – il est moins bon philosophe que son amie – on voit bien que Mme Du Châtelet n'est pas «toute leibnizienne». N'oublions pas qu'elle traduit Newton, elle a donc cherché à le ménager; aussi bien n'a-t-elle pu se résoudre à trahir absolument ses amis Maupertuis, Clairaut et La Condamine. Cependant sur les points essentiels des deux systèmes, Mme Du Châtelet et Voltaire s'opposent. «Il n'y a personne», dit Mme Du Châtelet, «qui ne se détermine à une chose plutôt qu'à une autre sans une raison suffisante.»[55] Dieu n'a pu se résoudre à créer le monde et à choisir le meilleur possible sans une telle raison. Il n'avait nul besoin d'une raison, répond Voltaire, ni de faire un tel choix: il a créé le monde par sa liberté absolue et sa seule volonté, tel qu'il est. Que le pessimisme voltairien s'aggrave, la raison suffisante et le meilleur des mondes deviendront le leitmotiv de l'absurdité dans *Candide*. Ce qui sépare plus nettement encore nos deux métaphysiciens, c'est la conception de l'espace; pour la leibnizienne, Dieu a créé un univers limité et plein, et l'ayant animé, se tient en dehors de sa création; pour le newtonien, l'univers, c'est le vide, «l'espace pur», «où Dieu agissant, voyant partout, agit et voit dans tous les points de l'espace, qui [...] peut être considéré comme son *sensorium*».[56] Autre sujet de discorde: l'âme et la matière. Voltaire, influencé par Locke, se plaît à répéter que «la matière peut penser». Emilie s'insurge: ce n'est pas la matière qui pense; Dieu, qui est un «être simple», sans quoi il serait lui-même un monde, a délégué dans les êtres et les choses une *substance* simple comme lui et indestructible qui soutient la matière et, dirait-on aujourd'hui, la «programme», c'est l'essence ou la monade. Pour Voltaire comme pour Newton, il n'y a pas de substance abstraite: tous les éléments de la matière, les atomes, si petits et insécables soient-ils, sont encore matière. Que de railleries sur les monades dans les lettres du poète!

Mme Du Châtelet avoue à Frédéric qu'il lui reste encore «bien des doutes» sur la métaphysique de Leibniz.[57] Cela se traduit par des hésitations, des contradictions, parfois des affirmations dogmatiques, passionnées. Tout en admettant le «plein» de l'univers, elle ne va pas jusqu'à accepter les tourbillons ni la forme ovoïde de la terre. Elle reconnaît que Newton, s'appuyant sur les lois de Kepler, a découvert la force centripète; mais l'attraction n'est pas une qualité inhérente à la matière, elle n'est qu'un phénomène qui agit selon des modes variables, non pas une essence.

On ne sait ce que Maupertuis en a pensé dans l'immédiat, car la rupture avec König entraîne une brouille de Mme Du Châtelet avec son ancien amant. Rentrée à Bruxelles sans professeur le 18 décembre 1739, elle s'occupe aussitôt de faire venir Bernoulli. Elle lui écrit beaucoup, dans le ton d'une excessive flatterie. D'abord, Bernoulli ne se dérobe pas. Puis brusquement, le 20 janvier 1740, il lui annonce courtoisement qu'il ne peut accepter sa proposition. Elle devine tout de suite d'où lui vient ce coup: «Je savais, monsieur», lui écrit-elle, «que les mêmes personnes qui vous avaient proposé de venir chez moi, vous en ont détourné.»[58] Maupertuis, en effet, a écrit à Bernoulli une lettre bizarre où il commence à juger sans indulgence Mme Du Châtelet et Voltaire. L'histoire de la rupture avec König, lui dit-il, «court Paris et la comble de ridicule [...] Outre que je crois qu'elle a grand tort avec K. [...] la place pour vous ne me paraît pas honnête: cette place de plus a encore d'autres inconvénients, c'est qu'on ne saurait y être avec quelque agrément de la part de Mme Du Chât. qu'on ne soit tout d'un coup insupportable à Voltaire, et Voltaire aura toujours le dessus, et on lui sacrifiera tout.»[59]

Deux mois après, en mars, ayant reçu de violents reproches de Mme Du Châtelet, Maupertuis n'hésite plus à confier à Bernoulli un jugement expliquant sans doute qu'il se soit dérobé aux invitations de Voltaire et d'Emilie au cours de leur récent séjour à Paris: «Mme Du Châtelet est une femme à qui il est dangereux d'avoir affaire [...] Peu s'en faut qu'elle ne me menace [...] Je fus fort surpris de la voir tout d'un coup m'écrire d'un style fort fâché et fort extraordinaire.»[60] Aussi surpris qu'il le dit? Peut-être Bernoulli a-t-il eu vent des relations passées de son ami avec Emilie? Il comprendrait alors pourquoi le style de la marquise peut être si familier et véhément. Et cela expliquerait que le mathématicien suisse, plus objectif que Maupertuis, soit demeuré en excellents termes avec Mme Du Châtelet. Voltaire, de son côté, a dû sentir que la position de Mme Du Châtelet n'était ni solide ni honorable. Il continuera à correspondre avec Maupertuis, non sans lui avoir reproché d'avoir choisi König d'où vient tout le mal: «C'est une chose très déplorable qu'une Française telle que Mme Du Châtelet ait fait servir son esprit à broder ces toiles d'araignée. Vous en êtes coupable, vous qui lui avez fourni cet enthousiaste de König, chez qui elle puisa ces hérésies, qu'elle rend si séduisantes. »[61]

Trichâteau meurt en 1740. Voilà qui complique encore le procès de Mme Du Châtelet et n'améliore point ses ressources. En cette année 1740, Emilie et Voltaire connaissent une gêne pécuniaire qui les ferait croire avaricieux. Peut-être le gros bouilli servi à König en était-il le premier signe ? En janvier, Voltaire refuse son aide à un homme criblé de dettes, dont il peut avoir besoin : l'abbé Prévost ; il lui donne comme excuse que ses affaires vont mal. Le Blanc raconte à Bouhier que Mme Du Châtelet a emprunté deux mille écus pour faire imprimer les *Institutions de physique*. En juin, Voltaire déclare à Moussinot : « J'ai un effroyable besoin d'argent. »[62] Un mois après survient la faillite du banquier Michel. « Il m'emporte donc », écrit Voltaire au chanoine, « une assez bonne partie de mon bien ». Il ne récrimine pas, il en tire d'amères conclusions politiques : « Cependant, mon cher abbé, vous verrez [...] que les enfants de M. Michel resteront fort riches, fort bien établis [...] son frère, l'intendant des menus plaisirs du roi, empêchera s'il veut qu'on ne joue mes pièces à Versailles, et moi [...] j'en serai pour mon argent ».[63] Les plaies d'argent de Voltaire se referment vite. Toutefois, et ce ne sera pas la seule raison, il aidera moins volontiers les Du Châtelet. En automne l'ameublement de l'hôtel Lambert paraîtra compromis. Voltaire chargera Moussinot de le meubler avec parcimonie : « Madame Du Ch. a quelques meubles qui peuvent aider. Elle a surtout un beau lit sans matelas. »[64] Pour un « palais », ce n'est pas la richesse.

Mais les événements de cette année 1740 vont tirer le couple de ces soucis matériels et lui en créer d'autre sorte. Ces événements viendront surtout des relations de Voltaire et d'Emilie avec Frédéric.

Jamais les relations de la marquise avec ce prince n'ont été, en apparence, aussi bonnes. Elle souhaiterait qu'il se mît, lui aussi, à la physique. Mais il est très occupé à réfuter Machiavel. Dès le 4 décembre 1739, il a expédié à Bruxelles ses douze premiers chapitres. Emilie et Voltaire dévorent l'œuvre du prince à mesure qu'elle leur parvient. Voltaire lui apprend à « l'élaguer ». Mme Du Châtelet loue sincèrement cette grande entreprise généreuse et humanitaire qui condamne la force, la violence et l'intérêt personnel du monarque. « La vertu », écrit Frédéric, « devrait être l'unique motif de nos actions, car qui dit la vertu dit la raison ».[65] L'influence de Voltaire est flagrante : l'esprit de *La Henriade* y règne. Non pas que l'on n'y puisse découvrir parfois une pointe de machiavélisme : « Il y a des occasions [...] », dit Frédéric, « où il faut obtenir par la violence ce que l'iniquité des hommes refuse à la douceur ».[66] Mme Du Châtelet, plus froide que Voltaire, attend le prince à ses œuvres de roi. « C'est de cet ouvrage », lui écrit-elle, « que l'on peut dire ce que l'on disait de *Télémaque*, ‹ que le bonheur du genre humain en naîtrait, s'il pouvait naître d'un livre ›. »[67] Elle confie à Algarotti qu'elle est « curieuse de voir ce phénomène sur le trône ».[68]

Elle envoie au prince les *Institutions de physique*, un ouvrage qu'elle est «honteuse» d'avoir imprimé, car il n'était destiné qu'à l'éducation de son fils. Que son altesse royale n'aille pas croire, surtout, qu'elle n'est plus, bien que leibnizienne, la parfaite amie de Voltaire. Elle lui cite Montaigne: «ils avaient tout commun, hors le secret des autres, et leurs opinions».[69] Vers le 20 mai, elle reçoit de Frédéric un jugement qui la devrait refroidir: «On ne saurait lire sans étonnement l'ouvrage d'un profond métaphysicien allemand, traduit et refondu par une aimable dame française. [...] Je crois qu'il y a quelques chapitres où vous pourriez resserrer le raisonnement sans l'affaiblir.»[70] Suivent des congratulations dont la fausseté n'a certainement pas échappé à la marquise. Mais le vrai fiel, c'est Jordan qui le connaîtra, par la lettre de Frédéric du 24 septembre: «La Minerve vient de faire sa physique. Il y a du bon, c'est König qui lui a dicté son thème. Elle l'a ajusté et orné par ci par là de quelques mots échappés à Voltaire à ses soupers. Le chapitre sur l'étendue est pitoyable, l'ordre de l'ouvrage ne vaut rien [...] Lorsqu'on se mêle d'expliquer ce qu'on ne comprend pas soi-même, il semble voir un bègue qui veut enseigner l'usage de la parole à un muet.»[71] Mais quand Frédéric écrira ces lignes, il sera roi; Maupertuis et Wolff seront auprès de lui, et d'autres événements seront venus accroître le désaccord du trio.

En attendant, Frédéric rédige rapidement l'*Anti-Machiavel* en se préparant à succéder à son père, atteint d'une maladie grave. Dès le 3 février, il opère prudemment un premier repli: «Je parle trop librement de tous les grands princes pour permettre que l'*Anti-Machiavel* paraisse sous mon nom.»[72] Voltaire envoie le manuscrit définitif à La Haye, chez Van Duren, le 1er juin 1740 et pousse le libraire à en accélérer l'impression en lui recommandant l'anonymat. Or, Frédéric-Guillaume 1er est mort la veille, le 31 mai. Le 6 juin, le nouveau roi écrit la phrase que Voltaire montera en épingle: «Pour Dieu, ne m'écrivez qu'en homme, et méprisez avec moi les titres, les noms et l'éclat extérieur.»[73] C'est à ce moment que Frédéric II, accablé de démarches, reçoit, datée du 1er juin, une lettre où Voltaire avoue sa faiblesse: on va jouer *Zulime*, «une pièce toute d'amour, toute distillée à l'eau rose des dames françaises. Voilà pourquoi je n'ai pas osé en parler encore à votre altesse royale. J'étais honteux de ma mollesse.»[74] L'annonce ne pouvait tomber plus mal. Mais c'est l'époque où se précipitent les contretemps!

En effet, on joue *Zulime* – anonyme encore – le 9 juin, alors que la duchesse de Richelieu est à l'agonie. Le duc pardonnera difficilement au poète de n'avoir pas retardé cette représentation. Bien entendu, c'est l'échec. Voltaire avait vu clair en évoquant «l'eau rose des dames françaises». Pour l'abbé Le Blanc c'est bien là le défaut principal de *Zulime*. On a reconnu Voltaire, écrit-il à Bouhier, en cette pièce «composée pour les oisons des premières loges [...] Au surplus elles l'ont jugée la plus mauvaise tragédie que M. de Voltaire ait encore donnée.»[75] C'est une rapsodie, prétend-il, d'*Ariane*, de *Bajazet* et d'*Inès*. La parenté est encore plus nette avec *Alzire*: les deux pièces présentent l'affrontement de deux races dans un décor exotique. Dans *Alzire*, les deux rivaux sont un Espagnol et un Inca du Pérou qui luttent pour conquérir Alzire; dans *Zulime*, ce sont deux femmes, une princesse africaine et une esclave espagnole qui se disputent l'amour de Ramire. Dans chacune des deux pièces triomphent les convenances: le dénouement écarte l'amour entre deux races différentes. Mais ce qui rend *Zulime* inférieure à *Alzire*, c'est que l'action est double, ce que Voltaire a volontiers reconnu. Benassar, père de Zulime, a été détrôné par ses sujets, et Zulime a participé à la révolte: les rapports nouveaux entre le père et la fille constituent une première action et la seconde est celle qui s'engage entre Zulime et l'esclave Atide, Zulime pour gagner l'amour de Ramire, Atide pour le conserver. Car Ramire est déjà marié à Atide, mais cette union ne sera révélée qu'à la fin de la pièce, laquelle repose en partie sur cet invraisemblable secret. Autre défaut: ces quatre personnages courent les uns après les autres pendant les quatre premiers actes sans que l'on sache très bien ce qui les pousse.

Malgré ces défauts, le *Mercure de France*[76] présente une critique de *Zulime* respectueuse et indulgente: «Quoique cette tragédie n'ait pas eu le succès qu'on s'en était promis sous le nom du célèbre auteur à qui on l'attribue, on ne peut lui refuser les éloges qui lui sont dus. Les trois premiers actes, surtout le second, sont de la meilleure plume.» L'auteur de l'article loue le style «dont l'enflure est bannie». Pour lui, la pièce «renferme plus de beautés que de défauts». Mais après avoir raconté les événements du cinquième acte tel qu'il vient d'être remanié par Voltaire, il se montre déçu. «Tout se réduit», conclut le critique, «à des poignards.» Et il ose enfin condamner la pièce «sans se rendre suspect de partialité». Voltaire n'avait-il pas prévu cette dernière critique lorsqu'il avait expliqué par le climat, au début de l'acte, la propension de ses personnages à jouer du poignard? Au surplus, il ajoutait ainsi une note de «couleur locale»:

> Je frémis comme vous de tous ces attentats
> Que l'amour fait commettre en nos brûlants climats,
> En tout lieu dangereux, il est ici terrible.

Voltaire avait compris les causes de son échec. «Je vous supplie», écrit-il à son ami d'Argental dès le 12 juin, «de faire au plus tôt cesser pour jamais les représentations de *Zulime* sur quelque honnête prétexte.»[77] Que Mlle Quinault n'en laisse transpirer aucune copie. Et il travaillera *Mahomet* pendant dix ans s'il le faut, jusqu'à ce qu'elle en soit contente.

Pendant que Voltaire continue à presser Van Duren, Frédéric oublie l'*Anti-Machiavel* et se découvre une vocation de chef militaire. Il a commencé, écrit-il à Voltaire, «par augmenter les forces de l'Etat de seize bataillons, de cinq escadrons de hussards, et d'un escadron de gardes du corps.»[78] Il se rachète un peu en jetant les fondements de sa nouvelle académie: «J'ai fait l'acquisition de Wolff, de Maupertuis, de Vaucanson, d'Algarotti. J'attends la réponse de 'sGravesande et d'Euler.» La plus précieuse de ces acquisitions est celle du doux

Algarotti, qui lui «convient, on ne saurait mieux»; et combien réciproque est le coup de foudre! «J'ai vu, *oh me beato!*» écrit l'Italien à Voltaire, «ce prince adorable [...] Je ne saurais vous dire la quantité de plaisirs que j'ai eus.»[79]

Voltaire est particulièrement jaloux de Maupertuis, à qui il a déconseillé de partir, tout en l'ayant, dit-il, recommandé au roi de Prusse. A Voltaire aussi, Frédéric renouvelle son invitation; sachant qu'il ne viendra pas, le roi ironise cruellement:

> Mais je crains moins Pluton que je crains Emilie:
> Ses attraits pour jamais enchaînent votre vie.

«Sans rancune, Mme du Châtelet; il m'est permis de vous envier un bien que vous possédez, et que je préfèrerais à beaucoup d'autres biens qui me sont échus en partage.»[80]

Surprise! La lettre se termine par ce cri: «Pour Dieu, achetez toute l'édition de l'*Anti-Machiavel*.» L'ordre fait à Bruxelles l'effet d'une bombe. Voltaire partira-t-il pour la Hollande? De la souffrance en perspective pour Emilie qui ne s'incline pas sans arrière-pensée. Regrettant que «le genre humain [soit] privé de la réfutation de Machiavel», elle poursuit: «J'espère que V. M. sera servie [par Voltaire] comme elle le désire, et que ce livre ne paraîtra point. M. de Voltaire ira même en Hollande, si sa présence y est nécessaire, comme je le crains infiniment.»[81]

Avant de partir, Voltaire a reçu son ennemi intime Alexis Piron. Celui-ci fait à Mlle de Bar un récit de l'entrevue qui ne manque pas de piquant: il trouve Voltaire sur sa chaise percée. Il a ensuite «avec ce foireux-là une heure ou deux d'entretien aigre-doux [...] C'est un fou, un fat, un ladre, un impudent et un fripon. Un libraire de Bruxelles l'a déjà traduit devant le magistrat [...] et depuis quatre jours qu'il est ici [Voltaire vient de changer d'hôtel] il a déjà pris six lavements et un procès.»[82] Et dans la lettre suivante, il donne à sa correspondante une nouvelle définition de Voltaire: «Voltaire est le plus grand pygmée du monde. Je lui ai scié ses échasses rasibus du pied.»[83]

Sans ses échasses, Voltaire part pour La Haye où il arrive le 20 juillet 1740. Mais l'édition du manuscrit d'un roi représente pour Van Duren une affaire si importante que le libraire refuse d'y renoncer, malgré l'argent qu'on lui offre. Le poète, bien décidé à satisfaire Frédéric, demande à le corriger, et, avec une audace inattendue, décide de le saboter. En le couvrant de ratures et de notes saugrenues, il pense qu'il l'a rendu impubliable. Van Duren va intenter un procès.

Après de longues négociations,[84] Frédéric, qui a des occupations plus urgentes, s'en remet à Voltaire pour l'édition de son œuvre. Le poète, revêtu d'une telle autorité, en profite: il laisse passer l'édition de Van Duren et en prépare une autre. L'œuvre du prince n'est pas toujours claire, et les contradictions n'y manquent pas; tout en prônant la vertu, la raison et l'humanité, il admire fort les armées puissantes. A mesure que l'on avance dans sa lecture, le texte devient de plus en plus machiavélique. Voltaire édulcore, clarifie, et, persuadé qu'il sert l'idéal du roi de Prusse, sollicite le texte en y mêlant ses propres conceptions. L'ouvrage obtiendra un grand succès en Europe, mais Frédéric le trouvera méconnaissable: «il y a tant d'étranger», écrira-t-il à Voltaire, «dans votre édition, que ce n'est plus mon ouvrage»;[85] son projet d'en publier une autre à Berlin, «sous ses yeux», ne sera jamais réalisé.

Maupertuis est parti pour la Prusse. De La Haye, Voltaire lui annonce la mort de la duchesse de Richelieu, leur amie commune, et il saisit cette occasion pour l'incliner à se réconcilier avec Emilie: «Je suis affligé de vous voir en froideur avec une dame qui après tout est la seule qui puisse vous entendre et dont la façon de penser mérite votre amitié. Vous êtes faits pour vous aimer l'un et l'autre. Ecrivez-lui.»[86] Maupertuis dira-t-il encore que Voltaire est jaloux? Il écrit donc à Emilie; elle lui répond qu'elle ne saurait «aimer ni se réconcilier à demi». Elle lui rend tout son cœur et compte sur la sincérité du sien.[87] La sincérité, c'est trop demander à Maupertuis, surtout depuis qu'il vit auprès du roi de Prusse; les relations d'Emilie avec le savant sont à jamais refroidies.

C'est alors que Frédéric, voyageant à travers l'Allemagne avec ses académiciens, fait le projet de venir jusqu'à Bruxelles. Emilie se réjouit: enfin, elle va voir «le phénomène»! Déception. Atteint de la fièvre quarte il s'arrête près de Clèves et invite Voltaire à l'y rejoindre. Le poète ne se fait pas prier, et Frédéric s'exalte à la pensée de cette entrevue, en des termes qui gêneraient Voltaire s'il connaissait, à cette date, ses mœurs:

> J'admirerai ses yeux si clairs et si perçants,
>   Que les secrets de la nature
>   Cachés dans une nuit obscure,
> N'ont pu se dérober à leurs regards puissants.
>
> Je baiserai cent fois cette bouche éloquente
>   Dans le sérieux, dans le badin,
>   Et du cothurne au brodequin,
> Toujours également enchanteresse et charmante.[88]

Aussi, quand Voltaire lui demande si Mme Du Châtelet pourra l'accompagner, ne doit-on point s'étonner que Frédéric se dérobe: «C'est vous, c'est mon ami que je désire de voir [...] S'il faut qu'Emilie accompagne Apollon, j'y consens, mais, si je puis vous voir seul, je préférerais infiniment [...] Je serais trop ébloui, je ne pourrais soutenir tant d'éclat à la fois; il faudrait le voile de Moïse pour tempérer les rayons mêlés de vos divinités.»[89]

Non seulement Emilie est déçue, mais elle redoute qu'abandonné à lui-même, Voltaire ne se laisse fléchir et ne s'engage à partir pour la Prusse. Peut-être aussi espérait-elle rencontrer Maupertuis? Comme pis-aller, elle cherche à se faire un allié du savant: «J'espère qu'il [le roi de Prusse] me renverra bientôt quelqu'un avec qui je compte passer ma vie, et que je ne lui ai prêté que pour très peu de jours. »[90]

L'entrevue a lieu le 11 septembre au château de Moyland à deux lieues de Clèves. Voltaire arrive de nuit. La réalité n'est point, pour chacun des deux hommes, aux dimensions de leur rêve. Le tableau que fera Voltaire de cette entrevue est célèbre : « J'aperçus dans un cabinet, à la lueur d'une bougie, un petit grabat de deux pieds et demi de large sur lequel était un petit homme affublé d'une robe de chambre de gros drap bleu ; c'était le roi qui suait et qui tremblait sous une méchante couverture, dans un accès de fièvre violent. »[91] Frédéric avouera lui-même à Jordan qu'il avait « l'esprit aussi débandé que le corps affaibli ».[92] Le récit de Voltaire manifeste, à l'époque où il l'écrit, un détachement qui « tourne au pamphlet », dit Christiane Mervaud. Mais nulle déception n'apparaîtra de cette rencontre dans leur correspondance. Au contraire : aux affirmations d'une amitié confirmée succéderont les invitations réitérées de Frédéric.

Même malade, le roi se lève et soupe avec son hôte, en compagnie de Keyserlingk, Algarotti et Maupertuis. A table, Voltaire est séduit par la simplicité du roi, « qui pense en homme, qui vit comme un particulier ». Et Frédéric, malgré sa fièvre, retrouve son enthousiasme : Voltaire « nous a déclamé *Mahomet I*, tragédie admirable [...] Il nous a transportés hors de nous, et je n'ai pu que l'admirer et me taire. La Du Châtelet est bien heureuse de l'avoir. »[93]

Emilie connaît une satisfaction, mais si brève ! Voltaire ne reste que quatre jours avec Frédéric. Il repart le 14 septembre annonçant qu'il regagne Bruxelles par la Hollande. Par la Hollande et, hélas !, par la Prusse.

En Hollande, il s'acharne à la préparation du deuxième *Anti-Machiavel*. Travail long et harassant. Frédéric ne manque pas de le plaindre, mais il semble si détaché de son œuvre qu'il manifeste dans toutes ses lettres, en prose et en vers, l'impatience de revoir le poète à Berlin. A La Haye, Voltaire n'a-t-il pas fait la moitié du chemin ? Qu'il en profite donc ! « Emilie est absente, et Machiavel deviendra ce qu'il pourra. »[94] Voltaire, flatté par l'insistance de « son » roi, se laisse tenter et Frédéric s'enthousiasme :

> Ami, j'ai cru mourir de joie
> En vous voyant prêt à venir ;
> Nous coulerons à l'avenir
> Des jours filés d'or et de soie
> Si nous pouvons vous retenir.[95]

Le piège est tendu : il ne s'agit pas d'une simple invitation, mais de séduire Voltaire et de le fixer à la cour. Ce sera désormais l'un des objectifs permanents du roi. A ce dessein se mêle le malin plaisir de séparer le poète d'Emilie. La tragi-comédie à trois personnages se noue : Voltaire n'a pas fini d'hésiter entre ses deux amis. Il entend à l'avance les plaintes d'Emilie. Elle souffrira. Leur amitié

si bien établie, connue de tous, peut-elle être compromise pour le roi de Prusse ?
C'est là ce qu'il écrivait récemment au président Hénault : « Je passe ma vie avec
un être supérieur, à mon gré, aux rois, et même à celui-là. »[96]

Une circonstance extérieure intervient ici : Mme Du Châtelet vient de perdre
sa mère. Elle accourt à Paris où elle doit régler une maigre succession, mais ne
s'y attarde pas. Ce qui est inattendu, c'est qu'elle rejoint Fontainebleau où se
trouve la cour. Et c'est au roi de Prusse qu'elle explique cet écart : « J'ai pris le
temps qu'il [Voltaire] est occupé à exécuter en Hollande les ordres de V.M., pour
venir faire un tour à la cour de France, où quelques affaires m'appelaient, et j'ai
voulu juger par moi-même de l'état de celles de M. de Voltaire [...] il n'y a rien
de positif contre lui ; mais une infinité de petites aigreurs accumulées, peuvent
faire le même effet que des torts réels. »[97]

Elle constate que sa propre notoriété s'est accrue : grâce aux *Institutions de
physique* peut-être ? Sans doute aussi l'influence de l'ange et de son frère Pont-de-
Veyle, celle du président Hénault ont-elles porté leurs fruits auprès de Maurepas.
Toujours est-il qu'elle réussit ce qui semblait impossible : elle obtient le retour en
grâce de Voltaire auprès du cardinal de Fleury ; elle espère lui présenter son ami,
un jour prochain, à Issy. Quand Voltaire l'apprend, il entrevoit, assez perfidement,
qu'il en peut tirer la justification de son départ pour la Prusse : il pourrait se
charger auprès du roi de Prusse d'une sorte de mission officieuse. Au moins
voudrait-il ne point partir sans y être dûment autorisé. Il écrit au cardinal :
« J'apprends avec la plus vive reconnaissance le retour de vos bontés pour moi »,
et il lui décerne le titre pompeux de « père du roi, de la patrie, de la religion ».[98]
L'ambassadeur en Hollande Gabriel Jacques de Salignac, marquis de La Mothe-
Fénelon,[99] recommande à Fleury le voyage de Voltaire. Le poète porterait, en
Prusse, « un cœur français », mais ce n'est pas sans réserve : « je ne lui ai pas
dissimulé [à Voltaire] ce que j'avais remarqué de bien différent de ce *cœur français*
dans le livre publié ici en dernier lieu [*Anti-Machiavel*], qu'il veut faire passer
pour l'ouvrage du roi de Prusse [...] sans parler de ce qu'on y voit d'offensant
pour la religion et les bonnes mœurs et qu'il prétend avoir corrigé dans une
seconde édition qu'il commence à répandre. »[100] Sur cette remarque précaution-
neuse et sceptique, le cardinal ne dut point s'appesantir, pas plus que sur l'*Anti-
Machiavel*. Il répond à Voltaire qu'il approuve le voyage à Berlin, avouant qu'il
n'a lu qu'une quarantaine de pages de l'*Anti-Machiavel* que Mme Du Châtelet
lui a envoyé. « Je serais extrêmement flatté », ajoute-t-il, « que sa majesté prussienne pût trouver dans ma conduite quelque conformité avec ses principes. »[101]
Il ne souffle mot de la religion.

Voltaire, sans avoir reçu aucune mission, brusque sa décision, se met en route
le 6 novembre et gagne par étapes la cour de Frédéric d'où il écrit à Fleury : « J'ai
obéi aux ordres que votre éminence ne m'a point donnés ».[102] Comme il fallait
s'y attendre, la nouvelle de son départ bouleverse Emilie, son ingratitude la

blesse. C'est au duc de Richelieu qu'elle en fait la confidence : « J'ai été cruellement payée de tout ce que j'ai fait à Fontainebleau [...] Je procure à M. de Voltaire un retour honorable dans sa patrie, je lui rends la bienveillance du ministère, je lui rouvre le chemin des académies, enfin je lui rends en trois semaines tout ce qu'il avait pris à tâche de perdre depuis six ans. Savez-vous comme il récompense tant de zèle et d'attachement ? En partant pour Berlin : il m'en mande la nouvelle avec sécheresse sachant bien qu'il me percera le cœur. »[103] Néanmoins, elle est certaine d'avoir sa revanche : « Croirez-vous », ajoute-t-elle, « que l'idée qui m'occupe le plus dans ces moments funestes, c'est la douleur affreuse où sera M. de Voltaire quand l'enivrement où il est de la cour de Prusse sera diminué. » Elle sait qu'elle lui reste indispensable, et sans doute appuie-t-elle sa prophétie sur une connaissance très sûre de son ami et de Frédéric.

Là-bas, le roi de Prusse ne ménage pas les efforts pour séduire le poète. Du moins, ces moyens manquent-ils de mesure et de délicatesse. Soupers, concerts et bals se succèdent. Frédéric en parle non sans brutalité : « Nous dansons à nous essouffler, nous mangeons à nous crever, nous perdons notre argent au jeu, nous chatouillons nos oreilles par une harmonie pleine de mollesse et qui, incitant à l'amour, fait naître d'autres chatouillements. »[104] Utilisation bien particulière de la musique ! Voltaire s'effarouche. Il n'en faut pas tant pour qu'il voie de quel amour il s'agit. Lui, qui attaqua si violemment les mœurs de Desfontaines, est témoin de la facilité avec laquelle Frédéric change de partenaire. Il lui dit en vers :

> Non, malgré vos vertus ; non, malgré vos appas,
> Mon âme n'est point satisfaite.
> Non, vous n'êtes qu'une coquette,
> Qui subjuguez les cœurs, et ne vous donnez pas.[105]

Il est certain que les reproches d'Emilie le gênent et l'empêchent de goûter longtemps et sans regrets ces plaisirs fatigants. L'amitié plus attentive et plus spirituelle d'Emilie, le travail en commun, les convenances françaises lui manquent. Son refus de s'installer en Prusse refroidit Frédéric. Infatigable, le roi s'absente souvent pour de mystérieux préparatifs militaires. « Il rassemblait déjà ses troupes », écrira Voltaire dans ses *Mémoires*, « sans qu'aucun de ses généraux ni de ses ministres pût pénétrer son dessein ». Le poète en est réduit, comme chacun, à se poser des questions. La mort de l'empereur Charles VI, survenue en octobre 1740, vient d'ouvrir la crise de la succession d'Autriche. L'empereur, par la « pragmatique sanction », a désigné sa fille Marie-Thérèse comme successeur. Mais les époux de ses nièces, Auguste, électeur de Saxe, et Charles-Albert, électeur de Bavière, revendiquent, chacun pour soi, la succession. Pour dépecer les Etats de Marie-Thérèse, c'est la curée. Elle n'aura d'abord que des ennemis : l'Espagne, le roi de Sardaigne, la Prusse – ce que Voltaire semble ignorer – qui, par un contrat datant de 1537, revendique la Silésie. En France, Fleury, embarrassé par son engagement à respecter la «pragmatique», atermoie et «penche» pour l'électeur de Bavière. Frédéric manque de confiance dans le gouvernement et l'armée de la France, à tel point que Voltaire se demande s'il ne va pas «prendre parti contre la France en faveur de François de Lorraine, époux de Marie-Thérèse». Mais, ajoute Voltaire, «il était dans la nature [de Frédéric] de faire toujours le contraire de ce qu'il disait».[106]

Bien qu'il l'ait écrit en vers à Frédéric, ce ne sont pas les événements de politique extérieure ni la nouvelle et surprenante personnalité d'un roi guerrier qui éloignent Voltaire de la cour de Prusse. Il a le désir de rentrer. Emilie a repris son chantage à la maladie. Qui la croit? Cideville, qui l'a vue dans sa chambre «pleine d'hommes», l'a trouvée «piquante et jolie».[107] Mais ce chantage fournit à Voltaire un prétexte; dès le 28 novembre, il envoie un billet à Frédéric: «Je vais partir demain, Mme Du Châtelet est fort mal.» Au surplus, il irrite son hôte en réclamant le remboursement de ses frais de voyage; voilà qui réveille la jalousie du roi: «Je vous envoie et passeport et véhicule pour votre voyage. Je paierais volontiers cher votre arrivée mais je regrette chaque sou qui doit vous servir pour vous éloigner de moi. Les lettres de Paris d'aujourd'hui me confirment que la marquise se porte assez bien. Je crois qu'elle est à l'agonie pour vous et pour son bon mari. Mais le public qui n'est pas si bon n'en croit rien. Elle doit être toutefois enchantée de la promptitude avec laquelle vous obéissez à ses ordres [...] Enfin je vous souhaite bon et heureux voyage et j'espère de vous revoir peut-être un jour en cas que Mme Du Châtelet y consente.»[108]

Mais s'adressant à Jordan Frédéric s'exprimera avec une franchise cynique: «Ton avare boira la lie de son insatiable désir de s'enrichir; il aura mille trois cents écus. Son apparition de six jours me coûtera par journée cinq cent cinquante écus. C'est bien payer un fou; jamais bouffon de grand seigneur n'eut de pareils gages.»[109]

De son côté, Voltaire a grand tort de se confier à Maupertuis, qui reste en Prusse. Avant de partir, il l'invite à dîner chez l'ambassadeur de France, M. de Valory, ou chez le marquis de Beauvau, et il ajoute: «Il faut que j'embrasse mon philosophe [Maupertuis] avant de prendre congé de la respectable, singulière et aimable putain qui arrive.»[110] Les amours du roi ne s'arrêtent donc pas à la coquetterie.

Sa vraie passion cependant n'est pas là. Lorsque le poète quitte Berlin, Machiavel a condamné l'*Anti-Machiavel*; l'ordre du roi a été donné: ses troupes, prêtes avant celles des autres ennemis de Marie-Thérèse, envahissent la Silésie. Voltaire, dont le «pacifisme» et la foi en Frédéric sont à rude épreuve, n'en éprouve pas moins, à mesure qu'il s'éloigne, le regret de l'éclat, de l'étourdissement des plaisirs de la cour.

Bien qu'Emilie l'attende avec impatience, il ne se presse point d'aller s'exposer à ses reproches. Il fait une halte au château de Bückeburg, entre Hanovre et Minden. Le souvenir de son passage a été consigné et soigneusement conservé dans les archives de Schaumburg-Lippe.[111] C'est à Bückeburg que Voltaire doit retrouver le «phénomène rare» de la petite cour, la comtesse de Bentinck, devenue la maîtresse du comte régnant Albrecht-Wolfgang. Il est vraisemblable que le poète a fait sa connaissance en Hollande, quatre années auparavant. Cette visite amicale au château prend une importance particulière puisque la comtesse deviendra plus tard une grande amie de Voltaire, une Emilie germanique. Elle est très belle: Maupertuis qui ne l'a vue que quelques heures a eu le coup de foudre. On ne sait si ce fut le cas de Voltaire, mais ce qui est certain, c'est qu'il apprécia grandement son esprit, sa conversation. Elle a lu avec profit Locke et Newton. En Allemagne comme en France, les *Lettres philosophiques* ont réchauffé le débat sur le «lockianisme». C'est donc le philosophe plus que le poète que la comtesse se réjouit de recevoir. Le comte partage son admiration pour le grand homme.

Voltaire était attendu à Bückeburg dès son voyage d'aller. Il venait de faire la connaissance, en Hollande, des jeunes comtes Georges et Guillaume, qui suivaient les cours de 'sGravesande et de Van Musschenbroek; il était muni d'une lettre d'introduction du comte Georges. Aussi, le 12 novembre, le comte Albrecht-Wolfgang mandait-il à ses fils qu'on avait hâte de voir arriver le célèbre voyageur. Mais Voltaire, retardé par un accident d'essieu, avait dû remettre sa visite à son voyage de retour.

C'est donc le 9 décembre qu'il s'arrête à Bückeburg, dans ce «beau château» qui apparaît, dans une région assez inculte, comme un petit paradis. Certes, ce n'est pas Brunswick ou Hanovre, mais on y vit «à la française», et l'on fait au poète une réception princière, dans l'atmosphère élégante, raffinée, que crée la comtesse Bentinck, libre alors de la surveillance et des reproches de son époux. Elle joue du clavecin et chante agréablement; elle dessine et peint. Quel contraste avec la princesse Amélie, l'épouse délaissée du comte, qui ne brille pas dans la conversation: elle est austère et dévote.

Le poète quitte Bückeburg le 11 décembre. Reste la partie la plus longue et la plus pénible de son voyage qu'il effectue en bateau, d'abord en descendant le Rhin, puis en contournant les côtes de Zélande. Le 31 décembre, il écrit à Frédéric «dans un vaisseau, sur les côtes de Zélande, où j'enrage».[112] Rentré en Hollande, il déclare à d'Argental: «La Meuse, le Rhin et la mer m'ont tenu un mois en route.» Très fatigué, il a contracté une fluxion des yeux.[113]

Sur la route du retour, il a pris la liberté d'écrire en vers à Frédéric ce qu'il pense des mœurs de sa cour. Mœurs athéniennes, qu'il a pu observer de près. Le «gros Valory», le «tendre Algarotti», le «beau Lugeac» lui rappellent les amours de Socrate et d'Alcibiade. Quant à lui, il se tient à distance. Il se dit «très désintéressé dans ces affaires de la Grèce»:

Pour Frédéric seul empressé [...]

> Si je volai dans son empire,
>   Ce fut au doux son de sa lyre.

Il ajoute :

> Mais la trompette m'a chassé.[114]

Pas davantage, il n'approuve les goûts guerriers de son «héros», lequel vient d'envahir la Silésie.

De telles incompatibilités d'humeur le ramènent vers «la chapelle d'Emilie». Toutefois, dans une lettre ultérieure, il précise :

> Un ridicule amour n'embrase plus mon âme,
>   Cythère n'est point son séjour :
> Et je n'ai point quitté votre adorable cour
> Pour soupirer en sot aux genoux d'une femme.

«Mais, sire, cette femme a abandonné pour moi toutes les choses pour lesquelles les autres femmes abandonnent leurs amis; il n'y a aucune sorte d'obligation que je ne lui aie.»[115]

A peine arrivé à Bruxelles, il se reconvertit à l'amitié pour Emilie avec une facilité déconcertante : «Il me semble qu'il y a une grande folie à préférer quelque chose au bonheur de l'amitié, que peut avoir de plus celui à qui la Silésie demeurera ? [...] Jamais madame Du Châtelet n'a été plus au-dessus des rois.»[116] La vérité de Voltaire est d'être insaisissable. Sa grandeur n'est-elle pas de tout comprendre, d'être tout à la fois, et sa faiblesse de l'exprimer trop vite ?

Les sentiments d'Emilie sont plus faciles à saisir : chez elle, la passion élimine ses contraires, et sa passion, c'est la haine du roi de Prusse : «je le défie de me haïr plus que je ne l'ai haï depuis deux mois [...] Je ne crois pas qu'il y ait une plus grande contradiction que la démarche de la Silésie, et l'*Anti-Machiavel*, mais il peut prendre tant de provinces qu'il voudra pourvu qu'il ne me prenne plus ce qui fait le charme de ma vie.»[117]

Ce n'est pas un dénouement : l'action de cette pièce à trois personnages rebondira.

7. Succès et protections

A Bruxelles, le procès n'avance pas, bien que Mme Du Châtelet annonce périodiquement qu'elle en a gagné « un incident considérable ». Il achoppe sur une importante difficulté que d'Argental avait prévue : comment prouver que Trichâteau n'a pas été circonvenu à Cirey et qu'il a fait son testament seul, en toute lucidité ? Ce que les juges de Bruxelles expriment à Mme Du Châtelet sous une forme brutale : « une des raisons qui prouvent qu'un notaire et des témoins sont des fripons, c'est de recevoir le testament d'un homme imbécile ».[1]

Voltaire polit son *Mahomet*; il aura bientôt l'occasion de le mettre à l'épreuve de la scène. M. Denis a été promu commissaire-ordonnateur des guerres à Lille, où Mme Denis s'est constitué une sorte de salon. Lille n'est pas loin de Bruxelles et les relations du poète avec sa nièce se sont resserrées. Dans la noblesse et la bourgeoisie, parmi les parlementaires et les membres du clergé, une élite s'est ouverte aux idées nouvelles. On y compte des lecteurs et des amis de Voltaire. Raymond de Valory, chanoine trésorier du chapitre Saint-Pierre, frère de l'ambassadeur de France en Prusse, a réuni une importante bibliothèque qu'il ouvre au public deux fois par semaine. Cette initiative connaît un tel succès qu'en 1731, il faut agrandir le local.[2] On y trouve les œuvres de Locke, de Pope et de Voltaire. Plus tard, l'abbé de Valory se lie avec le ménage Denis et devient l'ami de l'oncle. Le poète rencontre aussi à Lille l'auteur dramatique et acteur La Noue qu'il a connu à Rouen par Cideville. Entrepreneur du théâtre de Lille, La Noue a écrit une tragédie, *Mahomet II*, jouée avec succès en ce théâtre par sa propre troupe en 1739. Aussi, lorsque Frédéric demande à Voltaire, l'année suivante, de constituer une troupe de comédiens pour la cour de Prusse, le poète lui signale-t-il celle de La Noue. Celui-ci, heureux de cette consécration, prépare sa troupe, signe des contrats et attend. Mais il ne reçoit plus de nouvelles de Frédéric. A court d'argent, La Noue écrit une lettre désolée à Voltaire. L'affaire traîne : le roi de Prusse n'est-il pas engagé dans « une guerre importante » où s'engouffrent ses fonds ? Finalement, Frédéric abandonne son projet. La Noue ne gardera pas rancune à Voltaire qui n'a été qu'un intermédiaire de bonne foi. Pas plus que ne l'effleure le moindre sentiment de rivalité envers le poète qui possède dans ses tiroirs un autre *Mahomet*. Il se trouve que Voltaire a dû retarder la représentation de sa pièce à Paris par suite de la retraite de Mlle Quinault et du départ de Dufresne. La Noue lui propose de la jouer à Lille, ce que le poète accepte aussitôt. « La Noue vous aura mandé », écrit-il à Cideville, « que nos deux Mahomets se sont embrassés à Lile. »[3] Il espère beaucoup de cette avant-première même si l'on dit qu'il n'est « plus qu'un auteur de province [...] J'aime encore mieux juger moi-même de l'effet que fera cet ouvrage dans une ville où je n'ai point de cabale à craindre que d'essuyer encore les orages de Paris.»[4] La Noue est un bon acteur qui jouera le rôle de Mahomet, bien que Voltaire soit un peu gêné par son aspect physique: il est petit et maigre. Voltaire lui trouve des ressemblances avec le singe naturalisé sur la cheminée de Mme de Tencin; «il faut», dit-il, «que Mlle Gautier [son amie, comédienne à Lille] ait récompensé en lui la vertu, car ce n'est pas à la figure qu'elle [s'était] donnée».[5]

La représentation a lieu le 25 avril 1741. La Noue a joué «mieux que n'eût fait Dufresne». Le «petit Baron», dans le rôle de Séide, a fait pleurer la salle. Après deux représentations très applaudies, une véritable émeute du parterre en imposa une troisième. Enfin, il fallut jouer une quatrième fois en l'hôtel de l'intendant de La Grandville «en faveur du clergé qui a voulu absolument voir un fondateur de religion.»[6] Le clergé juge comme le public et ne ménage point ses applaudissements.

C'est au cours de l'une des trois premières représentations que l'on apporte à Voltaire une dépêche du roi de Prusse lui annonçant la victoire de Mollwitz. Très fier, Voltaire apparaît à l'entracte et en donne lecture aux spectateurs qui applaudissent. C'est précisément l'époque où se prépare l'alliance de la France avec la Prusse contre l'Autriche. Fleury a envoyé Belle-Isle auprès de Frédéric afin de le décider à voter pour l'électeur de Bavière. Les tractations sont difficiles, car Frédéric négocie secrètement avec les Anglais. Belle-Isle va rentrer une première fois, le 2 mai 1741, sans avoir conclu. En expédiant son message à Voltaire, Frédéric sait qu'il impressionne favorablement l'opinion française.

La victoire de Mollwitz et le succès de *Mahomet* se répandent donc ensemble et aussi rapidement en Europe. La représentation de Lille ayant révélé à Voltaire les endroits faibles de sa pièce, il va la remanier une fois de plus. Mais il devra attendre encore plus d'un an avant de la faire jouer à Paris.

Pendant ce temps, la querelle sur les forces vives s'est engagée entre Mme Du Châtelet et Mairan. La marquise avait mis en cause dans ses *Institutions de physique* les conceptions du savant sur la nature de la force d'un corps et sur son expression mathématique. Le secrétaire perpétuel de l'Académie des sciences, profondément piqué dans son amour-propre et atteint dans sa réputation, lui répond publiquement.[7] Malheureusement, il ne se montre pas moins passionné. Il reproche à Mme Du Châtelet d'avoir mal lu son mémoire, d'avoir changé de point de vue depuis qu'elle «a adopté sans réserve toutes les idées de M. Leibniz», en somme, de ne «s'être pas fiée suffisamment à ses propres lumières». Mais lui-même, au lieu de procéder à une démonstration personnelle, s'appuie sur l'autorité de mathématiciens tels que Deidier[8] et Jurin. «Pensez-vous», ajoute-t-il à propos de ce dernier, «qu'un homme aussi habile et aussi clairvoyant ne s'apercevra pas de tout ce que je viens d'observer et peut-être de bien d'autres incompétences? Leibniz était un grand homme, oui, sans doute, mais Newton lui cède-t-il?»

Mairan a de puissants alliés. Buffon écrit à Jurin : «Vous serez assurément content de ses politesses [de Mme Du Châtelet], mais pour ses raisons je pense qu'elles ne vous feront pas changer d'avis, car pour moi j'ai toujours regardé l'estimation des forces par le carré des vitesses comme une erreur de Leibniz et un *malentendu* misérable de la part de ses adhérents.»[9]

Cette querelle illustre et aggrave le divorce philosophique entre Voltaire et Mme Du Châtelet. Sans doute le poète, embarrassé, tient-il à préserver la renommée de son amie. Mais il ne saurait donner tort à Mairan que dans la forme. En définitive, il est heureux que le savant se soit rapproché de Newton et, aussitôt, s'opposant à son amie, il rédige et expédie à Mairan ses *Doutes sur la mesure des forces motrices et sur leur nature*, mémoire destiné à être lu à l'Académie, et qu'approuvera, faute de le lire en public, son destinataire.

Par contre, Mme Du Châtelet entrevoit tout de suite la gloire qu'elle peut tirer de cette discussion publique avec un homme aussi éminent. «Je suis très honorée d'avoir un tel adversaire», écrit-elle à d'Argental. «*Il est beau même d'en tomber, et cependant j'espère que je ne tomberai pas.*»[10] Elle rédige et imprime sa réponse en trois semaines.[11] Elle reproche à Clairaut, son nouveau maître, son attitude «politique». «Vous semblez croire», répond le géomètre, «que la politique me retient sur la question des forces vives, je vous proteste le contraire. Si j'ai dit que c'était une question de mots, c'est que je pense que c'en est une pour tous les gens qui sont vraiment au fait.»[12] Mairan se tait ; c'est un homme raisonnable et discret : «Je ne l'aime pas cette guerre»,[13] écrit-il à Voltaire. Curieuse querelle que l'expérimentation et le raisonnement devraient aisément résoudre, et que la passion obscurcit. Elle montre que l'esprit scientifique ne s'est pas encore défini, et que l'on ne s'entend pas sur le contenu des mots ; peut-être eût-il fallu se souvenir de Pascal plus que de Descartes. Ce que Voltaire, avec son génial bon sens, résume parfaitement dans une lettre à Pitot : «Le fond de la question n'a pas été entamé dans les lettres de M. de Mairan et de Mme Du Châtelet [...] si on peut disputer encore, ce ne peut plus être que sur les termes dont on se sert. Il est triste pour des géomètres que l'on se soit si longtemps battu sans s'entendre. On les aurait presque pris pour des théologiens.»[14]

Curieusement, Mme Du Châtelet, tout en ayant tort, acquiert en cette querelle une notoriété plus littéraire que scientifique. Mme d'Aiguillon, qui admire sa réponse, en fait un succès mondain, et les *Mémoires de Trévoux*, qui ne cherchent pas à comprendre le fond du problème, louent son style «d'honnête homme» et la finesse de son ironie. S'il est une «amie» de Mme Du Châtelet qui ne se laisse pas convaincre, c'est Mme Du Deffand : «La Du Châtelet ne parle que comme Sganarelle parlait latin à ceux qui ne le savaient pas».[15]

En cette affaire, Emilie aurait eu grand besoin des avis de son ami Maupertuis. Mais il était loin : pour suivre l'armée prussienne, il s'était fait confectionner un magnifique costume bleu, et, s'étant isolé un moment dans la forêt, il se trouva entouré de «housards» autrichiens qui le prirent pour un officier. Dépouillé de ses vêtements, il faillit être pendu. Sauvé de justesse par un soldat parlant le français, il fut revêtu de hardes et dirigé sur Vienne. Qu'allait-il faire dans cette galère ? s'écrie Voltaire. Galère ? Point du tout ! A Vienne, il retrouve la princesse de Lichtenstein, et il est fêté. La science et les amours, dans la noblesse éclairée, ignorent les frontières et les guerres.

Le procès de Bruxelles se traîne. Pour faire établir par une commission de juges français la validité du testament de Trichâteau, il faut que les deux philosophes viennent à Paris et à Cirey. Ils arrivent dans la capitale au début de novembre 1741. Ils ne s'installent pas à l'hôtel Lambert et, pour ce court séjour, vivent en nomades. La comtesse d'Autrey, leur voisine en Champagne, retenue à Gray par une maladie, leur a prêté, au Palais-Royal, l'appartement de sa défunte parente Mme de Fontaine-Martel. Dans ces lieux remplis de souvenirs, Voltaire retrouve rapidement ses habitudes et invite à souper, dès le 17 novembre, le marquis d'Argenson et son fils ; il leur fait connaître d'autres invités, l'abbé Du Resnel, traducteur de Pope, le président de Meinières et le jeune Helvétius.

Dès le 21 novembre, Voltaire et son amie repartent pour Cirey où ils devront vivre trois mois, en plein hiver. Pendant que Mme Du Châtelet s'occupe de l'affaire du testament et des «interminables chicanes» du marquis de Hoens-broeck, Voltaire polit encore son *Mahomet* et commence à se documenter pour son *Essai sur les mœurs*.

Entre 1739 et 1741, son œuvre historique connaît un développement décisif. Comme historien, il se démarque des orientations préférées d'Emilie, de même qu'il s'en démarque par sa production poétique. Bien plus, il échappe par là à son emprise. C'est lui tout au contraire qui tente en ce domaine d'influencer son amie. Car celle-ci, esprit géométrique et tête métaphysicienne, n'a que mépris pour l'histoire, ce fouillis de détails, ce chaos d'événements, où n'apparaît aucune rationalité. Voltaire voudrait la persuader de «surmonter» un tel «dégoût».[16] Il se propose de l'intéresser à une histoire philosophique, qui sera celle de «l'esprit des hommes».

C'est ainsi qu'il a conçu son *Siècle de Louis XIV*. Au début de 1739, il en fait connaître le programme, sous la forme d'une lettre imprimée, adressée à l'abbé Dubos, lequel vient de publier son dernier grand ouvrage, l'*Histoire critique de l'établissement de la monarchie française dans les Gaules* (1734). Il lui expose son plan (qu'il modifiera par la suite). Il définit surtout son projet. Il ne va pas raconter la vie de Louis XIV, ni relater tous les événements de son règne. «Malheur aux détails [...] : c'est une vermine qui tue les grands ouvrages.» Son propos : faire «l'histoire de l'esprit humain, puisée dans le siècle le plus glorieux à l'esprit humain.»[17] Il revient sur le sujet peu après, dans une seconde lettre-programme, adressée celle-ci à l'une de ses anciennes relations d'Angleterre, lord Hervey, récemment promu à Londres garde des Sceaux. Hervey avait réagi à la publication, en 1739, des deux premiers chapitres sous le titre *Essai sur le siècle de Louis XIV*. Il avait contesté que le XVIIe siècle pût être désigné comme le «siècle de Louis XIV». Voltaire répond: «Quel roi a [...] rendu plus de services à l'humanité, que Louis XIV?» Ce souverain a protégé et développé les lettres, les arts, les sciences, en France et en Europe. Il a «instruit les nations, il était pour ainsi dire l'âme des princes de l'Europe.»[18] Ces deux textes ainsi que l'introduction du *Siècle de Louis XIV*, publiée simultanément en 1739, caractérisaient nettement ce qui selon Voltaire fait la grandeur d'une époque: l'éclat des belles-lettres, la production de chefs-d'œuvre dans tous les arts, le progrès de la pensée et des sciences. Cet épanouissement atteint un sommet sous Louis XIV, et par Louis XIV.

De telles vues engageaient l'historien à porter son regard bien au-delà de la période qu'il s'était assignée. Son introduction de 1739 reconnaissait dans le cours des âges trois autres «grands siècles», chacun étant dominé par de «grands» souverains: la Grèce de Philippe et d'Alexandre, la Rome de César et d'Auguste, l'Italie des Médicis. Sa philosophie de l'histoire portait Voltaire à embrasser l'histoire universelle.

Le pas fut franchi en 1741. Une lettre du 1er juin[19] contient l'annonce d'une histoire dépassant les limites du siècle de Louis XIV. Voltaire en promet le manuscrit à Frédéric II: il pense pour premier destinataire à ce disciple devenu roi conquérant. Mais l'avant-propos qu'il rédige s'adresse à Mme Du Châtelet. Il va placer sous les yeux d'Emilie «ce qui mérite d'être connu» d'elle: «l'esprit, les mœurs, les usages des nations principales».[20] On repère ensuite dans la correspondance le progrès de son travail. Une première version était prête au printemps de 1743 et avait été promise au libraire Jean Néaulme. Partant de Charlemagne, le manuscrit (qui ne nous est pas parvenu) devait aller, par l'histoire des croisades, jusqu'à Charles-Quint. Voltaire, comme il l'annonçait à Mme Du Châtelet, prenait le relais de Bossuet, dont le *Discours sur l'histoire universelle* s'arrêtait à Charlemagne. Il s'en tenait donc à l'histoire européenne. Mais bientôt il embrasse dans son plan l'histoire extra-européenne. Des extraits parus dans le *Mercure de France* de 1745 et 1746 traitent de l'Orient ancien – Chine, Inde, empire arabe – avant d'en venir à l'Europe des IXe et XIe siècles. Changement de perspective fondamental, qui le conduit à considérer et donc à valoriser, dans une histoire vraiment universelle, d'autres civilisations que la nôtre.[21]

La vie itinérante de Voltaire en ces années, entre Bruxelles, Paris et Cirey, entrecoupée en outre de voyages dans les Etats de Frédéric II, ne favorisait guère les recherches érudites. Pourtant elle le met à portée de consulter, outre la Bibliothèque du roi à Paris, d'autres, fort riches, comme à Bruxelles celle du petit-fils du grand pensionnaire de Witt: précieuse ressource pour un historien qui élabore son œuvre à partir d'une documentation imprimée, extrayant d'amples lectures «quelques gouttes d'élixir».

Au début de février 1742, Voltaire et Mme Du Châtelet ont quitté Cirey pour Paris. Voltaire loge «près du Palais-Royal»,[22] soit sans doute comme précédemment dans l'ancien appartement de Mme de Fontaine-Martel. En cette fin d'hiver et au début du printemps, en dépit des accès de maladie dont il se plaint, il mène une vie mondaine agitée, le plus souvent nocturne, entraîné qu'il est par Emilie dans le tourbillon. Il soupe «quand je devrais me coucher», se couche «pour ne point dormir [...] tracasse [sa] vie jusqu'à deux heures après minuit.» Ce qui fait qu'il ne travaille point, ou guère.[23]

Cependant des changements s'annoncent à la tête de l'Etat, qui lui sont favorables. Fleury, nonagénaire, perd de son influence; il mourra en janvier 1743. Dans ses derniers mois, Louis XV malgré ses conseils a introduit à la cour sa première favorite, Mme de Mailly. A Versailles, un parti de la guerre, anti-autrichien, se fait de plus en plus écouter. Autour des frères d'Argenson, anciens condisciples de Voltaire, restés ses amis, et du maréchal de Belle-Isle s'est groupée une nouvelle équipe de courtisans et d'officiers épris de prestige, jaloux des victoires de Frédéric II et impatients d'intervenir militairement en Allemagne. Voltaire, malgré son amour de la paix, se sentira plus d'une fois entraîné dans leur mouvement.

En mai 1741, Belle-Isle avait accompli une mission auprès des petits princes de l'Empire; il les avait persuadés de soutenir le candidat de la France à la couronne impériale, l'électeur de Bavière Charles-Albert. Puis Belle-Isle avait négocié avec Frédéric II. Le roi de Prusse reconnaît les talents du maréchal, «un Newton pour le moins en fait de guerre», tout en se méfiant de Fleury et, en général, des Français. «On regarde en Allemagne comme un phénomène très rare de voir des Français qui ne soient pas fous à lier.»[24] Belle-Isle signe le 4 juin un traité d'alliance garantissant à Frédéric la possession de la Silésie et de Breslau, tandis que celui-ci renonce aux prétentions de sa maison sur l'héritage de Berg et Juliers en faveur de la maison palatine de Sulzbach, cliente de la France; en outre, il promet de voter pour le candidat français au trône impérial.

Belle-Isle arrive à Versailles sans autorisation le 11 juin. Le roi réunit un conseil qui dure neuf heures. Après avoir parlé pendant six heures, Belle-Isle impose son avis: l'entrée en guerre est décidée. La France enverra trente mille hommes, commandés par Maillebois, en Westphalie, contre l'électeur de Hanovre, qui est aussi roi d'Angleterre, et quarante mille en Bavière, commandés par Belle-Isle. Ces troupes se mettent en marche à la mi-juillet 1741. Leur progression étant lente et indécise, Marie-Thérèse en profite pour obtenir la levée en masse des Hongrois. Au surplus, l'Angleterre, qui ne veut ni un candidat à l'Empire allié de la France ni l'alliance entre la France, la Prusse et l'Espagne, envoie des subsides et une armée en Hanovre. Par mer, elle prétend s'emparer des colonies françaises et espagnoles.

Tandis que Frédéric marche de victoire en victoire, les armées françaises jouent de malheur. Belle-Isle, d'abord victorieux, se laisse enfermer dans Prague au lieu de marcher sur Vienne, tombe malade, et se retire à Francfort, laissant le commandement de son armée au maréchal de Broglie. Mais il prétend tout diriger de Francfort et mécontente son successeur. Frédéric, qui connaît bien les rivalités et la médiocrité des généraux français, regarde leurs armées s'épuiser. Belle-Isle guérit, lève le siège de Prague et ramène l'armée en France moyennant de lourdes pertes dues au froid et à la maladie. On lui en fait une gloire. Vaille que vaille, l'électeur de Bavière est élu empereur à Francfort le 24 janvier 1742 et prend le nom de Charles VII. Les troupes de Maillebois, bloquées par les Autrichiens dans Linz, capitulent.

Le scandale, c'est que le roi de Prusse, voyant qu'il n'a plus rien à gagner, abandonne l'alliance française et signe avec Marie-Thérèse, le 11 juin 1742, une paix séparée qui lui garantit la Silésie. Et le malheur, c'est que Voltaire, demeuré l'ami et l'admirateur inconditionnel de Frédéric, commet une grave erreur : saisissant l'occasion d'un acte pacifique exceptionnel de son ami, mais qui est une trahison à l'égard de la France, il félicite le roi de Prusse. « La moitié du monde », lui mande-t-il, « crie que vous abandonnez nos gens à la discrétion du dieu des armées [...] Quelques abbés de Saint-Pierre[25] vous bénissent au milieu de la criaillerie. Je suis un de ces philosophes [...] J'estime que vous avez gagné de vitesse le bon vieillard [Fleury]. [...] Vous n'êtes donc plus notre allié, sire ? Mais vous serez celui du genre humain. »[26]

Encore si cette lettre était restée secrète ! Le 12 juillet, le président Hénault signale à son amie Mme Du Deffand que la lettre circule dans Paris. « Si c'est une méchanceté qu'on lui a faite [à Voltaire], comme il y a beaucoup d'apparence, vous conviendrez que voilà un tour bien noir [...] Il ne sait quel parti prendre, et il faut avouer que le conseil est difficile à donner ; cependant, toutes réflexions faites, il me semble qu'il n'y aurait qu'à écrire une deuxième lettre au roi de Prusse, dans laquelle il le supplierait de vouloir montrer celle qu'il lui a écrite à M. de Valory, et envoyer cette seconde lettre à M. Amelot, pour qu'il la fît tenir. Mais pour prendre ce parti il faut deux conditions : la première, qu'il n'ait pas en effet écrit la lettre qu'on lui impute, et puis que celle qui est la véritable ne contienne rien dont on puisse être offensé ici, ce dont je ne répondrais pas. »[27] Le président oserait-il proposer ce stratagème à Voltaire ?

Mme Du Deffand, dans sa réponse, croit résoudre le mystère : « il me semble », écrit-elle, « qu'on doit bien juger que c'est une noirceur qu'on lui fait : j'imagine que c'est l'abbé Desfontaines. L'expédient que vous imaginez [...] me paraît scabreux ; car, sans être un mauvais *patriote*, il se pourrait qu'il y eût plus de flatterie qu'il ne conviendrait à cette cour-ci. »

La lettre, répandue à un grand nombre d'exemplaires, fait du bruit. Le plus étonné, c'est Voltaire. A Pont-de-Veyle, qui l'a rencontré à la Comédie, il a manifesté une profonde surprise et « a juré avec un grand air de bonne foi qu'il ne savait ce que c'était que cette pièce. » Sans doute se souvient-il d'avoir écrit au roi de Prusse, mais personne, « pas même madame Du Châtelet », n'a vu sa lettre.

Pour une fois, Voltaire serait donc sincère? Mme Du Deffand, ayant lu la lettre, revient sur sa première impression. Non, ce n'est pas un mauvais tour de Desfontaines: «Il est certain que la lettre est de Voltaire: on ne peut avoir une idée assez présente de toutes ses façons de parler pour le si bien imiter.» Ce qui lui semble «surnaturel», c'est le moyen par lequel la lettre a été publiée. «Je crois la Du Châtelet dans une belle inquiétude», ajoute-t-elle. Et son ami redoute «un nouveau décampement pour Voltaire».

Ce qui est certain, c'est que Voltaire a bien écrit cette lettre du 30 juin 1742: il y qualifie même Frédéric «d'allié du genre humain». Mais il se demande, écrivant à nouveau au roi de Prusse le 15 juillet, «comment elle est parvenue en d'autres mains». «Je suis fait, moi», ajoute-t-il, «pour ignorer le dessous des cartes. Mais j'ai essuyé une des plus illustres tracasseries de ce monde. Mais je suis si bon cosmopolite, que je me réjouirai de tout.»[28]

Tracasseries en effet: dans certains salons comme à la cour, les réactions sont vives. Le maréchal de Brancas se fâche et espère une sanction. Le bruit court que Mme de Luxembourg a fermé sa porte au poète. Ce qui est plus grave, c'est que Mme de Mailly s'enflamme et va demander que Voltaire soit puni. Celui-ci lui écrit que les expressions de sa lettre sont «falsifiées»: «si je l'avais écrite telle que l'on a la cruauté de la publier [...], je mériterais votre indignation.»[29]

Qui donc pouvait avoir eu cette «cruauté»? A la lettre du 15 juillet, Frédéric répond que c'est la poste de Bruxelles qui a détourné celle du 30 juin. Voltaire prétend que cela n'est pas possible et que ce détournement s'est produit à Paris. Devant l'absence de preuves, l'explication la plus vraisemblable se présente à l'esprit: n'est-ce pas Frédéric qui, par ce stratagème, a voulu rendre Voltaire indésirable en France pour le réduire à se réfugier en Prusse? Certains biographes n'ont pas craint de l'affirmer.[30]

Aujourd'hui, cette thèse n'a pas été confirmée. Sans doute Mme Du Deffand, qui a reconnu le style de Voltaire, et le poète lui-même, pensant que la lettre a été interceptée à Paris, ont-ils raison. Christiane Mervaud s'est attachée à résoudre ce problème.[31] En s'appuyant sur différentes remarques,[32] elle croit pouvoir affirmer que l'envoi de Voltaire fut ouvert par la censure et rendu public. En outre, elle cite une intéressante suggestion de Jean Sareil: Frédéric «n'avait point intérêt à prolonger le scandale ou à compromettre Voltaire qu'il ne pouvait à ce moment faire venir à Berlin».[33] D'où l'acceptation du roi de Prusse d'écrire à Voltaire une lettre ostensible attestant qu'il avait reçu de Paris une lettre attribuée à Voltaire qui faisait sa «consolation». Le poète, pour la présenter à Fleury, changea la date, déclarant qu'elle était du 26 août, et que Frédéric avait écrit par erreur 26 septembre. Tout se passe comme si Frédéric aidait le poète à duper les autorités françaises. Mais qui, parmi ces autorités? Que de points restent obscurs!

Quoi qu'il en soit, Voltaire ne «décampe» pas. Ses protecteurs l'ont sans doute rassuré. Paris, à cette époque, ne se passionne ni pour la guerre, ni pour le

« patriotisme ». On n'entend point ce mot avec la même gravité qu'aujourd'hui ; dans son article « Patrie » du *Dictionnaire philosophique*, Voltaire ramènera le « sentiment patriotique » à l'intérêt. En outre, il évite de confondre avec d'autres conquérants ce roi qui « sait être un Homère après avoir été un Achille ».

Paris court aux représentations de *Brutus* que l'on vient de reprendre à la Comédie. Selon Hénault, « c'est la plus belle pièce de Voltaire ».[34] Son éclatant succès rappelle, en effet, ceux de *Zaïre* et d'*Alzire*. Bonne diversion, l'une des plus belles revanches de Voltaire ! Une fois de plus, on applaudit Mlle Gaussin, une actrice fort belle, douce et tendre, mais faible et volage, « aussi incapable de garder un secret que de conserver un amant »,[35] c'est Voltaire qui le dit, pour qui elle éprouve une grande admiration.

Elle va jouer de nouveau dans *Mahomet*. C'est au moment du scandale de la lettre au roi de Prusse que l'on répète la pièce à la Comédie. Bien que ce soit l'une des plus politiques de ses tragédies, Voltaire n'en redoute point l'échec ni même l'interdiction. Le succès de Lille auprès du clergé n'est pas oublié. Un censeur a été désigné par le lieutenant de police Feydeau de Marville : Crébillon le tragique. Il donne un avis défavorable. Mais Voltaire a pris soin de communiquer son manuscrit au cardinal de Fleury. Celui-ci n'a pas fait d'objection. Marville, qui approuve la pièce, s'appuie sur cette autorité. Il en permet la représentation.

Mahomet est donc joué pour la première fois à Paris le 9 août 1742. C'est un grand succès. Le public est sensible à la puissance de l'œuvre : « de grandes beautés, beaucoup de force, beaucoup de hardiesse et des détails brillants », écrit l'abbé Le Blanc.[36] On est étonné par le choix du sujet, plus audacieux encore que dans *Zaïre*, *Adélaïde Du Guesclin*, *Alzire*. Oser porter à la scène non le second Mahomet, le conquérant de Constantinople, comme La Noue, mais Mahomet le Prophète,[37] fondateur de l'Islam, et traiter à ce propos du « fanatisme », avec toutes les allusions qu'on devinait, il y avait là de quoi attirer des foules curieuses et vaguement inquiètes.

Les jansénistes aussitôt réagissent. Quelques « messieurs » du parlement ont assisté à la première. Ils dénoncent la pièce au procureur général Joly de Fleury. Ils y ont vu « des choses énormes contre la religion ». Joly de Fleury se plaint à Marville dès le 11 août.[38] Il revient à la charge le 13. « C'est l'énormité en fait d'infamies, de scélératesse, d'irréligion et d'impiété. »[39] Il se veut menaçant. Marville tente de défendre la pièce, mais craint de s'attirer de graves ennuis ; il en réfère donc à Maurepas le ministre, qui consulte Fleury. Le cardinal répond qu'il « pense toujours de même au fond ». Toutefois il ne voudrait pas entrer en conflit avec le parlement de Paris pour *Mahomet*. On n'interdira pas la pièce ; on persuadera seulement Voltaire de la retirer.[40] Marville convoque donc le poète en pleine nuit. Mme Du Châtelet l'accompagne. La discussion fut longue. Voltaire finalement dut s'incliner. Marville lui rappelle qu'il reste sous le coup d'un décret d'arrestation pour les *Lettres philosophiques*. Le parlement est décidé à passer à l'exécution, dans le cas où il ne serait pas mis fin au scandale de *Mahomet*. Voltaire est furieux, Mme Du Châtelet aussi.[41] Il se résigne pourtant à reprendre son manuscrit après la troisième représentation. Suspension *sine die*: la pièce ne sera rejouée qu'en 1751. La pression janséniste avait obtenu du pouvoir royal réticent l'interdiction de fait de *Mahomet*.

On ne peut que constater le contraste avec l'accueil chaleureux du clergé à Lille. Comment la même pièce, là-bas portée aux nues, a-t-elle pu être à Paris si véhémentement attaquée? La chose fait problème et le biographe se doit de chercher une solution. L'explication se trouve sans doute dans l'ambiguïté de l'œuvre, fondée sur cette notion d'imposture, utilisable à deux fins dans le domaine religieux.

Que le Mahomet de la tragédie soit un imposteur, le sage Zopire nous en avertit dès les premiers vers du premier acte. Le Prophète lui-même l'avoue sans ambages, dans un tête à tête avec ce même Zopire. Son armée assiège La Mecque. Mahomet voudrait convaincre son ennemi, qui est «shérif» de la cité, de se rallier à lui. Il lui dévoile en confidence ses projets, qui sont ceux d'un politique et d'un chef de guerre. Toutes les puissances de l'Orient étant tombées en décadence, l'heure des Arabes est venue. Il va les rassembler et les lancer à la conquête du monde. Pour cela, il lui faut fanatiser son peuple par une nouvelle religion dont il se proclame le chef. «Il faut un nouveau culte», «il faut un nouveau Dieu pour l'aveugle univers» (II.v). «J'ai trompé les mortels, et ne puis me tromper», déclarera-t-il au dénouement (v.iv). Zopire demeurant hostile, irréductiblement, Mahomet et son lieutenant Omar décident de l'éliminer. Ils poussent le jeune Séide, leur ardent partisan, à l'assassinat du vieil homme, avec l'aide de Palmire sa fiancée. Les jeunes gens ignorent ce que savent Mahomet et Omar: qu'ils sont frère et sœur, et enfants de Zopire. Ils découvrent l'affreuse vérité après avoir porté le coup fatal, pendant que le vieillard agonise auprès d'eux. Voyant clair soudain, les jeunes gens appellent le peuple de La Mecque à la révolte. Un instant, Mahomet se croit perdu. Mais Omar avait pris ses précautions. Il a fait absorber à Séide un poison à effet différé. Tandis que le jeune homme apostrophe Mahomet devant la foule ameutée, voici qu'il chancelle et s'abat, foudroyé: évident châtiment du ciel pour avoir blasphémé contre le Prophète. Palmire désespérée se donne la mort. Mahomet traverse un moment de faiblesse: «Il est donc des remords». Mais il se ressaisit vite:

> Je dois régir en Dieu l'univers prévenu.
> Mon empire est détruit, si l'homme est reconnu.

Le rideau tombe. L'homme n'est pas «reconnu», et «l'empire» de l'imposteur est définitivement établi.

En cette action le public chrétien de Lille avait retrouvé, fort dramatiquement illustrée, l'image de Mahomet à laquelle il était habitué. Comment peut-il exister de fausses religions, quand la vérité de la religion chrétienne devrait s'imposer à tous avec la force de l'évidence? L'apologétique recourait à l'explication par l'imposture. D'adroits fripons, disait-on, ont instauré des religions trompeuses, prétendument révélées, par ambition politique : ils ont fait appel à la force, à la séduction ; ils n'ont pas hésité à flatter les bas instincts des hommes. Le Mahomet tragique de Voltaire se conforme à cette image. En ces cinq actes, le Prophète, appuyé sur le prestige de ses victoires, consolide son pouvoir par d'adroites fourberies. Trompés, ses partisans le vénèrent comme un Dieu. Voltaire avait eu soin de rappeler aussi le grief de sensualité allégué contre l'Islam. Son Mahomet confesse que les plaisirs de l'amour sont «l'objet de ses travaux» : il convoite Palmire ; il voudrait l'adjoindre à son harem. Le dramaturge marquait également la différence avec la religion chrétienne : la jeune fille, en mourant, forme le vœu «qu'un Dieu plus équitable réserve un avenir pour les cœurs innocents». Les spectateurs lillois, confortés en leur certitudes, pouvaient donc croire que Voltaire n'en voulait qu'au fanatisme musulman.

Mais à Paris un public plus averti reçut tout autrement la pièce, surtout dans la partie janséniste de ce public. Ces dévots, persécutés et agressifs, toujours sur le qui-vive, se sentent atteints. Voltaire effectivement visait cette sorte de passion sectaire qui est la leur. Il va jusqu'à glisser une allusion à l'agitation convulsionnaire :

> [...] en ces murs même, une troupe égarée,
> Des poisons de l'erreur avec zèle enivrée,
> De ses miracles faux soutient l'illusion.
> Répand le fanatisme et la sédition. (i.i)

Il y avait plus grave. L'argument apologétique de l'imposture se laissait aisément retourner. Il suffisait d'appliquer le même raisonnement à la religion chrétienne. Ce que faisait jadis le poème de la *Moïsade* ; ce que suggérait le titre du traité mythique des *Trois imposteurs*. On accuse donc Voltaire de taxer d'imposture, à travers l'Islam, le christianisme lui-même. «On a remarqué», commente un journaliste, «que toutes les religions paraissent être attaquées dans cette tragédie, sous prétexte de blâmer celle de Mahomet.»[42] C'est ce que veut dire l'abbé Le Blanc quand il s'étonne que «la police en a permis la représentation».[43]

Rien ne nous semble aujourd'hui plus aberrant que ces discussions sur l'imposture. Nul ne saurait douter de la sincérité foncière de Mahomet. On ne comprend rien à son œuvre si l'on ne commence pas par admettre qu'il était convaincu d'entendre en lui-même la parole d'Allah. Cet homme, judicieux et pondéré en ses actions, mais au psychisme riche et complexe, a connu l'expérience mystique. «Il ressentait comme une inspiration intérieure qui ne s'exprimait pas en mots et, quand la crise cessait, il récitait des paroles correspondant pour lui de façon évidente à ce qui lui avait été inspiré.» Ainsi, selon Maxime Rodinson,[44] prit naissance le *Coran*. Il faut dire cependant que Voltaire dans sa tragédie n'a pas prétendu faire œuvre d'historien. Il reconnaît que le Prophète ne fut point coupable du crime qu'il lui fait commettre.[45] Il a lu les auteurs qui rendent justice au fondateur de l'Islam : Boulainviller dans sa *Vie de Mahomed* (1730), Sale dans sa traduction anglaise du *Coran*. Plus tard, en 1748, il reprendra la question dans un article «De l'Alcoran et de Mahomet», publié à la suite de sa tragédie. Il y maintient que Mahomet fut un «charlatan», mais «sublime et hardi». Il concède désormais que son *Coran* «était fort bon pour ses contemporains et sa religion encore meilleure. Il faut avouer qu'il retira presque toute l'Asie de l'idolâtrie».[46] Enfin, y revenant encore, en historien, dans l'*Essai sur les mœurs* de 1756, il porte cette fois un jugement presque entièrement favorable. L'interprétation par l'imposture s'estompe jusqu'à s'effacer. Mahomet, lisons-nous, observant l'état religieux de ses contemporains, «vit qu'il pouvait s'ériger en prophète». Il est «de bonne foi»; il veut «rappeler les hommes à l'unité d'un Dieu». Voltaire pourtant nuance cette sincérité du Prophète : il «se trompe lui-même en trompant les autres». La propagande ayant ses exigences, il fallut bien pour imposer la foi nouvelle recourir à «des fourberies nécessaires». Si Voltaire demeure réservé à l'égard de Mahomet, il se montre en revanche plein d'éloges pour la civilisation musulmane et pour l'Islam en tant que règle de vie. C'est la matière de tout un chapitre de l'*Essai sur les mœurs*.[47]

A vrai dire, dans sa tragédie il avait utilisé Mahomet comme un «prétexte», et peut-être un «paratonnerre».[48] Il en fait le support d'une thèse philosophique, comme il l'explique à Frédéric II en une lettre insérée dans la première édition de sa pièce, donnée par lui en 1743.[49] Il veut «attaquer [...] cette espèce d'Imposture qui met en œuvre à la fois l'hypocrisie des uns, et la fureur des autres.» Soit «l'hypocrisie» de Mahomet et d'Omar, et la «fureur» de Séide. Car Séide est le personnage important de la pièce, le seul (avec Palmire) qui évolue du début à la fin de l'action. Sa «fureur» n'était pas donnée dès le départ. Cet homme jeune adhère avec enthousiasme à la foi nouvelle; le culte du chef – prophète et conquérant – l'exalte. De tels sentiments mobilisent en lui tout ce que son âge comporte de générosité. Omar, qui connaît les hommes, a bien discerné qu'il serait un bon «instrument» (c'est son mot) pour l'assassinat en préparation. Le lieutenant de Mahomet ne s'adresse pas à un tueur professionnel. Il préfère choisir un partisan capable de tous les dévouements, «aveugle avec courage», «amoureux de son propre esclavage», cela en raison de sa jeunesse, «car la jeunesse est le temps de ces illusions» (II.vi). Mais Séide est un cœur pur, «né avec de la vertu».[50] Il éprouve pour Zopire une sympathie spontanée (dont il ignore qu'elle est «la voix du sang»). Pour le conduire au crime, il faut le prendre en mains, le conditionner. C'est à quoi s'emploient les deux scélérats, manipulateurs diaboliques. On étouffe ses scrupules sous l'autorité du Prophète («Quiconque ose penser n'est pas né pour me croire. Obéir en silence est votre seule gloire.»). On lui déclare, solennellement, que Dieu l'a choisi, ce qui doit faire taire «les cris de la nature» (III.vi). Et après le forfait il recevra Palmire pour récompense. Au moment d'exécuter le crime, il se sent dans un état second d'horreur sacrée. «Dans ces demeures sombres», il croit voir, halluciné, des «traits de sang», d'«errantes ombres», un «spectre». Il frappe comme aliéné par une volonté étrangère (IV.iv).

Voltaire, dans sa lettre à Frédéric, énumère tous les précédents: crimes de fanatiques perpétrés le plus souvent par des hommes jeunes. Dans la liste, il nomme Jacques Clément, assassin de Henri III. *Mahomet* reprend, sur de nouveaux éléments, une situation déjà traitée dans *La Henriade*. Voltaire revient ici à l'une de ses hantises, celle de la religion sanguinaire. Après le chant de la Saint-Barthélemy dans son poème épique, l'acte IV de *Mahomet* est sans doute le texte où l'obsession s'exprime avec le plus de force. Afin de créer une ambiance encore plus noire, le dramaturge ajoute la péripétie, aussi banale qu'invraisemblable, des enfants perdus et retrouvés. Après avoir poignardé Zopire (dans la coulisse, ainsi que l'exige la bienséance), Séide revient «l'air égaré», ne sachant plus en quel lieu il se trouve. Le regard qu'a fixé sur lui le vieillard «sa victime» l'a bouleversé. Palmire qu'il rejoint n'est pas moins troublée. Or, à ce moment précis, Zopire sanglant se traîne devant eux: apparition fantomatique. C'est alors qu'intervient la reconnaissance entre le père agonisant et ses enfants criminels. Scène shakespearienne, sans doute.[51] Mais qui porte au paroxysme une constante voltairienne. C'est la troisième fois que le dramaturge met sur le théâtre le meurtre du père par le fils.[52] Ici un sommet de l'horreur est atteint, du fait que le parricide se combine avec le crime religieux, et qu'il est commis sur l'autel.[53] Après de telles scènes, Voltaire reconnaissait que l'acte V de son *Mahomet* paraissait faible.[54] Il n'ira pas plus loin dans ce pathétique intense, auquel s'élèvent ses meilleures tragédies, et que lui-même, on peut le penser, vivait dans l'imaginaire en créant son œuvre.

Mahomet, drame noir, implacable, est-il la tragédie de Voltaire qu'on pourrait sauver du naufrage de son théâtre? Le sujet, la perversion d'une jeunesse ardente par des «chefs» qui savent exploiter sa naïveté au service de leurs desseins, rappelle trop d'événements sinistres de notre siècle pour que nous y restions insensibles. Mais se trouvera-t-il un metteur en scène qui réussisse à en effacer suffisamment les rides pour qu'elle puisse reparaître devant nous?

Le jeudi 16 août, la Comédie joua *Polyeucte* à la place de *Mahomet*. Le parterre se vengea en applaudissant l'imprécation de Stratonice contre les chrétiens, et aussi les paroles tolérantes de Sévère:

> J'approuve cependant que chacun ait ses dieux
> Qu'il les serve à sa mode [...]

Certes, ce n'est pas encore le public de Beaumarchais, mais c'est déjà un public qui a «des lumières».

8. Un grand poète tragique et un apprenti-diplomate

Après l'interdiction officieuse mais irrévocable de *Mahomet*, c'est sans regrets que Voltaire et Mme Du Châtelet repartent, le 22 août 1742, pour Bruxelles. Ils s'arrêtent à Reims chez M. de Pouilly, un ami de Voltaire, grand érudit, mais homme simple, bon vivant, hospitalier. Pour le couple, les soupers, les bals et les spectacles se succèdent. Voltaire oublie les échecs parisiens; Emilie est ravie: «Jamais elle n'a mieux dansé au bal. Jamais elle n'a mieux chanté à souper.»[1]

Ils auront le temps, pensent-ils, de travailler à Bruxelles. Passant par Lille, ils regagnent la ville du procès et de l'ennui où Voltaire se remet avec passion à ce qu'il nomme encore son *Histoire de l'esprit humain* qui deviendra l'*Essai sur les mœurs*. Il ne travaille pas longtemps. A peine installé, il reçoit un appel du roi de Prusse: ce grand voyageur se trouve, depuis le 25 août, aux eaux d'Aix-la-Chapelle, «sans avoir besoin de les prendre». Après avoir promis fermement à Mme Du Châtelet que cette visite serait brève, le poète se met en route le 1er septembre. Et il tient parole: parti le lundi, il est de retour le samedi suivant. Il n'en a point seul le mérite: le roi avait des obligations en Silésie où il était attendu le 7.

Voltaire va exploiter au mieux cette courte entrevue. Auprès de ses amis, il prend l'attitude du désintéressement et de la fidélité à Emilie: «J'ai courageusement résisté aux belles propositions qu'il m'a faites. Il m'offre une belle maison à Berlin et une jolie terre, mais je préfère mon second étage dans la maison de madame Du Châtelet.»[2] Au cardinal de Fleury, il écrit longuement. Il lui présente d'abord la «preuve» que la lettre qui courut sur la paix en Silésie n'était pas de lui. Cette preuve, c'est la lettre que le roi de Prusse lui écrivit le 26 août, datée «par inadvertance» du 26 septembre. Celle qui circula, précise Voltaire, fut fabriquée à Paris par le secrétaire d'un ambassadeur. Puis, le poète fait miroiter sa propre gloire d'être l'ami d'un monarque dont la puissance s'accroît, et dont il vaut mieux être l'allié que l'ennemi: «Je fus logé, auprès de son appartement, il passa deux jours consécutifs quatre heures de suite dans ma chambre avec cette bonté et cette familiarité [...] qui entre dans son caractère». Voltaire évoque les raisons qui ont poussé Frédéric à précipiter sa paix, mais il ne saurait livrer de tels secrets dans une lettre. Il tient à montrer à Fleury qu'il a bien parlé de la France: «il me demanda s'il était vrai que la France fût épuisée d'hommes et d'argent et entièrement découragée. J'eus l'honneur de lui répondre qu'il y a encore en France environ onze cent cinquante millions d'espèce circulante, que les recrues ne se sont jamais faites si aisément, et que jamais la nation n'a marqué plus de bonne volonté.»[3] De là à laisser entrevoir au cardinal que Voltaire pourrait jouer auprès du roi de Prusse un rôle politique important, il n'y a qu'un pas.

La réponse de Fleury enchante Voltaire : «Vous avez parlé d'or, monsieur, et agi de même [...] Je ratifie très volontiers tout ce que vous avez dit parce que je pense comme vous et que vous êtes entré parfaitement dans l'esprit du roi. J'ai eu l'honneur de lui lire votre lettre dont il est fort content et qu'il a écoutée avec plaisir.»[4] Le cardinal se laisse aller ensuite à de mordants griefs contre les Anglais qui se vantent d'obtenir, eux aussi, l'alliance du roi de Prusse. Aussi bien le mauvais effet de la paix séparée doit-il être oublié. De cette paix, Voltaire refuse encore, dans une deuxième lettre, de livrer les secrètes raisons, mais tout de même il en donne une au cardinal qui est de taille et pourrait servir de leçon à Louis XV et à ses ministres : «par tout ce qu'il m'a fait l'honneur de me dire il est aisé de juger que s'il vous eût cru plus puissants, il vous eût été plus fidèle.»[5]

Voltaire, peut-être sous l'influence de Mme Du Châtelet, apprécie la douceur, la paisible maîtrise du cardinal, ce qu'il a exprimé dans une *Ode sur les affaires du temps faite le 30 juin de l'année 1742* :

> O vieillard vénérable à qui les destinées
> Ont de l'heureux Nestor accordé les années,
> Sage que rien n'alarme, et que rien n'éblouit,
> > Veux-tu priver le monde
> > De cette paix profonde
> > Dont ton âme jouit ?[6]

Si ces relations nouvelles avec Fleury ont servi Voltaire, ce ne sera pas encore sa vraie chance : le vieux cardinal donne des signes de fatigue. En décembre 1742, après de longs entretiens avec le roi, il se retire à Issy. De là, loin d'abandonner ses pouvoirs, il continue à gouverner et même à se passionner. Ce sont les ministres qui viennent prendre ses ordres, le roi même lui fait deux visites. Mais ses pertes de mémoire sont fréquentes et son comportement parfois bizarre. C'est Voltaire qui le raconte à Frédéric : «Le cardinal de Fleury, après avoir été assez malade, s'avisa, il y a deux jours, ne sachant que faire, de dire la messe à un petit autel au milieu d'un jardin où il gelait. Monsieur Amelot et monsieur de Breteuil arrivèrent, et lui dirent qu'il jouait à se tuer : *bon, bon, messieurs*, dit-il, *vous êtes des douillets*. A quatre-vingt-dix ans, quel homme ! Sire, vivez autant, dussiez-vous dire la messe à cet âge, et moi la servir.»[7]

Même à Bruxelles, Voltaire ne connaît point la paix. Alors qu'il est occupé à l'*Histoire de l'esprit humain*, «cette histoire singulière [...] cette histoire réfléchie, impartiale» – ainsi la juge Frédéric – un nommé Perrault, officier de police, écrit à Marville que la tragédie de *Mahomet* est imprimée et qu'il attend ses ordres pour perquisitionner chez la veuve Amaury qui la distribue. Le poète doit en être averti à la même date puisqu'il écrit, dès le lendemain, à d'Argental qu'il «apprend avec une douleur bien vive qu'enfin les infidèles ont imprimé Mahomet».[8] Bien entendu, l'ouvrage est criblé de fautes. S'y attendait-il? Il n'est pas pris au dépourvu: il a commencé dès le début d'octobre d'envoyer les trois premiers actes du «vrai manuscrit» à Amsterdam, chez Ledet. Il ne saurait, maintenant, se dispenser d'une telle réplique. En même temps, il prépare une autre édition à Londres où il est en relations avec un intermédiaire très sûr, César de Missy. Curieux homme, théologien protestant né à Berlin, ami de Jordan et de Formey, angliciste, poète et critique en anglais et en français, Missy se permet, à mesure qu'il reçoit les cahiers de Mahomet pour les soumettre au libraire, d'en présenter à l'auteur des critiques pertinentes. Autant que son érudition et la sûreté de son jugement, sa vertu, aussi éloignée «de la superstition que de la licence», séduit Voltaire. Le poète lui commande, pour ses travaux d'histoire, les cahiers qui commencent à paraître d'une histoire universelle «depuis le commencement du monde jusqu'à présent».[9]

Certes, Voltaire souffre de l'édition pirate de sa tragédie. «Je tâche de le consoler», écrit Mme Du Châtelet.[10] Mais ce qui le préoccupe surtout c'est de connaître, parmi les rares dépositaires du manuscrit, celui qui l'a laissé partir chez l'imprimeur. Les d'Argental possèdent un exemplaire qu'ils ont porté à Lyon chez le cardinal de Tencin, mais comment le poète soupçonnerait-il «ses anges»? Voltaire en a remis deux autres, après les représentations, au lieutenant de police; l'un d'eux a été un jour et demi entre les mains de l'acteur Grandval. Le poète se souvient aussi qu'il avait confié, il y a deux ans, un «ancien» manuscrit de Mahomet à Marville, celui-ci «croit» l'avoir rendu à Dufresne. Et il faut bien penser à Minet, le souffleur de la Comédie, qui copie les manuscrits – si mal – pour en tirer de l'argent. Voltaire demande à Marville de remonter «à la source». Cette recherche délicate semble n'avoir jamais abouti, d'autant que le lieutenant de police allait avoir à traiter bientôt une affaire plus importante.

En attendant, Voltaire continue à expédier au roi de Prusse des «siècles» de son Histoire de l'esprit humain. Vers la mi-novembre, il y joint, «pour [le] délasser», en cachette de Mme Du Châtelet, deux chants de La Pucelle.[11] Le roi avoue s'être fort amusé à cette lecture et réclame la suite. Ce qui le réjouit le plus, c'est que Voltaire a placé un pape au milieu des damnés:

> Si tel est le sort du Saint-Père,
> Des cardinaux et des grands saints,
> Que nous restera-t-il, Voltaire,
> Pour les paillards et les putains?[12]

Le poète annonce à Frédéric qu'il compte être à Paris vers le 20 novembre; il n'ose pas, sans doute, en donner la raison. A l'Académie, le fauteuil de l'abbé Houteville se trouve vacant, et l'élection doit avoir lieu à la mi-décembre: il est temps, pour Voltaire, d'aller tenter sa chance. Quant à Mme Du Châtelet, désespérant de voir juger son procès avant le 15 novembre, elle va présenter à la cour le duc de Montenero-Caraffa, le fiancé de sa fille, et préparer leur mariage.

Mouhy signale à Marville que le couple est arrivé à Paris dans la nuit du 20 au 21 novembre.[13] Cette fois, plutôt que de dénigrer, il s'efforce de trouver le ton de la modération, de l'objectivité. Il indique sans commentaire que la «véritable édition» de *Mahomet* s'imprime à Londres et à Amsterdam. Il a rendu visite au poète rue du Faubourg Saint-Honoré. Mme Du Châtelet prenait le café avec le président de Meinières. Voltaire a entretenu le «chevalier» de ses relations nouvelles avec Fleury. Et même, il lui a montré la lettre commençant par «Vous avez parlé d'or, monsieur». Enfin, il a chargé Mouhy d'apprendre *adroitement* à Marville qu'il est en bons termes avec le cardinal.

Certes, cette politique, si naïve soit-elle, vise plus haut qu'une élection à l'Académie. Nourrit-il, cette fois-ci, beaucoup d'espoir d'y entrer? Il ne semble pas: Voltaire se présente contre Marivaux dont la gloire est moins retentissante, mais qui se trouve politiquement mieux placé: il est soutenu par Fontenelle et Mme de Tencin. Celle-ci dispose des voix du clergé, et le clergé, s'il n'aime guère Marivaux, déteste Voltaire. La position du duc de Richelieu n'est pas enviable: il est l'ami de Voltaire et de Mme Du Châtelet. Aussi Mme de Tencin lui écrit-elle plusieurs lettres pour le gagner à sa cause: «[Voltaire] a envoyé ce matin, pour me demander de me voir à dix heures; j'ai répondu que je sortais. J'ai parlé à mes serviteurs de Dieu; ils m'ont dit que je ne pouvais trop vous représenter qu'il ne convenait pas à un homme comme vous, de protéger un athée; que vous aviez la réputation de parler toujours de la religion comme il convenait, et que si vous faisiez recevoir Voltaire à l'Académie, on dirait qu'il vous a perverti.»[14] Richelieu, occupé avec Mme de Tencin et son frère, le cardinal, à combattre l'influence de Maurepas sur le roi, prend parti contre Voltaire; et Mme de Tencin lui annonce le 18 décembre que Marivaux a été élu à l'unanimité.

Voltaire s'y attendait. Si sa jalousie à l'égard du «métaphysique» Marivaux s'en accroît, il ne saurait manifester la moindre déception à Mme de Tencin qu'il connaît bien, qui est la tante de d'Argental et dont il peut avoir besoin la prochaine fois.

A cet échec succède une attaque subtile de ses ennemis. Quels ennemis? Ce dont on est sûr, c'est qu'ils savent versifier et que Desfontaines n'en fait pas partie. Le 17 décembre, Voltaire apprend que le libraire Didot et son gendre-associé Barrois débitent encore les cinq volumes d'œuvres de Voltaire renfermant des libelles diffamatoires contre lui, contre Mme Du Châtelet, Thiriot, Maupertuis, un ministre, personnes «toutes désignées par leurs noms». Voltaire écrit tout de suite à Maurepas qui ne dramatise pas et qui demande à Marville de prendre l'affaire en mains:

Je vous envoie monsieur une lettre que je viens de recevoir de M. de Voltaire [...] Il n'est pas douteux qu'il ne faille prévenir s'il est possible le débit du libelle [...] Quand même il n'intéresserait pas autant de personnes qu'il le dit. A vous dire ce que j'en pense, je connais assez sa sensibilité à la critique, et la frayeur qu'il a des brochures dont il est le sujet pour soupçonner que le prétendu libelle le regarde plus que tout autre et que dans l'envie qu'il a qu'il soit supprimé il y intéresse tout le monde [...] Quoi qu'il en soit il vaut mieux saisir un livre qu'on peut vendre que d'en laisser paraître un tel que celui qu'il annonce.[15]

Certes, Maurepas connaît bien son Voltaire ; il cherche désormais à le ménager. Mais il n'a pas lu les ouvrages incriminés, ce qui explique son scepticisme. Le plus dangereux n'est pas le tome cinquième, comme on l'a cru d'abord, mais le tome troisième où se trouvent, à la suite de *Zaïre* et d'*Alzire*, des *Pièces fugitives* dont six sont apocryphes.[16] Elles s'ouvrent sur une courte fable intitulée *Origine d'Arouet de Voltaire*. Apollon a épousé la Folie. Celle-ci se trouvant grosse, les deux époux se chamaillent à propos des dons à transmettre au fruit de leurs amours. Apollon veut en faire un grand poète, mais la Folie proteste :

> Je prétends qu'il soit fou, mais fou furieux.
> Et pour les accorder tous deux
> Le Grand Maître des destinées
> De chacun remplit le souhait
> La Folie au Parnasse accoucha d'Arouet.

Deux autres faiblesses de Voltaire, l'une intellectuelle, l'autre organique, sont mises en lumière dans une épître à Mlle Malcrais de La Vigne,[17] pseudonyme qui dissimulait le poète breton Desforges-Maillard. Dans cette épître, reprise sous le titre *A une dame ou soi-disant telle*, un seul vers a été modifié par le rédacteur des *Œuvres* ; c'est à propos de Newton. Voltaire avait écrit :

> J'en entends raisonner les plus profonds esprits
> Et je vois trop souvent que j'ai très peu compris.

Et le rédacteur substitue :

> Et je vois avec eux que je n'ai rien compris.

Sur l'amour, ce qu'avait écrit Voltaire, et qui était paru dans le *Mercure de France* en 1732, était fort modeste, mais il était inopportun de le rappeler à l'ami de Mme Du Châtelet :

> L'amour dans mes plaisirs ne mêle plus ses peines ;
> J'ai quitté prudemment ce dieu qui m'a quitté ;
> J'ai passé l'heureux temps fait pour la volupté.

L'épître qui dut blesser Voltaire le plus profondément était intitulée *Adieux à M. la marquise Du Châtelet*, la confusion des sexes étant sans doute volontaire :

> Adieu, belle Emilie
> En Prusse je m'en vas

> Etaler ma folie
> Et promener mes rats.
>
> Paris qui m'a vu naître
> Me laisse sans éclat
> Et ma manie est d'être
> Un ministre d'Etat.

La strophe suivante prouve au moins que Desfontaines n'est pas l'auteur de ces pièces :

> Adieu vilain prêtre
> Tiré par mon crédit
> Du château de Bicêtre
> Pour le péché maudit.

Thiriot, ce « pauvre hère », est égratigné au passage avec son ami Gentil Bernard, poète fade qu'il « forgea ». Puis Maupertuis, ce « carême »,

> [...] me dicta le thème
> Que j'ai fait sur Newton.

La dernière strophe, la plus injurieuse pour Mme Du Châtelet, fut certainement celle qui décida Maurepas à une intervention rapide :

> Adieu, belle Emilie,
> Parce que je m'en vas
> N'abrège point ta vie
> Avec la mort aux rats.
> Console-toi, ma Mie,
> Aux Petites-Maisons
> Où nous nous reverrons.

L'*Epître à M. le duc d'Aremberg* est intégralement reproduite.[18] Antérieure à 1719, c'est une œuvre vigoureuse de la jeunesse de Voltaire qui ne craignait point de célébrer les orgies du duc :

> La paix offre un champ libre à tes exploits lubriques,
> Va remplir de cocus les campagnes belgiques.

Etait-ce le moment de rappeler ces orgies, alors que Voltaire et Mme Du Châtelet venaient d'être les hôtes de ce duc à Bruxelles ?

L'ancien ministre Le Pelletier Des Forts, dont Voltaire fut la bête noire depuis l'affaire de la loterie, se trouve fort malmené : sa sépulture est bizarrement comparée à celle de Mlle Lecouvreur :

> Méprise donc cette injustice
> Qui fait refuser à ton corps
> Ce que, par un plus grand caprice,

> Obtiendra Pelletier des Forts,
> Cette ombre impie et criminelle,
> Ce ministre dur et barbare [...][19]

Pour l'impiété, la palme devait revenir à Voltaire lui-même. Elle est étalée dans la deuxième pièce du tome troisième, intitulée *Réflexions de Voltaire* qui porte en sous-titre «Ce qu'il a vu en Italie», alors qu'il n'y est jamais allé; il y voit:

> L'extraordinaire comédie
> Que souvent l'Inquisition
> Veut qu'on nomme Religion
> Mais qu'ici nous nommons Folie.

Il y voit des prêtres:

> Priant Dieu par oisiveté
> Et toujours jeûnant par famine.
> Ces beaux lieux du pape bénis
> Semblent habités par les diables
> Et les habitants misérables
> Sont damnés dans ce Paradis.

D'où viennent donc ces «infamies»? On n'a jamais su qui en était l'auteur. Elles auraient été «réunies» par un ancien libraire nommé Henri qui les a cédées à un confrère, Savoye, établi rue Saint-Jacques. C'est Savoye qui a proposé les deux tiers de l'édition, tirée à deux mille exemplaires, à Didot et Barrois, cédant le dernier tiers à Grangé et David fils.[20] Voltaire connaît tous ces noms qu'il offre de livrer à Marville. Mais sans attendre davantage, il s'adresse tout droit, généreusement et presque amicalement, à Didot et le supplie de faire rentrer tous les volumes qu'il a remis à ses confrères: «Je vous prie donc, mon cher Didot, avec la dernière instance, de vouloir bien faire un paquet de ce que vous avez et de ce qu'ils ont. J'achète tout [...] rendez, je vous en conjure, ce service à votre ami qui vous en sera éternellement obligé.»[21] Il paiera l'édition au prix que Didot fixera.

Il intervient en même temps auprès de Marville. Le 19 décembre, malade, il sort du lit et voudrait parler au lieutenant de police le soir même. Il offre de s'occuper immédiatement de l'affaire pourvu que Marville lui donne, pour l'accompagner, «un homme de confiance qui s'entende en librairie».[22] Le lieutenant de police prend la chose au sérieux. En promettant à Maurepas d'aider Voltaire, il donne rendez-vous au poète le lendemain soir à huit heures. Mais alors que Voltaire continue à proposer le rachat de l'édition, Marville, ayant pris connaissance des pièces et l'avis de Maurepas, ne l'entend pas de cette oreille – il fait arrêter Didot et Barrois le 27 décembre et les fait emprisonner au For-l'Évêque.

La profession de libraire comportait à l'époque de sérieux risques. Didot et

Barrois n'étaient pas les premiers à séjourner à la Bastille ou au For-l'Evêque. Mais François Didot, l'ancêtre de tous les Didot qui se sont succédé jusqu'à notre époque, avait bonne réputation. Hautement protégé, même par le marquis d'Argenson, il passait pour honnête homme. Aussitôt, ses protecteurs, qui ne sont pas toujours des amis de Voltaire, prennent sa défense. Du Tillet de Pannes écrit à Marville:

L'auteur de sa détention est Voltaire, vous le connaissez mieux que moi [...] Je n'ai point à justifier Didot devant vous, n'étant instruit que par les larmes d'une nombreuse famille[23] à laquelle je m'intéresse infiniment, mais on attribue son malheur aux calomnies de Voltaire, qui soupçonne que Didot a vendu le recueil de ses œuvres sans permission [...] S'il y a moyen de le faire sortir de prison promptement je vous en aurai une obligation particulière.[24]

Voltaire lui-même, croyant avoir récupéré les deux tomes incriminés, demande la grâce des libraires le 27 décembre.[25] Mais plus déterminante sera l'intervention du duc de Béthune en faveur de Barrois: «Si vous pouviez faire cesser sa détention dimanche au soir, cela me ferait grand plaisir. C'est lui qui a arrangé les livres de feu mon oncle, qui en a dressé le catalogue: et la vente est affichée pour se commencer lundi 7 de ce mois aux Grands-Augustins: il est impossible de rien faire lui absent».[26] On ne saurait donc être surpris que l'ordre d'élargissement des deux libraires soit daté du 4 janvier; mais Barrois n'a été élargi que le 10: la vente a donc été commencée sans lui.

En dépit de ces protections, la punition a été sévère. Cependant, les libraires se rattrapent aussitôt et remettent en vente les volumes interdits. En mai 1743 ceux-ci se vendent si bien que Didot sent le danger et prévient le lieutenant de police qu'il est étranger à leur débit. Mais rien n'arrête ce commerce souterrain. En septembre on fait une saisie chez une femme Follion laquelle déclare que Didot ne se prive pas de vendre l'édition. Didot, étroitement surveillé, se fait surprendre en flagrant délit, et les deux libraires sont renvoyés au For-l'Evêque. Maurepas fait signer au roi l'ordre de faire fermer la boutique de Didot jusqu'à nouvel ordre. Le libraire allègue que les ouvrages qu'il a débités sont expurgés des pièces scandaleuses et qu'elles sont remplacées par d'autres que Voltaire lui-même lui a remises. Et il fait appel à des protecteurs plus importants. L'ordre d'élargissement note que les libraires «ont recours [...] aux bontés de Mme la maréchale duchesse de Noailles» et que «Didot a eu l'honneur de travailler depuis peu pour S.A.S. Madame la comtesse de Toulouse».[27] Mais s'ils furent libérés en novembre, l'autorisation de rouvrir leur boutique ne leur fut donnée que le 24 décembre. Telle était l'incohérence du pouvoir: ce chassé-croisé avait duré un an.

Cette affaire n'a plus pour le poète une importance primordiale. En janvier 1743, deux événements viennent favoriser le changement politique. Le 9, François-

Victor de Breteuil, cousin de Mme Du Châtelet, allié des milieux dévots, ministre de la Guerre, meurt d'apoplexie, et c'est le comte d'Argenson qui le remplace. Enfin, Fleury meurt le 29. Le «parti» de Belle-Isle va s'efforcer d'obtenir un redressement de la politique extérieure et la réorganisation de l'armée. A ce parti se joint dans le secret le petit groupe du duc de Richelieu et des Tencin qui pousse dans les bras du roi une nouvelle favorite, Mme de La Tournelle, intelligente, capable d'éveiller en lui le goût de l'intérêt national. Ce groupe s'oppose au mondain et léger Maurepas, le «Faquinet», et à son adjoint Amelot de Chaillou: deux hommes qu'il faudrait écarter du pouvoir pour provoquer un vrai changement; on pourrait les remplacer par Chavigny, fin diplomate, qui connaît bien l'Europe. Mais Maurepas reste indispensable au roi, et s'il respire mieux depuis la mort du cardinal, il est incapable, en supposant qu'il le désire, de s'opposer à un homme du clergé aussi puissant que Boyer, ancien évêque de Mirepoix, précepteur du dauphin et titulaire de la feuille des bénéfices.

Voltaire ressent l'impression d'une détente qui n'est qu'apparente et dont il ne se méfie pas suffisamment. C'est ainsi qu'il se croit tout à fait qualifié pour occuper le fauteuil de Fleury à l'Académie et – là, il n'est pas le seul à le croire – pour prononcer le plus bel éloge du cardinal. Il prépare activement sa candidature. Comme par miracle, le voici aidé par le très grand succès de *Mérope*, la tragédie qu'il tenait enfermée dans ses tiroirs depuis 1738. Ce succès, plus éclatant que celui d'*Alzire*, attire cinquante mille spectateurs au cours de cinquante-trois représentations. Voltaire s'y attendait peu. Il le doit à la force dramatique et à la sobriété de la pièce, à une versification soignée, et surtout à l'éloquence, à la «pompe» exaltée des tirades, toujours appréciée du public.[28]

Cette tragédie de l'amour maternel, imitée de la *Mérope* italienne de Maffei (1713), n'est point sans quelques ressemblances avec *Andromaque*. L'exposition en est simple et claire. Mérope est veuve du roi Cresphonte, massacré quelques années plus tôt avec deux de ses enfants. Mais son troisième fils, protégé et conduit par son serviteur Narbas, a peut-être été épargné. Tout est suspendu à cette question: Egisthe est-il vivant? Si quelqu'un souhaite qu'il ne le soit pas, c'est Polyphonte, guerrier victorieux qui aspire à épouser Mérope et à régner avec elle. En même temps que le désir de venger Cresphonte, il manifeste auprès de Mérope une hâte insolite de régner:

> [Car] l'Etat veut un maître et vous devez songer
> Que pour garder vos droits, il les faut partager.   (I.iii)

Bien entendu, elle refuse: ce serait «mettre le bandeau des rois sur le front d'un soldat». Elle répond:

> Défendez votre roi; secourez l'innocence;
> Découvrez, rendez-moi ce fils que j'ai perdu,
> Et méritez sa mère à force de vertu.   (I.iii)

Or, Polyphonte avoue à Erox, son conseiller et complice, que c'est lui qui «immola» le roi et ses deux fils. Donc si Egisthe réapparaît avec Narbas, ils mourront tous les deux. Mais Polyphonte aura toujours besoin de son mariage avec Mérope pour gagner le peuple.

Si l'on connaît les ressorts de la tragédie voltairienne, sa facilité à provoquer les événements extérieurs et son amour des reconnaissances, on peut prévoir les événements dramatiques qu'annonce cette situation.

On arrête un jeune étranger qui a du sang sur les mains. Mérope est troublée: elle a cru démêler sur son visage des traits de Cresphonte. Vaine espérance! C'est Egisthe qui aurait été tué par ce jeune meurtrier. Le désespoir de Mérope l'éloigne encore de Polyphonte:

> Quand on a tout perdu, quand on n'a plus d'espoir,
> La vie est un opprobre et la mort un devoir. (II.vii)

Narbas arrive on ne sait d'où, après quinze ans d'exil. La situation que lui peint Isménée, confidente de Mérope, est si désespérée qu'il refuse de se faire connaître. On retrouve alors l'armure d'Egisthe; le jeune prisonnier déclare qu'elle est à lui, mais que son père s'appelait Polyclète. Faux espoir: Mérope, furieuse, se précipite sur lui en levant son poignard. Narbas arrive à point nommé pour empêcher le meurtre. Il lui révèle que le prisonnier est Egisthe, et que c'est Polyphonte l'assassin du roi et de ses deux fils; mais, ajoute-t-il:

> [...] cachez à jamais ce secret important
> Le salut de la reine et d'Egisthe en dépend. [...]
> Le crime est sur le trône; on vous poursuit: tremblez. (III.iv)

Polyphonte, étonné que Mérope n'ait pas tué Egisthe, le garde entre ses mains afin de «percer, en lui parlant, ce ténébreux mystère». Mérope se trouble. Il l'invite à l'autel où il va l'épouser et faire couler le sang du meurtrier d'Egisthe.

On parvient ainsi à la grande scène si pathétique de l'acte quatre où Polyphonte et Egisthe sont en présence. Mérope laisse paraître pour Egisthe un tel intérêt que Polyphonte ordonne aux soldats d'abattre le prisonnier. Mérope se jette dans les bras d'Egisthe et avoue qu'il est son fils. Aussitôt, Polyphonte en fait un objet de chantage:

> Voilà mon fils, madame, ou voilà ma victime. (IV.ii)

On emmène Egisthe, et l'acte se termine par une tirade lyrique de Mérope, aux accents raciniens.

Polyphonte exige qu'Egisthe vienne au pied de l'autel se soumettre. «Un refus te perdra», ajoute-t-il. Mais la fierté d'Egisthe s'étant rebellée, Polyphonte commet l'imprudence de le laisser seul avec Narbas et Euryclès, favori de Mérope. Alors qu'Egisthe va courir à l'autel se venger, arrive Mérope qui va épouser Polyphonte pour sauver son fils et qui conseille à celui-ci de servir ce nouvel époux.

418

Mais Egisthe entraîne sa mère à l'autel pour «punir le meurtre». On entend des bruits de combats. On ramène sur la scène Isménie ensanglantée qui fait un long récit de ce qui s'est passé : Egisthe a tué Polyphonte et Erox, mais celui-ci a eu le temps de le blesser. Les soldats accourent ; Mérope se jette au-devant d'eux et déclare que le meurtrier est son fils. Un groupe d'amis intervient qui livre un combat confus et incertain. Mérope s'en dégage et dévoile, dans un discours, l'odieuse conduite de Polyphonte. Elle court vers Egisthe qui arrive, une hache à la main. Narbas atteste qu'il est bien le roi ; un grondement de tonnerre semble l'approuver. Le peuple, impressionné, se calme.

La pièce, jouée le 20 février 1743, «fut trouvée si belle», écrit Barbier, «que M. de Voltaire, qui parut après la pièce dans une première loge [celle de la duchesse de Luxembourg], fut claqué personnellement pendant plus d'un quart d'heure tant par le théâtre que par le parterre. On n'a jamais vu rendre à aucun auteur des hommages aussi marqués.»[29] De ces hommages personnels, Voltaire a donné, plus tard, une version flatteuse.[30] Après la pièce, longuement réclamé par le parterre, il aurait refusé de paraître : «On m'est venu prendre dans une cache où je m'étais tapi : on m'a mené de force dans la loge de Mme la maréchale de Villars, où était sa belle-fille. Le parterre était fou : il a crié à la duchesse de Villars de me baiser, et il a fait tant de bruit qu'elle a été obligée d'en passer par là, par l'ordre de sa belle-mère. J'ai été baisé publiquement». La scène est peu vraisemblable, d'autant moins qu'à cette époque Mme de Villars, en crise de dévotion, n'allait plus au théâtre. Mieux vaut se fier au récit de Mouhy, destiné au lieutenant de police. Voltaire se trouvait dans la loge de Mme de Luxembourg : «Le parterre a non seulement applaudi à tout rompre, mais même a demandé mille fois que Voltaire parût sur le théâtre [...] Mesdames de Boufflers et de Luxembourg ont fait tout ce qu'elles ont pu pour engager ce poète à satisfaire l'empressement du public ; mais il s'est retiré de leur loge avec un air soumis, après avoir baisé la main de madame de Luxembourg.»[31] Emotion ? Excès de modestie ? C'est possible. Le récit s'achève sur une notation précise qui témoigne mieux encore du succès de la pièce : «Les sieurs Roy et Cahusac[32] ont pensé tomber en faiblesse, ce qu'on a jugé par la pâleur mortelle dont leurs visages se sont couverts.» Un jeune abbé qui devait aller loin, Bernis, écrit à Voltaire : «Toute la France assemblée vous rendit hier un hommage qu'elle réserve toujours pour les plus grands hommes.»[33] Cette bouffée de gloire entraîne Voltaire, écrit-il, dans un tel «tourbillon de Méropes, de soupers, d'impression, de banqueroutes, d'assemblées de créanciers que je n'ai pas un jour à moi».[34]

Toutefois, clairvoyant comme toujours quand on ne l'attaque pas, Voltaire se rend compte que les interprètes ont remarquablement défendu sa pièce, en particulier Mlle Dumesnil, la première actrice qui osa courir sur la scène. Il écrira un peu plus tard à Dumas d'Aigueberre : «Notre *Mérope* n'est pas encore imprimée. Je doute qu'elle réussisse à la lecture autant qu'à la représentation. Ce n'est point moi qui ai fait la pièce, c'est mademoiselle Dumesnil.»[35] Fontenelle aurait, paraît-il, traduit la même remarque en adaptant une épigramme déjà utilisée au siècle précédent : « Les représentations de *Mérope* ont fait beaucoup d'honneur à M. de Voltaire et la lecture en fait encore plus à Mlle Dumesnil. »[36]

Ce succès suffira-t-il à faire entrer Voltaire à l'Académie ? Il engage, cette fois, dans sa campagne, tous les moyens dont il croit disposer, y compris les moins honorables.

Dès le 1er février, deux jours après la mort de Fleury, il se fait fort, auprès de Moncrif, d'avoir obtenu l'agrément du roi, « en cas qu'on veuille de [lui] ». Aurait-il obtenu cet agrément à la suite de sa visite à Maurepas ? C'est ce que suggère Barbier : « Le sieur de Voltaire a été hier plus d'une heure, dans la matinée, avec M. de Maurepas, et l'on conjecture de là, dans le public, que ce poète sera de l'Académie malgré tous les obstacles qui semblent s'y opposer. »[37] D'après le récit qu'a fait Voltaire de cette entrevue dans ses *Mémoires*, c'est là qu'il se serait heurté à l'obstacle essentiel. Le poète, en définitive, aurait mis le ministre au pied du mur : « En cas que Mme de Châteauroux l'emporte sur M. l'évêque de Mirepoix, vous y opposerez-vous ? Il se recueillit un instant et me dit : *oui, et je vous écraserai.* »[38] Il est possible que le souvenir du poète soit exact : ce mot cinglant est de ceux que l'on n'oublie pas ; il est aussi de ceux que l'on peut inventer *a posteriori*, après une déception. Si l'on est plus attentif que le poète à la chronologie, il paraît peu vraisemblable qu'il ait posé sa question sous cette forme : Mme de Châteauroux n'était encore, en février 1743, que Mme de La Tournelle. Maîtresse toute récente de Louis XV, encore timide et réservée, il est douteux qu'elle ait été en mesure, à cette époque, de « l'emporter » sur Boyer qui est, depuis la mort de Fleury, le conseiller le plus écouté du roi dans les affaires religieuses. Quant à la réponse de Maurepas, on ne saurait non plus l'accueillir avec certitude. Maurepas pensait-il vraiment que l'on pût « écraser » Voltaire ? Et même que l'on pût lui parler sur ce ton ? Le sentiment que traduit ce mot paraît excessif au moment où il aurait été prononcé : Maurepas cherchait dans le même temps à ménager le poète, comme on l'a vu dans l'affaire *Mahomet*, dans l'affaire Didot, et, comme on va le voir, à propos de l'interdiction de *La Mort de César*, puis de la mission de Voltaire en Prusse. Ajoutons qu'une haine aussi franche n'est pas dans le caractère de Maurepas. Comme l'a écrit Montesquieu au chevalier d'Aydie, « il rit de tout, il est content de tout [...] Il a un caractère unique ».[39] Voilà qui s'accorde avec l'hypocrisie, l'ambiguïté, mais assez mal avec la brutalité.

Cette réponse eût rendu assez vaine pour Voltaire la poursuite de sa campagne. Or il la poursuit, sachant que Boyer et Languet de Gergy, l'archevêque de Sens, sont ses adversaires les plus acharnés. C'est sur ces hommes que les ennemis de Voltaire cherchent à agir. Une plainte de Louis de La Taste à Boyer rappelle le scandale des *Lettres philosophiques*, l'impiété de l'*Epître à Uranie*, « et ses discours libertins qui ont corrompu tant de femmes et de jeunes gens [...] et ce sera un tel homme qui paraîtra aux yeux de tout le royaume muni de la protection de

Sa Majesté? [...] Un prélat [Fleury] si religieux pendant sa vie et à la mort, peut-il être loué convenablement par une bouche accoutumée au blasphème?»[40]

Voltaire désire ardemment ce fauteuil, peut-être moins pour la gloire que parce qu'il est juste qu'un véritable écrivain soit reconnu; il y tient aussi pour son autorité en Europe et sa sécurité en France. C'est ce qu'il veut prouver à d'Argental: «La place est comme vous savez, peu ou rien, mais elle est beaucoup par les circonstances où je me trouve [Fleury disparu et *Mahomet* censuré]. La tranquillité de ma vie en dépend.»[41]

Or, le grand obstacle à son élection, c'est sa réputation d'impiété et d'irréligion. Il le sait. Comment peut-il être assez naïf pour croire qu'il va séduire des hommes aussi opiniâtres que Boyer et Languet de Gergy? Pourtant, il faut en passer par là: pour être élu, il faut faire montre d'orthodoxie religieuse. Que pense donc de son projet d'Argental, neveu de Mme de Tencin? «Oui», poursuit le poète dans sa lettre à l'ange, «l'auteur de *Marie à la coque*[42] persécute et doit persécuter l'auteur de *La Henriade*. Mais je ferai tout ce qu'il faudra pour apaiser, pour désarmer l'archevêque de Sens.»[43] Il écrit donc, non à Languet de Gergy mais à Boyer:

Je peux donc dire devant Dieu, qui m'écoute, que je suis bon citoyen et vrai catholique, et je le dis uniquement parce que je l'ai toujours été de cœur. Je n'ai pas écrit une page qui ne respire l'humanité, et j'en ai écrit beaucoup qui sont sanctifiées par la religion [...] Mes ennemis me reprochent je ne sais quelles lettres philosophiques. J'ai écrit plusieurs lettres à mes amis, mais jamais je ne les ai intitulées de ce titre fastueux. La plupart de celles qu'on a imprimées sous mon nom ne sont point de moi, et j'ai des preuves qui le démontrent. J'avais lu à M. le cardinal de Fleury celles qu'on a indignement falsifiées [...] Il daignait m'estimer [...] ayant reconnu une calomnie infâme dont on m'avait noirci au sujet d'une prétendue lettre au roi de Prusse, il m'en aima davantage.[44]

Bien entendu, la lettre court dans Paris où l'on sait à quoi s'en tenir sur le catholicisme de Voltaire. Si elle ne peut convaincre ses ennemis, elle déçoit ses amis et tous ceux qui ne souffrent point qu'un homme de génie, en reniant toute son œuvre, joue ainsi avec des convictions philosophiques d'une telle gravité. C'est le cas du roi de Prusse: il a reçu, bien entendu, copie de la lettre à l'évêque de Mirepoix et se moque de Voltaire en vers et en prose. «Vous pouvez juger de ma surprise et de l'étonnement d'un esprit philosophique, lorsqu'il voit plier les genoux devant l'idole de la superstition au ministre de la vérité.»[45] Aussi Voltaire niera-t-il vigoureusement, dans sa réponse à Frédéric, qu'il soit l'auteur de cette lettre. Mais il sera bien obligé de reconnaître, auprès du comte d'Argenson, qu'il a écrit à Boyer, en alléguant, comme circonstance atténuante, le sectarisme de l'ancien évêque: «Il devrait savoir que c'est un métier bien triste de faire des hypocrites.»[46]

Voltaire et Mme Du Châtelet comptent encore sur le duc de Richelieu. Mais il est souvent absent et voit de loin les événements. Au surplus, il est de plus en plus lié, politiquement, à Mme de Tencin et à son frère le cardinal dans leur tentative commune d'apprendre à Mme de La Tournelle son rôle auprès du roi. Mme Du Châtelet nourrit l'illusion que Voltaire peut «prendre la place par famine»,[47] c'est-à-dire par défaut de candidats. Or le pouvoir n'est pas embarrassé pour en trouver étant donné que le mérite littéraire n'est pas exigé. Maurepas sait que le roi n'a jamais changé d'avis sur Voltaire ; il n'écoute plus les amis du poète et brusque la décision : recevant la visite de l'évêque de Bayeux, frère du duc de Luynes, il lui annonce qu'il doit songer à l'Académie. Protecteur de l'académie de Caen, l'évêque de Bayeux aime les lettres : n'est-ce pas suffisant ? Soutenu à fond par l'ancien évêque de Mirepoix, il est élu à l'unanimité le 22 mars 1743. «Cette place», écrit le duc de Luynes, «était fort demandée par M. de Voltaire ; tous ses amis sollicitaient vivement, et le roi n'a jamais voulu y consentir.»[48]

Voltaire, en 1743, ne s'attarde pas à accuser Maurepas : il a besoin de lui, et il est probable qu'Emilie lui a fait la leçon. J.-B. Rousseau étant mort, la tête de Turc sera désormais Boyer. «Ces persécutions viennent d'un seul homme», écrit Voltaire au comte d'Argenson, «à qui vous avez déjà eu la bonté de parler.»[49] Comme Boyer ajoute toujours à sa signature l'*anc. év. de Mirepoix*, Voltaire le dénommera souvent, dans ses lettres, «l'âne évêque de Mirepoix».

Un nouveau gazetin de Mouhy traduit la déception profonde du poète et aussi, sans doute, le regret de ses propres fautes :

[Il] est rongé de soins et d'inquiétude [...] On dit que, piqué jusqu'au vif du peu de cas qu'avaient fait sur l'esprit de M. Boyer de Mirepoix les lettres soumises et rampantes qu'il avait écrites, qui, bien loin de lui mériter l'Académie, l'en avaient éloigné pour toujours, il avait traité de prestolets MM. de Mirepoix et de Sens. On assurait qu'il avait des ressorts puissants qui le mettraient au-dessus de cette prêtraille.

Et Mouhy, sachant que Marville et Maurepas sont friands de telles anecdotes, d'ajouter que Voltaire aurait dit «qu'il trouverait le secret de faire agir les tétons de madame de La Tournelle en sa faveur ; que cette favorite ayant été instruite de ce propos, lui dit un jour qu'il était venu lui faire sa cour à sa toilette, en lui découvrant sa gorge : ‹Eh bien, Voltaire, que feriez-vous de mes tétons si vous en étiez le maître ?› et que le poète avait répondu, en se jetant aux pieds de madame de La Tournelle : ‹Je les adorerais.›»[50] Etonnant tableau, étant donné le caractère empreint de réserve et de dignité de la nouvelle favorite !

Ces «ressorts puissants» qui hissent Voltaire au-dessus de la «prêtraille», ce ne sont pas les tétons de Mme de La Tournelle, ce sont les relations du poète avec Frédéric II. Jamais les ministres français n'ont eu un tel désir de renouer l'alliance avec le roi de Prusse. Et c'est le moment où Frédéric, saisissant l'occasion de l'échec de Voltaire à l'Académie, n'a jamais tant insisté pour le faire venir à sa cour :

Pourquoi, mon cher Voltaire, pouvez-vous souffrir que l'on vous exclue ignominieusement de l'académie, et qu'on vous batte des mains au théâtre, dédaigné à la cour, adoré à la ville ; pour moi je ne m'accommoderais point de ce contraste ; et de plus, la légèreté des Français ne leur permet pas d'être jamais constants dans leurs suffrages ou dans leur mépris. Venez ici [...] et quittez un pays où les Belle-Isle, les Chauvelin et les Voltaire ne trouvent point de protection.[51]

Ces sollicitations renouvelées de se rendre dans un pays où on l'aime – c'est Frédéric qui le dit –, «où l'on n'est point bigot», flattent agréablement l'amour-propre du poète. D'autant plus que Crébillon, censeur royal, vient de refuser la représentation de *La Mort de César*, cette pièce qui avait obtenu en 1735 un grand succès au collège d'Harcourt : «Il prétend», écrit Voltaire à Mlle Dumesnil, «que Brutus ne doit point assassiner César et assurément il a raison, on ne doit assassiner personne : mais il a fait autrefois boire sur le théâtre le sang d'un fils à son propre père.»[52] Frédéric va s'empresser de faire jouer la pièce à Berlin. Voltaire semble décidé à partir ; à tous ses amis, il répète que Frédéric, indigné des persécutions qu'il essuie, «veut absolument [l']établir à Berlin». Et à Frédéric lui-même, il manifeste un enthousiasme qui serait fort blessant pour Mme Du Châtelet s'il n'était confidentiel : «Oui, je veux partir ; madame Du Châtelet ne pourra m'en empêcher ; je quitterai Minerve pour Apollon. Vous êtes, sire, ma plus grande passion, et il faut bien se contenter dans la vie.»[53]

Non, Mme Du Châtelet ne saurait le retenir, car il va partir pour accomplir une mission secrète. Telle est la conjoncture : cet homme à qui l'on a censuré *Mahomet* et à qui l'on a refusé l'entrée à l'Académie, on va l'utiliser parce qu'on a besoin de lui. Le 9 juin, Orry, ministre des finances, lui écrit : «Le roi, monsieur, s'est déterminé à vous envoyer où vous savez. Je donne l'ordre à M. de Monmartel de vous payer huit mille francs et une année de votre pension, qui est ce que M. Amelot m'a dit que vous demandiez.»[54] Si l'on s'est résolu à donner suite aux offres de service de Voltaire, c'est que la situation des armées françaises n'est pas brillante. Sans avoir été jamais déclarée, la guerre menace de se généraliser : des troupes «auxiliaires» anglo-hollandaises combattent aux côtés des Autrichiens. Le maréchal de Broglie, qui a reçu l'ordre de tenir, se replie pas à pas, vers la Forêt Noire, devant quarante mille Autrichiens, ce qui lui vaudra la disgrâce. Et c'est en face des troupes de George II que Noailles, par la folle équipée d'un de ses généraux qui se jette sous le feu de sa propre artillerie, se fera battre à Dettingen. Qu'adviendrait-il si l'Angleterre et la Hollande déclaraient la guerre à la France ? C'est le duc de Richelieu, dans une lettre à Voltaire, qui traduira le mieux la situation : «nos troupes sont mal disciplinées et [...] nous avons de plats officiers généraux». Richelieu est persuadé que les Anglais ne feront pas la paix sans dédommagement pour Marie-Thérèse, et «que le parti anglais prévaudra toujours en Hollande». Il ajoute: «le roi de Prusse peut faire tout changer et c'est ma foi lui qui tient la balance de l'Europe».[55] L'idée première d'envoyer Voltaire en mission revient en effet à Richelieu: «On imagina», écrit le poète dans ses *Mémoires*, «de m'envoyer secrètement chez ce monarque pour sonder ses intentions [...] Cette idée était tombée dans la tête de M. de Richelieu et de Mme de Châteauroux.» Mais ce sont les ministres Maurepas, Amelot, Orry, d'Argenson qui, pour une fois, ont appelé le poète. Puisqu'il est l'ami de Frédéric, il saura mieux que l'ambassadeur, dans des conversations intimes, le persuader que la France reste riche et forte, que ses ministres vont procéder à un redressement militaire, et il amènera insensiblement le roi de Prusse à envisager la consolidation de l'alliance. Si ce ne sont pas les ministres qui ont fourni à Voltaire le prétexte à ce départ, ils ont accepté celui qu'il en donnera: «Il fallait un prétexte. Je pris celui de ma querelle avec l'ancien évêque de Mirepoix.»[56] Son secret sera mieux préservé, pense-t-il, s'il laisse croire que ce sont les ministres qui l'ont engagé à s'éloigner. «Ce n'est pas tant *Jules César* que moi qu'on proscrit», écrit-il à Thiriot.[57] Et Barbier ira jusqu'à écrire qu'il est exilé.

Fausse tristesse. Il ne sait pas toujours dissimuler qu'il est heureux de partir: «Je vous recommande madame Du Châtelet et César [sa tragédie]», écrit-il avec désinvolture à d'Argental, «ce sont deux grands hommes.»[58] Il est heureux non seulement de faire plaisir à Frédéric et de retrouver les plaisirs de la cour prussienne, mais surtout d'être enfin chargé d'une mission officieuse. Car, s'il n'a pas de lettres de créance, ce n'en est pas moins une vraie mission, rétribuée, et qui exigera un rapport. L'historien contribue enfin à l'histoire de sa patrie. Il se souviendra, dans ses *Mémoires*, de la satisfaction qu'il éprouvait «d'être à portée de rendre service au roi [de France] et à l'Etat.»[59] Du même coup, le poète consolide sa position auprès du pouvoir: «M. de Maurepas entrait même avec chaleur dans cette aventure, parce qu'alors il gouvernait M. Amelot, et qu'il croyait être le ministre des Affaires étrangères.»[60] Voltaire n'est donc pas «écrasé»: c'est une belle revanche.

L'envers de cet enthousiasme, c'est d'abord que la mission s'annonce difficile. On ne s'allie pas volontiers à un pays dont l'armée s'effrite. Après la défaite de Dettingen, en lui envoyant passeport et chevaux, Frédéric ajoute: «Vos Français se laissent battre comme des lâches, je ne reconnais plus cette nation, la volupté l'a amollie, c'est Annibal au sortir de Capoue.»[61] Une autre difficulté d'où peuvent naître mésentente et déception, c'est que Voltaire sait qu'ayant des comptes à rendre à Versailles, il ne fera en Prusse qu'un séjour, alors que Frédéric veut fixer le poète à Berlin pour le prestige de son académie, pour l'illustration de son théâtre, pour l'agrément de ses soupers, en somme pour sa propre gloire et son amusement. A l'extrême, c'est du «bouffon» qu'il a besoin autant que de l'auteur de *Mérope*. Il force un peu le cynisme lorsqu'il écrit à Jordan:

Paris et la belle Emilie,

Boyer avec l'académie
Ont, malgré ses palinodies,
De Voltaire fixé le sort,
Berlin, quoi qu'on puisse dire,
A bien prendre est son pis-aller.
Mais qu'importe, il nous fera rire
Lorsque nous l'entendrons parler
De Maurepas et de Boyer,
Plein du venin de la satire.[62]

De là vient toute l'ambiguïté de ce voyage, et ce climat de «comédie» que flaire Mme de Tencin. A l'origine du projet, seuls quelques personnages sont dans le secret: ce sont les principaux ministres et, d'après Voltaire, le duc de Richelieu et Mme de La Tournelle. Le cardinal de Tencin l'ignore. Mais tout change à partir du moment où il faut justifier ce départ auprès d'Emilie. «Ce qu'il y eut de plus singulier», écrira le poète, «c'est qu'il fallut mettre Mme Du Châtelet de la confidence [...] On convint, *pour l'apaiser*, qu'elle entrerait dans le mystère.»[63] Mais Voltaire parti et Mme Du Châtelet restée seule, celle-ci est tellement désemparée qu'elle va aussitôt confier le secret à sa voisine, Mme de Tencin, la pire ennemie de Maurepas et d'Amelot. Avec combien de recommandations! «Elle croit que Voltaire serait perdu», écrit Mme de Tencin, «si le secret échappait par sa faute.»[64] M. Jean Sareil a pu se demander si Emilie ne l'avait pas fait sciemment, afin de «nuire à un projet qu'elle désapprouvait».[65] Ce ne serait pas impossible si l'on ne tenait compte du fait qu'elle joue la carte de Maurepas, avec qui elle est en fort bons termes. Quoi qu'il en soit, Mme de Tencin écrit tout de suite une longue lettre à son ami Richelieu:

Je ne veux pas faire de peine à Mme Du Châtelet, et je lui en ferais beaucoup si ce que je vais vous dire était divulgué par quelqu'un qui pût le savoir d'elle [...] On a publié que Voltaire était exilé, ou du moins que sur la crainte de l'être il avait pris la fuite; mais la vérité est qu'Amelot et Maurepas l'ont envoyé en Prusse pour sonder les intentions du roi de Prusse à notre égard. Il doit venir rendre compte de sa commission, et n'écrira point, dans la crainte que ses lettres ne soient interceptées par le roi de Prusse, à qui il doit faire croire, comme aux autres, qu'il a quitté ce pays-ci très mécontent des ministres. [...] Ne faites, je vous prie, jamais mine d'en être instruit, du moins par moi; car ce secret est à peu près celui de la comédie. Amelot a très habilement écrit plusieurs lettres à Voltaire contresignées. Le secrétaire de Voltaire l'a dit, et le bruit s'en est répandu jusque dans les cafés. Il est pourtant vrai que la chose ne peut réussir que par une conduite toute contraire; que le roi de Prusse, bien loin de prendre confiance dans Voltaire, sera au contraire très irrité contre lui, s'il découvre qu'il l'a trompé.[66]

On peut se fier à Mme de Tencin, toujours bien renseignée: la mission de Voltaire, dès la fin du mois de juin, n'est plus un secret. Le poète-diplomate va faire en

Hollande un long séjour pendant que Frédéric inspecte ses troupes : son secret ne parviendra-t-il pas à Berlin avant lui ?

Voltaire arrive à La Haye le 27 juin. Mme Du Châtelet annonce à l'abbé de Sade que son ami, par dépit de ne pouvoir faire jouer *La Mort de César*, « s'en est allé en Hollande d'où il ira vraisemblablement en Prusse, qui est tout ce que je crains, car le roi de Prusse est un rival très dangereux pour moi. » Elle est « dans la plus grande affliction ». Et elle ajoute : « je suis restée ici dans l'espérance de faire jouer *César* et de hâter son retour. »[67]

Faire jouer *César*, elle y parviendra, avec l'aide de Maurepas. L'homme à convaincre, c'est Crébillon. De vingt ans l'aîné de Voltaire, l'auteur d'*Atrée* est persuadé qu'il occupe, à la suite de Corneille et de Racine, la place incontestée, quasi officielle, de grand poète tragique que Voltaire a voulu lui ravir. Il prétend la conserver. Il ne manque point de partisans bien qu'il vive alors, ruiné par ses mœurs dissolues, dans une chambre misérable du Marais, enfumée par ses pipes, au milieu de ses dix chats et ses vingt-deux chiens.[68] Nommé censeur royal en 1733 et censeur de la police en 1735, il a déjà « rogné les ongles » de Voltaire à propos du *Temple du Goût* ; puis il a triomphé, grâce aux dévots, dans l'interdiction de *Mahomet* qu'il avait d'abord proposée. Fort de cette victoire, il interdit *La Mort de César* la veille de la première. Mme Du Châtelet s'adresse à Maurepas. La tragédie n'amuse guère le ministre : « Il s'en faut bien que cet ouvrage soit aussi vif que son auteur »,[69] confie-t-il à Marville. Mais pour faire plaisir à la marquise, il intervient auprès de Crébillon : embarrassé par l'absence de Voltaire, le censeur propose de corriger lui-même la pièce. Tout d'abord, le ministre refuse et lui demande le manuscrit annoté de ses remarques. Il faudrait, au total, modifier une dizaine de vers et placer, dans la bouche d'un personnage, un morceau en faveur de la royauté. Mme Du Châtelet demande ces changements à Voltaire par correspondance. Mais le poète tarde à répondre ; les comédiens se plaignent ; ils ont engagé des frais et du travail et cette attente compromet la suite de leur programme. Mme Du Châtelet et Maurepas finissent par accepter les corrections de Crébillon : n'est-il pas un grand auteur dramatique ? Ainsi, la pièce, jouée le 29 août, obtient un succès moyen et sept représentations : après *Mérope*, elle ne pouvait que décevoir.

Voltaire, de La Haye, s'en est-il désintéressé ? Il ne semble pas. Même absent, il veut occuper le public parisien. C'est ainsi qu'il voudrait faire jouer *Thérèse*, une comédie que d'Argental juge très mauvaise. On admire l'intelligence, la délicatesse, la qualité d'amitié de l'ange dans la lettre qu'il lui écrit pour l'en dissuader. Ce serait abaisser sa gloire : « Je ressentirai la chute de *Thérèse* avec plus de vivacité, que vous ne pourrez la ressentir vous-même. »[70] Voltaire ne pouvait faire autrement que renoncer. La pièce fut jouée quelquefois en privé. On n'en connaît aujourd'hui qu'un fragment.[71]

Plus importante aux yeux du poète, croirait-on, est l'affaire des fournitures d'uniformes et de vivres à l'armée qu'il traite avec le comte d'Argenson par l'intermédiaire de ses «cousins», Marchand père et fils, «[qui] ne demandent qu'à vêtir et alimenter les défenseurs de la France».[72]

A La Haye, Voltaire commence à renseigner Amelot. Sa réussite est immédiate grâce à d'heureuses circonstances. Il est logé chez l'ambassadeur de Prusse, dans un palais à demi-ruiné de la vieille cour, lequel appartient à Frédéric par ses partages avec la maison d'Orange. L'ambassadeur, le jeune comte de Podewils, amoureux et très aimé de la femme d'un des principaux membres de l'Etat hollandais «attrape» par les bontés de cette dame, toutes les résolutions secrètes «de Leurs Hautes Puissances». Il en fait profiter Voltaire. Très répandu, le poète démêle rapidement les sentiments des Hollandais: «on aime les particuliers en haïssant la France [...] On nous prie à souper et on chante pouille à notre ministère.»[73] Sa rencontre la plus importante est celle de Willem van Haren, poète et écrivain en langue hollandaise, déjà célèbre, député et homme d'Etat. Voltaire le pousse à se rendre en France «pour essayer si avec le temps on pourrait adoucir la haine qu'il semble porter à notre gouvernement».[74] Mais c'est un homme incorruptible: tout en appréciant le génie de Voltaire, il ne change point d'avis sur la faiblesse de la France; il estime que le gouvernement hollandais ne soutient pas assez efficacement Marie-Thérèse. Voltaire a constaté, comme lui, les limites de l'engagement hollandais; il rassure le comte d'Argenson: «Vous pouvez être sûr que les Hollandais ne vous feront pas grand mal. [...] Il est évident qu'on cherche à ne plus obéir aux Anglais»; une guerre ouverte gênerait leur expansion maritime; ils viennent de donner l'ordre à l'armée de «mettre les chevaux à la pâture».[75] Pour transmettre au ministre de la Guerre ses pièces secrètes, Voltaire utilise deux intermédiaires: «la dame qui demeure au faubourg Saint-Honoré», ou Mme Denis à Lille.

Les rapports qu'il expédie à Amelot sont presque tous codés. Par Podewils, il obtient ses premiers renseignements sur les intentions du roi de Prusse et sur certains de ses actes: Frédéric II regarde comme une violation du droit des souverains et comme «une marque de mépris pour sa personne» le passage des troupes hollandaises et des munitions sur son territoire. Il demande à Podewils de prendre cette affaire «avec la plus grande hauteur» et il appelle son ambassadeur à Berlin. L'organisation et l'inspection de ses armées ne lui laissant pas le temps d'aller à Aix-la-Chapelle, c'est donc à sa cour que Voltaire devra le rejoindre. Le poète annonce qu'il partira avec Podewils.

En attendant, l'activité «diplomatique» de Voltaire n'est pas passée inaperçue des services de l'ambassade de France à La Haye: «En même temps, monseigneur», écrit La Ville, ministre de France, à Amelot, «je me fais un devoir de rendre témoignage du zèle de M. de Voltaire, à son envie de devenir utile au service du roi et au désir extraordinaire qu'il a de mériter votre approbation; je ne dois pas vous dissimuler que le motif de son voyage auprès du roi de Prusse n'est plus un secret».[76]

Il serait étonnant que Frédéric n'eût pas, lui aussi, recueilli quelques bruits sur le motif de ce voyage, ce qui expliquerait sa volonté de couper court à la plaidoirie de Voltaire en faveur de l'armée française après la défaite de Dettingen : «Vous me direz tout ce qu'il vous plaira», répond le roi, «mais une armée qui fuit trois ans de suite et qui est battue où elle se présente, ce n'est assurément pas une multitude de Césars ni d'Alexandres : et vos Français tués à Dettingen dont vous vous glorifiez tant l'ont tous été par derrière [...]

> Ces aimables poltrons plus femmes que soldats
> Sont faits pour le théâtre et non pour les combats. »[77]

Non content de ruiner les espoirs du diplomate, Frédéric tente d'empêcher son retour en France en imaginant une diabolique trahison. Il s'adresse au comte de Rothenburg, son ambassadeur à Versailles : «Je ne vous écris aujourd'hui que des couillonneries. Voici un morceau d'une lettre de Voltaire, que je vous prie de faire tenir à l'évêque de Mirepoix [...] sans que vous et moi paraissions dans cette affaire. Mon intention est de brouiller Voltaire si bien en France, qu'il ne lui reste de parti à prendre que celui de venir chez moi. »[78]

Le «morceau» que reçoit Rothenburg provient, mais dans une faible mesure, de la lettre qu'écrivit Voltaire au roi de Prusse vers le 15 juin. «Ce vilain Mirepoix», écrivait le poète, «est aussi dur, aussi fanatique, aussi impérieux, que le cardinal de Fleury était doux [...] Oh, qu'il fera regretter ce bon homme ! et que le précepteur de notre dauphin est loin du précepteur de notre roi !»[79]

Or, Frédéric ne se contente pas d'utiliser ce passage, il en aggrave le caractère injurieux en y ajoutant des traits épars de la même lettre, des vers de sa main, et – il l'avouera à Rothenburg pour se justifier – des propos qu'il a entendus «de la bouche de Voltaire» lors du précédent séjour du poète à Berlin.[80] Ainsi Boyer est-il qualifié «d'âne de Mirepoix», et Louis XV du «plus stupide des rois», cette dernière expression étant particulièrement invraisemblable dans la bouche et sous la plume de Voltaire.

La farce est un peu grosse, et il n'est pas certain que Rothenburg n'ait pas édulcoré «l'extrait» et que Boyer l'ait porté au roi. Voltaire a été mis au courant, plus tard, des réactions de l'évêque et du roi de France : «L'évêque [...] alla se plaindre à Louis XV de ce que je le faisais passer, disait-il, pour un sot dans les cours étrangères. Le roi lui répondit que c'était une chose dont on était convenu et qu'il ne fallait pas qu'il y prît garde ».[81] Etrange «couverture», confirmant que l'on utilise Voltaire à des fins diplomatiques. Mais aussi bien, de cette absence de réaction du ministère français, le roi de Prusse peut-il tirer la conclusion suivante : si l'on fait taire Boyer, c'est que l'on protège Voltaire et que son voyage est officieusement commandé. Rien de grave pour Frédéric : il n'est point solliciteur, il attend Voltaire de pied ferme.

Sa décision de ne pas aller à Aix-la-Chapelle et d'attendre Voltaire à Berlin plonge Mme Du Châtelet «dans une affliction inexprimable». Les trois mois d'attente qu'elle vient de subir n'auront été qu'une longue introduction à son vrai calvaire. Quand Voltaire se met en route, le 21 août, pour Berlin, elle ne se contient plus, elle dépêche une estafette aux trousses du négociateur. Pour une femme qui manque d'argent, c'est une importante dépense; la passion lui a fait perdre, une fois de plus, tout amour-propre, et la galerie des ennemis s'amuse. Une humiliation que Voltaire lui pardonnera difficilement.

Mme Du Châtelet se tourne aussitôt vers Maurepas. Il a été convenu avec Voltaire, quand il l'a mise dans le secret de sa mission, que Maurepas écrirait à la marquise, au nom du roi, une lettre exigeant le retour du poète. Voltaire est parti sans cette lettre destinée à être présentée, le cas échéant, au roi de Prusse. Honnêtement, il l'a réclamée à Amelot, mais elle n'est pas encore écrite. Elle représente aujourd'hui un espoir pour Emilie, qui demande au ministre de la rédiger. Bien entendu, il importe de laisser croire que Voltaire est parti sans autorisation. La rédaction de ce document insolite exige des mises au point auxquelles le ministre se prête gentiment: «Les bontés que vous m'avez marquées», lui écrit la marquise, «m'enhardissent à vous demander d'ajouter à votre lettre un mot qui va plus directement à notre but qui est son retour, et qui me dédommagerait en quelque sorte des autres [buts]. Si vous vouliez, au lieu des mots ‹Je suis sûr que le Roi trouverait mauvais qu'il différât son retour›, avoir la bonté d'y mettre ceux-ci: ‹Le Roi désire son retour et je suis sûr qu'il trouverait mauvais qu'il le différât›.»[82] La version définitive de la lettre de Maurepas[83] est datée du 30 août 1743, à Choisy, neuf jours après le départ de Voltaire pour Berlin:

Les soins que je me suis donnés, madame, pour faire jouer *La Mort de César* sont enfin bien justifiés par le succès brillant que vient d'avoir cette tragédie. Mais en voulant rendre service à M. de Voltaire, je ne m'en tiens pas uniquement à m'intéresser à ses ouvrages. Je vous avoue que j'ai été surpris d'apprendre son départ pour Berlin [...] Il a dû reconnaître pendant son séjour à La Haye combien les sujets de mécontentement qu'il croyait avoir étaient mal fondés. Je vous ai dit depuis son départ et je vous répète aujourd'hui avec plaisir et sûreté qu'il peut compter sur les bontés du roi et que je crois qu'il ne peut trop se presser d'en venir profiter; si son attachement pour le roi de Prusse rend son voyage à Berlin excusable, il ne pourrait l'être de le prolonger. Je vous conseille donc, madame, de vous servir de tout le crédit que vous avez sur son esprit pour lui faire sentir qu'il est indispensable qu'il revienne au plus tôt. Je suis sûr que le roi trouverait mauvais qu'il différât son retour. Vous savez qu'il est parti sans permission, ce qu'aucun sujet du roi ne doit faire, surtout lorsqu'il a des pensions de Sa Majesté. Il lui sera aisé dans la suite d'aller faire sa cour au roi de Prusse avec la permission du roi, mais S.M. prussienne ne peut trouver mauvais qu'il cède pour le présent aux raisons qui doivent l'engager à revenir dans sa patrie; j'ai trop bonne opinion de lui pour douter qu'il ne s'y rende, et je compte que nous le reverrons incessamment.

Le document est intéressant dans la mesure où il révèle les bonnes dispositions du ministre pour Mme Du Châtelet et pour Voltaire. Mais il est peu probable que celui-ci s'en soit servi, d'abord parce qu'il n'était pas pressé de rentrer, et surtout parce que Frédéric en eût bien ri.

Cette complicité de Mme Du Châtelet et de son ami avec le ministre n'échappe pas à Mme de Tencin : «Il faut», écrit-elle au duc de Richelieu, «que vous les regardiez l'un et l'autre comme deux esclaves de Maurepas.»[84] Mais Richelieu ne partage pas absolument le point de vue de Mme de Tencin sur la mission de Voltaire : il sait qu'elle peut être utile et la prend au sérieux. Cela nécessite d'abord qu'il laisse entendre à Voltaire qu'il n'ignore plus rien de cette mission. Mais c'est du rôle joué par Emilie qu'il se moque : «Je crains d'ailleurs que Mme Du Châtelet ne me boude depuis les compliments que je lui ai faits sur sa liaison avec Faquinet et tout ce qu'elle en devait attendre.»[85] Le duc écrit à Voltaire plusieurs lettres où alternent les informations et les recommandations. Il reconnaît que nos armées sont indisciplinées, mais le roi, qui écoute de plus en plus Mme de La Tournelle, va y remédier dès le printemps. C'est aussi le «sot ministère» qu'il faut remplacer. Quant à l'ultime conseil de ce combattant, Voltaire en aura bien besoin : «Ne laissez pas vilipender notre nation».[86]

A Berlin, le poète reçoit un accueil des plus chaleureux. «Le roi me logea chez lui, comme il avait fait dans mes précédents voyages. Il menait à Potsdam la vie qu'il a toujours menée depuis son avènement au trône [...] Il se levait à cinq heures du matin en été, et à six en hiver.» Ce lever ne se pouvait comparer aux cérémonies de Versailles : «un laquais venait allumer son feu, l'habiller et le raser». Dans sa chambre, les rideaux du lit dissimulaient une bibliothèque, «et quant au lit du roi, c'était un grabat de sangles avec un matelas mince, caché par un paravent.» On devine ce que pouvait être l'amour sur ce grabat, et l'on se demande comment Voltaire en a pu connaître certains détails : quand le roi jetait son mouchoir à un cadet, il se retirait avec lui la moitié d'un quart d'heure ; en amour, «il ne pouvait jouer le premier rôle : il fallait se contenter des seconds». «Ces amusements d'écoliers étant finis», il allait travailler ou lire ou faire des vers. Bref, si l'on comprend bien, l'homosexualité de Frédéric était très peu virile.

«La plus grande économie présidait dans Potsdam à tous ses goûts. Sa table et celle de ses officiers et de ses domestiques étaient réglées à trente-trois écus par jour, indépendamment du vin.» Mais, bien entendu, il y avait des «extraordinaires», à Berlin, surtout quand Voltaire était là, des soupers précédés ou suivis de danses et de spectacles. «Les plus belles voix, les meilleurs danseurs, étaient à ses gages.»[87]

La négociation de Voltaire, à l'en croire, s'introduit peu à peu dans des conversations à bâtons rompus. Frédéric l'écoute. «Au milieu des fêtes, des opéras, des soupers, ma négociation secrète avançait. Le roi trouva bon que je lui parlasse de tout ; et j'entremêlais souvent des questions sur la France et sur l'Autriche à propos de l'*Enéide* et de *Tite-Live*.»[88] Il écrit au roi, qui répond à ses «hardiesses» ; parfois même, poursuivant la discussion, Frédéric vient dans la chambre de Voltaire ou lui envoie un billet. Bien que ce ne soient là que des souvenirs, ils sont probablement exacts. On ne peut se fier à ce que le roi de Prusse en écrira plus tard: «L'imagination brillante du poète s'élançait sans retenue dans le vaste champ de la politique: il n'avait point de créditif, et sa mission devint un jeu, une plaisanterie.»[89] Les ennemis de Voltaire et de nombreux critiques ont déduit trop légèrement de ces mots que les discussions des deux hommes n'avaient pas été sérieuses. En réalité, Frédéric répond d'abord à Voltaire avec patience, parfois avec passion, parce qu'il sait bien, au fond, qu'il ne pourra demeurer neutre et que le poète a raison. Comment n'admettrait-il pas que des questions posées par un homme de bon sens et assez bien informé de la politique ne sont pas forcément toutes naïves et dénuées d'intérêt? Mais ce qu'il veut, c'est demeurer libre d'entrer dans la guerre à son heure et même d'en sortir quand il le désire.

Ce que Frédéric pense «sérieusement» de la France? Il l'écrit le 7 septembre de Potsdam à Voltaire demeuré à Berlin, mais ce n'est pas dans une forme sérieuse: il lui fait de la France un éloge au conditionnel, en supposant qu'elle soit bien gouvernée, et il exprime son admiration pour un monarque qui en ferait de nouveau une puissance forte... L'ambiguïté n'est que dans la forme, cette lettre étant, au fond, une critique très sévère de la France de Louis XV. Et c'est pourtant de cette ambiguïté que jouera Voltaire.[90]

Dans ses entretiens avec le roi, il est à l'affût d'une intention, d'un jugement favorable à sa mission et qui pourraient, transmis à Versailles, établir sa réussite. Au besoin, il *interprète* une parole, une attitude, une lettre dont il pourrait tirer parti. La façon dont il rapporte à Amelot l'un de leurs dialogues est fort révélatrice de cet état d'esprit de l'apprenti-diplomate; il met en garde le roi de Prusse à l'égard des calomnies que font circuler les Autrichiens contre la France en Hollande:

Ne vous ont-ils pas calomnié ainsi au mois de mai dernier? N'ont-ils pas écrit en Hollande que vous aviez offert à la reine de Hongrie de vous joindre à elle contre la France? «Je vous jure», me dit-il, *mais en baissant les yeux*, «que rien n'est plus faux. Que pourrais-je y gagner?»

En soulignant ainsi l'air gêné de Frédéric, Voltaire tient à montrer qu'il trahira volontiers son ami au profit du ministère.

Eh bien! sire, pourquoi donc ne vous pas réunir hautement avec la France et l'empereur[91] contre l'ennemi commun?[92]

A vrai dire, ces conversations reviennent souvent au même point et, poussant trop loin l'indiscrétion, finissent par fatiguer le roi. Aussi bien, lorsque Voltaire lui tend une feuille de papier où il a posé des questions numérotées exigeant des réponses écrites, le roi se refuse-t-il à lui fournir un rapport tout fait pour Amelot et lui répond-il par des plaisanteries ou des chansons. Par exemple:

431

[Question:] Le sieur Bassecour, 1er bourgmestre d'Amsterdam, est venu prier M. de La Ville, ministre de France, de faire des propositions de paix. La Ville a répondu que si les Hollandais avaient des offres à faire, le roi son maître pourrait les écouter.

[Réponse:] Ce Bassecour est apparemment celui qui a soin d'engraisser les chapons et les codindes pour leurs hautes puissances?

[Question:] Les partisans d'Autriche [...] brûlent d'ouvrir la campagne en Silésie [...] Vous connaissez les ressources de la maison d'Autriche, et combien de princes sont unis à elle. Mais résisteraient-ils à votre puissance jointe à celle de la maison de Bourbon?

[Réponse:]

On les y recevra, biribi,
A la façon de Barbari, mon ami.

La grande préoccupation de Voltaire, c'est de pouvoir transmettre à la cour de France, à la fin de son séjour, une «bonne nouvelle», concernant, cela va sans dire, le renouvellement de l'alliance. Ici, le roi redevient sérieux:

[Réponse:] Je vous aime, je vous estime, je ferai tout pour vous avoir, hormis des folies, et des choses qui me donneraient à jamais un ridicule dans l'Europe, et seraient, dans le fond, contraires à mes intérêts et à ma gloire. La seule commission, que je puisse vous donner pour la France, c'est de leur conseiller de se conduire plus sagement qu'ils n'ont fait jusqu'à présent.[93]

Il arrive tout de même que Voltaire, lui aussi, lance une boutade et détende l'atmosphère. Comme le roi lui déclare que le maréchal de Broglie devrait être exécuté, Voltaire réplique: «Nous le savons, sire, mais nous ne coupons pas la tête à qui n'en a point.»[94]

Voltaire n'en est pas moins déçu et le laisse voir; Frédéric finit par se fâcher et par déclarer qu'il aurait préféré à cette trahison d'un ami que l'apprenti-diplomate fût muni de lettres de créance. De son côté le poète a été informé qu'un «fragment» de sa lettre à Frédéric était parvenu à Boyer. «Il est extrêmement piqué», dit le roi de Prusse, «il se défâchera, je l'espère».[95] La franchise intervenant enfin, et l'amour-propre, Voltaire comprend l'enjeu de Frédéric, et il va jusqu'à tirer gloire auprès d'Amelot d'être l'objet d'un tel marché: «il croit m'acquérir en me perdant en France, mais je vous jure que j'aimerais mieux vivre dans un village suisse que de jouir à ce prix de la faveur dangereuse d'un roi capable de mettre de la trahison dans l'amitié même».[96]

Pourquoi Voltaire, s'il est déçu, ne se hâte-t-il point de rentrer? Son amitié pour Emilie est-elle oubliée à ce point? Pour Mme Du Châtelet, le temps passe trop lentement; septembre s'écoule sans nouvelles. Cet amour à sens unique la mine, et cette absence interminable l'humilie. Elle se réfugie chez Mme de Tencin qui n'a jamais été atteinte de ce mal et ne la comprend guère, mais qui n'est pas inhumaine et l'accueille avec pitié; le soir, elle l'emmène, «perdue d'amour», dans sa maison de Passy. «Elle est folle», écrit-elle à Richelieu, «mais elle n'est point méchante.» Quant à la mission de Voltaire, Mme de Tencin ne l'a jamais prise au sérieux, malgré ce qu'en pense le duc: «Je n'ai pas grande opinion», ajoute-t-elle, «de la tête du négociateur et de celui avec qui il négocie.»[97]

Mme Du Châtelet ne supporte plus cette attente. Elle décide de repartir pour Bruxelles afin de s'y trouver quand Voltaire rentrera. Mais celui-ci lui aura peut-être écrit à Paris? C'est Mme de Tencin qu'elle charge de recevoir son courrier et de lui réexpédier ce qui viendrait de Prusse. Enfin, le 10 octobre, elle reçoit une lettre de quatre lignes datée du 28 septembre. Encore plus seule qu'à Paris, elle n'a plus qu'un ami lointain qui puisse comprendre sa souffrance, c'est d'Argental. «Il est clair», lui écrit-elle, «qu'il a été 15 jours sans m'écrire [...] Que de choses à lui reprocher et que son cœur est loin du mien.»[98]

Loin de penser à son amie, Voltaire a sollicité la faveur d'accompagner le roi à la cour de Bayreuth. Frédéric fronce les sourcils, hésite, et le lui accorde enfin, non sans froideur. Comme il s'agit pour lui de prospection militaire, craint-il que le poète ne devine quelques secrets? Ou bien est-il jaloux de l'accueil que ne manqueront pas de lui faire les deux princesses, sœurs de Frédéric et admiratrices du poète? Il est vrai que nulle part Voltaire ne sera aussi éloigné de sa mission. La sœur aînée du roi, Wilhemine, mariée au margrave de Bayreuth, avait rencontré le poète en 1741 et avait conservé de lui un inoubliable souvenir. C'est donc en ami qu'il arrive à la petite cour de Bayreuth. Il trouve un véritable paradis: le luxe, l'esprit, la musique. Non loin de la ville, la princesse a fait construire un petit château, «retraite délicieuse», écrit le poète, «où on jouit de tout ce qu'une cour a d'agréable sans les incommodités de la grandeur».[99] Les salons sont de marbre. La salle de concert, en marbre blanc et vert, est décorée d'une frise où figurent les portraits des plus belles femmes du temps. Voltaire apprécie la délicatesse de la chère et les plaisirs de l'esprit. «Nous y avons eu des opéras, des comédies, des chasses, des bals, des soupers délicieux.»[100] Luxe étonnant qui doit beaucoup à la misère des paysans, mais qui donc y pense à cette époque? Dans les jardins où s'exaltent les couleurs de l'automne, la conversation est fort animée avec la maîtresse du lieu et la belle Ulrique, sa sœur, qui deviendra reine de Suède. En l'absence de Frédéric qui parcourt la Franconie en tissant sa toile politique et militaire, Voltaire règne parmi les femmes, et les propos les plus libres passent sous l'élégance du langage. Le poète se trouve à l'aise à tel point qu'il oublie parfaitement ses origines et se permet de rimer le fameux madrigal à la princesse Ulrique:

> Souvent un peu de vérité
> Se mêle au plus grossier mensonge:
> Cette nuit, dans l'erreur d'un songe,
> Au rang des rois j'étais monté.
> Je vous aimais, princesse, et j'osais vous le dire!

433

> Les dieux à mon réveil ne m'ont pas tout ôté;
> Je n'ai perdu que mon empire.[101]

Il est vain de discuter comme souvent on l'a fait si le madrigal est ou n'est pas inconvenant. Le badinage est toujours conventionnel et Voltaire sait fort bien jusqu'où il peut aller. Si Frédéric un instant paraît en prendre ombrage, c'est sans gravité; d'ailleurs le poète a repris au moins deux fois le même thème. Un peu plus tard, il écrit au roi: «Votre Majesté, et la reine-mère, et madame la princesse Ulrique ne se remplacent point. Je n'ai pas encore l'armée de trois cent mille hommes avec laquelle je devais enlever la princesse.»[102] Et lorsqu'il recevra une médaille à l'effigie du roi, le portrait de la reine-mère et celui de la princesse, il écrira, plus audacieux encore:

Enfin me voilà en possession; j'ai baisé tous les portraits; madame la princesse Ulrique en rougira si elle veut.

> Il est fort insolent de baiser sans scrupule
> De votre auguste sœur les modestes appas;
> Mais les voir, les tenir, et ne les baiser pas,
> Cela serait trop ridicule.[103]

Mme Du Châtelet devine aisément que Voltaire est heureux en Prusse; elle ne reconnaît plus, dans ses lettres ni dans la démarche de son esprit, cet homme qui était malade: «Il est ivre absolument», écrit-elle, «il est fou des courettes d'Allemagne.»[104] Elle a raison: dans la complexité du personnage, l'un des traits les plus constants de son caractère, dans l'absence de soucis et dans la liberté, c'est le goût du luxe, de la conversation où brille son esprit, de cette volupté de l'amour-propre satisfait que ne lui mesure point l'adulation des femmes. En cette «ivresse», il n'est jamais malade.

Enfin, Voltaire décide de rentrer en France. Mais il laisse croire à Frédéric qu'il va mettre de l'ordre dans ses affaires, et il lui propose de revenir ensuite à Berlin: «Je reçois vos propositions à bras ouverts», lui répond le roi le 7 octobre, «venez-y, mon cher Voltaire, et dictez tout ce qui peut vous y être agréable. Je veux vous faire plaisir [...] Choisissez appartement ou maison, et réglez vous-même ce qu'il vous faut pour l'agrément et le superflu de la vie; faites votre condition comme il vous la faut pour être heureux, c'est à moi à pourvoir au reste.»[105] Si l'on y ajoute la liberté de tout écrire, voilà qui pouvait séduire Voltaire.

Cependant le poète va rentrer ayant toujours en tête l'idée de plaire à la cour de France et de servir Louis XV. Il sollicite donc de son royal ami une lettre qu'il pourra montrer au roi de France, «quatre lignes» où Frédéric affirmera qu'il est maintenant satisfait des dispositions de la France, «que personne avant moi ne vous a jamais fait un portrait aussi avantageux de son roi [...] et que vous êtes bien résolu à vous lier avec un prince aussi sage et aussi ferme que lui»:[106] une attestation, en somme, de sa réussite. On ne pense pas que Frédéric ait pu se contredire et se compromettre au point de lui donner satisfaction. On n'a pas connaissance d'une telle lettre et il est au moins une preuve que Voltaire ne l'a point obtenue. Dans une lettre à Amelot du 5 novembre, de Bruxelles,[107] il exploite celle où Frédéric avait supposé que la France fût bien gouvernée, par un bon monarque; il en tire adroitement quelques phrases élogieuses qui, dégagées du contexte, apparaissent comme des jugements portés sur la situation actuelle de la France et sur Louis XV. Et même il ose ajouter: «Je vis ces dispositions se fortifier de moment en moment». Christiane Mervaud précise et conclut:

Voltaire devait partir le 9 octobre. Il retarda son départ qui eut lieu le 12. Il n'est point besoin d'imaginer qu'il le fit parce qu'il attendait la réponse du roi, comme le suggère Th. Besterman (commentaire à D2859). Il ne pouvait décemment partir le 9, puisque le 10 eut lieu la représentation d'un opéra et l'inauguration de la salle de Berlin. Si Frédéric lui avait accordé un tel satisfecit, Voltaire en aurait fait usage auprès du gouvernement français. Il n'en est aucune trace. Qu'il ait dû se servir de D2832 lorsqu'il rendit compte de sa mission semble prouver que le roi ne répondit pas à ses demandes.[108]

Qu'en est-il donc de sa réussite? Le roi ne lui pouvait révéler aucun dessein politique, il n'en avait pas encore: il observait Marie-Thérèse et les Anglais. «Les critiques jugent sévèrement Voltaire», écrit encore Christiane Mervaud, «comme s'il avait été chargé de conclure une alliance ou de signer un traité, ce qui est absurde.»[109] On lui demandait seulement de sonder les sentiments de Frédéric. La conduite du roi est logique et les ouvertures politiques de Voltaire n'apparaissent point comme un échec.

Frédéric, homme secret, dur, méfiant, poursuivant ses desseins sans faiblesse, a découvert un homme fort différent de lui, un Voltaire instable, aimant sa patrie, mais se laissant aller à brocarder ses ministres, un Voltaire impulsif, sensible, imaginatif. Tout en admirant l'homme de génie, Frédéric a traité le négociateur en personnage sentimental, politiquement peu sûr, incapable d'exercer une influence sérieuse et continue sur les ministres français.

Plus tard, Voltaire, dont l'amour-propre arrange trop souvent les faits, aura l'impression d'avoir obtenu de Frédéric au moins une promesse ferme: «Enfin il me dit: ‹Que la France déclare la guerre à l'Angleterre, et je marche.› Je n'en voulais pas davantage», ajoute aussitôt le poète, «je retournai vite à la cour de France».[110]

«Vite», écrit-il. Pourquoi se trompe-t-il à ce point? Peu pressé d'affronter et de consoler Mme Du Châtelet, il prend le chemin des écoliers et gagne la cour de Brunswick où il est reçu si somptueusement par une autre sœur de Frédéric qu'il s'y attarde six jours. Puis il se dirige vers le château de Bückeburg où il espère revoir la comtesse de Bentinck. Mais il est déçu: le comte Albrecht-Wolfgang est en Hollande et la comtesse dans ses terres. C'est une belle revanche des dévots : il est reçu par la princesse Amélie et le pasteur Le Maître. Celui-ci a dressé, en marge de son journal, en date du 20 octobre 1743, une minutieuse relation de la conversation qu'il eut avec le célèbre visiteur. Pressé de questions sur la morale et la religion, Voltaire est «presque» réduit à la défensive.[111]

Il rentre enfin, ayant encore sur le cœur l'affaire de l'estafette lancée sur ses traces par Emilie. A mesure qu'il approche de Bruxelles, ses ressentiments se renforcent, comme s'il fourbissait ses reproches. Dans une lettre à d'Argental, à qui il n'a point coutume de confier ses désaccords avec Mme Du Châtelet, il dramatise l'acte irréfléchi de son amie, ce qui va lui permettre de transformer sa défense en offensive : «voilà horriblement du bruit pour une omelette[112] [...] Ce n'est pas ma faute [si les lettres n'arrivent pas]. J'ai été un mois entier sans recevoir des nouvelles de votre amie, mais j'ai été affligé sans colère, sans croire être trahi, sans mettre toute l'Allemagne en mouvement. Je vous avoue que je suis très fâché des démarches qu'on a faites.» Néanmoins, il ne désire pas que d'Argental conserve l'impression d'une brouille et, se radoucissant, il annonce son pardon : «mais il n'y a point de fautes qui ne soient bien chères quand le cœur les fait commettre. J'ai les mêmes raisons pour pardonner, qu'on a eues de se mal conduire.»[113]

En arrivant à Bruxelles le 6 novembre, il ajoute à la même lettre : «je jouis du bonheur de voir votre amie, en bien meilleure santé que moi». A cette amie, il faut pardonner ses chantages. Elle aussi pardonne au poète, «puisqu'il est là». Du moins, c'est ce qu'elle veut d'abord laisser croire aux «anges», «car il m'aime», dit-elle, «et vous sentez bien qu'il n'y a point de torts que cela n'efface».[114] Malgré tout, entre Mme Du Châtelet et Voltaire, il restera, de ce voyage en Prusse, de graves rancœurs.

Voltaire rend compte de sa mission aux ministres. Maurepas le félicite. Mais on ne voit pas pourquoi il aurait été consulté dans la préparation du traité avec le roi de Prusse. Cela n'entrait nullement dans son rôle ; elle sera l'œuvre de l'ambassadeur Rothenburg, du ministre des finances Orry et du cardinal de Tencin, que Frédéric tient en haute estime.

Ainsi, en 1743, les relations du «singulier trio» se sont modifiées. Entre le roi de Prusse et Voltaire persiste une amitié fondée sur le besoin qu'ils ont encore l'un de l'autre, mais l'opposition entre les deux hommes est enfin claire. Voltaire ne saurait séparer l'histoire et la politique du respect de l'homme et de la morale. Le roi de Prusse n'a pas de morale. Il refuse à la philosophie, qui anime encore la conversation des repas comme une suprême coquetterie, toute intrusion dans l'action politique. Voltaire ne peut plus l'ignorer. Mais il conserve une bonne part de son admiration au jeune monarque génial et puissant, aimant les lettres et les arts, sans hypocrisie cléricale et tolérant, qui peut encore réaliser de grands desseins. C'est pourquoi il lui a promis de retourner vivre à sa cour, havre de liberté et de plaisir, et quand Mme Du Châtelet aura disparu, c'est ce qu'il fera.

Il n'empêche que pour l'amitié aussi peu sûre d'un roi en pleine évolution, il a compromis l'amour absolu que lui portait Emilie. Après ces dix premières années de vie commune, le poète et son amie ne retrouveront plus désormais ce qui fit de Cirey un paradis, ni même la paix des jours heureux de Bruxelles. Mais leur amitié demeure, et le souci de préserver, à l'égard de la postérité, leur indestructible union.

9. La besogne du courtisan

«Il y a toujours à perdre pour l'amour dans une absence de 5 mois, le cœur se désaccoutume d'aimer.»[1] C'est après un court séjour à Bruxelles qu'Emilie, le 13 novembre 1743, fait cet aveu à son confident d'Argental. Il y a un mois environ que Voltaire est rentré de Prusse, un mois que les deux amants se sont retrouvés. Quelles déceptions cache cette mélancolie? C'est de Lille, sur le chemin du retour à Paris, qu'elle écrit ces lignes, comme si elle voulait prévenir les d'Argental que sa passion s'est refroidie, qu'ils vont sans doute s'en apercevoir et ne doivent point s'en étonner. Néanmoins, elle sait que sa destinée est liée à jamais à celle du poète, qu'elle appellera désormais son «compagnon». Elle s'efforcera de l'aider à changer le cours de sa destinée: elle en fera un courtisan.

Non seulement il s'y prête, mais il renchérit et s'efforce d'organiser un complet retour en grâce: c'est le roi qu'il veut atteindre d'abord et, ce qui est plus difficile, il cherchera ensuite à se concilier le clergé. Tandis que les relations du couple avec Maurepas restent excellentes, ce que le ministre atteste lui-même dans une lettre chaleureuse adressée au poète,[2] Voltaire continue à jouer auprès d'Amelot son rôle de diplomate. Sans doute ignore-t-il que le secrétaire d'Etat, «gouverné» par Maurepas, ne résistera pas longtemps à des ennemis tels que Richelieu, les Tencin et la duchesse de Châteauroux qui se sont juré d'obtenir son renvoi. Le poète, par les relations qu'il s'est faites à La Haye, croit pouvoir lui fournir d'utiles indications sur l'attitude de la Hollande. Y a-t-il des chances pour que cette nation s'engage à fond dans une guerre contre la France? Voltaire transmet à Amelot des nouvelles fragmentaires et des conseils suspects que lui fournit van Haren. «Il y a quelques jours», écrit ce dernier à Voltaire, «que le grand Pensionnaire a proposé un nouvel impôt pour fournir aux frais extraordinaires de la guerre; la ville de Dortrecht s'y est opposée.»[3] Voltaire, audacieux ou naïf, lui ayant demandé si la France impressionnerait davantage la République en portant ses forces sur les Flandres: «Il n'y a qu'un inconvénient à craindre», répond subtilement van Haren, «qui est que la grandeur du danger n'excite le peuple à la révolte, et à demander un stathouder.»[4] Il ne fait guère de doute que l'écrivain et patriote hollandais travaille pour son pays et qu'il nourrit des sympathies pour le prince d'Orange. Connaissant la faiblesse de la défense hollandaise en Flandre, il conseille à la France de s'y tenir sur la défensive et d'envoyer un corps sur la Meuse.

Mais c'est surtout en vue de faire changer les sentiments du roi de Prusse que Voltaire poursuit son effort. Il faut absolument que Frédéric cesse de mépriser la puissance française. C'est à son ami Podewils que le poète s'adresse avec insistance. Il lui vante le redressement de notre armée : « Le roi travaille tous les jours ; et les ministres jour et nuit. »[5] Tout cela reste vague et parfois d'une emphase peu crédible : « Nos préparatifs sont immenses. »[6] A vrai dire, l'un des meilleurs atouts de l'armée française, c'est qu'elle s'est acquis l'un des entraîneurs d'hommes des plus extraordinaires en Europe, un aventurier d'une bravoure légendaire, le comte Maurice de Saxe.

Né à Goslar, en Hanovre, il est le fruit des amours d'Auguste II, électeur de Saxe, et de la comtesse Aurore de Koenigsmark. Le prénom de sa mère redeviendra célèbre au XIXe siècle : une fille naturelle de Maurice figure parmi les ascendants d'Aurore Dupin, qui sera George Sand. Peu doué pour le mariage et harcelé par les scènes de jalousie de sa femme, il gagne la France, qui deviendra pour lui une seconde patrie. En 1720, le régent le reçoit et lui propose le grade de maréchal de camp. A Paris, sa première conquête sera celle d'Adrienne Lecouvreur. Au début de la guerre de 1741, sous le commandement du maréchal de Belle-Isle, en quelques jours, il se rend maître de Prague. En 1743, le roi l'autorise à lever un régiment de uhlans de mille chevaux. Saura-t-on utiliser le comte de Saxe comme il conviendrait, sans tenir compte des rivalités de nos chefs d'armée pour lesquels il est un étranger ? Voltaire exalte ses qualités dans le *Précis du siècle de Louis XV* : « Le comte de Saxe avait déjà mérité sa grande réputation par de savantes retraites en Allemagne [...] Il joignait une théorie profonde à la pratique. La vigilance, le secret, l'art de savoir différer à propos un projet et celui de l'exécuter rapidement, le coup d'œil, les ressources, la prévoyance étaient ses talents de l'aveu de tous les officiers ».[7] Frédéric n'ignore pas non plus sa valeur, mais il doute de ce que pourra faire ce sauvage, ce « sanglier », dans une armée mal organisée et mal commandée.

Ce n'est point pour de nouvelles discussions militaires ou diplomatiques que le roi de Prusse s'obstine à faire revenir Voltaire à sa cour. En novembre 1743, il lui versifie une invitation et ajoute : « ne m'exposez pas à la honte d'*avoir meublé une maison pour n'y loger personne* ».[8] Démarche ultime, sans grand espoir : sans doute Frédéric n'ignore-t-il pas que Voltaire brigue alors les faveurs du roi de France et qu'il se donne beaucoup de mal pour les obtenir. De Versailles le poète écrit aux d'Argental qu'il est « enchanté des bontés de Sa Majesté » et, certain que les frères d'Argenson, Amelot et Maurepas continuent à travailler pour lui, il ajoute : « Le ministère n'a pas mis à cela la dernière main, mais il le fera. »[9]

Dans ces démarches de courtisan, vigoureusement soutenues par Mme Du Châtelet, les circonstances vont le favoriser. Vers la mi-novembre 1743, le duc de Richelieu lui a écrit qu'il voulait le voir avant son propre départ pour le Languedoc. Le duc l'a informé de l'influence croissante de Mme de Châteauroux sur Louis XV. Les ministres caressent l'espoir que le roi se décidera bientôt à partir pour l'armée. Voltaire s'en réjouit, et il semble bien que son entrevue avec le duc de Richelieu ait déterminé chez le philosophe un sérieux changement politique. Jamais il n'est allé aussi loin dans la voie du conformisme. C'est le duc, sans doute, inspiré par les Tencin, qui a gagné l'auteur des *Lettres philosophiques*, nourri des libertés anglaises, au parti du prince Charles Edouard, petit-fils du roi catholique exilé Jacques II, connu sous le nom de chevalier Saint-Georges. Pour faire diversion à la guerre des Flandres, il ne s'agit pas moins, pour les ministres français, que de débarquer une armée en Angleterre afin de rétablir ce prince sur le trône. Une folie, si l'on tient compte de la faiblesse de la marine française que dénonce inlassablement Mme de Tencin. Quatre vaisseaux qui ont «le cul pourri», dit-elle,[10] prennent l'eau, et la flotte se trouve réduite à quatorze unités. Pour diriger l'expédition, on appelle le comte de Saxe qui couvrait utilement l'Alsace. Le choix n'est pas mauvais, en supposant que le débarquement puisse réussir. Dès le mois de décembre 1743, la flotte française se rassemble dans la rade de Brest. Les Anglais le savent qui réarment aussitôt les places fortes de leurs côtes. En février 1744, Charles Edouard, venant de Rome, débarque à Antibes.[11] Voltaire note le manque d'enthousiasme des Parisiens: «Notre flotte est à la voile», écrit-il à Podewils, «et tout Paris est au bal. On rejoue *Mérope* avec un succès prodigieux.»[12] Alors que le comte de Saxe lui-même ne croit plus guère au succès de l'entreprise, Voltaire trouve le projet «très sérieux et très bien conduit».[13] Or, il est voué à l'échec: les 6, 7 et 8 mai, une effroyable tempête se déchaîne et jette les navires à la côte. Le comte d'Argenson donne l'ordre d'abandonner les préparatifs, ce qui soulage tout le monde.[14] Voltaire ne désarme pas: on a «inquiété l'Angleterre jusqu'au cœur de cette île».[15]

A défaut de faire chasser Maurepas, considéré comme le principal responsable des incuries du pouvoir, le duc de Richelieu et la duchesse de Châteauroux obtiennent le renvoi d'Amelot le 26 avril 1744. Voltaire en est surpris: il le priait encore, huit jours auparavant, «d'instruire [le roi] de [son] zèle».[16] Cependant, Richelieu lui offre aussitôt une nouvelle chance d'atteindre le roi. Promu premier gentilhomme de la chambre, le duc a maintenant la haute main sur les spectacles de la cour. Chargé d'organiser la fête qui doit donner tout son éclat au mariage du dauphin avec l'infante d'Espagne, c'est à Voltaire qu'il commande une comédie-ballet dont Rameau composera la musique. Occasion rêvée d'obtenir une récompense: «cette bagatelle», écrit-il à d'Argental, «est la seule ressource qui me reste, ne vous déplaise, après la démission de M. Amelot, pour obtenir quelque marque de bonté qu'on me doit pour des bagatelles d'une autre espèce dans lesquelles je n'ai pas laissé de rendre service.»[17]

Il va partir pour Cirey, afin de travailler dans le calme, mais aussi, comme il en a fait le projet dès le début d'avril, afin de «raccommoder [...] ma déplorable santé».[18] Il est malade en effet depuis le mois de mars, et Mme Du Châtelet le pousse à partir; elle-même a beaucoup de chagrins à cacher et à oublier. Des orages ont éclaté dès janvier entre le poète et son amie; une séparation nécessaire de leurs intérêts matériels s'est doublée d'une grave crise sentimentale. La passion du jeu, surtout du cavagnole, qui fait rage à la cour, laisse souvent la marquise démunie ou endettée. Sans doute Voltaire ne refuse-t-il pas de lui prêter de petites sommes mais, à partir de 1743, il en exige le remboursement. De la maison du faubourg Saint-Honoré, chacun acquittera désormais sa part de loyer.

Les preuves ne manquent pas de cette gêne dans laquelle se débat Mme Du Châtelet. C'est d'abord un de ses billets à Voltaire, non daté, mais qui doit se situer en mars ou avril 1744. Au ton des plus soumis, au souci embarrassé de se justifier, on soupçonne que cette démarche n'est pas la première et qu'Emilie doit encourir souvent des reproches:

Dear Lover, On ne peut avoir recours qu'à ses amis dans le besoin. Je vous demande pardon d'aimer mieux vous écrire que vous parler, mais enfin, *dear lover,* j'aurais un extrême besoin de cinquante louis pour payer mon mois d'avril, douze louis et demi que je dois du jeu, et pour n'être pas absolument sans un sol. Je n'en toucherai que le dernier du mois. J'ai envoyé cinq cents livres à M. Du Châtelet pour l'équipage de son fils. Je vous les paierai en loyer de maison, ou bien, si vous voulez, voilà le billet de M. Du Châtelet qu'heureusement je n'ai pas déchiré [...] Gardez-le et prêtez-m'en l'argent, et *nous ferons un nouveau compte,* ou je ne l'emploierai pas en dépense; cela vaudrait mieux et pour moi et pour vous. Vous me ferez un grand plaisir; j'espère que vous le pouvez, car je suis sûre que si vous le pouvez vous le ferez.[19]

Cette somme, sans grande importance pour lui, Voltaire dut la prêter encore, non sans avertissement. A la même époque, au mois de mars, Mme Du Châtelet, pour avoir emprunté davantage, manqua de peu d'être saisie. On trouve le récit de cet événement dans un gazetin au lieutenant de police du sieur Poussot. Acculée par ses créanciers, la marquise a eu recours à Helvétius. Mais le jeune fermier général a prescrit sur la lettre de change que l'échéance serait absolument contraignante. «Ce temps arrivé,» poursuit le rapport, «madame Du Châtelet s'est trouvée sans un sol comme à son ordinaire. Helvétius, piqué, l'a fait poursuivre dans toutes les formes; les meubles de la marquise auraient été vendus sans un ami qui a prêté la somme.»[20] Il est peu probable que cet «ami» soit Voltaire: on va voir que le couple est en pleine crise. Si Helvétius a risqué de perdre l'amitié du poète, c'est qu'il savait que Mme Du Châtelet était rarement solvable.

Comment le marquis Du Châtelet eut-il vent de l'affaire? On ne sait. Il n'a pas vu sa femme depuis quatre ans; il défend Saverne contre le prince Charles de Lorraine. Aussi ne peut-il quitter son régiment pour se rendre ailleurs qu'à sa terre de Cirey: c'est de là qu'il réclame la marquise à cor et à cri. Pourquoi ne se décide-t-elle pas à le rejoindre? Elle est retenue à Paris par la crise de jalousie la plus dramatique qu'elle ait jamais éprouvée. Elle assiste dans sa maison à l'infidélité de son ami. Plusieurs fois, Voltaire a exprimé à d'Argental sa sympathie pour Mlle Gaussin, tout en n'ignorant pas combien celle-ci est volage. Mais quoi? N'est-elle pas irrésistible? Ne l'a-t-elle pas tant de fois fait pleurer au théâtre? Marmontel nous dit qu'elle est «belle, et du caractère de beauté le plus touchant, avec un son de voix qui allait au cœur, et un regard qui dans les larmes avait un charme inexprimable».[21] Mais sa «mollesse voluptueuse» manque de force dans les rôles de passion ardente: ses rôles sont Zaïre et Alzire. Douce et désintéressée, pourquoi ne se serait-elle pas donnée à Voltaire comme à d'autres? Et pourquoi n'aurait-il pas cédé pour peu qu'il fût rebuté par les incessants reproches de Mme Du Châtelet? Ne serait-ce pas, de la part du poète, un acte d'indépendance? Les deux amants, raconte Mouhy dans ce qu'il reste de ses *Mémoires*, ne se cachent pas. Le «chevalier» a ses entrées dans la maison du faubourg Saint-Honoré, où il n'hésite pas à interroger les domestiques.

«M. Du Châtelet écrit lettre sur lettre pour que sa femme le rejoigne à Cirey. Mme Du Châtelet qui lui doit obéissance, ne parvient pas à décider Voltaire de partir avec elle.» Enfin, persécuté et malade, celui-ci s'y résout. «Mais il est d'une humeur épouvantable, traite avec la dernière dureté la marquise et la fait pleurer toute la journée. Avant-hier, il y eut une discussion qui dura une partie de la nuit.» Ce soir-là, Voltaire, qui désire souper seul, fait mettre son couvert sur une table isolée; mais Mme Du Châtelet se présente pour souper avec lui et réclame une table plus grande. Lui s'obstine à garder la sienne, déclare qu'il est le maître chez lui et qu'il y a trop longtemps qu'il fait le métier de dupe. Le motif de ces discussions violentes, c'est «la passion de Voltaire pour la Gaussin. Cette comédienne vient voir le poète lorsqu'il ne peut aller chez elle. Le commerce est réglé, la marquise en est furieuse, et n'ose pousser trop loin des choses dans sa crainte que son amant ne prenne [le] parti [de Mlle Gaussin].»[22]

Voltaire sera plus discret la prochaine fois. A quoi rêve-t-il encore? M. Denis vient de mourir, et la lettre de consolation du poète à sa nièce manque curieusement de regrets: «vivez pour vos amis», conclut-il, «et pour moi qui vous aime tendrement».[23] Il n'est pas difficile de comprendre pourquoi sa «passion» pour la Gaussin s'éteint comme feu de paille. Il faut bien aussi revenir à Emilie dont l'aide lui sera utile pour écrire sa comédie-ballet. Apparemment réconcilié avec elle, il se résigne à partir: «Il me semble qu'en travaillant pour [M. de Richelieu] sous les yeux de madame Du Châtelet je suis forcé de bien faire.»[24] Il va même jusqu'à se réjouir: il va travailler dans la «délicieuse solitude» de Cirey.[25] Frédéric II, toujours bien informé, comprend qu'il ne reviendra pas à sa cour et, pensant peut-être à Mlle Gaussin, lance au poète volage un adieu où perce le dépit: «adieu à l'amant de la cuisinière de Valory, de madame Du Châtelet et de ma sœur [...] On démeuble la maison que l'on avait commencé à meubler pour vous à Berlin.»[26]

A Cirey, où le poète et son amie arrivent vers le 15 avril 1744, la «délicieuse solitude» les séduit d'abord. Emilie, tranquillisée, trouve Cirey charmant au printemps et Voltaire déclare à ses amis qu'il est «enchanté d'y vivre». Nul doute que ces lieux, où ils connurent le bonheur et le travail en commun, ne les rapprochent un moment. Mais ils n'y retrouvent point les mêmes joies et, depuis la mort de M. Denis, le rêve de Voltaire chemine en secret. Il invitera bientôt sa nièce à passer un mois à Cirey : « Je vous parle de passer un mois auprès de vous, ma chère nièce, et je voudrais bien y passer ma vie [...] Je m'imagine que nous vivrions ensemble avec douceur. »[27] Mme Denis se gardera bien de venir, et ce n'est pas dans la douceur que vivra le poète.

La comédie-ballet qu'il a commencée, *La Princesse de Navarre*, est un véritable pensum. Lui qui écrit parfois une tragédie en trois semaines, n'y travaillera pas moins de dix mois. Il s'en souviendra encore, lorsqu'il publiera la pièce, dans un avertissement : « On a donc voulu que celui qui a été chargé de composer la fête fît un de ces ouvrages dramatiques où les divertissements en musique forment une partie du sujet, où la plaisanterie se mêle à l'héroïque, et dans lesquels on voit un mélange de l'opéra, de la comédie et de la tragédie. »[28] L'ironie toujours militante de Voltaire s'accommode mal des plaisanteries forcées, gratuites ou doucereuses. Mme de Tencin en a bien jugé. Pour elle, Voltaire n'était point l'homme qui convenait ; « Souvenez-vous, s'il vous plaît, que l'esprit prend toutes sortes de formes excepté la gaieté », écrit-elle a son « cher duc ».[29] Celui-ci étant le plus souvent aux armées, c'est Mme de Tencin qui lui transmet les manuscrits que lui remet d'Argental ; ils ont été passés au crible par de nombreux critiques : Mme Du Châtelet, d'Argental et sa femme, Pont-de-Veyle, le marquis d'Argenson, parfois le président Hénault.

Dès le début de sa tâche, Voltaire se heurte à une difficulté jusqu'alors inconnue – le manque d'inspiration : « Je suis presque glacé par mon ouvrage pour la cour », écrit-il à Cideville ; « Molière et tous ceux qui ont travaillé de commande y ont échoué. J'espérais plus de l'opéra de Prométhée [*Pandore*] parce que je l'ai fait pour moi. » Pour retrouver son plaisir d'écrire, il revient parfois à *Pandore* dont il envoie un acte à d'Argental. Mais voici qu'un premier essai de *La Princesse de Navarre* a franchi trop vite les échelons de la critique ; Richelieu, qui l'a considéré comme achevé, se fait durement rappeler à l'ordre : « comment avez-vous pu donner mes brouillons à M. d'Argenson et au président [Hénault] ? Vous me faites périr à petit feu. Un malheureux croquis, informe, dont il ne subsistera peut-être pas cent vers [...] j'aimerais mieux faire deux tragédies qu'une pièce où il entre de tout [...] Madame Du Châtelet est fort sévère, et jusqu'à présent je ne l'ai jamais vue se tromper en fait d'ouvrages d'esprit. »[30] Alors pourquoi Voltaire lui-même a-t-il envoyé ces brouillons ? Dorénavant, d'Argental et sa famille vont se montrer intraitables. Ils reprochent vivement au poète le manque absolu d'éléments comiques. Pourtant, il a fait un gros effort : il a créé le personnage de Sanchette, qui doit amuser par sa naïveté incongrue, son bavardage irréfléchi et gaffeur. D'Argental le conteste, Voltaire le maintient. Ce que d'Argental doit comprendre, c'est que « le comique qui fait rire dépend du jeu des acteurs, et ne se sent point quand on examine un ouvrage, et qu'on le discute sérieusement ».[31]

A force de refaire, de raccommoder sa pièce, le poète se décourage : « Je travaille», avoue-t-il, «avec un dégoût extrême.» Inévitablement, sa crise de coliques et de fièvre le reprend: «La dauphine de France m'a sucé. Il ne me reste plus de sang poétique dans les veines.»[32] Mme Du Châtelet est obligée de supplier l'ange de tricher:

Je vous demande en grâce si vous avez de l'amitié pour moi de l'approuver cette fois-ci et de garder les critiques pour un autre temps. Je vous promets de faire toutes les corrections que vous voudrez, mais si vous allez paraître encore mécontents et l'accabler de critiques, vous le ferez mourir [...] il s'est chagriné, il s'est inquiété [...] il s'est donné la fièvre, et il est dans une langueur affreuse [...] que votre amitié vous engage à le paraître [content]. Je demande la même grâce à M. de Pondeuele et à Mme Dargental.»[33]

L'ange prend pitié. Sanchette, dix fois modifiée, devient acceptable. Mais ce qui n'avance pas, c'est la musique des divertissements. Rameau, qui écoute La Popelinière, Thiriot et quelques poètereaux jaloux, «traîne [Voltaire] dans le ruisseau» et se permet de modifier ses vers. Il devient indispensable que Mme de Tencin avertisse M. de Richelieu que ce pauvre Rameau a la «tête physiquement tournée [...] il bat sa femme, et [...] ensuite se met au lit pour elle [...]. Il faut saigner Rameau et le mettre au bouillon.»[34] Le président Hénault, qui rentre de Cirey et qui a pleuré avec Mme Du Châtelet sur le troisième acte, s'indigne de la conduite du musicien et écrit à Richelieu: «Ce fou-là a pour conseil toute la racaille des poètes.»[35] Mais Rameau a si mauvais caractère que chacun le craint. Richelieu lui-même est obligé d'user avec lui de diplomatie: à la lettre qu'il lui écrit, il en joint une autre du sieur Duport, huissier de la chambre du roi, bon musicien, ami intime de Rameau, «un de ceux qui a le plus de crédit sur son esprit». Le duc sait que les rangs et les titres n'impressionnent pas ce «sauvage».[36]

Au milieu d'août, le couple se croit obligé de quitter Cirey: «Nous nous en allons à Paris», écrit Mme Du Châtelet, «la maladie des bestiaux nous chasse.»[37] Sans doute s'agit-il de la fièvre aphteuse qui rend inconsommable le laitage de la ferme. Le travail de galérien du poète, qui n'est pas achevé, l'oblige à réfléchir sur son bonheur et sa destinée: «Je quitte la tranquillité de Cirey», écrit-il à sa nièce, «pour le chaos de Paris [...] Je me sens un peu honteux à mon âge de quitter ma philosophie et ma solitude pour être baladin des rois [...] Il faut partir puisque je vous verrai, et que nous nous consolerons tous deux, vous de vos pertes, et moi de la ridicule vie que je mène, toute contraire à mon humeur et à ma façon de penser.»[38] Voilà l'un des rares examens de conscience de Voltaire, et des plus importants. Comment ne pas y voir tous les regrets de la liberté, celle de Hollande ou de Prusse? Et une certaine rancœur contre le conformisme courtisan, la paralysie philosophique où l'entraîne Mme Du Châtelet? Mais l'on se tromperait si l'on négligeait son ambition d'entrer à l'Académie en même temps que son désir sincère, qui renaît toujours, d'être utile à l'Etat, de participer à son histoire.

Le projet de redressement politique de Richelieu, de Mme de Tencin et de son frère a réussi : la duchesse de Châteauroux a décidé le roi à se rendre en Flandre, où, d'ailleurs, elle l'accompagne au grand scandale de quelques officiers et de quelques ecclésiastiques. La présence du roi galvanise les troupes qui s'emparent de Courtrai et d'Ypres. Mais l'armée d'Alsace recule dangereusement : Charles de Lorraine a franchi le Rhin et le marquis Du Châtelet évacue Saverne «en bon ordre». Louis XV se porte aussitôt vers ce front de l'Est. Parti de Dunkerque, il arrive à Metz le 7 août, mais, si près du but, il tombe malade. Les évêques de Soissons et de Metz profitent de sa peur pour le ramener à la dévotion en lui imposant le renvoi de la «concubine». Richelieu perd de son influence : voici la stratégie de Voltaire et de Mme Du Châtelet remise en question : *La Princesse de Navarre* sera-t-elle jouée ? Par bonheur, quand ils arrivent à Paris on dit que le roi va mieux.

Ils n'y demeurent pas. Sans doute les souvenirs qu'ils retrouvent rue Saint-Honoré ne favorisent-ils point leurs tête-à-tête. Ils préfèrent s'étourdir en société et s'empressent d'accepter l'invitation du duc de La Vallière au château de Champs.[39] Mais aussi bien est-ce une façon de poursuivre, plus directement que jamais, leur cheminement de courtisans. La Vallière, petit-neveu de la favorite de Louis XIV, est, avec Richelieu, Luxembourg et Soubise, l'un des familiers du roi. Il est fauconnier de la couronne, titre honorifique et fort immérité puisqu'il s'occupe de tous les amusements du roi, sauf de la chasse. Ses loisirs lui permettent de se consacrer à sa passion principale, la bibliophilie ; il possède l'une des plus belles bibliothèques d'Europe, particulièrement riche en ouvrages rarissimes du XVIe siècle.[40] Ses connaissances, son prestige intellectuel en ont fait le directeur des spectacles intimes de Versailles, ceux qui se déroulent dans les petits appartements du roi. Si, plus tard, avec son ami le financier Pâris-Monmartel, il devient le pourvoyeur du roi en femmes, il sera d'abord, avec l'aide de la marquise de Pompadour, l'homme de lettres qui tentera d'élever et d'élargir l'esprit du monarque et de ses familiers. Acteur lui-même, il triomphera dans le rôle de Tartuffe :[41] c'est dire que règne, en ces lieux secrets de la monarchie, une certaine liberté.

Sa faiblesse, ce sont les femmes. La duchesse, son épouse, fort jolie et aussi peu fidèle que lui, fait merveille à recevoir à Montrouge et à Champs une société de beaux esprits où se retrouvent Mme Du Deffand, Moncrif et surtout l'abbé de Voisenon,[42] que Voltaire a surnommé «l'évêque de Montrouge». Bien que de santé chancelante, comme Voltaire, il est fort libertin. Familier des théâtres et des coulisses, il eut, parmi d'autres, deux liaisons retentissantes, l'une avec Mlle Le Maure, célèbre chanteuse à l'Opéra, et l'autre avec les époux Favart qu'il n'a point séparés et qui l'ont adulé. Voltaire célébrera dans un impromptu la vie du château de Champs joyeusement animée par le pétillant abbé :

Vous êtes prêtre de Cythère,

Consacrez, bénissez, chantez
Tous les nœuds, toutes les beautés
De la maison de La Vallière.[43]

Voisenon «y portait», écrit La Harpe, «cet extrême enjouement qui trouve à rire et à faire rire de tout, sur un ton de galanterie badine [...], beaucoup d'insouciance et de gaieté [...], le talent des quolibets plutôt que celui des bons mots».[44] Depuis longtemps ami de Voltaire, il va devenir, à Champs, le confident sérieux de Mme Du Châtelet. On devine quel climat de liberté et de gaieté peuvent créer des personnages tels que Voltaire et Voisenon, un climat bienfaisant pour le poète et son amie. Néanmoins, Voltaire travaille. Il ne manque point de lire à ses hôtes *La Princesse de Navarre*. La pièce, écrit-il à d'Argental, «a fort réussi à Champs. Réussira-t-elle à Versailles?»[45] Il lui envoie cette version nouvelle; ce n'est pas la dernière: le conflit avec Rameau continue.

C'est de Champs que Voltaire et Mme Du Châtelet se rendent à Paris le 13 septembre, désirant être présents à la grande manifestation de joie populaire organisée pour la convalescence du roi. Une dangereuse aventure qui se termine bien grâce à l'énergie de Mme Du Châtelet et aux relations amicales du couple avec le président Hénault.

Très adorable président, [...] vous avez tiré madame Du Châtelet du plus grand embarras du monde, car cet embarras commençait à la croix des petits champs et finissait à l'hôtel de Charost [faubourg Saint-Honoré]. C'étaient des reculades de deux mille carrosses en trois files, des cris de deux ou trois cent mille hommes semés auprès des carrosses, des ivrognes, des combats à coups de poing, des fontaines de vin et de suif qui coulaient sur le monde, le guet à cheval qui augmentait l'imbroglio, et pour comble d'agrément son altesse royale revenant paisiblement au palais royal avec ses grands carrosses, ses gardes, ses pages, et tout cela ne pouvant ni reculer ni avancer jusqu'à trois heures du matin. J'étais avec madame Du Châtelet, un cocher qui n'était jamais venu à Paris l'allait faire rouer intrépidement. Elle était couverte de diamants, elle met pied à terre, criant à l'aide, traverse la foule sans être ni volée ni bourrée, entre chez vous,[46] envoie chercher la poularde chez le rôtisseur du coin et nous buvons à votre santé tout doucement dans cette maison où tout le monde voudrait vous voir revenir.[47]

Vers la fin d'octobre, Mme Du Châtelet quitte Champs inopinément, pour Bruxelles. Elle va retrouver Charliers, l'homme d'affaires qui surveille et active son procès. Elle le nomme son «cher ange», et il semble que, pour lui prouver sa «reconnaissance», elle ne lui refuse rien. Curieusement, c'est à Maupertuis qu'elle donne le prétexte de son départ dans une lettre écrite en diligence: «Vous savez que j'ai passé presque tout mon automne à Champs. J'aurais bien voulu y rester, mais mon rapporteur s'est avisé de tomber en apoplexie et il a fallu accourir ici.»[48] En réalité, d'après une lettre écrite à Charliers en décembre, celui-ci s'est trouvé seulement «incommodé». Etait-il donc si urgent d'accourir?

La marquise est rentrée sagement pour les cérémonies du retour du roi, les 14 et 15 novembre 1744. Pour rien au monde, le couple ne manquerait une occasion de flatter le monarque. Voltaire interrompt l'achèvement de *La Princesse de Navarre* pour composer le *Discours en vers sur les événements de l'année 1744*,[49] où il célèbre les victoires de Conti en Provence et la guérison de Metz. Il confie son poème à d'Argental, comme une affaire sans importance: «Voilà ma petite drôlerie [...] que M. le cardinal de Tencin pourrait faire valoir dans un moment favorable [...] En un mot que le roi sache que j'ai mis mes trois chandelles à ma fenêtre.»[50] On peut penser que le cardinal de Tencin n'en fit rien, lui qui n'ose point parler au roi, même pour des questions d'intérêt national.

Qu'importe? Voltaire sera mieux défendu par le marquis d'Argenson, que le roi, dès son retour à Versailles, vient de nommer ministre, secrétaire d'Etat aux Affaires étrangères. Enfin, un philosophe au pouvoir! Un médiateur dont Voltaire n'aura pas honte. Le changement de politique se confirme. Maurepas, qui méprisait la favorite, se voit contraint par le roi de porter des excuses rue du Bac à Mme de Châteauroux mourante. Bien que les frères d'Argenson ne soient pas toujours d'accord entre eux, le comte étant moins idéaliste, les voici tous les deux au Conseil. Aussitôt, Voltaire envoie *La Princesse de Navarre* au nouveau ministre et se précipite à son invitation, avec Mme Du Châtelet, au château de Segrez près d'Arpajon. Naturellement, d'Argenson est favorable à l'alliance avec la Prusse: politique plus philosophique que réaliste.

Enfin, en janvier 1745, *La Princesse* étant considérée comme achevée, on va passer aux répétitions. A Versailles, on achève la transformation de la salle du manège en un immense théâtre. Un moment, Voltaire, qui a recouvré sa santé, s'exalte. Il s'invite à souper, avec «Mme Newton-pompon-Du Châtelet», chez les d'Argental. Le succès politique, dû en partie à l'association de Voltaire avec son amie, resserre les liens du couple. A son tour, Voltaire invite les deux anges a «une orgie d'histrions» qui se déroulera chez le duc de Richelieu. Et même, Mme d'Argental pourrait y amener quelques-unes de ses amies: «ce sultan», dit-il, «recevrait dans son sérail de telles odalisques».[51] Quel rôle pour une femme aussi sérieuse!

Mais ces «orgies», comme les joies du poète, sont suivies de doutes et de découragements. Il n'a pas confiance en la valeur de sa pièce: «On m'a enfourné dans une bouffonnerie», avoue-t-il à d'Argental, «dont j'ai peur de ne me pas tirer.»[52] Et à Cideville: «ne plaindrez-vous pas un pauvre diable qui est bouffon du roi à cinquante ans?» Et le voici, au cours des répétitions, «plus embarrassé avec les musiciens, les décorateurs, les comédiens, les comédiennes, les chanteurs, les danseurs, que ne le seront les huit ou neuf électeurs pour se faire un césar allemand.[53] Je cours de Paris à Versailles, je fais des vers en chaise de poste. Il faut louer le roi hautement, madame la dauphine finement, la famille royale tout doucement, contenter la cour, ne pas déplaire à la ville.»[54] Sans doute serait-il plus satisfait de pouvoir dire ce qu'il pense, au fond de lui, de tout cela.

Au début de janvier 1745, le couple campe à Versailles dans l'ancien appartement de Villeroy.[55] Mais Voltaire revient fréquemment à Paris où son frère Armand se meurt. Cinq jours avant la représentation de *La Princesse de Navarre*, Armand Arouet meurt. Faut-il croire les circonstances de cette mort rapportées par le lieutenant de police Marville à Maurepas?

Voltaire a [...] perdu son frère, et, s'étant trouvé chez lui avec le curé de Saint-Barthélemy [...], ils se sont pris de querelle ensemble, sur un point de doctrine, dans la chambre du malade, et la querelle a été si vive et si bruyante, que le pauvre moribond les a priés de passer dans la chambre à côté pour terminer leur dispute, ce qu'ils ont fait; et à peine y ont-ils été entrés, qu'il est mort. Voltaire, n'ayant plus d'affaires dans la maison, s'en est allé, et la querelle a fini.[56]

L'acte de décès est signé de Voltaire qui assista au convoi. Il n'en dit mot dans la correspondance connue jusqu'à ce jour. Il faut reconnaître qu'il a beaucoup à faire. On ne peut que deviner quelle déception le fils de notaire qu'il est éprouve à la lecture du testament. Il eût trouvé normal, en effet, que l'héritage de son frère ne parvînt à ses neveux qu'après être passé par ses mains. C'était, il est vrai, en 1740 qu'il l'avait écrit à Moussinot: «Il serait très désagréable que mes neveux eussent à me faire ma part. Ce serait à moi, ce me semble, à faire la leur; et Mme Denis s'avance trop quand elle me dit qu'elle me laisserait maîtresse du tout.»[57] Or, le testament d'Arouet, daté du 13 janvier 1745, est loin de lui apporter cette satisfaction. Après avoir légué quelques objets, au titre de la reconnaissance ou du souvenir, Armand stipule: «Et quant au surplus de tous mes biens [...] je donne et lègue [...] moitié à Monsieur Arouet de Voltaire, mon frère, pour en jouir par lui, *en usufruit seulement* [...] et l'autre moitié aux dits sieurs Mignot et dames Denis et Fontaine, mes neveux et nièces pour en jouir par eux en toute propriété [...] et afin que la substitution que je viens de faire ait son entier effet, je veux que le mobilier qui reviendra au sieur Arouet de Voltaire [...] soit converti en immobilier.»[58] Cette dernière disposition était particulièrement blessante. Armand transformait en usufruit un capital que Voltaire aurait pu, avec les moyens qu'on lui connaît, faire habilement fructifier. Le poète était en quelque sorte déshérité. Il n'était pas même l'exécuteur testamentaire. Armand avait désigné le mari de sa deuxième nièce, M. de Fontaine, qui obtenait pour sa peine un diamant de six mille livres.

Ses occupations n'ont pas permis au poète de remâcher cet affront. *La Princesse de Navarre* est représentée le 25 février 1745 dans une confusion qui touche au désordre. La comédie-ballet doit commencer à six heures, mais alors il y a tant de monde dans la salle du manège que l'on décide d'en faire évacuer une partie.

Comme on ne pouvait en venir à bout, il y eut quelqu'un qui cria «Bourrez!», terme qui fut bien entendu et fort remarqué. Et ce dérangement fit que le roi n'arriva qu'à sept heures au manège [...] Le ballet ne finit qu'à dix heures ; il paraît que la musique a été fort aprouvée, les divertissements ont été trouvés très agréables. La pièce a été critiquée par quelques-uns de ceux qui l'ont entendue, car l'immense salle faisait qu'on ne l'entendait pas trop bien. On a trouvé que le sujet était absolument inventé, que d'ailleurs, tout était à l'avantage de la France et pas assez à celui de l'Espagne [...] qu'enfin la représentation des monts Pyrénées était ridicule.[59]

Peu de temps après, la dauphine, assistant à l'opéra de *Thésée*, remarqua : « L'auteur qui a fait ces paroles n'est donc pas celui qui a fait celles du ballet, car il m'a paru qu'il y avait bien des plaisanteries et des expressions plates. » C'est que la dauphine, nous apprend le marquis d'Argenson, était une personne « sérieuse et taciturne ».[60]

La pièce était surtout fort artificielle et invraisemblable. Voltaire, voulant éviter à tout prix l'ennui d'une longue exposition, a mis d'emblée ses personnages sur la scène, mais avec une telle sobriété d'éclaircissements qu'à la représentation leurs rapports devaient demeurer longtemps obscurs. La scène se passe chez Morillo, « seigneur de campagne », personnage ridicule sans être vraiment comique. Faute d'hostellerie, car on est en guerre, Morillo a invité à dîner Constance, princesse de Navarre, qui fuit son tuteur don Pedro, « tyran barbare » ; elle fuit également le duc de Foix qui l'aime et qui cherche à l'enlever, mais elle lui a voué, sans l'avoir jamais vu, une haine traditionnelle de famille à famille. Léonor, sa suivante, tente vainement de lui faire oublier cette haine : Constance ne veut rien entendre et veut se retirer immédiatement dans un couvent.

On aurait besoin de savoir plus clairement que des combats se déroulent à proximité entre les soldats de don Pedro, roi de Burgos, et les Français, pour lesquels combat le duc de Foix.

Un cavalier se présente sous le nom d'Alamir qui se dit parent de Morillo et n'est autre que le duc. Il offre à la princesse de la servir. C'est ici qu'intervient un énorme artifice, fort contesté par d'Argental, mais exigé par la nécessité d'introduire les divertissements du premier acte : Morillo désigne Alamir comme intendant de ses menus plaisirs. Foix-Alamir devient donc un protagoniste poursuivant simultanément trois objectifs dont le dernier s'accorde mal avec les deux premiers : enlever Constance, combattre don Pedro... et préparer une fête. Aussi bien Hernand, conseiller du duc, demeure-t-il sceptique :

> Mais j'ai grand peur que votre fête
> Réussisse aussi mal que votre enlèvement.

Crainte que partagent sans doute les spectateurs de la pièce. Mais le duc, amoureux et optimiste, pense bien réussir auprès de la princesse :

> [Leurs] communs ennemis la rendront plus traitable.

Les troupes du roi don Pedro sont en effet tout près d'investir ce curieux château où l'on donne une fête. Danger que néglige Foix-Alamir ; ce qui l'inquiète davantage, c'est que la fille de Morillo, Sanchette, s'est éprise pour lui d'un amour enfantin et absolu qu'elle proclame à tous les vents. C'est là le personnage si longtemps refusé par d'Argental et Pont-de-Veyle ; mais Voltaire s'est entêté : il en a corsé la naïveté et fignolé le comique. Sanchette est d'autant plus imbue de son amour qu'on lui laisse croire que la fête qui se prépare lui est consacrée.

Coup de théâtre : quand la princesse de Navarre veut sortir, elle se trouve entourée par des guerriers de don Pedro. Et c'est le moment où la pièce s'interrompt pour faire place aux chœurs et au ballet, musique de Rameau. La pièce repart sur une déclaration d'Alamir à la princesse : il lui offre de la défendre ; elle se contente de lui accorder sa confiance. Un moment, les guerriers se trompent et veulent emmener Sanchette à la cour de Burgos. Finalement, c'est Constance qu'ils enlèvent, ce qui va donner un avantage décisif à Foix-Alamir qui la délivre au prix d'un dur combat. Puis, fort habilement, il disparaît. Bien entendu, la princesse le réclame, et enfin le croit mort. Souffrance qui lui révèle son amour. Le duc revient encore, puis part combattre avec les Français. L'action évolue en faveur de la France.

On prévoit depuis longtemps ce qui va se passer : la victoire des Français sur don Pedro est due, pour une bonne part, à la bravoure d'Alamir. Mais ce qui est inattendu et va retarder le dénouement, c'est que Sanchette supplie la princesse de ne pas lui enlever le héros, et la princesse y consent, désespérée, car elle considère Alamir comme un officier sans grande naissance qu'elle ne saurait épouser. Voltaire a voulu que la scène fût dramatique ; il a fait dire à Mlle Clairon de ne pas la jouer froidement : « elle doit faire éclater le pathétique et le désespoir le plus douloureux ».[61] Tout change lorsqu'Alamir, de retour, se jette aux genoux de la princesse et lui déclare qu'il est le duc de Foix, « du sang des rois ». La princesse, heureuse, console Sanchette : elle l'emmènera à la cour et l'établira. Morillo, vaguement amoureux, lui aussi, de la princesse, conclut :

> Le duc de Foix, comme je le voi,
> Me faisait donc l'honneur de se moquer de moi.

La pièce s'achève par des chœurs et un ballet, tandis que les Pyrénées, au fond de la scène, s'abaissent insensiblement.

Barbier a trouvé la pièce « longue, ennuyeuse et mauvaise »[62] et lorsqu'elle sera publiée, Mme de Tencin, à qui sa « ménagerie » a offert une chaise percée, trouvera, au fond de ce meuble, le texte de *La Princesse de Navarre*. Serait-il étonnant que le coupable fût Piron ?

Il n'est que le résultat qui compte : « Mon ouvrage est décent, » écrit Voltaire, « il a plu sans être flatteur. Le roi m'en sait gré, les Mirepoix ne peuvent me nuire. »[63] Aussitôt, le poète réclame sa récompense, et c'est au marquis d'Argenson qu'il s'adresse :

La charge de gentilhomme ordinaire ne vaquant presque jamais et cet agrément n'étant qu'un agrément, on y peut ajouter la petite place d'historiographe et au lieu de la pension attachée à cette historiographerie je ne demande qu'un rétablissement de quatre cents livres. Tout cela me paraît modeste et M. Orry en juge de même; il consent à toutes ces guenilles. Daignez achever votre ouvrage et vous aboucher avec M. de Maurepas.[64]

Quelques jours après, il manifeste son impatience au même d'Argenson, qu'il supplie «non seulement d'encourager le roi, mais d'encourager aussi monsieur de Maurepas à terminer l'affaire qui me regarde, et à *ne la pas faire à moitié*».[65]

Non, l'affaire ne sera pas faite à moitié, mais telle est la fantaisie de l'administration royale que Voltaire apprend indirectement que le roi a «tout» accordé et qu'il lui faut «courir après le roi à bride abattue, et se trouver à un certain moment dans un certain coin, pour le remercier», sans savoir trop de quoi. Il raconte l'entrevue à Mme Denis dans le style de *Zadig*: «On me présenta donc à sa très gracieuse Majesté, qui me reçut très gracieusement et que je remerciai très humblement. Mais faire signer des brevets est chose beaucoup plus difficile, que de faire des remerciements. On dit à présent qu'il faut que je ne désempare pas jusqu'à ce que tout soit bien cimenté, scellé et consommé. J'aimerais mieux venir vous embrasser».[66]

La promesse du roi n'était point vaine: c'est encore à sa nièce que le poète annonce, le 3 avril, que le brevet a été scellé. Le roi lui accorde «l'expectative d'une charge de gentilhomme ordinaire, la place d'historiographe de France, avec deux mille livres d'appointements et les entrées dans sa chambre».[67] «Me voilà heureux dans ce monde», écrit-il à Moncrif. «Les prières de Mme de Villars m'assurent de la félicité pour l'autre.»[68] Non pas qu'il n'éprouve, quand il redevient sérieux, une secrète honte d'avoir acquis cette situation grâce à une pièce médiocre et à la diplomatie de Mme Du Châtelet, de La Vallière et de Richelieu:

> Mon *Henri quatre* et ma *Zaïre*,
> Et mon Américaine *Alzire*,
> Ne m'ont valu jamais un seul regard du roi;
> J'avais mille ennemis avec très peu de gloire:
> Les honneurs et les biens pleuvent enfin sur moi
> Pour une farce de la Foire.[69]

La frondeuse imprudence succède à la victoire. Ce bonheur apparent n'en couronne pas moins l'association indissoluble, mais désormais sans amour, de Voltaire et de Mme Du Châtelet. Ils ont abandonné la solitude et la studieuse liberté de Cirey pour une vie décevante de courtisans. Or, Voltaire ne sera jamais un bon courtisan; il l'avoue au jeune Vauvenargues dont il apprécie de plus en plus la sincérité et l'élévation d'esprit: «La cour ne semblait guère faite pour moi; mais les grâces que le roi m'a faites m'y arrêtent, et j'y suis à présent plus par reconnaissance que par intérêt.»[70]

Belle et rare, cette amitié de Voltaire et Vauvenargues : d'emblée, elle s'est élevée plus haut que ses relations avec Helvétius, Baculard d'Arnaud, et même, plus tard, avec Marmontel. Cela tient sans doute à l'exceptionnelle valeur et à la destinée douloureuse de Vauvenargues. Sa vie discrète n'est connue que dans ses grandes étapes. Né en 1715, fils du maire d'Aix-en-Provence, il est contraint de rester longtemps isolé, avec sa mère, dans l'austère château familial, à quatre lieues de sa ville natale que son père défend héroïquement contre la peste. Maladif, timide, d'un caractère doux et méditatif, le jeune marquis s'opposera bientôt – tout en reconnaissant ses vertus – à son père, cet homme solide et triomphant que le régent vient de récompenser par un marquisat.

Quelques années plus tard, l'imagination du jeune gentilhomme, son aspiration à la grandeur l'entraînent vers l'armée : il entre au régiment du roi. Contradiction évidente avec sa mauvaise santé et sa passion pour la littérature. « Il se fuit en fuyant sa famille ».[71] La vie militaire réalise pour lui un exil plus qu'une vocation. Il n'en participe pas moins à trois campagnes, en Italie en 1735, en Bohème en 1741-1742, sur le Rhin en 1743. Pendant l'hiver de 1741, il a les jambes légèrement gelées au siège d'Iglau, en Moravie ; l'année suivante, à Prague, il perd son ami Hippolyte de Seytres. Officier peu brillant, il demeure le plus souvent en garnison, où il s'ennuie : « Quand on a l'âme haute, quel intérêt peut-on prendre à faire distribuer de la paille, à mettre en prison un soldat qui n'a pas bien mis sa cravate, ou à donner des coups de canne à l'exercice ? »[72] Cette « servitude militaire » devient pour lui une sorte d'héroïsme. Enfin après Dettingen son horreur de la guerre le conduit à démissionner. Défiguré par la petite vérole, il se trouve laid. De toute façon, aurait-il rencontré un amour qui fût à la hauteur de sa vertu ? Sa prodigalité et la vie aux armées l'ont ruiné : il se fait précepteur, comme La Bruyère. Il se sent soudain pour cette occupation un intérêt passionné, car elle lui révèle les progrès de sa propre parole et de sa pensée : « Bien parler et bien écrire, toutes les entreprises et les passions ne réussissent que par là ».[73]

Il se met donc à écrire. Vertueux par nature, il tient la gloire pour une vertu, car elle n'est autre que le parfait accomplissement de l'être. S'il a horreur de la vulgarité, de la frivolité, il demeure indulgent à toute manière de vivre, « encore est-il mieux d'être vicieux que de ne pas être ». On voit bien ce qui le rapproche de Voltaire. Sans être absolument d'accord sur Corneille, que Vauvenargues n'aime guère, ni sur Pascal et Bossuet, ils aiment Racine, Locke et Bayle ; tous deux se méfient du verbalisme et de la boursouflure. Ils sont plus proches encore dans leurs conceptions morales : ils font confiance à la nature, réhabilitent l'amour-propre, l'intérêt, ne condamnent ni le plaisir, ni la passion, ni la gloire. Vauvenargues, comme Voltaire, subordonne la raison au sentiment non, comme Pascal, pour humilier les facultés humaines, mais pour réconcilier l'homme avec lui-même et renforcer sa raison.[74] Enfin, aucun des deux ne se laisse prendre aux grands systèmes de la métaphysique.

C'est de Nancy, où il était encore en garnison, que Vauvenargues a écrit, le 4 avril 1743, sa première lettre à Voltaire. Il lui manifeste la plus grande admiration et lui soumet ses points de vue sur la littérature et la philosophie. «Pardonnez, Monsieur,» conclut-il, «à mon âge et au métier que je fais le ridicule de tant de décisions aussi mal exprimées que présomptueuses. J'ai souhaité toute ma vie avec passion d'avoir l'honneur de vous voir, et je suis charmé d'avoir [...] une occasion de vous assurer au moins de l'inclination naturelle et de l'admiration naïve avec laquelle [...] je suis [...]».[75]

Voltaire est heureux de découvrir un philosophe si plein d'esprit: «Je n'ai rien vu», dit-il, «de si fin et de si approfondi».[76] Dans une lettre suivante, il souligne la contradiction d'une telle destinée:

Je vous avoue que je suis encore plus étonné que je ne l'étais que vous fassiez un métier, très noble à la vérité, mais un peu barbare, et aussi propre aux hommes communs et bornés qu'aux gens d'esprit. Je ne vous croyais que beaucoup de goût et de connaissances, mais je vois que vous avez encore plus de génie. Je ne sais si cette campagne vous permettra de le cultiver [...] Je réprime mon envie de vous dire tout ce que je pense.[77]

Il va résulter de cette amitié une correspondance souvent passionnée, trop rare,[78] mais qui se poursuivra jusqu'à la mort précoce de Vauvenargues.

Pourtant, quelle différence des destinées! En 1745, Voltaire est un homme d'action souvent comblé, encore sollicité, si malade soit-il, par la joie de vivre et par l'ambition, alors que Vauvenargues, loin du bruit, sacrifiant toute vanité à son œuvre, non sans orgueil, médite et écrit dans la résignation.

10. Une heureuse conjoncture : Etioles et Fontenoy

A peine l'historiographe s'est-il mis au travail qu'il en est distrait. Laissant Mme Du Châtelet jouer au cavagnole à Versailles, il est attiré à Paris : «Je ne sais pas trop», écrit-il à d'Argental, «ce que je fais ici».[1] Il le sait fort bien : il va embrasser sa nièce qui vient de s'installer chez sa sœur, Mme de Fontaine, à l'hôtel d'Herbouville, rue Pavée.

Ayant résolu, au début d'avril, de se tenir à Versailles, c'est à peine s'il y reste une quinzaine de jours ; le 16 de ce mois, il se croit obligé de «courir» à Châlons avec Mme Du Châtelet dont le fils est atteint d'une petite vérole qui semble bénigne. Rassurés, ils s'attardent, car ils y vivent beaucoup mieux qu'à Versailles. L'évêque de Châlons reçoit les deux amis en personnages quasi-officiels ; il les loge magnifiquement, leur fait bonne chère et les promène. Ce voyage n'aurait que peu d'importance s'il n'entraînait un fâcheux retard dans les projets de Voltaire. Alors qu'il se présente à Versailles dès son retour, désirant travailler et s'entretenir avec le marquis d'Argenson, on lui interdit l'accès du château : «Il faut s'immoler», écrit-il, «au préjugé qui m'exclut de Versailles pour quarante jours, parce que j'ai vu un malade à quarante lieues. »[2]

Le poète prend très au sérieux sa tâche d'historiographe. Ne s'était-il pas considéré, en 1740, quand les premiers chapitres du *Siècle* avaient été censurés, comme le véritable historiographe de Louis XIV ? «J'ose dire que dans tout autre temps», écrivait-il au marquis d'Argenson, «une pareille entreprise serait encouragée par le gouvernement. Louis XIV donnait six mille livres de pension aux Valincourt, aux Pellisson, aux Racine et aux Despréaux pour faire son histoire qu'ils ne firent point, et moi je suis persécuté pour avoir fait ce qu'ils devaient faire. »[3] Maintenant qu'il a obtenu la faveur de Louis XV, pourrait-il lui faire défaut comme ses prédécesseurs à Louis XIV ? Quelques jours après sa nomination, il feint auprès de «l'ange», qui préférerait sans doute quelque nouvelle tragédie, de ne point se prendre au sérieux : «Me voilà engagé d'honneur à écrire des anecdotes, mais je n'écrirai rien et je ne gagnerai pas mes gages. »[4] Or, la peine qu'il se donnera mériterait mieux que ses deux mille livres. Ne doutons point de sa sincérité lorsqu'il se dit «engagé d'honneur» : il l'est à l'égard du roi, de sa patrie et, au surplus, de son propre avenir. Ecrire l'histoire des événements actuels pourrait faciliter son élection à l'Académie. Mais il faut qu'il se hâte. L'historien va donc succéder au diplomate, et sa passion pour l'œuvre entreprise va l'emporter rapidement sur les calculs de l'intérêt personnel. D'abord, cette place d'historiographe lui ouvre l'accès aux documents les plus récents et lui permet d'obtenir les témoignages vivants de ceux qui font l'histoire devant lui. Elle satisfait aussi son goût pour le journalisme, qui se développe d'abord en faveur du pouvoir. Ce goût n'est pas récent: depuis son adolescence, il «vit intensément dans son temps, en épouse la curiosité».[5]

Enfin, cette promotion coïncide avec celle du marquis d'Argenson au ministère des Affaires étrangères. Le poète s'engage à fond dans la même politique anti-autrichienne, favorable à Frédéric II, mais qui est avant tout une politique de paix. Faire la guerre, il le faut, puisqu'elle est commencée; gagner des batailles, certes, mais sans autre but que d'obtenir rapidement une paix durable. Voltaire se réjouit d'être l'historien d'un tel ministère et de pouvoir bientôt chanter une paix établie par un philosophe et un ami. Hélas! D'Argenson pourra-t-il imposer longtemps une telle politique à Maurepas et à Maurice de Saxe? En outre, le désaccord s'élargit entre le marquis et son frère, ministre de la Guerre, plus réaliste que lui et intéressé, avec les Pâris, auxquels il est lié, par les profits des opérations militaires.

L'engagement de Voltaire dans la politique de paix devient une sorte de *leitmotiv* de sa correspondance au début de mai 1745. A Valory, frère de l'ambassadeur de Prusse, il écrit le 3 mai: «Il n'y a jamais eu de tous les côtés moins de raison de faire la guerre. Tout le monde a besoin de la paix, et cependant on se bat. Je voudrais bien que l'historiographe pût dire: les princes furent sages en 1745.»[6] Mais c'est à la même époque que d'Argenson s'enfonce aveuglément dans une diplomatie anti-autrichienne à tout prix. Charles VII, le nouvel empereur en titre, élu sous l'inspiration de la France, étant mort prématurément, d'Argenson décide de porter à l'empire l'électeur de Saxe Auguste III. C'est ignorer à quel point l'influence de l'Autriche s'est développée. Le coup de maître, pour l'avenir de la France et de l'Europe, eût été de faire élire François de Lorraine, époux de Marie-Thérèse. Celle-ci désire traiter avec la France à laquelle elle céderait, pour avoir les mains libres contre la Prusse, la moitié des Pays-Bas. Belle réplique à l'opportunisme de Frédéric et coup de semonce à l'influence anglaise en Hollande! La force de Marie-Thérèse, c'est Auguste III lui-même qui l'apprécie à sa juste valeur: il refuse d'être candidat et promet sa voix à François de Lorraine. Aussitôt, le fils de Charles VII, Maximilien, l'imite. Et voici la diplomatie du marquis d'Argenson compromise. Voltaire redoute que sa tâche d'historien ne devienne ingrate: «Je tremble que nos tristes aventures de Bavière ne déterminent le roi de Prusse à faire une seconde paix. Vous êtes, monseigneur, dans des circonstances bien critiques, et nous aussi. Si cela continue, le bel emploi que celui d'historiographe!»[7]

Voltaire s'entête cependant à désirer une nouvelle et prochaine échéance de paix. C'est à Valory plutôt qu'à Frédéric qu'il s'adresse. Apprécions sa gentillesse dans sa lettre du 1er mai: «Puissent ces deux héros [Louis XV et Frédéric II] nous donner bientôt la paix dont l'Allemagne et l'Angleterre ont plus besoin que nous!»[8] Et le 9 mai, Voltaire surnomme d'Argenson «l'ange de la paix». Mais il faudrait au marquis, pour faire oublier les échecs de sa diplomatie et rattraper ailleurs cette paix qui le fuit, une victoire retentissante. Il s'entend avec son frère pour décider le roi à retourner en Flandre. Tous deux vont l'accompagner ainsi que le dauphin malgré son récent mariage. Voltaire, écarté de Versailles par sa «quarantaine», regrette de ne point revoir le ministre avant son départ: «Partez donc», lui écrit-il, «mais revenez avec le rameau d'olivier, et que le roi vous donne le rameau d'or, car en vérité vous n'êtes pas payé pour la peine que vous prenez.»[9]

Au cours du même mois de mai 1745, un autre personnage, qui deviendra plus influent que d'Argenson, va se trouver à même d'aider Voltaire à exploiter l'événement et va le porter au faîte de sa chance. Depuis le début d'avril, Voltaire suit attentivement la «montée» de Jeanne-Antoinette Poisson, future marquise de Pompadour.

Voltaire l'a connue très jeune: on sait qu'il était en relations d'affaires et d'amitié avec Pâris-Monmartel, qui fut le parrain de Jeanne-Antoinette. Il le rappellera à la favorite dans l'épître dédicatoire de *Tancrède*: «J'ai vu dès votre enfance les grâces et les talents se développer».[10] Ayant eu à pâtir, plus tard, du soutien à éclipses de la favorite, il y reviendra dans ses *Mémoires*, fort brièvement, et sur un ton détaché: «La fille était bien élevée, sage, aimable, remplie de grâces et de talents, née avec du bon sens et un bon cœur. Je la connaissais assez: je fus même le confident de son amour.»[11] S'il reconnaît les services rendus, c'est dans le style de *Candide*, en soulignant l'absurdité du pouvoir royal: «Cela me valut des récompenses qu'on n'avait jamais données ni à mes ouvrages ni à mes services [...] Je conclus que pour faire la plus petite fortune, il valait mieux dire quatre mots à la maîtresse d'un roi que d'écrire cent volumes.»[12] Mais peut-être pense-t-il alors autant à Bernis qu'à lui-même.

De son côté, Jeanne-Antoinette a certainement admiré Voltaire dès l'adolescence, puisqu'elle jouait, en 1737, n'ayant que seize ans, dans *Zaïre*. C'est ce que l'on apprend dans une lettre d'Anfossi au marquis de Caumont:

Les acteurs du théâtre d'Etioles n'ont point voulu me laisser en repos [...] On ne s'attend point que des gens d'une condition aussi éloignée du théâtre [...] puissent être si bons acteurs [...] Pour les rôles de femmes, ils sont remplis par Mme de Blagny [...] et par Mlle Lenormant, fille du fermier général, qui n'a commencé à jouer que de cette année, mais qui montre toutes les dispositions pour devenir une très bonne actrice. On a représenté pendant mon séjour *Zaïre*, le *Concert ridicule*, le *Glorieux*, l'*Avocat Pathelin*, etc.[13]

Comme on peut le voir ici, Jeanne-Antoinette passe pour la fille du fermier général Le Normant de Tournehem, ami de Pâris-Monmartel et châtelain d'Etioles. C'est que Le Normant «protège» la mère de Jeanne-Antoinette, Mme Poisson, «encore plus belle», écrit Barbier,[14] et avec tout l'esprit imaginable. Mais que le fermier général ait reconnu les grâces et les dons de la fille de Mme Poisson et qu'il pourvoie fort intelligemment à son éducation ne signifie pas qu'il en soit le père. Jeanne-Antoinette est née en 1721, et son père légal François Poisson, condamné pour malversations, ne s'est exilé en Westphalie qu'en 1727. Il ne sera réhabilité qu'en 1739. Pendant ces douze années d'absence, quoi de plus naturel que son souvenir, pour le moins gênant, se soit effacé?

Quelle que soit l'ascendance de Jeanne-Antoinette, l'éducation mondaine et intellectuelle qu'elle reçoit de sa mère et de «l'oncle Tournehem» ne négligera aucun de ses dons. S'agit-il de musique? L'oncle a un frère marié à la fille du directeur de l'Opéra, petite-fille de Lulli: rien d'étonnant à ce que la jeune fille chante avec tant d'art un aussi riche répertoire de chansons. S'agit-il de diction? C'est Crébillon qui lui apprend l'art de bien dire et de jouer la comédie. S'agit-il de sa formation intellectuelle? Elle est plus étonnante encore: les frères Pâris la présentent à leur compatriote dauphinoise Mme de Tencin. Au salon de la rue Saint-Honoré qu'elle fréquente avec sa mère, elle rencontre des écrivains et des philosophes, Fontenelle, Crébillon, Marivaux, Piron, Montesquieu, Duclos, Helvétius, et des savants, Dortous de Mairan et Réaumur. Elle y exerce son esprit, et même y entend parler de politique. Elle est admise ensuite dans le salon de Mme Geoffrin; puis elle rencontre chez une cousine, Mme d'Estrades, un jeune abbé intelligent et ambitieux, l'abbé de Bernis.

Le Normant de Tournehem la marie, peut-être non sans arrière-pensée, à son neveu, un gringalet sans envergure, et donne au couple le château d'Etioles. Jeanne-Antoinette devient Mme d'Etioles. A son tour, elle reçoit somptueusement les écrivains qu'elle connaît.

Sa mère et ses familiers, Mme de Tencin et les Pâris, s'ingénient à lui faire comprendre qu'elle est «un morceau de roi». On la fait rêver, on la pousse vers le monarque. «Elle m'avouait», dit Voltaire, «qu'elle avait toujours eu un secret pressentiment qu'elle serait aimée du roi, et qu'elle s'était senti une violente inclination pour lui.»[15] Il ajoute qu'on la promenait en calèche dans la forêt de Sénart où chassait le roi et qu'il lui envoyait des chevreuils. Tout concourt à sa réussite. Grâce à un parent de Tournehem, un nommé Binet, premier valet de chambre du dauphin, elle obtient ses entrées à Versailles. C'est ainsi qu'elle assiste, le 25 février 1745, à la représentation de La Princesse de Navarre. Deux jours après, au cours des fêtes du mariage du dauphin, elle assiste au grand bal donné à Versailles et, dans la cohue des masques, elle rencontre le roi. Il la reconduit sur le matin à l'hôtel de Gesvres, rue Croix-des-Petits-Champs, où habitent sa mère et le financier Tournehem.

Vers la mi-avril 1745, Mme d'Etioles s'installe à Versailles malgré les protestations de l'ancien évêque de Mirepoix qui accuse Binet. Le 22 avril, elle soupe avec le roi en compagnie des ducs de Luxembourg et de Richelieu. Voltaire, toujours informé par La Vallière et Richelieu, fait à la favorite une cour de plus en plus familière. Elle s'est retirée chez elle pendant que le roi est aux armées. « Je suis tantôt à Champs, tantôt à Etioles », écrit Voltaire au marquis d'Argenson.[16] A Etioles, il rencontre un grand admirateur de ses tragédies, l'abbé de Bernis, devenu auprès de Mme d'Etioles, par un choix qu'elle fit accepter du roi, son initiateur à la vie de cour et à la politique. Bernis restera, même cardinal, un ami de Voltaire et correspondra avec lui jusqu'à la mort du « vieux Suisse ».

Mme d'Etioles a informé Voltaire du marquisat qui va lui échoir. Avant de partir pour la Flandre, Louis XV, hésitant d'abord entre le marquisat de La Ferté et celui de Pompadour, s'est décidé pour ce dernier, qu'il a aussitôt acheté au prince de Conti. La famille de Pompadour est à peu près éteinte ; dans le souvenir des courtisans, deux de ses membres demeurent célèbres à des titres bien différents : le marquis de Pompadour avait participé, avec la duchesse du Maine, à la conspiration de Cellamare ; quant à l'abbé de Pompadour, on s'en amusait, car il faisait lire son bréviaire par son laquais et se croyait quitte envers Dieu. Voltaire se hâte de versifier ce qui n'est presque plus un secret :

> Sincère et tendre Pompadour,
> Car je peux vous donner d'avance
> Ce nom qui rime avec l'amour,
> Et qui sera bientôt le plus beau nom de France.[17]

Après Fontenoy, le jour même de la prise de Gand, l'une des nombreuses lettres d'amour du roi, adressée pour la première fois *à la marquise de Pompadour*, renferme le brevet qui lui confère ce titre. Témoin de sa joie, Voltaire reprend la plume, « à Etioles, juillet 1745 » :

> Il sait aimer, il sait combattre ;
> Il envoie en ce beau séjour
> Un brevet digne d'Henri Quatre,
> Signé Louis, Mars et l'Amour.
>
> Mais les ennemis ont leur tour ;
> Et sa valeur et sa prudence
> Donnent à Gand le même jour
> Un brevet de ville de France.[18]

C'est Fontenoy surtout qui resserre les relations entre Voltaire et Mme de Pompadour, dans leur collaboration à magnifier la victoire. En Flandre, en présence du roi, les troupes se battent vaillamment. La bataille, fort incertaine d'abord, est enfin gagnée à Fontenoy, le 11 mai 1745. Cette victoire vient à point, en cette longue guerre qui se traîne, pour rehausser le prestige royal et rendre l'espoir à l'opinion. Dès qu'il connaît la nouvelle, Voltaire expédie au marquis d'Argenson un billet enthousiaste : « Ah le bel emploi pour votre historien ! Il y a trois cents ans que les rois de France n'ont rien fait de si glorieux. Je suis fou de joie. Bonsoir monseigneur. »[19] Le marquis répond à l'historien une lettre dont on a «beaucoup parlé à Paris»,[20] telle que peu de ministres eussent été assez humains pour l'écrire et se fussent risqués à le faire. Sans doute le ministre s'abandonne-t-il d'abord à la joie de la victoire :

Ce fut un beau spectacle que de voir le roi et le dauphin écrire sur un tambour entourés de vainqueurs et de vaincus morts, mourants ou prisonniers [...] Jamais je n'ai vu d'homme si gai de par cette aventure qu'était le maître [...] On alla coucher sur la paille, il n'y a point eu de nuit de bal plus gaie, jamais tant de bons mots [...] Le roi chanta une chanson qui a beaucoup de couplets et qui est fort drôle. Pour le dauphin, il était à la bataille comme à une chasse de lièvres [...] Le vrai, le sûr, le non flatteur, c'est que c'est le roi qui a gagné lui-même la bataille par sa volonté, par sa fermeté. Vous verrez des relations et des détails, vous saurez qu'il y a eu une heure terrible où nous vîmes le second tome de Dettingen.

Victoire, certes, mais on sait combien d'Argenson ressent les misères du peuple ; il s'émeut des souffrances des combattants et déplore le mauvais exemple que donnent à la jeunesse de telles tueries :

Après cela, pour vous dire le mal comme le bien, j'ai remarqué une habitude trop tôt acquise de voir tranquillement sur le champ de bataille des morts nus, des ennemis agonisants, des spectacles affreux, des plaies fumantes. Pour moi j'avouerai que le cœur me manqua, et j'eus besoin du flacon. J'observai bien nos jeunes héros, je les trouvai trop indifférents sur cet article, je craignis pour la suite de leur longue vie, que le goût vînt à augmenter par cette inhumaine curée.[21]

«L'emploi» de l'historien devient un exploit du poète. Voltaire abandonne la prose pour écrire un poème lyrique : *La Bataille de Fontenoy*. L'œuvre fut improvisée très vite, dans l'enthousiasme de la victoire. Six jours après la bataille, trois jours après qu'on ait connu la nouvelle à Paris, dès le 17 mai Voltaire a obtenu l'approbation du censeur Crébillon.[22] Il entendait devancer ses concurrents Piron, Roy, Fréron, qui allaient aussi célébrer en vers l'événement. Le 26 mai, il en est déjà à la quatrième édition.[23] Les rééditions se succèdent jusqu'à la neuvième. Le roi accepte que le poème lui soit dédié, en une épître liminaire.[24] Dès lors il devient une publication quasi officielle, tirée sur les presses de l'imprimerie royale, au Louvre.[25] D'une édition à l'autre, Voltaire apporte des changements : corrections et surtout additions. Ainsi s'enfle rapidement le poème qui passe d'une centaine de vers à trois-cent-cinquante. D'adjonction en adjonction, le plan reste pourtant le même. Le poème se développe dans l'ordre du récit : préparatifs de la bataille, la bataille elle-même, et «ce qui la termine».[26] Il ne s'agit certes pas d'une narration historique. Après le poème, Voltaire donnera celle-ci dans un chapitre de l'*Histoire de la guerre de 1741*. Il convient même de lire le texte de l'historien pour comprendre le style allusif du poète. C'est dans l'*Histoire* que l'on apprend les origines de la bataille. L'armée française commandée par Maurice de Saxe a mis le siège devant Tournai. Une armée anglaise, renforcée de contingents hollandais et autrichiens, avance au secours de la place investie, dont les défenses déjà ont été entamées. C'est dans l'*Histoire* qu'est énoncée l'explication de la victoire : la supériorité numérique des Français. C'est là, et non dans le poème, qu'on suit clairement le dénouement de l'action. Les Anglais, après avoir eu le désavantage de « tirer les premiers »,[27] enfoncent dans le centre français une colonne compacte, au feu meurtrier. Les contre-attaques, en désordre et non coordonnées, échouent. Il y eut autour de Louis XV un début de panique. Mais le maréchal de Saxe, sur une suggestion, semble-t-il, du duc de Richelieu, lance contre la colonne infiltrée une action cohérente : il l'attaque de face par l'artillerie, et sur les flancs par la Maison du roi, non encore engagée, qui opère « en fourrageurs », « la main baissée, le bras raccourci »,[28] offrant ainsi moins de prise au feu de l'ennemi. La manœuvre oblige la colonne anglaise à se replier et décide de la victoire.

Dans le poème, Voltaire ne raconte pas la bataille, il la chante. Son œuvre relève d'un genre classique, « le genre héroïque ».[29] Il cite deux précédents, remontant aux guerres de Louis XIV : l'ode d'Addison sur la bataille d'Hochstedt, l'épître de Boileau sur le passage du Rhin. Pour comprendre ses intentions, et pour lui rendre justice, il faut se référer à une certaine idée, qui est la sienne, de la monarchie, et de la fonction du poète dans la monarchie. Comment Louis XV apparaissait-il à Voltaire et au public, en 1745 ? Le roi, en cette période glorieuse de son règne, était populaire. Sa maladie à Metz, l'année précédente, avait suscité une intense émotion. On le nommait « le bien-aimé ». Voltaire pouvait croire qu'après la disparition de Fleury allait s'affirmer un « grand roi ». Louis XV se rendant au combat en première ligne, au siège de Tournai, rappelait la manière de son ancêtre Louis XIV. Et si l'on remonte plus haut dans le passé, le vainqueur de Fontenoy, amant de Mme de Pompadour, n'allait-il pas se rapprocher du modèle naguère exalté par *La Henriade* : un roi guerrier, au contact de ses compagnons d'armes et de son peuple, œuvrant pour le bien du pays ? Le devoir d'un poète n'est-il pas alors de chanter, comme l'avait fait Boileau, « la gloire » d'un tel roi, avec « celle de la nation », inséparable de celle du roi ?[30] Il est trop évident qu'en ce cas le poète s'attire maintes faveurs, dont Voltaire est avide, ne serait-ce qu'une élection à l'Académie française. Mais on aurait tort de réduire l'inspiration de *La Bataille de Fontenoy* aux seuls motifs d'intérêt.

Il reste que cette performance est, dans l'œuvre poétique de Voltaire, l'une de celles qui touchent le moins un lecteur d'aujourd'hui. On demeure insensible à cette rhétorique lyrique qui multiplie les exclamations, à cette fausse noblesse d'un style périphrastique qui, par exemple, pour désigner les fusils et les canons parle de « ces machines affreuses, ces foudres ennemis contre nous dirigés ».[31] Mais la faute la plus grave est d'avoir voulu citer le plus de noms possibles, avec mention des exploits de chacun. Voltaire en grossit son texte d'édition en édition. A-t-il donc oublié « les tempêtes d'amour-propre » que déchaîna *Le Temple du Goût* ? Il commet la même erreur : comment pourrait-il connaître exactement les actions d'éclat de tous les combattants ? Comment répartir les louanges équitablement et mettre chaque officier à sa vraie place? Beaucoup de gens informés, comme Vauvenargues, n'ignorent pas que la plupart des chefs de l'armée sont médiocres et que lorsque les batailles sont gagnées, elles le sont d'abord par les soldats – des paysans français. Aux sacrifices de la «piétaille», Voltaire a pensé moins que d'Argenson. Si l'on trouve, dans le poème, un vers comme celui-ci:

> Que les Français sont grands quand leur maître les guide!

c'est encore pour exalter le rôle du roi. Sans doute le maréchal de Saxe et l'héroïque contre-attaque de la Maison du roi méritent-ils l'éloge, mais le poète s'égare à vouloir faire plaisir, trop visiblement, à la noblesse de cour, et l'on sent trop que le poème est, dans une bonne mesure, œuvre de courtisan:

> Comment ces courtisans doux, enjoués, aimables,
> Sont-ils dans les combats des lions indomptables?

Le duc de Richelieu, en particulier, y tient trop de place,[32] chacun s'en aperçoit et en connaît les raisons. Quel chef avisé, ce fastueux duc, quel homme mobile, quel esprit vif, quel grand stratège!

> Il vole, et sa vertu secondant vos grands cœurs,
> Il vous marque la place où vous serez vainqueurs.[33]

Aussi les protestations et plus encore les parodies vont-elles pleuvoir sur l'auteur. Les éditions rectificatives se succèdent, criblées de renvois et de notes. «La tête me tourne», écrit le poète à Cideville, «je ne sais comment faire avec les dames qui veulent que je loue leurs cousins et leurs greluchons.»[34]

Voltaire n'avoue pas que ces «éditions» correspondent souvent à de tels consentements: il cherche à faire croire que, pour lui, ce n'est qu'une poursuite incessante de la vérité. Le succès aidant, et Voltaire distribuant son poème par paquets, les éditions continuent à foisonner. En juillet, on parvient à la quarantième. Maurepas manifeste à l'auteur son inquiétude. Aussi bien la critique est-elle aisée, et les ennemis de Voltaire s'en donnent-ils à cœur joie. Deux poèmes satiriques particulièrement piquants obtiennent un grand succès. C'est d'abord *Les Héros subalternes*,[35] poème qui prend le contre-pied de celui de Voltaire et ne loue que des combattants sans grade:

> Camarades soldats, je ne chante que vous.

Désignés par leur province d'origine ou par leurs surnoms, ce sont des fils de bourgeois ou d'artisans, des paysans, des ouvriers, dont les actions d'éclat sont présentées comme légendaires. Mais la satire la plus amusante est la *Requête du curé de Fontenoy au roi*, rédigée par le sieur Marchand,[36] dont l'avertissement parodie celui de Voltaire:

Le curé de Fontenoy doit rendre compte au public que, si sa pièce paraît trop courte ou trop négligée, c'est parce qu'il n'a été que trois heures à la composer, la revoir, la corriger et l'écrire. Si on lui objecte que rien ne l'obligeait à y mettre si peu de temps, il répondra que des devoirs d'état l'appelaient à d'autres occupations indispensables. Au reste s'il survient quelque chose d'intéressant, il fera des augmentations considérables, ou plutôt il donnera une pièce nouvelle, par le nombre de changements et d'additions qu'il se propose, au cas que son temps le lui permette. Quoique, naturellement, il ne doive parler qu'au roi son maître, il aura cependant la complaisance d'ajouter trois ou quatre vers en faveur de chaque personne distinguée, qui serait fâchée de n'être pas nommée [...], en sorte qu'on espère qu'à la centième édition la pièce pourra commencer à prendre forme. Il restera moins de mécontents.

Ensuite, le curé s'adresse au roi en vers octosyllabiques:

> Vous avez par votre valeur
> Immortalisé ma paroisse [...]
> Moi, j'ai prié pour tout le monde
> Et souhaité que le seigneur
> Dans son Paradis les confonde.

Mais sa requête est plutôt macabre: il demande une pension au roi pour frais d'enterrements:

> Vous êtres trop bon chrétien
> Pour vouloir, à ce que j'espère,
> Que sur ma paroisse on enterre
> Sept ou huit mille hommes pour rien.

Trop heureux des difficultés où Voltaire s'est empêtré, l'abbé Desfontaines publie aussi sa critique, plus sérieuse et mordante. Le titre en semble anodin. C'est un *Avis sincères à M. de Voltaire au sujet de la sixième édition de son poème sur la victoire de Fontenoy*. L'abbé a beau jeu de blâmer le procédé hasardeux par lequel le poème a été « grossi »: «Est-ce là ce qu'on appelle composer un poème? [...] Quoi, monsieur, vous traitez le public avec si peu d'égards? Vous osez sans façon lui faire part de tout ce qui vous passe par l'esprit et de tout ce qui a pu surprendre votre crédulité, sauf à l'effacer le lendemain et à qualifier vos ébauches successives, vos méprises, vos erreurs, vos traits imprudents de deuxième, de troisième, de quatrième, de cinquième édition?» Voltaire, ajoute-t-il, laisse croire que «chacune de ces burlesques éditions a été glorieusement épuisée»; il aurait dû attendre afin de bien connaître les péripéties de la bataille, cette bataille que l'on ne voit point. Mais l'abbé se contredit quand il prétend que Voltaire aurait dû en faire un récit épique: «Qu'est-ce qu'un poème sans fiction?», s'écrie-t-il. Ainsi le poète aurait évité «la sécheresse et l'ennui de sa relation rimée [car] il n'a fait que rimer des noms».[37]

Voltaire ne semble pas avoir souffert outre mesure de ces attaques. A peine fait-il allusion, dans sa correspondance, à «l'abbé de Bicêtre» et à Roy, ce dernier lui ayant reproché d'avoir exagéré le rôle des «talons rouges».[38] Certes, répond Voltaire, ce sont les talons rouges qui ont gagné la bataille![39] A l'encontre de Desfontaines, Voltaire affirme, dans son avertissement, avoir évité volontairement toute fiction, puis, désinvolte, il jette en pâture à ses détracteurs sa *Lettre critique d'une belle dame à un beau monsieur de Paris*,[40] persiflage léger qui met les rieurs de son côté. Que n'a-t-il toujours pris sur ce ton les attaques de ses ennemis! Mais aujourd'hui, il est en position favorable; sa situation à la cour est enviée. C'est ce que reconnaîtra, un peu plus tard, Piron, qui rit jaune: «Voyez ce que *La Princesse de Navarre* et *Le Poème de Fontenoy* ont valu à leur auteur: honneurs et pensions, et ce que m'ont valu à moi *Cortez* et *La Louisiade*? L'indifférence du public et les fades plaisanteries de Desfontaines.»[41]

En effet, si l'on excepte Maurepas, qui voit son jeu, Voltaire a pour lui le roi, les ministres et les principaux acteurs de la bataille. Ne parlons pas du marquis d'Argenson, intermédiaire bienveillant chargé de faire valoir les multiples éditions du poème auprès du roi. Mais le poète a mis de son côté Maurice de Saxe, qui vient d'écrire à Mme Du Châtelet: «Le roi en a été très content et même il m'a dit que l'ouvrage n'était pas susceptible de critique.»[42] La meilleure preuve, c'est que le roi accueille favorablement l'épître dédicatoire fort simple que le poète lui a proposée. Quant au maréchal de Noailles, qui n'avait pas de commandement et n'est point jaloux, c'est lui qui a fait au roi la lecture de l'ouvrage.[43] Comme Voltaire avait prétendu que ce n'était qu'un petit monument à la gloire du monarque et des armées, Noailles «m'a fait l'honneur de m'écrire que le roi avait dit que j'avais tort, que ce n'était pas un *petit* monument».[44] Cideville, qui est à Paris, se montre très actif: il réfute les critiques et compose lui-même un poème, à la gloire de Voltaire et du roi, que le poète fera publier par Prault[45] et qu'il s'efforcera de faire présenter à Louis XV. Il semble que personne n'ait osé s'en charger.

S'il est quelqu'un dont le soutien ne se relâche point et contribue, le plus efficacement sans doute, à faire approuver *Le Poème de Fontenoy* par le roi, c'est Mme de Pompadour. Elle sait combien sa situation de maîtresse officielle est critiquée par les dévots, et combien l'intrusion d'une bourgeoise à la cour est mal acceptée de la noblesse: elle ne saurait négliger l'appui d'un allié tel que Voltaire. Quelques jours après la victoire, le 20 mai, alors que le poète est «occupé à emboucher la trompette», elle reçoit de lui une nouvelle lettre commençant par une habile et flatteuse allusion:

> Quand César, ce héros charmant,
> De qui Rome était idolâtre,
> Battait le Belge ou l'Allemand,

> On en faisait son compliment
> A la divine Cléopâtre.

C'était suffisamment clair et se fût bien passé de l'imitation alourdie que l'on en fit plus tard.[46]

La suite de la lettre est plus sérieuse. Voltaire, qui connaît l'ouverture d'esprit de la jeune favorite, va en profiter pour avancer un pion à l'encontre des «fanatiques», leurs adversaires communs:

Je suis persuadé, madame, que, du temps de ce César, il n'y avait point de frondeur janséniste qui osât censurer ce qui doit faire le charme de tous les honnêtes gens, et que les aumôniers de Rome n'étaient pas des imbéciles fanatiques. C'est de quoi je voudrais avoir l'honneur de vous entretenir [...] Ce n'est point comme vieux galant flatteur de belles que je vous parle, c'est comme bon citoyen, et je vous demande la permission de venir vous dire un petit mot à Etiole ou à Brunoy[47] ce mois de mai.

C'est à Etioles qu'elle le reçoit. Au succès philosophique de l'entrevue succède une sorte de complicité politique: la favorite prouve au poète son respectueux attachement en le servant le mieux possible auprès du roi; c'est elle qui l'informe que son épître dédicatoire est agréée. Sans doute s'inquiète-t-elle, comme Maurepas, du nombre excessif des éditions du poème: «Je garde la copie que vous m'en avez donnée afin que vous me teniez la parole [...] de ne rien changer. Je compte toujours que vous me viendrez voir si vous n'allez pas à Cirey, je serai fort aise de vous renouveler les sentiments d'estime que j'ai pour un aussi grand homme que vous.»[48] Quelques jours après, elle s'indigne des critiques suscitées par le poème: «Je ne sais pourquoi on se déchaîne contre votre poème. C'est une chose qui me paraît la plus injuste du monde. Cela ne doit vous affliger en aucune façon. C'est le sort des grands hommes d'être enviés.» Voltaire lui aurait-il fait remarquer qu'elle distribue trop largement le poème? Elle réprime aussitôt un léger mouvement de jalousie à l'égard de la grande dame chargée de le diffuser, Mme de La Vallière: «Je ne veux en aucune façon vous faire de tracasserie. Ainsi je ne donnerai plus vos vers. Je ne suis pas assez vaine pour rien disputer à la maîtresse de Champs [...] Dites beaucoup de choses de ma part à M. de La Vallière.»[49] Voilà qui éclaire indirectement les solides appuis du poète au château de Champs.

C'est en accord avec la favorite, avec les ducs de Richelieu et de La Vallière que Voltaire accepte de composer un opéra à la gloire de Louis XV dont la musique sera encore de Rameau. Ce sera *Le Temple de la Gloire*. Le 10 juin 1745 il annonce au président Hénault qu'il a commencé à travailler. Passionné par les campagnes de Louis XV, l'historiographe s'efface à regret devant le poète: «Il pleut des victoires, mais je ne songe qu'à un ballet.»[50] Cette fois, il a choisi lui-même son sujet; il n'éprouvera pas les mêmes difficultés d'inspiration et ne sera pas retardé par les mêmes querelles avec Rameau qu'au temps de *La Princesse de Navarre*. Vers le 15 juin, il remet son premier acte à Richelieu: mais le duc sert mal les intérêts du poète auprès de Mme de Pompadour. Il reçoit aussitôt un petit sermon: «En vérité vous devriez bien mander à Mme de Pompadour autre chose de moi, que ces beaux mots, *je ne suis pas trop content de son acte*. J'aimerais bien mieux qu'elle sût par vous combien ses bontés me pénètrent de reconnaissance [...] Quand mes sentiments pour elle lui seraient revenus par vous, y aurait-il eu si grand mal?»[51] Peu importe, on a besoin du poète; le voici en situation de contribuer publiquement, une fois de plus, à la renommée de Louis XV. Il en tire vanité aux yeux de ses ennemis Roy et Desfontaines et, sûr de ses protecteurs, claironne que «les talents se réunissent pour louer notre monarque».[52] Quel contraste, aussi, avec le départ de Maupertuis qui va s'établir à Berlin! Mme Du Châtelet en est si «fâchée»! Mais, au fond, Voltaire n'éprouve-t-il point quelque envie? Voltaire ne trahit-il pas Voltaire?

Un bonheur plus intime et plus vrai, en ces mois d'été 1745, va lui échoir: plus tendres deviennent ses relations avec sa nièce. C'est une raison de plus de ne pas aller travailler à Cirey comme il en avait fait le projet. Le 22 juin, il invite Mme Denis et Mme de Fontaine à voir le feu de la Saint-Jean, sur la place de Grève, avec une grande dame inattendue, Mme de Créqui. Mme Du Châtelet n'y sera pas. Pourquoi? Est-ce seulement à cause de la morgue jalouse de la Créqui, sa cousine?

Les multiples occupations du poète ne l'empêchent pas de veiller à sa renommée internationale: appartenant déjà aux académies de Londres, d'Edimbourg, de Berlin, de Bologne, il fait parvenir des poèmes à la tsarine Elisabeth Petrovna par l'ambassadeur de France à Saint-Pétersbourg.

Il est difficile de suivre, en cet été de 1745, l'itinéraire de Voltaire. C'est d'abord au château de Champs qu'il décide d'aller travailler. Mais l'atmosphère n'y est pas fort studieuse, et il s'y querelle beaucoup avec Mme Du Deffand. Quand ils sont ensemble, c'est un duel incessant où alternent les compliments et les coups de griffes. Et pour les spectateurs, «rien de plus amusant que cette palinodie mutuelle, que cette trahison réciproque, dont l'innocente perfidie n'enlève rien [...] à l'estime fondamentale».[53] Que pense Mme Du Châtelet de l'importance que prend, en ce château, cette autre jalouse qui a tant d'esprit? En cette délicieuse retraite, la composition du *Temple de la Gloire* est souvent interrompue, et Voltaire reste l'homme le plus soucieux et le plus affairé. Le passé interfère avec l'avenir et le gêne: le poète traîne derrière lui le succès du *Poème de Fontenoy*. Par sa faute: il écrit plusieurs fois par semaine à l'imprimeur royal Anisson-Duperron, à qui il expédie des rectificatifs et commande de nouveaux exemplaires. Irrité, Maurepas n'hésite pas à intervenir assez sèchement: «Est-il possible, monsieur, qu'avec autant d'esprit vous n'aperceviez pas le mauvais effet que fait pour votre réputation et pour votre poème la multitude des corrections et des éditions?» Et il ajoute que la beauté du poème commence à avoir «le démérite d'une vieille jouissance».[54] On prépare une nouvelle représentation de *La Princesse de Navarre*: Voltaire se rend à Versailles pour en surveiller les répétitions.

Il retrouve Richelieu. Il s'arrange pour faire un crochet par Paris et arrête son carrosse, quelques heures, à l'hôtel d'Herbouville. Il se rend souvent à Etioles. Réussira-t-il à intéresser Mme de Pompadour à l'histoire ? Ce serait si important ! Plus tard, il lui porte l'*Abrégé* du président Hénault à qui il confie son admiration pour la favorite et ce qu'il espère : « Elle avait lu presque tous les bons livres, hors le vôtre [...] Elle a plus lu à son âge qu'aucune vieille dame du pays où elle va régner, et où il est bien à désirer qu'elle règne. »[55]

Puis il se remet, chez La Vallière, au chantier du *Temple*. Le malheur, c'est qu'en ce paradis, la table est si chargée et les mets si succulents qu'il tombe malade : il est obligé de rentrer à Paris, le 18 juillet, avec Mme Du Châtelet. Ses hôtes le regrettent et l'invitent à revenir. Impossible, confie-t-il à Voisenon,

> [Car] sans un estomac peut-on se mettre à table
> Chez ce héros de Champs, intrépide mangeur,
> Et non moins effronté buveur ?[56]

« Malade, languissant, triste, presque philosophe », Voltaire continue cependant à se déplacer et à travailler. Il ne saurait s'empêcher de revenir à l'histoire. L'armée des Flandres poursuit son avance : Gand capitule en juillet, Ostende en août, Tournai en septembre. Ces victoires « méritent d'être chantées, mais encore plus d'être écrites ».[57] « Il n'y a point de soin que je ne prenne », écrit-il au marquis d'Argenson, « pour faire une histoire complète des campagnes glorieuses du roi et des années qui les ont précédées. »[58] Sur ces années précédentes, il veut des détails, il pose à Moreau de Séchelles vingt questions sur le siège de Prague : « Avec quel soin a-t-on traité les prisonniers anglais blessés ? Est-il bien vrai qu'il a fallu dans les hôpitaux séparer les Français des Anglais ? [...] Est-il vrai que la viande de boucherie valait six francs à Prague pendant le blocus ? [...] Est-il vrai qu'un prisonnier anglais a assassiné, à Lille, le chirurgien qui l'avait guéri ? »[59] Il voudrait tout savoir en même temps. Pour les campagnes suivantes, cette histoire est d'autant plus nécessaire et urgente qu'en Hollande « de mauvais Français [...] inondent l'Allemagne d'écrits scandaleux, qui déguisent les faits ».[60] L'historiographe va donc rétablir « la vérité, la simplicité ». Mme de Pompadour le soutient et l'admire : « Vous me connaissez assez », lui écrit-elle, « pour devoir être persuadé du plaisir que j'aurai à vous en faire. J'approuve fort le dessein que vous avez de détruire par une histoire vraie les infâmes mensonges du journal [de Hollande] dont vous me parlez [...] Soyez bien convaincu que personne ne fait plus de cas du mérite et n'estime plus les grands hommes que moi par conséquent Voltaire. »[61]

Et même, l'historien voudrait pousser le souci de l'exactitude et l'objectivité jusqu'à demander des mémoires aux ennemis de la France. Aussi fait-il le projet d'entrer en relations avec le plus illustre combattant des Flandres, le duc de Cumberland, fils du roi George II. Pour cela, il écrit à son secrétaire, un certain Fawkener. Surprise ! Ce Fawkener, qui lui répond aussitôt, n'est autre que son hôte et ami de Wandsworth, au temps de l'exil! Etonnant esprit chevaleresque: ce sont, à cette époque, les soldats qui combattent, non pas les élites. Le poète, ne doutant pas de son ami, rêve de lui faire rencontrer en Flandre son autre ami, le marquis d'Argenson. Voltaire se souvient-il alors de sa lettre au roi de Prusse, considérée comme une trahison? Il redoute l'opinion et écrit au ministre qu'il préfère travailler «ici à *son* histoire que de courir aux nouvelles».

Néanmoins, d'Argenson a recours à Voltaire quand il s'agit de rédiger des textes diplomatiques destinés à l'ennemi. Après la capitulation de Tournai, le poète reçoit du ministre une longue lettre lui exposant que des conventions viennent d'être signées avec les Etats Généraux de Hollande. Ces conventions stipulent que la garnison hollandaise de Tournai doit «être dix-huit mois sans porter les armes contre la France et les alliés, sans pouvoir passer à aucun service étranger, sans pouvoir faire devant ce temps aucun service militaire de quelque nature que ce soit, *pas même* dans les places les plus reculées.»[62]

Or le prince Charles Edouard, soutenu par l'Espagne, est parti de Nantes le 12 juin et a débarqué à Edimbourg où son parti s'est soulevé. Afin de le repousser rapidement, l'Angleterre, qui manque de troupes, demande aux Hollandais une armée de six mille hommes. C'est précisément à la garnison de Tournai que les Hollandais s'apprêtent à confier cette tâche. Un premier avertissement leur est aussitôt communiqué, auquel ils répondent que le prince Edouard n'ayant aucune alliance avec la France, ils ne contreviennent en aucune façon aux conventions de Tournai en envoyant des troupes en Angleterre.

Certes, la France n'a pas d'alliance officielle avec le prince, mais les Etats Généraux n'ignorent pas que deux vaisseaux sont partis pour l'Ecosse avec des armes, de la poudre, de l'argent et un représentant de la France, le marquis d'Eguilles, qui écrit au cardinal de Tencin: «Toute l'Ecosse est à nous»! On improvise une expédition de douze mille hommes, commandés par Richelieu. Voltaire semble se réjouir que le duc s'en aille rétablir en Angleterre un roi catholique: il ira lui faire sa cour à Londres.

C'est alors que le marquis d'Argenson lui demande de rédiger de nouvelles représentations aux Etats Généraux de Hollande. Il fait confiance à son habileté, à sa courtoisie – car il ne faut point les heurter – et à son style souple, clair, nerveux. C'est urgent; le poète reçoit le lundi soir la lettre du ministre exigeant le texte pour le mercredi. C'est ainsi que Voltaire rédige en quarante-huit heures ses *Représentations aux Etats Généraux de Hollande*. Après avoir critiqué l'Angleterre, rappelé les termes précis des conventions de Tournai, il termine sur une haute et flatteuse conception de la politique des Hollandais: «Vous ne souffrirez pas que ceux qui sont jaloux de votre heureuse situation vous entraînent dans une guerre contraire à la sagesse de votre gouvernement, en exigeant de vous une démarche plus contraire encore à votre équité.»[63]

Où va donc Voltaire? Fait-il preuve de sagesse en rédigeant dans le même

temps le *Manifeste du roi de France en faveur du prince Charles Edouard*, sorte de
«tract», dirions-nous, répandu à des centaines d'exemplaires en Angleterre?
«Voltaire», écrit André-Michel Rousseau, «déployait un zèle jamais ralenti,
parfois intempestif [...] tout était selon son cœur: Charles Edouard, le héros du
drame, moins glorieux que Charles XII, moins grand que Pierre de Russie, mais
plus pur que Frédéric, faible, injustement opprimé et combien touchant; un air
piquant de complot dans les coulisses, le pittoresque décor d'une Calédonie déjà
romantique; du panache, de l'aventure, du romanesque incroyable, mais vrai [...]
L'expédition avait d'Argenson pour tête, Richelieu comme bras, Lally [Tollendal]
prêtait son feu et Voltaire son style.»[64]

Dans son *Manifeste*, le poète ne cache nullement le rôle que s'apprête à jouer
Richelieu qui attend à Boulogne avec le duc d'York, frère du prince, l'ordre de
partir: «Le duc de Richelieu, commandant les troupes de Sa Majesté le roi de
France, adresse cette déclaration à tous les fidèles citoyens des trois royaumes
de la Grande-Bretagne, et les assure de la protection constante du roi son maître.
Il vient se joindre à l'héritier de leurs anciens rois, et répandre comme lui son
sang pour leur service.»[65]

Beau style de général commandant d'armée! Est-ce bien une œuvre de
Voltaire? Discours inutile... Tout pouvait réussir, à condition que le débarquement eût été préparé et soutenu par un plan français d'intervention. L'incurie
est telle que l'on ne possède aucune carte de l'Angleterre et que l'on emprunte
celle d'un géographe. En décembre 1745, les vents sont favorables. Les Anglais,
engagés à la fois en Ecosse et sur le continent, redoutent le débarquement. Mais
on ne sait à quel endroit débarquer. On hésite et Richelieu se plaint de n'être
soutenu ni par le ministre de la Marine ni par le ministre de la Guerre. On attend
tout l'hiver. Finalement, comme en automne 1743, où la tempête avait écrasé
les vaisseaux contre les côtes bretonnes, on renonce à l'expédition. Les troupes
inorganisées de Charles Edouard sont vaincues à Culloden le 16 avril.

Il n'y eut point de réactions anglaises au *Manifeste* de Voltaire,[66] mais, contre
les jacobites, de cruelles représailles que le marquis d'Argenson tenta vainement
d'atténuer.[67] Le poète ne retira point sa sympathie à la personne ni à la cause
du prince Charles Edouard. Ecrivant quelques mois plus tard au cardinal de La
Tour d'Auvergne, il lui demandera sa «protection» auprès du prince, «pour
savoir quelques anecdotes de ses belles actions et de ses malheurs».[68]

En apparence, l'historiographe comme le courtisan s'aligne toujours sur la
politique du pouvoir, et même plus fidèlement que certains ministres. C'est que
son ambition du moment est en jeu. S'il jouit, grâce à ses protecteurs, d'une
certaine faveur auprès du roi, c'est une faveur toujours précaire parce qu'elle
demeure menacée par le clergé militant. Il n'a pas oublié l'hostilité de Boyer, de
Languet de Gergy. S'il veut entrer à l'Académie, c'est de la forteresse ecclésiastique qu'il lui faudra triompher.

11. La bénédiction du pape

Dès le début de l'année 1745, l'idée est venue à Voltaire de berner les dévots et de les neutraliser par la conquête des bonnes grâces du pape. Par les Tencin et leurs neveux, d'Argental et Pont-de-Veyle, il connaît l'heureux caractère, la bonhomie, la culture, l'ouverture d'esprit de Benoît XIV. Parallèlement à sa stratégie auprès de la favorite du roi, il poursuit ce nouveau projet avec ténacité. D'abord, il faudrait que le marquis d'Argenson en touchât quelques mots à notre chargé d'affaires à Rome, l'abbé de Canillac. Mais d'Argenson n'est pas l'homme qui convient: il trouve la requête insolite et craint de se compromettre dans une affaire qui ressemble à une farce. «Vous avez eu trop de scrupules», lui écrit Voltaire, «Je vous avertis que je suis très bien avec le pape, et que M. l'abbé de Canillac fera sa cour en disant au Saint-Père que je lis ses ouvrages, et que je suis au rang de ses admirateurs comme de ses brebis. Chargez-vous, je vous en supplie, de cette importante négociation. Je vous réponds que je serai un petit favori de Rome sans que nos cardinaux y aient contribué.»[1]

Les hésitations du ministre l'impatientent. Pour plus de sûreté, il s'adresse à Mlle Du Thil, amie de Mme Du Châtelet, qui est en relations amicales avec l'abbé de Tolignan, en service à Rome. L'abbé veut bien se charger de présenter au pape la tragédie de *Mahomet*, avec les respects et les vœux de l'auteur. Aucun récit ne saurait être plus clair que celui que fait alors le poète au marquis d'Argenson:

Vous vous souvenez peut-être qu'il y a près de deux mois que l'envie me prit d'avoir quelque marque de la bienveillance papale qui pût me faire honneur en ce monde-ci et dans l'autre. J'eus l'honneur de vous communiquer cette grande idée, mais vous me dîtes qu'il n'était guère possible de mêler ces choses célestes aux politiques. Sur le champ j'allai trouver mademoiselle Du Thil [...] et elle me dit qu'elle essaierait si l'abbé de Tolignan aurait assez de crédit encore pour obtenir deux médailles de sa sainteté qui vaudraient pour moi deux évêchés. Nouvelles coquetteries avec le pape de ma part. Je lis ses livres, j'en fais un petit extrait,[2] je versifie, et le pape devient mon protecteur in petto.

Je vous mande tout cela il y a trois semaines et je vous écris que M. l'abbé de Canillac ferait très bien sa cour en parlant de moi à sa sainteté, mais je ne parle point de médailles. Alors il vous revient en mémoire que j'avais eu grande envie du portrait du Saint-Père, et vous en écrivez à M. l'abbé de Canillac. Pendant ce temps-là qu'arrive-t-il? Le pape, le très saint, le très aimable, donne deux grosses médailles pour moi à M. l'abbé de Tolignan, et le maître de la chambre m'écrit de la part de sa sainteté. L'abbé de Tolignan a en poche médailles et lettres, et les enverra quand et comme il pourra.

A peine M. de Tolignan est-il muni de ces divins portraits que M. l'abbé de Canillac va en demander pour moi au Saint-Père. Il me paraît que sa sainteté a l'esprit présent et, plaisant. Elle ne veut pas dire au ministre de France : Monsu, un altro à le medaglie, mais elle lui dit qu'à la Saint-Pierre, il y en aura de plus grosses ; vous recevrez monseigneur la lettre de l'abbé de Canillac qui vous mande cette pantalonnade du pape tout sérieusement et mademoiselle Du Thil reçoit la lettre de M. l'abbé de Tolignan qui lui mande la chose comme elle est.

Le grand point est donc que M. l'abbé de Canillac ne souffle pas la négociation à l'abbé de Tolignan parce qu'alors il se pourrait faire que tout échouât. Je vous supplie donc d'écrire simplement à votre ministre romain que le poids de marc ne fait rien à ces médailles, qu'il vous fera plaisir de me protéger dans l'occasion, que l'abbé de Tolignan étant mon ami depuis longtemps, il n'est pas étonnant qu'il m'ait servi, et que vous le priez d'aider l'abbé de Tolignan dans cette affaire, etc. etc. etc.[3]

C'est donc une mésentente ou un conflit de zèle entre les deux abbés ou encore une maladroite insistance que Voltaire redoute. Mais le ministre consent à intervenir. Moyennant quoi, sont obtenues ces médailles apparemment si désirées. Le 10 août, Voltaire a reçu le portrait, gravé sur celles-ci, « du plus joufflu Saint-Père que nous ayons eu depuis longtemps. » Il scrute les traits du pontife : « Il a l'air d'un bon diable, et d'un homme qui sait à peu près ce que tout cela vaut. »[4]

L'affaire des médailles n'est qu'une manœuvre préparatoire. Une fois qu'il les a en sa possession, il lance une offensive en direction de Rome. Le 17 août, il adresse deux lettres à Benoît XIV. Dans l'une, il remercie le pape des « médailles saintes » dont sa sainteté a daigné l'honorer.[5] Emporté par sa ferveur, il a improvisé un distique d'hexamètres latins, à inscrire sous le portrait du Saint-Père : « *Lambertinus hic est, Romae decus* » (Voici Lambertini, honneur de Rome). Il assure avoir lu – sans doute l'a-t-il parcouru – le livre sur les canonisations qu'a publié quelques années plus tôt le pape, alors cardinal Lambertini, archevêque de Bologne.[6] Il prie le ciel, ajoute-t-il, pour que sa sainteté soit elle-même canonisée et lui demande sa bénédiction : ce qui n'est pas une simple politesse, comme on le verra.

Le même jour, il écrit à Benoît XIV une autre lettre : lettre accompagnant l'envoi de *Mahomet*. « A qui pourrait-il mieux dédier la cruauté et les erreurs d'un faux prophète, qu'au vicaire et à l'imitateur d'un Dieu de vérité et de mansuétude ? »[7] Tel est en effet l'objectif de l'opération : faire accepter par le pape sa tragédie et recevoir les remerciements de celui-ci. A cette fin, il écrit encore cinq lettres, toujours datées du 17 août, à des personnages touchant de près le pontife : les cardinaux Acquaviva, Passionei, Quirini, Valenti, et le médecin du pape Leprotti.[8] Lettres accompagnant l'envoi, non plus de *Mahomet*, mais de *La Bataille de Fontenoy*. Il a bien soin de préciser que le roi a fait imprimer le poème « nel suo palazzo ». Il tient à se présenter comme une sorte de poète officiel du « roi très chrétien ». Il complète cette série, le 20 août, par une lettre à Gasparo

Cerati, provéditeur de l'Université de Pise, ami du cardinal de Polignac: il l'avait rencontré lors d'un voyage à Paris. Il lui adresse *Le Poème de Fontenoy*, «che il re cristianissimo ha fatto stampare nel suo palazzo».[9]

Toute cette correspondance est rédigée en italien. Voltaire a appris la langue, sans qu'on sache quand ni comment. Il se peut que, pour toutes ces lettres, il se soit fait aider par un traducteur. Mais pour l'essentiel cette prose italienne est bien de lui. Il lui imprime un certain tour de style personnel. Bientôt il écrira à Mme Denis, en italien, des confidences excluant l'intervention de quelque traducteur que ce soit. Puis, en avril 1746, il composera directement en italien un traité destiné à l'Académie de Bologne, *Saggio intorno ai cambiamenti avvenuti su'l globo della terra*. Il traduira ce même ouvrage en anglais, pour la Royal Society.[10] On le voit désormais pratiquer avec une égale aisance les deux langues anglaise et italienne.

Le pape a répondu le 15 septembre, Passionei le même jour, et Quirini le 22.[11] Voltaire fait circuler cette correspondance pontificale, avant de l'imprimer en tête de sa tragédie.[12] Mais qu'a répondu au juste Benoît XIV? Voltaire a été accusé d'avoir falsifié le texte du Saint-Père: par Luca di Castri en 1939, et par Maurice Chapelan en 1957.[13] Effectivement les archives du Vatican conservent un brouillon de la main d'un secrétaire, Niccolo Antonelli.[14] Il n'y est pas fait mention de *Mahomet*. «Settimane sono», dit le souverain pontife, «il cardinale Passionei ci presento in di lei nome il suo bellissimo ultimo Poema.»[15] Ce «très beau poème», le dernier qu'ait composé Voltaire, est *La Bataille de Fontenoy*, adressée à Passionei. Mais la lettre que Voltaire fait circuler et qu'il publiera dit autre chose: «Settimane sono ci fu presentato, da sua parte, la sua bellissima tragedia di *Mahomet*, laquale leggemo con sommo piacere. Poi ci presento il cardinale Passionei, in di lei nome, il suo eccelente Poema di Fontenoy.»[16]

Ce second texte, adopté par Th. Besterman dans l'édition dite «définitive» de la correspondance, est celui du manuscrit passé en vente à Paris, en octobre 1957.[17] Est-ce une forgerie de Voltaire?

Il n'est pas douteux que la réponse doit être affirmative. La lettre authentique nous est connue par deux manuscrits: le brouillon du Vatican et la mise au net, aujourd'hui conservée à la Bibliothèque royale Albert Ier de Bruxelles (collection Launoit, FS 315 CI5). Ces deux textes sont de la même main: celle du secrétaire pontifical. Sur le manuscrit de la collection Launoit, Voltaire a inscrit «Lettre du nonce originale». Ce qui veut dire que le bref de Benoît XIV lui a été transmis par le nonce, ambassadeur du pape en France. Selon l'usage, le bref n'est pas de la main du Saint-Père, et il n'est pas signé. Dans ce texte «original» comme dans le brouillon, Benoît XIV remercie pour le poème de Fontenoy, sans rien dire de *Mahomet*. Sagement le souverain pontife préfère passer sous silence la tragédie portant sur un tel sujet. S'il l'a lue, l'ambiguïté de l'œuvre ne lui a sans doute pas échappé. Au contraire, il s'étend sur un problème de métrique posé par l'inscription sous le portrait du pape: *Lambertinus hic est*. La syllabe *hic* de l'hexamètre est-elle brève, comme l'a faite Voltaire, ou longue, comme on l'a dit au souverain pontife? Conciliant, Benoît XIV pense que *hic* peut être indifféremment long ou bref. On était là sur un terrain moins brûlant que celui de l'imposture en matière de religion.

Ce silence sur *Mahomet* décevait Voltaire. Il prit donc le parti d'y remédier. La lettre de Benoît XIV, aujourd'hui à l'Institut et musée Voltaire de Genève (cote CD 145),[18] ne peut être considérée que comme une transcription établie par ses soins. L'écriture n'est pas celle du secrétaire pontifical ayant rédigé le brouillon du Vatican et la mise au net de la collection Launoit. Le copiste de la lettre a calligraphié le texte: mais une faute (*publica* corrigé en *pubblica*) dénote qu'il est français. Le papier utilisé porte en filigrane «Normandie [17]44». Employait-on à la cour de Rome, en 1745, des rames fabriquées en France, en Normandie? Ce n'est pas impossible, mais c'est fort peu vraisemblable. La lettre est accompagnée de l'enveloppe, scellée du cachet pontifical: la tiare et deux clés. Or le papier plié formant l'enveloppe n'est pas le même que celui de la lettre,[19] ni l'écriture la même que celle de l'adresse: «Dilecto filio Voltaire Parisios». En ces mots tracés sur l'enveloppe on reconnaît la main du secrétaire romain qui écrivit le brouillon et la mise au net. On comprend ce qui s'est passé. A la lettre «originale» Voltaire a substitué une transcription pour lui plus satisfaisante, car il y a glissé une interpolation, par le passage classique du même au même: «il suo bellissimo ultimo poema» devenant «la sua bellissima tragedia di Mahomet», et le *poema* reparaissant deux lignes plus loin: «il suo eccellente Poema di Fontenoy». La version amendée est alors communiquée à ses amis. La bibliothèque de la ville de Rouen possède une traduction française de celle-ci, consécutive à l'envoi à Cideville.[20] Le texte interpolé fut imprimé en 1748. Mais ni le nonce, ni le pape ne protestèrent. Derechef l'autorité pontificale préféra prudemment le silence. De sorte que, jusqu'en 1957, Benoît XIV passera pour avoir exprimé le «très grand plaisir» que lui procura la lecture de *Mahomet*.

Sa réaction aux avances de Voltaire n'avait pas été cependant totalement négative. Dans le texte authentique de sa lettre, le Saint-Père termine en donnant sa bénédiction apostolique à son «cher fils», *dilecto filio*. Voltaire a bel et bien été béni par le pape.

Comme on peut le penser, l'épisode émut les milieux catholiques qui lui étaient le plus hostiles. Le Saint-Père n'est-il pas tombé dans un piège grossier? Il était difficile à des gens d'Eglise de le dire, encore qu'au XVIIIe siècle les ecclésiastiques gallicans ne se gênent nullement pour blâmer ce qui vient de Rome. Toujours est-il que ce fut un laïc qui éleva une protestation véhémente, un certain Philibert Louzeau, peut-être janséniste, d'après l'éloge qu'il fait de Louis Racine. L'envoi des médailles à «l'infâme athée Arouet de Voltaire» l'a indigné. Qu'aurait-il dit s'il avait connu le commerce épistolaire entre le pape et «l'athée»! Mais il ignore l'existence de ces lettres, non encore publiées. Ce qui met le comble à sa fureur, c'est que le «monstre» vient d'être élu à l'Académie française, où il va siéger aux côtés d'évêques «également distingués par leur savoir et leurs mœurs». Louzeau décide donc de dénoncer au pape le scandale. Il cite longuement l'*Epître à Uranie* et des vers impies de Voltaire, dont ceux des *Lettres philosophiques* traduits de Lord Hervey, sur la superstition italienne. Il a d'abord envoyé sa lettre par l'abbé de Canillac, ambassadeur de France. Hélas! c'est un ami de Voltaire: il n'aura pas transmis le message. Louzeau prend alors le parti de s'adresser directement au pape. Il demande pour conclure de recevoir lui aussi des médailles. Voltaire a eu de l'or. Il se contentera, pour sa part, de médailles d'argent.[21]

Diatribe furibonde (Voltaire est traité de «cerveau timbré») qui passa inaperçue: elle ne sera connue qu'en... 1928. Voltaire ne se soucie guère de ces remous. Il s'amuse à écrire aux d'Argental: «Je vous donne ma bénédiction, je vous remets les peines du purgatoire, je vous accorde des indulgences. C'est ainsi que doit parler votre très saint serviteur en vous envoyant cette lettre du pape.»[22] Ayant écarté l'obstacle de son *Mahomet* et reçu la bénédiction pontificale, il ne lui reste plus qu'à attendre la mort d'un académicien.

Le Temple de la Gloire, représenté à Versailles le 27 novembre dans la grande salle du manège, procure à Voltaire une occasion nouvelle d'être remarqué du roi. La pièce étale un luxe de décors et de costumes ayant engagé d'énormes dépenses, car il ne s'agit pas seulement de glorifier «la prise de sept villes» par l'armée française de Flandre, mais de flatter le prince et de magnifier ses vertus. On assiste en effet à une sorte de «concours» de trois héros vainqueurs qui se présentent successivement à la Gloire pour occuper son temple. Hors de cette idée directrice qui rappelle *Le Temple du Goût*, il ne faut chercher en ce «ballet» aucune action dramatique.

Mais pourquoi ce prologue de l'acte premier où apparaît l'Envie dans sa caverne avec ses suivantes, une torche à la main? Cette sorcière veut écraser

sous ses fondements
Et la Gloire et son temple et ses heureux enfants.

On saura, lors de l'impression de l'œuvre, qui était plus précisément visé: une estampe y représente l'Envie cravatée de l'ordre de Saint-Michel, récompense que le poète Roy avait obtenue. Mais il est clair, dès la représentation de Versailles, qu'il s'agit du défi à ses ennemis d'un Voltaire comblé, ce qui ne servait en rien l'objectif de la pièce.

Au deuxième acte, le premier des trois vainqueurs se présente devant le Temple: c'est Bélus, roi de Babylone, qui symbolise tous «les conquérants injustes et sanguinaires dont le cœur est faux et farouche».[23] Il arrive, porté sur un trône par huit rois enchaînés; il a trahi Lydie à qui il avait promis «un brillant hyménée». «Parjure amant, cruel vainqueur», il est repoussé par Apollon et les Muses.

Au troisième acte, c'est Bacchus, «conquérant de l'Inde», qui a la prétention d'entrer dans le Temple. Entouré de ses guerriers et de ses servants, il «bannit la raison» et exige «qu'une éternelle ivresse règne sur ses sens». Arrêté par le Grand Prêtre, il comprend que sa place n'est pas au Temple et s'efface sans trop de difficulté, méprisant «la froide sagesse».

Il n'est pas trop des deux actes suivants pour le triomphe de Trajan. La scène représente la ville d'Artaxate à demi-ruinée. Au centre, sur la place publique ornée d'arcs de triomphe, trois femmes, Plautine, Junie et Fanie, attendent le retour du «vainqueur doux et terrible».

> Nous allons contempler dans le maître du monde
> Le plus aimable des humains.

L'entrée de Trajan est presque fortuite. Il est en campagne, il ne fait qu'un détour pour voir Plautine. Elle accourt au-devant de lui. Il ne lui parle qu'un instant: trahi par les Parthes, il doit repartir. Plautine veut l'accompagner au combat. Qui ne pense à l'imprudent voyage de la duchesse de Châteauroux des Flandres jusqu'à Metz? Aussi Trajan la dissuade-t-il et part seul. On entend bientôt des cris et des chants de victoire. Plautine s'émerveille:

> Charmant héros, qui pourra croire
> Des exploits si prompts et si grands?
> Tu te fais en peu de temps
> La plus durable mémoire.

Trajan revient victorieux, entouré des aigles romaines et des faisceaux. S'il ramène des rois prisonniers et enchaînés ce n'est que pour les libérer et montrer au peuple sa clémence. Aussitôt, la Gloire descend d'un vol précipité, une couronne de lauriers à la main:

> Tu vois ta récompense,
> Le prix de tes exploits, surtout de ta clémence;
> Mon trône est à tes pieds; tu règnes avec moi.

Enfin, le cinquième acte représente le Temple du Bonheur, véritable paradis terrestre, merveilleuse utopie. Parmi les pavillons d'architecture légère, des jardins et des fontaines, se promènent et dansent Romains et Romaines, toutes conditions mêlées. L'élan vers le bonheur appartient à tout homme. Rêve égalitaire repris en refrain par les chœurs:

> Tout rang, tout sexe, tout âge
> Doit aspirer au bonheur.

Et parvient même à l'atteindre... Cette pensée optimiste revient assez fréquemment dans l'œuvre de Voltaire: il l'a longuement développée dans les *Discours en vers sur l'homme*. Chaque homme, quelle que soit la classe sociale où il se situe – sous réserve de l'avoir acceptée – peut y trouver une forme adéquate de bonheur. Ainsi, c'est le bonheur qui estompe l'inégalité des conditions.

En cette allégresse générale, Trajan apparaît avec Plautine. On se met à danser autour du couple.

Emportée par l'atmosphère de fête, la somptuosité des tableaux, l'allégresse de la musique et de la danse, la foule des spectateurs n'a sans doute pas saisi le sens ni l'intérêt de cette œuvre très voltairienne. Toutefois, l'intention moralisatrice n'a pas échappé à tout le monde, et probablement pas au roi lui-même, s'il s'est identifié à Trajan. Cette intention, Voltaire la mettra en évidence dans sa préface: «Le célèbre Métastasio, dans la plupart des fêtes qu'il composa pour la cour de l'empereur Charles VI, osa faire chanter des maximes de morale, et elles plurent.»[24] Au cours de toute la pièce, laquelle est absolument dépourvue d'allusion religieuse, on respire la «morale naturelle», la morale de la bienveillance et de la fraternité, qui conduit à condamner toute domination injuste et cruelle. Tout se passe comme si le poète semblait inviter Louis XV à imiter le modèle de monarque éclairé qu'il lui présente: «Il ne rapporte rien à soi, il ne songe qu'à être le bienfaiteur des hommes.»[25] Le terrain est glissant, car Louis XV est-il capable d'une telle vertu? Et de plus, il n'aime point les conseils. Mais pouvait-il se plaindre que Voltaire lui eût proposé cette image du parfait souverain? Que pouvait-il lui en dire? Rien. Et c'est ce qu'il fit.

Sur ce mutisme royal, on a certainement brodé. C'est de là, sans doute, que s'est répandue l'anecdote recueillie trente ans plus tard par Condorcet dans sa *Vie de Voltaire*. Après la représentation, le poète se serait approché du roi et aurait murmuré: «Trajan est-il content?». Le roi alors, «moins flatté du parallèle que blessé de la familiarité», aurait froncé les sourcils d'un air glacial.[26] Ni la question maladroite de Voltaire ni l'attitude du roi ne sont invraisemblables. Malheureusement, aucun de ceux qui ont repris ce récit n'en ont établi l'authenticité.

Ce qui est certain, c'est que cette froideur du roi à l'égard de Voltaire est apparue en public le soir même de la représentation, et l'on peut croire celui qui l'a observée et notée: «La musique est de Rameau», écrit le duc de Luynes, «et le roi même, à son grand couvert le soir, en parla comme ayant été content. Les paroles sont de Voltaire; elles sont fort critiquées. Voltaire était le soir aussi au souper du roi, et le roi ne lui dit mot.»[27]

Certes, on n'a pas manqué d'expliquer cette froideur de Louis XV par son caractère orgueilleux, timide, farouche, qui le mettait si mal à l'aise en certaines circonstances publiques, surtout en face de personnages d'imagination vive et d'esprit rapide comme Voltaire. On peut supposer aussi qu'ayant trouvé inapplicable à sa personne l'image du monarque idéal auquel le poète avait pris la liberté de le comparer, il était gêné, peut-être simplement perplexe. Voltaire écrit néanmoins à sa nièce que «le roi a été très content de la première représentation et c'est lui-même qui en a demandé une seconde».[28] Celle-ci eut lieu le 4 décembre, et le 7 décembre la pièce fut donnée à l'Opéra. Elle y fut plus librement critiquée et l'on alla jusqu'à dire que les paroles étaient de Rameau et la musique de Voltaire. Cependant, le roi ne retira au poète aucune des faveurs qu'il lui avait accordées ; d'ailleurs, la favorite, le duc de Richelieu, et surtout le duc de La Vallière en restaient garants.

Curieusement, c'est à la suite des fêtes de la cour et par l'intermédiaire du duc de Richelieu que Voltaire va entrer en relations épistolaires, en ce mois de décembre 1745, avec celui qui deviendra le plus illustre de ses ennemis, Jean-Jacques Rousseau. Richelieu imagina de demander à Voltaire une version plus courte, remaniée, de *La Princesse de Navarre*, qui serait jouée sous un titre nouveau, *Les Fêtes de Ramire*. Difficile et ingrat travail de rapetassage consistant à composer des « raccords », en paroles et en musique, recousant d'anciennes scènes qui avaient été coupées. Il n'était pas question pour Voltaire de le refuser, mais fort occupé par la mise au point et les répétitions du *Temple de la Gloire*, il livre au duc des esquisses rapides qui ne satisfont personne. A cette époque, Richelieu fréquente assidument le salon de Le Riche de La Popelinière, car il est amoureux – passionné pour une fois, parce qu'elle se refuse farouchement – de la femme du financier. Là, il rencontre Jean-Jacques Rousseau, jeune musicien qui vient de terminer son opéra *Les Muses rivales*. Inévitablement, Rameau méprise la musique de Jean-Jacques : il y trouve quelque beaux passages, mais le reste est « d'un ignorant ». Ni La Popelinière, lui-même compositeur, ni Richelieu ne partagent ce point de vue. Richelieu confie donc à Rousseau les retouches, vers et musique, des *Fêtes de Ramire*. Jean-Jacques se met au travail mais, saisi de scrupules, il écrit à Voltaire, le 11 décembre, une première lettre fort déférente, d'une extrême modestie : « Monsieur », lui dit-il, « il y a quinze ans que je travaille pour me rendre digne de vos regards et des soins dont vous favorisez les jeunes Muses en qui vous découvrez quelque talent. »[29] Ce qui est vrai : c'est chez Mme de Warens, dans les années 1729 à 1731, que Rousseau lit Voltaire :[30] « Nous déjeunions, nous causions », écrit-il dans *Les Confessions*, « rien de ce qu'écrivait Voltaire ne nous échappait. » Sans en préciser la date, il reconnaît que c'est par la lecture des *Lettres philosophiques* qu'il fut « attiré vers l'étude ».[31] Plus encore, il admire en Voltaire le poète des grands sentiments : on se rappelle la forte impression que fit sur lui, à Grenoble, en 1737, la représentation d'*Alzire*.[32]

Pourtant, c'est sans enthousiasme, mais par nécessité qu'il accepte le travail que le duc de Richelieu vient de lui commander. Quelques jours après, Voltaire lui écrit, et l'on ne sait s'il s'agit d'une réponse car il ne fait pas allusion à la lettre de Rousseau : soulagé d'être débarrassé d'une telle tâche, il le remercie chaleureusement de s'en être chargé ; il avoue qu'il a travaillé « très vite et très mal », et lui signale ce qu'il est important de revoir.[33]

Rousseau se rue à la tâche. Mais à la répétition, il est fort mal récompensé de sa peine :

Des trois auteurs, je m'y trouvai seul. Voltaire était absent et Rameau n'y vint pas ou se cacha [...] Tout ce qui était de moi fut successivement improuvé par Mme de La Popelinière et justifié par M. de Richelieu. Mais enfin j'avais affaire à trop forte partie, et il me fut signifié qu'il y avait à refaire à mon travail plusieurs choses sur lesquelles il fallait consulter M. Rameau. Navré d'une conclusion pareille au lieu des éloges que j'attendais, [...] je rentrai chez moi la mort dans le cœur. J'y tombai malade, épuisé de fatigue, dévoré de chagrin, et de six semaines je ne fus en état de sortir.[34]

Les blessures d'amour-propre de Jean-Jacques sont aussi profondes que celles de son futur ennemi.

Que Voltaire soit bien en cour, voilà qui ne laisse point d'impressionner Mme Denis, et c'est en cette fin d'année 1745 qu'elle va lui accorder des faveurs qui lieront à jamais leurs destinées. Voltaire aime sa nièce depuis longtemps. Déjà il avait voulu la marier au «petit Champbonin» pour la garder sous la main. Il a les instincts capricieux d'un enfant, et la fièvre qui l'avait saisi lors de la visite à Cirey de M. et Mme Denis avait toutes les apparences d'une bouderie jalouse. Jusqu'en 1745, il manifeste à Marie-Louise une tendresse qui, pour se dire «paternelle», n'en est pas moins suspecte. Mais les circonstances ont changé. Elle est veuve; elle n'a que trente-trois ans, ce qui, sans une grosse fortune, est beaucoup pour espérer se remarier, mais pas trop pour qui, comme elle, aime la vie. Elle a manqué un remariage avec «le commandant de Lille», de qui Voltaire a été fort jaloux. Jamais tout à fait désintéressée, elle rêve de partager la fortune et l'immortalité de son oncle et, en même temps, de le libérer de la tutelle de Mme Du Châtelet. Elle guette les mouvements d'humeur de Voltaire à l'égard de la marquise, se pose en confidente et en consolatrice; c'est à elle qu'il se plaint que la vie mondaine le fatigue et que la cour l'ennuie. Mais elle sous-estime la solidité des chaînes qu'il secoue, la nécessité irréversible de son amitié pour Mme Du Châtelet, si refroidie, si contraignante et orageuse soit-elle.

Marie-Louise Denis a conservé beaucoup de fraîcheur et d'ardeur. Il n'y a que Marmontel qui l'ait trouvée laide, après qu'il en eût fait sa maîtresse. Son visage, d'après le portrait de Van Loo, ne manque pas de charme: il a l'avantage d'exprimer une simplicité sans tourments, une douceur malléable fort reposantes pour Voltaire. Sans doute Mme Denis a-t-elle tendance à grossir, mais on sait que l'embonpoint, à cette époque, est plutôt apprécié. Gourmande et sensuelle, elle aime la société, les soupers, la gaieté, l'amour. Rameau accepta un moment de lui donner des leçons; elle aime l'opéra, le théâtre, et loin d'être inculte, elle prétend à l'esprit. Il lui arrive d'en faire preuve, en dépit de cet entregent, de cette sûreté de soi d'une nature sans détours, souvent vulgaire.

Longtemps ambigus et retenus, les sentiments de Voltaire cristallisent. Il a cinquante ans. Sa situation ressemble à celle du tuteur de comédie qui aime sa pupille. Mais ici, la pupille ne se dérobe pas, et l'amour de l'oncle prend rapidement le ton de la passion. On a longtemps cru que, par suite de sa maladie, Voltaire n'en avait pu obtenir le plaisir ni le lui rendre. Nul ne doute plus, depuis que Theodore Besterman a publié les lettres de Voltaire à sa nièce, qu'elle ne soit devenue sa maîtresse en cette fin de l'année 1745 ou en janvier 1746. «Que Voltaire ait aimé sa nièce sincèrement, tendrement, passionnément, et même aveuglément, impossible d'en douter», écrit Th. Besterman dans son introduction.[35] Cette passion aide à comprendre mieux l'indépendance que Voltaire a conquise vis-à-vis de Mme Du Châtelet au cours de l'année qui s'achève.

A Paris, les lettres et billets multiples entre le poète et sa nièce s'échangent par courrier privé. C'est par discrétion, sans doute, qu'ils correspondent en italien, un italien scolaire dont la traduction est fort loin, chez Voltaire, d'atteindre à la vivacité de son style. Mais là, il ne cherche point à briller ni ne mélange le plaisant et le tendre; quelques polissonneries mises à part, c'est un amant sincère, grave et simple.

Sa nouvelle situation à la cour et les quelques privilèges dont il fait bénéficier Mme Denis contribuent à la griser. Cela commence par l'envoi de billets de faveur pour la représentation, à Versailles, de *Platée*, le ballet de Rameau. Voltaire lui explique comment elle pourra le rejoindre au théâtre; ses adieux sont de plus en plus tendres: «Je vous embrasse mille fois, ma chère âme. J'espère dîner avec vous mercredi.» En août l'amour du poète semble déclaré: «Adio, mia cara, v'amo sopra ogni cosa.»[36] Le 27 décembre 1745, une lettre de Mme Denis lui apporte la conviction qu'il est aimé:

Vous m'avez écrit une lettre «transportante» [*trasportatrice*] que j'ai embrassée. Je ne m'étonne pas que vous écriviez si bien l'italien; il est très convenable et juste que vous pratiquiez la langue de l'amour [...] Vous me dites que ma lettre a apporté la volupté à tous vos sens; les miens sont pareils aux vôtres; je n'ai pas pu lire les paroles délicieuses que vous m'avez écrites sans me sentir enflammé jusqu'au fond du cœur. J'ai payé à votre lettre le tribut que j'aurais voulu payer à toute votre personne.[37]

Cette volupté lui fait souvent défaut, mais pas toujours. Il y fait parfois des allusions réalistes, voire paillardes: «Bacio il vostro gentil culo e tutta la vostra vezzosa persona», ou encore: «mio catzo, mio cuore sono inamorati di voi».[38] Mais il rencontre auprès de Mme Denis les mêmes difficultés qui l'ont accablé toute sa vie. Au début de janvier 1746, une «espèce de dissenterie», tout à fait inopportune, le retient quinze jours à la chambre. Parmi la centaine de lettres publiées par Th. Besterman, on en peut dénombrer près de la moitié où il se plaint de sa santé. Son amour-propre n'a point l'air de souffrir de ses insuffisances qu'il avoue familièrement: «Je vous demande la permission d'apporter ma mollesse. Il serait mieux de bander, mais que je bande ou non, je vous aimerai toujours.»[39]

Dans ces conditions, il n'est pas étonnant que son amour ait dépassé le plaisir et soit devenu une affection profonde et durable. L'homme véritable est là, aussi bien que dans ses défauts : Voltaire éprouve pour sa nièce un amour tendre, attentif, paternel. Quel repos de se retrouver dans l'intimité de cette femme jeune, ayant conservé le caractère spontané, enfantin, que Mme Du Châtelet a perdu par excès de passion et d'autorité. Il aime en sa nièce l'enfant qu'il a connue et la femme qu'il se propose d'attacher à sa destinée, il ne sait encore comment, par reconnaissance et par esprit de famille. Il aspire sincèrement à vivre avec elle : « Vous êtes toute ma famille, ma seule amie, mon bien et mon unique espérance. »[40] Quel drame si Mme Du Châtelet le surprenait à écrire de telles choses ! A Lunéville et à Cirey, il n'est pas à l'aise : « Il y a du monde dans ma chambre. Je ne vous écris pas comme je voudrais. » Et il se voit obligé de détruire les lettres de sa nièce : « Je brûle vos lettres après les avoir baisées. »[41]

Retenu à Versailles par les répétitions du *Temple de la Gloire* et sa tâche d'historiographe, il lui est de plus en plus difficile de retrouver Mme Denis, et cette privation donne à son amour des accents douloureux, passionnés, inattendus chez lui : « Le plaisir des sens passe et s'enfuit en un clin d'œil, mais l'amitié qui nous lie, la confiance réciproque, les plaisirs du cœur, la volupté de l'âme ne se détruisent pas et ne périssent pas ainsi. Je vous aimerai jusqu'à la mort. »[42] Il aspire à une commune intimité : « Ah ! chère, chère, quand donc votre tendre ami pourra-t-il vivre avec vous seule ? »[43]

On comprend qu'il ne soit pas objectif dans l'appréciation des qualités intellectuelles de sa nièce. Il lui envoie des vers, loue les charmes de sa conversation et le style de ses lettres. Il se plaît à « raisonner » avec elle de projets communs. Elle se prend au jeu et lui avoue qu'elle écrit une comédie en vers, *La Coquette punie*. Il l'appelle sa « muse ». « Mme Du Châtelet dînera aujourd'hui chez la duchesse de Modène et moi chez ma chère Muse que j'aime plus que ma vie. »[44] Comme il s'entend mal, depuis qu'il a été déshérité par son frère Armand, avec le mari de son autre nièce, M. de Fontaine, il engage Mme Denis à quitter l'hôtel d'Herbouville : en 1747 elle s'installe rue du Bouloi, dans le quartier du Palais-Royal.

Bien entendu, elle ne sera pas fidèle à cet oncle malade et vieillissant, mais elle restera discrète et se gardera de le blesser. Recevant à souper les jeunes protégés de Voltaire, Baculard d'Arnaud, Marmontel et leurs amis, elle en fera ses amants. Marmontel a décrit l'atmosphère joyeuse de ces réunions :

Rien n'était négligé de tout ce qui pouvait me rendre sa maison agréable. Mes amis y étaient accueillis ; ils étaient devenus les siens. Mon vieil ami, l'abbé Raynal, se souvient, comme moi, des soupers agréables que nous faisions chez elle. L'abbé Mignot, son frère, le bon Cideville, mes deux abbés gascons de la rue des Mathurins, y portaient une gaieté franche ; et moi, jeune et jovial encore [...] j'étais le héros de la table ; j'y avais la verve de la folie. La dame et ses convives n'étaient guère plus sages [...] et quand Voltaire pouvait s'échapper des liens de sa marquise Du Châtelet, et de ses soupers du grand monde, il était trop heureux de venir rire aux éclats avec nous.[45]

Il ne semble pas que Mme Du Châtelet ait jamais soupçonné la nature des sentiments de Voltaire pour sa nièce. Le pardon très général qu'elle lui accorde dans son *Discours sur le bonheur* s'applique sans doute aux amours du poète avec Mlle Gaussin, dont elle a tant souffert, et peut-être même à sa passion insolite pour le roi de Prusse. C'est vraisemblablement dans les années 1745 et 1746 qu'elle rédige ce *Discours*. Si l'on met à part sa traduction de Newton, qui intéresse les historiens de la science, cet ouvrage, avec ses lettres, se lit encore avec intérêt. Naguère réédité,[46] le *Discours*, dont elle remettra, avant de mourir, le manuscrit à Saint-Lambert, s'inspire surtout de l'*Essay on man* de Pope et participe beaucoup de l'idée que l'on se faisait du bonheur au XVIIIe siècle.[47] Mais dans la partie la plus personnelle et la plus sincère, Mme Du Châtelet explique comment son amour pour Voltaire s'est refroidi. Elle en fait la confidence à propos de son classement des passions. Sans les passions, elle ne saurait vivre : le bonheur ne serait qu'une sorte de sagesse épicurienne et hygiénique écartant méticuleusement la souffrance et assurant à l'homme une existence paisible. Les moins dangereuses des passions sont celles que nous pouvons satisfaire sans avoir besoin d'autrui, tel est l'amour de l'étude, «ressource sûre contre les malheurs et source inépuisable de plaisir». Plus redoutables sont celles qui «nous mettent dans la dépendance des autres», telles sont les passions du jeu, de la gloire et de l'amour. L'amour, reine des passions, merveilleuse et incomparable félicité, porte en soi, comme la chaleur de l'été porte l'orage, une indicible souffrance. Pourquoi la femme en est-elle la plus fréquente victime ? Parce qu'elle aime plus et mieux que l'homme. C'est particulièrement le cas d'Emilie : «J'ai reçu de Dieu, il est vrai, une de ces âmes tendres et immuables qui ne savent ni déguiser, ni modérer leurs passions, qui ne connaissent ni l'affaiblissement, ni le dégoût, et dont la ténacité sait résister à tout, même à la certitude de n'être plus aimée».[48] Or, cette passion sincère, exigeante, possessive, apaise, rassure et finalement fatigue l'homme : «Il n'y a presque point d'homme dont le goût ne diminue par la connaissance d'une telle passion». L'homme, une fois comblé, retourne à son œuvre, à sa vocation, à sa gloire. Alors, dit-elle, «notre âme doit tant aimer qu'elle aime pour deux». C'est ce qui s'est produit avec Voltaire :

J'ai été heureuse pendant dix ans par l'amour de celui qui avait subjugué mon âme, et ces dix ans, je les ai passés tête à tête avec lui sans aucun moment de dégoût ni de langueur. Quand l'âge, les maladies, peut-être aussi un peu la facilité de la jouissance ont diminué son goût, j'ai été longtemps sans m'en apercevoir : *j'aimais pour deux*. Je passais ma vie entière avec lui, et mon cœur, exempt de soupçon, jouissait du plaisir d'aimer et de l'illusion de se croire aimée. Il est vrai que j'ai perdu cet état si heureux, et que ce n'a pas été sans qu'il m'en ait coûté bien des larmes. Il faut de terribles secousses pour briser de telles chaînes : la plaie de mon cœur a saigné longtemps ; j'ai eu lieu de me plaindre et j'ai tout pardonné.[49]

Ce qui apparaît ici clairement, c'est que la déchirure de l'amour, entre Emilie et

Voltaire, ne s'est pas accomplie sans heurts, mais par des crises violentes dont on ne trouve pas d'échos dans la correspondance du poète. Ainsi, en 1745, tous deux sont parvenus au détachement, puis à l'accord sur un nouveau mode de vie: «La certitude de l'impossibilité du retour de son goût et de sa passion, que je sais bien qui n'est pas dans la nature, a amené insensiblement mon cœur au sentiment paisible de l'amitié.» Tenter de regagner «un cœur froid ou inconstant: cela nous avilit aux yeux de celui que nous cherchons à conserver, et à ceux des hommes qui pourraient penser à nous». Le mot est lâché; Mme Du Châtelet n'est pas résignée: «Un cœur tendre peut-il être rempli par un sentiment aussi paisible et aussi faible que celui de l'amitié? Il ne faut point se piquer d'une constance qui serait aussi ridicule que déplacée».[50] Il lui faut se tenir prête à une nouvelle passion au risque de souffrir encore: il faut garder toujours «les jetons à la main».[51] Une existence pathétique, dira Gide, plutôt que la tranquillité.[52]

Cette nouvelle passion, Mme Du Châtelet ne la cherche pas, et il n'est pas facile à un homme de prendre à Voltaire son amie. Mais la rencontre est possible.

12. Enfin, la porte s'ouvre

Ni la maladie ni ses relations nouvelles avec sa nièce n'empêchent Voltaire, au début de l'année 1746, d'aller poursuivre à Versailles sa tâche d'historiographe. C'est toujours la passion du travail qui soutient sa vie : «Que direz-vous de moi, mes adorables anges», écrit-il aux d'Argental, «de revoir sans moi madame Du Châtelet? Vous ne direz pas que je suis un courtisan; mais que je suis un vrai commis au bureau de la guerre, dépouillant des registres, examinant des lettres des généraux, et travaillant à cette histoire dont vous avez approuvé le commencement.»[1] Un vrai courtisan, certes, il ne le sera jamais. Il se promet d'aller le lendemain au lever du roi. Mais absorbé de bon matin, en robe de chambre, par le récit de quelque bataille ou quelque scène de *Sémiramis*, il sent que l'heure va lui échapper et, ne voulant point perdre de temps à passer son habit, il remet à plus tard sa présence au lever. Dès qu'il a fait provision de documents il fuit la cour. «Voulez-vous me permettre», écrit-il au marquis d'Argenson, «que je fasse mettre un lit dans le grenier au-dessus de l'appartement que vous avez prêté à madame Du Châtelet sur le chemin de Saint-Cloud? J'y serai un peu loin de la cour.»[2] Puisqu'il a renoncé au confort, mieux vaut un grenier, en effet, que son appartement de Versailles, «ci-devant appartement de Mme Lebel», sur la cour des cuisines du prince de Condé. On devine son état de délabrement à la requête que le poète adresse à Le Normant de Tournehem, devenu directeur des bâtiments royaux; il demande qu'on lui pose «une fenêtre et un volet, une porte et une cloison, un tambour à la cheminée qui fume. Un chambranle de cheminée de pierre, peur de feu; et 12 pieds en carré de parquet», qu'on lui mette «une couche de blanc sur les murs [...] qu'on fasse une porte à des privés publics qui sont au pied de l'escalier et qu'on détourne, s'il se peut, la rigole de la gouttière voisine pour les laver.»[3] Voilà qui donne une idée des conditions d'hygiène dans les bâtiments royaux.

«A Versailles et jamais à la cour». C'est ainsi que Voltaire désigne, en octobre 1745, le lieu d'où il écrit à d'Argental. Il l'avertit qu'il ne pourra rentrer à Paris avant d'avoir «dépouillé le fatras des bureaux» :[4] c'est une condition nécessaire à son travail d'historiographe. Quel est donc ce travail si urgent? Dès le mois d'août, il l'avait annoncé à d'Argenson : «Les deux campagnes du roi méritent d'être chantées mais encore plus d'être écrites.»[5] Pour bien saisir la réalité, il s'intéresse à tout, même à l'intendance. Comment Moreau de Séchelles, intendant des armées de Flandre et d'Alsace, pourrait-il lui refuser ses dossiers? Il flatte son ambition : «Le roi qui verra le premier l'ouvrage en manuscrit ne sera peut-être pas fâché d'y reconnaître de quelle utilité vous êtes».[6]

Alors qu'il pourrait être heureux auprès de sa nièce, Voltaire apporte à une tâche qui s'amplifie, au cours de ses recherches, une conscience attentive et scrupuleuse : «Il n'y a point de soin que je ne prenne», écrit-il au marquis d'Argenson, «pour faire une histoire complète des campagnes glorieuses du roi et des années qui les ont précédées.»[7] Cette activité devient une passion. En octobre, à Fontainebleau, il interroge ceux qui ont combattu, et même il a emporté ses dossiers. Il n'est pas question de lâcher prise : «Je resterai ici», confie-t-il aux époux d'Argental, «jusqu'à ce que j'aie recueilli toutes mes anecdotes sur les campagnes du roi [...] J'y travaille, comme j'ai toujours travaillé, avec passion.»[8]

Mais le roi ne sera pas le premier à voir le manuscrit ; à combien de contrôles celui-ci ne sera-t-il pas soumis avant de lui être présenté ! Aux d'Argental d'abord, puis à deux ministres, le marquis d'Argenson et le cardinal de Tencin, passionné, comme sa sœur, par la politique extérieure de la France. Le cardinal, moins occupé, le lit plus vite que le marquis. Mais qui donc leur confie les travaux du poète avant qu'ils ne soient au point : d'Argental, ou tout simplement Voltaire lui-même ? On connaît sa hâte d'obtenir des avis, et, aussitôt, ses repentirs. Il trouve «honteux» que les deux ministres aient lu son manuscrit «dans l'état où il est» : il faut que le marquis d'Argenson le lui renvoie «dans la minute». A cette requête aussi impatiente il donne une raison péremptoire : «Cet ouvrage est pour moi une passion violente, et il faut avoir pitié des passions.»[9] On croirait entendre Mme Du Châtelet.

S'il voit parfois à quelles déconvenues la diplomatie idéaliste du marquis conduit la France, il s'engage toujours avec lui, sans courir les mêmes risques, et l'encourage dans les tentatives de paix les plus aveuglément sentimentales. Le roi de Prusse, après ses victoires de Freiberg, de Sohr et de Kesseldorf, signe avec Marie-Thérèse le traité de Dresde qui lui atttribue la Silésie ; Frédéric, en échange, reconnaît l'époux de la reine, François de Lorraine, comme candidat à l'Empire. D'Argenson ne crie pas à la trahison : il pense tout bonnement que Frédéric se dirige ainsi vers la paix générale.

En Italie, les armées franco-espagnoles ayant remporté de grands succès, le marquis d'Argenson offre la paix au roi de Sardaigne afin de le détacher de l'alliance autrichienne. Furieux, Philippe V et Elisabeth Farnèse menacent de rompre avec la France. On n'en signe pas moins, le 17 février 1746, les préliminaires du traité de Turin. Voltaire s'enthousiasme : «Je vous fais mon compliment de la belle chose que j'entends dire.»[10] En Hollande, les fautes commises sont aussi graves : alors que Maurice de Saxe s'est emparé de Bruxelles, c'est le plénipotentiaire hollandais, redoutant l'invasion française, qui exige que les places conquises soient remises à l'Autriche et que le prétendant jacobite soit chassé de France.[11]

On comprend que la diplomatie du marquis soit de plus en plus discutée. Néanmoins, le roi ne le renvoie pas : le ministre l'amuse avec son visage taillé à coups de serpe et sa verve gros sel. Voltaire continue à féliciter son ami : « On dit que vous avez besoin de votre courage et de résister aux contradictions en faisant le bien des hommes [...] Vous avez de la philosophie dans l'esprit et de la morale dans le cœur. Il y a peu de ministres dont on puisse en dire autant. »[12] Que l'on juge combien sont optimistes et littéraires les conceptions du poète lorsqu'il envisage la réconciliation de Marie-Thérèse d'Autriche et de la reine d'Espagne ! « La reine de Hongrie et la reine d'Espagne dépouilleront toutes les deux *la vieille femme* [Ephésiens iv.22 et Colossiens iii.9], et se réconcilieront en bonnes chrétiennes. Cela est immanquable [...] Grand et digne citoyen, ce monde-ci n'est pas digne de vous. »[13] Ce langage flatte le marquis.

Mais, soudain, voici le poète tiré de ces hautes spéculations et, pour un temps, de son « historiographerie ». Le 19 mars, il est averti que Jean Bouhier, président à mortier du parlement de Dijon, vient de mourir : son fauteuil à l'Académie est vacant.

Pourquoi ce Dijonnais résidant presque toujours dans sa ville natale ou dans son hôtel de Nuits-Saint-Georges avait-il été admis à l'Académie française ? C'était un homme exceptionnellement doué et, au surplus, un travailleur infatigable et acharné. Entré à dix-neuf ans au parlement de Dijon, il devenait, à trente ans, président à mortier. Connaissant plusieurs langues étrangères parmi lesquelles l'hébreu, il consacra ses loisirs à l'érudition et aux lettres. Ses connaissances, à la fois vastes et précises, étendirent si rapidement sa réputation que c'est à trente-quatre ans qu'il fut appelé à l'Académie française. Et même, en sa faveur, la compagnie dérogea à la règle qui exigeait de ses membres, sauf des évêques, la résidence à Paris. Elu au fauteuil de Malézieu, il fut reçu par le président Hénault. Son correspondant le plus fidèle à Paris fut l'abbé Le Blanc qui le tenait au courant de la vie des lettres et des potins littéraires.[14] « Il remua tout », écrit d'Alembert, « il embrassa tout, il fit ses preuves dans tous les genres. »[15] Parmi ses œuvres nombreuses, il suffit d'en citer deux qui donnent une idée de la variété de ses recherches et de son envergure intellectuelle : son *Mémoire sur la vie et les ouvrages de Montaigne*, et son *Traité de la dissolution du mariage pour cause d'impuissance*.

Pour Voltaire, voici l'occasion rêvée de poser sa candidature. Sans avoir la certitude absolue d'être élu, il est guéri, prétend-il, des démarches fatigantes et humiliantes. A ses amis d'Argental, il déclare spontanément qu'il ne fera point campagne : « On a parlé déjà à V[oltaire] de la succession », écrit-il, « V. est malade, V. n'est guère en état de se donner du mouvement, V. grisonne et ne peut pas honnêtement frapper aux portes, quoiqu'il compte sur l'agrément du roi [...] Il sera très flatté d'être désiré, mais il craindra toujours de faire des démarches. »[16]

Toutefois, à la suite d'une attaque violente des *Nouvelles ecclésiastiques*, la feuille janséniste, qui le met en cause en excellente compagnie, avec le pape, il sort de sa réserve. N'y voit-il pas l'occasion, combien publicitaire, de se concilier les jésuites?

Dans le même temps que le souverain pontife écrit au roi pour exclure de la grâce du Jubilé ceux qui ne sont pas soumis à la Bulle Unigenitus, sa sainteté écrit à son cher fils, le sieur de Voltaire, un «bref» de compliment sur sa belle tragédie de *Mahomet*, tragédie que le Ministère public a défendu de représenter sur le Théâtre-Français. Au bref étonnant, le Saint-Père joint des médailles d'or pour témoigner au poète l'estime qu'il fait de ses talents. L'auteur des *Lettres philosophiques* brûlées par la main du bourreau, lettres dont l'impiété a soulevé tous ceux qui ont encore quelque religion, cet auteur, dis-je, est en commerce avec le pape, tandis que des évêques, des prêtres, des religieux, etc, sont traités d'excommuniés. Y a-t-il encore de la foi sur la terre et tout n'annonce-t-il pas que la Vérité se retire et nous abandonne?[17]

C'est précisément à un jésuite, au père Simon de La Tour, principal du collège Louis-le-Grand, que Voltaire dénonce ces attaques et proteste de son attachement à la Compagnie de Jésus et de sa fidélité à l'Eglise, comme il le fit naguère à l'évêque de Mirepoix:

Ayant été élevé longtemps dans la maison que vous gouvernez, j'ai cru devoir prendre la liberté de vous adresser cette lettre et vous faire un aveu public de mes sentiments dans l'occasion qui se présente. L'auteur de la Gazette Ecclésiastique m'a fait l'honneur de me joindre à sa sainteté et de calomnier à la fois, dans la même page, le premier pontife du monde et le moindre de ses serviteurs. Un autre libelle non moins odieux, imprimé en Hollande, me reproche avec fureur mon attachement pour mes maîtres, à qui je dois l'amour des lettres et celui de la vertu. Je vous prie d'engager les Révérends Pères qui travaillent au Journal de Trévoux à vouloir bien honorer d'une place dans leur recueil ce que je vais prendre la liberté de vous dire sur ces deux articles.[18]

Il rappelle longuement sa correspondance avec le cardinal Passionei, les vers qu'il écrivit pour le portrait du pape, l'hommage qu'il fit au Saint-Père et à plusieurs cardinaux du *Poème de Fontenoy*, qui fut traduit en italien par le cardinal Quirini.

Ceux qui connaissent le caractère du pape, son goût et son zèle pour [les] lettres, ne sont point surpris qu'il m'ait gratifié de plusieurs de ses médailles [...] Voilà cependant ce qui a excité la bile de l'auteur clandestin de la Gazette Ecclésiastique: il ose accuser le pape d'honorer de ses lettres un séculier [...] et il me reproche à moi je ne sais quel livre auquel je n'ai point de part, et que je condamne avec autant de sincérité qu'il devrait condamner ses libelles.

A partir de ce reniement des *Lettres philosophiques*, comment le père pourrait-il le suivre dans le morceau d'éloquence où s'achève cette lettre?

Pendant les sept années que j'ai vécu en leur maison qu'ai-je vu chez eux [les jésuites]? La vie la plus laborieuse, la plus frugale, la plus réglée [...] Qu'on mette en parallèle les *Lettres provinciales* et les sermons de Bourdaloue, on apprendra dans les premières l'art de la raillerie [...] celui d'insulter avec éloquence; on apprendra avec le Père Bourdaloue à être sévère à soi-même et indulgent pour les autres; je demande alors de quel côté est la vraie morale [...] Je veux vivre et mourir tranquillement dans le sein de l'Eglise catholique, apostolique et romaine sans attaquer personne.

Peine perdue. La Tour enveloppe sa réponse d'onction et de flou: «J'ai reçu la lettre si judicieuse, si belle, et si touchante dont vous venez de m'honorer [...] Dans l'usage que nous en ferons, monsieur, nous consulterons moins nos intérêts que votre gloire.»[19] Heureux que Voltaire rende justice aux jésuites de leur action, le père lui répond par un éloge de la Compagnie. C'est donc une fin discrète de non-recevoir. Le poète ne se décourage pas: attaqué par les jansénistes, il faut que les jésuites soient ses alliés. Il fait intervenir auprès du P. Pérusseau, confesseur du roi, son ami le mieux placé, Moncrif, lecteur de la reine. «Je vous remercie», lui écrit-il, «[...] de votre conversation avec le père Pérusseau [...] Il n'y a guère de jésuite qui ne sache que je leur suis attaché dès mon enfance [...] Le pape en dernier lieu a chargé monsieur le bailli de Tencin[20] de me faire des compliments de la part de sa sainteté et de m'assurer de sa protection et de sa bienveillance [...] Mon attachement pour un très grand roi hérétique[21] ne m'a pas gâté comme vous voyez.»[22]

Soudain, vers le 15 avril, Moncrif se voit confier une tâche plus importante. A peine commencée, la campagne de Voltaire est traversée par un adversaire de taille, Roy, «fameux poète», dit le duc de Luynes, célèbre par son opéra de *Callirhoé* et par l'esprit agressif de ses «calotines». Homme de mauvaise réputation, il a fait, en 1724, un séjour à la Bastille pour «avoir fait des friponneries dans le public avec des papiers royaux».[23] Ses railleries mordantes n'ayant pas épargné l'Académie, il ne saurait être candidat; mais en même temps qu'il affecte de mépriser les démarches de ses confrères, il s'efforce, mû par une jalousie venimeuse, de faire échec à leur candidature. Rien de plus facile en ce qui concerne Voltaire, il lui suffit d'exhumer et de répandre des libelles diffamatoires qui ont déjà servi, le *Discours prononcé à la porte de l'Académie française par M. le directeur à M. ****, publié en 1743, et le *Triomphe poétique*, calotine datant de 1736. Or, il se trouve que la reine manifeste de l'estime pour le talent de Roy. Voltaire en appelle à Moncrif: «Comment la plus vertueuse de toutes les reines peut-elle souffrir quelquefois le plus scélérat des hommes? Je vous le dirai hardiment, vous vous rendez coupable si vous ne représentez pas à sa majesté la vérité.»[24] Quelques jours après, il revient à la charge: «Je vous supplie d'exposer à la reine mes sentiments [...] Je ne ferai rien [...] sans que vous m'ayez mandé que la reine trouve bon que j'agisse.»[25]

Sans doute rassuré, le poète se calme. Quoi qu'il en ait écrit à d'Argental, il glane passionnément toutes les voix possibles. Après avoir sollicité l'abbé Alary, c'est encore Moncrif qu'il a chargé d'intercéder auprès de Mme de Villars; il la redoute car elle est devenue dévote. Moncrif en a certainement obtenu des promesses: «Je n'ai pu venir à Versailles remercier la plus aimable sainte qui soit sur la terre. Je vous supplie de lui dire que quoique la reconnaissance soit une vertu mondaine, cependant j'en suis pétri pour elle. J'ose croire que M. l'abbé de Saint-Cyr ira à l'Académie le jour de l'élection, et qu'il ne me refusera pas ce beau titre d'élu.»[26] Comme il n'a pu rencontrer Moncrif à Versailles ni à Paris, il lui envoie une nouvelle lettre pour lui recommander Hardion: «C'est peu de chose d'entrer dans une compagnie, il faut y être reçu comme on l'est chez ses amis.» Et voici qui résume toutes ses lettres: «Je me mets entre vos mains, et aux pieds de la sainte de Villars.»[27] Il faut aussi que Destouches vienne de sa province: «Un confrère, [...] quel qu'il soit, ne doit point se croire académicien, s'il n'a la voix de M. Destouches.»[28] Enfin, certains adversaires ont cédé. Montesquieu déclare: «Il serait honteux pour l'Académie que Voltaire en fût, et il lui sera quelque jour honteux qu'il n'en aît pas été».[29]

Le 25 avril 1746, Voltaire est élu, précise-t-il, «tout d'une voix».[30] Que veut-il dire? Le registre de l'Académie n'est pas plus explicite: il ne consigne jamais le nombre des voix obtenues, mais il note que vingt-neuf académiciens étaient présents et que Voltaire fut élu «à la pluralité des voix».[31]

On ne retrouve pas, dans sa correspondance, l'enthousiasme de sa nomination à la charge d'historiographe ou même de son agrément, encore en perspective, comme gentilhomme ordinaire de la chambre. Il n'en parle guère qu'à Mme Denis et à Maupertuis, notant simplement que l'évêque de Mirepoix ne s'y est point opposé. Il doit s'occuper sans tarder des libelles de Roy et de son discours de réception.

Dès le lendemain de l'élection, le 26 avril, Roy prend peur et écrit à Marville, le lieutenant de police, pour protester de son innocence.

Au retour de la campagne, où j'étais allé ensevelir mon chagrin sur la mort de ma sœur, j'ai appris que ma réputation était violemment attaquée par le sieur Voltaire. Je ne puis en douter par les lettres qu'il a écrites à des académiciens [...] Il ne me reste de recours que votre seule autorité et les perquisitions [...] L'homme qui veut être à toute force mon ennemi me choisit entre tous les siens pour m'imputer tout ce qui s'écrit contre lui: il a craint que je ne fusse son concurrent à l'Académie, moi dont l'indifférence ou la retenue sur ce vain titre est connue de toute la France [...] C'est un personnage qui donne pour vrai tout ce qu'il imagine. Le ministre auquel je viens d'écrire le sait bien [...] Il prétexte sa calomnie, de l'envie que me doit causer son talent, et du chagrin qu'il me fait en donnant ses ouvrages lyriques à la cour et à la ville. En vérité, monsieur, ai-je perdu à la comparaison et dois-je être bien mortifié? Je ne le serais que si vous doutiez de mon innocence et de ma sensibilité à votre estime.[32]

Quelle que soit la présomption du personnage, la lettre donne cependant la mesure de sa renommée. D'ailleurs, il aura moins à souffrir que le nouvel académicien.

Voltaire doit d'abord subir les critiques de son discours de réception; mais, préoccupé par les libelles, les a-t-il toutes connues? Il prononce son discours le 9 mai devant une assemblée fort nombreuse où se pressent les «petits collets». Dans une certaine mesure ce discours fait date. Lorsqu'on lit ceux des récipiendaires précédents, on est étonné, surtout si l'on pense aux discours d'aujourd'hui. Presque toujours, ils ne comprenaient, à cette époque, que l'éloge du cardinal de Richelieu, du président Séguier, puis celui du prédécesseur défunt. Celui de Voltaire s'étend davantage, il ose être plus riche et plus varié. Plus libre de ton aussi: est-ce un hasard si l'on trouve dans l'exorde les idées de liberté et d'égalité, appliquées, il est vrai, aux seuls académiciens? Comme si Voltaire, en pénétrant dans cette compagnie, avait eu la fausse impression d'accroître sa liberté et sa sécurité.

Son éloge de Bouhier flatte les «modernes», mais ne blesse-t-il pas quelques-uns de ses confrères? Bouhier, dit-il, «ne ressemblait pas à ces savants insociables et inutiles, qui négligent l'étude de leur propre langue pour savoir imparfaitement les langues anciennes; qui se croient en droit de mépriser leur siècle, parce qu'ils se flattent d'avoir quelque connaissance des siècles passés; qui se récrient sur un passage d'Eschyle, et n'ont jamais eu le plaisir de verser des larmes à nos spectacles». L'allusion à ses tragédies les plus tendres, bien que voilée de généralité, est perceptible.

Il en arrive tout naturellement à définir le génie de la langue française de son époque. Cette langue est peu propre «à peindre les objets sensibles de toute la nature», comme le faisait celle des premiers Grecs et des poètes latins: «le langage du cœur et le style du théâtre ont entièrement prévalu: ils ont embelli la langue française».[33] Ce sont les grands poètes qui ont déterminé le génie des langues: la langue française naît avec Corneille. Cette langue si précise, si forte et harmonieuse, s'est élevée à l'universalité, ce qui conduit Voltaire à l'éloge de ses adeptes européens les plus illustres, qui sont également des amis ou des relations flatteuses du poète: Frédéric II, Ulrique de Suède, la czarine Elisabeth, fille de Pierre le Grand, et, bien entendu, le pape Benoît XIV. De là il lui faut bien revenir vers les écrivains français contemporains, énumération moins objective, plus mêlée et moins sûre: Montesquieu, Fontenelle, l'abbé d'Olivet, directeur de l'Académie, ami du poète et de Bouhier, qui doit répondre au discours du récipiendaire: «il a aujourd'hui à la fois un ami à regretter et à célébrer, un ami à recevoir et à encourager». Le président Hénault, autre ami, qui a produit «le seul livre de chronologie dans lequel on ait jamais peint les mœurs des hommes».[34] Puis il fait une allusion à Vauvenargues, qu'il ne nomme pas, «un homme éloquent et profond [qui] s'est formé dans le tumulte des armes». La première œuvre du moraliste est bien présente à son esprit, puisqu'il vient de la «crayonner» sévèrement.[35] L'éloge le plus inévitable était sans doute celui de

Crébillon, censeur royal, protégé par la favorite, et qui passe pour le successeur de Racine. Voltaire feint de le considérer, en effet, comme le dernier des grands tragiques, et, sur le ton d'une oraison funèbre de Bossuet, dans une image douteuse, ne se tire de ce piège que par l'outrance de la louange, aussi bien que de sa propre modestie: «Je vois ici ce génie véritablement tragique qui m'a servi de maître quand j'ai fait quelques pas dans la même carrière; je le regarde avec une satisfaction mêlée de douleur, comme on voit sur les débris de sa patrie un héros qui l'a défendue.»[36]

Célébrant ensuite les grands hommes, et toujours procédant par allusions à son œuvre personnelle, Voltaire évoque Trajan et Louis XIV, excellente transition vers l'éloge de Louis XV: «Pensez-vous, messieurs, que les honneurs rendus par tant de bouches à la mémoire de Louis XIV ne se soient pas fait entendre au cœur de son successeur dès sa première enfance? [...] La postérité dira que tous deux ont aimé la justice et ont commandé leurs armées». Louis XV «remporte des victoires. Il fait les plus grandes choses avec une simplicité qui ferait penser que ce qui étonne le reste des hommes est pour lui dans l'ordre le plus commun et le plus ordinaire.» Et voici le passage qui sera particulièrement contesté: «Il cache la hauteur de son âme sans s'étudier même à la cacher, et il ne peut en affaiblir les rayons qui, en perçant malgré lui le voile de sa modestie, y prennent un éclat plus durable».

En évoquant les hommes d'armes qui ont servi le roi, Voltaire renvoie l'assemblée au *Poème de Fontenoy* et s'adresse alors à Louix XV: «Vous embrassiez ce général [Maurice de Saxe] qui n'avait souhaité de vivre que pour vous voir triompher, cet homme que vos vertus et les siennes ont fait votre sujet.» Ce que chacun devait attendre ne pouvait manquer de se placer ici: l'éloge, excessif une fois de plus, de son ami le duc de Richelieu. «Ce fut l'un de vos confrères qui servit le plus votre protecteur et la France dans cette journée; ce fut lui qui, après avoir volé de brigade en brigade, après avoir combattu en tant d'endroits différents, courut donner et exécuter ce conseil si prompt, si salutaire, si avidement reçu par le roi.» Et Voltaire rappelle le mot de Louis XV: «Je n'oublierai jamais le service important que vous m'avez rendu».[37]

Pas une allusion à Marivaux, à Destouches ni à La Chaussée; les auteurs comiques sont traités globalement. Mais à qui Voltaire pense-t-il quand il constate la décadence du goût?

L'autre grand absent, c'est Maupertuis. On avait conseillé au poète d'éviter de parler d'un savant qui s'est exilé en Prusse. Voltaire lui présente des excuses: «Croyez que j'en ai été plus fâché que vous.»[38] Dans une lettre à Algarotti, Maupertuis réplique: «Vous sentez bien que Voltaire ne se brouillera jamais avec personne pour louer son ami.»[39]

C'est donc un Voltaire bien connu pour son amour-propre qui perce dans ce discours. Il se flatte en même temps qu'il flatte. C'est encore le cas s'il s'agit de son pacifisme. Il avait écrit au marquis d'Argenson à propos de sa «bavarderie académique»: «Je fourre partout mes vœux pour la paix»,[40] ce qui se traduit plus éloquemment: «Combien sont chères à toute la France, combien le seront un jour à l'Europe ces démarches pacifiques que fit Louis XV après ses victoires.» Vaines prédictions, comme le sera aussi le vœu de la péroraison: «Puissé-je voir dans nos places publiques ce monarque humain, sculpté des mains de nos Praxitèles, environné de tous les symboles de la félicité publique! Puissé-je lire au pied de sa statue ces mots qui sont dans nos cœurs: *Au père de la patrie!*»[41]

Au discours de réception, on connaît deux réactions privées. L'une, plutôt bienveillante, est une lettre adressée par le président de Brosses à Charles Loppin, baron de Gemeaux: «Je ne sais ce qu'on aura dit et pensé à Paris du discours de Voltaire; pour moi je vous avouerai naturellement qu'il m'a fait un très grand plaisir, quoiqu'il y ait bien des choses à reprendre, une trop grande foule de noms propres, d'éloges, de traits et de digressions déplacées, surtout sur la fin du discours, dont il faudrait retrancher un bon tiers contenant le poème de Fontenoy en prose».[42] Le reproche rejoint celui du sieur La Montaigne à Jean-Pierre d'Açarq, mais celui-ci est beaucoup plus radical: «J'admire *l'historien de l'esprit humain*; mais je ne saurais y reconnaître le récipiendaire académicien. [Voltaire] s'est tiré *de l'embarras de n'avoir rien à dire* en se jetant sur l'éloge d'une foule *d'espèces de grands hommes*».[43]

Les réactions publiques sont généralement sévères. Le *Discours prononcé à l'Académie française par M. de Voltaire*, de Baillet de Saint-Julien, a été composé avant celui du poète. D'une ironie subtile et percutante, il raille l'Académie aussi bien que le récipiendaire. Son auteur l'a envoyé courageusement à Voltaire, signé de son nom, dès le 2 mai. Il prévoit fort justement que le discours sera une nouveauté: «L'innovation en tous genres est plus convenable à mon caractère.» Et s'adressant à l'Assemblée, «Votre amour-propre», dit-il, «pourra-t-il pardonner au mien si, dans le seul jour de ma vie consacré à vos louanges, je perds de vue cet objet pour faire mon panégyrique? [...] Les derniers chefs-d'œuvre [*La Princesse de Navarre* et *Le Temple de la Gloire*] dont j'ai enrichi une double scène laissent-ils encore entre nous cette énorme distance dont on se plaignait autrefois?» Qu'est-ce donc que l'immortalité des académiciens? «Quels sont ses attributs? Une continuelle inaction, un loisir éternel, une tranquillité inaltérable.»[44] Bien entendu, aussitôt, Voltaire porte plainte, puis il abandonne les poursuites.

Si les *Réflexions sur le remerciement de M. *** à l'Académie française*, attribuées à Mannory et qui paraîtront dans le *Voltariana*, sont pointilleuses et souvent fausses dans les détails, elles frappent parfois juste. Le discours est «tout sauf ce qu'il doit être. Ce sont des réflexions, des observations, des morceaux de dissertation, des lambeaux de panégyriques. Il n'y a que de remerciement dont il n'y a pas un seul mot: c'était son sujet.» Voltaire a «des détours qui ne sont qu'à lui». Notre langue ne peut-elle peindre «noblement les petits détails»? Et La Fontaine?

Boileau incapable d'être sublime? Et le *Passage du Rhin*? Que dire de Crébillon seul comme un héros sur les débris de sa patrie qu'il a défendue? Curieuse image! Et du roi qui «cache sa hauteur d'âme»? Quel embarras! Et que dire d'«exécuter un conseil»? On dit «suivre un conseil, exécuter un ordre»! Où irait-on chercher des maîtres si ce n'est à l'Académie? «A qui me fierai-je si M. de Voltaire me trompe? Qui me corrigera? Qui me conduira s'il a besoin d'être corrigé et d'être conduit?»[45]

Pas de réaction du poète! Il se lance tout de suite, passionnément, aveuglément, à la poursuite des deux libelles de Roy. Que contenait donc de plus injurieux le *Discours prononcé à la porte de l'Académie française par M. le directeur à M. ****, destiné à faire échec à la candidature de 1743? Il rappelait un aspect du personnage que son succès pouvait faire oublier. Fort inopportun, il en venait à nier son patriotisme et remuer son passé le plus lointain:

En vérité, monsieur, vous vous y êtes pris trop tard: aussi, que ne vous êtes-vous proposé à l'Académie avant toutes vos traverses [...] Nous vous eussions épargné bien des désastres. Qui sait si l'esprit d'une société sage et réglée n'eût pas influé sur le vôtre, ne vous eût pas inspiré quelque amour pour la Patrie, quelque tolérance pour le culte et les usages reçus, s'il n'eût pas enchaîné cette indépendance républicaine pour allier enfin le Citoyen à l'Auteur, s'il n'eût pas calmé cette démangeaison d'immoler sans cesse notre Nation à la risée de nos voisins, qui vous en savent si peu de gré et qui vous ont vendu si cher un asile?

Il rappelle *Le Bourbier*, poème de jeunesse dirigé contre Houdar de La Motte; il y voit des allusions à l'Académie:[46] «Votre satire s'est égayée sur nous plus d'une fois, vous nous avez maladroitement embourbés dans le limon du Parnasse.» La fin, pour ironique qu'elle soit, était le bon sens même: «Croyez moi, monsieur, vous n'avez besoin d'être membre d'aucun corps. Vous faites un tout à vous seul.»[47]

Quant au *Triomphe poétique*, il ridiculisait dans un portrait la personne du poète. Peu flatté, celui-ci apparaissait, dès 1736, comme un vieillard:

> Place à l'Apollon, le voici.
> Que dites-vous? Cette momie.
> Il vit pourtant: l'économie,
> La soif de l'or le sèche ainsi,
> Jointe au corrosif de l'envie.
> Est-il assis, debout, couché?
> Non, sur deux flageolets, il flotte
> Entouré d'une redingote
> Qu'à Londres il eut à bon marché [...]
> Sa mâchoire à vide grignotte
> Son regard est effarouché [...]

Evoquant le passé lointain du poète, en particulier l'affaire de la loterie de Le Pelletier Des Forts, il mettait en doute son honnêteté.

> Parbleu, s'il avait ramassé
> Tous les fonds de la Loterie
> N'aurait-il pas tout remboursé?

Sur la plainte de Voltaire, les perquisitions ont commencé dès le mois de mai. Mû par une sorte de rage, descendant lui-même dans la rue lorsqu'il le peut, il les guide et les surveille. Caché dans la boutique de Prault, près du Pont-Neuf, après avoir donné ses instructions au commissaire et à l'inspecteur de police, il attend les résultats de leurs visites chez les libraires suspects, chez la Bienvenu, puis chez la veuve Delormel et son gendre Josse, celui-ci déjà compromis dans l'édition des *Lettres philosophiques*. On arrête la Bienvenu le 20 mai; la veuve Delormel est jetée en prison avec son fils et Josse le 3 juin.

Le 29 mai, le poète-académicien escorte les archers dans la rue des Petits-Augustins jusqu'au domicile de Mairault, un érudit, amateur et épicurien, s'amusant de la vie des lettres et fréquentant les ennemis de Voltaire.[48] Mais ni le poète ni le lieutenant de police ne savent que Mairault est alité, atteint d'une maladie grave dont il devait mourir le 15 août. Pénible circonstance, d'autant plus que l'on ne trouve chez lui, concernant Voltaire, qu'une feuille manuscrite. Homme peu banal, ce Mairault, si l'on en juge par la lettre qu'il a écrite à un nommé Travenol précisément sur les libelles de Roy: «Ma santé va de mal en pis; mais dans ces sortes de maladie, on conserve la tête; et on ne laisse pas de goûter la plaisanterie. Je crois que la malice est ce qui s'éteint le dernier dans l'homme. L'écrit [de Roy] est plein de sel et va commencer à jeter un ridicule sur la fameuse réception.»[49]

C'est du domicile de ce Travenol, où va se rendre la police au début de juin, que rebondira et s'épanouira scandaleusement l'affaire des libelles.

13. Un violon de l'Opéra

L'affaire Travenol va regrouper les anciens ennemis de Voltaire ; ceux qui n'agissent point inspirent et conseillent les autres. On y retrouve Roy, Mairault jusqu'à sa mort, Saint-Hyacinthe et Piron. En outre, elle va en susciter de nouveaux : Fréron, qui débute, Travenol, le plus faible, la « victime » de Voltaire, que l'on va épauler et qui sera vigoureusement défendu par deux avocats : Rigoley de Juvigny, ami et futur biographe de Piron, et enfin Mannory, le plus intelligent et le plus féroce.

Par bonheur, si l'on peut dire, Desfontaines est mort récemment, le 16 décembre 1745. Mais avant sa mort il était déjà remplacé par Elie Catherine Fréron, entré dans son équipe de rédacteurs aux *Observations* en 1739, dès l'âge de vingt-et-un ans. Il collabore avec Mairault aux *Jugements sur quelques ouvrages nouveaux*,[1] publiés sous le pseudonyme bouffon de Burlon de La Busbaquerie, puis, au moment de la maladie de Desfontaines, suspendus au tome IX. Fréron les reprend et en poursuit la publication jusqu'au tome XI. Mais alors, impatient d'assurer lui-même sa carrière de journaliste, il lance, dès le 1er septembre 1745, les *Lettres de Mme la comtesse sur quelques écrits modernes*,[2] dont la verve éblouira Desfontaines avant sa mort. Breton mâtiné de Gascon, « beau garçon, bon vivant, turbulent, franc-maçon, Figaro avant la lettre, espion de la police à l'occasion, au demeurant, le meilleur esprit du monde », Fréron considère Voltaire comme « l'assassin de son maître » Desfontaines.[3] Il commence à l'attaquer dans la deuxième lettre de la comtesse de ..., où il rappelle, presque mot pour mot, le « Portrait » anonyme de 1735 : « J'ai seulement lu qu'Aristippe et Diogène tour à tour, il recherchait les plaisirs, les goûtait, les célébrait, s'en lassait et les frondait ; que par ses familiarités avec les grands, il se dédommageait de la gêne qu'il éprouvait avec ses égaux, qu'il était sensible sans attachement, voluptueux sans passions, sociable sans amis, ouvert sans franchise, et quelquefois libéral sans générosité [...] Il sait trop que la vanité, ce partage des petits esprits, dégrade un génie supérieur. » Les leçons de Desfontaines ont porté, mais Fréron y met plus de jeunesse et d'ardeur. Il fait, dans la même lettre, une critique mesurée du *Poème de Fontenoy* et, dans la quatorzième lettre, une analyse du *Temple de la Gloire*. Avec quelque venin, il y note l'influence pernicieuse de la réussite officielle de Voltaire : « Ses succès brillants et ses nombreux lauriers lui donnent assurément le droit de faire de mauvais ouvrages. » Mais ses attaques les plus vives et les plus harcelantes ne commenceront qu'en 1749. Pour l'instant, sa bête noire est Duclos.

L'ennemi nouveau le plus inattendu, et d'un indiscutable talent, c'est l'avocat

Mannory. Il n'a que deux ans de moins que Voltaire. Sincère admirateur du poète, il écrivit en 1719, en réponse à une critique malveillante, une *Apologie de la nouvelle tragédie d'Œdipe*.[4] En 1744, alors qu'il a plus de quarante-six ans, il n'est pas encore sorti de la misère où le tient son père, véritable harpagon qui possède plus de quarante mille écus de biens. Marié, souvent malade, il s'est endetté et se trouve dans une absolue détresse. A qui s'adresser? Il pense que Voltaire, qui a rendu service à de jeunes poètes dans le besoin, pourrait l'aider. Il lui écrit donc une lettre pleine de respectueuse humilité: «M'abandonnerez-vous, monsieur? Oublierez-vous l'ancienne amitié que vous avez eue pour moi? Je suis un de vos plus vieux serviteurs, et l'apologiste d'*Œdipe* ne doit pas périr dans la misère au milieu de si belles espérances; il ne s'agit que de l'aider un peu.»[5] Nous sommes en mai. Voltaire, qui est alors à Cirey, lui répond qu'il le verra dès son retour à Paris. Or, il ne rentre à Paris qu'en septembre, ayant oublié l'avocat. Celui-ci lui récrit aussitôt, le 8 de ce mois:[6] lettre apparemment de peu d'effet, car Mannory réitère ses supplications en décembre.

Vous m'avez permis, monsieur, de vous importuner encore [...] Je suis honnête en robe, mais je manque totalement d'habit, et je ne puis me présenter devant personne. Cela dérange toutes mes affaires. Avez-vous pensé à M. Thierot? [...] Je suis depuis six jours avec quatre sous dans ma poche. Vous m'avez promis quelques légers secours; ne me les refusez pas aujourd'hui, monsieur. Dès que je serai habillé, je serai en état de suivre mes affaires, et ma situation changera [...] Souffrirez-vous, monsieur, que je meure de faim? Je n'ai mangé hier et avant-hier que du pain. C'était fête; je n'ai pu décemment sortir en robe, et mon habit n'est pas mettable [...] L'état est affreux.[7]

On ne saurait faire confiance ni à Voltaire ni à Mannory pour raconter la suite de cette histoire. Soudain, au début de 1747, Mannory informe le poète qu'il va plaider contre lui. Quelle revanche!

J'apprends, monsieur, que vous débitez dans le monde que je vous ai de grandes obligations, que c'est vous qui me faites subsister depuis deux ans; vous l'avez dit à tous les magistrats [...] Il est vrai, monsieur, qu'il y a plus de deux ans que j'étais dans la peine, et l'on ne me fait aucun chagrin de me rappeler ces faits [...] Quelques anciennes liaisons, l'idée que je m'étais faite des dispositions où devrait être un homme tel que vous, me firent illusion [...] Je vous écrivis. Vous me fîtes réponse, j'ai vos lettres; elles me donnèrent beaucoup d'espérance [...] Vous arrivâtes enfin. Je vous vis, ma situation vous toucha [...] Vous conçûtes qu'il était facile de la changer. Je vous trouvai un jour de bonne humeur, vous m'annonçâtes de l'argent qui devait vous rentrer incessamment. Mon affaire était sûre, vous me donnâtes à compte 12 livres. Je n'osai les refuser de peur d'indisposer mon libérateur; il ne faut pas être fier avec les grands [...] Vous me demandâtes quinze jours. Je revins huit jours après le temps fixé, il ne me fut plus possible d'arriver jusqu'à vous. Mon signalement était donné, mais vous me fîtes l'honneur de m'écrire. J'ai aussi ces lettres. Vous ne me parlâtes alors que misère et banqueroute. Votre carrosse allait être mis bas. Ma garde-robe cependant vous parut digne de votre attention, vous m'envoyâtes une espèce de billet pour M. Thiriot, marchand de drap.[8] J'ose dire que ce n'était pas une lettre de crédit, c'était la recommandation la plus impertinente que l'on pût donner à un honnête homme. Je l'ai gardée sans en faire aucun usage, elle n'était pas destinée à celui-là. Vous lui parliez d'un père que j'avais alors et que vous assuriez être riche, vous lui promettiez qu'il ne tarderait pas à mourir et qu'alors je le pourrais payer, quelque pauvre que je fusse dans ce temps. C'est l'extrait de votre billet que M. Thiriot n'a jamais vu, mais que j'ai encore, et qui servira [...] à faire une partie de l'histoire de nos liaisons. Mon père est mort en effet six mois après [...] Depuis ce billet, vous ne m'avez pas vu [...] Si vos livres de dépenses, dont parle votre secrétaire, sont chargés d'autre chose, je vous prie, monsieur, de m'en envoyer le relevé, j'y ferai honneur dans l'instant [...] En attendant, je vous envoie les 12 livres [...] J'y joins, monsieur, mon plaidoyer contre vous ; c'est, je crois, l'intérêt bien honnête de l'argent que vous m'avez prêté.

Mais, devenu son ennemi, l'avocat n'allait pas s'en tenir là. Documenté par ses pairs et sachant combattre, il laisse entrevoir ensuite dans quelle situation fâcheuse le poète se trouve placé :

Si j'avais voulu profiter des avantages que j'avais sur vous, *je vous aurais terrassé* ; si j'avais voulu m'égayer sur votre lettre au P. de La Tour, sur votre querelle avec le gazetier ecclésiastique, trop comique vis-à-vis ceux qui, comme moi, connaissent vos véritables sentiments [...] Si j'eusse dit en passant un mot des *Lettres philosophiques*, je vous mettais au désespoir [...] Apprenez que la poésie n'est pas le seul talent qui rende les hommes recommandables, qu'il ne faut mépriser personne, et vous vous êtes accoutumé à n'estimer que vous. Vous nous méprisez souverainement, nous autres vils gens du barreau, vous nous regardez comme de misérables praticiens ; cette cause vous rendra peut-être plus raisonnable.[9]

Comment donc, partant des libelles de Roy, en est-on arrivé à ce procès, à cette « cause » que va plaider Mannory ?

Dans les actions policières de ce genre, la règle est toujours la même : elles ne se limitent pas aux perquisitions chez les libraires ; on surveille aussi les colporteurs et les receleurs. Sur cette lancée, on arrête un colporteur nommé Phélisot qui se trouve porteur de huit cents exemplaires des libelles de Roy. Chez lui, on en découvre d'autres qu'il déclare tenir de Louis Travenol, musicien, ancien premier violon du roi de Pologne et violon à l'Opéra. Il demeure rue du Bac, au coin de la rue de Grenelle, chez son père, ancien maître à danser, qui vit avec sa femme et une fille infirme. Voltaire obtient un ordre de perquisition à la date du 3 juin. Un commissaire au Châtelet, accompagné d'un inspecteur de police, se transporte aussitôt chez Travenol père. Son fils, sentant venir le danger, a disparu « à la campagne », muni d'un congé de l'Opéra. On ne trouve que trois exemplaires des libelles, deux appartenant au fils, le troisième au père. Mais on découvre, dans la poche d'un habit, des lettres de Roy réclamant à Travenol des libelles d'un autre auteur. C'est ici que l'affaire va dévier dangereusement : à défaut du fils, le commissaire décide d'arrêter, en dépit du désespoir des deux femmes, le père de Travenol, un vieillard de quatre-vingts ans.

Voltaire, dans un mouvement d'indulgence, fait libérer deux colporteurs, le jeune Binot, demeurant avec sa mère aveugle qu'il est seul à faire vivre, et Phélizot, parce que ses aveux sont conformes à la vérité. Cette vérité se confirme, bien que déformée, dans le placet imprudent et naïf que fait parvenir, du fond de sa cachette, Louis Travenol au lieutenant de police Marville :

Travenol, ordinaire de l'académie Royale de Musique, a intérêt de détruire les différents soupçons qu'on a jetés sur lui au sujet de l'enlèvement de ses papiers, et d'une pièce saisie chez un colporteur. Quoiqu'il se mêle d'écrire, il n'est ni l'auteur, ni l'éditeur de celles qui regardent M. de Voltaire. Mais il avoue qu'il en avait un grand nombre [...] L'abbé Desfontaines, dont il était l'ami, le pria dans la fin de novembre [1745], de faire emporter en lieu sûr, plusieurs paquets d'imprimés. Travenol, qui vit que c'étaient des satires, ne voulut pas les garder chez lui et les mit à l'hôtel d'Isenghien. Il sait, comme beaucoup d'autres personnes, que la pièce en prose et celle en vers accolées ensemble, sont de vieille date. *Le Triomphe Poétique* est, depuis dix ans, dans tous les sottisiers de Paris. La pièce de prose lui avait été lue par M. l'abbé Desfontaines [en] 1743, lorsque le bruit courait que M. de Voltaire allait entrer à l'Académie. Y étant enfin entré, le temps est devenu favorable pour le débit ; ainsi Travenol, quelques jours après Pâques, donna à un colporteur, qui vint chez lui par hasard, l'éveil de vendre ces pièces, idée que le colporteur saisit avidement. Comme depuis longtemps il se vend publiquement des critiques contre le Sr de Voltaire, le suppliant a cru n'être pas répréhensible de se défaire de celles qui lui étaient tombées entre les mains. Au reste si c'est un crime, son père, qui n'y a aucune part, doit-il en être puni ? un homme d'environ 80 ans, est-il responsable des fautes que son fils peut commettre à quarante ? Cependant ce vieillard irréprochable est arrêté sans que sa famille puisse savoir seulement où il est.[10]

Travenol père est écroué le 7 juin au For-l'Evêque. Beaucoup de gens trouvent scandaleux cet emprisonnement qui nuit à la cause de Voltaire ; les mieux placés interviennent auprès du lieutenant de police. La démarche la plus efficace est sans doute celle de l'abbé d'Olivet auprès de Voltaire ; mais le poète est-il sincère lorsqu'il prétend que, jusqu'à cette visite du directeur de l'Académie, il ignorait l'existence de Travenol ? Ne veut-il pas prouver que c'est l'ordre du roi et non pas le sien qui détermina la perquisition chez le musicien ?

Vous pouvez certifier que lorsque vous me fîtes honneur de venir chez moi le 11 ou 12 juin à la prière de quelques personnes, pour m'engager à solliciter avec vous la grâce d'un nommé Travenol je vous dis que je ne connaissais pas cet homme, et que je n'en avais jamais entendu parler, que cependant je vous accompagnai chez le magistrat de la police, que nous demandâmes l'un et l'autre à ce magistrat, ce que c'était que cet Antoine Travenol et pourquoi il était en prison, que M. de Marville nous répondit qu'il était arrêté par ordre du roi, que vous demandâtes sa grâce sans le connaître, que j'appuyai votre sollicitation, et que c'est toute la part que vous avez eue à l'affaire de cet homme.[11]

Le vieillard, libéré le 12 juin, trouvant de bon augure cette généreuse intervention, pense obtenir par le même moyen le pardon de son fils Louis Travenol et se rend d'abord chez Voltaire. Il s'agenouille devant lui et implore sa pitié. Attendri et flatté, Voltaire le relève, l'embrasse, le rassure quant au sort de son fils, l'invite à déjeuner et se déclare protecteur de la famille. Antoine Travenol se fait recevoir ensuite par l'abbé d'Olivet; avec lui, il examine les moyens de faire lever les soupçons qui pèsent sur son fils. Encore faut-il savoir quelles sont véritablement ses fautes. Aussi l'abbé suggère-t-il d'être mis en relations avec le musicien. Confiante, la famille Travenol accepte de lui révéler sa retraite.

Travenol n'était pas loin. Ce qu'il advint ensuite, c'est l'abbé qui le raconte à son frère Nicolas, conseiller au parlement de Besançon:

J'y allai dès le lendemain. Travenol fils, prévenu par son père sur cette visite, commença par me dire que toute sa défense était contenue dans un mémoire[12] qu'il avait présenté, non seulement au chef de la police, mais encore à diverses personnes distinguées, qu'il me nomma: et après m'avoir bien assuré que ce mémoire contenait la vérité, il m'en remit une copie, dont il me pria de faire auprès de M. de Voltaire le meilleur usage et le plus prompt que je pourrais. Mais à peine M. de Voltaire eut-il parcouru quelques lignes de ce mémoire qu'il crut y trouver un mensonge grossier. Car le mémoire porte que Travenol avait reçu les satires dont il est question, du feu abbé Desfontaines: et ces satires cependant font mention du *Temple de la Gloire*, ballet qui n'a été connu qu'après la mort de l'abbé Desfontaines.

Sur ce point, Travenol se défendra mal; il sera obligé d'avouer que c'était une édition récente du *Discours* de Roy. Mannory, trop subtil, ira jusqu'à prétendre que l'expression «temple de la Gloire» ne désigne pas l'opéra de Voltaire, mais l'Académie française! D'Olivet poursuit son récit:

Travenol père, à quelques jours de là, revint chez moi, savoir quel avait été le succès de mes démarches. Je lui répondis que son fils était un étourdi, qui loin de se justifier, avait ruiné ses affaires par son placet. Ce bon vieillard [...] me conjura, les larmes aux yeux, de ne point l'abandonner et d'avoir encore un entretien avec son fils [...] qui me raconta une longue histoire, pour expliquer ce qui paraissait mensonge dans son placet. Mais cette histoire, vraie ou fausse, comment la faire passer jusqu'à M. de Voltaire? Je ne pouvais pas lui dire que je la tenais d'original, puisque ç'aurait été lui apprendre que j'avais connaissance de l'asile où se cachait Travenol. Je proposai donc à Travenol de lui écrire tout naturellement à lui-même et de lui faire rendre la lettre par son père [...] Travenol, je ne sais pourquoi, aima mieux qu'elle me fût adressée, et moi, qui n'avais à cela nul intérêt que le sien, j'y consentis, avec promesse de revenir incessamment prendre sa lettre. Quand je revins, je trouvai la lettre parfaitement au net, déjà accompagnée de son enveloppe avec l'adresse [...] En la lisant avec l'attention d'un homme qui aime à rendre service, mais qui ne veut pas être porteur d'un second écrit où il y avait un mensonge trop facile à démontrer, j'y remarquai une ligne qui ne pouvait que nuire à sa cause. Je lui conseillai de la supprimer. Il fit une autre copie de la lettre, que j'envoyai prendre le lendemain.[13]

L'abbé, aussi naïf que Travenol, commet une première imprudence : il fait supprimer dans cette lettre un mensonge trop évident, une ligne qui peut « nuire à la cause » de Travenol. Ce faisant, ne nuit-il pas à celle de son ami Voltaire ? Lui, homme d'Eglise et directeur de l'Académie, le voici engagé, par charité, dans la dissimulation. La seconde imprudence consiste à montrer cette lettre à Voltaire, et finalement à la lui confier. Le poète n'écoute plus alors que sa passion : muni de la copie du placet de Travenol et de sa lettre à l'abbé d'Olivet, il porte plainte le 18 août 1746 auprès de Berryer, qui a remplacé Marville comme lieutenant de police. Et le 29, dans sa requête au lieutenant-criminel, au Châtelet, il réclame à Louis Travenol six mille livres de dommages et intérêts.

Dans le long procès de seize mois qui se prépare, son amour-propre aura beaucoup à souffrir, car, une fois de plus, son passé sera complaisamment étalé. L'abbé d'Olivet y sera impliqué.

La contre-attaque ne se fait pas attendre. Les ennemis de Voltaire se liguent, non pas tant pour défendre les Travenol que pour soulever l'opinion contre le poète. Ils voient tout de suite que le point vulnérable de sa cause, c'est l'emprisonnement injustifié du vieux Travenol. Déçu et outragé, le vieillard se retourne contre son éphémère « protecteur ». Il estime qu'à son âge la vie en prison, le sentiment de l'injustice, l'angoisse, lui ont porté gravement préjudice. Bien conseillé, il engage à son tour, par la requête du 19 novembre, une demande de dommages et intérêts de six mille livres. Cette demande est appuyée par un factum de l'avocat Lemarié, les Rigoley de Juvigny et les Mannory se réservant pour de plus délicates et retentissantes interventions.

Soulignant l'inégalité des parties en présence, le titre du factum de Lemarié ne néglige aucune des dignités nouvelles de Voltaire : *Mémoire signifié pour le Sr Antoine Travenol, maître de danse à Paris, demandeur en intervention, contre le Sr Arouet de Voltaire, gentilhomme ordinaire, conseiller du roi, historiographe de France, l'un des quarante de l'Académie française.*[14] Ce qui ne l'empêche pas d'affirmer, au début, que Travenol père est la « victime innocente des fureurs du Sr de Voltaire ». Non sans finesse, il attaque l'homme au défaut de la cuirasse : s'il est, dit-il, une supériorité de l'esprit, « il est pareillement, en matière de sentiment, un degré de délicatesse dont tous les cœurs ne sont pas également capables ». Il regrette que le poète n'ait pas jugé à propos d'être aussi modéré que ses confrères ; son élection n'était-elle pas une suffisante revanche ? Rappelant toute l'affaire, l'avocat insiste sur le point qu'il juge « décisif » : la responsabilité de Voltaire dans le préjudice

causé au vieillard : « C'est à l'instigation et sur les poursuites du Sr de Voltaire »
que l'emprisonnement a eu lieu. « C'est en vertu du même ordre qu'il avait
sollicité contre Travenol fils, que Travenol père a été arrêté ». On oublie que cette
substitution a été décidée sur le champ par le commissaire de police. Et l'avocat
dramatise à plaisir les souffrances du vieil homme jusqu'à les rendre déchirantes.
Il conclut que les délits étant absolument personnels, le père ne devait pas être
puni à la place du fils.

Quant à la culpabilité de Louis Travenol, elle ne devrait faire aucun doute.
Dans sa lettre à l'abbé d'Olivet, à travers un arrangement maladroit des faits,
présentés comme fortuits, transparaissent ses relations coutumières avec des
colporteurs de libelles, sinon des imprimeurs. Un premier colporteur, venu, dit-
il, « pour acheter des ouvrages de musique », vit sur sa table – comme par
hasard – un exemplaire de l'ancienne édition des libelles, celle que lui a donnée
Desfontaines. « Il me les demanda », poursuit-il, « pour les faire réimprimer [...]
j'acquiesçai à sa proposition. » Ici, le hasard cesse de jouer. « Quelques jours
après, il m'envoya les exemplaires » de cette nouvelle édition, « dont je me
suis défait en faveur d'un colporteur qui me fut adressé depuis. »[15] Il s'agit
vraisemblablement de Phélizot, trouvé porteur de huit cents exemplaires. Mais
de quelle édition ? L'ancienne ou la nouvelle ? L'ambiguïté demeure. Et qui donc
paie l'impression des libelles ? Ce n'est certes pas le colporteur !

Rien de tout cela ne semble avoir été vérifié. Ni Rigoley de Juvigny ni Mannory
ne retiendront les aveux du placet et de la lettre à l'abbé d'Olivet. Tout se passe
comme si l'on oubliait la question essentielle : Louis Travenol a-t-il diffusé des
libelles ? Ainsi la défense de l'accusé se transforme en une attaque violente contre
Voltaire. Dans son exorde, le *Mémoire signifié pour Louis Travenol, de l'Académie
royale de musique, contre le sieur Arouet de Voltaire, de l'Académie française*, signé
Rigoley de Juvigny, en donne éloquemment le ton :

Devenu plus délicat et plus sensible, ou, pour mieux dire, se croyant plus appuyé,
[Voltaire] use de son nouveau crédit pour tyranniser. Il jette l'épouvante dans toutes
les familles de libraires ; menaces, surprises, emprisonnements, il n'est rien qu'il ne
mette en usage pour se venger des dernières critiques prétendues publiées contre lui.
Mais qui aurait cru que parmi le monde d'adversaires qu'il s'est attirés [...] il eût
choisi un violon de l'Opéra ? Travenol, [...] seule ressource d'une famille indigente,
d'un père et d'une mère décrépites et d'une sœur infirme, ne songeait guère à
s'illustrer par un ennemi aussi fameux. [Voltaire] veut se venger avec éclat sur lui
de tout ce qu'il a souffert quand sa propre conduite lui interdisait la liberté d'élever
la voix.

L'avocat ne manque pas de faire au passé du poète toutes les allusions qui lui
peuvent nuire. Tout y passera : ses exils, ses échecs à l'Académie, le désaveu des
Lettres philosophiques, la lettre au P. de La Tour. Il minimise le caractère injurieux
des deux libelles qui sont à l'origine de l'affaire ; ils sont anachroniques, et c'est

aujourd'hui que Voltaire semble les découvrir. Le *Discours* n'est qu'un badinage «topographique» qui rappelle «les lieux où le héros imaginaire de la pièce a joué des rôles», car il est évident qu'il ne s'adresse pas à Voltaire. Le *Triomphe poétique* est imprimé depuis dix ans dans plusieurs recueils.

Suit un long récit de l'affaire Travenol qui monte en épingle l'emprisonnement du père et les interventions de l'abbé d'Olivet. La lettre que lui adressa Louis Travenol «devait être un article secret du traité de paix entre les parties». L'abbé ne l'a pas voulu; au surplus, il a fait modifier cette lettre: il en est à la fois «l'instigateur» et le «fabricateur», ce qui retire au document la sincérité, la véracité. «Il s'y est trompé lui-même», ajoute Rigoley, «et fournit sans le vouloir des armes au Sr de Voltaire. Heureusement, on est en état de les lui arracher pour les tourner contre lui.»

Enfin, l'avocat, sans avoir évoqué les faits reprochés à Travenol, fait l'amalgame des deux procès: «Voltaire demande que Travenol soit condamné à six mille livres de dommages et intérêts, mais qui est le plus en droit de les demander ou du Sr Arouet ou de Travenol après l'emprisonnement de son père?»[16]

On ne sait ce que dit Louis Travenol, car il assiste aux cinq audiences: ne risquant plus rien, il a quitté sa cachette et s'est présenté.

On retrouve dans le *Plaidoyer* de Mannory[17] les mêmes thèmes, mais traités dans une langue plus sûre, avec une ironie plus mordante, une éloquence plus fluide: «Sur quel citoyen malheureux», s'écrie-t-il dans l'exorde, «ces écrits [les libelles] ont-il porté des coups meurtriers? C'est l'admirateur, le disciple de Newton, c'est un philosophe à qui ces écrits ont fait perdre la tranquillité de l'âme, ce bien si estimable, fruit précieux de la vraie philosophie [...] Quel est donc l'ennemi redoutable qui excite ces grands mouvements? Devant quel adversaire fameux ce grand Voltaire, éprouvé par trente années de critiques, ne sait plus enfin comment se défendre? C'est un violon de l'Opéra!»

S'agit-il seulement pour Voltaire de belles-lettres? «Ces écrits [les libelles], dit le Sr de Voltaire, blessent la dignité des charges qu'il remplit, la charge dont Sa Majesté l'a gratifié» – Voltaire vient précisément de prendre possession de la charge de gentilhomme ordinaire par décès de Dubois-Daveluy – donc, «ce n'est plus au poète que nous avons affaire», poursuit l'avocat, «c'est au gentilhomme ordinaire de la chambre du roi». Comment Voltaire peut-il présenter pour sa cause des textes qui n'ont aucun rapport avec l'actualité, ni avec ses charges actuelles? Pense-t-il «encore nous faire croire que le prince s'intéresse à des discussions aussi légères et trop étrangères aux grandes vues qui l'occupent si utilement pour le bien de son Etat et la gloire de la nation?»

Mannory est beaucoup moins convaincant lorsqu'il essaie de démontrer que les deux textes incriminés, n'ayant jamais désigné Voltaire, peuvent s'adresser à d'autres qu'à lui. A propos du vers du *Triomphe* qui présente le poète comme «une momie», l'avocat remarque: «Le Sr de Voltaire est-il donc le seul à qui le défaut d'embonpoint puisse rendre ces vers propres?» De qui se moque Mannory?

Plus loin, les vers sur la loterie le démentent. Bref, «ces pièces n'intéressent ni l'Etat, ni la religion. Elles ne nomment personne. Travenol les a trouvées publiques. Leur proscription eût été la première demande que le Sr de Voltaire eût dû faire. »

En racontant longuement l'affaire, Mannory n'oublie pas non plus les imprudences de l'abbé d'Olivet. L'abbé a eu tort de confier la lettre de Travenol à Voltaire, «et il en sera blâmé». Quant à Voltaire, il n'avait pas le droit de joindre cette lettre au placet de Travenol; il ne devait pas la posséder: c'est un abus de confiance.

Malheureusement, l'ultime imprudence de l'abbé, c'est d'avoir publié, croyant se disculper honnêtement, sa lettre à son frère Nicolas. On y lit ceci, qui désigne Rigoley de Juvigny: «Un jeune écervelé, qui a rêvé qu'il était bel esprit, se croira en droit, sous prétexte qu'il est inscrit au tableau des avocats, d'immoler l'honneur et la réputation [...] des gens de bien?» Est-ce là le langage d'un académicien? Et Mannory fait l'éloge de Rigoley de Juvigny. Donc «le Sr de Voltaire et l'abbé d'Olivet ne font qu'un dans cette cause». Pauvre abbé! Voltaire se retourne contre lui et lui fait d'amers reproches:

Il est, monsieur, de la plus grande importance comme de la plus grande justice que vous vouliez bien réparer le tort que vous m'avez fait contre votre intention dans cette lettre que vous avez imprimée. Elle sert de preuve contre moi, et vous négligez aujourd'hui une affaire dans laquelle Juvigny va tous les jours [...] invectiver contre vous chez tous les juges. Il serait bien nécessaire que vous prissiez la résolution de les aller tous voir, vous détruiriez aisément les impressions odieuses qu'on leur donne de votre conduite [...] Pouvez-vous souffrir qu'on qualifie des noms de perfidie, de noirceur, etc. une action que vous n'avez faite que par un pur motif de générosité et de bonté?

Il lui reproche surtout «ce que vous avez hasardé dans votre lettre sur la foi d'un menteur comme Travenol fils».[18]

Dans le plaidoyer de Rigoley, il n'est toujours pas question de savoir si Travenol est coupable ou non.

Bien entendu, ce qui irrite par-dessus tout le poète, c'est, comme à l'époque de la *Voltairomanie*, l'extension scandaleuse de l'affaire. Car Rigoley de Juvigny et Mannory publient *Mémoire* et *Plaidoyer*. Voltaire proteste auprès de Marville: «Je crois que ce n'est point l'usage qu'on vende publiquement des libelles diffamatoires aux spectacles quand même ces libelles seraient signés du nom d'un avocat. Je vous supplie monsieur de vouloir bien faire ordonner que ce scandale qui révolte tous les honnêtes gens, cesse à l'opéra et à la comédie. On y vend sur le théâtre le mémoire du nommé Travenol.»[19]

Encore si Voltaire était bien défendu! Il l'est médiocrement par Moreau, avocat du roi, qui le connaît mal et qui cherche, dans les détails, à faire la part de chacun. Le poète lui écrit beaucoup trop. «Nous demandons, M. l'abbé d'Olivet et moi, que le mémoire calomnieux de maître Rigoley soit lacéré.» Il veut être convoqué avec l'avocat. Il promet, comme toujours, d'apporter «les preuves par écrit qui démontrent toutes ses calomnies.»[20] Il ne semble pas que l'avocat se soit prêté à cette dangereuse et inutile confrontation. A défaut, Voltaire essaie de convaincre Moreau qu'il doit exiger de Rigoley de Juvigny un désaveu de certains termes injurieux de son mémoire. Il va jusqu'à lui en fournir le modèle. Mais Rigoley de Juvigny est commis du receveur général du clergé, M. de Saint-Julien, qui le loge rue Vivienne. On le ménage; ce qui ne veut pas dire que l'ensemble du clergé a pris parti contre Voltaire et l'abbé d'Olivet.

Tout ce qu'obtient le poète contre Rigoley, c'est une réprimande de l'avocat du roi, par laquelle il lui interdit, à l'avenir, de retomber dans des excès de langage dont il est coutumier! Après ce discours, le lieutenant-criminel Nègre rend son arrêt, le 30 décembre 1746. On y reconnaît enfin la culpabilité de Louis Travenol. Maigre satisfaction pour Voltaire qui se voit condamné pour l'emprisonnement de Travenol père:

Par sentence du Châtelet a été dit que Travenol père sera reçu comme partie intervenant; faisant droit sur la demande de Voltaire contre Travenol fils, il est fait défense audit Travenol de récidiver et d'occasionner l'édition et la distribution d'aucuns libelles diffamatoires; pour l'avoir fait, le condamne envers Voltaire a trois cents livres de dommages et intérêts avec dépens; faisant droit sur la demande de Travenol père contre Voltaire, faisons défense à Voltaire de récidiver, le condamnons à cinq cents livres de dommages et aux dépens [...] Ordonnons que les deux pièces intitulées, l'une le *Discours prononcé à la porte de l'Académie française*, l'autre le *Triomphe poétique* seront déposées au greffe, supprimées et lacérées par le greffier de cette cour, ordonnons que le mémoire signé Louis Travenol en la page 8 et 9, et une lettre imprimée qui a pour titre: *Lettre de M. d'Olivet à M. son frère*, seront supprimées, à cet effet déposées au greffe.[21]

La sentence ne donne satisfaction ni à Voltaire ni aux Travenol. Aussitôt le poète fait appel à la Chambre de l'Arsenal. Ici, la juridiction naturelle est exercée par le parlement, et l'on sait que Voltaire n'y est point en odeur de sainteté. Cette juridiction n'intervient habituellement que dans des affaires d'une exceptionnelle gravité, ce qui n'est point le cas de ce procès. Le parlement aperçoit-il là une occasion inespérée d'intervenir contre l'auteur de *Mahomet*? Reconnaissant le caractère spécial du procès, son conseil entérine l'appel du poète par l'arrêt du 1er février 1747. Travenol y fait opposition, se fondant sur le droit qu'il possède de conserver ses juges et ses avocats. Il obtient gain de cause, et une sentence du 25 mars renvoie le procès à la Tournelle-criminelle.

La Tournelle-criminelle est une sorte d'annexe de la Grand'Chambre destinée à débarrasser celle-ci d'un grand nombre d'affaires criminelles. Y siègent cinq présidents à mortier parmi les moins anciens et douze conseillers à *tour de rôle* pendant six mois. Peut-être est-ce de cette permutation que provient ce nom de « Tournelle », mais plus sûrement de la tour où siègent les conseillers. Ces derniers sont des parlementaires plus proches des ennemis que des amis du poète ; au surplus, il aura toujours à faire face aux Rigoley et aux Mannory.

Louis Travenol triomphe. Trop bruyamment et trop vite. En parodiant les vers de l'*Armide* de Quinault, que l'on répète à l'Opéra pour la reprise du 4 mai, il compose et chante ce quatrain :

> Enfin, il est en ma puissance,
> Ce fatal ennemi, ce superbe rimeur,
> Un auguste sénat assure ma vengeance,
> Je ne crains plus chicane ni faveur.[22]

Malgré tout, pourquoi Voltaire ne gagnerait-il point ? Ne connaît-il pas, lui aussi, des parlementaires, et n'est-il pas en relations avec des ministres ? Dès le mois de mars 1747, il s'adresse à d'Argental :

Pourriez-vous voir M. l'abbé de Chauvelin, et le prier de dire à M. le président de Chauvelin que je suis très disposé à porter l'affaire au parlement [...] Sans oser faire aucune proposition qui eût le moindre air d'une condition mise au renvoi de l'affaire par devant la Tournelle, je me flatterais seulement qu'on mettrait plus de décence dans la conduite des avocats [...] En un mot [...] je voudrais que mes sentiments parvinssent plus tôt que plus tard à MM. de la Tournelle, par vous, par M. le président de Meinières, et par M. l'abbé Chauvelin.[23]

On assiste alors à une nouvelle guerre de factums dans lesquels les avocats de Travenol répètent inlassablement les mêmes arguments, étalant encore, au risque d'ennuyer, le passé de Voltaire, analysant ses fautes et les maladresses de l'abbé d'Olivet qui, pourtant, ne désire que la paix et l'oubli. Tel est le *Nouveau mémoire* de Mannory, où l'avocat regrette qu'en définitive il n'en coûte que deux cents livres à Voltaire. Le septième factum est une réplique du poète, c'est le *Mémoire instructif à nos seigneurs du parlement*. Qu'à cela ne tienne, les amis de Travenol le publient avec une *Réponse sommaire à nos seigneurs du parlement*, les deux factums étant disposés sur deux colonnes, face à face. Voltaire s'indigne auprès de son avocat : « Je n'ai point eu, monsieur, la sottise de répondre aux déclamations puériles et insolentes de Rigoley et de Mannory. Il est seulement bien déshonorant pour le barreau qu'on souffre de pareils abus. »[24]

Le poète ne peut plus guère que protester. Il s'aperçoit qu'en faisant appel à la juridiction parlementaire il a favorisé ses ennemis, qui n'épargnent ni argent ni relations pour gagner la partie. Deux factums de Mannory paraissent encore, aussi violents qu'habiles. En plaidant l'humilité de Travenol face à la renommée et à la richesse de Voltaire, il excite le sentiment populaire de la justice. Il sait aussi le pouvoir de l'ignorance, du fanatisme, des jalousies, de la méchanceté publique. S'il évoque la puissance de Voltaire, il n'ignore pas que, cette fois, elle ne lui servira point. Il ne risque rien, il sait que la coterie des parlementaires jansénisants est avec lui:

Quelle foule de moyens offre contre Travenol le crédit de son adversaire? Crédit de la puissance et des grands: c'est un homme placé avantageusement à la cour. Il y jouit de l'amitié de ce qu'elle a de plus éclairé et de plus puissant. Crédit du rang et des dignités: c'est un homme revêtu des honneurs les plus brillants pour son état. Ces honneurs lui garantissent une protection nécessaire. Crédit de l'opulence et des richesses: c'est un particulier, parvenu par des routes qui éloignent presque toujours de la fortune, à l'abondance la plus riante et la mieux assurée. Cette abondance le met au-dessus de tous ceux d'un état d'ailleurs égal au sien. Enfin, crédit du mérite et des talents: c'est un des plus beaux esprits que nous connaissions. C'est l'émule des plus grands philosophes de notre siècle. C'est un des premiers poètes de nos jours. En un mot, c'est le père d'un nombre infini d'ouvrages, qui font tant d'honneur à l'imagination. C'est le disciple de Newton. C'est l'auteur de *La Henriade*. N'est-ce pas dire que c'est l'homme le plus propre à subjuguer les sentiments, à saisir l'admiration, à enlever les suffrages? C'est cependant l'adversaire que l'on a à combattre. Oui, sans doute. Et il n'en paraît pas un ennemi plus redoutable, puisque c'est le parlement que l'on a pour juge.[25]

Un autre que Voltaire aurait pu reconnaître là un homme de talent, regretter amèrement d'avoir failli naguère à la générosité, et se taire. Mais Voltaire ne reconnaît jamais ses erreurs; en sa colère, il ne trouve qu'une vaine et triste réplique: il demande au marquis d'Argenson, en grande perte de prestige, d'intervenir auprès de M. Le Bret, avocat général, qui devra empêcher «que la dignité du parlement ne soit avilie par le battelage indécent [d']un misérable tel que Mannory». L'avocat n'est qu'«un plat bouffon qui déshonore l'audience», qui plaide «de la manière la plus effrontée contre un homme qui lui a fait l'aumône».[26]

Heureusement, les conseillers de la Tournelle ne jugent pas bon de se laisser influencer par les défenseurs de Travenol ni d'aggraver la sanction contre Voltaire. La sentence qu'ils rendent, au début d'août 1747, ne fait que confirmer l'arrêt des juges du Châtelet, ce qui laisse les deux parties, après tous ces écrits et toutes ces paroles, fort déçues.

Travenol sort endetté d'un procès fort coûteux. Malgré les généreux secours de Mannory, avec qui il imprime le *Voltariana*, et ceux du caissier de l'Opéra, il contractera bientôt d'autres dettes. Sa conduite vaniteuse, turbulente, légère, lui vaudra des poursuites de ses fournisseurs dont il se tirera encore grâce au même Mannory. Mais tous deux seront battus, finalement, dans un procès contre l'Opéra. Voilà qui situe mieux Travenol, l'homme qui ne fut que le médiocre porte-drapeau des ennemis de Voltaire.

Quant au poète, qui s'est enflammé à la légère contre des textes anciens, beaucoup moins injurieux que ceux de Desfontaines lors de la *Voltairomanie*, il ne sort pas grandi de cette affaire. Il a pu constater que la plupart de ses amis et protecteurs, l'ayant désapprouvé, se sont tenus sur la réserve.

Toutefois, pendant ces seize mois, il n'a pas eu ce procès pour seule occupation. Jamais il n'a aussi complètement manifesté son aptitude à vivre simultanément sur plusieurs plans. De ses démêlés avec Travenol et consorts, de ses soucis de courtisan, il s'évade auprès de sa nièce. Dans le même temps il s'en libère par des échappées vers la sphère des idées. Son ouverture d'esprit fait qu'au milieu d'une existence si encombrée il s'intéresse à des sujets inattendus. Il a vu, il a eu la curiosité de voir, à Paris en 1744, un « Maure blanc » originaire d'Afrique. Il rédige sur ce « cas » une *Relation*, publiée dès 1745 dans le tome VI de ses *Œuvres*, chez Ledet à Amsterdam. Un tel spécimen d'humanité lui paraît confirmer les idées polygénistes de son *Traité de métaphysique*. Il s'agissait d'un albinos. Mais, mal renseigné, il croit qu'il existe une race de ces « Maures blancs » habitant le centre de l'Afrique. Autant de climats, autant d'espèces d'hommes. « La Providence », écrit-il – mais peut-être pense-t-il « la Nature » – « l'a voulu ainsi ».[27] Il est très loin de toute idée d'évolution. C'est ce qui ressort aussi de la *Dissertation* « sur les changements arrivés dans notre globe et sur les pétrifications qu'on prétend en être encore les témoignages » : opuscule envoyé, en italien, au mois d'avril 1746, à l'Académie de Bologne. La collecte des fossiles commence au XVIIIᵉ siècle, par les soins d'amateurs éclairés ou simplement curieux. On a trouvé en Touraine, dans les faluns, des restes de mollusques marins. On a découvert dans les Alpes un « brochet pétrifié » ; dans les campagnes de France et d'Italie de « petits coquillages » d'origine maritime. Des rêveurs – Burnet, Woodward et récemment de Maillet, auteur du *Telliamed* – ont imaginé que la terre dans le passé avait été profondément bouleversée par des cataclysmes. L'océan aurait occupé l'emplacement actuel des montagnes, comme le rapporte la tradition du déluge. Voltaire ne veut pas le croire. Le brochet dans les Alpes ? Un poisson gâté jeté par des voyageurs. Les coquilles retrouvées loin de la mer ? Des pèlerins de Terre Sainte les auront laissé tomber sur leur chemin. Plaisanteries relevant d'un petit bon sens ? Mais Voltaire, « cause-finalier » comme on dira bientôt, voit le monde fonctionnant comme une « machine » : les montagnes forment les « réservoirs d'eau » disposés pour alimenter les plaines où se développe la vie. Rien n'a changé jamais dans un tel agencement, à quelques légères modifications près.[28] On mesure combien l'image que Voltaire se fait de l'univers diffère de la nôtre. On peut s'en étonner, comme on peut admirer la disponibilité intellectuelle d'un homme qu'on aurait cru tout absorbé à pourchasser un violon de l'Opéra. Et ce même homme est occupé encore à rêver, en historien, en poète, en conteur, à l'histoire de Babylone.

14. L'aurore d'une tragédie, le crépuscule d'un ministre

«Sociable sans amis», avait écrit Fréron dans la deuxième des *Lettres de Mme la comtesse*. Rien de plus faux : Cideville et les époux d'Argental sont toujours restés fidèles à Voltaire dans les épreuves où il s'est engagé. Et c'est pendant le procès de Travenol que s'épanouit l'exemplaire amitié entre le poète, Marmontel et Vauvenargues, amitié qui les réunit bientôt tous les trois. Voltaire leur donne beaucoup de son temps. C'est lui qui a soutenu et dirigé les efforts de Marmontel, à ses débuts, pour échapper à la misère et au découragement.

Né à Bort d'une famille pauvre, Marmontel est entré au collège Sainte-Catherine de Toulouse comme élève boursier. Il y compose une *Ode sur l'invention de la poudre à canon* qu'il présente aux Jeux floraux. Furieux qu'elle n'ait pas été primée, il l'envoie à Voltaire. Le poète se laisse toucher, ne ménage pas ses compliments et offre au jeune homme un volume de ses œuvres, corrigé de sa main. «Je fus fou d'orgueil et de joie», s'écrie Marmontel, «et je courus la ville et les collèges avec ce présent dans les mains.»[1] Voltaire, sans aucune prudence, l'invite à venir à Paris. «Venez», lui écrit-il, «et venez sans inquiétude. M. Orry [contrôleur général des finances], à qui j'ai parlé, se charge de votre sort.»[2]

Marmontel saisit l'occasion et, en décembre 1745, arrive à Paris ; il se rend aussitôt chez Voltaire, paralysé par «le trouble, le saisissement, l'espèce d'effroi religieux» d'approcher un grand homme. Mais quelle simplicité, chez celui-ci !

En m'entendant nommer, il vint à moi ; et me tendant les bras : «Mon ami, me dit-il, je suis bien aise de vous voir. J'ai cependant une mauvaise nouvelle à vous apprendre ; M. Orry s'était chargé de votre fortune ; M. Orry est disgracié.» [...] «Eh bien ! monsieur, lui répondis-je, il faudra que je lutte contre l'adversité. Il y a longtemps que je la connais et que je suis aux prises avec elle. – J'aime à vous voir, me dit-il, cette confiance en vos propres forces. Oui, mon ami, la véritable et la plus digne ressource d'un homme de lettres est en lui-même et dans ses talents. Mais, en attendant que les vôtres vous donnent de quoi vivre, je vous parle en ami et sans détour, je veux pourvoir à tout. Je ne vous ai pas fait venir ici pour vous abandonner. Si dès ce moment même il vous faut de l'argent, dites-le moi : je ne veux pas que vous ayez d'autres créanciers que Voltaire.»[3]

Marmontel n'est pas un Linant : venu avec cinquante louis, il déclare que, de quelque temps, il n'aura pas besoin d'emprunter. Pendant son voyage du Limousin à Paris, il a traduit un poème de Pope, *La Boucle de cheveux enlevée*. Il le vend cent écus à un libraire ; c'est la fortune. Voltaire lui ayant conseillé d'écrire des tragédies, il décide d'apprendre d'abord son métier. A l'aide d'ouvrages que lui prête le poète, il s'attelle aussitôt à une *Etude de l'art du théâtre*. Voltaire fait mieux et lui procure des entrées à la Comédie-Française : là, Marmontel se passionne et ne doute plus de sa vocation. C'est en parcourant rapidement l'histoire ancienne qu'il découvre le sujet de sa première pièce, *Denys le tyran*, mais tout d'abord, il n'en dit rien à Voltaire.

Ce fut dans ce temps-là que je vis chez lui [Voltaire] l'homme du monde qui a eu pour moi le plus d'attrait, le bon, le vertueux, le sage Vauvenargues. Cruellement traité par la nature du côté du corps, il était, du côté de l'âme, l'un de ses plus rares chefs-d'œuvre [...] J'obtins aisément de lui la permission de l'aller voir. Je ferais un bon livre de ses entretiens, si j'avais pu les recueillir [...] Tout éloquent, tout sensible qu'il est dans ses écrits, il l'était, ce me semble, encore plus dans ses entretiens avec nous. Je dis *avec nous*, car, le plus souvent, je me trouvais chez lui avec un homme qui lui était tout dévoué, et qui par là eut bientôt gagné mon estime et ma confiance. C'était ce même Beauvin qui, depuis, a donné au théâtre la tragédie des *Chérusques*.[4]

Vauvenargues est logé à l'hôtel de Tours, rue du Paon, dans le quartier du faubourg Saint-Germain. Beauvin habite à proximité ; pour réduire les dépenses communes, il accueille chez lui Marmontel qui se trouve à même de rencontrer plus souvent Vauvenargues. Mais celui-ci n'accompagne pas les deux amis au bruyant café Procope où ils se donnent rendez-vous après la comédie « pour étudier l'humeur et le goût du public ».

Les liens d'amitié entre Voltaire, Marmontel et Vauvenargues ne cessent de se resserrer : Marmontel et Bauvin ne tardent pas à s'endetter et se trouvent dans une situation de plus en plus critique. Ira-t-on solliciter Voltaire ? Coup de chance ! L'Académie met au concours le sujet suivant : « la gloire de Louis XIV perpétuée dans le roi son successeur ». Marmontel le traite et il est couronné. Sur le conseil de Voltaire, il fait imprimer son poème, mais l'imprimeur prétend n'avoir rien retiré de la vente et que la moitié de l'édition lui reste. « Eh bien », lui dit Voltaire, « donnez-moi ce qui vous en reste, j'en trouverais bien le débit ». Il se rend à Fontainebleau avec la cour et le distribue. Alors que la situation de Marmontel frôlait la détresse, Voltaire arrive « et lui remplit son chapeau d'écus ».[5] Ses dettes furent bientôt payées.

Marmontel est jeune. Il gardera un souvenir admiratif et ému de ses rencontres avec le poète et avec le moraliste :

Les conversations de Voltaire et de Vauvenargues étaient ce que jamais on peut entendre de plus riche et de plus fécond. C'était, du côté de Voltaire, une abondance intarissable de faits intéressants et de traits de lumière. C'était, du côté de Vauvenargues, une éloquence pleine d'aménité, de grâce et de sagesse. Jamais dans la dispute on ne mit tant d'esprit, de douceur et de bonne foi, et, ce qui me charmait plus encore, c'était, d'un côté, le respect de Vauvenargues pour le génie de Voltaire, et de l'autre, la tendre vénération de Voltaire pour la vertu de Vauvenargues : l'un et l'autre, sans se flatter ni par de vaines adulations, ni par de molles complaisances, s'honoraient à mes yeux par une liberté de pensée qui ne troublait jamais l'harmonie et l'accord de leurs sentiments mutuels.[6]

C'est une consolation pour Voltaire que ces concerts d'amitié, en 1746, alors qu'il est si péniblement engagé dans l'affaire Travenol.

Voltaire et Marmontel n'échangent point de lettres en cette période. Voltaire et Vauvenargues, malgré les visites qu'ils se rendent, continuent de s'écrire. A l'occasion de la publication, au début de février 1746, de l'*Introduction à la connaissance de l'esprit humain*, le poète se précipite chez son ami: «J'ai passé plusieurs fois chez vous pour vous remercier d'avoir donné au public des pensées au-dessus de lui.» Parfois un peu gêné par l'austérité de ces pensées, il fait une réserve: «ne peut-on pas adorer l'Etre suprême sans se faire capucin? N'importe, tout le reste m'enchante.»[7]

Le poète ayant conquis, grâce à Moncrif et sans doute au président Hénault, la faveur de la reine, pense que la gravité et l'élévation morale de cette œuvre pourraient valoir à son auteur la sympathie de Sa Majesté: «J'y ajoute», écrit-il à son ami, «que la reine veut vous lire, qu'elle en a l'empressement que vous devez inspirer, et que si vous avez un exemplaire que vous vouliez bien m'envoyer, il lui sera rendu demain matin de votre part. Je ne doute pas qu'ayant lu l'ouvrage, elle n'ait autant d'envie de connaître l'auteur, que j'en ai d'être honoré de son amitié.»[8] Cette lettre non datée se situe vraisemblablement dans la période de l'élection de Voltaire à l'Académie.

Cependant, en mai, le poète informe son ami qu'il vient de «crayonner un des meilleurs livres que nous ayons dans notre langue». Il ajoute qu'il a «exclu l'amour-propre»; il fait bien d'avertir ainsi son jeune ami, car l'amour-propre du moraliste dut être à rude épreuve quand il lut les remarques de Voltaire. Faut-il admettre que la familiarité de leurs relations l'autorise à critiquer aussi sévèrement le style de Vauvenargues ou qu'il se considère encore, vis-à-vis de son ami, comme un maître s'adressant à un débutant? Toujours est-il que ses nombreuses annotations, pour la plupart impitoyables et mordantes, sentent le régent de collège; en voici quelques exemples: «inutile, faible, faux, obscur, bas, trivial, commun [...] détestable critique d'un morceau d'histoire consacrée [...] Cette critique paraît très fausse [...] capucin! etc.»[9]

Loin de s'en blesser, Vauvenargues répond modestement qu'il va «refaire» son livre.[10] A la décharge de Voltaire, il faut dire qu'il exige de son ami la même sévérité. Vers la fin de mai 1746, il lui fait lire la première version de *Sémiramis*, tragédie nouvelle écrite à la hâte, à travers les soucis et les malaises, et qu'il n'a pas fini de remanier. Il se plaint que Vauvenargues n'ait pas relevé «vingt sottises» du manuscrit. «Vous ne m'avez fait aucune critique», ajoute-t-il, «je crains d'avoir fait un ouvrage indigne d'être jugé par vous.»[11] Cette crainte, si l'on connaît à la fois Vauvenargues et la nouvelle pièce, n'est pas sans fondement:

Sémiramis, telle qu'on la verra à la scène beaucoup plus tard, est la plus mélodramatique des tragédies du poète. Le moraliste cherche des excuses: il souffrait beaucoup des yeux (il faut croire qu'il est déjà gravement malade). «Elle m'a paru pleine de beautés sublimes», affirme-t-il sans conviction. Et il se décide à confier à son ami les bruits qui courent, dont s'accommode mal son admiration: «Vos ennemis répandent dans le monde [la lettre est du 23 mai 1746] qu'il n'y a que votre premier acte qui soit supportable, et que le reste est mal conduit et mal écrit. On n'a jamais été si horriblement déchaîné contre vous, qu'on l'est depuis quatre mois.»[12] Vauvenargues, si discret, doit être gêné par le bruit que fait l'affaire Travenol. A ce bruit s'en ajoute un autre: *Sémiramis*, on le verra, a soudain réveillé les nombreux partisans de Crébillon.

Au début de 1747, la maladie de Vauvenargues fait de rapides progrès. Lorsqu'il meurt, le 28 mai 1747, Voltaire et Marmontel, «notre ami Marmontel», comme disait le poète, sont plongés dans un même chagrin qu'ils n'oublieront pas. Voltaire voit bien que c'est la vie militaire qui a détruit la santé de Vauvenargues; aussi est-ce le souvenir de son ami qui lui inspire l'idée d'écrire l'*Eloge funèbre des officiers qui sont morts dans la guerre de 1741*:

Je sentirai longtemps avec amertume le prix de ton amitié; à peine en ai-je goûté les charmes: non pas de cette amitié vaine qui naît dans les vains plaisirs, qui s'envole avec eux, et dont on a toujours à se plaindre; mais de cette amitié solide et courageuse, la plus rare des vertus. C'est ta perte qui mit dans mon cœur ce dessein de rendre quelque honneur aux cendres de tant de défenseurs de l'Etat, pour élever aussi un monument à la tienne.[13]

Presque en même temps, Marmontel perd sa mère; sous le coup de cette double douleur, il adresse à Voltaire une épître qui célèbre leur commune admiration pour Vauvenargues et le chagrin de sa mort; il la publiera comme épître dédicatoire à sa tragédie *Denys le tyran*. Les vers qui terminent le poème sont les meilleurs:

> Je vous vis, l'un de l'autre admirateurs sincères,
> Confidents éclairés, et critiques sévères,
> Vous exercer dans l'art ingrat et généreux
> De rendre les humains meilleurs et plus heureux.[14]

Marmontel restera toute sa vie l'ami de Voltaire et aussi de Mme Denis dont il deviendra l'amant bien qu'il la trouve laide. Elle a d'autres charmes. Chez elle, il ne s'ennuie pas: son «esprit naturel et facile avait pris la teinture de l'esprit de son oncle, de son goût, de son enjouement, de son exquise politesse, assez pour faire rechercher et chérir sa société.»[15] Il aime la joyeuse compagnie qu'elle reçoit à souper, rue du Bouloi. Voltaire a-t-il connu l'intimité des relations de sa nièce avec Marmontel? Il ne manifeste en tout cas aucune jalousie. «Quand

Voltaire », ajoute Marmontel, «pouvait s'échapper des liens de sa marquise Du Châtelet et de ses soupers du grand monde, il était trop heureux de venir rire aux éclats avec nous. »[16] Pendant la période qui va de l'été 1746 à l'été suivant, Voltaire semble s'échapper souvent «des liens de sa marquise». Mme Du Châtelet est bien accueillie à la cour et fait peu parler d'elle depuis le scandale protocolaire qu'elle provoqua, lors du voyage à Fontainebleau de 1745, en se précipitant la première dans le carrosse des grandes dames qui suivaient la reine.[17] A cette époque Voltaire parle assez rarement de Mme Du Châtelet dans sa correspondance. C'est elle-même qui annonce à Cideville, en août 1746, qu'elle vient d'être «agrégée» à l'Académie de Bologne, en Italie. Et Cideville de rimer:

> Quand Bologne avec faste étale en Italie
> Son registre anobli du beau nom d'Emilie,
> Pourquoi ce sexe aimable, et que tant nous aimons,
> En France est-il exclu de toute académie?[18]

Sur cette voie des élections dans les académies étrangères et provinciales, Voltaire surpasse son amie. En mai, le prince de Beauvau-Craon, devenu vice-roi de Toscane, le félicite pour son agrégation à l'Académie de la Crusca, à Florence, au cours d'une séance à laquelle il a assisté et a vanté ses talents;[19] puis Voltaire accède aux académies de Lyon et de La Rochelle. Cette dernière inscription l'a si peu frappé qu'il ne se souvient plus s'il a répondu.

Il ne semble pas que la marquise ait influencé son ami dans l'affaire Travenol. L'accès du poète à la cour n'a fait qu'accentuer la séparation des anciens amants. A Versailles, si l'historiographe passe ses nuits dans le grenier, au-dessus de l'appartement de Mme Du Châtelet, chemin de Saint-Cloud, il se documente pendant le jour dans les bureaux ou travaille à *Sémiramis* dans son logement, si inconfortable soit-il. Dans la capitale, tous deux se sont installés rue Traversière,[20] dans la maison de M. Du Châtelet, plus grande que celle de la rue Saint-Honoré. Ils y sont d'autant plus à l'aise qu'il leur arrive souvent de s'y rendre séparément: Mme Du Châtelet joue au cavagnole – c'est Voltaire qui le dit – tandis qu'il va retrouver sa nièce. En réalité, la marquise est obligée de se retenir de jouer, car elle est continuellement endettée. Poursuivant sa traduction de Newton sans renoncer à ses chères monades, elle correspond avec le leibnizien Bernoulli. Au P. Jacquier, elle annonce que l'on imprime les *Institutions astronomiques* de Keill, qu'elle a pu obtenir en feuilles; elle lui apprend que Maupertuis épouse à Berlin Mlle de Borcke, jeune fille de la cour de Prusse.[21]

Bien que Bruxelles ait été conquise par Maurice de Saxe, les séjours en cette ville de Voltaire et de la marquise ont cessé: c'est un soulagement. Le séjour qu'ils font à Fontainebleau avec la cour en octobre-novembre 1746 va-t-il resserrer leur amitié? Ils sont logés ensemble, confortablement, chez le duc de Richelieu. Mais Voltaire, n'aimant point la cour, ne s'y rend jamais de gaieté de cœur. Au surplus, cette année-là, leur départ est fort troublé par leurs domestiques.

C'est ici qu'il faut recourir au récit d'un personnage nouveau, Sébastien Long-champ, qui va jouer un rôle important dans la vie du couple. Nous utiliserons souvent ses indispensables *Mémoires sur Voltaire*. Sans ignorer les deux éditions plus ou moins fidèles de son manuscrit parues au XIXᵉ siècle,[22] nous suivrons W. H. Barber,[23] qui fait à propos du premier de ces deux ouvrages de sérieuses réserves et recommande le seul manuscrit authentique de Longchamp, qui se trouve à la Bibliothèque nationale.[24] Toutefois, la chronologie de ce texte est à rétablir. Le secrétaire s'en préoccupe assez peu, et comme il écrit ses *Mémoires* avec un certain recul, il date peu ou mal les événements qu'il rapporte.

C'est la sœur de Longchamp qui fut d'abord la femme de chambre de Mme Du Châtelet. Elle a dû occuper ce poste en 1745, et peut-être plus tôt, puisque ce fut elle qui appela son frère auprès d'elle vers la mi-janvier 1746, alors qu'il venait de quitter le service de Mme de Lannoy, épouse du gouverneur de Bruxelles. Mais, vers la fin de l'été, le frère et la sœur durent se séparer de Mme Du Châtelet. Longchamp en donne une raison, due sans doute au caractère d'Emilie, puis il raconte les événements qui le firent revenir au service de Voltaire :

J'avais quitté depuis peu la marquise Du Châtelet, piqué d'une injustice qu'elle avait faite à ma sœur que j'obligeai à la quitter aussi [...] Au moment du départ [de Mme Du Châtelet] pour Fontainebleau, ses domestiques la quittèrent, mécontents de son économie [...] Elle avait fait mettre les domestiques de M. de Voltaire sur le même pied parce qu'elle le gouvernait, et ils le quittèrent aussi [...] M. de Voltaire n'ayant personne se ressouvint de moi, et comme j'avais laissé mon adresse au Suisse, il m'envoya chercher, et il me demanda si je voulais aller avec lui à Fontainebleau pour écrire sous sa dictée ou copier ses ouvrages. Etant satisfait des propositions qu'il me fit à ce sujet, et charmé d'ailleurs de connaître la cour, [...] j'acquiesçai sans balancer à sa demande [...] Mais je ne pouvais aller le rejoindre que dans le courant du deuxième jour parce que j'étais alors chargé des détails d'une autre place [...] qui ne me plaisait guère.[25]

On voit qu'un double choix s'est affirmé dans cette rencontre : Voltaire choisit Longchamp parce qu'il a apprécié naguère son écriture et ses qualités, jusqu'à l'imposer de nouveau à Mme Du Châtelet – et le secrétaire choisit Voltaire, dont il connaît la renommée et dont il a pu sans doute, fort intelligemment, observer la bonté.

Cette mise au point permet de comprendre que le jugement de Longchamp à l'égard de Mme Du Châtelet ait évolué considérablement du premier séjour au second. Dans son service chez la marquise au début de l'année 1746, il fut d'abord très critique. Longchamp est choqué par un train de vie parcimonieux dans sa maison, et un goût immodéré des dépenses extérieures, en particulier au jeu. Elle se fait livrer « à la fois » deux douzaines de bouteilles de vin, dont la moitié de rouge qu'elle baptise « bourgogne », et la moitié de blanc qu'elle donne pour du champagne. Ce qui le surprend plus encore, c'est que pour une femme du monde, un laquais n'est pas un homme. Le premier jour, en changeant de chemise, elle apparaît devant lui « nue comme une statue ». Quelques jours après, étant dans son bain, elle demande à Longchamp de lui verser de l'eau chaude dans sa cuve. Elle écarte les jambes ; le valet de chambre « se sent rougir et détourne la tête ». « ‹ Prenez donc garde ›, gronde Emilie, ‹ vous allez me brûler. › Je fus forcé », dit Longchamp, « malgré ma pudeur, de voir ce que je ne devais pas voir [...] On ne me voyait que comme un meuble inanimé [et] cette dame parut ne faire aucune différence de moi à la bouilloire. »[26]

En été, la marquise décida d'aller faire « une orgie », avec quelques amies, au cabaret de la Maison Rouge, à Chaillot. Lorsqu'elle quittait ses études, remarque Longchamp, « il semblait que ce n'était plus la même femme ; son sérieux faisait place à la gaieté, et elle se livrait, avec la plus grande ardeur, à tous les plaisirs de la société ; on l'aurait prise pour la femme du monde la plus frivole [...] Les cinq autres étaient Mme la duchesse de Boufflers, Mmes les marquises de Mailly, de Gouvernet, Du Deffand, et Mme de La Popelinière. » Longchamp eut l'honneur d'être choisi pour aller à Chaillot, l'avant-veille, « ordonnancer un repas copieux et délicat ». Le jour venu, comme ces dames avaient passé la soirée au Bois de Boulogne et qu'il faisait très chaud, en arrivant au cabaret, « quoique vêtues à la légère, elles voulurent se mettre encore plus à leur aise, et se débarrassèrent la tête et les épaules de leurs coiffures, mantelets, colliers et autres ornements, et elles se mirent ainsi à table, sans nullement se gêner de la présence de leurs laquais. »[27]

Comme on le verra, les relations entre Mme Du Châtelet et Longchamp évoluèrent assez rapidement. La marquise apprécia la bonne éducation et la finesse du secrétaire jusqu'à en faire, en cas de nécessité, son confident.

Il en fut de même des rapports entre Voltaire et son secrétaire : ils ne furent pas faciles au début du séjour à Fontainebleau. Voltaire n'ayant pu remplacer son laquais, il demanda à Longchamp de lui en chercher un, mais en attendant il le pria de tenir lui-même ce rôle. Ce ne fut pas une réussite. Un matin, Voltaire ordonne à Longchamp de lui « accommoder » sa perruque pendant qu'il se rase. L'apprenti laquais s'applique, relève les boucles une à une à la brosse, les colle avec force pommade et les poudre abondamment.

Quand il voulut la mettre, il ne la trouva pas à son goût [...] la secoua fortement pour en faire tomber la poudre et me dit de lui donner un peigne. Lui ayant présenté celui que j'avais à la main, qui était petit [...], il le jeta en disant que c'était un grand peigne qu'il lui fallait. Sur ce que je lui observai que je n'en avais point d'autre, il le ramassa. Il le passa à plusieurs reprises dans sa perruque, et après l'avoir ébouriffée, la jeta sur sa tête. Ce nouveau début ne me paraissait pas de bon augure. Je commençais à regretter d'avoir quitté Paris, je balançais. C'est ainsi que je suis entré au service de M. de Voltaire. Je ne devais y rester que pendant le voyage à Fontainebleau, mais certaines circonstances me firent rester avec lui. Je n'ai quitté sa maison que longtemps après, pendant son séjour à la cour de Prusse [...], ayant pendant tout le temps que j'étais avec lui conservé sa confiance ainsi que celle de Mme Du Châtelet.[28]

Voltaire ne demeure qu'un mois à Fontainebleau. Le 9 novembre 1746, il écrit à Cideville qu'il y séjourne, et le voici qui s'en éloigne brusquement le lendemain ou le surlendemain; le 13, il est à Paris. Les retrouvailles avec sa nièce n'expliquent pas ce départ. C'est le moment où s'enfle le scandale de l'affaire Travenol. Mme Du Châtelet n'est plus assez forte pour retenir son ami. Le 16 novembre, il se plaint à Marville que Travenol et Mannory font vendre au théâtre leurs mémoires. Il doit revoir l'abbé d'Olivet et Moreau, son avocat.

Mais ce n'est pas sa seule raison. Il faut admettre que le poète ne pouvait pas se laisser continûment troubler par cette trop longue affaire; il ne cesse de travailler avec passion, et il le fait mieux à Paris qu'à Fontainebleau où le branle-bas des grandes chasses l'irrite. Sans doute poursuit-il son œuvre d'historiographe. Dès le mois de mars, il a remis au roi un premier manuscrit, «de l'histoire présente depuis la mort de l'empereur Charles VI jusqu'à la prise de Gand», et il précise: «Le public n'aura pas si tôt cet ouvrage, auquel je veux travailler une année entière.»[29]

Mais l'affaire la plus importante est la préparation de la grande tragédie *Sémiramis*. C'est la mort dramatique de la reine de Babylone qui lui fait oublier le mieux les Travenol et les Mannory. La correspondance n'indique pas à quel moment la pièce fut conçue, mais les événements essentiels en avaient été utilisés dans *Eriphyle*, que Voltaire, après un demi-échec, avait reléguée dans ses tiroirs, en 1732, sans la publier. Il y a bien longtemps qu'il s'intéresse à l'histoire de Babylone. En 1745, alors qu'il «chante» la victoire de Fontenoy, il écrit à Crousaz: «je tourne souvent mes yeux vers Jérusalem, en chantant sur les bords de l'Euphrate dans la superbe Babylone.»[30] *Sémiramis* est dans la lignée des tragédies dont les actions, passant par Jérusalem et La Mecque, s'éloignent vers l'Orient ancien, et qui bénéficient des lectures historiques de Voltaire dans la préparation de l'*Essai sur les mœurs*.

Il est certain qu'une première version de la pièce était quasi achevée en mai 1746 quand le poète fut reçu à l'Académie française. C'est la version que Vauvenargues a lue puisque Voltaire lui reproche, le 22 mai, comme nous l'avons dit, de n'y «avoir pas vu vingt sottises». Il la remet donc en chantier. Le 10 août, il confie à Thiriot combien cette tragédie le passionne: «Je suis à Babylone entre Sémiramis et Ninias [...] Sémiramis dit qu'elle demande la préférence [...] Mon ami, une tragédie engloutit son homme. Il n'y aura pas de raison avec moi tant que je serai sur les bords de l'Euphrate avec l'ombre de Ninus [...] Je mets sur la scène un grand prêtre qui est un honnête homme, jugez si ma besogne est aisée!»[31] Le 19 août, malgré l'aggravation de sa maladie, le ton reste aussi vif dans une lettre à Cideville: «Il y a deux mois que je ne vois personne, et que je n'ai pu répondre à une lettre. Mon âme était à Babylone, mon corps dans mon lit et de là je dictais à mon valet de chambre de grands diables de vers tragiques qu'il estropiait.» Dans cette même lettre, nous apprenons que cette tragédie lui était «ordonnée [...] pour les relevailles de madame la dauphine», mais la dauphine est morte après ses couches, en juillet. «J'en étais au quatrième acte quand madame la dauphine mourut et que moi chétif j'ai été sur le point de mourir pour avoir voulu lui plaire. Voilà comme la destinée se joue des têtes couronnées, des premiers gentilhommes de la chambre et de ceux qui font des vers pour la cour.»[32] N'importe: l'inspiration ne retombe point, la tragédie reste en chantier, plus que jamais. Peut-être la phrase de la lettre sur la destinée dévoile-t-elle que le poète pense déjà, s'il ne l'a commencé, à un conte babylonien, qu'il nommera d'abord *Memnon* et qui deviendra *Zadig*. Une petite chose très légère, en marge de la grande tragédie.

Or, le roi d'Espagne, Philippe V, est mort le 9 juillet, et sa fille, dauphine de France, quelques jours après; ce n'est donc plus la version du mois de mai, mais une autre, révisée, que Voltaire achève après ces événements. La tragédie pourra de nouveau trouver son heure: le dauphin reste sans enfants, il devra se remarier. Mme Du Châtelet pense que l'occasion alors sera favorable. Il est donc inexact de dire, comme l'ont fait certains biographes, que Voltaire a écrit cette *Sémiramis* par pure jalousie, ayant conçu le dessein de refaire toutes les pièces de Crébillon pour écraser son rival. Certes, il est las d'entendre appeler le vieil homme le «Sophocle du siècle»; il lui garde rancune d'avoir tenté, comme censeur, d'empêcher la représentation de *La Mort de César* et de *Mahomet*, mais, en 1746, il ne regarde pas Crébillon comme un ennemi. Plusieurs fois même, sincèrement ou non, il lui a manifesté publiquement son admiration et l'a plaint de sa demi-misère. Et si Crébillon est apprécié de Mme de Pompadour, Voltaire, à cette date, n'a rien à lui envier: c'est lui dont la fortune, aussi bien à la cour qu'au théâtre, est la mieux assurée, et ce serait plutôt à Crébillon d'être jaloux. Or celui-ci se tient scrupuleusement à l'écart des cabales; ce sont ses amis, en particulier ceux de la «ménagerie» de Mme de Tencin – Piron, Marivaux, Montesquieu même, et d'autres de moindre importance – qui exaltent la renommée de Crébillon pour abaisser celle de Voltaire.

Ce qui est certain, c'est que le poète, lorsqu'il écrit, en 1746, la première version de *Sémiramis*, a fait avant tout «des vers pour la cour», qui doit assumer les dépenses de la mise en scène et des costumes. Certes, il connaît la *Sémiramis* de Crébillon, représentée en 1717, et qu'il a certainement relue; mais il sait qu'après une trentaine d'années d'oubli, il n'est pas offensant qu'un auteur reprenne un sujet traité par un auteur vivant. Et il sait bien aussi que sa tragédie sera vraiment nouvelle.

Les nombreuses occupations de Voltaire ne l'empêchent pas de suivre la carrière déclinante de son ami le marquis d'Argenson. Il n'est plus guère que le poète pour encourager le ministre dans ses tentatives de paix, singulièrement contredites par son acharnement à vaincre l'Autriche. Le marquis d'Argenson lui-même ne croit plus à sa propre politique. Le seul événement qui lui donne encore l'illusion d'être utile au roi est le second mariage du dauphin qu'il contribue à organiser. Le dauphin va épouser Marie-Josèphe, nièce du comte de Saxe. Incidemment, Voltaire s'en mêle: c'est en effet le duc de Richelieu, ami commun du ministre et du poète, que le roi désigne pour ramener de Dresde la future dauphine. Voltaire et Mme Du Châtelet suggèrent au duc de profiter de son voyage pour se rendre à Berlin afin d'envisager l'union des cours de Saxe et de Prusse. Projet fumeux qui se heurte à la mauvaise volonté de l'électeur et à la politique de Frédéric. Richelieu n'ira pas à Berlin.[33]

Quant à Maurice de Saxe, il ne se fait plus d'illusions sur l'avenir du ministre des Affaires étrangères, qui le retient toujours d'envahir la Hollande et rend inutiles ses victoires. Il écrit au comte de Brühl, ministre d'Auguste III: «Les d'Argenson branlent au manche, celui des Affaires étrangères est si bête que le roi en est honteux, celui de la Guerre veut faire le généralissime et n'y entend rien.»[34] Louis XV, se méfiant de son ministre et de son ambassadeur en Espagne Valréal, finit par envoyer à Madrid l'un des hommes les plus importants du royaume, le maréchal de Noailles. Son rapport, véritable réquisitoire, expédié au roi par le maréchal le 15 décembre 1746, perd le ministre. Le 11 janvier 1747, alors que les deux frères d'Argenson sortent d'un dîner célébrant le mariage de la fille du comte, on remet à chacun d'eux une lettre du roi: le marquis est congédié, le comte est maintenu à la Guerre. On reconnaît aujourd'hui, à la lecture des *Mémoires* du marquis d'Argenson, que ses qualités d'homme, et même ses illusions de ministre, tranchaient fortement sur la médiocrité de ses partenaires.

Certes, l'approbation par Voltaire de la politique du marquis fut sentimentale, amicale et encourageante. Mais informé par Mme Du Châtelet qui rencontre Maurepas et les Brancas, il a fini par prendre ses distances et écrire moins à son ami. Après la disgrâce de celui-ci, Voltaire se tait. Ce qu'il pense, il faut sans doute aller le chercher dans *Zadig*. Dans sa correspondance avec Frédéric, on ne trouve aucune allusion à d'Argenson, dont le fils, «le petit Paulmy» – ainsi le nomme Frédéric – est à Berlin. Mais au fond, son opinion sur la guerre n'a pas changé, et c'est dans une lettre à Frédéric, le 9 février 1747, un mois après le départ du ministre, que Voltaire lance cette tirade sur la guerre:

Dieu me préserve, sire, de faire imprimer l'histoire de la guerre de 1741. Ce sont de ces fruits que le temps seul peut mûrir ; Je n'ai fait assurément ni un panégyrique ni une satire. Mais plus j'aime la vérité, et moins je dois la prodiguer [...] Il faut que la guerre soit par elle-même quelque chose de bien vilain puisque les détails en sont si ennuyeux. J'ai tâché de considérer cette folie humaine un peu en philosophe. J'ai représenté [...] les nations détruisant réciproquement le commerce pour lequel elles combattent ; la guerre au sujet de la Pragmatique devenue comme une maladie qui change trois ou quatre fois de caractère, et qui de fièvre devient paralysie, et de paralysie convulsion, [...] un chaos d'intérêts divers qui se croisent à tout moment ; ce qui était vrai au printemps devenu faux en automne ; tout le monde criant la paix, la paix, et faisant la guerre à outrance ; enfin tous les fléaux qui fondent sur cette pauvre race humaine. Au milieu de tout cela un prince philosophe qui prend toujours bien son temps pour donner des batailles et des opéras, qui sait faire la guerre, la paix, et des vers et de la musique, qui réforme les abus de la justice, et qui est le plus bel esprit de l'Europe. Voilà à quoi je m'amuse, sire, quand je ne meurs point, mais je me meurs fort souvent et je souffre beaucoup plus que ceux qui dans cette funeste guerre ont attrapé de grands coups de fusil.[35]

Pourtant ce même Voltaire qui s'afflige des maux de la présente guerre, et de toute guerre, se trouve simultanément captivé par les péripéties militaires qu'il raconte. Il suffit de lire son *Histoire de la guerre de 1741* pour s'en convaincre. Philosophe, l'historien de Charles XII, du siècle même de Louis XIV, s'affirme aussi un historien militaire, dont les récits de bataille constituent des modèles du genre. En dépit de sa philosophie, il est saisi par l'intensité dramatique des événements produits par ce fléau, la guerre.

Frédéric lui répond le 22 février par une lettre ironique qui met en doute, par allusions, les capacités de Voltaire à écrire l'histoire. « Voilà donc votre goût décidé pour l'histoire ; suivez, puisqu'il le faut, cette impulsion étrangère ; je ne m'y oppose pas. L'ouvrage qui m'occupe [ses *Mémoires*] n'est point dans le genre des mémoires, ni des commentaires ; mon personnel n'y entre pour rien [...] Je peins en grand le bouleversement de l'Europe [...] Tous les arts ont des exemples et des préceptes : pourquoi la guerre, qui défend la patrie et sauve les peuples d'une ruine assurée, n'en aurait-elle pas ? »

Pour lui, Voltaire ferait mieux d'achever *La Pucelle*. C'est ce poème qui excite la jalousie du roi : « Vous avez prêté votre *Pucelle* à la duchesse de Wurtemberg ; apprenez qu'elle l'a fait copier pendant la nuit. Voilà les gens à qui vous vous confiez ; et les seuls qui méritent votre confiance, ou plutôt à qui vous devriez vous abandonner tout entier, sont ceux avec lesquels vous êtes en défiance. »[36]

Pas encore suffisamment et pour trop peu de temps.

15. Anet, Sceaux : retour chez « Mélinade »

Voltaire avait fréquenté la cour de Sceaux dès sa vingtième année. Ses premiers contes en prose, on le sait, furent écrits, vers 1714-1716, pour cette cour. Dans l'un d'eux, *Le Crocheteur borgne*, il laisse reconnaître la duchesse du Maine, sous le nom de Mélinade. Au début de la régence, il avait subi à Sceaux, comme à Saint-Ange chez les Caumartin, l'influence d'une sourde opposition à Philippe d'Orléans.[1] Mais en 1718, grâce à l'abbé Dubois, la conspiration de Cellamare avait été déjouée. Le duc du Maine avait été emprisonné à Doullens, la duchesse au château de Dijon, une vraie forteresse, puis à Chalon-sur-Saône ; enfin on l'exila à Savigny-lès-Beaune. Rentrée en grâce au bout d'un an, et après des aveux complets, elle retrouve à Sceaux Malézieu, et ce qui reste de sa cour.

Elle s'attache définitivement Mlle Delaunay, de qui elle reconnaît la valeur et le dévouement, en la mariant au baron de Staal, « homme ordinaire » et officier qu'elle dote d'une compagnie et d'une pension. Elle reconstitue à Sceaux une « deuxième cour », moins brillante que celle des nuits blanches, où s'épanouissent la conversation, la poésie, le théâtre, les jeux et la bonne chère. Mme Du Deffand y est introduite vers 1728 et y devient la grande amie, « la reine » de la baronne de Staal, qui l'apprécie comme confidente car la marquise est moins frivole et moins égoïste que la duchesse. A cette époque, on y rencontre Fontenelle, Houdar de La Motte, accompagné d'un Dijonnais de beaucoup d'esprit, l'abbé Le Blanc (le correspondant du président Bouhier), le président Hénault, devenu l'ami de Mme Du Deffand, et, plus rarement, Voltaire.

Les relations du poète et de la duchesse, qui sont à éclipses mais n'ont jamais été interrompues, reprennent intensément en 1746 et surtout en 1747. La Régence est loin et, cependant, il reste à la duchesse, qui va très rarement à Versailles, un esprit d'indépendance, voire de critique à l'égard du pouvoir et de la cour, lui permettant de juger sainement, avec sympathie, ce que l'esprit de Voltaire peut avoir de subversif. Aussi le poète est-il toujours bien reçu et souvent invité à Sceaux et, en été, au château d'Anet.

Mais en 1746, la cour de Sceaux a beaucoup perdu de son éclat. Ce n'est point le veuvage de la duchesse, survenu dès 1736, qui amena ce changement : les courtisans les plus renommés pour leur esprit ou leurs initiatives en matière de divertissements ont disparu : les abbés de Chaulieu et Vertot, Malézieu, le cardinal de Polignac, Saint-Aulaire, infatigable animateur, sont morts, ce dernier dans sa centième année. Fontenelle ne se déplace plus guère. La duchesse a soixante-dix ans, c'est un grand âge pour l'époque. Ses deux fils, lieutenants généraux, sont aux armées ; ils ont été blessés à Dettingen en 1743, et leur sœur est morte subitement, la même année, au château d'Anet. Sans doute ces épreuves ont-elle imposé à la duchesse quelque retenue dans ses enthousiasmes, mais c'est à peine si elle est moins frivole, et son égocentrisme de grande dame n'est pas moins absolu.

Du moins, l'âge et l'expérience lui ont apporté un art consommé d'orienter la conversation et de se servir des autres pour briller. Douée d'un souffle infatigable et d'un verbe jaillissant que rien ne trouble, elle se fait écouter plus qu'elle n'écoute. Elle raffole des hommages versifiés et des adulations féminines. En 1746, sans parler des nombreux visiteurs de passage, colporteurs de nouvelles et de ragots, ce sont toujours les deux mêmes femmes qui lui donnent la réplique, la baronne de Staal et Mme Du Deffand. Celle-ci fait à Sceaux de longs séjours et même y revient de Paris, le soir, pour souper. Comme chez Célimène, on pratique beaucoup l'art des portraits où la jalousie et la critique s'insinuent, subtiles, et parfois s'épanouissent férocement. Pour les mieux fignoler, on les écrit.[2] Le portrait caricatural de Mme Du Châtelet serait issu de cette collaboration. Le président Hénault compte les coups lorsque s'acharnent, en leurs fréquents désaccords, duchesse et marquise. Parfois accablé, il déplore ces joutes que Malézieu avait nommées jadis «les galères du bel esprit».

En somme, ce que recherche passionnément cette petite société, c'est tout ce qui peut l'aider à vaincre son mal endémique, l'ennui. L'après-midi, en été, l'«ordre de la mouche à miel» se réunit encore sous les hauts arbres du parc et l'on vogue sur les eaux, mais le soir, si l'on n'assiste pas à la conversation, aux jeux, aux marionnettes, au théâtre, au délicieux souper, on est sévèrement jugé. C'est ainsi que, le 24 septembre 1747, Mme de Staal avertit la marquise Du Deffand : «J'ajoute de vous à moi que si au grand château vous ne paraissez pas le soir, et que vous soyez beaucoup à Paris, on vous en saura très mauvais gré, ne fût-ce que le mauvais exemple de faire sa volonté dans cette enceinte.»[3] C'est une règle dont Voltaire et Mme Du Châtelet feraient bien de se pénétrer ; la baronne, comme son amie Du Deffand, déteste particulièrement l'amie du poète. Mais c'est la duchesse du Maine qui en impose la présence pour profiter de Voltaire.

Tous deux répondent à une première invitation de la duchesse, au château d'Anet, en 1746. Mme du Maine passe régulièrement l'été à Anet, qu'elle aime beaucoup et où elle traite ses hôtes princièrement. Ce château, qui lui vient de sa grand-mère, la princesse de Condé, par sa mère, puis par sa sœur, lui est échu en 1732. Situé à seize lieues de Paris, aux environs de Dreux, c'est un fort bel ensemble renaissance qui fut commandé par Henri II à Philibert Delorme, Pierre Du Colombier et Jean Cousin pour Diane de Poitiers. C'est une grande faveur de venir loger dans ces splendeurs. Ce premier séjour de Voltaire et de son amie, fort bref, doit se situer entre le 25 août et le début de septembre 1746. On n'en connaît que ce qu'en a révélé l'abbé Le Blanc qui a succédé au couple et que Mme de Staal n'a pas manqué de renseigner perfidement : «J'ai beaucoup entendu parler ici », écrit-il, « de M. de Voltaire et de Mme Du Châtelet et ne suis point du tout fâché de ne m'y être pas rencontré avec eux. Ils ont fait à leur ordinaire les philosophes ou les fous tout comme vous le voudrez, ils étaient toujours tête à tête. »[4] Et Le Blanc, qui n'aime pas Voltaire, ajoute un quatrain dont le premier vers est assez malveillant :

> L'une et l'autre ont toujours dédaigné le vulgaire.

Pourtant, il y a fort à parier que Mme Du Châtelet n'a pas dédaigné le jeu, car on joue le cavagnole et le brelan, cet ancêtre du baccara.

Aux environs d'Anet, Mme du Maine a restauré l'ancien château de Sorel. Elle ne manque pas d'y conduire ses deux invités, promenade qui lui vaut deux impromptus de Voltaire. Le premier flatte son goût pour les arts :

> Vous avez de vos mains divines
> De ces antiques murs relevé les ruines.
> Relevez donc les arts que vous daignez aimer.
> Plus leur éclat fut grand, plus leur chute est funeste.[5]

Et le deuxième célèbre son esprit ; ce jour-là le soleil, masqué par le brouillard, apparaissant comme un disque rouge, le poète en tire parti :

> Quoi, le soleil est aujourd'hui
> Privé de sa splendeur au haut de sa carrière !
> Votre esprit n'est pas comme lui
> Il conserve en tout temps sa force et sa lumière.

Voltaire connaît les faiblesses de la vieille dame. Mais il sait aussi s'imposer et n'en faire qu'à sa tête. C'est ce qui apparaît lors des deux séjours suivants qu'il fait, le premier à Anet, le second à Sceaux, pendant l'été et l'automne 1747.

En juillet, la duchesse du Maine commande au poète une *Epître sur la victoire de Lawfeld* : elle a le désir de lui faire glorifier son fils qui a participé à la bataille. Voltaire lui expédie l'épître avant la fin du mois. Il est allé trop vite, car le poème n'est ni aussi documenté ni aussi inspiré que celui de Fontenoy :[6]

> Auguste fille et mère de héros,
> Vous ranimez ma voix faible et cassée,
> Et vous voulez que ma muse lassée
> Comme Louis ignore le repos.

La façon dont il renâcle à exécuter cet ordre devient plaisante :

> Et quel besoin de nos panégyriques,
> Discours en vers, épîtres héroïques,
> Enregistrés, visés par Crébillon,
> Signés Marville, et jamais Apollon ?

Après une allusion à «ce soutien de nos armes, ce petit-fils, ce rival de Condé»,
et une recommandation à tous «les anges des cieux» de veiller sur les héros
vivants, il avoue qu'il préfère aux épîtres son travail d'historiographe et à la fin
décoche une flèche à Boileau :

> [...] et je me garde bien
> De ressembler à ce grand satirique,
> De son héros discret historien,
> Qui, pour écrire un beau panégyrique,
> Fut bien payé, mais qui n'écrivit rien.[7]

Au début d'août 1747, Voltaire fait part à sa nièce de ses projets : comme il
n'ira pas à Cirey cet été, il va partir pour Anet «dans quelques jours», puis il
reviendra prendre les eaux à Passy.[8] Au moment où ses amours avec sa nièce
se font plus sensuelles au point de la choquer, se doute-t-il qu'elle est tentée de
lui être infidèle ? Deviendra-t-elle la maîtresse de Baculard d'Arnaud ? Le jeune
poète est doué et séduisant, mais il est sans ressources, ce qui diminue ses
chances auprès d'une telle femme. Elle n'en est encore qu'à un badinage fort
engageant. Le 14 août, le jour même du départ de Voltaire pour Anet, elle écrit
à d'Arnaud : «Vos vers sont presque aussi aimables que vous. J'en suis enchantée
et je vous en remercie mille fois. J'ai bien de la peine à croire, mon cœur, que
Voltaire vienne souper ce soir ici. Il sera engagé avec cette femme [Mme Du
Châtelet], mais je ne peux pas me dispenser de le lui proposer, le marquis
d'Argens y venant, qui est son ami. Adieu, je sens, si Dieu ne m'aide, que je
vous aimerai à la folie.»[9]

Mme Denis, comme on voit, n'est point trop préoccupée des visites de son
oncle ; pour le moins, elle les attend sans impatience. Voltaire ne semble pas
moins insouciant qui, après avoir rencontré d'Argens, s'est hâté de se rendre
chez la duchesse du Maine. Mais ne serait-ce pas Mme Du Châtelet qui l'a
contraint de partir plus tôt ?

Le poète et son amie arrivent donc à Anet environ douze heures à l'avance,
la nuit du 14 au 15 août, provoquant un certain désarroi par leur apparition
inopinée dans un château bourré d'invités, où rien n'est préparé pour les
accueillir. C'est ce que raconte Mme de Staal, la spirituelle «vipère», à son amie
Du Deffand : «Madame Du Châtelet et Voltaire, qui s'étaient annoncés pour
aujourd'hui et qu'on avait perdus de vue, parurent hier, sur le minuit, comme
deux spectres, avec une odeur de corps embaumés qu'ils semblaient avoir
apportée de leurs tombeaux.» La baronne va observer le couple sans indulgence
aucune pendant tout son séjour à Anet. Elle sait que ses lettres seront lues au
salon de Mme Du Deffand, et c'est par coquetterie qu'elle lui recommande de ne
point les laisser traîner sur la cheminée. En pleine nuit, les deux intrus exigent
un souper et des lits. L'un des hôtes de la duchesse est obligé de déménager
«avec autant de précipitation et de déplaisir qu'une armée surprise dans son

camp [...] Voltaire s'est bien trouvé du gîte [...] Pour la dame, son lit ne s'est pas trouvé bien fait : il a fallu la déloger aujourd'hui. Notez que ce lit, elle l'avait fait elle-même, faute de gens, et avait trouvé un défaut de . . . dans le matelas, ce qui, je crois, a plus blessé son esprit exact que son corps peu délicat ; elle a, par intérim, un appartement qui a été promis, qu'elle laissera vendredi ou samedi pour celui du maréchal de Maillebois, qui s'en va un de ces jours. » Aussitôt, Voltaire et Mme Du Châtelet mettent en chantier la répétition de *Boursoufle*. La baronne de Staal trouve étrange qu'Emilie accepte le rôle de Mlle de La Cochonnière « qui devrait être grosse et courte ». Mais, le lendemain, c'est le silence : les deux « revenants » abandonnent le théâtre et se cloîtrent dans leurs chambres jusqu'à dix heures du soir : « l'un est à écrire de hauts faits, l'autre à commenter Newton ; ils ne veulent ni jouer ni se promener : ce sont bien des non-valeurs dans une société, où leurs doctes écrits ne sont d'aucun rapport. »[10]

Nouveau caprice : au bout de quelques jours, Mme Du Châtelet occupe son troisième logement :

Elle ne pouvait plus supporter celui qu'elle avait choisi ; il y avait du bruit, de la fumée sans feu (il me semble que c'est son emblème). Le bruit, ce n'est pas la nuit qu'il l'incommode, à ce qu'elle m'a dit, mais le jour, au fort de son travail : cela dérange ses idées. Elle fait actuellement la revue de ses principes : c'est un exercice qu'elle réitère chaque année, sans quoi ils pourraient s'échapper, et peut-être s'en aller si loin qu'elle n'en retrouverait pas un seul. Je crois bien que sa tête est pour eux une maison de force, et non pas le lieu de leur naissance : c'est le cas de veiller soigneusement à leur garde. Elle préfère le bon air de cette occupation à tout amusement, et persiste à ne se montrer qu'à la nuit close. Voltaire a fait des vers galants, qui réparent un peu le mauvais effet de leur conduite inusitée.[11]

Cette conduite, tous deux la rattrapent brillamment au souper où chacun fait assaut d'esprit. Vient enfin la représentation de la comédie qui contraint Mme de Staal à changer de ton : « Je ne puis vous rendre Boursoufflé que mincement. Mademoiselle de la Cochonnière a si parfaitement exécuté l'extravagance de son rôle, que j'y ai pris un vrai plaisir. » Courte trêve – rien n'échappe à l'observation acide de la baronne. « La principale actrice [...] préférant les intérêts de sa figure à ceux de la pièce, a paru sur le théâtre avec tout l'éclat et l'élégante parure d'une dame de la cour : elle a eu sur ce point maille à partir avec Voltaire ; mais c'est la souveraine et lui l'esclave. Je suis très fâchée de leur départ, quoique excédée de ses diverses volontés dont elle m'avait remis l'exécution. »[12] La malveillance excessive de la baronne ne vient-elle pas de là ? Née Delaunay, elle a été considérée, en dépit de son esprit, et peut-être à cause de lui, comme une femme de chambre.

Voltaire et Mme Du Châtelet sont partis précipitamment pour faire leurs adieux au duc de Richelieu : il s'en va gouverner Gênes qui s'est délivrée elle-même des Autrichiens, et il emmène avec lui le fils de la marquise. En cours de route, le poète s'aperçoit qu'il n'a pas emporté le manuscrit du *Comte de Boursoufle*,[13] qu'il a oublié de retirer les rôles remis aux acteurs et peut-être perdu le prologue. C'est encore à la baronne qu'il appartiendra de réparer ces fautes ; Voltaire lui demande de renvoyer d'urgence le prologue, mais par une voie plus discrète que la poste, de garder les rôles et d'enfermer la pièce « sous cent clés ». « J'aurais cru », ironise la baronne, « qu'un loquet aurait suffi pour garder ce trésor. »

On a trouvé dans la chambre de Mme Du Châtelet « six ou sept tables ». Le nouveau commentaire de la baronne est un bon exemple de la tournure artificielle que peut prendre ici ce que l'on nomme « l'esprit ». Des tables, il lui en fallait « de toutes les grandeurs, d'immenses pour étaler ses papiers, de solides pour soutenir son nécessaire, de plus légères pour ses pompons, pour les bijoux, et cette belle ordonnance ne l'a pas garantie d'un accident pareil à celui qui arriva à Philippe II, quand, après avoir passé la nuit à écrire, on répandit une bouteille d'encre sur ses dépêches. La dame ne s'est pas piquée d'imiter la modération de ce prince, aussi n'avait-il écrit que sur les affaires d'Etat ; et ce qu'on lui a barbouillé, c'était de l'algèbre, bien plus difficile à remettre au net. »[14]

La première joie de Voltaire sera de retrouver sa nièce qu'il a quittée sans la revoir. C'est le jour même de son retour à Paris qu'il lui adresse cette lettre : « Je suis tombé malade à Anet, ma très chère, mais j'espère retrouver la santé avec vous. Dès mon arrivée, je courrai chez vous pour restaurer mes forces. C'est donc aujourd'hui que je vous verrai, aujourd'hui que je retrouverai la seule consolation qui puisse adoucir l'amertume de ma vie. La nature qui m'a gratifié du cœur le plus tendre a oublié de me donner un estomac. Je ne puis digérer, mais je puis aimer. Je vous aime, je vous aimerai jusqu'au jour de ma mort. »[15]

Après avoir donné congé de leur maison de Bruxelles, où Mme Du Châtelet fait dresser un mémoire de tout ce qui appartient à Voltaire, les deux amis se rendent à Passy pour prendre les eaux. Passy, à cette époque, était un village dépassant à peine le millier d'habitants. Ses maisons s'étageaient sur le flanc de la colline parmi les moulins à vent, les carrés de vignes et les carrières. Mme de Tencin y possédait sa maison de campagne où elle emmenait parfois Mme Du Châtelet. Le Riche de La Popelinière y installa son hôtel. Les eaux minérales, connues depuis le milieu du XVIIᵉ siècle, ne furent vraiment exploitées qu'au siècle suivant. En 1719, l'abbé Le Ragois, ancien précepteur du duc du Maine et confesseur de Mme de Maintenon, découvrit dans son jardin, à l'emplacement où arrive encore la rue des Eaux sur le quai de Passy, deux nouvelles sources, qu'il eut l'idée de mettre en service avec sa nièce et qui bénéficièrent d'un véritable lancement. Ferrugineuses et sulfureuses, elles furent en outre déclarées « balsamiques » et propices à vaincre la stérilité des femmes. Un établissement thermal y fut installé. Les médecins – qui avaient la gratuité à la table d'hôte de l'établissement – proclamèrent que Passy était une station thermale supérieure à celles de Spa et de Forges, jouissant au surplus de l'air salubre du bois de Boulogne.

Passy connut alors une grande vogue : gens du monde, écrivains et artistes affluèrent pour s'y reposer et s'y soigner. Après avoir consommé leur verre d'eau, les curistes prirent l'habitude, chaque matin, d'exécuter une marche sautillante, coupée tous les cinq pas d'une sorte de pirouette. Le soir, ils se rencontraient à la salle de jeu, au bal, au théâtre ou au spectacle de marionnettes. Vers le milieu du XVIIIe siècle, l'établissement thermal comptait cinq sources. Cette vogue, qui s'est soutenue au cours de tout le siècle, connut un éclat nouveau à l'époque du Directoire ; elle s'éteignit brusquement au XIXe siècle le jour où l'on distribua les eaux gratuitement.

On ne sait combien de temps Voltaire et Mme Du Châtelet sont demeurés à Passy : peut être une partie du mois de septembre 1747. La correspondance de Voltaire se fait rare. A part deux lettres adressées à son éditeur de Dresde Conrad Walther, à qui il promet de rendre son édition supérieure « à toutes les autres » en lui fournissant des œuvres nouvelles, elle ne comprend guère que des billets à sa nièce qui sont écrits au retour de Passy et avant le départ d'automne pour Fontainebleau. Ici, de nouveau, il étale familièrement sa maladie : les eaux de Passy ne lui ont pas réussi du tout, elles l'ont « quasi ammazato » :[16] « Je suis cent fois plus mal que je n'étais avant de prendre les eaux. Je n'ai plus qu'une vie affreuse dont vous êtes l'unique consolation. » Amant replié et transi, il ne fait point le fier : « Aimez toujours un peu un homme bien à plaindre dont vous adoucissez seule les souffrances » ; et il rime tristement :

> Comme vous je voudrais chanter
> Cet amour qui par vous sait plaire :
> Mais il faudrait se mieux porter
> Pour en parler et pour le faire.

« On me traînera à Fontainebleau dans quelques jours. Peut-être l'air de la campagne me fera un peu de bien. »[17]

Pris de court, une fois de plus, il part sans avoir eu la consolation de la revoir : « Je suis allé chez monsieur de Monmartel avant d'aller à Fontainebleau. Je suis maintenant au milieu de ces gens [à la cour] dont le bon Uranio[18] dit si bien :

> Gens de renom, aux discours courtois
> Mais fainéants.

[...] Dès que j'aurai terminé l'affaire qui m'occupe à présent, je reviendrai au seul vrai plaisir, à mon cher asile, à vous, mon âme. » Il lui demande de lui écrire « discretamente ».[19]

Pas plus que la fois précédente, elle n'est attristée de ce départ précipité. Elle sort beaucoup et poursuit son badinage avec d'Arnaud. Voltaire est à peine sur la route de Fontainebleau, le 16 octobre, qu'elle écrit au jeune poète : « Je meurs d'envie de vous voir et je suis tout à fait fâchée de n'être point à Paris [...] Votre jalousie me divertit [...]

> Non, mon cœur ne pourra se donner qu'au génie
> Et je sens que c'est vous qui l'avez enchanté.

[...] Mon frère [l'abbé Mignot] a fait ici un sermon, il doit le prêcher le jour de la Toussaint, cela nous divertira. A propos de sermon comment va votre tragédie? Si vous n'y travaillez pas je croirai que vous ne m'aimez plus du tout [...] Comptez sur ma plus tendre amitié.»[20] Elle a dû inviter aussi son oncle au sermon de son frère. Las de «végéter» à la cour, où il est «aussi malingre qu'à Paris», mais tout de même un peu ragaillardi, il réplique: «Je m'imagine qu'à mon retour vous me ferez voir des choses profanes qui sont encore plus de mon goût qu'un sermon».[21] Avant de profiter de ces «choses», il aura tout le temps de refaire sa santé. Cette fois, ce ne sont point ses écrits impies qui compromettent sa situation, c'est la passion d'Emilie pour le jeu.

Un jour qu'elle joue chez la reine, elle perd «lestement», raconte Longchamp, les quatre cents louis qui font toute sa fortune.[22] Par suite de l'heure tardive, le jeu s'arrête jusqu'au lendemain. La nuit lui permettra-t-elle de réfléchir? Non: elle ne fait qu'exaspérer son désir de revanche. Toute tentative de retenir sa passion serait vaine. Le matin, elle envoie un commissionnaire à Paris auprès de son intendant. «Mais», dit Longchamp, «le coffre de M. de La Croix [est] vide». Il procure néanmoins à Emilie deux cents louis qu'il a empruntés «à gros intérêts» et cent-quatre-vingt que lui prête son amie Mlle Du Thil. L'après-midi, elle se remet au jeu, mais cet argent frais «ne fait que paraître et disparaître». Voltaire, dont il faut louer l'indulgence, lui prête les deux cents louis qu'il a en poche, elle les perd. Malgré quelques «représentations» du poète, elle s'obstine et joue sur parole des sommes de plus en plus importantes. Ignore-t-elle que l'on triche beaucoup et même que l'on vole dans l'entourage de la reine? Et que certains grands seigneurs et grandes dames prennent des «leçons de tricherie»? Elle perd quatre-vingt mille livres avec une intrépidité inconcevable.

En l'état d'aliénation où il la voit, Voltaire juge qu'il est temps d'intervenir; mais lui aussi a perdu le contrôle de ses nerfs, car il s'exprime fort imprudemment: au lieu d'insister pour qu'elle quitte le jeu, il lui dit en anglais: «Ne voyez-vous pas, madame, que vous jouez avec des fripons?» Certains joueurs comprennent, et, dans un murmure, traduisent. On se trouve chez la reine... Mme Du Châtelet, recouvrant soudain sa raison, comprend que ces paroles, venant de Voltaire, vont provoquer un scandale. Tous deux quittent la table, regagnent leur appartement et décident de quitter la cour sans plus attendre. Longchamp reçoit l'ordre de faire les malles et de les transporter à Paris.

La malchance poursuit les deux fuyards: une roue de leur carrosse se casse à Essonne, accident fréquent à l'époque, dû surtout au mauvais état des routes. Ils la font réparer, mais, les poches vides, ils ne peuvent payer le charron. La chance leur sourit dans ce drame : un « marquis de leur connaissance » vient à passer, reconnaît Voltaire, paie la réparation et ajoute de quoi restaurer gens et chevaux. Voltaire, qui a l'intention d'aller à Sceaux, se sépare de Mme Du Châtelet à Villejuif. C'est de là qu'il fait porter un billet à la duchesse du Maine. La réponse ne se fait pas attendre : M. Duplessis, officier de confiance, le même qui a tenu le rôle du valet dans *Boursoufle*, viendra prendre Voltaire à la tombée de la nuit. D'après la correspondance du poète – il n'écrira guère qu'à Mme Denis – il semble qu'il soit entré au château vers le 20 novembre. La duchesse occupait, au deuxième étage du pavillon sud, un appartement qu'elle nommait sa « chartreuse » d'où se découvrait une vue ravissante. Elle installa Voltaire au même étage, dans une chambre qui donnait sur les jardins et sur une cour. Un seul endroit du château semble correspondre à cette indication, l'angle nord-est du pavillon nord.[23] Longchamp ne désigne que l'étage où logera le poète : « M. Duplessis me fit porter le bureau dans un appartement du second dont on avait fermé les volets. » Mais, si l'on en croit le secrétaire, la duchesse ne couchait point dans sa chartreuse, qu'elle désertait sans doute en hiver, pour son ancien appartement du rez de chaussée : « M. de Voltaire ne descendait chez Mme la duchesse que lorsque tout le monde s'était retiré [...], il mangeait un poulet dans sa ruelle [...] servi par des valets de pied [...] Il ne remontait dans son appartement qu'un peu avant le jour. » Au cours de ce souper, la duchesse raconte au poète des anecdotes de cour. Ensuite, c'est à lui de la distraire. Il lui lit des contes, sans doute aussi des scènes de *Sémiramis* et de *La Prude*. Longchamp ne sort « qu'à onze heures du soir pour aller souper chez un Suisse du château ». Ensuite, il lui arrive de porter à Mme Denis les courts billets de Voltaire. Il rattrape son sommeil la journée et poursuit la mise au net de quelques contes.

Bien qu'elle soit libre de ses mouvements, Mme Du Châtelet est moins heureuse. Elle se trouve devant une difficulté quasi insurmontable : trouver l'argent de sa dette. Celle-ci est trop élevée pour que Voltaire la couvre ; afin de la libérer de son procès de Bruxelles, il a signé un contrat d'accommodement avec le marquis de Hoensbroeck en juin 1747. Il a dû avancer une somme importante pour cautionner la solvabilité de M. Du Châtelet. Le marquis de Hoensbroeck ne l'a pas encore remboursé. Emilie devra donc sortir par ses seuls moyens de ce mauvais pas. Pas un instant elle n'admet qu'elle puisse vendre ses bijoux et ses diamants. Ses relations vont la sauver. Elle arrive à Paris au moment où se renouvelle le bail des fermiers généraux. On lui propose de devenir « croupière ». La croupe – un scandale dont le roi lui-même a parfois profité – est la part d'intérêts allouée par un fermier général à un ou plusieurs courtisans qui se sont entremis pour lui faire obtenir sa ferme. Un ami de la cour procure à la marquise la moitié d'un bon qu'elle revend aussitôt. C'est une somme considérable dont elle ne perçoit qu'une partie au comptant, le reste lui étant versé chaque année pendant la durée du bail. Enfin, elle persuade le joueur qui lui a gagné son argent sur parole, et qui n'a peut-être pas la conscience tranquille, de se contenter de vingt-quatre mille livres.

En même temps, elle cherche à effacer l'accusation de friponnerie lancée par Voltaire au cercle des joueurs. On connaît son habileté diplomatique. Elle parvient à calmer ceux qui ont pu se croire offensés. On ne peut que deviner ceux qui ont pu l'aider dans cette tâche : le président Hénault, le duc de La Vallière, Moncrif, le comte d'Argenson, Maurepas et peut-être Mme de Pompadour, qui n'aime point les fripons du jeu de la reine.

Mme Du Châtelet triomphe ; certaine que Voltaire ne sera pas inquiété, elle vient elle-même à Sceaux lui rendre la liberté. On peut situer son arrivée aux environs du 1er décembre, puisque le sept de ce mois Voltaire invite sa nièce à la représentation de *La Prude*, qui aura lieu le 15. En dépit de l'affirmation de Longchamp, qui évalue son séjour à deux mois, Voltaire ne s'est réellement caché qu'une douzaine de jours.

Les volets s'ouvrent. Le poète s'installe dans la chambre de Saint-Aulaire, ce centenaire dont la duchesse se disait la bergère. Il rime aussitôt :

> J'ai la chambre de Saint-Aulaire,
> Sans en avoir les agréments ;
> Peut-être à quatre-vingt-dix ans
> J'aurai le cœur de sa bergère :
> Il faut tout attendre du temps,
> Et surtout du désir de plaire.[24]

Veut-on célébrer la liberté du poète et remercier la duchesse ? On organise aussitôt des fêtes. Mme Du Châtelet chante dans *Zélindor* de Moncrif. « Madame Du Châtelet », écrit Voltaire à l'auteur, « a chanté Zirphé avec justesse, l'a jouée avec noblesse et avec grâce. Quatre mille diamants faisaient son moindre ornement. Allez, allez, laissons dire, les beaux-arts sont honorés. »[25]

Il est inévitable qu'on joue *Issé*, le triomphe d'Emilie. Mais la marquise y remporte un tel succès que la duchesse ne se sent plus chez elle. A son âge elle est vite fatiguée de ces fêtes. « La prodigieuse affluence du monde qu'il y eut à la première représentation », écrit le duc de Luynes, « avait déjà importuné Mme la duchesse du Maine, et ce ne fut qu'avec peine qu'elle consentit à la seconde [...] Mais l'importunité de la foule n'étant pas moins grande qu'à la première, Mme la duchesse du Maine se détermina à ne plus laisser jouer que des comédies. »[26]

Qu'à cela ne tienne ! Voltaire en a une sous la main qui n'a pas encore vu la scène. C'est *La Prude*, qu'il a d'abord appelée, lorsqu'il l'a écrite en 1739, *La Dévote*. A cette époque, le prince royal de Prusse et d'Argental sont les seuls, sans doute, à l'avoir lue. Voltaire avait écrit le 26 janvier 1740, à Frédéric : « je vous enverrai, si cela vous amuse, la comédie de *La Dévote* ».[27] Il tombait bien : le roi, père de Frédéric, étant malade, le prince cherchait à oublier ses soucis :

«Envoyez-moi, je vous prie, votre *Dévote*, votre *Mahomet*, et généralement tout ce que vous croyez capable de me distraire.»[28] En avril, Frédéric communiqua au poète ses impressions: «Votre *Dévote* est venue le plus à propos du monde. Elle est charmante, les caractères bien soutenus, l'intrigue bien conduite, le dénouement naturel. Nous l'avons lue, Césarion et moi, avec beaucoup de plaisir, souhaitant beaucoup la voir représentée ici, en présence de son auteur.»[29] Cependant, elle ne fut pas représentée lors des deux séjours que fit le poète en Prusse par la suite. D'Argental ne fut pas aussi admiratif que Frédéric; on ne peut que deviner ses réticences. En août 1747 – en supposant que la lettre non datée de Voltaire à son ami soit bien classée par Th. Besterman – le poète a recueilli d'autres avis et il brûle de faire jouer sa pièce, dont il a changé le titre. Après avoir plaidé en faveur de ses personnages, il conclut: «je pense être sûr d'un très grand succès. Tout le monde convient que la lecture tient l'auditeur en haleine sans qu'il y ait un instant de langueur. J'espère que le théâtre y mettra toute la chaleur nécessaire et qu'il y aura infiniment de comique si la pièce est bien jouée. Plaignez ma folie, mais ne vous y opposez pas.»[30] Toutefois, il ne s'est pas encore décidé à la donner aux comédiens, lorsqu'il se réfugie à Sceaux, en novembre 1747. Et voici que l'occasion lui est offerte de la créer, sachant bien qu'avec des comédiens amateurs il ne lui donne pas les mêmes chances qu'à la Comédie-Française.

La Prude fut publiée dès 1748 dans l'édition Conrad Walther à Dresde.[31] Un trop bref «Avertissement de l'auteur» apparaîtra, chez le même éditeur, en 1752. C'est l'édition de Kehl qui publiera l'avertissement définitif, Voltaire ayant jugé indispensable des explications plus précises. La pièce, déclare-t-il, «est moins une traduction qu'une esquisse légère de la fameuse comédie de Wycherley, intitulée *Plain dealer*» (*L'Homme au franc procédé*), inspirée du *Misanthrope*. Esquisse légère, certes, car dans la pièce anglaise «l'intrigue est infiniment plus compliquée, plus intéressante, plus chargée d'incidents», mais surtout «la satire y est beaucoup plus forte et plus insultante; les mœurs y sont d'une telle hardiesse qu'on pourrait placer la scène dans un mauvais lieu attenant un corps de garde. Il semble que les Anglais prennent trop de liberté, et que les Français n'en prennent pas assez.» Voltaire cite, sans oser les écrire entièrement, un certain nombre de mots grossiers que l'on y trouve à profusion. «Croira-t-on», ajoute-t-il, «que la connaissance la plus approfondie du cœur humain, les peintures les plus vraies et les plus brillantes, les traits d'esprit les plus fins, se trouvent dans le même ouvrage?» Le poète n'a donc «donné ici qu'une très légère idée de la hardiesse anglaise», et il a considérablement simplifié la pièce: «il a fallu en retrancher des rôles tout entiers.»[32]

La Prude va donc être représentée à Sceaux, le 15 décembre 1747. Voltaire y ajoute un «Prologue» qu'il récite lui-même avant le lever du rideau. Inévitablement, c'est encore un panégyrique de la duchesse.

O vous, en tous les temps par Minerve inspirée!
Des plaisirs de l'esprit protectrice éclairée,
Vous avez vu finir ce siècle glorieux,
Ce siècle des talents accordé par les dieux [...]
Tout défaut dans les mœurs à Sceaux est combattu:
Quand on fait devant vous la satire d'un vice,
C'est un nouvel hommage, un nouveau sacrifice,
    Que l'on présente à la vertu.

Rien de plus vrai: la cour de Sceaux, sans être bégueule, est, au milieu du siècle, fort rangée; elle fait l'admiration de Mme de Pompadour, car elle n'abrite point de vices comme celle de Versailles.

C'est moins au *Misanthrope* qu'au *Tartuffe* que fait penser la pièce de Voltaire. Si Blanford, personnage pessimiste, tenait le premier rôle dans la pièce anglaise, c'est dans celle de Voltaire Dorfise, la prude aimée de Blanford, véritable Tartuffe-femme, qui a pris cette place. Comme *L'Enfant prodigue*, la comédie est écrite en décasyllabes.

L'intrigue ne procède presque jamais des caractères ni de leur évolution. Elle repose essentiellement sur la fausse identité d'Adine, jeune fille déguisée en Turc, déguisement dont elle jouera jusqu'à la fin. Son père, consul en Grèce, étant mort récemment, elle a été poursuivie par un vrai Turc amoureux fou, dont elle ne voulut pas, en quittant la Grèce, être reconnue. Pourquoi ne reprend-elle point son costume de femme en arrivant à Marseille? Parce qu'il est au fond de la mer! Pourtant ses vêtements de Turc ont dû être mouillés, car le vaisseau du capitaine Blanford, attaqué par des pirates de Barbarie, a brûlé et a coulé. C'est le capitaine lui-même, à qui le père d'Adine destinait sa fille, qui l'a sauvée, croyant, bien entendu, sauver un jeune Turc! Que d'aventures invraisemblables, que l'on ne détaille pas, heureusement, avant le lever du rideau!

Chaperonnée par son oncle Darmin, ami de Blanford, Adine – jeune Turc – arrive, passionnément amoureuse de Blanford. Amour sans espoir, car elle sait que le capitaine aime Dorfise, veuve et prude, à qui il a confié ses biens pendant qu'il sillonnait les mers. Une affaire d'argent qui corsera la pièce. Darmin cherche à rassurer sa nièce: Blanford ne tardera pas, croit-il, à ouvrir les yeux:

Peut-il longtemps se coiffer d'une prude
Qui de tromper fait son unique étude? (I.i)

En vain: Adine sait que Dorfise est belle et que Blanford est honnête et constant. Elle ne voit qu'une issue:

Je veux dès ce soir même
Dans un couvent fuir un ingrat que j'aime.

Si l'intrigue peut néanmoins progresser, c'est grâce aux ruses d'Adine, qui pousse l'action, et au tenace aveuglement du capitaine qui la retient. Blanford arrive. Comme les gens le croient ruiné et le fuient, il profère de fortes tirades dans le goût d'Alceste. Il ne comprend rien aux déclarations voilées de ce jeune Turc, lequel, saisi d'un malaise, manque de s'évanouir.

> Une fille à son âge
> Serait plus forte, aurait plus de courage.   (i.ii)

Comme Molière a placé Philinte auprès d'Alceste, Voltaire oppose à la prude sa cousine, Mme Burlet, femme sincère et naturelle, aimant la vie, dont les propos épicuriens font penser parfois à ceux de Mme Du Châtelet dans le *Discours sur le bonheur*. Sensées, vives et convaincantes, ses répliques constituent l'un des meilleurs éléments comiques de la pièce.

Dorfise paraît enfin. Elle apprend que Blanford est de retour. Désagréable surprise! Changement de ton: elle a remarqué Adine, le beau jeune homme, avec une attention appuyée et gourmande. Voilà qui la perdra. Elle demande à le revoir, sans tarder. Dans leur tête à tête, Adine joue parfaitement la naïveté. Mais le «caissier» Bartolin, à qui Dorfise a confié les biens de Blanford, se fait annoncer, provoquant une véritable panique. Dorfise cache Adine dans son cabinet. Bartolin la découvre et la tire brutalement par le bras. Dans cette scène, Adine seule est restée lucide: la veuve, dans son désarroi, s'est troublée au point d'appeler le caissier «son mari».

> Lui! son mari! murmure Adine.

Mais peut-être Dorfise a-t-elle voulu seulement amadouer Bartolin par une promesse.

Après de nouvelles péripéties, Adine accepte un autre rendez-vous chez Dorfise, à neuf heures du soir. Auparavant, elle révèle à Blanford qu'elle est l'objet des assiduités de la prude. Le capitaine s'obstine à ne point croire ce jeune Turc. Adine l'invite alors à assister en catimini à son rendez-vous et l'avertit qu'elle y sera déguisée en fille. Blanford, troublé, s'efforce malgré tout de continuer d'être dupe. Qui croire? Trompé de toutes parts, il s'abandonne à une souffrance qui évoque, une fois de plus, celle d'Alceste. Il imagine que, seule, Mme Burlet peut lui dire la vérité; or, elle ne fait que se moquer:

> [...] souviens-toi que la solide affaire,
> La seule ici qu'on doive approfondir,
> C'est d'être heureux et d'avoir du plaisir.   (v.ii)

Stratégie ultime favorisée par le crépuscule: Adine paraît à son rendez-vous, habillée en fille. Blanford est frappé par sa beauté. Elle le cache derrière elle dans un coin de la scène. La nuit s'épaissit. Dorfise entre en tâtonnant et déclare à Adine qu'elle veut l'épouser. «Mais de quoi vivrions-nous?», demande Adine. Rien de plus facile: Dorfise fera deux parts des biens que Blanford lui a confiés; «honnêtement», elle lui en rendra une part, tandis que l'autre part permettra aux deux époux de vivre. Elle va immédiatement chercher la cassette. Blanford, toujours assailli par des sentiments contradictoires, ne laisse pas d'être touché qu'elle veuille lui rendre quelque chose! En même temps, fort troublé, il devine qu'Adine est une femme. C'est sans doute ce qui le décide. Lorsque Dorfise revient, il se précipite, dans l'obscurité, sur la cassette et s'en saisit.

Bartolin, averti, entre, l'épée à la main. Blanford confie la cassette à Adine et se bat. Il désarme aisément Bartolin. Entrent tous les autres personnages, attirés par le bruit. Darmin avoue enfin qu'Adine est sa nièce, puis il dit, s'adressant à Blanford:

> Vous devez tout à son amour extrême,
> Votre fortune et votre raison même.
> Répondez donc: que doit-elle espérer?
> Que voulez-vous, en un mot? (v.viii)

Blanford, se jetant à genoux: «L'adorer.»

Si la pièce est conventionnelle, pleine d'artifices, elle ne manque pas de variété dans le ton; elle oscille entre la comédie larmoyante et la farce; elle a parfois la fantaisie d'un conte. Reconnaissons-lui du mouvement, de la vivacité et du charme. On peut regretter que la versification décasyllabique, pas toujours très soignée, déroute trop souvent l'auditeur. Il est dommage que Voltaire ne l'ait pas écrite en prose: plus alerte, elle eût parfois annoncé Beaumarchais.

On ne sait si les acteurs de Sceaux ont réussi à la mettre en valeur après une préparation trop brève. Voltaire y prit un rôle, ainsi que Mme Du Châtelet et Mme de Staal, dont les récits nous manquent. Le bruit insolite que fit *La Prude* semble avoir étouffé les jugements critiques. Le 7 décembre, Voltaire commence à lancer ses invitations sans aucun scrupule. Il bat le rappel à Paris. Quelle publicité! Il commence par sa nièce qu'il invite avec l'abbé Mignot: «Il pourra la voir sans péril, personne ne le connaît ici. Venez», ajoute-t-il, «*avec tous vos amis et votre famille.*»[33] Le brouhaha s'annonce bien pire que pour *Issé.* Le 15 décembre, il se trouve à Sceaux «un monde si affreux», écrit le duc de Luynes, que la duchesse demande à voir les billets d'invitation. Elle les trouve «indécents». De Luynes en a transcrit un dans son journal: «De nouveaux acteurs représenteront vendredi 15 décembre, sur le théâtre de Sceaux, une comédie nouvelle en vers et en cinq actes. Entre qui veut sans aucune cérémonie; il faut y être à six heures précises et donner ordre que son carrosse soit dans la cour à sept heures et demie, huit heures. Passé six heures, la cour ne s'ouvre à personne.»[34]

Voltaire et Emilie n'avaient pas lancé moins de cinq cents de ces billets. Par ce soir d'hiver, dans l'obscurité, on imagine le désordre et le bruit dans la cour et dans la salle. Mais pourquoi le marquis d'Argenson a-t-il tenté de faire croire que la duchesse du Maine avait, en conséquence, fermé sa porte à Voltaire et à son amie? «Madame Du Châtelet et Voltaire», écrit-il, «ont perdu les entrées de la cour de Sceaux à cause des invitations qu'ils faisaient à leurs pièces. Il y a cinq cents billets d'invitation où Voltaire offrait à ses amis, pour plus agréable engagement, qu'on ne verrait pas la duchesse du Maine. »[35] On est obligé de conclure que le marquis n'a pas vu ces billets, donc qu'il n'a pas reçu d'invitation. Rancœur? Jalousie? Les relations entre Voltaire et l'ancien ministre semblent fort distendues. Sur les suites de l'affaire, c'est Longchamp qu'il faut croire. Mme du Maine fit à Voltaire des remarques fermes mais courtoises et ne ferma point sa porte.

Un problème demeure en suspens: pourquoi le poète, à la suite de cette représentation de *La Prude*, n'a-t-il pas donné sa pièce à la Comédie? La raison la plus vraisemblable serait qu'il eût reconnu, au cours des répétitions et de la représentation, ses défauts, et qu'il eût alors admis que d'Argental avait raison. Ces sortes de repentirs sont tout à fait dans son caractère, à condition que l'œuvre ne soit pas attaquée de l'extérieur, par ses ennemis. Peut-être a-t-il vu que le style n'en était pas toujours fort soigné, et comme l'invention appartenait à Wycherley plus qu'à lui-même, a-t-il jugé inutile de la récrire. Il l'a cependant publiée.

Sans doute préfère-t-il se consacrer à la révision de *Sémiramis*. Et de nouveaux événements vont l'éloigner d'une occupation devenue secondaire.

Sa situation à la cour ne semble nullement compromise par l'affaire du jeu de la reine. A la fin de décembre, on joue *L'Enfant prodigue* devant le roi, sur son théâtre privé dit «des petits cabinets» dirigé par le duc de La Vallière. En ce théâtre, le roi fut longtemps l'unique spectateur; mais on y admit ensuite une vingtaine de privilégiés. Les rôles sont généralement tenus par de grands personnages de l'entourage du roi. Soit qu'ils fréquentent le château de Champs ou le salon de Mme de Rochefort-Brancas, ils sont pour la plupart parmi les protecteurs les plus sûrs de Voltaire. Cependant, le cercle des petits cabinets reste intime: jamais n'y sont admis les auteurs des pièces qui ont été jouées en public. Ce qui est regrettable, car certains des acteurs courtisans, tels le duc de La Vallière, le duc d'Orléans, qui passe sa vie sur les planches de ses théâtres, ont acquis le talent des meilleurs professionnels. Le duc de Nivernais atteindra une telle perfection dans *Le Méchant* que Gresset, admis plus tard à la représentation, souhaitera que Rosély, l'acteur chargé du rôle de Valère à la Comédie, vienne à Versailles se pénétrer de son jeu.

Dans *L'Enfant prodigue*, la distribution est particulièrement brillante: Mme de Pompadour joue Lise, Mme de Brancas la baronne de Croupillac, et Mme de Livry Marthe. Le duc de Chartres interprète le rôle de Randon, Mme de Croissy celui de Fierenfat, le duc de La Vallière celui d'Euphémon père, le duc de Nivernais celui d'Euphémon fils, et le marquis de Gontaut celui de Jasmin. La pièce remporte un succès sans réserve. Mme de Pompadour, regrettant que Voltaire n'ait pu en être témoin, obtient du roi, quelques jours après la représentation, que les auteurs y soient désormais conviés. Voltaire n'en est pas flatté outre mesure, et ce n'est point sans ironie qu'il l'annonce à Cideville: «m'élevant par degrés au comble des honneurs j'ai été admis au théâtre des petits cabinets entre Montcrif et d'Arboulin. Mais, mon cher Cideville, tout l'éclat dont brille Montcrif ne m'a point séduit.»[36] Il est flatté, toutefois, que cette promotion lui vienne de Mme de Pompadour et, pour son malheur, ne peut se retenir de lui rimer un compliment:

> Pompadour, vous embellissez
> La cour, le Parnasse, et Cythère.
> Charme de tous les cœurs, trésor d'un seul mortel,
> Qu'un sort si beau soit éternel!
> Que vos jours précieux soient marqués par des fêtes!
> Que la paix de nos champs revienne avec Louis!
> Soyez tous deux sans ennemis,
> Et tous deux gardez vos conquêtes.[37]

Cet homme est incorrigible; ce n'est point, pourtant, la première étourderie qui met en danger sa liberté. Fallait-il révéler ce que tout le monde savait? Tout d'abord, le roi n'y voit point d'affront, et la favorite, flattée, laisse le poème se répandre. Pas plus que Voltaire, elle ne voit combien il peut être offensant pour les courtisans et les dévots qui ne l'ont jamais acceptée, et surtout pour le parti de la reine. On craint que Mesdames, les filles du roi, n'en soient gravement irritées. Si Luynes, avec raison, n'en dit mot, d'autres mémorialistes par la suite n'ont pas manqué d'exagérer, de dramatiser, de romancer le scandale. C'est le cas de Laujon, auteur de ballets et d'opéras, qui affirmera «que Mesdames avaient regardé comme attentatoire à l'honneur de leur père cette parité de gloire [...], que c'était enfin un crime impardonnable». Il ira jusqu'à écrire que «l'exil de Voltaire fut signé».[38] D'après Barbier, on va jusqu'à faire croire que «les vers familiers de Voltaire à la princesse Ulrique étaient destinés à la dauphine». Le poète Roy saisit l'occasion d'adresser à Voltaire des reproches publics, ce que Barbier regarde comme «une réponse très sage»:

> Dis-moi, stoïque téméraire,
> Pourquoi tes vers audacieux
> Osent dévoiler à nos yeux
> Ce qui devrait être un mystère?
> Les amours des rois et des dieux
> Ne sont pas faits pour le vulgaire.
> Lorsqu'on veut dans leur sanctuaire
> Porter des regards curieux,
> Respecter leur goût et se taire
> Est ce qu'on peut faire de mieux.[39]

La réprobation, les bruits d'un exil volontaire et même d'un exil signé par le roi se seraient sans doute apaisés plus rapidement si le poète eût évité de partir. Cependant Barbier reste prudent: «Voltaire n'a pas été exilé publiquement», écrit-il, «mais on lui a apparemment fait entendre qu'il ferait sagement de s'éloigner de la cour. Il est certain qu'il est parti pour la Lorraine, qu'il est actuellement à la cour du roi Stanislas. On a prétexté un voyage qu'il devait faire avec la marquise Du Châtelet.»[40] Le duc de Luynes, plus discret encore, ne note que le départ de la marquise pour la Champagne.

En supposant que ce voyage ait été exigé ou conseillé par le parti de la reine, comment Barbier ne s'est-il pas demandé s'il est logique et habile que Voltaire se réfugie chez le père de Marie Leszczynska? Cependant, ce qui accrédite le mieux ces rumeurs d'exil, c'est que le couple ne se rend pas d'abord chez le roi Stanislas, mais qu'en plein hiver il se rend à Cirey, alors qu'il serait plus urgent pour Voltaire de préparer la représentation de *Sémiramis*. Le prétexte du voyage de Mme Du Châtelet, qu'elle laisse circuler, ne donne pas le change; il apparaît que Voltaire quitte Paris comme il l'a fait après l'incident du jeu de la reine, par peur des représailles.

Ici, l'histoire se répète. Sans s'attarder aux adieux, le poète doit donc se séparer, une fois de plus, de sa chère nièce. Et celle-ci se console toujours, mais cette fois de façon insolite – avec Mme Du Bocage. C'est du moins ce que lui reproche Baculard d'Arnaud, fatigué d'attendre qu'elle lui cède, et qui se venge en mettant à nu, avec une cruelle exactitude, les défauts de Marie-Louise Denis : prétention et froideur. «On se traîne à la comédie pour vous, on vous sacrifie pour ainsi dire sa vie, et l'heureuse Mme Du Bocage est aujourd'hui votre objet familier, etc. [...] Je regarde une femme qui se met à l'amitié comme une malade qui veut vivre de régime.»

> Que je vous plains! De l'esprit possédée,
>   Ne connaîtrez-vous donc jamais
>   Le plaisir, et la douce idée
> D'avoir un cœur sensible, ouvert aux moindres traits [...]
> J'aime encore mieux des dieux avoir reçu ce cœur
>   Que votre esprit, cet esprit inventeur,
>   Qui s'égarant en des recherches vaines
>   Ne vous fera jamais goûter qu'un faux bonheur.
> Croyez-moi, ce n'est point dans les écrits d'Athènes,
> Chez ce Voltaire enfin, de la France l'honneur,
> Qu'on trouve le plaisir, il est dans notre cœur.

Il est malade, lui aussi, et d'un tel égoïsme il n'attend aucun secours :

> Mais à qui vais-je, hélas, parler de ma santé
>   Est-ce à vous que rien n'intéresse?
> Qu'on ne peut soupçonner de la moindre tendresse
>   Vous qui n'avez enfin aucune humanité?[41]

Se comporte-t-elle autrement auprès de Voltaire? Ici, l'intérêt lui dicte sa conduite. D'ailleurs, dans les lettres de son oncle, elle ne trouve jamais de reproches. Peut-être ne se donne-t-elle, en effet, «qu'au génie»? Mais l'homme le plus heureux, en cette période, pourrait bien être Marmontel, de qui l'on jouera la tragédie dans quelques semaines.

On peut dater à quelques jours près le départ du couple pour Cirey. Le 10 janvier, le poète écrit encore de Versailles une lettre à Mairan, et il envoie ses «éléments de philosophie» à Conrad Walther le lendemain. Le 15, il adresse une dernière lettre à Mme Le Vaillant pour s'excuser de ne pas avoir rendu son *Anti-Malebranche* et pour la remercier d'un envoi de pâté de sanglier. «J'ai lu l'un avec la plus grande satisfaction», écrit-il, «et je n'ai point mangé de l'autre. Mon esprit est plus fait pour se nourrir de vos pensées, que mon estomac pour digérer les sangliers; [mais] il a été mangé par des philosophes qui ne croient pas plus que vous, madame, au père Malebranche.»[42] Voltaire et Mme Du Châtelet sont partis au plus tôt le 17 janvier 1748. Ils emmènent Longchamp, chargé désormais du «détail» de la maison de Voltaire.

C'est au cours de ce voyage à Cirey que Desnoiresterres situe l'anecdote de l'essieu cassé, racontée par Longchamp, qui valut à Emilie et à son ami de contempler, par une nuit glaciale, le ciel étoilé. C'est une erreur qu'il est aisé de rectifier aujourd'hui grâce à de nouvelles lettres de Voltaire publiées par Th. Besterman. Longchamp, d'ailleurs, place l'événement après un premier séjour du couple à Lunéville. L'approche est meilleure, mais il a oublié que les deux amis n'effectueront un voyage d'hiver en tête à tête à Cirey qu'avant leur troisième séjour à la cour de Lunéville, à la fin de janvier 1749.

En réalité, le premier voyage de janvier 1748 fut très rapide et se déroula dans les conditions de confort les moins mauvaises pour l'époque. La raison en est simple: Mme de Boufflers, qui séjournait à Paris avec son frère, le prince de Beauvau-Craon, avait décidé de rentrer à Lunéville en compagnie de Mme Du Châtelet et de Voltaire. Ce que dit le duc de Luynes de Mme Du Châtelet à la date du 21 janvier n'a pas assez retenu l'attention de Desnoiresterres: «Elle est partie au commencement de cette année pour aller dans ses terres de Champagne avec Mme la marquise de Boufflers et M. de Voltaire, et de là, elle est allée à la cour du roi de Pologne.»[43] Ce témoignage est aujourd'hui recoupé par une lettre importante de Voltaire à sa nièce expédiée de Lunéville le 1er février: «Ma chère enfant, j'ai été à Cirey, et de Cirey, voici votre vagabond ami [*vostro errante amico*] à Lunéville [...] Voyez-vous quelquefois le prince de Beauvau? Je le crois amoureux de vous. J'ai passé par la ville de Troyes, mais je n'ai pu voir votre frère, nous allions trop rapidement et l'on ne peut pas retarder la course quand on voyage avec deux dames [...] Je suis ici comme les cygnes, j'ai un bon nid, douce pitance (et une ambiance agréable, grâce au bon feu). Je suis logé au palais.»[44]

Si les voyageurs sont partis de Paris vers le 17 janvier et si leur installation est achevée à Lunéville le 1er février, leur séjour à Cirey a donc été très court. On peut même supposer qu'ils ne se sont pas vraiment installés, en cette saison, dans un château depuis longtemps inhabité. Nous ne connaissons aucune lettre de Voltaire partie de Cirey vers cette date. L'erreur de Desnoiresterres, reprise par certains biographes,[45] en a entraîné une autre, plus grave : Longchamp, dit-il, prétend « que ce séjour à Cirey dura quatre mois. Il ne se trompe pas, au bas mot, de moins de trois grands mois. » C'est de près de quatre qu'il faudrait dire. Voltaire raconte, dans ses *Mémoires*, comment se décida le passage des trois voyageurs de Cirey en Lorraine. Si l'on retire de son récit l'incroyable dessein du P. Menoux, le poète doit approcher de la vérité en montrant que l'invitation de Stanislas, préparée sans doute par Mme de Boufflers, obtint un rapide acquiescement. Mais écoutons le récit insolite de Voltaire :

Ils [le jésuite et Mme de Boufflers] étaient ouvertement brouillés. Le pauvre roi avait tous les jours bien de la peine, au sortir de la messe, à rapatrier sa maîtresse et son confesseur. Enfin, notre jésuite ayant entendu parler de Mme Du Châtelet, qui était très bien faite, et encore assez belle, imagina de la substituer à Mme de Boufflers. Stanislas se mêlait quelquefois de faire d'assez mauvais petits ouvrages : Menoux crut qu'une femme auteur réussirait mieux qu'une autre auprès de lui. Et le voilà qui vient à Cirey pour ourdir cette belle trame : il cajole Mme Du Châtelet, et nous dit que le roi Stanislas sera enchanté de nous voir : il retourne dire au roi que nous brûlons d'envie de venir lui faire notre cour : Stanislas recommande à Mme de Boufflers de nous amener [...] Il arriva tout le contraire de ce que voulait le révérend père. Nous nous attachâmes à Mme de Boufflers ; et le jésuite eut deux femmes à combattre.[46]

On voit bien ici la part de la fable : ce jésuite entremetteur pouvait-il jouer à Voltaire ce mauvais tour ? Mais il est vraisemblable qu'il servit de messager entre le roi et Mme de Boufflers, celle-ci ayant pris l'initiative de faire demander à Stanislas s'il pouvait accueillir Voltaire et son amie. Le roi, sachant la qualité des distractions que les deux amis pouvaient apporter à la petite cour, dut applaudir à l'initiative de sa favorite et envoyer son jésuite à Cirey.

Le séjour de fin janvier 1748 à Cirey a donc été trop bref pour que la nouvelle fringale de théâtre dépeinte par Desnoiresterres ait conduit le couple à monter tant de comédies avec des acteurs pris dans le milieu local. Comme l'incident de l'essieu cassé, ces événements appartiennent à un séjour postérieur.

16. Une petite planète dans un tourbillon, ou «l'esclavage» doré

La précipitation du départ n'a pas permis à Voltaire d'assister, le 5 février, à la représentation de *Denys le tyran*, la tragédie de son ami Marmontel. Peu après son arrivée à Lunéville, il apprend que c'est un succès; il en exprime sa joie à d'Argental et à Mme Denis. «J'aime beaucoup ce Marmontel [...] Il me semble qu'il y a bien de bonnes choses à espérer de lui.»[1] «Les lettres de Paris disent que le succès croît chaque jour; cette réussite me cause une joie d'autant plus grande que la fortune manque à l'auteur.»[2] Marmontel juge alors qu'il peut proposer à Voltaire de lui dédier sa pièce. Heureux, le poète le remercie chaleureusement: «Je vous avoue que je suis bien flatté que notre amitié soit aussi publique qu'elle est solide [...] J'espère revenir à Paris assez à temps pour voir jouer votre pièce.» Il va toutefois un peu vite lorsqu'il ajoute: «Il faut songer à présent à être de notre académie.»[3]

Cette joie d'amitié s'efface devant deux soucis parisiens qui le poursuivent: les répétitions de *Sémiramis* qu'il a été contraint d'abandonner et les bruits de son exil. Avant son départ, malgré sa hâte, il a envoyé sa tragédie, insuffisamment corrigée, à d'Argental. De Lunéville, il en expédie une autre copie à Mme Denis. Sachant que la représentation sera retardée par son absence, il se résigne et avoue à d'Argental qu'il est même satisfait d'éviter «la précipitation avec laquelle les comédiens [l']auraient jouée [...] Elle n'en vaudra que mieux pour attendre.»[4] Bien qu'il ait été malade depuis son arrivée, il est bien résolu à travailler, «l'esprit prompt», dit-il, «et la chair infirme.»[5] Que ses amis se hâtent donc de lire la pièce: «ordonnez, et s'il y a encore des vers à refaire je tâcherai de me bien porter. M. de Pont-de-Veyle et M. de Choiseuil[6] sont-ils enfin contents de ma reine de Babylone?»[7] Rarement une tragédie fut l'objet de tant de soins.

Apparemment plus désinvolte apparaît sa préoccupation d'effacer les rumeurs d'exil dont il reçoit les échos. Mais sa désinvolture n'est qu'une feinte. De son départ, il n'évoquera jamais la véritable cause, son «compliment» à Mme de Pompadour. Voilà ce qu'il faut masquer et faire oublier! «Je ne peux donc, mes divins anges, sortir de ce Paris sans être exilé! [...] Moi, une lettre à Madame la dauphine!» La meilleure preuve qu'il n'est pas exilé n'est-elle pas l'accueil des plus chaleureux du roi Stanislas dont il ne cesse de chanter les louanges? La dauphine? Impossible! «Le grand-père de son auguste époux rend ici mon exil prétendu fort agréable. Il est vrai que j'ai été malade, mais il y a plaisir à être malade chez le roi de Pologne.»[8] Habilement, c'est à Hénault qu'il va s'adresser, car le président est attaché à la cour de la reine et c'est là qu'il faut frapper : «J'ai appris, monsieur, dans cette cour charmante où tout le monde vous regrette, que j'étais exilé ; vous m'avouerez qu'à votre absence près, l'exil serait doux. J'ai voulu savoir pourquoi j'étais exilé. Des nouvellistes de Paris, fort instruits, m'ont assuré que la reine était très fâchée contre moi [...] parce que j'avais écrit à madame la dauphine que le cavagnole est ennuyeux [...]; en vérité, je n'ai pas l'honneur d'être en commerce de lettres avec madame la dauphine.»[9]

Un peu plus tard, un événement heureux vient le délivrer de cette préoccupation : Louis XV vient de lui faire don des appointements d'une année de sa charge, celle qui s'est écoulée depuis la mort de son prédécesseur jusqu'au jour de sa réception. «Ainsi [...] le roi me donne des marques nouvelles de sa protection quand mes ennemis m'exilent.»[10]

D'ailleurs, qu'on ne s'y trompe pas! Il n'a pas pris la fuite, ce n'est même pas lui qui a décidé ce voyage, c'est Mme Du Châtelet qui avait à solliciter du roi Stanislas une faveur pour le marquis son époux et qui, maintenant, raffole de cette cour. «Je ne sais si elle ne restera point ici tout le mois de février. Pour moi qui suis une petite planète de son tourbillon, je la suis dans son orbite cahin-caha, et quoique je mène ici la vie la plus douce et la plus commode, je reviendrai avec délices vous faire ma cour.»[11]

On le soigne, on le cajole. Le médecin et l'apothicaire de Stanislas font merveille. A peine est-il sur pied que fêtes et représentations théâtrales se succèdent. On joue *Le Glorieux* qu'il aime beaucoup et qui le fait penser à Molière ; on lui joue *Mérope* : «croiriez-vous [...] qu'on y a pleuré tout comme à Paris ? Et moi [...] je me suis oublié au point d'y pleurer comme un autre.»[12] Et comme le roi de Pologne a entendu parler des succès de Mme Du Châtelet à la cour de Sceaux, il dépense des sommes énormes à lui faire confectionner de somptueux costumes. Accompagnée de la jolie comtesse de Lutzelbourg, elle joue dans *Issé* si parfaitement que le roi réclame deux autres représentations de l'opéra. Voltaire exprime son enthousiasme dans des vers d'un goût d'autant plus douteux que l'on n'ignore pas l'austère personnalité du mathématicien suisse placé ici en ridicule posture :

> Vous tourneriez la tête à nos docteurs :
> Bernoulli dans vos bras,
> Calculant vos appas,
> Eût brisé son compas![13]

Le duc de Luynes a recueilli les échos de ce succès. Mais à Versailles l'admiration n'est pas aussi unanime qu'à Lunéville. Qui donc y fait circuler des chansons comme celle-ci, sur l'air de *Joconde*?

> Il n'est de plus sotte guenon
> De Paris en Lorraine

Que celle dont je tais le nom
Qu'on peut trouver sans peine.
Vous la voyez coiffée de fleurs
Danser, chanter sans cesse ;
Et surtout elle a la fureur
D'être grande princesse.
Cette princesse a cinquante ans
Comptés sur son visage.
Elle a des airs très insolents,
Du monde aucun usage.
Elle est dépourvue d'agréments,
Chargée de ridicules,
Et pour monsieur de Guébriant,
Elle a pris des pilules.[14]

Voltaire avait promis à sa nièce d'être à Paris «le mois prochain», c'est-à-dire en mars. Mais Mme Du Châtelet retarde sans cesse ce retour. «Je ne sais pas si elle ne passera pas ici sa vie», écrit le poète à d'Argental.[15] La marquise paraît en effet résolue à rassembler sa famille en Lorraine. Le 2 mars, elle mande au comte d'Argenson : «Le roi de Pologne me comble de bontés, et je vous assure qu'il est bien difficile de le quitter.» Elle désirerait l'appui du ministre pour obtenir une lieutenance du roi pour son fils Florent, qui est toujours à Gênes : «Je voudrais bien que vous eussiez pensé qu'il est Lorrain.»[16]

Pourtant, Voltaire est pressé de rentrer, non seulement pour faire jouer *Sémiramis*, mais parce qu'il risque de retarder l'édition de ses œuvres à Dresde. Occupé à la correction de l'*Histoire de Charles XII*, il rassure, tout de suite, l'éditeur Conrad Walther : «Dès que je serai de retour à Paris je travaillerai aux trois derniers livres, n'ayant pas les matériaux nécessaires dans la cour où je suis.»[17] Le 1er mars, il annonce à Mme Denis son départ pour le 20 mars et, le 20, il le remet au 25. Le 3 avril, le voici plongé dans la plus grave incertitude : «Ma chère enfant, je ne sais plus quand je reviendrai. J'avais déjà fait partir mes petits ballots ; ils doivent être à Paris, et me voici arrêté à Lunéville par la maladie de madame de Boufflers. Il y a huit jours qu'elle a la fièvre, nous ne pouvons pas l'abandonner. Je suis ici sans robe de chambre, sans chemises, et qui pis est, sans livres [...] Peut-être partirons-nous dans trois ou quatre jours, peut-être dans quinze. Je suis absolument incertain de mon sort.»[18]

Les jours passent ; Voltaire attend toujours. Quant à la marquise, elle poursuit, imperturbable, auprès du ministre de la Guerre, sa stratégie d'immigrante en Lorraine : «Les bontés du roi de Pologne, monsieur, me portent à vous importuner. Il désirerait me fixer dans ce pays-ci du moins pour une partie de l'année. Le commandement de la Lorraine serait un établissement pour M. Du Châtelet qui me donnerait une raison de demeurer ici [...] *J'attendrai votre réponse pour partir.* »[19]

Situation combien gênante que celle de Voltaire, cet homme célèbre qui a tant à faire à Paris et se trouve rivé à Lunéville par son amie! Il n'en continue pas moins à s'occuper des affaires de Mme Du Châtelet auprès du marquis de Hoensbroeck, qui ne paie toujours pas: «on m'accable d'assignations», lui écrit-il. Si on le sent impatient, il reste parfaitement respectueux, au moins dans ses lettres, des décisions de la marquise. Il ne regimbe jamais. Déçu à la longue par la médiocrité des courtisans de Lunéville, il avoue à Mme de Champbonin: «Le lansquenet et l'amour occupent cette petite cour.»[20] Que s'est-il donc passé? Le «château enchanté» ne le serait-il plus que pour Mme Du Châtelet? «L'esclavage» de Voltaire que signalait naguère Mme de Staal serait-il aujourd'hui moins doré? Pour le comprendre, il faut se rappeler ici les personnages et les mœurs de la cour de Stanislas et voir ce qu'ils sont devenus.

L'étoile, dans cette cour, est toujours Mme de Boufflers, plus brillante et plus assurée que jamais de son pouvoir, car la reine Opalinska est morte; le P. Menoux, qui s'appuyait sur la dévotion et la charité de la sainte femme, a perdu beaucoup de son influence sur le roi. Certes, il représente encore le parti de la reine de France et des filles de Louis XV, mais elles sont trop loin pour lui conférer une autorité suffisante. Le jésuite s'en recommande encore quand il veut obtenir de Stanislas quelque contrition ou quelques «mortifications» pour ses péchés, car ici les rites religieux traditionnels voisinent avec la galanterie la plus libre.

Mme de Boufflers règne non seulement sur les plaisirs et sur l'esprit du roi, mais sur la nombreuse famille de Beauvau-Craon. Sa mère a eu vingt enfants. Son jeune frère le prince, actuellement à Paris, combat le plus souvent aux armées, où il se distingue par sa bravoure. Mais ses sœurs, Mmes de Mirepoix, de Bassompierre, de Chimay et, la plus vertueuse, Mme de Montrevel, si on les rencontre parfois à Versailles ou à Paris, au salon de Mmes de Brancas et de Rochefort, se plaisent davantage à Lunéville où règnent toujours simplicité, familiarité, liberté. La cour de Stanislas est dominée par les femmes. Autour de la favorite gravitent encore Mme Durival, partenaire et animatrice très douée, Mme de Lutzelbourg, la princesse de Talmont, Mmes de Choiseul et de Lenoncourt. Peu d'hommes vivent à la cour, car la plupart des époux de ces dames sont à l'armée. C'est dire que ceux qui sont ici à demeure sont appréciés et même convoités. Panpan est devenu un personnage important: il a été promu receveur des finances et lecteur du roi; son ami Saint-Lambert, en garnison à Nancy, a des raisons de venir souvent à Lunéville; on y trouve aussi le chevalier de Listenay, un Lorrain fort séduisant, gentilhomme de la chambre du roi, le vicomte Adhémar de Marsanne et l'abbé Porquet, précepteur du fils cadet de la marquise de Boufflers, aussi spirituel et galant qu'il est maigre et menu, adversaire désinvolte du P. Menoux; et enfin, un nain, Bébé, si petit qu'on l'a, une fois, dissimulé dans une croûte de pâté, et qui amuse tout le monde.

A quoi donc s'occupent tous ces personnages? Certes, ils jouent souvent, surtout dans la mauvaise saison, et Voltaire, que le jeu ennuie, sera parfois obligé d'y participer. Mais la vie collective leur prend beaucoup de temps. Spectateurs assidus au théâtre, exécutants ou auditeurs au concert, ils soupent, après le coucher du roi, vers dix heures, chez Mme de Boufflers. La chère n'y est pas des plus abondantes, ni le chauffage toujours suffisant, mais l'on s'y amuse beaucoup : «Nous avons soupé chez Mme de Boufflers», écrit Saint-Lambert, «et nous sommes morts de faim, de froid et de rire.»[21] Tous les courtisans s'intéressent aux lettres et aux arts, en particulier à la peinture, à la musique et à la poésie. Mme de Boufflers peint avec goût et joue de la harpe. Elle n'est pas la dernière à échanger des vers galants et hardis, de ceux qui conduisent parfois à l'amour. Panpan, Saint-Lambert et l'abbé Porquet lui donnent la réplique. Voltaire ne s'en prive pas non plus, mais pour lui la galanterie s'arrête là. Mme de Boufflers s'y révèle fort intelligente. D'abord parce qu'elle prise la concision; c'est le refrain d'une de ses chansons :

> Il faut dire en deux mots
> Ce qu'on veut dire.
> Les longs propos
> Sont sots.[22]

Bien que vouée aux plaisirs, elle ne laisse point de se livrer parfois, en des vers assez bien venus, à des méditations mélancoliques :

> Nous ne sommes heureux qu'en espérant de l'être;
> Le moment de jouir échappe à nos désirs;
> Nous perdons le bonheur faute de le connaître,
> Nous sentons son absence au milieu des plaisirs.[23]

Cette femme mène à la cour de Stanislas le jeu des amitiés et des amours : un jeu qui voudrait être souterrain, mais qui affleure toujours, car les personnages de cette petite cour, s'ils peuvent se tenir à l'écart dans leurs appartements ou dans les jardins, se réunissent cependant chaque jour pour les repas, la conversation et le spectacle; ils ont tout le loisir de s'observer et de se connaître comme les membres d'une même famille. Ils recherchent Mme de Boufflers pour son esprit, son visage attachant et mobile qui passe si aisément de la mélancolie au rire; nonchalante, alanguie, elle écoute, et soudain lance une boutade ou enfourche une improvisation endiablée. Voluptueuse, elle se donne volontiers à l'un, et poursuit son badinage avec un autre, en demeurant invulnérable, car ce n'est pas l'amant qu'elle aime, mais l'amour. On la surnomme la «dame de volupté»; elle accepte ce titre et compose elle-même son épitaphe :

> Ci-gît dans une paix profonde
> Cette dame de volupté

> Qui, pour plus de sureté,
> Fit son paradis dans ce monde.[24]

Dépourvue de passion, elle soumet ses amants à sa volonté sans leur permettre la jalousie ; aussi attendent-ils sans se plaindre qu'elle ait le caprice de leur rendre ses faveurs. Habile à brouiller les cartes et à étouffer les éclats, elle interdit toute déviation dramatique qui dérangerait le paisible déroulement des plaisirs de la cour. On ne saurait trouver personnage plus différent de Mme Du Châtelet. Voltaire, dans l'épître qu'il lui adresse – est-elle vraiment de lui ? il serait dommage de ne la point citer – avoue qu'il ne parvient pas à la juger :

> On ne peut faire ton portrait :
> Folâtre et sérieuse, agaçante et sévère,
> Prudente avec l'air indiscret,
> Vertueuse, coquette, à toi-même contraire,
> La ressemblance échappe en rendant chaque trait.
> Si l'on te peint constante, on t'aperçoit légère,
> Ce n'est jamais toi qu'on a fait.
> Fidèle au sentiment avec des goûts volages,
> Tous les cœurs à ton char s'enchaînent tour à tour :
> Tu plais aux libertins, tu captives les sages.[25]

On ne peut connaître tous ses amants. On lui attribue Panpan, ainsi récompensé de ne s'être point fâché de toutes ses moqueries. Puis elle séduit le chancelier de La Galaizière (qui gouverne en fait la Lorraine pour le compte du roi de France), bien que son épouse vive à la cour. Puis elle devient la maîtresse et l'amie du roi Stanislas. Habileté politique qui accroît son pouvoir sur les cœurs. Mais Stanislas, qui a soixante-six ans et qui est obèse, ne se montre pas exigeant et donne le bon exemple en n'étant point jaloux. Mme de Boufflers n'a donc pas quitté La Galaizière, ce que le roi n'ignore pas. On raconte qu'un jour, assistant à la toilette de la dame, comme il louait trop longuement la beauté de ses appas, elle lui dit : « Est-ce là tout ? » « Non, madame, ce n'est pas là tout, mais mon chancelier vous dira le reste. » M. de La Galaizière venait d'entrer.[26]

Quoi qu'il en soit de la vérité de l'anecdote, le roi et sa maîtresse ont besoin l'un de l'autre. Mme de Boufflers est indispensable à l'animation de la cour. Cependant, lorsqu'elle a cédé à Saint-Lambert, son ami d'enfance, elle a pris soin de cacher au roi ce nouvel amour. Pour son amant elle a fait meubler une chambre abandonnée, à l'écart des appartements occupés. Saint-Lambert feint de partir pour Nancy dans sa garnison et la rejoint dans cette chambre. A Commercy, où la cour s'est retirée pendant l'été de 1747, il était logé chez le curé. De sa chambre, il apercevait la fenêtre de la garde-robe de Mme de Boufflers. En éteignant sa lumière, elle lui signalait que le roi était couché.

En dépit de ces précautions, Stanislas ne tarde pas à soupçonner que les relations de son amie avec Saint-Lambert sont devenues plus intimes. Ce roi en exil, qui a vécu des événements pénibles, lui, si familier et naturel, comment pourrait-il aimer cet officier de salon qui étudie son maintien et prépare des bons mots, ce poète froid qui plaît aux femmes en rimant si peu et si laborieusement ? Stanislas connaît son égoïsme, sa façon de ménager ses forces, d'aimer son plaisir sans prendre garde aux autres. Il lui a fait sentir plus d'une fois qu'il s'absentait trop souvent de sa garnison. Mais il ne saurait lui interdire sa cour : Saint-Lambert est protégé par le prince de Beauvau-Craon, père de Mme de Boufflers, vice-roi de Toscane, parce qu'il a joué jadis avec ses enfants en son château d'Haroué. Le prince le reçoit comme un fils.

Telle est l'ambiance où vivent Voltaire et Mme Du Châtelet à la cour de Lunéville. Au début de 1748, Mme de Boufflers vient de conquérir un quatrième amant, autre bellâtre, le vicomte Adhémar de Marsanne. Saint-Lambert a deviné l'infidélité de sa maîtresse. D'abord, il s'y résigne :

> Mais cependant quand un rival heureux
> *Pour quelque temps* rend Thémire infidèle,
> Malgré ses torts, je l'aime encor pour elle,
> Et pour la voir, je demeure auprès d'eux.[27]

Y demeure-t-il par amour ou par intérêt ? Quitter une telle maîtresse lui semble impossible : il sait qu'elle le protège contre les sautes d'humeur de Stanislas et que sa carrière dépend du prince de Beauvau. Il supporte mal la rivalité d'Adhémar. L'idée lui vient, très vague encore, de rendre jalouse sa maîtresse.

C'est sans doute dès son arrivée que Mme Du Châtelet a remarqué Saint-Lambert. Sans considérer l'entourage ni les conséquences, elle reprend les « lorgneries » ostensibles de Cirey. Méfiant, l'officier ne lui répond pas tout de suite. Comment n'hésiterait-il pas à tromper un homme célèbre qu'il respecte et admire ? Emilie a quarante-deux ans et, bien qu'elle semble tenir en réserve une ardeur peu commune, elle n'a point le visage attirant de Mme de Boufflers. Parallèlement, le manège de celle-ci avec Adhémar incite l'officier à exploiter prudemment, sans se compromettre, l'avantage offert à son amour-propre par Emilie. Il commence par répondre à ses regards ; puis, au souper, il lui parle et se livre avec elle à une brillante discussion. Il voudrait se contenter d'étonner et d'inquiéter Mme de Boufflers, mais il a compté sans l'audace d'Emilie.

Un soir, à l'issue d'un souper chez M. de La Galaizière, tous deux se trouvent isolés. Elle s'approche et lui parle. Il ne se dérobe pas. Elle tombe dans ses bras, défaillante.[28] L'officier aux manières précieuses en est stupéfait. Il a grand tort d'accepter cet amour qu'il ne partage pas et surtout de dire à Mme Du Châtelet qu'il l'aime. Elle a le don exceptionnel de rester lucide dans la passion ; elle sentira aussitôt qu'elle l'a forcé : « Je ne puis me repentir de rien, puisque vous m'aimez, c'est à moi que je le dois. Si je ne vous avais pas parlé chez M. de La Galaizière, *vous ne m'aimeriez point.* »[29] Même lucide, elle n'en vient pas moins de s'engager dans une épreuve torturante qu'elle décrira infatigablement à son amant par des lettres interminables. D'abord, elle se jette sur Saint-Lambert avec la faim dévorante d'une femme d'âge mûr qui ne fut jamais comblée. Lui, après les jeux nonchalants de Mme de Boufflers, en est d'abord étourdi; il en sera bientôt fatigué, il cherchera à s'écarter, à l'éviter. En vain: rivés tous les deux à cette cour, ni l'un ni l'autre n'échappera à la fatalité. Si étrange en ce climat de plaisirs feutrés, un drame couve qui va se compliquer des subtiles intrigues de Mme de Boufflers.

A la fin d'avril 1748, Voltaire et Mme Du Châtelet sont toujours à Lunéville. Bref bonheur, en ce printemps, pour elle et son nouvel amant. Si Saint-Lambert n'aime pas, il ressent du moins l'impression insolite de n'avoir jamais été autant aimé. Mais pour vivre un amour qui doit à tout prix demeurer clandestin, dans un tel environnement, il n'est guère de refuges. Ils se donnent rendez-vous en glissant des billets dans la harpe de Mme de Boufflers. Saint-Lambert se voit obligé de recevoir Emilie dans la chambre secrète aménagée par sa belle maîtresse qu'il n'a pas l'intention d'abandonner: pour lui, le grand amour d'Emilie est déjà une servitude.

Cependant, Mme Du Châtelet, parce qu'elle a beaucoup d'«affaires» à Paris et pour éloigner momentanément les soupçons, ne peut refuser plus longtemps à Voltaire de partir. Nouveau délai, inattendu, car elle l'a obligé de se rendre à Cirey, d'où le poète écrit à sa nièce le 29 avril qu'il y séjournera huit à dix jours au lieu de deux.[30] A quelle nécessité répond donc ce séjour dans un château inhabité depuis si longtemps? A une décision de Mme Du Châtelet, car dès son arrivée, nullement gênée par la présence de Voltaire, imprudence à laquelle on a peine à croire, elle invite Saint-Lambert à venir la rejoindre. Elle retrouve le style autoritaire des billets à Maupertuis. Elle déclare ne pouvoir quitter Cirey qu'elle n'ait «perdu l'espérance de le revoir». De toute façon, elle ne veut pas qu'il reste à Lunéville de peur qu'il ne reprenne sa liaison avec Mme de Boufflers: «Vous ferez aussi bien toutes vos affaires à Nancy, c'est un sacrifice que j'exige et que vous me devez. Je ne sais si vous auriez la cruauté de me tromper, mais je sais bien que cela vous sera impossible [...] Je ne vous demande d'autre sacrifice que celui de n'être pas à Lunéville [...] Répondez-moi de Nancy, et mandez-moi positivement quand vous serez à Cirey.»[31] Pour la calmer, il lui envoie une lettre plus tendre mais Voltaire piaffe: «j'ai eu toutes les peines du monde à retenir M. de V[oltaire] ici jusqu'au 9 qui sera de demain en huit», il «a reçu des lettres qui le pressent de partir [...], il voudrait partir demain.»[32]

On peut juger ici de l'autorité et de la force qui animent cette femme: elle exige d'un côté que Voltaire ne parte point seul pour Paris et, de l'autre, elle prétend diriger de loin la conduite de son amant. Voltaire «esclave»? C'est certainement trop dire, mais on mesure à quel point, malgré ce qui les sépare, il reste attaché à son amie; par besoin, certes, de vivre en sécurité, mais aussi d'échanger des idées et de soutenir son amour-propre aux yeux de ses amis, du monde et de l'histoire.

Il semble difficile d'admettre que Saint-Lambert ait eu le temps de venir à Cirey en une semaine, à moins qu'il n'y soit demeuré que quelques heures à l'extérieur du château et à l'insu de Voltaire. Cette invitation, d'ailleurs, n'a point soulevé son enthousiasme. Ce qui pourrait toutefois confirmer sa venue, c'est que Mme Du Châtelet y fait allusion deux fois : « Vous avez été une poste sans lettre de moi avant votre voyage de Cirey ».[33] L'effet que peut produire sur la cour de Lunéville cette invitation étonnante l'effleure à peine : « Vous ne m'avez point mandé si on savait votre voyage à Cirey, mais que m'importe ? »[34] Ces deux lettres – D3639 et D3652 – sont-elles exactement datées ?[35] Car Saint-Lambert fera, l'année suivante, un voyage à Cirey, mémorable, celui-là.

Par contre, il paraît certain que Mme Du Châtelet n'a pu résister, dans cette même semaine du début de mai, à la tentation de rejoindre son amant à Nancy. Sous le prétexte de faire ses adieux à une amie, sa « vieille maréchale », elle a vécu là-bas, sans contrainte, une brève lune de miel. C'est de Bar-le-Duc, où elle a sans doute rejoint Voltaire sur la route de Paris, qu'elle écrit, le 9 mai, à Saint-Lambert : « Toutes mes défiances de votre caractère, toutes mes résolutions contre l'amour n'ont pu me garantir de celui que vous m'avez inspiré. Je ne cherche plus à le combattre [...] Le temps que j'ai passé avec vous à Nancy l'a augmenté à un point dont je suis étonnée moi-même ». Bonheur combien fugitif, toujours impitoyablement analysé : « Je suis bien contente de vous quand nous sommes tête à tête, mais je ne le suis point de l'effet que vous a fait mon départ [...] J'ai bien peur que votre esprit ne fasse plus de cas d'une plaisanterie fine que votre cœur d'un sentiment tendre [...] J'attends votre première lettre avec une impatience qu'elle ne remplira peut-être point. *J'ai bien peur de l'attendre encore après l'avoir reçue.* »[36]

Mme Du Châtelet serait donc parvenue à retenir Voltaire à Cirey, même le laissant seul deux ou trois jours, jusqu'au 9 mai. Sur l'humeur du poète en ces jours d'attente, nous ne savons rien ; des quelques lettres écrites de Cirey, la moins banale est adressée au marquis de Hoensbroeck, le menaçant de reprendre le procès et de l'autorité du roi après la prise de Maastricht ! « Vos terres alors », lui dit-il, « se trouveront sous la domination du roi, et les conséquences d'un refus de paiement vous deviendraient probablement funestes. »[37] Peu de temps après, en effet, les troupes françaises entraient à Maastricht, évacuée par les Autrichiens. L'historiographe était bien informé. On ne sait si Hoensbroeck a enfin cédé.

Voltaire et Mme Du Châtelet arrivent rue Traversière le 13 mai. Emilie l'a prévu : la première lettre de Saint-Lambert est d'une brièveté outrageante. « Vous m'écrivez la lettre la plus sèche, et hors un congé, on n'en peut pas voir [de] plus cruelle. »[38] On pourrait placer ici, à la suite de cette protestation d'Emilie, la seule lettre que nous connaissons de Saint-Lambert, publiée par Louise Colet.[39]

Il est vraisemblable qu'elle est l'une des plus affectueuses de l'officier, car il a le souci de la nommer çà et là «mon cher amour» et «mon cher cœur», et aucune discussion d'intérêt n'y apparaît encore. Mais quelle platitude! Un vrai poète et un honnête homme aurait fait, au moins par estime envers une telle femme, l'effort d'imaginer l'amour. Mais non: il écrit ce qui vient sous sa plume, pour remplir sa page: «Il fallait que je fusse bien abattu pour ne t'écrire que quatre mots le jour où je t'ai quittée. J'avais à te dire tout ce que je te dis ordinairement, tout ce que je te fais entendre, et puis tous mes regrets.» Il y parle du roi de Pologne, puis il termine par des conseils paternels: «Mon cher cœur, fais-moi bien des détails sur la conduite de ton mari, sur tes amusements, surtout [...] ménage bien ta santé, rafraîchis-toi souvent; souviens toi [...] Tout ce qui échauffe vieillit, tout ce qui rafraîchit rajeunit [...] Il est bien impossible que rien fasse mon bonheur que toi.» Pas un mot sur Voltaire.

Ainsi s'accomplit la destinée de Mme Du Châtelet qui est d'aimer «pour deux». Les quatre-vingts lettres qu'elle a écrites à son amant, quelles que soient les insuffisances et les fautes de celui-ci, expriment la passion la plus vive et, le plus souvent, une souffrance déchirante. Pour cette femme, qui fut douée d'une intelligence hors du commun, rien ne compte plus désormais que cet homme médiocre, sauf lorsqu'un sursaut d'orgueil la ramène à ses études et à Newton.

C'est Voltaire qui reçoit de Lunéville la lettre la plus chaleureuse et la plus touchante; elle est du roi Stanislas: «J'ai cru, mon cher Voltaire, jusqu'à présent que rien n'était plus fécond que votre supérieur esprit. Mais je vois que votre cœur l'est encore plus.»[40] Le poète n'a-t-il pas souffert de quelque changement d'attitude de Mme Du Châtelet ou de l'autorité sans amour qu'elle fait peser sur lui? Jamais il n'a écrit à sa nièce de lettre plus amère et plus grave que celle de ce 22 mai: «Vous faites ma consolation, et je n'ai pas d'autre désir que de vous rendre heureuse pendant ma vie et *après ma mort*. Je vous aimerai toujours et tendrement, jusqu'à ce jour où la loi de la nature sépare ce que la nature et l'amour ont uni. Aimons-nous jusqu'à cette heure.»[41]

Voltaire et Mme Du Châtelet vont souvent à Versailles où le poète retrouve sa documentation d'historiographe; son amie n'y cherche, dans le travail et le jeu, que quelque trêve à son inquiétude. Mais, ni pour l'un ni pour l'autre, ce séjour à la cour ou à Paris ne sera heureux ni très fécond. A peine quelques événements sans grande importance sont-ils agréables au poète. L'un d'eux, qui commence par un pensum, l'a finalement amusé. Comme la fête de la Supérieure de la visitation de Sainte-Marie, à Beaune, approche, les filles du couvent décident de jouer une pièce de théâtre, ainsi que cela se fait dans les collèges. On tire au sort entre plusieurs pièces. C'est *La Mort de César* qui sort du cornet. La pièce convient: il n'y a pas d'amour, et les filles se déguiseront en hommes. Mais elle est sévère; on souhaite, pour l'agrémenter, quelque chose comme un compliment, une lettre, un prologue. Or, une religieuse, Agathe Truchis de La Grange, est cousine de Mme Du Châtelet. Sans aucune gêne, elle se charge de faire parvenir à sa parente une lettre suivie de vingt-trois signatures. Voltaire se fait prier, puis il cède à Mme Du Châtelet, se met au travail et envoie à la religieuse une petite lettre et un prologue dont voici la très chrétienne péroraison :

> Dieu lui-même a conduit ces grands événements.
> Adorons de sa main ces coups épouvantables
> Et jouissons en paix de ces jours favorables,
> Qu'il fait luire aujourd'hui sur des peuples soumis
> Eclairés par sa grâce, et sauvés par son fils.

[...] Je vous prie, madame, de vouloir bien intercéder pour moi auprès du maître de toutes nos pensées.[42]

Peut-être les deux amis ont-ils passé une agréable soirée chez le duc de Richelieu : celui-ci a fait inviter, par Voltaire, d'Argental et sa femme pour une « orgie ». Le poète s'adresse particulièrement à Mme d'Argental et la prie d'amener des amies : de « telles odalisques » feraient plaisir à ce sultan.[43] Mme d'Argental, habituellement si réservée, lui donna-t-elle satisfaction ? Toujours est-il que sa mauvaise santé s'aggrave et qu'elle devra partir bientôt pour prendre les eaux à Plombières. Son époux modèle – de tels anges ne se séparent pas – se fera un devoir de l'accompagner.

Ils se mettent en route au début de juin sans prévoir aucune date de retour, et voilà *Sémiramis* retardée, tant la présence des anges est indispensable à la mise en scène et aux répétitions ; dans cette pièce difficile à jouer, il y a tant de choses à mettre au point ! Voltaire, inquiet, leur écrit : « Buvez vos eaux tranquillement [...] Pour moi j'avale bien des calices [...] Il y a grande apparence qu'on ne pourra venir à bout de *Sémiramis* que quand vous y serez. Comment voulez-vous que je fasse quelque chose de bien, et que je réussisse sans vous ? » Pourquoi donc ? Certes, d'Argental est devenu le critique indispensable du poète, et il sait diriger les acteurs. Mais, dira-t-on, Voltaire n'est-il pas là ? Non, il n'y sera pas, car Mme Du Châtelet, impatiente de retrouver Saint-Lambert, manifeste déjà l'intention de rejoindre la cour de Stanislas qui est à Commercy pour l'été. « Il faut qu'elle aille dans quelque temps à Commercy », ajoute le poète dans la même lettre. « Je vais donc aussi à Commercy, et Sémiramis, que deviendra-t-elle ? » Et il cite un vers adapté de l'*Iphigénie* de Racine :

> Ah ! pour Sémiramis quel temps choisissez-vous ?[44]

La marquise n'a-t-elle pas une raison péremptoire de partir ? Celle que donne Voltaire aux deux anges : « Madame Du Châtelet a essuyé mille contretemps horribles sur ce commandement de Lorraine. » En effet. Et ce n'est pas Saint-Lambert qui l'aide à l'obtenir. C'est précisément cette affaire qui envenime le dialogue entre les deux amants. Saint-Lambert s'est rapproché de Mme de Boufflers, qui lui a fait avouer sans peine son ostensible liaison avec Mme Du Châtelet. Tout d'abord, l'ancienne maîtresse n'y est point défavorable, car elle est amoureuse d'Adhémar, et se propose même d'aider Saint-Lambert à dissimuler ses rendez-vous. Mais elle est opposée à la candidature de M. Du Châtelet au commandement de Lorraine: elle sait que le roi de Pologne préfère M. de Bercsényi, un Hongrois qui lui rendit les plus grands services lorsqu'il fut vaincu et pourchassé par ses ennemis; mais Stanislas ne voudrait pas faire de peine au marquis, ni surtout à sa femme. Certes, Mme Du Châtelet ne saurait se séparer de Voltaire au point de s'installer à demeure à Lunéville, mais elle veut y séjourner à volonté. Il faut donc que Saint-Lambert s'emploie à faire nommer M. Du Châtelet en agissant sur Mme de Boufflers.

Ainsi, sans doute parce que Stanislas apprécie peu M. Du Châtelet et atermoie, Saint-Lambert se montre-t-il réticent: attaché à son indépendance, il veut éviter des séjours longs et renouvelés de Mme Du Châtelet à la cour. Il n'éprouve d'ailleurs pour M. Du Châtelet aucune sympathie. Emilie, qui nourrit encore l'illusion d'être aimée, croit pouvoir utiliser son procédé habituel, elle le menace de n'aller plus jamais à Lunéville, mais combien naïf est ici ce chantage. «Si M. Deberchini a le commandement, il est impossible que M. Du Châtelet ni moi remettions le pied en Lorraine [...] Moi exclue de Lunéville où vous devez passer votre vie par devoir, je ne vous verrai que des moments.»[45] Voilà qui n'émeut pas beaucoup Saint-Lambert, et la marquise se fâche: «Je vous avoue que vous avez mis dans cette affaire une décision, une ironie, une envie de me désapprouver, une dureté, qui l'a bien empoisonnée [...] J'ai été prise à un piège dont je ne pouvais me défier [...] L'imprudence avec laquelle je me suis livrée à mon goût pour vous doit me rendre plus malheureuse que tout le reste [...] *J'ai toujours prévu que votre caractère ferait mon malheur.*»[46] «On ne se met jamais à la place des autres, [...] vous moins que personne».[47]

Pour Voltaire, les désagréments parisiens s'accumulent. Dans sa même lettre à d'Argental, il signale l'apparition sur le marché d'une édition pirate de ses œuvres: «me voilà outre mes coliques, attaqué d'une édition en douze volumes qu'on vend à Paris sous mon nom, remplie de sottises à déshonorer et d'impiétés à faire brûler son homme.» Enfin, un navire transportant des marchandises sur lesquelles il avait des options vient d'être coulé par les Anglais. «Les Français me persécutent sur terre, les Anglais me pillent sur mer.»[48]

C'est l'édition pirate rouennaise qui assombrit le plus la fin de son séjour; il la dénonce à Berryer:

Dans cette édition subreptice il y a quatre tomes entiers de pièces étrangères remplies des plus affreux scandales, de libelles diffamatoires contre des personnes respectables, et des impiétés les plus abominables [...] L'ouvrage est imprimé à Rouen, et j'en ai fait écrire à M. le premier président [...] Je prendrai même la liberté, si cela est nécessaire, d'en instruire Sa Majesté [...] Mais, monsieur, je suis persuadé qu'il me suffit de m'adresser à vous pour réprimer cet horrible scandale qui intéresse les lois et la religion.[49]

Cependant l'affaire Travenol lui a servi de leçon : il recommande au lieutenant de police la prudence. Il faudrait qu'il fît intervenir non pas les commissaires et les exempts, «qui sont trop connus», mais le sieur Beauchamps, qui possède un département en librairie et le ferait discrètement, «sans effaroucher personne». Le premier président de Rouen lui répond que l'édition incriminée n'est pas dans sa ville, mais probablement entreposée, «selon l'usage des imprimeurs de Rouen», dans des magasins sur la route de Paris, d'où ils la font entrer par paquets dans la capitale. Mme de Champbonin, qui se renseigne à Versailles, n'a trouvé, chez le libraire Fournier, qu'un seul exemplaire, le tome premier de cette édition, qui ne comprend que *La Henriade* et *Le Poème de Fontenoy*, sans additions scandaleuses, pour ne point donner l'éveil. Personne n'a jamais pu trouver, autant que nous le sachions, les volumes suivants. La Bibliothèque nationale et l'Institut et musée Voltaire ne possèdent que le premier. La solution de cette énigme que ni Beuchot, ni Quérard, ni Moland, ni Bengesco n'ont pu trouver, n'a été rendue publique qu'en 1894[50] grâce à la découverte d'une lettre à Cideville, d'un mémoire de Voltaire et de l'aveu du libraire coupable. Voltaire lui-même n'a «déterré» ce coupable qu'en 1749, avec l'aide de son ami rouennais. Il s'agit de Robert Machuel, d'une famille ancienne de typographes. Sur les douze volumes prévus, il n'en avait imprimé que neuf ; et Voltaire obtint qu'il brûle les cahiers scandaleux. Malgré cette opération, Machuel fut déchu de la profession et son matériel fut saisi. La lettre à Cideville, l'aveu du coupable avec l'énumération des cahiers qu'il doit détruire, figurent aujourd'hui dans l'édition Besterman de la correspondance de Voltaire.[51] Si des exemplaires non détruits existent encore, ils restent à découvrir – mais il est plus que probable que la *Collection complète des œuvres de monsieur de Voltaire* de 1764 s'est servi de feuilles échappées à la destruction de 1749.

Voltaire va donc partir pour Commercy laissant en suspens cette affaire qu'il poursuivra en Lorraine. Mme Du Châtelet, si près pourtant de rejoindre son amant, passe des heures, le plus souvent la nuit, à lui écrire. Saint-Lambert, effrayé par cette passion possessive, tente, pour l'apaiser, de la réduire à une simple amitié, procédé couramment employé par Mme de Boufflers. Emilie proteste avec véhémence : la place de l'amitié est occupée par Voltaire. Et ce n'est point de l'amitié qu'elle éprouve ; sa souffrance en témoigne : est-on malade d'amitié ? «Vos injustices, jointes à tout ce que j'ai éprouvé, ont été plus fortes que ma santé.»[52]

Sans doute dissimule-t-elle soigneusement cet état douloureux à Voltaire. Mais elle est secourue par un ami que l'on ne s'attend pas à rencontrer chez elle, c'est l'abbé de Voisenon, le railleur, dont elle a conquis, au château de Champs, la confiance :

Madame Du Châtelet n'avait rien de caché pour moi, je restais souvent en tête à tête avec elle jusqu'à cinq heures du matin. Elle me disait quelquefois qu'elle était détachée de Voltaire. Je ne répondais rien. Je tirais un des huit volumes des lettres manuscrites de Voltaire à la marquise (lettres qu'elle avait divisées en huit beaux volumes *in-quarto*) et je lisais quelques lettres, je remarquais ses yeux humides de larmes ; je refermais le livre promptement en lui disant : vous n'êtes pas guérie. La dernière année de sa vie, je refis la même épreuve : elle les critiquait. Je fus convaincu que la cure était faite. Elle me confia que Saint-Lambert avait été le médecin.[53]

Il n'est pas douteux que les d'Argental, obligés de prolonger leur séjour à Plombières, seront fort surpris et intrigués d'apprendre que Voltaire va partir, en abandonnant les répétitions de *Sémiramis*. Mme Du Châtelet se charge de les avertir. Elle ne s'embarrasse pas de savoir si la raison qu'elle leur donne de cette hâte peut leur paraître dérisoire et suspecte : « *Notre* voyage à Commercy est indispensable, le r[oi] de P[ologne] le désire, et *je* lui dois trop pour ne lui pas donner cette marque d'attachement. » Quant à la représentation de *Sémiramis*, elle n'est pas urgente : « Je trouve que vous vous pressez beaucoup, j'espère que vous la ferez retarder. Il est indispensable que M. de V[oltaire] assiste aux répétitions. Vous le sentez sûrement. »[54] Voilà qui est bien peu cohérent pour une tête géométrique. Se met-elle plus volontiers que Saint-Lambert « à la place des autres » ? Elle annonce à son amant qu'elle part le 29 juin ; elle espère arriver à Commercy le 1er juillet.

Voltaire s'entoure de précautions. Il assiste à une dernière répétition de sa pièce, « les rôles à la main », avec l'abbé de Chauvelin qui va le suppléer auprès des comédiens. Il en sort parfaitement rassuré. « Tout ce que je désire », écrit-il à d'Argental le 27 juin 1748, « c'est que la première représentation aille aussi bien. Ils ne répétèrent pas *Mérope* avec tant de chaleur. Ils m'ont fait pleurer, ils m'ont fait frissonner. Sarrazin a joué mieux que Baron, Mlle Dumesnil s'est surpassée, etc. Si La Noue n'est pas froid, la pièce sera bien chaude. Elle demande un très grand appareil. » Pour cette difficile question des décors et de la mise en scène, il a écrit au duc de Fleury, premier gentilhomme de la chambre chargé de la Comédie-Française, et à Mme de Pompadour. Tout cela sera-t-il suivi d'effet si d'Argental est absent ? Car « il nous faut les secours du roi. Mais mon ange il nous faut le vôtre ». Il est indispensable que d'Argental écrive « bien fortement » à M. le duc d'Aumont, très versé lui aussi dans l'art de la décoration, et surtout qu'il rentre au plus vite de Plombières : « les acteurs seront prêts avant quinze jours [...] C'est pour vous qu'on joue *Sémiramis*. »[55] Comment l'ange ne se sentirait-il pas engagé ? Pourtant, sa femme est malade, elle doit prendre les eaux, et il ne saurait la quitter.

Le même jour, veille de son départ, le poète écrit à Berryer. Il se méfie de Crébillon, le censeur, qui pourrait prendre quelques libertés avec le texte de sa pièce.

Permettez qu'en partant je remette la tragédie de *Sémiramis* entre vos mains, et que je vous demande votre protection pour elle ; *on la représentera pendant mon absence.* Je commence par la soumettre à votre décision, non seulement comme à celle du magistrat de la police, mais comme aux lumières d'un juge très éclairé. M. Crébillon commis par vous à l'examen des ouvrages de théâtre a fait autrefois une tragédie de *Sémiramis*, et peut-être ai-je le malheur qu'il soit mécontent que j'aie travaillé sur le même sujet. *Je lui en ai pourtant demandé la permission*, et je vous demande à vous, monsieur, votre protection.[56]

Berryer répond fort aimablement, alors que Voltaire est déjà en route : « J'ai reçu, monsieur, avec la lettre que vous m'avez fait l'honneur de m'écrire la copie manuscrite de votre tragédie de *Sémiramis*, dont je vous suis sensiblement obligé ; ne doutez pas que je ne la lise avec grand plaisir et je vous promets qu'elle ne sortira pas de mes mains. »[57]

A Commercy, Mme Du Châtelet et Voltaire sont logés dans l'aile gauche du château. La marquise a obtenu le rez-de-chaussée dont la porte et les fenêtres donnent sur la grande cour, situation favorable à ses rendez-vous. Voltaire loge au deuxième étage avec vue sur les jardins. Quant à Saint-Lambert, il n'ira plus chez le curé : Mme de Boufflers, désormais sa complice, lui a ménagé une chambre entre la chapelle et la bibliothèque, lieux moins fréquentés que les appartements. « On y tend un lit [...] Je vous demande en grâce, prenez sur vous d'y aller ce soir si vous voulez que je ne sois pas la plus malheureuse créature du monde. »[58]

Saint-Lambert ne manque pas de s'y rendre. Délaissé par Mme de Boufflers, il se console avec Mme Du Châtelet. Au début de ce séjour, il apparaît qu'il la rend plus heureuse : les billets qu'elle lui glisse dans la harpe semblent en témoigner ; une trentaine nous sont parvenus,[59] tous brefs et monotones. Mais bientôt, le fragile officier tombe malade ; il a une forte fièvre due à un accident pulmonaire. Voilà qui dérange les amants et plonge la marquise dans une vive inquiétude. La harpe ne pouvant plus servir de boîte aux lettres, ils sont obligés d'utiliser la femme de chambre d'Emilie et le laquais de « Nicolas » – ainsi nomme-t-elle son amant. Néanmoins, cette maladie procure à Mme Du Châtelet les joies du dévouement : elle envoie à son amant des boissons chaudes et des mets de choix. Mais la guérison du malade n'en est pas moins très lente et sa convalescence interminable. On peut même soupçonner Saint-Lambert de la prolonger volontairement : n'échappe-t-il pas ainsi aux devoirs de sa garnison et aux dangereuses ardeurs de sa maîtresse ?

Voltaire avait décidé que ce deuxième séjour en Lorraine serait bref. Mais comment Mme Du Châtelet ne s'emploierait-elle point à en retarder l'échéance ? Encore le poète est-il parti malade et arrivé malade : on l'a « empaqueté » pour Commercy, dit-il. Avant son départ ou dès son arrivée, il a confié sa tristesse à Baculard d'Arnaud : « Je suis vieux et malade, je n'ai plus d'autres plaisirs que de m'intéresser à ceux de mes amis. » Il s'intéresse donc au nouvel « emploi » de Baculard, qui succède à Thiriot comme correspondant littéraire de Frédéric II, et à l'*Epître à Manon*[60] que le jeune poète lui envoie. « Je souhaite que l'un fasse

votre fortune, comme je suis sûr que l'autre doit vous faire de la réputation [...]
Les Manon sont bien heureuses d'avoir des amants et des poètes comme vous. »[61]
Il s'agit d'un badinage dont quelques strophes, assez indécentes, avaient justifié
le premier titre, *Epître au cul de Manon*, et qui fut inspiré à Baculard par Mme
Denis, non par sa personne, mais par des vers qu'elle tient d'une femme de
chambre. Elle lui écrit :

On vient de m'envoyer ces vers, c'est la femme [de chambre] de Mme Desforges qui
les écrit à Pichon. L'idée me paraît aussi plaisante que les vers sont mauvais, égayez-
vous tant que vous voudrez sur ce sujet, dites force godrioles pourvu qu'il n'y ait pas
de mots grossiers. Je ne trouverai rien de trop fort [...] cette femme de chambre a été
quatre ans chez Mme Du Châtelet, c'est ce qui lui fait dire qu'elle est bien lasse des
sciences et des vers *et le* reste. Au sortir de chez elle je l'ai placée chez Mme Desforges.[62]

D'après la fin de cette lettre, la cour assidue que fait Baculard à Mme Denis
serait demeurée vaine : « Je vous aime de tout mon cœur », dit-elle, « mais je ne
veux pas avoir d'amant ». Le pauvre garçon n'a pas de fortune, et Mme Denis,
ambitieuse, tourne ses regards du côté de Lille où elle est restée en relations avec
un officier.

Voltaire reçoit à Commercy de bonnes nouvelles des répétitions de *Sémiramis*
dans une lettre de l'abbé de Chauvelin que lui transmet d'Argental de Plombières :
« Vous me ranimez pour cette *Sémiramis*. Il faut que je la voie. »[63] Affirmation
gratuite. En juillet, le poète doit aller à Compiègne où se trouve la cour, et de là
gagner Paris. Mais sa maladie s'aggrave. Il est si endolori et résigné qu'il se
détache par moments de la destinée de sa pièce : « Je ne verrai point *Sémiramis* »,
écrit-il à l'ange le 18 juillet, « mais je vous verrai [...] J'ai été sur le point d'aller
à Compiègne et à Versailles, mais je reste ici avec ma mauvaise santé, mes
paperasses et bonne compagnie [...] J'approuve de tout mon cœur, le plan de la
décoration sans l'avoir vu [...] Que M. l'abbé Chauvelin fasse comme il voudra,
tout sera bien fait. »[64]

Le lendemain 19 juillet 1748, une lettre au marquis d'Argenson, à qui il
n'a pas écrit depuis longtemps, témoigne de sa persévérance dans sa tâche
d'historiographe et de son désir de réchauffer ses relations avec l'ancien ministre
et ami. C'est à propos d'un paquet de documents que lui a confié le comte de
Maillebois, fils du maréchal, sur les événements d'Italie qui valurent à ce dernier
sa disgrâce ; Voltaire s'efforce d'être objectif :

Il me paraît par tous les mémoires qui me sont passés par les mains que Monsieur le
maréchal de Maillebois s'est toujours très bien conduit quoiqu'il n'ait pas été heureux.
Je crois que le premier devoir d'un historien est de faire voir combien la fortune a
souvent tort, combien les mesures les plus justes, les meilleures intentions, les services
les plus réels ont souvent une destinée désagréable. Bien d'honnêtes gens sont traités
par la fortune comme je le suis par la nature.

Lorsqu'il écrit ces lignes, le manuscrit de *Zadig*[65] est sur sa table, peut-être même en épreuves, auprès des dossiers de l'historien. Aussi bien qu'à la destinée de Maillebois, et à la sienne, il pense à celle de l'ancien ministre :

Me voici dans un beau palais, avec la plus grande liberté et pourtant chez un roi, avec toutes mes paperasses d'historiographe, avec Mme Du Châtelet, et avec tout cela je suis un des plus malheureux êtres pensants qui soit dans la nature [...] j'y suis agonisant comme à Paris [...] Adieu monsieur, je voudrais être au-dessus des maux, comme vous l'êtes au dessus des places, mais on peut être fort heureux sans tracasseries politiques, et on ne peut l'être sans estomac.

Il a compris pourquoi d'Argenson n'a pas su donner la paix à la France, et le lui laisse entendre : «Il y a tantôt quarante-cinq ans que je me compte parmi vos attachés. *Il ne faut pas se séparer pour rien.*»[66]

Le même jour, il s'abandonne à un franc découragement dans la lettre à sa nièce : «Je ne verrai ni vous ni *Sémiramis* ni *La Dame à la mode*, du moins de longtemps. L'état où je suis est cruel. Il n'y a ni plaisir ni travail pour moi, et je suis privé de vous. En vérité je sens que je n'ai pas encore longtemps à vivre.»[67]

La cause de cette douleur et de ce pessimisme n'est pas seulement sa maladie, mais cela, il ne le dira pas. Depuis un certain temps il observe Mme Du Châtelet, ses allées et venues, ses sautes d'humeur. La jalousie et l'inquiétude de Voltaire apparaissent dans deux lettres de la marquise classées par Th. Besterman en avril-mai 1748, adressées à Saint-Lambert, et qui sont en rapport avec la maladie de l'officier. A la fin de celle que l'on pourrait placer, chronologiquement, la première, Emilie avoue que «M. de V[oltaire] est dans la plus grande fureur, je crains», ajoute-t-elle, «qu'il n'éclate, il m'a dit qu'il voyait bien ce matin que je n'avais pas de feu parce que j'avais envoyé Mala chez vous, et il est sorti dans la plus grande colère. Cela me pénètre de douleur, j'espère de vous tous les ménagements possibles pour le ramener».[68] Et dans l'autre, on apprend que les soupçons du poète ont éclaté et se sont exprimés violemment : «Je ne connaissais encore que votre absence et c'en était bien assez, mais votre absence jointe à l'inquiétude de votre santé est un mal que je n'ai pas la force de supporter ; dans un autre temps j'aurais été affectée d'une scène assez vive que je viens d'avoir à votre sujet avec M. de Voltaire et qui a fini par la négation totale [...] Nous nous sommes quittés fort bien, et j'espère que demain il n'y pensera plus.»[69] Or, on verra qu'il continue d'y penser.

Alors que Voltaire pourrait attendre des consolations de Mme Denis, voici qu'elle l'informe, en juillet, de son projet de remariage avec «le commandant de Lille». Pas plus que M. et Mme d'Argental, elle ne peut ignorer à quel point son oncle est soumis à Mme Du Châtelet et, voyant qu'en dépit de ses déclarations il ne quittera jamais la marquise, elle envisage un avenir indépendant du poète. De sa nièce, au moins, Voltaire se croyait aimé : le voilà seul. Une douleur sincère éclate dans sa réponse, non dépourvue, pour la première fois, d'une certaine dureté, mais sans reproches directs. «Faut-il que nous ne vivions pas ensemble et que je ne puisse vous tenir lieu de votre commandant de Lille? Je ferai je vous le jure *un violent sacrifice quand il faudra contraindre mon cœur à vous laisser aller en Flandres. Je serai réduit à souhaiter que ce commandant-là, laisse bientôt une place vacante. Je ne me consolerai qu'en cas que son testament suive de près son contrat de mariage.*» Puis il se radoucit et lui conseille d'être prudente, de ne point s'engager «sans être bien assurée d'un grand avantage», car il entend bien qu'il ne peut s'agir d'amour. Dans un sursaut de volonté, il semble décidé à partir: n'est-il pas indispensable qu'il voie sa nièce, qu'il tente de la reprendre? «Je me flatte que ma santé me permettra de venir vous voir bientôt à Paris. *Vous serez la seule raison de mon voyage, Sémiramis* en sera le prétexte». Après avoir loué la décoration de sa tragédie, qui coûtera au roi quinze mille francs, il revient au commandant de Lille, mais pour l'égratigner. «Il faudra que vous en voyiez une répétition avec votre *vieux* commandant prétendant.» Mais la partie la plus étonnante de cette lettre, c'est sa fin, que l'on ne peut guère citer que dans cette «lingua d'amore» dans laquelle lui-même l'a écrite: «In tanto io figo mile baccii alle tonde poppe, alle trasportatrici natiche, a tutta la vostra persona che m'ha fatto tante volte rizzare e m'ha annegato in un fiume di delizie.»[70] Après cela, comment Voltaire serait-il *vieux*? Celui qui est vieux, c'est le commandant de Lille!

Revigoré, il reprend en mains la préparation de *Sémiramis*. Il ne faudrait pas que la pièce fût sifflée après cette royale dépense: Voltaire n'oserait plus se présenter devant les d'Argental, ni devant le roi. A La Noue, qui va jouer le rôle d'Assur, il fait les plus fermes observations; ce comédien prétend que «le tragique doit être déclamé un peu uniment. Il y a beaucoup de cas où l'on doit en effet bannir toute pompe [...] Mais je crois que dans les pièces de la nature de celle-ci, la plus haute déclamation est la plus convenable. Cette tragédie tient un peu de l'épique [...] Le cothurne est ici chaussé un peu plus haut que dans les intrigues d'amour.»[71]

Le temps passe. Le 20 juillet, Mme Du Châtelet ne sachant plus à quelle date elle pourra rentrer à Paris, s'aperçoit que sa conduite peut paraître étrange à d'Argental et à sa femme qui sont toujours à Plombières. Avec une mauvaise foi évidente, elle cherche à se justifier: elle n'a même pas, jusqu'alors, trouvé le temps de leur écrire! Car, chaque jour, vingt-quatre heures «ne sont pas trop pour répéter deux ou trois opéras et autant de comédies [...] Enfin, *Sémiramis* sera donc jouée sans votre ami et sans vous. [Voltaire] *ne veut pas absolument y aller*, car quoique je ne puisse l'y suivre je lui ai laissé sur cela toute liberté. Il aime mieux vous recevoir à Cirey à votre passage [...] J'aurais bien une autre proposition à vous faire, ce serait de passer par ici.» Elle a l'audace d'envoyer à l'ange des vers de Saint-Lambert en sollicitant sa protection – ce qu'elle n'ose plus faire auprès de Voltaire – pour obtenir à ce poète «ses entrées à la comédie»;

553

il n'est pas riche. Mais attention : le «petit poète» prie d'Argental de ne point laisser copier ses vers à Plombières : «il y a beaucoup de lieutenants-colonels lorrains»![72] Voltaire se conforme aux arguments de Mme Du Châtelet : on ne saurait se soustraire aux «importantes occupations» que sont les comédies et les opéras à la cour de Stanislas. D'autant plus que la princesse de La Roche-sur-Yon, une Bourbon-Condé, y séjourne, comme chaque année lorsqu'elle revient de prendre les eaux. Par contre, les anges feraient bien de rentrer : si la pièce «était jouée sans vous», ajoute Voltaire, «mon malheur serait sûr».[73] Une circonstance heureuse : la paix sera bientôt publiée, ce qui «pourrait fournir quelques spectateurs de plus à *Sémiramis.*»

La poète semble accepter peu à peu le projet du remariage de sa nièce, non sans en avoir souligné subtilement les aspects ambitieux et conformistes : «Un bon douaire, et une situation plus honorée dans le monde sont des tentations auxquelles je vous dirai de succomber, quoi qu'il en coûte à mon cœur [...] Car on fait bien des choses pour les sots [...] Ma chère enfant, je jette sur cela mon bonnet par dessus les moulins».[74] Stratégie ? La fausse désinvolture remplace les souvenirs voluptueux.

Enfin, les «deux anges gardiens» sont de retour à Paris le 12 août, sans s'être arrêtés à Cirey ni à Lunéville où la cour de Stanislas vient de revenir. Se servant de sa maladie comme argument, Voltaire demande à l'abbé de Chauvelin de faire «le troisième ange». «Je défie l'ombre de Ninus d'avoir l'air plus ombre que moi. Je crois que la peur m'a encore maigri [...] Je viendrai assurément vous remercier de la victoire, mais je ne me hasarderai pas d'être présent à la défaite.»[75]

La représentation doit avoir lieu dans une quinzaine. Ultime recommandation : que d'Argental ne souffre pas que l'on habille l'ombre de noir, avec un crêpe, comme dans *Le Double veuvage* de Dufresny que l'on vient de jouer à Lunéville ; il faut qu'elle soit «toute blanche, portant cuirasse dorée, sceptre à la main et couronne en tête» ; il pense à celle du festin de *Don Juan*. Enfin, bien que mal remis, il annonce à sa nièce son arrivée pour les premiers jours de septembre. Il va «raisonner» avec elle sur sa «citadelle de Lille». Il consentira, s'il le faut, à lui donner la main pour monter en carrosse et signera son contrat «avec la plus grande résignation et la plus vive douleur.» Et il ajoute : «l'idée de vous perdre m'anéantit.»[76]

Ce qui va précipiter le départ, c'est la situation pénible créée à la cour de Stanislas par la guerre larvée que se livrent les deux rivales, Mme de Boufflers et Mme Du Châtelet. Ce que raconte Saint-Lambert à l'une et à l'autre a fini par altérer gravement leur amitié. Mme de Boufflers, jalouse des succès d'Emilie au théâtre, n'aime pas qu'elle reçoive chez le roi Stanislas un accueil chaleureux et confiant. Sensible aux attitudes vaniteuses, parfois un peu ridicules, de Mme Du Châtelet, elle est irritée par l'atmosphère de passion dominatrice que celle-ci a introduite à la cour et qui pèse sur la liberté de Saint-Lambert. Sans doute est-elle allée jusqu'à conseiller à son ami d'enfance, qui a perdu sa gaieté, de briser ses chaînes. Mme Du Châtelet déploie pourtant des prodiges de patience et d'amabilité. En vain: elle est obligée de reconnaître que Mme de Boufflers a beaucoup changé: «L'aigreur et la fureur continuent, il n'y a rien à faire avec un tel caractère.»[77] N'importe: Emilie résistera à toute provocation: «Je la crains parce qu'elle peut nous séparer.»[78]

Mme de Boufflers a une circonstance atténuante: elle a de mauvaises jambes; sa santé s'altère et l'empêche de profiter de sa liaison avec Adhémar de Marsanne. Or, elle n'a pas coutume de modérer ses plaisirs. Le roi de Pologne sent parfaitement que l'humeur de la favorite s'est assombrie: il la décide à prendre les eaux à Plombières, et lui, pendant ce temps, fera un séjour à Trianon. Il apparaît que Stanislas, s'il ne se fie pas à son amie, ne sait pas exactement ce qui se passe dans sa cour. Il redoute que Saint-Lambert ou Adhémar ne rejoigne Mme de Boufflers à Plombières. Il va donc choisir, pour la chaperonner, Mme Du Châtelet en qui il a placé sa confiance. On comprend qu'Emilie tente de lui refuser cette mission. Mais elle est tenue de ne point déplaire au roi qui n'a pas encore pris de décision dans l'affaire du commandement: elle se résigne.

Imbroglio de comédie: Emilie se sépare de Saint-Lambert pour surveiller la favorite. Mais dès que le roi est parti pour Versailles, Adhémar s'empresse de rejoindre sa maîtresse. A quoi sert donc Emilie, sinon à supporter le triomphe de sa rivale et la société du médiocre vicomte? Au surplus, le séjour dans une ville d'eaux au XVIIIe siècle est une affreuse punition. Déjà le duc de Choiseul, accompagnant les d'Argental, avait été «dégoûté» et s'était enfui. Il faut en croire le tableau qu'en fait Mme Du Châtelet à Saint-Lambert: «Nous sommes ici logés comme des chiens».[79] «On est logé cinquante dans une maison, j'ai un fermier général qui couche à côté de moi, nous ne sommes séparés que par une tapisserie, et quelque bas qu'on parle on entend tout ce qu'on dit, et quand quelqu'un vient vous voir, tout le monde le sait, et vous voit jusque dans le fond de votre chambre.»[80] A cela s'ajoutent les bouderies de Mme de Boufflers et l'irrespect d'Adhémar, qui n'hésite pas à se moquer de Mme Du Châtelet. Et le séjour va se prolonger.

17. A Babylone : *Sémiramis* et *Zadig*

Le roi Stanislas, se rendant à Versailles, a déposé Voltaire à Paris le 30 août 1748. *Sémiramis* a été représentée la veille pour la première fois.

Nous avons dit combien cette tragédie lui a donné de peine. Si l'on se rappelle qu'il y reprend le canevas d'*Eriphyle*, pièce elle-même maintes fois remaniée, on constate que l'élaboration de *Sémiramis* s'étend sur une quinzaine d'années : cas unique dans l'histoire de son théâtre. Il entend y faire œuvre de novateur. C'est ce qu'il explique dans la *Dissertation sur la tragédie ancienne et moderne*, dédiée au cardinal Quirini, imprimée en 1749 en tête de la première édition de la pièce. Il se propose de ramener le vrai tragique sur la scène française. Les tragédies françaises l'emportent, certes, «par l'art de la conduite, par l'invention, par les beautés de détail», mais elles sont «dégradées», en raison de leur «intrigue d'amour, plus propre à la comédie qu'au genre tragique». On en viendra bientôt à ne donner plus, en fait de tragédie, «qu'une suite de conversations galantes froidement récitées». Les modèles d'un authentique tragique existent pourtant : il faut aller les chercher hors de France, dans des œuvres par ailleurs fort imparfaites : dans le théâtre grec, dans la «tragédie-opéra» de Métastase, et dans Shakespeare. La nouvelle *Sémiramis*, venant après celle de Crébillon (1717), s'efforce de restaurer la tragédie à la fois par «la magnificence du spectacle» et par de grands effets pathétiques. Car il ne suffit pas de faire entendre, comme c'est l'habitude en France, un texte récité par des acteurs plantés le long de la rampe. Il faut donner à voir des scènes colorées, animées, en mouvement : élément spectaculaire destiné à soutenir un pathétique que Voltaire a voulu dans *Sémiramis* plus fort encore que celui de *Mérope*. A cette fin, il s'inspire de Shakespeare, et spécialement de *Hamlet*. La *Dissertation* de 1749 reprend sur le dramaturge anglais les appréciations contrastées des *Lettres philosophiques*. C'est ici que se lit la phrase célèbre où Shakespeare est traité de «sauvage ivre». Mais aussi, dans ce théâtre «si absurde et si barbare», que de «traits sublimes dignes des plus grands génies»! Voltaire relève tout particulièrement, «parmi les beautés qui étincellent au milieu de ces terribles extravagances», le fantôme du père assassiné, dans *Hamlet* : «un des coups de théâtre les plus frappants», qui «fait toujours un grand effet sur les Anglais» et dont il n'a pas oublié l'impression qu'il en ressentit lui-même, lorsqu'il vit apparaître cette «ombre» sur le théâtre de Londres. Il a donc dans *Sémiramis* tenté ce même «effet», comme une de ces «hardiesses» qui «servent à la fois à mettre dans la pièce de l'intrigue et de la terreur».[1]

Tel était le projet. Qu'en fut-il de la réalisation, dans le texte que Voltaire a mis au point après de multiples réfections? Au lever du rideau, le spectateur doit découvrir une mise en scène grandiose: au premier plan, un «vaste péristyle», flanqué à droite d'un «temple des mages» et à gauche d'un «mausolée orné d'obélisques». Le fond du décor représente le palais de Sémiramis; au-dessus s'élèvent les «jardins en terrasses». Le jeune Arzace, soldat héroïque convoqué à Babylone par la reine, reconnaît en ces lieux la grandeur de cette souveraine qui règne sur tout l'Orient. Mais Sémiramis, au milieu de ces splendeurs, est en proie à l'épouvante. Elle erre, angoissée, près du mausolée où fut inhumé son mari Ninus. Et de fait on entend des gémissements qui semblent sortir du tombeau. Entre le grand mage Oroès, escorté d'une «suite de mages». Puis s'ouvre la porte du palais, qui «se remplit de gardes», et apparaît avec sa suite Assur, personnage dur et inquiétant qui gouverne pour le compte de Sémiramis.

L'exposition bientôt nous fait connaître une situation analogue à celle d'*Eriphyle*. Il y a quinze ans, Sémiramis et son complice Assur ont secrètement empoisonné Ninus. Pour plus de sûreté, Assur fit tuer aussi Ninias, le jeune fils de Ninus. Depuis lors Sémiramis règne. Mais Assur convoite le trône; il veut épouser Azéma, jeune fille de sang royal. Celle-ci lui résiste, car elle aime Arzace et en est aimée. Le spectateur a vite deviné que le jeune homme n'est autre que Ninias, sauvé et élevé par un bon vieillard. Lui-même, aussi bien que Sémiramis et Assur, n'en soupçonnent rien. Seul le mage Oroès est informé: il se réserve de révéler la vérité en temps opportun.

A l'acte III, le décor change. Nous sommes dans un «cabinet du palais». Sémiramis annonce que pour consolider son pouvoir, ébranlé par ses troubles psychiques, elle va se choisir un mari. Assur est convaincu que l'élu sera lui. Au milieu de l'acte, changement à vue: le «cabinet» fait place à un grand salon «magnifiquement orné». Au centre, un trône. Tout autour, sur des gradins, les officiers en uniformes chamarrés, les satrapes, les mages et, tout au fond, des gardes. Sémiramis solennellement révèle le nom de son époux: ce sera Arzace. Assur lance un cri de fureur, le mage Oroès s'exclame. Mais soudain le tonnerre gronde: apparaît «l'ombre de Ninus», que tous reconnaissent. Mystérieusement, il s'adresse à Arzace seul:

> Dans ma tombe, à ma cendre, il faut sacrifier.

Sémiramis tente d'«embrasser les genoux» de cette «ombre» qui est «cendre». Mais le fantôme a disparu.

Manifestement Voltaire est mal informé des mœurs des revenants. Lessing fera de cette scène, dans sa *Dramaturgie de Hambourg*, une critique incisive, parfaitement justifiée.[2] Les fantômes ne se montrent jamais en pleine lumière, et surtout pas au milieu d'une société aussi brillante que la cour de Sémiramis. Le fantôme de *Hamlet*, dans les brumes de la nuit, sur les remparts d'Elseneur, n'était aperçu que du seul Hamlet, projection peut-être de l'esprit malade du jeune prince. En comparaison, «l'ombre» de Voltaire est totalement manquée : piètre «machine» pour faire avancer l'intrigue.

En réalité la scène à grand effet se situe plus loin. Il faut dépasser l'acte IV, acte des reconnaissances : par le mage Oroès Arzace apprend qu'il est Ninias ; Sémiramis le reconnaît comme son fils. Arrive enfin le terrible cinquième acte. Pour la troisième fois le décor a changé : le temple des mages, le mausolée se détachent maintenant sur l'avant de la scène. Les personnages circulent de l'un à l'autre. Ninias pénètre dans le mausolée pour immoler la victime réclamée par l'ombre de Ninus : ce sera, croit-il, Assur. Il ressort du tombeau, une épée sanglante à la main, «l'air égaré». Mais ce qu'il a frappé dans l'obscurité, c'était une forme tremblante, qui l'implorait de ses «cris plaintifs». Ce n'était pas Assur : car voici qu'entre l'odieux personnage, capturé par les gardes. Ninias ordonne de l'exécuter. Alors on aperçoit, se traînant hors du tombeau, une femme agonisante : Sémiramis, qui malencontreusement était elle aussi entrée dans le mausolée. Croyant immoler Assur, Ninias a tué sa mère. Affreuse méprise ? Non, mais justice céleste :

> Par ce terrible exemple, apprenez tous du moins
> Que les crimes ont les dieux pour témoins.
> Plus le coupable est grand, plus grand est le supplice.

Ainsi parle Oroès, tandis que tombe le rideau. Voltaire, s'adressant au cardinal Quirini, souligne cette moralité, formulée par le mage. Cependant l'intérêt du dénouement est ailleurs. Accentuant des tendances déjà manifestes dans *Zaïre*, *Adélaïde Du Guesclin*, *Mahomet*, la tragédie de *Sémiramis* marque une nouvelle étape vers un théâtre spectaculaire et mélodramatique qui triomphera à la fin du siècle.

En 1748, la vieille salle des Fossés Saint-Germain n'était guère en mesure de monter convenablement une pièce de ce genre. La «décoration», exécutée par les frères Slodtz, avait bénéficié d'une généreuse subvention royale. Mais l'appareil ainsi déployé ne pouvait produire son effet. Car les spectateurs, qui continuent à être admis sur la scène, se trouvaient installés à l'intérieur du décor, cachant le mausolée, le temple des mages, le palais de Sémiramis, rendant impossible l'évolution d'une figuration abondante. Attirés par la curiosité, le jour de la première, ils se pressaient même si nombreux, debout au fond de la scène, qu'ils provoquèrent un incident burlesque. Au moment de son apparition, le fantôme de Ninus ne parvint pas à percer la foule. Le soldat de garde dut intervenir : «Messieurs, place à l'ombre, s'il vous plaît !» Voltaire protesta auprès de Berryer. Il demande que soient présents sur le théâtre deux exempts, «pour faire ranger une foule de jeunes Français qui ne sont guère faits pour se rencontrer avec des Babyloniens».[3] Le lieutenant de police promit de limiter le nombre des spectateurs admis sur la scène. Mais il n'était pas question de supprimer leur privilège, fort rémunérateur pour les comédiens. Voltaire s'indigne, dans la *Dissertation sur la tragédie*, contre une telle « indécence ». Il obtiendra satisfaction, grâce à la munificence du comte de Lauraguais, mais seulement dix ans plus tard.

Pas plus que la salle de spectacle, le public n'était préparé à accueillir cette *Sémiramis*. Le poète en avait le soupçon. Aussi avait-il pris ses précautions. Le jour de la première, il avait fait distribuer à ses amis quatre cents billets d'entrée. Il s'était assuré le concours de la claque dirigée par le fameux chevalier de La Morlière. Hélas ! certains des jeunes gens, enrôlés pour soutenir la pièce, applaudirent en bâillant ostensiblement, ce qui fit rire.[4] De sorte que le jour de sa création, *Sémiramis* faillit tomber. Comprenant qu'il devait améliorer son texte, Voltaire les jours suivants eut l'idée d'une ruse singulière. Il se déguise en abbé. « Enveloppé dans sa soutane et un petit manteau court, avec une perruque ébouriffée qui lui collait sur les joues, il ne laissait presque apercevoir que le bout d'un long nez [...]. Il allait se mettre dans un coin obscur du café de Procope, et là, il attendait la fin du spectacle, pour entendre les propos des beaux esprits qui se mêlaient de juger les pièces. »[5] Ainsi informé, il refait plus de deux cents vers. En définitive, *Sémiramis* en sa nouveauté atteignit le total assez honorable de vingt et une représentations.

Pourtant la pièce avait été mal servie par les acteurs, dérangés dans leurs habitudes. Le rôle du fantôme avait été confié à Legrand, « gras comme un moine », qui a « l'air du portier du mausolée ».[6] Seules Mlle Dumesnil (Sémiramis) et Mlle Clairon (Azéma) ont bien joué. Grandval, interprète d'Arzace, s'était enivré avant la représentation.[7] La Noue, interprète d'Assur, « a déclamé contre la pièce beaucoup plus haut qu'il n'a déclamé son rôle ». Sarrazin, jouant un personnage secondaire, a manqué d'« âme » et de « dignité ».[8] Voltaire espère qu'ils se corrigeront.[9]

Sa pièce devançait l'évolution du théâtre. Elle ne trouvera ses interprètes et son public que dans la décennie suivante. Reprenant *Sémiramis* en 1756, Lekain met au point, pour l'épisode du tombeau, un jeu à sensation. Il sort du mausolée halluciné, les bras sanglants, au milieu des éclairs. Voltaire, éloigné de Paris depuis plusieurs années, demeure réticent.[10] Mais le public, qui a beaucoup changé en peu de temps, est subjugué par cette interprétation « shakespearienne ». Enthousiasme dont témoignent les vers de Dorat, à la gloire de Lekain :

> Je crois toujours le voir, échevelé, tremblant,
> Du tombeau de Ninus s'élancer tout sanglant,
> Pousser du désespoir les cris sourds et funèbres,
> S'agiter, se débattre à travers les ténèbres,
> Plus terrible cent fois que les spectres, la nuit,
> Et les pâles éclairs dont l'horreur le poursuit.[11]

Mélodrame, dirons-nous ? Sans doute l'auteur de *Sémiramis* nous apparaît-il un précurseur de Pixérécourt. Mais un spectateur de 1772 juge que c'est là « le triomphe de la nature ».[12]

559

Quelques jours après la première de *Sémiramis*, dès le 10 septembre, Voltaire se hâte de retourner à Lunéville, sous prétexte que le roi Stanislas vient lui-même de repartir et que Mme Du Châtelet est rentrée de Plombières.

Il tombe gravement malade à Châlons où il reste six jours entre la vie et la mort. Il devient si faible, raconte Longchamp, «qu'il ne s'aide plus en rien et peut à peine remuer ses membres». Il dicte tout de même aux d'Argental une lettre où il annonce qu'il a «une fièvre bien serrée». Il ne prend plus que de légères infusions de thé et de l'eau panée. Néanmoins, le soir du sixième jour, il décide de quitter Châlons où il ne veut pas mourir. Le lendemain matin, Longchamp le porte dans sa chaise. Tous deux arrivent à Nancy à la fermeture des portes: Voltaire, dans un bon lit, consent à prendre un peu de bouillon. «On m'apporta», dit Longchamp, «des grives rôties et une douzaine de rouge-gorge qui sont les ortolans du pays [...] Je lui demandai s'il voulait sucer un de ces petits oiseaux. Je lui en choisis deux des plus gras dont il mangea une partie étant assis sur son lit.»[13] Il s'endort jusqu'au lendemain à trois heures de l'après-midi. Le soir même, il arrive à Lunéville.

A peine est-il remis sur pied qu'il est repris par ses soucis parisiens. D'abord, il apprend que Crébillon est allé lire à Mme de Pompadour, à Choisy, son *Catilina* inachevé. Le roi, sans se montrer, l'écouta et en fut enchanté. On le presse alors de terminer sa tragédie. La jalousie de Voltaire perce dans sa première lettre à d'Argental: «On s'est bien plus pressé, ce me semble, de lire *Catilina* que de le faire.»[14]

Puis il redoute les éditions pirates de sa tragédie: il en circule dans Paris des copies, attrapées vaille que vaille pendant les représentations. Il avertit Berryer, qui a transmis immédiatement sa requête à la chambre syndicale des libraires.

Bientôt le voici tenaillé par une autre crainte: celle de voir sortir la parodie de *Sémiramis* qu'annoncent les Italiens; il faut à tout prix la faire interdire. D'Argental ne s'est pas privé de faire voir à l'auteur combien la pièce faisait la part belle à la moquerie. Autant que Voltaire, l'ange redoute la parodie. Et c'est pour la même raison que tant de gens, parfois des plus haut placés, la désirent, l'appellent. Les ennemis de Voltaire seraient heureux de voir sa pièce «dégonflée». Partie de plaisir en perspective pour les uns, mais pour l'auteur, drame à épisodes qui va durer plusieurs mois.

Parmi les parodies de *Sémiramis*, celle dont il s'agit, qui surclasse les autres, est celle de Montigny.[15] Rapidement écrite, elle est prête vers le 20 septembre. En l'absence de Voltaire, c'est d'Argental qui avertit Berryer dès le 24:

Les Comédiens-Italiens ont porté à la police une parodie de *Sémiramis* qui est une satire des plus sanglantes. M. de Crébillon, ne voulant pas se charger de vous en parler, les a renvoyés à vous, monsieur [...] Permettez-moi de vous représenter que, depuis l'interdiction de l'opéra-comique [1743], les parodies ont été absolument proscrites [...] La défense des parodies a été faite nommément aux Italiens. M. le duc d'Aumont est celui des gentilshommes de la chambre qui a le plus contribué à cet ordre. S'il était à Paris, il est sûr qu'il vous prierait de tenir la main à son exécution [...] *Sémiramis* est remplie d'un spectacle beau mais singulier et par là susceptible d'être ridiculisé [...] Le public [...] quand il a saisi la plaisanterie n'est plus capable de revenir au sérieux [...] Il serait cruel que le succès d'un bon ouvrage fût arrêté par une mauvaise bouffonnerie.[16]

On croirait lire Voltaire. Il semble que d'Argental ne connaisse pas le texte de la parodie qu'il incrimine, car la discrétion de l'ange, son habileté, lui interdiraient alors des excès de style qui risquent d'affaiblir sa requête. La parodie de Montigny n'est ni «une satire des plus sanglantes» ni une «bouffonnerie». Sans doute est-elle très mordante. Que l'on en juge par ses personnages: Sémiramis, l'Exposition, le Dénouement, l'Intérêt, la Pitié, la Cabale, le Remords, la Décoration, l'Ombre du grand Corneille, plusieurs Beautés, une troupe de Défauts. Elle ne manque ni de goût ni de finesse; les tours y sont piquants et spirituels; le procédé familier de l'auteur, consistant à parsemer le dialogue de vers ou d'hémistiches de tragédies connues, peut amuser un public averti. Or, il ne semble pas qu'il puisse être question, dans l'esprit de d'Argental, d'une autre parodie, telle *Zoramis*, pièce bouffonne, ainsi qu'en témoignent ces vers adressés à Arzace venant de tuer sa mère:

> Ah! pour ne pas tomber dans une erreur si lourde
> Tu devais prendre au moins une lanterne sourde![17]

Et il s'agit moins encore de *Persiflès*, pièce très faible écrite par Grandval, le père du comédien.[18]

Berryer, malgré l'interdiction officielle à laquelle se réfère d'Argental, ne peut rien promettre. De fait, il a l'air informé, et sans doute a-t-il pris le vent, peut-être chez Maurepas. «Au moment que j'ai ouvert ce matin votre lettre je n'avais pas encore reçu, monsieur, la parodie de *Sémiramis* [...] Vous ne devez pas douter, monsieur, que dans cette occasion qui regarde M. de Voltaire, dont les talents méritent toutes sortes d'égards, je n'en agisse avec toute circonspection possible. Aussi je ne ferai rien à cet égard sans en avoir rendu compte à M. de Maurepas [...] il n'y aura rien de fait sur cela que je n'aie l'honneur d'en conférer avec vous.»[19]

On s'en serait douté: Crébillon, bien en cour, a laissé passer la parodie. Au début de l'affaire, tout se présente comme si le roi et la favorite voulaient rétablir l'équilibre de la gloire en faveur «du grand tragique». Peut-être Voltaire n'a-t-il pas su se taire au sujet de la décoration de *Sémiramis* dont il n'est pas satisfait? Car il écrit à d'Argental, à propos de la nouvelle représentation que l'on en prépare à Fontainebleau: «J'envoie une petite requête [...] à M. le duc d'Aumont [...] On m'a écrit quatre lettres anonymes du parterre dans lesquelles on demande des décorations moins indignes de la pièce.» Cette pièce, ajoute-t-il, «Je l'aime plus que je croyais.»[20]

Cette question de la parodie, Voltaire s'aperçoit qu'on la fait traîner. Aussi est-il saisi, dans la première quinzaine d'octobre, d'une véritable frénésie d'interventions. Il écrit à Mme de Pompadour, et à Montmartel pour qu'il agisse auprès d'elle. «J'écris», avoue-t-il lui-même, «à madame d'Aiguillon et j'offre une chandelle à M. de Maurepas. J'intéresse la piété de la duchesse de Villars, la bonté de madame de Luynes, la facilité bienfaisante du président Hénault [...] Je presse M. le duc de Fleury». Enfin, il adresse à la reine Marie Leszczynska une requête à laquelle le roi de Pologne en ajoute une autre, «très forte». «Je me sers», écrit Voltaire, «de toutes les raisons, de tous les motifs». A titre d'exemple, il ose dire à la reine que «la tragédie de *Sémiramis* est fondée d'un bout à l'autre sur la morale la plus pure».[21] Et il donne à Berryer un argument des plus insolites: «Une de mes nièces est prête à se marier à un homme de condition qui ne voudra point d'un oncle vilipendé.»[22]

Mais il se heurte toujours aux plus hautes instances. Le 23 octobre, la reine lui fait répondre par Mme de Luynes «que les parodies étaient d'usage et qu'on avait travesti Virgile». «Je réponds [à d'Argental!] que ce n'est pas un compatriote de Virgile qui a fait l'*Enéide travesti*; que les Romains en étaient incapables; que si on avait récité une *Enéide* burlesque à Auguste et à Octavie, Virgile en aurait été indigné [...] Le roi de Pologne [...] a été fort piqué que nos adversaires aient prévalu auprès de la reine et que ce ne soit pas elle à qui j'aie l'obligation de la suppression de l'infamie.»[23]

Cette affaire peut apparaître comme un signe de la guerre larvée que se livrent en haut lieu les «partis». Mme de Pompadour, en affirmant que la parodie ne sera pas jouée à la cour, «a fait plus que la reine», écrit Voltaire. De fait, *Sémiramis* est représentée à Fontainebleau le 24 octobre sans la parodie; elle y est «assez bien reçue», note de Luynes.[24] Mais quand donc la parodie sera-t-elle interdite aux Italiens? On sait que Maurepas n'emboîte pas le pas à la favorite; Voltaire a contre lui «l'amuseur» du roi: Maurepas, confie le poète à l'ange, «en réponse à la lettre la plus respectueuse, la plus soumise et la plus tendre [...] m'a mandé sèchement et durement qu'on jouerait la parodie à Paris et que tout ce qu'on pouvait faire pour moi était *d'attendre la suite des premières représentations de ma pièce*. Or cette suite [...] pouvant être regardée comme finie, on peut conclure [...] que les Italiens sont actuellement en droit de me bafouer.»[25] Pire! Le poète est «confondu» par une lettre du duc de Fleury lui annonçant qu'il a donné l'ordre «qu'on ne jouât la sottise italienne qu'après que *Sémiramis* aurait été jouée à Fontainebleau». Or, elle vient d'être jouée. Pour Voltaire, la meilleure stratégie de repli consiste à demander l'application stricte de la lettre de Maurepas, les «représentations [...] ne doivent être censées finies qu'après la reprise»; et la reprise, le poète la retardera jusqu'au retour du duc de Richelieu, et du même coup, il donnera «aux catilinistes tout le temps d'être sifflés».[26]

Richelieu, c'est son espoir. Mais aussi le *Panégyrique de Louis XV* dont les trois premières éditions ont commencé de paraître dès la fin de juillet à Lyon, probablement chez Bruyset, et les deux suivantes viennent de sortir à Nancy. Le dernier paragraphe y fait un éloge sans réserve de la paix d'Aix-la-Chapelle, si mal vue du public que l'expression «bête comme la paix» est devenue proverbiale. Voltaire trouve le traité «très glorieux puisqu'il assure la tranquillité publique».[27] Le *Panégyrique* ne s'embarrasse point de subtilités diplomatiques; alors que les ennemis de la France demandent: «Quelles conditions nous imposerez-vous? [...] Les mêmes, répond le roi victorieux, que je vous ai présentées depuis quatre années et que vous auriez acceptées si vous m'aviez connu. Il en signe les préliminaires: le voile qui couvrait tous les yeux tombe alors, et les plus sages de nos ennemis s'écrient: le père de la France est donc le père de l'Europe!»[28] Peine perdue! Voltaire a beau répandre ce texte naïf, on en parle peu, et le roi a l'air de l'ignorer. Il est vrai qu'il y a ce *Zadig* qu'on attribue à Voltaire.

Richelieu, promu maréchal en octobre, rentre enfin de Gênes où l'on érige sa statue. Voltaire s'écrie:

> Je la verrai cette statue,
> Que Gêne élève justement
> Au héros qui l'a défendue

et voici une longue épître de «versiculets», si longue, si familière et «remplie de flatteries si fortes», écrit Collé, «qu'on pourrait les prendre pour du persiflage».[29] N'importe. Richelieu n'est pas difficile; son intervention, jointe à celle de la Pompadour, arrêtera la parodie de *Sémiramis*. Voltaire ne le saura qu'en janvier, à Cirey. La pièce de Montigny ne sera pas jouée, mais imprimée à Amsterdam. L'affaire aura tourmenté le poète durant plus de quatre mois.

La critique écrite de *Sémiramis* n'est pas bonne, certes, mais elle n'aura pas le scandaleux retentissement qu'aurait eu la parodie aux Italiens. Les critiques, que ce soit Cailleau ou Desforges ou le *Mercure de France*,[30] s'accordent à poser les mêmes questions concernant les invraisemblances de la pièce. Pourquoi le mage Oroès attend-il l'imminence de l'inceste pour révéler à Arzace le secret de sa naissance? Le quiproquo du dénouement – que Voltaire appelait lui-même «le colin-maillard du tombeau»[31] – ne révolte-t-il pas le bon sens? Comment Arzace a-t-il pu se tromper sur le sexe de sa victime? De fait, trop souvent, Voltaire, dans *Sémiramis* comme dans ses autres tragédies, sacrifie la vraisemblance à la recherche de l'effet.

Deux critiques seulement sont favorables: Dupuis Demportes, dont la *Lettre sur la Sémiramis de M. de Voltaire* est un éloge;[32] J.-L. Favier, auteur d'une *Apologie pour la Sémiramis de M. de Voltaire*.[33] Le dernier retient notre attention, en raison des considérations biographiques qu'il allègue. Il situe *Sémiramis* dans la carrière et dans l'œuvre de Voltaire. Le poète s'est «réformé». Fréron avait dit la même chose, mais par malveillance.

Jusqu'alors tous ses écrits portaient l'empreinte de cette liberté de penser si chère aux beaux esprits modernes et souvent si mal soutenue [...] Quelle fut donc la destinée de ces ouvrages faits *pour éclairer l'univers?* Ils avaient bien plus attiré la censure que l'admiration publique, plus scandalisé les dévots que satisfait les philosophes [...] Les lois s'armèrent contre eux [...] L'auteur même, proscrit, exilé, le meilleur des citoyens réduit à aller chercher au-delà des mers une patrie [...] Désabusé, il a procédé à sa «réformation». Le voici comblé d'honneurs, c'est de là qu'il faut partir pour juger sa nouvelle tragédie. Ne cherchons plus en lui l'auteur de ces écrits aussi dangereux que célèbres, mais celui de *La Princesse de Navarre* et du *Temple de la Gloire* [...] Il veut édifier [...] Le crime puni, la vertu récompensée, la religion triomphante, voilà le sujet.[34]

Favier ignore-t-il *Zadig*, l'envers de *Sémiramis?* Voltaire réformé? Il y a toujours deux Voltaire.

Sous le signe de Babylone, en même temps que l'on jouait *Sémiramis*, *Zadig*, paru le 10 septembre 1748, se répandait peu à peu, alors que Voltaire, après une douzaine de jours passés à Paris, reprenait la chaise de poste, accompagné par Longchamp, et se «mourait» à Châlons.

Voltaire n'a pas été gagné subitement, comme on l'a pu prétendre, par le désir d'écrire des contes pour distraire la duchesse du Maine.[35] Il est né conteur comme d'autres naissent musiciens. Si la maladie le laisse en paix, et s'il a un auditoire familier et réceptif, tout lui est prétexte à conter; il brode avec une verve étincelante des aventures cocasses à propos des moindres anecdotes de la vie courante ou du comportement de ses adversaires. Il fait parler des personnages connus ou qu'il a créés, imite ou invente leur langage, change de ton, d'accent. Il s'exalte, déclame, mime la scène comme au théâtre; c'est pourquoi ses amis recherchent sa société. Ce talent a été fort bien décrit par Mme de Graffigny à Cirey. Un soir qu'il montre la lanterne magique, les images projetées ne sont qu'un prétexte aux inventions les plus drôles: «Il y a fourré la coquetterie de M. de Richelieu, l'histoire de l'abbé Desfontaines et toutes sortes de contes, toujours sur le ton savoyard.»[36] Il gesticule tant qu'il renverse l'esprit de vin de la lampe qui s'enflamme, et il se brûle la main. On rit de l'incident. Cet «esprit ludique»,[37] c'est d'abord dans son goût pour le théâtre et dans ses contes qu'il se manifeste, mais Voltaire ne donne-t-il pas souvent l'impression que son travail, ses combats, et même certains de ses procès sont encore des jeux?

Le poète passe aisément du badinage mondain au madrigal, celui-ci prenant parfois le tour d'un conte léger, très bref. Le meilleur exemple de ce glissement n'est-il pas le célèbre madrigal à la princesse Ulrique? Ses premiers contes ont été écrits en vers autour de sa vingtième année. Ce sont *L'Anti-Giton* (1714), *Le Cadenas* et *Le Cocuage* (1716). *La Mule du pape*, qu'il adresse de Cirey en 1734 à Mme de La Neuville, est un conte déjà ancien: «C'est une satire», dit-il, «que j'ai retrouvée dans mes paperasses».[38] Mais ces amusements de circonstance, rapides et frivoles, ne pouvaient prétendre à la fortune des *Contes philosophiques* dont le titre n'apparaît que dans le tome XIII de l'édition de 1768. Libérés des contraintes de la versification, produits de l'heureuse rencontre d'une imagination juvénile, de méditations philosophiques et d'une écriture étonnamment mobile, ces contes en prose devaient conduire à l'originalité de *Zadig* et de *Candide*. C'est là que l'on retrouve, aussi libre que dans sa correspondance, l'esprit de Voltaire. On y vit avec l'homme Voltaire, à la fois simple et multiple, lucide, juste, fraternel, tolérant ; puis, à mesure que se dégrade l'idéal de Cirey et qu'apparaissent les désillusions, un Voltaire de plus en plus pessimiste se révèle, animant tout un monde grouillant en proie à l'ignorance, la superstition, la cupidité, la violence. C'est dans ce sens qu'il faut entendre le titre du remarquable ouvrage de Jacques Van den Heuvel, *Voltaire dans ses contes*.[39] Les contes de Voltaire sont si personnels que René Pomeau va jusqu'à suggérer que «dans la psychologie voltairienne, le conte remplit la fonction d'une catharsis».[40]

Cette originalité ne fut pas conquise d'emblée, mais par essais successifs. On eût dit que sur ce terrain peu sûr le poète ne s'aventurait que sur la pointe des pieds. Sans doute craignait-il qu'on ne le confondît avec ces romanciers très recherchés, au XVIIᵉ siècle et au début du XVIIIᵉ, par un large public surtout féminin. Aucune invraisemblance ne les arrêtait, pas même le voyage interplanétaire. Et pourtant Voltaire allait exploiter cette tendance constante de la curiosité des hommes pour les espaces infinis. Godwin avait publié en 1638 *Un homme dans la lune*. Avaient paru de Cyrano de Bergerac, en 1657 les *Etats et empires de la lune*, en 1662 les *Etats et empires du soleil*, qui ne manquaient point de préoccupations scientifiques et philosophiques ; et le roman de l'abbé Bordelon, en 1711, *Gongam, ou l'homme prodigieux transporté dans les airs, sur la terre et sous les eaux*, avait été très lu. Enfin, Swift, en 1726, dans ses *Voyages de Gulliver*, avait porté ce genre à son niveau intellectuel le plus élevé. Il n'empêche que beaucoup de ces romans, surtout d'aventures amoureuses et guerrières, étaient fort décriés par les esprits sérieux qui en blâmaient le conventionnel, le factice, la gratuité, l'invraisemblance.

C'est pourquoi Voltaire, bien que toujours attiré par le merveilleux, n'attribue à ses «romans» qu'une faible importance : ce sont des «fadaises», des rêveries, des amusements. «Ce qui l'égare», écrit René Pomeau, «c'est le préjugé du genre noble, servi par une redoutable aptitude à pasticher les chefs-d'œuvre.»[41] Etonnant retournement des choses : aujourd'hui, les contes sont la partie de son œuvre la plus éditée, la plus lue, la plus actuelle, et souvent la seule connue d'un très large public. C'est à Cirey, lieu de cohabitation du bonheur et de la métaphysique, que le véritable conte philosophique prend sa forme, non définitive, certes, mais qui exprime dès lors ce mélange de cocasserie et de bon sens militant qui ne le quittera plus.

Si l'on met à part *Le Crocheteur borgne* et *Cosi-Sancta*,[42] il semble bien que le premier en date des contes philosophiques soit *Le Songe de Platon*. Bien que l'on ait pu croire qu'il a été composé en 1756, Jacques Van den Heuvel pense pouvoir affirmer «qu'il date de la période de Cirey». On le suit volontiers. A Cirey, on lit

Platon, on l'admire, mais aussi on raille gentiment ses naïvetés que l'on qualifie de «rêveries». Le *Songe* est né comme naîtront d'autres contes, d'une recherche, d'une lecture, d'une discussion, d'une déception. Préoccupé, avec Mme Du Châtelet, de problèmes métaphysiques, Voltaire emprunte au *Timée* son interprétation mythique de la naissance du monde. «Le conte s'introduit dans l'œuvre de Voltaire à la remorque du mythe platonicien».[43] Mais sous l'influence des théories de Newton, il prend une dimension cosmique que n'avait pas le *Timée*. En outre, la philosophie de Leibniz pénètre d'emblée dans *Le Songe de Platon*: l'aréopage des génies créateurs cherche «le meilleur des mondes possibles», et il rencontre le problème du mal qui restera au cœur de la plupart des contes. C'est ainsi que le Génie qui a créé notre Terre est fort critiqué pour le mélange de bien et de mal dont il s'est satisfait. Enfin, ce premier conte conduit Voltaire à «une autre fantaisie sur les globes», où les mondes créés seront évalués par leurs habitants.[44] Il y fallait introduire des «voyageurs célestes»: c'est le baron de Gangan, nom vraisemblablement tiré du roman de l'abbé Bordelon, qui fait la transition avec *Micromégas*.

En juin 1739, Voltaire, accompagnant Mme Du Châtelet à Bruxelles, emporte dans ses papiers «une petite relation» qu'il envoie à Frédéric, une «fadaise philosophique», écrit-il, «qui ne doit être lue que comme on se délasse d'un travail sérieux avec les bouffonneries d'Arlequin».[45] D'après la réponse de Frédéric, du 7 juillet, il s'agit d'un conte philosophique: «Il m'a beaucoup amusé, ce voyageur céleste, et j'ai remarqué en lui quelque satire et quelque malice qui lui donne beaucoup de ressemblance avec les habitants de notre globe.»[46] Frédéric, un mois après, n'a pas oublié le conte: il le rappelle dans un compliment versifié:

> J'ai vu de la philosophie,
> J'ai vu le baron voyageur.[47]

A partir de là, on n'entendra jamais plus parler de cet ancêtre de *Micromégas*, le baron de Gangan. C'est Micromégas qui reprend le voyage de planète en planète, voyage cosmique où l'homme, «sur son atome de boue», est de plus en plus mis en question. C'est une volonté constante, chez Voltaire, de s'efforcer, pour juger l'homme, de «se mettre hors de sa sphère»,[48] car il s'agit de le ramener à sa juste mesure dans l'immensité de l'univers.

Micromégas ne fut prêt pour l'impression qu'à la fin de 1750.[49] Il a donc cédé la place à *Zadig*. Mais Jacques Van den Heuvel n'hésite pas à le classer parmi les œuvres préparées à Cirey: ce récit d'un voyage newtonien illustre en effet les théories de Locke sur l'entendement humain et participe de l'optimisme de Pope. Newton, Locke, Pope, «entre le conte et les trois systèmes de pensée, il existe un lien organique et indestructible [...] elle est [...] la preuve la plus solide [...] en faveur de la thèse selon laquelle la composition de *Micromégas* remonte à

1738».[50] Certes, dans ce conte, le mal n'est pas ignoré: les minuscules êtres terrestres s'entretuent, sont bavards et ignorants, mis à part le partisan de Locke. Mais, globalement, le monde est organisé; le conte ne sombre pas dans le pessimisme: si la comparaison de l'homme avec les géants de Saturne et de Sirius établit la faillite de l'anthropomorphisme et de l'orgueil humain, les proportions ne sont pas moins sauvegardées; chacun est à sa place ainsi que le résume le vers du sixième *Discours en vers sur l'homme*:

Rien n'est grand ni petit; tout est ce qu'il doit être.[51]

«De la découverte de la nécessité», écrit Robert Mauzi,[52] «naît un apaisement, une certitude qui n'est pas tellement éloignée de l'optimisme à la façon de Leibniz et de Pope. Il suffit de corriger d'un seul mot leur doctrine et de passer du ‹Tout est bien› au ‹Tout est nécessaire›.»

Le temps de *Zadig* n'est pas encore arrivé. Si l'optimisme de Voltaire n'est pas absolument en échec entre 1740 et 1747, du moins le poète a-t-il perdu sa foi en la liberté humaine. Sa situation sociale et sentimentale a beaucoup changé. Heureux parfois, et le plus souvent malheureux, il a traversé tant de vicissitudes! Elu à l'Académie et aussitôt accablé par l'affaire Travenol, attristé par le détachement d'Emilie et faiblement consolé par les faveurs de sa nièce, déçu par le renvoi du marquis d'Argenson, par sa vie de courtisan et par la société parisienne, il fait d'amères réflexions sur sa destinée. C'est à ce moment-là, sans doute, que se place *La Vision de Babouc, ou le monde comme il va*. Ce conte apparaît, dans l'évolution de sa pensée, comme un maillon nécessaire entre *Micromégas* et *Zadig*. Les hommes sont devenus «opaques», étranges dans leur comportement, incompréhensibles à force d'incohérence et de contradictions. Déjà la morale du conte est en germe dans le texte *Sur les contradictions de ce monde* qui remonte à 1742:[53] «Un Asiatique qui voyagerait en Europe pourrait bien nous prendre pour des païens [...] Il verrait qu'on achète le droit de juger les hommes, celui de commander à la guerre, celui d'entrer au Conseil [...] Les hommes sont partout également fous, ils ont fait des lois à mesure, comme on répare des brèches de murailles.» L'ange Ituriel envoie Babouc observer Persépolis afin de savoir s'il faut corriger la ville ou la détruire. Babouc trouve alternativement des raisons de la détruire et des raisons de l'épargner. Le symbole de la statue qu'il ne faut point casser, car «si tout n'y est pas or et diamants», elle n'en est pas moins belle, décide l'ange à laisser aller «le monde comme il va»: «*si tout n'y est pas bien*», dit-il, «*tout est passable*».[54]

Zadig pousse ce mouvement de la pensée de Voltaire vers un pessimisme accru. Il est la peinture des désillusions et des abdications successives de l'homme de cinquante ans qui se retourne vers son idéal. Le héros, jeune, riche, beau, savant, sage, promis à la plus belle destinée, heureux d'épouser Sémire, «touchait au moment fortuné qui allait les unir *lorsque* [...]».[55] Ce mot annonce la brutale cassure, l'événement qui détruit la liberté et plonge le héros dans le courant des bizarreries imprévisibles de la destinée. L'ermite, brigand-philosophe qui se transfigure en ange, fait comprendre à Zadig que les alternatives du bien et du mal sont nécessaires et que, s'il n'y avait que du bien, «cette terre serait une autre terre [...] – Mais, dit Zadig... Comme il disait *mais*, l'ange prenait déjà son vol vers la dixième sphère. Zadig, à genoux, adora la Providence et se soumit.»[56] Cette sagesse résignée remplace la sagesse naïve du «jeune homme nommé Zadig», mais c'est encore une sagesse.

Texte extraordinaire, d'abord anonyme, que certains ont hésité à attribuer à l'auteur «réformé» de *Sémiramis*, et qui devait franchir les siècles mieux que la lourde machine: étaient-ils en effet du même auteur, cette tragédie mélodramatique, facile à parodier, où s'accroche une morale extrinsèque adressée aux rois, et ce conte oriental aux leçons morales et politiques toujours actuelles, qui passent si légèrement, portées par une simplicité malicieuse, par la transparence, la grâce et la poésie du style, où le génie jaillit à l'état natif? Un chef-d'œuvre auquel *Les Lettres persanes*, vingt-cinq ans plus tôt, avaient donné le ton.

Il est difficile de préciser la date à laquelle Voltaire conçoit et écrit *Zadig*. Depuis *Zaïre*, nous l'avons vu regarder vers l'Orient. En 1742, il emprunte au marquis d'Argenson la *Bibliothèque orientale* d'Herbelot et demande à César de Missy de lui expédier les tomes de l'*Histoire universelle* anglaise qui traitent des temps postérieurs à la captivité des Juifs à Babylone. Mais le conte n'est pas œuvre d'historien: foin des textes! Cependant, si Voltaire a pris, à leur égard, une magnifique indépendance, c'est que sa mémoire en est imprégnée. Sans doute a-t-il préféré s'inspirer des *Mille et une nuits*, qu'Antoine Galland a traduites (ou adaptées) de 1704 à 1717. Elles ont eu tant d'imitateurs en ce milieu de siècle, que la première édition de *Zadig*, sous le titre de *Memnon* (1747), est passée inaperçue. L'essentiel pour Voltaire est d'avoir vécu en Orient des années tristes de sa vie, un Orient à sa fantaisie où s'abolissent l'espace et le temps. Délicieuse évasion du procès Travenol, des échecs du ministre et ami d'Argenson et «des grands diables de vers tragiques»! Il s'évade même des victoires; en 1745, il «chante» Fontenoy avec d'autant plus de plaisir qu'il est «sur les bords de l'Euphrate, dans la superbe Babylone». Ce plaisir de vivre là-bas explique pourquoi le conte fait si bien oublier le document et ne sent jamais le travail: il coule de source, emportant dans son cours limpide les étonnantes connaissances de Voltaire.

Ascoli tient pour «peu vraisemblable» que Voltaire ait écrit *Zadig* en même temps que *Sémiramis*.[57] Mais pourquoi Voltaire n'aurait-il pas, dès 1745, esquissé le conte et n'en aurait-il pas, de temps à autre, rédigé un chapitre par délassement? On ne peut se fier davantage à ce que dit Longchamp à propos du séjour de Voltaire chez la duchesse du Maine: «Il écrivit alors, pour amuser Mme du Maine, plusieurs petits contes ou romans, tels que *Zadig*, *Babouc* et autres, et il m'occupait à les mettre au net.»[58] C'était beaucoup en une douzaine de jours, et il est visible que Longchamp livre ses souvenirs sans grande certitude. D'ailleurs, le secrétaire situe l'incident du jeu de la reine en automne 1746, alors qu'il s'est produit en 1747 et qu'à cette date, comme on va le voir, la première version de *Memnon-Zadig* était parue. Il est possible que Voltaire ait lu *Zadig* à la duchesse, mais ce n'est pas chez elle qu'il l'a écrit. Néanmoins, si Longchamp se souvient d'avoir «mis au net» des contes, il ne saurait, dit Jacques Van den Heuvel, «se tromper absolument». Il a dû confondre *Zadig* avec d'autres contes: *Micromégas* était en chantier, et certainement le second *Memnon*, peut-être aussi *La Vision de Babouc*. Mais là n'est pas le problème essentiel.

Ce que l'on peut considérer comme certain, c'est que *Memnon-Zadig* a été publié une première fois à Amsterdam en 1747, avant la bataille de Lawfeld qui fut gagnée le 2 juillet. En effet, la lettre de Mme Du Châtelet du 8 juillet félicitant le comte d'Argenson à l'occasion de cette victoire[59] se trouve classée par Th. Besterman immédiatement après une lettre de Voltaire au même destinataire où il est question à la fois de *Memnon* et d'une victoire française.[60] Le comte d'Argenson campe alors aux frontières de la Hollande où il accompagne le roi. La présence des troupes n'empêche pas le commerce franco-hollandais de continuer par des chemins détournés. C'est un de ces chemins que cherche Voltaire: le comte d'Argenson ne pourrait-il faire passer un paquet de *Memnon* d'Amsterdam à Paris? Cette lettre, dont le style parodie *Memnon*, ce qui sous-entend que le ministre a lu le conte, est malheureusement datée à l'orientale du «4 de la pleine lune». Serait-ce le 4 juillet? Cette lettre est, à de multiples égards, fort instructive:

L'ange Jesrad a porté jusqu'à Memnon la nouvelle de vos brillants succès, et Babylone avoue qu'il n'y a jamais eu d'itimadoulet dont le ministère ait été plus couvert de gloire [...] Cependant très magnifique seigneur permettriez-vous qu'on adressât à votre sublime tente, un gros paquet que Memnon vous enverrait du séjour humide des Bataves? Je sais que vous pourriez bien l'aller chercher vous-même en personne, mais comme ce paquet pourrait bien arriver aux pieds de votre grandeur avant que vous fussiez dans Amsterdam, je vous demanderais la permission de vous le faire adresser par M. Chiquet dans la ville où vous aurez porté vos armes triomphantes, et vous pourriez ordonner que ce paquet fût porté jusqu'à la ville impériale de Paris parmi les immenses bagages de votre grandeur. Je lui demande très humblement pardon d'interrompre ses moments consacrés à la victoire par des importunités si indignes d'elle. Mais Memnon n'ayant sur la terre de confident que vous, n'aura que vous pour protecteur, et il attend vos ordres très gracieux.[61]

Ces «brillants succès» auxquels Voltaire fait allusion pourraient désigner, aussi bien que la prise de Lawfeld, celle de Berg-op-Zoom, port hollandais que les troupes françaises se décidèrent à investir – et à piller horriblement – le 16 juillet. Le roi et son ministre ne rentrèrent que le 23 septembre. Quoi qu'il en soit, *Memnon* était publié avant l'affaire du jeu de la reine. Si, dès novembre 1747, Voltaire l'a lu au château de Sceaux, c'est dans un exemplaire de l'édition d'Amsterdam et en priant la duchesse de garder le secret, car cette publication était anonyme. Cet anonymat et cette discrétion firent que la plaquette, noyée parmi d'autres contes orientaux, passa complètement inaperçue.

Pourquoi donc Voltaire attend-il plus d'une année pour publier de nouveau ce conte? Le 10 septembre 1748, l'imprimeur Bonin écrit à Berryer: «Je rappelle à monseigneur que j'ai donné une note sur *Zadig, qui paraît aujourd'hui*, il y a plus de cinq mois, en lui envoyant une quinzaine de feuilles de cet ouvrage qui est de Voltaire et qui n'était pas alors entièrement imprimé, qu'un de ses secrétaires m'avait donnés.»[62] Cette note embarrassée, malheureusement trop laconique, adressée au lieutenant de police, sonne comme une dénonciation, puisque ce n'est pas Bonin qui a édité *Zadig* et que l'ouvrage est anonyme. Voltaire hésite visiblement à faire paraître le conte dont il a fait porter, dès avril, les premières feuilles au libraire, ce qu'il semble avoir oublié.

Ces délais successifs entre *Memnon* et *Zadig* seraient-ils le fait de modifications importantes ayant exigé du travail? Il n'en est rien, si l'on examine attentivement les deux textes. Que Voltaire, dans le second, ait donné un titre à chacun des chapitres permet d'y voir clair: seuls le chapitre XI, «Le souper», et le chapitre XII, «Le brigand», ont été ajoutés à *Memnon*, ainsi que l'anecdote d'Irax dans le chapitre VI, «Les jugements». Rien ne prouve, comme on l'a prétendu, que ces compléments proviennent d'un surcroît de pessimisme acquis par Voltaire à la cour de Lunéville; en effet, le scepticisme à l'égard de la fidélité des femmes, l'explication leibnizienne du mal, contestée seulement par le «Mais, dit Zadig...» à l'ange Jesrad, figurent textuellement dans *Memnon*. Et rien ne prouve que ces textes nouveaux ait été écrits à Lunéville plutôt qu'à Paris, sinon que l'anecdote d'Irax, «toujours du plaisir n'est pas du plaisir», peut avoir été inspirée pas l'activité hédoniste de la cour de Stanislas, et «Le souper» par son atmosphère de liberté.

Ce n'est donc pas le travail de remaniement qui a pu retarder la réapparition du conte. Il faut admettre bien plutôt que Voltaire hésite à le remettre en lumière au moment où il s'attache à faire réussir *Sémiramis*, où il a besoin de Berryer et de Maurepas, et ne veut point déplaire au roi. N'avait-il pas eu les mêmes hésitations à propos des *Lettres anglaises*? Entre *Memnon* et *Zadig*, ne s'est-il pas cru obligé par deux fois de s'éloigner de Versailles, d'abord à Sceaux, puis à Lunéville? S'il ignore sans doute que Berryer a été averti par Bonin, il n'ignore nullement ce que le conte peut avoir de dangereux. S'il se décide à publier *Zadig*, ce dont sans doute il est impatient, il va, pour déjouer censure et critique, imaginer un étonnant stratagème.

C'est ici qu'il faut en venir au récit de Longchamp, mais, comme toujours, en le rectifiant et le complétant. Voltaire abandonne, on ne sait pourquoi, l'imprimeur Bonin, confie une première moitié de son manuscrit à Prault et se garde de lui envoyer la suite. Cette suite, ce n'est pas, comme le dit Longchamp, «chez un nommé Machuel, libraire de Rouen» qu'il l'a donnée – Machuel n'est autre que le «fripon» qui tenta d'imprimer la contrefaçon rouennaise des œuvres de Voltaire – c'est à Lefèvre à Nancy. Il l'a ensuite apportée à Paris dans ses bagages, lors de son voyage du 30 août avec le roi de Pologne. Il rachète alors à Prault la première partie et fait brocher ensemble les deux parties. C'est Longchamp qui organise ce travail. Voltaire le charge de chercher des femmes qui plient et brochent les livres et d'acheter du papier peint pour les couvrir. Le secrétaire lui amène des femmes «qui brochèrent l'ouvrage en moins de quatre jours».[63] Il en expédie ensuite des exemplaires à la duchesse du Maine, puis à nombre de ses amis et de ses connaissances.

Ainsi Voltaire empêche chacun des deux éditeurs de fabriquer une édition pirate du manuscrit et évite du même coup, en surveillant lui-même l'impression de la seconde moitié à Nancy, de laisser apparaître toute trace de lieu et de date pouvant mettre la police sur la piste de l'auteur. Quant à Berryer, qu'il ait lu ou non Zadig, il a gardé le secret.

Jusqu'à nos jours, les exégètes de l'œuvre de Voltaire mirent en doute le récit de Longchamp. Beuchot lui-même avoue : «Je ne connais aucune édition de Zadig qui le confirme, aucune dont une feuille se termine avec la fin d'un chapitre».[64] Voltaire avait été plus fin. Ce même Beuchot aurait pu s'en apercevoir en y regardant de plus près, car il possédait lui-même un exemplaire rarissime de la première édition.[65] Ascoli a le mérite de l'avoir fait. Dans cet exemplaire, les deux parties sont révélées, d'abord par de légères différences typographiques : à la page 145, avec la feuille N, au milieu du chapitre XVI, «Le basilic», commence une nouvelle impression aux caractères plus usagés, aux chiffres de pagination plus gros, aux E majuscules différents, plus massifs. Longchamp a donc raison, sauf en ce qui concerne l'identité du second imprimeur.

Allant plus loin qu'Ascoli dans la précision et sachant que Durival[66] indique que la cinquième édition du Panégyrique de Louis XV est sortie de chez Lefèvre, imprimeur à Nancy, ainsi que Zadig, un conservateur de la Bibliothèque nationale vient de découvrir que le Panégyrique et la deuxième partie du conte sont imprimés sur le même papier, avec les mêmes caractères.[67]

Mais il faudra attendre un bon mois pour que «l'histoire orientale» se distingue de ses homologues et fasse du bruit, et, même, ce n'est qu'en décembre que certains critiques admettent enfin qu'elle est de Voltaire. Le poète nie d'abord en être l'auteur, mais faiblement : de son succès, il est à la fois flatté et effrayé, car c'est le moment où il cherche à convaincre le pouvoir qu'il faut interdire la parodie de sa pièce : «Je serais très fâché», écrit-il à d'Argental le 14 octobre, «de passer pour l'auteur de Zadig qu'on veut décrier par les interprétations les plus odieuses, et qu'on ose accuser de contenir des dogmes téméraires contre notre sainte religion [...] Mademoiselle Quinault [...] ne cesse de dire que j'en suis l'auteur. Comme elle n'y voit rien de mal, elle le dit sans croire me nuire. Mais les coquins qui veulent y voir du mal en abusent. Ne pourriez-vous pas étendre vos ailes d'ange gardien jusque sur le bout de la langue de Mlle Quinault et lui dire ou lui faire dire que *ces bruits sont capables de me porter un très grand préjudice?* Il faut que vous me défendiez à droite et à gauche.»[68]

Il y a, dans l'ouvrage, si l'on veut bien le voir – et comment un homme d'esprit comme Maurepas ne le verrait-il pas? – de quoi faire exiler son homme. Faisant parler la raison la plus naïve, et qui s'étonne de tout au nom de la morale et de la religion naturelles, l'auteur y dénonce l'absurdité des institutions, les compromissions des rois et des ministres, les intrigues de cour, la cupidité des juges, l'hypocrisie du clergé, les impostures religieuses, la malhonnêteté des financiers, l'ignorance des médecins. Un critique de notre siècle ne va-t-il pas jusqu'à écrire que *Zadig* est «l'anti-Versailles»?[69] Non sans une excessive assurance, ce même auteur y découvre un certain nombre de «clés». La cour de Moabdar n'est-elle pas la caricature de celle de Louis XV? Orcan n'est-il pas le chevalier de Rohan? L'Envieux, Desfontaines? Il est incontestable au moins que Yébor est l'anagramme de Boyer. Et Voltaire lui-même ne se prive pas de faire entrevoir, à travers les mœurs de Babylone, celles de Paris: il y fait allusion aux «sachets du sieur Arnoult», au goût des femmes pour les petits chiens, à «ce vain bruit de paroles qu'on appelait *conversation* dans Babylone», à la querelle sur la comédie larmoyante. Mais aussi ce qui peut nuire à l'auteur, avant même qu'on ait lu l'ouvrage, n'est-ce pas l'«Epître dédicatoire à la sultane Sheraa» en laquelle chacun se plaît à reconnaître Mme de Pompadour? Elle en est, paraît-il, flattée. Alerte donc au parti de la reine! Et au parti de Maurepas! La répugnance que l'on manifeste en haut lieu à interdire la parodie de *Sémiramis* ne vient-elle pas de là? Voltaire en a eu des échos vers la fin d'octobre: «Les mêmes gens», écrit-il, «qui avaient fait la calomnie sur *Zadig* [auprès de la reine] ont continué sous main leurs bons offices, et le roi de Pologne en est très instruit.»[70]

A la cour de Lorraine, nul n'ignore qui a écrit *Zadig*, et c'est de là, sans doute, que la vérité a filtré. Voltaire a-t-il vraiment tenté de faire attribuer le conte à l'abbé de Bernis? Toujours est-il que celui-ci proteste et que le poète est bien obligé d'avouer la vérité, preuves à l'appui, à ce nouveau protégé de la favorite, mais en s'efforçant d'édulcorer et de désamorcer le conte. C'est *en présence* du roi de Pologne qu'il écrit à Bernis: «Je suis si loin de vous accuser, monsieur, d'avoir fait *Zadig*, que je m'en avouai l'auteur au roi de Pologne, dès que ce petit ouvrage parut, et je crus devoir cet aveu aux bontés de ce monarque, à l'approbation que lui, son confesseur et les personnes les plus vertueuses donnaient à ce roman moral, qu'on devrait intituler plutôt *La Providence* que *La Destinée*, si on osait se servir de ce mot respectable de providence dans un ouvrage de pur amusement.»[71] On voit sourir l'abbé joufflu. Mme Du Châtelet, qui ne sourit pas, car elle a, dans le même moment, des préoccupations plus dramatiques, s'inquiète et écrit à d'Argental: «Je voudrais bien que tout ce train sur *Zadig* finît.»[72]

Miracle! Ce «train», s'il ne fait certes point avancer l'affaire de la parodie, s'apaisera. Peut-on exiler Voltaire qui est en Lorraine? Rassurée, Emilie demande à Cideville, fort tranquillement, au début de novembre : « Que dites-vous de *Zadig* ? Vous a-t-il plu ? »[73] Et Voltaire envoie *Zadig* à Conrad Walther pour le tome VIII de ses œuvres.

La critique du temps a rarement entrevu ou relevé la portée de l'ouvrage. Au moins, tant qu'elle ignore quel en est l'auteur, elle se montre souvent incompréhensive, superficielle, anodine, et peut-être est-ce la chance de Voltaire. C'est l'abbé Raynal qui, le premier, signale le conte dans les *Nouvelles littéraires*. Visiblement, il l'a mal lu et n'y a rien compris ; il n'y trouve point d'intérêt : « Ce sont des contes de quelques pages, détachés les uns des autres [...] Point d'instruction ; ces contes roulent sur des matières frivoles ou sur quelques objets de morale superficiellement traités [...] Je ne me souviens pas d'avoir lu rien d'aussi sec [...] On ne sait à qui attribuer ce roman parce qu'il ne ressemble pour la manière à aucun de ceux qui ont paru jusqu'ici. »[74] Mais en novembre, l'abbé se ressaisit, sans admettre encore que Voltaire en soit l'auteur : « Le roman intitulé *Zadig*, qui faisait d'abord peu de bruit, en fait maintenant beaucoup. Il est certain que cet ouvrage est traduit de l'anglais, et personne ne doute que M. de Voltaire n'en soit le traducteur. Il est certain, malgré cela, que cet ouvrage n'est pas dans le goût anglais, ni dans le genre de Voltaire. »[75] Beaucoup de « certitude » pour ne rien dire !

On retrouve la même erreur, au départ, chez Clément, de Genève, qui en parle d'abord sans l'avoir lu puis, le 15 décembre, fait amende honorable : « Je l'ai trouvé, *malgré moi*, comme dit l'approbation, *curieux, amusant, digne de plaire à ceux même qui haïssent les romans*, par la variété des incidents, avec certaine gaieté d'imagination, une aménité, la chaleur et la rapidité du récit, la simplicité, la noblesse et l'heureuse négligence du style [...] Vous allez croire que c'est le nom de M. de Voltaire qui m'a fait changer d'avis, car je viens d'apprendre qu'il s'avouait l'auteur de *Zadig*. »[76]

Le *Mercure de France*, ayant flairé le chef-d'œuvre, glisse avec indulgence sur les dangereux « principes » pour faire passer un éloge des plus flatteurs :

Il se trouve dans ce livre plusieurs principes qui ne seront pas approuvés générale-ment, mais on y découvre beaucoup de génie et d'invention, et l'auteur a le secret de paraître original même lorsqu'il n'est qu'imitateur. Son style est naturel, peut-être quelquefois négligé, mais toujours vif et agréable. Son héros est un philosophe charmant qui joint aux lumières que fournit l'étude toutes les grâces qu'on puise dans le commerce du grand monde. On attribue cet ouvrage à l'un de nos plus fameux poètes, et nous sommes du moins certain qu'il ne peut être que d'un homme extrêmement supérieur et d'un très bel esprit. Peu s'en faut, même, que nous ne soyons tentés de soupçonner qu'une seule tête n'a pas créé tout ce qu'on aperçoit de neuf dans une fiction si ingénieuse.[77]

A la même date, les *Mémoires de Trévoux* ignorent encore le nom de l'auteur ou feignent de l'ignorer. Seuls, ils se devaient de dénoncer les dangers de l'ouvrage; ils le font du point de vue religieux et philosophique, non pas moral ni politique, mais sans le pourfendre, en considérant finalement que mieux vaut ne pas attirer l'attention sur sa portée:

Cet ouvrage est singulier partout [...] L'auteur, qui nous est inconnu, doit avoir bien de l'esprit, un grand usage d'écrire, et beaucoup de connaissances. Il raconte avec légèreté et peint avec grâce. Son héros est Zadig, homme d'aventures et tout aimable. Il a toutes les qualités, celles mêmes des philosophes; il sait de tout, parle de tout, juge toute espèce d'affaires sans pédanterie, sans affectation, sans prendre jamais le change. Un seul point ne lui est pas assez connu, c'est l'obligation de respecter les ordres de la Providence [...] On trouvera [...] à y condamner quelques principes, par exemple le jugement que Zadig porte de tous les cultes de la divinité. Il les estime presque également tous, il ne les croit différents les uns des autres que par des contrariétés apparentes ou accidentelles. Il n'est pas bien non plus que l'Esprit céleste envoyé à Zadig pour l'instruire lui peigne les passions comme quelque chose d'essentiel à l'homme, ni qu'il prononce cette sentence: *Tout est dangereux ici-bas et tout est nécessaire*; ni qu'il assure que l'*Etre suprême a créé un million de mondes*, ni qu'il insinue que tout ce qui est devait être absolument: ce qui autoriserait cette idée très fausse que dans la production et l'arrangement de cet univers, Dieu n'aurait pas été parfaitement libre, etc. Mais c'est assez parler d'un très petit livre que d'autres liront, examineront, critiqueront peut-être mieux que nous.[78]

Ce qui manquait le plus aux critiques de l'époque, c'était la pénétration, la légèreté, la grâce. Une fois de plus, l'auteur de *Zadig* avait fait taire ses ennemis par la supériorité de son esprit. S'il échappait à la jalousie des envieux et à la vindicte des dévots, il se trouvait, dans le même temps, bouleversé et humilié dans sa vie privée: la passion de Mme Du Châtelet pour Saint-Lambert portait en soi une suite d'événements dramatiques.

18. Drame à Commercy et comédie à Cirey

Le premier de ces événements se déroule à Commercy, vers la mi-octobre 1748, au moment même où Voltaire s'inquiète du bruit que fait *Zadig* et où il est menacé par la parodie de *Sémiramis*. Nous n'avons pour en témoigner que le récit de Longchamp. Si l'on ne peut affirmer que les souvenirs de celui-ci sont d'une exactitude absolue, à propos surtout des paroles qu'il rapporte, ils n'en restent pas moins fort vraisemblables, car ce serviteur avisé, dépourvu de préjugés, fut étroitement mêlé à ce drame domestique où il joua un rôle actif et utile.

Un soir, avant l'heure du souper, Voltaire entra chez Mme Du Châtelet «sans être annoncé», dit Longchamp, «parce qu'il avait trouvé la porte de l'appartement ouverte».[1] Le serviteur semble ainsi vouloir justifier son maître et penser qu'il entra par hasard, à l'improviste. Desnoiresterres va plus loin en prétendant que Voltaire «ne soupçonnait rien».[2] Mais ni Longchamp ni Desnoiresterres ne pouvaient connaître les scènes de jalousie dont Mme Du Châtelet a rendu compte à Saint-Lambert dans deux lettres que nous avons citées plus haut.[3] Voltaire, ayant constaté que le feu n'avait pas été allumé dans la chambre de la marquise, savait qu'elle avait passé la nuit avec Saint-Lambert, ce qu'elle avait nié. Il est donc très probable qu'il a cherché à confondre les deux amants: il les surprit, dit Longchamp, «assis sur un sopha, s'occupant, à ce qu'il parut, d'autre chose que de la conversation». Voltaire ne put contenir sa colère et les injuria. Saint-Lambert, s'étant ressaisi, s'approcha de lui et lui proposa un duel à l'épée. Réflexe scandaleux que personne ne pouvait accepter: ni Voltaire, trop faible, ni Mme Du Châtelet, ni le roi Stanislas. Voltaire quitta la place, suffoquant d'humiliation, et s'en fut donner l'ordre à Longchamp de tout préparer pour son départ et d'aller louer une chaise de poste.

Tout d'abord, Longchamp ne comprend pas et descend chez Mme Du Châtelet. Elle lui dit que Voltaire s'est fâché pour avoir trouvé chez elle Saint-Lambert, mais elle nie qu'elle ait été surprise en posture d'infidélité; «Elle me dit que M. de Voltaire était un visionnaire». Elle s'assure aussitôt du concours de Longchamp et lui demande de donner à Voltaire «le temps de jeter son feu» et de l'empêcher de sortir. Il remonte donc chez son maître lui dire qu'il n'a pas trouvé de chaise de poste. Mais Voltaire ne s'est pas calmé: il lui donne de l'argent pour aller en chercher une le lendemain à Nancy. Le secrétaire redescend et trouve Mme Du Châtelet occupée à calmer Saint-Lambert. Voltaire, lui dit-il, est toujours très agité, il s'est couché et ne pourra dormir. Emilie va se faire annoncer par Longchamp qui a revêtu ses vêtements de nuit afin que son maître ne soupçonne point le rôle qu'il joue. «Tandis que je lui donne la lumière», écrit Longchamp, «elle s'approche de son lit sur lequel elle s'assied en l'appelant en anglais d'un nom d'amitié [...] Elle cherchait à s'excuser. Quoi, lui dit-il, vous voulez que je vous croie?»[4]

Longchamp ne dit pas comment il a pu entendre ce qui suit de leur conversation. Peut-être a-t-il reçu, par la suite, les confidences de Mlle Du Thil.

J'ai épuisé ma santé, poursuivit Voltaire, ma fortune, j'ai *tout sacrifié* pour vous, et vous me trompez!

Non, je ne vous trompe pas, et je vous aime toujours [...] Mais depuis longtemps, vous vous plaignez que vous êtes malade et que vous n'en pouvez plus; j'en suis fâchée; je ne désire point votre mort. Au contraire, je ménage votre santé. Vous connaissez mon tempérament. Ne vaut-il pas mieux que ce soit un de vos amis qui vous supplante que d'autres?

Devant cet aveu et le bon sens d'Emilie, Voltaire se calme.

Ah, madame, dit-il enfin, vous avez toujours raison; mais puisqu'il faut que les choses soient ainsi, au moins, qu'elles ne se passent pas sous mes yeux.

Après une demi-heure d'entretien, l'ayant ainsi amené à la réflexion, Mme Du Châtelet se retire. Elle a réussi: Saint-Lambert se fait annoncer chez Voltaire le lendemain. Il entre, confus et embarrassé. Voltaire lui tend les deux mains et l'embrasse.

Mon enfant, j'ai tout oublié, et c'est moi qui ai tort. Vous êtes dans l'âge heureux où l'on aime, où l'on plaît; jouissez de ces instants trop courts. Un vieillard, un malade comme je suis n'est plus fait pour les plaisirs.[5]

Ce récit est conforme à ce que nous connaissons de l'habileté d'Emilie et de la grandeur d'âme de Voltaire dans l'amitié, grandeur d'âme, ne l'oublions pas, facilitée ici par l'amour que ce vieillard, ce malade, porte à sa nièce. Enfin, ce qu'il est résulté de cet événement, c'est une réconciliation des deux amis, non sans tristesse, et l'*Epître à Saint-Lambert*, l'une des plus belles du poète.

> Saint-Lambert, ce n'est que pour toi
> Que ces belles fleurs sont écloses;
> C'est ta main qui cueille les roses,
> Et les épines sont pour moi [...]
>   Dans l'heureux printemps de tes jours
> Des dieux du Pinde et des amours
> Saisis la faveur passagère;
> C'est le temps de l'illusion.
> Je n'ai plus que de la raison:
> Encore, hélas! n'en ai-je guère.
>   Mais je vois venir sur le soir,

> Du plus haut de son aphélie,
> Notre astronomique Emilie
> Avec un vieux tablier noir,
> Et la main d'encre encor salie.
> Elle a laissé là son compas
> Et ses calculs, et sa lunette;
> Elle reprend tous ses appas:
> Porte-lui vite à sa toilette
> Ces fleurs qui naissent sous tes pas,
> Et chante-lui sur ta musette
> Ces beaux airs que l'amour répète
> Et que Newton ne connut pas.[6]

Très sincèrement convaincu des talents poétiques de son ami, il enverra plus tard à Frédéric des vers de Saint-Lambert adressés au prince de Beauvau: «Il est comme vous, sire, il écrit dans mon goût. Vous êtes tous les deux mes élèves en poésie, mais les élèves sont bien supérieurs pour l'esprit au pauvre vieux maître poète.»[7] Quel audacieux rapprochement, et quel excès de fausse modestie!

Si son amitié pour Saint-Lambert ne faiblit pas, l'attachement qu'il conserve à Mme Du Châtelet se voile parfois de quelques nuages quand le vent tourne à l'aigre. C'est inévitable. Au demeurant, il ne semble pas que la marquise, une fois démasquée, ait en toutes circonstances conservé le sang-froid, qui la sauva pourtant d'une rupture avec Voltaire. Il n'est pas sûr non plus que le drame soit passé absolument inaperçu des principaux courtisans, qui observaient depuis longtemps le jeu des amants. Quelques billets de Mme Du Châtelet à Saint-Lambert en témoigneraient plus sûrement s'ils étaient datés avec précision. Néanmoins, c'est avec raison que Th. Besterman les a groupés sur ce mois d'octobre 1748. Il n'est pas certain que le premier, écrit «à deux heures du matin», fasse suite à l'événement: elle s'y montre troublée et nerveuse parce que Saint-Lambert n'est pas apparu au jeu avant d'aller se coucher.[8] Mais il est vraisemblable que les deux suivants traduisent des remous du drame. Atteinte dans son amour-propre, dans sa fierté de grande dame, la marquise y apparaît désarçonnée, incohérente comme une enfant. «Je ne veux pas vous laisser plus longtemps dans l'inquiétude, je n'ai de ressource que dans mon désespoir, on tourne tout en raillerie.»[9] Que lui est-il arrivé au début de la répétition d'une pièce de théâtre pour qu'elle cesse publiquement de se contrôler? «Je me suis levée, j'ai dit que j'avais perdu mon rôle, on a renvoyé tout le monde, on a dit qu'on ne jouerait point la pièce, on a beaucoup d'humeur, et comme c'est vous à présent qu'on veut contrarier, on s'en prend à vous.»[10] Il était à prévoir que cette cour frivole, aux intrigues feutrées, accueillerait fort mal le drame passionnel. Cependant, peu à peu, tout retombe, apparemment, dans le silence: l'amour d'Emilie étant admis par Voltaire – et bientôt il le sera par le roi de Pologne – elle se sent absoute et libérée: «Je vous aime à la folie et je ne crains plus de vous aimer.»[11] Quant à Voltaire, ce qui s'est réellement passé dans son esprit la nuit où il fut peut-être tenté par une rupture, c'est à sa nièce qu'il le confiera, un peu plus tard, lorsqu'un autre événement, plus grave encore, le rapprochera de Mme Du Châtelet.[12]

Fermant les yeux sur les amours d'Emilie, qui se poursuivent si près de lui et dont il n'est pas sans redouter les risques, il retardera donc une fois de plus, pour complaire à son amie, son voyage à Paris. Ce voyage, il l'annonce, le 30 octobre, à d'Argental en l'avertissant que ce n'est point de lui que viendront les retards: «Madame Du Châtelet promet plus qu'elle ne peut en parlant d'un voyage prochain [...] Je prévois qu'il faudra attendre près d'un mois.»[13] Quelques jours après, c'est elle, en effet, qui écrit à Cideville qu'elle «compte être à Paris au commencement de l'année».[14] On devine parfois, chez Voltaire, quelque découragement. Au début de décembre, il avoue qu'il joue, comme chacun, à la comète,[15] mais qu'il «ne la sait pas».[16] Néanmoins, il travaille encore beaucoup. D'abord, il refait le cinquième acte de *Sémiramis*. Il est satisfait de sa nouvelle conception du tombeau de Ninus, en forme de labyrinthe, selon l'usage des Anciens; à présent, «on voit bien nettement qu'Assur est entré dans ce mausolée [...] par une issue secrète [...] On voit par là pourquoi cet Assur n'est pas parvenu plus tôt à l'endroit du sacrifice.» Assur est donc rattrapé par les gardes et «tout naturellement amené du tombeau sur la scène».[17]

En outre, Voltaire a poursuivi son travail d'historiographe; il a «presque achevé l'histoire de cette maudite guerre qui vient enfin de finir par une paix que je trouve très glorieuse».[18] Etrange coïncidence et avatar inopportun pour la gloire si vantée de Louis XV: quelques jours après, Voltaire réunit la petite cour de Lunéville pour lui lire les aventures malheureuses du prince Charles Edouard, blessé, fuyant ses ennemis, après la défaite de Culloden. Ce sont de fort belles pages, parmi les plus vivantes de son *Histoire de la guerre de 1741*.[19] Selon Longchamp:

Ce morceau était extrêmement pathétique et touchant. M. de Voltaire le lut avec une profonde sensibilité, et quand il en vint aux détails relatifs à l'infortune du Prétendant, il arracha des larmes à toute l'assemblée. Cette lecture était à peine finie qu'on apporta au roi des lettres arrivant de Paris. On lui annonçait que le Prétendant avait été arrêté en sortant de l'Opéra [...] sur l'ordre du roi et à la demande des Anglais [...] O ciel! s'écria aussitôt M. de Voltaire, est-il possible que le roi souffre cet affront et que sa gloire subisse une tache que toute l'eau de la Seine ne saurait laver! M. de Voltaire, en rentrant chez lui, jeta de dépit ses cahiers dans un coin, renonçant à continuer cette histoire [...] Il oublia ce travail pendant plusieurs années et ne le reprit qu'à Berlin.[20]

L'opinion publique en fut durement secouée et Desforges l'exprima en une violente satire qu'il expia par trois années de captivité dans la cage de fer du Mont-Saint-Michel.[21]

Au sujet de cette guerre, de nouvelles discussions s'annoncent avec Frédéric : ayant attiré à la cour de Berlin le jeune Baculard d'Arnaud, le roi de Prusse relance Voltaire le 29 novembre, étonné de n'avoir rien reçu de lui «pendant un an». Le roi, il est vrai, avait osé railler légèrement l'intervention des «revenants» dans *Sémiramis*. Il s'étonne de ce silence étrange, ne cache point sa jalousie envers le roi Stanislas et invite Voltaire.[22] Leur correspondance va se poursuivre. Voltaire reconnaît ses torts humblement, sans accuser, bien entendu, Mme Du Châtelet : «Je sais bien que tous les gens de bon sens demanderont pourquoi je suis à la cour de Lunéville et non pas à celle de Berlin.» Loin de vanter les délices de la cour de Stanislas, le poète se donne comme excuse un effronté mensonge : «Sire, c'est que Lunéville est près des eaux de Plombieres et que je vais là souvent pour faire durer encore quelques jours une malheureuse machine dans laquelle il y a une âme qui est toute à Votre Majesté.»[23]

Voltaire, en cette période, est très préoccupé par le *Catilina* de Crébillon dont on annonce la représentation pour le 15 décembre et dont il redoute le succès. Dans une lettre à sa nièce, il épanche sa bile à propos de la *Sémiramis* du vieux poète qu'il vient de relire. «Il se peut très bien faire qu'un mauvais ouvrage réussisse au théâtre [...] Le temps seul règle les rangs [...] Vous me ferez grand plaisir de me mander quel effet *Catilina* vous aura fait.»[24] Mme Denis semble avoir renoncé au mariage avec le commandant de Lille, mais elle a parlé à son oncle d'un autre projet, encore très vague, qu'il espère «plus convenable». S'inclinant devant ces impatientes recherches d'un établissement conjugal, l'oncle a modéré ses propos amoureux ; désormais, ses lettres sont orientées de préférence vers les travaux littéraires. Il lui envoie une épître au président Hénault qui, d'abord, commençait ainsi :

> Hénault, fameux par vos soupers,
> Et par votre chronologie [...]

Mais le président s'est fâché que Voltaire eût voulu le rendre célèbre par cette réputation mondaine, et le poète s'est vu obligé de rectifier ainsi :

> Vous qui de la chronologie
> Avez réformé les erreurs[25]

Il n'en proteste pas moins : les gens qui condamnent les soupers «sont indignes de souper», affirme ce malade à l'estomac délabré. Dans cette épître, il se plaint d'être persécuté et demande à l'heureux président, «si plein de gloire», sa recette pour désarmer l'envie – comme s'il ne la connaissait pas!

Est-ce pour tuer le temps qu'il écrit une comédie en un acte et en vers intitulée *La Femme qui a raison*? A vrai dire, elle n'a pas dû lui demander beaucoup de temps, mais c'est une comédie «très jolie», écrit la marquise, «et que nous avons jouée pour notre clôture. »[26] La comédie est fort plaisante en effet, et il est permis de la préférer à *Nanine*. Elle fut imprimée pour la première fois en 1759 et en trois actes, après avoir été jouée au théâtre de Carouges, près de Genève. Bien qu'on ait retrouvé, dans le portefeuille de Voltaire, la pièce originale en un acte, la publication en trois actes à prévalu.[27]

Elle se déroule en milieu bourgeois. Mme Duru a reçu de son mari, qui est aux Indes pour affaires, l'ordre de marier son fils et sa fille à la fille et au fils de M. Gripon, usurier et avare aux mœurs rétrogrades. Ce double mariage est fixé au lendemain matin. Mais Mme Duru se laisse gagner par ses deux enfants et par le marquis d'Outremont, qui courtise sa fille. Pour couper l'herbe sous le pied de M. Gripon, elle décide de marier, le soir même, sa fille au marquis et son fils à la sœur du marquis. C'est là l'idée originale: la pièce commence par les deux mariages. La noce, fort joyeuse, dure toute la nuit. Le matin, arrivent M. Gripon et M. Duru, dont le retour des Indes est inattendu.[28] Tous deux sont scandalisés par le désordre de la maison: les reliefs du repas sont demeurés sur les tables, les meubles ont été déplacés pour le bal, les laquais, ivres-morts, dorment profondément; la mère et les deux couples se sont retirés dans leurs appartements. Tirés du lit, les enfants de M. Duru se refusent à reconnaître leur père et lui tiennent des propos délirants de bonheur, d'où une série de malentendus et de quiproquos fort amusants. Mme Duru, réveillée à son tour, arrive et se trouve, stupéfaite, en face de son mari qui se fâche. Mais les joyeux mariés cherchent à le détendre en lui opposant le spectacle de leur bonheur. Mme Duru prouve, contre toutes apparences, qu'elle n'a point dilapidé son bien: au contraire, elle l'a fait prospérer. M. Duru, qui rentre avec un million en poche, baisse les bras. «Gripon, m'attendrirai-je?» questionne-t-il. Mais Gripon est devenu muet. M. Duru s'attendrit enfin, prenant, dit-il, «mon bonheur en patience».

Jolie «clôture» pour une marquise désolée et un Voltaire humilié! Cette fois, si la date du départ pour Paris n'est plus retardée, il semble bien que cela soit dû, en partie, au désespoir d'Emilie. Dans un billet des plus secs, elle menace Saint-Lambert d'une rupture: «Il faut partir pour Paris et nous séparer pour jamais».[29] Saint-Lambert n'a pas apprécié longtemps sa position d'amant semi-officiel; sollicité à l'excès par sa maîtresse, il se fatigue et se refroidit. En novembre et décembre, il arrive en retard à ses rendez-vous, néglige la marquise et ne la regarde plus en public. Mme Du Châtelet ironise amèrement: «Je suis bien heureuse que vous ayez de si mauvais procédés avec moi à la veille de mon départ, j'en serai plus heureuse à Paris. »[30] Mais il y a ce qu'elle écrit et ce qu'elle fait.

Ce qui est surprenant, c'est que ce voyage, en plein hiver, doit être interrompu par un séjour à Cirey, qui, d'ailleurs, n'a rien d'improvisé; sans en donner la raison, Mme Du Châtelet l'avait annoncé à d'Argental à la fin de novembre: «Je compte passer les fêtes de Noël à Cirey et vous revoir au commencement de l'année.»[31] A noter qu'elle parle toujours de ses projets à la première personne du singulier, Voltaire étant censé s'aligner. Peut-être s'agit-il de remplir à Cirey une mission ou de traiter des affaires dont M. Du Châtelet l'a chargée; car il ne saurait s'y rendre lui-même: il vient de prendre son poste au service du roi Stanislas et ne peut se permettre de le quitter aussi tôt. Dans cette même lettre, la marquise rappelle avec désinvolture et beaucoup de retard la nomination de son époux: «Si votre ami ne s'était pas chargé, cher ange, de vous apprendre la grâce que le r[oi] de P[ologne] a faite à M. Du Châtelet je vous l'aurais apprise moi-même.» «Grâce», si l'on veut, car Emilie n'a pas obtenu, hélas! le commandement qu'elle escomptait: le roi Stanislas a nommé à ce poste M. de Bercsényi, et il a nommé le marquis Du Châtelet, si passionné de stratégie, à l'emploi le plus sédentaire et le moins glorieux, celui de grand maréchal des Logis! Malgré l'adjectif magnifiant le titre, la vanité de Mme Du Châtelet en a été blessée, mais sa déception a été effacée par l'événement d'octobre. C'est en effet le 22 septembre que Voltaire avait annoncé la nouvelle à d'Argental, mais en des termes peu flatteurs: «Voilà une belle guenille que la charge de M. Du Châtelet [...] Elle m'éloigne de vous, et cela corrompt toute ma joie.»[32] «Une chimère», précise-t-il: «il n'y a de bon que les appointements». Prétendra-t-on encore que Voltaire attend toujours patiemment le bon vouloir d'Emilie? Terrible femme qui a réussi, bravant l'opinion, a réunir à la cour de Lunéville son mari, son ami et son amant, et qui tenta un moment d'y ajouter son fils! La présence du marquis, cet homme ennuyeux qu'on se doit pourtant d'écouter, ne réjouit ni Saint-Lambert, ni Voltaire, ni le roi Stanislas. On le tolère. Il n'en reste pas moins que Mme Du Châtelet a obtenu ce qui lui permet de se fixer officiellement ou de revenir à volonté à la cour de Lorraine. C'est bâtir sur le sable, puisqu'elle n'est pas aimée.

Passer les fêtes de Noël à Cirey, ce sera de justesse: le 24 décembre, Voltaire et son amie ne sont encore qu'à Loisey, village des environs de Bar-le-Duc où le frère puîné de M. Du Châtelet possède un château. Le poète prend le temps d'y écrire une lettre à Cideville lui annonçant qu'après les fêtes, il «compte rester presque tout l'hiver à Paris.»[33] Le couple se hâte et parvient à Cirey ce même jour; dès son arrivée, Voltaire écrit encore deux lettres, l'une à d'Argental où il précise: «Je ne serai auprès de mes anges qu'après les rois»,[34] l'autre à Mme Denis, où il fait une critique violente de la *Sémiramis* de Crébillon qu'il vient de relire; dérangé, sans doute par Mme Du Châtelet, il s'interrompt brusquement: «Adieu, il y a du monde dans ma chambre. Je ne vous écris pas comme je voudrais.»[35]

Il ne dit mot à ses correspondants de l'arrivée à Cirey ni de l'état des lieux: sa pensée est déjà à Paris; et c'est Crébillon qui le préoccupe. Dans son courrier, il a trouvé une lettre de d'Argental qui lui fait un compte rendu sévère de la première représentation de *Catilina*. Il souhaite si fort que la pièce soit tombée qu'il s'en persuade trop vite et, reprenant la plume, s'exalte: «Je ne suis pas étonné de la chute de *Catilina*. L'auteur n'avait pas consulté mes anges [...] C'est avec des amis éclairés et sévères qu'on fait réussir un ouvrage. Ce que vous me dites [...] me persuade que *Catilina* ne durera pas longtemps [...] Il n'y a personne qui aille bâiller deux heures pour avoir le plaisir de me rabaisser.»[36] Or, la pièce obtiendra vingt représentations. Voltaire est convaincu, non sans raisons, que ses ennemis, pour attenter à sa gloire, ont «réveillé» ce *Catilina* qui dormait dans les dossiers de Crébillon. Sans savoir si Crébillon est complice ou non de ce réveil, il laisse éclater des ressentiments depuis longtemps accumulés: «Il méritait un peu sa chute par tous les petits indignes procédés qu'il a eus avec moi, par la sottise qu'il a eue de mettre son nom au bas des brochures de la canaille qui le louait à mes dépens, par l'approbation qu'il a donnée à la parodie, par la mauvaise grâce avec laquelle il voulait retrancher de mon ouvrage des vers que vous approuveriez. On ne peut pas abuser davantage de la misérable place qu'il a de censeur de la police.»[37] On retrouve le ton des invectives dont il accablait naguère J.-B. Rousseau et Desfontaines. L'affaire Crébillon n'est pas terminée.

Dès le 29 décembre, à n'en pas douter, Voltaire se trouve aux prises avec un plus grave souci; il annonce à Baculard d'Arnaud: «Je serai tout le mois de janvier à Cirey.»[38] Il ne saurait en donner la raison à quiconque; au contraire, il s'efforcera, ainsi que Mme Du Châtelet, d'en inventer de fausses: «Je suis au désespoir», écrit-il à sa nièce le même jour, «je tremble que vous ne soyez tombée malade. Pour comble de disgrâce, je reste ici jusqu'au 20, je m'y porte fort mal, je prends les eaux de Tancourt qui sont auprès de Cirey.»[39]

En réalité, le couple vient de subir un nouveau revers de la destinée, ce que Voltaire appelle une «taloche de la fortune». Et de taille! Depuis leur arrivée, le poète s'aperçoit qu'Emilie est «rêveuse et inquiète». Il pense d'abord que l'absence de Saint-Lambert en est la cause. Mais cet état se prolonge et son esprit semble si profondément troublé que Voltaire l'interroge. Ce qui lui arrive est trop grave pour qu'elle puisse le lui cacher longtemps. La périphrase de Longchamp est pudique: «Les assiduités de M. de Saint-Lambert auprès d'elle l'avaient mise dans le cas de devenir mère.» Voltaire se tait; il entrevoit les prolongements inéluctables de l'événement: l'impossibilité de le dissimuler, la situation mondaine de la marquise et sa renommée scientifique, la présence de M. Du Châtelet à la cour de Lunéville, la position ridicule dans laquelle Voltaire lui-même se trouve placé vis-à-vis de ses ennemis. L'essentiel est là devant lui: il n'a jamais vu son amie aussi accablée. Se reprenant, il va s'attacher à l'aider, il va l'amener à examiner froidement ce qu'il est possible de faire.

Desnoiresterres, reprenant le récit de Longchamp, affirme que Mme Du Châtelet appelle Saint-Lambert à Cirey.[40] On en peut douter aujourd'hui: une lettre de la marquise écrite plus tard à Paris, mais sans date précise, semble redire à son amant l'importante nouvelle: «Je vous ai mandé que je suis grosse», dit-elle,[41] sans faire aucune allusion à une visite de Saint-Lambert. Cet homme, qui n'aime plus sa maîtresse mais cède encore aux exigences de celle-ci, se sent-il vraiment concerné? Emilie n'a pas à hésiter: la seule issue qui puisse lui assurer, aux yeux du monde, une sécurité morale de façade, c'est de désigner comme père le marquis Du Châtelet. Mais depuis combien d'années n'a-t-il point partagé le lit de son épouse? Le temps presse. Voltaire et Emilie vont se résoudre à une mise en scène de comédie dont le caractère odieux ne leur échappe pas. Ils appellent le marquis, sous prétexte de lui demander conseil pour un procès et de lui rendre de l'argent. Il accourt. Pour ménager la vraisemblance, on le reçoit dans une atmosphère de fête. Longchamp va jusqu'à prétendre que l'on invite «quelques campagnards voisins». Il s'agit plutôt de vacances: «Les deux époux», dit-il, «restaient tête à tête toute la matinée à parler de leurs affaires [...] Après dîner, le marquis allait voir ses fermiers et se promenait dans ses jardins, dans ses bois, visitait ses forges.»

Ces occupations, Mme Du Châtelet se les attribue à elle-même afin d'expliquer son retard à ses amis d'Argental: «Des affaires très essentielles et qui seraient bien ennuyeuses, si je ne les faisais pas à Cirey. Un maître de forges qui sort, un autre qui prend possession, des bois à visiter, des contestations à terminer, tout cela, en n'y perdant pas un moment, ne peut être fait avant la fin du mois.»[42]

«Le soir», poursuit Longchamp, «on avait la complaisance de laisser parler [le marquis] et boire tant qu'il voulait [...] Il [lui] vint en réminiscence qu'il y avait longtemps qu'il n'avait rendu le devoir conjugal à son épouse [...] On affecta d'abord de l'étonnement et de la réserve [...] Enfin, on parut fléchir, et il se crut alors au comble du bonheur [...] Cela dura quelques semaines. Au bout de ce temps, Mme la marquise crut pouvoir déclarer qu'elle se croyait enceinte».[43]

Lorsqu'elle annonce au marquis, avant son départ pour Cirey, une paternité certaine, loin d'en être accablé, il accueille la nouvelle avec la vanité d'un héros et va la proclamer à tout venant. «M. Du Châtelet n'est pas aussi affligé que moi de ma grossesse», écrit Emilie à Saint-Lambert, «il me mande qu'il espère que je lui ferai un garçon.»[44]

Que pense, que fait Voltaire pendant ce séjour forcé à Cirey? Dans sa correspondance, rien ne transpire des chagrins et des angoisses communes. Au contraire, c'est le moment qu'il choisit pour vanter à d'Argental les travaux scientifiques de son amie: «Elle vient d'achever une préface de son Newton, qui est un chef-d'œuvre. Il n'y a personne à l'Académie des sciences qui eût pu faire mieux.»[45] La parution du Voltariana de Mannory et Travenol, que lui signale le roi Stanislas le 9 janvier, ne provoque chez lui aucune réaction violente: c'est à se demander si, connaissant par cœur les calomnies de ses ennemis, il n'a pas décidé de ne point lire l'ouvrage. Tout au plus remarque-t-on, chez le poète, quelque impatience à l'égard des projets matrimoniaux, hésitants et versatiles, de sa nièce; lorsqu'elle lui précise enfin, au début de janvier, que le nouveau prétendant serait un M. de Caseique, il lui enjoint, non sans nervosité, de saisir l'occasion, car il voit bien, fort déçu, qu'elle ne cherche qu'une affaire d'argent: «Lieutenant général!

envoyé du roi en Italie! Ma chère enfant, il n'y a pas moyen de refuser cela [...]
Il y a des circonstances où ce serait se manquer à soi-même de refuser sa fortune.
Plus je vous aime, plus je vous conjure de me percer le cœur en acceptant la
proposition [...] Je dois et je veux me sacrifier à votre bonheur [...]. *Finissez cette
affaire-là*!»[46]

Non, elle ne la finira pas. Qu'y avait-il de sérieux dans ce projet? Il n'est pas
même interdit de se demander à quel point il ne comportait pas un certain
chantage. Mme Denis a-t-elle eu connaissance de la liaison de Mme Du Châtelet
avec Saint-Lambert? Deux semaines plus tard, comme elle a reproché à son
oncle de subordonner sa vie d'homme célèbre «à de petites fantaisies», il se
défend vigoureusement: «Ne vous ai-je pas ouvert mon cœur, ne savez-vous pas
que j'ai cru devoir au public de ne point faire un éclat qu'il tournerait en ridicule?
Que j'ai cru devoir marcher toujours sur la même ligne, respecter une liaison de
vingt années, et trouver même dans la cour de Lorraine et dans la solitude où
je suis à présent un abri contre les persécutions dont je suis continuellement
menacé?»[47] Il ne dévie point de sa «ligne», fidèle aussi à son sentiment de
reconnaissance et avide de sécurité. Lunéville a remplacé Cirey, et le ciment du
«vieux ménage» est solide. Comment ne pas comprendre cet éternel malade, cet
éternel nomade?

«Menacé», il ne l'est alors qu'indirectement. Il redoute la désaffection de Mme
de Pompadour qui soutient le *Catilina* de Crébillon, ce *Catilina* dont il dit tant de
mal. Toutefois, détendu et confidentiel, il ajoute à la fin de sa lettre à sa nièce:
«Je vous en dirai de bonnes à mon retour.» Est-ce une allusion à la comédie que
l'on vient de jouer à M. Du Châtelet?

Pourtant, l'humeur de Voltaire n'est pas à la plaisanterie: dans sa lettre à
Frédéric du 26 janvier déferle une vague nouvelle de pessimisme qui lui donne
l'audace de mettre au jour, avec une ironie amère, les contradictions du roi. Il
a reçu de lui «un paquet de vers», parmi lesquels l'*Ode sur la guerre*:

Je croirais volontiers que l'Ode sur la guerre est de quelque pauvre citoyen, bon poète
d'ailleurs, lassé de payer le dixième, et le dixième du dixième, et de voir ravager sa
terre pour les querelles des rois. Point du tout, elle est du roi qui a commencé la
noise, elle est de celui qui a gagné les armes à la main une province et cinq batailles.
Sire, Votre Majesté fait de beaux vers mais elle se moque du monde. Toutefois qui
sait si vous ne pensez pas réellement tout cela quand vous l'écrivez [...] On est animé
aujourd'hui par la passion des héros. Demain on pense en philosophe [...] C'est une
preuve de ce que vous daignâtes m'écrire il y a dix ans sur la liberté. J'ai relu *ici* ce
petit morceau très philosophique. *Il fait trembler*. Plus j'y pense plus je reviens à l'avis
de Votre Majesté. J'avais grande envie que nous fussions libres. J'ai fait tout ce que
j'ai pu pour le croire. *L'expérience et la raison* me convainquent que nous sommes des
machines faites pour aller un certain temps, et comme il plaît à Dieu.[48]

On croirait à un avant-goût de *Candide* lorsqu'il ajoute: «J'ai eu une maladie qui m'a rendu sourd d'une oreille, et qui m'a fait perdre mes dents. »[49]

La fin de janvier arrive: il importe de quitter Cirey avant que la grossesse d'Emilie ne soit trop pénible. Le dernier jour est égayé par une lettre de Stanislas qui avoue en toute naïveté: «Memon[50] m'a endormi bien agréablement et j'ai vu dans un profond sommeil que la sagesse n'est qu'un songe [...] J'embrasse ma chère marquise. »[51]

On a les meilleures chances de ne point commettre d'erreur si l'on place lors de ce retour de Cirey à Paris l'anecdote du carrosse brisé. Il faut remarquer d'abord que Longchamp n'assista pas à la scène: il était parti à l'avance pour le château de M. de Chauvelin où il devait faire préparer un poulet pour le souper. Le récit, qui lui fut rapporté «par la femme de chambre de Mme Du Châtelet» n'est sans doute pas exempt d'inexactitudes ni d'exagération. Enfin, Longchamp ne l'a écrit que longtemps après. Quoi qu'il en soit, l'anecdote, aussi éloignée de sa réalité, offrait aux admirateurs passionnés de Voltaire, comme Decroix, la liberté d'imaginer un «nocturne» flatteur. Mieux vaut en revenir à Longchamp.

L'essieu de derrière vint à casser *du côté de M. de Voltaire*. Mme Du Châtelet et la femme de chambre tombèrent sur lui et l'étouffèrent de leur poids; il criait comme un désespéré [...] On ne pouvait le tirer que d'en haut, comme d'un puits [...] Un postillon se détacha avec un cheval pour aller chercher du secours dans un village éloigné d'une demi-lieue. En attendant son retour, on avait tiré les coussins du carrosse qu'on mit sur la neige et sur lesquels Mme Du Châtelet et Voltaire s'étaient assis à côté l'un de l'autre, considérant la lune et les étoiles et mourant de froid.[52]

Il faut s'en tenir là et abandonner le tableau devenu célèbre des deux philosophes, toutes douleurs calmées, oubliant leur situation critique et leurs soucis, méditant sur la gravitation et l'infini, et «ne regrettant au monde que des télescopes».[53]

Ce qui nous invite à situer cet accident au début de février 1749, c'est d'abord le froid, qui fut très intense cet hiver-là; la neige fut abondante, jusqu'à Paris, et ne fondit qu'au début d'avril. Mais c'est surtout l'état de santé de Voltaire qui suivra son arrivée à Paris: perclus de douleurs, il ne parvient pas à se remettre de ce qu'il nomme sa «sciatique». Il s'en plaint à la plupart de ses correspondants: à Berryer, dès le 4 février: «étant arrivé malade je n'ai pu avoir l'honneur de vous faire ma cour»;[54] à Stanislas, qui, reconnaissant sa maladresse, répond: «Ce n'est pas Memmon qui m'ennuie, c'est votre sciatique»;[55] à Frédéric, le 17 février: «Je suis arrivé à Paris paralytique, et je suis encore dans mon lit»;[56] à Mme Denis, le 2 mars: «J'ai un peu de sciatique aujourd'hui. Je ne sortirai point tant qu'il y aura de la neige. »[57] Comme la guérison se fait attendre, il insiste auprès de Frédéric pour que le roi lui envoie de *vraies* pilules de Stahl,[58] car il y a des imitations en France: «Il y a de quoi purger toute la France», répond Frédéric, «avec les pilules que vous me demandez, et de quoi tuer vos trois académies. Ne vous imaginez pas que ces pilules soient des dragées [...] Il n'y a ici que les femmes grosses qui s'en servent. Vous êtes en vérité bien singulier de me demander des remèdes, à moi qui fus toujours un athée en fait de médecine. »[59]

Frédéric a raison. Mais Voltaire a dans les pilules de Stahl une foi aveugle. Le célèbre médecin allemand avait tant exalté les vertus de ses pilules, balsamiques, purgatives et calmantes, prétendant qu'elles guérissaient toutes les maladies, que douze années après sa mort (1737) on les recherchait encore avec un engouement presque superstitieux. Qu'elles aient pu calmer les douleurs musculaires du poète, passe encore; quant à ses coliques, il semble qu'elles ne pouvaient que les aggraver.

Dans aucune de ses lettres, Voltaire n'évoque la cause de cette «sciatique», et il n'a jamais fait allusion, pour autant que nous le sachions, à l'accident du carrosse. Amour-propre? Peut-être ne voulait-il pas en effet procurer ce plaisir à ceux qui ne cherchaient qu'à se moquer.

Voltaire est revenu malade, partageant les soucis de Mme Du Châtelet, inquiet des recherches matrimoniales de sa nièce, et, cependant, rien ne l'empêchera de vilipender *Catilina*, de faire jouer *Nanine* et d'écrire des tragédies. «Cet homme», dira Paul Valéry, «est une merveille physiologique. Il est la vitalité même, usant et abusant d'un corps fragile. »[60] Mme Du Châtelet suivra son exemple: ni la souffrance de n'être pas aimée ni les inquiétudes d'une grossesse tardive n'arrêteront sa traduction de Newton.

19. «J'ai perdu un ami de vingt ans»

Les quelques mois de vie commune à Paris, dans la maison de la rue Traversière, n'ont pas rapproché Voltaire et Mme Du Châtelet. Il semble au contraire, d'après leur correspondance, que leurs passions, leurs occupations et leurs projets les séparent chaque jour davantage.

De plus en plus occupée à terminer sa traduction de Newton et à écrire d'interminables lettres à Saint-Lambert, la marquise s'isole dans sa chambre. Elle est arrivée à Paris gardant toujours ses illusions sur son amant. «Ce qui est invariable et plus sûr qu'aucune vérité géométrique», c'est qu'elle l'aime à la folie.[1] Elle espère encore qu'en son absence, il va réfléchir: père naturel de l'enfant qui va naître, ne deviendra-t-il pas enfin un homme mûr, responsable et fidèle? Elle sera cruellement déçue. Comment un homme aussi faible pourrait-il résister à l'effet dissolvant de cette cour et à l'influence perverse de Mme de Boufflers? Ses lettres sont toujours aussi vides: «Vous avez si peu de choses à me dire que vous me parlez de *Catilina* dont personne ne parle plus [...] Vous me trompez pour Mme de B[oufflers], mais qu'importe la cause puisque voue ne m'aimez plus? Je me repens bien amèrement de m'être laissée séduire par votre amour et d'avoir cru *qu'il y avait un cœur digne du mien.*»[2] Fatiguée d'Adhémar, la favorite a repris son ancien amant. Mme Du Châtelet encourage Adhémar à ne point quitter la cour et se révolte contre Mme de Boufflers, «qui m'a arraché le bonheur de ma vie et qui a employé tant d'art, de noirceur et de manège pour vous détacher de moi et qui y est enfin parvenue [...] Je passe ma vie à pleurer votre infidélité et à cacher mes larmes à qui pourrait me venger.»[3]

Sans aucun réconfort de l'infidèle, ne pouvant se plaindre à Voltaire, assaillie du remords d'introduire un enfant étranger dans la descendance de M. Du Châtelet, d'avoir joué à celui-ci la comédie de Cirey, et aussi d'avoir négligé ses études, elle se trouve seule devant le désastre. Elle avoue au P. Jacquier qu'elle a «perdu un an en Lorraine où il est impossible de travailler au milieu de la dissipation et de la vie coupée qu'on y mène.»[4] Tourmentée enfin par une grossesse dont elle redoute, à son âge, l'issue fatale, elle est saisie par une sorte de frénésie de rattraper le temps perdu. Elle ne partira point, écrit-elle à Bernoulli, que sa traduction ne soit achevée. Elle a retrouvé Clairaut, toujours serviable, qui vient l'aider à vérifier ses calculs, à revoir sa traduction, à en discuter avec elle. Elle éprouve parfois la satisfaction de retrouver Voltaire, entre dix heures et minuit, quand il n'est pas trop fatigué. Mais elle sent que son affection pour lui a diminué, et c'est encore à Saint-Lambert qu'elle le confie: «Je suis bien moins sensible à l'amitié, je l'annonce à ma honte».[5]

Voltaire est-il plus heureux ? Il est vrai qu'il a retrouvé sa nièce dont les projets de mariage semblent abandonnés, mais quel ton inattendu dans cette nouvelle déclaration qu'il lui fait de son amour : «Je vous aimerai tendrement toute ma vie, je croirai ce que vous voudrez, je donnerai mon approbation à tout ce que vous ferez, votre âme est la moitié de la mienne, soyez ma consolation dans toutes mes afflictions.»[6] Quelle détresse dans cette soumission ! Voltaire traverse une des périodes les plus douloureuses de sa vie privée. Impatient de retrouver auprès de sa nièce la tendresse et la paix, il est attaché à une femme à qui il doit beaucoup, mais qui est elle-même prisonnière d'un amour aveugle, de la crainte obsédante d'une maternité dangereuse et d'un travail où elle trouve l'oubli et l'espoir de survivre.

Ce travail même, qu'il admire, Voltaire ne le respecte pas toujours. C'est dire à quelle nervosité, à quelles incompréhensions réciproques ils peuvent arriver. Longchamp raconte une de leurs querelles. Un soir, Mme Du Châtelet et Clairaut travaillent ensemble à l'étage. Voltaire décide de souper de bonne heure et les fait avertir par Longchamp ; ils vont descendre, disent-ils, dans un quart d'heure. Au bout d'une demi-heure, Voltaire renvoie son laquais ; ils lui affirment qu'ils descendent. Voltaire fait servir le souper, mais les plats refroidissent. Il monte et trouve la porte fermée de l'intérieur, il se fâche et l'enfonce d'un coup de pied. «Vous êtes donc de concert pour me faire mourir !» s'écrie-t-il. On se hâte de souper sans une parole. Clairaut, choqué, restera plusieurs jours sans revenir.[7] Expliquer la fermeture de cette porte par une intention d'Emilie de se cacher serait déplacé : elle est enceinte, elle aime Saint-Lambert et le géomètre est des plus respectueux.

La querelle rebondit le lendemain. Mme Du Châtelet fait demander à Voltaire si elle peut prendre avec lui le petit déjeuner. Il accepte, elle descend. Longchamp lui verse son café dans une grande tasse en porcelaine de Saxe luxueusement décorée à l'intérieur comme à l'extérieur. Voltaire comprend immédiatement qu'Emilie n'est venue que pour lui reprocher sa colère de la veille. Il se lève brusquement et, dans un geste vif, atteint la tasse qui échappe à Emilie et se brise sur le sol avec sa soucoupe. Voltaire regrette aussitôt son geste. Il envoie Longchamp avec deux louis en acheter une semblable chez La Fresnaye, au Palais-Royal. Mais celle qui s'en rapproche le plus coûte dix louis. Longchamp, embarrassé, prie le marchand d'en venir présenter à son maître une demi-douzaine des plus belles. Longchamp ne s'était pas trompé : Voltaire choisit celle de dix louis en murmurant, sans désarmer, que la marquise eût mieux fait de déjeuner chez elle.[8]

Malgré la froideur de Saint-Lambert, Mme Du Châtelet désire accoucher en Lorraine. Certes, elle pourrait en obtenir l'autorisation du roi Stanislas, mais pour ne point indisposer Mme de Boufflers, elle s'adresse d'abord à elle, comme à une amie, avec beaucoup de naturel et d'humilité. Après lui avoir annoncé qu'elle est enceinte, ce que n'ignore pas la favorite, elle poursuit : « Vous imaginez bien l'affliction où je suis, combien je crains pour ma santé et même pour ma vie, combien je trouve ridicule d'accoucher à quarante ans [...] combien je suis affligée pour mon fils. Je ne veux pas le dire encore, crainte que cela n'empêchât son établissement [...] Personne ne s'en doute, il y paraît très peu ».[9] Affirmation combien naïve ! A la même date, Collé le note dans son *Journal* et ajoute : « Tout le monde veut que ce soit M. de Saint-Lambert qui ait fait cette ânerie-là. »[10]

Mme de Boufflers promet de s'occuper de ses couches. Mais Emilie aura bientôt l'occasion de présenter sa requête à Stanislas lui-même. Vers la mi-avril, il séjourne à Trianon une quinzaine de jours. Venue à Versailles pour se faire saigner, traitement absurde qui lui réussit mal, elle rend visite au roi de Pologne. Stanislas admire tant sa « chère marquise » et apprécie à tel point sa conversation qu'il l'invite à s'établir à Trianon pour le reste de son séjour. Emilie accepte ; elle dîne chaque jour en tête à tête avec lui et retrouve en sa compagnie son équilibre et sa dignité. Il lui accorde l'hospitalité à Lunéville pour ses couches ; il lui meublera une petite maison, et même il dérangera tous ses projets pour être présent lors de l'accouchement. Il consent encore à autoriser le voyage de Saint-Lambert à Commercy au début de juillet ; Emilie accepte provisoirement qu'il loge chez le curé : « Il faudra », écrit-elle à son amant, « vous emparer du gîte du gracieux curé, et je ne tarderai pas, j'espère, à vous en faire partir. »[11]

En mai, elle se renferme dans sa solitude morale, rue Traversière. Quelques lettres plus tendres de Saint-Lambert la touchent : comment pourrait-il ne la point remercier ? Elle lui a procuré quelque argent pour éponger ses dettes. Mais, vers le 25, elle reçoit en retour le coup le plus rude. M. Du Châtelet, arrivé de Lunéville, révèle innocemment à sa femme la nature des relations de la marquise de Boufflers avec Saint-Lambert. Elle le savait, pourtant, mais sans le croire tout à fait. Pouvoir de l'illusion ! Elle prend aussitôt la plume : « Je ne savais pas combien j'étais malheureuse. M. du Châtelet, avec une naïveté qui me donnait mille coups de poignard [...], m'a appris des choses que je donnerais la moitié de ma vie pour oublier. » Ce qui est admirable, c'est qu'elle s'élève aussitôt, mue par un instinct de défense, au-dessus de la haine. « J'écris à ma meilleure amie, qui m'arrache le bonheur de ma vie, uniquement pour avoir le plaisir de me l'arracher ; je ne lui laisse voir [...] que l'amitié la plus tendre, lorsque je devrais l'accabler des reproches les plus offensants. »[12]

Sans doute a-t-elle besoin de Mme de Boufflers. Mais celle-ci demeure « sa meilleure amie » : il est dans la nature d'Emilie qu'une tromperie, dans l'amitié comme dans l'amour, ne détruise pas le sentiment. Elle a peine à admettre la trahison et, si elle l'admet, la force de l'illusion l'efface. « Il n'y a donc plus de vérité », écrit-elle à son amant dans cette même lettre, « je ne croirai donc plus même aux démonstrations mathématiques [...] Non, je douterai plutôt de mon existence, je croirai plutôt que deux et deux font cinq que de douter un moment que vous ayez la plus belle âme du monde. Trompez-moi toujours, mais ne m'ôtez pas cette idée qui m'est plus chère que la vie. »[13]

Mais alors que Saint-Lambert ne s'en donne pas la peine, Mme de Boufflers sait entretenir et consolider l'illusion. Venue à Paris, elle reste chez Mme Du Châtelet de midi à huit heures et, lorsqu'elle en sort, Emilie est consolée, rassurée. « Nous avons toujours, en vérité presque toujours, parlé de vous, elle a enchanté mon cœur, je l'en aime mille fois davantage [...] je sens que quelque chose que vous me fassiez l'un et l'autre, *je vous aimerai toujours tous les deux.* »[14] La favorite a trouvé aisément la clé de cette conversion. Elle sait manœuvrer les cœurs.

Côte à côte, rue Traversière, les passions de Mme Du Châtelet et celles de Voltaire évoluent séparément, dirait-on, refermées sur elles-mêmes dans une étanchéité parfaite. Toutefois, il n'est pas impossible que quelques échos de celles de Voltaire parviennent à toucher Mme Du Châtelet dans leurs conversations du soir.

Chez lui, la passion du théâtre s'exerce de plus en plus contre Crébillon. Le succès de *Catilina*, si relatif soit-il, le bouleverse exagérément, comme un scandale public, comme une intolérable injustice. Dès le mois de janvier 1749, il a réagi sans aucune retenue, s'adressant à Mme Denis qui lui a envoyé la pièce :

Je ne reviens point de ma surprise, est-il possible, je ne dis pas qu'on ait joué plusieurs fois un pareil ouvrage, mais qu'on ait pu en soutenir la première représentation ? Non seulement la conduite est le comble du ridicule d'un bout à l'autre, non seulement le dialogue est un propos interrompu plein de déclamations puériles, de sottises ampoulées, de pensées fausses, d'extravagances sans intérêt, de contradictions grossières, d'impertinences de toute espèce [...] mais il n'y a pas dix vers qui soient français. Le style paraît être du temps de Henri trois [...] C'est la honte de la nation. Il n'est que trop clair que l'envie de m'humilier est le seul principe qui a formé cette faction qui déshonore l'esprit humain.

Voilà justement qui le fait réfléchir : au fond, Crébillon est-il responsable ? « Je veux pardonner à ce pauvre Crébillon d'être un fou qui ne connaît ni le théâtre ni sa langue, mais comment pardonner à la faction des sots qui ont eu l'insolence et la bêtise de prôner, de mettre au-dessus de *Cinna*, une pièce qui n'est pas digne de la foire ? »[15]

Il lui faut toutefois se taire : il se rend compte qu'il « ne peut parler librement ni de *Catilina* ni de Crébillon », pour la bonne raison que la pièce a été publiquement soutenue par la favorite. Il l'avoue à sa nièce, de Cirey : « Je suis très instruit que si j'avais été à Paris ce mois-ci, on m'aurait mis très mal dans l'esprit de Mme de P[ompadour], et dans celui du roi. »[16] Mme Denis est-elle discrète et ne lit-elle pas à ses amis les lettres de son oncle ? Mais ce n'est pas à elle seulement qu'il se livre : son jugement sévère sur Crébillon lui vaut avec Frédéric une querelle dans laquelle ni l'un ni l'autre ne font preuve de franchise. Frédéric répond :

Vous me demandez ce que je pense de la tragédie de Crébillon. J'admire l'auteur de *Rhadamiste*, d'*Electre* et de *Sémiramis*, qui sont de toute beauté; et le *Catilina* de Crébillon me paraît l'*Attila* de Corneille [...] Il fallait peindre Rome grande, et les supports de sa liberté aussi généreux que sages et vertueux; alors le parterre serait devenu citoyen romain, et aurait tremblé avec Cicéron sur les entreprises audacieuses de Catilina [...] On ignore quel était le véritable dessein de Catilina, et il me semble que sa conduite est celle d'un homme ivre [...] Le quatrième acte est le plus mauvais de tous [...] Et dans le cinquième acte, Catilina vient se tuer dans le temple, parce que l'auteur avait besoin d'une catastrophe [...] Ce n'est que la beauté de l'élocution et le caractère de Catilina qui soutiennent cette pièce sur le théâtre français.[17]

Mais ce que Frédéric néglige de dire, c'est qu'il a écrit à Crébillon lui-même une lettre fort élogieuse: «J'ai reçu votre lettre et votre tragédie de *Catilina*. Elle a justifié toute l'impatience que j'avais de l'applaudir. Les portraits en sont bien peints, finis et frappés à ce coin de perfection et de justesse qui vous caractérise si particulièrement. La versification est partout belle, mâle, soutenue, et il y a je ne sais combien de vers qui forment des sentiments à retenir, à graver, et qui iront à la postérité avec la réputation si bien méritée de leur auteur».[18]

Les amis de Crébillon ne sauraient trouver un meilleur allié et mettent en circulation des copies de cette lettre. Voltaire ne se contient plus: il a beau jeu de rendre public un extrait de celle qu'il a reçue de Frédéric dont il supprime soigneusement tout éloge. Discussions et rires dans Paris: «On fait courir», note Raynal, «deux lettres du roi de Prusse, l'une à Crébillon et l'autre à Voltaire. La première est un éloge de *Catilina*, la seconde est une censure très vive de cette pièce. Cette contradiction fait le sujet des entretiens de tout Paris.»[19]

Frédéric n'a pas ignoré cette petite guerre: si elle évite tout éclat et s'apaise, c'est que le roi tient beaucoup à la visite que lui promet Voltaire pour l'automne. Mais lorsque la brouille les séparera, en 1753, Frédéric lui reprochera sa trahison dans une lettre qu'il lui adressera à Leipzig, avant l'arrestation de Francfort: «En homme habile, vous fîtes courir dans Paris la partie de cette lettre qui contenait la critique et vous supprimâtes les éloges».[20] Présentement, la querelle étant publique, il est vraisemblable que Mme de Pompadour en est informée. A son égard, Voltaire redouble de prudence; il n'en livre pas moins sa véritable pensée, crue, irritée, dans une lettre au marquis d'Argenson: «Les personnes qui vous ont ôté le ministère protègent *Catilina*. Cela est juste. Brûlez ma lettre».[21]

Or, il n'est pas dans l'intention de Mme de Pompadour, en soutenant *Catilina*, de faire chorus avec les ennemis de Voltaire. Elle se trouve engagée dans leur coterie sans l'avoir voulu. En l'absence de documents sur ce point, Jean Sareil approuve l'explication psychologique qu'en a donnée Pierre de Nolhac: «C'était une touchante pensée», écrit le biographe, «que de procurer une dernière joie à un des maîtres de sa jeunesse. Elle a su pour cela rappeler à Louis XV que le Grand Roi donna à Corneille, vieilli et presque oublié, le bonheur de se voir ‹ressuscité›, comme il le disait, sur le théâtre de Versailles. Mme de Pompadour distingue mal Crébillon de Corneille, et l'amitié a toujours suffi à l'aveugler. Le roi, de son côté, fort indifférent au poète, prend l'homme en affection. Il entre dans les idées de la marquise ».[22] «Tout y est», commente J. Sareil, «le précédent du grand siècle, la note sentimentale, le plaisir de faire du bien, de redécouvrir un génie, de n'avoir pas à lutter pour imposer ce nouveau grand homme à la cour. Il ne semble pas que la marquise ait pensé qu'elle pouvait nuire à Voltaire.»[23] Celui-ci devait, d'ailleurs, se calmer peu à peu. D'abord, sa *Sémiramis* a été rejouée à partir du 10 mars, «avec un succès», dit-il à Frédéric, «dont je dois être content [...]. Je n'ai guère vu la terreur et la pitié, soutenues de la magnificence du spectacle, faire un plus grand effet.»[24] Ce qui répondait exactement, comme on sait, à son projet dramaturgique.

La meilleure preuve que ni Mme de Pompadour ni le roi ne lui sont devenus hostiles lui est donnée le 24 mai 1749 par une lettre de Maurepas. Dans un mouvement d'humeur sans doute, ou considérant que désormais il serait souvent en Lorraine, Voltaire a demandé à se démettre de sa charge de gentilhomme ordinaire, ce qui est accepté, mais dans des conditions qui lui font honneur : «Je vous donne avis avec plaisir, M.», écrit le ministre, «que le roi en vous permettant de vous démettre de votre charge [...] a bien voulu vous accorder un brevet d'honoraire pareil à celui qui a été donné à M. Charon lorsqu'il s'est retiré, ainsi vous pourrez conclure quand vous le jugerez à propos avec M. Dufour.»[25] Le roi lui conservait donc le titre, les honneurs et les fonds de sa charge en lui permettant de la vendre : une affaire de soixante mille livres. Si le poète ne peut approuver le mauvais goût dont la favorite a faite preuve en soutenant *Catilina*, il cesse d'en faire, pour le moment, «une grande affaire d'Etat». Il est important pour lui de ménager l'avenir.

Avant de repartir pour Lunéville avec Mme Du Châtelet, il porte *Nanine* aux comédiens, non sans hésitations. Il redoute l'insuccès. Dès le 24 mai, il avoue à sa nièce : «Tout Paris sait que la petite comédie de *Nanine* est de moi. Il n'y a plus moyen de se cacher. Il est triste d'être sifflé à visage découvert [...] J'ai bien envie de ne la pas donner.»[26] Aussi ne veut-il pas que l'on considère cette pièce comme une œuvre importante : «une bagatelle», dira-t-il dans sa préface. *Nanine* est tirée du roman de Samuel Richardson, *Paméla ou la vertu récompensée*, traduit en 1741. Cet ouvrage avait remporté un tel succès que l'idée de le porter à la scène avait immédiatement séduit deux auteurs : Boissy, qui donna aux comédiens en mars 1743 *Paméla ou la vertu mieux éprouvée*, en trois actes, et Nivelle de La Chaussée, qui fit jouer, en décembre de la même année, une *Paméla* en cinq actes et en vers. Toutes deux avaient si totalement échoué – celle de La Chaussée dès la première représentation – que les Italiens jouèrent *La Déroute des Paméla*.[27]

C'est pourquoi Voltaire jugea prudent de débaptiser l'héroïne, et sa *Nanine* fut plus heureuse puisqu'elle obtint douze représentations consécutives. Martin de Chassiron, un académicien de La Rochelle, en a tiré, dira Voltaire, «une dissertation ingénieuse et approfondie [...] sur cette question qui semble partager depuis quelques années la littérature: savoir, s'il est permis de faire des comédies attendrissantes. Il paraît se déclarer fortement contre ce genre, dont la petite comédie de *Nanine* tient beaucoup en quelques endroits. »[28] Bien qu'il partage ce point de vue, et qu'il l'ait encore affirmé dans *Zadig*, Voltaire reconnaît que les larmes peuvent venir, dans la comédie, «de l'amour naïf et tendre», alors que l'amour «furieux, barbare, funeste» reste le partage de la tragédie. *Nanine* s'inscrit, en outre, et c'est un point commun avec les pièces de Marivaux, contre le préjugé des classes sociales, au moins en ce qui regarde l'amour.[29]

Il ne faut pas trop se demander pourquoi les personnages se trouvent réunis dans cette maison, pourquoi, en particulier, la baronne de l'Orme vit avec le comte d'Olban qu'elle désire épouser. C'est une «parente» autoritaire et acariâtre qu'il supporte de plus en plus difficilement, car il est séduit et dominé par Nanine, jeune fille «élevée dans la maison», enjouée et fine, liseuse passionnée, que la baronne traite en «servante», en «fille des champs». Le comte irrite la baronne et brave les conventions sociales en déclarant, dans une belle tirade :

> Je veux, madame, une femme indulgente,
> Dont la beauté douce et compatissante,
> A mes défauts facile à se plier,
> Daigne avec moi me réconcilier,
> Me corriger sans prendre un ton caustique,
> Me gouverner sans être tyrannique,
> Et dans mon cœur pénétrer pas à pas,
> Comme un jour doux dans des yeux délicats.[30]

Le voici encore, ce Voltaire poète, chez qui nous avons surpris tant de fois ce goût pour la tendresse!

Hélas! Blaise, le jardinier, est amoureux, lui aussi, de Nanine. Endormi et maladroit, il s'en va révéler que Nanine, tout émue, fait des bouquets pour le comte. La baronne appelle la jeune fille, «qui lisait un livre anglais» dans lequel

> L'auteur prétend que les hommes sont frères,
> Nés tous égaux [...]   (I.v)

La baronne, bien entendu, veut marier Nanine au jardinier et la menace:

> [...] Je vous ferai rentrer
> Dans le néant dont j'ai su vous tirer [...]
> Je te ferai renfermer pour ta vie
> Dans un couvent.   (I.v)

Devant l'obstination de Nanine, elle met sa menace à exécution: elles partiront toutes les deux, en secret, vers minuit. Beau monologue de Nanine, attendrissant: «Je fuis le plus aimable maître».

593

Le comte, apprenant que Nanine va partir, s'affole et lui déclare son amour. Stupéfaite, troublée à tel point qu'elle ne peut plus s'exprimer que mot par mot, la jeune fille tremble et hésite. Sa maladresse va tout gâcher. Elle charge Blaise de porter un message, accompagné d'une somme d'argent, à un nommé Philippe Hombert. La baronne l'intercepte et triomphe, le comte se voit trompé. Inconcevable malentendu: sans aucune méfiance, ni réflexion ni enquête, dominé comme un enfant par l'humiliation et la colère, il va chasser Nanine et, de rage, déclare qu'il épousera la baronne.

Par bonheur, il reçoit la visite de sa mère, la marquise d'Olban, qui n'aime point la baronne et s'exprime en un langage énergique et dru, à la Croupillac:

> Votre baronne est une acariâtre
> Impertinente, altière, opiniâtre. (II.xii)

Elle entend que l'on ne chasse point Nanine.

Autre coup de théâtre: un paysan se présente: c'est Philippe Hombert qui se dit le père de Nanine; il rapporte l'argent et les bijoux que le comte a donnés à sa fille. Ainsi se dévoilent en même temps l'amour du comte et les humbles origines de sa protégée. Mais comment ce comte ignorait-il encore cette ascendance?

Après un débat qui n'éclaire pas tout, la marquise d'Olban, séduite par les répliques de Nanine, pleines d'esprit, de droiture et de vertu, décide que son fils l'épousera. Que l'on n'attribue donc pas une trop grande importance à cette entorse aux usages du siècle, c'est la conclusion de l'auteur:

> Que ce jour,
> Soit des vertus la digne récompense,
> Mais sans tirer jamais à conséquence. (III.viii)

Il est à noter que, selon une tradition, Voltaire avait pensé d'abord au dénouement banal, par une reconnaissance: Nanine se trouvait être fille de gentilhomme. Ainsi s'expliquait sa distinction native. D'Olban alors l'épousait sans se mésallier. Ce fut, dit-on, Mme d'Argental qui persuada son ami de risquer le mariage d'amour du comte avec une jeune fille d'humble naissance.[31] Mais le mot de la fin précise que cela ne doit pas «tirer à conséquence».

Voltaire assiste à la troisième représentation. Alors qu'un petit ricanement souligne une réplique, il se lève de son fauteuil et crie: «Barbares, arrêtez!», citant les imprécations de Clytemnestre dans *Iphigénie*.[32] Aussitôt tout se tait, et la pièce reprend.

C'est encore à propos de *Nanine* que nous parvient, sur la nervosité du poète, un étonnant témoignage de Mme d'Argental qui raconte à son époux absent de Paris, quelques jours avant la représentation de la comédie, la scène suivante:

Voltaire sort d'ici. Il est arrivé à onze heures [du soir] comme un furieux. Il m'a conté qu'il avait été à Versailles, à Sceaux, chez des notaires depuis qu'il était revenu, et cent choses avec une volubilité prodigieuse, et toujours criant qu'il était au désespoir. Enfin, quand il a pu mettre quelque ordre dans ses discours, il m'a dit que tout chemin faisant il avait fait non seulement les retranchements [de *Nanine*] que vous lui aviez demandés, mais même davantage [...] Qu'ayant été, à dix heures, porter à mademoiselle Grandval ce qui la regardait, il l'avait trouvée apprenant une leçon que des gens qui ne se fiaient jamais à lui, lui avaient envoyée. Il m'a demandé d'une voix terrible de quoi on se mêlait [...] La fin de tout ce tapage a été qu'il s'est mis à mes genoux, qu'il a ri de sa fureur, qu'il m'a dit que l'humeur le faisait mettre en colère et extravaguer, mais que son cœur n'y avait point de part, et qu'il se jetterait aux genoux de son ange pour le remercier de ses soins paternels; que pour moi, il m'aimait à la folie, et ne saluerait jamais un fermier général jusqu'à ce que j'eusse soixante mille livres de rente.[33]

Nanine connaît en 1749 deux types de critique écrite, l'une proprement littéraire, l'autre qu'on pourrait qualifier de «philosophique», dans le sens d'«opinion avancée», hors des préjugés traditionnels, que prend ce mot à la fin de la première moitié du siècle. La première, la plus défavorable, est représentée par les *Réflexions critiques sur la comédie de Nanine adressées par Mme D... à M. G...,* parues à Nancy. L'auteur, qui nous est inconnu, a pris un pseudonyme de sonorité étrangère : de Gresvik. Est-il Lorrain? «Madame», écrit-il, «vous ignorez sans doute à combien de désagréments vous m'exposez en exigeant de moi mon sentiment sur la comédie de *Nanine*; quiconque ose porter des yeux critiques sur les ouvrages de son auteur s'expose à des ripostes dangereuses [...] Rien ne lui paraît juste que les éloges qu'on lui donne».[34]

La critique est facile, et l'auteur ne passe rien à Voltaire : la vraisemblance perpétuellement sacrifiée, le caractère inconsistant du comte qui ne s'informe de rien, ni de la cause des chagrins de Nanine, ni de l'identité de Philippe Hombert, son rival supposé. Et Nanine! Comment ne cherche-t-elle pas à savoir pourquoi on la chasse? Quel intérêt a-t-elle à cacher au comte la triste situation de son père? Depuis longtemps, «elle n'ignore pas que le comte, dont elle a reçu mille bienfaits, est fort au-dessus du préjugé qu'inspire la misère au désavantage de ceux qu'elle persécute», puisqu'elle a tant d'esprit! De son côté, Blaise n'agit pas : «Il est sans doute au cabaret»! Enfin, la marquise d'Olban est «une vieille commère bavarde et triviale, chargée des manières du bon vieux temps [...] avec une bassesse de langage qu'on ne peut supposer naturelle à une personne de condition». Tout cela, bien qu'exprimé sans nuances, reste juste. Sans doute la pièce a-t-elle été fort bien jouée pour que se justifient ses douze représentations. Mais ce succès ne provient-il pas aussi de ce que la jeunesse et de nombreuses femmes en approuvèrent l'aspect social?

C'est cet aspect que met en valeur un autre critique, qui serait, selon Barbier, Guiard de Servigné. Il écrit au poète, dont il se dit le défenseur, une *Lettre à l'auteur de Nanine.* Après avoir loué le «comique larmoyant» de Voltaire qu'il place plus haut que celui de La Chaussée et de Marivaux, il approuve son combat contre les préjugés de classe. Mais il sent le danger et voulant en préserver Voltaire, il propose en sa faveur une préalable et artificieuse défense. Car il serait faux, prétend-il, de déduire du comportement de ses personnages une philosophie qui engage l'auteur. Les censeurs veillent, «gens malintentionnés ou peu instruits». «Ils voudraient que vous prissiez pour vous-même ce système d'égalité entre les hommes établi dans votre nouvelle comédie.» Loin de vouloir répandre «une morale fâcheuse», Voltaire a voulu donner, tout simplement, «une belle leçon à la noblesse». C'est de ce point de vue que le critique réhabilite le vers:

> Est-il un rang que Nanine n'honore?

La pièce est peu goûtée des femmes de condition? Soit! «mais les beautés reléguées aux troisièmes loges vous applaudissent de tout leur cœur».[35]

Ce n'est pas là, certes, qu'il faut chercher la position philosophique de Voltaire à la fin de cette première moitié du siècle. On la trouve plus sûrement dans sa lettre à Machault d'Arnouville, contrôleur général des finances, à propos de l'impôt du vingtième. Il l'a datée du 16 mai 1749 alors que venait d'être signé un décret établissant un impôt d'un vingtième sur tous les revenus des particuliers, sans distinction de naissance ni de qualité. On comprend qu'un impôt aussi égalitaire soit approuvé par le philosophe. Sans doute, Voltaire tenait à marquer son approbation au pouvoir, dans un conflit fiscal alors en cours. Mais son intervention procède aussi «d'une conviction personnelle profonde» (Henri Duranton). Il est persuadé que la France, pays prospère, peut supporter le fardeau d'un impôt équitablement réparti. Malheureusement son appui fut, en fait, refusé par le ministère. Rouillé Du Coudray, adjoint de Machault d'Arnouville, s'absint de transmettre au ministre la *Lettre* de Voltaire. De sorte qu'elle ne fut publiée qu'en 1929. Mais Voltaire reviendra à la charge par l'*Extrait du décret de la sacrée congrégation de Rome à l'encontre d'un libelle intitulé Lettres pour le vingtième* (20 mai 1750), et par *La Voix du sage et du peuple* (mai/juin 1750).[36]

La *Lettre à l'occasion de l'impôt du vingtième* commence par le récit d'un souper chez le ministre: d'abord,

On joua quelque temps dans ce magnifique salon que vous avez orné avec tant de goût; il y eut environ trois cents louis de perte, et la gaieté de la compagnie n'en fut point altérée [...] Nous soupâmes ensuite: vous savez combien la beauté de votre vaisselle frappa tout le monde [...] On loua beaucoup votre cuisinier, et on avoua que vous aviez raison de lui donner quinze cents livres de gages, ce qui fait cinq cents francs de plus que ce que vous donnez au précepteur de M. votre fils, et près de mille francs au-delà des appointements de votre secrétaire. Quelqu'un de nous fit réflexion qu'il y avait dans Paris cinq ou six cents soupers qui ne cédaient guère au vôtre. Cette idée ne vous déplut point: vous n'êtes pas de ceux qui ne voudraient qu'eux d'heureux sur la terre.

Un homme de mauvaise humeur prit ce temps-là, assez mal à propos, pour dire qu'il y avait aussi dans des quatrièmes étages bien des familles qui faisaient mauvaise chère. Nous lui fermâmes la bouche en lui prouvant qu'il faut absolument qu'il y ait des pauvres, et que la magnificence d'une maison comme la vôtre suffisait pour faire vivre dans Paris deux cents ouvriers, au moins, de ce qu'ils gagnaient avec vous.

Certes, il n'est pas dans l'intention de Voltaire de condamner la richesse ; admirons qu'en journaliste de génie, il essaie de juger objectivement son époque :

On remarqua ensuite que ce qui rend Paris la plus florissante ville du monde n'est pas tant ce nombre d'hôtels magnifiques [...] que ce nombre prodigieux de maisons particulières, où l'on vit avec une aisance inconnue à nos pères, et à laquelle les autres nations ne sont pas encore parvenues. Comparons en effet Paris avec Londres, qui est sa rivale en étendue de terrain, et qui est assurément bien loin de l'être en splendeur, en goût, en somptuosité, en commodités recherchées, en agréments, en beaux-arts, et surtout dans l'art de la société [...] Il se mange en un soir, à Paris, plus de volaille et de gibier que dans Londres en une semaine.

Le grincheux intervient encore : « J'avoue », dit-il, « que les villes paraissent assez à leur aise, mais la campagne est entièrement ruinée. » Un bon citoyen, « homme de sens », qui pourrait être Voltaire, lui répond, prouvant que les paysans de l'époque sont moins malheureux que ceux des siècles passés. Il oublie de dire que cela n'est vrai que dans les régions de bonnes terres, qui ravitaillent les villes, mais il est tant de régions déshéritées, aujourd'hui encore. Quoi qu'il en soit, la paix procure aux paysans une relative tranquillité. Le bon citoyen remonte alors le cours de l'histoire ; il cite le terrible hiver de 1709 ; puis les invasions de la France, quand les ennemis vinrent jusqu'à l'Oise, sous Richelieu, quand ils prirent Amiens, sous Henri IV ; puis le temps des guerres civiles et des guerres contre les Anglais : « Comparez ces siècles et le nôtre, si vous l'osez [...] Maintenant je demande si Louis XIV, malgré la faute qu'on fit de livrer tout aux traitants, a laissé un royaume moins riche, moins étendu, moins florissant, moins peuplé, moins puissant qu'il ne l'avait reçu de Louis XIII ? »
Vient enfin la conclusion sur l'impôt du vingtième :

Si on n'admet pas cet arrangement, il faudra nécessairement un équivalent, car il faut commencer par payer ses dettes. Ce ne sont point les impôts qui affaiblissent une nation, c'est ou la manière de les percevoir ou le mauvais usage qu'on en fait. Mais si le roi se sert de cet argent pour acquitter des dettes, pour établir une marine, pour embellir la capitale, pour achever le Louvre, pour perfectionner ces grands chemins qui font l'admiration des étrangers, pour soutenir les manufactures et les beaux-arts, en un mot, pour encourager de tous côtés l'industrie, il faut avouer qu'un tel impôt, qui paraît un mal à quelques-uns, aura produit un très grand bien à tout le monde.

Parallèlement à ces préoccupations politiques, Voltaire poursuit ses réflexions métaphysiques et morales. L'œuvre qui reflète le mieux cette période douloureuse de sa destinée est un conte, le second *Memnon*, qui, publié dès la fin de 1749, deviendra en 1756, dans l'édition Cramer de Genève, *Memnon, ou la sagesse humaine*. Voltaire l'a rédigé en 1748; sans attendre la version définitive, il en a communiqué des copies à quelques privilégiés. Les deux lettres de Stanislas, D3857 et D3860, citées dans le précédent chapitre, en peuvent témoigner. C'est peut-être aussi du second *Memnon* qu'il s'agit dans la lettre de Cirey du 29 décembre 1748, à Baculard d'Arnaud, qui est à Berlin: «Voici une petite drôlerie dont vous pourrez régaler sa majesté prussienne. Il en a couru des copies fort infidèles.»[37] Il est vraisemblable que Voltaire a continué d'améliorer son texte en 1749.

L'inspiration semble être la même, au départ, que celle du *Monde comme il va*, et le conte apparaît comme une transition vers *Candide*; son héros, Memnon, se distingue d'abord par sa candeur, et il sera borgne, comme Pangloss, cruellement détrompé et condamné à l'indignité comme à la laideur. Memnon n'est pas sage par nature, comme Zadig, mais il a décidé de l'être. «Memnon conçut un jour le projet insensé d'être parfaitement sage».[38] Il veut vivre sans passions, ne jamais aimer de femme, rester toujours sobre, vivre dans l'indépendance grâce à des biens solidement placés, conserver ses amis et «ne pas être dans la cruelle nécessité de faire sa cour». Certaines de ces aspirations lui sont communes avec Voltaire. «Ayant fait ainsi son petit plan de sagesse dans sa chambre, Memnon mit la tête à la fenêtre.» Et c'est à partir de là, de ce regard sur la réalité du monde, que se déclenche la chaîne imprévisible des événements qui le happe, et le fait tomber au pouvoir des fripons.

De sa fenêtre, Memnon vit une femme qui «soupirait [...] pleurait et n'en avait que plus de grâce». La pitié le conduit à l'amour. Mais «l'oncle» de la femme affligée le surprend, exige réparation, et lui prend tout ce qu'il a. Il décide de se consoler en dînant, sobrement, avec ses meilleurs amis. Que risque-t-il? Or, il se laisse aller à boire, joue et perd tout son bien. Une dispute s'élève, et l'un de ses «amis intimes» lui jette à la tête un cornet qui lui crève un œil. On «rapporte» chez lui le sage Memnon ivre, ruiné et borgne. A la cour, où il va crier justice, il est devenu un objet d'horreur et de dérision. Enfin, en rentrant chez lui, il trouve des huissiers saisissant ses meubles.

Il s'endort sur de la paille. Dans un accès de fièvre, un ange lui apparaît; il a «six belles ailes, mais ni pieds, ni tête, ni queue, et ne ressemble à rien». Que peut offrir un tel être à Memnon? De belles paroles: il est bavard, disert, comme le sera Pangloss. Il explique que «dans les cent mille millions de mondes dispersés dans l'étendue, tout se suit par degrés», depuis la perfection jusqu'à une imperfection redoutable. Par chance, il habite, lui, dans une petite étoile voisine de Sirius où il n'y a point de femmes, où l'on ne mange ni ne boit, et où «tout le monde est égal». Mais en bas de la hiérarchie des globes, il en existe où «tout le monde est complètement fou».

J'ai bien peur, dit Memnon, que notre petit globe terraqué ne soit précisément les Petites-Maisons de l'univers.

Pas tout à fait, dit l'esprit, mais il en approche [...]

Eh mais! dit Memnon, certains philosophes ont donc grand tort de dire que *tout est bien*?

Ils ont grand raison, dit le philosophe de là-haut, en considérant l'arrangement de l'univers entier.

Excellente caricature de Leibniz. Mais le conte ne se borne pas à une illustration comique du *tout est bien*. « Il illustre la déraison des raisonneurs aux prises avec la réalité ».[39] Le sot projet de vouloir être parfaitement sage dans un monde de fripons! Memnon apparaît comme «un sage de la pire espèce [...], celle de quiconque, par mépris des passions humaines, en vient à tomber dans les excès de l'angélisme ».[40] On connaît l'attitude de Voltaire à l'égard des jansénistes, des calvinistes et de tous ceux qui haïssent les plaisirs ou tentent de le faire croire. S'il est facile à l'ange, qui n'a point de corps ni de tête, de ne pas aimer, de ne pas jouir de ses sens ni de son esprit, c'est impossible à l'homme. L'ange vit dans un monde irréel, monotone, ennuyeux. Ce qui sauve l'homme de l'uniformité et du désespoir, c'est le désir, ce sont les passions. Sans faire retour au bonheur du *Mondain*, que Voltaire a vécu à Cirey, le conte se rattache à la tradition de Montaigne, de Molière, de La Fontaine, de Mandeville; c'est la philosophie du cinquième *Discours en vers sur l'homme*:

> Timon se croit parfait depuis qu'il n'aime rien [...]
> Tout mortel au plaisir a dû son existence [...]
> Oui, pour nous élever aux grandes actions,
> Dieu nous a, par bonté, donné les passions.[41]

A condition de savoir que les passions non éclairées, non contrôlées par la raison, donnent naissance à l'intolérance et au fanatisme.

Voltaire, malgré les coups qu'il reçoit, n'est pas absolument pessimiste. Il n'est jamais définitivement «un des plus malheureux êtres pensants qui soit dans la nature ».[42] L'affection pour sa nièce lui reste, mais surtout sa passion pour son œuvre et pour l'homme, qu'il cherche coûte que coûte à sauver de l'ignorance et de l'injustice. Memnon retrouve l'humanisme. «Personnage conventionnel au départ, il échappe peu à peu à son créateur »,[43] mais pour se confondre avec lui.

La *Lettre d'un Turc*, sans doute le plus bref des contes, est de la même époque. Il paraîtra en 1750 dans l'édition Walther des *Œuvres* et recevra son sous-titre, *Bababec et les fakirs*, dans l'édition de Kehl. On peut le regarder comme un complément de *Memnon*, car il s'agit d'une autre forme de fausse sagesse. Voltaire, en se documentant pour l'*Essai sur les mœurs*, a trouvé dans les *Voyages* de Bernier[44] des descriptions de la vie des fakirs et de leurs exercices. Parmi ces hommes, ceux qui l'étonnèrent le plus furent les contemplatifs. L'un des plus fameux s'appelait Bababec. « Il était assis sur une chaise de bois proprement garnie de petites pointes de clous qui lui entraient dans les fesses [...] Beaucoup de femmes venaient le consulter ; il était l'oracle des familles ». Il prétendait être logé, dans la vie future, au trente-cinquième ciel. Un jour, il se laissa persuader de rejoindre le monde actif : « On le décrassa, on le frotta d'essences parfumées [...] il vécut quinze jours d'une manière fort sage [...] Mais il perdait son crédit dans le peuple ; les femmes ne venaient plus le consulter ; il [...] reprit ses clous, pour avoir de la considération ».[45]

Quelle était donc la valeur de ce mysticisme ? Car c'est bien du mysticisme qu'il s'agit : satisfaction de l'amour-propre, recherche de la gloire, forme de vanité. « Ce n'est pas seulement de l'Inde et de ses fakirs qu'il s'agit. La satire vise en général l'univers mystique, son ascèse du salut, ses mortifications, son goût de l'extase ».[46] Ainsi, l'homme s'éloigne des vraies valeurs humaines : le courage d'agir, la solidarité effective, la collaboration au bien public.

En même temps que Voltaire travaille, il suit l'effort douloureux de Mme Du Châtelet dans sa traduction : il lui semble que la fréquentation de Newton éloigne son amie de la métaphysique de Leibniz. Du moins y fait-il allusion dans une lettre au leibnizien Bernoulli : « Je crois que vous serez bien content de l'exposition qu'elle a faite des découvertes de sir Isaac. Quelle pitié que ces monades en comparaison ! Quelles sottises ! Vous devriez dire nettement combien tout cela est misérable. Qui est en droit de le dire si ce n'est vous ? »[47] La réputation imméritée de Leibniz préoccupe Voltaire depuis quinze ans. Cette passion, moins violente que celle qu'entretient en lui la gloire usurpée de Crébillon, mais plus féconde, le conduit peu à peu vers un autre chef-d'œuvre, *Candide*.

Un peu plus tard, au début de l'été, survient un événement philosophique dont il n'a fait, semble-t-il, qu'entrevoir l'importance : c'est la publication de la *Lettre sur les aveugles à l'usage de ceux qui voient* de Diderot. Fervent admirateur de l'œuvre de Voltaire, ami de Baculard d'Arnaud et de Marmontel, mais plus hardi, Diderot a appris l'anglais, traduit Shaftesbury en 1745 et publié les *Pensées philosophiques*. Nul, à cette époque, n'est plus proche de Voltaire. Critiquant le fanatisme, les miracles, les convulsionnaires, Diderot s'affirme déiste et prône l'indispensable coexistence entre la raison et les passions. Dans le foisonnement de ses idées, ce qui le préoccupe, c'est le problème posé par Locke du passage de la sensation au jugement. C'est pourquoi il s'intéresse aux aveugles, en particulier à ceux qui se sont élevés à la philosophie, tels l'aveugle-né de Puiseaux[48] et surtout l'Anglais Saunderson, devenu professeur de mathématiques et d'optique à Cambridge, inventeur de la *palpable arithmetic*.

Au mois de juin 1749, Diderot fait parvenir à Voltaire la *Lettre sur les aveugles*. Aussitôt, le poète s'enthousiasme : « J'ai lu avec un extrême plaisir votre livre qui dit beaucoup, *et qui fait entendre davantage*. Il y a longtemps que je vous estime autant que je méprise les barbares stupides qui condamnent ce qu'ils n'entendent point, et les méchants qui se joignent aux imbéciles pour proscrire ce qui les éclaire. » Voltaire prévoyait-il que Diderot allait être incarcéré à Vincennes quelques jours plus tard ? Il ajoute qu'il lui semble hardi de nier Dieu, comme Saunderson : Dieu, pour Voltaire, est « un ouvrier infiniment habile ». Le poète envoie au jeune philosophe les *Eléments de la philosophie de Newton* et l'invite à venir chez lui « faire un repas philosophique [...] avec quelques sages ».[49]

Diderot lui répond aussitôt : « Le moment où j'ai reçu votre lettre a été un des moments les plus doux de ma vie. Je vous suis infiniment obligé du présent que vous y avez joint. Vous ne pouviez envoyer votre ouvrage à quelqu'un qui fût plus votre admirateur que moi. » Mais il n'en récuse pas moins que Dieu soit un habile ouvrier et se souvient sans doute que Voltaire a parfois regardé les hommes comme des insectes ; l'exemple qu'il lui donne est frappant :

On remplit un vaste terrain de décombres jetés au hasard, mais entre lesquels le ver et la fourmi trouvent des habitations fort commodes ; que diriez-vous de ces insectes si, prenant pour des êtres réels les rapports des lieux qu'ils habitent avec leur organisation, ils s'extasiaient sur la beauté de cette architecture souterraine, et sur l'intelligence supérieure du jardinier qui a disposé les choses pour eux ? Ah, monsieur, qu'il est facile à un aveugle de se perdre dans un labyrinthe de raisonnements semblables et de mourir athée [...] Je crois en Dieu, quoique je vive très bien avec les athées [...] Il est [...] très important de ne pas prendre de la ciguë pour du persil, mais nullement de croire ou de ne pas croire en Dieu.[50]

Il irait volontiers « s'éclairer » avec Voltaire de « ces très sublimes et très inutiles vérités », mais il est « enchaîné » par des soucis de famille, des occupations « énormes » et une passion [pour Mme de Puisieux] qui « dispose presque entièrement de moi ». Il ne semble pas que Voltaire et Diderot se soient rencontrés. Celui-ci envoie à Mme Du Châtelet une étude sur les retards qu'apporte la résistance de l'air au mouvement des pendules, ces retards étant « comme les carrés des arcs parcourus et non comme les arcs ainsi que Newton paraît l'avoir supposé ».

Mme Du Châtelet a-t-elle eu le temps, ou le goût, d'en prendre connaissance ? Cependant, c'est elle qui sera appelée, bientôt, à rendre service à Diderot. Au printemps de 1749, la population parisienne, dans les difficultés de la paix retrouvée, est en proie à l'agitation. Le ministère réagit au début de juillet. La police arrête massivement jansénistes, libertins, mauvais garçons. Diderot, qui a été dénoncé deux ans plus tôt par le curé de sa paroisse, Saint-Médard, et qui depuis a produit la *Lettre sur les aveugles* et les *Bijoux indiscrets*, tombe sous le coup de la répression. Le 24 juillet, il est incarcéré au château de Vincennes, car la Bastille est pleine. On se souvient que le gouverneur de la place est un Châtelet-Clémont, cousin du marquis Du Châtelet. Apprenant l'arrestation du philosophe, Voltaire s'indigne : « Il est honteux, que Diderot soit en prison et que Roy ait une pension. »[51] Il annonce que Mme Du Châtelet a écrit à son parent « pour le prier d'adoucir autant qu'il le pourra la prison de Socrate Diderot.» Il ne semble pas que l'intervention ait obtenu le résultat escompté. Diderot subit une détention très pénible. Il devra s'humilier pour obtenir une meilleure cellule : celle où il recevra en octobre la visite de Rousseau, qui lui parlera du sujet sur «les sciences et les arts» mis au concours par l'académie de Dijon.

Il est temps que Mme Du Châtelet, en raison de son état, regagne Lunéville. Voltaire ne saurait abandonner son amie. Tous deux arrivent vers le 25 juin à Cirey où ils s'arrêtent quelques jours. En cette année glaciale de 1749, il gèle encore en Champagne. Voltaire ne repart pas de gaieté de cœur : «Il est fort triste», écrit-il à ses amis d'Argental, «de quitter des appartements délicieux, ses livres, sa liberté, pour aller jouer à la comète».[52] Les plaisirs de la petite cour de Lunéville sont usés, le roi Stanislas a montré les limites de son esprit dans un ouvrage récent, *Le Philosophe chrétien*, et Voltaire, n'étaient les conversations avec Mme Du Châtelet, et peut-être avec Saint-Lambert, n'a plus rien à y découvrir. Certes, les couches de Mme Du Châtelet le préoccupent, mais, au-delà, il pense à s'évader dans une cour plus prestigieuse : «Mes plus beaux jours seront en automne», écrit-il le 28 juin à Etienne Darget qui est l'hôte de Frédéric, «je viendrai dans votre charmante cour, si je suis en vie».[53] En attendant, il résiste énergiquement à l'impatience de Frédéric : «Je ne quitterai pas, même pour Votre Majesté, *une femme qui peut mourir au mois de septembre.* Ses couches ont l'air d'être fort dangereuses, mais si elle s'en tire bien, je vous promets sire de venir vous faire ma cour au mois d'octobre.»[54] Emilie aurait-elle communiqué au poète ses angoisses prémonitoires ?

De Cirey, Voltaire et Mme Du Châtelet se rendent directement à Commercy où se trouve la cour de Stanislas. Mais le logement de Saint-Lambert, chez le curé, n'étant pas favorable à ses rendez-vous avec Emilie, celle-ci, après une quinzaine de jours, décide de quitter la cour avec son amant et Voltaire. Le trio se replie à Lunéville où sont demeurés M. Du Châtelet et Panpan.

Il semble d'abord que la paix soit rétablie entre les deux amants. Le roi de Pologne a fait aménager pour Emilie une petite maison de convalescence peinte en bleu ciel, c'est pour eux un but de promenade. Saint-Lambert soutient la marche d'Emilie et fait preuve de tendres attentions. Mais il ne saurait satisfaire longtemps aux exigences pointilleuses d'Emilie. Que l'on en juge par ce qu'elle lui écrit – car elle continue de lui écrire – à la suite d'une réception qui eut lieu chez elle : «Vous m'avez traitée bien cruellement, vous ne m'avez pas regardée une seule fois. Je sais bien que je dois encore vous en remercier, que c'est décence, discrétion, mais je n'en ai pas moins senti la privation».[55] Privation de quelques regards... Mais la discrétion n'était-elle point de rigueur devant le marquis Du Châtelet ? Les disputes renaissent à propos des jours de garde de l'officier dans sa garnison de Nancy. Foin des obligations de caserne ! C'est à Emilie qu'il appartient d'en juger : «Songez que si vous montez la garde demain, je puis vous revoir lundi en revenant d'Haroué.»[56] «Songez qu'un jour est tout pour moi [...]

un jour passé avec vous vaut mieux qu'une éternité sans vous. *Je vous aime avec démence* ».[57] Comment l'officier n'aurait-il pas envie d'échapper à une passion aussi autoritaire et pesante ? Sans doute ne va-t-il pas toujours où il l'annonce. Aussi ne tardera-t-il pas à tomber dans le piège que lui tend une étroite surveillance ! Emilie envoie un exprès au château d'Haroué et Saint-Lambert n'y est pas. « Le carrosse de Nancy est arrivé et il n'y a rien pour moi. Qu'êtes-vous donc devenu ? Vous voulez donc que ma tête tourne. »[58] Emilie n'a que deux moyens d'oublier la souffrance ; d'abord le jeu, où elle perd presque toujours – Voltaire comprend et l'aide en lui prêtant de petites sommes[59] – et enfin « la ressource la plus sûre contre les malheurs », l'étude : elle améliore son *Commentaire*. Mais en vertu de quelles craintes et de quel pressentiment range-t-elle avec tant de soin ses papiers personnels ? Longchamp sera chargé de remettre cassette et paquet clos à leurs destinataires.

A Lunéville, Voltaire travaille d'abord de façon désordonnée. Il écrit pour sa nièce une épitre sur *La Vie à Paris et à Versailles* :[60] est-ce par dépit, pour se détacher de cette vie dont il a été contraint de s'éloigner, qu'il y stigmatise la fatuité des femmes et des hommes, le vide de la conversation, l'incompréhension et l'ingratitude du public ? « Ah ! Cachons-nous ! », s'écrie-t-il. Mais il reste l'amitié. Frédéric apprécie cette œuvre, mais se plaint de n'avoir jamais lu *Nanine* dont il n'a entendu parler que grâce à une visite du maréchal de Saxe.

Sur sa table de travail, Voltaire a devant lui tant de projets qu'il ne sait par où commencer. Curieusement, il met en chantier *Le Duc de Foix* : « Ce n'est pas une pièce tout à fait nouvelle », explique-t-il à d'Argental, « ce n'est pas non plus *Adélaïde*, c'est quelque chose qui tient des deux. » En réalité, c'est une refonte d'*Adélaïde Du Guesclin* en changeant le siècle et le lieu. Il pense aussi à la reprise de *Sémiramis* ; il perfectionne sans cesse la mise en scène du dénouement, et il voudrait mettre *Nanine* en cinq actes. « Vous me direz [...] que je fais trop de choses à la fois ; cependant je joue à la comète. »[61]

Puis soudain, au début d'août, n'ayant toujours pas digéré le succès de *Catilina*, il décide, malgré Mme de Pompadour et le roi, de ne pas se taire et de combattre Crébillon, face au public, sur son propre terrain, le théâtre. Comme il a refait la *Sémiramis* du vieux tragique, il va refaire son *Catilina*. L'historien qu'il est s'insurge : dans la pièce de son rival, les caractères sont faux, et l'histoire de Rome est traitée avec une ignorance lamentable. Un enthousiasme juvénile, comparable à celui qu'il éprouvait en écrivant *Zaïre*, le saisit ; il écrit à ses amis d'Argental :

Vous allez être étonnés, et je le suis moi-même. Le 3 du présent mois [...] le diable s'empara de moi et me dit : Venge Cicéron et la France, lave la honte de ton pays ; il m'éclaira, il me fit imaginer l'épouse de Catilina, etc. [...] Il me fit travailler jour et nuit. J'en ai pensé mourir, mais qu'importe ? En huit jours, oui, en huit jours et non en neuf, *Catilina* a été fait et tel à peu près que ces premières scènes que je vous envoie [...] Vous n'y verrez point de Tullie amoureuse, point de Cicéron maquereau, mais vous y verrez *un tableau terrible de Rome*, et *j'en frémis encore*. Fulvie vous déchirera le cœur, vous adorerez Cicéron! Que vous aimerez César! Que vous direz voilà Caton! [...] O mes chers anges, *Mérope* est à peine une tragédie en comparaison! Mais mettons au moins huit semaines à corriger ce que nous avons fait en huit jours.[62]

On comprend pourquoi il changera bientôt le titre, non par crainte de Crébillon, mais pour «venger» Rome: ce sera *Rome sauvée*.

Pendant que la marquise Du Châtelet souffre et s'inquiète, la passion exalte le poète et s'exprime dans toutes ses lettres: à sa nièce, «venger la France de l'infamie de *Catilina*, [...] venger le sénat de Rome et tout Paris»;[63] à la duchesse du Maine, qui était «indignée de voir la farce monstrueuse du *Catilina* de Crébillon trouver des approbateurs. Jamais Rome n'avait été plus avilie et jamais Paris plus ridicule.»[64] Faire *Catilina* en huit jours, ironise-t-il auprès d'Hénault, «cela est plus incroyable que de l'avoir fait en trente ans.»[65]

D'Argental prend peur? Mais quoi! Voltaire sait bien «que je fais la guerre, et je la veux faire ouvertement.»[66] Que l'ange, au lieu de lui suggérer «des embuscades de nuit», lui prépare donc des troupes! Il a prévenu la favorite dont il vient de recevoir une lettre «pleine de bontés»:

Mais dans ces bontés mêmes qui m'inspirent la reconnaissance, je vois que je lui dois écrire encore, et ne laisser aucune trace dans son esprit, que des personnes qui ne cherchent qu'à nuire, ont pu lui donner. Soyez très convaincu, mon cher et respectable ami, que j'aurais commis la plus lourde faute et la plus irréparable, si je ne m'étais pas hâté d'informer madame de Pompadour de mon travail, et d'intéresser la justice et la candeur de son âme *à tenir la balance égale* et à ne pas souffrir qu'une cabale envenimée, capable des plus noires calomnies, se vantât d'avoir à sa tête la beauté et la vertu. C'était en un mot une démarche dont dépendait entièrement la tranquillité de ma vie.[67]

Il récrit donc à la favorite en lui envoyant les traductions en plusieurs langues du *Panégyrique de Louis XV*. Et cette fois, la réponse dut le tranquilliser. Pas tout à fait pourtant, car elle s'achevait sur une menace concernant le projet du poète d'aller en Prusse.

J'ai reçu et présenté avec plaisir au roi les traductions que vous m'avez envoyées, monsieur. S. M. les a mises dans sa bibliothèque avec des marques de bonté pour l'auteur; si je n'avais pas su que vous étiez malade, le style de votre seconde lettre me l'aurait appris. Je vois que vous vous affligez des propos et des noirceurs que l'on vous fait. N'y devriez-vous pas être accoutumé et songer que c'est le sort de tous les grands hommes d'être calomniés pendant leur vie et admirés après leur mort? Rappelez-vous ce qui est arrivé aux Corneilles, Racines, etc., et vous verrez que vous n'êtes pas plus maltraité qu'eux. Je suis bien éloignée de penser que vous ayez rien fait contre Crébillon. C'est, ainsi que vous, un talent que j'aime et que je respecte. J'ai pris votre parti contre ceux qui vous accusaient, ayant trop bonne opinion de vous pour vous croire capable de ces infamies; vous avez raison de dire que l'on m'en fait d'indignes; j'oppose à toutes ces horreurs le plus parfait mépris et suis fort tranquille puisque je ne les essuie que pour avoir contribué au bonheur du genre humain en travaillant à la paix [...] Je trouve ma récompense dans mon cœur qui est et sera toujours pur. Adieu, portez-vous bien, ne songez pas à aller trouver le roi de Prusse, quelque grand roi qu'il soit et quelque sublime que soit son esprit. On ne doit pas avoir envie de quitter notre maître quand on connaît ses admirables qualités. En mon particulier, je ne vous le pardonnerais jamais.[68]

Voltaire, à la fin d'août, s'acharne au travail. La cour est rentrée de Commercy vers le 15. Comme il ne va pas toujours s'asseoir à la table commune, où il perdrait trop de temps, le sieur Alliot, intendant de la maison du roi, appartenant au clan rigoriste dominé par le P. Menoux, en profite pour le ravitailler fort négligemment en «pain, vin et chandelle». Il doit faire appel à Stanislas.[69] Le 31 août, Voltaire annonce à Frédéric qu'il a achevé l'esquisse entière de *Catilina* devenu *Rome sauvée*, et qu'il a entrepris de refaire une autre pièce de Crébillon, une *Electre* qui deviendra *Oreste*.[70] Mais il ne sait pas encore ce qu'il doit penser de *Rome sauvée*: il attend les «ordres» de l'ange.[71] Hélas! ces tragédies resteront pour quelque temps des esquisses.

L'indifférence de Saint-Lambert augmentait avec l'approche de l'accouchement: gêné de voir les souffrances physiques d'Emilie et fatigué par ses reproches, il fuyait à Nancy et Haroué. N'était-ce point un ultime chantage qu'elle tentait lorsqu'elle envisageait un avenir sans lui: «Ramener votre cœur, mais je sais trop que le goût ne se ramène pas; l'étude, le soin de ma santé [...] l'éloignement, peut-être même la dissipation pourront-ils quelque chose sur moi? Je l'essaierai du moins [...] Je sens que je vous excède de mes lettres, j'espère que je prendrai sur moi de ne vous plus écrire jusqu'à ce que vous ayez décidé de mon sort.»[72] De quelle décision pourrait-il s'agir sinon qu'il refusât une rupture cruelle en un moment si dramatique et lui rendît quelque signe d'affection?

Le sort d'Emilie était accompli: Saint-Lambert se dérobait. Quel pathétique appel dans sa dernière lettre! Elle ne désirait plus que ce que peut désirer un mourant, le revoir, comme une dernière image de la vie:

Enfin si vous avez des affaires et des devoirs à Haroué, j'aime mieux cela que des plaisirs [...] Mon ventre est si terriblement bombé, j'ai si mal aux reins, je suis si triste ce soir que je ne serais point étonnée d'accoucher cette nuit [...] Vous n'articulez point si vous reviendrez mardi et si vous pourrez éviter d'aller à Nancy au mois de septembre [...] Ne me laissez pas dans l'incertitude, *je suis d'une affliction et d'un découragement qui m'effraieraient si je croyais aux pressentiments. Je ne désire que vous revoir encore* [...] Je finis parce que je ne puis plus écrire.[73]

A son avenir, elle croyait si peu qu'elle renonça à améliorer ses manuscrits.

Ayant retrouvé un peu de calme, elle prit la précaution de les confier à la Bibliothèque royale ; elle les expédia à l'abbé Sallier, conservateur, accompagnés d'une lettre : «J'use de la liberté que vous m'avez donnée, monsieur, de remettre entre vos mains des manuscrits que j'ai grand intérêt qui restent après moi. J'espère bien que je vous remercierai encore de ce service et que mes couches [...] ne seront pas aussi funestes que je le crains. Je vous supplierai de vouloir bien mettre un numéro à ces manuscrits et les faire enregistrer afin qu'ils ne soient pas perdus. M. de Voltaire qui est ici avec moi vous fait les plus tendres compliments.»[74]

Comme un défi à tous les présages, l'accouchement fut des plus faciles, dans la nuit du 3 au 4 septembre. Voltaire écrivit aussitôt à tous les amis du couple des lettres joyeuses, destinées sans nul doute à circuler. Le marquis d'Argenson reçut la plus parfaite : «Madame Du Châtelet vous mande, monsieur, que cette nuit, étant à son secrétaire et griffonnant quelque pancarte newtonienne, elle a eu un petit besoin. Ce petit besoin était une fille qui a paru sur-le-champ.[75] On l'a étendue sur un livre de géométrie in-quarto. La mère est allée se coucher parce qu'il faut bien se coucher, et si elle ne dormait pas, elle vous écrirait.»[76]

Cet été tardif de 1749 demeurait très chaud. Mme Du Châtelet, dans les jours qui suivirent les couches, fut incommodée par la chaleur, ce qui empêcha que l'on découvrît tout de suite la fièvre. Encore, lorsqu'on la décela, la crut-on bénigne. Selon le récit de Longchamp :

La fièvre de lait lui étant survenue, elle éprouva un surcroît de chaleur qui l'incommodait beaucoup ; elle voulut, pour se rafraîchir, boire de l'orgeat à la glace ; malgré toutes les représentations qu'on lui pût faire, elle força sa femme de chambre de lui en donner un grand verre ; elle ne l'eut pas plus tôt bu qu'elle se sentit accablée d'un violent mal de tête [...] On courut chercher M. Regnault, médecin du roi et [il] ordonna les remèdes usités. [Mais] des étouffements et des suffocations firent craindre pour la vie de Mme Du Châtelet [...] On envoya chercher en poste MM. Bagard et Salmon, médecins les plus accrédités de Nancy, [qui] lui firent prendre quelques drogues. Après les avoir prises, elle parut plus tranquille et vouloir reposer. [Tout le monde alla souper.] Il ne resta auprès d'elle que M. de Saint-Lambert, Mlle Du Thil, une de ses femmes de chambre et moi [...] Au bout d'un demi-quart d'heure, nous entendîmes des râlements, nous accourons à elle, nous la trouvons sans connaissance et les yeux tournés.[77]

Ayant ouï dire qu'en pareil cas on tirait aux femmes les cheveux du toupet, on la mit sur son séant et l'on commença ce traitement. Saint-Lambert et Longchamp lui agitèrent les mains et les pieds. Hélas, ce fut en vain :

Elle n'était plus. On envoya la femme de chambre avertir la compagnie que madame se trouvait mal [...] Ce furent d'abord des cris auxquels succédèrent des pleurs. M. de Saint-Lambert, et M. de Voltaire furent les derniers à se retirer. M. de Voltaire accablé de douleur, tomba au pied de l'escalier, près de la guérite de la sentinelle, et il se frappait la tête contre le pavé; son laquais, qui le suivait, faisait des efforts pour le relever. M. de Saint-Lambert l'aida. M. de Voltaire l'ayant aperçu lui dit en pleurant: «Mordieu, de quoi vous avisiez-vous de lui faire un enfant?»[78]

Mme de Boufflers, qui n'avait pas perdu son sang-froid, pensa la première à la bague à chaton entouré de petits brillants que portait habituellement Mme Du Châtelet. Aussitôt, elle donna l'ordre à Longchamp d'aller la retirer et de la conserver. Le lendemain, étant seule, elle lui demanda de la rapporter. Elle ouvrit alors le chaton, en retira le portrait de Saint-Lambert et la rendit à Longchamp en le chargeant de la remettre au marquis Du Châtelet.[79] Ce fut seulement dans les jours suivants que Voltaire se souvint de cette bague; il s'inquiéta que son propre portrait fût demeuré dans le chaton et questionna Longchamp; celui-ci lui raconta l'intervention de Mme de Boufflers. Voltaire «leva les yeux au ciel» et dit: «Voilà bien les femmes! J'en avais ôté Richelieu, Saint-Lambert m'en a expulsé, un clou chasse l'autre. Ainsi vont les choses de ce monde.»[80]

Cette plaisanterie, si proche de la mort de son amie, est-elle de Voltaire, ou bien a-t-elle été arrangée au goût de Longchamp? Tout est possible: il est des moments d'oubli, et Voltaire n'a pas encore mesuré l'ampleur de son désarroi. Il l'eût ensuite désavouée comme il a désavoué qu'il fût l'auteur des quatre vers que Longchamp déclare avoir copiés au bas du portrait de Mme Du Châtelet:

> L'univers a perdu la sublime Emilie.
> Elle aima les plaisirs, les arts, la vérité.
> Les dieux, en lui donnant leur âme et le génie,
> N'avaient gardé pour eux que l'immortalité.[81]

Qui d'autre pouvait en être l'auteur? Cependant il l'a nié, peu de temps après, dans une lettre à Mme Du Bocage: «Il faut être bien indigne de l'amitié et avoir un cœur bien frivole pour penser que, dans l'état horrible où je suis, mon esprit eût la malheureuse liberté de faire des vers pour elle.»[82]

Voltaire éprouve également des regrets d'avoir écrit trop vite et trop tôt, le 4 septembre, tant de lettres plaisantes sur l'agréable facilité de l'accouchement; sentiment naturel de délivrance, sans doute, mais aussi optimisme insolite en cette période de sa vie où l'infortune l'assombrit et le pessimisme inspire sa philosophie. Courte trève: dans les jours suivants, il se trouve en cet «état horrible» qu'il dépeint à ses amis, accablé par la seule vraie souffrance de sa vie, une souffrance auprès de laquelle les plus graves atteintes de l'amour-propre n'étaient rien. En même temps, il se débat dans les souvenirs ineffaçables des circonstances dérisoires et fatales de cette mort, comme si elle était venue confirmer l'absurdité de la destinée humaine, mais, cette fois, ce n'est point le héros d'un conte, c'est lui-même qui en est victime.

Aux condoléances de Frédéric, il répond: «Je suis sensible, sire, et je ne suis que cela.»[83] Et combien se sont trompés ceux qui n'ont admiré chez Voltaire que la vivacité d'esprit et l'ironie! Alfred de Musset, qui l'a violemment condamné, n'a sans doute pas connu des accents tels que ceux-ci, extraits d'une lettre à La Condamine : « J'ai perdu le soutien de ma malheureuse et languissante vie [...] Est-il possible que ce soit elle qui ait péri avant moi [...] Il faut souffrir et voir souffrir, mourir et voir mourir. Voilà notre partage. »[84]

Seule, sa nièce peut encore le rattacher à la vie. Encore faut-il qu'elle sache bien que c'est le cœur perclus de douleur qu'il lui revient :

Ma chère enfant, je viens de perdre un ami de vingt ans. Je ne regardais plus, il y a longtemps, madame Du Châtelet comme une femme, vous le savez, et je me flatte que vous entrez dans ma cruelle douleur. L'avoir vue mourir, et dans quelles circonstances ! Et par quelle cause ! Cela est affreux. Je n'abandonne pas monsieur Du Châtelet dans la douleur où nous sommes l'un et l'autre. Il faut aller à Cirey ; il y a des papiers importants. De Cirey, je reviens à Paris vous embrasser et retrouver en vous mon unique consolation et la seule espérance de ma vie.[85]

Après l'inhumation d'Emilie dans la nouvelle église paroissiale de Lunéville,[86] Voltaire n'avait nulle envie, en effet, de s'attarder à la cour du roi Stanislas. Mais avant de rentrer à Paris, il fallait passer par Cirey avec le marquis Du Châtelet pour un inventaire des papiers et du mobilier qui appartenaient à Voltaire ou à son amie. D'après Longchamp, le comte de Lomont, frère du marquis, les accompagna. Ici se pose la question de savoir si parmi les « papiers importants » de Cirey se trouvaient les lettres qu'ont échangés Voltaire et Mme Du Châtelet, ou bien si elles étaient contenues dans la cassette et dans le paquet clos que Longchamp a remis à M. Du Châtelet. Elles n'ont jamais été retrouvées. Tout ce que nous savons, c'est ce que raconte Longchamp :

Après la mort de Mme Du Châtelet, je n'avais pas manqué d'exécuter sa commission, je remis une cassette et un gros paquet enveloppé de plusieurs feuilles de papier à M. le marquis Du Châtelet. La clef de la cassette était attachée, enveloppée dans un papier cacheté ; sur la cassette était écrit de la main de Mme Du Châtelet, ‹ Je prie M. Du Châtelet de vouloir bien brûler tous ces papiers sans y regarder, lui étant inutiles et n'ayant nul rapport à ses affaires › [...] Ayant ouvert la cassette, M. Du Châtelet voulait examiner les papiers [...] son frère s'y opposa disant qu'il fallait exécuter les volontés de sa femme [...] Malgré ces remontrances M. Du Châtelet lut les premiers papiers qui lui tombèrent sous la main. C'étaient des lettres et il me parut qu'elles ne lui firent point plaisir, car je lui vis faire la grimace, M. de Lomont me dit d'apporter une bougie allumée ; pendant que je l'apportais, il avait lui-même vidé la cassette dans le foyer de la cheminée et il y avait mis le feu ; il me dit d'apporter des pincettes pour l'attiser.[87]

Il est douteux que ce soient les lettres de Voltaire qui aient été brûlées ce jour-là : les huit volumes in-quarto dont parle Voisenon n'auraient pas tenu dans une cassette ; mais que contenait le « gros paquet » ? Il reste possible que les lettres aient été brûlées par M. Du Châtelet ou par Voltaire lui-même.

Les trois hommes sont à Cirey le 17 septembre. Quel courage a-t-il fallu à Voltaire pour se livrer, avec le marquis, à une longue et minutieuse séparation des biens![88] Chaque meuble, chaque bibelot qu'il faut recenser et évaluer représentent pour le poète des gestes d'Emilie ou évoquent ses paroles. Aussi cette maison, dont il lui faut se détacher, devient-elle «un objet d'horreur». Mme de Champbonin est venue le réconforter. Sans doute l'a-t-elle aidé à retrouver les souvenirs plus doux des premières années de Cirey; il lui est alors possible d'écrire à ses amis d'Argental une lettre confidentielle fort belle, où il analyse, ce qui est rare chez lui, son état d'âme.

Je vous avouerai même qu'une maison qu'elle habitait, en m'accablant de douleur, ne m'est point désagréable. Je ne crains point mon affliction, je ne fuis point ce qui me parle d'elle. J'aime Cirey. Je ne pourrais pas supporter Lunéville où je l'ai perdue [...] Mais les lieux qu'elle embellissait me sont chers. Je n'ai point perdu une maîtresse, j'ai perdu la moitié de moi-même, une âme pour qui la mienne était faite, une amie de vingt ans que j'avais vue naître. Le père le plus tendre n'aime pas autrement sa fille unique. J'aime à en retrouver partout l'idée. J'aime à parler à son mari, à son fils. Enfin, les douleurs ne se ressemblent point, et voilà comme la mienne est faite.[89]

C'est surtout vers sa nièce que s'ouvre peu à peu son espoir: «Mes regrets dureront assurément autant que ma vie. Vous en ferez le bonheur, de cette vie traversée par tant de chagrins. Je vous la consacre tout entière. Je reste encore ici deux jours à achever de mettre tout en ordre. J'en vais passer deux autres chez une de ses amies [Mme de Champbonin], et je retourne à Paris à petites journées [...] Tout cela s'évanouit [...] Ma vie est à vous et vous en disposerez.»[90]

On comprend à quel point cet homme se sentirait abandonné s'il n'avait ce recours, et comment, dans son passé récent, ce besoin de vivre à tout prix avec un être cher a résisté aux infidélités d'Emilie. Rien ni personne d'autre que sa nièce, et sans doute ses amis d'Argental, ne l'attire à Paris. «Je crains», dit-il, «le séjour de Paris et les questions sur cette mort funeste.»[91] Sans doute sa réinstallation rue Traversière, dans la maison que loue M. Du Châtelet, où il a vécu avec Emilie, l'inquiète-t-elle aussi et hésite-t-il à y vivre avec sa nièce. C'est pourquoi, avant même de se mettre en route, le 21 septembre, il a demandé à ses amis d'Argental de lui retenir un logement proche de leur maison. Rêve séduisant, vite abandonné: le 5 octobre, de Reims, où il séjourne chez Lévesque de Pouilly, c'est de la possibilité d'une acquisition qu'il fait part à Mme Denis: «Je m'intéresse beaucoup moins à la maison où je logeais avec cette infortunée femme; elle m'est odieuse, et je n'en veux pour rien. M. Du Châtelet m'a écrit, et je trouve très bon qu'il la loue. Il y en a une autre qui appartient à M. de Boulogne et qu'il pourrait me vendre. Elle est dans la rue Saint-Honoré, près des Jacobins. Nous y serions tous deux fort à notre aise.»[92] Le marquis Du Châtelet décide donc de déménager les meubles et objets appartenant à son épouse, et afin de préserver l'héritage de ses enfants – maintenant au nombre de trois, en comptant la dernière née – il fait procéder le 7 octobre, par son homme d'affaires, à un inventaire détaillé de tout ce qui lui revient.[93]

Selon l'usage du temps, les hommes de loi recensent tous les meubles et ustensiles de chaque pièce, à l'hôtel de la rue Traversière, puis dans la maison d'Argenteuil. Ils dressent l'état des papiers d'affaires. L'opération se prolonge jusqu'en janvier 1750; les actes ne couvrent pas moins de cinquante-six pages imprimées. Mais dès le 7 octobre les notaires, parant au plus pressé, ont établi la liste des factures de Mme Du Châtelet restées impayées chez ses fournisseurs parisiens, dont son mari demeure «solidairement» redevable: bijoutiers, modistes, bouchers, maçons, etc., pour plus de 5000 livres. Au total, la défunte laissait plus de 165000 livres de dettes: somme énorme, dont on ne sait comment le marquis Du Châtelet put s'acquitter. Emilie dépensait en grande dame, sans souci de proportionner son train de vie à ses ressources. Mais nulle part, en ces actes, ne figurent les sommes que Voltaire dut lui avancer ou lui donner.

Le contraste paraît éclatant, en cette fin de 1749, entre l'endettement catastrophique de Mme Du Châtelet et l'état de fortune de son ami le philosophe. Saisissons cette occasion de dresser le bilan financier de Voltaire, au terme des quinze années que nous venons de parcourir. Disons que nos renseignements sont fragmentaires. Nicolardot jadis a tenté d'inventorier les *Ménage et finances* de Voltaire.[94] Il a réuni une documentation précise. Malheureusement l'ouvrage est gâté par des intentions polémiques; et il remonte à 1854. Depuis lors, un certain nombre d'actes ont été retrouvés. La plupart ont été rassemblés dans les appendices de l'édition Besterman de la correspondance. Mais, comme le note Jean-Claude David, il conviendrait de dépouiller systématiquement tout ce qui a trait à Voltaire dans le minutier central des notaires:[95] tâche immense autant qu'ingrate. Sera-t-elle entreprise un jour?

Nous en savons assez cependant pour être certains qu'entre 1734 et 1749 sa fortune s'est considérablement accrue. Il continue à placer de l'argent dans les opérations commerciales dont il avait chargé Demoulin. Celui-ci l'a trompé. Il lui devait en mai 1736 vingt-trois mille francs, qu'il s'engagea à payer en trois annuités.[96] Même après avoir rompu avec Demoulin, Voltaire continue à faire le commerce de Cadix. Il investit dans des navires desservant l'Amérique: gros profits, à la mesure du risque, qui est grand, notamment en temps de guerre. Longchamp nous fait connaître cependant qu'en 1746 il eut la chance de ne perdre qu'un seul bateau, pris par les Anglais.[97]

La guerre d'autre part mettait à même les détenteurs de capitaux de gagner énormément, à condition d'être introduits dans les bonnes filières. On se souviendra que l'ancienne monarchie confiait l'intendance de ses armées à des intérêts privés. Dans les années 1730 et 1740, ce sont les frères Pâris qui ont la charge de nourrir et d'équiper les troupes du roi. Voltaire place l'éloge de l'un d'entre eux dans son *Panégyrique de Louis XV* publié après la paix d'Aix-la-Chapelle (18 octobre 1748). Pâris-Duverney est désigné comme «un homme qui a soutenu le crédit de la nation par le sien [...] un des prodiges de notre siècle ». Car il « fait subsister nos armées ». Grâce à lui, « nos camps devant tant de places assiégées ont été semblables à des villes policées où règnent l'ordre, l'affluence et la richesse. »[98] Voltaire devait bien au financier cet hommage de reconnaissance. Il avait été associé par Duverney aux affaires de fournitures aux armées. Quand il reçut son arrêté de compte après la campagne d'Italie (juin-septembre 1734), son bénéfice s'éleva à 600000 francs.[99] On comprend qu'après cela il n'ait eu aucune difficulté pour faire face aux très lourdes dépenses qu'entraîna la restauration de Cirey. Pendant la guerre de 1741, c'est dans les vivres de l'armée de Flandre qu'il est intéressé. Les résultats furent « fructueux » selon Longchamp, qui donne pour la seule année 1749 un bénéfice de 17000 francs.[100] Il y avait là de quoi tempérer les sentiments pacifistes du philosophe. Généreusement il ouvre le pactole à des membres de sa famille : les cousins Marchant père et fils qui « ne demandent », assure-t-il au ministre de la guerre, « qu'à vêtir et alimenter les défenseurs de la France. »[101] Il leur fit obtenir la fourniture de dix mille uniformes pour les milices.[102]

Des revenus aussi considérables[103] font qu'il est peu affecté par les pertes auxquelles l'exposent des placements risqués. La faillite de Demoulin lui a coûté 20000 francs.[104] Un receveur général nommé Michel, qui lui servait un intérêt de cinq pour cent, dépose son bilan : perte pour lui de 32000 francs.[105] Broutilles, comparées aux 600000 francs provenant de Pâris-Duverney. Il lui reste donc une masse importante de capitaux à placer. Selon une pratique courante de l'époque, il les transforme en rentes viagères, sur des prêts consentis à de grands personnages. Longchamp en donne une liste pour 1749 : le prince de Guise, les ducs de Bouillon,[106] de Villars, les comtes d'Estaing, de Goësbriand, etc. Le plus gros débiteur (annuité de 4000 francs) est le duc de Richelieu. Ces nobles seigneurs, ne se souciant guère d'être écrasés de dettes, laissent souvent passer les échéances sans s'acquitter. Sa vie durant, Voltaire doit actionner ses débiteurs pour obtenir le paiement de ses rentes viagères. Mais il sait que ses emprunteurs ont du répondant : des terres, des pensions et gratifications royales. Et le philosophe prend ainsi sur des personnages haut placés une influence qui peut être précieuse. Longchamp a dressé un état récapitulatif de ses revenus pour 1749 : 76038 francs, dont les plus gros postes sont les rentes viagères, les fournitures aux armées, les « contrats sur la ville » (14023 francs), le « contrat sur les 2 sous pour livre » (9900 francs).[107] De telles ressources financières vont bientôt lui être fort utiles lorsqu'après la disparition d'Emilie il va s'engager dans une voie périlleuse en acceptant l'invitation de Frédéric de se fixer en Prusse.

Mais en octobre 1749, son parti n'est pas encore arrêté. Il se résigne à réoccuper provisoirement la maison de la rue Traversière, au premier étage. C'est là que les « vingt-cinq grosses caisses » de bagages, venues de Cirey sur trois voitures qui l'ont précédé, ont été déchargées : elles ont franchi la douane sans difficulté, grâce à Mme Denis, qui a prié M. Dupin, fermier général, d'avertir ses confrères. Voltaire n'a pas oublié les instruments de physique.

Il arrive à Paris le 12 octobre, par la porte Saint-Antoine. Rue Traversière, le voici replongé dans sa douleur. Fatigué et malade, il supporte mal cette étrange présence d'une absente à jamais disparue. «A son arrivée à Paris», écrit Longchamp, «M. de Voltaire était malade [...] il était toujours sombre et triste, ne voyait personne, ne sortait point et ne pouvait se consoler de la mort de Mme Du Châtelet.» La nuit, il se lève et appelle Emilie de chambre en chambre. Il peut à peine se soutenir. Une nuit, il se heurte à une pile de livres arrivés de Cirey, tombe et ne parvient pas à se relever. Il appelle plusieurs fois, mais sa voix est si éteinte que d'abord Longchamp ne l'entend pas. Enfin, le valet de chambre accourt et trouve son maître glacé. Il rallume le feu et le réchauffe avec des serviettes chaudes.[108]

Peu à peu, il s'habitue, grâce au dévouement de Longchamp et aux visites de sa nièce et de ses amis, auprès desquels il retrouve la gaieté. Et il travaille : bien qu'il ait fait copier, à Reims, *Rome sauvée*, il la réserve et s'attache à *Oreste* qu'il veut faire jouer d'abord. Renonçant à ajouter à sa fatigue les soucis d'un déménagement, il demande à M. Du Châtelet de lui sous-louer la maison de la rue Traversière. En accord avec le propriétaire, le marquis «transporte» son droit de bail à Voltaire le 17 octobre.[109]

Mais d'abord il la trouve trop grande. Poussé par le souvenir d'Emilie et dans un élan de générosité, il se rapproche de Dumas d'Aigueberre qui rentre à Paris après une longue absence : «Mon cher ami, c'est vous qui m'aviez fait renouveler connaissance, il y a plus de vingt ans,[110] avec cette infortunée femme qui vient de mourir de la manière la plus funeste et qui me laisse seul dans le monde». Et il lui offre de le loger : «Vous pourriez prendre le second appartement où vous seriez très à votre aise ; vous pourriez vivre avec nous [...] Je vous avertis que nous tiendrons une assez bonne maison.»[111] Proposition insolite que Dumas d'Aigueberre déclina.

Le 10 janvier 1750, Mme Denis quitta la rue du Bouloi pour s'installer rue Traversière, dans l'appartement où avait vécu Mme Du Châtelet. Enfin satisfaite, elle allait partager avec son oncle les privilèges de la richesse. Pénétrant dans la lumière du génie et de la gloire, elle assista, le 12 janvier, à la première représentation d'*Oreste*.

III

RENÉ POMEAU & CHRISTIANE MERVAUD

De la Cour au jardin

1750 – 1759

AVEC LA PARTICIPATION DE

Jacqueline Hellegouarc'h, Claude Lauriol, Jean Mondot,
Ute van Runset et Jacques Spica

Note

Dans cette troisième partie de *Voltaire en son temps*, la contribution
de chacun des collaborateurs se répartit ainsi :

René Pomeau : Introduction, chapitre 1
Jean Mondot : chapitre 2 (début)
Ute van Runset : chapitre 2 (fin), chapitre 3 (début)
Christiane Mervaud : chapitres 3, 4, 5, 6, 7, 8, 9, 10, 11
Jacques Spica : chapitres 12, 13
Jacqueline Hellegouarc'h : chapitres 14, 15
Christiane Mervaud : chapitre 16
René Pomeau : chapitres 17, 18
André Magnan a bien voulu relire ce qui a trait au séjour
en Prusse.
Claude Lauriol a assuré la coordination de l'équipe.
René Pomeau s'est chargé des corrections, révisions, mises au point
et compléments qui ont paru nécessaires.

Introduction

De la cour de Prusse, 1750, au jardin de Candide, 1759 : à la première de ces dates Voltaire atteignait cinquante-six ans, à la seconde, soixante-cinq. A ces âges, au XVIIIe siècle, une vie approchait de son terme. Voltaire a vu mourir en 1755 Montesquieu, qui était seulement de cinq ans son aîné. Une nouvelle génération fait son entrée : Diderot qui en 1749 lui envoya sa *Lettre sur les aveugles* ; d'Alembert, son adjoint à la direction de l'*Encyclopédie*, dont il reçoit la visite aux Délices ; Jean-Jacques Rousseau qu'il connaît, qui lui adresse ses premiers *Discours*. Voltaire va-t-il s'effacer devant les nouveaux venus ? Voltaire «soleil couchant», en 1750 ? Pour blessant qu'il fût, le mot de Frédéric II correspondait à ce qui était alors une espérance de vie moyenne.

Voltaire lui-même, à travers ses plaintes d'éternel malade, pour partie justifiées, pense qu'il va vers sa fin. Aussi le verrons-nous, dans les dix années qui vont suivre, chercher à s'établir en une résidence définitive. Mais aucune de ces tentatives, avant 1759, ne réussira. A Paris, rue Traversière, il ne passe que six mois. Il a cru ensuite, à l'appel de Frédéric, qu'il trouverait à la cour de Prusse un asile pour le reste de ses jours, entouré de la protection et des honneurs qu'on lui refuse à Versailles. Comme si l'homme de lettres et son royal ami pouvaient respirer hors d'un climat d'incessantes querelles ! Cependant, de la part de Voltaire, il ne s'agit pas seulement de mesquines tracasseries. Décennie d'instabilité, ces années 1750-1759 sont aussi celles où il entame le combat majeur de sa vie. Il va prendre en main à Berlin la première de ses grandes causes. König est victime d'un abus de pouvoir de la part de Maupertuis, despotique président de l'Académie. En le défendant, Voltaire soutient la liberté de l'homme de savoir, autrement dit son droit de se faire entendre, dût en souffrir l'autorité des pontifes. Par cette affaire *Akakia* le polémiste délibérément affronte les plus grands risques. De fait, non seulement il ruine sa position à la cour de Prusse, mais, par le traquenard de Francfort où le fait choir Frédéric II, son image est gravement altérée dans le reste de l'Europe. Où trouvera-t-il refuge, quand Berlin et Paris lui sont fermés, comme éventuellement Vienne, l'Angleterre, et même Lyon ?

En ses années prussiennes, il avait caressé un autre projet incompatible avec le repos : produire un *Dictionnaire* bien plus virulent que l'*Encyclopédie*. Les compagnons philosophes de Potsdam, et à leur tête Frédéric, devraient s'y atteler sans désemparer. Sans doute l'entreprise, entamée en même temps que la campagne pour König, aurait eu l'avantage de détourner le roi de Maupertuis.

Elle n'en prouve pas moins que Voltaire n'a nullement renoncé à militer pour la « philosophie ».

C'est encore un asile, en vue d'une fin de vie tranquille, qu'il croit avoir trouvé à Genève et à Lausanne, cités réputées libérales. Il va goûter là l'insolent bonheur d'une existence de « délices », tandis que la terre tremble à Lisbonne et que l'Europe est ensanglantée par la guerre. Dans un esprit de retraite, il s'occupe à dresser le bilan : il publie quatre éditions de ses *Œuvres complètes*, à Paris (1751), Dresde (1752), Genève (1756 et 1757). Mais c'est là plutôt un commencement. Pour la première fois, il tient à portée de main des libraires, les Cramer, aux presses non contrôlées, disposés à tout imprimer, ou presque. Il ne laissera pas échapper une pareille chance. De nouveau l'air sent la poudre. Localement, les querelles surgissent comme à plaisir et s'entremêlent : conflits avec les pasteurs pour les spectacles des Délices, affaires de « l'âme atroce » de Calvin et de l'article « Genève » de l'*Encyclopédie*, scandale de *La Pucelle*, affaires Grasset, Saurin, de la *Guerre littéraire*, immédiatement relayés par des procès pour les dîmes acquis en même temps que la terre de Ferney.

Au plan français et européen, voici l'*Encyclopédie* gravement menacée. Voltaire a rejoint l'équipe des collaborateurs. Le projet prussien d'un dictionnaire agressivement « philosophique » ayant tourné court, il apporte à d'Alembert et Diderot une importante contribution pour les lettres F, G, H. Or en 1758, après le tome VII, l'*Encyclopédie* est sur le point de succomber sous les assauts de ses ennemis. Il faut lutter pour sauver la « philosophie ». Nul mieux que lui n'en ressent l'impératif. Au cours de la décennie, il a achevé et il a publié son œuvre historique : *Le Siècle de Louis XIV*, l'*Essai sur les mœurs*. Retraçant l'histoire de l'humanité, il a suivi l'effort millénaire vers la raison, la culture, le mieux-être, contre la barbarie naturelle, contre les forces d'oppression – tyrannie, fanatisme, superstition – sans cesse renaissantes. Le combat se poursuit. L'auteur du *Siècle de Louis XIV* se sent porté à la tête du mouvement. Car il possède, lui, une pugnacité, une puissance d'impact, qui n'ont pas alors leur égal.

Afin d'avoir ses coudées plus franches, il s'installe à Ferney. Il y jouira de ses aises autant qu'aux Délices. Mais il y sera plus libre qu'à Genève qui pourtant, bien commodément, reste toute proche. Pendant qu'il emménage, il lance *Candide*. Œuvre pour nous d'une fantaisie envoûtante. Mais en 1759 le conte fut lu comme un texte de combat. Les ennemis de la « philosophie » y reçoivent des coups qui font mal. *Candide*, à notre jugement point culminant de l'œuvre voltairienne, marque au contraire dans la vie de son auteur un point de départ. A soixante-cinq ans, Voltaire entre dans la période la plus active de son existence, comme la plus ambitieuse. A l'âge où d'autres meurent ou se taisent, il va tenter par une intense propagande de réaliser un grand dessein : celui de changer l'esprit des hommes, et donc la société. Il va « écraser l'infâme », pour qu'adviennent les Lumières.

1. De la rue Traversière au palais d'Alcine

(janvier - août 1750)

Comment vivre après la mort d'une femme avec laquelle on avait cru faire sa vie, jusqu'à la fin de ses jours ? Comment vivre après que le lien, assez fort pour résister aux plus violentes querelles, aux infidélités réciproques, ait été tranché par un coup du sort ? Voltaire devant le vide soudain créé dans son existence se sent désemparé. Il ne peut plus rester à la cour de Lorraine, ni à Cirey. Ayant départagé avec M. Du Châtelet des intérêts depuis si longtemps entremêlés, il a repris la totalité du bail de la maison située rue Traversière, jusqu'ici pour moitié au nom du marquis. Il revient donc s'installer dans le domicile où naguère il avait vécu avec Emilie, pendant leurs séjours dans la capitale. Resté seul désormais, il a dû se poser la question : où va-t-il se fixer ? Il semble, dans ces premières semaines de 1750, avoir opté pour un retour dans ce Paris, sa ville natale, plus ou moins délaissée au cours de ces dernières années. Retour à Paris qui serait aussi un retour à Versailles. Ne pourra-t-il pas, par une présence plus constante, consolider la place qu'il s'est acquise à la cour, comme historiographe de France et comme gentilhomme ordinaire de la chambre du roi ?

L'immeuble de la rue Traversière se situait au centre de la capitale, entre les jardins du Palais-Royal et les Tuileries, dans un quartier qu'au siècle suivant le percement de l'avenue de l'Opéra, par le baron Haussmann, allait bouleverser.[1] Le logement, disposé sur deux étages, était vaste. Voltaire avait pensé d'abord en sous-louer une partie. Il préféra en définitive y installer Mme Denis, qui emménage fin décembre 1749, dans l'appartement naguère occupé par Mme Du Châtelet.

Ayant dépassé la cinquantaine, il n'a plus le goût de la vie de célibataire qui fut la sienne quinze ans plus tôt. Sa nièce et maîtresse occupe désormais à ses côtés la place de Mme Du Châtelet, sans remplacer cette femme hors du commun. On a beaucoup médit de celle qui va régner sur le ménage de Voltaire jusqu'à sa mort. N'en croyons pas la caricature que, quelques années plus tard, Mme d'Epinay tracera, d'une plume acide, lors de sa visite aux Délices.[2] Marie-Louise Mignot était-elle aussi laide que l'affirme la visiteuse et que le prétend Marmontel ?[3] Van Loo a laissé d'elle un portrait qui n'est pas celui d'une personne repoussante : visage bien dessiné, teint clair, regard agréable. Une sensualité se laisse deviner, capable d'éveiller les ardeurs de l'oncle. Elle n'a certes pas la grande allure de Mme Du Châtelet ou de la comtesse de Bentinck. Mais, bourgeoise, elle sait, elle, conduire une maisonnée, ce dont ne se souciait guère Emilie. Sur le plan de l'esprit, cependant, elle ne sera jamais l'égale de Voltaire comme le fut Mme Du Châtelet. Elle subit l'influence de l'oncle. Elle en imite le «goût», l'«enjouement», l'«exquise politesse», ce qui la fait rechercher des gens de lettres parisiens, tel Marmontel. Poussant plus loin l'imitation, elle voudrait elle aussi devenir auteur. Depuis 1748 elle travaille à une comédie, *La Dame à la mode*, devenue *La Coquette punie*: personnage dont sans doute son miroir lui proposait le modèle. Voltaire réussira à éluder la représentation d'un ouvrage dont les malins eussent fait des gorges chaudes. Pendant l'absence de son oncle, en Prusse, elle visera plus haut encore. Elle entreprendra une tragédie en vers, de sujet grec, une *Alceste* qui n'aboutira pas davantage que la comédie. Elle se contentera ensuite du rôle auquel elle était le plus apte: administrer la maison du grand homme. Jamais elle ne sera la confidente et conseillère de ses travaux, comme Mme Du Châtelet. A ce niveau, désormais la place reste vide.

Est-ce le sentiment de cette absence? Voltaire au début de 1750 souffre de déprime. De temps à autre, revient le souvenir de sa chère Emilie. Marmontel raconte comment, à une date non précisée, lui rendant visite, il lui parla de la disparue. Voltaire, à ces mots, pleure, se disant «au désespoir», «inconsolable». Il l'est sans doute très réellement. Mais non moins réellement, son esprit mobile passe par des sautes d'humeur. Entre un autre visiteur, l'intendant Chauvelin. Aussitôt l'ambiance change. Chauvelin débite on ne sait quel conte «assez plaisant». Et voici que Voltaire rit aux éclats.[4] On se tromperait peut-être de le croire définitivement consolé. Comme à l'habitude en ses mauvaises périodes, il se traîne, égrotant de corps et d'âme: «malingre, malheureux, solitaire», «un cadavre ambulant».[5] «Solitaire», malgré Mme Denis. Et «malheureux» par la faute du théâtre.

Un succès à la scène eût été pour lui le moyen de reprendre pied dans l'existence. Il avait dans ses papiers deux tragédies, *Rome sauvée* et *Oreste*, improvisées quelques semaines avant la mort de Mme Du Châtelet. La jalousie contre Crébillon lui avait tenu lieu de Muse. Le vieux tragique, dont les heures de gloire remontaient aux premières années du siècle (*Atrée et Thyeste*, 1707, *Rhadamiste et Zénobie*, 1711), avait depuis 1726 quitté le théâtre, à tout jamais pensait-on. Or voici qu'à l'âge de soixante-quatorze ans Crébillon fait son retour sur la scène. Il achève un *Catilina* abandonné depuis longtemps. Il y est encouragé par Mme de Pompadour qui éprouve pour le vieil auteur une amitié quasi-filiale. A la suite de la favorite, le roi se prend d'affection pour lui, le pensionne et veut que son *Catilina* réussisse. A cette fin il accorde une grosse subvention pour les costumes de la pièce. L'homme tranchait par son originalité. Il vivait au fond du Marais sous la coupe d'une gouvernante, dans une maison remplie de chiens et de chats. Avec ses airs «sauvages», son allure «soldatesque», c'était une figure rugueuse, «vraiment tragique», disait-on.[6] Ses ouvrages n'étaient pas plus policés que ses manières: des actions brutales, des vers «âpres et durs». C'est par là précisément qu'il plaisait. Au tournant du siècle, son retour de faveur atteste une évolution du goût. On croit, dans le genre «barbare» qui est le sien, reconnaître le génie. Aussi *Catilina*, créé le 20 décembre 1748, remporte-t-il un franc succès: dix-neuf représentations en sa nouveauté. Le public aime ce tragique rocailleux par contraste avec l'élégance, la fluidité de *Zaïre*, *Alzire*, *Mérope*: ce n'était là, disait-on, que du bel esprit. Au contraire ce Crébillon mal dégrossi apparaissait comme le poète authentiquement inspiré des Muses, un «caractère antique», un nouveau Sophocle.

Voltaire sentait bien que ce succès était dirigé contre lui. Il va se défendre, en battant Crébillon sur son propre terrain. Il reprend les sujets du vieux tragique, afin de montrer comment ils devaient être traités. Reparaît ici cette manifestation de son tempérament combatif: faire la leçon à ses compétiteurs, en donnant des «corrigés» de leurs ouvrages. Avec sa *Sémiramis* il avait déjà damé le pion à son rival, auteur d'une *Sémiramis* vieille de trente ans (1717), et bien oubliée. Dans l'été de 1749, il entreprend de refaire l'*Electre* de Crébillon, plus ancienne encore (1708), et son tout récent *Catilina*: il leur conserve d'abord les titres de son rival, qui deviendront *Oreste* et *Rome sauvée*.

Quelle pièce fera-t-il jouer d'abord? Certain jour de novembre 1749, il aurait réuni chez lui ses experts habituels, d'Argental, Pont-de-Veyle, l'abbé Chauvelin et quelques autres, plus des acteurs, Dumesnil, Clairon, Grandval. L'invitation annonçait une lecture de *Catilina*. Or il se met à donner le nom des personnages: Oreste, Clytemnestre, Electre... Etonnement de l'auditoire. Alors Voltaire: «Vous vous attendiez que j'allais vous faire une lecture de *Catilina*; point du tout, Messieurs, c'est *Electre* que je donne cette année.» Il demande le secret. Mais le lendemain toute la ville est informée. On répand une variante malicieuse: ce ne sera ni *Catilina*, ni *Electre*, mais *Atrée et Thyeste*...[7]

Voltaire avait de bonnes raisons de donner la priorité à *Oreste*: le succès du *Catilina* de Crébillon était trop récent. Il lui était plus facile de corriger l'*Electre* du vieux tragique. Crébillon avait cru bon de corser le sujet par une double intrigue galante: son Electre est amoureuse d'un fils d'Egisthe, l'assassin de son père; Oreste parallèlement aime une fille de ce même meurtrier. C'est la «partie carrée»: une fois de plus Voltaire va dénoncer la galanterie qui avilit la scène française.[8] Tant il s'en faut que Crébillon atteigne le vrai tragique, comme le répètent ses admirateurs.

Le plaisant était que Voltaire pour faire jouer sa pièce devait obtenir l'approbation de Crébillon lui-même. Car celui-ci était censeur de la police chargé du théâtre. L'auteur du nouvel *Oreste* dut donc faire une démarche auprès de son rival. Le censeur approuva, en termes fort honnêtes: «Je souhaite que le frère vous fasse autant d'honneur que la sœur m'en a fait.»[9] La première put donc avoir lieu, le 12 janvier 1750.

Un lecteur d'aujourd'hui, ayant présent à l'esprit l'*Electre* de Sophocle et celle d'Euripide, a quelque peine à suivre jusqu'au bout la version voltairienne. A partir du troisième acte, l'action s'embrouille dans des péripéties mélodramatiques, et piétine. Il ne paraît pas étonnant qu'en janvier 1750 la pièce ait été mal accueillie. Voltaire pourtant avait pris ses précautions. Il s'était assuré une bonne distribution : Mlle Dumesnil dans le rôle de Clytemnestre, Mlle Clairon dans celui d'Electre. Au lever du rideau, un porte-parole vint expliquer ses intentions. Il se déclarait ami et même disciple de Crébillon. S'il osait traiter le même sujet que lui, ce n'était nullement par envie, mais par une noble émulation. Ainsi en avaient usé Eschyle, Sophocle, Euripide, qui tous trois avaient donné une *Electre*. Les Parisiens d'aujourd'hui ne sont-ils pas semblables aux anciens Athéniens «par le courage et par l'esprit»...? Ces protestations et ces flatteries furent mal reçues. Voltaire, d'autre part, selon ses conceptions théâtrales, aurait voulu renouveler le sujet par des éléments de spectacle. Le texte imprimé décrira tout un décor : «le rivage de la mer, un bois, un temple, un palais et un tombeau [...], Argos dans le lointain». Mais rien de tout cela n'est réalisable, puisque des rangées de spectateurs occupent toujours la scène. Au dénouement, on entendait les cris de Clytemnestre, assassinée dans le fond du théâtre. Malheureusement, le jour de la première les clameurs de la pauvre femme s'élèvent derrière la rangée des spectateurs debout à l'arrière de la scène. Cela paraît cocasse : on rit, on siffle. Alors Voltaire se lève dans sa loge et lance en direction du public : «Eh! barbares! c'est du Sophocle!» Les actes précédents déjà avaient été à plusieurs reprises troublés par des huées.[10]

Voltaire, après cette première agitée, suspend les représentations. Il remanie son texte, multiplie les recommandations à l'adresse de Mlle Clairon. Après quoi, il risque une deuxième tentative, le 19 janvier. Le jour de la reprise, l'affiche annonce la pièce «avec les corrections qui ont paru nécessaires». Formule malencontreuse, sur quoi la Foire ironise dans une parodie obscène, dont Voltaire a la faiblesse d'être très affecté. La pièce n'obtiendra en tout que neuf représentations. On accuse, bien entendu, la cabale, menée, dit-on, par Piron : les ennemis d'*Oreste* sifflent dans la salle avant même le lever du rideau. Ils sifflent jusque dans la rue.[11] Voltaire monte une contre-cabale. Il se dépense pour soutenir son œuvre. La duchesse du Maine, dédicataire d'*Oreste*, a négligé d'assister à la première. Voltaire s'en plaint, et la supplie de venir à la représentation suivante. Au cours du spectacle, il ne se prive pas d'intervenir en personne. Il se démène «au milieu de l'amphithéâtre», «levant de grands bras et criant [...] à tout moment : ah! que cela est beau! Applaudissez donc!» Il stimule son monde : «Courage, braves Athéniens, applaudissez!»[12] Mais on n'applaudit guère. Ce qui produisit un incident Rousseau. A l'une des séances, Voltaire aperçoit au parterre un quidam qui refuse obstinément d'applaudir, tenant les mains dans son manchon. «Qui êtes-vous? – Rousseau. – Quel Rousseau? le petit Rousseau...?» Non, ce n'était pas Jean-Jacques, mais Pierre Rousseau de Toulouse, futur auteur du *Journal encyclopédique*. Jean-Jacques cependant tient à écrire à Voltaire une lettre vigoureuse, pour éviter toute confusion. Il rappelle qu'il arrangea naguère, pour le service du grand homme, *Les Fêtes de Ramire*.

En protestant de son « respect » et de sa « reconnaissance », il le prend de haut. Il se drape dans sa dignité de fier « républicain », et signe – pour la première fois – « J.-J. Rousseau, citoyen de Genève ». Ce ton, qui dut étonner son correspondant, s'explique, si l'on sait que Rousseau était en train d'écrire le *Discours sur les sciences et les arts*.[13]

Ce médiocre *Oreste* n'était pas de nature à détourner Louis XV de ses préférences crébilloniennes. Mme de Pompadour toutefois veut ménager Voltaire. Elle fait jouer *Oreste* pendant la relâche de Pâques et également *Alzire* aux Petits-Cabinets de Versailles. Elle-même interprète le rôle de l'héroïne. Voltaire a été convié pour diriger la représentation. Le brillant auditoire applaudit. Mais le poète doit entendre sans broncher le roi dire tout haut « qu'il était étonnant que l'auteur d'*Alzire* pût être le même qui avait fait *Oreste* ».[14]

Préoccupé qu'il était de contrer Crébillon, il commettait une erreur. Lui qui avait donné avec *Zaïre*, *Alzire*, *Mahomet*, l'exemple d'une modernité par l'exotisme, il revenait à des sujets grecs et romains, à la mode vers 1710 ou 1720 (à l'époque de son *Œdipe*). Il se flattait de proposer avec son *Oreste* « une imitation de l'antique », « un tableau de l'antiquité ». Genre démodé en 1750, à l'heure où un nouveau théâtre conquiert la faveur : peu après l'échec d'*Oreste* la pièce qui connaîtra le succès sera *Cénie*, drame sentimental de Mme de Graffigny (juin 1750). Voltaire cependant persistait en prétendant faire jouer, après son *Oreste*, sa *Rome sauvée*.

Si le *Catilina* de Crébillon avait réussi, il le devait à l'étrangeté de son style rocailleux. Le vieux tragique donnait l'impression de renouveler la traditionnelle tragédie romaine. « Farce allobroge », s'exclamait Voltaire.[15] Mais lui-même, en prétendant traiter le même sujet selon la norme et les convenances, retombait dans le déjà vu. Le sujet évoquait des souvenirs scolaires, les *Catilinaires* de Cicéron étant alors abondamment pratiquées dans les collèges comme modèle de bonne latinité, et comme exemple d'éloquence efficace.

Aujourd'hui pourtant cette mise en scène d'un moment critique de l'histoire romaine se laisse lire. Voltaire, toujours sensible à l'allure dramatique de l'événement, a construit une action qui tient en haleine. Jusqu'à la fin de l'acte II, la conspiration ne cesse de se renforcer. Catilina est sur le point de l'emporter. Puis, à l'acte III, tout vacille. Le beau-père de Catilina a dénoncé le complot. Aurélie, épouse du conspirateur, se dresse contre lui, tandis que Cicéron extorque les aveux des conjurés arrêtés. Le consul réagit avec vigueur. De nouveau, Voltaire nous fait entendre d'ardentes tirades « républicaines », comme dans *Brutus*, comme dans *La Mort de César*. Mais César, Caton et autres Romains du répertoire depuis trop longtemps arpentent la scène française. On souhaiterait autre chose. En 1750, *Rome sauvée* fait figure de vieillerie. Les Comédiens-Français répugnent à la jouer. Voltaire la leur a lue depuis longtemps : depuis six mois, s'indigne-t-il. Or à la fin d'avril 1750, elle n'est toujours pas inscrite au programme. L'auteur a beau alléguer une demande expresse de la duchesse du Maine : rien n'y fait.

Les comédiens, peu pressés de monter une œuvre propre seulement à gagner l'estime des « gens instruits », laissent *Rome sauvée* en attente.[16]

Voltaire dut se contenter de représentations privées sur des théâtres de société. En 1749, la paix étant revenue après la guerre de Succession d'Autriche, le public parisien se prend pour le théâtre d'une passion que ne peuvent contenter les trois scènes officielles. Dans plusieurs quartiers de la capitale des amateurs installent des salles, plus ou moins improvisées, et donnent des représentations réservées à leurs amis et connaissances. C'est ainsi qu'un nouveau venu, Baculard d'Arnaud, a fait jouer, en février 1750, une comédie en cinq actes, *Le Mauvais riche*, sur la scène de l'hôtel de Clermont-Tonnerre. Voltaire était présent. Se rappelant les représentations qu'il dirigeait jadis chez Mme de Fontaine-Martel, et renouant avec les spectacles de Cirey, il a l'idée de monter lui aussi un théâtre à domicile. Il met à profit l'espace disponible dans sa maison de la rue Traversière. Une partie du second étage est tranformée en salle de spectacle.[17] Restait à recruter des acteurs. Longchamp découvrit la troupe du sieur Mandron qui se produisait dans le grenier d'un tapissier, à l'entrée de la rue Vieille-du-Temple. Voltaire les convoqua chez lui, fit faire à chacun un essai. Après quoi il les invita à venir jouer le lendemain une tragédie de leur choix. Par égard pour le maître, ils proposèrent *Mahomet*. Ils donnèrent donc le lendemain cette pièce dont la réputation restait quelque peu scandaleuse. L'auditoire, outre Voltaire, sa nièce et l'officieux Longchamp, se réduisait à quelques intimes : Richelieu, d'Argental, Pont-de-Veyle... Ce fut une répétition, plutôt qu'une représentation en forme. Voltaire se donnait le plaisir de diriger ici des acteurs plus dociles que ceux de la Comédie. Il interrompait, faisait recommencer une scène après avoir expliqué comment elle devait être jouée. Le rôle de Palmire avait été confié à une très jeune fille de quinze ans, Mlle Baton. La débutante, fort troublée, psalmodiait son texte. Alors Voltaire :

Mademoiselle, figurez-vous que Mahomet est un imposteur, un fourbe, un scélérat, qui a fait poignarder votre frère, qui vient d'empoisonner votre père, et qui, pour couronner ses bonnes œuvres, veut absolument coucher avec vous [...] pour le peu que cela vous répugne, voilà comme il faut vous y prendre.

Et il se met à jouer la tirade de Palmire, acte v, scène 2 :

> Qu'entends-je ? Quelles lois, ô ciel, et quels bienfaits !
> Imposteur teint de sang, que j'abhorre à jamais,
> Bourreau de tous les miens... etc.

la rendant avec l'intensité d'expression quasi-paroxystique qui caractérise sa dramaturgie.[18]

Parmi les débutants amateurs de la troupe Mandron, l'un était promis à un brillant avenir : Lekain, interprète ce jour-là du rôle de Mahomet. Ce fils d'un orfèvre parisien, passionné de théâtre, ne s'était encore produit que sur des scènes de société. Il avait interprété le personnage de l'amoureux dans *Le Mauvais riche* de Baculard d'Arnaud. Voltaire l'y avait remarqué. Il l'avait invité à venir le voir le surlendemain. Lekain a raconté dans ses *Mémoires* cette entrevue qui décida de sa carrière. L'illustre auteur accueille le débutant avec effusion. Il remercie le ciel «d'avoir créé un être qui l'avait ému et attendri en proférant d'assez mauvais vers». Mais surtout qu'il reste un amateur, qu'il continue à jouer pour son seul plaisir, sans en faire son métier (comme il en a le projet). Voltaire lui offre dix mille francs pour l'aider à vivre. Le jeune homme allait se retirer, abasourdi de tant de compliments, lorsque le poète le rappelle. Il lui demande de dire quelques morceaux de ses rôles. Lekain propose ingénument un passage de *Gustave Wasa*: «Point, point de Piron! s'écrie Voltaire d'une voix tonnante et terrible. Dites-moi tout ce que vous savez de Racine.» Lekain commence alors la première scène d'*Athalie*, entre Abner et Joad. Voltaire l'interrompt, les larmes aux yeux: «Ah! mon Dieu, les beaux vers! Et ce qu'il y a de bien étonnant, c'est que toute la pièce est écrite avec la même chaleur, la même pureté, depuis la première scène jusqu'à la dernière, c'est de la poésie inimitable. Adieu, mon enfant, ajouta-t-il en l'embrassant, c'est moi qui vous prédis que vous aurez la voix déchirante, que vous ferez un jour les plaisirs de Paris.»[19] Voltaire avait du mérite à deviner en ce garçon, au physique peu avantageux – petit, la taille épaisse[20] – l'organe et le tempérament du futur grand acteur.

Voltaire rencontrait donc un interprète selon ses vœux dans le Mahomet de sa tragédie, en cette soirée d'essai de la troupe Mandron. Il fut si satisfait qu'ayant retenu les acteurs à souper il leur distribua les rôles de la *Rome sauvée*, dédaignée par les Comédiens-Français. Cicéron échut à Mandron, César à Lekain, Catilina à Heurtaud (autre débutant, qui continuera sa carrière en Prusse), Aurélie à Mlle Baton. Il les fait répéter chez lui, les exerçant à «agir et parler comme il le désirait».[21] Quand il les estima assez préparés, il prit date pour la première. Mais on n'allait pas jouer en costume de ville. Il emprunta à la Comédie-Française les habillements – payés sur la cassette royale – du *Catilina* de Crébillon.

La création de *Rome sauvée*, rue Traversière, eut donc lieu le 8 juin. A défaut du grand public du Théâtre-Français, Voltaire avait réuni un auditoire nombreux et de choix. Longchamp énumère: d'Alembert, Marmontel, le président Hénault, les ducs de Richelieu et de La Vallière, le supérieur du collège de Louis-le-Grand le P. de La Tour, accompagné, à en croire Voltaire, de jésuites, de cordeliers, d'oratoriens[22]... Public de connaisseurs qui ne ménagea pas ses applaudissements. Il fallut redonner la pièce plusieurs fois les jours suivants, et même, pour faire face à l'afflux des spectateurs, distribuer des billets, et faire ajouter des gradins sur les côtés. La salle pouvait ainsi accueillir une centaine de spectateurs assis, plus une vingtaine qui restaient debout dans le fond.[23] Certain jour, Voltaire monta lui-même sur la scène dans le rôle de Cicéron, qu'il joua avec sa fougue habituelle.

Il obtient enfin de la duchesse du Maine une représentation au château de Sceaux, le 22 juin. De quoi faire honte aux Comédiens-Français, qui continuaient à bouder *Rome sauvée*. Rue Traversière, on donna en outre d'autres pièces nouvelles : *Le Duc de Foix*, *Zulime*, avec Mme Denis dans le rôle principal et sa sœur Mme de Fontaine dans celui d'Atide. Sur quoi les mauvaises langues firent circuler dans Paris un mot qui se voulait spirituel. «Voltaire est plus fou que jamais, il fait comme ces pâtissiers qui mangent les pâtés qu'ils ne peuvent pas vendre.»[24]

Mais le «pâtissier» aux «invendus» a pris son parti. Il ne fera pas de la rue Traversière un théâtre annexe consacré à la production voltairienne. Dès avant la première de *Rome sauvée*, il avait décidé de faire en Prusse le voyage pour lequel Frédéric le pressait depuis si longtemps.

Déjà, au printemps de 1749, bien avant la mort de Mme Du Châtelet, le projet d'un nouveau voyage avait été évoqué entre le prince et le poète.[25] Voltaire élude toute promesse ferme, prétextant de sa mauvaise santé. Puis l'état d'Emilie enceinte lui procure une raison sérieuse d'ajourner. Ensuite, après le décès de son amie, au cours de l'automne de 1749, l'idée d'un voyage reparaît dans les lettres adressées à Frédéric II. Voltaire envoie *Sémiramis*, «en attendant *Rome sauvée*», et conclut : «O Fortune, fais-moi passer six mois à Sans-Souci et six mois à Paris!» Dans l'incertitude où il se trouve alors, l'éventualité de ces séjours alternatifs se présente à son esprit. Quelques jours plus tard, il envoie *Nanine*. Le roi répond longuement. Il critique dans *Sémiramis* l'apparition du spectre de Ninus. Mais il termine en souhaitant recevoir Voltaire à Sans-Souci en 1750 : il a des vers à lui faire corriger.[26] Il ne s'agit encore, on le voit, que d'une visite du même ordre que celles qui ont précédé, et non d'une installation définitive à la cour de Prusse. A un tel projet, qui ne l'engagerait pas sans retour, Voltaire se montre réceptif.

Mais au début de 1750, Frédéric réitère ses invites. Il devine qu'il se fera désormais mieux écouter d'un Voltaire privé de Mme Du Châtelet, mécontent de l'accueil qui lui est fait dans ce Paris où il vient de s'installer. «Il n'y eut point de séduction flatteuse qu'il n'employât pour me faire venir», écrira plus tard Voltaire :[27] ce qui correspond bien à la réalité du commerce épistolaire échangé en ces premiers mois de 1750. «Je redouble d'envie de vous revoir», lui mande Frédéric, «c'est-à-dire de parler de littérature, et de m'instruire de choses que vous seul pouvez m'apprendre.»[28] Le 20 février, le roi relate à son grand homme, en vers, un songe flatteur.[29] Il se voit transporté dans l'au-delà, aux Champs-Elysées. Guidé par son ami défunt Césarion,[30] il rencontre Virgile, Homère, Horace, Sophocle et avec eux «la divine Emilie», qui leur parle de Voltaire. Mais ces grands anciens sont jaloux. Ils délèguent sur la terre «un monstre qu'on nomme Envie», avec mission de «tramer des horreurs», de «soulever le Parnasse» contre le poète français, et d'abord de faire tomber *Oreste*: ce qui vient d'arriver. Conclusion: que Voltaire vienne à Berlin, aux beaux jours.

Lettre après lettre, le roi s'applique à détacher son correspondant d'une si ingrate patrie. Il insinue que le génie de celui-ci ne sera véritablement reconnu et récompensé qu'en Prusse. Berlin est devenu une nouvelle Athènes: la transmigration de Baculard d'Arnaud, en mars 1750, n'en est-elle pas la preuve? D'Arnaud, à trente ans passés,[31] en est encore à ses débuts. Outre sa comédie du *Mauvais riche*, il a commis une mauvaise tragédie, *La Saint-Barthélemy*, et quelques poésies galantes. Il se déclare le disciple de Voltaire. Effectivement le grand homme l'a reconnu comme l'un de ces jeunes talents qu'il a l'habitude de protéger. Mais Baculard était en passe de prendre son essor. Il s'était assuré une position littéraire que ne justifiait guère son œuvre. Il était en correspondance réglée avec les personnalités en vue: d'Alembert, d'Argens, Fréron, Piron, Prévost, et maints autres.[32] Frédéric l'avait institué son correspondant à Paris. Et en mars 1750, le roi de Prusse appelle à sa cour le futur grand écrivain:

> Il verra couler dans Berlin
> Les belles eaux de l'Hippocrène

commente Voltaire, qui soupire

> Ah! j'aurais bien plus de raison
> D'en faire autant dans ma vieillesse.[33]

Il s'apercevra bientôt qu'en attirant Baculard le roi entendait faire pression sur lui. Relatant l'arrivée du jeune poète, Frédéric dit sa déception: c'est le maître, et non son «charmant vassal», qu'il attend:

> Je veux de vos charmes épris
> Vous voir, vous lire, et vous entendre.

Et, *in cauda*, il glisse ce venin: à force de jouer le «Dieu invisible», on risque d'être supplanté par d'autres dieux...[34]

Voltaire cède, au début de mai. Le 12, il retire ses meubles de Versailles. «Adieu, la cour, mon cher Chennevières»: à ce correspondant il ne parle encore que de «vivre doucement dans le sein de ma famille».[35] Mais quatre jours plus tôt il a écrit à Frédéric:

> Oui, grand homme, je vous le dis [...]
> J'irai dans votre paradis.[36]

A condition toutefois que le «grand homme» lui paie le voyage, ou tout au moins lui en avance le prix: «quatre mille écus d'Allemagne», à verser par Mettra, correspondant de Berlin à Paris. Frédéric accepte.[37] Dès lors le départ est décidé:

Votre très vieille Danaé
Va quitter son petit ménage
Pour le beau séjour étoilé
Dont elle est indigne à son âge.[38]

Pourquoi enfin a-t-il pris ce parti? Depuis des mois il vivait dans le malaise. Rien n'était venu remédier au vide creusé par la disparition de Mme Du Châtelet. L'homme de théâtre qu'il est a cherché le support du succès. Les applaudissements d'un public nombreux à sa nouvelle pièce l'auraient soutenu, restaurant son tonus vital. Mais les spectateurs le boudent, malgré tout ce qu'il a «essayé», dira-t-il. Il tentera de justifier son départ par «l'égarement et le goût détestable où le public semble plongé aujourd'hui».[39] Or Frédéric lui répète qu'en Prusse son génie sera reconnu, fêté. C'est à Berlin qu'il retrouvera cette ambiance de ferveur admirative dont il a besoin. C'est là-bas qu'on l'aime. La composante affective eut alors une influence non négligeable. «Aimé» de Frédéric II, il crut qu'il «l'aimait», écrira-t-il, lorsqu'il reviendra sur ce passé.[40] Ce voyage, imagine-t-il, va le «renouveler».[41] Il va respirer un autre air qui le revigorera. Tel est du moins le «pari» qu'il tente.[42]

Défaveur du public, mais tout autant défaveur royale. Plus que jamais Louis XV lui bat froid, et il en souffre. «Le roi ne me témoignait jamais la moindre bonté.» A qui le souverain a-t-il accordé ses «entrées»? A Moncrif, l'historien des chats. «Et moi, je ne les eus pas, malgré mes travaux.»[43] Il fait une ultime démarche. Il a pris congé de la duchesse du Maine, le 24 juin.[44] Mais, historiographe, gentilhomme ordinaire de la chambre du roi, il lui faut demander au Maître l'autorisation de s'absenter. Il se rend à Compiègne, où séjourne alors la cour.[45] Peut-être après tout allait-on lui confier, encore une fois, quelque message plus ou moins confidentiel pour Sa Majesté prussienne? Il se présente au roi «pour prendre congé et recevoir ses ordres». Que répond Louis XV? «Qu'il pouvait partir quand il voudrait», et il lui tourne le dos. Mme de Pompadour ne put que prendre le même ton. Brève audience et froide. Elle se contente de prier M. de Voltaire de présenter ses respects au roi de Prusse (on verra comment celui-ci les reçut).[46] Bientôt Louis XV et la favorite vont reprocher amèrement à Voltaire sa désertion. Mais ils n'ont pas fait un geste, ni dit un mot pour le retenir. Que prétendait le roi? S'attacher Voltaire, tout en lui manifestant des marques d'hostilité proches de l'affront? Frédéric se montrait plus cohérent dans sa conduite à l'égard du grand homme.

Après les audiences si décevantes de Compiègne, le voyageur part pour Clèves, terre prussienne de Rhénanie, qu'il atteint le 2 juillet.

Il ne reverra jamais plus la cour de France.[47] Il ne reviendra à Paris que vingt-sept ans et demi plus tard, pour y mourir. De cela, il est loin de se douter, lorsqu'il franchit la frontière vers le 30 juin 1750. C'était son cinquième voyage en Prusse: un voyage qu'il prévoit plus ou moins identique aux précédents. Il allait rester là-bas «six semaines»,[48] peut-être «trois ou quatre mois».[49] Il semble avoir eu l'intention de continuer ensuite en direction de l'Italie. Il visiterait cette terre classique qu'il ne connaît pas (et qu'il ne verra jamais); il rencontrerait le pape Benoît XIV, dédicataire – involontaire – de son *Mahomet*.[50] Son projet en juin était apparemment de s'éloigner pendant quelques mois, en attendant que s'effacent les dispositions défavorables de la cour et du public parisien. Il pressentait sans doute qu'à l'étape prussienne Frédéric lui ferait la proposition d'un établissement définitif. Il n'exclut pas, probablement, l'idée d'entrer au service du roi de Prusse : mais la décision ne sera prise qu'au mois d'août. Et même alors il pensera que son engagement ne l'empêchera pas de revenir en France à sa guise.

Voltaire vivait les journées qui allaient décider de tout son avenir, et il n'en savait rien. Le biographe s'efforce de détecter le «projet» de son personnage. Au moment où nous sommes parvenus, nous voyons ce qu'il en est, s'agissant de Voltaire, et peut-être de tout homme. En connaît-on beaucoup qui, procédant à la manière du héros cornélien, après une délibération sur le pour et le contre, prennent une décision tranchée, et prévoient lucidement l'avenir ? Ce n'est pas ainsi en tout cas que Voltaire, en mai et juin 1750, adopte le parti qui va engager le reste de son existence, et même sa destinée posthume. Il se laisse porter au fil des jours, selon ses préférences, et non sans erreur d'appréciation.

On ne voit pas notamment qu'il se rende à Berlin dans l'intention de faire avancer la cause philosophique. L'une des raisons de son choix est sans doute que Frédéric s'affirme un roi «philosophe» : ce qui veut dire qu'il sera intéressant de vivre auprès d'un souverain avec qui il se sent en communauté d'idées. Mais en juillet 1750 il ne pense nullement à mettre le pouvoir temporel de ce prince au service d'une bonne cause idéologique. Même si Voltaire a déjà en ses cartons cette furieuse diatribe anti-chrétienne qu'est le *Sermon des cinquante*, il n'a pas encore décidé de se vouer au grand dessein «philosophique» qu'il n'a même pas encore clairement conçu. Il ne songe pas présentement à servir ce qu'il considérera bientôt comme la cause de l'humanité. Ce sont des motivations toutes personnelles qui le poussent à aller chercher auprès de Frédéric des satisfactions d'amour-propre : consolation, admiration, et gloire.

Un incident aurait dû l'avertir des risques de sa démarche. Il prenait congé à Compiègne lorsqu'il eut connaissance de petits vers commis par Frédéric. Le poète de Potsdam, s'adressant à Baculard d'Arnaud, lui confiait que Voltaire déjà «s'achemine à sa décadence». C'est à Baculard de remplacer «l'Apollon de la France» :

> Venez briller à votre tour,
> Elevez-vous s'il baisse encore.
> Ainsi le couchant d'un beau jour
> Promet une plus belle aurore.[51]

Ainsi le même jour, Voltaire, rabroué par le roi de France, recevait du roi de Prusse cette pique humiliante. Il réagit sur le champ, accusant le coup :

> Quel diable de Marc Antonin !
> Et quel malice est la vôtre !
> Egratignez-vous d'une main
> Lorsque vous protégez de l'autre ?[52]

Il était trop tard pour reculer. Il est sur le point de se mettre en route. Ces petits vers ne furent pas, comme le prétendra Marmontel, ce qui provoqua le départ de Voltaire :[53] la décision avait été prise depuis plusieurs semaines. Mais sans doute le poète fut-il aiguillonné par cette petite méchanceté. Apparemment, Frédéric, outre le plaisir de la « malice », avait calculé qu'il précipiterait le voyage de son grand homme.

Nos prédécesseurs, parvenus ici, croyaient pouvoir se fonder sur un ensemble de documents incontestables, qui se trouvaient être en même temps des chefs-d'œuvre du genre épistolaire : les lettres adressées par Voltaire à Mme Denis pendant son séjour prussien. Qui ne connaît ces savoureuses missives : la lettre des « mais », le mot sur « l'écorce d'orange », et tant d'autres traits inscrits depuis longtemps dans la geste voltairienne ? Mais André Magnan l'a démontré de façon convaincante : ce sont là des lettres remaniées et réécrites. Nous verrons comment, à la fin d'août 1753, Voltaire entreprend de composer, pour tirer vengeance de Frédéric, une sorte de roman épistolaire, qu'il désigne comme sa *Paméla* (par référence à l'œuvre alors célèbre de Richardson). A cette fin, il demande à sa nièce de lui renvoyer la correspondance qu'elle a reçue de lui pendant la période prussienne. A l'aide de ces textes, il élabore une suite d'une cinquantaine de lettres, dont la progression doit paraître accablante pour le roi de Prusse. Prudemment, il prévoit que sa *Paméla* ne verrait le jour qu'au XIXe siècle... Le recueil subsistait groupé dans les papiers laissés à sa mort. Ce sont les éditeurs de Kehl qui ont dispersé les éléments de *Paméla* dans la correspondance générale, les considérant comme de vraies lettres, sans remarquer les incohérences et incompatibilités chronologiques qu'a soigneusement relevées André Magnan.[54]

Voilà donc le biographe fort embarrassé. Les lettres réellement adressées à Mme Denis ont disparu. Mais elles ont servi de matière première à *Paméla*. On ne saurait donc ni accepter telles quelles ni révoquer systématiquement en doute les informations de cette correspondance réécrite. Un certain nombre d'épisodes majeurs du séjour de Prusse ne sont connus que par la *Paméla* : incidents authentiques ? fictions imaginées après coup ? Il y a aura lieu d'évaluer cas par cas le degré de probabilité.

Ainsi en va-t-il de la première lettre de *Paméla* : celle que Voltaire date de Clèves. A cette étape du voyage, nous savons que Voltaire a écrit deux fois à sa nièce, les 3 et 8 juillet:[55] lettres perdues. Mais nous avons une lettre refaite, du 9 juillet: «lettre d'un voyageur», en vers et en prose, intéressante par ses références littéraires, ses traits d'esprit, ses évocations. On pense à la fausse lettre, qui devait ouvrir le voyage en Angleterre,[56] elle aussi retrouvée dans les manuscrits de Voltaire par les éditeurs de Kehl. Faut-il croire que sur sa route il a, comme il le dit, visité les champs de bataille de Fontenoy, Raucoux, Laufeld, et à Clèves une voie romaine et une tour construite par Jules César? *Si non è vero...*

Il est sûr en tout cas que sa halte à Clèves s'est prolongée une quinzaine de jours.[57] Ultime hésitation avant de procéder plus avant? Rien ne permet de le supposer. Il attend «l'ordre pour le *vorspann*», le laissez-passer qui par erreur fut expédié à Wesel. Trait dans *Paméla*: l'ordre est resté là-bas «entre les mains d'un homme qui l'a reçu comme les Espagnols reçoivent les bulles des papes, avec le plus profond respect et sans en faire aucun usage.»[58] Et puis Voltaire est arrivé à Clèves, carrosse cassé, quasi mourant. Il se soigne en buvant les eaux minérales de cette station. Il reste «malingre», comme il l'était depuis des mois. On ne perdra pas de vue qu'au moment de commettre l'une des plus graves erreurs de sa vie, Voltaire est dans un état de faiblesse physique qui retentit inévitablement sur le moral.

Sa voiture se traîne sur les mauvais chemins de Westphalie.[59] Il arrive enfin à Potsdam le 21 juillet. A Potsdam, le prince Ferdinand, le revoyant après des années, le trouve «fort vieilli».[60] Et soudain il renaît: humeur gaie, propos de table brillants.[61] Le 27, il rejoint à Berlin son cher Frédéric. C'est l'enchantement. Le prince et le poète ne se quittent plus. L'écho de ces jours heureux se lit dans les *Mémoires*, écrits pourtant pour tirer vengeance, une nouvelle fois après *Paméla*, du perfide Frédéric. Voltaire est magnifiquement logé, dans l'appartement du maréchal de Saxe. Il travaille deux heures chaque jour avec Sa Majesté sur les écrits de celle-ci. Le soir, des soupers délicieux, les plus «libres» que Voltaire ait jamais connus. Chacun a de l'esprit. «Le roi en avait et en faisait avoir.» Voltaire en a la tête tournée. Comédie de la part de Frédéric? Voltaire l'en accusera dans les *Mémoires*: il «faisait semblant de m'aimer.»[62] Mais en ce début d'août le roi, enfin parvenu à ses fins, est certainement «plus épris que jamais», comme en juge un témoin, Baculard d'Arnaud.[63] Aux effusions d'«Alcine-Frédéric», quelque chose d'équivoque se mêle, dont certains interprètes pourraient aisément abuser. Il était, écrit Voltaire dans ses *Mémoires*,

accoutumé à des démonstrations de tendresse singulières avec des favoris plus jeunes que moi; et oubliant un moment que je n'étais pas de leur âge, et que je n'avais pas la main belle, il me la prit pour la baiser. Je lui baisais la sienne, et je me fis son esclave.[64]

Dès lors, Voltaire s'abandonne. Sa «transplantation», ou «transmigration» – ce sont ses mots – est décidée. Le 7 août, par une lettre à un destinaire incertain, il demande à passer au service du roi de Prusse.[65] Le lendemain, Frédéric s'adresse à son ambassadeur en France, pour la démarche officielle.[66] Voltaire de son côté sollicite les bons offices de Tyrconnel, ambassadeur de France en Prusse,[67] et propose à Saint-Florentin un projet de «permission illimitée» qui pourrait prendre la forme de «lettres patentes».[68] Le ministère français informe le roi de Prusse que sa demande est agréée, lequel en informe Voltaire.[69] En conséquence de quoi, celui-ci reçoit la dignité de chambellan, avec l'ordre du Mérite.

Mais à Paris ses amis s'alarment. Mme Denis tente de le dissuader par de «très sages et très éloquentes et très fortes raisons».[70] Voltaire en fait part à Frédéric, qui répond de son appartement à celui du poète, par une «lettre de Trajan ou de Marc-Aurèle»: comment imaginer que le roi son «ami» pourrait devenir un jour son «tyran»? «Je suis fermement persuadé», écrit Frédéric, «que vous serez fort heureux ici tant que je vivrai.»[71] Lettre décisive. Voltaire la présentera par la suite comme une «promesse de bonheur». En fait, en multipliant les protestations les plus chaleureuses, Frédéric a mesuré ses termes. Il n'a rien promis. Il a seulement exprimé une conviction: «je suis persuadé que...» Pour tirer du texte de quoi accuser le roi, Voltaire devra dans ses *Mémoires* l'altérer, faisant dire à Frédéric: «je vous promets que...»[72]

En recevant cette lettre, Voltaire n'y a sans doute pas regardé de si près. Il demeure dans l'ivresse. Il assiste aux festivités offertes au margrave de Bayreuth et à sa femme, sœur de Frédéric: opéras, bals, concerts, et surtout un impressionnant carrousel. La place du château, à Berlin, a été transformée en amphithéâtre. De chaque côté, des gradins pour les spectateurs. Au fond, des loges pour les personnalités. Voltaire traverse l'arène en cortège avec les seigneurs de la cour. Il entend s'élever de la foule des acclamations: «Voltaire! Voltaire!» «La joie se peignit dans ses regards.» Des loges il admire les joutes des cavaliers, à la lance, au sabre. Manifestation si réussie, qu'elle recommence le soir aux flambeaux.[73] «Il n'y a pas moyen de tenir au carrousel que je viens de voir», confie-t-il le jour même. «C'est le pays des fées.»[74] «Transmutation magique du monde»,[75] dont il se souviendra dans les fêtes du roi Bélus, au début de *La Princesse de Babylone*.

Cependant commençaient à apparaître les inconvénients de la transmigration. On lui tient rigueur à Versailles de ce qu'on juge être une trahison. Voltaire s'avise, un peu tard, que les voies du retour pourraient lui être coupées. Il tente bien de couvrir son départ d'un motif patriotique. Passer au service du roi de Prusse, ce serait «une nouvelle manière d'appartenir au roi» de France. En effet, est-il rien de plus «glorieux pour la France» que les honneurs qu'on décerne à Voltaire? Débitant cette argumentation dans une lettre au comte d'Argenson, il insiste, en post-scriptum: dans la position qu'il occupe auprès de Sa Majesté prussienne, «un Français zélé pour son roi et pour sa patrie pourrait n'être pas absolument inutile». Il demande donc qu'on lui conserve à la cour de France tous ses «droits et privilèges».[76] En réponse, on veut bien lui maintenir sa pension et son titre de gentilhomme ordinaire de la chambre du roi. Mais sa place d'historiographe lui est retirée, «étant incompatible avec un homme qui est absent et à un autre service».[77] En effet, un historiographe de France – charge créée en 1563 – est censé écrire l'histoire du souverain régnant. Ce qu'avait fait Voltaire en rédigeant l'*Histoire de la guerre de 1741* (qui en 1750 reste à l'état de manuscrit). Le titulaire est donc tenu, sinon de résider en permanence à la cour, du moins de ne pas s'en éloigner durablement. La mesure qui frappe Voltaire est juridiquement incontestable. Il la ressent aussi comme ce qu'elle est : une manifestation du mécontentement de Louis XV. Il tente une dernière manœuvre. Il «supplie» le comte de Saint-Florentin de «suspendre [...] les arrangements qu'on pourrait prendre» sur ses places, jusqu'au voyage qu'il compte faire à Versailles en novembre.[78] Mais on ne veut plus l'entendre. Voltaire ne peut pas servir deux maîtres.

Il était passé très rapidement – en une semaine – de la condition d'hôte fêté à celle de chambellan de Sa Majesté. Frédéric était parvenu à ses fins. Celui qui jusqu'ici, comme au cours des quatre précédents voyages, avait conservé l'indépendance d'un visiteur, le roi se l'attachait en tant que subordonné : comblé d'honneurs certes, mais en position subalterne. Voltaire n'a sans doute pas sur-le-champ perçu le changement. Dans l'euphorie de ces débuts, il se flatte peut-être que ses relations avec le souverain resteront sur le plan de l'amitié. La lettre de la «promesse» (ou de la fausse promesse) pouvait le lui faire croire. Il aura tout loisir de découvrir les servitudes que comporte son «service».

2. Potsdam, Berlin en 1750

Voltaire allait passer plus de deux ans et demi en Prusse: séjour comparable au séjour anglais, par sa durée comme par son importance. Dans ses précédents voyages, il n'avait fait qu'effleurer le monde prussien. L'y voici intégré, comme dignitaire de la cour: définitivement, pouvait-on croire. Il est nécessaire d'évoquer ici l'univers – depuis longtemps disparu – où il va vivre ces années pour lui décisives.

De la Prusse il ne connaîtra guère que Potsdam et Berlin, partageant sa vie entre la résidence royale et la capitale. Le royaume est en paix depuis le traité de Dresde (25 décembre 1745). Frédéric II peut donc consacrer davantage de temps à ses occupations littéraires et une plus grande part de son budget à de grands travaux d'urbanisme.

La très ancienne petite ville de Potsdam avait été transformée par le roi-sergent en cité militaire. Partout des casernes, des logements pour les gradés, des boutiques et quelques manufactures pour fournir aux besoins de la troupe. Le site, fort agréable, aurait mérité mieux. La ville s'élève sur une sorte de presqu'île, délimitée par la Havel et par les lacs que forme la rivière au cours ralenti. Frédéric aime ce paysage, environné de forêts et de collines.[1] Mais l'agglomération elle-même reste une garnison, où le monotone train des jours dégage un irrépressible ennui.

Aussi Frédéric a-t-il choisi un emplacement proche mais hors de la ville, pour y installer un vaste palais, où prendrait forme, comme à Rheinsberg,[2] son rêve «thélémite». C'est au sommet d'une colline qu'il a bâti un Versailles prussien nommé par lui, assez bourgeoisement, Sans-Souci. L'édifice s'ouvre sur une vaste esplanade. Au-dessous, six terrasses successives descendent vers le parc. Le roi lui-même a dessiné les plans du château, construit par von Knobelsdorf. L'ensemble est remarquable par la simplicité et la légèreté des formes extérieures. L'édifice se distribue autour d'une rotonde centrale: c'est là que se tiennent les agapes philosophiques. Un tableau de A. von Menzel conserve le souvenir de ces repas auxquels présidait Frédéric:[3] Voltaire rejoint en l'été de 1750 ce petit cénacle d'esprits forts. A proximité, se trouvent une bibliothèque, une salle de musique, de nombreuses chambres. Desnoiresterres a pu visiter le palais à peu près tel qu'il était au temps de Voltaire: il en donne une description utile,[4] car les bâtiments ensuite ne traverseront pas sans dommage guerres et révolutions. Le château n'en reste pas moins aujourd'hui l'une des plus belles réalisations du rococo allemand.

Voltaire avait sa chambre dans l'aile ouest. Mais il n'y fit pas de séjour de longue durée. A Potsdam il habitait le plus souvent dans la ville même, au palais de la Résidence, édifice construit par le Grand Electeur que Frédéric II avait pris soin de rénover.

Pour se rendre de Potsdam à Berlin, il fallait environ cinq heures de voiture. La capitale du royaume s'entourait encore d'une enceinte qu'on franchissait par des portes : portes de Brandebourg à l'ouest, de Potsdam au sud-ouest, de Halle au sud, etc. Des postes de gardes et de douaniers contrôlaient le flux des voyageurs comme des marchandises : les denrées entrant dans la ville devaient payer des droits ; et on arrêtait là les déserteurs, hantise de l'autorité militaire en ce pays où l'armée recourait au recrutement forcé raconté dans *Candide*.

L'enceinte en outre avait unifié en une seule agglomération cinq villes (Berlin, Cölln, Friedrichswerter, Dorotheenstadt, Friedrichstadt) et quatre faubourgs (Königsvorstadt, Spandau, Stralau, Köpenick), autrefois séparés.[5] Venant de Potsdam, Voltaire dut plus d'une fois, par Leipzigerstrasse et Charlottestrasse, gagner Gendarmenmarkt : place entourée d'écuries militaires, où s'élèvent aussi deux églises réformées, l'une allemande, l'autre française. En décembre 1752, il viendra s'installer à proximité, dans la maison du conseiller Francheville, rue des Pigeons (Taubenstrasse 20). De là il verra brûler sur Gendarmenmarkt, par la main du bourreau, sa *Diatribe du docteur Akakia*. Non loin s'ouvre la perspective d'Unter den Linden : magnifique avenue, plantée de six rangs de tilleuls, où l'allée centrale est réservée aux promeneurs. C'est ici que l'urbanisme des Lumières vient d'imposer sa marque. A l'extrémité d'Unter den Linden, le roi fait construire le Forum fredericianum : vaste ensemble architectural qui doit comprendre un palais, l'immeuble de l'Académie, un opéra. Sur la façade du temple de la musique, achevé dès 1743, une inscription annonce : *Fredericus rex Apollini et Musis*. C'est à propos de ce quartier que Voltaire s'était exclamé qu'à Berlin «Lacédémone devenait Athènes».[6] Dans sa nouvelle Athènes cependant Frédéric faisait construire en 1750 – aux frais de ses futurs fidèles – une église catholique, Sainte-Edwige. Œcuménisme ? Calcul politique plutôt : le roi entendait s'attacher par là ses sujets papistes de Silésie, récemment annexés. L'entreprise se réclamait d'une tolérance voltairienne, non exempte de cynisme : à savoir que toutes les religions se valent dès lors que les gens qui les professent sont honnêtes.

Le château royal se trouvait dans l'ancienne ville de Cölln, devenue un quartier de Berlin. Frédéric Ier l'avait agrandi pour lui donner l'ampleur et la majesté convenables à un souverain récemment promu roi. C'est au château que Voltaire habitera dans les premiers temps, pendant ses séjours à Berlin. Il n'eut que quelques pas à faire, le 25 août 1750, pour assister aux fastes du carrousel, sur le Lustgarten («jardin d'agrément»), contigu au palais.

Pourtant, malgré les efforts de Frédéric II, l'urbanisme de la capitale laissait encore beaucoup à désirer : saleté et mauvais état des rues, éclairage insuffisant la nuit. Il s'en fallait que Berlin ressemblât à Londres ou à Paris. Sa population,

633

d'environ 100000 habitants en 1750, était cinq ou six fois moindre. La ville s'était formée par des vagues successives d'immigrants. Sur l'ensemble d'un peuplement disparate, deux groupes tranchaient nettement : les huguenots français, les juifs.

Immédiatement après la révocation de l'Edit de Nantes en 1685, le Grand Electeur avait promulgué un édit invitant les exilés à venir s'établir dans sa capitale. Il en résulta un afflux considérable. Les réfugiés firent bénéficier Berlin d'un transfert technologique et culturel. Ils développèrent l'industrie textile, l'agriculture. Au milieu du siècle, la banlieue de Moabit demeurait peuplée de huguenots français qui pratiquaient la culture maraîchère. Les pasteurs et théologiens chassés par Louis XIV animent la vie culturelle en Prusse : [7] Formey en est le meilleur exemple, pendant le séjour de Voltaire. Si le jeune kronprinz Frédéric a pris un goût si vif pour la France, il le doit assurément à la présence de huguenots français dans son entourage immédiat, notamment sa gouvernante Mme de Rocoule, son premier précepteur Duhan de Jaudun. A l'image de ceux-ci ce grand Allemand demeurera paradoxalement une sorte d'émigré de l'intérieur, méprisant sa langue maternelle, ignorant jusqu'à un degré scandaleux l'essor de la littérature et de la pensée allemandes dans les dernières décennies de son règne. La colonie française représente encore en 1750 près du douzième de la population berlinoise,[8] et conserve son existence à part. L'intégration allemande des protestants français ne sera réalisée qu'après la guerre de Sept Ans. Or il se trouve que – le pasteur Formey et quelques autres exceptés – Voltaire eut peu de contacts avec cette communauté française réformée. Il est homme de la cour. Il ne fréquente guère ces milieux réputés inférieurs...

La Prusse demeure en effet une société cloisonnée. On le voit bien par la condition faite aux juifs de Berlin.[9] Parmi eux, qui sont environ 2000, un règlement d'avril 1750 distingue six classes : depuis les privilégiés, ayant les mêmes droits que les chrétiens, jusqu'aux juifs autorisés à séjourner seulement pendant la durée de leur travail. En raison d'un droit de séjour limité, beaucoup étaient contraints à une mobilité permanente. Ils vivaient donc de commerce et d'opérations bancaires. Voltaire bientôt aura maille à partir avec une de ces familles d'hommes d'affaires juifs, les Hirschel. Plusieurs, ayant réussi, deviennent des fournisseurs de la cour et des armées. Le don Issachar de *Candide*, «banquier de la cour» à Lisbonne, transposera au Portugal une activité des Israélites dont Voltaire fut témoin en Prusse. Sous le règne de Frédéric, malgré des entraves, la communauté juive contribue au dynamisme économique du pays. Elle participe à son développement intellectuel, comme on le verra bientôt par l'exemple de Moses Mendelssohn, ami de Lessing, auteur d'ouvrages philosophiques où il défendra contre Voltaire l'optimisme de Leibniz, et contre les matérialistes la religion naturelle.[10]

Berlin en 1750 nous apparaît, selon la formule de Fernand Braudel, une ville «en déséquilibre».[11] Sa vie dépend tout entière de l'Etat: l'armée, les fonctionnaires, la domesticité formant plus du tiers de la population. Une population d'une relative pauvreté, accusée encore par le port très répandu de l'uniforme. Car les soldats revendaient aux civils leurs tenues usagées. La rue offrait donc le spectacle d'un peuple tristement vêtu d'un bleu passé,[12] ce qui ne semblait guère attrayant au voyageur familier des grandes capitales occidentales. Athènes n'avait pas «succédé» à Sparte, comme l'affirmait l'enthousiasme – prématuré – de Voltaire: elle s'y était ajoutée. La ville ressemblait vers 1750 à l'autre capitale, récemment fondée à l'Est, Saint-Pétersbourg, où pareillement des réalisations ambitieuses côtoyaient le sous-développement.

D'une telle coexistence témoignait, presque comiquement, l'Académie de Berlin. Depuis le Forum fredericianum un bâtiment d'amples proportions s'offrait aux regards. Le rez-de-chaussée était occupé par les écuries du roi. Les étages supérieurs étaient partagés entre les sections de l'Académie. On y avait même installé un Observatoire. Superposition de chevaux et d'académiciens qui rappelait le mépris où le roi-sergent avait tenu l'institution académique fondée au début du siècle sur les plans de Leibniz.

Dès son avènement en 1740, Frédéric II avait entrepris de la rénover.[13] Il avait réparti l'Académie royale des sciences et des lettres en quatre classes: la philosophie (excluant la théologie); la philologie, comprenant les belles-lettres, l'histoire et les langues; les mathématiques; la physique. Le roi avait attiré des savants de réputation européenne. A l'arrivée de Voltaire à Berlin, l'Académie est présidée depuis 1746, avec une autorité quasi tyrannique, par Maupertuis. Frédéric participe activement aux travaux. Chaque année un sujet de concours est proposé. Des séances solennelles sont organisées pour la remise des prix, ou pour la réception d'hôtes illustres. L'Académie admet trois langues officielles: l'allemand, le français, le latin. Mais sous la présidence de Maupertuis le français prédomine. L'Académie ne sera pas pour Voltaire un terrain d'action; au moment de l'affaire König, elle fonctionnera contre lui comme une sorte de tribunal. Jusque là, l'entourage philosophique du roi, où se situe Voltaire, et le cercle académique demeurent deux milieux distincts: de l'un à l'autre le contact est établi par le seul Maupertuis.

Une personnalité académique mérite ici une mention particulière: le secrétaire perpétuel de l'institution, Samuel Formey,[14] dont nous avons déjà cité le nom. Il appartenait à la catégorie des immigrants de la deuxième génération, étant né à Berlin en 1711 de huguenots champenois réfugiés. Devenu pasteur, il avait quitté les fonctions pastorales pour celles de secrétaire perpétuel de l'Académie. Comme son maître le philosophe Wolff, il professait un protestantisme éclairé. Avant Diderot et d'Alembert il avait conçu le projet d'un dictionnaire encyclopédique. Il avait accumulé des matériaux considérables. Mais lorsque s'annonça l'*Encyclopédie*, il préféra vendre ses manuscrits aux éditeurs français, ce qui lui valut d'être nommé dans le *Discours préliminaire* de d'Alembert. Par la suite, il apportera à l'*Encyclopédie* sa collaboration pour quatre-vingt-un articles.[15] Ayant une nombreuse famille à nourrir,[16] il travaillait beaucoup. Il tirait de substantiels revenus de son activité journalistique. Pendant le séjour de Voltaire, il dirige (c'est-à-dire rédige lui-même pour la plus grande partie) trois journaux : l'*Abeille du Parnasse* à Berlin, la *Nouvelle Bibliothèque germanique* à Amsterdam, la *Bibliothèque impartiale* à Leyde. Il est en correspondance, pour ses périodiques, avec toute l'Europe francophone.[17] S'étant acquis l'autorité d'un patron de presse, il jouit à Berlin d'une certaine indépendance. Dans l'affaire König il répugnera à suivre Maupertuis.[18] Voltaire ménageait cet homme qui est une puissance, et restera en relations avec lui longtemps après son séjour en Prusse.[19]

D'autres centres intellectuels existaient à Berlin, que Voltaire ne semble pas avoir fréquentés : un «club du lundi», des sociétés de lecture, des loges, un «café savant». Il n'eut pas non plus de rapports significatifs avec le trio prestigieux de l'*Aufklärung* berlinoise : Lessing, Mendelssohn,[20] Nicolaï,[21] malgré leurs affinités avec lui. Une invisible barrière se dressait entre eux, encore très jeunes, et la vedette européenne annexée par Frédéric, et d'ailleurs le mouvement prendra son essor après que Voltaire aura quitté la Prusse.

En effet, dans la société prussienne, c'est à la cour qu'est assignée la place du chambellan Voltaire. De ce côté, il entretient de multiples relations. En premier lieu, avec les différents membres de la famille royale. Comme il convient, il fait sa cour aux deux reines : la reine-mère et l'épouse.

La première, Sophie Dorothée, fille de l'Electeur George Louis de Hanovre qui devint le roi d'Angleterre George Ier, et mère de Frédéric II, est une personne ambitieuse et fière. Elle avait eu le goût de l'intrigue.[22] Depuis la mort de Frédéric-Guillaume en 1740, elle s'est retirée à Monbijou, petit château entouré d'un parc assez médiocre sur les bords de la Sprée. Frédéric lui rend ses devoirs tous les mercredis : Sophie Dorothée, qui s'était flattée de quelque emprise sur son fils, doit se contenter de ces marques de respect. En 1750, âgée de soixante-sept ans, elle a une allure imposante : un regard altier, une taille majestueuse. Voltaire, qui lui avait adressé un exemplaire de *La Henriade* dès 1728,[23] avait été accueilli par elle avec une bienveillance marquée en 1743.[24] Elle est passionnée de théâtre. Voltaire lui lit des extraits des ouvrages qu'il compose, et même de *La Pucelle*.[25] Son couvert est mis chez elle.[26]

Il l'est également chez la reine Elisabeth Christine, l'épouse délaissée de Frédéric II. Mais les repas qu'elle offrait, à Schönhausen sa résidence habituelle à une bonne lieue de Berlin, étaient d'une si grande frugalité que ses hôtes prenaient soin de se sustenter avant de se rendre à son invitation. Une noble dame ne dut-elle pas, un certain soir, se contenter d'une cerise confite?[27] Née en 1715, Elisabeth-Christine avait épousé le prince royal de Prusse le 12 juin 1733. Elle l'admirait, il la négligeait. Frédéric ne lui avait jamais pardonné leur mariage forcé, ni les scènes pénibles que son père lui avait infligées.[28] Très injustement il faisait supporter à la reine le poids de son ressentiment. Elle n'alla jamais à Potsdam. Tout au plus venait-il passer une demi-heure chez elle pour son anniversaire. Les lettres qu'il lui adresse sont glaciales.[29] La malheureuse reine mène la vie la plus unie qui soit. Elle n'est point dépourvue de connaissances. La Croze, qui avait donné des leçons d'histoire aux princesses de Prusse, l'aide dans le choix de ses lectures. Elle s'amuse à traduire des livres d'édification. Son chambellan, le comte Lehndorff, un «complimenteur intarissable» (on le surnomme le «grand confiturier»),[30] a tenu un *Journal* qui donne une bonne idée de la vie quotidienne de la haute société berlinoise. Voltaire se rendra à plusieurs reprises à Schönhausen, sans commenter ses visites.[31]

Ses relations seront plus suivies avec les frères et les sœurs de Frédéric. La famille royale en 1750 comprend les trois frères cadets, les princes Auguste-Guillaume, Henri et Ferdinand, âgés respectivement de vingt-huit, vingt-quatre et vingt ans. Les frères du roi sont astreints à la vie de garnison. Frédéric s'en tient à l'étiquette qui oblige les princes non mariés à rester auprès de lui. Leur rêve : aller à Berlin. Ils y viennent parfois incognito au risque d'être mis aux arrêts. Henri achètera en 1752 sa liberté en épousant une princesse de Hesse-Cassel. Il s'installera alors au château de Rheinsberg qui deviendra le centre d'une cour brillante.[32]

Une rivalité sourde oppose le prince Henri à son aîné. Fier et jaloux, il supporte mal le despotisme de Frédéric. Moins brillant que le roi, il est d'une intelligence solide et les mémorialistes ne se font pas faute de les mettre en parallèle.[33] Point d'animosité en revanche de la part des princes Auguste-Guillaume et Ferdinand à l'égard du roi, mais de la crainte. Auguste-Guillaume est timide. C'est un esprit scrupuleux. Une lettre à Maupertuis le montre préoccupé de l'utilité morale des spectacles.[34] Ferdinand, le plus jeune, passe pour être dénué de caractère et pour n'avoir aucun goût décidé.[35] Enrôlés comme acteurs par Voltaire, les frères du roi seront des témoins attentifs de ses faits et gestes, animés par une vive curiosité, mais sans bienveillance.[36]

Frédéric avait six sœurs. Cinq, mariées, ont quitté Berlin, certaines depuis longtemps : Sophie Wilhelmine, margrave de Bayreuth, Frédérique, margrave d'Anspach, Charlotte, duchesse de Brunswick, Sophie, margrave de Schwedt ;[37] Ulrique est devenue reine de Suède en 1751.

En 1750, Voltaire aura la joie de revoir «sœur Guillemette», la margrave de Bayreuth, qui se rend à Berlin pendant l'été. Compagne des jeux, des études, des plaisirs de Frédéric, victime comme lui des brutalités du roi-sergent, Sophie Wilhelmine reste la confidente du roi.[38] Un différend les avait opposés en 1744-1745,[39] mais ils s'étaient réconciliés. Une affection très vive les unissait et Frédéric, désespéré lorsqu'il apprend sa mort en 1758, dira qu'ils n'étaient qu'une âme en deux corps.[40] Sophie Wilhelmine est intelligente, cultivée, volontiers satirique. Elle admire Voltaire qu'elle a reçu à Bayreuth en 1743. En cas de difficulté entre le roi et son chambellan, elle seule, dans toute la famille royale, est en mesure d'intervenir efficacement. Mais elle est éloignée, en sa résidence de Bayreuth, et ne peut normalement intercéder en faveur de Voltaire que par correspondance.

Seule reste auprès de Frédéric en 1750 l'avant-dernière de ses sœurs, Amélie, née en 1723. La princesse avait eu des malheurs. Pendant les fêtes organisées pour les noces d'Ulrique en 1744, le baron Friedrich von Trenck avait noué une intrigue avec elle. Emprisonné par Frédéric à la forteresse de Glatz, il avait réussi à s'évader et était passé au service de l'Autriche.[41] Après un tel esclandre, Amélie n'est plus mariable. Frédéric adoucit son sort par des attentions délicates.[42] La princesse se console en se cultivant. Elle a de la finesse, de la vivacité, un penchant pour le sarcasme. Voltaire la montre, pendant qu'il lit *La Pucelle* chez la reine-mère, se cachant «dans un petit coin» et «n'en perdant pas sa part».[43] C'était une grande liseuse. Elle possédait, en sa résidence de Berlin, une bibliothèque bien fournie, dont les livres étaient surchargés de notes.[44] Et elle avait un beau talent d'actrice.

Dans la haute société berlinoise, une personnalité mérite notre attention: l'ambassadeur du roi de France, avec qui nécessairement Voltaire a des contacts fréquents. Le poste est occupé en 1750 par Richard Talbot, comte Tyrconnel, noble étranger au service de la France.[45] Il était d'origine irlandaise. De son côté l'ambassadeur de Prusse en France était Ecossais: George Keith, autrement dit «milord Maréchal» (il était le dixième et dernier Lord Maréchal d'Ecosse). Voltaire s'étonne. Que chacune des deux cours soit représentée dans l'autre par un Britannique, «cela a l'air d'une plaisanterie».[46] Mais ce Tyrconnel irlandais, Voltaire le tient pour un Anglais, et même «un digne Anglais». A tel point que, rédigeant pendant les premiers mois de son séjour en Prusse deux chants de *La Pucelle*, il donne son nom à «un gros Tyrconnel», soldat anglais guerroyant contre Jeanne.[47] L'ambassadeur de France en Prusse lui rappelle en effet les manières qu'il a connues jadis à Londres: un «discours sec et caustique», «je ne sais quoi de franc que les Anglais ont» et que les diplomates n'ont guère. «Le tout», conclut-il, «fait un composé qui plaît.»[48] Le «composé» lui aurait peut-être moins plu, s'il avait lu certaines dépêches que l'ambassadeur envoyait à son ministre. Rapportant à Puisieux la disgrâce de Baculard d'Arnaud, Tyrconnel s'exprime avec un aristocratique mépris sur le compte des faiseurs de vers, sans en excepter apparemment Voltaire: «une querelle de poètes», mande-t-il, «une suite des licences auxquelles ces messieurs sont sujets.»[49] Le personnage, de forte stature, corpulent, séduisait par sa jovialité. C'était un gros mangeur. «Son rôle est d'être à table», écrit Voltaire. Car sa femme tient chez lui «table ouverte», au risque de se ruiner.[50] Il ruinait en tout cas sa santé. Il mourut le 2 mai 1752 d'une crise cardiaque. Son successeur, après l'intérim du chargé d'affaires Le Baillif, sera le chevalier de La Touche, personnalité plus effacée. Pendant l'affaire *Akakia*, et lors de l'avanie de Francfort, La Touche se gardera d'intervenir.

La vie de cour comporte des divertissements, les uns publics et officiels, les autres privés, en petit comité. C'est à ceux-ci que Voltaire participe du meilleur cœur, peu après son arrivée. Il apportait dans ses papiers une tragédie inédite, sa *Rome sauvée*, non encore jouée à Paris à la Comédie-Française, non imprimée. Il va donc faire bénéficier de cette nouveauté la famille royale et son entourage. C'est la princesse Amélie qui accueille d'abord en son appartement un tel spectacle. Le 19 septembre, on répète la pièce chez elle.[51] Le 21, on joue *Rome sauvée* devant «une compagnie choisie». Frédéric, en tournée en Silésie, était absent. Mais assistaient à la représentation, entre autres, Mme Cocceji, épouse du chancelier de Prusse, et l'ambassadeur d'Angleterre, sir Charles Hanbury Williams. Celui-ci, qui «sait par cœur les *Catilinaires*», fut transporté d'enthousiasme. Il fit des vers anglais pour célébrer *Rome sauvée*.[52] En réalité, nous savons par une lettre de sir Charles qu'il émettait des réserves sur le dénouement et jugeait sévèrement l'interprétation par des acteurs amateurs. Seul Voltaire fut excellent dans le rôle de Cicéron. Les autres ne lui paraissaient capables, au théâtre, que de souffler les bougies.[53] On ne sait où eut lieu, à Berlin, la séance du 21 septembre. Mais le 26 une autre représentation est donnée, nous le savons, chez la princesse Amélie, dans l'antichambre de sa demeure, «sur un petit théâtre fait exprès».[54] Une troisième fois, le 10 novembre, la même tragédie est représentée à Berlin devant la famille royale.[55] Ensuite, après une interruption, les spectacles reprennent en janvier 1751. Le 5, c'est *Zaïre*, dans les appartements d'Amélie. La princesse interprétait le rôle de l'héroïne, Voltaire celui de Lusignan.[56] Quelques jours plus tard, toujours chez Amélie, on donna *Andromaque*. La princesse joue le rôle d'Hermione, mieux qu'elle n'avait joué celui de Zaïre. Celui d'Andromaque était échu à Mme Tyrconnel, qui s'en est tirée «très honnêtement»: «il n'y a guère d'actrice qui ait de plus beaux yeux».[57] Est-ce en témoignage de gratitude que Voltaire donne le nom de la princesse à la protagoniste dans la refonte d'*Adélaïde Du Guesclin* sous le titre d'*Amélie ou le duc de Foix*? Mais en ce mois de janvier 1751, nous sommes au cœur de l'affaire Hirschel: les représentations pour la famille royale sont suspendues.[58]

Les spectacles lyriques tenaient une place importante parmi les divertissements de la cour et de la ville. Frédéric avait fait édifier au centre de Berlin la plus belle salle d'opéra de l'Europe. Il avait recruté «les plus belles voix, les meilleurs danseurs»,[59] notamment la signora Astrua, cantatrice italienne, et la Barbarina, étoile du corps de ballet.[60] L'opéra donnait en principe deux représentations par semaine et devait produire au moins deux nouveautés par saison. C'est en ce somptueux théâtre que Frédéric, en 1743, avait fait jouer pour Voltaire *La Clémence de Titus* de Hasse.[61] Le chambellan de Sa Majesté y retourne en août 1750 pour voir et entendre *Phaéton*. Il est déçu. Les vers du livret, par Villati, sont détestables. Il n'a «jamais rien vu de si plat dans une si belle salle». La musique de Carl Heinrich Graun? Voltaire s'avoue incompétent, et peu amateur. Il n'a «jamais trop senti l'extrême mérite des doubles croches».[62] Aussi lorsque

Wilhelmine lui demande de tirer un opéra italien de sa *Sémiramis*, refuse-t-il. Il s'y résigne quelques jours plus tard. Mais son livret ne sera jamais porté à la scène. La *Sémiramis* lyrique représentée à Bayreuth et à Berlin en 1754 sera l'œuvre de Wilhelmine.[63] Il ne semble pas qu'après le *Phaéton* d'août 1750, Voltaire soit revenu souvent à l'Opéra, et qu'il ait pris la peine de voir jouer, toujours sur livret de Villati et musique de Graun, *Il Mitridate* (18 décembre 1750), *L'Armida* (1751), *Britannico* (1751), et en 1752 l'*Orfeo* et *Il Giudicio di Paride*, bien qu'une *arie* de ce dernier opéra ait été composée par Frédéric.

L'amour de la musique est certainement l'aspect de Frédéric II qui échappe le plus à Voltaire. Le roi joue de la flûte traversière en virtuose. Il compose lui-même des solos. Chaque jour, à sept heures du soir, lorsqu'il est à Sans-Souci, il organise dans le salon de musique un petit concert, où il tient lui-même sa place, «aussi bien que le meilleur artiste». Souvent on y joue de ses compositions.[64] Parfois, pour exécuter les parties chantées, il fait venir la vedette de l'Opéra de Berlin, Mlle Astrua, et les castrats. Car malgré sa philosophie il a, pour sa scène lyrique, engagé de ces êtres mutilés.[65] Voltaire ne prend évidemment pas une part active aux concerts de Sans-Souci. Mais il lui arrive d'y assister. C'est à ces occasions qu'il rencontre la signora Astrua, et celle-ci en profite pour lui recommander son compatriote italien Collini.[66]

Spectacles pour la famille royale, petits concerts : c'est dans sa vie de chambel-lan la partie privée. Mais il doit aussi tenir son rang dans le cérémonial public, portant au cou la croix du Mérite, et sur son habit la clef d'argent doré, insigne de sa fonction. Il est astreint à suivre le calendrier des fêtes : en novembre l'anniversaire de la reine, en mars celui de la reine-mère, en mai la grande parade de la garnison berlinoise. Mais la principale saison des festivités était le carnaval depuis le début de décembre jusqu'au 24 janvier, jour anniversaire du roi. Pendant cette période, la semaine se déroulait selon un ordre quasi immuable. Le dimanche et le jeudi : réception chez la reine Elisabeth Christine, à qui, selon le désir de Frédéric, incombait une grande partie des fonctions de représentation. Lundi et vendredi : opéra. Mardi : redoute ou bal masqué à ce même opéra ; tous y avaient gratuitement accès, mais la cour et la bourgeoisie étaient accueillies dans des salles séparées.

Le retour monotone des mêmes cérémonies suscitait chez les participants dégoût et lassitude. Voltaire aurait dû subir l'épreuve par trois fois. Mais chaque année, il se trouve à ce moment-là en disgrâce : en 1750-1751, ce fut l'affaire Hirschel, en 1751-1752 le différend avec La Beaumelle, s'ajoutant à d'obscurs démêlés, en 1752-1753 le scandale *Akakia*. Ses ennuis eurent au moins l'avan-tage de le dispenser de cérémonies.

Frédéric avait appelé à lui le plus illustre écrivain français pour qu'il l'aidât à mettre au point ses œuvres. En 1750 le roi est occupé à terminer les *Mémoires pour servir à l'histoire de la maison de Brandebourg* et à imprimer à Berlin, confidentiellement, *Les Œuvres du philosophe de Sans-Souci*[67] (ce sera «l'œuvre de poéshie» dont il sera tant question à Francfort). Il l'a fait venir aussi pour enrichir le cercle intime de ses amis philosophes, convives des petits soupers. Voltaire retrouve dans cet entourage plusieurs de ceux qu'il avait rencontrés à ses précédents voyages. Il va vivre désormais plus près d'eux. Il est donc utile de présenter les principaux de ces compagnons philosophes du roi.

L'un d'eux, le marquis d'Argens, est absent lorsque Voltaire arrive à Potsdam. Il est parti fin mai, prétextant de sa santé, qui rendrait nécessaire une cure thermale. En réalité les relations du marquis avec Frédéric s'étaient détériorées. D'Argens reviendra fin août 1751.[68] Voltaire alors renoue avec lui. Philosophiquement, son «cher Isaac», auteur des *Lettres juives*, est proche de lui. Mais par ses aventures antérieures d'Argens ressemblait à un personnage de l'abbé Prévost plutôt qu'à Voltaire.[69] Né en 1704 dans une famille parlementaire d'Aix, il refuse de faire carrière dans la robe. Il s'enfuit en Espagne avec une maîtresse qu'il prétend épouser. Après un séjour à la forteresse de Perpignan, sur lettre de cachet, il s'embarque au service de l'ambassadeur de France à Constantinople. A l'escale d'Alger, il se fait surprendre dans un harem. Des mésaventures du même genre dans la capitale ottomane l'obligent à en repartir bien vite. A Rome, où il est venu étudier la peinture, il faillit être assassiné par deux femmes jalouses. Il s'engage en 1734 dans les armées du Rhin. Blessé, il gagne la Hollande. Il y travaille pour les libraires, jusqu'à ce qu'en 1738 ses *Lettres juives*, pot-pourri de «philosophie», lui vaillent le succès. Il récidive avec des *Lettres chinoises*, des *Lettres cabalistiques*, une *Philosophie du bon sens*. Frédéric, séduit par l'esprit satirique et antireligieux de ses productions, se l'attache en 1742. Sept ans avant Voltaire, d'Argens est devenu chambellan de Sa Majesté prussienne. Il commence alors à se ranger. Ayant rencontré une actrice du Théâtre français de Berlin, Babet Cochois, assez laide mais fort intelligente, il entreprend son éducation et finit par l'épouser (21 janvier 1749). Cet esprit fort avait ses bizarreries. Il était superstitieux, et possédé par la phobie de tomber malade. Frédéric aimait à le railler. Les relations du maître avec son chambellan d'Argens passaient par des hauts et des bas. Si Voltaire y avait pris garde, le sort de ce prédécesseur au service du roi de Prusse aurait pu l'avertir sur les risques encourus.

A la cour prussienne, Voltaire retrouvait une ancienne relation, Maupertuis. Leurs rapports autrefois avaient été excellents. C'est Maupertuis qui avait expliqué à l'auteur des *Lettres philosophiques* la physique de Newton. Qu'Emilie se soit alors amourachée non seulement du savant mais de l'homme, qui la rabrouait, Voltaire ne s'en était guère inquiété. Maupertuis était un authentique savant, l'un des plus grands de sa génération. Les mesures prises pendant son expédition en Laponie (1736) avaient établi la forme du globe terrestre légèrement aplati aux pôles. Sa *Vénus physique* (1745) développe sur l'histoire des espèces vivantes des idées novatrices. Au moment où Voltaire arrive à Berlin, il publie un *Essai de cosmologie* où est exposé son «principe de moindre action»,

641

sujet futur d'une mémorable querelle. Car l'homme n'était pas à la hauteur du savant. Aigri, s'estimant mal récompensé en France, Maupertuis était passé au service de la Prusse. Honoré à Berlin du titre de président de l'Académie, il reste de caractère ombrageux, ne souffrant aucune contradiction. Il voit d'un fort mauvais œil l'arrivée de Voltaire, comblé des faveurs du maître. Il accueille cet ancien ami avec une froideur marquée. Il «n'a pas les ressorts fort liants», dira plus tard Voltaire, «il prend mes dimensions durement avec son quart de cercle. On dit qu'il entre un peu d'envie dans ses problèmes.»[70] Ces traits ingénieux tracés dans la *Paméla*, donc après l'affaire *Akakia*, reflètent cependant avec assez d'exactitude les dispositions envieuses du président de l'Académie, qui n'attendait qu'une occasion pour manifester une animosité latente.

En même temps qu'il retrouvait Maupertuis, Voltaire faisait la connaissance d'un autre Breton, natif aussi de Saint-Malo: La Mettrie. Ce vigoureux original le laisse quelque peu éberlué. Julien Offray de La Mettrie avait fait sa médecine à Leyde sous le célèbre Boerhaave. Il avait exercé quelque temps comme médecin des gardes françaises. Mais il avait jugé bon de décocher à ses confrères parisiens une comédie diffamatoire, *La Faculté vengée*. Il publiait d'autre part des traités d'un matérialisme tapageur, l'*Histoire naturelle de l'âme* (1745), *L'Homme-machine* (1748), suivi de *L'Homme-plante*. Il avait dû s'enfuir. Frédéric s'était fait un plaisir d'accueillir ce non-conformiste truculent. La Mettrie à la cour de Prusse ne se gênait en aucune manière. Il se couchait sans façon sur les canapés. Quand il faisait chaud, il jetait sa perruque par terre et se déshabillait en public presque complètement.[71] Il donnait ses soins aux personnages de l'entourage royal. Mais Frédéric avait eu la prudence de l'engager non comme médecin, mais comme lecteur. A l'automne de 1750, il lit à Sa Majesté l'histoire de l'Eglise. «Il en passe des centaines de pages, et il y a des endroits où le monarque et le lecteur sont prêts à étouffer de rire.»[72] Il continue à écrire. Il vient de faire paraître à Potsdam son *Anti-Sénèque ou le souverain bien*, «fort mauvais livre», au jugement de Voltaire, «dans lequel il proscrit la vertu et les remords, fait l'éloge des vices, invite son lecteur à tous les désordres, le tout sans mauvaise intention.»[73] L'étonnant personnage scandalise et séduit. De la bouche de ce bavard, Voltaire recueille d'utiles confidences. Lorsque «l'athée du roi» meurt, d'une indigestion, en novembre 1751, Voltaire perd un informateur.

Un seul Allemand dans la petite cour de Potsdam: le baron von Pöllnitz. Il est aussi le seul qui soit plus âgé que Voltaire, étant né en 1692 en Franconie. Pöllnitz, toujours à court d'argent, avait parcouru en quête d'une situation stable à peu près tous les pays d'Europe. Il finit par se fixer dans l'entourage du roi-sergent, qui exceptionnellement lui ouvrit généreusement sa bourse. Pöllnitz avait su plaire. Il fut l'un des privilégiés admis aux séances enfumées de la «tabagie». Bien doué pour le rôle de pique-assiette, le baron après la mort du vieux roi se fait accueillir parmi les intimes de Frédéric. Constamment désargenté, et de ce fait à la merci du maître, il en devient le souffre-douleur, cible des railleries, des affronts de celui-ci, jusqu'aux limites de l'odieux. Un des mauvais tours de Frédéric reste célèbre. Un jour que Pöllnitz pleurait misère, le roi lui fit entrevoir qu'un bénéfice de l'Eglise catholique en Silésie pourrait lui être conféré: quel dommage qu'il n'appartienne pas à la confession romaine! Il se hâte donc de se convertir. Mais alors Frédéric lui rit au nez. Sa proposition? Pure plaisanterie. Aucune charge ecclésiastique n'est plus vacante en Silésie; la dernière vient d'être attribuée à quelqu'un d'autre. «Revenez donc à vous-même», conclut le roi. «Je vous livre à vos réflexions, et vous laisse, sur la religion, entièrement le maître de votre conduite.»[74] Le malheureux dut essuyer l'avanie, qui sera suivie de beaucoup d'autres. Agé, sans ressource aucune, il ne peut quitter la cour où on le bafoue si cruellement. Il y mourra, en 1775. Il sera ainsi le seul à n'avoir point déserté.

Car quelques mois après l'arrivée de Voltaire les compagnons philosophes de Frédéric, l'un après l'autre, prennent le large. Ainsi Chazot. Ayant dû quitter l'armée française à la suite d'un duel, il avait été l'un des premiers intimes du prince à Rheinsberg, avec Jordan et Keyserlingk, maintenant décédés. Voltaire le connaissait bien. Il avait voyagé avec lui à son retour de Prusse en 1743. Chazot comme militaire avait rendu de signalés services. A la bataille de Molwitz (11 avril 1741), il avait sauvé le roi, encerclé, en le couvrant de son corps. Il s'était distingué ensuite sur les champs de bataille de Czaslau, de Hohenfriedberg, en récompense de quoi il avait été promu major. Il excellait en outre dans un autre domaine: il était comme son maître un remarquable flûtiste. Il participait aux petits concerts de Sans-Souci, mais, à la différence de Voltaire, comme exécutant.

Et pourtant on voit que ce compagnon favori va faire, en 1751, tous ses efforts pour partir. Frédéric lui refusant son autorisation, il feint une maladie grave. Il s'est fait traiter pendant six mois d'un abcès à la tête qu'il n'avait pas.[75] En novembre 1751, il quitte enfin la cour de Prusse pour n'y plus revenir.[76]

Même le fidèle Darget partira. Celui-ci était passé du service de l'ambassadeur de France Valory à celui de Frédéric, comme lecteur, secrétaire et homme de confiance. A ce confident discret et dévoué, Voltaire plus d'une fois a demandé d'intervenir auprès du maître. «Fort attaché au roi et à son devoir», Darget souffre en silence. En février 1751, Pöllnitz le trouve «mélancolique»: «dans ses heures de récréation, il parle de se pendre.»[77] Peu après le départ de Voltaire, Frédéric lui accordera son congé, en juin 1753, en protestant: «Je ne suis pas aussi difficile qu'on le croit sur l'article des congés.»[78] Evoquant plus tard le passé, Voltaire rappellera le temps où c'était à qui, entre Darget et Algarotti, «décamperait le premier».[79]

Algarotti en effet, l'homme du *Neutonianismo per le dame*, avait rendu visite à Rheinsberg en 1739. L'année suivante, il avait voyagé dans la même voiture que Frédéric, lorsque le prince était allé se faire couronner à Königsberg. Il avait obtenu du roi le titre de comte et, trois ans avant Voltaire, la dignité de chambellan avec l'ordre du Mérite.[80] Malgré toutes ces récompenses, malgré les agréments que pouvait rencontrer ce Vénitien amateur de l'amour grec, auprès d'un souverain qui n'aimait pas les femmes, Algarotti s'était éloigné. Pöllnitz le voit revenir à Potsdam en février 1751, mais avec « l'air d'un flagellé ».[81] Il s'échappera définitivement, quelques mois après Darget.[82] La retraite de Voltaire en mars 1753 ne sera donc pas un événement isolé. Maupertuis seul restera plus longtemps que les autres. Mais « pour s'étourdir », il s'est mis à boire.[83]

Frédéric s'est efforcé d'opposer aux déserteurs toutes sortes d'obstacles. « Il fallait un hippogriffe » pour sortir du palais d'Alcine.[84] Et pourtant on sortait. Nous nous interrogeons donc sur les raisons d'une débandade aussi générale.

Le roi incontestablement a changé. Les heures de détente entre compagnons philosophes, devisant librement, se font plus rares. Effet de l'âge, sans doute. Mais surtout conséquence du système politique, à la tête duquel se trouve Frédéric. La Prusse était régie par un appareil administratif hautement compliqué. Or, au sommet, tous les leviers sont réunis entre ses mains. Il dirige chaque affaire, ne faisant pas confiance à ses ministres, à qui il ne laisse aucune initiative. Il est en même temps maître absolu de l'armée. Voltaire s'étonne de ce roi qui passe son temps à courir « d'un bout à l'autre de ses Etats pour faire des revues ».[85] Mais, roi-connétable, Frédéric a pour devoir de maintenir son armée dans une rigoureuse discipline. Il s'assure en même temps la direction exclusive de la diplomatie. Or de ce côté la situation s'avérera bientôt difficile pour lui. Faut-il régénérer l'alliance franco-prussienne ? Mais la France travaille à détacher la Maison d'Autriche de l'Angleterre, ce qui mettra la Prusse en grave danger. Frédéric se prépare donc à un renversement des alliances : soucis qui vont retentir sur ses relations avec Voltaire.

Le roi, ainsi isolé dans sa toute-puissance, sentant le poids de responsabilités écrasantes, se fait de plus en plus impénétrable, étranger à son entourage. Il en vient même à prêter à peine attention aux calomnies qu'on répand sur sa personne : quand paraît à Paris en 1753 l'*Idée de la cour de Prusse*, il traite par le mépris le pamphlet diffamateur, et ne daigne pas s'y intéresser.

Il faudrait aussi tenir compte d'un décalage culturel qui subsiste entre les pays de l'Ouest européen et la Prusse. L'opinion publique par exemple est fort différente dans le royaume de Frédéric II de ce qu'elle est en France. L'idéal des Lumières inévitablement se heurte aux valeurs de la société féodale encore subsistante en Prusse.

Et, dans ce contexte défavorable, bien vite les imprudences de Voltaire vont envenimer les choses.

3. Le charme rompu

(septembre 1750-septembre 1751)

Au début de l'automne 1750, l'euphorie persiste. Que Potsdam soit «habité par des moustaches et des bonnets de grenadiers», qu'on y vive au son des tambours, des trompettes et des coups de fusil,[1] Voltaire s'accommode de ces petits désagréments, comme il s'accommode des mauvaises relations postales avec la France : de Berlin, deux postes par semaine seulement, et à Wesel le courrier pour la France attend souvent le passage suivant, «afin de faire un paquet plus gros».[2] A l'en croire, pas le moindre «bout d'épine» parmi les «roses» de son séjour.[3] Il accompagne le roi dans ses allées et venues entre Potsdam et Berlin. C'est son devoir de chambellan. C'est son plaisir. Une telle vie auprès d'un prince en qui revivent César, Marc-Aurèle, Julien, et «quelquefois l'abbé de Chaulieu», et «avec qui on soupe» : il faut qu'on le sache bien à Paris, «c'est le paradis des philosophes».[4] Voltaire force la note, à l'usage des incrédules qu'il a laissés là-bas? A peine. Il n'est pas pour lui de bonheur complet sans théâtre. Or voici qu'il joue en Prusse, on l'a vu, sa *Rome sauvée*, qu'il communique le goût du théâtre – de son théâtre – à la famille royale.

A ces divertissements, il attire une spectatrice qu'il a eu le plaisir de retrouver ici. Mme de Bentinck est arrivée à la cour de Prusse à peu près un mois après lui. L'infortunée comtesse d'Empire vient chercher auprès de Frédéric le salut. Son mari, dont elle est séparée depuis dix ans, s'acharne à la dépouiller de toutes ses possessions. Sa terre de Varel, en Ostfrise, lui a été retirée par la cour de Vienne et a été confiée à la régie du roi de Danemark. Et maintenant sa seigneurie de Kniphausen est menacée de subir le même sort. La comtesse serait alors totalement privée de ressources. Les domaines relèvent dans le Saint-Empire du «Cercle» de Westphalie, dirigé conjointement par le roi de Danemark et par le roi de Prusse. Elle vient donc à Berlin solliciter l'assistance de Frédéric. Celui-ci se montre d'abord favorable. Il fait occuper Kniphausen par un détachement prussien. Mais la comtesse négocie également un gros emprunt auprès des Etats de la Marche : il faudrait que le roi accordât sa garantie ; il semble disposé à le faire. Frédéric assurément n'agit pas ainsi pour les beaux yeux de Mme de Bentinck. Il projette d'établir à Emden un solide établissement naval, qui ferait de la Prusse une puissance maritime.[5] Mais il doit tenir compte d'autre part du jeu diplomatique qu'il mène entre Versailles, Vienne et Londres, avec l'objectif prioritaire de conserver sa chère Silésie. Aussi à l'automne de 1750, rien n'est-il décidé sur «l'affaire Bentinck».

La comtesse doit donc continuer à plaider. Ce qui ajoute à sa joie de retrouver Voltaire. Lui qui a un accès direct auprès du roi va pouvoir intervenir en sa faveur. Voltaire accepte d'enthousiasme. Il jouera en cette affaire le «procureur», c'est-à-dire l'avocat de Mme de Bentinck. Il la conseille sur ses démarches, lui indiquant les opportunités. Il l'aide à rédiger un mémoire qu'il appuiera de vive voix. Il se fait fort «d'échauffer les sentiments de Sa Majesté».[6] Il confère plus d'une heure en tête-à-tête avec Frédéric, afin de le persuader de prendre fait et cause pour la comtesse.[7] Mais progressivement le roi, retenu par d'autres considérations, se montre plus froid. Après le scandale Hirschel, il reprochera à Voltaire de s'être mêlé d'affaires qui ne le concernent pas (février 1751), refusera de garantir l'emprunt (mai 1751), et finira par retirer la garnison de Kniphausen (avril 1754).

A la faveur de ces démarches, une relation étroite s'est établie entre le chambellan et la comtesse. Messages par lettres ou billets, rendez-vous et rencontres, dîners, promenades, échanges de livres, cadeaux: le contact est maintenu jour après jour. Et les sujets d'intérêt ne se limitent pas aux affaires de Kniphausen. Faut-il imaginer que le commerce entre eux alla jusqu'à la dernière intimité? D'aucuns l'ont pensé. «Elle fut presque certainement sa maîtresse»,[8] écrivait Théodore Besterman après la découverte (que nous lui devons) de leur copieuse correspondance. Rien n'indique pourtant que leurs rapports se soient établis sur ce plan. Sans être un dragon de vertu, Mme de Bentinck n'a pas les grâces affriolantes de Mme Denis en sa jeunesse. Grande femme de type nordique, blonde au teint clair, au visage allongé: du portrait d'elle qui nous est parvenu se dégage une impression de prestance plus que de beauté.[9] Elle était née princesse du Saint-Empire: «reine de Saba» visitant Salomon-Frédéric ou Thalestris du nouvel Alexandre, tel est le style des compliments que lui adresse Voltaire.[10] Il a du goût pour ces aristocratiques personnes, que leur condition place au-dessus des préjugés. Esprit fort libre, la comtesse ne recule devant aucune hardiesse intellectuelle.[11] En sa compagnie, Voltaire retrouve quelque chose de sa complicité philosophique d'autrefois avec Mme Du Châtelet. Elle sera en Prusse sa seule confidente sûre, dans un milieu où il se sent entouré de méfiance, voire d'hostilité. Dans une cour, même celle du misogyne Frédéric, l'aide d'une femme est précieuse, pour deviner les intrigues secrètes, et détourner les dangers. Entre eux la confiance entière s'établit précisément au moment où Voltaire, en l'automne de 1750, va se fourrer dans de fâcheuses affaires.

De l'affaire Baculard d'Arnaud, il se tire sans grand dommage. On se rappelle comment Frédéric avait appelé à sa cour ce jeune espoir, afin de piquer l'amour-propre de Voltaire. On laissait entendre à Berlin que d'Arnaud, «soleil levant», «consolait Paris de [la] décadence» de l'illustre poète.[12] Le roi conserve auprès de lui ce rival dont il sait que la présence agace son grand homme de chambellan.

Mais d'Arnaud, maintenu en position subalterne, est mécontent: il n'a que
5 000 livres de pension, il n'est pas admis aux soupers de Potsdam. Il commet
une faute: pour une édition rouennaise des *Œuvres* de Voltaire il rédige une
préface; Voltaire y porte des additions, que d'Arnaud désapprouve. Celui-ci
mande à Fréron que Voltaire a ajouté «des choses horribles contre la France».[13]
Le journaliste fait circuler la lettre. Deuxième lettre de d'Arnaud au même,
pareillement diffusée dans Paris: le jeune homme se vante que «les reines se
l'arrachent, qu'il est las de souper avec elles», que d'ailleurs il va être en Prusse
le protecteur des lettres et des arts.[14] Voltaire, furieux surtout de la collusion
avec Fréron, demande au roi son renvoi et l'obtient.[15] «Le soleil levant s'est allé
coucher.»[16] Voltaire se donne les gants d'intervenir en faveur du banni: que le roi
veuille bien le rappeler, avec seulement une interdiction de revenir à Potsdam.[17]
Cependant, en sous-main, il le poursuit de sa vindicte. Baculard s'étant réfugié
à Dresde, il le dénonce à l'éditeur Walther.[18]

   Voltaire l'a emporté. Cependant, dans l'atmosphère de défiance, de délation,
de rivalités sans merci qui empoisonne le cercle royal, ce coup d'éclat suscite des
remous. Des clans s'opposent.[19] Frédéric reprochera bientôt à Voltaire de lui
avoir forcé la main: «Enfin, quoique ce d'Arnaud ne m'ait rien fait, c'est par
rapport à vous qu'il est parti d'ici».[20] La réalité est moins simple. Baculard
d'Arnaud s'était aussi rendu coupable d'indélicatesses. Il était impliqué dans
d'obscures affaires d'argent.[21] Il s'était exprimé de manière inacceptable sur le
compte des Allemands.[22] Mais ce remue-ménage, dont Voltaire a été l'instigateur,
alimente la chronique berlinoise. Le chambellan bien en cour est à la fois craint
et méprisé.[23]

L'affaire Hirschel allait prendre un tour bien autrement périlleux. Il y avait à
Berlin deux hommes d'affaires juifs, le père et le fils, nommés tous deux Abraham
Hirsch ou Hirschel. Ils appartenaient à la classe supérieure des juifs «privilégiés»:
c'est-à-dire qu'ils jouissaient du plein droit de résider, de commercer, d'ester en
justice.

   Voltaire entre en relation avec eux peu après son arrivée. Le 2 septembre, il
prête à Hirschel père 4 430 écus contre une lettre de change, à échéance du 21
mars 1751:[24] on ne sait à quelle opération correspond cette avance d'une somme
considérable. Les Hirschel sont aussi joailliers. Le 9 novembre, Voltaire convoque
l'un d'eux à Potsdam: qu'il apporte des diamants, Voltaire en a besoin pour une
représentation de *Rome sauvée* chez le prince Henri.[25] La question des diamants
et bijoux (prêtés ou vendus par les Hirschel) va interférer en la compliquant avec
l'affaire, beaucoup plus grave, des bons de la Steuer.

   Le 24 novembre, il remet à Hirschel père 40 000 francs en lettres de change
tirées sur son notaire Laleu à Paris. Hirschel s'engage à lui «tenir compte» de
ce prêt «le 14 décembre prochain à Berlin».[26] Somme si énorme que les banquiers
ne purent la négocier, et qu'il fallut la fragmenter en quatre lettres de change.

L'affaire jette un jour sur l'ampleur du capital, immédiatement disponible, que possède Voltaire. Sa puissance financière sera, dans son aventure prussienne, un atout majeur. Présentement elle lui permet de s'engager dans une démarche des plus risquées. A quelle fin, en effet, cette avance? En quoi consistaient les «conventions faites entre nous», pudiquement mentionnées dans le reçu? Bien que Voltaire s'en soit toujours défendu, il n'est pas douteux qu'il confiait les 40 000 francs à Hirschel pour spéculer sur les bons de la Steuer.

Pour comprendre l'affaire, il faut remonter au traité de paix de Dresde entre la Prusse et la Saxe (25 décembre 1745). L'article 11 stipulait que les créanciers prussiens, à l'échéance de leurs billets, seraient intégralement remboursés, par les soins de l'Obersteuereinnahme de Saxe (administration chargée de la répartition et du recouvrement des contributions). Or les dépenses inconsidérées du roi Auguste III de Pologne et de son ministre Brühl ne cessaient de creuser l'abîme du déficit budgétaire. Aussi les billets venus à échéance n'étaient-ils pas honorés. Certains débiteurs les revendaient, avec une perte pouvant aller jusqu'à 35 pour cent. Les acquéreurs de seconde ou de troisième main, *à condition qu'ils fussent Prussiens*, pouvaient exiger de la Steuer, en vertu du traité de Dresde, le remboursement des billets pour leur valeur nominale. Telle est la spéculation en vue de laquelle Voltaire, le 24 novembre, confie 40 000 francs à Hirschel. N'était-il pas Prussien, lui, chambellan du roi de Prusse? C'était là, de prime abord, une opération du même ordre que celles qui lui avaient permis d'édifier sa fortune, aussi licite que les précédentes, si l'on tient compte du fait qu'au XVIIIe siècle, plus encore qu'en toute autre époque, la morale des affaires ne coïncide pas avec la morale tout court. Pourtant, dès le lendemain, Voltaire annule l'opération. Au courrier suivant, il envoie à son notaire à Paris le protêt des 40 000 francs de lettres de change. Aussi lorsque le 12 décembre Laleu reçoit ces lettres présentées par Hirschel, refuse-t-il de les payer.[27]

Que s'est-il passé? Très vite, Voltaire s'est rendu compte qu'il venait de faire un faux pas, et que la spéculation sur la Steuer lui attirerait les foudres de Frédéric. La Saxe, en situation de quasi-banqueroute, négocie un nouvel emprunt auprès du Hanovre (en fait, de l'Angleterre). Mais le roi exige que préalablement ses sujets prussiens détenteurs de billets soient payés: il entend par là les authentiques créanciers d'origine, et non les spéculateurs, au rang desquels on aurait compté son chambellan, s'il avait donné suite à ses projets du 24 novembre. On ne sait dans quelle mesure Voltaire était informé des intentions de Frédéric en la matière. Peut-être Mme de Bentinck était-elle assez bien renseignée pour le mettre en garde, et le persuader de revenir en arrière.[28]

Cependant, Hirschel le fils s'est rendu à Dresde. Il ne réussit pas à acheter des billets de la Steuer.[29] Il revient à Berlin, et apprend le protêt des lettres de change sur Laleu. Il va se plaindre à Voltaire, avec d'autant plus de hardiesse qu'il sent que celui-ci souhaiterait étouffer l'affaire. Car, pour l'apaiser, Voltaire lui achète les brillants prêtés pour son habit de théâtre: il les prend pour 3 000 écus, à soustraire des 4 430 écus avancés à son père en septembre 1750. Hirschel fils rembourse à Voltaire la différence, 1 430 écus. On échange les reçus, et l'affaire paraît terminée.

Voici pourtant que, trois jours après, le chambellan se fait livrer par le même Hirschel des bagues, un miroir, des meubles. Comme le vendeur se présentait pour se faire payer, Voltaire refuse : il gardera le tout pour se dédommager du marché des brillants, trop précipité, qu'il a fait précédemment, les diamants ayant été taxés très au-dessus de leur valeur par un certain Reclam, de mèche avec Hirschel.[30] Tempête. On s'accorde pour demander le lendemain l'arbitrage du major Chazot. Voltaire traite Hirschel de fripon et s'emporte si violemment que Chazot doit expulser les deux contendants.

Pendant ce temps, les lettres de change de 40 000 francs, protestées auprès de Laleu, étaient sur le chemin du retour vers Berlin. Hirschel allait les recevoir. Etant donné l'énormité de la somme, le juif n'allait-il pas tenter de les négocier, même à perte, et ensuite s'échapper ? Voltaire lui fait signer, le 16 décembre, l'engagement de les restituer dès leur arrivée, qui doit être imminente.[31] Mais le 1er janvier, Hirschel ne les a pas encore rendues. Ce même jour, Voltaire porte plainte et le fait arrêter.[32] Voici donc le chambellan de Sa Majesté en procès public avec un juif !

Selon Voltaire, Hirschel n'agirait pas de son seul chef. Il serait secrètement actionné par ses ennemis qui voudraient obtenir le renvoi d'un favori trop bien en cour.[33] L'accusation ne manque pas de vraisemblance. Car en décembre Mme de Bentinck avait lancé un projet, fort mal venu en pareille conjoncture. Il s'agirait de créer à Berlin une seconde Académie, dont Voltaire serait le président, en concurrence avec celle de Maupertuis. Le plan a été remis au comte de Rothenburg pour être présenté au roi.[34] Maupertuis aurait contre-attaqué en entraînant Voltaire dans un procès scandaleux avec Hirschel.[35]

L'affaire va être jugée par trois hauts magistrats : le grand chancelier, baron von Cocceji, le président de Jariges, le conseiller intime Leuper. Selon l'usage du temps, Voltaire fait des démarches auprès de chacun. Il rend visite, le 8 janvier, au pasteur Formey, lui expose sa cause «au long et avec la plus grande véhémence», et le prie d'intervenir auprès de son ami le président de Jariges. En entrant, Voltaire a traversé le salon sans voir personne d'une assistance pourtant nombreuse. Il sortait rapidement, lorsqu'il aperçoit devant lui la fille de Formey, âgée de quatre ans. L'enfant contemple bouche bée sur l'habit de ce monsieur la croix du Mérite, constellée de diamants. Il s'arrête, lui parle : «Brillantes bagatelles, mon enfant». Puis il disparaît.[36]

La plainte de Voltaire portait sur deux chefs : les lettres de change non restituées ; les bijoux surévalués, selon Voltaire : vendus pour 3 000 écus, ils n'en vaudraient que 1 000. A quoi s'ajoutent des péripéties restées obscures : une plainte sur une bague que Voltaire aurait arrachée du doigt d'Hirschel ;[37] une contestation sur des arrêtés de compte (19 et 24 décembre) où Hirschel prétend que sa signature a été contrefaite. Quant à la destination des lettres de change protestées, Voltaire soutient, contre toute vraisemblance, qu'il les a remises à Hirschel pour qu'il aille acheter à Dresde, non des billets de la Steuer, mais des diamants et des fourrures. Un essai d'arrangement à l'amiable le 4 janvier échoue. Suit une longue bataille juridique dont toutes les pièces, suivant l'usage du temps, sont envoyées au roi.[38] Nous sommes étonnés d'apprendre que dans le cours du procès, en janvier 1751, Hirschel père mourut.[39] L'action n'en continue pas moins, contre Hirschel junior, comme si le père et le fils constituaient une seule et unique raison sociale.

La sentence est rendue le 18 février.[40] Voltaire a gagné. Hirschel est condamné à restituer les lettres de change. Il paiera dix écus d'amende. Sur la valeur des diamants, les juges ne se prononcent pas : ils choisiront des experts chargés de les apprécier.[41]

Succès, mais combien dommageable! L'affaire a fait du bruit, en Allemagne et en Europe. L'ambassadeur de France Tyrconnel envoie son rapport à Versailles sur ces fâcheux démêlés d'un illustre Français.[42] Le *Journal* de Collé en recueille les échos, ainsi que la *Gazette de Hollande*.[43] En Allemagne, le roi avait imposé silence à la presse de Berlin. Mais la *Gazette de Hambourg* du 12 janvier insère un article mettant les torts du côté de Voltaire : il est obligé de rédiger une réponse, qui ne semble pas avoir été publiée alors.[44] L'opinion lui est hostile. Un certain Potier, bibliothécaire du margrave Charles, broche sur l'affaire une comédie satirique, *Tantale en procès* : on y voit le poète Angoule-Tout aux prises avec les usuriers Ismaël et Rabin. Potier produisait sa pièce avec un grand succès chez des particuliers. Interprétant lui-même le rôle principal, il «contrefaisait à merveille la voix et les grimaces de Voltaire».[45]

L'antisémitisme ambiant veut que le fait seul d'avoir un procès avec un juif soit infamant. Voltaire lui-même en éprouve la pénible impression.[46] Frédéric, pour cette raison et pour d'autres, est furieux. Tant que le procès a duré, il refuse tout contact. Mais dès la sentence rendue, il écrit de Potsdam à son chambellan une lettre terrible.[47] Chaque phrase cingle. Tout ce que le roi avait depuis des mois amassé en silence surgit en virulents reproches. Notamment le fait que Voltaire se soit ingéré dans le domaine de la diplomatie : Voltaire s'est mêlé des intérêts de Mme de Bentinck, à implication européenne, il a fréquenté le ministre de Russie, M. Gross. Frédéric lui signifie durement que c'est au roi seul de s'occuper de la politique extérieure prussienne. *In cauda*, l'affaire des billets saxons, qui relève aussi de la diplomatie. Le roi se pose en souverain bienveillant, qui offrait au poète, pour la fin de ses jours «un port tranquille». Au lieu de quoi, celui-ci joue les trublions : intrigues, cabales; «je vous avertis que...»: la fin de l'épître menace.

Lettre fulminante qui se détache, dans cette correspondance, à l'opposé de la première lettre, flatteuse, complimenteuse, embarrassée, adressée au grand homme par le kronprinz, le 8 août 1736.

La dignité n'imposait-elle pas à Voltaire, après une telle mercuriale, de rompre et de partir? Il ne semble pas en avoir eu la pensée. Où serait-il allé, d'ailleurs, lié qu'il était sans retour à Sa Majesté prussienne? Au surplus, il se sent coupable. Il préfère donc se soumettre, saisissant l'alternative que lui offrait Frédéric, sous les apparences d'une mise en demeure comminatoire. Si Voltaire ne veut pas se tenir tranquille qu'il reste à Berlin. Sous-entendu: dans le cas contraire, le roi acceptera de le recevoir, de nouveau, à Potsdam.

Voltaire répond donc par une lettre d'excuse, humble et caressante.[48] Il sollicite la permission de se retirer au Marquisat, près de Potsdam. Conscient de ses torts, il s'efforce de liquider l'affaire au plus vite. Aux termes du jugement, il restait à évaluer les diamants par les soins d'experts désignés par les juges. Voltaire propose à Hirschel un compromis. Ces diamants qu'il a achetés 3 000 écus, qu'Hirschel les reprenne pour 2 000.[49] Ce qui est accepté. Voltaire perd 1 000 écus, mais il est enfin débarrassé de cette déplorable affaire. Il va s'efforcer d'en effacer bien vite le souvenir. Il n'en souffle mot dans sa *Paméla*, ce roman par lettres sur l'aventure prussienne, extrait, comme nous l'avons vu, de sa correspondance avec Mme Denis. Il le fera disparaître totalement de ses *Mémoires*, nouveau récit de son séjour en Prusse où il règle ses comptes avec Frédéric.

L'épisode reste révélateur de l'impulsivité, ou si l'on veut de l'activisme voltairien. Il s'est lancé précipitamment dans la spéculation sur les bons de la Steuer, sans en mesurer les risques. Il s'en est retiré aussi rapidement, mais il était déjà trop tard. Sa souplesse lui permet pourtant de s'en tirer aux moindres frais. Il se replie. Il n'est plus question d'un voyage à Paris, encore moins du voyage à Rome pour voir la basilique Saint-Pierre et la «ville souterraine»: projets maintes fois répétés depuis son arrivée en Prusse, sans cesse ajournés, désormais abandonnés.[50] Frédéric lui accorde, comme il le demande, la jouissance de la maison du Marquisat. Il s'y installe au début de mars, peut-être après une audience de plus d'une heure que le roi lui aurait accordée.[51] Cependant quelque chose s'est brisé dans leurs relations. Il va vivre quelque temps à l'écart, faisant appel, pour se ressourcer, à son recours habituel: le travail. Il s'emploie à terminer *Le Siècle de Louis XIV*, commencé depuis vingt ans.

Les différents logements de Voltaire en Prusse méritent qu'on s'y intéresse: ils en disent long sur son statut ou sur la conjoncture. Jusqu'ici, dans l'appartement du maréchal de Saxe à Potsdam, au château de Charlottenbourg à Berlin, il était resté l'hôte du roi, logé «dans la maison» de celui-ci, comme le précisait la «promesse de bonheur» de Frédéric, écrite de son appartement à la chambre de l'écrivain.[52] Demander à se retirer au Marquisat, dans une résidence de campagne, sise près de la porte de Brandebourg à Potsdam, c'était prendre du champ. Il resterait «à portée de ce grand homme»,[53] mais suffisamment à distance pour vivre à sa guise. Il a demandé la suspension de sa pension pendant tout le temps où, retiré au Marquisat, il ne pourrait remplir ses fonctions officielles. Il supprimerait ainsi un facteur de dépendance. Mais Frédéric le lui refuse. Jamais le roi ne cédera sur cette question de la pension et ce, jusqu'au 26 mars 1753. Son «chambellan» demeure à son service. Il garde ses appointements. Il occupe provisoirement, avec la permission royale, une maison que le départ de d'Argens avait laissée vacante.[54] Un appartement lui est toujours réservé à Potsdam: les apparences sont sauves.

Voilà donc Voltaire «comme une araignée qui fait sa toile dans un coin et qui s'établit jusqu'à ce qu'un coup de balai la fasse déloger».[55] Pour rassurer d'Argental, il déclare que son nouveau logis est une «maison délicieuse».[56] Qu'en était-il réellement? Il est difficile de se faire une opinion. Nicolaï ne la mentionne ni dans sa *Description des villes de Berlin et de Potsdam* (Berlin 1769), ni dans son *Guide de Berlin, de Potsdam et des environs* (Berlin 1790). On sait que les jardins s'étendaient jusqu'à la Havel,[57] que Frédéric II avait adjoint deux ailes au corps principal du bâtiment.[58] Dans une édition des *Mémoires* du marquis d'Argens, on prétend que le roi avait fait peindre dans le salon des scènes ridicules de la vie du marquis. Furieux, celui-ci fit tout effacer. On ne se prononcera pas sur la véracité d'une telle historiette,[59] ni sur l'état des lieux quand Voltaire en prit possession. En invitant Mme de Bentinck à prendre «une tasse de mauvais café» et quelque «mauvais plat», il prétendra, non sans humour, qu'il n'a «ni meuble, ni cuisine», mais qu'à cela près, il n'est pas mal «quand il fait beau».[60] Pourtant, dans ce Marquisat dégarni, ont été transportés ses «meubles de passade» grâce aux bons soins du roi qui lui a laissé «équipages, cuisiniers, et caetera».[61] La vérité sur ce cadre de vie est à chercher entre la version dénigrante destinée à Mme de Bentinck qui vient de lui rendre visite et celle, laudative, adressée à ses amis parisiens.

D'Argens sera de retour en Prusse fin août 1751. Voltaire alors lui restitue le Marquisat. Il passe donc le printemps de 1751 et le début de l'été dans son «ermitage», non sans visites à Potsdam,[62] et déplacements à Berlin.[63] Il jouit d'une tranquillité précaire. Son goût de la solitude déplaît. Sachant ce refuge provisoire, il projette, en mars-avril, d'acheter la terre de Hannen en Ostfrise; il y renonce sans qu'on sache pourquoi, alors que l'affaire semblait en voie de règlement.[64] En juin, il cherche un pied-à-terre à Berlin.[65] Il craint une nouvelle marque de défaveur: appréhension dont on ne sait si elle était fondée.[66] Ces mois où n'explose aucune affaire retentissante et qui, pour cette raison, ont été négligés par la critique, n'en sont pas moins marqués par des tensions passagères et de multiples activités. Ils s'offrent comme un bon exemple des travaux et des jours de Voltaire en Prusse, lorsque sa personne ne cristallise pas la rumeur publique.

L'ermite Voltaire n'est pas coupé du monde. Il entretient des correspondances multiples, dont ne subsistent que des blocs erratiques. Ainsi, certain jour, il montre à Darget les dix-huit lettres qu'il a reçues la veille de Cadix; il envoie au roi les six dernières missives de sa nièce.[67] Aucun de ces textes n'a été retrouvé.

Il a toujours quelque volume à adresser en hommage, quelque service à rendre, quelque distinction à solliciter, quelque ouvrage à juger.[68] De menus désagréments ne lui sont pas épargnés. Il apprend sans plaisir que Friedrich von Marschall songe à engager Fréron comme correspondant littéraire.[69]

Plus grave est le vol commis par Longchamp, à Paris. A son départ pour la Prusse, Voltaire avait laissé son valet de chambre et secrétaire rue Traversière. Or Mme Denis, au retour d'un séjour à la campagne, s'aperçoit que des manuscrits de son oncle ont disparu. Ses soupçons se portent tout de suite sur Longchamp, qui a les clefs des armoires, et sur les Lafont, mari et femme, anciens domestiques de Mme Du Châtelet.[70] Des perquisitions font découvrir chez les Lafont un recueil des lettres de Voltaire et de Frédéric, chez Longchamp deux manuscrits de *Rome sauvée* et un exemplaire du *Voltairiana*. Selon un rapport de police, on cherchait la correspondance de Voltaire et de Mme Du Châtelet. Les documents sont restitués à Mme Denis.[71] Longchamp se serait vanté d'avoir des vers compromettants de son maître contre le roi et Mme de Pompadour. Le 20 mai, à la suite d'intimidations, il rend tous les autres papiers : des copies de l'*Histoire universelle*, du *Siècle de Louis XIV*, des campagnes de Louis XV, de *La Pucelle*. On imagine les affres de Voltaire. Heureusement sa nièce s'est conduite en cette affaire avec «l'habileté d'un ministre et toutes les vertus de l'amitié».[72]

Ici comme ailleurs, il est à craindre qu'on ne saisisse guère l'épaisseur d'une vie. Qu'il s'intéresse au prospectus de l'*Encyclopédie*, qu'il reçoive des nouvelles des dernières productions de Paris (notamment le *Discours sur les sciences et les arts* de Jean-Jacques Rousseau[73] et la *Défense de l'Esprit des lois* de Montesquieu), qu'il demande un certificat de vie, qu'il fasse allusion à ses derniers «rogatons»,[74] qu'il se plaigne de l'édition Lambert de ses *Œuvres* et envoie des cartons,[75] tous ces menus faits offrent des aperçus sur ses occupations du moment, sans permettre vraiment d'entrer dans l'intimité d'une vie. Il n'a rien perdu de sa pugnacité ni de sa malice. Après avoir égratigné Fontenelle, Fréron, Marivaux et «l'impertinent jargon d'aujourd'hui», sa *Lettre à MM. les auteurs des Etrennes de la Saint-Jean* tournait à la charge contre Nivelle de La Chaussée.[76] Formey s'étant enquis de quelques précisions sur la vie de Ninon de Lenclos, il gratifie le pasteur d'un morceau d'anthologie. Il retrace la carrière de cette «prêtresse de Vénus» avec force anecdotes «un peu ordurières pour apprivoiser les huguenots». Il cherche à scandaliser, mais il signale à la fin de sa lettre la publication récente de mémoires sur cette «philosophe».[77]

La transparence des cœurs n'est pas son fait ; elle n'est même pas de mise dans les lettres à ses meilleurs amis. Des versions soigneusement arrangées de sa situation en Prusse l'emportent sur l'épanchement spontané. La situation le commandait. Il faut démentir les bruits sur sa disgrâce, sur ce grand procès qu'il aurait perdu, sur le roi qui aurait pris contre lui «le parti de l'Ancien Testament». Il n'est donc question que des marques d'attention de Frédéric. Il doit à ce souverain incomparable son loisir : «point de gêne, point de devoir». D'Argental est chargé de donner la plus grande publicité à ces déclarations. Et comme Voltaire a le génie de la réclame, le marquis de Ximénès apprend que le roi de Prusse a ménagé à son chambellan «une manière de vivre conforme à [son] humeur, à [ses] goûts, à [son] âge, à [sa] mauvaise santé». Mme Du Deffand doit être persuadée qu'elle était esclave à Sceaux et à Anet «en comparaison de la vraie liberté qu'on goûte à Potsdam», et qu'on y mange «des fraises, des pêches, des raisins, des ananas au mois de janvier».[78] De ces missives masquées, aucun élément biographique ne peut être retenu, sinon la volonté de Voltaire de sauver la face. Démarche nécessaire, car une «satire affreuse» court Paris.[79]

A ces correspondants parisiens il omet de parler de celle qui, au milieu des épreuves qu'il passe sous silence, lui apporte le plus de réconfort: Mme de Bentinck. Depuis son installation au Marquisat, les quelques lieues qui le séparent de Berlin, où la comtesse habite le Spittelmarkt,[80] sont difficiles à franchir. Car il faut une permission spéciale du roi pour approcher de Potsdam. Les revues militaires des 18 et 19 mai leur permettent de se rencontrer, Voltaire attendant la comtesse «à midi, au bord de l'eau».[81] Des allées et venues se multiplient du 1er au 22 juin, alors que le roi est parti en tournée vers Magdebourg; ils se rendent parfois au chevet du comte de Rothenburg qui est malade; ils vont se promener et la comtesse lui offre des *kringels*.[82] Les billets sans apprêt que Voltaire lui adresse reflètent leurs préoccupations du moment. Il y est surtout question des affaires de la comtesse, dont il persiste à s'occuper, malgré les promesses qu'il a faites au roi de ne plus présenter de requête en son nom. Divers plans d'accommodements sont élaborés en haut lieu, sans que la comtesse soit informée. Frédéric s'est résolu à «transiger pour elle sans la consulter».[83] Les pourparlers continuent entre les différentes cours intéressées qui campent sur leurs positions. Lorsque milord Maréchal part pour la France, le 25 août, il a ordre de régler l'affaire selon les «avis» de la France afin de disposer le Danemark à une alliance.[84] Voltaire tantôt prêche à son amie la résignation, tantôt rédige pour elle lettres et mémoires, notamment une pièce essentielle, la procuration que la comtesse donne en mai au ministre Podewils et à Tyrconnel. Désormais, ils négocieront en son nom. Frédéric est «charmé» de cette reddition, Mme de Bentinck tremble. Voltaire la rassure. Il imagine, semaine après semaine, maints expédients, fait intervenir ses relations personnelles à Versailles, puis, très vite, mécontente le roi de Prusse. Ses initiatives ne furent pas toujours couronnées de succès. Il put se tromper dans l'appréciation des forces en présence. Mais il était impossible d'évaluer l'état de la négociation, alors que le secret diplomatique était bien gardé. L'action voltairienne donne la mesure d'une amitié vigilante qui préfère l'aide active à l'effusion. Très ancrée dans le quotidien, surveillée en haut lieu, cette amitié du «plus hibou des hiboux»[85] et d'une comtesse très mondaine, troublée seulement par une passagère bouderie,[86] a sans doute éclairé leurs deux vies. Dans cette liaison amicale l'essentiel était qu'ils pouvaient se fier l'un à l'autre.

Voltaire est alors privé de toute autre présence féminine. Aucun espoir d'attirer sa nièce en Prusse.[87] Il ne fait plus sa cour à Berlin. Nul doute que le plaisir de briller lui manque, par exemple auprès de la reine-mère, Sophie Dorothée, qui admire tant ses pièces.[88] Dans la *Paméla*, quand il règle ses comptes, les traits satiriques pleuvent dru sur Potsdam, mais épargnent les sociétés berlinoises: «reines affables, princesses charmantes, filles d'honneur belles et bien faites, la maison de Mme de Tyrconnel toujours pleine et souvent trop». Voltaire est réduit au «couvent moitié militaire, moitié littéraire».[89]

Quelques autres relations sympathiques se profilent sur l'horizon prussien de Voltaire: Darget toujours fidèle, Friedrich von Marschall auquel il emprunte des livres,[90] Algarotti, la «fleur de Venise», «l'ornement de Potsdam» et la consolation de sa vie.[91] Mais dans son paysage intérieur toujours s'impose la présence obsédante du maître qu'il s'est donné. Il ne suffirait pas de prendre le contre-pied de déclarations trop élogieuses. Certes il soupe «avec le premier des hommes quand [il a] un peu de santé», il envoie maints poèmes au «roi des beaux vers et des guerriers», célébrant les travaux de «Mars Apollon».[92] Il corrige les *Œuvres du philosophe de Sans-Souci*, relit les *Mémoires pour servir à l'histoire de Brandebourg*.[93] Surtout il se consacre au grand poème didactique de Frédéric, *L'Art de la guerre*.

Le manuscrit que conservaient les archives de Merseburg fournit un témoignage précieux sur cette tâche de «grammairien du roi» qu'il avait sollicitée et qu'il assumait depuis son arrivée à Berlin.[94] Bien qu'à demi disgracié, en mars 1751, il lit au Marquisat le cinquième chant. Il attend le sixième, et les «six jumeaux» seront baptisés «au nom d'Apollon, aux eaux d'Hippocrène».[95] Frédéric corrige son poème selon les directives de Voltaire qu'il suit scrupuleusement. Si les commentaires de l'homme de lettres manquent parfois d'aménité,[96] ils visent à plus de précision et d'élégance, et dénoncent sans pitié tout remplissage. Voltaire ne ménage pas sa peine pour améliorer les 1 600 vers de ce long poème.

Mais le quotidien reprend ses droits. Il ne peut se promener à son aise dans les jardins de Potsdam, où de «grands diables de grenadiers lui mettent des baïonnettes dans le ventre».[97] Et voilà que, en dépit de relations apparemment normales, d'anciennes rancœurs sont prêtes à resurgir. Il lui faut sans cesse répéter au monarque soupçonneux qu'il est «sensible», qu'il reste en Prusse parce que le roi fait «le bonheur de [sa] vie», qu'il n'aime que le travail, la retraite et déteste toutes les intrigues.[98] Voltaire peut vivre encore des moments grisants avec ce souverain hors du commun, mais il ne connaît ni calme, ni sécurité.

Certain jour, La Mettrie vient lui rapporter un propos du roi des plus inquiétants. Après la lecture, Frédéric laissait ce personnage «sans conséquence» lui parler assez librement. Ce jour-là le lecteur confia à Sa Majesté que la faveur dont il honorait son chambellan faisait bien des jaloux. Réponse du roi: «J'aurai besoin de lui encore un an tout au plus; on presse l'orange et on en jette l'écorce.»[99] Sollicité plusieurs fois de répéter le propos, La Mettrie maintient ses dires. Voltaire a-t-il inventé de toutes pièces ce mot célèbre? On en a formulé le soupçon. Il est bien vrai qu'il apparaît dans une lettre de la *Paméla* manifestement refaite.[100] Mais, on le sait, dans ces lettres arrangées tout n'est pas fiction. Frédéric est tout à fait capable d'avoir proféré, dans un mouvement d'humeur, une telle méchanceté. En cet été de 1751, il est bien en train de «presser l'orange», Voltaire peinant sur *L'Art de la guerre* auquel il a apporté la contribution de quelque trois cents vers. Il se peut pourtant que la boutade royale ait été adaptée à l'optique de *Paméla*. Le commentaire qui la suit – indignation, alarme – a certainement été ajouté après coup. De même, il est invraisemblable qu'en août ou septembre 1751, Frédéric ait formé le projet de renvoyer son chambellan dans «un an tout au plus»: ce qui conduirait effectivement au tout début de l'affaire *Akakia*. Dans ses *Mémoires*, Voltaire a raconté l'épisode en donnant de «l'apophtegme» du roi une version quelque peu différente, probablement plus authentique: «Laissez faire, aurait-il répondu à La Mettrie, on presse l'orange, et on la jette quand on a avalé le jus.»[101] Il n'est plus question ici de renvoi «dans un an», ni même, peut-être, de quelque renvoi que ce soit. «Jeter» l'orange dont on a exprimé tout le suc, ce pourrait être aussi bien, lorsqu'un jour on aura cessé de trouver la moindre saveur à ce Voltaire aujourd'hui si prisé, le laisser végéter à la cour, dédaigné, oublié, comme l'est présentement le peintre de Potsdam, le «cher Pesne».[102] Perspective encore moins rassurante que celle d'un brutal renvoi.

«Je résolus dès lors de mettre en sûreté les pelures de l'orange.»[103] Judicieuse précaution. Précisément depuis juillet une coalition de ses amis parisiens tente de le convaincre de revenir. Lettres de Mme Denis qui se «fâche tout de bon», de d'Argental et aussi de Richelieu.[104] Sa nièce est en première ligne: «Enfin à quelque prix que ce soit je veux ravoir mon oncle et ne point aller en Prusse», confie-t-elle à Cideville.[105] De ces pressions ne subsiste qu'une lettre de d'Argental du 6 août 1751. L'argumentation des uns et des autres peut néanmoins être reconstituée, notamment par les réponses de Voltaire à Richelieu. Son établissement en Prusse? Une folie. Il a quitté «la patrie la plus aimable, la société la plus douce, les amis les plus tendres», pour un roi qui, nonobstant ses éminentes qualités, ne peut le dédommager de tant de sacrifices. Il est «entouré d'ennemis, d'envieux, de tracasseries», dans cette cour «orageuse» où il a déjà essuyé maints déboires. Dépendant des caprices d'un seul homme, «et cet homme est un roi», Voltaire qui cherchait la liberté s'est «soumis à la contrainte la plus grande». Sa gloire, son intérêt, lui commandent de réparer au plus vite cette erreur, en saisissant le moment où il est regretté en France.[106]

Car en cet été il connaît un regain de faveur sur la scène parisienne. Richelieu et Mme Denis ont obtenu une reprise de *Mahomet*, non joué depuis 1742: huit représentations à partir du 30 septembre, devant des salles bien remplies.[107] En octobre, on donne à Fontainebleau *Zaïre*, puis *Œdipe*.[108] Voltaire demande qu'on en profite pour donner *Rome sauvée*, qui attend toujours d'être créée à Paris. On fait alors usage auprès de lui d'un certain chantage, avec l'assentiment de d'Argental : *Rome sauvée* ne sera jouée à Paris qu'en la présence de son auteur.[109]

A ces pressions amicales, Voltaire répond par deux lettres, d'une ampleur autobiographique qui annonce les *Mémoires pour servir à la vie de M. de Voltaire*. De l'une à l'autre, séparées par un intervalle d'environ un mois, les perspectives ont changé.

La lettre du 31 août argumente un refus net de revenir, du moins dans un avenir proche. Une fois de plus, Voltaire justifie son installation en Prusse, répétant ce qu'il a déjà dit en mai.[110] On le persécutait en France. Le «théatin Boyer» a dressé contre lui le dauphin, appelé à régner un jour.[111] Ses confrères les gens de lettres et «ceux qui se mettent à persécuter quand on n'implore pas leur protection», tous s'entendent pour le tourmenter. Or voici que, se rendant en Italie, il a fait un crochet par Potsdam :

Les grands yeux bleus du roi, et son doux sourire, et sa voix de sirène, ses cinq batailles, son goût extrême pour la retraite et pour l'occupation, et pour les vers et pour la prose, enfin des bontés à tourner la tête, une conversation délicieuse, de la liberté, l'oubli de la royauté dans le commerce, mille attentions qui seraient séduisantes dans un particulier, tout cela me renverse la cervelle. Je me donne à lui par passion, par aveuglement et sans raisonner.

Présentation tendancieuse : si sans doute il a cédé à une certaine ivresse, il n'ignorait nullement que la proposition d'un établissement en Prusse lui serait faite, avec la plus grande insistance. Lui-même s'était prêté au projet.[112] Mais il fournit à Richelieu une version susceptible d'être exploitée à Versailles.

Toujours est-il qu'il se déclare parfaitement heureux, depuis un an qu'il vit à la cour de Frédéric. Seule ombre à sa félicité : être séparé de d'Argental, et d'une nièce qu'il aime «de tout [son] cœur». Autre raison de rester en Prusse : il est occupé à imprimer *Le Siècle de Louis XIV*, il ne peut abandonner cette tâche. Et ce livre ne manquerait pas, publié à Paris, de lui attirer de graves ennuis. Son devoir d'historien lui impose de rapporter des «anecdotes très délicates», de s'exprimer franchement, par exemple, sur ce que la révocation de l'Edit de Nantes a coûté à la France, sur «la mauvaise conduite du ministère dans la guerre de 1701», etc. «Un historiographe de France ne vaudra jamais rien en France.»

La seconde lettre autobiographique à Richelieu est à dater de la fin de septembre 1751, voire du mois d'octobre.[113] Ferait-elle suite au mauvais propos sur «l'orange» que Frédéric aurait tenu à La Mettrie, après qu'il eut regagné Berlin à l'issue de sa tournée militaire (15 septembre 1751)? L'hypothèse peut être avancée. Car, dans cette nouvelle lettre, Voltaire élabore un véritable plan de retour. Il reprend le thème des persécutions essuyées en France, et celui de son bonheur auprès de Frédéric. Mais il fait valoir de nouvelles considérations.

Il nomme ici Mme de Pompadour. Elle était son seul appui à Versailles, et elle s'est détournée de lui. Mais Richelieu ne pourrait-il rétablir son ami dans la faveur de la marquise? Qu'elle veuille bien reconnaître que Voltaire est de ceux «qui dans la littérature peuvent être de quelque utilité». Que *Rome sauvée* soit jouée avec succès à Paris, que Mme de Pompadour s'aperçoive que cette tragédie vaut un peu mieux que la «farce allobroge» de Crébillon qu'elle a protégée. Que Richelieu la persuade de l'attachement de Voltaire pour elle, qui seule «pourrait [lui] faire quitter le roi de Prusse». Qu'elle souhaite qu'il revienne: alors il reviendra, et l'on comprendra qu'il a seulement «sacrifié quelque temps à la cour d'un grand roi à la nécessité d'amortir l'envie».

Ici s'esquisse un projet de retour en grâce à Versailles, par le truchement de Richelieu et l'intercession de la favorite. Un projet dont l'échec définitif, trois ans plus tard, «détermina après une dernière entrevue avec Richelieu, en novembre 1754, l'installation en Suisse».[114]

En cet automne de 1751, le chambellan de Sa Majesté prussienne demeure à son poste. Mais déjà il médite les voies et moyens de son départ.

4. Diversion par le travail

En dépit des tracas quotidiens, l'activité laborieuse de Voltaire ne faiblit pas. Après le traumatisme de l'affaire Hirschel, il ne peut se retrouver lui-même que face à la page blanche; il lui faut s'affirmer dans ce qui est sa raison d'être. Voltaire découvre, ou redécouvre alors les vertus du dialogue philosophique.[1] Le 5 juin 1751, il avait envoyé à Frédéric le *Dialogue entre Marc-Aurèle et un récollet*, qu'il s'est efforcé d'écrire à la manière de Lucien.[2] Il a essayé comme Lucien d'être naïf et de faire penser ses lecteurs. Il se démarque de Fontenelle dont le défaut est de vouloir faire montre de trop d'esprit. Sur le thème de la décadence romaine, il met en scène d'un côté l'empereur et de l'autre un récollet ignare censé représenter les nouveaux maîtres de Rome. Le lecteur est invité à tirer les leçons assez évidentes de ce parallèle entre un grand homme de l'Antiquité et un moine obscur. Dans ce court texte se dessine une structure pédagogique commune à maints dialogues voltairiens: opposition radicale de personnages dont l'un incarne la vérité et le bien, l'autre l'erreur et le mal; l'échange des répliques, à la différence du dialogue philosophique de Diderot, vise moins à une recherche de la vérité qu'à la démonstration d'une vérité préexistante. La démarche, plus polémique qu'heuristique, met en valeur des idées claires, voire simplistes, dans un duel verbal conduit avec brio. Et ce n'est sans doute pas sans raison qu'il rappelle au souvenir de Frédéric ce Marc-Aurèle qu'il lui avait proposé comme modèle dès leurs premières lettres. L'ermite Voltaire, pour prévenir ou désamorcer quelque aigreur, met l'accent sur leur mépris commun de la prêtraille, brandit un exemple, celui de la lumineuse figure de l'empereur romain que le maître incommode du XVIIIe siècle a tout intérêt à méditer.

Au début du séjour prussien, il a mis au point le texte de *Micromégas*. La partie narrative du conte, assez peu développée (si l'on songe à nos récits de science-fiction), a pour fonction d'amener deux dialogues, éminemment philosophiques par l'extrême discordance des interlocuteurs: l'habitant de Sirius, qui mesure trente-deux kilomètres de haut, et le «nain» de Saturne qui n'en a que deux; ils s'entretiennent du cosmos, de la pluralité des mondes... Puis, ayant *atterri*, les deux voyageurs de l'espace réussissent, sur notre globe ou globule, à entrer en conversation avec une volée de philosophes (parmi lesquels Maupertuis), mesurant environ un mètre soixante-dix. Les «animalcules» humains déraisonnent métaphysiquement sur la nature de l'âme, mais vont damer le pion aux géants cosmiques en se révélant excellents géomètres et mathématiciens. Il est impossible de préciser ce que ce *Micromégas* doit au *Voyage du baron de Gangan* envoyé à Frédéric en 1739.[3] Il est probable que dans l'euphorie des premiers mois, Voltaire a repris cette «ancienne plaisanterie», agacé par Maupertuis, et désireux de faire sa cour au roi (on sait que *Gangan* contenait une allusion flatteuse à Frédéric, qui disparaîtra du texte définitif). Le manuscrit de *Micromégas* est prêt en décembre 1750. Voltaire l'a confié à M. d'Ammon pour qu'il le fasse imprimer à Paris. Mais dans la capitale française, on a reconnu, et l'intéressé tout le premier, en ce «nain de Saturne» une satire, effectivement assez cruelle, de Fontenelle. L'illustre vieillard – il a quatre-vingt-treize ans – obtient l'interdiction du conte. *Micromégas* avait été imprimé (avril-mai 1751) au tome X des *Œuvres* (publiées par Lambert : l'éditeur dut retirer et détruire les pages du conte. Cependant quelques exemplaires subsistèrent, où la suppression n'avait pas été opérée. Parallèlement, le libraire Grangé donne une édition séparée de *Micromégas* : édition «supprimée». Mais ici encore des exemplaires échappent à la destruction. Puis en mars 1752 sortent en Allemagne, sous la fausse adresse de Londres, deux *Micromégas* : imprimés l'un par Walther à Dresde, sur le manuscrit envoyé par Voltaire, l'autre par Mevius et Dietrich à Gotha, procédant de l'édition Grangé supprimée.[4] Entre Zadig et Candide, Voltaire joue avec son Micromégas un jeu où il se délecte : celui des apparitions inopinées et cocasses de personnages ludiques qui lui ressemblent.

Une autre évasion, dans un genre tout différent, s'offre à lui : c'est l'«immense tableau d'un beau siècle», qui lui «tourne la tête», et où il peut être «historiographe de France en dépit des jaloux».[5] Il avait emporté en Prusse ce qu'il avait rédigé du *Siècle de Louis XIV* : projet dont la première mention remonte à 1732,[6] non pas abandonné mais délaissé, après la publication d'extraits en 1739 et 1740, repris dans les éditions collectives de ses œuvres.[7] Il n'y avait guère travaillé dans les premiers temps du séjour prussien. Mais après un procès qui l'a déconsidéré, Voltaire se remet à la tâche. Il transcende les petitesses présentes en se faisant le chantre d'une grandeur passée. Pour qui juge d'un «siècle», les ragots du jour sont frappés d'inanité.[8] Des comparaisons peu flatteuses pour le «maître» du moment s'ébauchent. La leçon ne vise plus seulement Louis XV, mais aussi Frédéric II. Retournement important quand on se rappelle que le souverain prussien s'était passionnément intéressé au projet de Voltaire, déclarant même en 1741 à propos de ce «siècle divin» : «j'aimerais mieux l'avoir fait que d'avoir gagné une bataille».[9] Les mesquineries de la cour prussienne ont terni l'image du roi éclairé.

Au Marquisat, Voltaire travaille malgré la pauvreté des bibliothèques.[10] En Prusse, «il y a prodigieusement de baïonnettes et fort peu de livres».[11] Seule exception, la bibliothèque de Sans-Souci, bien fournie,[12] à laquelle Voltaire a accès. Cependant il est obligé aussi d'emprunter à l'extérieur,[13] ou de faire venir des ouvrages par son éditeur Walther.[14] D'après ses emprunts, il paraît avoir complété les chapitres relatifs à l'histoire religieuse. Pour mettre la dernière main à son texte, il lui manque toujours quelque manuscrit, quelque livre. Il se plaint de ne pas avoir des ouvrages essentiels pour le «Catalogue de la plupart des écrivains français» et pour les chapitres sur les arts.[15] Walther lui procure les quarante tomes des *Mémoires pour servir à l'histoire des hommes illustres dans la république des lettres* de Jean-Pierre Nicéron et les onze tomes de la *Continuation des Mémoires de littérature et d'histoire* de P. N. Desmolets.[16] Malgré ces difficultés, il pouvait en mai 1751 proposer à Frédéric d'imprimer à Berlin *Le Siècle de Louis XIV*, offre destinée à calmer certaine susceptibilité du souverain,[17] et dont les sous-entendus ou les attendus ne manquaient pas de piquant. A celui qui l'avait accusé en 1749 de ne rien achever,[18] la meilleure des réponses était donnée. Une leçon se dégage aussi de ce travail mené à bien en dépit des difficultés. Voltaire qui avait cru, ou voulu croire, que «le temps brillant de Louis XIV» renaissait sur les bords de la Sprée,[19] peut seulement le faire revivre par l'écriture, dans cette demeure près de la Havel où, courtisan disgracié, il s'est réfugié. Comprit-il que ces pages célébrant un beau siècle étaient son plus sûr refuge et la marque de son inaliénable liberté? Assurément, Louis XIV restera plus grand que Frédéric II.[20]

Mais où publier le *Siècle*? Voltaire pressent qu'un tel ouvrage rencontrera en France bien des difficultés. Il tâtera donc prudemment le terrain par une publication à l'étranger. Il a d'abord pensé, dès octobre 1750, à Walther à Dresde.[21] Il prend contact aussi avec Lambert à Paris. Deux éditions de ses œuvres sont alors en chantier. Il se dit mécontent de l'une comme de l'autre. A l'entendre, rien n'est fait selon ses désirs. Ses lettres à Lambert sont remplies de reproches sur la précipitation avec laquelle on travaille, sur le désordre des matières auquel il faudrait substituer un classement thématique, sur le nombre excessif des volumes qu'il faudrait réduire de onze à neuf, sur la désinvolture de l'éditeur qui ne tient aucun compte de ses avis.[22] Toutes récriminations qui aboutiront à l'offre d'une nouvelle édition en sept ou huit volumes! A Walther qui avait édité ses *Œuvres* en 1748[23] et qui se montre réticent, il a proposé une nouvelle édition qui ferait «tomber celles d'Amsterdam et de France».[24] Il lui promet quelques pièces curieuses,[25] lui avance mille écus sans intérêt pendant un an, corrige avec soin les épreuves, envoie des cartons. Tous ces efforts se solderont par un demi-échec parce que le marché était saturé, mais aussi parce que le classement adopté par Voltaire fut critiqué, et d'abord par Frédéric II: «on dirait que ce sont les cantiques de Luther; et quant aux matières, tout est pêle-mêle».[26]

Voltaire prend aussi des contacts avec Dodsley, à Londres, par l'intermédiaire de son ami Fawkener.[27] Mais il préfère en définitive imprimer à Berlin. Il semble que Frédéric le souhaitait.[28] L'ouvrage sort donc des presses mêmes de l'imprimeur du roi de Prusse, Henning, à la fin de 1751, en deux volumes in-douze.[29] Trois mille exemplaires avaient été tirés.[30] Il est présenté comme «publié par M. de Francheville». Ce conseiller aulique, membre de l'Académie de Berlin, connaissait bien le monde de l'édition. C'était un homme très sûr, poète à ses heures.[31] Voltaire a fait mettre sous le nom de Francheville le privilège valant pour la Prusse et pour l'Empire. Le conseiller s'est donc chargé, moyennant rémunération, de la correction des épreuves et en général des rapports avec l'imprimeur.[32] C'est lui qui recevra les propositions de réédition de divers éditeurs d'Europe. Voltaire, craignant les réactions françaises, avait souhaité s'abriter derrière ce prête-nom.

Aussi se permettait-il certaines audaces. Les moindres étaient d'ordre orthographique. Pour la première fois il s'affirme ici novateur en la matière. Il se conforme à l'évolution de la prononciation en distinguant entre -oi et -ai. Il imprime donc *était*, *avait* et, selon le cas *François* (prénom) ou *français*, réforme qui finira par s'imposer – au XIXᵉ siècle. En outre, il supprime toutes les majuscules, sauf à la première lettre d'un paragraphe. L'initiale d'un nom propre, celle du premier mot suivant un point sont imprimées en minuscules. Un parti aussi radical aurait mis fin au flottement dans l'usage français des majuscules, qui subsiste encore aujourd'hui. Mais Voltaire ne sera pas suivi, et il y renoncera lui-même après l'édition Henning.

Le Siècle de Louis XIV marque une date dans l'histoire de l'historiographie. Jusqu'alors la tâche de l'historien avait été considérée comme étant subordonnée à des finalités autres qu'historiques. Au siècle précédent l'abbé de Saint-Réal avait rédigé une dissertation dont le titre même était parlant, *De l'usage de l'histoire*. L'histoire «sert»: au moraliste, au politique, au romancier ou au dramaturge. Car selon Saint-Réal, «étudier l'histoire, c'est étudier les motifs, les opinions et les passions des hommes». Autrement dit, on demeure au niveau des individus impliqués dans les événements. On s'en tient à l'analyse psychologique tendant à expliquer leur conduite. Tel était encore le cas de Voltaire dans son *Histoire de Charles XII*. Mais avec le *Siècle*, il se propose comme objet non pas l'histoire de Louis XIV, mais celle de son temps, embrassé dans sa totalité. Il fait l'histoire de la collectivité humaine, saisie en un point du temps et de l'espace. Ce qui détermine son plan, contestable en ce qu'il a de non-chronologique. Voltaire brosse un «tableau». L'événementiel – comme nous disons – est présenté en séries successives: après la politique extérieure (chapitres I-XXIV), la politique intérieure (chapitres XXV-XXX), pour aboutir à ce sommet que sont les quatre chapitres sur les sciences et les beaux-arts, et à ce qui constitue le fond sombre du tableau, les cinq chapitres des affaires ecclésiastiques. Plan qui fait mal apparaître les connexions, par exemple entre la politique de Colbert et la guerre de Hollande, ou entre l'épuisement économique et les défaites de la fin du règne. Mais l'ordonnance choisie répondait au dessein de mettre en évidence, à partir des événements, ce que Voltaire appelle «l'esprit des hommes»: un mental collectif, en relation avec l'institution politique, comme avec les modes matériels d'existence. L'une des pages lumineuses du *Siècle* est celle où l'historien montre comment, après l'arrivée au pouvoir de Louis XIV, la centralisation monarchique a transformé les mœurs des Français. Il se pose la question: comment vivait-on alors, et il s'efforce de produire les éléments économiques d'une réponse.

L'information dont il dispose à cet égard nous paraît bien pauvre. Mais il ouvrait une voie. Désormais l'histoire se suffit à elle-même, par son objet qui est le devenir des hommes vivant en société. Nous pouvons apprécier, après plus de deux siècles, l'avenir d'une telle conception. Du *Siècle de Louis XIV* à Marc Bloch, Lucien Febvre, Fernand Braudel – pour ne citer que ces noms – une continuité s'établit.

Dans ses *Remarques sur l'histoire* de 1742, puis dans ses *Nouvelles considérations sur l'histoire* de 1744, Voltaire s'était égayé des contes de nourrice que répètent des historiens dépourvus d'esprit critique.[33] Combattre la fable est une exigence prioritaire. Or le règne du Grand Roi avait été l'objet d'une intense élaboration mythologique.[34] La lucidité voltairienne fait merveille. Le passage du Rhin (12 juin 1672) avait été célébré comme le «prodige» du siècle[35] et «l'opinion commune était que toute l'armée avait passé ce fleuve à la nage, en présence d'une armée retranchée et malgré l'artillerie d'une forteresse imprenable appelée le Tholus».[36] Historien-journaliste, Voltaire s'informe. En réalité, «la sécheresse de la saison avait formé un gué sur un bras du Rhin», l'armée ennemie était démoralisée et le Tholus n'était qu'une maison de péage dans laquelle il y avait dix-sept soldats. L'enquête a détruit la légende. Historien-philosophe, Voltaire s'interroge sur la naissance de celle-ci qu'il attribue au goût du peuple pour l'exagération et à la splendeur du règne.

Voltaire a-t-il su résister aux prestiges de cet «air de grandeur dont le roi relevait ses actions»?[37] Il est sensible au sens de la gloire du souverain qui était salué par «un respect universel», dont le nom «pénétrait chez tous les peuples du monde» et qui, même dans le malheur, garde le sens du beau défi.[38] Voltaire n'ignore pas l'ambition démesurée de ce prince: après le traité de Nimègue, «il fit de la paix un temps de conquêtes» et alarme toute l'Europe.[39] Mais il ne stigmatise pas à la manière de Michelet «l'énormité de la démence orgueilleuse de Louis XIV».[40] Voltaire rend hommage au maître d'œuvre qui sut remettre de l'ordre dans le pays: «l'Etat devint un tout régulier dont chaque ligne aboutit au centre» et qui a laissé de «grands monuments utiles à la patrie.»[41] Louis XIV sut être un grand mécène; les lettres et les arts ont fleuri sous son règne, des bâtiments immenses ont été édifiés. Voltaire décrit la pompe théâtrale du règne, l'éclat de la vie de cour. Mais dans ces tableaux, point «d'univers magique», point de ce «saisissement devant la lumière et le sacré»[42] qu'avaient cultivé les panégyristes du Roi-Soleil. De la même plume qui célèbre le faste d'un règne, Voltaire dénonce ses petitesses ou ses cruautés. Le roi est un homme coupable de faiblesses qui se laisse gouverner par un jésuite, qui persécute les protestants, plus par souci de sa gloire que par conviction,[43] qui affecte de «fausses bontés» à l'égard de Fouquet qu'il veut perdre.[44] Sa redoutable légèreté lui fait signer, du fond de son palais, au milieu des plaisirs, l'ordre de destruction du Palatinat.[45]

Le jugement reste remarquablement pondéré, même en ce qui concerne les questions religieuses. Dans l'édition de 1751, Voltaire pèche par optimisme:

l'esprit philosophique gagne de jour en jour et les ridicules disputes sur les cérémonies chinoises appartiennent à un temps révolu. Conclusion qu'il modifiera en 1761.[46] Pourtant tout au cours du XIXe siècle, nombre d'éditions, et plus particulièrement celles adoptées par le «Conseil supérieur de l'Instruction publique», retranchent les chapitres XXXV à XXXIX consacrés aux affaires ecclésiastiques.[47]

Voltaire a voulu faire taire «la voix du préjugé» qui s'est élevée contre le règne de Louis XIV.[48] Le monarque n'est point pour lui le «magicien» dérisoire des *Lettres persanes*, pétri de contradictions ridicules et obsédé par le souci de paraître.[49] Malgré sa hauteur, ses erreurs, ses grandes qualités l'emportent enfin et il mérite de rester illustre.[50]

Voltaire croit au rôle moteur des grands hommes dans l'histoire. Ils donnent leur nom à des «siècles», ces «âges heureux» qui servent d'époque à «la grandeur de l'esprit humain». Dans le préambule qui ouvre *Le Siècle de Louis XIV*, Voltaire distingue quatre grands siècles: celui de Philippe et d'Alexandre, celui de César et d'Auguste, celui des Médicis, enfin celui de Louis XIV. L'abbé Dubos avait déjà défini la notion de «siècle», temps où «les arts et les sciences ont fleuri extraordinairement».[51] Mais c'est après la publication de l'ouvrage de Voltaire que l'expression passe dans le langage. Par delà Michelet, contempteur de «l'impardonnable crime» qu'a été ce règne, l'image d'une apogée monarchique est reprise en compte par l'historiographie républicaine. Lavisse dans son *Histoire de France depuis les origines jusqu'à la Révolution* (1911) magnifie ce siècle. Les manuels, dès l'école primaire, diffusent cette vision. L'image de Louis XIV devient ainsi une des composantes de la conscience historique française. «On peut dire», remarque Valéry, «que c'est à partir de [Voltaire] que ce siècle est devenu le Grand Siècle, qu'on l'a considéré comme un siècle tout à fait à part [...] d'une originalité extraordinaire, et, en même temps, d'une majesté qui a été reconnue par tous [...]. C'est à Voltaire qu'on doit cette sorte de canonisation de Louis XIV».[52]

La perspective historique de Voltaire n'est pas la nôtre. Il a vingt-et-un ans à la mort de Louis XIV. Il a été témoin des indécentes manifestations de joie populaire lors du décès du roi.[53] Il appartient à cet «Ancien Régime», qui pour lui était simplement le régime de la France. Notre appréhension de l'histoire s'est élargie: «nous croyons que l'histoire découvre en chaque époque ce qu'elle eut de nécessaire, et par conséquent de légitime», nous sommes sensibles à différentes formes de beauté.[54] Voltaire n'a pas cette «largeur de sympathie»; il a le goût de son temps. Bien des documents ne lui ont pas été accessibles. Mais il a compris que 1660 était une date importante. Peut-être a-t-il, comme le dit encore Valéry, «[mis] ce siècle au tombeau»: «mais par quelle œuvre parfaite, il le dépose dans la gloire».[55] *Le Siècle de Louis XIV* recueille un héritage, mais ne signe pas la fin d'un monde. Il est traversé par le dynamisme des grands moments de l'histoire. Robert Mandrou clôt son ouvrage consacré à Louis XIV en rappelant le mot de

Michelet selon lequel «le mépris et le respect tuent l'histoire».[56] Porté par l'admiration, élaboré au sein de la vigilance critique, l'ouvrage de Voltaire est de ceux qui donnent une nouvelle vie au passé.

Bien évidemment les contemporains ne voyaient pas si loin. On apprécie les mérites littéraires de l'ouvrage: son «beau coloris» selon le langage de l'époque, son style «fleuri, nerveux et coulant», «l'élégante précision [...] jointe à beaucoup de clarté.»[57] Le *Siècle* remporte un succès de curiosité.[58] L'enquête, journalistique par bien des aspects, supplée à la pauvreté des périodiques: beaucoup de lecteurs sont heureux de s'informer grâce à Voltaire de ce qu'ils ignoraient d'un passé encore tout proche. Pour cette raison précisément l'historien s'exposait à toutes sortes de chicanes de détail, et elles ne lui furent pas épargnées. Un vieux militaire lui fait la leçon sur ce qui est dit des campagnes d'Irlande.[59] Voltaire a qualifié de «petit» le concile d'Embrun, qui n'a réuni que sept évêques: le cardinal de Tencin, qui le présida, se fâche. On l'accuse de n'avoir pas respecté les convenances politiques. «L'histoire raconte les faiblesses comme les vertus»: mais il eût fallu gazer les «faiblesses» de Louis XIV.[60] On s'indigne du traitement voltairien des questions religieuses. Il est, par exemple, jugé intolérable que l'historien suggère, au chapitre XII, que «Turenne pouvait avoir des vues d'ambition» quand il se convertit du calvinisme au catholicisme et reçut en récompense l'épée de connétable.[61] En général, l'éloge décerné avec tant d'insistance à Louis XIV, d'avoir protégé les sciences et les arts, est ressenti – non à tort – comme sous-entendant un reproche à Louis XV et au cardinal de Fleury de négliger ces sciences et ces arts.

Quelques interventions sont plus positives. Cideville, d'Argental, le président Hénault proposent des additions au «Catalogue des écrivains».[62] Le second tome recueille des suffrages: ceux de Duclos qui a succédé à Voltaire en qualité d'historiographe, du président Hénault, de Frédéric II.[63] Si Chesterfield s'enthousiasme,[64] beaucoup manquent de chaleur. Ni le *Journal des savants*, ni le *Mercure de France*, ni les *Mémoires de Trévoux* ne parlent du *Siècle*; l'*Année littéraire* de Fréron est hostile, ses critiques sont proches de celles que fera La Beaumelle. Mais Clément dans ses *Nouvelles littéraires* (qui deviennent en 1752 les *Cinq années littéraires*) admire une manière neuve d'écrire l'histoire: «c'est avec cette rapidité, cette noblesse, cette impartialité hardie, cette variété de vues et ces réunions de traits, qu'il faut parler à l'esprit, aux yeux et à la mémoire».[65] Les journaux étrangers impriment des comptes rendus le plus souvent élogieux: *Journal britannique*, *Bibliothèque raisonnée*, *Bibliothèque impartiale*, *Nouvelle Bibliothèque germanique*, la *Bigarrure*.[66] Rappelons que Daniel Mornet a établi que le *Siècle* prenait rang parmi les huit livres les mieux représentés dans les bibliothèques privées au XVIIIe siècle.[67] Mais dans les mois qui suivirent sa première édition, ce furent les critiques qui dominèrent en France.

Le concert de protestations ne favorisait guère, on l'imagine, le projet de retour en France, toujours d'actualité au début de 1752. D'Argens étant revenu à la cour de Prusse, Voltaire a quitté le Marquisat et réintégré le «château», soit qu'il loge à Berlin ou à Potsdam. Pourtant durant l'hiver de 1752, à la suite de quelque disgrâce du maître, il s'est mis en pension chez une dame Bock, «derrière le Packhofe».[68] Il n'est pas présent à l'Académie de Berlin le 19 janvier, lors de la séance solennelle pour l'anniversaire du roi, où est lu l'*Eloge de La Mettrie* composé par Frédéric II, faute, semble-t-il, d'y avoir été invité.[69] Décidément, Voltaire commence à rêver d'un «ailleurs». Il envisage pour le printemps prochain un voyage à Paris, alors qu'il est reparti pour Potsdam en compagnie du roi le 26 février,[70] et qu'il y séjourne pratiquement sans interruption.[71] Le 10 mars 1752, il promet à Cideville de demander permission à «l'enchanteur» auprès duquel il vit de «venir faire un petit tour dans sa patrie» pendant que le roi sera en tournée militaire. Même promesse à Mme d'Argental, à Richelieu, à sa nièce Mme de Fontaine et sans doute à Mme Denis (on se rappellera que nous n'avons pas les vraies lettres adressées de Prusse à celle-ci).[72] Il l'annonce également à Le Baillif qui, après la mort de Tyrconnel, est accrédité comme chargé d'affaires en attendant l'arrivée du chevalier de La Touche.[73]

Un succès théâtral à Paris faciliterait les choses. Or *Rome sauvée* va faire enfin ses débuts à la Comédie-Française. Après maints «rapetassages»,[74] ses amis ont donné leur accord. Le seul rôle féminin, celui d'Aurélie, a été retiré à Mlle Gaussin dont les «grâces attendrissantes» convenaient mal à ce personnage d'«amazone». On lui a préféré Mlle Clairon, pour «sauver Rome une seconde fois».[75] La Noue interprète Cicéron, et Lekain Catilina. Une abondante figuration était prévue; sénateurs, licteurs, affranchis, portant des costumes différents. Un accompagnement musical faisait valoir les temps forts de l'action. De sorte que la première, le 24 février 1752, est un succès. Les deux derniers actes surtout firent grand effet. Voltaire reçoit alors des lettres enthousiastes de tous ses amis: d'Argental, Chauvelin, Cideville.[76] La pièce en sa nouveauté obtint onze représentations: résultat honorable, sinon triomphal. Voltaire tente d'exploiter à Versailles l'avantage qu'il estime s'être assuré sur Crébillon. Il voudrait dédier sa pièce à Louis XV. Il charge Mme Denis d'en demander la permission.[77] Qu'elle s'adresse à Mme de Pompadour ou au marquis d'Argenson. Ce sera la dédicace «d'un sujet, d'un officier de la maison [du] roi, d'un homme de lettres qui s'est consacré à célébrer l'héroïsme et la vertu.» Il insiste sur sa qualité de sujet français: si Louis XV lui a permis de demeurer auprès d'un autre monarque, il reste là un étranger, «un témoin de plus de sa gloire».[78] La démarche n'avait guère de chance d'aboutir. Elle sera abandonnée.

En mars, ses amis le pressent plus que jamais de rentrer. Mais Voltaire hésite. Il craint que le succès de *Rome sauvée* ne se soutienne pas. «Aujourd'hui on bat des mains, demain on se refroidit, après-demain on lapide.»[79] Car il voudrait obtenir aussi des assurances concernant *Le Siècle de Louis XIV*. Voltaire a promis de faire autant de cartons que l'on voudra et les exemplaires qu'il dépêche sont tout «farcis de corrections».[80] Mais les dernières nouvelles ne sont pas encourageantes. Le président Hénault, censeur officieux, a fait son rapport au comte d'Argenson. Après avoir déploré que «le plus bel esprit de ce siècle» soit «un fou» que sa jalousie a banni de France, il forme le vœu qu'on le mette «à portée de revenir», «cet ouvrage pourrait en être l'occasion».[81] Le président Hénault envoie à Voltaire des remarques critiques sur le premier tome, car Louis XIV n'y est pas traité comme il doit l'être. Il ne tarit pas d'éloges sur le second. Voltaire sollicite donc une permission tacite de publier le *Siècle* en France. Il a fait parvenir un exemplaire à Mme de Pompadour qui a reçu Mme Denis.[82] Il a soumis son ouvrage aux «lumières» de Malesherbes, espérant qu'il trouverait grâce auprès de ses compatriotes. Il fait agir d'Argental.[83] Il engage Lambert à entreprendre des démarches. Il a même demandé officiellement le 10 avril 1752 que l'édition berlinoise soit interdite à Paris.[84]

Encore faudrait-il que le président Hénault ait «le courage et la vertu de dire à M. d'Argenson qu'une histoire n'est pas un panégyrique». Encore faudrait-il que Le Baillif, intérimaire à l'ambassade de France, renonce à son intention d'introduire quelques exemplaires en France.[85] Voltaire se rend à l'évidence. Il comprend qu'il n'aura pas en France la permission d'imprimer que «Louis XIV était un grand homme». L'œuvre de celui qui mériterait le titre de «trompette des rois de France» n'entrera que subrepticement à Paris.[86] En revanche, la première édition du *Siècle* était largement diffusée dans les cours européennes, où l'auteur en fait hommage.[87] Fin juillet, début août 1752, le voyage de Mme Denis à Versailles, vraisemblablement pour solliciter en faveur du *Siècle* et préparer au retour de son oncle, était condamné d'avance à l'échec.[88] Comme Voltaire l'avait prévu, *Rome sauvée* ne le sauvait pas, et «les pierres du monument» qu'il avait «élevé à l'honneur de sa patrie» l'écrasaient.[89] Ses amis s'étaient dépensés en vain. Au printemps de 1752, il rêvait encore de venir les embrasser; en juillet les jeux étaient faits. La vérité, sous des formes différentes, n'avait cours ni à Versailles ni à Berlin. «J'ai deux âmes, l'une est à Paris, l'autre auprès du roi de Prusse», déclarait-il.[90] La première ne pouvait se nourrir que de vagues espérances, la seconde devait s'adapter à de multiples contraintes.

Des décès, des départs, des retours modifient le paysage changeant de ses relations. La Mettrie meurt le 11 novembre 1751, le comte de Rothenburg le 29 décembre, milord Tyrconnel le 12 mars 1752. Il écrit de plaisantes oraisons funèbres de l'«homme-machine», mourant pour «avoir mangé par vanité tout un pâté de faisan aux truffes».[91] Il envoie des compliments de condoléance au roi lorsque le second meurt, prétendant qu'il vient de perdre auprès de Sa Majesté «le seul homme qui connût [son] cœur et [ses] sentiments pour Elle.»[92] La mort de Tyrconnel lui inspire quelques lignes féroces:

Il était le second gourmand de ce monde, car La Mettrie était le premier. Le médecin

667

et le malade se sont tués pour avoir cru que Dieu a fait l'homme pour manger et pour boire. Ils pensaient encore que Dieu l'a fait pour médire. Ces deux hommes, fort différents d'ailleurs l'un de l'autre, n'épargnaient pas leur prochain. Ils avaient les plus belles dents du monde et s'en servaient quelquefois pour dauber les gens.[93]

On n'en déduira pas pour autant que Voltaire ait été insensible à ces décès d'hommes jeunes, robustes, apparemment en excellente santé et dont certains étaient de relations agréables. «Quel songe que la vie! et quel songe funeste!»[94] Un air de nostalgie, une bouffée de tristesse vague s'insinuent dans ses lettres, vite réprimés par l'urgence des tâches de celui qui continue à vivre, d'une vie obstinée et maladive. Car Voltaire pendant ces années prussiennes se croit âgé, et insiste volontiers sur sa décrépitude physique, un des leitmotive de sa correspondance étant celui de la perte de ses dents.[95] Cet éternel mourant eut même le plaisir de corriger l'*Ode* que Frédéric avait composée pour «qu'il prenne son parti sur les approches de la vieillesse et de la mort». Il réplique qu'il fait en enrageant ce «triste apprentissage» et rime cette fin proche dans des vers qui ne manquent pas de grandeur:

> La mère de la mort, la vieillesse pesante
> A de son bras d'airain courbé mon faible corps.[96]

Voltaire n'avait pas dit son dernier mot. Il est de ceux qui s'étonnent toujours d'être encore vivants, mais dont le «faible corps» possède de remarquables ressources.

D'autres départs, moins définitifs, laissent leur trace dans sa correspondance: celui de milord Maréchal, le 25 août 1751, nommé ambassadeur de Prusse à Versailles, celui de Chazot le 20 novembre, celui de Darget surtout le 15 ou le 16 mars 1752, qui va soigner sa vessie en France. Maupertuis a obtenu le 2 mai permission de partir, mais il ne mettra son projet à exécution que beaucoup plus tard. D'autres reviennent, comme le marquis d'Argens (absent de Prusse, on se le rappelle, depuis mai 1750). Dès son retour, Voltaire l'accueille par un billet cordial, puis manifeste quelque dépit du ton guindé du «cher Isaac». Selon Frédéric, un différend survint entre eux. Dans la *Politische Correspondenz*, le roi note à la date du 16 octobre 1751: «D'Argens est de retour de France, il a eu une prise avec Voltaire, mais c'était le roitelet qui se jouait avec l'aigle; vous jugez bien qui l'a emporté».[97] Cependant leurs relations paraissent ensuite très bonnes.[98] A plusieurs reprises, Voltaire assure que d'Argens et Algarotti font les délices de la retraite de Potsdam, déplorant que «l'envie de plaire n'entre pas dans [les] mesures géométriques» de Maupertuis.[99]

De la vie de cour à laquelle il est, quoi qu'il en dise, assujetti ne subsistent que des évocations idylliques destinées à ses amis parisiens. Il continue à chanter le refrain de la «vie douce» qu'il mènerait, «plaisant chambellan» dont la seule fonction est de «passer de [sa] chambre dans l'appartement d'un roi philosophe pour aller souper chez lui».[100] Qu'en était-il en réalité? L'examen de quelques dates permet de mieux cerner la question.

Pendant la première quinzaine de septembre 1751, alors qu'il vient d'abandonner sa retraite du Marquisat, Voltaire séjourne à Berlin, et fréquente assidûment Monbijou et Schönnhausen, résidences des deux reines. Dès le 16, il retourne à Potsdam avec le roi qui revient de sa tournée militaire en Silésie, et il y reste jusqu'au 6 décembre.[101] Il n'accompagne pas Frédéric à Berlin, ni les 8 et 9 octobre, ni les 5 et 22 novembre. En revanche, il reste à Berlin du 7 décembre au 26 février 1752,[102] alors que le roi est rentré à Potsdam le 26 janvier. C'est alors qu'il prend pension chez Mme Bock. Puis il s'installe pour des mois à Potsdam, ne passant que quelques jours en mars à Berlin. Il n'accompagne pas le roi à Berlin, ni en avril ni en mai 1752,[103] et en juin Voltaire et Frédéric n'eurent que peu d'occasions de se rencontrer.[104] Ces précisions permettent de briser le stéréotype d'un Voltaire courtisan dont la vie se passe dans l'ombre et au service du roi de Prusse. Leurs rencontres sont, tout compte fait, assez limitées. Mais leurs relations ne sont pas simples pour autant.

Des périodes d'accord nous sont parvenus quelques billets versifiés sur «l'étonnant génie» de ce «rival de Marc-Aurèle», quelques discussions littéraires occasionnées surtout par les ouvrages du souverain.[105] Des nuages passent néanmoins, plus ou moins sombres. Il y eut l'affaire de la comtesse polonaise Poninska. Cette personne, parente du roi Stanislas, arrive à Berlin fin août 1751; elle repart fin octobre. Elle vient solliciter pour ses intérêts.[106] Mme de Bentinck alerte son ami sur les bruits qui courent. Voltaire aurait écrit à cette Polonaise, sous le nom et de la part du roi, qu'il la priait de venir à Potsdam, où justice lui serait rendue. On ajoutait qu'ensuite le secrétaire de Voltaire l'avait suppliée de détruire la lettre de son maître. On racontait que le roi, averti de cette nouvelle manigance de son chambellan, avait envoyé d'Argens et Maupertuis interroger cette dame, laquelle heureusement avait tout nié. Après enquête et interrogatoire de son secrétaire Richier,[107] Voltaire l'accuse de s'être fait le chevalier servant de la comtesse qui effectivement s'est rendue à Potsdam où le roi, «très surpris de la trouver sur son passage», «s'en est débarrassé au plus vite».[108] Voltaire jure n'avoir jamais vu de comtesse polonaise, mais se plaint de ce «singulier pays» où une Polonaise ne peut lui envoyer «un pain polonais» sans que l'on glose à perte de vue: il s'est contenté, en homme bien élevé, de la remercier et de lui donner un portrait du roi Stanislas. On ne sait rien de plus sur cette intrigue supposée, qu'il nie vigoureusement. Un piège lui fut-il tendu, comme le soupçonne Mme de Bentinck? Faut-il y voir quelque prolongement de l'affaire Hirschel? Il est question d'une «juive H.» qui aurait escamoté la lettre envoyée par Voltaire à la comtesse Poninska. Du moins cette tracasserie enseigne-t-elle à Voltaire qu'«il ne faut ici parler à personne»,[109] que ses ennemis ne désarment point, qu'il est à la merci de brigues obscures, même si Mme de Bentinck l'aide à naviguer parmi ces écueils. Aussi lui déclare-t-il : « Il n'y a pour moi de comtesse que vous. »[110]

Les « fins d'année » surtout ne lui sont pas heureuses.[111] En décembre 1751, la publication du *Siècle de Louis XIV*, par l'imprimeur royal, suscite une « affaire Henning ». Voltaire apprend que l'on débite publiquement le *Siècle* à Francfort-sur-l'Oder, où les feuilles imprimées par Henning sont envoyées au fur et à mesure. Puis il pense être menacé d'une édition pirate à Breslau. Il réagit vivement à cette « perfidie » qui, selon lui, le « perd en France », au moment où il vient de soumettre son manuscrit à la censure officieuse de Hénault.[112] Il s'adresse d'abord à Darget, puis directement à Frédéric. Il demande la saisie de l'édition de Francfort et des perquisitions dans les voitures qui se rendent à Leipzig.[113] Cette requête qui mettait en cause le libraire du roi fut mal reçue.[114] Voltaire assure en vain à Darget qu'il ne songeait à aucun procès, déclaration destinée à être transmise à qui de droit ; Frédéric l'en soupçonne. Voltaire doit réfuter cette « calomnie » : il veut faire représenter à Henning sa « turpitude », et voici qu'on l'accuse, lui, d'être un trublion ![115]

Le paradoxe n'est qu'apparent qui transforme la victime en coupable. L'affaire Hirschel justifiait tous les procès d'intention. Voltaire ne peut effacer cette tache indélébile qui assure au roi le confort d'accusations toutes faites et lui permet, pour masquer quelque mécontentement plus ou moins avouable, d'endosser le rôle de redresseur de torts. Voltaire en est donc réduit à protester indéfiniment à la moindre anicroche, l'incident le plus mineur menaçant d'être envenimé par les arrière-pensées. Il lui faut sans cesse renouveler des serments d'allégeance à celui qui est « le maître de [sa] destinée ».[116] Son seul recours est dans le rappel des « promesses sacrées », des « assurances respectables » d'un souverain décidément bien ombrageux. Sa tactique est de parier sur la « philosophie » de Frédéric et sur son désir de paraître philosophe, qui devraient conjurer sa méfiance invétérée, son pessimisme, entretenus par certain fond de malignité.

Une explication entre les deux hommes s'avère nécessaire. Voltaire prie le roi de l'avertir « s'il y a quelque chose de répréhensible dans sa conduite ». Frédéric a peut-être eu vent, par quelque indiscrétion du cabinet noir, des velléités voyageuses de son chambellan. Il est manifestement indisposé par les réticences patentes de Voltaire à réintégrer Potsdam. Voltaire se fait attendre. Il se contente de répéter benoîtement, depuis Berlin, que son plus cher désir serait de retourner auprès du roi : malheureusement ses maladies l'en empêchent.[117] Il s'efforce même de donner mauvaise conscience au monarque, en prétendant que tout ce que l'on mande à Paris détourne sa nièce de venir s'établir en Prusse,[118] allégation qui n'avait aucune chance de produire de l'effet. Enfin, après de nouvelles soumissions, des appels réitérés à la grandeur d'âme du roi, Voltaire reçoit les « paroles de bonté » qu'il quémandait, et qui confirment son statut particulier à la cour de Prusse : celui d'un génie.[119] Peut-être faut-il dater de cette réconciliation le poème « Blaise Pascal a tort », qui paraîtra sous le titre *Les Deux tonneaux* dans

La Bigarrure au début de 1753. Les rois, comme Dieu, ont deux tonneaux, celui du Bien et celui du Mal. Le poète prie le souverain de boucher pour jamais «le tonneau des dégoûts, des chagrins, des caprices», de verser «les douceurs de la vie» sur son «Olympe sablonneux»:

Et que le bon tonneau soit à jamais sans lie.[120]

Cette escarmouche de l'hiver 1752, même terminée avec les honneurs de la guerre et suivie d'un raccommodement, devait laisser à penser à Voltaire, à un moment où il posait des jalons pour un retour en France. Il se plaint certes, et non sans raison: «Je conjure Votre Majesté de ne pas briser le roseau fêlé que vous avez fait venir de si loin»,[121] mais Frédéric n'a pas tort de juger que ce roseau comme celui de la fable plie, mais ne rompt pas.[122] Un des secrets de cette résistance souple pourrait bien être la multiplicité des intérêts voltairiens. Toujours quelque affaire sollicite son attention. Il lui faut parer au plus pressé, ce qui évite tout ressassement morose et le préserve de la plus insidieuse des dépendances, celle de l'esprit et du cœur. «Voltaire, griffes cachées, faisait le gros dos aux pieds du roi», s'imagine Hugo.[123] Mais il gardait certaine liberté intérieure, liée à sa mobilité d'esprit.

C'est précisément cette caractéristique voltairienne qui rend malaisée la tâche du biographe. Les fils d'intrigues diverses s'entrelacent dans la même période. Il faudrait parler de tout à la fois: ce qui manifestement est impossible. La narration par la force des choses tire un fil après l'autre, au risque de négliger les connexions. Dans ce deuxième hiver de Voltaire en Prusse (novembre 1751-mars 1752), nous avons suivi les velléités secrètes de retour en France, les rapports difficultueux avec Frédéric, les complications qu'entraîne la publication du *Siècle de Louis XIV*. Au travers de quoi s'entremêle la première séquence de ses démêlés avec La Beaumelle.

Voltaire le voit arriver à Berlin le 7 novembre 1751. Il jauge le nouveau venu: un homme de lettres «cherchant pratique» à la cour de Prusse.[124] Un de plus. Va-t-il être un second Baculard d'Arnaud, un an après l'éviction du «soleil levant»? Mais celui-ci va s'affirmer un partenaire bien autrement redoutable.

Laurent Angliviel, qui prit par prudence le nom de La Beaumelle lorsqu'il s'exila dans la cité de Calvin, tirait son origine d'une famille bourgeoise de protestants cévenols. Il était né, en 1726, au pays camisard. Claude Lauriol, dans un livre fondamental,[125] a raconté les pressions, voire les persécutions, dont lui et les siens étaient l'objet pour le détacher de la «religion prétendue réformée». Mais, après l'épisode sans lendemain d'une conversion au catholicisme, il reste fidèle à sa foi. Il s'enfuit à Genève pour y recevoir une formation calviniste. Esprit ardent, caractère intrépide, avec un grand amour des lettres, il se sent de taille à réussir par la plume. Un poste de précepteur dans une grande famille du Danemark lui offre l'occasion de «partir à la conquête du Nord».[126] Il lance un périodique, *La Spectatrice danoise*, qui obtient du succès. On crée pour lui un poste de «professeur extraordinaire de langue et belles-lettres françaises à l'Université de Copenhague».[127] Mais il lui faut obtenir l'autorisation du roi de France. Il fait donc le voyage de Paris et de Compiègne pour la solliciter. C'est alors qu'il rencontre Voltaire, pour qui il était porteur d'une lettre de recommandation. Il lui rend visite, et reçoit l'accueil chaleureux que l'illustre poète réserve aux débutants (17 juin 1750). La Beaumelle est invité à une représentation de *Rome sauvée* à Sceaux, chez la duchesse du Maine. Il admire le talent de Voltaire acteur, dans le rôle de Cicéron: «un feu, un enthousiasme, des entrailles, un ton qu'on chercherait en vain parmi les comédiens de profession».[128] Mais il juge, *in petto*, la tragédie de Voltaire inférieure au *Catilina* de Crébillon. Son grand homme, c'est Montesquieu, qu'il rencontre à Paris en juillet 1750. Pour Voltaire il éprouve une aversion qu'il ne cherche guère à dissimuler. Revenu à Copenhague, entre autres activités, il lance un projet d'édition des classiques français. Le recueil réunira «les ouvrages du premier et du second beau». Il demande donc à Voltaire d'y insérer *La Henriade* (sans préciser dans quelle catégorie du «beau» il la rangeait). Voltaire lui envoie un exemplaire corrigé de sa main. Mais La Beaumelle fait la fine bouche: «Je m'étais flatté que vous retrancheriez quelques morceaux, que vous changeriez quelques vers, que vous rayeriez quelques fautes de langage.»[129] Voltaire ne relève pas l'insolence. Brillant et hardi, n'ayant cure de se faire des ennemis, La Beaumelle, calviniste et Français, a contre lui à Copenhague un parti allemand et luthérien, qui barre tous ses projets d'ambition: échec d'un riche mariage, échec de sa candidature à la direction de la Bibliothèque du roi, puis à celle de la Comédie française. On refuse de l'admettre à l'Académie danoise; on lui refuse le poste de précepteur de la famille royale.[130] Amer et furieux, il se venge en improvisant pendant l'été de 1751 ce qui reste son meilleur ouvrage, *Mes Pensées* ou le *Qu'en dira-t-on*. Il le compose au fur et à mesure qu'il l'imprime: 400 pages de «pensées détachées», qui mériteraient une réévaluation. Il laisse la bride à son esprit et à sa verve, sans écouter aucun conseil de prudence. Il décoche au passage à Voltaire un paragraphe virulent qui va faire bondir le grand homme. La Beaumelle ne prévoyait certes pas que quelques semaines plus tard il allait se trouver à la cour prussienne où l'appui du chambellan de Sa Majesté lui serait fort utile. A Copenhague le scandale est tel que l'auteur de *Mes pensées* doit partir le 20 octobre.

Il s'assure cependant, croit-il, le moyen de se rétablir. Voltaire le sait bien informé des affaires de la comtesse de Bentinck. Le chargé d'affaires français au Danemark, l'abbé Lemaire, lui avait confié le règlement de cette négociation politique. Singulière idée de remettre une question aussi embrouillée aux bons soins d'un homme si peu diplomate! Rapidement La Beaumelle reconnaît l'impossibilité d'aboutir. On l'a empêché de rencontrer le roi. Voltaire s'en réjouit, sans peut-être y avoir contribué. Ses démarches lui auront tout au moins acquis la sympathie de Mme de Bentinck : la comtesse va tenter d'aplanir les différends qui vont s'élever entre les deux hommes.

Voltaire est inquiet. Il sait que La Beaumelle a rassemblé une collection de lettres inédites de Mme de Maintenon : «c'est un fureteur de manuscrits».[131] N'y a-t-il pas là de quoi contredire *Le Siècle de Louis XIV*, au moment où l'ouvrage s'imprime ? Voltaire demande communication des manuscrits, le 14 novembre.[132] La Beaumelle refuse, le plus obligeamment possible. Mais soudain Voltaire découvre l'attaque publique que s'est permise l'auteur de *Mes pensées*. La Beaumelle lui avait fait tenir un exemplaire de son livre, à la prière de Mme de Bentinck qui répondait aux solicitations de son ami.[133] C'est ainsi que Voltaire put lire cette «pensée» (XLIX) qu'il allait rendre célèbre :

Qu'on parcoure l'histoire ancienne et moderne, on ne trouvera point d'exemple de prince qui ait donné sept mille écus de pension à un homme de lettres à titre d'homme de lettres. Il y a eu de plus grands poètes que Voltaire ; il n'y en eut jamais de si bien récompensés, parce que le goût ne met jamais de borne à ses récompenses. Le roi de Prusse comble de bienfaits les hommes à talents précisément par les mêmes raisons qui engagent un prince d'Allemagne à combler de bienfaits un bouffon et un nain.

Etre ravalé au rang des «bouffons» et des «nains» : on comprend l'indignation de Voltaire, même si d'autres «pensées» corrigeaient quelque peu cette remarque dédaigneuse.[134] Voltaire sait que le trait sera exploité contre lui. Il en fut question aux soupers du roi,[135] et le 7 décembre, au cours d'une entrevue orageuse, Voltaire en fit un «crime» à son auteur.[136] Seul La Beaumelle raconta cette rencontre. Son récit rapporte les reproches de Voltaire qui se défend avec hauteur d'être sans biens et sans revenus, et qui s'attire cette réplique : «je lui ai répondu que je savais très bien qu'il était riche et aussi bien qu'il n'était point respectable de ce côté-là.» La Beaumelle a même le front de soutenir que Voltaire comprenait mal une remarque écrite à sa «gloire»!

Voltaire «bouffon», «nain» : l'insulte passait manifestement les bornes. Mais il serait difficile d'effacer ce qu'avaient de percutant ces phrases. Voltaire réagit d'autant plus vivement que son adversaire ne manquait pas de clairvoyance. Il dénonçait la sujétion financière, mal supportée, on l'a vu, par le chambellan de Sa Majesté. Il allait accréditer une idée dénigrante que sa formulation piquante rendait difficile à extirper. Voltaire se sentait bafoué dans ses plus anciennes aspirations à la considération. Il voyait ridiculisée l'image d'ami d'un roi philosophe à laquelle il avait tant sacrifié. Un mot rosse et tout un édifice d'illusions s'écroulait.[137] La volonté de vivre avec Frédéric II une aventure exemplaire, celle de faire s'incarner des chimères, allait-elle achopper sur un trait impitoyable de ce jeune homme ? Il dut peu apprécier les trois autres mentions qui étaient faites de son nom dans le *Qu'en dira-t-on*. «Il n'était loué qu'en un seul, et encore confondu avec Maupertuis et Algarotti, contredit dans un autre, et réfuté dans un troisième non sans autorité.»[138]

On a retenu ce qui était mortifiant pour Voltaire dans cet ouvrage de La Beaumelle. On n'a pas remarqué que Voltaire à son tour compose des *Pensées sur le gouvernement*,[139] succession de remarques inspirées par l'histoire et par l'actualité. Il avait sans doute apprécié la liberté que permet un discours morcelé comme le *Qu'en dira-t-on*. Accusant La Beaumelle d'impertinences scandaleuses, il se fait fort de prouver que l'on peut concilier décence et liberté de jugement.

L'expérience prussienne de La Beaumelle s'avérait fort décevante. Quatre jours après son arrivée, La Mettrie était mort subitement. Un poste était donc à pourvoir auquel le nouveau venu dut songer : non celui d'« athée du roi »,[140] car le huguenot cévenol est sincèrement croyant, mais celui de lecteur et de confident. Il eût fallu gagner la confiance d'un Frédéric de plus en plus soupçonneux, ce qui est hors de portée. A défaut, et le lendemain même de son entrevue avec Voltaire, La Beaumelle s'adresse au roi pour lui soumettre son plan de classiques français. Il se heurte à un refus de Sa Majesté de patronner si peu que ce soit le projet. Mme de Bentinck tente de le rapprocher de Voltaire : sans résultat. Le 3 janvier il rend visite au chambellan, qui feignit ostensiblement de ne pas le voir.[141] Ils sont « brouillés à couteaux tirés »,[142] lorsque la malheureuse affaire Cocchius acheva de compromettre la position de La Beaumelle à Berlin.

Il se laissa prendre à un piège analogue à celui que Voltaire avait imaginé dans *Memnon ou la sagesse humaine*. Le 27 janvier, une jeune personne l'aguiche. Au sortir du spectacle, il l'accompagne chez elle. Mais au lieu d'une bonne fortune, c'est le mari de la dame qui l'y attend. Le vertueux époux dégaine en poussant les hauts cris : le jeune Français a tenté de violer une si pudique épouse. Moyennant quoi le sieur Cocchius s'empare de sa bourse. La garde est appelée. Sur l'ordre du chef de la police, La Beaumelle est emprisonné à Spandau. Du fond de son cachot, il a les plus grandes difficultés à se faire entendre. Des entraves étaient apportées à l'acheminement de ses lettres. Faut-il y voir la main de Voltaire ? Celui-ci prétendit s'être entremis en sa faveur, mais on n'a aucune preuve de ces bons offices.[143] Le 1er février le couple Cocchius fut saisi de corps, puis banni à perpétuité le 8. La Beaumelle avait obtenu justice. Sa réputation à la cour n'en était pas moins irrémédiablement ruinée, et cela principalement, croit-il, par la faute de Voltaire. Le 9 ou le 10 février, tentative de réconciliation, mais le 14, nouvelle dispute : à Voltaire qui lui demande de mettre un carton dans une nouvelle édition de *Mes pensées*, il oppose un refus cinglant et promet de le pourchasser « jusqu'aux enfers ». Incertain sur son avenir et désireux d'effacer ce faux pas, il ne quitte Berlin pour Gotha que le 30 avril, la rage au cœur, bien décidé à se venger.[144]

Voltaire et La Beaumelle étaient experts dans l'art de se faire des ennemis irréconciliables. Ils le prouvèrent avec éclat. L'un ne put supporter l'impertinence agressive d'un jeune homme de vingt-cinq ans qui se mêlait de donner des leçons à ses aînés et se trouvait d'ailleurs en collusion certaine avec Maupertuis.[145] L'autre se crut victime des menées obscures d'un homme de lettres bien renté, bien nanti, dont la vanité le faisait rire. Ces deux redoutables polémistes étaient destinés à se mesurer de nouveau en combat singulier.

La haine que lui voue La Beaumelle n'est pas de celles dont Voltaire se défait facilement. Mais dans le tourbillon qu'est sa vie, chaque «affaire» est vite remplacée par une autre aussi sensationnelle.

Sans doute a-t-on accordé trop d'importance au différend de Voltaire et de Lessing et une approche plus sereine s'avère-t-elle nécessaire.[146] Encore étudiant, et tout à fait inconnu comme écrivain, Lessing pour se faire quelque argent avait servi d'interprète pendant l'affaire Hirschel.[147] Or Voltaire apprend que son secrétaire Richier a confié subrepticement un exemplaire du *Siècle de Louis XIV* à ce jeune Allemand, son ami, qui est parti de Berlin sans le restituer. Aussitôt il fait écrire à Richier une première lettre adressée à Lessing, lequel la trouvera «la plus singulière du monde»: on le traite comme un voleur de manuscrit.[148] Voltaire lui-même écrit au jeune homme: il le prie, poliment, de renvoyer l'exemplaire provenant d'un vol. Qu'il n'aille surtout pas le publier. Voltaire lui en remettra un autre s'il veut le traduire en allemand, et le faire traduire en italien, comme il en a exprimé l'intention.[149] Quelques jours après, Lessing renvoie à son ami l'exemplaire, accompagné d'une lettre habile, parfois désinvolte, destinée autant à Voltaire qu'à Richier. Il avoue sa faute. Il a pris sans permission ce qui lui avait été prêté en cachette, mais en partant de Berlin, il avait encore à lire «quatre feuilles», et cet ouvrage n'est pas de ceux que «l'on peut finir partout parce qu'ils nous ennuient partout». Mais il n'a aucune envie de traduire *Le Siècle de Louis XIV*, car pour bien traduire Voltaire il faudrait «se donner au diable».[150] Les délais de la correspondance sont tels que le 15 janvier l'auteur du *Siècle de Louis XIV* est toujours sans nouvelles. Il mande à Walther qui «est sur les lieux» de «déterrer» ce Lessing pour lui faire entendre raison. Il écrit lettre sur lettre. Le 22 janvier enfin, il a «rattrapé» l'exemplaire. Il est rassuré.[151]

L'incident était clos pour Voltaire. Il ne l'était pas pour Lessing. L'urbanité de surface de la missive du philosophe n'en laissait pas moins deviner, sous les ménagements, la défiance et le soupçon. Lessing avait acquis à cette occasion une notoriété douteuse.[152] Il se vengea en composant une épître latine, qui n'a pas été retrouvée et dont il déclara à Richier que «Voltaire ne l'aurait jamais affichée à sa fenêtre».[153] Voltaire s'était affolé pour une étourderie de jeune homme. Il s'était fait un ennemi dont il ne pouvait deviner la future audience.

Au milieu de tous ses tracas quotidiens, il continue de travailler. Il écrit «des *Siècles* et des *Histoires de la guerre de 1741*, et des *Romes sauvées*, et autres bagatelles, et même par ci par là quelques chants de *La Pucelle*.»[154]

Parmi ces «autres bagatelles», prend rang une étonnante performance de sa création théâtrale. Il gardait un faible pour son *Adélaïde Du Guesclin*, pièce mal aimée par le public. Avant même de partir pour la Prusse, il rêvait de la ressusciter.[155] Or voici qu'à la cour de Frédéric, il tire de son ancienne *Adélaïde* trois pièces nouvelles : *Le Duc d'Alençon ou les frères ennemis*, *Amélie ou le duc de Foix*, et *Alamire*. Triple *remake*, que l'édition de Michael Cartwright a éclairé d'un jour nouveau.[156]

Le Duc d'Alençon est une version abrégée en trois actes, destinée aux acteurs amateurs de la cour prussienne. Le personnage d'Adélaïde ne paraît plus sur la scène : à la cour de Frédéric, il était difficile de trouver des interprètes pour les rôles féminins. Déjà dans la pièce de 1734, Adélaïde restait une figure toute passive, simple objet de la rivalité des deux frères, voix sans doute de la conscience nationale, mais celle-ci était plus éloquemment exprimée par Coucy. Rien de plus facile donc que de faire de cette héroïne « l'Arlésienne » de la nouvelle pièce. Quant aux rôles masculins, Voltaire, pensant au prince Henri et à ses frères, extrait de sa rédaction première un précis facile à jouer, et facile à suivre par un public dont la connaissance du français n'était pas parfaite. Et il se contente de transférer l'action de Cambrai à Lusignan en Poitou. Nous n'avons pas d'information sur la représentation de ces *Frères ennemis* : sans doute lorsque Frédéric félicite Voltaire pour ce qui est, selon lui, le « chef-d'œuvre tragique » du poète, la pièce a-t-elle été jouée déjà par les princes à Berlin ou à Potsdam.[157]

Le Duc de Foix par contre était destiné au public parisien de la Comédie-Française. La pièce demeure en cinq actes. L'héroïne paraît, rebaptisée Amélie :[158] il faut, à Paris, un rôle pour « l'amoureuse ». Mais le drame est transféré dans le duché de Foix au VIIIe siècle. Les envahisseurs sont ici non plus des Anglais mais des Maures. Disparaît ainsi ce qui avait choqué en 1734 : le rôle déplaisant attribué à un prince du sang français, le coup de canon qui eût été, à cette époque lointaine, anachronique. A cela près, le texte est celui d'*Adélaïde* révisé et amélioré, avec des emprunts à la version du *Duc d'Alençon*. *Amélie ou le duc de Foix* fut donc joué à la Comédie-Française le 17 août 1752. La pièce réussit, en grande partie grâce à Lekain. Voltaire dispose désormais pour défendre son théâtre devant le public parisien du meilleur interprète. Lekain sut gagner les bonnes grâces des auditeurs par un discours préliminaire où il s'expliquait sur les rapports entre *Le Duc de Foix* et *Adélaïde Du Guesclin*, et sur le fait que le premier rôle lui était confié à lui débutant, et non à Grandval titulaire de l'emploi. Puis interprétant le personnage du duc lui-même, il rendit parfaitement l'énergie des tirades, et fit valoir la puissance dramatique de l'action, en accord avec l'attente d'un public dont le goût est en train d'évoluer. Il continuera à soutenir la pièce : la Comédie-Française la reprendra vingt-sept fois entre 1752 et 1761.

Que dire maintenant d'*Alamire* ? On ne sait au juste quand ni pourquoi Voltaire procéda à cette étrange troisième mouture. A la différence des deux autres réfections d'*Adélaïde*, celle-ci ne fut jamais jouée : elle ne sera publiée qu'en 1985, dans l'édition de Michael Cartwright. L'action émigre encore plus vers le sud. « La scène est à Osma dans la Castille », dans « l'Espagne sanglante » occupée par les Maures. Adélaïde, *alias* Amélie, porte désormais le nom d'Alamire. Comme dans les versions précédentes, elle est partagée entre l'amour de deux frères mais qui se nomment ici Gonsalve et Pélage. Il se peut que par cette implantation hispanique, Voltaire ait voulu rappeler l'ambiance héroïque du *Cid*. Cependant sous ce nouvel habillage, les personnages, les sentiments, le conflit demeurent inchangés. Les mêmes vers sont censés évoquer la même fidélité dans l'amitié, les mêmes ravages de la passion dans une nature ardente et emportée. A des siècles de distance, sous des cieux bien différents, les mêmes schémas sont tenus pour efficients, en une sorte de négation de l'histoire et de la géographie par la tragédie, dont l'irréalité postule la pérennité des situations et des sentiments tragiques. Cas exemplaire qui illustre l'absence de couleur locale propre au théâtre classique et qui, non sans paradoxe, a été le fait d'un historien comme Voltaire.

Mais bientôt il allait donner des ouvrages d'une tout autre portée que ce tout venant de sa production théâtrale.

5. Avant l'orage : l'été de 1752

(juin - septembre 1752)

Que de travaux, toujours, dans ces mois qui précèdent l'affaire *Akakia*! On citera pour mémoire «cent vers» refaits dans *La Henriade*, deux chants ajoutés à *La Pucelle*.[1] Une tâche plus conséquente est une nouvelle édition du *Siècle de Louis XIV* qu'il annonce augmentée d'un tiers.[2] Il amende son texte, ajoute deux «morceaux précieux» que lui fait parvenir le duc de Noailles,[3] tient compte des «délicatesses misérables» des uns et des autres : pour complaire au cardinal de Tencin, le concile d'Embrun cesse d'être «petit»... Mais il est trop tard pour ajouter que Charles de Feriol, oncle de d'Argental, n'a point voulu se dessaisir de son épée à la cour du Grand Turc.[4] Des contrefaçons hollandaises et françaises menacent. Il enjoint à Walther d'imprimer «à quatre presses», «jour et nuit». Aussi le premier tome sort-il fin août. Un Avertissement, paru dans la *Gazette d'Utrecht*, spécifie que s'y trouvent des morceaux écrits de la main de Louis XIV.[5] En réponse aux critiques qui lui avaient été faites, Voltaire a augmenté le «Catalogue des écrivains» : vingt nouveaux articles ont été ajoutés, quinze ont été révisés.[6] Il a inséré une partie des instructions de Louis XIV à Philippe V d'Espagne que lui avait communiquées le duc de Noailles.[7] A l'intention de la reine Louise Ulrique de Suède, il mettra un signet dans l'exemplaire de celle-ci pour souligner les nouveautés : «l'homme au masque de fer, la paix de Ryswick, le testament de Charles II, roi d'Espagne, le mariage clandestin du fameux Bossuet, évêque de Meaux».[8] Sans doute faut-il souligner le souci qu'a eu Voltaire de mettre à profit les remarques qui lui avaient été adressées. L'ensemble peut être envoyé au pasteur Roques en novembre, pendant qu'à Paris on s'arrache la nouvelle édition.[9]

Pourquoi ne publierait-il pas aussi l'*Histoire de la guerre de 1741*, son travail d'historiographe qui est comme la suite du *Siècle*? Il complète, corrige et améliore ce texte qu'il avait abandonné au printemps de 1749. Mais sa nièce et d'Argental l'avertissent. Il serait de la dernière imprudence de «donner au public une portion aussi essentielle de l'histoire du roi sans son attache».[10] Il charge donc le président Hénault de sonder les dispositions du ministre, le comte d'Argenson. A celui-ci, il fait parvenir le manuscrit par Le Baillif, avec une lettre flatteuse.[11] Il envoie une copie à Mme de Pompadour. Il courtise le duc de Richelieu, le maréchal de Belle-Isle,[12] promet au maréchal de Noailles de reproduire les lettres qu'il avait écrites au roi en 1743.[13] Mais en réponse on lui recommande de ne pas donner son ouvrage au public.[14] Il aurait aimé s'affirmer le grand historien des temps modernes. Une fois de plus, il se heurtait à l'hostilité de Louis XV.

Newton, Leibniz et la philosophie restent présents à son esprit. Il a composé un *Eloge historique de Mme la marquise Du Châtelet*.[15] Il louait la traductrice des *Principes* de Newton, le français étant «beaucoup plus propre que le latin à répandre dans le monde toutes ces connaissances nouvelles».[16] Il rappelait que dans ses *Institutions de physique* elle avait exposé la philosophie de Leibniz avec «méthode» et «clarté», mais que, «défaite de tout esprit de système», elle avait eu le courage de changer d'opinion : «blasphèmes» sur la métaphysique qu'il priera Formey de lui pardonner. Ce dernier manifeste le désir d'imprimer cet éloge. Voltaire acquiesce. Le texte paraît dans la *Bibliothèque impartiale* (Leyde) de janvier-février 1752. Mais lorsqu'il reçoit le périodique, il y trouve une «étrange faute» : Mme Du Châtelet «se livrait *au plus grand nombre*, au lieu de *au plus grand monde*». Il prie Formey de corriger une telle méprise qui favoriserait «les mauvaises plaisanteries de ceux qui respectent peu les sciences et les dames».[17]

Leibniz revient au premier plan des préoccupations voltairiennes. Au début de cette même année, Voltaire a adressé à ce même Formey une «farce tant soit peu leibnizienne», le *Dialogue entre un brahmane et un jésuite*, qui paraîtra dans le numéro du 5 février de l'*Abeille du Parnasse*, et aussi dans les *Eléments de la philosophie de Newton*, édition de Dresde de 1752.[18] Il y mettait aux prises, sur les rives de l'Inde, un religieux hindou et un missionnaire de la Société de Jésus sur la question de «la nécessité et l'enchaînement des choses». Le premier soutenait à grand renfort d'exemples burlesques que tous les événements sont liés, démontrant qu'en avançant le pied gauche au lieu du pied droit sur la côte de Malabar, il a été cause de l'assassinat d'Henri IV. L'autre ne trouvait à objecter à ces beaux raisonnements que l'affirmation de la liberté de l'homme et les «futurs contingents». A quoi le brahmane réplique que «être libre, c'est faire ce qu'on veut, et non pas vouloir ce qu'on veut». Ceux qui prétendent par la prière modifier «l'ordre établi par une main éternelle et toute-puissante» s'abusent. Il ne faut point prier Dieu, «il faut l'adorer», et «prier c'est se soumettre».[19] En cette «farce leibnizienne», nous rencontrons une des formules-clefs de la «religion de Voltaire».

Il n'a pas renoncé à traiter ce même genre de problèmes sur un ton tout autre, gravement solennel. En cette même année il versifie les quatre chants d'un poème qu'il intitule d'abord *La Religion naturelle*.

A l'origine, La Mettrie. Voltaire avait déploré (et ce jour-là, on se le rappelle, il était absent) qu'ait été prononcé devant l'Académie de Berlin, le 19 janvier 1752, un *Eloge* de feu «l'athée du roi», «écrit de main de maître». «Tous ceux qui sont attachés à ce maître en gémissent. Il semble que la folie de La Mettrie soit une maladie épidémique qui se soit communiquée.»[20] Le matérialisme de la brebis galeuse de la philosophie aurait sans doute moins ému Voltaire s'il n'avait reçu publiquement une caution royale. L'*Eloge* fustigeait la « haine des dévots », les brigues des théologiens et, après avoir retracé la carrière médicale de La Mettrie, évoquait de manière assez allusive ses « ouvrages de philosophie spéculative », surtout *L'Homme-machine* où se trouvent « quelques pensées fortes sur le matérialisme ». La Mettrie a porté « hardiment le flambeau de l'expérience dans les ténèbres de la métaphysique » et il n'a trouvé que « de la mécanique où d'autres avaient supposé une essence supérieure à la matière ».[21] Le roi se portait garant publiquement des qualités de cœur et d'esprit de celui auquel il accordait le double titre d'honnête homme et de savant médecin.

Mais si le monarque goûtait l'originalité de la pensée de La Mettrie, c'était à condition qu'elle restât réservée à quelques initiés. Il avait interdit la vente de ses *Œuvres philosophiques* parues en 1751 à Berlin, qui pourtant ne comprenaient pas l'ouvrage le plus hardi, l'*Anti-Sénèque*. La Prusse n'était point en matière d'imprimerie la terre de liberté dont avaient rêvé les philosophes français. Il existait une censure. Ann Thomson a découvert naguère, parmi les paquets de livres confisqués conservés à Merseburg, le *Traité de la vie heureuse* et l'*Epître à mon esprit* de La Mettrie, classés comme « scandaleuse Schriften ».[22] Même si, comme le pense Martin Fontius, Frédéric a voulu faire un geste, sans conséquences pratiques, destiné à apaiser le clergé ou les bonnes âmes, scandalisées par la protection accordée à ce matérialiste,[23] cette interdiction des *Œuvres philosophiques* contraste avec la déclaration du roi, se targuant dans l'*Eloge* de la protection qu'il accorde à ceux qui se recommandent de lui par le double titre « de philosophe et de malheureux ».

Jeux de prince donc, que cet intérêt pour les doctrines ou les saillies impertinentes d'un marginal, que ses confrères philosophes traitent un peu en excommunié.[24] Le roi aime le « fonds de gaieté intarissable » de La Mettrie. Il s'amuse en privé de ses incartades, tout en lui imposant, comme à tous, le respect de la discipline en vigueur.[25] Pour Frédéric, les spéculations de La Mettrie restent un délassement de qualité, et n'engagent pas l'action pratique. Voltaire les prend peut-être plus au sérieux qu'il ne convient, car il croit, lui, profondément aux idées. Aussi va-t-il s'efforcer de contrebalancer une influence néfaste dont il exagère la portée. On n'a pas accordé suffisamment d'attention à ce contexte prussien auquel Voltaire invite à réfléchir. Il met l'accent sur la relation étroite que son poème entretient avec le roi de Prusse : c'était, affirme-t-il dans la Préface de l'édition qu'il donnera de ce poème, « un secret entre un grand roi et l'auteur » ; il faut regarder l'ouvrage « comme une lettre où l'on expose en liberté ses sentiments » ; il doit subsister comme « le monument d'une correspondance philosophique ».[26]

Mais en outre, en 1756, en tête de la première édition autorisée de *La Loi naturelle* (nouveau titre de *La Religion naturelle*), la Préface indique que le poème fut composé en réponse à une « petite brochure qui parut en ce temps-là. Elle était intitulée *Du Souverain Bien* et elle devait l'être *Du Souverain Mal.*»[27] La Mettrie en effet avait imprimé en 1750 et 1751 un *Anti-Sénèque ou le souverain bien.*[28] Voltaire résume: ce «raisonneur malheureux» prétend «qu'il n'y a ni vertu ni vice, et que les remords sont une faiblesse de l'éducation qu'il faut étouffer». Car selon La Mettrie, «le vice et la vertu ne sont que des mots et rien de plus», l'homme est une machine «dépendant des nerfs», mue par «un mouvement inconnu, un penchant invincible, une force, une puissance qui l'entraîne malgré elle». Conclusion: le scélérat n'est pas plus coupable de sa perfidie que «l'arbre des fruits corrompus qu'il porte». «Vertueux sans mérite, et vicieux sans crime», en bonne logique l'homme doit faire l'économie du remords. Ceci, dans le *Discours préliminaire* des *Œuvres* (Berlin 1751), où La Mettrie offre un condensé de ses doctrines. Voltaire a épinglé cet hymne effréné dans son exemplaire de l'*Anti-Sénèque*:

Que la pollution et la jouissance, lubriques rivales, se succèdent tour à tour, et te faisant jour et nuit fondre de volupté, rendent ton âme, s'il se peut, aussi gluante et lascive que ton corps. Enfin puisque tu n'as point d'autres ressources, tires-en parti: bois, mange, ronfle, dors, rêve et si tu penses quelquefois, que ce soit comme entre deux vins, et toujours ou au plaisir du moment présent ou au désir ménagé pour l'heure suivante. Ou si, non content d'exceller dans le grand art des voluptés, la crapule et la débauche n'ont rien de trop fort pour toi, que l'ordure et l'infamie restent ton glorieux partage; vautres-y toi, comme font les porcs et tu seras heureux à leur manière.

Pour finir, ce défi: «Je n'invite point au crime, à Dieu ne plaise! mais seulement, par une suite du système, au repos dans le crime.»[29]

La Mettrie appelait les idées qui lui échappaient des «nudités d'esprit».[30] Voltaire préférait des pensées plus habillées. Aussi va-t-il opposer des bataillons serrés d'alexandrins à ces foucades cyniques, rédigées dans une prose parfois percutante, parfois ennuyeuse. Il met au service de la bonne morale l'expression qui, pour lui, enveloppe de noblesse les grandes idées: le discours en vers. S'il choisit cette forme, c'est aussi qu'il entend convaincre Frédéric, grand amateur de morale versifiée. De l'alexandrin pour réfuter l'athéisme: la poésie gardait tout son prestige chez les hommes de ce temps.

L'immoralisme de La Mettrie heurtait en Voltaire une de ses plus fermes convictions: le principe d'un sens inné du Bien et du Mal gravé dans le cœur de l'homme par Dieu.[31] Son poème défend donc, avec éloquence, une conception de l'homme, de la morale, et aussi d'une saine philosophie et d'une saine politique. C'est à Berlin en 1752 que Voltaire ouvre la première campagne contre le matérialisme, scission dans le parti philosophique qui prendra d'autres formes, mais dont la manifestation initiale doit être relevée. Les provocations de La Mettrie mettaient en péril une vision du monde et sans doute les bases mêmes de l'accord avec le souverain éclairé auprès duquel Voltaire était venu s'établir.

Autour de l'idée de loi naturelle s'ordonne l'univers, sans qu'il soit besoin de faire appel au Dieu incompréhensible des chrétiens, avantageusement remplacé par un Etre suprême que Voltaire ne découvre plus seulement dans le cosmos, mais aussi dans la conscience :

> Dans le fond de nos cœurs, il faut chercher ses traits.
> Si Dieu n'est pas en nous, il n'exista jamais.

Et le poème s'achève par une prière à ce «Dieu qu'on méconnaît», «ce Dieu que tout annonce» :

> Si je me suis trompé, c'est en cherchant ta loi.
> Mon cœur peut s'égarer, mais il est plein de toi.

La première partie qui défend la thèse déiste «respire l'enthousiasme intellectuel de la vertu». Elle répond «à un dessein en somme édifiant».[32]

Le titre initial du poème, comme on sait, était *La Religion naturelle*,[33] et Voltaire dut combattre les réticences du roi. Celui-ci s'était moqué des remords attribués à Alexandre le Grand après l'assassinat de son ami, tué dans un accès de colère.[34] Ces réflexions épouvantent Voltaire qui réclame «un peu d'illusion». Il minimise la portée de son ouvrage. Il n'aurait eu en vue que de prêcher la tolérance (c'est le sujet de la troisième partie du poème), et «quand cette religion naturelle se bornera à être bon père, bon ami, bon voisin, il n'y aura pas grand mal». Le 5 septembre, il déclare avoir remanié son texte : «vous trouverez l'ouvrage plus fort, plus selon vos vues.»[35] On ignore l'étendue de ces corrections. En fait, il s'efforce de dresser, face au dieu caché d'Isaac et de Jacob, une divinité raisonnable, garante de l'ordre et des valeurs, «idée-force» et «idée-frein», pour reprendre l'expression si éclairante de Jean Ehrard,[36] arme efficace contre le fanatisme et barrière de sécurité contre les débordements d'une philosophie immoraliste.

Cet ouvrage, qui suscitera un tollé général lors de sa publication, se situait en fait dans une tradition spiritualiste. Il s'efforçait de promouvoir une «morale uniforme, en tous temps, en tous lieux», et jetait aussi les bases d'une politique. La quatrième partie développe le thème selon lequel «c'est au gouvernement à calmer les malheureuses disputes de l'école qui troublent la société». La référence à l'empereur Julien dit l'Apostat, ce «scandale de l'Eglise, et des rois le modèle», s'épanouit dans ce dernier point en conseils à l'adresse des souverains (bien que l'auteur se défende de leur en donner). Voltaire prétend exposer les «nobles leçons» que dispensait Frédéric en personne. Ce quatrième chant, redite versifiée de tant de lettres, expression de tant d'espoirs, n'était point simple clause de style ou développement inévitable. Il s'agissait de combattre certaines assertions de La Mettrie. Dans sa *Politique du médecin de Machiavel*, celui-ci avait dénoncé le parasitisme des philosophes dans la société : des «frelons», disait-il.[37] S'il s'efforçait d'établir «le droit inaliénable» de la spéculation philosophique, il lui déniait toute conséquence pratique. Le peuple, «traitant sans façons de fous les philosophes, comme les poètes», les trouve «également dignes des Petites-Maisons» ;[38] «ainsi chansons pour la multitude que tous nos écrits». L'antiphilosophisme de La Mettrie s'appuie sur une séparation radicale entre morale et politique, ou mieux sur l'idée que la morale, fruit arbitraire de la politique, n'a pas à intervenir dans la philosophie. Ces audaces qui lui font dire : «Ecrivez comme si vous étiez seul dans l'univers», se doublent d'un désengagement. Le vertige individualiste de La Mettrie frappe de plein fouet tous ceux qui veulent organiser un parti actif, défenseur des idées nouvelles. Or Voltaire préconise l'alliance de la philosophie et du pouvoir. Il dédie à celui

> Dont les exploits, le règne et les ouvrages
> Deviendront la leçon des héros et des sages

cette méditation sur la loi naturelle : tout ensemble acte de foi en ce Dieu que tous doivent reconnaître et acte d'espérance dans l'avenir de la philosophie.

La Mettrie fut un peu le Neveu de Rameau de Voltaire. Ces «fous» qui «rompent avec cette fastidieuse uniformité que notre éducation, nos conventions de société, nos bienséances ont introduites», sont investis d'un pouvoir : celui de restituer à «chacun une portion de son individualité naturelle» et de «faire sortir la vérité».[39] Ce «grain de levain qui fermente» fait sortir deux articles du credo voltairien : un Dieu moral, un roi éclairé, entités destinées à faire pièce aux divinités incompréhensibles des religions et aux souverains réels si éloignés de l'idéal. Le Neveu interroge sans relâche Diderot, l'obligeant à mettre au jour les tensions ou les contradictions de sa pensée. Son homologue incite Voltaire à célébrer en alexandrins ses croyances intimes. Voltaire n'ignorait pas que l'indocilité d'esprit est la première des vertus philosophiques, que le penseur reste toujours «l'adversaire intériorisé des illusions collectives».[40] Mais il voulait croire que, grâce à son action, un progrès de l'esprit humain, une réforme des sociétés étaient possibles. Des plaisanteries sur ce «fou de La Mettrie» ne pouvaient conjurer les dangers potentiels de ses théories. La noblesse des vers devait, croyait-il, faire taire ce rire impertinent des fous qui prétendent rire les derniers.[41]

Voltaire plaide pour la respectabilité de la philosophie que ce fou mettait en péril. Dans son *Ouvrage de Pénélope*, La Mettrie n'avait-il pas raconté avec une verve suicidaire l'histoire de son doctorat ? Se voyant avec robe, rabat, bonnet carré, et ne sachant pas quatre mots de médecine, il se «tenai[t] les côtés à force de rire», en répétant : «Je suis docteur, moi je suis docteur».[42] Voltaire ne méprisait pas ainsi les «grelots et marottes», les insignes et décorations. Faire le fou, était-ce un statut, un rôle à la cour de Frédéric ? Lui qui n'avait sans doute pas oublié le mot de La Beaumelle, il se drapait dans le manteau du philosophe, en cette triade qui mettait en scène un prince, un «fou» et un «sage». La marotte ne pouvait porter ombrage au pouvoir, et Frédéric l'avait bien compris,[43] mais le poète qui rappelait les prérogatives de la loi naturelle, bien que plus conformiste en matière de morale, était plus gênant pour le despote. L'anarchisme du premier laissait au prince les mains libres. Le second se prétendait investi d'une mission, en déclarant que son poème est «l'exposition» des idées du souverain et des «exemples» qu'il donne au monde.

Les bons sentiments sont parfois mal récompensés. Frédéric, qui trouve le poème de *La Loi naturelle* très beau, se montre bien réservé quant à la quatrième partie, celle qui traite du «gouvernement»: «reste à faire quelques réflexions non pas sur la poésie, mais sur le fond et la conduite du quatrième chant, dont je me réserve à vous entretenir à mon retour.»[44] On ignore la teneur de ces réticences sur le rôle des souverains; on peut les soupçonner.

L'entourage philosophique de Frédéric venait de s'enrichir d'une nouvelle recrue: l'abbé de Prades, arrivé le 15 août 1752.[45] Il venait d'être la cible d'une des premières offensives contre l'*Encyclopédie*. Il semble pourtant n'avoir été qu'un «malgré lui» de la guerre philosophique. Issu d'une bonne famille de notables méridionaux, il n'avait point vocation pour devenir un de ces irréguliers, à l'esprit aventureux, à la manière de La Mettrie. Grâce à ses relations, il fait ses études de théologie à Paris, à la Sorbonne. Au terme du cursus, il soutient selon l'usage, pendant huit heures d'horloge, une thèse en latin sur *La Jérusalem céleste*. Le jury ne fait aucune difficulté pour lui décerner le bonnet de docteur. Martin de Prades pouvait donc s'attendre à parcourir désormais la belle carrière qu'ouvrait ce grade. Mais il s'était lié avec le groupe encyclopédiste. Il avait donné l'article «Certitude» au dictionnaire de Diderot et d'Alembert. D'autres théologiens, soupçonneux, se mirent donc à scruter le latin tortueux de *La Jérusalem céleste*. Ils y découvrirent ce qu'ils cherchaient: des propositions scandaleuses.[46] La thèse est dénoncée et déférée au parlement. Après un nouvel examen, elle est censurée par la faculté de théologie (27 janvier 1752) et condamnée par le pape Benoît XIV (22 mars 1752). Diderot prend la défense de son collaborateur, ce qui aggrave son cas. Pour échapper à une arrestation, Prades doit s'enfuir hors du royaume. Il vient chercher asile à Berlin, non sans désarroi.

Voltaire et d'Argens l'accueillent chaleureusement. Ils lui procurent gîte et couvert, et facilitent ses premiers contacts. Avec une réelle délicatesse, Voltaire prie le réfugié d'accepter sans scrupules ces «misères», dépréciant ce qu'il offre («un petit entresol très vilain», «un bouge»), minimisant ses dépenses («il ne m'en coûterait que très peu de chose pour ajouter à ce que la table du roi fournit»), joignant sans y faire la moindre allusion une lettre de change pour les frais de voyage: «Passons, vous et moi, par-dessus la honte que j'ai de vous offrir si peu. Agissons en philosophes, comme si nous nous étions déjà connus il y a longtemps.»[47]

Ces libéralités méritent de servir de correctif au thème rebattu de la ladrerie de Voltaire, si largement orchestré à propos du séjour berlinois. A ces histoires de bougies chipées,[48] d'habit noir emprunté à un brave Berlinois et rendu inutilisable,[49] à ces accusations de vol au cours de parties d'échecs avec les princes, Voltaire subtilisant les pistoles des enjeux,[50] à toutes ces inepties débitées complaisamment et qui ont la vie dure,[51] il n'est que justice d'opposer une telle solidarité à l'égard d'un homme de lettres persécuté, cette bonté active qui refuse de prendre le visage mortifiant de la bienfaisance, cette chaleur de l'accueil qui gomme par avance la gêne que pourrait ressentir l'obligé. On objectera qu'un avare peut faire des économies de bouts de chandelle – c'est le cas de le dire – et se montrer capable de quelque dépense ostentatoire. On dira que la générosité de Voltaire va à un «hérésiarque», un homme de son parti dont il voulait faire à Berlin sa créature. Encore fera-t-on remarquer que Voltaire aurait fait un pari dans ce cas, car rien ne permettait d'assurer que l'abbé de Prades trouverait grâce aux yeux du roi. On suggérera enfin que Voltaire n'ignore pas sans doute que l'abbé de Prades bénéficie des sympathies de Richelieu et de la protection de d'Argenson.[52] Des procès d'intention, même justifiés, ne supprimeront pas cette cordialité envers un homme qu'il ne connaissait pas.

L'épisode est le plus souvent passé sous silence.[53] Il mérite de ne l'être point. Qu'on relise les lettres parallèles du marquis d'Argens et de Voltaire en cette occasion. On appréciera la sollicitude de celui-ci qui ne craint pas de descendre dans les moindres détails, qui prévient les faux-pas du nouvel arrivant et l'informe des commodités nécessaires à un homme de lettres: proximité de Leipzig pour emprunter des livres ou pour les faire débiter lors des foires, services postaux. Les indications indispensables sur Potsdam, cette «ville toute guerrière», quelque insinuation sur les agissements de Maupertuis mettaient à mots couverts au fait de la situation. Voltaire, contrairement au marquis d'Argens, plus prudent et plus avisé, n'hésitait pas à se compromettre. Ainsi le quotidien le plus terre-à-terre coexistait dans sa lettre avec des considérations sur les «ennemis de la raison», qui «abusent des armes de la religion pour se déchaîner contre les philosophes». On lui accordera volontiers le sens du concret et celui des valeurs emblématiques, mais il faut dire plus. Dans cette exquise politesse, dans les raffinements du tact, dans la cordialité du ton se détectent aussi les qualités de cœur.[54]

Prades arrivait au moment où Voltaire allait tenter d'engager les philosophes de Potsdam dans une entreprise de prosélytisme. La présence de «l'hérésiarque» avait produit dans le cercle une certaine effervescence. Ses mésaventures, mais aussi les difficultés que rencontrait l'*Encyclopédie* donnent à penser à Voltaire. Le 5 septembre, dans une lettre à d'Alembert, il loue cet ouvrage qui «sera la gloire de la France et l'opprobre de ceux qui vous ont persécutés.» Il remarque cependant que ce dictionnaire devrait être fait «loin des sots et des fanatiques, sous les yeux d'un roi» philosophe, qu'il est superflu de nommer.[55] En Prusse, les bibliothèques manquent, mais on peut faire venir des livres de Dresde. Les avantages de la situation sont patents: une certaine liberté de penser et d'écrire loin des foudres de la Sorbonne, quelques fortes têtes susceptibles de travailler sous la houlette de Voltaire, « pour l'avancement de la raison humaine ».[56] Le roi de son côté aimerait attirer d'Alembert à Berlin, pour prendre la présidence de l'Académie des sciences après Maupertuis, alors gravement malade. Il patronnera donc volontiers une publication qui ferait pièce, dans une certaine mesure, à l'*Encyclopédie*, et démontrerait la sottise du gouvernement français.

Voltaire après l'affaire Lessing avait renvoyé son secrétaire Richier. Pour le remplacer, il a engagé Alexandre Côme Collini. Ce jeune Florentin était venu chercher fortune en Prusse deux ans plus tôt, sous la protection de deux femmes ses compatriotes, la danseuse Barbarina, la cantatrice Astrua. Il s'était présenté à Voltaire et avait fait bonne impression. Il voudrait entrer au service de l'illustre poète. Mlle Astrua a soin de parler de lui chaque fois qu'elle rencontre Voltaire. Enfin en avril 1752 le grand homme l'appelle à lui à Potsdam. Il le reçoit « avec une bonté paternelle, sans morgue et sans prendre ce ton de supériorité que donne à certains hommes la fortune ou la réputation ».[57] Il l'installe près de son appartement, dans une grande pièce qu'il partage avec l'autre secrétaire, Francheville, fils du Francheville sous le nom duquel avait été publié *Le Siècle de Louis XIV*. Voltaire avait employé le père et le fils à la correction des épreuves. En outre, il a engagé le fils, un jeune homme qui avait du goût pour la poésie, comme copiste.[58] Apparemment, celui-ci ne suffisait pas à la tâche. L'écrivain prend donc à son service l'Italien qui gagne vite sa confiance. Mais le soir, étant couché, avant de s'endormir, il se fait lire par lui en version originale l'Arioste ou Boccace. Il lui arrive alors de bavarder librement avec son secrétaire. Or, le 28 septembre, Voltaire s'est mis au lit « fort préoccupé ». Il apprend à Collini qu'au souper du roi :

on s'était amusé de l'idée d'un dictionnaire philosophique, que cette idée s'était convertie en un projet sérieusement adopté, que les gens de lettres du roi et le roi lui-même devaient y travailler de concert.[59]

Déjà on a distribué les premiers mots de l'alphabet. Dès le lendemain, Voltaire, « vif et ardent », se met à la besogne.[60]

Au bout de quelques jours, à Frédéric assez étonné de sa productivité, il envoie un premier article dont on ignore le thème, puis « Athée », « Baptême », « Ame », « Abraham », « Moïse », « Julien ».[61] Il a tout intérêt à maintenir ce commerce philosophique avec le souverain, alors qu'il s'est engagé, comme nous le verrons, dans l'affaire qui oppose König à Maupertuis et qui l'opposera lui-même au roi. Ce dernier accorde une protection active à l'entreprise. Méthodique, Frédéric assigne au rédacteur pour tâche prioritaire de dresser la table alphabétique des articles, pour en fixer le nombre et choisir les principaux. Il insiste sur l'unité du but qui doit être visé. La teneur des textes rédigés en 1752 suggère que cette unité est à chercher du côté de la lutte contre ce qui portera plus tard le nom d'« Infâme ».[62]

Voltaire s'essayait dans une forme convenant bien à son génie analytique.

Depuis longtemps, sans avoir l'idée d'un dictionnaire, il pensait déjà par articles. Il privilégie la forme courte, allégée de toute référence pesante. Il suit l'ordre alphabétique, sans s'y astreindre : l'inspiration ou les incitations du moment lui font évoquer la figure de l'apostat,[63] ou consacrer un article à Moïse. Il a trouvé d'emblée un ton où prévaut l'impression de naturel et qui est pourtant le comble de l'art.[64] Il crée un genre qui tient de l'essai, du «propos», libre vagabondage d'un esprit cultivé, «utile par les choses et agréable par le style». En Prusse, à notre connaissance, Voltaire a écrit moins de dix articles. Pourtant dans ce corpus limité se dessinent les linéaments de l'œuvre future, le *Portatif* de 1764. L'article, forme suffisamment malléable, se prête aux fantaisies de l'esprit. Il accueille des éléments de conte : les pérégrinations d'Abraham, ses grossières filouteries, la grossesse de Sara à l'âge respectable de quatre-vingt-dix ans, succès comique assuré ; évocation qui fait vignette du père des croyants caracolant «dans le désert horrible de Cadès, avec sa femme grosse, toujours jeune et toujours jolie». Il recueille des argumentations bien liées comme les articles «Moïse» et «Julien», ou un ensemble de réflexions comme l'article «Baptême». Voltaire découvre tout l'intérêt d'une enquête discontinue, instrument judicieusement adapté à la polémique. La Bible, réduite en fragments où s'épanouissent des histoires grotesques ou insensées, sera disqualifiée. Elle ne pourra plus prétendre détenir un sens global et respectable. Voltaire a forgé, en quelques semaines, un discours morcelé d'une redoutable efficacité.

Entreprise qu'il conçoit comme collective et non individuelle. Il rêve d'un petit groupe de frères travaillant de concert, qui «coulerait à fond les saints Pères».[65] A-t-il envisagé les problèmes attachés à tout travail d'équipe ? S'est-il soucié de l'harmonisation nécessaire lorsqu'entrent en jeu différents collaborateurs dont les points de vue, dont la qualité pouvaient faire difficulté ? Mais il sait que si l'on prévoit tous les obstacles on ne fait rien. Il résout toutes les interrogations de la manière la plus expéditive qui soit : en donnant l'exemple et en s'attelant à la tâche sans tarder. Il sollicite la participation du roi, propose de recruter des rédacteurs, s'efforce de réveiller l'ardeur du marquis d'Argens, se préoccupe de la gestion financière de l'affaire.[66] Car, difficulté supplémentaire, celle-ci, à peine lancée, dépend du bon plaisir du souverain. Aux gênes de tout travail collectif, s'ajoutaient celles qu'entraîne un patronage royal. Les premières disparaîtront d'elles-mêmes, seul Voltaire ayant pris au sérieux ce propos de table. Les secondes s'avèrent délicates.

Voltaire joue le jeu avec une diligence qui tient du harcèlement. Le roi est censé donner son avis sur chaque nouvel article en particulier, comme sur les normes de rédaction par rapport à Bayle : Sa Majesté ne pense-t-elle pas que l'ébauche sur «le père des croyants» est «plus pleine, plus curieuse et plus courte» que l'article «Abraham» du *Dictionnaire historique et critique* ?[67] Frédéric, lecteur exigeant, est sensible à la qualité des textes qui lui sont soumis, mais garde tout son esprit critique. L'article «Athée» ne le convainc pas ; il suggère

687

de modifier l'article «Julien». L'«incrédule majesté» et son «théologien de Belzébuth»[68] trouvent un terrain d'entente sur le plan des idées. Il n'en est plus de même lorsque sont abordées des questions matérielles. Un «mémoire détaillé» envoyé par Voltaire ne semble pas avoir reçu l'agrément royal. Voltaire avait proposé de sacrifier une partie de sa pension pour financer l'entreprise, car ce serait «une prodigieuse indiscrétion» que de demander au roi de payer ses «fantaisies».[69] Frédéric flaira un piège. S'il avait accepté cette transaction, le chambellan Voltaire, qui restait assujetti à une dépendance dans la mesure où il touchait des émoluments, recouvrait sa liberté pécuniaire. Voltaire savait qu'il plaidait cette cause en vain. Les choses restèrent en l'état, d'autres événements se chargeant de bousculer les projets de cette nature. Mais des ironies seraient déplacées sur l'activité de Voltaire en ce domaine où il fait preuve de réelles qualités, rendues hélas! inopérantes par la situation complexe où il se trouvait. Ce ne fut pas «la faute à Voltaire» si ce rêve d'un groupe de frères, travaillant pour la bonne cause, ne se réalisa pas.

Une autre œuvre, vers le même temps, exprimait le dessein d'une propagande collective sous la houlette de l'apôtre Voltaire. Depuis quelques mois circulait à Berlin et à Potsdam, parmi quelques initiés, le *Sermon des cinquante*. La date de rédaction de ce texte majeur (du moins dans la perspective voltairienne) reste inconnue. Il se peut, comme le pensait I. O. Wade, qu'il remonte à l'époque de Cirey, et que la date de 1749 inscrite sur une édition, donnant un texte visiblement archaïque, ne soit pas fictive.[70] Il est sûr en tout cas que La Beaumelle en eut connaissance pendant son séjour en Prusse.[71] Voltaire dans deux lettres à la comtesse de Bentinck, du 10-15 juin et du 16 juin 1752, en fait mention, sans écrire le titre: mais les termes ne peuvent s'appliquer qu'au *Sermon des cinquante*.[72] Nous apprenons ainsi qu'il en existe alors quelques exemplaires imprimés et que le *Sermon* est diffusé aussi en manuscrit. Voltaire s'efforce d'accréditer l'attribution à La Mettrie, et s'indigne qu'on le considère comme l'auteur. Il n'avouera jamais la paternité d'une aussi virulente diatribe, qui aurait pu lui attirer le pire des sorts. Une «nouvelle édition» du *Sermon*, datée de 1753, porte en sous-titre: «On l'attribue à Mr. du Martaine ou du Marsay, d'autres à la Métrie; mais il est d'un grand Prince très instruit» (Frédéric II). Dans ses *Instructions à Antoine-Jacques Rustan* de 1768, où il cite un long passage du *Sermon*, Voltaire dit que l'auteur en est un «prince respectable».[73] Dans *L'Examen important de milord Bolingbroke* en 1767, la plaisanterie du *Sermon* sur la supériorité des Juifs en matière de poux lui est imputée.[74] Frédéric ne protesta point contre ces attributions. Nul pourtant n'a jamais hésité à reconnaître la plume de Voltaire dans l'éloquence passionnée de ces pages. Les avis divergent, il est vrai, sur la part qui lui revient. L'hypothèse d'un travail collectif doit-elle être retenue? Reprenant sur de nouvelles bases la «genèse du *Sermon des cinquante*», Jan Lavicka, dans un article récent, propose un scénario où interviendraient ceux que Voltaire a nommément désignés, La Mettrie et Frédéric II.[75]

Le préambule du *Sermon* évoquant l'assemblée des cinquante serait à mettre en relation avec les pratiques religieuses de cinquante-deux familles déistes qui vivaient aux confins de la Silésie et de la Bohême. Ces territoires avaient été occupés par les troupes prussiennes entre 1741 et 1744. Frédéric II y avait dépêché, afin de provoquer une vague d'immigration dans ses Etats, un pasteur silésien, homme instruit, ouvert à des idées non-conformistes, Jean Liberda. Sa mission consistait à «prendre contact avec les éléments non-catholiques de la paysannerie tchèque et à les persuader d'aller cultiver les terres du roi de Prusse pour y jouir de la liberté de conscience». Liberda pouvait adresser directement ses rapports au roi. Voltaire aurait donc eu connaissance, par l'intermédiaire de Frédéric II, de textes concernant ces déistes. Il aurait découvert l'existence d'un «déisme populaire, archaïque et plus agressif envers la religion révélée que celui des déistes anglais». Fait-il allusion, comme le pense Jan Lavicka, à ces déistes de Bohême lorsque dans les derniers paragraphes de la *Défense de milord Bolingbroke*, ouvrage de 1752 dont nous parlerons bientôt, il évoque non seulement des philosophes qui ont «embrassé le déisme par les illusions d'une sagesse trompeuse», mais aussi des déistes qui sont «de la religion d'Adam, de Sem, de Noé»?[76] On ne peut l'assurer.

A supposer donc que des documents, inconnus de nous, aient été communiqués à Voltaire à Potsdam, la question de leur apport dans le *Sermon des cinquante* reste entière. On entre dans le domaine des conjectures. Faut-il pour expliquer l'empreinte calviniste de ce *Sermon* supposer que Claude-Etienne Jordan, ami intime de Frédéric, ait travaillé sur un texte remis plus tard à Voltaire? Faut-il imaginer que La Mettrie y ait mis la main?[77] Et alors quel aurait été le rôle de Voltaire? Mise au point définitive ou refonte totale? Voltaire avait-il déjà en portefeuille une ébauche du *Sermon* lorsqu'il arriva en Prusse? La compléta-t-il alors? De quelle époque datent les textes écrits en marge du *Commentaire littéral* de dom Calmet et ceux qui ont peut-être été empruntés au *Testament* du curé Meslier?[78]

Bien des obscurités subsistent. Même si Voltaire emprunta à plusieurs textes, le *Sermon des cinquante* porte sa marque. Il lui fallut du courage pour encourir les risques auxquels l'exposait, même sous le couvert de l'anonymat, un tel brûlot anti-chrétien.

Le *Sermon* confirmerait, s'il en était besoin, que la propagande anti-religieuse ne peut guère éviter d'épouser les formes de la religion. Voltaire suppose une assemblée de fidèles dans une ville peuplée et commerçante. Ces «cinquante» ressemblent à une secte de dissidents protestants. Prière, sermon, dîner, suivi d'une quête pour les pauvres. Le credo de l'orateur – Voltaire lui-même – dans la «Prière», comme dans l'exorde du *Sermon*, est celui du poème sur *La Loi naturelle*: «la religion est la voix secrète de Dieu qui parle à tous les hommes.»

689

Mais «l'Etre suprême», «Dieu de tous les globes et de tous les êtres», a été grossièrement défiguré par les juifs, puis par les chrétiens. Que l'Adonaï de l'Ancien Testament et ses sectateurs se livrent aux pires turpitudes morales: c'est le «premier point». Que toutes ces histoires défient le bon sens et ne méritent pas le moindre crédit: voilà le «deuxième point». Le troisième point attaque le Nouveau Testament. Il est trop évident que l'Etre suprême n'a pu s'avilir jusqu'à s'incarner. Il est extravagant de lui prêter toutes les misères de la condition humaine. La péroraison exhorte à aller plus loin que «nos pères». Si la Réforme a aboli «quelques erreurs, quelques superstitions», il est temps désormais d'«achever l'ouvrage»: abolir le christianisme au profit d'«un culte sage et simple d'un Dieu unique».[79] Que les «frères» travaillent à cette grande révolution, dont le prédicateur croit apercevoir de divers côtés des signes avant-coureurs.

Voltaire apporte d'autre part, en cette fin d'été, une contribution qui sera, celle-ci, publique. Il répond à Formey, coupable d'avoir attaqué la foi nouvelle. On sait combien il avait été fasciné jadis par la personnalité brillante de lord Bolingbroke.[80] Or celui-ci était décédé le 21 novembre 1751. Une traduction française par Barbeu Du Bourg de ses *Lettres sur l'histoire* venait de paraître.[81] Publication assez bien accueillie pour ce qui avait trait à des jugements politiques, mais vivement critiquée dans les parties où Bolingbroke contestait l'authenticité de la Bible.[82] A cette occasion, Formey se distingua. Le secrétaire de l'Académie des sciences prit prétexte d'un compte rendu, dans la *Nouvelle Bibliothèque germanique*, d'une dissertation du théologien zurichois Zimmerman *Sur l'incrédulité* pour faire une vive sortie contre les esprits forts. On y apprenait que l'incrédulité est «la maladie épidémique du siècle», que «la classe des auteurs qui attaquent la religion est véritablement composée du rebut de la République des Lettres», et Formey se demandait si de semblables écrits doivent être permis et si «les voies juridiques sont propres à les extirper». Le premier devoir des princes est de faire respecter Dieu, donc de «réprimer les écrits profanes et sacrilèges», car les rois cessent de représenter la divinité sur cette terre dès qu'ils laissent tranquillement «les attentats les plus énormes contre Dieu rester impunis».[83] Voltaire, tout au contraire, estime que «ce qu'il y a de plus hardi dans [les] *Lettres sur l'histoire* est ce qu'il y a de meilleur». Il relève le gant.

Il présente sa *Défense de milord Bolingbroke* comme étant l'œuvre d'un pasteur anglican, le docteur Goodnatur'd Wellwisher, «chapelain du comte de Chesterfield»: masque transparent qui ne trompa personne. Le prétendu pasteur reconnaît que la foi seule fait croire aux invraisemblances du Pentateuque, dont la chronologie est confuse, la géographie inexacte. Il fait valoir que l'Europe est remplie de déistes. Ils sont «dans la magistrature, dans les armées, dans l'Eglise, auprès du trône et sur le trône même.» Sur le trône? Formey avait eu la hardiesse de faire «une étrange sortie» sur ceux qui pensent que «de sages lois, la discipline militaire, un gouvernement équitable, et des exemples vertueux, peuvent suffire pour gouverner les hommes, en laissant à Dieu le soin de gouverner les consciences.» Le trait manifestement visait Frédéric II. La *Défense de milord Bolingbroke* rapporte comment «un très grand homme» qui pouvait «se venger comme homme» et «punir comme prince», avait répondu, en philosophe : «Il faut que ces misérables soient bien persuadés de nos vertus, et surtout de notre indulgence, puisqu'ils nous outragent sans crainte avec tant de brutalité.» Le docteur Goodnatur'd Wellwisher reproche aux protestants – tel Formey – leur dureté à l'égard des déistes. Il répète ce que Voltaire depuis longtemps aime à croire : que le déisme prolonge la Réforme. Le texte s'achève par un appel à la tolérance à l'égard de ces philosophes, adorateurs d'un Dieu, qui prêchent une morale sur laquelle «personne ne dispute», mais répudient des dogmes «sur lesquels on dispute depuis dix-sept cents ans, et sur lesquels on disputera encore».[84] Il ne s'agissait pas, on le voit, de simplement défendre la mémoire d'un mort illustre. Au surplus, Bolingbroke s'était bien gardé de se proclamer déiste, persuadé qu'il était que l'on devait respecter les préjugés. Voltaire se sert de Bolingbroke pour promouvoir ses propres idées. Il le dira à Formey : «Vous avez écrit contre les déistes qui ne vous ont jamais fait de mal, et le roi et moi, qui sommes déistes, nous avons pris le parti de notre religion».[85]

Il a donc répondu à Formey dans la *Défense de milord Bolingbroke* comme s'il était le porte-parole des déistes de Potsdam. Il paraît alors sur le point de prendre leur tête pour une audacieuse entreprise de propagande. Ruiner le christianisme par la critique des livres saints, convaincre les chrétiens de fanatisme et de superstition, opérer une mutation, en particulier chez les Réformés, vers une «religion naturelle» : méthodes et objectifs sont déjà ceux de la future campagne contre «l'Infâme». Il se flatte de disposer d'un bras séculier prestigieux, celui de Frédéric II, et d'une bonne équipe, les philosophes de Sa Majesté. Par cet engagement, Voltaire se condamne déjà à l'exil. König n'a pas tort de le juger «étourdi» et de soupçonner Maupertuis et Algarotti de «politique» quand ils prennent ostensiblement le parti de l'Eglise afin de ne point se fermer l'accès aux pays chrétiens.[86] Frédéric se réjouit de l'imprudence de Voltaire qu'il souligne malignement en accusant réception de l'article «Baptême» et de la *Défense* : «votre Dictionnaire imprimé, je ne vous conseille pas d'aller à Rome».[87] Voltaire fait fi de ces dangers. Il obtient la permission d'imprimer l'apologie de Bolingbroke, qui sort des presses de Berlin le 20 novembre.[88] Mais il est déjà trop tard.

Les nuées menaçantes pointaient à l'horizon depuis des semaines. Rien à voir avec ces «bagatelles» inséparables de son horizon quotidien : accusation de plagiat dans les «feuilles fréroniques» à propos d'un madrigal de 1743 adressé à la princesse Ulrique,[89] épigramme assassine qui circule à Paris,[90] hargne du parti dévot qui se scandalise d'une fadaise, quelques vers insolents au cardinal Quirini.[91] Voltaire avait jadis dédié sa *Sémiramis* au cardinal Quirini, bibliothé-caire du pape.[92] Celui-ci veut ériger une église catholique à Berlin et sollicite l'obole de Voltaire qui lui répond de manière désinvolte. Il lui envoie une ode célébrant la tolérance établie par un prince qui sait rendre ridicule

> Cette sainte inhumanité,
> Cette haine dont, sans scrupule,
> S'armait le dévot entêté
> Et dont se raillait l'incrédule.[93]

Le cardinal publie ces vers et des lettres de Voltaire. Des copies circulent déjà à Paris en juin et en juillet. On se les arrache et on s'indigne : Voltaire se rend « odieux » à tous les bons croyants.[94] Ces quelques vers, repris dans les gazettes,[95] font plus de bruit qu'ils n'en méritent, alors que la situation de Voltaire va devenir délicate. A Berlin, il a lancé un véritable défi. Pressentant le danger, Voltaire a mis sa fortune à l'abri. Le 5 août, il avait proposé à Charles Eugène, duc de Wurtemberg, toujours désargenté, un prêt de 40 000 écus d'Allemagne moyennant une rente viagère. Il prie son correspondant de tenir la démarche secrète. Incertitude, à cette date, ou manœuvre en trompe-l'œil ? Il est difficile de le dire. Toujours est-il que l'acte fut signé le 27 septembre. La rente se monte à 10 pour cent pour lui et à 5 pour cent pour Mme Denis. Le capital est garanti par une hypothèque sur le comté de Montbéliard, enclave dans le royaume de France qui appartient au duc.[96]

Dès juillet 1752, mais en catimini, puis au grand jour fin septembre, il intervient dans le différend opposant Maupertuis au bibliothécaire du Stathouder, König. Frédéric est informé. Le zèle de Voltaire pour le projet d'un *Dictionnaire de Potsdam*, entre autres motivations, tend à éblouir le roi, afin de le détacher de Maupertuis. Il réussit dans une certaine mesure. Frédéric se contente d'abord de mises en garde indirectes, celle-ci par exemple, à propos de l'article « Athée » : « Je crois qu'il ne faudrait pas citer des gens de lettres pour vivre tranquilles ensemble. »[97]

En effet, Voltaire a publié dans la *Bibliothèque raisonnée des ouvrages des savants de l'Europe* (Amsterdam juillet-septembre 1752) sous la date du 18 septembre,[98] une *Réponse d'un académicien de Berlin à un académicien de Paris* : deux petites pages percutantes contre Maupertuis. Piqué au vif, et ne supportant pas que soit attaqué le président de son Académie, Frédéric répond lui-même par une *Lettre d'un académicien de Berlin à un académicien de Paris*. L'orage a éclaté, qui va bientôt s'amplifier en tempête.

6. *Akakia*, ou la rupture

(septembre 1752 - mars 1753)

Les relations de Voltaire avec Maupertuis remontaient, on se le rappelle, à 1732. Au long de ces années, avaient alterné moments d'enthousiasme et déconvenues, protestations d'amitié et aigreurs. Voltaire s'était moqué de la piteuse capture de Maupertuis à la bataille de Mollwitz.[1] Il avait omis son nom dans le *Discours de réception* à l'Académie, et n'avait sans doute pas oublié que le savant fut l'un des amants de Mme Du Châtelet. Un contentieux s'était amassé, qu'alimentent de mauvais souvenirs. Sans doute à l'arrivée de Voltaire en Prusse, les deux hommes s'étaient-ils d'abord fait bonne figure. Maupertuis rend justice au nouveau venu qui fait «les délices du roi»: «c'est un des ornements des fêtes qui viennent de commencer».[2] Voltaire, le 1er août, passe la revue des agréments de Potsdam. Il n'omet pas de signaler «une vie douce et occupée, tantôt avec Frédéric le Grand, tantôt avec Maupertuis».[3] Mais Buffon note avec clairvoyance que «ces deux hommes ne sont pas faits pour demeurer ensemble dans la même chambre».[4] Rivaux en puissance, une lutte sans merci entre eux était inscrite dans l'ordre des choses.

Les difficultés inhérentes à leur situation respective n'étaient pas minces. Voltaire, promu chambellan-ami, jouissait d'un statut fondé sur des affinités électives avec le souverain, sur des invites et des promesses exprimées dans une correspondance privée. C'est à la fois le domaine du flou et de l'ineffable, l'ordre du cœur que la raison connaît mal, le discours épistolaire avec son trompe-l'œil, qui prévalent sur la définition de fonctions précises. L'hôte du roi de Prusse avait reçu décorations et pension sans contrepartie dûment spécifiée. Mais il était passé au service de Frédéric, ce qui impliquait des obligations.

Face à cette nébuleuse, Maupertuis jouissait en Prusse d'une position de premier plan, stable et bien définie.[5] Pour tous, il est «le président», respecté et craint en tant que tel. Frédéric, qui ne s'intéresse guère aux sciences mais qui, pour des raisons de prestige, veut que son Académie s'illustre, lui a remis de pleins pouvoirs: «Rien ne se fera que par lui [le président perpétuel], ainsi qu'un général gentilhomme commande des ducs et princes dans une armée sans que personne s'en offense»,[6] a-t-il écrit de sa propre main dans le Règlement de l'Académie. Le roi a réduit le rôle des curateurs, des membres de l'aristocratie préposés jusqu'alors à la direction des affaires académiques.[7] Le roi a fait de lui «une sorte de ministre de la recherche»,[8] mais aussi un gestionnaire. Il distribue les pensions aux académiciens, selon le mérite, ce qui lui donne de puissants moyens de pression, comme on le verra dans l'affaire König. Il procède à des nominations à titre étranger pour accroître le prestige de l'institution (d'Alembert, Voltaire, Montesquieu, Bernoulli) et poursuit une politique de recrutement judicieuse (Euler, Beguelin, Merian). Il ne tolère ni la médiocrité ni la paresse, comme l'avait annoncé son discours: *Des devoirs de l'académicien*. Le savant entrant à l'Académie renonce à sa liberté, s'assujettit à des devoirs: le titulaire doit lire dans l'année deux mémoires, l'associé au moins un. Le président dans ses rapports au roi décerne compliments et critiques et juge sans appel.[9]

A Berlin, Maupertuis était quelqu'un avec qui il fallait compter. Par son mariage avec Mlle de Borck, une fille d'honneur de la princesse Amélie, il était allié à l'aristocratie prussienne. Dès 1747, il montrait son désir d'intégration dans le pays où il était venu vivre en faisant un éloge dithyrambique du soldat prussien, «en parlant de *nos* frontières, de *nos* villes, comme s'il avait toujours vécu en Prusse».[10] Par Formey, il est en relation avec le milieu du Refuge et il est considéré comme le protecteur des Français qui viennent à Berlin. Fêté par les cercles mondains, et d'abord par celui de Mme de Bentinck, il est aussi fort apprécié des frères du roi.[11]

Voltaire et Maupertuis, dans l'esprit de leur maître commun, répondaient à des fonctions distinctes: d'une part les belles-lettres, aimées et pratiquées par un prince qui se voulait écrivain, d'autre part les sciences, patronnées par un souverain qui veut arracher son pays au sous-développement culturel. L'obtus Frédéric Guillaume avait décrété que le philosophe Wolff devait quitter le royaume «sous peine de strangulation»,[12] son fils avait réussi à attirer chez lui le plus grand des écrivains français. Le roi-sergent avait enjoint à la «société des sciences» créée par Leibniz de se consacrer désormais à des travaux utiles, en foi de quoi le président était chargé du calendrier et devait chasser les loups-garous. Son fils avait confié le sort de son Académie à un jeune savant dynamique, ayant des qualités d'organisateur. La présence simultanée de Voltaire et de Maupertuis signait une victoire du roi. Voltaire et Maupertuis étaient destinés à se mouvoir dans des aires différentes. L'un, hôte du roi, réside au «château»; l'autre est à Berlin. La charge du premier est de ne rien faire, sinon corriger les œuvres du souverain. L'essentiel est qu'il soit là, à la fois caution et emblème. Le devoir du second est de créer un centre culturel. Mais, en dépit de leur spécialisation respective, des interférences ne pouvaient manquer de se produire, capables de rompre l'équilibre conçu pour la satisfaction de Sa Majesté. Les fonctions sont occupées par des individus.

Maupertuis, malgré sa situation brillante, n'avait pas trouvé en Prusse «le contentement d'esprit» que lui avait jadis souhaité Mme Du Châtelet.[13] Il se heurte à une sourde hostilité des Allemands. Son mariage avec une femme fort noble mais «parfaitement nulle»[14] ne lui apporte pas un grand réconfort. Il se console auprès de sa ménagerie: sa maison est remplie de perroquets, de perruches, de chiens et de chats.[15] Il se réfugie dans l'alcool.[16] Parfois cet exilé a le mal du pays, et la maladie ne fait qu'accentuer ses tendances atrabilaires.

Voltaire, charmeur mais insupportable, assez vite l'avait trouvé peu sociable : dès le 19 novembre 1750, ils passent pour brouillés.[17] Mutuelle antipathie doublée d'incompréhension. Leur lutte commune en faveur du newtonianisme appartient au passé. Maupertuis était peu apte à apprécier les ouvrages de son rival, lui qui se vantait selon Collé de n'avoir jamais lu Molière et dénonçait les effets néfastes du théâtre.[18] Inversement Voltaire restait fort étranger aux recherches de Maupertuis. L'*Essai de philosophie morale* (1749) du président ne réduit-il pas le bonheur à une formulation mathématique ? L'*Essai de cosmologie*, en 1750, ne prétend-il pas prouver l'existence de Dieu par une équation, en vertu d'un principe universel de moindre action qui sera à l'origine de l'affaire König ? Attiré par les sciences de la vie, Maupertuis, après sa *Vénus physique*, s'était intéressé aux problèmes de la génération, des races humaines et des variations héréditaires. Mais sa méthode qui se contente d'écrits brefs où il lance des conjectures, sans se donner la peine de les vérifier, sa tendance à aller jusqu'au bout d'une idée sans se soucier des faits : tout cela paraît à Voltaire élucubrations saugrenues dont va s'emparer joyeusement le « docteur Akakia ».

Aussi les rancœurs s'étaient-elles accumulées entre les deux hommes. Voltaire, empiétant sur le domaine réservé du président, avait fait nommer, malgré lui, l'abbé Raynal au poste d'associé étranger. Il a supplanté Maupertuis à la cour et à la ville : il l'a brouillé avec Mme de Bentinck et éclipsé pendant les petits soupers. Esprit fort quand il était jeune, Maupertuis, à Berlin, est revenu ostensiblement à la pratique religieuse. Les « moines » du « couvent » de Potsdam s'en gaussent.[19] Le roi ne fait plus appel à lui pour corriger ses œuvres, tâche dont il s'acquittait avant l'arrivée de Voltaire.[20] Bref, relégué au second plan, Maupertuis se montre inamical. Il a pris parti pour Baculard d'Arnaud, pour La Beaumelle ; il a éconduit Voltaire qui lui demandait d'intervenir en sa faveur lors de l'affaire Hirschel. Faisait-il sur son rival des insinuations perfides ? Voltaire l'accuse de calomnie à propos du mot qui lui fut attribué sur le « linge sale donné à blanchir ».[21] Or voici qu'en cet été 1752 Maupertuis s'expose à des représailles.

En avril 1752, le président incontestablement s'est rendu coupable d'un abus de pouvoir. Il s'enorgueillissait d'avoir découvert un des secrets de l'univers, en publiant dans l'*Essai de cosmologie* son principe de moindre action. Il croit avoir démontré que la quantité d'action nécessaire pour tout changement dans la nature est la plus petite possible. Mais il trouve un contradicteur en la personne de König. L'ancien précepteur de Mme Du Châtelet était devenu bibliothécaire du Stathouder et professeur de droit naturel en Hollande. Maupertuis l'avait fait nommer en 1749 membre associé de l'Académie de Berlin. König, au cours d'une visite en septembre 1750, lui avait présenté des objections au principe de moindre action, en le priant de les examiner et lui offrant de les supprimer. Le président, outré du « ton d'égalité » de König, rejeta l'écrit et lui dit « avec dédain qu'il pouvait en faire ce qu'il voulait ».[22]

Ce qu'il en fit, ce fut de le publier en latin dans les *Nova acta eruditorum* (mars 1751). La découverte de Maupertuis y reçoit des éloges, mais König affirme que la loi avait été déjà formulée par Leibniz. A l'appui de son dire, il cite un fragment d'une lettre adressée par le philosophe à Hermann, professeur à Bâle.[23] Maupertuis s'alarme : va-t-il perdre la gloire d'avoir découvert le principe de moindre action ? Le 28 mai 1751, il demande à König où se trouve cette lettre. Le 26 juin, celui-ci répond qu'il en tient une copie d'un certain Henzi, lequel a été décapité à Berne.

Maupertuis entreprend alors de convaincre son adversaire de faux. Il demande par la voie diplomatique des recherches dans les papiers de feu Henzi. On ne trouve rien. Sur quoi König est sommé de produire «l'original de la lettre [...] dans l'espace de quatre semaines après la réception de la présente».[24] Maupertuis refuse toute discussion sur le fond comme le proposait son adversaire. Point de débat savant, mais le recours à une procédure administrative, appuyée par les plus hautes autorités. Il fait intervenir Frédéric auprès du régent de Berne (16 octobre 1751). Le roi demande que, s'il se retrouve des lettres de Leibniz, «une copie fidèle et légalisée dans les meilleures formes» lui soit envoyée et que, s'il ne s'en trouve pas, un certificat lui soit expédié, car il y va de l'honneur de son Académie des sciences et belles-lettres.[25] Le 10 décembre, König s'excuse de ne pouvoir produire l'original. Nouvelle mise en demeure de Maupertuis : König ne peut que transmettre, le 12 mars 1752, une réponse de Bâle attestant qu'il ne se trouve plus de lettres dans les papiers de Hermann.[26] C'est donc à l'Académie de Berlin de se prononcer. Euler, tout dévoué à Maupertuis, présente le rapport (31 mars) : il se dit convaincu que la lettre de Leibniz est un faux. Après quoi l'Académie déclare (13 avril 1752) que le fragment allégué par König a été «forgé pour faire tort à M. de Maupertuis»; en conséquence elle n'hésite pas «à le dépouiller par cette déclaration de toute l'autorité qu'on aurait pu lui attribuer».[27] Maupertuis avait eu l'élégance de ne point assister à la séance. Il n'avait pas d'inquiétude sur l'issue. S'agissant d'un problème difficile de physique théorique, la plupart des académiciens étaient incompétents, et tous dépendaient du président pour leur pension. Elle fut supprimée à Sulzer qui avait émis quelques objections.[28]

Il ne restait plus à König qu'à renvoyer sa patente d'académicien associé (16 mai 1752) et à se faire rendre justice. Le jugement de l'Académie est rendu public en mai 1752, sans avoir été notifié à König.[29] Maupertuis en fait envoyer vingt exemplaires à l'Académie des sciences de Paris. König porte l'affaire devant l'opinion, par un *Appel au public* (août 1752). Méthodiquement, il expose les faits. Professeur de droit, il dénonce l'iniquité du procès. Il rappelle fortement que l'égalité, la liberté sont essentielles à la profession des lettres, et qu'aucune assemblée n'a le droit de s'arroger «une juridiction ou supériorité quelconque sur quelques autres hommes de leur profession et de leur état.» Il revendique non sans éloquence l'absence de toute sujétion ou dépendance dans la recherche de la vérité: «en tant que citoyen de la république des savants, il ne reconnaît aucun supérieur, aucun juge particulier. Le public seul est son juge naturel.»[30]

Dans ce public, il avait rencontré déjà un puissant appui: celui de Voltaire. Les deux hommes avaient renoué connaissance à Berlin en septembre 1750.[31] Voltaire dès le 1er juillet suit l'affaire dans un sens favorable à König. Il confie, sous le sceau du secret, à Mme de Bentinck deux exemplaires d'un manuscrit «modéré» et «vrai en tous points» destinés à König et à l'éditeur d'une contrefaçon hollandaise du *Journal des savants*, Marc Michel Rey. Il y est démontré que «les philosophes qui tirent tant de vanité de leur algèbre ont beaucoup plus d'amour-propre que de raison».[32] Durant l'été, les gazettes de Leipzig attaquent le jugement de l'Académie.[33] Voltaire est en relation avec König.[34] Il a lu, sans doute, l'*Appel au public* dès sa publication en août 1752. Il l'estime convaincant.[35] Il décide d'intervenir publiquement. Car voici qu'après l'abus de pouvoir académique, Maupertuis aggrave son cas, au cours de cet été, par des publications pour le moins contestables sur le plan scientifique. Il donne une *Lettre sur le progrès des sciences*, intégrée immédiatement à l'édition de ses *Œuvres*, et reprise d'autre part dans des *Lettres*, lesquelles sont «un bon exemple du désir de Maupertuis de laisser sa pensée s'orienter dans les directions les plus différentes.»[36] Couchant sur le papier des projets de recherches possibles, il mêle à des intuitions fécondes des rêves parfois étranges: réunir un collège international de savants dans une «ville latine»; forer un trou jusqu'au noyau de la terre; explorer les terres australes, prendre contact avec les géants (supposés) de Patagonie, et disséquer leurs cerveaux, afin d'étudier les mécanismes mentaux; deviner l'avenir par «un état plus exalté» de l'âme qui l'arracherait au présent... Idées «pour voir», que Voltaire va feindre de prendre pour des propositions fermes, d'où il appert que leur auteur a l'esprit dérangé.

Voltaire s'engage par une double publication anonyme, dans le même tome de la *Bibliothèque raisonnée*, juillet-septembre 1752.[37] Il rend compte des *Œuvres* de Maupertuis. Il en souligne la faiblesse philosophique: l'affirmation d'une économie des forces dans la nature, prouvée par le principe de moindre action, se trouve en contradiction avec l'affirmation conjointe d'une profusion de cette même nature. Il se gausse des imaginations de la *Vénus physique* (les membres du fœtus se réunissent par attraction), de la *Lettre sur le progrès des sciences*: voyage sous le pôle, création d'une ville latine, exaltation de l'âme par l'opium, dissection des géants. Ainsi s'ébauchent les plaisanteries de l'*Akakia*. Il s'égaie des formulations mathématiques destinées à prouver l'existence de Dieu et à mesurer le bonheur. Tous ces écrits sont à considérer comme un «délassement d'esprit plutôt que comme des ouvrages sérieux». Conclusion: «Maupertuis a augmenté ici [en Prusse] son amour-propre et a perdu son talent.»[38]

La *Réponse d'un académicien de Berlin à un académicien de Paris*, dans le même volume de la *Bibliothèque raisonnée*, est un factum des plus efficaces: un historique précis et percutant où sont mises en évidence les erreurs, la mauvaise foi, les menées odieuses d'un tyran pour perdre un savant dont le seul crime était de ne pas être de son avis. Maupertuis est convaincu «à la face de l'Europe savante non seulement de plagiat et d'erreur, mais d'avoir abusé de sa place pour ôter la liberté aux gens de lettres».[39]

La parution de la *Bibliothèque raisonnée* fait grand bruit.[40] Elle coïncide avec la levée de boucliers qui suit l'*Appel au public*. Elle coïncide aussi avec la publication des *Lettres*, fin septembre ou début octobre : opuscule où, peu opportunément, Maupertuis renchérit sur les étranges propositions de sa *Lettre sur le progrès des sciences*.[41]

Voltaire espérait que Frédéric allait juger à sa juste valeur un homme aussi décrié. Il n'ignorait pas que le roi n'avait guère apprécié l'*Essai de philosophie morale* du président qu'il aurait traité de «capucinade».[42] Précisément son compte rendu des *Œuvres* s'achevait sur un éreintement de cet ouvrage, où il dénonçait les palinodies de son auteur. Il misait sur le fait que Maupertuis avait demandé et obtenu permission, le 2 mai, de quitter la Prusse pour se faire soigner en France, que le problème de sa succession se posait.[43] Enfin se moquer de Maupertuis en privé n'était pas interdit, loin de là. Lors des fêtes données à Oranienbourg par le prince de Prusse en septembre 1752, la comtesse de Bentinck peut débiter des plaisanteries sur le «conclave monadologique» des académiciens de Berlin et sur la ville latine.[44] Frédéric en personne aurait composé un *Voyage à la ville latine*. On hésiterait à accorder crédit à l'affirmation de Voltaire dans ses *Mémoires* selon laquelle Frédéric lui aurait communiqué son manuscrit, si ce fait singulier n'était attesté d'autre part.[45]

Voltaire ne s'est donc pas lancé inconsidérément dans la lutte. Mais il a mal apprécié les forces ou les intérêts en présence, sous-estimant les réactions d'un souverain dont l'Académie des sciences était tournée en ridicule, son président, un haut fonctionnaire, allié à la noblesse, traîné dans la boue, les membres de cette institution accusés de couardise et de malhonnêteté, enfin le roi lui-même compromis, puisqu'il a été mis de moitié dans les démarches de Maupertuis.

Frédéric était rentré de Silésie le 20 septembre.[46] Sans doute ses services de police l'ont-ils averti rapidement de l'ingérence de son chambellan dans la querelle.[47] Celui-ci ne désarme pas. Le 11 octobre, il envoie à la comtesse de Bentinck, afin qu'elle le diffuse, un extrait de la gazette manuscrite de Cologne du 18 août 1752 qui dénonce les menées de Maupertuis auprès des autorités des Pays-Bas.[48] Le roi ignore «absolument le fond de la dispute», du moins l'affirme-t-il.[49] Il reste dans l'expectative, témoin attentif, mais qui, soit hésitation, soit politique, n'intervient pas directement. Tout au plus met-il en garde Voltaire dans un billet lourd de sous-entendus sur ces querelles «pour et contre Leibniz»,[50] tout en exhortant Maupertuis à mépriser «les cris de la haine et de l'envie».[51] C'est le 4 novembre seulement que le roi manifeste son soutien en rendant visite «de cinq à six heures du soir» à Maupertuis.[52] Céda-t-il à un chantage du malade, qui aurait insinué que la «haine de Voltaire avançait le terme de sa vie»?[53] Le 5 novembre, de retour à Potsdam, il essaie encore de réconforter le président, lui assurant que ses *Lettres* sont «bien faites et profondes». Il lui enjoint de ne pas se soucier du «bourdonnement des insectes».[54] Le 7 novembre, il lui envoie le manuscrit de sa *Lettre d'un académicien de Berlin à un académicien de Paris*: il s'est décidé à rompre le silence puisque l'Académie est restée muette. Le 11 novembre, l'ouvrage est imprimé et des exemplaires envoyés en Hollande, en France, dans l'Empire.[55] La *Lettre*, anonyme, ayant été maltraitée par le *Journal de Hambourg*,[56] une seconde édition, fin novembre, porte les armes royales et fait taire les critiques.

Frédéric craignait qu'on puisse attaquer son écrit «du côté du style, de la langue et de l'ordre des choses.» En fait, la lettre est très soignée.[57] Mais il se faisait des illusions quand il affirmait: «Quant aux preuves, personne n'y pourra répondre». Le factum s'enlisait dans le dithyrambe. Les académiciens étaient censés rendre à leur président «le tribut d'admiration qu'on doit à sa science et à son caractère». A Berlin, il jouit de «la gloire qu'Homère eut longtemps après sa mort». Le texte pratiquait le manichéisme. Dans le camp des méchants, la «médiocrité des talents» de König et d'un «faiseur de libelles sans génie». Dans celui des bons, l'Académie unanime derrière sa figure de proue parée de toutes les vertus et de tous les savoirs. Pourquoi, dans ce cas, se donner la peine de réfuter des adversaires aussi vils? La gratitude de Frédéric envers celui qui avait rendu vie à une Académie «longtemps languissante» l'inspirait mieux. Il traçait de Maupertuis le portrait d'un administrateur de qualité. En contrepartie, Voltaire est traité de «misérable», de «furieux», d'«ennemi méprisable d'un homme d'un rare mérite», de «malheureux écrivain» qui avec une lâcheté inouïe attaque un mourant.[58]

Voltaire ne plie pas sous l'orage. Il cherche une porte de secours. Il s'avise de vouloir dédier *Rome sauvée*, cette pièce où «l'amour de la liberté» triomphe, au Suprême Conseil de Berne.[59] Simultanément, il fait face à l'ennemi. Le 17 novembre, il envoie à König une longue lettre signée, destinée à être largement divulguée. Il prend hautement le parti du professeur de La Haye. La lecture de l'*Appel au public* l'aurait fait revenir «sur le champ» des préjugés qu'il nourrissait à son encontre. Il en résume l'argumentation à l'usage de celui qui ne veut pas en prendre connaissance, car cette lettre a pour véritable destinataire le roi lui-même. La lettre de Leibniz est authentique et, loin de prévenir l'opinion de Maupertuis, elle la combat. C'est avec une «franchise intrépide» que Voltaire se décide à juger du fond de la question, rappelant qu'il a combattu le sentiment de Mme Du Châtelet et celui de König sur les forces vives: «Je ne pus sacrifier ce qui me paraissait la vérité à une personne à qui j'aurais sacrifié ma vie.»[60] Dont acte. Cet exemple avait valeur d'explication pour sa conduite présente.

«Enthousiaste» sur ce qui lui paraît vrai, Voltaire dénonce avec vigueur les brigues et menées de Maupertuis,[61] qui a soutenu sa première erreur par «une persécution», a fait condamner et flétrir un honnête homme sans l'entendre, «lui a ordonné» ensuite de ne point se défendre et de se taire. Les plaintes de «tous les gens de lettres de l'Europe» se joignent à celles de König, car «où en seraient les lettres et les études en tout genre, si on ne peut être d'un sentiment opposé à celui d'un homme qui a su se procurer du crédit»? Ce tyran odieux n'est qu'un fou. Le texte s'achève sur l'énumération des suggestions ridicules contenues dans ses *Lettres*: dissection des cerveaux de géants aux terres australes, percée d'un grand trou pour aller jusqu'au noyau de la terre, imaginations curieuses concernant les malades enduits de poix-résine, élucubrations sur la maturité de l'homme qui est la mort ou sur l'exaltation de l'âme. Il faut ouvrir les yeux de ceux qui, «chargés de grandes affaires», ont été trompés.[62]

Que pouvait attendre Voltaire d'une telle lettre? Espérait-il obliger le roi à lire les arguments en faveur de König? Frédéric s'était trop engagé pour se dédire, et Voltaire ne l'ignorait pas. Il paraît avoir cédé au plaisir d'avoir raison, au désir de vengeance, à celui de la joute peut-être, au refus intime de l'abdication, renforcé par le légitime sentiment de défendre la liberté de penser et le statut de l'homme de lettres.

Voltaire s'en serait-il tenu là? C'est peu probable. En tout cas, il est informé fin octobre que La Beaumelle prépare une édition annotée du *Siècle de Louis XIV*, encouragé (du moins s'en persuade-t-il) par Maupertuis.[63] Il ne ménagera donc pas le président, ce «tyran absurde».[64] Il a bientôt sous la main le moyen de le ridiculiser à jamais: cette *Diatribe du docteur Akakia*,[65] où il s'égaie des folies du savant dans ses *Œuvres*, et surtout dans ses *Lettres* récemment parues.

Cette première édition de Berlin fut tirée confidentiellement à cinq douzaines d'exemplaires.[66] Aucun n'a été retrouvé. Tous apparemment furent brûlés, dans les conditions que nous verrons. La plus ancienne édition dont on dispose est la deuxième, parue chez Luzac à Leyde en décembre. On peut supposer qu'elle reproduit le même texte. Elle réunit plusieurs pamphlets: la *Diatribe du docteur Akakia, médecin du pape*, le *Décret de l'Inquisition de Rome*, le *Jugement des professeurs du Collège de la Sapience*, enfin, par ceux-ci, l'*Examen des lettres*. Il s'ensuit une grande variété dans le ton et la reprise des mêmes railleries sous des formes différentes: d'abord par un médecin sans malice qui juge au nom du bon sens; puis par le père Pancrace, inquisiteur pour la foi qui anathématise, ayant découvert «force propositions téméraires, malsonnantes, hérétiques et sentant l'hérésie»;[67] enfin par des professeurs relevant les bévues d'une copie bâclée et dispensant les conseils appropriés. Le jeu consiste à supposer que les textes en question ont pour auteur un jeune inconnu qui aurait emprunté le nom du président. On proteste que jamais Maupertuis n'aurait pu écrire de telles sottises – tout en démontrant qu'il en est bel et bien l'auteur.

Dans cette prolifération de fantoches, on remarquera le chef de file. Voltaire s'amuse à endosser la houppelande d'un médecin, et médecin du pape qui plus est. Eternel malade, il mime le personnage de ceux qu'il a si souvent consultés. Le déguisement médical pourtant n'est pas de ceux auxquels il recourt volontiers. Le cas de Voltaire en Akakia paraît même unique.[68] Mais Maupertuis avait empiété sur le domaine de la Faculté. Le médecin du pape défend ses confrères et leur art. Il s'élève contre les médications prescrites par le président : enduire les malades de poix-résine, les faire pirouetter en cas d'apoplexie, etc. Mais voici que bientôt Akakia doit prodiguer ses soins non plus au pape, mais à Maupertuis lui-même, lequel manifestement en a le plus grand besoin. C'est ce qui apparaîtra dans les suites de la *Diatribe*, en même temps que se confirmera l'identification de Voltaire avec Akakia. Le bon médecin ! Il prend rang dans la série des bonnes âmes voltairiennes, les Memnon, les Zadig, en attendant les Candide, les Ingénu. Il restera, dans la famille, le seul docteur en médecine.

Sa *Diatribe* de 1752 fait force références aux *Lettres*, dont les citations sont dans l'ensemble fidèles selon la lettre, mais faussées selon l'esprit. Voltaire ne travestit pas la pensée de Maupertuis : il condense en un mot percutant et affirmatif ce qui restait de l'ordre des conjectures diffuses. Il ne tente pas une critique d'ensemble. De nombreux points sont abordés, mais sous forme d'allusions rapides, en évitant les discussions philosophiques. Voltaire glisse un mot sur la théorie de la moindre action. Mais sa cible de prédilection reste la lettre « Sur la médecine » et celle « Sur le progrès des sciences ». Négligeant le fait que les suggestions avancées ne sont que des rêveries, tout au plus des hypothèses de travail, il insiste sur leurs conséquences pratiques. Ainsi le bon docteur Akakia s'insurge-t-il contre les réformes médicales du « candidat » : que les malades cessent de payer leur médecin...

En marge de la critique de ce « jeune auteur déguisé sous le nom du président » se dessine le portrait cruel du président lui-même. La caricature est si ressemblante que la victime ne pourra se dépêtrer de cette véritable tunique de Nessus. Le public, puis une partie de la critique, vont se former de Maupertuis une idée issue des plaisanteries voltairiennes. Il est toujours difficile de se déprendre des images que Voltaire crée de ses ennemis. L'assimilation entre ce « jeune auteur ignoré » et le président d'une grave académie se fait par paliers successifs. Elle culmine dans le dixième point du *Jugement des professeurs*, qui rassemble toute l'histoire de la querelle avec König. Un postulat malicieux annonçait qu'il ne fallait pas imputer à Maupertuis, cet « admirable philosophe », des *Lettres* qui pour un tiers au moins reprennent des ouvrages antérieurs. Si la nature agit avec la plus grande économie, cet inconnu fait de même ! Puis les citations, les allusions se multiplient, les deux personnages fusionnent pour révéler l'identité d'un « président de Bedlam » que sa folie des grandeurs, sa vanité, son ignorance, son goût de la cabale ont perdu. A cet amateur de formules algébriques est asséné, sous forme de pastiche, ce coup de grâce : « Lorsque dans un auteur une somme d'erreurs est égale à une somme de ridicules, le néant vaut son existence. » Mise à mort, qui reste follement drôle, où les trouvailles d'expression, la verve endiablée, l'ingéniosité des traits d'esprit entraînent vaille que vaille le lecteur désarmé.[69]

Comment faire imprimer des feuilles aussi incendiaires? Le libraire Bauer refuse de les éditer sans autorisation. Voltaire lui fait alors parvenir un billet de la main de Sa Majesté, celui qui l'autorisait à faire paraître la *Défense de milord Bolingbroke*.[70] Mais selon d'Argens un officier, qui faisait imprimer dans le même atelier un ouvrage sur les fortifications, surprend les exemplaires de l'*Akakia*, alerte Maupertuis, lequel a recours au roi.[71] Fredersdorff, homme de confiance de Frédéric, mène l'enquête. Le 27 novembre, la *Diatribe* est découverte. Le 29 novembre, le roi rassure son président: «je me suis emparé du Kaiaka».[72]

Furieux, le roi exige que Voltaire signe un billet compromettant, rédigé de la propre main du souverain. Le coupable doit s'engager, tant qu'il est logé «aux châteaux», à n'écrire contre personne, soit contre le gouvernement de France, contre les ministres, soit contre d'autres souverains, ou contre «les gens de lettres illustres», auxquels il doit rendre «les égards qui leur sont dus»;[73] à ne point abuser des lettres de Sa Majesté et à se gouverner «d'une manière convenable à un homme de lettres qui a l'honneur d'être chambellan de Sa Majesté, et qui vit avec des honnêtes gens».[74] Ce libellé tendancieux, à la fois large et précis, faisait de Voltaire un séditieux en puissance, capable de menacer les gouvernements ou de s'en prendre à des têtes couronnées. On remarquera qu'il n'y avait eu de sa part aucune implication de cet ordre, à moins de considérer comme crime de lèse-majesté l'audace de professer une opinion différente sur la loi de moindre action et sur les sanctions académiques.

Que Voltaire ait signé, sans indiquer ses réserves, il se fermait tout recours. La promesse de n'écrire «contre personne» d'une extension infinie le livrait à celui qui déjà forgeait des procès d'intention quant au sort de ses lettres, une de ses obsessions majeures. Aussi essaie-t-il de déjouer le piège en protestant de son respect pour les puissances, de son loyalisme à l'égard de sa patrie, rappelant qu'il a été historiographe de France. Il conjure le roi d'étudier «le fond de la querelle avec Maupertuis», arguant qu'il ne lui avait point été ordonné de ne point se défendre. Si Voltaire a attaqué dans cette affaire qui mettait en cause la liberté d'expression, c'est qu'il se pose en victime de manœuvres non spécifiées de Maupertuis, mais qui devaient être comprises à demi-mot par Frédéric. S'agit-il, sous cette forme sybilline, du mot sur «le linge sale donné à blanchir»? On peut le présumer, non l'affirmer. Que valait cette soumission arrachée de haute lutte? Le roi pensait avoir résolu la question puisque la force avait parlé. Il se leurrait en assurant à Maupertuis qu'il devait désormais «être tranquillisé de toutes les façons», puisqu'il avait enjoint à Voltaire de «renoncer au métier infâme de faiseur de libelles».[75]

La saisie de l'*Akakia* fut suivie d'une première «brûlure», bien attestée,[76] mais qui a donné lieu à des récits où l'on prend la mesure de l'affabulation que les mémorialistes du temps s'autorisèrent. Thiébault prétend qu'après avoir reçu un billet «fort galant» du monarque, Voltaire se serait rendu dans son cabinet. Frédéric lui aurait remontré l'énormité de sa conduite. Voltaire, touché par ces reproches, serait parti chercher son manuscrit. Tous deux décidèrent de le livrer aux flammes. Mais avant de détruire ce chef-d'œuvre, le roi aurait exigé que son auteur le lise en entier: «ce sera un dépôt chéri que ma mémoire conservera précieusement», aurait-il promis. Le sacrifice est consommé par les deux compères mourant de rire, «et tandis que le cahier brûlait, se formaient des danses antiques et sacrées devant le foyer».[77]

La réalité fut moins pittoresque. L'air n'était point à la gaieté. Le roi avait un sujet légitime de courroux. Voltaire avait abusé de la permission qui lui avait été accordée pour un autre ouvrage. Frédéric ne témoigna pas de son mécontentement avec cette «douceur» dont le créditent les auteurs du temps.[78] «Votre effronterie m'étonne», «si vos ouvrages méritent qu'on vous érige des statues, votre conduite vous mériterait des chaînes», tonne le roi. Voltaire demande «justice ou la mort».[79] Une lettre de Frédéric à sa sœur Wilhelmine en dit long sur le climat qui régnait alors à Potsdam: «Sans son esprit, qui me séduit encore, j'aurais en honneur été obligé de le mettre dehors».[80]

Lorsque, le 8 décembre, le roi part pour Berlin, Voltaire ne reçoit pas d'invitation à s'y rendre.[81] Il quitte Potsdam le 11 décembre, et va loger chez le conseiller Francheville, rue des Pigeons, au Marché des Gendarmes. Il conjure le drame par le travail, le meilleur antidote aux passions journalières. Il va revoir son *Histoire de la guerre de 1741*, il se remet à son *Histoire universelle*.[82] Il gémit sur son «érésipèle rentré», sur sa décrépitude physique. Il rêve toujours d'un voyage à Paris, mais doit se contenter pour le moment de se faire «un printemps avec des poêles».[83] Aucune confidence, sauf ce mot à d'Argental: «comptez que je pleure quelquefois d'être loin de vous».[84] Même s'il n'écrivit point alors la célèbre lettre sur le «petit dictionnaire à l'usage des rois», il médita sans doute, en ce mois de décembre 1752, sur quelques-uns de ses articles, et il devait songer à «sauver l'écorce» de cette orange pressée.[85]

L'«affaire des libelles», comme disait le roi,[86] n'était pas finie. Le libraire Luzac imprimait à Leyde l'*Akakia*. Voltaire avait dû lui demander de remettre tous les exemplaires au résident de Prusse.[87] Mais Luzac comprit qu'il y avait là gros à gagner. Son édition se répand dans Berlin, le 21 décembre, diffusée aussi par Voltaire, et fait grand bruit.[88] Frédéric eut l'impression d'avoir été berné. Il décide de recourir aux grands moyens. Il fait saisir les exemplaires, les fait lacérer et brûler le 24 décembre sur les places publiques, par la main du bourreau, notamment dans le voisinage de l'auteur. Procédure rarissime en Prusse. Il ordonne de recueillir les cendres d'*Akakia* et les envoie à Maupertuis en guise de «poudre rafraîchissante».[89] Le roi se chargeait d'orchestrer l'affaire. La veille de l'exécution, il avait rédigé un article pour les gazettes, qui parut, traduit textuellement, dans le *Spenersche Zeitung* du 26 décembre: on annonçait qu'un pamphlet horrible serait brûlé et on précisait que l'auteur passait pour être M. de Voltaire.[90]

Qu'en pensait donc M. de Voltaire ? Thiébault raconte qu'il se mit à la fenêtre et regarda brûler la *Diatribe* : « Ah ! voyez-vous l'esprit de Maupertuis qui s'en va tout entier en fumée ? Oh, quelle fumée noire et épaisse ! »[91] Les hommes d'esprit sont censés plaisanter en toutes occasions. En cette veille de Noël, Voltaire avait bien des sujets de préoccupation. Il avait envoyé en Hollande un additif à la *Diatribe*, la *Séance mémorable*, pamphlet burlesque qui désigne le président sans le moindre travestissement, évoque l'assistance qui bat des mains, le secrétaire qui consigne sur des registres le résultat des expériences entreprises. Car l'objet de cette séance extraordinaire est de procéder à l'expérimentation des idées de Maupertuis, d'où la bouffonnerie de ces quelques pages. Et déjà la « lettre à König »[92] circule à Berlin. Voltaire supplie le libraire Gosse de ne point l'imprimer.[93] Il craint de nouveaux sévices. A-t-il eu vent de la campagne de presse qui s'amorçait contre lui ? La *Gazette d'Utrecht* publie le 2 janvier un article violent qui traite l'*Akakia* de « production aussi indigne que misérable qui ne peut partir que d'un cœur corrompu ». En proie, quoi qu'il s'en défende, à des « terreurs paniques », il adresse fiévreusement de courts billets à la comtesse de Bentinck, au prince Henri, au duc de Wurtemberg.[94]

Persuadé qu'« on va achever sa mort qu'on a commencée »,[95] il est déterminé à quitter Berlin pour toujours. Le 1er janvier 1753, il renvoie à Frédéric la clef de chambellan et l'ordre du Mérite, accompagnés de quatre vers écrits sur l'enveloppe :

> Je les reçus avec tendresse ;
> Je vous les rends avec douleur ;
> C'est ainsi qu'un amant, dans son extrême ardeur,
> Rend le portrait de sa maîtresse.[96]

Il s'est mis sous la protection de l'ambassadeur le chevalier de La Touche, « comme un Français, comme un domestique du roi [de France], comme un officier de sa maison »,[97] et il le spécifie au roi de Prusse auquel il adresse une respectueuse lettre de démission. Il se souviendra seulement des « bienfaits » de celui dont il rappelle les « promesses sacrées ». Il évoque leur amitié passée, et espère que Frédéric fera preuve à son égard de « quelque humanité ». Avec « douleur », il demande son « congé ».[98]

Acte décisif. Mais Voltaire ne quittera la Prusse que le 26 mars 1753. Restent donc à parcourir ces trois mois d'incertitude qui précèdent la séparation effective.

Selon Collini qui fit justice de récits fantaisistes, le jeune Francheville, chargé de porter ce paquet au château, le remet à Fredersdorff avec une lettre de Voltaire priant celui-ci de communiquer cet envoi au roi.[99] Le chambellan renonce aux huit mois échus de sa pension: il demande qu'ils soient remplacés par une marque de faveur: le portrait de Sa Majesté. Il souhaite partir «sans éclat».[100]

Disons un mot de ce Fredersdorff, qui va désormais servir habituellement d'intermédiaire entre Voltaire et Frédéric. C'était un de ces hommes à tout faire qui, à l'ombre d'un souverain absolu, deviennent l'exécutant indispensable de ses volontés, et celui à qui s'adressent les solliciteurs. Ainsi sans aucun titre officiel ils prennent par leur seule situation une importance démesurée. Fredersdorff remplissait auprès de Frédéric «les emplois les plus disparates», à la fois secrétaire, intendant, valet de chambre, grand maître d'hôtel, grand échanson et grand panetier.[101] Il est la voix de son maître quand le maître veut feindre de ne point parler directement.

Le jour même (1er janvier 1753), une demi-heure après,[102] Fredersdorff arrive en fiacre chez Voltaire. Il rapporte la clef et la croix. Il prie le chambellan d'écrire une autre lettre: le monarque en ce cas pourrait «écouter» «la bonté de son caractère».[103] S'ensuit une discussion orageuse dont Collini perçoit les éclats depuis la pièce voisine. Voltaire finit par reprendre ses décorations. Il consent à écrire de nouveau. Le second message comporte surtout des interrogations: «Mais comment paraître, comment vivre? je n'en sais rien.» Conscient que l'irréparable était accompli, il fait preuve de bonne volonté. Il ne sollicite pas son pardon, mais peint sa situation «affreuse», qui doit éveiller la compassion du souverain. Il insinue que toute vie commune est désormais impossible. Il laisse à «l'humanité» du roi le soin de statuer sur son sort.[104]

Immédiatement, Voltaire informe le chevalier de La Touche. Il lui demande d'intervenir comme arbitre. Il est même question d'un souper. Mais Voltaire ne veut pas s'y rendre sans être secondé par l'ambassadeur.[105] Le lendemain, selon un mémorandum de La Touche, le roi aurait écrit à Voltaire de Potsdam «une lettre pleine de bonté».[106] Voltaire néanmoins persiste dans sa résolution, suppliant Sa Majesté «de vouloir bien accepter sa démission entière».[107] Ni Voltaire ni même Frédéric n'avaient intérêt à ce que se produisent de nouveaux éclats. Ils observent en ce début de janvier une certaine mesure. De sorte que des rumeurs fantaisistes de réconciliation se répandent. Voltaire se serait rendu auprès du roi, se serait, «à l'entrée de la porte», prosterné devant Sa Majesté, récitant le psaume 51ème, celui de l'âme pénitente; le roi l'aurait relevé...[108] En réalité, Voltaire refuse de sortir de sa maison sous prétexte d'indisposition. Quelles étaient de part et d'autre les arrière-pensées? Frédéric entend maintenir sur son chambellan son droit de souveraineté, afin de sévir, éventuellement, avec encore plus de sévérité si de nouvelles brochures paraissent, en supplément de la Diatribe. C'est ce que signifie le renvoi de la clef, de l'ordre du Mérite et du brevet de pension. Il voudrait retenir ce Voltaire dont à travers les bouffées de mépris et de colère il continue à subir le charme. Son départ manifesterait à la face de l'Europe un échec de son prestige de souverain éclairé. Et d'un homme à la plume virulente, qui a connaissance de tant de secrets, tout n'est-il pas à craindre s'il se met hors de portée? D'où les promesses de pardon et les invitations. Il fait savoir au coupable par l'abbé de Prades qu'un «consistoire» s'est tenu, que le «souverain pontife» a cru pouvoir l'absoudre en partie et qu'il pourrait lui pardonner ses fautes après «quelque acte de contrition et de pénitence imposée».[109] Les périodiques, *Spenersche Zeitung* (31 janvier), la *Gazette de Cologne* (3 février), font courir le bruit que Voltaire avait fait amende honorable et que le souverain magnanime avait pardonné.[110]

Echos sans doute inspirés. Il est vraisemblable que le roi se servait des journaux pour parvenir à ses fins, comme d'ailleurs Voltaire l'a toujours fait au cours de sa vie. En fait l'auteur d'*Akakia* est bien décidé à partir. Par la voie diplomatique, le 5 janvier il envoie en France son testament et des papiers de famille. Mais il veut quitter la Prusse avec décence. Après avoir cédé à la peur dans les tout premiers jours, il se reprend, et s'efforce de sortir au mieux de ce guêpier. Il adopte une attitude de résistance passive. Voltaire a fait insérer dans la *Spenersche Zeitung* une déclaration par laquelle il se défendait d'avoir la moindre part aux publications dont Berlin était inondé,[111] mais il ne cède pas aux pressions du roi qui l'aurait invité à le suivre à Potsdam le 27 janvier.[112] Et bien loin de faire amende honorable, il continue à mener une lutte sans merci contre Maupertuis, malgré une campagne d'intimidation dans les gazettes, malgré les épigrammes qui circulent à Berlin où l'on chante son histoire dans les rues sur *l'air des pendus*, chanson célèbre à l'époque.[113] La *Lamentable histoire d'un meurtre* raconte en plusieurs couplets comment un «écrit impie» fut brûlé.[114] Il fait circuler dans Berlin une lettre de d'Argental qui peint le président comme «un homme dur jusqu'à la férocité, jaloux, envieux, intraitable et impossible à apprivoiser».[115] Il mande à Formey qu'on a vendu six mille *Akakia* en un jour.[116] Les plaisanteries de l'*Akakia* inspirent des divertissements de société comme cet *Evangile selon saint Marshall* retrouvé dans les papiers de la comtesse de Bentinck.[117] Il s'efforcera même de détacher Formey de Maupertuis, en lui annonçant que l'Académie des sciences de Paris, la Royal Society de Londres ont condamné le président et que Wolff, si cher au pasteur, fait de même.[118] Dans sa *Lettre à M. Roques*, en tête du *Supplément au Siècle de Louis XIV*, Voltaire cite une lettre de Wolff reconnaissant que «la vérité est tout entière du côté du professeur König».[119] Un front européen s'est constitué contre Maupertuis qui pourtant avait fait envoyer partout la *Lettre d'un académicien de Berlin* et l'avait fait traduire en italien et en allemand.[120]

Pour la première fois, dans la vie de lutte qui est celle de Voltaire, l'affaire prend à son initiative une dimension européenne.

Il mène le combat en Hollande, soutenant König qui va faire paraître sa *Défense de l'Appel au public*.[121] A Leipzig, il prend contact avec Gottsched, avec Mylius qui traduira en allemand la *Diatribe*. Mylius lui a rendu visite à Berlin et fut témoin de sa pugnacité.[122] Mais son effort porte surtout sur la France. Il compose des mémoires justificatifs.[123] Il demande à sa nièce de répandre la

Diatribe, de faire imprimer par Lambert l'histoire du procès avec toutes les pièces. Il importe de déconsidérer Maupertuis : celui-ci vient de jouer à Voltaire un mauvais tour capable de ruiner ses espoirs de retour. Le président a fait parvenir à Paris, «par le courrier du cabinet», la défense de l'abbé de Prades intitulé *Le Tombeau de la Sorbonne*. Il affirme que ce texte est de Voltaire, et nul n'en doute en France, d'autant moins que le texte s'achève par une mise en cause du «despote littéraire» qui a voulu ôter à König la liberté de se défendre. Voltaire proteste, critique le style de l'ouvrage, attribue certains passages à l'abbé Yvon.[124] Cette imputation est d'autant plus dangereuse que Voltaire sans doute n'est pas étranger à ce *Tombeau de la Sorbonne*. L'a-t-il révisé ? Il a en sa possession une feuille de l'original qu'il envoie à Paris pour se disculper.[125] Sa part dans la genèse et dans la rédaction de ce texte mériterait d'être éclairée. A ce propos il adresse à Frédéric la mise au point souvent citée : «Il y a des choses que je fais, il y a des choses sur lesquelles je donne conseil, d'autres que je ne fais point.»[126]

Il répète dans des lettres destinées à circuler que cet «ouvrage de ténèbres» fut fabriqué en Hollande par des «réfugiés échauffés». Y sont mis en scène des théologiens dont Voltaire ignore le nom. Pour se disculper il dépêche Mme Denis auprès du comte d'Argenson, auprès de Mme de Pompadour : qu'elle fasse entendre à la favorite que Frédéric la méprise. Voltaire croit pouvoir faire fond sur des indices d'un éventuel rappel en France qui étaient parvenus, vers la mi-novembre 1752, tout ensemble du comte d'Argenson et de Mme de Pompadour...[127] Mais, la suite allait le confirmer, il ne peut compter sur Versailles. Des ordres sont donnés au chevalier de La Touche de ne se mêler «en aucune façon» des démêlés de Voltaire avec le souverain prussien.[128]

En même temps, le protégé de Maupertuis, La Beaumelle, lui cause force soucis. L'auteur du *Qu'en dira-t-on* s'était rendu compte que *Le Siècle de Louis XIV* serait pour lui un bon champ de bataille.[129] Après avoir publié à Francfort (octobre 1752) les *Lettres de Mme de Maintenon*, et la *Vie de Mme de Maintenon*, il imprime une édition annotée du *Siècle*. Voltaire prie le pasteur Roques, bien disposé à son égard, d'interposer ses bons offices.[130] Mais le rôle de médiateur n'est pas tenable entre ces deux combattants également persuadés de leur bon droit, et de la noirceur de leur adversaire. Le 3 février 1753, Voltaire a lu l'édition en trois volumes, avec les pages de présentation et les notes mordantes de La Beaumelle.[131]

Elle s'ouvrait par des *Conseils à l'auteur du «Siècle de Louis XIV»*, divisés en trois lettres que le pasteur Roques avait essayé sans succès de racheter au libraire Eslinger à Francfort.[132] Il y était dit sans ambages que le projet d'écrire l'histoire de Louis XIV est «fort au-dessus de M. de Voltaire», il y était fait allusion aux affaires de Voltaire en Prusse et des sarcasmes lui étaient prodigués. Le troisième tome était clos par une «lettre dernière» où Voltaire était invité à «céder de bonne grâce au malheur d'avoir soixante ans», le thème de la sénilité étant orchestré à maintes reprises. Les annotations relevaient les négligences de style, les anecdotes inutiles, l'absence de références aux sources utilisées.[133] Elles s'efforçaient de démontrer que Voltaire ne possédait pas la hauteur de vue nécessaire à l'intelligence des faits, qu'il abusait des paradoxes, qu'il préférait le brillant au vrai. Au delà de la polémique, elles respiraient l'esprit huguenot de leur auteur, et sa haine de l'absolutisme incarné par Louis XIV.

L'édition de La Beaumelle «ne semblait pas promise à un grand destin»,[134] si Voltaire n'avait entrepris de la réfuter et de lui donner un «renom européen» en la liant à son combat contre le président de l'Académie des sciences de Berlin.[135] Dès le 20 février 1753 il envoie à Walther son *Supplément au Siècle de Louis XIV*, bien que Collini ait essayé de l'en dissuader.[136] Il n'ignorait pas qu'il allait faire de la publicité à La Beaumelle. Mais il ne supportait pas que ce «jeune présomptueux» lui fît la leçon. Il dresse la liste interminable des erreurs de cet «audacieux ignorant» qui «barbouille» au hasard des notes. Il affirme que La Beaumelle procède à des tirages particuliers du *Qu'en dira-t-on* ajoutant, dès qu'il est sorti d'un pays, des feuillets injurieux sur son gouvernement. Il dénonce l'attentat contre la mémoire du régent, les insultes contre le roi de Prusse, il l'accuse d'être l'ennemi des lois et des puissances. Enfin il le compare à «ces fous furieux qui, à travers les grilles de leurs cachots, veulent couvrir les passants de leur ordure», et il prétend que l'auteur de ce libelle «ne mériterait que d'être renfermé avec eux, ou de suivre les Cartouches, qu'il regarde comme de grands hommes.»[137]

La Beaumelle de son côté rédigeait une pièce fulminante,[138] composait des notes violentes sur le mémoire de Voltaire,[139] les envoyait à Mme Denis accompagnées d'une lettre cinglante. Il promet d'écrire une suite de la *Voltairomanie* incluant un abrégé de la vie et un examen des œuvres de Voltaire, une «relation de l'affaire du juif»: «je le poignarderai en publiant ses crimes dont j'ai une liste assez exacte»,[140] Mme Denis se plaignait à d'Argenson «d'être en butte à un homme aussi fou que celui-là». Elle reprenait les accusations de son oncle, prétendait que La Beaumelle avait traité Louis XIV et Louis XV de tyrans, et réclamait la protection du ministre.[141] En foi de quoi, défense fut faite à La Beaumelle, fin mars 1753, de répondre à Voltaire, mesure qui préludait à son incarcération à la Bastille le mois suivant. Mais la lutte devait rebondir. Si Voltaire prépare une «philippique», La Beaumelle lui opposera une «catilinaire».[142]

Dans cette guerre à outrance,[143] Voltaire, quoi que l'on puisse penser de ses agissements, était soutenu par la conviction que la raison déciderait en sa faveur. Il a l'indubitable présomption de vaincre d'où sortiront tant de «rogatons». Il veut croire que les «tours atroces» du «tyran académique» finiront par couvrir celui-ci d'ignominie aux yeux du roi: «alors nous verrons ce que César mieux instruit pensera de César mal informé.»[144] Mais César restait sourd. Il fallait le quitter.

«Il est plus difficile de sortir d'ici que de la Sibérie», mandait Voltaire à sa nièce.[145] Les semaines passaient et la situation restait bloquée : attentisme du roi et résistance passive de l'écrivain. A Maupertuis qui le harcèle, Frédéric répond : « comment empêcher un homme d'écrire, et comment l'empêcher de nier toutes les impertinences qu'il a débitées ? » Il avoue son impuissance : « Quant à ce qui se vend à Paris, vous comprenez bien que je ne suis pas chargé de la police de cette ville ».[146] Il fait surveiller Voltaire,[147] fait acheter toute l'édition de l'*Akakia* en allemand à Leipzig,[148] ordonne des perquisitions, mais on ne trouve rien. Cependant il fait envoyer aussi à Voltaire du quinquina par Fredersdorff. Voltaire résiste à une lettre obligeante.[149] Tandis que Maupertuis « triomphe auprès des dames »,[150] il reste « séquestré ». Tout au plus se console-t-il en rimant le chant xv de *La Pucelle*.[151] Il continue à mettre en ordre ses affaires. Le 31 janvier est conclu le second contrat de rentes avec le duc de Wurtemberg, ce qui lui permet de tourner une difficulté majeure : celle de « faire rentrer un fonds d'environ quatre mille écus d'Allemagne » qu'il a placées en Prusse.[152] En février, il désespère de partir comme il l'avait prévu, ayant demandé à Walther de lui trouver à Dresde ou à Leipzig un « appartement commode pour [lui], un secrétaire et deux domestiques ».[153] Il essaie de peser sur la décision du roi en faisant paraître dans la *Gazette d'Utrecht* du 20 février un communiqué : il désavoue les libelles diffamatoires parus contre Maupertuis, remarque que les disputes entre gens de lettres ne doivent être traitées ni en affaires d'Etat, ni en affaires criminelles, rappelle qu'il a remis sa démission et qu'il supplie le souverain de bien vouloir l'accepter.[154] Il imagine même un instant de s'enfuir déguisé en curé réformé, Collini conduisant une charrette où il aurait caché ses bagages dans du foin.[155] Mais il n'eut pas à recourir à de telles extrémités. Frédéric finit par céder. Le 9 mars, Voltaire obtient la permission de retourner en France.[156] Installé depuis peu dans le faubourg de Stralau, il s'était séparé de Francheville fils qu'il avait placé auprès de la comtesse de Bentinck. Il avait fait remettre à la bibliothèque du roi tous les livres qu'il avait empruntés.[157]

Restait l'essentiel : prendre congé de ce souverain qu'il avait tant admiré, et contre lequel il était toujours fâché. Il fallait négocier pour ne point quitter la Prusse en disgracié. Le 11 mars, Voltaire sollicite une entrevue à Potsdam avant son départ pour les eaux de Plombières. Il promet de revenir s'il recouvre un peu de santé, et si le roi le rappelle. Il se dit prêt à rendre la clef de chambellan, la croix de l'ordre du Mérite, son titre de pension, proposant de ne point recevoir les trois mille écus des dix mois précédents, car il n'a été d'aucune utilité.[158] Mais cette démarche inspirée par le souci des convenances est contrecarrée par un incident.

L'affaire König avait, on l'a vu, un retentissement européen. Un libraire de Londres s'était avisé de réunir en un *Maupertuisiana* toutes les pièces concernant le président de l'Académie de Berlin. Mais il y avait ajouté les *Eloges* académiques de La Mettrie et de Jordan, composés par Frédéric II. Rien ne pouvait être plus inopportun, au moment où Voltaire cherchait l'apaisement. C'était rappeler au roi, protecteur du tyran Maupertuis, qu'il avait justifié la liberté de penser, dans l'*Eloge* de La Mettrie. L'affaire n'était donc pas finie. Et Voltaire, qui avait reçu le *Maupertuisiana* accompagné d'une lettre de König ouverte par la police,[159] n'était-il pas responsable de la relance? Il mesure immédiatement le danger. Il répond à König qu'il désavoue le *Maupertuisiana*. Il condamne ceux qui y ont inséré des *Eloges* tout à fait étrangers à l'affaire. Il envoie à Frédéric une copie de sa réponse, en déclarant qu'il rompra avec König, si celui-ci manque le moins du monde à ce qu'il doit au roi.[160]

Mais la démarche ne réussit pas. Dans un moment de colère, Frédéric rédige un «Pressis d'une lettre à Volterre» qui, réécrit par l'abbé de Prades, paraîtra dans la *Gazette de Hollande* du 17 avril, puis dans la *Gazette d'Utrecht* du 20 avril, et dont il subsiste de nombreuses copies datées, à une exception près, du 16 mars 1753.[161] C'est un brutal billet de congédiement. Le roi réclamait impérativement que soient remis avant le départ de l'écrivain «le contrat d'engagement, la clef, la croix et le volume de poésies». Les injures n'étaient pas ménagées à celui qui prenait «le prétexte des eaux de Plombières» et qui était accusé, conjointement avec König, d'attaquer les ouvrages du roi.

Or apparaît ici un irritant problème de chronologie. Dans une lettre datée de la veille, 15 mars 1753, dont on possède le manuscrit holographe, Voltaire se plaint que le style de l'abbé de Prades ne lui ait pas paru «doux». Puis il le supplie de lui arranger une ultime entrevue avec le roi à Potsdam.[162] Pour assurer une séquence logique, les critiques ont antidaté ou postdaté les pièces de ce petit dossier. Desnoiresterres, suivi par Koser et Droysen, a redaté la lettre de Voltaire à l'abbé de Prades du 17 mars, afin qu'elle réponde à celle du 16 dictée par le roi. Th. Besterman préfère dater le billet de congédiement de Frédéric du 15 mars, afin que Voltaire puisse lui répondre le jour même. Cependant une question se pose. Cette très grossière mise en demeure de Frédéric, dont il subsiste un canevas et des versions imprimées, a-t-elle été réellement envoyée à son destinataire?[163] On sait que le 17 mars Voltaire se rend à Potsdam,[164] qu'il est bien reçu, et qu'à la suite d'un entretien de deux heures, «Frédéric était entièrement revenu à la confiance et à l'amitié».[165] De tels revirements laissent perplexes. Ils ont toujours été mis au compte des sentiments contradictoires que nourrissent, l'un à l'égard de l'autre, Voltaire et Frédéric.

La question de l'envoi du billet de congédiement ne touche pas seulement l'interprétation des derniers jours de Voltaire en Prusse. Elle intéresse aussi celle de l'arrestation de Francfort. Si le message a été envoyé, la «barbarie iroquoise» de Francfort se justifierait par la légitime défense. C'est la thèse soutenue par la plupart des critiques allemands.[166] Le roi, selon ceux-ci, s'efforçait de récupérer ce qui était illégalement détenu par l'indélicat écrivain. Pris en flagrant délit de désobéissance à des ordres pourtant clairs, Voltaire pouvait à juste titre être suspecté. Des mesures coercitives l'empêcheraient ainsi de commettre d'autres délits, c'est-à-dire d'user malhonnêtement de l'œuvre de poésie. Desnoiresterres s'étonnait que Frédéric eût laissé partir son ex-chambellan «sans lui rafraîchir la mémoire» et s'expliquait mal les mobiles de Voltaire.[167] En effet, pourquoi emportait-il ces «décorations étrangères à son état», alors qu'on les lui réclamait et après avoir voulu sans cesse s'en défaire?[168] Pourquoi compromettre par cette ultime folie l'apparente réconciliation qu'il avait tant désirée? Etourderie incroyable, imprudence folle, rouerie insigne: aucune de ces hypothèses n'est satisfaisante.

Lorsque la brutale lettre du 16 mars paraîtra dans les gazettes, Voltaire réagira comme quelqu'un qui la lit pour la première fois. Il proteste qu'on a «abusé» du nom de Sa Majesté, et réfute toutes les allégations de ce texte.[169] Quant à Frédéric, quand il eut à justifier l'arrestation de Francfort, il négligea curieusement de faire valoir dans son argumentation cette faute voltairienne (le prétendu refus de restituer ce qu'on lui demandait).[170] Enfin Mme Denis, qui, le 11 juin 1753, sollicite la grâce royale, fait remarquer au souverain que son oncle n'avait emporté son livre de poésie qu'avec sa «permission»,[171] et aucun démenti ne lui sera opposé. Frédéric lui répond seulement qu'il ne veut pas que «ce dangereux poète garde plus longtemps» son ouvrage.[172] Il ne dit pas qu'il l'avait conservé malgré son interdiction, ce qu'il n'aurait pas manqué de faire valoir si tel avait été le cas.

Voltaire n'emportait donc pas frauduleusement les poésies du philosophe de Sans-Souci, objet principal du litige. Par voie de conséquence, s'il avait gardé ses décorations, c'est bien qu'il en avait eu permission, car jamais les insignes ne sont dissociés de la demande de remise du livre. Collini d'ailleurs précise expressément que Voltaire sur ce point ne mérite aucun reproche.[173] Qu'en conclure? Que Frédéric a bien eu l'intention de réclamer, injurieusement, tout ce qu'il avait donné ou confié à Voltaire. Sa lettre de congédiement a-t-elle pour autant été envoyée? On ne saurait le dire, car Frédéric peut s'être ravisé. Du moins peut-on affirmer que si la lettre a été expédiée, le roi, oralement ou par écrit, a annulé ses ordres précédents. On comprend mieux ainsi que Voltaire, avant son départ, ait été fêté à Potsdam.

Reste une autre hypothèse.[174] Le texte daté du 16 mars 1753 serait un faux, fabriqué en vue d'une publication dans les gazettes, alors que Voltaire avait quitté la Prusse, et destiné à «mettre le rebelle au ban de l'Europe», donc à justifier le traquenard de Francfort. Certains indices appuient cette conjecture.[175] Pourtant, dans l'état actuel de nos connaissances, la place doit être réservée à un autre scénario: en avril, lorsque de nouveaux textes satiriques contre Maupertuis inondent Berlin, le roi peut avoir utilisé son brouillon de lettre et la version rédigée par l'abbé de Prades, qu'elle ait été ou non envoyée à Voltaire en mars.

En ce mois de mars 1753, les apparences étaient sauves. Voltaire a reçu, le 23, les trois mille écus de sa pension.[176] Il va quitter la Prusse muni de grosses sommes d'argent. Il promet de revenir en octobre. Il envoie des billets d'adieu à d'Argens et au chevalier de La Touche.[177] Il croit à une manœuvre de dernière minute du roi lorsque, dans la nuit qui précède son départ, Mme de Bentinck lui dépêche un courrier pour le prier de ne point quitter Potsdam tant que ne seraient point éclaircies les causes du mécontentement de Frédéric contre elle.[178]

Sans tenir compte de cet appel, le 26 mars au petit matin, Voltaire prend congé de Frédéric qui part lui-même pour la Silésie.[179] Quitte-t-il Potsdam dans des dispositions telles qu'elles horrifient la comtesse de Bentinck?[180] Dans une lettre à d'Argental, il se montrait belliqueux: il estimait avoir le droit de laisser à la postérité la condamnation du roi.[181] Frédéric a-t-il composé, ou médite-t-il des vers rageurs que recueillera l'abbé de Prades, où il traite «Voltaire le païen» de «fourbe», d'«intrigant», d'«effronté» et place son nom à côté de celui de la Brinvilliers?[182] En vérité, nul ne sait rien de leurs ultimes pensées lors de leur séparation. Pour l'historien du moins un fait est avéré: Voltaire et Frédéric ne se reverront jamais.

7. Leipzig, Gotha, Cassel

(fin mars - 31 mai 1753)

A neuf heures du matin, ce 26 mars 1753, Voltaire quittait Potsdam dans son «carrosse coupé, large, commode, bien suspendu, garni partout de poches et de magasins», chargé de deux malles à l'arrière, de valises à l'avant et tiré, selon le besoin, par quatre ou six chevaux de poste. Sur le banc, deux domestiques. A l'intérieur, Voltaire et son secrétaire Collini, avec «deux ou trois portefeuilles» qui renfermaient des manuscrits, une «cassette où étaient son or, ses lettres de change, ses effets les plus précieux».[1] Après deux jours de route, les voyageurs arrivent à Leipzig, le 27 mars à six heures du soir. Le libraire Breitkopf les accueille. Ils descendent d'abord à l'auberge «Zum blauen Engel», puis s'installent dans un appartement de la rue Neumarkstran, probablement retenu par l'éditeur Walther.[2] Voltaire restera en cette ville trois semaines.

Pourquoi Leipzig? Voltaire n'avait pas voulu se diriger tout de suite vers la France, car de ce côté-là la situation demeure incertaine. Il s'inquiète de savoir sur qui il peut compter à Versailles.[3] Il saisit l'occasion que lui fournit Frédéric. Le roi de Prusse, à la plume intempérante, vient de publier coup sur coup trois *Lettres au public*:[4] textes burlesques sur les rumeurs de coalition. Voltaire en adresse deux à Paris, afin que l'on sache bien là-bas à qui il avait affaire. Il décoche une épigramme au «nouveau Julien, ennemi du ciel, du monde»:

> Vous écrivez trop souvent au public.
> Mais craignez qu'il ne vous réponde.[5]

A tout hasard cependant, il tente aussi des travaux d'approche en direction de Lausanne.[6]

Il rencontrait à Leipzig un milieu favorable. Ville des foires, centre d'édition depuis le XVIIe siècle: près de là se trouve celui qui est alors avec Lambert son principal éditeur, Walther. Il va surveiller l'édition chez lui du *Supplément au Siècle de Louis XIV*, de *Rome sauvée* et de ses œuvres en sept volumes.[7] Il allait en outre nouer des relations avec les milieux lettrés de la ville, des wolffiens ennemis de Maupertuis. L'université de Leipzig, fondée en 1409, jouissait d'une grande renommée. Des savants y publiaient les *Acta eruditorum*. En juin 1752, ils avaient refusé d'insérer dans ce périodique le jugement de l'académie de Berlin.[8] Voltaire était entré déjà en relation épistolaire avec l'illustre professeur de poésie à l'université, Johann Christoph Gottsched.[9] Ce défenseur de la langue allemande, traducteur en allemand du *Dictionnaire* de Bayle, rédigeait deux revues littéraires,

Der Büchersaal et *Das Neueste aus der anmutigen Gelehrsamkeit*. Il y avait rendu compte favorablement des ouvrages de Voltaire. Absent de Leipzig à l'arrivée du poète français, il lui rend visite dès son retour. Les jours suivants, il va le voir quotidiennement, et lui trouve «plus de vertu, de connaissances, de bienveillance pour les Allemands qu'il ne l'avait pensé».[10] Ils s'entretiennent de la littérature allemande.[11] Voltaire corrige une traduction que Gottsched lui a confiée, celle de *Hermann oder das befreite Deutschland*, «*Henriade* germanique» du baron Schönaich.[12] Celui-ci reproduira dans la seconde édition de son *Hermann* une lettre où Voltaire en loue la «sublime poésie»:[13] ce jugement sur un poème qui ne manque pas de souffle devait servir la cause des lettres allemandes. Gottsched fait connaître à Voltaire le célèbre historien juriste, professeur à l'université, Johann Jacob Mascov,[14] et surtout l'octogénaire feld-maréchal comte Friedrich Heinrich von Seckendorff, qui invite l'écrivain français pour les fêtes de Pâques, dans sa résidence de Meuselwitz.[15] Le vieil officier saxon avait fait toutes les campagnes des guerres de Succession d'Espagne, de Pologne et d'Autriche. Il raconta à son hôte comment, en 1730, après la tentative de fuite du prince héritier Frédéric, il était intervenu auprès du roi-sergent pour le dissuader de lui faire trancher la gorge.[16]

Ce séjour à Leipzig constitue un épisode curieux de la «réception» de Voltaire en Allemagne. Avec Mme Gottsched, les relations tournèrent court, celle-ci se refusant «pour l'honneur des Allemands» à rendre visite à Voltaire, qui lui rendit la pareille. Invité chez elle, qui s'apprêtait à le recevoir devant une société choisie, «avec une politesse toute française», il se fait excuser assez cavalièrement.[17] Mme Gottsched raconte à son amie Henriette von Runckel «qu'il ne sort pas parce qu'il se donne pour plus malade qu'il n'est».[18] Mais cette traductrice d'*Alzire* et de *Zaïre* (1741-1746), d'ouvrages sur la querelle de König et Maupertuis en 1752,[19] n'en est pas moins une alliée objective.

Voltaire alors, et pour la première fois, entre en contact avec un milieu intellectuel authentiquement germanique, différent des cercles francisés qu'il a jusqu'ici fréquentés. Séduit, il fait un aveu qui dépasse peut-être la simple politesse: il regrette d'ignorer l'allemand. Il se risque même à écrire quelques mots en cette langue.[20] Mais il s'en tint là. Lui qui parle et écrit l'anglais et l'italien, qui a séjourné au total plus longtemps en Allemagne qu'en Angleterre, il ne fit jamais d'effort pour apprendre la langue du pays. Le contraste est frappant avec son attitude à l'égard de l'anglais. La différence s'explique. D'abord sa situation personnelle en Allemagne en 1750-1753 ne ressemble nullement à ce qu'était la sienne à Londres en 1726. L'effet de l'âge, une moindre disponibilité d'esprit sont aussi à prendre en considération. Surtout, il ne voit pas en l'allemand une langue de culture, contrairement à l'anglais et à l'italien. Il ne devine pas que cette langue est à la veille de le devenir. Il partage sans doute sur ce sujet le jugement, combien sévère et injuste, de Frédéric II. En 1753 l'*Aufklärung*, le *Sturm und Drang* appartiennent encore à un avenir difficilement prévisible. Si nous en discernons nous-mêmes les prémices chez Gottsched et ses amis, c'est que nous avons le privilège de connaître le prodigieux essor culturel de l'Allemagne dans le dernier tiers du siècle.[21]

La sympathie de l'intelligenzia de Leipzig, en avril 1753, constitue néanmoins pour lui un soutien précieux. Car l'affaire *Akakia* va rebondir par une imprudence de Maupertuis. Le président est inquiet. Il soupçonne Voltaire de n'avoir pas dit son dernier mot. Hors d'atteinte, affranchi de tout contrôle, le malin vieillard ne va-t-il pas imprimer de nouveaux libelles? Jusqu'alors Maupertuis était resté dans l'ombre, laissant le roi agir à sa place. Le 3 avril, perdant tout sang-froid, il imagine que la crainte de représailles effectives imposera silence à son ennemi. Il lui expédie une lettre de menaces.[22] En cas de nouvelle attaque, il viendra trouver Voltaire en personne pour tirer de lui «la vengeance la plus complète», le «respect» et «l'obéissance» ayant jusqu'alors «retenu [son] bras». Quelle aubaine pour Voltaire! Le bon docteur Akakia prend aussitôt sa plume. Le «natif de Saint-Malo» qui refusait de payer son médecin veut donc maintenant l'assassiner! peut-être prétend-il le disséquer, comme s'il était un géant des terres australes? Mais, ajoute Akakia, «si vous me tuez, ayez la bonté de vous souvenir que M. de La Beaumelle m'a promis de *me poursuivre jusqu'aux enfers*.» Or le trou conduisant au centre de la terre, qu'on doit creuser par ordre du président, et qui mènera en enfer, n'est pas encore commencé... Au reste le bon Akakia est malade, depuis quinze jours: son assassin le trouvera alité... On le voit, l'identification de la marionnette et de son auteur est devenue totale. C'est encore Akakia qui envoie au «secrétaire éternel» de l'Académie de Berlin – Formey – sa démission: ainsi le président n'aura pas l'embarras de prononcer l'éloge, comme le veut l'usage, de l'académicien décédé qu'il aura lui-même assassiné. C'est par voie de presse que les destinataires reçurent ce courrier d'«Akakia». Le journal de Leipzig *Der Hofmeister* du 10 avril publie, en traduction allemande, un condensé de la lettre de Maupertuis: «Je vous déclare que ma santé est assez bonne pour vous trouver partout où vous serez, pour tirer de vous la vengeance la plus complète. Rendez grâce au respect et à l'obéissance qui ont jusqu'ici retenu mon bras. Tremblez.»

Voltaire a, de sa pleine autorité, ajouté le dernier mot, qui aurait mérité d'être dans le texte authentique. Est joint un signalement d'un certain «quidam philosophe» qui «marche en raison composée de l'air distrait et de l'air précipité, l'œil rond et petit, la perruque de même, le nez écrasé, la physionomie mauvaise»... Une récompense, «assignée sur les fonds de la ville latine», est promise à qui l'arrêtera aux portes de Leipzig. Puis vient la *Lettre du docteur Akakia au natif de Saint-Malo*, dont le post-scriptum demande au président de prendre date pour assassiner tous ceux qui se sont moqués de lui.[23] Simultanément l'ensemble paraît en français dans une brochure au titre piquant, *L'Art de bien argumenter en philosophie, réduit en pratique par un vieux capitaine de cavalerie, travesti en philosophe*: l'allusion au piteux passé militaire de Maupertuis souligne le ridicule de ses provocations.

Comme il ne peut mener «seul la guerre», Voltaire demande à Gottsched d'inciter Wolff à se plaindre auprès du roi de Prusse des fausses accusations de Maupertuis.[24] Mais il n'a pas besoin d'aide pour bafouer son ennemi. Mis en verve par ce rebondissement inattendu, il rédige alors son *Traité de paix conclu entre Monsieur le Président et Monsieur le Professeur*, qu'il datera du 1er janvier 1753. La première édition appelait de leurs noms (Maupertuis, König) les contractants et datait leur traité du 1er juin 1753. Pour des raisons d'efficacité, Voltaire a antidaté au 1er janvier 1753 ce texte où se détecte l'influence de Gottsched et de ses amis.[25] Il prend la défense des philosophes allemands, faisant promettre au président d'avouer désormais que les «Copernic, les Kepler, les Leibniz, les Wolff, les Haller, les Mascov, les Gottsched sont quelque chose» et qu'il a étudié sous les Bernoulli. Voltaire énumère les gloires de la philosophie allemande, en leur adjoignant un Polonais, Copernic, et des Suisses de langue allemande, Haller et Bernoulli. Plusieurs paragraphes soulignent les mérites éminents de Wolff et introduisent les regrets d'Euler qui complètent la palinodie de Maupertuis. Euler, ce «phénix des algébristes», bête noire des wolffiens, confesse n'avoir jamais appris la philosophie, s'engage à raisonner «un quart d'heure» avant de retrousser ses manches «pour calculer trois jours et trois nuits de suite», se repent d'avoir mal lu les ouvrages de König et rougit «d'avoir révolté le sens commun» par certaines de ses conclusions.[26] Voltaire réunit tous les libelles qu'il a composés depuis le début de la querelle en une édition faite à Leipzig par Breitkopf de l'*Histoire du docteur Akakia*. Il n'aura sans doute pas le temps de la revoir avant son départ.[27]

A Berlin, Lehndorff a jugé la provocation en duel de Maupertuis comme le «comble de la folie», tandis que la réponse de Voltaire paraît «adorable».[28] Celui-ci a envoyé copie de la lettre du président et de la réponse d'«Akakia» à Frédéric. Il espère que cette «dernière sottise de Maupertuis» ouvrira enfin les yeux du roi. Il pourrait ainsi «revenir avec plus d'assurance de retrouver les anciennes bontés de Sa Majesté.»[29] Nous savons à quel point il s'abuse. Il n'a nulle conscience des nuages s'amoncelant contre lui à Berlin, lorsque le 18 avril il quitte Leipzig, non sans avoir vu «les beaux jardins qui l'entourent».

Il chemine sans hâte vers l'Ouest, vers la France. Il demeure dans l'expectative de nouveaux signes favorables venant de Versailles. Il attend donc de recevoir de Mme Denis des lettres d'explication, voire de directive. Ses faits et gestes sont désormais orientés vers la nièce-maîtresse, à qui il a fixé rendez-vous à Strasbourg.[30]

Le 21 avril, il arrive à Gotha. Il descend à l'auberge des Hallebardes. Il avait en cette ville un admirateur, Gottfried Christoph Freisleben, bibliothécaire au château et traducteur en allemand de *Micromégas*. Il devait loger chez lui. Mais dès que le duc et la duchesse de Saxe-Gotha apprennent sa présence en leur ville, ils l'invitent en leur château de Friedenstein. Ils l'y installent dans l'appartement réservé aux hôtes de marque.[31]

Il va y résider pendant près d'un mois. Il avait rencontré à Paris en 1749 le jeune prince héritier, Frédéric de Saxe-Cobourg.[32] Il avait fait sa cour à la duchesse Louise-Dorothée en lui envoyant l'édition de ses *Œuvres* en mai 1751, puis en février de l'année suivante un exemplaire du *Siècle de Louis XIV* qui fut grandement admiré à Gotha.[33] On était, à la cour de la duchesse, «philosophe». Louise-Dorothée s'affirmait une wolffienne convaincue. Elle recevait de Paris les *Nouvelles littéraires* de l'abbé Raynal relayées à partir de mai 1753 (au moment où Voltaire se trouvait au château) par la *Correspondance littéraire* de Grimm. Dans cette cour toute francisée, le voyageur trouve, selon Collini, «une société choisie, des égards et des consolations».[34] Sa visite est un événement. Le duc note dans son almanach l'arrivée et le départ du grand homme.[35] Freisleben, métromane intrépide,[36] compose un poème en son honneur. Quel jour favorable que celui où l'on peut rencontrer Voltaire!

> Tu me fais voir Voltaire, et dans ce seul grand homme
> Tu me fais voir tous ces rares talents
> Qui dans les temps les plus brillants
> Faisaient l'honneur de la Grèce et de Rome.[37]

On se met en grands frais pour le recevoir. Logé dans la «chambre des Electeurs», il est servi par les officiers du duc, véhiculé dans ses équipages. Cour qui se veut fastueuse: la duchesse avait élevé à quatre cents le nombre des charges. Voltaire se rend-il compte alors qu'un tel train de vie dépasse de beaucoup les moyens de ce duché? On verra plus loin la duchesse tenter de combler le déficit de ses finances en empruntant de grosses sommes à Voltaire. Le duché de Saxe-Gotha, aujourd'hui une partie de la Thuringe, ne comportait que 15 000 habitants sur un territoire exigu. La capitale gardait une allure rustique: «charrettes et charrues devant les maisons, oies et canards dans les mares.»[38] Une seule librairie, une seule pharmacie, et à l'église d'interminables offices luthériens.

Au château de Friedenstein en revanche, malgré la lourdeur de cette triste bâtisse, ce ne sont que fêtes somptueuses, grands dîners, accompagnés d'un orchestre de trente musiciens. Aux beaux jours, on se rend au château de Friedrichswerth, entouré de forêts. On joue Racine, Regnard, Marivaux, Voltaire. L'esprit de la cour, sous l'influence de la duchesse, est wolffien et réfractaire au dogme. Jacques Auguste Rousseau, conservateur du médaillier ducal, déplorait en juillet 1750 que le déisme ait des «appas pour tous ceux qui frisent le bel esprit» et qu'il empêche «qu'on ne goûte ici tout livre sensé qui tend à défendre la religion».[39]

A cet auditoire très favorablement disposé, Voltaire lut des passages de *La*

Pucelle. «Dunois, Chandos, La Trimouille et le père Grisbourdon auraient tout quitté pour une cour telle que Gotha.»[40] Il se rappellera avec ravissement ces semaines qu'il a passées auprès de «la meilleure princesse de la terre, la plus douce, la plus sage, la plus égale, et qui, Dieu merci, ne faisait point de vers.»[41] Louise-Dorothée, née princesse de Saxe-Meiningen en 1710, et qui avait épousé en 1728 Frédéric de Saxe-Gotha, prince d'intelligence médiocre, était une femme très cultivée qui se distinguait par sa vivacité d'esprit et sa curiosité intellectuelle.[42] Certes elle n'avait aucune prétention en matière de versification française, contrairement à Frédéric II. Mais elle ne dédaignait point de composer des maximes et des portraits à la manière des auteurs français du XVIIe siècle.[43] Elle avait pour meilleure amie Franziska von Neuenstein, devenue par son mariage Mme de Buchwald. Voltaire n'oubliera jamais celle qu'il nommait «la grande maîtresse des cœurs».[44] Il retrouvait à Gotha l'entourage parisien du prince héritier: son gouverneur le baron de Thun, le Kammerjunker Friedrich von Wangenheim, un ancien pasteur de Genève Emmanuel Christoph Klüpfel,[45] enfin le baron H. A. von Studnitz, représentant officieux du duc de Saxe-Gotha à Versailles. Il rencontra sans doute l'Alsacien Wilhelm de Rotberg, fondateur du célèbre *Almanach de Gotha*. Par la presse locale et les carnets du maître d'hôtel, qui mentionnait la présence de Voltaire aux dîners et soupers, mais aussi aux jeux, concerts, bals masqués, nous savons que celui-ci a largement profité des mondanités de Gotha. Il est admis à la table des souverains, placé à côté de Mme de Buchwald. Il assiste aux fêtes données le 25 avril pour l'anniversaire du duc.[46]

Ce séjour chez une «princesse infiniment aimable» lui rappelle Sceaux et la duchesse du Maine, qui meurt précisément en cette année 1753. De même que la duchesse avait fondé, on se le rappelle, l'ordre de chevalerie de la Mouche à miel, à Gotha existait, depuis 1739, un ordre des Hermites de bonne humeur, dont les «frères» et les «sœurs» se recrutent parmi les personnes de la cour.[47] On ne sait si Voltaire eut le temps d'être adoubé. Mais on sait par lui que l'on fait à Gotha meilleure chère que chez la duchesse du Maine et que l'on y vit «dans une liberté plus grande qu'à Sceaux».[48]

Sans doute Voltaire n'avait-il pas l'intention de séjourner longtemps à Gotha, mais la duchesse sut adroitement le retenir. Pour lui complaire, il accepte de travailler à un «abrégé de l'histoire de l'Allemagne», qu'il commence «au milieu de la bibliothèque ducale».[49] Collini y travaille assidûment pendant les semaines passées à cette cour, faisant avec Freisleben des recherches et des extraits. Voltaire aurait dit y avoir trouvé des secours inconnus à Berlin.[50] Dans les salles glaciales de la tour orientale du château, enveloppé d'un manteau de fourrure il écoutait les lectures qu'on lui faisait, et il dictait son texte.[51] Ennuyeux pensum, «l'ouvrage le plus méthodique et le plus pénible» qu'il ait jamais fait.[52] Cependant il ne lui est pas indifférent de consacrer un livre à cet Empire germanique où la Prusse avait perturbé le jeu politique. Face aux *Mémoires de Brandebourg* qu'il avait corrigés, il évoquait d'autres réalités allemandes, percevait une donnée fondamentale de ces pays, «cette lutte opiniâtre du droit féodal contre le pouvoir suprême».[53] Le tableau «De l'Allemagne», chapitre II du *Siècle de Louis XIV*, rédigé pendant son séjour en Prusse, atteste qu'il avait saisi la nature de l'institution impériale. Il s'était efforcé, à partir des sources dont il disposait sur les données constitutionnelles de l'Empire, de porter un jugement équitable.[54] «Je suis Allemand en Allemagne», écrira-t-il à Mme Du Deffand, après avoir achevé les *Annales de l'Empire*.[55] Il ne pouvait surmonter le handicap de la langue. Mais son esprit vif était sollicité par une réalité historique complexe. On ne s'étonnera pas de constater que ce travail, commencé à l'instigation de la «meilleure des princesses possibles», ait eu des prolongements. Dans *Candide*, il donnera à son héroïne le nom de Cunégonde, emprunté à une princesse germanique des *Annales*.

Il manifesta sa reconnaissance à Louise-Dorothée d'autres manières encore. Il lui offrit un manuscrit du futur *Essai sur les mœurs*, sous le titre *Essai sur les révolutions de ce monde*, qui se trouve toujours dans la bibliothèque de Gotha. Il lui dédia son poème *De la Religion naturelle*, composé l'année précédente à Potsdam et d'abord offert à Frédéric II:

> Souveraine sans faste, et femme sans faiblesse,
> Vous dont la raison mâle et la ferme sagesse
> Sont pour moi des attraits plus chers, plus précieux
> Que ces feux séduisants qui brillent dans vos yeux;
> Digne ouvrage d'un Dieu connaissez votre maître.[56]

Le chant IV, qui évoquait la politique du roi de Prusse, fut supprimé dans la version destinée à la duchesse, et le chant III s'achevait par une prière de huit vers. Fut ajouté en revanche un malicieux portrait d'un certain Théodore. C'était une figure tout en contraste, celle d'un roi «vainqueur des préjugés, savant, ingénieux», «assemblage éclatant de qualités contraires / faisant des malheureux et plaignant leurs misères», «dangereux politique et dangereux auteur». En bref, son «patron», son «disciple» et son «persécuteur»: il «hait la vérité» dans la bouche d'un autre, mais «rougit de son caprice».[57] On reconnaît Frédéric. Ce «portrait» demeura caché dans le manuscrit laissé à Gotha, et ne fut jamais publié.[58] Sage précaution au moment où Voltaire s'achemine à son insu vers le piège de Francfort.

Le 15 mai, il reprend sa route vers l'Ouest. Il voyage en personnage important. Le voyant arriver dans sa grosse berline, avec secrétaire et domestiques, les maîtres de poste, les aubergistes le reçoivent «avec tout le respect qu'on porte à l'opulence». On l'appelle «Monsieur le Chambellan», «Monsieur le Baron», «Monsieur le Comte», le plus souvent «Son Excellence».[59] Il couvre le trajet de Gotha à Cassel par petites étapes en une dizaine de jours. A peine descendu dans cette ville dans l'auberge «The Inn of London», il est invité par le prince au château de Wabern, résidence d'été de la cour. Il y restera deux jours. Il n'a donc guère le temps de voir Cassel, petite cité de 20 000 habitants, capitale d'un Etat qui en comptait 350 000 et qui avait gardé une certaine rusticité. Mais la splendeur de la cour était, suivant la tradition baroque, un instrument de prestige. Il est fort bien accueilli par le landgrave Guillaume VIII et par son fils Frédéric. Le prince héritier, qui avait suivi à Lausanne les cours de Jean-Pierre Crousaz, professeur de mathématiques et de philosophie, parlait et écrivait bien le français.[60] Après la guerre de Succession d'Autriche, il s'était marié à une fille de George II d'Angleterre. Voltaire l'avait déjà rencontré à Berlin, où Frédéric II avait fort bien reçu l'héritier de Hesse-Cassel, afin de maintenir cet Etat dans le camp prussien. Le prince aimait les discussions intellectuelles. Confie-t-il au visiteur son intention secrète de se convertir au catholicisme? Voltaire est formel:

A mon passage à Cassel, le prince de Hesse me parla beaucoup de ce qui fait aujourd'hui son embarras, et celui de sa maison. Il avait quelque confiance en moi, et j'ose croire que si j'étais resté plus longtemps dans cette cour, j'aurais prévenu ce qui est arrivé. Il serait resté damné, et il aurait vécu tranquille.[61]

Dans la suite de leur correspondance, et surtout après la visite que le prince fera à Ferney en 1766, il arrivera à Frédéric de Hesse-Cassel de discuter de matières religieuses.[62] En outre, lors de ces deux jours de Wabern, sont attestées une visite du cabinet de physique du prince, celle des salines de Friedberg-in-der-Wetterau, des discussions sur les expériences qui peuvent être utiles et sur celles qui ne sont qu'«amusantes».[63] Voltaire emploie donc son temps en «conférences» avec celui qu'il appelle «le juste et bienfaisant» landgrave de Hesse.[64]

Mais voici que passe une ombre. On signale la présence à Cassel du baron de Pöllnitz. Voltaire l'aperçoit, lui dit quelques mots, et s'inquiète. Que vient faire ici ce courtisan tout dévoué à Frédéric II? L'abbé Duvernet hasarde une anecdote. Selon un prisonnier à la forteresse de Magdebourg auquel l'abbé de Prades se serait confié, Pöllnitz aurait proposé à Frédéric II, qui se plaignait de Voltaire, de poignarder celui-ci. Mais l'indignation du roi prouva au baron qu'il faisait fausse route.[65] Pöllnitz, dont le but avoué est d'aller prendre les eaux à Ems, est-il chargé d'espionner Voltaire? Hypothèse vraisemblable: c'est une fonction dont déjà il s'acquittait à Berlin. Pöllnitz n'est d'ailleurs pas le seul familier de Frédéric à se promener sous ces latitudes. Maupertuis y aurait séjourné, selon Voltaire, quatre jours au début de mai 1753, afin de faire imprimer un libelle de La Beaumelle, *Mémoire de M. de Voltaire apostillé par M. de La Beaumelle* (Francfort 1753) et dès le 12 mai l'aurait envoyé à la cour de Gotha.[66]

Voltaire avait prévu d'aller goûter les délices d'une autre petite cour germanique: celle de Wilhelmine à Bayreuth.[67] Il offre même un capital de 15 000 écus pour réparer les dégâts causés par l'incendie du château. On ne sait pourquoi Voltaire renonce à la visite promise. S'il s'était rendu à Bayreuth,

Frédéric lui aurait peut-être fait redemander l'édition de ses vers.[68] La margrave garde un faible pour Voltaire. Elle a bien ri des plaisanteries contre Maupertuis. Mais, sœur du roi, elle n'est pas fâchée que le poète lui ait manqué de parole.[69]

Il reste que depuis Leipzig la route de Voltaire avait été ponctuée de séjours charmants. Tant de prévenances de la part de ses hôtes princiers successifs compensaient les amertumes des mois précédents. Contrairement à ce qu'insinue la malveillance de La Beaumelle,[70] il ne fréquente pas les grands en client ou en parasite.[71] A cette époque de sa vie, il a commencé à leur prêter de l'argent. La rentabilité de ces contrats de rente était moins évidente que leur valeur emblématique. On sait quelles facilités il accorda à ce mauvais payeur qu'était le duc de Wurtemberg. En somme, après s'être «purgé» d'une «surabondance de fiel» en faisant marcher les presses à Leipzig, comme le lui reproche véhémentement Frédéric,[72] il avait connu pendant plus d'un mois une certaine douceur de vivre, la griserie d'être hautement apprécié. Il avait fait provision de souvenirs aimables, de délicieuses satisfactions d'amour-propre, de visages admiratifs, de grâces féminines, combien agréables après les compagnies viriles de Potsdam.

Il a certes besoin de ce petit trésor de bonheur, lorsqu'il reprend la route le 30 mai pour un voyage qui aurait dû être sans histoire, mais qui va lui réserver la plus grande humiliation de sa vie. Il arrive le soir à Marbourg, où il passe la nuit. Le lendemain, un incident contraint les voyageurs à une halte. A une demi-lieue de la ville, Voltaire s'aperçoit qu'il a oublié sa tabatière, présent d'une grande valeur d'un prince dont Collini ne précise pas le nom.[73] Aussitôt le dévoué secrétaire rebrousse chemin. Il retrouve la boîte sur la table de nuit de la chambre qu'avait occupée Voltaire. On en fut quitte pour l'émoi, encore que le principal intéressé n'en manifestât guère.[74] Il se remet en chemin. Après avoir traversé Giessen, Butzbach et Friedberg, dont il visite les salines, il arrive à Francfort-sur-le-Main, le 31 mai vers huit heures du soir, bien éloigné de soupçonner ce qui se tramait dans l'ombre contre sa liberté, sa dignité et son repos.

8. Guet-apens à Francfort

(1er juin - 18 juin 1753)

Quelques signes avant-coureurs d'une persécution prussienne étaient apparus. Depuis le départ de Voltaire, l'air n'était pas à la gaieté à Potsdam. Le 15 avril, Frédéric arrive à l'improviste chez sa sœur Frédérique, margrave d'Anspach, et provoque dans la famille royale un trouble effrayant. Pourquoi ? A cause de la mauvaise humeur persistante du roi contre Voltaire. Certains, prudemment, faisaient comme Lehndorff, le chambellan de la reine Elisabeth Christine. Ils se divertissaient, mais en cachette, des facéties du docteur Akakia, lesquelles se lisent sous le manteau à Berlin.[1]

La comtesse de Bentinck en subit le contrecoup. Sa disgrâce est complète. Podewils, sur les ordres du maître, le 17 mars lui a reproché sa « noire ingratitude », sans « entrer en aucune explication avec elle » : il la renvoie à sa conscience qui lui « expliquera bientôt tout ce dont il s'agissait ».[2] Elle a déplu « souverainement », pour d'autres raisons encore que ses relations avec Voltaire. Ne s'est-elle pas avisée de nouer une intrigue sentimentale avec le prince Henri, que Frédéric avait marié en juin 1752 pour l'assagir ?[3] Elle a favorisé l'union du jeune prince de Wurtemberg avec une nièce du roi. Peut-être même s'est-elle entremise dans les démarches suspectes du prince Louis de Wurtemberg qui voulait passer au service de l'Autriche. Enfin sa correspondance réglée avec la princesse Elisabeth d'Anhalt-Zerbst, mère de la grande-duchesse Catherine de Russie (la future tsarine), irrite en haut lieu. Mme de Bentinck essaie de désamorcer les soupçons. Elle feint de croire que son amitié pour Voltaire est la seule cause de sa disgrâce. Elle prétend lui avoir dispensé des conseils de sagesse. Après son départ, elle propose de communiquer leur correspondance pour sa justification. C'est à cette entreprise que l'on rattache deux curieuses lettres où la comtesse sermonne Voltaire, et prodigue les serments d'allégeance personnelle à l'égard d'un monarque qui, hélas ! « n'a presque jamais rendu justice à [son] cœur ».[4] Ces lettres furent divulguées à Berlin. Elles diffusaient une version frédéricienne des faits. A Voltaire, tous les torts ; au souverain, tous les droits. Seul un « enragé » pouvait résister à d'aussi pathétiques exhortations d'une amie fidèle. Il aurait dû, écoutant son cœur, aller demander au roi son pardon, car rien ne saurait le « consoler de n'avoir plus cette idole ». On ne sait si les copies parvinrent à leur destinataire réel, Frédéric. Le roi était trop expert en supercherie pour se laisser duper par des textes maquillés. Mais, s'il en eut connaissance, il ne fut sans doute pas mécontent de cette campagne de justification. Il fit savoir à la comtesse, le 20 avril, que ce n'était pas «l'affaire de Voltaire et de [ses] liaisons particulières avec lui» qui avait déplu.[5] Pourtant, avant d'obtenir son pardon le 20 mai,[6] Mme de Bentinck de nouveau dut se rendre à Canossa.

On se souvient que Voltaire, avant son départ, avait placé son secrétaire Francheville le jeune chez son amie. Le 10 avril, de Leipzig, il s'inquiète de son sort.[7] Une longue épître de sa correspondante, datée du 26 mai, l'informe que «Francheville est au roi» (ayant été engagé comme copiste), et affirme qu'il sera heureux.[8] Les mêmes tendres panégyriques du «prince unique» qui sera illustre dans les siècles des siècles, la reprise du discours éthico-sentimental, le recours à des préciosités ou à une phraséologie sentencieuse incitent à ranger cette lettre auprès de celles qu'on vient d'évoquer, textes réécrits en vue d'une disculpation. La lettre du 26 mai, adressée à Voltaire, avait toute chance d'être ouverte par le cabinet noir, Mme de Bentinck le savait. Elle authentifiait en quelque sorte les lettres précédentes.[9] La comtesse travestit la pensée de Voltaire. La remarque de son ami: «on m'avait prédit que le roi de Prusse me ferait mourir de chagrin»,[10] est par elle glosée en ces termes: «Vous me parlez enfin de votre situation vis-à-vis du roi avec ce ton attendri que j'attendais, que j'ai vu venir et que vous devez à votre caractère.»[11] Singulière lecture! Qui ne s'explique que trop par la situation de la comtesse. Ces discours écrits sous la pression en quelque sorte de Frédéric, faussés par l'urgence du sauve-qui-peut, laissent à penser sur la dépendance de ceux qui vécurent dans l'orbite du roi de Prusse. Cette parole serve met en valeur l'audace de la parole provocante de Voltaire.

La présence de Maupertuis à Potsdam jusqu'au 18 avril, avant son départ de Prusse le 29,[12] contribua sûrement à alimenter chez Frédéric une psychose de la trahison. La farce de Leipzig ne le déride pas, loin de là. Voltaire ayant ridiculisé dans le *Hofmeister* la provocation en duel du président, la réplique ne se fait pas attendre. Dans le plus court délai, le billet de Maupertuis paraît *in extenso* à Berlin,[13] puis dans la *Nouvelle bigarrure* (La Haye, mai 1753), précédé d'un préambule «vu et approuvé» par Frédéric II, où il était déclaré que Voltaire en avait fait courir «des morceaux tronqués et altérés». On s'étonne que ce poète ait osé s'adresser aux magistrats de Leipzig, alors qu'un «faiseur de libelles» doit tout craindre de la justice.[14]

Frédéric est visé personnellement lorsque l'*Eloge des trois philosophes*, diffusé après le départ de Voltaire, reproduit, outre les *Eloges* par le roi de Jordan et de La Mettrie, la *Lettre d'un académicien de Berlin* destinée à défendre Maupertuis. En tête, se lisent quelques vers parodiant l'*Ode* de Frédéric *sur le rétablissement de l'Académie*:

> De ses mains toujours chastes
> Il écrit dans leurs fastes

Quelques noms immortels.
Ode d. R. d. P.[15]

Voltaire est-il à l'origine de cette édition? Le roi l'en accuse.[16] A sa suite l'argument a été retenu pour justifier le guet-apens de Francfort.[17] Frédéric fut-il informé que Voltaire «abusait des lettres remplies de bonté» qu'il lui avait adressées?[18] Selon Varnhagen von Ense, qui ne cite pas ses sources mais qui eut accès à des archives dont certaines peuvent avoir disparu, on avait rapporté au roi un propos de Voltaire disant «qu'ayant été assez heureux pour échapper aux cages de Sa Majesté, ce ne serait certes pas de son plein gré qu'il y rentrerait».[19] Frédéric se prétend donc attaqué. «J'ai eu ma part de l'affaire et j'ai été assez bon que de le laisser partir», écrit-il à sa sœur. A milord Maréchal il déclare: «Il a lâché en partant des satires contre moi.»[20] Fut-il persuadé par les ennemis du poète que celui-ci lui avait manqué? Ou justifie-t-il les mesures qu'il prend contre lui? Du moins une chose est sûre. Il craint que le redoutable polémiste ne «distille de nouveaux poisons» et ne compose un «ouvrage terrible». Sans vérifier, il répond aux noirceurs supposées de Voltaire par des noirceurs réelles.

Selon la transmutation bien connue de l'amour en haine, il s'abandonne à une rage de vengeance. «On roue bien des coupables qui ne le méritent pas autant que lui», mande-t-il à sa sœur, le 12 avril,[21] justifiant ainsi tout ce qu'il médite ou tout ce qu'il a déjà entrepris. La peur des représailles voltairiennes, le désir de ne pas laisser impunies les plaisanteries du docteur Akakia, peut-être le désir de briser la résistance de l'adversaire lui font ouvrir les hostilités. Persuadé que la meilleure défense est l'attaque, il met sur pied un plan offensif d'envergure.

La pièce maîtresse du dispositif, et chronologiquement l'une des premières mesures, est prise avec une précipitation qui aura, nous le verrons, de graves conséquences. Un traquenard est tendu à un point de passage obligé, juste avant que le voyageur ne s'éloigne hors de portée. Le 11 avril 1753, des instructions sont envoyées au «conseiller de guerre» Freytag, résident prussien à Francfort, ville libre d'Empire. Il lui est notifié de réclamer au favori disgracié, «au nom de Sa Majesté, la clef de chambellan ainsi que la croix et le ruban de mérite» et de se saisir, après de minutieuses perquisitions dans tous ses «paquets et emballages» ou «cassettes», de «lettres et écritures de la propre main de Sa Majesté», ainsi que d'un livre dont le titre devait être spécifié dans une note. Le tout serait expédié à Potsdam. Au cas où Voltaire qui est «très intrigant» ferait des difficultés pour se dessaisir «desdits objets à l'amiable», il fallait le menacer d'arrestation, et même, si besoin était, l'arrêter effectivement. Alors «on devra s'emparer de tout sans compliment».[22] Ainsi, au moment où Voltaire s'égayait à composer pour un journal de Leipzig l'avis de recherche farfelu du «quidam philosophe» Maupertuis, Frédéric mettait en place le piège pour récupérer d'un dangereux fugitif les «joyaux de la couronne brandebourgeoise»,[23] à savoir ses poésies.

Or, ce 11 avril et durant les semaines qui allaient suivre, Voltaire se trouvait à portée de main dans ces principautés allemandes où il séjournait. Pourquoi ne pas essayer d'obtenir la restitution de ces «objets» par d'autres entremises et par des voies plus civilisées? Frédéric envisage bien une telle éventualité, le 12 avril, soit le lendemain des ordres envoyés aux fonctionnaires de Francfort. Si Voltaire passe par Bayreuth, mande-t-il à sa sœur, le roi enverra quelqu'un «pour lui redemander la clef et la croix qu'il a encore, et surtout une édition de mes vers qu'il a envoyée à Francfort-sur-le-Main, et que je ne veux absolument pas lui laisser, vu le mauvais usage qu'il est capable d'en faire».[24] On s'étonne qu'une démarche semblable n'ait pas été tentée à Gotha, où Voltaire resta près d'un mois. H. Haupt avoue que les raisons de Frédéric sur ce point ne sont pas claires.[25] Répugnait-il à demander ce service à la duchesse de Saxe-Gotha? On penserait plutôt que sous l'empire de la colère il a préféré la manière forte avec ce qu'elle comportait d'humiliant pour celui qui en serait la victime. Voltaire sentirait qu'on ne brave pas impunément le roi de Prusse. A Freytag qui soulevait des objections, Fredersdorf, le 29 mai, répond que «le de Voltaire demeurera quelques mois à Gotha», et que par conséquent, «la commission [...] peut attendre jusqu'à ce que le de Voltaire vienne à passer par Francfort».[26] L'homme de confiance trahissait-il les intentions du maître? Les exprimait-il cyniquement? On pencherait pour la seconde hypothèse. Le coup d'éclat confié à des subalternes présente l'avantage de leur laisser les basses besognes: fouiller dans les bagages, s'emparer de lettres... Un émissaire envoyé à Gotha devrait compter avec la bonne volonté de Voltaire. Il fallait justifier cette démarche, remercier la duchesse de sa coopération. Et que d'explications en perspective! Que de commentaires de l'homme de lettres! La voie la plus expéditive rabattrait le caquet voltairien.

Comme deux précautions valent mieux qu'une, Frédéric prévoit le cas où le malicieux poète échapperait au piège de Francfort et reviendrait en France. Il charge milord Maréchal, son ambassadeur à Versailles, de redemander à Voltaire «un livre» qu'il lui a donné et toutes les lettres qu'il lui a écrites.[27] On imagine l'embarras du diplomate à accomplir une mission aussi imprécise. Qu'un esprit exact et judicieux comme Frédéric ait tramé ces embûches, avec un tel manque de clarté, indique bien qu'il était en proie à une rage passionnée, non exempte de quelques inavouables relents de crainte.

Pourquoi tant de bruit pour des poèmes, et qui plus est, imprimés?[28] Ils avaient valeur d'inédits. Frédéric a cédé par trois fois à la tentation de voir ses œuvres imprimées. C'est en mai 1749 qu'il s'est décidé à réunir ses écrits en un volume sous le titre: *Œuvres du philosophe de Sans-Souci*.[29] Une seconde édition en trois volumes, fort rare, porte le même titre. Elle date de 1750. Le tome I qui reproduisait *Le Palladion*, un poème satirique, aurait été détruit. Les tomes II et III comprennent des Odes, des Epîtres, des Pièces diverses, des Lettres en vers et en prose. En octobre 1751, une troisième édition des *Œuvres du philosophe de Sans-Souci* est mise en chantier. Elle tient compte des corrections proposées par Voltaire.[30] Cette faiblesse d'homme de lettres de Frédéric est entourée de maintes précautions: impression sur les presses du Château, tirages limités, refus de communiquer ses œuvres.[31] Le roi de Prusse réserve la lecture de ses productions à quelques intimes. Faveur accordée, puis refusée selon le bon vouloir du souverain qui jouit à la fois des commodités du secret et des satisfactions liées à une diffusion limitée. Ambivalence de sentiments qui est à l'origine de ses réactions passionnelles.

Dans cette perspective, ce n'est pas le contenu de l'œuvre qui importe au premier chef.[32] Qu'elle entre dans le domaine public sans le royal aveu de son auteur est un crime de lèse-majesté.

On ne se porte pas garant de l'usage que Voltaire aurait pu faire des lettres et poésies du roi de Prusse. A tout hasard, Frédéric le crédite de son propre manque de scrupule. Il confie à Maupertuis, afin qu'il puisse en faire usage, la copie d'un billet humiliant adressé à Voltaire.[33] Maupertuis diffuse ce billet, le baron Scheffer à Stockholm en eut une copie qu'il communiqua à Hénault.[34] Frédéric s'efforce de brouiller Voltaire et König. Il fait reproduire dans les gazettes sa lettre de congédiement qui n'avait peut-être pas été envoyée,[35] précédée d'un avertissement sur le paiement des pensions de son chambellan et accompagnée d'un commentaire perfide: König avait dessein de lui manquer et Voltaire l'en aurait averti. La fin de l'article faisait état de «preuves originales de nature à ne pouvoir être désavouées»,[36] dont personne, bien évidemment, ne pouvait s'aviser de demander communication. D'où protestations vaines de König dans la *Gazette d'Utrecht* du 24 avril et de Voltaire dans une lettre privée envoyée par l'intermédiaire de la margrave de Bayreuth.[37] Frédéric impose par voie de presse une image de Voltaire qui interdit à ce dernier tout recours et qui justifie par avance les mesures prises ou à prendre contre cet intrigant.

Il s'attache à le diffamer en France. A Darget, le 10 avril, il mande: «Vous ne sauriez croire toutes les duplicités, fourberies et infamies qu'il a faites ici.» Si luimême a pris le parti de Maupertuis, c'est parce que celui-ci est «un fort honnête homme», trop susceptible malheureusement: «un peu trop d'amour-propre l'a rendu trop sensible à la morsure d'un singe qu'il aurait dû mépriser, après qu'il a été fouetté.»[38] A milord Maréchal il fait tenir un historique des méfaits de Voltaire. Sa version est un tel tissu de mensonges que l'ambassadeur lui demande la permission de rétablir la vérité sur un fait de notoriété publique: Voltaire n'a pas été «chassé» des Etats du roi. Frédéric acquiesce,[39] mais prie milord Maréchal d'intervenir auprès des autorités pour empêcher Voltaire d'imprimer des impertinences. De tant de mauvaises actions, il révèle le mobile, bien infamant: la jalousie. Voltaire voulait devenir président de l'Académie de Berlin![40] Frédéric se donne le beau rôle. Après avoir accusé son ex-chambellan de manœuvres dignes de César Borgia, il se réclame, lui, de la «candeur» des bons Allemands, et s'affirme capable de démasquer les artifices de l'ennemi.[41]

Les jeux étaient faits. Certes, la margrave de Bayreuth n'envoya que le 11 mai à son frère la lettre que Voltaire lui avait adressée:[42] cette négligence fut sans doute lourde de conséquences. Quand Frédéric la reçut, un point de non-retour était atteint. Il ne pouvait plus entendre les protestations, fussent-elles sincères. Les promesses, les assurances de respect, les démentis n'entament point la froide détermination d'un souverain qui craint d'être bafoué. Sa hantise de la fourberie voltairienne le rend insensible au doute, à plus forte raison à ces «remords» d'une âme que Voltaire veut croire «philosophe et juste».[43] Alors entrent en scène les subalternes avec leurs errements et leurs erreurs, mais couverts par l'autorité du maître.

Frédéric connaissait assez mal ceux qu'il chargeait à Francfort d'une mission délicate. Le baron von Freytag était résident en cette ville depuis 1737 et le marchand J. F. Schmidt avait été nommé le 19 mai 1750 en qualité de conseiller aulique.[44] Ni l'un ni l'autre, semble-t-il, n'avait la moindre idée de la réputation littéraire de Voltaire en Europe. Les instructions royales, lacunaires et imprécises, auraient nécessité l'intervention d'un exécutant particulièrement adroit et surtout capable d'initiative. Freytag les reçoit le 19 avril: l'ampleur de ses responsabilités le jette dans le trouble. Il n'est pas douteux que Sa Majesté attache la plus haute importance à cette besogne hérissée de difficultés. Le résident devra déjouer maintes embûches pour se faire restituer «la clef de chambellan, la croix et le ruban du Mérite», mais en outre «beaucoup de lettres et écritures de la propre main de Sa Majesté», et un livre dont on avait oublié d'indiquer le titre. Sans perdre de temps, il rédige un mémoire en sept points, qu'il communique à celui qui doit l'aider dans ces circonstances délicates, le marchand Schmidt, avec prière à ce dernier de bien vouloir ajouter ses «propres idées».[45] Freytag dresse un plan de bataille, avec un luxe de précautions à la mesure de la complexité de la tâche. La formulation des ordres royaux était bien faite pour lui laisser croire que si le fugitif s'échappait, emportant quelque manuscrit du monarque, des intérêts d'Etat seraient en jeu. Le résident, en recevant le pouvoir d'arrêter en pays étranger un chambellan disgracié, en étant dispensé de faire preuve d'aucun égard, se sent incité à imaginer des stratagèmes qui donneront une haute idée de sa prévoyance. Aussi ne lésine-t-il pas sur les moyens. Des gardiens aux portes de la ville sont chargés de guetter l'approche de l'ennemi, de s'informer de son lieu de résidence, de dépêcher un exempt derrière sa voiture, de prévenir sur l'heure Schmidt. Des récompenses de vingt kreutzers et d'un ducat seront distribuées, des consignes strictes sont données, avec répartition des rôles: ainsi seront assurés la diffusion du signalement du suspect, l'établissement d'une liste de tous les Français résidant à Francfort (au cas où l'inquiétant personnage s'aviserait de changer de nom). Comme les questions pourraient mettre en défiance Voltaire, on trouverait des prétextes, par exemple la remise d'un paquet. Des espions enquêteront dans les différents hôtels de la ville, d'autres seront embusqués aux avant-postes de Friedberg et de Hanau: ils recevront pour rémunération de leurs bons services un thaler par jour.[46]

Maître de poste, surveillants de l'octroi, espions, argousins de tous poils, tous sont sur le pied de guerre. Tout est prévu. Freytag écrit à Fredersdorff avec la conscience du devoir accompli : nous avons pris de telles mesures que nous pouvons espérer ne pas le manquer.[47] Il aurait fallu au moins la licorne d'Amazan, peut-être le troupeau de licornes qui, dans *La Princesse de Babylone*, défait les anthropokaies, pour mettre en déroute tous ces hommes de peine de Freytag dûment rétribués.

Mais le zélé serviteur n'est pas sûr d'exécuter le reste de sa mission à l'entière satisfaction du prince. Le 21 avril, il demande « avec la plus grande soumission » des éclaircissements. Si Voltaire allègue qu'il a expédié ses bagages ailleurs, devra-t-on le retenir prisonnier jusqu'à ce qu'il les ait fait revenir ? Quel est le titre de l'ouvrage dont on doit se saisir ?[48] Un nouvel ordre du cabinet du 29 avril confirme les instructions précédentes, sans les éclairer complètement. Freytag apprend que le livre est intitulé *Œuvres de poésie*, mais on ne précise pas qu'il est imprimé. Schmidt en conclut qu'il s'agit d'un recueil manuscrit,[49] explication logique d'un tel émoi. Quant aux « lettres et écritures » des premières instructions, elles se sont transformées en « manuscrits royaux », ce qui n'est pas tout à fait synonyme et dénote un manque de précision de Fredersdorff. Une chose est sûre : il faut retenir Voltaire prisonnier jusqu'au retour de ses bagages et alors les fouiller méticuleusement.[50]

Le 22 mai, nouvelle inquiétude de Freytag. Schmidt est obligé de se rendre le 28 mai à Emden, à l'assemblée générale de la Société prussienne du commerce asiatique, et propose d'être remplacé par le sénateur Rucker, lequel s'est montré « assez prussien à l'égard des affaires de l'Eglise réformée »,[51] un conflit qui opposait les Etats protestants, dont la Prusse, au Vénérable Conseil de Francfort.[52] Freytag qui exagérait la gravité de la moindre bévue, de la plus petite anicroche, s'empresse d'en référer aux autorités supérieures. Convient-il de mettre dans le secret une tierce personne ? Il propose, quant à lui, son secrétaire Dorn que ses fonctions mettent à la dévotion de Sa Majesté.[53] Fredersdorff répond le 29 mai, que le conseiller Schmidt sera de retour avant le passage de Voltaire, et que de toute façon il n'est pas opportun de prendre un autre assistant.[54] Mais Voltaire arrive avant que cette réponse du cabinet parvienne à son destinataire.

Le 31 mai au soir, Voltaire s'installe au Lion d'or dans l'appartement qu'il a fait retenir d'avance. Aussitôt le plan de Freytag s'exécute :

A peine était-il descendu à l'auberge du Lion d'or, qu'un postillon aux armes de l'Empire vint, de la part de deux prétendus gentilshommes suédois, s'informer si deux voyageurs qu'ils avaient vus traverser la ville en carrosse n'étaient pas des seigneurs de la cour de Stockholm. On répondit sans détour que les deux étrangers étaient M. de Voltaire et M. Collini.[55]

Le lendemain, 1er juin au matin, les voyageurs se préparaient à reprendre la route. A ce moment Freytag se présente et demande à parler à M. de Voltaire. Il est accompagné du sénateur Rucker, un «bourgeois de mauvaise mine» selon Collini,[56] et du lieutenant de Brettwitz. Freytag avait pensé demander à «un très noble et très sage magistrat» de lui envoyer «un officier supérieur avec son aide de camp et quatre hommes».[57] Mais une arrestation publique, il l'avoue carrément, poserait problème. Du moins, de Brettwitz, officier recruteur, peut à tout moment lui prêter main forte: avantage supplémentaire, ce lieutenant ne sachant pas un mot de français obéira sans comprendre.

Voici Freytag en présence de Voltaire. S'attendait-il à se trouver devant un redoutable bretteur, voire un brigand de grand chemin? Il voit en face de lui un homme qui a «l'air d'un squelette», qui se dit mourant, qui se trouve mal. Jouerait-il la comédie? Après avoir fait sortir Collini, il lui fait part des très gracieuses intentions de Sa Majesté.[58] Voltaire n'exige pas un ordre exprès des magistrats. Le nom de bourgmestre donné à Rucker l'a surpris. Eût-il réclamé ces formalités nécessaires que sa demande eût été vaine.[59] Freytag est décidé à user de la force, si besoin est.

Suit une séance qui dure de neuf heures du matin à cinq heures de l'après-midi. «Deux caisses, une grande valise, ainsi que deux portefeuilles» sont ouverts. Voltaire ne cesse de faire «mille *contestations* de sa fidélité» à l'égard du roi de Prusse. A l'issue, le butin du résident comprend: un paquet, donné en dépôt à l'officier sans avoir été ouvert, un poème dont Voltaire eut beaucoup de peine à se séparer, une «lettre réversale», la clef de chambellan, avec la croix et le ruban de l'ordre du Mérite. En outre, il s'est emparé de deux paquets de papiers personnels de Voltaire, en guise de caution, pour garantir la promesse qu'il lui a extorquée de ne point quitter la ville tant que la malle contenant le livre de *Poésies* ne serait pas revenue.[60] Enfin, sur les sept heures du soir, Voltaire envoie «le décret de sa nomination de chambellan», et le lendemain matin une lettre de la main du roi qui était tombée sous la table.[61]

Inquiétude du résident. Combien de papiers doit-il trouver? D'ailleurs il ne connaît point l'écriture de Sa Majesté. Aussi suggère-t-il, dans un rapport au cabinet, une solution qui le déchargerait de ses responsabilités écrasantes: qu'on envoie de Potsdam un secrétaire du roi, qui procédera à une perquisition plus exacte. On fera remarquer que lorsque Freytag adresse cette requête il a en main un échantillon de l'écriture du roi: la lettre que Voltaire lui a fait parvenir le 2 juin au matin.[62] En revanche, il est curieux de noter que le 1er juin Freytag a écrit: «Après que le roi mon maître m'ait chargé dans sa lettre de sa propre main datée de Potsdam le 11 avril»...[63] Or ces instructions sont écrites par Fredersdorff. Freytag aurait-il cherché pendant toute la journée dans les bagages de Voltaire des écrits de la main de l'homme de confiance du souverain? L'hypothèse mériterait d'être vraie. En tout cas, Freytag ne songe qu'à se dérober. Le 9 juin, de nouveau, il voudra se débarrasser de son encombrant prisonnier. Il propose de le reconduire bon gré mal gré dans les Etats du roi.[64]

Voltaire a dû subir l'humiliation d'une fouille. Il écrit à Leipzig pour que sa malle lui soit réexpédiée.[65] Comme ces heures pénibles ont éprouvé sa santé, Freytag lui envoie le meilleur médecin de la ville.[66] A-t-il mis à sa disposition, comme il le prétendra, sa cave et sa maison entière? Le résident reste en tout cas méfiant. Il a dû renoncer à le faire garder de près par quelques grenadiers, car à Francfort la discipline militaire laisse à désirer. Mais il a pris des mesures pour le surveiller avec le maître d'hôtel, un certain M. Hoppe dont le frère sert comme lieutenant dans les armées prussiennes. Voltaire s'est constitué prisonnier sur parole. En contrepartie, il a tout juste obtenu deux billets signés du résident : un reçu par lequel on s'engageait à lui rendre «deux paquets d'écriture cachetés de ses armes»;[67] une promesse de rendre sa liberté à Voltaire dès que le «gros ballot» où est «l'Œuvre de poésie» sera à Francfort et que cette œuvre sera en possession de Freytag.[68]

Tels furent les résultats de cette journée. On ne se hasardera pas à en évoquer l'ambiance, qui varie selon les récits des uns ou des autres. Freytag fut-il grossier?[69] Essaya-t-il de tempérer la sévérité de ses ordres par quelques politesses?[70] Un détail au moins montre à qui Voltaire avait affaire. Le résident raconte que son prisonnier fit mille instances pour qu'on écrive à Fredersdorff, afin de ne pas être retenu plus longtemps à Francfort. Il demande que cette lettre soit envoyée par estafette. Or Freytag n'est pas d'humeur à gaspiller les fonds de l'Etat : les frais de la journée s'élèvent déjà à trois louis. Il se sert donc de la poste ordinaire.[71] Grave erreur de Voltaire, qui n'a pas proposé de payer ces frais supplémentaires! Freytag n'était sans doute pas un homme condamné au carcan et qui a tiré la brouette,[72] mais un fonctionnaire prussien imbu de ses prérogatives, enclin à faire du zèle, n'accordant pas le moindre crédit à la parole donnée et prêt, quant à lui, à ne pas respecter la sienne. Dès le 5 juin, il prétendra que son billet du 1er juin n'a été écrit que pour «consoler» Mme Denis![73] Mais quel était cet ouvrage, cette «Œuvre de poésie», que Voltaire attend pour obtenir, croit-il, sa liberté? La bibliographie de Frédéric comprend à cette date trois éditions des *Œuvres du philosophe de Sans-Souci*. Les deux premières sont de 1749 et de 1750. Selon Collini,[74] Voltaire avait emporté un exemplaire sur lequel il avait travaillé,[75] imprimé en 1751, avec la date de 1752. Il doit donc restituer un exemplaire des «ŒUVRES / DU / PHILOSOPHE / DE / SANS-SOUCI. / TOME PREMIER / (vignette) / (double ligne) / MDCCLII». Collini ajoute que dans ce volume se trouvait *Le Palladion*, indication peu vraisemblable, le roi ayant donné ordre de détruire les exemplaires qui reproduisaient ce poème.[76] Point n'était besoin de cette circonstance aggravante. Frédéric, on l'a vu, ne peut souffrir que son œuvre lui échappe. D'autres raisons le poussent peut-être à vouloir récupérer l'ouvrage emporté par l'ex-chambellan. Voltaire avait-il en mains un volume enrichi de notes marginales? Ses annotations, malgré l'urbanité du ton, ne manquent point de vivacité.[77] Et de quels commentaires aurait-il pu agrémenter la lecture des poèmes du roi! Sans doute faut-il également prendre en compte le désir du roi de ne point voir divulgués les sarcasmes et impiétés dont sa Muse était prodigue.[78]

Voltaire, cependant, se réfugie dans le travail. Il se remet aux *Annales de l'Empire*.[79] L'étude est pour lui le plus sûr remède aux bourrasques de la vie. Il le dira dans un de ses *Discours en vers sur l'homme*, où il supprime un éloge du roi de Prusse pour lui substituer ces vers :

> Quand sur les bords du Mein deux écumeurs barbares,
> Des lois des nations violateurs avares,
> Deux fripons à brevet, brigands accrédités,
> Epuisaient contre moi leurs lâches cruautés,
> Le travail occupait ma fermeté tranquille ;
> Des arts qu'ils ignoraient leur antre fut l'asile.[80]

Mais le travail ne l'empêche pas de se défendre, plume à la main. Dès le 4 juin, il compose une longue lettre à König destinée à être diffusée. Il y répond aux attaques portées contre lui par l'*Epilogueur moderne*, périodique hollandais de son ennemi Rousset de Missy, auquel il est abonné.[81] Cette lettre est imprimée, peut-être par ses soins. Freytag se plaindra qu'il fasse débiter des factums. Le lendemain, 5 juin, il s'adresse à l'empereur lui-même, François Ier, dont dépend juridiquement la ville de Francfort. Il le conjure de lui accorder sa protection, «afin qu'on ne fasse rien contre les lois» à son égard dans sa ville impériale de Francfort. Il relate son arrestation «sans aucune formalité, sans le moindre ordre de magistrat, sans aucune apparence de justice». Il demande que des mesures soient prises pour que Freytag, qu'il soupçonne de «desseins violents», ne «puisse impunément se rendre maître de la personne et de la vie d'un étranger». Il promet de se rendre à Vienne où l'on pourrait n'être pas mécontent s'il avait l'honneur de se présenter au souverain et de lui «parler».[82] Il fait passer cette lettre «à cachet volant» au chancelier von Ulfeld,[83] ajoutant qu'il aurait à révéler à l'empereur et à l'impératrice «des choses qui les concernent». Enfin, dans un moment d'affolement, le 7 juin, il suggère qu'on lui écrive et que l'adresse porte «le titre qui serait [sa] sauvegarde. Par exemple, à M. de ... Chambellan de Sa Sacrée Majesté».[84]

Les «mesures brutales» dont il se sentait menacé étaient-elles trop vagues, comme le déclare H. Haupt, pour donner à la cour d'Autriche un motif d'intervention ?[85] Il ne s'agissait pas de «lever des armées ou de le disputer à la pointe de l'épée au résident de Prusse».[86] Il suffisait de rappeler fermement au bourgmestre de Francfort les franchises de la ville. Une réponse indirecte fut donnée au libraire Varrentrapp. Comme celui-ci s'était adressé, en faveur de Voltaire, au comte Johann Philipp von Cobenzl, personnage influent à Vienne, il lui fut répondu que son correspondant ne voulait pas se mêler «ni de près, ni de loin» de cette affaire.[87] Frédéric de son côté, informé des démarches de son ex-chambellan, fait circuler des «réponses» qu'il a peut-être inventées. Il rapporte à son ambassadeur en France un bon mot : la reine de Hongrie a fait savoir à Voltaire qu'il «n'avait de place que sur le Parnasse, et comme il n'y en avait pas à Vienne, on ne pourrait l'y recevoir convenablement». Frédéric prétend aussi que Voltaire a demandé au roi George II d'Angleterre, alors ennemi de la Prusse, de le prendre à son service moyennant une pension annuelle de 800 livres sterling : impudence qui aurait été repoussée avec indignation par ce monarque peu ami des arts et de surcroît fort avare.[88]

L'offre de Voltaire de se rendre utile à la cour d'Autriche a suscité de vives condamnations.[89] Le procédé certes ne paraît pas des plus licites, même si l'on peut plaider que «c'était moins sa faute que la faute de ceux qui le poussaient à ces extrémités».[90] Mais l'appréciation, plus ou moins sévère selon le point de vue adopté, importe moins que la question de fond soulevée par les suppliques de Voltaire. Il posait clairement le problème. Il a été arrêté dans une ville libre d'Empire par un chargé d'affaires de Prusse dont la tâche était uniquement de veiller à la sûreté et aux intérêts de ses nationaux. Lorsque Freytag lui refuse la permission de changer d'hôtel et de rencontrer le duc de Meiningen, Voltaire s'écrie : «Comment ! votre roi me peut faire arrêter ici, dans une ville impériale ! Pourquoi ne l'a-t-il pas fait dans ses Etats ?»[91] Sur cette question, les positions sont divergentes. Du côté français, on a dénoncé cette violation du droit des gens, cette «petite scène du bon plaisir».[92] Vision erronée selon H. Haupt, qui se propose de la détruire. Son argumentation se réduit à affirmer que l'arrestation de Voltaire a été approuvée par le bourgmestre et le Conseil de la ville. Th. Besterman a fait remarquer à juste titre que les autorités de Francfort ont été mises devant le fait accompli, sans que leur accord ait été préalablement sollicité. Plus tard, lorsqu'il faudra bien les informer, elles l'accepteront tacitement, en demandant qu'on leur fournisse des documents justificatifs.[93]

On ajoutera que l'intervention tardive, embarrassée, du Conseil de Francfort ne signifie pas que le droit ait été respecté. Si Frédéric n'adresse aucune demande au Conseil, c'est que l'état des forces le lui permet. Les autorités de la ville ne dédaignent pas les moyens les plus contestables pour gagner la faveur du roi de Prusse, pour l'empêcher d'agir en faveur des Réformés.[94] Que le Conseil ferme les yeux sur un abus de pouvoir, ne supprime pas pour autant la violation de la loi. On ne peut accepter le raisonnement de H. Haupt qui, par ailleurs, fait preuve d'une remarquable objectivité. Même si la procédure pour l'essentiel a été menée, par la suite, selon les normes en vigueur pour l'aide juridique que devaient se prêter les Etats de l'Empire,[95] l'arrestation dans un Etat étranger par un représentant prussien d'un ressortissant d'un troisième Etat ne peut se justifier. Freytag lui-même a bien conscience d'œuvrer aux confins de l'illégalité. Il voit de graves inconvénients à ce que l'affaire soit portée devant le Conseil de la ville. Son prisonnier se donne le titre de gentilhomme de la chambre à la cour de France : dans cette circonstance, les magistrats feront beaucoup de difficultés pour autoriser l'arrestation.[96] Milord Maréchal, quant à lui, ne s'embarrasse pas d'arguties juridiques lorsqu'il rappelle à Frédéric les menaces qu'il a proférées pour intimider Mme Denis. Les rois ont « les bras longs » ; « quatre grenadiers prussiens suffiraient pour enlever son oncle, nonobstant tout privilège de la foire. »[97] Rien de plus clair. Il était simplement question du droit du plus fort.

Tandis que les autorités de la ville feignent de tout ignorer de peur d'être obligées d'agir, Voltaire s'est assuré quelques soutiens discrets ; le duc Anton Ulrich von Meiningen, ami des arts, et hostile à Frédéric II ; le résident de Mayence Reibelt, qui lui a rendu visite pour lui conseiller de se réclamer de l'Empereur ;[98] en outre « certains alchimistes, imprimeurs et libraires renommés ».[99] Entendons des membres de la loge maçonnique fondée en 1742, qui s'adonnaient aux spéculations de l'alchimie,[100] et parmi les libraires principalement Franz Varrentrapp, éditeur de deux journaux, l'*Avant-coureur* et les *Frankfurtische Berichte*.[101] Voltaire est aussi en relations avec le sénateur Johann Erasmus von Senckenberg, juriste éminent mais qui mène une vie scandaleuse. Il appartient au parti autrichien, minoritaire mais actif. Freytag le dépeint comme un « scélérat » qui « n'a pas son pareil ici en méchanceté et en impiété et qui contrecarre les affaires prussiennes ».[102] Voltaire reçut également une visite dont il se serait bien passé : celle de Van Duren, l'éditeur hollandais de *L'Anti-Machiavel*. Il vient lui présenter une note de vingt ducats que l'écrivain lui doit depuis treize ans, en qualité de mandataire de Frédéric ! Voltaire lui administre une gifle. Plainte de Van Duren, et procès. Voltaire doit payer les dépens et accuse le bourgmestre de s'être malhonnêtement taillé la part du lion.[103]

Voltaire et Mme Denis avaient prévu de se retrouver à Strasbourg. Mais, apprenant les événements, la nièce change sa destination. Elle arrive à Francfort le 9 juin. Peu après, elle reçoit la lettre que lui a écrite de Paris, le 1er juin, milord Maréchal. De cet ambassadeur de Prusse en France, la postérité a retenu le portrait sympathique tracé par Rousseau dans ses *Confessions*. C'est un personnage assez différent que révèle le présent épisode. Sur l'ordre de son maître, il avait soumis la nièce de Voltaire à des pressions, avant son départ. Il exigeait la restitution du contrat d'engagement de son oncle : mais le document restait introuvable.[104] Sa lettre du 1er juin vise à impressionner Voltaire, qui en est le vrai destinataire. Sous des apparences de bonhomie spirituelle, l'ambassadeur insinue des menaces. Il énumère les pays où Voltaire est indésirable,[105] puis rapporte une sinistre histoire qui se serait passée lors de la conquête du Pérou par les Espagnols. Une dame se déchaînait contre Pizarro : un certain Caravajal, après avoir essayé de l'apaiser, la fit pendre au balcon. Pour que l'apologue soit sans équivoque, milord précise : « Si quelque grand et fort Preisser [Prussien], offensé des discours de votre oncle, lui donnait un coup de poing sur la tête, il l'écraserait. » La gracieuseté finale, « empêchez votre oncle de faire des folies, il les fait aussi bien que les vers », se conjugue avec de venimeuses allusions aux prisons où l'on meurt «subitement».[106] Ce Prussien qui devance les ordres, n'est-ce point Freytag ?[107]

L'arrivée de sa nièce procure à Voltaire un appui précieux. Elle écrira tout ce qu'il n'eût pu ni voulu dire. Dès le 11 juin, elle s'adresse au roi de Prusse. Elle lui dépeint la situation cruelle de son oncle, arrêté dans une auberge où on ne lui permet même pas de «respirer l'air». La rigueur de cette détention ne se justifie nullement à l'égard d'un captif dont la soumission aux ordres royaux a été totale. Il s'est plié à toutes les exigences. Il est prêt à rendre le livre de poésies qu'il emportait avec «la permission» de son auteur. Il a lui-même demandé que ses bagages soient renvoyés directement à l'adresse de Freytag – ce qui était une erreur, comme on le verra bientôt. Mme Denis, quant à elle, s'engage à faire remettre toutes les lettres qui se retrouveront à Paris ; elle envoie à milord Maréchal la résiliation de Voltaire, faute d'avoir en mains le contrat d'engagement. Tant de «bonne foi» doit désarmer le courroux de celui qui traite avec «tant de dureté» l'homme qui lui a toujours été attaché avec «tant d'enthousiasme». Au terme de ce plaidoyer, l'éloquente solliciteuse cite la promesse du roi du 23 août 1750 : «je serais au désespoir d'être cause du malheur de mon ennemi, comment pourrais-je l'être du malheur de mon ami ?»[108]

Après avoir écrit cette lettre «trempée de [ses] larmes», Mme Denis dicte à un homme sûr, Collini, une longue missive qui mettait le comte d'Argenson au fait de la situation. On n'empêchait point les prisonniers de communiquer avec l'extérieur,[109] ou du moins ils déjouaient les contrôles, car ils étaient l'objet d'une surveillance étroite. Voltaire reçoit-il un paquet ? On lui demande des comptes. Il répond qu'il veut faire présent à MM. Schmidt et Freytag de ses Œuvres. Hypocrisie, ou déclaration spirituelle ? Th. Besterman pense, non sans raison, que Voltaire voulait montrer à ces obscurs fonctionnaires à qui ils avaient affaire.[110]

Le dimanche 17 juin au soir,[111] après une longue attente, la malle arrive de Leipzig[112] à Francfort. On va donc en extraire «l'Œuvre de poésie», remettre le livre à Freytag, et l'arrestation prendra fin. Les voyageurs pourront continuer librement leur route. Voilà ce qu'espère Voltaire d'après la promesse écrite du résident. Or, tout au contraire, l'arrivée de la malle, bien loin d'apporter la solution, aggrave considérablement la situation.

Le précieux bagage avait été porté, non pas à l'hôtel du Lion d'or chez Voltaire, mais selon les instructions du prisonnier dans la maison même de Freytag. Voltaire avait cru habile de donner cette preuve de confiance. Or une fois en possession, chez lui, de la malle tant attendue, le résident refuse de l'ouvrir.

Collini, le matin, s'est rendu plusieurs fois chez Freytag, «avec importunité», selon celui-ci. Voltaire lui-même est sorti, avec la «permission» du geôlier, pour aller chez Schmidt. On lui dit que l'ouverture est remise à l'après-midi, après l'arrivée de la poste. Mais deux heures plus tard Freytag fait connaître qu'il n'ouvrira pas la malle. Ayant pris connaissance du courrier du cabinet, reçu le 18 juin, il annonce que «l'intention du roi est que tout reste dans l'état où est l'affaire à présent, sans fouiller et sans dépaqueter le ballot en question, sans renvoyer la croix et la clef, et sans innover la moindre chose jusqu'à la première poste qui arrivera jeudi qui vient».[113] Finassant, Freytag prétend que ces mesures sont dues à son rapport très favorable du 5 juin, dans lequel il avait loué la résignation du prisonnier, son obéissance et rapporté ses «contestations sincères» de fidélité envers le souverain.[114]

Les prétendus bons offices du résident se soldaient donc par une prolongation de l'emprisonnement. Voltaire ne fut pas dupe d'un aussi grossier stratagème. Si le roi penchait pour l'indulgence, pourquoi attendre le jeudi suivant? La situation était inquiétante. Que voulait-on de lui? A quelles exigences inconnues serait-il soumis? Une scène violente éclate. Freytag «vomit force injures» contre Voltaire. Il menace de l'emprisonner dans sa propre maison. Il refuse de communiquer – et pour cause – l'ordre du roi. Voltaire invoque les promesses du billet du 1er juin. Freytag réplique, avec la plus extrême mauvaise foi, que ce papier n'avait aucune valeur, ayant été donné *pro forma*.

Le mardi 19, alors que Freytag le menace de «nouvelles mesures», Voltaire fait porter sa grande cassette à l'abri, chez le duc de Meiningen. Il se rend auprès du conseiller Schmidt, puis de Freytag qu'il essaie de fléchir. Il essuie de nouvelles rebuffades. Il finit par promettre de rester prisonnier sur parole jusqu'au jeudi.[115] Il aurait même tenté de bénéficier du droit d'asile en voulant se rendre dans le couvent des johannites de la ville.[116]

Comment expliquer l'attitude de Freytag? Depuis le début de l'affaire, il n'en finissait pas d'attendre les instructions précises qu'en bon subalterne il appliquerait consciencieusement. Il n'avait cessé de demander des renseignements complémentaires. Disons-le à sa décharge, il ne les a jamais obtenus. Fredersdorff lui fit seulement connaître le titre du livre à récupérer: *Œuvre de poésie*. Indication fausse: les éditions du roi sont intitulées: *Œuvres du philosophe de Sans-Souci*. Le 7 juin, Freytag a fait part de son embarras: combien de caisses faut-il faire revenir? De combien de papiers doit-il s'emparer? Le 9, nous l'avons vu, il suggère que le prisonnier soit reconduit, *manu militari*, dans les Etats de Prusse. Mais le roi est en tournée hors de sa capitale. On touche ici au vice fondamental des gouvernements despotiques. En l'absence du maître toutpuissant, les subordonnés n'osent prendre aucune initiative. Il faut attendre. Aux demandes répétées de Freytag, Fredersdorff répond, le 11 juin, que, Sa Majesté n'étant pas encore de retour, des «ordres ultérieurs» ne parviendront qu'à la poste suivante. D'ici là, il convient d'agir «selon les ordres précédents».[117] Tel est le message évasif que Freytag reçoit au courrier du 18 juin.

Sa perplexité est grande. Puisque le livre est vraisemblablement dans la malle, Schmidt serait d'avis d'ouvrir celle-ci et, une fois «l'Œuvre de poésie» récupérée, de relâcher le prisonnier. Mais la lettre de Fredersdorff recommandait de ne pas se soucier de «tout ce que l'impatience de Voltaire» pourrait lui faire dire. Freytag n'était-il pas invité, par là, à encourir cette «impatience»? Il préféra donc attendre le jeudi suivant. On remarquera à sa décharge qu'il était bien incapable d'imaginer que le roi voulait simplement recouvrer son livre, sans exiger que tous les colis soient visités. Comment risquer la perte d'un seul manuscrit royal? Il adopte donc l'attitude qui le met, croit-il, le mieux à couvert. Sans doute, il y avait une issue. On a fait remarquer, à juste titre, que le résident pouvait dans cette incertitude exposer les faits ouvertement à son prisonnier.[118] Il fallait avoir le courage d'avouer qu'il avait demandé des compléments d'information, braver la fureur de Voltaire, au lieu d'essayer grossièrement de l'amadouer.

Mais Freytag est tenaillé par la peur. Ce n'est pas sans raison que Montesquieu a décelé dans la «terreur» le «principe» du gouvernement despotique. Freytag est terrorisé à l'idée qu'au moindre faux-pas il peut être enfermé à son tour dans quelque forteresse. Selon une dialectique carcérale bien connue, la peur paralysante du geôlier se traduit en brimades pointilleuses à l'égard du captif, danger permanent, source de fautes professionnelles.

En cette soirée du 18 juin 1753, l'affaire de Francfort dérape. Dans son souci d'exécuter scrupuleusement ses ordres, Freytag va se trouver en réalité en porte-à-faux par rapport à ces mêmes ordres. Et il n'a pas prévu de la part de son prisonnier une réaction qui va compliquer les choses sérieusement.

736

9. Dans les griffes de Freytag[1]

(19 juin - 8 juillet 1753)

Voltaire se trouve dans un état d'esprit qui nous fait penser au Monsieur K. de Kafka : sentiment d'impuissance, incertitude sur son sort, culpabilité indéfinie. Il n'accepte pas ce « procès » au chef d'accusation fluctuant, ces exigences d'extension imprécise, cette ombre de l'absurde qui se profile sur sa vie. Il s'arrête à un parti violent, celui de fuir.

Le mercredi 20 juin, dans l'après-midi, vêtu d'un costume de velours noir, Voltaire accompagné de Collini et d'un domestique, n'emportant que ses manuscrits et son argent enfermé dans une cassette, sort de son auberge. S'étant dirigé vers l'hôtel de la Couronne de l'Empire, il prend place dans une voiture de louage qui revient de Mayence et y retourne. Il perd quelques minutes précieuses : il recherche un carnet qu'il a perdu, et la rue est encombrée par une longue file de charrettes à foin.[2] Sans ces charrettes, ici aurait pu s'arrêter cette biographie. Le retard a peut-être sauvé la vie de Voltaire, car Freytag a donné ordre de lui loger une balle dans la tête si on l'appréhendait hors du territoire de Francfort.[3] A trois heures, hors d'haleine, l'espion posté par le résident au Lion d'or vient donner l'alerte : le prisonnier s'est enfui. Freytag dépêche des messagers sur les trois routes principales, de Hanau, Friedberg et Mayence. Il emprunte au chancelier électoral de Trèves, le baron Munch, son carrosse d'Etat à six glaces qui stationnait là et roule au plus vite vers la porte de Bockenheim... C'est lui-même qui raconte cette course-poursuite au service de Sa Majesté, afin de se mettre en valeur. La réalité fut peut-être moins glorieuse. Selon Collini et de Luchet, la voiture de Voltaire fut arrêtée à la porte de la ville par un simple valet d'écurie, l'un des mandataires du résident qui avait été averti à temps. Voltaire détruisit certains de ses papiers et réussit à cacher son manuscrit de *La Pucelle*.

A peine Freytag a-t-il rejoint le carrosse immobilisé, il déverse sur le fugitif « imprécations et injures ». Voltaire riposte sur le même ton.[4] On revient vers la ville, au milieu d'une populace attroupée, dans une berline presque « ouverte », escortée de soldats. Freytag s'est installé comme un « exempt de police » à côté de ses prisonniers.[5] Le carrosse se dirige vers la maison du marchand Schmidt, où l'on débarque. On barricade la porte. Des factionnaires sont apostés pour contenir la foule. On conduit Voltaire et Collini dans un comptoir. Entourés de commis, de valets et de servantes, ils sont traités avec le plus grand mépris. L'affaire ayant été chaude, on trinque à la santé de Son Excellence M. de Freytag. Celui-ci se met à pérorer. Mme Schmidt, qui a refusé de saluer Voltaire, l'écoute bouche bée : elle pleure «sans savoir pourquoi, applaudissant à son courageux sang-froid».[6] On fouille les prisonniers. On s'empare de tout ce qui se trouve dans leurs poches, y compris la montre, la tabatière et quelques bijoux de Voltaire. On saisit la cassette. Voltaire qui ne peut se passer de tabac réclame sa tabatière. On lui répond que l'usage est de «s'emparer de tout».[7] Collini insiste pour que soit dressé un procès-verbal : on le menace d'être jeté dans un corps de garde.

Voltaire a-t-il alors tenté de s'échapper, comme le prétend Freytag ?[8] Que signifie le sketch tenant de la farce rapporté par Collini ? Apercevant une porte entr'ouverte, il se précipite, poursuivi par une escouade de courtauds de boutique et de servantes, Mme Schmidt à leur tête. Il s'écrie : «Ne puis-je donc pourvoir aux besoins de la nature ?» On se range en cercle autour de lui. Collini le voit courbé, se mettant les doigts dans la bouche, et faisant des efforts pour vomir. Le secrétaire angoissé lui demande s'il se trouve mal, et Voltaire lui répond : «*Fingo, fingo*» («je fais semblant»). Schmidt qui se croit offensé le menace : «Malheureux! vous serez traité sans ménagement.»[9] Là-dessus arrive Dorn, s'écriant que s'il avait attrapé le fugitif en route, il lui aurait fait sauter la cervelle, propos qui n'était peut-être pas une simple rodomontade.

Freytag a dû en référer aux autorités de la ville. Le bourgmestre, Johann Carl von Fichard, homme assez âgé, fait d'abord beaucoup de difficultés, «parce que la requête royale faisait défaut et parce que M. de Voltaire se trouvait au service du roi de France».[10] Cependant Freytag insiste. Il montre les lettres du roi du 11 et du 29 avril.[11] Il vient à bout des résistances du bourgmestre. Il faut régler aussi le sort de Mme Denis, restée à l'hôtel du Lion d'or. Schmidt à son tour se rend chez von Fichard. Il obtient que cette «drôlesse effrontée», qui «s'en allait par la ville étourdir les magistrats», soit consignée dans son hôtel et que le secrétaire soit emprisonné. On notera que Freytag, dans son mémoire justificatif du 6 juillet, déclarera que Schmidt de son propre chef fit arrêter Mme Denis, non parce qu'elle était coupable, mais parce qu'elle pouvait «gâter [leur] affaire».[12] Bien évidemment, Mme Denis aurait dû laisser opérer en paix les fonctionnaires prussiens.

Au bout de deux heures d'attente chez Schmidt, après les libations des gardiens, les prisonniers sont conduits dans «une mauvaise gargote», à la Corne de bouc, sous prétexte que l'hôtelier du Lion d'or ne voulait plus de Voltaire en raison de son incroyable ladrerie.[13] Avant le transfert, les portefeuilles, la cassette sont jetés dans un coffre vide et le cadenas qui le fermait muni du sceau de Voltaire et de celui de Freytag. Un officier se fit remettre les épées des prévenus. Un détachement de douze soldats commandés par un sous-officier les attendait à la Corne de bouc. Voltaire et Collini sont enfermés qui, dans une chambre, qui, dans un galetas, gardés respectivement par trois ou quatre soldats, baïonnette au canon. Voltaire demande à être servi par ses domestiques : demande rejetée par Schmidt.[14] Et Mme Denis? Le secrétaire Dorn, pour des raisons d'évidente commodité, veut tenir les trois prisonniers sous la même clef. Le rusé personnage, accompagné de trois soldats, se rend à l'hôtel du Lion d'or. Il laisse sa troupe dans l'escalier. Il va dire à Mme Denis qu'il vient la chercher de la part de son oncle. Il lui offre son bras. Mais à peine sortie, les trois soldats l'entourent, l'entraînent à travers la foule, ce qui la jette dans des «convulsions horribles». A la Corne de bouc, Dorn s'installe dans la chambre de sa prisonnière, se fait servir à dîner et vide force bouteilles. Après quoi, selon les dires de Voltaire, Mme Denis dut se défendre des pires importunités de Dorn en appelant au secours.[15] On ne tranchera pas cette délicate question. Mais que les formes rebondies de la nièce aient émoustillé le secrétaire éméché paraît assez vraisemblable. En re-vanche on n'accordera aucun crédit aux explications embarrassées de Freytag selon lequel la présence de son secrétaire était due à une requête expresse de la prisonnière qui lui avait donné un louis d'or pour rester auprès d'elle![16]

Pour cette nuit du 20 au 21 juin 1753 force nous est d'abandonner Mme Denis à son triste sort. Les souffrances de sa nièce vont devenir une des «scies» voltairiennes. Mais il est juste de remarquer que l'héroïne de l'aventure eut à souffrir des violences injustifiables, même si, plus tard, elle devait tenir fort bien à Paris le rôle de la malheureuse victime. Le cri d'indignation de Collini garde toute son éloquente pertinence: «Et c'est à Francfort, dans une ville qualifiée libre, que l'on insulta Voltaire, que l'on viola le droit sacré des gens, que l'on oublia des formalités qui eussent été observées à l'égard d'un voleur de grand chemin.»[17]

Au soir de cette journée mouvementée, dans les deux camps on se met à écrire. Freytag et Schmidt rédigent une requête au Conseil de Francfort: ils demandent l'arrestation de Voltaire à l'hôtel de la Corne de bouc jusqu'à l'arrivée des ordres de Frédéric II. Motif: violation de la parole donnée et tentative d'évasion. Ils font valoir qu'il s'agissait de «papiers royaux qu'on estime plus que des territoires», affirment que le livre de poésies n'a pas été rendu, mais cachent qu'ils ont refusé de s'en saisir. Ils mentent sciemment.[18]

A dix heures du soir, Voltaire conjure la margrave de Bayreuth d'intervenir. Il dénonce «l'horrible violence» commise contre Mme Denis et démontre qu'ayant satisfait à ses engagements il était en droit de partir comme le stipulait la promesse de Freytag. Wilhelmine est priée de communiquer cette lettre au roi.[19]

Le lendemain jeudi 21 juin était à la fois jour de poste et jour de séance du Conseil de Francfort. Réunis le matin, les magistrats avaient été informés des violations du droit perpétrées contre Voltaire et les siens.[20] On prend connaissance du rapport de Freytag et Schmidt. On décide de laisser l'affaire «*in statu quo*». Mais on demande aux conseillers prussiens que la réquisition royale promise porte aussi sur les deux autres personnes arrêtées, Mme Denis et Collini, et sur le coffre confisqué contenant de l'argent.[21] Ces décisions, transmises par le greffier, mettent Freytag dans l'embarras. Il sait qu'il n'obtiendra pas de Potsdam les réquisitions demandées. Pour être dispensé de les produire, il propose à l'envoyé de la ville des concessions. L'équipe de garde sera retirée, à l'exception de deux soldats qui se relaieront à la porte de Voltaire. Le coffre sera rendu dès l'après-midi, Freytag se réservant de conserver en dépôt les écrits qui s'y trouvent. Il s'engage à ne rien entreprendre avant d'avoir remis au Conseil la réquisition de Sa Majesté royale de Prusse. Il rappelle qu'il s'agit d'un «certain livre rare contenant de la poésie et que M. de Voltaire, nonobstant l'ordre du roi, n'a pas encore restitué». Il continue donc à mentir, dissimulant que c'est lui-même qui s'oppose à la restitution du livre.

L'après-midi, son embarras va s'accroître. La poste apporte la réponse du cabinet. Fredersdorff, en date du 16 juin, fait savoir que Freytag ne doit plus «mettre obstacle» au voyage projeté de Voltaire à Plombières. Sa liberté lui sera rendue, à la seule condition qu'il écrive de sa main et signe la promesse de «renvoyer fidèlement *in originali* le livre qui appartient à Sa Majesté dans un délai bref que l'on déterminera, sans en prendre ou en laisser prendre copie», après quoi il fallait le «laisser partir en paix avec politesse».[22] On pouvait croire que cette lettre du 16 juin allait terminer l'affaire. On se contentait d'un simple engagement pour ce qui était du livre de poésies; il n'était plus question ni de lettres ni de manuscrits. Le roi, après son «heureux retour», a pris connaissance du premier rapport de Freytag, il est tranquillisé. Il dicte alors ces nouvelles instructions, sans souci de cohérence ou d'explication, entendant être obéi sur le champ. Les ordres sont parfaitement clairs, même s'ils sont en contradiction avec ceux du 29 avril. Ils représentent, cette fois, l'expression directe de la volonté royale.

Or Freytag, fonctionnaire jusqu'ici tellement respectueux des consignes, va s'appliquer à ne pas exécuter les derniers ordres reçus. Contrairement à ce qui a été trop souvent écrit, le résident n'est pas un balourd dépassé par les événements. Les épisodes qui vont suivre révèleront un personnage madré, habile à négocier. Il va finasser interminablement avec le Conseil de Francfort et, par courrier, avec le cabinet de Potsdam. Son but: conserver le plus longtemps possible les prisonniers sous sa coupe; au passage, discrètement, prélever de l'argent sur ces gens qui en ont beaucoup. M. de Freytag est cupide. Ses acolytes Schmidt et Dorn le sont plus encore.

Dans la journée du 21 juin, la garde de Voltaire est bien réduite à deux soldats, mais non sans un rebondissement qui en dit long sur les arrière-pensées du geôlier. Il avait dû promettre la mise en liberté de Mme Denis et de Collini. Le sous-lieutenant Textor se rend dans l'après-midi à la Corne de bouc pour les libérer. Les conseillers prussiens s'interposent. Ils se chargeront eux-mêmes de la mission. Le naïf Textor les croit et s'en retourne. Collini a récupéré son épée. Mais Freytag lui signifie ainsi qu'à Mme Denis qu'ils ont la liberté de se promener uniquement dans la maison, sans en sortir. Il faut empêcher la nièce d'aller solliciter le bourgmestre. Après quoi il aura le front de rapporter à Potsdam que Mme Denis avait été «tout de suite libérée».[23]

Freytag était d'humeur irascible en cette après-midi du 21 juin. Il a fait apporter à la Corne de bouc la malle de Leipzig et le coffre où ont été enfermés la veille les objets confisqués aux prisonniers. On ouvre la malle. Le volume de poésie est retiré et scellé en présence de Voltaire. Mais Freytag ne l'enverra à Potsdam que le 25 juin, après qu'il lui a été impérativement réclamé.[24] Quant au coffre, il a été fracturé. On s'est approprié une partie de l'argent qu'il contenait.[25] Protestation de Voltaire au Vénérable Conseil, le 27 juin.[26] A Frédéric II, le 9 juillet, il se plaindra d'avoir été «dépouillé et rançonné»: «on lui a pris linge, habits, bagues, argent, tout jusqu'à des ciseaux et des boucles».[27] Dans le «Journal de ce qui s'est passé à Francfort», il précise qu'on lui a dérobé «papiers, bagues, un sac de carolins, un sac de louis d'or et jusqu'à une paire de ciseaux d'or et de boucles de souliers».[28]

Les conseillers prussiens, craignant d'en être de leurs poches, ont-ils pris les devants? Car la question d'argent les inquiète. Ils avaient dû se porter caution auprès du Conseil de Francfort de tous les frais que pouvait occasionner l'arrestation de Voltaire.[29] Et le dernier ordre du roi ne porte aucune mention d'un quelconque remboursement des sommes engagées. Ils imaginent donc de faire payer par Voltaire les dépenses de sa capture et de son emprisonnement.[30] Freytag lui fait signer, le 21 juin, un mémoire en mauvais français où le montant est fixé à 128 thalers 42 creuzers.[31] Mais on ne spécifie pas si la somme englobe le montant total de la détention, ou bien le coût journalier, lequel serait alors exorbitant. C'est cette dernière menace qui pèse sur les prisonniers jusqu'au 29 juin.[32] D'ailleurs, il était strictement impossible, en ce 21 juin, d'évaluer un montant global, la durée de l'emprisonnement n'étant pas connue. Conscient de la difficulté, H. Haupt pense que cette somme a été fixée «au petit bonheur».[33] Du moins les geôliers entendaient-ils être largement dédommagés. On reste dans le flou. C'est pourquoi Schmidt barre de sa main les mots «qu'on a évalués à la somme de 128 thalers 42 creuzers».[34]

Du 22 au 26 juin la situation des prisonniers reste inchangée. L'autorité brutale de Freytag, l'énervement de Voltaire et de Mme Denis amplifient une vétille, une obscure affaire de laquais qui aurait été mal reçu.[35] Freytag pourtant se sent mauvaise conscience. Il récupère, par intimidation, sous la promesse (non tenue) d'une libération, les pièces qui pourraient être produites contre lui: les deux billets remis à Voltaire le 1er juin (celui qui fixait les conditions de sa libération, et l'engagement de lui restituer «deux paquets d'écriture»).[36] Il rédige une déclaration: Voltaire et ses co-détenus promettent de rester dans leur chambre jusqu'à l'arrivée de nouveaux ordres du roi, de ne jamais écrire ni parler de ce qui était arrivé, de payer les frais de détention, de rendre les œuvres de poésie du roi auquel le coupable demanderait pardon, de renvoyer immédiatement toute lettre du roi qui se retrouverait, de se soumettre en cas de contravention à un nouvel emprisonnement en quelque pays que ce soit.[37] Freytag avait sous les yeux, en rédigeant ce texte, les instructions de Fredersdorff du 16 juin (arrivées le 21 juin). Il retenait l'idée d'une déclaration écrite de la main de Voltaire, mais en dénaturait le sens. Celle-ci n'était exigible que si Voltaire n'avait pas rendu le livre et ne concernait qu'une promesse de restitution de l'ouvrage en question. Freytag outrepassait les ordres reçus et se mettait même en contradiction avec eux. Il étend les exigences aux « manuscrits royaux » qui n'étaient plus en cause. Au lieu que Voltaire recouvre sa liberté comme il était spécifié, il doit se déclarer d'accord avec une prolongation de sa détention et de celle de ses compagnons, qui était le seul fait des fonctionnaires prussiens. Le prisonnier doit donner un blanc-seing à son persécuteur, reconnaître le bien-fondé des mesures de coercition dont il a été l'objet. Il s'agit de le briser moralement. La demande d'observer le silence montre bien que les agents de Frédéric étaient conscients de l'illégalité de leurs démarches.

Les prisonniers demeurent dans la plus grande incertitude quant à leur sort. Ils ignorent encore qu'un ordre de libération avait été envoyé de Potsdam. Ils auraient dû en être informés. En réponse à la lettre de Mme Denis du 11 juin, le roi justifie le processus engagé contre Voltaire : il rappelle tous ses méfaits, flétrit sa conduite, affirme qu'il a été dans l'obligation de sévir. Il lui a fait redemander les « marques de distinction » qu'il lui avait accordées et ses poèmes, vu « l'usage condamnable » qu'il en pourrait faire. Cette rude semonce était précédée d'une indication essentielle : « Les ordres sont donnés pour qu'on laisse à M. de Voltaire la liberté de poursuivre son voyage ».[38] La lettre est envoyée à Freytag, avec prière de la remettre à sa destinataire.[39] Mais Freytag l'intercepte. Il garde donc ses prisonniers sous sa coupe. Aussi Voltaire accepte-t-il la déclaration qu'on exige de lui. Mais il la rédige à sa manière. En respectant tous les points formulés par Freytag, il truffe son texte de traits ironiques. Il met en évidence les absurdités, les abus de pouvoir, les malhonnêtetés de ses geôliers. Ainsi la déclaration qui devait faire taire la victime, la priver de tout recours, est subvertie par cette fausse naïveté éclairante. Après avoir prouvé l'illégalité de son emprisonnement, Voltaire déclare benoîtement : « Par conséquent, je suis emprisonné très juste-ment, et quoique je ne sache pas pourquoi ma nièce a été emprisonnée, je confesse qu'elle l'a été aussi très justement. »[40]

Ce même 23 juin, où Voltaire rédige sa « déclaration », Freytag fait son rapport au cabinet de Potsdam. Il fait appel au châtiment royal car « la chose a pris une tout autre face ». Au récit de la fuite manquée de Voltaire s'ajoute une présenta-tion des méfaits du captif qui a osé, dès le second jour de sa détention, faire imprimer un texte défavorable à ses geôliers, et qui se répandrait en injures sur le « très haut et très bien né » Fredersdorff. Freytag n'oublie pas qu'il a promis solennellement aux autorités de la ville l'arrivée prochaine d'une lettre de réquisition du roi son maître. Aussi s'efforce-t-il de décider Fredersdorff à établir un « ordre ostensible du roi » avec « approbation très gracieuse de [sa] conduite en cette affaire». Il va même jusqu'à demander «une carte blanche avec la signature de Sa Majesté le roi, et l'en-tête ‹Réquisition aux magistrats de Francfort concernant le de Voltaire›», qu'il remplirait lui-même.[41] Pour le résident l'autorité souveraine a été bafouée en sa personne, mais la sanction exemplaire qu'il appelle de ses vœux serait aussi la royale approbation de sa conduite. Le châtiment prouverait la faute, donc reconnaîtrait la sagacité du geôlier. Précisons, pour l'honneur du cabinet de Potsdam, que l'impudent Freytag ne recevra pas la «carte blanche» qu'il sollicite.

Les conditions de détention demeurent draconiennes. Mme Denis a reçu permission de rendre visite à Mme von Freytag. Mais il lui est interdit de sortir en ville. L'hôtelier de la Corne de bouc a servi un repas à Collini dans une pièce du rez-de-chaussée; vive réprimande de Dorn: le prisonnier doit rester dans son galetas.[42] Aussi les malheureux, dont la situation lamentable s'éternise, écrivent-ils de tous côtés. On a pu sourire de cette activité épistolaire sans répit.[43] Mais écrire, en de pareilles circonstances, ce n'est pas seulement implorer de l'aide, c'est exister autrement que dans la condition de détenu.[44] Mme Denis s'adresse au roi le 25 juin et transmet une copie de sa lettre au chevalier de La Touche.[45] Le 26, elle peint son «état violent», prie le marquis de Montperny d'user de son influence pour que la margrave de Bayreuth intercède en leur faveur.[46] Voltaire, le même jour, se décide à implorer la clémence de Frédéric II, lui demandant pardon et promettant d'oublier Maupertuis.[47] A cinq heures du soir, nouveau mémoire envoyé au roi de Prusse.[48] Le 29, Mme Denis lui adresse une requête, une autre ou peut-être la même lui parviendra par l'intermédiaire de sa sœur Wilhelmine.[49] Les prisonniers informent également de leur situation la cour impériale, celle de France, l'ambassadeur de France à Berlin.[50]

Pourtant, le 26 juin, les choses commencent à évoluer. La veille, Freytag avait reçu l'«Ordre au baron de Freytag de laisser partir Voltaire» qui le sommait de relâcher le poète dès qu'il aurait promis de rendre le livre de poésies.[51] Après concertation avec Schmidt, Freytag pour ne pas perdre la face devant les autorités de la ville a désobéi à ces injonctions.[52] Mais il avait compris le persiflage de la «déclaration» rédigée par Voltaire. Il charge Dorn de lui faire signer un nouveau mémoire en quatre points, aux clauses moins contraignantes.[53] Voltaire est sur le point d'apposer son paraphe lorsque le greffier Diffenbach s'annonce: il ajourne la signature. Aussitôt Freytag, dans son rapport du 26 juin au cabinet, en prend prétexte pour se dire dans l'impossibilité de relâcher le récalcitrant.[54] Il s'efforce de justifier juridiquement son refus d'obéissance, arguant qu'un serviteur peut bien arrêter quelqu'un, mais qu'il ne lui est pas permis de l'élargir «sans avoir préalablement pris l'ordre suprême». Il n'a reçu aucune réponse touchant la tentative de fuite de Voltaire. Il insiste pour que le coupable soit enfin puni comme il le mérite. Il laisse paraître, dans sa diatribe, le désarroi du sbire attendant en vain que son maître châtie enfin ce captif traité avec trop de mansuétude.[55]

Voltaire passe à une attitude offensive. En effet, Diffenbach lui a fait savoir, de la part du Conseil, que Mme Denis et Collini étaient libres. Il transmet une demande d'adoucissement des conditions de sa propre détention. En outre, à cette date, Voltaire est informé du contenu des instructions reçues par Freytag, notamment de la lettre de Fredersdorff du 16 juin. Sans doute est-ce Dorn, fort sensible aux espèces sonnantes et trébuchantes, qui a trahi le secret. Il met donc l'accent sur la contradiction entre les ordres du souverain et le comportement de ses fonctionnaires. Il requiert très légitimement qu'un rapport soit adressé à Frédéric II. Mais il veut aussi qu'on lui procure satisfaction pour les avanies qu'il a subies, propose Senckenberg comme commissaire chargé de cette affaire et fait état de son désir de retourner au Lion d'or.[56] Le Conseil en délibère le 28. La nomination de Senckenberg, la libération de Voltaire sont refusées.[57] Mais il est décidé que le syndic Burgk rédigera une lettre circonstanciée au roi de Prusse.[58]

Suivent des palabres entre les conseillers prussiens et les autorités de la ville. Le 28 juin, Freytag se voit rappeler par Diffenbach qu'il doit produire les lettres réquisitoriales de Frédéric II, promises le 20 juin. Schmidt, convoqué à l'hôtel de ville au sujet des frais de détention, répond brutalement qu'il ne s'agit pas de ses affaires mais de celles du roi de Prusse.[59] Le Conseil prend son temps. Le 4 juillet, Diffenbach se rend de nouveau auprès de Freytag pour que la détention de Voltaire soit levée, celui-ci s'engageant à rester à Francfort jusqu'à l'arrivée de la décision royale. Refus de Freytag : il espère que la question sera réglée le lendemain, jour de poste. Si tel n'était pas le cas, on attendra de nouveau, sa seule concession étant de promettre que tous les jours à onze heures un point de la situation sera établi et communiqué à Voltaire, pour le consoler et le faire patienter.[60] Freytag s'en tient à la même ligne de conduite : conserver le plus longtemps possible le détenu en son pouvoir, en espérant qu'enfin le châtiment royal s'abattra sur le coupable.

Mais il va céder du terrain, jour après jour. Le 5 juillet, ponctuellement, Diffenbach se présente chez les conseillers prussiens. Ils se montrent beaucoup plus conciliants. Ils ont reçu ce jeudi 5, jour de courrier, un billet dénué de bienveillance de Frédéric, à qui parvenaient de tous côtés les appels au secours de Voltaire et de sa nièce. Le roi, en date du 26 juin, s'étonne de l'arrestation de Mme Denis : «je ne vous avais rien ordonné de tout cela.» Mécontent de ce «coup d'éclat», il ordonne la libération immédiate de Voltaire et de ses co-détenus : «Rendez-leur donc la liberté dès ma lettre reçue.»[61] Freytag déclare à Diffenbach qu'il est d'accord pour que la sentinelle soit retirée et que Voltaire retourne au Lion d'or. Mais on ne doit pas lui rendre son épée avant le 9 juillet. Empêtré dans son propre système, le résident veut croire que le roi n'a pas encore reçu son rapport du 23 juin sur la tentative de fuite. Il essaie de gagner du temps jusqu'au 9 juillet, jour de poste, au cas où par miracle une approbation souveraine de dernière minute viendrait le réconforter.

Mais dès le lendemain, 6 juillet, il renonce à ses exigences. Il donne au bourgmestre le pouvoir de remettre à Voltaire son épée et par là même sa complète liberté.[62] Freytag se trouve dans une mauvaise passe. L'abbé de Prades a adressé le 30 juin, sur l'ordre du roi, une nouvelle lettre à Mme Denis,[63] où il est dit que son arrestation n'avait jamais été ordonnée par le souverain, que Voltaire devait être libre dès qu'il aurait rendu ce qui lui était demandé, que des ordres étaient envoyés pour leur élargissement. Il était indiqué que Freytag avait dû lui remettre une première lettre.[64] Mme Denis prie poliment le résident de lui donner le message qui lui est destiné. Il se dérobe prétendant n'avoir pas reçu de «lettre du roi».[65]

Freytag est fort inquiet. Ce 6 juillet, il s'adresse à Fredersdorff pour se justifier. Il sollicite l'intervention de l'homme de confiance afin que les réclamations de Voltaire ne soient pas entendues.[66] Il essaie de diffamer Senckenberg en envoyant des documents qui l'accusent. Il prétend que Voltaire «a commis ou a l'intention de commettre quelque énormité». Il ment en disant qu'il lui a rendu ses papiers de famille. A l'appui, il joint un «Extrait du billet de Voltaire remis le 5 juillet 1753 l'après-midi après trois heures». Ce texte est un faux éhonté. Il est non pas de Voltaire, mais de Mme Denis. Celle-ci après avoir réclamé la lettre du roi interceptée, avait ajouté quelques mots de politesse. Freytag les recopie, à l'exclusion de ce qui précédait. De plus, dans la phrase finale, «on lui fait beaucoup de compliments et on compte sur son esprit de conciliation, sur sa justice et sur la bonté de son cœur», il supprime les mots «et on compte»: ainsi le texte se transforme en grossière flatterie.[67] On signale d'autant plus volontiers cette malhonnêteté, que c'est sur ce texte falsifié, attribué de plus à Voltaire, que des jugements très durs sur l'hypocrisie et la lâcheté de l'homme de lettres ont été formulés, accréditant le thème de la pleutrerie voltairienne.[68]

Voltaire est revenu au Lion d'or en ce 6 juillet. Sa première visite est pour le bourgmestre Carl von Fichard. Il récupère son épée.[69] Ici s'ouvre la dernière phase de cette lamentable affaire. Paradoxalement, le Conseil de la Ville, qui vient de libérer le prisonnier, devient son principal adversaire. Car Voltaire et Mme Denis demandent justice par deux requêtes, l'une en latin, l'autre en français, soumises au Conseil.[70] Même protestation par devant notaire. Mais ils n'obtiennent pas gain de cause. Le Conseil décide d'ajouter à la lettre écrite la veille au roi de Prusse la notification de la libération de Voltaire. Le texte envoyé à Potsdam expose en détail les événements, blâme les conseillers prussiens, mais se limite à souhaiter que le roi ordonne désormais à ses fonctionnaires d'informer préalablement le Conseil avant d'exécuter ses ordres.[71] Voltaire doit se contenter de l'envoi de ce rapport.[72]

Renonçant à se battre, il décide de quitter la ville prétendue libre.[73] Il veut pourtant, au préalable, se faire restituer l'argent de son voyage, saisi lors de son arrestation. Or à la suite d'obscures tractations entre Freytag, Schmidt et le Conseil, il est mis en demeure de débourser 190 florins 11 creuzers. C'est à ce total que s'élèvent les pourboires à distribuer aux différents larbins employés par Freytag et Schmidt, les frais de transport de la malle, ceux de la garde et les commissions distribuées aux autorités de la ville.[74] Comme il eût été aléatoire d'attendre un remboursement de Potsdam, tous se sont mis d'accord sur un moyen sûr et expéditif: Voltaire paiera. Dans la foulée, on dispense Schmidt de ses promesses antérieures, de payer les frais de l'arrestation. Cochers, laquais, espions, hommes de main, aide de camp et même monsieur le Bourgmestre sont rétribués par Voltaire. Les gratifications, dont le détail est envoyé à Potsdam, varient avec les services rendus et avec la qualité.[75] Et ce n'est pas tout. Voltaire devait être spolié jusqu'au dernier sol, à la suite d'un incident rocambolesque, qui faillit tout remettre en question.

Le 7 juillet au matin, Voltaire envoie le notaire Myck, adjoint du notaire Böhm, avec un pouvoir chez Schmidt pour récupérer son argent, ou ce qui en reste, soit 80 louis d'or. Pour on ne sait quelle raison, l'argent est remis à Dorn qui, accompagné de Myck est chargé de le porter à Voltaire au Lion d'or. La vue du gaillard effronté mit-elle Voltaire en fureur? Selon Dorn, il se saisit d'un pistolet qu'il braque sur lui, ce qui donne l'occasion à ce brave de détaler – en emportant le butin. Dorn se rend à l'hôtel de ville, porte plainte pour que l'auteur de l'attentat soit puni.[76] Des dépositions sous serment contradictoires subsistent aux archives de Francfort. Myck indique que Voltaire était passé, un pistolet à la main, devant la porte de la chambre où il se trouvait avec Collini et Dorn, et que Dorn avait pris la fuite sans raison. Myck et Böhm déclarèrent que le pistolet n'était pas chargé. Voltaire prétendit qu'il voulait faire réparer l'arme et n'avait aucune intention d'attaquer Dorn. Collini se range à cette version des faits.[77] Mais dans ses *Mémoires* il prétendra que son maître a cédé à un mouvement de colère et qu'il a eu tout juste le temps de lui repousser le bras.[78] Freytag s'empresse de mander à Potsdam cette nouvelle péripétie. Il insiste sur les dangers encourus au service du roi et réclame pour la consolation du malheureux Dorn, de sa femme et de ses enfants, tous malades des suites de leur frayeur, l'argent laissé par Voltaire.[79] Celui-ci est de nouveau menacé d'arrestation. Mais, sans doute sur l'ordre du bourgmestre, qui devait souhaiter son départ, Diffenbach « arrange tout ».[80] Voltaire et Collini quittent précipitamment Francfort le 7 juillet, sans prendre le temps de faire leurs adieux à leur chargé d'affaires Senckenberg.[81] Mme Denis, le lendemain, part pour Paris. Pourquoi l'oncle et la nièce se séparent-ils? Sans doute pour des raisons d'urgence tactique. Il importe de préparer le retour de Voltaire en France, tâche hérissée de difficultés. Mme Denis quitte donc cette Allemagne où elle a été molestée pour retrouver son champ d'action habituel.

Cette « affaire d'Ostrogoths et de Vandales » étant finie,[82] il convient, en raison de l'amertume qu'elle laissa à Voltaire, de hasarder quelques réflexions. Sujet épineux, qui focalisa des passions alimentées par le nationalisme, cette humiliation majeure de l'homme de lettres français doit pouvoir être traitée aujourd'hui avec l'impartialité que Desnoiresterres appelait déjà de ses vœux.[83] Le temps de la sérénité étant venu, il faut faire la part des erreurs humaines, du jeu des intérêts et de celui des forces, des malheureux hasards[84] dans ces scènes ubuesques. Des imprécisions et variations des ordres royaux aux scrupules et brutalités de zélés fonctionnaires, des foucades voltairiennes aux faiblesses du Vénérable Conseil de Francfort, de la lenteur des communications à l'émergence d'une logique carcérale, des facteurs multiples se sont entrecroisés.

En tentant de démêler au jour le jour cet écheveau, il s'avère qu'il faut briser le stéréotype du fonctionnaire prussien à l'obéissance aveugle, automate borné d'un régime despotique, conduit par le sens du devoir aux pires exactions et par conséquent irresponsable. Les accusations lancées par Voltaire contre Freytag, «banni de Dresde après avoir été mis au carcan et condamné à la brouette», et contre Schmidt, «condamné ci-devant à l'amende pour fausse monnaie»,[85] le puissant comique des scènes rapportées dans les Mémoires pour servir à la vie de M. de Voltaire, la trouvaille concernant «l'œuvre de poéshie du roi mon maître»[86] ont suscité une forte réaction en sens contraire, illustrée par un ouvrage qui fit du bruit en son temps, celui de Varnhagen von Ense, Voltaire in Frankfurt-am-Main.[87] L'écrivain allemand avait découvert maints inédits dans les archives de Berlin, dont les rapports du résident qu'il prit pour vérité absolue. Il dénonçait avec vigueur les mensonges, artifices, lâchetés de Voltaire. Il déplorait certes que Frédéric ait fait exécuter ses ordres, d'ailleurs mal formulés et bien propres à induire en erreur des subalternes, par des agents diligents mais peu éclairés, malheur auquel, selon lui, sont exposés tous ceux qui commandent. Ainsi, il n'y avait point de responsables. Le roi était à plaindre d'avoir été mal compris. Les fonctionnaires n'étaient point à blâmer, ils avaient fait de leur mieux. On pouvait presque s'apitoyer sur leur sort, vu les difficultés auxquelles ils avaient été confrontés. La partialité patente de cette étude suscita des répliques,[88] mais marqua de son influence insidieuse la tradition biographique. Desnoiresterres, qui s'en indigne, croit s'en déprendre en ironisant sur cet «honnête résident», sur ces balourds aux prises avec une affaire trop délicate pour leur gouverne. Or tel n'était pas le cas. H. Haupt, auquel il convient de rendre hommage, rétablit la vérité sur bien des points, en mettant en évidence les mensonges ou malhonnêtetés des conseillers prussiens. A sa suite et après examen des différents textes écrits par Freytag, il apparaît que ce prétendu lourdaud était des plus clairvoyants en ce qui concernait ses propres intérêts, peu scrupuleux lorsqu'il les croyait en jeu, à la fois angoissé par ses responsabilités, imbu de son autorité et prêt à faire du zèle. En lui s'incarne, par delà ses caractéristiques individuelles, une des figures du geôlier, simple agent d'un pouvoir absolu, investi tout à coup du droit de tyranniser un captif, naguère honoré et maintenant réduit à merci. D'où des brimades tatillonnes, alimentées à la fois par la peur de commettre un impair et par le plaisir de commander, voire d'humilier. Freytag n'était point ce fantoche comique qu'agite Voltaire pour notre plus grand plaisir, mais un de ces petits chefs auxquels il vaut mieux ne pas avoir affaire, un de ces subalternes qu'engendrent les gouvernements despotiques, main-d'œuvre idoine pour les plus basses besognes. Toute tyrannie trouve pour la servir semblables valets. Mais peut-être un des recours possibles contre cette «espèce» est-il, lorsqu'on s'est enfin échappé, de rire et de faire rire. Voltaire ne s'en est pas privé, car «l'extrême ridicule va loin».[89]

Dans cette triste histoire, un deuxième point mérite d'être souligné : la faiblesse du Conseil de Francfort. De simples agents du roi de Prusse pouvaient en toute impunité bafouer ses prérogatives, contrecarrer ses décisions ou ne pas respecter les promesses qu'ils lui avaient faites. Voltaire resta prisonnier à Francfort parce qu'il s'était trouvé en butte non seulement au courroux d'un souverain, au zèle de ses agents, mais aussi aux palinodies des magistrats d'une ville qui n'avait de libre que le nom.

Un dernier point serait à examiner : la responsabilité personnelle de Frédéric dans les diverses humiliations infligées à Voltaire. Nous attendrons pour nous prononcer de prendre connaissance de l'appréciation définitive que le roi portera, dans quelques semaines, sur les initiatives de Freytag.

Tous les événements seraient-ils enchaînés dans le plus mauvais des mondes possibles ? Car enfin si Voltaire n'avait pas cédé aux séductions d'un roi philosophe, s'il n'avait point défendu la liberté du savant face à ce tenant de l'orthodoxie scientifique qu'était Maupertuis, s'il ne s'était égayé des ridicules du président de l'Académie de Berlin, Voltaire n'aurait jamais eu à voir avec ces obscurs, Freytag, Schmidt, Dorn. Mais «malheur est bon à quelque chose», écrira-t-il un jour.[90] Pour atteindre sa véritable stature, le poète humilié de Francfort a été heureusement débarrassé de sa croix, de sa clef de chambellan, de son ruban de l'ordre du Mérite, de ces «brimborions» qui auraient limité sa liberté d'action.

10. Les lendemains d'une avanie

(juillet 1753 - janvier 1754)

L'évadé de Francfort, pendant les semaines qui suivent, va regarder vers Paris et Versailles, en vue d'un retour. Mais il ne perd pas de vue le lieu de sa détention qu'il vient de quitter. Il a une vengeance à tirer de Freytag et consorts. Et ne pourrait-il pas récupérer quelque chose de tout l'argent qu'on lui a extorqué ?

Il s'arrête d'abord à quelques lieues, dans la principauté ecclésiastique de Mayence. Il y séjournera jusqu'au 28 juillet. Le prince-évêque, électeur et grand chancelier de l'Empire, vit là plus en mondain qu'en homme d'Eglise. Il n'avait trouvé à son avènement (1731) qu'une ville triste, aux rues étroites. Les deux principales curiosités étaient la chartreuse et le château dit de la Favorite.[1] Il en fait édifier un autre, à Pommersfelden : un grand corps de logis flanqué de deux pavillons et de deux ailes, au milieu de jardins. Il y reçoit ses courtisans, soit dans le pavillon central, soit dans une sorte de grotte ornée de fontaines et de statues en bronze. Face au château, des écuries en demi-lune. A Mayence, on a le culte du cheval. Un salon somptueux, peint à fresque, donne sur le manège. Des heures durant, l'évêque et ses familiers regardent les évolutions des cavaliers, parient sur les sauteurs d'obstacles. Pour conjurer l'ennui qui sévit dans cette cour ecclésiastique, on fait manœuvrer à l'autrichienne l'effectif de la garnison. L'été, comme en ce mois de juillet 1753, l'évêque et sa suite font la fortune de la bourgade voisine, Schwalbach, où sont organisées toutes sortes de réjouissances : concerts, comédies allemandes, bals. Les salles de jeux ne désemplissent pas et, lors de redoutes masquées, l'évêque, plus libre que dans sa résidence, ne dédaigne pas de porter un loup afin de s'octroyer un anonymat qu'il serait de mauvais goût de lui contester.[2]

Voltaire retrouvait là une Allemagne selon son cœur, celle des petites cours, où il est accueilli avec faveur. La maison de Stadion, le baron von Hardenberg et son épouse, le comte de Pergen, ambassadeur impérial, s'efforcent de lui faire oublier les traitements odieux auxquels il vient d'échapper.[3] « J'ai été », écrit-il, « un peu comme les chevaliers errants qui passaient d'un château enchanté dans une caverne ; mais aussi ils allaient ensuite d'une caverne dans un château ».[4] Il n'en continuait pas moins de ressentir les sévices de la caverne.

A peine sorti de Francfort, il adresse une requête au Vénérable Conseil de la ville. Il demande qu'on rende compte au roi de Prusse « de la manière dont on a violé, en son nom, le droit des gens ». Il exige la punition de Dorn et la restitution de l'argent confisqué par Schmidt. Il insiste pour que lui soit communiqué le *Pro*

Memoria des agents de Frédéric, daté du 20 juin, pièce détenue par les autorités de Francfort qui refusaient de la transmettre au plaignant.[5] Il revient à la charge par des requêtes en latin le 9 et 12 juillet qui font «crever de rire»: il accuse Dorn d'intentions malhonnêtes à l'égard de Mme Denis, début d'une campagne au comique involontaire.[6] Il est appuyé sur place par Senckenberg qui, ayant eu accès au dossier, remontre au Sénat que sa responsabilité est engagée.[7] Argumentation inutile, Schmidt fait prévaloir son point de vue. Le «malade affligé» de Mayence se plaint des lenteurs de la procédure. Il croit même avancer ses affaires en revenant lui-même dans la ville. Malgré le danger, il passe deux jours à Francfort, les 26 et 27 juillet, à l'auberge de la Pomme d'or.[8] Il s'enquiert des moyens d'intenter un procès à Freytag. Vains efforts. Le Conseil fait des réponses dilatoires: il se contente d'adresser de beaux rapports à Potsdam, en conclusion desquels il s'en remet au bon vouloir de Frédéric II.[9] Les magistrats osent seulement contester le montant des frais de détention qui aurait dû être arrêté par la justice de la ville. Leur seule réclamation un peu ferme concerne l'argent indûment gardé par Schmidt et qui devrait être déposé à l'hôtel de ville! Les autorités de Francfort sont surtout préoccupées par l'affaire de l'Eglise réformée, où elles ont besoin de l'appui prussien. Le bon droit de Voltaire est sacrifié à cet intérêt.[10]

Soudain un revirement de Potsdam les confirme dans leur mauvaise volonté. Le 14 juillet arrive à Francfort une lettre de Fredersdorff. L'homme de confiance de Frédéric assure Freytag de la totale satisfaction du roi, lui ordonne de n'entrer pas plus avec Voltaire qu'avec les magistrats de la ville en explications sur sa conduite, car il a agi «d'après les instructions de [son] souverain et comme personnage ayant un caractère royal». Quant au «Voltaire qui est un homme sans honneur, Sa Majesté ne veut en aucune manière se commettre avec lui». Et Fredersdorff s'exprime en termes grossiers sur celui qui avait été le favori de son maître.[11] Freytag et Schmidt triomphent. Ils diffusent ces bonnes nouvelles, insistant sur les «expressions fort dures» qui caractérisent l'écrivain.[12]

Deux autres lettres de Frédéric lui-même confirment sa position.[13] Le roi fait savoir qu'il n'a pas été informé des mauvais traitements dont se plaint Voltaire, ni que sa nièce ait été impliquée dans l'affaire. Mais il doute que son agent Freytag ait outrepassé ses ordres. Si tel était pourtant le cas, la faute en est à Voltaire. Le Conseil sait bien que le poète, en dépit de la parole qu'il lui avait donnée, a voulu prendre la fuite. Enfin la lettre se clôt sur une assertion cynique: les magistrats n'ont point à être embarrassés, car Voltaire est dénué de protection et on sait que jusqu'à ce jour le retour dans sa patrie lui a été interdit, à cause de sa mauvaise réputation. On remarquera les contre-vérités. Frédéric n'a pas ordonné l'arrestation de Mme Denis mais il en a été «informé». Voltaire n'avait point promis aux magistrats de Francfort de ne point quitter la ville, lorsqu'il se décida à s'enfuir, n'ayant eu affaire jusqu'alors qu'aux seuls agents prussiens.[14]

Que s'est-il passé depuis ce 26 juin et ce 2 juillet où le roi blâmait durement la conduite de ses fonctionnaires?[15] Sans doute faut-il mettre en première ligne les interventions de Fredersdorff.[16] Mais d'autres facteurs ont dû jouer: la décision de Voltaire d'obtenir réparation par voie de justice, sa campagne de diffamation contre les fonctionnaires prussiens,[17] la médiation de l'ambassadeur de France, le chevalier de La Touche, dont l'intervention fut jugée intolérable,[18] enfin l'agacement quand arrivèrent à Potsdam les missives du prisonnier de Francfort accompagnées d'un plaidoyer de la margrave de Bayreuth,[19] ou les jugements sévères de son ambassadeur à Paris sur les agissements de Freytag, qui reflétaient l'opinion publique.[20] Le roi lutte sur tous les fronts. A ce «fol» de La Touche, il révèle des propos ironiques que Voltaire aurait tenus sur son compte.[21] A milord Maréchal qui avait dénoncé les «sottises» des conseillers prussiens, il rétorque qu'on ne doit condamner personne sans l'entendre.[22] Voltaire et Mme Denis ont fait tant de «frasques» qu'ils se sont attiré les mauvais traitements de Freytag qui aurait dû être «moins juridique». Frédéric renchérit encore dans les jours suivants par une nouvelle réponse au Conseil de Francfort, rédigée par Podewils Si la nièce de Voltaire a été arrêtée, cela n'a guère d'importance, vu que tous deux formaient un couple de mauvais sujets. Pour ce qui est des empiétements juridiques de Freytag et de Schmidt, les magistrats sont invités à faire preuve d'indulgence. Freytag et Schmidt ont peut-être outrepassé quelque peu les limites qui leur étaient prescrites. Mais leur conduite relève sans doute de quelque mouvement de zèle.[23] Le roi couvre donc les agissements de ses agents.

Aussi pouvons-nous désormais nous prononcer sur la responsabilité de Frédéric dans l'affaire de Francfort. Il n'a pas ordonné directement dans leur détail les affronts infligés à Voltaire et à Mme Denis. Il était absent de sa capitale au moment des faits. Mais il les a approuvés après coup. Il doit donc en porter la faute devant la postérité.

Pour les Francfortois, en tout cas, les apparences étaient sauves. Le roi protestait qu'il reconnaissait les légitimes prérogatives de la ville. Le Conseil adopte donc le parti le plus simple: laisser dorénavant dormir cette affaire. Frédéric de son côté se flatte de ne plus être désormais importuné par «le fol de poète et sa Médée». Il s'efforçait même de se donner le beau rôle en pardonnant «méchancetés et friponneries et satires et calomnies», et mentait effrontément en prétendant avoir «chassé» Voltaire.[24]

Restait pourtant le problème de la restitution de l'argent. Schmidt s'était dérobé. Il ne rendrait pas ce qu'il détenait: les choses avaient changé après l'injure faite à Dorn. Frédéric avait fait valoir que Voltaire, s'étant attiré par sa mauvaise conduite son arrestation, devait en supporter les frais.[25] Le 31 juillet, ses nouveaux ordres à Freytag sont libellés de telle façon que la voie reste ouverte aux interprétations: «Ne manquez pas, dès ma lettre reçue, de le satisfaire là-dessus, et quant aux frais qu'il ne veut peut-être pas payer, il n'est pas nécessaire pour cela de lui retenir le tout. Ne gardez que ce qu'il faudra pour les payer et rendez-lui le reste.»[26] Freytag multiplie les faux-fuyants. Il a voulu rendre l'argent à Voltaire, mais celui-ci a disparu et on n'entend plus parler de lui. Les frais ont été calculés trop justes. La somme à restituer ne se monte qu'à 520 thalers : on la lui remettra quand il se présentera lui-même (autrement dit, jamais, dans l'esprit de Freytag).[27] Fredersdorff, une fois de plus, cherche à nuire à Voltaire : il conseille à Freytag de prendre toutes les précautions possibles avant de remettre cet argent et de ne rien restituer sans reçu préalable.[28] Voltaire s'étant adressé au roi, celui-ci fait répondre par Podewils qu'il ne répondrait plus, «que cela n'en valait pas la peine et qu'autrement la correspondance n'aurait plus de fin».[29] Le spolié s'obstine cependant. Il finira par obtenir, le 13 septembre, la restitution en tout et pour tout de mille francs : une aumône. «On a gardé tout le reste».[30]

A cette date, Voltaire a depuis longtemps quitté Mayence. Le 28 juillet, il s'était mis en route pour Mannheim, où il était invité par l'Electeur palatin. Il avait traversé les terres du Palatinat encore marquées par les dévastations des armées françaises de Turenne. Emu de ce spectacle, il préféra se faire passer pour un gentilhomme italien. Il tint avec un aubergiste de Worms une conversation en langue toscane, émaillée de «mille choses singulières». Il avait retrouvé toute sa gaieté.[31]

Il arrive le 29 à Mannheim. L'Electeur, qui réside alors à Schwetzingen, l'envoie chercher. Désormais il est logé à la cour électorale. On s'ingénie à le combler d'attentions et de faveurs.[32] Le prince Charles Théodore, né aux Pays-Bas, avait étudié à Leyde et à Louvain. A son avènement en 1743, il avait essayé de promouvoir quelques réformes. Mais il avait vite renoncé pour se consacrer à une vie de plaisirs. D'intelligence plus vive que profonde, il aime le luxe, les beaux-arts. Le prestige de sa cour, l'une des plus brillantes d'Allemagne, est son souci dominant. Il a fait de Mannheim une capitale culturelle.

Voltaire l'a traversée trop vite pour remarquer l'originalité de cette ville, construite selon un urbanisme «éclairé» sur un plan géométrique : à l'intérieur d'un cercle, au confluent du Neckar et du Rhin, toutes les rues se coupent à angle droit. Il ne semble pas connaître le palais électoral, l'un des plus vastes d'Europe, édifié à la périphérie de la ville, en bordure du fleuve. C'est à Schwetzingen qu'il passe les deux semaines de son séjour. Cette résidence du prince, entre Mannheim et Heidelberg, ne déployait pas encore tous les fastes «rococo» aujourd'hui offerts aux regards du touriste. Ni la mosquée, ni la pseudo-ruine romaine, ni la pièce d'eau en tortillon pour le «bain des oiseaux», ni le canal avec un pont chinois, ni les temples de Minerve, d'Apollon, de Mercure et de la Botanique n'étaient encore construits. C'est dans les décennies suivantes que l'Electeur palatin se ruinera à faire bâtir ces merveilles. En revanche, Voltaire a connu le château, reconstruit dans la première moitié du siècle : c'est là sans doute qu'il loge. Il a pu apprécier en connaisseur le très beau théâtre que vient d'installer à proximité l'architecte français Nicolas de Pigage : avec ses deux étages de loges, richement ornées, sa scène profonde, c'était un admirable écrin pour les spectacles de cour.

Quant à ses hôtes, il nous est donné de les voir, par les portraits officiels conservés à Schwetzingen, et par la description qu'en laissera quelques années plus tard le voyageur Boswell. Charles Théodore, visage plein, grand front dénudé, apparaît à son visiteur écossais «très boucané, très grand, très fort». Son épouse Elisabeth Augusta était, selon le même, «très maquillée, excessivement condescendante». Son portrait montre un type de beauté nordique, blond et rose, d'un bel embonpoint, sans approcher cependant des «trois cent cinquante livres» qu'atteindra Madame la baronne de Thunder-ten-Tronckh.[33]

Pour accueillir Voltaire, les fêtes se succèdent: «comédie française, comédie italienne, opera buffa, ballets, grande chère, conversation, politesse, grandeur, simplicité»...[34] Charles Théodore, en guise de surprise, l'a conduit au théâtre de Pigage pour y entendre *Zaïre*. Les acteurs viennent lui présenter leur hommage, solliciter des conseils dont il n'est pas avare. On lui fait encore la galanterie de jouer dans cette merveilleuse salle *Alzire, Nanine, L'Indiscret*.[35]

Sous ces lambris dorés, parmi une société choisie, Voltaire revit. Malgré les maladies dont il se plaint, sa «vieille verve» ranimée esquisse le plan d'une nouvelle tragédie, «toute pleine d'amour», «la rêverie d'un vieux fou»: *L'Orphelin de la Chine*, inspirée sans doute par l'*Histoire universelle* à laquelle il continue à travailler ainsi qu'aux *Annales de l'Empire* dans la belle bibliothèque de l'Electeur.[36] Il a de nombreuses conférences avec Charles Théodore qui ne portent pas uniquement sur la littérature et l'histoire. Le prince se ruine. Ainsi nous savons qu'en 1756 il engloutira 300 000 florins dans des dépenses somptuaires. Il profite donc du passage de son hôte pour lui emprunter 100 000 livres. D'autres demandes d'argent, nous le verrons, vont suivre.

Voltaire demeure cependant à l'affût des nouvelles de Paris, supputant les chances d'un retour possible. La cour de France se serait étonnée que des passeports du roi aient été si peu respectés.[37] Mme Denis, dès son retour, a rendu visite à milord Maréchal, ambassadeur de Prusse, pour se plaindre des mauvais traitements qui lui ont été infligés. L'héroïne de Francfort, qui se répand dans les salons, est regardée comme une martyre de l'amitié.[38] Les ministres étrangers font prendre de ses nouvelles. L'ambassadeur prussien doit se dépenser à désavouer «à Versailles et dans toutes les maisons tout ce qui s'est passé à Francfort».[39] Il essaie d'amadouer Mme Denis dont les plaintes l'impressionnent. Il suggère à Frédéric que Freytag et Schmidt soient sanctionnés pour «avoir abusé du nom respectable» de Sa Majesté.[40]

Dans le même temps l'habile ambassadeur agit sur Mme Denis. Par on ne sait quelles promesses, il obtient d'elle un désistement dans l'affaire de Francfort. Le 20 juillet devant notaire elle résilie la procuration qu'elle avait laissée à son oncle pour porter plainte contre les conseillers prussiens.[41] Elle fait savoir au Conseil de Francfort qu'elle ne veut «nulle excuse ni réparation des sieurs

753

Freytag et Schmidt».[42] Délibérément elle affaiblit la position de Voltaire qui s'en montre «très affligé». Sans doute faut-il faire dans cet abandon la part de la frivolité. La nièce, ressaisie par les mondanités parisiennes, veut tourner la page. Qu'on ne lui parle plus de ses mésaventures francfortoises !

Le 15 août, Voltaire est arrivé à Strasbourg. Il loge quelques jours dans la mauvaise auberge de l'Ours blanc,[43] puis s'installe, plus durablement, près de la ville, à proximité de la porte des Juifs, dans la petite maison d'une Mme Léon. Il va demeurer là pendant un mois et demi.

Il attend, pour continuer sur Paris, un signe qui ne vient pas. Mme Denis est chargée de négocier son retour. Mais en haut lieu on est hostile.[44] Voltaire ressasse une fois de plus son plaidoyer : il s'est laissé entraîner en Prusse par d'incroyables pressions, «des billets doux qui auraient séduit sainte Thérèse». Il n'en est pas moins resté «bon Français» : la preuve en est qu'il écrivit là-bas *Le Siècle de Louis XIV*.[45] Belles argumentations que Mme Denis doit faire valoir avec éloquence à Fontainebleau. Las! Un nouvel obstacle surgit, dont on ne sait s'il fut un coup du sort ou une manœuvre de ses ennemis.

Une virulente satire se répand dans Paris, intitulée *Idée de la personne, de la manière de vivre du roi de Prusse*, datée de juin 1752. Cette datation coïncide avec les allusions au mariage du prince Henri, lequel eut lieu le 25 juin de cette année. Voltaire répète qu'il en eut alors connaissance.[46] Largement diffusé par voie manuscrite dans toute l'Europe, ce texte est imprimé vers la fin de juillet 1753.[47] Les autorités en France n'interviennent que fin août;[48] le texte se vend «à très bon marché».[49]

Cette mince brochure dénote une connaissance certaine de Berlin, rapporte des détails précis sur le mode de vie du souverain, souligne les contradictions d'un régime qui «permet d'assommer les hommes à coups de bâton et [...] défend de fouetter un cheval de poste».[50] Le portrait du roi est émaillé de rosseries (sur ses goûts, son avarice, sa brutalité). La famille royale est traitée sans complaisance. On y a joint deux textes de Voltaire, une lettre du 9 juillet et sa déclaration de Francfort du 11 juin.[51] On lui attribue le tout, bien que le texte soit sans complaisance à son égard, le traitant de «squelette d'Apollon». Frédéric appuie en ce sens «à toutes fins utiles», allant jusqu'à prétendre que Voltaire, «pour déguiser son style», a fait traduire en allemand cet écrit et de l'allemand l'a fait retraduire en français.[52] Voltaire se défend. Le 30 août, il charge Mme Denis de remettre à milord Maréchal une lettre à faire tenir à son «maître botté». Il répète ses serments de fidélité au souverain prussien dont il est devenu le «chevalier errant». Le coupable ? Ce ne peut être que «l'Erostrate de l'Europe», l'«Arétin des marmitons»:[53] La Beaumelle. «Il faut que La Beaumelle en soit l'auteur»,[54] lequel pourtant à ce moment-là se trouve à la Bastille depuis avril. En fait l'*Idée du roi de Prusse* reste aujourd'hui «en quête d'auteur».[55]

Le résultat de telles imputations ne se fait pas attendre. La détention de La

Beaumelle est prolongée. Et Voltaire n'obtient pas permission de revenir à Paris. Il insiste. Ses «lettres d'Alsace» à Mme Denis font allusion à d'obscures tractations, sous des noms de code.[56] Mais rien à espérer. Le voilà entre deux rois, l'un, «le dernier des hommes» ou «l'imbécile abbé Godin» (Louis XV), l'autre (Frédéric), ce «coquin de Cernin», ce «cousin Denis», par référence à Denys de Syracuse, qui est un «mal vivant».[57] Très ancrée dans le quotidien, toute bruissante de projets et d'arrangements indispensables, souvent assombrie par la tristesse, cette correspondance pleine de redites et de recommandations laisse peu de place à l'épanchement. Pourtant un événement imprévu resserre leurs liens intimes: Mme Denis est enceinte.[58] Effet, bien évidemment, des retrouvailles de Francfort.[59] Voltaire accueille la nouvelle avec joie, insoucieux, semble-t-il, du scandale que produirait une paternité avunculaire. Mme Denis au contraire est inquiète.[60] La fausse couche qui ne tarde pas à survenir écarte d'elle une grave préoccupation. Voltaire quant à lui en est désolé. A son âge, comment réparer cette perte? Ici, une fois de plus, le biographe s'interroge sur ce qui aurait pu être, si l'enfant, ayant Voltaire à la fois pour père et pour grand-oncle, avait vécu.

Entre l'oncle et la nièce, il ne s'agit pas de lettres d'amour au sens habituel: plutôt celles d'un compagnonnage traversé parfois par des flambées de désir[61] ou par des récriminations jalouses.[62] Ces billets hâtifs de Voltaire sont pensés dans l'optique d'un couple avec répartition des tâches, concertation pour régler les problèmes, alliage des préoccupations les plus quotidiennes et des élans du cœur. Le statut de nièce-amante de Voltaire n'était point une sinécure. Chaque courrier impose une série de démarches: parler au poète Bernard,[63] voir d'Argental,[64] intervenir pour que le maréchal de Coigny offre l'hospitalité à l'écrivain qui a besoin de «logements un peu vastes», sinon il meurt de «langueur»;[65] remettre une missive à milord Maréchal et diffuser les vers que l'avocat Sébastien Dupont vient de composer à la gloire du fugitif;[66] obtenir une audience du marquis d'Argenson, aller à Fontainebleau où pourtant il ne faut pas fatiguer par des sollicitations;[67] s'informer si Darget retourne en Prusse;[68] écrire d'urgence à M. Gayot,[69] donner des nouvelles un peu circonstanciées de la cour et de la ville. On comprend que parfois la nièce récrimine, se plaignant de l'impatience de celui qui a toujours plusieurs fers au feu et se montre bien incapable de se tenir tranquille. Mme Denis se conduit parfois en «héroïne», mais il lui arrive d'être négligente, de poser des questions sottes, de bavarder mal à propos et de se faire tancer par son oncle. Les «détails» prennent la «place du sentiment».

Une question est agitée qui ne trouvera pas si tôt sa réponse: à défaut de Paris, où se rejoindre et s'installer, au moins provisoirement? En Normandie? Voltaire refuse catégoriquement. Le galant Cideville qui leur offre cet asile a des vues sur Mme Denis, laquelle ne le décourage nullement.[70] On pensera par la suite à la terre de M. de Sainte-Palaye, près d'Auxerre, au château d'Oberhergheim appartenant au préteur de Strasbourg, au domaine de Horbourg, aux portes de

Colmar. Voltaire s'abandonne à des rêves de gentilhomme campagnard : bâtir une maison très agréable selon leur fantaisie, «voilà mon roman», mande-t-il à sa nièce. «Ce n'est peut-être pas le vôtre.»[71]

En effet, ce n'est pas le sien. Elle se meut avec délices dans les cercles parisiens. Elle refuse de s'en éloigner. Voltaire se dépite d'apprendre qu'elle tient table gaiement en son absence.[72] Elle s'irrite que son oncle soit banni de la capitale, et que ce grand laborieux s'accommode de sa «solitude auprès de Strasbourg» où il peut travailler : «Il me vient quelquefois du monde, et je m'enfuis. Une caverne ou vous, voilà ma vie».[73] Mme Denis n'a aucun goût pour les cavernes, ni même pour les retraites. Comme tous ceux qui sont voués au plaisir, elle supporte mal le rythme de vie de qui se consacre au travail. Elle pressent qu'il lui faudra un jour choisir entre les agréments de la capitale et l'opulence laborieuse loin de Paris qu'il lui offre.[74] Consciemment ou non, elle refuse présentement ce choix.

En sa «caverne» strasbourgeoise, Voltaire est moins solitaire pourtant qu'il ne l'écrit à sa nièce. Les personnages les plus considérables de la ville lui rendent visite : M. de Lussé, intendant d'Alsace, le cardinal Armand de Rohan-Soubise, l'abbé d'Aydie.[75] Il ne tenait qu'à lui d'occuper l'appartement que lui offre le maréchal de Coigny en son hôtel. Il renoue avec une ancienne connaissance, la comtesse de Lutzelbourg, qui vit dans son château de l'Isle Jard à proximité de la maison qu'il habite.[76] L'avocat Sébastien Dupont prend contact avec lui.[77] Strasbourg est aussi une ville savante. Il dispose là de secours qu'il n'aurait pas ailleurs pour terminer ses *Annales de l'Empire*. Il tire des renseignements précieux de Johann Daniel Schöpflin, auteur de l'*Alsatia illustrata*, de réputation européenne.[78] L'érudit professeur, jugeant le brillant poète «frivole et superficiel», l'oriente poliment vers son disciple Jean-Michel Lorenz.[79] Lorenz le persuade qu'il trouvera des ressources importantes à Colmar.

Voltaire part donc pour Colmar, le 2 octobre 1753, en passant par Munster. Il prend pension chez une Mme Goll, 10 rue aux Juifs. Il restera en cette ville jusqu'au 8 juin 1754, et y reviendra en août pour plus de trois mois.

Il s'acclimate vite à sa nouvelle résidence. «Le vin et les habitants sont fort bons à Colmar.»[80] Il trouve partout «des livres et des ressources» pour ses *Annales de l'Empire*. Des livres ? Il se consacre à «Messieurs Corringius, Vitriarius, Struvius, Spener, Goldstal et autres messieurs du bel air».[81] Des ressources ? Il rencontre à Colmar des gens «d'un mérite solide et communicatif», notamment Christian Friedrich Pfeffel. Ce secrétaire du comte de Loos «n'a pas la mine d'être un Tite-Live», mais «ces gens-là savent l'histoire comme nos Français savent les chansons».[82] Pfeffel est l'auteur d'un *Abrégé chronologique de l'histoire et du droit public d'Allemagne*, que Voltaire consulte et dont il aura deux éditions dans la bibliothèque de Ferney. Il dispose sur place d'un imprimeur, le propre frère du professeur Schöpflin auquel il prête 20 000 francs sans intérêt.[83] Les *Annales* étant terminées, c'est à lui qu'il confie le manuscrit. Il a la curiosité de visiter la fabrique de papier de Schöpflin, à Luttenbach. Il passe là quinze jours en octobre, avec Collini, en pleine montagne des Vosges.[84] Ils s'installent, tant bien que mal, dans la fabrique même, «un grand bâtiment isolé, exposé aux quatre vents», servis par les ouvriers et les filles de la papeterie. Voltaire, on se le rappelle, s'était vingt ans plus tôt intéressé à un projet de faire du papier avec de la paille.[85] C'est la première fois qu'il voit de près, sur les lieux mêmes, la production de pâte à papier, à partir des sapins des Vosges. A Luttenbach, il s'intéresse aussi au château proche de Horbourg. C'est l'un des biens du duc de Wurtemberg sur lequel il a une hypothèque, en contrepartie d'un prêt. Il songe à l'acheter. Mais l'ayant visité (23 octobre), il ne trouve là que «des masures et des terres mal cultivées».[86] Sur le papier de Luttenbach, le premier tome des *Annales* est achevé d'imprimer le 5 janvier 1754.[87] Les *Annales de l'Empire* n'ont point bonne presse. Voltaire, tout le premier, s'est empressé de décrier cet ouvrage qui défriche un champ très vaste, mais «plein de bruyères et de ronces», peu susceptible de plaire aux gens de goût qui «frémissent au nom d'Albert l'Ours».[88] Il s'accorde le mérite de l'exactitude.

Ce premier tome comprend la dédicace à la duchesse de Saxe-Gotha, une Lettre de M. de V. à M. de **, professeur en histoire, l'Avertissement, la Chronologie des empereurs et des papes, parfois agrémentée de notices malicieuses, puis les vers techniques, enfin les Annales jusqu'à l'année 1347.[89] Voltaire commence à envoyer en France et en Allemagne, y compris à Frédéric II, des exemplaires de cet «almanach depuis Charlemagne».[90]

Collini assure cependant qu'il n'a alors aucune intention de revenir en Allemagne. Deux princes en effet lui causent du souci, le duc de Wurtemberg et toujours Frédéric.

Il met à profit son séjour alsacien pour obtenir le paiement des rentes que lui doit le duc. D'après les contrats du 27 septembre 1752 et du 31 janvier 1753, il devait percevoir d'une part 4 200 reichsthalers, payables tous les trois mois, dont le premier terme était échu en décembre 1752, et d'autre part 3 300 reichsthalers payables aussi tous les trois mois, dont le premier terme était échu le 1er juillet 1753.[91] Sommes considérables: en raison des mésaventures de l'homme de lettres, aucun versement n'avait été effectué. En outre, un différend s'était élevé sur la conversion en francs français. Voltaire réclamait le paiement suivant le cours du thaler de Brandebourg, ces contrats ayant été établis à Berlin. Le 18 avril 1753, le duc de Wurtemberg donne l'ordre de déférer à cette demande. Mais le baron de Gemmingen, gouverneur de Montbéliard, chargé de ce paiement, s'obstine à exiger qu'il soit établi selon le thaler d'Empire, soit à 3 livres argent 15 sols pièce, car «la différence fait un objet assez considérable».[92] Voltaire, le 7 octobre, accepte finalement de recevoir les 5 850 thalers qui lui sont dus «sur le pied de 3 livres 15 sols le thaler», en se réservant de «s'arranger pour l'avenir».[93] Le 18 octobre, il reçoit 21 937 livres. Perte sèche: 1 463 livres.[94]

Tandis qu'un intérêt dû au banquier M. de Turckheim est payé scrupuleusement (les banquiers «veulent qu'on les satisfasse à point nommé»),[95] la mauvaise volonté du baron de Gemmingen était patente lorsqu'il s'agissait de satisfaire les revendications de Voltaire.[96]

Du côté de Frédéric II, une tentative de rapprochement a échoué. Deux «belles princesses» s'étaient avisées de «rapatrier» l'écrivain dans l'esprit du roi. La duchesse de Saxe-Gotha projette de les réconcilier par l'entremise du comte de Gotter.[97] Voltaire accepte de composer une lettre qui serait présentée à Potsdam, mais il craint que le souverain soit «plus jaloux de pallier son tort que de le réparer».[98] Il compte davantage sur la médiation de la margrave de Bayreuth qui est en chemin pour Berlin. A «sœur Guillemette», il avoue ses torts, mais plaide sa cause: la postérité, après avoir lu «tant de monuments» de la correspondance dont Frédéric l'a honoré et de «l'idolâtrie» que l'homme de lettres a eue pour lui, s'étonnera que tout ait fini «par la prison et par insulter une femme innocente».[99] Bientôt, la négociation de l'une et l'autre princesse s'en est allée «en fumée»: «Il y a des choses qui ne se rajustent point».[100] Frédéric encourage Maupertuis à poursuivre sa lutte inégale contre Voltaire. Il approuve le 15 septembre un pamphlet que le président lui a soumis: c'est une «courte histoire de la conduite de Voltaire» en Prusse.[101] S'agit-il de l'ouvrage qui a été lu à Paris chez Falconet et qui serait intitulé *La Querelle*?[102] S'agit-il de l'un des deux mémoires qui seront adressés quelques mois plus tard à La Beaumelle? Ce dernier déplore que Maupertuis soit «despote et paraisse piqué».[103] Le 30 octobre, Voltaire reçoit à Colmar une brochure du «méchant Lapon».[104]

Il ne répond pas. Car il travaille alors à disposer la mine à retardement, qui ne doit éclater qu'après sa mort: sa *Paméla*. Dès le 22 août, il avait demandé à Mme Denis de lui retourner les lettres qu'il lui a écrites de Prusse:[105] il veut donner forme à «l'arrangement» dont il lui a déjà parlé. Mais sa nièce résiste, approuvée par le fidèle d'Argental. Craignant quelque incartade, elle prêche la patience, la modération. Cependant Voltaire piaffe d'impatience. «C'est une folie et un crime de différer», alors que jamais il n'aura ni autant de loisir pour y travailler, ni les idées si présentes.[106] Sa nièce ayant enfin cédé, il reçoit les papiers à la mi-novembre.[107] Un mois plus tard, il est occupé à «rédiger, mettre en ordre les lettres à une certaine Mme Daurade» [Mme Denis], car «on peut faire de ce rogaton un ouvrage dans le goût de *Paméla*, une espèce d'histoire intéressante et suivie qui sera curieuse pour le XIXe siècle».[108] L'ouvrage – un recueil d'une cinquantaine de lettres – est terminé le 24 janvier. Voltaire s'en dit très satisfait. Cela «fourmille d'anecdotes» et tout est «dans la plus exacte vérité». Il en suppute malignement la fortune future: «je voudrais un jour revenir de l'autre monde pour en voir l'effet». Le voilà assuré de sa vengeance «Cernin [Frédéric II] n'y gagnera pas et la postérité le jugera.»[109]

Mais qu'est devenu cet *Anti-Frédéric*? Plusieurs hypothèses ont été formulées.[110] Comme il a été dit plus haut, la dernière en date, proposée par André Magnan, est convaincante. Une analyse des dysfonctionnements relevés dans les lettres de Prusse à Mme Denis conclut à l'inauthenticité de ces textes qui seraient le produit d'une réécriture et appartiendraient de ce fait à cette *Paméla* jusqu'alors introuvable.

Si les lettres à Mme Denis «ont empoisonné toute la tradition biographique du séjour à Berlin»,[111] elles pourraient bien être une voie d'accès à la connaissance du séjour de Voltaire à Colmar. Les distorsions qu'elles font subir à la vérité, quant au déroulement des faits de 1750 à 1753, sont autant d'informations fiables sur ce que Voltaire a voulu et pensé en Alsace. Elles nous introduisent au cœur même d'une sensibilité à vif, d'un imaginaire marqué par des blessures indélébiles, mais aussi d'un esprit combatif qui calcule ses effets. Quelles forces ont poussé un écrivain aussi peu doué pour l'introspection, aussi éloigné de tout narcissisme? Même si Voltaire est resté pratiquement dans son lit pendant les dix semaines où il a compilé ces lettres, il a revécu l'immense déception berlinoise et l'a arrangée pour la postérité.

Colmar est ainsi une étape singulière de la biographie de Voltaire, celle où il rédige une autobiographie menteuse. Menteuse dans le détail des faits et plus encore dans son statut. Se donnant pour des lettres authentiques, passant pour telles, ces pseudo-mémoires ne s'avouent jamais pour ce qu'ils sont: un ouvrage qui est de l'ordre de la mystification. Refuge intérieur, voix justicière d'outre-tombe, jardin secret d'une vengeance longuement mûrie, brûlot prêt à servir en cas de besoin, maintenant ou plus tard, selon les circonstances, la composition de *Paméla* l'aidait à vivre.

Il est hanté par Frédéric, métamorphosé en Denys de Syracuse. On a parlé de la «haine personnelle» qu'il lui portait alors.[112] Pourtant aux bouffées de détestation se mêle l'effort d'analyse. L'élan passionnel du ressentiment se transmue en discours. Il est canalisé par ce désir d'avoir le dernier mot, d'infliger au glorieux souverain un masque grinçant dont il ne se défera point. Voltaire échafaude des plans destinés à effacer une inacceptable humiliation et par là dépasse les pulsions primitives de la haine. Le 14 décembre, angoissé par l'état de santé de Mme Denis dont le sang a été «empoisonné» à Francfort, il ressasse de vieilles terreurs: «Vous souvenez-vous qu'on m'avait fait craindre le poison?»[113] La cour de Frédéric devient celle des Borgia.

Certes, on souhaiterait connaître la teneur du matériau original. Faute de pouvoir restituer le texte palimpseste, on se contentera d'indiquer les lignes directrices selon lesquelles le compilateur a organisé son travail.

La première relève d'une vision manichéenne. Le bon droit voltairien s'oppose aux torts du souverain. Victime innocente d'un prince pervers, Voltaire se lave de toutes imputations et charge indûment Frédéric. A preuve la relation mi-ironique, mi-attristée du désastre de Baculard d'Arnaud, et le silence sur l'affaire Hirschel. Pas un mot sur le «chien de procès». Mais, tandis qu'il se déroule, des plaisanteries sur le bisaïeul du roi de Prusse, sur la lésinerie du roi-sergent, puis un portrait de milord Tyrconnel, des échos d'une représentation de *Zaïre* à Berlin.[114] Mieux vaut évoquer les beaux yeux de Mme Tyrconnel que ses démêlés peu glorieux avec «l'Ancien Testament». Ainsi sont effacés les indécences de son séjour prussien, tandis que se détache avec force la figure d'un prince mû par une duplicité fondamentale.

Quelle ingratitude chez le Salomon du Nord! Voltaire se peint en «grammairien» de Sa Majesté, attelé à la rude tâche de corriger les nombreuses et fastidieuses productions royales. Il compose à l'usage de son élève couronné «une rhétorique et une poétique suivies».[115] Toujours utilement ou noblement occupé, il paraît ignorer les querelles d'acteurs, les démarches de librairie, les affres de l'auteur, tout ce qui fait le quotidien d'un écrivain sans cesse sur la brèche. Alors qu'on répète dans la fièvre *Rome sauvée* à Paris, en janvier 1752, Voltaire n'aurait entretenu sa nièce que de la froidure, des processions de courtisans montant l'escalier «avec un grand manteau de peaux de loups et de renards», et du courage des dames, bravant les frimas, «les bras nus, la gorge découverte, et l'amplitude bouffante du panier ouvert à tous les vents».[116] Comme si la «farce allobroge» de Crébillon n'avait point été présente à son esprit! Qu'on se le dise! Inoffensif, ennemi des intrigues, Voltaire n'a pu être conduit à croiser le fer qu'à la suite d'un incroyable concours de circonstances, parce qu'il était en butte à la jalousie d'un «méchant Lapon», à l'aveuglement et à la malignité de son maître, et parce qu'il a voulu, dans une cour en proie à des tracasseries sans nombre, être le héraut de la vérité injustement persécutée, le défenseur de la liberté de penser face à l'odieux despotisme académique.

Songeant à séduire des lecteurs parisiens auxquels il livrerait des croquis piquants des mœurs tudesques, il veut mettre les rieurs de son côté et d'abord par ses impudentes indiscrétions: allusions au manque de galanterie du roi à l'égard des dames, aux mignons du d'Assoucy couronné.[117] Sous son regard satirique, l'entourage royal, outre «les moustaches et les bonnets de grenadiers»,[118] prend des allures caricaturales. Voici ce fou de La Mettrie dont «les idées sont un feu d'artifice toujours en fusées volantes», qui passe «pour rire de tout» et «pleure quelquefois comme un enfant d'être ici».[119] Voilà Maupertuis qui n'a pas les «ressorts liants» et qui deviendra au fil des mois tout à fait fou, au sens propre, et fou dangereux, puisqu'il a été jadis «enchaîné à Montpellier dans un de ses accès».[120] Et quelle succession d'anecdotes: l'histoire du c. de Montperny, des petits soupers transformés en «festins de Damoclès», du tripot académique du tyran philosophe![121]

Au milieu de tout cela, l'historiographe de France, que l'on a privé injustement de son titre, dont le voyage avait été l'occasion d'un pèlerinage sur le champ de bataille de Fontenoy,[122] ne fait sa «cour qu'à la vérité»,[123] en consacrant ses veilles au *Siècle de Louis XIV*. Alors qu'en réalité il sollicitait permission et conseils, harcelant les autorités dans l'espoir de revenir en France, il ne paraît ici craindre que des chicanes orthographiques et se permet en conséquence une docte dissertation sur «l'habitude barbare d'écrire avec un o ce qu'on prononce avec un a».[124] Décidément, Voltaire devrait être rappelé avec honneur par la cour de France.

Or c'est précisément ce qui n'arriva pas. Trois jours après avoir terminé *Paméla*, le 27 janvier 1754 un «coup de foudre» le frappe.[125] La «volonté du maître» lui est signifiée. Interdiction d'approcher de Paris et de Versailles. Ordre royal qui désormais détermine sa vie pour longtemps, pour toujours peut-être.

11. «Sauve qui peut»[1]

(janvier-novembre 1754)

En ce début de 1754, une nouvelle affaire vient aggraver la situation : l'édition Néaulme de l'*Abrégé de l'histoire universelle*. On sait que depuis 1739 Voltaire travaillait, par intermittences, à une histoire générale dont le titre deviendra en 1756 l'*Essai sur les mœurs et l'esprit des nations*. Des fragments de celle-ci ayant été publiés, Voltaire avait signalé, par une lettre du 5 juin 1752 à la *Bibliothèque impartiale*, qu'il avait perdu au cours de ses voyages «tout ce qui regarde l'histoire générale depuis Philippe second et ses contemporains jusqu'à Louis XIV», ainsi que le chapitre des arts. Le possesseur de ce manuscrit imparfait était prié de le restituer à son auteur.[2] Un adversaire acharné de Voltaire, Rousset de Missy, proposa, par la voix de sa feuille l'*Epilogueur moderne* (7 août 1752), de le rendre, moyennant finances.[3] Voltaire ne donna pas suite : le manuscrit de Rousset de Missy n'était pas celui qu'il cherchait. Il essaie en vain de faire agir la justice, puis de s'accommoder avec Rousset de Missy.[4] Ce manuscrit fut de nouveau offert à Voltaire en octobre 1752 par l'intermédiaire de Devaux, l'ami de Mme de Graffigny : un «valet de chambre de Monseigneur le prince Charles de Lorraine» possédait une copie qu'il était prêt à céder. Nouveau refus de Voltaire et pour la même raison.[5]

Bien que traversant les crises que l'on sait, Voltaire continue à travailler à son ouvrage. Dans le même temps des manuscrits plus ou moins incomplets circulent. Or voici qu'en novembre 1753 le libraire Néaulme de La Haye publie un *Abrégé de l'histoire universelle depuis Charlemagne jusques à Charlequint par Mr. de Voltaire*. Cet *Abrégé* ne répond pas à son titre. Il s'arrête à Charles VII, roi de France. Le libraire invite l'auteur à compléter cet ouvrage. Dans son «Avertissement», Néaulme prétend avoir reproduit fidèlement le texte, se permettant tout juste de corriger l'orthographe de Voltaire à laquelle le public ne réussit pas à s'accoutumer.[6] Cet ouvrage est annoncé par la *Correspondance littéraire* dès le 15 septembre.[7] Voltaire reçoit le volume à Colmar vers le 20 décembre. Sans doute prévoyait-il depuis des mois ce qui le menaçait. Il avait dû entrer en relations avec Néaulme à Berlin, où le libraire possédait une boutique.[8] Mais dès qu'il ouvrit le volume, il fut atterré. Aux premières lignes il lisait : «Les historiens, semblables en cela aux rois, sacrifient le genre humain à un seul homme.» Celui qu'on savait mortellement brouillé avec Frédéric II ne s'avouait-il pas cyniquement l'ennemi de tous les souverains ? D'autres traits aussi dangereux l'affichaient comme l'adversaire de la religion chrétienne. La *Correspondance littéraire* réagit dans ce sens. Dans son compte rendu du 1ᵉʳ janvier 1754, le rédacteur cite des traits qui caractérisent le style de Voltaire, et d'abord la phrase sur les souverains. Il l'accuse malignement d'un «attachement secret pour la religion des Turcs» qu'il fait valoir au détriment des chrétiens, ce qui conduit à la pointe finale: «les mauvais plaisants disent que l'auteur ira se faire circoncire à Constantinople, et que ce sera là la fin de son roman».[9] Jean Néaulme lui «coupe la gorge».[10] La prison: voilà l'obligation qu'il aura à l'impudent éditeur.[11]

Il est certain que Jean Néaulme ne tenait pas de lui le manuscrit qu'il a publié. Mais quelle en était la provenance? Voltaire accuse Frédéric comme l'auteur, volontaire ou involontaire, de cette catastrophe. Il exhume une ancienne mésaventure du Salomon du Nord: à la bataille de Sohr, le 30 septembre 1745, les housards du prince Charles de Lorraine enlèvent la cassette du roi et dans celle-ci un manuscrit de l'*Abrégé*. Un «domestique» du prince l'aurait vendu, directement ou indirectement, au libraire.[12] Frédéric était certainement informé de l'impression de l'*Abrégé*.[13] Mais il dénie toute responsabilité: c'est *Le Siècle de Louis XIV* qu'ont pris les housards. On sait d'ailleurs que si Frédéric avait voulu perdre Voltaire, il disposait d'une arme encore plus dangereuse que l'*Abrégé*: le manuscrit de la scandaleuse *Pucelle*. Il est de plus très improbable que Frédéric ait fait passer discrètement son manuscrit à Rousset de Missy qui s'était signalé par la virulence de sa propagande anti-prussienne.[14] Donnée politique qui conduit à écarter toute connivence entre eux. A défaut de Frédéric, on peut penser à Longchamp qui a volé des manuscrits de Voltaire, en 1751, dont celui de l'*Histoire universelle*: pris de peur, il les a restitués, mais n'en avait-il pas conservé des copies?[15] D'autres filières encore sont possibles, puisque de l'aveu de Voltaire le manuscrit de son *Histoire universelle* est «entre les mains de plus de trente personnes».[16]

Quelle qu'en soit l'origine, l'édition Néaulme mettait en grand péril l'auteur. L'archevêque de Paris ne va-t-il pas lancer un mandement contre l'*Abrégé*?[17] Voltaire fait établir par acte notarié, le 22 février, à Colmar que le texte de Néaulme est très différent du manuscrit véritable. Les notaires ont collationné l'*Abrégé* avec un manuscrit «usé de vétusté» que M. de Voltaire a fait venir de sa bibliothèque de Paris, lequel donne évidemment le vrai texte. Ces messieurs ont lu, non pas «les historiens, semblables en cela aux rois, sacrifient le genre humain à un seul homme», mais «les historiens ressemblent en cela à quelques tyrans dont ils parlent: ils sacrifient le genre humain à un seul homme»; plus loin, non pas «le roi de Perse eut un fils qui, s'étant fait chrétien, se révolta contre lui», mais «un fils qui, s'étant fait chrétien, fut indigne de l'être et se révolta contre lui». Et ainsi de suite.[18] Voltaire diffuse ce procès-verbal notarial. Il rédige une lettre ostensible à Néaulme qui désavoue et condamne ce livre «rempli d'erreurs et d'indécences».[19] Il fait insérer un démenti dans la *Gazette d'Utrecht*.[20] En tête de l'édition Jean Decker, à Bâle, des *Annales de l'Empire*, il proteste dans une «Lettre de M. de V. à M. de ***, professeur en histoire» contre des erreurs de datation, des phrases qui n'ont aucun sens: on lui fait dire tout le contraire de ce qu'il a dit.[21] Il envoie à Mme de Pompadour une supplique éplorée,[22] multiplie les désaveux auprès de ses «chers confrères de l'Académie»,[23] écrit au marquis d'Argenson,[24] charge Richelieu de veiller sur ses intérêts.[25] A Malesherbes, après l'avoir supplié d'interdire le livre en France, il fait tenir un dossier censé le disculper.[26]

En définitive, il n'arriva rien de ce qu'il redoutait. Malesherbes se déclare prêt à témoigner que Voltaire n'a aucune part à l'édition Néaulme, que ce dernier s'est procuré un manuscrit sans que l'homme de lettres ait été de connivence. Le directeur de la Librairie le rassure sur les intentions de Christophe de Beaumont: l'archevêque de Paris est pour le moment tout occupé de l'affaire du père Berruyer.[27] Faut-il d'ailleurs tant s'agiter? Malesherbes lui conseille fermement de se «tenir tranquille»: ses «fréquentes apologies [lui] font sûrement plus de tort que de bien».[28]

Les relations de l'oncle et de la nièce se sont détériorées. Voltaire accuse Mme Denis de l'avoir mal servi dans l'affaire de l'*Abrégé*: elle a omis de «supplier» Malesherbes de supprimer l'édition Néaulme. Il s'en plaint directement au directeur de la Librairie. A l'instigation de l'intéressée, Malesherbes certifie que Mme Denis s'est acquittée «exactement» de toutes les commissions dont elle était chargée.[29] La vérité est qu'elle se refusait à ces interventions répétées exigées par son oncle. Elle est excédée de tout ce qu'on lui demande. Et pourtant, craignant quelque limitation de ses pouvoirs, elle refuse d'être aidée. Elle empêche son oncle d'engager un homme de confiance et préfère se plaindre. En moins de trois semaines une vague d'instructions a déferlé sur elle, sommée de contre-attaquer sur tous les fronts: régler les problèmes matériels, obtenir au moins une réparation de principe de Malesherbes, «exiger» que le roi soit instruit de l'innocence de l'homme de lettres, car «c'est une justice, on [la lui] doit, et [il est] en droit de la demander».[30] A ces injonctions se mêlent des reproches sur le train de vie fort dispendieux que mène à Paris la mondaine Denis. Son notaire Laleu a établi un relevé des sommes tirées par la nièce: 2 400 livres le 28 décembre, 2 400 livres le 9 janvier, soit 4 800 livres en une dizaine de jours.[31] Alors Mme Denis entre en fureur. Elle envoie à son oncle, le 20 février, une lettre cruelle: «L'amour de l'argent vous tourmente.» Mais elle avait d'abord écrit: «L'avarice vous poignarde», et les mots raturés restent lisibles. Elle continue: «Ne me forcez pas à vous haïr [...] Vous êtes le dernier des hommes par le cœur, je cacherai autant que je pourrai les vices de votre cœur.»[32] Ce n'est pourtant pas la rupture.

Blessé par l'ingratitude de celle qui lui «tenait lieu de fille», Voltaire dans l'affaire de l'*Abrégé* avance toujours en terrain miné. Comment faire preuve de sa bonne foi alors que les éditions se multiplient? Philibert de Genève s'apprête à contrefaire l'édition de Hollande que Jacob Vernet a plus ou moins bien corrigée. Voltaire ayant eu l'imprudence d'envoyer quelques rectificatifs, le libraire annonce que son édition a été « corrigée et augmentée par l'auteur ».[33] Double jeu dangereux auquel Voltaire ne sait pas résister : intervenir, même si peu que ce soit, alors qu'il se prétend étranger à ce qui se fait. Les impératifs commerciaux l'emportent. La lettre de mise au point du 13 mars met en évidence les ambiguïtés de la conduite voltairienne. Il désavoue l'édition Philibert, pour laquelle il a seulement envoyé « un petit article concernant l'évaluation des monnaies sous Charlemagne » : il n'a donc pas la moindre part à cette édition.[34] Même argumentation pour les errata dépêchés aux libraires de Dresde et de La Haye, qui ne regarderaient que des « fautes d'impression ». Les subtilités de cette casuistique éditoriale échappent aux autorités. Et comment empêcher la campagne de calomnie de Rousset de Missy ?[35] Et que de tracasseries avec Néaulme ![36]

Des plaintes continuelles, des affaires à rebondissements,[37] des réclamations discutables, un bruit confus de démentis, de contre-vérités : comment Voltaire ne lasserait-il point ? Aucun espoir assurément de gagner sa cause à la cour ou à la ville. Le mal était fait et de telles plaies ne se referment jamais, l'archevêque de Paris le lui a fait sentir.[38] Or l'horizon s'obscurcit aussi en Alsace.

Entrent en scène ici les « jésuites allemands » d'Alsace, selon Voltaire « aussi despotiques parmi nos sauvages du bord du Rhin qu'ils le sont au Paraguay ».[39] Candide enfoncera son épée « jusqu'à la garde dans le ventre du baron jésuite », le frère de sa chère Cunégonde. En attendant ces représailles imaginaires, Voltaire qui se sent aussi étranger à Colmar que le sera son héros au Paraguay, se trouve confronté à des membres de la Compagnie de Jésus fort différents de ceux qu'il avait jusqu'alors rencontrés. Ses anciens maîtres étaient des savants que Voltaire ménageait et qui le ménageaient. Le père François-Antoine Krust, directeur de l'importante Congrégation des Messieurs et de la Confrérie de l'Agonie du Christ, et le père Sébastien Mérat, prédicateur à l'église du collège, avec lesquels Voltaire a maille à partir, ont fait des carrières de missionnaires. La maison de Colmar se veut militante, et ce caractère s'accentue sous le rectorat du père Krust qui a commencé en 1752. La situation peut se résumer ainsi :

Habitué à des religieux prudents, constamment suspectés d'infidélité envers le roi, en butte aux tracasseries des parlements, il trouve des jésuites sûrs d'eux, exerçant un véritable pouvoir dans la ville, y compris même à l'intérieur du Conseil souverain.[40]

Le Conseil d'Alsace veut instrumenter contre l'*Abrégé de l'histoire universelle* et son auteur.[41] Voltaire accuse d'abord un « évêque de Porentru »,[42] puis remonte jusqu'au jésuite Mérat qui « s'est avisé de [le] désigner un peu fortement dans ses sermons » :

Ce saint homme a poussé le zèle jusqu'à écrire apostoliquement à l'évêque de Porentru qui a Colmar dans son diocèse. Ce digne prince de l'Empire a écrit après boire au procureur général d'Alsace, et ce procureur général après boire a résolu de déférer à son parlement le livre de la prétendue histoire universelle ; les présidents des deux chambres m'en ont averti.[43]

Scénario vraisemblable, sans préjuger du nombre de bouteilles bues, car des liens très forts existaient à Colmar entre magistrats et clergé, les premiers étant d'anciens élèves des pères.[44]

Que faire ? S'adresser d'abord à un ancien ami, le comte d'Argenson, secrétaire d'Etat de l'Alsace. Qu'il intervienne auprès du procureur général, qu'il envoie «trois lignes» afin d'empêcher qu'on ne fasse «un incendie de cette étincelle». Mais, accès de goutte ou accès d'indifférence, le comte d'Argenson se dérobe.[45] Voltaire s'adresse donc au père Joseph de Menoux qu'il connaît de longue date, celui-ci ayant été le confesseur du roi Stanislas. Il lui demande de faire comprendre au père Mérat qu'«une bouche chargée d'annoncer la parole de Dieu ne doit pas être la trompette de la calomnie, qu'il doit apporter la paix et non le trouble».[46] Mais il a affaire à forte partie. Menoux défend le père Mérat, insinuant que des gens dévoués à la religion «par conviction, par état, par devoir, par zèle» ne peuvent toujours se taire. Doucereux, il plaint Voltaire de n'avoir point encore «trouvé un ami», forme des vœux pour sa conversion, assortis de cette pointe finale : «Que ne puis-je vous estimer autant que je vous aime !»[47] Voltaire tracera plus tard un portrait au vitriol de ce jésuite «grand cabaleur, grand intrigant, alerte, serviable, ennemi dangereux et grand convertisseur», qu'il a accusé de s'être enrichi malhonnêtement mais dont il affirme, en connaissance de cause, que ce n'est point un sot.[48] Pour le moment, il doit ravaler sa rancœur, car il a appris que ces «jésuites allemands» ont fait brûler le *Dictionnaire* de Bayle dans Colmar, il y a quatre ans : «un avocat nommé Muller, homme supérieur, porta son Bayle dans la place publique et le brûla lui-même». Nouvelle qu'il mande ironiquement à ses amis, censés lui envoyer par la première poste leur Bayle, afin qu'il soit sacrifié, tandis que d'autres jésuites «plus adroits font imprimer Bayle par Trévoux».[49] Mais, dès le 10 mars, il n'a plus rien à craindre.[50] En attendant de faire payer cher ses ennuis alsaciens au père Krust, durement épinglé dans *Candide* où il est accusé d'aimer tendrement les novices, Voltaire «échappé à peine à cette persécution absurde» se déchaîne contre ces «ours à soutane noire» qui gouvernent une «ville moitié allemande, moitié française et entièrement iroquoise».[51]

Il a eu plus de peur que de mal. Le voici pourtant prêt à reprendre son bâton de voyageur. Mais comment éviter l'accusation de désobéissance ? Les ordres royaux à son encontre, formulés verbalement, sont imprécis et le resteront.[52] Il mande son dessein à Mme de Pompadour, arguant du fait qu'il n'a reçu «aucun ordre positif» du roi et ajoutant qu'il prendra le silence de sa correspondante pour une permission.[53] Partir, telle est donc la solution à laquelle il s'arrête en cette période vraiment sombre où son seul réconfort est son ami d'Argental.

« L'ange » va dénouer la situation, du moins sur le plan des affections de Voltaire. Mme Denis fait amende honorable. L'oncle pardonne malgré les « vérités mortifiantes » qu'il soupçonne : « Peut-être que l'article des reproches extraordinaires de madame Denis, est encore le moindre sujet de plainte que j'aurais ». Il veut tout oublier, se taire, « tirer le rideau sur tout cela ».[54] Le repentir de la nièce est puissamment aidé par des considérations matérielles. Voltaire a pris ses dispositions. Il lui versera jusqu'à sa mort sa pension, l'augmentera dès que ses affaires auront pris « un train sûr et réglé » : elle jouira d'une « fortune assez honnête ». C'est tout ce qu'il peut et doit faire.[55]

Ces décisions furent transmises à l'intéressée qui se plaignait au médiateur, d'Argental. Le 12 mars, Mme Denis lui parlant toujours de sa fortune, il lui envoie un mémoire faisant le point sur la question.[56] Il démontre qu'il a su faire fructifier les 4 250 livres de rentes qu'il a reçues en héritage. Grâce à ses soins, il dispose maintenant d'argent placé à Cadix, à Leipzig, en Hollande, et « ce qui est à Cadix est un objet assez considérable ». Il a accumulé des rentes viagères qui sont « un objet assez fort » et qui sont destinées à lui assurer, ainsi qu'à sa nièce, un train de maison luxueux. Pour Mme Denis, l'heure du choix a sonné, et elle le comprit. Depuis des mois Voltaire lui répète qu'il n'est venu en France que pour elle. Elle n'ignorait pas que la duchesse de Saxe-Gotha ou l'Electeur palatin s'efforçaient de l'attirer, que les instances de Lausanne se multipliaient. Avait-elle eu vent aussi de ces singuliers bruits sur le mariage de son oncle ?[57] Il s'agissait donc, soit de demeurer à Paris avec cette fortune « assez honnête » que lui assurait Voltaire, près de ceux qui faisaient le cadre de sa vie, soit de passer désormais les mois et les années avec l'écrivain dans l'opulence, mais loin des salons et des plaisirs de la capitale. Cruel dilemme pour une mondaine. Fin mars, Mme Denis, repentante, fait savoir à son oncle que son plus cher désir est de vivre avec lui.[58]

La réconciliation se marque d'abord par une reprise de la correspondance à son niveau le plus quotidien. Point d'état d'âme, mais un tour d'horizon complet où il est fait allusion pour la première fois au conte de *Scarmentado* et à une « petite plaisanterie de *Barbarigo* », sans doute un autre conte aujourd'hui perdu.[59] Mme Denis s'empresse de rendre tous les services demandés. Ainsi jusqu'au départ de Colmar, le 8 juin, alterneront instructions destinées à régler les multiples affaires en cours et avertissements destinés à éclairer sa nièce. D'une part Voltaire, « dictateur perpétuel », a l'œil à tout : livres à vendre, paquets à envoyer, réponses à faire. D'autre part, il analyse la situation. Toujours malade, éloigné pour jamais de Paris, ne devant songer qu'à un « établissement dans la postérité », il invite Mme Denis à ne point se bercer d'illusions : « Avez-vous bien réfléchi à tout ? [...] Je suis condamné pour jamais à la solitude une grande partie du jour, dans quelque pays que je sois, fût-ce la plus brillante cour ».[60]

Balayant toutes les objections, sa nièce veut venir à Colmar. Mais Voltaire préfère un rendez-vous à Plombières où Mme Denis a manifesté dès le mois de février le désir de se rendre en compagnie des «anges» d'Argental.[61] A Colmar, ses difficultés avec la Compagnie de Jésus n'ont pas pris fin. Sa correspondance avec le père de Menoux est publique. Voltaire ayant protesté, le jésuite compatit à ses malheurs, se dit mortifié que le père Fagnier, son supérieur, ait laissé transpirer ses lettres, mais il interprète ce «surcroît de chagrins» comme un signe d'élection de la Providence, ce qui lui fait bien augurer du salut de Voltaire. La Société attaque l'*Abrégé de l'histoire universelle*. Menoux dans un *Discours sur l'histoire* a formulé en matière de méthode des exigences qui sont autant de critiques de l'œuvre voltairienne. Le *Journal de Trévoux* dans un compte rendu de février et mars 1754 relève des erreurs et débusque le projet anti-chrétien.[62] Voltaire se sent en position de faiblesse dans cette petite ville dévote. Remettant à plus tard les représailles, il croit devoir détourner de lui la «colère sacrée» en faisant ses pâques.

Il va se confesser, non chez les jésuites, mais au couvent des capucins. D'où une relation, destinée aux salons parisiens : il a confessé que, malade depuis six mois, il n'a pas eu de grandes tentations ; ses péchés se réduisent à avoir été en colère contre un jésuite. «Ah! si ce n'est que contre un jésuite, répond le capucin, il n'y a pas grand mal», et il décerne un «beau billet de confession».[63] Après quoi, le dimanche 14 avril, accompagné de Collini, Voltaire va communier, toujours au couvent des capucins. Son secrétaire, curieux d'examiner la contenance de son maître «pendant cet acte important», nous a conservé cet instantané : «Il présentait sa langue et fixait ses yeux bien ouverts sur la physionomie du prêtre. Je connaissais ces regards-là.» En remerciement il adresse aux bons pères douze bouteilles de vin et une longe de veau.[64]

On dit à Paris qu'il vient de faire sa «première communion». C'est en tout cas la première de ses communions à scandale. Il n'hésitera pas à répéter un geste, pour lui dénué de signification, quand il croira détourner par là une persécution. Il avait prévu de longue date sa communion de Colmar : un mois auparavant il se flattait d'apporter à l'Isle Jard un billet de confession : «Je conçois», écrit-il pour se justifier, «qu'un diable aille à la messe quand il est en terre papale comme Colmar ou Nancy.»[65]

On sera d'accord avec Collini pour penser que cette comédie, qui le déconsidère, ne trompa personne. Elle lui vaut les sarcasmes de Frédéric.[66] De ce côté, l'animosité reste vive. En janvier, il a adressé au roi de Prusse les *Annales de l'Empire*, accompagnées d'une grande lettre, par l'intermédiaire de la margrave de Bayreuth.[67] Le souverain répond par une missive très élaborée, qui dispense des éloges parcimonieux aux *Annales*.[68] Les hostilités n'étaient point closes pour autant. Voltaire ne veut plus avoir affaire ni avec Ericard ni avec Dubillon (Louis XV et Frédéric II). Frédéric fait savoir à milord Maréchal que ceux «qui jouent avec des singes en sont mordus quelquefois», ce qui lui est arrivé avec Voltaire.[69] A Darget, il mande que Maupertuis et Voltaire lui adressent des «lettres remplies d'injures qu'ils se disent», le prenant pour «un égoût».[70] Pourquoi cette recrudescence de hargne? Sans doute parce que Voltaire continue à se moquer du «méchant diable xx» qui l'a chassé de Prusse.[71] Dans l'ombre, Fredersdorff, Maupertuis travaillent à empêcher toute réconciliation. La Beaumelle, sorti de la Bastille en octobre 1753, a mis au point une brochure qui couvre Voltaire «d'ignominie». Elle n'a pas été conservée. Mais on a retrouvé un état antérieur, *Voltaire à Berlin par M. le baron de B.*, remarquable par sa vigueur et sa précision.[72] La plume vengeresse de La Beaumelle reste pour lui une menace. La *Réponse au Supplément du Siècle de Louis XIV* ayant obtenu une permission tacite est imprimée et les premiers exemplaires sont distribués (9 mai). Il en expédie à La Haye, Francfort et Londres «afin que Voltaire divertisse toute l'Europe». Il a poussé l'audace jusqu'à envoyer ce cinglant pamphlet à Voltaire lui-même. Mais le destinataire a refusé le paquet. Voltaire ne sous-estime pas cependant son adversaire, car dans les provinces on a plus vendu «l'édition infâme du *Siècle* de La Beaumelle» que la sienne.[73]

De son lit qu'il n'aurait point quitté depuis des mois, sinon pour faire ses pâques, Voltaire continue à tout régenter. Il donne ses ordres sur les moindres détails, réglant au jour le jour ses complexes affaires financières.[74] Dûment dirigée, Mme Denis est toujours chargée de la vente de ses biens à Paris : tableaux, cabinet de physique, collections de livres. Il recommande à sa nièce de sauver les apparences dans ces ventes qui ne doivent point ressembler à un inventaire : «c'est bien assez d'avoir fait [ses] pâques, sans avoir l'air des *de profundis*.»[75]

Comment, aux prises avec tant de soucis et malgré ses maladies, réussit-il à travailler? Extraordinaire résistance que la sienne, puissamment aidée par le goût de vivre et le stimulant de l'œuvre à accomplir. Après l'édition Néaulme de l'*Abrégé* une urgence s'impose : pour réparer le tort qui lui a été fait, publier un texte qu'il puisse avouer. Il ne soupçonne pas ou ne veut pas soupçonner que sa cause est entendue, qu'un ouvrage historique tel qu'il l'a conçu, même relu avec soin pour en retrancher les hardiesses, est fondamentalement inacceptable dans la France des années 1750-1760. Mais cette illusion le maintient sur le pied de guerre et l'incite à se consacrer à un travail pénible. Il est rentré en possession d'un ancien manuscrit. Il se fait envoyer par sa nièce des livres nécessaires, et s'est attelé à la rédaction d'un troisième tome.[76] Il lui arrive de douter : «Si on ne dit pas la vérité, on dégoûte, si on la dit, on est lapidé. Que faire?»[77] Mais il va de l'avant. Le 6 juin, sur le point de quitter Colmar, il envoie à Malesherbes le troisième tome, qu'il regarde comme «son apologie pour les deux premiers». Il a un quatrième tome tout prêt, et le cinquième est commencé.[78] Afin d'«imprimer à [sa] fantaisie» l'ouvrage intitulé désormais *Essai sur l'histoire universelle*,[79] il a pris des contacts avec Walther, avec les Cramer..., pendant que l'avidité des libraires a jeté sur le marché en moins d'un an neuf éditions non autorisées de l'*Abrégé*. La conjonction de ces deux données conduit à une situation labyrinthique. Et pendant que paraît à la mi-mars le second tome des

Annales de l'Empire, trois rééditions du premier sont en cours; il envoie des cartons à Lambert, aux Cramer, promet à Walther de lui procurer de nouveaux matériaux.[80]

Il prétend avoir connu avec les *Annales* «toute la plénitude de l'horreur historique». Il se plaint que la duchesse de Saxe-Gotha l'ait transformé en «pédant en -us, comme Circé changea les compagnons d'Ulysse en bêtes».[81] On l'a trop volontiers cru sur parole. Des liens étroits existent entre les *Annales* et l'*Histoire universelle*: à la suite de l'article consacré à Ferdinand III, il a inclus un «Tableau de l'Allemagne depuis la paix de Westphalie» qui, à grands traits, et dans un réel esprit de synthèse, s'efforce de présenter l'état de l'Allemagne. Il reste persuadé que ses *Annales*, faites pour être consultées comme un dictionnaire, en réalité se lisent, tandis qu'il est impossible de «lire Hénault de suite».[82] Il résume l'esprit de son œuvre: «La grande partie du droit public qui n'a été pendant six cents ans qu'un combat perpétuel entre l'Italie et l'Allemagne est l'objet principal de ces *Annales*.»[83] Droits douteux, se réduisant finalement à «celui du plus fort que le temps seul rend légitime», ce qu'il exprime dans la formule: «Le temps, l'occasion, l'usage, la prescription, la force font tous les droits.» Même s'il ramène trop la Réforme à des questions de fiscalité pontificale, il se rend compte qu'un des événements majeurs du XVIe siècle fut ce «changement de la religion dans la moitié de l'Europe». Il manifeste de l'intérêt pour la guerre des paysans, rappelle leurs revendications, car «ces espèces de sauvages firent un manifeste que Lycurgue aurait signé»: «ils réclamaient les droits du genre humain, mais ils les soutinrent en bêtes féroces.»[84]

A ces travaux, à la mise au point des *Œuvres mêlées*,[85] il ajoute une collaboration à l'*Encyclopédie*. Au moment où le *Dictionnaire* avait commencé à paraître, son transfert en Prusse l'avait empêché de s'y intéresser. Mais en ce printemps de 1754, depuis Colmar, il veut se faire «compagnon dans l'atelier de l'*Encyclopédie*». Il envoie à d'Alembert des «cailloux pour fourrer dans quelques coins du mur».[86] Aussitôt des différences de conception apparaissent entre lui et les directeurs. Il leur a adressé un article «Littérature», «petit essai de quatre à cinq pages» qu'il vient de dicter sur le champ. Il y a joint un article «Ame» fait en Prusse.[87] Mais cette offre de service ne reçoit pas de réponse positive. Mme Denis lui fait savoir que l'on exigeait pour l'article «Littérature» de plus amples détails. Or Voltaire estime qu'on ne doit point écrire un in-folio sur un sujet si rebattu, qu'il suffit dans un dictionnaire de «définir, d'expliquer, de donner quelques exemples».[88] Sa conception de l'article de dictionnaire, déjà ébauchée à Potsdam, l'éloigne de l'honnête synthèse sur les différentes littératures qu'on attend de lui. Il faudrait plutôt demander «l'article du malheur des gens de lettres et de leurs persécutions». Privilégiant la formulation piquante et qui laisse à penser, il définit la littérature comme «une guerre perpétuelle entre des abeilles et des guêpes». Il accepte pourtant de rendre son article «aussi ennuyeusement inutile qu'on voudra».[89]

Et dans ses moments de loisir, il retouche par-ci par-là d'anciens ouvrages en vue du rendez-vous de Plombières. Il va apporter aux eaux une «Jeanne un peu mieux atournée», il a «rajusté» *Zulime*:[90] il s'agit de plaire aux d'Argental et à Mme Denis. C'est donc avec un bon bagage de manuscrits en portefeuille qu'il part de Colmar le 9 juin 1754, n'emmenant avec lui qu'un seul domestique et un copiste.[91]

Il avait l'intention de s'arrêter brièvement en chemin dans l'abbaye bénédictine de Senones, que dom Calmet, prieur depuis 1728, avait considérablement agrandie et embellie.[92] Mais en montant dans son carrosse il reçoit une lettre de sa nièce interdisant provisoirement Plombières: Maupertuis doit s'y rendre accompagné de La Condamine. Il va donc faire un long «noviciat» de trois semaines chez les pères bénédictins.

Sa visite était prévue depuis le mois de mai. Dom Sinsart, le père supérieur, l'annonçait alors, assurant qu'il est «très partisan des Bénédictins»: «c'est le seul ordre qu'il aime, parce que nous étudions et que nous laissons le monde comme il est, sans nous mêler d'intrigues».[93] C'était l'occasion pour Voltaire de réaliser un très ancien projet. En février 1748, il voulait déjà se rendre dans ce séjour de la science. Il écrivait à dom Calmet: «Il ne me faudrait qu'une cellule chaude, et pourvu que j'eusse du potage gras, un peu de mouton et des œufs, j'aimerais mieux cette heureuse et saine frugalité qu'une chère royale.»[94] En fait de «cellule chaude», bien qu'on fût en juin, il doit faire du feu continuellement, car il vente, il pleut et des grêlons «gros comme des œufs de poule d'Inde» cassent ses vitres.[95] On ne sait s'il fut satisfait de l'ordinaire des moines. Mais on nous dit qu'il a vécu à l'abbaye «en quelque sorte comme un religieux, n'ayant voulu pendant tout ce temps-là manger qu'avec la communauté au réfectoire, et ne converser qu'avec les religieux».[96]

Dom Calmet et lui se témoignent une estime réciproque. Il trouve là une riche bibliothèque, «presque aussi complète que celle de Saint-Germain-des-Prés»,[97] que le savant abbé par une politique d'achats suivie avec persévérance n'avait pas peu contribué à rendre la plus belle de la province. Dom Calmet lui «déterre de vieux bouquins», après s'être hissé, à l'âge de quatre-vingts ans, en haut de branlantes échelles. Tout le monastère se serait mobilisé pour l'aider, les moines cherchant «les pages, les lignes, les citations».[98] Il a fureté dans saint Augustin, Origène, Alcuin, compulsé «dom Mabillon, dom Martène, dom Thuillier, dom Ruinart», et des capitulaires du temps de Charlemagne, de vieilles chroniques du temps d'Hugues Capet,[99] toutes «antiquailles» nécessaires pour son histoire universelle, mais aussi pour les articles destinés à l'*Encyclopédie*, car «c'est une bonne ruse de guerre d'aller chez ses ennemis se pourvoir d'artillerie contre eux».[100]

Ce long séjour fait jaser. D'Argens prétend qu'il suit les processions, s'appuyant sur son secrétaire qui est protestant: ainsi on a pu voir l'Incrédulité au bras de l'Hérésie.[101] Voltaire doit se défendre d'avoir dit vêpres et matines et de porter un crucifix à sa ceinture.[102] La vérité est qu'il s'est amusé à jouer au moine. Il a vécu «délicieusement au réfectoire», lui qui annonçait à Mme Denis qu'il avait manqué sa vocation: «C'était d'être moine» car il «aime la cellule». Il ajoutait: «Je voudrais que vous pussiez vous faire nonne avec moi [...], mais je suis un vieux moine, vous aimeriez mieux peut-être un novice.»[103] Il entre dans un personnage de religieux, comme il entre dans celui de Lusignan, lorsqu'il joue sa *Zaïre*.

Enfin sonne l'heure des grandes vacances. Maupertuis est parti. Le 2 juillet, Voltaire monte en carrosse et roule vers Plombières, n'ayant aucune foi aux vertus des eaux, mais en ayant beaucoup à celles de l'amitié.

Lorsque Voltaire arrive à Plombières, le 4 juillet, les d'Argental y sont déjà. Joie des retrouvailles! Voltaire est «hors de lui». Mme d'Argental, avertie par son valet qui s'est mis à crier «comme un fou», se précipite dans l'escalier. «Nous arrivons dans ma chambre, raconte la comtesse, tous ceux qui allaient de côté et d'autre dans les rues reviennent sur leurs pas et forment un gros énorme de monde vis-à-vis ma fenêtre, à la face duquel nous nous embrassons comme des pauvres.»[104] Un quart d'heure après, voici d'Argental. Toute une grande journée avec les «anges»! Mme Denis et Mme de Fontaine n'arriveront à Plombières que le lendemain dans l'après-midi.

Voltaire y restera trois semaines. La ville d'eaux, au fond de l'étroite vallée de l'Eaugronne, où coulent vingt-sept sources d'eau chaude, connaissait un essor remarquable depuis les travaux exécutés en 1725, par Léopold de Lorraine. La station était surtout célèbre pour ses bains et ses étuves. Le malade y demeurait des heures durant, empaqueté dans une chemise de grosse toile. Mais Voltaire est incrédule aussi en matière de thermalisme. Il ne fait qu'une apparition à la fontaine, ce qui ne suffit pas à «laver» son sang.[105]

La cure n'était le plus souvent qu'un prétexte. Il y avait cette année-là «un monde prodigieux» à Plombières: «toute la cour de France». On se crève de bonne chère, on joue: «cela s'appelle prendre les eaux».[106] Selon un jeune curiste, le président de Ruffey, l'arrivée de Voltaire répand dans la station «une influence poétique qui a fait naître un grand nombre de vers et de chansons».[107] Après de longs mois de solitude, il retrouve les plaisirs de la société. Il paie son écot par des vers de circonstance sur les menus incidents de la saison. Pris pour arbitre entre la marquise de Bélestat et le comte de Lorges, s'accusant mutuellement de vol au jeu, il s'en tire par une galanterie à l'adresse de la dame:

> Vous vous plaignez à tort, on ne vous a rien pris:
> C'est vous qui ravissez des biens d'un plus haut prix,
> Qui sur nos libertés ne cessez d'entreprendre;
> Votre cœur attaché sait trop bien se défendre;

X. « SAUVE QUI PEUT »

> Et la mère des Jeux, des Grâces et des Ris
> Vous condamne à le laisser prendre.[108]

De nouveau, après une triste quarantaine, voici les plaisirs de la conversation, les frivolités des cercles mondains, le charme des compagnies féminines. Voici surtout sa chère Denis : rendez-vous sentimental et rendez-vous d'affaires étroitement liés. « Nous raisonnerons de toutes nos affaires et nous y mettrons un ordre certain », avait-il promis en avril.[109] Il s'agissait entre autres de savoir s'il valait mieux placer son bien sur « Ericard » ou sur « Cernin », ou plus vraisemblablement sur aucun des deux. Il devait faire un nouveau testament.[110] Tous ces arrangements impliquaient des décisions essentielles. Voltaire et Mme Denis devaient raisonner, « à tête reposée » ou « à tête échauffée », de leur destinée.[111] Rien n'a transpiré de ces entretiens. On en suit seulement la progression dans les lettres que Mme Denis adresse à son soupirant Cideville. Le 6 juillet, elle lui annonce qu'elle va « passer quelque temps » avec son oncle. Le 21, lettre de rupture, pleine de ménagements : elle n'ira pas à Launay cette année ; elle a lieu d'être « très contente » de son oncle et l'accompagne à Colmar. A Plombières s'est clos un chapitre de la vie de Voltaire. Désormais, à l'exception d'une courte période en 1768, Voltaire et Mme Denis ne se sépareront plus. En cette fin de juillet 1754, Mme Denis espère encore que son oncle choisira de rester en France.[112]

Il abrège le séjour, prévu pour un mois. Des affaires le pressent de partir. Le libraire Josef Friedrich Schöpflin a commis un faux pas. Ayant imprimé à Colmar sans permission l'*Essai sur l'histoire universelle*, il s'avise de demander à Malesherbes d'interdire l'édition autorisée de Lambert. D'où lettre sur lettre de Voltaire à Malesherbes, à Lambert. ce qui peut expliquer son retour à Colmar. Il y eut sans doute d'autres causes : le vide des journées dans la station thermale, où Voltaire est privé de sa drogue, le travail ; peut-être des questions financières ; sûrement le fait que le choix de Mme Denis est dorénavant acquis.

De retour à Colmar, toujours chez Mme Goll, Voltaire n'est plus seul. Il doit compter désormais avec sa « garde-malade », puisque c'est ainsi qu'il désigne Mme Denis. Il va y demeurer encore plus de trois mois, dans l'expectative.

Bientôt, Mme Denis s'ennuie. Elle dort, elle mange, elle paresse.[113] Elle s'occupe aussi à retravailler sa tragédie grecque, cette *Alceste* qui ne sera jamais jouée, ni imprimée, ni, vraisemblablement, terminée.[114] Voltaire de son côté est « à la Chine ». Il transporte dans ses bagages les brouillons de sa nouvelle pièce, *L'Orphelin de la Chine*, remise sur le métier à Plombières, afin de mettre à profit les conseils des « anges » d'Argental.[115] Ses « magots », comme il les nomme, ont été étirés en cinq actes, « qui ne sont que cinq langueurs ». Il les réduit à trois. D'Argental voudrait déjà faire jouer cet *Orphelin* à Paris. Voltaire juge la conjoncture défavorable. Le *Triumvirat* de Crébillon, patronné par Mme de Pompadour, triomphe. Et on ne manquerait pas de faire des « applications dangereuses», la conduite d'Idamé, épouse exemplaire et héroïne de l'*Orphelin*, étant regardée comme la condamnation de la favorite.[116] Il espère qu'on reprendra plutôt *Rome sauvée*. Au lieu de quoi, on veut donner sans l'avoir consulté son ancien opéra de *Pandore*, rebaptisé *Prométhée*.[117]

Mais voici que la monotonie des jours est heureusement interrompue par une rencontre imprévue. Les margraves de Bayreuth sont de passage à Colmar. Wilhelmine, le 23 octobre, prie Voltaire à souper à la Montagne noire, «un cabaret borgne de la ville». Le lendemain, elle a voulu voir «absolument» Mme Denis. Elle aurait réparé par ses bontés le mal qui avait été fait au nom de son frère. Placée entre Voltaire et Frédéric, la princesse pratique un double langage. Rendant compte au roi de l'entrevue, elle donne un tour dénigrant à son récit. Voltaire aurait pleuré et aurait conté sa «gamme». Elle trace de la nièce un portrait sans complaisance: «une grosse femme» qui «s'est jetée dans l'écriture».[118]

Pendant que Voltaire informe tous ses amis de sa bonne fortune, assurant que tout cela avait «l'air d'un rêve», Frédéric s'empresse d'annuler les gracieusetés de sa sœur. Il continue à dauber sur «la grande dévotion» de Voltaire à Senones. Le retour de Maupertuis à Berlin, le 28 juillet, ne peut qu'attiser son irritation. Irritation encore accrue par l'attribution à Voltaire d'une *Epître*, dont l'auteur, vraisemblablement un comédien non identifié, exprime sa hargne à l'encontre d'un prince d'une avarice et d'une mauvaise foi inconcevables.[119] Voltaire lui a envoyé le troisième tome de l'*Essai sur l'histoire universelle*, tout en réclamant inlassablement justice pour sa pauvre nièce malade de «l'aventure affreuse» de Francfort.[120] Requête qui exaspère le roi. Aussi les bruits qui courent d'un retour de l'ex-chambellan à la cour prussienne n'ont-ils aucun fondement.[121]

Mais où Voltaire ira-t-il? Il n'a nulle raison de jeter ses regards vers l'Allemagne, à l'exception de Mannheim où l'Electeur palatin espère le recevoir pour l'hiver. Sa nièce a osé lui parler de nouveau d'Auxerre, mais s'il a «vingt projets en l'air», pas un n'est pour la France.[122] En revanche il mène d'actives transactions en Suisse par l'intermédiaire de l'avoyer de Berne, Jacques Clavel de Brenles. On lui propose la terre d'Alaman, un château sur les bords du Léman, entre Rolle et Morge. Il demande des assurances concernant les conditions d'acquisition en Suisse. Un catholique peut-il posséder des biens fonds? Peut-il jouir du droit de bourgeoisie à Lausanne? Peut-il tester en faveur de parents demeurant en France? Pour ce «tombeau agréable», il ne peut mettre plus de 225 000 livres: il donnerait 150 000 comptant, le reste en billets de Cadix.[123] En novembre, le marché achoppe sur les exigences financières des vendeurs. Voltaire se résigne donc à accepter, provisoirement, la proposition de Jean Georges de Guiguer de mettre à sa disposition le château de Prangins au nord de Nyon.[124] En route, il s'arrêtera à Lyon où il doit rencontrer le maréchal de Richelieu «en bonne fortune».

Au moment de partir, une menace surgit. Des manuscrits de *La Pucelle* circulent dans Paris. Fréron en a parlé dans son *Année littéraire*: Voltaire s'imagine que le journaliste en possède une copie. Le conseiller au parlement Pasquier a lu le poème chez un de ses amis. Une édition serait-elle imminente? Voltaire croit savoir que le «maudit chant de l'âne» s'imprime selon sa version originale et non suivant celle qu'il a expurgée.[125] Cette *Pucelle*, comme on le verra, n'a pas fini de lui causer des soucis.

Le jour de son départ, le 11 novembre, un incident ridicule survient. Il s'en est fallu de peu que Collini ne fût pas du voyage. Le secrétaire n'en souffle mot dans ses *Mémoires*. Mais il en a donné, dans une lettre à Josef Schöpflin et dans une autre à l'avocat Sébastien Dupont, deux récits, complémentaires, où son maître fait piètre figure.[126] Collini est excédé de travail: un véritable esclavage, sous un patron tyrannique et capricieux. Il est bien décidé à quitter Voltaire, lorsqu'une exigence de celui-ci vient combler la mesure. La berline est devant la porte, prête à s'ébranler. Le véhicule doit maintenant porter Mme Denis et son bagage. Le philosophe le juge trop lourdement chargé. Il ordonne à Collini d'en retirer son portemanteau qui contient une douzaine de chemises et quelques vêtements: qu'il vende le tout! Le secrétaire répond que dans ces conditions il quitte son service: qu'on lui règle ses gages. Voltaire lésine sur le calcul: il ne veut pas payer le mois de novembre qui n'est pas terminé. Finalement, après avoir conféré avec Mme Denis, il se montre plus accommodant, et Collini accepte de rester. La berline roulera jusqu'à Lyon et au-delà, sans que la surcharge du léger portemanteau provoque d'accident.

Les voyageurs traversent la haute Alsace, la Franche-Comté. Ils s'arrêtent le 13 novembre à Dijon. Ils y soupent en compagnie du président de Ruffey qui ne leur fait pas grâce de ses vers.[127] Le 15 novembre, ils arrivent à Lyon, «avec le train et la vanité d'un parvenu, chargé des dépouilles du tiers et du quart», selon une mauvaise langue locale.[128] Voltaire descend à l'auberge du Palais-Royal. En ce «cabaret», il reçoit la visite du maréchal de Richelieu, qui se rend même auprès de lui trois fois dans la même journée, outrepassant les ordres.[129]

Il retrouve aussi dans cette ville la margrave de Bayreuth, dont les bons offices vont s'avérer utiles. Il rend une visite au cardinal de Tencin, archevêque de Lyon, oncle de son ami d'Argental. Mais l'entretien tourne court. Collini qui l'accompagnait raconte que l'antichambre de Son Eminence était pleine de courtisans. Voltaire entre seul, puis ressort au bout d'un instant, disant à son secrétaire: «Mon ami, ce pays n'est point fait pour moi.»[130] Voltaire dans ses *Mémoires* rapporte ce qui selon lui s'est passé. Tencin commence par lui dire, «confidemment», qu'en qualité de ministre il ne peut lui donner à dîner en public, parce que le roi de France est fâché contre lui de ce qu'il l'avait quitté pour le roi de Prusse. A quoi Voltaire aurait répondu qu'il ne dînait jamais «et qu'à l'égard des rois [il était] l'homme qui prenait le plus aisément son parti, aussi bien qu'avec les cardinaux».[131] Voltaire fut sans doute plus mesuré dans son propos car ensuite, par l'entremise de la margrave de Bayreuth, une deuxième entrevue eut lieu, qui se passa bien.

Il eut encore à se plaindre d'une sortie du père Tolomas, un régent de collège : le père s'avisa de prononcer «un discours aussi sot qu'insolent» contre les auteurs de l'*Encyclopédie*.[132] Autrement, à Lyon, que d'honnêtes gens! Le public ovationne Voltaire au théâtre lorsqu'il assiste à une représentation de *Brutus*.[133] Le 26 novembre, l'Académie, dont il est membre depuis 1745, le reçoit. Il est accueilli par Charles Bordes, ami de Mably et de Condillac, qui avait réfuté dans le *Mercure* les thèses du *Discours* de Rousseau *sur les sciences et les arts*.[134] L'académicien loue longuement «l'homme unique en qui les connaissances et les talents les plus opposés se rapprochent», le poète qui «réunit le sentiment et la pensée», le dramaturge qui «agite le cœur», mais en «élevant l'âme», le philosophe qui «pare la vérité du voile des grâces», l'historien qui «parle plutôt des lois qui ont affermi les Etats que des combats qui les ont ébranlés, des révolutions des mœurs que des trônes, des talents rares que des crimes illustres», pour qui, enfin, «le héros, c'est l'homme utile, le grand homme c'est le sage».[135]

Lyon est décidément une «ville charmante». Mme Denis voudrait bien s'y fixer. Mais Voltaire y est mal logé, sans livres, en proie aux désagréments d'une installation de passage. Le 10 décembre, il se décide à partir pour cette «maison très belle et très commode» qu'on lui prête à Prangins. Une sourde inquiétude cependant l'habite. Mme Denis, que les festivités de Lyon ont enchantée, ne sera-t-elle point rapidement dégoûtée des Alpes? Jusqu'où ira la «constance» de sa nièce «pour la retraite»?[136]

12. « Tenir à la liberté de tous les côtés »
(décembre 1754-février 1755)

C'était le 12 décembre 1754, jour de fête nationale à Genève. Toute la journée la cité avait célébré l'anniversaire de l'Escalade.[1] Elle commémorait cette nuit du 11 au 12 décembre 1602, où elle avait repoussé les soldats du duc de Savoie qui, par surprise, par des échelles appuyées contre les remparts, avaient réussi à s'introduire dans la ville. La fête avait été célébrée cette année-là avec d'autant plus de ferveur qu'il avait été question de la supprimer, par égard pour les Savoyards avec lesquels on avait signé des traités avantageux. La protestation populaire avait été si vive que les autorités de la ville avaient rétabli les festivités. Les portes de la ville, encore entourée de remparts,[2] se fermaient impitoyablement à quatre heures et demie du soir. Mais ce 12 décembre celle de Cornavin était restée ouverte, exceptionnellement. On attendait Voltaire.

Une personnalité, le conseiller François Tronchin, allait accueillir l'illustre voyageur. Plus que tout autre il se réjouissait du passage à Genève d'un auteur admiré qu'il allait recevoir sous son toit. Ce magistrat avait une âme d'artiste. Dans sa jeunesse il avait fait à Paris des études de droit. Il y découvrit avec émerveillement le théâtre pour lequel il se prit d'une véritable passion. Il ne manquait pas de talent. Il composa une *Marie Stuart* qui fut jouée en 1734 par la Comédie-Française, puis devant la cour à Fontainebleau. Pour le jeune Tronchin, devenu avocat, le modèle à imiter était moins Cujas que l'auteur d'*Œdipe* aperçu en 1723 à la Comédie-Française.[3] Jamais depuis ce jour mémorable le jeune étudiant en droit n'avait pu approcher Voltaire. En 1736, il épousa à Paris Marie-Anne Fromaget, fille du directeur de la Compagnie des Indes, et revint s'établir définitivement à Genève. En 1738 il était entré au Conseil des Deux Cents, organe législatif de la république. Surtout, depuis 1753, il était l'un des vingt-cinq membres du Petit Conseil ou Magnifique Conseil chargé de l'exécutif. Il sera dans la cité de Calvin un ami constant et, au besoin, le médiateur le plus efficace du philosophe.

Une trentaine de lieues séparent Lyon de Genève. Le courrier ordinaire les parcourt en deux jours. Le carrosse de louage qui transportait Voltaire, Mme Denis et Collini, mit un jour de plus. De ce voyage on ne sait rien, sinon qu'à Nantua Voltaire fut témoin de l'arrestation d'un inconnu que les gendarmes soupçonnaient d'être un ministre protestant. La scène de l'arrestation dut émouvoir Voltaire, puisqu'il voulut intervenir auprès des gendarmes.[4] Il fit observer que la volonté du roi était que les ministres calvinistes sortissent du royaume, et qu'au lieu d'arrêter cet homme, ils devaient plutôt favoriser son passage en Suisse. On ne l'écouta guère. Une prime était offerte pour l'arrestation d'un pasteur. L'inconnu, comme pour renforcer les soupçons, déclara qu'il venait de Paris, mais qu'il était originaire de Nîmes, région où les protestants étaient nombreux. Les tractations en tout cas avaient fait perdre du temps aux voyageurs qui s'arrêtèrent le soir à Nantua, au lieu de Bellegarde. Il fallut rattraper le lendemain le retard sur l'itinéraire prévu : ce qui explique l'arrivée tardive ce 12 décembre au soir.

Une fois dépassé Chatelaine, il ne restait qu'une longue descente vers Genève. A la lueur du jour tombant, Voltaire aurait pu apercevoir à sa droite une grande maison carrée au milieu de beaux jardins : il n'aurait pu soupçonner qu'elle ferait un jour ses «délices». Derrière les voyageurs, on tira le pont-levis qui quelques années plus tôt avait produit un sinistre effet sur le jeune Jean-Jacques.[5] Sur une large esplanade s'élevaient à gauche le bureau de l'octroi et à droite le poste avancé occupé par des soldats. Un deuxième pont traversant le fossé principal menait à la porte de Cornavin. Juste après, se trouvait le logis du corps de garde : c'est là que le carrosse s'arrêta.[6]

On accueillit «à merveille» l'écrivain célèbre pour qui avait été gardée ouverte la porte de la ville au delà de l'heure réglementaire. Voltaire exprima ses remerciements. «Mais ces messieurs ont eu la politesse de dire qu'ils tenaient toujours leurs portes ouvertes au mérite».[7] Puis, par la rue de Coutance toute proche, on quitta le quartier Saint-Gervais, on franchit le Rhône au pont de l'Ile et par la rue de la Cité et la rue de la Boulangerie (appelée aujourd'hui Grand Rue) on atteignit le haut de la ville. La maison des Tronchin se trouvait au Bourg-du-Four, à l'angle que fait la place avec la rue des Chaudronniers ou rue Saint-Antoine.[8] C'est là que Voltaire, pour son premier passage à Genève, logea du 12 décembre au soir jusqu'au matin du 14.[9]

On ne sait au juste qui étaient «ces messieurs» qui firent à l'écrivain ce soir-là les honneurs de l'accueil. François Tronchin semble n'avoir réuni que des membres de la «tribu Tronchin», suivant l'expression de Voltaire.[10] Il bannit du souper toutes les femmes à l'exception de la sienne et de Mme Denis. Deux jeunes cousines, dont les maris se trouvaient parmi les convives, durent, avec la complicité des domestiques, se cacher derrière les rideaux dans l'encoignure des fenêtres, et pour n'être pas trahies par leurs pieds, elles restèrent juchées sur un tabouret pendant tout le souper. L'une était Elisabeth Boissier, devenue Mme Tronchin la jeune par son mariage avec le procureur Jean Robert Tronchin, l'autre était sa belle-sœur Suzanne Tronchin, épouse de Jacques Gallatin.[11] «Leur projet réussit comme elles l'avaient désiré et elles furent très contentes.» Elles admiraient Voltaire de parler «comme il écrit avec beaucoup de facilité, de grâce et de tour dans l'expression».[12]

Le lendemain 13 décembre, Voltaire reçut sans doute quelques visites, et vraisemblablement celle de Jacob Vernet,[13] qui venait de s'entremettre dans la contrefaçon de l'*Abrégé de l'histoire universelle*: pasteur «éclairé», il tenait à saluer le prestigieux auteur de *La Henriade*. L'oncle et la nièce firent surtout la connaissance de leur hôte. Ainsi naquit une sympathie qui allait se changer en fidélité durable, malgré les rapports orageux que Voltaire entretint plus tard avec Genève. François Tronchin venait juste d'atteindre la cinquantaine; mais il n'avait rien perdu de l'enthousiasme ni même de la belle allure de sa jeunesse. Un portrait de Liotard le montre, raffiné et passionné, assis à son bureau, commentant avec quelque interlocuteur invisible une œuvre de Rembrandt. Sur le bureau, une partition musicale rappelle que cet amateur de peinture était aussi un excellent violoniste qui dans sa jeunesse s'était même essayé à la composition; un compas souligne l'intérêt que portait à l'architecture cet homme qui fut l'ami de Soufflot; et un livre le désigne lui-même comme un auteur, un amateur de belles-lettres.[14] On imagine sa fierté de recevoir chez lui cette vedette européenne des lettres.

Le soir du 13, le souper fut offert par le médecin Théodore Tronchin, que Voltaire avait connu autrefois en Hollande. Il habitait la même maison, mais l'entrée s'ouvrait sur la place du Bourg-du-Four. Depuis quelques mois, de retour dans sa patrie, le médecin s'était installé dans cette ancienne maison de famille. Sa carrière jusqu'alors s'était déroulée en Hollande, rapide et brillante. Mais le mercantilisme de ces villes portuaires, le relâchement des mœurs des habitants, l'abandon des principes républicains après le rétablissement du stathoudérat, le déterminèrent à regagner la terre de son enfance. Il avait auparavant envoyé à Genève ses deux enfants pour les soustraire à l'influence pernicieuse de la Hollande. Lui-même regagna son pays à la fin de l'été 1754, et avait repris ses activités médicales dans la ville haute.[15] Il était indispensable que Voltaire allât souper chez le docteur Tronchin. Officiellement le passage du voyageur en pays étranger était motivé par le mauvais état de sa santé, qui l'obligeait à consulter le célèbre médecin de Genève. On savait déjà partout qu'il avait «une violente sciatique» qui inquiétait sa nièce, «un rhumatisme goutteux» qui l'empêchait de bouger. Il fallait donc que le docteur Tronchin prescrivît une cure à Aix-les-Bains et conseillât quelques remèdes préparatoires. Un entretien particulier accompagna la réception que Théodore Tronchin offrait ce soir-là,[16] non une consultation à proprement parler mais une prise de contact. Au reste pendant les quelques années que Voltaire demeura au voisinage de Tronchin, aucune maladie précise de quelque gravité, exigeant son intervention, ne peut être signalée. Pour Tronchin Voltaire était malade naturellement et non occasionnellement. Plus que de médecines il avait besoin d'une oreille amicale sinon complaisante. Tronchin semble s'être borné à écouter attentivement un malade qui parfois le consultait par lettre:

Voici un problème de physique. Hier, Monsieur, quand vous partîtes, j'étais près de m'évanouir. Tout mon corps était en convulsions. Je me mets au lit et au bout d'une heure la transpiration m'ôte toutes mes douleurs. Il y a trente et même quarante ans que je suis dans cet état. Que direz-vous donc ? Que prononcerez-vous ?[17]

Pour Tronchin Voltaire était un cas à observer plus qu'un sujet à guérir. Et pour Voltaire parler de sa santé revenait à s'interroger sur le mystérieux composé de son être : il est « un problème de physique ». Le médecin et son malade s'apprécieront, se rechercheront, mais jamais ne s'abandonneront à une amitié sans réserve.

Autour de Voltaire Théodore Tronchin rassembla non des membres de sa famille comme l'avait fait la veille son cousin François, mais un petit nombre de personnalités en vue de Genève. Parmi celles-ci, Jean Jallabert :[18] à la fois savant et homme politique, il faisait partie du Magnifique Conseil et enseignait à l'Académie les mathématiques et la philosophie. Ses travaux sur l'électricité l'avaient rendu célèbre dans l'Europe entière. Il semble avoir déjà rencontré Voltaire soit à Paris soit à Berlin – où il était académicien et en relations avec Maupertuis – puisqu'il trouve Voltaire « bien vieilli ». Avec lui Théodore Tronchin a pu inviter des confrères, comme Cabanis que quelques jours plus tard on voudra appeler au chevet de Mme Denis malade.[19] Le résident de France M. de Montpéroux était sans doute présent. La lettre que dès le lendemain il envoie au ministre des Affaires étrangères se fait l'écho de la conversation qu'il eut avec Voltaire.[20] Il était important pour celui-ci de faire savoir à Versailles qu'il ne s'était pas retiré en Suisse à la suite de quelque esclandre, mais pour des raisons de santé et afin de trouver la solitude nécessaire à ses travaux.

Le lendemain matin, 14 décembre, on partit pour Prangins, comblé de prévenances : « Bon Dieu que tous les Tronchin sont aimables ! » s'écriera Mme Denis.[21] Genève au grand jour leur parut belle.[22] Elle l'était plus que jamais en ce milieu du siècle, après la construction des magnifiques hôtels particuliers de la rue des Granges et de la rue des Chanoines qui lui faisaient à son sommet une remarquable couronne. Un front d'immeubles étroits, pressés, percés le plus souvent de fenêtres à accolade et jumelées, cerclait la place en contrebas de la cathédrale, qui fut le *forum* des Romains. Boutiques et auberges entretenaient l'animation, signalées par leurs enseignes ouvragées dont certaines subsistent encore, « la Pomme d'or », « la Coquille », « le Cheval noir ». Dans la rue de l'Hôtel de ville, à côté des grands édifices publics, s'élevaient de somptueuses demeures patriciennes de construction récente. Dans la Grand Rue, au bas de ces étroites façades gothiques, libraires et imprimeurs ouvraient leurs boutiques. On laissa à gauche la librairie des frères Cramer[23] et, à droite, l'aristocratique hôtel du résident de France.[24] On pénétra dans la rue de la Cité pour arriver à la place Bel-Air, que borde le Rhône. De l'autre côté du fleuve s'étend le quartier populaire de Saint-Gervais, qu'avait grossi l'afflux des réfugiés, surtout français au lendemain de la révocation de l'Edit de Nantes. Après la porte de Cornavin, on prit à droite la route de Suisse, appelée aussi route de Lausanne : la campagne commençait aux murs de Genève. Entre le territoire de Genève et celui de Berne, la France avait intercalé de part et d'autre de la Versoie, une extension du pays de Gex. Et Genève possédait sur le territoire français l'enclave de Genthod et sur le territoire bernois celle de Céligny.[25] Cette extraordinaire imbrication obligeait à traverser six fois la frontière, heureusement non gardée, en moins de quatre lieues.[26] Après Nyon la route s'élève jusqu'à Prangins, distant d'une bonne lieue. A l'est du village, tout au bout du plateau qui domine le lac se dressait le château. Voltaire, Mme Denis et Collini furent accueillis par M. de Ribaupierre. Il était le « châtelain », non le possesseur du château, mais une sorte de fonctionnaire chargé à la fois de l'administration et de la justice sur le vaste territoire de la seigneurie.[27] Il administrait aussi depuis 1730 le domaine particulier du seigneur, le baron de Guiguer, banquier à Paris, qui venait rarement à Prangins.

Les voyageurs, presque sans bagages, allaient prendre leurs quartiers d'hiver dans ce château immense et désolé, aux trois ailes flanquées de quatre tours carrées. Ils s'installèrent dans la tour du Nord, qui regardait vers Lausanne.[28] Mme Denis s'activa pour faire venir meubles et vêtements. Elle fit à son oncle la « galanterie » d'une robe de chambre fourrée, qu'il n'aura que vers la fin janvier. Voltaire redoutait pour cette Parisienne l'ennui de l'exil. Mais elle se montra « bien ferme dans la résolution de supporter [la] solitude. Les femmes ont plus de courage qu'on ne croit ».[29] Elle avait pris la direction du « ménage » jusque-là confiée à Collini. Il fut augmenté bientôt d'un excellent cuisinier et de domestiques (on prévoyait huit à neuf personnes). Du voisinage vint aussi un jeune garçon au visage fin, au regard honnête, qui manifestait de l'intelligence, du goût pour les belles-lettres, auquel Voltaire donna même des leçons de latin. Il s'appelait Jean-Louis Wagnière, il venait d'avoir quinze ans. Ici fait son entrée dans la vie de Voltaire celui qui allait devenir le modèle des secrétaires. Il avait une écriture impeccablement régulière : on la reconnaît aujourd'hui dans d'innombrables manuscrits du maître, tracés de sa main. Entré si jeune au service de Voltaire, il lui restera indéfectiblement attaché, et lui survivra pour continuer à servir les intérêts et la mémoire du philosophe. Plein d'admiration pour un patron dont il subit la séduction plus que tout autre parmi les proches, il devient son disciple, et rédigera à la fin de sa vie des notes qui restent l'une des sources sûres de la biographie de Voltaire, à compter de la date où nous sommes parvenus.

Présentement, il n'est que le modeste sous-ordre du secrétaire en titre Collini. Celui-ci ne suffisait plus à la tâche, et nous l'avons vu déjà tout disposé à quitter ses fonctions. Par son statut, quoique homme de confiance, Collini ne se distinguait pas vraiment du reste de la domesticité. Il dînait certes à la table du maître, entendait toutes les conversations, recevait la dictée des lettres de Voltaire et de Mme Denis. Mais il restait un étranger, témoin obligé et par profession discret. Il faisait face avec humour, tout en se plaignant. Par lui nous sont parvenus quelques détails sur la vie quotidienne à Prangins.

Ce lac Léman est terrible. Les vents y règnent et battent le château de Prangins, de façon que le philosophe, qui y est enfermé et calfeutré, en est tout ébahi. La dame parisienne, peu accoutumée aux lacs et aux vents, meurt continuellement de peur au bruit des aquilons; et moi je n'ai à craindre que le bruit et la fureur d'Apollon. Tout cela m'amuse un peu. J'entends crier d'un côté: Faites bon feu; de l'autre: Fermez bien toutes mes fenêtres! L'un demande son manteau fourré, l'autre s'affuble la tête de cinq ou six bonnets; et moi je viens, je vais, j'écris, je meurs de froid et de rage.[30]

L'hiver qui s'abattit du haut du mont Jura fut sévère. Partout l'activité se ralentit, la campagne environnante devint blanche et silencieuse. «Que faisons-nous donc à ce château?», se demande Collini.

Primo on s'ennuie un peu. Secundo on est de mauvaise humeur [...]. Tertio on fait beaucoup d'histoire. Quarto on mange fort peu comme de coutume, car on veut être sobre. Quinto on y philosophe tout aussi mal que dans les grandes villes, et en dernier lieu on ne sait pas ce qu'on deviendra. Voilà en raccourci le tableau de la vie des nouveaux hôtes de Prangins et ce tableau doit vous paraître tant soit peu gothique. J'ai oublié un trait à la miniature: c'est un jeune homme triste toujours écrivant à côté d'un mourant qui roule des yeux pleins de vie et de colère [...] Il voudrait pouvoir à son tour quitter le lac, le château, et tous ceux qui l'habitent.[31]

Dans ce château battu des vents, les motifs d'irritation ne manquaient pas à Voltaire. Ils attisaient son ardeur au travail. Il révise *Le Siècle de Louis XIV*. Il envoie à mesure de nouvelles corrections à Paris, à Lambert qu'il presse de continuer l'édition de ses œuvres complètes: sans grand succès. Heureusement, il vient de reprendre contact à Genève avec ceux qui vont devenir ses éditeurs attitrés, pendant plus de vingt ans: les frères Cramer. L'année précédente, quand il était encore à Colmar, il avait reçu une lettre pleine de déférence où ces libraires lui offraient leurs services. Ils proposaient de publier les *Annales de l'Empire*, plus une édition collective de ses œuvres. Ils l'invitaient à venir résider à Genève. En août, l'un des deux frères, Philibert Cramer, avait fait le voyage de Colmar. Séduit, Voltaire avait suggéré à Lambert de s'associer à ces Genevois pour imprimer son *Histoire universelle* et ses «œuvres mêlées».[32]

La famille Cramer, venue du Holstein en 1634, exerçait à Genève depuis plusieurs générations le métier de libraire-imprimeur. Au moment où Voltaire les rencontre, l'entreprise est dirigée par Gabriel Cramer, trente-deux ans, et son cadet Philibert, vingt-sept ans. Plus tard Philibert quittera l'édition pour une carrière mondaine et politique. C'était, aux dires de Voltaire, un «très beau garçon, quoiqu'un peu *dossu*», «aussi paresseux qu'aimable», mais ayant «de l'esprit, du goût».[33] Il se fera nommer au Conseil des Deux Cents, puis au Petit Conseil, remplira des fonctions ministérielles et des missions diplomatiques. Ce sera donc son frère qui sera le libraire selon le cœur de Voltaire: il le nommera vite son «Caro Gabriele», son cher «Caro», voire, les jours de pique, «Monsieur

Caro ». Bel homme aussi, « dont le front chauve est encore cher aux belles »,[34] aimant la bonne chère et les vins fins, il se révélera un acteur brillant dans les spectacles des Délices et de Ferney. Mais Voltaire apprécie surtout ses qualités d'éditeur. La maison Cramer dispose à travers d'Europe d'un réseau étendu de correspondants. Leur « Grand livre », registre de leurs expéditions (aujourd'hui aux archives d'Etat de Genève), permet d'en juger : ce qu'ils impriment est diffusé dans tous les principaux centres d'Angleterre, des Pays-Bas, d'Allemagne, de Suisse, d'Italie, et de France, malgré les entraves. La publication à l'échelle européenne que Voltaire recherche depuis l'époque des *Lettres philosophiques*, les Cramer vont la lui assurer avec le maximum d'efficacité. Ainsi l'immense production voltairienne va submerger les obstacles que tente d'opposer en France un régime archaïque de l'édition. A Genève même, il s'en faut que les presses soient totalement libres. Mais Gabriel Cramer n'a cure des enquêtes et saisies que sporadiquement l'autorité tente d'effectuer. Il s'entend à l'endormir ou à la déjouer. Plus tard, à partir de 1764, Voltaire aura recours aussi à Gabriel Grasset Mais, à la date où nous sommes, Cramer lui procure de grandes facilités d'impression. Et bientôt cet auteur qui écrit beaucoup et vite – trop vite – découvrira l'intérêt d'avoir à portée de main son éditeur : avantage que ne pouvaient lui offrir ni Lambert à Paris, ni Walther à Dresde.

Dès la fin de janvier 1755, « on fait rouler les presses de Messieurs Cramer », pour imprimer l'*Histoire universelle*.[35] Les frères viennent à Prangins chercher les nouveaux textes, et apporter les épreuves. C'est ailleurs, au loin, que des menaces se dessinent. Il y a cette *Pucelle*, dont on annonce de tous côtés l'imminente publication. L'ancien opéra de *Pandore* donne aussi du souci à son auteur.

Depuis le début de 1740,[36] Voltaire avait dans ses papiers le livret en cinq actes de cette œuvre lyrique. Pendant trente-trois ans, jusqu'en 1773, il tentera de la faire jouer, sans jamais y parvenir. Une « pièce bizarre », reconnaît-il. Le sujet combine des mythologies fabuleuses : le thème de Pygmalion, les légendes de Prométhée, de la guerre des Titans contre les dieux, et bien entendu la légende de Pandore. Au lever du rideau, une jeune fille d'une parfaite beauté gît, inerte. Prométhée, qui l'a créée et en est épris, se lamente : il n'a pu lui donner la vie. Mais il va ravir au ciel le « feu sacré du tendre Amour ». Il en anime Pandore, qui à son tour s'éprend passionnément de lui. Jaloux, les dieux, commandés par Jupiter, enlèvent la jeune fille jusqu'en leur Olympe. Tandis qu'elle se débat, Prométhée et les Titans escaladent la montagne sainte pour la délivrer. Il faut que le Destin intervienne : les Titans sont foudroyés, Pandore libérée. Cependant, avant de la relâcher, Jupiter lui remet une boîte fermée. Revenus sur la terre – alors un vrai paradis – Pandore et Prométhée filent un parfait amour. Après avoir empêché la jeune fille d'ouvrir la boîte, Prométhée doit s'absenter. A ce moment survient le Tentateur, sous les traits de Mercure. Comme le serpent auprès d'Eve, il persuade Pandore d'enfreindre l'interdit. Mais, à peine la boîte ouverte, la nuit recouvre la terre et tous les maux possibles se répandent.

Prométhée à son retour ne peut que constater le désastre. C'était donc une version nouvelle du mythe s'efforçant d'expliquer l'origine du mal moral et physique: «un opéra philosophique qui devrait être joué devant Bayle et Diderot».[37] Cependant, à ce mal omniprésent les dernières répliques du cinquième acte proposent sinon un remède, du moins un palliatif: l'Amour. Ce dieu lui-même apparaît, consolateur des malheureux mortels. Et Pandore conclut:

> Nous serons au bord des précipices,
> Mais l'Amour les couvrira de fleurs.

Voltaire déclare «aimer beaucoup» cette pièce qui «met la philosophie à l'Opéra».[38] Il n'épargnera pas sa peine pour trouver un compositeur qui la mette en musique et pour la faire jouer. Rameau, pressenti, s'était récusé.[39] De guerre lasse, il l'avait publiée en 1748, au tome III de l'édition Walther de ses œuvres. Sollicité par Richelieu, dès 1744, Royer l'avait mise en musique. Une représentation est annoncée comme imminente en septembre 1754.[40] Mais en décembre Voltaire s'aperçoit que cette *Pandore* qu'on s'apprête à jouer à Paris est «défigurée». Royer s'est entendu avec un certain Sireuil pour modifier le livret et l'adapter à sa musique. Voltaire crie qu'on l'a «disséqué». Il «demande justice».[41] Bientôt il consent à un compromis. *Pandore* sera présentée sous le titre *Fragments de Prométhée*, «avec les changements et les additions que M. Royer a crus propres à sa musique». *Pandore* sous cette forme allait donc être enfin portée à la scène. Mais Royer meurt avant la première. Les tentatives ultérieures pour faire jouer cette pièce échoueront toutes.[42]

Voltaire, provisoirement hébergé à Prangins, est en quête d'une installation définitive sur les bords du Léman. Mais il rencontre à Genève une difficulté. Il a confirmation le 20 décembre par Clavel de Brenles que les lois du pays interdisaient à un catholique d'être propriétaire. A défaut d'un achat, une location était possible. On lui a parlé d'une maison à Lausanne, nommée La Grotte, «où il y a un beau jardin». On lui signalait aussi celle d'un M. de Hervard, proche de Vevey.[43] Ces renseignements proviennent des nombreux visiteurs lausannois et aussi de Ribaupierre, dont la vaste châtellenie comprenait plusieurs villages, et de son fils Marc Etienne, avocat à Nyon, véritable centre commercial entre la Bourgogne, la Savoie et la Suisse.[44] A leur arrivée à Genève, Voltaire et Mme Denis s'étaient liés avec un personnage influent qui avait fait fortune dans le commerce du sel, Jean-Louis Vincent Capperonier de Gauffecourt.[45] Ce Gauffecourt les met en rapport avec les nombreuses relations qu'il avait dans le pays de Vaud. Ainsi le major Roch, un jeune officier au service du roi de Sardaigne, en congé cet hiver-là dans sa famille, vint rendre visite à Voltaire dès son installation à Prangins.[46] De tous côtés on faisait au voyageur des offres de service. Des pasteurs comme Polier de Bottens à Lausanne, Bertrand à Berne, Allamand à Bex, Roque à Hameln, lui adressaient vœux et félicitations. D'autres personnes, passant par Nyon, venaient le saluer.[47] Leur passage interrompait la monotonie de la vie dans ce château sans voisinage. Vint à Prangins M. de Giez, jeune banquier ouvert, intelligent, dont les manières plurent à Voltaire. Il proposa à l'écrivain de prendre en location Montriond, une campagne qu'il habitait aux portes de Lausanne.[48] Elle jouissait d'une vue superbe sur le lac, elle comportait vignes et dépendances. Voltaire donna son accord de principe. On attendait seulement un temps plus clément pour visiter les lieux.[49]

Quelques jours plus tôt François Tronchin avait écrit à Mme Denis qu'il était prêt à introduire au Conseil la demande d'autorisation de séjour de Voltaire. Les frères Cramer l'avaient averti des propositions qu'on faisait dans le pays de Vaud. Les deux imprimeurs, qui espéraient réaliser l'édition des œuvres complètes de Voltaire, pouvaient craindre la concurrence de Bousquet, ancien associé de leur père établi à Lausanne depuis 1738. L'entente avec M. de Giez engageait Genève à gagner de vitesse la ville rivale. Le 16 janvier Gabriel Cramer offrit à Voltaire une très belle maison de campagne à vendre aux portes de la ville, sur la colline de Saint-Jean, avec des jardins jusqu'au bord du Rhône. Le propriétaire, le banquier et conseiller Jean-Jacques Mallet, en demandait 90 000 livres. On pria Gabriel Cramer d'aller visiter les lieux, et de conférer avec François Tronchin sur les moyens de tourner la loi. La rapidité de la décision pourrait surprendre alors que rien ne pressait vraiment. Mais la propriété de Mallet jouissait d'une grande réputation chez les Genevois. Et Mme Denis semblait lasse de sa vie de nomade. Elle était en correspondance suivie avec les deux frères Tronchin. Elle faisait le tri de toutes les propositions immobilières. Et quand son oncle n'était pas « bien déterminé », elle se flattait de savoir l'art « de le pousser » de façon à « en venir à bout ».

Les deux mois qui allaient s'écouler avant l'installation aux Délices sont faits de négociations complexes sur le prix à payer et le choix de l'indispensable prête-nom. Voltaire, occupé par ailleurs à ses tâches d'écrivain, laissait à sa nièce le rôle principal dans les négociations avec François Tronchin et son frère Jean Robert, les frères Cramer, Labat, et Mallet le vendeur. Cette affaire se déroulait dans le milieu de la haute bourgeoisie de Genève, si bien qu'elle devint affaire d'Etat et fut évoquée au sein du Magnifique Conseil. Elle intéressait aussi le résident de France, M. de Montpéroux, ami de Mallet et de Voltaire, et chargé de faire savoir en haut lieu qu'un malade est obligé de résider près de son médecin.

Le dimanche 19 janvier, Gabriel Cramer arrive à Prangins avec sa moisson de renseignements. Son enthousiasme le rend si éloquent que l'oncle et la nièce, « nonobstant la rigueur du temps », décident de se rendre à Saint-Jean pour visiter les lieux.[50] Ils sont séduits par cette belle résidence, déjà meublée, prête à être habitée. Ils furent frappés par la forme ovale des vestibules ; on la retrouvera au château de Ferney dont ils seront les architectes. La maison, d'une architecture classique, était simple vue de l'extérieur, mais les jardins qui l'entouraient la changeaient en un véritable château. Gédéon Mallet et son fils Jean-Jacques avaient innové en associant intimement intérieur et extérieur. Depuis la terrasse de plain-pied avec les salons, on surplombait les jardins à la française avec leurs allées et leurs parterres. Partant d'un vestibule, une longue galerie à droite prolongeait la maison. Mme Denis vit d'emblée le beau salon qu'elle tiendrait là l'été, et Voltaire le magnifique espace théâtral à animer. Dehors, entre quatre marronniers, on avait créé un salon en plein air, d'où l'on voyait le Rhône au sortir du Léman, Genève s'étageant sur sa colline, l'étendue du lac dominée au loin par la chaîne du Mont-Blanc. Paysage sublime! A droite de la cour d'entrée, se trouvaient les dépendances:[51] granges, pressoirs, remises, poulaillers, écuries. «De belles terres et une belle galerie m'ont fait genevois.»[52]

Rêver n'empêchait pas Voltaire de compter. Il refusait de dépasser les 80 000 livres. Cramer devait obtenir un rabais, s'il voulait absolument l'attirer à Genève. Les maisons ne manquaient pas, même à Saint-Jean. Voltaire et Mme Denis visitèrent du même pas la campagne de Pierre Pictet, jouxtant celle de Mallet: panorama identique, avec en outre une vue sur le confluent de l'Arve et du Rhône. C'était pour lors une ferme aménagée avec goût, mais qui ne soutenait pas la comparaison avec la maison de Mallet.[53] De retour à Genève, Gabriel Cramer obtenait de Mallet un rabais de 2 000 livres, tandis que Voltaire et Mme Denis allaient consulter François Tronchin. Le principe d'un achat sous le nom d'un Genevois était acquis. Mais quels seraient les droits du bailleur de fonds? Voltaire voulait jouir de son bien sans restriction, pouvoir le modifier, le vendre, le léguer, alors que le prête-nom serait seul reconnu par la loi. Il prêterait son argent à un acheteur qui, pour paiement des intérêts, lui céderait à vie la libre disposition de la maison. Pour préserver les droits de son héritière, on prévoyait, en cas de décès de Voltaire, la restitution à Mme Denis d'une partie de la somme avancée. François Tronchin trouva équitable de faire contribuer le prête-nom à la mise de fonds initiale pour une part à convenir, et proposa son frère Jean Robert pour cette transaction. A défaut, il offrait sa propre entremise. Voltaire l'informa que les frères Cramer s'étaient déjà engagés à lui rendre ce service. Il ignorait que cette priorité mettait en jeu leur amour-propre, et ferait surgir des difficultés qui retarderaient la conclusion de l'affaire.

Le 23 janvier, il dictait à Collini les propositions qu'il faisait à Jean Robert Tronchin,[54] lorsque survient Gabriel Cramer avec une offre nouvelle. Le matin même sa mère avait conféré avec Mallet sans rien obtenir au-delà des deux mille livres de rabais déjà consentis. On était loin de l'offre limite de Voltaire. Il croyait donc la négociation rompue. Il proposait une autre campagne, sise à Cologny, appartenant à Mme Gallatin. Voltaire en réalité, était disposé à accepter le prix de Mallet; il manœuvrait seulement pour laisser les frais notariés à la charge du vendeur. Il décida cependant d'aller visiter les lieux sans attendre: cela permettrait d'exercer une pression sur Mallet, et Cologny aussi pouvait plaire.

La maison de Cologny offrait une très belle vue sur le lac et sur la ville. En outre une ferme qui en dépendait rapportait un revenu annuel non négligeable.

Voltaire donna un accord verbal : Mme Gallatin le considéra comme un engagement définitif. Mais le lendemain 24 janvier, M. de Montpéroux, qui d'ailleurs était ami de Mallet et de François Tronchin, s'étonna que Voltaire ait pu renoncer à la belle propriété de Saint-Jean. Voltaire rétorqua qu'il ne s'était encore engagé par aucune signature, et qu'il attendait pour la fin de la journée la réponse de Mme Gallatin. Le résident lui fit comprendre que les choses devenaient urgentes dans une ville qui guettait ses intentions. Voltaire se rallia alors à l'avis en faveur de Saint-Jean. Mais Gabriel Cramer, qui devait servir de prête-nom dans l'opération, soudain était devenu hésitant. Il avait pris conscience des difficultés qui surgiraient nécessairement pour le cas où Voltaire désirerait revendre Saint-Jean. Propriétaire nominal, il deviendrait propriétaire réel avec obligation de rembourser à Voltaire les fonds engagés ! Il ne pouvait aller plus avant sans consulter d'abord sa famille. François Tronchin de son côté ne pouvait proposer l'entremise de son frère tant que les Cramer n'auraient pas renoncé spontanément à la leur. Devant ces incertitudes, et pour arrêter au moins les volontés, une promesse de vente fut signée entre le banquier Labat, mandaté par Mallet, et Voltaire lui-même en attendant la décision de Cramer. Gabriel Cramer alla exposer sa situation à deux de ses parents, le syndic Jean Cramer et le célèbre médecin Jean Isaac Cramer. Tous deux l'avertirent des risques considérables qu'il encourait en proposant ses bons offices à Voltaire. Rien ne garantissait en effet que le célèbre écrivain se fixerait en Suisse définitivement. Il fallait donc se prémunir contre quelque suite fâcheuse. Le mieux était de renoncer. Cependant Gabriel Cramer s'adressa à Delorme, le notaire de la famille : il lui demanda de trouver quelque ressource juridique qui le mettrait à l'abri tout en rendant le service promis.

Mme Gallatin, de son côté, feignant d'ignorer l'accord conclu avec Mallet, fit parvenir ce même jour vers neuf heures du soir sa réponse positive à l'acceptation de Voltaire le matin. Collini copia une lettre à Mme Gallatin, qui fut soumise à François Tronchin : avec toutes les politesses possibles, Voltaire lui faisait savoir que ni elle ni lui ne se sont « engagés à rien ».[55] Genève bruissait de rumeurs. On parla de l'affaire au Conseil, dont vendeur et négociateurs faisaient partie. Toute cette agitation tombait fort mal au moment où Voltaire devait demander une autorisation de séjour. Il savait que tous au Conseil n'étaient pas favorablement disposés à son égard.

Pourtant la permission de séjourner en territoire genevois, sollicitée par François Tronchin, fut accordée le jour même de la demande, le 1er février 1755.[56] Voltaire n'avait pas lieu d'être aussi satisfait de la convention passée avec Mallet : quinze jours s'étaient écoulés depuis sa signature, et il n'avait pas encore reçu le projet de contrat. Deux négociations étaient menées parallèlement. D'un côté le notaire Delorme cherchait à pallier le manque de moyens financiers des Cramer. Il proposait cet expédient : Voltaire prêtait aux Cramer la somme nécessaire à l'achat de Saint-Jean ; il y logeait gratuitement pour prix des intérêts jusqu'au remboursement du capital; les Cramer feraient une donation à Voltaire en cas de départ (ou à Mme Denis en cas de décès) qui revendrait ainsi un bien qu'il n'avait pas le droit de posséder; Voltaire signerait une décharge aux Cramer par laquelle il s'interdirait de rien leur réclamer lors de la revente, inévitablement à perte, de Saint-Jean. Voltaire ne voulait ni traiter avec les Cramer ni se brouiller avec eux. Il en était réduit à endurer les atermoiements de Delorme. Labat quant à lui avait conçu un projet de contrat conforme à l'accord verbal entre Voltaire et Tronchin. Lui aussi s'impatientait. Il se plaignait à Jean Robert Tronchin, qui fut étonné d'apprendre que Labat était mêlé à cette affaire. Le banquier lui communiqua les conditions qu'il avait transmises à son frère depuis près d'un mois: il acceptait de devenir l'acquéreur de Saint-Jean en apportant le tiers du prix, et de laisser Voltaire en disposer à son gré contre paiement du reste. Sans être identiques elles se rejoignaient. Jean Robert Tronchin offrait 30 000 livres; Voltaire ne lui demandait que 10 000 livres à l'achat, mais 40 000 à sa mort réversibles sur Mme Denis. La différence était de 10 000 livres en faveur de Voltaire mais Tronchin économisait 20 000 livres à l'achat, dont les intérêts couvriraient à terme la différence. Ce n'était pas un mauvais marché. Moins de dix ans plus tard, Voltaire renoncera aux Délices, et Jean Robert Tronchin deviendra acquéreur de la propriété à un prix bien inférieur à celui de l'achat. François Tronchin s'y installera et y vivra jusqu'à la fin de ses jours. Lui aussi convoitait la fameuse galerie, car il avait l'une des plus belles collections de tableaux qu'un particulier ait réunie en son temps.

Voltaire allait précipiter les choses, pendant que Delorme cherchait encore la solution dans le maquis du droit. Il fit comprendre aux Cramer qu'ils devaient d'abord régler la dissolution de leur société avec les frères Philibert.[57] Les Cramer renoncèrent et demandèrent à François Tronchin d'appeler son frère. Voltaire renvoya à Labat plusieurs projets de contrat où il inscrivait un prête-nom chaque fois différent; il en fit même un autre où il n'apparaissait plus sous son propre nom. Labat se fâcha. Voltaire fit savoir à Mallet par les Cramer qu'il ne se sentait nullement engagé par la convention signée.[58] Mallet crut que l'affaire allait échouer. Inquiet, il pria François Tronchin de se rendre à Prangins dès le lendemain avec Delorme, mais sans Labat, fort irrité de la tournure qu'avaient prise les choses. De son côté Mme Denis, qui était «sur des épines», suppliait qu'on en finît.[59] Les prières de Mallet et les soupirs de Mme Denis décidèrent Tronchin à braver «l'âpreté du froid». Il monta jusqu'à Prangins, en redescendit avec la signature de Voltaire. A Genève Mallet griffonna la sienne, et le lendemain 10 février on pouvait annoncer que tout était consommé.[60] Voltaire s'employa à adoucir les blessures d'amour-propre avec quelques flatteries. Ainsi fit-il avec Delorme, et surtout avec Labat, par qui passaient les paiements comme mandataire de Mallet.

Du côté de Lausanne, les choses s'étaient présentées beaucoup plus simplement. Une location, même chère, qu'on pouvait annuler en fin de bail, était moins onéreuse et plus sûre qu'un faux achat à Genève. A Clavel de Brenles Voltaire demande des précisions sur la location de Prélaz, près de Lausanne. Il y avait encore à Vevey le château d'Hauteville, dont il entretint le pasteur Bertrand. « Ma philosophie ne fait guère de différence entre une cabane et un palais. »[61] D'autres maisons lui seront encore offertes qu'il visitera en même temps que Montriond.

La conclusion du marché de Saint-Jean l'encouragea à terminer la négociation de Lausanne. Il attendait le redoux pour se rendre dans la capitale vaudoise, lorsqu'il apprit que Mme de Bentinck s'apprêtait à quitter Leipzig pour s'établir en Suisse, à Neuchâtel, à Lausanne ou à Vevey.[62] Il avança son voyage afin de chercher un logement pour elle. Du 21 au 25 février, il séjourna à Montriond chez M. de Giez. Dès avant de partir, il était décidé à conclure l'affaire.[63]

Le Grand-Montriond, sur le chemin d'Ouchy, était une des campagnes les plus considérables des environs de Lausanne : un bâtiment central d'une quarantaine de mètres de long, deux ailes d'une vingtaine encadrant une cour d'honneur ; « quatorze fenêtres de face, trois chambres entièrement meublées [...], belle cuisine, écurie pour huit chevaux, remise pour deux carrosses, vastes galetas, greniers, grande cave, jardin, verger, avenue, promenade ».[64] En outre, trois autres chambres vides que Voltaire meublera, et au rez-de-chaussée un grand salon flanqué d'un autre plus petit. Ces pièces de réception s'ouvrent sur une terrasse dominant les jardins d'agrément. La vue s'étend sur des champs en pente douce, cultivés en blé ou plantés de vigne, et, par delà Ouchy ramassé autour de son donjon, jusqu'au Léman, voire par temps clair jusqu'à Evian et aux Alpes.

Voltaire avait pensé d'abord louer la propriété tout entière : il se contenta de l'habitation et des dépendances. Il abandonnait « les prés et les vignes et les pigeons et les poules dont il espérait être le propriétaire ». Car Montriond « était pour l'hiver ». Ce sera le « séjour de la simplicité, de la philosophie et de l'amitié ».[65] Comme partout où il s'installait, il décida les travaux à entreprendre et laissa des consignes aux maçons de manière que tout fût prêt pour le mois de juin. Mme de Bentinck pourrait ainsi s'y installer, en attendant de trouver une demeure qui lui convienne. Voltaire se plaisait dans la compagnie du jeune ménage des Giez, pleins de charme et de gentillesse. Quelques mois plus tard le décès du jeune banquier le touchera profondément.[66] Avant de partir « il fit un effort pour grimper au château du Bailli ».[67] La visite, même rapide, s'imposait : il était désormais Lausannois.

Le soir même de son retour à Prangins, il écrit un mot à Labat le priant de venir le voir. Il y est question d'« aplanir des difficultés », de « rendre un service » qui serait de sa compétence.[68] Tout porte à croire qu'il s'agissait de réunir les fonds pour le paiement des Délices et de Montriond en fonction des disponibilités. La négociation de Saint-Jean terminée, Voltaire voulut faire oublier à Jean-Louis Labat ses froissements d'amour-propre. Il lui confia ses affaires de Genève. C'est à sa banque que seront domiciliées les rentes semestrielles que Voltaire touchait du duché de Wurtemberg, qu'arriveront aussi certains revenus des placements en Amérique du Sud. Les rapports entre les deux hommes allaient être de plus en plus amicaux. Pendant que Voltaire achetait Saint-Jean, Jean-Louis Labat négociait pour l'achat de la baronnie de Grandcour. Il s'y installera bientôt avec ses deux filles, modèle vivant de ce jardinier heureux de *Candide*.[69] Chargé du règlement de Saint-Jean, il avait déjà reçu à la signature du compromis un acompte de 20 000 livres sur les 77 200 que devait Voltaire. Le solde de 57 200 livres devait être payable le 1er mai suivant. Il pouvait être réuni par le rapatriement des 34 000 livres en dépôt chez Dumont à Leipzig, les 14 000 livres des rentes trimestrielles versées par Turckheim et les versements que Voltaire ferait chez Labat à Genève. Il l'appelait à Prangins pour en conférer avec lui. Ses dispositions allaient en être changées. Finalement il ne payera pas Saint-Jean avec la provision amassée chez Labat, mais donnera instruction à Jean Robert Tronchin le 5 mars de faire usage d'«un billet de 52 000 livres de M. de Montmartel pour achever de payer M. Mallet.»[70]

Les tractations sur Saint-Jean, sur Montriond, ne détournent pas Voltaire de ses préoccupations littéraires. Lekain, par une lettre reçue le 27 janvier, laissait espérer sa visite. Il devait aller jouer à Dijon: la relâche de la semaine sainte lui offrirait l'occasion de se rendre auprès du maître qu'il vénérait. Voltaire était prêt à demander à Richelieu un congé pour l'acteur. Mme Denis faisait entendre que son oncle n'aurait peut-être pas le cœur assez dur pour laisser celui-ci repartir «les mains vides».[71] L'allusion vise probablement *L'Orphelin de la Chine*. L'arrivée de Lekain lui imposait donc d'achever cette œuvre depuis longtemps en chantier. Les manuscrits laissés à Colmar lui étaient parvenus à la mi-janvier. La priorité restait cependant accordée à l'œuvre historique, et la *Jeanne* réclamait une attention urgente. Quant à l'*Orphelin*, serait-il en trois ou en cinq actes? Voltaire trouva bientôt le moyen de passer à cinq actes. Avec les deux scènes surprenantes qui clôturaient l'acte v, Voltaire tenait une tragédie régulière animée d'un crescendo dramatique saisissant. Dès le 6 février il annonça à d'Argental les cinq actes, et ne cessa de songer au moment opportun pour une représentation à la Comédie-Française qui signifierait pour lui le début d'une reconquête de Paris.[72]

Par le même courrier, il annonçait les quatre derniers chants de cette *Pucelle* pour qui on l'a tant fait trembler. Depuis plusieurs mois il craignait une édition pirate de son poème héroï-comique. De toutes parts on lui demandait confirmation de bruits colportant que l'impression était en cours. On lui précisait parfois le prix de vente du livre. Fort inquiet, il questionnait ses correspondants. *La Pucelle*, divertissement pour le huis-clos entre amis, ne pouvait devenir publique sans que l'auteur courût de gros risques. Voltaire s'était donné un canevas à rebondissements érotiques. Il narrait comment, dans la France ravagée par l'envahisseur anglais, le roi Charles VII s'oubliait dans les bras de sa maîtresse la belle Agnès Sorel. En la ville d'Orléans assiégée, les défenseurs sont aux abois, lorsque soudain Denis, brave bonhomme de saint, protecteur du royaume, descend au milieu d'eux, à cheval sur un rayon de soleil. Il faut, explique-t-il, traiter le mal par son contraire : le saint va opposer à la paillardise de Charles et d'Agnès la vertu d'une pucelle. Il va donc quérir à Domrémy la chaste Jeanne. Désormais le salut de la France sera lié à la virginité de l'héroïque guerrière. Maints assauts sont tentés contre elle : plus d'une fois Denis, *deus ex machina*, doit se précipiter pour la sauver *in extremis*. On conçoit qu'une pareille trame donnait prétexte aux éditeurs pirates de corser l'original par des interpolations plus que lestes. Ils ne s'en privèrent pas. Voltaire lui-même, dans sa verve gaillarde, ne s'était pas fait faute de multiplier les inventions scabreuses. Il alla jusqu'à imaginer que l'âne, monture de l'amazone, enflammé d'un désir lubrique, entreprit d'attenter à la pudeur de sa maîtresse. Ce chant de l'âne, alors le neuvième, suscitait, non sans raison, les plus vives alarmes à Prangins.

Voltaire n'avait encore révélé à personne qu'il donnait une suite à son poème. Pour sa *Pucelle* comme pour son *Histoire universelle* il suivait une même ligne de conduite : établir un texte réputé seul authentique, par référence auquel tout ce qui pourrait paraître serait falsification et calomnie. Songeait-il déjà à le publier ? Rien n'est moins sûr. Mieux valait déposer un texte chez d'Argental, qui s'en autoriserait pour démentir les éventuels éditeurs. De plus, en répandant cette rumeur, il faisait croire à une édition prochaine et hésiter les possesseurs d'un texte incomplet. Mais comment recouvrer ce neuvième chant, porteur de tous les dangers, que jadis chez Mme Du Châtelet Mlle Du Thil avait recopié en cachette ? Voltaire demandait à d'Argental de proposer à celle-ci l'échange des quatre nouveaux chants contre celui de l'âne. Mais comment s'assurer qu'aucun maître-chanteur ne gardait par devers lui une copie ?

Cette *Pucelle* pouvait lui causer à Genève de graves ennuis. Sur ces entrefaites, il reçut de Jacob Vernet une sérieuse mise en garde. Depuis la visite du pasteur à Voltaire lors de son passage à Genève, on ne l'avait pas revu. On songeait pourtant à lui à Prangins comme témoin pour la signature du contrat de Saint-Jean,[73] au moment même où il rédigeait sa lettre du 8 février. Vernet y conjurait Voltaire de ne pas toucher « au vif » de la religion, comme jadis dans « des œuvres de jeunesse », mais de « concourir [...] avec tous nos gens de lettres pour détourner notre jeunesse de l'irréligion qui la conduit toujours au libertinage ».[74] Vernet n'a pas dû écrire de gaieté de cœur ce pathétique appel. Visiblement il ne parle pas seulement en son nom. C'était un usage dans les pays protestants qu'une sorte d'admonestation fraternelle fût adressée par l'ami le plus proche de celui qu'il convenait d'avertir, et l'éditeur de l'*Abrégé de l'histoire universelle* était alors le plus indiqué. La sincérité de son appel n'est pas contestable. Un autre pasteur, le jeune Jacob Vernes, avait avoué à Jean-Jacques Rousseau qu'il s'abstenait de rencontrer Voltaire, et c'est Rousseau qui avait pris la défense de l'auteur de *Zaïre*:

On ne peint point comme il a fait les charmes de la vertu et les douceurs de l'amitié sans avoir un cœur propre à sentir l'une et l'autre. Jamais je ne désirerai si fortement qu'il justifiât mes préjugés en sa faveur qu'aujourd'hui que le voilà dans ma patrie. Puisse-t-il instruire et aimer mes compatriotes et laisser nos gens de lettres aussi bien unis qu'il les a trouvés.[75]

On comprend donc que Vernet, incertain, n'avait plus le cœur de se rendre à Prangins. Mais il avait pris la plume au nom des «gens sages» qui lui avaient fait part de leur inquiétude. Ce n'était pas marque de fanatisme ou d'intolérance, comme on l'a souvent écrit, seulement un révélateur: nombreux étaient ceux qui à Genève avaient peur de Voltaire.

Il est bien évident que la cité avait considérablement changé depuis le temps de Calvin. L'illustre réformateur n'aurait reconnu de sa ville que les bastions qu'il avait aidé à édifier. La population s'était accrue, surtout depuis l'arrivée massive des Français à la révocation de l'Edit de Nantes. Ces immigrés, qui en étaient maintenant à la deuxième ou à la troisième génération, réclamaient des droits politiques et faisaient peser sur Genève une perpétuelle menace de troubles. Dans les quartiers populaires où s'entassaient l'abondante main d'œuvre des boutiques et des ateliers, on agitait les idées républicaines d'autrefois, si différentes de celles de l'oligarchie patricienne qui gouvernait la ville. Les réfugiés et leurs descendants constituaient à Genève la classe des «natifs»: un prolétariat victime de toutes sortes de discriminations. Ils n'avaient pas le droit de vote, ni aucun droit politique. Ils étaient en outre astreints à verser des redevances spéciales qui les maintenaient à un niveau de vie précaire. Voltaire sera plus tard confronté à l'agitation sociale résultant d'une situation aussi injuste. Au-dessus des «natifs» prenaient rang les Genevois de souche, les «citoyens»: Jean-Jacques Rousseau appartenait par sa naissance à cette catégorie relativement privilégiée. L'assemblée des citoyens élisait le Conseil des Deux Cents, d'où émanait le Petit Conseil, véritable gouvernement de la république. Au moment où Voltaire arrive à Genève, le Petit Conseil s'est en fait emparé de tous les pouvoirs, et il est lui-même accaparé par un petit nombre de grandes familles. De sorte que la république s'est muée en une étroite aristocratie.

La transformation de l'Etat avait accompagné l'évolution économique et sociale de la ville. La bonne bourgeoisie de Genève s'activait dans les banques et le commerce. De grosses fortunes s'étaient constituées. Sur la colline autour de Saint-Pierre des palais s'étaient élevés, image des ambitions de leurs occupants. Les lois somptuaires de Calvin reculaient chaque jour devant l'ingéniosité des architectes et des décorateurs, Français ou Italiens. Opulente, instruite, voyageant à travers l'Europe entière pour ses affaires, l'aristocratie genevoise goûtait sans remords les plaisirs de l'art naguère bannis de ses murs. Il lui faudra bientôt un théâtre. C'était une anomalie en effet qu'une ville qui possédait tant de savants et de lettrés continuât à proscrire le théâtre en vertu d'anciennes lois que le cosmopolitisme des Genevois avait rendues désuètes. En recevant Voltaire, Genève donnait droit de cité à tous les raffinements modernes.[76] Théologiens et docteurs, rassemblés dans l'Académie, participaient aux recherches les plus avancées en Europe, éditaient les œuvres de Montesquieu, de Giannone, de Voltaire, collaboraient même à l'*Encyclopédie*. Attachés à leur calvinisme ancestral (dans presque chaque famille il y avait un pasteur), ils n'imaginaient pas de divorce entre la foi et la raison. Mais ils avaient le sentiment d'une fausse sécurité : l'expansion du profane créait une dynamique nouvelle. On craignait que la jeunesse ne se laissât entraîner, et on s'attachait à la protéger. Car manifestement des lézardes menaçaient l'édifice.

Voltaire n'était pas informé de tout ce qui se disait à Genève sur son compte. Il fut surpris par la lettre de Vernet. Il répondit dès le lendemain poliment, un peu sèchement.[77] Ses rapports avec son correspondant resteront courtois encore un certain temps. Mais le pasteur était trop sincèrement calviniste pour ne pas souffrir à la publication prochaine de l'*Essai sur les mœurs*, dont il s'était fait l'éditeur dans sa forme première qui ne comportait pas encore l'histoire de la Réforme. Et pouvait-il imaginer que Voltaire inspirerait un article sur Genève dans lequel l'ouverture des théologiens aux Lumières passerait pour un abandon de la foi en Jésus-Christ ? La guerre n'était pas encore déclarée. L'auteur de *La Pucelle* était seulement prié de ne pas pervertir la jeunesse.

Peu après l'achat de Saint-Jean, il apprit par Thiriot la mort de Montesquieu, survenue à Paris, le 10 février 1755. Son correspondant lui donnait des détails sur la fin du président, sur sa confession, sur l'assistance dévouée de la duchesse d'Aiguillon. Voltaire ne fut nullement contristé par le décès du philosophe bordelais. Les derniers moments de Montesquieu lui inspirent un tableau cocasse, avec des bouillons, des bonnets, des seringues, un billet de confession, et la duchesse « sœur-du-pot » des philosophes parmi tout cela. L'éloge funèbre est expédié lestement. L'*Esprit des lois* manquait de méthode et ses citations étaient inexactes.

Ce livre n'a jamais été attaqué que par les côtés qui font sa force, il prêche contre le despotisme, la superstition et les traitants. Il faut être bien mal avisé pour lui faire son procès sur ces trois articles. Ce livre m'a toujours paru un cabinet mal rangé avec des beaux lustres de cristal de roche. Je suis un peu partisan de la méthode et je tiens que sans elle aucun grand ouvrage ne passe à la postérité.[78]

Voilà l'*Esprit des lois* promis à une mort prochaine. En son temps, le président n'avait pas non plus été très tendre pour Voltaire, dans lequel il voyait un bel esprit plutôt qu'un bon esprit. Il n'avait jamais beaucoup aimé la poésie. Dans le cas de Voltaire, il n'aimait pas non plus le poète. Quand Mme d'Aiguillon lui demandera quelques vers pour une nouvelle édition de ses œuvres, Voltaire se récusera :

Madame la duchesse d'Aiguillon m'a commandé quatre vers pour M. de Montesquieu, comme on commande des petits pâtés ; mais mon four n'est point chaud, et je suis plutôt sujet d'épitaphes que faiseur d'épitaphes [...] L'*Esprit des lois* en vaudra-t-il mieux avec quatre mauvais vers à la tête ?

Certes non, mais on voulait seulement un hommage pour cette édition qui se préparait à Genève même. «Il faut que je sois bien baissé, puisque l'envie de plaire à Mme d'Aiguillon n'a pu encore m'inspirer».[79]

«Bien baissé»? Eternel refrain, moins crédible que jamais au seuil du printemps de 1755. Il s'est assuré la vie confortable de «l'honnête homme». En Suisse comme en France, l'usage est de disposer d'une résidence pour l'été, et d'une autre pour l'hiver. Il avait songé d'abord à une alternance entre la Suisse et la France. Il a préféré un autre parti : il va «terminer [ses] voyages à [se] promener d'un bout du lac à l'autre». Le gros avantage est que sur ces terres helvétiques, il reste toute l'année en pays libre. De Genève à Lausanne, il tient «à la liberté de tous les côtés».[80]

13. Les Délices, ou « prétendues Délices »

(mars-octobre 1755)

Voltaire n'allait pas conserver à son domaine de Saint-Jean le nom du quatrième évangéliste, au surplus auteur supposé de l'Apocalypse. Il le rebaptisa les Délices.[1] Le 1er mars 1755, les Délices « reçurent leur possesseur ». C'en était fini de la « terre d'emprunt » de Prangins.[2]

Ce ne fut pas, comme plus tard à Tourney, une entrée en grande cérémonie. Il solennise sa prise de possession dans une *Epître* :[3]

O maison d'Aristippe! ô jardins d'Epicure!

Mais le poème à n'en pas douter fut composé à Prangins, d'où l'on voit mieux la chaîne du Mont-Blanc former «un théâtre», avec au centre du tableau le château de Ripaille, invisible depuis Genève. Cet hymne à la liberté n'en célèbre pas moins un moment privilégié d'une existence nouvelle : chant de libération, remerciement au peuple qui accueille l'exilé, et programme de vie. Dans sa nouvelle demeure, au milieu de son jardin, le poète ne prétend pas jouir du bonheur parfait, mais «on peut quelquefois embrasser au moins son image», à la manière d'Aristippe qui fut heureux dans son palais et d'Epicure qui enseigna la philosophie dans ses jardins à Athènes. Il promène son regard sur le paysage devant lui, en admire la beauté, songe à tous les héros de l'histoire antique et moderne qui se sont illustrés sur «ce théâtre de neige et de gloire», et s'arrête un moment au château de Ripaille où autrefois le duc Amédée de Savoie s'était retiré, «des soins et des grandeurs écartant toute idée», et qu'il abandonna «bizarrement» pour être pape. Le lac le plus fameux n'est pas celui qu'a chanté Virgile, mais celui-ci, le Léman, parce qu'auprès de lui se trouve «le trône» de la Liberté. C'est elle qui a animé les hommes de ces cantons contre tous les voisins qui prétendaient leur imposer le joug. Leur simplicité ignorante du faste et des faux honneurs repose sur la vertu qui fit la gloire des peuples antiques. C'est ici que se trouve cette liberté que la Grèce et que Rome ont perdue depuis longtemps, qui a fait de nos jours quelques pas mal assurés en Europe, mais qui règne sur ces rives où elle se confond avec les lois mêmes. L'opposé de Genève, c'est Constantinople, où la liberté a été mise en esclavage :

Dans le vaste Orient ton sort n'est pas si beau,
Aux murs de Constantin, tremblante et consternée,
Sous les pieds d'un vizir tu languis enchaînée
Entre le sabre et le cordeau.

Dès l'installation aux Délices se trouve dressée cette barrière symbolique entre l'Orient, où la destinée domine sous la forme d'un tyran capricieux, et le jardin de Voltaire confondu avec Genève, où la liberté défend contre les menaces extérieures la capacité de la personne humaine à créer et à aimer. La liberté et l'amitié présideront aux Délices : « O deux divinités ! vous êtes mon recours ».

Quand parut, au début de juillet 1755, cet hymne à la liberté qui ne manquait pas de souffle, il obtint un succès certain. Les Suisses furent sensibles à l'éloge de leur histoire et de leur pays. Mais l'*Epître* rencontra aussi des censeurs. A Paris, Piron se moqua : puisque Voltaire se trouvait si bien en Suisse, son fauteuil à l'Académie allait se trouver inoccupé. Ce serait une bonne œuvre que de le céder à l'abbé Trublet.[4] A Genève, il y eut des voix pour trouver suspect cet éloge de la liberté de la part d'un homme qui, sa vie durant, avait courtisé les rois, et n'était venu dans un pays libre que parce qu'on ne l'acceptait plus à Versailles. C'est ce que Jean Trembley, l'un des syndics de Genève, écrivait à Charles Bonnet.[5] A Turin, le ton fut jugé irrespectueux à l'égard d'Amédée VIII, jadis ermite de Ripaille. Le baron Foncet, ministre des Affaires étrangères, dans une lettre à Jean-Louis Du Pan, fit connaître le mécontentement de la maison de Savoie. On n'était plus au temps de l'Escalade. On savait à Genève que la cour de Turin avait introduit à Rome le procès en canonisation de l'illustre ancêtre, l'unique pape de la famille. Compréhensif, le Magnifique Conseil vota la suppression du poème de Voltaire.[6] Comme tant d'autres œuvres « supprimées », l'*Epître* ne s'en porta pas plus mal.

La retraite dans une demeure protégée par le domaine qui l'entoure et par la richesse qu'elle suppose, n'est pas le fait d'un Voltaire brusquement devenu casanier. Dans l'état de disgrâce qui le réduisait à un perpétuel voyage (il n'avait du roi son maître que la permission de voyager), il avait besoin, contre les caprices de la destinée, d'un refuge permanent, qu'il pouvait quitter et retrouver à l'occasion. La propriété offre la stabilité des lois qui la protègent. La solitude que le poète désire n'est pas non plus le rêve d'un misanthrope, elle admet les amis et même les veut nombreux.

La maison de M. Mallet était « charmante, commode, spacieuse ». Elle aurait largement suffi à Voltaire et à Mme Denis s'ils n'avaient voulu la peupler de leurs hôtes, l'installer de manière à les y fixer le plus longtemps possible. « Il n'y avait pas une seule chambre à donner ! » Vite, on met les maçons à l'ouvrage ! Et comme si ce n'était pas assez d'aménager les étages, on fit construire une petite aile au bout de la galerie. On s'attaqua aux dépendances : au-dessus des pressoirs, de l'orangerie, on fit des « loges » pour les amis. On tend les salons de velours cramoisi. On tapisse les fauteuils de velours d'Utrecht rehaussé de galons vieil or. On achète des meubles. Tout est sens dessus-dessous, tout devrait être terminé en un seul jour. Cette fièvre n'épargne pas les jardins. On fait venir de Lyon ou de Paris tout ce qui peut se semer ou se planter. Voltaire commande à Jean Robert Tronchin :

des œilletons d'artichauts dont nous manquons absolument, [...] la plus grande quantité possible de lavande, de thym, de romarin, de menthe, de basilic, de rue, de fraisiers, de mignardises, et de thadicée, de baume, de percepierre, d'estragon, de sariette, de pimpernelle, de sauge, et d'hysope pour nous laver de nos péchés, etc., etc., etc., etc., etc., etc., [...] Voilà, Monsieur, l'objet de ma passion présente et c'est la plus grande que j'aie après celle de pouvoir vous posséder ici. Daignez donc faire en sorte que notre jardin soit le mieux fourni du territoire de Genève.

On fait en effet agrandir le potager. On crée des «avenues à travers vignes».[7] En vérité Voltaire n'ajoute pas grand chose à une propriété qui avait fait son émerveillement. L'entraînement de la plume est ici manifeste, mais il exprime l'une des formes du bonheur chez lui : l'effervescence des initiatives.

Il revêt des personnages divers dans le déploiement d'une intense activité. A l'achat des Délices il s'était nommé «concierge» de Jean Robert Tronchin. Il se fait «jardinier» peu après, puis «planteur de choux». Comme la vue de ce «beau lac» ressemble à la situation de Constantinople, il devient «bostangi». Cela l'amuse tant d'être un jardinier turc qu'il le répète à satiété dans ses lettres à Tronchin, pour qui il est aussi «maçon» et «charpentier», «intendant des bâtiments», «peintre», et même mieux, «barbouilleur». Cette prolifération d'emplois est comme une verve de l'âme, une dépense de soi dans une vitalité retrouvée qui va de pair avec une prodigalité certaine. Il a pour le moment deux jardiniers, douze domestiques, vingt ouvriers. En quelques mois, à l'en croire, il dépensera 40 000 livres en aménagements divers. Entre l'oncle et la nièce parfois passait l'ombre d'une discussion pour réduire l'excessive dépense. Mais Mme Denis obtenait tout. C'est ainsi que Voltaire efface un passé récent de souffrances et d'humiliations.

Nous oublions dans notre ermitage les rois, les cours, les sottises des hommes ; nous ne songeons qu'à nos jardins et à nos amis. Je finis enfin par mener une vie patriarcale, c'est un don de Dieu qu'il ne nous fait que quand on a la barbe grise, c'est le hochet de la vieillesse.[8]

Pour la première fois apparaît sous la plume de Voltaire la métaphore du patriarche. Pourtant l'occupant des Délices n'est pas un vieillard, c'est un homme disponible, intérieurement rajeuni, déterminé à «se procurer du bonheur».[9] S'imaginant sur les bords du Bosphore, il réclame à Pâris-Duverney des tulipes, venues naguère de Turquie. Il accompagne sa vie quotidienne de références humanistes : «Il faut tout faire ici. Je fonde Carthage.»[10]

Dans le tourbillon des travaux, en attendant Lekain qui s'était annoncé depuis le 18 mars, Voltaire continue à travailler à *L'Orphelin de la Chine*. Il ne semble pas satisfait du Gengis en cinq actes. Il transformait insensiblement son tigre tartare en héros des temps modernes, et le premier il n'était pas convaincu de la réussite : «C'est Arlequin poli par l'amour. C'est plutôt le Cimon de Boccace et de La Fontaine : ‹ Cimon aima, puis devint honnête homme ›. Voilà le sujet de la pièce. »[11] La venue de Lekain procure l'occasion de mettre le texte à l'épreuve. Voltaire juge l'expérience décevante. Lekain, selon lui, manque de voix. Le rôle de Gengis sera l'un des plus difficiles à mettre au point pour l'acteur dont Voltaire raille la manière de prononcer, à la fin, le mot « vertu » comme s'il récitait un compliment. Il fallait encore travailler. Quand Lekain quitte les Délices,[12] Voltaire ne lui confie pour d'Argental, avec quatre chants de *La Pucelle*, que les quatre derniers actes de l'*Orphelin*. Mais quelle journée inoubliable, qu'il laisse croire improvisée, que celle du 2 avril où l'on joua *Zaïre*, devant tout Genève ! Etaient présents les syndics, Mallet, Labat, les Cramer, tous les Tronchin. Presque tout le Conseil s'était retrouvé aux Délices. Lekain, devant le maître, sut prendre les accents passionnés et tendres de Nérestan, son plus beau rôle. Lusignan donna la réplique, que Voltaire déclamait à la perfection. Zaïre s'empara de Mme Denis, excellente tragédienne. « Je n'ai jamais vu verser plus de larmes ; jamais les calvinistes n'ont été si tendres », se réjouit Voltaire. Il en tire gloire : « Calvin ne se doutait pas que des catholiques feraient un jour pleurer des huguenots dans le territoire de Genève. »[13] Par le théâtre, Voltaire avait entrepris la conquête des Genevois, comme il espérait par le même moyen reconquérir le cœur des Parisiens.

A cette fin, il va installer en ses Délices une salle de spectacle. La représentation du 2 avril avait dû être donnée dans un salon ou une galerie, hâtivement aménagé. En juillet, Voltaire et Mme Denis décident de se doter d'un vrai théâtre. On le construit dans le salon d'été. Il sera fonctionnel, mais de dimensions réduites, un « théâtre de marionnettes ». On n'y admettra que « très peu de monde ». Car, malgré le succès du 2 avril, ou pour cette raison même, on craint des réactions hostiles à Genève. Déjà cependant on prévoit d'y jouer *Alzire* et de nouveau *L'Orphelin de la Chine*.[14] La salle n'était pas terminée, quand M. de Paulmy accompagné de l'intendant de Bourgogne, M. de La Valette, vint rendre visite aux Délices.[15] On ne put donner aux visiteurs une vraie représentation de l'*Orphelin* ; seulement une lecture à plusieurs voix, texte en main ; M. de Paulmy « n'a pas mal lu le quatrième acte », et il a pleuré, de même que M. de La Valette.

Voltaire se plaint parfois de la distraction que lui donnent les maçons, les charpentiers, les jardiniers. Pure façade. Tant d'occupations ne nuisent pas à la créativité. Dans sa chambre au premier étage, juste au-dessus de la serre,[16] il travaille d'arrache-pied. L'édition des œuvres complètes va l'occuper l'année entière. Il faut fournir du travail régulièrement à l'imprimeur. Voltaire révise toute son œuvre antérieure, modifiant le texte, parfois dans des proportions considérables. Cramer fait imprimer à mesure. Les volumes devaient paraître d'un seul coup pour éviter les contrefaçons. Le plan même de l'édition était original.[17] Les quatre volumes consacrés au théâtre, au lieu de suivre *La Henriade* qui ouvrait la collection, venaient après les quatre volumes de *Mélanges* et l'*Histoire de Charles XII*. Les volumes d'œuvres historiques, en nombre encore indéterminé, suivraient à partir du tome XI. Restait à achever l'*Essai sur les mœurs*, de manière à faire la jonction avec *Le Siècle de Louis XIV*. *L'Orphelin de la Chine* marquait le pas, mais Voltaire ne s'arrêtait que pour mieux y penser. Au milieu de ces efforts, *Jeanne* lui procurait la détente nécessaire. C'est elle aussi qui lui donnera pendant des mois la plus vive inquiétude.

C'était son œuvre de prédilection, le fruit de trente années d'improvisation. Grâce à la liberté de son plan, de nombreux épisodes étaient venus s'ajouter au récit primitif. Allègrement écrite elle gardait la marque des circonstances et de sa genèse, qui empêchaient une édition en l'état. On y lisait surtout trop de personnalités touchant à des amis qui ne s'en doutaient guère, trop de traits satiriques ou désinvoltes admissibles tout au plus dans des lectures privées. Voltaire a fait passer par Lekain à d'Argental quatre chants, dont celui de l'Ane.[18] Il relit maintenant l'ensemble du poème, et la nécessité s'impose de l'amender. Il révise donc son poème, l'oreille aux aguets.

Au début de mai, Thiriot l'informe qu'il court dans Paris «des lambeaux très informes et très falsifiés» de cet «ancien poème».[19] On a truffé ces fragments de «choses fort indécentes»: de quoi allécher le public. La «pauvre Pucelle» est devenue «une putain infâme». On a donc grand peur aux Délices que de «petits auteurs affamés» n'impriment ces manuscrits scandaleux. On supplie le comte d'Argenson et M. de Malesherbes de l'empêcher.[20] Une autre information vient alarmer Voltaire. Darget, son ancien compagnon de Prusse, maintenant rentré en France, loge à Vincennes comme intendant de l'Ecole militaire. Or il a donné chez lui une lecture publique du poème entier, en quinze chants. Darget confirme, en spécifiant que les auditeurs étaient tous de fervents admirateurs de l'auteur. Il promet qu'il ne laissera pas prendre de copie.[21] Voltaire ne s'inquiète pas moins. D'où provient ce manuscrit? Darget reconnaît qu'il fut rapporté de Prusse par son beau-frère. Ce qui fait naître de noirs soupçons. Il serait dû au copiste Tinois, qui y a inséré des vers de sa façon et l'a vendu 50 ducats «à un grand prince». Mais n'y a-t-il pas là derrière un mauvais tour de Frédéric? Le roi avait «juré» à Voltaire que son exemplaire ne sortirait pas de ses mains. Il l'aurait pourtant confié à Darget, dans l'idée que Darget le ferait imprimer, et qu'alors Voltaire «serait forcé de lui demander asile».[22] Darget s'efforce de rassurer les Délices. Son beau-frère n'a laissé personne prendre copie du manuscrit. Il l'a remporté en quittant Paris et ne le communiquera pas. On a proposé au duc de La Vallière une *Pucelle*? Ce n'est pas la sienne. Darget représente avec juste raison qu'il existe bien d'autres manuscrits que celui du beau-frère.[23]

Le fait est, en effet, que nombre de copies circulent comportant des additions graveleuses ou dangereuses.[24] Voltaire imagine alors une parade. Non pas celle qu'on a souvent alléguée depuis Palissot et son «Discours préliminaire» aux *Œuvres* de 1792: Voltaire lui-même aurait multiplié les versions scandaleuses pour les discréditer toutes et empêcher la diffusion de *La Pucelle*.[25] C'est le contraire qui est vrai. Il va opposer aux textes en circulation «l'exemplaire véritable», unique et seul authentique. Il établit un manuscrit «bien corrigé [...], bien honnête ou moins malhonnête», en quinze chants, dont celui de l'Ane, devenu presque décent.[26] Il l'a fait lire chez lui au résident de France et à «un magistrat». Ces messieurs s'en sont amusés sans y rien trouver de choquant.[27] Il le fait copier et l'expédie à d'Argental, à Thiriot, au duc de La Vallière, à Formont, à sa nièce Mme de Fontaine, au duc de Richelieu, et même à Mme de Pompadour.[28] Après l'affaire Grasset, dont nous allons parler, il fait partir pour Paris Collini, muni de ce même «exemplaire unique». Son homme de confiance en fera établir (aux frais de Voltaire) autant de copies qu'on voudra. Un exemplaire sera remis à M. de Malesherbes : il faut que «le véritable ouvrage soit un peu connu».[29] Non qu'il ait l'intention d'imprimer cette *Pucelle*, comme l'a cru d'Argental et comme l'en soupçonne le lieutenant de police Berryer.[30] Même assagie, *La Pucelle* demeure trop libre. Elle doit rester à l'état de manuscrit. L'objectif de Voltaire est d'empêcher que les autres *Pucelles*, ces infâmes, ne soient tirées sur des presses clandestines.

Il se sent effectivement sous le coup d'une telle menace, qui le jette dans le plus grand émoi. Le 28 mai, il a avisé d'Argental que *La Pucelle* allait être imprimée par un certain Corbi, avec la complicité du libraire François Grasset. Ce Grasset aurait acheté 1 000 écus un manuscrit dont il y a tout à craindre.[31] Plus tard, ayant recueilli des informations, Voltaire précisera. Corbi n'est qu'un «facteur de librairie». Grasset lui a offert 4 000 exemplaires de *La Pucelle*, qui seraient imprimés à Lausanne. Le manuscrit viendrait de M. de Montolieu, baron vaudois que Voltaire en février 1754 déclarait connaître depuis longtemps.[32] L'origine première serait encore une fois Tinois.[33] Sur François Grasset, Voltaire a obtenu des renseignements, peu favorables, par les Cramer. Il avait été, à ses débuts, leur commis. Il les avait volés. Il envoyait à l'étranger, pour son propre compte, «une grande quantité de livres». Mais les Cramer ne l'ont pas déféré à la justice : il était le fils de leur nourrice, leur «frère de lait».[34] Grasset continue donc à avoir son domicile à Genève. Mais il est passé au service d'un libraire de Lausanne, Bousquet. Au début de juin, Grasset se trouve dans la capitale vaudoise, revenant de Paris. Voltaire est persuadé qu'il en a rapporté une copie «infâme et détestable» et qu'on le presse de l'imprimer. Très inquiet, Voltaire fait intervenir Polier de Bottens et Clavel de Brenles pour l'intimider.[35] En fait il est à peu près certain que Grasset ne possédait à ce moment aucune copie de *La Pucelle* et que le manuscrit menaçant se trouvait à Genève même, en d'autres mains.

Mais voici que le 22 juillet une demoiselle Du Bret vient proposer à Voltaire de lui vendre pour 40 louis d'or une *Pucelle* manuscrite. Or cette Du Bret demeure à Genève dans la même maison que Grasset.[36] Voltaire a donc hâte d'avoir une explication avec celui-ci. Il lui fait adresser par Collini des invites de plus en plus insistantes. Il lui promet d'intervenir en sa faveur auprès des Cramer. Il lui fait entrevoir l'espérance d'éditer son «véritable ouvrage». Il se dit prêt à lui envoyer son carrosse, à le loger chez lui.[37]

Après beaucoup d'hésitations, Grasset se rend aux Délices, le 25 juillet. Il y retournera le lendemain. Sur les démêlés de ces deux journées, nous disposons de plusieurs récits: ceux, assez brefs, de Voltaire, où Grasset est traité comme un misérable; deux autres, de Jallabert et de Montpéroux, le second étant le plus précis et le plus fiable.[38] Nous avons surtout les deux narrations de Grasset, à Bousquet puis à François Tronchin, versions apologétiques.[39] Le libraire s'y donne le beau rôle. Mais incontestablement certains traits sont pris sur le vif, telles les réactions violentes de Voltaire, les interventions de Mme Denis, dans son trouble appelant son oncle devant témoins «mon ange», «mon cœur», et mélangeant le tu et le vous. Le 25, Voltaire a reçu Grasset fort aimablement. Le libraire proteste qu'il n'a pas *La Pucelle* et qu'il n'a pas l'intention de la publier. Voltaire parle alors de l'offre de Mlle Du Bret, qui habite à la même adresse que Grasset. Grasset assure qu'il ne la connaît pas. Mais il va s'informer. Voltaire l'invite à déjeuner pour le lendemain.

Dans l'intervalle Grasset, selon son récit,[40] a fait visite à sa voisine Mlle Du Bret. Elle l'adresse à une «personne de Rive», qu'il refuse de nommer. Il s'y rend. Il lit le XIVe chant, une horreur... Il demande le prix: 50 louis. La provenance? Le prince royal de Prusse. Avec la permission du détenteur, il copie de sa main dix-sept vers. Le lendemain, 26 juillet, il retourne aux Délices. Voltaire lit les dix-sept vers, qui le jettent dans le plus grand émoi. On passe néanmoins à table. Puis on se rend dans l'appartement de Voltaire, où se trouvent Mme Denis et le banquier Henri Cathala, correspondant à Genève de Jean Robert Tronchin. Voltaire refuse de restituer, comme il avait promis, les dix-sept vers écrits de la main de Grasset. Le libraire se retire. Mais Cathala le rappelle. Alors Voltaire le saisit au collet: «Rends-moi ce manuscrit, tu l'as, c'est toi qui en es l'auteur, c'est toi qui l'as composé!» Les domestiques étant survenus, une bagarre s'ensuit. Grasset, à l'en croire, se défend comme un lion. Il dégaîne son épée (il l'avait prise pour se donner l'allure d'une personne distinguée, à la française). Il se dégage et effectue sa sortie en prononçant de nobles paroles: «Fourbe, je te fais grâce de la vie». Après quoi, il se rend chez le Premier syndic, pour porter plainte. Mais le magistrat est absent. Voltaire de son côté est allé porter plainte auprès du résident de France et des autres syndics. Aussi le soir Grasset est-il arrêté à son domicile. Le lendemain il est libéré sur ordre du Petit Conseil. Selon lui, les autorités se seraient confondues en humbles excuses. Selon Voltaire, il aurait été «admonesté vertement».[41] Quoi qu'il en soit, il quitte Genève. Il part pour l'Espagne mandaté par la maison Bousquet de Lausanne.[42]

Grasset n'est certainement pas aussi noir que le fait Voltaire. Mais il n'est pas non plus aussi innocent qu'il l'a prétendu, notamment dans l'entrevue du 25 juillet. Il avouera ensuite que le lendemain de son arrivée à Genève il avait été pressenti par un aventurier, Maubert de Gouvest.[43] Celui-ci («l'homme de Rive»?)

lui propose un manuscrit de *La Pucelle*. Grasset accepte d'abord, puis refuse quand il prend connaissance du texte.[44] Bousquet avait sans doute de bonnes raisons d'ouvrir une enquête sur l'affaire.[45] Une autre piste apparut alors. Un certain Covelle déclare qu'il avait remis lui-même à Grasset la feuille incriminée et met en cause lui aussi M. de Montolieu. Selon ce dernier, le manuscrit appartenait à son fils, qui l'aurait acquis à la cour de Bayreuth. De toutes façons, le rôle de Grasset paraît assez louche.

Voltaire ne s'en tire pas non plus sans dommage. A Genève, «bien des gens le verraient partir sans regret».[46] A Lyon, le bruit court que Louis XV demanderait à la république de l'éloigner.[47] Il n'en sera rien, mais la rumeur prouve que sa réputation est atteinte.

Le Consistoire, autrement dit la Compagnie des pasteurs, s'était également ému. Le 1er août, le modérateur avait fait une démarche auprès du Premier syndic : ses confrères s'alarmaient de voir proliférer à travers la ville «onze vers d'un manuscrit infâme intitulé *La Pucelle d'Orléans*, que l'on attribue au sieur de Voltaire».[48] Théodore Tronchin qui était membre du Consistoire veillait sur les intérêts de l'hôte des Délices. Il lui fait prendre l'initiative de condamner l'écrit en question. Le 4 août, le Conseil, à la demande de Voltaire lui-même, décrète que les vers scandaleux seront brûlés.[49] Le même jour, Théodore Tronchin lut devant le Consistoire une lettre du poète dans laquelle il se plaignait des vers impies qu'on lui attribuait. «Après cette lecture, il n'est personne qui puisse oser dire que Voltaire doit être soupçonné d'avoir fait ces vers. Et tous les pasteurs en convinrent».[50]

Voltaire n'en avait pourtant pas fini avec la Vénérable Compagnie. Le lendemain 5 août elle revenait à la charge : fallait-il interdire les représentations théâtrales aux Délices ? On a peine à comprendre aujourd'hui à quel point cette question tenait à cœur aux deux parties. Le clergé de Genève, par bien des aspects à l'avant-garde de son temps, retardait à propos du théâtre sur les villes protestantes voisines. Il menait un combat d'arrière-garde contre l'invasion du plaisir et du divertissement. Quant à Voltaire, il ne pouvait vivre sans théâtre. La venue de Lekain, le passage de M. de Paulmy, la fréquentation presque journalière des Cramer, excellents acteurs, celle de François Tronchin, auteur de pièces de théâtre, les dernières retouches à *L'Orphelin de la Chine*, tout contribuait à pousser Voltaire à ignorer les lois de Calvin. A la fin de juillet, le bref séjour aux Délices du premier pasteur de Berne raviva l'espoir d'une sorte d'autorisation tacite. On joua devant lui *Alzire* et l'on fit un essai sur scène de l'*Orphelin*.[51] Elie Bertrand fut enchanté, il ne souleva aucune objection contre le théâtre ; peut-être parla-t-il même des activités théâtrales dans sa propre ville. L'opposition des pasteurs genevois n'était donc qu'un cas d'espèce. On en viendrait à bout par des spectacles qui n'effaroucheraient pas les bonnes mœurs.

La Compagnie des pasteurs ne condamna pas la comédie aux Délices, mais elle fit savoir son mécontentement par l'intermédiaire du professeur Louis Tronchin, le frère aîné. L'heure n'était pas aux éclats. Voltaire se soumit en apparence de bonne grâce :

Monsieur votre frère le prêtre m'avait promis de dire à la Vénérable Compagnie que je suis son très humble valet. Je me flatte qu'il s'en souviendra. Celui qui vous doit l'air qu'il respire ici n'y doit déplaire à personne. Je veux bien que vos ministres aillent à l'opéra-comique, mais je ne veux pas qu'on représente dans ma maison devant dix personnes une pièce pleine de morale et de vertu si cela leur déplaît.[52]

En réalité il s'inquiétait. Quel changement depuis qu'au printemps il avait pris possession de sa terre. L'*Epître* composée à cette occasion avait été interdite, des vers de *La Pucelle* brûlés sur ordre du magistrat, et sa liberté réglementée jusque dans sa propre maison !

En ce mois d'août 1755, il a le sentiment que l'asile qu'il s'est choisi pourrait n'être pas définitif. Il se répète qu'il est heureux et déterminé à le rester, mais ce pourrait être dans un autre coin du monde :

Tous les lieux sont égaux quand il gèle, mais dans les beaux jours, je ne connais rien qui approche de ma situation. Je ne connaissais ni ce nouveau plaisir, ni celui de semer, de planter et de bâtir. Je vous aurais voulu dans ce petit coin de terre, j'y suis très heureux, et si les calomnies de Paris venaient m'y poursuivre, je serais heureux ailleurs.[53]

Ailleurs : l'idée se fait jour en son esprit que ses Délices pourraient n'être pas le séjour où il passera la fin de sa vie. Le 8 août il signe avec François Tronchin un amendement à son contrat d'achat des Délices : le remboursement prévu de 38 000 livres à ses héritiers pourrait être effectué à lui-même à tout moment, s'il décidait de partir. Le jour même il écrit à Jean-Robert Tronchin : « Ma maison des prétendues Délices me coûte déjà plus de 120 000 livres. Quand vous et votre famille voudrez en jouir, je m'accommoderai comme vous voudrez et dès à présent si cela vous convient. »[54]

De son exil genevois, Voltaire continue à regarder vers Paris. Il espère regagner la faveur de la capitale, et celle de Versailles, grâce à un beau triomphe sur la scène. Malheureusement, voici que les comédiens se querellent, au risque de compromettre le succès de l'*Orphelin*. Lekain revendiquait le rôle de Gengis-Kan. Grandval le lui disputait et menaçait de ne pas jouer si on persistait à lui donner celui de Zamti. Ni Voltaire ni le duc de Richelieu ne parvenaient à apaiser le conflit. L'acteur Sarrazin, âgé de soixante-quatorze ans, pouvait reprendre du service dans le rôle de Zamti, tenant à la fois de Polyeucte et de Joad. Mais pour Idamé, à quelques semaines de la première, on n'avait pas décidé encore entre Mlle Clairon et Mlle Dumesnil. Voltaire regrettait qu'on n'eût pas remis à d'Argental « un pouvoir absolu sur ces gredins et pour mettre au cachot le premier impertinent de la troupe qui refuserait d'obéir à vos ordres. C'est ainsi assurément qu'on devrait en user. »[55]

En fin de compte, le 20 août, la première de *L'Orphelin de la Chine* connut à Paris un franc succès. Même la cabale applaudit. Le conflit entre les comédiens ayant été résolu au détriment de Mlle Dumesnil et de Grandval, Mlle Clairon fit merveille : elle avait su trouver les accents pathétiques ou déchirants d'une mère défendant la vie de son enfant.[56] L'excellence de son jeu porta ombrage à celui de Lekain. On avait craint pour le septuagénaire Sarrasin aux prises avec un rôle de jeune homme : il ne s'attira que des éloges. Lekain parut faible : sa voix était trop douce pour un Tartare habitué à crier ses ordres sur les champs de bataille. «Il est fort propre à jouer les rôles muets», dira Voltaire.[57] L'acteur semble avoir été dérouté par l'ambiguïté du personnage, à la fois féroce et sensible, barbare et conquis par la civilisation. Il joua beaucoup mieux les jours suivants. Mais plus tard, lorsqu'il reprendra le rôle, il ira encore demander le ton juste à Ferney, et Voltaire l'interrompra en cours de représentation.[58] Lekain cherchait l'unité du personnage au lieu de jouer sur ses contrastes. Pour Voltaire les disparates du rôle ne se résolvaient que dans une diction constamment paroxystique. D'emblée et d'instinct, Mlle Clairon avait trouvé le ton juste.[59]

Après les pièces de tradition gréco-romaine (*Rome sauvée*, *Oreste*), Voltaire revient à la tragédie de sujet exotique, dans la lignée de *Zaïre*, *Alzire*, *Mahomet*, *Zulime*. Transportant la scène jusqu'en Extrême-Orient, il flatte le goût de son public pour les choses de la Chine. Les décors, les costumes (la robe de Mlle Clairon et l'extraordinaire accoutrement de Lekain en Gengis) donnent l'impression d'un authentique dépaysement. Nous sommes aujourd'hui plus réticents. Est-il si Tartare ce Gengis amoureux, «conquérant sauvage» (v.i) qui appelle son Idamé «cruelle» et «Madame»? La tragédie française implique un style, des mœurs, dans lesquels il paraît impossible de transférer la réalité chinoise d'une époque lointaine.

Voltaire s'est inspiré de la traduction d'une pièce par le P. Prémare dans cette somme des informations en provenance des missionnaires jésuites qu'est la *Description de la Chine* du P. Du Halde.[60] Mais sa pièce s'éloigne considérablement du modèle original. Dans *L'Orphelin de la famille Zhao*, l'auteur, Ji Jun Xiang (début de l'époque Yuan, XIIIe siècle), reprend une très antique histoire remontant au VIIe siècle avant J.-C. C'est le drame d'une vengeance dans une vendetta entre familles. L'abominable Tu An-gu, favori de l'empereur, a juré d'exterminer la maison de l'honnête Zhao Dun. Action des plus sanguinaires (Tu fait massacrer trois cents membres de la famille Zhao), et qui s'étend sur une vingtaine d'années. Aussi Voltaire la compare-t-il aux «farces monstrueuses de Shakespeare et de Lope de Vega». «C'est un entassement d'événements incroyables.»[61] Pour simplifier, disons que l'exécrable Tu veut encore assassiner Zhao So, nouveau-né, dernier survivant mâle de la famille. Le médecin Cheng Ying hésite à sauver cet ultime rejeton, jusqu'à ce que la mère de l'enfant l'y décide en se tuant devant lui. Cheng va même jusqu'à substituer son propre fils pour soustraire l'orphelin aux recherches. Il pousse l'héroïsme jusqu'à assister, figé et muet, à la mort de son enfant, «mis en pièces» par Tu. Vingt années passent. Zhao So est devenu le favori de l'empereur. Sous le nom de Zhao Wu, il se croit le fils du médecin. Mais sa véritable origine lui est révélée. Alors il va impitoyablement exercer sa vengeance. Il capture Tu, le livre au bourreau, «qui l'exécute lentement en le coupant en morceaux sur l'ordre du souverain. Zhao Wu reprend le rang de ses ancêtres.»[62] Pièce morale, mettant en valeur l'idée que les crimes des méchants finissent toujours par être punis. La tragédie de Ji Jun Xiang se classe parmi les dix grands classiques du théâtre chinois. Elle a fait l'objet de multiples adaptations, les trois dernières datant des années 1960.[63]

De tous ces remaniements, celui qui s'éloigne le plus de l'original est évidemment l'*Orphelin* de Voltaire. L'action est ici déplacée d'une vingtaine de siècles, du VIIe avant J.-C. au XIIIe de notre ère, au lendemain de la conquête mongole de la Chine. L'économie du drame comme sa signification s'en trouvent totalement modifiées. Le bébé Zhao So disparaît, relégué dans les coulisses comme l'Astyanax d'*Andromaque*. Voltaire en sa place introduit comme personnage principal Gengis-Kan qui vient de s'emparer, à la tête de ses Tartares, de la capitale de l'empire Cambalu, c'est-à-dire Pékin (aujourd'hui Beijing). Il fait rechercher pour le mettre à mort le dernier rejeton de la dynastie vaincue, «l'orphelin de la Chine». Zamti, mandarin confucéen, avec l'aide de son épouse Idamé, a réussi à cacher l'enfant encore au berceau. Mais il faut donner le change aux Tartares: héroïquement, malgré les supplications d'Idamé, Zamti substitue à l'enfant impérial son propre fils. Le subterfuge est découvert. Une expédition de secours coréenne ayant échoué, Zamti, Idamé, les deux enfants sont exposés à mourir dans des supplices raffinés. L'amour va les sauver. Car jadis Gengis-Kan, sous le nom de Témugin, avait fait un séjour à Pékin. Il s'était épris d'Idamé, qui l'avait repoussé. Scène de reconnaissance: maintenant maître tout puissant et cruel, il reconnaît en celle qui protège l'orphelin la jeune fille autrefois aimée. Il sent renaître ses sentiments pour elle. Ce sont les bouffées d'amour d'un barbare violent, capable dans un accès de tuer la femme qui lui résiste. A l'acte v, il somme Idamé de choisir: ou elle se donne à lui, ou elle sera massacrée, avec son époux et les deux enfants. On perçoit cependant que la sauvagerie de Gengis commence à s'amollir. Acculés, Zamti et Idamé décident de se donner la mort. Ils allaient se frapper ensemble du même poignard, quand Gengis surgit et les désarme. Dernière grande scène: le conquérant a compris; il est gagné par tant de grandeur d'âme. Il pardonne. Les deux époux, les deux enfants auront la vie sauve. Le mandarin Zamti sera rétabli dans ses dignités. Comme Idamé demande à Gengis la cause d'un si étonnant changement, il répond: «Vos vertus»: mot de la fin où s'exprime une fois de plus l'optimisme moral du dramaturge.

La leçon se dégage clairement. L'amour aidant, le Tartare a subi l'ascendant de la Chine policée qu'il a conquise. Les vaincus, représentés par Zamti et Idamé, affirment, dans la pire détresse, leur supériorité sur leurs sauvages envahisseurs. La jeune femme pour expliquer son refus d'épouser un barbare comme Témugin, fait l'éloge de l'Empire du Milieu, en quelques vers qui ne manquent pas de pertinence historique (i.i) :

> De nos peuples jaloux tu connais la fierté,
> De nos arts, de nos lois l'auguste antiquité,
> Une religion de tout temps épurée,
> De cent siècles de gloire une suite avérée,
> Tout nous interdisait, dans nos préventions,
> Une indigne alliance avec les nations.

Les divers traits de la Chine, telle que Voltaire l'imagine, sont ici rassemblés : c'est le peuple du monde le plus anciennement civilisé («arts et lois»), et d'une antiquité «avérée», c'est-à-dire attestée par des archives. L'aspect négatif est aussi indiqué : «fierté» et «préventions» qui font mépriser ce qui est hors du vaste empire, comme si les autres nations croupissaient toutes dans la barbarie. On se demande comment un Etat si parfait a pu s'effondrer militairement sous les coups de Gengis. Mais c'est l'excellence morale, ce sont les «vertus», que Voltaire souligne chez ses Chinois vaincus de l'*Orphelin* : haute moralité puisée, suggère-t-il,[64] dans le confucianisme, une doctrine qu'il identifie à sa propre «religion naturelle» (i.i) :

> [...] la nature même, en toute nation,
> Grava l'Etre suprême et la religion.

«Religion de tout temps épurée» qui s'est conservée à la Chine. Zamti, porte-parole voltairien, honore «ce Dieu de la terre et des cieux, ce Dieu que sans mélange annonçaient nos ancêtres, méconnu par le bonze» (i.vi). Ainsi, en 1755, alors que l'auteur ne songe point encore à engager la croisade contre «l'infâme», cette nouvelle tragédie, comme plusieurs de ses devancières, insinue les thèmes d'une propagande.

L'*Orphelin de la Chine* aura une singulière destinée. C'est, à ce jour, la dernière en date des tragédies de Voltaire qui ait eu les honneurs de la Comédie-Française. Lorsqu'en 1964 la France reconnut la République Populaire de la Chine, André Malraux, alors ministre de la Culture, pour accueillir l'ambassade nouvellement installée, fit jouer L'*Orphelin de la Chine*. Choix moins surprenant qu'on ne pourrait croire : la pièce chinoise, on le sait, demeure aujourd'hui fort vivante.[65] L'œuvre de Voltaire fut montée avec un grand luxe de décors et de costumes. Elle n'obtint que cinq représentations, et la presse fut très sévère. Pourtant le public ne s'ennuyait pas.[66] Il était pris par l'agencement dramatique, efficacement combiné par ce vieux routier de la scène qu'était Voltaire. Seules les déclarations confucéennes de Zamti et d'Idamé passaient assez mal. Indice sans doute que ce théâtre de Voltaire agit plus par sa dramaturgie que par son message philosophique.

Message fort actuel en 1755. Dans la première édition de l'*Orphelin*,[67] à la suite du texte, Voltaire a soin de publier sa lettre à Rousseau, remerciant le citoyen de Genève pour son «nouveau livre contre le genre humain» (le *Discours sur l'inégalité*). La tragédie fait implicitement la leçon au pourfendeur des lettres et des arts. Ces barbares, tant vantés par Jean-Jacques, qui s'affiche même comme l'un d'eux (*Barbarus hic ego sum*, disait l'épigraphe du premier Discours), Voltaire par l'exemple de Gengis montre ce qu'ils sont: d'effroyables massacreurs, ne sachant que détruire, jusqu'à ce qu'ils se convertissent à la civilisation. L'épître dédicatoire à Richelieu, en tête de la même édition, prend bien soin d'insister. L'histoire de l'*Orphelin* démontre «la supériorité naturelle que donnent la raison et le génie sur la force aveugle et barbare». L'existence d'un théâtre est un élément de cette supériorité. La Chine cultive l'art du spectacle (quoique grossièrement) depuis «plus de trois mille ans» selon Voltaire, suivie plus tard par la Grèce et par Rome: ce sont les seuls peuples qui aient connu «le véritable esprit de la société». «Rien, en effet, ne rend les hommes plus sociables, n'adoucit plus leurs mœurs, ne perfectionne plus leur raison, que de les rassembler pour leur faire goûter ensemble les plaisirs purs de l'esprit.» Le peu de pays où ne sont pas acceptés les spectacles ne sont pas «mis au rang des pays civilisés». Ceci est dit à la cantonade. Les compatriotes de Jean-Jacques qui ne veulent pas de théâtre à Genève comprendront.

Voltaire avait dans ses papiers une réponse plus directe à Rousseau: le morceau intitulé *Timon*.[68] La date de sa composition est incertaine, mais sans doute de peu postérieure à la lecture du premier *Discours*, sur les sciences et les arts. Il se prépare à le publier dans le volume de *Mélanges* qu'impriment les Cramer. Timon a brûlé tous ses livres, tous sans exception, même Cicéron, Virgile, Racine, La Fontaine, etc. «Ce sont des corrupteurs du genre humain [...] Les sciences sont le plus horrible fléau de la terre. Sans elles nous aurions toujours eu l'âge d'or.» Le dialogue fait ressortir ce qu'avait de simpliste le paradoxe du premier *Discours*. L'interlocuteur (c'est-à-dire Voltaire) cite les ravageurs de l'humanité, «Attila, Genséric, Odoacre et leurs pareils»: ont-ils «étudié longtemps dans les universités»? «Je n'en doute nullement», répond Timon. «Ce n'est qu'à force d'esprit et de culture qu'on peut devenir méchant». Les deux dialoguants cheminent dans la campagne, pour aller souper chez un ami. Au coin d'un bois, ils sont assaillis par des voleurs, qui les dépouillent «de tout impitoyablement». L'interlocuteur demande à «ces messieurs dans quelle université ils avaient étudié». Réponse: «Aucun d'eux n'avait jamais appris à lire.» L'hôte qui, après cette mésaventure, les accueille en sa campagne compte parmi les plus savants hommes de l'Europe. «Timon, suivant ses principes, devait s'attendre à être égorgé.» Au contraire, le savant leur offre vêtements, argent et un excellent souper. Qu'à cela ne tienne. «Timon, au sortir du repas, demanda une plume et de l'encre pour écrire contre ceux qui cultivent leur esprit.» Le trait final touche juste et porte assez loin. Rousseau se débat dans une contradiction. Ennemi des lettres, il est lui-même homme de lettres, s'adressant à un public lettré. Non seulement par ses *Discours*, par son article «Economie politique» de l'*Encyclopédie*, mais par sa comédie de *Narcisse*, par son opéra du *Devin de village*, bientôt par un roman. Il sortira d'embarras grâce à un raisonnement à double détente. Corruptrice, la société recèle aussi en elle-même les contrepoisons. Dans une société policée, les sciences et les arts offrent en même temps le recours contre les nuisances qu'ils engendrent. Le remède est dans le mal.[69]

Il ne semble pas que Voltaire ait connu cette ingénieuse argumentation, ou qu'il y ait pris garde. De même Rousseau ne paraît pas avoir remarqué dans le fourre-tout des *Mélanges*, en 1756, ce *Timon* qui le visait. En revanche il a bien reçu la lettre de Voltaire du 30 août 1755 et y a réagi.

Voltaire tient en main le *Discours sur l'inégalité* que son auteur lui a envoyé. Il a eu tout juste le temps de feuilleter les premières pages. C'est donc encore au *Discours* de 1750 qu'il répond.[70] Il plaisante Rousseau, sur un ton affable. «On n'a jamais tant employé d'esprit à vouloir nous rendre bêtes. Il prend envie de marcher à quatre pattes quand on lit votre ouvrage.» Sans doute, «les belles lettres et les sciences ont causé quelquefois beaucoup de mal». Il s'agit des persécutions qui s'abattent sur les auteurs. Voltaire cite Le Tasse, Galilée, les encyclopédistes et lui-même. Cependant, il est de plus graves malheurs: les massacres, les guerres. Et ce ne sont point les gens de plume qui en sont responsables. «Les grands crimes n'ont été commis que par de célèbres ignorants.» Il reprend les arguments du *Timon*. «Les lettres nourrissent l'âme, la rectifient, la consolent.» Il ne fait pas grâce non plus à Rousseau du trait *ad hominem*: «elles font même votre gloire dans le temps que vous écrivez contre elles. Vous êtes comme Achille qui s'emporte contre la gloire, et comme le P. Malebranche dont l'imagination brillante écrivait contre l'imagination.» Et Voltaire termine: «je suis très philosophiquement, et avec la plus tendre estime, Monsieur» etc.[71]

Jean-Jacques répondit presque aussitôt, comme inspiré par la lettre du grand homme. Il ne releva point l'absence de référence à son nouvel ouvrage. En ce début de septembre, il était sûrement heureux et fier de donner la réplique au plus illustre de ses contemporains, le plus apte peut-être à le comprendre, tant celui-ci avait fait l'expérience de l'ennui attaché à l'existence humaine et de l'artifice qui gâte les sociétés les plus raffinées. Rousseau admire toujours Voltaire. Il le connaît surtout par ses œuvres, il l'imagine semblable à ses héros que la vertu rend sublimes. Le spectacle de *L'Orphelin de la Chine* l'a transporté de joie. Peut-être même, secrètement, pouvait-il se flatter d'avoir inspiré à Voltaire l'idée de cet *Orphelin*, comme réponse indirecte au premier *Discours*. Voltaire reçut donc du citoyen de Genève la lettre qui pouvait le mieux le servir:

Méprisez de vaines clameurs par lesquelles on cherche moins à vous faire du mal qu'à vous détourner de bien faire. Plus on vous critiquera, plus vous devez vous faire admirer. Un bon livre est une terrible réponse à des injures imprimées. Et qui vous oserait attribuer des écrits que vous n'avez point faits ?[72]

Rousseau avait accepté que sa lettre fût publiée. Il était trop tard pour que l'échange épistolaire figurât dans l'édition des Cramer, et même dans celle de Lambert. Les deux lettres furent ensemble reproduites dans le *Mercure de France*.

Parmi les maux causés par les lettres, Voltaire dénonçait à Rousseau deux publications infâmes dont il était menacé : une *Pucelle* atrocement « défigurée », et les *Mémoires* sur la guerre de 1741 qu'on lui a volés.

Reprenons le « feuilleton » de *La Pucelle* où nous l'avons laissé, en août 1755. Une fois Grasset disparu,[73] la menace des éditions pirates subsistait. Maubert de Gouvest, disparu lui aussi, et d'autres cherchaient certainement à tirer de l'argent des copies qu'ils détenaient.[74] Dès le 12 juillet, un certain abbé de La Chau, prêtre « habitué » à l'Hôpital de Paris, a proposé à La Beaumelle un manuscrit qu'il dit complet. La Beaumelle accepte. Il profite des fonds dont il dispose en vue de la deuxième édition de ses *Mémoires de madame de Maintenon* pour imprimer en même temps, à Amsterdam, *La Pucelle* cédée par La Chau. Elle est en quatorze chants. La Beaumelle y ajoute un propos liminaire, « A M. le poète », où il persifle Voltaire. Les volumes portant la marque Paris, 1755, commencent à entrer en France à la fin d'octobre. Baculard d'Arnaud mais aussi la comtesse de La Marck et Mme Geoffrin se chargent d'en écouler les exemplaires.[75] Maubert de son côté tente de négocier son manuscrit. Il semble l'avoir proposé en Angleterre.[76] Voltaire en tout cas est informé qu'il l'a offert à Francfort, au libraire Eslinger. Le prix demandé étant exorbitant, Eslinger refuse.[77] Ce manuscrit est en douze chants : il est important de le noter.[78] Car Voltaire pour se défendre a changé de tactique. Il ne s'en tient plus à opposer aux versions réputées infâmes un exemplaire plus honnête, censé être le seul véritable. Il va susciter contre les éditions, ou menaces d'éditions, en douze ou quatorze chants une édition qui les discrédite, parce qu'elle est plus complète, en quinze chants.

Bien entendu, la tractation doit être aussi secrète que possible. Aussi les trois lettres qu'il adresse à ce sujet à sa nièce Mme de Fontaine sont-elles en langage codé, avec recours à des pseudonymes comme au temps des lettres d'Alsace à Mme Denis (Mme Daurade, Ericard...). Le décryptage,[79] rendu plus difficile parce que des allusions à *L'Orphelin de la Chine* interfèrent avec celles de *La Pucelle*, laisse subsister des énigmes. Néanmoins le sens général apparaît assez clairement. Le 13 août, Voltaire mande à Mme de Fontaine qu'elle n'a pas sa « part entière », c'est-à-dire que son manuscrit de *La Pucelle* est incomplet. Il lui manque « trois guenilles » (trois chants) que d'Argental lui remettra.[80] Nouvelle lettre, le 16 août, d'abord par Mme Denis : il faut absolument que « le quinzième chapitre » existe, c'est-à-dire que le manuscrit doit être en quinze chants.[81] Puis Voltaire prend la plume : que M. Lange (d'Argental) et M. Lamoi (Collini ? alors à Paris)

consultent la personne à qui M. de Florian (Voltaire?) envoya «la chose» (*La Pucelle*), il y a environ deux mois, allusion probable à l'un des destinataires haut placés à qui Voltaire a fait parvenir en juin le manuscrit «véritable»: le duc de La Vallière, Richelieu, Malesherbes, voire Mme de Pompadour... Il importe surtout que l'édition ne sorte pas pendant les représentations de *L'Orphelin de la Chine*. Le codage de la troisième lettre, vers le 20 août, se fait plus hermétique, car l'affaire se précise. Il faut monter les «quinze diamants de petits carats que M. Lange vous a apportés, pour le bracelet de Mme de Fleurieux».[82] Qui est Mme de Fleurieux?[83] Mais on comprend bien qu'il s'agit de constituer un manuscrit en quinze chants. Après quoi, il faut «recommander cette monture à Lempereur». Lempereur: ce nom désigne, selon toute vraisemblance, Eslinger, libraire à Francfort, ville impériale. C'est chez lui en effet que paraît au début d'octobre 1755 l'édition intitulée *La Pucelle d'Orléans*, «Poème, divisé en quinze livres, par M. de V***».[84] Elle est en vente à Francfort, mais avait été imprimée à Louvain. En présence de cette publication, Voltaire adopte une attitude double. A Genève, à Lausanne, il désavoue hautement cette «capucinade effrontée». Il réclame son interdiction.[85] Mais il la recommande discrètement à des intimes comme la duchesse de Saxe-Gotha. La duchesse voulait se faire envoyer de Paris une copie de *La Pucelle*. Voltaire lui en a promis une: qu'il la confie donc à M. de Waldner, à Bâle.[86] Mais un mois plus tard, Voltaire fait savoir à la duchesse qu'il est bien inutile de recourir à ce M. de Waldner. Que la duchesse se procure donc à Francfort, chez Eslinger, l'édition qui vient d'être publiée «en Hollande».[87] Voltaire se dit «très fâché que cette plaisanterie soit imprimée», mais il sera «consolé si elle peut faire passer quelques moments à Votre Altesse sérénissime qui ne soient pas des moments d'ennui». A Elie Bertrand il fera connaître que la duchesse de Saxe-Gotha «prétend» que cette *Pucelle* d'Eslinger «n'est pas trop malhonnête», et qu'il n'y a que les dévots qui puissent être scandalisés.[88] L'édition Eslinger avait en outre l'avantage de mettre La Beaumelle dans l'embarras. Avant même d'avoir paru, sa *Pucelle* en quatorze chants est périmée. Il devra en faire en toute hâte un tirage où le chant XV est relié à la suite.[89]

Voltaire en décembre pourra constater qu'il a, en définitive, assez bien «tiré [son] épingle du jeu». Il a «évité le grand scandale».[90] Il en rend hommage à la destinataire des trois lettres cryptées, Mme de Fontaine sa nièce, qui eut sans doute dans l'affaire un rôle décisif. Il est si rassuré qu'il a déjà proposé à Walther de Dresde, occupé à imprimer *L'Orphelin de la Chine*, de publier aussi *La Pucelle*.[91] Il ne s'inquiètera guère en 1756 des éditions pirates de Maubert et de Grasset. Il continue à renier sa fille: il a bien spécifié à Walther que cet ouvrage qui lui «est tombé entre les mains» n'est pas de lui... C'est en 1762 seulement qu'il se décidera à donner chez les Cramer la première édition authentique et reconnue de son poème. *La Pucelle* alors aura atteint vingt chants.[92]

Autre publication qui corroborerait la malfaisance des lettres, comme le veut

Jean-Jacques, ou plutôt celle des libraires. Voltaire apprend que Le Prieur imprime à Paris, avec privilège, l'*Histoire de la guerre de 1741*.[93] L'affaire pouvait prendre une dimension politique, à la veille de la guerre de Sept Ans. Par le jeu du renversement des alliances, les alliés d'hier devenaient les ennemis d'aujourd'hui et inversement. Le texte demandait à être révisé. A son départ de Berlin, Voltaire avait renoncé à publier ce qu'il appelait «les campagnes du roi». Mais il en avait confié une copie à Mme de Pompadour, une autre à Richelieu et une autre au comte d'Argenson. Selon lui on imprimait sur l'un de ces trois exemplaires qui avait été volé. Comme l'édition se faisait au grand jour, et qu'elle intéressait les personnes les plus considérables du royaume autant que l'auteur lui-même, il devait être tout simple de la supprimer. Il demande à Mme de Pompadour et à d'Argenson d'intervenir énergiquement. Il proteste auprès des syndics de la librairie contre les agissements indignes dont il est victime, et leur demande de «prévenir le débit de toutes ces œuvres de ténèbres», incluant dans ce lot *La Pucelle d'Orléans*, œuvre de «quelques jeunes gens sans goût et sans mœurs».[94]

Voltaire ignorait que le manuscrit avait été dérobé dans les archives qu'il avait laissées à la garde de Mme Denis en s'en allant à Berlin. Mme Denis n'osait le lui dire. Le Prieur avait acheté la copie au chevalier de La Morlière, lequel l'avait acquis, disait-on, du marquis de Ximénès, naguère amant de Mme Denis. Elle le savait «insensé», mais non pas «un fripon à pendre».[95] Elle envoya des lettres désespérées à Mme de Pompadour, au président Hénault, à Malesherbes, les suppliant d'arrêter la diffusion de l'ouvrage.[96] Elle était prête à dédommager le libraire. Elle écrivait à d'Argental, à Collini de donner partout l'alerte, mais sans rien en dire à son oncle, à qui elle cachait encore cette «nouvelle noirceur».[97] Elle se démena tant qu'elle finit par irriter Malesherbes : c'est de lui que d'Argental aurait appris que La Morlière avait acheté 25 louis d'or à Ximénès un manuscrit anonyme, mais garanti du célèbre auteur. Comment la vigilance de Mme Denis avait-elle été surprise ? Malesherbes crut à une complicité. Elle protesta : «M'avez-vous fait l'injustice de me croire assez folle pour confier un ouvrage aussi important que celui-là à Ximénès ?»[98] Elle prétendit s'être servie des brouillons pour emballer des objets, et les avoir remis sur leur demande à des servantes alors qu'elle s'apprêtait à les brûler, fournissant ainsi involontairement l'occasion à Ximénès de s'emparer de quelques cahiers.[99] Piètre histoire. Ou ces papiers étaient des brouillons sans ordre – mais ce n'est pas là la manière de Voltaire – ou bien ils étaient réunis en cahiers – mais dans ce cas on ne s'en sert pas pour des emballages. Et comment La Morlière aurait-il payé 25 louis d'or un manuscrit informe et anonyme ? A la même époque un rapport de police signale qu'il a répandu un des premiers un manuscrit de *La Pucelle*. La Morlière n'avait-il pas puisé à la même source les deux manuscrits qu'il distribuait alors ? Voltaire et Mme Denis soupçonnaient encore au début de juillet «un domestique infidèle», et d'Argenson «avait eu la complaisance d'envoyer faire des recherches infruc- tueuses».[100] Qui pouvait être ce domestique indélicat, sinon Longchamp ?[101] Il avait juré qu'il avait restitué tous les manuscrits, mais il avait pu en tirer des copies auparavant, notamment de *La Pucelle*, qui serait ainsi tombé entre les mains de La Morlière.

Quant à l'*Histoire de la guerre de 1741*, Collini et d'Argental cherchèrent à dissuader Le Prieur de mettre en vente le volume. Le libraire se récria : il prétendait non seulement récupérer le prix du manuscrit et les frais d'impression, mais également être indemnisé pour le manque à gagner. On se montra donc plus souple. Voltaire accepterait de publier son ouvrage une fois révisé, et de réserver à Le Prieur la priorité de l'édition. Mais que deviendraient les 1 600 exemplaires déjà imprimés ? On concéda encore qu'on pourrait ajouter des cartons, des corrections, des additions à ces volumes.[102] Sur ces entrefaites parut à Rouen l'édition de la *Guerre* faite par La Morlière, en attendant en novembre une contrefaçon en Hollande et une traduction en Angleterre.[103] La négociation avec Le Prieur était dès lors sans objet, mais l'interdiction était maintenue. Son édition et son manuscrit furent saisis et mis à la Bastille où l'éditeur faillit les rejoindre. Il se sauva à temps, demanda grâce : au début de janvier, on lui rendit ses livres, mais on garda le manuscrit.[104]

Cette *Histoire de la guerre de 1741* était, on se le rappelle, le travail de Voltaire historiographe du roi sur la guerre de Succession d'Autriche (1741-1748). Il se flattait d'avoir rempli sa tâche, à la différence de ses prédécesseurs les historiographes Boileau et Racine qui n'avaient pas écrit une seule ligne des campagnes de Louis XIV. Il avait rédigé son ouvrage presque au jour le jour d'après les dépêches des armées parvenues à Versailles. Quoique disgracié, il avait ensuite tenu à le terminer, et dans le même esprit officiel : éloge des armes françaises, éloge du roi. Les dernières lignes évoquent un Louis XV pacifiant définitivement l'Europe. Considérations combien inopportunes, en 1755, au moment où un nouveau conflit allait mettre fin à la paix précaire de 1748 ! Voltaire ne laissera jamais publier le texte intégral de son œuvre historiographique.[105] Il en reprendra seulement des fragments qu'il intègrera à cette suite du *Siècle de Louis XIV* qu'est le *Précis du siècle de Louis XV*.

La *Guerre* et plus tard le *Précis* suppléaient à la carence de nouvelles dont souffre le public au XVIIIᵉ siècle. Sur les opérations militaires et leur arrière-plan diplomatique, les journaux du temps ne disent presque rien. Après coup, mais avec un faible recul, comme déjà l'*Histoire de Charles XII*, l'*Histoire de la guerre de 1741* et le *Précis* apportent une information de caractère journalistique : synthétique mais néanmoins assez détaillée. Aussi l'*Histoire de la guerre de 1741* n'aurait-elle pas manqué de lecteurs, si elle avait pu être diffusée. Les libraires le savaient.

Voltaire y confirme son goût pour les récits militaires, abondamment attesté par le reste de son œuvre historique. Ce n'est pas seulement par conscience professionnelle qu'il a rédigé de bout en bout sa tâche d'historiographe. Il y a en lui une vocation d'historien militaire : vocation quelque peu honteuse, désavouée implicitement par sa philosophie. Mais son goût dramatique de l'imprévu y trouve son compte. Sa philosophie aussi, en un sens. Le déroulement des guerres longues, déjouant habituellement les calculs des stratèges et des politiques les plus fins, ne prouve que trop à quel point la destinée ou le hasard apparaît comme la seule règle des événements de ce monde.

Les affaires de *La Pucelle* et de l'*Histoire de la guerre de 1741* n'étaient pas les seuls soucis éditoriaux de Voltaire. En cet automne de 1755, il est en relations avec trois éditeurs, répartis dans l'espace européen : George Conrad Walther à Dresde, Michel Lambert à Paris, les frères Cramer à Genève. Tous trois ont publié ou sont occupés à publier des éditions collectives de ses œuvres. Walther a donné en 1748-1750 les *Œuvres de M. de Voltaire*, neuf volumes in-8°. Il y a ajouté en 1754 un dixième volume (*Rome sauvée, Oreste, Micromégas*, des dialogues, des lettres, des textes divers). En 1752, il a fait une édition in-12, en sept volumes, qu'il complétera, en 1756 et en 1770, par deux volumes supplémentaires. En novembre 1755, Voltaire lui propose encore, à mots couverts, nous l'avons vu, de publier *La Pucelle*, et ouvertement *L'Orphelin de la Chine*.[106] Il lui offre dans la même lettre de rééditer à Dresde l'édition genevoise de ses *Œuvres* par les Cramer (dont nous allons parler). Mais la collaboration de Voltaire avec Walther touche à sa fin. L'éditeur de Dresde ne publiera ni *La Pucelle*, ni *L'Orphelin de la Chine*, ni l'édition collective reprenant celle des Cramer. Voltaire lui adressera encore une lettre (1ᵉʳ janvier 1756) pour l'informer que l'*Histoire de la guerre de 1741* n'est pas de lui et qu'il ne faut pas la publier.[107] Leur correspondance (du moins celle qui nous est parvenue) s'arrête là. Voltaire se trouve désormais trop éloigné de Dresde. Et d'ailleurs les opérations militaires en Allemagne vont bientôt entraver les relations postales.

Il dispose de deux autres éditeurs plus proches, dont l'un très proche. Michel Lambert à Paris a publié d'abord, en 1751, onze volumes de ses *Œuvres*, complétés en 1758 par un volume de *Supplément*. Le même Lambert donnera en 1757 une seconde édition en vingt-deux volumes. Voltaire a envoyé Collini dans la capitale en juillet 1755 pour s'occuper de cette édition en même temps que de *La Pucelle*. Depuis un an, Lambert avait interrompu l'impression des volumes. Voltaire se demande s'il n'a pas renoncé.[108] Mais le libraire parisien a sans doute eu vent de la concurrence genevoise. Il confie à Collini, qui revient aux Délices vers la mi-septembre, un « paquet » (d'épreuves ?) et deux tomes fraîchement imprimés. Pendant son séjour le secrétaire de Voltaire s'est pris d'amitié pour Lambert. Une amitié où son antipathie à l'égard des Cramer entre pour quelque chose. Il tient ces libraires genevois pour « des pirates trop avides de butin ».[109] Dans la concurrence qui va opposer les deux éditeurs, Collini prend parti pour le parisien. Il le conseille secrètement, il l'informe des corrections et changements apportés à l'édition des Cramer.[110] Car Voltaire, nous l'avons dit, a chargé ceux-ci d'une nouvelle édition, qui sortira bientôt, en 1756, sous le titre de *Collection complète des œuvres de M. de Voltaire*, dix-sept volumes in-8°. Les Cramer en l'entreprenant ignoraient l'existence de l'édition Lambert : ce qui laisse à penser sur la circulation de l'information dans le monde de l'édition, à cette date. Quand ils l'apprennent, ils se montrent fort mécontents. Voici Voltaire embarrassé. Il propose un partage : Lambert diffusera en France, les Cramer à l'étranger. Ils refusent un compromis qui les priverait d'un marché fructueux. L'auteur leur promet alors d'attendre deux mois pour envoyer à Paris corrections et changements.[111] Voltaire n'est pas moins gêné, on le conçoit, à l'égard de Lambert. Il l'accuse. C'est par sa faute qu'il a dû s'adresser à la concurrence genevoise.[112] Que n'a-t-il fait connaître à temps son intention de continuer ! Il peut y avoir du vrai dans cet argument. Mais la préférence accordée aux Cramer a une cause plus évidente. Voltaire l'explique à Walther. Les éditeurs de Genève ont l'avantage d'être « sur les lieux ». L'auteur ainsi « travaille à mesure qu'on imprime ».[113] « Il ne me vient pas une feuille de l'imprimeur dont je ne change le quart ou la moitié. »[114] Voltaire d'ailleurs n'est pas aussi fâché qu'il le dit de cette concurrence d'éditions. Depuis longtemps, la publication en plusieurs lieux, de préférence assez distants les uns des autres, est un principe de sa politique éditoriale.

Au milieu des tracas qui constituent son pain quotidien, l'aménagement des Délices s'est poursuivi. On y avait fait des embellissements nombreux et coûteux : un carré de vignes avait été transformé en pré, une adduction d'eau était venue irriguer un terrain sec, les dépendances avaient été agrandies ou aménagées, on avait créé de nouvelles allées ; c'était maintenant le temps, à l'approche de l'automne, de planter des pêchers et des allées de marronniers. Il fallait aussi rendre plus élégantes l'entrée et les cours, les gravillonner, les séparer des dépendances.[115]

En ces agréables Délices, Voltaire se plaît à accueillir des visiteurs dont certains viennent de loin. C'est en 1755 qu'il commence, en sa résidence, à devenir l'escale ou le but d'un voyage. Après Lekain, après M. de Paulmy et le pasteur bernois Elie Bertrand, il a le plaisir de recevoir à la fin d'octobre deux jeunes admirateurs que Thiriot et d'Argental lui ont recommandés.[116] Palissot, que protège Choiseul, était originaire de Nancy, où très tôt il s'était distingué par ses talents. Il allait reconnaître un emploi qu'on lui proposait à Lyon. Il a voulu faire un détour par Genève pour rendre visite à Voltaire. Mais Claude Pierre Patu est, lui, venu spécialement dans l'intention de voir le grand homme. Il est hébergé pendant une semaine aux Délices et s'en retourne ensuite à Paris.[117] Il arrivait de Londres. Bon angliciste, chaud partisan de Shakespeare, il s'était lié là-bas avec l'acteur Garrick, qui remet en honneur sur les scènes anglaises le théâtre shakespearien. La lettre que Patu lui adresse des Délices fait revivre pour nous Voltaire chez lui. L'illustre poète « avec l'air d'un mourant » montre « tout le feu de la première jeunesse ». Son accueil enivre le visiteur. Une « chère splendide », les manières « les plus polies, les plus affables, les plus engageantes ». Patu ose pourtant protester contre les « expressions si fausses, si peu réfléchies » de son hôte au sujet de Shakespeare. Voltaire concède que «c'était un barbare aimable, un fou séduisant». Mais il ne peut lui pardonner son «irrégularité». Il plaisante: si les Anglais nous pirataient moins sur les océans, «il aurait plus ménagé le créateur de [leur] théâtre». Patu lit alors avec enthousiasme une scène de *Roméo et Juliette*. Voltaire l'avoue: c'est «très beau, très touchant, très naturel». Il se met à relire la pièce entière: l'homme de théâtre qu'il est admire la «catastrophe» finale. Patu se flatte que, s'il pouvait rester quelques jours de plus, il convertirait «le dieu de notre littérature» à Shakespeare. Ce jeune homme présumait manifestement de ses capacités.[118]

Une triste nouvelle allait assombrir l'horizon des Délices. Le 23 ou le 24 septembre, Voltaire était parti pour Montriond. M. de Giez occupait toujours avec sa famille la résidence qu'il avait louée. Il se réjouissait de revoir cet homme jeune, si sympathique, avec qui il avait lié une vive amitié. Mais parvenu à Prangins, il reçoit un message: son ami est très gravement malade, on craint pour ses jours. Ne voulant pas ajouter à l'embarras de la maison, il renonce à sa visite et revient aux Délices.[119] Bientôt il apprend le décès de M. de Giez.[120] Lui qui avait accueilli avec une froideur railleuse la disparition de Montesquieu, est bouleversé de cette mort. Il ne peut s'empêcher d'en parler à des correspondants, qui certes ne connaissaient pas le Lausannois.[121] Ce jeune père de famille était sur le point de réussir. Gai, de brillante santé, il était en train de construire sa fortune. «Il avait semé et il meurt sans recueillir.» Ecrivant au pasteur Elie Bertrand, Voltaire médite brièvement sur la mort. «Nous sommes environnés tous les jours de ces exemples. On dit il est mort; et puis, serre la file; et on est oublié pour jamais.»[122] Que, de la colonne humaine en marche, quelqu'un tombe, on «serre la file»: la place vide est occupée par les suivants, et plus personne ne pense au disparu.

Mais qu'était-ce que la mort de M. de Giez en comparaison de ce qui allait advenir dix jours après, à l'autre extrémité de l'Europe? La mort allait frapper la misérable humanité par masses entières. Au moment même où Voltaire aux Délices discute de Shakespeare avec Patu, et s'émeut de lire le macabre dénouement de *Roméo et Juliette*, à Lisbonne des dizaines de milliers d'hommes, de femmes, d'enfants périssent dans les flammes ou écrasés sous les décombres.

14. Désastre à Lisbonne
(novembre 1755-mars 1756)

L'un des plus violents séismes de l'histoire avait ébranlé la côte atlantique le 1er novembre 1755, vers 10 heures du matin. Les secousses durèrent plus de cinq minutes et furent ressenties jusqu'à Bordeaux. Lisbonne fut jetée à terre presque entièrement. Près de trente mille personnes périrent sous les décombres, ou dans l'incendie qui se propagea à travers les ruines. Les ménagères – à l'église pour l'office de la Toussaint – avaient laissé chez elles leurs fourneaux allumés. A Cadix, un raz de marée pénétra dans la ville, abattant les murs, emportant les habitants. Le gigantesque frisson secoua l'Atlas marocain, du nord au sud. Tanger, Meknès, Agadir s'écroulèrent. Il y eut des milliers de morts. Le même jour d'autres secousses furent ressenties à Milan et à Amsterdam. Dans la capitale du Portugal, les survivants épouvantés s'enfuyaient de la ville et campaient dans les environs. D'autres se livrèrent au pillage. Le roi et sa famille restèrent pendant plusieurs jours hors de la ville, logés dans des carrosses. Le désordre était tel que l'ambassadeur de France ne put envoyer de courrier à Versailles qu'au bout de quatre jours. La nouvelle ne fut connue à Paris que vingt-trois jours plus tard.

Nous avons aujourd'hui l'explication scientifique de ce mouvement de l'écorce terrestre, dans cette zone allant de l'Atlantique à l'Asie Mineure, exposée aux séismes dévastateurs. La plaque de l'Afrique avait glissé d'un cran sous celle de l'Europe. Mais en 1755 les causes de la catastrophe restaient mystérieuses, suscitant chez les esprits les plus rationnels toutes sortes d'interrogations physiques ou métaphysiques.

A Genève l'information parvint le 23 novembre. «La ville de Lisbonne a été renversée, pour les huit neuvièmes, par un tremblement de terre [...] On croit qu'il y a péri cent mille âmes».[1] Voltaire l'apprend en même temps que tous les Genevois. Il corrigeait alors les épreuves du premier volume des *Mélanges* où se trouvent les *Discours en vers sur l'homme*. Il achevait aussi de rédiger pour l'*Essai sur les mœurs* les chapitres consacrés à l'Inquisition dans la péninsule ibérique. Le rapprochement se fit soudain dans son esprit entre le providentialisme de Pope dont s'inspiraient ses *Discours*, et l'absurde séisme qui remettait en question la lénifiante solution philosophique du problème du mal. Le jour même, il écrit à Jean Robert Tronchin :

Voilà, Monsieur, une physique bien cruelle. On sera bien embarrassé à deviner comment les lois du mouvement opèrent des désastres si effroyables dans *le meilleur des mondes possibles*. Cent mille fourmis, notre prochain, écrasées tout d'un coup dans notre fourmilière, et la moitié périssant sans doute dans des angoisses inexprimables au milieu des débris dont on ne peut les tirer. [...] Que diront les prédicateurs, surtout si le palais de l'Inquisition est demeuré debout? Je me flatte qu'au moins les révérends pères inquisiteurs auront été écrasés comme les autres. Cela devrait apprendre aux hommes à ne point persécuter les hommes, car tandis que quelques sacrés coquins brûlent quelques fanatiques, la terre engloutit les uns et les autres.[2]

Le 28 il a «la triste confirmation du désastre de Lisbonne et de vingt autres villes». Le *Nouvelliste suisse* de novembre publie que «la plus grande partie des habitants de Lisbonne a péri». Les courriers de la capitale portugaise arrivent enfin, jetant la consternation à Genève, à Lausanne, à Berne et partout en Europe. Après avoir pris connaissance de la lettre du Genevois Bouthillier de Beaumont, alors en voyage d'affaires, Voltaire résume: «Le Portugal n'est plus».[3] Bien des familles genevoises éprouvèrent les plus vives inquiétudes pour les leurs, qu'un commerce très actif avec le Portugal et les pays d'Amérique retenaient dans la ville dévastée. Les nouvelles étaient encore rares. On n'en avait pas du port, où était concentrée la petite colonie des commerçants étrangers. Un certain sentiment de culpabilité s'empara de ceux qu'un tel désastre rendait honteux de vivre. On renonçait aux plaisirs, on allait écouter les sermons dans les temples. Les hommes de religion répondirent comme ils purent à l'interrogation angoissée des fidèles. De Lisbonne les lettres parvinrent plus nombreuses et détaillées vers la fin du mois. Les négociants rassuraient leurs familles, décrivaient la ville en ruines, évaluaient les pertes. Les missives les plus importantes étaient lues au Petit Conseil comme des rapports officiels. Après Lisbonne et Cadix, on apprenait que Séville avait été touchée, puis Meknès, puis Agadir. L'image du Jugement dernier se présentait à des esprits formés par les Ecritures. A Berne, le pasteur Elie Bertrand prononça un sermon le 30 novembre, qui fut aussitôt imprimé par les Cramer et vite épuisé. Un jour le courrier n'arriva pas à Genève, et l'on crut que de graves inondations avaient recouvert Lyon. Peu après la terre trembla en Suisse aussi, et détruisit la ville de Brigue dans le Valais.

Comme toujours, l'attitude de Voltaire n'est pas simple. Son imagination est violemment frappée: chez lui également, la comparaison avec le Jugement dernier revient comme un refrain dans les lettres du début de décembre.[4] L'Inquisition, les jésuites du Paraguay et ceux de Colmar font les frais de son irritation. Toutefois il arrive que le ton devienne ambigu, à la limite de la plaisanterie: au Jugement dernier «il n'a manqué que la trompette»! Ce public terrifié, il le sait déjà prêt à l'oubli: «Sur la nouvelle de l'anéantissement du Portugal, on se prépare à de nouveaux opéras en Italie, on va donner de nouvelles comédies à Paris.» Lui-même avait cru d'abord être à l'abri en sa résidence suisse: «Les Alpes sont bon contrepoids aux secousses, elles sont en tous sens l'asile du repos.» Pourtant la terre tremble également aux Délices, trois jours plus tard, le 9 décembre: «Nous avons été honorés aussi d'un petit tremblement

817

de terre. Nous en sommes pour une bouteille de vin muscat qui est tombée d'une table et qui a payé pour tout le territoire.» Il est heureux d'en être quitte à si bon marché.

Ce qui m'a paru d'assez singulier c'est que le lac était tout couvert d'un nuage très épais par le plus beau soleil du monde. Il était deux heures et vingt minutes. Nous étions à table dans nos petites Délices et le dîner n'en a pas été dérangé. Le peuple de Genève a été un peu effarouché. Il prétend que les cloches ont sonné d'elles-mêmes mais je ne les ai pas entendues.[5]

Cependant les premières nouvelles de Lisbonne sont publiquement rectifiées le 12 décembre. On avait exagéré le désastre. «On dit que la moitié de cette ville est encore sur pied.» «Les 100 000 péris de Lisbonne sont déjà réduits à 25 000.»[6] Quant à lui, en tout cas, quoiqu'il soit «honteux dans des événements aussi épouvantables de songer à ses petites affaires particulières», deux jours après avoir appris la catastrophe, «de peur de nouveaux tremblements de terre», il s'est hâté d'envoyer à son banquier une lettre de change de Cadix qu'il «gardait inutilement». Comme il le répète sur un ton qui oscille entre le remords et le cynisme, «il faut pourtant songer à ses petites affaires», et il ne s'en prive pas.[7] Il ne se prive pas non plus de triompher parce que l'Inquisition – qui devait justement faire un auto-da-fé de juifs à Lisbonne le 1er novembre – a été «engloutie», comme il l'avait souhaité.[8]

L'événement pourtant l'a profondément marqué. Selon le témoignage digne de foi du conseiller Du Pan, une de ses premières paroles a été: «la Providence en a dans le c...».[9] Dans une langue moins verte il écrira le 2 décembre: «Le *tout est bien* et l'optimisme en ont dans l'aile.» Le thème du tremblement de terre revient dans ses lettres comme une obsession. Il prendra cette catastrophe comme exemple dans l'article «Fausseté» de l'*Encyclopédie*. Désormais il va s'attaquer à l'optimisme systématique de Pope et de Leibniz: le «tout est bien» de Pope est repris comme un refrain ironique dans sa correspondance, concurremment, déjà, avec «le meilleur des mondes possibles»[10] qui rythmera *Candide*. Sous le coup de l'émotion, Voltaire met en chantier son *Poème sur le désastre de Lisbonne*. Utilisant selon son habitude le vocabulaire religieux, il l'appelle son *sermon*, induisant en erreur certains critiques qui ont cru que le texte à l'impression le 4 décembre était le poème de Voltaire, alors qu'il s'agit du sermon, au sens propre du terme, du pasteur Bertrand sur le même sujet.[11] La composition du *Poème* doit remonter aux premiers jours de décembre. Il conservera en effet le nombre initial des 100 000 victimes, dont il ne connaîtra l'exagération qu'à la mi-décembre. Cette hypothèse est confirmée par le témoignage de Du Pan qui écrit le 7 décembre que Voltaire «fait une pièce de vers sur la catastrophe», et qui en parle avec une certaine précision, sans toutefois la connaître lui-même.[12] L'histoire de ce poème sera longue et complexe.

Pour autant, les embellissements des Délices ne sont pas interrompus, et les travaux littéraires non plus. L'impression des *Œuvres mêlées* se poursuit d'après l'édition parue en 1752 à Dresde chez Walther. On corrige cette édition allemande, en particulier sa ponctuation que l'auteur trouve «très fautive». Mais l'intervention de Voltaire ne se limite pas à ces fautes matérielles. Il ne peut s'empêcher de corriger toutes les pièces dont il est mécontent. «Il y a à chaque page des corrections et des additions si considérables que tout cela fait en quelque façon un nouvel ouvrage», écrivait-il le 5 novembre à Walther. Il informe Lambert – à qui il avait déjà annoncé en septembre l'adjonction de quarante articles – que «la plupart des changements absolument nécessaires [...] sont entre les mains des libraires de Genève», qu'il avait fallu entre autres «refaire presque entièrement un volume de la physique de Newton», que lesdits libraires «se flattent que dans trois mois ils auront fini [ses] *Œuvres mêlées*», ajoutant toutefois que cela lui «paraît bien difficile puisqu'elles ne sont pas encore corrigées.»[13] La rédaction de l'*Essai sur les mœurs* suit pareillement son cours. Quand Voltaire quitte les Délices en décembre 1755, les imprimeurs sont déjà à l'œuvre: il leur a même donné des cartons, pour les chapitres du tome premier tout au moins.[14]

A n'en pas douter, la vie continuait. L'hiver était là, et comme il avait été convenu, Voltaire allait se faire «marmotte» au pied des Alpes. Après le décès de M. de Giez on avait mis les scellés à la maison. Un mois plus tard les domestiques étaient allés faire les préparatifs pour recevoir le nouveau maître. Mme Denis inspecta les lieux durant la dernière semaine de novembre.[15] Elle fit à Lausanne plusieurs visites.[16] Elle monta, éblouissante dans sa robe dorée, jusqu'au château de la ville pour présenter au bailli les respects du poète. Le 2 décembre elle était de retour aux Délices.[17] Collini se trouvait à pied d'œuvre depuis plusieurs jours avec les bagages. Le 14 décembre, un an jour pour jour après leur arrivée à Prangins, l'oncle et la nièce quittent les Délices pour «passer une partie de l'hiver dans [un] petit ermitage appelé Montriond au pied de Lausanne, à l'abri du cruel vent du Nord».[18]

A Lausanne on est d'esprit plus libre encore qu'à Genève et la vie de société y est plus développée. Aussi Voltaire est-il attendu avec impatience et curiosité. Quand il arrive, l'affaire de l'édition pirate de *La Pucelle* est oubliée, et on se précipite chez lui: le 16, il a «presque tout Lausanne». Von May, un ancien notable bernois, ami de Haller, qui résidait dans la ville et qui consigna sur le séjour de Voltaire des témoignages précieux, mais non particulièrement favorables, écrit le 22: «J'ai enfin vu le dieu Voltaire de qui la divinité s'est accrue d'une bonne moitié à Lausanne». Pour accepter une invitation il avait attendu de connaître l'attitude des notables, et avait été pleinement rassuré. Le bailli Tscharner est venu «avec tout le château»; «Mme Denis [...] une femme charmante [...] est déjà avec Mme Tscharner comme deux commères.» Viennent à Montriond, entre autres, Clavel de Brenles dont la femme, jolie et aussi spirituelle que lui, avait composé des vers en l'honneur de *L'Orphelin de la Chine*, Constant d'Hermenches et sa jeune épouse, la belle Louise de Seigneux, le banneret Seigneux de Correvon, qui retrouve ici le bourgmestre et le professeur Rosset. Si certains pasteurs gardent leurs distances et sont à l'affût, «il en vient quelques-uns dans [le] petit ermitage», «tous fort aimables et très instruits». Voltaire est particulièrement lié avec «le premier pasteur» Polier de Bottens, avec qui il était déjà en relation avant de se rendre en Suisse, qui viendra jusqu'aux Délices pour le voir au printemps et collaborera à l'*Encyclopédie*.[19]

Ceux qui le voient alors pour la première fois sont frappés par sa maigreur et son «air cadavre». Von May ne peut croire qu'il n'a que soixante et un ans et ne lui donne pas six mois à vivre. Il est difficile de discerner vérité et exagération dans les gémissements continuels de Voltaire sur cette mauvaise santé qui lui sert parfois d'excuse pour échapper à de désagréables obligations. Les plaintes du «pauvre malade» ne sont guère prises au sérieux par Collini qui écrit à son ami Sébastien Dupont qu'après le succès à Paris de *L'Orphelin de la Chine* son maître «en a été moins *mourant* qu'à l'ordinaire». Ce qui est certain c'est qu'il redoute la mort: il «en tremble», dit son médecin Théodore Tronchin. C'est à la crainte d'une mort suivie d'un anéantissement total que von May attribue son acharnement au travail particulièrement remarquable en cette année 1755-1756: «il s'étourdit par la composition», écrit-il, comme d'autres «s'étourdissent par le vin, le jeu, etc.» Haller attribue à cette crainte de la mort, qui est une donnée permanente de sa personnalité, l'intérêt de Voltaire pour Lisbonne.[20]

Quand Voltaire est installé confortablement, il n'aime pas se déplacer. Mme Denis se plaint en janvier de ne pouvoir lui faire quitter sa demeure de Montriond «chaude comme une étuve», pour aller chercher à Genève le manuscrit de l'*Histoire de la guerre de 1741*.[21] Après avoir fait préparer une berline, il n'ira pas à Lyon voir Mlle Clairon jouer *L'Orphelin de la Chine* pour l'inauguration du théâtre. Il n'ira pas davantage à Vienne où l'invite l'impératrice Marie-Thérèse, ni en Prusse où Frédéric II le convie à la représentation de sa *Mérope* «mise en opéra». Il est vrai que ces deux refus, le dernier surtout, sont sérieusement motivés, et qu'il a gardé un mauvais souvenir de Lyon. Pour meubler à la fois les Délices et Montriond, il transmet à J.-R. Tronchin les commandes de Mme Denis: moquette, clous, soie, galons, épingles, porcelaine de Strasbourg. Il va jusqu'à commander lui-même les provisions de bouche, celles du moins qu'on fait venir de Lyon: huile, sucre, vins, fromage, café, chocolat...: le tout d'excellente qualité.[22] Tout «mourant» qu'il est, il aime en effet les bons repas, et l'avoue parfois. Von May le traite même d'«ivrogne par occasion» et le soupçonne de faire des excès qui abrègent sa vie.[23] La bonne chère qu'on sert chez le philosophe est réputée jusqu'à Paris, où Thiriot en est «informé par les allants et venants». Elle fait partie de ce train de vie considérable dont s'étonne Collini et sur lequel il donne des précisions à son ami Dupont. Fin novembre 1755, «quatre chevaux dans l'écurie, une très bonne table, un bon cuisinier, beaucoup de laquais [...], voilà le train d'aujourd'hui». En mars on est passé à «six chevaux, quatre voitures, cocher, postillon, deux laquais, valet de chambre, un cuisinier français, un marmiton et un secrétaire». Avoir six chevaux! c'est une «insolence», un luxe interdit aux Genevois.[24] Aussi dit-on dans le pays que le nouveau venu «fait presque le train d'un prince». D'un prince il a d'ailleurs l'apparence depuis que pour la Noël de 1755 sa nièce l'a «fourré comme un roi du Nord» en lui offrant une robe de chambre de 432 livres faite du «plus beau velours et [de] la plus belle hermine du monde». Le bruit court, selon von May, qu'il «veut manger [...] 60 000 livres par an». La somme paraît exagérée: il demandera à son banquier à la fin de l'année 1756 de «toujours garder environ 20 000 livres pour les dépenses».[25]

L'oncle, la nièce, le secrétaire sont rarement seuls. «La maison ne désemplit pas», écrit Voltaire. De nombreuses allusions dans la correspondance le confirment. Il arrive que les voisins mêmes restent plusieurs jours, et selon Du Pan «la vie qu'on [...] mène ne [...] convient pas» aux vieillards et aux malades. Certains de ces habitués viennent de Genève: en janvier Mme et Mlle Pictet, Gauffecourt et Philibert Cramer «ont passé huit jours». Gabriel Cramer est venu en février, son voyage n'a pas été uniquement professionnel: il s'est «amusé». Au nombre des visiteurs notoires à titres divers, on peut citer, les premiers jours de mars, les sœurs du maréchal de Saxe – aux Délices, où il est retourné du 5 au 12 mars –, Mme de Holstein et Mme de Bellegarde. Des Anglais sont signalés: en janvier c'est M. East, fils d'une amie de Bubb Dodington. Peut-être Oliver Goldsmith, alors simple original qui parcourait l'Europe à pied, mais qui laissera un portrait et une biographie de Voltaire, est-il passé à Montriond.[26]

Voltaire vient en général après 18 heures participer au repas. «On dit que c'est à table qu'il fait bon le voir», écrit von May à Haller; il y brille, ne mettant toutefois «d'esprit que là où il était nécessaire d'en mettre». «Il est très agréable malgré ses maux; toujours sociable, nonobstant ses plaintes, d'une conversation très variée, et inépuisable en ressources», dit Seigneux de Correvon qui l'a vu plusieurs fois l'hiver à Montriond. Ce serait, selon Collini qui éclaire une caractéristique de son écriture, sa longue habitude de dicter, «avec autant de présence d'esprit que s'il eût eu la plume en main», «qui lui aurait donné tant d'agrément et d'aisance dans la conversation». Devant ses invités Voltaire fait des lectures de ses pièces ou de ses poésies «avec une action que l'auteur seul pouvait leur donner».[27]

Voltaire a changé pour un temps de domicile, il n'a pas pour autant modifié l'ordre des urgences qui s'imposent à lui. Il remanie le *Poème sur le désastre de Lisbonne*, dont il lit «l'ébauche» – le mot est de Collini – à ses convives le jour de Noël. Il en a envoyé une copie à d'Argental le 19 décembre, une autre à la duchesse de Saxe-Gotha le 1er janvier, mais celle-ci porte la mention *secreto*. D'Argental, quant à lui, doit réserver à «sa société» ces «vers tragiques» bien qu'ils soient «aussi sages que possible». Et Mme de Fontaine, à qui ils sont communiqués, doit les garder «comme une fille garde son pucelage [...] et bien mieux». Grimm n'a pas encore d'exemplaire le 1er février, on lui fait en espérer un... de Genève. Le 10 février, en proposant son «sermon» au banneret Freudenreich et au pasteur Bertrand à qui Polier de Bottens en a parlé, l'auteur recommande de ne le montrer à personne.[28] Prudence dictée par certaines réactions de son public. Même prudence dans son salon à Montriond: grâce à quoi les vers du *Désastre de Lisbonne*, lus devant ses hôtes en janvier, sont – de l'aveu de von May – «fort admirés». Il joue les bons apôtres. Non seulement il ne «lâche aucun trait» contre la religion devant des gens qu'il pourrait choquer, mais il lui est arrivé après une lecture de son poème de «prononcer avec une parfaite confiance qu'il n'y a que la religion et la religion chrétienne seule qui soit capable de répondre à toutes les difficultés», et de dire «tant de belles choses [...] à la gloire du christianisme qu'on ne peut entreprendre [...] de les rendre». Si bien que «tous ceux qui étaient présents revinrent charmés et extrêmement édifiés». C'est l'un d'entre eux, Seigneux de Correvon – traducteur du *Discours sur l'irréligion* de Haller – qui fait ce récit fin mars.

Toutefois tous ne partagent pas cet enthousiasme. Dès janvier, «on crie fort contre un excès qui s'est passé» à sa table le jour de Noël, et von May pense dès le 2 janvier que huit vers du poème lus aux convives «sentent fort le matérialisme». Le 6 il est décidé à avoir «un assaut avec M. de Voltaire». Mais ne se sentant pas de taille à lutter avec «cet homme-ci» qui «nous regarde comme des petits roquets quand nous lui parlons», il pousse Haller, qu'il juge «le pair de sa célébrité» à «entrer en lice». L'auteur des *Alpes* s'en gardera bien. Von May doit se contenter d'opposer à Voltaire une traduction qu'il a faite d'un texte de son ami Haller sur l'*Origine du mal*.[29] Le docteur Tronchin, si l'on en croit ce qu'il écrira à Rousseau quelques mois plus tard,[30] conjura le philosophe de brûler son poème, et leurs «amis communs se réunirent pour obtenir la même grâce». De fait, en janvier 1756, les vers, ou au moins certains vers, du *Poème sur le désastre de Lisbonne* font scandale à Lausanne. «Le clergé tonne». Le pasteur Le Resche – personnage que nous retrouverons bientôt – prépare une réponse. L'ami Bertrand lui-même émet de Berne des réserves.[31]

Quand il est en difficulté, Voltaire fait appel aux relations qu'il s'est ménagées dans la capitale dont dépend Lausanne. Les Bernois, si austères, ont joué *Nanine*, quitte à «expier» ce «crime» en décrétant un jour de jeûne, plaisante l'auteur le 29 janvier. Il est vrai que celui-ci connaissait certains notables avant même de s'installer en Suisse. Il a rencontré à Plombières l'avoyer Nicolas Frédéric Steiger; il a quelques rapports avec le maire Tiller, le conseiller Bonstetten, le secrétaire du Consistoire Tshiffeli; mais c'est surtout le pasteur Bertrand, ami de Polier de Bottens, et le banneret Freudenreich – que Du Pan lui a fait connaître – qui en cas de besoin l'aident et usent de leur influence en sa faveur. Une version «fautive et défigurée» de *La Pucelle* faisait à Berne en novembre 1755 un scandale dont on trouve des échos dans la correspondance de Du Pan et dans la *Berner Chronik* du pasteur Gruner.[32] Grâce à des interventions – celle du conseiller Engel sollicité par un ami lausannois et celle de Freudenreich sollicité par Du Pan – le livre, s'il est saisi, n'est pas condamné, la *Gazette de Berne* publie la lettre de désaveu adressée à l'Académie française et la réponse confraternelle de l'Académie. En février, Voltaire discute avec Bertrand des adoucissements à apporter au *Poème sur le désastre de Lisbonne*. La position de ce pasteur orthodoxe n'est pas simple. S'il approuve la lutte contre le fanatisme, il tient à faire respecter la religion révélée et n'est pas toujours d'accord avec le philosophe : de son propre aveu, il lui «écrit et dit des choses bien libres et bien fortes», et il va jusqu'à déclarer à Formey au mois de mai que «malgré la réserve de Voltaire dans ses discours», il voudrait «qu'il eût choisi une autre retraite que la Suisse», car il «craint l'effet de son venin d'incrédulité».[33] Il lui apporte néanmoins son appui dans l'affaire complexe de la lettre anonyme.

En mars 1756 Voltaire reçoit de Berne une lettre, non signée mais dont «le cachet était surmonté d'une H», où on lui conseille de ne pas s'en prendre à la religion d'un pays tranquille. Voyant cette H et le cachet de Berne, il soupçonne Haller, avec qui il avait tenté un rapprochement en décembre, mais qui critiquait depuis longtemps ses œuvres dans les *Göttinger Gelehrten Zeitungen*. Il écrit au suspect, lui demandant perfidement de reconnaître la paternité du conseil pour qu'il puisse l'en remercier. Haller répond qu'il n'est pas au courant, qu'il ne donne d'ailleurs de conseils que quand on lui en demande et, à l'appui de ses dires, il envoie l'empreinte de son sceau pour comparaison. Voltaire alors semble reculer ; il envoie à Bertrand le 6 avril une autre version des faits. Il s'est renseigné auprès de M. Roberty, employé de la poste à Berne : la lettre aurait été écrite à Lausanne, envoyée cachetée à Berne à un parent qui aurait mis l'adresse ; le correspondant anonyme – qui prétend que «ceux qui font [à Voltaire] l'honneur de venir chez lui [à Montriond] écrivent à Berne contre [lui]» – aurait répandu à Lausanne le bruit qu'un magistrat de Berne avait envoyé une lettre de reproches. Voltaire fait savoir à Bertrand qu'il a écrit à Haller pour lui demander des éclaircissements et l'avertir qu'on a abusé de son nom. Il prie donc le pasteur de communiquer sa lettre à Freudenreich et à Haller, «persuadé que [les magistrats de Berne] ne souffriraient pas qu'un homme» – un «jeune ministre» peut-être – «écrivît de Lausanne des calomnies» contre les premiers ecclésiastiques et les premiers magistrats de cette ville, «et les envoyât par la poste de Berne pour faire croire que sa lettre est écrite par quelqu'un de ses souverains». Quoi qu'il en dise, il reste convaincu de la culpabilité de Haller. Il n'apprendra la vérité qu'en 1759 par une lettre de Haller, qui lui-même n'avait reçu qu'avec beaucoup de retard l'aveu du coupable : c'était Altmann, un pasteur bernois qui avant même l'arrivée du philosophe déclarait : «Nous ne voulons pas d'un homme qui est le rebut de toute la terre». En la scellant d'une H, il avait sans doute voulu donner plus de poids à sa lettre.[34] L'épisode de la lettre anonyme révélait les résistances que certains milieux calvinistes de Suisse opposaient à l'esprit voltairien. Il annonçait les difficultés qu'allait rencontrer le *Poème sur le désastre de Lisbonne.*

Tout ce que les amis purent gagner sur Voltaire fut «d'adoucir» son texte. Ce travail aboutira en mars, selon un témoin, à une œuvre si rapiécée, «si chargée de cartons, d'apponces et de ratures que personne n'aurait pu la lire que lui».[35] Le 18 février déjà, Voltaire a concédé au pasteur Bertrand et à la Providence l'adjonction du «mot espérer à celui d'adorer».[36] Voltaire la jugera ensuite inutile quand il plaquera à la dernière minute, semble-t-il, l'anecdote finale du calife: interprétation des derniers mots de Suzanne de Suze, alias Souzeni, alias Muhammed ben Ali, qu'il a dû trouver dans la *Bibliothèque orientale* d'Herbelot en faisant des recherches pour l'*Histoire universelle.*[37] Au début de mars, il propose une conclusion qui concilie pessimisme et espérance en Dieu et il demande à Thiriot et surtout aux Cramer de répandre – car c'est «très important» – des copies manuscrites de cette «addition». Effectivement de nouvelles éditions pirates paraissent comportant une «Addition au Poème».[38] Une vingtaine de vers où il est question de puissance et de clémence divine ont dû aussi être insérés par les Cramer dans le premier tiers du poème déjà imprimé.[39] Quand il en est à corriger les épreuves, l'auteur fait le point sur son œuvre dans une lettre à d'Argental du 22 mars: «C'est actuellement un poème de deux-cent cinquante vers. Il est raisonné [...] Je suis fâché d'attaquer mon ami Pope, mais c'est en l'admirant. Je n'ai peur que d'être trop orthodoxe.» Aux vers est ajouté pour «rendre justice» à Pope une préface,[40] pour laquelle une «note particulière», rédigée et corrigée trop tard, ne trouvera de place qu'en fin de volume dans les deux éditions Cramer:[41] elle y suivra les notes proprement dites, ajoutées elles aussi, afin «de fortifier toutes les avenues par lesquelles l'ennemi pourrait pénétrer».[42] Voltaire fera encore à la dernière minute des corrections de détail, dont certaines sont significatives: telle la substitution de «Je ne m'élève point contre la providence» au «Je n'interroge point la suprême puissance» du texte envoyé à l'imprimeur.[43] Quand le parlement de Paris condamnera l'*Analyse raisonnée de Bayle* en avril, Voltaire insistera auprès de Thiriot pour qu'on édulcore dans l'édition parisienne la note où il traitait d'injustes les ennemis de Bayle.[44]

Tel qu'il apparaît en sa forme définitive, après tant de remaniements, ce long poème demeure une œuvre impressionnante. Le genre est toujours celui du «discours en vers». Laissons de côté toutes les objections de principe que soulève aujourd'hui cette sorte de poésie. Le fait est que, pour exprimer sa réaction au terrible malheur, Voltaire d'emblée a choisi une telle forme poétique. On sait qu'il traça les premiers vers quelques jours après avoir appris le cataclysme. Célébrer avec noblesse les événements majeurs suscitant l'émotion de toute une société, c'était alors l'une des fonctions du poète. Voltaire s'en était acquitté naguère par son poème de Fontenoy, et il n'avait pas été le seul, nous le savons. Que de nos jours la poésie, coupée du grand public, ait perdu cette mission,[45] il n'est pas sûr que nous devions nous en féliciter. Le poème de Lisbonne entrelaçait deux thèmes, présents dans la conscience collective : un thème affectif, un thème philosophique. Les premiers vers disent l'horreur du carnage :

> Ces femmes, ces enfants l'un sur l'autre entassés,
> Sous ces marbres rompus ces membres dispersés ;
> Cent mille infortunés que la terre dévore,
> Qui, sanglants, déchirés, et palpitants encore,
> Enterrés sous leurs toits, terminent sans secours
> Dans l'horreur des tourments leurs lamentables jours ![46]

Une fois de plus, le poète de *La Henriade* s'avère fort sensible aux images sanglantes d'un massacre. Le thème revient, lancinant, tout au long du poème, en réponse au thème philosophique. Les « sages » tentent d'expliquer le « pourquoi » métaphysique du désastre. Or tout ce qu'ils avancent s'effondre, dérisoire. Lisbonne aurait été punie pour ses péchés ? Mais

> Lisbonne, qui n'est plus, eut-elle plus de vices
> Que Londres, que Paris, plongés dans les délices ?

L'argument le plus répandu, c'est que, selon Leibniz et Pope, « Tout est bien, et tout est nécessaire ». Le séisme qui a brisé tant de vies ferait partie du bon ordre de l'ensemble. Raisonnement qui insulte aux souffrances des victimes, et dont doutent même ceux qui le soutiennent :

> Vous criez « Tout est bien » d'une voix lamentable,
> L'univers vous dément, et votre propre cœur
> Cent fois de votre esprit a réfuté l'erreur.

L'existence de Dieu n'est pas remise en cause (« Il existe pourtant »). Mais l'idée de Dieu est atteinte. Comment croire encore à une Providence attentive au bonheur de l'humanité ? L'Etre souverain serait-il suprêmement indifférent à ce que souffrent toutes ses créatures, hommes compris ? Ou bien, comme le veut le manichéisme, ce Dieu serait-il un « noir Typhon », un « barbare Arimane » ? Mais Voltaire écarte

> ces monstres odieux
> Dont le monde tremblant fit autrefois des dieux.

Le poème oscille ainsi d'une image, d'une idée à une autre. L'émotion de l'homme, l'angoisse du penseur ont aboli tout souci de composition. Le poète spontanément retrouve ici le désordre qui serait propre au lyrisme, selon l'esthétique classique. Il ne conclut pas et c'est ce qui fait la force de ce texte. Il a seulement cherché un trait final. Il avait pensé d'abord s'arrêter sur des mots plus ou moins désolants. Soit :

> Mortels, il faut souffrir,
> Se soumettre en silence, adorer, et mourir.

Ou ceci :

> Des malheureux humains déplorant la faiblesse,
> Mon cœur compatissant gémit sans murmurer,
> Sans accuser le Dieu que je dois implorer.

En définitive, il préféra clore le poème sur une note plus encourageante, avec le mot d'*espérance*. Il donnait ainsi satisfaction à son public et exprimait aussi par là l'optimisme qui chez lui finit toujours par l'emporter. Il rapporte l'anecdote du calife agonisant, disant à Dieu que lui, homme, possède tout ce qui manque à la divinité :

> Les défauts, les regrets, les maux et l'ignorance.

Ici Voltaire reprend la parole, pour le mot final :

> Mais il pouvait encore ajouter l'*espérance*.

Quelle espérance ? Voltaire se garde de préciser. Celle d'une vie dans l'au-delà, comme il lui est arrivé de l'expliquer, pour faire plaisir aux pasteurs réunis dans son salon ? Cela, il ne le croit guère. L'espérance pour lui s'identifie plutôt avec le vouloir vivre de l'homme. Après les pires ravages, la vie reprend et les choses continuent comme si de rien n'était. Voltaire lui-même en avait fait la remarque, en revenant des années après sur le champ de bataille de Fontenoy.

Après avoir dit que le *Poème* n'était pas « fait pour l'impression » et avoir demandé à des amis un avis qui fut négatif, il en donne en 1756 quatre éditions. L'impression du poème authentique va s'imposer d'autant plus que des copies d'une version primitive circulent et que « Satan fait imprimer l'ébauche » dans toute son horreur. De fait un certain nombre d'éditions comptant moins de deux cents vers paraissent en France avec ou sans l'Addition. Aussi Voltaire prie-t-il en mars « son cher Lambert » de publier les deux ouvrages tels qu'il les a faits et tels qu'il « les corrige tous les jours » pour les Cramer.[47] L'autre ouvrage était le *Poème sur la religion naturelle*, ou *sur la loi naturelle*, profession de foi jugée jusqu'ici trop hardie pour être publiable. Le désastre de Lisbonne lui rendait une certaine actualité. Voltaire en avait établi, on se le rappelle, deux versions successives.[48] La première avait été composée en 1751-1752 en Prusse et revue avec Frédéric II ; elle comportait quatre parties et était dédiée au roi de Prusse. La deuxième datait du séjour de Voltaire à Gotha en avril-mai 1753, après la rupture avec le roi ; elle était dédiée à la duchesse de Saxe-Gotha, comportait trois chants seulement, plus une Prière à la fin du troisième chant, et dans le deuxième le portrait mordant d'un Théodore qui ressemblait fort à Frédéric. L'œuvre n'avait paru sous aucune des deux formes.

Mais, vers le 10 janvier 1756, lecture est faite à Paris de la version en quatre parties dédiée au roi de Prusse, chez Mme Du Jars : dans l'auditoire, Mme de

Graffigny, Helvétius, Mme d'Epinay, ainsi que Duclos, Bernard, Mably, Condillac, Grimm...[49] Bientôt la copie est imprimée : les soupçons de Voltaire se portent sur Lambert, non sans raison sans doute.[50] Puis paraissent d'autres éditions qui reproduisent avec plus ou moins de fautes la copie précédente. Voltaire se hâte donc de préparer sa propre version qui sera, selon sa première intention, dédiée au roi de Prusse. Il l'envoie aux Cramer le 15 février. Le 29 Thiriot a eu, par l'intermédiaire de Mme de Fontaine, « le sermon [...] tel que l'auteur l'a fait, et [...] fort différent de celui qu'on débite ». Voltaire toutefois ajoutera encore « des touches ». Le résultat sera un texte plus long, où il amalgame dans une certaine mesure les deux versions,[51] ajoute une préface et des notes, et supprime naturellement le portrait de Théodore enfoui dans le manuscrit de Gotha pour un « éternel oubli ».[52] Au cours de l'impression il corrige encore.

Voltaire a fait imprimer ensemble ses deux « sermons » : la *Loi naturelle* et le *Poème sur le désastre de Lisbonne*. Fin février il juge prudent de les faire paraître « dans la foule des mélanges où ils seront confondus »[53] en *Supplément* au tome I des *Mélanges* dans les *Œuvres complètes* éditées par les Cramer. A la mi-mars, quand l'impression du *Poème* est déjà terminée, il pense que « le tout peut composer un ouvrage intéressant qu'on pourrait imprimer séparément et qui peut-être servirait à faire désirer le recueil entier des œuvres ».[54] Une édition séparée paraît ainsi à Genève en mars :[55] les éditeurs dans leur Avis prétendent « réparer l'inconvénient » causé par « des copies aussi tronquées qu'infidèles répandues dans Paris ». La première édition du *Poème sur le désastre de Lisbonne* et de la *Loi naturelle* ayant été épuisée en quinze jours, les frères Cramer en donneront une deuxième en mai, conforme à la première. Dès avril, Voltaire envoie des exemplaires à ses amis et aux grands avec qui il est en relation : à d'Argenson, au duc d'Uzès, au duc de Richelieu, au duc de La Vallière qui en a demandé deux (un pour lui et un pour Mme de Pompadour), à l'Electeur palatin. En juin, il adresse à Thiriot la nouvelle édition pour qu'il la distribue aux philosophes : d'Alembert, Diderot et Rousseau.[56]

Il se fait quelques illusions sur l'accueil des uns et des autres. Il proclame qu'il « a arrondi les deux ouvrages » : il fait connaître sa façon de penser « qui n'est ni d'un superstitieux ni d'un athée ». Il se vante même que ses libraires se sont donné le plaisir d'assembler à Genève les chefs du Conseil et de l'Eglise pour leur lire les deux poèmes, et que ceux-ci ont « été universellement approuvés de tous les points ».[57] Certes copies et éditions ont suscité le plus vif intérêt : une demi-douzaine d'éditions clandestines ont été rapidement enlevées, lit-on dans la *Correspondance littéraire*,[58] et il y en eut en réalité beaucoup plus. Thiriot prétend qu'aucun des ouvrages de Voltaire n'a eu « un si brillant succès ».[59] Grimm assure qu'« on ne résiste point à la beauté touchante » de l'ouvrage sur la religion naturelle. Toutefois le journaliste fait quelques réserves sur la philosophie du poème de Lisbonne, qu'il juge « petite, étroite et fausse ».[60] Le *Journal encyclopédique*, en avril puis en juin, et l'*Année littéraire* en décembre, font un éloge tempéré de quelques réticences.[61] La *Critical review* de juin loue les qualités littéraires des deux œuvres et l'esprit de liberté qui les anime, mais constate, en conclusion, que le *Poème sur le désastre de Lisbonne* contient des hardiesses qui vont à l'encontre des vérités révélées. Le *Mercure* ne donnera pas tous les torts, en janvier 1757, à l'auteur d'une virulente réplique.[62]

Bien qu'il eût été conçu en Prusse pour réfuter la philosophie immoraliste de La Mettrie, le *Poème sur la loi naturelle* souleva l'indignation des dévots. Plusieurs réfutations parurent; entre autres, en 1756, l'*Anti-naturaliste ou examen critique du poème de la religion naturelle*, anonyme, et les *Réflexions philosophiques et littéraires sur le poème de la Religion naturelle* par Antoine Léonard Thomas, à propos desquelles on peut admirer en passant l'attitude du censeur Millet: ce «camarade d'école» de Voltaire demande une permission tacite pour «cet ouvrage bien fait», mais n'a pas le courage de signer le privilège.[63] Quant au *Poème sur le désastre de Lisbonne*, il provoqua une réponse mémorable: celle de Rousseau, sur laquelle nous reviendrons.

Les deux poèmes étaient présentés par les Cramer comme un échantillon de leur grande édition. Ils précédaient en effet de peu les dix premiers volumes des *Œuvres complètes* qui paraîtront en mai. On saisit ici un aspect du travail de Voltaire. Il apporte des «augmentations, des améliorations [...] aux pièces déjà connues», suivant l'annonce des éditeurs genevois,[64] qui dans leur Préface mentionnent *La Henriade* et les pièces de théâtre. On pourrait aussi prendre pour exemple *Zadig*: les chapitres du Ministre et du Basilic sont modifiés, celui des Disputes et des Audiences est presque entièrement nouveau, et il a été vraisemblablement composé en 1756; le paragraphe de ce chapitre sur le style – qui ne s'imposait pas – dénote certaines préoccupations qu'on retrouve dans l'article «Imagination» que Voltaire va proposer à d'Alembert pour l'*Encyclopédie*. Dans les *Eléments de la philosophie de Newton*, il supprime trois chapitres sur la théorie de la lune et des planètes, les comètes et le pouvoir de l'attraction: cette doctrine n'est plus «nouvelle», explique-t-il,[65] et il ne s'intéresse plus assez à la physique pour rectifier ses erreurs à la lumière des récentes découvertes. Les *Lettres philosophiques* sont considérablement modifiées. Sont retranchés des chapitres scientifiques sur l'attraction et l'optique de Newton, remplacés par une notice biographique «De Newton». Mais les additions surtout sont nombreuses et en général révélatrices. Elles concernent souvent la littérature anglaise: Dryden, le *Conte du tonneau* de Swift, la vie de Prior et son *Histoire de l'âme*, l'*Essai sur l'homme* de Pope et surtout *Hudibras*, poème de Butler qui raille les théologiens. La lettre «sur Pope et quelques autres poètes fameux» se trouve ainsi scindée en deux.[66] Divers ajouts de détail laissent également apparaître les sentiments et centres d'intérêt de l'auteur en 1756: un exposé historique conforme à celui de l'*Essai sur les mœurs*, au début de la «Lettre sur le commerce», une critique des préjugés contre l'inoculation, une allusion au «petit troupeau» des philosophes qui reflète l'optimisme du nouveau Suisse, etc...[67] Des pièces détachées sont aussi mises à jour. Les *Pensées sur le gouvernement* par exemple, qui prennent le titre de *Pensées sur l'administration publique*, perdent sept articles qui ne sont plus d'actualité et en gagnent neuf autres.

Mais surtout, disent les Cramer,[68] beaucoup de «morceaux neufs [...] enrichissent notre édition». Ces dix tomes contiennent effectivement une trentaine de pièces de plus que l'édition de 1752. Parmi les inédits, plusieurs avaient été composés auparavant, et parfois longtemps auparavant: *Le Songe de Platon* vers 1737, la lettre à Cideville du 13 mars 1741 – imprimée à l'instigation des éditeurs[69] et qui s'applique parfaitement aux situations respectives de Voltaire et Frédéric en 1756; les morceaux *Des Juifs*, *Du Siècle de Constantin*, *De Dioclétien*, *De Constantin*, *De Julien*, rédigés du vivant de Mme Du Châtelet pour qui ils ont été écrits; les *Embellissements de la ville de Cachemire* datant sans doute de 1750; vers 1752 *De la population de l'Amérique*; enfin, remontant à 1753-1754, l'*Histoire des voyages de Scarmentado*. La plupart de ces pièces touchent aux questions philosophiques, historiques et d'actualité qui intéressent Voltaire en 1756. Aussi certaines d'entre elles ont-elles été revues et corrigées: le manuscrit *De la Population de l'Amérique* par exemple porte des corrections que plusieurs indices invitent à dater de 1756.[70] Reste – outre la «Lettre aux éditeurs» et les chapitres ajoutés aux œuvres anciennes – une douzaine de morceaux qu'on peut croire véritablement nouveaux: ils trouvent place dans les troisième et quatrième tomes de *Mélanges*. Ce sont dans le troisième tome *Des Langues*, *Jusqu'à quel point on doit tromper le peuple*, et *Les Deux consolés*: un des «consolés», Citophile, ressemble à Voltaire plongé dans son *Histoire* et marqué par le désastre de Lisbonne.[71] Dans la «Continuation des chapitres» du tome suivant ce sont: la *Lettre sur le Dante*, peut-être *De la Chimère du souverain bien*, et *Des Génies*, *De l'Astrologie*, *De la Magie*, *Des Possédés*. Ces quatre textes forment un tout, ils sont liés non seulement par leur thème et leur contiguïté dans le recueil, mais par des rappels et des transitions explicites, et par l'introduction et la conclusion qui concernent l'ensemble. Le second étant daté de 1756 par une allusion à l'âge de l'auteur – «près de soixante-deux ans» – on a tout lieu de penser qu'ils ont tous quatre été écrits fin 1755-début 1756. Viennent clore la série: *D'Ovide*, certainement *De Socrate* et les *Dialogues entre Lucrèce et Posidonius*, qui prolongent les réflexions suscitées par le désastre de Lisbonne.[72] Ainsi voit-on se constituer les matériaux des futures œuvres alphabétiques (*Dictionnaire philosophique* et *Questions sur l'Encyclopédie*).

Inlassablement Voltaire, avec l'aide de Collini «qui s'y entend très bien, tout Florentin qu'il est», revoit les épreuves, réclame les feuilles qui lui manquent, «indique les cartons» auxquels il tient beaucoup, «s'amuse à faire des errata», veille à la répartition des pièces, s'attache aux moindres détails. Il modifie le titre d'un tome: le deuxième des *Mélanges d'histoire et de littérature*, certainement inadéquat «puisqu'il n'y a ni histoire ni littérature». Il demande même un changement de caractère. Les Cramer à coup sûr ne mentent pas quand ils écrivent à leur concurrent parisien qu'«on est dans la nécessité d'imprimer [les ouvrages de M. de Voltaire] sous ses yeux», et que «dans le cours de l'impression [ils ont] été souvent obligés de refaire deux ou trois fois la même feuille», l'auteur parle même de quatre fois; et il ne sera pas encore satisfait du résultat.[73] Des libraires français avaient prévu un beau succès de vente. A la fin de 1755, Bruyset de Lyon par exemple avait incidemment fait part d'un projet d'édition à Malesherbes, qui avait coupé court: «Les œuvres de M. de Voltaire ne peuvent point être permises en France». Lambert s'obstina et réussit. Il trouvait appui et renseignements auprès de Mme Denis et de Collini – qui ne voulait toutefois pas se compromettre – mais hostilité naturellement chez les Cramer.[74] Ceux-ci s'inquiètent pendant l'hiver de 1756 quand ils apprennent que «M. Lambert annonce une édition en vingt ou vingt-quatre volumes in-12 et qu'elle est déjà commencée». Voltaire les rassure: «comme [il] y travaille à mesure qu'on les imprime, il lui est impossible de faire exécuter cette entreprise autrement que sous [ses] yeux». Lambert vient de réimprimer le théâtre et *La Henriade* suivant la dernière édition de Dresde, mais s'il n'attend pas l'édition complète des Cramer pour achever la sienne, il ne lui fera pas plaisir. Il se dit «fâché de cette concurrence».[75] On trouve là un bon exemple de la pratique éditoriale de Voltaire et de la manière dont il en usait avec les Cramer, et la trace d'un certain agacement.

L'histoire lui plaît bien plus, avoue-t-il, que «toutes ces viandes creuses ou coriaces» des *Œuvres mêlées*. De fait les pièces nouvelles des *Mélanges* prennent souvent leur source dans les réflexions que lui inspire son travail historique, et elles y puisent leurs exemples. Symétriquement, des passages des *Mélanges* viendront parfois enrichir l'*Essai sur les mœurs*.[76] Ces interférences sont d'autant plus naturelles que les *Œuvres mêlées* ont été complétées pendant l'hiver de 1755-1756 entre deux périodes de travail historique intensif. La tâche accomplie au cours de ces mois est considérable. Pour ne parler que de l'*Essai*, la quarantaine de chapitres concernant l'Afrique et l'Asie aux XVIe et XVIIe siècles, l'Europe depuis la prise de Rome par Charles-Quint jusqu'au règne de Louis XIV – excepté l'histoire religieuse au XVIe siècle – a dû être composé en grande partie durant l'hiver de 1756.

Collini se plaint fin novembre de copier et copier encore. La fatigue expliquerait-elle le jugement sévère qu'il porte en mars sur Voltaire historien:

on n'a jamais fait d'histoire aussi aisément et à meilleur marché [...] Il ne faut [...] qu'y goûter la beauté du style, et qu'y profiter de quelques réflexions et de quelques coups de pinceau qui font de temps en temps le tableau de l'univers en peu de traits. Tout cela n'a rien coûté à notre historien [...] On n'a fait [le grand chapitre sur Louis XIII] qu'avec le secours du seul Le Vassor.[77]

Le secrétaire confond quelque peu la puissance de travail et la largeur de vue avec de la négligence. Certes l'auteur néglige délibérément «tous les faits qui ne sont bons que dans les gazettes», il ne «peint qu'à coups de brosse», car il «n'écrit l'histoire qu'autant qu'elle peut être utile à la raison et aux mœurs», c'est «ce qu'il y a de nouveau». Mais il ne s'en documente pas moins. Il se plaint parfois d'avoir à ralentir son travail parce qu'il manque de certains livres à Montriond. Sans cesse il fait venir des matériaux. Au directeur de la bibliothèque de Genève, Abauzit, il demande une lettre du cardinal de Richelieu, rapportée pourtant dans Saint-Evremond, seulement «parce qu'elle n'y est pas exacte». Il «supplie» Jacob Vernes, ami d'Abauzit, ou Gabriel Cramer de lui faire prêter un tome de la *Bibliothèque britannique* ou les *Mémoires de la Chine* du P. Lecomte. Il se tient au courant des dernières publications: il se les procure par l'intermédiaire des Cramer ou de Thiriot, qui doit expédier tout ce qu'il «jugera digne d'être lu», et qui enverra encore tout un paquet fin août. Il recherche également des témoignages inédits. Lorsqu'il le peut, il fait appel aux protagonistes. Il avait envoyé à Richelieu l'ébauche de la bataille de Fontenoy avec «une grande marge qui attendait ses instructions»; il lui réclame «un petit journal de son expédition à Minorque».[78] Il demande également des anecdotes à qui est bien placé pour en réunir: sur la cour de Russie à la comtesse de Bentinck, sur la cour de France à d'Argental. Mais il ne veut pas «ressembler à ce La Beaumelle qui répète tous les bruits de ville à tort et à travers»: il essaie de «démêler» ou de faire démêler le pour et le contre par des gens compétents.[79]

Cette période 1755-1757 est celle aussi où Voltaire collabore plus activement avec l'équipe groupée autour de Diderot et d'Alembert. Le projet lancé à Potsdam, au cours de l'été 1752, d'un dictionnaire vigoureusement agressif contre les «préjugés» a été abandonné par la force des choses. Voltaire ne s'avise pas encore que les textes courts qu'il rédige sur des sujets divers pourraient se regrouper en ordre alphabétique dans un savoureux *Portatif*. Il a pris le parti, et déjà à Colmar l'année précédente, de s'insérer dans la grande entreprise encyclopédiste, qui en est parvenue au tome cinquième. Les vives oppositions rencontrées dès le début lui font comprendre qu'il y a de ce côté un combat à mener, pour lequel il peut être utile. Il se fait la plus haute idée de ce *Dictionnaire*, «le plus grand ouvrage du monde», «grand et immortel édifice», qui doit faire honneur à sa patrie et être utile au genre humain.[80] Aussi fait-il preuve d'une modestie étonnante. Il demande qu'on l'emploie à «boucher des trous», «à faire des articles dont [les encyclopédistes de Paris] se seront dispensés», se dit incompétent pour traiter certaines questions, «Littérature grecque» par exemple. Quand il propose des articles, c'est avec humilité: «si on en a chargé d'autres, ils en vaudront mieux». Et il semble sincère. Il proteste qu'il «craint toujours de faire mal», et «tremble chaque fois qu'il présente un article». Il va jusqu'à redemander deux fois pour l'améliorer un article comme «Histoire» qu'il juge particulièrement important. Il donne à d'Alembert toute latitude pour «rectifier comme on jugera à propos», «prendre ce qui plaira», «jeter au feu ce qui déplaira», «faire allonger par gens plus savants».[81] Il revient à l'idée, naguère avortée à Potsdam, d'une œuvre collective. Il a conscience des qualités qu'exige une telle entreprise, et fait l'expérience des difficultés qu'on rencontre. Chaque article «demande le précis d'une grande érudition», mais il faut éviter d'«entrer dans des détails trop longs ou trop dangereux»; «il est difficile d'être court et plein, de discerner les nuances, de ne rien dire de trop, de ne rien omettre». Il faut avant tout «être vrai» et méthodique. Après avoir posé en principe en décembre 1755 qu'«il ne faut dans un dictionnaire que des définitions et des exemples», il nuance son affirmation l'année suivante: «Je suis bien loin de penser qu'il faille s'en tenir aux définitions et aux exemples.» Néanmoins définitions et exemples figurent évidemment en bonne place dans l'«espèce de protocole» qu'il voudrait qu'on eût imposé aux collaborateurs et qu'il résume ainsi en décembre 1756: «étymologies, définitions, exemples, raison, clarté et brièveté».[82] Il est en effet déçu par un certain nombre de prestations. Il critique l'article «Femmes» de Desmahis, qui «fait grand tort» à un «ouvrage si sérieux». Il déplore qu'on «fasse des dissertations» où il entre si facilement «du problématique» et des opinions particulières. Reproche plus grave encore: dans les articles de théologie et de métaphysique, on «imprime le contraire de ce qu'on pense». A la fin de l'année 1756, quand il a lu «une douzaine d'articles», il juge que d'Alembert est mal secondé par «ses garçons».[83] Celui-ci lui donne d'ailleurs entièrement raison sur «l'article Femmes et autres» et dégage sa responsabilité: ces textes «n'entrent point dans la partie mathématique dont il est chargé»; quant à Diderot il «n'est pas toujours le maître ni de rejeter, ni d'élaguer les articles qu'on lui présente». Mais «le cri public» les autorisant à être sévères et à passer dorénavant par-dessus toute autre considération, en décembre 1756 il «croit pouvoir promettre que le septième volume n'aura pas de pareils reproches à essuyer».[84]

La correspondance entre Voltaire et d'Alembert permet de retracer l'histoire de leur collaboration alors à son apogée.[85] Le 9 décembre 1755, Voltaire se propose pour écrire «Génie» dont le docteur Tronchin lui avait parlé, ainsi que «Goût» et «Histoire». Mais sur le «génie» Diderot a des idées qui ne sont pas les siennes: l'article ne lui sera pas confié. «Goût» avait été donné à Montesquieu, qui eut le temps avant sa mort de préparer une ébauche qu'on publiera dans le tome VII. Voltaire devait tenir à un tel sujet. Le 29 novembre de l'année suivante, il envoie un complément à l'esquisse de Montesquieu: ce sera le seul de ses articles à être mentionné par Grimm parmi les contributions remarquables du tome VII.[86] «Histoire», sur lequel il pourra «fournir des choses assez curieuses», sera accepté, mais la rédaction prendra du temps. Le 9 décembre 1755 encore, l'auteur demande des instructions pour «Facile», «Fausseté (morale)», «Feu», «Finesse», «Faiblesse», «Force», «Français», qui font partie du «fardeau» dont on l'a chargé pour la lettre F. Le 28 décembre, il envoie «Figuré» qu'il a corrigé;

«Force», «Faveur», «Franchise», «Fleuri» qui ne demandent à son gré que «de petits articles». Le même jour il adresse à d'Alembert «Fornication» sur lequel il ne manque pas l'occasion de plaisanter: il «ne peut ni dire ni faire beaucoup sur ce mot»; il avait cependant pris la peine de se renseigner auprès de Polier de Bottens sur le sens du mot correspondant dans les langues orientales et, sans avoir vraisemblablement eu le temps de recevoir la réponse,[87] avait signalé l'intéressante polysémie du terme chez les Hébreux. Il annonce «l'histoire des flagellants» qu'il abandonnera le 9 mars faute d'avoir, dit-il, le livre nécessaire (celui de l'abbé Jacques Boileau). Dès maintenant il renonce à «Formaliste», ne voyant rien d'intéressant à dire. Pour «Français» et «Histoire», qui sont «terribles», il demande un peu de délai, ne disposant pas de livres à Montriond. En février, il promet d'y travailler dès son retour à ses «petites Délices» et prépare sa documentation: il demande à Briasson d'envoyer quelqu'un à la Bibliothèque royale consulter les manuscrits des Xe et XIe siècles pour découvrir le premier emploi de «français» au lieu de «franc», point «frivole en lui-même», mais «important dans un dictionnaire». Au début de mars, il promet «Français» pour la fin du mois, même si l'abbé Sallier ne lui a pas fourni l'information demandée. Il l'enverra effectivement des Délices le 24 mars, en reconnaissant qu'il aurait besoin d'être complété «par des gens plus savants». Huit mois plus tard, en novembre, il lui ajoutera «une queue»: sans doute les deux dernières colonnes qui traitent de l'histoire de la langue et où une référence au roman de *Philomena* permet de supposer qu'il a reçu entre temps les notes de l'abbé Sallier. Une allusion au débat sur l'orthographe de «français» dans une lettre du 18 août au comte de Tressan, quand d'Alembert sera aux Délices, peut faire penser qu'on y discutait alors de l'article.

A cours de ces mois, la communication se rétablit entre Frédéric II et son ancien chambellan. Dans ses résidences helvétiques, Voltaire se trouvait à proximité d'une principauté appartenant au roi de Prusse, celle de Neuchâtel. Il souhaiterait, en octobre 1755, rendre visite à milord Maréchal, devenu gouverneur de Neuchâtel. Mais il lui faudrait obtenir l'autorisation nécessaire.[88] S'il savait en quels termes le roi parle de lui à son représentant, assimilant son arrivée et celle de Mme Denis à un tremblement de terre, à une comète, à «un de ces fléaux» qui «suffisent pour tout détruire»! Deux mois plus tard, le même roi de Prusse lui a fait écrire par l'abbé de Prades qu'il travaillait à mettre en opéra sa tragédie de *Mérope*, et au début de février Voltaire se dit «tout étonné d'avoir reçu du roi de Prusse un gros paquet» contenant ledit opéra. Il fait part de la nouvelle à tous ses correspondants du moment: à Richelieu, à d'Argental, à Chennevières, à d'Alembert, à Jean Robert Tronchin, à Bertrand, à la duchesse de Saxe-Gotha, puis à Wilhelmine, que son frère avait mise au courant deux mois plus tôt. Il est fier que le roi lui ait «fait cet honneur», qu'il se soit «donné [cette] peine» au moment où il était – de son propre aveu dans le billet d'accompagnement – occupé à conclure un important traité. Il lui est «très obligé de cette galanterie» et lui en doit de très sincères remerciements, écrit-il à d'Alembert, sans ironie. Il admire la multiplicité des talents de Frédéric: en pleine négociation, le roi a écrit des vers qui «paraîtront fort lyriques» à l'encyclopédiste et qui «paraissent faits avec facilité» et dignes d'un «grand musicien». Pourtant la petite «galanterie» de Frédéric ne lui a pas fait oublier un instant ses mésaventures de Berlin et de Francfort. Il reprend son éternelle plainte: il aurait plus d'obligations au roi s'il réparait le mal qu'on a fait dans Francfort à une dame respectable et à lui-même.[89]

Frédéric continue, et continuera toujours à ne pas l'entendre. Mais il l'invite à assister à Berlin le 27 mars à la représentation de sa *Mérope* transformée en opéra. L'ex-chambellan refuse. A toutes les raisons qu'il a de ne pas retourner en Prusse, vient de s'en ajouter une autre: le renversement des alliances. Abandonnant définitivement la France, Frédéric II a conclu en janvier un traité avec l'Angleterre, pendant que Versailles se prépare à s'allier avec l'ennemi de la veille, l'Autriche. Voltaire tient compte de la nouvelle donne. A son amie la comtesse de Bentinck, alors à Vienne, il parle de «l'incomparable Marie-Thérèse», et l'informe que le Danube (qu'il n'a jamais vu) est «un plus beau fleuve en tous sens que la Sprée». Il écrit au secrétaire d'Etat autrichien Franz Christoph Scheyb.[90]

Le 21 mars 1756, comme il était prévu, il se réinstalle aux Délices. Le rideau allait se lever en Europe sur une nouvelle phase militaire, la guerre de Sept Ans.

15. Le Suisse Voltaire

(mars-décembre 1756)

Comment Voltaire prévoyait-il son prochain avenir, en ce printemps de 1756 ? Il n'a, à son ordinaire, laissé aucune confidence significative. Mais ses démarches ne permettent aucun doute. Il s'installe pour demeurer en Suisse, sinon définitivement du moins durablement. Il a désormais double domicile, à Lausanne et à Genève. Il a même songé à acquérir un pied à terre pour faciliter les allées et venues de l'un à l'autre. En mars, il est en négociation pour louer à Rolle une certaine « maison anglaise » (appartenant à un capitaine britannique), « à peu près à moitié chemin de Genève et de Lausanne ». Le marché semble avoir été conclu : en mai, il s'intitule « citoyen de Rolle ». Mais il renonce très vite. Il ne sera plus question, à cette époque au moins, de la maison de Rolle.[1]

C'est à ce projet d'une solide implantation que se rattache sans doute un mystérieux voyage qu'il fait à Berne, du 17 au 24 mai. Ce déplacement a intrigué tous les biographes, à commencer par Collini. Voltaire ne voulait pas se faire accompagner par sa nièce (qui finira cependant par s'imposer).[2] Pourquoi ? Il jugeait ce voyage assez urgent pour partir quand des travaux réclamaient sa présence aux Délices. Il est allé voir à Soleure l'ambassadeur de France auprès du Conseil helvétique. On en a déduit qu'il allait se charger, ou être chargé, d'une mission diplomatique secrète auprès de Frédéric II qui l'invite à revenir en Prusse. Aucun indice sérieux ne conforte cette hypothèse. Au reste, en mai 1756, la situation politico-militaire n'a pas suffisamment évolué pour qu'une médiation puisse obtenir un résultat. Voltaire voudrait-il, par l'ambassadeur, tâter les chances d'un retour à Paris, au moment où sa situation à la cour s'améliore, comme nous le verrons ? Il se peut qu'il y songe. Mais l'idée de rendre à Soleure une visite de courtoisie ne lui est venue qu'en cours de séjour.[3] Ce n'est pas là le mobile du voyage.

Ce déplacement à Berne était prévu de longue date : depuis la Noël de 1754. Il avait été retardé de saison en saison. En décembre 1755 le projet est de notoriété publique : von May en parle à Haller, que Voltaire prévient lui-même quelques jours plus tard.[4] Lausanne et le pays de Vaud étant alors des dépendances de Berne, Voltaire juge utile à ses futurs séjours à Montriond[5] de s'assurer des appuis au centre dont procède le pouvoir. Un voyage ? Il emploie plus justement le terme de « tournée ».[6] Il va rendre visite aux amis pour réchauffer leur zèle, aux malveillants afin de se les concilier. Il rencontre le pasteur Bertrand, le banneret Freudenreich, qui l'ont aidé dans les affaires de la lettre anonyme, du *Poème sur le désastre de Lisbonne*. Il veut voir le pasteur Allamand.

Beaucoup de Bernois sont réticents, y compris parmi ses partisans. La plupart redoutent que le philosophe ne laisse derrière lui «de néfastes semences d'athéisme» et «préfèrent son départ à son arrivée»: c'est non seulement le pasteur Gruner qui le dit dans sa *Berner Chronik*, mais l'ami Bertrand lui-même dans sa lettre du 18 mai à Formey: tout en reconnaissant que Voltaire ne se conduit pas mal et «paraît réservé dans ses discours», il craint «l'effet de son venin d'incrédulité».[7] Mais Voltaire sait se montrer charmeur. Conquise, Berne lui fait fête. Dans le *Journal helvétique* de juin, une épître «A M. de Voltaire à l'occasion d'un petit voyage qu'il a fait à Berne depuis peu» célèbre le succès qu'il y a remporté: la ville «n'a plus que [son] seul nom, [ses] écrits à la bouche». Les autorités – Steiger et Freudenreich – ont «très bien reçu et honoré» «le poète Voltaire célèbre dans toute l'Europe». Selon Bertrand, les Bernois veulent «en lui faisant honnêteté» lui faire connaître qu'ils sont «de bonnes gens». Ils réussissent. Voltaire – qui n'a pourtant pas dû voir Haller, comme il le souhaitait en décembre – revient à Montriond, le 24 mai, «extrêmement content de Berne». Du Pan en apprend la nouvelle, puis le constate lui-même quand il va aux Délices en juin. Le même Du Pan reçoit à plusieurs reprises des remerciements à transmettre à ses amis, M. et Mme Freudenreich, pour leurs «bontés» et leur accueil particulièrement chaleureux. Bertrand sera chargé, lui aussi, de cette mission. «L'ermite» est même si satisfait qu'à peine rentré, le 26 mai, il parle de retourner à Berne.[8]

Voltaire mène aux Délices une existence à la fois laborieuse et mondaine, rythmée par des visites ou des événements notables. Il prétend qu'il «passe sa vie [...] en robe de chambre et en bonnet de nuit à souffrir et à travailler».[9] Il rend néanmoins sa retraite aussi agréable que possible. Pendant l'été de 1756, il brosse un tableau idyllique: il vit «heureux chez soi», loin des cours, «avec ses nièces, ses livres, ses jardins, ses vignes, ses chevaux, ses vaches, son aigle, son renard et ses lapins qui se passent la patte sur le nez». Il pourrait ajouter à la liste son singe – nommé Luc comme le roi de Prusse – qu'il ne laissera pas abattre même quand il l'aura cruellement mordu à la jambe.[10] «Une jolie maison et de beaux jardins» le consolent de ses déboires: ingratitude du roi de Prusse, éditions pirates... Il «commence à prendre du goût pour la campagne» et «fait beaucoup d'exercice», écrit sa nièce pendant l'été. Si étonnant que ce soit, même quand on sait qu'il travaille fort vite, il trouve le temps d'être «architecte et agriculteur», de s'occuper de ses intérêts et des «détails de sa maison». Collini le notera dans ses *Mémoires*, et on le voit dans la correspondance.[11] A Saint-Jean Voltaire mérite le titre de «ruricole» qu'il se donne: il cultive presque lui-même son jardin, comme Candide: il commande graines et plantes en mars 1756, s'occupe des achats de gravier et de sable, entre dans les détails de l'entretien. A l'occasion, il régit le personnel : il indique comment loger les domestiques pendant les travaux, engage des jardiniers ou ne les engage pas ; il décide qu'ils se contenteront d'huile « très commune ». Il les charge d'empêcher « le petit peuple d'entrer dans le jardin, et de le détruire comme on a déjà fait ».[12]

Pendant le voyage de Berne, il pense à écrire à Collini de faire « secouer les marronniers, [...] tomber les hannetons », arroser les gazons, « réparer les dégâts des eaux », etc. Il lui indique avec la plus grande précision sur quelle largeur il faut répandre le gravier et le sable. Avec l'aide du secrétaire-régisseur, il s'improvise paysagiste : il redessine les allées, fait faire un « berceau ». Il songerait à construire un pavillon chinois et à reconstituer « un petit chandeu » (Chanteheux) pour le dédier au roi de Pologne.[13] Il suit de près également l'embellissement de la maison (qu'il appelle avec affectation dans ses lettres à J.-R. Tronchin « votre » maison dont il est le « concierge »). Il « a extrêmement à cœur » le travail de peinture du vestibule et de l'escalier, « qui la rendra plus propre ». Pour améliorer le confort, il commande poêles roulants, « réchauds argentés à brique pour mettre sur la table », bidets à la demande de sa nièce Mme de Fontaine. Il fait venir aussi des objets de luxe : seaux argentés pour rafraîchir le vin en remplacement des seaux de faïence du prédécesseur, « quatre paires de beaux flambeaux d'argent haché », des « tableaux avec leurs bordures ».[14]

Peut-on dans ces conditions le taxer d'avarice comme on l'a souvent accusé ? Certes il examine les mémoires, ne paie pas d'avance, n'achète pas à n'importe quel prix, qu'il s'agisse de sable ou des tableaux qu'on lui a proposés à Berne. Bien qu'il donne tout pouvoir à son banquier Tronchin, il surveille les comptes de près.[15] Avec ses débiteurs il est intraitable. Si Jeanmaire, qui doit verser 14 062 livres 10 sols de rente le 1er avril et le 1er octobre, est en retard de quelques jours ou demande un délai, « M. de Voltaire » lui écrit que « c'est [le] priver des aliments que de différer le paiement de [son] bien ». Que la terre tremble ou que la guerre fasse rage, il songe à ses « petites affaires » et se tient à l'affût des opérations avantageuses : billets de loterie, « coupons d'annuités ou coupons de Lyon », etc., suivant les circonstances. A la fin de l'année 1755, il « imagine que [Tronchin] a plus de 400 000 livres à lui ».[16] Il est heureux de cette opulence qui lui assure indépendance et vie de sybarite, et il en exprime sa reconnaissance à Pâris-Duverney à qui il la « doit en grande partie ». Mais il pourrait, dit-il, se passer de ce luxe : il « vivrait aussi aisément comme Diogène que comme Aristippe ». Il ne veut pas, semble-t-il, augmenter sans mesure et par tous les moyens ce capital sur lequel il veille ; de l'aveu de son banquier, qui gère ses capitaux, il « ne cherche pas à tirer un gros intérêt de son argent » ; il le place à 4 %. Il dépense largement, pour des aménagements, des voitures, une table dont son entourage et ses nombreux hôtes profitent plus que lui, qui est souvent retenu dans sa chambre, par ses maladies peut-être, par son travail sûrement. Aussi Collini reconnaît-il, non seulement plus tard dans ses *Mémoires*, mais à

837

cette époque où il achève son service et où il est aigri, que «son philosophe est tout changé; qu'il est devenu libéral».[17]

Sur cette «fort grosse maison» règne Mme Denis, déjà «grasse comme un moine». Elle est la surintendante dit son oncle, «le plastron», dit-elle: elle «paie tout, a l'œil sur tout, [est] obligée de recevoir les gens qui viennent...» Ce rôle de maîtresse de maison ne lui suffit pas. Elle aimerait régenter la besogne littéraire de Voltaire, et regrette bien qu'il ne soit «pas facile de lui faire travailler à autre chose qu'à ce qui lui plaît». Toutefois l'entente paraît alors très bonne entre l'oncle, qui se dit heureux «au sein de sa famille», et la nièce, «dont la tendre amitié [...] augmenterait encore dans ce moment s'il était possible».[18] Mme Denis est aidée quelque peu par Mme de Giez, devenue dame de compagnie après la mort de son mari, et surtout par Collini, qui s'est acquitté de toutes les tâches d'un régisseur en mai durant l'absence de l'oncle et de la nièce, quoique ce «Florentin bien né» soit avant tout secrétaire.

Comme précédemment les visiteurs affluent. La société genevoise est devenue moins austère, moins rigoureusement orthodoxe. La Pucelle «a fait faire de beaux éclats de rire à nos femmes», écrit le conseiller Du Pan. Aussi en cette année 1756 Voltaire croit-il qu'«il n'y a point de ville où il y ait plus de gens d'esprit et de philosophes qu'à Genève»,[19] et fait-il partager cette opinion à d'Alembert qui, au dire de Haller, souhaiterait de pouvoir y venir achever l'Encyclopédie. Les familiers sont des notables qui rendent ou peuvent rendre des services. Les Cramer bien sûr: Philibert et Gabriel dont la femme est une languedocienne très spirituelle. Et les Tronchin: il arrive qu'il vienne «des Tronchin dîner presque tous les jours». A François Tronchin qui lui a envoyé sa pièce Les Commènes, l'écrivain propose une sorte de marché: «Secourez-moi en prose et je vous offre mes petits services en vers»; il corrigera la pièce, l'enverra à d'Argental, en échange le conseiller fera passer dans la Gazette d'Amsterdam la lettre à l'Académie française.[20] Le Tronchin qui occupe la plus grande place dans l'esprit et la vie de Voltaire reste évidemment le médecin Théodore, qui le soigne, et dont la société le flatte. Il est aussi fier que sa nièce de signaler qu'«Apollon Esculape Tronchin» a fait halte chez lui à l'aller et au retour de son voyage à Paris, et chante en vers la victoire de l'inoculation sur les préjugés, en prenant soin de rappeler qu'il a été lui-même le premier à vouloir introduire cette pratique en France. Lui qui affiche quelque mépris pour les médecins suivant la bonne tradition, paraît avoir une sincère révérence pour «notre grand docteur»: il vante ses réussites, lui adresse ses amis; si ses nièces l'ont dérangé la nuit pour une simple indigestion, il prend la peine d'envoyer un mot d'excuse. Il s'occupe personnellement dès l'automne de ses étrennes: il consacrera 25 louis d'or à faire venir de Paris des flambeaux d'argent qu'il veut «magnifiques». Ces sentiments ne sont pas réciproques si on en juge par le portrait que Théodore fait du philosophe dans une lettre envoyée à Jean-Jacques Rousseau en septembre. Il y avait entre les deux hommes une incompatibilité de caractère.[21]

Le professeur Pictet, sa femme et leur fille Charlotte, qui habitent également le quartier de Saint-Jean, viennent souvent. Mais les compliments que fait Voltaire sur la beauté de la jeune Charlotte – sans doute bien innocents – et les quatre vers d'une galanterie toute littéraire qu'il lui adresse en remerciement d'un bonnet qu'elle lui a confectionné, provoquent la jalousie de la nièce. Mme Denis rivalise de bonnet avec la jeune Genevoise, comme le raconte Collini à son ami Dupont.[22] Un des commensaux habituels est le peintre Jean Huber – par ailleurs causeur et conteur spirituel – qui fait déjà des portraits du philosophe jugés ressemblants par Du Pan, des découpures saisissantes de vie ; tout le monde connaît une sépia et un dessin qui appartiennent à cette époque : l'une, quelque peu caricaturale, représente Voltaire coiffé d'un bonnet à trois étages qui doit être l'œuvre de Charlotte ; l'autre met en scène Collini penché vers Mme Denis, qui sourit à ses paroles et pose en grands atours en la présence surprenante de Liotard qui n'était pas rentré d'Amsterdam avant le renvoi du secrétaire : fantaisie d'artiste ou rétrospective erronée ?[23] Parmi les relations de voisinage on peut encore citer le président dijonnais Charles de Brosses, qui vient passer une soirée pendant le séjour de d'Alembert avec son ami Jallabert, célèbre physicien et syndic de Genève ; Pierre Mussard, syndic aussi et diplomate ; le fils de l'ancien gouverneur de Neuchâtel, M. de Lubières. Des pasteurs même – Vernet, Vernes, Lullin de La Rive – viennent aux Délices. Toutefois quand Voltaire pense qu'à Genève «le christianisme raisonnable de Locke est la religion de presque tous les ministres et [que] l'adoration d'un Etre suprême joint à la morale est la religion de presque tous les magistrats», il se fait quelques illusions que dissiperont les événements de l'année suivante.[24]

La renommée de Voltaire est telle qu'il attire «des processions de curieux» qui viennent non seulement de Suisse mais de Lyon, de Savoie, de Paris et de l'étranger. Il a fait fermer sa porte aux inconnus, mais il consacre «forcément» aux autres la fin de sa journée.[25] En août, accompagné d'un «aimable» officier, c'est Sénac de Meilhan, qui racontera dans ses *Œuvres philosophiques et littéraires* une discussion sur le masque de fer que Voltaire, contrairement à lui, croit frère de Louis XIV. Vers la même époque un certain Dufour, «haut comme Ragotin», auteur de l'*Impromptu du cœur*, pièce écrite en l'honneur de la prise de Port-Mahon, vient aux Délices et demande à son hôte un mot de recommandation pour le maréchal de Richelieu. Patu, qui fait une seconde visite en route pour l'Italie, passe huit jours autour du 20 août dans la maison de M. de Voltaire, et il a des disputes si vives avec les nièces «bégueules» et d'Alembert «Tartuffe» en défendant contre eux son ami Palissot, qu'il abrège son séjour à Genève, bien qu'il ait été soutenu, dit-il, par le pasteur Vernes et que Voltaire – qui «aime toujours [Palissot] malgré ce qu'on a pu lui dire» – ne soit «entré pour rien» dans les attaques.[26] Mentionnons encore le 19 septembre le comte Louis de Grammont, amené par Tronchin ; en octobre Mme de Muy «coiffée en pyramide» ; cette protégée du duc de Choiseul était venue se faire soigner par «Esculape

Tronchin» comme beaucoup d'autres visiteurs. Une autre visite, celle du duc de Villars, fils de la duchesse dont Voltaire avait été amoureux dans sa jeunesse, justifiera une extension des Délices.[27]

Des Anglais sont signalés presque tout au long de l'année. Fin mars, Voltaire écrit à Richelieu qu'«il est venu à [son] ermitage des Délices des Anglais qui ont vu [sa] statue à Gênes».[28] A la mi-avril «il vient tous les jours des Anglais».[29] Dans la seconde quinzaine de juillet «il y a beaucoup d'Anglais à Genève», il en «vient beaucoup» aux Délices: la défaite de Port-Mahon les a rendus «doux et sociables», selon Mme Denis, «ils avaient besoin de cette petite leçon».[30] James Hutton, le fondateur de l'Eglise morave en Angleterre, se recommandant, dit-il, dans ses *Memoirs*, des relations de sa mère avec Newton, arrive en octobre mais ne peut voir Voltaire, que la morsure de son singe maintient alité.[31] George Keate, jeune avocat cultivé et artiste, gardera un souvenir ému des conversations pleines de gaieté, et de l'hospitalité raffinée dont il bénéficia à la fin de l'année, jusqu'à son départ pour l'Allemagne chargé d'une lettre pour la duchesse de Saxe-Gotha; il dédiera au philosophe, à son retour, son travail sur l'histoire et les lois de Genève et entretiendra avec lui une correspondance suivie.[32] Au mois de décembre, à nouveau «il vient [...] beaucoup d'Anglais» et Voltaire – s'adressant à Richelieu, il est vrai – fait la même remarque que sa nièce en juillet: «Jamais [je] ne les ai vu si polis. Je pense qu'ils vous en ont l'obligation».[33] La plus importante de ces visites est celle de Thomas Pitt, nous aurons à expliquer pourquoi.

Parmi ces visiteurs venus d'ailleurs, il faut faire une place à part à Mme de Fontaine: elle forme avec sa sœur Mme Denis «presque toute la famille» de Voltaire, et elle va causer involontairement le départ de Collini. Elle «est plus maigre que son oncle à qui elle ressemble, avec une jolie physiognomie», selon le témoignage de Du Pan. Elle a la même constitution que lui et doit recevoir les mêmes soins des médecins, de Théodore Tronchin en particulier. Son oncle paraît lui porter une sincère affection. Comme elle s'essaie à peindre, il a, dit-il, «orné toutes ses petites Délices de ses œuvres», qu'il fait admirer aux Genevois. Il fait chercher pour elle les meilleurs pastels de Lausanne et il l'invite avec insistance à venir avec son fils. Elle arrive enfin, avec son amant et futur mari le marquis de Florian, le 8 juin 1756. Les discussions entre les nièces et l'oncle divertissent les invités. Puis Mme de Fontaine, qui ne supporte pas les excès aussi bien que sa sœur, tombe gravement malade. Son oncle semble vraiment inquiet. Cette maladie revient comme un refrain dans ses lettres en septembre et octobre. Il suspend ses réceptions, annule «un grand dîner», auquel de Brosses devait participer. Enfin le docteur Tronchin réussira à la «ressusciter», et elle repartira le 24 octobre.[34]

La dernière lettre dictée à Collini (du moins parmi celles qui nous sont parvenues) est datée du 4 juin 1756 et il partira de Genève le 12. Dom Benoît Sinsart, prieur bénédictin de Munster en Alsace, écrira qu'il «a quitté [son maître] très mécontent». Mais faut-il le croire? Dom Benoît a alors «rompu tout commerce avec M. de Voltaire». D'autre part il ajoute que Collini «fait une vie de ce poète dans laquelle il y aura des traits qui ne lui seront pas honorables».[35] Or tout au contraire le *Séjour auprès de Voltaire* publié en 1807 tiendra du panégyrique. L'ancien secrétaire y écrira qu'il était «trop attaché» à Voltaire, qu'il était «trop son admirateur pour songer à le quitter» et qu'il abandonna «les larmes aux yeux la maison des Délices», «ce nouvel Eden». Il s'attribue la responsabilité de la séparation: «des faiblesses de ma part», «quelques inconsé-quences que la fougue de l'âge me fit commettre en furent la cause». Après avoir signalé de légères causes de dissension: jalousie de Voltaire devant une certaine intimité entre la nièce et le secrétaire, liaison avec une femme recueillie aux Délices, il raconte l'incident qui l'aurait fait renvoyer. Pendant qu'il était allé accueillir Mme de Fontaine, le 8 juin, une servante aurait trouvé dans sa chambre une lettre à une jeune fille, qui contenait «des badinages et des plaisanteries» et où était nommée Mme Denis (qu'il appelait «la louche ouvrière»); la domestique l'aurait montrée à l'intéressée. Voltaire aurait alors convoqué le coupable et lui aurait déclaré «qu'il lui serait impossible de [le] garder auprès de lui, parce que sa nièce, très irritée, exigeait cette satisfaction». Il lui aurait néanmoins offert argent et recommandation.[36] Le ton de la lettre qu'écrit Voltaire un mois plus tard à leur ami commun, Sébastien Dupont, est plus sévère: «l'homme en question s'est conduit avec ingratitude avec ma nièce et moi qui l'avions accablé d'amitiés et de présents. J'ai été obligé de le renvoyer.»[37] Toutefois quand Collini ajoute que «ce grand homme» lui conserva son amitié et lui écrivit pendant vingt-deux ans des lettres bienveillantes, il dit vrai. Voltaire chercha un nouveau secrétaire, Clavel de Brenles en trouva un, mais Wagnière, qui joua par la suite le rôle que l'on connaît, était déjà à son service; la première lettre de sa main (autant qu'on sache) date du 3 septembre.

Depuis longtemps, Collini se plaignait du «dur esclavage» où le tenait l'homme dont il est le «barbouilleur». Il écrit sous la dictée, met au net les manuscrits, «use tellement [ses] doigts à force d'écrire qu'il n'y a plus rien que [ses] ongles, qui ne tiennent à rien.»[38] Depuis le retour à Genève, au printemps 1756, Collini est positivement excédé de travail. Outre la copie, il lui faut maintenant corriger les épreuves, s'occuper des cartons, des errata, négocier avec les imprimeurs le rythme de l'impression. Voltaire, en effet, revenu à proximité des presses gene-voises, accélère l'édition de ses œuvres complètes préparée à Montriond. Il estime sans doute qu'ayant dépassé la soixantaine – et approchant de ce qui était au XVIIIe siècle le terme normal d'une vie – il devait mettre au net son œuvre pour la postérité. Il fait donc imprimer, comme il a été dit, deux éditions: l'une à Paris, par Lambert, plus spécialement destinée au public français; l'autre à Genève, par les frères Cramer, qui négocient cependant dans les premiers jours de mars l'entrée en France de leurs volumes des *Œuvres mêlées*. Ils promettent qu'ils n'enverront pas d'exemplaires aux libraires et que le nombre de ceux qu'ils destinent à des particuliers n'excédera pas la centaine. Libéral, Malesherbes accepte que les volumes des Cramer soient diffusés en France, mais à certaines conditions, afin de ne pas faire tort à l'édition Lambert.[39]

Tout naturellement, la préférence de Voltaire va à l'édition de Genève. Les Cramer n'avaient pas tort d'en vanter la supériorité : elle est «faite sous les yeux de l'auteur». Lambert la copie, de sorte que la sienne ne paraîtra que l'année suivante. Voltaire craint que le libraire parisien, pour s'assurer un avantage, n'ajoute avec la complicité de Thiriot des pièces «fugitives» mais dangereuses. Il songe même à faire intervenir d'Argental auprès de Malesherbes pour arrêter l'éditeur dans «sa rage d'imprimer». Les volumes de Lambert contiendront effectivement des œuvres absentes de l'édition Cramer, par exemple les *Annales de l'Empire*.

L'édition collective de 1756 suit un plan thématique. Ce qui est apprécié des lecteurs et de la critique : «on peut en prendre ce que l'on veut, séparément», en ouvrant directement les sections *Théâtre, Œuvres mêlées, Lettres*. La section *Histoire* est ici particulièrement copieuse. Alors paraît pour la première fois en son intégralité l'*Histoire universelle* : non plus en deux tomes, comme en 1754, mais en sept volumes, sous le titre nouveau d'*Essai sur l'histoire générale et sur les mœurs et l'esprit des nations depuis Charlemagne jusqu'à nos jours*. La jonction est faite avec *Le Siècle de Louis XIV* et ce qui deviendra le *Précis du siècle de Louis XV*, aux tomes V à VII. Voltaire y intègre l'ancienne *Histoire de la guerre de 1741* remaniée et résumée, et conduit son récit jusqu'à l'époque exactement contemporaine, par un chapitre intitulé «De la guerre entre la France et l'Angleterre en 1756».

En imprimant ces sept tomes d'histoire, les Cramer s'aperçurent que ce n'était pas une sinécure que de travailler «sous les yeux» d'un auteur tel que M. de Voltaire. Par exemple, des additions de dernière minute sont expédiées en cours d'impression, à insérer dans le tome II, concernant l'histoire de Venise et de la Turquie, l'Islam, le conflit des Suisses et de Charles le Téméraire.[40] Car tandis que son texte est sous presse, l'historien continue ses recherches documentaires. Même pendant les quelques jours de son voyage à Berne, il prend le temps de commander des mémoires «qui paraissent à Paris dans le moment», dont Thiriot lui a dit qu'ils étaient «très curieux» : ceux de Torcy *pour servir à l'histoire des négociations depuis le traité de Riswick jusqu'à la paix d'Utrecht*, et ceux de La Porte *contenant plusieurs particularités des règnes de Louis XIII et de Louis XIV*.[41] En mars, les Cramer ont annoncé pour fin juin six volumes de l'*Histoire*.[42] Mais soudain, le 15 mai, Voltaire enjoint aux éditeurs de «suspendre l'impression» : on était parvenu à la page 189 du tome V.[43] Voici en effet que resurgit La Beaumelle, détenteur de documents qui inquiètent l'historien de Louis XIV. Son ennemi vient de publier les *Mémoires pour servir à l'histoire de Mme de Maintenon et à celle du siècle passé*, suivis de plusieurs volumes de *Lettres*. Voltaire a souscrit : ce La

Beaumelle «peut avoir imprimé des lettres originales de Louis XIV et de Mme de Maintenon dont on pourra faire quelque usage».[44] Il aurait voulu même acquérir un des exemplaires non cartonnés qui ont circulé quelques jours au début de mai. En possession de l'ouvrage, il y détecte une note rapide perdue au milieu de deux mille pages : note imprudente qui lui permet de dénoncer La Beaumelle auprès des représentants des grandes familles citées dans l'ouvrage et de l'impératrice d'Autriche. Ce qui vaudra à l'auteur des *Mémoires* une année de Bastille. La Beaumelle ne s'en tient pas là. Il ajoute sur épreuves, en bas de pages, des notes qui resteront définitivement accrochées au *Siècle de Louis XIV*. Des «notes assez curieuses», prétend-il. Des notes virulentes, en réalité, où il se flatte de «relever, la preuve en main, les mensonges qui déshonoreraient ce beau siècle».[45] La critique ultérieure donnera trop vite gain de cause à Voltaire. La Beaumelle a rédigé son ouvrage sur des documents originaux fournis par les dames de Saint-Cyr, détentrices des archives provenant de la fondatrice de leur institution. Il resterait à évaluer la valeur des *Mémoires*, en les dégageant de la polémique sans merci qui mettait alors aux prises les deux hommes.[46]

Après avoir exécuté La Beaumelle, qui restera à la Bastille jusqu'au 1er septembre 1757, Voltaire continue à vérifier et à compléter. Fin septembre, il demande les *Mémoires pour servir à l'histoire d'Espagne sous le règne de Philippe V* qui venaient d'être traduits : matériaux pour les chapitres 180 et suivants, à la fin du tome v ou au début du tome vi.[47] Plus étonnant : à la mi-octobre, il réclame les *Nouveaux mémoires sur l'état présent de la Chine* du P. Lecomte, pour le deuxième chapitre du tome I où est ajoutée une référence au célèbre ouvrage du jésuite à propos de la croyance des Chinois dans le «vrai Dieu».[48] Un travail de recherche, prolongé de proche en proche, peut n'avoir pas de fin.

Aussi voit-on que «Messieurs les frères Cramer» publient dans le *Mercure* de novembre un *Avis*, pour excuser leur retard : l'auteur leur «donne encore tous les jours son manuscrit». Ils «se flattent» cependant de «publier dans le courant de décembre». Ce qui fut fait. Le *Mercure* de janvier annonce la vente à Paris de l'*Essai sur l'histoire générale*, en sept volumes. Prévoyant le succès, les éditeurs avaient porté le tirage au chiffre exceptionnel de 7000 exemplaires.

Venant après *Le Siècle de Louis XIV*, l'*Essai* affirme avec plus d'ampleur la conception voltairienne de l'histoire. L'événementiel n'est pas répudié. Que serait d'ailleurs une histoire sans événements ? Pour les contemporains et pendant un certain temps par la suite, l'*Essai* vaudra comme un récit solidement établi, bien éclairé et intéressant, de dix siècles d'histoire. Mais Voltaire dépasse l'événementiel. Il cherche à atteindre les «mœurs» et ce qu'il appelle l'esprit des nations. A partir des événements et des faits et gestes des principaux acteurs, il tend à dégager l'état des esprits, les modalités d'existence, sans quoi l'événementiel demeure inintelligible. Comment vivaient les hommes aux époques passées ? C'est la question qu'il se pose. Il s'efforce d'y répondre par des chapitres de synthèse, interrompant le fil du récit, tel le chapitre 81 (de l'édition définitive) : « Mœurs, usages, commerce, richesses, vers les XIIIe et XIVe siècles ». Sombre bilan : partout misère, cruauté, superstition et fanatisme. Certaines pages vont jusqu'aux limites du tolérable. Il raconte, d'après Rapin-Thoyras, comment Marie Tudor, reine d'Angleterre, entreprit d'extirper la religion réformée par le supplice du feu. L'archevêque de Cantorbéry, Cranmer, s'était déclaré catholique sous la menace. Marie l'envoya cependant au bûcher : elle « eut la satisfaction de le faire brûler après l'avoir déshonoré ». Au moment du supplice pourtant, Cranmer retrouva son courage. « Il déclara qu'il mourait protestant ». Se souvenant de Mucius Scaevola, Romain héroïque, « il plongea d'abord dans les flammes la main qui avait signé l'abjuration, et n'élança son corps dans le bûcher que quand sa main fut tombée. » Il y a plus atroce encore. Sous le règne toujours de Marie Tudor, « une femme grosse accoucha dans le bûcher même. Quelques citoyens, touchés de pitié, arrachèrent l'enfant au feu. Le juge catholique l'y fit rejeter. »[49] Voltaire commente : « En lisant ces actions abominables, croit-on être né parmi des hommes, ou parmi ces êtres qui nous sont représentés dans un gouffre de supplices, acharnés à y plonger le genre humain ? » De tels traits, de la part de l'historien, intéressent le biographe. Ils attestent chez Voltaire cette sensibilité à une cruauté, d'autant plus insupportable qu'elle s'amplifie par un imaginaire d'ordre religieux.

Faut-il donc désespérer de l'humanité ? L'optimisme voltairien ne succombe jamais sous l'évidence de l'horreur universelle. Il y prend plutôt son appui. Au milieu de tant de « saccagements » et de « destructions », l'historien aperçoit partout l'« un des ressorts de la nature » : « un amour de l'ordre qui anime en secret le genre humain, et qui a prévenu sa ruine totale. »[50] A cet instinct de vie inhérent à l'homme se conjugue parfois l'action des grands politiques, soucieux d'arracher l'humanité à la barbarie, par la bonne administration, par l'essor des arts. C'est à dessein que l'*Histoire générale* se termine par *Le Siècle de Louis XIV*, décrit comme exemplaire à cet égard. Mais dès le IXe siècle en Angleterre le roi Alfred le Grand fut déjà un de ces héros civilisateurs, et dans cette même Angleterre après la diabolique Marie Tudor vint Elisabeth. L'histoire vue par Voltaire se développe comme une succession d'émergences vers le mieux, suivies d'affaissements. La somme totale, du moins en ce qui concerne l'Europe, fait apparaître un progrès : cette partie du monde est incomparablement plus peuplée, plus civilisée, plus éclairée, qu'elle ne l'était au temps de Charlemagne : « même elle est beaucoup supérieure à ce qu'était l'empire romain. »[51]

Mais les autres parties du monde ? « Parcourons ensemble ce globe », proposait Voltaire dans son propos introductif.[52] L'*Essai sur les mœurs* présente en effet la nouveauté d'une ambition mondialiste. La ligne du récit suit sans doute l'axe européen et conclut, on vient de le voir, sur l'affirmation implicite d'une supériorité européenne en ce milieu du XVIIIe siècle. Mais les plus anciennes civilisations du monde se situent hors d'Europe, à des époques reculées qu'ignore la tradition-

844

nelle chronologie judéo-chrétienne. Cette *Histoire* vraiment *universelle* commence donc par des chapitres sur la Chine, les Indes, la Perse de Zoroastre, le monde musulman. Sections d'une audacieuse nouveauté en 1755, mais assurément fort obsolètes au regard de la science moderne. On accuse notamment Voltaire, et plus généralement les philosophes, d'avoir diffusé en Europe une image purement mythique de la Chine, sans rapport avec la réalité.[53] Les auteurs chinois qui aujourd'hui examinent la Chine de Voltaire sont moins sévères. Shun-Ching Song reconnaît que, se fiant trop à ses sources, essentiellement le P. Du Halde, et les jésuites des *Lettres édifiantes et curieuses*, il a «exagérément embelli la Chine»; cependant, ajoute cet auteur, «ce n'est pas un embellissement aveugle et inconditionnel». «Nous sommes surpris», continue-t-il, «de constater la diversité du goût voltairien et son attention méticuleuse pour la Chine.»[54] Si le livre de Hyde sur la Perse ancienne dont s'inspire Voltaire ne marque qu'une phase archaïque des études sur cette partie du monde, si l'essor de l'indianisme est largement postérieur à l'*Essai sur les mœurs*, en revanche les deux chapitres de 1756 sur Mahomet et l'Islam rompent avec les anciens préjugés. Ce que l'*Encyclopédie* enregistrera par une disparité allant jusqu'à la contradiction entre l'article «Alcoran», paru en 1751, et l'article «Mahomet» de 1766, plagiat de l'*Essai sur les mœurs*.[55]

Il reste que, dans son interprétation générale, cette histoire voltairienne de l'humanité relativise la tradition judéo-chrétienne, et par conséquent en affaiblit l'autorité; de même qu'elle fait, preuves en mains, le procès de la superstition et du fanatisme. En outre Voltaire dispose désormais d'une documentation historique d'une prodigieuse ampleur, comme n'en possède aucun de ses contemporains: ce seront autant de munitions pour ses campagnes futures. Il ne songe pas sans doute, en cette année 1756, à entrer en lice. Occupé à publier ses œuvres complètes, il semble plutôt disposé à prendre une retraite. Mais le combat va venir le solliciter, comme de l'extérieur, et l'on peut croire que son tempérament batailleur ne se dérobera pas.

Au cours des mois précédents, Voltaire avait apporté à l'*Encyclopédie* une copieuse collaboration. Les directeurs de l'entreprise voulurent s'attacher plus étroitement une recrue si prestigieuse. Il fallait donc prendre avec lui un contact direct. Ce ne fut pas Diderot, dès lors principal animateur du *Dictionnaire*, qui fit le voyage. Sous une admiration de principe, des réticences le séparent du grand homme. Il sera l'un des rares philosophes à ne jamais effectuer le pélerinage des Délices ou de Ferney. C'est d'Alembert qui correspond habituellement avec Voltaire. C'est lui qu'on attend avec impatience depuis juillet 1756. Afin de ne pas le manquer, le poète renonce même à se rendre à Lyon où Mlle Clairon, pour l'inauguration du nouveau théâtre, doit jouer *L'Orphelin de la Chine*. D'Alembert arrive aux Délices le 10 août 1756. Il y restera jusqu'au 30 du même mois. Séjour qui constitue un événement marquant dans la vie de Voltaire, comme dans l'histoire des lettres au XVIIIe siècle.

Jean Lerond d'Alembert est de ces hommes, portés au premier rang de la société du temps, qui, maltraités par celle-ci, lui sont intimement hostiles. Né des amours de Mme de Tencin et du chevalier Des Touches, il fut abandonné sous le porche d'une église par sa mère, peu soucieuse de s'encombrer du fruit d'une liaison irrégulière. Il est recueilli par une modeste femme du peuple, qui l'élève. Il la considérera comme sa véritable mère. Lorsque Mme de Tencin veut entrer en relation avec ce fils devenu célèbre, il refuse catégoriquement de la connaître. Très jeune il a révélé un véritable génie mathématique. Il entre à l'Académie des sciences à vingt-trois ans. Les libraires associés l'adjoignent à Diderot pour diriger l'*Encyclopédie*, en principe dans la partie mathématique ; en fait, il assume une co-direction. Ce grand savant est un homme secrètement malheureux. Abandonné par sa mère, il ne peut se faire aimer de la femme pour laquelle il nourrit une passion douloureuse : la demoiselle de compagnie de Mme Du Deffand, de naissance bâtarde comme lui, Julie de Lespinasse qui aime ailleurs. Il va se renfermer dans l'insensibilité. Il exalte les facultés d'intelligence qu'il a fort vives. Esprit précis et fin, il écrit avec une netteté qui excelle à marquer les nuances. Son chef-d'œuvre sera l'éloge de Marivaux qu'il lira à l'Académie française, où il entre en 1754.

Par de telles qualités, il avait de quoi séduire Voltaire. Il semble que les deux hommes se rencontraient alors pour la première fois. Les Délices accueillent chaleureusement le responsable de l'*Encyclopédie*. Sa présence fait grand bruit à Genève, où le *Dictionnaire* remporte un succès marqué. On se presse chez Voltaire pour rencontrer cette illustration parisienne. Le maître des lieux et son hôte rivalisent d'esprit devant un parterre admiratif. Un jour, au dessert, on demande à chacun un «conte de voleurs». D'Alembert, puis le peintre Huber en font de très gais. Vient le tour de Voltaire. Il commence : «Messieurs, il y avait une fois un fermier général... Ma foi, j'ai oublié le reste.»[56] Le Tout-Genève défile aux Délices : les principaux magistrats, les Tronchin, Jallabert, Huber, Charles Bonnet... Des pasteurs réputés «éclairés», Lullin de La Rive, Jacob Vernes, Jacob Vernet, viennent se frotter au directeur d'une entreprise que l'on sait être, à Paris, menacée par l'intolérance «papiste». D'Alembert, de son côté, songe au prochain tome du *Dictionnaire* : il contiendra la lettre G, et donc un article «Genève». Le visiteur s'informe. Il se fait remettre un mémoire sur les institutions de la ville. Il s'enquiert de la religion des pasteurs calvinistes. Se fiant aux indications de Voltaire, et à des déclarations peut-être imprudentes de ministres du Saint-Evangile opinant dans le sens de leur interlocuteur, il juge que leur profession de foi, très «philosophique», aboutit à un quasi déisme. Ainsi se prépare le scandale du futur article «Genève».

Au départ de d'Alembert, Voltaire voudra acquérir les tomes parus de l'*Encyclopédie* : il n'avait pas souscrit lors du lancement du dictionnaire. La visite d'août

1756 détermine de sa part une collaboration accrue. Dans les mois qui suivent il envoie, outre «Histoire» plusieurs fois remanié, les articles «Froid», «Galant», «Garant», «Gazette», «Genres de style», «Gens de lettres», «Gloire et Glorieux», «Grandeur et Grand», «Goût», «Grâce», «Généreux» qui pose un problème.[57] Au total entre décembre 1755 et janvier 1757. Voltaire a écrit pour l'*Encyclopédie* plus de trente textes, les uns sur commande, les autres à sa demande. Prolégomènes, pour nous, du futur *Dictionnaire philosophique*. Mais en 1756 il ne pensait pas à une *Raison par alphabet* autre que celle de Diderot et d'Alembert.

Une des questions dont il s'était entretenu avec son hôte était celle du théâtre, proscrit à Genève. Le plaidoyer de d'Alembert en faveur d'un théâtre dans la métropole calviniste contribuera au scandale de l'article «Genève» et suscitera l'ire de Rousseau. En attendant, pendant cet été de 1756, c'est au *Poème sur le désastre de Lisbonne* que Jean-Jacques s'en prend. Thiriot avait été chargé, en juin, de remettre le poème et celui de la *Loi naturelle* à l'auteur des *Discours*. Encouragé par son ami le pasteur Roustan, Rousseau répond. Dans une éloquente lettre, aux dimensions d'un traité, datée du 18 août, il prend contre Voltaire la défense de la Providence. Aux doutes du philosophe, il oppose la «preuve du sentiment»: cette Providence bienfaisante, déclare-t-il, «je la sens, je la crois, je la veux, je l'espère». Il laisse échapper quelque rancœur à l'encontre de son correspondant, «rassasié de gloire, [...] libre au sein de l'abondance», tandis qu'il est, lui, «obscur, pauvre et tourmenté d'un mal sans remède». Ce n'est pas cependant la rupture. Rousseau continue à ménager le «célèbre Arouet». Il n'a pas osé adresser directement au grand homme sa lettre-dissertation. Il l'a envoyée à Théodore Tronchin, le laissant libre de la remettre ou non au destinataire. A la critique du *Désastre de Lisbonne*, il joint une approbation de la *Loi naturelle*: ce poème, c'est «le catéchisme de l'homme». Il exhorte Voltaire à écrire un «catéchisme du citoyen», «une espèce de profession de foi civile».[58] Voltaire répond le 12 septembre courtoisement et brièvement, en se dérobant. Rousseau croira que la véritable réponse lui est délivrée avec le conte de *Candide*.

Voltaire est d'autant moins disposé à céder au rigorisme genevois qu'il connaît en 1756 un brillant regain de faveur sur les scènes françaises. On reprend à Paris *Zaïre* six fois, *L'Enfant prodigue* six fois, *Mérope* cinq fois, *Brutus* quatre fois, *Hérode et Mariamne* trois fois, *Alzire* trois fois, *Œdipe* et *Nanine* une fois. Il paraît définitivement consacré comme le grand tragique français, l'égal de Racine, ainsi que l'écrit Mlle Clairon dans ses *Mémoires*.[59] Malgré l'éloignement, il continue à intervenir dans le choix des interprètes. C'est lui qui choisit Mlle Hus – celle du *Neveu de Rameau* – pour le rôle principal de *Nanine*.[60] Il arbitre le conflit de Mlle Clairon avec Mlle Dumesnil: il continue à accréditer la réputation d'ivrognerie de la seconde, que récusent Marmontel et l'acteur Fleury. En revanche, il comble la première d'éloges dithyrambiques. Il ne sait pas comment *Sémiramis* aurait réussi sans elle, quoique Mlle Dumesnil ait créé le rôle.[61] Donner la préférence à

Mlle Clairon, c'était prendre parti pour une nouvelle diction, moins emphatique, plus naturelle.

C'est accepter aussi un relatif réalisme dans le costume. Pour créer le rôle d'Idamé, dans *L'Orphelin de la Chine*, la Clairon a choisi une audacieuse robe «chinoise», sans panier et sans manches. Hardiesse payante. *L'Orphelin de la Chine* remporte un succès «brillant» et «soutenu».[62] En 1756 la pièce est jouée dix fois à Paris et une fois à Versailles. L'actrice l'inclut dans le programme de sa tournée en province, avec *Alzire* et *Zaïre*. Au cours de celle-ci, à Marseille, la réforme du costume fait un pas important. Mlle Clairon a encore joué Zaïre en panier. Après le spectacle, elle se trouve à souper à côté de Mme Guys, qui est grecque : cette dame donne à l'actrice pour la seconde représentation une robe orientale. Le public marseillais, puis parisien applaudit à cette nouveauté. Le goût en matière de spectacle est en train de changer, mais il n'est pas sûr que Voltaire soit disposé à suivre. L'un des succès de 1756 est *Sémiramis*, jouée douze fois à Paris entre le 26 juillet et le 25 septembre, une fois à Fontainebleau. La réussite revient pour une bonne part à la mise en scène imaginée par Lekain. A l'acte V, l'acteur sort du tombeau, dans un bruit de tonnerre, au milieu des éclairs, les bras ensanglantés. Voltaire s'inquiète. Il mande à d'Argental[63] que «cela est tant soit peu anglais», qu'il «ne faudrait pas prodiguer de tels ornements», car «on se trouve tout juste entre le sublime et le ridicule, entre le terrible et le dégoûtant». Seul le succès le convainc, ou du moins le rassure.

L'influence ainsi exercée par Voltaire ne semble pas suffisante à d'Argental. Il harcèle son ami pour qu'il compose une nouvelle pièce. Mais le poète ne sent pas en lui le *flatus divinus*, et n'a pas le temps nécessaire. Néanmoins il remanie une ancienne tragédie, en commence, semble-t-il, une autre et a – lui aussi – des velléités de projets «d'un goût nouveau». Sa *Zulime*, «l'Africaine», plus ou moins inspirée de *Bajazet*, de la *Zaïde* de Mme de La Fayette et de la *Zulime* de Le Noble, n'avait pas réussi en 1740. Ayant maintenant la possibilité de confier le rôle à la prestigieuse Clairon, il envisage une reprise après refonte. Il souhaite que Mlle Clairon vienne de Lyon à Genève pour aider à la réfection. L'actrice ne rendra pas visite à Voltaire en 1756. Néanmoins la transformation s'opère. *Zulime* devient *Fanime* qui sera jouée à Lausanne par Voltaire et ses amis en mars 1757.

De temps à autre l'oncle et la nièce font une allusion vague à une pièce nouvelle qui ne saurait être cette *Fanime*. Quelle pièce? Sur quel sujet? Les innovations de ses acteurs préférés lui donnent le désir de «travailler dans un goût nouveau». Il a l'idée d'une «tragédie maritime», puisqu'on «n'a encore représenté des héros que sur terre». La scène serait – ce qu'on n'a jamais vu – «un vaisseau de cent pièces de canon».[64] Projet vite abandonné, mais qui se relie à l'actualité militaire.

Pour surveiller la politique européenne et même mondiale, Genève est un bon observatoire. L'«ermite» Voltaire possède un réseau de correspondants qui s'étend jusqu'à Buenos-Aires et le renseigne sur les événements de la planète. Il s'intéresse à ce qui se passe en Amérique du Sud où il s'agit, il est vrai, d'un tremblement de terre et des jésuites qui font échec au roi d'Espagne; il s'intéresse à la Suède, où il prend parti naturellement pour la liberté contre les despotes, malgré les déboires de son ancienne amie la reine Louise Ulrique; il garde les yeux fixés sur la France, en particulier pendant le conflit du parlement avec le roi.[65] Il est à l'affût d'informations sur les campagnes en préparation ou en cours. Il discute la possibilité d'un débarquement en Angleterre, s'enquiert des rassemblements de troupes à Metz, suit les opérations en Allemagne. Il «sèche en attendant des nouvelles» de ses correspondants parisiens, ou de ceux qui sont presque sur les lieux: la comtesse de Lutzelbourg, la duchesse de Saxe-Gotha, qui lui envoient à l'occasion des anecdotes ou des documents.[66]

Il est comme au spectacle. Il suit les péripéties de la guerre comme les «actes d'une tragédie», dont il attend le «dénouement». La «pièce» parfois – comme celle de Pirna – se termine «par des sifflets».[67] Mais bien vite il devient un spectateur engagé. La première action française dans la guerre suscite son enthousiasme. Elle est conduite par son «héros» le maréchal de Richelieu. Richelieu à la tête d'un corps expéditionnaire a reçu mission de s'emparer dans l'île de Minorque de la place de Port-Mahon, occupée par les Anglais. Ce sera le seul succès de la France dans cette guerre de Sept Ans où les armées du roi accumuleront défaites sur défaites. Mais Voltaire s'est trop pressé d'applaudir. Prévoyant qu'après la victoire «tout le monde chantera» son ami, et voulant «être le premier» à le faire, il envoie au maréchal une épître sur la prise de Port-Mahon dès le 3 mai 1756. Or, comme l'écrit le *Nouvelliste suisse* dans son numéro de mai, «Monsieur le Maréchal [...] trouve beaucoup plus de difficultés qu'il ne s'y était attendu». Et pendant ce temps l'épître de félicitation court Paris. Voltaire s'inquiète. Il aurait donc «vendu la peau de l'ours» et ainsi donné «assez beau jeu aux rieurs». En juillet enfin, il est soulagé. Il a la fierté d'apprendre directement par le vainqueur – «avant même qu'on le sût à Compiègne» – que la place a été prise (le 28 juin). A sa réponse il joint une nouvelle épître, triomphale. La prophétie s'étant accomplie, on porte le prophète aux nues. Le *Mercure* publie dans ses livraisons d'août et des mois suivants des vers de félicitations hyperboliques adressés à Voltaire. Même un journal du pays vaincu, *The Critical review*, reproduit en octobre l'épître à Richelieu avec une phrase d'éloge pour l'esprit et l'élégance du compliment.[68] Comme les Cramer ont toujours sous presse l'*Histoire universelle*, Voltaire a le temps de «finir par Richelieu»: il ajoute «l'expédition de Mahon pour sa dernière époque».[69]

La victoire française de Port-Mahon aura en Angleterre des suites plus dramatiques que les politesses de la *Critical review*. L'amiral Byng, commandant l'escadre envoyée au secours de Minorque, est considéré comme responsable de l'échec, relevé de son commandement et interné à Greenwich, en attendant

849

d'être jugé. Le *Nouvelliste suisse*, en juillet et août, décrit la colère du peuple anglais contre l'amiral, mais signale aussi qu'il paraît une brochure en sa faveur et qu'on fait appel à des témoignages. Voltaire, qui avait seulement entrevu Byng à Londres trente ans plus tôt, et avait écrit pendant la bataille qu'«il ne paraissait pas le plus expéditif des hommes», tout d'abord ne souffle mot de l'affaire. Tout change le 20 décembre, quand «un Anglais vient chez [lui] se lamenter du sort de l'amiral Byng dont il est un ami».[70]

Cet Anglais se nommait Thomas Pitt. Il était le frère de William Pitt, le nouveau premier ministre, nommé le 4 décembre 1756. Les deux Pitt avaient tout intérêt à innocenter l'amiral: la responsabilité de la défaite se trouverait rejetée sur le ministère précédent, celui de leur ennemi politique Newcastle.

Aux Délices, Thomas Pitt «chante» à son hôte les louanges de Richelieu, puis «se lamente du sort» de son ami Byng. Voltaire répond que Richelieu lui a «mandé que ce marin n'était pas dans son tort et qu'il avait fait ce qu'il avait pu». Ce seul mot, s'exclame l'Anglais, pourrait justifier l'amiral: si Voltaire voulait transcrire un tel témoignage, Thomas Pitt l'enverrait en Angleterre. Richelieu, sollicité, adresse le 26 décembre un véritable plaidoyer, aboutissant à la conclusion «qu'il n'y a jamais eu d'injustice plus criante que celle qu'on voudrait faire à l'amiral». Voltaire fait établir le 3 janvier une copie certifiée conforme de sa main. Le paquet transite par la Hollande, passe par plusieurs intermédiaires après son arrivée en Angleterre, est décacheté, communiqué au clan Newcastle et ne parvient au tribunal qu'à la fin du procès qui était commencé depuis le 28 décembre. Byng put tout de même communiquer la lettre aux juges avant la sentence, prononcée le 27 janvier. Le chef d'accusation retenu était la négligence sous le nom d'erreur de jugement, punie de mort – ô ironie du sort – à cause d'un amendement obtenu en 1739 par Byng lui-même. Après avoir été examinée par le roi pour un prétendu vice de forme et avoir été soumise à la Chambre des Communes et à la Chambre des Lords, en raison des scrupules de certains juges, la sentence fut exécutée le 14 mars 1757.[71]

La sœur de Byng, Mrs Osborn, envoya à Voltaire ses remerciements avec une copie de la déclaration ultime du condamné et les pièces justificatives. Quelle influence eut l'intervention du philosophe? Théodore Tronchin avait craint «que cette lettre venant d'un Français ne [fît] plus de tort que de bien à l'amiral». Il ne se trompait pas tout à fait. Les Anglais dans l'ensemble furent choqués. Le clan Newcastle réagit. Voltaire reconnaît en février 1757 que «le parti acharné contre Byng crie [...] que c'est un traître qui a fait valoir [la lettre du maréchal] comme celle d'un homme par qui il avait été gagné». Peut-être cette marque d'estime de l'adversaire a-t-elle malgré tout contribué à faire déclarer l'amiral «brave homme et fidèle» par le conseil de guerre, à lui valoir quatre voix favorables comme il l'écrit à Richelieu, et à inspirer leurs scrupules aux juges qui firent appel. Ce qui paraît peu douteux, c'est que le combat naval de Minorque et ses suites furent sans doute pour quelque chose dans l'idée fugitive qu'eut

Voltaire d'une tragédie située sur le pont d'un navire de guerre. En avril 1759 il démentira le projet dont on a parlé à Richelieu d'une pièce sur l'affaire Byng: ce qui tendrait à confirmer qu'il y a songé. Finalement le tragique épisode prendra place dans un chapitre de *Candide*, où l'auteur s'inspire d'une gravure représentant l'exécution de l'amiral. Et Voltaire continuera à défendre Byng quand son propre neveu, en visite à Ferney, se réjouira de son châtiment.[72]

Sur la scène politique, le spectateur Voltaire guette ce qui se passe de «curieux», de «singulier», de «nouveau». Les occasions ne lui manquent pas. C'est effectivement une «chose nouvelle» que le renversement des alliances, qui fait de la France une alliée de l'Autriche, son ennemi héréditaire, contre qui elle aidait encore Frédéric II peu auparavant. Il trouve doublement «plaisante» aussi l'expédition contre les jésuites du Paraguay. Certains de ses capitaux se trouvent investis dans l'armement d'un des quatre vaisseaux envoyés contre eux par le roi d'Espagne. Il combat donc «la morale relâchée», fait «la guerre aux jésuites quand [il est] en terre hérétique». Et, «pour achever le plaisant de cette aventure, ce vaisseau s'appelle le *Pascal*». Tel est le leit-motiv de sa correspondance en avril 1756.[73]

Ses ressentiments toujours vifs contre Frédéric II font qu'il accueille favorablement le changement d'alliance. Il se rapproche de la cour de Vienne. Le 5 avril 1756, l'impératrice Marie-Thérèse et son mari – au cours d'une séance solennelle dont parle le *Nouvelliste suisse* d'avril et que décrivent en détail les *Wienerische gelehrte Nachrichten* du 6 avril – inaugurent «un magnifique édifice destiné pour y tenir les séances académiques de l'Université» (le *Nouvelliste suisse*). Voltaire compose à cette occasion une épître de vingt-quatre vers. Les *Wienerische gelehrte Nachrichten* la citent dans la liste des publications que donne leur numéro du 25 juin. En mai Voltaire décerne à Marie-Thérèse et à sa capitale les louanges qu'il avait jadis répandues sur Frédéric et la nouvelle Prusse:

> ...Thérèse fait à nos yeux
> Tout ce qu'écrivait Marc-Aurèle.

Il y a «autant de politesse à Vienne qu'à Rome, avec d'autres mérites que les Romains ignoraient».[74]

Frédéric tente de le ramener vers lui. En juin 1756, par l'intermédiaire de l'abbé de Prades, il appelle de nouveau Voltaire auprès de lui: «pensions, honneurs, toutes sortes d'agréments» lui sont offerts s'il veut bien revenir à Berlin. Il refuse une nouvelle fois: il n'a plus confiance en Frédéric et voudrait rentrer en grâce à Versailles. Il faut que Louis XV soit informé de son refus.[75] Voltaire prend franchement parti: sinon pour une nation contre une autre, du moins pour Marie-Thérèse contre Frédéric. Il se dit bien aise du traité conclu entre la France et l'Autriche, car «il était juste que le bien-aimé et la bien-aimée fussent amis». «La tête [lui] tourne» pour «notre chère Marie-Thérèse». Celle-ci «lui a fait dire de sa part des choses très agréables». Il aurait même été invité, puisqu'il écrit à Thiriot, le 9 août, qu'il n'ira pas à Vienne. Ces manifestations d'amitié lui permettent de constater avec un plaisir mêlé d'amertume qu'il n'est pas «honni partout». Il sait gré à l'impératrice de s'être prêtée à l'embastillement de La Beaumelle, après qu'il eut signalé une note médisante sur la cour de Vienne dans une page de ses *Mémoires de Mme de Maintenon*. Il n'acceptera cependant pas plus son invitation que celle de Frédéric: il «aime mieux garder [ses] jardiniers que de faire [sa] cour aux rois». Prudemment, il se contentera «d'adorer de loin».[76]

Fin août, il en arrive à souhaiter explicitement de voir l'impératrice «peloter un peu notre grand roi de Prusse, notre Salomon du Nord». Il attend avec impatience «des nouvelles consolantes de quelques petits commencements d'hostilités» de l'armée française entrant enfin en action.[77] A la mi-septembre, tout en déclarant que «la paix vaut mieux que la vengeance», il écrit à d'Argental que «Mme Denis espère que 24 000 Français passeront bientôt par Francfort. Elle leur recommandera un certain M. Freytag, agent du Salomon du Nord». Bien qu'il prétende encore qu'il «ne [lui] appartient pas de fourrer [son] nez dans toutes ces grandes affaires», il attise le feu et cherche à se rendre utile à la cour de France en transmettant des renseignements par l'intermédiaire du maréchal de Richelieu. Il communique des informations que lui a envoyées la duchesse de Saxe-Gotha sur l'hostilité du corps germanique à l'égard du roi de Prusse. Il certifie que Frédéric «n'a jamais été attaché à la France», et assure – ce qui portera encore plus – que Mme de Pompadour «en son particulier [...] n'a pas sujet de se louer de lui», alors qu'au contraire l'impératrice a parlé d'elle «il y a un mois avec beaucoup d'éloges».[78]

Son zèle est tel qu'il cherche à faire réaliser la plus inattendue de ses œuvres: un char de combat. A force de raconter des batailles, une idée est venue à l'historien. Une attaque au XVIIIe siècle se déroulait selon le schéma qui sera celui du chapitre III de *Candide*: un duel d'artillerie, puis des feux d'infanterie, puis l'assaut des fantassins baïonnette au canon. Souvent les offensives échouent parce que la troisième phase manque de puissance. Pourquoi ne pas renforcer l'élan de l'infanterie, en l'appuyant par des chars plus ou moins renouvelés des chars assyriens? Voltaire en 1756 imagine une tactique qui fera ses preuves en 1918, et dont la méconnaissance en 1940 devait avoir les conséquences que l'on sait. Il en a parlé au marquis de Florian (qui a séjourné aux Délices entre le 8 juin et le 24 octobre). Cet officier «a pris la chose sérieusement. Il lui a demandé un modèle». Il l'a porté au ministre de la Guerre, le comte d'Argenson. On l'exécute, au début de novembre, et on le montrera au roi. Il est proposé au maréchal de Richelieu, nommé commandant de l'armée d'Allemagne.[79] Hélas! Voltaire s'inscrit dans la lignée des novateurs militaires incompris. On ne le prend pas au sérieux. Richelieu renvoie «aux anciens rois d'Assyrie» ce char qui, il est vrai, aux dires des experts modernes, n'était utilisable qu'en terrain plat. L'inventeur n'en sera pas découragé pour autant. Quatorze ans plus tard, au printemps de 1770, il le proposera à la tsarine Catherine II, qui ne l'utilisera pas davantage.

Les alliés pourtant auraient eu grand besoin, à l'automne de 1756, de quelque moyen d'arrêter les progrès de Frédéric. Les troupes prussiennes envahissent la Saxe qui rapidement dépose les armes. Assez déçu, Voltaire doit avouer que le roi de Prusse est «toujours heureux et plein de gloire».[80] Il ne peut s'empêcher d'éprouver quelque admiration pour ce vainqueur qui fut son disciple. Un rapprochement s'opère entre les deux anciens amis. Voltaire reçoit la visite de milord Maréchal, gouverneur de Neuchâtel, qui n'avait pas eu de Frédéric l'année précédente la permission de le voir. Le roi de Prusse lui adresse le 19 janvier 1757, de Dresde, «tout plein de belles choses»,[81] en remerciement de l'*Histoire universelle*. Le contentieux cependant subsiste, qui empêche une réconciliation.

Une considération majeure dissuade Voltaire de renouer avec Frédéric. Pendant toute l'année 1756 il compte obtenir de Versailles l'autorisation de son retour.

Il espère en Mme de Pompadour, «une femme qui a fait tout le bien qu'elle a pu et qui n'a jamais fait de mal».[82] Il ne se trompe pas sur ses dispositions. C'est malgré la favorite qu'il est exilé, selon Marmontel, à qui elle demandait parfois de ses nouvelles.[83] En février 1756, les années ayant passé, Mme de Pompadour veut «changer la décoration de son théâtre»: se donner des allures de dévotion. Elle veut «en imposer au public», écrit Voltaire.[84] Le duc de La Vallière, confident de la marquise, ne semble pas beaucoup plus convaincu que son ami de la profondeur d'une telle conversion. «Un rayon de la grâce a éclairé», «mais sans ivresse». On veut lire «de bons livres», mais on veut qu'ils soient agréables. Aussi le duc fait-il à Voltaire «avec la plus grande insistance» une curieuse prière. A la nouvelle dévote qui l'a «admiré» et le «veut lire encore», qu'il envoie donc des psaumes «embellis par [ses] vers»; qu'il imite David en «l'enrichissant». Détail intéressant: La Vallière a eu cette idée en recevant le «sermon» sur le désastre de Lisbonne; il lui semble que de tout temps Voltaire a été «destiné à faire cet ouvrage», des psaumes. En mars, par une première lettre, le duc paraît prendre l'initiative de la commande. Dans une autre lettre, un mois et demi après, il y associe plus directement Mme de Pompadour. Comme il attend nouvelles et «essais», «avec la plus grande impatience», il est probable que l'auteur sollicité s'est rapidement exécuté.[85] Mais il ne va pas paraphraser des psaumes. Il trouve dans l'Ancien Testament des textes mieux adaptés à son humeur et à celle de la marquise.[86] Le «tout est vanité» est un thème voltairien; il met donc en vers cette philosophie désabusée et sceptique de l'Ecclésiaste. Il y joint une version du Cantique des cantiques, poème voluptueux, dont on tente de justifier la présence dans un ensemble de textes sacrés par une interprétation figuriste.[87]

Si bien qu'il se plaise aux Délices, Voltaire supporte mal d'être exilé. En juin 1756, quand il s'indigne que La Beaumelle puisse distribuer en France ses *Mémoires pour servir à l'histoire de Mme de Maintenon*, son amertume est évidente: «Il est assez singulier que cet homme soit à Paris et que je n'y sois pas.» C'est sans doute pour cette raison, autant que pour la responsabilité qu'il lui attribue dans ses mésaventures de Prusse, qu'il dénonce à Mme de Pompadour, à des personnages influents comme Richelieu, et à la cour de Vienne, les médisances et indiscrétions qui les concernent dans lesdits *Mémoires*. Il voudrait, mande-t-il aux d'Argental, pouvoir «encore [les] embrasser avant de finir [sa] vie douloureuse».[88]

La chose ne paraît pas tout à fait impossible, grâce à la protection de Richelieu s'ajoutant à celle de Mme de Pompadour. La gloire et la faveur accordées au vainqueur de Port-Mahon rejaillissent sur le poète qui l'a chanté. Le *Mercure de France* en témoigne, qui en cet été de 1756 l'encense. En juin déjà, le journal publiait une *Epître à M. de Voltaire* proclamant qu'aucune «contrée en merveilles féconde» ne peut «aux yeux d'un sage égaler les Délices». En août, le *Mercure* imprime les vers de Voltaire en l'honneur de la prise de Port-Mahon, avec un commentaire flatteur. La livraison de septembre est toute à la gloire du poète: *Vers de M. le Président de Ruffey à M. de Voltaire sur la prise de Port-Mahon*; *Vers à M. le Maréchal duc de Richelieu*, par une Mme Bourette qui se réfère par deux fois à Voltaire; *Epître de M. de Voltaire à M. Desmahis*; compte rendu très élogieux de la reprise de *Sémiramis*. Dans la livraison d'octobre, les bonnes manières continuent.

Des négociations discrètes sans doute sont en cours, que devrait aider la faveur grandissante de l'abbé de Bernis.[89] Il est certain en tout cas que Voltaire a demandé à d'Argenson, ministre des Affaires étrangères, «la permission de revenir à Paris pour affaires». Le marquis le consigne dans ses *Mémoires* en juillet-août. Permission refusée.[90] L'exilé ne renonce pas cependant. La correspondance avec d'Argental en septembre et octobre montre que l'ami parisien essaie par Richelieu d'obtenir un retour que prudemment l'intéressé promet de limiter à quelques semaines de séjour chez ses amis. Une fois de plus, Richelieu «qui connaît mieux que [personne] le temps et la manière de placer les choses» est prié de dissiper les soupçons et «l'humeur» qu'ont fait naître les «coquetteries» avec le roi de Prusse. Qu'il fasse valoir les marques positives du dévouement de Voltaire à la France. Le maréchal répond le 1er novembre: «ce qui paraît faisable» à l'amitié de d'Argental «ne l'est guère à la prévention».[91]

Sur ces entrefaites, un nouveau coup du sort, ou plutôt de la malveillance, compromet tous les efforts. «Une édition infâme» de *La Pucelle*, dont Voltaire rend responsables Baculard d'Arnaud et La Beaumelle, a été débitée dans Paris en août. Voltaire apprend en novembre que Mme de Pompadour y est outragée et il ne voit pas «comment se justifier de ces horreurs». Il s'agit sans doute de la «petite édition en forme d'étrennes mignonnes» dont Grimm dira dans la

Correspondance littéraire du 15 janvier 1757 qu'«elle vient des ennemis de M. de Voltaire», qu'on y trouve «des choses horribles contre les rois du ciel et de la terre, leurs maîtresses et toutes sortes de personnes connues». D'Alembert en décembre se veut rassurant: l'édition serait de Maubert de Gouvest: «il me paraît que cela ne fait pas grand effet», «d'ailleurs les exemplaires sont fort rares». Il exhorte cependant son ami à la désavouer et lui conseille de donner enfin lui-même une édition de *La Pucelle* dont il puisse se reconnaître l'auteur. Voltaire en avait manifesté l'intention à Gabriel Cramer dès octobre, mais ne le fera qu'en 1762. En revanche, il ne cesse en décembre de désavouer et faire désavouer par ses amis «la rhapsodie de La Beaumelle». La Vallière «veut bien se charger d'assurer Mme de Pompadour de [son] attachement et de [sa] reconnaissance pour ses bontés»; le duc «répond qu'elle ne prêtera point l'oreille à la calomnie».[92]

A la fin de l'année 1756, Voltaire doit constater l'inutilité de ses démarches. Il a perdu l'espoir de rentrer à Paris. L'obstacle n'est pas *La Pucelle*, mais ce que Richelieu désigne allusivement comme «la prévention». Louis XV ne veut à aucun prix que revienne près de lui ce personnage qu'il ne peut souffrir. Pour une durée indéterminée, Voltaire restera Suisse.

16. Des mois d'insolent bonheur

(janvier-octobre 1757)

Horreur au-delà, bien-être en deçà : Voltaire en cette année 1757 est, osons le mot, heureux. Heureux autant que la nature humaine le comporte, comme l'affirmait l'*Anti-Pascal*. Point de béatitude panglossienne, mais de légitimes satisfactions dans ses asiles suisses où il est « histrion » l'hiver à Montriond, jardinier au printemps et en été[1] dans ses Délices si bien nommés. Ilots battus par les flots de la folie humaine, d'où il prétend, non sans provocation, regarder les événements qui ensanglantent le monde comme une tragédie vue d'une « bonne loge » où il serait très à son aise.[2]

Le spectacle s'ouvrait sur un coup de théâtre : l'attentat de Pierre Damiens, le 5 janvier 1757, à cinq heures trois quarts du soir, contre le Bien-Aimé. Ce coup de canif d'un « bâtard de la maison Ravaillac »[3] ne blessa que légèrement le souverain. Dès le 6 janvier, le comte d'Argenson rédigeait à l'intention du « petit Suisse » Voltaire un récit circonstancié de l'événement. L'instrument s'était arrêté sur la côte : les nombreux vêtements que portait le roi, en cette saison d'hiver, avaient amorti le choc : camisole de flanelle, chemise, autre camisole, veste justaucorps, volant de velours noir. Sa « graisse » lui avait été fort « utile ». Point de fièvre, beaucoup de courage, discours admirables. Le misérable qui avait commis cet attentat avait dans sa poche un Nouveau Testament. Il prétend qu'il rapporte tout à la gloire de Dieu et mourra martyr. On a brûlé « par essai » les pieds du scélérat régicide qui n'a rien avoué.[4] Voltaire reçut, dit-il, cinquante relations de cette abominable entreprise qui, à travers le corps royal, atteignait le corps entier de la nation. On soupçonne Damiens d'avoir eu des complices ; on lui rapporte qu'il y a eu des placards affreux à Paris,[5] informations exactes, car des discours clandestins et subversifs, « un déluge de pièces, de récits et de vers séditieux », ont alors inondé la capitale.[6] Tandis que le secret de la procédure fait naître mille suppositions, Voltaire s'étonne que ce fou ait eu trente louis en poche,[7] mais à l'inverse de beaucoup d'autres, il refuse de hurler avec les loups.

Le coup de canif de Damiens réveillait dans l'opinion l'idée effrayante du régicide. Dans une France restée profondément monarchique, la personne du roi s'entoure de sacralité : attenter sur elle relève du sacrilège. Aussi Damiens avait-il osé un tel acte poussé par des mobiles religieux. Sa faible tête était perturbée par l'affaire toujours en cours des refus de sacrements. Depuis des années l'archevêque de Paris s'obstinait à exiger des mourants un billet de confession, un certificat attestant que le fidèle s'était confessé à un prêtre reconnaissant la Constitution *Unigenitus*, donc adhérant au parti des jésuites. Les jansénistes et jansénisants étant fort nombreux à Paris dans le clergé et la population, beaucoup de fidèles mouraient sans sacrements, et s'exposaient au refus de sépulture. Il en résultait une agitation populaire dans la capitale, qu'évoquera une première rédaction de *Candide*. Le conflit opposait violemment l'archevêque et le parlement. Damiens, ayant servi chez un conseiller de ce parlement, fut échauffé par les propos virulents qu'il entendait. Il ne veut pas tuer le roi, mais l'avertir, afin qu'il réprime l'archevêque de Paris, seul responsable de «tous ces troubles». Son attentat, déclare-t-il à l'instruction, a pour cause la religion.[8] C'est effectivement l'acte d'un esprit enténébré par le fanatisme. On fait donc des rapprochements avec d'autres régicides inspirés par la passion religieuse, qu'on n'avait pas oubliés : assassinats de Henri III et de Henri IV ; sur ce dernier, tentative de Jean Châtel et de son complice Guignard ; à Londres le jésuite Oldcorne, impliqué dans la conspiration des poudres, le jésuite Campion, auteur d'une sédition. D'Alembert rappelle ces précédents dans une lettre à Voltaire.[9]

Voltaire, quant à lui, peut-être à l'abri de la contagion par l'éloignement, juge un tel attentat, en 1757, comme un acte régressif et anachronique. Le siècle lui semble désormais caractérisé par l'esprit de philosophie et de tolérance. Ce qui fait qu'aujourd'hui, assure-t-il, à Genève le supplice de Servet paraît «abominable». Ce Damiens ne peut être considéré que comme un homme du passé, égaré dans les temps modernes, et d'ailleurs un fou. C'est ce que Voltaire explique à Thiriot, dans une lettre ostensible.[10] Plus tard, revenant sur l'événement dans le *Précis du siècle de Louis XV*, il rabattra de cet optimisme. Le régicide de Damiens, un acte isolé ? Il ne le croit plus. L'esprit des Poltrot et des Jacques Clément, qu'on avait cru anéanti, «subsiste [...] encore dans les âmes féroces et ignorantes.» «Le peuple est toujours porté au fanatisme.» Il existe un «remède à cette contagion» : c'est d'«éclairer enfin le peuple même».[11] Voltaire écrira ceci en 1761. On mesure la différence des temps. Saisi par l'évidence que «fanatisme» et «superstition» demeurent des «monstres» redoutablement puissants, il s'est en 1761 lancé dans la campagne ardemment militante contre «l'Infâme». En 1757 il s'en tient à une appréciation irénique, confiant dans une victoire facile des Lumières, du moins parmi les «honnêtes gens».

On sait quel atroce supplice fut infligé à Damiens, ce demi-dément. Les cris du malheureux hanteront les mémoires[12] et retentissent encore dans l'œuvre de Michel Foucault : *Surveiller et punir*. Mais ils ne parvinrent que fort atténués en Suisse. De la sombre fête punitive qui s'était déroulée le lundi 28 mars 1757 en place de Grève (brûlure de la main droite, plomb fondu versé dans les plaies ouvertes par des tenailles, écartèlement qui n'en finit pas),[13] Voltaire dira seulement : «Votre Paris aime les spectacles : tout le monde était à la Comédie le samedi et à la Grève le lundi. Je reconnais bien là mes Parisiens.»[14] Il aurait pu ajouter les Parisiennes. Une foule énorme parmi laquelle, tous les mémorialistes en témoignent, se trouvaient «les femmes les plus délicates, les plus vaporeuses des dames de la cour»,[15] avait assisté au supplice, fascinée par un cérémonial de l'expiation minutieusement réglé. Voltaire attribuera à la «curiosité» ce goût pour les spectacles cruels.[16]

Malheurs privés et malheurs publics: «le sang va couler à plus grands flots en Allemagne».[17] Préparatifs de guerre, bateaux pris, disette des grains en Germanie, mouvements de troupes:[18] Voltaire reste un témoin attentif; il plaint «ce pauvre genre humain qui s'égorge dans notre continent à propos de quelques arpents de glace au Canada»,[19] il suppute les chances des parties belligérantes. Mais celui qui a tant fait pour «contribuer à étendre cet esprit de philosophie et de tolérance» va s'accorder quelques moments de répit: «Il faut s'amuser un peu quoique les hommes soient malheureux ailleurs.»[20]

A Montriond comme aux Délices, Mme Denis gouverne sa maison, tient table ouverte pour la bonne société suisse, régale ses hôtes de «gélinottes, coqs de bruyère, truites de vingt livres»,[21] arrosés généreusement de vins fins. En mars, on leur livre quatre cents bouteilles de vin et un mois plus tard, il leur faut, pour compléter leur réserve de «vins de liqueur», cent cinquante demi-bouteilles de Malaga lorsqu'un bateau anglais a été arraisonné. Qu'on ne s'étonne donc point lorsque Voltaire passe commande pour mille bouchons![22] Ces agapes n'étaient que le prélude au divertissement majeur: les représentations théâtrales.

La capitale vaudoise offrait une ressource inespérée. Calviniste comme Genève, Lausanne possédait pourtant un théâtre. Il existait, à l'est de la ville, proche du centre, à Monrepos, une belle salle, bien aménagée, qui pouvait recevoir deux cents spectateurs:[23] c'était bien autre chose que les scènes à domicile de la rue Traversière et des Délices. Ce théâtre était à la disposition de troupes d'amateurs pour des spectacles ressemblant à ceux des professionnels. Voltaire eut vite fait de recruter dans la bonne société locale une équipe selon lui fort talentueuse. Parmi ceux-ci, deux vedettes: le jeune Constant d'Hermenches (né en 1722) et son épouse, née Françoise de Seigneux. Comme tant d'autres membres de la noblesse suisse, Constant d'Hermenches sert comme officier dans des armées étrangères.[24] Mais il passe les hivers dans le pays de Vaud. Autres interprètes: Mme d'Aubonne, le marquis et la marquise de Gentils, M. de Crousaz, liste non exhaustive...[25] Et bien entendu les deux piliers de la troupe, Mme Denis et Voltaire lui-même. Au contact de l'oncle et de la nièce, les acteurs néophytes s'enflamment d'ardeur théâtrale. Ils sont, comme dira Mme Denis, possédés du «démon de la comédie».[26] On commence, en février 1757, par plusieurs représentations de *Zaïre*. Comme d'habitude, Voltaire dans le rôle du patriarche Lusignan fait verser d'abondantes larmes. Mme Denis dans le rôle-titre égale ou surpasse Mlle Gaussin. Constant d'Hermenches interprète supérieurement le personnage d'Orosmane. Il va sans dire que la tragédie a été à Monrepos «mieux jouée à tout prendre qu'à Paris».[27] On continue par *L'Enfant prodigue*, les 10, 11 et 14 mars, Voltaire jouant le vieil Euphémon. S'enhardissant, la troupe se risque à une création. L'ancienne tragédie de *Zulime* a été refondue sous le titre de *Fanime*. Voltaire la donne pour une nouveauté. Le rôle-titre, comme il va de soi, revient à Mme Denis, qui ne sait pas trop bien son texte ; que son partenaire veuille bien faire preuve de «condescendance pour sa faiblesse».[28] Le principal rôle masculin, Tamire, est confié à Constant d'Hermenches. Voltaire ne s'est pas distribué dans sa pièce. Sans doute a-t-il assez à faire à diriger ses acteurs. On soigne le costume. Mme Denis fait des caprices de diva. Elle veut jouer l'Orientale Fanime, fille d'un «émir de Damas», en robe à «grand panier». Outre l'invraisemblance, cet accoutrement a un inconvénient : lorsque deux robes à «grand panier» sont ensemble sur la scène malgré tout étroite de Monrepos, il ne reste guère de place pour les autres personnages. Quant à Constant-Tamire, il doit être habillé à l'antique : il porte le «tonnelet», cette sorte d'armature qui entoure les reins, des «lambrequins», autrement dit des bandes d'étoffe pendant au bas de la cuirasse.[29] Costume pour nous étrange, mais en usage à la Comédie-Française de Paris, que l'on tient à imiter.

Les représentations se déroulent dans une ambiance de liesse. Après la grande pièce, un opéra buffa italien : *La Serva padrona* de Pergolèse, ou *Le Joueur* de Biancolleli et Romagnesi.[30] Il faut donc pour la partie musicale un orchestre. Voltaire en a constitué un, où deux pasteurs tiennent leur rôle au violon. Emoi, quand à la dernière minute il manque, comme il dit, «un prêtre».[31] Pendant le spectacle, on sert des rafraîchissements à tous les spectateurs. La salle reprend en chœur les airs de l'opéra buffa.[32] Après le spectacle les acteurs s'engouffrent dans des carrosses et l'on descend chez Voltaire à Montriond, où les attend un souper, préparé par un excellent cuisinier.[33] Ces représentations, on le conçoit, sont très courues. On n'y entre que sur invitation. Mais «on regarde comme une très grande faveur» d'y être admis.[34] La bonne société de Lausanne et des environs s'y presse. Monrepos attire même des personnages graves : des amis de Haller, comme Sinner, Seigneux de Correvon et André David Tissot. Sinner s'étonne qu'après *Zaïre*, «pièce parsemée des plus beaux sentiments de religion», on ait osé donner une «farce aussi ridicule» que *La Serva padrona*. Seigneux de Correvon, pour sa part, n'a pas voulu rester à l'opéra buffa du *Joueur*.[35] Réactions isolées, peut-on croire. Le «clou» de la saison fut l'une des dernières représentations de *Fanime*, le samedi 19 mars. Après quoi, Constant d'Hermenches et d'autres acteurs doivent rejoindre leur corps : la guerre va reprendre. Ce soir-là, il y eut dans la salle douze ministres, avec les «proposants», c'est-à-dire les apprentis pasteurs. A quoi s'ajoutaient les deux ministres violonistes.[36] Mais ce sont là, Voltaire y insiste, des divertissements honnêtes. N'en déplaise à Jean-Jacques, le théâtre répand dans l'âme les grands sentiments et une saine gaieté. La correspondance de ces deux mois respire l'excitation du plaisir théâtral. Jamais Voltaire n'a été aussi heureux. D'Argental avait bien raison de le dire : «La comédie est l'un des premiers devoirs de l'honnête homme.» Décidément, les bords du Léman sont devenus «l'asile des arts, des plaisirs et du goût».[37] Conviction qui va pousser Voltaire aux imprudences.

Il félicite d'abord en privé, puis publiquement, Genève d'avoir laissé imprimer que «Servet était un sot et Calvin, un barbare».[38] La version publiée par les bons soins de Thiriot précisait que «ce n'est pas un petit exemple du progrès de la raison humaine» qu'il ait pu faire paraître en Suisse «avec l'approbation publique» un ouvrage déclarant que «Calvin avait une âme atroce aussi bien qu'un esprit éclairé».[39] Inconscience ou impudence? On ne saurait démêler la part de l'aveuglement et celle de la provocation en un temps où se répand son édition de l'*Essai sur les mœurs*, «ce tableau des horreurs de dix siècles» pour lequel il quémande des corrections.[40] En fait, on ne trouve pas dans l'édition de 1756 de son grand ouvrage historique l'expression «âme atroce». En revanche, Voltaire stigmatise «l'esprit tyrannique» de Calvin, sa «haine théologique, la plus implacable de toutes les haines» qui lui fit crier que «Dieu demandait l'exécution de Michel Servet» et le fit jouir de son supplice.[41] Voltaire sous-estime les réactions que semblables assertions ne manqueront pas de susciter. Peut-être suit-il un plan concerté?[42] En ces mois où il s'avoue «aussi heureux qu'on peut l'être quand on digère mal», son tonus se traduit par ces insolences. Question d'équilibre intérieur. Dans une vie bien ordonnée où il a tout son temps à lui, où il «griffonne des histoires» et «songe à des tragédies»,[43] ne faut-il pas réserver la part de l'insolence, le plaisir de penser tout haut?

Ce n'est pas si facile. Il participe au labeur encyclopédique, mais déplore que bien des articles de théologie ou de métaphysique soient trop modérés, dont l'article «Enfer».[44] La réponse de d'Alembert ne dut guère le satisfaire: «Le temps fera distinguer ce que nous avons pensé d'avec ce que nous avons dit».[45] Ses propres envois ne péchaient pas par excès de prudence. A quinze jours d'intervalle, il avait adressé à d'Alembert l'article «Imagination» qui lui avait été demandé en décembre 1756 et «Idole, idolâtre, idolâtrie», sujet «délicat», mais qui comporte de «bien bonnes vérités».[46] Voltaire ne se gêne pas pour les prodiguer. Il affirme que les Anciens étaient des polythéistes et non des idolâtres, suggère perfidement que bien des pratiques des catholiques relèvent de l'idolâtrie, distingue pour tous les cultes entre la religion des sages et celle du vulgaire. La démonstration tend à effacer toute distinction entre les religions fausses que l'on accuse d'idolâtrie et la religion que l'on prétend vraie.[47] Il a recruté pour l'atelier encyclopédique un pasteur, Polier de Bottens,[48] qui travaille avec ardeur, proposant en un temps record les articles «Liturgie», «Logomachie», «Mages», «Magie» et «Magiciens». Voltaire a eu «toutes les peines du monde» à rendre chrétien l'article «Liturgie». Il a fallu «corriger, adoucir presque tout»;[49] pourtant d'Alembert s'inquiète: «nous aurons beaucoup de mal à faire passer cet article» et il recommande à cet hérétique de «faire patte de velours».[50]

Voltaire doit parfois rentrer ses griffes. Le fils de Joseph Saurin avait protesté contre les accusations portées contre son père dans l'article «La Motte» de l'édition de 1756 du *Siècle de Louis XIV*. L'affaire réveillait une polémique remontant à environ soixante-dix ans, qu'on aurait pu croire oubliée. Joseph Saurin, pasteur de Bercher dans le bailliage d'Yverdon, avait été accusé d'avoir volé de l'argenterie et des franges d'or coupées à un fauteuil. Accusations fondées? On ne sait. Toujours est-il que Saurin s'enfuit en France, où il abjura entre les mains de Bossuet (1690). Il s'acquit une bonne réputation de mathématicien, et entra à l'Académie des sciences. Malheureusement, il se compromit dans l'affaire des couplets diffamatoires de Jean-Baptiste Rousseau (1712). On le soupçonna même d'avoir rédigé quelques-uns d'entre eux. Rousseau seul cependant fut condamné et dut s'exiler. Celui-ci chercha à se venger. Il était détenteur d'une lettre où Saurin avouait ses crimes. Peut-être était-ce un faux. Rousseau n'hésita pas pourtant à la publier dans les suppléments des dictionnaires de Bayle et de Moreri ainsi que dans le *Journal helvétique* (1736). Saurin qui allait mourir peu après (1737) ne répondit pas. Dans le catalogue des écrivains du *Siècle de Louis XIV*, Voltaire lui consacre une notice fort courte en 1756. Il prendra par la suite sa défense: il le présente comme un «philosophe intrépide», converti au catholicisme pour la forme. Il avait lui-même fréquenté Saurin au temps de sa jeunesse. La première version (1732) de l'épître *Aux mânes de M. de Génonville* rapporte que le «vieux Saurin réchauffait les glaces de son âge» entre les deux jeunes gens. «Ce critique, ce sage, qui des faux préjugés foule aux pieds l'esclavage», leur «apprenait à penser». Cependant le bonhomme se déridait parfois et se mettait à chanter avec eux.[51] La notice du *Siècle de Louis XIV* se fonde manifestement sur des souvenirs antérieurs à 1723 (date de la mort de Génonville). Mais l'article «La Motte» du même catalogue des écrivains, édition de 1756, évoquait son éventuelle culpabilité dans l'affaire des couplets. Son fils Bernard Saurin, poète, auteur de tragédies, protesta auprès de Voltaire, mais ne put lui fournir des documents qui auraient innocenté son père. Celui-ci ajouta alors, dans une réédition du *Siècle* de 1757 une déclaration datée du 30 mars 1757 et signée par de Crousaz, Polier de Bottens et Daniel Pavillard: ces trois pasteurs de Lausanne certifiaient n'avoir jamais vu la prétendue lettre d'aveu de Saurin, ni connu personne qui l'eût vue; ils condamnaient l'usage qu'on en avait fait.[52] L'affaire ne s'arrêtera pas là.

L'hiver 1757 est pour Voltaire une période de calme. Il a reçu une invitation de la part d'Elisabeth Petrovna, l'impératrice de Russie, ce qu'il annonce à tous ses correspondants[53] et il a renoué des relations avec Frédéric II. Il lui a envoyé, comme nous l'avons dit, son *Essai sur les mœurs* dans l'édition de 1756 où quelques mots d'éloge sur le souverain prussien avaient été introduits.[54] Il a reçu une «lettre toute pleine de bontés». Mais Voltaire ne veut «ni roi ni autocratrice»: «j'en ai tâté, cela suffit», écrit-il à son ami Cideville.[55] Voltaire le répète, il est heureux, «libre comme l'air depuis le matin jusqu'au soir» et ce grand travailleur, lorsqu'il s'accorde quelques instants de répit, s'émerveille de voir une tulipe fleurir dès le mois de mars.[56]

L'épanouissement des tulipes annonçait le printemps. Voltaire va reprendre sa « vie pastorale ». Il se rend dans ses Délices où il passera tout l'été et une partie de l'automne, ne quittant cette retraite que pour de courts séjours à Lausanne.[57] Il vaut mieux, selon lui, « planter ses arbres que faire des vers ». « Passe encore de bâtir, mais planter à cet âge » : Voltaire cite les trois jouvenceaux de La Fontaine qui accusent le vieillard de radoter. Quant à lui, il « radote heureusement ». Il déploie une grande activité pour son domaine, commande deux cents ceps de vigne afin de « plaisanter avec [son] terrain calviniste », puis des arbres fruitiers dont il faut demander les plants au « portier des Chartreux » si l'on veut manger un jour « de bonnes pêches, de bonnes figues, de bons beurrés gris ».[58] Point de semaine sans emplettes : tapis, porcelaines du Levant, garnitures de cheminée, et même des copies d'après Natoire et Boucher pour « ragaillardir [sa] vieillesse ».[59] Mme Denis est « insatiable », mais elle a le « talent de meubler des maisons et d'y faire bonne chère ».[60] Voltaire se charge d'élever un petit Pichon, un fils de domestiques qui est orphelin.[61] Il se plaint parfois que sa nièce le rende trop mondain, mais broche un impromptu galant lorsque l'occasion s'en présente.[62]

Et quelle opulence ! Acheter une maison à Lausanne lui revient à 11 000 livres. Dépense dérisoire, vu l'état de ses liquidités. En mai 1757, il dispose d'un capital de 554 000 livres. Il prête 130 000 livres à l'Electeur palatin au taux de dix pour cent, place 300 000 livres à quatre pour cent, achète 50 billets de loterie, se réserve 40 000 livres « pour le courant et les fantaisies ». De plus, il touche, avec plus ou moins de régularité, les intérêts d'une somme de 445 000 livres qu'il a déjà prêtée. On ne s'étonne pas que Mme Denis ait des diamants « de toute espèce ».[63] « Après avoir vécu chez des rois, je me suis fait roi chez moi »,[64] assure Voltaire qui enjoint à la comtesse de Bentinck de se faire suissesse : « Laissons-là les chansons et allons au solide ».[65]

Les tracasseries mêmes de certains pasteurs ne suffirent pas à entamer sa sérénité. On n'avait pas oublié son mot sur « l'âme atroce » de Calvin, dans la lettre à Thiriot parue dans le *Mercure*. On lui répond par une autre lettre, anonyme celle-là, datée du 30 mai 1757, qu'insère le *Journal helvétique* de juin. Ce factum fut attribué à Jacob Vernet, qui s'en défendit.[66] Les auteurs anonymes étaient désignés comme des « personnes respectables auxquelles nous devons de la considération et des égards ». Sans pousser la « respectabilité » jusqu'à dévoiler leur identité, ils accusaient Voltaire d'avoir noirci « tout un corps de magistrature » en s'en prenant à un théologien. Ils réfutaient le mot de « meurtre » pour le supplice de Servet. La sentence avait été prononcée par un tribunal légitime. On faisait remarquer qu'il est « des erreurs régnantes au-dessus desquelles d'honnêtes gens et de bons esprits ne s'élèvent pas : telle a été trop longtemps celle de l'intolérantisme ». Il suffit de se féliciter de l'adoucissement des mœurs présentement, sans en faire honneur à la «philosophie», car tous «les principes de l'Evangile tendent à la liberté d'examen, à la charité, à la tolérance». Soyons donc charitables à l'égard de Calvin, ce grand homme: il est injuste de le condamner pour ce qui est «l'erreur commune du siècle». Quant à l'édition en Suisse de cet *Essai sur les mœurs*, où ce même Calvin est si sévèrement jugé, les anonymes introduisent un *distinguo* de casuiste: la «connivence en faveur du commerce» n'implique pas une véritable «approbation». Autrement dit, il est licite de gagner de l'argent en publiant des livres que l'on réprouve. Passant à l'attaque, les anonymes rappelaient à Voltaire ses démêlés précédents avec les autorités du pays qui avait bien voulu l'accueillir. *La Pucelle* n'avait-elle pas été brûlée par la main du bourreau? On lui adresse une sérieuse mise en garde. S'il persiste, on le menace de «petites lettres comme celle-ci, lâchées de temps en temps». D'ailleurs le Vénérable Consistoire a porté plainte le 19 mai sur l'abus des termes d'«approbation publique» et le Magnifique Conseil a déféré à ses vœux.[67]

Voltaire ne réagit pas. Il veut se persuader que ce n'est là qu'une «mauvaise plaisanterie», que «les calvinistes ne sont point du tout attachés à Calvin».[68] Ne vient-on pas de permettre à un théâtre de s'installer aux portes de Genève?[69] Car «la raison» fait depuis quelque temps «des progrès qui doivent faire trembler les ennemis du genre humain». Alors Jacob Vernet entre en scène. Le 19 juillet, il rencontre l'ancien syndic Saladin. Il lui propose d'envoyer à Voltaire un projet de lettre d'explication, que le philosophe pourrait ensuite adresser au Consistoire. Saladin se montre réservé. Il conseille à Vernet de consulter Théodore Tronchin, ce qu'il fait. Trois jours plus tard, en réponse sans doute à quelque réticence de son correspondant, le pasteur affirme qu'il s'est efforcé de dissuader son confrère Sarasin de tout envoi polémique. Mais le «premier mouvement d'indignation ayant été très vif», il a bien fallu qu'un «certain public jetât son feu par quelque endroit».[70]

Voltaire continue à se taire, se flattant que «la tracasserie de Servet» s'apaisera d'elle-même par son silence. En fait, elle va être étouffée grâce aux bons offices de la famille Tronchin. Sous l'influence de celle-ci, le Petit Conseil émet le vœu qu'on «n'écrive plus sur cette affaire». On dissuade Vernet d'entreprendre la défense de Calvin. On lui refuse l'accès aux archives du procès de Servet.[71] Conscient de l'hostilité du Conseil, Vernet proteste qu'il n'est pas l'auteur de la lettre anonyme. Au contraire il a tenté d'empêcher sa publication.[72] Quant à lui, il se propose seulement de relever les erreurs des deux chapitres de l'*Essai sur les mœurs* consacrés à Genève et à Calvin. Il adresse à Formey le 24 août une lettre qui signale les inadvertances de Voltaire, texte publié par la suite dans ses *Lettres critiques d'un voyageur anglais*. Théodore Tronchin réplique par une lettre qui est un camouflet. Le zèle de Vernet prépare aux Suisses «bien des mortifications», car la cause de Calvin est «insoutenable». Le pasteur va à l'encontre des dispositions du Magnifique Conseil, qui auraient dû l'inciter au silence. Conclusion: «Ce sera à vous, Monsieur, à porter les coups qu'on vous prépare.»[73] Vernet tente encore de se défendre. Avec ses collègues, il projette d'écrire un ouvrage apologétique, car c'est Voltaire qui par ses impiétés est l'agresseur. C'est alors au tour du procureur Jean Robert Tronchin-Boissier d'attaquer rudement le pasteur. «On a été plus jaloux de l'honneur de Calvin que des intérêts de la religion.» La lettre anonyme contre Voltaire est «digne des temps où l'on brûlait Servet». Voltaire sera en droit de rappeler que son accusateur a édité «cette histoire qu'on voudrait faire passer aujourd'hui pour une satire de la religion chrétienne». Vernet ferait mieux de se taire: ses écrits paraîtront liés à la lettre anonyme et Voltaire sera en droit de répondre. Lettre sans équivoque. Vernet eut beau déclarer n'avoir corrigé que les volumes de l'*Essai sur les mœurs* concernant l'histoire médiévale, il dut abandonner la partie: ses infirmités l'empêcheront de réfuter «les choses venimeuses» que Voltaire a ajoutées dans la dernière édition de son ouvrage.[74]

«Conservons nos mœurs, Monsieur, elles seront le vrai soutien de la religion», concluait Théodore Tronchin de manière très voltairienne. D'autres personnalités importantes à Genève partageaient ce point de vue.[75] La condamnation de la Compagnie des pasteurs à l'encontre de l'*Essai sur les mœurs*[76] n'était pas suivie d'effet par les autorités civiles. La bonne société avait soutenu Voltaire. Aussi, respectant la promesse faite aux Tronchin, il n'entra point en lice. Mais en sous-main, il encourage le pasteur bernois Elie Bertrand à publier une réponse, et sans doute aussi Polier de Bottens: le premier pasteur de Lausanne lui fait savoir qu'un texte très sage et très modéré est paru, qu'on peut identifier avec la «Réponse à la lettre insérée dans le *Journal helvétique* de juin adressée à M. de Voltaire», du fascicule d'août de ce même journal.[77] Voltaire insiste pour que ce texte soit signé, afin qu'on ne l'accuse pas d'en être l'auteur.[78]

Voltaire a pu prendre la mesure des résistances qui lui sont opposées, mais aussi des complaisances qui lui sont acquises. Il ressent cette affaire comme un «petit triomphe», «le plus bel exemple de la raison dans ce siècle».[79] L'escarmouche ne l'a guère troublé, en un temps où il vient de se charger d'un «lourd fardeau», une histoire de Pierre le Grand, à laquelle il sacrifie sa *Fanime*: il n'a pas le loisir de «rapetasser une tragédie amoureuse», «le czar Pierre a un peu la préférence».[80]

Comment est-il «devenu russe»? Le 16 février 1757, Fedor Pavlovich Veselovsky, résidant à Genève, lui a transmis un message: le comte Ivan Shouvalov, chambellan et lieutenant-général de Sa Majesté Impériale Elisabeth Petrovna, lui propose d'écrire l'histoire du règne de Pierre le Grand. Voltaire accepte. Les lignes directrices sont bientôt ébauchées. Il décrira l'état de l'empire de Russie, rappellera qu'il est de création récente, ce qui le conduira à évoquer l'auteur de tous ces «prodiges», en indiquant ce qu'il a fait année par année.[81] Remarquable disponibilité de Voltaire pour des travaux de commande, même s'il s'était déjà intéressé à ce «barbare» qui a «créé des hommes».[82] Il veut avoir l'assurance que la tsarine désire vraiment que ce monument soit élevé à la gloire de son père. En réponse, Shouvalov promet communication des archives, envoie la carte de l'empire, un plan de Saint-Pétersbourg, des médailles. Voltaire précise alors sa conception de l'histoire : un tableau de la vie économique, de la société, de l'armée, des arts. Le «sujet est beau», bien que Pierre ait été «un ivrogne, un brutal». «Mais les Romulus et les Thésée ne sont que de petits garçons devant lui.»[83] Le 7 août, il a rédigé huit chapitres, à partir de la documentation dont il disposait.[84] Il s'est efforcé d'accorder «la vérité de l'histoire avec les bienséances». Compte tenu de ces «bienséances», il va modifier le titre. L'intitulé *Histoire* ou *Vie de Pierre le Grand* engage l'historien à ne rien supprimer. *La Russie sous Pierre le Grand* serait préférable : on écarterait «les anecdotes de la vie privée du tsar qui pourraient diminuer sa gloire».[85] Voltaire travaillera donc à partir de ce canevas, avec l'agrément de Sa Majesté.

Pris par cette nouvelle tâche à laquelle il se consacre avec son ardeur coutumière, il est bien loin d'éprouver les sentiments que lui prête cette méchante langue de Piron. Celui-ci s'imagine que Voltaire, malgré ses 80 000 livres de rente, est dévoré par le serpent de la jalousie. Pourquoi ? Parce que la tragédie de Guymond de La Touche, *Iphigénie en Tauride*, remporte à Paris un succès éclatant.[86] Myopie d'un esprit souvent mieux inspiré. Voltaire en Suisse ne dépend plus du bon plaisir des Welches. Tout au contraire, un sentiment de distanciation par rapport au microcosme parisien contribue à son insolent bonheur.

Les événements militaires, en cet été de 1757, ont de quoi ajouter à sa satisfaction. Le cher «Luc»[87] est étrillé sur les champs de bataille.

Le 1er mai 1757, les amis de la France avaient resserré leur alliance par le second traité de Versailles. Frédéric, au début de la campagne, avait à faire front de tous côtés : à l'ouest, à l'armée française, au sud et à l'est, à une armée autrichienne appuyée d'une puissante artillerie, à l'est et au nord, à l'armée russe. A quoi s'ajoutaient encore les Suédois qui opèrent en Poméranie, et les troupes des petits princes allemands : l'armée dite «des Cercles». La supériorité numérique des coalisés était au moins de trois contre un. Un seul allié du roi de Prusse sur le continent : les troupes anglo-hanovriennes, entretenues par le cabinet de Londres. Mais celles-ci, battues par le maréchal de Richelieu à Kloster-Seven, avaient dû capituler. Tout portait donc à penser que Frédéric serait écrasé par les armées de la coalition, pour peu que leurs actions fussent convergentes et coordonnées. Aussi sa situation devient-elle rapidement critique. Il se fait battre en Bohême à Kollin le 18 juin, et doit se replier précipitamment sur la Saxe. Dans le même temps, les Russes défont l'un de ses lieutenants à Jaegersdorf et occupent la Prusse orientale. L'armée française de Soubise avance vers la

Saxe pour lui couper la retraite. Le Conseil Aulique s'apprête à le mettre au ban de l'Empire.

Voltaire avait repris le contact avec son ancien disciple par le relais de la sœur de Frédéric, la margrave de Bayreuth Wilhelmine. La reine-mère étant décédée (28 juin 1757), il envoie une lettre de condoléances que Wilhelmine transmet, en plaidant pour le pardon des offenses.[88] Frédéric alors change de ton. Pour la première fois depuis des années, il écrit de sa main, et mande à Voltaire qu'il le remercie de la part qu'il prend à ses malheurs: «J'ai à peu près toute l'Europe contre moi, il ne me reste plus qu'à vendre cher ma vie et la liberté de ma patrie». «Lettre héroïque et douloureuse», à laquelle Frédéric avait adjoint, non sans forfanterie, une épigramme contre Louis XV que prudemment sa sœur ne transmet pas.[89]

Ce nouveau style du roi procure à Voltaire un certain plaisir: «Je ne hais pas ces petites révolutions; elles amusent et elles exercent; elles affermissent la philosophie.» Cette gratifiante nouvelle – «le roi de Prusse m'écrit qu'il ne doute pas que je sois intéressé à ses succès et à ses malheurs» –, il la diffuse à ses correspondants habituels, à Genève, à Paris, ainsi qu'à la duchesse de Saxe-Gotha. Il s'avoue tout près d'être «attendri»: il le serait s'il pouvait cesser de penser «à l'aventure de [sa] nièce et à ses quatre baïonnettes».[90]

Wilhelmine est au désespoir. Elle lui mande qu'elle se trouve dans un «état affreux», et qu'elle ne survivra pas à la «destruction de [sa] maison et de [sa] famille». Elle supplie Voltaire de continuer à écrire au roi qu'elle dépeint, après Kollin, «en danger d'être pris et tué», malgré «son habileté et ses peines». Voltaire est traité en ami auquel elle confie son désarroi. La margrave, «sœur Guillemette», en appelle à la sensibilité de «frère Voltaire», et elle a la délicatesse d'envoyer «bien des compliments à Mme Denis».[91]

Il est fréquent qu'un belligérant aux abois tente d'explorer, par des contacts discrets, les voies d'une issue honorable. Wilhelmine a pris langue avec le cardinal de Tencin, jusqu'ici sans succès. Voltaire en est informé. Il suggère à la margrave de s'adresser à Richelieu. Il est prêt lui-même à offrir ses bons offices auprès de Tencin, par l'intermédiaire de son banquier Jean Robert Tronchin qui réside à Lyon, à portée de Son Eminence. Est-on «effectivement dans l'intention d'abandonner le roi de Prusse à toute la rigueur de sa destinée»? Il serait beau que Louis XV se rendît «l'arbitre des puissances», qu'il fît les «partages». Ne devrait-on point conseiller à la margrave de lui écrire une «lettre touchante et raisonnée» que transmettrait le cardinal? Voltaire est persuadé de la nécessité d'une «balance» en Europe. La puissance prussienne y contribuerait, si elle était ramenée dans de justes limites. C'est d'ailleurs ce que prévoyait le second traité de Versailles, il y a quelques mois. Il serait bon que, par l'intermédiaire de Tencin – apparemment mieux disposé -, les réflexions sur l'équilibre européen fussent présentées à Versailles. Mais il faudrait y ajouter «quelque chose de flatteur pour l'abbé de Bernis qui a les Affaires étrangères et le plus grand crédit à la cour».[92]

Cependant la situation de Frédéric s'aggrave. Stratège acculé, supputant fiévreusement ses chances, il versifie, la forme poétique lui paraissant la seule digne d'exprimer le raidissement stoïcien contre l'adversité, et de transcender son humiliation:

> Je suis homme, il suffit, et né pour la souffrance.
> Aux rigueurs du destin, j'oppose ma constance.[93]

Il fait parvenir aux Délices son *Epître à d'Argens*.[94] En 208 vers, il rime ses adieux à la vie. Il envisage le suicide d'honneur comme ultime réponse à la défaite. Il invoque les exemples de Caton, de Brutus, et dans ses lettres sur le même thème étaye cette attitude très littéraire par une citation de *Mérope*:

> Quand on a tout perdu, quand on n'a plus d'espoir,
> La vie est un opprobre, et la mort un devoir.[95]

Voltaire, dans sa réponse, s'efforce de l'en dissuader. Il estime que Frédéric l'a mis en état de lui «parler comme on ne parle pas habituellement aux rois». Il lui fait donc la leçon. Ce suicide à l'antique est anachronique. Othon et Caton «n'avaient guère autre chose à faire que servir ou mourir», mais cette «extrémité héroïque» flétrirait la mémoire du monarque prussien. Ce serait fuir ses responsabilités, en abandonnant sa «nombreuse famille» à son triste sort. Voltaire se donne la délicate satisfaction de dispenser au roi des «conseils très paternels». Il ose se placer dans la perspective d'un souverain déchu, soit qu'il évoque les précédents de monarques ayant abdiqué – Charles-Quint, Christine de Suède –, soit qu'il rappelle les exemples de Charles XII ou du Grand Electeur de Brandebourg, obligés de céder leurs conquêtes. Il formule, dans cette hypothèse, la suprême consolation: «un homme qui n'est que roi peut se croire infortuné, quand il perd ses Etats, mais un philosophe peut se passer d'Etats.»[96]

En octobre, Frédéric s'est ressaisi. Renonçant au suicide, il songe à un parti plus digne d'un roi, celui qu'avait envisagé le vieux Louis XIV dans une situation pareillement désespérée, en 1710: périr les armes à la main, à la tête de ses troupes. Encore une fois, il le disait en vers, les plus beaux de toute sa versification française:

> Pour moi, menacé du naufrage,
> Je dois, en affrontant l'orage,
> Penser, vivre et mourir en roi.[97]

Ceci, comme d'habitude, à l'adresse de Voltaire. Frédéric, en face de ce témoin privilégié, se drape dans une noble attitude. Mais on aurait tort de ne voir là qu'une pose. De la part d'un homme d'action comme lui, véritablement «grand», ce n'était pas de la pure rhétorique. La suite allait le prouver.

Voltaire continue à combattre son projet de périr, que ce soit par le suicide ou sur le champ de bataille. Mais bientôt le génie militaire de Frédéric allait rendre vaines les exhortations du philosophe.

17. Prélude à *Candide*

(novembre 1757-fin août 1758)

Pour soutenir le moral de Frédéric, Voltaire lui faisait valoir que la situation militaire restait fluctuante: «les choses peuvent changer».[1] Il ne croyait pas dire si vrai. Au moment où il traçait cette phrase, «les choses» avaient changé, radicalement. Nous voici en présence d'un de ces décalages épistolaires dont les auteurs de romans par lettres savaient, au XVIIIe siècle, exploiter les ressources. L'effet ici apparaît, à l'insu de Frédéric comme de Voltaire, par la seule faute des mauvaises communications dans l'Allemagne en guerre. La lettre de Frédéric, «mourir en roi», du 8 octobre, n'était parvenue à Genève que le 12 ou le 13 novembre. Lorsque Voltaire répond, il ignore encore que son correspondant une semaine plus tôt a renversé le rapport des forces, à Rossbach.

Le 5 novembre, Frédéric avait remporté l'une de ses plus grandes victoires, et la France avait subi l'un des plus humiliants désastres de son histoire militaire. Voltaire compare Rossbach à Azincourt, Crécy, Poitiers.[2] D'une catastrophe à l'autre, des constantes peuvent être relevées. Des troupes mal préparées: on avait tenté d'adopter les manœuvres à la prussienne, mais en changeant «presque à chaque revue», de sorte que les soldats n'avaient en 1757 «réellement aucune discipline ni aucun exercice». Surtout, à la tête (car les Français, à Rossbach, se firent tuer courageusement), une parfaite impéritie du commandement. Soubise, protégé de Mme de Pompadour, avait toutes les qualités du courtisan et aucune du chef militaire. Il avait formé son armée en colonne, pour progresser au-delà de la Saale, en direction de Dresde. Mais il avait négligé d'assurer ses flancs. Or voici qu'il se trouve entre deux plateaux. Frédéric exploite immédiatement la faute. Malgré son infériorité numérique (environ 20 000 Prussiens contre 60 000 Français), malgré la fatigue de ses hommes, après des semaines de marches et de contremarches, il occupe en toute hâte les hauteurs de part et d'autre, sans que Soubise remarque rien. Le moment venu, l'artillerie foudroie des deux côtés les troupes françaises; puis les feux d'infanterie, et les charges de la cavalerie achèvent le massacre. En «un quart d'heure» selon Voltaire,[3] en tout cas en un temps très court, l'armée de Soubise avait été anéantie: deux ou trois mille tués, cinq mille prisonniers, le reste en déroute.

Voltaire apprend la nouvelle dix jours plus tard.[4] Il en ressent un dépit mêlé d'une certaine admiration pour son ancien disciple. Celui-ci, il n'en disconvient pas, «a pensé, a agi en roi» et, ajoute-t-il, «il n'en est pas mort». Ses *Mémoires* même, pamphlet anti-frédéricien, devront s'incliner. Il faut pardonner à «Luc» «ses vers, ses plaisanteries, ses petites malices, et même ses péchés contre le sexe féminin. Tous les défauts de l'homme disparurent devant la gloire du héros.»[5] Comment en effet ne pas reconnaître le génie et le courage de Frédéric, et la valeur de ses troupes, sans égale alors en Europe?

Mais Voltaire souffre dans son amour-propre de Français. Lui qui connaît bien son Frédéric, il imagine sa joie. «Il a obtenu ce qu'il a toujours désiré, de battre les Français, de leur plaire et de se moquer d'eux.» L'hôte des Délices est affecté par le plaisir malicieux que ressentent les Suisses des malheurs de leurs voisins, parfois si arrogants. «On nous rit au nez, comme si nous avions été les aides de camp de M. de Soubise.» C'est en ce temps d'épreuve que Voltaire proteste, avec une sincérité qu'on aurait tort de méconnaître: «j'ai en France mon bien et mon cœur».[6]

Il se flatte qu'une revanche sera obtenue, dans les semaines qui suivent Rossbach. Son ami Richelieu n'est-il pas à la tête d'une armée victorieuse au Hanovre? Hélas! au lieu de secourir Soubise, Richelieu ne s'occupe qu'à piller méthodiquement le pays. Bien plus: il avait imprudemment libéré l'armée anglo-hanovrienne, sur simple promesse de ne plus combattre. Mais le ministère anglais désavoue la capitulation, et ordonne à ses troupes de reprendre l'offensive. Richelieu va être obligé d'évacuer précipitamment le Hanovre. Autre déception du côté de la Silésie. Voltaire s'était réjoui d'abord des succès autrichiens: «ils nous vengent et nous humilient», quel contraste avec la débandade française! Ils vont, eux, infliger une leçon à Frédéric II: il voit déjà les Autrichiens marcher sur Berlin. Mais le 20 décembre, il déchante: il apprend la nouvelle victoire du roi de Prusse à Leuthen, un mois après Rossbach.

Le retournement de la situation, en ces derniers mois de 1757, l'afflige encore pour une autre raison. Les pourparlers secrets pour la paix où il sert d'intermédiaire avec la margrave de Bayreuth et Tencin, entre Frédéric et Versailles, n'ont plus aucune chance d'aboutir. Ni le roi de Prusse, vainqueur, ni le cabinet français, en position de faiblesse, n'accepteront de conclure. Voltaire doit se défendre auprès de Mme de Pompadour contre le soupçon de trahir les intérêts français.[7]

En même temps qu'il suit les événements militaires d'Allemagne, son attention est ramenée vers le groupe encyclopédiste de Paris. La confidente de Diderot, l'amie de Grimm, Mme d'Epinay, est à Genève depuis le début de novembre. Elle vient consulter Théodore Tronchin pour soigner ses «nerfs» malades. Invitée avec insistance, elle rend plusieurs visites aux Délices. Elle nous a laissé, dans ses lettres à Grimm, deux croquis des maîtres de la maison. Sur la ronde et courte Mme Denis la plume de la maigrichonne Mme d'Epinay s'exerce sans indulgence:

une petite grosse femme [...], femme comme on ne l'est point, [...] n'ayant pas d'esprit et en paraissant avoir, criant, décidant, politiquant, versifiant, raisonnant, déraisonnant [...] Elle adore son oncle en tant qu'oncle et en tant qu'homme.

Quant à cet « oncle », il a séduit la visiteuse, et celle-ci lui a plu. Comme elle lui a demandé la permission d'achever chez lui une lettre à Grimm, il a voulu la regarder écrire, « pour voir ce que disent ses deux grands yeux noirs ». Elle fixe alors cet instantané de Voltaire chez lui : « Il est assis devant moi, il tisonne, il rit, il dit que je me moque de lui, et que j'ai l'air de faire sa critique. Je lui réponds que j'écris tout ce qu'il dit parce que cela vaut bien tout ce que je pense. »[8]

A l'occasion de ces badinages, elle communique à Voltaire certaines informations. Il a quitté Paris depuis sept ans, et il n'est plus bien au fait. Il s'imagine que la responsabilité principale du *Dictionnaire* incombe à d'Alembert. Mme d'Epinay a dû lui apprendre quelle part prépondérante revenait à Diderot, « Monsieur Garnier » dans le langage codé de sa correspondance. Il était temps que Voltaire apprît ce qu'il en était. Le tome VII de l'*Encyclopédie* – lettres F et G – vient de sortir à Paris. A Genève où le volume n'est pas encore arrivé, une rumeur de scandale l'a précédé. On sait déjà que l'article « Genève », signé par d'Alembert, entre autres allégations, loue les pasteurs de la métropole calviniste de leur socinianisme : ils ne croiraient plus à la divinité de Jésus. Emoi, colère. Voltaire va être impliqué dans l'affaire. D'abord parce qu'il s'est engagé dans ce tome VII beaucoup plus qu'il n'avait fait dans les précédents. Il a donné à ce seul volume dix-sept articles, de « Foible » à « Grave, gravité ». Mais surtout, on est persuadé qu'il a suggéré à d'Alembert l'essentiel de son propos, pendant le séjour de celui-ci à Genève. Apprenant que les pasteurs prétendent répliquer il lance dans une lettre à d'Alembert une bordée d'injures : « Fanatiques papistes, fanatiques calvinistes, tous sont pétris de la même m...,[9] détrempée de sang corrompu. » L'affaire « Genève » réactive en lui un fantasme du prêtre – sang et ordure – quelle que soit d'ailleurs la confession dont relève cet homme d'Eglise. Une guerre philosophique s'annonce, qui durera plus longtemps que les combats de la guerre de Sept Ans. Déjà Voltaire en définit la méthode et l'objectif, également élitistes. « Pour renverser le colosse », il suffira, croit-il, de « cinq ou six philosophes qui s'entendent ». A quelle fin ? « Il ne s'agit pas d'empêcher nos laquais d'aller à la messe ni au prêche ; il s'agit d'arracher les pères de famille à la tyrannie des imposteurs, et d'inspirer l'esprit de tolérance. »[10]

Tandis qu'il rumine de tels projets, il n'a en chantier aucun ouvrage. Le manuscrit commencé, son *Histoire de l'empire de Russie sous Pierre le Grand*, est au point mort : il attend la documentation promise par Shouvalov. Au pasteur de Berne Elie Bertrand, auteur de *Mémoires* géologiques, il fait connaître son scepticisme en matière de « coquilles » et de « pétrifications ».[11] Mais autant qu'on sache il n'a entrepris aucun ouvrage sur ces « singularités de la nature ». Il n'a aucune tragédie sur le métier. Apparemment sa plume chôme. Situation assez anormale chez lui pour qu'on s'étonne. Cette période de vacuité va-t-elle favoriser la naissance de la meilleure de ses œuvres? Le fait est que *Candide* prend forme en décembre 1757 dans son esprit occupé des ravages de l'Allemagne en guerre.

Il a, le 20 décembre, gagné sa maison de Lausanne.[12] Il va passer là, comme l'année précédente, la saison d'hiver. En cette ville exposée au midi, située sur les hauteurs au-dessus du lac, il va chercher pour la période des grands froids un climat meilleur qu'à Genève. Mais il n'y revient pas dans sa maison de Montriond. L'ancienne demeure de M. de Giez se trouvait hors de la ville: sur la route de Lausanne à Ouchy, vers la droite, où se situe aujourd'hui le parc de Montriond; inconvénient évident pour les visiteurs obligés de regagner la cité en pleine nuit, éventuellement sur des chaussées enneigées ou verglacées. Pendant l'hiver précédent, il y avait eu grande affluence chez Voltaire, en sa maison de Montriond. On était venu à ses soirées, assure-t-il, de «vingt lieues à la ronde».[13] Il ne renonce pas tout de suite au bail de Montriond, mais dès mars 1757 il avait loué une autre maison, pour neuf ans, mieux placée. Celle-ci, dite du Grand-Chêne, du nom de la rue, se trouve au centre de la ville. Aujourd'hui détruite, elle occupait l'emplacement actuel du Palace Hôtel. Maison «charmante», «qui donne envie d'y vivre».[14] «Envie» qui était sans doute celle de Mme Denis. La nièce – on peut le supposer – tenait à passer l'hiver, saison des mondanités, au cœur de la vie urbaine. Elle aura su convaincre son oncle. Voltaire juge Lausanne une «très vilaine ville», mais il l'aime, car la bonne compagnie y est pleine d'esprit et de talent.[15] Le Grand-Chêne a de plus l'avantage d'être assez proche de Monrepos. Plus de ces longues descentes, après le spectacle, en pleine nuit par des routes enneigées pour aller souper à Montriond. Enfin la vue, de là-haut, est magnifique.

Voltaire dans sa correspondance, on le sait, ne s'abandonne guère au genre descriptif. Il ne fait exception que pour ces paysages du Léman et des Alpes, que son regard embrasse depuis le Grand-Chêne. Il ne peut se retenir d'évoquer le panorama, pour des correspondants aussi différents que d'Argental, Mme de Lutzelbourg, Darget.[16] Sa maison est construite «en cintre», sur un plan convexe, de sorte qu'elle donne vers l'est, vers le sud, vers l'ouest. Elle s'ouvre sur le paysage par quinze croisées. Voltaire assure qu'il découvre d'un côté (vers l'ouest) quinze lieues de lac (soixante kilomètres), sept de l'autre (vingt-huit kilomètres). Au pied de l'édifice, un jardin en terrasse, et au-dessous, d'autres jardins étagés, descendant jusqu'au bord du Léman. La vue est étendue et, par le froid sec de l'hiver, magnifique. A ses pieds, la vaste surface du lac, «cette petite mer», «en miroir». Au-delà, les rives de la Savoie, et au-delà encore la chaîne des Alpes «en amphithéâtre, et sur lesquelles les rayons du soleil forment mille accidents de lumière». Il est saisi par tant de grandeur visible. Déjà, on se le rappelle, en mars 1755, «arrrivant dans sa terre», il s'était exalté, en une épître:

Que tout plaît en ces lieux à mes sens étonnés!

Il avait dit en vers son enthousiasme à la vue, depuis Genève et Prangins, du lac («d'un tranquille océan l'eau pure et transparente»), des Alpes («ces monts sourcilleux»).[17] En janvier 1758, devant l'immense panorama, l'émotion est plus vive encore et s'exprime sans convention. Il n'est pas de ces «préromantiques» qui découvriront la montagne à travers la littérature. Il n'a pas attendu *La Nouvelle Héloïse* de Rousseau (qui paraîtra trois ans plus tard). Il ne s'intéresse pas à *Die Alpen* (1729) de Haller qu'il néglige d'admettre, même en traduction française, dans sa bibliothèque. Lui si souvent attaché au détail minutieux, voire mesquin, il aime contradictoirement s'élever dans le grand: naguère à l'idée du cosmos newtonien, aujourd'hui au spectacle de la nature alpestre. On s'avise ainsi que jusqu'alors il n'avait vécu qu'en pays de plaine, ne connaissant guère, en guise de montagne, que les vallonnements de l'Ile de France. Ses voyages lui avaient fait parcourir surtout la plaine anglaise, les plats pays belgiques et hollandais, les landes de l'Allemagne du Nord et de la Prusse. A soixante ans passés, il demeure assez disponible pour recevoir le choc de visions nouvelles.

«Quarante lieues de neige» (cent soixante kilomètres): voilà ce qu'il regarde de ses fenêtres. De quoi admirer, et frissonner. Quel univers hostile pour le frileux qu'il est! Mais il se sent protégé, comme en une bulle. Il entretient dans sa chambre un feu d'enfer. Il y règne, parmi les glaces environnantes, une chaleur d'étuve. A tel point que les mouches éclosent et autour de lui bourdonnent. «Il y a toujours dans ce monde quelque mouche qui me pique». Laquelle donc précisément, en ce moment, vient le piquer? «Quand on est de loisir, et qu'on a le sang un peu allumé, on a la rage d'écrire», confessera-t-il, l'hiver suivant, dans des conditions climatiques analogues. En ce début de janvier 1758, il est «de loisir». Comme l'année précédente, Mme Denis et lui veulent égayer la mauvaise saison par des spectacles à Monrepos, avec leur troupe d'amateurs. Mais la reprise des représentations se fait attendre. Constant d'Hermenches n'est pas encore de retour. D'autres acteurs sont malades.[18] Et puis l'enthousiasme a décru. L'attrait de la nouveauté s'est dissipé. On reprend le même répertoire. *Fanime* toujours.[19] On essaie de varier, avec *Alzire*, ou l'*Iphigénie* de Racine;[20] pièces bien connues. Ce sera la dernière saison du théâtre de Monrepos.[21]

Voltaire a l'esprit ailleurs. Que rédige-t-il donc, pour apaiser son «sang allumé»? Les lettres où il décrit la «vue» de Lausanne, aussi belle que celle de Constantinople,[22] sont justement les lettres où passent des expressions, des allusions, qui nous font penser au texte de *Candide*. Nous avons ailleurs détaillé ces rapprochements.[23] Il n'est pas douteux que dans sa chambre donnant sur un vaste horizon de neige, il trace les premiers brouillons de son conte. Il pense aux glaces des pays allemands, qu'il connaît bien: les missives qu'il envoie alors à la duchesse de Saxe-Gotha suffiraient à lui remettre en mémoire les désolations diverses des pays germaniques. Pour Candide, expulsé du petit paradis de

Thunder-ten-tronck, la première d'une longue série d'épreuves n'est-elle pas de passer une nuit dans les champs «entre deux sillons», sous la neige qui tombe «à gros flocons»?

On est porté à croire que Voltaire n'improvise pas son récit épisode par épisode, l'inventant au fur et à mesure qu'il avance. La création théâtrale l'a habitué à concevoir un sujet comme un ensemble tendu vers le dénouement. Le plus probable est qu'il a commencé par dessiner un canevas du conte. L'un des premiers échos de *Candide* dans la correspondance se lit dans une lettre du 27 décembre 1757, à Elie Bertrand.[24] Il est question de la protestation des pasteurs contre l'article «Genève» de l'*Encyclopédie*. «Que faut-il donc faire?» demande Voltaire. Il répond: «Rien, se taire, vivre en paix, et manger son pain à l'ombre de son figuier.» Formulation proche de la réponse du derviche, en sa version primitive, au chapitre trentième et dernier. «Que faut-il donc faire? dit Candide. – Cultiver la terre, boire, manger et se taire.»[25] En rédigeant les premiers brouillons de son récit, le conteur a manifestement présent à l'esprit le point d'aboutissement, la célèbre «Conclusion» de *Candide* où le refus du bavardage «métaphysico-nigologique» de Pangloss est posé comme un préalable («se taire», «travaillons sans raisonner», dira Martin). Voltaire s'est-il d'abord donné un schéma de *Candide* en quelques lignes, comparable au schéma de *L'Ingénu* qui a été retrouvé dans ses papiers?[26] Un schéma qui aurait pu d'ailleurs, comme celui de *L'Ingénu*, être assez différent de l'histoire en sa version définitive. L'hypothèse paraît plausible. Mais à quelle époque, en ce cas, remonterait l'idée première du conte? Il est impossible, on le sait, de dater l'esquisse initiale de *L'Ingénu*. En ce qui a trait à *Candide*, on note la place qu'y tiennent les événements de 1756.[27] *L'Orphelin de la Chine* est le nom de la pièce nouvelle qu'on lit sous les ratures d'un manuscrit, dans l'épisode parisien. Candide et Pangloss débarquent à Lisbonne au moment du séisme du 1er novembre 1755, et sont victimes de l'autodafé qui suivit. La guerre entre la France et l'Angleterre pour les «arpents de neige» du Canada; l'expédition partie de Cadix «pour mettre à la raison les révérends pères du Paraguay»; l'exécution d'un amiral anglais, en qui l'on reconnaît le malheureux Byng, dont le procès commence à la fin de 1756; autant de thèmes qui reviennent dans les lettres de cette année-là, ainsi que les plaintes sur les horreurs de la guerre entre la France et l'Angleterre et en Allemagne, qui font passer au second plan la catastrophe naturelle de Lisbonne.[28] Voltaire aurait-il décidé déjà, en 1756, d'écrire *Candide*? Rien ne permet de l'affirmer, ni non plus d'en écarter l'hypothèse. Il est certain que la rédaction ne commence qu'en décembre 1757 et janvier 1758. Mais une période de latence assez longue peut précéder la rédaction d'un conte voltairien, comme on le voit par le délai de plusieurs années qui sépare le *Voyage du baron de Gangan* de la reprise du même schéma dans *Micromégas*.

Pendant que Voltaire écrit les premières pages de *Candide*, une autre «mouche»

le pique, on vient de le voir, l'affaire de l'article « Genève ». Entre Voltaire et les
pasteurs de la métropole calviniste ou du pays de Vaud, il y avait manifestement
malentendu. Parmi eux beaucoup sont gens de lettres, insatisfaits : ils cherchaient
l'amitié des auteurs en renom. Quelle aubaine que la présence en leur pays de
l'illustre auteur de *La Henriade* ! Ne s'est-il pas dans cette *Enéide* française affirmé
l'apôtre de la tolérance, donc favorable à la cause des Réformés ? Dans leurs
rencontres avec lui ils jouent les esprits forts, « avancés ». Cela sans trop se forcer.
Car plusieurs d'entre eux s'appliquent à donner de leur christianisme une
image moderne, de couleur « philosophique ». Un Jean-Alphonse Turretini s'était
détourné de la théologie pour insister sur la morale. Jacob Vernet, dans son
Traité de la vérité de la religion chrétienne, présente la Révélation comme la
confirmation et le complément de la loi naturelle. Lors d'une réédition (1748),
il remplace la « nécessité » de la Révélation par sa « grande utilité », retranche le
chapitre sur la Trinité. Jacob Vernes, pasteur genevois, Polier de Bottens, premier
pasteur de Lausanne, inclinent à l'arianisme. Aussi d'Alembert, conseillé par
Voltaire, s'est-il cru en droit d'écrire que « le respect pour Jésus-Christ et pour
les Ecritures sont peut-être la seule chose qui distingue d'un pur déisme le
christianisme de Genève ».[29] Ces pasteurs, de « purs déistes », qui n'auraient de
chrétien que l'apparence ? c'était aller trop loin.

Alarmé, le Consistoire genevois se réunit, cherche les responsables. On crée
une commission, chargée de répondre à l'article de l'*Encyclopédie*. Vernet la
préside, le médecin de Voltaire, Théodore Tronchin, en est le secrétaire. Voltaire
raille : ils vont tenter de « donner un état à Jésus-Christ », puisque c'est la divinité
de Jésus qui est en question. Effectivement, les pasteurs sont gênés par les
imprudences commises. Voltaire manœuvre pour les influencer. Il s'efforce
d'intimider Théodore Tronchin, quelque peu hésitant. « Allez, allez, vous n'êtes
pas si fâchés », dit-il aux autres. S'ils pouvaient franchir le pas et s'avouer
publiquement sociniens ! Ce serait « une grande révolution dans l'esprit humain » :
le virement d'un christianisme « philosophique » au simple déisme. Cet article
« Genève » : « un coup important dont il ne faut pas perdre le fruit ».[30] Mais ses
prétendus sociniens le déçoivent. Ils ne seront jamais que des « sociniens honteux ». Après deux mois de discussions, la commission met au point une *Déclaration*. Texte prudent, assez embarrassé, qui déçoit un chrétien convaincu comme
Haller. Voltaire croit pouvoir triompher : « Servet sans doute aurait signé cette
confession ». Il se trompe. En dépit des circonlocutions, et en évitant de trop
s'engager sur l'épineuse question de la Trinité, les pasteurs affirment néanmoins
qu'en Jésus « a habité corporellement toute la plénitude de la Divinité », « qu'il
faut écouter ce Divin Maître et le Saint Esprit parlant dans les Ecritures ».[31] Il
ressort que la « révolution » escomptée – abandon de la foi chrétienne au profit
d'un déisme philosophique – ne s'opérera pas par un simple glissement sans
rupture. L'échec de 1758 conduira Voltaire à l'évidence qu'il faut pour atteindre
le but lancer une croisade.

A Paris et à Versailles, l'affaire prend une tournure plus fâcheuse. On se soucie peu ici de ce que pensent au juste les pasteurs hérétiques de la Suisse. Après les défaites militaires de l'année précédente, le ministère se trouve dans une mauvaise passe. Réaction ou diversion, Mme de Pompadour, Bernis – ministre principal, sinon Premier ministre –, les milieux dévots de la cour, encouragent la campagne antiphilosophique qui se déchaîne au début de 1758. Moreau, l'abbé de Saint-Cyr lancent des pamphlets contre les cacouacs, c'est-à-dire les philosophes. Le P. Le Chapelain prêche contre eux devant le roi. L'abbé de Caveirac publie une apologie de la Saint-Barthélemy et de la révocation de l'Edit de Nantes. Des périodiques – *L'Observateur hollandais*, *Affiches de province*, *Gazette de France* – harcèlent l'*Encyclopédie* et les encyclopédistes. Les jésuites en créent un, *La Religion vengée*, spécialement pour les réfuter.[32]

L'offensive obtient un premier succès. D'Alembert, codirecteur de l'*Encyclopédie* avec Diderot, abandonne. Voltaire lui conseille d'abord de tenir bon. Mais son correspondant s'avoue démoralisé. Il ne supporte pas la campagne d'injures inspirée par l'autorité. En haut lieu, on tient les philosophes pour «une secte qui a juré la ruine de toute société, de tout gouvernement et de toute morale». Que faire contre de telles préventions? Malesherbes, favorable aux philosophes, a «peu de nerf et de consistance», on ne peut compter sur lui. Conclusion: «il faut laisser là l'*Encyclopédie*.» Une telle situation déconcerte la stratégie voltairienne, celle de gagner à la bonne cause les milieux dirigeants. Il préconise alors une autre méthode: «Faites un corps...». Que l'*Encyclopédie* devienne un groupe de pression: «Ameutez-vous et vous serez les maîtres». Et si l'on ne veut pas les écouter, qu'ils aillent continuer ailleurs. Pourquoi l'équipe encyclopédique ne viendrait-elle pas terminer le dictionnaire à Lausanne où Voltaire les logerait? Voilà ce qu'il mande à Diderot. Mais celui-ci, surmené, irrité, laisse sans réponse les lettres de son illustre correspondant. Voltaire s'indigne d'un pareil manque d'égards. Il menace de retirer ses articles. Diderot se décide enfin à répondre. Il est impossible, écrit-il, de transporter hors de France une entreprise aussi lourde que l'*Encyclopédie*. D'ailleurs les libraires parisiens associés pour sa publication sont juridiquement propriétaires des manuscrits. Courageusement Diderot se déclare décidé à continuer sur place, sans d'Alembert.[33] Mais entre Voltaire et lui un fond d'amertume subsistera.

De l'un à l'autre, des divergences existent qui ne s'effaceront jamais, et iront plutôt s'accentuant. Diderot, de dix-neuf ans plus jeune que Voltaire, appartient à la génération suivante: à cette génération qui fait ses débuts à la charnière du siècle, dont il est avec Rousseau l'une des têtes de file. A l'égard de Voltaire, Diderot, comme d'ailleurs Rousseau à cette date, témoigne la plus grande déférence. Une déférence où perce toutefois l'assurance des nouveaux venus, persuadés qu'ils dépassent les anciens. A la date où nous sommes (1758), un double désaccord, philosophique et esthétique, s'est déjà exprimé entre Diderot et Voltaire. Dix ans plus tôt, dans son remerciement à la réponse de Voltaire après l'envoi de la *Lettre sur les aveugles*, Diderot insistait longuement sur l'athéisme de Sanderson, l'aveugle-né opéré de la cataracte. C'est ici qu'il écrit la phrase souvent citée : « Il est donc très important de ne pas prendre de la ciguë pour du persil, mais nullement de croire ou de ne pas croire en Dieu. »[34] Entre le théisme du patriarche et l'athéisme militant de Diderot et de ses amis, la faille ira s'élargissant. Mais cette philosophie, chez l'auteur des *Pensées philosophiques*, n'est point atteinte de cette sorte de sécheresse hypercritique qu'on lui reprochera parfois chez d'autres. Une exaltation spéculative anime cet athéisme, ce matérialisme de Diderot. D'où le recours à une certaine emphase de l'expression, que lui reproche Voltaire. C'est là l'un des défauts manifestes de son théâtre. Diderot a fait parvenir aux Délices un exemplaire du *Fils naturel*, drame bourgeois non encore représenté, accompagné d'un commentaire où est exposée avec un éloquent enthousiasme la théorie du genre nouveau. Voltaire remercie poliment : la pièce est pleine « de vertu, sensibilité et de philosophie ». Puis il enchaîne sur la réforme souhaitable du théâtre, sans rien dire des idées de Diderot en la matière : il ne parle que des spectateurs sur la scène (ces places n'ont pas encore été supprimées) et de l'excommunication des comédiens.[35] Envoi l'année suivante du *Père de famille* (qui, non plus que *Le Fils naturel*, n'a pas été, à cette date, représenté). Voltaire remercie tout aussi brièvement, presque dans les mêmes termes : « des choses tendres, vertueuses, et d'un goût nouveau ». Il passe aussitôt à la critique des articles de l'*Encyclopédie*, trop conformistes (« Ame », « Enfer »), déclamatoires (« Femme », « Fat »).[36] C'est son double grief contre le *Dictionnaire* de d'Alembert et Diderot. On ne peut pas « dire la vérité », « on est obligé de mentir, et encore on est persécuté pour n'avoir pas menti assez ».[37] Et quand on ne « ment » pas, qu'offre-t-on, trop souvent, au public ? De « vaines déclamations ». Le lecteur « ne veut qu'être instruit » et on lui inflige des « dissertations vagues et puériles », « des idées hasardées », « des phrases ampoulées, des exclamations ».[38] Certes ce n'est pas la manière de d'Alembert, destinataire de ces plaintes. C'est celle de Diderot. Voltaire se sent en bonne communion d'esprit avec la raison mathématicienne de d'Alembert, non avec le fougueux Diderot. Entre eux, il y a de l'incompatibilité d'humeur. Diderot ne semble pas avoir rencontré Voltaire au moment de la *Lettre sur les aveugles*, malgré l'intention qu'il en avait exprimée.[39] Ensuite, à la différence de d'Alembert, de Grimm, il ne fera jamais le voyage des Délices, ni de Ferney. Des réticences, des gênes affectent ses relations avec le patriarche. Pourtant les deux hommes s'estiment, en tant qu'écrivains,[40] en tant que militants de la même cause philosophique. Chacun admire le courage de l'autre dans le combat. Aussi, en dépit de leurs arrière-pensées, feront-ils en sorte de rester toujours unis et en bons termes.

Si Voltaire s'abusait sur l'évolution religieuse de la Suisse, il apprécie correctement en revanche le changement des mœurs. En pensant au supplice de Servet, à celui de Nicolas Antoine, ce prêtre catholique converti au protestantisme, puis au judaïsme, qui fut brûlé à Genève en 1632, il constate, selon ses termes, que «certains sauvages sont devenus depuis fort polis». La preuve de leur «politesse»: leur goût du théâtre. On joue la comédie «dans tous les cantons, dans tous les villages. Nous avons établi l'empire des plaisirs et les prêtres sont oubliés». On a repris les spectacles de Monrepos. Bien que moins brillants que l'année précédente, ils ont encore de l'éclat. Comme acteurs et actrices, de «belles femmes», «des jeunes gens bien faits qui ont de l'esprit»; comme public «une assemblée qui a du goût».[41] Et quelle interprétation! «De la colère et des larmes, et une voix tantôt forte tantôt tremblante, et des attitudes! et un bonnet! Non jamais il n'y eut de si beau bonnet!» Un rôle de confidente est tenu par Mme de Constant d'Hermenches, très supérieure à la Gaussin, laquelle a «les fesses trop avalées et trop monotones». Autres interprètes: «la belle-fille du marquis de Langallerie» et son mari: ils font des progrès... «Tout le monde joue avec chaleur. Vos acteurs de Paris sont à la glace.» Après la tragédie, un opéra, ou opéra-buffa; des ballets. On termine par «un grand souper». «C'est ainsi que l'hiver se passe.»[42] Incontestablement, les temps moroses de la tristesse de vivre appartiennent au passé.

A peine le printemps s'annonce-t-il, Voltaire est de retour aux Délices.[43] Il se plaît en ce séjour, où il ne vit pas claquemuré, comme pendant l'hiver qu'il vient de passer à Lausanne. Il ne «songe qu'à cultiver en paix» ses jardins, mande-t-il au propriétaire en titre, Jean Robert Tronchin. Il y plante des noyers (mais était-ce bien la bonne saison?). Il y mène une vie épicurienne, celle dont le Pococurante de *Candide* ne saura pas jouir: «une jolie maison, avec de la musique, des amis, des livres, des jardins agréables et un bon cuisinier.» Il n'est pas étonnant que Genève soit choisie comme asile par une clientèle cosmopolite. C'est en ce pays que «des Français, des Hollandais, des Allemands, des Russes viennent vivre heureux». Car «il n'y a de bon que la liberté». Ce qui lui rappelle un certain Genevois, homme à paradoxe, qui a trouvé le moyen d'aliéner son indépendance: Jean-Jacques Rousseau. «Qu'est-ce que c'est qu'un citoyen de Genève qui se dit libre et qui va se mettre au pain d'un fermier-général dans un bois comme un blaireau?»[44] Le «bois» de ce «blaireau»: l'Ermitage de la Chevrette, où Mme d'Epinay, épouse d'un fermier-général, le logeait depuis 1756. Voltaire a dû être informé de la brouille à la suite de laquelle, en décembre 1757, Rousseau a quitté l'Ermitage et s'est installé à Montmorency.

Pour être libre, il est utile d'être riche. Ce n'était pas le cas de Rousseau. En revanche, la correspondance de 1758 atteste la confortable opulence du locataire des Délices. Comme on l'a vu, le 13 juillet de l'année précédente, il avait versé à l'Electeur palatin Charles-Théodore une grosse somme: 130000 livres. En contrepartie, l'Electeur lui constituait une rente viagère de 10%, à payer par semestre.[45] A la première échéance, le 1er février 1758, Voltaire a reçu les 6500 livres, ponctuellement versées. D'autres créanciers sont moins fidèles. Le marquis Ango de Léseau ne paie plus ses annuités depuis quatre ans. «Ce petit babouin crut faire un bon marché avec moi, parce que j'étais maigre et fluet.» Il faudra l'actionner, pour essayer d'en tirer quelque chose. Le plus gros débiteur semble être alors, en gage du prêt accordé au duc de Wurtemberg, le Suprême Conseil de la principauté de Montbéliard (qui ne deviendra française qu'en 1793). Sont dues 14 500 livres pour l'échéance du 30 mars. Le trésorier n'en a que 9 000 : pour régler le complément, il compte sur la vente des grains. Le portefeuille de Voltaire reste géré par son banquier de Lyon, Jean Robert Tronchin. Chez celui-ci il a déposé 330 000 livres, sur lesquelles il reçoit 4%. Tronchin est en correspondance avec les hommes d'affaires auprès desquels Voltaire a fait des placements : à Paris, le notaire Laleu (en outre dans la capitale, Voltaire rémunère un agent chargé de faire rentrer ses rentes) ;[46] à Genève, le banquier Cathala ; à Cadix, les sieurs Gilly, pour les capitaux investis dans le commerce d'Outre-Atlantique.

Voltaire est donc en mesure de rendre de menus services à des relations désargentées. A son correspondant de Berne, le pasteur Elie Bertrand, il prête cinquante louis, qui seront rendus «probablement dans le paradis».[47] Pour de plus grosses sommes, placées chez des personnages de plus haut rang, il prend ses précautions. L'Electeur palatin n'est pas au XVIIIe siècle le seul prince allemand à mener en sa cour un train de vie très au-dessus de ses revenus. Les princes, amis du philosophe, le duc et la duchesse de Saxe-Gotha, se trouvent au début de 1758 dans une situation difficile, aggravée par la guerre. Ils ont un urgent besoin d'un prêt de 50 000 florins (ou thalers). Voltaire ne pourrait-il les leur trouver auprès de la république de Berne ? Il s'enquiert. Hélas ! les Bernois ont récemment prêté 50 000 écus à la ville de Brême, et n'ont plus de capitaux disponibles. Il se tourne vers Genève. Mais on vient d'y placer 4 millions en rentes viagères à 10%. Toutefois Voltaire connaît un Genevois, le baron Labat de Grandcour, qui pourrait prêter 50 000 florins pour quatre ans, à 5 ou 6%, avec la garantie de Voltaire. En fait, Voltaire participe indirectement à l'opération sans se nommer. Il va prêter lui-même 90 000 livres à Labat, créancier en titre. Il reconnaîtra que l'affaire est bonne, le capital se trouvant remboursé en trois ans et demi. Sans savoir que leur illustre correspondant entre en sous-main dans le marché, le duc et la duchesse empruntent avec reconnaissance les 50 000 florins, à 6%, payables à Francfort.[48]

C'était au début de juillet 1758. A cette date, Voltaire est sur le point de faire un voyage en Allemagne, pour des raisons de finances, et pour d'autres aussi.

Il était retourné au Grand-Chêne fin avril, pour quelques jours. Il apparaît qu'il est désormais décidé à quitter sa maison de Lausanne.[49] Il a en tête d'acquérir, outre les Délices, une autre «résidence secondaire». Mais laquelle ?

Au P. Menoux, confesseur du roi Stanislas, il fait savoir que son intention n'est pas de «mourir sur les bords du lac de Genève» – ce jésuite devrait être sensible à son apparente répugnance de finir en terre hérétique. S'adressant à Stanislas lui-même, il exprime le désir d'acheter une propriété dans le duché lorrain, afin de terminer sa vie auprès, dit-il, de «son Marc-Aurèle». On lui a proposé la terre de Champignelle, du côté de Fontenoy. Il rêve de renouer avec la vie de château, telle qu'il l'a vécue aux beaux jours de Cirey: «cette vie qui est la plus naturelle, la plus tranquille et la plus saine». Vivant à Champignelle avec Mme Denis, il serait «le plus heureux des hommes».[50] Il se met donc en route avec le projet de voir *in situ* ce futur paradis. Mais le voyage a aussi d'autres buts, dont il ne souffle mot.

Sa visite à l'Electeur palatin, à Mannheim et Schwetzingen, était décidée dès le 23 mai. Le 9 juin, Bernis lui a adressé le passeport nécessaire.[51] Le départ cependant est retardé. Apparemment parce qu'il a reçu aux Délices la visite d'une consœur en poésie: l'auteur d'une édifiante épopée, *La Colombiade*, Mme Du Bocage qui revient d'une «tournée» poétique en Italie. Elle lui avait envoyé naguère son livre. Il l'en avait remerciée avec effusion, et avec peu de sincérité: il ne daignera pas conserver dans sa bibliothèque le chef-d'œuvre de la dame.[52] Pourtant il comble d'égards la visiteuse, et son mari qui l'accompagne. Il la régale des meilleures truites du lac. Au cours d'un repas, il a déposé sur le chef de la Muse une couronne de lauriers.[53] Il l'a promenée à Genève et dans les environs, lui faisant rencontrer «la meilleure compagnie». Il a fait jouer pour elle deux de ses pièces. Elle repart enchantée. A la première étape, elle trace de son hôte une image flatteuse: à «l'élégance d'un homme de cour» il joint, écrit-elle, «toutes les grâces et l'à-propos que l'esprit répand sur la politesse». Elle l'a trouvé «plus jeune, plus content, en meilleure santé» qu'avant son départ pour la Prusse. Ayant «l'âme plus libre», il mêle à sa conversation «encore plus de gaieté».[54]

A peine Mme Du Bocage a-t-elle pris congé, qu'une nouvelle voyageuse s'annonce: la comtesse de Bentinck. Voltaire ne l'attendra pas. Il quitte les Délices le 30 juin, laissant Mme Denis en compagnie de sa sœur, Mme de Fontaine, du fils de celle-ci (Dompierre d'Hornoy) et de Florian (l'oncle du poète) que Mme de Fontaine allait épouser en secondes noces.

Que parfois entre les deux sœurs il y ait «du grabuge»,[55] et que son absence risque d'envenimer les choses, Voltaire ne s'en soucie pas. Il a gagné Lausanne, sous un déluge de pluie, la berline prenant eau. De là, Morat, «toujours mouillé et grelottant de froid»; puis, par Berne, Colmar, Sélestat, le voici à Strasbourg.

Ostensiblement, il rend visite à l'Electeur palatin pour le remercier de lui avoir fait l'honneur d'un emprunt. Il veut aussi, sans doute, juger sur place ses chances d'être payé, à la veille de la deuxième échéance (1er août 1758). Charles-Théodore dépense en effet avec faste. Bientôt il sollicitera un nouvel emprunt de trente ou cinquante mille livres anglaises. Cette fois, Voltaire l'adressera à un agent de change de Londres. Auparavant, en cours de route, il a continué à lorgner vers un éventuel établissement en Lorraine. On lui offre le château de Craon, près de Lunéville. Stanislas, pressenti, consulte Bernis. La réponse de

Versailles sera défavorable : on est sûr que Sa Majesté polonaise « ne fera rien là-dessus qui ne soit agréable au roi ».[56]

Il arrive donc chez l'Electeur palatin le 16 juillet. Il y restera jusqu'au 4 août. Il n'a fait que traverser la capitale de Charles-Théodore, Mannheim. Comme à son précédent passage, en 1753, au lendemain de l'avanie de Francfort, c'est à Schwetzingen qu'il séjourne. A nouveau, pendant trois semaines, il mène cette vie des « courettes » allemandes qui lui plaît tant. Il rencontre là de tout jeunes gens, d'une Europe cosmopolite des Lumières : le prince Vorontsov, dix-sept ans, les deux princes de Mecklembourg, Charles, dix-sept ans aussi, et Georges-Auguste, un enfant de dix ans. Charles-Théodore lui-même est dans sa trente-quatrième année. Sans doute ne déplaisait-il pas au visiteur de faire figure d'ancêtre parmi cette jeunesse. Dès son arrivée, il a vu jouer sur le théâtre de Pigage, une piécette de Favart, qui se trouvait ici bien à sa place, *Ninette à la cour*. Puis, passant au genre sérieux, on donna son *Mahomet*,[57] suivi – on peut le supposer – d'autres spectacles.

Lui-même avait apporté dans ses bagages de quoi divertir son hôte en petit comité. *Candide*, ébauché au mois de janvier, plus ou moins délaissé depuis, demeurait à l'état de brouillon. Il avait pris soin, en partant, de glisser ces papiers dans son portefeuille. Il les fait recopier par Wagnière, qui l'accompagne. Premier manuscrit (aujourd'hui perdu), établi, nous dit le secrétaire, « pour S.A.E. Mgr l'Electeur palatin ». Ce que confirme un autre témoignage, celui de Formey (malgré les grossières erreurs dont il est entaché). Voltaire lisait les chapitres à son hôte le prince « à mesure qu'ils étaient faits », c'est-à-dire mis au net.[58] Il y eut apparemment plusieurs séances de lecture, selon les articulations du conte par chapitres. Que l'œuvre ait été d'abord destinée à être dite à haute voix, n'est pas indifférent. *Candide* conservera l'allure d'un récit oral, émaillé de réflexions du conteur, amenant à chaque fin de chapitre un mot à effet, qui fait désirer la suite. La curiosité de Charles-Théodore ne fut pas cependant intégralement satisfaite. La rédaction demeurait inachevée, lorsque Voltaire quitta Schwetzingen le 5 août.[59] Peut-être promit-il à l'Electeur de lui envoyer ultérieurement le manuscrit complet.

Il revient par petites étapes. Le voyage aller avait duré deux semaines. Celui du retour prend une bonne semaine de plus (du 5 au 28 août). Il s'arrête à Karlsruhe chez le margrave de Bade-Dourlach, qui avec son épouse l'accueille cérémonieusement. Il prend le temps de « s'extasier » sur leur jardin botanique de trois mille plantes. A la table des princes, il subit vraisemblablement le cérémonial décrit par Boswell :

M. de Stetten agit comme un maréchal et porte une canne ; il en donne deux coups distincts sur le sol et les assistants disent en silence une prière ; puis nous nous sommes assis à une table qui fut fort bien servie. Après le repas, le maréchal frappa encore le sol et l'on dit une autre prière.[60]

Voltaire ne dut pas échapper au rite de la canne, non plus qu'au *Benedicite* et au *Deo gratias*. Dans sa «lettre de digestion», il garde pour lui ses réflexions. Il loue le margrave et la princesse de leur «politesse si noble et si aisée», du «charme de [leur] conversation», du «goût qui règne» dans tout ce qu'ils font et disent.[61]

Il s'attarde plusieurs jours à Strasbourg. Il brocante six Van der Meulen et un Van Dyck. Il tente de les vendre aux princes de Bade-Dourlach, ou à la tsarine Elisabeth Petrovna. Peu pressé de rentrer à Genève, il semble attendre un signe, qui ne vient pas. Il a fait tout ce voyage, le long du Rhin, tourné vers Paris et Versailles. De Schwetzingen, écrivant à la duchesse de Saxe-Gotha, il a proposé ses bons offices diplomatiques auprès de Bernis. Il compte sur celui-ci, son «ancien camarade en poésie, en académie» : il espère obtenir par l'entremise de ce ministre désormais influent la permission de revenir dans la capitale française et à la cour. C'était là le véritable objet de son voyage : secret deviné par les clairvoyants. Maupertuis a entendu dire que «Voltaire devait se rendre de Mannheim à Paris». Son projet d'installation en Lorraine, sous l'égide de Stanislas beau-père du roi, tendait à faciliter l'opération. A Strasbourg, il fait sa cour à Mme de Lutzelbourg, qui est liée avec Mme de Pompadour : elle écrit en sa faveur à la favorite.[62] Après être repassé par Colmar, il s'arrête à Soleure, chez l'ambassadeur de France auprès de la république de Berne. Il attend encore quelques jours.

Mais déjà Bernis lui avait fait entendre, par une lettre du 6 août qu'il n'a pas encore reçue, qu'on ne veut pas de lui à Paris, ni même en Lorraine. Avec onction, Bernis se dit «très aise de [le] voir de retour dans [ses] Délices». Il «imagine que [sa] santé s'en trouvera bien»...[63] Au reste la manœuvre de Voltaire venait d'être contrecarrée par un malencontreux incident. Le *Journal encyclopédique* de Liège, dans son fascicule du 1er juillet, avait inséré une lettre vieille de six mois, à Darget, par laquelle Voltaire disait comment il s'était réconcilié avec Frédéric II, faisait l'éloge des talents militaires de celui-ci, se disait fort heureux de vivre à Lausanne... Bien entendu, Voltaire proteste vigoureusement.[64] Mais quand bien même ce faux pas eût été évité, Louis XV ne serait sans doute pas revenu de ses préventions. C'est lui toujours qui s'oppose au retour de celui qui reste cependant son «gentilhomme ordinaire de la chambre». Interdiction verbale, qui n'en est pas moins catégorique. Ce que voyant, Mme de Pompadour et certaines «dévotes» de la cour ont fait chorus : elles se sont prononcées contre son retour. D'Argental l'en informe par une lettre qu'il lit le 28 août, à son arrivée aux Délices. Il doit en prendre son parti : «Il ne faut songer qu'à la retraite.»[65]

L'échec va conduire Voltaire à réviser ses projets d'avenir. La nouvelle installation dont il rêve depuis plusieurs mois ne peut être recherchée qu'à proximité de Genève. Il lui faut se résigner à un exil de fait. Nous pouvons critiquer le refus de Louis XV, et en contester les raisons. L'humeur fut sans doute la principale de celles-ci. Le roi s'est toujours senti de l'aversion pour Voltaire, en dépit des flatteries que l'homme de lettres lui prodiguait. Le souverain comprenait-il qu'il contribuait ainsi à aggraver le divorce entre la monarchie et le monde intellectuel? Non, sans doute. Assurément Voltaire se serait réjoui de revenir à l'état de choses qu'il venait de décrire (non sans complaisance et exagération) dans son *Siècle de Louis XIV* : un roi prestigieux honorant les arts, et notamment les écrivains qui donnent à son règne tout son éclat.

Mais c'était là un temps révolu. La faille va désormais s'élargir. Contraint à s'installer définitivement loin de la cour, Voltaire va créer autour de lui, pour l'*intelligenzia* française et européenne, un pôle d'attraction dispensé de toute allégeance à Versailles. Le refus de Louis XV entraîne pour conséquence la fondation de Ferney. De fait, dès l'automne de 1758, le banni s'emploie à acquérir cette terre, base de son indépendance.

18. «Il faut cultiver notre jardin»

(septembre 1758-mai 1759)

Dans les trois derniers mois de 1758, Voltaire s'occupe de terminer et de publier *Candide*. Cette œuvre si peu gratifiante pour les autorités, peut-être, rentré en grâce auprès du roi, l'aurait-il conservée encore quelque temps en portefeuille. La fin de non-recevoir qu'il vient d'essuyer le dispense de tout scrupule.

Mais son travail sur le manuscrit rapporté de Schwetzingen va être retardé par l'apparition d'une compatriote de Cunégonde : une «Westphalienne», la comtesse de Bentinck.[1] La «*signora errante e amabile*»[2] s'était annoncée, on se le rappelle, au moment où Voltaire partait pour le Palatinat. Elle avait elle aussi, après son ami, quitté Berlin, brouillée avec Frédéric. Mais, comme le dira l'officieux Cacambo, «les femmes ne sont jamais embarrassées d'elles».[3] Elle avait sans peine conquis une position enviable à la cour de Vienne, auprès de Marie-Thérèse. Kaunitz l'honorait de sa confiance. Elle poursuivait donc avec une ardeur renouvelée ses éternels procès. Pour cet objet, et par humeur vagabonde, elle avait en 1758 entrepris un tour d'Europe. Venant d'Italie, elle débarque à Genève les 11 et 12 juillet. Les deux nièces, Mme Denis et Mme de Fontaine, la reçoivent, en l'absence du maître. Elle continue jusqu'à Berne, où elle rencontre Haller. Elle est enchantée de ce «grand homme» : elle compte le jour où elle l'a vu pour la première fois «comme l'un de [ses] plus beaux jours».[4] Ce qui ne sera pas du goût de Voltaire. Celui-ci la loge à Lausanne dans son ancienne maison de Montriond. Revenue de Berne, elle y séjourne du 10 août au 13 septembre. C'est là que Voltaire la retrouve, le 21 ou 22 août. Il l'invite aux Délices. Il l'y reçoit pendant la seconde moitié du mois de septembre. Dîners, réceptions, rencontres avec le «tout Genève» : l'accueil est aussi chaleureux, et sans doute plus sincère, que celui de Mme Du Bocage, trois mois plus tôt. Comme celle-ci, il la promène dans les environs. Mais c'est Ferney qu'il lui fait visiter :[5] déjà il médite d'acquérir ce château.

On s'interroge. Lui a-t-il aussi donné le divertissement du *Candide* inachevé ? Il ne semble pas. Les lettres qu'il adresse à la comtesse avant et après leur rencontre contiennent plusieurs allusions au texte du conte. Mais allusions perceptibles seulement pour lui, et pour nous. Certaines impliquent une comparaison entre les deux «Westphaliennes» : celle du conte et l'autre. Charlotte-Sophie de Bentinck n'aurait peut-être pas été flattée de ce rapprochement avec Cunégonde.

Une fois la comtesse repartie, Voltaire reprend le manuscrit de son *Candide*. Il

884

veut cette fois achever le récit, en réviser le texte et le mettre au point. Ce fut l'affaire de trois journées de travail, si on en croit l'anecdote contée par Perey et Maugras.[6] Ces auteurs malheureusement ne citent pas leur source. Mais on sait qu'ils eurent connaissance de documents appartenant à des «collections particulières», énumérées dans leur préface. On peut donc croire que l'épisode, quoique manifestement arrangé, recèle un fond de vérité. Voltaire, dans le feu de l'inspiration, «s'enferma pendant trois jours». Il n'entrouvre sa porte que pour laisser passer ses repas et son café. «Le quatrième jour, Mme Denis, effrayée, força la consigne; son oncle lui jeta à la figure le manuscrit qu'il venait d'achever et lui dit : ‹Tenez, curieuse, voilà pour vous.› » Ce manuscrit, nous le connaissons, ou du moins nous en connaissons une copie : celle qu'il adresse à ses amis, confidents de ses productions clandestines, le duc et la duchesse de La Vallière, qui vivent alors retirés à Montrouge, près de Paris. Le manuscrit, acheté avec la bibliothèque du duc par le marquis de Paulmy, est aujourd'hui conservé à la Bibliothèque de l'Arsenal.

Il en ressort que, comme il était vraisemblable, Voltaire ne s'est pas enfermé seul dans son cabinet de travail. Il a près de lui son secrétaire Wagnière, qui a déjà transcrit le texte inachevé, à Schwetzingen. Il lui dicte le récit désormais complet. Parfois, au cours de la dictée, il fait barrer quelques mots, qu'il remplace immédiatement à la suite sur la même ligne. Puis, au cours de ces trois jours, ou plus tard, il notera de sa main quelques corrections et il dictera à Wagnière une nouvelle version du chapitre xxii, qui se trouve être la troisième rédaction de ce chapitre parisien.[7]

A quel moment situer cet achèvement de *Candide*? «Peu après l'acquisition de ses châteaux», selon Percy et Maugras.[8] Indication vague, car les négociations pour l'achat de Tourney et de Ferney, entamées en septembre et octobre 1758, se prolongeront plusieurs mois, jusqu'en février 1759 en ce qui concerne Ferney, c'est-à-dire après la publication de *Candide*. Le manuscrit La Vallière permet de proposer une date plus précise. En effet il présente par rapport au texte imprimé une variante remarquable. L'épisode, si impressionnant, de l'esclave noir à Surinam n'y figure pas. Candide entrant dans Surinam se rend directement chez le patron du bateau qui le rapatriera en Europe. Voltaire avait oublié l'une des pires abominations du «meilleur des mondes», l'esclavage colonial. On peut conjecturer qu'il s'aperçut de l'omission en lisant Helvétius.

La campagne anti-philosophique se déchaînait alors contre une nouvelle cible : le livre de ce fermier-général intitulé *De l'Esprit*. L'ouvrage avait pourtant été publié en juillet 1758, avec approbation et privilège. Le censeur, chargé de certifier que le manuscrit ne contenait aucune idée subversive, l'avait évidemment mal lu. Helvétius, s'inspirant d'un matérialisme qu'on jugerait aujourd'hui rudimentaire, poussait à l'extrême les thèses sensualistes. L'homme selon lui, dénué de libre arbitre, répond mécaniquement aux impressions extérieures. Non seulement toute pensée procède de la sensation, mais les esprits, tous égaux à la naissance, et dans un parfait état de vacuité, seront façonnés par les influences externes : soit celles qui correspondent à des besoins biologiques, soit celles de l'environnement social. D'où il résulte que « l'éducation peut tout », que le seul critère moral est « le plus grand bonheur du plus grand nombre » ; la moralité, individuelle ou collective, sera obtenue par l'application d'un système judicieux de punitions et de récompenses.

Dès le mois d'août, la reine, le dauphin, tout le parti dévot s'indignent qu'une publication aussi scandaleuse ait reçu le sceau du privilège royal. Le parlement, à l'instigation de Joly de Fleury, va entamer des poursuites. Pour couper court, Malesherbes fait prendre un arrêt du Conseil, révoquant le privilège (10 août). Sur ordre de la reine, qui fait intervenir la mère d'Helvétius, celui-ci doit publier une première, puis une seconde rétractation. Ce qui ne met pas fin à la persécution. L'assemblée du clergé, réunie le 25 octobre, présente des remontrances au roi, qui visent *De l'Esprit* sans le nommer : les « productions empoisonnées » des philosophes pervertissent les jeunes gens, en leur montrant « l'homme dégradé et avili jusqu'à la condition des bêtes ».[9] En novembre, l'archevêque de Paris fulmine un mandement contre *De l'Esprit*. En janvier 1759, le pape Clément XIII, qui vient de succéder à Benoît XIV, lance un bref contre ce livre « rempli de propositions impies, scandaleuses et hérétiques ».[10]

Voltaire, informé de l'affaire par Thiriot dès septembre, n'a pu lire *De l'Esprit* que vers le milieu d'octobre. Il n'apprécie que médiocrement l'ouvrage, le jugeant faible, en comparaison de Locke.[11] Mais il a remarqué, vers le début du volume, à propos de « la consommation d'hommes qu'occasionne nécessairement un grand commerce », une note sur la traite d'esclaves, nécessaire pour approvisionner en main-d'œuvre les plantations de canne en Amérique :

On conviendra qu'il n'arrive point de barrique de sucre en Europe qui ne soit teinte de sang humain. Or quel homme à la vue des malheurs qu'occasionnent la culture et l'exportation de cette denrée refuserait de s'en priver, et ne renoncerait pas à un plaisir acheté par les larmes et la mort de tant de malheureux ? Détournons nos regards d'un spectacle si funeste et qui fait tant de honte et d'horreur à l'humanité.[12]

De l'idée du « spectacle si funeste », Voltaire tire une scène : la rencontre de Candide et de l'esclave de Surinam. Il charge l'infortuné Guinéen de condenser la vertueuse indignation d'Helvétius en une formule toute voltairienne : « C'est à ce prix que vous mangez du sucre en Europe. »

On situera donc à la fin d'octobre 1758, ou plus vraisemblablement en novembre ou même en décembre, une révision de *Candide*, d'où sort le manuscrit prêt pour l'impression (qui ne nous est pas parvenu) ; celle-ci étant confiée par Voltaire à ses imprimeurs attitrés, les frères Cramer. Il y ajoute l'épisode de l'esclave, et apporte quelques retouches. Il dut attendre aussi la réponse de La Vallière après l'envoi du manuscrit. La duchesse avait été choquée par les passages libres du récit. Elle fit, dit-on, savoir à Voltaire « qu'il aurait pu se passer d'y mettre tant d'indécence, et qu'un écrivain tel que lui n'avait pas besoin d'avoir recours à cette ressource pour se procurer des lecteurs.»[13] Mais le duc, que n'effarouchaient pas les gaillardises, ne fut pas de cet avis. Une fois le livre imprimé, il sera l'un de ses diffuseurs à Paris. Si sa réponse formule une critique, elle porte sur un autre point: sur le chapitre de Candide à Paris, pour lequel le manuscrit lui proposait de choisir entre deux versions. Il ne fut apparemment satisfait ni de l'une ni de l'autre. Voltaire dans sa révision opte pour la seconde: celle-ci cependant, retenue dans le texte imprimé, paraîtra encore au duc de La Vallière le seul épisode du récit «qui soit trouvé faible».[14]

Voltaire termine l'année 1758 et commence la suivante en corrigeant les épreuves de Candide. Le 15 janvier, les frères Cramer ont terminé l'impression de l'édition originale. Ils cachent soigneusement dans leurs magasins les piles d'un petit volume de 299 pages, tiré sur les rames fournies par un papetier de Versoix. Le même jour, et les jours suivants, ils envoient le plus discrètement possible des exemplaires à leurs correspondants à travers l'Europe.

Depuis longtemps la critique a décelé dans le texte du conte des échos autobiographiques. La sagesse du «jardin», notamment, dans la «Conclusion», paraît exprimer les aspirations de Voltaire. L'épisode reflète sans doute le bonheur de ce «jardin» nommé par son acquéreur «les Délices»: car on a des raisons de penser que ce finale appartient à la phase première de la rédaction, en janvier 1758.[15] Mais on sait aussi que souvent l'œuvre d'un écrivain contribue à l'orientation de sa vie. L'auteur de ces aventureuses pérégrinations, à travers les océans et les continents, termine son récit au moment même où ses propres errances vont prendre fin. La «Conclusion» de Candide dut encourager Voltaire à acquérir un autre «jardin», à l'automne de cette même année 1758.

A son retour à Genève, au début de septembre, il broie des idées mélancoliques. Il se voit exclu de Paris pour longtemps, pour toujours peut-être. «Triste siècle», en décadence, où «la disette des talents en tout genre est effrayante», soupire-t-il à l'adresse de l'auteur de la Colombiade.[16] La guerre qui continue prend un tour déplorable. Depuis la défaite honteuse de Crefeld (23 juin 1758), les armées françaises vont d'échec en échec. «La terre est couverte de morts et de gueux, dont quelques fripons ont les dépouilles».[17] L'Europe sombre, comme le navire de Candide dans la rade de Lisbonne. Que chacun, comme il peut, «se sauve sur sa planche». «Une planche, vite, une planche dans le naufrage», s'écrie Voltaire.[18] Il va, quant à lui, essayer de se tirer d'affaire, en se ménageant une retraite tout à fait sûre. Le 9 septembre, il propose au président de Brosses de lui acheter Tourney.[19] Le 7 octobre, il mande à Tronchin son banquier qu'il «vient d'acheter» Ferney.[20]

Ses «Délices» ne suffisaient donc point? Hennin, de passage à Genève, l'a vu s'y plaire parfaitement. Sans doute, il est gravement malade. Troubles digestifs, insomnies, «affaissements subits»: le visiteur ne lui donne pas plus de deux ou trois ans à vivre. Cependant, dans ses bons moments qui ne sont pas rares, il est fort gai. Il reçoit chez lui une foule de gens, qu'il se plaît à conduire dans ses bosquets. Il accueille en son salon chaque jour des étrangers «par douzaines». Ses deux nièces, fort aimables «à la figure près», font revivre en son intérieur «l'aisance de nos sociétés de Paris»: une conversation «intéressante», une table «servie avec abondance et délicatesse»...[21]

Le fait est pourtant que ce Pococurante veut s'établir ailleurs. C'est qu'il entend s'assurer une pleine indépendance. Dans la petite république de Genève, il se sent trop assujetti aux autorités toutes proches du Petit Conseil, du Consistoire. De celui-ci surtout qui, selon l'esprit de Calvin, prétend exercer un droit de censure sur ses divertissements. Devenu seigneur de deux châteaux, il va pouvoir parler «en homme qui a des tours et des mâchicoulis, et qui ne craint pas» les prêtres.[22] S'installant hors du territoire de la «parvulissime», il échappe à sa juridiction. On se rappellera que, jusqu'à la Révolution, le territoire français entourait Genève, pour rejoindre, à l'est, les rives du lac sur un front étroit. Ferney et Tourney sont donc situés dans le royaume de France. Voltaire ainsi ne fera pas figure de réfugié, comme tant d'autres Français, notamment huguenots, qui vivent à Genève. Autre avantage: le roi est loin. Il faut bien des jours pour qu'un rapport atteigne Versailles et qu'éventuellement des ordres en reviennent. Dans l'intervalle le seigneur de Ferney et Tourney aura le temps d'aviser. En quelques quarts d'heure, il se met hors de portée soit à Genève, soit en pays de Vaud, soit à Neuchâtel. Il a entendu dire «qu'on ne peut servir deux maîtres»; il veut, lui, «en avoir quatre pour n'en avoir pas du tout».[23]

La négociation de Ferney va progresser plus rapidement que celle de Tourney. Depuis 1674, la seigneurie de Ferney appartenait à des descendants du grand humaniste de la Renaissance, Guillaume Budé. L'un de ceux-ci, Bernard de Budé, était mort en 1756, à l'âge de quatre-vingts ans. Le vieil homme, qui habitait Genève, avait laissé à l'abandon sa résidence secondaire de Ferney. Ses deux frères décident de vendre. L'un d'eux, Jacob de Budé, colonel au service de la Hollande, étant absent, Voltaire traite avec son frère Isaac de Budé-Boisy. Dès le 7 octobre, l'achat est conclu, pour le prix de 130 000 livres.[24] Ensuite les choses traîneront. Budé-Boisy, fort âgé (il est né en 1691), affligé de goutte, est lent en affaire, et son fils voudrait conserver la terre dans la famille.[25] La signature définitive n'interviendra que le 9 février 1759.[26] Mais dès octobre, Voltaire se considère comme propriétaire de plein droit, et agit en conséquence. S'il rencontre des difficultés, c'est dans ses démarches pour obtenir la dispense des droits de mutation, appelés alors «lods et ventes». Il devrait verser à ce titre le quart du prix d'achat au comte de La Marche, seigneur du pays de Gex dont dépend Ferney. Il sollicite l'exemption auprès de l'intendant de Bourgogne. Or ce haut administrateur est Jean François Joly de Fleury de La Valette, frère du Joly de Fleury du parlement de Paris avec lequel il eut maille à partir. Il se heurte à un refus. Il demande au moins, s'adressant cette fois à Fabry, subdélégué de Gex, que les droits soient réduits à 4 000 livres.[27] On ne sait s'il obtint satisfaction. Solliciteur obstiné, il revient à la charge auprès de Joly de Fleury pour une autre requête : permission de faire passer cent coupes de blé par an à Genève, pour la consommation des Délices. Et ce n'est pas tout. Henri IV avait affranchi Ferney, comme d'ailleurs Tourney, des dîmes, vingtièmes et autres impôts. Le vendeur continuait à bénéficier de ce privilège fiscal. Le nouvel acquéreur demande qu'il lui soit conservé. L'affaire remontera à Choiseul, secrétaire d'Etat aux Affaires étrangères depuis décembre. Voltaire y fera intervenir Mme de Pompadour,[28] et finira par avoir gain de cause, après des mois de démarches.

Le château qu'il avait acheté ne ressemblait en rien à celui qui s'offre aujourd'hui aux regards du visiteur, lequel est entièrement l'œuvre de Voltaire. Le Ferney de 1758 nous est connu par un dessin d'un certain Signy.[29] C'était sinon un château-fort, du moins une « maison forte », comme il y en avait dans la plupart des villages du pays de Gex. L'ensemble témoignait de l'époque où l'on guerroyait dans ces parages, contre la république de Genève, contre le duc de Savoie, contre le roi de France, et contre les bandes de pillards. L'édifice principal avait dû être entouré jadis d'une enceinte continue. Il en subsistait quatre tours, percées d'étroites meurtrières. Deux de celles-ci flanquant le portail d'entrée, surmonté de créneaux.[30] Sur la gauche dans la gravure de Signy, se dresse l'église paroissiale, avoisinant le château, ainsi que le cimetière. Voltaire entrait aussi en possession d'un gibet, car il acquiert avec le domaine les droits de justicier. Il lui est arrivé de rêver de faire pendre à sa potence l'un de ces prédicants genevois qui lui échauffent les oreilles. En fait, il abattra le gibet, d'ailleurs vermoulu. Il va raser pareillement les tours et les restes de l'enceinte. Quant au logis même, il était « très vieux, très vaste et fort incommode » : seize pièces, plus ou moins meublées, d'après l'inventaire établi à son entrée en possession, plus de nombreuses dépendances.[31] Le nouveau propriétaire fait immédiatement reconstruire le château « de fond en comble ». Il lui en coûte 50 000 livres. En veine de dépense, il a acheté en outre la terre de Caille, enclavée dans le domaine.[32]

En novembre, le nouveau seigneur de Ferney vient examiner les lieux en détail. Il y demeure cinq ou six jours. Il y découvre un panorama de vastes horizons qui l'enchante. Il le dira plus tard en vers, s'adressant à Horace, qui a tant vanté son Tibur :

> Je crois Ferney plus beau. Les regards étonnés
> Sur cent vallons fleuris doucement promenés
> De la mer de Genève admirent l'étendue ;
> Et les Alpes de loin s'élevant dans la nue
> D'un long amphithéâtre enferment ces coteaux,
> Où le pampre en festons rit parmi les ormeaux.[33]

Mais dans le village lui-même, ce qu'il voit le bouleverse : un pays « bien dépeuplé, bien misérable». Une moitié du terrain, pourtant «excellent», reste sans culture. Depuis sept ans, le curé n'a pas fait de mariage. Pas de naissances. Et ces malheureux sont harcelés par les gabelous. On est à la frontière : interdiction d'importer de Genève du sel. «Des infortunés qui ont à peine de quoi manger un peu de pain noir sont arrêtés tous les jours, dépouillés, emprisonnés, pour avoir mis sur ce pain un peu de sel», acheté en contrebande. Conséquence : «la moitié des habitants périt de misère, et l'autre pourrit dans des cachots.» Voltaire se dit «le cœur déchiré».[34]

D'après ce qu'on sait par ailleurs ce triste tableau correspondait à la réalité. La campagne de Ferney était pauvre. De multiples ruisseaux, mal draînés, formaient des marécages et entretenaient humidité et brouillards.[35] Les prairies des «mouilles» ne donnaient que de mauvais foin. Les champs, cultivés selon le système de la jachère, produisaient peu. Les blés étaient envahis de mauvaises herbes. Le vin, fabriqué selon des méthodes archaïques et mal conservé, souvent se gâtait dans les tonneaux. Et encore la plus grande partie des récoltes partait-elle vers Genève, où résidaient, avant l'arrivée de Voltaire, les propriétaires des trois grands domaines – les Budé, les Déodati, les Mallet – peu soucieux d'améliorer la situation.[36] Aussi la population est-elle peu nombreuse : «environ cent habitants fort pauvres», constatait l'intendant en 1666. Près d'un siècle plus tard, les choses n'avaient guère changé. Beaucoup de ces malheureux pour se chauffer l'hiver pillaient les bois. «Les procès étaient innombrables pour un arbre coupé, un chemin détourné, quelques raisins chapardés, ou pour des bêtes égarées chez le voisin.»[37]

Un si lamentable spectacle excite Voltaire à agir. «Je n'achète la terre de Ferney que pour y faire un peu de bien.» Il n'est pas encore tout à fait propriétaire, qu'importe. «Ma compassion l'a emporté sur les formes». Il a déjà entrepris des travaux.[38] Sa lettre du 18 novembre 1758 marque dans sa vie un commencement. Dans les résidences aménagées par lui, il ne s'était soucié jusqu'ici que de ses aises. A Cirey, il n'avait pas eu même un regard pour les paysans des environs. Arrivant à Ferney, il ne se propose pas seulement de «cultiver ce jardin» en vase clos, retiré au sein de la «petite société». La conclusion de *Candide* est dépassée. Il a le projet de faire prospérer l'humanité qui y vit. Il est partie prenante dans ces entreprises de développement rural de la seconde moitié du siècle, plus ou moins inspirées de cette physiocratie, que pour le moment il traite par le mépris.[39] La lettre du 18 novembre donne le coup d'envoi d'un Ferney, expérience pilote des Lumières, bénéficiant de par le prestige du seigneur et maître d'un rayonnement européen. Il sera en droit de se féliciter de l'œuvre accomplie, quatorze ans plus tard, dans la même épître à Horace :

> Mon séjour est charmant, mais il était sauvage,
> Depuis le grand Edit inculte, inhabité,
> Ignoré des humains dans sa triste beauté.

La nature y mourait, je lui portai la vie ;
J'osai ranimer tout.[40]

Dans les semaines suivantes son enthousiasme ne faiblit pas. Mme Denis fait grise mine. Elle qui s'ennuie dans cette Suisse lointaine, se sent peu disposée à jouer, à Ferney, «les Cérès, Pomone et Flore».[41] Mais les états d'âme de la nièce laissent l'oncle indifférent. Il est, lui, dans une grande excitation. Pendant que «vingt maçons» lui rebâtissent son château, il achète mille plants de vignes bourguignonnes. Il achète une charrue dernier cri, la «charrue à semoir» qui à la fois laboure, sème, herse et recouvre. Il a commencé à faire travailler ses champs avec ce merveilleux engin. Il va faire de l'élevage aussi : 16 bœufs de labour, 12 chevaux dont huit juments.[42] Pour la reproduction de la race chevaline, il demande une patente au directeur des haras du pays de Gex. Qu'on lui envoie un des étalons du roi : son parent Daumart, installé à Ferney, veillera aux saillies.[43] Pour faire face à tant de tâches, il a transféré du personnel des Délices, où il continue cependant à résider. Il dispose maintenant d'un «vigneron en titre d'office», de «deux jardiniers», d'un «équipage» pour la fameuse charrue à semoir. Au total, trente personnes à nourrir chaque jour. Il a même acheté un ours. Agitation dont s'enchante son humeur ludique. Son argent file. Il se fait envoyer du numéraire, par son banquier : 250 louis d'or, des pièces de 24 et de 12 sous. Il se ruine, mais il s'amuse. «Je joue avec la vie. Voilà la seule chose à quoi elle est bonne.»[44]

L'achat de Tourney s'avéra moins joyeux. Voltaire avait en face de lui un partenaire redoutable : Charles de Brosses, président à mortier au parlement de Dijon. Fils lui-même d'un conseiller à ce même parlement, ancien élève du collège des jésuites de la ville, de Brosses était une figure typique de l'aristocratie robine de la France provinciale. Pourvu d'une solide culture humaniste (il travailla sa vie durant à un grand ouvrage sur Salluste), bon écrivain, il a les curiosités d'un esprit moderne à l'âge de l'*Encyclopédie*. Il a fait, sinon son «grand tour», du moins un voyage en Italie, en 1739 et 1740. Au moment où Voltaire fait sa connaissance, il est occupé à polir le récit de ses voyages, sous la forme de *Lettres familières*, qui ne seront publiées qu'en 1799. D'autres ouvrages révèlent chez ce parlementaire de province une remarquable ouverture d'esprit : une *Lettre sur Herculanum* (site archéologique dont les fouilles ont commencé) ; une *Histoire des navigations aux terres australes*, que Voltaire a dans sa bibliothèque, compilation sur les terres, encore presque inconnues, du Pacifique ; un essai *Du Culte des dieux fétiches*, sur les religions africaines ; un traité d'étymologie. De telles productions lui donnaient droit de nourrir des ambitions académiques. Sa rencontre avec Voltaire aurait pu servir une éventuelle candidature. Ce fut le contraire qui arriva. Car le président ne sut pas refréner ses humeurs. Célèbre pour sa petite taille,[45] souffrant peut-être du complexe de l'homme petit, il allait dressant sa «petite tête gaie, ironique et satirique».[46] Il se montrait dans les relations impérieux, processif.

Tel il fut dans la négociation avec Voltaire sur la vente de Tourney. Il va réussir à imposer à l'acquéreur ses conditions. Voltaire lui offre d'acheter à vie : il versera comptant 25 000 livres. Il s'engage en outre à faire dans les bâtiments et les terres 25 000 livres de travaux. A sa mort, le domaine reviendra à de Brosses. Celui-ci calcule : si Voltaire meurt rapidement, le marché est avantageux. Sinon... Le président exige donc 30 000 livres au comptant, plus «la chaîne du marché», c'est-à-dire selon l'usage un cadeau pour Mme de Brosses. Voltaire étant revenu en arrière (20 000 livres comptant, en augmentant la somme consacrée aux travaux), de Brosses feint de rompre : il vendra à un autre acquéreur qui vient de se faire connaître. Mais Voltaire a grand désir d'avoir cette terre de Tourney. Il cède. Il rencontre de Brosses à Tourney, le 11 décembre. Il lui paiera comptant non pas vingt ni trente mille livres, mais trente-cinq mille.[47] Il fera des réparations pour 12 000 livres,[48] usera de la forêt du domaine «en bon père de famille», et restituera à sa mort tout en bon état, y compris les meubles et effets se trouvant sur place. De Brosses escomptait s'approprier ainsi la belle argenterie de Voltaire. En fait, le président quittera la vie avant son acquéreur. En règle générale, les spéculations sur la mort d'autrui sont démenties par l'événement. Quant au cadeau pour Madame, Voltaire, dans son enthousiasme agronomique, avait offert une belle charrue à semoir. Proposition saugrenue, qui excite l'ironie du président : «je doute qu'elle prenne cela pour un meuble de toilette». En fin de compte, la présidente reçut un cadeau en numéraire, de 500 livres.

Voltaire avait fait une mauvaise affaire. Il payait cher un domaine en piteux état. Le chemin notamment qui reliait Tourney à Genève, mal entretenu, était à peine carrossable. Il avait pris des engagements où de Brosses ne manquerait pas de trouver matière à procès. La prétendue «forêt», saignée à blanc, était bien loin de porter la densité d'arbres prévue au contrat. Une difficulté allait surgir dans l'immédiat. Un exploitant, nommé Charlot Baudy, avait laissé sur place des coupes de bois. Voltaire veut les faire transporter aux Délices pour se chauffer. Il pense les avoir achetées avec le domaine, et donc n'avoir pas à les payer. De Brosses au contraire prétend qu'il doit en régler le prix à l'exploitant : d'où une querelle qui ne va pas tarder à s'envenimer.

Avant que de pénibles débats ne lui gâchent son plaisir, Voltaire savoure sa gloire toute neuve de propriétaire. Il avait fait son entrée à Ferney dès le début de l'automne, à peine l'achat décidé. Il y avait mis les formes ainsi que Mme Denis : «un carrosse de gala», «fond bleu céleste semé d'étoiles d'argent». Il exhibait un habit de velours cramoisi tout garni d'hermine ; sa nièce portait «sa robe la plus riche», et tous ses diamants. «Dans cet accoutrement», ils entendirent tous deux la grand-messe de la paroisse, «chantée en faux bourdon, et pendant laquelle on tirait des boîtes en guise de canons».[49] Malheureusement, hormis le curé, il n'y avait là que des paysans. Le nouveau seigneur en fut quelque peu vexé.

A Tourney, la veille de Noël, l'accueil fut bien autrement fastueux. Voltaire avait pris place dans le même carrosse bleu à étoiles d'or. Il avait à ses côtés ses deux nièces, «toutes en diamants». A la portière, caracolait le cousin Daumart, en uniforme de mousquetaire du roi. Une brillante assistance l'attendait : Mme Gallatin et sa famille, un certain Malapert, directeur d'une Académie d'équitation à Genève, Chouet, le précédent locataire du domaine. Le curé harangua le nouveau seigneur. Celui-ci lui répondit : «Demandez ce que vous voudrez pour réparer votre cure, je le ferai. » Les filles du village offrent aux deux dames des gerbes de fleurs (un 24 décembre...), à Voltaire des oranges, «dans des corbeilles garnies de rubans». On salue le maître, non pas comme à Ferney par le tir de vulgaires «boîtes», mais par des salves de mousqueterie, et par des coups de canon. On avait fait venir tout exprès de Genève un canonnier avec son artillerie. Puis Chouet offre un banquet : le traiteur des Paquis s'était surpassé, sans réussir à faire mieux que le repas ridicule de Boileau. Jamais Voltaire n'avait été «si aise», remarque Mme Gallatin. C'est qu'à Tourney il est comte. Il a acquis le titre en même temps que la terre. Il ne manquera pas de s'en parer, à l'occasion. Ecrivant à Haller, qui a tendance à le traiter de haut, il a soin de signer : «gentilhomme ordinaire de la chambre du roi, comte de Tourney».[50]

Mais il n'a pas acheté ses deux châteaux pour de simples satisfactions d'amour-propre. Il est désormais à la tête d'un domaine rural étendu, d'un seul tenant, jouxtant au sud le territoire de Genève, bordant le lac Léman, limitrophe au nord-est du pays de Vaud. La commodité d'issues multiples en cas de danger assure son indépendance. En outre, seigneur de village, il a les responsabilités d'un gros exploitant rural, et selon la juridiction d'Ancien Régime, celles d'un administrateur. Il possède même les droits de justice seigneuriale, archaïques mais non abolis. Le sort d'une paysannerie misérable dépend de lui. Et il a sous son contrôle les curés de ces villages. Cela est si vrai que, dès son installation, il se trouve en conflit avec deux d'entre eux, pour des affaires de dîme.

N'accusons pas son trop réel anticléricalisme. En achetant Ferney, il avait hérité de deux procès qui durent depuis cent cinquante ans : contre le curé de Ferney, pour la dîme de la paroisse ; contre le curé de Moens, village tout proche, pour la dîme du hameau de Collovrex.

Au temps de la Réforme, les protestants de Berne, ayant conquis le pays de Gex, s'emparèrent des dîmes comme prises de guerre. Ils les vendirent ensuite aux seigneurs de l'endroit, dont celui de Ferney. En 1601, Gex est rattaché à la France. Le roi garantit à ses nouveaux sujets la propriété de leurs biens. Mais les curés, passés sous l'autorité du roi Très Chrétien, veulent récupérer leurs dîmes. Ils intentent un procès devant le parlement de Dijon. Celui-ci, n'ayant jamais reconnu les cessions du XVIe siècle, condamne les seigneurs à restitution, en

1642. Les descendants des acquéreurs, comme on peut le penser, refusent d'obtempérer. De sorte qu'en 1755, Gros, curé de Ferney, actionne encore Budé le propriétaire, pour l'exécution de l'arrêt de 1642. L'affaire est venue en appel devant le Conseil du roi. Les choses en sont là lorsque Voltaire achète Ferney.[51]

L'affaire des dîmes de Collovrex est plus dramatique. Elle ne mettait pas en jeu directement les intérêts du seigneur de Ferney. En vertu d'un capitulaire de 801, les dîmes du hameau de Collovrex se trouvaient partagées entre le chapitre Saint-Pierre de Genève et les pauvres de Ferney. A la Réforme, la république de Genève avait succédé aux droits du chapitre. Or à l'époque où nous sommes, Moëns avait pour curé un nommé Ancian, grand procédurier, qui avait plusieurs procès en cours au parlement de Dijon. Il y ajouta une action contre la république de Genève et contre les pauvres de Ferney, pour la restitution des dîmes. Le parlement lui donna gain de cause. Un arrêt du 14 août 1758 condamna les pauvres à restituer les dîmes et à payer en outre à Ancian les frais du procès : soit les voyages du curé à Dijon, pour ce procès et pour les autres, avec «le vin qu'il avait bu à Mâcon et à Dijon».[52] L'homme était violent, habitué à bastonner ses paroissiens. Il exige rigoureusement qu'on lui paie son dû.

Qui donc étaient ces «pauvres» de Ferney? Des «pauvres de nom, pauvres d'effet et pauvres d'esprit», selon Voltaire. En tout cas, cinq familles parfaitement indigentes, totalement incapables et de se défendre en justice et de verser les sommes exorbitantes qu'on leur demandait. Voltaire, entrant en possession, va s'efforcer de les défendre : lettres à François Tronchin, à M. Le Bault, conseiller au parlement de Dijon, au président de Brosses; lettre surtout à Mgr Deschamps, évêque d'Annecy, supérieur ecclésiastique du curé de Moens. Que le prélat veuille bien engager le curé «à ne pas user d'un droit aussi peu chrétien dans toute sa rigueur»; que des délais au moins soient accordés.[53] L'évêque promit de «laver la tête» au peu charitable pasteur. Sans doute le fit-il. Il en fallait cependant davantage pour amener Ancian à de meilleurs sentiments. Nous retrouverons l'affaire ultérieurement. Elle va se corser par l'intervention d'une veuve légère, et du P. Fessy, supérieur des jésuites d'Ornex.[54] Mais n'anticipons pas...

Dans le même temps, Voltaire se trouvait en démêlés avec d'autres gens d'Eglise : des pasteurs réformés du pays de Vaud. Voici que rebondit l'affaire de Joseph Saurin, ce pasteur converti par Bossuet, que ses anciens confrères chargeaient de graves accusations et qui aurait lui-même reconnu ses crimes par une lettre. Nous avons dit[55] comment, à la demande de son fils, Voltaire avait modifié l'article du catalogue des écrivains dans Le Siècle de Louis XIV et avait publié, dans une réédition de 1757, une attestation de trois pasteurs de Lausanne, Abraham de Crousaz, Polier de Bottens, Daniel Pavillard, niant l'existence de la lettre d'aveu. Or le Journal helvétique d'octobre 1758 insère une lettre, datée de Vevey, 23 septembre, «à l'occasion d'un article concernant Saurin inséré dans les œuvres de Mr. D. V.» : diatribe d'un ton vif prenant à partie conjointement Voltaire et Saurin le père. Ce Saurin qui a changé de religion pour faire « une petite fortune » (ce sont les termes du *Siècle de Louis XIV*) ne peut être considéré que comme un misérable. Voltaire a fait son éloge « par un goût décidé pour le déisme, j'ai presque dit pour l'athéisme ». Quant à la déclaration des trois pasteurs, c'est un faux, ou bien elle a été « surprise ». La lettre ne portait pas de signature. On l'attribua à Jean-Pierre Le Resche, pasteur à Chexbres. Celui-ci, en février et mars de l'année suivante, protestera de son innocence.[56] Mais nous avons une autre lettre de lui à l'un des trois pasteurs, Daniel Pavillard, où il se reconnaît l'auteur du texte paru dans le *Journal helvétique*, et s'explique sur ses intentions.[57]

Surpris par la violence de l'attaque, Voltaire répond par une *Réfutation* qui se veut modérée. Il s'indigne qu'en « remuant les cendres du père » on « porte le poignard dans le cœur » des enfants de Joseph Saurin : un fils « rempli de probité et de mérite », « cinq filles vertueuses ». Et quel absurde raisonnement : « un homme donne un secours nécessaire à une famille persécutée ; donc il est déiste et athée » ! L'accusateur possède-t-il l'original de la lettre d'aveu imputée à Saurin ? Qu'il le produise donc. Sinon qu'il « fasse amende honorable ».[58] A défaut de l'original, Leresche faisait état d'un document vérifiable. En 1712, Saurin était revenu à Yverdon (pour des affaires de famille). La chambre criminelle avait alors intenté une action contre lui, « non à cause de son apostasie, mais à cause des crimes qu'il avait commis ».[59] Il devait subsister des traces de la procédure dans le registre de la classe des pasteurs d'Yverdon. La compagnie des pasteurs de Lausanne, émue d'une affaire où plusieurs des siens étaient compromis, se fit remettre le registre. On chercha le procès-verbal de l'instruction entamée contre Saurin. Mais on ne trouva rien. C'est donc que la page avait été arrachée. La rumeur accusa Polier de Bottens, qui avait eu le registre entre les mains, et même Voltaire à qui Polier l'aurait montré. En fait, un examen du registre en notre siècle a prouvé qu'il ne manquait aucune page.[60]

L'affaire avait eu des suites fâcheuses. Les trois pasteurs cités par Voltaire furent vivement réprimandés par la Vénérable Compagnie pour avoir décerné, entre les mains d'un impie, un certificat en faveur d'un apostat. Très affectés, Polier et ses deux confrères vont se montrer désormais réticents à l'égard de Voltaire. Et pour comble de disgrâce, au début de l'année suivante, quand l'affaire commençait à s'apaiser, un revenant, le libraire Grasset, s'évertuera à la prolonger.

François Grasset, on se le rappelle, avait dû quitter Genève après sa négociation manquée, aux Délices, d'un manuscrit de *La Pucelle*. Depuis il s'était installé à Lausanne, comme imprimeur. Or au début de 1759, voici que sort de ses presses, dans la foulée de l'affaire Saurin, un recueil anonyme intitulé *Guerre littéraire ou Choix de quelques pièces de M. de V*******, avec les réponses pour servir de suite et d'éclaircissement à ses ouvrages*. Lesdites « réponses », en vue desquelles est établi le choix, mettent Voltaire en accusation. Après diverses «pièces»[61] vient la *Défense de milord Bolingbroke*, avec des *Remarques*. Puis ce sont les «pièces» sur «l'âme atroce» de Calvin, suivies des *Torts, à M. de V...* dans cette affaire; enfin les «pièces» sur l'affaire Saurin. L'ensemble dénonce «M. de V...» comme un ennemi de la religion, et plus particulièrement de la religion réformée. Surpris par l'attaque, Voltaire improvise la riposte. Il élève aussitôt une protestation, appuyée d'un *Mémoire*, auprès de l'Académie de Lausanne. Il désavoue la *Défense de milord Bolingbroke* (laissant entendre que ce texte serait du roi de Prusse). Il soutient que sa lettre à Thiriot sur «l'âme atroce» de Calvin est «presque entièrement supposée». Il dénonce l'imprimeur et auteur de la *Guerre littéraire* pour avoir volé naguère ses patrons, en foi de quoi il produit un certificat des frères Cramer.[62] Embarrassée, l'Académie se dérobe: elle se déclare incompétente.

Voltaire s'adresse alors à Haller, qu'il sait protéger Grasset. Il lui fait parvenir le certificat des Cramer, et dénonce en outre Le Resche: «Tous ces gens-là sont des misérables». Il n'est donc pas possible que l'illustre M. de Haller prenne le parti de telles canailles. C'est pourtant l'attitude que va adopter le grand homme. Il répond sur le mode ironique. Un poète comme M. de Voltaire, «également applaudi par les rois et par le public, assuré de l'immortalité de son nom», doit-il ainsi «perdre le repos» pour de telles chicanes? Le trait touchait juste. S'efforçant de garder son calme, Voltaire revient à la charge par une longue lettre du 26 février 1759. Chemin faisant il rappelle au donneur de leçons sa propre querelle avec La Mettrie: l'illustre auteur des *Alpes* ne s'était pas alors montré si patient. Ici Haller commet une faute. Fort satisfait de cet échange des deux premières lettres, où il s'assurait un visible avantage, il en laisse circuler des copies. On en donne même une lecture publique dans un club de Berne. Toute la ville est informée: on applaudit celui qui a «fouetté» avec tant d'esprit le redoutable M. de Voltaire. Mais celui-ci saisit l'occasion de reprendre l'avantage. Nouvelle lettre à Haller, le 13 mars. Il répète le réquisitoire détaillé contre Grasset. Puis, *in cauda*, il reproche, avec juste raison, à son correspondant d'avoir, sans son accord, fait circuler leur échange épistolaire: indiscrétion blâmable, dont Haller se justifie avec embarras.[63]

Dans cette ville de Berne, Voltaire disposait d'un appui: le banneret Freudenreich. L'intervention de celui-ci va être décisive. Il fait d'abord interdire la publication de la *Guerre littéraire*.[64] Puis il fait en sorte que la naturalisation bernoise, sollicitée par Grasset, lui soit refusée.[65] En conséquence, le libraire doit quitter Lausanne. La querelle, séquelle de l'affaire Saurin, se termine ainsi à l'avantage de Voltaire.

Il en conservera de l'humeur contre la capitale du pays de Vaud. Au cours de ces débats, il s'était indigné qu'on traitât si mal à Lausanne un riche étranger comme lui, qui fait tant de dépenses dans cette ville.[66] Argument peu convaincant, mais désormais il se tiendra à l'écart. C'est à Ferney, dans la proximité de

Genève, qu'il se fixe définitivement, sans esprit de retour vers les résidences vaudoises.

En ce début de 1759, il est tout à la joie de s'installer dans ses nouveaux domaines. Il ne tarit pas sur le plaisir qu'il a de bâtir et de planter, ce qui revient à « mettre les choses dans l'ordre ». Il s'y plaît, lui qui a « horreur de la difformité ». En vue d'emménager, il passe à Jean Robert Tronchin d'énormes commandes : fusils, café, sucre, vin de Languedoc, et cent livres de savon, car « nous faisons des lessives immenses ». Le printemps venu, il met en action sa merveilleuse charrue à cinq semoirs. Voilà qui promet de bien meilleurs rendements que la pauvre araire de bois, égratignant à peine la surface du champ. Mais le simple laboureur ne peut acquérir un engin aussi coûteux. « Il y a des choses, écrit-il sans vergogne, qui conviennent au berger Tircis, et qui ne conviennent point au berger Pierrot. » Il est ce Tircis. Plus prosaïquement, il confie à Mme Du Deffand que sa destinée était de « finir entre un semoir, des vaches et des Genevois ». En quoi, il a rempli « la vocation de l'homme » : « Dieu l'avait créé libre, et je le suis devenu. »[67]

Mais l'euphorie voltairienne ne va jamais sans des tracas harcelants. Il n'en manque pas, en ces débuts d'installation. Il dépense beaucoup et, par ces temps de guerre, l'argent rentre mal. Choiseul a réduit les subsides versés à l'Electeur palatin. Aussi son Altesse Electorale a-t-elle manqué de payer les intérêts dus à Voltaire pour le 1er janvier 1759 : le trésorier annonce huit mois de retard... Voltaire n'échappe pas aux soucis du propriétaire foncier. Un chemin de Ferney a été défoncé par le sieur Mallet : à lui de le réparer, avec le concours des paysans, qui ont intérêt au bon entretien de la voie. En ce cas, Voltaire est disposé à accorder aux manœuvres requis de corvée « un petit salaire ».[68]

Mais c'est surtout du côté de Tourney que viennent les ennuis. Les discussions avec de Brosses s'aigrissent. Si le président n'est pas facile en affaires, il se plaint de son côté d'avoir à traiter avec un Voltaire « voltigeant ». « Vous avez dévasté la moitié de votre forêt », lui reproche son acquéreur, qui s'est engagé par contrat à la restituer en bon état. Et voici que s'amorce l'affaire des « moules » de bois de chauffage, que Voltaire prétend avoir acquis avec le domaine et que de Brosses refuse de payer au fermier Charlot Baudy.[69] Par l'obstination des deux parties, l'affaire va prendre des proportions démesurées, et aboutira à la rupture du philosophe et du président.

Il va sans dire que, tout retiré qu'il est, Voltaire ne s'enferme pas dans le petit monde délimité par Genève, Ferney et Tourney. Il intervient à Versailles pour tenter de résoudre, au niveau supérieur, ses difficultés locales. Il voudrait être dispensé de payer les droits de mutation – le « centième denier » – dus pour le bail à vie de Tourney. Pour demander le dégrèvement, il n'hésite pas à s'adresser directement au Conseil royal des finances, présidé par le roi lui-même, et où siège le dauphin.[70] Il a soin de maintenir le contact, au moins épistolaire, avec les détenteurs du pouvoir. Par la plume de Mme Denis, il écrit à Mme de Pompadour. Sujet, ou prétexte de la lettre : le maintien des privilèges fiscaux accordés à Ferney et Tourney.[71] Le duc de Choiseul étant devenu secrétaire d'Etat aux Affaires étrangères, il ne lui adresse pas moins de cinq lettres au printemps de 1759, et il en reçoit trois. Cette correspondance traite d'abord des exemptions demandées pour ses récentes acquisitions : le ministre lui donne gain de cause – du moins partiellement. Mais on passe bientôt à des sujets plus graves, par suite des écarts de plume de Frédéric II, dont il sera parlé plus loin.

De Paris, Voltaire reçoit une bonne nouvelle. Le 23 avril 1759, la Comédie-Française a supprimé les places de spectateurs sur la scène : places louées fort cher, qui rapportaient beaucoup à la troupe. Mais un mécène fit généreusement le nécessaire pour faire disparaître une telle aberration : le comte de Lauraguais versa aux Comédiens une indemnité de 30 000 francs. Voilà donc débarrassé le plateau de la Comédie-Française. « Les blancs-poudrés et les talons rouges ne se mêleront plus avec les Augustes et les Cléopâtres. » Une mise en scène devenait possible, précisément au moment où Diderot préconisait le genre nouveau du drame bourgeois, qui devait porter sur les planches la vie quotidienne des familles et des professions. Voltaire comprend bien que désormais « le théâtre de Paris va changer de face ». Mais non pas dans le sens où l'entendait Diderot. Voltaire prévoit un renouveau de la tragédie. Non plus ces « conversations en cinq actes » au bout desquelles on apprend « qu'il y a eu un peu de sang répandu ». Mais « de la pompe, du spectacle, du fracas ». Il a mis en chantier déjà l'une de ces tragédies nouvelles : ce sera *Tancrède*. Dans l'immédiat qu'on reprenne donc *Rome sauvée* et *Oreste*, pièces qui s'accommodent de la « pompe » et du « spectacle », et même les exigent. Les perspectives qui s'ouvrent vont-elles atténuer le pessimisme de Voltaire en matière de littérature ? Il n'en est rien. Les belles-lettres en France tombent : « On croit être solide, on n'est que lourd et lourdement chimérique. »[72] Telle est l'appréciation du patriarche sur la nouvelle génération d'écrivains – celle de Diderot, d'Helvétius...

Pourtant c'est sur ces nouveaux venus qu'il compte pour la campagne philosophique qu'il prépare, tandis qu'il s'installe en ses châteaux. La persécution ne s'est pas relâchée. Le 23 janvier, le parlement de Paris a condamné l'*Encyclopédie*. Le 8 mars, un arrêt du Conseil révoque le privilège : interdiction de distribuer et de réimprimer les sept volumes parus. Malgré ses rétractations, Helvétius encourt pour *De l'Esprit* condamnation sur condamnation : par le parlement de Paris (23 janvier), par un bref pontifical (31 janvier). L'ouvrage est brûlé par la main du bourreau, avec d'autres, sur les marches du Palais le 10 février. Commentaire de Voltaire : « Il me semble que je vois l'Inquisition condamner Galilée. » Il est bien placé pour savoir que dans l'Europe de son temps l'intolérance est la chose du monde la mieux partagée. S'il y distingue « trois ou quatre » pasteurs, « prêtres honnêtes gens », tel Polier de Bottens, qu'il « aime de tout

[son] cœur», il voit aussi que les Etats protestants persécutent leurs sujets catholiques comme les catholiques leurs sujets protestants. Ce qu'il dénonce à un ministre du Saint-Evangile qui doit être le pasteur bernois Elie Bertrand.[73] « Et vous ne voulez pas, continue-t-il, qu'on attaque à forces réunies ces opinions», responsables de tant de maux ! « N'est-ce pas faire un bien au monde que de renverser le trône de la superstition ? » En vue de ce combat, il rassemble des armes. Il lit les *Philosophical works* de Bolingbroke parues en 1754.[74] Il médite de refondre ce prolixe ouvrage de sept tomes en un seul volume percutant. «Priests must be confounded.» Il se renseigne sur les «prêtres» français et leurs complices, le P. Berthier, l'abbé de Caveirac, l'avocat Moreau, en vue d'attaques personnelles. Quel sera l'objectif ? Non pas «établir une religion nouvelle chez le peuple», ce qu'il estime trop difficile, voire impossible. Mais «détruire les infâmes superstitions chez les honnêtes gens».[75] Elitisme sans doute, mais qui repose sur une appréciation réaliste du décalage culturel, au XVIIIe siècle, entre «le peuple», de mentalité profondément religieuse, et les milieux «éclairés».

Dans ces «honnêtes gens», Voltaire comprend l'aristocratie d'une Europe des Lumières. Il a reçu la visite de Grimm, de passage à Genève.[76] Cet Allemand intégralement francisé a créé en 1753 la *Correspondance littéraire*, reprenant une entreprise analogue de l'abbé Raynal.[77] Il s'agissait d'un périodique manuscrit, soustrait ainsi à la censure des livres et servi par abonnement ; par son indépendance et sa qualité cette publication se trouve être la plus ancienne de nos modernes revues littéraires. En 1759 elle en est encore à des débuts modestes. Elle ne compte que quelques abonnés en Allemagne. Un seul copiste suffit pour reproduire l'intégralité des livraisons bi-mensuelles. Par la suite l'affaire prendra une remarquable extension. La *Correspondance* se diffusera parmi les familles régnantes et la haute aristocratie de l'Europe centrale et orientale. Diderot et Mme d'Epinay y collaboreront, notamment pendant les fréquents voyages de Grimm. Voltaire n'aura pas toujours à se louer de la *Correspondance* qui ne lui ménagera pas ses ironies acides. Mais elle reproduira un grand nombre de ses textes. Et la campagne contre l'Infâme s'adressera en Allemagne, dans le Nord, en Russie, à la même clientèle cosmopolite. Il maintient le contact avec la cour de Saint-Pétersbourg. Depuis longtemps il a promis d'écrire une *Histoire de l'empire de Russie sous Pierre le Grand*, pour le service de l'impératrice Elisabeth Petrovna, fille du grand tsar fondateur de la Russie moderne. Etant enfin en possession des mémoires promis par Shouvalov, il s'est mis à la rédaction.[78]

Avec Frédéric II, la relation épistolaire se poursuit, compliquée de part et d'autre d'intentions contradictoires. «Je n'ai pu vivre sans vous, ni avec vous » :[79] cet aveu de Voltaire au roi, celui-ci aurait pu, avec autant de sincérité, l'adresser à son ancien chambellan. Ne pouvant ni vivre ensemble, ni rompre, ils s'écrivent. Mais jamais peut-être comme en ces premiers mois de 1759 l'échange épistolaire n'a été entre eux aussi chargé de feintes, de sous-entendus. Christiane Mervaud a parfaitement retracé ces méandres,[80] dont on se contentera d'indiquer ici les principales courbes. Voltaire n'a toujours pas pardonné l'avanie de Francfort. Mais il voudrait apurer ce contentieux. En janvier 1759, les péripéties de la guerre paraissent fournir une occasion inespérée. Soubise, le vaincu honteux de Rossbach,[81] toujours soutenu par Mme de Pompadour, prend une petite revanche. Il occupe par surprise la ville de Francfort. Voltaire presse donc Collini de solliciter du commandant français la punition de Freytag et Schmidt, avec restitution de l'argent volé. Mais Voltaire veut éviter de paraître lui-même dans cette démarche, et n'entend pas mettre en cause Frédéric II. Que la plainte soit donc portée, non à Berlin, mais à Vienne, par l'intermédiaire de la comtesse de Bentinck.[82] Entamée avec aussi peu de conviction, l'entreprise est bientôt abandonnée.

Voltaire pourtant ne renonce pas à obtenir réparation. Il a demandé au roi de lui restituer d'anciens «brimborions»: l'ordre du Mérite, et la clef de chambellan. Réponse dilatoire: que Voltaire se rende «digne» d'un tel geste. Au surplus, il faut attendre et «laisser mourir en paix» Maupertuis, que Frédéric ne veut pas chagriner. Le roi ne laisse guère passer d'occasion d'être désagréable avec son correspondant. L'ode de Voltaire sur la mort de la duchesse de Bayreuth lui ayant déplu, il montre de l'irritation. Plus gravement, lorsque Voltaire lui explique que le médecin Tronchin ne peut quitter Genève pour aller soigner un frère du roi, celui-ci riposte par une mercuriale. Quand le poète apprendra-t-il «de quel style» il convient d'écrire à un roi?

Sautes d'humeur, qui n'interrompent pas l'échange épistolaire. De Catt nous a dit «l'enthousiasme» de Frédéric lorsque lui arrivait une lettre de Voltaire, «écrite divinement bien». Entre le roi et son ancien chambellan une «dépendance intellectuelle» subsiste. Frédéric aspire à briller comme auteur auprès de son ancien maître de poésie. Il mène une existence de chef militaire physiquement et nerveusement épuisante. Avec des forces deux fois moindres numériquement, il lui faut résister aux armées russes et autrichiennes. Pour peu que les commandements ennemis sachent coordonner leurs mouvements, il est écrasé et détruit. Toujours sur le qui-vive, il doit éviter le désastre en devançant sans cesse l'adversaire par la rapidité de ses manœuvres. En cet état de tension extrême, cet homme étonnant ne connaît qu'un dérivatif: composer de longs poèmes en vers français. Il aligne ainsi une *Epître à ma sœur de Bayreuth*, une *Ode au prince Ferdinand de Brunswick*, une *Ode au prince Henri*, une *Epître sur le hasard à ma sœur Amélie*, un *Congé de l'armée des cercles et des tonneliers*. Toutes productions qu'il se hâte d'expédier aux Délices. «Ses œuvres n'accèdent à la plénitude de leur existence que lorsqu'elles ont été appréciées par Voltaire.»[83] Celui-ci en demeure quelque peu abasourdi: «avoir l'Europe sur les bras et faire les vers que V. M. m'envoie est assurément une chose unique.»[84] L'ennui est que, dans la fièvre du combat, le guerrier se répand en injures à l'adresse de l'ennemi, notamment de Louis XV et de la favorite, qu'il déteste:

> Esclave d'une femme, est-il pour toi de gloire ?

Voilà pour le roi de France dans l'*Epître* en principe adressée «à ma sœur de Bayreuth». Quant à la «femme», il est dit, au même endroit, que

> Pompadour en vendant son amant au plus riche
> Rend la France de nos jours esclave de l'Autriche.

Quelques semaines plus tard, Frédéric récidive en aggravant l'insulte. Il apostrophe la France :

> O nation folle et vaine !

«Ces guerriers», naguère «couverts d'immortels lauriers», il voit aujourd'hui «leur vil assemblage aussi vaillant au pillage que lâche dans les combats». Puis vient le tour de Louis XV et de sa maîtresse. Il convient ici de citer intégralement le poème :

> Quoi ! votre faible monarque,
> Jouet de la Pompadour,
> Flétri par plus d'une marque
> Des opprobres de l'amour
> Lui qui, détestant les peines,
> Au hasard remet les rênes
> De son empire aux abois,
> Cet esclave parle en maître !
> Ce Céladon sous un hêtre
> Croit dicter le sort des rois ![85]

Voltaire s'aperçoit que le paquet contenant ces gracieusetés a été ouvert. Il comprend le danger : recevoir de tels vers l'exposerait à l'accusation de lèse-majesté, avec toutes les terribles conséquences. Il lui faut prendre les devants. Ecrivant à d'Argental, il prétend qu'au moment où le paquet lui parvint le résident de France à Genève, Montpéroux, était chez lui, aux Délices (où il réside toujours) : ce qui est possible. Une telle présentation, plus dramatique, l'innocente mieux. Mais il est plus vraisemblable, comme le suggèrent les *Mémoires*, qu'il fit appel au résident en se rendant auprès de lui. Toujours est-il que tous deux se mettent d'accord sur la conduite à tenir. Voltaire envoie les vers à Choiseul avec la lettre de Frédéric et sa réponse où il déclare qu'il n'accepte «aucune des faveurs» du roi de Prusse.[86] Le 20 avril, Choiseul fait savoir à son «cher solitaire suisse» que, sans montrer au roi les vers de Frédéric, il lui a rendu compte de la conduite de son fidèle sujet. Moyennant quoi, Voltaire obtient sans peine pour Ferney «la confirmation des privilèges, exemptions et dîmes inféodées». Mais il obtient aussi un autre avantage.

Choiseul a préparé une réplique. Palissot à sa demande a versifié des couplets où il dit au roi de Prusse son fait. Notamment ceci :

Jusque-là, censeur moins sauvage,
Souffre l'innocent badinage
De la Nature et des Amours.
Peux-tu condamner la tendresse,
Toi qui n'en as connu l'ivresse
Que dans les bras de tes tambours ?[87]

Choiseul fait parvenir à Voltaire le galant compliment. Qu'il avertisse Frédéric II : si le roi de Prusse s'avisait de publier ses vers, on ferait paraître en réponse les vers de Palissot qui ont, eux, «le mérite de la vérité».[88] Voici donc Voltaire rétabli dans le rôle qu'il avait assumé, autrefois et naguère, celui d'intermédiaire entre Frédéric et la cour de Versailles : position avantageuse, malgré les risques encourus.[89]

Le duc de Choiseul fait ici son entrée dans la vie de Voltaire. Le philosophe avait dû rencontrer à la cour avant 1750 ce petit homme roux appartenant à la haute aristocratie lorraine. Le comte de Stainville – c'est le nom qu'il portait alors – s'était distingué dans la guerre de Succession d'Autriche : en 1748 il est maréchal de camp. Il doit sa carrière politique à Mme de Pompadour. Il aurait informé la favorite d'une intrigue dirigée contre elle. Mais il doit sa réussite à ses qualités d'homme d'Etat. Nommé ambassadeur à Rome (1754-1757), il obtient de Benoît XIV qu'une issue soit trouvée à l'interminable affaire de la bulle *Unigenitus*. Ce succès lui vaut d'être nommé à l'ambassade de Vienne. De ce fait, il restera l'homme de l'alliance autrichienne. En décembre 1758, il succède à Bernis comme secrétaire d'Etat aux Affaires étrangères. Il assume la fonction que n'avait pas su remplir Bernis : celle d'une coordination de toute la politique française. Fonction indispensable qui aurait dû être assurée par le roi, mais Louis XV répugne à suivre assidûment les affaires. Choiseul se fera nommer ensuite secrétaire d'Etat à la Guerre, puis à la Marine, pendant quelque temps. Sous ces divers titres, il exerce en fait le pouvoir d'un premier ministre. Il dirige la France comme quelque vingt ans plus tôt Fleury l'avait dirigée.

Il a les qualités d'un grand politique. Travailleur acharné, il connaît à fond ses dossiers. Il sait cependant ne point se perdre dans les détails. Il a la hauteur de vues un peu méprisante du grand seigneur. Affable, bon courtisan, il se concilie les bonnes grâces du roi et celles de Mme de Pompadour. Il veille en outre à mettre de son côté l'opinion, dont il mesure l'influence grandissante. Aussi ménage-t-il un personnage tel que Voltaire. Les lettres qu'il adresse à la «marmotte suisse» sont marquées d'une cordialité enjouée. Il n'a point à se forcer. Homme de plaisir, Choiseul en matière de religion respecte les apparences, mais en son for intérieur n'éprouve qu'un sentiment de scepticisme, voire de sourde hostilité. C'est sous son règne que les jésuites seront poursuivis en justice, supprimés et finalement chassés. S'il ne porte aucune sympathie aux philosophes à la manière de Diderot et des encyclopédistes, il se sent au contraire en affinité avec une «philosophie» de bonne compagnie, indulgente à un immoralisme aristocratique. Aussi la personnalité de Choiseul est-elle de celles qui vont justifier la politique voltairienne des Lumières : politique de l'alliance avec un pouvoir bienveillant.

Une affaire occupe Voltaire pendant les quatre premiers mois de 1759, à laquelle il donne, de concert avec les Cramer, une dimension européenne : la publication et la diffusion de *Candide*.

Il va pratiquer une stratégie lui permettant de répandre aussi largement que possible son ouvrage, tout en esquivant les mesures de répression. Il convient ici de se rappeler la situation de la Librairie en France au XVIIIᵉ siècle. Les techniques d'impression ne se prêtent pas alors aux gros tirages. Le prote est obligé, au bout de quelque temps, de défaire les compositions antérieures pour composer de nouveaux textes. Aussi un livre ne se tire-t-il guère qu'à deux, trois, ou quatre mille exemplaires (quatre mille est le tirage atteint par l'*Encyclopédie*, ouvrage à succès). En outre le régime du privilège et de la permission tacite ne protège nullement, en fait, les droits de l'auteur et de l'éditeur. En cas de forte demande, qu'arrive-t-il ? Des libraires n'ont aucun scrupule à réimprimer le livre, avec ou sans le consentement de l'auteur, avec ou sans l'accord du premier éditeur. Voltaire va mettre à profit cet état de choses. Son *Candide* va surgir vers le même temps en de multiples lieux de France et d'Europe.

Le 15 janvier 1759, les Cramer notent sur leur livre de comptes que Robin, libraire à Paris, leur doit 750 livres pour l'envoi de 1 000 *Candide*. Le lendemain, ils consignent la dette de Marc Michel Rey à Amsterdam : 150 livres pour 200 exemplaires du même titre.[90] On n'en conclura pas que *Candide* fut «publié», c'est-à-dire mis à la disposition du public, à partir de cette date. Il fallait du temps pour acheminer de lourds chariots, en plein hiver, jusqu'à Paris ;[91] et les précautions à prendre pour une entrée clandestine accroissaient les délais. Dans cet intervalle, les Cramer, évidemment en accord avec Voltaire, s'abstinrent de laisser paraître le livre à Genève. Ils attendaient que l'expédition eût atteint la capitale française. C'est chose faite vers le 20 février : deux jours après, d'Hémery, inspecteur de police chargé de la Librairie, signale que *Candide* est vendu sous le manteau par le duc de La Vallière et par d'Argental. Simultanément il se répand dans Genève. La Compagnie des pasteurs s'en inquiète le 23 février. On procède à des perquisitions, infructueuses. Mais déjà d'autres éditions auraient été tirées : à Lyon par Jean Marie Bruyset, à Avignon, domaine pontifical, par Garrigan. A Paris, où l'on «s'arrache *Candide*»,[92] plusieurs libraires le réimpriment : Grangé, dont la police saisit les feuilles, sans peut-être anéantir l'édition ; Prault, Lambert. Le 10 mars, Voltaire assure qu'il s'est vendu 6 000 *Candide*. Au début d'avril, il parle de six éditions parisiennes. Ces chiffres, pour nous invérifiables, prouvent au moins avec quelle attention Voltaire, depuis Genève, suivait la diffusion de son livre dans Paris.

A Liège, Pierre Rousseau a sous presse, le 30 mars, une édition qu'il offre à Marc Michel Rey : ce qui indique que les 200 exemplaires envoyés à cet éditeur d'Amsterdam étaient épuisés. Voltaire lui-même avait pris soin de faire imprimer *Candide* à Londres, comme jadis *Charles XII* et les *Lettres philosophiques*. Il envoie à John Nourse, correspondant des Cramer, un manuscrit, dont l'éditeur anglais tire une édition mise en vente le 11 mai. Il se trouve que le manuscrit présente un état du texte antérieur, pour quelques détails, à l'édition Cramer : on en a conclu, à tort, que le *Candide* de Nourse était la véritable originale et avait paru en décembre 1758.[93] Voltaire a dû envoyer aussi un manuscrit à l'éditeur londonien Scott : celui-ci en tira, si on l'en croit, non une édition, mais une traduction, *Candidus or the optimist*. Deux autres traductions parurent simultanément, de sorte que le public britannique disposa en ce même mois de mai 1759 d'un *Candide* français et de trois *Candide* en anglais. Il semble que Voltaire fit également une tentative à Venise, dès janvier, soit pour une diffusion soit pour une édition, et que l'affaire échoua par la négligence du libraire vénitien Pasquali.[94]

Ce *Candide*, doué d'ubiquité, déroutait les poursuites. Les descentes de police, plus efficaces à Paris qu'à Genève, restèrent cependant, ici et là, sans lendemain. Il n'était pas nécessaire de lancer, comme Voltaire le fit à partir de fin février, une campagne épistolaire de dénégation, relayée à Paris par d'Argental et La Vallière : « On vous nomme, je nie et l'on ne me croit pas ». Ses protestations visent en réalité à plusieurs fins. Elles mettent entre les mains des Cramer de quoi détourner les soupçons. En direction de Paris, elles servent à la promotion du livre. Et surtout elles procurent à Voltaire le plaisir de donner aux autres et de se donner à lui-même la comédie. Il joue l'innocent, tombant des nues : « Qu'est-ce que c'est qu'une brochure intitulée *Candide* qu'on débite, dit-on, avec scandale [...] On prétend qu'il y a des gens assez impertinents pour m'imputer cet ouvrage que je n'ai jamais vu ! » Puis le voici jugeant en critique le livre nouveau qu'il « vient de lire enfin » : « Je trouve cette plaisanterie dans un goût singulier »... Enfin il joue au démenti-confirmation. L'abbé Pernetti (qui a dû s'occuper de l'édition lyonnaise) « soutient toujours » que Voltaire a « fait voyager le philosophe Pangloss et Candide » ; « mais comme je trouve cet ouvrage très contraire aux décisions de la Sorbonne [...] je soutiens que je n'y ai aucune part. » Lui qui va répétant qu'il n'a pas écrit *Candide*, « il serait bien fâché qu'on ne l'en crût pas l'auteur. »[95] Le jeu va se prolonger dans la presse. On sait que le conte se présente comme « traduit de l'allemand du docteur Ralph ». Or voici qu'un compte rendu du *Journal encyclopédique* (15 mars) met en doute l'existence de l'original allemand et attribue *Candide* à « M. de V... ». Aussitôt, au fond de l'Allemagne, un M. Démad prend la plume : il ne sait quel est ce « M. de V... ». *Candide*, « ce profond ouvrage de philosophie », a été élaboré par son frère, nommé aussi Démad, « capitaine dans le régiment de Brunsvick », et d'ailleurs *Loustik* dudit régiment. M. Ralph ? Eh bien ! ce « professeur assez connu dans l'Académie de Francfort-sur-l'Oder» a «beaucoup aidé» le capitaine Démad, lequel «a eu la modestie de ne l'intituler que traduction de M. Ralph».[96] Dernier acte : paraîtra en 1761 une édition augmentée dans le chapitre parisien d'un épisode, celui de la marquise de Parolignac. Les fantômes des deux Démad se sont dissipés. Et le docteur Ralph est décédé, puisque le sous-titre annonce que la nouvelle édition s'enrichit «des additions qu'on a trouvées dans la poche du Docteur lorsqu'il mourut à Minden l'an de grâce 1759». Ici s'arrête le jeu des auteurs fantoches de *Candide*.

Ces fantaisies n'empêchent nullement les esprits sérieux d'exprimer leur réprobation. L'avocat général au parlement de Paris, Omer Joly de Fleury, avait immédiatement dénoncé «la brochure», du point de vue des mœurs et de la religion. Sarasin l'aîné, de la Compagnie des pasteurs à Genève, éprouva le même haut-le-cœur : «des choses sales, inspirant l'inhumanité, contraires aux bonnes mœurs, et injurieuses à la Providence». Un autre Suisse, le naturaliste Charles Bonnet, formule une condamnation mieux articulée. Ecrivant à Albert von Haller, il s'en prend à la philosophie de ce conte philosophique. S'élevant contre «le but secret de l'auteur [...] de présenter l'univers sous la forme la plus hideuse», il prend la défense du système optimiste.[97] Les journaux ne se montrèrent guère plus favorables. Fréron, spirituel et mordant à son habitude, feint de croire aux dénégations de Voltaire : non, ce *Candide* ne peut être de l'illustre auteur qui tant de fois se prononça pour le tout est bien, qui a si souvent exprimé son mépris pour les plumitifs «s'abandonnant au dérèglement de leur folle imagination».[98] Pierre Rousseau de son côté, lui qui à Liège donna une édition de *Candide*, le juge pourtant avec sévérité dans le compte rendu du *Journal encyclopédique* dont nous avons parlé. Il aurait souhaité que «M. de V... [...] s'exprimât avec plus de respect» sur tout ce qui regarde «la religion et ses ministres». La *Correspondance littéraire* elle-même, en concédant que «cette production» est «fort amusante», en critique les graves défauts : pas de plan, «ni de ces coups de pinceaux heureux qu'on rencontre dans quelques romans anglais du même genre». Et la cause de l'optimisme est mal défendue. Il eût fallu que Pangloss restât toujours auprès de Candide afin de «le fortifier» dans ce système.[99] Dans l'ensemble, tout ce qui a pignon sur rue condamne ou fait grise mine. On juge cette «mauvaise plaisanterie» «indigne» de celui à qui on l'attribue.[100] Comment l'auteur de *La Henriade* et de *Zaïre* a-t-il pu commettre pareille indécence ? Aujourd'hui nous inverserions volontiers les termes de l'interrogation. Comment l'auteur de *Candide* a-t-il pu se complaire dans les conventions de ce qu'on appelait alors les grands genres ?

Le jugement de la postérité fut anticipé en 1759 par le public anonyme qui fit de *Candide* un triomphal succès. «Jamais livre ne s'est vendu avec plus de vivacité» dans Paris. *Candide* «tient le cœur gai au point de faire rire à bouche ouverte ceux qui ne rient que du bout des dents». Les censeurs même doivent reconnaître, non sans dépit, la vogue étonnante du «petit roman».[101] Les chiffres parlent. On connaît dix-sept éditions de *Candide* datées de 1759. Qu'on n'imagine pas pourtant une diffusion par centaines de milliers d'exemplaires : chiffres qu'au XVIIIᵉ siècle ni les dimensions du public ni les contraintes de la fabrication ne permettaient d'atteindre. En calculant selon les vraisemblances, on peut supposer qu'il s'est vendu en 1759 environ 20 000 *Candide* :[102] total considérable qu'égalent seulement à l'époque quelques grands succès de librairie.

Dans cette masse indistincte de lecteurs, une catégorie est pour nous identifiable : les militaires. Sur quel public Pierre Rousseau compte-t-il pour se «défaire avantageusement» de l'édition qu'il tire à Liège ? Sur les armées qui, non loin de là, font campagne en Allemagne : troupes françaises (qui seront battues le 1ᵉʳ août à Minden) ; troupes ennemies, car bon nombre d'officiers anglais, allemands, prussiens, lisent le français. De ces guerriers amateurs de *Candide* nous en connaissons un nommément : le plus illustre, Frédéric II. Il a lu sept fois le conte, que Voltaire n'a pas manqué de lui envoyer. Mais non pas confortablement installé dans son cabinet de travail. A la tête de ses troupes, il continue à se débattre à l'est de l'Allemagne contre des armées russes et autrichiennes très supérieures en nombre. Sa situation reste critique : en août 1759 Autrichiens et Russes, pour une fois réunis, le battent à Kunersdorf (à l'est de Francfort-sur-l'Oder). C'est donc dans une tension extrême qu'il lit et relit *Candide*. Il l'écrit à Voltaire. Tandis qu'il vitupère, à son habitude, les «trois catins» – Marie-Thérèse d'Autriche, la tsarine Elisabeth Petrovna, et Mme de Pompadour – il constate que sa «chienne de vie» l'a plongé dans un monde analogue au «meilleur des mondes» de Pangloss : «jusqu'à la fin des siècles, des scènes sanglantes et tragiques», «toujours des guerres, des procès, des dévastations, des pestes, des tremblements de terre et des banqueroutes». Mais de sa part nul abattement : il en tire au contraire une leçon de courage et d'énergie, dont il cite comme exemple Zadig et Candide.[103] *Candide* : une lecture roborative pour les temps d'épreuve.

Avec ce conte philosophique, Voltaire a donné son chef-d'œuvre : en d'autres termes, l'écrit bref et dense où un maître écrivain met le meilleur de lui-même, et grâce auquel il va traverser les siècles. Le récit, en son temps, dut son succès, pour une bonne part, à son allure de «revue» satirique : «Mangeons du jésuite», «Que va dire le *Journal de Trévoux ?*», etc. Mais aujourd'hui que nous importent ces polémiques d'un autre âge ? *Candide* pour nous demeure vif par ce qui est l'essentiel. Jamais Voltaire n'a aussi bien exprimé le monde tel que le voit son humeur : vision désolée et gaie, décapante mais tonique. *Candide* prend rang, dans la littérature universelle, parmi ces quelques livres qu'on ne se lasse pas de lire et relire, ainsi que l'avait expérimenté Frédéric.

Ici la biographie doit avouer ses limites. De la genèse de l'œuvre, nous avons cerné les entours. Nous avons décelé le moment où elle s'esquisse, décrit l'ambiance externe et l'état d'esprit du conteur quand sont tracées les premières lignes, accompagné les phases de l'élaboration, à travers les allées et venues de l'année 1758, déterminé enfin les circonstances de l'ultime mise au point. Mais, après cela, comment se fait-il que dans ce quotidien de la biographie voltairienne *Candide* soit devenu une telle réussite? Comment expliquer le bonheur d'une telle œuvre? De quelle tension portée à un niveau supérieur sont nés ces phrases, ces chapitres, cette fable? L'intimité créatrice de l'écrivain interpose devant le biographe une frontière qu'il ne saurait franchir. C'est le cas de répéter ici le mauvais latin que Voltaire appliquait à un mystère d'une autre sorte: *procedes huc, et non ibis amplius.*[104]

Mais le biographe revient sur le terrain qui est le sien, lorsqu'il situe l'œuvre dans le devenir voltairien. *Candide* donne le coup d'envoi à la campagne contre l'Infâme. Sont pris à partie déjà théologiens, métaphysiciens, inquisiteurs, et surtout les jésuites qui vont être incessamment la première cible. Est désigné en même temps le programme constructif d'une entreprise de destruction: soit l'idéal d'Eldorado, utopie d'une cité sans prêtres, sans parlements, sans armées, où règnent la raison et ses corollaires, la prospérité et le bonheur; soit, plus pragmatiquement, le «jardin», aménagement d'un réel ingrat, assurant cette forme mineure du bonheur qu'est une vie tolérable. *Candide* dessine en outre la forme de la future propagande: non point de gros livres comme l'*Encyclopédie*; mais des fantaisies courtes, divertissantes en même temps que porteuses de faits et d'idées, à destination d'un public aussi étendu que possible.

Depuis quelques mois Voltaire, désormais hors d'atteinte en ses terres de Ferney et de Tourney, sentait s'affirmer sa vocation militante. Le succès de *Candide*, au printemps de 1759, le décide à ouvrir les hostilités.

I. D'Arouet à Voltaire

Notes de l'Introduction

[1] *Voltaire et la société française au XVIIIe siècle* (Paris 1871-1876), i.vi. [2] A. Maurois, *Aspects de la biographie* (Paris 1930), p.53. [3] P. Valéry, *Variété* (Paris 1924), p.174. [4] J. Maritain, *Trois réformateurs* (Paris 1925), p.229. [5] M. Signac, «Depuis deux siècles, la faute à Voltaire», *Rivarol*, 18 mai 1978. [6] Ces manifestations coïncidaient avec un colloque sur «Voltaire et l'Allemagne», organisé par l'Université de Mannheim. [7] Desnoiresterres, i.vi-vii. [8] A. Maurois, *Aspects de la biographie*, p.72-73. [9] *Lettres philosophiques*, éd. G. Lanson et A.-M. Rousseau (Paris 1964), i.172. [10] La Beaumelle lui ayant reproché «de n'avoir pas semé assez de portraits» dans *Le Siècle de Louis XIV*, Voltaire répond: «La curiosité insatiable des lecteurs voudrait voir les âmes des grands personnages de l'histoire sur le papier, comme on voit leurs visages sur la toile; mais il n'en va pas de même. L'âme n'est qu'une suite continuelle d'idées et de sentiments qui se succèdent et se détruisent; les mouvements qui reviennent le plus souvent forment ce qu'on appelle le caractère, et ce caractère même reçoit mille changements par l'âge, par les maladies, par la fortune. Il reste quelques idées, quelques passions dominantes, enfants de la nature, de l'éducation, de l'habitude, qui sous différentes formes nous accompagnent jusqu'au tombeau. Ces traits principaux de l'âme s'altèrent encore tous les jours, selon qu'on a mal dormi ou mal digéré. Le caractère de chaque homme est un chaos, et l'écrivain qui veut débrouiller après des siècles ce chaos en fait un autre» (*OH*, p.1256-57). [11] D878 (vers juin 1735): Jean-Baptiste Rousseau recopie et commente le portrait, à l'intention d'un correspondant non identifié. Voir le texte intégral, p.267-68. [12] Voir V. Brombert, «Sartre et la biographie impossible», *Cahiers de l'Association internationale des études françaises* 19 (mars 1967). [13] Jean-Paul Sartre, cité par J. Lecarme, *La Littérature en France depuis 1945* (Paris 1974), p.71. [14] Théophile Imarigeon Duvernet, *La Vie de Voltaire* (Genève 1786), p.11, 15. [15] J.-P. Sartre, *Critique de la raison dialectique*, cité par V. Brombert, p.162. [16] A. Maurois traite surtout de ces biographies britanniques dans *Aspects de la biographie*, recueil de conférences prononcées à Trinity College, Cambridge. [17] On en dira autant d'une biographie comme celle de Jean Orieux, *Voltaire ou la royauté de l'esprit* (Paris 1966), adaptée, avec brio mais non sans erreurs, de Desnoiresterres. Les œuvres sont à tel point méconnues qu'il arrive à l'auteur d'en altérer le titre: les *Lettres philosophiques* ou *Lettres écrites de Londres sur les Anglais* deviennent bizarrement, p.188, 204, des *Lettres aux Anglais*. [18] J.-M. Raynaud, *La Jeunesse de Voltaire* (thèse de troisième cycle, Université de Paris-Sorbonne, 1975, ex. dact.), p.15. [19] *Épître à l'auteur du livre des Trois imposteurs* (M.x.404). [20] «Jean-Jacques n'écrit que pour écrire et moi j'écris pour agir», D14117 (vers le 15 avril 1767), à Jacob Vernes. [21] J.-P. Sartre, *L'Idiot de la famille* (Paris 1971), i.7. [22] Desnoiresterres, viii.41. [23] D5786 (23 avril 1754), à Mme Du Deffand. [24] A. Maurois, *Aspects de la biographie*, p.85. [25] Par G. Mailhos, *Voltaire témoin de son temps* (thèse de doctorat ès lettres, Université de Toulouse le Mirail, 1972, ex. dact.). [26] Préambule de Neuchâtel, *Les Confessions*, éd. J. Voisine (Paris 1964), p.787. [27] Voir J.-M. Moureaux, *L'Œdipe de Voltaire: introduction à une psycholec-*

ture, Archives des lettres modernes 146 (1973). **[28]** J.-P. Sartre, *La Nausée* (Paris 1938), p.27. **[29]** A. Maurois, *Aspects de la biographie*, p.30.

Notes du chapitre 1

[1] Desnoiresterres, i.7. **[2]** J.-J. Rousseau, *Les Rêveries du promeneur solitaire*, deuxième promenade. **[3]** Desnoiresterres, i.120. **[4]** *Le Temple du Goût*, éd. E. Carcassonne (Paris 1938), p.89. **[5]** *Le Plan de Turgot* (Paris 1966), «Remarques sur ce quartier». **[6]** *Epître à Boileau* (M.x.398). **[7]** M.i.190. **[8]** J. Renaud, «Les ancêtres poitevins de Voltaire», *Bulletin de la Société historique et scientifique des Deux-Sèvres* (1968), p.185-86. Cette étude complète et rectifie G. Chardonchamp, *La Famille de Voltaire: les Arouet* (Paris 1911). Mais que penser de cette ressemblance si Voltaire n'est Arouet que de nom, étant né, comme il l'a prétendu, des œuvres du chansonnier Rochebrune (voir p.13)? **[9]** Un tel prénom paraît dénoter des attaches avec la «religion prétendue réformée». J. Renaud, p.189, pense qu'il y eut des protestants parmi les ancêtres poitevins de Voltaire. **[10]** J. Renaud, p.195.

Notes du chapitre 2

[1] M.i.190. **[2]** D293. **[3]** G. Chardonchamp, suivi par J. Renaud et Th. Besterman, attribue à Mme Arouet une seconde fille, prénommée comme sa mère Marie-Marguerite, née à une date inconnue, entre Robert et François-Marie; cette Marie-Marguerite aurait épousé Mignot; d'où il résulte que Marguerite-Catherine, née le 28 décembre 1686, n'aurait pas vécu. Mais c'est une erreur. Mme Mignot se prénommait Catherine, comme le prouve son contrat de mariage; elle est donc à identifier avec la fille née le 28 décembre 1686. Marie-Marguerite ne semble pas avoir existé. Jal, qui utilise les registres paroissiaux détruits en 1871, l'ignore; selon cet auteur, suivi par Guiffrey, c'est Marguerite-Catherine qui épousa Mignot. **[4]** Copie dans M.i.294. Il existe aux Archives nationales (Minutier central, cviii.471) une copie de l'acte datée du 8 juillet 1746. **[5]** Le document a été publié dans les *Mémoires* de Longchamp et Wagnière (Paris 1826), ii.482; il se trouve à la Bibliothèque nationale, N.a.fr. 25145, f.216-36. **[6]** D12411. On remarque que l'écart entre les deux dates est de neuf mois. Voltaire aurait-il voulu retenir pour la véritable date de sa naissance celle de sa conception? **[7]** D12422. **[8]** D20493. **[9]** M.i.71. **[10]** Duvernet, p.9. **[11]** M.i.189-90. **[12]** Duvernet, p.10, écrit seulement que l'enfant était né sur une autre paroisse que Saint-André-des-Arts. **[13]** B. Fillon, *Lettres écrites de la Vendée à M. Anatole de Montaiglon* (Paris 1861), p.113. **[14]** Outre celle-ci, B. Fillon donne la lettre du 29 décembre 1704 signée par «Zozo» Arouet (D1), et une lettre d'un chevalier de Lhuilière protestant contre la nomination de Voltaire en qualité de gentilhomme ordinaire de la Chambre du Roi (D3506). **[15]** D'où les réserves qui ont été émises. Par G. Chardonchamp, p.13: B. Fillon «se garde bien d'indiquer clairement ses sources, de signaler ses références, de citer un seul nom de notaire qui permettrait de contrôler à l'occasion ses affirmations.» Par J. Renaud, p.190: B. Fillon «ne cite jamais ses sources», et «a produit des documents que nul avant lui n'avait soupçonnés et que nul dans la suite ne devait jamais retrouver.» **[16]** B. Fillon, p.109. **[17]** B. Fillon, p.110. Nous avons consulté à la Bibliothèque municipale de Nantes les papiers de B. Fillon (fonds Dugast-Matifeux 237/2). Le dossier, fort mince, intitulé «Preuves de la parenté des Arouet et des Bailly» ne contient en réalité aucune «preuve» de cette parenté, ni d'ailleurs la moindre mention des Bailly. On n'y trouve aucune des pièces litigieuses données dans les *Lettres écrites de la Vendée* mais seulement (outre un numéro du *Journal des débats*, du 25 juin 1858, sans rapport avec Voltaire) une copie de D21144 (publiée dans les *Affiches du Poitou*, 19 août 1779), et une brève note sur D3317, D3394, D3441: B. Fillon les a publiées dans ses *Lettres écrites de la Vendée*, p.116, d'après les manuscrits qu'il a lus à la Bibliothèque municipale de La Rochelle. [18] J. Renaud, p.187. Après la mort de M. de Pontlevoye qui avait accueilli le docteur Louis Merle, le château de Vclaudin a changé de propriétaire. Il ne nous a pas été possible d'obtenir des informations sur les archives Bailly Du Pont. [19] B. Fillon, p.113. [20] Fillon ruinait par son «document» la position qu'avait prise l'année précédente J. Clogenson en faveur de la naissance le 20 février 1694 à Chatenay, *Lettre à M. le rédacteur du Nouvelliste de Rouen sur la naissance de Voltaire* (Rouen 1860). [21] Fillon produit une prétendue quittance d'un «commis d'Henry Estienne», qui aurait vendu à deux moines, Rabelais et Amy, des estampes de Mantegna... Relevé par G. Debien et E. Brethé, «Zozo Arouet ou Benjamin Fillon?», *Revue du Bas-Poitou* (janvier-février 1961), p.30-31. [22] Desnoiresterres, i.3. [23] Th. Besterman, *Voltaire* (Oxford 1976), p.25-26. [24] D2989. [25] Desnoiresterres, i.10. [26] D5475. Ecrivant à Thiriot en 1729, Voltaire assure qu'il est né de parents «malsains et *morts jeunes*» (soulignés par nous), D344: ce qui peut s'appliquer à sa mère, mais non à François Arouet, décédé à plus de soixante-dix ans. On ignore cependant à quel âge mourut Rochebrune. [27] D6968. [28] Duvernet, p.9. [29] Dates mentionnées dans l'inventaire après décès de François Arouet, D.app.11, p.424-25. [30] BN, ms Fr. 12673, f.78. Ces mêmes vers se lisent dans le recueil ms 580, f.140 et suiv. de la Bibliothèque historique de la Ville de Paris. [31] M.ix.569. Tel est le texte de la première édition du *Cadenas*. Par la suite, le début du conte étant remanié, le nom de Rochebrune disparaîtra. [32] Etude de Mᵉ Arouet, Minutier central. Nous supposons que ce Rochebrune est le même que l'amant présumé de Mme Arouet (opinion contraire de J.-M. Raynaud, *Voltaire soi-disant*, Lille 1983, p.43). Apparemment le «de Rocquebrune» signant avec Voltaire une pétition contre une ivrognesse de la rue de Vaugirard, en août 1730 (D376), était un personnage différent. Mais comment situer cette «demoiselle de Rochebrune» à laquelle Voltaire adresse un compliment en vers, en lui envoyant *Le Temple du Goût* (M.xxxii.405)? D'autre part, Nicole Masson me signale dans le *Mercure de France* (novembre 1730), p.2533, la notice nécrologique d'Elisabeth Mignot, décédée le 7 novembre 1730, à l'âge de quatre-vingt-douze ans: cette Elisabeth Mignot était la veuve de Louis Gosseau de Rochebrune, capitaine au régiment des gardes françaises. Elisabeth Mignot était-elle apparentée au Mignot beau-frère de Voltaire? Le capitaine aux gardes françaises était-il le chansonnier père présumé de François-Marie Arouet? Il est vraisemblable que plusieurs contemporains portaient ou avaient adopté en signe d'anoblissement le nom de Rochebrune ou Roquebrune. [33] Né le 25 mars 1685, il ne fut baptisé que le 5 avril (Desnoiresterres, i.2). [34] Duvernet, p.9. [35] Duvernet, p.10. [36] Dans *La Défense de mon oncle* (*OC*, t.64, p.212), à propos de Ninon de Lenclos: «Voilà la vérité de cette historiette qui a tant couru, et que l'abbé de Châteauneuf mon bon parrain, à qui je dois mon baptême, m'a racontée souvent»... [37] M.i.294. [38] M.i.299. [39] *Zadig*, dernier chapitre. [40] Expression qu'il emploiera en franchissant (sans autorisation) les barrières de Paris, à son retour de 1778. [41] Duvernet, p.8.

Notes du chapitre 3

[1] C'est l'adresse indiquée sur un acte du 6 septembre 1693, ainsi que sur un acte d'octobre 1694 relatif aux Châteauneuf (Minutier central). [2] Dans son contrat de mariage, du 7 juin 1683, Marie-Marguerite Daumard est dite «âgée de vingt-deux ans environ» (M.i.293). [3] D.app.503, p.369. Dans le catalogue de l'exposition, *Voltaire: un homme, un siècle* (Paris 1979), p.3. Les spéculations sur une éventuelle ressemblance entre la mère et le fils paraissent fragiles. A la même exposition, une toile de même provenance fut présentée comme le portrait «présumé», par Largillière, de François Arouet, père de Voltaire: un homme jeune ayant l'allure d'un homme du monde, voire d'un «petit-maître», plutôt que d'un homme de loi. [4] D4456, D9878, D13485. [5] M.x.467. [6] Ces vers «à Duché» furent publiés pour la première fois dans l'édition posthume de Kehl. Voir R. Pomeau, *La Religion de Voltaire* (Paris 1969), p.72, n.182. Je serais aujourd'hui moins affirmatif pour dater le sixain de 1715-1716. La première lettre que nous ayons de Voltaire à d'Ussé, D34, 20 juillet 1716, suppose des relations antérieures. Voltaire aurait-il connu le marquis d'Ussé au collège, ou dans la société du Temple? [7] Cité dans M.x.467. [8] D13485 (vers le 10 août 1766), à d'Alembert. [9] D9878 (6 juillet 1761), à d'Argental. [10] C'est Voltaire qui nous l'apprend, D4456 (vers le 1er mai 1751), à Formey. [11] D.app.11, p.446. [12] E. Labrousse, *Histoire économique et sociale de la France* (Paris 1970), ii.669. [13] D.app.11, p.436. [14] Description dans l'inventaire après décès, D.app.11, p.403 et suiv. [15] D.app.11, p.400. [16] D'après le contrat de mariage (Minutier central). [17] Néanmoins les actes du Minutier central où il signe avec des confrères prouvent qu'il continuera à exercer de temps à autre des fonctions notariales. [18] D.app.11, p.421 et suiv. [19] J. Renaud, p.195. [20] D.app.11, p.432. [21] *Mémoires*, éd. Coirault, vi.343. [22] D17573 (28 janvier 1772), à La Harpe: «J'avais autrefois un père qui était grondeur comme Grichard; un jour, après avoir horriblement, et très mal à propos, grondé son jardinier, et l'avoir presque battu, il lui dit: ‹Va-t-en, coquin, je souhaite que tu trouves un maître aussi patient que moi.› Je menai mon père au *Grondeur*. Je priai l'acteur d'ajouter ces propres paroles à son rôle, et mon bonhomme de père se corrigea un peu.» Grichard est le personnage principal du *Grondeur*, comédie de Brueys et Palaprat. [23] D.app.11, p.438. [24] D.app.11, p.396, 398. [25] D9981 (31 août 1761), à Duclos. [26] D9999 (vers le 10 septembre 1761), à d'Olivet. [27] D9981. [28] D.app.11, p.436. François Arouet, le 7 octobre 1708, a fait le testament de «François de Marcassus bourgeois de Paris». [29] *Œuvres diverses de M. l'abbé Gédoyn* (Paris, de Bure, 1745), p.xii: Gédoyn habite la maison canoniale et forme «une liaison étroite avec un homme très estimable, M. Arouet.» [30] Mais à Chatenay on signale un in-quarto et sept volumes in-douze (D.app.11, p.410). [31] Minutier central: inventaires après décès de Catherine Arouet (9 novembre 1726) et de Pierre François Mignot (30 octobre 1737). [32] D2925 (30 janvier 1744). [33] Duvernet, p.10-12. [34] Duvernet, p.10: «dès qu'il put s'en faire entendre». [35] Ces deux poèmes ainsi que *Le Loup moraliste*, M.x.467-68. [36] M.x.213-14. [37] Voltaire octogénaire, D20649 (26 avril 1777), à son neveu Mignot à propos de Caïn qui «fut assez puni d'avoir cassé la tête à son frère», évoque Armand Arouet: «Je n'ai pas tué mon frère le janséniste, le convulsionnaire, le fanatique, qui se croyait puissant en œuvres et en paroles. J'aime ma famille, et surtout vous, à qui je suis tendrement attaché pour le peu de temps que j'ai encore à vivre.» [38] Duvernet, p.10. [39] Duvernet le reproduit en note, p.290-92. C'est ce texte que nous citons. [40] Duvernet, p.11: «Mlle Ninon demandant un

jour à l'abbé de Châteauneuf des nouvelles de son filleul, – Ma chère amie, répond celui-ci, il a un double baptême, et il n'y a rien qui n'y paraisse, car il n'a que trois ans et il sait toute la *Moïsade* par cœur.» **[41]** *Dialogue sur la musique des anciens* (Paris, Pissot, 1725), p.23. L'abbé de Châteauneuf mourut en 1708. **[42]** *Dialogue*, p.118. **[43]** *Dialogue*, p.111. **[44]** *La Défense de mon oncle* (OC, t.64, p.212). Mais dans D4456 Voltaire écrit que Ninon «ce jour-là avait juste soixante et dix ans». **[45]** Ninon de Lenclos est née en novembre 1620. D'après la date de son testament, 19 décembre 1704, la visite dut avoir lieu dans l'automne de 1704. Voltaire a, ou va avoir, dix ans. Voir E. Magne, *Ninon de Lenclos* (Paris 1948), p.17-18, 301. **[46]** M.xxvi.384. **[47]** D4456 (vers le 1er mai 1751), à Formey. **[48]** Reproduit par E. Magne, p.300-301. Ninon désigne François Arouet comme exécuteur testamentaire. **[49]** Voltaire se trompe quand il donne le chiffre de 2.000 francs (D4456). Erreur explicable: son père garda la somme par devers lui. Voltaire ne recevra le legs de 1704 qu'en 1727, à la liquidation de la succession paternelle (D.app.11, p.457). **[50]** L'anecdote du *Dépositaire* vient de Châteauneuf, qui y fait allusion dans le *Dialogue sur la musique des anciens*, p.114.

Notes du chapitre 4

[1] Sur cette chronologie, voir R. Pomeau, «Voltaire au collège», *RHLF* 52 (1952), p.1-4. Depuis cette étude, Th. Besterman a découvert et publié la lettre qu'un ancien condisciple, Maurice Pilavoine, adressait à Voltaire de Pondichéry le 15 février 1758 (D7635). Pilavoine écrit qu'il a accompagné son illustre camarade de la septième à la rhétorique, ayant quitté le collège après la classe de rhétorique en septembre 1709. Mais à cinquante ans de distance, Pilavoine se trompe sur les dates: en 1708-1709 Arouet était élève de la classe d'humanités; il fit sa rhétorique en 1709-1710. Il en résulte qu'il était entré au collège, en 1704, en sixième et non en septième. **[2]** A. Adam, *Du mysticisme à la révolte, les jansénistes du XVIIIe siècle* (Paris 1968), p.307-308. **[3]** L'organisation des collèges de jésuites au début du XVIIIe siècle nous est connue par les ouvrages de Dupont-Ferrier, La Servière, Rochemonteix, Schimberg. **[4]** M.i.71. **[5]** D'après Sommervogel, *Bibliothèque de la Compagnie de Jésus* (Bruxelles et Paris 1890-1900), ii.1075. C'est dans *Un chrétien contre six juifs* (1776) que Voltaire écrit que Charlevoix á été son préfet «il y a soixante et quinze ans [*sic*] au collège de Louis-le-Grand» (M.xxix.530). **[6]** D9743 (20 avril 1761), à d'Alembert: «il me donnait des claques sur le cul quand j'avais quatorze ans». **[7]** M.xx.445. **[8]** M.i.56-57. **[9]** M.xx.558. **[10]** R. Pomeau, «Voltaire au collège», p.9. **[11]** Témoignage de Gay, cité d'après un manuscrit, par A.-M. Rousseau, *L'Angleterre et Voltaire*, Studies 145-147 (Oxford 1976), p.113. Nous reviendrons sur cet incident à sa date, p.177. **[12]** M.xviii.471. **[13]** Sujets mentionnés par C. Rochemonteix, *Un collège de jésuites* (Le Mans 1889), iii.47-48. **[14]** Lejay, *Bibliotheca rhetorum* (Paris 1725), ii.625. **[15]** M.xvii.184. **[16]** A. Pierron, *Voltaire et ses maîtres* (Paris 1866). **[17]** Jouvency, *De Ratione discendi et docendi* (Francfort 1706), p.114-15. **[18]** Cité par R. Pomeau, «Voltaire au collège», p.9. **[19]** G. Dupont-Ferrier, *Du Collège de Clermont au Lycée Louis-le-Grand* (Paris 1921-1925), iii.254-56. **[20]** M.xx.374. **[21]** *Le Monde comme il va*, dans *Romans et contes* (Paris 1966), p.101: Babouc va au théâtre à Persépolis: «il ne douta pas» que les acteurs et actrices qu'il entend «ne fussent les prédicateurs de l'empire». **[22]** Voir Kathleen S. Wilkins, *A study of the works of Claude Buffier*, Studies 66 (1969), p.19 et n.9. Faut-il identifier avec le P. Buffier le P. Tuffier qui aurait été le préfet de rhétorique (d'humanités? cf. n.1 ci-dessus) d'Arouet et de Maurice Pilavoine, d'après ce qu'écrira celui-ci un demi-siècle plus tard (D7635, 15 février 1758)? [23] C'est ce qu'on peut inférer du récit de J.-B. Rousseau, D1078. [24] Selon le cardinal de Bernis, *Mémoires et lettres* (Paris 1878), i.18. [25] Voir R. Pomeau, *La Religion de Voltaire*, p.60-61. Tournemine avait publié une esquisse de son système en 1702 dans les *Mémoires de Trévoux*; il y est revenu en 1710. [26] *Souvenirs de Jean Bouhier* (Paris 1866), p.86. [27] Voir R. Mortier, «Ecole chrétienne et refus du monde (XVIIe et XVIIIe siècles)», dans *Eglise et enseignement* (Bruxelles 1977), p.79-87. [28] D15004. [29] Voir R. Pomeau, «Défense de M. Mamaki», *RHLF* 76 (1976), p.239-42. [30] D9087 (24 juillet 1760). [31] Duvernet, p.19. [32] Ce volume est actuellement à la Bibliothèque nationale, Rés. fol. La^{22} 15D. Il porte le certificat disant que le livre a été offert à Franciscus Arouet, comme prix de vers latins, le 1er janvier 1710: la date fait difficulté et se trouve en contradiction avec le témoignage de J.-B. Rousseau. Desnoiresterres, i.183, dit avoir vu le volume, qu'il désigne comme étant l'*Histoire d'Italie* de Guichardin; il donne une version différente des deux vers dont nous parlerons plus loin. Mais Desnoiresterres qui parle de mémoire fait sans doute erreur. [33] D1078 (22 mai 1736), lettre ouverte de J.-B. Rousseau à la *Bibliothèque française* sur ses démêlés avec Voltaire. [34] Maurice Pilavoine, D7635. [35] M.i.71: la pièce de vers récitée à Ninon «est *probablement* celle qu'il composa pour un invalide» (souligné par nous). [36] C'est l'âge qu'aurait eu Arouet, et non pas douze ans, d'après la version du *Commentaire historique*. Il n'est pas impossible que Voltaire ait ultérieurement révisé son texte, dont il existe des variantes. Même compte tenu de celles-ci, la composition suppose une maturité invraisemblable chez un enfant de dix ans. Un autre texte, daté de 1750, rédigé ou inspiré par Voltaire (dans Longchamp et Wagnière, ii.483) indique l'âge de quatorze ans. [37] Luchet, *Histoire littéraire de M. de Voltaire* (Cassel 1781), i.8-9. [38] Wagnière (Longchamp et Wagnière, i.20), veut qu'elle ait été aussi commencée à douze ans. Le sujet est tiré de Tite-Live. Autrefois Amulius a détrôné Numitor, roi d'Albe, son frère, et exposé sur le Tibre les fils jumeaux de sa sœur Rhéa Sylvia, Romulus et Rémus. Les enfants recueillis par Faustus, ayant atteint l'âge d'homme, renversent Amulius et restaurent Numitor: la tragédie devait porter sur ce dernier épisode. Dans les fragments retrouvés parmi les papiers de Thiriot, on remarque ce vers de Faustus à Romulus: «Je sers les rois, mon fils, et non pas les tyrans.» Voir M.xxxii.379-82. [39] Duvernet, p.14. Outre le témoignage de Pilavoine déjà cité nous avons ceux des frères d'Argenson, Desnoiresterres, ii.220. [40] M.l.72. [41] D.app.7. [42] M.vi.394. [43] M.i.192. [44] D5. [45] D4. [46] D3: «le souvenir que j'ai de vos ouvrages». [47] D2. [48] D5. [49] D10035, à l'abbé Jacques Pernetti, 21 septembre 1761: «Je serais charmé de servir votre messe, quoique je ne puisse plus dire: *qui laetificat juventutem meam*.» Ecrivant en 1752 au comte d'Argenson (D5028), Voltaire lui rappelle le temps où ils étaient «ensemble *dans l'allée noire*» (souligné par Voltaire): sans doute un endroit pour la pénitence ou la méditation. [50] D3. [51] A ne pas confondre avec le P. Polou (Paullou), nommé dans D2; voir R. Pomeau, «Voltaire au collège», p.7. [52] Paillet de Warcy, *Histoire de la vie et des ouvrages de Voltaire* (Paris 1824), i.7. [53] Voir R. Pomeau, *La Religion de Voltaire*, p.72. [54] *Crésus*, pièce du répertoire. [55] *Apollon législateur ou le Parnasse réformé*; voir D6, n.1. Le livret du P. Lejay ayant été imprimé nous fait connaître la date de la représentation et le titre de la tragédie. [56] D6. [57] Pour une étude plus détaillée nous renvoyons à notre *Religion de Voltaire*, p.47 et suiv. [58] De 1755 à la mort de Fyot de La Marche (1768), les relations se poursuivirent assez régulièrement. Fyot rendit visite à Ferney (D10006, 13 septembre 1761). L'ancien condisciple emprunte alors à Voltaire 20.000 francs (D10848). [59] Nom du jésuite entremetteur dans l'*Ingénu*. [60] Pour être juste, rappelons que Pierre Corneille avait été élève du collège de Rouen près d'un siècle plus tôt (1615-1622).

Notes du chapitre 5

[1] Sauf D14, la lettre de Pimpette à Voltaire. [2] Par exemple la lettre à J.-B. Rousseau mentionnée dans D27, la lettre à Chaulieu où s'insérait l'épigramme sur Danchet, M.x.470. [3] «Ses parents», écrit Duvernet, p.23. [4] Duvernet, p.22. [5] D.app.11, p.438. [6] Duvernet, p.23. [7] D2054 (28 juillet 1739), au marquis d'Argenson: «Pour moi ce qui m'a dégoûté de la profession d'avocat, c'est la profusion des choses inutiles dont on voulut charger ma cervelle. *Au fait* est ma devise.» [8] M.l.72. [9] H. Beaune, *Voltaire au collège* (Paris 1867), p.CLXXI. Le marquis de Mimeure, d'après les *Souvenirs* de Bouhier, p.40-41, était fils d'un conseiller au parlement de Dijon. Il fit carrière dans les armes. Son goût pour la poésie lui valut d'entrer à l'Académie française en 1707. Il mourra en 1719. [10] J. Sareil, *Les Tencin* (Genève 1969), p.39. [11] Duvernet, p.24. [12] L'abbé de Châteauneuf décéda en 1708. Voltaire se rappellera (D6347, 22 juillet 1755) qu'aux soupers du Temple «ces messieurs brisaient leurs verres avec leurs dents et ni le vin ni le verre ne leur faisaient mal». [13] M.x.470: l'élection de Danchet prouve que «les pauvres de génie» peuvent «gagner l'Académie», «comme on gagne le paradis». [14] Selon Beuchot (M.x.214), elle mourut en 1730, à l'âge de soixante-dix ans. Les éditeurs de Kehl datent l'*Epître à la comtesse de Fontaines* de 1713: elle parut pour la première fois dans le *Mercure de France* d'octobre 1755, p.42-44. [15] M.x.200. [16] Desnoiresterres, i.47: l'anecdote est dans Lepan et Paillet de Warcy. [17] Desnoiresterres, i.44. Lepan et Paillet de Warcy ont pris l'anecdote dans le *Voltairiana* (Paris 1748). Le *Commentaire historique* (M.i.77) produit un certificat de son ami le duc de Richelieu déclarant qu'à cette date (1712 ou 1713) il était veuf: c'est inexact: la première duchesse de Richelieu ne meurt qu'en 1716. [18] Le texte, découvert par Charma et Mancel, *Le Père André* (Caen 1844), est reproduit par Th. Besterman, D.app.1. De Quens y fait allusion à *Zaïre*. Une confirmation se trouve dans le *Mercure de France* (août 1731), p.2002, relatant une représentation de *Brutus* à Caen: l'abbé Charles Heurtauld a versifié un prologue où il désigne Voltaire comme «un auteur autrefois habitant en ces lieux.» [19] Desnoiresterres, i.53, signale que la Bibliothèque de Caen conserve un recueil de ses poèmes. [20] Voir notamment OC, t.81, p.276 et suiv. Il ne peut s'agir du *J'ai vu* qu'on lui attribue, et dont la diffusion se situe au début de la Régence. Ce que dit Voltaire, *Lettres sur Œdipe* (M.ii.12), doit se rapporter à une autre date et à une ville de province qui n'est pas Caen. [21] M.xxii.61 (*Mémoire sur la satire*, 1739). [22] Duvernet, p.25, confirmé par D2035. [23] Duvernet, p.25. [24] On trouvera des détails sur la vie mouvementée de Mme Dunoyer et de ses filles dans l'article «Dunoyer», *Dictionnaire des journalistes*, nouvelle édition, Oxford, Voltaire Foundation. [25] Le diminutif n'apparaît pas dans le texte des lettres de Voltaire publié, après censure, par Mme Dunoyer. On le rétablit facilement en plusieurs endroits à la place des points de suspension. Il est attesté par La Beaumelle qui grâce à ses liaisons dans le milieu protestant eut connaissance de l'épisode: il le rapporte, avec des erreurs, dans ses *Remarques sur le Siècle de Louis XIV* (voir Desnoiresterres, i.58). [26] Elle était née à Nîmes le 2 mars 1692; voir M. Fabre, *Voltaire et Pimpette de Nîmes* (Nîmes 1936). La sincérité de ses sentiments est attestée par la seule lettre d'elle qui nous soit parvenue,

D14 : Arouet l'avait sur lui quand il fut conduit à la Bastille ; la pièce fut ainsi conservée dans les archives de la prison. [27] D8. [28] D12. [29] D7, D18. [30] D20. [31] D21. [32] D22. [33] D21 : «J'ai employé les moments où j'ai pu me montrer en ville à voir le P. Tournemine, et je lui ai remis les lettres dont vous m'avez chargé : il engage l'évêque d'Evreux dans vos intérêts». [34] Il ajouta à ses torts celui de prendre parti pour J.-B. Rousseau et Desfontaines contre Voltaire. Le hasard fit qu'il se trouvait à Genève en 1755. Il proposa une réconciliation que Voltaire refusa. Peu après il se donna la mort (D6247, D6252). [35] Il lui donne sa garantie auprès d'un certain M. André, un «échappé du système». Celui-ci, trente ans après, un jour avant la prescription, demande le paiement du billet à Voltaire, qui s'exécuta (D4397, 22 février 1751). [36] Cet unique fragment de la correspondance de Voltaire avec son père nous a été conservé par Duvernet, p.33-34. [37] D21. [38] D22. [39] Dans ses lettres Arouet ne prononce pas le mot de mariage : à dix-neuf ans, il ne pouvait le conclure sans l'autorisation de son père. Mais la vie commune à Paris qu'il prévoyait n'aurait pu longtemps se passer d'une sanction légale. [40] D628, 9 juillet 1733. [41] Duvernet, p.32. [42] Le nom dérive de Thierry comme diminutif. Voltaire l'orthographie Tiriot, ce qui nous renseigne sur la prononciation. La graphie Thiériot, adoptée notamment par Desnoiresterres, est donc fautive. Thiriot lui-même hésitait entre cette forme et Thieriot. Nous adoptons l'orthographe Thiriot qui est celle qu'on rencontre dans les éditions du XVIIIᵉ siècle. [43] Duvernet, p.32. [44] D44, que Th. Besterman date conjecturalement 1716-1717. [45] Duvernet, p.33. [46] M.xxiii.88. [47] Selon les vraisemblances chronologiques, car on ignore la date à laquelle Arouet quitta l'étude de Mᵉ Alain. [48] Ed. Coirault, i.355. Sur Caumartin, né en 1653, mort en 1720, on trouvera une bonne notice dans Edouard Barthélemy, *Les Correspondants de la marquise de Balleroy* (Paris 1883), i.xxxviii-xlix. [49] «D'un sot grand seigneur», dit Saint-Simon (vii.722), qui n'accepte pas ce genre d'usurpation. [50] M.x.241. [51] Imprimé en appendice dans les *Réflexions sur la critique* (Paris 1716). [52] M.xxii.1-11. [53] Duvernet, p.27. [54] M.x.471. [55] M.x.470. Mais Beuchot se demande si cette épigramme n'est pas de Gacon plutôt que d'Arouet. [56] M.x.77. [57] D25 : nous ne connaissons de cette lettre de J.-B. Rousseau qu'une seule phrase, citée par Boissy, *L'Elève de Terpsichore* (1718). [58] M.xxii.67 : «Ils passèrent toujours à Paris pour ne vouloir pas qu'on aimât Dieu.» [59] D27. [60] *Commentaire historique* (M.i.72). [61] OC, t.31A, p.400. [62] Voir ci-dessus, p.43. [63] D26. Dacier adresse sa lettre à Aubervilliers : on ne sait rien du séjour d'Arouet dans cette localité au nord de Paris. Th. Besterman, n.3, avance l'hypothèse qu'il s'y rendit pour la préparation de la future *Henriade*, puisque Henri IV, pendant le siège de Paris, avait installé son camp à Aubervilliers. Mais il semble qu'en septembre 1714 Arouet n'avait pas encore conçu le projet de son poème épique. On pensera plutôt qu'il séjournait là dans la résidence de campagne d'un de ses amis. Le détail fait en tout cas ressortir le caractère lacunaire de notre information sur cette période de la biographie voltairienne. [64] *L'Œdipe et l'Electre de Sophocle* (1692). [65] C'est ce qui ressort de la réponse de Dacier, D26. [66] D392, au P. Porée, en lui envoyant une édition d'*Œdipe*, 7 janvier (1731 ?). [67] A une date postérieure à celle de D28 (vers le 25 juin 1715). [68] «En un mot les acteurs, qui étaient dans ce temps-là petits-maîtres et grands seigneurs, refusèrent de représenter l'ouvrage» (D392). [69] D28. [70] D172 (vers novembre 1723). [71] Voir G. Bengesco, *Les Comédiennes de Voltaire* (Paris 1912), p.35-41. [72] M.xx.465. [73] M.ix.561. Ultérieurement Voltaire transférera l'hommage de l'*Anti-Giton* à Mlle Lecouvreur. [74] M.x.220. [75] D28. [76] M.x.471.

Notes du chapitre 6

[1] *Précis du siècle de Louis XV*, dans *OH*, p.1299, démentant les allégations de La Beaumelle sur cette séance: «J'y étais». [2] *OH*, p.949. Même témoignage dans l'épître à Mme Du Châtelet sur la calomnie (M.x.285). [3] Notamment R. Mandrou, *L'Europe absolutiste* (Paris 1977), p.137. [4] E. Faure, *La Banqueroute de Law* (Paris 1977), p.74. [5] *OH*, p.1313, et E. Faure. [6] D8533 (13 octobre 1759), à Mme Du Deffand. [7] C'est le mot de Voltaire, M.x.285, et *OH*, p.1313. [8] Après la destruction de l'Ordre, les bâtiments furent affectés aux Hospitaliers de Saint-Jean de Jérusalem, à l'exception d'une partie transformée en prison: Louis XVI y sera incarcéré en 1792. L'ensemble sera détruit en 1811. [9] Voir dans les carnets (*OC*, t.81, p.277), le «Noël» de l'abbé Servien. [10] M.x.218. [11] A en croire Saint-Simon (éd. Coirault, v.243-44), le régent admirait le grand-prieur «parce qu'il y avait quarante ans qu'il ne s'était couché qu'ivre, et qu'il n'avait cessé d'entretenir publiquement des maîtresses et de tenir des propos continuels d'impiété et d'irréligion». [12] Né en 1655, il mourra en 1727. [13] Les dates de la vie de Chaulieu: 1639-1720. [14] D37. [15] D40. [16] Expressions de D37, D38. [17] D39. Il y eut deux Jean François Lériget de La Faye. Celui-ci mourut le 11 juillet 1731. Celui que Voltaire invite à Cirey, vers le 20 octobre 1736 (D1178), est un personnage différent. [18] *OC*, t.81, p.263-64, 272, 275. [19] Qui plus tard s'éprendra d'une passion romantique pour Mlle Aïssé; il meurt en 1761. [20] Ed. Carcassonne, p.84. [21] D37. [22] Voir l'épître «à M. l'abbé de *** [Bussy?] qui pleurait la mort de sa maîtresse» (M.x.220-21). [23] M.x.223-25. [24] M.x.226. [25] M.x.242. [26] D43 (20 octobre 1716). [27] M.x.221. [28] M.x.219-20, à Mme de Montbrun-Villefranche, épître datée de 1714. [29] M.x.222-23. Il s'agit d'une dame de la cour: l'Amour qui la conseille ainsi est mis en déroute par le confesseur; il retourne de Versailles dans Paris «où tout vit sous sa loi»: indice que l'épître est antérieure à la mort de Louis XIV et au transfert de la cour dans la capitale. [30] M.x.231. [31] M.x.231, à Mme de G***, 1716. [32] D17809 (vers le 1er juillet 1772), à La Harpe. Si l'épisode est vraiment contemporain de la première édition des *Fables* de La Motte, il se situerait en 1719. [33] D35 (20 juillet 1716). [34] *Le Temple du Goût*, p.84. [35] D35. [36] On connaît l'important ouvrage de Jean Sareil, *Voltaire et les grands* (Genève et Paris 1978). [37] Cité par A. Maurel, *La Duchesse du Maine, reine de Sceaux* (Paris 1928), p.42. [38] Si du moins on en croit les rumeurs qui circulaient. Ainsi ce couplet: «Que du Maine laide et nabote / Au Malézieu trousse sa cotte, / Le marché pour tous deux est bon. / Mais que le Polignac n'en bouge / Et couche avec cet embryon, / C'est faire honte au chapeau rouge.» (Bibliothèque historique de la Ville de Paris, ms.580, f.125). Au sujet de Polignac (et d'autres), la princesse Palatine est affirmative (Charlotte-Elisabeth de Bavière, *Correspondance*, éd. G. Brunet (Paris 1857), i.422, 12 juillet 1718): «L'amant *tenant* de Mme du Maine est le cardinal de Polignac; mais elle en a encore beaucoup d'autres, le premier président, et même des drôles.» [39] Celui-ci, sans grand caractère, fut construit en 1856 par le duc de Trévise. On peut voir une maquette de l'ancien château au Musée de l'Ile de France, dans l'actuel château de Sceaux. [40] «Je suis petite, mais mes blessures n'en sont que plus douloureuses»: allusion à la petite taille de la duchesse. Genest, *Divertissements* (Trévoux 1712), p.168-74, raconte la cérémonie. [41] Epître dédicatoire d'*Oreste* à la duchesse du Maine (*OC*, t.31A, p.397-98). [42] A. Maurel, *La Duchesse du Maine*, p.62-63, donne d'après le livre de Genest une énumération impressionnante de ces versifications de circonstance. [43] Cité par A. Maurel, p.207. [44] Cité par A. Maurel, p.68. Le

compliment s'adressait à Ludovise, qui, on le voit, n'était pas bégueule. Plus d'une fois l'abbé de Chaulieu prêta son concours, comme il ressort des *Divertissements* de Genest. [**45**] *OC*, t.31A, p.397. [**46**] Le *Mercure galant* de septembre 1709 insère une lettre sur les divertissements de Sceaux. Les lectures de Malézieu ne se faisaient pas en petit comité : «plus de deux cents personnes» (p.169-70) étaient présentes. [**47**] *OC*, t.31A, p.400. [**48**] L'abbé Genest, dans la *Suite des divertissements* de Sceaux (1725), p.296, signale qu'à la quatorzième Nuit, en 1715, le même rôle d'Iphigénie fut interprété par «une grande princesse», sans doute la duchesse du Maine. [**49**] D40. [**50**] M.xxviii.288. [**51**] M.xxviii.288 : «Cela n'est pas aussi ridicule que le prétend Mme de Caylus qui était un peu brouillée» avec la duchesse du Maine. [**52**] J. Hellegouarc'h, «Mélinade ou la duchesse du Maine, deux contes de jeunesse de Voltaire : *Le Crocheteur borgne* et *Cosi-Sancta*», *RHLF* 78 (1978), p.722-35. [**53**] Dans une notice en tête du conte (M.xxi.25-30). [**54**] J. Hellegouarc'h, «Mélinade», p.732. [**55**] «Nouvelle africaine» et le proverbe sous-titrent le conte dans l'édition de Kehl. Mme de Montauban n'aurait-elle pas tiré, plutôt que N, «nouvelle», P, «proverbe» ? Comme l'a montré Christiane Mervaud, «Voltaire, saint Augustin et le duc du Maine, aux sources de *Cosi-Sancta*», *Studies* 228 (1984), p.89-96, la mise en cause irrévérencieuse du Père de l'Eglise visait le duc du Maine, lequel charmait ses loisirs en composant un manuscrit des *Maximes et réflexions* de saint Augustin. [**56**] Voir les documents dans la notice de F. Deloffre, *Romans et contes*, p.672. [**57**] L'érotisme disparaît de la version du *Journal des dames*, dont on lira le texte dans *Romans et contes*, p.677-81. Les plaisirs de la nuit sont supprimés : le crocheteur et la princesse se contentent de passer celle-ci à dormir sagement. L'anneau n'a plus rien de grivois : Mesrour l'a trouvé dans un tas de chiffons. Nous pensons que la révision fut faite par les rédactrices du *Journal des dames*, sans que Voltaire y soit pour rien. Voir J. Hellegouarc'h, «Genèse d'un conte de Voltaire», *Studies* 176 (1979), p.31-34. [**58**] Pour le détail des rapprochements voir J. Hellegouarc'h, «Mélinade». [**59**] Première édition du *Cadenas* en 1722, dans *La Ligue ou Henry le Grand* (Amsterdam, J. F. Bernard), p.172-75. *Le Cocuage* est publié dans le même volume, p.178. La première version du *Cadenas* correspond aux variantes données par M.ix.569-70. [**60**] Pour plus de précisions voir J. Hellegouarc'h, «Genèse d'un conte», p.7-13. Il y est signalé une réminiscence probable du *Roland furieux* de l'Arioste, notamment de l'anneau d'Angélique. [**61**] *La Mule du pape* vers 1734 apparaissant tout à fait isolée, cette veine voltairienne se manifestera dans l'intervalle par l'élaboration des chants de *La Pucelle*.

Notes du chapitre 7

[**1**] *Correspondance* de la princesse Palatine, i.195 (18 octobre 1715). [**2**] Selon Maurepas, cité par Desnoiresterres, i.166-67. [**3**] M.viii.418 : P. A. Laplace, connu pour son adaptation française du *Théâtre anglais* (1745-1748), avait écrit sur son exemplaire qu'un M. de Querlon lui avait «assuré» que l'ode était de Voltaire. Sur ce seul témoignage l'édition Lefèvre et Deterville la recueillit en 1817. [**4**] Selon la Palatine, *Correspondance*, i.421 (8 juillet 1718). [**5**] Lettre à Mme de Ferriol, 14 juillet 1717, après l'arrestation d'Arouet, dans P. Bonnefon, «Une inimitié littéraire au XVIIIe siècle», *RHLF* 9 (1902), p.550 et D50 (voir *OC*, t.130, p.41). [**6**] Duvernet, p.32. [**7**] D55. [**8**] M.i.294-95 donne le texte des *J'ai vu*. [**9**] Ce sont les termes de Voltaire, première lettre sur *Œdipe* (version de 1719), M.ii.12. [**10**] Voltaire saura par la suite que c'était l'abbé Régnier, ou l'abbé Lebrun. Voir ch.8, n.4, et D16267 (31 mars 1770), à G. Cramer. Ce Lebrun

d'ailleurs, s'il est né en 1680 comme le dit M.i.294, avait en 1715 beaucoup plus de vingt ans. [11] Desnoiresterres, i.120. [12] Par exemple par ces vers sur «le règne funeste / D'un prince que jadis la colère céleste / Accorda par vengeance à nos désirs ardents» (allusion à la naissance longtemps désirée du fils de Louis XIII et d'Anne d'Autriche). [13] D45 (vers le 10 mai 1717). Th. Besterman, *Voltaire*, p.68, refuse d'ajouter foi à ce rapport, considérant que l'imprudence dont fait preuve Arouet est invraisemblable. Imprudence réelle, mais fort vraisemblable de la part d'un jeune homme inexpérimenté, dont Beauregard a su gagner la confiance, et dont il flatte l'amour-propre d'auteur. Le rapport de Beauregard est confirmé pour l'essentiel par celui moins complet de l'autre indicateur, d'Argenteuil, D52: ce que n'a pas vu Th. Besterman qui attribue à tort D52 au commissaire de police Ysabeau. [14] M.x.474. Selon la Genèse, les Moabites descendent de Moab fils de Loth et de l'aînée de ses filles, les Ammonites d'Ammon fils du même Loth et de la plus jeune de ses filles. Ce genre d'attaque n'était alors nullement isolé. Dès les premières semaines de la Régence avait circulé dans Paris un pamphlet sur les relations incestueuses entre la duchesse de Berry et son père le régent, intitulé *Les Amusements de la princesse Aurélie*. Le 17 février 1716, Buvat, *Gazette de la Régence* (Paris 1887), rapporte qu'on a envoyé au duc d'Orléans son portrait en cire dans une attitude indécente avec sa fille. Buvat parle d'un accouchement clandestin de celle-ci et commente: «Cette conduite rappelle les Messalines». [15] M.x.474. Voir aussi M.x.237. [16] M.x.473. [17] *Correspondance* de la Palatine, i.361 (23 décembre 1717): le régent souffre des yeux depuis dix-huit mois (voir aussi p.349, 25 novembre 1717). Selon sa mère, il se serait donné un coup au jeu de paume. Selon Duclos, cité par Brunet, la marquise d'Arpajon l'aurait frappé d'un coup d'éventail pour repousser ses assauts. [18] D29. [19] D31. Dans ce texte, «révoquant à cet effet S.M. l'ordre» veut dire: «Sa Majesté révoquant l'ordre», contrairement à la note de D31 qui traduit bizarrement S. M. par «seulement». [20] D32, D40. [21] M.x.227-28. [22] A quoi il convient d'ajouter les deux épîtres en vers à Mme de Gondrin et à Mme de *** (M.x.229-30). [23] D32. [24] D.app.11, p.425-26. [25] Selon Hénault, cité par Desnoiresterres, i.109. [26] M.x.227, D40. [27] D41. [28] Courtin est au terme de ses jours: il va mourir avant la fin de l'année. [29] D40. [30] M.x.229. [31] Desnoiresterres, i.123-24. On n'a aucune information sur des représentations à Sully en 1716; mais on peut supposer qu'on ne se priva pas de ce divertissement habituel de la vie de château. On montre aujourd'hui aux visiteurs une salle qui se prête à l'organisation d'un spectacle. Selon Kehl, repris par M.x.269, c'est pour Suzanne de Livry que fut peint le célèbre portrait de Voltaire jeune par Largillière. La notice la plus détaillée que nous ayons sur la vie aventureuse de Suzanne de Livry est due à Beuchot, M.x.269-70. Selon le *Journal de Gien* (28 janvier 1965), un érudit local, l'abbé Mansion, décédé depuis, affirmait que Voltaire avait pendant son exil fréquenté le château de La Ronce, à Lion-en-Sullias, sur la rive droite de la Loire, en amont de Sully. C'est là qu'il aurait fait la connaissance de Suzanne de Livry. L'abbé Mansion, descendant de la famille de Boissoudry qui fut longtemps propriétaire du château de La Ronce, possédait des feuillets autographes d'une tragédie de Voltaire (*Œdipe* ou *Artémire*). [32] Nous renvoyons aux réflexions pertinentes de Jean Sareil, *Les Tencin*, p.222. [33] D33 (16 juillet 1716). [34] D35 (20 juillet 1716). [35] M.x.232-37. [36] D34. [37] D36. [38] M.x.228. [39] D42 (septembre 1716). [40] Nous le savons par une lettre de François Arouet datée de ce jour: plus sévère que le régent, le père de l'exilé trouve le rappel «beaucoup trop précipité». [41] On ne peut faire entrer en ligne de compte le billet non daté à Thiriot, D44, que Th. Besterman range conjecturalement en 1716-1717. [42] M.x.237. [43] Epître dédicatoire d'*Oreste* (*OC*, t.31A, p.397-412). La cinquième lettre sur *Œdipe*, M.ii.35-42, nous apprend qu'Arouet a lu sa pièce aussi, sans doute vers le même temps, au prince de Conti : il en recueillit « les critiques les plus judicieuses et les plus fines ». [**44**] François et Claude Parfaict, *Histoire du théâtre français depuis son origine jusqu'à présent* (Amsterdam 1735-1749), xv.305. [**45**] D11667 (28 janvier 1764), à Marmontel. D'après un passage de Mme de Staal, *Mémoires* (Paris 1877), i.128, cette lecture pourrait remonter à 1713 ou 1714. [**46**] *OH*, p.1095. [**47**] C'est ce que rapporte Piron à Mlle de Bar, le 20 juillet 1738, d'après J.-B. Rousseau, auquel Voltaire l'aurait raconté en 1722. [**48**] Rapporté dans la conclusion de l'*Essai sur la poésie épique* (M.viii.363). [**49**] Duvernet, p.42. [**50**] Duvernet, p.42. [**51**] Dans l'édition « définitive » de Léon de Labessade (Paris 1876), p.257. [**52**] M.i.297, donne *pairia* au lieu de *Patria*. Nous reproduisons, en rectifiant sur quelques points la ponctuation, le texte de D45, n.3, donné d'après le chansonnier Clairambault. [**53**] M.i.296. C'est à Beuchot que l'on doit la copie de ce « projet de vers latins trouvé chez Voltaire » : « *Jam qui sis docui Apollinem, mox qui sis / Docebit universum orbem.* [...] / *Melonius et Reus collega amores / Tuos putidos serviunt digni tali hero ministri* » (M.i.296, donne *qui fis* que je propose de corriger en *qui sis*). [**54**] Barthélemy, *Les Correspondants de la marquise de Balleroy*, i.140, 2 avril 1717. Le baron de Breteuil est le père d'Emilie, qui sera Mme Du Châtelet. Celle-ci a alors dix ans, étant née le 17 décembre 1706 (voir R. Vaillot, *Madame Du Châtelet*, Paris 1978, p.23). [**55**] D45 : Arouet a dit à Beauregard que « pour empêcher que M. le duc d'Orléans et ses ennemis ne crussent que c'était lui qui avait fait (les ouvrages satiriques), il avait quitté Paris dans le carnaval pour aller à la campagne où il a resté deux mois avec M. de Caumartin ». [**56**] Pour simplifier nous désignons dès le début l'œuvre par son titre définitif. [**57**] M.i.74. [**58**] D70. [**59**] M.x.234. [**60**] Au moment de l'arrestation d'Arouet, la police saisira dans ses papiers douze pièces de vers que J. L. Carra, qui a pu consulter en 1789 les dossiers des prisonniers, publie dans ses *Mémoires historiques et authentiques sur la Bastille* (Londres et Paris 1789), ii.150-76. [**61**] M.x.471, qui reproduit une note de Clogenson disant que Cideville, assurément bien renseigné, attribuait ces six vers à Voltaire. [**62**] D'après D45. [**63**] M.x.285, épître à Mme Du Châtelet sur la calomnie. [**64**] *OH*, p.1310, 1313. [**65**] Qu'il ne faut évidemment pas confondre avec le comte d'Argental. [**66**] D52. [**67**] D46, D47. [**68**] D.app.5. [**69**] D48. La troisième incarcération de Richelieu intervint le 28 mars 1719. Sur les détentions de celui-ci voir Paul d'Estrée, *Le Maréchal de Richelieu (1696-1788)* (Paris 1917), p.9. [**70**] D54. [**71**] D50. [**72**] Buvat, *Gazette de la Régence*, p.79, 183, 185, 199. [**73**] Références dans Desnoiresterres, i.134. Baufremont est incarcéré du 2 au 4 avril 1718. Arouet sera libéré le 10 avril. [**74**] M.ix.353-56. La date de composition du poème est inconnue : fut-il écrit dans les premiers jours de captivité, comme le suggère le texte (« Me voici donc en ce lieu de détresse ») ? Ou après sa libération ? *La Bastille* paraîtra pour la première fois dans l'édition de Kehl, mais le poème avait été inséré dans la *Correspondance littéraire* dès le 15 avril 1761. [**75**] *L'Ingénu*, fin du ch.9. [**76**] *L'Ingénu*, ch.10. [**77**] D53, « ce jeudi 21e mai 1717 ». [**78**] Recueilli par A.-M. Rousseau, *L'Angleterre et Voltaire*, i.132. [**79**] *OC*, t.2, p.298-99. [**80**] Références dans Desnoiresterres, i.133, ainsi que pour Hénault ci-dessous. [**81**] Longchamp et Wagnière, i.23. [**82**] D5603 (26 décembre 1753), lettre d'un gardien de la Bastille nommé Chevalier. [**83**] Ira O. Wade, *Studies on Voltaire, with some unpublished papers of Mme Du Châtelet* (Princeton 1947), p.3-10. [**84**] Buvat, *Gazette de la Régence*, p.185-86 (4 juin 1717). [**85**] M.xx.435, section IV de l'article « Somnambules et songes » : le fragment daté « A Lausanne, 25 octobre 1757 » parmi les exemples de vers composés par Voltaire dans le sommeil cite celui-ci: «Dans un autre rêve, je récitai le premier chant de *la Henriade* tout autrement qu'il n'est.» [**86**] *L'Ingénu*, ch.10. [**87**] Duvernet, p.37. [**88**] D56, D57. [**89**] *OC*, t.2, p.298-99. [**90**] M.x.245-46.

Notes du chapitre 8

[**1**] C'est du moins ce qu'il affirme dans une lettre à La Vrillière, D63. [**2**] Louis Phélypeaux de La Vrillière (1672-1725). Voltaire aura affaire ultérieurement à un autre La Vrillière (1705-1777) qui est le fils de celui-ci. [**3**] D63, D64, D65, D66, D67. [**4**] C'est ce qu'affirme la première *Lettre sur Œdipe*, dans l'édition de 1719. Mais dans une version ultérieure du même texte, Voltaire donne un autre nom pour le responsable des *J'ai vu*: l'abbé Lebrun, «poète du Marais», qui aurait «imité» l'abbé Régnier. Ces variations jettent la suspicion sur la pièce justificative présentée au régent. [**5**] Duvernet, p.37: la scène est située «le lendemain» de la libération de Voltaire, ce qui est impossible. [**6**] D62. [**7**] Ashburnham souscrira à l'édition de Londres de *La Henriade* en 1728. [**8**] R. Shackleton, *Montesquieu, biographie critique* (Grenoble 1977), p.155, donne le nom complet, qui tient trois lignes et demi. [**9**] M.i.190. [**10**] Desnoiresterres, i.162. [**11**] Cité par Desnoiresterres, i.162. [**12**] *Histoire de la vie et des ouvrages de Voltaire*, i.21-22. [**13**] Desnoiresterres, i.162, et Ira O. Wade, «Voltaire's name», *PMLA* 44 (1929), p.554 et suiv. [**14**] D72. Il précise que le courrier est à adresser «à Mr. de Voltaire», ceci ajouté au-dessus de la ligne, «chez Mr. Arouet, cour du palais». [**15**] Cité par D62, commentaire. [**16**] D20, D22. [**17**] Cf. *Zadig*, «Les combats»: «Les deux champions firent des passes et des voltes avec tant d'agilité». [**18**] *Des embellissements de Paris* (1749); *OC*, t.31B, p.213-14). [**19**] Cité par Desnoiresterres, i.138. [**20**] D392 (7 janvier 1731), au P. Porée, en lui envoyant une nouvelle édition d'*Œdipe*. Souligné par nous. C'est dans D9959, 20 août 1761, à l'abbé d'Olivet, que Voltaire semble dire que sur le conseil de Dacier il avait d'abord totalement exclu l'amour de son sujet. [**21**] D392: «Les comédiennes se moquèrent de moi quand elles virent qu'il n'y avait point de rôle pour l'*amoureuse*.» [**22**] Voir la démonstration convaincante de J.-M. Moureaux, *L'Œdipe de Voltaire, introduction à une psycholecture*, p.28-29. [**23**] Lesage, dans un passage de *Gil Blas* qui semble la viser, cité par Bengesco, *Les Comédiennes de Voltaire*, p.12. [**24**] D'après D9959, il lui fallut cependant accepter de «retrancher une partie des chœurs». [**25**] C'est seulement en mai de cette année qu'il est exilé à Sully. *Athalie* précédemment n'avait été jouée que deux fois, devant des auditoires restreints: en 1691 par les demoiselles de Saint-Cyr, sans costumes ni décors, en 1702 chez Mme de Maintenon. La pièce ensuite fut jouée à Sceaux en 1714, voir ci-dessus p.62. [**26**] *Lettres sur Œdipe* (M.ii.42-43). [**27**] D8549, D10939. [**28**] D392. Le quatrième acte est celui de la double confidence d'Œdipe et de Jocaste. [**29**] H. C. Lancaster, *The Comédie-Française 1701-1774: plays, actors, spectators, finances* (Philadelphia 1951), p.660-61. [**30**] Lancaster, p.661. [**31**] D12909 (septembre – octobre 1765). [**32**] Longchamp et Wagnière, i.21-22. [**33**] Lancaster, p.660-61, qui indique aussi la présence de la duchesse de Berry le 28 novembre, et l'achat de billets par Voltaire le 22 novembre, 4 décembre, 7 janvier et 18 mars. Entre le 18 novembre et fin janvier, presque 25.000 personnes ont assisté aux représentations d'*Œdipe*. [**34**] Texte intégral de l'épître, M.i.302-303. L'Aganipe est une source de l'Hélicon, la montagne de Béotie consacrée à Apollon et aux Muses. [**35**] D81 (25 juin 1719), Brossette à J.-B. Rousseau, après la publication de la pièce. [**36**] Reproduite dans l'édition T. Tobari d'*Electre* (Paris

1981). **[37]** M.i.196-97, en date du 2 décembre 1718. **[38]** D73, D75. Mais Brossette, D74, est plus réservé : « Ce n'est ni Corneille, ni Racine, quoiqu'il paraisse que le jeune poète a eu devant les yeux ces deux grands écrivains ». **[39]** Selon Brossette, D744. **[40]** D87 (26 mai 1720). **[41]** Ainsi dans *Le Monde* (18 décembre 1981), p.23, col. 1 : « Mais ce n'est pas là ce qu'un vain peuple cherche »... **[42]** D73. **[43]** Voir ci-dessus, n.22. **[44]** J.-M. Moureaux, p.84. **[45]** Œdipe (iv.i), ouvre une parenthèse : « Et je ne conçois pas par quel enchantement / J'oubliais jusqu'ici ce grand événement ; / La main des dieux sur moi si longtemps suspendue / Semble ôter le bandeau qu'ils mettaient sur ma vue. » **[46]** M.ii.37. **[47]** J.-M. Moureaux, p.55. **[48]** Voltaire n'ignore pas que l'amitié peut se dégrader en pratiques malsaines. Il a côtoyé le monde de l'homosexualité : voir plus haut, p.57. Au moment même d'*Œdipe*, il versifie des couplets à l'adresse du duc de La Feuillade, « giton » notoire (D69). Mais rien n'indique qu'il ait lui-même pratiqué ce genre de relation. On ne lui connaît de liaison amoureuse qu'avec des femmes. Cependant l'attention qu'à travers toute son œuvre il porte à l'amour grec n'est sans doute pas sans rapport avec sa vocation de l'amitié. **[49]** J.-M. Moureaux, p.58. **[50]** D15903 (18 septembre 1769), à propos des affaires Lally, Calas, Sirven.

Notes du chapitre 9

[1] Diderot, *Le Neveu de Rameau*, éd. J. Fabre (Genève 1950), p.100. **[2]** Dans une édition ultérieure de la même année 1719, il ajoute une septième lettre : « A l'occasion de plusieurs critiques que l'on a faites d'*Œdipe* ». **[3]** D'après un document aujourd'hui disparu, cité par Desnoiresterres, i.158. Mais il n'a pas reçu alors une pension de 1.200 livres, comme on l'a conjecturé d'après Longchamp et Wagnière, ii.334. Comme l'a démontré R. Waller (*Studies* 127 (1974), p.7-39 et 219 (1983), p.59-62), la pension servie à Voltaire ultérieurement résultera d'un prêt qu'il consentira en 1744 au fils du régent. **[4]** D70, sans date, mais le manuscrit a été approuvé par le censeur le 2 décembre 1718, et l'édition sera autorisée le 19 janvier. **[5]** M.i.73. **[6]** Desnoiresterres, i.169, donne des précisions sur ses liaisons. **[7]** Celui qu'avait fait construire près de Melun le surintendant Fouquet. Le maréchal en était le propriétaire depuis 1705. Aujourd'hui, Vaux-le-vicomte. **[8]** M.x.248. **[9]** D82. **[10]** D85. **[11]** D76 (3 mai 1719), lettre de Caumartin de Boissy. Le dénouement de l'affaire est connu par une autre lettre du même, dans Desnoiresterres, i.178, non reproduite par Th. Besterman. **[12]** D81 (25 juin 1719), Brossette à J.-B. Rousseau. **[13]** D69. **[14]** D82, D85. Il y est question d'un orgelet dont il souffre, pour lequel Mme de Mimeure lui envoie un « petit emplâtre ». **[15]** D86 : « le Bruel où j'ai passé quinze jours avec M. le duc de La Feuillade ». **[16]** D86 ne doit donc pas être daté « *c*. August 1719 », mais un peu plus tôt. **[17]** Voici ce qu'était le biribi. Sur la table, 70 cases numérotées reçoivent les enjeux. Le banquier tire un numéro : le joueur qui a misé sur ce numéro gagne soixante-quatre fois sa mise. Le banquier encaisse le surplus des enjeux. Il gagnait donc à tout coup, sans risque de perdre, tandis que le joueur n'avait qu'une chance sur soixante-dix de gagner. Les hôtes du château en acceptant de jouer à de telles conditions payaient, par cette voie détournée, le maître des lieux de son hospitalité. **[18]** Desnoiresterres, i.180-81. **[19]** Lettre du président Hénault à Mme Denis, 24 juin 1755, aujourd'hui perdue, connue par Desnoiresterres, i.184. **[20]** Témoignages cités par Bengesco, *Les Comédiennes de Voltaire*, p.26, 27. **[21]** *Le Temple du Goût* (M.viii.591). **[22]** M.x.476. **[23]** M.x.262. **[24]** D414 (1er juin 1731), à Thiriot, sur la mort de Mlle Lecouvreur. **[25]** D87,

Brossette à J.-B. Rousseau. **[26]** D87, n.1. Duvernet, p.44, raconte une anecdote qui, si elle a quelque authenticité, ne doit pas se rapporter à la première d'*Artémire* (datée à tort par Duvernet du 20 mai 1720). Suzanne de Livry aurait fait ses débuts à la création de cette tragédie: les sifflets auraient visé autant l'actrice que la pièce. «Voltaire, indigné d'un pareil accueil, de la loge où il était, saute sur le théâtre, et harangue le public [...] Il parle de l'indulgence qu'on doit aux nouvelles productions et aux nouveaux talents». Il réussit à faire applaudir *Artémire* et la comédienne. Mais Mlle de Livry n'a pas joué dans cette pièce. L'épisode appartient peut-être à ses débuts dans le rôle de Jocaste à la reprise d'*Œdipe*, l'année précédente. Duvernet ajoute d'ailleurs qu'ensuite Voltaire se retira à Sully avec l'actrice sa maîtresse: ce qui nous reporte à 1719. On reste sceptique également sur l'incident, probablement déformé, que raconte le président Bouhier (dans Desnoiresterres, i.187): Voltaire envahissant à la tête d'un commando la salle de la Comédie pour empêcher la représentation d'*Artémire*, est expulsé par les gardes, de sorte que la pièce, «représentée contre son gré, fut applaudie presque d'un bout à l'autre». **[27]** D91. **[28]** Th. Besterman a commis une erreur certaine dans le classement des deux lettres D88, D95. Thiriot adressant à Voltaire D95, de Melun, lui décrit «le printemps habillé de diverses couleurs», ce qui exclut la datation «c. August 1721». D88 répond terme à terme à D95. L'échange selon nous se situe au printemps de 1721, plutôt qu'à celui de 1720. D95 fut en effet publié dans le *Mercure* de décembre 1721: si la lettre était de 1720, on s'expliquerait mal que Thiriot ait attendu si longtemps pour la donner au périodique. Il se peut que Voltaire après avoir rendu visite à Thiriot à Melun, en mai 1721 ait de là gagné le château de Vaux-Villars tout proche, d'où il écrit le 1ᵉʳ juin 1721 la lettre D92. **[29]** D92. **[30]** D85 et D84. **[31]** D136: désaccords au sujet de la publication de *La Henriade*; Génonville n'intervient pas en faveur de Voltaire auprès des frères Pâris. D139: Génonville a cessé de lui écrire. D140: Voltaire ne lui écrit plus «qu'en cérémonie». **[32]** M.x.265. Cette épître «Aux Mânes de M. de Génonville» est datée de 1729. Pourquoi ce ressouvenir d'un ami disparu depuis si longtemps? L'épître doit être contemporaine de celles des «Vous et des Tu» (M.x.269), et procède sans doute du même incident. La facile Suzanne de Livry, devenue la marquise de Gouvernet, affiche maintenant la respectabilité: elle refuse sa porte à Voltaire. Ce qui rappelle à celui-ci leur vie libre d'autrefois et la part qu'y prenait le malheureux Génonville. **[33]** Aucun n'est daté. Dans un cas au moins la datation de Th. Besterman est à corriger. D78 ne peut être du printemps 1719, mais plutôt du début d'octobre 1721. Voltaire est en partance pour Richelieu. Ce qui s'accorde avec l'allusion à *La Grâce*, récemment imprimée, et avec la perspective de voir Louis Racine à Paris «l'hiver prochain». Voltaire achève la mise au point de son poème épique. **[34]** D79. **[35]** M.x.479. **[36]** D84, D86 (vers juillet-août 1719). **[37]** D88, D99. **[38]** D.app.11, p.388. **[39]** C'est l'hypothèse de Desnoiresterres, i.194. **[40]** D136 (5 décembre 1722). **[41]** D84. **[42]** D86. **[43]** D84. **[44]** D96. Une incertitude subsiste sur la date du voyage. Desnoiresterres le place en 1720. Dans une séquence de lettres non datées, D96-D100, le seul repère est fourni par D99: «A Richelieu ce samedi 25». Nous nous rangeons à l'avis de Th. Besterman qui pense que le «samedi 25» le plus probable est le samedi 25 octobre 1721. Voir D99, «textual notes». En outre D'Estrée, *Le Maréchal de Richelieu*, p.76, souligne la difficulté de la date de 1720. Voltaire a retrouvé en son château de Touraine son ami le duc. Or entre septembre et novembre 1720, celui-ci est nécessairement à Paris pour briguer le fauteuil académique de Dangeau, décédé le 9 septembre; Richelieu y fut élu le 14 novembre. **[45]** D96. **[46]** D80 (20 juin 1719). **[47]** D.app.11, p.392.

[48] D.app.11, p.388-89.   [49] D.app.11, p.390.   [50] D.app.11, p.393.
[51] D.app.18.

Notes du chapitre 10

[1] M.x.475. [2] M.x.247. [3] C'est l'ambassadeur qui suggéra l'envoi d'une montre, plutôt qu'un présent de 100 guinées auquel avait songé le roi (D80, note). [4] D71 (4 février 1719). [5] D108 (juin 1722?), Voltaire demande à Mme de Bernières de lui organiser un souper «avec milord Bolimbrok et Mr de Maisons». On ne sait si ce fut fait. [6] D75. [7] D72. Nous avons dit, p.58, que Voltaire avait déjà en 1716 adressé au prince Eugène une épître en vers de ton assez libre. [8] Lettre perdue, mentionnée dans D106 (28 mai 1722). [9] OH, p.351. [10] M.x.253-54. [11] D.app.11, p.438-39. [12] D.app.11, p.441-42. [13] On connaît mal ses logements parisiens en 1722. De Cambrai, le 30 octobre, il déclare demeurer à l'hôtel de Richelieu. En outre, d'après D9568 (22 janvier 1761), il fut en 1722, à un certain moment, le voisin d'une aventurière polonaise qui se faisait passer pour la veuve du tsarévitch, exécuté sur l'ordre de son père Pierre le Grand. [14] D.app.11, p.440: à cette fin il passe un acte devant Jacques Brissac, notaire à Londres, le 18 janvier 1727. [15] Reproduit dans J. Daoust, «Voltaire et la marquise de Bernières», Etudes normandes 176 (1965). [16] D104. [17] D108, D110 (juin 1722?), D113 (1er juillet 1722?). [18] D136 (5 décembre 1722). [19] D104 (avril 1722?). [20] Elle vieillira mal, si l'on en croit Mme de Graffigny qui en avril 1739 trace ce portrait dans une lettre à Devaux: «C'est une vieille lourpidon de soixante ans qui est décriée au point qui ne s'imagine pas.» (Correspondance, Oxford 1985, i.379, lettre 103). [21] Il sert aujourd'hui de maison de retraite. [22] M.x.251, épître au maréchal de Villars qui date, non de 1721, mais de 1722: voir D107. [23] M.x.246, à Génonville, 1719. [24] M.x.252. [25] Cité par H. Tronchin, Le Conseiller Tronchin (Paris 1882), p.10-11. Voltaire est décrit comme «un jeune homme fort maigre, habit noir, longue perruque naturelle». [26] D106. [27] D106: «le Juif dont j'ai eu l'honneur de vous parler». [28] L'affaire est connue par les Mémoires de Villars, Barbier, Marais, la correspondance de la marquise de La Cour. Références dans Desnoiresterres, i.218. [29] Manuscrit du fonds Bouhier, cité par Desnoiresterres, i.218. [30] D114 (?juillet 1722). [31] Datation établie par J.-M. Raynaud, La Jeunesse de Voltaire, sous la date de 27.08.1722, confirmé depuis par la découverte par J.-M. Raynaud d'un acte passé par Voltaire à Paris le 21 août 1722. [32] Elle s'était mariée en 1705, et dut naître vers 1690. [33] Saint-Simon, éd. Coirault, ii.570. [34] M.x.481. [35] D121. [36] D122. [37] Rapporté par Marais, Journal et mémoires (Paris 1863-1868), ii.358. [38] D116. [39] Lettre publiée dans une édition des Lettres de La Motte, 1754, et retrouvée par J.-M. Raynaud, «Houdar de La Motte: une lettre oubliée à Voltaire», Dix-huitième siècle 6 (1974), p.245-48 (D116a). [40] D119, datée du 8 septembre. [41] D1078, p.453: c'est ainsi qu'on peut interpréter les «indécences» dont parlera J.-B. Rousseau, sans autre précision. [42] D1150, p.57. [43] On déduit ce «discours» de Mme de Rupelmonde du préambule de l'épître, devenue Le Pour et le contre (M.ix.358-62), où Voltaire l'expose avant d'y répondre. [44] D121 (11 septembre 1722). [45] D1078, p.453: J.-B. Rousseau prétend que c'est lui qui l'y présente. Ce que nie Voltaire, D1150, p.57. [46] Desnoiresterres, i.233, fait ce rapprochement. [47] D123 (20 septembre 1722), J.-B. Rousseau à Boutet. [48] D129 (8 octobre 1722), de La Haye: «Nous parlerons à mon retour de Rousseau et des ministres réformés.» [49] D123,

du 20 septembre 1723 : Voltaire vient de quitter Bruxelles. [50] Voltaire date D130 de Mariemont, 27 octobre 1722, après s'être arrêté à Bruxelles assez longtemps pour s'y quereller avec Rousseau. [51] M.i.74. [52] D136 (5 décembre 1722), à Thiriot. [53] D121. [54] D125, à Thiriot; D138 (vers le 10 décembre 1722), à Moncrif, chargé aussi de recueillir les souscriptions. [55] D128, à La Haye (7 octobre 1722). [56] D125 (2 octobre 1722). [57] D1078, p.454. [58] Desnoiresterres, i.238. [59] Expressément mentionnés dans D128. [60] Sa présence est indiquée par Voltaire, D1150, p.59: «Il récita à cette dame que j'avais l'honneur d'accompagner et à moi», etc. [61] D147 (11 février 1723), au prince Eugène; D1078 (22 mai 1736), à la *Bibliothèque française*. [62] D1150 (20 septembre 1736), à la *Bibliothèque française*; *Commentaire historique* (M.i.79). [63] Duvernet précise par une note, p.294: «C'est sous la dictée de Thiriot que l'auteur a écrit le détail de cette entrevue. C'est ainsi que Voltaire, à son retour de Bruxelles, le lui avait raconté.» [64] Duvernet, p.47. [65] D1150, p.60. [66] Duvernet, p.47. [67] Voir plus haut, p.23. [68] D1078, p.454. [69] Duvernet, p.48. [70] D1078, p.454. [71] Duvernet, p.48. Propos à peu près identique dans le *Commentaire historique* (M.i.79), qui le situe lors d'une visite à Bruxelles en compagnie de Mme Du Châtelet, ce qui est impossible. Le propos et toute la scène appartiennent nécessairement à la rencontre de Voltaire avec J.-B. Rousseau, fin octobre 1722, qui devait être la dernière. [72] D1078, p.455. [73] D147 (11 février 1723), au prince Eugène. [74] Voir l'édition critique de l'*Epître à Uranie*, établie par Ira O. Wade, *PMLA* 47 (1932), p.1066-112. [75] D125 (2 octobre 1722). [76] D417 (30 juin 1731): Thiriot n'a pas l'*Uranie*. [77] *Bibliothèque française* 23, 1ère partie (1736), cité par Ira O. Wade. [78] D417. [79] Mais ce titre apparaît dès 1735 dans une version manuscrite que Voltaire envoie à Cideville: *Le Pour et le contre à Madame de ****. Voir E. Meyer, «Variantes aux poésies mêlées de Voltaire», *RHLF* 39 (1932), p.414. [80] Voir l'étude de Ira O. Wade dans son édition critique. [81] D132. [82] D132. [83] D141. [84] Situé à la source du Loiret, le château est aujourd'hui le siège de l'Université d'Orléans. [85] D136, D141. [86] D141. [87] D135 (4 décembre 1722). [88] Cité par D. J. Fletcher, «The fortunes of Bolingbroke in France», *Studies* 47 (1966), p.209. [89] D135, note.

Notes du chapitre 11

[1] D145 est encore daté d'Ussé, du 5 janvier 1723. [2] Dans ses *Mémoires* (Paris 1855), p.34, et dans D6598, D7733, D1249. Voltaire confirme pour l'essentiel dans le *Commentaire historique* (M.i.74). Mais il situe la scène chez son ami de Maisons et Hénault chez La Faye, qui aurait commis la «mauvaise plaisanterie». La date est incertaine. On peut la placer entre janvier et mars 1723 (en raison du froid, le feu est allumé; le poème est terminé mais non encore imprimé). [3] Le *Discours au roi* restera dans les papiers de Thiriot. Il ne sera publié qu'au XIXe siècle. *OC*, t.2, p.257-60 en donne le texte. [4] Il s'agit bien de l'abbé Du Bos, auteur des *Réflexions critiques sur la poésie et la peinture*, qui aurait eu dès 1714 l'idée d'un poème sur Henri IV, et non d'un abbé Dubois, neveu du cardinal (Desnoiresterres, i.301). Voir *OC*, t.2, p.35, 46. [5] D186. [6] Préface de *Mariamne* (M.ii.168-69). [7] Voir J. Quéniart, *L'Imprimerie et la librairie à Rouen au XVIIIe siècle* (Paris 1969), p.31-33. [8] D152. [9] Marais, ii.441. [10] D'après D152 (7 juin? 1723). [11] Desnoiresterres, i.265-66, rapporte la scène sans indiquer de source. Elle paraît trop vraisemblable pour être révoquée en doute. [12] D156.

[13] D155. Il écrit de Paris le même jour à Thiriot, qui séjourne à la Rivière-Bourdet, et à Mme de Bernières à qui il adresse les nouvelles, ou «la gazette». Il en résulte que D151 à Thiriot («Je ne vous mande point de nouvelles parce que je les adresse à la dame du château») est de la même date que D152, contrairement à la conjecture de Th. Besterman. Autres lettres couplées: D153 à Thiriot, D154 à Mme de Bernières, toutes deux du 12 juin 1723; D155, D156. [14] D157. [15] D168. [16] D168. [17] D165. [18] D164. [19] D170 (30 octobre 1723). [20] Duvernet, p.50. [21] D173. [22] D181 (fin de 1723). [23] D.app.12 (début de décembre 1723). En son absence, son domestique et sa femme s'enivrent et font du scandale. Ce qui entraîne une plainte du propriétaire, un «tapissier». [24] D179. [25] D155, D159. [26] D179. [27] D186. [28] D179. [29] Voir la revue de presse de La Ligue, par O. R. Taylor (OC, t.2, p.52-53). [30] D255. [31] D187, note. [32] D187, datée 9 avril 1724 (c'est-à-dire 20 avril, l'Angleterre n'ayant pas encore adopté la réforme grégorienne du calendrier). [33] BN, Rés. Z Bengesco 126. L'une de ces éditions fut saisie chez un libraire de la rue Saint-Jacques. Mais la réaction de la police est tardive: 23 août 1724 (voir D.app.13). [34] D189. O. R. Taylor (OC, t.2, p.163) signale qu'au collège des jésuites de La Flèche, dédié à Henri IV, on célébrait chaque année à la mémoire du roi une fête connue sous le nom de la Henriade. Voltaire savait-il qu'il avait déjà paru en 1593 une Henriade par Sébastien Garnier? Voir le Catalogue général des livres imprimés de la Bibliothèque nationale: auteurs (Paris 1978), ccxiv, no. 1685. [35] D186 (22 mars 1724), à Prosper Marchand. [36] D204. [37] D208, D213. [38] D259. [39] Voir les notes de l'édition O. R. Taylor dans OC, t.2. [40] Les contes en prose, Le Crocheteur borgne, Cosi-Sancta, de la période de Sceaux, étaient restés sans suite. [41] Voir O. R. Taylor (OC, t.2, p.155). [42] Nous renvoyons au chant et au vers dans l'édition O. R. Taylor de La Henriade. [43] OC, t.2, p.436. [44] La Henriade reprend soigneusement, VIII.147-51, la phrase sur le panache blanc, mais non le propos sur «la poule au pot», difficile à placer dans des alexandrins épiques. [45] Par une ironie de l'histoire, La Henriade est devenue une sorte d'épopée officielle de la monarchie restaurée. En 1819 paraît une édition dédiée au chef du parti ultra, le comte d'Artois, le futur Charles X. Pour d'autres précisions, voir O. R. Taylor, OC, t.2, p.212. [46] Voir O. R. Taylor, OC, t.2, p.211. [47] D187. Nous ne mentionnons que pour mémoire un des petits côtés de la «politique» de La Henriade: le soin que prend Voltaire d'y évoquer les personnalités de son temps. Outre le jeune Louis XV et le régent (passage plusieurs fois retouché), sont nommés Villars, le prince Eugène, Parabère, et maints autres. Même le nom de Tournemine, son professeur chez les jésuites, est mentionné. Certains subissent des vicissitudes: l'allusion à Mme de Prie, favorite du duc de Bourbon, disparaît après la mort de celle-ci. La disgrâce la plus marquée fut celle de Sully: nommé partout comme le compagnon de Henri IV dans La Ligue, il est remplacé systématiquement par Mornay, à partir de 1728, après la trahison du duc de Sully dans l'affaire du chevalier de Rohan. [48] O. R. Taylor, OC, t.2, p.233. [49] OC, t.2, p.539. Voltaire applique dans toute sa rigueur la plus étroite le principe «hors de l'Eglise point de salut», qu'il interprète dans le sens janséniste du «petit nombre des élus». Il en résulte selon lui que sur une population mondiale évaluée à cette date à 950 millions d'hommes, 947 millions cinq cent mille sont «destinés aux peines éternelles de l'enfer». [50] On le lit dans OC, t.2, p.352-63. [51] Dans l'Essai sur le genre dramatique sérieux. [52] Voir O. R. Taylor, OC, t.2, p.209. [53] C'est ce que nous fait connaître la biographie de l'écrivain par sa femme Anna Grigorievna. [54] Cité par O. R. Taylor, OC, t.2, p.196. [55] Diderot, De la poésie dramatique, dans Œuvres esthétiques (Paris 1965), p.261.

[**56**] Voir O. R. Taylor, *OC*, t.2, p.189. [**57**] On connaît la réponse de Gide à une enquête sur «le plus grand poète français»: «Victor Hugo, hélas!»

Notes du chapitre 12

[**1**] Le *Mercure de France*, à la date du 6 mars 1724. [**2**] Préface de *Mariamne* (M.ii.161-69). [**3**] Lancaster, p.679 (1257 spectateurs; le partage de l'auteur était de 424 livres). [**4**] *OH*, p.1314. [**5**] D213 (5 octobre 1724). [**6**] D217, D219. [**7**] Reproduit par H. Boivin, «Les dossiers de l'abbé Desfontaines aux archives de la Bastille», *RHLF* 14 (1907), p.60-62. [**8**] H. Boivin, p.63. [**9**] C'est ce qui ressort de la lettre de remerciement, D234. [**10**] Desnoiresterres, i.327; D234, note. [**11**] D235. [**12**] De même Guyot Desfontaines avait été confondu avec un Duval Desfontaines. C'est pourquoi l'ordre d'arrestation lancé le 18 octobre 1724 dut être annulé et rétabli ultérieurement au nom véritable de l'inculpé: voir H. Boivin, p.62. [**13**] D232. [**14**] Aussi H. Boivin, p.55, l'attribue-t-il, après Paul d'Estrée, à un abbé Dupuis. [**15**] M.xxiii.35. [**16**] D1728 (31 décembre 1738), Thiriot à Mme Du Châtelet. [**17**] Comme le fait J. Donvez, *De quoi vivait Voltaire?* (Paris 1949), p.26-27, qui suppose qu'en 1725 Voltaire joue la comédie de la pauvreté. Tout prouve au contraire qu'à cette date, sans être dans le dénuement, il a des ennuis d'argent. [**18**] D212 (28 septembre 1724). [**19**] Voir ci-dessus, p.111. [**20**] M.xvii.80. [**21**] D225. [**22**] Voir J. Donvez, p.138-39. [**23**] D243. A l'ouverture du testament, il s'était contenté d'une protestation, se réservant de donner une suite judiciaire. [**24**] D233 (fin de mai 1725). [**25**] D240 (27 juin 1725). [**26**] La lettre de Thiriot est perdue, mais on en déduit le contenu d'après la réponse, D240. [**27**] D239. [**28**] D246 (20 août 1725). [**29**] D247. [**30**] D149 (avril 1723). [**31**] Ces rimes ont disparu de la version de 1725, *Hérode et Mariamne*. [**32**] D226. [**33**] Marais, *Journal et mémoires*, iii.174. [**34**] D10636 (7 août 1762), à d'Argental. [**35**] D246. [**36**] D191 (vers le 10 juillet 1724). L'homosexuel La Trimouille en accord avec le comte de Clermont, un Condé, voulait s'assurer une emprise sur le roi. [**37**] *OH*, p.1316. [**38**] *OH*, p.1316, note: peu auparavant un projet de mariage avec le comte d'Estrées avait échoué. [**39**] D233. [**40**] D243 (23 juillet 1725). [**41**] D249. [**42**] D252 (17 octobre 1725). Voltaire restera en relation avec Mme de Lutzelbourg. Mais la correspondance qu'il lui adresse ne nous est conservée qu'à partir de 1753. [**43**] D255 (19 octobre 1725). [**44**] D253. [**45**] Dans le bâtiment tel qu'il est aujourd'hui, on identifie une salle de la façade sud comme celle où fut jouée *La Fête de Bélébat*. [**46**] D252. [**47**] D256 décrit à Mlle de Clermont, sœur du duc de Bourbon, le couronnement du curé. [**48**] D'après D255 (13 novembre 1725). [**49**] D253 (17 octobre 1725). [**50**] Pièce conservée à l'Institut et musée Voltaire, Genève; voir D255, note. [**51**] Cité par J.-M. Raynaud, *La Jeunesse de Voltaire*, à la date du 18.01.1726. [**52**] D1371 (14 septembre 1737). [**53**] Le père André, qui avait tenté de réhabiliter Descartes, fut mis à l'écart. Voir Charma et Mancel, *Le Père André, jésuite* (Paris 1856). [**54**] D190. [**55**] D1571 (vers le 3 août 1738): «J'ai sous les yeux un exemplaire marginé de ma main, il y a près de quinze ans.» Le volume se trouvait donc encore dans la bibliothèque de Cirey. Il ne fait pas partie du petit nombre de ceux qui passeront dans la bibliothèque de Ferney, et ne nous est pas parvenu. A Ferney, Voltaire possédait deux éditions de la *Recherche*: 1700 et 1721. La première porte seulement deux notes: il ne peut s'agir de l'exemplaire «marginé» en 1725; la seconde a des marques de lecture sans note. Voir BV 2276, 2277. [**56**] M.ii.161-69. [**57**] Phrase rapportée dans le récit de Barbier.

[58] Signalée par Desnoiresterres, i.337, comme imprimée «en France, 1769».
[59] *Journal historique et anecdotique* (Paris 1847-1856), i.390-93, juin 1725.
[60] *Journal et mémoires*, iii.192. [61] BN, N.a.fr.15008, f.118-19, cité par J.-M.
Raynaud, *La Jeunesse de Voltaire*, à la date du 05.07.1725. Charles François de Vintimille,
comte Du Luc, protecteur de J.-B. Rousseau, était un diplomate: il fut ambassadeur de
France à Soleure, auprès de la République de Berne, puis à Vienne. [62] *OH*, p.1086.
[63] Marais, *Journal et mémoires*, iii.202. [64] Desnoiresterres, i.333, d'après la *Vie de
Madame Lafosse*. [65] D241 (27 juin 1725): «Je suis souvent chez la femme au miracle
du faubourg Saint-Antoine.» [66] Le mandement du cardinal de Noailles du 10 août
1725 nous l'apprend. [67] D241 (27 juin 1725). [68] Cité par Desnoiresterres, i.335.
[69] D246 (20 août 1725). [70] Mme Lafosse mourut en 1760, octogénaire, si en
1725 elle avait quarante-cinq ans. [71] *Dictionnaire philosophique*, «Anthropophages»
(*OC*, t.35, p.346). [72] D1376 (vers le 15 octobre 1737), à Frédéric de Prusse. L'épisode
y est daté de 1723. Le texte de D1376 n'étant connu que par une copie, on peut penser
que 1723 est une faute de lecture pour 1725, date donnée par les deux autres versions.
[73] *Essai sur les mœurs* (Paris 1963), ii.344: chapitre 146, «Vaines disputes sur
l'Amérique». [74] M.xxvii.184. [75] Sur les relations de Voltaire avec Boulainviller
avant 1726, voir R. Pomeau, *La Religion de Voltaire*, p.100. [76] M.xx.286. [77] D259.
Th. Besterman la place vers décembre 1725. Mais à cette date Voltaire a choisi Londres.
Nous préférons la conjecture de J.-M. Raynaud: vers août 1725. Cambiague était une
personnalité genevoise, ancien représentant de la République en France: comme l'indique
J.-M. Raynaud, Voltaire n'aurait pas mis quatre mois pour lui envoyer l'édition de
Mariamne accompagnant D259. La mention de *La Henriade* en dix chants que Voltaire
annonce à son correspondant s'entend d'un manuscrit du poème, que Cambiague pourrait
se charger de faire imprimer à Genève. [78] Il songe à dédier l'édition à Bolingbroke,
lequel en a eu vent, D257 (5 décembre 1725). [79] N. Perry, «La chute d'une famille
séfardie: les Mendes da Costa de Londres», *Dix-huitième siècle* 13 (1981), p.11-25.
[80] Une femme de la famille, restée à Lisbonne, y fut brûlée dans l'autodafé de 1666
(N. Perry, p.13). [81] Comme l'indique Norma Perry, les Juifs avaient l'habitude de
porter deux prénoms, l'un juif, l'autre chrétien. [82] D303 (26 octobre 1726), à Thiriot:
le nom de Medina dans cette lettre est sans doute un lapsus pour Mendes. [83] N.
Perry, p.20. La date «10 décembre 1726» (p.22) est une faute d'impression pour 10
décembre 1725.

Notes du chapitre 13

[1] D17553. [2] M.i.75. [3] D132, note. [4] Duvernet, p.55. [5] D17553.
[6] Desnoiresterres, i.345. [7] D261 (6 février 1726). Marais revient sur l'événement
dans une lettre au même, le 15 février, D263. [8] Montesquieu, *Spicilège* (Paris 1944),
p.264-65. [9] D'après Duvernet, p.55. [10] M. M. Harel, *Voltaire, recueil de particularités
curieuses de sa vie et de sa mort* (Paris 1817), p.20. [11] On sait qu'au XVIIIe siècle le
dîner est le repas du milieu de la journée. La bastonnade eut lieu dans l'après-midi.
[12] Dans J.-M. Raynaud, 01.02.1726. [13] Duvernet, p.56, sur ce point mérite crédit.
Voltaire rompra avec Sully et dans *La Henriade* remplacera le nom de son ancêtre par
celui de Mornay. [14] D270 (20 avril 1726). [15] D260. [16] D262 (8 février
1726). [17] D'après D263, n.2. [18] Propos rapporté par Marais à Bouhier, D263.
[19] *Spicilège*, p.265. Il est vrai que la note de Montesquieu est rédigée en termes

ambigus. Il se peut que la réponse «J'avais cru jusqu'ici qu'un poète était un homme», ait été prononcée par Villars. [**20**] Marais, D263. [**21**] Montesquieu, *Correspondance générale*, éd. A. Masson (Paris 1955), 6 mars 1726. [**22**] Voir L. Foulet, *Correspondance de Voltaire (1726-1729)* (Paris 1913), appendice I. [**23**] D265, D266. [**24**] D267. [**25**] D268 (16 avril), Hérault à Maurepas. [**26**] Duvernet, p.57. [**27**] *Correspondance littéraire du président Bouhier*, publiée par H. Duranton (Lyon 1977), v.15. [**28**] D277. [**29**] D271. [**30**] D269 (18 avril 1726). [**31**] D271 (vers le 20 avril 1726). [**32**] D272 (21 avril 1726). [**33**] D292 (6 mai 1726). [**34**] D277. [**35**] D17553. [**36**] Voir A.-M. Rousseau, *L'Angleterre et Voltaire*, i.43, n.8. [**37**] D284 (1er mai 1726). [**38**] D291 (5 mai 1726), à Hérault. [**39**] D'après les recherches de A.-M. Rousseau, i.77. [**40**] D253 (17 octobre 1725), à Thiriot: «L'épique est mon fait, ou je suis bien trompé.» [**41**] D249 (17 septembre 1725). [**42**] La bibliothèque de Ferney contiendra une édition des *Œuvres complètes* de Montesquieu, mais aucune édition séparée des *Lettres persanes*. «Ouvrage de plaisanterie, plein de traits qui annoncent un esprit plus solide que son livre», dira le *Catalogue* du *Siècle de Louis XIV* (OH, p.1187).

Notes du chapitre 14

[**1**] *Lettres philosophiques* (Paris 1964), ii.258, édition G. Lanson, nouveau tirage revu et complété par A.-M. Rousseau. Nous citerons les *Lettres philosophiques* dans cette édition. [**2**] Rousseau, i.75: par cette indication nous renvoyons à l'ouvrage d'A.-M. Rousseau, *L'Angleterre et Voltaire*, Studies 145-147 (Oxford 1976), très richement documenté, fondamental pour la connaissance du séjour de Voltaire en Angleterre. [**3**] Cité par Rousseau, i.75. [**4**] Nous devons à Norma Perry trois études capitales: *Sir Everard Fawkener, friend and correspondent of Voltaire*, Studies 133 (1975) (Perry 1); «The Rainbow, the White Peruke, and the Bedford Head: Voltaire's London haunts», dans *Voltaire and the English*, Studies 179 (1979), p.203-20 (Perry 2); «La chute d'une famille séfardie: les Mendes da Costa de Londres», *Dix-huitième siècle* 13 (1981), p.11-25 (Perry 3), ainsi qu'une synthèse, «Voltaire in London», *The Times* (22 April 1978), p.9. [**5**] Perry 3, p.22. [**6**] M.xix.526. [**7**] Nous ne partageons pas sur ce point l'opinion de Norma Perry (Perry 3, p.23). [**8**] Chiffre donné dans la lettre du 26 octobre 1726, D303. [**9**] M.xxix.558. [**10**] Pour les raisons que nous dirons plus loin, nous appliquons aux mois de mai-juin 1726, et non à son retour en Angleterre en août de la même année, ce que dit Voltaire dans D303 (26 octobre 1726). [**11**] Miège, *The Present state of Great Britain* (London 1723), i.102. [**12**] D295, D296. [**13**] Hypothèses de Rousseau, i.78, note. [**14**] Ici et dans la suite nous utilisons Perry 1. [**15**] D2725 (février 1743), à Moncrif. [**16**] Norma Perry n'a pu retrouver aucune trace de cette demeure, ni même identifier son emplacement. Rousseau, i.79, propose de reconnaître en Fawkener un modèle du «bon anabaptiste Jacques» qui recueille Candide en pleine détresse et l'installe chez lui, *OC*, t.48, p.128. Jacques comme Fawkener travaille dans le textile oriental: il fabrique en Hollande des «étoffes de Perse». [**17**] Portrait reproduit en frontispice de Perry 1. [**18**] D303. [**19**] *OC*, t.81, p.51. [**20**] «Le 31 juillet 1726, j'ai vu des îles flottantes près de Saint-Omer» (*OC*, t.81, p.56). [**21**] L. Foulet, *Correspondance de Voltaire*, p.43. [**22**] D299. [**23**] Il est vrai que dans une de ses lettres il parle de ses banqueroutes au pluriel, à Thiriot (13 février 1727), D309: «Vous savez peut-être que les banqueroutes sans ressource que j'ai essuyées en Angleterre, le retranchement de mes rentes, la perte de mes pensions, et les dépenses que m'ont coûtées les maladies dont j'ai été accablé ici

m'ont réduit à un été bien dur.» D'après le contexte on voit que Voltaire vise à majorer ses difficultés d'argent, ce qui suffirait peut-être à entraîner le pluriel. Ces «banqueroutes» peuvent désigner les deux démarches vaines que fit Voltaire en mai 1726: rue Saint-Mary-Axe où il apprend la défaillance d'Anthony, et à Highgate où John refuse d'acquitter la dette de son fils. [24] D303; *Questions sur l'Encyclopédie* (M.xix.526). [25] *Un chrétien contre six juifs* (M.xxix.558). [26] D303 ne nous est connu que par une copie non autographe. [27] D302. [28] M.xxxiii.183-85. [29] Méthode exposée dans son *Pour et contre*, citée par Mysie E. I. Robertson dans son édition des *Mémoires et aventures d'un homme de qualité* (Paris 1934), v.7. [30] D305 (27 octobre 1726), à Mme de Bernières. [31] Rousseau, i.46-47; Norma Perry, *The Times*, donne l'orthographe Chetwynd. [32] Rousseau, i.118. [33] Edition citée de M. Robertson, p.68. [34] *Lettres philosophiques*, ii.92. [35] Il écrit le 20 novembre 1733 à Brossette, D681: «Si vous aviez été deux ans comme moi en Angleterre, je suis sûr que vous auriez été si touché de l'énergie de cette langue que vous auriez composé quelque chose en anglais.» [36] Cité par Rousseau, i.49. [37] D5786, à Mme Du Deffand. [38] D303 (26 octobre 1726): «I have seen often mylord and mylady Bolingbroke». [39] D305. [40] D301. [41] *Questions sur l'Encyclopédie*, 1771 (M.xviii.580). [42] Rousseau, i.114: Spence, à la date du 28 février 1727. [43] Rousseau, i.113. [44] Ce dernier détail, fort vraisemblable, est rapporté par une autre source, Ruffhead. [45] Rousseau, i.117. [46] D308. [47] Rousseau, i.80, donne le calendrier (en *o.s.*) du séjour de Swift. Voltaire qui est à ce moment-là retourné à Wandsworth, ne peut pas profiter de toutes les occasions de rencontre. [48] Perry 1, p.43. [49] Rousseau, i.43. Mais la date est-elle *o.s.* ou *n.s.*? [50] Rousseau, i.79. [51] D308, vers envoyés à Thiriot le 13 février 1727. [52] D309 (3 mars 1727). [53] Rousseau, i.148-51, cite et discute les documents. [54] D315 (27 mai 1727). [55] Rousseau, i.151. [56] Rousseau, i.150, n.147. [57] Préface de l'édition de 1730 de *La Henriade* (*OC*, t.2, p.299). [58] Témoignages cités par Rousseau, i.143. [59] Rousseau, i.145. [60] D309 (3 mars 1727, sans doute *n.s.*). [61] Lanson en donne le texte, *Lettres philosophiques*, i.19-22. [62] D'après D312 (18 avril 1727). [63] D321.

Notes du chapitre 15

[1] La *Lettre* continue: «J'étais logé chez mon correspondant Omri; c'était le plus digne homme que j'aie jamais connu.» Il nous est loisible de reconnaître en ce «correspondant» Everard Fawkener. [2] Miège, i.103. [3] *Le Temple du Goût*, éd. E. Carcassonne, p.95. [4] D330 (11 avril 1728). [5] Sur les sources de l'épisode, voir Rousseau, i.46, n.17. Une mésaventure semblable adviendra quelques mois plus tard à l'abbé Prévost. [6] *OC*, t.81, p.78. [7] *Lettres philosophiques*, ii.263-64. Les textes de journaux contre la «presse» des matelots rapportés par Lanson, n.27, ne paraissent pas être des sources décisives. [8] «En jurant Dieu». [9] *Lettres philosophiques*, ii.264, Voltaire prétend qu'un acte du parlement, peu après, «mit fin à cet abus d'enrôler des matelots par force». C'est inexact. Voir Lanson, n.29: le parlement tenta seulement d'encourager les enrôlements volontaires. La situation n'en sera guère modifiée. [10] D570, p.292. [11] D340. [12] D'après la description qu'il en donne, *Lettres philosophiques*, ii.269, n.9. [13] *OH*, p.837. [14] Mot cité dans les carnets (*OC*, t.81, p.383). [15] *OC*, t.81, p.383. [16] *OC*, t.82, p.519. [17] *OC*, t.81, p.372. [18] *OH*, p.141. [19] *OH*, p.1255. [20] Si, comme le propose Rousseau, i.94, on lui applique ce que dit «Sherloc» dans

l'*Histoire de Jenni*: «Milord Peterborough m'introduisit chez milady Hervey»...
[**21**] Rousseau, i.95, et M.x.607, qui donne le texte du marchand anglais commençant
par «Laura». [**22**] *OC*, t.82, p.538. [**23**] *Candide*, ch.23 (*OC*, t.48, p.224).
[**24**] Rousseau, i.108, n.73. [**25**] Lettre du 9/20 mai 1737, dans *RHLF* 82 (1982),
p.249. [**26**] Rousseau, i.99-100. [**27**] Rousseau, i.96. [**28**] D499 (8 juillet 1732).
[**29**] R. Shackleton, *Montesquieu*, p.108. [**30**] Shackleton, p.136. [**31**] Lettre de
Richmond à Montesquieu, 31 juillet 1735; *RHLF* 82 (1982), p.217. [**32**] L'intendant
alerta Fleury qui fit parvenir à Montesquieu un avertissement (2 avril 1737), après lequel
le président se montra plus circonspect. [**33**] Voir Ch. Porset, «Voltaire franc-maçon»,
Chroniques d'histoire maçonnique 32 (Paris 1984). [**34**] Longchamp et Wagnière, i.463,
affirmation réitérée par deux fois, i.465, 480. [**35**] Rousseau, i.109. [**36**] G. Lanson,
Voltaire (Paris 1960), p.52. [**37**] Rousseau, i.129-30. [**38**] *Du fanatisme* (M.xix.86-
87). [**39**] *Lettres philosophiques*, ii.5. [**40**] M.xx.505. [**41**] M.xviii.404-405, xxii.469.
[**42**] *OC*, t.2, p.386. [**43**] Rousseau, i.100-101. [**44**] Il le nommera dans l'*Histoire
de Charles XII* (*OH*, p.223). [**45**] *OC*, t.82, p.667-68. Les notes en anglais peuvent aussi
provenir de ses lectures, notamment de Defoe. [**46**] Son prénom est orthographié par
erreur Edward: voir Rousseau, i.110, n.81. [**47**] Rousseau, i.110-11. [**48**] *OC*, t.81,
p.365, et Perry 3, p.23. [**49**] *Lettres philosophiques*, i.74. [**50**] Voir ci-dessus, p.170.
[**51**] *Lettres philosophiques*, i.1. [**52**] Voir ci-dessus, p.83. [**53**] *OC*, t.35, p.646.
[**54**] *Marginalia*, i.296-97. [**55**] D558 et Rousseau, i.132. [**56**] Rousseau, i.133-34.
[**57**] Rousseau, i.125. [**58**] *Lettres philosophiques*, ii.108-109. [**59**] D'après *Candide*
(*OC*, t.48, p.235-36). [**60**] Il existe plusieurs versions. Nous donnons d'après Rousseau,
i.120-22, celle qui paraît la plus authentique. [**61**] Rousseau i.83, n.26. Comme il est
indiqué en cet endroit, D338 est une lettre de vœux à la famille Brinsden pour le nouvel
an de 1728 et ne peut donc être datée «summer 1728». [**62**] Fac-similé dans *Studies*
179 (1979), p.163. Nous avons utilisé un exemplaire de la seconde édition, BN, Rés Ye
2386. [**63**] Seconde édition, p.104. [**64**] D323 (25 décembre 1727). [**65**] D324.
[**66**] Rousseau, i.87-88. [**67**] Rousseau, i.86. [**68**] *OC*, t.2, p.295. [**69**] *OC*, t.2,
p.381-82. [**70**] *OC*, t.2, p.449-50. [**71**] *OC*, t.2, p.532. [**72**] Voir D329, note.
[**73**] Il a cédé gratuitement les droits des deux éditions in-octavo. Quant à l'édition in-
quarto, les frais d'impression et la commission du libraire ont dû absorber une bonne
part de la souscription. Voir dans Rousseau, i.154, les objections contre la tradition qui
veut que *La Henriade* lui ait rapporté de substantiels profits en 1728. [**74**] D303 (26
octobre 1726). [**75**] G. Lanson en a publié et annoté le texte, *Lettres philosophiques*,
ii.256-77. [**76**] *Lettres philosophiques*, ii.278-82. [**77**] Harcourt Brown, «The composition of the *Letters concerning the English nation*», dans *The Age of the Enlightenment, studies
presented to Theodore Besterman* (Edinburgh 1967), p.15-34. [**78**] Harcourt Brown,
p.17, n.3. [**79**] Dans *Studies* 179 (1979), p.166-67. [**80**] D333 (2 mai 1728).
[**81**] D336 (25 juin 1728). [**82**] C'est ce que Voltaire nous fait connaître dans le
Discourse on tragedy, publié à Londres en 1731, dans une réédition des *Essays*, p.1-2.
[**83**] Rousseau, i.152-54, donne l'ensemble du dossier avec les références.
[**84**] Rousseau, i.97-98. [**85**] D342 (14/25 novembre 1728).

Notes du chapitre 16

[1] Voir *OC*, t.130, p.46-47, et J.-Cl. Guédon, «Le retour d'Angleterre de Voltaire et son séjour chez Jacques Tranquillain Féret de Dieppe», *Studies* 124 (1974), p.137-41. [2] D344. [3] Duvernet, p.60. [4] D361. Ce mot, ignoré des dictionnaires, est selon nous à rapprocher de notre populaire «pote». Il semble donc, contrairement à l'avis de Robert (qui ne connaît pas «potet»), que «pote» ne soit pas dérivé de «poteau», mais l'inverse. [5] D345 (10 mars 1729) entremêle latin et anglais, sans un mot de français. [6] Si on admet que dans D344 «Malafaire does not know me», Malafaire désigne l'apothicaire. [7] D351: c'est «la vie d'un rosecroix, toujours ambulant et toujours caché». [8] D344. [9] La reine n'avait donc pas donné suite à son intention d'annuler la pension en 1726. Mais tel était le désordre des finances royales au XVIIIᵉ siècle qu'il n'est pas impossible que Voltaire ait perçu une pension supprimée. Désordre de ses finances personnelles aussi: on se souvient (voir p.152) qu'il avait immédiatement obtenu des frères Pâris une avance sur cette pension. L'avait-il oublié? [10] J. Donvez, *De quoi vivait Voltaire?*, p.37 et suiv. [11] Duvernet, p.71. Voltaire résume l'affaire dans le *Commentaire historique*, M.i.75. [12] M.i.75. [13] Les dates et l'itinéraire sont incertains. D364 est un poème, adressé à Pallu, daté du 12 juillet. Th. Besterman se demande s'il ne s'agit pas de vers écrits pour un autre, sans que Voltaire ait fait le voyage. Mais l'évocation précise du lieu semble témoigner de la «chose vue». Le 12 août, Voltaire est de retour à Paris (D365). C'est vers septembre qu'il se rend à Nancy pour la transaction sur les actions de Lorraine. [14] D366. [15] D366. [16] M.i.44. [17] Sur toute l'affaire, voir D376, D377, D378, D379, D.app.19. [18] D'après Mlle Aïssé, *Lettres* (Paris 1853), à Mme Calandrini, mars 1730. [19] Selon Mlle Aïssé, on trouva les entrailles «gangrenées». Voltaire qui ne croit pas à l'empoisonnement écrit qu'elle mourut d'une «inflammation d'entrailles» (note citée par Desnoiresterres, i.430). D'une péritonite, consécutive à une fièvre typhoïde? [20] Selon Mlle Aïssé. [21] L'expression se lisait dans la première version du poème. Elle fut ensuite remplacée par celle d'«hommes cruels». [22] M.ix.371, première version. [23] Desnoiresterres, i.431. [24] Il fait allusion à cet état d'esprit dans son poème: «Ah! verrai-je toujours ma faible nation, / Incertaine en ses vœux, flétrir ce qu'elle admire!» (M.ix.370). [25] Edition Ledet (Amsterdam 1732), tome 1. [26] D549. [27] D552. [28] D9973. [29] Sur l'ensemble de la question voir Martine de Rougemont, *La Vie théâtrale en France au XVIIIᵉ siècle* (Paris, Genève 1988), p.193 et suiv. [30] D368. [31] *OH*, p.141. [32] Les lettres que lui adresse Villelongue, l'un de ses informateurs, sont de février et mars 1730, D372, D374, D375. [33] D397: «munie de l'approbation du sceau». [34] *OH*, p.1659. [35] D402. [36] Sur Jore, voir J. Quéniart, p.212-13. [37] D438. [38] D420. [39] D422 (8 août 1731). [40] D439: Marais le commente le 22 novembre. [41] Reproduction du registre de Bowyer dans *Voltaire and the English* (*Studies* 179, p.160). Voir l'article de A.-M. Rousseau dans le même volume, «Naissance d'un livre et d'un texte: les *Letters concerning the English nation*», p.28. [42] D397 (30 janvier 1731): il tâte le terrain auprès de Cideville pour une impression rouennaise. A cette date, Bowyer a déjà commencé le travail depuis un mois. [43] D.app.39, p.494-95, factum de Jore contre Voltaire, 1736. [44] *OH*, p.55. [45] *OH*, p.272. [46] *OH*, p.197. [47] *OH*, p.273. [48] D2148 (26 janvier 1740), au marquis d'Argenson. [49] Voir *OH*, p.1682. [50] *OH*, p.172. [51] *OH*, p.253. [52] *OH*, p.186. [53] *OH*, p.185. [54] *OH*, p.186. [55] *OH*, p.135-36. [56] *OH*, p.233. [57] *OH*, p.279-81. [58] *OH*, p.192-93. [59] *OH*, p.119. [60] D615, n.2, reproduit intégralement ces

vers qui sont en réalité une lettre à Cideville, qui aurait sa place entre D406 et D407. Voltaire écrit quelques jours avant le vendredi saint: après avoir évoqué, en termes crus, son auberge, il plaisante sur la Passion, s'appliquant délibérément à choquer. Texte révélateur des réactions que suscitent en lui les grands moments de la religion chrétienne. «L'hôtesse au nez retroussé» du sordide hôtel de Mantes n'était autre que la mère du jeune Linant, que nous retrouverons plus loin (*OC*, t.8, p.544). [61] D'après le *Factum* de Jore, 1736 (D.app.39, p.495): à un valet à qui il avait promis 20 sols par jour, il n'en voulut donner que 10. Jore, grand seigneur, tira la différence de sa poche: 45 francs, qui ne lui furent jamais remboursés. [62] D'après D411. [63] Détails donnés par Jore, qui prétend qu'il paya fort mal la jardinière. Jore, toujours munificent, dut compléter la somme. [64] D413. [65] D415, D416. [66] D414 (1er juin), à Thiriot. [67] D411 (mai 1731). [68] D420 (31 juillet 1731): Cideville emploie un mot singulièrement plus grossier. [69] D452 (15 janvier 1732). [70] D418 (29 juillet 1731). [71] D423. Voir l'introduction de D. J. Fletcher, *OC*, t.8, p.14, 17-18. [72] D908. [73] Préface de l'édition donnée par Voltaire en 1736, *OC*, t.8, p.250. [74] Nous pensons aux études du maître de l'école allemande de la «réception», H. R. Jauss. Voir *Pour une esthétique de la réception* (Paris 1978), notamment «De l'*Iphigénie* de Racine à celle de Goethe». [75] Cf. A.-M. Rousseau, *Voltaire: La Mort de César* (Paris 1964), p.22: dans les expériences dramatiques de Voltaire après 1730, «Shakespeare se profile toujours à l'arrière-plan, plus par les souvenirs vécus que par l'analyse méthodique de textes encore jamais traduits et mal connus, même de Voltaire.» [76] *Discours sur la tragédie*, M.ii.316-17. [77] Acte III, scène 1, les conjurés baignent leurs bras «jusqu'au coude» dans le sang de César; ils en teignent leurs épées. Voltaire n'a pas tout à fait tort d'accuser Shakespeare de «barbarie». [78] A.-M. Rousseau, *La Mort de César*, p.20. [79] A.-M. Rousseau, *La Mort de César*, p.25. [80] Montesquieu rédige ses *Considérations sur les causes de la grandeur des Romains et de leur décadence* après son retour d'Angleterre en 1732. Elles paraîtront en 1734. [81] Cité par A.-M. Rousseau, *La Mort de César*, p.8. [82] D428. Il est revenu à Paris au chevet du président de Maisons, atteint de la petite vérole. Son ami meurt «entre ses bras», le 13 septembre (D432). Il ne retourne pas dans la maison d'Arcueil. [83] C'est le titre de baronne que Voltaire lui donne presque toujours. On trouvera une copieuse notice sur Mme de Fontaine-Martel, sa famille, sa fortune, son caractère, ses relations, dans O. R. Taylor, «Voltaire iconoclast, an introduction to *Le Temple du Goût*», *Studies* 212 (1982), p.11-16. [84] D450, «l'appartement bas qui donne sur le Palais-Royal», doit s'entendre, non d'un appartement du rez-de-chaussée, mais d'un appartement bas de plafond: cf. M.x.277, à Mme de Fontaine-Martel: «D'un recoin de votre grenier». [85] Voltaire y place les «tableaux de M. de Nocé» qu'il vient d'acheter, D444. [86] M.x.277. [87] D'après D570, elle l'aurait eue d'un de ses amants, un M. Chapit. [88] D14218. [89] Propos noté par Voltaire dans ses carnets, *OC*, t.82, p.506. Même propos, sous une forme atténuée, dans une lettre à Richelieu, D15763. [90] Ces détails et les suivants dans D493. [91] D553. [92] D448, D462, D480. [93] D570. [94] D564. [95] D474, D475, D480. [96] D458, lettre de Formont à Cideville. [97] D458. [98] D459. [99] D480. [100] M.ii.458. [101] D465, lettre de Formont, qui assistait à la première. [102] D474: pour persuader les comédiens de reprendre la pièce, Voltaire avait dû faire intervenir le comte de Clermont et abandonner ses droits d'auteur. [103] Propos de Voltaire rapporté par La Harpe (Desnoiresterres, i.447). [104] D488 (13 mai 1732), lettre en anglais à Thiriot. [105] D404. [106] D488.

Notes du chapitre 17

[1] D488 (13 mai 1732). [2] D492, D493, D494. [3] D507 (3 août 1732). [4] D506. [5] Marais, cité dans OC, t.8, p.283. [6] Selon l'abbé Le Blanc, cité par Desnoiresterres, i.450. L'abbé en gémit: «O saeclum insipiens et inficetum!» [7] D526. [8] La source de l'épisode se trouve dans des Anecdotes dramatiques tardives (1775), citées par Desnoiresterres, i.448: aucune raison cependant de le révoquer en doute. [9] D515 (23 août 1732), à Cideville et Formont. [10] D526. [11] C'est ce qui résulte de D527. [12] D525 (septembre 1732). [13] D497 (25 juin 1732): il dit les mœurs «turques». En fait Saladin, et donc son fils Orosmane, sont kurdes d'origine. En antithèse avec «les mœurs chrétiennes», les mœurs «turques» désignent au prix d'une impropriété celles des musulmans dans l'Empire ottoman. [14] Talma, Mémoires (Paris 1849-1850), iii.235. [15] Desnoiresterres, i.447. [16] Jean Hervé, qui avait interprété Orosmane le 12 novembre 1936 (le rôle de Zaïre était tenu par Colonna Romano), joua en 1952 la pièce devant un public de lycéens, au théâtre de la Porte Saint-Martin, sans résultat bien probant. L'expérience attira à Zaïre les sarcasmes conventionnels d'un journaliste (Le Monde, 5 avril 1952). Mais voir ci-dessous, t.II, p.663. [17] D546. [18] D532 (29 octobre 1732). [19] D524 (3 septembre 1732). [20] Le 15 janvier, d'après D564, n.3. [21] D563. [22] D574 (15 mars 1733). [23] Voir J. Bréhant et R. Roche, L'Envers du roi Voltaire (Paris 1989), 137-38. [24] D.app.24. [25] D573. [26] D581. [27] D584, D602. [28] D577 (21 mars 1733). [29] D584. [30] D590. [31] D609 (vers le 10 mai 1733). [32] D584 (vers le 1er avril 1733). [33] Voir l'édition critique par E. Carcassonne, p.49. Nous avons fondé notre étude sur la première édition (dans l'édition citée, p.63-99), «A l'enseigne de la Vérité. Chez Hierosme Print-All». Ce Jérôme Imprime-Tout est Jore, à Rouen. [34] D635. [35] D654, D657 (septembre 1733). [36] C'est à tort que Beuchot et Moland ont rangé ce texte dans la correspondance (M.xxxiii.352-55). [37] Ed. Carcassonne, p.89. [38] Desnoiresterres, i.181. La mairie du quatrième arrondissement a été depuis déplacée: elle se trouve place Baudoyer, en bordure de la rue de Rivoli. [39] D625 (26 juin 1733). [40] D610. [41] Cité Desnoiresterres, i.180. [42] D638 (27 juillet 1733). [43] D.app.30. [44] Desnoiresterres en fait mention, i.180. [45] D610.

Notes du chapitre 18

[1] D4046, après la mort de Mme Du Châtelet, «Je l'avais vue naître», doit faire allusion à cette rencontre de Gabrielle Emilie enfant. [2] D40: Voltaire annonce son intention de se rendre de Sully à Ussé et à Preuilly; nous ne savons pas s'il fit effectivement ce voyage. [3] Voir R. Vaillot, Madame Du Châtelet (Paris 1978). Le présent chapitre est largement redevable à cette biographie. Nous y renvoyons par l'indication: Vaillot. [4] Voir à ce sujet les observations d'Elisabeth Badinter, Emilie, Emilie, l'ambition féminine au XVIIIe siècle (Paris 1983), p.51. [5] Quelques phrases dans deux textes: Eloge historique de Mme la marquise Du Châtelet (M.xxiii.520), Mémoires pour servir... (M.i.7). [6] Son père ne semble pas lui avoir fait apprendre l'anglais. Voltaire dit, «J'enseignai l'anglais à Mme Du Châtelet, qui au bout de trois mois le sut aussi bien que moi» (M.i.8). Ceci se place en 1733. Pourtant il note: «Dès sa tendre jeunesse elle avait nourri son esprit de la lecture des bons auteurs en plus d'une langue» (M.xxiii.520); sans doute en italien et en espagnol. [7] E. Badinter, p.203, 443. [8] D103, D105. [9] D174.

Dans sa réponse Breteuil ne donne pas le titre de l'ouvrage dont il parle. Nous pensons que «la pièce» en question est *La Ligue* plutôt que *Mariamne*. Breteuil dit en effet que «les louanges ne réussissent jamais à la cour», mais que dans cet «ouvrage» les «portraits» sont si «ressemblants» que le public «les aimera toujours». Ce qui convient non pas à *Mariamne* mais à *La Ligue* où les allusions flatteuses à des personnalités en vue ne manquent pas. [10] Vaillot, p.41. [11] Maurepas, *Mémoires* (Paris 1792), iv.173. L'anecdote fut ajoutée dans la seconde édition des pseudo-*Mémoires*. Nous intégrons à notre récit certaines variantes qui le rendent plus vraisemblable, en suivant Vaillot, p.51-52. [12] Cité par Vaillot, p.69. [13] On lira dans E. Badinter, p.124, ce qu'elle écrit à la mort de l'enfant. [14] Portrait inséré en mars 1777 dans la *Correspondance littéraire* de Grimm (CLT, xi.436). [15] Longchamp et Wagnière, ii.119. [16] Opéra d'Houdar de La Motte, musique de Destouches. [17] E. Badinter, p.351. [18] Longchamp et Wagnière, ii.119-20. [19] E. Badinter la considère, dans le livre que nous avons cité, comme étant avec Mme d'Epinay un exemple de «l'ambition féminine au dix-huitième siècle». [20] D595, D597, D601. [21] D294, D4046. «Il y a plus de vingt ans», écrit-il à Dumas d'Aigueberre, le 26 octobre 1749, après la mort de Mme Du Châtelet: indication très approximative qui doit s'entendre de la rencontre de 1733. [22] M.x.293. [23] D779, D781 (août 1734). [24] Il emménage rue du Longpont. Il parle à Mme Du Châtelet de sa colique. Ce genre de confidence, même adressé à une femme, n'était pas à l'époque considéré comme choquant. [25] M.x.292-94. [26] Voir D.app.26. Mme Du Châtelet à la fin de sa vie a permis à Voisenon de feuilleter la collection. Nous avons son témoignage, confirmé par celui de François de Neufchâteau en 1778. Selon Neufchâteau, Saint-Lambert après la mort de son amie se serait emparé des six volumes. «Perfidie» que Voltaire pardonne sous condition que Saint-Lambert ne publiera pas ces textes. Selon Voisenon on y lisait «plus d'épigrammes contre la religion que de madrigaux pour sa maîtresse». Neufchâteau est plus nuancé: «Cette collection considérable [...] renfermait toute la coquetterie de l'esprit de Voltaire amoureux, et toute la hardiesse de la philosophie du même Voltaire, catéchisant une prosélyte qui l'adorait et qui était digne de l'entendre.» Th. Besterman formulait l'espoir qu'on retrouverait peut-être un jour ces précieux in-quarto. Quant aux lettres de Mme Du Châtelet, il est probable que Voltaire les détruisit. [27] Vaillot, p.74. [28] Dates de D628, D635, écrits de Paris. [29] D629. Cideville orthographie: «Sirey». [30] D633 (juillet 1733?). [31] Longchamp et Wagnière, ii.184-86. [32] J.-A. Havard, *Voltaire et Madame Du Châtelet, révélations d'un serviteur attaché à leurs personnes* (Paris 1863), p.165-66. [33] Voir *OC*, t.7, p.13. Les lettres de 1755 (l'année 1756 donnée pour Best. 5817 est une erreur à corriger dans *OC*, t.7, p.13) sont D6425, D6476. Ces indications vagues de Voltaire sont sans doute à l'origine de la date 1730-1731 donnée par Longchamp dans les *Mémoires* de 1826. [34] D685 (fin novembre 1733). [35] D691 (27 décembre 1733). [36] D689 (décembre 1733). [37] D705. [38] Vaillot, p.82, pense qu'elle les fit. [39] M.x.280-81. [40] Elle l'annonce à Richelieu, D874 (vers le 30 mai 1735).

Notes du chapitre 19

[1] D691. [2] D570. [3] D593. [4] D621, D638. [5] D669. [6] *OC*, t.10, p.29. [7] A la faveur d'une révision, la ville assiégée n'est plus Cambrai, mais Lille: sur ce changement, suivi de beaucoup d'autres, voir l'introduction de Michael Cartwright à son édition critique, *OC*, t.10, p.3-60. [8] Ed. Carcassonne, p.79. [9] Voltaire

habituellement emploie le titre *Lettres anglaises*. *Lettres philosophiques* est pourtant le titre de l'édition Jore dont il est incontestablement responsable. [**10**] D439. [**11**] D652 (14 septembre 1733): Henri Fox en apporte un exemplaire à Voltaire. [**12**] Comme l'a montré A.-M. Rousseau, «Naissance d'un livre et d'un texte», *Studies* 179 (1979), p.25-46. L'édition Lanson des *Lettres philosophiques* n'ayant pas à ce jour été remplacée, c'est à elle que nous continuerons à renvoyer. [**13**] Voir ci-dessous, n.20. [**14**] D502, D519. [**15**] Il avait eu en 1730 l'idée étrange d'ajouter en annexe à une réédition de *La Henriade* une «explication de la philosophie de Newton» (D380, Formont à Cideville, novembre 1730). Ce qui prouve: 1. que déjà il comprend l'importance de cette «philoso-phie», avant que Maupertuis ne lui en démontre la vérité; 2. qu'à cette date il a renoncé au projet de 1727-1728: «to give an account of my journey into England». [**16**] D535 (3 novembre 1732). [**17**] *Lettres philosophiques*, i.191-203. Il publiera cette première version en 1738 comme une *XXVIe Lettre sur l'âme*. [**18**] D542. [**19**] D563 (27 janvier 1733). [**20**] Harcourt Brown les a relevées. Citons un exemple: l'addition à la lettre cinquième, sur «l'abbé». Dans le manuscrit français, le texte devait être coupé ainsi: «Cet être indéfinis/sable qui n'est ni ecclésiastique ni séculier»... Le traducteur ne comprend pas ce «sable» en début de ligne. Il traduit: «That sable mix'd kind of mortal (not to be defin'd) who is neither», etc. Sur l'errata Thiriot corrige: «That mix'd being». [**21**] Reproduction en hors-texte, *Studies* 179, p.160-61. [**22**] Chiffre donné par Voltaire, D602, confirmé par Jore, D.app.39, p.496. Il faut corriger le chiffre de 3.000 que Voltaire indique pour le tirage de «Basle». [**23**] Ce serait dans BnC les numéros 3670 (dérivant non de l'édition Jore, mais de l'édition de Londres), 3675, 3680. [**24**] BnC 3683, avec sous-titre: «Suivant la copie imprimée à Londres». [**25**] D542 (6 décembre 1732). [**26**] Cela ressort de D723. [**27**] Mise au point par W. Hanley, «The abbé de Rothelin and the *Lettres philosophiques*», *Romance notes* 23 (1983), p.1-6. [**28**] D559 (4 janvier 1733). [**29**] D548 (? 19 décembre 1732). [**30**] D563 (27 janvier 1733). [**31**] D.app.39, p.496. [**32**] D570 (24 février 1733). [**33**] D617 (vers le 1er juin 1733). [**34**] D626, D631. [**35**] D655 (15 septembre 1733). [**36**] Voir plus haut, p.237, au sujet du *Temple du Goût*. [**37**] D637 (26 juillet 1733). [**38**] D.app.39, p.496-97. [**39**] D646 (vers le 15 août 1733). [**40**] D655 (15 septembre 1733). [**41**] Voir J. Quéniart, p.201. [**42**] D.app.39, p.499. [**43**] D.app.39, p.498. [**44**] Les Guise dont il s'agit ne descendaient pas des chefs de la Ligue au seizième siècle. Ils appartenaient à la famille d'Harcourt-Lorraine. Le duc Léopold leur avait attribué la terre de Guise, dont ils avaient usurpé le nom. Pour plus de détails, voir Vaillot, p.87. [**45**] D715 (31 mars 1734). [**46**] *OC*, t.14, p.509. Les «destins» de la duchesse de Richelieu seront brefs: elle mourra, de tuberculose croit-on, en 1740, après avoir donné au duc un fils, le futur duc de Fronsac, et une fille qui sera la comtesse d'Egmont. [**47**] D721-D726. [**48**] D728-D730. [**49**] D.app.31, p.498-99. [**50**] Note manuscrite en marge de l'arrêt du parlement, publié par A. Lantoine, *Les Lettres philosophiques de Voltaire* (Paris 1931), p.120. [**51**] D.app.31, p.495, et J. Quéniart, p.215. [**52**] D731, D737. [**53**] D738 (vers le 8 mai 1734). [**54**] D738, D740, D741. [**55**] Il parut encore des éditions en 1757, 1776 et 1777. Beuchot en donna une en 1818: encore a-t-il pris le parti de supprimer à cette date la vingt-cinquième lettre, contre Pascal (BnC 3685). [**56**] BnC 3672, 3675, 3680, 3684. [**57**] BnC 3676, 3682, plus une contrefaçon de Londres, 1737 (Lanson 37a). [**58**] Voir dans *OC*, t.48, p.64, une tentative d'évaluation de la diffusion de *Candide* en 1759. [**59**] Voir Lise Andries, *Robert le Diable et autres récits* (Paris 1981), p.23, et Lise Andries et Geneviève Bollème, *Les Contes bleus* (Paris 1983), p.47. Ces très gros chiffres étaient atteints par d'innombrables rééditions sur une longue période. [**60**] D718. [**61**] J.-J. Rousseau, *Les Confessions*, éd. J. Voisine (Paris 1964), p.246. [**62**] *Confessions*, p.121. [**63**] Chronologie brouillée dans cette partie des *Confessions*: Rousseau situe la publication des *Lettres philosophiques* après le début de la correspondance entre Voltaire et Frédéric de Prusse. [**64**] D'après Voltaire, D617. [**65**] R. Mousnier, *Progrès scientifique et technique au XVIIIe siècle* (Paris 1958). [**66**] *Lettres philosophiques*, i.155-56. [**67**] Le mot signifie seulement, à la date où nous sommes, habileté, savoir faire. Il est absent des *Lettres philosophiques*, si l'on en croit le lexique de «Basle» complété par Lanson. Il serait intéressant de rechercher dans l'œuvre de Voltaire l'apparition d'*industrie* dans l'acception moderne: Littré cite des exemples de l'*Essai sur les mœurs* et de *L'Homme aux quarante écus* où le mot est pris à peu près dans le sens que nous lui donnons. [**68**] *Lettres philosophiques*, i.61. [**69**] *Lettres philosophiques*, ii.193. [**70**] *Lettres philosophiques*, i.90. [**71**] Ce texte, imprimé en 1743 dans les *Nouvelles libertés de penser*, fut sans doute rédigé vers 1730.

Notes du chapitre 20

[**1**] Voir R. A. Leigh, «An anonymous eighteenth-century character-sketch of Voltaire», *Studies* 2 (1956), p.241-72. Nous reproduisons le texte établi par R. A. Leigh, en modernisant l'orthographe et la ponctuation. [**2**] D875 (12 juin 1735); il l'a reçu lorsqu'il adresse à Thiriot D893, vers le 15 juillet. [**3**] D899 (vers le 15 août 1735). F. Deloffre, «Piron auteur du ‹portrait de Voltaire›?», *Le Siècle de Voltaire* (Oxford 1987), i.349-64, a présenté tous les arguments en faveur de l'attribution à Piron, sans avoir trouvé cependant une preuve décisive. Geneviève Artigas-Menant a découvert chez le bibliophile Jamet (1710-1778) deux autres attributions: à l'abbé Grécourt et à Desfontaines. Mme Artigas-Menant fait valoir les arguments en faveur de l'attribution à Desfontaines: «Le Portrait de Voltaire dans les *Miscellanea* de François-Louis Jamet», à paraître dans les Actes du Congrès *Voltaire et ses combats*, Oxford et Paris, septembre-octobre 1994. [**4**] D1341 (20 juin 1737), à Henri Pitot. [**5**] D5786 (23 avril 1754), de Colmar, à Mme Du Deffand: «J'étais devenu Anglais à Londres, je suis Allemand en Allemagne. Ma peau de caméléon prendrait des couleurs plus vives auprès de vous». [**6**] Voir H. Gouhier, *Rousseau et Voltaire, portraits dans deux miroirs* (Paris 1983). [**7**] *Le Verger de Madame la baronne de Warens*, cité par H. Gouhier, p.20: «et toi touchant Voltaire, / Ta lecture à mon cœur restera toujours chère». [**8**] Expressions du *Discours sur les sciences et les arts*, commentées par H. Gouhier, p.34-35. [**9**] Lettre à Mme de Warens, 13 septembre 1737, citée par H. Gouhier, p.22 (Leigh 16). [**10**] Voir Christiane Mervaud, *Voltaire et Frédéric II, une dramaturgie des Lumières*, Studies 234 (Oxford 1985), p.23-24 et 443-44. [**11**] Dans *Le Temple du Goût*, éd. Carcassonne, p.92 (texte de Rouen), Voltaire demande que Bayle pour être admis dans le sanctuaire soit réduit «à un seul tome». [**12**] Citation de l'*Enéide*, vi.47: dans ce texte l'expression désigne les métamorphoses de la Sibylle en proie dans son antre à l'inspiration du dieu.

II. Avec Madame Du Châtelet

Notes de l'Introduction

[1] D895 (3 août 1735), à Cideville, parlant de Linant et de lui-même: «nous apprendrons tous deux d'elle à penser». [2] C'est, on se le rappelle, l'expression qui désignera le groupe formé par les rescapés de *Candide* dans «le jardin».

Notes du chapitre 1

[1] L. Hérard, *Voltaire à Semur* (Dijon 1962). [2] D738 (vers le 8 mai 1734). C'est nous qui soulignons. [3] Archives de l'Hôtel de ville de Semur-en-Auxois, Registre des délibérations B B 22 (1722-1734). [4] D738. [5] D741 (12 mai 1734). [6] D730 (29 avril 1734). [7] D735 (vers le 6 mai 1734). [8] D736 (8 mai 1734). [9] Note de Th. Besterman à D736. [10] D742 (mai 1734). [11] D743 (20 mai 1734). [12] D751 (1er juin 1734). [13] D768 (12 juillet 1734). [14] D766 (1er juillet 1734). [15] D769 (vers le 15 juillet 1734). [16] P. Brunet, *La Vie et l'œuvre de Clairaut* (Paris 1951), p.63: «Il n'est pas vraisemblable d'admettre, comme on l'a souvent répété, que ce livre, à l'usage des débutants, n'est que la rédaction des leçons données à la savante marquise.» [17] D778 (août 1734). Souligné dans le texte. [18] D779 (?août 1734). [19] D781 (?août 1734). [20] Voir ci-dessus, p.206. [21] Jacques Savary, *Le Parfait négociant ou instruction générale pour ce qui regarde le commerce des marchandises de France et des pays étrangers* (Paris 1721-1724), p.155-66 (livre II, ch.5). [22] L. Kominski, *Voltaire financier* (Paris 1929), p.59-70. Voir aussi J. Donvez, *De quoi vivait Voltaire?* (Paris 1949), p.69-75. [23] J. Sgard, «L'échelle des revenus», *Dix-huitième siècle* 14 (Paris 1982), p.425-32. [24] D794 (octobre 1734). [25] D804 (vers le 1er décembre 1734). Voir *OC*, t.14, p.27-34. [26] Voir ci-dessus, p.271. [27] Note sur l'acte I, scène 1 (*OC*, t.14, p.126). [28] D804 (vers le 1er décembre 1734). [29] D790 (7 octobre 1734). [30] D791 (8 octobre 1734). [31] D783 (vers le 10 septembre 1734). [32] D784 (14 septembre 1734). [33] D793 (octobre 1734). [34] D800 (vers le 1er novembre 1734). [35] D795 (octobre 1734). [36] D814 (vers le 15 décembre 1734). [37] D804 (vers le 1er décembre) et D813 (10 décembre 1734). [38] D848 (2 mars 1735). [39] D854 (30 mars 1735). [40] D867 (6 mai 1735). [41] D874 (vers le 30 mai 1735). [42] D871 (21 mai 1735). [43] D876 (vers le 15 juin 1735). [44] D874 (vers le 30 mai 1735), souligné par nous. [45] D872 (22 mai 1735). [46] D872. [47] D881 (vers le 20 juin 1735). [48] D882 (25 juin 1735). [49] D895 (3 août 1735).

Notes du chapitre 2

[1] A. Lottin, *La Désunion du couple sous l'Ancien Régime* (Lille 1975), p.75-79, 105. [2] *Traité du contrat de mariage*, no.516 (voir Lottin, p.151, notes). [3] D885 (26 juin 1735). [4] D894 (?juillet 1735). [5] D886 (30 juin 1735). [6] D935 (3 novembre 1735). [7] D869 (vers le 10 mai 1735). L'«illustre compatriote»: Pierre Corneille. Voir *OC*, t.8, p.87-97. [8] Voir ci-dessus, p.217-19 et 221-26. [9] D873 (23 mai 1735). [10] D908 (1ᵉʳ septembre 1735). [11] D909 (1ᵉʳ septembre 1735). [12] D915 (20 septembre 1735). [13] D940 (14 novembre 1735). [14] M.x.297. [15] D951 (30 novembre 1735). [16] D997 (29 janvier 1736). [17] Francesco Algarotti, *Il Neutonianismo per le dame* (Napoli 1737); trad. Castera (Paris 1738). [18] D935 (3 novembre 1735). [19] D943 (?novembre 1735). [20] D966 (17 décembre 1735). [21] D958 (8 décembre 1735). [22] D956 (3 décembre 1735). [23] D971 (25 décembre 1735). [24] D973 (28 décembre 1735). [25] D975 (29 décembre 1735). [26] D972 (26 décembre 1735). [27] Th. Braun, *Un ennemi de Voltaire: Le Franc de Pompignan* (Paris 1972). [28] D965 (décembre 1735). [29] Citée par Braun, p.84. [30] Citée par Braun, p.274, 275. [31] *Observations* (1736), iv.142. Voir *OC*, t.14, p.46 et suiv. [32] *OC*, t.14, p.117-18. [33] D1015 (16 février 1736). [34] D1016 (20 février 1736). [35] Romagnesi et Riccoboni, *Les Sauvages* (Paris 1736). [36] *OC*, t.14, p.109-10. [37] D1076 (mai 1736). [38] D1026 (1ᵉʳ mars 1736). [39] *OC*, t.14, p.118-22. [40] Samuel Clarke, *Traité de l'existence et des attributs de Dieu, des devoirs de la religion naturelle et de la vérité de la religion chrétienne* (Amsterdam 1728), p.1, 15, 16. [41] Ira O. Wade, *Voltaire and Mme Du Châtelet: an essay on the intellectual activity at Cirey* (Princeton 1941), p.6, 46. [42] R. Pomeau, *La Religion de Voltaire*, p.179. [43] *Bibliothèque de Voltaire: catalogue des livres* (Leningrad, Moscou 1961). [44] D799 (1ᵉʳ novembre 1734). [45] Des manuscrits non autographes se trouvent à la Bibliothèque municipale de Troyes: *Examen de la Genèse* (ms 2376) et *Examen des livres du Nouveau Testament* (ms 2377). Sur l'attribution de ces manuscrits à Mme Du Châtelet, Bertram Eugene Schwarzbach, «Une légende en quête d'un manuscrit, le *Commentaire sur la Bible* de Mme Du Châtelet», *De Bonne main* (Paris 1993), p.100-15, a formulé des doutes inégalement convaincants. Il concède que l'attribution est «une hypothèse naturelle» (p.107). C'est trop peu dire. B. E. Schwarzbach relève (p.115) que les remarques sur Agar, Sarah et Mme Putiphar dénotent une plume féminine. Si l'on tient compte des références à l'*Histoire de Charles XII* (par deux fois), à la récente comédie de *L'Enfant prodigue*, et qu'il est fait mention d'un «propos de M. de Voltaire», il paraît très probable que cette plume est celle de Mme Du Châtelet. [46] *OC*, t.14, p.503. [47] Matthew Tindal, *Christianity as old as the creation* (London 1730). [48] Voltaire possèdera dans sa bibliothèque de Ferney les éditions successives des six *Discours* (London 1727-1729) et celle de la *Défense* (London 1729-1730). [49] Jean Meslier, *Œuvres* (Paris 1970), p.xxxv. [50] D951 (30 novembre 1735). [51] *Le Testament de Jean Meslier*, éd. R. Desné, p.9 et *passim*. [52] Richard Simon, *Histoire critique du Nouveau Testament* (Rotterdam 1689). [53] Augustin Calmet, *Commentaire littéral sur tous les livres de l'Ancien et du Nouveau Testament* (Paris 1707-1716). [54] R. Pomeau, *La Religion de Voltaire*, p.108. [55] G. Lanson, *Voltaire* (Paris 1960), p.172. [56] R. Pomeau, *La Religion de Voltaire*, p.165-67: étude comparative très précise des deux textes. [57] *OC*, t.82, p.363. [58] R. Pomeau, *La Religion de Voltaire*, p.177. [59] Edition critique du *Traité de métaphysique* par W. H. Barber, *OC*, t.14, p.425. [60] *OC*, t.14, p.439. [61] *OC*, t.14, p.439. [62] D14187 (18 mai 1767), à Mme Du Deffand, à propos de Catherine

II. [**63**] *A M. Pallu* (M.x.512). [**64**] Ira O. Wade, *Studies on Voltaire, with some unpublished papers of Mme Du Châtelet* (Princeton 1947). [**65**] Wade, p.137. [**66**] Wade, p.146. [**67**] Wade, p.70-74. [**68**] Wade, p.139. [**69**] Cette formule est le titre d'un article du journal *Le Monde* du 4 octobre 1977. L'auteur, J.-P. Dupuy, y cite *La Fable des abeilles*. [**70**] Wade, p.139. [**71**] Voltaire, *Questions sur l'Encyclopédie*, art. «Abeilles» (1770), cité par Wade, p.25. [**72**] D526 (vers le 12 septembre 1732). [**73**] D764 (27 juin 1734). [**74**] R. Pomeau, introduction à l'*Essai sur les mœurs* (Paris 1963), i.1. [**75**] D2148 (26 janvier 1740). [**76**] *Le Siècle de Louis XIV*, dans *OH*, p.616. [**77**] *OH*, p.620. C'est nous qui soulignons.

Notes du chapitre 3

[**1**] D1068 (vers le 30 avril 1736). [**2**] D1080 (30 mai 1736). Geneviève Menant-Artigas, dans un important article, «L'affaire Voltaire-Jore: quelques éléments nouveaux», *RHLF*, 1987, p.109-21, a découvert la copie la plus ancienne de la lettre de Voltaire à Jore (D1045), connue seulement jusqu'ici par le *Mémoire* imprimé de Jore. Dans ce document (Vire C 840), les noms propres réduits par Jore à l'initiale sont en toutes lettres. On voit ainsi que Voltaire destinait un exemplaire de l'édition Jore des *Lettres philosophiques* à Mme de Verrue, amie des philosophes et aussi du garde des Sceaux Chauvelin. Un autre exemplaire fut remis à François Josse pour être relié et offert à Fagon, financier influent. Mais Josse passa la nuit à copier, avec l'aide d'un cousin, les *Lettres philosophiques*, dont il tira une édition clandestine. Mme Menant-Artigas met en lumière la machination ourdie contre Voltaire à l'aide de D1045. [**3**] D1045 (25 mars 1736). [**4**] D757 (vers le 10 juin 1734). [**5**] D1045. [**6**] D.app.39, p.499. [**7**] D.app.39, p.495. [**8**] «Préface des éditeurs», *OC*, t.8, p.251-52. [**9**] D1089 (vers le 15 juin 1736). [**10**] D1069 (vers le 1er mai 1736). [**11**] Signé par Robert, son avocat: *Mémoire pour le sieur de Voltaire contre François Jore* (Paris 1736). Voir aussi le *Nouveau mémoire signifié pour le sieur de Voltaire, défendeur, contre François Jore, demandeur* (Paris 1736). [**12**] D1089 (vers le 15 juin 1736). [**13**] D1087 (14 juin 1736). Voir aussi les autres lettres à Hérault: D1092, 1093, 1095, 1103, 1104 et 1105, toutes datées de juin et juillet 1736. [**14**] D1087. [**15**] D1095 (20 juin 1736). [**16**] D1098 (22 juin 1736). [**17**] D1101 (vers le 27 juin 1736). [**18**] D1103 (vers le 28 juin 1736). [**19**] D1107 (1er juillet 1736). [**20**] D1108 (2 juillet 1736). [**21**] D1116 (18 juillet 1736). [**22**] D1112 (10 juillet 1736). [**23**] A. Morize, *Le Mondain et l'apologie du luxe au XVIIIe siècle* (Paris 1909), p.75. [**24**] D1116 (18 juillet 1736). [**25**] D1237 (28 décembre 1736). [**26**] M.x.83. [**27**] D1179 (21 octobre 1736). [**28**] D1205 (19 novembre 1736). [**29**] D1238 (30 décembre 1736). [**30**] Graffigny, i.199. [**31**] Graffigny, i.209. [**32**] D1046 (25 mars 1736). [**33**] D1075 (vers mai 1736). Il s'agit du fils de Mme Du Châtelet, alors âgé de dix ans. [**34**] D1046 (25 mars 1736). [**35**] E. Lavisse, *La Jeunesse du Grand Frédéric* (Paris 1891), p.233-427. [**36**] J. G. von Zimmermann, *Fragmente über Friedrich den Grossen* (Leipzig 1790). Le médecin rapporte (i.75 et suiv.) qu'avant son mariage Frédéric souffrait d'une maladie vénérienne, contractée dans une relation sexuelle clandestine. Pour le guérir, le margrave Henri de Schvedt le fait traiter par le chirurgien von Malchov. A la suite de cette cure, le mariage peut avoir lieu. Selon la dame d'honneur von Komensky le prince aurait vécu six mois avec sa femme. Il aurait consommé le mariage, pour assurer sa descendance. Mais la maladie reprend. Zimmermann parle d'une «gangrène froide» et d'une ablation cruelle qui devait

le guérir définitivement. Selon le médecin, ce n'était pas une castration, mais «il était un peu mutilé». A la suite de l'opération, Frédéric se croyait eunuque. A vingt-huit ans, il s'imagine privé de virilité et incapable d'assurer la succession au trône en ligne directe. Il laisse désormais se répandre les rumeurs sur son homosexualité. Il les encourage même (voir sur ce point son *Palladion*). D'après von Zimmermann, il ne s'est jamais déshabillé devant un témoin. Il avait même donné l'ordre qu'après sa mort on ne lui enlevât pas ses vêtements. [**37**] Th. Schieder, *Friedrich der Grosse* (Frankfurt, Berlin, Wien 1983), reproduit, p.191, une toile d'époque représentant le site de Rheinsberg: le château apparaît dans le lointain, donnant sur un vaste plan d'eau qui occupe tout le premier plan; paysage de lande, parfaitement plat. On cherche vainement le «mont» qu'annonce l'onomastique de Rheinsberg. [**38**] Charles Etienne Jordan, *Histoire d'un voyage littéraire fait en MDCCXXXIII en France, en Angleterre et en Hollande* (La Haye 1735), p.63. [**39**] E. Lavisse, *Le Grand Frédéric avant l'avènement* (Paris 1893), p.1-198. [**40**] D1126 (8 août 1736). [**41**] D1139 (1ᵉʳ septembre 1736). [**42**] Christiane Mervaud, *Voltaire et Frédéric II: une dramaturgie des Lumières*, Studies 234 (Oxford 1985), p.19-20. [**43**] D1228 (20 décembre 1736). [**44**] Pour la distinguer d'un *Petit Boursoufle*, devenu *L'Echange, ou quand est-ce qu'on me marie?* [**45**] Dans les *Œuvres complètes* (Paris, Lequien, 1820-1826), où l'œuvre est publiée pour la première fois. [**46**] Graffigny, i.243 (23 décembre 1738): «Il l'a montré à la Quinault il y a dix ans.» En décembre 1728, il se cachait à Dieppe à son retour d'Angleterre. [**47**] Voir la notice de G. Bengesco, *Les Comédiennes de Voltaire* (Paris 1912), p.69-82. [**48**] Graffigny, i.338. [**49**] Graffigny, i.307, 317. [**50**] Graffigny, i.338. [**51**] D10289 (26 janvier 1762). [**52**] D10904 (12 janvier 1763). [**53**] D1036; Graffigny, i.200. [**54**] D1220 (8 décembre 1736). [**55**] D1205 (*Mercure de France*, décembre 1736, xxi.373). Contant d'Orville, *Lettre critique sur la comédie intitulée l'Enfant prodigue* (Paris 1737), p.5-10. [**56**] D1137 (31 août 1736). [**57**] D1216 (1ᵉʳ décembre 1736). [**58**] M.x.85. [**59**] D1207 (24 novembre 1736). [**60**] D1221 (9 décembre 1736). [**61**] D1237. [**62**] D1231 (21 décembre 1736). [**63**] D1238 (30 décembre 1736). [**64**] D1238. [**65**] D1275 (vers le 30 janvier 1737). [**66**] D1277 (2 février 1737). [**67**] D1243 (vers le 1ᵉʳ janvier 1737). [**68**] D1286 (18 février 1737). [**69**] D1270 (27 janvier 1737). [**70**] D1255 (vers le 15 janvier 1737). [**71**] D1298 (16 mars 1737). Ce Le Prévost, huguenot réfugié en Hollande, ne doit pas être confondu avec l'abbé Prévost, auteur de *Manon Lescaut*: voir *OC*, t.15, p.576-77. [**72**] J. Vercruysse, *Voltaire et la Hollande*, Studies 46 (1966), p.35. [**73**] Vercruysse, p.35. [**74**] Vercruysse, p.41-43. [**75**] Rheinsberg. Frédéric nomme sa ville Remusberg: un professeur de l'Université de Rostock apprenant qu'un tombeau avait été découvert dans le lac de Rheinsberg en conclut que ce nom était la traduction de *Remi mons*, montagne de Remus, frère de Romulus. Si Frédéric n'y crut qu'un moment, les habitants s'attachèrent à cette légende qui conférait à leur ville une originale renommée (d'après Lavisse). [**76**] D1265 (22 janvier 1737). [**77**] D1274 (30 janvier 1737). [**78**] D1274. [**79**] D1282 (vers le 10 février 1737). [**80**] D1281 (9 février 1737).

Notes du chapitre 4

[**1**] D1291 (1ᵉʳ mars 1737). [**2**] Marquis d'Argenson, *Journal et mémoires* (Paris 1859-1867), ii.104. [**3**] D'Argenson, ii.35. [**4**] Cardinal de Bernis, *Mémoires* (Paris 1980). L'abbé de Bernis, bien que d'une très ancienne noblesse, était très pauvre. Un jour, il alla demander du secours au cardinal de Fleury. Il lui fit une belle harangue pour s'excuser

des étourderies de sa jeunesse. «Je vis son front qui se rembrunissait», dit Bernis, «il m'interrompit avec humeur et me dit avec dureté: Oh! monsieur, tant que je vivrai, vous n'aurez point de bénéfice. – Eh bien, monseigneur, *j'attendrai*, répondis-je en lui faisant une profonde révérence» (p.71-72). [**5**] Maxime de Sars, *Le Cardinal de Fleury, apôtre de la paix* (Paris 1942), p.110-66. [**6**] D1990 (23 avril 1739). [**7**] D1285 (18 février 1737). [**8**] D1278 (2 février 1737). [**9**] D1293 (1ᵉʳ mars 1737). [**10**] Jacques Van den Heuvel, éd. Voltaire, *Discours en vers sur l'homme* (thèse complémentaire, s.d.). Voir aussi l'édition de Haydn Mason, *OC*, t.17, et l'introduction, p.394-98. [**11**] D1243 (vers le 1ᵉʳ janvier 1737). [**12**] D1281 (8 février 1737). [**13**] Voir ci-dessus, p.267-70. [**14**] Mervaud, p.25. [**15**] D1234 (24 décembre 1736). [**16**] D1464 (27 février 1738). [**17**] D1627 (octobre 1738). [**18**] D1307 (vers le 30 mars 1737), D1311 (7 avril 1737). [**19**] D1126 (8 août 1736). [**20**] D1307 (vers le 30 mars 1737). [**21**] D1320 (vers le 5 avril 1737). [**22**] D1350 (6 juillet 1737). [**23**] D1330 (25 mai 1737). [**24**] D1359 (vers le 30 juillet 1737). [**25**] D1375 (vers le 12 octobre 1737). [**26**] D1376 (vers le 15 octobre 1737). [**27**] D1376. [**28**] D1392 (19 novembre 1737). [**29**] *OC*, t.14, p.385, 483 et suiv. [**30**] M.xxii.217. [**31**] D1413 (25 décembre 1737). [**32**] D1432 (23 janvier 1738). [**33**] D1459 (19 février 1738). [**34**] D1524 (17 juin 1738). [**35**] D1621 (30 septembre 1738). [**36**] D1393 (vers le 25 novembre 1737). [**37**] D1401 (12 décembre 1737). [**38**] D1411 (23 décembre 1737). [**39**] D1477 (3 avril 1738). [**40**] D2633 (8 août 1742). [**41**] D1491 (5 mai 1738). [**42**] D1457 (17 février 1738). [**43**] Un gazetier fournissait au lieutenant de police des gazetins, rapports sur «les petites nouvelles et bruits du monde». [**44**] Voir *OC*, t.17, p.4 et suiv. [**45**] D1339 (18 juin 1737). [**46**] *OC*, t.17, p.44. [**47**] D1528 (21 juin 1738). [**48**] Mme Du Châtelet, *Dissertation sur la nature et la propagation du feu* (Paris 1744), II.iii.60. [**49**] D1519 (15 juin 1738) et D1507 (21 mai 1738). [**50**] Du Fay, savant chimiste qui se voulait universel et précéda Buffon dans l'organisation du Jardin des plantes. [**51**] *OC*, t.17, p.23. [**52**] D1509 (22 mai 1738). [**53**] P. Brunet, *Maupertuis, étude biographique* (Paris 1928), p.40-43. [**54**] D1422 (10 janvier 1738). Voir David Beeson, *Maupertuis: an intellectual biography*, Studies 299 (1992). [**55**] D1423 (vers le 10 janvier 1738). [**56**] P. Brunet, *L'Introduction des théories de Newton en France au XVIIIe siècle* (Paris 1931), p.1-10, 153-200, 203-93 et 299-338. [**57**] D1341 (20 juin 1737). [**58**] I. O. Wade, *Studies on Voltaire, with some unpublished papers of Mme Du Châtelet*, ch.4. [**59**] *OC*, t.15, p.259. [**60**] Jacqueline Hellegouarc'h, «Les Aveugles juges des couleurs: interprétation et essai de datation», Studies 215 (1982), p.91-97, rattache à cette période la composition d'un conte très bref, la *Petite digression sur les Quinze-Vingts*, intitulé par les éditeurs de Kehl *Les Aveugles juges des couleurs*. Conte symbolique: «Les aveugles juges des couleurs», écrit Jacqueline Hellegouarc'h, «représentent les sots qui tranchent de ce qu'ils ne connaissent ou ne comprennent pas des nouvelles théories scientifiques et des œuvres de Voltaire qui les répandent». [**61**] D1442 (2 février 1738). [**62**] D1502 (14 mai 1738). [**63**] *OC*, t.15, p.98. [**64**] *OC*, t.15, p.102. [**65**] *OC*, t.15, p.103. [**66**] *OC*, t.15, p.120. [**67**] *OC*, t.15, p.186-90. [**68**] D1549. [**69**] Louis Bertrand Castel, *L'Optique des couleurs fondée sur les simples observations et tournée surtout à la pratique de la peinture, de la teinture et des autres arts coloristes* (Paris 1740). Voir aussi *Le Vrai système de physique générale de M. Isaac Newton exposé et analysé en parallèle avec celui de Descartes* (Paris 1743). [**70**] Noël Regnault, *Lettre d'un physicien sur la philosophie de Newton, mise à la portée de tout le monde* (s.l. 1738), p.2. [**71**] D1600 (28 août 1738). [**72**] D1611 (11 septembre 1738). [**73**] *Le Pour et contre* (1738), xv.234-40. [**74**] *Mémoires de Trévoux* (août 1738). [**75**] D1379

(26 octobre 1737). [**76**] D1412 (23 décembre 1737). [**77**] D1412 (23 décembre 1737) et D1447 (7 février 1738). [**78**] D1498 (10 mai 1738). [**79**] D1664 (23 novembre 1738). [**80**] D1621 (30 septembre 1738). [**81**] D1711 (25 décembre 1738).

Notes du chapitre 5

[**1**] Sœur de feu le régent Philippe d'Orléans. [**2**] En attendant de régner sur son duché, Stanislas a résidé au château de Meudon. [**3**] G. Maugras, *La Cour de Lunéville au XVIIIe siècle* (Paris 1904). [**4**] Ne pas confondre Mme de Boufflers-Beauvau avec Mme de Boufflers, tante du marquis de Boufflers, qui deviendra la duchesse de Luxembourg. [**5**] Graffigny, i.308. [**6**] M.x.297-98. [**7**] Graffigny, i.192. [**8**] Graffigny, i.192. Le tertre sur lequel est construit le château n'est pas une «montagne». Mais voir i.40, n.25 : Mme de Graffigny emploie souvent ce mot pour désigner «un lieu de retraite, d'exil, ou d'isolement». Les détails qui suivent sont empruntés à la lettre du 4 décembre et aux lettres suivantes. [**9**] Les *Eléments de la philosophie de Newton*. [**10**] Graffigny, i.220. Mme de Graffigny ne donne aucune explication de ce terme. Il signifie sans doute que ces personnages sont «extérieurs», comme les cochers sur leur siège. [**11**] Graffigny, i.210. [**12**] Graffigny, i.239. [**13**] Graffigny, i.212. [**14**] Graffigny, i.211. Il s'agissait en réalité de l'allemand Christian von Wolff, qui écrivait habituellement en latin. Voltaire dans une lettre à Maupertuis (D2566, 10 août 1741) raille précisément Wolff pour sa spéculation sur les habitants de Jupiter. Voir *Micromégas, Zadig, Candide* (Paris 1994), introduction de R. Pomeau, p.15. [**15**] Graffigny, i.245. [**16**] Graffigny, i.207. [**17**] Graffigny, i.249. [**18**] Desfontaines, *La Voltairomanie, ou lettre d'un jeune avocat, en forme de mémoire, en reponse au libelle du sieur de Voltaire, intitulé le Préservatif, etc.* [Paris 1739]. Voir l'édition critique par M. H. Waddicor (Exeter 1983). [**19**] D1814 (22 janvier 1739). [**20**] D1862 (2 février 1739). [**21**] D1712 (26 décembre 1738). [**22**] D1723 (29 décembre 1738). [**23**] Graffigny, i.212. [**24**] Graffigny, i.259-61 ; et voir le hors-texte en face de la page 258 de cette édition. [**25**] Graffigny, i.287-89. [**26**] D1766 (12 janvier 1739). [**27**] Graffigny, i.294. [**28**] Graffigny, i.318. [**29**] Graffigny, i.313. [**30**] Probablement *Les Institutions de physique*. [**31**] Graffigny, i.318. [**32**] D1735 (2 janvier 1739). [**33**] D1736 (2 janvier 1739). [**34**] D1893 (20 février 1739). [**35**] D1738 (3 janvier 1739). [**36**] D1728 (31 décembre 1738). [**37**] D1748 (7 janvier 1739). [**38**] D1762 (10 janvier 1739). [**39**] D1768 (12 janvier 1739). [**40**] D1806 (20 janvier 1739). [**41**] D1736, commentaire. [**42**] D1815 (23 janvier 1739). [**43**] D1823 (26 janvier 1739). [**44**] D1800 (19 janvier 1739). [**45**] D1787 (16 janvier 1739). [**46**] D1860 (7 février 1739). [**47**] D1759 (9 janvier 1739). [**48**] D1781 (15 janvier 1739). [**49**] D1809 (21 janvier 1739). [**50**] D1842 (2 février 1739). [**51**] D1803 (20 janvier 1739). [**52**] D1892 (18-20 février 1739). [**53**] D1851 (5 février 1739). [**54**] D1845 (4 février 1739). [**55**] D1946 (vers le 20 mars 1739). [**56**] D1855 (6 février 1739). [**57**] D1871 (12 février 1739). [**58**] D1870 (12 février 1739). [**59**] D1941 (mars 1739). [**60**] D1887 (17 février 1739). [**61**] D1875 (13 février 1739). [**62**] D1878 (14 février 1739). [**63**] D1893 (20 février 1739). [**64**] D1874 (12 février 1739). [**65**] D1895 (20 février 1739). [**66**] D1894 (20 février 1739). [**67**] D2003 (4 mai 1739). [**68**] D1972, commentaire. [**69**] D1994, commentaire. [**70**] D2041 (7 juillet 1739). [**71**] D2006 (7 mai 1739). [**72**] D2012 (11 mai 1739).

Notes du chapitre 6

[**1**] D2031 (20 juin 1739). [**2**] D2015 (15 mai 1739). [**3**] D2022 (1er juin 1739) et D2018 (20 mars 1739), avec la note de Th. Besterman. [**4**] D2027 (juin 1739). [**5**] D2040 (6 juillet 1739). [**6**] D2038 (28 juin 1739). [**7**] Le quadrille était une sorte de jeu d'hombre (jeu de cartes venu d'Espagne) qui se jouait à quatre. [**8**] D2040 (6 juillet 1739). [**9**] D2033 (vers le 20 juin 1739). [**10**] D2067 (vers le 20 août 1739). [**11**] D2022 (1er juin 1739). [**12**] D1862 (9 février 1739). [**13**] D1957 (26 mars 1739). [**14**] D2013 (13 mars 1739). [**15**] Il ne sera publié qu'en 1764. [**16**] D2054 (28 juillet 1739). [**17**] D2056 (1er août 1739). [**18**] D2067 (vers le 20 août 1739). [**19**] D2068 (22 août 1739). [**20**] D2062 (12 août 1739). [**21**] D2082 (vers le 28 septembre 1739). [**22**] D2073 (15 septembre 1739). [**23**] D2079 (26 septembre 1739). [**24**] D2073 (15 septembre 1739): allusion au débat sur les «forces vives», dans lequel Mme Du Châtelet était en désaccord avec Mairan (voir D2432). [**25**] D2252 (29 juin 1740). [**26**] Graffigny, i.377. [**27**] Graffigny, i.393. [**28**] *Portefeuille nouveau ou mélanges choisis en vers et en prose* (Bengesco, no.740), i.488; Graffigny, i.427. [**29**] Graffigny, i.379. [**30**] Graffigny, i.503. [**31**] Il s'agit sans doute des deux couples, Mme Du Châtelet-Voltaire et Mme de Graffigny-Desmarest. [**32**] Graffigny, ii.139. [**33**] Graffigny, ii.242. [**34**] D2091 (11 octobre 1739). [**35**] Graffigny, ii.278. [**36**] Graffigny, ii.241-44. [**37**] Graffigny, ii.242. [**38**] Graffigny, ii.251. [**39**] D2069 (25 août 1739). Il s'agit de Jean Banières, *Examen et réfutation des Eléments de la philosophie de Newton* (Paris 1739). [**40**] D2085 (2 octobre 1739). [**41**] D2071 (?5 septembre 1739). [**42**] D2097 (?octobre 1739). [**43**] D2102 (29 octobre 1739). [**44**] D2151 (30 janvier 1739). [**45**] Formey, *Souvenirs d'un citoyen* (Berlin 1789), p.174. Formey (1711-1797), d'origine française, sera secrétaire perpétuel de l'Académie de Berlin en 1748. [**46**] D1448 (vers le 10 février 1738). [**47**] R. Pomeau, *La Religion de Voltaire*, p.127. [**48**] Formey, p.176. [**49**] D2254 (30 juin 1740). [**50**] D2202 (25 avril 1740). [**51**] D2254 (30 juin 1740). [**52**] D2141 (13 janvier 1740). [**53**] *Mercure de France* (juin 1741), xl.336-45. [**54**] D2177 (10 mars 1740). [**55**] Mme Du Châtelet, *Institutions de physique* (Paris 1740), 22, no.8. [**56**] *OC*, t.15, p.202. [**57**] D2202 (25 avril 1740). [**58**] D2156 (1er février 1740). [**59**] D2140 (12 janvier 1740). [**60**] D2190 (27 mars 1740). [**61**] D2526 (10 avril 1741). [**62**] D2226 (7 juin 1740). [**63**] D2268 (12 juillet 1740). [**64**] D2306 (2 septembre 1740). [**65**] Frédéric II, *L'Anti-Machiavel*, éd. C. Fleischauer, Studies 5 (1958), p.227. [**66**] *L'Anti-Machiavel*, p.343. [**67**] D2128 (29 décembre 1739). [**68**] D2178 (10 mars 1740). [**69**] D2202 et Montaigne, *Essais*, i.xxviii. [**70**] D2208 (19 mai 1740). [**71**] D2317 (24 septembre 1740). [**72**] D2159 (3 février 1740). [**73**] D2225 (6 juin 1740). [**74**] D2214 (1er juin 1740). [**75**] D2227 (10 juin 1740). [**76**] *Mercure de France* (juin 1740), xxxviii.369-71. [**77**] D2230 (12 juin 1740). [**78**] D2250 (27 juin 1740). [**79**] D1961 (1er avril 1739). [**80**] D2250 (27 juin 1740). [**81**] D2269 (14 juillet 1740). [**82**] D2276 (26 juillet 1740). [**83**] D2279 (29 juillet 1740). [**84**] *L'Anti-Machiavel*, introduction, p.xxxi, dans Machiavel, *Le Prince, suivi de L'Anti-Machiavel de Frédéric II*, éd. R. Naves (Paris 1962). [**85**] D2362 (7 novembre 1740). [**86**] D2271 (21 juillet 1740). [**87**] D2297 (21 août 1740). [**88**] D2278 (29 juillet 1740). [**89**] D2281 et D2283 (2 et 3 août 1740). «Moïse avait jeté un voile de douceur et de tempérament sur l'éclat de sa personne et de sa dignité» (Exode xxxiv). [**90**] D2310 (12 septembre 1740). [**91**] *Mémoires* (M.i.16). [**92**] D2317 (24 septembre 1740). [**93**] D2317. [**94**] D2333 (12 octobre 1740). [**95**] D2333. [**96**] D2291 (20

août 1740). [**97**] D2330 (10 octobre 1740). [**98**] D2358 (2 novembre 1740). [**99**] L'actuel propriétaire du château de Cirey appartient à cette famille. [**100**] D2347 (21 octobre 1740). [**101**] D2364 (14 novembre 1740). [**102**] D2368 (26 novembre 1740). [**103**] D2365 (23 novembre 1740). [**104**] Citée par H. Bellugou, *Voltaire et Frédéric II* (Paris 1962), p.99, sans référence. [**105**] D2375, commentaire. [**106**] *Mémoires* (M.i.18-19). [**107**] D2380 (5 décembre 1740). [**108**] D2370, D2369 (28 novembre 1740). [**109**] Citée par Bellugou, p.100. [**110**] D2377 (vers le 1er décembre 1740). [**111**] A. Magnan, *Dossier Voltaire en Prusse*, Studies 244 (1986), p.382-94. [**112**] D2392 (31 décembre 1740). [**113**] D2394 (6 janvier 1741). [**114**] D2383 (15 décembre 1740). [**115**] D2392 (31 décembre 1740). [**116**] D2394 (6 janvier 1741). [**117**] D2399 (7 janvier 1741).

Notes du chapitre 7

[**1**] D2486 (18 mai 1741). [**2**] L. Trenard, 'L'influence de Voltaire à Lille au XVIIIe siècle', *Studies* 58 (1967), p.1617-34. [**3**] D2444 (13 mars 1741). [**4**] D2459 (7 avril 1741). [**5**] D2444 (13 mars 1741). [**6**] D2477 (5 mai 1741). [**7**] Dortous de Mairan, *Lettre à Mme *** sur la question des forces vives* (Paris 1741). [**8**] Abbé Deidier, *Nouvelle réfutation de l'hypothèse des forces vives* (Paris 1741). Mairan a envoyé cet ouvrage à Mme Du Châtelet. [**9**] D2621 (20 juin 1742). [**10**] D2450 (22 mars 1741). Souligné dans le texte. [**11**] Mme Du Châtelet, *Réponse de Mme *** à la lettre de M. de Mairan sur la question des forces vives* (Bruxelles 1741). [**12**] D2485 (?mai 1741). [**13**] D2461 (8 avril 1741). [**14**] D2500 (19 juin 1741). [**15**] Mme Du Deffand, *Correspondance complète* (Paris 1865), ii.763. [**16**] *Essai sur les mœurs*, éd. R. Pomeau (Paris 1963), i.195. [**17**] D1642 (30 octobre 1738). [**18**] D2216 (vers le 1er juin 1740). [**19**] D2493 (1er juin 1741). [**20**] *Essai sur les mœurs*, i.195. [**21**] Voir *Essai sur les mœurs*, i.III-VI. [**22**] D2589. Voltaire est arrivé à Paris le 10 février (D2592). [**23**] D2598, à Cideville (?mars 1742). [**24**] D2475 (2 mai 1741). [**25**] Charles-Irénée Castel de Saint-Pierre, auteur d'un *Projet de paix perpétuelle* (Utrecht 1713). L'abbé de Saint-Pierre avait abandonné les sciences pour s'adonner avec passion à la morale et à la politique. Il accompagna le cardinal de Polignac à la négociation de la paix d'Utrecht (1713). Cette paix, il forma le projet de la rendre *perpétuelle*, d'où le titre de son œuvre célèbre. [**26**] D2623 (30 juin 1742). Nous n'avons pas le texte autographe de la lettre. [**27**] D2625 (12 juillet 1742). Les extraits suivants sont empruntés à la même lettre et au commentaire de celle-ci. [**28**] D2627 (vers le 15 juillet 1742). [**29**] D2626 (13 juillet 1742). [**30**] Desnoiresterres, ii. p.335 et J. Orieux, *Voltaire, ou la royauté de l'esprit* (Paris 1966), p.270. [**31**] Mervaud, p.135-37. [**32**] Mervaud, p.135, n.12. La remarque de Voltaire dans son commentaire de *L'Art de la guerre* de Frédéric (Besterman, «Voltaire's commentary on Frederick's *L'Art de la guerre*», Studies 2 (1956), p.117) sur l'expression «gagner de vitesse», et des extraits de dépêches de Le Chambrier à Frédéric, permettent une telle affirmation. [**33**] J. Sareil, *Voltaire et les grands* (Genève 1978), p.46. [**34**] D2625 (12 juillet 1742). [**35**] D2162 (16 février 1740). [**36**] D2635 (13 août 1742). [**37**] Voltaire donne au prophète son nom usuel en France. Mais dans une lettre à Cideville (D2649, 1er septembre 1742), il emploie la forme Mahommed (en transcrivant la formule rituelle: «Alla ila Alla, Mahommed rezoul Alla»). «Mahomet» dérive de la dénomination en turc, l'Islam étant essentiellement considéré au XVIIIe siècle comme la religion de l'Empire ottoman, la religion «turque». Selon M. Rodinson,

Mahomet (Paris 1961), la transcription la plus exacte serait «Mohammad». [**38**] D2634 (11 août 1742). [**39**] D2638 (13 août 1742). [**40**] D2637 (10 août 1742). [**41**] D2641 (15 août 1742). [**42**] D2641, commentaire. [**43**] D2635 (13 août 1742). [**44**] Rodinson, p.100. [**45**] D2386 (20 décembre 1740), à Frédéric II. [**46**] M.xvii.104-105. [**47**] *Essai sur les mœurs*, i.255-68, chapitre «De l'Arabie, et de Mahomet», suivi d'un chapitre «De l'Alcoran, et de la loi musulmane». [**48**] J. Truchet, *Théâtre du XVIIIe siècle* (Paris 1972), p.1422. [**49**] D2386 (20 décembre 1740). [**50**] Voltaire le dit dans sa lettre à Frédéric, D2386. [**51**] J. Truchet, p.1423. [**52**] Sur *Œdipe* et *La Mort de César*, voir ci-dessus, p.96, 220. [**53**] Séide a frappé Zopire derrière l'autel, ce qui dérobe le geste au spectateur; puis, selon la didascalie, le vieillard poignardé «reparaît appuyé sur l'autel, après s'être relevé derrière cet autel où il a reçu le coup». [**54**] D2149, à Frédéric (26 janvier 1740).

Notes du chapitre 8

[**1**] D2645 (vers le 25 août 1742), à Mme de Champbonin. [**2**] D2649 (10 septembre 1742), à Cideville. [**3**] D2655 (10 septembre 1742). [**4**] D2658 (18 septembre 1742). [**5**] D2662 (24 septembre 1742); le mot «puissants» est au pluriel. [**6**] D2691 (24 novembre 1742). L'ode est envoyée à César de Missy. [**7**] D2712 (vers le 25 décembre 1742). [**8**] D2674 (20 octobre 1742). [**9**] J. Patrick Lee, «Voltaire and César de Missy», *Studies* 163 (1976), p.57-72. [**10**] D2678 (21 octobre 1742). [**11**] D2685 (14 novembre 1742). [**12**] D2697 (9 décembre 1742). [**13**] D2690 (22 novembre 1742). [**14**] D2697a (10 décembre 1742). [**15**] D2704 (18 décembre 1742). [**16**] *Œuvres de M. de Voltaire* (Amsterdam [Paris?] 1741-1742; BN, Rés. Z Bengesco 471). [**17**] M.x.274-76. Sur cette affaire, voir ci-dessus, p.232. [**18**] M.x.223. Philippe Egon, marquis de Courcillon, célébré ici, est mort en 1719; l'épître est donc antérieure à cette date. [**19**] Dernier poème du tome v, *Apothéose de Mlle Le Couvreur*. [**20**] Bibliothèque de l'Arsenal, ms 11531, f.64. [**21**] D2703 (vers le 17 décembre 1742). [**22**] D2706 (19 décembre 1742). [**23**] François Didot avait alors huit enfants; il en eut onze, dont deux succédèrent à leur père. [**24**] D2710 (24 décembre 1742) et commentaire. [**25**] D2713 (27 décembre 1742). [**26**] Desnoiresterres, ii.350. [**27**] Desnoiresterres, ii.352 et D2756, commentaire. [**28**] *OC*, t.17, p.93-344. [**29**] Barbier, iii.431. [**30**] *OC*, t.17, p.142. [**31**] *OC*, t.17, p.142-43. [**32**] Ennemis de Voltaire, tous deux auteurs dramatiques. [**33**] D2727 (21 février 1743). [**34**] D2726 (février 1743). [**35**] D2744 (4 avril 1743). [**36**] *Almanach littéraire, ou étrennes d'Apollon*, dans *Fontenelliana* (1777), p.128. [**37**] Barbier, viii.226. [**38**] *Mémoires* (M.i.24). [**39**] Cité par de Luynes, *Mémoires*, x.129. [**40**] D2720 (4 février 1743). [**41**] D2719 (vers le 1er février 1743). [**42**] Marguerite Alacoque, religieuse qui vécut dans la deuxième moitié du XVIIe siècle. Guérie d'une paralysie, elle avait attribué sa guérison à la Vierge et avait ajouté à son prénom celui de Marie. Elle avait prédit le jour de sa mort. Languet de Gergy était l'auteur d'une *Vie de la vénérable mère Marguerite Marie* (1729), que Voltaire avait dans sa bibliothèque (BV1912). [**43**] D2719. [**44**] D2723 (février 1743). [**45**] D2762 (21 mai 1743). Par lapsus, Frédéric écrit que la lettre est adressée à «l'évêque de Sens». [**46**] D2784 (5 juillet 1743). [**47**] D2767 (10 avril 1743). [**48**] De Luynes, iv.452. [**49**] D2784. [**50**] D2755 (28 avril 1743). [**51**] D2770 (15 juin 1743). [**52**] D2783 (4 juillet 1743): allusion au dénouement d'*Atrée et Thyeste*. [**53**] D2771 (vers le 15 juin 1743). [**54**] D2766 (9 juin 1743).

[55] D2811 (16 août 1743). [56] *Mémoires* (M.i.25). [57] D2768 (11 juin 1743). [58] D2772 (vers le 15 juin 1743). [59] *Mémoires* (M.i.25). [60] *Mémoires* (M.i.25). [61] D2782 (3 juillet 1743). [62] Frédéric II, *Œuvres*, éd. J. D. E. Preuss (Berlin 1846-1857), t.17 (24, 27 juin 1743). [63] *Mémoires* (M.i.26). C'est nous qui soulignons. [64] D2774a (12 juin 1743). [65] Sareil, p.66. [66] D2774a. [67] D2778 (28 juin 1743). [68] M. Dutrait, *Etude sur la vie et le théâtre de Crébillon* (Genève 1970); voir aussi P. LeClerc, *Voltaire et Crébillon père: history of an enmity*, Studies 115 (Oxford 1973). [69] D2786 (12 juillet 1743). [70] D2790 (vers le 15 juillet 1743). [71] M.iv.258-67. [72] D2788 (15 juillet 1743). [73] D2803 (8 août 1743). [74] D2810 (16 août 1743). [75] D2788. [76] Duc de Broglie, *Voltaire avant, pendant et après la guerre de Sept Ans* (Paris 1898), ii.76. [77] D2815 (20 août 1743). [78] D2813 (17 août 1743). [79] D2771 (vers le 15 juin 1743). [80] Commentaire de Th. Besterman à D2813. [81] *Mémoires* (M.i.25). [82] Archives nationales, fonds Maurepas. Cette lettre autographe est accompagnée de la première version, raturée, de Maurepas, ms 257 ap 11. [83] Archives nationales, ms 257 ap 27, et D2824 (30 août 1743). [84] D2841, commentaire (t.130, p.96). [85] D2811 (16 août 1743). [86] D2819 (22 août 1743). [87] *Mémoires* (M.i.26, 27, 29, 30). [88] *Mémoires* (M.i.31). [89] Frédéric II, *Œuvres*, iii.26. [90] D2832 (7 septembre 1743). [91] Charles VII, électeur de Bavière. [92] D2828 (3 septembre 1743). Souligné par nous. [93] D2830 (vers le 5 septembre 1743). [94] D2833 (7 septembre 1743): lettre d'Otto Christof, comte de Podewils à Heinrich, comte de Podewils, qui confirme l'exactitude de la réplique de Voltaire. [95] Frédéric II, *Œuvres*, xxv.527. [96] D2854 (5 octobre 1743). [97] D2860a (10 octobre 1743). [98] D2860 (10 octobre 1743). [99] D2866 (16 octobre 1743). [100] D2853 (4 octobre 1743), à Podewils. [101] M.x.528-29. [102] D2887 (16 novembre 1743). [103] D2910 (7 janvier 1744). [104] D2870 (22 octobre 1743). [105] D2855 (7 octobre 1743). [106] D2859 (vers le 8 octobre 1743). [107] D2876 (5 novembre 1743). [108] Mervaud, p.155, n.135. [109] Mervaud, p.151, n.102. [110] *Mémoires* (M.i.32). [111] Magnan, p.395. [112] L'expression provient d'une anecdote que l'on racontait à propos de Des Barreaux, conseiller au parlement, poète, célèbre pour un sonnet qui n'était pas de lui. Boileau l'accusa d'athéisme. En réalité, il n'était que frondeur et fort gourmand. Dînant à une taverne un jour maigre, il commanda une grosse omelette: c'était une provocation. A peine l'eut-il entamée qu'un orage épouvantable se déchaîna. Des Barreaux jeta l'omelette par la fenêtre et dit: «Voilà beaucoup de bruit pour une omelette». [113] D2875 (4 novembre 1743). [114] D2883 (13 novembre 1743).

Notes du chapitre 9

[1] D2883 (13 novembre 1743). [2] D2879 (9 novembre 1743). [3] D2895 (10 décembre 1743). [4] D2909 (vers le 5 janvier 1744). [5] D2896 (12 décembre 1743). [6] D2914 (9 janvier 1744). [7] OH, p.1376, 1377. [8] D2885 (14 novembre 1743), souligné par Frédéric. [9] D2903 (fin 1743 ou début 1744). [10] *Correspondance du cardinal de Tencin, ministre d'Etat et de madame de Tencin, sa sœur, avec le duc de Richelieu* (Paris 1790), lettre du 12 juin 1744. [11] L. L. Bongie, «Voltaire's English high treason and a manifesto for bonnie prince Charles», *Studies* 171 (1979), p.7-29. [12] D2931 (10 février 1744). [13] D2936 (21 février 1744), à Podewils.

[14] Voir J. Colin, *Louis XV et les jacobites* (Paris 1901). [15] D2948 (2 avril 1744), à Podewils. [16] D2960 (20 avril 1744), à Amelot. [17] D2999 (11 juillet 1744). [18] D2948 (2 avril 1744). [19] D2904: cette lettre est l'un des rares vestiges de la correspondance entre Voltaire et Mme Du Châtelet. Souligné par nous. [20] D2954 (9 avril 1744). [21] Marmontel, *Mémoires*, éd. J. Renwick (Clermont-Ferrand 1972), i.69. [22] D2947 (t.130, p.99-100); texte du chevalier de Mouhy du 30 mars 1744. Il ne subsiste que quelques feuillets de ce manuscrit. [23] D2958 (18 avril 1744). [24] D2948 (2 avril 1744). [25] D2961 (20 avril 1744). [26] D2953 (7 avril 1744). La cuisinière de Valory: Frédéric la rappellera au souvenir de Voltaire dans la lettre D3866 (15 février 1749): «Il n'y manquera que cette cuisinière qui alluma vos sens de feux séditieux que sa froideur seule réprima vivement.» [27] D2974 (14 mai 1744). [28] *La Princesse de Navarre*, «Avertissement» (M.iv.273-74). [29] *Correspondance du cardinal de Tencin*, p.289. [30] D2986 (5 juin 1744). [31] D3014 (10 août 1744). [32] D2997 (10 juillet 1744). [33] D2998 (10 juillet 1744). [34] D3030 et D3031 (15 et 18 septembre 1744). [35] D2996 (9 juillet 1744). [36] D3003 (15 juillet 1744). [37] D3016 (14 août 1744). [38] D3015 (13 août 1744). [39] Château actuel de Champs-sur-Marne. [40] Achetée en grande partie par le marquis de Paulmy, elle constitue aujourd'hui le fonds de la Bibliothèque de l'Arsenal. [41] De Luynes, *Mémoires*, iv.358, 387. [42] Né et mort au château de Voisenon en Seine-et-Marne. [43] D6946 (24 juillet 1756). [44] Michaut, *Biographie universelle*, xliv.47. [45] D3026 (7 septembre 1744). [46] Place Vendôme. [47] D3029 (14 septembre 1744). [48] D3039 (vers le 1er novembre 1744). [49] M.ix.429-32. [50] D3023 (août-septembre 1744). «Mes trois chandelles»: il s'agit des illuminations de la rue Saint-Honoré, où passa le roi. [51] D3064 (janvier 1745). [52] D3066 (18 janvier 1745). [53] Charles VII, mis en place avec l'aide de la France, est mort le 20 janvier 1745. [54] D3073 (31 janvier 1745). [55] Desnoiresterres, ii.433. [56] Note à D3075. [57] D2136 (9 janvier 1740). [58] Cité par Desnoiresterres, ii.438. C'est nous qui soulignons. [59] De Luynes, vii.319, 320, 338. [60] D'Argenson, *Journal et mémoires*, iv.173. [61] D3025 (5 septembre 1744). [62] Barbier, iv.16. [63] D3090 (1er avril 1745). [64] D3081 (5 mars 1745). [65] D3087 (20 mars 1745). C'est nous qui soulignons. [66] D3091 (1er avril 1745). [67] D3092 (3 avril 1745). [68] D3086 (vers le 17 mars 1745). Mme de Villars est devenue dévote, mais il n'est pas certain qu'elle ait prié pour Voltaire. D'après ce qu'il ajoute, il ne la voit plus. [69] M.i.89. [70] D3093 (3 avril 1745). [71] Voir l'excellente introduction d'H. Bonnier aux *Œuvres complètes* de Vauvenargues (Paris 1968), p.22. [72] Bonnier, p.23. [73] Bonnier, p.48. [74] H. Coulet, «Voltaire lecteur de Vauvenargues», *Cahiers de l'Association internationale des études françaises* 30 (1978), p.176. [75] D2746 (4 avril 1743). [76] D2748 (15 avril 1743). [77] D2760 (17 mai 1743). [78] On n'en possède à ce jour que vingt-cinq lettres, huit de Vauvenargues et dix-sept de Voltaire.

Notes du chapitre 10

[1] D3094 (vers le 5 avril 1745). [2] D3109 (1er mai 1745). [3] D2135 (8 janvier 1740). [4] D3094. [5] *Histoire de la guerre de 1741*, éd. J. Maurens (Paris 1971), p.iv. [6] D3112 (3 mai 1745). [7] D3106 (29 avril 1745). [8] D3109. [9] D3111 (3 mai 1745). [10] M.v.495. [11] *Mémoires* (M.i.33). [12] *Mémoires* (M.i.33-34). [13] Citée par J. Sareil, p.104, 105. [14] Barbier, iv.32 (avril 1745). [15] *Mémoires*

(M.i.33). **[16]** D3157 (25 juin 1745). **[17]** D3132 (mai-juin 1745). **[18]** M.viii.516.
[19] D3117 (13 mai 1745), «à onze heures du soir». **[20]** De Luynes, vi.472. Le duc
de Luynes trouve cette lettre trop élogieuse à l'égard du roi. **[21]** D3118 (15 mai 1745),
«au camp devant Tournai». **[22]** D3118, commentaire. **[23]** D3124 (26 mai 1745),
au marquis d'Argenson. **[24]** D3139 (9 juin 1745). **[25]** D3150 (vers le 18 juin
1745). **[26]** M.viii.375. **[27]** Voltaire, *Histoire de la guerre de 1741*, p.143, rapporte
l'échange entre les officiers anglais et français des premières lignes. Lord Charles Hay:
«Messieurs des gardes françaises, tirez.» Réponse du comte d'Auteroche: «Messieurs,
nous ne tirons jamais les premiers, tirez vous-mêmes.» Comme il fallait un certain temps
pour recharger les fusils (par le canon), la troupe qui avait tiré la première se trouvait en
position défavorable par rapport à celle qui avait «gardé son feu». Ce n'était donc pas
une simple question de politesse, comme on l'imagine d'ordinaire. **[28]** D3118, dans le
récit de la bataille par le marquis d'Argenson. **[29]** M.viii.382. **[30]** M.viii.378.
[31] M.viii.392. **[32]** Quelle part Richelieu eut-il au juste à la victoire? Selon le
marquis d'Argenson (D3118), qui était sur le terrain et qui informe Voltaire, il eut l'idée
de la manœuvre qu'opéra le maréchal de Saxe et il participa à l'exécution: «C'est lui qui
a donné le conseil et qui l'a exécuté de marcher à l'infanterie anglaise comme les
chasseurs et les fourrageurs.» Mais, contrairement à ce qu'écrira Voltaire, ce n'est pas
de lui, semble-t-il, que vint l'initiative d'arrêter la colonne anglaise par un bombardement
de front, par quatre canons. **[33]** M.viii.389. **[34]** D3129 (30 mai 1745). **[35]** Publié
à Lille en 1745 et repris dans *Voltariana, ou éloges amphigouriques de Fr. Marie Arrouet*
(Paris 1748). **[36]** J.-H. Marchand, *Requête du curé de Fontenoy au roi* (Paris 1745).
[37] Desfontaines, *Avis sincères à M. de Voltaire au sujet de la sixième édition de son poème
sur la victoire de Fontenoy* (s.l.n.d.). **[38]** D3148 (16 juin 1745). **[39]** D3144 (juin
1745). **[40]** M.viii.378. **[41]** Alexis Piron, *Complément de ses œuvres inédites* (Paris
1865), p.68. **[42]** Cité par Voltaire dans la lettre D3135 à Cideville (3 juin 1745).
[43] D3135. **[44]** D3142 (13-15 juin 1745). **[45]** Cideville, *A monsieur de Voltaire,
historiographe de France* (Paris 1745). **[46]** D3122 (vers le 20 mai 1745). Voir la note
de Th. Besterman. Avenel, dans son édition des *Œuvres* de Voltaire (1867-1870), vii.657,
n.3, prétend que les vers qui font suite à cette strophe, que nous ne citons pas, ont été
remplacés par ceux-ci: «Quand Louis, ce héros charmant / Dont tout Paris fait son idole, /
Gagne quelque combat brillant, / On doit en faire compliment / A la divine d'Etiole.»
Cette strophe est apocryphe: elle eût constitué, en mai 1745, une grave et dangereuse
maladresse de la part du poète. Le duc de Luynes la donne comme une parodie (vi.493).
[47] Au château de Pâris-Monmartel. **[48]** D3138 (7 juin 1745). **[49]** D3140 (10
juin 1745). **[50]** D3144 (juin 1745). **[51]** D3152 (20 juin 1745). **[52]** D3154 (22
juin 1745). **[53]** Lescure, *Vie de Mme Du Deffand*, i.LXXXIX. **[54]** D3200 (20 août
1745). **[55]** D3205 (vers le 25 août 1745). **[56]** D3190 (août 1745). **[57]** D3191
(17 août 1745), au marquis d'Argenson. **[58]** D3243 (20 octobre 1745). **[59]** D3227
(2 octobre 1745). **[60]** D3191. **[61]** D3240 (octobre 1745). **[62]** D3220 (27
septembre 1745). **[63]** M.xxiii.200. **[64]** Rousseau, *L'Angleterre et Voltaire*, i.190-91,
194. **[65]** M.xxiii.204. **[66]** Ce texte n'est apparu dans l'œuvre de Voltaire que
dans le *Commentaire historique* en 1776, mais certains Anglais comme Horace Walpole
«n'avaient pas attendu pour dénoncer le jacobitisme voyant de notre poète» (Rousseau,
i.195). **[67]** D'Argenson, iv.325-30. **[68]** D3478 (23 novembre 1746).

Notes du chapitre 11

[1] D3111 (3 mai 1745). [2] Les œuvres de Benoît XIV comprennent une quinzaine de volumes. [3] D3128 (30 mai 1745). [4] D3183 (10 août 1745), au marquis d'Argenson. [5] D3193 (17 août 1745). [6] *De servorum Dei beatificatione et beatorum canonizatione* (Bologne 1734-1738). [7] D3192 (17 août 1745). Il existe une autre version de cette même lettre, citée par Th. Besterman : sans doute un brouillon écarté par Voltaire pour une rédaction incontestablement meilleure. [8] D3195, D3196, D3194. Nous n'avons pas les lettres de Voltaire à Acquaviva et à Valenti, mais leur existence est attestée par le brouillon de la réponse du pape (D3210, note) et par D3210. [9] D3199 (20 août 1745). [10] BnC 3786. [11] Benoît XIV : D3210 ; Passionei : D3211 ; Quirini : D3218. Nous n'avons pas les réponses d'Acquaviva, Valenti et Leprotti. [12] Dans le tome IV de ses *Œuvres* (Dresde 1748). [13] Luca di Castri, *Due false di Voltaire : la dedica del Mahomet et l'accettazione papale* (Napoli 1939) ; M. Chapelan, « Voltaire a commis un faux bref de Benoît XIV et falsifié une lettre de Frédéric II », *Le Figaro littéraire* (21 septembre 1957). [14] C'est le texte publié par Th. Besterman, en 1956, dans la première édition de la correspondance de Voltaire, xiv.222-23. Th. Besterman nomme ce secrétaire Niccolo Antonelli, nous ne savons sur quelle base. [15] « Il y a quelques semaines, le cardinal Passionei a présenté en votre nom votre très beau dernier poème. » [16] « Il y a quelques semaines, fut présentée de votre part votre très belle tragédie de *Mahomet*, que nous avons lue avec un grand plaisir. Puis le cardinal Passionei a présenté en votre nom votre excellent Poème de Fontenoy. » [17] Curieusement, le libraire Jacques Lambert vendit, en 1957, ce manuscrit, avec d'autres documents, à l'Institut et musée Voltaire de Genève, pour le compte de Th. Besterman lui-même. Nous remercions M. Charles-Ferdinand Wirz, qui nous a communiqué les cinq manuscrits connus à ce jour de la lettre de Benoît XIV à Voltaire du 15 septembre 1745, et diverses pièces du dossier, que possède l'Institut et musée Voltaire. [18] Un autre manuscrit de cette même version, de la main d'un copiste différent, est à la Bibliothèque nationale, N.a.fr. 24338, f.63-64. [19] Charles Wirz nous fait connaître qu'« aucune marque n'est empreinte dans le papier de l'enveloppe, dont les pontuseaux sont plus espacés que ceux du papier qui sert de support à la lettre ». [20] D3229 (6 octobre 1745). [21] D3464 (27 octobre 1746). [22] D3228 (5 octobre 1745). Il est évident qu'il envoie la lettre interpolée. [23] Préface du *Temple de la Gloire* (M.iii.349). [24] M.iv.349. [25] M.iv.350. [26] M.i.229. [27] De Luynes, vii.132. [28] D3265 (2 décembre 1745). [29] D3269. [30] H. Gouhier, *Rousseau et Voltaire*, p.19. Voir ci-dessus, i.331-32, 340. [31] Gouhier, p.20. [32] Voir ci-dessus, p.271. [33] D3270 (15 décembre 1745). [34] J.-J. Rousseau, *Les Confessions*, livre VII (*Œuvres complètes*, Paris 1976, i.337). [35] *Lettres d'amour de Voltaire à sa nièce*, éd. Th. Besterman (Paris 1957), p.15. [36] D3188 (août 1745). [37] D3277 (27 décembre 1745), traduction de Th. Besterman. [38] D3272 (décembre 1745). Mme Denis a vigoureusement biffé certains mots. [39] D3467 (vers le 15 octobre 1746), traduction de Th. Besterman. [40] D3303, sans date. [41] D3830 (24 décembre 1748) et D3841 (5 janvier 1749). [42] D3277 (27 décembre 1745), traduction de Th. Besterman. [43] D3287, sans date. [44] D3300, sans date, traduction de Th. Besterman. [45] Marmontel, *Mémoires*, i.81-82. [46] Mme Du Châtelet, *Discours sur le bonheur*, éd. R. Mauzi (Paris 1961). [47] R. Mauzi, *L'Idée du bonheur dans la littérature et la pensée françaises au XVIIIe siècle* (Paris 1969), p.9, 112, 340-41, 352, 460, 471-72, 533. [48] *Discours sur le bonheur*, p.31. [49] *Discours sur le bonheur*, p.32, souligné par nous. [50] *Discours sur le bonheur*,

p.33, 34, 36, 37. **[51]** *Discours sur le bonheur*, p.19. **[52]** A. Gide, *Les Nourritures terrestres* (Paris 1931), p.20.

Notes du chapitre 12

[1] D3327 (vers février 1746). **[2]** D3329 (24 février 1746). **[3]** D3419 (14 juin 1746). **[4]** D3237 (octobre 1745), D3231 (9 octobre 1745). **[5]** D3191 (17 août 1745). **[6]** D3219 (23 septembre 1745). **[7]** D3243 (20 octobre 1745). **[8]** D3231 (9 octobre 1745). **[9]** D3312 (19 janvier 1746). **[10]** D3328 (17 février 1746). **[11]** Duc de Broglie, *Maurice de Saxe et le marquis d'Argenson* (Paris 1891), i.199-206. **[12]** D3337 (11 mars 1746). **[13]** D3349 (4 avril 1746). **[14]** Voir Françoise Weil, *Jean Bouhier et sa correspondance* (Paris 1975). **[15]** Jean Le Rond d'Alembert, *Histoire des membres de l'Académie française morts depuis 1700 jusqu'en 1771, pour servir de suite aux éloges imprimés et lus dans les séances publiques de cette compagnie* (Paris 1785-1787); éloge du président Bouhier, p.285-309. **[16]** D3342 (20 mars 1746?). **[17]** *Nouvelles ecclésiastiques, ou mémoires pour servir à l'histoire de la constitution Unigenitus* (Paris 1746), p.3, cité par Th. Besterman, D3348, n.2. **[18]** D3348 (vers le 1er avril 1746). **[19]** D3350 (vers le 5 avril 1746). **[20]** Neveu du cardinal, ambassadeur extraordinaire de Malte auprès du Saint-Siège. **[21]** Frédéric II. **[22]** D3352 (7 avril 1746). **[23]** Archives de la Bastille, «Notes sur les prisonniers», в 1724, p.394. **[24]** D3358 (vers le 15 avril 1746). **[25]** D3364 (vers le 19 avril 1746). **[26]** D3365 (vers le 20 avril 1746). **[27]** D3368 (vers le 23 avril 1746). **[28]** D3366 (vers le 20 avril 1746). **[29]** Montesquieu, *Œuvres complètes*, éd. A. Masson (Paris 1950-1955), ii.259. **[30]** D3373 (1er mai 1746), à Maupertuis. **[31]** Dans D3370 (26 avril 1746), il mande à Mme Denis qu'il a obtenu 28 voix sur 29. **[32]** D3371 (26 avril 1746). **[33]** M.xxiii.208. **[34]** Il s'agit du *Nouvel abrégé chronologique de l'histoire de France*, par Charles-Jean-François Hénault, contenant, dit le titre, «nos lois, nos mœurs, nos usages, etc.». Voltaire aura l'ouvrage en sa bibliothèque de Ferney, dans une édition de 1756. **[35]** Luc de Clapiers, marquis de Vauvenargues, *Introduction à la connaissance de l'esprit humain, suivie de réflexions et de maximes* (Paris 1746). Voir H. Coulet, «Voltaire lecteur de Vauvenargues». **[36]** M.xxiii.213. **[37]** M.xxiii.217. **[38]** D3436 (3 juillet 1746). **[39]** Note de Th. Besterman à D3436. **[40]** D3390 (16 mai 1746). **[41]** M.xxiii.217. **[42]** D3411 (4 juin 1746). **[43]** D3416 (12 juin 1746); souligné dans le texte. **[44]** Louis Guillaume Baillet de Saint-Julien, *Discours prononcé à l'Académie française par M. de Voltaire* (s.l.n.d.). **[45]** *Voltariana*, p.302-22. **[46]** L'édition porte en note: «Le Bourbier, satyre imprimée contre l'Académie». En vérité, la satire prend parfois une tournure collective, mais ne désigne textuellement que les «consorts» de Houdar. **[47]** Pierre-Charles Roy, *Discours prononcé à la porte de l'Académie française par M. le directeur à M.* *** (Paris s.d.). **[48]** Archives nationales, O 90: «Registre du secrétariat de la maison du roi», année 1746. **[49]** Desnoiresterres, iii.65. Sur l'affaire du *Discours* de Roy voir les documents publiés par Th. Besterman, D.app.73.

Notes du chapitre 13

[1] *Jugements sur quelques ouvrages nouveaux* (Avignon 1744-1746). [2] Elie Catherine Fréron, *Lettres de Mme la comtesse sur quelques écrits modernes* (Genève 1745-1746). [3] J. Balcou, *Fréron contre les philosophes* (Genève 1975), i.18-33. [4] L. Mannory, *Apologie de la nouvelle tragédie d'Œdipe* (Paris 1719). [5] D2973 (10 mai 1744). [6] D3027 (8 septembre 1744). [7] D3054 (décembre 1744?). [8] Le frère de Thiriot, ami de Voltaire. [9] D3502 (vers le 10 janvier 1747); c'est nous qui soulignons. [10] D3432 (juin-juillet 1746). [11] D3486 (vers le 15 décembre 1746), à d'Olivet. [12] Il s'agit du placet hâtivement écrit par Louis Travenol (D3432). A ne pas confondre avec le *Mémoire signifié pour Louis Travenol* signé par Rigoley de Juvigny. [13] D3482 (9 décembre 1746). [14] Voir trois pièces de l'affaire Travenol et les factums (BnC 3788). [15] D3438 (5 juillet 1746). [16] Rigoley de Juvigny, *Mémoire signifié pour Louis Travenol [...] contre le Sr Arouet de Voltaire* (1746). [17] L. Mannory, dans *Voltariana* (Paris 1748). [18] D3486. [19] D3474 (16 novembre 1746). [20] D3485 (13 décembre 1746). [21] Bibliothèque de l'Arsenal, MS BL365. [22] Desnoiresterres, iii.89. [23] D3512 (7 mars 1747). [24] D3515 (vers mars 1747). [25] L. Mannory, *Factum pour le Sr Travenol fils, de l'Académie royale de musique, appelant et intimé* (Paris 1747). [26] D3526 (12 juin 1747). [27] M.xxiii.189-91. [28] M.xxiii.222-27.

Notes du chapitre 14

[1] Marmontel, *Mémoires*, i.49. [2] D3257 (novembre 1745). [3] Marmontel, *Mémoires*, i.63. [4] Marmontel, *Mémoires*, i.65. [5] Marmontel, *Mémoires*, i.67. [6] Marmontel, *Mémoires*, i.79. [7] D3326 (février 1746). [8] D3385 (mai 1746). [9] H. Coulet, «Voltaire lecteur de Vauvenargues», p.171-80; voir aussi *Marginalia*: les *marginalia* de Voltaire sont d'une grande vivacité; le traitement infligé à Vauvenargues n'est nullement exceptionnel. [10] D3387 (mai 1746). [11] D3398 (?22 mai 1746). [12] D3400 (?23 mai 1746). [13] M.xxiii.259-60. [14] Marmontel, *Œuvres complètes* (Paris 1819), ix.3-8. [15] Marmontel, *Mémoires*, p.79. [16] Marmontel, *Mémoires*, p.82; le passage a été entièrement cité ci-dessus, p.479. [17] R. Vaillot, *Madame Du Châtelet*, p.260-61. [18] D3454 (31 août 1746). [19] D3399 (23 mai 1746). On se rappelle que Voltaire antérieurement a été élu à la Royal Society de Londres (novembre 1743) et à la Royal Society d'Edimbourg (avril 1745). [20] D.app.92. Après la mort de Mme Du Châtelet, Voltaire la sous-louera au marquis. [21] D3255 (12 novembre 1745). [22] S. G. Longchamp et J.-L. Wagnière, *Mémoires sur Voltaire et sur ses ouvrages* (Paris 1826); Longchamp, *Voltaire et Mme Du Châtelet*, éd. d'Albanès-Havard (Paris 1863). [23] W. H. Barber, «Penny plain, two-pence coloured: Longchamp's memoirs of Voltaire», *Studies in the French Enlightenment presented to John Lough* (Durham 1978), p.9-21. [24] Longchamp, *Mémoires sur Voltaire* (BN, N.a.fr. 13006). [25] Longchamp, f.14 et 18. [26] Longchamp, f.18. [27] Longchamp, f.20-21. [28] Longchamp, f.16. [29] D3341 (18 mars 1746). [30] D3137 (6 juin 1745). [31] D3444 (10 août 1746). [32] D3450 (19 août 1746). [33] Duc de Broglie, *Maurice de Saxe et le marquis d'Argenson* (Paris 1891), ii.49-106. [34] Archives de Dresde, cité par de Broglie, ii.63. [35] D3508 (9 février 1747). [36] D3511 (22 février 1747).

Notes du chapitre 15

[1] Voir ci-dessus, p.60-67. [2] Mme Du Deffand, *Correspondance inédite*, ii.733-69. [3] Mme Du Deffand, *Correspondance inédite*, ii.105, lettre du 24 septembre 1747. [4] D3460 (19 septembre 1746), à Nivelle de La Chaussée. [5] Ces vers et les suivants sont insérés par Le Blanc dans sa lettre à Nivelle de La Chaussée. [6] M.x.338-39. [7] M.x.341-42. [8] D3558 (juillet-août 1747). [9] D3561 (14 août 1747). [10] D3562 (15 août 1747). [11] D3565 (20 août 1747). Mme de Staal, aussi ignorante que méchante, n'a pas compris que ces «principes» sont les *Principia* de Newton que Mme Du Châtelet a entrepris de traduire. [12] D3567 (27 août 1747). [13] Cette farce destinée à un public d'amis fut représentée en 1761 à la Comédie-Italienne sous le titre *Quand est-ce qu'on me marie?*, devenu le sous-titre. Elle a été reprise en 1862 à l'Odéon, et publiée dans l'édition Moland sous le titre de *L'Echange*, après maintes modifications, en particulier du nom des personnages. Voir *OC*, t.14, p.217 et suiv. [14] D3569 (30 août 1747). [15] D3566 (vers le 25 août 1747), en italien; traduction de Th. Besterman. [16] D3575 (septembre-octobre 1747). [17] D3576 (septembre-octobre 1747). [18] Uranio, prénom italien: ce personnage n'a pu être identifié. [19] D3577 (septembre-octobre 1747); traduction de Th. Besterman. [20] D3579 (16 octobre 1747). [21] D3581 (20 octobre 1747). [22] Longchamp, f.35. [23] Ces précisions nous ont été fournies par M. Georges Poisson, conservateur en chef du Musée d'Ile de France à Sceaux, d'après les plans du château (Kungliga Biblioteket, Stockholm, collection Cronstadt 2175 et 1534), en supposant que les plans du premier étage se répètent au second. [24] M.x.535. [25] D3590 (novembre-décembre 1747). [26] De Luynes, *Journal* (8 décembre 1747), viii.352. [27] D2149 (26 janvier 1740). [28] D2173 (26 février 1740). [29] D2198 (15 avril 1740). [30] D3564 (vers août 1747?). [31] *Œuvres*, tome viii. [32] M.iv.390-91. [33] D3591 (7 décembre 1747), en italien; c'est nous qui soulignons. [34] De Luynes, viii.553. [35] D'Argenson, *Mémoires*, iii.190. [36] D3601 (2 janvier 1748). [37] M.x.531. [38] Pierre Laujon, *Œuvres choisies* (Paris 1811), i.87-88. [39] Barbier, iv.281-82. [40] Barbier, iv.281. [41] D3600 (1747-1748). [42] D3606. Son *Anti-Malebranche* n'a jamais été publié. [43] De Luynes, viii.455. [44] D3610 (1er février 1748), traduction de Th. Besterman. [45] Desnoiresterres, iii.150-52. [46] *Mémoires* (M.i.34-35).

Notes du chapitre 16

[1] D3616 (13 février 1748). [2] D3619 (15 février 1748), à Mme Denis, en italien. [3] D3620 (15 février 1748). [4] D3616. [5] D3615 (vers le 10 février), à Mme Denis: «Lo spirito prompto e la carne inferma.» [6] Il s'agit du duc de Choiseul-Praslin, né en 1712, cousin du duc de Choiseul-Stainville, futur ministre. [7] D3609 (1er février 1748). [8] D3616. [9] D3621 (15 février 1748). [10] D3626 (1er mars 1748). [11] D3609. [12] D3616 et D3624 (25 février 1748). [13] M.x.537. [14] G. Maugras, *La Cour de Lunéville au XVIIIe siècle* (Paris 1904), p.277. [15] D3624 (25 février 1748). [16] D3628 (2 mars 1748). [17] D3625 (26 février 1748). [18] D3632 (3 avril 1748). [19] D3634 (avril 1748); c'est nous qui soulignons. [20] D3633 (avril 1748). [21] Maugras, p.279. [22] Maugras, p.180. [23] Maugras, p.182. [24] Maugras, p.229. [25] M.x.516-17. [26] Charles Collé, *Journal et mémoires* (Paris

1868), i.38 (décembre 1748). L'anecdote est rapportée aussi par Chamfort, Œuvres (Paris 1852), p.85. Ce dernier substitue à Mme de Boufflers, Mme de Bassompierre, sa sœur. Les termes du dialogue, chez les deux chroniqueurs, sont sensiblement différents. [27] Saint-Lambert, Œuvres (Paris 1823), ii.15 ; c'est nous qui soulignons. [28] Maugras, p.289. [29] D3648 (9 mai 1748) ; c'est nous qui soulignons. [30] D3638 (29 avril 1748). [31] D3639 (29 avril 1748). [32] D3644 (1er mai 1748). [33] D3652 (23 mai 1748). [34] D3652. [35] Nous supposons que les lettres de cette période sont convenablement situées par Th. Besterman. Il reconnaît qu'il est difficile, par suite des déplacements fréquents des personnages, de dater celles de Mme Du Châtelet. C'est pourquoi nous nous sommes efforcé de reconstituer ces principaux déplacements, en particulier entre Lunéville et Commercy, Cirey et Paris, avec le plus de précision possible et d'accorder avec eux le texte des lettres et l'évolution des sentiments. [36] D3648 (9 mai 1748). C'est nous qui soulignons. [37] D3645 (5 mai 1748). [38] D3652 (23 mai 1748). [39] L. Colet, « Mme Du Châtelet », Revue des deux-mondes n.s. 11 (1845), p.1047. Th. Besterman signale l'article de Louise Colet dans sa note à D3648, mais n'a pas intégré la lettre de Saint-Lambert dans la correspondance. [40] D3650 (17 mai 1748). [41] D3651 (22 mai 1748), traduction de Th. Besterman ; c'est nous qui soulignons. [42] D3660 (7 juin 1748). Voir OC, t.8, p.269-70. [43] D3655 (mai-juin 1748). [44] D3665 (vers le 10 juin 1748). Le vers est extrait de l'acte 1, scène 1. [45] D3659 (5 juin 1748). [46] D3661 (vers le 8 juin 1748) ; c'est nous qui soulignons. [47] D3670 (vers le 13 juin 1748). [48] D3665 (vers le 10 juin 1748). [49] D3666 (11 juin 1748). [50] J. Noury, « Voltaire inédit », Bulletin historique et philologique (1894), p.361. [51] D3884 (13 mars 1749). [52] D3672 (16 juin 1748). [53] Voisenon, Œuvres complètes (Paris 1781), iv.181. [54] D3673 (19 juin 1748) ; deux mots soulignés par nous. [55] D3678 (27 juin 1748). [56] D3679 (27 juin 1748) ; c'est nous qui soulignons. [57] D3681 (30 juin 1748). [58] D3687 (juillet 1748). [59] D3688 à D3721, placés par Th. Besterman en mai-septembre 1748. [60] Baculard d'Arnaud, Œuvres diverses (Berlin 1751), iii.57-62. [61] D3680 (?27 juin 1748). Lettre difficile à dater, mais une correspondance peut être établie avec celle de Mme Denis à Baculard d'Arnaud (D3685 : voir ci-après). [62] D3685 (?1748). [63] D3686 (11 juillet 1748). [64] D3722 (18 juillet 1748). [65] A cette date, le conte a encore pour titre Memnon. Pour cette question, voir ci-dessus, p.568-74. [66] D3723 (19 juillet 1748) ; souligné par nous. [67] D3724 (19 juillet 1748). La Dame à la mode, titre nouveau de La Coquette punie, comédie de Mme Denis. [68] D3642 (avril-mai 1748). Autrement dit, « Mala » (pseudonyme d'une domestique ?) a été envoyée la veille pour allumer du feu dans la chambre de Saint-Lambert. Que celle de Mme Du Châtelet soit restée sans feu prouve à Voltaire qu'Emilie a passé la nuit avec l'officier. [69] D3640 (avril-mai 1748). [70] D3726 (27 juillet 1748) ; c'est nous qui soulignons. [71] D3727 (27 juillet 1748). [72] D3728 (20 juillet 1748) ; c'est nous qui soulignons. [73] D3730 (2 août 1748). [74] D3730a (8 août 1748). [75] D3731 (12 août 1748). [76] D3732, D3733 (15 août 1748). [77] D3716 (mai-septembre 1748). [78] D3717 (mai-septembre 1748). [79] D3736 (23 août 1748). [80] D3739 (31 août 1748).

Notes du chapitre 17

[1] M.iv.487-505. [2] Lessing, *La Dramaturgie de Hambourg*, trad. E. de Luckau, éd. L. Crouslé (Paris 1869), p.56-58. [3] D3737 (30 août 1748). [4] Collé, cité par Besterman, D3737, n.1. [5] Longchamp, f.89-90. [6] D3970 (29 juillet 1749). [7] D3749 (vers le 1ᵉʳ septembre 1748). [8] D3772 (4 octobre 1748). [9] D3749. [10] D6958 (4 août 1756). «Cela est un tant soit peu anglais». [11] Cité dans D17922 (20 septembre 1772). [12] Le Genevois Antoine Mouchon (D17922). [13] Longchamp, f.109-13. [14] D3759 (19 septembre 1748). [15] Montigny, *Sémiramis, tragédie en cinq actes* (Amsterdam 1749). [16] D3764 (24 septembre 1748). [17] Cité par de Luchet, *Histoire littéraire de M. de Voltaire* (Paris 1781), i.178. *Zoramis* fut interdit à la représentation et à l'édition. Clément et La Porte en possédaient une copie. [18] *Persiflès, tragédie en cinq actes* (La Haye 1748). [19] D3765 (25 septembre 1748). [20] D3766 (26 septembre 1748). [21] D3775, D3777 (10 octobre 1748). [22] D3776 (10 octobre 1748). [23] D3796 (23 octobre 1748). [24] De Luynes, ix.114 (1ᵉʳ novembre 1748). [25] D3800 (30 octobre 1748); souligné dans le texte. [26] D3804 (7 novembre 1748). [27] D3828 (24 décembre 1748). [28] M.xxiii.279. [29] Cité en note dans D3808. [30] Cailleau (ou l'abbé Mercadier), *Critique scène par scène de Sémiramis, tragédie nouvelle de M. de Voltaire* (Paris 1748); Desforges, *Lettre critique sur la tragédie de Sémiramis* (s.l.n.d.); *Mercure de France* (septembre 1748). [31] D3844 (11 janvier 1749). [32] Dupuis Demportes, *Lettre sur la Sémiramis de M. de Voltaire* (Paris 1748). Voir aussi son *Parallèle de la Sémiramis de M. de Voltaire et de celle de M. Crébillon* (Paris 1748). [33] Jean-Louis Favier, *Le Poète réformé, ou apologie pour la Sémiramis de M. de Voltaire* (Amsterdam 1748). [34] Favier, p.3-6; souligné dans le texte. [35] R. Naves, *Voltaire, l'homme et l'œuvre* (Paris 1942), p.49. [36] Graffigny, i.210: «la coquetterie», et non pas «la coterie» de Richelieu, comme l'imprimait jusqu'ici le texte de cette correspondance. [37] H. T. Mason, «Voltaire et le ludique», *RHLF* 84 (1984), p.4. [38] D781 (?août 1734). [39] J. Van den Heuvel, *Voltaire dans ses contes: de Micromégas à l'Ingénu* (Paris 1967). [40] *Romans et contes*, éd. R. Pomeau (Paris 1966), p.12. [41] *Romans et contes*, éd. R. Pomeau, p.8. [42] Voir ci-dessus, p.64-67. [43] Van den Heuvel, p.66. [44] Voir *OC*, t.17, p.539-49. [45] D2033 (vers le 20 juin 1739). [46] D2042 (7 juillet 1739). [47] D2060 (9 août 1739). [48] *Traité de métaphysique* (*OC*, t.14, p.418). [49] Voir D. W. Smith, «The publication of *Micromégas*», *Studies* 219 (1983), p.63-91. [50] Van den Heuvel, p.106. [51] *OC*, t.17, p.517. [52] Mauzi, p.555. [53] Arbitrairement incorporé par Moland au *Dictionnaire philosophique* (M.xviii.255). [54] *Romans et contes*, p.54. [55] *Romans et contes*, p.58. [56] *Romans et contes*, p.114. [57] *Zadig, ou la destinée*, éd. G. Ascoli et J. Fabre (Paris 1962), i.vi. [58] Longchamp, f.36. [59] D3551 (8 juillet 1747). [60] D3550 («le 4 de la pleine lune»). [61] D3550. [62] D3756 (10 septembre 1748); souligné par nous. [63] Longchamp, f.44-45. [64] Cité par Ascoli, i.xii. [65] BN, Rés. Z Beuchot 885 et Y² 71768. [66] Nicolas Luton Durival (l'époux de Mme Durival, animatrice savante et fine de la cour de Lunéville), *Description de la Lorraine et du Barrois* (s.l.n.d.), p.196. [67] Nous disons bien «Lefèvre». C'est BnC, ii.1172-73, qui imprime par erreur «Leseure»: les caractères anciens de l's et du *v* ont prêté à la confusion. [68] D3783 (14 octobre 1748); c'est nous qui soulignons. [69] *Zadig*, éd. V. L. Saulnier (Genève 1946). [70] D3796 (23 octobre 1748). [71] D3784 (14 octobre 1748). [72] D3791 (17 octobre 1748). [73] D3802 (3 novembre 1748). [74] Dans CLT, i.216-17. [75] CLT, i.231. [76] Pierre Clément, *Cinq années littéraires*, cité par Ascoli, i.xvi.

[77] *Mercure de France* (novembre 1748), cité par Ascoli, i.xvi-xvii. [78] *Mémoires de Trévoux* (novembre 1748), cité par Ascoli, i.xvii.

Notes du chapitre 18

[1] Longchamp, f.80 et suiv. [2] Desnoiresterres, iii.232. [3] Voir ci-dessus, p.552 et n.68 (p.957). [4] Longchamp, f.83. [5] Longchamp, f.85. [6] M.x.355-56. [7] D3893 (17 mars 1749). [8] D3786 (octobre 1748). [9] D3787 (?octobre 1748). [10] D3788 (?octobre 1748). [11] D3789 (?octobre 1748). [12] D3851 (18 janvier 1749). [13] D3800 (30 octobre 1748). [14] D3802 (3 novembre 1748). [15] La comète: jeu de cartes (sorte de manille) dont l'une porte le nom de comète. [16] D3817 (1er décembre 1748). [17] D3826 (16 décembre 1748). [18] D3828 (24 décembre 1748), à Cideville. [19] Chapitres 18 et 19 de l'*Histoire de la guerre de 1741*, repris dans le *Précis du siècle de Louis XV* (OH, p.1434-47). [20] Longchamp, f.91-92. [21] Bachaumont, *Mémoires secrets* (Londres 1777), iv.91: «La république des lettres vient de perdre le Sr Deforges [*sic*] [...] En 1749, étant à l'opéra lorsque le prétendant fut arrêté, il fut indigné [...] et écrivit une pièce de vers qui commence ainsi: ‹Peuple jadis si fier, aujourd'hui si servile, Des princes malheureux vous n'êtes plus l'asile›. Il fut arrêté et conduit au Mont-Saint-Michel où il resta trois ans dans la cage, qui n'est point une fable, comme bien des gens le prétendent. C'est un caveau creusé dans le roc.» [22] D3814 (29 novembre 1748). [23] D3843 (vers le 10 janvier 1749). [24] D3830 (24 décembre 1748). [25] M.x.350. Voir D3838, D3840. [26] D3815 (30 novembre 1748). [27] M.iv.570-614. La pièce fut représentée avec un plein succès, à la Sorbonne, par une troupe d'étudiants, en 1994, pour le tricentenaire de la naissance de Voltaire. [28] Ce qui rappelle *Le Retour imprévu* de Regnard. [29] D3816 (?novembre-décembre 1748). [30] D3825 (?décembre 1748). [31] D3815 (30 novembre 1748). [32] D3763 (22 septembre 1748). [33] D3828 (24 décembre 1748). [34] D3829 (24 décembre 1748). [35] D3830 (24 décembre 1748). [36] D3832 (25 décembre 1748). [37] D3832. [38] D3835 (29 décembre 1748). [39] D3836 (29 décembre 1748). [40] Desnoiresterres, iii.246. [41] D3869 (?15 février 1749). [42] D3846 (13 janvier 1749). [43] Longchamp, f.114-15. [44] D3869 (?15 février 1749). [45] D3844 (11 janvier 1749). [46] D3841 (5 janvier 1749); c'est nous qui soulignons. [47] D3851 (18 janvier 1749). [48] Allusion aux lettres D1413 et D1459 sur la prescience de Dieu et la négation de la liberté humaine; c'est nous qui soulignons. [49] D3856 (26 janvier 1749). [50] Il s'agit, comme on le voit, de *Memnon, ou la sagesse humaine*; voir ci-dessus, p.597-60. [51] D3857 (31 janvier 1749). [52] Longchamp, f.54. [53] Desnoiresterres, ii.159. [54] D3858 (4 février 1749). [55] D3860 (5 février 1749). [56] D3873 (17 février 1749). [57] D3881 (?2 mars 1749). [58] Georges Ernest Stahl, célèbre savant allemand (1660-1737). [59] D3882 (5 mars 1749). [60] Discours prononcé par Paul Valéry à la Sorbonne en 1944: Ministère de l'éducation nationale, *Supplément au bulletin officiel* 48 (Paris 1945).

Notes du chapitre 19

[1] D3850 (?janvier 1749). [2] D3879 (25 février 1749); c'est nous qui soulignons. [3] D3899 (mars-avril 1749). [4] D3865 (13 février 1749). [5] D3876 (vers le 22 février 1749). [6] D3908 (vers avril 1749), en italien. [7] Longchamp, f.63. [8] Longchamp, f.64. [9] D3901 (3 avril 1749). [10] C. Collé, *Journal et mémoires*, i.68. [11] D3942 (vers le 10 juin 1749). [12] D3936 (vers le 25 mai 1749). [13] D3936. [14] D3938 (7 juin 1749); c'est nous qui soulignons. [15] D3848 (janvier 1749). [16] D3851 (18 janvier 1749). [17] D3866 (13 février 1749). [18] Citée par Besterman en note de D3866. [19] D3866, note. [20] D5263 (19 avril 1753). [21] D3895 (18 mars 1749). [22] P. de Nolhac, *Louis XV et Mme de Pompadour* (Paris 1902), p.212, cité par J. Sareil, *Voltaire et les grands*, p.113. [23] Sareil, p.113. [24] D3893 (17 mars 1749). [25] D3934 (24 mai 1749). [26] D3933 (24 mai 1749). [27] Voir *OC*, t.31B, p.3-31. [28] *OC*, t.31B, p.66. [29] *OC*, t.31B, p.74-179. [30] *OC*, t.31B, p.79. [31] *OC*, t.31B, p.11. [32] Racine, *Iphigénie*, v.iv; voir Collé, *Journal et mémoires*, i.83. [33] D3943 (10 juin 1749). [34] Gresvik, *Réflexions critiques sur la comédie de Nanine adressées par Mme D... à M. G...* (Nancy 1749), p.4, 13-15. [35] Guiard de Servigné, *Lettre à l'auteur de Nanine* (Paris 1749), p.3, 8, 9, 14. [36] D3927 (16 mai 1749). Voir *OC*, t.31B, p.289-314. [37] D3835 (29 décembre 1748). [38] *Romans et contes*, p.125. [39] R. Pomeau, notes sur *Memnon*, dans *Romans et contes* (Paris 1966), p.109. [40] Van den Heuvel, p.203. [41] *OC*, t.17, p.504-507. [42] D3723 (19 juillet 1748). [43] Van den Heuvel, p.206. [44] François Bernier, *Voyages de François Bernier, contenant la description des Etats du grand mogol, de l'Hindoustan, du royaume de Cachemire* (Paris 1709-1710). [45] *Romans et contes*, p.133. [46] R. Pomeau, note sur la *Lettre d'un Turc*, dans *Romans et contes* (Paris 1966), p.117. [47] D3913 (24 avril 1749). [48] Aujourd'hui canton de l'arrondissement de Pithiviers, département du Loiret. [49] D3940 (vers le 10 juin 1749); c'est nous qui soulignons. [50] D3945 (11 juin 1749). [51] D3972 (30 juillet 1749). [52] D3950 (28 juin 1749). [53] D3951 (28 juin 1749). [54] D3952 (29 juin 1749); c'est nous qui soulignons. [55] D3960 (?juillet 1749). [56] Chez le prince de Beauvau. [57] D3960; c'est nous qui soulignons. [58] D3961 (?juillet 1749). [59] Il le rappellera à M. Du Châtelet dans sa lettre d'affaires du 15 novembre 1749. [60] *OC*, t.31B, p.263-87. [61] D3965 (24 juillet 1749). [62] D3974 (12 août 1749); c'est nous qui soulignons. [63] D3975 (12 août 1749). [64] D3979 (14 août 1749). [65] D3980 (14 août 1749). [66] D3992 (23 août 1749). [67] D3995 (28 août 1749); c'est nous qui soulignons. [68] D4012 (vers le 5 septembre 1749). [69] Pour l'échange de billets aigres-doux entre Voltaire et Alliot, voir D3997, D3998, D3999 et D4000. [70] D4001 (31 août 1749). [71] D4003 (1er septembre 1749). [72] D3880 (lettre sans doute mal datée). [73] D4002 (31 août 1749); c'est nous qui soulignons. [74] D4004 (vers le 1er septembre 1749). Ces manuscrits sont aujourd'hui à la Bibliothèque nationale (Fr. 12266-12267), avec le *Commentaire sur les propositions qui ont rapport au système du monde* (Fr. 12268). Ces œuvres ont été publiées en 1759 avec la préface de Roger Cotes qui figurait déjà dans l'édition en latin de 1714, et la «Préface historique», éloge de Voltaire, suivie de la lettre en vers parue en 1738 avec les *Eléments de la philosophie de Newton*. [75] Cette fille devait mourir en bas-âge. [76] D4005 (4 septembre 1749). [77] Longchamp, f.119-20. [78] Longchamp, f.121-22. [79] Longchamp, f.123. [80] Longchamp, f.124. [81] Longchamp, f.123. [82] D4034 (12 octobre 1749). [83] D4039 (15 octobre 1749). Nous n'avons pas la

lettre de condoléances de Frédéric II. **[84]** D4036 (?12 octobre 1749). **[85]** D4015 (10 septembre 1749). Chiffre approximatif: dans D4039, Voltaire écrit: «J'ai perdu un ami de vint-cinq années.» **[86]** Aujourd'hui église Saint-Jacques. Ses restes furent exhumés pendant la Révolution, puis en partie réinhumés par la suite. **[87]** Longchamp, f.125-26. **[88]** Un long mémoire de cet arrangement figure dans la lettre de Voltaire au marquis du 15 novembre 1749 (D4063). **[89]** D4024 (23 septembre 1749). **[90]** D4025 (23 septembre 1749). **[91]** D4028 (29 septembre 1749). **[92]** D4032 (5 octobre 1749). **[93]** D.app.93. **[94]** L. Nicolardot, *Ménage et finances de Voltaire* (Paris 1854). **[95]** J.-Cl. David, «Quelques actes notariés inédits concernant Voltaire», *Studies* 230 (1985), p.145. **[96]** D.app.37. **[97]** Longchamp, f.170. **[98]** M.xxiii.275. **[99]** Longchamp, f.168. **[100]** Longchamp, f.169 (fait partie du tableau récapitulatif, note 106). **[101]** D2788 (15 juillet 1743). **[102]** D2817 (22 août 1743). **[103]** Nicolardot (p.44), l'accuse de s'être enrichi aussi par la brocante des œuvres d'art. Sans doute, il est parfois question dans sa correspondance avec Moussinot d'achat et de vente de tableaux. Mais les sommes engagées sont relativement modestes: 4000 ou 5000 francs (D1299), 6000 francs (D1304). Le bénéfice de ces opérations – moins nombreuses que ne le prétend Nicolardot – dut être très inférieur aux profits provenant d'autres sources. **[104]** D1409 (23 décembre 1737), à Cideville. **[105]** D2551 (6 octobre 1741). **[106]** J.-Cl. David (p.148), mentionne un «contrat» conclu avec le duc de Bouillon en 1746. **[107]** Longchamp, f.169. **[108]** Longchamp, f.131-32. **[109]** D.app.93, p.458. Deux pièces: la première est une lettre en date du 13 octobre du sieur Le Bègue de Majainville, prêtre, docteur de Sorbonne, conseiller du parlement, qui autorise le marquis à sous-louer sa maison «à qui il jugera à propos»; la deuxième est l'expédition d'un acte passé le 17 octobre 1749 contenant le transport du droit de bail du marquis à Voltaire, et ce «pour les quatre années six mois qui restent à expirer». **[110]** Voir ci-dessus, p.247, n.21 (p.937). **[111]** D4046 (26 octobre 1749).

III. De la Cour au jardin

Notes du chapitre 1

[1] D4062, D4063; voir aussi D.app.93. La maison existait encore à l'époque de Desnoiresterres (iii.340); elle était occupée par un marchand de vins. [2] D7480 (vers le 25 novembre 1757). [3] Marmontel, *Mémoires*, i.79. [4] Marmontel, *Mémoires*, i.12. [5] D4113 (février 1750), au marquis d'Argenson; D4138, à Darget. [6] Marmontel, *Mémoires*, i.122-23. [7] Collé, *Journal*, cité par Desnoiresterres, iii.34. [8] Dans la dédicace à la duchesse du Maine, Crébillon n'est pas nommé, mais c'est bien son *Electre* qui est visée. Voir *OC*, t.31A, p.402 et suiv. [9] Avertissement des éditeurs de Kehl. Voir *OC*, t.31A, p.307-308. [10] Marmontel, *Mémoires*, i.124; D4096. [11] Duvernet, p.137. [12] Duvernet, p.137-38. [13] D4108 (30 janvier 1750). [14] Luynes, cité par Desnoiresterres, iii.378. [15] D4206, p.339 de cette longue lettre. [16] D4137; Marmontel, *Mémoires*, i.124. [17] Longchamp et Wagnière, ii.273. Récit à peu près identique dans la version Havard des *Mémoires* de Longchamp, p.60-69. [18] Lekain, *Mémoires*, cité par Desnoiresterres, iii.373. Le passage n'est pas précisé, mais la situation évoquée correspond au cinquième acte de *Mahomet*, et plus précisément à cette réplique de Palmire. [19] Desnoiresterres, iii.371-72. Comme Desnoiresterres nous jugeons la version de Lekain plus crédible que celle de Longchamp qui s'attribue le mérite d'avoir découvert le futur Roscius, et de l'avoir présenté à Voltaire. [20] Lekain saura corriger ces insuffisances: par des artifices de costume, il se donnera sur la scène une imposante prestance, par exemple dans le Gengis-Khan de *L'Orphelin de la Chine*. [21] Longchamp et Wagnière, ii.277. [22] D4154. Cette lettre semble bien se rapporter à la représentation du 8 juin. [23] Longchamp et Wagnière, ii.278-81. [24] D4165 (26 juin [1750]), Mme Geoffrin; D4167 (29 juin 1750), Nivelle de La Chaussée. [25] Mervaud, p.172. [26] D4066 (17 novembre), D4070 (27 novembre), D4073 (7 décembre). [27] *Mémoires* (M.i.36). [28] D4103 (20 janvier 1750). [29] D4116. [30] Keyserlingk. Sur ce personnage, voir ci-dessus, p.323. [31] Il était né en 1718. [32] Desnoiresterres, ii.415, a eu entre les mains cette correspondance avant qu'elle ne soit dispersée dans une vente publique, en 1868. [33] D4124 (vers le 15 mars 1750), à Frédéric II. [34] D4136 (25 avril 1750). [35] D4142. [36] D4139. [37] D4149 (24 mai 1750). [38] D4156 (9 juin [1750]), Voltaire à Frédéric II. On sait que la nymphe Danaé reçut en son sein Jupiter sous la forme d'une pluie d'or. [39] D4207 (1er septembre [1750]), à d'Argental. [40] *Mémoires* (M.i.36). [41] D4139 (8 mai [1750]), à Frédéric II. [42] Mervaud, p.181: «Ce départ fut en quelque sorte son ‹pari pascalien›.» [43] D4206, à Richelieu; longue lettre-bilan qu'André Magnan date de septembre 1751. [44] D4161. [45] Il y est le 26 juin, D4163, D4166. [46] Longchamp et Wagnière, ii.295. [47] En 1778, Louis XVI ne l'invitera pas à Versailles. [48] D4201 (28 août [1750]), aux d'Argental: «je comptais en partant n'être auprès du roi de Prusse que six semaines». [49] Longchamp et Wagnière, ii.296. [50] Il mentionnera ce projet de voyage en Italie (et d'audience pontificale) en septembre (D4219, D4220). [51] D4166 commentaire. [52] D4166 (26 juin 1750), à Frédéric II. [53] Marmontel, *Mémoires*, i.125. [54] Magnan, p.7-65. [55] D4170, Mme Denis à Cideville. [56] Voir ci-dessus, p.165. [57] D4174, D4175. [58] D4169. *Vorspann*:

l'attelage au relais. Dans D2777, sous la forme *forespan*, Voltaire semble donner au mot le sens de «laissez-passer». [**59**] D4173 (20 [juillet 1750]), à Frédéric. [**60**] D.app.100. [**61**] Relevés par le prince Ferdinand (D.app.100). Voltaire est bien arrivé à Potsdam le 21, et non, comme on l'a cru, le 10 juillet: voir la démonstration de Th. Besterman (D.app.100). [**62**] M.i.36. [**63**] Magnan, p.400. [**64**] M.i.37. [**65**] D4182; pour le destinataire, voir Magnan, p.149-50. [**66**] D4184. [**67**] D4188 (15 août 1750). [**68**] D4198, D4199 (25 août 1750). [**69**] D4194, D4203. [**70**] Lettre absente de *Paméla*, et donc perdue. Citée par Voltaire à d'Argental, D4201 (28 août [1750]). [**71**] D4195. Sur la date voir Magnan, p.152. [**72**] M.i.37. La *promesse* était cependant une interprétation plausible de D4195, que Voltaire a fait valoir dès 1750-1752 auprès de Frédéric (D4356, D4778). Sur cette question et sur «l'histoire matérielle» de D4195, voir Magnan, p.152. D4195 sera l'une des lettres que Frédéric fera rechercher par Freytag à Francfort dans les bagages de Voltaire. [**73**] Collini, p.20-22. [**74**] D4201 (28 août 1750), à d'Argental. Le quatrain de M.x.549 (daté à tort de 1748) improvisé le soir même du carrousel atteste ses premiers enthousiasmes berlinois (Magnan, p.153). [**75**] Mervaud, p.182. [**76**] D4182 (7 août 1750). [**77**] D4204 (28 août 1750). [**78**] D4218 (12 septembre [1750]).

Notes du chapitre 2

[**1**] Voir H.-J. Giersberg, «Das friderizianische Potsdam», dans *Friedrich II und die Kunst*, éd. H.-J. Giersberg et C. Meckel (Potsdam 1986), p.228-34, et H.-J. Giersberg, *Friedrich als Bauherr* (Berlin 1986). [**2**] Sur Rheinsberg, voir ci-dessus, p.323. [**3**] Sur A. von Menzel (1815-1905), voir J. Hermand, *Adolph Menzel: Das Flötenkonzert in Sans-Souci* (Frankfurt 1985). L'original du tableau de Menzel a disparu pendant la guerre: on ne possède qu'une copie de Tietze. Ce tableau est reproduit dans *Friedrich der Grosse, Herrscher zwischen Tradition und Fortschritt* (Gütersloh 1985), p.171. [**4**] Desnoiresterres, iv.101-106. [**5**] Voir le plan de Berlin encarté entre les pages 18 et 19 de la *Description des villes de Berlin et de Potsdam* (Berlin 1769), cote BN: M 16020. [**6**] M.i.23. L'assimilation de Berlin à Athènes est un lieu commun de la correspondance de Voltaire avec Frédéric, dès le début de leur échange épistolaire. [**7**] Voir F. Hartweg, «Les Huguenots à Berlin: des artisans de l'Aufklärung», dans *Recherches nouvelles sur l'Aufklärung*, éd. R. Krebs (Reims 1987), p.77-86; M. Magdelaine et R. von Thadden, *Le Refuge huguenot* (Paris 1985); l'ouvrage collectif *Hugenotten in Berlin* (Berlin 1988). [**8**] La *Description des villes de Berlin et de Potsdam* se réfère au recensement de 1747 et donne les chiffres suivants: 107 380 habitants, dont 7 193 pour la colonie française et 2 007 pour les juifs (p.118 et suiv.). [**9**] Sur l'histoire des juifs en Allemagne, voir L. Sievers, *Juden in Deutschland* (Hamburg 1979), et, très complet, sur l'histoire des juifs en Prusse, S. Stern, *Der preussische Staat und die Juden* (Tübingen 1971), iii (i). Sur les classes de juifs à Berlin, voir J. Allerhand, *Das Judentum in der Aufklärung* (Stuttgart 1980), p.53-54. [**10**] Sur les rapports ambigus de l'antisémitisme et de l'Aufklärung, voir J. Mondot, «Les juifs, l'Aufklärung et les ruses de la raison», dans *Regard de/sur l'étranger*, éd. J. Mondot (Bordeaux 1985), p.121-38. [**11**] F. Braudel, *Civilisation matérielle, économie et capitalisme* (Paris 1979), ii.465; il parle d'«univers déséquilibrés». [**12**] L'uniforme prussien était bleu, comme le rappellera *Candide*, ch.2. [**13**] Voir Adolf von Harnack, *Geschichte der Königlich Preussischen Akademie der Wissenschaften zu Berlin* (Berlin 1901). [**14**] Sur Formey, voir E. Marcu, «Un encyclopédiste oublié: Formey», *RHLF*, juillet-septembre

1953, p.296-305; W. Krauss, «La correspondance de Formey», *RHLF*, avril-juin 1963, p.207-16. [**15**] En 1756 il concevra le projet d'une *Encyclopédie* condensée, «dictionnaire très agréable et très intéressant», de format commode et de prix modique; voir G. Roth, «Samuel Formey et son projet d'‹*Encyclopédie* réduite›», *RHLF*, juillet-septembre 1954, p.371-74. [**16**] Sept ou huit enfants, selon Th. Besterman (D8245, n.2). [**17**] W. Krauss, p.214-16, donne la liste de ses correspondants. [**18**] Il ne voulait pas signer la condamnation de König, «mais le tyran Maupertuis l'y contraignit au bout de trois jours» (D5195). [**19**] Voltaire proteste en mai 1752 contre un article de la *Bibliothèque impartiale* accusant *La Henriade* de plagiat (D4887, D4890). En novembre il demande que soit insérée dans l'*Abeille du Parnasse* un désaveu d'une édition du *Siècle de Louis XIV* (D4998). *L'Abeille du Parnasse* a d'ailleurs inséré nombre de petits écrits voltairiens. La dernière lettre de Voltaire à Formey qui nous soit parvenue est de 1771 (D17342). [**20**] Nous parlerons plus loin de la rencontre de Voltaire avec Lessing. Moses Mendelssohn (1729-1786), de famille juive très pauvre, fut accueilli à Berlin par un riche coreligionnaire. Ses œuvres philosophiques sont publiées à partir de 1755, donc après le départ de Voltaire. [**21**] Friedrich Nicolaï (1733-1811) dirige à Berlin une importante librairie. Il créera plusieurs revues, a partir de 1757, de tendance rationaliste, se proposant de faire connaître le mouvement des idées et les œuvres de la jeune littérature allemande. [**22**] Les *Mémoires de Sophie-Wilhelmine, margrave de Bayreuth* (Brunswick 1811) la décrivent sous ce jour. Cet ouvrage très critique de sa fille est à utiliser avec précaution, mais le trait est confirmé par les rapports des ambassadeurs. Durant toute la jeunesse de Frédéric, Sophie-Dorothée cabale, ce qui lui vaut d'épouvantables scènes de Frédéric-Guillaume. [**23**] D335. Elle lui envoie des médailles d'or pour le remercier. [**24**] Avant son départ, elle lui fit cadeau de son portrait et de celui des princesses (D2911). [**25**] D6532, et Formey, i.6. [**26**] Un mercredi de septembre 1750, il est attendu vers deux heures (D4326). [**27**] Thiébault, ii.68. [**28**] On connaît d'ailleurs le peu de goût du roi de Prusse pour le beau sexe. Il s'est souvent exprimé non sans grossièreté sur le compte de la reine. Citons par exemple cet aveu à la duchesse douairière de Saxe du 8 août 1769: «Salomon avait un sérail de mille femmes, et ne croyait pas en avoir assez; je n'en ai qu'une, et c'est encore trop pour moi» (cité par Preuss, xxvi.xii). [**29**] Voir par exemple un billet de 1751 (Frédéric II, *Œuvres*, xxvi.27). [**30**] Thiébault, ii.68. Nous aurons l'occasion de citer le journal de Lehndorff. [**31**] D4677, D4678, D4688. [**32**] Voltaire, alors disgracié, ne fréquentera vraisemblablement pas cette cour. [**33**] Thiébault, ii.206-207. Le prince Henri fera une belle carrière militaire et deviendra un diplomate consommé. Voir L. J. de Bouillée, *Vie privée, politique et militaire du prince Henri de Prusse, frère de Frédéric II* (Paris 1809). [**34**] *Publikationen aus den K. Preussischen Staatsarchiven*, xl.16-17. Frédéric sera très dur à l'égard du prince Auguste-Guillaume après sa malheureuse campagne pendant la guerre de Sept Ans. [**35**] L'ambassadeur de France, Tyrconnel, dans son «Tableau de la cour de Berlin», le dépeint très négativement (*Journal de l'Institut historique*, 1836, v.13-30). [**36**] H. Droysen, «Zu Voltaires letzem Besuche bei König Friedrich», *Zeitschrift für französische Sprache und Literatur*, 1913, xli.109-22; Christiane Mervaud et Ute van Runset, «Un témoin de Voltaire à la cour de Berlin», *RHLF*, 1980, p.720-36. [**37**] Sophie Wilhelmine, née en 1709, est l'aînée. Frédérique est née en 1714, Charlotte en 1716, Sophie en 1719, Ulrique en 1720. [**38**] Voir ses *Mémoires* (Brunswick 1811) qui évoquent les colères affreuses de Frédéric Guillaume, les mensonges de la reine, les terreurs des enfants. [**39**] Sophie Wilhelmine avait marié la fille d'un général prussien, Mlle de Marvitz, sa rivale auprès du margrave, avec un officier impérial, contre la volonté de son père et contre celle du roi (Preuss, xxvi.xxxi). [40] Preuss, xxvi.189, 21 septembre 1758. A la demande de Frédéric, Voltaire écrira une *Ode sur la mort de S. A. S. la princesse de Baireith*. [41] Frédéric se vengera cruellement en 1753. Trenck sera emprisonné dans des conditions inhumaines à la forteresse de Magdebourg. Il en sort en 1763, et mène une vie aventureuse qui se terminera en 1794 sur l'échafaud. Cet admirateur de la Révolution française est guillotiné le même jour que Chénier et Roucher. Il a laissé des *Mémoires* qui évoquent ses multiples aventures. [42] Elle deviendra en 1756 abbesse de Quedlinbourg. [43] D6532. [44] Thiébault, ii.274. [45] Valory, ministre plénipotentiaire de 1739 à 1748, que Voltaire avait rencontré à ses précédents voyages, n'est plus en poste à Berlin, bien qu'il y ait encore accompli des missions en 1749-1750 et 1756. [46] D4549 (24 août 1751). [47] D4853 (28 mars [1752]). [48] D4344. [49] D4272. [50] D4344, D4822. [51] D4226; sur la date voir Magnan, p.85. Magnan, p.400, fait état le 2 ou le 3 septembre 1750 d'une «répétition de *Rome sauvée* à Berlin devant la famille royale». Mais la référence indiquée, D4210, renvoie à une lecture en petit comité de cette pièce. Voir *OC*, t.31A, p.73-74. [52] D4223, D4224. [53] D4225. Voltaire lui avait fait lire auparavant la pièce en manuscrit. [54] D4226, D4227. Voltaire a invité la comtesse de Bentinck. [55] D4244, et Magnan, p.86, 402. [56] C'est sans doute la représentation par «la petite troupe de monseigneur le prince Henri» que Voltaire annonce à Wilhelmine, le 19 décembre (D4302). [57] D4342, D4344, et Magnan, p.20. [58] Ces spectacles à l'usage de la famille royale s'expliquent, pour une part, par l'absence – ou à peu près – de tout théâtre en dehors de la cour. Il existait sans doute au château de Berlin un théâtre royal, pourvu d'une troupe française, qui avait le droit de jouer aussi pour les huguenots de la ville. Mais le budget d'un an de ce théâtre représentait les gages d'un seul chanteur d'opéra. Aussi les acteurs recrutés étaient-ils fort médiocres. C'est seulement à la fin du règne de Frédéric II que sera construit (1774-1776) sur Gendarmenmarkt *Das französische Komödienhaus*, destiné aux comédiens français. Mais l'édifice restera inutilisé de 1778 à la mort du roi. Ajoutons que pendant le séjour de Voltaire, il n'y avait plus à Berlin de troupe allemande permanente, celle de Schönemann ayant quitté la ville en 1749. Cela n'exclut pas que des troupes ambulantes ne s'y soient produites. Mais c'est en 1765 seulement que Franz Schuch édifiera un théâtre fixe dans la Behrenstrasse. [59] M.i.30. [60] Quand Voltaire revient à Berlin en 1750, la Barbarina est tombée en disgrâce, à cause de sa liaison avec le fils aîné du chancelier von Cocceji, le baron Carl Ludwig von Cocceji, qu'elle épousa secrètement en 1749. [61] D2866. [62] D4193 (22 août 1750). [63] D4237 (8 octobre 1750), D4248 (24 octobre), D4302, D5970. [64] M.i.27. [65] Voltaire les mentionne dans D4193. [66] Collini, p.25. [67] Voltaire a montré à l'ambassadeur anglais les volumes corrigés de sa main. Il lui confie qu'il prendrait pour ce travail toute la peine possible, mais qu'il souhaiterait jeter tout cela au feu (D4225, 23 septembre 1750). [68] D4247 n.2, D4561. [69] Ressemblance dont on ne s'étonnera pas si l'on songe que son existence mouvementée est connue principalement par ses *Mémoires* (Paris 1807), visiblement romancés. [70] D4256 (6 novembre 1750), à Mme Denis. Pöllnitz, D4377 (13 février 1751), rapportera que Maupertuis s'est senti «flatté» de ce qu'un certain M. Torres «lui a dit en pleine Académie que la terre n'était pas assez grande pour contenir son mérite». [71] Thiébaut et d'Argens, cités par Desnoiresterres, iv.49. [72] D4256: trait de la *Paméla*, mais fort vraisemblable. [73] D4256. [74] Lettre de Frédéric à Pöllnitz (28 février 1748), citée par Desnoiresterres, iv.20. [75] Selon Voltaire, D5496. [76] D4606; selon Magnan, Chazot partit vers le 20 novembre. [77] D4377 (13 février 1751). [78] D5372 (28 [juin 1753]), Frédéric à George Keith. [79] D7412 (5 octobre [1757]), Voltaire à Darget. [**80**] Sur Algarotti, et ses relations avec Voltaire et Frédéric, voir ci-dessus, notamment p.300, 367, 388, 394. [**81**] D4377 (13 février 1751). [**82**] D6054 (fin décembre 1754), commentaire. [**83**] D8872 (25 avril [1760]), Voltaire à d'Alembert. En fait, son voyage de 1753 était préparé dès le début de 1752 (BN, f. fr. 22157, «Journal de la librairie», f.61, 82, 98, 128). Dès le 29 janvier 1752, on lit dans une lettre que lui adressa Mme de Graffigny (publiée par P.-M. Conlon dans *Studies* 2, p.282): «On dit que vous viendrez en France au mois d'avril». Le 16 avril 1753, Pauli écrivait de Halle à Gottsched: «Maupertuis retourne en France officiellement pour des motifs de santé; mais on doute qu'il revoie jamais Berlin» (*Gottsched-Korrespondenz*, xviii.248). [**84**] D5496 (30 août [1753]). [**85**] M.i.26.

Notes du chapitre 3

[**1**] D4240 (13 octobre 1750; *Paméla*); D4295 (vers le 12 décembre 1750). [**2**] D4207 (1er septembre [1750]). [**3**] D4241 (15 octobre [1750]); voir aussi: «Nous bâtissons ici des théâtres». [**4**] D4248 (24 octobre [1750]), à Thibouville. [**5**] Voir Magnan, p.82-83. Nous utilisons les notes et commentaires des lettres et billets de Voltaire à la comtesse, p.84-146. La correspondance de la période prussienne serait à rééditer entièrement, en replaçant à leur date les lettres à Mme de Bentinck, et en mettant entre parenthèses les lettres à Mme Denis appartenant à *Paméla*. [**6**] Magnan, p.90. [**7**] Magnan, p.126. [**8**] D.app.103. [**9**] Portrait reproduit en tête du tome 20 de la première édition de la correspondance par Th. Besterman (Genève 1956). [**10**] D4238 (12 octobre 1750), et Magnan, p.8. [**11**] En 1789, depuis Hambourg, la comtesse septuagénaire se prononcera pour les droits des femmes. Voir la lettre inédite publiée par A. Magnan, *Dix-huitième siècle* 20 (1988), p.72. [**12**] D4262 (14 novembre [1750]), à d'Argental. [**13**] D4262. [**14**] D4280 (24 novembre 1750), d'Argental à Voltaire. [**15**] Ce que Voltaire traduit, à l'usage de Thiriot, vers le 15 novembre: «Il vient de forcer le roi à le chasser» (D4266). [**16**] D4279 (24 novembre 1750; *Paméla*), avec ce commentaire, certainement postérieur à la disgrâce de Voltaire lui-même: «Comme le monarque bel esprit traite un de ses deux soleils!» [**17**] D4265 (vers le 15 novembre 1750), à Frédéric II. [**18**] D4286 (6 décembre [1750]), à Walther. [**19**] Les amis de Baculard d'Arnaud se mobilisent: La Mettrie, Friedrich von Marschall, Chazot. Voir Ann Thomson, «Quatre lettres inédites de La Mettrie», *Dix-huitième siècle* 7 (1975), p.5-19, et «Aspects inconnus du séjour de Voltaire en Prusse», *Voltaire und Deutschland*, p.79-89. Il est question aussi, dans plusieurs documents, d'un complot ourdi par Tinois, secrétaire de Voltaire, et Du Puget, secrétaire du prince Henri. [**20**] D4400. [**21**] Voir D4266. Mêmes reproches de la part du prince Henri, son ancien protecteur. Il laisse des dettes (R. L. Dawson, *Baculard d'Arnaud: life and prose fiction*, Studies 141, 1976, p.203). [**22**] Le prince Henri l'accuse d'avoir dit que «les Allemands étaient des bestiaux qui, il y a quarante ans, marchaient encore à quatre pattes» (Koser-Droysen, p.320-21). [**23**] Sur les réactions très négatives des princes à l'encontre de Voltaire qui avait interféré dans leurs plaisirs théâtraux, voir Christiane Mervaud, «Voltaire, Baculard d'Arnaud et le prince Ferdinand», *Studies* 183 (1980), p.7-35. [**24**] Mangold, 15 F. Sur l'ensemble de l'affaire, voir Mangold, complété par J. R. Knowlson et H. T. Betteridge, «The Voltaire-Hirschel dispute: unpublished letters and documents», *Studies* 47 (1966), p.39-52, et Magnan, p.275-78. (Les documents utilisés par Mangold se trouvaient dans les archives de Merseburg, en cours de dispersion. Certains ont été repris par Th.

Besterman dans la *Correspondance*.) **[25]** D4260 ([9 novembre 1750]). **[26]** Mangold, 15 B. Le reçu, signé par Hirschel, rappelle le prêt antérieur de 4430 écus payable «au 21 mars 1751», plus la somme de 4000 écus en un billet d'Ephraïm père et fils payable «au 22 mars prochain», somme au sujet de laquelle nous ne savons rien sinon que le «billet d'Ephraïm» a été «rendu» (note sur le reçu du 24 novembre). Les tractations de Voltaire avec les Hirschel, Ephraïm, etc., sont loin d'être entièrement connues de nous. **[27]** Mangold, 15 D. **[28]** Frédéric avait fermé les yeux sur les trafics qui enrichissaient ses sujets. Il s'agissait pour lui de «tirer son épingle du jeu» et d'«arracher» le plus d'argent possible (*Politische Correspondenz*, vi.388). Il est maintenant engagé dans un processus de liquidation de l'affaire des bons saxons. **[29]** Du moins pour le compte de Voltaire. D'après la lettre du 18 janvier 1751 à Darget (D4354), il en aurait acquis sans doute pour d'autres clients. **[30]** Mangold, 2 B, 2 C, 2 D, 2 E. **[31]** Mangold, 2 A, 15 G. **[32]** D4330, Voltaire à Frédéric. Hirschel sera rapidement libéré, sous caution. **[33]** D4331, D4332 ([2 janvier 1751]), à Mme de Bentinck et à Darget. **[34]** Magnan, p.87, 274-75. **[35]** Voltaire accuse Maupertuis dans des lettres au roi (D4388, D4401). Même accusation de la part de d'Argens (*Histoire de l'esprit humain*, Berlin 1765-1768, iv.343). **[36]** Formey, i.232-33. **[37]** Voir la déposition de Vatin, valet de Voltaire (Mangold, 21). **[38]** Mangold, p.xix. Toutes ces pièces sont reproduites par Mangold. **[39]** D4345; Magnan, p.277. **[40]** Mangold, 35. **[41]** D4389 ([20 février 1751]), à Darget. **[42]** D4303. **[43]** Cités par Desnoiresterres, iv.156, 158. **[44]** Textes publiés par F. Deloffre, dans sa réédition de la *Correspondance* (Paris 1975), iii.1234. Hirschel inonde Berlin d'un libelle (D4357). Sur le double jeu de Frédéric, voir Magnan, p.279. **[45]** Témoignage de Merian, cité par Desnoiresterres, iv.157. La pièce sera insérée à tort dans les *Œuvres posthumes* de Frédéric II. **[46]** «J'ai fait une lourde faute d'avoir un procès contre un juif», D4403 ([27 février 1751]), à Frédéric II. **[47]** D4400 (24 février [1751]). **[48]** D4403 ([27 février 1751]). **[49]** D4398 ([?22 février 1751]), à Darget. Accord signé par les deux parties le 26 février (Mangold, 38, 39). **[50]** Dès septembre 1750, Voltaire, afin d'éclaircir sa situation à Versailles, projette de partir (D4209). Ce voyage dont il parle en octobre (D4218, D4219) est retardé (D4248, D4249). Le 28 novembre, le départ est fixé vers le 15 décembre (D4283). Il n'en est plus question en décembre (D4294 et *Besuche*, p.112). En janvier 1751, nouveau projet pour le printemps (D4364). Quant au voyage à Rome, il est de l'ordre du rêve (D4207, D4219, D4224, D4409). **[51]** Il a éludé une première invitation (D4405, 28 février [1751]). Cette audience est attestée par une lettre de Mme de Bentinck (C. Ochwadt, *Voltaire und die Grafen zu Schaumburg-Lippe*, Bremen et Wolfenbüttel 1977, p.68). **[52]** M.i.53. **[53]** D4386. **[54]** La *Vossische Zeitung* du 9 mars, puis la *Gazette de Hollande* du 16 mars, annoncent que le roi lui en a fait présent (*Briefwechsel*, 1898, lxxxii.333). Le prince Ferdinand croit que Voltaire l'a achetée (*Besuche*, p.114). **[55]** D4413. **[56]** D4420. **[57]** D4450: «une maison de campagne dont une belle rivière baigne les murs», et H. Droysen, «Zu Voltaires letztem Besuche bei König Friedrich», *Zeitschrift für französische Sprache und Literatur* 41 (1913), p.114. **[58]** Lettre du marquis d'Argens, dans Desnoiresterres, iv.17. **[59]** D'Argens, *Mémoires* (Paris 1807), p.61-63, notice historique sur le marquis d'Argens. Un trait du même genre est noté par Blaze de Bury, *Le Chevalier de Chazot* (Paris 1862), p.209-10. La victime en était Voltaire, dont on tapisse l'appartement avec des sujets emblématiques dénonçant sa malignité et son envie. **[60]** D4421. **[61]** D4420. Il achète des chevaux pour se rendre à la bibliothèque de Sans-Souci (D4413, D4424). **[62]** Il «soupe avec le premier des hommes», quand il est en bonne santé, D4448; Droysen, p.110. **[63]** Le 27 mars (Formey, i.244), du 20 au 27 mai en accompagnant le roi, au mois de juin pendant la tournée militaire de Frédéric. Le 27 mars avait lieu une représentation de l'*Armide* de Graun à laquelle le roi assista (*Tageskalender*, p.126). On ne sait si Voltaire l'accompagnait. Il n'apprécie guère, on l'a vu, l'Opéra de Berlin (D4192, D4217). **[64]** D4465, D4466, D4467, D4471; Magnan, p.281-82. **[65]** Magnan, p.287-88. **[66]** D4463. **[67]** D4463, D4464. **[68]** D4447, D4537, D4474, D4479, D4523, D4452, D4509. Il recommande un ami de Devaux, Liébault, à la margrave de Bayreuth. **[69]** D4429, D4433, D4437. Fréron sera remplacé en octobre 1751. Voltaire propose alors Dumolard (D4584). **[70]** D4449 (24 avril 1751). **[71]** D.app.109, 112. **[72]** D4480 (29 mai [1751]), à d'Argental. **[73]** Comme le souligne H. Gouhier, *Voltaire et Rousseau, portraits dans deux miroirs* (Paris 1983), p.49, il est difficile de savoir à quelle date Voltaire a lu le premier *Discours* de Rousseau. L'édition était sortie à la fin de 1750 (compte rendu dans le *Mercure* de janvier 1751). Rousseau a dû en adresser un exemplaire à Voltaire, qu'il apostrophe dans son texte: «Dites-nous, célèbre Arouet». Le volume ne semble pas être parvenu à destination, en Prusse. Le 14 septembre 1751, Voltaire ne connaît que le sujet proposé par l'Académie de Dijon, non le *Discours* de Rousseau (D4569). Mais il l'a certainement lu avant la publication du second *Discours*, que Rousseau lui enverra et auquel il répondra en se référant surtout au premier *Discours* (D6451). C'est le duc d'Uzès qui, le 27 août 1751, lui a signalé la publication des ouvrages de Rousseau et de Montesquieu (D4556). **[74]** D4480, D4516, D4525, D4530. **[75]** Cette édition, commencée en septembre 1750, fut l'une des rares éditions à paraître semi-officiellement en France du vivant de Voltaire. Admirée par Frédéric (D4494), elle ne trouve pas grâce aux yeux de Voltaire (D4369, D4381, D4382, D4432, D4443, D4444). Voir ci-dessus, p.661. **[76]** *OC*, t.31B, p.183-97; lettre qui circule à Paris en 1751, mais ne paraît qu'en 1770. Les *Etrennes de la Saint-Jean*, recueil de pièces de différents auteurs, parurent en 1742, 1750 et 1751. **[77]** D4456, D4480. **[78]** D4480, D4511, D4525. **[79]** Le manuscrit sera saisi chez l'imprimeur et supprimé. L'auteur, selon d'Hémery, serait Baculard d'Arnaud. Le marquis d'Argens assure qu'il s'agit de Chevrier (*Histoire de l'esprit humain*, Berlin 1765-1768, xii.373). **[80]** D4438. Le Spittelmarkt est situé dans le beau quartier du Werder, non loin du canal de la Sprée. **[81]** D4421. **[82]** *Tageskalender*, p.127; D4490, D4678, D4680. **[83]** Magnan, p.408. **[84]** *Politische Correspondenz*, viii.439-40. **[85]** D4609. **[86]** D4315, D4527, D4656. **[87]** Sur ce projet, voir D4207, D4211. Mme Denis a décidé de surseoir à toute décision, bien avant les ennuis de son oncle (D4255). **[88]** En pleine querelle contre Maupertuis, Sophie Dorothée ira jusqu'à lui faire transmettre ses compliments sur *Le Duc d'Alençon* (Droysen, p.117-18), une de ses pièces dont nous parlerons plus loin (p.675-677). **[89]** D4256, D4426. **[90]** D4419, D4425, D4436. **[91]** Voir la série de lettres difficiles à dater avec précision: D4496, D4497, D4498, D4499, D4500, D4501, D4502, D4503, D4506, D4507. **[92]** D4448, D4522, 4521. **[93]** D4510. **[94]** Manuscrit édité par Th. Besterman, «Voltaire's commentary on Frederick's *l'Art de la guerre*», *Studies* 2 (1956), p.61-206. **[95]** D4417, D4463, D4510, D4532, D4533. **[96]** Voir les remarques de Voltaire sur le chant vi (p.81). **[97]** D4534. **[98]** D4463. **[99]** D4564 (2 septembre 1751), à Mme Denis. **[100]** Voir Magnan, p.27-30. La date du 2 septembre est certainement fictive. La scène entre Frédéric et son lecteur se situerait nécessairement soit avant, soit après la tournée militaire du roi en Silésie, 25 août-15 septembre. **[101]** M.i.38. **[102]** Propos rapporté par deux fois dans la *Paméla* (D4564, D4606). Frédéric avait envoyé à Voltaire en 1738 son *Poème adressé au sieur Antoine Pesne* daté du 14 novembre 1737 (D1426). Ce poème est très élogieux (Frédéric II, *Œuvres*, xiv.34-37). **[103]** M.i.38. **[104]** Connues par D4531.

[105] D4601. [106] D4539 (6 août 1751). [107] En moyenne, mille spectateurs par représentation (D4539, n.4). [108] D'après le *Mercure de France*. [109] D4531. [110] D4561 (31 août 1751) répète les arguments de D4458. [111] On ne pouvait prévoir alors que le fils de Louis XV mourrait avant son père. [112] Voir Mervaud, p.171-81. [113] D4206, datée à tort 31 août 1750 par suite d'une erreur manifeste dans l'édition de Kehl. Magnan, p.154-55, a démontré décisivement que la lettre devait être reportée en septembre 1751. [114] Magnan, p.154.

Notes du chapitre 4

[1] Autres dialogues philosophiques: dans l'édition de Rouen (50R) et dans l'édition Lambert (51P) étaient parus le *Dialogue entre Mme de Maintenon et Mlle de Lenclos*, le *Dialogue entre un philosophe et un contrôleur général des finances* et le *Dialogue entre un plaideur et un avocat*. En octobre 1750, Voltaire faisait lire des «petits dialogues» au baron Samuel von Cocceji (D4245). [2] D4486. [3] Voir ci-dessus, p.566. [4] Walther intenta à Mevius et Dietrich un procès, dont les archives ont permis à M. Fontius, *Voltaire in Berlin* (Berlin 1966), de reconstituer l'histoire éditoriale de *Micromégas*. Voir aussi D. W. Smith, «The publication of *Micromégas*», *Studies* 219 (1983), p.63-91. [5] D4420. [6] D488 ([13 mai 1732]). [7] L'*Essai sur l'histoire du siècle de Louis XIV, par M. de Voltaire* (Amsterdam 1739) contenait l'Introduction et une partie du chapitre I. Le *Recueil de pièces fugitives en prose et en vers par M. de Voltaire* donne, sous le titre d'*Essai sur le siècle de Louis XIV*, l'équivalent des chapitres I et II. Sur les éditions collectives, voir W. H. Trapnell, «Survey and analysis of Voltaire's collective editions, 1728-1789», *Studies* 77 (1970). [8] Le comte d'Argenson rapporte des propos méprisants de Louis XV qu'il commente ainsi: «ce grand poète est toujours à cheval sur le Parnasse et la rue Quincampoix» (*Mémoires*, iv.8-9). [9] D2517. [10] Fontius, p.91 et suiv. Frédéric n'accordera une aide aux bibliothèques qu'après 1770. [11] 5 septembre 1752 à d'Alembert, D5005. [12] 2 288 volumes, selon M. Fontius, p.92. [13] Par exemple au pasteur Achard (D4408), les *Mémoires [...] pour servir à l'histoire ecclésiastique*, de d'Avrigny. Il a recours aussi à la bibliothèque du baron von Marschall (D4419, D4425). [14] D4441, D4385, D4430, D4994, etc. M. Fontius a établi la liste de ses emprunts, p.95-102. [15] D4761. [16] Voir D4994. Il les renvoie à Walther. [17] D4463. Le contexte de cette lettre est sans équivoque. Voltaire se défend de différentes imputations. [18] D3866 (13 février 1749). [19] D4180 (7 août [1750]), à d'Argental. [20] D4201 (28 août [1750]): Voltaire avait écrit à d'Argental, dans un moment d'enthousiasme: «Je crois que M. de Pont-de-Veyle avouera sans peine que Frédéric le Grand est plus grand que Louis XIV». [21] D4235. Il relance Walther (D4273, D4305, D4430, D4441). [22] Voir la série des lettres D4369, D4381, D4382, D4432, D4443, D4444, D4484, D4494. Lambert travaillait vite pour concurrencer l'édition de Rouen (Trapnell, 50R). [23] Trapnell, 48D. [24] D4441. Ce sera l'édition décrite par Trapnell, 52. [25] L'Avertissement de cette édition met l'accent sur les nouveautés: des chapitres nouveaux, des additions dans *La Henriade*, des changements considérables dans les tragédies, quantité de pièces fugitives nouvelles, l'*Histoire de Charles XII* augmentée. [26] D4946. Les tragédies dans cette édition sont placées en fin de volume. [27] D4529. Finalement, Voltaire fera passer deux «énormes ballots» de l'édition berlinoise, par Fawkener à Hambourg, à destination de libraires londoniens (D4777 et D4884). Dodsley imprimera deux éditions en français, dont l'une sera une édition in-quarto de luxe,

vendue par souscription au prix de 16 shillings in 1752 (Rousseau, iii.718). [**28**] D'après D4463 ([mai 1751]). [**29**] D4632. [**30**] D'après D4632, 80 seraient incomplets. [**31**] D4763. Il commettra un poème sur les vers à soie (D5079). On ne confondra pas ce Joseph de Fresne de Francheville avec son fils, prénommé pareillement Joseph, dont Voltaire utilisera les services comme copiste. [**32**] D4632 (28 décembre [1751]), à Walther, donne toutes précisions sur l'édition : tirage, prix (2 écus d'Allemagne), diffusion, etc. [**33**] *OH*, p.41-49. [**34**] Nicole Ferrier-Caverivière, *L'Image de Louis XIV dans la littérature française de 1660 à 1715* (Paris 1981) et *Le Grand Roi à l'aube des Lumières, 1715-1751* (Paris 1985). [**35**] Quinze ans après l'événement, Bossuet dans l'*Oraison funèbre du prince de Condé* l'appelait «le prodige de notre siècle et de la vie de Louis le Grand» (*Oraisons funèbres*, éd. J. Truchet, Paris 1961, p.383). [**36**] *OH*, p.715-16. [**37**] *OH*, p.716. [**38**] *OH*, p.752, 754, 851 (Louis XIV tente d'envahir la Grande-Bretagne alors que l'entreprise est hasardeuse, par sens de la gloire). [**39**] *OH*, p.768. [**40**] Cité par R. Mandrou, *Louis XIV en son temps, 1661-1715*, Peuples et Civilisations (Paris 1978), p.557. [**41**] *OH*, p.980, 686. [**42**] J. Starobinski, *L'Œil vivant* (Paris 1961), p.32, 33. [**43**] *OH*, p.1053. [**44**] *OH*, p.899. La réflexion générale, «je ne sais pourquoi la plupart des princes affectent d'ordinaire de tromper par de fausses bontés ceux de leurs sujets qu'ils veulent perdre», est peut-être née en marge de l'expérience prussienne. [**45**] *OH*, p.772-73. [**46**] Sur les variantes des dernières pages, voir *OH*, p.1728-29. Le trait final du *Siècle de Louis XIV* (p.1109) date de 1761. [**47**] Voir BnC 3415, 3422, 3425, 3426, 3448, 3453, 3454, 3460, 3467, 3468. [**48**] D4960. [**49**] Montesquieu, *Lettres persanes*, éd. P. Vernière (Paris 1960), lettres 24, 37. [**50**] Voir le très beau portrait du roi (*OH*, p.950). [**51**] N. Ferrier, *Le Grand Roi à l'aube des Lumières*, p.101. [**52**] «Paul Valéry et Voltaire. Propos inédits», *RHLF* (1968), p.383. [**53**] Voir ci-dessus, p.55 ; *OH*, p.949. [**54**] Remarque d'A. Adam dans son édition du *Siècle de Louis XIV* (Paris 1966), p.27. [**55**] Valéry, *Œuvres*, éd. Pléiade (Paris 1957), i.519. [**56**] R. Mandrou, p.558. [**57**] «Lettre à M. de Voltaire, sur son Histoire de Louis XIV», *Mercure de France*, juin 1753 (D5285). [**58**] D5113. [**59**] D5285. [**60**] D5011. [**61**] D4817. [**62**] D4843, D4848. [**63**] D4641, D4819, D4869. [**64**] D4876 : «It is the history of the human understanding, written by a man of parts, for the use of men of parts». [**65**] *Cinq années littéraires* (1752), ii.48 ; cité par M. S. Rivière, «Contemporary reactions to the early editions of *Le Siècle de Louis XIV*», *Studies* 266 (1989), p.245. Tout ce qui a trait à la réception du *Siècle* dans les périodiques est emprunté à cet article (p.236-52). [**66**] On notera que les périodiques dirigés par Formey, la *Nouvelle Bibliothèque germanique* et la *Bibliothèque impartiale*, insèrent des comptes rendus favorables. [**67**] D. Mornet, «Les enseignements des bibliothèques privées, 1750-1780», *RHLF* 17, 1910, p.460, 465. [**68**] D4793 ; Droysen, *Besuche*, p.110. [**69**] D4775. L'assemblée publique de l'Académie se tenait habituellement le premier jeudi après le 24, jour anniversaire du roi. Cette séance eut lieu un mercredi. Voltaire menait alors une vie retirée. Sans doute n'a-t-il pas été averti de ce changement de date. [**70**] On ne sait depuis combien de temps il était chez Mme Bock. D'après le «Journal du carnaval» de La Beaumelle, il était à Berlin dès le 7 décembre 1751. Le 26 janvier, lorsque le roi retourne à Potsdam, il reste à Berlin, où il est en disgrâce (D4778, D4781). S'installa-t-il alors chez Mme Bock et resta-t-il à cette adresse jusqu'au mois de février ? Voir D4793, D4802, D4805. [**71**] Il est à Berlin les 18 et 19 mars (D4839, D4842), et du 25 au 28 mars (D4852, D4853). [**72**] D4827, D4831, D4833, D4839. [**73**] D4837. Tyrconnel meurt le 12 mars. Sur l'arrivée de La Touche, voir D4879, D4882. [**74**] D4579. Voir ci-dessus, p.603-605. Sur ces modifications de *Rome sauvée*, voir D4604, D4787. [**75**] D4629. Mlle Gaussin passera dans le camp des ennemis de *Rome sauvée*, malgré les efforts de Voltaire pour l'apaiser (D4787). Sur l;a mise en scène, voir *OC*, t.31A, p.85. [**76**] D4813, D4814, D4818, D4820. [**77**] D4806 (19 février 1752). [**78**] Projet de dédicace, envoyé à d'Argental (D4845). [**79**] D4828. [**80**] D4630. [**81**] D4641 (31 décembre 1751). [**82**] D'après D4837. Voltaire a corrigé tous les passages que le président Hénault lui avait indiqués. [**83**] D4771, D4787. [**84**] D4863, à Malesherbes. [**85**] D4832. [**86**] D4828 (11 mars [1752]), à d'Argental, D4833 (14 mars 1752), à Richelieu. [**87**] D4789, au baron von Bernstorff; D4791, à Louise Ulrique de Suède; D4792, à la duchesse de Saxe-Gotha; D4796, à Marie-Antoinette de Saxe. [**88**] D4992. [**89**] D4787, D4837. [**90**] D4858. [**91**] D4605 (13 novembre 1751), à Richelieu. *L'Homme-machine* de La Mettrie a été publié en 1747. Sur la mort de La Mettrie, voir M. Fontius, «Der Tod eines ‹ Philosophe ›: unbekannte Nachrufe auf La Mettrie», *Beiträge zur Romanischen Philologie* 6 (1967), p.5-28, 226-51. [**92**] D4636 ([29 décembre 1751]). Voir ci-dessus, p.428. [**93**] D4833. Mais sur Tyrconnel, voir ci-dessus, p.638-39. [**94**] D4636. [**95**] D4365, D4397, D4588, D4626, D4787, D4833. [**96**] Frédéric II, *Œuvres*, x.52-54; D4583. [**97**] *Politische Correspondenz*, viii.480-81. [**98**] D4555, D4559, D4925, D4926, D4927. [**99**] D4831, D4833, D4840, sur d'Argens et Algarotti; D4831, sur Maupertuis. [**100**] D4831, D4839. [**101**] On est bien renseigné sur les déplacements du roi par le *Tageskalender*. Le tableau établi par Th. Besterman (D.app.104, «The movements of Voltaire and Frederick in 1750-1753») est à compléter par la chronologie de Magnan, p.399-421. [**102**] Voir Droysen, p.109: date confirmée par deux lettres à la comtesse de Bentinck (Magnan, p.451-52). [**103**] D4839, D4841, D4896. [**104**] Du 1er au 6 juin, le roi part en tournée militaire vers Magdebourg, séjourne à Berlin les 11 et 12 juin, part pour la Poméranie du 12 au 18 juin. Voltaire reste à Potsdam, il n'assiste même pas au mariage du prince Henri le 25 à Berlin. [**105**] D4562, D4563, D4608 et D4560, D4581, D4582. [**106**] Voir A. Magnan, «Textes inédits pour la correspondance de Voltaire», *RHLF* 76 (1976), p.72-73. [**107**] Richier avait remplacé Tinois en décembre 1750 et resta au service de Voltaire jusqu'au début de 1752 (D4753, D4755). [**108**] D4591, D4592. Voltaire charge son secrétaire; il se dit prêt à le renvoyer. [**109**] D4591. [**110**] D4589. [**111**] D4635. [**112**] Voir la série de lettres à Darget, de D4622 à D4625, et D4631. [**113**] D4635. [**114**] Elle coïncidait avec le décès de Rothenburg; Voltaire doit se défendre de manquer de cœur, en protestant de son attachement au défunt, comme on l'a vu plus haut. [**115**] D4622, D4623, D4781. [**116**] D4808. [**117**] Voir D4782, D4793, D4805, D4807. [**118**] D4778. Il est sûr que le refus de Mme Denis de venir s'établir à Berlin est bien antérieur à cette date. Mais Voltaire avait appris non sans tristesse que sa nièce songeait à épouser le marquis de Ximénès (D4793). Il dut alors regretter de s'être éloigné de Paris. [**119**] D4819 ([vers le 25 février 1752]). [**120**] M.x.960-62. [**121**] D4781. [**122**] D4819. [**123**] Hugo pense à Louis XV, mais l'expression vaut tout autant pour le séjour prussien (*William Shakespeare*, dans *Œuvres complètes*, éd. Hetzel, p.325). [**124**] D4609. [**125**] *La Beaumelle, un protestant cévenol entre Montesquieu et Voltaire* (Genève-Paris 1978). [**126**] Lauriol, p.105. [**127**] Lauriol, p.165. [**128**] Lauriol, p.172. [**129**] D4492 (22 juin 1751). [**130**] Lauriol, p.251. [**131**] D4603. [**132**] Entrevue attestée, Lauriol, p.266. [**133**] Lauriol, «Un assassinat littéraire, ou Voltaire et les *Pensées* de La Beaumelle», *Le Siècle de Voltaire* (Oxford 1987), p.593-601. [**134**] Claude Lauriol fait remarquer que la pensée sur les bouffons s'inscrivait dans le prolongement de la pensée précédente qui évoquait l'importance des étrangers dans les pays qui les accueillent («Un assassinat», p.599). Citons aussi la pensée ccxx: «Les talents ne sont bien protégés que par les talents; et il n'appartient qu'au roi de Prusse d'admettre dans sa familiarité Maupertuis, Voltaire, Algarotti, et de dire que ‹les savants et les beaux esprits s'élèvent à l'égal des souverains› (*Mémoires de Brandebourg*, deuxième partie)». [135] D5098, D5192, D.app.121, *OH*, p.1225. La Beaumelle accuse Voltaire de ce forfait. Voltaire s'en défend et accuse le marquis d'Argens. [136] Journal de La Beaumelle, cité par Lauriol, p.269. [137] Voir Mervaud, I, II; et Lauriol, «Un assassinat», p.598-600. [138] Lauriol, p.175. [139] Voltaire les envoie à Walther le 1er avril 1752 (D4857). Elles paraissent dans la seconde édition de Dresde. Elles se démarquent de Montesquieu auquel se réfère La Beaumelle. [140] La Beaumelle dénigre à tort La Mettrie comme «le héros du déisme» (Lauriol, p.266). [141] Lalande à Wagnière, dans Longchamp et Wagnière, ii.92. [142] Lettre à son frère, dans Lauriol, p.275. [143] En revanche, il s'efforce d'envenimer le différend survenu entre La Beaumelle et Tyrconnel (D4800, D4801). [144] *Lettre de M. de La Beaumelle à M.*, p.328-31. [145] Magnan, p.229; D5042a, commentaire. [146] Voir Ute van Runset, «Lessing und Voltaire, ein Missverständnis? Untersuchung eines Einflusses und seiner deutsch-französischen Rezeption», *Nation und Gelehrtenrepublik, Lessing im europäischen Zusammenhang* (München 1984), p.257-67. [147] Mangold, p.2. [148] D4755. [149] D4753 (1er janvier [1752]). [150] D4755. Lessing pourtant traduira Voltaire en 1752, notamment l'*Essai sur le siècle de Louis XIV*; voir BnC 3031. [151] D4763, D4776. [152] Son ami Mylius lui mandait: «Votre affaire avec Voltaire a fait une grande sensation. Vous êtes plus connu depuis votre départ, que vous ne l'étiez pendant votre séjour ici» (Desnoiresterres, iv.169). [153] D4753, commentaire. [154] D4907 (10 juin [1752]). [155] D3965 (24 [juillet 1749]), à d'Argental: il a en tête ce qui deviendra *Le Duc de Foix*. Sur *Adélaïde Du Guesclin*, voir ci-dessus, p.253-55. [156] *OC*, t.10. Les développements qui suivent sont grandement redevables à l'excellente introduction de M. Cartwright, p.3-60. [157] D5074 (novembre 1752). [158] Nom de la princesse Amélie qui joua Zaïre, à une représentation de cour où Voltaire interprétait le personnage de Lusignan (D4344, voir Magnan, p.20: la représentation eut lieu le 5 janvier 1751). Voir ci-dessus, p.639.

Notes du chapitre 5

[1] D4853, D4907. Il trouve même le temps de s'intéresser à un manuscrit d'Hugues d'Hancarville que lui a communiqué Mme de Bentinck (D4893, D4921, D4932, D4962, D4967, D5021, D5023, D5030, D5039). [2] D4904 (5 juin 1752). [3] D4960; il s'agit de deux morceaux qui seront insérés au chapitre 28. [4] D5011, D5048. [5] D5095 n.2. [6] La liste des *errata* et *addenda* a été établie par J. Quignard, «Un établissement de texte: *Le Siècle de Louis XIV* de Voltaire», *Lettres romanes* 5 (1951), p.305-38. [7] *OH*, p.954. Sur les coupures qu'il a faites, voir D4960; il ne garde que les conseils politiques, supprime des «maximes d'un grand-père»: «Aimez votre femme: vivez bien avec elle: demandez-en une à Dieu qui vous convienne». [8] D4993. Le mariage de Bossuet lui a été suggéré par Secousse (D4969, D5002). [9] D4899, D4908, D5002, D5011, D5079. Walther et les éditeurs hollandais mènent une lutte sans merci (Fontius, p.33-39). [10] D4843 (19 mars 1752). [11] D5028 (3 octobre 1752): il évoque leurs années de collège, et le temps où ils étaient ensemble dans «l'allée noire». [12] D4907, D4966. [13] D4960. Ces lettres ne seront pas citées dans le *Précis du siècle de Louis XV*. [14] D6488, D6500, D6441. [15] L'*Eloge* a été communiqué à

Formey en janvier 1751 (D4365a), sans doute en tant que secrétaire de l'Académie de Berlin. **[16]** M.xxiii.518. La traduction de Mme Du Châtelet fut publiée en 1756 par les soins de Clairaut. **[17]** D4846 (21 mars [1752]). **[18]** D4785 ([20 janvier 1752]), datation traditionnelle qui reste plausible, vu les délais d'impression ; édition non signalée par Bengesco, voir Fontius, p.115. **[19]** *Dialogues philosophiques*, éd. R. Naves (Paris 1966), p.30-34. **[20]** D4779. **[21]** Frédéric II, *Œuvres*, vii.22-27. **[22]** A. Thomson, *Materialism and society in the mid-eighteenth century : La Mettrie's Discours préliminaire* (Genève 1981), p.13. Un édit du 11 mai 1749 s'efforçait de contrôler les livres scandaleux. **[23]** M. Fontius, «Der Tod eines ‹Philosophe› : unbekannte Nachrufe auf La Mettrie», p.234. Sur l'attitude de Frédéric à l'égard de La Mettrie, voir le témoignage de König (Magnan, p.269-71). **[24]** Sévérités du baron d'Holbach (A. Thomson, p.181) et de Diderot (J. A. Perkins, «Diderot et La Mettrie», *Studies* 10, 1959, p.49-100). **[25]** On est tenté de ne point accorder de crédit aux racontars de Thiébault selon lesquels La Mettrie «agissait en tout envers Frédéric comme envers un camarade» (v.406-408). Une lettre du roi, citée par A. Thomson (p.12), montre que La Mettrie est traité sans ménagement. Frédéric lui enjoint de retourner incessamment à Berlin, sous peine de perdre sa pension. **[26]** *La Loi naturelle*, éd. F. J. Crowley (Berkeley 1938), p.239-40. **[27]** Crowley, p.240. **[28]** Réédition avec les variantes d'un ouvrage précédent, *Traité de la vie heureuse par Sénèque, avec un discours du traducteur sur le même sujet* (Potsdam 1748). Sur les éditions de l'*Anti-Sénèque*, voir J. O. de La Mettrie, *Discours sur le bonheur*, éd. J. Falvey, *Studies* 134 (1975). **[29]** BV 1893 : p.88-89. **[30]** Cité par A. Vartanian, «Le philosophe selon La Mettrie», *Dix-huitième siècle* 1 (1969), p.167n. **[31]** Voir les textes cités par Crowley, p.186-87. **[32]** R. Pomeau, *La Religion de Voltaire*, p.282-83. **[33]** Voir D5008. C'est le titre de toutes les éditions non autorisées qui ont précédé la première édition donnée par Voltaire, qui adopte celui de *Loi naturelle* (voir Crowley, p.210-12). **[34]** Voir la fin de la première partie du *Poème*, et D4995. **[35]** D5008. **[36]** *L'Idée de nature en France dans la première moitié du XVIIIᵉ siècle* (Paris 1963), p.786. **[37]** Cité par A. Vartanian, «Le philosophe selon La Mettrie», p.174. Seuls les médecins sont utiles dans la société. Ils doivent remplacer les magistrats. **[38]** «Discours préliminaire», p.xxiii, cité par A. Vartanian, p.173. **[39]** Diderot, *Le Neveu de Rameau*, éd. J. Fabre (Genève 1963), p.5. **[40]** Vartanian, p.176. **[41]** C'est l'ultime défi du Neveu de Rameau : «Rira bien qui rira le dernier». **[42]** *Ouvrage de Pénélope* (Berlin 1748-1750), ii.120-22. **[43]** Voir M. Lever, *Le Sceptre et la marotte, histoire des bouffons de cour* (Paris 1983). On s'explique aussi les sévérités de Diderot dans son *Essai sur la vie de Sénèque* : «La Mettrie, dissolu, impudent, bouffon, flatteur, était fait pour la vie des cours et la faveur des grands» (Paris 1872, ii.29). **[44]** D5013 ([9 ou 10 septembre 1752]). Les flatteries sur son *Eloge de La Mettrie* (D5008) ne l'avaient pas désarmé. **[45]** Il était né à Castelsarrasin, en 1724 (et non 1720). Voir la dernière en date des études sur Prades, qui cite, notes 1, 2, 3, 4, les travaux antérieurs : J.-Fr. Combes-Malavialle, «Vues nouvelles sur l'abbé de Prades», *Dix-huitième siècle* 20 (1988), p.377-97. **[46]** Prades avait-il eu réellement l'intention de dissimuler dans son ouvrage, peu accessible, une pensée subversive ? J.-Fr. Combes-Malavialle en doute, soulignant par exemple la parfaite orthodoxie de ce qui est dit du déisme. Un réexamen de ce texte difficile serait utile. **[47]** D4949 ([18 juillet 1752]). On apprend qu'une lettre de change était jointe à cette missive par la lettre de d'Argens (D4950). A la demande de d'Alembert, Mme Denis avait écrit à son oncle en faveur de l'abbé (voir D4990). La venue de l'abbé de Prades à Berlin intéresse l'histoire littéraire à plusieurs titres. Il facilitera la diffusion de la *Correspondance littéraire*. Les frères du roi s'y abonneront. **[48]** Formey, i.236 ; les bougies qui devaient revenir aux domestiques étaient confisquées par Voltaire. Voir aussi Thiébault, p.248-49, selon lequel Voltaire était défrayé de tout: bois de chauffage, café, thé, sucre. Comme il était fort mal servi, il se plaignait au roi qui lui répondit: «Ah! n'employons pas à de si petites bagatelles les moments que nous pouvons donner aux Muses et à l'amitié.» Il aurait conclu: «Eh bien! n'en parlons plus; je donnerai ordre qu'on les supprime.» Voltaire, en guise de représailles, vendait les bougies qui lui étaient allouées et chipait celles qui se trouvaient dans l'appartement du roi. On cite ces détails pour montrer comment la biographie de Voltaire a été écrite à partir de ragots. [49] Voltaire avait besoin d'un habit noir au moment d'un deuil de la cour. Le négociant Fromery lui prêta le sien qui était trop large. Voltaire l'aurait fait rétrécir et renvoyer tel quel (Formey, i.236). Selon Thiébault (p.282-83), le tailleur, au lieu de rentrer les coutures aurait coupé le tissu. On notera que Thiébault ne se trouvait pas à Berlin, et que Formey omet de signaler quand eut lieu ce deuil de cour. [50] Formey, i.235. [51] J. Orieux cite, sans référence, ces chamailleries à propos de bougies et de café, mais, magnanime, prétend que les princes le laissaient gagner aux échecs... (*Voltaire*, p.460-61). [52] Combes-Malavialle, p.383. La famille de l'abbé a noué des relations avec ces importants personnages. [53] Signalons une exception notoire, la biographie de Voltaire par Th. Besterman (Londres 1959), p.324-25. [54] Voir aussi le billet que Voltaire écrit à d'Argens après sa première entrevue avec l'abbé de Prades (D4986). [55] D5005. [56] D5008 (5 septembre [1752]). Expression reprise textuellement par Frédéric (*Œuvres*, xx.38). [57] Collini, p.30. [58] La première mention de Francheville le fils apparaît dans D5079 (18 novembre 1752). [59] En fait, l'idée était dans l'air. Dès 1750, il avait été question dans l'entourage du roi «d'écrire l'esprit de Bayle» (D4910), projet qui verra le jour en 1765 lorsque paraîtra un *Extrait du Dictionnaire historique et critique* de Bayle dont Frédéric rédigea l'Avant-propos. [60] Collini, p.32. On a des indices du projet de *Dictionnaire* dès la fin d'août (voir Magnan, p.226). Le souper a peut-être donné l'impulsion nécessaire. [61] La séquence D5052-5057, et D5073-5074. [62] Le mot sera employé, au féminin, par Frédéric II pour la première fois le 18 mai 1759 (D8304). [63] C'est un des thèmes récurrents de sa correspondance avec Frédéric. Voir Christiane Mervaud, «Julien l'Apostat dans la correspondance de Voltaire et de Frédéric», *RHLF* 76 (1976), p.724-43. [64] Frédéric l'avait bien noté, après avoir lu les articles «Ame» et «Baptême» (D5056). [65] D5057. [66] D5057, D5058. Il propose l'abbé Yvon qui travaillait pour l'*Encyclopédie*. [67] D5057. [68] Expressions employées respectivement dans D5053 et D5055. [69] D5057. [70] I. O. Wade, *Voltaire and Madame Du Châtelet, an essay on the intellectual activity at Cirey*, p.149. [71] Voir R. Pomeau, *La Religion de Voltaire*, p.182, n.117. [72] Et non à l'*Anti-Sénèque* de La Mettrie, comme le propose Th. Besterman (D4900, D4921); pour les dates, voir Magnan, p.134, 136. L'année suivante (mai 1753), Hochstatter cherchera un exemplaire pour la comtesse, qui manifestement connaît bien l'œuvre (Magnan, p.359). [73] M.xxvii.119. [74] *OC*, t.62, p.179. Cette plaisanterie est dans le second point du *Sermon des cinquante* (M.xxiv.446). [75] J. Lavicka, «La genèse du *Sermon des cinquante*», *Studies* 256 (1988), p.49-82. [76] M.xxiii.553. Voltaire dans ce texte fait-il sienne la distinction qui se trouve dans l'article «Déistes» de l'*Encyclopédie* entre d'une part les «free-thinkers» et d'autre part des «antitrinitaires ou nouveaux ariens» dont ces déistes de Bohême seraient proches? [77] Jordan meurt en 1745. Sur les apports présumés de Jordan, Frédéric et La Mettrie, voir J. Lavicka, «La genèse du *Sermon des cinquante*». [78] J. Lavicka établit des rapprochements très solides entre des passages du *Sermon* et le *Commentaire littéral*. Certes, Voltaire a réclamé le *Dictionnaire de la Bible* et le *Commentaire littéral* en septembre 1752

(D5023). Mais ce sont des ouvrages qu'il avait consultés aussi à Cirey. Même remarque pour les filiations possibles établies entre le *Sermon* et le *Testament* du curé Meslier. Frédéric possédait une copie de Meslier dans sa bibliothèque, mais ce n'est pas forcément en Prusse que Voltaire a consulté ce manuscrit. [**79**] Texte établi par Jacques Van den Heuvel (Voltaire, *Mélanges*, Paris 1961, p.253-70). [**80**] Voir ci-dessus, p.109-10, 125-26, 152, 167, 176-77. [**81**] Un exemplaire annoté par Voltaire se trouve dans sa bibliothèque (BV 455), voir *Marginalia*, i.381-83. [**82**] Voir les textes des *Mémoires de Trévoux* et de la *Bibliothèque raisonnée* de 1752, cités par D. J. Fletcher, «The fortunes of Bolingbroke in France in the eighteenth century», *Studies* 47 (1966), p.216-17. [**83**] *Nouvelle Bibliothèque germanique* (Amsterdam 1752), xi.78-96. Formey en 1752 commence à publier son *Philosophe chrétien*. [**84**] M.xxiii.547-54. [**85**] D5164 ([17 janvier 1753]). En fait, Voltaire se défend «comme un diable» (D5173) parce qu'il a des comptes à régler. Formey l'avait accusé de plagiat (D4887, D4888, D4889). Voltaire se moquera des plaintes de Formey (D5172, D5173). Celui-ci lui fera payer cher ses plaisanteries dans un compte rendu rageur sur la *Défense de milord Bolingbroke* paru en 1754 dans la *Bibliothèque impartiale* (ix.279-96, x.353-65). Il n'omettra pas alors d'évoquer la *Diatribe du docteur Akakia* (p.285). Sur les rapports de Voltaire et de Formey, voir J. Marx, «Une liaison dangereuse au dix-huitième siècle: Voltaire et J. H. Formey», *Neophilologus*, avril 1969, p.138-46. [**86**] Jugement de König après sa visite à Berlin en 1750 (Magnan, p.271-72). [**87**] D5056. [**88**] D5055, D5086. [**89**] Voir ci-dessus, p.434. Ayant déniché un madrigal de La Mothe, Fréron dans sa livraison du 5 avril 1752 insinue que «l'aigle de notre âge» ressemble au «geai de la fable» et ironise sur le thème: les beaux esprits se rencontrent. [**90**] J. Balcou, *Fréron contre les philosophes* (Genève 1975), p.60-62. [**91**] D4759, D4941, D4991. [**92**] M.iii.487. [**93**] D4759. [**94**] D4951. [**95**] Voltaire soupçonne Darget d'être à l'origine de cette publicité. Les vers paraissent dans la *Bibliothèque impartiale*, juillet-août 1752 (vi.1.154-56), et dans les *Cinq années littéraires* de Clément (vi.124-27). Ils sont mentionnés dans la *Gazette d'Utrecht* du 29 août 1752. [**96**] D.app.120. [**97**] D5054 (octobre/novembre 1752). Des allusions sur l'usage nécessaire du bon sens pour bien se conduire ont valeur d'avertissement (D5074). [**98**] D5019.

Notes du chapitre 6

[**1**] Voltaire et Mme Du Châtelet sont émus quand ils apprennent cette nouvelle (D2472, D2473). Rassuré sur le sort de Maupertuis, Voltaire plaisante: «Maupertuis se fait prendre par des paysans de Moravie qui le mettent tout nu, et lui prennent plus de cinquante théorèmes qu'il avait dans ses poches» (D2488). Frédéric et Voltaire versifient cette aventure. [**2**] Cité par Desnoiresterres, iii.435. [**3**] D4178. [**4**] Buffon, *Correspondance inédite* (Paris 1860), i.48. [**5**] «Un homme tel que lui fonderait à Berlin dans l'occasion une Académie des sciences qui serait au-dessus de celle de Paris», avait écrit Voltaire au prince royal en 1738 (D1537). On avait suivi son conseil. [**6**] Maupertuis, *Œuvres* (Lyon 1756), iii, règlement de l'Académie. [**7**] Trois des quatre curateurs menacèrent de démissionner. Un seul maintint sa décision. [**8**] *Histoire du docteur Akakia*, éd. J. Tuffet (Paris 1967), p.xlv. [**9**] Il dénonce les dépenses excessives des anatomistes. A la suite de cette plainte, le roi prend des mesures (*Briefwechsel mit Maupertuis*, p.241-43). [**10**] G. Pons, «Les années berlinoises de Maupertuis ou Maupertuis vu par les Allemands de son temps», *La Bretagne littéraire au XVIIIe siècle*, Annales de Bretagne et des pays de

l'ouest 83 (1976), p.686. **[11]** Voir Le Sueur, *Maupertuis et ses correspondants* (Paris 1896), p.97; Ch. Mervaud, «Voltaire, Baculard d'Arnaud et le prince Ferdinand», *Studies* 183 (1980), p.26; *Publikationen aus den Preussischen Staatsarchiven* 90 (1917), p.13 et suiv. (correspondance avec Auguste-Guillaume), p.42 et suiv. (correspondance avec le prince Henri). **[12]** E. Lavisse, *La Jeunesse du grand Frédéric* (Paris 1891), p.107-108. Dans sa première lettre à Voltaire, Frédéric s'était posé en défenseur de Wolff (D1126). Voir Mervaud, p.27-31. **[13]** D2348 (22 octobre [1740]). **[14]** Selon Thiébault, v.319. **[15]** Formey, i.217. **[16]** Frédéric, à maintes reprises, lui conseille de ne plus abuser de l'eau-de-vie (*Briefwechsel mit Maupertuis*, p.119, 123, 131). **[17]** *Publikationen* 90, lettre 7. **[18]** Voir *Publikationen* 90, p.13 et suiv. **[19]** Sur l'affaire Raynal: D4135 et commentaire; passant outre au refus très net de Maupertuis (D4247), Voltaire s'est adressé au roi; Raynal est nommé le 29 octobre 1750, d'où violent ressentiment de Maupertuis (D4970, D.app.121, II); sur la rivalité auprès de Mme de Bentinck: D4315, D4325, D4544; sur la jalousie de Maupertuis: H. de Catt, *Unterhaltungen mit Friedrich dem Grossen* (Leipzig 1884), p.66, Thiébault, ii.340; sur les plaisanteries antireligieuses à son égard: Formey, i.216; Baculard d'Arnaud et La Beaumelle, *Vie de Maupertuis*, p.136-37, 142. **[20]** *Publikationen* 72, p.247, 251, 254. **[21]** Le roi lui ayant envoyé des vers à corriger, Voltaire aurait déclaré: «Ne se lasse-t-il point de m'envoyer son linge sale à blanchir?» (D4956). Voltaire attribue ce mot à Maupertuis qui le lui aurait imputé (D8245, à Formey). **[22]** Formey, i.176. **[23]** Ce texte est reproduit par Ch. Fleischauer, «L'*Akakia* de Voltaire», *Studies* 30 (1964), p.33. **[24]** Courrier adressé à M. de Hellen, chargé d'affaires prussien auprès des Etats Généraux. **[25]** *Briefwechsel mit Maupertuis*, p.267. Le roi intervient de nouveau le 28 février 1752 (p.270). **[26]** Cette correspondance est citée à la suite de l'*Appel au public*, dont il va être parlé. **[27]** De nos jours, on penche pour l'authenticité de cette lettre. Sur cette séance, voir Harnack, *Geschichte der Königliche Preussischen Akademie der Wissenschaften zu Berlin* (Berlin 1900), i.336, n.3. **[28]** D5125, D.app.121. **[29]** *Appel au public*, p.160-61. **[30]** *Appel au public*, p.47. **[31]** Formey, i.177-78. König a rendu visite à Voltaire le 21 septembre. **[32]** D4932, D4935; Voltaire s'inquiète du sort de ces paquets dans D4962. On n'a pas retrouvé jusqu'ici la trace de ce texte. Etait-il de Voltaire? J. Tuffet en doute (p.LXXI-LXXII). **[33]** D'après une lettre d'Euler dans *Lettres concernant le jugement* (*Maupertuisiana*). **[34]** D4978. **[35]** D5021 (25 septembre 1752). **[36]** Tuffet, p.LVIII. **[37]** On peut lire le compte rendu dans M.xxiii.535-45, et la *Réponse* dans la correspondance, D5019. Le même volume de la *Bibliothèque raisonnée* donnait aussi un article «Sur le *Jugement de l'Académie* et l'*Appel* de König», p.173-209. **[38]** D5021. Dans la *Bibliothèque raisonnée*, le compte rendu de Voltaire comporte une longue note (M.xxiii.537-38) que Beuchot attribue au rédacteur de la revue et qui met l'accent sur la grande conformité entre la pensée de Leibniz et celle de Maupertuis. **[39]** D5019. **[40]** Pour en juger, voir la *Lettre d'un cosmopolite à un académicien de Londres* (Magnan, p.319). **[41]** Voltaire n'avait pas encore connaissance de ces *Lettres* quand il rédigea le compte rendu de la *Bibliothèque raisonnée*. **[42]** D'après une lettre de König à Haller (Magnan, p.272). **[43]** Des contacts avaient été pris avec d'Alembert, *Briefwechsel mit Maupertuis*, p.278n., et Frédéric II, *Œuvres*, xxv, appendice, et xxvii. **[44]** Magnan, p.310-11. **[45]** Par un ouvrage sur Frédéric II de 1785, cité par Koser-Droysen, iii.107n., et dans une lettre de Voltaire (3 juin 1760), D8957, où il ne pouvait alléguer des faits controversés. Voir Magnan, p.352-53, qui reproduit un texte résumant ce *Voyage*. Or Voltaire dans la *Diatribe* ne s'égaie pas sur la ville latine, hésitant sans doute à rivaliser avec le roi. Il le fera plus tard dans le *Traité de paix*. **[46]** *Tageskalender*, p.131. **[47]** Des échos inédits rapportés par

Mme de Bentinck proposent une autre version des faits: Voltaire aurait été chargé de rendre compte à Sa Majesté de cette querelle de savants. Il aurait d'abord donné tort à König, puis aurait changé d'avis en lisant l'*Appel au public* et en aurait informé Frédéric. Celui-ci l'aurait prié de ne point se mêler de cette affaire, ce que Voltaire aurait promis. Toutes affirmations sans recoupements possibles et qui paraissent improbables (texte cité par Magnan, p.328-32). [48] Magnan, p.307-308. [49] *Briefwechsel mit Maupertuis*, p.267. [50] D5054. [51] *Briefwechsel mit Maupertuis*, p.278-79. [52] Les gazettes, vraisemblablement par ordre, rendent compte de cette marque ostensible de soutien. [53] C'est ce que prétend la comtesse de Bentinck, qui glose ainsi la «sensibilité» de Frédéric (Magnan, p.330). [54] *Briefwechsel mit Maupertuis*, p.280. [55] *Briefwechsel mit Maupertuis*, p.281. [56] Voir Fontius, p.49-50, 102. Voltaire jure n'avoir aucune part à de telles recensions (D5159). Mylius serait l'auteur d'un texte très violent, dont la traduction sera envoyée à Versailles: «que cette lettre soit ou ne soit pas une plaisanterie, il est clair que l'auteur est ou très mal informé de l'affaire ou qu'il ment impunément» (Magnan, p.320). [57] Qui l'a revue? D'Argens? L'abbé de Prades? [58] Frédéric II, *Œuvres*, xv.59-64. [59] Voir D5064. Il se heurte aux réticences du Conseil (D5151). Après une nouvelle démarche, D5177 (26 janvier 1753), il reçut une réponse négative le 21 février (D5213). [60] D5076 (17 novembre 1752). [61] Même le défenseur de Maupertuis, Frédéric, est agacé par ses interventions. Il lui conseille de ne plus s'adresser à la princesse d'Orange (*Briefwechsel mit Maupertuis*, p.282-83). [62] D5076. [63] D5049, D5050. [64] Voir sa lettre à La Condamine dont il connaît l'amitié pour Maupertuis (D5041). [65] Il n'est pas aisé d'en dater la rédaction. La lettre à Formey (D5061) où Voltaire annonce qu'il a pris le parti de «tourner les sottises en railleries» est-elle du 4 novembre (catalogue de vente) ou de décembre (Formey)? La rédaction dut avoir lieu vers la mi-novembre, l'impression avant le 25 novembre. Dans un billet à Collini (D5072), Voltaire le prie de recopier son «schiribizzo». [66] D.app.118. [67] Le dévot Maupertuis est donc condamné par l'Eglise. [68] Si l'on se réfère à la liste de ses pseudonymes établie par Th. Besterman, *OC*, t.135, p.382-90. [69] Sur l'art de ce pamphlet éblouissant, voir Tuffet, p.cvii-cxxxiv. [70] Voir D.app.118. [71] *Histoire de l'esprit humain*, iv.351. Il s'agirait d'un certain Lefebvre, espion de Maupertuis (Koser-Droysen, ii.386). [72] D5087, Frédéric à Maupertuis. [73] Voir le résumé qu'en donne Frédéric dans D5087, à comparer avec D5085. [74] D5085. La première partie du texte, rédigée par le roi, est suivie par les dénégations de Voltaire, qui appose sa signature en bas de page. [75] D5087. [76] Par Sulzer (D5117, commentaire); par Frédéric (D5087, D5255); par la gazette manuscrite de Cologne (texte dans Magnan, p.320-21). [77] Thiébault, i.261-67. Voir aussi d'Argens, *Histoire de l'esprit humain*, iv.345. Formey, i.269, prétend que le roi reçut la *Diatribe* avec bonté et pria Voltaire d'anéantir totalement l'édition. [78] Encore de Luchet, p.233. [79] D5096 et D5097 (vers le 5 décembre 1752). [80] Frédéric II, *Œuvres*, xxvii.232. Frédéric a «lavé la tête» à son chambellan (D5100), et il prétend l'avoir intimidé du côté de la bourse. [81] Dès le 5 décembre, le bruit court d'une réconciliation entre Voltaire et Frédéric qui, vraisemblablement, n'avait pas eu lieu (Droysen, *Besuche*, p.118). [82] Il fera don d'un manuscrit à la duchesse de Saxe-Gotha en avril 1753. [83] D5113 (18 décembre [1752]), à d'Argental; D5117 (19 décembre 1752), au médecin Jacques Bagieu. [84] D5113. [85] D5114: lettre de *Paméla*, où il est difficile de mesurer la part de la réécriture (Magnan, p.48). [86] D5100 ([10 décembre 1752]). [87] D5117, commentaire. Thiébault, ii.67, imagine tout un manège de Voltaire. [88] D4662, D5156, lettres redatées par A. Magnan du 26 décembre 1752 et où Voltaire diffuse l'*Akakia*; Lehndorff, p.33. Par ailleurs, Voltaire essaie de se dédouaner auprès de Frédéric (D5088, au marquis d'Argens). [**89**] Formey, i.270; Frédéric II, *Œuvres*, xiv.170; D5120. [**90**] Article reproduit dans Koser-Droysen, ii.392. [**91**] Thiébault, ii.267-68. Collini, p.45, écrit que Voltaire «finit par plaisanter sur cette exécution», et Denina qu'il se laissa aller à des invectives (*Essai sur la vie et le règne de Frédéric II*, Berlin 1788, p.119). [**92**] D5076. [**93**] D5124. [**94**] D5104 à D5107, D5122. Le prince Henri semble jouer alors double jeu: il communique à Maupertuis un papier compromettant, qu'il a obtenu de Mme de Bentinck, dont la conduite alors ne manque pas de légèreté. Voltaire confie au prince de Wurtemberg «un paquet très essentiel». [**95**] D5105. [**96**] Collini, p.48. Le *Commentaire historique* (M.i.94) et la *Lettre de J. E. Roques* (Hanovre 1755) donnent des versions différentes du troisième vers. [**97**] D5133. La Touche, auquel Voltaire a remis «une cassette et des papiers cachetés», transmet à Versailles un mémoire de Voltaire (D5125, commentaire) et demande des ordres au cabinet français. [**98**] D5132: il remet les «distinctions» dont il avait été honoré, geste qui, symboliquement, le libère de ses liens prussiens. [**99**] Collini, p.48-49, qui réfute la version romancée de Duvernet, p.157: Voltaire aurait dit à son domestique dans l'antichambre même du roi à Potsdam: «Débarrasse-moi, mon ami, de ces marques honteuses de servitude», et il les aurait suspendues à la clef de la chambre du roi. Mais le 1ᵉʳ janvier 1753, Voltaire est à Berlin, non à Potsdam... [**100**] D5134a (1ᵉʳ janvier 1753), à Fredersdorff. [**101**] Collini, p.49. [**102**] D'après D5135. [**103**] D5134. [**104**] D5134 (1ᵉʳ janvier 1753). [**105**] D5135, et la dépêche de von Bülow, ambassadeur de Saxe, du 1ᵉʳ janvier (Koser-Droysen, ii.393). [**106**] Voir D5137, commentaire; D5149, D5160 commentaire. Voltaire avait tout intérêt à conserver ce texte, qui fut sans doute confisqué à Francfort. [**107**] D5137 (4 janvier 1753), commentaire. [**108**] Dépêche de von Bülow, 5 janvier, Koser-Droysen, ii.393. [**109**] D5152 (vers le 15 janvier 1753). [**110**] Von Bülow accorde du crédit à ces nouvelles (Koser-Droysen, ii.396). [**111**] Texte cité, D5152, commentaire. Voir aussi D5161 et le démenti du *Public Advertiser* (D5160, commentaire). [**112**] Lehndorff, i.48, et D5181. [**113**] *Gazette de Cologne*, 9 janvier 1753. L'article paraît avec l'aveu du roi. [**114**] Fontius, p.118-19. [**115**] Magnan, *RHLF* 82 (1982), p.486-87. [**116**] D5163 (17 janvier 1753). [**117**] Magnan, p.335-44. [**118**] D5223 (4 mars [1753]). Formey se dérobe, en alléguant une crise de rhumatisme (i.185). Formey est l'auteur de *La Belle Wolfienne ou abrégé de la philosophie wolfienne*, 4 vol. (1746). [**119**] *OH*, p.1227. Voltaire avait noué des relations avec Wolff au début de son séjour en Prusse (D4259, 8 novembre [1750]). [**120**] Voir D5199 et *Briefwechsel mit Maupertuis*, p.283. [**121**] D5185 (29 janvier 1753). [**122**] D5206, D5090, et Magnan, p.242. Sur Gottsched, voir ci-dessus, p.714 et suiv. D'après D5090, D5269a, Christlob Mylius, cousin de Lessing, lié avec König, Gottsched, Mme de Bentinck, a servi à Voltaire d'intermédiaire, et même d'agent, dans la querelle avec Maupertuis. Quand il cherchera à faire imprimer sa traduction de la *Séance mémorable*, en avril 1753, il échappera de justesse à une arrestation (D5262). [**123**] D5139, D5183. [**124**] D5051. [**125**] D5159. Voltaire s'inquiète peut-être un peu vite. Clément déclare le 15 janvier qu'il n'y a pas quatre exemplaires de cet ouvrage à Paris (*Cinq années littéraires*, ii.410). [**126**] D5051. [**127**] D5159, D5496, D5706, et Magnan, p.47. [**128**] D5168; réponse à la demande du chevalier de La Touche du 6 janvier (D5137). [**129**] Voir Lauriol, p.290. [**130**] D5049 (28 octobre 1752), D5077 (17 [novembre 1752]). Voir Lauriol, p.339-42. [**131**] D5192. [**132**] Voir D5098, commentaire. [**133**] Sur cette édition, on se reportera à l'analyse de Cl. Lauriol (p.305-13), qui montre que ces notes, fort sévères au demeurant, ne sont pas à ranger simplement dans la catégorie des invectives.

[**134**] Lauriol, p.339, jugement fondé sur l'accueil que reçut cet ouvrage. Voltaire, d'après La Beaumelle, s'était efforcé d'en empêcher l'entrée en France (D5215). [**135**] «Il faut combattre et contre Maupertuis qui a voulu ma perte, et contre La Beaumelle qu'il a employé pour m'insulter», à Roques, D5192 (3 février [1753]). [**136**] Collini, p.59. [**137**] M.xv.133. Autre appel à la justice à propos de Pimpette (p.127). [**138**] La pièce était prête le 10 mars (Lauriol, p.343). Selon le Journal de d'Hémery, elle contenait «des anecdotes très plaisantes et très mortifiances pour Sa Majesté voltairienne.» [**139**] Ce *Mémoire de M. de Voltaire, apostillé par M. de La Beaumelle* paraîtra en 1753. [**140**] D5220 (3 mars 1753). On notera que La Beaumelle était mal soutenu dans sa lutte, Maupertuis s'avisant alors de se plaindre qu'on lui ait attribué les *Lettres* de l'édition annotée du *Siècle de Louis XIV* (D5227). [**141**] D5228 (vers le 10 mars 1753). [**142**] Lauriol, p.347-48; D5227. [**143**] Voltaire accuse La Beaumelle d'avoir volé des documents (D5112, D5113, D5162). [**144**] D5203 (vers le 10 février 1753). [**145**] D5159 (16 janvier [1753]). [**146**] *Briefwechsel mit Maupertuis*, p.286-88. [**147**] Peut-être même s'est-il abaissé à circonvenir un Irlandais, M. de Clifton, qui partait pour Dresde. Voltaire lui aurait remis un paquet pour Mme Denis. M. de Clifton aurait soustrait une lettre de Voltaire pour la remettre aux autorités prussiennes. Simple écho diplomatique, mais qui en dit long (Magnan, p.325-26). [**148**] Péripétie rapportée dans la *Bibliothèque impartiale* de janvier-mars 1753 (voir Tuffet, p.LXXXVI). [**149**] D5199, D5200. [**150**] D'après Mme de Bentinck (D5203, D5212). [**151**] Collini, p.59. [**152**] D.app.120, III et D5200. Pourtant des difficultés s'étaient élevées pour le paiement des rentes du premier emprunt. Mais Voltaire n'avait pas le choix. [**153**] D5189, D5195, D5199. [**154**] Koser-Droysen, ii.396n. Les numéros suivants du même périodique reprennent cette argumentation. Devra-t-il demander une seconde fois son congé (D5217)? [**155**] Collini, p.54. [**156**] Lehndorff, p.59. [**157**] Collini, p.52. [**158**] D5229. [**159**] D5230 (12 mars 1753): elle lui était parvenue ouverte. Le cabinet noir, qui continue à le surveiller, ne se donnait pas la peine de recoller les lettres qui avaient été ouvertes. [**160**] D5230, D5231 (12 mars 1753). [**161**] Le «Pressis» est reproduit dans le commentaire de la lettre rédigée par de Prades (D5232). Tous les manuscrits et toutes les éditions portent la date du 16 mars, à l'exception d'une copie par l'abbé de Prades, aujourd'hui perdue, mais dont l'existence est attestée. [**162**] D5234, à l'abbé de Prades. [**163**] D5234 n'est-il pas une réponse à une lettre sèche de l'abbé de Prades, aujourd'hui perdue, et non à la lettre du roi (D5232) de la main de l'abbé? [**164**] Voir Lehndorff, p.62. [**165**] Collini, p.56. Voltaire lui aurait dit que Maupertuis avait été immolé à leur réconciliation. Pour une version romancée de cet épisode, voir de Luchet, i.272. [**166**] Particulièrement par Varnhagen von Ense, *Voltaire in Frankfurt-am-Main* (Leipzig 1859), mais aussi par H. Haupt, qui veut reprendre le dossier avec plus d'impartialité, «Voltaire in Frankfurt 1753», *Zeitschrift für französische Sprache und Literatur* 27 (1904), p.167-70. [**167**] Desnoiresterres, iv.449. [**168**] D5229 du 11 mars réitérait ces propositions. [**169**] D5270 (28 avril [1753]), à Frédéric. [**170**] Aucune trace de cet argument, pourtant sans réplique, dans les lettres que le roi écrivit alors (D5323, D5329, D5372, D5378). [**171**] D5316. Dans les circonstances où fut écrite cette lettre, Mme Denis ne pouvait se permettre ni erreur, ni mensonge sur ce point majeur. [**172**] D5329 ([19 juin 1753]). [**173**] Collini, p.58: «Il est encore concluant que le roi, lorsque Voltaire se disposa à prendre congé de lui, ne redemanda point non seulement les décorations qu'il avait déjà refusées, mais encore aucun livre, aucune lettre, aucun papier.» [**174**] Formulée par Magnan, p.251-55. [**175**] La coïncidence entre les instructions envoyées à Freytag (11 avril, D5254) et la date d'ordre d'insertion dans les gazettes (vers

le 10 avril) mérite d'être notée. [**176**] D5229, commentaire. Le 24 il envoie Collini à Berlin pour y prendre des lettres de change (Collini, p.57). [**177**] D5240, D5241. [**178**] Voir D5496. En réalité l'irritation du roi contre Mme de Bentinck était multiple. L'amitié de la comtesse pour Voltaire n'était pas le principal chef d'accusation (*Politische Correspondenz*, ix.369-70). [**179**] Collini, p.57. Le récit de Thiébault (ii.348) paraît romancé. [**180**] Mme de Bentinck au prince Henri, 26 mars 1753: «Les cheveux m'en dressent à la tête», sans autre précision (Magnan, p.350). [**181**] D5217. [**182**] Vers reproduits dans le commentaire de D5232. On ignore leur date.

Notes du chapitre 7

[**1**] Collini, p.71-72. [**2**] Collini, p.62. On ne sait où ils ont passé la nuit du 26 au 27 mars. [**3**] D5247, avec des noms codés pour désigner Louis XV, d'Argenson, Saint-Contest. Déchiffrement dans Jean Nivat, «Quelques énigmes de la correspondance de Voltaire», *RHLF* 53 (1953), p.439-63. [**4**] La dernière du 20 mars 1753, d'après D5236 (Frédéric II, *Œuvres*, xv.69-77). [**5**] Droysen, *Besuche*, p.397n. Fréron rapporte que, selon Maupertuis, Frédéric voulait faire arrêter Voltaire pour le punir de cette épigramme (J. Balcou, *Le Dossier Fréron*, 1975, p.55). [**6**] D5244 (30 mars [1753]), à Polier de Bottens. [**7**] D5245. [**8**] Tuffet, p.LXXXVIII. [**9**] Vers le 15 février 1753, il lui demande par une lettre en latin de se prononcer pour König, contre Maupertuis (D5206). [**10**] D5249 (4 avril 1753). Gottsched n'appréciera que médiocrement *Le Siècle de Louis XIV* (D4908). [**11**] Collini, p.64-65. [**12**] D5260; S. Stelling-Michaud et J. Buenzod, «Pourquoi et comment Voltaire a-t-il écrit les *Annales de l'Empire*», *Voltaire und Deutschland*, p.218, n.30. [**13**] D5248. [**14**] Mascov sera cité dans le *Traité de paix*. [**15**] «Pourquoi et comment...», p.218, n.33, 34. [**16**] M.i.13. Frédéric ne lui en fut pas reconnaissant. Il a tracé un portrait sans complaisance de Seckendorff dans ses *Mémoires de Brandebourg*. Seckendorff écrira en 1756 un mémoire sur l'*Histoire de la guerre de 1741* pour en réfuter certains passages. [**17**] D5261. [**18**] D5261, traduction de Michel Mervaud. [**19**] H. A. Korff, *Voltaire im literarischen Deutschland des 18. Jahrhunderts* (Heidelberg 1918), p.608. [**20**] D5260, à Schönaich. Il écrit aussi deux phrases en allemand à Gottsched (D5269, 25 avril 1753). En outre, on rencontre une phrase allemande dans sa correspondance avec la comtesse de Bentinck: «Ich hab seine brief ontfangen, madame» (D7807, 29 juillet 1758), ce qui est du mauvais allemand; il aurait dû écrire: «Ich habe seine Brief empfangen». [**21**] Voir R. Pomeau, *L'Europe des Lumières* (Paris 1991), ch.6, «Génie de l'Allemagne». [**22**] D5246. [**23**] Tuffet, p.29-33, 44 et 88, n.126. [**24**] D5252 (6 avril 1753). Sur l'animosité de Wolff et de Maupertuis, voir Tuffet, p.84. [**25**] Ainsi le *Traité de paix* se trouve démenti par l'irascible président, ce qui met en valeur les réponses d'Akakia. J. Tuffet a fait remarquer à juste titre que ce traité est postérieur à la lettre de menaces de Maupertuis, car il s'inspire d'un pamphlet circulant contre Euler, *La Berlue*, paru au plus tôt en mars. Il utilise aussi la *Lettre de M. le marquis de L. N. à Mme la marquise A... G...*, parue à l'automne précédent. [**26**] Voir Tuffet, p.38-43. L'édition de Kehl supprimera ces repentirs d'Euler. [**27**] Un exemplaire conservé à Halle porte cette mention manuscrite (de Breitkopf?): «J'ai reçu cette histoire des propres mains de M. de Voltaire à Leipzig le 16 avril 1753» (cité par Tuffet, p.XCII). [**28**] Lehndorff, p.67. [**29**] D5253 (10 avril [1753]), à Mme de Bentinck. [**30**] D5247 (4 avril [1753]), de Leipzig: «J'attends amplement de vos nouvelles et des miennes [...] Ne me déguisez rien de ma déconvenue.» [**31**] Collini, p.65. Sur ses

relations avec Freisleben, voir D4944, D4976, D5666. [**32**] Jenny von der Osten, *Louise-Dorothée Herzogin von Sachsen-Gotha, 1732-1767* (Leipzig 1893), p.60 et suiv. [**33**] D4474, D4812. [**34**] Collini, p.66. [**35**] Voir H. A. Stavan, «Voltaire et la duchesse de Saxe-Gotha», *Studies* 185 (1980), qui est une mine de renseignements. [**36**] En envoyant à Voltaire sa traduction de *Micromégas*, il avait joint à sa lettre (D4976) une longue épître en vers, reproduite par Fontius, p.181-83. [**37**] Stavan, p.36, n.22. [**38**] Stavan, p.30. [**39**] Cité par Fontius, p.13, d'après le fonds Formey de la Deutsche Staatsbibliothek de Berlin. J. A. Rousseau (1729-1808) avait été nommé à Gotha grâce à la protection de Formey. Il sera toujours scandalisé par les agissements de Voltaire, et particulièrement par son *Dictionnaire philosophique*. [**40**] D5298 (28 mai [1753]). [**41**] M.i.41. [**42**] Collini, p.65; Formey, ii.35. Elle trouvait grâce même auprès de Frédéric II, avec lequel elle entretint une volumineuse correspondance politique. Il lui envoyait de ses vers, se montrait parfois prévenant, presque toujours spirituel (voir ses *Œuvres*, xviii). [**43**] Stavan, p.32-33. [**44**] D5298. Mme de Buchwald à laquelle Goethe, Wieland, Herder lurent leurs œuvres, ne dédaignait pas l'allemand, mais préférait le français. [**45**] C'est «le bon Klüpfel» de Rousseau: celui qui entraîna Jean-Jacques chez les filles de la rue des Moineaux; voir l'édition Voisine des *Confessions* (Paris 1964), p.1015-17. [**46**] Stavan, p.36-37. [**47**] Les statuts étaient en français; voir K. Schnelle, «F. M. Grimms Bildungswege in Deutschland», *Wissenschaftliche Zeitschrift der Karl Marx Universität* 16 (1967). A Bayreuth, Wilhelmine avait créé une «Abbaye de la joie». [**48**] D5786 (23 avril 1754). [**49**] Collini, p.66. [**50**] D'après une lettre anonyme, mais vraisemblablement de Jacques Auguste Rousseau, citée par Fontius, p.93. [**51**] S. Stelling-Michaud, p.209-10, qui cite le témoignage de Collini rapporté par Nicolaï (n.51). Sur le froid en Thuringe, voir D5786. [**52**] Collini, p.66. [**53**] Avertissement des *Annales de l'Empire*. [**54**] Voir K. Malettke, «Deutschland und die Deutschen im *Siècle de Louis XIV*», *Voltaire und Deutschland*, p.139-52. [**55**] D5786. [**56**] Voir cette dédicace dans l'édition procurée par F. J. Crowley (1948), p.201. [**57**] Crowley, p.199. [**58**] Quelques années plus tard, Voltaire recommandera à la duchesse d'enfouir ce «petit article» dans un éternel oubli, D6801. [**59**] Collini, p.72. [**60**] Dans le «Règlement pour l'instruction du prince Frédéric», il était spécifié: «Il ne parlera qu'en français, et quand on lui parlera allemand, il répondra en français» (J. Schlobach, «Der Einfluss Frankreichs in Hessen-Kassel», *Aufklärung und Klassizismus in Hessen-Kassel unter Landgraf Friedrich II, 1760-1785*, Kassel 1979, p.1). [**61**] D6115 (29 janvier [1755]), à la duchesse de Saxe-Gotha. Cette conversion fut une affaire d'Etat. Voir H. A. Stavan, «Landgraf Frederic II de Hesse-Cassel and Voltaire», *Studies* 241 (1986), p.163-65. [**62**] Stavan, «Landgraf Frederic II», p.170-71. A noter qu'au souhait du prince de s'entretenir avec le vieillard «sur des points capitaux de la religion», sur Moïse, sur le Nouveau Testament (D13642), Voltaire se dérobe (voir D13857). [**63**] Voir la lettre de Voltaire du 11 juin 1753 (M. Wachs, «Voltaire and the landgrave of Hesse-Cassel: additions to the correspondence», *Studies* 241, 1986, p.187-88) et la lettre du prince du 16 juin (D5322). [**64**] Collini, p.66; de Luchet, p.259. [**65**] L'anecdote de Duvernet est largement réfutée par Collini, p.67 et suiv. [**66**] D5246 n.3, D5298, D5306 et D.app.134. Voltaire accuse Maupertuis d'avoir introduit des changements de sa façon au texte de La Beaumelle, ce que dénie celui-ci. Voir Lauriol, p.385. Le passage de Maupertuis à Cassel est confirmé par une lettre inédite de J. F. Reiffstein à Gottsched, datée de Cassel même le 13 mai 1753, qui apporte quelques précisions utiles: «Mr Maupertuis aura fait ici un séjour de dix jours incognito; au début il a été pris pour M. de la Beaumelle parce qu'il a fait imprimer ici une feuille (ci-jointe) sous ce nom, mais au moment de son départ il a laissé quelques feuilles (ci-joint l'une d'elles) qui paraissent contenir sa défense et celle de l'Académie contre König, on a donc pu, avec plus de vraisemblance, le tenir pour le Président plutôt que pour la Beaumelle» (Leipzig, Karl Marx Universität, Gottsched-Korrespondenz, xviii, f.316-17, document communiqué par S. Stelling-Michaud à A. Magnan – les «pièces jointes» manquent). La Beaumelle était alors enfermé à la Bastille; Maupertuis quitta Berlin le 29 avril 1753. [67] Il a écrit à la margrave le 3 avril, puis le 21 avril (Œuvres, xxviia.218, 226). [68] D5255. [69] D5267. [70] Le Siècle politique de Louis XIV (Sièclopolis 1753), p.396, sur l'aiguière en argent et les médailles offertes par la duchesse de Saxe-Gotha en récompense d'un «couple de vers». [71] J. Sareil, Voltaire et les grands, p.9. [72] D5263 (19 avril 1753). [73] Peut-être Frédéric, qui avait fait cadeau à Voltaire d'une «boîte d'or», vraisemblablement une tabatière (D2867). [74] Collini, p.74-75.

Notes du chapitre 8

[1] Lehndorff, p.67. [2] Politische Correspondenz, ix.369-70, et F. W. Schaer, «Charlotte-Sophie Gräfin von Bentinck, Friedrich der Grosse und Voltaire», Niedersächsisches Jahrbuch für Landesgeschichte 43 (1971), p.81-121. Ces reproches lui sont notifiés le 17 mars, jour où Voltaire se rend à Potsdam. [3] Voir la correspondance de Mme de Bentinck et du prince Henri, reproduite par A. Magnan. [4] A. Magnan et C. Mervaud, «Sur les derniers jours de Voltaire en Prusse. Lecture de deux nouvelles lettres de la comtesse de Bentinck à Voltaire», RHLF 80 (1980), p.22, et n.73. [5] Schaer, texte 20. [6] Schaer, texte 22. En réalité, elle ne retrouva ni la faveur du roi, ni son crédit à la cour. [7] D5253. [8] D5296. Une partie serrée venait de se jouer: Mme de Bentinck, soumise aux pressions de Fredersdorff avait dû, à son corps défendant, «offrir au roi et Francheville et tout ce qui [lui] appartenait». [9] La correspondance de la comtesse était surveillée. Frédéric avait fait intercepter un courrier de la princesse d'Anhalt-Zerbst qui lui était adressé. [10] D5289 (17 mai 1753). [11] D5296 (26 mai 1753). [12] Tageskalender, p.133. [13] Koser-Droysen, iii.3 note. Ce billet paraît sous le titre «Copie de la lettre de M. de Maupertuis à Voltaire». [14] D5246, commentaire. Un de ces «libelles», la Séance mémorable, était alors largement répandu. Voltaire, le 19 avril 1753, par crainte de représailles, s'efforce d'empêcher la diffusion de l'Akakia à la foire de Berlin (D5262 et commentaire). [15] L'ode de Frédéric (Œuvres, x.27) disait: «Les filles de Mémoire [...] / N'écrivent dans leurs fastes / De leurs mains toujours chastes / Que des noms immortels.» [16] «Je sais à n'en pas douter que le trait part de vous» (D5263). [17] H. Haupt, «Voltaire in Frankfurt 1753», Zeitschrift für französische Sprache und Literatur 27 (1904), p.166. Pour cette importante étude, publiée en trois livraisons (1904, 1906, 1909), nous indiquerons désormais le tome et la page. [18] D5257 (14 avril 1753), l'abbé de Prades à Maupertuis. Ces nouvelles venaient de Paris. [19] Varnhagen von Ense, Voltaire in Frankfurt am Main, p.7. [20] D5255 (12 [avril 1753]), D5258 (vers le 15 avril 1753). [21] D5255. [22] D5254. Nous citons ce texte d'après la traduction de Desnoiresterres, reproduite par Moland. Il en sera de même pour tous les documents allemands traduits dans cette édition. Les autres traductions sont dues à Michel Mervaud. [23] C'est ainsi que Voltaire s'exprime ironiquement (M.i.41). [24] D5255. Il ne fait pas mention de son désir de recouvrer, même par la force, ses lettres: c'est une demande bonne pour Freytag. Il se trompe sur la destination des bagages de Voltaire: ils n'ont pas été expédiés à Francfort. Fausse nouvelle? Ou association

d'idées, Frédéric évoquant Francfort parce que c'est là que les bagages doivent revenir ?
[25] Haupt, t.27, p.168, n.30. [26] D5301. Freytag s'inquiétait parce que son acolyte
Schmidt devait s'absenter quelques jours. [27] D5258 (vers le 15 avril 1753).
[28] Nous verrons que les fonctionnaires prussiens imagineront que ces textes étaient
manuscrits. [29] Ce volume contenait *Le Palladion*. Le seul exemplaire existant en 1906
n'a pas été retrouvé. [30] J. Vercruysse, «L'œuvre de *Poéshie* corrigée : notes marginales
de Voltaire sur les poésies de Frédéric II», *Studies* 176 (1979), p.51-62. [31] Frédéric
refusa de communiquer *Le Palladion* à l'ambassadeur de France, Valory (J. Vercruysse,
p.54). [32] Cette question sera traitée plus loin. [33] Voir D5257 à Maupertuis où il
envoie D5096. [34] De Luynes, *Mémoires*, xii.466. [35] Il s'agit de D5232 qui parut
dans la *Gazette de Hollande* du 17 avril et dans la *Gazette d'Utrecht* du 20 avril. Voir la
discussion, p.709-11, sur cette lettre. [36] Koser-Droysen, iii.5n. [37] König ne fut
pas dupe de la manœuvre du roi (voir D5269a). Il fait paraître quelques lignes fermes et
d'une parfaite convenance. Voltaire, de son côté, proteste (D5270, 28 avril [1753]). Il
ne publie aucun démenti, sans doute par crainte de la fureur du roi. [38] Frédéric II,
Œuvres xx.39. [39] D5277, D5286. [40] D5258. Même accusation dans une lettre à
sa sœur (D5255). Ragot rapporté par Fréron (Balcou, *Le Dossier Fréron*, p.57).
[41] D5263 (19 avril 1753). Moland doutait de l'authenticité de cette lettre, reproduite
par La Beaumelle (*Vie de Maupertuis*, Paris 1856, p.185-88). Mais Koser et Droysen ont
retrouvé une copie de la main de l'abbé de Prades envoyée à Maupertuis. Th. Besterman,
dans son commentaire, se demande si le texte a été envoyé à Voltaire. [42] Koser-
Droysen, iii.7n. [43] D5290 (18 mai 1753). [44] Haupt, t.27, p.173, n.38. En juillet
1752, le roi avait songé à confier à Freytag des négociations avec la cour de Mayence.
Cette mission ne fut pas exécutée. On ignore pourquoi. [45] D5265. Schmidt répond
en déclarant qu'il est d'accord avec ces propositions, en particulier ce qui a trait à la
surveillance du courrier de Voltaire (D5265, commentaire). [46] D5265. [47] D5266 :
«mesures» en français dans le texte. [48] D5266. [49] D5280 (6 mai 1753).
[50] D5272 (29 avril 1753). Comme Freytag, on ignore le nombre de «lettres, écritures»
ou «manuscrits royaux» que Voltaire avait en sa possession. Peut-être Frédéric désirait-
il récupérer ce *Voyage à la ville latine*, plaisanterie contre Maupertuis dont il était l'auteur,
et que Voltaire avait emporté de Potsdam (D8957, commentaire). Ce texte qui n'a pas
été retrouvé a peut-être fait partie des papiers que se fera remettre Freytag. [51] Freytag
fera valoir ses états de service (D5312). [52] Les Réformés revendiquaient le droit de
célébrer publiquement leurs offices à l'intérieur de la ville. Le Palatinat, l'Angleterre, la
Hollande, la Hesse-Cassel, la Prusse étaient intervenus à plusieurs reprises en leur faveur.
Les deux parties cherchaient à faire avancer leur cause par la corruption. [53] D5292
(22 mai 1753). [54] D5301. [55] De Luchet, p.260, et D5266. Les espions de Freytag
étaient en poste depuis six semaines quand Voltaire arrive, d'où le montant des frais
dont il sera question plus tard. [56] Collini, p.76. [57] D5305 (1er juin [1753]).
Contrairement à ce qu'il affirmera plus tard (D5314), il a d'abord songé à une arrestation
publique. [58] D5312, D5314. [59] F. Varrentrapp déplore que Voltaire n'ait pas
exigé des garanties légales (D5325). [60] Il y aura contestation sur cette promesse
(D5308, D5312). On ignore le contenu des paquets, le titre du poème, la teneur de la
«lettre réversale». [61] D5312. [62] D'après D5312, rapport de Freytag à Fredersdorff,
Voltaire envoie à Freytag une lettre du roi (sans aucune autre précision). [63] D5305.
[64] D5314. [65] D5312, commentaire. Freytag est également intervenu de son côté.
[66] Sans doute Lecerf, car le médecin Johann Christian von Senckenberg, le frère du
sénateur, aurait refusé d'avoir affaire à des «pitres, aussi savants soient-ils» (d'après

Kriegk, *Der Brüder Senckenberg*, p.240, cité par Haupt, t.27, p.179). [67] D5312 et commentaire. Au dos, Voltaire écrivit: «Promesses de M. de Freidag». [68] D5303; il existe plusieurs versions de ce billet, avec des variantes minimes qui n'en altèrent pas le sens. [69] De Luchet, p.260. [70] Freytag insiste sur ses prévenances. Desnoiresterres le croit sur parole (p.448). [71] D5312. [72] M.i.41. [73] Selon Freytag, ce billet est sans valeur. En effet, il aurait cédé aux instances de Voltaire qui voulait envoyer à sa nièce un texte susceptible de la consoler. [74] Collini, p.93. [75] Sur lequel il avait donc quelques droits. Voir l'excellente mise au point de J. Vercruysse, «L'œuvre de *Poeshie corrigée*», p.51-52. On se reportera aussi à B. Krieger, *Friedrich der Grosse und seine Bücher* (Berlin, Leipzig 1914), et à Mervaud, p.240-41. [76] Voir les témoignages rapportés par J. Vercruysse, p.54. [77] Voir l'article de J. Vercruysse. Le tome unique de 1752 ne comporte qu'une seule annotation, mais l'exemplaire personnel de Voltaire pouvait en comporter bien d'autres. [78] En 1760, lorsque paraîtront à Lyon et à Paris deux éditions des *Œuvres du philosophe de Sans-Souci*, Frédéric s'empressera, afin de détruire le mauvais effet produit par ses œuvres, de leur opposer une autre édition sous le titre de *Poésies diverses* d'où il avait retranché tout ce qui pouvait lui causer du tort, politiquement parlant. Voir Mervaud, p.351-54, et J. Lemoine et A. Lichtenberger, «Frédéric II poète et la censure française», *Revue de Paris*, 15 janvier 1901 p.287-318. [79] Collini, p.77. [80] *OC*, t.17, p.511. Il reste sur le qui-vive. Lorsque Schmidt, de retour d'Emden, se présente à lui, Voltaire le fixe quelques instants et lui demande: «Venez-vous pour recommencer?» Schmidt bat rapidement en retraite (de Luchet, p.263-64). [81] Comme l'a montré Fontius, p.131-32. Cette lettre (D5307) répond point par point à des accusations portées dans différents numéros de ce périodique. [82] D5308 (5 juin 1753). [83] D5309 (5 juin 1753). Il ignore que von Ulfeld est disgracié depuis avril. [84] D5311. [85] Haupt, t.27, p.182. [86] Desnoiresterres, iv.455. [87] D5319 et D5325, commentaire. [88] D5421 (13 [juillet 1753]). [89] Haupt (t.27, p.182) parle d'indigne trahison. [90] Desnoiresterres, iv.457. [91] D5314 (9 juin 1753), propos rapportés par Freytag. [92] Desnoiresterres, iv.449, 487. [93] D.app.123. [94] Dans l'affaire évoquée plus haut, n.52. Voir Haupt, t.27, p.174. [95] Haupt, t.27, p.173, n.40. [96] D5312. [97] D5277 (1er mai 1753). [98] D5311. [99] Freytag s'en plaint dans D5355 et D5361. [100] Kriegk, p.47. [101] Haupt, t.27, p.181, n.66. [102] D5396. Voltaire fait adresser son courrier chez un certain James de La Cour (D5313, D5396). [103] Collini, p.181, et M.i.43. [104] D5282. D'Argental aussi l'a cherché vainement dans ses papiers. Voltaire ne l'a pas avec lui à Francfort. A défaut, il signe une déclaration par laquelle il l'annule et s'engage à le rendre dès qu'il sera de nouveau entre ses mains (11 juin 1753, D.app.124). On voit mal pourquoi il aurait voulu garder ce document, comme l'affirme Haupt, p.184, si ce texte, comme l'affirme Voltaire, n'était pas à proprement parler un «contrat». [105] Faut-il rappeler que milord Maréchal n'aurait pu se rendre dans sa patrie sans risquer sa tête? Les frères Keith, deux Ecossais jacobites, avaient été accueillis à bras ouverts à Potsdam. Frédéric, qui n'était pas fâché de vexer le roi d'Angleterre, avait nommé George Keith ambassadeur en France. [106] D5304. Cette lettre, révélée par Varnhagen von Ense, se trouvait dans les archives d'Etat relatives à l'affaire de Francfort. Elle fut donc extorquée à Mme Denis. [107] Le rapprochement n'est pas gratuit. Le 6 juillet, Freytag déclarera qu'il n'aurait pas hésité à vider son pistolet sur Voltaire, si ce dernier avait refusé de s'en retourner à Francfort après sa tentative de fuite du 23 juin. [108] D5316. Mme Denis prétend avoir apporté avec elle une copie de la lettre du roi (voir D5315). Or, Voltaire, lors de la perquisition du 1er juin, avait déjoué la vigilance de Freytag. Il avait réussi à garder une copie de ce document puisque, le 5 juin, il communiquait cette «promesse de bonheur» à l'empereur d'Autriche (voir D5308). **[109]** Mme Denis d'ailleurs ne se trouve pas encore en état d'arrestation. **[110]** D5320, Varnhagen von Ense, p.39, et M.xxxviii.53. **[111]** D5336, D5423, Collini, p.78, de Luchet, p.268. Seul Freytag prétend qu'elle est arrivée le 18 (D5351). **[112]** Voltaire dit que le livre est dans une malle tantôt à Leipzig, tantôt à Hambourg. Varnhagen von Ense, p.18, prétend qu'il savait bien qu'elle était à Leipzig. Explication dénigrante sans fondement. La malle devait être expédiée de Leipzig à Hambourg. Voltaire n'avait aucune raison de cacher sa destination ou de retarder, par quelque mensonge, son arrivée. **[113]** Collini, p.78, et D5328. **[114]** Il suffit de lire ce rapport de Freytag (D5312) pour constater combien ces allégations sont mensongères. Sur la date de ce rapport, voir D5312, notes textuelles. **[115]** D5351. Voltaire a-t-il reconnu alors, comme le prétend Freytag, pour se disculper, que le billet du 1er juin avait été donné *pro forma*? C'est fort peu vraisemblable. **[116]** D5396. **[117]** D5318. **[118]** Haupt, t.27, p.186.

Notes du chapitre 9

[1] L'expression est de la duchesse de Saxe-Gotha, D5462 (2 août 1753). **[2]** D5351, et de Luchet, p.272. **[3]** D5396. Il ne s'agit pas, semble-t-il, d'une exagération de Freytag pour se faire valoir auprès de Fredersdorff. Voltaire fait état de menaces semblables (voir son «Journal de ce qui s'est passé à Francfort»). **[4]** Collini, p.79, et D5351. Freytag prétend que Voltaire l'accusa d'avoir accepté mille thalers à condition de fermer les yeux sur son évasion. **[5]** Il fait valoir à Fredersdorff, combien une telle proximité est pour lui humiliante (D5351). Freytag se rendait-il compte que ce prisonnier à ses yeux méprisable, avait été un favori du roi son maître? **[6]** De Luchet, p.275. **[7]** Collini, p.81. Freytag ne s'est pas vanté de cette fouille dans le rapport qu'il adresse au cabinet. Il prétend que Voltaire lui avait remis dans le carrosse toutes ses richesses (D5351). On voit mal cette transaction se faisant au vu et au su des badauds. Freytag ne se sentait pas la conscience bien nette sur ce point. Tant d'argent chez ce captif ne laissait pas insensibles ses geôliers. **[8]** D5351. **[9]** Collini, p.81-82. **[10]** D5351. **[11]** D5334; la date du 22 avril est sans doute une erreur, pour le 29 avril. On lui montre D5254 et D5272. **[12]** D5396. **[13]** Collini, p.82, D5351. L'hôtelier ayant laissé s'échapper Voltaire, le transfert peut avoir d'autres causes que l'avarice du délinquant. **[14]** Collini, p.82, de Luchet, p.279-80, M.i.42. Le nombre des soldats est selon Collini et de Luchet de trois par chambre, selon Voltaire de quatre. **[15]** D5336, D5357, D5408, D5416, D5423. **[16]** D5396. Comment cet argent fut-il obtenu? Haupt se demande s'il ne fut pas extorqué par chantage (t.30, p.90, n.96). Un louis d'or vaut 24 livres. C'est une somme très coquette. Rappelons que le chef des archers dans *Manon Lescaut* demande deux louis d'or pour fermer les yeux sur la présence de Des Grieux auprès de Manon. **[17]** Collini, p.83. **[18]** D5334 (20 juin 1753). La requête sera envoyée le lendemain. Ils affirment que Voltaire avait promis de rester jusqu'au retour de *tous* ses bagages, ce qui est faux, Freytag l'avoue dans D5396. **[19]** D5331. Peut-être Voltaire écrit-il alors un billet de tour testamentaire (D5332) qui reflète son accablement. **[20]** Il avait trouvé moyen de les informer (D5423), par des amis francfortois, peut-être par Senckenberg. **[21]** Archives de Francfort, citées par Haupt, t.30, p.90. **[22]** D5324 (16 juin 1753). **[23]** D5396 (6 juillet 1753). **[24]** D5361. Freytag a reçu le 25 juin un ordre impératif de la cour (D5346). Dans son rapport du 23 juin, il signalait négligemment qu'il avait recouvré le précieux ouvrage. [**25**] Collini, p.89. A noter que Freytag avait déclaré au Conseil qu'il garderait les papiers qui s'y trouveraient. Avait-il opéré cette ponction avant de rendre le coffre? [**26**] D5366. [**27**] D5408. [**28**] D5423 (14 juillet 1753). Aucun inventaire n'a été établi, d'où des variations dans l'énumération des vols (D5470; M.i.42). [**29**] D5334 (20 juin 1753). [**30**] Freytag, dans son rapport du 26 juin, signale cette mesure comme allant de soi (D5361). Son initiative ne suscite aucune protestation du cabinet. [**31**] Voir D5336. [**32**] Voir la série des lettres de Mme Denis au roi (D5336, D5353, D5375). Mme Denis n'a pas intérêt à mentir. [**33**] Haupt, t.30, p.97. [**34**] Collini, p.88-89, D5364, D5350, commentaire. [**35**] D5344, D5345, D5348. [**36**] Voir D5353. Freytag a récupéré D5303 et le texte reproduit dans le commentaire de D5312. Voltaire ne rentrera en possession de ses «deux paquets d'écriture» que le 5 juillet (D5391). [**37**] Texte cité dans D5336, commentaire. [**38**] D5329. Lettre écrite par l'abbé de Prades au nom du roi et que Mme Denis ne recouvrera pas. [**39**] D5330. [**40**] D5350 (23 juin [1753]). Dorn, profitant de la situation, fera signer à Voltaire le 25 une autre déclaration (D5423) et empochera un pourboire de Mme Denis, but de sa visite (Collini, p.89-90). [**41**] D5351, adressée à Fredersdorff. [**42**] D5364 (26 juin 1753). [**43**] Haupt, à diverses reprises. [**44**] Voir B. Morand, *Les Ecrits des prisonniers politiques* (Paris 1976), qui montre que l'écriture reste le seul recours du prisonnier. [**45**] D5353, D5354. [**46**] D5359. [**47**] D5356. [**48**] D5363. [**49**] D5375, D5376, D5377. [**50**] D5357, D5369, D5370, D5376. La Touche reçoit aussi une requête de la seconde nièce de Voltaire, Mme de Fontaine (D5371). [**51**] D5346. Texte très court, signé par le roi et impératif. [**52**] D5355, D5360. L'affaire est «épineuse», selon Freytag. [**53**] D5365. Le passage concernant Mme Denis dans le mémoire signé par Voltaire (D5350) et cité dans ce chapitre (p.169) a irrité Freytag (voir D5364). [**54**] Bien que Voltaire ait, répétons-le, satisfait les exigences du roi. [**55**] D5361. [**56**] D5366. Johann Erasmus von Senckenberg fut, parmi les notables de Francfort, le seul à défendre les intérêts du prisonnier. Voltaire l'utilise comme intermédiaire et comme avocat auprès du Conseil de la Ville. Une fois libéré, il le désignera comme «son ange gardien de Francfort» (D5422, 14 juillet [1753]). [**57**] D'où une nouvelle supplique de Voltaire (D5374). [**58**] Haupt, t.30, p.115; D.app.126. [**59**] Actes de Francfort, cités par Haupt, t.34, p.159. [**60**] D5388. Au moment où les affaires prennent mauvaise tournure, Freytag accuse Schmidt de ne pas vouloir consentir à la libération de Voltaire. Quant à lui, il l'accepterait à condition que la ville s'engage à payer les frais et le décharge d'avoir à produire une réquisition du roi. Comme Diffenbach refuse cette transaction, il le prie de garder silence sur cette proposition. [**61**] D5362. [**62**] D5394. [**63**] Voir ci-dessus, p.742. [**64**] D5378. [**65**] Effectivement c'était une lettre écrite par l'abbé de Prades au nom du roi. Mme Denis spécifie qu'il s'agit d'une «lettre écrite de Potsdam au nom du roi de Prusse» (D5390), mais n'obtient rien. [**66**] D5396. [**67**] Le texte, qui se trouvait dans les archives royales de Prusse, est cité par Haupt, t.34, p.162, n.205. Il est conforme en tout point à celui que reproduit Varnhagen von Ense, p.264. [**68**] Varnhagen von Ense, p.264. Le critique allemand qui s'est institué le défenseur de Freytag, abusé ici par sa malhonnêteté, stigmatise violemment la conduite de Voltaire. Même Desnoiresterres a parfois du mal à se déprendre de ces accusations (p.490-91). [**69**] D5394. [**70**] D5392, D5393. [**71**] D5391. [**72**] Le Conseil rappelle à Schmidt ses promesses quant au paiement des frais, réclame à Freytag la lettre du roi qui justifierait l'arrestation de Voltaire, mais refuse à ce dernier de lui communiquer copie du Mémoire du 21 juin des deux conseillers prusssiens. [**73**] Il voulut d'abord «laisser sa tête à Francfort ou avoir justice» et songea à séjourner à Hanau (voir D5467). [**74**] D.app.125. [**75**] Haupt, t.30, p.96-97, et t.34, p.165, fait remarquer que le montant des frais évalué le 21 juin à 122 thalers s'est trouvé considérablement réduit. Sur la question fort complexe des monnaies et de leur cours, voir *Panorama der Friedericianischen Zeit*, éd. J. Ziechmann (Brême 1985), p.591-98. [**76**] D.app.127. [**77**] D5401, déclaration latine de Voltaire, signée par Collini, Myck et Böhm. [**78**] Collini, p.91. [**79**] D5402 (7 juillet 1753). Selon Varnhagen von Ense, cette demande est rédigée par Dorn en personne qui l'a ajoutée dans un post-scriptum. Frédéric n'accordera aucune attention aux malheurs de la famille Dorn. [**80**] D5399, Collini, p.91. [**81**] D5403. [**82**] M.i.43. [**83**] Desnoiresterres, iv.435. [**84**] On notera que si Voltaire avait patienté un jour de plus, au lieu de tenter de fuir le 20 juin, Freytag, qui reçut l'ordre de le relâcher le 21 juin, n'avait aucune raison de le retenir. On ne garantit pas pour autant sa libération. [**85**] M.i.41. [**86**] L'original de D5303 n'a pas été retrouvé, mais on remarquera que, par écrit, Freytag ne commet pas cette faute plaisante (voir D5312 et son reçu du 1er juin dans D5312, commentaire). [**87**] Leipzig 1848. [**88**] Saint-René Tallandier, «Une page de la vie de Voltaire, l'affaire de Francfort d'après les récits allemands», *Revue des deux mondes*, 15 avril 1865, p.836-73. [**89**] D5385 (3 juillet [1753]). [**90**] Aux dernières lignes de *L'Ingénu*.

Notes du chapitre 10

[**1**] *Mémoires de Charles-Louis, baron de Pöllnitz* (Londres 1759), iv.104-105. [**2**] Pierre Lafue, *La Vie quotidienne des cours allemandes au XVIIIe siècle* (Paris 1963), p.50, 70-71. [**3**] D5413, D5457 et D5423, envoyée par l'intermédiaire du comte de Pergen. [**4**] D5441, à la duchesse de Saxe-Gotha. [**5**] D5404. Haupt, t.34, p.160, a relevé la malveillance gratuite de critiques comme Strauss et Carlyle, qui prétendaient que Voltaire avait intentionnellement laissé son argent à Francfort pour pouvoir ensuite se plaindre d'avoir été dépouillé. [**6**] D5431 qui se moque des deux mémoires (D5410 et D5416). [**7**] Le mémoire très augmenté de Senckenberg du 13 juillet (D5419) paraît ébranler un moment l'inertie du Conseil, mais ces messieurs restent «craintifs». Voltaire remercie Senckenberg en lui envoyant la nouvelle édition de ses *Œuvres* (D5422). Senckenberg lui adresse sa dissertation sur le droit féodal (D5426). [**8**] Senckenberg, qui loge dans une maison franche appartenant au chapitre de Saint-Alban, ne peut loger Voltaire (D5426). Il lui déconseille d'aller chez le Résident de Mayence ou chez Varrentrapp que Voltaire rencontre le 27 juillet (D5461). [**9**] Par exemple D5407 (9 juillet 1753), D5449 (24 juillet 1753). [**10**] Ce qu'explique Senckenberg à son correspondant, D5438 (21 juillet 1753). [**11**] D5425. [**12**] D5438. [**13**] L'une du 21 juillet que Haupt (t.34, p.187, n.268) a consultée dans les archives de Berlin est aujourd'hui perdue. On en connaît le contenu par D5458 et D5461. La deuxième est D5450 du 24 juillet. Dans la première, le roi approuve la libération de Voltaire et assure la ville de sa faveur. Il avait ordonné à son secrétaire de cabinet, Eichel, de faire «un compliment gracieux» (Haupt, t.34, p.186). [**14**] Senckenberg note à juste titre qu'il n'est point question de l'argent pris à Voltaire (D5458). [**15**] D5362, D5383. [**16**] D5484 (18 août), il confie à Freytag qu'il a obtenu du roi qu'il n'écouterait pas Voltaire. Il affirme à Mme Denis que le roi est le seul responsable (D5492). [**17**] Bien que ses appels au secours adressés à Vienne au cours de sa détention fussent demeurés vains, Voltaire le 14 juillet a adressé au cabinet autrichien le «Journal de ce qui s'est passé à Francfort-sur-le-Main» (D5423). Freytag a

été condamné à la brouette, Schmidt condamné pour avoir rogné des espèces, et Dorn est un notaire cassé par sentence. Le comte de Pergen, ambassadeur impérial, intervient auprès du Conseil de Francfort, lequel répond avoir agi sur réquisition du roi de Prusse. Sur cette campagne de diffamation, voir aussi D5408. [**18**] D5388, commentaire; D5415. [**19**] D5377. La margrave avoue éprouver de la «compassion» pour Voltaire. [**20**] D5435. Peut-être a-t-il reçu la lettre-bilan que Voltaire avait écrite à sa nièce (D5413) et qui était largement diffusée. Voltaire s'y défend d'avoir été «prussien». [**21**] Frédéric charge son ministre de rapporter à La Touche cette réflexion attribuée à Voltaire: «ce pauvre La Touche, je le berce par des lettres et des compliments de la Pompadour, il se croit le rival de Louis XV» (D5388, commentaire). [**22**] D5464. [**23**] D5468 (4 août). Selon Haupt, qui a consulté le brouillon de cette lettre, Podewils a adouci les expressions de Frédéric concernant Mme Denis. [**24**] D5474 (10 août 1753), à milord Maréchal. [**25**] D5450. [**26**] D5460 (31 juillet 1753). [**27**] D5472. [**28**] D5484. [**29**] Texte cité par Haupt, t.34, p.197. [**30**] D5508. [**31**] Collini, p.104-106. [**32**] Sur ce séjour dans le Palatinat, voir H. A. Stavan, «Voltaire und Kurfürst Karl Theodor, Freundschaft oder Opportunismus?», *Voltaire und Deutschland*, p.3-12, auquel nous empruntons de nombreux détails. [**33**] *Boswell chez les princes* (Paris 1955), trad. C. Bertin, p.176. La visite de Boswell est de 1764. [**34**] D5469 (5 août [1753]), à Mme Denis. Voir aussi Collini, p.106. [**35**] D5475, D5485. [**36**] D5485. Il en est à Rodolphe II (D5471). En partant il remettra au prince un manuscrit de l'*Histoire universelle* et un exemplaire des *Mémoires pour servir à l'histoire de la maison de Brandebourg*, offert par Frédéric (Collini, p.108). [**37**] C'est du moins ce qu'affirme Voltaire au bourgmestre de Francfort. [**38**] D5451. [**39**] D5467, D5470, D5492, D5522. [**40**] D5435 (19 juillet 1753). [**41**] Texte cité dans le commentaire de D5452. Elle conseille à Voltaire de renoncer dans une lettre perdue à laquelle Voltaire répond par D5451 (25 juillet 1753). Il semble que Mme Denis lui ait fait seulement part de son intention, car Voltaire le 29 août continue à contester les comptes de Schmidt au nom des rescapés de Francfort (D5494). Il n'est au courant du désistement de sa nièce que le 3 septembre (D5500). [**42**] D5452. Copie de ce texte est adressée à Frédéric II (D5459). Le Conseil de Francfort en prend connaissance le 7 août. Mme Denis prétend n'avoir donné son pouvoir à son oncle que contrainte et forcée (D5459). [**43**] Non par lésinerie, selon Collini, p.110, mais par un trait de sensibilité. Il avait promis à un jeune serveur de Mayence de loger chez son père qui tenait à Strasbourg une auberge peu florissante. Détail confirmé par D5524. [**44**] Le 8 août, d'Argenson note dans son journal que «l'on refuse au poète Voltaire la permission de rentrer en France» (*Journal et mémoires*, éd. Rathery, Paris 1866, viii.95). [**45**] D5503, D5505. Il soupçonne Frédéric dont le plus grand talent est de «mentir comme un laquais» d'avoir aigri la cour de France (D5488). [**46**] D5493, D.app.134. [**47**] Voir l'appendice bibliographique établi par J. Vercruysse, «*L'Idée du roi de Prusse*, un portrait de 1752 en quête d'auteur», *Voltaire und Deutschland*, p.100. [**48**] L'enquête révèle le nom d'un colporteur Etienne Philippe Cretot et celui d'un abbé Rouzier qui a fait imprimer 1200 exemplaires. [**49**] D'Argenson, *Journal et mémoires*, viii.106-107. Voltaire le reçoit le 27 août. [**50**] *Idée du roi de Prusse*, [1753], p.5. [**51**] D5413, D.app.124. [**52**] D5514. [**53**] L'expression «Arétin des marmitons» se justifie par la place que tiennent les détails sur les dépenses de table à la cour dans cette satire (nombre de couverts, de plats, de cuisiniers), soit plus d'une demi-page pour un texte qui en comprend six. [**54**] D5503, D5495. Voltaire en réalité s'interroge, hasarde le nom du défunt comte Tyrconnel qui avait la dent dure (voir son «Tableau de la cour de Berlin», *Journal de l'Institut historique* 5, 1836, p.13-30). [**55**] Voir la mise au point de J. Vercruysse, «*L'Idée du roi de Prusse*», p.91-102, et Lauriol, p.362-63. Il paraît établi que Voltaire n'en est pas l'auteur. Il fait circuler un texte contre Frédéric II, envoyé à sa nièce dans le fond d'une tabatière (D5524, D5535, D5541). **[56]** Ericard = Louis XV, Cernin = Frédéric, Mme Daurade = Mme Denis, avec des variantes. Sur ces tractations, voir D5500, D5503, D5529. **[57]** D5519, D5524, D5529. **[58]** D5503 (8 septembre 1753). **[59]** Frédéric, bien informé par ses espions, a écrit à sa sœur: «Voltaire fait le malade à Francfort, et sa nièce fait semblant de le secourir en l'épuisant» (D5500, propos rapporté par Voltaire et dont on ignore comment il en eut connaissance.). Freytag, dans l'un de ses rapports, avait insinué que Mme Denis était la maîtresse de Voltaire (D5351). **[60]** A Mme Denis qui lui reproche de ne pas lui répéter qu'il l'aime, Voltaire répond par une déclaration à la fois naïve et brutale de son désir (D5500). **[61]** Voir D5500. **[62]** Jalousie de Voltaire (D5500, D5508). Jalousie de Mme Denis à propos d'une Mme Lange (D5508, D5519, D5535). **[63]** D5482, D5496, D5500, D5503. **[64]** D5482. **[65]** D5482. Il n'usera pas de cette hospitalité, mais il convenait qu'il ait été invité. **[66]** D5500, D5480. **[67]** D5505. **[68]** D5524. **[69]** D5500, D5503. **[70]** D5503, D5508, D5524. **[71]** D5551, D5552, D5556. **[72]** D5500. **[73]** D5519 (18 septembre [1753]). **[74]** Voltaire lui constitue des rentes (D5488, D5532). **[75]** D5482, D5485. **[76]** Voir ci-dessus, p.151, 537-38. Le frère de Marie-Ursule de Lutzelbourg, née de Klinglin, accusé de corruption, venait de mourir en prison, le 6 février 1753. Sur la famille Klinglin, voir D.app.129. **[77]** D5480. **[78]** D5500, D5503, Collini, p.112. Voir J. Voss, «J. D. Schöpflins Wirken und Werk», *Zeitschrift für die Geschichte des Oberrheins* 109 (1972), p.281-321, et S. Stelling-Michaud et J. Buenzod, «Pourquoi et comment Voltaire a-t-il écrit les *Annales de l'Empire*?», *Voltaire und Deutschland*, p.220, n.65. **[79]** Sur Lorenz, voir A. Salomon, «Jean-Michel Lorenz, 1723-1801», *Revue d'Alsace* 70 (1924), p.444-61. **[80]** D5537. **[81]** D5578 (23 novembre 1753). Les notes de Th. Besterman identifient ces auteurs. **[82]** D5537, D5541, D5547, D5569. **[83]** Il est bientôt inquiet à ce sujet (D5616, D5621, D5633). **[84]** Collini se plaint (D5559); Voltaire s'accommode de cette solitude (D5547, D5552). **[85]** Voir ci-dessus, p.240. **[86]** Collini, p.116-17. **[87]** D5616. **[88]** D5579. **[89]** Il met au point le second volume, s'occupe d'une édition de ses «Œuvres mêlées» destinée à Lambert (D5621). **[90]** D5626, D5636, D5644. **[91]** Voir D.app.120, textes I et III. Les contrats précisent que ces rentes sont dues à Voltaire sa vie durant. Ensuite, Mme Denis recevra, sa vie durant, 2000 thalers par an pour le premier, et 600 thalers tous les trois mois pour le second. Voir P. Sackmann, *Eine ungedruckte Voltaire-Correspondenz, herausgegeben mit einem Anhang: Voltaire und das Haus Wurtemberg* (Stuttgart 1899); F. Rossel, *Autour d'un prêt hypothécaire, Voltaire créancier de Wurtemberg. Correspondance inédite* (Paris 1900); D. Muller, *Les Rentes viagères de Voltaire* (Paris 1920). **[92]** D5542 (9 octobre 1753). **[93]** D5540. Voltaire est payé en thalers d'Empire (D.app.120, II). **[94]** Selon le cours du thaler de Brandebourg, 4 livres, Voltaire aurait reçu 23400 livres. **[95]** D5563. **[96]** Voltaire n'a pas trop insisté, parce qu'il réclame qu'un «contrat en forme» soit passé. D'après D.app.120, les textes signés au moment de la transaction valaient contrat, sans en être un. Il demande aussi d'être dispensé de produire tous les trois mois un certificat de vie, ce qui fut, après bien des démarches, accepté (D5540, D5639, D5641, D5671, D5694, commentaire). **[97]** D5513 (15 septembre 1753) et D5517 (17 septembre 1753). **[98]** D5522 (22 septembre [1753]). Voltaire broche pourtant une transposition plaisante de ses aventures (D5533) qui ne déride point le maître. **[99]** D5523 (22 septembre [1753]). **[100]** D5537. **[101]** D5514. Sur ce texte, voir *Nachträge zu dem Briefwechsel Friedrichs des Grossen mit*

Maupertuis, éd. H. Droysen (1917), p.7-8. [**102**] *La Querelle* date de 1753, mais c'est un texte dirigé contre Maupertuis. Voltaire a-t-il été mal informé (D5504)? [**103**] Lauriol, p.393, n.521. [**104**] D5557. Voltaire accuse La Condamine de la diffuser. Il la désigne sous le titre de *La Querelle*. [**105**] D5488. Projet conçu peut-être lors de la brûlure de l'*Akakia*, esquissé dans D5217 (26 février [1753]). [**106**] D5535, 1ᵉʳ octobre [1753]). [**107**] D5570, D5572. On notera que D5612 est à placer avant D5572 (Voltaire attend sa grande malle de Paris). [**108**] D5594 (20 décembre [1753]). [**109**] D5621 et D5633. [**110**] On en compte cinq. 1) La disparition de l'ouvrage, supprimé par Mme Denis (J. Stern, *Voltaire et sa nièce Mme Denis*, Paris 1957, p.76-84). 2) La non-existence de *Paméla*, mystification destinée à tromper la vanité de Mme Denis (voir D5535, n.2 qui reprend l'argumentation défendue par Th. Besterman dans la première édition de la *Correspondance* de Voltaire). 3) L'assimilation à une première version des *Lettres d'Amabed* (A. Jovicevich, «A propos d'une Paméla de Voltaire», *French review* 36, 1963, p.276-83); hypothèse développée dans l'édition des *Romans et contes* de Voltaire, notice de Fr. Deloffre et J. Hellegouarc'h, Paris 1979, p.1095-1100. 4) La possibilité d'un véritable roman sentimental (R. Ridgway, *Voltaire and sensibility*, Montréal-London 1973, p.214). 5) L'identification avec les lettres de Prusse (J. Nivat, «Quelques énigmes de la correspondance de Voltaire», p.459-62; A. Magnan, «Pour saluer *Paméla*: une œuvre inconnue de Voltaire», *Dix-huitième siècle* 15, 1983, p.357-68, et *Dossier Voltaire en Prusse, 1750-1753*. [**111**] Magnan, «Pour saluer», p.367. [**112**] Magnan, p.70. [**113**] D5591, à Mme Denis. La *Paméla* a été écrite alors que Voltaire est en proie à une «inquiétude mortelle» quant à la santé de sa nièce, qu'il se sent coupable et qu'il s'affole (D5584, D5586, D5587, D5591). [**114**] D4344 substitue aux angoisses et soucis de janvier 1751 la fausse désinvolture d'un échotier. [**115**] D4564. [**116**] D4770 (18 janvier 1752). [**117**] D4269. [**118**] D4240. [**119**] D4256, D4564. [**120**] D4256, D5025. [**121**] D4205, D4895, D4956, D5025, D5067. [**122**] D4169. [**123**] D4628. [**124**] D4770. [**125**] D5638, à Mme Denis. D'après *Correspondances littéraires inédites*, éd. J. Schlobach (Paris, Genève 1987), p.243, Louis XV, dès le 27 juin 1753, aurait dit publiquement «qu'il ne voulait point que M. de Voltaire vînt à Paris». D'Argenson aurait transmis le message. Mais Voltaire alors prisonnier à Francfort ne semble pas l'avoir reçu.

Notes du chapitre 11

[**1**] «Ce monde-ci est un vaste naufrage. Sauve qui peut», D5640 (28 [janvier 1754]), Voltaire à Cideville. [**2**] D4904. Sur cette affaire embrouillée, voir l'édition de l'*Essai sur les mœurs* par R. Pomeau; M. Fontius, *Voltaire in Berlin* (1966); H. Duranton, «La genèse de l'*Essai sur les mœurs*: Voltaire, Frédéric II et quelques autres», *Voltaire und Deutschland*, p.257-68. [**3**] L'article de l'*Epilogueur moderne* est reproduit par M. Fontius (p.110-11) qui retrace les relations de Voltaire et de Rousset de Missy (p.121-50, 227-42). [**4**] Voir la Préface de l'*Abrégé*, édition Walther (*Essai sur les mœurs*, éd. Pomeau, ii.878-79). Réfugié à Utrecht, Rousset de Missy était hors d'atteinte des magistrats d'Amsterdam auxquels Voltaire s'était adressé. [**5**] D'après D5036. [**6**] *Essai sur les mœurs*, ii.860. [**7**] CLT, ii.285, où il est dit que l'édition se prépare en Hollande. [**8**] Fontius, p.149, sur la foi de «deux lettres de Voltaire» au libraire qui sont attestées, mais que nous n'avons pas, pense que Voltaire aurait donné son accord à condition que l'œuvre paraisse sans nom d'auteur. Duranton, p.262, conclut que vraisemblablement il s'est laissé «forcer la main» par le libraire. [**9**] CLT, ii.308-10. [**10**] D5596.

[**11**] Lettre à Jean Néaulme du 28 décembre 1753 qui paraîtra dans le *Mercure de France* en février 1754 (*Essai sur les mœurs*, ii.864). [**12**] Telle est la version qu'il présente dans une lettre-préface aux *Annales de l'Empire* (*Essai sur les mœurs*, ii.868). Dans D5623, il dit avoir reconnu le manuscrit donné à Frédéric. Il lui en avait envoyé deux (D2623, D2669, D2747). [**13**] D5512. Il s'est fait communiquer deux lettres que Voltaire avait écrites à Néaulme. [**14**] Frédéric fait créer par Formey et Francheville une revue pour s'opposer aux allégations de Rousset de Misssy (Fontius, p.142). [**15**] *Essai sur les mœurs*, i.XII-XIII. [**16**] D5036 (7 octobre [1752]). [**17**] D5607. L'édition est largement débitée à Paris où Néaulme l'a apportée dans des ballots de toile (D5677). [**18**] Dans Collini, p.121-24. Ce manuscrit est intitulé *Essai sur les révolutions du monde et sur l'histoire de l'esprit humain depuis le temps de Charlemagne jusqu'à nos jours mil sept cent quarante*. Il n'y a point de page sans de grandes différences. Des observations favorables aux pontifes sont omises (voir D.app.133). [**19**] D5604 (28 décembre 1753). [**20**] D5700. Démenti imprimé dans la *Gazette* du 19 mars 1754. [**21**] *Essai sur les mœurs*, ii.869. [**22**] D5606 ([30 décembre 1753]). [**23**] D5610, D5616. [**24**] D5616. [**25**] D5609. [**26**] D5608. Pour réparer le scandale, il s'est remis au travail ; il prend contact avec Walther et Lambert (D5618, D5623), obtient difficilement de Mme Denis une copie qui était en sa possession (D5627, D5633, D5643, D5652, D5670, D5673). [**27**] D5624. Voir le compte rendu de la *Correspondance littéraire* (CLT, ii.310-11). [**28**] D5717 (vers le 10 mars 1754). [**29**] D5658, D5659, D5687. [**30**] D5658 (7 février [1754]). Autres récriminations de Voltaire (D5652, D5670). [**31**] D.app.137. C'est une somme considérable, supérieure aux 4250 livres de rente que Voltaire reçut en héritage (D5719). D'après Jean Sgard, c'est plus que le salaire annuel d'un cadre moyen et l'équivalent du revenu annuel «bourgeois» («L'échelle des revenus», *Dix-huitième siècle* 14, 1982, p.425-33). Pour obtenir l'équivalence en francs 1982, il faut multiplier cette somme par 80, et en francs 1990, par 100. D'où la question : qu'a-t-elle pu acheter ? [**32**] D5685. [**33**] D5722 (13 mars 1754) et D5733 (16 mars 1754). [**34**] D5722. [**35**] Voltaire envoie au publiciste copie de deux de ses anciennes lettres de 1737 (D1288, D1295), afin de lui faire prendre conscience de son ingratitude. C'était nettement insuffisant pour le faire taire en 1754. Voir D5662. [**36**] D5664, D5702. [**37**] Voltaire s'avise de mystifier un baron qui voulait le convertir en faisant annoncer sa mort (D5621, D5622). Nouvelle qui défraie les gazettes (D5651). Frédéric II compose une épigramme sur ce fol que Charon, nocher des enfers, outré de son avarice, renvoie dans notre monde (D5628). [**38**] D5653 (5 [février 1754]). Voir D5670, D5697. [**39**] D5691. [**40**] L. Chatellier, «Voltaire, Colmar, les jésuites et l'histoire», *Revue d'Alsace* 106 (1980), p.73 : article très documenté. [**41**] D5668 (12 février [1754]). [**42**] D5670 (12 février [1754]) : en fait l'évêque de Bâle qui réside à Porrentruy. [**43**] D5672 (14 février [1754]). Le président de Klinglin a averti Voltaire (D5673). [**44**] Sur les interventions des jésuites auprès des hommes de loi, sur la complaisance de ces derniers à leur égard, voir L. Chatellier. [**45**] D5672 (14 février [1754]), D5686 (21 février 1754). [**46**] D5680 (17 février 1754). [**47**] D5690 (23 février 1754). [**48**] D8630 (3 décembre [1759]), à Mme Du Deffand. [**49**] D5682, D5691, où le nombre des dictionnaires brûlés se monte désormais à sept. [**50**] D5714. [**51**] D5706 (3 mars [1754]), D5705. [**52**] Lors de son retour à Paris en 1778, les services de Louis XVI chercheront dans les archives et ne trouveront aucune décision lui interdisant l'accès de la capitale. [**53**] Voir D5727, D5742, D5744. [**54**] Repentir du 17 mars, d'après D5744. Voltaire décide de se taire le 21 mars (D5742). [**55**] D5699 (28 février 1754). [**56**] Charles Wirz a retrouvé la lettre du 12 mars 1754 dont on ne connaissait qu'un fragment (D5718). Voir l'«L'Institut et Musée Voltaire

en 1985», *Genava* 34 (Genève 1986), p.197. Le mémoire joint à cette lettre est D5719. [**57**] D5698, D5708, et D5814 sur les instances de Lausanne. [**58**] D5753 (30 mars [1754]). [**59**] D5744 (24 mars [1754]). [**60**] D5762 (9 avril 1754), D5779 (16 avril 1754). [**61**] D5653, D5658. [**62**] D5770 (12 avril 1754); L. Chatellier, p.74-76; *Mémoires de Trévoux*, février 1754, p.281-309, mars 1754, p.655-70. Le rédacteur donne à Voltaire des leçons de critique historique à propos des croisades, de saint Louis, de Jeanne d'Arc. [**63**] D5779 (16 avril [1754]), à Mme Denis. [**64**] Collini, p.128. [**65**] D5721 (13 mars 1754), et D5756, à d'Argens, donc destiné en fait à la cour de Prusse. [**66**] *Politische Correspondenz*, xi.339. [**67**] Frédéric II, *Œuvres*, xxvii.241 : lettre non retrouvée. [**68**] D5737 (18 mars 1754). [**69**] D5815 (15 [mai 1754]). [**70**] D5811. [**71**] D5756, à d'Argens. Les «xx» font allusion à la manie mathématique de Maupertuis. [**72**] Claude Lauriol qui se propose de l'éditer en a donné une description rapide, p.395, n.529. [**73**] Lauriol, p.395; D5824 (21 mai [1754]). Tout Paris s'y intéresse (D5828). [**74**] D5766 (ruine de Bernard), D5767 (rappel à l'ordre du maréchal de Richelieu), D5804 (affaires de Cadix), D5830 (affaires de Leipzig), vente de rentes constituées sur les postes (D.app.135). [**75**] D5809. [**76**] D5638, D5644, D5652, D5653, D5658, D5670, D5673. [**77**] D5829 (28 mai [1754]). [**78**] D5836 (6 juin [1754]). [**79**] C'est ainsi qu'il désigne le troisième tome, D5802, à Walther. [**80**] D5723, D5787, D5750, D5830. [**81**] D5816 (16 mai [1754]). [**82**] D5644 (31 janvier [1754]). [**83**] D5810 (12 mai 1754). [**84**] *Annales de l'Empire* (M.xiii.254, 484, 489). [**85**] D5618, D5679, D5696, D5744. Voltaire a eu l'intention d'imprimer des lettres de Frédéric II, mais s'est ravisé. [**86**] D5832, D5836. D'Alembert a pris contact avec lui au moment de l'exil de l'abbé de Prades. [**87**] D5824. Il critique indirectement l'article «Ame» de l'*Encyclopédie* et désire qu'on le sollicite pour des articles philosophiques sans le cantonner dans le secteur des belles-lettres. [**88**] Voir la discussion de D5832. [**89**] D5824, D5836. L'article «Littérature» de l'*Encyclopédie* est signé D. J. (voir D.app.136). [**90**] D5820, D5788. [**91**] Collini est resté à Colmar. [**92**] Voir l'*Histoire de l'abbaye de Senones*, rédigée par dom Calmet et continuée par dom Fangé, son neveu (Epinal 1879), p.110-18. [**93**] D5826, commentaire. [**94**] D3618. [**95**] D5850. [**96**] *Histoire de l'abbaye de Senones*, p.125. [**97**] D5901. [**98**] D5843 (12 juin [1754]). [**99**] D5845, D5850, D5860, D5901. [**100**] D5968 (27 octobre [1754]), à la duchesse de Saxe-Gotha. Il a rédigé un article «Esprit» (*OC*, t.33, p.51-58) qui paraîtra dans le volume v de l'*Encyclopédie*. [**101**] De Luchet, p.18. D'après dom Fangé, p.125, il aurait assisté le jour de la Fête-Dieu à la procession et à tout l'office et s'en serait montré très édifié. [**102**] D5983, sarcasme de Frédéric qui lui reprochera aussi d'avoir un crucifix dans sa chambre (D6013). [**103**] D5821 (19 mai [1754]). [**104**] D5861 (4 [juillet] 1754). [**105**] Il avait écrit à Mme Denis: «Nous laverons notre sang ensemble» (D5788). Selon Mme d'Argental, Voltaire raisonne «comme une huître» lorsqu'il s'agit de sa santé (D5861). [**106**] D5850, D5868, D5881, D5897. [**107**] De Ruffey, *Histoire lyrique des eaux de Plombières pour l'année 1754*, connue par Desnoiresterres, v.47-48. [**108**] M.x.554. [**109**] D5795 (30 avril [1754]). [**110**] D5812. [**111**] D5804. [**112**] D5868, D5888. [**113**] D5946 (8 octobre [1754]), à Cideville. [**114**] De temps en temps, Mme Denis manifeste de semblables velléités. Pendant le séjour de Voltaire en Prusse, elle s'était avisée de vouloir faire jouer sa *Coquette punie*. Voltaire qui n'avait pas emporté ce texte à Berlin, comme l'y invitait Baculard d'Arnaud (D4150), s'efforce de dissuader sa nièce, craignant pour elle et pour lui le ridicule (D4885, D4953, D4907). [**115**] D5519, D6379 : il reprend un ancien canevas commencé en Prusse. [**116**] D5899 (3 août 1754), D5922 (8 septembre 1754).

[117] D5929, D5930, D5957. [118] D5969, D5964. [119] Ce texte est reproduit par l'auteur anonyme de *Frédéric le Grand* (Amsterdam 1785) et par Denina, *Essai sur le règne et la vie de Frédéric le Grand* (Berlin 1790), p.120. [120] D5983, D5912. [121] Voltaire avait mis les choses au point dans une lettre à la duchesse de Saxe-Gotha, D5898 (30 juillet 1754). Mme Denis envoie un démenti à Lambert, D5908 (18 août 1754). [122] D5961, D5900, D5946. [123] D5942, D5960, D5971. [124] D6008 (3 décembre 1754). [125] D5972. [126] D6000, D6006. [127] D5986. Il lui offre six bouteilles de vin de Bourgogne. [128] D.app.141. [129] D.app.141. Selon le marquis d'Argenson, Richelieu avait seulement obtenu d'avoir une entrevue avec Voltaire (*Mémoires*, viii.368). Richelieu intervient en sa faveur auprès de Mme de Pompadour (D6015). [130] Collini, p.143-44. [131] M.i.43. [132] D6013. D'Alembert protesta. [133] D6016, D6045. [134] Voltaire l'avait alors félicité (D4809). [135] D.app.141, qui donne la liste des membres présents. [136] D6015.

Notes du chapitre 12

[1] J. Spon, *Histoire de Genève*, rectifiée et augmentée par Abauzit et Gautier (Genève 1730), i.425-40. «L'Escalade eut lieu le 12 décembre selon le vieux calendrier et le 22 décembre selon le nouveau» (p.429). Cela pourrait expliquer l'erreur de Collini qui semble dater l'arrivée de Voltaire à Genève selon le nouveau calendrier: «Nous partîmes de Lyon le 21 décembre et arrivâmes le lendemain au soir à Genève». [2] La destruction des anciennes fortifications de Genève commença seulement en 1849. [3] Voir ci-dessus, p.113. [4] D6037. [5] J.-J. Rousseau, *Les Confessions*, éd. J. Voisine (Paris 1964), p.45. [6] Cette reconstitution des lieux a été faite d'après la maquette de Genève qui se trouve à la Maison Tavel et divers documents mis à disposition par M. Piller, bibliothécaire à la Bibliothèque publique et universitaire de Genève, auquel nous exprimons nos remerciements. [7] D6028, Mme Denis et Voltaire à Gauffecourt (15 décembre [1754]). [8] A la suite de H. Tronchin, *Le Conseiller François Tronchin et ses amis* (Paris 1895), p.11, on situe souvent l'habitation du conseiller à Saint-Jean «au bord du Rhône, et à l'endroit où le fleuve quitte la ville». Qu'il ait eu là une «campagne» n'est pas impossible, mais non sa résidence principale. Sinon comment comprendre qu'il ait ordonné qu'on maintînt ouverte la porte de Cornavin? [9] La mémoire de Collini se révèle infidèle: «On fit parvenir dans la ville le nom de Voltaire et sur le champ l'ordre fut donné d'ouvrir à lui et à toute sa suite. Nous ne restâmes que trois ou quatre jours à une auberge de Genève, et nous passâmes dans le pays de Vaud, au château de Prangins» (p.146). Il faut croire qu'il se retrouva seul à l'auberge et qu'il ne participa pas aux réceptions offertes en l'honneur de son maître. [10] Antoine Tronchin (1664-1730), banquier à Lyon, conseiller à Genève et premier syndic, avait eu quatre fils: Pierre (1694-1769), membre du Conseil des Deux Cents; Louis (1697-1756), pasteur et professeur de théologie; Jean-Robert (1702-1788), banquier à Lyon, puis fermier général à Paris en 1762; François (1704-1798), le conseiller et l'hôte de Voltaire. Jean Tronchin (1672-1761), frère d'Antoine, avait eu également quatre enfants: Jean-Robert (1710-1793), procureur-général, futur auteur des *Lettres de la campagne*; Jacob (1717-1801), lettré et amateur d'art; Anne et Suzanne. On trouvera un arbre généalogique de la famille Tronchin, par Th. Besterman, dans D.app.139. On se gardera de confondre les deux cousins Jean-Robert Tronchin, tous deux en relation avec Voltaire: l'un, né en 1702, est banquier à Lyon, et administre les fonds de Voltaire; l'autre, né en 1710, est procureur-général à Genève.

Théodore Tronchin le médecin (1709-1781) est un cousin assez éloigné de ceux-ci : il descend d'Antoine (1623-?), un frère de leur grand-père Louis (1629-1705). [11] Cette Mme Gallatin n'est ni la voisine de Voltaire à Tourney, comme le croyait A. Delattre, ni la propriétaire du Grand Cologny comme le croyait Th. Besterman, mais Suzanne Tronchin (voir n.12). Voir J.-A. Galiffe, *Notices généalogiques sur les familles genevoises* (Genève 1829-1830), ii.356. [12] Du Pan à Suzanne Catherine Freudenreich (D6033). Même impression chez Collini à la même époque : « L'entendre et le lire étaient la même chose. Il parlait clairement et distinctement et témoignait de l'impatience lorsqu'il ne rencontrait pas en ceux avec qui il conversait cette netteté de prononciation » (p.130). [13] « Quand j'arrivai à Genève, il fut le premier qui me rendit visite », se souviendra-t-il plus tard (D7396). Cette visite n'a pu avoir lieu qu'à l'arrivée de Voltaire à Genève plutôt qu'à son installation aux Délices. [14] Jean-Etienne Liotard (1702-1789) peignit ce portrait peu après son retour à Genève en 1758. Liotard fit aussi plusieurs portraits de Voltaire : l'un, de 1735, est perdu mais connu grâce à une estampe (renseignement communiqué par G. Apgar). [15] Théodore Tronchin « s'établit alors dans une ancienne demeure de sa famille, située au cœur de la vieille Genève, sur cette place si irrégulière et si pittoresque de Bourg-de-Four que domine la cathédrale » (H. Tronchin, *Un médecin du XVIIIe siècle : Théodore Tronchin*, Paris 1906, p.25). Mais l'enfance de Théodore Tronchin s'était déroulée au Grand Cologny – que Voltaire cherchera bientôt à acheter, et dans cette grande maison patricienne qui jouxte l'Hôtel de ville et que son père dut vendre en 1728, après avoir fait faillite. H. Lüthy, *La Banque protestante* (Paris 1961), ii.12. [16] Cet entretien se déduit de D6032. [17] D6226. [18] D6020, commentaire : Jallabert à de Brosses, 23 décembre : « Je soupais il y a dix jours avec Voltaire et Madame Denis ». [19] D6059. C'est Mme Denis qui demande à « voir le docteur Tronchin accompagné de Cabanis ». Par la suite on perdra de vue ce dernier. [20] D6025 et D6027, Voltaire à Richelieu, 15 décembre [1754]. [21] D6028. [22] D6023. [23] La librairie donnait sur la Grand Rue, et l'imprimerie sur la rue Saint-Germain. [24] L'actuel n° 11. [25] Ces enclaves genevoises étaient d'anciens fiefs du prince-évêque de Genève, que la ville revendiqua après la fuite de l'évêque à Annecy. [26] Voir les cartes établies par Cassini et par Mallet. [27] Ribaupierre occupait avec sa famille les appartements de l'aile nord, qui regroupait aussi divers locaux liés à ses importantes fonctions : chambre de justice, archives, prison. [28] Suivant la tradition, Voltaire aurait occupé la plus grande chambre, juste à l'angle extrême de la tour. Plus vraisemblablement il couchait dans la pièce contiguë, plus petite et plus facile à chauffer, la grande chambre servant de salle à manger et de salon. Mme Denis, qui voyait le lac de son lit, aurait occupé l'autre petite chambre à l'opposé de celle de son oncle. Mlle Chantal de Schoulepnikoff, conservatrice du château, formule l'hypothèse que l'appartement aurait pu se trouver dans la « tour côté montagne », si les aménagements en cours étaient alors terminés. [29] D6068. [30] D6124 (31 janvier 1755). [31] D6045. Son correspondant Sébastien Dupont, le « cher Démosthène », avait aussi des prétentions aux belles-lettres. Ils rivalisèrent entre eux à qui écrirait le mieux. Ce n'était pas la première fois qu'ils daubaient sur Voltaire vu de dos. [32] D5775, D5921. [33] D10874 (2 janvier 1763), à Mme d'Argental. *Dossu* : forme dialectale, « qui a le dos voûté ». [34] *La Guerre civile de Genève*, chant v (*OC*, t.63A, p.139). C'est en 1768 que Voltaire taxe Gabriel Cramer de calvitie. Son front était-il déjà dégarni quinze ans plus tôt ? [35] D6124. [36] D2130 (5 janvier 1740). [37] D12966. [38] D15950. [39] D2252. [40] D5923 (8 septembre 1754). [41] D6035, D6036. [42] En 1765, Laborde a composé une nouvelle musique sur le livret (D12954, D12966). L'opéra devait être représenté pour le mariage du Dauphin en 1770. Mais le duc de Duras s'y oppose (D15369, D16665). Autre tentative et nouvel échec pour le mariage du comte d'Artois en 1773 (D18351, D18352). Ainsi ni le futur Louis XVI ni le futur Charles X n'auront entendu *Pandore* aux fêtes de leurs noces. [43] La Grotte appartenait à la famille Loys de Rochat, et le château de Vevey à Jacques-Philippe d'Hervart, seigneur de Saint-Légier. [44] *Les Chroniques suisses, politiques, littéraires et industrielles*, 16e livraison, 19 mai 1847, p.504-505, affirment que Voltaire aurait voulu acquérir la grande maison située à côté du château de la ville de Nyon, et que les autorités de la ville l'en auraient empêché: «Le motif de cette décision est la nature des opinions philosophiques dudit sieur Arouet de Voltaire». Contrairement à ce que prétend l'auteur anonyme de cet article, les registres municipaux de cette ville ne contiennent aucune mention de cette prétendue affaire. Nos remerciements vont à Charles Wirz, qui nous a procuré le texte de cet article, et à M. G. Champrenaud, archiviste de la ville de Nyon, qui a procédé aux vérifications. [45] Gauffecourt (1691-1766), en relation d'affaires avec les milieux financiers français, partageait son temps entre Paris et Genève. C'est lui qui, étant revenu en juin 1754 de la capitale française en Suisse en compagnie de J.-J. Rousseau et de Thérèse Levasseur, avait vilainement tenté de séduire celle-ci (*Confessions*, p.462). [46] D6028. [47] Collini, p.147. Etrangement, les visiteurs attendus, comme Polier de Bottens et Clavel de Brenles, ne vinrent point à Prangins. [48] La maison appartenait à M. Panchaud, qui demeurait le plus souvent à Berne, où le retenait son commerce. [49] D6072. [50] D6092. Mme Denis annonce leur arrivée pour le lendemain vers quatre heures après midi. [51] Aujourd'hui, l'hôtel «Le Clos Voltaire» utilise les anciennes dépendances des Délices. [52] D6224. [53] D6096. Deux ans plus tard, Pierre Pictet fera construire à la place de la vieille ferme une très belle maison que Voltaire appellera le Château Lolotte. Voir J.-D. Candaux, «La construction du Château Lolotte à Saint-Jean», *Musées de Genève* 86 (juin 1968). [54] D6097, D6125. [55] D6106, D6107. [56] D6127. [57] A la mort de leur père (1737), son épouse avait fondé une société entre ses enfants et les frères Philibert pour une durée de dix ans. Renouvelée pour cinq ans en 1748, elle était dissoute de fait depuis 1753, mais l'acte ne sera dressé que le 15 juin 1755. Voir J. R. Kleinschmidt, *Les Imprimeurs et libraires de la république de Genève, 1700-1798* (Genève 1948), p.91-94. [58] D6147. [59] D6143. [60] D6150, D6151. Voir les pièces relatives à l'achat des Délices dans D.app.145. [61] D6122 (31 janvier 1755), D6121. [62] D6170. [63] D6072 (7 janvier 1755): «J'ai déjà conclu pour Montrion sans l'avoir vu, et je me flatte que Mr de Gis ne signera de marché qu'avec moi.» [64] C'est en ces termes que Voltaire décrit la maison à Mme de Bentinck, qu'il souhaite loger (D7228, 8 avril [1757]). [65] D6171. [66] D6513, D6581. [67] D6189 (28 février 1755). [68] D6183, D6152, D6158. [69] Le marquis d'Argenson, qui ignorait sans doute à cette date que Voltaire avait encore loué Montriond, écrivait dans son *Journal* le 26 février: «Voltaire étale enfin ses richesses: il a loué à vie une belle maison au bord du lac de Genève où il arbore une grande représentation et invite ses amis [...] On lui attribue plus de cent mille livres de rente avec beaucoup d'argent comptant» (D6184, commentaire). On pourrait se faire une idée de la dépense de Voltaire par quelque comparaison, compte tenu que la livre suisse était légèrement supérieure à la livre française. L'appartement parisien lui coûtait 1 200 livres par an (D6082), Montriond un peu plus de 800 livres. Voltaire estimait que les Délices lui reviendraient à 120 000 livres une fois les aménagements faits, ou suivant un autre mode de calcul à 85 000 livres au bout de dix ans, soit 8 500 livres par an. Quoi qu'il en soit, Voltaire ne regardait pas à la dépense pour ses logements. A titre de comparaison,

Rousseau disposait pour vivre d'une pension de 1 200 livres, à laquelle s'ajoutait son salaire de copiste, et le salaire annuel de Lekain à la Comédie-Française était de 2 500 livres. [**70**] D6196. Le paiement prévu pour le 1ᵉʳ mai aura lieu en définitive le 16 mai. [**71**] D6111. [**72**] D6137. [**73**] D6139. [**74**] D6146. [**75**] D6063, commentaire. [**76**] Ce n'était pas sans la résistance des vieux calvinistes. En ce milieu de siècle, il y avait à Genève une sorte de querelle de générations qu'illustre à merveille le procès en dissolution de société entre François Tronchin et son oncle Thélusson, puissant banquier qui se repentait de l'avoir associé à ses affaires, en 1728. La société fut dissoute en 1740 et le procès est de 1748. Voici les griefs que l'oncle adressait au neveu : « Au lieu de vous former et d'avancer en relations et connaissances, vous reculiez, uniquement occupé de la musique. Vous couriez les concerts, vous composiez, vous couriez après la réputation de musicien. A force de plaintes et d'instances vous y renonçâtes. Fut-ce pour vous appliquer au solide ? Non, votre goût fixé à la bagatelle s'attache à une pièce de théâtre que vous aviez faite à Amsterdam. Le hasard me la fit découvrir. Je me fâche. Vous m'opposez la décision de votre famille qui, dites-vous, veut qu'elle soit jouée. Ce malheureux ouvrage vous a coûté plus de 1 000 écus et trois ans de temps et de soins à le faire corriger, apprendre et jouer. Que vous en est-il revenu ? Le nom d'un homme qui n'est point propre au commerce, qui néglige ses affaires pour courir après le frivole. J'interroge votre conscience : ce serment que vous me fîtes en 1736 de ne plus faire des vers, l'avez-vous bien tenu ? Au fort du service des blés en 1739 [il y eut disette de blé en France en 1738, et Thélusson fut chargé d'en fournir], n'avez-vous pas donné toute votre attention à une pièce de vers pour demander une grâce à M. le Cardinal [Fleury] ? Si donc la fortune vous a manqué, qui doit s'en plaindre ? » Cité par Lüthy, ii.184, qui commente : « Représentatif d'un certain type de Genevois modelé par le calvinisme, entier, dur, austère, autoritaire et hautain, Thélusson appartient déjà presque à une époque révolue ». [**77**] D6149. Nous ne connaissons malheureusement de cette réponse que quelques phrases, publiées en 1790 par Michel Jean Louis Saladin. [**78**] D6185. [**79**] D6267. [**80**] D6161.

Notes du chapitre 13

[**1**] Il se souvient peut-être d'un ouvrage fort connu, *Etats et délices de la Suisse* (Leyde 1714), sorte de guide géographique et touristique par Abraham Ruchat, souvent réédité au cours du siècle. L'expression « les prétendues délices » apparaît dans D6396, après l'affaire Grasset. [**2**] Le château de Prangins offrira encore une bonne halte à Voltaire et à Mme Denis dans leurs déplacements. Beaucoup plus tard, en 1776, Voltaire voudra acquérir le domaine de La Lignière, à l'extrême bout de la propriété, comme le révèle le Journal encore inédit de Guiguer de Prangins (renseignement aimablement communiqué par la famille). [**3**] *Epître [...] en arrivant dans sa terre, près du lac de Genève* (M.x.362-66). [**4**] D6343 (19 juillet 1755). [**5**] D6355 (26 juillet 1755). [**6**] 14 juillet 1755, D.app.148. Le procès de canonisation d'Amédée VIII n'aboutira pas. [**7**] D6235, D6251. [**8**] D6214, à Mme de Lutzelbourg (24 mars 1755). [**9**] Voir D6846. [**10**] D6223. C'est alors qu'une ancienne connaissance se manifeste auprès de lui : Guyot de Merville, l'amant de Pimpette, l'ami de J.-B. Rousseau et de Desfontaines, l'éditeur de *La Ligue* (voir ci-dessus, p.45, 132). Etant désormais fixé à Genève, il tente de renouer (D6247, 15 avril 1755). Il fait amende honorable de ses attaques contre Voltaire. Il offre de lui dédier une édition de ses propres œuvres. Il propose ses services pour l'impression des ouvrages du

grand homme à Genève. Voltaire répond par un refus froidement poli (D6252). Guyot de Merville disparaît ensuite. Le 4 mai, on repêche un noyé près d'Evian. Etait-ce lui? On a prétendu qu'il se serait donné la mort, désespéré du refus de Voltaire. Cela paraît peu croyable. [11] D6200. Sur le jeu de Lekain dans le rôle de Gengis, voir D6229. [12] D6229 : on suppose que Lekain prit la route après la représentation, le 2 avril au soir. [13] D6229, D6231. [14] D6340 (18 juillet [1755]), D6344, D6352. [15] D6340. Le 28 juillet, les travaux sont toujours en cours. [16] On suit ici la tradition (L. Fulpius, «Une demeure historique : les Délices de Voltaire», *Genava* 21, 1943, p.38-39), mais rien n'est moins sûr. Voltaire apprécie aux Délices le plain-pied, ce qui ne peut se comprendre que si au rez-de-chaussée il disposait de toutes les commodités sans avoir à se rendre à l'étage. Il faut donc croire qu'il travaillait aussi ailleurs que dans la chambre du premier. [17] Voir la description de l'édition, BnC 55. [18] D6229, D6261. [19] D6267 (9 mai 1755). [20] D6273 (21 mai), D6278, D6279 (23 mai). Malesherbes répond qu'il ne donnera aucune permission «directe ou indirecte» (D6291). Mais comment empêcher une impression clandestine? [21] D6274, D6275, D6289. [22] D6306, D6308, D6316. [23] D6339 ([vers le 15 juillet 1755]). [24] J. Vercruysse en donne un florilège, *OC*, t.7, p.82-86. [25] J. Vercruysse, *OC*, t.7, p.74. [26] D6293 (4 juin). [27] D6305 (13 juin). [28] D6299, D6305, D6313, D6334, D6345. [29] D6358 ([27 ou 28 juillet]). [30] D6313, D6335 ; à la demande du comte d'Argenson, Berryer surveille Thiriot, dont l'exemplaire a été intercepté par la police. [31] D6284, à d'Argental ; D6285, à Thiriot. [32] D5669 (12 février 1754), à Clavel de Brenles ; Montolieu l'aurait acheté 100 ducats. [33] D6402 (12 août [1755]), à Polier de Bottens. [34] D6401 (11 août 1755), Du Pan à Freudenreich. [35] D6320, D6295, D6297. [36] D6370, D6402. [37] D6302, D6342, D6349, D6353. On se rappellera que les Délices sont hors les murs de Genève, et que les portes de la ville se fermaient en fin d'après-midi. Voltaire logeait pour la nuit les visiteurs qui s'étaient attardés. [38] D6360 (28 juillet), Voltaire à d'Argental ; D6362 (29 juillet), à Clavel de Brenles ; D6386 (5 août), à Darget ; D6391 (6 août), Jallabert à de Brosses ; D6392 (6 août), lettre de Montpéroux. [39] D6361 (28 juillet), D6416 (16 août) ; Grasset écrit de Lyon. [40] D6361, que nous suivons en ce qui paraît crédible. [41] D6387, à Polier de Bottens. [42] D6410. [43] On lira sa notice, «Gouvest, Jean-Henri Maubert de (1721-1767)», dans le *Dictionnaire des journalistes*, sous la direction de J. Sgard (Grenoble, 1976). [44] D6416. [45] J.-D. Candaux, «Les débuts de François Grasset», *Studies* 18 (1961), p.224-25. [46] D6393 ; voir aussi D6397. [47] D6409. [48] Candaux, p.226. [49] Registre du Conseil, CCIV.389, 389 bis, et D6380. [50] Jean Louis Du Pan à Freudenreich, D6384. [51] D6390, D6421. [52] D6400. [53] D6381. [54] D.app.145, vi ; D6396. [55] D6408. [56] D6428, Darget à Frédéric II (22 août 1755), et commentaire : le succès a désarmé la cabale et il est dû principalement à Mlle Clairon. D6446 : même appréciation sur le jeu de Mlle Clairon. [57] D6445, Voltaire à Richelieu (26 août [1755]). [58] D6683 (10 janvier 1756), lettre de Lekain visiblement arrangée : peu après la création de l'*Orphelin*, le comédien se rendit aux Délices (D6683 dit : à Ferney). Son interprétation de Gengis mit Voltaire en fureur («Tu m'assassines»). Après quoi, sur les leçons du Maître, il modifia son jeu et à la reprise à Paris il fit grand effet. [59] L'*Orphelin* fut joué neuf fois, sans que la recette diminuât. Il fut repris à la fin d'octobre, après avoir été représenté à Fontainebleau le 22 octobre ; voir D6424, commentaire. [60] Quatre volumes, qui portent dans la bibliothèque de Voltaire de nombreuses marques de lecture. Voir *Marginalia*, iii.256-90. [61] Epître dédicatoire au duc de Richelieu (M.v.297). [62] Meng Hua, *Voltaire et la Chine*, thèse à l'Université de

Paris-Sorbonne, 1988, exemplaires dactylographiés, p.491. On trouvera dans cet ouvrage, p.487-92, une analyse détaillée de la pièce de Ji Jun Xiang, et p.492-500, un exposé des traditions utilisées par le dramaturge chinois. [63] Métastase en Europe en tira également un opéra, l'*Eroe cinese*, que Voltaire connaît. [64] Confucius n'est pas nommé. Mais Voltaire avait eu l'idée de faire de Zamti un descendant du Maître (voir D6500). La référence demeure quoiqu'implicite. [65] L'*Orphelin de la Chine* de Voltaire fut joué en traduction chinoise, avec un plein succès, à Tian Jin (Tien-Tsin), le 20 juillet 1990, dans le cadre d'un colloque sur les relations culturelles entre la Chine et la France. Le metteur en scène, M. Lin Zhao-hua, avait eu l'idée heureuse d'insérer, entre les actes de la tragédie française, les principaux épisodes de la pièce chinoise. Le contraste entre la pièce de Voltaire, jouée dans le style le plus sobre, et l'exubérance baroque de l'opéra de Ji Jun Xiang était saisissant. [66] Nous pouvons en témoigner (R. P.). [67] Edition Cramer, Bengesco 214. La lettre à Rousseau est D6451. [68] M.xxiii.483-84. [69] Voir J. Starobinski, *Le Remède dans le mal* (Paris 1989), p.165-232. [70] Comme l'a montré H. Gouhier, *Rousseau et Voltaire, portraits dans deux miroirs*, p.61 et suiv. [71] D6451. [72] D6469. [73] Grasset avait publié à la fin du mois d'août sa lettre à Bousquet (D6361) qui se terminait par les humbles excuses qui lui auraient été faites au nom du Conseil. Le Conseil lui intenta un procès, en son absence. Il fut condamné de prise de corps (23 septembre). Il ne pouvait plus revenir à Genève sous peine d'arrestation. [74] D6484 (12 septembre [1755]). [75] Voir l'édition de J. Vercruysse, OC, t.7, p.33-34, à compléter par Lauriol, p.458-59. [76] Mme Denis mande qu'il est «avec des Anglais» (D6414, 16 août 1755). [77] D6547 (24 octobre). Même version dans D6581. [78] D6591 (20 novembre [1755]). Voltaire l'a su par Eslinger, ce qui prouve l'existence de tractations, plus ou moins directes, entre ce libraire de Francfort et les Délices. Dans D6548 (24 octobre) Voltaire disait que le manuscrit proposé par Maubert avait treize chants. [79] Par M. Chenais, «New light on the publication of the *Pucelle*», *Studies* 12 (1960), p.9-20, et par J. Vercruysse, OC, t.7, p.29-33. [80] D6404. [81] D6414. [82] D6425. [83] J. Vercruysse, OC, t.7, p.31, l'identifie avec Mme de Fleurieux, épouse du secrétaire de l'Académie de Lyon, que Mme Denis charge de faire ses emplettes en cette ville. [84] Description par J. Vercruysse, OC, t.7, p.97, 98. [85] D6581 (14 novembre), à Polier de Bottens. [86] D6472 (9 septembre 1755), D6518. [87] D6532 (9 octobre 1755). Voltaire placerait-il Louvain en Hollande? [88] D6547 (24 octobre). Voltaire a-t-il reçu de la duchesse une lettre approbative qui ne nous serait pas parvenue? Ou présume-t-il que sa correspondante réagira comme il l'y incitait dans D6532? [89] J. Vercruysse, OC, t.7, p.98, no.4, 5. [90] D6631 (16 décembre 1755), à Mme de Fontaine. [91] D6565 (5 novembre 1755), à Walther. [92] J. Vercruysse, OC, t.7, p.103, no.24. [93] D6365 (31 juillet [1755]): l'affaire de cette édition est concomitante de celle de *La Pucelle*. [94] D6449 (30 [août 1755]). [95] D6437 (24 août [1755]). [96] D6441, D6440, D6442. [97] D6443. [98] D6440. [99] D6440. [100] D6335: il s'agit de *La Pucelle*. [101] Sur ce vol, voir ci-dessus, p.653. [102] D6442, D6455, D6506. [103] Ed. Maurens, p.xxxix. [104] Ed. Maurens, p.xl, n.23. [105] Il faudra attendre 1971 pour que Jacques Maurens en donne une édition critique, à partir des manuscrits existants, *Histoire de la guerre de 1741* (Paris 1971). [106] D6565 (5 novembre 1755). [107] D6668. [108] D6546 (22 octobre 1755). [109] D6511 (22 septembre 1755), Collini à Lambert. [110] D6528 (1er octobre 1755), D6549 (24 octobre 1755). [111] D6511. [112] D6537 (13 octobre [1755]). [113] D6565. [114] D6546. [115] D6550, D6554, D6564, D6543. [116] D6541, D6556. [117] D6562 (1er novembre 1755), Patu à Garrick. [118] D6562. Patu a lu en outre des passages de

Macbeth et du *Roi Jean.* [**119**] D6513, D6514. [**120**] D6546 (22 octobre). [**121**] D6545, à S. Dupont; D6546, à Lambert; D6550, à d'Argental. [**122**] D6547 (24 octobre). Sur le sens de la métaphore, voir D4822.

Notes du chapitre 14

[**1**] D6596, lettre du conseiller Du Pan, qui tenait ces renseignements d'une lettre de l'ambassadeur de France à Lisbonne. [**2**] D6597. [**3**] D6609. [**4**] Voir D6600, D6607, D6608, D6620, D6621. [**5**] D6623 (10 décembre 1755). [**6**] D6629, D6635 et le *Nouvelliste suisse* de décembre. Le 12 décembre Du Pan écrivait qu'on avait reçu à Genève «le contenu d'une lettre de Mme de Baschi à Mme de Pompadour, qui réduit la perte de Lisbonne au quart des maisons et à 5 ou 6 000 âmes» (B.P.U. Genève, Suppl. 1539). [**7**] Voir par exemple D6605, D6606, D6613. [**8**] D6597, D6611. Le *Nouvelliste suisse* de décembre explique le nombre élevé des victimes par l'afflux à Lisbonne de gens venus pour la Toussaint, mais surtout pour assister à l'auto-da-fé. [**9**] D6766, note. Le propos était adressé à Vernet. [**10**] Voir par exemple D6603, D6605, D6607, D6610 et D6597, D6615. [**11**] D6630, D6651 et la lettre de Voltaire à Bertrand du 10 février 1756 (D6725) où il parle et de son propre «sermon en vers qu'il ne croit pas fait pour l'impression», et du sermon du pasteur «en prose», de l'impression duquel il s'occupe encore. Le sermon de Bertrand prononcé à Berne le 30 novembre portait sur «La considération salutaire des malheurs publics [...] après la nouvelle de la déplorable catastrophe arrivée à Lisbonne». Le *Journal helvétique* de décembre annonce sa publication par les Cramer, ainsi que celle d'un autre de ses sermons «sur le tremblement ressenti en Suisse et ailleurs le 9 décembre». [**12**] Du Pan aux Freudenreich (D6617). [**13**] D6758, D6565, D6546, D6471. [**14**] D6664, chapitres «Des Indes» et «De la Perse». [**15**] D6593, D6608. [**16**] On peut le supposer d'après D6615 qui la dit «enchantée» de Lausanne. Sur sa visite au château, voir D6624, commentaire. [**17**] D6611. [**18**] D6621, D6626. [**19**] D6631, D6602 note, D6646, D6658, D6806, D6709, D6611, D6907. [**20**] Voir J. R. Gruner, *Berner Chronik von 1701-1761*, éd. Sterchi, *Blätter für bernische Geschichte* 9 (1913), p.261, et D6603, D6985, D6646; Haller à Charles Bonnet, 8 janvier 1757, dans *Correspondence between Haller and Ch. Bonnet*, éd. O. Sontag (Berne, Stuttgart, Vienne 1982). [**21**] D6756, D6674. [**22**] D6613, D6620, D6623, D7059. [**23**] D6685, commentaire. [**24**] D6793 et n.1, D6797. [**25**] D6634, D6673, D7077. [**26**] D6674, D6704, D6732, D6716. [**27**] D6646, Collini, p.165, D6963 note, D6683. [**28**] D6797, D6673, D6638, D6666, D6697. Le manuscrit envoyé *secreto* est à Gotha (Chart. B 1778, f.82-85). CLT, iii.169. D6725, D6776. Voir en D6695 la réponse de Thiriot à qui Voltaire avait demandé son avis. [**29**] D6673, D6806, D6673 note, D6802. [**30**] D6985 (1er septembre 1756). Le temps ayant passé, le docteur semble un peu confondre les mois. [**31**] D6673, D6685 notes, D6797. [**32**] D6709, Gruner, *Chronik*, année 1756, p.400, cité par L. E. Roulet, *Voltaire et les Bernois* (Berne 1950), D6596. [**33**] D6603, D6605, D6789, D6790, D6868 note. [**34**] D6808, D6658, D6791 note, D6802, D6806, D6818, D8193. [**35**] D6985, D6806, Seigneux à Haller du 27 mars, concernant une lecture faite par Voltaire chez lui le 18, et donnant presque le texte définitif de l'Addition. [**36**] D6738, D6779, D6782. [**37**] On ne la trouve même pas dans les éditions furtives qui comportent l'Addition (BN, Ye 34957, Z Beuchot 674), Seigneux ne la transcrit pas dans «la conclusion» lue par Voltaire le 18 mars, qu'il transmet à Haller. Voir les carnets de Voltaire (*OC*, t.82, p.517)

et l'article «Souzeni» dans Herbelot, *Bibliothèque orientale*. [**38**] D6766, D6806, D6776, D6778, D6779. Les éditions cotées à la BN Ye 34957 et Z Beuchot 674 comportent cette addition conforme à un mot près au texte transcrit par Seigneux le 27. [**39**] D6782. Par comparaison avec les éditions clandestines qui reproduisent un état antérieur du texte, on voit que les vers ajoutés sont les vers 49 à 52, 59 à 70, 75 à 82; les derniers seront modifiés par la suite. Le poème, pour cette partie du moins, était déjà imprimé puisque Voltaire propose de prendre les frais à sa charge. [**40**] D6795, D6798, D6792, D6782, D6821. Cette préface ne figure pas dans les éditions clandestines. [**41**] Sur cette note voir D6788. [**42**] D6821. Les éditions clandestines comportent en plus cinq courtes notes en bas de page. [**43**] D6776. On se fait une idée des modifications de dernière minute en collationnant les textes des additions, dans les lettres où ils sont proposés d'une part, dans les éditions Cramer d'autre part. Il arrive à Voltaire d'écrire un billet à ses imprimeurs pour faire corriger un seul mot, par exemple «abattus» (D6850) dans les vers 195-98 qui apparaissent pour la première fois dans l'édition Cramer. [**44**] D6849, D6853, D6879, D6906, D6903. [**45**] Qu'accomplissaient encore les poètes de la Résistance, ainsi Eluard, dans *Liberté*. [**46**] Le *Poème* est cité dans le texte de M.ix.470-80. [**47**] D6792, D6793, D6800. [**48**] Voltaire dresse la rétrospective dans D6801 et D6837. [**49**] CLT, iii.160-61; D6737, D6798, D6801, D6695, D6707, D6689 note. [**50**] D6800. Les éditeurs pirates avaient eu entre les mains une copie du poème dédié à la duchesse de Saxe-Gotha. Mais la dédicace «A une souveraine sans faste», peu explicite, fut interprétée comme s'adressant à la margrave de Bayreuth. Voltaire se tira habilement de cette situation gênante vis-à-vis de la duchesse. Il lui écrit le 22 mars que le poème ayant déjà paru dédié au roi de Prusse, elle risquait des ennuis avec son puissant voisin s'il voyait cette dédicace supprimée à son profit. Il fit si bien que la duchesse de Saxe-Gotha, sacrifiée, le remercia (D6819). [**51**] Il compte 486 vers contre 434 dans la première version et 353 dans la seconde. Pour plus de détails voir l'édition critique de F. J. Crowley. [**52**] D6801 où seule l'intéressée peut comprendre de quel «petit article» il s'agit. [**53**] D6750. [**54**] Le 12 mars, Voltaire attend déjà avec impatience des exemplaires imprimés (D6779). Le 14 il demande à payer les frais de réimpression du *Poème* pour lequel il propose une Addition (D6782). [**55**] C'est certainement déjà le texte imprimé qu'il veut envoyer à d'Argental le 1er avril (D6811) et à Cideville le 12 (D6821); il le dit explicitement au duc d'Uzès le 16 (D6837). [**56**] D6827, D6836, D6837, D6844,D6859, D6879. [**57**] D6824, D6821. [**58**] CLT, iii.244 (1er juillet 1756). [**59**] D6922. [**60**] CLT, iii.160-61 (15 janvier 1756); iii.199-200 (1er avril); iii.244 et suiv. (1er juillet). [**61**] *L'Année littéraire* (1756), viii.262-74, lettre du 25 décembre 1756. [**62**] *Mercure*, janvier 1757, ii.109. [**63**] D6930, D6938. [**64**] D6768 (8 mars 1756), G. et Ph. Cramer à Malesherbes. Voir l'avis diffusé par les Cramer par exemple dans le *Journal helvétique* de mars 1756. [**65**] Voir *OC*, t.15, p.136-67. [**66**] Lettres xv, xvi et début xvii: «Lettre sur la tragédie»; «Lettre sur Pope et quelques auteurs fameux» qui devient «De Prior, du poème singulier d'Hudibras et du doyen Swift», et «De Pope». [**67**] A la fin la lettre sur les Sociniens. [**68**] Voir la *Préface des éditeurs* et un *Avis* paru auparavant (Bengesco, iv.53 et suiv.). [**69**] D6821. [**70**] Voir *De la Population d'Amérique*, éd. J. Hellegouarc'h, *OC*, t.45. [**71**] Toutefois le fils de la duchesse de Saxe-Gotha n'étant mort que le 9 juin, on ne peut croire (comme certains l'ont suggéré) que le conte ait été écrit pour consoler la mère. [**72**] D6738 où à ce propos est cité un mot de Posidonius. [**73**] D6795, D6758; sur l'importance que Voltaire attache aux cartons des *Œuvres mêlées*, voir D6865, D6660. [**74**] D7000, D6824, D6940. [**75**] D6677, D6511, D6534, D6549, D6736, D6810. [**76**] On peut voir nettement un de ces échanges en étudiant l'histoire du texte de l'article *De la Population de l'Amérique* d'une part, celle du chapitre «De Colombo et de l'Amérique» dans l'*Essai* d'autre part (*OC*, t.45). [**77**] D6797. [**78**] D6986, D6990, D6711, D6769, D6940, D7008. [**79**] D6720, D6807, D6990. [**80**] D6725, D7067, D6976, D7055, D7093. [**81**] D7067, D7055, D6619, D6655, D6803, D7139, et l'article «Génie» dans les *Questions sur l'Encyclopédie*. [**82**] D6619, D7055, D7067, D6653, D7093. [**83**] D7055, D6653, D7018. [**84**] D7079. [**85**] On lira les contributions de Voltaire à l'*Encyclopédie* dans *OC*, t.33, p.35-231. [**86**] Voir «L'Eloge de Montesquieu» par d'Alembert, par exemple dans le *Mercure* de novembre 1755; D6731; et CLT, iii.457-58. [**87**] D7106. [**88**] D6557. [**89**] D6666, D6720, D6722, D6723, D6724, D6727, D6725, D6726, D6737. [**90**] D6771, D6832.

Notes du chapitre 15

[**1**] D6872, D6880. [**2**] Collini, p.164. Mme Denis fera à Berne des achats. L'aubergiste du Faucon, Marktgasse, chez qui ils descendent, veut leur vendre, fort cher, des tableaux. Elle préfère acquérir des draps et des serviettes. [**3**] D6646 (22 décembre 1755), D6658. [**4**] D6646, D6658. [**5**] Dont le propriétaire, Panchaud, est Bernois. [**6**] D6852. [**7**] D6868, commentaire. [**8**] D6883, D6886, D6948 note, D6898. [**9**] D6932, D7023, D7029. [**10**] D6965, D7029, D7031. [**11**] Collini, p.165, D6811, D6962. [**12**] D6765, D6820, D7041, D6861, D7056, D6880, D6870. [**13**] D6870, D6933, D6868, D6874, D6972. [**14**] D6861, D6899, D6941, D6945, D6951, D7047. [**15**] D6715, D6873, D6932, D6933, D7063, D7077. [**16**] D6749, D6876, D7038, D7022, D7029, D6694, D6902, D7010, D6618. [**17**] D6948, D6875, D7074, Collini, p.184, D6601. [**18**] D6697, D6937. [**19**] D6774. [**20**] D6620, D6919, D6676. [**21**] D6740, D6743, D6839, D6840, D6898, D7028, D6919, D7008, D6984, D7056, D7085, D6985. [**22**] D6645, D7104, D7594. Voir la sépia de Huber dans D. Baud-Bovy, *Peintres genevois*, reproductions photographiques Fred Boissonnas, éditées par *Le Journal de Genève*, 1903-1904. [**23**] Garry Apgar, dont on connaît la compétence en matière d'iconographie voltairienne, nous fait savoir que l'attribution à Huber est très contestable. Le dessin serait plutôt de Louis-Ami Arland-Jurine (1751-1829), et d'une date ultérieure. Ainsi le personnage penché sur Mme Denis ne serait pas Collini. [**24**] D6617, D7030, D6645, D6653, D6709, D6821; J. Vernet, *Lettres critiques d'un voyageur anglais* (Copenhague [Genève] 1766), ii.264. [**25**] D7004, D6937. [**26**] Sénac de Meilhan, *Œuvres philosophiques et littéraires* (Hambourg 1795), ii.349-52; D6966, D6990, D7004, D6964, D6976, D6997. On reproche à Palissot d'avoir attaqué Voltaire dans sa comédie *Le Cercle ou les originaux*; il s'en défend (D6997). [**27**] D7004, D7028, D7053. [**28**] D6807. [**29**] D6836. [**30**] D6937. [**31**] Voir Rousseau, i.288. [**32**] D7068 à D7072, D7080, D7081. [**33**] D7076. [**34**] D6886, Du Pan à Freudenreich (13 juin 1756), D6631, D6883, D6968, D7030, D7035, note. [**35**] D7060, commentaire. [**36**] Collini, p.170-76. [**37**] D6920 (6 juillet [1756]). [**38**] D6797, D6601. [**39**] D6855. [**40**] Lettre aux Cramer publiée par Ch. F. Wirz dans *Musées de Genève* (1981). [**41**] D6871. [**42**] D6824, D6837. [**43**] A cette page, une note indique que «lorsqu'on imprimait cette feuille, il est tombé entre les mains des éditeurs une compilation intitulée *Mémoires de Madame de Maintenon*». [**44**] D6819 et note, D6879, D6864, D6865. [**45**] D6871, D6896, D6906, D6893, D6908, D6915, D6964. [**46**] Voir Lauriol, ch.8. [**47**] D7008. Les cartons des tomes V et VI (p.277-78 et 67-68) concernent

l'Espagne. [48] D7027. [49] *Essai sur les mœurs*, éd. Pomeau, ii.265-66. Cette atrocité et la précédente sont attestées par Rapin-Thoyras, voir p.265, n.2, et p.166, n.1. [50] *Essai*, ii.808. [51] *Essai*, ii.811. [52] *Essai*, i.203. [53] C'est notamment le point de vue d'Alain Peyrefitte, *L'Empire immobile ou le choc des mondes* (Paris 1989), qui fait valoir par là l'observation réaliste de Macartney et de sa mission, lesquels se rendirent sur les lieux en 1793. [54] Shun-Ching Song, *Voltaire et la Chine* (Aix-en-Provence 1989), p.116-213. Même jugement dans l'ouvrage de Meng Hua, *Voltaire et la Chine*, thèse soutenue à l'Université de Paris-Sorbonne (ex. dact.), 1988. [55] Voir R. Pomeau, «Les philosophes et l'Islam: de la lettre A à la lettre M de l'*Encyclopédie*», *Mélanges en hommage à Jean Sareil* (New York 1990), p.203-14. [56] C'est pendant le séjour de d'Alembert que Voltaire tient le propos rapporté ci-dessus, p.13: il se dit persuadé que d'Alembert est le fils naturel de Fontenelle, comme il est lui-même celui du chansonnier Rochebrune. [57] L'article «Généreux, générosité» qui paraîtra en 1766 dans l'*Encyclopédie* n'est pas signé et se termine par une note où Voltaire n'est pas nommé. Diderot a-t-il abrégé, comme il semble le dire, l'article envoyé à d'Alembert le 29 novembre 1756 (D7067)? Mais certains caractères (déclamation, appréciations personnelles, longueurs) font supposer que le texte, s'il est de Voltaire, a été non seulement amputé, mais amplifié, et modifié quant au style. OC, t.33, reproduit les articles qui viennent d'être mentionnés, mais non «Généreux». [58] *Œuvres complètes* (Paris 1969), iv.1071, 1073-75. [59] *Mémoires de Mlle Clairon* (Paris 1822), p.231. [60] *Mercure de France*, août 1750, i.215, ii.189-90; juillet, i.188; novembre, i.177; D6811. [61] D6908, D6935, D6927; Marmontel, *Mémoires*, i.108; Mlle Dumesnil buvait aux entractes un «gobelet» de vin, mais assez trempé d'eau pour ne pas s'enivrer. En revanche voir les *Mémoires secrets* de Bachaumont du 30 janvier 1762, le *Mercure* de septembre 1756, Grimm, 1er septembre 1756. [62] Grimm, *Correspondance littéraire*, 1er mai 1756. [63] D6958 (4 août 1756). [64] D6751, D6959. [65] D6848, D6907, D6979. [66] D6901, D7017, D7003, D7028, D6979, D7035, D7052, D7040, D7086. [67] D7030, D7042. Frédéric II à Pirna, sur l'Elbe, a battu les Saxons alliés à l'Autriche. [68] D6935, D6936, D6940, D6926. [69] D6981. [70] D6876, D7090. [71] D7090, D7095, D7110, D7111, D7154. [72] D7238, D7167, D8262. Il se peut que l'affaire Byng ait été pour quelque chose dans la genèse d'une autre pièce portant sur une erreur judiciaire: *Socrate* que Voltaire publiera en 1759. [73] D6822, D6836. [74] D6771, D6832, D6863. [75] D7495; Frédéric II, *Œuvres*, xx.216; D6879, D6885, D6887, D7016, D6922. C'est peut-être à une manœuvre de Frédéric que l'on doit, à ce moment-là, la publication du *Portrait* anonyme de 1735 (voir ci-dessus, p.267-73) dans le *Gentleman's magazine* de juin et dans le *Scots magazine*. [76] D6916, D6979, D6944, D6945, D6965, D7015. [77] D7015, D7035, D6979, D6981. [78] D6995, D7021, D7030. [79] D7043, D7223, D7260, D7273, D7318. [80] D7041, D7042. [81] D7128. [82] D6733 (15 février 1756), à Mme de Fontaine. [83] Marmontel, *Mémoires*, i.143. [84] D6733, D6745, D6752. [85] D6760, D6844. [86] D'après une lettre à d'Argental, en 1761 (D9614). [87] Le *Précis de l'Ecclésiaste* et celui du *Cantique des cantiques* ne paraîtront qu'en 1759. On avait promis à Voltaire une édition faite au Louvre, avec un portrait à la tête: on ne connaît pas d'exemplaire de cette édition officielle; fut-elle réalisée? Selon Condorcet on aurait voulu récompenser le poète en lui promettant un chapeau de cardinal. Wagnière juge l'offre vraisemblable (Longchamp et Wagniere, p.536). Mais La Harpe dément. Une histoire burlesque, en 1767, dans une réplique à Cogé contient peut-être une allusion à cette affaire (voir *Réponse catégorique au sieur Cogé*, éd. J. Renwick, OC, t.63A, p.226-30). [88] D6890, D6888, D7014, Lauriol, p.491-96. [89] D6908.

[**90**] Les *Mémoires* du marquis d'Argenson consignent le fait à la date du 23 juillet dans l'édition Jamet, du 19 août dans celle de Rathéry. [**91**] D7042, D7043. [**92**] D7033, D7042, D7064, D7079, D7090, D7096.

Notes du chapitre 16

[**1**] D7215 (27 mars 1757). Voltaire quittera Montriond en avril. [**2**] D7225 (6 avril [1757]). [**3**] D7125 (16 janvier [1757]). [**4**] D7114 (6 janvier [1757]). Voir *L'Attentat de Damiens: discours sur l'événement au XVIIIe siècle*, sous la direction de P. Rétat (Lyon 1979). [**5**] D7130, D7136, D7131. [**6**] Voir *L'Attentat*, p.272, qui cite la *Gazette de Cologne* et donne quelques exemples de ces écrits. [**7**] D7129, D7130. Damiens n'avait point été payé pour commettre ce forfait, il avait volé cet argent. [**8**] *Précis du siècle de Louis XV*, OH, p.1527. [**9**] D7132 (23 janvier [1757]). [**10**] D7213 (26 mars 1757), à Thiriot, qui la publie dans le *Mercure*. [**11**] OH, p.1531. [**12**] Voir dans *L'Attentat* les lectures de l'événement par Sébastien Mercier, Michelet, Huysmans, Ernst Jünger. [**13**] On sait qu'il fallut couper les membres que les chevaux ne réussissaient pas à arracher. Voir les relations du supplice dans *L'Attentat*, p.358-60 et la bibliographie sur le sujet, p.398. [**14**] D7223 (3 avril [1757]). [**15**] Selon Dufort de Cheverny (*L'Attentat*, p.258). D'autres témoignages sont cités, signalant que les femmes ont soutenu le spectacle, alors que les hommes s'évanouissaient. [**16**] Voir l'article «Curiosités» des *Questions sur l'Encyclopédie* (M.xviii.306). Précisons que dans son *Commentaire* sur Beccaria, Voltaire n'admet point l'écartèlement comme sanction des crimes majeurs, comme l'affirme J.-Cl. Bonnet (*L'Attentat*, p.310). Il admet la question (M.xxv.558). [**17**] D7130 (20 janvier [1757]). [**18**] D7126, D7133, D7138, D7142, D7162, D7196, D7219, D7226. [**19**] D7215 (27 mars 1757). [**20**] D7219 (29 mars [1757]). [**21**] D7179 (3 mars [1757]). [**22**] D7236, D7237. Les voituriers en ont bu vingt bouteilles (D7325). [**23**] D7188. Voltaire à J.-R. Tronchin, D7142 (4 ou 5 février 1757): «On joue tous les jours la comédie à Lausanne. Ce n'est pas comme dans votre ville de Calvin.» Il existe encore aujourd'hui à Lausanne, dans la partie orientale de la ville ancienne, une avenue et un parc de Monrepos. [**24**] David Louis de Constant Rebecque, seigneur d'Hermenches. En 1757, il est au service du prince d'Orange. Il passera ensuite au service de la France. [**25**] D7206, commentaire. [**26**] D7482. [**27**] D7143, D7179. [**28**] D7206. [**29**] D7206, D7197, D7445 (Mme Denis veut le même costume que Mlle Clairon). La pièce sera analysée lorsque, en 1762, Mlle Clairon réussira à l'imposer au Théâtre-Français, sous le titre de *Zulime*. A une représentation de 1757 assistait David Tissot: il raconte l'action à son ami Haller (D7220, 29 mars). L'intrigue, un imbroglio oriental, se situe alors en Syrie. Mohador, émir de Damas, est aux prises avec Tamire, esclave chrétien aimé de Fanime, lequel est «prince de Chypre». [**30**] D7173, D7202. [**31**] D7191. [**32**] D7192. [**33**] D7152. [**34**] D7619. [**35**] D7173, D7202, D7220. [**36**] D7204, D7209. La pièce sera encore jouée le lundi et le mardi (avec des doublures?). [**37**] D7226, D7180. [**38**] D7119, à Jacob Vernes. Même jugement dans une lettre à P. Rousseau (D7172). [**39**] D7213 (26 mars 1757), qui fut publiée dans le *Mercure de France*, mai 1757, p.35-38: lettre mentionnée plus haut où Voltaire se rassure sur l'attentat de Damiens, en constatant la diffusion des Lumières. [**40**] Voir D7112, D7113, D7117, D7123, D7129, D7139, D7171. [**41**] *Essai sur les mœurs*, ch.133 et 134. [**42**] Voir G. Gargett, *Voltaire and Protestantism*, Studies 188 (1980), p.129. [**43**] D7152, D7143. [**44**] N'a-t-on point prétendu que l'enfer était «un point

de la doctrine de Moïse»? C'est faux «de par tous les diables» (D7267). Cet article, répond d'Alembert, est de Mallet et n'est pas sans mérite (D7320). **[45]** D7320 (21 juillet [1757]). **[46]** D7079, D7098. Envois avec D7122, D7139. **[47]** *Articles pour l'Encyclopédie, OC,* t.33, p.187-214. **[48]** Sur leurs relations, voir Gargett, p.121-23. **[49]** D7139, D7266, D7267, D7306, D7308, D7320, D7199a; Voltaire a supprimé quelques hardiesses (*OC,* t.33, p.227-31). **[50]** D7320. **[51]** Voir l'établissement du texte par Nicole Masson, *Les Petits poèmes de Voltaire (1711-1733),* thèse de l'Université de Paris-Sorbonne, 1987, ex. dact., p.345-46. **[52]** *OH,* p.1173-79, 1731-32. **[53]** Voir D7141, D7143, D7145, D7147, D7152, D7153. La genèse de l'*Histoire de l'empire de Russie sous Pierre le Grand,* ainsi que les relations de Voltaire avec la cour de Saint-Pétersbourg, sont étudiées avec plus de détail ci-dessous, ii.96-101. **[54]** *OH,* p.1741. La margrave avait trouvé cet éloge insuffisant. Pour plus de détails, voir Mervaud, p.266-88. L'ouvrage envoyé en Allemagne formait les tomes xi-xvii de la *Collection complette des Œuvres de M. de Voltaire.* Les tomes xi à xiv comprenaient l'*Essai* proprement dit auquel s'ajoutaient dans les autres tomes *Le Siècle de Louis XIV* et quelques chapitres de ce qui deviendra le *Précis du siècle de Louis XV.* **[55]** D7152 (9 février 1757). **[56]** D7215 (27 mars 1757). **[57]** Il habite alors dans sa maison du Grand-Chêne. Il passe la Pentecôte à Montriond (D7269, D7271), une semaine fin août-début septembre à Lausanne (D7357, D7375) où il séjourne aussi du 20 octobre au 3 novembre (D7426, D7444). **[58]** D7448, D7262, D7407, D7279, D7304. **[59]** D7372, D7282, D7290, D7325, D7436. **[60]** D7372. Les commandes de Mme Denis sont sans fin. **[61]** D7326, D7340. **[62]** D7430 (24 octobre 1757). Vers recopiés par Jean-Louis Du Pan. **[63]** Sur la fortune de Voltaire, voir D7254 (4 mai [1757]). Voltaire a prévu une clause pour prévenir la fluctuation du cours des monnaies dans son contrat avec l'Electeur palatin. On peut suivre dans le détail toute la tractation financière avec le chargé de pouvoir de l'Electeur palatin: D7255, D7276, D7286, D7292, D7294, D7295, D7296 et D.app.156, D7311, D7312, D7321. Sur les diamants de Mme Denis, voir D7445 (4 novembre [1757]). **[64]** M.1.45. **[65]** D7327. La comtesse est toujours aux prises avec d'interminables procès. **[66]** D7272. Pour le rôle de Vernet et des autorités civiles et ecclésiastiques dans cette affaire, voir G. Gargett, *Jacob Vernet, Geneva and the «philosophes»,* Studies 321, p.125 et suiv. **[67]** Le texte est dans D7264, commentaire. Le Conseil indiquait son «improbation sur les expressions d'une prétendue lettre», imprimée dans le *Mercure de France.* Il priait les scolarques de «supprimer dans de nouvelles impressions des ouvrages dudit Sr de Voltaire tout ce qui serait contraire à la religion et aux bonnes mœurs.» **[68]** D7275 (2 juin [1757]). Il se contente de faire dire par Thiriot que la lettre du *Mercure* était une copie infidèle et que l'original parlait seulement de «l'âme trop austère» de Calvin (D7264). **[69]** A Carouge, sur le territoire de Savoie. Voir la délibération des autorités de Genève du 16 mai dans D7338, commentaire. **[70]** D7319, D7322. On notera que Bonnet dans une lettre à Haller approuve le texte paru dans le *Journal helvétique* (D7322, commentaire). **[71]** D7364 (2 septembre [1757]); D7382, commentaire. **[72]** Il serait intervenu dans ce sens auprès de Formey (D7382). **[73]** D7382, D7383 (13 septembre 1757). **[74]** D7389 (20 septembre 1757), D7392 (21 septembre), D7404 (29 septembre). **[75]** D7409. **[76]** D.app.157. **[77]** *Journal helvétique,* Neuchâtel, août 1757, p.156-62. **[78]** D7371 (9 septembre [1757]). Voltaire s'efforce de déconsidérer Vernet. Cette querelle aurait pour origine une jalousie de libraire (D7428). **[79]** M.i.54. Il s'inquiète cependant en apprenant que La Beaumelle, qui n'a pas désarmé, vient de sortir de la Bastille (D7425, D7433). **[80]** D7329, D7349 (19 août [1757]). Voir aussi D7406. **[81]** D7160, D7169. **[82]** C'est en écrivant l'*Histoire de Charles*

XII qu'il a rencontré Pierre le Grand (voir ci-dessus, p.214). En 1737, lorsque Frédéric, alors prince royal, lui communique des anecdotes sur la cour de Russie, il défendit ce «barbare» (Mervaud, p.38-39). Dans le même esprit, il a publié en 1748 des *Anecdotes sur Pierre le Grand*. [83] D7248, D7298, D7324. [84] Il a consulté les mémoires manuscrits du général Lefort (D7369), des relations de la Chine, les mémoires de Strahlenberg et de John Perry. Il n'a pas fait usage des *Mémoires du règne de Pierre le Grand* de Rousset de Missy qu'il fait profession de mépriser. [85] D7336 (7 août 1757). [86] D7331 (1ᵉʳ août 1757). A partir de juin 1757, *Iphigénie en Tauride* a été jouée une dizaine de fois. Cideville en avait parlé à Voltaire (D7291). [87] Pseudonyme de Frédéric, faisant anagramme... [88] D7314, commentaire. [89] D7341 ([12 août 1757]). La margrave déchira le bas de la lettre, où se trouvait transcrite l'épigramme (voir ses explications plutôt embarrassées dans D7350, où il est question d'un encrier renversé). Tel était, en fait, le désir de Frédéric: «Si vous trouvez l'épigramme trop forte, vous n'avez qu'à la garder et envoyer le reste» (*Politische Correspondenz*, xv.298). Sur le jeu de Frédéric, voir Mervaud, p.270-71. [90] D7364, D7393, D7357. [91] D7350, D7438, D7380. [92] D7402, D7403, D7426, D7429. [93] D7373 (9 [septembre 1757]). [94] Frédéric attachait grande importance à ce que ce texte fût reçu par Voltaire. Il lui en envoyait une copie holographe, il en faisait envoyer une autre par sa sœur (*Politische Correspondenz*, xv.383). Voltaire en recopie de larges extraits dans les *Mémoires* (M.i.48-50). [95] Cité dans D7373. [96] D7400, D7419. Frédéric demandera plus tard que ces lettres de consolation de Voltaire soient supprimées. Il n'obtint point gain de cause. [97] D7414 ([8 octobre 1757]).

Notes du chapitre 17

[1] D7460 (13 novembre [1757]). [2] M.i.51: à la différence de ces autres défaites, Rossbach n'eut pas pour conséquence une invasion du territoire national, parce que Frédéric dut faire face à l'est pour combattre les Autrichiens en Silésie. [3] M.i.52. [4] Vers le 15 novembre, D7462, D7463. [5] M.i.53. Ces *Mémoires pour servir à la vie de M. de Voltaire* auraient-ils été commencés dès 1751, comme pourrait le faire croire une note de Berryer datée du 20 juillet 1751 (M.i.319)? Il est plus vraisemblable que Voltaire les a entrepris après l'affaire de Francfort. La première partie, non datée, se termine à Rossbach (M.i.53). Ensuite le texte porte trois dates, 6 novembre 1759, 27 novembre 1759, 12 février 1760, mais pour des additions assez brèves. Il est probable que la rédaction de la partie antérieure, qui en constitue l'essentiel, est de 1757-1758. [6] D7499 (6 décembre [1757]), D7472 (20 novembre [1757]), D7491 (2 décembre [1757]). [7] D7507, D7521. [8] D7480, D7518. [9] D7512 (12 décembre [1757]). Le texte n'est connu que par la transcription de Kehl qui imprime ici «boue» (voir les notes textuelles). On peut penser que sur l'original «m...» était écrit en toutes lettres. [10] D7499 (6 décembre [1757]), à d'Alembert. [11] D7531, D7481. [12] D7527, à d'Argental. [13] D7228. [14] Il l'a louée en mars, D7220, et aménagée fin août, D7357. Dans D7223 (3 avril 1757), annonçant à sa nièce Mme de Fontaine l'acquisition (en réalité une location pour neuf ans), il ajoute: «Je suis logé à la ville et à la campagne de façon à vous bien recevoir dans toutes les saisons». Comprenons que la maison de la «campagne» est celle des Délices, alors hors de Genève, et que celle de la ville est la maison du Grand-Chêne («Me voici lausannois pour les hivers», D7228). [15] D7215, D7228. [16] D7555, D7558, D7565. [17] M.x.363. [18] D7569, D7619.

[**19**] D7650 (24 février 1758), D7660 (3 mars 1758). [**20**] D8237, D7569. [**21**] L'hiver suivant, Voltaire fera connaître qu'il fait construire un théâtre sur les terres qu'il vient d'acheter en France (Ferney et Tourney), D7963 (4 décembre 1758). [**22**] D7558 (5 janvier [1758]), D7550, D8003. [**23**] Voir *Candide*, *OC*, t.48, p.27-31. [**24**] D7536. [**25**] *OC*, t.48, p.257. [**26**] Voltaire, *Romans et contes*, éd. R. Pomeau (Paris 1966), p.318, 712-15. [**27**] C'est Jacqueline Hellegouarc'h qui nous le fait remarquer. [**28**] D6629, D6666, D7001, D7023, D6708, D7067. [**29**] *Encyclopédie*, vii.578. [**30**] D7531, commentaire; D7540, D7570 (vers le 8 janvier 1758), à Diderot. [**31**] Pour les références et plus de précisions, on consultera R. Pomeau, *La Religion de Voltaire*, p.307. [**32**] Pomeau, *La Religion de Voltaire*, p.306. [**33**] D7564, D7607, D7592, D7666, D7618, D7641. [**34**] D3945 (11 juin 1749). [**35**] D7175 (28 février [1757]). [**36**] D7943 (16 novembre [1758]). [**37**] D7768 (26 juin [1758]), à Diderot. [**38**] D7539 (29 décembre [1757]). [**39**] D3945. [**40**] On se rappellera que Voltaire n'a pas connu ce qui constitue pour nous le meilleur de l'œuvre de Diderot, *Le Neveu de Rameau*, *Jacques le Fataliste*, le *Supplément au voyage de Bougainville*, et autres textes, rédigés après la date où nous sommes (1758), et restés manuscrits jusqu'à la fin du siècle et au-delà. [**41**] D7666, D7660. [**42**] D7652 (25 février [1758]). Il s'agit toujours de représentations de *Fanime*. [**43**] D7686 (18 mars [1758]). [**44**] D7706, D7732, D7666. C'est sans doute Mme d'Epinay elle-même qui a informé Voltaire de la brouille survenue avant son départ pour Genève. [**45**] D.app.156. A la mort de Voltaire, Mme Denis percevra sur cette rente 8 000 livres annuellement, qui lui seront payées jusqu'à son décès le 21 avril 1790. [**46**] D7597, D7889, D7663, D7622, D7695, commentaire. [**47**] D7955 (27 novembre 1758). [**48**] Sur cette affaire, voir D7743, D7753, D7766, D7767, D7783, D7976. [**49**] D7718, D7760. [**50**] D7778 (vers le 1er juillet 1758), D7779, D7780, 7795, D7780, à Mme Denis. [**51**] D7740, D7752. [**52**] D7101 (30 décembre 1756). [**53**] Selon Mme d'Epinay, citée par Percy et Maugras, *La Vie intime de Voltaire aux Délices et à Ferney* (Paris 1885), p.200, l'hommage s'accompagne d'une mimique qui le tournait en parodie. Voltaire passe «derrière la chaise de la pauvre Colombiade» pour la couronner. Il pose la couronne d'une main et, sans que la poétesse s'en aperçoive, il lui «fait les cornes de l'autre main et tire sa langue d'une aune aux yeux de vingt personnes qui étaient à table». [**54**] D7784 (8 juillet 1758). [**55**] Selon Charlotte de Constant, D7775, commentaire. [**56**] D7782, D7840, D7885, D7891, D7787, commentaire. [**57**] D7812 (2 août [1758]) à Collini, D7811, D7822, D7790 (17 juillet [1758]), à Mme Denis. [**58**] Sur le témoignage de Wagnière et celui de Formey, voir *OC*, t.48, p.32-33. [**59**] On peut sur ce point accepter la version de Formey, voir *OC*, t.48, p.35-36. [**60**] *Boswell chez les princes*, p.183. [**61**] D7821 (12 août [1758]). [**62**] D7762 (21 juin [1758]), à d'Argental, D7822 (14 août 1758), commentaire, D7835. [**63**] D7817. [**64**] D7789 (15 juillet 1758). La lettre à Darget est D7565, du 8 janvier précédent. [**65**] D7836.

Notes du chapitre 18

[**1**] «Une bonne et franche Westphalienne», dit-elle d'elle-même, D5791 (27 avril 1754). [**2**] D7843 (2 septembre [1758]). [**3**] *Candide*, t.48, p.168. [**4**] *OC*, t.48, p.38. [**5**] D8251 (6 [avril 1759]). [**6**] *La Vie intime de Voltaire*, p.241-42. [**7**] Voir *OC*, t.48, p.47-52. [**8**] *La Vie intime de Voltaire*, p.241. [**9**] Voir D. W. Smith, *Helvétius, a study in persecution* (Oxford 1965), p.38-39. [**10**] Smith, p.44. Voir aussi *Helvétius*,

Correspondance générale, ii, éd. D. W. Smith (Toronto et Oxford 1984). [**11**] D7856, D7912, D7887. [**12**] *De l'Esprit* (Paris, Durand, 1758), p.25. [**13**] D'après Quérard, *La France littéraire* (Paris 1839), x.323, qui ne cite pas ses sources. Peut-être eut-il connaissance d'une lettre aujourd'hui perdue. Après la mort du duc de La Vallière (16 novembre 1780), sa fille refusa à Beaumarchais, pour son édition de Kehl, la communication des lettres de son père à Voltaire. La plupart de celles-ci ont aujourd'hui disparu. [**14**] D8072 (janvier-février 1759). On peut inférer de là que La Vallière avait précédemment critiqué ce même épisode. [**15**] Voir ci-dessus, p.873. [**16**] D7846 (3 septembre 1758). [**17**] D7852 (9 septembre [1758]). [**18**] D7839 (2 septembre 1758). [**19**] D7853, orthographié jusqu'alors Tournex. Voltaire a changé la graphie du nom en Tourney, et celle de Fernex en Ferney, afin de se conformer à la prononciation. [**20**] D7896. [**21**] D7911 (17 octobre 1758), Pierre Michel Hennin à Täscher. [**22**] D7929 (2 novembre [1758]). [**23**] D7913 (21 octobre [1758]): c'est-à-dire le roi de France, Genève, Berne, le quatrième étant soit Neuchâtel, soit le duché de Savoie, puisqu'au spirituel la paroisse de Ferney relève de l'évêque d'Annecy. [**24**] D.app.174. On consultera l'ouvrage très documenté de L. Choudin, *Histoire ancienne de Fernex* [...] *des origines à 1759* (Annecy 1989). [**25**] Le petit-fils d'Isaac, Jacques Louis de Budé, rachètera Ferney après la mort de Voltaire, en 1785. [**26**] D.app.174. [**27**] D7905 (15 octobre [1758]). [**28**] D8101 (11 février 1759). [**29**] Reproduit par L. Choudin, p.75. [**30**] D7951 (25 novembre 1758), à Cideville, Voltaire écrit qu'il «entre [...] par deux tours entre lesquelles il ne tient qu'à moi d'avoir un pont-levis, car j'ai des machicoulis et des meurtrières». Par machicoulis, Voltaire entendait «les ouvertures entre les créneaux», d'après une note de *La Pucelle*, *OC*, t.7, p.449. Au pont-levis près, le château ancien de Ferney ressemblait à celui de Cutendre, au chant XII du poème: «Près de la Loire était un vieux château / A pont-levis, machicoulis, tourelles.» [**31**] L. Choudin, p.78. L'inventaire est en annexe, p.168-79. [**32**] D7969, D7947, note 3. [**33**] M.x.442-43 (1772). [**34**] D7946 (18 novembre 1758). [**35**] Voir la carte de L. Choudin, p.10. [**36**] Choudin, p.152-53. [**37**] Choudin, p.80, 153. [**38**] D7946, 18 novembre 1758, à Le Bault, conseiller au parlement de Dijon. L'émotion, certainement sincère, ne lui fait pas perdre de vue ses intérêts. Il tire argument du triste état du domaine pour renouveler la demande de dispense «du droit goth et wisigoth des lods et ventes». [**39**] *L'Ami des hommes* du marquis de Mirabeau vient de paraître. Voltaire lui reproche de «parler, parler», de «décider», «d'aimer trop le gouvernement féodal»: «ce prétendu ami du genre humain n'est mon fait que quand il dit: aimez l'agriculture» (D7951). [**40**] M.x.443. La misère était imputable tout autant à l'incurie des propriétaires qu'à l'exode de la population protestante après la révocation de l'Edit de Nantes. [**41**] D7894 (8 octobre 1758), D7951 (25 novembre 1758). [**42**] D7964, D7965 (4 et 6 décembre [1758]), D7995 (24 décembre [1758]). [**43**] 7984 (16 décembre [1758]), au marquis de Voyer, fils du comte d'Argenson. [**44**] D7995 (24 décembre [1758]), D7955 (27 novembre [1758]). [**45**] Le jour de sa soutenance de thèse, on dut, dit-on, lui apporter un escabeau pour l'exhausser au-dessus du pupitre. [**46**] Diderot, *Salon de 1755*, cité par G. de Socio, *Le Président de Brosses et l'Italie* (Rome et Paris 1923), p.28. [**47**] Ce chiffre résulte de la lettre de Charles de Brosses à J.-R. Tronchin, D7974 (12 décembre 1758). [**48**] D7987 (17 décembre 1758), D7939 (12 novembre [1758]). [**49**] Récit de Mme d'Epinay, dans Perey et Maugras, p.210. Le texte situe la scène «au milieu de septembre»: mais Voltaire n'avait pas conclu l'achat à cette date. Le milieu d'octobre paraît plus vraisemblable. Une «boîte» est un «petit mortier [...] qu'on tire dans les fêtes publiques» (Littré). [**50**] D7996 ([25 décembre 1758]), Voltaire à de Brosses; D7998

(25 décembre 1758), Mme Gallatin à de Brosses; D8109 (13 février [1759]), Voltaire à Haller. Le carrosse qui, pour l'entrée à Ferney, était selon Mme d'Epinay paré d'étoiles d'argent, est orné d'étoiles d'or pour l'entrée à Tourney, selon Fatio (D7998, commentaire); il s'agit pourtant, selon la vraisemblance, du même véhicule. [51] Pour le détail, voir F. Caussy, *Voltaire seigneur de village* (Paris 1912), p.90-91, et L. Choudin, p.142-44. [52] D8028 (5 janvier [1759]). [53] D8011, D7981 (16 décembre 1758). [54] Voir Caussy, p.89 et suiv. [55] Voir ci-dessus, p.861. [56] L. E. Roulet, *Voltaire et les Bernois* (Neuchâtel 1950), reproduit ces démentis, p.127-31, et leur accorde foi, soupçonnant Jacob Vernet d'être l'auteur de la lettre. Mais le texte de D7880 ne permet pas de le suivre sur ce point. [57] D7880 (27 septembre 1758). [58] M.xxiv.80-83. [59] D7873. [60] Roulet, p.109. C'est donc à tort que H. Guillemin dans son *Voltaire en cassette* (Le Touvet 1987) accuse Voltaire d'avoir lui-même arraché les pages du registre. Comme le relève L. E. Roulet, p.109, Voltaire en privé se montrait beaucoup moins convaincu de l'innocence de Saurin. [61] Pour le détail, voir BnC 466. [62] M.xxiv.85-90, D.app.171. [63] D8109, D8127, D8142, D8181, D8259. [64] Voir D8082, D8121, D8130, D8146, D8165. [65] D8699. [66] D8142. [67] D8033, D8052, D8265, D8040, D8154. [68] D8058, D8045, D8023. [69] D8027, D8114. [70] D8115 (vers le 15 février 1759). D'après D8117, la requête a bien été envoyée, sous cette forme ou sous une autre (voir D8115, commentaire). Mais il semble que Voltaire fut débouté, et eut à payer les droits, d'après D9403 (13 novembre 1760). [71] D8101 (11 février 1759). [72] D8249, D8075. [73] D8086, D8084, D8029. [74] D8022 (2 janvier [1759]), à Friedrich Steiger. Voir R. Mortier, introduction à *L'Examen important de milord Bolingbroke*, OC, t.62, p.132. [75] D8037, D8129, D8175. [76] D8116, à Mme d'Epinay (vers le 15 février 1759), très bref billet. [77] Voir U. Kölving et J. Carriat, *Inventaire de la «Correspondance littéraire» de Grimm*, Studies 225 (1984), p.xv-xxxvii. [78] D8096 (10 février [1759]), à J.-R. Tronchin. Mais le 14 mars (D8183), il se plaint de n'avoir pas les mémoires promis sur les campagnes de Pierre le Grand, ses lois, sa vie privée, sa vie publique. Cependant, le 31 mars, n.s. (D8235), Shouvalov lui envoie un messager, Soltikoff, porteur de nouveaux documents. Voir plus haut, p.324. [79] D8218 (27 mars 1759). [80] Mervaud, p.305-24. [81] Il a été nommé maréchal de France le 19 octobre 1758. [82] D8060 (vers le 20 janvier 1759). [83] Mervaud, p.314-15, 301-303, 304-305, 308, 306. [84] D8091 ([9] février 1759). [85] Dans le texte donné par M.i.59-60. [86] D8249 (6 avril [1759]), à d'Argental. Ce courrier passe par la voie diplomatique du résident de France. Voltaire d'autre part aurait écrit en même temps directement à Choiseul une lettre qui ne nous est pas parvenue. [87] Cité par P. Calmettes, *Choiseul et Voltaire* (Paris 1902), p.15. L'homosexualité de Frédéric, contestée aujourd'hui par les historiens allemands, était, on le voit, considérée en France comme notoire, bien avant la publication des *Mémoires* posthumes de Voltaire. [88] D8270 (20 avril [1759]). [89] S'étant mis à couvert du côté de Versailles, Voltaire continuera à recevoir sans émotion, et même avec plaisir, les gaillardises de son correspondant. Voir Mervaud, p.319-22. Lui-même répond sur le même ton, D8283 (2 mars [1759]): «Héros du Nord, je savais bien / Que vous avez vu les derrières / Des guerriers du roi très chrétien / A qui vous taillez des croupières. / Mais que vos rimes familières, / Immortalisent les beaux culs, / De ceux que vous avez vaincus, / Ce sont des faveurs singulières.» [90] Nous renvoyons pour les références à OC, t.48, p.53-54. [91] D8172 note: Th. Besterman a calculé que les mille exemplaires expédiés par Cramer pesaient environ un quart de tonne. [92] D8137, D8172, D8247, D8231. [93] Sur cette question, voir OC, t.48, p.59-60. [94] D8067 (27 janvier [1759]), à

Algarotti. [**95**] D8072 (janvier-février 1759), La Vallière à Voltaire; D8141; D8148 (vers le 1ᵉʳ mars 1759), aux Cramer; D8179 (12 mars [1759]), à J.-R. Tronchin, et commentaire. [**96**] *OC*, t.48, p.264-67. [**97**] D8140 (24 février 1759), D.app.173, D8159 (6 mars 1759). [**98**] *L'Année littéraire* (1759), ii.203-10. [**99**] 1ᵉʳ mars 1759 (CLT, iv.85-89). [**100**] D8072, commentaire. Ce sont les termes du policier d'Hémery. [**101**] D8072 (janvier-février 1759), du duc de La Vallière; D8137 (23 février [1759]), de Thiriot; *Correspondance littéraire*, 1ᵉʳ mai 1761, à propos de la «suite» de *Candide* par Thorel de Campigneulles (CLT, iv.400). [**102**] *OC*, t.48, p.63-64. [**103**] D8231, commentaire; D8242, commentaire, D8383 (2 juillet 1759), à Voltaire. [**104**] «Tu avanceras jusque-là et tu n'iras pas plus avant»: conclusion de la quinzième *Lettre philosophique*, «Sur le système de l'attraction».

SOMMAIRE

I. D'Arouet à Voltaire

1694 – 1734

des *scriptores*. Les «jeunes de langue». L'hiver de 1709 (p.31). L'ode d'Arouet à sainte Geneviève. Les PP. Lejay et Porée. Présentation à J.-B. Rousseau. *Amulius et Numitor.* «La soif de la célébrité». Les vacances du collégien: emprunts à des usuriers. L'année de «philosophie» (p.35). Dégoût de la scholastique. La vocation de l'amitié: Fyot de La Marche. Rumeur: Arouet entrera dans la Compagnie de Jésus. Les exercices de dévotion: abus et satiété. Anecdotes douteuses. La religion des jésuites. L'empreinte du collège.

(1711 – 1715). Contre son père et sa famille Arouet veut être poète. Poésie et mondanité: Mme de Mimeure, Mme de Ferriol, le Temple. Odes *Sur le vœu de Louis XIII*, *Sur les malheurs du temps*, sur *Le Vrai Dieu*. Fredaines (p.41). Séjour à Caen: Mme d'Osseville, le P. de Couvrigny. Arouet à La Haye, secrétaire de l'ambassadeur Châteauneuf. Pimpette. Le grand amour. La mère met le holà. Renvoyé en France, l'amoureux veut y attirer sa bien-aimée. Fureur du père Arouet. Il impose à son fils d'entrer dans l'étude de Me Alain. Rencontre de Thiriot. Caumartin intercède: Arouet à Saint-Ange (p.46). L'Académie française décerne son prix sur «le vœu de Louis XIII» non pas à Arouet, mais au vieux Dujarry. La première «affaire» voltairienne. *Le Bourbier*. Bons conseils de J.-B. Rousseau. *Œdipe*, tragédie avec chœurs, mais sans amour (p.51). Refus des comédiens. Potins des coulisses. Echec auprès de la «belle Duclos». La fin du «grand siècle».

(1715 – 1716). Arouet présent à la séance du parlement, sur le passage du convoi funèbre de Louis XIV. Apologie pour le régent. La société du Temple reprend vie. Le grand-prieur de Vendôme. L'abbé Servien. Chaulieu, La Faye, Courtin. Muses vieillissantes et jeunes talents. Arouet poète épicurien. La cour de Sceaux (p.60). Le duc et la duchesse du Maine. Malézieu. Les plaisirs de Ludovise. Les galères du bel esprit. Nuits blanches de Sceaux. *Cosi sancta*, *Le Crocheteur borgne*: les premiers contes en prose. *Le Cadenas*, *Le Cocuage*, contes en vers.

(1716 – 1718). Les ennemis du régent. Arouet les fréquente; il ne sait retenir ni sa langue ni sa plume. Les *J'ai vu*. Confidences à l'indicateur Beauregard. Les petits vers de 1716 et ceux de 1717. Une société régence dans un château «gothique»: Sully-sur-Loire (p.72). Exil d'Arouet (mai – octobre 1716). La vie de château. Suzanne de Livry. Lecture d'*Œdipe* à Sceaux (p.76). Assiduité auprès de ce groupe d'opposants. *Regnante puero*. Arouet se réfugie à Saint-Ange. Caumartin «idolâtre» d'Henri IV (p.78). Le projet d'une *Enéide* française. Couplet sur le nouvel *Œdipe*. Retour à Paris (avril 1717). Il se confie à ses «véritables amis»... deux espions de la police. Arrestation (16 mai 1717) (p.81). Onze mois de Bastille. Il versifie six chants de *La Henriade*, même «en dormant». Libération (14 avril 1718).

le déisme «aux toilettes des jeunes seigneurs». On accepte sa proposition de se rendre en Angleterre. Libéré, mais exilé à cinquante lieues de Paris. Embarquement à Calais.

XIV. Devenir Anglais à Londres   165

(Mai 1726 – juin 1727). Voltaire de Gravesend gagne Londres le long de la Tamise sous un ciel radieux. «My damned Jew was broken». Scène chez le père du banqueroutier. Détresse et maladie. Rencontre de Fawkener (p.168). Le commerce d'Alep. Voltaire accueilli à Wandsworth. Etude de l'anglais. Les carnets. Retour clandestin à Paris: provoquer Rohan, se procurer de l'argent. Mort de Mme Mignot sa sœur (p.172). La «lettre de consolation». Maîtrise de l'anglais par l'audiovisuel: le théâtre. Le choc de Shakespeare. Voltaire entre dans le personnage de l'Anglais. L'automne 1726, à Londres (p.176). Pope. Le souper de Twickenham. John Gay. Swift. Présentation au roi George Ier. Entre whigs et tories. Espion de Robert Walpole? La mort de Newton. Prestige de la science en Angleterre. Mise en fabrication de *La Henriade*. Ouverture de la souscription. Retour à Wandsworth (p.180). Répétition d'anglais: le quaker Higginson. Saint Paul et le baptême.

XV. «I am ordered to give an account of my journey»   183

(Juillet 1727 – automne 1728). Le *comfort* anglais. Voltaire, *French dog*, harangue le *mob*. La liberté anglaise? Recrutement des équipages par la «presse». Quête des souscriptions dans les résidences estivales de l'aristocratie: chez Peterborough, chez Sarah, veuve de Marlborough, chez lord et lady Hervey (p.185). Autres relations: l'amiral Byng et son fils, «milord Aïla», l'amazone Mary Wortley Montagu, lord Chesterfield, le duc de Richmond. Voltaire affilié à Londres à la franc-maçonnerie? L'Anglaise accouchant chaque semaine d'un lapin (p.190). Le ressusciteur Fatio Duillier. Cheselden et la sexologie. Dadichi, compatriote d'Homère. Le baron Fabrice, compagnon de Charles XII. Brasseurs d'argent et banquiers. Les Mendes da Costa. La Bourse anglaise haut lieu de la tolérance. Le quaker Andrew Pitt. Berkeley. Samuel Clarke. Visite à Congreve. Bub Dodington. Thomson. Edward Young: Voltaire, le Péché, la Mort. En famille chez John Brinsden (p.195). A l'enseigne de la White Peruke, dans Maiden Lane. Publication des deux *Essays* en anglais. La perspective comparatiste. Un *scoop* journalistique: la pomme de Newton. *La Henriade*: les souscriptions de dernière heure. Sortie de l'*in-quarto*. Tracasseries avec les libraires. Le projet d'écrire des *Lettres anglaises*, d'après l'*Advertisement* (décembre 1727) (p.199). Début de la rédaction. La *Lettre à M...* La moitié des *Letters concerning the English nation* écrite directement en anglais (1728). *La Henriade* prohibée en France (p.200). Voltaire écrivain français d'expression anglaise? Ombres sur la fin du séjour. Rumeurs fâcheuses. Il quitte l'Angleterre furieux contre les Anglais.

Frédéric de Prusse. Les *Lettres philosophiques* (p.272). L'orientation voltairienne échappe à l'auteur du *Portrait*.

II. Avec Madame Du Châtelet

1734 – 1749

Mais il part pour la Prusse (p.389). Voltaire à Berlin. Déceptions et aigreurs. L'invasion de la Silésie. Bückeburg et la comtesse de Bentinck. Retour de Voltaire.

Son besoin d'héroïsme et d'aventures. Saura-t-on l'utiliser? Des circonstances favorables à Voltaire. Son évolution politique. Tentative de Charles Edouard (p.440). Renvoi d'Amelot. Une autre chance pour Voltaire: *La Princesse de Navarre*. Le couple en crise. Gêne d'argent et jalousie d'Emilie. Voltaire et Mlle Gaussin. Départ pour Cirey. Manque d'inspiration. Une besogne épuisante. Des critiques exigeants. Caractère de Rameau. Voltaire «baladin des rois». Louis XV aux armées avec la duchesse de Châteauroux. La maladie du roi à Metz. Au château de Champs (p.446). La guérison du roi. Un encombrement mémorable. Un philosophe et ami, le marquis d'Argenson aux Affaires étrangères. Voltaire «bouffon du roi à cinquante ans». Répétitions à Versailles. Mort intempestive d'Armand Arouet. Représentation houleuse de *La Princesse de Navarre*. Invraisemblances de la pièce. Voltaire récompensé (p.451). Un ami d'une vertu exceptionnelle: Vauvenargues.

Un voyage à Châlons. Une mise en quarantaine. Voltaire prend à cœur «l'historiographerie». La politique de paix du marquis. L'éternelle diplomatie anti-autrichienne. Il faut une victoire. Le roi va repartir aux armées malgré sa nouvelle maîtresse. Jeanne Antoinette Poisson (p.456). Sollicitude de «l'oncle Tournehem». Education mondaine et intellectuelle. Mme d'Etioles. Installation à Versailles. Le marquisat de Pompadour. L'abbé de Bernis et Voltaire à Etioles. La victoire de Fontenoy. *Le Poème de Fontenoy*. Que d'éditions! Critiques et railleries (p.461). Encore Desfontaines. Satisfaction de la favorite, de Maurice de Saxe et du maréchal de Noailles. Voltaire entre Etioles et Champs. *Le Temple de la Gloire*. Voltaire trahit-il Voltaire? Un avertissement de Maurepas. Sans un estomac... Retour à la vérité historique. Réapparition inattendue de Fawkener (p.467). Voltaire rédacteur du ministre. Nouvelle tentative de Charles Edouard. Enthousiasme de Voltaire. La défaite de Culloden.

Une entreprise diplomatique délicate. D'Argenson ne la trouve pas sérieuse. Mlle Du Thil et l'abbé de Tolignan. D'Argenson se décide: l'abbé de Canillac. Deux chemins convergents. Des cardinaux sans préjugés. Voltaire gagne la partie. La lettre dédicatoire de *Mahomet*. La réponse du pape (p.471). Représentation du *Temple de la Gloire*. Le roi se reconnaît-il en Trajan? Une conception égalitaire du bonheur. Une morale de la bienveillance et de la fraternité. La froideur du roi. *Les Fêtes de Ramire*. Premier échange épistolaire avec J.-J. Rousseau (p.476). La déception de Jean-Jacques. Les faveurs de Mme Denis. Voltaire entre sa nièce et Mme Du Châtelet. Caractère de Mme Denis. Une correspondance amoureuse en italien. Volupté incertaine, mais affection sincère. Les prétentions littéraires

d'un ministre pacifiste. L'accord de Turin. Perte de l'Italie. Le mariage du dauphin avec Marie-Josèphe de Saxe. D'Argenson veut-il la paix avec l'Autriche ? Réquisitoire du maréchal de Noailles. Le 11 janvier 1747, renvoi de d'Argenson (p. 515). Seule réaction écrite de Voltaire : tirade contre la guerre dans une lettre à Frédéric. Réponse grinçante de Frédéric.

à Cirey. L'aveu de Mme Du Châtelet: son absurde grossesse (p.582). Comment obtenir la paternité officielle de M. Du Châtelet? Une comédie des plus cyniques. Le *Voltariana* de Mannory et Travenol. Nouveau projet de Mme Denis. Le pessimisme de Voltaire. Verte réplique à l'*Ode à la guerre* de Frédéric. Peut-on situer ici l'anecdote du carrosse brisé? Voltaire malade à Paris au début de février. Sa sciatique. Aucune sorte de souffrance ne l'empêchera d'écrire.

III. De la Cour au jardin

1750 – 1759

château immense et glacial. Voltaire engage Wagnière. Les Cramer: Philibert, Gabriel. *Pandore* (p.783). A la recherche d'une demeure. Saint-Jean, aux portes de Genève. Mais Voltaire, «catholique», ne peut acheter sur le territoire de la république. Négociations: prix, choix d'un prête-nom. Une alternative: la maison de Mme Gallatin à Cologny, promesse puis renonciation. Pour l'achat de Saint-Jean les Cramer renoncent à servir de prête-nom. Labat et J.-R. Tronchin intermédiaires auprès du vendeur Mallet. L'achat de Saint-Jean est conclu (10 février 1754) (p.788). A Lausanne, la location de Montriond, décidée dès le 7 janvier 1755. Amitié pour le jeune M. de Giez et sa famille. Labat de Grandcour banquier de Voltaire (p.789). Jacob Vernet adresse à Voltaire une mise en garde (8 février 1755). Transformations de la société genevoise. La mort de Montesquieu, commentée par Voltaire. Voltaire «bien baissé»?

L'affaire de la «lettre anonyme». Multiples remaniements du texte. Voltaire finit par préférer comme dernier mot *l'espérance* (p.826). Il fait imprimer ses deux «sermons» (*Le Désastre de Lisbonne* accompagné de *La Loi naturelle*). Rééditions et éditions pirates. Réception (p.827). L'édition Cramer des *Œuvres*: retranchements, additions de textes, les uns anciens, les autres tout récents. Le travail sur épreuves. Concurrence entre les Cramer et Lambert. Des *Mélanges* historiques à l'*Essai sur les mœurs* (p.830). Collaboration à l'*Encyclopédie*. Comment il la conçoit. Ses contributions. Frédéric II renoue en lui envoyant *Mérope* transformée en opéra.

Un voyage à Berne: bien reçu des autorités bernoises, dont dépend Lausanne (17-24 mai) (p.835). Voltaire «ruricole». Détails de jardinage: hannetons, gazon... Commandes pour le confort. Visiteurs aux Délices. Eloge de Tronchin le médecin. Mme Denis jalouse pour un bonnet. Des «processions de curieux». «Il vient des Anglais tous les jours». Mme de Fontaine aux Délices (juin 1756). Renvoi de Collini (12 juin) (p.840). Les deux éditions collectives, Cramer et Lambert. Première édition de l'*Essai sur les mœurs*. La Beaumelle: les *Mémoires* de Mme de Maintenon. Voltaire le dénonce pour une note imprudente. La Beaumelle à la Bastille (p.842). Dans l'*Essai sur les mœurs* la conception voltairienne de l'histoire s'affirme dans toute son ampleur. «L'esprit des nations». L'évidence de l'horreur universelle. Le combat pour arracher l'humanité à la barbarie. La perspective mondialiste. Voltaire et le mythe chinois. Sur l'Islam, rupture avec les anciens préjugés. Des munitions pour les campagnes futures (p.845). Visite de d'Alembert (août 1756). Le personnage de celui-ci. Ses contacts à Genève. Préparation de l'article «Genève» de l'*Encyclopédie*. La lettre de Rousseau à Voltaire sur *Le Désastre de Lisbonne* (p.847). Succès de Voltaire au théâtre. Mlle Clairon préférée à Mlle Dumesnil. Les innovations de Lekain. Projet d'un «tragédie maritime» (p.848). Le réseau de correspondants de «l'hermite» Voltaire. Prise de Port-Mahon par Richelieu, prématurément annoncée par Voltaire. L'événement confirme la prophétie. L'affaire Byng (p.850). Voltaire combat «la morale relâchée» au Paraguay. Il prend parti pour Marie-Thérèse contre Frédéric. Il envoie au ministre de la guerre son projet d'un char de combat (p.852). Il adapte en vers français l'*Ecclésiaste* et le *Cantique des cantiques* pour Mme de Pompadour, qui veut se donner un vernis de dévotion. Mais l'interdiction de venir à Paris est maintenue.

L'attentat de Damiens (5 janvier 1757): un acte régressif, inspiré par des mobiles religieux. L'horrible supplice. Goût du public pour ces spectacles (p.858). Agapes à Montriond. Le théâtre de Monrepos : la salle, les acteurs, le public. Présence de pasteurs. Création de *Fanime*. Voltaire heureux (p.860). L'«âme atroce» de Calvin. L'*Encyclopédie* : Voltaire recrute Polier de Bottens. Joseph Saurin dans le Catalogue du *Siècle de Louis XIV*. La déclaration des trois pasteurs (p.861). Printemps, été, début de l'automne aux Délices. L'opulence de Voltaire. Réponse anonyme à l'«âme atroce» de Calvin. Intervention de Vernet, qui se heurte à l'hostilité de Th. Tronchin et de Tronchin Boissier (p.864). Voltaire «devenu russe» : commence l'*Histoire de l'empire de Russie sous Pierre le Grand*. Disponibilité. Distanciation par rapport au microcosme parisien (p.865). Début de la guerre de Sept Ans : défaites de Frédéric. Le roi reprend l'échange épistolaire avec Voltaire. Frédéric acculé : suicide ? mort sur le champ de bataille ?

Rossbach. Grandeur de Frédéric. Sentiments mêlés de Voltaire. Mme d'Epinay aux Délices. Le tome VII de l'*Encyclopédie* : scandale de l'article «Genève». Les pasteurs, accusés de socinianisme, veulent se défendre : colère de Voltaire (p.871). Retour à Lausanne, non à Montriond, mais au Grand-Chêne. Avantages de la nouvelle demeure. Panorama sur le Léman et sur les Alpes. Voltaire a «le sang allumé». Début de la rédaction de *Candide* (janvier 1758) (p.873). Tendances «philosophiques» de certains pasteurs, à Genève et à Lausanne. *Déclaration* contre les opinions presque déistes qui leur sont attribuées par l'article «Genève». Ils affirment croire en la divinité de Jésus-Christ. Voltaire déçu dans ses espérances. A Versailles et Paris, campagne anti-philosophique. Les Cacouacs. D'Alembert abandonne l'*Encyclopédie*. Voltaire et Diderot (p.876). La vogue du théâtre en Suisse : les mœurs ont changé. Retour aux Délices (mars 1758). Fructueux placements de Voltaire, malgré des débiteurs récalcitrants (p.878). Recherche d'une autre résidence : en Lorraine ? Voyage chez l'Electeur palatin, retardé par la visite de Mme Du Bocage. Par Berne et l'Alsace, Voltaire se rend à Schwetzingen. Séjour de trois semaines. Première mise au net de *Candide*. Lectures à l'Electeur son hôte. Voltaire remporte le manuscrit inachevé (p.881). Retour : arrêts chez le margrave de Bade-Dourlach, à Strasbourg, à Soleure (août 1758). Espoir d'un rappel à Paris, grâce à Bernis. Déception. Le refus confirmé de Louis XV a pour conséquence la fondation de Ferney.

Aux Délices. Visite d'une «Westphalienne», Mme de Bentinck. Voltaire s'enferme trois jours avec Wagnière pour terminer *Candide*. Le manuscrit La Vallière. Lecture de *De l'Esprit*. L'épisode de l'esclave noir. *Candide* sort des presses des Cramer le 15 janvier 1759 (p.886). L'autobiographie dans *Candide*. Achats de Tourney et de Ferney, en France. «Avoir quatre maîtres pour n'en avoir pas du tout». Négociations pour les lods et ventes. Ferney, maison forte: tours, créneaux... Voltaire reconstruit le château «de fond en comble». Visite sur les lieux (novembre): Voltaire a «le cœur déchiré» par la misère des paysans. Il fera de Ferney une expérience pilote des Lumières. Achat d'une charrue à semoir, d'un cheptel (p.890). L'acquisition de Tourney. Le caustique et processif président de Brosses. Marchandage. Voltaire cède (11 décembre). Un domaine en piteux état. Les coupes de bois de Charlot Baudy. Réception fastueuse à Tourney (24 décembre), où Voltaire est comte (p.893). Il hérite de procès avec les curés de Ferney (Gros) et de Moëns (Ancian). Cinq familles indigentes condamnées à verser à Ancian des sommes énormes. L'affaire Saurin rebondit. Voltaire et les trois pasteurs, signataires d'une attestation, vivement pris à partie (p.895). François Grasset reparaît. Il publie à Lausanne la *Guerre littéraire*. Voltaire fait appel à Haller: une joute épistolaire (janvier-mars 1759) (p.896). Installation dans ses nouveaux domaines: bâtir, planter. Enormes commandes à J.-R. Tronchin. Les soucis du propriétaire (p.897). Suppression des spectateurs sur la scène (23 avril 1759). Condamnation de l'*Encyclopédie*. Visite de Grimm. La *Correspondance littéraire*. Frédéric II envoie à Voltaire de petits vers contre Louis XV et Mme de Pompadour. Appel à Choiseul (avril 1759). Personnalité de celui qui va gouverner la France jusqu'en 1770 (p.902). Publication, diffusion, réception de *Candide* (janvier-mai 1759). Coup d'envoi de la campagne contre l'Infâme.

TABLE DES MATIÈRES

TOME I

TABLE DES MATIÈRES

TOME II